Ami lecteur

*Cette 86ᵉ édition
du Guide Michelin France
propose une sélection actualisée
d'hôtels et de restaurants.*

*Réalisée en toute indépendance
par nos Inspecteurs,
elle offre au voyageur de passage
un large choix d'adresses
à tous les niveaux de confort
et de prix.*

*Toujours soucieux
d'apporter à nos lecteurs
l'information le plus récente,
nous avons mis à jour
cette édition
avec le plus grand soin.*

*C'est pourquoi, seul
le Guide de l'année en cours
mérite votre confiance.*

*Merci de vos commentaires
toujours appréciés.*

MICHELIN vous souhaite « Bon voyage ! »

D0936924

Sommaire

Le choix
d'un hôtel, d'un restaurant

Ce guide vous propose une sélection d'hôtels et restaurants établie à l'usage de l'automobiliste de passage. Les établissements, classés selon leur confort, sont cités par ordre de préférence dans chaque catégorie.

CATÉGORIES

命命命命	Grand luxe et tradition	XXXXX
命命命	Grand confort	XXXX
命命	Très confortable	XXX
命命	De bon confort	XX
命	Assez confortable	X
仓	Simple mais convenable	
M	Dans sa catégorie, hôtel d'équipement moderne	
sans rest.	L'hôtel n'a pas de restaurant	
	Le restaurant possède des chambres	avec ch.

AGRÉMENT ET TRANQUILLITÉ

Certains établissements se distinguent dans le guide par les symboles rouges indiqués ci-après. Le séjour dans ces hôtels se révèle particulièrement agréable ou reposant.
Cela peut tenir d'une part au caractère de l'édifice, au décor original, au site, à l'accueil et aux services qui sont proposés, d'autre part à la tranquillité des lieux.

命命命 à 命	Hôtels agréables
XXXXX à X	Restaurants agréables
« Parc fleuri »	Élément particulièrement agréable
⑤	Hôtel très tranquille ou isolé et tranquille
⑤	Hôtel tranquille
≤ mer	Vue exceptionnelle
≤	Vue intéressante ou étendue.

Les localités possédant des établissements agréables ou très tranquilles sont repérées sur les cartes pages 28 à 35.
Consultez-les pour la préparation de vos voyages et donnez-nous vos appréciations à votre retour, vous faciliterez ainsi nos enquêtes.

L'installation

Les chambres des hôtels que nous recommandons possèdent, en général, des installations sanitaires complètes. Il est toutefois possible que dans les catégories 🏠, 🏠 et 🏠, certaines chambres en soient dépourvues.

30 ch	Nombre de chambres
	Ascenseur
	Air conditionné
TV	Télévision dans la chambre
	Établissement en partie réservé aux non-fumeurs
	Téléphone dans la chambre relié par standard
	Téléphone dans la chambre, direct avec l'extérieur
	Chambres accessibles aux handicapés physiques
	Repas servis au jardin ou en terrasse
	Salle de remise en forme
	Piscine : de plein air ou couverte
	Plage aménagée – Jardin de repos
	Tennis à l'hôtel
25 à 150	Salles de conférences : capacité des salles
	Garage dans l'hôtel (généralement payant)
	Parking réservé à la clientèle
	Accès interdit aux chiens (dans tout ou partie de l'établissement)
Fax	Transmission de documents par télécopie
mai-oct.	Période d'ouverture, communiquée par l'hôtelier
sais.	Ouverture probable en saison mais dates non précisées. En l'absence de mention, l'établissement est ouvert toute l'année.

La table

LES ÉTOILES

Certains établissements méritent d'être signalés à votre attention pour la qualité de leur cuisine. Nous les distinguons par **les étoiles de bonne table**.

Nous indiquons, pour ces établissements, trois spécialités culinaires et des vins locaux qui pourront orienter votre choix.

✿✿✿ **20**	**Une des meilleures tables, vaut le voyage** Table merveilleuse, grands vins, service impeccable, cadre élégant... Prix en conséquence.
✿✿ **77**	**Table excellente, mérite un détour** Spécialités et vins de choix... Attendez-vous à une dépense en rapport.
✿ **445**	**Une très bonne table dans sa catégorie** L'étoile marque une bonne étape sur votre itinéraire. Mais ne comparez pas l'étoile d'un établissement de luxe à prix élevés avec celle d'une petite maison où, à prix raisonnables, on sert également une cuisine de qualité.

REPAS SOIGNÉS A PRIX MODÉRÉS

Vous souhaitez parfois trouver des tables plus simples, à prix modérés ; c'est pourquoi nous avons sélectionné des restaurants proposant, pour un rapport qualité-prix particulièrement favorable, un repas soigné, souvent de type régional. Ces restaurants sont signalés par Repas. Ex. Repas 100/130.

Consultez les cartes des localités (étoiles de bonne table et Repas)
pages 36 à 43.

Voir aussi ➡ *page suivante*

Les vins et les mets : voir p. 26 et 27

Les prix

Les prix indiqués dans ce guide ont été établis en automne 1994 et s'appliquent à la haute saison. Ils sont susceptibles de modifications, notamment en cas de variations des prix des biens et services. Ils s'entendent taxes et services compris. Aucune majoration ne doit figurer sur votre note, sauf éventuellement la taxe de séjour.

Les hôtels et restaurants figurent en gros caractères lorsque les hôteliers nous ont donné tous leurs prix et se sont engagés, sous leur propre responsabilité, à les appliquer aux touristes de passage porteurs de notre guide.

Hors saison, certains établissements proposent des conditions avantageuses, renseignez-vous lors de votre réservation.

Entrez à l'hôtel le guide à la main, vous montrerez ainsi qu'il vous conduit là en confiance.

REPAS

enf. 60	Prix du menu pour enfants
↤	Établissement proposant un menu simple à **moins de 80 F**
	Menus à prix fixe :
Repas 85 (déj.)	85 (déj.) servi au déjeuner uniquement
100/150	minimum 100, maximum 150
100/150	Menu à prix fixe minimum 100 non servi les fins de semaine et jours fériés
bc	Boisson comprise
🍷	vin de table en carafe
	Repas à la carte :
Repas carte	Le premier prix correspond à un repas normal
160 à 310	comprenant : hors-d'œuvre, plat garni et dessert. Le 2ᵉ prix concerne un repas plus complet (avec spécialité) comprenant : deux plats, fromage et dessert (boisson non comprise)

CHAMBRES

ch 190/380	Prix minimum 190 pour une chambre d'une personne prix maximum 380 pour une chambre de deux personnes
29 ch ☕ 210/450	Prix des chambres petit déjeuner compris
☕ 35	Prix du petit déjeuner (généralement servi dans la chambre)

DEMI-PENSION

1/2 P 190/350	Prix minimum et maximum de la demi-pension (chambre, petit déjeuner et un repas) par personne et par jour, en saison ; ces prix s'entendent pour une chambre double occupée par deux personnes, pour un séjour de trois jours minimum. Une personne seule occupant une chambre double se voit parfois appliquer une majoration. La plupart des hôtels saisonniers pratiquent également, sur demande, la pension complète. Dans tous les cas, il est indispensable de s'entendre par avance avec l'hôtelier pour conclure un arrangement définitif.

LES ARRHES – CARTES DE CRÉDIT

Certains hôteliers demandent le versement d'arrhes. Il s'agit d'un dépôt-garantie qui engage l'hôtelier comme le client. Bien faire préciser les dispositions de cette garantie.
Demandez à l'hôtelier de vous fournir dans sa lettre d'accord toutes précisions utiles sur la réservation et les conditions de séjour.

AE ① GB ᴶᶜᴮ	Cartes de crédit acceptées par l'établissement American Express. Diners Club. Carte Bancaire (Visa, Eurocard, MasterCard). Japan Card Bank

Les villes

63300	Numéro de code postal de la localité (les deux premiers chiffres correspondent au numéro du département)
✉ 57130 Ars	Numéro de code postal et nom de la commune de destination
ℙ ⟨SP⟩	Préfecture – Sous-préfecture
80 ⑤	Numéro de la Carte Michelin et numéro du pli
G. Jura	Voir le Guide Vert Michelin Jura
1 057 h.	Population
alt. 75	Altitude de la localité
Stat. therm.	Station thermale
1 200/1 900	Altitude de la station et altitude maximum atteinte par les remontées mécaniques
2 ⛷	Nombre de téléphériques ou télécabines
14 ⛷	Nombre de remonte-pentes et télésièges
⛷	Ski de fond
BY B	Lettres repérant un emplacement sur le plan
⌖₉	Golf et nombre de trous
※ ≼	Panorama, point de vue
✈	Aéroport
🚗	Localité desservie par train-auto. Renseignements au numéro de téléphone indiqué
⛴	Transports maritimes
⛴	Transports maritimes pour passagers seulement
🛈 A.C.	Information touristique – Automobile Club

Les cartes

Vous souhaitez trouver une bonne adresse, par exemple, aux environs de Clermont-Ferrand ?

Consultez la carte qui accompagne le plan de la ville.

La « carte de voisinage » (ci-contre) attire votre attention sur toutes les localités citées au Guide autour de la ville choisie, et particulièrement celles qui sont accessibles en automobile en moins de 30 minutes (limite de couleur).

Les « cartes de voisinage » vous permettent ainsi le repérage rapide de toutes les ressources proposées par le Guide autour des métropoles régionales.

NOTA : lorsqu'une localité est présente sur une « carte de voisinage », sa métropole de rattachement est imprimée en BLEU sur la ligne des distances de ville à ville.

Exemple :

CHÂTELGUYON 63140 P.-de-D. 🔟🔟 ④ **G. Auvergne**
Voir Gorges d'Enval ★ 3 km par ③
🔋 Office de Tourisme parc E.-Clementel
Paris 375 ① – ◆ Clermont-Fd 20 ② – Aubusson 99 ③

Vous trouverez CHÂTELGUYON sur la carte de voisinage de CLERMONT-FERRAND.

de voisinage

À LES CONSULTER ?

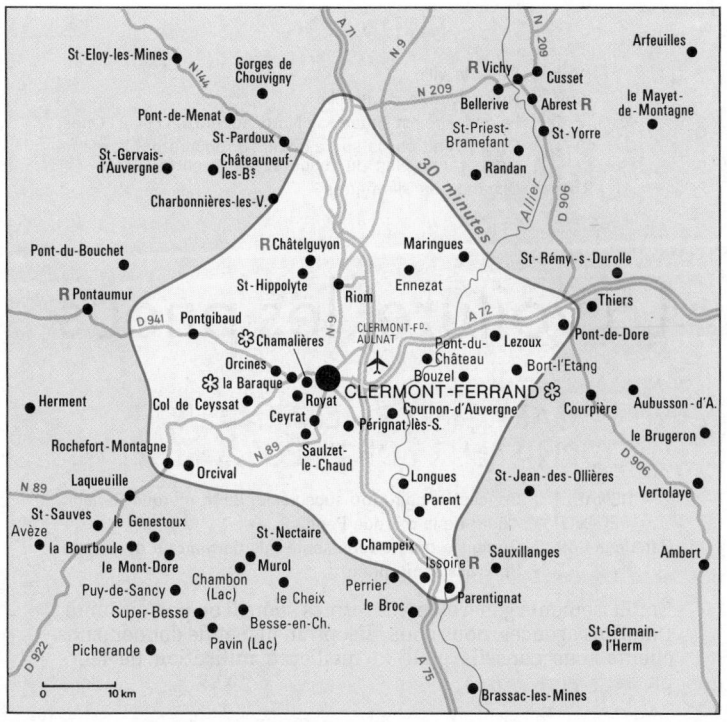

Toutes les « Cartes de voisinage »
sont localisées sur l'Atlas en fin de Guide.

Les curiosités

INTÉRÊT

★★★	Vaut le voyage
★★	Mérite un détour
★	Intéressant
	Les musées sont généralement fermés le mardi

SITUATION

Voir	Dans la ville
Env.	Aux environs de la ville
N, S, E, O	La curiosité est située : au Nord, au Sud, à l'Est, à l'Ouest
② ④	On s'y rend par la sortie ② ou ④ repérée par le même signe sur le plan du Guide et sur la carte
2 km	Distance en kilomètres

La voiture, les pneus

GARAGISTES, RÉPARATEURS
FOURNISSEURS DE PNEUS MICHELIN

RENAULT	Concessionnaire (ou succursale) de la marque Renault.
PEUGEOT	Agent de la marque Peugeot.
Gar. de la Côte	Garagiste qui ne représente pas de marque de voiture.
⑩	Spécialistes du pneu.

Établissements généralement fermés samedi ou parfois lundi. Dans nos agences, nous nous faisons un plaisir de donner à nos clients tous conseils pour la meilleure utilisation de leurs pneus.

DÉPANNAGE

N	**La nuit** – Cette lettre désigne des garagistes qui assurent, la nuit, les réparations courantes.

Le dimanche – Il existe dans toutes les régions un service de dépannage le dimanche. La Police, la Gendarmerie peuvent en général indiquer le garagiste de service le plus proche ou le numéro téléphonique d'appel du groupement départemental d'assistance routière.

Les plans

□   ●   **Hôtels**
■   ●   **Restaurants**

Curiosités

Bâtiment intéressant et entrée principale

Édifice religieux intéressant :
    Catholique – Protestant

Voirie

Autoroute, double chaussée de type autoroutier
    Échangeurs numérotés : complet, partiels

Grande voie de circulation

Sens unique – Rue impraticable, réglementée

Rue piétonne – Tramway

Pasteur   Rue commerçante – Parc de stationnement

Porte – Passage sous voûte – Tunnel

Gare et voie ferrée

Funiculaire – Téléphérique, télécabine

Pont mobile – Bac pour autos

Signes divers

Information touristique

Mosquée – Synagogue

Tour – Ruines – Moulin à vent – Château d'eau

Jardin, parc, bois – Cimetière – Calvaire

Stade – Golf – Hippodrome – Patinoire

Piscine de plein air, couverte

Vue – Panorama – Table d'orientation

Monument – Fontaine – Usine – Centre commercial

Port de plaisance – Phare – Tour de télécommunications

Aéroport – Station de métro – Gare routière

Transport par bateau :
    passagers et voitures, passagers seulement

③   Repère commun aux plans et aux cartes Michelin
    détaillées

Bureau principal de poste restante et Téléphone

Hôpital – Marché couvert – Caserne

Bâtiment public repéré par une lettre :

A   C   Chambre d'agriculture – Chambre de commerce

G   H   J   Gendarmerie – Hôtel de ville – Palais de justice

M   P   T   Musée – Préfecture, sous-préfecture – Théâtre

U   Université, grande école

POL   Police (commissariat central)

4ᵐ5 18 T ⑱   Passage bas (inf. à 4 m 50) – Charge limitée (inf. à 19 t)

Garage : Peugeot, Citroën, Renault (Alpine)

Les plans de villes sont disposés le Nord en haut.

Dear Reader

*This 86th edition
of the Michelin Guide to France
offers the latest selection
of hotels and restaurants.*

*Independently compiled
by our inspectors,
the Guide provides travellers
with a wide choice of establishments
at all levels of comfort and price.*

*We are committed
to providing readers
with the most up-to-date information
and this edition has been produced
with the greatest care.*

*That is why only this year's guide
merits your complete confidence.*

*Thank you for your comments,
which are always appreciated.*

Bon voyage !

Contents

Choosing
a hotel or restaurant

This guide offers a selection of hotels and restaurants to help motorists on their travels. In each category establishments are listed in order of preference according to the degree of comfort they offer.

CATEGORIES

🏰	Luxury in the traditional style	XXXXX
🏨	Top class comfort	XXXX
🏢	Very comfortable	XXX
🏠	Comfortable	XX
🏠	Quite comfortable	X
🏡	Simple comfort	
M	In its category, hotel with modern amenities	
sans rest.	The hotel has no restaurant	
	The restaurant also offers accommodation	avec ch.

PEACEFUL ATMOSPHERE AND SETTING

Certain establishments are distinguished in the guide by the red symbols shown below.
Your stay in such hotels will be particularly pleasant or restful, owing to the character of the building, its decor, the setting, the welcome and services offered, or simply the peace and quiet to be enjoyed there.

🏰 to 🏠	Pleasant hotels
XXXXX to X	Pleasant restaurants
« Parc fleuri »	Particularly attractive feature
🦢	Very quiet or quiet, secluded hotel
🦢	Quiet hotel
≤ mer	Exceptional view
≤	Interesting or extensive view

The maps on pages 28 to 35 indicate places with such very peaceful, pleasant hotels and restaurants.
By consulting them before setting out and sending us your comments on your return you can help us with our enquiries.

Hotel facilities

In general the hotels we recommend have full bathroom and toilet facilities in each room. However, this may not be the case for certain rooms in categories 🏨, 🏠 and 🕈.

30 ch	Number of rooms
🛗	Lift (elevator)
▤	Air conditioning
TV	Television in room
⇔	Hotel partly reserved for non-smokers
☏	Telephone in room; outside calls connected by the operator
☎	Direct-dial phone in room
♿	Rooms accessible to disabled people
🌳	Meals served in garden or on terrace
🏋	Exercise room
⤢ ⊠	Outdoor or indoor swimming pool
🏖 🌿	Beach with bathing facilities – Garden
🎾	Hotel tennis court
🏛 25/150	Equipped conference hall (minimum and maximum capacity)
🚗	Hotel garage (additional charge in most cases)
🅿	Car park for customers only
🐕	Dogs are not allowed in all or part of the hotel
Fax	Telephone document transmission
mai-oct.	Dates when open, as indicated by the hotelier
sais.	Probably open for the season – precise dates not available. Where no date or season is shown, establishments are open all year round.

Cuisine

STARS

Certain establishments deserve to be brought to your attention for the particularly fine quality of their cooking. **Michelin stars** are awarded for the standard of meals served. For each of these restaurants we indicate three culinary specialities and a number of local wines to assist you in your choice.

✿✿✿ **20**	**Exceptional cuisine, worth a special journey** Superb food, fine wines, faultless service, elegant surroundings. One will pay accordingly!
✿✿ **77**	**Excellent cooking, worth a detour** Specialities and wines of first class quality. This will be reflected in the price.
✿ **445**	**A very good restaurant in its category** The star indicates a good place to stop on your journey. But beware of comparing the star given to an expensive "de luxe" establishment to that of a simple restaurant where you can appreciate fine cuisine at a reasonable price.

GOOD FOOD AT MODERATE PRICES

You may also like to know of other restaurants with less elaborate, moderately priced menus that offer good value for money and serve carefully prepared meals, often of regional cooking.

In the guide such establishments are marked Repas just before the price of the menu, for example Repas 100/130.

Please refer to the map of star-rated restaurants and good food at moderate prices Repas (pp 36 to 43).

See also ➤ on next page

Food and wine: see pages 26 and 27

Prices

The prices indicated in this Guide supplied in Autumn 1994 apply to high season. Changes may arise if goods and service costs are revised. The rates include tax and service and no extra charge should appear on your bill, with the possible exception of visitors' tax.

Hotels and restaurants in bold type have supplied details of all their rates and have assumed responsibility for maintaining them for all travellers in possession of this guide.

Out of season, certain establishments offer special rates. Ask when booking.

Your recommendation is self-evident if you always walk into a hotel Guide in hand.

MEALS

enf. 60	Price of children's menu
✦	Establishment serving a simple menu **for less than 80 F**
	Set meals:
Repas 85 (déj.)	85 (déj.) served only at lunch–time
100/150	Lowest 100 and highest 150 prices for set meals
100/150	The cheapest set meal 100 is not served on Saturdays, Sundays or public holidays
bc	House wine included
⚱	Table wine available by the carafe
	"A la carte" meals:
Repas carte 160 à 310	The first figure is for a plain meal and includes hors-d'œuvre, main dish of the day with vegetables and dessert
	The second figure is for a fuller meal (with "spécialité") and includes 2 main courses, cheese, and dessert (drinks not included)

ROOMS

ch 190/380	Lowest price 190 for a single room and highest price 380 for a double
29 ch ⌧ 210/450	Price includes breakfast
⌧ 35	Price of continental breakfast (generally served in the bedroom)

HALF BOARD

1/2 P 190/350	Lowest and highest prices of half board (room, breakfast and a meal) per person, per day in season. These prices are valid for a double room occupied by two people for a minimum stay of three days. When a single person occupies a double room he may have to pay a supplement.
	Most of the hotels also offer full board terms on request. It is essential to agree on terms with the hotelier before making a firm reservation.

DEPOSITS – CREDIT CARDS

Some hotels will require a deposit, which confirms the commitment of customer and hotelier alike. Make sure the terms of the agreement are clear.
Ask the hotelier to provide you, in his letter of confirmation, with all terms and conditions applicable to your reservation.

🜲 ⓞ ⒼⒷ JCB	American Express – Diners Club – Eurocard, MasterCard, Visa – Japan Card Bank

Towns

63300	Local postal number (the first two numbers represent the département number)
✉ **57130** Ars	Postal number and name of the postal area
Ⓟ ⟨SP⟩	Prefecture – Sub-prefecture
🞈🞈 ⑤	Number of the appropriate sheet and section of the Michelin road map
G. Jura	See the Michelin Green Guide Jura
1 057 h.	Population
alt. 75	Altitude (in metres)
Stat. therm.	Spa
Sports d'hiver	Winter sports
1 200/1 900	Altitude (in metres) of resort and highest point reached by lifts
2 🚠	Number of cable-cars
14 🚡	Number of ski and chair-lifts
🎿	Cross country skiing
BX B	Letters giving the location of a place on the town plan
🏌 9	Golf course and number of holes
⁎ ⟨	Panoramic view. Viewpoint
🛫	Airport
🚗	Places with motorail pick-up point. Further information from phone no. listed
🚢	Shipping line
⟨	Passenger transport only
🅱 A.C.	Tourist Information Centre – Automobile Club

21

Local

MAY WE SUGGEST

Should you be looking for a hotel or restaurant not too far from Clermont-Ferrand, for example, you can consult the map along with the town plan.

The local map (opposite) draws your attention to all places around the town or city selected, provided they are mentioned in the Guide. Places located within a thirty minute drive are clearly identified by the use of a different coloured background.

The various facilities recommended near the different regional capitals can be located quickly and easily.

NOTE: Entries in the Guide provide information on distances to nearby towns. Whenever a place appears on one of the local maps, the name of the town or city to which it is attached is printed in BLUE

Example :

CHÂTELGUYON **63140** P.-de-D. **73** ④ **G. Auvergne**
Voir Gorges d'Enval ★ 3 km par ③
🛈 Office de Tourisme parc E.-Clementel
Paris 375 ① – ◆Clermont-Fd 20 ② – Aubusson 99 ③

CHÂTELGUYON is to be found on the local map CLERMONT-FERRAND.

maps

THAT YOU CONSULT THEM.

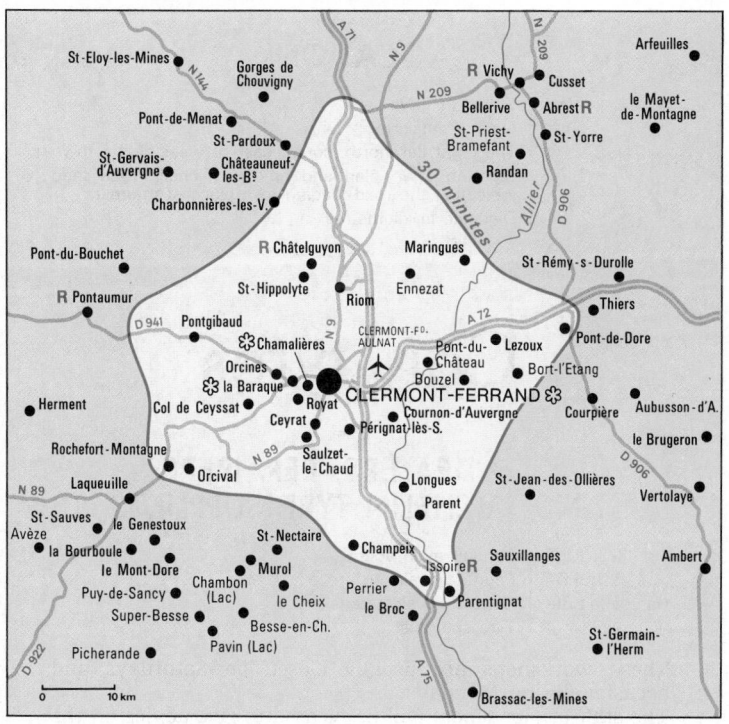

All towns with local maps are indicated on the Atlas
at the end of the Guide.

Sights

STAR-RATING

★★★	Worth a journey
★★	Worth a detour
★	Interesting
	Museums and art galleries are generally closed on Tuesdays

LOCATION

Voir	Sights in town
Env.	On the outskirts
N, S, E, O	The sight lies north, south, east or west of the town
② ④	Sign on town plan and on the Michelin road map indicating the road leading to a place of interest
2 km	Distance in kilometres

Car, tyres

CAR DEALERS, REPAIRERS AND MICHELIN TYRE SUPPLIERS

RENAULT	Renault main agent
PEUGEOT	Peugeot dealer
Gar. de la Côte	General repair garage
ⓜ	Tyre specialist

These workshops are usually closed on Saturdays and occasionally on Mondays.
The staff at our depots will be pleased to give advice on the best way to look after your tyres.

BREAKDOWN SERVICE

N	At night – Symbol indicating garage offering night breakdown service.

On Sunday – Each town has a breakdown service available on Sunday. In any event, the Gendarmerie, Police, etc., should usually be able to give the address of the garage on duty.

Town plans

□   ●   **Hotels**

▣   ●   **Restaurants**

Sights

Place of interest and its main entrance

Interesting place of worship:
    Catholic – Protestant

Roads

Motorway, dual carriageway
    Numbered junctions: complete, limited

Major through route

One-way street – Unsuitable for traffic, street subject
    to restrictions

Pedestrian street – Tramway

Pasteur   P   Shopping street – Car park

Gateway – Street passing under arch – Tunnel

Station and railway

Funicular – Cable-car

Lever bridge – Car ferry

Various signs

Tourist Information Centre

Mosque – Synagogue

Tower – Ruins – Windmill – Water tower

Garden, park, wood – Cemetery – Cross

Stadium – Golf course – Racecourse – Skating rink

Outdoor or indoor swimming pool

View – Panorama – Viewing table

Monument – Fountain – Factory – Shopping centre

Pleasure boat harbour – Lighthouse – Communications tower

Airport – Underground station – Coach station

Ferry services:
    passengers and cars, passengers only

③   Reference number common to town plans and Michelin maps

Main post office with poste restante and telephone

Hospital – Covered market – Barracks

Public buildings located by letter:

A   C   Chamber of Agriculture – Chamber of Commerce

G   H   J   Gendarmerie – Town Hall – Law Courts

M   P   T   Museum – Prefecture or sub-prefecture – Theatre

U   University, College

POL   Police (in large towns police headquarters)

18 T   ⑱   Low headroom (15 ft. max.) – Load limit (under 19 t)

Garage: Peugeot, Citroën, Renault (Alpine)

North is at the top on all town plans.

LES VINS
WINES

CHAMPAGNE **5** Reims
Epernay
Paris
Calvados
Strasbourg
1 ALSACE

7 VINS DE LOIRE
Angers
Muscadet
Anjou—Touraine Vouvray
Nantes
Chinon
Saumur Tours
Chablis
BOURGOGNE **3** Côte
de Nuits Dijon
Pouilly-s-L.
Sancerre Côte Beaune
de Beaune
Arbois
Côtes du Jura

4 Mâcon
BEAUJOLAIS
Lyon
Savoie

Cognac
Côte Rôtie
Médoc
2 BORDEAUX Hermitage
Bordeaux Pomerol
Saint-Emilion
Graves Bergerac **6**
Sauternes Monbazillac CÔTES DU RHÔNE
Cahors Châteauneuf-
du-Pape
Gaillac Tavel
Armagnac Avignon
Côtes de
Frontignan Provence Nice
Minervois
Jurançon Corbières Marseille
Rivesaltes
Côtes du Roussillon
Banyuls
Corse

Les meilleures années *The best vintages*

☐ Quelques réussites	☐ *Some successfull vintages*	
Bonnes années	*Fine vintages*	
Grandes années	*Great vintages*	

Années / Years	79	81	82	83	85	86	88	89	90	91	92	93
1 ALSACE												
2 BORDEAUX blancs/*white*												
rouges/*claret*												
3 BOURGOGNE blancs/*white*												
rouges/*red*												
4 BEAUJOLAIS												
5 CHAMPAGNE												
6 CÔTES-DU-RHÔNE Septentrionales/*northern*												
Méridionales/*southern*												
7 VINS DE LA LOIRE Muscadet												
Anjou – Touraine												
Pouilly – Sancerre												

Rappel des « Grandes années du siècle »
1911 - 1921 - 1928 - 1929 - 1934 - 1945 - 1947 - 1949 - 1953 - 1955 - 1961

LES VINS et LES METS
FOOD and WINE

Quelques suggestions de vins selon les mets...
A few hints on selecting the right wine with the right dish...

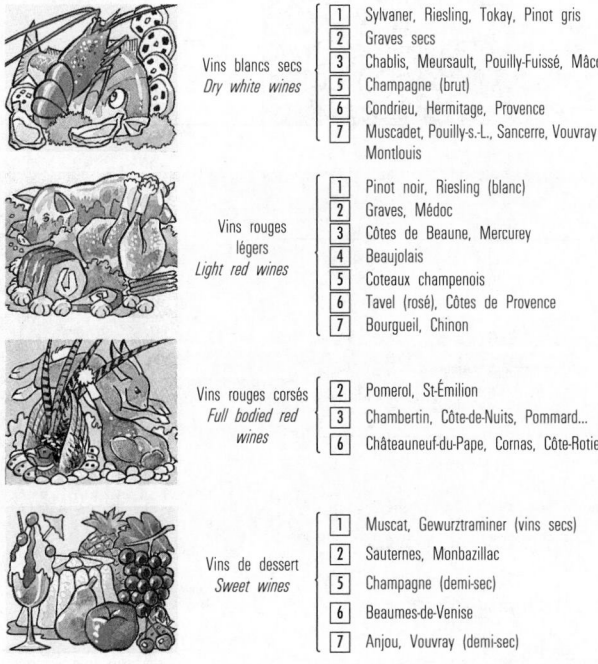

Vins blancs secs *Dry white wines*	1	Sylvaner, Riesling, Tokay, Pinot gris
	2	Graves secs
	3	Chablis, Meursault, Pouilly-Fuissé, Mâcon
	5	Champagne (brut)
	6	Condrieu, Hermitage, Provence
	7	Muscadet, Pouilly-s.-L., Sancerre, Vouvray sec, Montlouis
Vins rouges légers *Light red wines*	1	Pinot noir, Riesling (blanc)
	2	Graves, Médoc
	3	Côtes de Beaune, Mercurey
	4	Beaujolais
	5	Coteaux champenois
	6	Tavel (rosé), Côtes de Provence
	7	Bourgueil, Chinon
Vins rouges corsés *Full bodied red wines*	2	Pomerol, St-Émilion
	3	Chambertin, Côte-de-Nuits, Pommard...
	6	Châteauneuf-du-Pape, Cornas, Côte-Rotie
Vins de dessert *Sweet wines*	1	Muscat, Gewurztraminer (vins secs)
	2	Sauternes, Monbazillac
	5	Champagne (demi-sec)
	6	Beaumes-de-Venise
	7	Anjou, Vouvray (demi-sec)

Un mets préparé avec une sauce au vin s'accommode, si possible, du même vin. Vins et fromages d'une même région s'associent souvent avec succès.

En dehors des grands crus, il existe en maintes régions de France des vins locaux qui, bus sur place, vous réserveront d'heureuses surprises.

Dishes prepared with a wine sauce are best accompanied by the same kind of wine. Wines and cheeses from the same region usually go very well together.

In addition to the fine wines, there are many French wines, best drunk in their region of origin and which you will find extremely pleasant.

1

L'AGRÉMENT

PEACEFUL ATMOSPHERE AND SETTING

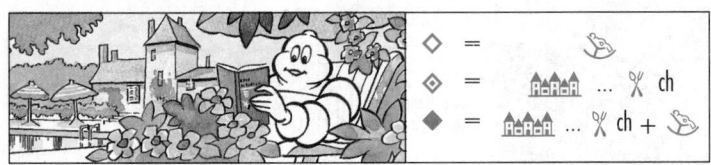

ch
ch +

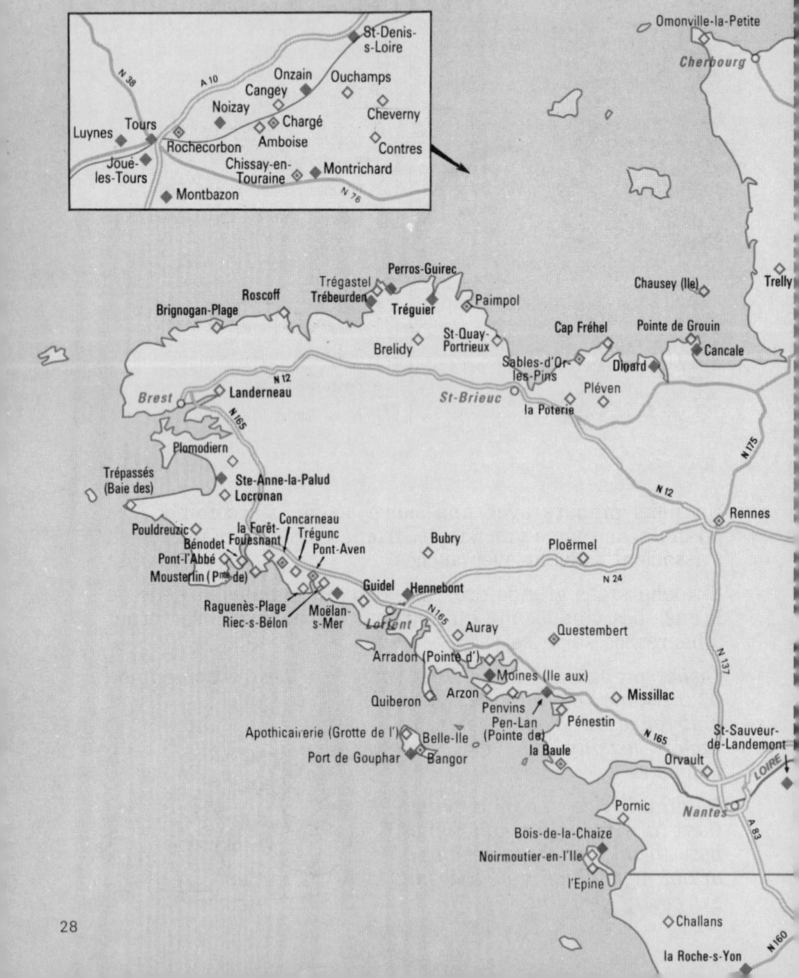

St-Denis-s-Loire
N 38
A 10
Onzain
Ouchamps
Cangey
Noizay
Cheverny
Chargé
Tours
Luynes
Amboise
Rochecorbon
Contres
Joué-les-Tours
Chissay-en-Touraine
Montrichard
Montbazon
N 76
Omonville-la-Petite
Cherbourg
Perros-Guirec
Trégastel
Roscoff
Trébeurden
Tréguier
Paimpol
Brignogan-Plage
Chausey (Ile)
Trelly
Brelidy
St-Quay-Portrieux
Cap Fréhel
Pointe de Grouin
Cancale
Sables-d'Or-les-Pins
Dinard
N 12
Brest
Landerneau
St-Brieuc
Pléven
la Poterie
N 165
Plomodiern
N 175
Trépassés (Baie des)
Ste-Anne-la-Palud
Locronan
N 12
Concarneau
Rennes
Pouldreuzic
la Forêt-Fouesnant
Trégunc
Bénodet
Bubry
Pont-l'Abbé
Pont-Aven
Ploërmel
Mousterlin (Pte de)
N 24
Guidel
Hennebont
Raguenès-Plage
Riec-s-Bélon
Moëlan-s-Mer
Lorient
N 165
Auray
Questembert
Arradon (Pointe d')
N 137
Moines (Ile aux)
Arzon
Missillac
Quiberon
Penvins
Pen-Lan (Pointe de)
Pénestin
Apothicairerie (Grotte de l')
Belle-Ile
N 165
St-Sauveur-de-Landemont
la Baule
Port de Gouphar
Bangor
Orvault
LOIRE
Pornic
Nantes
A 83
Bois-de-la-Chaize
Noirmoutier-en-l'Ile
l'Epine
Challans
la Roche-s-Yon
N 160

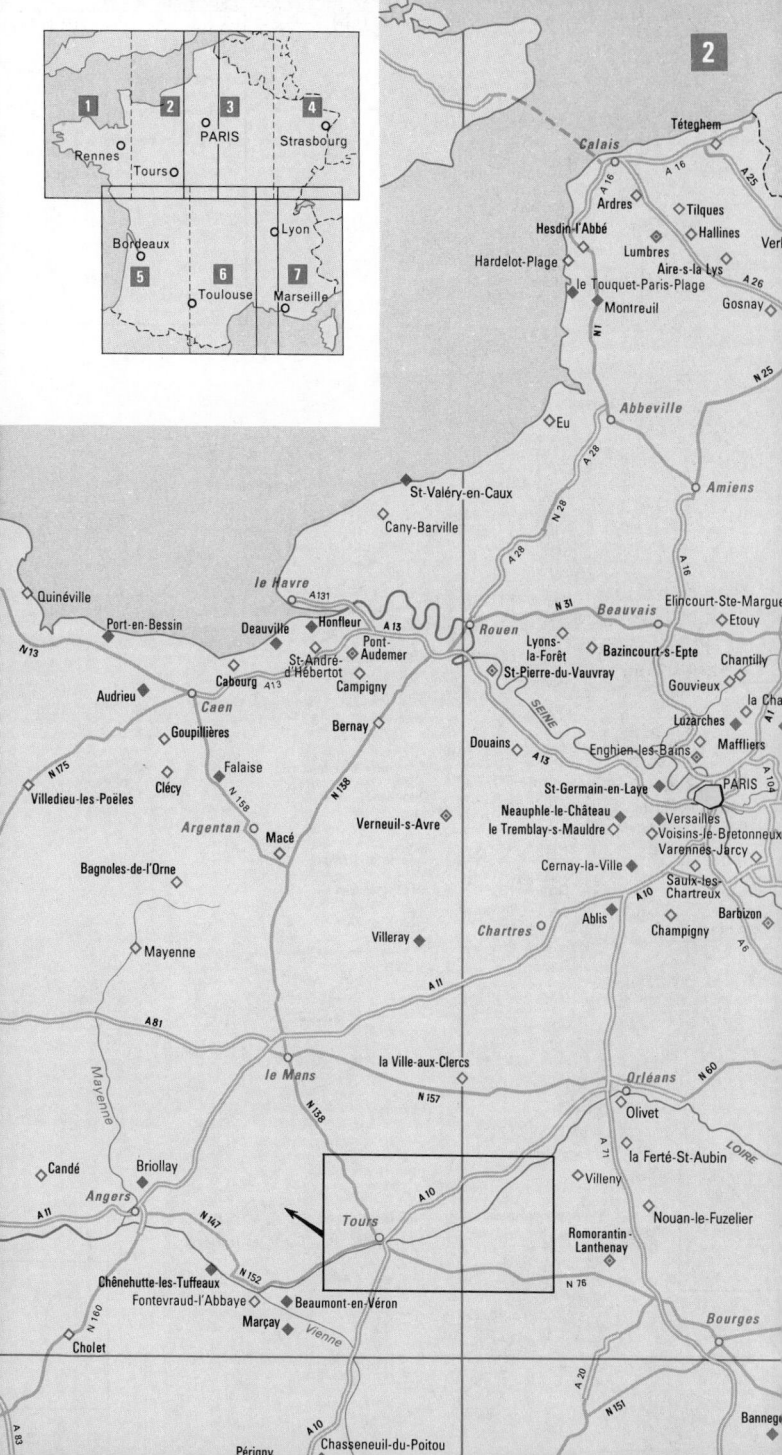

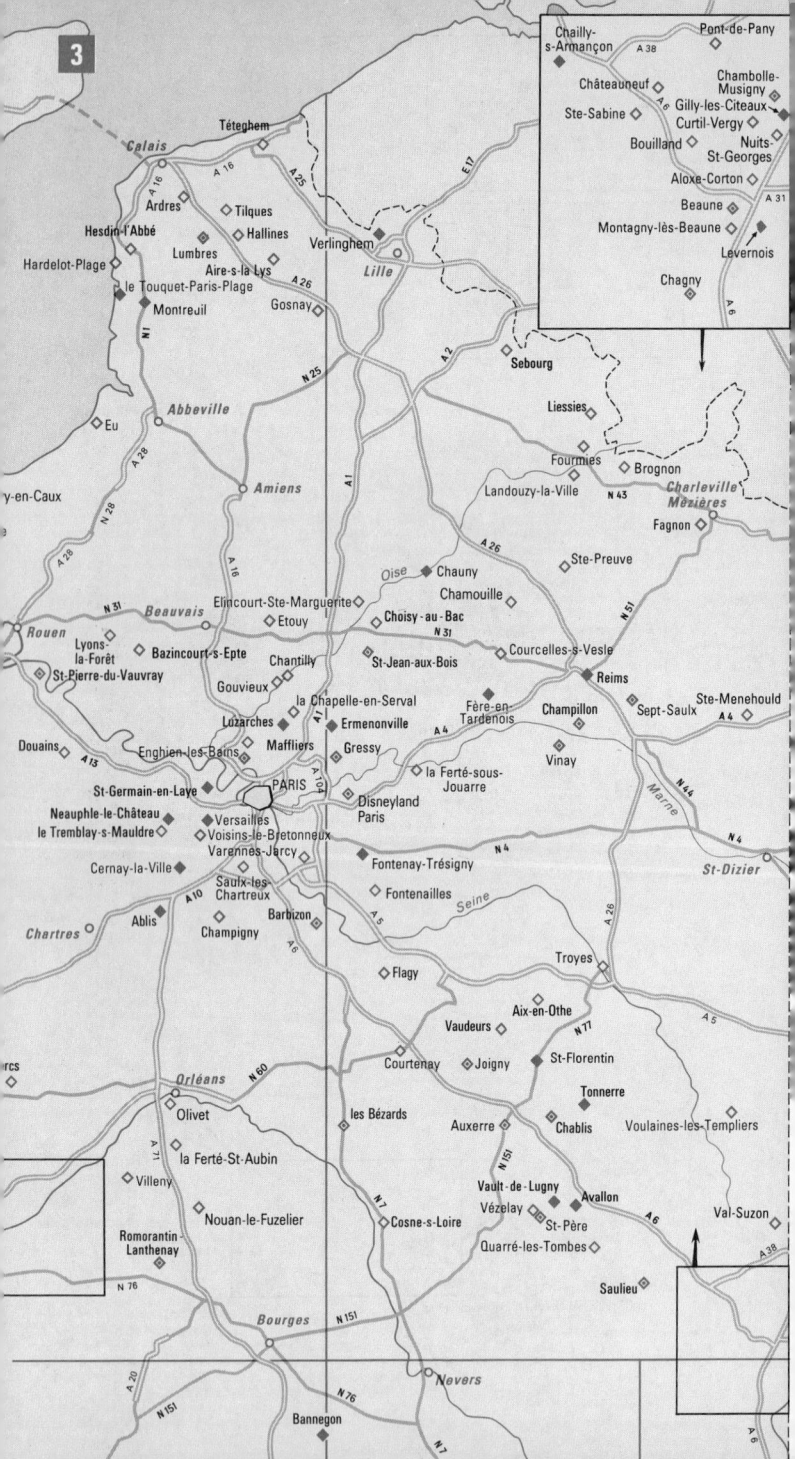

3

Chailly-s-Armançon
Pont-de-Pany
Châteauneuf
Chambolle-Musigny
Ste-Sabine
Gilly-les-Citeaux
Curtil-Vergy
Bouilland
Nuits-St-Georges
Aloxe-Corton
Beaune
Montagny-lès-Beaune
Levernois
Chagny

Calais
Téteghem
Ardres
Tilques
Hesdin-l'Abbé
Hallines
Lumbres
Verlinghem
Hardelot-Plage
Aire-s-la-Lys
le Touquet-Paris-Plage
Montreuil
Gosnay
Lille

Sebourg

Abbeville
Liessies
Eu
Fourmies
Brognon
Amiens
Landouzy-la-Ville
Charleville-Mézières
Fagnon
-y-en-Caux

Ste-Preuve

Rouen
Elincourt-Ste-Marguerite
Oise
Chauny
Beauvais
Etouy
Chamouille
Lyons-la-Forêt
Bazincourt-s-Epte
Choisy-au-Bac
Courcelles-s-Vesle
St-Pierre-du-Vauvray
Chantilly
St-Jean-aux-Bois
Reims
Ste-Menehould
Gouvieux
la Chapelle-en-Serval
Sept-Saulx
Douains
Luzarches
Fère-en-Tardenois
Champillon
Enghien-les-Bains
Ermenonville
Maffliers
Gressy
Vinay
St-Germain-en-Laye
PARIS
la Ferté-sous-Jouarre
Marne
Neauphle-le-Château
Versailles
Disneyland Paris
le Tremblay-s-Mauldre
Voisins-le-Bretonneux
St-Dizier
Cernay-la-Ville
Varennes-Jarcy
Fontenay-Trésigny
Saulx-les-Chartreux
Fontenailles
Seine
Chartres
Ablis
Barbizon
Champigny
Troyes
Flagy
Aix-en-Othe
Vaudeurs
Orléans
Courtenay
Joigny
St-Florentin
Olivet
les Bézards
Tonnerre
la Ferté-St-Aubin
Auxerre
Chablis
Voulaines-les-Templiers
Villeny
Vault-de-Lugny
Avallon
Val-Suzon
Nouan-le-Fuzelier
Cosne-s-Loire
Vézelay
St-Père
Romorantin-Lanthenay
Quarré-les-Tombes
Saulieu
Bourges
Nevers
Bannegon

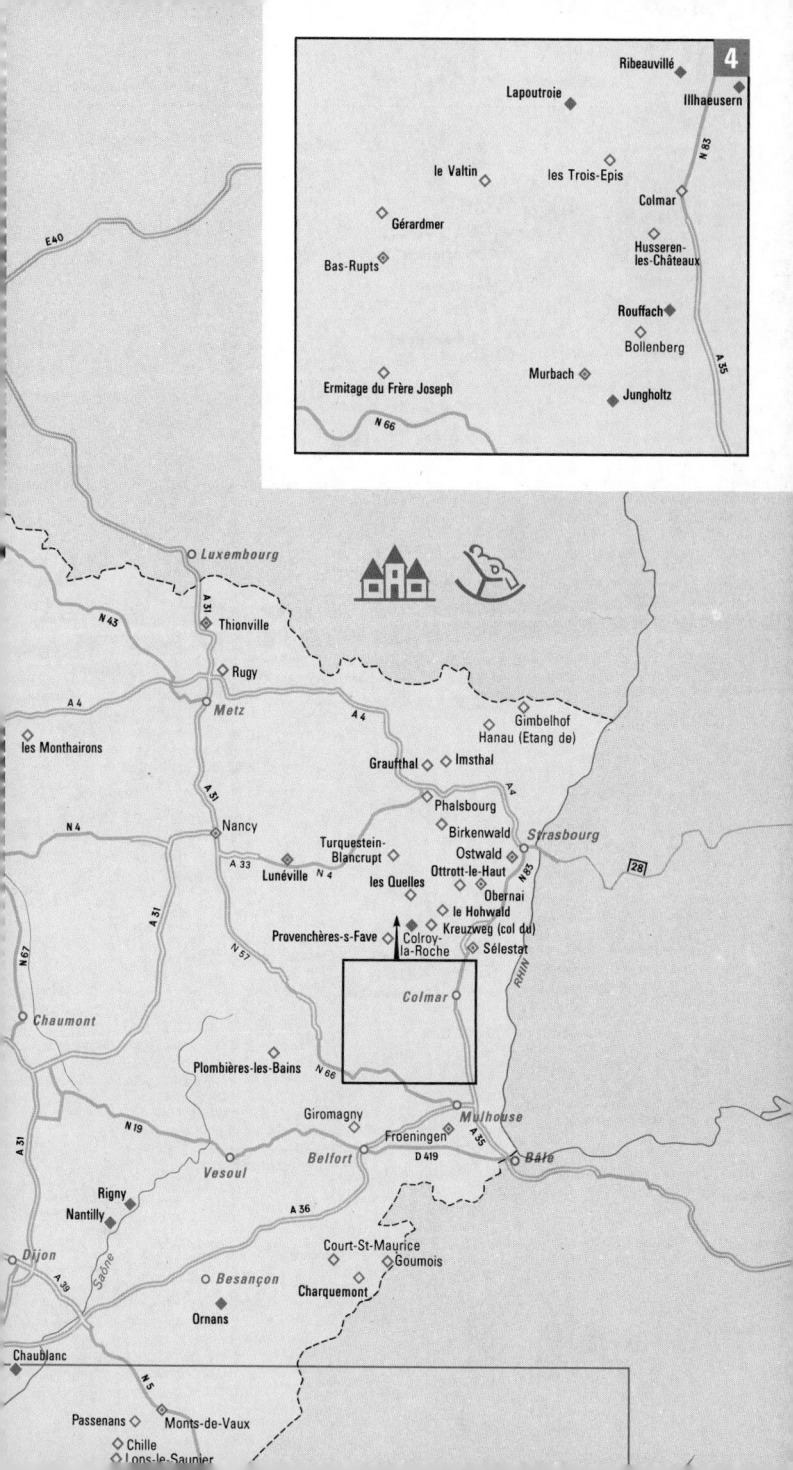

4

Ribeauvillé

Lapoutroie

Illhaeusern

N 83

le Valtin   les Trois-Epis

Colmar

Gérardmer

Husseren-
les-Châteaux

Bas-Rupts

Rouffach

Bollenberg

A 35

Murbach   Jungholtz

Ermitage du Frère Joseph

N 66

Luxembourg

N 43   A 31

Thionville

Rugy

A 4   Metz   A 4   Gimbelhof
Hanau (Etang de)

les Monthairons

Grauthal   Imsthal

A 31   A 4

Nancy   Phalsbourg

N 4   Birkenwald   Strasbourg

Turquestein-   Ostwald
Blancrupt
A 33   Ottrott-le-Haut   N 83   28

Lunéville   N 4   les Quelles   Obernai

le Hohwald

A 31   Provenchères-s-Fave   Kreuzweg (col du)

N 57   Colroy-   Sélestat
la-Roche
RHIN

N 67

Chaumont   Colmar

Plombières-les-Bains   N 66

Giromagny   Mulhouse

Froeningen   A 35

A 31   N 19   Belfort   D 419   Bâle

Vesoul

Rigny   A 36

Nantilly

Court-St-Maurice

Dijon   Besançon   Goumois

Charquemont
A 39   Saône

Ornans

Chaublanc

N 5

Passenans   Monts-de-Vaux

Chille
Lons-le-Saunier

5

les Sables-d'Olonne

l'Epine
Challans
la Roche-s-Yon
N 160
A 83
A 10
Périgny
Chasseneuil-du-Poitou
Poitiers
le Blanc
N 151
Curzay-s-Vonne
St-Maixent-l'École
Niort
N 148
N 11
l'Isle-Jourdain
N 10
Ré (Ile de)
la Flotte
la Rochelle
Vienne
Oléron (Ile d')
la Cotinière
la Remigeasse
St-Trojan-les-Bains
Nauzan
Saintes
Cognac
N 141
Angoulême
Mansle
Nieuil
N 141
Montbron
N 21
Mosnac
Mirambeau
Vieux-Mareuil
Verteillac
Champagnac-de-Belair
Brantôme
Périgueux
Gaillan-en-Médoc
Pauillac
Blaye
A 10
N 10
Razac-s-l'Isle
Antonne-et-Trigonant
Montignac
Tamniès
Marquay
Margaux
St-Ciers-de-Canesse
Lugon-et-l'Ile-du-Carnay
St-Michel-de-Montaigne
St-Julien-de-Crempse
N 89
Trémolat
le Bugue
Mauzac
le Buisson-Cussac
Lacanau-Océan
Bordeaux
Pessac
St-Emilion
Dordogne
GARONNE
Créon
Ruch
Monestier
Monpazier
N 21
Montcabrier
Touzac
Mauroux
A 62
Pujols
St-Sylvestre-s-Lot
St-Beauzeil
Puymirol
Agen
N 10
Poudenas
Mont-de-Marsan
Magescq
Eauze
Soustons
Seignosse
Hossegor
N 124
Grenade-s-l'Adour
N 124
Montaigut
Ste-Livrade
A 63
Eugénie-les-Bains
St-Martin-d'Armagnac
Auch
Anglet
Biarritz
Port-de-Lanne
Segos
N 21
Gimont
N 124
St-Jean-de-Luz
Orthez
A 64
Col de St-Ignace
Cambo-les-Bains
Sare
Ainhoa
Col d'Osquich
Tarbes
St-Etienne-de-Baïgorry
St-Jean-Pied-de-Port
Sévignacq-Meyracq
Lestelle-Betharram
N 117
Estérençuby
Beaucens
Bagnères-de-Bigorre
Barbazan
Sauveterre-de-Comminges
St-Savin
Bourg-d'Oueil
Gaudent
Estaing
Cauterets
la Fruitière
Bagnères-de-Luchon

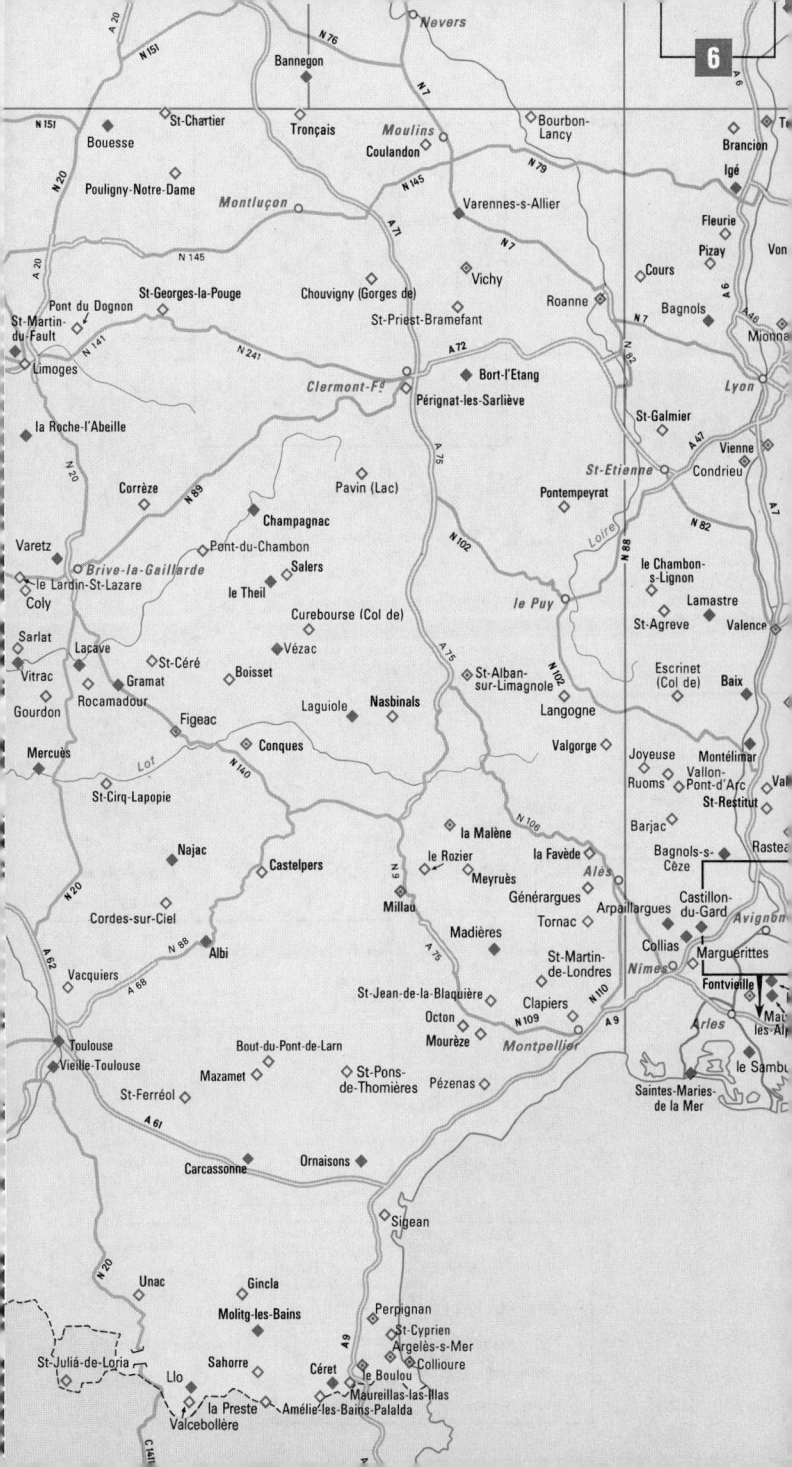

Nevers
A 20
N 76
N 151
Bannegon
St-Chartier
Tronçais
Bouesse
N 151
Coulandon
Moulins
Bourbon-Lancy
Brancion
Igé
Pouligny-Notre-Dame
N 79
N 20
Montluçon
N 145
Varennes-s-Allier
Fleurie
Pizay
Von
A 20
N 145
St-Georges-la-Pouge
Chouvigny (Gorges de)
Vichy
N 7
Cours
Bagnols
Mionna
A 6
A 46
Pont du Dognon
St-Martin-du-Fault
N 141
St-Priest-Bramefant
Roanne
Bagnols
N 7
A 6
Limoges
N 241
A 72
Clermont-Fd
Bort-l'Etang
N 23
Lyon
Pérignat-les-Sarliève
St-Galmier
la Roche-l'Abeille
St-Etienne
A 47
Vienne
A 7
N 20
Corrèze
N 89
Pavin (Lac)
A 75
Pontempeyrat
Condrieu
Champagnac
N 82
Varetz
Pont-du-Chambon
Salers
le Lardin-St-Lazare
Coly
Brive-la-Gaillarde
le Theil
Curebourse (Col de)
le Puy
N 88
le Chambon-s-Lignon
Lamastre
Sarlat
Lacave
St-Céré
Vézac
Boisset
St-Agrève
Valence
Vitrac
Gramat
Laguiole
Nasbinals
St-Alban-sur-Limagnole
Escrinet (Col de)
Baix
Gourdon
Rocamadour
Figeac
N 102
Langogne
Mercuès
Conques
Valgorge
Joyeuse
Montélimar
N 140
Lot
St-Cirq-Lapopie
N 106
la Malène
le Rozier
la Favède
Alès
Vallon-Pont-d'Arc
Ruoms
St-Restitut
Rasteau
Najac
Castelpers
Meyruès
N 9
Millau
Barjac
Bagnols-s-Cèze
N 20
Cordes-sur-Ciel
Générargues
Tornac
Arpaillargues
Castillon-du-Gard
Avignon
A 62
Albi
Madières
St-Martin-de-Londres
Collias
Marguerittes
Vacquiers
A 75
Nîmes
Fontvieille
A 68
St-Jean-de-la-Blaquière
Clapiers
N 110
Maussane-les-Alp
Octon
N 109
A 9
Arles
Toulouse
Mourèze
Montpellier
Bout-du-Pont-de-Larn
Vieille-Toulouse
Mazamet
St-Pons-de-Thomières
Pézenas
le Sambu
St-Ferréol
A 61
Saintes-Maries-de-la-Mer
Carcassonne
Ornaisons
N 20
Sigean
Unac
Gincla
Molitg-les-Bains
Perpignan
St-Cyprien
A 9
Argelès-s-Mer
St-Juliá-de-Loria
Sahorre
Céret
Collioure
Llo
le Boulou
la Preste
Maureillas-las-Illas
Valcebollère
Amélie-les-Bains-Palalda

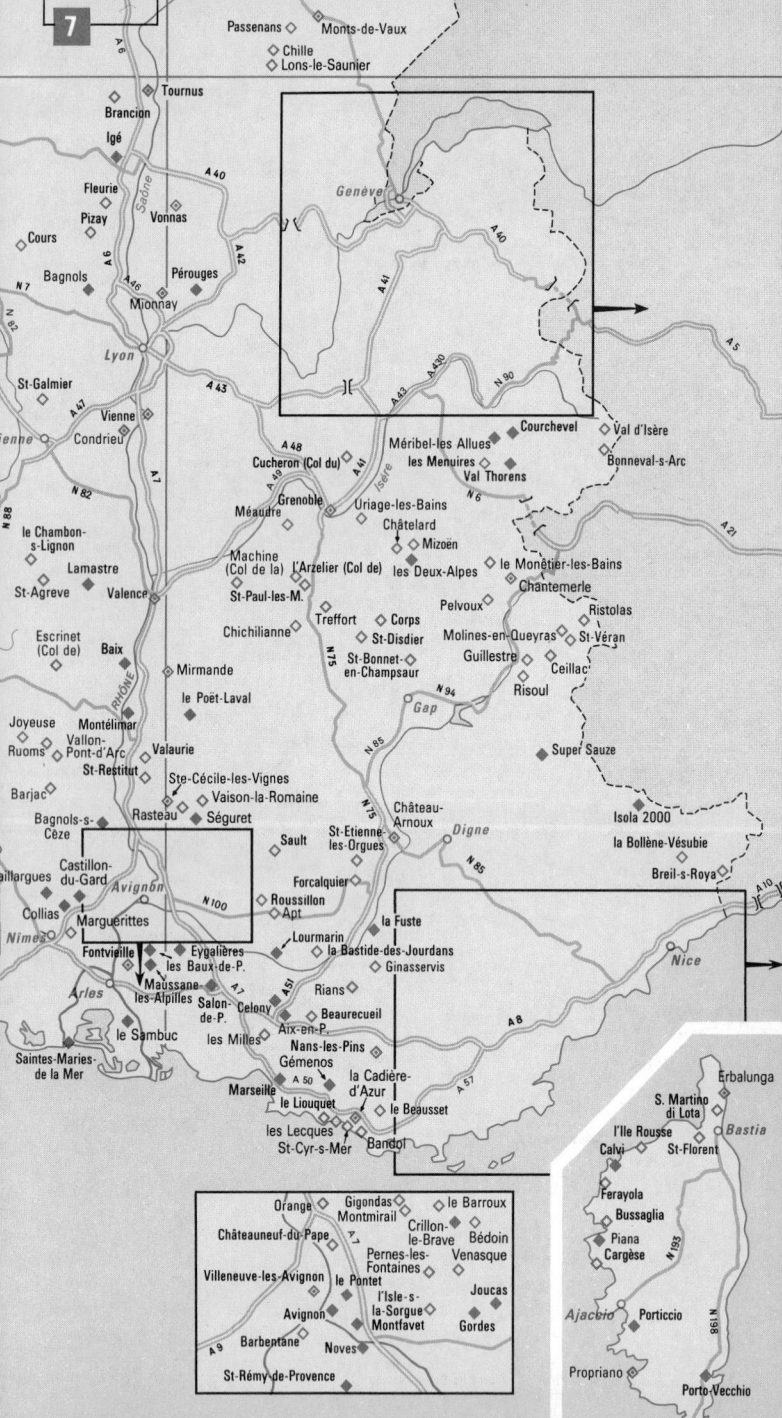

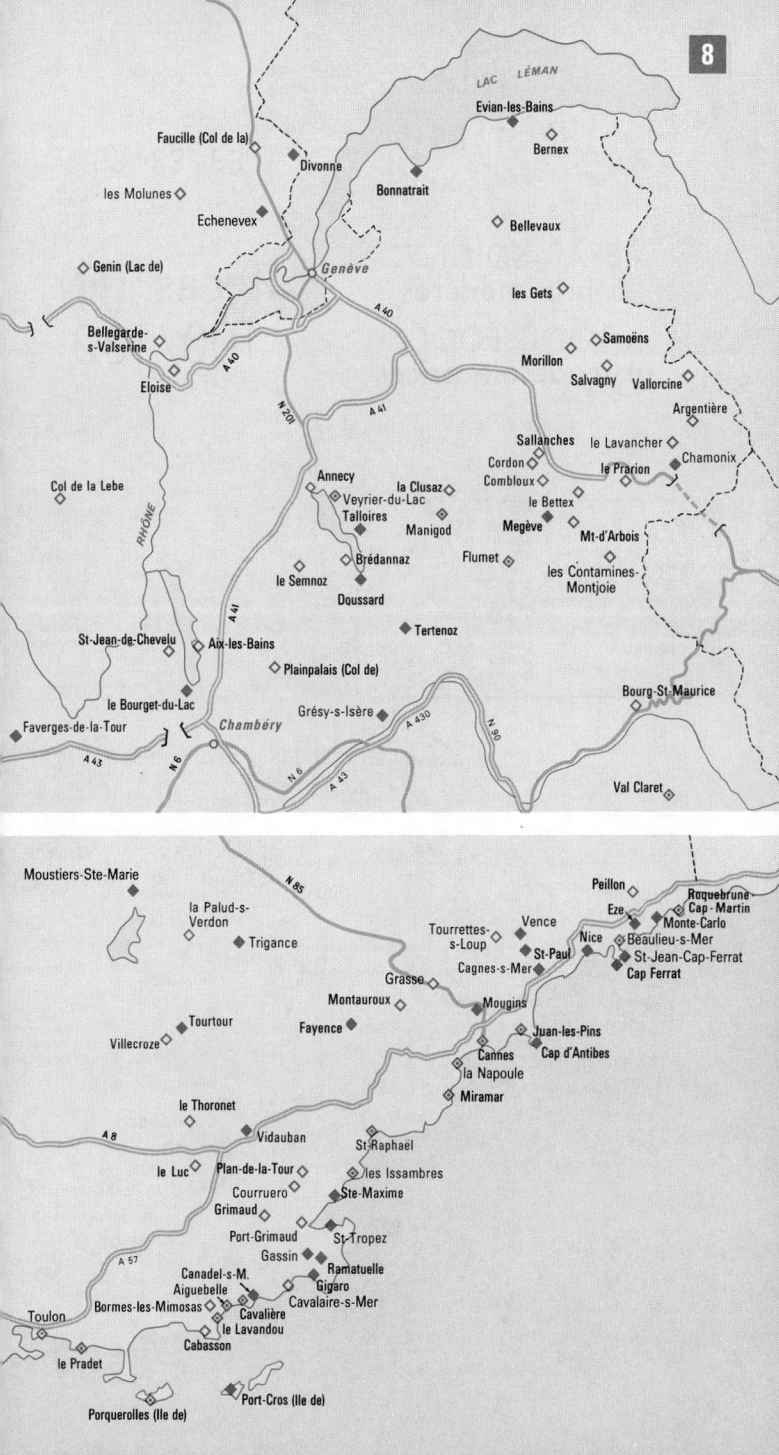

8

LAC LÉMAN

Faucille (Col de la)

Divonne

les Molunes

Echenevex

Bonnatrait

Evian-les-Bains

Bernex

Bellevaux

Genin (Lac de)

Genève

les Gets

Samoëns

Bellegarde-s-Valserine

Morillon

Salvagny

Vallorcine

Eloise

Argentière

Sallanches

le Lavancher

Chamonix

Cordon

le Prarion

Combloux

Col de la Lebe

Annecy

la Clusaz

le Bettex

Veyrier-du-Lac

Megève

Talloires

Manigod

Mt-d'Arbois

Brédannaz

Flumet

les Contamines-Montjoie

le Semnoz

Doussard

St-Jean-de-Chevelu

Tertenoz

Aix-les-Bains

Plainpalais (Col de)

Bourg-St-Maurice

le Bourget-du-Lac

Grésy-s-Isère

Faverges-de-la-Tour

Chambéry

Val Claret

Moustiers-Ste-Marie

N 85

Peillon

Roquebrune-Cap-Martin

la Palud-s-Verdon

Vence

Eze

Monte-Carlo

Trigance

Tourrettes-s-Loup

Nice

Beaulieu-s-Mer

St-Paul

St-Jean-Cap-Ferrat

Grasse

Cagnes-s-Mer

Cap Ferrat

Montauroux

Mougins

Tourtour

Fayence

Juan-les-Pins

Villecroze

Cap d'Antibes

Cannes

la Napoule

le Thoronet

Miramar

Vidauban

St-Raphaël

le Luc

Plan-de-la-Tour

les Issambres

Courruero

Ste-Maxime

Grimaud

Port-Grimaud

St-Tropez

Gassin

Ramatuelle

Canadel-s-M.

Gigaro

Aiguebelle

Cavalaire-s-Mer

Bormes-les-Mimosas

Cavalière

Toulon

le Lavandou

Cabasson

le Pradet

Port-Cros (Ile de)

Porquerolles (Ile de)

1

LES ÉTOILES
THE STARS

REPAS SOIGNÉS
à prix modérés
GOOD FOOD
at moderate prices

Repas (R)
100/130

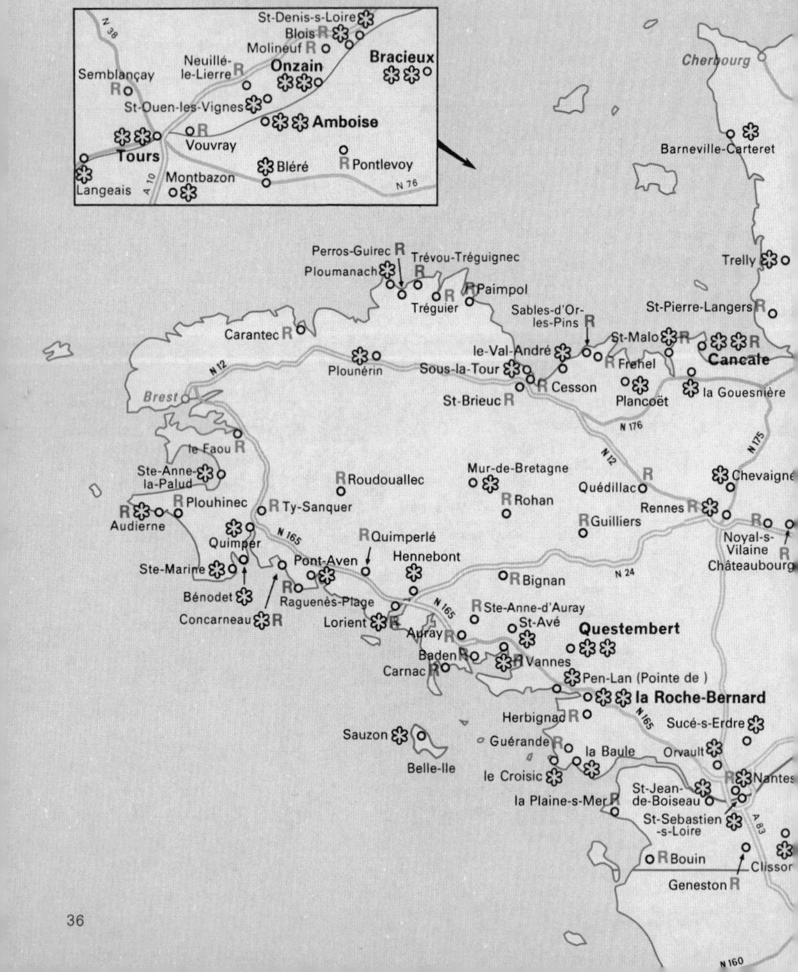

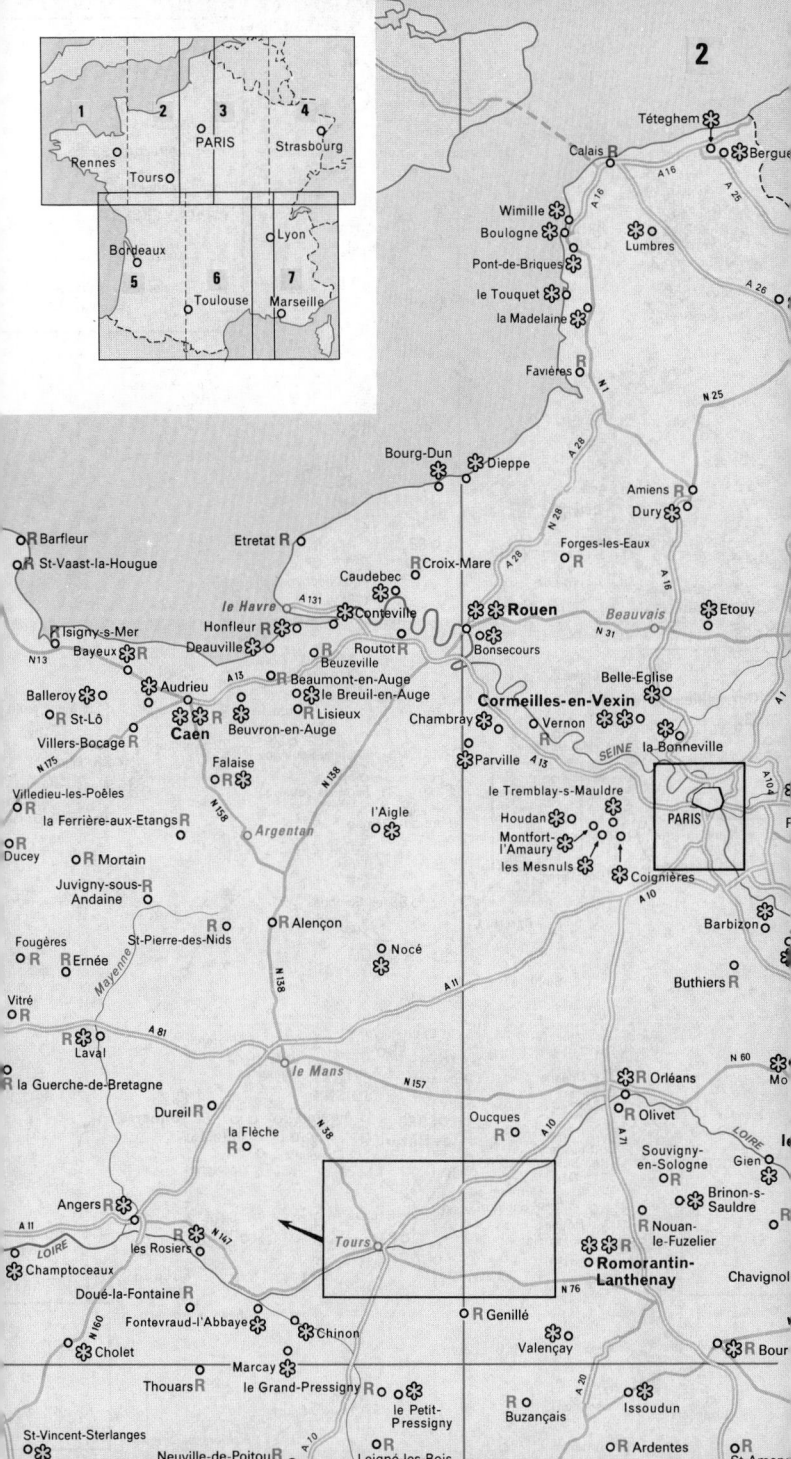

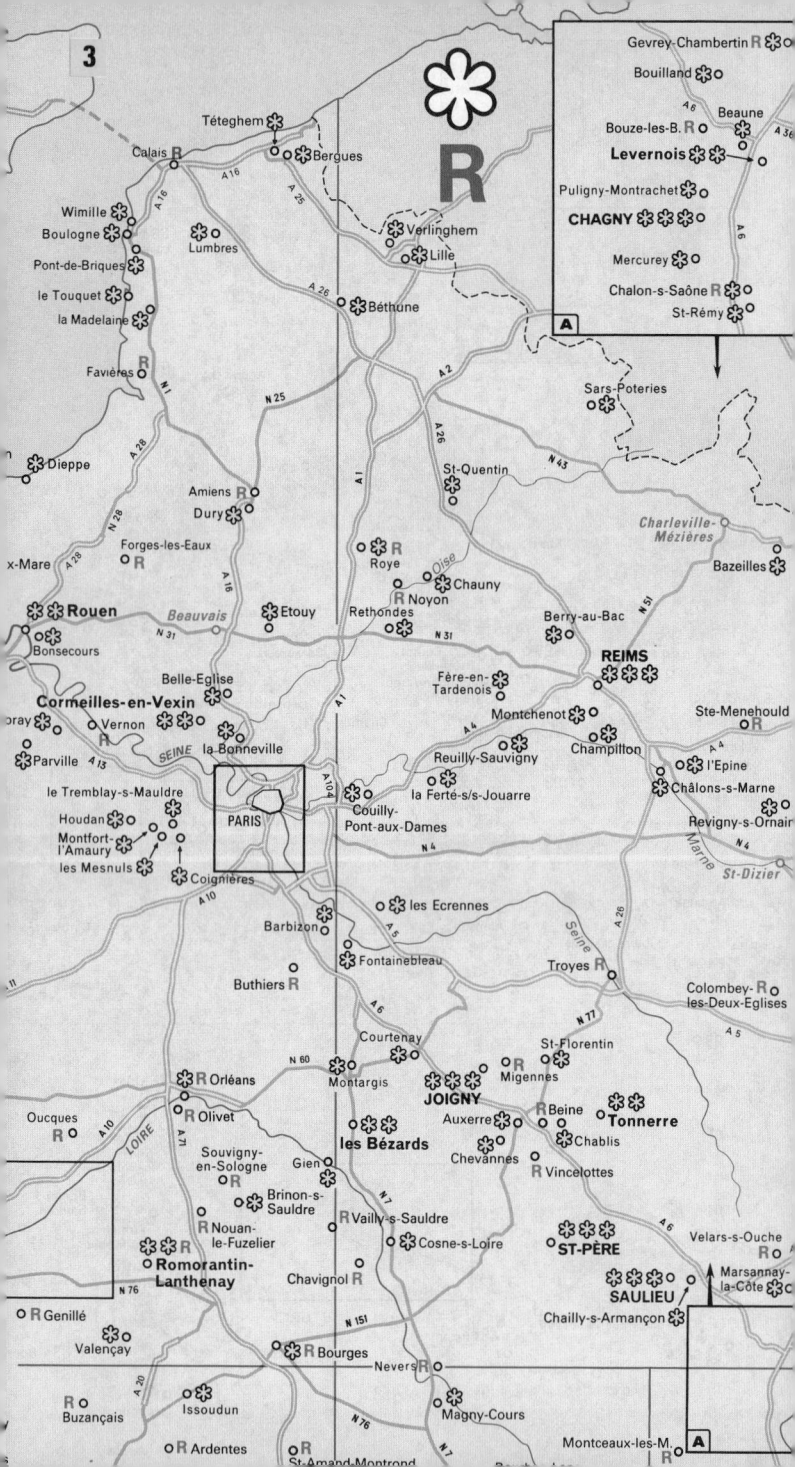

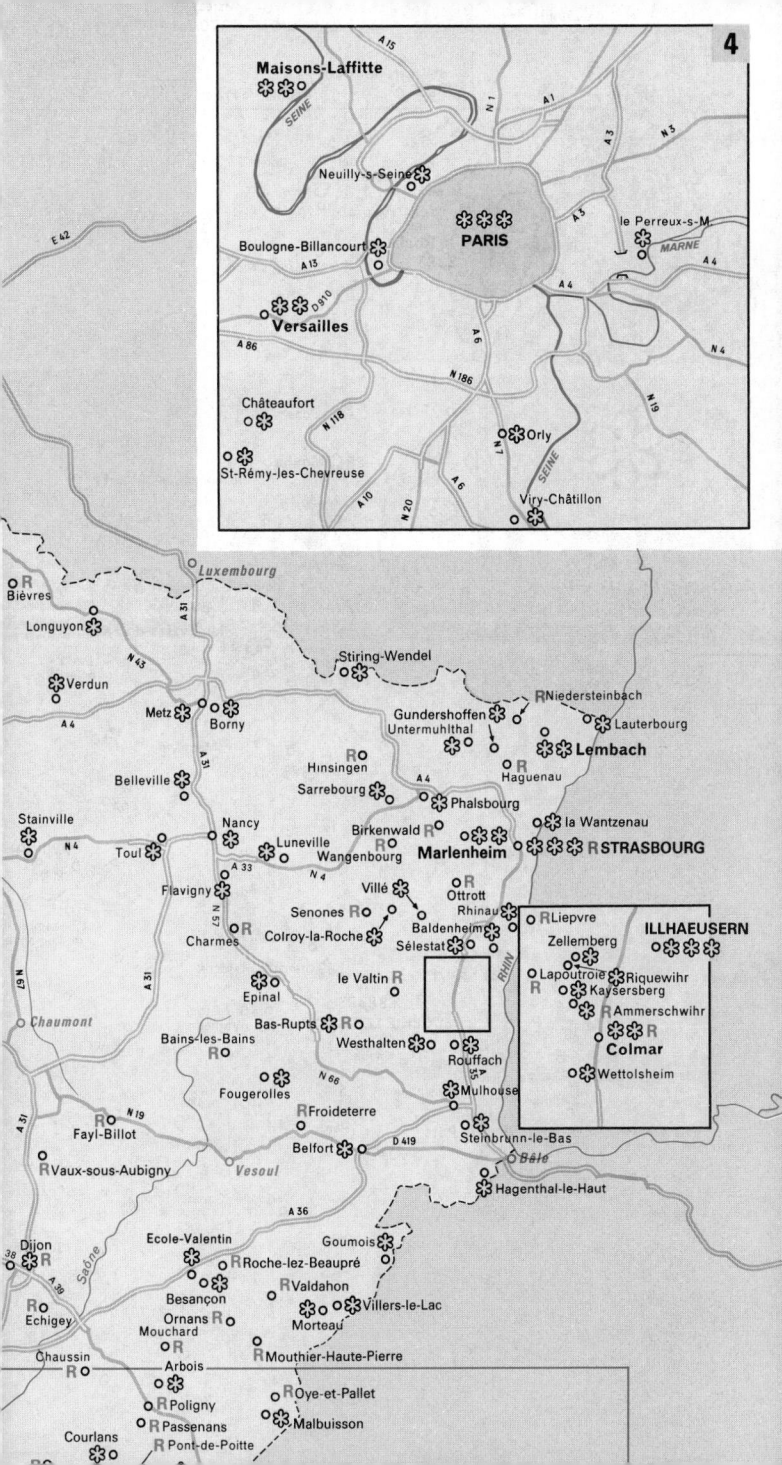

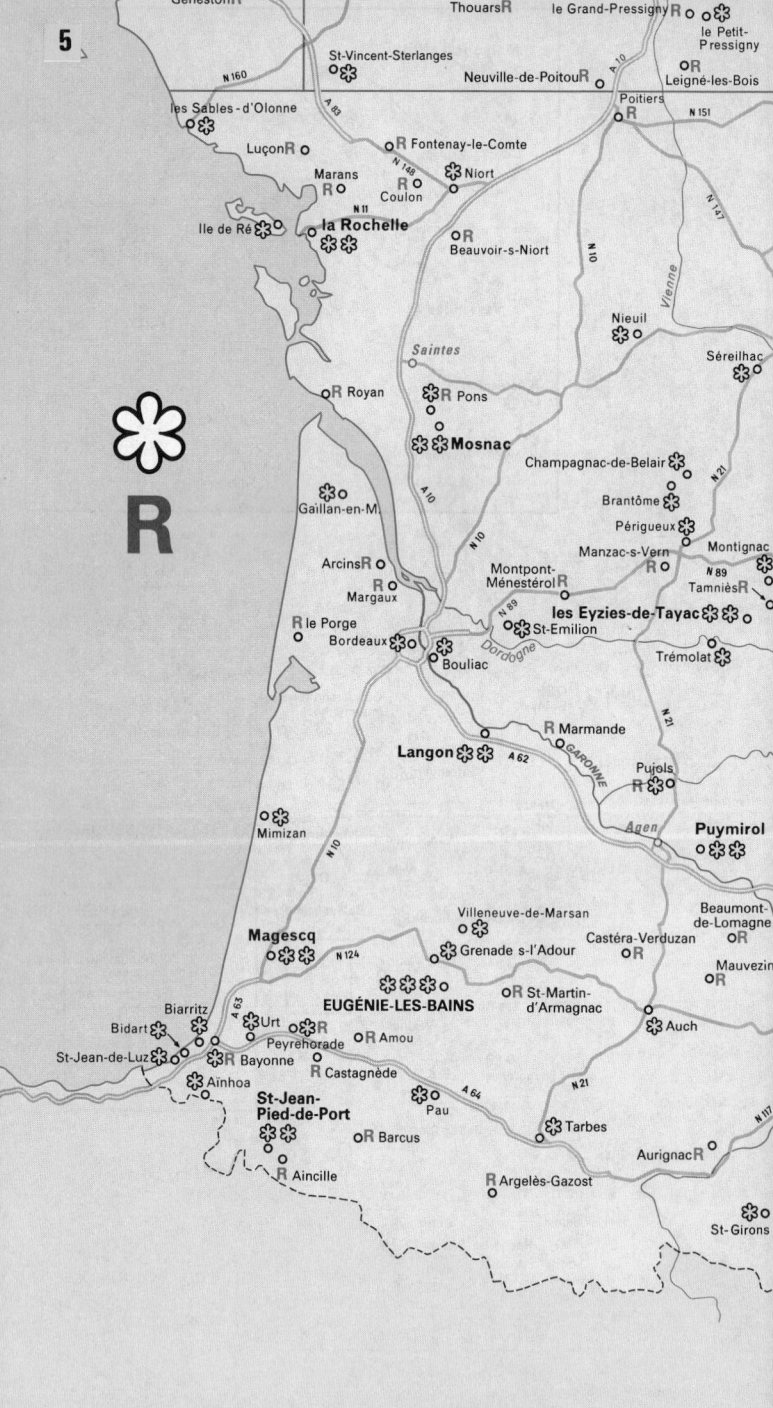

5

Geneston R

Marçay ✿✿
Thouars R   le Grand-Pressigny R   le Petit-Pressigny
                                      R
St-Vincent-Sterlanges   Leigné-les-Bois
✿✿   Neuville-de-Poitou R   Poitiers
les Sables - d'Olonne   N 151
✿✿
    Luçon R   Fontenay-le-Comte
                 R
Marans   ✿✿ Niort
R ✿
    Coulon
Ile de Ré ✿✿ la Rochelle ✿✿
                              R
                   Beauvoir-s-Niort
                                        Nieuil
                                        ✿✿
                Saintes   Séreilhac
        R Royan   ✿✿ R Pons
                   ✿✿ ✿✿ Mosnac
                        Champagnac-de-Belair ✿✿
        Gaillan-en-M. ✿✿   Brantôme ✿✿
                              Périgueux ✿✿
                   Arcins R   Manzac-s-Vern   Montignac
                   R ✿✿   R   ✿✿
                   Margaux   Montpont-   Tamniès R
                             Ménestérol R
        R le Porge   ✿✿ St-Emilion   les Eyzies-de-Tayac ✿✿ ✿✿
        Bordeaux ✿✿   Trémolat ✿✿
              ✿✿ Bouliac   Dordogne
                        R Marmande
        Langon ✿✿ ✿✿ A 62   Pujols
                                   R ✿✿
                              Agen   Puymirol
        O ✿✿   ✿✿ ✿✿
        Mimizan
                        Villeneuve-de-Marsan   Beaumont-
                        O ✿✿   de-Lomagne
        Magescq   ✿✿ Grenade s-l'Adour Castéra-Verduzan
        ✿✿ ✿✿   O R   Mauvezin
                  N 124   O R
              ✿✿ ✿✿ ✿✿   O R St-Martin-
              EUGÉNIE-LES-BAINS d'Armagnac   ✿✿ Auch
    Biarritz   O R
    ✿✿   Urt ✿✿
Bidart ✿✿   ✿✿ R Peyrehorade   R Amou
St-Jean-de-Luz ✿✿ R Bayonne
              ✿✿ Ainhoa   R Castagnède
              St-Jean-   ✿✿   A 64   N 21
              Pied-de-Port   Pau   ✿✿ Tarbes
              ✿✿ ✿✿
                        R Barcus   Aurignac R
                   R Aincille   R Argelès-Gazost
                                              ✿✿
                                         St-Girons

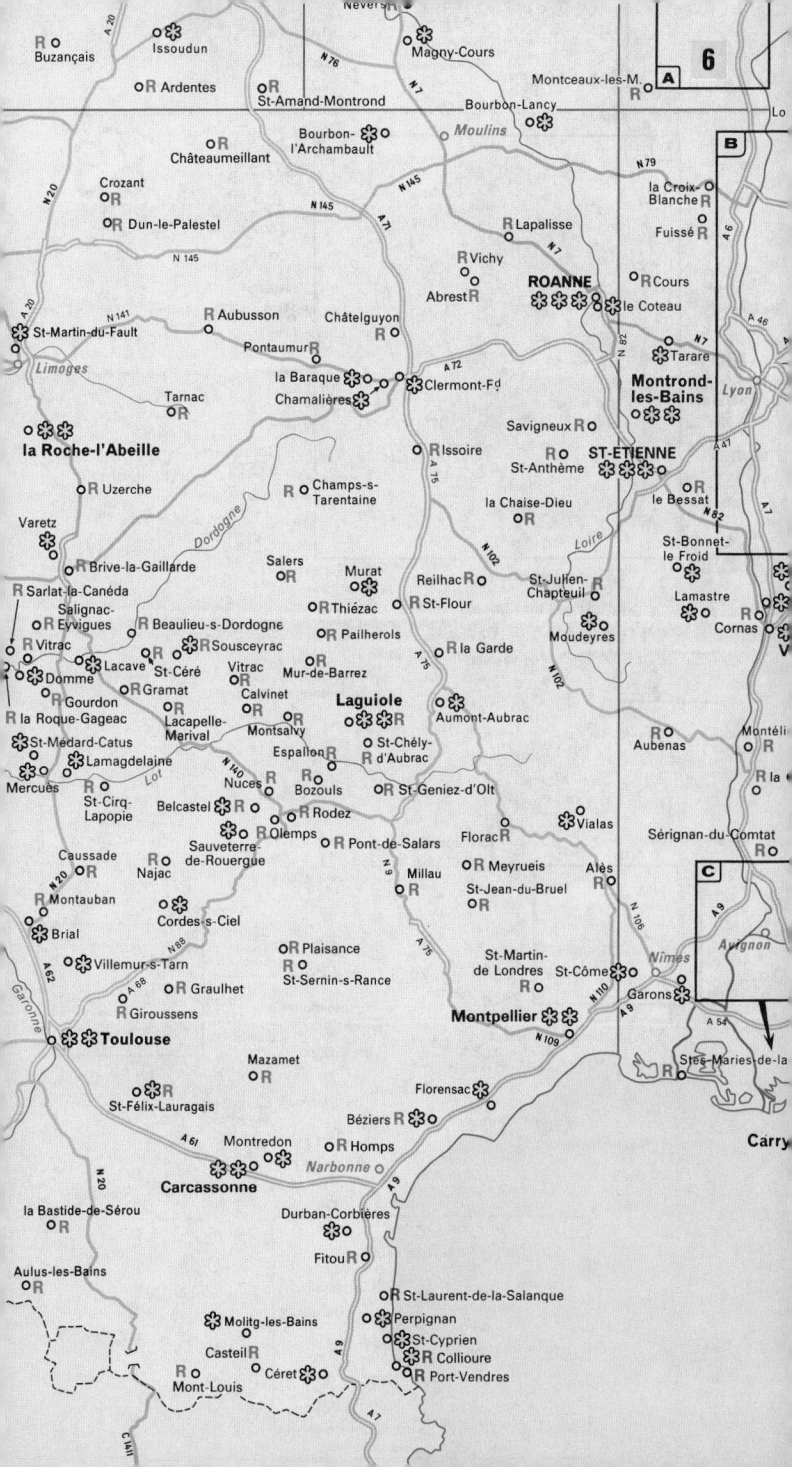

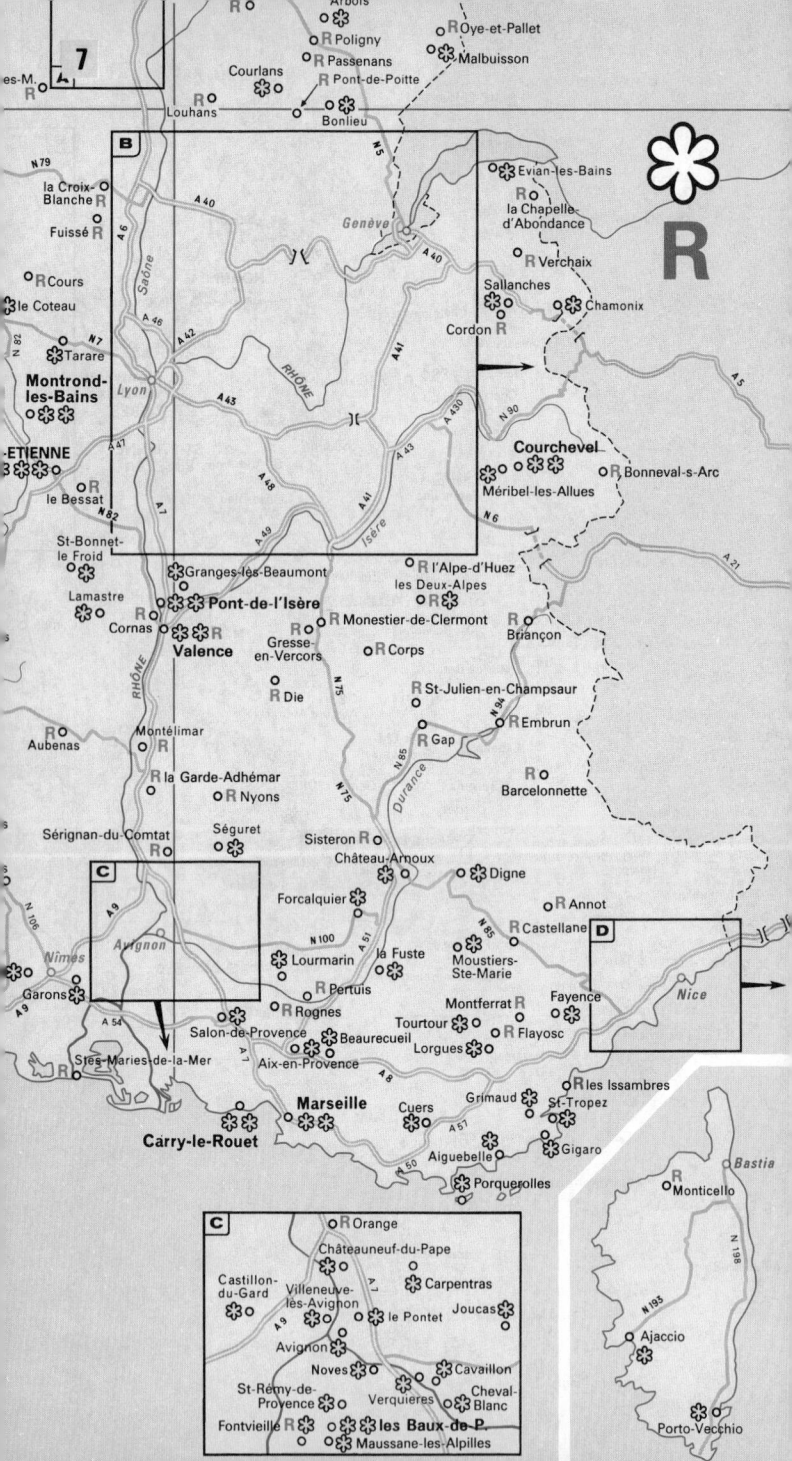

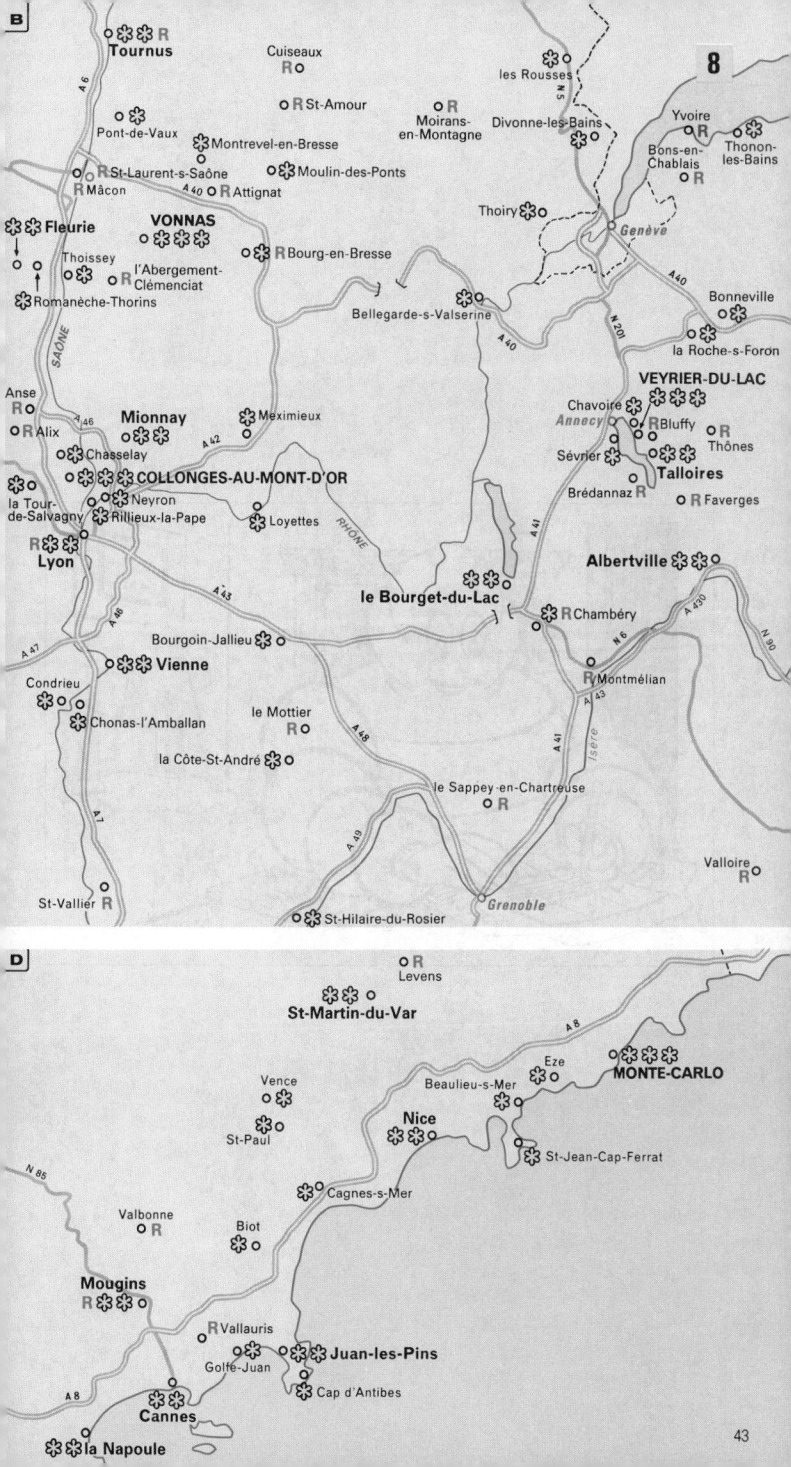

Localités
par ordre alphabétique

Places
in alphabetical order

Voir Château de Bagatelle★ BZ – Façade★ de l'église St-Vulfran AZ – Vitraux★ de l'église du
St-Sépulcre BY – Musée Boucher de Perthes★ BY **M.**

Env. St-Riquier : intérieur★★ de l'église★ 9 km par ② – Vallée de la Somme★ SE.

🏌️‍♂️₁₈ ✆ 22 24 98 58 à Grand-Laviers, E : 4 km par ⑦.

🅱 Office de Tourisme 1 pl. Amiral Courbet ✆ 22 24 27 92, Fax 22 31 08 26 et pl. Gén.-de-Gaulle (juil.-août).

Paris 165 ③ – ◆Amiens 44 ② – Arras 77 ① – Beauvais 89 ③ – Béthune 85 ② – Boulogne-sur-Mer 79 ① –
Dieppe 63 ④ – ◆Le Havre 161 ④ – ◆Rouen 103 ④ – St-Omer 87 ①.

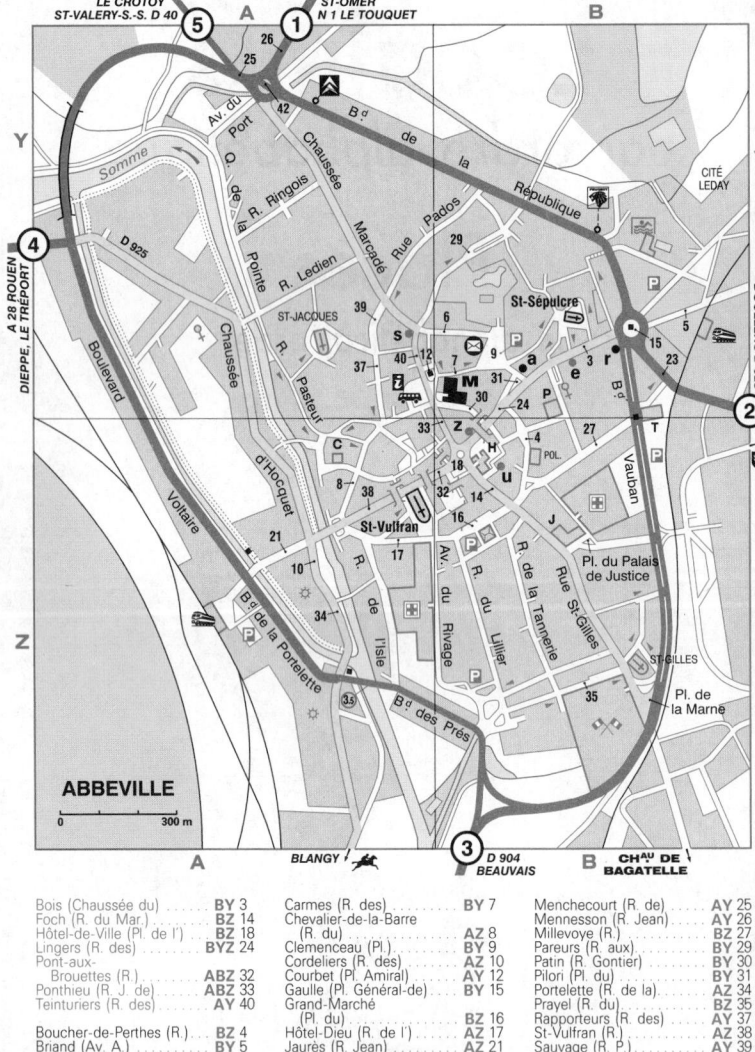

Bois (Chaussée du) . . . . . . **BY** 3	Carmes (R. des) . . . . **BY** 7	Menchecourt (R. de) . . . . **AY** 25
Foch (R. du Mar.) . . . . **BZ** 14	Chevalier-de-la-Barre	Mennesson (R. Jean) . . . . **AY** 26
Hôtel-de-Ville (Pl. de l') . . . **BZ** 18	(R. du) . . . . **AZ** 8	Millevoye (R.) . . . . **BZ** 27
Lingers (R. des) . . . . **BYZ** 24	Clemenceau (Pl.) . . . . **BY** 9	Pareurs (R. aux) . . . . **BY** 29
Pont-aux-	Cordeliers (R. des) . . . . . . **AZ** 10	Patin (R. Gontier) . . . . . . **BY** 30
Brouettes (R.) . . . . **ABZ** 32	Courbet (Pl. Amiral) . . . . . **AY** 12	Pilori (Pl. du) . . . . **BY** 31
Ponthieu (R. J. de) . . . . . . **ABZ** 33	Gaulle (Pl. Général-de) . . . **BY** 15	Portelette (R. de la) . . . . . **AZ** 34
Teinturiers (R. des) . . . . . . **AY** 40	Grand-Marché	Prayel (R. du) . . . . **BZ** 35
	(Pl. du) . . . . **BZ** 16	Rapporteurs (R. des) . . . . **AY** 37
Boucher-de-Perthes (R.) . . **BZ** 4	Hôtel-Dieu (R. de l') . . . . . **AZ** 17	St-Vulfran (R.) . . . . **AZ** 38
Briand (Av. A.) . . . . **BY** 5	Jaurès (R. Jean) . . . . **AZ** 21	Sauvage (R. P.) . . . . **AY** 39
Capucins (R. des) . . . . **BY** 6	Leclerc (Av. du Gén.) . . . . **BY** 23	Verdun (Pl. de) . . . . **AY** 42

Utilisez toujours les **cartes Michelin** récentes.
Pour une dépense minime vous aurez des informations sûres.

France, 19 pl. Pilori ✆ 22 24 00 42, Fax 22 24 26 15 – ascenseur TV ☎ – 35 à 70. AE ⓓ GB. ✻ rest BY **a**
Repas *(fermé 23 déc. au 2 janv. et sam. midi)* 68/100 , enf. 48 – ☐ 40 – **68 ch** 199/340 – ½ P 275.

Ibis, par ② et rte d'Amiens : 2 km ✆ 22 24 80 80, Fax 22 31 75 96 – ch TV ☎ & P – 40. AE GB
Repas 97/140 , enf. 40 – ☐ 36 – **45 ch** 250/309.

Relais Vauban sans rest, 4 bd Vauban ✆ 22 25 38 00, Fax 22 31 75 97 – TV ☎. GB
☐ 30 – **22 ch** 240/280. BY **r**

XX **Aub. de la Corne,** 32 chaussée du Bois ✆ 22 24 06 34, Fax 22 24 03 65 – AE ⓓ GB
fermé dim. soir et lundi – **Repas** 98/280 . BY **e**

XX **Au Châteaubriant,** 1 pl. Hôtel de Ville ✆ 22 24 08 23, Fax 22 24 22 64 – AE GB BYZ **z**
fermé 24 juil. au 11 août, dim. soir et lundi – **Repas** 80/135 , enf. 40.

XX **L'Escale en Picardie,** 15 r. Teinturiers ✆ 22 24 21 51 – AE ⓓ GB. ✻ AY **s**
fermé dim. soir et lundi soir – **Repas** - poissons et coquillages - 120/275 .

X **Condé,** 14 pl. Libération ✆ 22 24 06 33 – GB BZ **u**
fermé dim. soir et mardi sauf fériés – **Repas** 65 (déj.), 85/205.

ALFA-ROMEO Idéal Garage, 21 av. Schumann ZI ✆ 22 24 57 77
CITROEN Auto Diffusion de Picardie, 214 bd République ✆ 22 24 30 80
FORD Abbeville-Autom., 29 chaussée d'Hocquet ✆ 22 24 08 54
PEUGEOT Gds Gar. de l'Avenir, 8-22 bd de la République ✆ 22 24 77 55 N ✆ 22 31 53 25
RENAULT Palais Autom., ZI rte de Doullens par ② ✆ 22 24 29 80 N ✆ 22 31 52 23

Lagrange Pneus, 76 rte de Doullens ✆ 22 24 14 72

L'ABERGEMENT-CLÉMENCIAT 01 Ain 74 ② – rattaché à Châtillon-sur-Chalaronne.

L'ABER-WRAC'H 29 Finistère 58 ④ **G. Bretagne** – alt. 53 – ✉ **29214** Landéda.
Paris 607 – ◆Brest 28 – Landerneau 37 – Landivisiau 48 – Morlaix 69 – Quimper 96.

Baie des Anges sans rest, ✆ 98 04 90 04, ← – ☎ P. GB
Pâques-début nov. – ☐ 50 – **17 ch** 185/305.

ABLIS **78660** Yvelines 60 ⑨ 106 ㊵ – 2 033 h alt. 178.
Paris 63 – Chartres 31 – Étampes 29 – Mantes 61 – ◆Orléans 75 – Rambouillet 15 – Versailles 44.

X **Croix Blanche,** ✆ (1) 30 59 10 31 – AE GB
fermé 22 au 30 déc. et fév. – **Repas** 130/240.

à l'Ouest : 6 km par D 168 – ✉ **28700** St-Symphorien-le-Château :

Château d'Esclimont , ✆ 37 31 15 15, Fax 37 31 57 91, ←, « Parc, étang, forêt », , – ascenseur TV ☎ P – 120. AE ⓓ GB. ✻ rest
Repas 260 bc (déj.), 320/495 – ☐ 85 – **47 ch** 600/1850, 6 appart – ½ P 730/1330.

ABONDANCE **74360** H.-Savoie 70 ⑱ **G. Alpes du Nord** – 1 251 h alt. 930 – Sports d'hiver : 930/1650 m 1 14.
Voir Abbaye★ : Fresques★★ du cloître.
Office de Tourisme ✆ 50 73 02 90.
Paris 597 – Thonon-les-Bains 27 – Annecy 102 – Évian-les-Bains 28 – Morzine 25.

Les Touristes, ✆ 50 73 02 15, Fax 50 73 04 20, , – TV ☎ P. GB. ✻ rest
1er juin-30 sept. et vacances de Noël-début avril – **Repas** 92/250, enf. 48 – ☐ 35 – **21 ch** 200/350 – ½ P 205/280.

CITROEN Gar. Trincaz, à Richebourg ✆ 50 73 03 16
RENAULT, TOYOTA Gar. des Alpes, ✆ 50 73 01 41 N ✆ 50 73 01 41

ABRESCHVILLER **57560** Moselle 62 ⑧ – 1 233 h alt. 310.
Paris 435 – ◆Strasbourg 79 – Baccarat 47 – Lunéville 58 – Phalsbourg 23 – Sarrebourg 16.

XX **Aub. de la Forêt,** à Lettenbach : 0,5 km ✆ 87 03 71 78, Fax 87 03 79 96, – P. GB
fermé vacances de Noël et lundi – **Repas** 55 (déj.), 70/185 , enf. 48.

ABREST 03 Allier 73 ⑤ – rattaché à Vichy.

ACCOLAY **89460** Yonne 65 ⑤ – 377 h alt. 125.
Paris 190 – Auxerre 21 – Avallon 29 – Tonnerre 39.

Host. de la Fontaine , ✆ 86 81 54 02, Fax 86 81 52 78, , – ☎ P. AE GB
1er mars-15 nov. – **Repas** 110/230 , enf. 55 – ☐ 32 – **11 ch** 230/300 – ½ P 240.

ACQUIGNY 27 Eure 55 ⑰ – rattaché à Louviers.

ADÉ 65 H.-Pyr. 85 ⑧ – rattaché à Lourdes.

Les ADRETS-DE-L'ESTÉREL 83600 Var 84 ⑧ 114 ㉕ 115 ㉝ – 1 474 h alt. 300.

Env. Mt Vinaigre ❄ ★★★ S : 8 km puis 30 mn, G. **Côte d'Azur.**

🖪 Office de Tourisme bd de la Plage N 98 ☎ 94 82 01 85.

Paris 886 – Fréjus 18 – Cannes 27 – Draguignan 43 – Grasse 29 – Mandelieu 15 – St-Raphaël 21.

🏨 **Le Chrystalin** ⟋, chemin des Philippons ☎ 94 40 97 56, Fax 94 40 94 66, ≼, 佘, ⒎ – 📺 ⓑ ⚃ 🄿. ⯑
1er mars-30 sept. – **Repas** (fermé lundi) 95/195 ⓙ, enf. 50 – � 50 – **12 ch** 430, 3 duplex – ½ P 385.

🏠 **La Verrerie** ⟋ sans rest, ☎ 94 40 93 51, 🌫 – 📺 ☎ 🄿. ⯑
1er avril-30 sept – ⊡ 36 – **7 ch** 250/300.

SE : 3 km par D 237 et N 7 – ✉ **83600** Les Adrets-de-l'Esterel :

XXX **Aub. des Adrets,** ☎ 94 40 36 24, Fax 94 40 34 06, 佘, ⒎, 🌫 – 🄿. ⯑
1er mars-1er nov. – **Repas** (fermé dim. soir et lundi sauf juil.-août) 120/250 bc.

AFA 2A Corse-du-Sud 90 ⑯ – voir à Corse (Ajaccio).

AGAY 83 Var 84 ⑧ 114 ㉖ 115 ㉝ ㉞ G. **Côte d'Azur** – ✉ **83700** St-Raphaël.

🏌 du Cap Estérel ☎ 94 82 58 14, S : 2 km par N 98.

🖪 Office de Tourisme bd de la Plage, N 98 ☎ 94 82 01 85, Fax 94 82 74 20.

Paris 886 – Fréjus 12 – Cannes 31 – Draguignan 41 – ♦Nice 63 – St-Raphaël 9.

🏨 **France-Soleil** sans rest, ☎ 94 82 01 93, Fax 94 82 73 95, ≼ – 📺 ☎ 🄿. ⯑ ⯑ ⯑
Pâques-oct. – ⊡ 48 – **18 ch** 420/550.

🏠 **Beau Site,** à Camp Long SO : 1 km par N 98 ☎ 94 82 00 45, Fax 94 82 71 02, 佘 – ≼ ch 📺 ☎ 🄿. ⯑ ⯑ ⯑. ⯑ rest
hôtel : fermé 1er nov. au 1er déc. ; rest. : 1er avril-31 oct. et fermé mardi sauf juil.-août – **Repas** (dîner seul.) 139 ⓙ – ⊡ 39 – **20 ch** 240/490 – ½ P 270/395.

AGDE 34300 Hérault 83 ⑮ ⑯ G. **Gorges du Tarn** (plan) – 17 583 h alt. 15 – Casino.

Voir Ancienne cathédrale St-Étienne★.

🏌 de St-Martin-Cap-d'Agde ☎ 67 26 54 40, S : 4 km par D 32^E.

🖪 Office de Tourisme espace Molière ☎ 67 94 29 68, Fax 67 94 03 50.

Paris 771 – ♦Montpellier 53 – Béziers 23 – Lodève 67 – Millau 122 – Sète 23.

🏨 **Athéna** Ⓜ sans rest, SE : 2 km par D 32^{E10}, rte de Cap d'Agde ☎ 67 94 21 90, Fax 67 94 80 80, ⒎, 🌫 – ☎ ⓑ ⟺ 🄿. ⯑ ⯑
fermé dim. de nov. à mars – ⊡ 45 – **24 ch** 390/410.

à La Tamarissière SO : 4 km par D 32^{E12} – ✉ **34300** Agde :

🏨 **La Tamarissière,** ☎ 67 94 20 87, Fax 67 21 38 40, 佘, « Jardin fleuri », ⒎ – 📺 ☎ – ⓐ 25. ⯑ ⯑ ⯑
fermé 2 janv. au 15 mars – **Repas** (fermé lundi midi du 16 juin au 14 sept., dim. soir et lundi du 15 sept. au 15 juin) 145/355 – ⊡ 65 – **27 ch** 430/590 – ½ P 480/560.

au Grau d'Agde SO : 4 km par D 32^E – ✉ **34300** :

XX **L'Adagio,** ☎ 67 21 13 00 – ▤. ⯑
fermé 13 nov. au 13 déc. et merc. d'oct. à mars – **Repas** 98/210.

au Cap d'Agde SE : 5 km par D 32^{E10} – ✉ **34300** Agde :

Voir Ephèbe d'Agde★ au musée de l'Ephèbe.

🏨 **St-Clair** Ⓜ sans rest, pl. St-Clair ☎ 67 26 36 44, Fax 67 26 31 11, ⒑, ⒎ – ⒔ ▤ 📺 ☎ 🄿 – ⓐ 30. ⯑ ⯑ ⯑ ⯑
25 mars-1er nov. – ⊡ 30 – **64 ch** 325/565, 18 duplex.

🏨 **Capaô,** av. Corsaires ☎ 67 26 99 44, Fax 67 26 55 41, 佘, ⒑, ⯑, 🌫 – 📺 ☎ ⓑ 🄿 – ⓐ 45. ⯑ ⯑ ⯑
1er avril-30 oct. – **Repas** 95/195, enf. 45 – ⊡ 45 – **47 ch** 590/695, 8 duplex – ½ P 440/490.

🏨 **du Golf,** Ile des Loisirs ☎ 67 26 87 03, Fax 67 26 26 89, 佘, ⒎, ⯑, 🌫 – ▤ ch 📺 ☎ 🄿 – ⓐ 70. ⯑ ⯑ ⯑
15 mars-1er nov. – **Repas** 140 – ⊡ 55 – **50 ch** 630/660 – ½ P 470/510.

🏨 **Les Pins** sans rest, Mont-St-Martin ☎ 67 26 00 11, Télex 480942, Fax 67 26 66 63, ⒎, 🌫 – 📺 ☎ ⓑ 🄿. ⯑ ⯑ ⯑
15 mars-15 oct. – ⊡ 42 – **40 ch** 590.

🏠 **Azur** Ⓜ sans rest, 18 av. Iles d'Amérique ☎ 67 26 98 22, Fax 67 26 48 14, ⒎ – 📺 ☎ ⓑ 🄿 – ⓐ 25. ⯑ ⯑
⊡ 32 – **34 ch** 340/390.

🏠 **Alizé** sans rest, av. Alizés ☎ 67 26 77 80, Fax 67 01 26 21, ⒎ – cuisinette 📺 ☎ ⓑ 🄿. ⯑ ⯑
Pâques-début oct. – ⊡ 35 – **33 ch** 350/400.

CITROEN Agde Auto, 21 av. R.-Pitet ☎ 67 94 24 84
PEUGEOT Gar. Four, 12 av. Gén.-de-Gaulle
☎ 67 94 11 41 🆖 ☎ 67 94 82 01
RENAULT Occitane Auto, ZI rte de Sète
☎ 67 94 22 81 🆖 ☎ 05 05 15 15

RENAULT Gar. Briffa, av. de Béziers à Vias
☎ 67 21 62 50 🆖 ☎ 67 21 62 50

⑩ Gautrand Pneus Vulcopneu, rte de Sète
☎ 67 94 30 60

Voir Musée★★ AXY **M**.

🏌 Agen-Bon Encontre ♎ 53 96 95 78, par ③.

✈ d'Agen-la-Garenne : ♎ 53 96 22 50, SO : 3 km.

🛈 Office de Tourisme 107 bd Carnot ♎ 53 47 36 09, Fax 53 47 29 92.

Paris 719 ① – Auch 72 ④ – ◆Bordeaux 139 ⑤ – Pau 157 ⑤ – Périgueux 139 ① – ◆Toulouse 115 ⑤.

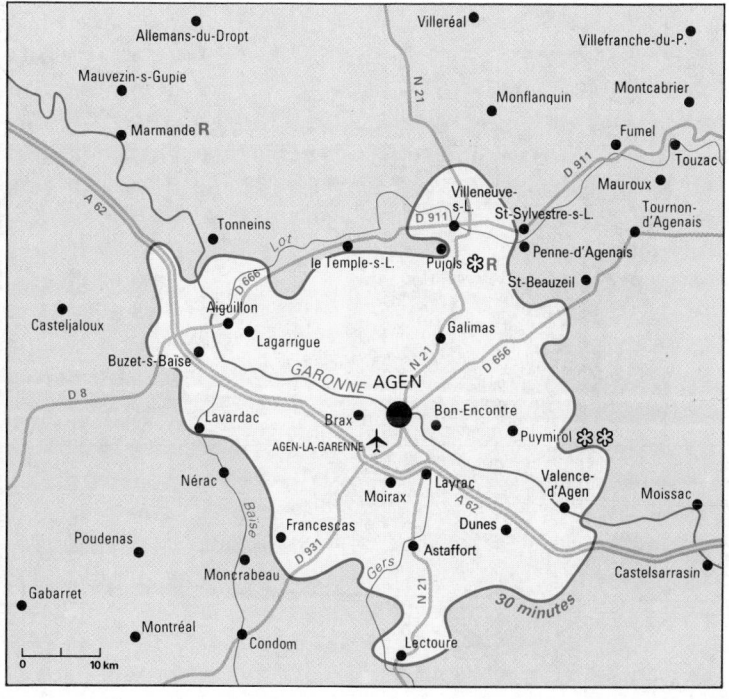

🏨 **Host. des Jacobins** ⚘ sans rest, 1 ter pl. Jacobins ♎ 53 47 03 31, Fax 53 47 02 80 –
♀ ch 🖃 📺 ☎ 🅿. ᴀᴇ ⓞ 🌀 ᴊᴄʙ
AY **f**
⚏ 65 – **15 ch** 300/600.

🏨 **Provence** sans rest, 22 cours 14 Juillet ♎ 53 47 39 11, Fax 53 68 26 24 – 🛗 🖃 📺 ☎. ᴀᴇ
🌀
BX **s**
⚏ 35 – **23 ch** 275/330.

🏨 **Atlantic H.** sans rest, 133 av. J. Jaurès par ③ ♎ 53 96 16 56, Fax 53 98 34 80, 🏊 – 🛗 📺
☎ 🚗. ᴀᴇ ⓞ 🌀
fermé 25 déc. au 1er janv. – ⚏ 31 – **44 ch** 220/300.

🏨 **Ibis** Ⓜ sans rest, 16 r. C. Desmoulins ♎ 53 47 43 43, Fax 53 47 68 54 – 🛗 ♀ ch 🖃 📺 ☎
& 🅿. ᴀᴇ 🌀
BX **b**
⚏ 35 – **56 ch** 280/300.

🏨 **Stim'Otel,** 105 bd Carnot ♎ 53 47 31 23, Fax 53 47 48 70 – 🛗 🖃 rest 📺 ☎ & – 🔏 40. ᴀᴇ
🌀
BY **a**
Repas (fermé sam. midi et dim. midi) 79/89 🍷, enf. 42 – ⚏ 34 – **58 ch** 275.

🏨 **Campanile,** par ⑤ : 3 km ♎ 53 68 08 08, Fax 53 98 32 46 – ♀ ch, 🖃 rest 📺 ☎ & 🅿 –
🔏 25. ᴀᴇ 🌀
Repas 82 bc/105 bc, enf. 39 – ⚏ 30 – **47 ch** 270.

XX **Michel Latrille,** 66 r. C. Desmoulins ♎ 53 66 24 35, Fax 53 66 77 57 – 🖃. ᴀᴇ ⓞ
🌀
BX **n**
fermé 14 au 23 juil., 2 au 8 janv., sam. midi et dim. – **Repas** 100/300.

X **La Bohème,** 14 r. E. Sentini ♎ 53 68 31 00, 🎋 – 🌀
BX **e**
fermé 23 au 31 juil., 17 au 25 déc., dim. soir et lundi – **Repas** 55 (déj.), 90/95 🍷.

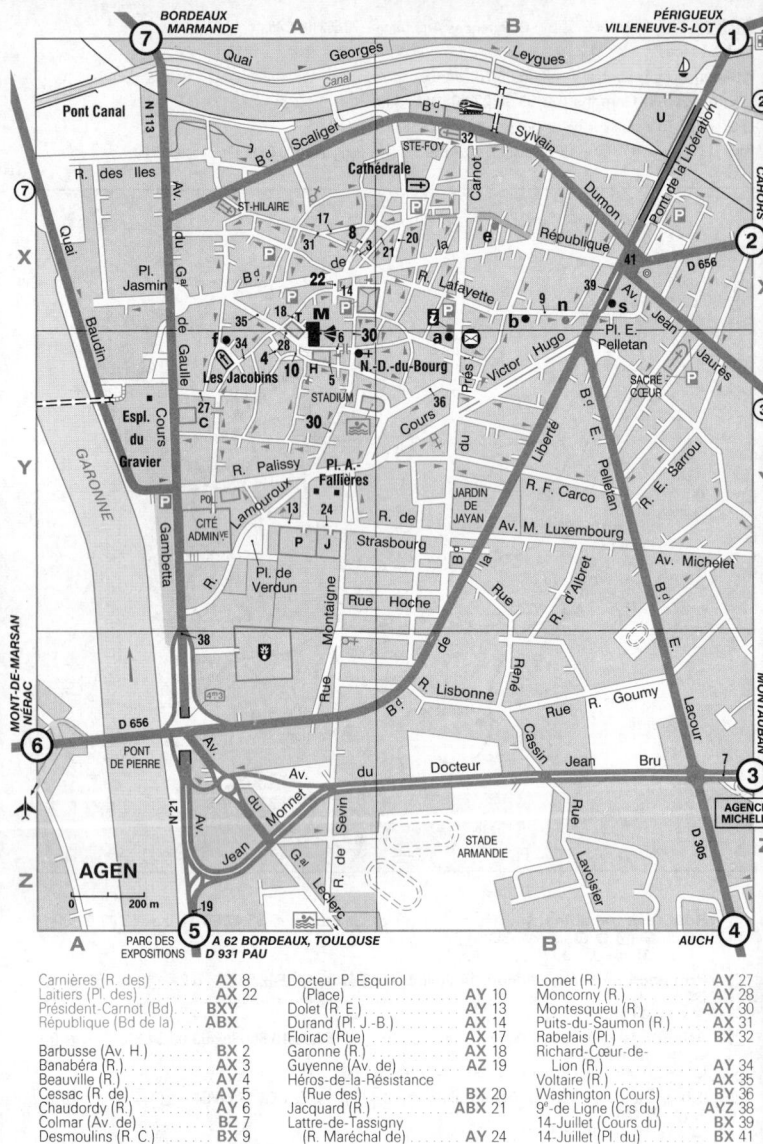

BORDEAUX
MARMANDE

PÉRIGUEUX
VILLENEUVE-S-LOT

CAHORS

MONTAUBAN

MONT-DE-MARSAN
NÉRAC

AUCH

AGEN

0   200 m

PARC DES
EXPOSITIONS

A 62 BORDEAUX, TOULOUSE
D 931 PAU

à Galimas par ① : 11 km – ⊠ 47340 La Croix-Blanche :

🏠 **La Sauvagère,** 𝒞 53 68 81 21, Fax 53 68 82 19, 🐎 – 📺 ☎ 🅿 🆎 ⓞ 🇬🇧
fermé 15 déc. au 15 janv., et dim. – **Repas** *(fermé lundi hors sais., dim. et lundi midi en sais.)* 98/198 – ⊇ 40 – **12 ch** 248/368 – ½ P 220/300.

à Bon-Encontre par ③ : 5 km – 5 362 h. – ⊠ 47240 :

XX **Parc** avec ch, r. République 𝒞 53 96 17 75, Fax 53 96 29 05, 🌳 – 🍴 rest 📺 ☎ 🅿 🆎 ⓞ 🇬🇧
fermé vacances de fév., dim. soir (sauf hôtel en été) et lundi – **Repas** 95/250, enf. 65 – ⊇ 27 – **10 ch** 195/250 – ½ P 340.

50

rte de Toulouse par ③ : 6 km sur N 113 – ⊠ **47550** Boé :

🏡 **Château St Marcel** Ⓜ ⚲, 𝒫 53 96 61 30, Fax 53 96 94 33, ≤, 🏤, parc, « Demeure du 17ᵉ siècle, ⤋ », 🍴 – 🗐 📺 ☎ ও 🅿 – 🕍 60. 🖭 ⑩ ☲ 🕬
Repas *(fermé dim. soir et lundi du 1ᵉʳ oct. au 30 avril)* 160/250 – ☲ 65 – **25 ch** 600/950 – ½ P 525/975.

à l'Aéroport SO : 3 km – AZ – ⊠ **47000** Agen :

𝕏𝕏 **Aéroport**, 𝒫 53 96 38 95, Fax 53 98 38 55, 🏤 – 🗐 🅿. 🖭 ⑩ ☲
fermé août, dim. soir et lundi – **Repas** 95 (déj.), 160/175.

par ⑤ près échangeur A 62 : 6 km – ⊠ **47520** Le Passage :

🏢 **Comfort Inn Primevère** Ⓜ, 𝒫 53 96 36 35, Fax 53 96 37 36, 🏤 – 📺 ☎ ও 🅿 – 🕍 30. 🖭 ☲
Repas 81/102 ⚙, enf. 41 – ☲ 30 – **38 ch** 260 – ½ P 210.

à Moirax par ⑤, N 21 et D 268 : 9 km – ⊠ **47310** :

Voir Église★.

𝕏 **Aub. de Moirax**, 𝒫 53 87 12 61 – ☲
fermé 1ᵉʳ au 11 nov., 18 au 28 fév., dim. soir et lundi – **Repas** 89/140 ⚙, enf. 50.

à Brax par ⑥ et D 119 : 6 km – ⊠ **47310** :

🏨 **La Renaissance de l'Étoile**, 𝒫 53 68 69 23, Fax 53 68 62 89, 🏤, « Jardin fleuri » – 📺 ☎ 🅿 🖭 ⑩ ☲ 🕬
fermé vacances de fév. – **Repas** *(fermé sam. midi, dim. soir et lundi midi)* 102/289, enf. 59 – ☲ 42 – **10 ch** 220/305 – ½ P 277/297.

rte de Bordeaux par ⑦ : 1,5 km – ⊠ **47450** Colayrac :

𝕏𝕏 **La Corne d'Or** avec ch, N 113 𝒫 53 47 02 76, Fax 53 66 87 23 – 🗐 rest 📺 ☎ 🅿 – 🕍 30.
↔ 🖭 ⑩ ☲
fermé 8 juil. au 1ᵉʳ août et dim. soir – **Repas** 78/230 – ☲ 30 – **14 ch** 250/380 – ½ P 220/280.

FORD Malbet Autom., av. Gén.-Leclerc
𝒫 53 96 87 90
HONDA Gar. Boudou, av. Gén.-Leclerc
𝒫 53 68 34 34
JAGUAR Gar. Tastets, 182 bd Liberté
𝒫 53 47 10 63

NISSAN Gar. Leberon, rte de Toulouse à Lafox
𝒫 53 68 52 94
OPEL Palissy Garage, av. du Docteur Jean-Bru
𝒫 53 98 17 77 🄽 𝒫 53 98 11 11
RENAULT SAVRA, r. du Midi Agen Sud par ⑤
𝒫 53 77 70 20 🄽 𝒫 53 68 94 61

Périphérie et environs

ALFA ROMEO, FIAT Pradat Auto, 25 av. de Bigorre
à Boé 𝒫 53 96 43 78
BMW Gar. Chollet, rte de Toulouse à Boé
𝒫 53 96 29 55
CITROEN S.A.G.G., bd E.-Lacour prolongé Boé
par ④ 𝒫 53 77 55 55 🄽 𝒫 53 77 55 55

🅦 Euromaster, rte de Layrac à Boé 𝒫 53 96 46 43
Faure Pneu, ZI J.-Malèze à Bon-Encontre
𝒫 53 96 08 63

AGON-COUTAINVILLE 50230 Manche 🎵 ⑫ G. Normandie Cotentin – 2 510 h alt. 35 – Casino.
🛵 𝒫 33 47 03 31.
🛈 Office de Tourisme pl. 28 Juillet 1944 𝒫 33 47 01 46.
Paris 349 – Saint-Lô 44 – Barneville-Carteret 48 – Carentan 42 – Cherbourg 75 – Coutances 13.

🏨 **Neptune** sans rest, 𝒫 33 47 07 66, ≤ – ☎. 🖭 ⑩ ☲
1ᵉʳ avril-30 sept. – ☲ 45 – **11 ch** 340/400.

𝕏𝕏 **Hardy** avec ch, 𝒫 33 47 04 11, Fax 33 47 39 00 – 📺 ☎. 🖭 ⑩ ☲
*fermé 15 janv. au 15 fév., dim. soir et lundi (sauf vacances scolaires et fériés – *
Repas 105/320 ⚙, enf. 60 – ☲ 45 – **16 ch** 260/400 – ½ P 315/380.

AGOS-VIDALOS 65 H.-Pyr. 🎵 ⑰ – rattaché à Argelès-Gazost.

AGUESSAC 12520 Aveyron 🎵 ⑭ – 811 h alt. 372.
Paris 635 – Mende 89 – Rodez 59 – Florac 68 – Millau 7 – Sévérac-le-Château 25.

🏢 **Le Rascalat**, NO : 2 km N 9 𝒫 65 59 80 43, Fax 65 59 73 90, 🏤, 🌿 – 📺 ☎ 🅿. ☲
fermé 1ᵉʳ fév. au 15 mars, dim. soir et lundi du 1ᵉʳ oct. à fin mars – **Repas** 95/240 – ☲ 35 – **20 ch** 90/300 – ½ P 170/252.

Participez à notre effort permanent
de mise à jour

Adressez-nous vos remarques
et vos suggestions.

Cartes et guides Michelin

46 avenue de Breteuil - 75324 Paris Cedex 07

L'AIGLE 61300 Orne **60** ⑤ **G. Normandie Vallée de la Seine** – 9 466 h alt. 209.

🛈 Office de Tourisme pl. F.-de-Beina (saison) ☎ 33 24 12 40, Fax 33 34 23 77.

Paris 140 – Alençon 61 – Chartres 79 – Dreux 59 – Évreux 57 – Lisieux 57.

🏨 ✿ **Dauphin** (Bernard), pl. Halle ☎ 33 84 18 00, Fax 33 34 09 28 – 📺 ☎ 🅿 – 🔬 25 à 100. ⚿
Ⓓ ☜ ᴊᴄʙ
Repas 128/420 bc et carte 270 à 360, enf. 68 - **La Renaissance** (brasserie) **Repas** 63/
85 ♨, enf. 60 – ☲ 41 – **30 ch** 349/448 – ½ P 252/377
Spéc. Feuilleté d'oeufs brouillés aux escargots. Langouste ou homard. "Millepomme" glacé et pommes confites au
calvados.

E : 3,5 km par rte Chartres – ✉ **61300** L'Aigle :

✕✕ **Aub. St-Michel,** N 26 ☎ 33 24 20 12, 佘 – 🅿. ☜
fermé 4 au 18 janv., merc. soir et jeudi – **Repas** 85/165 ♨, enf. 45.

PEUGEOT BG Autom., à St-Sulpice-sur-Risle
☎ 33 24 14 66
RENAULT Gar. Pavard, rte de Paris à St-Sulpice-
sur-Risle ☎ 33 24 18 99 🆘 ☎ 33 24 51 50
RENAULT Gar. Dano, 4 r. L.-Pasteur ☎ 33 24 00 34

VAG Gar. Poirier, RN 26 à St-Michel-Tuboeuf
☎ 33 24 02 43

🅔 Lallemand Pneus, rte de Paris à St-Sulpice-
sur-Risle ☎ 33 24 48 24

AIGUEBELETTE-LE-LAC 73 Savoie **74** ⑮ **G. Alpes du Nord** – 170 h alt. 417.

Voir Lac★ – Site★ de la Combe.

Paris 539 – ◆Grenoble 60 – Belley 36 – Chambéry 24 – Voiron 37.

à la Combe – ✉ **73610** Lépin-le-Lac :

✕✕ **de la Combe "chez Michelon"** 🦫 avec ch, ☎ 79 36 05 02, Fax 79 44 11 93, ≤ Lac, 佘
– ☎ 🅿. ☜. ఖ ch
fermé 30 oct. au 3 déc., lundi soir et mardi sauf juil.-août – **Repas** 130/240, enf. 72 – ☲ 35 –
9 ch 189/295 – ½ P 246/315.

à Novalaise-Lac – alt. 427 – ✉ **73470** :

🏨 **Novalaise-Plage** 🦫, ☎ 79 36 02 19, Fax 79 36 04 22, ≤ lac, 佘, 🦆, 🏕 – ⧖ ch ☎ 🅿.
☜. ఖ
1er avril-1er oct. et fermé mardi hors sais. – **Repas** 95/160 – ☲ 35 – **10 ch** 250/320 –
½ P 290/320.

à St-Alban-de-Montbel – alt. 440 – ✉ **73610** :

🏨 **St-Alban-Plage** 🦫 sans rest, NE : 1,5 km D 921 ☎ 79 36 02 05, Fax 79 44 10 37, ≤ Lac,
🦆, – ☎ 🅿. ☜
mai-oct. – ☲ 35 – **16 ch** 390.

à Attignat-Oncin – ✉ **73610** :

✕✕ **Mont-Grêle** 🦫 avec ch, ☎ 79 36 07 06, Fax 79 36 09 54, ≤, 佘, 🏕 – ☎ 🅿. ☜
fermé 2 janv. au 15 fév., lundi soir et mardi – **Repas** 100/180, enf. 65 – ☲ 30 – **11 ch** 210/270
– ½ P 260/290.

AIGUEBELLE 83 Var **84** ⑰, **114** ㊽ – rattaché au Lavandou.

AIGUES-MORTES 30220 Gard **83** ⑧ **G. Provence** (plan) – 4 999 h alt. 3.

Voir Remparts★★ et tour de Constance★★ – ⧓★★ – Tour Carbonnière ⧓★ NE : 3,5 km.

🛈 Office de Tourisme porte de la Gardette ☎ 66 53 73 00, Fax 66 53 65 94.

Paris 750 – ◆Montpellier 33 – Arles 48 – Nîmes 37 – Sète 54.

🏨 **Templiers** Ⓜ sans rest, 23 r. République ☎ 66 53 66 56, Fax 66 53 69 61, « Demeure du
17e siècle » – 🗏 📺 ☎ ఓ, ⇦. ⚿ ☜
fermé 15 janvier au 1er mars – ☲ 50 – **11 ch** 475/700.

🏨 **St-Louis,** 10 r. Amiral Courbet ☎ 66 53 72 68, Télex 485465, Fax 66 53 75 92, 佘 – 📺 ☎
⇦. ⚿ Ⓓ ☜
*hôtel : fermé 1/1 au 15/3 ; rest. : ouvert 1er avril-31 oct. et fermé le midi sauf vend. sam. dim.
et fériés* – **Repas** 98/195, enf. 60 – ☲ 45 – **22 ch** 400/490 – ½ P 295/380.

🏨 **Croisades** sans rest, 2 r. Port ☎ 66 53 67 85, Fax 66 53 72 95 – 🗏 📺 ☎ ఓ 🅿. ☜. ⚿
☲ 34 – **14 ch** 240/300.

✕✕ **Arcades** Ⓜ avec ch, 23 bd Gambetta ☎ 66 53 81 13, Fax 66 53 75 46, 佘, « Demeure du
16e siècle » – 📺 ☎. ⚿ Ⓓ ☜
fermé 13 au 30 nov., 12 au 28 fév., mardi midi et lundi sauf juil.-août et fériés – **Repas**
115/220, enf. 60 – **6 ch** ☲ 480/550.

✕✕
➥ **La Goulue,** 2 ter r. Denfert-Rochereau ☎ 66 53 69 45, Fax 66 53 69 45, 佘
1er avril-30 sept. – **Repas** 60/155.

✕ **Maguelone,** 38 r. République ☎ 66 53 74 60, 佘 – ⚿ ☜
fermé 1er janv. au 28 fév. et merc. sauf juil.-août – **Repas** 80 (déj.)/105.

rte de Nîmes NE : 1,5 km – ✉ **30220** Aigues-Mortes :

🏨
➥ **Royal H.** Ⓜ, ☎ 66 53 66 40, Fax 66 53 72 29, 佘, ⿰ – 🗏 ch 📺 ☎ ఓ 🅿. ☜
Repas 60/170, enf. 37 – ☲ 28 – **44 ch** 266/286 – ½ P 223.

RENAULT Gar. Guyon Autom., ☎ 66 53 81 10 🆘 ☎ 66 53 81 10

AIGUILLON 47190 L.-et-G. 79 ⑭ – 4 169 h alt. 35.

Paris 690 – Agen 30 – Houeillès 31 – Marmande 28 – Nérac 28 – Villeneuve-sur-Lot 33.

Terrasse de l'Étoile, cours A.-Lorraine ✆ 53 79 64 64, Fax 53 79 46 48, ⌂, ⛱ – TV ☎ ♿ – 🏛 25. AE GB
Repas 75/180 ♁, enf. 45 – ☕ 28 – **18 ch** 190/250 – ½ P 215.

à Lagarrigue E : 4,5 km par D 278 et VO – ✉ **47190** :

Aub. des Quatre Vents, ✆ 53 79 62 18, Fax 53 88 73 82, ≤ Aiguillon et environs, ⌂, ⌂ – P. GB
fermé vacances de fév., sam. midi, dim. soir et lundi – **Repas** 100/210, enf. 60.

AIGURANDE 36140 Indre 68 ⑲ – 1 932 h alt. 425.

Paris 316 – Argenton-sur-Creuse 33 – Châteauroux 47 – La Châtre 26 – Guéret 36 – La Souterraine 41.

Berry et rest. La Gourmandière avec ch, ✆ 54 06 30 38, ⌂ – P. GB
fermé 3 au 18 sept., 2 au 15 janv., dim. soir et lundi – **Repas** 100/270 – ☕ 35 – **5 ch** 200/280.

FIAT Guillebaud ✆ 54 06 31 12
PEUGEOT Gar. Buvat, ✆ 54 06 33 15 N ✆ 54 06 33 15
RENAULT Gar. Yvernault, 38 r. Marche ✆ 54 06 30 59 N ✆ 54 06 30 59
Tisseron ✆ 54 06 30 54

AILEFROIDE 05 H.-Alpes 77 ⑰ – rattaché à Pelvoux (Commune de).

AIME 73210 Savoie 74 ⑱ **G. Alpes du Nord** – 2 963 h alt. 690.

Voir Ancienne basilique St-Martin★.

Office de Tourisme av. Tarentaise ✆ 79 09 79 79.

Paris 622 – Albertville 40 – Bourg-Saint-Maurice 12 – Chambéry 87 – Moutiers 13.

Palanbo sans rest, av. de Tarentaise ✆ 79 55 67 55 – TV ☎ ♿ P. AE GB
☕ 29 – **20 ch** 260/330.

du Cormet sans rest, av. de Tarentaise ✆ 79 09 71 14, Fax 79 55 53 26 – TV ☎ P. GB.
fermé 15 au 25 mai et dim. soir de mai à nov. – ☕ 30 – **14 ch** 260/300.

L'Atre, av. de Tarentaise ✆ 79 09 75 93 – GB
fermé 31 mai au 13 juin, 3 au 24 oct. et mardi – **Repas** 85/150.

AINCILLE 64 Pyr.-Atl. 85 ③ – rattaché à St-Jean-Pied-de-Port.

AINGERAY 54 M.-et-M. 62 ④ – rattaché à Liverdun.

AINHOA 64250 Pyr.-Atl. 85 ② **G. Pyrénées Aquitaine** – 539 h alt. 124.

Voir Rue principale★.

Paris 797 – Biarritz 26 – ◆Bayonne 25 – Cambo-les-Bains 11 – Pau 126 – St-Jean-de-Luz 22.

✿ **Ithurria** (Isabal), ✆ 59 29 92 11, Fax 59 29 81 28, « Joli décor rustique, jardin, ⛱ », Ⅎ₆ – ▤ rest TV ☎ P – 🏛 25. AE ⓓ GB
fin mars-2 nov. et fermé mardi soir et merc. hors sais. – **Repas** (dim. prévenir) 160/260 et carte 250 à 340 – ☕ 45 – **27 ch** 520/600 – ½ P 520/550
Spéc. Foie gras des Landes au naturel. Salade tiède de queues de langoustines. Pigeon rôti à l'ail doux sur canapé.
Vins Jurançon, Madiran.

Argi-Eder ♨, ✆ 59 29 91 04, Fax 59 29 74 33, ≤, ⌂, « Jardin », ⛱, ✂ – ▤ rest TV ☎ P – 🏛 30. AE ⓓ GB JCB. ch
8 avril-15 nov. et fermé dim. soir et merc. hors sais. – **Repas** (dim. prévenir) 135/235, enf. 75 – ☕ 52 – **30 ch** 690/790, 6 appart – ½ P 630/660.

Oppoca, ✆ 59 29 90 72, Fax 59 29 81 03, ⌂, ⌂ – ☎. AE GB JCB
9 avril-mi-nov. – **Repas** *(fermé lundi sauf du 1er juil. au 30 sept.)* 125/220, enf. 62 – ☕ 43 – **12 ch** 290/420 – ½ P 300/400.

LES GUIDES VERTS MICHELIN

Paysages, monuments
Routes touristiques
Géographie
Histoire, Art
Itinéraires de visite
Plans de villes et de monuments

AIRAINES 80270 Somme 52 ⑦ G. Flandres Artois Picardie – 2 175 h alt. 49.

Paris 144 – ♦Amiens 27 – Abbeville 21 – Beauvais 68 – Le Tréport 46.

  ✗ **Pont d'Hure**, O : 5 km sur D 936 (rte d'Oisemont) ℘ 22 29 42 10, Fax 22 29 89 73 – **P**. GB

    fermé 1er au 15 août, 1er au 15 janv. et mardi – **Repas** (déj. seul. sauf sam.) 85/180 ⅃, enf. 45.

AIRE-SUR-L'ADOUR 40800   Landes 82 ① ②
G. Pyrénées Aquitaine – 6 205 h alt. 80.

Voir Sarcophage de Ste-Quitterie★ dans l'église Ste-Quitterie **B**.

🛈 Office de Tourisme ℘ 58 71 64 70.

Paris 724 ① – Mont-de-Marsan 31 ① – Auch 83 ② – Condom 67 ② – Dax 74 ① – Orthez 58 ③ – Pau 50 ③ – Tarbes 70 ②.

🏨 **Adour H.** 🅜 ⚜ sans rest, 28 av. 4 Septembre **(b)** ℘ 58 71 66 17, Fax 58 71 87 66, ⅃ – 🆃🆅 ☎ ♿ ⇔ **P**. GB
☲ 30 – **31 ch** 205/240.

🏨 **Les Platanes**, 2 pl. Liberté **(d)** ℘ 58 71 60 36 – 🆃🆅 ☎. GB. ❄ ch
fermé 23 oct. au 10 nov. et vend. sauf le soir en sais. – **Repas** 68/200 ⅃, enf. 40 – ☲ 24 – **12 ch** 145/285 – ½ P 160/190.

✗ **Les Bruyères** avec ch, par ① : 1 km ℘ 58 71 80 90, Fax 58 71 87 21, 🌱 – 🆃🆅 ☎ ♿ **P**. 🅰🅴 ⓞ GB
fermé 1er au 15 oct. – **Repas** (fermé dim. soir) 60/215 ⅃, enf. 30 – ☲ 30 – **8 ch** 200/250 – ½ P 180.

✗ **Chez l'Ahumat** avec ch, 2 r. Mendès-France **(e)** ℘ 58 71 82 61 – GB. ❄ ch
fermé 20 mars au 3 avril et 1er au 15 sept. – **Repas** (fermé merc.) 52/140 ⅃ – ☲ 22 – **13 ch** 100/175 – ½ P 160/180.

à Ségos (32 Gers) par ③, N 134 et D 260 : 9 km – ✉ 32400 :

🏨 **Domaine de Bassibé** ⚜, ℘ 62 09 46 71, Fax 62 08 40 15, 🌱, parc, ⅃ – 🆃🆅 ☎ ♿ **P**. 🅰🅴 ⓞ GB
fermé 2 janv. au 15 mars – **Repas** (fermé merc. midi et mardi hors sais.) 180 bc/350 – ☲ 75 – **12 ch** 650/825, 7 appart – ½ P 600/880.

rte de Bordeaux par ④ : 4,5 km – ✉ 40270 Cazères-sur-l'Adour :

🏨 **Airotel** 🅜 ⚜ sans rest, ℘ 58 71 72 72, Fax 58 71 81 94, parc, ⅃, ❉ – ⇔ ch 🆃🆅 ☎ ♿ **P** – 🔺 25. GB
☲ 25 – **34 ch** 195/230.

CITROEN Gar. Couralet, ZI rte de Bordeaux par ① ℘ 58 71 65 65 🛇 ℘ 58 79 93 35
FORD Gar. Daudon-Sadra, 52 av. 4 Septembre ℘ 58 71 60 64
PEUGEOT Gar. Labarthe, ZI Cap de la Coste, N 124 par ① ℘ 58 71 71 95 🛇 ℘ 58 06 75 19

RENAULT SADIA, rte de Bordeaux par ① ℘ 58 71 60 01 🛇 ℘ 58 06 73 20
VAG Auto Satisfaction, Cap Coste, rte de Bordeaux ℘ 58 71 61 62

🚗 Euromaster, 65, av. de Bordeaux ℘ 58 71 62 14

BORDEAUX
N 124

AIRE-
SUR-L'ADOUR

GARE

Carnot (R.) 2
Daugé (R. C.) 3
Despagnet (R. F.) 4
Duprat (R. P.) 6
Gambetta (R.) 8
Labeyrie (R. H.) 10
Mendès-France (R.) . 11
Verdun (Av. de). 12

AIRE-SUR-LA-LYS 62120 P.-de-C. 51 ⑭ G. Flandres Artois Picardie – 9 529 h alt. 22.

Voir Bailliage★ **B** – Collégiale St-Pierre★ **E**.

🛈 Office de Tourisme le Bailliage, Grand'Place (mars-déc.) ℘ 21 39 65 66.

Paris 239 ② – ♦Calais 61 ④ – Arras 58 ② – Béthune 24 ② – Boulogne-sur-Mer 66 ③ – ♦Lille 61 ① – Montreuil 55 ③.

Plan page ci-contre

🏨 **Host. Trois Mousquetaires** ⚜, Château de la Redoute **(a)** ℘ 21 39 01 11, Fax 21 39 50 10, « Parc avec pièce d'eau » – 🆃🆅 ☎ **P** – 🔺 35. 🅰🅴 ⓞ GB 🇯🇨🇧. ❄
fermé mi-déc. à mi-janv. – **Repas** 110/330 ⅃, enf. 60 – ☲ 45 – **31 ch** 290/560 – ½ P 400/550.

à la gare de Berguette SE : 6 km par D 187 – ✉ 62330 Isbergues :

✗✗ **Le Buffet** avec ch, ℘ 21 25 82 40, 🌱, ❀ – 🆃🆅. GB
fermé 1er au 20 août, dim. soir et lundi sauf fériés – **Repas** 75/270 ⅃ – ☲ 25 – **4 ch** 140/180 – ½ P 180/230.

CITROEN Gar. Warmé, 14 r. Lyderic ℘ 21 39 00 31
RENAULT Gar. Noël, 5 pl. Jéhan-d'Aire ℘ 21 39 02 98 🛇 ℘ 21 38 34 00

VAG Gar. Inglard, RN 43 ℘ 21 38 00 11

🚗 Auto Pneu, 1 r. Alsace-Lorraine ℘ 21 39 07 08

AIRE-SUR-LA-LYS

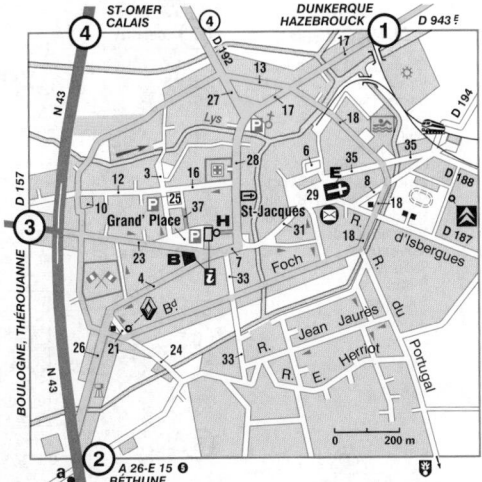

AISEY-SUR-SEINE 21400 Côte-d'Or 𝟞𝟝 ⑧ – 172 h alt. 256.

Paris 252 – Chaumont 74 – Châtillon-sur-Seine 15 – ◆Dijon 69 – Montbard 27.

🏠 **Roy** 🐾, 𝒫 80 93 21 63, Fax 80 93 25 74, 🦐 – ☎ 🅿, ﹣ ⅭⒺ ⒼⒷ
fermé mardi de sept. à mai – **Repas** 70/160 ⅊, enf. 38 – ⌷ 30 – **10 ch** 160/260 – ½ P 270.

AIX-EN-OTHE 10160 Aube 𝟞𝟙 ⑮ G. Champagne – 2 260 h alt. 132.

Voir Jubé★ dans l'église de Villemaur-sur-Vanne N : 4,5 km.

🅱 Syndicat d'initiative, 13 r. Schentzle 𝒫 25 46 70 93.

Paris 155 – Troyes 32 – Nogent-sur-Seine 39 – St-Florentin 35 – Sens 35.

🏠 **Aub. de la Scierie** 🐾, à la Vove S : 1,5 km 𝒫 25 46 71 26, Fax 25 46 65 69, 🏡,
« En bordure de rivière dans un parc », 🛋 – �📺 ☎ 🅿, ⅭⒺ ⑩ ⒼⒷ ⒿⒸⒷ
fermé fév., lundi soir et mardi du 1ᵉʳ oct. au 1ᵉʳ avril – **Repas** 125/230, enf. 60 – ⌷ 40 – **14 ch**
380 – ½ P 390.

RENAULT Gar. Carton, 1 av. Roger Bidaut 𝒫 25 46 70 13 🄽 𝒫 25 46 64 55

AIX-EN-PROVENCE ◁𝕊𝕡▷ 13100 B.-du-R. 𝟠𝟜 ③ 𝟗𝟛 ⑬ 𝟙𝟙𝟜 ⑮ G. Provence – 123 842 h alt. 177 –
Stat. therm. – Casino AZ.

Voir Le Vieil Aix★★ BXY : Cours Mirabeau★★ BY, Cathédrale St-Sauveur★ BX (Triptyque du
Buisson Ardent★★) – Place de l'hôtel de ville★ BY 37, Cour★ de l'hôtel de ville BY H, – Cloître
St-Sauveur★ BX N – Quartier Mazarin★ BCY : fontaine des Quatre-Dauphins★ BY S – Musée
Granet★ CY M⁴ – Musée des Tapisseries★ BX M² – Fondation Vasarely★ AV M⁵ O : 2,5 km.

🏌 d'Aix-Marseille 𝒫 42 24 20 41, par ④ et D 9 : 8,5 km ; 🏌 du Château d'Arc à Fuveau 𝒫 42 53
28 38, SE : 16 km par ② et D 6 ; 🏌 Set Golf International 𝒫 42 64 11 82, O : 6 km par D 17 AV.

🅱 Office de Tourisme pl. Gén.-de-Gaulle 𝒫 42 16 11 61, Télex 430466, Fax 42 16 11 62 – A.C. 7 bd J.-Jaurès
𝒫 42 23 33 73.

Paris 759 ⑤ – ◆Marseille 31 ④ – Avignon 82 ⑤ – ◆Nice 176 ② – Sisteron 102 ① – ◆Toulon 81 ②.

Plans pages suivantes

🏙 **Villa Gallici** Ⓜ 🐾 sans rest, 18 bis av. Violettes 𝒫 42 23 29 23, Fax 42 96 30 45, ≤, 🛋,
🦐 – 🗏 📺 ☎ & 🅿 – 🕮 25. ⅭⒺ ⑩ ⒼⒷ ⒿⒸⒷ   BV **k**
⌷ 95 – **14 ch** 850/1700, 3 appart.

🏙 **Pullman Roi René** Ⓜ, 24 bd Roi René 𝒫 42 37 61 00, Télex 403328, Fax 42 37 61 11,
🏡, 🛋 – 🗏 🤸 ch 📺 ☎ 🅿 ⇦ – 🕮 150. ⅭⒺ ⑩ ⒼⒷ ⒿⒸⒷ   BZ **b**
La Table du Roi : **Repas** 150/180, enf. 50 – ⌷ 70 – **131 ch** 700, 3 appart.

🏙 **Mercure Paul Cézanne** Ⓜ sans rest, 40 av. V. Hugo 𝒫 42 26 34 73, Télex 403158,
Fax 42 27 20 95, « Mobilier ancien » – 🗏 🤸 ch 📺 ☎. ⅭⒺ ⑩ ⒼⒷ   BZ **h**
⌷ 50 – **55 ch** 380/490.

🏙 **Le Pigonnet** 🐾, 5 av. Pigonnet ⌧ 13090 𝒫 42 59 02 90, Télex 410629, Fax 42 59 47 77,
🏡, « Parc fleuri », 🛋 – 🗏 🗏 ch 📺 ☎ 🅿 – 🕮 60. ⅭⒺ ⑩ ⒼⒷ ⒿⒸⒷ   AV **a**
Repas *(fermé sam. midi et dim. midi sauf juil.)* 250/320, enf. 150 – ⌷ 95 – **52 ch** 700/1500 –
½ P 670/995.

🏙 **Holiday Inn Garden Court** Ⓜ, 5 rte Galice ⌧ 13090 𝒫 42 20 22 22, Fax 42 59 96 61,
🏡, 🛋 – 🗏 🤸 ch 📺 ☎ & ⇦ – 🕮 100. ⅭⒺ ⑩ ⒼⒷ ⒿⒸⒷ. 🛇 rest   AV **u**
Repas 95/140 – ⌷ 55 – **86 ch** 450, 4 appart.

AIX-EN-PROVENCE

Berger (Av. G.) . . . **BV** 7
Brossolette (Av.) . **AV** 13
Dalmas (Av. J.). . . **AV** 23
Ferrini (Av. F.) . . . . **AV** 30
Fourane (Av. de la). . . . . **AV** 32
Galice (Rte de) . . . **AV** 33
Isaac (Av. J.). . . . . **BV** 41
Malacrida (Av. H.) **BV** 48
Mauriat (Av. H.) . . **BV** 50
Minimes (Crs des) **AV** 52
Moulin (Av. J.) . . . **BV** 56
Poilus (Bd des) . . . **BV** 67
Prados (Av. E.) . . . **AV** 68
Solari (Av. Ph.) . . . **AV** 76

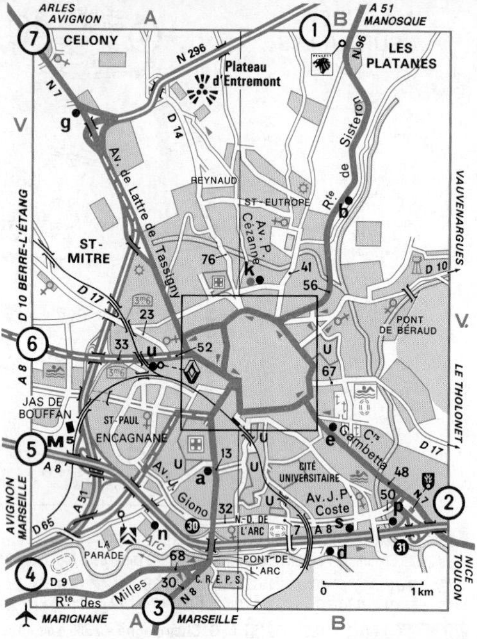

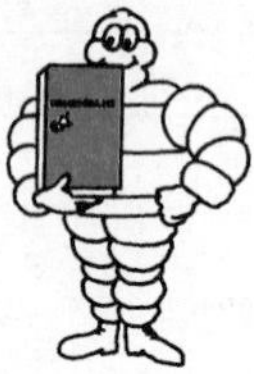

Novotel Beaumanoir [M], Résidence Beaumanoir (sortie autoroute 3 Sautets) ☎ 42 27 47 50, Télex 400244, Fax 42 38 46 41, ☂, ⛱ – |‡| ⇆ ch, ▤ rest TV ☎ ♿ P – 🏛 100. AE ⊙ GB JCB — BV **p**
Repas carte environ 180 ♁, enf. 50 – ☕ 48 – **102 ch** 395/435.

Augustins [M] sans rest, 3 r. Masse ☎ 42 27 28 59, Fax 42 26 74 87 – |‡| ▤ TV ☎. AE ⊙ GB JCB. ✂ — BY **x**
☕ 65 – **29 ch** 500/1200.

Gd H. Nègre Coste sans rest, 33 cours Mirabeau ☎ 42 27 74 22, Télex 440184, Fax 42 26 80 93 – |‡| TV ☎ P. AE ⊙ GB — BY **m**
☕ 50 – **36 ch** 350/650.

Mascotte [M], av. Cible ☎ 42 37 58 58, Fax 42 37 58 59, ☂, ⛱ – |‡| ⇆ ch ▤ TV ☎ ♿ P – 🏛 70. AE ⊙ GB — BV **s**
Repas 95/140 ♁, enf. 42 – ☕ 42 – **93 ch** 350/390 – ½ P 300/325.

St-Christophe [M], 2 av. V. Hugo ☎ 42 26 01 24, Télex 403608, Fax 42 38 53 17 – |‡| ▤ TV ☎ ♿ ⇔ – 🏛 30. GB — BY **a**
Brasserie Léopold : **Repas** 100/150, ♁, enf. 49 – ☕ 37 – **53 ch** 350/520, 4 duplex – ½ P 340/430.

Mozart ⛰ sans rest, 49 cours Gambetta ☎ 42 21 62 86, Fax 42 96 17 36 – |‡| TV ☎ ⇔ P. GB — BV **e**
48 ch ☕ 295/380.

Globe sans rest, 74 cours Sextius ☎ 42 26 03 58, Fax 42 26 13 68 – |‡| TV ☎ ⇔. AE ⊙ GB JCB — AY **e**
fermé 20 déc. au 1er fév. – ☕ 38 – **46 ch** 220/320.

Le Manoir ⛰ sans rest, 8 r. Entrecasteaux ☎ 42 26 27 20, Fax 42 27 17 97 – |‡| TV ☎ P. AE ⊙ GB JCB — AY **d**
fermé 15 janv. au 15 fév. – ☕ 35 – **42 ch** 310/499.

Campanile La Beauvalle, r. J. Andréani (par av. Pigonnet) ✉ 13090 ☎ 42 26 35 24, Fax 42 26 25 47, ☂ – |‡| ⇆ ch ▤ TV ☎ ♿ P – 🏛 50. AE ⊙ GB — AV **n**
Repas 86 bc/112 bc, enf. 39 – ☕ 32 – **116 ch** 275.

Résidence Rotonde sans rest, 15 av. Belges ☎ 42 26 29 88, Fax 42 38 66 98 – |‡| TV ☎ P. AE ⊙ GB JCB — AZ **u**
fermé 1er déc. au 10 janv. – ☕ 35 – **42 ch** 230/380.

Quatre Dauphins sans rest, 54 r. Roux Alpheron ☎ 42 38 16 39, Fax 42 38 60 19 – TV ☎. GB — BY **t**
☕ 38 – **12 ch** 280/400.

AIX-EN-PROVENCE

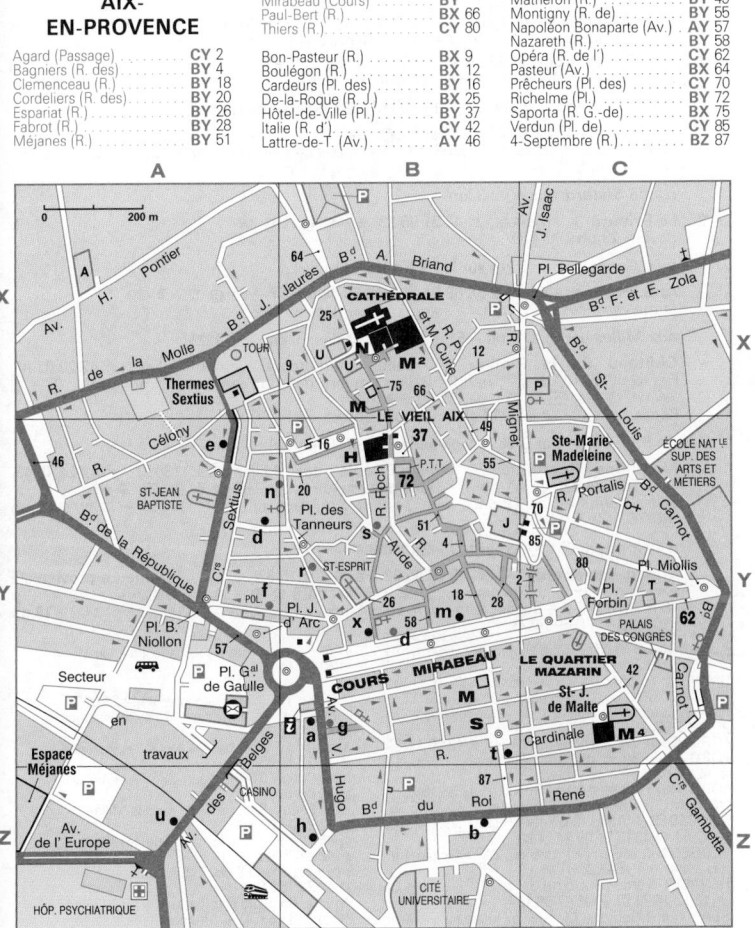

※※※ ❀ **Clos de la Violette** (Banzo), 10 av. Violette ℘ 42 23 30 71, Fax 42 21 93 03, ✿ – ▤.
🖭 ⏺. ❀   BV **k**
fermé 22 oct. au 6 nov., lundi (sauf le soir de sept. à juil.) et dim. – **Repas** (nombre de couverts limité - prévenir) 200 (déj.). 330/450 et carte 400 à 510
Spéc. Barigoule de coeurs d'artichaut et ravioles de fenouil (avril à nov.). Rougets de roche "juste saisis", caillette d'herbes. Biscuit de noisettes. **Vins** Coteaux d'Aix-en-Provence, Palette.

※※※ **Les Frères Lani,** 22 r. Leydet ℘ 42 27 76 16, Fax 42 22 68 67 – ▤. 🖭 ⏺ ⌦   AY **f**
fermé 1ᵉʳ au 21 août, 2 au 10 janv., dim. (sauf fériés le midi) et lundi midi – **Repas** 95 (déj.).
185/330 et carte 250 à 400.

※※ **Bistro Latin,** 18 r. Couronne ℘ 42 38 22 88, Fax 42 38 36 15 – ▤. 🖭 ⏺ ⏺ ⌦
fermé lundi midi et dim. – **Repas** 90 (déj.), 120/250.   BY **r**

※※ **Abbaye des Cordeliers,** 21 r. Lieutaud ℘ 42 27 29 47, Fax 42 27 00 47, ✿ –
⏺   ABY **n**
fermé janv., fév., le midi en août, mardi sauf le soir en juil.-août et merc. midi – **Repas**
150/240.

※※ **Côté Cour,** 19 cours Mirabeau ℘ 42 26 32 39, Fax 42 26 61 07, ✿ – 🖭 ⏺ ⏺
⌦   BY **d**
fermé 5 au 20 juin, 30 oct. au 7 nov., dim. soir et lundi – **Repas** carte 170 à 240 ❧.

✗ **Chez Maxime,** 12 pl. Ramus ℰ 42 26 28 51, Fax 42 26 74 70, 😤 – GB JCB. ❊ BY **s**
fermé 15 au 29 janv., lundi midi et dim. – **Repas** 90 (déj.), 120/160 ⅃.

✗ **Yôji,** 7 av. V. Hugo ℰ 42 38 48 76, 😤 – ▤. AE GB JCB BY **g**
fermé lundi d'oct. à avril – **Repas** - cuisine japonaise et coréenne - 56 (déj.), 117/197 ⅃.

rte de St-Canadet par ① et D 13 : 9 km – ✉ 13100 Aix-en-Provence :

✗✗ **Puyfond,** ℰ 42 92 13 77, 😤, parc – ❶. GB
fermé 15 août au 8 sept., 1ᵉʳ au 8 janv., vacances de fév., dim. soir et lundi – **Repas** 140/380,
enf. 70.

rte de Sisteron vers ① : 3 km

🏠 **Le Prieuré** 😤 sans rest, ℰ 42 21 05 23, ≼ – ☎ ❶. GB. ❊ BV **b**
☑ 39 – **23 ch** 298/410.

à Le Canet par ② : 8 km sur N 7 – ✉ 13590 Meyreuil :

✗✗ **Aub. Provençale,** ℰ 42 58 68 54, Fax 42 58 68 05, 😤 – ▤ ❶. AE ⓞ GB
fermé vacances de fév., mardi soir et merc. – **Repas** 125/225.

aux Milles par ④, D 9 ou A 51, sortie Les Milles : 5 km – ✉ 13290 :

🏛 **Château de la Pioline** 😤, zone commerciale de la Pioline ℰ 42 20 07 81,
Fax 42 59 96 12, ≼, 😤, parc, « Belle demeure dans un jardin à la française », ⊐ – ⅃
✦✦ ch, ▤ rest 🏧 ☎ ❶ – ⅃ 30. GB JCB
Repas 215/340 – ☑ 80 – **18 ch** 850/950, 3 appart – ½ P 710/830.

au Sud-Ouest par D 65 (accès par av. Club Hippique) : 5 km :

🏛 **Mas des Écureuils** 😤, Petite Route des Milles ✉ 13090 ℰ 42 24 40 48,
Fax 42 39 24 57, ≼, 😤, parc, « Dans une pinède », ⊐ – 🏧 ☎ ⅃ ❶. AE ⓞ GB
Repas *(fermé 24 au 29 déc., sam. midi et dim. sauf juil.-août)* 125/250 – ☑ 50 – **23 ch**
380/760 – ½ P 405/545.

à Celony par ⑦ : 3 km sur N 7 – ✉ 13090 Aix-en-Provence :

🏛 **Mas d'Entremont** 😤, ℰ 42 23 45 32, Fax 42 21 15 83, ≼, 😤, « Demeure provençale
avec terrasses dans un parc », ⊐, ❊ – ⅃ ▤ ch 🏧 ☎ ❶ – ⅃ 50. GB JCB AV **g**
15 mars-1ᵉʳ nov. – **Repas** *(fermé dim. soir et lundi midi sauf fériés)* 200/230 – ☑ 68 – **18 ch**
630/830 – ½ P 595/695.

ALFA ROMEO B B, av. Club Hippique, D 65
ℰ 42 59 01 32
BMW J.P.V. Diffusion, ZA la Pioline ℰ 42 16 20 70
CITROEN CNC, av. Club Hippique ℰ 42 17 22 22
FIAT Autorama, La Pioline, r. Boivoisin les Milles
ℰ 42 59 52 52
FORD Novo, ZA la Pioline, les Milles ℰ 42 20 17 17
FORD Novo, 62 av. de Nice à Gardanne
ℰ 42 51 02 84
FORD Novo, 39 bd Aristide Briand ℰ 42 23 16 20
HONDA Cogédis, av. Club Hippique ℰ 42 20 15 35
MERCEDES MASA, 40 r. Irma-Moreau
ℰ 42 64 45 45 Ⓝ ℰ 05 24 24 30
PEUGEOT Gds Gar. de Provence, ZA La Pioline, rte
des Milles AV ℰ 42 20 01 45
RENAULT Verdun Aix, 5 rte Galice AV
ℰ 42 17 26 26 Ⓝ ℰ 91 97 08 15
SEAT Autos Nouveau Monde, la Pioline aux Milles
ℰ 42 39 10 11
SKODA Arc Auto Racing, la Pioline aux Milles
ℰ 42 39 10 19

VAG Touring Autom., ZA la Pioline, les Milles
ℰ 42 20 14 08

🔵 Cambi Pneus, 9 r. Signoret ℰ 42 23 06 77
Euromaster, ZI des Milles, 128 av. Bessemer
ℰ 42 24 46 56
Josserand Pneus, rte des Alpes, les Platanes
ℰ 42 21 17 55
Jules Pneus, RN 96, Quart-Barry à Venelles
ℰ 42 54 19 13
Jules Pneus, Pont de l'Arc, rte des Milles
ℰ 42 27 67 02
Les Milles Pneus, chem. Valette, les Milles
ℰ 42 24 30 90
Provence Pneus Sces 15 bd J.-Jaurès
ℰ 42 23 16 54
Pyrame, 66 cours Gambetta ℰ 42 21 49 16
Pyrame, 80 bis A2 r. Ampère ZI les Milles
ℰ 42 39 91 48
Sornin, 7 cours Gambetta ℰ 42 21 29 93

AIX (Ile d') ★ 17123 Char.-Mar. 71 ⑬ G. Poitou Vendée Charentes – 199 h.
Accès par transports maritimes.

⚓ depuis la **Pointe de la Fumée** (2,5 km NO de Fouras). Traversée 25 mn - Renseignements et tarifs à Société Fouras-Aix, 14 bis cours des Dames (La Rochelle) ℰ 46 41 76 24.

⚓ depuis **La Rochelle.** Services saisonniers - Traversée 1 h - Renseignements : Croisières
Inter Iles, 14 bis cours des Dames (La Rochelle) ℰ 46 50 51 88, fax 46 41 16 96.

⚓ depuis **Boyardville** (Ile d'Oléron). Services saisonniers - Traversée 30 mn - Renseignements Inter Iles ℰ 46 47 01 45 (Boyardville).

Participez à notre effort permanent
de mise à jour

Adressez-nous vos remarques
et vos suggestions.

Cartes et guides Michelin

46 avenue de Breteuil - 75324 Paris Cedex 07

AIX-LES-BAINS 73100 Savoie 🔢 ⑮ **G. Alpes du Nord** – 24 683 h alt. 260 – Stat. therm. (9 janv.-16 déc.) et Marlioz – Casinos Grand Cercle CZ, Nouveau Casino BZ.

Voir Esplanade au bord du Lac★ AX – Escalier★ de l'Hôtel de Ville CZ **H** – Musée Faure★ CY.

Env. Le tour du lac du Bourget★★ 51 km, en bateau★ : 4 h – Abbaye de Hautecombe★★ (Chant Grégorien), en bateau : 2 h – Renseignements sur excursions en bateau : Cie Savoyarde de Navigation, – Grand Port ℰ 79 61 42 40 – ≼★★ sur lac du Bourget, à la Chambotte par ① : 14 km.

🏌️ ℰ 79 61 23 35, par ③ : 3 km.

✈ de Chambéry-Aix-les-Bains : ℰ 79 54 49 54, au Bourget-du-Lac par ④ : 8 km.

🛈 Office de Tourisme pl. M.-Mollard ℰ 79 35 05 92, Fax 79 88 89 69.

Paris 540 ④ – Annecy 33 ① – Bourg-en-Bresse 109 ④ – Chambéry 18 ④ – ♦Lyon 106 ④.

Plan page suivante

🏨 **Park Hôtel du Casino** Ⓜ 🛏, av. Ch. de Gaulle ℰ 79 34 19 19, Fax 79 88 11 49, ㎡, 𝕀ₐ,
🔲, ☞ – 🛗 ↔ ch 🔟 ☎ 👌 ⇔ 🅿 – 🔏 400. 🆎 ⓪ 🆖 🆔 CZ **x**
Symphonie *(fermé dim. soir et lundi)* **Repas** 155/290, enf. 60 – **Brasserie du Parc : Repas** 105, ⅃, enf.55 – ⨆ 68 – **92 ch** 520/720, 10 appart – ½ P 440/490.

🏨 **Ariana et Gd Café Adélaïde** Ⓜ 🛏, av. de Marlioz à Marlioz : 1,5 km ℰ 79 88 08 00, Fax 79 88 87 46, ≼, ㎡, « Parc », 𝕀ₐ, 🔲 – 🛗 ↔ ch 🔟 ☎ 👌 🅿 – 🔏 150. 🆎 ⓪ 🆖 AX **a**
Repas 120/160 ⅃, enf. 60 – ⨆ 58 – **60 ch** 485/590 – P 470/520.

🏨 **Le Manoir** 🛏, 37 r. Georges-1ᵉʳ ℰ 79 61 44 00, Fax 79 35 67 67, 🔲, ㎡ – 🛗 ☎ ⇔ 🅿 – 🔏 200. 🆎 ⓪ 🆖 CZ **r**
fermé 20 déc. au 15 janv. – **Repas** 138/250 – ⨆ 50 – **73 ch** 295/595 – ½ P 320/450.

🏨 **Acquaviva** Ⓜ, av. de Marlioz à Marlioz : 1,5 km ℰ 79 88 16 16, Fax 79 34 02 13, ≼, ㎡, « Parc » – 🛗 cuisinette ↔ ch, 🔟 rest 🔟 ☎ 👌 🅿 – 🔏 250. 🆎 ⓪ 🆖 AX **s**
Repas 75/120 ⅃ – ⨆ 40 – **58 ch** 310/420, 42 studios – P 370/385.

🏨 **Agora** Ⓜ 1 av. Marlioz ℰ 79 34 20 20, Fax 79 34 20 30, 🔲 – 🛗 🔟 rest 🔟 ☎ 👌 ⇔ – 🔏 50. 🆎 ⓪ 🆖 CZ **u**
Repas grill 75/145 ⅃ – ⨆ 38 – **60 ch** 295/395 – ½ P 270/310.

🏨 **Palais des Fleurs** Ⓜ 🛏, 17 r. Isaline ℰ 79 88 35 08, Fax 79 35 42 79, ㎡, 𝕀ₐ, 🔲, ㎡ – 🛗 cuisinette 🔟 ☎ ⇔ 🅿 – 🔏 40. 🆖 ❀ rest CZ **m**
hôtel : 1ᵉʳ mars-15 nov. ; rest. : 10 mars-2 nov. – **Repas** 97/160 ⅃ – ⨆ 35 – **40 ch** 283/405 – ½ P 334/358.

🏨 **Vendôme**, 12 av. Marlioz ℰ 79 61 23 16, Fax 79 88 93 77 – 🛗 🔟 rest 🔟 ☎ 🅿. 🆎 ⓪ CZ **b**
15 mars-31 oct. – **Repas** 98/195 – ⨆ 35 – **32 ch** 240/350 – P 340/430.

🏨 **Beaulieu**, 29 av. Ch. de Gaulle ℰ 79 35 01 02, Fax 79 34 04 82, ㎡ – 🛗 🔟 ☎ – 🔏 25. 🆎 🆖 BZ **r**
hôtel : 2 avril-20 déc. ; rest : 2 avril-15 nov. – **Repas** *(fermé dim. soir)* 95/290 – ⨆ 35 – **31 ch** 210/275 – ½ P 285/300.

🏨 **Eglantiers**, 20 bd Berthollet ℰ 79 88 04 38, Fax 79 34 17 33 – 🛗 🔟 rest 🔟 ☎ 🅿 – 🔏 25. 🆎 ⓪ 🆔 CZ **h**
fermé 15 fév. au 15 mars – **Le Salon d'Elvire** *(fermé merc. soir et dim. soir)* **Repas** 98/390 – ⨆ 35 – **24 ch** 235/255 – ½ P 295/305.

🏨 **Parc**, 28 r. Chambéry ℰ 79 61 29 11, Fax 79 88 33 49, ㎡ – 🛗 🔟 rest 🔟 ☎ ⇔. 🆖 ❀ rest CZ **n**
16 avril-30 oct. – **Repas** 95/135 – ⨆ 35 – **47 ch** 290 – ½ P 280/290.

🏨 **Cottage H.**, 9 r. Davat ℰ 79 35 00 55, Fax 79 88 22 85, ㎡ – 🛗 🔟 ☎. 🆖 ❀ rest
1ᵉʳ mars-11 nov. – **Repas** 90/100 ⅃ – ⨆ 30 – **50 ch** 260/280 – ½ P 240/310. CZ **k**

🏨 **Cécil** sans rest, 20 av. Victoria ℰ 79 35 04 12, Fax 79 61 32 08 – 🛗 🔟 ☎. 🆖 ❀
fermé 15 fév. au 15 mars – ⨆ 30 – **21 ch** 220/280. CZ **a**

🏨 **Revotel** sans rest, 40 r. Genève ℰ 79 35 03 37, Fax 79 88 82 99 – 🛗 🔟 ☎. ⓪ 🆖. ❀
fermé fin nov. à mi-janv. – ⨆ 27 – **18 ch** 185/225. CZ **v**

🏨 **Aub. St-Simond**, 130 av. St-Simond ℰ 79 88 35 02, Fax 79 88 38 45, ㎡, ㎡ – 🔟 ☎ 🅿. 🆎 🆖 AX **e**
fermé 26 déc. au 1ᵉʳ fév. – **Repas** *(fermé dim. soir de nov. à mars)* 75/140 ⅃ – ⨆ 32 – **25 ch** 180/270 – ½ P 200/250.

🏨 **Croix du Sud** sans rest, 3 r. Dr Duvernay ℰ 79 35 05 87 – ☎ CZ **f**
avril-oct. – ⨆ 29 – **16 ch** 135/225.

🏨 **Palma** sans rest, 19 bis square A. Boucher ℰ 79 35 01 10 – ☎. 🆎 ⓪ BCY **n**
⨆ 25 – **21 ch** 120/205.

✕✕ **Brasserie de la Poste**, 32 av. Victoria ℰ 79 35 00 65 – 🆎 ⓪ BZ **t**
fermé lundi – **Repas** 72/160 ⅃.

au Grand Port : 3 km – ✉ 73100 Aix-les-Bains :

🏨 **Adelphia** Ⓜ, 215 bd Barrier ℰ 79 88 72 72, Fax 79 88 27 77, ≼, ㎡, centre de balnéo-thérapie, 𝕀ₐ, 🔲, ㎡ – 🛗 🔟 ch 🔟 ☎ 👌 ⇔. 🆎 ⓪ 🆖 🆔 AX **d**
Repas 100/300 – ⨆ 48 – **70 ch** 470/660 – ½ P 345/430.

🏨 **La Pastorale**, 221 av. Grand Port ℰ 79 63 40 60, Fax 79 63 44 26, ㎡, « Jardin » – 🛗 🔟 ☎ 🅿 – 🔏 30. 🆎 ⓪ 🆖 AX **u**
fermé 1ᵉʳ fév. au 20 mars – **Repas** *(fermé dim. soir et lundi d'oct. à mai)* 90/205 – ⨆ 40 – **30 ch** 330/415 – ½ P 340/350.

59

AIX-LES-BAINS

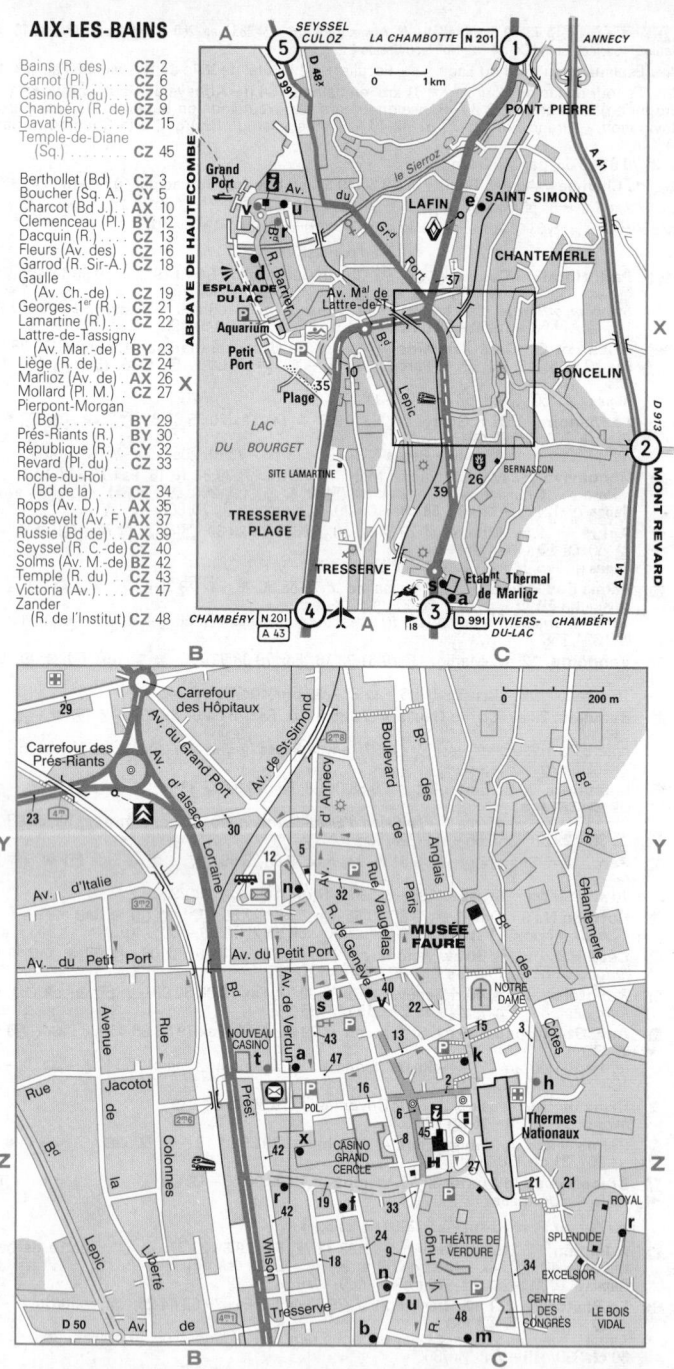

60

XXX **Lille** avec ch, ☎ 79 63 40 00, Fax 79 34 00 30, ㄸ, ㄸ – 🔊 📺 ☎ 🕹 🅿 – 🔬 25. 🆎 ⑩
GB   AX **v**
hôtel : 1ᵉʳ avril-1ᵉʳ nov. ; rest. : fermé 4 janv. au 4 mars et merc. – **Repas** (dim. et fêtes
prévenir) 145/360 et carte 250 à 360 – ☱ 35 – **18 ch** 250/350 – ½ P 360.

XX **Davat** ⑤ avec ch, à 100 m Grand Port ☎ 79 63 40 40, Fax 79 54 35 68, ㄸ, « Cadre de
verdure, jardin fleuri » – 📺 ☎ 🅿. GB   AX **r**
1ᵉʳ mars- 1ᵉʳ nov. – **Repas** (fermé mardi sauf juil.-août) (dim. prévenir) 90/240 – ☱ 35 – **20 ch**
220/350 – ½ P 350/380.

par la sortie ① :

à Grésy-sur-Aix : 5 km – ✉ **73100** :

X **Le Pont Neuf,** (près gare) ☎ 79 34 84 64 – 🅿. GB
→ *fermé 15 juil. au 7 août, vacances de fév. et lundi –* **Repas** 80/210 🍷.

par la sortie ③ :

à Viviers-du-Lac : 5 km – ✉ **73420** :

🏛 **Chambaix H.** sans rest, D 991 ☎ 79 61 31 11, Fax 79 88 43 69, ☑, ㄸ, ❊ – 🔊 📺 ☎ 🅿.
🆎 ⑩ GB
☱ 35 – **29 ch** 250/300.

par la sortie ④ :

sur N 201 : 5 km – ✉ **73420** Viviers-du-Lac :

🏛 **Assinie** Ⓜ sans rest, 85 rte du Bourget ☎ 79 54 40 07, Fax 79 54 40 76 – 🔲 📺 ☎ 🕹 🅿 –
🔬 30. GB
☱ 32 – **41 ch** 250/270.

XX **Week-end** ⑤ avec ch, ☎ 79 54 40 22, Fax 79 54 46 70, ≤, ㄸ – 🔲 rest 📺 ☎.
GB
fermé déc. et lundi – **Repas** 98/120 🍷, enf. 50 – ☱ 35 – **12 ch** 160/290 – ½ P 325/
335.

CITROEN Gar. Domenge, Les Prés Riants,
17 bd de Lattre-de-Tassigny ☎ 79 35 07 89
FORD Gar. Seigle, 41 av. Marlioz ☎ 79 61 09 55
LANCIA Gar. Coudurier-Curioz, 104 av. Marlioz
☎ 79 35 39 82
PEUGEOT Gar. du Golf, D 991 à Drumettaz par ③
☎ 79 61 12 88
PORSCHE, MITSUBISHI Gar. du Mt-Blanc,
1 square A.-Boucher ☎ 79 35 22 60
RENAULT Sogaral, 42 av. F.-Roosevelt X
☎ 79 88 30 00 🆖 ☎ 05 05 15 15

ROVER Gar. de Savoie, 7 bd de Russie
☎ 79 61 26 80
TOYOTA Gar. Perrel, 11 square A.-Boucher
☎ 79 35 01 66
V.A.G. SEAT Jean Lain Autom. Nord,
ZAC Chauvets à Grésy-sur-Aix ☎ 79 34 80 00

⑩ Aix Pneus, 205 av. de St-Simond ☎ 79 88 11 56

AIZENAY 85190 Vendée 🔢 ⑬ – 5 344 h.

🅱 Office de Tourisme pl. de la Mutualité ☎ 51 94 62 72 (saison).

Paris 442 – La Roche-sur-Yon 17 – Challans 24 – ◆Nantes 59 – Les Sables-d'Olonne 32.

XX **La Sitelle,** 33 r. Mar. Leclerc ☎ 51 34 79 90 – 🅿. GB
fermé 6 au 31 août, dim. soir et lundi – **Repas** 120 (déj.), 200 bc/280.

PEUGEOT Gar. Neau, ☎ 51 94 70 67

RENAULT Gar. Barre, 12 r. du Mar.-Leclerc
☎ 51 94 60 40

AJACCIO 2A Corse-du-Sud 🟫 ⑰ – voir à Corse.

ALBERT 80300 Somme 🔢 ⑨ **G. Flandres Artois Picardie** – 10 010 h alt. 69.

🅱 Office de Tourisme, 9 r. Gambetta ☎ 22 75 16 42, Fax 22 75 11 72.

Paris 151 – ◆Amiens 28 – Arras 39 – St-Quentin 56.

🏛 **Royal Picardie** Ⓜ, rte Amiens ☎ 22 75 37 00, Fax 22 75 60 19 – ⁶⁄₉⁼ ch 📺 ☎ 🕹 🅿 –
→ 🔬 80. GB
Repas 65/250 🍷 – ☱ 34 – **24 ch** 260/290 – ½ P 210.

🏛 **Basilique,** 3 r. Gambetta ☎ 22 75 04 71, Fax 22 75 10 47 – 📺 ☎ – 🔬 25. GB.
→ ❊ ch
fermé 13 au 28 août, 17 déc. au 8 janv., sam. soir hors sais. et dim. – **Repas** 74/220 🍷, enf. 48
– ☱ 32 – **10 ch** 200/290 – ½ P 245.

CITROEN Gar. Richard, 39-41 av. A.-France ☎ 22 75 27 76 🆖 ☎ 05 05 24 24

ALBERTVILLE ◈ 73200 Savoie 🔢 ⑰ **G. Alpes du Nord** – 17 411 h alt. 345.

Voir à Conflans : Bourg⋆, Porte de Savoie ≤⋆ Y **B**.

Env. Route du fort du Mont ≤⋆⋆ E : 11 km par D 105 Y.

🅱 Office de Tourisme 11 r. Pargoud ☎ 79 32 04 22, Fax 79 32 87 09.

Paris 582 ① – Annecy 45 ① – Chambéry 50 ③ – Chamonix-Mont-Blanc 67 ① – ◆Grenoble 80 ③.

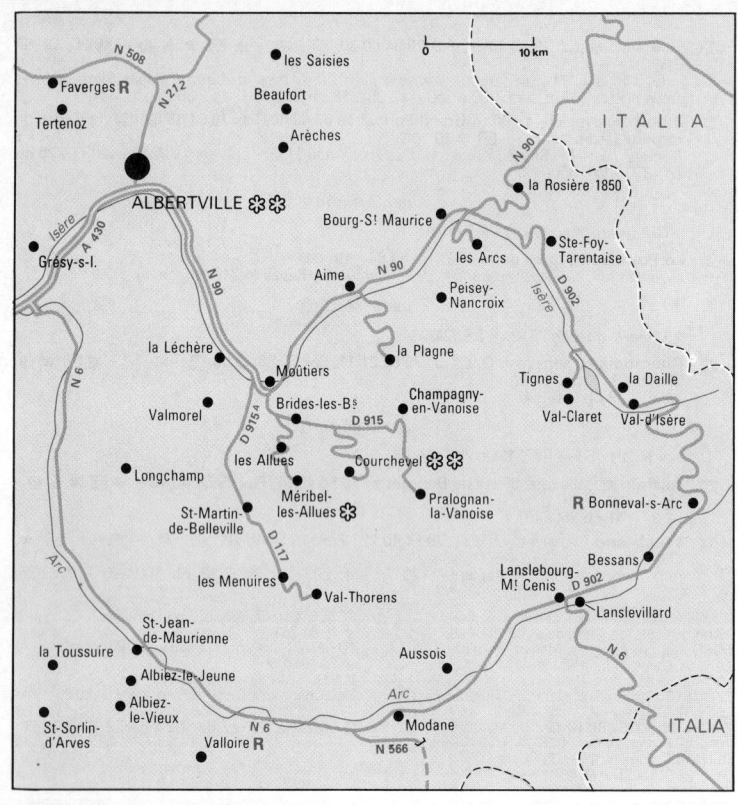

🏨 ❄❄ **Million,** 8 pl. Liberté ☎ 79 32 25 15, Fax 79 32 25 36, 🍴, 🌿 – 🔸 🗏 rest 📺 ☎ 🚗 🅿
– 🏛 30. 🆎 ⓪ ☖
                                                                 Y **a**
Repas *(fermé dim. soir et lundi)* 150 bc/500 bc et carte 260 à 430 – ☑ 50 – **28 ch** 450/600 –
½ P 500/525
Spéc. Fritot de grenouille, crème de persil plat (mai à nov.). Ravioles de homard au jus de veau. Ris de veau rôti, farçi
aux morilles. Vins Chignin-Bergeron, Mondeuse.

🏨 **Le Roma** Ⓜ, rte Chambéry par ③ : 4 km ☎ 79 37 15 56, Télex 980140, Fax 79 37 01 31,
🍴, 🏋, ⌁, 🛝 – 🔸 🗏 rest 📺 ☎ ♿ 🅿 – 🏛 450. 🆎 ⓪ ☖
La Montgolfière : **Repas** 110/160 🍴, enf. 55 – ☑ 50 – **136 ch** 260/500, 10 appart – ½ P 300/
425.

🏨 **Albert 1er,** 38 av. V. Hugo ☎ 79 37 77 33, Fax 79 37 89 01 – 📺 ☎ 🚗 – 🏛 35. 🆎
☖
                                                               Y **n**
Repas brasserie *(fermé dim. du 15 avril au 1er janv.)* 85 bc (déj.), 96/165 – ☑ 48 – **12 ch**
320/380 – ½ P 380.

🏨 **La Berjann** ⌂ sans rest, 873 rte Tours ☎ 79 32 47 88, Fax 79 37 74 09, 🌿 – 📺 ☎ 🅿.
☖. 🌿
                                                               Z **b**
☑ 35 – **11 ch** 200/320.

🏨 **Ibis** Ⓜ, rte Chambéry par ③ : 4 km ☎ 79 37 89 99, Télex 319194, Fax 79 37 89 98, 🍴 – 🔸
🌾 ch 📺 ☎ ♿ 🅿 – 🏛 60. 🆎 ☖. 🌿 rest
Repas 97 bc, enf. 40 – ☑ 34 – **75 ch** 250/280.

XXX **Chez Uginet,** Pont des Adoubes ☎ 79 32 00 50, Fax 79 31 21 41, 🍴 – 🆎 ⓪ ☖   Y **d**
fermé 25 juin au 5 juil., 12 au 30 nov., mardi soir et merc. – **Repas** 115/340 et carte 220 à 320,
enf. 60.

X **Bouchon des Adoubes,** 8 pl. Ch. Albert ☎ 79 32 27 43 – ☖   Y **e**
fermé 25 juin au 5 juil., 12 au 30 nov., mardi soir et merc. – **Repas** 85 🍴.

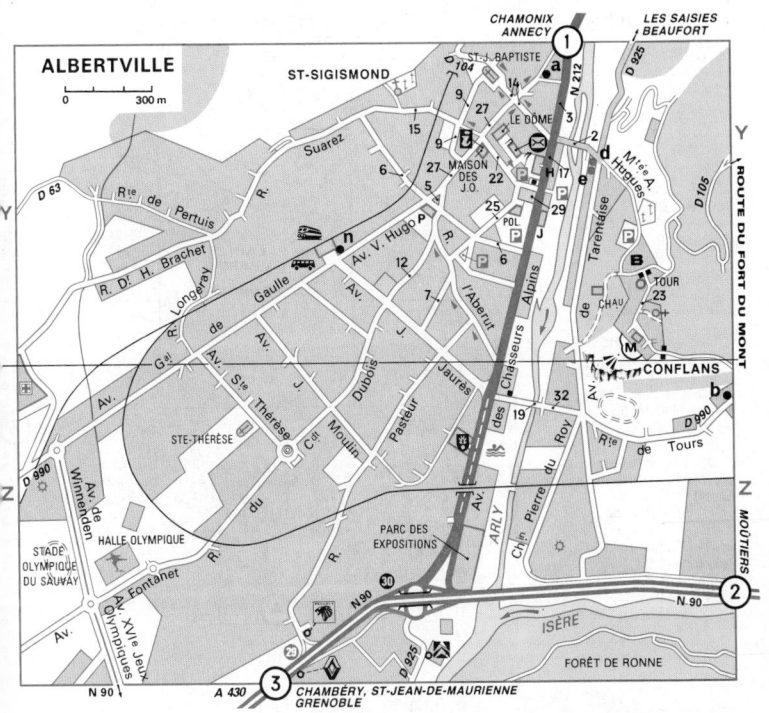

ALBERTVILLE

CITROEN Albertville Auto Diffusion,
9 rte de Grignon, pt. Albertin par D 925
℘ 79 31 10 00
FIAT, LANCIA S.A.V.A., r. Lt Eysseric
℘ 79 32 06 82
FORD Tarentaise Auto, 1 rte de Grignon
℘ 79 32 04 98
PEUGEOT Arly Auto, 113 r. Pasteur ℘ 79 32 23 75
N ℘ 79 37 49 81

RENAULT S.A.G.A.M., RN 90 ℘ 79 31 15 70 N
℘ 79 31 15 70
VAG Gar. Lain Autom., 1 r. R.-Piddat
℘ 79 32 31 97

Ⓟ Centrale du Pneu, ZI à La Bathie ℘ 79 31 02 98
Euromaster, ZI du Chiriac, 156 r. L.-Armand
℘ 79 32 04 60

Ne prenez pas la route au hasard !

*3615 - 3617 MICHELIN vous apportent sur votre **Minitel** ou sur **fax***
ses conseils routiers, hôteliers et touristiques.

ALBI Ⓟ 81000 Tarn 82 ⑩ G. Pyrénées Roussillon – 46 579 h alt. 174.

Voir Cathédrale★★★ Y – Palais de la Berbie★ : musée Toulouse-Lautrec★★ Y **M** – Le vieil Albi★
YZ – Pont Vieux★ Y.

Env. Église St-Michel de Lescure★ 5,5 km par ①.

⌐⌐ de Las Bordes ℘ 63 54 98 07, O : 4 km par r. de la Berchère ; ⌐⌐ le Tilbury ℘ 63 55 20 50 à
Florentin, O : 11 km par ⑤.

Autodrome 2 km par ⑤.

⛷ Le Séquestre : T.A.T. ℘ 63 54 45 28, par ⑤.

Ⓑ Office de Tourisme et Accueil de France avec A.C. Palais de la Berbie, pl. Ste-Cécile ℘ 63 54 22 30, Télex
533404, Fax 63 54 45 51.

Paris 710 ⑤ – ◆Toulouse 75 ⑤ – Béziers 144 ④ – ◆Clermont-Ferrand 292 ① – ◆Saint-Étienne 358 ①.

ALBI

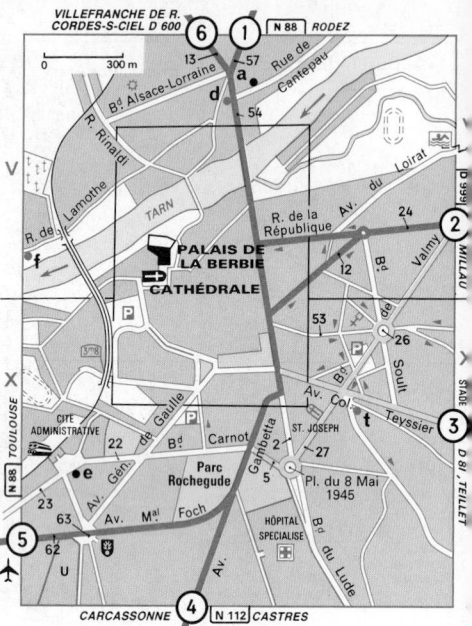

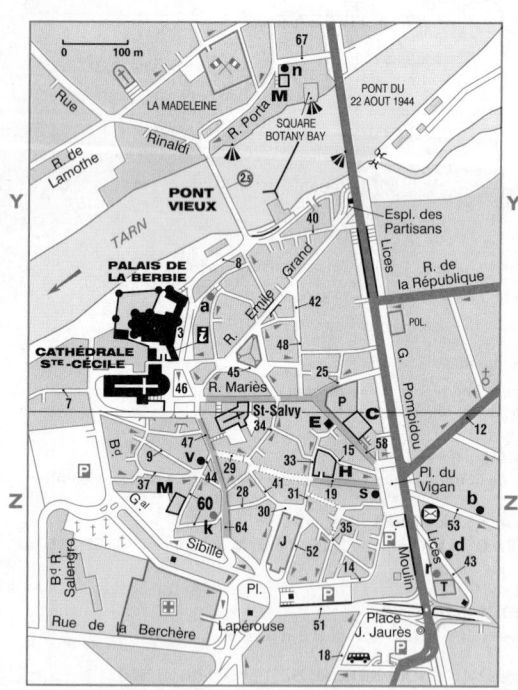

64

🏚 **La Réserve** Ⓜ ⬧, rte Cordes par ⑥ : 3 km 🎯 63 60 80 80, Fax 63 47 63 60, ≤, 🎍,
« Dans un parc au bord du Tarn », 🏊, ✶ – 🗐 ch 📺 ☎ 🅿 – 🏕 50. 🆎 ⓞ 🆑 🅹🅲🅱   Z d
mai-oct. – **Repas** 125 (déj.), 160/300, enf. 60 – ⬜ 70 – **24 ch** 490/1000 – ½ P 580/
900.

🏚 **Host. St Antoine** Ⓜ ⬧, 17 r. St Antoine 🎯 63 54 04 04, Télex 520850, Fax 63 47 10 47,
« Jardin, meubles anciens » – 📶 🗐 ch 📺 ☎ 🅿 – 🏕 30 à 50. 🆎 ⓞ 🆑 🅹🅲🅱   Z d
Repas *(fermé sam. midi et dim. sauf le soir d'août à sept.)* 135/280, enf. 60 – ⬜ 60 – **47 ch**
360/850 – ½ P 390/590.

🏚 **Chiffre**, 50 r. Séré-de-Rivières 🎯 63 54 04 60, Fax 63 47 20 61 – 📶 🗐 📺 ☎ ⟵ 🅿 –
🏕 25 à 100. 🆎 ⓞ 🆑   Z b
Repas *(fermé dim. de nov. à mars)* 95/210, enf. 50 – ⬜ 38 – **40 ch** 260/460 – ½ P 320/380.

🏚 **Mercure** Ⓜ ⬧, 41 bis r. Porta 🎯 63 47 66 66, Télex 532596, Fax 63 46 18 40, ≤ le Tarn et
la cathédrale, 🎍 – 📶 ✂ ch 🗐 📺 ☎ & 🅿. 🆎 ⓞ 🆑 🅹🅲🅱   Y n
Repas *(fermé 24 au 31 déc., dim. midi et sam.)* 98/170 – ⬜ 55 – **56 ch** 380/500.

🏨 **Gd H. Orléans**, pl. Stalingrad 🎯 63 54 16 56, Fax 63 54 43 41, 🎍, 🏊 – 📶 🗐 📺 ☎ –
🏕 50. 🆎 ⓞ 🆑   X e
fermé 16 déc. au 5 janv. – **Repas** *(fermé sam. midi et dim.)* 80/250 bc – ⬜ 38 – **56 ch**
350/480 – ½ P 250/330.

🏨 **Le Vigan**, 16 pl. Vigan 🎯 63 54 01 23, Fax 63 47 05 42, 🎍 – 🗐 📺 ☎ 🅿 – 🏕 35. 🆎 ⓞ
🆑   Z s
Repas 88/165, enf. 40 – ⬜ 30 – **40 ch** 230/370 – ½ P 210/265.

🏠 **Cantepau** sans rest, 9 r. Cantepau 🎯 63 60 75 80, Fax 63 47 57 91 – 📶 📺 ☎ 🅿. 🆎 ⓞ
🆑. ✶   V a
fermé vacances de Noël – ⬜ 30 – **33 ch** 225/245.

🏠 **St Clair** sans rest., 8 r. St Clair 🎯 63 54 25 66 – ☎ ⟵. 🆑   Z v
fermé 20 au 28 déc., 5 au 25 janv. et sam. de nov. à mars – ⬜ 32 – **11 ch** 210/300.

XXX **Moulin de La Mothe**, r. de la Mothe 🎯 63 60 38 15, Fax 63 47 68 84, ≤, 🎍, parc,
« Au bord du Tarn » – 🗐 🅿. 🆎 🆑   V f
fermé vacances de Toussaint, de fév., dim. soir et merc. sauf juil.-août – **Repas** 140/250 et
carte 210 à 300, enf. 50.

XX **Bateau Ivre**, 17 r. Engueysses 🎯 63 38 08 06 – 🆎 ⓞ 🆑 🅹🅲🅱   Y a
fermé 12 au 26 oct., 13 au 27 janv. et jeudi – **Repas** 100/350, enf. 50.

XX **Jardin des Quatre Saisons**, 19 bd Strasbourg 🎯 63 60 77 76 – 🆎 🆑   V d
fermé lundi sauf fériés – **Repas** 150 bc/170.

XX **Rest. Pujol**, 22 av. Col. Teyssier 🎯 63 47 97 19, Fax 63 47 06 16 – 🗐. 🆎 ⓞ 🆑   X t
Repas *(fermé dim. soir)* 120/210.

XX **Le Vieil Alby** avec ch, 25 r. Toulouse-Lautrec 🎯 63 54 14 69, Fax 63 54 96 75, 🎍 –
🗐 rest 📺 ☎. 🆎 🆑. ✶ ch   Z k
fermé 18 juin au 2 juil., 1er au 22 janv., lundi sauf juil.-août et dim. sauf le midi de sept. à juin
– **Repas** 83/250 🍴, enf. 50 – ⬜ 30 – **9 ch** 240/270 – ½ P 260/270.

X **Le Théâtre**, 9 Lices J. Moulin 🎯 63 54 03 16, Fax 63 47 10 47, 🎍 – 🗐. 🆎 ⓞ 🆑 🅹🅲🅱.
✶   Z r
fermé dim. et lundi – **Repas** 75/100 🍴.

à Castelnau-de-Lévis par ⑥, D 600 et D 12 : 7 km – ✉ 81150 :

XX **La Taverne**, 🎯 63 60 90 16, Fax 63 60 96 73, 🎍 – 🗐. 🆎 🆑
fermé 25 sept. au 15 oct., dim. soir en hiver et lundi sauf fériés – **Repas** 110/450.

ALBIEZ-LE-JEUNE 73300 Savoie 🎞 ⑦ – 61 h alt. 1 350.
Paris 631 – Albertville 77 – Chambéry 87 – St-Jean-de-Maurienne 15 – St-Michel-de-Maurienne 22.

🏠 **L'Escale** ⬧, 🎯 79 59 85 08, ≤ – ☎. 🆑
fermé 13 nov. au 14 déc. et merc. hors sais. – **Repas** 80/280 – ⬜ 29 – **12 ch** 160/180 –
½ P 210.

Routes enneigées
Pour tous renseignements pratiques, consultez
les cartes Michelin **« Grandes Routes »** 🎞🎞, 🎞🎞, 🎞🎞 ou 🎞🎞.

ALBIEZ-LE-VIEUX 73300 Savoie 🗺 ⑦ – 301 h alt. 1 522.

Voir Col du Mollard ⩽★ S : 3 km, G. Alpes du Nord.

🛈 Office de Tourisme ℘ 79 59 30 48, Fax 79 59 32 30.

Paris 635 – Albertville 81 – Chambéry 91 – St-Jean-de-Maurienne 17 – St-Sorlin-d'Arves 14.

　🏠　**La Rua** ⑤⟩, ℘ 79 59 30 76, Fax 79 59 33 15, ⩽ – ☎ 🅿. 🅶🅱. ⁇ rest
　→　*15 juin-15 sept. et 15 déc.-20 avril* – **Repas** 78/140, enf. 50 – � 30 – **22 ch** 210/260 –
　　½ P 275.

ALBIGNY-SUR-SAONE 69 Rhône 🗺 ① – rattaché à Neuville-sur-Saône.

Les ALBRES 12220 Aveyron 🗺 ① – 342 h alt. 470.

Paris 596 – Rodez 46 – Decazeville 10,5 – Figeac 19 – Villefranche-de-Rouergue 35.

　🏠　**Frechet,** ℘ 65 80 42 46, ⑤, – 🔟 ☎. 🅶🅱
　→　**Repas** 55/165 ⅄, enf. 48 – ⊐ 30 – **18 ch** 170/245 – ½ P 236.

ALBY-SUR-CHÉRAN 74540 H.-Savoie 🗺 ⑯ G. Alpes du Nord – 1 224 h alt. 399.

Paris 543 – Annecy 13 – Aix-les-Bains 20 – Chambéry 37.

　🏠　**Alb'H.,** ℘ 50 68 24 93, Fax 50 68 13 01, ⑤, ⤳ – 🔟 ☎ & 🅿 – 🔬 40. 🅰🅴 ⑩ 🅶🅱
　→　*fermé dim. sauf le soir en juil.-août et sam. midi* – **Repas** grill 70/110 ⅄, enf. 35 – ⊐ 32 –
　　37 ch 270/300 – ½ P 212.

Demandez chez le libraire le catalogue des publications Michelin.

ALENÇON Ⓟ 61000 Orne 🗺 ③ G. Normandie Cotentin – 29 988 h alt. 135.

Voir Église N.-Dame★ (vitraux★) – Musée des Beaux-Arts et de la Dentelle★ : collection de
dentelles★★ BZ **M** – Musée de la Dentelle : collection de dentelles★★ CZ **M¹**.

Env. Forêt de Perseigne★ 9 km par ③.

🛈 Office de Tourisme Maison d'Ozé ℘ 33 26 11 36, Fax 33 32 10 53 – A.C. 2 cours Clemenceau ℘ 33 32 27 27.

Paris 192 ② – Chartres 119 ③ – Évreux 116 ② – Laval 92 ⑤ – ♦Le Mans 48 ④ – ♦Rouen 146 ①.

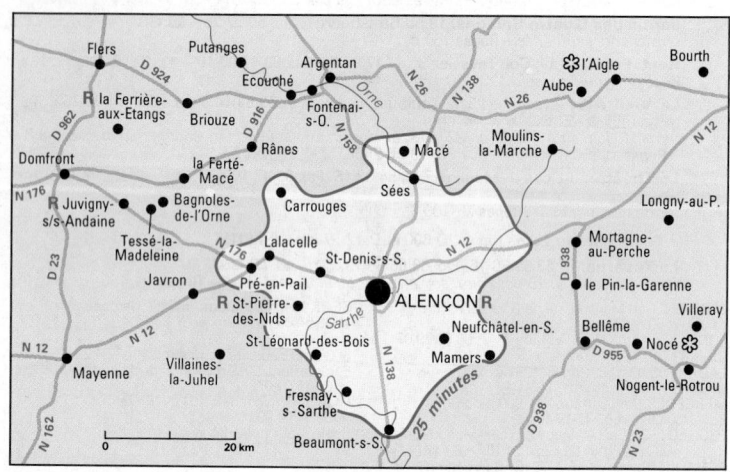

　🏨　**Arcade** Ⓜ sans rest, 187 av. Gén. Leclerc par ④ ℘ 33 28 64 64, Fax 33 28 64 72 – 🛗|
　　⤳ch 🔟 ☎ & 🅿 – 🔬 50. 🅰🅴 🅶🅱
　　⊐ 34 – **55 ch** 250/275.

　🏨　**Chapeau Rouge** sans rest, 1 bd Duchamp ℘ 33 26 20 23, Fax 33 26 54 05 – 🔟 ☎ 🅿. 🅰🅴
　　🅶🅱　　　　　　　　　　　　　　　　　　　　　　　　　　　　　　　　　AY　**v**
　　⊐ 28 – **16 ch** 160/270.

　🏢　**Ibis** sans rest, 13 pl. Poulet-Malassis ℘ 33 26 55 55, Fax 33 26 02 88 – 🛗 ⤳ch 🔟 ☎ &.
　　🅰🅴 ⑩ 🅶🅱　　　　　　　　　　　　　　　　　　　　　　　　　　　　CZ　**n**
　　⊐ 35 – **52 ch** 250/270.

　🏢　**Marmotte,** rte de Rouen par ① : 2 km ⊠ 61250 Valframbert ℘ 33 27 42 64,
　→　Fax 33 27 52 62 – 🔟 ☎ & 🅿 – 🔬 50. 🅶🅱
　　Repas 68/88 ⅄ – ⊐ 27 – **45 ch** 175/198 – ½ P 183/194.

66

ALENÇON

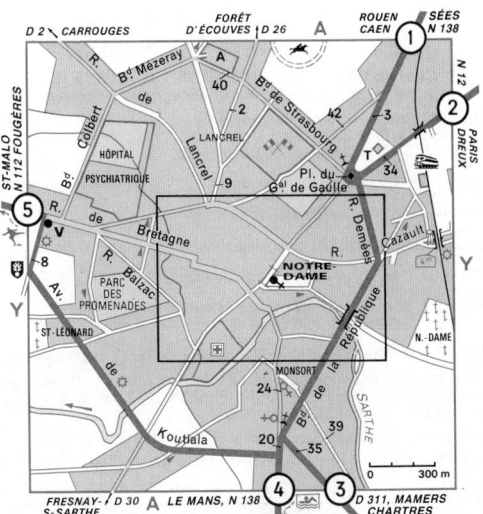

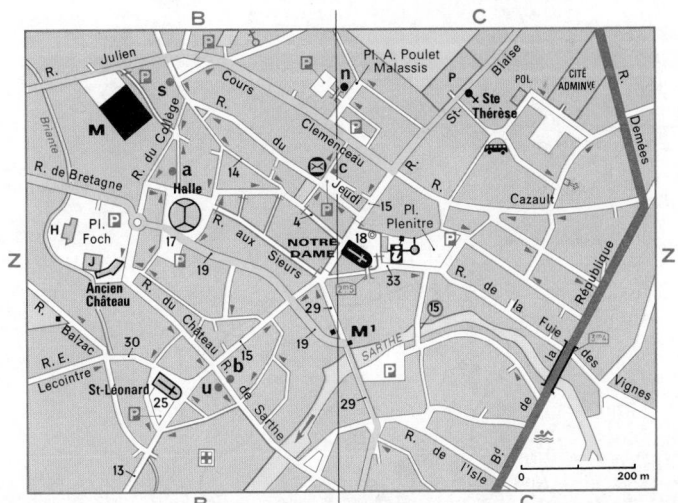

XXX **Au Petit Vatel**, 72 pl. Cdt Desmeulles   33 26 23 78 – ⊡ ① GB   BZ **s**
fermé 31 juil. au 20 août, vacances de fév., dim. soir et merc. – **Repas** 118/238 et carte 230 à 320.

XX **Escargot Doré**, 183 av. Gén. Leclerc par ④   33 28 67 67, Fax 33 27 77 39 – **Ⓟ**.
GB
fermé 15 juil. au 4 août, dim. soir et lundi – **Repas** 95/250, enf. 50.

XX **Au Jardin Gourmand**, 14 r. Sarthe   33 32 22 56 – GB   BZ **u**
fermé 10 au 31 juil., dim. sauf le midi de sept. à juin et lundi – **Repas** 92/155.

XX **Le Bistrot**, 21 r. Sarthe   33 26 51 69 – GB   BZ **b**
→ *fermé 16 au 23 avril, 1ᵉʳ au 22 août, 24 au 31 déc., dim. et lundi* – **Repas** 68 ⅄.

XX **Grand St-Michel** avec ch, 7 r. Temple   33 26 04 77, Fax 33 26 71 82 – 📺 ☎ ⬅️. ⊡
① GB JCB   BZ **a**
fermé 6 juil. au 7 août et vacances de fév. – **Repas** *(fermé dim. soir et lundi)* 85/265 ⅄,
enf. 48 – ☲ 25 – **13 ch** 145/260 – ½ P 180/250.

rte de Mamers par ③ : 5 km – ⊠ **72610** Le Chevain (Sarthe) :

XX **Chai de l'Abbaye,** ℰ 33 31 81 78, Fax 33 28 95 79 – ⟨GB⟩
fermé vacances de fév., mardi soir et merc. – **Repas** 89/210.

CITROEN Roques, N 138 rte du Mans par ④
ℰ 33 28 10 20 N ℰ 33 28 10 20
FIAT, LANCIA Kosellek, 45 av. de Quakenbruck
ℰ 33 29 40 67
FORD Auto 3000, 132 av de Quakenbruck
ℰ 33 29 45 61
NISSAN Auto maxi service, ZAT du Londeau
ℰ 33 31 06 06
OPEL Europe Autom., ZAT du Londeau
ℰ 33 27 75 75
PEUGEOT Gds Gar. de l'Orne, 111 av. de Basing-
stoke par ① ℰ 33 29 22 22
RENAULT SODIAC, N 12, rte de Paris à Cerisé
par ② ℰ 33 29 20 22 N ℰ 33 28 24 19

ROVER Gar. de Bretagne, 141 r. de Bretagne
ℰ 33 26 08 27
TOYOTA Gar. Baroche, 136 av. Rhin-et-Danube
ℰ 33 31 00 00
VAG Gar. Poirier, 36 r. Ampère, ZI Nord
ℰ 33 31 10 74

⑩ Alençon Pneus, 71 av. de Basingstoke
ℰ 33 29 16 22
Marsat Pneus, ZI Nord, 26 r. L.-Carnot
ℰ 33 27 78 83

ALÈS ⟨S⟩ **30100** Gard ⓑⓞ ⑰ ⑱ **G. Gorges du Tarn** – 41 037 h alt. 140.

Voir Musée minéralogique de l'Ecole des Mines★, N par l'avenue de Lattre de Tassigny –
Musée-bibliothèque Pierre-André-Benoit★, 0 : 2 km par le pont de Rochebelle – Mine-témoin★,
0 : 3 km par le pont de Rochebelle.

🄱 Office de Tourisme pl. Gabriel-Péri ℰ 66 52 32 15, Fax 66 30 15 90.

Paris 708 ② – Albi 231 ④ – Avignon 73 ③ – ✦Montpellier 72 ④ – Nîmes 44 ③ – Valence 147 ②.

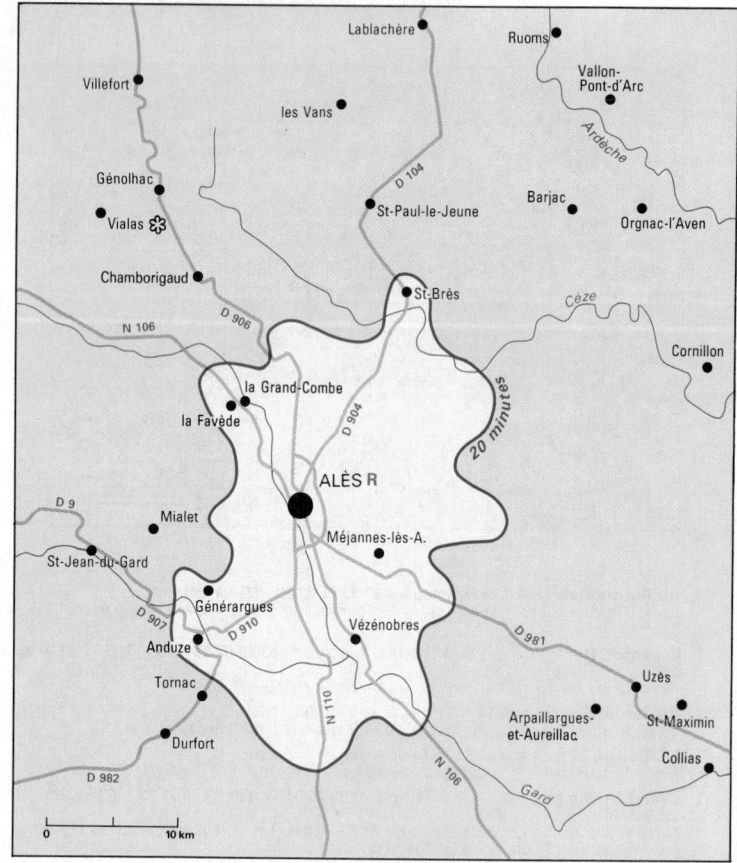

ALÈS

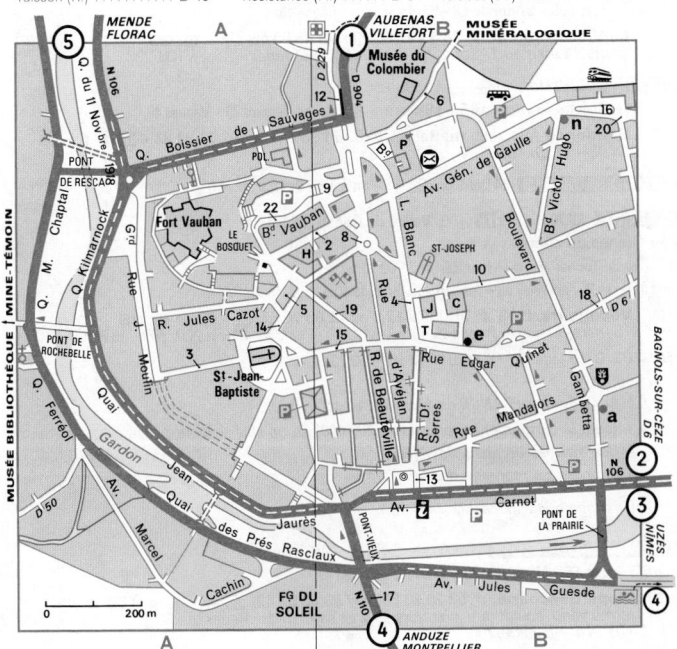

🏨 **Ceven'H.,** 18 r. E. Quinet ℰ 66 52 27 07, Télex 480830, Fax 66 52 36 33 – |♿| 🗏 📺 ☎ ⟷ — 🛏 30 à 50. ATE Ⓞ GB
Repas *(fermé sam., dim. et fériés)* 64 (déj.)/140 ⅄, enf. 40 – 🍽 45 – **75 ch** 290/380.   **B e**

XX **Le Riche** avec ch, 42 pl. Sémard ℰ 66 86 00 33, Fax 66 30 02 63, salle 1900 – ⅍ ch 🗏 rest 📺 ☎ – 🛏 25. ⓄB GB
fermé 1er au 28 août – **Repas** 95/280 ⅄ – 🍽 35 – **19 ch** 220/320 – ½ P 240/260.   **B n**

XX **Parc,** 174 rte Nîmes par ③ : 2 km ℰ 66 30 62 33, Fax 66 30 98 54, 🌤, 🐎 – ❷. ATE GB
Repas *(fermé dim. soir et lundi)* 100 (déj.), 140/260.

X **Le Guévent,** 12 bd Gambetta ℰ 66 30 31 98 – 🗏. GB   **B a**
fermé sam. midi et dim. soir de sept. à mai, sam. et dim. de juin à août – **Repas** 125/165.

rte de Nîmes par ③ : 4 km sur N 106 – ✉ 30560 St-Hilaire-de-Brethmas :

XXX **Aub. de St-Hilaire,** ℰ 66 30 11 42, Fax 66 86 72 79, 🌤 – 🗏 ❷. GB
fermé dim. soir et lundi sauf fériés – **Repas** 160/380, enf. 70.

à Méjannes-lès-Alès par ③ *et D 981 :* 7,5 km – ✉ 30340 Salindres :

XX **Aub. des Voutins,** ℰ 66 61 38 03, 🌤, 🐎 – ❷. ATE ⓄB GB
fermé 28 août au 5 sept., 26 fév. au 4 mars, dim. soir et lundi – **Repas** 150/310.

ALFA ROMEO Paszek, 30 bd Gambetta
ℰ 66 30 07 66
BMW Méridional Autos, 571 chem. de la Tour-
tugue Rocade Est ℰ 66 30 14 14
CITROEN Rokad Auto, Rocade Est, Rd-Pt A.-
Citroën ℰ 66 42 39 39 🔟 ℰ 66 30 08 73
FIAT Cévennes Autom., rte d'Aubenas à St-Martin-
de-Valgalgues ℰ 66 30 22 46
FORD Gar. Morel, 15 av. Gibertine ℰ 66 86 44 73
LANCIA Sud Auto, rte d'Aubenas à St-Martin-de-
Valgalgues ℰ 66 86 49 64
NISSAN Auto Hall, Rocade Sud ℰ 66 52 24 41
OPEL Gar. Sogir, Montée des Cyprès
ℰ 66 52 89 89

PEUGEOT Gar. Guiraud, 1165 rte d'Uzès par ③
ℰ 66 56 28 28 🔟 ℰ 66 78 01 15
RENAULT Auto Christol, Quai du Mas d'Hours
ℰ 66 56 22 22 🔟 ℰ 05 05 15 15
TOYOTA Gar. de Rochebelle, rte de Nîmes à
St-Hilaire-de-Brethmas ℰ 66 86 29 60

⦿ Ayme Pneus, av. Rameau, ZI Croupillac
ℰ 66 30 22 10
Escoffier Pneus Vulcopneu, ZI av. Frères-Lumière
ℰ 66 56 77 77
Rouveyran, rte de Nîmes à St-Hilaire-de-Brethmas
ℰ 66 61 33 30

ALFORTVILLE 94 Val-de-Marne 🔢 ①, 🔢 ㉗ – voir à Paris, Environs.

ALGAJOLA 2B H.-Corse 🔢 ⑬ – voir à Corse.

ALISSAS 07 Ardèche 🔢 ⑲, 🔢 ⑪ – rattaché à Privas.

ALIX 69380 Rhône 🔢 ⑨ 🔢 ① – 665 h alt. 284.
Paris 447 – ◆Lyon 29 – L'Arbresle 12 – Villefranche-sur-Saône 13.

  ✗ **Le Vieux Moulin,** ℰ 78 43 91 66, Fax 78 47 98 46, 🏞 – **P**. GB
    fermé 14 août au 12 sept., lundi et mardi sauf fériés – Repas 100/230.

ALLAIRE 56350 Morbihan 🔢 ⑤ – 2 990 h alt. 66.
Paris 421 – Ploermel 46 – Redon 9,5 – ◆Rennes 75 – La Roche-Bernard 26 – Vannes 48.

  🏠 **Gaudence** sans rest, rte Redon ℰ 99 71 93 64, Fax 99 71 92 83 – 📺 ☎ **P**. GB
    ☑ 30 – **17 ch** 189/263.

ALLAS-LES-MINES 24 Dordogne 🔢 ⑰ – rattaché à St-Cyprien.

ALLÈGRE 43270 H.-Loire 🔢 ⑥ **G. Vallée du Rhône** – 1 176 h alt. 1 021.
Voir Ruines du château ※⋆.
🛈 Office de Tourisme r. du Mont Bar ℰ 71 00 72 52.
Paris 527 – Le Puy-en-Velay 28 – Ambert 45 – Brioude 40 – Langeac 31.

  🏠 **Voyageurs,** D 13 ℰ 71 00 70 12, Fax 71 00 20 67, 🔄 – 📺 ☎ **P**. GB
  ◆ *15 mars-30 nov.* – Repas 65/150 Ⅻ enf. 45 – ☑ 35 – **21 ch** 200/280 – ½ P 190/220.

PEUGEOT Gar. Marrel. ℰ 71 00 70 62 **N** ℰ 71 00 70 62

    L'Atlas Routier FRANCE de Michelin, c'est :

    – *toute la cartographie détaillée (1/200 000) en un seul volume,*

    – *des dizaines de plans de villes,*

    – *un index de repérage des localités..*

    Le copilote indispensable dans votre véhicule.

ALLEMANS-DU-DROPT 47800 L.-et-G. 🔢 ④ – 455 h alt. 39.
Paris 586 – Agen 66 – Marmande 29 – Villeneuve-sur-Lot 47.

  🏠 **Étape Gasconne,** ℰ 53 20 23 55, Fax 53 93 51 42, 🔄, 🌳 – ▤ rest 📺 ☎. GB
  ◆ *fermé vend. soir et dim. soir hors sais. et sam. midi* – Repas 60/230 Ⅻ enf. 45 – ☑ 30 – **27 ch** 170/270 – ½ P 200/250.

ALLEMONT 38114 Isère 🔢 ⑥ – 600 h alt. 820.
Voir Traverse d'Allemont ※⋆⋆ O : 6 km, **G. Alpes du Nord**.
Paris 615 – ◆Grenoble 45 – Le Bourg-d'Oisans 10 – St-Jean-de-Maurienne 60 – Vizille 27.

  🏠 **Giniès** ⤢, ℰ 76 80 70 03, Fax 76 80 73 13, ≼, 🏞, 🌳 – 📺 ☎ ♿ **P**. GB. ✻
    Repas *(2 mai-15 sept. et 1ᵉʳ fév.-1ᵉʳ avril)* (dîner seul. du 1ᵉʳ fév. au 1ᵉʳ avril) 95/180 Ⅻ – ☑ 38 –
    28 ch 210/280 – ½ P 245/270.

ALLEVARD 38580 Isère 🔢 ⑯ 🔢 ⑥ **G. Alpes du Nord** – 2 558 h alt. 475 – Stat. therm. (12 mai-23 sept.) – Sports d'hiver au Collet d'Allevard : 1 450/1 700 m ⛷ 13.
Voir Route du Collet⋆⋆ par D 525ᴬ – Route de Brame-Farine⋆ NE par Av. Louaraz.
🛈 Office de Tourisme pl. Résistance ℰ 76 45 10 11, Fax 76 97 59 32.
Paris 578 ① – ◆Grenoble 39 ② – Albertville 50 ① – Chambéry 34 ① – St-Jean-de-Maurienne 68 ①.

Plan page suivante

  🏩 **Les Pervenches** ⤢, **(s)** ℰ 76 97 50 73, Fax 76 45 09 52, ≼, parc, 🔄, ✻ – 📺 ☎ **P**. ⒜
    ⓿ GB. ✻ rest
    9 mai-10 oct. et 1ᵉʳ fév. à Pâques – Repas *(fermé le midi du 1ᵉʳ fév. à Pâques)* 110/220 – ☑ 40
    – **30 ch** 260/355 – ½ P 280/320.

  🏩 **Parc** ⤢ sans rest, **(u)** ℰ 76 97 54 22 – ▯⃓ ⤢ ch 📺 ☎. GB
    15 mai-26 sept. – ☑ 35 – **40 ch** 150/298.

  🏠 **Speranza** ⤢, rte Moutaret par ① et D 9 : 1 km ℰ 76 97 50 56, ≼, 🌳 – cuisinette ☎ **P**.
    ✻ rest
    13 mai-30 sept. et 4 fév.-15 mars – Repas 83/125 Ⅻ – ☑ 32 – **16 ch** 195/285, 4 studios –
    ½ P 219/259.

  🏠 **Continental, (r)** ℰ 76 45 03 25, Fax 76 45 16 80, 🌳 – ▯⃓ ☎ ⟵ **P**. GB. ✻ rest
    1ᵉʳ mai-29 sept. et vacances scolaires – Repas 90 – ☑ 26 – **40 ch** 180/270 – ½ P 236/266.

  ⌂ **Alpes, (d)** ℰ 76 97 51 18, Fax 76 45 80 81 – ⤢ ch 📺 ☎. GB
  ◆ *fermé 12 nov. au 16 déc. et dim. soir hors sais.* – Repas 62 (déj.), 77/179 Ⅻ enf. 38 – ☑ 38 –
    22 ch 240/330 – ½ P 199/239.

ALLEVARD

Rues piétonnes en saison thermale

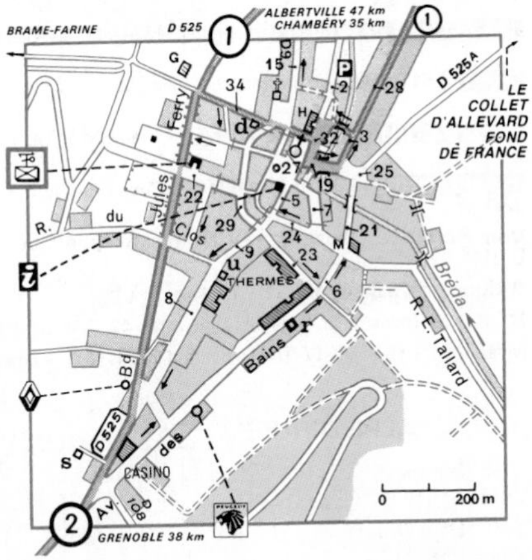

à Pinsot S : 7 km par D 525 A – ✉ **38580** :

Pic Belle Étoile ⛰, ☎ 76 97 53 62, Fax 76 97 55 47, ≤, 🏊, Fₛ, 🎾, ✂ – 🛗 📺 ☎ 🅟 – 🏛 40. GB
fermé 19 avril au 11 mai et 23 oct. au 14 déc. – **Repas** 98/200, enf. 64 – ☕ 50 – **33 ch** 320/420 – ½ P 385.

CITROEN Auto B2, par ① ☎ 76 45 09 28 🅽
☎ 76 45 08 31

PEUGEOT Gar. Tissot, ☎ 76 97 50 62
RENAULT Gar. des Alpes, ☎ 76 45 11 16 🅽
☎ 76 97 56 27

ALLEYRAS **43580** H.-Loire 76 ⑯ – 232 h alt. 750.

Paris 552 – Le Puy-en-Velay 34 – Brioude 70 – Langogne 43 – Saint-Chély-d'Apcher 59.

Haut-Allier ⛰, au Pont d'Alleyras, N : 2 km par D 40 ☎ 71 57 57 63, Fax 71 57 57 99 – 🛗 📺 ☎ ♿. GB.
1er mars-15 nov. – **Repas** *(fermé dim. soir et lundi sauf juil.-août)* 110/250 – ☕ 35 – **15 ch** 230/300 – ½ P 250/280.

ALLIGNY-EN-MORVAN **58230** Nièvre 65 ⑰ – 679 h alt. 454.

Paris 261 – Autun 33 – Château-Chinon 32 – Clamecy 75 – Nevers 96 – Saulieu 11,5.

Aub. du Morvan, ☎ 86 76 13 90 – GB
1er mars-15 nov. et fermé le soir (sauf sam.) et jeudi hors sais. – **Repas** 75/194 🍷.

ALLOS **04260** Alpes-de-H.-P. 81 ⑧ **G. Alpes du Sud** – 705 h alt. 1 425.

Env. ✳★★ du col d'Allos NO : 15 km.

Paris 773 – Digne-les-Bains 79 – Barcelonnette 35 – Colmars 8.

au Seignus O : 2 km par D 26 – alt. 1 500 – Sports d'hiver 1 400/2 426 m 🚡1 ⛷11 – ✉ **04260** Allos.

🅸 Office de Tourisme au Seignus ☎ 92 83 02 81 fax 92 83 06 66.

Altitude 1500 ⛰, ☎ 92 83 01 07, ≤, 🏊 – ☎ 🅟. GB. ch
1er juil.-5 sept. et 15 déc.-15 avril – **Repas** 75/145, enf. 45 – ☕ 40 – **16 ch** 250/360 – ½ P 250/300.

à la Foux d'Allos NO : 9 km par D 908 – alt. 1 800 – Sports d'hiver 1 800/2 600 m 🚡3 ⛷20 – ✉ **04260** Allos :

🅸 Office de Tourisme ☎ 92 83 80 70, fax 92 83 86 27.

du Hameau M ⛰, ☎ 92 83 82 26, Fax 92 83 87 50, ≤, 🏊, Fₛ, 🏊 – 🛗 📺 ☎ ♿ 🅟 – 🏛 35. AE ⦿ GB
10 juin-24 sept. et 25 nov.-24 avril – **Repas** 85/170, enf. 50 – ☕ 24 – **36 ch** 353/546 – ½ P 350/380.

Before setting out on your journey through France
Consult the Michelin Map no 911 *FRANCE – Route Planning.*
On this map you will find
– distances
– journey times
– alternative routes to avoid traffic congestion
– 24-hour petrol stations
Plan for a cheaper and trouble-free journey.

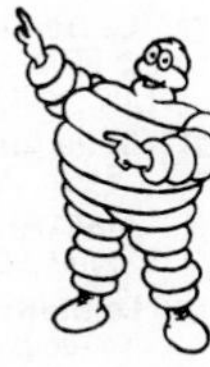

Les ALLUES 73 Savoie **74** ⑰ – rattaché à Méribel-les-Allues.

ALOTZ 64 Pyr.-Atl. **78** ⑱ – rattaché à Biarritz.

ALOXE-CORTON 21 Côte-d'Or **70** ① – rattaché à Beaune.

L'ALPE D'HUEZ 38750 Isère **77** ⑥ G. Alpes du Nord – alt. 1 860 – Sports d'hiver : 1 400/3 350 m ⒮14 ⒮71 ⒮.

Voir Pic du Lac Blanc ⒮★★★ NE par téléphérique B – Route de Villars-Reculas★ 4 km par D 211ᴮ.

Altiport ℰ 76 80 41 15, SE : 1,5 km.

🛈 Office de Tourisme pl. Paganon ℰ 76 80 35 41, Télex 320892, Fax 76 80 69 54.

Paris 632 ① – ◆Grenoble 62 ① – Le Bourg-d'Oisans 13 ① – Briançon 71 ①.

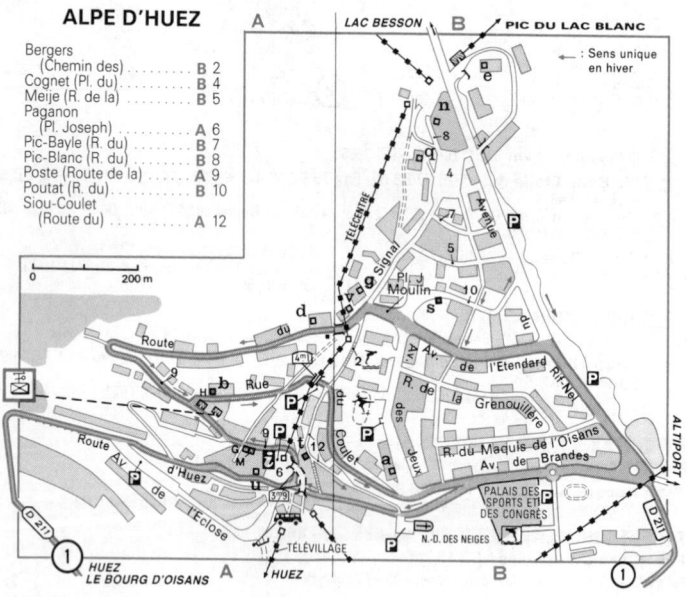

ALPE D'HUEZ

Bergers
  (Chemin des) . . . . **B** 2
Cognet (Pl. du) . . . . **B** 4
Meije (R. de la) . . . . **B** 5
Paganon
  (Pl. Joseph) . . . . **A** 6
Pic-Bayle (R. du) . . . . **B** 7
Pic-Blanc (R. du) . . . . **B** 8
Poste (Route de la) . . . . **A** 9
Poutat (R. du) . . . . **B** 10
Siou-Coulet
  (Route du) . . . . **A** 12

← : Sens unique en hiver

🏨🏨 **Royal Ours Blanc** 🅼, ℰ 76 80 35 50, Fax 76 80 34 50, ≤ massif de l'Oisans, 🍽, 🛁, ▦ – 📶 📺 ☎ ♿ ⬅ – 🔒 40. 🅰🅴 ⓪ 🆖 🛥 rest   **B a**
20 déc.-1ᵉʳ avril – **Repas** 220 – � 95 – **45 ch** 1100/1300 – ½ P 895.

🏨🏨 **Au Chamois d'Or** 🅼 🏖, ℰ 76 80 31 32, Fax 76 80 34 90, ≤ pistes et montagnes, 🍽, 🛁, ▦, ⚿ – 📶 📺 ☎ ⬅ ♿ – 🔒 25. 🆖 🛥 rest   **B e**
15 déc.-25 avril – **Repas** 150 (déj.), 230/290 – � 80 – **45 ch** 820/1300 – ½ P 720/960.

🏨 **Les Grandes Rousses**, ℰ 76 80 33 11, Télex 308437, Fax 76 80 69 57, ≤ massif de l'Oisans, 🍽, 🛁, ⚿ – 📶 📺 ☎ – 🔒 25. 🅰🅴 🆖   **A d**
15 juin-15 sept. et 1ᵉʳ déc.-3 mai – **Repas** 190/230 ♿ – � 68 – **45 ch** 670/840. 3 duplex – ½ P 750/890.

🏨 **Le Christina** 🅼 🏖, ℰ 76 80 33 32, Fax 76 80 66 12, ≤ massif de l'Oisans, 🍽, ⚿ – 📺 📶 ☎ ⬅. 🛥 rest   **B n**
1ᵉʳ juil.-20 août et 3 déc.-20 avril – **Repas** 90/150 – � 40 – **27 ch** 580/650 – ½ P 551/707.

🏨 **Le Dôme et rest Gd Tétras**, ℰ 76 80 32 11, Fax 76 80 66 48, ≤ massif de l'Oisans, 🍽 – 📶 📺 ☎ ⬅ ♿. 🅰🅴 🆖 🛥 rest   **B q**
juil.-août et déc.- avril – **Repas** 85 (déj.), 115/200 – � 55 – **20 ch** 545/685.

🏨 **Belle Aurore**, ℰ 76 80 33 17, Fax 76 80 68 80, ≤ – 📶 📺 ☎. 🆖 🛥 rest   **B g**
15 déc.-20 avril – **Repas** (dîner seul.) 200 – � 45 – **37 ch** 600/680 – ½ P 500/600.

🏨 **Alp'Azur** sans rest, ℰ 76 80 34 02, ≤ – ☎. 🆖   **B v**
15 juin-30 sept. et 15 nov.-5 mai – � 40 – **22 ch** 260/430.

🏨 **Le Mariandre** sans rest, ℰ 76 80 66 03, Fax 76 80 31 50, ≤ – 📶 📺 ☎. 🆖   **A u**
juil.-août et début déc.-fin avril – � 45 – **21 ch** 520/620.

A **b**

XX **Le Lyonnais,** ℰ 76 80 68 92 – GB
1ᵉʳ juil.-30 août et 1ᵉʳ déc.-30 avril – **Repas** (dîner seul.) 120/195.

B **s**

XX **L'Outa** avec ch, ℰ 76 80 34 56, Fax 76 80 95 88, ≼, ╔╗ – 🗔 ☎. ⓞ GB
16 déc.-31 mars – **Repas** 100 (déj.)/130, enf. 60 – ⊡ 35 – **11 ch** 500/550 – ½ P 385.

A **t**

X **Au P'tit Creux,** ℰ 76 80 62 80, Fax 76 80 39 37, ≼, ╔╗ – ⓞ GB
fermé 2 au 31 mai, 1ᵉʳ au 25 oct., dim. soir et lundi du 1ᵉʳ au 30 juin et du 1ᵉʳ sept. au 11 nov.
– **Repas** 128/158, enf. 50.

X **La Cabane du Poutat** secteur des Bergers, accès piétons depuis gare départ télécabine des Marmottes ℰ 76 80 42 88, ≼ massif de l'Oisans, ╔╗, « Restaurant d'altitude
au milieu des pistes » – GB
1ᵉʳ déc.-30 avril – **Repas** (déj. seul.) carte environ 160.

ALTENSTADT 67 B.-Rhin 57 ⑲ – rattaché à Wissembourg.

ALTKIRCH ◁ℙ▷ 68130 H.-Rhin 66 ⑨ G. Alsace Lorraine – 5 090 h alt. 312.

🅱 Office de Tourisme, pl. Xavier Jourdain ℰ 89 40 02 90, Fax 89 08 86 90.

Paris 466 – ◆ Mulhouse 19 – ◆ Basel 35 – Belfort 32 – Montbéliard 51 – Thann 28.

à Hirtzbach S : 4 km – ✉ 68118 :

XX **Ottié** avec ch, à la bifurcation de D 432 et D 17 ℰ 89 40 93 22, Fax 89 08 85 19, ╔╗, ≈≈ –
≈ ⟜ ℙ. GB
fermé 20 juin au 13 juil., 20 déc. au 3 janv., lundi soir (sauf août) et mardi – **Repas** 58 (déj.),
85/290 🍷 – ⊡ 28 – **13 ch** 85/200 – ½ P 196/240.

à Wahlbach : E : 10 km par D 419 et D 19ᴮ – ✉ 68130 :

XX **Aub. de la Gloriette** avec ch, ℰ 89 07 81 49, Fax 89 07 40 56, ╔╗, ≈≈ – 🗔 ℙ. AE ⓞ GB
fermé 1ᵉʳ au 15 sept., vacances de fév., lundi et mardi – **Repas** 90 (déj.). 130/280, enf. 65 –
⊡ 45 – **4 ch** 280/300 – ½ P 350.

CITROEN Gar. Ditner, 25 r. de Thann à Spechbach-
le-Bas ℰ 89 25 40 52
PEUGEOT SIAM, 57 rte de Carspach
ℰ 89 08 83 84

RENAULT Gar. Fritsch, 29 r. 3ᵉ Zouaves
ℰ 89 40 01 07 🅽 ℰ 89 26 71 17

🅦 Altkirch Pneus, 50 fg de Belfort ℰ 89 40 95 26

↠ *Die auf den Michelin-Karten im Maßstab 1 : 200 000 rot unterstrichenen*
Orte sind in diesem Führer erwähnt.

Nur eine neue Karte gibt Ihnen die aktuellsten Hinweise.

ALVIGNAC 46500 Lot 75 ⑲ – 473 h alt. 390 – 🅱 Syndicat d'Initiative r. Centrale (juil.-août) ℰ 65 33 66 42.

Paris 536 – Brive-la-Gaillarde 51 – Cahors 60 – Figeac 42 – Gourdon 41 – Rocamadour 8,5 – Tulle 80.

🏠 **Nouvel H.,** ℰ 65 33 60 30, Fax 65 33 68 25, ╔╗ – ☎ ℙ. GB
↞ *fermé 15 déc. au 1ᵉʳ mars, vend. soir et sam. du 15 nov. à Pâques* – **Repas** 60/160 🍷, enf. 38
– ⊡ 26 – **13 ch** 180/200 – ½ P 195/215.

X **Aub. Madeleine,** pl. église ℰ 65 33 61 47, ╔╗, ≈≈
↞ *Pâques-fin sept. et fermé le soir sauf juil.-août* – **Repas** 60/150 🍷.

AMBÉRIEUX-EN-DOMBES 01330 Ain 74 ① ② – 1 156 h alt. 300.

Paris 438 – ◆ Lyon 37 – Bourg-en-Bresse 39 – Mâcon 42 – Villefranche-sur-Saône 16.

🏠 **Aub. des Bichonnières** ⟶, rte Ars-sur-Formans ℰ 74 00 82 07, Fax 74 00 89 61, ╔╗,
« Ancienne ferme bressane », ≈≈ – ☎ ℙ. AE GB
fermé 15 déc. au 15 janv., mardi soir et lundi d'oct. à mai – **Repas** (fermé dim. soir de sept. à
juin et lundi sauf le soir en juil.-août) 85 bc (déj.). 125/260 🍷, enf. 80 – ⊡ 40 – **9 ch** 220/320
– ½ P 260.

PEUGEOT Gar. Butillon. ℰ 74 00 84 02 🅽
ℰ 74 00 84 02

RENAULT Vacheresse. ℰ 74 00 83 46 🅽
ℰ 74 00 83 46

AMBERT ◁ℙ▷ 63600 P.-de-D. 73 ⑯ G. Auvergne – 7 420 h alt. 537.

Voir Église St-Jean⋆ Y – Vallée de la Dore⋆ N et S.

Env. Moulin Richard-de-Bas⋆ 5,5 km par ②.

🅱 Office de Tourisme 4 pl. Hôtel de Ville ℰ 73 82 61 90, Fax 73 82 44 00 et pl. G.-Courtial (saison)
ℰ 73 82 14 15.

Paris 492 ① – ◆ Clermont-Ferrand 75 ① – Brioude 60 ③ – Montbrison 46 ② – Le Puy-en-Velay 70 ③ – Thiers 55 ①.

Plan page suivante

🏠 **Chaumière,** 41 av. Mar. Foch par ③ ℰ 73 82 14 94, Fax 73 82 33 52 – 🗔 ☎ & ℙ. AE ⓞ
GB
fermé 26 déc. au 31 janv. et hôtel : sam. d'oct. à mai – **Repas** (fermé sam. d'oct. à mai, vend.
soir de nov. à fin mars et dim. soir sauf fêtes) 85/190 🍷, enf. 58 – ⊡ 38 – **23 ch** 250/340 –
½ P 260/270.

Z **a**

🏠 **Copains,** 42 bd Henri IV ℰ 73 82 01 02, Fax 73 82 67 34 – ☎. GB. ≈≈ ch
↞ *fermé sept., dim. soir et sam. (sauf juil.-août et fêtes)* – **Repas** 65/150 🍷 – ⊡ 28 – **12 ch**
150/280 – ½ P 180/225.

AMBERT

Chabrier (Av. E.) .... Z
Château (R. du) .... Z 3
Cheix (Rue du Petit) ..... Z
Clemenceau (Av. G.) ..... Y 4
Courtial (Pl. G.) .... Y 6
Croves du Mas (Av. des) .. Y
Filéterie (R. de la) .... Z 7
Foch (Av. du Mar.) .... Y 8
Gaulle (Pl. Ch.-de) .... Z
Goye (R. de) .... Y 12
Henri IV (Bd) .... Z
Livradois (Pl. du) .... Z
Lyon (Av. de) .... Z 13
Nord (Bd du) .... YZ
Pontel (Pl. du) .... Z 16
Portette (Bd de la) ...... Y 17
République (R. de la) ..... Z 19
St-Jean (Pl.) .... Y 20
St-Joseph (R.) .... Z
Sully (Bd) .... Z 21
11-Novembre (Av. du) .... Z 23

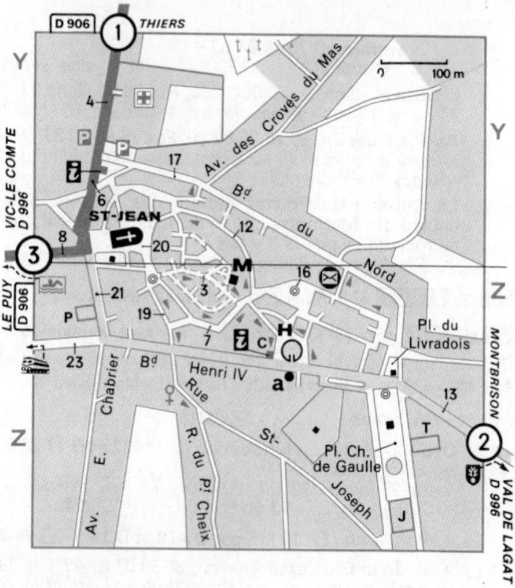

Michelin n'accroche pas de panonceau aux hôtels et restaurants qu'il signale.

CITROEN Gar. Rigaud, rte de Clermont par ① ✆ 73 82 01 57
FORD Autos Livradois, rte de Clermont ✆ 73 82 01 28

Arcis Pneus, 34 av. Dore ✆ 73 82 02 69

AMBIALET 81340 Tarn 80 ⑫ **G. Gorges du Tarn** – 386 h alt. 200.

Voir Site★.

Paris 704 – Albi 22 – Castres 54 – Lacaune 52 – Rodez 71 – St-Affrique 61.

Pont, ✆ 63 55 32 07, Fax 63 55 37 21, ≤, ☂, ⛱, 🌳 – ▤ rest TV ☎ P. AE ① GB
fermé 20 nov. au 17 déc., dim. soir et lundi midi de nov. à mars – **Repas** 95/290, enf. 60 – ☐ 35 – **20 ch** 260/290 – ½ P 280.

AMBIERLE 42820 Loire 73 ⑦ **G. Vallée du Rhône** – 1 763 h alt. 467.

Voir Église★.

Paris 376 – Roanne 19 – Lapalisse 34 – Thiers 65 – Vichy 51.

XX **Le Prieuré,** ✆ 77 65 63 24 – GB
fermé 21 août au 6 sept., vacances de fév., mardi soir et merc. – **Repas** 85/300 ♁.

AMBLANS-ET-VELOTTE 70 H.-Saône 66 ⑥ – rattaché à Lure.

AMBOISE 37400 I.-et-L. 64 ⑯ **G. Châteaux de la Loire** – 10 982 h alt. 57.

Voir Château★★ (spectacle son et lumière) B : ≤★★ de la terrasse, ≤★★ de la tour des Minimes – Clos-Lucé★ B – Pagode de Chanteloup★ 3 km par ④.

Office de Tourisme quai Gén.-de-Gaulle ✆ 47 57 01 37.

Paris 222 ① – ◆Tours 24 ⑤ – Blois 34 ① – Loches 34 ④ – Vierzon 92 ③.

Plan page ci-contre

✿✿ **Le Choiseul,** 36 quai Ch. Guinot ✆ 47 30 45 45, Télex 752068, Fax 47 30 46 10, ≤, ☂, « Élégante installation, piscine et jardin fleuri » – ▤ rest TV ☎ 🚗 P – 🏛 80. AE GB JCB B **v**
fermé 26 nov. au 15 janv. – **Repas** 200/390 et carte 290 à 340 – ☐ 80 – **29 ch** 700/980 – ½ P 680/900
Spéc. Gelée de géline de Tours et foie gras de canard. Carré d'agneau rôti au persil truffé. Soupe de cerises soufflée au lait d'amandes.

Novotel M ⛰, S : 2 km par ③ rte de Chenonceaux ✆ 47 57 42 07, Télex 751203, Fax 47 30 40 76, ≤, ☂, ⛱, 🎾 – ⇋ ch ▤ ch TV ☎ ♿ P – 🏛 150. AE ① GB
Repas carte environ 180, enf. 50 – ☐ 50 – **121 ch** 520/560.

Belle Vue sans rest, 12 quai Ch. Guinot ✆ 47 57 02 26, Fax 47 30 51 23 – |‡| TV ☎. GB. ⚔ B **s**
15 mars-15 nov. – ☐ 35 – **32 ch** 270/320.

Parc, 8 av. L. de Vinci ✆ 47 57 06 93, Fax 47 30 52 06, ☂, 🌳 – TV ☎ P. AE GB. ⚔ rest B **y**
hôtel : fermé 15 déc. au 15 janv. ; rest : ouvert 1er mars-15 oct. et fermé lundi – **Repas** (dîner seul.) 110/210, enf. 55 – ☐ 40 – **17 ch** 230/425 – ½ P 260/360.

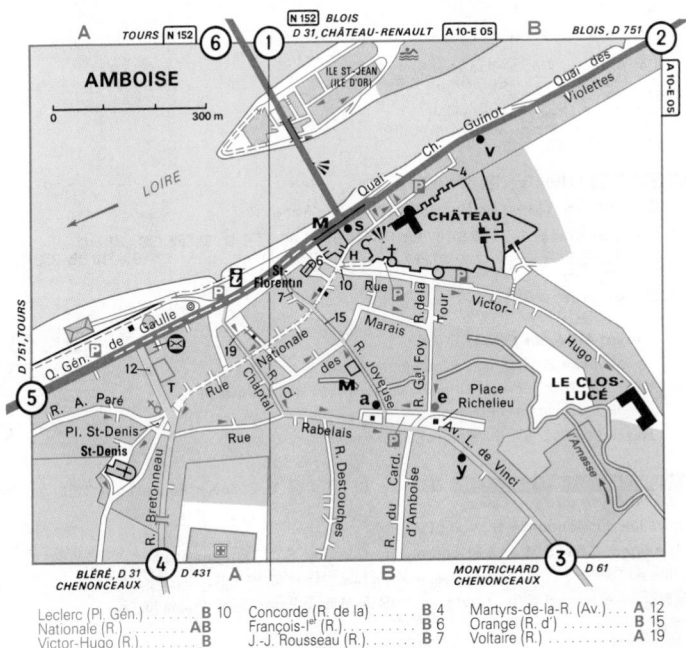

AMBOISE

Leclerc (Pl. Gén.)	B 10	Concorde (R. de la) .... B 4	Martyrs-de-la-R. (Av.)... A 12
Nationale (R.)	AB	François-Iᵉʳ (R.) .... B 6	Orange (R. d') .... B 15
Victor-Hugo (R.)	B	J.-J. Rousseau (R.) .... B 7	Voltaire (R.) .... A 19

Le Blason, 11 pl. Richelieu ℘ 47 23 22 41, Fax 47 57 56 18, 🍽 – ▤ rest 📺 ☎ ᵶ. 🖭 ⑩
GB
B **a**
fermé mars et 1ᵉʳ au 8 déc. – **Repas** *(fermé jeudi sauf le soir de juil. à sept. et sam. midi)*
75/215, enf. 45 – 🗜 29 – **29 ch** 290/320 – ½ P 255.

La Brèche, 26 r. J. Ferry par ① (rive droite de la Loire) ℘ 47 57 00 79, 🍽, 🐎 – ☎ 🚗.
GB. 🛏 ch
fermé 24 déc. au 1ᵉʳ fév., dim. soir et lundi du 1ᵉʳ oct. au 1ᵉʳ avril – **Repas** 80/180 🍴, enf. 49 –
🗜 30 – **13 ch** 160/325 – ½ P 190/265.

Ibis, E : Z.I. La Boitardière par ② et D 31 : 3 km ℘ 47 23 10 23, Fax 47 57 31 41, 🍽 –
🛏 ch 📺 ☎ ᶂ ⑭ – 🔺 120. 🖭 GB
Repas 97 bc, enf. 40 – 🗜 35 – **70 ch** 270/330.

Le Manoir Saint Thomas, pl. Richelieu ℘ 47 57 22 52, Fax 47 30 44 71, « Elégant
pavillon Renaissance, jardin » – 🖭 ⑩ GB JCB
B **e**
fermé 15 janv. au 15 mars, dim. soir et lundi hors sais. – **Repas** 165/295 et carte 290 à 350.

La Bonne Étape avec ch, NE par ② : 2 km ℘ 47 57 08 09, Fax 47 57 12 33, 🍽, 🐎 – 📺
☎ ⑭. GB
fermé 20 déc. au 8 janv., vacances de fév., dim. soir et lundi – **Repas** 75/250, enf. 55 – 🗜 27
– **7 ch** 220/280.

La Closerie, 2 r. P. L. Courier ℘ 47 23 10 76, 🍽 – ⑩ GB JCB
fermé sam. midi et lundi – **Repas** 70/175.

à St-Ouen-les-Vignes par ① et D 431 : 6,5 km – ⊠ 37530 :

❀ **L'Aubinière** (Arrayet), ℘ 47 30 15 29, Fax 47 30 02 44, 🍽, 🐎 – ⑭. 🖭 GB
fermé 15 fév. au 15 mars, dim. soir du 15 oct. au 30 avril, mardi soir et merc. sauf juil.-août –
Repas 98 (déj.), 190/340 et carte 260 à 350
Spéc. Effeuillé de lapereau à la gelée d'estragon (juin à sept.). Dos de sandre rôti au fumet de cabernet. Profiteroles
aux fraises de pays (mai à juil.). **Vins** Vouvray, Touraine-Mesland.

à Chargé par ② et D 751 : 3 km – ⊠ 37400 :

Château de Pray 🕊, ℘ 47 57 23 67, Fax 47 57 32 50, ≼, 🍽, « Terrasse dominant la
vallée, parc » – 📺 ☎ ⑭. 🖭 ⑩ GB JCB. 🛏 rest
fermé 2 au 27 janv. – **Repas** 130/250 – 🗜 50 – **19 ch** 550/720 – ½ P 520/605.

à Négron par ⑥ et N 152 : 2,5 km – ⊠ 37530 Nazelles-Négron :

Le Petit Lussault sans rest, ℘ 47 57 30 30, Fax 47 57 77 80, 🛠 – ☎ ⑭. GB
1ᵉʳ avril-15 oct. – 🗜 29 – **23 ch** 255/310.

CITROEN Gar. Guérin, à Pocé sur Cisse ☏ 47 57 27 84
OPEL Gar. A.-France, 41 r. de Blois ☏ 47 57 11 30
PEUGEOT Gar. Forcet, 108 r. St-Denis par D 83 ☏ 47 57 42 82
SEAT, VAG Gar. du Relais des Châteaux, rte de Chenonceaux, Rocade Sud ☏ 47 57 07 64
N ☏ 43 96 36 42

Super Pneus, 27 quai Gén.-de-Gaulle ☏ 47 57 44 71

AMBONNAY **51150** Marne 56 ⑰ – 917 h alt. 102.

Paris 173 – ◆Reims 29 – Châlons-sur-Marne 22 – Épernay 19 – Vouziers 66.

Aub. St Vincent, ☏ 26 57 01 98, Fax 26 57 81 48 – TV ☎. AE ⓓ GB. ✻ ch
fermé dim. soir et lundi – **Repas** 110 (déj.), 160/300, enf. 50 – ☕ 40 – **10 ch** 300/380 – ½ P 365/385.

CITROEN Gar. Mirbel, ☏ 26 57 01 71

Die im Michelin-Führer
verwendeten Zeichen und Symbole haben –
*dünn oder **fett** gedruckt, in einer Kontrastfarbe oder schwarz –*
jeweils eine andere Bedeutung.
Lesen Sie daher die Erklärungen aufmerksam durch.

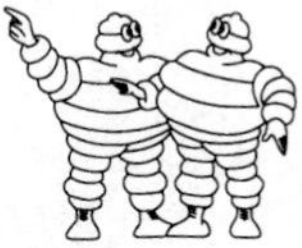

AMÉLIE-LES-BAINS-PALALDA **66110** Pyr.-Or. 86 ⑱ ⑲ **G. Pyrénées Roussillon** – 3 239 h alt. 230 – Stat. therm. (20 janv.-19 déc.) – Casino.

Voir Vallée du Mondony★ S : voir plan.

de Falgos ☏ 68 39 51 42 à St-Laurent-de-Cerdans, S : 20 km par ③.

Office du Tourisme et du Thermalisme quai du 8 Mai 1945 ☏ 68 39 01 98, Fax 68 39 20 20.

Paris 899 ② – ◆Perpignan 38 ② – Céret 8 ② – Prats-de-Mollo-la-Preste 23 ③ – Quillan 105 ②.

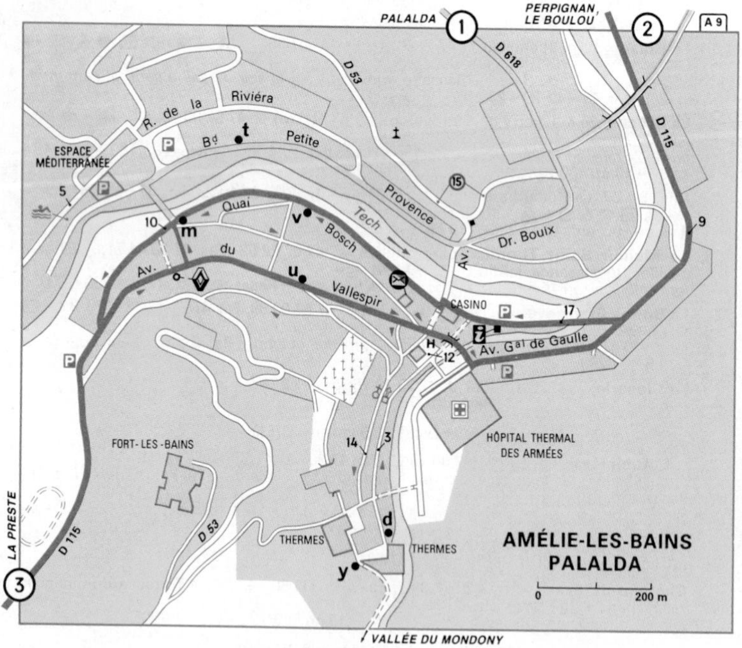

Vallespir (Av. du)
Castellane (R.) 3
Corniche (Rte de la) 5
Leclerc (Av. Gén.) 9
Palmiers (Av. des) 10
République (Pl. de la) 12
Thermes (R. des) 14
8-Mai-1945 (Quai) 17

Gd H. Reine-Amélie, bd Petite Provence **(t)** ℘ 68 39 04 38, Fax 68 39 31 13, ≤, ⛱ – |‡| TV ☎ ⇔ Ⓟ. AE ⓓ GB
Repas 105/180, enf. 60 – ⊏ 38 – **69 ch** 330/440 – ½ P 304/392.

Castel Émeraude ⛰, par rte de la Corniche - ouest du plan ℘ 68 39 02 83, Fax 68 39 03 09, ≤, ⛱, ⛱ – |‡| ☎ ♿ Ⓟ. AE GB
fermé déc. et janv. – **Repas** 95/290, enf. 65 – ⊏ 40 – **59 ch** 240/360 – ½ P 295/345.

Palmarium H., av. Vallespir **(u)** ℘ 68 39 19 38, Fax 68 39 04 23 – |‡| TV ☎ ⇔. GB
fermé 15 déc. au 1er fév. – **Repas** 95/160 ♨ – ⊏ 32 – **63 ch** 220/300 – ½ P 260/280.

Martinet ⛰, r. Herma-Bessière **(d)** ℘ 68 39 00 64, ≤ – |‡| TV ☎. AE GB. ✕ rest
fermé 10 déc. au 1er fév. – **Repas** 100/120 – ⊏ 28 – **42 ch** 220/240 – P 290.

Le Roussillon M, av. Beau Soleil par ② ℘ 68 39 34 39, Fax 68 39 81 21, ⛱, ⛱, ⛱ – |‡| TV ☎ ♿ Ⓟ – 🏛 25. GB. ✕ rest
fermé janv. – **Repas** 95/165, enf. 45 – ⊏ 45 – **30 ch** 220/280 – P 285/315.

Bains et Gorges, pl. Arago **(y)** ℘ 68 39 29 02 – |‡| TV ☎. GB
fermé 17 déc. au 1er fév. – **Repas** 90/150 – ⊏ 34 – **44 ch** 230/270 – P 240/260.

Palm Tech, quai G. Bosch **(v)** ℘ 68 83 98 00, Fax 68 39 04 23 – |‡| ☎ ♿ ⇔. GB
fermé 15 déc. au 1er fév. – **Repas** 98/125 ♨, enf. 50 – ⊏ 32 – **56 ch** 180/266 – P 270/290.

Ensoleillade et Rive sans rest, 70 r. J. Coste **(m)** ℘ 68 39 06 20, ⛱ – |‡| cuisinette ▤ TV ☎ Ⓟ. GB. ✕
⊏ 25 – **14 ch** 210/255.

RENAULT Gar. du Vallespir ℘ 68 39 05 05 — Gar. Cédo ℘ 68 39 29 05 N ℘ 68 83 98 35

L'AMÉLIE-SUR-MER 33 Gironde 71 ⑯ – rattaché à Soulac-sur-Mer.

Pour vos voyages,
en complément indispensable de ce guide
utilisez
les **cartes Michelin** détaillées à 1/200 000.

AMIENS

P 80000 Somme 52 ⑧ **G. Flandres Artois Picardie** – 131 872 h alt. 27.

Voir Cathédrale★★★ CY – Hortillonnages★ DY – Hôtel de Berny★ CY **M1** – Musée de Picardie★★ BZ.

Env. Samara★ NO : 10 km par D191.

18 ℘ 22 93 04 26, par ② : 7 km ; 9 de Salouël (privé) ℘ 22 95 40 49, S par D 210 : 4,5 km.

℘ 22 92 50 50.

Office de Tourisme 12 r. du Chapeau de Violettes ℘ 22 91 79 28, Fax 22 92 50 58, gare SNCF ℘ 22 92 65 04, pl. Notre-Dame (Pâques-sept.) ℘ 22 91 16 16 – A.C. de Picardie 472 av. 14 Juillet 1789 ℘ 22 89 15 20.

Paris 136 ③ – ◆Lille 116 ② – ◆Reims 170 ③ – ◆Rouen 114 ⑤ – St-Quentin 74 ③.

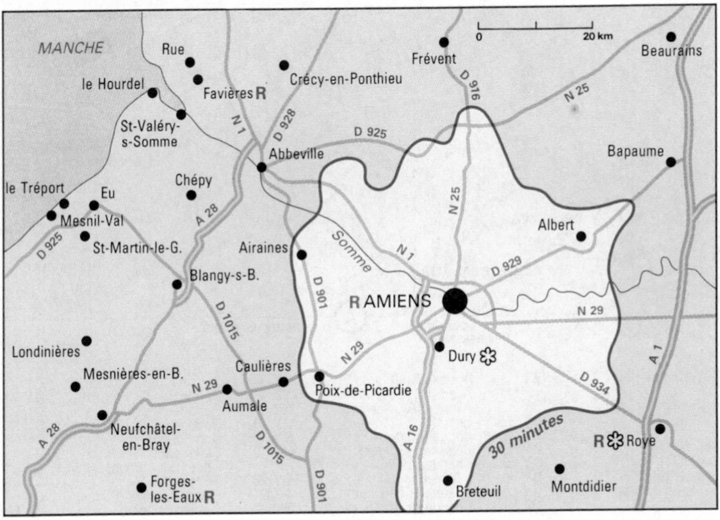

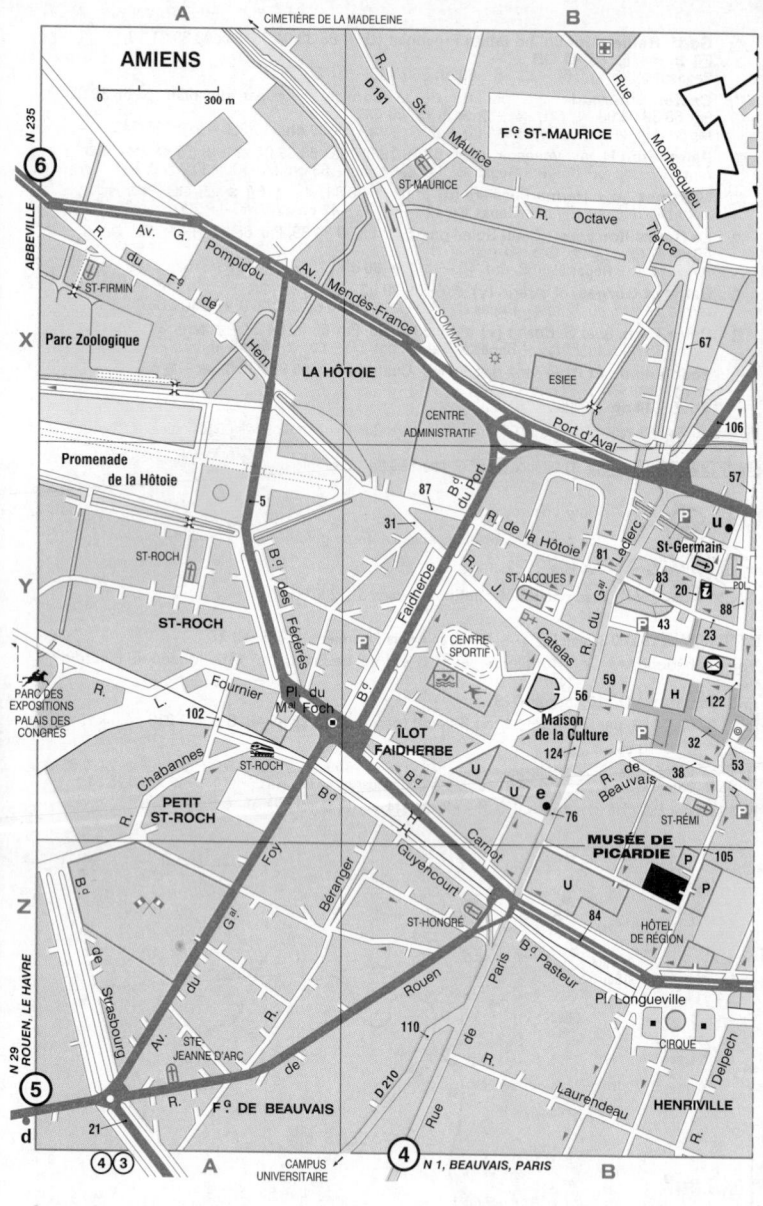

AMIENS

0   300 m

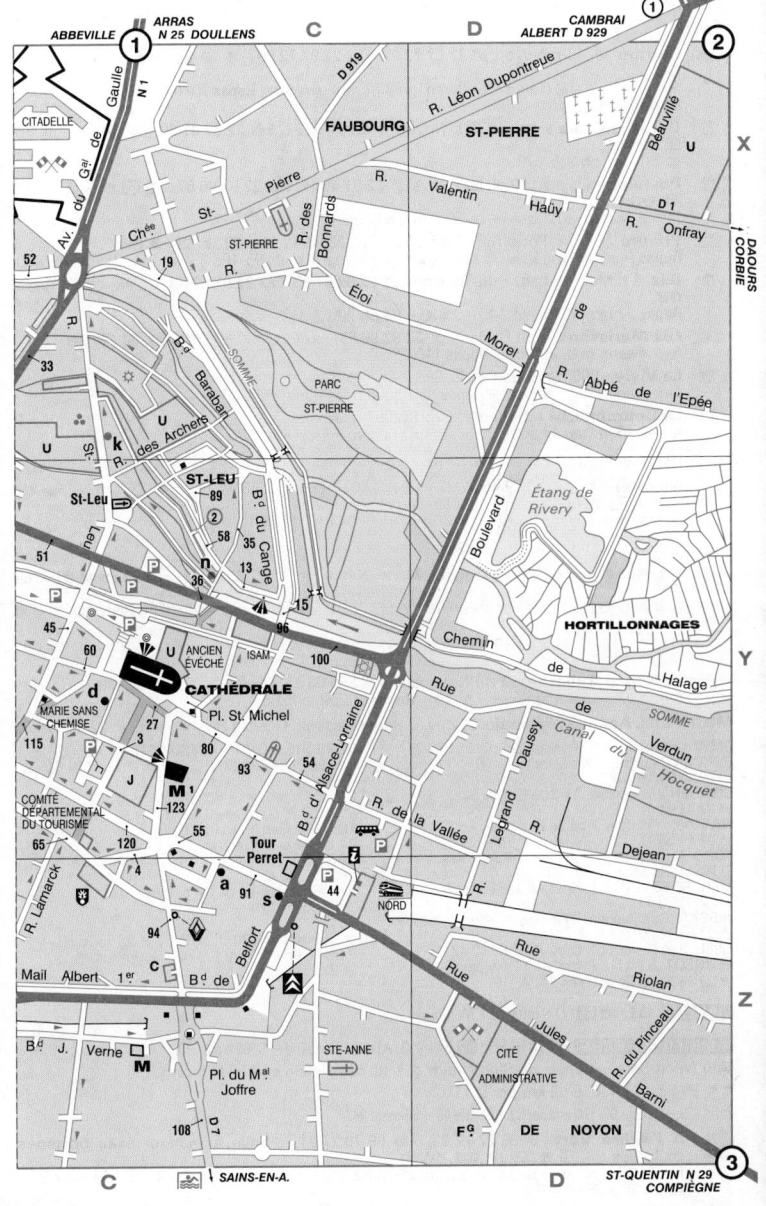

Carlton Ⓜ, 42 r. Noyon ☎ 22 97 72 22, Fax 22 97 72 00 – 🛗 ▤ TV ☎ ♿ – 🎓 50. AE ⓓ GB CZ **s**
fermé 24 juil. au 20 août – ***Le Baron*** (grill) *(fermé dim. soir)* **Repas** 70/140, enf. 40 – ☕ 50 – **24 ch** 380/620.

Gd. H. Univers sans rest, 2 r. Noyon ☎ 22 91 52 51, Fax 22 92 81 66 – 🛗 TV ☎ – 🎓 35. AE ⓓ GB CZ **a**
☕ 50 – **41 ch** 315/578.

Postillon sans rest, 19 pl. au Feurre ☎ 22 91 46 17, Fax 22 91 86 57 – 🛗 TV ☎ – 🎓 80. AE ⓓ GB BY **u**
fermé 24 déc. au 2 janv. – ☕ 39 – **47 ch** 300/510.

Prieuré, 17 r. Porion ☎ 22 92 27 67, Fax 22 92 46 16 – TV ☎. AE ⓓ GB CY **d**
Repas *(fermé 15 août au 30 sept., dim. soir et mardi midi)* 95/195 – ☕ 35 – **21 ch** 245/400.

Ibis, 4 r. Mar. de-Lattre-de-Tassigny ☎ 22 92 57 33, Fax 22 91 67 50 – 🛗 ch TV ☎. AE GB BY **e**
Repas 97 bc/140 bc, enf. 40 – ☕ 35 – **94 ch** 290.

XXX **Les Marissons**, pont Dodane ☎ 22 92 96 66, Fax 22 91 50 50, – ▤. AE ⓓ GB CY **n**
fermé sam. midi et dim. – **Repas** 110/235 et carte 280 à 360.

XX **Le Vivier**, 593 rte Rouen ☎ 22 89 12 21 – Ⓟ. AE ⓓ GB AZ **d**
fermé août, dim. et lundi – **Repas** - produits de la mer - 115/240.

XX **La Couronne**, 64 r. St Leu ☎ 22 91 88 57 – GB CX **k**
fermé 15 juil. au 14 août, 2 au 11 janv. et sam. – **Repas** 90/165.

par ③ et N 29 : 7 km – ✉ **80440** Boves :

Novotel Ⓜ, ☎ 22 46 22 22, Télex 140731, Fax 22 53 94 75, – ch, ▤ rest TV ☎ Ⓟ – 🎓 25 à 150. AE ⓓ GB
Repas carte environ 150, enf. 45 – ☕ 48 – **94 ch** 410/450.

*à **Dury** par* ④ : 6 km – ✉ **80480** :

XXX ✿ **L'Aubergade** (Grandmougin), 78 rte Nationale ☎ 22 89 51 41, Fax 22 95 44 05 – AE GB
fermé 31 juil. au 21 août, vacances de fév., dim. soir et lundi sauf fériés – **Repas** 105/400 et carte 320 à 420
Spéc. Salade de foie gras chaud et langoustines rôties. Charlotte de pommes de terre au pain d'épices et foie gras. Corallin de Saint-Jacques aux champignons (oct. à avril).

XX **La Bonne Auberge**, 63 rte Nationale ☎ 22 95 03 33, Fax 22 45 37 38 – AE GB
fermé dim. soir et lundi sauf fériés – **Repas** 98/259, enf. 85.

MICHELIN, Agence régionale, 212 av. Défense-Passive, D 929 à Rivery par ② ☎ 22 92 47 28

BMW La Veillère, 12 r. Résistance ☎ 22 91 80 26
CITROEN Fournier, r. d'Australie par ⑥ ☎ 22 43 01 16
CITROEN Succursale, 3 bd de Belfort CZ ☎ 22 71 44 44
FIAT Auto Picardie, 7 bd de Beauville ☎ 22 44 53 12
FORD Gar. Leroux Autom., 49 r. Alain Colas ZI Haute Borne ☎ 22 70 23 23
MERCEDES SAFI 80, 85 bd Alsace-Lorraine ☎ 22 91 28 63
NISSAN Gar. Pechon, 89 av. de la Défense Passive ☎ 22 66 49 00
OPEL Gar. Renel, N 1, Dury ☎ 22 95 42 42
PEUGEOT S.I.A.N., 35 rte N 1 à Dury par ④ ☎ 22 45 33 88 **N** ☎ 05 44 24 24
PORSCHE, HONDA, MITSUBISHI Gar. La Bretèche, 33 q. C.-Tellier ☎ 22 52 04 61
RENAULT Gar. Gueudet Sarva, r. P.-E.-Victor ZA La Borne à Rivery CZ ☎ 22 97 70 00 **N** ☎ 22 45 76 71
TOYOTA Gar. Pruvost, r. P.-E.-Victor ZA la Borne à Rivery ☎ 22 70 27 00
VAG JPC Rivery Autom., 9 r. A.-Bombard à Rivery ☎ 22 70 22 22
Gar. Fleury, 654 r. de Paris, Dury par ④ ☎ 22 95 36 49

Euromaster, 120 ch. J.-Ferry ☎ 22 53 95 50
Picardie Pneus Point S, 126 r. G.-de-Rumilly ☎ 22 95 33 89

AMILLY 45 Loiret 65 ② – rattaché à Montargis.

AMMERSCHWIHR 68770 H.-Rhin 62 ⑱ ⑲ **G. Alsace Lorraine** – 1 869 h alt. 230.

Voir Nécropole nationale de Sigolsheim ✱★ du terre-plein central N : 4 km.

9 18 ☎ 89 47 17 30, E : 2 km par D 11[1].

Paris 479 – Colmar 9 – Gérardmer 53 – St-Dié 48 – Sélestat 24.

A l'Arbre Vert, ☎ 89 47 12 23, Fax 89 78 27 21, « Salle à manger avec boiseries sculptées » – TV ☎. AE ⓓ GB. ch
fermé 25 nov. au 6 déc., 10 fév. au 25 mars et mardi – **Repas** 70/210, enf. 45 – ☕ 35 – **17 ch** 200/350 – ½ P 280/360.

Aux Trois Merles, ☎ 89 78 24 35, Fax 89 78 13 06 – ☎ Ⓟ. AE GB. ch
fermé 1er au 15 fév., dim. soir sauf juil.-août et lundi – **Repas** 80/210 – ☕ 30 – **16 ch** 150/250 – ½ P 215/255.

XXX ✿ **Aux Armes de France** (Gaertner) avec ch, ☎ 89 47 10 12, Fax 89 47 38 12 – TV ☎ Ⓟ. AE ⓓ GB JCB. ch
fermé jeudi sauf le soir de mars à déc. et merc. – **Repas** (prévenir) 360/460 et carte 420 à 600, enf. 90 – ☕ 50 – **10 ch** 360/460
Spéc. Foie gras "Aux Armes de France". Grenouilles et escargots à la crème de lentilles, ail et jus de persil. Carré de veau au four, paysanne de légumes et gratin de macaroni au jus de truffes. **Vins** Riesling, Tokay-Pinot gris.

AMNÉVILLE 57360 Moselle 🗺 ③ G. Alsace Lorraine – 8 926 h alt. 163 – Stat. therm. (fév.-déc.) – Casino.

Voir Parc zoologique du bois de Coulange★.

🏌 ℘ 87 71 30 13 au Bois de Coulange, S : 2,5 km.

🛈 Office de Tourisme Centre thermal et touristique ℘ 87 70 10 40, Fax 87 71 90 94.

Paris 318 – ◆Metz 21 – Briey 13 – Thionville 17 – Verdun 64.

🏨 **Diane H.** Ⓜ 🐾 sans rest, Parc de loisirs, bois de Coulange S : 2,5 km ℘ 87 70 16 33, Fax 87 72 36 72 – 🛗 📺 ☎ ઙ – 🔬 35. 🖭 ⓪ ☜
fermé 23 déc. au 13 janv. – ☲ 45 – **48 ch** 280/300, 4 appart.

🏨 **Orion** Ⓜ 🐾, Parc de loisirs, bois de Coulange, S : 2,5 km ℘ 87 70 20 20, Fax 87 72 36 21
◆ – 📺 ☎ ઙ 🄿 – 🔬 60. 🖭 ⓪ ☜
fermé 23 déc. au 7 janv. – **Repas** 75/120 ⅃ – ☲ 30 – **44 ch** 230/250.

🏨 **Saint Éloy** Ⓜ 🐾, Parc de Loisirs, bois de Coulange S : 2,5 km ℘ 87 70 32 62, Fax 87 71 71 59, 🍴 – 📺 ☎ ઙ – 🔬 50. ☜
fermé 23 déc. au 7 janv. – **Repas** 100/195 ⅃ – ☲ 30 – **36 ch** 230/300.

🍴🍴 **La Forêt,** Parc de loisirs, bois de Coulange S : 2,5 km ℘ 87 70 34 34, Fax 87 72 36 72, 🍴 – 🍽 🄿 🖭 ⓪ ☜
fermé 23 déc. au 9 janv., dim. soir et soirs fériés – **Repas** 120/230.

CITROEN Gar. du Centre, 17 r. Clemenceau ℘ 87 71 35 52

AMOU 40330 Landes 🗺 ⑦ – 1 481 h alt. 41.

Paris 769 – Mont-de-Marsan 46 – Aire-sur-l'Adour 51 – Dax 31 – Hagetmau 18 – Orthez 13 – Pau 49.

🏨 **Commerce,** ℘ 58 89 02 28, Fax 58 89 24 45, 🍴 – 📺 ☎ ⇆ 🄿 🖭 ⓪ ☜
◆ *fermé 11 au 30 nov., 14 au 28 fév. et lundi hors saison* – **Repas** 80/200 – ☲ 35 – **20 ch** 240/280 – ½ P 270.

AMPHION-LES-BAINS 74 H.-Savoie 🗺 ⑰ G. Alpes du Nord – alt. 375 – ✉ 74500 Évian-les-Bains.

Paris 575 – Thonon-les-Bains 5,5 – Annecy 80 – Évian-les-Bains 3,5 – ◆Genève 42.

🏨 **Princes,** ℘ 50 75 02 94, Fax 50 75 59 93, ≤, port privé, 🛶, 🦢 – 🛗 📺 ☎ 🄿 🖭 ⓪ ☜
◆ *1er mai-30 sept.* – **Repas** 80/250, enf. 50 – ☲ 35 – **35 ch** 250/450 – ½ P 200/225.

🏨 **Tilleul,** ℘ 50 70 00 39, Fax 50 70 05 57, 🦢 – 🛗 📺 ☎ 🄿 🖭 ⓪ ☜
fermé 25 déc. au 31 janv. – **Repas** (*fermé dim. soir et lundi d'oct. à mai)* 95/250, enf. 50 – ☲ 30 – **20 ch** 150/350 – ½ P 300.

🏨 **Parc et Beauséjour,** ℘ 50 75 14 52, Fax 50 75 42 36, ≤, 🍴, port privé, 🛶, 🦢, 🍴 – 🛗
◆ ☎ – 🔬 100. ☜
fermé 19 au 29 avril, 13 nov. au 31 janv., dim. soir et lundi hors hais. – **Repas** 68/195 – ☲ 35 – **50 ch** 260/360 – ½ P 290/305.

🏨 **Chablais,** à Publier S : 1 km ✉ 74500 Évian ℘ 50 75 28 06, Fax 50 74 67 32, ≤, 🍴, 🦢 – 📺 ☎ 🄿 ⓪ ☜ 🍴 rest
◆ *fermé 24 déc. au 24 janv.* – **Repas** (*fermé dim. de sept. à mai)* 80/165 ⅃, enf. 44 – ☲ 31 – **25 ch** 180/280 – ½ P 210/260.

🍴🍴 **Le Relais,** ℘ 50 70 00 21, Fax 50 70 88 02, ≤, 🍴 – 🖭 ⓪ ☜
fermé janv., lundi sauf le midi de sept. à juin – **Repas** 85/245 ⅃.

AMPUIS 69420 Rhône 🗺 ⑪ – 2 051 h.

Paris 495 – Condrieu 5 – Givors 17 – ◆Lyon 36 ① – Rive-de-Gier 33 – Vienne 7.

🍴🍴 **Le Côte Rôtie,** pl. Église ℘ 74 56 12 05, Fax 74 56 00 20, 🍴 – ☜
fermé 1er au 21 sept., dim. soir et lundi – **Repas** 90 (déj.), 108/290.

AMPUS 83111 Var 🗺 ⑥ 🗺 ㉒ G. Côte d'Azur – 622 h alt. 585.

Paris 838 – Castellane 58 – Draguignan 14 – ◆Toulon 93.

🍴🍴 **Roche Aiguille,** ℘ 94 70 97 24, Fax 94 70 97 24, 🍴 – ☜
fermé 15 janv. au 15 fév., dim. soir et lundi – **Repas** 95/210.

🍴 **Fontaine d'Ampus,** ℘ 94 70 97 74, 🍴 – ☜
fermé janv., fév., mardi sauf le soir en juil.-août et merc. midi – **Repas** (nombre de couverts limité, prévenir) 135.

ANCENIS ⬕ 44150 Loire-Atl. 🗺 ⑱ G. Châteaux de la Loire – 6 896 h alt. 13.

🏌 de l'Ile d'Or ℘ 40 98 58 00, au Cellier, O : 17 km par RN 23.

🛈 Office de Tourisme pl. Millénaire ℘ 40 83 07 44.

Paris 347 – ◆Nantes 43 – Angers 45 – Châteaubriant 43 – Cholet 47 – Laval 102 – La Roche-sur-Yon 109.

🏨 **Akwaba** Ⓜ, bd Dr Moutel ℘ 40 83 30 30, Fax 40 83 25 10, 🛁 – 🛗 🍽 📺 ☎ ઙ 🄿 – 🔬 50.
◆ 🖭 ⓪ ☜ 🄴🄲🄱
Repas 70/160 ⅃, enf. 40 – ☲ 35 – **51 ch** 190/340 – ½ P 235/255.

🏨 **Val de Loire,** E : 2 km par rte Angers ℘ 40 96 00 03, Fax 40 83 17 30, 🦢, 🍴 – ☎ ઙ 🄿 –
◆ 🔬 40. ☜
fermé Noël au Jour de l'An – **Repas** (*fermé sam.)* 66/185 ⅃ – ☲ 25 – **40 ch** 215/300 – ½ P 204/232.

XX **Les Terrasses de Bel Air,** E : 1 km rte Angers ✆ 40 83 02 87, Fax 40 83 33 46, ⛱, 🐕 – GB
fermé 15 au 31 août, dim. soir et lundi – **Repas** 110/270.

CITROEN Gar. Moderne, 339 av. F.-Robert ✆ 40 83 28 06
RENAULT Gar. Leroux, 765 r. des Maitres à St Géréon ✆ 40 96 40 40 **N** ✆ 40 09 92 45
Ⓜ Clinique du Pneu, 151 r. de Barème ✆ 40 83 27 73

ANCY-LE-FRANC 89160 Yonne 65 ⑦ **G. Bourgogne** – 1 174 h alt. 193.

Voir Château★★.

ℹ Syndicat d'Initiative ✆ 86 75 15 32.

Paris 217 – Auxerre 54 – Châtillon-sur-Seine 43 – Montbard 27 – Tonnerre 19.

🏠 **Host. du Centre,** ✆ 86 75 15 11, Fax 86 75 14 13, ⛱ – TV ☎ Ⓟ. GB
fermé vacances de Noël, vend. soir et dim. soir hors sais. – **Repas** 78/260, enf. 48 – ☕ 35 – **18 ch** 175/250 – ½ P 200/250.

PEUGEOT Gar. Marquand, ✆ 86 75 12 21
RENAULT Gar. Royer, ✆ 86 75 15 29 **N** ✆ 86 75 15 29

ANDARD 49800 M.-et-L. 64 ⑪ – 2 085 h alt. 24.

Paris 288 – Angers 15 – Baugé 26 – La Flèche 46 – Saumur 40 – Seiches-sur-le-Loir 17.

XX **Le Dauphin,** ✆ 41 80 41 59, Fax 41 54 99 97 – Ⓟ. GB
fermé 1er au 21 août, dim. soir, lundi soir et mardi – **Repas** 65/160, enf. 45.

ANDELOT-EN-MONTAGNE 39110 Jura 70 ⑤ – 561 h alt. 604.

Voir Forêt de la Joux★★ : sapin Président★ E : 4 km, **G. Jura.**

Paris 416 – Arbois 18 – Champagnole 16 – Lons-le-Saunier 45 – Pontarlier 38 – Salins-les-Bains 14.

Bourgeois, ✆ 84 51 43 77 – ☎. ✂
fermé 11 nov. au 15 déc. – **Repas** 65/130 🍷 – ☕ 27 – **17 ch** 190/240 – ½ P 220.

Un conseil Michelin :
pour réussir vos voyages, préparez-les à l'avance.

Les cartes et guides Michelin, vous donnent toutes indications utiles sur : itinéraires, visite des curiosités, logement, prix, etc.

Les ANDELYS ⟨SP⟩ 27700 Eure 55 ⑰ **G. Normandie Vallée de la Seine** – 8 455 h alt. 23.

Voir Ruines du Château Gaillard★★ A – Église N.-Dame★ B.

ℹ Office de Tourisme 24 r. Philippe-Auguste (fermé matin hors saison), ✆ 32 54 41 93.

Paris 93 ② – ♦ Rouen 38 ① – Beauvais 64 ② – Évreux 37 ③ – Gisors 29 ② – Mantes-la-Jolie 53 ③.

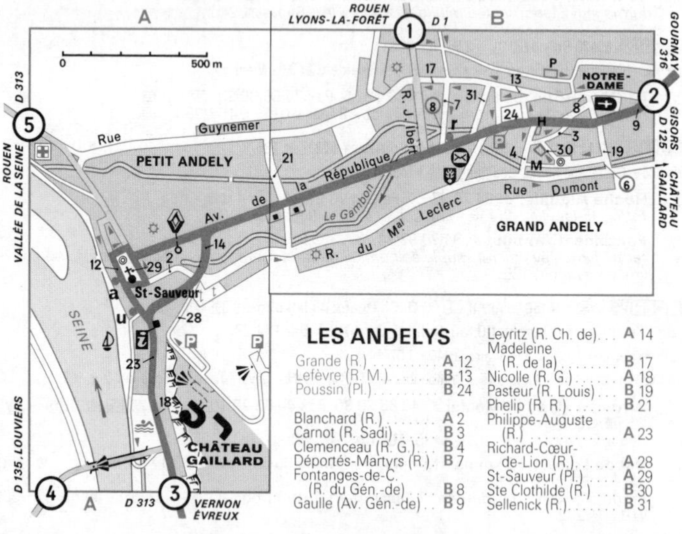

LES ANDELYS

Grande (R.)	A	12
Lefèvre (R. M.)	B	13
Poussin (Pl.)	B	24
Blanchard (R.)	A	2
Carnot (R. Sadi)	B	3
Clemenceau (R. G.)	B	4
Déportés-Martyrs (R.)	B	7
Fontanges-de-C. (R. du Gén.-de)	B	8
Gaulle (Av. Gén.-de)	B	9
Leyritz (R. Ch. de)	A	14
Madeleine (R. de la)	B	17
Nicolle (R. G.)	A	18
Pasteur (R. Louis)	B	19
Phelip (R. R.)	B	21
Philippe-Auguste (R.)	A	23
Richard-Cœur-de-Lion (R.)	A	28
St-Sauveur (Pl.)	A	29
Ste Clothilde (R.)	B	30
Sellenick (R.)	B	31

XXX **Chaîne d'Or** ⑤ avec ch, 27 r. Grande ✆ 32 54 00 31, Fax 32 54 05 68, ≤ – 🖵 ☎ ❷. 🖭
GB   A a
*hôtel : fermé janv., dim. soir du 1/10 au 15/3 et lundi ; rest : fermé 1ᵉʳ au 8 sept., janv., dim.
soir et lundi* – **Repas** 135/295 – 🖵 60 – **10 ch** 395/740.

XX **Normandie** avec ch, 1 r. Grande ✆ 32 54 10 52, Fax 32 54 25 84, 🏠, 🌳 – 🖵 ☎ ❷
GB   A u
fermé déc., merc. soir et jeudi – **Repas** 100/260 – 🖵 33 – **10 ch** 260/300.

XX **Villa du Vieux Château**, 78 r. G. Nicolle par ③ ✆ 32 54 30 10, Fax 32 54 30 06 – GB
fermé 17 au 31 août, 25 au 31 déc., lundi et mardi – **Repas** 105/200.

X **Paris**, 10 av. République ✆ 32 54 00 33, 🏠 – 🖭 ⓞ GB. ❀   B r
fermé dim. soir – **Repas** 60 (déj.), 82/182.

PEUGEOT Gar. Berrier, 25 bis-27 r. H.-Remy   ROVER Gar. J.F.C. Autom., 44 av. République
✆ 32 54 11 36   ✆ 32 54 12 80
RENAULT Consortium Autom., 75 av. République
✆ 32 54 21 49 🅽 ✆ 32 54 11 69

▬▬ **ANDLAU** 67140 B.-Rhin 🖯🖯 ⑨ G. Alsace Lorraine – 1 632 h alt. 246.

Voir Église★ : porche★★.

🚇 Office de Tourisme 5 r. du Gén.-de-Gaulle ✆ 88 08 22 57.

Paris 501 – ◆Strasbourg 39 – Erstein 22 – Le Hohwald 8 – Molsheim 24 – Sélestat 17.

🏨 **Kastelberg** ⑤, ✆ 88 08 97 83, Fax 88 08 48 34, 🌳 – 🖵 ☎ ❷ – 🔏 30. GB
Repas *(fermé 15 nov. au 26 déc. et 3 janv. au 15 mars)* (dîner seul.) 95/280 ⚘, enf. 55 – 🖵 38
– **29 ch** 290/340 – ½ P 295/320.

🏠 **Zinck** 🅼 sans rest, 13 r. Marne ✆ 88 08 27 30, Fax 88 08 42 50 – ☎ ﴾ ❷. GB. ❀
fermé 12 au 25 déc. et vacances de fév. – 🖵 35 – **14 ch** 280/500.

XX **Boeuf Rouge**, ✆ 88 08 96 26, Fax 88 08 99 29 – 🖭 ⓞ GB
fermé 21 juin au 7 juil., 3 au 26 janv., merc. soir et jeudi – **Repas** 125/250, enf. 85.

RENAULT Gar. Roeder Liebmann, ✆ 88 08 93 31 🅽 ✆ 88 08 93 31

▬▬ **ANDOLSHEIM** 68 H.-Rhin 🖯🖯 ⑲ – rattaché à Colmar.

▬▬ **ANDORRE (Principauté d')** ★★ 🖯🖯 ⑭ ⑮ G. Pyrénées Roussillon – ☎ 19-376 interurbain avec la France.

Les prix sont indiqués en pesetas.

▬▬ **Andorre-la-Vieille** Capitale de la Principauté G. Pyrénées Roussillon (plan) – 50 588 h alt. 1029.

Voir Vallée du Valira del Orient★ NE – Vallée du Valira del Nord★ N.

🚇 Office de Tourisme r. du Dr.-Vilanova ✆ 82 02 14, Fax 82 58 23.

Paris 885 – Carcassonne 168 – Foix 105 – ◆Perpignan 166.

🏨🏨 **Plaza**, r. Maria Pla 19 ✆ 86 44 44, Fax 82 17 21, 🈶 – 🛗 🗐 🖵 ☎ ﴾ – 🔏 25 à 150. 🖭
ⓞ GB ᴊᴄʙ
Repas 3000 – 🖵 1200 – **101 ch** 13600/17000.

🏨🏨 **Andorra Park H.** ⑤, r. Les Canals ✆ 82 09 79, Fax 82 09 83, ≤, 🏠, « Élégante
décoration », ☘, 🌳, ❀ – 🛗 🖵 ☎ ❷. 🖭 ⓞ GB. ❀
Repas 3700 – 🖵 1200 – **40 ch** 10900/14800.

🏨🏨 **Andorra Palace**, r. de la Roda ✆ 82 10 72, Télex 208, Fax 82 82 45, ≤, 🈶, ☘, ❀ – 🛗
cuisinette 🖵 ☎ ﴾ – 🔏 25 à 250. 🖭 ⓞ GB
Repas 2300 – *El Jardi del Palace* : **Repas** carte 2250 à 4050 – 🖵 1100 – **116 ch** 9500/11000,
24 appart.

🏨🏨 **Andorra Center**, r. Dr Nequi 12 ✆ 82 48 00, Fax 82 86 06, 🈶, ☘ – 🛗 🗐 rest 🖵 ☎ ﴾ –
🔏 25 à 50. 🖭 ⓞ GB. ❀ rest
Repas 3350 – *La Dama Blanca* : **Repas** carte 3350 à 4700 – **140 ch** 🖵 9350/11300.

🏨🏨 **Novotel Andorra**, r. Prat de la Creu ✆ 86 11 16, Télex 208, Fax 86 11 20, 🈶, ☘, ❀ – 🛗
🗐 🖵 ☎ ﴾ – 🔏 25 à 250. 🖭 ⓞ GB
Repas 2300 – 🖵 1100 – **102 ch** 13500/16500.

🏨🏨 **Mercure**, av. Meritxell 58 ✆ 82 07 73, Télex 208, Fax 82 85 52, 🈶, ☘, ❀ – 🛗 🖵 ☎ ﴾
– 🔏 25 à 80. 🖭 ⓞ GB
Repas 2300 – *La Brasserie* : **Repas** carte 2450 à 4100 – 🖵 1100 – **70 ch** 11500/13700.

🏨🏨 **President**, av. Santa Coloma 40 ✆ 82 29 22, Fax 86 14 14, ≤, ☘ – 🛗 🖵 ☎ ﴾ –
🔏 25 à 110. 🖭 ⓞ GB. ❀ rest
Repas 2500 – *Panoramic* : **Repas** carte 3000 à 4000 – **88 ch** 🖵 8200/12200.

🏨🏨 **Eden Roc** sans rest, av. Dr Mitjavila 1 ✆ 82 10 00, Fax 86 03 19 – 🛗 🖵 ☎. 🖭 ⓞ GB. ❀
56 ch 🖵 10000/14000.

🏨🏨 **Flora** sans rest, Antic Carrer Major 25 ✆ 82 15 08, Fax 86 20 85, ☘, ❀ – 🛗 🖵 ☎. 🖭
ⓞ GB ᴊᴄʙ. ❀
45 ch 🖵 6000/10000.

🏨 **Pyrénées,** av. Princep Benlloch 20 📞 86 00 06, Fax 82 02 65, ⌇, ✗ – 🛗 🗏 rest 📺 ☎
══, 🖭 🅞 ⅏ᴮ, ✹ rest
Repas 2500 – **74 ch** ⇌ 5200/7700.

🏨 **Cassany** sans rest, av. Meritxell 28 📞 82 06 36, Fax 86 36 09 – 🛗 📺 ☎. ⅏ᴮ
⇌ 800 – **54 ch** 6500/7800.

🏨 **Xalet Sasplugas et Rest. Metropol** ⌖, r. La Creu Grossa 15 📞 82 03 11,
Fax 82 86 98, ≤, 🏠 – 🛗 📺 ☎ ══, 🖭 🅞 ⅏ᴮ. ✹ rest
Repas *(fermé dim. soir et lundi midi)* carte 3 200 à 4 100 – **26 ch** ⇌ 6800/11000.

🏠 **Florida** sans rest, r. Llacuna 15 📞 82 01 05, Fax 86 19 25 – 🛗 📺 ☎. 🖭 🅞 ⅏ᴮ
48 ch ⇌ 4400/8500.

🏠 **de l'Isard,** av. Meritxell 36 📞 82 00 96, Télex 377, Fax 86 66 95 – 🛗 📺 ☎ ══. 🖭 🅞 ⅏ᴮ.
✹
Repas 2250 – ⇌ 850 – **60 ch** 5500/6800.

XX **Borda Estevet,** rte de La Comella 2 📞 86 40 26, Fax 82 31 42, « Décor rustique » – 🖭
⅏ᴮ
fermé dim. en juil.-août – **Repas** carte 2 550 à 3 700.

XX **Celler d'En Toni** avec ch, r. Verge del Pilar 4 📞 82 12 52, Fax 82 18 72 – 🛗 📺 ☎. 🖭 🅞
⅏ᴮ. ✹ rest
Repas carte 3 630 à 5 550 – **20 ch** ⇌ 4400/5500.

Arinsal – alt. 1145 – Sports d'hiver 1550/2800 m. ✚ 15.
Andorra la Vella 12.

🏠 **Solana,** 📞 83 51 27, Fax 83 73 95, ≤, 🖼 – 🛗 📺 ☎ ══ – ⚖ 25 à 40. 🖭 🅞 ⅏ᴮ. ✹ rest
fermé 15 oct. au 15 nov. – **Repas** 2500 – ⇌ 800 – **95 ch** 4500/7500.

⌂ **Pobladó,** 📞 83 51 22, Fax 83 71 74, ≤ – 🖭 ⅏ᴮ. ✹ rest
fermé 15 juin au 4 juil. et 20 oct. au 15 déc. – **Repas** 1700 – ⇌ 550 – **28 ch** 3000/4500.

à Erts S : 1,5 km :

⌂ **Janet** sans rest, 📞 83 50 88 – 🅟. ⅏ᴮ. ✹
fermé 15 oct. au 30 nov. – **19 ch** ⇌ 4000/5500.

Canillo – alt. 1531.
Voir Crucifixion★ dans l'église de Sant Joan de Caselles NE : 1 km.
Andorra la Vella 12.

🏨 **Bonavida,** pl. Major 📞 85 13 00, Fax 85 17 22, ≤ – 🛗 📺 ☎ ══. 🖭 🅞 ⅏ᴮ. ✹
fermé nov. – **Repas** *(fermé mai, juin et nov.)* 2000 – **40 ch** ⇌ 7700/10200.

🏨 **Roc del Castell** sans rest, rte General 📞 85 18 25, Fax 85 17 07 – 🛗 📺 ☎. 🖭 ⅏ᴮ. ✹
⇌ 620 – **44 ch** 5000/8500.

Encamp – alt. 1313.
Voir Les Bons : site★ N : 1 km.
Andorra la Vella 6.

🏨 **Coray,** chemin dels Caballers 38 📞 83 15 13, Fax 83 18 06, ≤ – 🛗 ☎ ══. ⅏ᴮ. ✹ ch
fermé 8 au 30 nov. – **Repas** 1200 – ⇌ 300 – **85 ch** 5000/6000.

🏠 **Univers,** r. René Baulard 13 📞 83 10 05, Fax 83 19 70 – 🛗 ☎ 🅟. 🖭 ⅏ᴮ. ✹
fermé nov. – **Repas** 1400 – **36 ch** ⇌ 4100/5700.

Les Escaldes-Engordany – alt. 1105.
Andorra la Vella 2.

🏨 **Roc de Caldes et Rest. Els Jardins de Hoste** ⌖, rte d'Engolasters 📞 86 27 67,
Télex 485, Fax 86 33 25, « A flanc de montagne, ≤ » – 🛗 🗏 📺 ☎ ⅙ ══ – ⚖ 25 à 120.
🖭 🅞 ⅏ᴮ. ✹ rest
Repas carte 4 700 à 5 500 – **45 ch** ⇌ 13000/17000.

🏨 **Roc Blanc,** pl. dels Co-Princeps 5 📞 82 14 86, Télex 224, Fax 86 02 44, ⅙, ⌇, 🖼 – 🛗 📺
☎ ══ – ⚖ 25 à 600. 🖭 🅞 ⅏ᴮ ᴊᴄᴮ. ✹ rest
Repas 3600 - *El Pi* : **Repas** carte 3900 à 5200 – *L'Entrecôte* brasserie : **Repas** carte 2850 à 4600
– ⇌ 1300 – **240 ch** 11000/17000.

🏨 **Panorama,** rte de l'Obac 📞 86 18 61, Télex 478, Fax 86 17 42, « Terrasse avec ≤ vallée
et montagnes », ⅙, 🖼 – 🛗 📺 ☎ ⅙ ══ – ⚖ 25 à 600. 🖭 🅞 ⅏ᴮ ᴊᴄᴮ. ✹ rest
Repas 2800 – ⇌ 1200 – **177 ch** 10000/12000.

🏨 **Delfos,** av. del Fener 17 📞 82 46 42, Télex 242, Fax 86 16 42 – 🛗 🗏 rest 📺 ☎ ══. 🖭 🅞
⅏ᴮ ᴊᴄᴮ. ✹ rest
Repas 2700 – ⇌ 750 – **200 ch** 7475/9600.

🏨 **Comtes d'Urgell,** av. Escoles 29 📞 82 06 21, Fax 82 04 65 – 🛗 🗏 rest 📺 ☎ ══. 🖭 🅞
⅏ᴮ ᴊᴄᴮ. ✹
Repas 2500 – **200 ch** ⇌ 5550/8200.

🏨 **Canut,** av. Carlemany 107 📞 82 13 42, Fax 86 09 96 – 🛗 📺 ☎. 🖭 🅞 ⅏ᴮ ᴊᴄᴮ
voir rest. *Casa Canut* ci-après – ⇌ 800 – **50 ch** 4500/6000.

🏨 **Valira,** av. Carlemany 37 📞 82 05 65, Fax 86 67 80 – 🛗 📺 ☎. 🖭 ⅏ᴮ. ✹
Repas 2200 – **55 ch** ⇌ 5800/7200.

🏨 **Espel**, pl. Creu Blanca 1 ✆ 82 08 55, Fax 82 80 56 – 🛗 📺 ☎ 🚗. 🕮 ⴳⴱ. 🛠
fermé nov. – **Repas** 1800 – **102 ch** ⊆ 4500/6200.

🏨 **Les Closes** sans rest, av. Carlemany 93 ✆ 82 83 11, Fax 86 39 70 – 🛗 📺 ☎ 🚗. ① ⴳⴱ. 🛠
fermé 1ᵉʳ au 20 juin – **78 ch** ⊆ 5500/9000.

🍴🍴 **Casa Canut**, av. Carlemany 107 ✆ 82 13 42, Fax 86 09 96 – 🕮 ① ⴳⴱ ᴊᴄⴱ. 🛠
Repas carte 3 200 à 4 500.

🍴 **Don Denis**, r. Isabel Sandy 3 ✆ 82 06 92, Fax 86 31 30 – ▤. 🕮 ① ⴳⴱ ᴊᴄⴱ. 🛠
fermé 8 janv. au 8 fév. – **Repas** carte 2 500 à 3 000.

La Massana – alt. 1241.
Andorra la Vella 5.

🏨🏨 **Xalet Ritz** 🦢, rte de Sispony S : 1,8 km ✆ 83 78 77, Fax 83 77 20, ≤, « Belle décoration intérieure » – 🛗 ☎ ⴳ. 🚗. 🕮 ① ⴳⴱ. 🛠
Repas 3000 – **47 ch** ⊆ 14000/19000.

🏨🏨 **Rutllan**, rte d'Arinsal ✆ 83 50 00, Fax 83 51 80, ≤, ⅃, 🐎, 🛠 – 🛗 📺 ☎ 🚗. 🕮 ① ⴳⴱ. 🛠 rest
Repas 3000 – ⊆ 1000 – **100 ch** 6000/9000.

🍴🍴🍴 **El Rusc**, rte d'Arinsal : 1 km ✆ 83 82 00, Fax 83 51 80, élégant décor rustique – ▤ 🅿. 🕮 ① ⴳⴱ. 🛠
fermé lundi – **Repas** carte 5 500 à 7 000.

🍴🍴 **La Borda de l'Avi**, rte d'Arinsal ✆ 83 51 54, Fax 83 53 90 – 🅿. 🕮 ① ⴳⴱ
Repas - viandes - carte 3 900 à 5 515.

à Sispony S : 2,5 km :

🍴🍴 **Xopluc**, ✆ 83 56 45, Fax 86 01 30, ≤ – 🅿. 🕮 ① ⴳⴱ
Repas - viandes - carte 2 950 à 4 500.

à La Aldosa NE : 2,7 km :

🏨 **Del Bisset** 🦢, rte d'Ordino ✆ 83 75 55, Fax 83 79 89, ≤ – 🛗 📺 ☎ ⴳ. 🚗 🅿. ① ⴳⴱ
Repas 2500 – ⊆ 600 – **30 ch** 5800.

Ordino – alt. 1304.
Andorra la Vella 9.

🏨 **Coma**, ✆ 83 51 16, Fax 83 79 09, ≤, ⅃, 🛠 – 🛗 📺 ☎ 🚗. 🕮 ⴳⴱ. 🛠
Repas 2500 – **48 ch** ⊆ 7750/8500.

🏨 **Prats** sans rest, rte Coll d'Ordino ✆ 83 74 37, Fax 83 67 04, ≤ – 🛗 📺 ☎ 🚗 🅿. 🕮 ① ⴳⴱ ᴊᴄⴱ. 🛠
fermé 1ᵉʳ nov. au 25 déc. – **36 ch** ⊆ 6000/8000.

à Ansalonga NO : 1,8 km :

🏕 **Sant Miquel**, ✆ 83 77 70, ≤ – 🛗 📺 ☎ 🅿. ⴳⴱ. 🛠
fermé juin – **Repas** 1300 – **19 ch** ⊆ 5000/7000.

Santa-Coloma – alt. 970.
Andorra la Vella 4.

🏨 **Cerqueda** 🦢, r. Mossen Lluis Pujol ✆ 82 02 35, Fax 86 19 09, ≤, ⅃, 🐎 – 🛗 📺 ☎ 🅿. 🕮 ① ⴳⴱ. 🛠 rest
fermé 9 janv. au 28 fév. – **Repas** 2300 – ⊆ 550 – **65 ch** 4150/7700.

Sant-Julià-de-Lòria – alt. 909.
Andorra la Vella 7.

🏨🏨 **Pol**, r. Verge de Canolich 52 ✆ 84 11 22, Fax 84 18 52 – 🛗 ▤ rest 📺 ☎. ⴳⴱ. 🛠
fermé 6 janv. au 6 fév. – **Repas** (dîner seul.) 2400 – **80 ch** ⊆ 8850/9400.

🏨🏨 **Imperial** sans rest, av. Rocafort 27 ✆ 84 33 92, Fax 84 34 79 – 🛗 ▤ 📺 ☎ 🅿. 🕮 ⴳⴱ
fermé oct. – **44 ch** ⊆ 7500/9500.

🍴🍴 **La Guingueta**, rte de la Rabassa ✆ 84 29 45, 🍴, « Décor rustique » – ▤. 🕮 ① ⴳⴱ
fermé 20 juin au 10 juil., 20 déc. au 3 janv., dim. soir et lundi – **Repas** carte 5 000 à 7 100.

au SE : 7 km :

🏨 **Coma Bella** 🦢, alt. 1 300 ✆ 84 12 20, Fax 84 14 60, ≤, parc, « Dans la forêt de la Rabassa », ⌗ – 📺 ☎ 🅿. 🕮 ① ⴳⴱ
fermé 15 au 30 nov. et 8 au 31 janv. – **Repas** 1650 – **28 ch** ⊆ 5800/7800.

Soldeu – alt. 1826 – Sports d'hiver 1700/2560 m. ⅃ 16 – **Env.** Port d'Envalira ❋⋆⋆ SE : 7,5 km.
Andorra la Vella 19.

à Incles O : 1,8 km :

🏨 **Parador Canaro**, ✆ 85 10 46, Fax 85 17 20, ≤ – 📺 ☎ 🚗. 🅿. 🕮 ① ⴳⴱ ᴊᴄⴱ. 🛠
fermé 15 mai au 15 juin – **Repas** 1850 – ⊆ 500 – **18 ch** 6000.

à El Tarter O : 3 km :

🏨 **Del Tarter,** ℰ 85 11 65, Fax 85 14 74, ≼ – ⁅⁆ TV ☎ ⌖ 🅿. Ⅻ ⓄⅮ GB.
fermé 1ᵉʳ au 21 mai et 15 oct. au 3 déc. – **Repas** 2000 – ☑ 900 – **37 ch** 5000/7500.

🏨 **Llop Gris** ⦻, ℰ 85 15 59, Fax 85 12 29, ≼, ⅙, ☒ – ⁅⁆ TV ☎ ⌖ – ≙ 30 à 80. Ⅻ GB.
⦻ rest
Repas 2800 – **68 ch** ☑ 9600/16000.

🏨 **Del Clos** ⦻, ℰ 85 15 00, Fax 85 15 54, ≼ – ⁅⁆ TV ☎ ⌖. Ⅻ ⓄⅮ GB. ⦻
fermé 1ᵉʳ mai au 15 juin – **Repas** (dîner seul.) 1500 – ☑ 250 – **29 ch** 6500/8000.

XX **de Sant Pere** ⦻, avec ch, ℰ 85 10 87, Fax 85 10 87, ≼, 🎴, « Décor rustique » – 🅿. Ⅻ GB. ⦻ rest
Repas carte 3 100 à 5 400 – **6 ch** ☑ 12000.

ANDRÉZIEUX-BOUTHÉON 42160 Loire 🎴🎴 ⑱ – 9 407 h alt. 399.

Voir Lac de retenue de Grangent★★ S : 9 km, G. Vallée du Rhône.

🛈 Office de Tourisme Centre R. Aron ℰ 77 55 37 03.

Paris 511 – ♦Saint-Étienne 16 – ♦Lyon 76 – Montbrison 18 – Roanne 72.

🏨🏨 **Novotel** Ⅿ, Z.I. Centre-Vie ℰ 77 36 55 63, Télex 900722, Fax 77 55 09 05, 🎴, ⅃, 🐎 – ⁅⁆
⅙⋕ ch 🗏 TV ☎ & 🅿 – ≙ 150. Ⅻ ⓄⅮ GB
Repas carte environ 170 ⅊, enf. 50 – ☑ 48 – **98 ch** 420.

🏨 **Les Iris,** 32 av. J. Martouret ℰ 77 36 09 09, Fax 77 36 09 00, 🎴, ≼, 🐎 – TV ☎ 🅿 –
≙ 25. ⓄⅮ GB
Repas (*fermé 21 oct. au 3 nov., 18 fév. au 13 mars, dim. soir et lundi midi*) 80 (déj.), 105/
245 ⅊, enf. 55 – ☑ 42 – **10 ch** 395/405 – ½ P 300.

The Michelin Road Atlas FRANCE offers:

– *all of France, covered at a scale of 1:200 000, in one volume*

– *plans of principal towns and cities*

– *comprehensive index*

It makes the ideal navigator.

ANDUZE 30140 Gard 🎴🎴 ⑰ G. Gorges du Tarn – 2 913 h alt. 131.

Voir Bambouseraie de Prafrance★ N : 3 km par D 129.

🛈 Office de Tourisme plan de Brie ℰ 66 61 98 17.

Paris 720 – Alès 24 – ♦Montpellier 53 – Florac 78 – Lodève 73 – Nîmes 43 – Le Vigan 41.

au NO : 3 km par rte de St-Jean-du-Gard – ✉ 30140 Anduze :

🏨 **Porte des Cévennes** ⦻, ℰ 66 61 99 44, Fax 66 61 73 65, ≼, 🎴, 🐎 – ☎ 🅿. Ⅻ ⓄⅮ GB. ⦻
1ᵉʳ avril-20 oct. – **Repas** (dîner seul.) 90/150 – ☑ 40 – **41 ch** 300 – ½ P 250.

🏨 **La Régalière,** ℰ 66 61 81 93, Fax 66 61 85 94, 🎴, ☒, 🐎 – TV ☎ 🅿. Ⅻ ⓄⅮ GB
fermé 1ᵉʳ déc. au 29 fév. – **Repas** (*fermé merc. midi sauf juil.-août*) 85/240, enf. 36 – ☑ 32 –
12 ch 280 – ½ P 260.

à Générargues NO : 5,5 km par D 129 et D 50 – ✉ 30140 :

🏨🏨 **Trois Barbus** ⦻, rte Mialet ℰ 66 61 72 12, Fax 66 61 72 74, ≼ vallée des Camisards,
🎴, ⅃, ☎ 🅿 – ≙ 30. Ⅻ GB
28 mars-2 nov. – **Repas** 130 (déj.), 170/320, enf. 70 – ☑ 58 – **34 ch** 370/570 – ½ P 385/485.

à Tornac SE : 6 km par D 982 – ✉ 30140 :

🏨🏨 **Demeures du Ranquet** Ⅿ ⦻, ℰ 66 77 51 63, Fax 66 77 55 62, 🎴, parc, ⅃ – ⅙⋕ ch TV
☎ 🅿 – ≙ 30. GB. ⦻ rest
1ᵉʳ mars-11 nov. et fermé mardi soir et merc. sauf du 15 juin au 15 sept. – **Repas** 150/350 –
☑ 70 – **10 ch** 600/820 – ½ P 580/620.

à Mialet NO : 10 km par D 129 et D 50 – ✉ 30140 :

Voir Le Mas Soubeyran : musée du Désert★ (souvenirs protestants 17ᵉ-18ᵉ s.) S : 3 km –
Grotte de Trabuc★ : les cent mille soldats★★ (concrétions) E : 6 km.

⟰ **Grottes de Trabuc** ⦻, sur D 50 ℰ 66 85 02 81, 🎴 – ☎ 🅿. ⦻ rest
1ᵉʳ avril-2 oct. et fermé mardi – **Repas** 77/123 ⅊, enf. 45 – ☑ 25 – **8 ch** 225 – ½ P 200/220.

X **Aub. du Fer à Cheval,** ℰ 66 85 02 80, 🎴 – GB
*ouvert : 20 mars-30 sept., sam. et dim. en oct. et nov. et fermé dim. soir sauf juil.-août et
lundi* – **Repas** 85/130, enf. 45.

à Durfort SO : 12 km par D 982 – ✉ 30170 :

X **Le Real,** rte St-Hippolyte-du-Fort ℰ 66 77 50 68, 🎴 – 🅿
fermé 1ᵉʳ au 7 juil., 15 au 21 nov., dim. soir et lundi – **Repas** (déj. seul. d'oct. à juin) 100/170 ⅊.

ANET 28260 E.-et-L. 🔲 ⑰ 🔲 ⑬ – 2 696 h alt. 71.

Voir Château⋆, G. Normandie Vallée de la Seine.

🛈 Syndicat d'Initiative 🖉 37 41 49 09.

Paris 76 – Chartres 50 – Dreux 16 – Évreux 31 – Mantes-la-Jolie 27 – Versailles 56.

🏠 **Dousseine** 🛁 sans rest, rte Sorel-Moussel 🖉 37 41 49 93, Fax 37 41 90 54, « Jardin fleuri », ✗ – 🔲 ☎ 🌡 🅿 – 🛗 50. 🆖
🛏 40 – **20 ch** 250/300.

🍴🍴 **Aub. de la Rose** avec ch, 6 r. Ch. Lechevrel 🖉 37 41 90 64 – ☎. 🆖
fermé dim. soir et lundi – **Repas** 153/240 – 🛏 35 – **7 ch** 180/240.

🍴🍴 **Manoir d'Anet,** 3 pl. Château 🖉 37 41 91 05, Fax 37 41 91 04 – 🆖
fermé 2 au 25 janv., mardi soir, jeudi soir et merc. – **Repas** 128/218.

à Ézy-sur-Eure (27 Eure) NO : 2 km – ✉ 27530 :

🍴🍴🍴 **Maître Corbeau,** rte Ivry 🖉 37 64 73 29, Fax 37 64 68 98, 🌇 – 🅿. 🅰🅴 ⓞ 🆖
fermé mardi soir et merc. sauf juil.-août – **Repas** 98/350.

PEUGEOT Gar. Dafeur, 🖉 37 41 91 02 🄽   RENAULT Gar. Bonnin, 🖉 37 41 90 51
🖉 37 41 91 02
RENAULT Ézy Auto, rte de Dreux à Ézy-sur-Eure
🖉 37 64 74 33

ANGERS 🅿 49000 M.-et-L. 🔲 ⑳ G. Châteaux de la Loire – 141 404 h alt. 47.

Voir Château⋆⋆⋆ AYZ : tenture de l'Apocalypse⋆⋆⋆, tenture de la Passion et Tapisseries mille-fleurs⋆⋆ – Vieille ville⋆⋆ : cathédrale⋆⋆ BY, galerie romane⋆⋆ de la Préfecture⋆ BZ P, galerie David d'Angers⋆ BZ E, – Maison d'Adam⋆ BYZ D, hôtel Pincé⋆ BY – Chœur⋆⋆ de l'église St-Serge⋆ CY – Musée Jean Lurçat et de la Tapisserie contemporaine⋆⋆ dans l'ancien hôpital St-Jean ABY – La Doutre⋆ AY.

🏌 🖉 41 91 96 56, par ④ : 8 km ; 🏌 de la Perrière 🖉 41 69 22 50, à Avrillé : 5 km par ⑥.

🛈 Office de Tourisme pl. Kennedy 🖉 41 23 51 11, Fax 41 23 51 10 et pl. de la Gare (saison) 🖉 41 88 07 57 – A.C. pl. République (près Halles) 🖉 41 88 40 22.

Paris 294 ① – ◆Caen 240 ⑤ – Laval 78 ⑤ – ◆Le Mans 95 ① – ◆Nantes 89 ⑤ – ◆Orléans 214 ① – Poitiers 132 ④ – ◆Rennes 127 ⑤ – Saumur 49 ② – ◆Tours 107 ①.

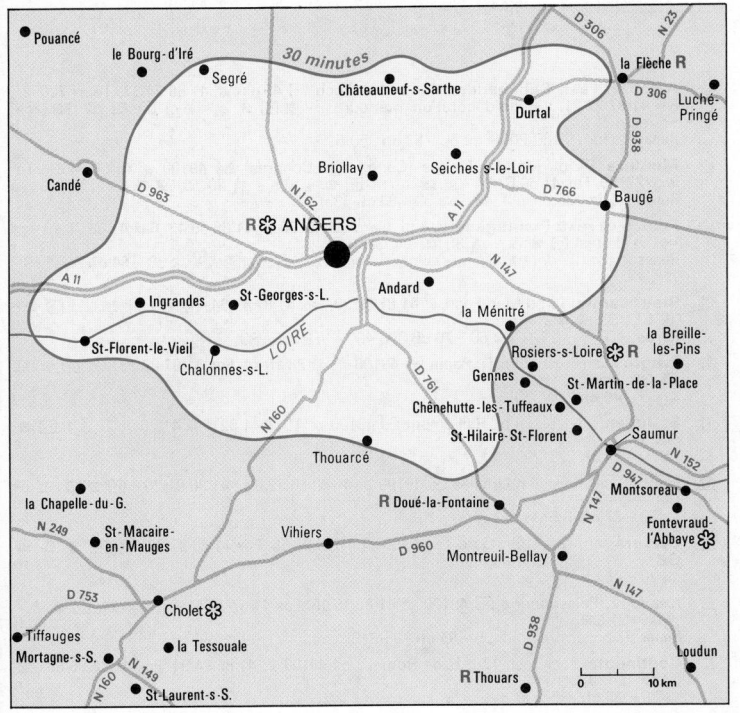

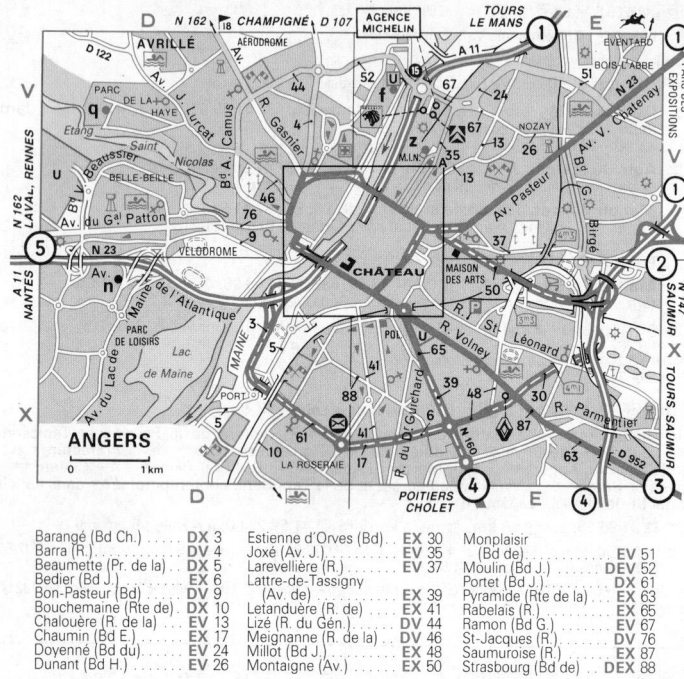

🏨🏨 **Anjou et rest. Salamandre,** 1 bd Mar. Foch ⊠ 49100 ℰ 41 88 24 82, Télex 720521, Fax 41 87 22 21, « Belle décoration intérieure » – 🛗 📺 ☎ 🚗 – 🔬 60. 🖭 ⑩ 🖼 🎴
🍽 rest
CZ **h**
Repas 120 (déj.), 160/200 – ⊴ 55 – **53 ch** 350/595.

🏨🏨 **Mercure** Ⓜ, pl. Mendès-France (Centre des Congrès) ⊠ 49100 ℰ 41 60 34 81, Télex 722139, Fax 41 60 57 84 – 🛗 ⤴ ch 🗏 📺 ⅙ 🚗 – 🔬 30. 🖭 ⑩ 🖼
CY **a**
Repas 120 bc/125 bc, enf. 48 – ⊴ 50 – **83 ch** 435/475.

🏨🏨 **France et rest. Plantagenets,** 8 pl. Gare ⊠ 49100 ℰ 41 88 49 42, Fax 41 86 76 70 – 🛗 ⤴ ch, 🗏 rest 📺 ☎ ⅙ – 🔬 30. 🖭 ⑩ 🖼 🎴
AZ **t**
Repas (fermé 22 déc. au 6 janv., sam. midi et dim. soir) 95/150 🍴 – ⊴ 50 – **54 ch** 330/550 – ½ P 360.

🏨 **Bleu Marine,** 18 bd Mar. Foch ℰ 41 87 37 20, Fax 41 87 49 54 – 🛗 ⤴ ch, 🗏 rest 📺 ☎ – 🔬 100. 🖭 🖼 🎴
CZ **u**
Repas 140 🍴, enf. 49 – ⊴ 60 – **70 ch** 390/480 – ½ P 353/383.

🏨 **Progrès** sans rest, 26 r. D. Papin ⊠ 49100 ℰ 41 88 10 14, Fax 41 87 82 93 – 🛗 📺 ☎. 🖭 ⑩ 🖼 🎴
AZ **x**
⊴ 39 – **40 ch** 240/320.

🏨 **St Julien** sans rest, 9 pl. Ralliement ⊠ 49100 ℰ 41 88 41 62, Fax 41 20 95 19 – 🛗 📺 ☎. 🖼
CY **e**
⊴ 30 – **34 ch** 225/295.

🏨 **Mail** ⟨S⟩ sans rest, 8 r. Ursules ⊠ 49100 ℰ 41 88 56 22, Fax 41 86 91 20 – 📺 ☎ Ⓟ. 🖭 ⑩ 🖼
CY **b**
⊴ 30 – **27 ch** 185/300.

🏨 **Univers** sans rest, 16 r. Gare ⊠ 49100 ℰ 41 88 43 58, Fax 41 86 97 28 – 🛗 📺 ☎. 🖭 ⑩ 🖼
AZ **m**
⊴ 28 – **45 ch** 200/280.

🏨 **Ibis** Ⓜ, r. Poissonnerie ⊠ 49100 ℰ 41 86 15 15, Fax 41 87 10 41 – 🛗 ⤴ ch 📺 ☎ ⅙ – 🔬 40. 🖭 🖼
BY **b**
Repas 97 bc, enf. 40 – ⊴ 35 – **95 ch** 295/315.

🏨 **Continental** sans rest, 12 r. L. de Romain ⊠ 49100 ℰ 41 86 94 94, Fax 41 86 96 60 – 🛗 📺 ☎. 🖭 ⑩ 🖼
BYZ **n**
⊴ 30 – **25 ch** 215/300.

🏠 **Royalty** sans rest, 21 bd Ayrault ⌧ 49100 ℰ 41 43 78 76, Fax 41 60 37 51 – 📶 📺 ☎.
ⓖⒷ CY z
fermé 25 déc. au 1er janv. – 🖙 30 – **20 ch** 210/270.

🏠 **Europe** sans rest, 3 r. Château-Gontier ⌧ 49100 ℰ 41 88 67 45, Fax 41 86 17 42 – 📺 ☎.
ⒶⒺ ⓞ ⓖⒷ CZ a
🖙 27 – **29 ch** 185/255.

🏠 **Champagne** sans rest, 34 r. D. Papin ⌧ 49100 ℰ 41 88 78 06, Fax 41 87 03 94 – 📶 📺 ☎.
ⒶⒺ ⓖⒷ AZ x
🖙 32 – **30 ch** 159/274.

🏠 **Royal** sans rest, 8 bis pl. Visitation ⌧ 49100 ℰ 41 88 30 25, Fax 41 81 05 75 – 📶 📺 ☎. ⒶⒺ
ⓞ ⓖⒷ AZ k
fermé 22 déc. au 2 janv. – 🖙 30 – **40 ch** 110/220.

XXXX ❀ **Pavillon Le Quéré** Ⓜ avec ch, 3 bd Mar. Foch ⌧ 49100 ℰ 41 20 00 20,
Fax 41 20 06 20, 🏠, « Ancien hôtel particulier du 19e siècle » – 📶 ▤ rest 📺 ☎ ఉ ❷. ⒶⒺ
ⓖⒷ 🄹🄲🄱 CZ h
Repas *(fermé dim. soir)* 150/450 et carte 300 à 450 – 🖙 60 – **6 ch** 450/800, 4 appart –
½ P 550/850
Spéc. Marbré de foie gras et artichaut. Nage de homard breton au Coteaux de l'Aubance. Dentelles caramélisées aux
fraises (avril à oct.). Vins Savennières, Anjou rouge.

XXX **Le Toussaint,** 7 pl. Kennedy ⌧ 49100 ℰ 41 87 46 20, Fax 41 87 96 64 – ▤. ⓖⒷ AZ v
fermé dim. soir et lundi – **Repas** 90/250 et carte 180 à 280 ఉ.

XX **Rose d'Or,** 21 r. Delaâge ⌧ 49100 ℰ 41 88 38 38 – ▤. ⓖⒷ. ✑ BZ v
fermé dim. soir et lundi – **Repas** 100/170, enf. 60.

XX **Ma Campagne,** 14 prom. de Reculée ⌧ 49100 ℰ 41 48 38 06, Fax 41 48 04 37 –
ⓖⒷ
fermé dim. soir et lundi – **Repas** 80 (déj.), 100/140, enf. 50. EV f

X **Lucullus,** 5 r. Hoche ⌧ 49100 ℰ 41 87 00 44, « Salles voûtées » – ⒶⒺ ⓞ ⓖⒷ AZ d
fermé 1er au 22 août, 2 au 15 janv., dim. (sauf le midi de sept. à mai) et sam. midi – **Repas**
87 (déj.), 98/160.

X **L'Entrecôte,** av. Joxé (M.I.N.) par av. M. Talet et av. Besnardière ⌧ 49100
↠ ℰ 41 43 71 77, Fax 41 37 06 78 – ▤. ⓖⒷ EV z
fermé 1er au 15 août, sam. et dim. – **Repas** (déj. seul.) 75/135.

près du Parc des Expositions par ① *N 23 : 6 km* – ⌧ **49480** St Sylvain d'Anjou :

🏠 **Acropole** Ⓜ, ℰ 41 60 87 88, Fax 41 60 30 03, 🏠, ⃚, ⃟ – 📶 📺 ☎ ❷ – 🕍 50 à 100. ⒶⒺ
↠ ⓞ ⓖⒷ
Repas *(fermé sam. et dim.)* 80/125 – 🖙 40 – **50 ch** 290/310 – ½ P 270.

XXX **Aub. d'Éventard,** ℰ 41 43 74 25, Fax 41 34 89 20, 🏠, ⃟ – ▤ ❷. ⒶⒺ ⓞ ⓖⒷ.
✑
fermé dim. soir et lundi – **Repas** 145/345 et carte 240 à 410.

XX **Le Clafoutis,** rte Paris ℰ 41 43 84 71, Fax 41 34 74 80 – ▤ ❷. ⓖⒷ
fermé 24 juil. au 20 août, vacances de fév., dim. sauf le midi fériés et lundi soir – Repas 90/
260, enf. 65.

à Foudon E : 11 km (dir. Plessis-Grammoire) par D 116 et D 113 – ⌧ **49124** Plessis-
Grammoire :

XX **Boeuf Plessis,** 10 r. St-Jacques ℰ 41 76 72 12, 🏠, ⃟ – ⓖⒷ
↠ *fermé 31 juil. au 22 août, 2 au 9 janv., dim. soir, lundi soir et mardi* – **Repas** 80/200.

vers ⑤ *par autoroute de Nantes sortie Lac de Maine O : 2 km* – ⌧ **49000** Angers :

🏨 **Mercure Lac de Maine** Ⓜ, ℰ 41 48 02 12, Fax 41 48 57 51, 🄵🅂 – 📶 ✥ ch ▤ 📺 ☎ ఉ ❷
– 🕍 120. ⒶⒺ ⓞ ⓖⒷ DX n
Repas 82/175 bc – 🖙 50 – **75 ch** 390.

au parc de la Haye NO : 4 km – ⌧ **49240** Avrillé :

X **Aub. de la Haye,** av. Geoffroy-Martel, Parc de la Haye ℰ 41 69 33 58, Fax 41 69 66 74,
🏠, ⃟ – ⒶⒺ ⓞ ⓖⒷ DV q
fermé vacances de fév., dim. soir et lundi – **Repas** 85/180, enf. 35.

rte de Laval par N 162 : 8 km DV – ⌧ **49240** Avrillé :

🏠 **Le Cavier** Ⓜ ⅀, La Croix-Cadeau ℰ 41 42 30 45, Fax 41 42 40 32, « Salles à manger
installées dans un ancien moulin », ⃚, ⃟ – 📺 ☎ ఉ ❷ – 🕍 30. ⒶⒺ ⓞ ⓖⒷ
Repas *(fermé 23 déc. au 7 janv. et dim.)* 100/163 ఉ, enf. 52 – 🖙 45 – **39 ch** 245/305,
4 duplex – ½ P 238/253.

ANGERS

Alsace (R. d') .... CZ
Beaurepaire (R.) .. AY
Bressigny (R.) .... CZ
Chaperonnière (Rue) .... BYZ 15
Foch (Bd Mar.) .. BCZ
Laiterie (Pl.) .... AY
Lenepveu (R.) .... CY 40
Lices (R. des) .... BZ
Lionnaise (R.) .... AY
Plantagenêt (R.) .. BY 56
Ralliement (Pl. du) BY 66
Roë (R. de la) .... BY 70
St-Aubin (R.) ...... BZ 73
St-Julien (R.) ... BCZ
Voltaire (R.) ...... BZ 93

Aragon (Av. Yolande d') AY 2
Bichat (R.) .... AY 7
Bon-Pasteur (Bd du) .... AY 9
Bout-du-Monde (Prom. du) .... AY 12
Commerce (R. du) CY 19
David-d'Angers (Rue) .... CY 21
Denis-Papin (R.) .. BZ 22
Espine (R. de l') .. BY 27
Estoile (Sq.J. de l') .... AY 29
Freppel (Pl.) ...... BY 31
Gare (R. de la) .... BZ 32
La Rochefoucauld-Liancourt (Pl.) ABY 38
Lise (R. P.) .... CY 43
Marceau (R.) ...... AZ 45
Mirault (Bd) .... BY 49
Oisellerie (R.) .... BY 53
Pasteur (Av.) ..... CY 54
Pilori (Pl. du) ...... CY 55
Pocquet-de-Livonnières (R.) CY 57
Poëliers (R. des) .. CY 58
Poissonnerie (Pl.) .... BY 59
Prés.-Kennedy (Place du) ..... AZ 62
Résistance-et-de-la-Déport. (Bd) . CY 68
Robert (Bd) ...... BY 69
Ronceray (Bd du) ...... AY 71
St-Aignan (R.) .... AY 72
St-Étienne (R.) .... CY 75
St-Laud (R.) ...... BY 77
St-Lazare (R.) .... AY 79
St-Martin (R.) .... BZ 80
St-Maurice (Mtée) .... BY 82
St-Maurille (R.) ... CY 85
St-Michel (Bd) .... CY 83
Ste-Croix (Pl.) .... BZ 86
Talot (R.) .... BZ 89
Tonneliers (Rue des) ..... AY 90

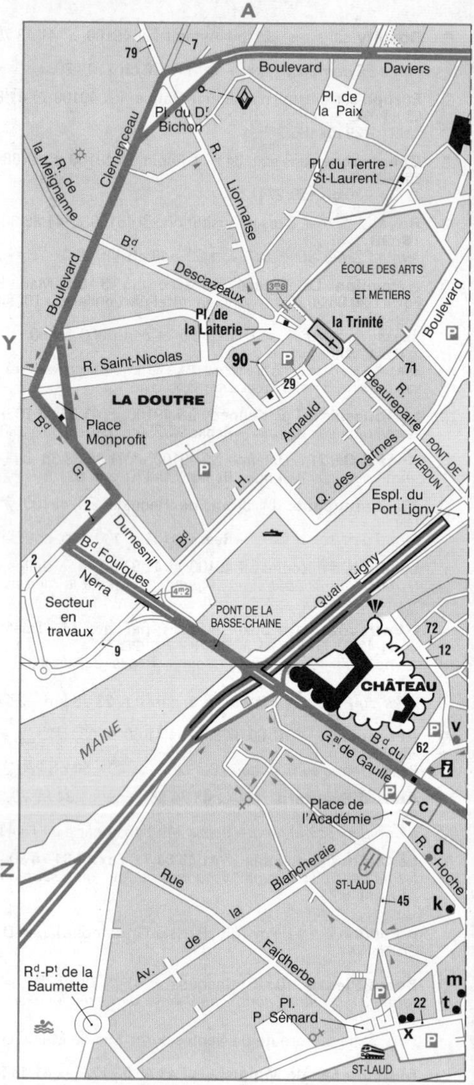

Pas de publicité payée dans ce guide

MICHELIN, Agence, 18 bd G.-Ramon, ZI St-Serge EV ✆ **41 43 65 52**

BMW Guitteny Autom., 2 av. Besnardière ✆ 41 43 72 88
CITROEN Citroen Sovam, 3 r. Vaucanson ✆ 41 21 22 23 **N** ✆ 41 60 96 04
MERCEDES Gar. Bretagne, 107 bd Bedier ✆ 41 44 51 51 **N** ✆ 41 66 82 66
PEUGEOT Gar. Lafayette, 21 pl. Lafayette ✆ 41 88 42 20
PEUGEOT SIAA, 9 quai F.-Faure, ZI St-Serge EV ✆ 41 60 56 05 **N** ✆ 41 95 05 74
RENAULT Gar. Plessis, 5 pl. Dr Bichon AY ✆ 41 87 46 86
RENAULT Succursale, 46 bd J.-Millot EX ✆ 41 54 55 56 **N** ✆ 41 95 01 76
ROVER Gar. Rallye-Service, 4 bis r. St-Maurille ✆ 41 88 03 39

Cailleau, 9 r. Thiers ✆ 41 88 73 20
Euromaster, 4 av. Besnardières ✆ 41 43 67 49
Euromaster, les Ponts de Cé ✆ 41 69 96 16
Rodier Pneus, 7 bd Romanerie ✆ 41 43 95 14
Sofrap Point S, les Ponts de Cé ✆ 41 44 97 87

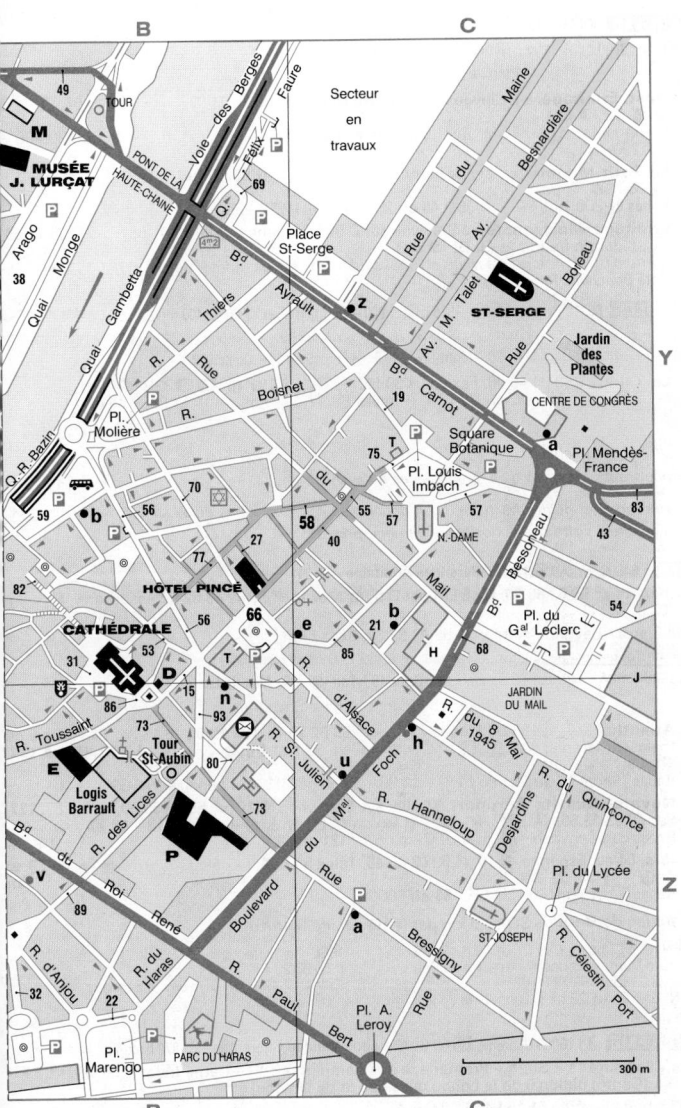

Paris 68 – Chartres 44 – Ablis 28 – Étampes 19 – Évry 54 – ♦Orléans 52 – Pithiviers 27.

🏨 **France,** pl. du Marché ℰ (1) 69 95 11 30, Fax (1) 64 95 39 59 – ⋈ 📺 ☎ – 🔬 30. ⟐⟐
GB
Repas 140 ⅃ – 😑 40 – **16 ch** 300/350 – ½ P 325.

à La Poste de Boisseaux S : 7 km sur N 20 – ⊠ **28310** (E.-et-L.) Barmainville :

XX **La Panetière,** ℰ 38 39 58 26, Fax 38 39 53 40, ☰ – ⑫. GB
fermé mardi soir et merc. soir d'oct. à Pâques, dim. soir et lundi – **Repas** 100/250, enf. 60.

91

Les ANGLES 30133 Gard 🎿 ⑪ – 6 838 h alt. 66.

Paris 683 – Avignon 7 – Alès 68 – Nîmes 39 – Remoulins 18.

Plan : Voir plan de Avignon agglomération.

🏨 **Host. Ermitage,** à Bellevue sur D 900 rte Nîmes 𝒫 90 25 41 02, Fax 90 25 11 68, 🏊 – 📺 ☎ 🅿 🖭 ⓪ 🖼
fermé janv. et fév. – voir rest. **Ermitage Meissonnier** ci-après – ☲ 55 – **16 ch** 230/480 –
½ P 290/480.

🏨 **Le Petit Manoir** 🦢, av. J. Ferry 𝒫 90 25 03 36, Fax 90 25 49 13, 🌇, 🏊 – ☎ ᕫ 🅿
🏄 35. 🖼 🌿 rest   AV **s**
Repas 89/200, enf. 50 – ☲ 35 – **46 ch** 250/340 – ½ P 250/295.

XX **Ermitage-Meissonnier,** à Bellevue sur D 900 rte Nîmes 𝒫 90 25 41 68, Fax 90 25 11 68,
🌇, « Jardin fleuri » – 🅿. 🖭 ⓪ 🖼   AV **r**
fermé dim. soir de nov. à mars et lundi sauf le soir en juil.-août – **Repas** 160/400 👪, enf. 80 –
Côté Bouchon : Repas 100.

Les ANGLES 66210 Pyr.-Or. 🎿 ⑯ – 528 h alt. 1 600 – Sports d'hiver : 1 600/2 400 m 🚠2 🎿17 🎿.

🛈 Office de Tourisme av. de l'Aude 𝒫 68 04 32 76, Fax 68 30 93 09.

Paris 881 – Font-Romeu-Odeillo-Via 20 – Mont-Louis 10,5 – ◆Perpignan 90 – Quillan 59.

🏨 **Le Yaka,** 𝒫 68 04 46 46, Fax 68 04 39 56, <, 🌇 – 📺 ☎ 🖭 🖭 ⓪ 🖼. 🌿 rest
fermé mai et 15 oct. au 30 nov. – **Repas** 88/177 👪, enf. 44 – ☲ 37 – **35 ch** 260/280 –
½ P 278.

Un conseil Michelin :

pour réussir vos voyages, préparez-les à l'avance.

Les cartes et guides Michelin, vous donnent toutes indications utiles sur :
itinéraires, visite des curiosités, logement, prix, etc.

ANGLET 64600 Pyr.-Atl. 🎿 ⑱ G. Pyrénées Aquitaine – 33 041 h alt. 28.

🏌 de Chiberta 𝒫 59 63 83 20, N : 5 km par D 5 ; 🏌 Makila 𝒫 59 42 43 52 à Bassussarry, S : 4 km
par D 203 et D 932.

✈ de Biarritz-Bayonne-Anglet 𝒫 59 43 83 83, SO : 2 km.

🛈 Office de Tourisme 1 av. Chambre-d'Amour 𝒫 59 03 77 01, Fax 59 03 55 91.

Paris 775 – Biarritz 4 – ◆Bayonne 3 – Cambo-les-Bains 19 – Pau 109 – St-Jean-de-Luz 20.

Plan : voir Biarritz-Anglet-Bayonne.

🏩 **Atlanthal** Ⓜ 🦢, 153 bd Plages - ABX - 𝒫 59 52 75 75, Fax 59 52 75 13, <, 🌇, centre de
thalassothérapie, 🎣, 🏊, 🏊, 🍴 – 🛗 ᕫ ch, 🖭 rest 📺 ☎ ᕫ 🅿 – 🏄 110. 🖭 ⓪ 🖼
🌿 rest
Repas (fermé 11 au 25 déc.) 170 – ☲ 60 – **99 ch** 560/1360, 4 appart – ½ P 630/930.

🏩 **Novotel Biarritz Aéroport** Ⓜ, 68 av. Espagne, N 10 𝒫 59 58 50 50, Télex 572127,
Fax 59 03 33 55, 🌇, 🏊, 🌇, 🍴 – 🛗 ᕫ ch 🖭 📺 ☎ ᕫ 🅿 – 🏄 25 à 130. 🖭 ⓪ 🖼
Repas carte environ 170 👪, enf. 50 – ☲ 52 – **121 ch** 425/475.   BX **m**

🏨 **Ibis,** 64 av. Espagne, N 10 𝒫 59 03 45 45, Télex 560121, Fax 59 03 27 97 – 🛗 ᕫ ch 📺 ☎
ᕫ 🅿 – 🏄 30. 🖭 🖼
Repas 97 bc, enf. 40 – ☲ 35 – **83 ch** 350.   BX **m**

au lac de Brindos SO : 3,5 km par N 10 - voir à Biarritz

CITROEN C et C, bd du Bab BX 𝒫 59 63 89 85
FORD Auto Durruty, ZI des Pontots, bd du Bab
𝒫 59 58 33 33 Ⓝ 𝒫 59 23 68 68
NISSAN Gar. Corro, 22 bis r. Lannebere
𝒫 59 52 15 52

OPEL Gar. Lafontaine, BAB 2, les Pontots
𝒫 59 52 26 46
RENAULT Gar. Aylies, 54 av. d'Espagne BX
𝒫 59 03 98 13

ANGOULÊME 🅿 16000 Charente 🎿 ⑬ ⑭ G. Poitou Vendée Charentes – 42 876 h alt. 72.

Voir La ville haute★★ – Site★ – Promenade des Remparts★★ YZ – Cathédrale★ : façade★★ Y F –
C.N.B.D.I. (Centre national de la bande dessinée et de l'image)★ Y

🏌 de l'Hirondelle 𝒫 45 61 16 94, S : 2 km X.

✈ d'Angoulême-Champniers, 𝒫 45 69 88 09, par ① : 12 km.

🛈 Office de Tourisme 2 pl. St-Pierre 𝒫 45 95 16 84, Fax 45 95 91 76 – A.C. de la Charente, 6 r. Marcel-Paul
𝒫 45 25 22 28.

Paris 444 ① – Agen 254 ③ – ◆Bordeaux 114 ⑤ – Châteauroux 209 ② – ◆Limoges 103 ② – Niort 106 ① – Périgueux
87 ③ – Poitiers 108 ① – La Rochelle 130 ⑥ – Royan 110 ⑥.

Plans pages suivantes

🏩 **Mercure - H. de France** Ⓜ, 1 pl. Halles 𝒫 45 95 47 95, Télex 799416, Fax 45 92 02 70,
🌇, 🍴 – 🛗 ᕫ ch 📺 🖭 ☎ ᕫ – 🏄 25 à 200. 🖭 ⓪ 🖼 🖭   Y **e**
Repas (fermé sam. midi, dim. midi et fériés le midi) 150 👪, enf. 60 – ☲ 50 – **90 ch** 400/500.

🏩 **Européen** Ⓜ sans rest, pl. G. Pérot 𝒫 45 92 06 42, Fax 45 94 88 29 – 🛗 ᕫ ch 📺 ☎ ᕫ
⟲ – 🏄 25. 🖭 🖼   Y **a**
☲ 40 – **32 ch** 320/480.

92

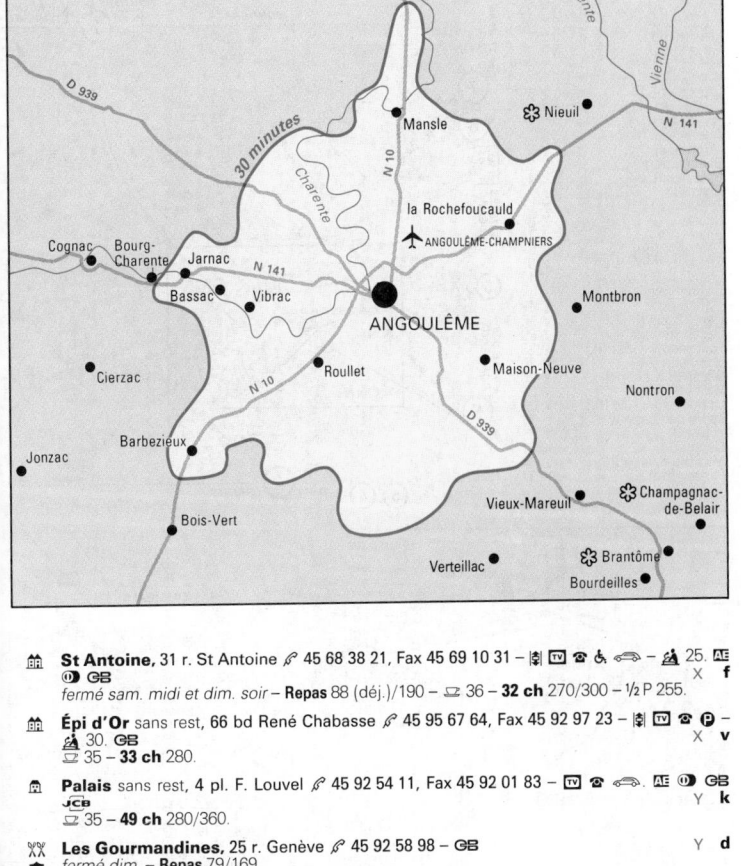

🏨 **St Antoine,** 31 r. St Antoine ☎ 45 68 38 21, Fax 45 69 10 31 – 📶 📺 ☎ 👤 🚗 – 🏛 25. 🅰🅴 ⓞ 🆖🅱 — X **f**
fermé sam. midi et dim. soir – **Repas** 88 (déj.)/190 – 🖬 36 – **32 ch** 270/300 – ½ P 255.

🏨 **Épi d'Or** sans rest, 66 bd René Chabasse ☎ 45 95 67 64, Fax 45 92 97 23 – 📶 📺 ☎ 👤 – 🏛 30. 🆖🅱 — X **v**
🖬 35 – **33 ch** 280.

🏨 **Palais** sans rest, 4 pl. F. Louvel ☎ 45 92 54 11, Fax 45 92 01 83 – 📺 ☎ 🚗. 🅰🅴 ⓞ 🆖🅱 🆓🅱 — Y **k**
🖬 35 – **49 ch** 280/360.

🍴🍴 **Les Gourmandines,** 25 r. Genève ☎ 45 92 58 98 – 🆖🅱 — Y **d**
fermé dim. – **Repas** 79/169.

🍴🍴 **La Ruelle,** 6 r. Trois Notre-Dame ☎ 45 95 15 19 – 🅰🅴 ⓞ 🆖🅱 — Y **x**
fermé 31 juil. au 21 août, vacances de fév., sam. midi et dim. – **Repas** 150 bc (déj.)/210 🍷.

🍴 **Rest. Terminus,** pl. Gare ☎ 45 95 27 13, Fax 45 94 04 09 – 🅰🅴 🆖🅱 🆓🅱 — Y **n**
fermé sam. midi et dim. soir – **Repas** 78/150.

🍴 **La Cité,** 28 r. St-Roch ☎ 45 92 42 69 – 🆖🅱 — Y **r**
fermé 1er au 15 août, vacances de fév., dim. et lundi – **Repas** 70/200 🍷.

🍴 **Le Palma,** 4 rampe d'Aguesseau ☎ 45 95 22 89, Fax 45 94 26 66 – 🆖🅱 — Y **u**
fermé dim. – **Repas** 60/150 🍷, enf. 45.

par la sortie ① :

rte de Poitiers – ✉ **16430** Champniers :

🏨 **Relais Mercure** 🅼, à 6 km près échangeur Nord ☎ 45 68 53 22, Télex 790153, Fax 45 68 33 83, 🍽, 🏊, 🌳 – 📶 ♿ ch 🍴 📺 ☎ 👤 – 🏛 150. 🅰🅴 ⓞ 🆖🅱
Repas 85/125 🍷, enf. 50 – 🖬 50 – **103 ch** 360/390.

🏨 **Climat de France** sans rest, à 8 km ☎ 45 68 03 22, Fax 45 69 07 67, 🌳 – 📺 ☎ 👤 – 🏛 50. 🅰🅴 ⓞ 🆖🅱
🖬 35 – **41 ch** 280.

ANGOULÊME

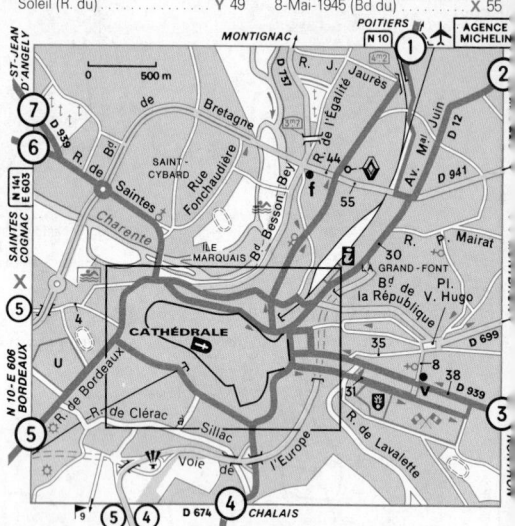

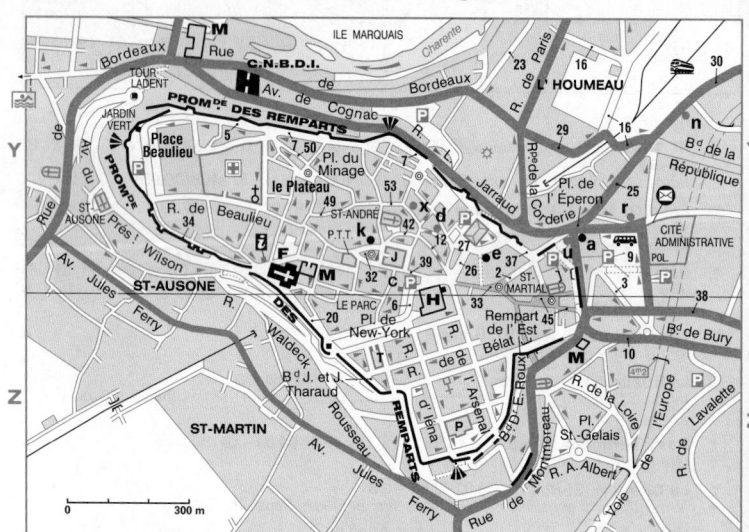

🏠 **Ibis** Ⓜ, à 6 km près échangeur Nord ℰ 45 69 16 16, Fax 45 68 20 77 – 🛏 ch 📺 ☎ 🔥 🅿 – 🔬 25. ᴀᴇ ɢʙ
   Repas 97 bc, enf. 40 – 🗆 35 – **61 ch** 260/310.

🍴 **Le Feu de Bois**, à 8 km ℰ 45 68 69 96, Fax 45 69 07 67 – 🅿 ᴀᴇ ɢʙ
➡ *fermé 8 au 21 janv.* – **Repas** 80/200 🍷, enf. 42.

par la sortie ③ :

à Maison Neuve 17 km par D 939, D 4 et D 25 – ⊠ 16410 Vouzan :

🍴🍴🍴 **Orée des Bois** 🌿 avec ch, ℰ 45 24 94 38, Fax 45 24 97 51, 🌳 – 📺 ☎ 🅿 ᴀᴇ ɢʙ
   fermé 5 au 20 nov., dim. soir et lundi sauf de juin à oct. – **Repas** 95/250 et carte 210 à 320 –
   🗆 30 – **7 ch** 200/280 – ½ P 240/270.

par la sortie ⑤ :

à *Roullet :* 14 km – 3 378 h. – ⊠ **16440** Roullet-St-Estèphe :

🏨 **Vieille Étable,** rte Mouthiers : 1,5 km 🏠 45 66 31 75, Fax 45 66 47 45, 😊, parc, �🏊, ※ –
✦ 📺 ☎ ⅋ ❹ – 🔏 25 à 80. **GB**. ※
fermé dim. soir d'oct. à mai – **Repas** 80/285 ⅃ – ⚏ 35 – **29 ch** 285/365 – ½ P 330.

🏠 **Marjolaine** Ⓜ, Les Glamots, N 10 🏠 45 66 46 46, Fax 45 66 43 29 – 📺 ☎ ⅋ ❹. **GB**. ※
L'Olivette (fermé sam. midi) **Repas** 65/110 ⅃, enf. 45 – ⚏ 25 – **30 ch** 160/215 – ½ P 205.

par la sortie ⑥ :

rte de Cognac par N 141 et D 120 : 10 km – ⊠ **16290** Hiersac :

🏨 **Host. du Moulin du Maine Brun** ⚓, 🏠 45 90 83 00, Fax 45 96 91 14, ≤, 😊, Parc
animalier, « Beau mobilier », ⅃ – 📺 ☎ ⅋ ❹. 🄰🄴 ⓪ **GB**
fermé nov., déc., dim. soir et lundi de janv. à avril – **Repas** 125/370 – ⚏ 60 – **18 ch** 400/750
– ½ P 545/620.

BMW Laujac Autom., 51 r. St-Antoine
🏠 45 69 38 88
RENAULT Succursale, 11 rte de Paris X
🏠 45 69 50 50 ◘ 🏠 45 24 76 12
TOYOTA TBS Autom., 340 rte de Bordeaux
🏠 45 91 89 12

VOLVO Gar. Bris, 340 rte de Bordeaux
🏠 45 91 59 60

◉ Euromaster, Port l'Houmeau, 37 bd Besson-Bey
🏠 45 92 06 04
Rogeon Pneus Point S, ZI de Rabion 🏠 45 91 35 36

Périphérie et environs

CITROEN Gar. Léger, rte de Bordeaux
à La Couronne par ⑤ 🏠 45 67 26 03
CITROEN DAC, ZA les Montagnes à Champniers
par ① 🏠 45 69 44 00 ◘ 🏠 57 67 11 51
MERCEDES Savia, ZI N 3, Gond-Pontouvre
🏠 45 68 00 11

PEUGEOT Fetiveau, 250 bis av. République à l'Isle
d'Espagnac par ② 🏠 45 68 73 58
PEUGEOT Gar. Bonetta, RN 10 à La Couronne
par ⑤ 🏠 45 67 21 38 ◘ 🏠 51 82 92 41

Entrez à l'hôtel ou au restaurant le Guide à la main,
vous montrerez ainsi qu'il vous conduit là en confiance.

ANIANE 34 Hérault 🕸🕸 ⑥ – rattaché à Gignac.

ANNEBAULT **14430** Calvados 🕸🕸 ⑰ – 317 h alt. 146.
Paris 206 – ◆Caen 35 – Cabourg 15 – Pont-l'Evêque 11,5.

✗✗ **Aub. Le Cardinal** avec ch, 🏠 31 64 81 96, Fax 31 64 64 65, 😊, 🌳 – 📺 ☎ ❹. **GB**
fermé 15 janv. au 29 fév., mardi soir et merc. hors sais. – **Repas** 100/270, enf. 58 – ⚏ 35 –
7 ch 340/420 – ½ P 300/350.

ANNECY 🅿 **74000** H.-Savoie 🕸🕸 ⑥ G. Alpes du Nord – 49 644 h alt. 448 – Casino .

Voir Le Vieil Annecy** : Descente de Croix* dans l'église St-Maurice EY **B**, Palais de l'Isle*
EY **R**, rue Ste-Claire* DEY, pont sur le Thiou ≤* EY **N** – Château* EY – Les Jardins de
l'Europe* FY – Forêt du crêt du Maure* : ≤** 3 km par D 41 CV.
Env. Tour du lac*** 39 km (ou en bateau 1 h 30) – Gorges du Fier** : 11 km par ⑤ –
Collections* du château de Montrottier : 11 km par ⑤ – Crêt de Châtillon ※*** S : 18,5 km
par D 41 CV puis 15 mn.
🏌 du Lac d'Annecy 🏠 50 60 12 89, par ② : 10 km ; 🏌🏌 de Giez 🏠 50 44 48 41, 24 km par ③.
✈ d'Annecy-Haute-Savoie : T.A.T 🏠 50 27 30 30, par N 508 BU et D 14 : 4 km.
🅱 Office de Tourisme clos Bonlieu 1 r. J.-Jaurès 🏠 50 45 00 33, Fax 50 51 87 20 – A.C. 15 r. Préfecture
🏠 50 45 09 12, Fax 50 23 61 31.
Paris 536 ⑤ – Aix-les-Bains 33 ⑤ – ◆Genève 43 ① – ◆Lyon 137 ⑤ – ◆Saint-Étienne 191 ⑤.

Plans pages suivantes

🏨 **Imperial Palace** Ⓜ ⚓, 32 av. Albigny 🏠 50 09 30 00, Télex 309402, Fax 50 09 33 33, ≤,
😊, « Décor contemporain », 🛁 – 🛗 📺 ☎ ⅋ ⟷ ❹ 🄰🄴 ⓪ **GB** 🄹🄲🄱 CV **s**
La Voile : **Repas** 140/190, enf 100 – ⚏ 90 – **91 ch** 800/1200, 7 appart – ½ P 680.

🏨 **L'Abbaye,** 15 chemin Abbaye à Annecy-le-Vieux ⊠ 74940 🏠 50 23 61 08,
Fax 50 27 77 65, 😊, 🌳 – 📺 ☎ ❹ 🄰🄴 ⓪ **GB** 🄹🄲🄱 CU **b**
Repas *(fermé lundi)* (dîner seul.) carte 210 à 310 ⅃ – ⚏ 50 – **18 ch** 400/650 – ½ P 370/495.

🏨 **Novotel Atria** Ⓜ, 1 av. Berthollet 🏠 50 33 54 54, Télex 309351, Fax 50 45 50 68 – 🛗 🍴 🛏
📺 ☎ ⅋ ⟷ – 🔏 140. 🄰🄴 ⓪ **GB** DX **h**
Repas 80 (déj.). 110/150 ⅃, enf. 50 – ⚏ 50 – **93 ch** 460/510 – ½ P 400.

🏨 **Carlton,** 5 r. Glières 🏠 50 45 47 75, Télex 309472, Fax 50 51 84 54 – 🛗 📺 ☎ ⟷ – 🔏 30.
🄰🄴 ⓪ **GB** 🄹🄲🄱 DY **g**
Repas *(1er juin-30 sept.)* (dîner seul.) 85/100 – ⚏ 42 – **55 ch** 405/535 – ½ P 360/397.

🏨 **Splendid H.** sans rest, 4 quai E. Chappuis 🏠 50 45 20 00, Fax 50 51 26 23 – 🛗 📺 ☎. 🄰🄴
⓪ **GB** 🄹🄲🄱 EY **s**
fermé 18 déc. au 12 janv. – ⚏ 50 – **52 ch** 520/600.

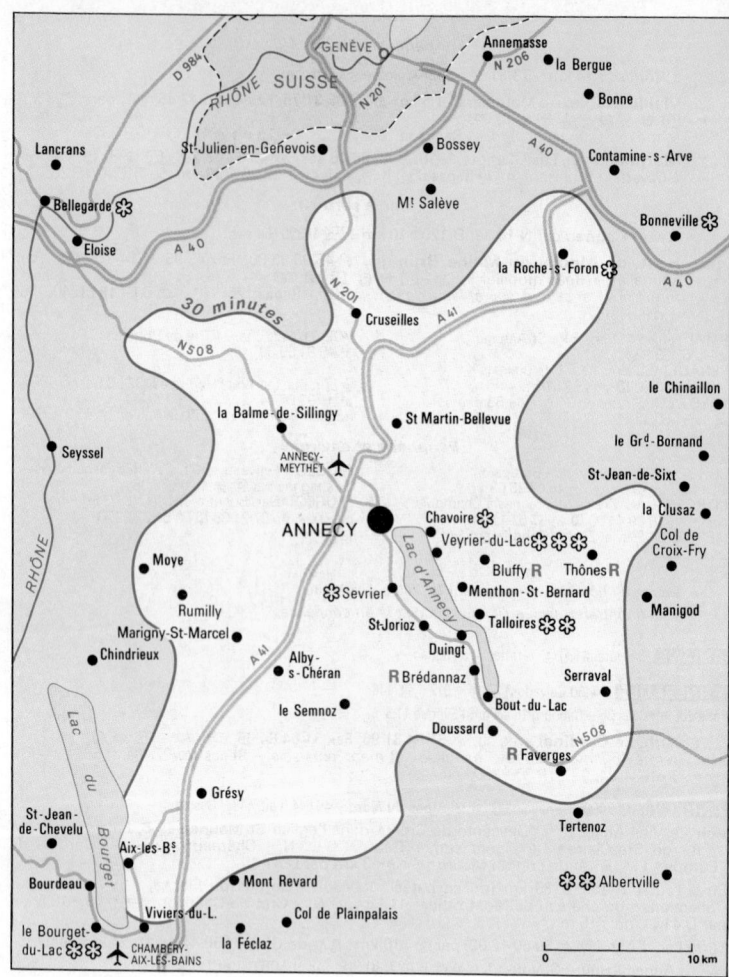

🏨 **Allobroges** sans rest, 11 r. Sommeiller *✆* 50 45 03 11, Fax 50 51 88 32 – |≹| cuisinette 📺
🕿 ⟨. ℍ ⓪ ⌷⌷   DY **n**
⌷ 58 – **52 ch** 480/610.

🏨 **Faisan Doré**, 34 av. Albigny *✆* 50 23 02 46, Fax 50 23 11 10 – |≹| 📺 🕿 – 🔼 30.
⌷⌷   CV **e**
fermé 17 déc. au 22 janv. – **Repas** *(fermé dim. soir d'oct. à avril)* 130/230, enf. 60 – ⌷ 45 –
40 ch 380/430 – ½ P 350/380.

🏨 **Motel le Flamboyant** sans rest, 52 r. Mouettes à Annecy-le-Vieux par av. d'Albigny et
D129 - CU – ✉ 74940 *✆* 50 23 61 69, Fax 50 27 97 23 – cuisinette 📺 🕿 🅿. ℍ ⓪ ⌷⌷
⌷ 42 – **32 ch** 370/390.

🏨 **Réserve**, 21 av. Albigny *✆* 50 23 50 24, Fax 50 23 51 17, ≤, 🐎 – 📺 🕿 🅿. ⓪ ⌷⌷
fermé 23 juin au 7 juil. et 22 déc. au 16 janv. – **Repas** 115/260 – ⌷ 38 – **12 ch** 330/440 –
½ P 345/375.   CV **v**

🏨 **De Bonlieu** Ⓜ sans rest, 5 r. Bonlieu *✆* 50 45 17 16, Fax 50 45 11 48 – |≹| 📺 🕿 ⟨. –
🔼 25. ℍ ⌷⌷   EX **a**
⌷ 36 – **35 ch** 324/388.

🏨 **Marquisats** ⅌ sans rest, 6 chemin Colmyr *✆* 50 51 52 34, Fax 50 51 89 42 – |≹| 📺 🕿 🅿.
ℍ ⓪ ⌷⌷   CV **n**
⌷ 45 – **25 ch** 370/520.

ANNECY

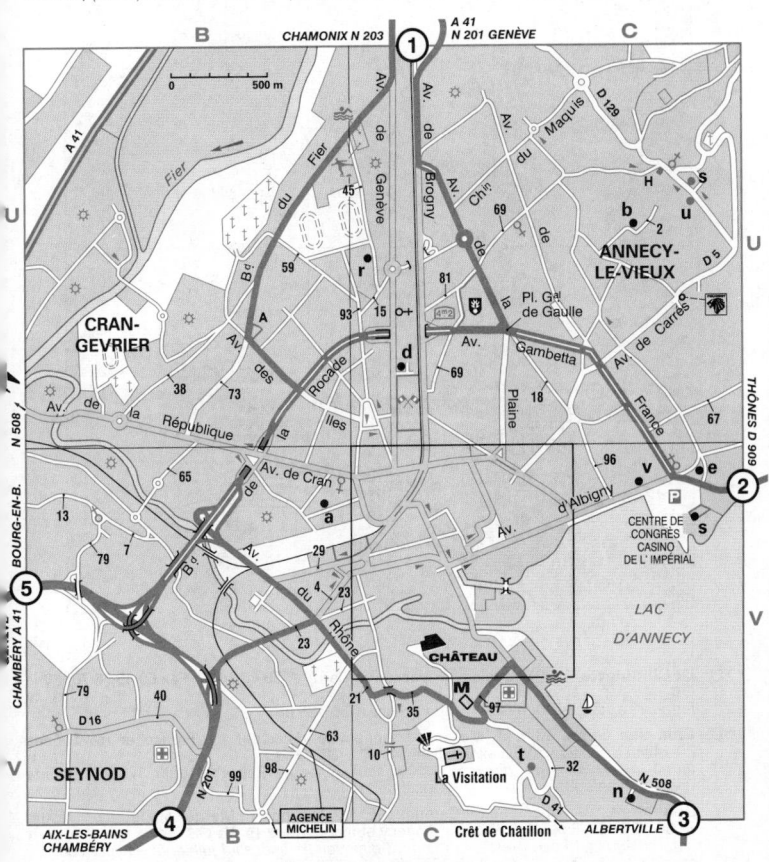

🏠 **Palais de l'Isle** M sans rest, 13 r. Perrière ℰ 50 45 86 87, Fax 50 51 87 15 – 🛗 📺 ☎. 🝆 GB. ⬚
    ⬚ 45 – **26 ch** 335/495.
    EY **u**

🏠 **d'Aléry** sans rest, 5 av. d'Aléry ℰ 50 45 24 75, Fax 50 51 26 90 – 📺 ☎. 🝆 ① GB
    ⬚ 36 – **22 ch** 230/330.
    DY **k**

🏠 **Nord** sans rest, 24 r. Sommeiller ℰ 50 45 08 78, Fax 50 51 22 04 – 🛗 📺 ☎. GB
    ⬚ 33 – **32 ch** 228/298.
    DY **f**

🏠 **Crystal H.** sans rest, 20 r. L. Chaumontel ℰ 50 57 33 90, Fax 50 67 86 43 – 🛗 📺 ☎. 🝆 GB
    ⬚ 30 – **22 ch** 189/296.
    BV **a**

🏠 **Parc** sans rest, 43 chemin des Fins, vers le parc des sports ℰ 50 57 02 98, 🐎 – 📺 ☎ 🅿.
    GB
    fermé 11 au 26 juin et 1ᵉʳ déc. au 12 janv. – ⬚ 27 – **23 ch** 140/225.
    CU **r**

🏠 **Eden** sans rest, 3 r. Alpins ℰ 50 57 14 64, Fax 50 67 00 87 – 📺 ☎ 🕭 🅿. ① GB. ⬚
    fermé 19 nov. au 3 déc. – ⬚ 29 – **10 ch** 210/270.
    CU **d**

ANNECY

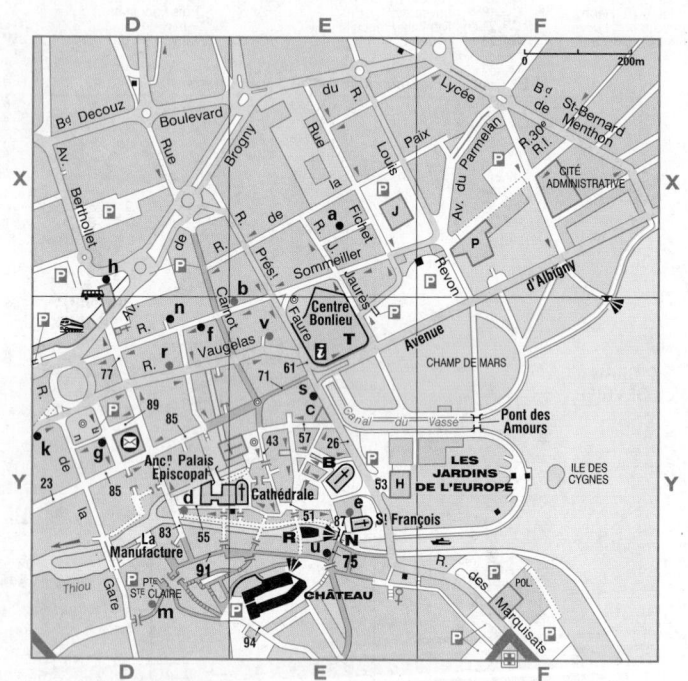

XXX **La Ciboulette,** 10 r. Vaugelas - impasse Pré Carré ℰ 50 45 74 57, Fax 50 45 76 75, ☆ – GB EY **v**
fermé 1ᵉʳ au 21 juil., dim. soir et lundi – **Repas** 130/185 bc.

XXX **Clos des Sens,** 13 r. J. Mermoz à Annecy-le-Vieux par av. France et rte Thônes ⊠ 74940 ℰ 50 23 07 90, Fax 50 66 56 54, ☆ – AE ① GB CU **u**
fermé vacances de fév., dim. soir et lundi sauf juil.-août – **Repas** 116 (déj.), 148/298 et carte 250 à 330, enf. 68.

XX **Belvédère** ⌂ avec ch, rte Semnoz SE : 2 km par r. Marquisats et av. Trésum ℰ 50 45 04 90, Fax 50 45 67 25, ≤ Annecy et lac, ☆ – ☎ ℗. AE GB. ⚘ CV **t**
hôtel : Pâques-15 oct. ; rest. : fermé nov., dim. soir et lundi sauf juil.-août – **Repas** 200/350 et carte 270 à 330 – ⊆ 35 – **9 ch** 190/240 – ½ P 260/290.

XX **Le Pré de la Danse,** 16 r. J. Mermoz à Annecy-le-Vieux, par av. France et rte Thônes ⊠ 74940 ℰ 50 23 70 41, Fax 50 09 90 83, ☆ – ℗. GB CU **s**
fermé dim. soir et lundi – **Repas** 78/198 ⅃, enf. 55.

XX **Aub. du Lyonnais,** 9 r. République ℰ 50 51 26 10, ☆ – AE GB DY **d**
fermé 15 au 30 juin – **Repas** 98/375.

XX **Le Boutaé,** 1 pl. St-François ℰ 50 45 03 05 – ▤. GB EY **e**
fermé dim. soir et lundi – **Repas** 100/220, enf. 60.

X **Le Bilboquet,** 14 fg Ste-Claire ℰ 50 45 21 68 – GB JCB DY **m**
fermé dim. soir et lundi – **Repas** 94/168, enf. 70.

X **Brasserie des Européens,** 23 r. Sommeiller ℰ 50 51 30 70, Fax 50 45 31 43 – ▤. GB EXY **b**
Repas carte 170 à 250.

X **Les Artistes,** 26 r. Vaugelas ℰ 50 45 30 04 – AE GB DY **r**
fermé dim. – **Repas** 98 bc (déj.), 128/148 ⅃.

à Chavoires par ② : 4,5 km – ⊠ **74290** Veyrier :

🏔 **Demeure de Chavoire** Ⓜ sans rest, 71 rte Annecy ℘ 50 60 04 38, Fax 50 60 05 36, ≤,
« Élégante installation » – 📺 ☎ 🅿 🆎 ⓪ 🅶🅱 🅹🅲🅱
fermé janv. et dim. du 1er déc. au 1er mars – ⊡ 60 – **10 ch** 750/950, 3 appart.

XXX ✣ **L'Amandier** (Cortési), 91 rte Annecy ℘ 50 60 01 22, Fax 50 60 03 25, ≤ lac, 🍴, 🌿 –
🅿 🆎 ⓪ 🅶🅱 🅹🅲🅱
fermé dim. d'oct. à Pâques et dim. soir de Pâques au 15 juin – **Repas** 190 (déj.), 260/400 et
carte 345 à 500
Spéc. "Farcettes" annéciennes en ravioles. Pot-au-feu de foie gras. Tournedos de pigeon au lard et jus truffé.
Vins Chignin-Bergeron, Mondeuse.

à Veyrier-du-Lac par ② : 5,5 km alt. 504 – ⊠ **74290** :

🛈 Syndicat d'Initiative, pl. Mairie ℘ 50 60 22 71.

XXXXX ✣✣✣ **Aub. de l'Éridan** (Veyrat) Ⓜ ⚘ avec ch, 13 Vieille rte des Pensières
℘ 50 60 24 00, Fax 50 60 23 63, ≤ lac, 🍴, 🌿 – 📳 🗐 📺 ☎ 👌 ⟸ 🅿 🆎 ⓪ 🅶🅱
fermé 10 au 31 janv. – **Repas** *(fermé merc.)* 300 (déj.), 495/950 et carte 520 à 820 – ⊡ 180 –
11 ch 1500/3500
Spéc. Les deux haricots à l'essence de terre. Ecrevisses "pattes rouges" au coulis de noisette. Mignon de veau au jus
de café torréfié. **Vins** Chignin-Bergeron, Roussette de Marestel.

rte du Semnoz SE : 3,5 km par D 41 CV – ⊠ **74000** Annecy :

X **Super Panorama** ⚘ avec ch, ℘ 50 45 34 86, ≤ lac et montagnes, 🍴, 🌿 – 🅿 🅶🅱
fermé 22 déc. au 31 janv., lundi soir et mardi – **Repas** 105/248 ⅊ – ⊡ 35 – **5 ch** 225.

MICHELIN, Agence régionale, ZI de Vovray, 5 r. Sansy, Seynod par av. de Loverchy BV
℘ 50 51 59 70

FIAT, ALFA ROMEO Pont Neuf Autom., 1 av. Pont
Neuf ℘ 50 51 40 30

ⓦ Dupanloup, 119 av. de Genève ℘ 50 57 03 81
Pneus Rhone Alpes Vulcopneu, 3 r. de rumilly
℘ 50 45 72 11

Périphérie et environs

BMW Aravis Autom., 100 av. d'Aix-les-Bains
à Seynod ℘ 50 52 02 71
CITROEN Gar. Dieu, rte d'Aix, Seynod par ④
℘ 50 69 16 72
FORD S.A.E.M., 140 av. d'Aix, Seynod
℘ 50 69 15 04
JAGUAR Gar. Ducros, 72 av. d'Aix, Seynod
℘ 50 52 03 81
LANCIA Astier Autom., rte d'Aix à Cran Gevrier
℘ 50 69 22 54
MAZDA Gar. Cochet, le Grand Epagny à Epagny
℘ 50 22 63 50
MERCEDES SEVI 74, ZAE des Césardes,
ch. Croix-Seynod ℘ 50 69 17 40

OPEL Gar. du Parmelan Bocquet, 33 av. Petit Port,
Annecy-le-Vieux ℘ 50 23 12 85
PEUGEOT Gar. Central, 28 av. Carrés, Annecy-
le-Vieux CU ℘ 50 09 20 20 🅽 ℘ 05 44 24 24
RENAULT Savoie Autom., av. d'Aix, Seynod par ④
℘ 50 52 26 26 🅽 ℘ 05 05 15 15
VAG SAT, ZI des Césardes, rte des Creuses
à Seynod ℘ 50 69 06 79

ⓦ Bruyère, 8 bis r du Vieux Moulin à Meythet
℘ 50 22 07 22
Euromaster, 6 r. Césière, ZI de Vovray à Seynod
℘ 50 51 72 85

ANNEMASSE 74100 H.-Savoie 🞲🞲 ⑥ **G. Alpes du Nord** – 27 669 h alt. 433.

🏌 Country Club de Bossey ℘ 50 43 75 25, 7 km par ③ ; 🏌🏌 d'Esery ℘ 50 36 58 70, 7 km par ③.

🛈 Office de Tourisme r. de la Gare ℘ 50 92 53 03, Fax 50 92 83 80.

Paris 540 ③ – Annecy 50 ③ – Thonon-les-Bains 29 ① – Bonneville 21 ③ – ♦Genève 8 ③ – St-Julien-en-
Genevois 15 ③.

Plan page suivante

🏔 **Mercure** Ⓜ, par ③ et rte Gaillard ⊠ 74240 Gaillard ℘ 50 92 05 25, Télex 385815,
Fax 50 87 14 57, 🍴, 🏊, 🚾 ⊱ ch 📳 📺 ☎ 👌 🅿 – 🛋 80. 🆎 ⓪ 🅶🅱 🅹🅲🅱
Repas 90/105 ⅊, enf. 48 – ⊡ 52 – **78 ch** 415/465.

🏨 **Arc-en-Ciel** Ⓜ sans rest, 21 r. Tournelles (à Ville-la-Grand) ℘ 50 92 66 00,
Fax 50 87 06 88 – 📳 ⊱ ch 📺 ☎ 👌 – 🛋 25. 🆎 ⓪ 🅶🅱   Y b
⊡ 30 – **41 ch** 280/390.

🏨 **Hague** sans rest, 42 r. Genève ℘ 50 38 47 14, Fax 50 37 36 10 – 📳 📺 ☎ 🅿. 🆎 ⓪
🅶🅱   Y s
⊡ 35 – **23 ch** 210/290.

🏨 **Parc** sans rest, 19 r. Genève ℘ 50 38 44 60, Fax 50 92 75 71 – ⊱ ch 📺 ☎. 🆎 🅶🅱   Z d
fermé 20 déc. au 12 janv. – ⊡ 50 – **29 ch** 260/420.

🏨 **National** sans rest, 10 pl. J. Deffaugt, Fax 50 87 07 45 – 📳 📺 ☎ 🅿. 🆎 ⓪
🅶🅱   Y n
⊡ 32 – **43 ch** 230/280.

XX **Le Temps de Vivre**, 47 chemin des Belosses à Ambilly par ④ et rte de Gaillard
℘ 50 92 06 84 – 🆎 ⓪ 🅶🅱
fermé 7 au 27 août, 25 au 31 déc., sam. midi, lundi midi et dim. – **Repas** (prévenir) 90 (déj.),
160/225 ⅊.

X **Le Florence**, 7 r. A. Bastin ℘ 50 92 82 57 – 🅶🅱   Z e
fermé 13 au 17 juil., dim. sauf le midi de sept. à juin et lundi – **Repas** 85 (déj.), 130/270 ⅊.

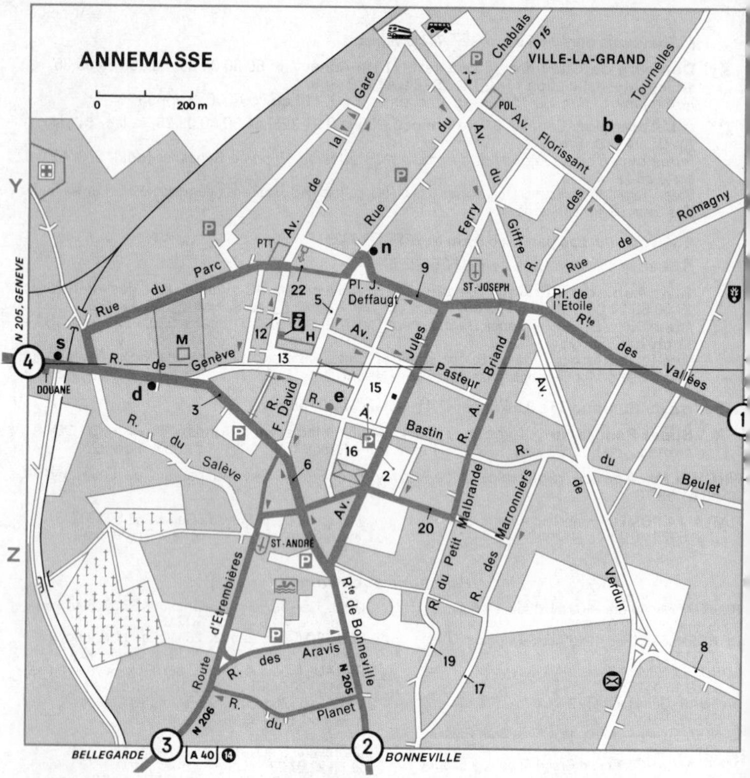

ANNEMASSE

0 — 200 m

N 205. GENÈVE

4 DOUANE

3 BELLEGARDE A 40 ⑭

2 BONNEVILLE

D 15 Chablais · VILLE-LA-GRAND · Tournelles

POL. Av. Florissant **b**

Gare · Romagny

Av. de la · Rue · du · Av. · Ferry · du · Gitta · des · de · Rue · Romagny

PTT

Parc · Rue · du

22 · Pl. J. Deffaugt · **5** · **9** · ST-JOSEPH · Pl. de l'Étoile · R⁰ · des · Vallées

n

12 · **13** · **15** · Av. · Jules · Pasteur · Briand · Av.

M · H · **e** · Â.

R. · de · Genève

s

d · R. · du · F. David · **3** · **16** · **2** · Bastin · R. · du · Petit · Malbrande · R. · des · Marronniers · R. · du · Beulet

Salève

6 · Av. · **20** · de · Verdun

ST-ANDRÉ

Route · d'Étrembières · R¹ᵉ · de · Bonneville · **19** · **17** · **8**

Aravis · N 205 · des · R. · du · Planet

2 · A 206

Commerce (R. du) .... **Y** 5
Gare (R. de la) .... **Y** 12

Clemenceau (Pl. G.) .... **Z** 2
Clos-Fleury (R. du) .... **Z** 3

Courriard (R. M.) .... **Z** 6
Dusonchet (R. Ph.) .... **Z** 8
Faucigny (R. du) .... **Y** 9
Hôtel-de-Ville (Pl. de l') .... **Y** 13
Libération (Pl. de la) ...... **Z** 15

Marché-de-Gros (Pl. du) ..... **Z** 16
Massenet (R.) .... **Z** 17
Saget (R. du) .... **Z** 19
Vaillat (R. L.) .... **Z** 20
Voirons (R. des) .... **Y** 22

à La Bergue E : 6 km par ① et D 907 – ✉ **74380** Bonne :

✗ **La Pergola,** ℰ 50 39 30 27, 🍴 – **Ⓟ**. 🇬🇧
fermé 4 au 15 sept., 29 janv. au 16 fév., jeudi midi et merc. – **Repas** 92/255 ⅄.

CITROEN SADAL, rte de Taninges à Vétraz
Monthoux par ① ℰ 50 36 78 78
MERCEDES Espace Etoile 74, 5 R. coprins
Chevelus à Ville La Grand ℰ 50 37 23 75
NISSAN Borgel, r. de Montréal, ZI Ville la Grand
ℰ 50 37 07 60
PEUGEOT Lemuet Genevois Faucigny, 57 rte de
Thonon par ① ℰ 50 37 70 22 Ⓝ ℰ 50 87 91 86

RENAULT Renault Annemasse, 2 av. du Léman
par ② ℰ 50 92 05 11 Ⓝ ℰ 50 87 52 86
VAG Gar. Duchamp, r. Résistance, ZI
ℰ 50 37 13 43

Ⓜ Euromaster, 75 rte des Vallées ℰ 50 37 27 11

Pour circuler sur les autoroutes

procurez-vous

AUTOROUTES DE FRANCE n° 🟦9🟦1🟦4

Cartographie simplifiée en atlas

Renseignements pratiques : aires de repos,
stations-service, péage, restaurants...

ANNONAY 07100 Ardèche **77** ① G. Vallée du Rhône – 18 525 h alt. 357.

🛪 de Gourdan ℰ 75 67 03 84, par ① : 6 km.

🛈 Office de Tourisme pl. des Cordeliers ℰ 75 33 24 51.

Paris 535 ① – ◆Saint-Étienne 43 ④ – Valence 50 ① – ◆Grenoble 101 ① – Tournon-sur-Rhône 35 ① – Vienne 44 ① – Yssingeaux 56 ③.

XX **Marc et Christine,** 29 av. Marc Seguin **(e)** ℰ 75 33 46 97, Fax 75 33 46 97, 🍴 – **GB**
fermé 16 au 30 août, 26 fév. au 11 mars, dim. soir et lundi sauf fériés – **Repas** 115/235 – *Le Patio* ℰ 75 67 58 41, **Repas** 79/99 🍷, enf. 49.

XX **L'Escabelle,** av. Europe **(v)** ℰ 75 67 64 09 – **GB**
fermé mi-juil.-mi-août, sam. midi et dim. – **Repas** 84 (déj.), 112/280 🍷, enf. 45.

X **La Halle,** pl. Grenette **(a)** ℰ 75 32 04 62 – **AE GB**
fermé 28 août au 5 sept., lundi sauf le midi de sept. à juin et dim. soir – **Repas** 86/200 🍷, enf. 45.

au golf de Gourdan par ① et N 82 : 6 km – ⊠ 07430 St-Clair :

🏨 **d'Ay** M 🏊 🐾, ℰ 75 67 01 00, Fax 75 67 07 38, 🏊 – 🛏 ⇄ ch 📺 ch 📺 ☎ 👌 🅿 – 🕍 30. **AE GB**
Repas 85/150 🍷, enf. 48 – 🖵 45 – **35 ch** 280/480 – ½ P 330.

à Davézieux par ① : 4,5 km sur D 82 – ⊠ 07100 :

Voir Safari-parc★ de Peaugres NE : 3 km.

🏨 **Don Quichotte et Siesta,** rte Valence ℰ 75 33 11 99, Télex 346380, Fax 75 67 57 19, 🍴, 🏊, 🍽 – 🛗 rest 📺 ☎ 🅿 – 🕍 35 à 60. **AE ⓞ GB**
Repas 99/210 🍷, enf. 50 – 🖵 44 – **56 ch** 197/290 – ½ P 258.

CITROEN Gar. du Vivarais, ZI La Lombardière, à Davézieux par ① ℰ 75 33 26 32 **N** ℰ 75 33 42 27
FIAT Gar. Dhennin, 47 bd République ℰ 75 33 24 43
FORD Gar. Caule, rte de Lyon, à Davézieux ℰ 75 33 22 98
NISSAN JMB Autom., Le Mas à Davézieux ℰ 75 33 43 96
PEUGEOT Desruol, N 82, St-Clair par ① ℰ 75 33 10 98

RENAULT Automobiles du Limony, rte de Lyon à Davézieux par ① ℰ 75 33 20 21
VAG Siterre, 33 bd République ℰ 75 33 42 10
Technique Auto Service, 17 av. M.-Seguin ℰ 75 33 10 53

🛞 Eyraud, Le Mas à Davezieux ℰ 75 33 42 19
Jurdit, 47 r. G.-Duclos ℰ 75 33 27 49

CONSTRUCTEUR : Renault Véhicules Industriels, rte de Roanne ℰ 75 33 11 11

ANNOT 04240 Alpes-de-H.-P. **81** ⑯ **115** ⑫ G. Alpes du Sud – 1 053 h alt. 700.

Voir Vieille ville★ – Clue de Rouaine★ S : 4 km.

🛈 Office de Tourisme pl. Mairie ℰ 92 83 23 03, fax 92 83 32 82.

Paris 820 – Digne-les-Bains 70 – Castellane 32 – Manosque 128.

🏨 **Avenue,** ℰ 92 83 22 07, Fax 92 83 34 07 – 📺 ☎. **GB**
1ᵉʳ avril-2 nov. – **Repas** 75/125 – 🖵 28 – **14 ch** 190/260 – ½ P 220/250.

ANOST 71550 S.-et-L. **69** ⑦ G. Bourgogne – 746 h alt. 550.

Voir ※★ de Notre-Dame de l'Aillant : 30 mn.

Paris 275 – Autun 23 – Château-Chinon 19 – Mâcon 135 – Montsauche 17.

X **La Galvache,** ℰ 85 82 70 88, Fax 85 82 79 62, 🍴 – **GB**
1ᵉʳ avril-12 nov. et fermé lundi – **Repas** 55/155 🍷.

Au service de l'automobiliste :
les **pneus**, les **cartes**, les **guides Michelin.**

ANSE 69480 Rhône 74 ① – 4 458 h alt. 176.

🏌 du Beaujolais ℰ 74 67 04 44, S : 2 km par D 30.

Paris 438 – ◆Lyon 27 – L'Arbresle 20 – Bourg-en-Bresse 56 – Mâcon 46 – Villefranche-sur-Saône 6.

🏛 **St-Romain** ⤳, rte Graves ℰ 74 60 24 46, Fax 74 67 12 85, 😁, 🐎 – 📺 ☎ 🅿 –
🍴 30 à 60. 🅰🅴 ⓞ 🅶🅱 🅹🅲🅱
fermé 28 nov. au 4 déc. et dim. soir du 1ᵉʳ nov. au 30 avril – Repas 95/300 ♨, enf. 65 – ☲ 32 –
24 ch 220/300 – ½ P 245/255.

à Lachassagne SO : 4 km par D 39 – ⌧ 69480 :

✗ **Paul Clavel,** ℰ 74 67 14 99, Fax 74 67 14 99, 😁, terrasse avec ⩽ les vignes – 🅿. 🅶🅱
fermé 20 juil. au 20 août, merc. soir en hiver, dim. soir et lundi – **Repas** 110 (déj.). 135/250.

ANTHY-SUR-LÉMAN 74 H.-Savoie 70 ⑰ – rattaché à Thonon-les-Bains.

Ne prenez pas la route sans connaître votre temps de parcours.

La carte Michelin nᵒ 911 c'est "la carte du temps gagné".

ANTIBES 06600 Alpes-Mar. 84 ⑨ 115 ㉟ ㊵ G. Côte d'Azur – 70 005 h alt. 9 – Casino "la Siesta" bord de
mer par ①.

Voir Vieille ville★ ✗ : Av. Amiral-de-Grasse ⩽★ – Château Grimaldi (Déposition de Croix★,
Musée Picasso★) ✗ B – Musée Peynet★ ✗ M¹ – Marineland★ 4 km par ①.

🏌 de Biot ℰ 93 65 08 48, NO : 4 km.

🛈 Office de Tourisme 11 pl. Gén.-de-Gaulle ℰ 92 90 53 00, Fax 92 90 53 01.

Paris 915 ② – Cannes 9,5 ③ – ◆Nice 22 ① – Aix-en-Provence 159 ②.

Plan page ci-contre

🏛 **Royal et rest. Le Dauphin,** bd Mar. Leclerc ℰ 93 34 03 09, Fax 93 34 23 31, ⩽, 😁, 🏖
– 📺 ☎ 🅰🅴 ⓞ 🅶🅱. 🍽 rest ✗ **q**
Repas *(fermé 11 nov. au 25 déc., dim. soir et lundi hors sais.)* 99 (déj.)/149, enf. 45 – ☲ 44 –
37 ch 560/640 – ½ P 390/490.

🏛 **L'Étoile** sans rest, 2 av. Gambetta ℰ 93 34 26 30, Fax 93 34 41 48 – |🛗| ▤ 📺 ☎ 🚗. 🅰🅴
ⓞ 🅶🅱 🅹🅲🅱 ✗ **m**
☲ 33 – **30 ch** 310/350.

🏠 **Petit Castel** sans rest, 22 chemin des Sables ℰ 93 61 59 37, Fax 93 67 51 28 – ▤ 📺 ☎
🅿. 🅰🅴 🅶🅱. 🍽 Z **b**
fermé vacances de fév. – ☲ 42 – **16 ch** 420/520.

🏠 **Le Collier** sans rest, 19 bd Gén. Vautrin ℰ 93 74 56 40, Fax 93 65 99 38 – |🛗| ▤ 📺 ☎ 🛗
🚗. 🅰🅴 ⓞ 🅶🅱 Y **e**
☲ 40 – **45 ch** 310/380.

✗✗✗ **Les Vieux Murs,** promenade Amiral de Grasse ℰ 93 34 06 73, Fax 93 34 81 08, ⩽, 😁 –
🅰🅴 🅶🅱. 🍽 ✗ **b**
fermé merc. d'oct. à mai – **Repas** 200 et carte 275 à 400.

✗✗ **La Jarre,** 14 r. St Esprit ℰ 93 34 50 12, 😁 – 🅰🅴 🅶🅱 ✗ **a**
1ᵉʳ avril-15 oct. – **Repas** (dîner seul)(nombre de couverts limité, prévenir) carte 180 à 370.

✗✗ **Aub. Provençale** avec ch, pl. Nationale ℰ 93 34 13 24, Fax 93 34 89 88, 😁 – 📺 ☎. 🅰🅴
◆ 🅶🅱 ✗ **k**
fermé mi-avril à mi-mai et mi-nov. à mi-déc. – **Repas** *(fermé mardi midi et lundi)* 80/240 –
☲ 30 – **5 ch** 240/250.

✗ **Oscar's,** 8 r. Rostan ℰ 93 34 90 14 – 🅰🅴 ⓞ 🅶🅱 ✗ **s**
fermé dim. sauf juil.-août – **Repas** 120 bc (déj.)/280 bc.

✗ **L'Oursin,** 16 r. République ℰ 93 34 13 46 – ▤. 🅶🅱 ✗ **z**
fermé 24 juil. au 30 août, dim. soir et lundi – **Repas** - produits de la mer - carte 150 à 230 ♨.

✗ **Le Romantic,** 5 r. Rostan ℰ 93 34 59 39 – ▤. 🅰🅴 ⓞ 🅶🅱 🅹🅲🅱 ✗ **v**
fermé 6 au 28 déc., le midi et dim. soir en juil.-août, merc. midi et mardi de sept. à juin –
Repas 120/190.

✗ **Le Marquis,** 4 r. Sade ℰ 93 34 23 00 – 🅰🅴 ⓞ 🅶🅱 ✗ **r**
fermé 15 au 30 nov., mardi midi et lundi – **Repas** 85/235.

rte de Nice par ① et N 7 – ⌧ 06600 Antibes :

🏛 **Bleu Marine** Ⓜ sans rest, 2,5 km chemin 4 Chemins (près hôpital) ℰ 93 74 84 84,
Fax 93 95 90 26 – |🛗| 📺 ☎ 🅿. 🅰🅴 ⓞ 🅶🅱. 🍽
☲ 35 – **18 ch** 310/360.

✗✗✗ **La Bonne Auberge,** à 4 km ℰ 93 33 36 65, Fax 93 33 48 52, 😁 – ▤ 🅿 🅶🅱
fermé 20 nov. au 12 déc., dim. soir en hiver, mardi midi en été (sauf juil.-août) et lundi –
Repas 180.

par ② 4,5 km – ⌧ 06600 Antibes :

🏛 **Apogia** Ⓜ, 2599 rte de Grasse (près accès autoroute) ℰ 93 74 46 36, Fax 93 74 53 04,
😁, 🍃 – |🛗| ▤ ch 📺 ☎ 🅿 – 🍴 40 à 150. 🅰🅴 ⓞ 🅶🅱
Repas 78 bc (déj.), 102/120 bc ♨, enf. 50 – ☲ 50 – **75 ch** 470 – ½ P 350.

ANTIBES

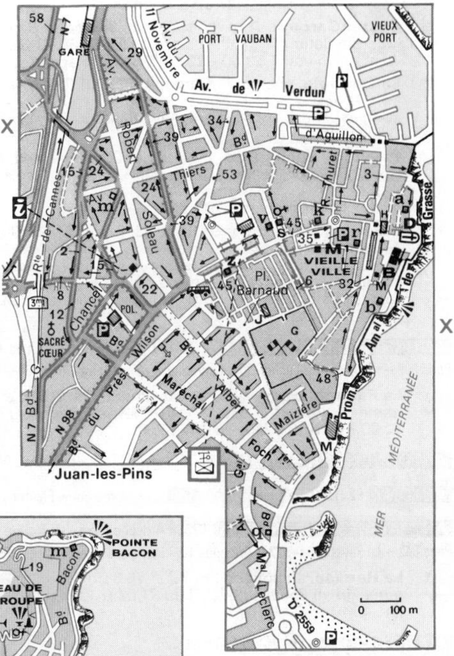

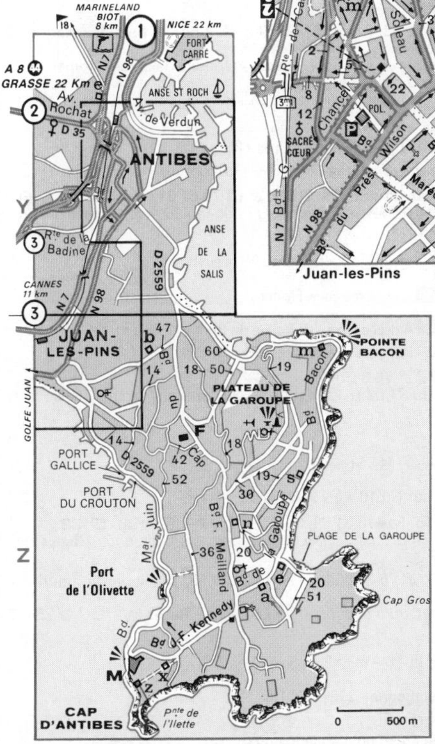

CAP D'ANTIBES

Flèche rouge
sens unique en saison

CITROEN Gar. Riviera, Bretelle autoroute par ② ✆ 92 91 23 23 N ✆ 93 64 62 31
PEUGEOT Ortelli, rte de Grasse, bretelle autoroute par ② ✆ 93 33 29 88 N ✆ 05 44 24 24

Sport Auto Route, 2329 rte de Grasse ✆ 93 33 28 59 N ✆ 93 61 62 03

Cap d'Antibes – ✉ **06160** Juan-les-Pins.

Voir Plateau de la Garoupe ✻★★ Z – Jardin Thuret★ Z **F** – ←★ Pointe Bacon Z – ←★ de la plate-forme du bastion (musée naval) Z **M**.

du Cap ⛬, bd Kennedy ✆ **93 61 39 01**, Télex **470763**, Fax **93 67 76 04**, ← littoral et le large, « Grand parc fleuri face à la mer », ₣₺, 🏊, ⛵, 🎾 – 🛗 ▤ ch ☎ 🚗 – 🏛 140. ✂ ch Z **x**
avril-oct. – **Repas** voir rest **Pavillon Eden Roc** ci-après – ☕ 120 – **121 ch** 2300/3000, 9 appart.

Don César Ⓜ, 46 bd Garoupe ✆ **93 67 15 30**, Fax **93 67 18 25**, ←, ⛱, 🏊 – 🛗 ▤ 📺 ☎ ♿ 🚗 **P**. AE ⓓ GB Z **s**
1er avril-30 nov. – **Repas** *(fermé dim. soir, lundi et fériés sauf du 15 juil. au 15 sept.)* 175 – ☕ 65 – **19 ch** 1050 – 1/2 P 765.

🏠 **Levant** ⑤ sans rest, à la Garoupe, chemin plage ℰ 92 93 72 99, Fax 92 93 72 60, ≤, 🐂
– 🗐 🔟 ☎ 🅿. 🖭 ☷. ✵   Z e
Pâques-oct. – ☲ 48 – **27 ch** 530/790.

🏠 **Castel Garoupe Axa** ⑤ sans rest, 959 bd la Garoupe ℰ 93 61 36 51, Fax 93 67 74 88,
« Jardin fleuri », ⑤, ✵ – cuisinette 🔟 ☎ 🅿. 🖭 ☷. ✵   Z a
15 mars-15 nov. – ☲ 60 – **22 ch** 695/780, 5 appart.

🏠 **La Gardiole,** chemin la Garoupe ℰ 93 61 35 03, Fax 93 67 61 87, 🍴, 🚗 – 🗐 ch ☎. 🖭
⓪ ☷ ᴊᴄʙ   Z n
20 mars-30 oct. – **Lou Pébré d'Aïl : Repas** 95 (déj.)/145, enf. 50 – ☲ 45 – **21 ch** 340/650 –
½ P 400/460.

🗙🗙🗙🗙 **Pavillon Eden Roc** - Hôtel du Cap, bd Kennedy ℰ 93 61 39 01, Télex 470763,
Fax 93 67 76 04, ≤ littoral et les îles, 🍴, parc, « Isolé sur un roc, en bordure de mer », ⑤
– 🗐 🅿. ✵   Z z
avril-oct. – **Repas** carte 470 à 600.

🗙🗙🗙🗙 ❀ **Bacon,** bd Bacon ℰ 93 61 50 02, Fax 93 61 65 19, ≤ Antibes et baie des Anges, 🍴 –
🗐 🅿. 🖭 ⓪ ☷. ✵   Z m
fév.-oct. et fermé lundi sauf le soir en juil.-août – **Repas** - produits de la mer - (dîner à la carte
en juil.-août) 250/400 et carte 450 à 880
Spéc. Salade de poisson cru "citron et herbes". Bouillabaisse. Chapon en papillote (mai à sept.). **Vins** Cassis,
Côtes-de-Provence.

ANTICHAN-DE-FRONTIGNES 31510 H.-Gar. 🎱🎱 ① – 73 h alt. 580.
Paris 805 – Bagnères-de-Luchon 25 – Lannemezan 37 – Saint-Girons 60 – ♦Toulouse 109.

🗙 **La Palombière** ⑤ avec ch, carrefour D 9 et D 618 ℰ 61 79 67 01, ≤, 🍴, 🚗 – ☎ 🅿. ☷
◆ *fermé 1ᵉʳ nov. au 17 déc., 1ᵉʳ au 15 fév. et merc. du 17 déc. au 30 avril* – **Repas** 50/170 ⅄ –
☲ 20 – **6 ch** 165/240 – ½ P 175/260.

ANTONNE-ET-TRIGONANT 24 Dordogne 🎱🎱 ⑥ – rattaché à Périgueux.

ANTONY 92 Hauts-de-Seine 🎱🎱 ⑩, 🎱🎱🎱 ㉕ – Voir à Paris, Environs.

ANTRAIGUES-SUR-VOLANE 07530 Ardèche 🎱🎱 ⑯ G. **Vallée du Rhône** – 506 h alt. 471.
Paris 642 – Le Puy-en-Velay 72 – Aubenas 13 – Lamastre 58 – Langogne 65 – Privas 41.

🗙 **La Remise,** au pont de l'Huile ℰ 75 38 70 74 – 🅿. ✵
fermé 19 au 25 juin, nov., 24 au 31 déc., vend. et dim. soir sauf juil.-août – **Repas** 100/200,
enf. 40.

AOSTE 38490 Isère 🎱🎱 ⑭ – 1 548 h alt. 225.
Paris 516 – ♦Grenoble 56 – Belley 26 – Chambéry 35 – ♦Lyon 70.

à la Gare de l'Est NE : 2 km sur N 516 – ⊠ **38490** Aoste :

🏠 **Vieille Maison,** ℰ 76 31 60 15, Fax 76 31 69 75, 🍴, ⑤, 🚗 – 🔟 ☎ 🅿. 🖭 ☷
fermé 26 sept. au 4 oct., 23 déc. au 2 janv., dim. soir et merc. sauf juil.-août – **Repas** 110/290
– ☲ 38 – **17 ch** 280/300 – ½ P 280.

🗙🗙 **Au Coq en Velours** avec ch, ℰ 76 31 60 04, Fax 76 31 77 55, 🍴, « Jardin fleuri » – 🔟
☎ 🚗 🅿. 🖭 ☷. ✵ ch
fermé 2 au 25 janv., dim. soir et lundi sauf hôtel en juil.-août – **Repas** 98/270 – ☲ 35 – **7 ch**
240/350 – ½ P 250/330.

L'APOTHICAIRERIE 56 Morbihan 🎱🎱 ⑪ ⑫ – voir à Belle-Ile-en-Mer.

APPOIGNY 89380 Yonne 🎱🎱 ⑤ G. **Bourgogne** – 2 755 h alt. 110.
Paris 163 – Auxerre 9,5 – Joigny 17 – St-Florentin 27.

🗙🗙 **Aub. Les Rouliers,** N 6 ℰ 86 53 20 09, Fax 86 53 02 61, 🍴 – 🅿. 🖭 ☷
fermé mardi soir, merc. soir et lundi d'oct. à avril – **Repas** 69 (déj.), 85/210 ⅄, enf. 40.

APREMONT 73190 Savoie 🎱🎱 ⑮ – 781 h alt. 330.
Paris 572 – ♦Grenoble 52 – Albertville 47 – Chambéry 8 – Saint-Jean-de-Maurienne 70.

🗙 **St-Vincent,** ℰ 79 28 21 85 – ☷
fermé Noël au jour de l'An, 21 au 28 août, mardi soir et merc. soir – **Repas** 70 bc (déj.),
95/140, enf. 45.

APT ◆SP◆ 84400 Vaucluse 🎱🎱 ⑭ 🎱🎱🎱 ② G. **Provence** – 11 506 h alt. 221.
🖪 Office de Tourisme av. Ph.-de-Girard ℰ 90 74 03 18, Fax 90 04 64 30.
Paris 730 ③ – Digne-les-Bains 90 ① – Aix-en-Provence 51 ② – Avignon 51 ③ – Carpentras 49 ③ – Cavaillon 31 ③.

Plan page ci-contre

🗙🗙🗙 **Aub. du Luberon** avec ch, 17 quai Léon Sagy ℰ 90 74 12 50, Fax 90 04 79 49, 🍴 – 🔟
☎ 🚗 🖭 ⓪ ☷   A a
fermé 1ᵉʳ au 10 juil., 22 au 27 déc. (sauf hôtel) et 2 au 18 janv. – **Repas** *(fermé dim. soir hors
sais. et lundi sauf le soir en sais.)* (nombre de couverts limité, prévenir) 130 (déj.), 165/235 et
carte 290 à 420 – ☲ 45 – **15 ch** 235/390 – ½ P 313/390.

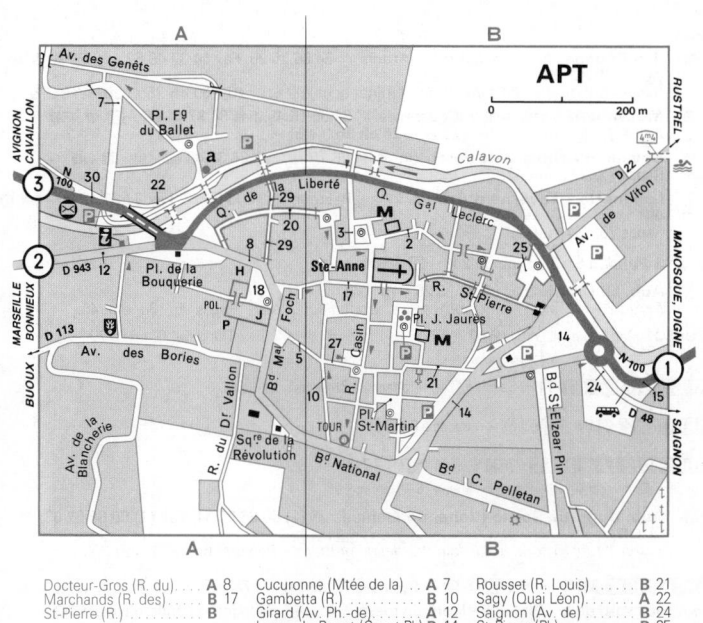

à Saignon SE : 4 km par D 48 – ⊠ 84400 Apt :

Aub. du Presbytère ♨, 🖋 90 74 11 50, Fax 90 04 68 51, ♨ – Æ ⴳB
fermé 15 au 30 nov., 6 au 31 janv. et merc. – **Repas** (prévenir) 150 – 🖵 45 – **10 ch** 250/350 – ½ P 275/333.

par ③ – ⊠ 84400 Apt :

Relais de Roquefure ♨, à 6 km par N 100 et VO 🖋 90 04 88 88, Fax 90 74 14 86, ≤, ♨, parc, ⌁ – ☎ 🅿 ⴳB ⴶⴱ
fermé 5 janv. au 15 fév. – **Repas** (dîner seul.) 110/130 ⅃, enf. 50 – 🖵 35 – **15 ch** 200/360 – ½ P 240/320.

Bernard Mathys, Le Chêne, 4,5 km par N 100 🖋 90 04 84 64, Fax 90 74 69 78, ♨, « Parc » – 🅿. Æ ⴳB
fermé mi-janv. à mi-fév., mardi et merc. – **Repas** 160/350 et carte 270 à 390.

CITROEN Gar. Aymard, 53 av. V.-Hugo par ③
🖋 90 74 04 39 🅽 🖋 90 04 89 98
FORD Germain, 56 av. V.-Hugo 🖋 90 74 10 17
NISSAN Auto Soleil Levant, N 100, quartier Lançon
🖋 90 04 85 50
PEUGEOT Splendid Gar., quartier Lançon RN 100
par ③ 🖋 90 74 02 11

RENAULT Autom., Cavaillonnaise, quartier Lançon,
RN 100 par ③ 🖋 90 74 18 41 🅽 🖋 05 05 15 15

🔧 Aptalec Vulcopneu, 41 av. V.-Hugo
🖋 90 74 31 04
Ayme Pneus, quartier Lançon, N 100 🖋 90 74 07 78

ARBOIS 39600 Jura 🟑🟢 ④ G. Jura (plan) – 3 900 h alt. 291.

Voir Maison paternelle de Pasteur★ – Reculée des Planches★★ et grottes des Planches★ E : 4,5 km par D 107.

Env. Cirque du Fer à Cheval★★ S : 7 km par D 469 puis 15 mn.

🛈 Office de Tourisme r. de l'Hôtel de ville 🖋 84 37 47 37, fax 84 66 25 50.

Paris 398 – ◆Besançon 47 – Dole 35 – Lons-le-Saunier 39 – Salins-les-Bains 13.

Jean-Paul Jeunet 🅼, r. de l'Hôtel de Ville 🖋 84 66 05 67, Fax 84 66 24 20 – 🔌 🔲 ☎ ⇔ – 🔬 40. ⴲ ⴳB
fermé déc., janv., merc. midi et mardi (sauf en sept. et vacances scolaires) – **Repas** 170/470, enf. 80 – 🖵 60 – **13 ch** 360/500
Spéc. Foie gras poché, caramel de Macvin. Saucisson d'écrevisses, caillette de brebis (juin à sept.). Poularde au vin Jaune. **Vins** Arbois-Pupillin, Château-Chalon.

Annexe Le Prieuré 🏠 ♨ sans rest, ♨ – 🔲 ☎ 🅿. ⴲ ⴳB
🖵 60 – **6 ch** 320/380.

🏨 **des Cépages** M, rte Villette-les-Arbois 𝄐 84 66 25 25, Fax 84 37 49 62 – |鈴| 🆃🆅 ☎ 🕁 🄿 –
🏛 30. 🆀🆇 ⓞ GB
Repas - buffet - *(fermé sam. et dim.)* (dîner seul.) 92 – 🖵 46 – **33 ch** 285/326 – ½ P 275.

🏠 **Messageries** sans rest, r. Courcelles 𝄐 84 66 15 45, Fax 84 37 41 09 – 🆃🆅 ☎. GB
fermé 1er déc. au 31 janv. – 🖵 30 – **26 ch** 167/305.

XX **Caveau d'Arbois**, 3 rte Besançon 𝄐 84 66 10 70, Fax 84 37 49 62 – 🔳. 🆀🆇 GB. ❄
Repas 77/265, enf. 42.

X **La Finette - Taverne d'Arbois**, 22 av. Pasteur 𝄐 84 66 06 78, Fax 84 37 43 85 – 🔳 🄿
GB
Repas 79/134, enf. 39.

à *Pupillin* S : 3 km par D 246 – ⊠ 39600 :

X **Aub. Le Grapiot,** 𝄐 84 66 23 25 – 🄿 GB
fermé 20 déc. au 20 janv., dim. soir et lundi d'oct. à mai – **Repas** 95/160, enf. 45.

PEUGEOT Gar. Ganeval, 𝄐 84 66 02 78 🄽   RENAULT Gar. Dupré, 𝄐 84 66 05 70
𝄐 84 35 94 06

ARBOIS (Mont d') 74 H.-Savoie 🏲🏳 ⑧ – rattaché à St-Gervais-les-Bains.

ARBONNE 64 Pyr.-Atl. 🏲🏴 ⑱ – rattaché à Biarritz.

ARBONNE-LA-FORÊT 77630 S.-et-M. 🏲🏵 ① – 762 h alt. 73.
Paris 58 – Fontainebleau 10 – Évry 30 – Melun 16 – Nemours 25.

XX **Aub. du Petit Corne Biche,** rte Étampes 𝄐 (1) 60 66 26 34, Fax (1) 60 69 22 93, 🌳 –
🆀🆇 GB
fermé 1er au 16 août, lundi soir, mardi soir et merc. – **Repas** 85 bc (déj.), 110/200.

ARCACHON 33120 Gironde 🏲🏶 ② ⑫ G. Pyrénées Aquitaine – 11 770 h alt. 5 – Casino BZ.

Voir Boulevard de la Mer★ AX – Front de mer★ ABZ : ≤★ de la jetée – Ville d'Hiver★ AZ.

🏌 𝄐 56 54 44 00, 4 km ABX ; 🏌🏌 de Gujan-Mestras 𝄐 56 66 86 36, par ① N 250 puis D 652 :
11 km.

🄱 Office de Tourisme esplanade G.-Pompidou 𝄐 56 83 01 69, Fax 57 52 22 10, accueil : Château Deganne et
l'Aiguillon.

Paris 653 ① – ◆Bordeaux 70 ① – Agen 193 ① – ◆Bayonne 182 ① – Dax 143 ① – Royan 194 ①.

Plan page ci-contre

🏨🏨 **Arc Hôtel sur Mer** M ❧ sans rest, 89 bd Plage 𝄐 56 83 06 85, Télex 571044,
Fax 56 83 53 72, ≤, 🏊, 🔽 – |鈴| 🔳 🆃🆅 ☎ 🄿. 🆀🆇 ⓞ GB. ❄   BZ **b**
🖵 50 – **30 ch** 475/906, 3 appart.

🏨🏨 **Deganne** M sans rest, 4 r. Prof. Jolyet 𝄐 56 83 99 91, Fax 56 83 87 92, ≤ – |鈴| 🔳 🆃🆅 ☎ 🕁
🚗. 🆀🆇 ⓞ GB   BZ **r**
fermé 15 nov. au 15 déc. – 🖵 58 – **57 ch** 480/735.

🏨🏨 **Les Vagues** M ❧, 9 bd Océan 𝄐 56 83 03 75, Fax 56 83 77 16, ≤ – |鈴| 🆃🆅 ☎ 🄿 – 🏛 35.
🆀🆇 GB. ❄ rest   BZ **b**
Repas *(14 avril-1er oct.)* (dîner seul.)(résidents seul.) 169, enf. 50 – 🖵 55 – **30 ch** 498/760 –
½ P 473/604.

🏨🏨 **Point France** sans rest, 1 r. Grenier 𝄐 56 83 46 74, Fax 56 22 53 24 – |鈴| 🆃🆅 ☎ 🚗. 🆀🆇 ⓞ
GB   BZ **q**
1er mars-1er nov. – 🖵 50 – **34 ch** 480/695.

🏨🏨 **Gd H. Richelieu** sans rest, 185 bd Plage 𝄐 56 83 16 50, Fax 56 83 47 78, ≤ – |鈴| 🆃🆅 ☎ 🄿.
🆀🆇 ⓞ GB   BZ **n**
15 mars-2 nov. – 🖵 45 – **43 ch** 450/700.

🏨 **Sémiramis** ❧, 4 allée Rebsomen 𝄐 56 83 25 87, Fax 57 52 22 41, 🏊 – ☎ 🄿. 🆀🆇 GB.
❄ rest   AZ **m**
fermé fév. – **Repas** (sur réservation seul.) 138/180 – 🖵 55 – **19 ch** 560/630 – ½ P 460/540.

🏨 **Aquamarina** M sans rest, 82 bd Plage 𝄐 56 83 67 70, Fax 57 52 08 26 – |鈴| 🆃🆅 ☎ 🕁. 🆀🆇
ⓞ GB   BZ **x**
fermé 22 déc. au 2 janv. – 🖵 50 – **33 ch** 335/555.

🏨 **Les Ormes** M ❧, 77 bd Plage 𝄐 56 83 09 27, Fax 56 54 97 10, ≤, 🌳 – |鈴| 🆃🆅 ☎ 🄿 –
🏛 50. 🆀🆇 GB   BZ **d**
Repas 80/180, enf. 50 – 🖵 52 – **28 ch** 490/740 – ½ P 450/610.

🏨 **Le Nautic** M sans rest, 20 bd Plage 𝄐 56 83 01 48, Fax 56 83 04 67 – |鈴| 🆃🆅 ☎ 🄿 – 🏛 80.
🆀🆇 GB   BX **y**
🖵 42 – **43 ch** 355/440.

🏨 **Plage,** 10 av. N. Deganne 𝄐 56 83 06 23, Fax 56 83 41 47, 🌳 – |鈴| 🆃🆅 ☎ 🚗 🄿 – 🏛 45.
🆀🆇 ⓞ GB   BZ **s**
Repas *(fermé dim. soir et lundi du 1er nov. à Pâques)* 85/135, enf. 55 – 🖵 37 – **50 ch** 395/494
– ½ P 360.

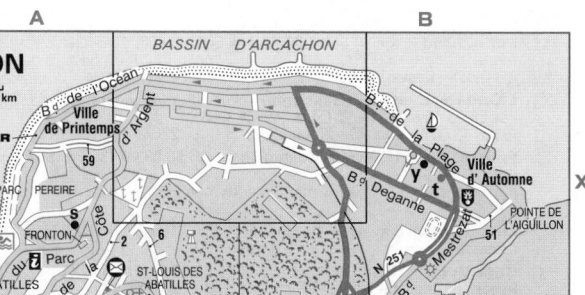

ARCACHON

BASSIN D'ARCACHON

0 — 1 km

BISCARROSSE
DUNE DU PILAT

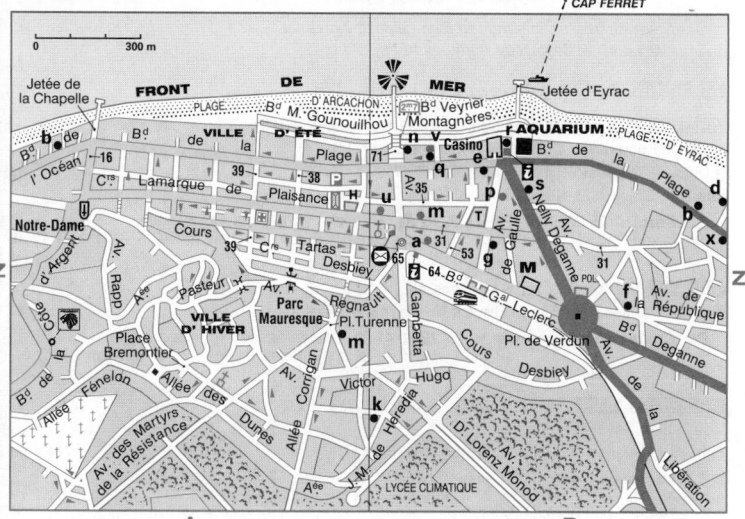

0 — 300 m

CAP FERRET

🏨 **Roc Hôtel et Moderne,** 200 bd Plage ✆ 56 83 05 01, Fax 56 83 22 76, 🐕 – 📶 📺 ☎ –
🔔 60. 🖭 ⑩ ⌷🖿
1ᵉʳ avril-30 oct. et fermé mardi sauf juil.-août – **Repas** 85/175 ⅃, enf. 70 – 🖵 35 – **54 ch** 450.
BZ **e**

🏨 **Le Novel** sans rest, 24 av. Gén. de Gaulle ✆ 56 83 40 11, Fax 57 52 26 47 – 📶 📺 ☎. 🖭
⌷🖿 🖊🖃
fermé 7 au 31 janv. – 🖵 38 – **22 ch** 280/400.
BZ **g**

🏩 **Mimosas** sans rest, 77 bis av. République ✆ 56 83 45 86, Fax 56 22 53 40 – 📺 ☎ 🅟 ⌷🖿
fermé 1ᵉʳ janv. au 15 fév. – 🖵 30 – **21 ch** 280/380.
BZ **f**

🏠 **Marinette** 🦢 sans rest, 15 allée J.-M. de Hérédia ✆ 56 83 06 67, Fax 56 83 09 59 – 📺
☎. ⌷🖿 – *1ᵉʳ mars-1ᵉʳ nov.* – 🖵 30 – **23 ch** 300/380.
BZ **k**

107

XX **Patio,** 10 bd Plage ℰ 56 83 02 72, Fax 56 54 89 98, 🛲 – GB   BX   **t**
fermé 13 nov. au 1ᵉʳ déc., 19 fév. au 2 mars, mardi en hiver, lundi midi et mardi midi en juil.-août – **Repas** 160 bc.

XX **L'Ombrière et H. Gascogne** avec ch, 79 cours H. de Thury ℰ 56 83 42 52, Fax 56 83 15 55, 🛲 – 📶 📺 ☎. 🗚 ⑩ GB   BZ   **m**
Repas 127/250 – 🖭 35 – **26 ch** 199/355 – ½ P 226/305.

XX **France,** 20 bd Veyrier-Montagnières ℰ 56 83 49 43, Fax 56 22 53 11, 🛲 – 🗚 ⑩ GB   BZ   **v**
fermé 20 déc. au 30 janv., mardi soir et merc. du 15 oct. au 15 mars – **Repas** 98 (déj.)/150, enf. 48.

X **Le Cabestan,** 6 av. Gén. de Gaulle ℰ 56 83 18 62 – 🍽. 🗚 GB   BZ   **p**
fermé fév., dim. soir et lundi – **Repas** 90/180.

X **Chez Yvette,** 59 bd Gén. Leclerc ℰ 56 83 05 11, Fax 56 22 51 62 – 🗚 ⑩ GB 🆓 BZ   **a**
Repas - produits de la mer - 90 et carte 170 à 320, enf. 60.

X **Bayonne** avec ch, 9 cours Lamarque ℰ 56 83 33 82, Fax 56 83 73 06 – 📺 ch 📺 ☎. 🗚
◄ ⑩ GB   BZ   **u**
25 mars-25 oct. – **Repas** *(fermé lundi sauf de juin au 15 sept.)* 78/135, enf. 45 – 🖭 36 – **18 ch** 265/430 – ½ P 350/400.

aux Abatilles SO : 2 km – ✉ 33120 Arcachon :

🏨 **Parc** 🦢 sans rest, 5 av. Parc ℰ 56 83 10 58, Fax 56 54 05 30 – 📶 📺 ☎ 🚗 🅿. GB. 🛇
15 juin-30 sept. – 🖭 45 – **30 ch** 450/520.   AX   **s**

au Moulleau SO : 5 km – ✉ 33120 Arcachon :

🏨 **Les Buissonnets** 🦢, 12 r. L. Garros ℰ 56 54 00 83, Fax 56 22 55 13, 🛲, 🌿 – 📺 ☎ 🅿.
GB. 🛇   AY   **f**
fermé oct. – **Repas** 96/185 – 🖭 40 – **13 ch** 450 – ½ P 360.

PEUGEOT Gar. Gleizes, 36 bd Côte d'Argent ℰ 56 83 06 43

📛 *The numbered circles on the town plans ①, ②, ③*
*are duplicated on the **Michelin** maps at a scale of 1 : 200 000.*

These references, common to both guide and map,
make it easier to change from one to the other.

ARCANGUES 64 Pyr.-Atl. 🈁 ⑱ – rattaché à Biarritz.

ARC-EN-BARROIS 52210 H.-Marne 🈁 ② G. Champagne – 874 h alt. 270.

🏌 du Château d'Arc ℰ 25 02 51 14, sortie S par D 6.

🛈 Office de Tourisme Hôtel de Ville ℰ 25 02 52 17.

Paris 273 – Chaumont 23 – Bar-sur-Aube 53 – Châtillon-sur-Seine 42 – Langres 30.

🏚 **Parc,** ℰ 25 02 53 07, Fax 25 02 42 84, 🛲 – ☎ – 🏔 60. GB
fermé fév., dim. soir et lundi sauf de juin au 15 sept. – **Repas** 90/210 🍷 – 🖭 40 – **15 ch** 140/250 – ½ P 230.

ARCENS 07310 Ardèche 🈁 ⑱ – 479 h alt. 610.

Paris 602 – Le Puy-en-Velay 53 – Le Cheylard 16 – Privas 64 – Saint-Agrève 21.

🏚 **Chalet des Cévennes** 🦢, ℰ 75 30 41 90, ≼, 🌿 – ☎ 🚗 🅿. GB. 🛇 ch
◄ *fermé 1ᵉʳ oct. au 1ᵉʳ nov., dim. soir et vend. soir –* **Repas** 80/180 – 🖭 90 – **16 ch** 200/260 – ½ P 240/260.

ARC-ET-SENANS 25610 Doubs 🈁 ④ G. Jura – 1 277 h alt. 232.

Voir Saline Royale★★.

Paris 395 – ♦Besançon 33 – Pontarlier 61 – Salins-les-Bains 17.

X **Le Relais** avec ch, pl. Église ℰ 81 57 40 60, Fax 81 57 46 17, 🛲 – GB. 🛇 ch
◄ *fermé 15 déc. au 15 janv. et dim. soir sauf juil.-août –* **Repas** 55/170 🍷, enf. 45 – 🖭 25 – **10 ch** 115/185 – ½ P 150/170.

ARCHES 15200 Cantal 🈁 ① – 174 h alt. 587.

Paris 496 – Aurillac 63 – Bort-les-Orgues 28 – Mauriac 11 – Ussel 44.

X **Le Donjon** 🦢 avec ch, ℰ 71 69 74 00, 🛲, 🌿 – ☎ 🅿. GB
◄ *fermé 15 oct. au 15 déc., dim. soir et lundi hors sais. –* **Repas** 78/98, enf. 38 – 🖭 30 – **7 ch** 200/290 – ½ P 220/240.

ARCINS 33 Gironde 🈁 ⑧ – rattaché à Margaux.

ARCIZANS-AVANT 65 H.-Pyr. 🈁 ⑰ – rattaché à Argelès-Gazost.

L'ARCOUEST (Pointe de) 22 C.-d'Armor 🈁 ② – rattaché à Paimpol.

Les ARCS 73 Savoie 🔟 ⑱ **G. Alpes du Nord** – alt. 1 600 – Sports d'hiver : 1 600/3 200 m ⚡1 ⚡73 – ✉ **73700** Bourg-St-Maurice.

Voir Arc 1800 ✳**★★** – Arc 1600 ≤**★**.

🖼 des Arcs Le Chantel 🖊 79 07 43 95, NO : 5 km.

🛈 Office de Tourisme 🖊 79 41 55 45, Fax 79 41 45 96.

Paris 646 – Albertville 64 – Bourg-Saint-Maurice 11 – Chambéry 110 – Val-d'Isère 40.

🏨🏨 **Mercure Gran Paradiso** Ⓜ 🦶, S : 5 km - alt. 1800 m. 🖊 79 07 65 00, Fax 79 07 64 08, ≤, – 🗝 🔭 ch 📺 ☎ 🚗 🚙 – 🏊 60. 🖭 ⓞ 🇬🇧
1ᵉʳ juin-15 sept. et 10 déc.-1ᵉʳ mai – **Repas** 150 ♨ – ☷ 55 – **72 ch** 950/1180, 9 appart – ½ P 770.

Les ARCS 83460 Var 🟪 ⑦ 🔢 ㉓ **G. Côte d'Azur** – 4 744 h alt. 74.

Voir Polyptyque★ dans l'église – Chapelle Ste-Roseline★ NE : 4 km.

🛈 Office de Tourisme pl. Gén.-de-Gaulle 🖊 94 73 37 30, Fax 94 47 47 94.

Paris 851 – Fréjus 26 – Brignoles 41 – Cannes 59 – Draguignan 10 – St-Raphaël 29 – Ste-Maxime 29.

🍴🍴🍴 **Logis du Guetteur** 🦶 avec ch, au village médiéval, SE par D 57 🖊 94 73 30 82, Fax 94 73 39 95, 🌴, « Pittoresque installation dans un vieux fort », 🔟 – 📺 ☎ 🅿. 🖭 ⓞ 🇬🇧 JCB
fermé 15 janv. au 15 fév. – **Repas** 125/280 – ☷ 48 – **10 ch** 450 – ½ P 480.

🍴🍴🍴 **Le Bacchus Gourmand**, au Sud sur N 7 🖊 94 47 48 47, Fax 94 73 36 19, 🌴 – 🅿. 🖭 🇬🇧
fermé dim. soir hors sais. et lundi sauf fériés – **Repas** 120 (déj.), 148/260 et carte 310 à 430.

🍴🍴 **Le Relais des Moines**, E : 1km par rte Ste-Roseline 🖊 94 47 40 93, Fax 94 47 52 51, ≤, 🌴, « Ancienne bergerie », 🔟, 🌱 – 🅿. 🇬🇧
fermé 23 oct. au 8 nov., vacances de fév., dim. soir et lundi – **Repas** 120 (déj.), 165/360.

CITROEN Gar. Audibert 🖊 94 73 31 41   RENAULT Gar. des 4 Chemins 🖊 94 47 40 43

ARCUEIL 94 Val-de-Marne 🗗 ⑩, 🔢 ㉘ – voir à Paris, Environs.

ARCY-SUR-CURE 89270 Yonne 🗗 ⑤ **G. Bourgogne** – 503 h alt. 133.

Paris 200 – Auxerre 31 – Avallon 21 – Vézelay 21.

🍴 **Grottes** avec ch, N 6 🖊 86 81 91 47, 🌴 – ☎ 🅿. 🇬🇧
→ fermé 15 déc. au 25 janv. et merc. du 15 sept. à fin avril – **Repas** 74/155 ♨, enf. 45 – ☷ 28 – **7 ch** 130/220 – ½ P 193/240.

RENAULT Gar. Teissier, 🖊 86 81 90 42

ARDENTES 36120 Indre 🗗 ⑨ **G. Berry Limousin** – 3 511 h alt. 163.

Paris 279 – Bourges 75 – Argenton-sur-Creuse 42 – Châteauroux 13 – La Châtre 22 – Issoudun 38 – St-Amand-Montrond 58.

🍴🍴 **Gare,** 🖊 54 36 20 24 – 🅿. 🇬🇧
fermé 1ᵉʳ au 20 août, dim. soir, lundi et soirs fériés – **Repas** 115/160.

🍴🍴 **Chêne Vert** avec ch, av. Verdun 🖊 54 36 22 40, Fax 54 36 64 33 – 📺 ☎. 🖭 ⓞ 🇬🇧
fermé 1ᵉʳ au 8 août, 2 au 22 janv., dim. soir et lundi – **Repas** 115/220, enf. 65 – ☷ 36 – **7 ch** 250/380 – ½ P 270/310.

CITROEN Godiard, 46 av. de Verdun 🖊 54 36 20 26   RENAULT Gar. du Chêne Vert, 30 av. de Verdun
PEUGEOT Gar. Bucheron, 33 av. de Verdun   🖊 54 36 22 47
🖊 54 36 21 40   Gar. Marteau 🖊 54 36 22 95

ARDRES 62610 P.-de-C. 🗗 ② **G. Flandres Artois Picardie** – 3 936 h alt. 11.

Paris 276 – ◆Calais 17 – Arras 95 – Boulogne-sur-Mer 35 – Dunkerque 41 – ◆Lille 89 – St-Omer 26.

🏠 **La Chaumière** sans rest, 67 av. Rouville 🖊 21 35 41 24, 🌱 – 🖵. 🇬🇧
☷ 27 – **12 ch** 170/320.

CITROEN Gar. Carpentier, Champ de Foire   🅒 Euromaster, av. Alliés à Audruicq 🖊 21 82 75 81
🖊 21 35 42 16

ARÊCHES 73 Savoie 🔟 ⑰ **G. Alpes du Nord** – alt. 1 080 – Sports d'hiver : 1 050/2 100 m ⚡13 ⚡ – ✉ **73270** Beaufort-sur-Doron.

Voir Hameau de Boudin★ E : 2 km.

🛈 Office de Tourisme 🖊 79 38 15 33.

Paris 607 – Albertville 25 – Chambéry 75 – Megève 47.

🏨 **Aub. du Poncellamont** 🦶, 🖊 79 38 10 23, Fax 79 38 13 98, ≤, 🌴, 🌱 – 📺 ☎ 🅿. 🇬🇧. 🦶 ch
fermé 20 avril au 30 mai, 30 sept. au 22 déc.,dim. soir et merc. sauf vacances scolaires – **Repas** 95 (déj.), 128/198, enf. 62 – ☷ 35 – **14 ch** 285/310 – ½ P 305/315.

ARÈS 33740 Gironde 🟪 ⑲ **G. Pyrénées Aquitaine** – 3 911 h alt. 6.

Paris 629 – ◆Bordeaux 47 – Arcachon 45.

🍴🍴 **St Éloi** avec ch, 11 bd Aérium 🖊 56 60 20 46, 🌴 – 🖭 🇬🇧
fermé dim. soir et lundi d'oct. à mars – **Repas** 85/280, enf. 60 – ☷ 30 – **11 ch** 140/175 – ½ P 195/220.

ARETTE-PIERRE-ST-MARTIN 64570 Pyr.-Atl. 🎱 ⑮ **G. Pyrénées Aquitaine** – Sports d'hiver : 1 500/ 2 100 m ⚡18.

Voir Site★.

🛈 Office de Tourisme à Pierre-St-Martin ✆ 59 88 95 38.

Paris 859 – Pau 75 – Lourdes 96 – Oloron-Sainte-Marie 40.

🏠 **Pic d'Anie** sans rest, ✆ 59 66 00 05, ≼ – 📺 ☎. 🖭 ⓞ 🖼 🔤
      10 juil.-15 sept. et 20 déc.-5 mai – ⚄ 30 – **16 ch** 320/360.

ARFEUILLES 03640 Allier 🗗🗗 ⑥ – 843 h alt. 424.

Paris 357 – ♦ Clermont-Ferrand 98 – Roanne 36 – Lapalisse 15 – Moulins 63 – Thiers 60 – Vichy 30.

🏡 **Nord,** ✆ 70 55 50 22, ╤ – ❼. 🖼
      fermé nov. , dim. soir et lundi de sept. à juin – **Repas** 78/180 ⅃ – ⚄ 25 – **9 ch** 110/200 – ½ P 250.

ARGEIN 09800 Ariège 🎱🎱 ② – 164 h alt. 560.

Paris 811 – Bagnères-de-Luchon 58 – Foix 59 – St-Girons 15.

🏡 **Host. la Terrasse,** ✆ 61 96 70 11, ╤ – ☎
      fermé 15 nov. au 1er fév. – **Repas** 70/160, enf. 45 – ⚄ 25 – **10 ch** 170/250 – ½ P 210.

ARGELÈS-GAZOST ⬛ 65400 H.-Pyr. 🎱🎱 ⑰ **G. Pyrénées Aquitaine** – 3 229 h alt. 463 – Stat. therm. (mai-oct.).

Voir Route du Hautacam★ à l'Est par D 100 Y – 🛈 Office de Tourisme Grande Terrasse ✆ 62 97 00 25.

Paris 827 ① – Pau 55 ① – Lourdes 12 ① – Tarbes 32 ①.

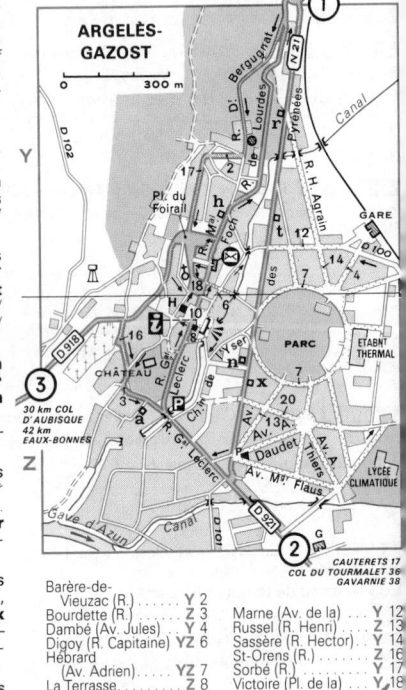

ARGELÈS-GAZOST

Barère-de-
 Vieuzac (R.) . . . . . . Y 2
Bourdette (R.) . . . . . . Z 3
Dambé (Av. Jules) . . Y 4
Digoy (R. Capitaine) YZ 6
Hébrard
 (Av. Adrien). . . . . YZ 7
La Terrasse. . . . . Z 8
Mairie (Pl. de la). . . . Z 10
Marne (Av. de la) . . . Y 12
Russel (R. Henri) . . . Z 13
Sassère (R. Hector). . Y 14
St-Orens (R.) . . . . . . Z 16
Sorbé (R.) . . . . Y 17
Victoire (Pl. de la) . . Y 18
Victor-Hugo (Av.) . . . Z 20

🏨 **Miramont,** 44 av. Pyrénées
      ✆ 62 97 01 26, Fax 62 97 56 67,
      « Jardin fleuri » – 🛗 🗐 rest 📺 ☎
      ♿ ❼. 🖼. 🛇   Z n
      fermé 3 nov. au 21 déc. – **Repas**
      (fermé lundi de janv. à avril sauf
      vacances scolaires) (dim. prévenir)
      60/190 – ⚄ 35 – **25 ch** 260/430 –
      ½ P 240/290.

🏨 **Les Cimes** ⬧, pl. Ourout
      ✆ 62 97 00 10, Fax 62 97 10 19, 🖾,
      ╤ – 🛗 cuisinette 🗐 rest 📺 ☎ ❼.
      🖼. 🛇 rest   Z a
      fermé 5 nov. au 18 déc. – **Repas**
      80/200, enf. 42 – ⚄ 32 – **27 ch** 220/
      290, 9 appart. – P 265/288.

🏨 **Soleil Levant,** 17 av. Pyrénées
      ✆ 62 97 08 68, Fax 62 97 04 60, ╤
      – 🛗 📺 ☎ ❼. 🖭 🖼. 🛇 rest Y t
      fermé 1er au 25 déc. – **Repas** 50/
      190 ⅃, enf. 40 – ⚄ 30 – **33 ch** 190/
      220 – P 240/260.

🏠 **Host. Le Relais,** 25 r. Mar. Foch
      ✆ 62 97 01 27, ╤ – 🗐 rest 📺 ☎
      ❼. 🖼   Y h
      1er fév.-1er oct. – **Repas** 72/230,
      enf. 43 – ⚄ 33 – **23 ch** 200/300 –
      P 242/292.

🏠 **Printania,** av. Pyrénées
      ✆ 62 97 06 57, Fax 62 97 50 14, ╤
      – 🛗 📺 ☎ ♿ ❼ – ♨ 30. 🖭 ⓞ 🖼.
      🛇 rest   Y r
      Repas 60/195, enf. 45 – ⚄ 32 –
      23 ch 240 – ½ P 230.

🏠 **Gabizos,** av. Pyrénées
      ✆ 62 97 01 36, Fax 62 97 02 70, ╤,
      ╤ – ☎ ❼. 🖼   Z x
      16 avril-20 oct. et vacances de fév. –
      Repas 60/140, enf. 40 – ⚄ 30 –
      26 ch 185/220 – P 260.

XX **Le Temps de Vivre,** rte Lourdes
      par ① ✆ 62 97 05 12, ╤ – ❼. 🖭
      🖼
      1er avril-30 oct. et fermé lundi – **Repas** 60 bc/200 ⅃, enf. 45.

à **Agos** par ① : 5 km – ⌷ 65400 Agos-Vidalos :

🏨 **Chez Pierre d'Agos,** ✆ 62 97 05 07, Fax 62 97 50 14, ╤, 🖾, 🎾 – 🛗 🗐 rest 📺 ☎ ♿ ❼
      – ♨ 25. 🖼
      Repas 53/200, enf. 47 – ⚄ 32 – **70 ch** 233 – P 256.

110

à Beaucens SE : 5 km par D 100 - Y - et D 13 – Stat. therm. (18 mai-18 oct.) – ⊠ **65400** :

🏠 **Thermal** 🌊, ℰ 62 97 04 21, Fax 62 97 16 60, ≤, « Parc », ⊐ – ☎ 🅿. GB. ⅜ rest
8 mai-7 oct. – **Repas** 85/135 – ⊑ 30 – **28 ch** 190/300 – P 280.

à St-Savin S : 3 km par D 101 - Z – ⊠ **65400** :

Voir Site★ de la chapelle de Piétat S : 1 km.

🏠 **Rochers** 🌊, ℰ 62 97 09 52, Fax 62 97 17 78, 🌤, 🚗 – 🔟 ☎ 🅿. ⅋ℰ GB
→ *fermé 15 nov. au 15 déc.* – **Repas** 70/165, enf. 35 – ⊑ 35 – **29 ch** 240/300 – P 250/300.

※※ **Viscos** avec ch, ℰ 62 97 02 28, Fax 62 97 04 95, 🌤 – 🏵. ⅋ℰ GB
fermé 1er au 26 déc. et lundi – **Repas** 105/420, enf. 53 – ⊑ 37 – **16 ch** 250/310 – P 320/340.

à Arcizans-Avant S : 3,5 km par D 101 et D 13 – ⊠ **65400** :

🏠 **Aub. Le Cabaliros** 🌊, ℰ 62 97 04 31, Fax 62 97 91 48, ≤, 🌤, 🚗 – ☎ 🅿. GB. ⅜
fermé oct., nov., 8 au 21 janv., et mardi soir d'oct. à mai sauf vacances scolaires – **Repas**
85/140, enf. 45 – ⊑ 32 – **8 ch** 250/270 – P 270/280.

Gar. Cappeleto et Lafaille, par D 100 ℰ 62 97 02 06 🆖 ℰ 62 97 00 76

⬛ ARGELÈS-SUR-MER ⬛ 66700 Pyr.-Or. 🎏 ㉒ – 7 188 h alt. 15 – Casino à Argelès-Plage.
🎫 Office de Tourisme Allée Ferdinand Buisson ℰ 68 81 00 13 (juil.-août).
Paris 884 – ◆Perpignan 20 – Céret 27 – Port-Vendres 10,5 – Prades 63.

🏨 **Cottage et rest. L'Orangeraie** 🅜 🌊, r. A. Rimbaud ℰ 68 81 07 33, Fax 68 81 59 69,
🌤, ⊐, 🚗 – 🔟 ☎ 🅿. ⅋ℰ GB
Pâques-1er nov. – **Repas** 80 (déj.), 140/260, enf. 60 – ⊑ 48 – **26 ch** 420/520 – ½ P 350/430.

🏨 **Gd H. Commerce,** rte Nationale ℰ 68 81 00 33, Fax 68 81 69 49 – 🛗 🖩 rest 🔟 ☎ 🅿. ⅋ℰ
→ ⓿ GB
fermé 25 déc. au 5 fév. – **Repas** (*fermé dim. soir et lundi du 1er oct. au 31 mai*) 66/179 🍷,
enf. 44 – ⊑ 36 – **38 ch** 214/288 – ½ P 210/270.

Annexe Le Parc 🅜 🌊 sans rest, ⊐, 🚗 – 🛗 ☎ 🅿 – 🕍 80. ⅋ℰ ⓿ GB
1er juin-30 sept. – ⊑ 38 – **24 ch** 278/323 – ½ P 292/298.

🏠 **Soubirana,** rte Nationale ℰ 68 81 01 44, 🌤 – 🖩 rest ☎ 🚗. GB
→ *fermé 25 oct. au 15 nov., dim. soir et sam. sauf du 1er juin au 15 sept.* – **Repas** 68/255 🍷,
enf. 38 – ⊑ 35 – **17 ch** 175/205 – ½ P 210.

à Argelès-Plage E : 2,5 km G. Pyrénées Roussillon – ⊠ **66700** Argelès-sur-Mer :

Voir SE : Côte Vermeille★★.

🎫 Office de Tourisme pl. de l'Europe ℰ 68 81 15 85, Fax 68 81 16 01.

🏩 **Lido** 🅜, bd Mer ℰ 68 81 10 32, Fax 68 81 10 98, ≤, 🌤, ⊐, 🏖 – 🛗 🔟 ☎ 🅰 🅿. ⅋ℰ GB
15 mai-30 sept. – **Repas** 140/175, enf. 75 – ⊑ 45 – **66 ch** 385/690 – ½ P 415/520.

🏩 **Plage des Pins** 🅜, ℰ 68 81 09 05, Fax 68 81 12 10, ≤, ⊐, ⅜ – 🛗 🖩 🔟 ☎ 🅿. GB. ⅜
27 mai-30 sept. – **Repas** 115/160, enf. 60 – ⊑ 45 – **50 ch** 448/498 – ½ P 408/432.

🏠 **Maritime,** bd des Albères ℰ 68 81 50 00, 🌤, ⊐ – ☎ 🅰 🚗. GB
8 avril-28 oct. – **Repas** 130 🍷, enf. 70 – ⊑ 40 – **24 ch** 270/320 – ½ P 290.

🏠 **Beau Rivage** sans rest, av. Plage ℰ 68 81 11 29, Fax 68 95 90 16 – ☎. ⅋ℰ GB
25 mai-30 sept. – ⊑ 38 – **26 ch** 325.

à Racou-Plage SE : 3 km – ⊠ **66700** Argelès-sur-Mer :

🏠 **Val Marie** sans rest, ℰ 68 81 11 27, 🚗 – ☎ 🅿
15 mai-30 sept. – ⊑ 28 – **19 ch** 196/242.

rte de Collioure : 3 km – ⊠ **66700** Argelès-sur-Mer :

🏨 **Mouettes,** ℰ 68 81 21 69, Fax 68 81 32 73, ≤, 🌤 – ⅜⇔ ch 🔟 ☎ 🅿. ⅋ℰ ⓿ GB
1er avril-31 oct. – **Repas** (*fermé dim. en avril et oct.*) 120/145 – ⊑ 40 – **25 ch** 350/450 –
½ P 315/360.

RENAULT Gar. Cadmas, 3 bis rte de Collioure   🔩 Mallau Pneus, 80 rte de Collioure ℰ 68 81 43 90
ℰ 68 81 12 29

⬛ ARGENTAN ⬛ ⟨⟩ 61200 Orne 🎏 ② ③ G. Normandie Cotentin – 16 413 h alt. 160.
Voir Église St-Germain★.
🎫 Office de Tourisme pl. Marché ℰ 33 67 12 48.
Paris 195 ② – Alençon 44 ③ – ◆Caen 61 ⑤ – Chartres 134 ② – Dreux 114 ② – Évreux 112 ② – Flers 43 ④ –
Laval 107 ④ – Lisieux 56 ① – ◆Rouen 127 ②.

Plan page suivante

🏠 **France,** 8 bd Carnot **(r)** ℰ 33 67 03 65, Fax 33 36 62 24, 🚗 – 🔟 ☎. GB
→ *fermé 3 au 17 juil., 18 au 25 déc. et 14 au 28 fév.* – **Repas** (*fermé dim. soir et lundi*) 68/188 🍷,
enf. 50 – ⊑ 28 – **13 ch** 125/270 – ½ P 175/230.

à Fontenai-sur-Orne par ④ : 4,5 km – ⊠ **61200** :

🏨 **Faisan Doré,** ℰ 33 67 18 11, Fax 33 35 82 15, 🚗 – 🔟 ☎ 🅿 – 🕍 100. ⅋ℰ GB
fermé 8 au 21 janv. – **Repas** (*fermé dim. soir*) 99 bc/280, enf. 60 – ⊑ 40 – **15 ch** 250/305 –
½ P 250/320.

ARGENTAN

Chaussée (R. de la) 8
Henri-IV (Pl.) 18
Panthou (R. E.) 21
St-Germain (R.) 28

Beigle (R. du) 2
Boschet (R. P.) 3
Briand (R. Aristide) 4
Carnot (Bd) 7
Collège (R. du) 9
Forêt-Normande
(Av. de la) 13
Gaulle (Bd Général-de) 14
Griffon (R. du) 15
Leclerc (Pl. Général) 19
Mahé (Pl.) 20
Paty (R. du) 23
Poterie (R. de la) 24
République (R. de la) 25
St-Martin (R.) 29
Victor-Hugo (Bd) 30
Vimal-du-Bouchet (Pl.) 33
Wolf (R. J.) 34
2ᵉ-D.-B. (Av. de la) 35
104ᵉ-d'Infanterie (R. du) 38

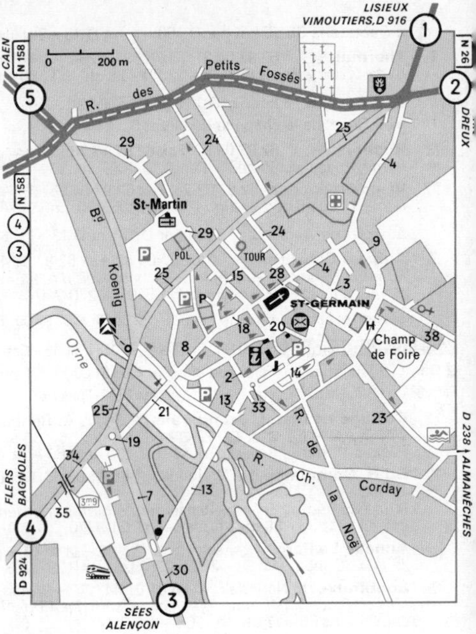

Pour un bon usage des plans de villes, voir les signes conventionnels dans l'introduction.

*à **Écouché*** par ④ : 9 km – ✉ **61150** :

XX **Lion d'Or** avec ch, 1 r. Pierre Pigot ℘ 33 35 16 92, Fax 33 36 60 48, 🚗 – TV ☎ P – 🏋 60. GB
fermé dim. soir et lundi – **Repas** 92/173 – ☕ 35 – **9 ch** 240/350 – ½ P 250/435.

CITROEN Gar. Brunet, 21 r. République ℘ 33 36 79 99
VAG Poirier Autom., rte de Falaise ℘ 33 36 19 19

Ⓜ Fischer Pneus, 1 imp. Clos Menou ℘ 33 36 08 36
Marsat Pneus, 30 av. 2ᵉ-D.-B. ℘ 33 67 26 79

ARGENTAT **19400** Corrèze **75** ⑩ **G. Berry Limousin** – 3 189 h alt. 188.

Voir Site★ – **Env.** Tours de Merle★★ E : 23 km.

i Office de Tourisme av. Pasteur (15 juin-15 sept.) ℘ 55 28 16 05 et à la Mairie (hors saison) ℘ 55 28 10 91.

Paris 516 – Brive-la-Gaillarde 53 – Aurillac 55 – Mauriac 50 – St-Céré 39 – Tulle 32.

XX **St-Jacques,** 39 av. Foch ℘ 55 28 89 87, 🌳 – GB
avril-nov. et fermé mardi sauf juil.-août – **Repas** 70/198, enf. 35.

CITROEN Gar. Frizon, 25 av. Xaintries ℘ 55 28 10 79

Ⓜ Corrèze Pneus, 30 av. des Xaintries ℘ 55 28 14 31

ARGENTEUIL **95** Val-d'Oise **55** ⑳, **101** ⑭ – voir à Paris, Environs.

ARGENTIÈRE **74** H.-Savoie **74** ⑨ **G. Alpes du Nord** – alt. 1 253 – Sports d'hiver : voir Chamonix – ✉ **74400** Chamonix-Mont-Blanc.

Voir SE : Aiguille des Grands Montets ≤★★ par téléphérique – Trélechamp ≤★★ N : 2,5 km – Réserve naturelle des Aiguilles Rouges★★ N : 3,5 km.

Paris 620 – Chamonix-Mont-Blanc 8 – Annecy 102 – Vallorcine 8.

🏨 **Grands Montets** 🐦, près téléphérique de Lognan ℘ 50 54 06 66, Fax 50 54 05 42, ≤, 🚗 – 🛗 TV ☎ P. AE ⓓ GB. 🚫 rest
17 juin-15 sept. et 23 déc.-1ᵉʳ mai – **Repas** 95 (déj.)/135 🍷, enf. 67 – ☕ 40 – **40 ch** 610 – ½ P 440.

🏨 **Montana** M, ℘ 50 54 14 99, Fax 50 54 03 40, ≤ – 🛗 TV ☎ ♿ 🚗 P. GB
fermé 15 mai au 15 juin et 15 oct. au 15 déc. – **Repas** 110/140 – ☕ 45 – **24 ch** 470 – ½ P 390.

*à **Montroc-le-Planet*** NE : 2 km par N 506 et VO – ✉ **74400** Argentière :

🏨 **Les Becs Rouges** 🐦, ℘ 50 54 01 00, Fax 50 54 00 51, ≤ Mont-Blanc et aiguilles, 🌳, 🚗 – 🛗 TV ☎ P – 🏋 30. AE ⓓ GB. 🚫 rest
fermé 5 au 20 déc. – **Repas** 128/425 – ☕ 70 – **24 ch** 235/555 – ½ P 374/439.

PEUGEOT Gar. Costa, ℘ 50 54 04 30 **N** ℘ 50 54 04 30

Voir Vieux pont ⩽★ – ⩽★ de la terrasse de la chapelle N.-D.-des-Bancs – Vallée de la Creuse★ SE par D 48.

🛈 Office de Tourisme pl. République ℘ 54 24 05 30 (fermé lundi hors saison).

Paris 302 ① – Châteauroux 31 ① – Guéret 67 ③ – ◆Limoges 94 ④ – Montluçon 103 ② – Poitiers 102 ⑤ – ◆Tours 130 ⑤.

ARGENTON-SUR-CREUSE

Les plans de villes sont orientés le Nord en haut.

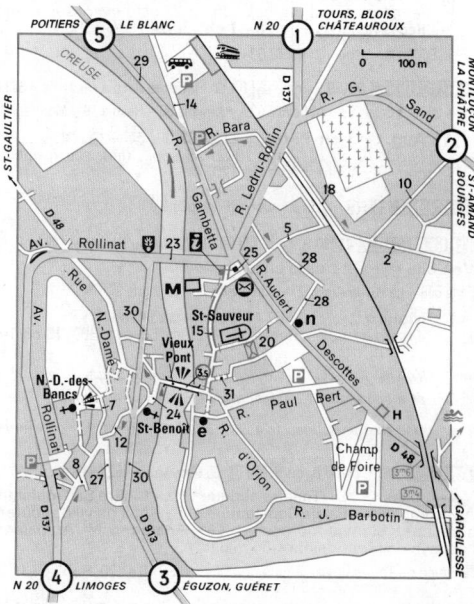

🏠 **Manoir de Boisvillers** ⌕ sans rest, 11 r. Moulin de Bord **(e)** ℘ 54 24 13 88, Fax 54 24 27 83, ⩣, 🍃 – 📺 ☎ 🅿. 🅰🅴 ☒
fermé 2 déc. au 7 janv. et dim. soir en janv. – ⬚ 40 – **14 ch** 250/365.

🏠 **Cheval Noir**, 27 r. Auclert-Descottes **(n)** ℘ 54 24 00 06, Fax 54 24 11 22 – 🍽 rest 📺 ☎
◆ 🅿 – 🔏 30. ☒
fermé mi-janv. à mi-fév., dim. soir et lundi hors sais. – **Repas** 80/220 ⅃, enf. 60 – ⬚ 35 – **25 ch** 240/290 – ½ P 225/250.

à St-Marcel par ① : 2 km – ✉ 36200 :

Voir Église★ – Musée archéologique d'Argentomagus★ – Théâtre du Virou★.

🏠 **Le Prieuré**, ℘ 54 24 05 19, Fax 54 24 32 28, ⩽, 🍴, 🍃 – 📺 ☎ 🅿 – 🔏 30. ☒
◆ *fermé mi-janv. à mi-fév. et lundi* – **Repas** 75/255 ⅃, enf. 48 – ⬚ 30 – **12 ch** 230/280 – ½ P 230/280.

à Tendu par ① : 8 km – ✉ 36200 :

✗✗ **Moulin des Eaux Vives**, SE : 4 km par D 30 et VO ℘ 54 24 12 25, Fax 54 24 34 62, 🍴, « Moulin du 18ᵉ siècle au bord de l'eau » – ☒
fermé 9 janv. au 9 fév., lundi soir et mardi sauf juil.-août – **Repas** (dim. prévenir) 90/265, enf. 58.

à Bouësse par ② : 11 km – ✉ 36200 :

🏰 **Château de Bouesse** ⌕, ℘ 54 25 12 20, Fax 54 25 12 30, ⩽, 🍴, « Château du 13ᵉ siècle dans un parc » – ☎ 🅿. 🅰🅴 ☒. ✁
fermé 2 janv. au 2 fév. – **Repas** *(fermé lundi midi hors sais.)* 95 (déj.), 160/190, enf. 80 – ⬚ 55 – **5 ch** 380/480, 3 appart – ½ P 395/455.

CITROEN Gar. Besson, N 20 à Tendu par ①
℘ 54 24 12 26
PEUGEOT Chavegrand, rte de Limoges par ④
℘ 54 24 04 32 🅽 ℘ 54 26 37 62
Gar. Allignet, 15 bis bd G.-Sand ℘ 54 24 07 01 🅽
℘ 54 24 24 95

Ⓜ Gebhard Pneu, rte de Limoges, N 20
℘ 54 24 13 08

ARGENT-SUR-SAULDRE 18410 Cher 🔢 ⑪ G. Châteaux de la Loire – 2 525 h alt. 171.

Env. Château⋆ de Blancafort : 8 km au SE.

Paris 174 – ◆Orléans 60 – Bourges 57 – Cosne-sur-Loire 45 – Gien 21 – Salbris 41 – Vierzon 53.

※※ **Relais de la Poste** avec ch, ℰ 48 73 60 25, Fax 48 73 30 62 – 📺 ☎ 🅿 – 🏄 50. **GB**
fermé 15 janv. au 15 fév. et lundi sauf juil.-août – **Repas** 85/210, enf. 65 – 🖙 35 – **10 ch**
235/290 – ½ P 240/330.

※※ **Relais du Cor d'Argent** avec ch, ℰ 48 73 63 49, Fax 48 73 37 55 – 📺 ☎. **GB**
→ *fermé mi-fév. à mi-mars, 15 au 21 oct., mardi soir et merc. sauf du 1ᵉʳ juil. au 15 sept.* –
Repas 75/198 ♨ – 🖙 28 – **7 ch** 170/245 – ½ P 180/210.

PEUGEOT Gar. Léger, ℰ 48 73 63 06   RENAULT Gar. Carlot, ℰ 48 73 61 83

ARGOULES 80120 Somme 🔢 ⑫ G. Flandres Artois Picardie – 363 h alt. 20.

Paris 202 – ◆Calais 89 – Abbeville 32 – ◆Amiens 66 – Hesdin 19 – Montreuil 17.

※※ **Aub. Coq-en-Pâte**, ℰ 22 29 92 09, 🍽 – 🅿. **GB**
fermé 10 au 31 janv., 10 au 25 sept., dim. soir et lundi sauf fériés – **Repas** (nombre de
couverts limité, prévenir) 120.

ARINSAL 🔢 ⑭ – voir à Andorre (Principauté d').

ARLEMPDES 43490 H.-Loire 🔢 ⑰ G. Vallée du Rhône – 142 h alt. 840.

Voir Site⋆⋆ – ≼⋆⋆ de la chapelle.

Paris 568 – Le Puy-en-Velay 27 – Aubenas 66 – Langogne 27.

🏠 **Manoir** ♨, ℰ 71 57 17 14, ≼ – ☎. 🍽 ch
4 mars-1ᵉʳ nov. – **Repas** 85/180, enf. 50 – 🖙 30 – **16 ch** 190/240 – ½ P 215.

☞ *Towns underlined in red on the Michelin maps*
at a scale of 1 : 200 000 are included in this Guide.

Use the latest map to take full advantage of this information.

ARLES ◆🔢 13200 B.-du-R. 🔢 ⑩ G. Provence – 52 058 h alt. 9.

Voir Arènes⋆⋆ YZ – Théâtre antique⋆⋆ Z – Cloître St-Trophime⋆⋆ et église⋆ Z : portail⋆⋆ – Les
Alyscamps⋆ X – Palais Constantin⋆ Y F – Hôtel de ville : voûte⋆ du vestibule Z H – Musées : Art
chrétien⋆⋆ et cryptoportiques⋆ Z M¹, Arlaten⋆ Z M³, Art païen⋆ Z M², Réattu⋆ Y M⁴ – Ruines de
l'abbaye de Montmajour⋆ 5 km par ①.

🛈 Office de Tourisme esplanade des Lices ℰ 90 18 41 20, Fax 90 93 17 17 et accueil gare SNCF ℰ 90 49 36 90
– A.C. 12 r. Liberté ℰ 90 96 40 28.

Paris 728 ① – Avignon 36 ① – Aix-en-Provence 76 ② – Béziers 140 ⑤ – Cavaillon 42 ① – ◆Marseille 89 ② –
◆Montpellier 77 ⑤ – Nîmes 31 ⑥ – Salon-de-Provence 39 ② – Sète 109 ⑤.

Plan page ci-contre

🏨 **Jules César,** bd Lices ℰ 90 93 43 20, Télex 400239, Fax 90 93 33 47, 🍽, « Ancien
couvent avec son cloître, jardins intérieurs », 🏊 – 🗐 📺 ☎ 🚗 – 🏄 30. 🖭 ⓞ **GB**
🇯🇨🇧   Z **b**
fermé 2 nov. au 23 déc. – **Lou Marquès : Repas** 150(déj.), 195/380, enf. 65 – **Le Cloître** *(déj.
seul.)* **Repas** 98/120 ♨, enf. 65 – 🖙 65 – **49 ch** 650/1000, 3 appart – ½ P 635/960.

🏨 **D'Arlatan** ♨ sans rest, 26 r. Sauvage (près pl. Forum) ℰ 90 93 56 66, Fax 90 49 68 45,
« Ancien hôtel particulier, vestiges archéologiques », 🌿 – 🗐 🗏 📺 ☎ 🚗 – 🏄 25. 🖭
ⓞ **GB**   Y **f**
🖙 58 – **33 ch** 450/695, 7 appart.

🏨 **Nord Pinus,** pl. Forum ℰ 90 93 44 44, Fax 90 93 34 00, 🍽, « Décoration évoquant la
tauromachie » – 🗐 📺 ☎ 🚗. 🖭 ⓞ **GB** 🇯🇨🇧   Z **t**
fermé 15 janv. au 1ᵉʳ mars – **Repas** brasserie *(fermé dim. et lundi hors sais.)* 120 (déj.),
140/180 ♨ – 🖙 65 – **23 ch** 650/1500.

🏨 **New H. Arles Camargue** Ⓜ, 45 av. Sadi-Carnot ℰ 90 99 40 40, Télex 403613,
Fax 90 93 32 50, 🗔 – 🗐 🗏 📺 ☎ 🕭 🅿 – 🏄 70. 🖭 ⓞ **GB** 🇯🇨🇧   X **a**
Repas 90/110 ♨, enf. 50 – 🖙 40 – **63 ch** 350, 4 duplex.

🏨 **Mireille** Ⓜ, 2 pl. St Pierre ℰ 90 93 70 74, Fax 90 93 87 28, 🍽, 🏊 – 🗏 📺 ☎ 🚗. 🖭 ⓞ
GB 🇯🇨🇧   Y **h**
début mars-début nov. – **Repas** 99/195, enf. 70 – 🖙 50 – **34 ch** 399/580 – ½ P 380/475.

🏠 **St-Trophime** sans rest, 16 r. Calade ℰ 90 96 88 38, Fax 90 96 92 19 – 🗐 📺 ☎. 🖭 ⓞ
GB   Z **x**
🖙 33 – **22 ch** 200/310.

🏠 **Calendal** sans rest, 22 pl. Pomme ℰ 90 96 11 89, Fax 90 96 05 84, « Jardin ombragé » –
🍽. 🖭 **GB**   Z **s**
fermé 5 janv.à fin fév. – 🖙 32 – **27 ch** 190/350.

🏠 **La Roseraie** ♨ sans rest, à Pont-de-Crau E : 2 km par N 453 - X ℰ 90 96 06 58 – 📻 🅿.
🍽
15 mars-15 oct. – 🖙 33 – **12 ch** 270/330.

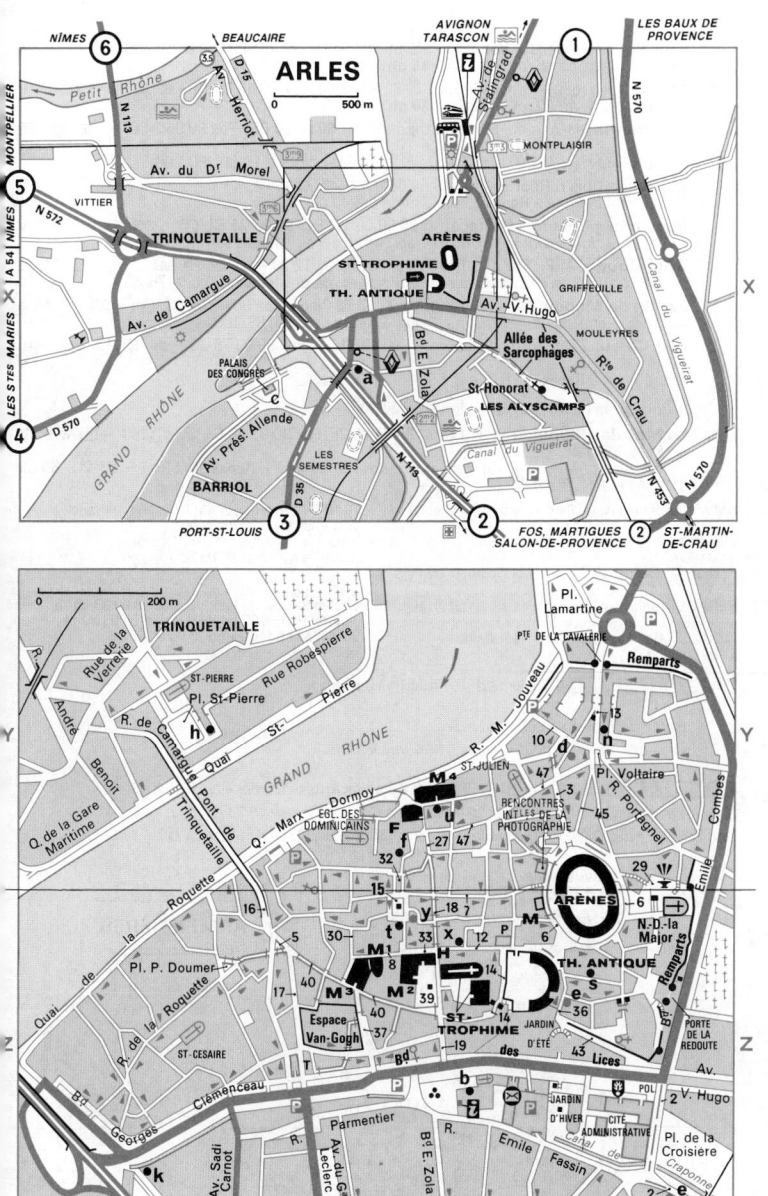

ARLES

0   500 m

NÎMES ⑥   BEAUCAIRE

AVIGNON TARASCON ①

LES BAUX DE PROVENCE

MONTPELLIER

Av. du Dr Morel

⑤ VITTIER

TRINQUETAILLE

ARÈNES
ST-TROPHIME
TH. ANTIQUE

Av. V. Hugo

GRIFFEUILLE

MOULEYRES

Allée des Sarcophages

St-Honorat
LES ALYSCAMPS

PALAIS DES CONGRÈS

④ D 570

GRAND RHÔNE

Av. de Camargue

Av. Prest Allende

BARRIOL

LES SEMESTRES

PORT-ST-LOUIS ③

FOS, MARTIGUES SALON-DE-PROVENCE ②

ST-MARTIN-DE-CRAU

LES S'TES MARIES × A 54 NÎMES

---

0   200 m

Pl. Lamartine

TRINQUETAILLE

PTE DE LA CAVALERIE

Remparts

ST-PIERRE
Pl. St-Pierre

Rue Robespierre

GRAND RHÔNE

ST-JULIEN

Pl. Voltaire

RENCONTRES INT'LES DE LA PHOTOGRAPHIE

ARÈNES

N-D-la Major

PORTE DE LA REDOUTE

Espace Van-Gogh

ST-TROPHIME

TH. ANTIQUE

JARDIN D'ÉTÉ

Lices

Clémenceau

Av. V. Hugo

JARDIN D'HIVER

CITÉ ADMINISTRATIVE

Pl. de la Croisière

Parmentier

ST-CESAIRE

115

🏠 **Mirador** sans rest, 3 r. Voltaire ✆ 90 96 28 05, Fax 90 96 59 89 – ☎. 🖭 ⒼⒷ   Y **n**
fermé 15 janv. au 15 fév. – 🍽 26 – **15 ch** 180/247.

🏠 **Musée** sans rest, 11 r. Gd-Prieuré ✆ 90 93 88 88, Fax 90 49 98 15 – ☎. 🖭 ⓞ ⒼⒷ   Y **u**
fermé 20 janv. au 20 fév. – 🍽 28 – **20 ch** 170/400.

🏠 **Constantin** sans rest, 59 bd Craponne ✆ 90 96 04 05, Fax 90 96 84 07 – ☎ Ⓟ 🖭
ⒼⒷ   Z **k**
fermé 15 nov. au 15 déc. et 10 janv. au 15 mars – 🍽 29 – **15 ch** 160/260.

🍴🍴🍴 **L'Olivier,** 1 bis r. Réattu ✆ 90 49 64 88, 🏡 – 🍽. ⒼⒷ. ⚓   Y **u**
fermé dim. et lundi – **Repas** 138/248 et carte 240 à 420.

🍴🍴 **Vaccarès,** pl. Forum (1ᵉʳ étage) ✆ 90 96 06 17, Fax 90 96 24 52, 🏡 – ⒼⒷ   Z **y**
fermé janv., lundi sauf le soir en juil.-août et dim. soir – **Repas** 90 (déj.), 135/235.

🍴🍴 **Côté Cour,** r. A. Pichot ✆ 90 49 77 76, Fax 90 93 12 23 – 🍽. 🖭 ⓞ ⒼⒷ   Y **d**
fermé 1ᵉʳ au 16 août, 3 au 25 janv., lundi soir et mardi – **Repas** 120 bc/175 🍷.

🍴 **Jardin de Manon,** 14 av. Alyscamps ✆ 90 93 38 68, Fax 90 49 62 03, 🏡 – ⒼⒷ   Z **e**
fermé fév. et merc. du 1ᵉʳ oct. au 1ᵉʳ juil. – **Repas** 58 (déj.), 88/160.

🍴 **Lou Caleu,** 27 r. Porte de Laure ✆ 90 49 71 77, Fax 90 93 75 30 – 🍽. 🖭 ⓞ ⒼⒷ ⒿⒸⒷ.
⚓   Z **e**
fermé jeudi – **Repas** 99/150, enf. 55.

à Fourques (Gard) par ⑤ : 4 km – ✉ 30300 :

🏠 **Le Mas des Piboules** Ⓜ, N 113 ✆ 90 96 25 25, Fax 90 93 68 88, 🏡, ⿻, 🎿 – 📺 ☎ & Ⓟ
– 🏛 30. 🖭 ⒼⒷ
fermé janv. et fév., vend. et sam. du 1ᵉʳ nov. au 31 déc. – **Repas** 90/110 🍷 – 🍽 44 – **50 ch**
312/341 – ½ P 270/284.

ARMBOUTS-CAPPEL 59 Nord 🗗 ③ – rattaché à Dunkerque.

Évitez de fumer au cours du repas :
vous altérez votre goût et vous gênez vos voisins.

ARMENTIÈRES 59280 Nord 🗗 ⑮ 🗗🗗🗗 ⑪ G. Flandres Artois Picardie – 25 219 h alt. 19.
🛈 Syndicat d'Initiative 33 r. de Lille ✆ 20 44 18 19 – A.C. 26 pl. St-Vaast ✆ 20 77 10 12.
Paris 238 ③ – ♦ Lille 21 ③ – Dunkerque 59 ⑥ – Kortrijk 36 ② – Lens 33 ③ – St-Omer 50 ⑥.

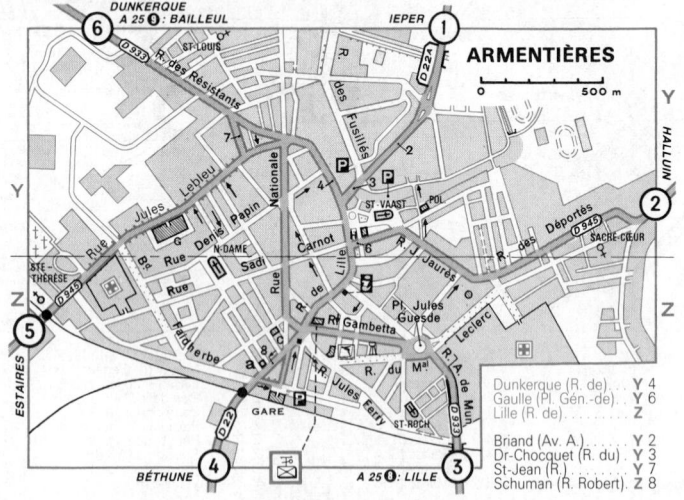

Dunkerque (R. de)	Y 4
Gaulle (Pl. Gén.-de)	Y 6
Lille (R. de)	Z
Briand (Av. A.)	Y 2
Dr-Chocquet (R. du)	Y 3
St-Jean (R.)	Y 7
Schuman (R. Robert)	Z 8

🏠 **Albert 1ᵉʳ** sans rest, 28 r. Robert Schuman ℰ 20 77 31 02, Fax 20 77 05 16 – 📺 ☎. 🅶🅱.
※
☐ 30 – **20 ch** 165/270.
        Z **a**

RENAULT Gar. de la Lys, 1797 r. d'Armentières,
Nieppe par ⑥ ℰ 20 48 57 50 🅽 ℰ 28 02 07 69

🚗 Hennette, 75 bis rte Nat. à Ennetières-
en-Weppes ℰ 20 35 85 28
Hennette, 68 r. des Résistants ℰ 20 77 00 29

ARMOY 74 H.-Savoie 🔢 ⑰ – rattaché à Thonon-les-Bains.

ARNAC-POMPADOUR 19230 Corrèze 🔢 ⑧ **G. Berry Limousin** – 1 444 h alt. 421.

Paris 455 – Brive-la-Gaillarde 44 – ♦Limoges 62 – Périgueux 66 – St-Yrieix-la-Perche 24 – Uzerche 23.

🏠 **Parc,** pl. Vieux Lavoir ℰ 55 73 30 54, Fax 55 73 39 79, ⤳ – 📺 ☎. 🅰🅴 🅶🅱
fermé 24 déc. au 15 janv., vacances de fév., sam. et dim. de nov. à mars – **Repas** 60 (déj.),
98/170 ⅄, enf. 45 – ☐ 32 – **10 ch** 235/240 – ½ P 250.

    rte de Perigueux : 5 km par D 7 – ✉ **19230** Arnac-Pompadour :

🏠 **Aub. de la Mandrie** ⤳, ℰ 55 73 37 14, Fax 55 73 67 13, 🍃, parc, ⤳ – 📺 ☎ ⅄ 🅿 –
◆   🔼 30. ⓞ 🅶🅱
Repas 64/205 ⅄, enf. 42 – ☐ 30 – **22 ch** 225/255 – ½ P 210/235.

CITROEN Nouaille, à Pompadour ℰ 55 73 30 18 🅽
ℰ 55 73 30 18

RENAULT Gar. Debernard, 14 av. du Limousin
ℰ 55 73 30 57

    Please avoid smoking during a meal:
    you will spoil your palate and annoy your neighbours.

ARNAY-LE-DUC 21230 Côte-d'Or 🔢 ⑱ **G. Bourgogne** – 2 040 h alt. 374.

Paris 287 – ♦Dijon 57 – Autun 28 – Beaune 36 – Chagny 41 – Montbard 72 – Saulieu 28.

🏠 **Chez Camille,** ℰ 80 90 01 38, Fax 80 90 04 64 – 📺 ☎ ⤳. 🅰🅴 ⓞ 🅶🅱 🅹🅲🅱
Repas 100/330 – ☐ 50 – **11 ch** 395 – ½ P 400.

Annexe Clair de Lune 🏠 sans rest, ℰ 80 90 15 50, Fax 80 90 04 64 – 📺 ☎ 🅿. 🅰🅴 ⓞ
🅶🅱 🅹🅲🅱
☐ 25 – **13 ch** 180.

🏠 **Poste** sans rest, ℰ 80 90 00 76, 🚍 – 🖨 🅿. 🅶🅱. ※
fin avril-oct. – ☐ 28 – **14 ch** 170/270.

🍴 **Terminus** avec ch, N 6 ℰ 80 90 00 33 – 📺 ☎ 🅿. 🅰🅴 🅶🅱
fermé 6 janv. au 6 fév. et merc. – **Repas** 85/220, enf. 45 – ☐ 30 – **9 ch** 150/290 –
½ P 230/350.

PEUGEOT Gar. de l'Arquebuse, ℰ 80 90 05 16 🅽
ℰ 80 61 02 23
RENAULT Gar. Contant, ℰ 80 90 07 09 🅽
ℰ 80 90 07 09

VAG Gar. Binet, à St-Prix ℰ 80 90 10 07 🅽
ℰ 80 90 27 03

ARPAILLARGUES-ET-AUREILLAC 30 Gard 🔢 ⑲ – rattaché à Uzès.

ARPAJON 91290 Essonne 🔢 ⑩ – 8 713 h alt. 50.

🅱 Office de Tourisme de la Région Arpajonnaise pl. Hôtel de Ville ℰ (1) 60 83 36 51, Fax (1) 60 83 80 00.

Paris 35 – Fontainebleau 49 – Chartres 62 – Évry 17 – Melun 40 – ♦Orléans 89 – Versailles 33.

🍴🍴🍴 **Saint Clément,** 16 av. Hoche ℰ (1) 64 90 21 01, Fax (1) 60 83 32 67 – 🍽. 🅶🅱
fermé 1ᵉʳ au 21 août, dim. soir et lundi soir – **Repas** 220 et carte 230 à 360.

🚗 Green Autos, 56 r. Salvador Allende à La Norville ℰ (1) 60 83 03 55

ARPAJON-SUR-CÈRE 15 Cantal 🔢 ⑫ – rattaché à Aurillac.

ARRADON 56 Morbihan 🔢 ③ – rattaché à Vannes.

ARRAS 🅿 62000 P.-de-C. 🔢 ② **G. Flandres Artois Picardie** – 38 983 h alt. 72.

Voir Grand'Place★★ CY et Place des Héros★★ CY – Hôtel de Ville et beffroi★ BY H – Ancienne
abbaye St-Vaast★ : musée★ BY.

🏌 à Anzin-Saint-Aubin ℰ 21 50 24 24, NO : 4 km par ⑤ et D 64 ; 🏌 des Bruyères à Pelves
ℰ 21 58 95 42 par ② : 14 km par N 39 et D 33.

🅱 Office de Tourisme à l'Hôtel de Ville ℰ 21 51 26 95, Fax 21 71 07 34 – A.C. Centre Routier, Z.I. Arras Est
ℰ 21 50 25 25.

Paris 180 ② – ♦Lille 51 ① – ♦Amiens 67 ④ – ♦Calais 112 ① – Charleville-Mézières 159 ② – Douai 25 ① –
♦Rouen 175 ④ – St-Quentin 74 ②.

ARRAS

Welcome to France !
Remember,
keep to the right.

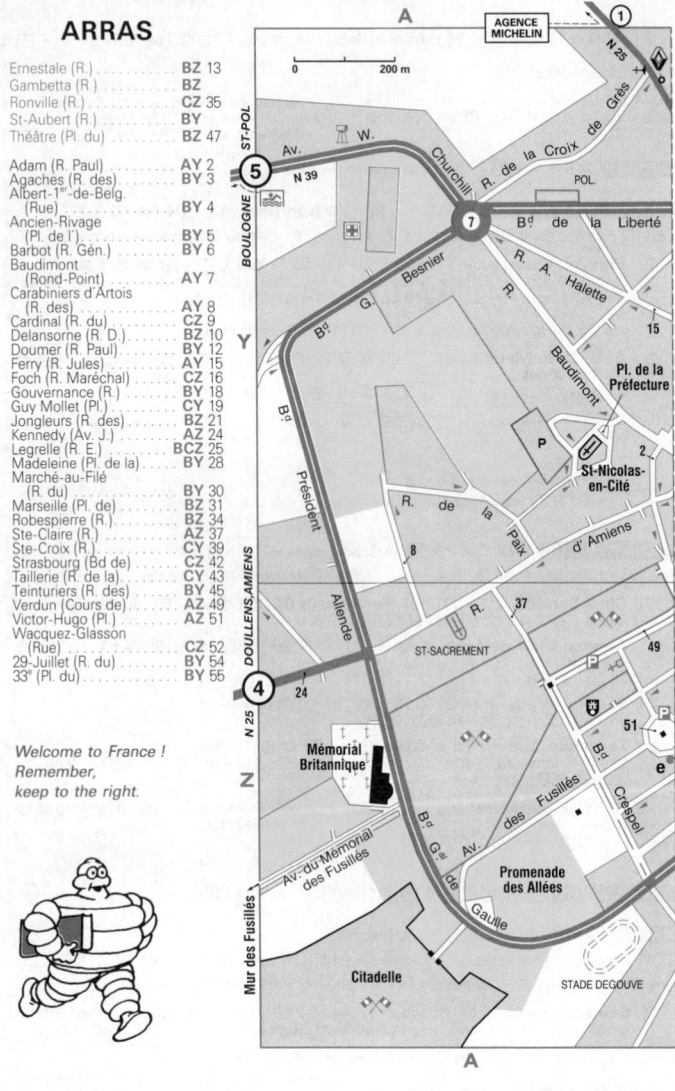

🏨 **Mercure Atria** M, 58 bd Carnot ✆ 21 23 88 88, Télex 133066, Fax 21 23 37 07 – 🛗 ⟨⟩ ch 📺 ☎ & – 🛎 300. AE ⓞ GB JCB CZ **b**
Repas 110, enf. 45 – ⟂ 50 – **80 ch** 420/470.

🏨 **Moderne,** 1 bd Faidherbe ✆ 21 23 39 57, Télex 133701, Fax 21 71 55 42 – 🛗 ☰ rest 📺 ☎ – 🛎 30 à 50. AE ⓞ GB CZ **u**
fermé 24 déc. au 1er janv. (sauf rest.) – **Repas** *(fermé dim. soir)* 95/125 ♭ – ⟂ 35 – **54 ch** 200/340.

🏨 **Les 3 Luppars** M sans rest, 49 Grand'Place ✆ 21 07 41 41, Fax 21 24 24 80 – 🛗 📺 ☎ – 🛎 40. AE ⓞ GB CY **r**
⟂ 35 – **42 ch** 180/290.

🏨 **Ibis** M sans rest, 11 r. Justice ✆ 21 23 61 61, Fax 21 71 31 31 – 🛗 ⟨⟩ ch 📺 ☎ & AE GB CZ **n**
⟂ 35 – **63 ch** 275/290.

118

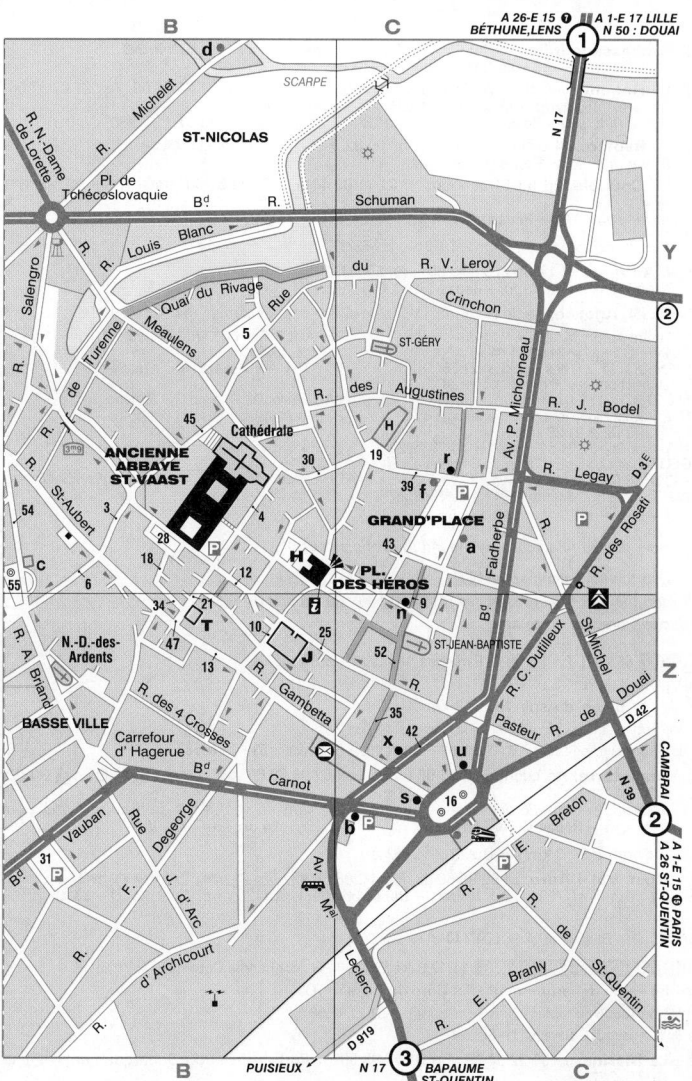

🏨 **Astoria et rest. Carnot,** 12 pl. Foch ☎ 21 71 08 14, Fax 21 71 60 95 – |≑| 🔲 rest 📺 ☎. 🅰🅴
🅾 ⅭⒷ ⱼⱪⓑ   CZ **s**
Repas 88/220 🍷, enf. 50 – ⊡ 30 – **31 ch** 200/220 – ½ P 210.

🏨 **La Belle Etoile,** Z.A. Les Alouettes à St-Nicolas par ① et N 17 ⊠ 62223 ☎ 21 58 59 00,
➔ Fax 21 48 86 49 – ⛌⋍ ch 📺 ☎ & 🅿 – 🔏 40. ⅭⒷ
Repas *(fermé dim. soir et soirs fériés)* 67/140 🍷, enf. 48 – ⊡ 33 – **36 ch** 256/280 –
½ P 230/250.

XXX **La Faisanderie,** 45 Grand'Place ☎ 21 48 20 76, Fax 21 50 89 18, « Cave du 17ᵉ siècle » –
🅰🅴 🅾 ⅭⒷ ⱼⱪⓑ   CY **f**
fermé 31 juil. au 22 août, vacances de fév., dim. soir et lundi – **Repas** 175/365 et carte 310 à
440, enf. 75.

XXX **Le Victor Hugo,** 11 pl. V. Hugo ☎ 21 71 84 00, Fax 21 71 84 00 – 🅰🅴 🅾 ⅭⒷ   AZ **e**
fermé août, dim. soir et lundi – **Repas** (nombre de couverts limité - prévenir) 270 bc/400 et
carte 260 à 340.

119

XXX **Ambassadeur** (Buffet Gare), ✆ 21 23 29 80, Fax 21 71 17 07 – AE ⓘ GB   CZ
fermé dim. soir – **Repas** 120/195 et carte 200 à 320 ⅃.

XXX **Le Régent** avec ch, r. A. France à St-Nicolas ✉ 62223 ✆ 21 71 51 09, Fax 21 07 87 56,
🏠, ☞ – 📺 ☎ 🅟 – 🔏 25. AE ⓘ GB   BY **d**
fermé dim. soir – **Repas** 98/280 et carte 280 à 370 ⅃ – ☲ 42 – **11 ch** 230/280 – ½ P 310.

XX **La Rapière,** 44 Grand'Place ✆ 21 55 09 92, Fax 21 22 24 29 – AE GB   CY **a**
◆ *fermé dim. soir* – **Repas** 80/190 ⅃, enf. 45.

XX **La Coupole,** 26 bd Strasbourg ✆ 21 71 88 44, Fax 21 71 52 46, brasserie – AE ⓘ GB
JCB   CZ **x**
Repas 109/186 ⅃.

à Beaurains par ③ : 3 km – 4 379 h. – ✉ 62217 :

XX **L'Auberge,** N 17 ✆ 21 71 59 30 – 🅟. AE ⓘ GB
fermé dim. soir et lundi – **Repas** 110/200 ⅃, enf. 50.

MICHELIN, Agence, rte de Béthune, D 63, Ste-Catherine-lès-Arras AY ✆ 21 71 12 08

BMW Centre Autom. Artésien, Port Fluvial
à St-Laurent-Blangy ✆ 21 58 11 44
CITROEN D.J. 14, 2 r. des Rosati ✆ 21 55 39 10
FIAT Gar. Michonneau, 6 av. Michonneau
✆ 21 55 37 52
FORD Autovale Bleu, 16 av. Michonneau
✆ 21 60 42 42 🅽 ✆ 21 22 48 99
LANCIA Gar. Specq, 21 r. Saumon ✆ 21 73 59 20
PEUGEOT Gar. Cyr-Leroy, 75 rte de Cambrai par ②
✆ 21 73 26 26 🅽 ✆ 05 44 24 24
RENAULT Arras Sud-Autom., 134 rte de Cambrai
par ② ✆ 21 55 46 15

RENAULT Gar. de l'Artois, 40 voie N.-D.-de-Lorette
✆ 21 23 02 56
TOYOTA Auto Leader, 95 rte de St-Pol
✆ 21 51 75 74
VAG Willerval, 13 bis r. G.-Clémenceau
à St-Laurent-Blangy ✆ 21 60 45 45

🛞 Chamart Vulcopneu, 245 av. Kennedy
✆ 21 71 31 95
Delit Pneus, av. Michonneau Prolongée à St-Nicolas
✆ 21 55 38 25

How do you find your way around the Paris suburbs?

Use the Michelin map no 🔢🔢🔢
and the four street maps nos 🔢🔢-🔢🔢, 🔢🔢-🔢🔢, 🔢🔢-🔢🔢 and 🔢🔢-🔢🔢 :
clear, precise, up to date.

ARREAU 65240 H.-Pyr. 🔢🔢 ⑲ G. Pyrénées Aquitaine – 853 h alt. 704.
Voir Vallée d'Aure★ S.
Env. ❄★★★ du col d'Aspin NO : 13 km.
🚹 Syndicat d'Initiative – pl. du quai de la Neste ✆ 62 98 63 15.
Paris 851 – Bagnères-de-Luchon 33 – Auch 91 – Lourdes 59 – St-Gaudens 53 – Tarbes 58.

🏨 **Angleterre,** rte Luchon ✆ 62 98 63 30, Fax 62 98 69 66, 🏠, ☞ – 📺 ☎ 🅟 – 🔏 30. AE
GB. ✸
*3 juin-30 sept. et 26 déc.-3 janv., vacances scolaires et week-ends en hiver et fermé lundi
hors sais.* – **Repas** 68 (déj.), 81/185, enf. 40 – ☲ 35 – **24 ch** 280/290 – ½ P 270/275.

à Cadéac S : 3 km sur D 929 – ✉ 65240 :

🏠 **Host. Val d'Aure,** ✆ 62 98 60 63, Fax 62 98 60 99, 🏠, 🏊, ☞, ✸ – ☎ 🅟. GB
◆ *fermé mai et 1er oct. au 15 déc.* – **Repas** 65 (déj.), 80/120, enf. 42 – ☲ 39 – **23 ch** 250 –
½ P 260.

RENAULT Gar. Buetas, ✆ 62 98 60 67 🅽 ✆ 62 98 60 67

ARROMANCHES-LES-BAINS 14117 Calvados 🔢🔢 ⑮ G. Normandie Cotentin – 409 h alt. 15.
Voir Musée du débarquement – La Côte du Bessin★ O.
🚹 Office de Tourisme r. Mar.-Joffre (avril-sept.) ✆ 31 21 47 56.
Paris 269 – ◆Caen 31 – Bayeux 11 – St-Lô 47.

🏨 **La Marine,** ✆ 31 22 34 19, Fax 31 22 98 80, ≤ Port artificiel du Débarquement – 📺 ☎
🅟. AE GB
fermé 15 nov. au 15 fév. – **Repas** 90/190, enf. 50 – ☲ 38 – **30 ch** 250/350 – ½ P 340.

🏠 **Mountbatten** M sans rest, ✆ 31 22 59 70 – 📺 ☎ ⅃ 🅟. GB
vacances de fév.-oct. et fermé lundi hors sais. – ☲ 30 – **9 ch** 260/280.

à Tracy-sur-Mer SO : 2,5 km par rte de Bayeux et VO – alt. 56 – ✉ 14117 :

🏨 **Victoria** sans rest, chemin de l'Église ✆ 31 22 35 37, Fax 31 21 41 66, ☞ – 📺 ☎ ⅃ 🅟.
GB. ✸
1er avril-30 sept. et fermé vend. sauf de juin à août – ☲ 38 – **13 ch** 300/500.

à la Rosière SO : 3 km par rte de Bayeux – ✉ 14117 Arromanches-les-Bains :

🏠 **La Rosière,** ✆ 31 22 36 17, Fax 31 22 19 33, 🏠, ☞ – 📺 ☎ ⅃ 🅟 AE GB
◆ *1er mars-10 oct.* – **Repas** 75/195, enf. 45 – ☲ 35 – **26 ch** 220/320 – ½ P 240/320.

ARS-EN-RÉ 17 Char.-Mar. 🔢🔢 ⑫ – voir Ré (Ile de).

ARSONVAL 10 Aube 🔢🔢 ⑱ – rattaché à Bar-sur-Aube.

ARTANNES-SUR-INDRE 37260 I.-et-L. ⬚⬚ ⑭ – 2 089 h.

Paris 255 – ♦Tours 22 – Azay-le-Rideau 10 – Chinon 31 – Sainte-Maure-de-Touraine 25.

 XX **Aub. Vallée du Lys,** *🌸* 47 26 80 02 – ◲ ⊙ 📶
  fermé 17 juil. au 7 août, dim. soir et lundi sauf fériés – **Repas** 85 (déj.), 120/220, enf. 60.

ARTIGUELOUVE 64230 Pyr.-Atl. ⬚⬚ ⑥ – 898 h alt. 150.

Paris 780 – Pau 11 – Aire-sur-l'Adour 57 – Oloron-Ste-Marie 28 – Orthez 35.

 X **Aub. Semmarty** avec ch, sur D 146 *🌸* 59 83 00 12, 😱, 🌧 – ☎ 🅿, 📶
 ◆ *fermé 1ᵉʳ au 15 juil., dim. soir et lundi* – **Repas** 60 bc/150 🍷 – ⌑ 20 – **10 ch** 160/220 –
  ½ P 140.

ARTZENHEIM 68320 H.-Rhin ⬚⬚ ⑲ – 607 h alt. 182.

Paris 454 – Colmar 16 – ♦Mulhouse 54 – Sélestat 19 – ♦Strasbourg 71.

 XX **Aub. d'Artzenheim** 😱 avec ch, *🌸* 89 71 60 51, Fax 89 71 68 21, 😱, « Jardin » – 📺 ☎
  🅿, 📶, 🌧 ch
  fermé 15 fév. au 16 mars – **Repas** *(fermé lundi soir et mardi soir)* 110 (déj.), 165/320 🍷, enf. 68
  – ⌑ 40 – **10 ch** 255/340 – ½ P 280/340.

ARUDY 64260 Pyr.-Atl. ⬚⬚ ⑥ **G. Pyrénées Aquitaine** – 2 537 h alt. 410.

Paris 799 – Pau 25 – Argelès-Gazost 56 – Lourdes 44 – Oloron-Sainte-Marie 21.

 🏠 **France,** pl. Hôtel de Ville *🌸* 59 05 60 16, Fax 59 05 70 06 – ☎ 🅿, 📶, 🌧
 ◆ *fermé mai et sam. hors sais. sauf vacances scolaires* – **Repas** 69/112 🍷, enf. 48 – ⌑ 30 –
  19 ch 120/255 – ½ P 170/210.

CITROEN Gar. Rignol, *🌸* 59 05 60 23 ◨   RENAULT Gar. Orensanz, *🌸* 59 05 61 93 ◨
🌸 59 05 72 34   *🌸* 59 05 61 93

L'ARZELIER (Col de) 38 Isère ⬚⬚ ④ – rattaché à Château-Bernard.

ARZON 56640 Morbihan ⬚⬚ ⑫ **G. Bretagne** – 1 754 h alt. 9.

Voir Tumulus de Tumiac ⸪ ★ E : 2 km puis 30 mn.

🇧 Office de Tourisme pl. de l'Ancienne Gare de Port-Navalo *🌸* 97 53 81 63, Fax 97 53 76 10.

Paris 487 – Vannes 32 – Auray 52 – Lorient 90 – Quiberon 80 – La Trinité-sur-Mer 62.

  au Port du Crouesty SO : 2 km – ✉ **56640** Arzon :

 🏰 **Miramar** 📉 😱, *🌸* 97 67 68 00, Télex 951859, Fax 97 67 68 99, ≤, institut de thalassothérapie, « Architecture originale évoquant un paquebot », 🛁, 🔲 – 🈴 🖃 📺 ☎ 🕭 ⇦ 🅿
  – 🏛 80. ◲ ⊙ 📶, 🌧 rest
  fermé 19 nov. au 22 déc. – **La Salle à Manger : Repas** 195/265 – **Le Diététique : Repas** 265 –
  ⌑ 90 – **108 ch** 1050/1650, 12 appart – ½ P 980/1180.

 🏠 **Le Crouesty** 📉 sans rest, *🌸* 97 53 87 91, Fax 97 53 66 76 – 📺 ☎ 🅿, ◲ 📶
  ⌑ 37 – **26 ch** 320/450.

  à Port Navalo O : 3 km – ✉ **56640** Arzon :

 XXX **Grand Largue,** *🌸* 97 53 71 58, Fax 97 53 92 20, ≤ golfe, 😱 – 📶
  *fermé 15 nov. au 20 déc., 3 janv. au 4 fév., lundi midi en juil.-août, lundi soir et mardi de
  sept. à juin* – **Repas** 85 (déj.), 140/320 et carte 250 à 350.

ASCAIN 64310 Pyr.-Atl. ⬚⬚ ② **G. Pyrénées Aquitaine** – 2 653 h alt. 30.

🇧 Office de Tourisme *🌸* 59 54 00 84.

Paris 800 – Biarritz 23 – Cambo-les-Bains 26 – Hendaye 20 – Pau 135 – St-Jean-de-Luz 7.

 🏨 **Oberena** 📉 sans rest, chemin Carrières *🌸* 59 54 03 60, 🛁, 🔲, 🔲 – 📺 ☎ 🕭 🅿, 📶
  fermé 4 janv. au 15 mars – ⌑ 40 – **20 ch** 360/450, 5 bungalows.

 🏠 **Parc Trinquet-Larralde,** *🌸* 59 54 00 10, Fax 59 54 01 23, 😱, 🌧 – ☎ ◲ ⊙ 📶
  fermé 15 fév. au 15 fév., dim. soir et lundi hors sais. – **Repas** 60 (déj.), 98/210, enf. 40 – ⌑ 38
  – **28 ch** 290/360 – ½ P 310/330.

  au col de St-Ignace SE : 3,5 km – ✉ **64310** Ascain :

  Voir Montagne de la Rhune ⸪ ★★★, 1h par chemin de fer à crémaillère.

 X **Les Trois Fontaines** 📉 avec ch, *🌸* 59 54 20 80, 😱, 🌧 – 🅿, ◲, 🌧 ch
 ◆ *hôtel : 1ᵉʳ mai-30 sept. ; rest. : fermé fév. et merc.* – **Repas** 75/135 – ⌑ 28 – **5 ch** 220/250 –
  ½ P 240/250.

ASNIÈRES-SUR-SEINE 92 Hauts-de-Seine ⬚⬚ ⑳, ⬚⬚⬚ ⑮ – voir à Paris, Environs.

ASPRES-SUR-BUËCH 05140 H.-Alpes ⬚⬚ ⑤ **G. Alpes du Sud** – 743 h alt. 764.

Paris 666 – Gap 34 – ♦Grenoble 96 – Sisteron 45 – Valence 126.

 🏠 **Parc,** *🌸* 92 58 60 01, Fax 92 58 67 84, 😱 – ☎ 🅿, ◲ ⊙ 📶 🇯🇨🇧
  Repas 99/170 🍷, enf. 62 – ⌑ 35 – **24 ch** 165/270 – ½ P 205/264.

ASTAFFORT 47220 L.-et-G. **79** ⑮ − 1 828 h alt. 92.

Paris 728 − Agen 17 − Auvillar 28 − Condom 32 − Lectoure 19.

 🏠 **Le Square** Ⓜ, 𝄐 53 47 20 40, Fax 53 47 10 38, 😤, « Bel aménagement intérieur » −
  ■ ch 📺 ☎ ⓪ ㉾
  fermé 1ᵉʳ au 21 janv., lundi (sauf hôtel) et dim. soir − **Repas** 96/186, enf. 50 − 🍽 32 − **8 ch**
  280/415 − ½ P 430/600.

RENAULT Gar. Lala, 3 rte de Miradoux 𝄐 53 67 11 83 Ⓝ 𝄐 53 67 11 83

ATHIS-MONS 91 Essonne **61** ①, **101** ㊱ − voir à Paris, Environs.

ATTICHY 60350 Oise **56** ③ − 1 651 h alt. 45.

Paris 98 − Compiègne 18 − Laon 60 − Noyon 23 − Soissons 23.

 🍴 **La Croix d'Or** avec ch, 𝄐 44 42 15 37 − ㏉ ㉾
 ← **Repas** *(fermé 18 au 28 avril, 13 au 28 nov. et mardi)* 80/230 ♨, enf. 40 − **5 ch** 🍽 210/250 −
  ½ P 205.

ATTIGNAT 01340 Ain **70** ⑫ ⑬ − 1 776 h alt. 223.

Paris 403 − Mâcon 33 − Bourg-en-Bresse 11 − Lons-le-Saunier 61 − Louhans 43 − Tournus 40.

 🍴🍴🍴 **Dominique Marcepoil** Ⓜ avec ch, D 975 𝄐 74 30 92 24, Fax 74 25 93 48, 😤, 🐎 − 📺
  ☎ ☻ − 🚲 25. ㏉ ㉾. ⚓ ch
  fermé 3 au 10 juil., 2 au 8 janv., dim. soir et lundi − **Repas** 110/360 et carte 160 à 340, enf. 80 −
  🍽 36 − **10 ch** 220/370.

ATTIGNAT-ONCIN 73 Savoie **74** ⑮ − rattaché à Aiguebelette-le-Lac.

 Demandez chez le libraire le catalogue des publications Michelin.

ATTIN 62 P.-de-C. **51** ⑫ − rattaché à Montreuil.

AUBAGNE 13400 B.-du-R. **84** ⑬ **114** ㉘ G. Provence − 41 100 h alt. 104.

Voir Musée de la Légion Étrangère★.

🛈 Office de Tourisme av. A.-Boyer 𝄐 42 03 49 98, Fax 42 03 83 62.

Paris 792 − ♦Marseille 17 − Aix-en-Provence 36 − Brignoles 47 − ♦Toulon 47.

 à St-Pierre-lès-Aubagne N : 5 km par N 96 ou D 43 − ✉ 13400 :

 🏠 **Host. de la Source** Ⓜ ⌕, 𝄐 42 04 09 19, Fax 42 04 58 72, ≼, 😤, « Parc fleuri, 🏊 », 🏓
  − 📺 ☎ ♿ ☻ − 🚲 40. ㏉ ⓪ ㉾ ㎉
  Repas *(fermé 22 oct. au 1ᵉʳ nov., 17 fév. au 4 mars, dim. soir et lundi)* 140 (déj.), 180/270 −
  🍽 55 − **27 ch** 350/1000 − ½ P 390/690.

CITROEN Parascandola, CD 2, Camp Major
𝄐 42 03 47 14
FORD Gar. Gargalian, 31 av. Goums 𝄐 42 03 04 99
NISSAN Gar. Reybert, 99 r. de la République
𝄐 42 70 32 16
PEUGEOT Gar. Richelme, rte de la Ciotat
𝄐 42 82 13 10 Ⓝ 𝄐 91 97 36 65
RENAULT Gar. Viano St-Lambert, N 8, ZI St-Mitre
𝄐 42 03 60 50

VAG Auto-Sud, ZI les Paluds 2 𝄐 42 70 03 06

⦿ Chivalier Point S, ZI St-Mitre 𝄐 42 03 29 33
Chivalier Point S, 13 av. des Goums 𝄐 42 03 12 31
Euromaster, N 8, quartier les Fyols 𝄐 42 82 16 02
Gay Pneus, 153 av. des Paluds, ZI des Paluds
𝄐 42 84 26 38
Pasero, ZI des Paluds Centre Agora 𝄐 42 84 36 06

AUBAZINE 19190 Corrèze **75** ⑨ G. Périgord Quercy − 788 h alt. 345.

Voir Abbatiale★, clocher★, mobilier★ : tombeau de St-Étienne★★ au monastère d'hommes −
Puy de Pauliac ≼★ NE : 3,5 km puis 15 mn.

🏌 du Coiroux 𝄐 55 27 25 66, E : 4 km.

🛈 Syndicat d'Initiative - Mairie (hors saison) 𝄐 55 25 79 93.

Paris 500 − Brive-la-Gaillarde 14 − Aurillac 88 − St-Céré 54 − Tulle 17.

 🏠 **de la Tour** ⌕, 𝄐 55 25 71 17, Fax 55 84 61 83 − 📺 ㉾
  fermé janv., fév., dim. soir et lundi − **Repas** (dim. prévenir) 90/150 ♨ − 🍽 35 − **20 ch** 200/285
  − ½ P 200/300.

 🏠 **Le Coiroux** ⌕, 𝄐 55 25 75 22, Fax 55 25 75 70, ≼, 😤, 🏊 − 🛗 ↢⊱ ch, ■ rest 📺 ☎ ☻.
 ← ㉾
  Repas 65 ♨ − 🍽 35 − **40 ch** 240/270 − ½ P 280.

 🍴 **Le Saut de la Bergère** ⌕ avec ch, E : 2 km par D 48 𝄐 55 25 74 09, Fax 55 84 63 05,
 ← 😤 − 📺 ☎ ☻. ㉾
  hôtel : fermé 10 déc. au 28 fév. ; rest. : fermé 1ᵉʳ janv. au 28 fév. − **Repas** 80/180 ♨, enf. 40 −
  🍽 30 − **9 ch** 120/250 − ½ P 190/230.

AUBE 61270 Orne **60** ④ G. Normandie Vallée de la Seine − 1 681 h alt. 214.

Paris 147 − Alençon 55 − L'Aigle 7 − Argentan 48 − Mortagne-au-Perche 32.

 🍴 **Aub. St-James**, 62 rte Paris 𝄐 33 24 01 40 − ㉾
 ← *fermé 17 août au 1ᵉʳ sept., vacances de fév., dim. soir et lundi* − **Repas** 65/145 ♨.

AUBENAS **07200** Ardèche **76** ⑲ **G. Vallée du Rhône** – 11 105 h alt. 300.

Voir Site★.

Office de Tourisme 4 bd Gambetta ✆ 75 35 24 87, Fax 75 93 32 05 – A.C. 49 rte Vals ✆ 75 93 47 83.

Paris 631 ② – Le Puy-en-Velay 89 ① – Alès 74 ④ – Mende 107 ④ – Montélimar 42 ③ – Privas 30 ②.

AUBENAS

Gambetta (Bd) . . . . Z
Gaulle (Pl. Gén.-de) . . . . . Z 7
Grande-Rue . . . . Y 8
Vernon (Bd de) . . . . Z 33

Bouchet (R. Auguste) . . . Y 2
Champ-de-Mars (Pl.) . . . Y 3
Couderc (R. G.) . . . . Z 5
Delichères (R.) . . . . Y 6
Grenette (Pl. de la) . . . . . Y 9
Hoche (R.) . . . . Z 12
Hôtel-de-Ville (Pl.) . . . . . . Y 13
Jaurès (R. Jean) . . . . Y 15
Jourdan (R.) . . . . Y 16
Laprade (Bd C.) . . . . Z 18
Lasin-Lacoste (R.) . . . . . . Y 19
Montlaur (R.) . . . . Y 21
Nationale (R.) . . . . Y 22
Paix (Pl. de la) . . . . Z 23
Parmentier (Pl.) . . . . Y 24
Radal (R.) . . . . Z 25
République (R. de la) . . . Y 26
Réservoirs (R. des) . . . . . Y 27
Roure (Pl. Jacques) . . . . . Y 29
St-Benoît (Rampe) . . . . . . Y 30
Silhol (R. Henri) . . . . Y 32
4-Septembre (R.) . . . . Y 35

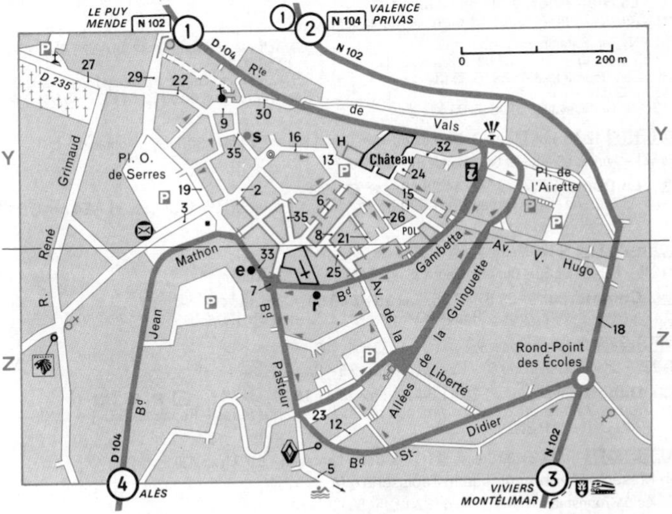

🏨 **Le Cévenol** sans rest, 77 bd Gambetta ✆ 75 35 00 10, Fax 75 35 03 29 – ascenseur TV ☎ P. GB. Z **r**
☐ 35 – **45 ch** 180/280.

🏨 **Ibis** M, rte Montélimar ✆ 75 35 44 45, Fax 75 93 01 01, terrasse, piscine – TV ☎ P – 50. AE O GB
Repas 97 bc, enf. 40 – ☐ 35 – **43 ch** 285/320.

🏨 **Provence** sans rest, 5 bd Vernon ✆ 75 35 28 43 – ascenseur ☎. GB. Z **e**
☐ 27 – **21 ch** 135/245.

✕✕ **Le Fournil,** 34 r. 4-Septembre ✆ 75 93 58 68, terrasse – AE GB Y **s**
fermé 19 au 27 mars, 5 au 26 juin, 13 au 20 nov., 9 au 30 janv., dim. soir et lundi – **Repas** 100/260.

à Lavilledieu par ③ : 6 km – ✉ **07170** :

🏨 **Persedes,** N 102 ✆ 75 94 88 08, Fax 75 94 29 02, ←, terrasse, piscine, – ☎ P. GB. rest
1er avril-1er nov. – **Repas** *(fermé dim. soir et lundi midi sauf juil.-août)* 82/170, enf. 60 – ☐ 38 – **24 ch** 270/350 – ½ P 270/320.

CITROEN Dumas Automobiles, rte de Montélimar par ③ ✆ 75 35 05 77 **N** ✆ 75 35 09 82
FIAT, LANCIA Gar. Gounon, 22 bd St-Didier ✆ 75 35 08 21 **N** ✆ 75 35 08 21
PEUGEOT Vivarais Automobiles, 2 r. Dr Saladin ✆ 75 35 30 30 **N** ✆ 75 35 09 82
RENAULT Diffusion Automobiles, 4 bd St-Didier ✆ 75 93 70 88 **N** ✆ 05 05 15 15
VOLVO Gar. Coudène, 28 rte de Vals ✆ 75 35 22 05

R.I.P.A., rte de Vals ✆ 75 35 40 66 **N** ✆ 75 35 40 66

AUBERVILLIERS **93** Seine-St-Denis **56** ⑪, **101** ⑯ – voir à Paris, Environs.

Prices For notes on the prices quoted in this Guide, see the explanatory pages.

AUBIGNY-SUR-NÈRE 18700 Cher 65 ⑪ **G. Châteaux de la Loire** – 5 803 h alt. 168.

Voir Maisons anciennes★.

Office de Tourisme r. des Dames (mai-sept.) ✆ 48 58 40 20 et à la Marie (hors saison) ✆ 48 81 50 00, Fax 48 58 38 30.

Paris 183 – Bourges 48 – ◆Orléans 66 – Cosne-sur-Loire 40 – Gien 30 – Salbris 32 – Vierzon 44.

La Fontaine, 2 av. Gén. Leclerc ✆ 48 58 34 41, Fax 48 58 36 80 – TV ☎ P. AE ⓓ GB
fermé 16 au 31 janv. et dim. soir – **Repas** 85/170 ♂, enf. 60 – ☕ 30 – **16 ch** 240/290 – ½ P 225/235.

XX **La Chaumière** avec ch, 2 r. Paul Lasnier ✆ 48 58 04 01, Fax 48 58 10 31 – TV ☎ P. GB
hôtel : fermé vacances de fév. et dim. soir d'oct. à juin – **Repas** *(fermé vacances de fév., dim. soir, lundi sauf le soir en saison et fériés)* 90/205 – ☕ 30 – **10 ch** 195/235 – ½ P 230/240.

aux Naudins SE : 10 km par D 89 – ✉ **18700** :

X **Le Bien Aller,** ✆ 48 58 03 92 – GB
fermé 18 au 30 sept. et merc. – **Repas** 60/130 ♂.

CITROEN Gar. Rafaitin, rte de Bourges ✆ 48 58 36 91 N ✆ 48 71 02 02
FORD Gar. Bouchet, ✆ 48 58 05 30 N ✆ 48 71 02 02
PEUGEOT Gar. Devailly, ✆ 48 58 00 43
RENAULT Gar. Petat, ✆ 48 58 00 26 N ✆ 48 58 00 26
RENAULT Gar. Goget, 10 pl. du Mail ✆ 48 58 10 95
Gar. Guérard, ✆ 48 58 00 64 N ✆ 48 58 00 64

AUBRAC 12 Aveyron 76 ⑭ **G. Gorges du Tarn** – alt. 1 300 – ✉ **12470** St-Chély-d'Aubrac.

Paris 581 – Aurillac 99 – Rodez 58 – Mende 67 – St-Flour 75.

La Dômerie ⛰, ✆ 65 44 28 42 – ☎ P. GB
18 mai-10 oct. – **Repas** *(fermé merc. midi sauf juil.-août)* 95/195 – ☕ 36 – **24 ch** 175/380 – ½ P 255/311.

AUBREVILLE 55120 Meuse 56 ⑳ – 387 h alt. 186.

Paris 240 – Bar-le-Duc 50 – Dun-sur-Meuse 35 – Ste-Menehould 20 – Verdun 26.

Commerce, ✆ 29 87 40 35, Fax 29 87 43 69 – 🚗 P. GB. ✻ rest
fermé 1er au 20 oct. – **Repas** 60/130 ♂ – ☕ 25 – **10 ch** 120/210 – ½ P 170/250.

AUBRIVES 08320 Ardennes 53 ⑧ ⑨ – 1 139 h alt. 106.

Paris 255 – Charleville-Mézières 50 – Fumay 17 – Givet 7,5 – Rocroi 35.

XX **Debette** avec ch, ✆ 24 41 64 72, Fax 24 41 10 31, 🌳, ✗ – TV ☎. AE GB
fermé 20 déc. au 20 janv., dim. soir et lundi midi sauf fériés – **Repas** 70/250 ♂ – ☕ 38 – **19 ch** 240/340 – ½ P 300.

AUBUSSON <SP> 23200 Creuse 73 ① **G. Berry Limousin** – 5 097 h alt. 430.

Voir Musée départemental de la Tapisserie★ **M.**

Office de Tourisme r. Vieille ✆ 55 66 32 12, fax 55 83 84 51.

Paris 394 ① – ◆Clermont-Ferrand 89 ③ – Guéret 43 ① – ◆Limoges 86 ④ – Montluçon 63 ① – Tulle 106 ③ – Ussel 59 ③.

AUBUSSON

Chapitre (R. du) 2
Chateaufavier (R.) 4
Dayras (Pl. M.) 5
Déportés (R. des) 7
Espagne (Pl. Gén.) 8
Fusillés (R. des) 10
Iles (Quai des) 12
Libération (Pl. de la) ... 15
Lissiers (Av. des) 16
Lurçat (Pl. J.) 18
Marché (Pl. du) 20
République (Av.) 23
St-Jean (R.) 24
Terrade (Pont de la) 27
Vaveix (R.) 29
Vieille (R.) 30

Pour un bon usage des plans de villes, voir les signes conventionnels dans l'introduction.

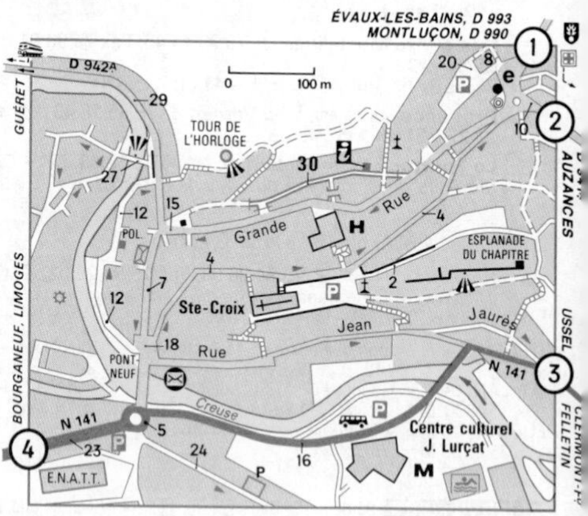

Le Lion d'Or, pl. Gén. Espagne **(e)** ✆ 55 66 13 88, Fax 55 66 84 73 – TV ☎. AE GB
Repas *(fermé vend. soir et sam. midi du 15 oct. au 15 avril)* 90/165 ♂ – ☕ 30 – **11 ch** 250/300 – ½ P 290.

rte de Clermont-Ferrand par ③ : 2,5 km – ⊠ **23200** Aubusson :

🏠 **La Seiglière**, ℰ 55 66 37 22, Fax 55 66 22 47, 🏞, ☒, ⚒ – 📶 📺 ☎ 🅿 – 🔏 40. ⊖⊟. ⚘
fermé 22 déc. au 15 fév. – **Repas** 100/190 ⚖, enf. 50 – ☲ 36 – **44 ch** 300 – ½ P 275.

PEUGEOT Gar. Hirlemann, à Moutier-Rozeille
par ③ ℰ 55 66 29 33
PEUGEOT Gar. Barraud, Pont d'Alleyrat par D 942ᴬ
ℰ 55 66 19 91

RENAULT GAC, rte de Clermont par ②
ℰ 55 66 14 54 🅽 ℰ 55 66 38 38

🔘 Gar. Loulergue, 2 av. d'Auvergne ℰ 55 66 10 50

AUBUSSON D'AUVERGNE 63120 P.-de-D. 🔟🔟 ⑯ – 191 h alt. 418.

Paris 467 – ♦Clermont-Ferrand 60 – Ambert 42 – Thiers 24.

✗ **Au Bon Coin** avec ch, ℰ 73 53 55 78, Fax 73 53 56 29 – ⊖⊟. ⚘
fermé 20 déc. au 25 janv., dim. soir et lundi sauf juil.-août – **Repas** 90/250 ⚖ – ☲ 30 – **7 ch**
120/200 – ½ P 195/220.

AUCAMVILLE 31 H.-Gar. 🔟🔟 ⑧ – rattaché à Toulouse.

AUCH 🅿 **32000** Gers 🔟🔟 ⑤ **G. Pyrénées Aquitaine** – 23 136 h alt. 136.

Voir Cathédrale Ste-Marie★★ : stalles★★★, vitraux★★ AZ.

🏌 de Fleurance ℰ 62 06 26 26, par ① sur N 21 : 20 km ; 🏌 d'Auch-Embats ℰ 62 05 20 80, par ⑤
N 124 : 5 km.

🅱 Office de Tourisme 1 r. Dessoles ℰ 62 05 22 89, Fax 62 05 92 04.

Paris 785 ① – Agen 72 ① – ♦Bayonne 210 ④ – ♦Bordeaux 205 ① – Lourdes 92 ④ – Montauban 85 ② – Pau 105 ④
– St-Gaudens 74 ④ – Tarbes 75 ④ – ♦Toulouse 79 ②.

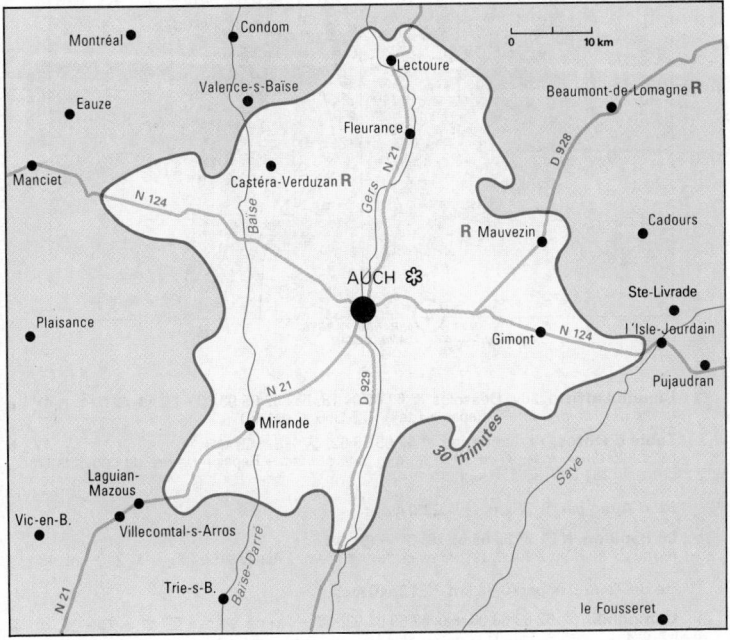

🏠 ⚙ **France** (Daguin), pl. Libération ℰ 62 61 71 84, Fax 62 61 71 81 – 📶 ▤ rest 📺 ☎ –
🔏 30. ⊞ ⑩ ⊖⊟
AZ **a**
Repas *(fermé 1ᵉʳ au 15 janv., dim. soir et lundi hors sais. sauf fêtes)* (dim. prévenir) 180/495
et carte 360 à 510 - ***Côté Jardin*** *(mai-mi-oct.)* **Repas** carte environ 180, enf. 65 – ***Le Neuvième* :**
Repas 98 – ☲ 80 – **29 ch** 290/970 – ½ P 440/560
Spéc. Foie gras de canard saugrenu. Coque de maigret. Pruneau à géométrie variable. **Vins** Colombelle, Madiran.

🏠 **Relais de Gascogne**, 5 av. Marne ℰ 62 05 26 81, Fax 62 63 30 22 – 📺 ☎ 🚗
⊖⊟
BY **s**
fermé 22 déc. au 8 janv. – **Repas** 88/210 ⚖, enf. 55 – ☲ 31 – **38 ch** 255/380 – ½ P 255/290.

AUCH

Alsace (Av. d') .... BY
Dessolles (R.) .... AY 5
Gambetta (R.) .... AY 8

Caillou (Pl. du) .... AZ 2
David (R. J.) .... AY 4
Libération (Pl. de la) ... AZ 16
Marne (Av. de la) ...... BY 17
Marronniers (Q. des) ... BZ 18
Montebello (R.) ...... ABZ 19
Pasteur (R.) .... BZ 20
Pont-National (R. du) .... AZ 21
Prieuré (Pt du) .... BY 23
République (Pl. et R. de la) ...... AZ 26
Salinis (Pl.) .... AZ 29
Somme (R. de la) ...... BY 30
Treille (Pont de la) .... BY 31
Yser (Av. de l') .... BY 32

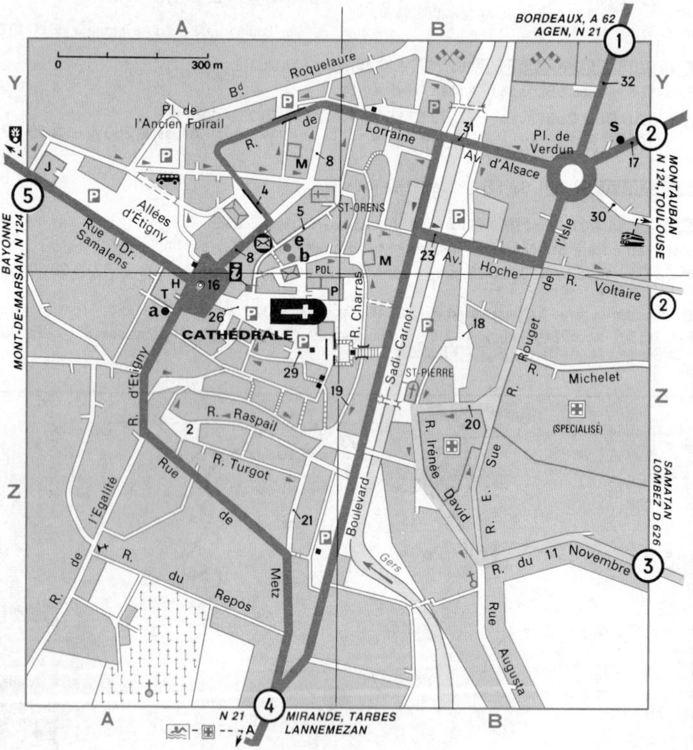

XX **Claude Laffitte,** 38 r. Dessoles ✆ 62 05 04 18, Fax 62 05 93 83 – AE ◑ GB — AY **e**
fermé dim. soir et lundi – **Repas** 75 (déj.), 125/350 🍷, enf. 50.

X **Table d'Hôtes,** 7 r. Lamartine ✆ 62 05 55 62, 🌳 – ▤. AE GB — AY **b**
fermé 15 au 30 mai, 10 au 30 sept., dim. soir et lundi – **Repas** (nombre de couverts limité, prévenir) 56 (déj.), 86/136, enf. 35.

rte d'Agen par ① : 7 km – ✉ **32810** Auch :

XX **Le Papillon,** N 21 ✆ 62 65 51 29, 🌳 – Ⓟ. GB
fermé 27 août au 7 sept., vacances de fév. et merc. – **Repas** 69 bc (déj.), 90/240, enf. 48.

rte de Toulouse par ② : 4 km – ✉ **32000** Auch :

🏨 **Campanile,** ✆ 62 63 63 05, Fax 62 60 02 92, 🌳 – ⇔ ch, ▤ rest TV ☎ ♿ Ⓟ – 🏛 25. AE ◑ GB
Repas 82 bc/105 bc, enf. 39 – ☕ 30 – **47 ch** 270.

ALFA ROMEO, FIAT Beaulieu Auto Sce, rte de Tarbes ✆ 62 05 57 45
BMW, HONDA S.D.A. Sport, ZI Nord rte d'Agen, ✆ 62 63 50 04
CITROEN Gd Gar. de Gascogne, ZI Nord rte d'Agen par ① ✆ 62 63 08 55
FORD Gar. Lamazouère, 52 av. des Pyrénées ✆ 62 05 63 07
MERCEDES, TOYOTA Gar. Dartus, ZI Nord ✆ 62 63 03 44
PEUGEOT Gar. Téchené, rte de Toulouse par ② ✆ 62 63 15 44 N ✆ 05 44 24 24
RENAULT Gar. Darrous, rte de Toulouse par ② ✆ 62 60 14 14 N ✆ 62 22 27 80
VAG Gar. Dambax, ZI du Sousson à Pavie ✆ 62 05 93 55

Ⓜ Euromaster, ZI Nord, rte d'Agen ✆ 62 63 14 41
Rivière Point S, 193 r. V.-Hugo ✆ 62 05 64 21

AUDIERNE 29770 Finistère 58 ⑬ G. Bretagne – 2 746 h.

Voir Site★ – Chapelle de St-Tugen★ O : 4,5 km.

🛈 Office de Tourisme pl. Liberté ℘ 98 70 12 20, fax 98 75 01 11.

Paris 594 – Quimper 36 – Douarnenez 22 – Pointe du Raz 15 – Pont-l'Abbé 32.

🏨 ❀ **Le Goyen** (Bosser) Ⓜ, sur le port ℘ 98 70 08 88, Fax 98 70 18 77, ≤, 佘 – 🛗 📺 ☎ 🅿 –
🕍 30. 🖽 ⒼⒷ
fermé mi-nov. à mi-déc. et mi-janv. à début fév. – **Repas** *(fermé lundi hors sais. sauf fériés)*
160 (déj.), 260/420 et carte 270 à 400 – ⌑ 60 – **24 ch** 320/680, 3 appart – ½ P 395/700
Spéc. Salade de lapereau et foie gras. Homard breton grillé à la "cornouaillaise". Filet de bar de ligne poêlé aux
aromates et jus de viande.

🏨 **Roi Gradlon,** sur la plage ℘ 98 70 04 51, Fax 98 70 14 73, ≤ – 📺 ☎ 🅿 🖽 ⓞ ⒼⒷ
fermé 6 janv. au 20 fév., dim. soir et lundi d'oct. à mars – **Repas** 100/220, enf. 60 – ⌑ 37 –
19 ch 300/340 – ½ P 340/370.

🏠 **Cornouaille** sans rest, face au port ℘ 98 70 09 13, ≤ – ⛟ 🚗. ⌗
juil.-fin sept. – ⌑ 37 – **10 ch** 270/380.

AUDINCOURT 25400 Doubs 66 ⑧ ⑱ G. Jura – 16 361 h alt. 322.

Voir Église du Sacré-Coeur★ AY B.

Paris 481 – ♦Mulhouse 58 – ♦Basel 71 – Baume-les-D. 48 – Belfort 22 – ♦Besançon 82 – Montbéliard 9 – Moreteau 71.

Voir plan de Montbéliard agglomération.

🏠 **Les Tilleuls** ⌂ sans rest, 51 r. Foch ℘ 81 30 77 00, Fax 81 30 57 20, 痧 – ☎ 🅿. 🖽
ⒼⒷ   AY **s**
⌑ 29 – **49 ch** 175/255.

à Taillecourt N : 1,5 km rte de Sochaux – ⌧ 25400 :

XX **Aub. La Gogoline,** ℘ 81 94 54 82, Fax 81 95 20 42, 佘, 痧 – 🅿. 🖽 ⓞ ⒼⒷ   AY **k**
fermé 1ᵉʳ au 21 sept., sam. midi, dim. soir et lundi sauf fériés – **Repas** 95/320.

FORD Gar. de l'Est, ZI à Exincourt ℘ 81 94 51 11   ⑩ Kautzmann EPS, ZI des Arbletiers ℘ 81 35 56 32
VAG S.M.D. Autom., ZI des Arbletiers   Pneus et Services D.K., 33 r. d'Audincourt à
℘ 81 35 59 68   Exincourt ℘ 81 94 51 36

AUDRESSEIN 09 Ariège 86 ② – rattaché à Castillon-en-Couserans.

AUDRIEU 14 Calvados 55 ⑪ – rattaché à Bayeux.

AUDUN-LE-TICHE 57390 Moselle 57 ③ – 5 959 h alt. 317.

Paris 329 – Longwy 22 – Luxembourg 23 – ♦Metz 53 – Thionville 28 – Verdun 62.

🏠 **Poste,** 59 r. Mar. Foch ℘ 82 52 10 40, Fax 82 91 16 33 – ⛟ 🚗 🅿 – 🕍 30. 🖽 ⓞ ⒼⒷ
➜ **Repas** *(fermé lundi)* 75/160 ⅊ – ⌑ 30 – **15 ch** 120/250 – ½ P 150/205.

PEUGEOT Blasi, 467 r. Clémenceau ℘ 82 52 21 63   RENAULT Gar. Rea, 152 r. Moulin ℘ 82 52 21 72 🅽
🅽 ℘ 82 52 21 63   ℘ 82 89 19 94

AULLÈNE 2A Corse-du-Sud 90 ⑦ – voir à Corse.

AULNAY-SOUS-BOIS 93 Seine-St-Denis 56 ⑪, 101 ⑱ – voir à Paris, Environs.

AULUS-LES-BAINS 09140 Ariège 86 ③ ④ G. Pyrénées Aquitaine – 210 h alt. 762 - Stat. therm. .

Voir Vallée du Garbet★ N.

🛈 Office de Tourisme résidence de l'Ars ℘ 61 96 01 79.

Paris 827 – Foix 62 – Oust 15 – St-Girons 32.

🏠 **Terrasse,** ℘ 61 96 00 98, ≤, 佘 – ☎. ⒼⒷ ⌗ rest
1ᵉʳ mai-1ᵉʳ oct. et vacances scolaires – **Repas** (nombre de couverts limité, prévenir) 80 (déj.),
140/250 – ⌑ 40 – **19 ch** 180/250 – ½ P 280/300.

🏠 **Les Oussaillès,** ℘ 61 96 03 68, Fax 61 96 03 70, 佘, 痧 – 📺. ⒼⒷ
Repas ℘ 61 96 03 38 - 85/180, enf. 40 – ⌑ 30 – **12 ch** 215/270 – ½ P 220/235.

🏠 **France,** ℘ 61 96 00 90, 痧 – ☎ 🅿. ⒼⒷ
➜ *fermé 15 oct. au 20 déc.* – **Repas** 70/90, enf. 40 – ⌑ 25 – **23 ch** 160/180 – ½ P 170/200.

AUMALE 76390 S.-Mar. 52 ⑯ G. Normandie Vallée de la Seine – 2 690 h alt. 131.

Paris 130 ③ – ♦Amiens 44 ② – Beauvais 47 ③ – Dieppe 67 ⑤ – Gournay-en-Bray 36 ③ – ♦Rouen 72 ⑤.

Plan page suivante

XX **Mouton Gras** avec ch, 2 r. Verdun (e) ℘ 35 93 41 32, « Maison normande fin 17ᵉ siècle,
bel intérieur » – 📺. 🖽 ⓞ ⒼⒷ. ⌗ ch
fermé 26 août au 10 sept., 22 déc. au 5 janv., lundi soir et mardi – **Repas** 100/170, enf. 50 –
⌑ 35 – **6 ch** 200/300.

CITROEN Gar. Legrand, ℘ 35 93 42 04 🅽   ⑩ Parin, rte de Beauvais à Quincampoix-Fleuzy
℘ 35 93 42 04   ℘ 35 93 93 93
RENAULT Gar. Ducrocq, ℘ 35 93 41 17 🅽
℘ 35 93 41 17

AUMALE

Marchés (Pl. des) 16

Abbaye-d'Auchy (R. de l') 2
Bailliage (R. du) 3
Birmandreis (R. de) 5
Centrale (R.) 6
Foch (Av. Maréchal) 7
Fontaines (Bd des) 8
Gaulle (Av. du Gén.-de) 9
Hamel (R. du) 12
Libération (Pl. de la) 13
Louis-Philippe (R.) 14
Nationale (R.) 18
Normandie (R. de) 19
Picardie (R. de) 22
St-Lazare (R.) 24
St-Pierre (R.) 25
Tanneurs (R. des) 27
8-Mai-1945 (Av. du) 30

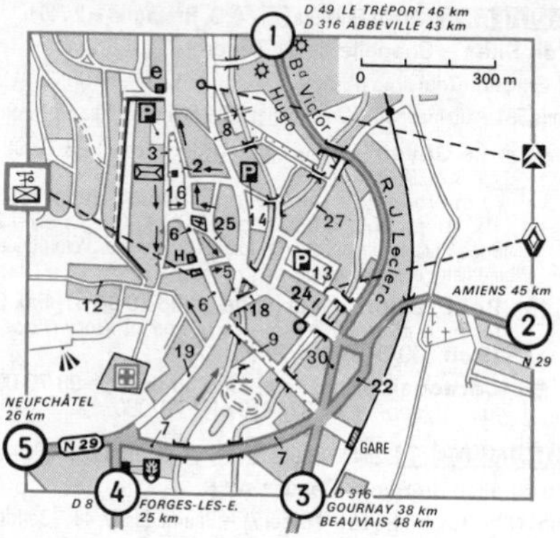

AUMONT-AUBRAC 48130 Lozère 76 ⑮ – 1 050 h alt. 1 043.

Paris 559 – Aurillac 117 – Mende 42 – Le Puy-en-Velay 92 – Espalion 57 – Marvejols 23 – St-Chély-d'Apcher 8.

Gd H. Prouhèze, ✆ 66 42 80 07, Fax 66 42 87 78 – ☎ – 25. GB
1er avril-31 oct. et 10 fév.-10 mars et fermé dim. soir et lundi sauf juil.-août – **Repas** 165/480, enf. 80 – ☕ 80 – **27 ch** 330/550 – ½ P 440/540
Spéc. Queues de langoustines sautées au boudin noir. Pot-au-feu de foie gras et jeunes légumes. Poussin fermier farci aux cèpes.

Chez Camillou, N 9 ✆ 66 42 80 22, Fax 66 42 93 70 – ☎ . GB
fermé 3 janv. au 15 mars, dim. soir et lundi du 1er oct. au 1er mai – **Repas** 95/225 – ☕ 40 – **44 ch** 300/350 – ½ P 285/350.

Gar. Benoit, ✆ 66 42 80 17

AUNAY-SUR-ODON 14260 Calvados 54 ⑮ **G. Normandie Cotentin** – 2 878 h alt. 188.

Paris 269 – ♦Caen 33 – Falaise 41 – Flers 35 – St-Lô 40 – Vire 34.

St-Michel avec ch, r. Caen ✆ 31 77 63 16, Fax 31 77 05 83 – ☎. GB
fermé 15 janv. au 1er fév., dim. soir et lundi sauf juil.-août – **Repas** 70/195, enf. 48 – ☕ 28 – **7 ch** 180/210 – ½ P 185/230.

RENAULT Gar. Aunay, ✆ 31 77 63 48 N ✆ 31 77 01 51

AUPS 83630 Var 84 ⑥ 114 ㉑ **G. Côte d'Azur** – 1 796 h alt. 505.

Paris 821 – Digne-les-Bains 78 – Aix-en-Provence 89 – Castellane 73 – Draguignan 29 – Manosque 59.

à Moissac-Bellevue NO : 7 km par D 9 – ✉ 83630 :

Le Calalou ✆ 94 70 17 91, Fax 94 70 50 11 – ☎. AE GB JCB. rest
25 mars-1er oct. et fermé dim. soir et lundi du 25 mars au 1er mai – ***L'Olivier* : Repas** 165/250 – ☕ 65 – **38 ch** 440/700 – ½ P 485/695.

AURAY 56400 Morbihan 63 ② **G. Bretagne** – 10 323 h alt. 36.

Voir Quartier St-Goustan★ – Promenade du Loch★ – Église St-Gildas★ – Ste-Avoye : Jubé★ et charpente★ de l'église 4 km par ①.

9 18 de St-Laurent ✆ 97 56 85 18, par ③ : 11 km ; 18 de Baden ✆ 97 57 18 96, par ① puis D 101 : 9 km.

✆ 97 24 44 65.

Office de Tourisme 20 r. du Lait ✆ 97 24 09 75, Fax 97 50 80 75.

Paris 475 ① – Vannes 20 ① – Lorient 38 ④ – Pontivy 49 ④ – Quimper 100 ④.

Plan page ci-contre

Loch et rest. La Sterne M, La Forêt **(e)** ✆ 97 56 48 33, Fax 97 56 63 55 – ☎ – 30. GB.
Repas *(fermé dim. soir du 1er oct. au 15 mars sauf vacances scolaires)* 99/250 – ☕ 37 – **30 ch** 290/370 – ½ P 300.

Le Branhoc M sans rest, 1,5 km par rte du Bono ✆ 97 56 41 55, Fax 97 56 41 35 – ☎. GB. – ☕ 26 – **28 ch** 260/290.

Mairie, 32 pl. République **(r)** ✆ 97 24 04 65, Fax 97 50 81 22 – ☎. GB
Repas *(fermé 20 au 30 nov., 8 au 23 janv. et dim. soir)* 72/175 – ☕ 35 – **21 ch** 165/290 – ½ P 205/250.

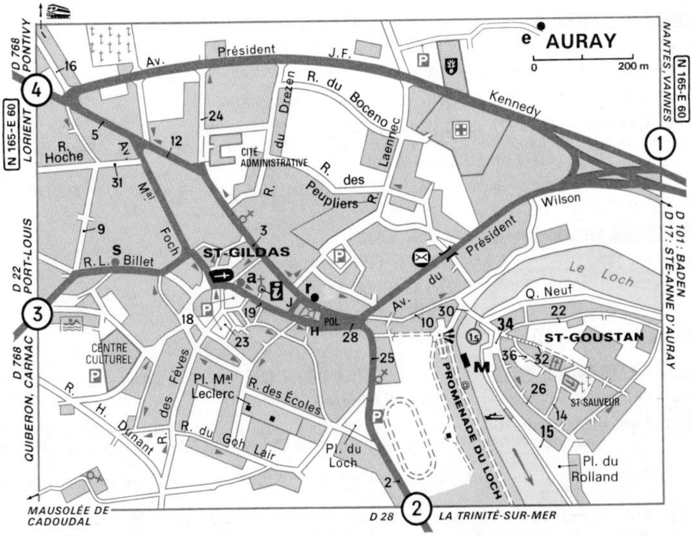

Barré (R.J.M.)	3	Église (R. de l')	14	Penher (R. du)	24
Clemenceau (R. Georges)	12	Franklin (Quai B.)	15	Père-Éternel (R. du)	25
République (Pl. de la)	28	Gaulle (Av. Gén.-de)	16	Petit-Port (R. du)	26
		Joffre (Pl. du Maréchal)	18	St-Goustan (Pont de)	30
Abbé-Martin (R.)	2	Lait (R. du)	19	St-Julien (R.)	31
Briand (R. Aristide)	5	Neuve (R.)	22	St-René (R.)	32
Cadoudal (R. G.)	9	Notre-Dame (Pl.)	23	St-Sauveur (Pl.)	34
Château (R. du)	10			St-Sauveur (R.)	36

XXX **La Closerie de Kerdrain,** 20 r. L. Billet **(s)** ✆ 97 56 61 27, «Batisse du 15e siècle», – P. AE ① GB
fermé 1er au 15 mars, lundi soir en hiver et mardi du 15 sept. au 15 juin – **Repas** 100 (déj.), 160/400 et carte 270 à 420.

XX **Aub. La Plaine,** r. Lait **(a)** ✆ 97 24 09 40, Fax 97 50 76 53 – GB
fermé 20 au 31 mars, 9 au 27 oct., lundi soir et mardi sauf juil.-août – **Repas** 68/180, enf. 45.

XX **Le Chaudron,** 1,5 km par rte du Bono ✆ 97 56 39 74, Fax 97 50 87 85 – P. ① GB
fermé 23 oct. au 5 nov., sam. midi et merc. hors sais. – **Repas** 69/150.

à Baden par ① et D 101 : 9 km – ✉ **56870** :

Le Gavrinis M, à Toulbroch E : 2 km ✆ 97 57 00 82, Fax 97 57 09 47, – ch TV ☎ P – 30. AE ① GB
fermé 3 au 30 nov. et lundi du 1er oct. au 30 avril – **Repas** *(fermé lundi sauf le soir du 15 juin au 16 sept.)* 139/230, enf. 80 – ☕ 45 – **20 ch** 358/454 – ½ P 361/392.

au golf de St-Laurent par ③ et D 22 : 10 km – ✉ **56400** Auray :

Fairway H. M, ✆ 97 56 88 88, Fax 97 56 88 28, ←, parc, – TV ☎ ♿ P – 80. AE ① GB. rest
fermé 15 déc. au 15 janv. – **Repas** 130/180 – ☕ 45 – **42 ch** 510/610 – ½ P 450.

CITROEN Europe Diffusion Autom., ZAC de Kerfontaine à Pluneret ✆ 97 24 01 71 N ✆ 97 24 81 81
OPEL Océane Autom., Porte Océane ✆ 97 24 12 12 N ✆ 97 55 04 34
PEUGEOT Gar. Laine, rte de Lorient par ④ ✆ 97 24 05 14 N ✆ 99 24 23 73
RENAULT S.C.A.D.A., rte de Ste-Anne d'Auray Kerfontaine par ① ✆ 97 24 05 94 N ✆ 51 82 82 68

VAG Gar. Kermorvant, rte de Quiberon, ZI ✆ 97 24 11 73

Auray Pneus Sce, ZI de Toul Garros ✆ 97 24 24 48
Auray Pneus, 27 r. Paix ✆ 97 56 50 55

AUREC-SUR-LOIRE **43110** H.-Loire **76** ⑧ – 4 510 h alt. 432.

ℹ Office de Tourisme r. du Monument (avril-sept.) ℘ 77 35 42 65.

Paris 541 – ♦St-Étienne 21 – Firminy 14 – Montbrison 42 – Le Puy-en-Velay 57 – Yssingeaux 32.

à Semène NE : 3 km par D 46 – ✉ **43110** Aurec-sur-Loire :

XX **Coste** avec ch, ℘ 77 35 40 15, Fax 77 35 39 05, ☂ – ☎. GB
fermé 21 au 28 août, vacances de fév., sam. (sauf hôtel), dim. soir et vend. – **Repas** 87/205 ♁, enf. 55 – ☕ 30 – **7 ch** 218/285 – ½ P 180/242.

RENAULT Gar. Parrat, rte de Firminy ℘ 77 35 40 01 🅽 ℘ 77 35 36 27

Ⓜ Gar. Vérot, 15 av. Firminy ℘ 77 35 41 03 🅽 ℘ 77 35 41 03

AUREILLE **13930** B.-du-R. **84** ① – 1 220 h alt. 132.

Paris 714 – Avignon 34 – Arles 36 – ♦Marseille 72 – Salon-de-Provence 17.

X **La Sartan,** pl. Église ℘ 90 59 95 16, ☂ – GB
fermé 20 au 26 nov. – **Repas** 95 (déj.), 135/195, enf. 60.

AUREL **84** Vaucluse **81** ⑭ – rattaché à Sault.

AURIBEAU-SUR-SIAGNE **06810** Alpes-Mar. **84** ⑧ **114** ㉖ **115** ㉔ **G. Côte d'Azur** – 2 072 h alt. 72.

Paris 905 – Cannes 13 – Draguignan 62 – Grasse 9 – ♦Nice 44 – St-Raphaël 42.

XXX **Aub. de la Vignette Haute** ⛰ avec ch, rte village ℘ 93 42 20 01, Fax 93 42 31 16, <, ☂, « Beau décor rustique, pièces d'antiquité », ≋, ♣ – ▤ TV ☎ ⇔ Ⓟ – ♟ 30. AE GB JCB
Repas *(fermé 15 nov. au 15 déc., mardi midi et lundi du 15 déc. à Pâques)* 220 (déj.), 360/490 – ☕ 90 – **13 ch** 960/1400 – ½ P 740/990.

XX **Aub. Nossi-Bé** avec ch, au village ℘ 93 42 20 20, Fax 93 42 33 08, ☂ – ☎. GB
fermé 15 au 30 nov., 15 au 31 janv. et merc. hors sais. – **Repas** *(fermé mardi soir et merc. hors sais., lundi midi et merc. midi en sais.)* 145 bc (déj.)/220 – ☕ 30 – **6 ch** 250 – ½ P 250.

AURIGNAC **31420** H.-Gar. **82** ⑯ **G. Pyrénées Aquitaine** – 983 h alt. 394.

Voir Donjon ✳★.

ℹ Office de Tourisme ℘ 61 98 70 06 - hors saison : Mairie ℘ 61 98 90 08.

Paris 771 – Bagnères-de-Luchon 69 – Auch 70 – Pamiers 84 – St-Gaudens 22 – St-Girons 42 – ♦Toulouse 75.

XX **Cerf Blanc** avec ch, r. St Michel ℘ 61 98 95 76, ☂ – ▤ rest TV ☎ Ⓟ. GB
fermé lundi sauf juil.-août – **Repas** 85/300 - ***Le Bistrot :*** **Repas** carte environ 80 – ☕ 40 – **9 ch** 150/260 – ½ P 300/340.

When looking for a hotel or restaurant use the most efficient method.
Look for the names of towns underlined in red
on the Michelin maps scale: 1:200 000.

But make sure you have an up-to-date map!

AURILLAC **P** **15000** Cantal **76** ⑫ **G. Auvergne** – 30 773 h alt. 631.

Voir Route des Crêtes★★ NE par D 35 BX.

⛳18 de la Cère ℘ 71 46 50 00, par ③ : 8 km par N 122, D 153 et D 53.

ℹ Office de Tourisme pl. Square ℘ 71 48 46 58, Fax 71 48 99 39.

Paris 575 ② – Brive-la-Gaillarde 108 ④ – ♦Clermont-Ferrand 157 ② – Montauban 173 ③ – Montluçon 258 ④.

Plans pages suivantes

⌂⌂⌂ **Gd H. de Bordeaux** Ⓜ sans rest, 2 av. République ℘ 71 48 01 84, Fax 71 48 49 93 – ⇕ ⊘ ch TV ☎ ⇔ – ♟ 25 à 40. AE Ⓓ GB JCB BY **r**
fermé 22 déc. au 10 janv. – ☕ 38 – **34 ch** 330/450.

⌂⌂⌂ **La Thomasse** ⛰, r. Dr Mallet ℘ 71 48 26 47, Fax 71 48 83 66, ☂, ♣ – TV ☎ Ⓟ. AE Ⓓ GB AZ **d**
Repas *(1er juin-30 sept. et fermé dim.)* (dîner seul.) 100/150 – ☕ 40 – **22 ch** 320/370 – ½ P 320/360.

⌂⌂⌂ **St-Pierre,** 16 cours Monthyon ℘ 71 48 00 24, Fax 71 64 81 83 – ⇕ ⊘ ch TV ☎ ⇔. AE Ⓓ GB JCB BZ **a**
Repas 98/165, enf. 40 – ☕ 35 – **29 ch** 280/380 – ½ P 310.

⌂⌂ ✦ **Renaissance,** pl. Square ℘ 71 48 09 80, Fax 71 48 54 81 – ⇕ TV ☎. GB. ⊗ ch BZ **k**
fermé 25 juin au 8 juil., 15 déc. au 8 janv. et dim. sauf juil.-août – **Repas** 78/150 ♁ – ☕ 30 – **24 ch** 180/280 – ½ P 210/270.

⌂⌂ **La Ferraudie** ⛰ sans rest, 15 r. Bel Air ℘ 71 48 72 42 – ⇕ ⊘ ch TV ☎ Ⓟ. GB AZ **b**
☕ 32 – **22 ch** 220/360.

⌂ ✦ **Delcher,** 20 r. Carmes ℘ 71 48 01 69, Fax 71 48 86 66, ☂ – TV ☎ Ⓟ. AE GB BZ **q**
fermé 1er au 13 juil., 24 déc. au 2 janv. et dim. soir sauf juil.-août – **Repas** 72/185 ♁, enf. 40 – ☕ 27 – **23 ch** 230/260 – ½ P 225.

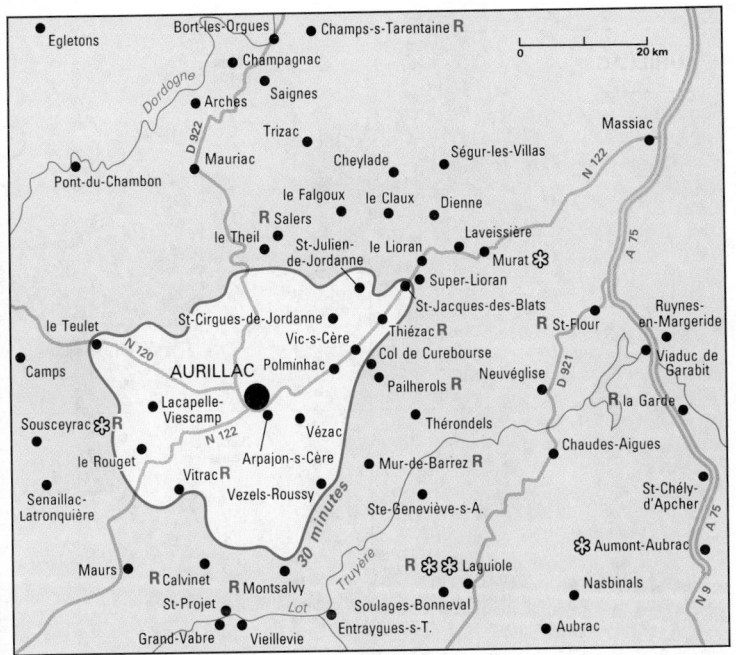

🏠 **Campanile**, rte de Clermont-Ferrand par ② ℰ 71 64 64 84, Fax 71 64 55 90 – ⧖ ch 📺
🕿 & ⓟ 🅰🅴 ⓞ ⓖⓑ
Repas 82 bc/105 bc, enf. 39 – ☱ 30 – **47 ch** 270.

🏠 **Les Arcades**, 9 av. G. Pompidou par ③ ℰ 71 64 15 11, Fax 71 64 28 54 – 📺 🕿 & ⇦ ⓟ
🛬 – 🍴 35. 🅰🅴 ⓞ ⓖⓑ
Repas (fermé sam. midi et dim. midi) 68/130 ⚮, enf. 35 – ☱ 30 – **41 ch** 200/270.

%% **Reine Margot**, 19 r. G. de Veyre ℰ 71 48 26 46, Fax 71 48 92 39, 🏠 – 🍽. 🅰🅴 ⓖⓑ
fermé 25 juin au 1ᵉʳ juil., fév. et lundi sauf le soir en juil.-août – **Repas** 90/250 ⚮.   BZ **u**

% **Quatre Saisons**, 10 r. Champeil ℰ 71 64 85 38 – 🅰🅴 ⓖⓑ   BY **v**
🛬 fermé dim. soir et lundi – **Repas** 75/195 ⚮.

à **Vézac** par ③, D 920 et D 990 : 10 km – ✉ 15130 Arpajon-sur-Cère :

🏨 **Château de Salles** 🦢, ℰ 71 62 41 41, Fax 71 62 44 14, ≤, 🏠, parc, 🛋, %% – 🛗 📺 🕿 &
ⓟ – 🍴 30. ⓖⓑ. 🛇 rest
fermé 8 au 22 oct. – **Repas** (prévenir) 140/300 – ☱ 45 – **9 ch** 800 – ½ P 530/580.

à **Arpajon-sur-Cère** par ③ et 2 km sur D 920 – 5 296 h. – ✉ 15130 :

🏠 **Les Provinciales** sans rest, pl. Foirail ℰ 71 64 29 50, 🚗 – 📺 🕿 & ⓟ. ⓖⓑ
☱ 25 – **20 ch** 210/260.

MICHELIN, Entrepôt, r. Gutenberg ZI de Lescudillier par r. F.-Meynard AZ ℰ 71 64 90 33

BMW, SEAT Auvergne Auto, av. G.-Pompidou
ℰ 71 64 58 44
CITROEN Gar. Daix, av. G.-Pompidou par ③
ℰ 71 64 14 82
CITROEN Auto Vialenc, av. G.-Pompidou par ③
ℰ 71 48 00 00
FIAT, LANCIA Gar. Moderne Ladoux, 70 av.
Gén.-Leclerc ℰ 71 64 65 65
FORD Gar. Dalbouze, bd Valenc ℰ 71 64 14 43
HONDA Cantal Auto Sport, ZI Sistrieres
ℰ 71 63 76 15
MERCEDES, VAG TCS Autom. Sce, av. G.-
Pompidou ℰ 71 63 41 83
NISSAN Gar. Vers, N 122 ℰ 71 63 51 32
OPEL Gar. Vidal, 47 av. Pupilles de la Nation
ℰ 71 48 01 51

PEUGEOT Gar. Socauto, av. G.-Pompidou, ZI de
Sistrières par ③ ℰ 71 63 66 00 🅽 ℰ 71 45 22 77
RENAULT Gar. Rudelle Fabre, 100 av. Ch.-de-
Gaulle par r. F.-Meynard AZ ℰ 71 63 76 22 🅽
ℰ 05 05 15 15
TOYOTA Gar. Arnaud, av. G.-Pompidou
ℰ 71 48 12 31
Gar. du Centre, 46 av. Pupilles de la Nation
ℰ 71 48 08 84

🅦 Cantal Pneus, 8 r. Gutenberg, ZI de Lescudillier
ℰ 71 63 57 30
Euromaster, rte Conthe ℰ 71 63 40 60
Ladoux Vulcopneu, 1 bd de Verdun ℰ 71 48 17 01
Technic pneus services, 161 av. Gén.-Leclerc
ℰ 71 63 61 42

AURILLAC

0 ————— 200m

Circulez en Banlieue de Paris avec les **Plans Michelin** à 1/15 000.

17 Plan Nord-Ouest	**18** Plan et répertoire des rues Nord-Ouest
19 Plan Nord-Est	**20** Plan et répertoire des rues Nord-Est
21 Plan Sud-Ouest	**22** Plan et répertoire des rues Sud-Ouest
23 Plan Sud-Est	**24** Plan et répertoire des rues Sud-Est

AURIOL 13390 B.-du-R. **84** ⑭ **114** ㉚ – 6 788 h alt. 192.

🛈 Syndicat d'Initiative quai de l'Huveaune (Pentecôte à sept.) ℰ 42 04 70 61.

Paris 785 – ◆Marseille 29 – Aix-en-Provence 28 – Brignoles 37 – ◆Toulon 56.

🏠 **Commerce "Chez Suzanne"** ⤴, ℰ 42 04 70 25, ㍿ – 📺 ☎ 🅿 🕮
fermé fév., dim. soir et lundi sauf juil.-août – **Repas** 55 (déj.), 94/190 – ☳ 30 – **11 ch** 180/240 – ½ P 195.

132

AURON 06 Alpes-Mar. 🎫 ⑨ 🎫 ④ **G. Alpes du Sud** – alt. 1 608 – Sports d'hiver : 1 600/2 450 m ⚡3 🚠25 – ⊠ 06660 St-Étienne-de-Tinée.

Voir Décor peint★ de la chapelle St-Érige – ≤★ des abords de la chapelle – SO : Las Donnas ≤★★ par téléphérique – Vallée de la Tinée★★.

🔋 Office de Tourisme Immeuble Anapurna ℰ 93 23 02 66, Fax 93 23 07 39.

Paris 808 – Barcelonnette 66 – Cannes 110 – ♦Nice 91 – St-Étienne-de-Tinée 7.

🏠 **St Érige,** ℰ 93 23 00 32, Fax 93 23 04 06, ≤, 🏡 – 📺 ☎. ⤢ 🆎
juil.-début sept. et déc.-fin avril – **Repas** 95, enf. 80 – ⊡ 45 – **16 ch** 380/560 – ½ P 385/465.

AUROUX 48600 Lozère 🎫 ⑯ – 395 h alt. 1 000.

Paris 572 – Mende 49 – Le Puy-en-Velay 50 – Langogne 15.

🏠 **France,** D 988 ℰ 66 69 55 02 – 🆎
♦ fermé 15 déc. au 30 janv. – **Repas** 55/140 ⅋ – ⊡ 26 – **23 ch** 110/170 – ½ P 190.

AUSSOIS 73500 Savoie 🎫 ⑧ **G. Alpes du Nord** – 530 h alt. 1 489 – Sports d'hiver : 1 500/2 750 m ⚡11.

Voir Site★ – Monolithe de Sardières★ NE : 3 km.

🔋 Office de Tourisme ℰ 79 20 30 80, fax 79 20 37 00.

Paris 654 – Albertville 100 – Chambéry 110 – Lanslebourg-Mont-Cenis 16 – Modane 7 – St-Jean-de-Maurienne 38.

🏨 **Soleil** 🅼 ♨, ℰ 79 20 32 42, Fax 79 20 37 78, ≤, 🏡, 🖼 – 📺 ☎ 🅿. 🆎 ✻
hôtel : 12 juin-10 oct. et 17 déc.-25 avril; rest. : 3 juil.-31 août et 23 déc.-2 avril – **Repas** (prévenir) 98/255, enf. 65 – ⊡ 43 – **22 ch** 265/355 – ½ P 325/335.

🏠 **Les Mottets** 🅼, ℰ 79 20 30 86, Fax 79 20 34 22, ≤, 🖼 – 📺 ☎ 🅿. ⓞ 🆎
Repas 90/170, enf. 50 – ⊡ 38 – **25 ch** 190/320 – ½ P 310.

🏠 **Le Choucas,** ℰ 79 20 32 77, Fax 79 20 39 87, ≤, 🏡, 🖼 – ☎. ⓞ 🆎 ✻ rest
♦ 1er juin-15 oct. et 1er déc.-30 avril – **Repas** 80/100 – ⊡ 33 – **28 ch** 200/320 – ½ P 280/290.

AUTERIVE 31190 H.-Gar. 🎫 ⑱ – 5 814 h alt. 186.

Paris 728 – ♦Toulouse 32 – Carcassonne 86 – Castres 82 – Muret 20 – St-Gaudens 74.

🏠 **Delta,** 61 rte Toulouse ℰ 61 50 52 16, Fax 61 50 00 21 – 📺 ☎ ὅ 🅿. 🆎 ✻
♦ fermé dim. soir – **Repas** 55/180 ⅋, enf. 35 – ⊡ 20 – **16 ch** 190 – ½ P 170.

CITROEN Gar. Gimbrède, N 20 ℰ 61 50 76 76   RENAULT Gar. Blanc, ℰ 61 50 78 54

AUTIGNY-LE-GRAND 52 H.-Marne 🎫 ① – rattaché à Joinville.

AUTRANS 38880 Isère 🎫 ④ – 1 406 h alt. 1 050 – Sports d'hiver : 1 050/1 700 m ⚡16 ⚡.

🔋 Office de Tourisme rte de Méaudre ℰ 76 95 30 70, fax 76 95 38 63.

Paris 596 – ♦Grenoble 35 – Romans-sur-Isère 58 – St-Marcellin 45 – Villard-de-Lans 15.

🏠 **La Buffe,** ℰ 76 85 14 85, Fax 76 95 72 48, ≤, 🏡, 🖼, ᙈ, 🖼 – 📺 ☎ 🅿. 🆎 ⓞ 🆎
♦ fermé 11 nov. au 8 déc., mardi et merc. en mai-juin et oct.-nov. – **Repas** 77/195 – ⊡ 47 –
23 ch 380/460 – ½ P 400/425.

🏠 **Poste,** ℰ 76 95 31 03, Fax 76 95 30 17, 🏡, 🖼, 🖼, 🖼 – 🛗 📺 ☎. 🆎 ✻ rest
♦ fermé 25 avril au 10 mai et 25 oct. au 15 déc. – **Repas** 80/240, enf. 50 – ⊡ 42 – **30 ch**
290/330 – ½ P 320/340.

🏠 **La Tapia** sans rest, ℰ 76 95 33 00 – 📺 ☎ 🅿
fermé 20 au 30 avril, 1er au 15 juin et 20 au 30 nov. – ⊡ 38 – **10 ch** 265/295.

🏠 **Montbrand** ♨ sans rest, ℰ 76 95 34 58, ≤, 🖼 – 📺 ☎ 🅿. 🆎
juil.-août et Noël-Pâques – ⊡ 36 – **8 ch** 280.

🏠 **Feu de Bois,** ℰ 76 95 33 32, ≤, 🏡, 🖼 – ☎ 🅿. 🆎
fermé 13 nov. au 2 déc. – **Repas** 85/145 ⅋, enf. 50 – ⊡ 36 – **11 ch** 285 – ½ P 305.

à Méaudre S : 5,5 km par D 106c – Sports d'hiver 1000/1600 m ⚡8 ⚡ – ⊠ 38112 :

🔋 Office de Tourisme ℰ 76 95 20 68, Fax 76 95 25 93.

🏠 **Prairie** ♨, ℰ 76 95 22 55, Fax 76 95 20 59, ≤, 🖼, 🖼 – 📺 ☎ 🅿 – 🛎 25. 🆎 🆎
♦ fermé 17 avril au 6 mai et 16 oct. au 6 nov. – **Repas** (fermé sam. et dim. hors sais.) 80/150,
enf. 35 – ⊡ 30 – **24 ch** 260/300 – ½ P 260.

✕✕ **Pertuzon** avec ch, ℰ 76 95 21 17, Fax 76 95 23 85, 🏡, 🖼 – ☎ 🅿. 🆎 🆎
fermé 1er au 15 juin, 1er au 15 oct. dim. soir, mardi soir et merc. hors sais. – **Repas** 90/240,
enf. 50 – ⊡ 32 – **10 ch** 170/260 – ½ P 235/285.

✕ **Aub. du Furon** ♨ avec ch, ℰ 76 95 21 47, Fax 76 95 24 71, ≤, 🏡 – ☎ 🅿. 🆎
♦ fermé 20 oct. au 1er déc. – **Repas** (fermé dim. soir et lundi hors sais.) 78/230, enf. 42 – ⊡ 34 –
9 ch 250 – ½ P 270.

PEUGEOT Gar. Gouy et Velay, ℰ 76 95 30 04 🅽   RENAULT Gar. Joubert, ℰ 76 95 30 22 🅽 ℰ 05 05
ℰ 76 95 30 04   15 15

AUTREVILLE 88300 Vosges 🎫 ④ – 108 h alt. 310.

Paris 305 – ♦Nancy 44 – Neufchâteau 20 – Toul 23.

🏠 **Relais Rose,** ℰ 83 52 04 98, Fax 83 52 06 03, 🖼 – ⇆ ch 📺 ☎ ⇔ 🅿. 🆎 🆎
Repas 95/260 ⅋ – ⊡ 35 – **19 ch** 150/360 – ½ P 160/280.

Voir Cathédrale★★ : tympan★★★ BZ – Porte St-André★ BY – Grilles★ du lycée Bonaparte AZ **B** – Manuscrits★ (bibliothèque de l'Hôtel de Ville) BZ **H** – Musée Rolin★ : statuaire romane★★, Nativité★★ du Maître de Moulins et vierge★★ BZ **M**¹.

Env. Croix de la Libération ≼★ SO : 6 km par D 256 BZ.

🏌 du Vallon 🕿 85 52 09 28, par ③ : 3 km.

🛈 Office de Tourisme 3 av. Ch.-de-Gaulle 🕿 85 86 30 00, Fax 85 86 10 17 et pl. du Terreau (juin-sept.) 🕿 85 52 56 03.

Paris 290 ① – Chalon-sur-Saône 53 ③ – Auxerre 127 ① – Avallon 79 ① – ♦Dijon 85 ② – ♦Lyon 180 ③ – Mâcon 111 ③ – Moulins 99 ④ – Nevers 102 ⑤ – Roanne 122 ④.

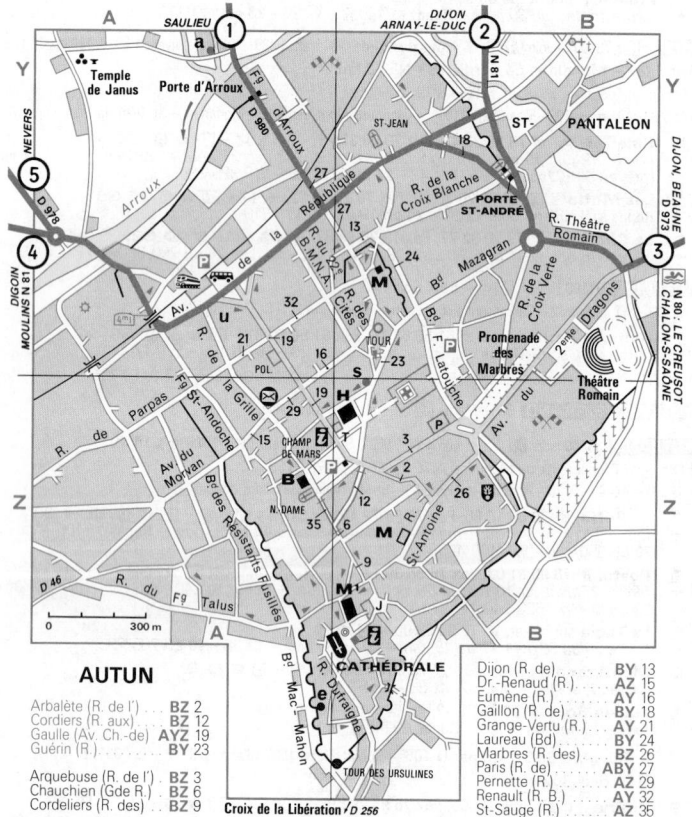

AUTUN

Arbalète (R. de l') ... **BZ** 2
Cordiers (R. aux) ... **BZ** 12
Gaulle (Av. Ch.-de) ... **AYZ** 19
Guérin (R.) ... **BY** 23

Arquebuse (R. de l') ... **BZ** 3
Chauchien (Gde R.) ... **BZ** 6
Cordeliers (R. des) ... **BZ** 9

Croix de la Libération ↙ D 256

Dijon (R. de) ... **BY** 13
Dr.-Renaud (R.) ... **AZ** 15
Eumène (R.) ... **AY** 16
Gaillon (R. de) ... **BY** 18
Grange-Vertu (R.) ... **AY** 21
Laureau (Bd) ... **BY** 24
Marbres (R. des) ... **BZ** 26
Paris (R. de) ... **ABY** 27
Pernette (R.) ... **AZ** 29
Renault (R. B.) ... **AY** 32
St-Sauge (R.) ... **AZ** 35

♨ **Ursulines** Ⓜ ⚓, 14 r. Rivault 🕿 85 52 68 00, Télex 801297, Fax 85 86 23 07, ≼, ✈ – ⟐
📺 ☎ ❻ ⟐ – 🔺 150. 🆎 ① 🕞
AZ **e**
Repas 90 (déj.), 155/370, enf. 80 – ⟐ 60 – **38 ch** 340/450 – ½ P 470/645.

🏠 **Commerce et Touring**, 20 av. République 🕿 85 52 17 90, Fax 85 52 37 63 – 📺 ☎ ⟐
➜ 🕞
AY **u**
fermé 15 oct. au 15 nov. – **Repas** (fermé lundi) 60/120 ⅃, enf. 40 – ⟐ 24 – **20 ch** 130/220 – ½ P 180/210.

XX **Vieux Moulin** ⚓ avec ch, porte d'Arroux D 980 🕿 85 52 10 90, Fax 85 86 32 15, 🍽,
« Jardin ombragé » – ☎ ⟐ 🅿. 🆎 🕞
AY **a**
1ᵉʳ mars-1ᵉʳ déc. et fermé dim. soir et lundi hors sais. – **Repas** 90 (déj.), 150/250 – ⟐ 45 –
16 ch 240/350.

XX **Chalet Bleu**, 3 r. Jeannin 🕿 85 86 27 30 – 🆎 🕞
BYZ **s**
fermé fév., lundi soir et mardi – **Repas** 90/230 ⅃, enf. 60.

au plan d'eau du Vallon par ③ : 2 km – ✉ **71400** Autun :

🏠 **Golf H.,** N 80 ℰ 85 52 00 00, Fax 85 52 20 20, 🌳 – ⇖ ch 📺 ☎ ⏃ ❷ – 🅰 60. 🆎 ⓞ 🆖
Repas *(fermé dim. soir de nov. à mars)* 82/178, enf. 40 – ⬚ 33 – **44 ch** 252/260.

CITROEN Auto-Gar. Lemaître, 56 rte d'Arnay, ZI   ⓖ Gaudry-Pneu Point S, 64 av. Ch.-de-Gaulle
par ② ℰ 85 52 15 32 🅽 ℰ 85 52 15 32   ℰ 85 52 16 62
PEUGEOT S.A.V.A., ZI rte d'Arnay par ②
ℰ 85 52 13 10

AUVERS 77 S.-et-M. 🖪🖪 ⑪ – rattaché à Milly-la-Forêt (Essonne).

AUVERS-SUR-OISE 95430 Val-d'Oise 🖪🖪 ⑳ 🔟🔟🔟 ③ 🔟🔟🔟 ⑥ G. Ile de France – 6 129 h alt. 71.

🛈 Office de Tourisme Manoir des Colombières, r. Sansonne ℰ (1) 30 36 10 06.

Paris 36 – Compiègne 72 – Beauvais 55 – Chantilly 29 – L'Isle-Adam 7,5 – Pontoise 6,5 – Taverny 6,5.

🍴🍴 **Host. du Nord,** r. Gén. de Gaulle ℰ (1) 30 36 70 74, Fax (1) 34 48 03 10, 🌳 – ❷. 🆎 🆖
fermé 13 août au 6 sept., 4 au 11 mars, dim. soir et lundi – **Repas** 150/230, enf. 90.

🍴 **Aub. Ravoux,** face Mairie ℰ (1) 34 48 05 47, Fax (1) 34 48 07 81, « Ancien café d'artistes dit ''Maison de Van Gogh'' » – 🆖 🗾🖪
fermé vacances de fév., dim. soir et lundi – **Repas** 175.

AUXERRE 🅿 89000 Yonne 🖪🖪 ⑤ G. Bourgogne – 38 819 h alt. 127.

Voir Cathédrale★★ : trésor★ BY – Ancienne abbaye St-Germain★ BY.

Env. Gy-l'Évêque : Christ aux Orties★ de la chapelle 9,5 km par ③.

🛈 Office de Tourisme 1 et 2 quai République ℰ 86 52 06 19 – A.C. 9 r. E.-Dolet ℰ 86 46 25 15.

Paris 166 ⑤ – Bourges 137 ④ – Chalon-sur-Saône 174 ② – Chaumont 141 ② – ◆Dijon 149 ② – ◆Lyon 299 ② –
Nevers 111 ③ – ◆Orléans 154 ⑤ – Sens 58 ⑤ – Troyes 82 ①.

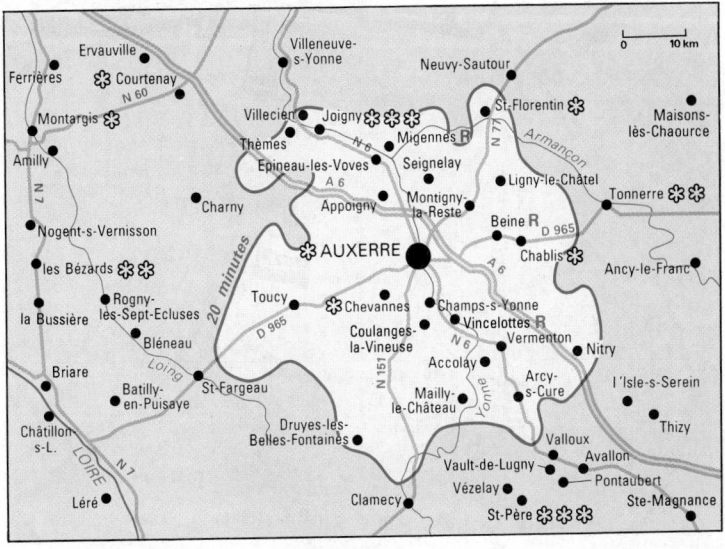

🏨 **H. Le Maxime** sans rest, 2 quai Marine ℰ 86 52 14 19, Fax 86 52 21 70 – 🛗 📺 ☎ 🚗. 🆎
ⓞ 🆖 🗾🖪   BY   **e**
fermé 23 déc. au 15 janv. – ⬚ 48 – **25 ch** 300/500.

🏨 **Parc des Maréchaux** sans rest, 6 av. Foch ℰ 86 51 43 77, Fax 86 51 31 72, parc – 🛗 📺
☎ ❷. 🆎 ⓞ 🆖   AZ   **u**
⬚ 45 – **25 ch** 310/460.

🏨 **Normandie** sans rest, 41 bd Vauban ℰ 86 52 57 80, Fax 86 51 54 33, 🐟 – 🛗 📺 ☎ 🚗 –
🅰 25. 🆎 ⓞ 🆖   AY   **b**
⬚ 33 – **47 ch** 270/350.

🏨 **Les Clairions,** av. Worms par ⑤ : 2 km ℰ 86 46 85 64, Télex 800039, Fax 86 48 16 38,
🌳, 🏊, 🎾 – 🛗 📺 ☎ ⏃ ❷ – 🅰 30 à 150. 🆎 ⓞ 🆖
Repas 90/150 ⅃, enf. 45 – ⬚ 28 – **60 ch** 270/310 – ½ P 280.

AUXERRE

🏠 **Seignelay,** 2 r. Pont 𝒫 86 52 03 48, Fax 86 52 32 39, 🍽 – 📺 ☎ ⇐, GB   BZ **n**
◆ *fermé mi-fév. à mi-mars, dim. soir (sauf hôtel) et lundi d'oct. à juin* – **Repas** 75/160 ⅃ – ♎ 32
– **21 ch** 140/280 – ½ P 211/282.

🏠 **Cygne** sans rest, 14 r. 24-Août 𝒫 86 52 26 51, Fax 86 51 68 33 – 📺 ☎ 🅿 ᴁ 🕕 GB
JCB   AZ **r**
♎ 35 – **30 ch** 235/420.

XXXX ۞ **Barnabet,** 14 quai République 𝒫 86 51 68 88, Fax 86 52 96 85, 🍽 – ᴁ GB   BYZ **s**
fermé dim. soir et lundi – **Repas** 190/270 et carte 270 à 360, enf. 95
Spéc. Terrine de ris de veau au lard et au Chablis. Rognon de veau à la rôtissoire. Gelée d'agrumes au Chablis (hiver).
Vins Sauvignon de St-Bris, Irancy.

XXX **Rest. Le Maxime,** 5 quai Marine 𝒫 86 52 04 41, Fax 86 51 34 85 – ᴁ 🕕 GB   BY **e**
fermé 24 déc. au 2 janv. et dim. hors sais. – **Repas** 175/260 et carte 250 à 410, enf. 75.

XXX **Jardin Gourmand,** 56 bd Vauban 𝒫 86 51 53 52, Fax 86 52 33 82, 🍽 – ᴁ GB   AY **d**
fermé 4 au 18 sept., lundi sauf le soir en juil.-août et mardi midi – **Repas** 120/260 et carte 210
à 370, enf. 75.

XX **La Salamandre,** 84 r. Paris 𝒫 86 52 87 87, Fax 86 52 05 85 – ▤ ᴁ GB   AY **a**
fermé 20 déc. au 5 janv. et dim. – **Repas** - produits de la mer - 98/268.

X **Le Trou Poinchy,** 34 bd Vaulabelle 𝒫 86 52 04 48, Fax 86 52 52 30 – ▤ ᴁ 🕕 GB
◆ *fermé dim. soir et merc. de nov. à mars* – **Repas** 75/130 ⅃, enf. 48.   BZ **v**

rte de Chablis par ② : 8 km près échangeur A 6 Auxerre-Sud – ✉ 89290 Venoy :

XX **Le Moulin** (chambres prévues), 𝒫 86 40 23 79, Fax 86 40 23 55, 🍽 – 🅿 GB
fermé janv. – **Repas** *(fermé dim. soir et lundi)* 102/360, enf. 60.

à Champs-sur-Yonne par ② et N 6 : 11 km – ✉ 89290 :

XX **Les Rosiers,** 𝒫 86 53 31 11 – GB
fermé 20 déc. au 5 janv., 20 juil. au 8 août, mardi soir et merc. – **Repas** 95/130 ⅃.

à Vincelottes par ② N 6 et D 38 : 16 km – ✉ 89290 :

XX **Aub. Les Tilleuls** avec ch, 𝒫 86 42 22 13, Fax 86 42 23 51, 🍽 – 📺 ☎ GB
fermé 18 déc. au 19 fév., merc. soir et jeudi d'oct. à mars – **Repas** 115/300 – ♎ 35 – **5 ch**
275/400 – ½ P 350/400.

à Chevannes par ③ et D1 : 8 km – ✉ 89240 :

XXX ۞ **La Chamaille** (Siri), 𝒫 86 41 24 80, Fax 86 41 34 80, 🍀 – 🅿 ᴁ 🕕 GB
fermé 4 au 12 sept., 7 janv. au 10 fév., lundi et mardi – **Repas** (nombre de couverts limité,
prévenir) 160/252 et carte 260 à 430 ⅃, enf. 65
Spéc. Terrine de foie gras de canard au naturel. Civet de homard aux champignons (juin à août). Nougat glacé à
l'orange. **Vins** Coulanges-la-Vineuse, Vézelay.

près échangeur Auxerre-Nord par ⑤ : 7 km

🏨 **Mercure** Ⓜ, N 6 ✉ 89380 Appoigny 𝒫 86 53 25 00, Télex 800095, Fax 86 53 07 47, 🍽,
💪, 🌡 – ⇺ ch 📺 ☎ ⅍ 🅿 – 🕰 80. ᴁ 🕕 GB JCB
Repas 99/148 ⅃, enf. 49 – ♎ 49 – **82 ch** 270/440.

🏠 **Campanile,** ✉ 89470 Monéteau 𝒫 86 40 71 11, Fax 86 40 50 74, 🍽 – ⇺ ch 📺 ☎ ⅍ 🅿
– 🕰 25. ᴁ 🕕 GB
Repas 82 bc/105 bc, enf. 39 – ♎ 30 – **78 ch** 270.

BMW Autoforum, 23 av. J.-Mermoz 𝒫 86 46 48 48
CITROEN Gar. Auxerre Autos, 20 bd Vaulabelle
𝒫 86 51 59 33
MERCEDES Savib 89, 11 av. Ch.-de-Gaulle
𝒫 86 42 03 20
NISSAN, VOLVO Gar. Carette, 34/36 av. Ch.-de-
Gaulle 𝒫 86 46 96 38
RENAULT Gar. SODIVA, 2 av. J.-Mermoz
𝒫 86 49 29 29 Ⓝ 𝒫 05 05 15 15

VAG Gar. Jeannin, 40-47 av. Ch.-de-Gaulle
𝒫 86 42 03 03
Auto Pôle, 9 r. du Moulin du Président
𝒫 86 48 30 40

🔘 Auxerre Pneus, 7 av. Marceau 𝒫 86 52 09 22
Pneu Centre, 4 av. J.-Mermoz 𝒫 86 46 58 94
SOVIC Point S. 14 allée Frères Lumière
𝒫 86 46 93 57

AUXEY-DURESSES 21 Côte-d'Or 🔢 ⑨ – rattaché à Beaune.

AUXONNE 21130 Côte-d'Or 🔢 ⑬ G. Bourgogne – 6 781 h alt. 188.
🅱 Syndicat d'Initiative 23 pl. Armes (15 mai-15 oct.) 𝒫 80 37 34 46, Fax 80 31 02 34.
Paris 344 – ◆Dijon 32 – Dole 16 – Gray 36 – Vesoul 80.

à Villers les Pots NO : 5 km par N 5 et D 976 – ✉ 21130 :

🏠 **Aub. du Cheval Rouge,** 𝒫 80 31 44 88, Fax 80 31 17 01, 🍽, 🌡 – 📺 ☎ 🅿 ᴁ GB
fermé vacances de Toussaint et dim. soir sauf vacances scolaires – **Repas** 98/250, enf. 55 –
♎ 35 – **10 ch** 180/220 – ½ P 220/230.

à Lamarche-sur-Saône NO : 11,5 km par N 5 et D 976 – ✉ **21760** :

XX **Host. St-Antoine** avec ch, ☎ 80 47 11 33, Fax 80 47 13 56, ☂, ⅂, ☐, ☐ – ⊁ ch ☐ ☎ ♿ Ⓟ. AE GB. ⊁ ch
fermé 15 au 29 fév. et lundi de nov. à mars – **Repas** 85/285, enf. 58 – ☐ 48 – **12 ch** 285/300 – ½ P 295/300.

aux Maillys S : 8 km par D 20 – ✉ **21130** :

XX **Virion,** ☎ 80 39 13 40, Fax 80 39 17 22 – ☐. ⓓ GB
fermé 1er fév. au 31 mars, dim. soir et lundi – **Repas** 100/190.

Ⓜ Jurassienne du Pneumatique, 64 av. Gén. de Gaulle ☎ 80 31 46 58

AVALLON SP **89200** Yonne 65 ⑯ **G. Bourgogne** – 8 617 h alt. 254.

Voir Site★ – Ville fortifiée★ : Portails★ de l'église St-Lazare – Miserere★ du musée de l'Avallonnais **M**1 – Vallée du Cousin★ S par D 427.

ℹ Office de Tourisme 6 r. Bocquillot ☎ 86 34 14 19.

Paris 215 ② – Auxerre 60 ④ – Beaune 106 ② – Chaumont 134 ② – Nevers 97 ④ – Troyes 122 ①.

AVALLON

Gde-Rue A.-Briand	13
Paris (R. de)	
Vauban (Pl.)	
Belgrand (R.)	2
Bocquillot (R.)	3
Capucins (Prom. des)	5
Collège (R. du)	6
Fontaine-Neuve (R.)	8
Fort-Mahon (R.)	9
Gaulle (Pl. Gén.-de)	12
Porte-Auxerroise (R.)	14
Terreaux (Prom. des)	16

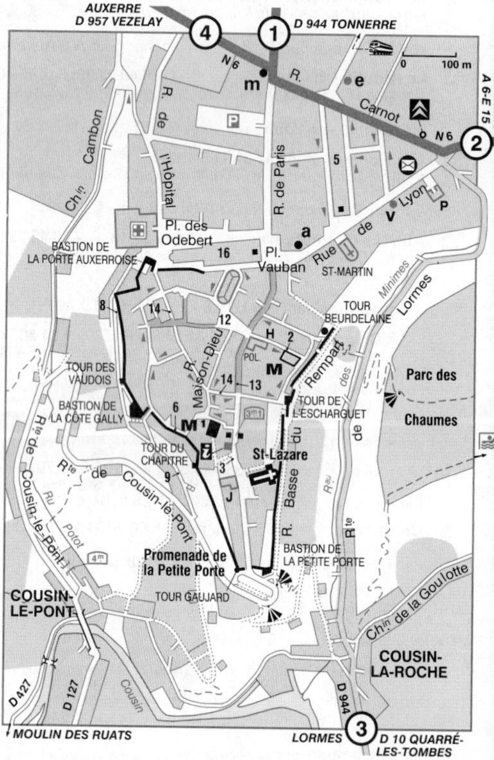

Pour visiter la Bourgogne, utilisez le guide vert Michelin. **Bourgogne Morvan**

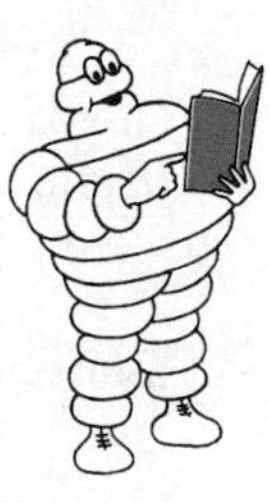

🏨 Host. de la Poste, 13 pl. Vauban **(a)** ☎ 86 34 06 12, Fax 86 34 47 11, ☂, « Ancien relais de poste du 18e siècle », ☐ – ☐ ⊁ ch ☐ ☎ ☐ Ⓟ
11 ch 19 appart

🏨 **Avallon-Vauban** sans rest, 53 r. Paris **(m)** ☎ 86 34 36 99, Fax 86 31 66 31, parc – ☐ cuisinette ☐ ☎ Ⓟ. AE GB
☐ 30 – **26 ch** 290/380, 5 studios.

🏨 **Dak'Hôtel** M sans rest, rte Saulieu par ② ☎ 86 31 63 20, Fax 86 34 25 28, ☐ – ☐ ☎ ♿ Ⓟ. AE GB
☐ 33 – **26 ch** 260/290.

𝕏𝕏𝕏 **Le Morvan**, 7 rte de Paris (N 6) ☎ 86 34 18 20, ☆, parc – **🅿**. 🆎 GB
fermé 13 au 23 juin, 19 au 25 janv., dim. soir de sept. à juin et lundi sauf fériés – **Repas**
90/205, enf. 50.

𝕏𝕏 **Les Capucins** avec ch, 6 av. P. Doumer **(e)** ☎ 86 34 06 52, Fax 86 34 58 47, ☆, ☀ – 📺
🕿 **🅿**. 🆎 ⓞ GB
fermé fin nov. à mi-janv., mardi soir hors sais. et merc. – **Repas** 89/230, enf. 55 – 🖙 32 – **8 ch**
290 – ½ P 280.

𝕏 **Le Gourmillon**, 8 r. Lyon **(v)** ☎ 86 31 62 01 – 🆎 GB
→ *fermé 15 janv. au 4 fév., dim. soir et lundi d'oct. à avril* – **Repas** 75/148 ⅃, enf. 50.

rte de Saulieu par ② : 6 km – ✉ **89200** Avallon :

🏠 **Relais Fleuri** Ⓜ ⸫, ☎ 86 34 02 85, Fax 86 34 09 98, « Dans un jardin avec piscine », ✄
– 📺 🕿 & **🅿** – 🔏 30. 🆎 ⓞ GB
Repas 110/190, enf. 65 – 🖙 49 – **48 ch** 375/450 – ½ P 400/415.

près échangeur Autoroute A6 par ② et D 50 : 7 km – ✉ **89200** Magny :

🏠 **Ibis** Ⓜ, ☎ 86 33 01 33, Fax 86 33 00 66 – ⇤ ch 📺 🕿 & **🅿** – 🔏 25. 🆎 ⓞ GB
Repas 97 bc, enf. 40 – 🖙 35 – **42 ch** 250.

à Pontaubert par ④ et D 957 : 5 km – ✉ **89200** :

𝕏𝕏 **Les Fleurs** avec ch, ☎ 86 34 13 81, Fax 86 34 23 32, ☆, ☀ – 📺 🕿. GB
fermé 4 déc. au 20 janv., jeudi midi d'oct. à mai et merc. – **Repas** 87/240 – 🖙 32 – **7 ch**
245/340 – ½ P 270/280.

dans la vallée du Cousin par ④, Pontaubert et D 427 – ✉ **89200** Avallon :

🏠 **Moulin des Ruats** ⸫, à 6 km ☎ 86 34 07 14, Fax 86 31 65 47, ☆, « Jardin au bord de
l'eau » – 🕿 **🅿**. GB
fermé 15 nov. au 15 fév. – **Repas** *(fermé le midi de sept. à juin sauf dim. et lundi soir d'oct. à
avril)* 200/230 – 🖙 50 – **24 ch** 300/650 – ½ P 410/585.

🏠 **Moulin des Templiers** ⸫ sans rest, à 4 km ☎ 86 34 10 80, « Jardin au bord de l'eau »
– 🕿 **🅿**
15 mars-31 oct. – 🖙 36 – **14 ch** 250/350.

à Vault de Lugny par ④ et D 142 : 6 km – ✉ **89200** :

🏰 **Château de Vault de Lugny**, ☎ 86 34 07 86, Fax 86 34 16 36, ≤, ☆, « Château du 16ᵉ
siècle dans un grand parc, ⸫ », ✄ – 📺 🕿 **🅿**. 🆎 GB
31 mars-12 nov. – **Repas** *(résidents seul.)(table d'hôtes)* carte 250 à 430 – **11 ch** 🖙 900/
2200 – ½ P 560/1310.

à Valloux par ④ : 6 km sur N 6 – ✉ **89200** Avallon :

𝕏𝕏 **Chenêts**, ☎ 86 34 23 34 – GB
→ *fermé vacances de fév., lundi soir et mardi hors sais.* – **Repas** 80/260 ⅃, enf. 50.

CITROEN Michot gar. Carnot, 10 r. Carnot
☎ 86 34 01 23
RENAULT Sodiva, RN 6 ☎ 86 34 19 27 **N** ☎ 05 05
15 15

VAG Gar. Jeannin, 2 rte de Paris ☎ 86 34 13 03

🅦 Comptoir du Pneu, ZI r. de l'Étang ☎ 86 34 16 19
Euromaster, 10 rte de Paris ☎ 86 34 20 04

AVÈNE 34260 Hérault 🎱🎱 ④ – 269 h.
Paris 716 – ♦ Montpellier 88 – Bédarieux 24 – Clermont-l'Hérault 44.

🏠 **Val d'Orb** Ⓜ ⸫, ☎ 67 23 44 45, Fax 67 23 44 03, ≤, ☀ – 🕼 ▤ rest 📺 🕿 & **🅿** –
🔏 30 à 70. 🆎 GB. ✄ rest
1ᵉʳ avril-31 oct. – **Repas** 90 ⅃, enf. 55 – 🖙 49 – **58 ch** 430 – ½ P 331.

AVESNES-SUR-HELPE ⟨ᔕᔖ⟩ 59440 Nord 🎲🎲 ⑥ G. Flandres Artois Picardie – 5 108 h alt. 152.
Voir L'Avesnois★★ E par D 133.
🅱 Office de Tourisme 41 pl Gén.-Leclerc ☎ 27 57 92 40.
Paris 208 ③ – St-Quentin 67 ③ – Charleroi 52 ① – Valenciennes 41 ⑤ – Vervins 33 ③.

Plan page suivante

𝕏 **La Crémaillère**, 26 pl. Gén. Leclerc **(a)** ☎ 27 61 02 30 – 🆎 ⓞ GB
fermé lundi soir et mardi sauf fêtes – **Repas** 125 bc/260, enf. 60.

CITROEN Gar. Roze, 64 av. Stroh ☎ 27 57 92 00
PEUGEOT Gar. Depret, 39 rte de Sains, Avesnelles
par ② ☎ 27 61 15 70

RENAULT Gar. Moderne, rte de Maubeuge par ①
☎ 27 61 24 55 **N** ☎ 27 61 24 55

AVESNES-SUR-HELPE

Albret (R. d') 2
Aulnoye (R. d') 3
Berlaimont (R. de) 4
Cambrésienne (R.) . . . 6
Crapauds (Ch. des) . . . 7
Foch (Av. du Maréchal) . . 8
France (R. de) 12
Gossuin (R.) 13
Guillemin (Pl.) 15
Jessé-de-Forest (Av.) . 16
Lagrange (R. Léo) 19
Leclerc (Pl. du Général) 20
Loucheur (Av. Louis) 21
Mons (R. de) 23
Pasqual (R. Léon) 24
Poudrière (R. de la) . . . 25
Prisse-d'Avenne (R.) . . 27
Ste Croix (R.) 28
Stroh (Av.) 29
Villien (R.) 32
84e-Régt-d'Infanterie (Av. du) 33

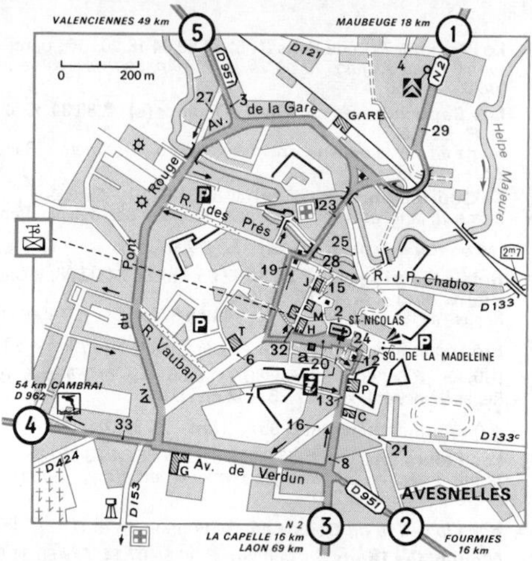

AVÈZE 63690 P.-de-D. 73 ⑫ – 258 h alt. 850.

Voir Gorges d'Avèze★, G. Auvergne.

Paris 477 – ◆Clermont-Ferrand 53 – Le Mont-Dore 19 – Montluçon 111 – Ussel 38.

Aub. Audigier, ✆ 73 21 10 16, Fax 73 21 17 43, – ☎ Ⓟ. GB
15 fév.-15 oct. – **Repas** 95/165 – ☕ 32 – **8 ch** 190/360 – ½ P 220/280.

AVIGNON P 84000 Vaucluse 81 ⑪ ⑫ G. Provence – 86 939 h alt. 23.

Voir Palais des Papes★★★ EY : ≤★★ de la terrasse des Dignitaires – Rocher des Doms ≤★★ EY – Pont St-Bénézet★★ EY – Remparts★ – Vieux hôtels★ (rue Roi-René) EZ **K** – Coupole★ de la cathédrale EY – Façade★ de l'hôtel des Monnaies EY **B** – Vantaux★ de l'église St-Pierre EY – Retable★ et fresques★ de l'église St-Didier EZ – Cour★ de l'Hospice St-Louis EZ – Musées : Petit Palais★★ EY, Calvet★ EZ **M**[1], Lapidaire★ EZ **M**[2], Louis Vouland (faïences★) DY **M**[4].

9 18 de Châteaublanc ✆ 90 33 39 08 E : 8 km par D 58 CX ; 18 Grand Avignon ✆ 90 31 49 94, E : 9 km par D 28 CV.

✈ d'Avignon-Caumont : ✆ 90 81 51 15, par ④ et N 7.

✆ 90 82 50 50.

Office de Tourisme 41 cours J.-Jaurès ✆ 90 82 65 11, Fax 90 82 95 03 annexe : au Châtelet, Pont d'Avignon ✆ 90 85 60 16 – A.C. Vauclusien 185 rte Rémouleurs Z.I. de Courtine-Ouest ✆ 90 86 28 71.

Paris 688 ② – Aix-en-Provence 82 ④ – Arles 36 ⑤ – ◆Marseille 95 ④ – Nîmes 44 ⑥ – Valence 127 ②.

Plans pages suivantes

✿ **La Mirande** M, 4 pl. Amirande ✆ 90 85 93 93, Fax 90 86 26 85, ≤, « Ancien hôtel particulier, beau mobilier » – ▥ ☎ ♿ – 🔬 30. AE ⓓ GB EY **g**
Repas 190/350 et carte 250 à 450 – ☕ 95 – **20 ch** 1400/2100
Spéc. Ravioli de fromage de chèvre (été). Filet de St-Pierre à la tapenade. Pigeonneau rôti à l'ail doux. **Vins** Lirac, Châteauneuf-du-Pape.

Europe M, 12 pl. Crillon ✆ 90 82 66 92, Fax 90 85 43 66, « Belle demeure du 16e siècle » – ▥ ☎ – 100. AE ⓓ GB JCB EY **d**
Repas *(fermé lundi midi et dim.)* 170 (déj.), 280/380 – ☕ 90 – **44 ch** 610/1600, 3 appart.

Cloître St-Louis M, 20 r. Portail Boquier ✆ 90 27 55 55, Fax 90 82 24 01, « Décor contemporain dans un cloître du 16e siècle », – ch ▥ ☎ ♿ Ⓟ. AE ⓓ GB EZ **s**
Repas *(fermé 1er déc. au 1er mars, sam. midi et dim. en mars-avril et nov.)* 130 bc/170 – ☕ 70 – **73 ch** 650/820, 3 duplex – ½ P 475/745.

Mercure Palais des Papes M sans rest, quartier Balance ✆ 90 85 91 23, Fax 90 85 32 40 – ch ▥ ☎ – 80. AE ⓓ GB JCB EY **r**
☕ 50 – **87 ch** 550.

Bristol M sans rest, 44 cours J. Jaurès ✆ 90 82 21 21, Télex 432730, Fax 90 86 22 72 – ch ▥ ☎ ♿ – 30. AE ⓓ GB EZ **m**
fermé 13 fév. au 7 mars – ☕ 40 – **67 ch** 410/800.

Primotel Horloge sans rest, 1 r. F. David (pl. Horloge) ✆ 90 86 88 61, Télex 431902, Fax 90 82 17 32 – ▥ ☎ ♿. AE ⓓ GB EY **t**
☕ 45 – **70 ch** 430/520.

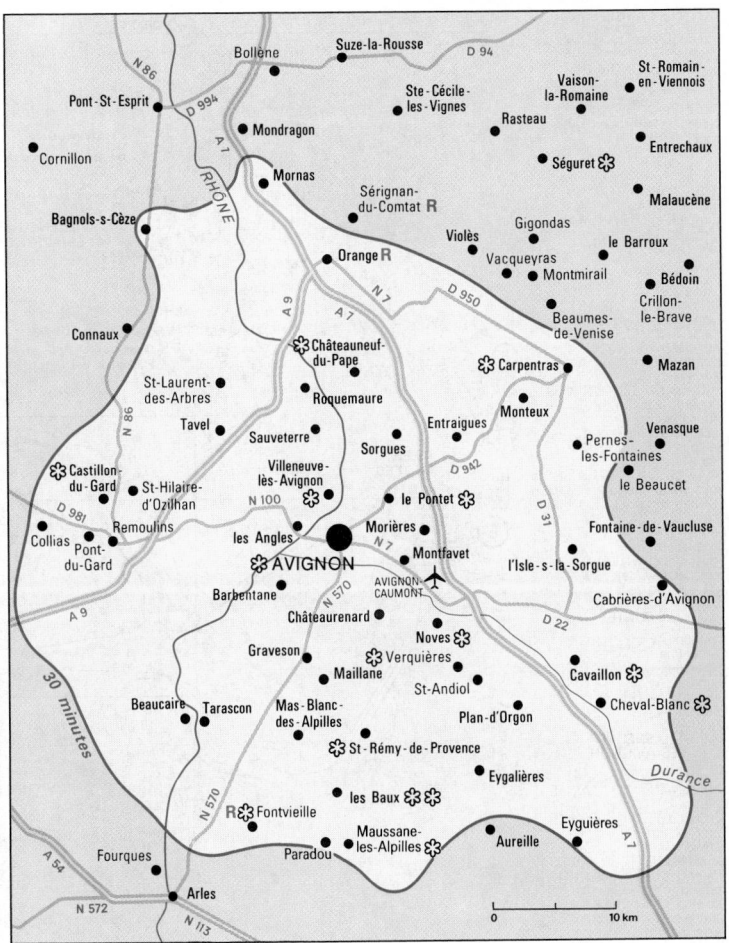

Cité des Papes sans rest, 1 r. J. Vilar ℰ 90 86 22 45, Télex 432734, Fax 90 27 39 21 – ⊠ ▮ 📺 ☎. 匯 ⑩ ◘
EY **b**
fermé 3 déc. au 16 janv. – ⊆ 40 – **61 ch** 410/795.

Blauvac sans rest, 11 r. de la Bancasse ℰ 90 86 34 11, Fax 90 86 27 41 – 📺 ☎. 匯 ⑩
◘
EY **m**
⊆ 40 – **16 ch** 290/410.

Danieli sans rest, 17 r. République ℰ 90 86 46 82, Fax 90 27 09 24 – ▮ 📺 ☎. 匯 ⑩ ◘
JCB
EY **s**
⊆ 35 – **29 ch** 350/470.

Fimotel Ⓜ, 8 bd St Dominique ℰ 90 82 08 08, Télex 432739, Fax 90 86 27 19, 😤 – ▮ ▤
DZ **e**
📺 ☎ ⅙ – ⚐ 60. 匯 ◘ JCB
Repas 80 ⅙, enf. 35 – ⊆ 39 – **95 ch** 340/360.

Ibis Centre Gare Ⓜ, 42 bd St-Roch (à la Gare) ℰ 90 85 38 38, Télex 432502,
Fax 90 86 44 81 – ▮ ╬← ch 📺 ☎ ⅙. 匯 ◘
EZ **v**
Repas 97 bc, enf. 40 – ⊆ 35 – **98 ch** 290/340.

Angleterre sans rest, 29 bd Raspail ℰ 90 86 34 31, Fax 90 86 86 74 – ▮ 📺 ☎ ℗ – ⚐ 25.
◘ ⋇
DZ **a**
fermé 17 déc. au 22 janv. – ⊆ 35 – **40 ch** 220/390.

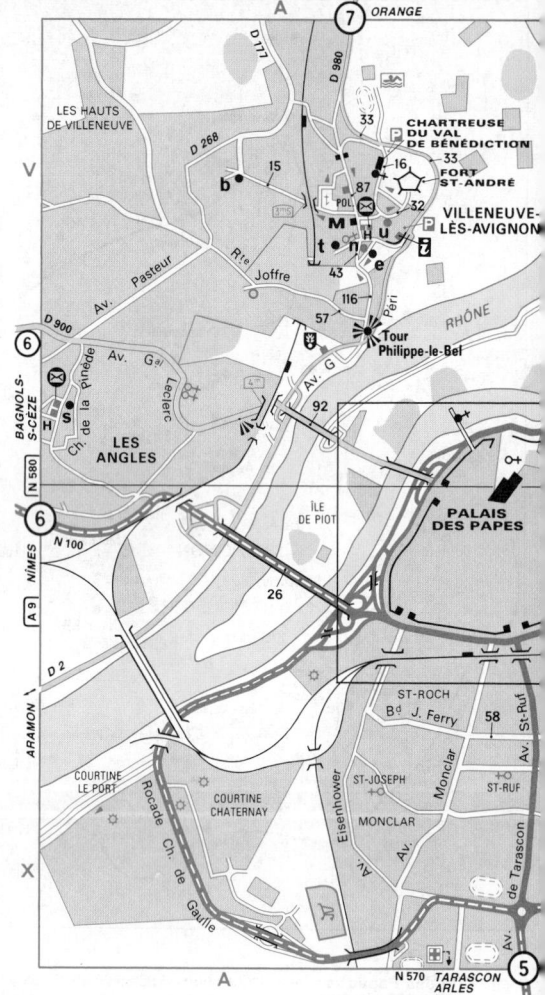

🏠 **Médiéval** sans rest, 15 r. Petite Saunerie ℰ 90 86 11 06, Fax 90 82 08 64 – cuisinette 📺
🕾 📻.
⊡ 30 – **35 ch** 210/290.
EY **e**

🏠 **Garlande** sans rest, 20 r. Galante ℰ 90 85 08 85, Fax 90 27 16 58 – 📺 🕾. 🅰🅴 ⓞ 📻 🗗
⊡ 45 – **12 ch** 250/420.
EY **f**

🏠 **Mistral** sans rest, 1 bd de Metz ℰ 90 88 57 65, Fax 90 88 22 36 – ⇆ ch 🕾. 📻
⊡ 30 – **15 ch** 180/240.
BX **k**

🏠 **Magnan**, 63 r. Portail Magnanen ℰ 90 86 36 51, Fax 90 85 48 90, 🏠 – ⇆ ch, 🍽 rest 📺
🕾. 🅰🅴 ⓞ 📻 🗗
FZ **n**
Repas (fermé 24 juin au 4 sept., sam., dim. et fériés) (dîner pour résidents seul.) 75 bc –
⊡ 28 – **30 ch** 180/355 – 1/2 P 225/280.

XXX 🕸 **Christian Étienne**, 10 r. Mons ℰ 90 86 16 50, Fax 90 86 67 09, 🏠, « Anciennes de-
meures des 13e et 14e s. accolées au Palais des Papes » – 🍽. 🅰🅴 ⓞ 📻
EY **h**
fermé sam. midi et dim. sauf juil. – **Repas** 160 (déj.), 280/480 et carte 350 à 500, enf. 120
Spéc. Menu des légumes provençaux. Lotte rôtie aux pommes fondantes et à l'ail. Sorbet au fenouil sauce safran. **Vins**
Côtes-du-Rhône.

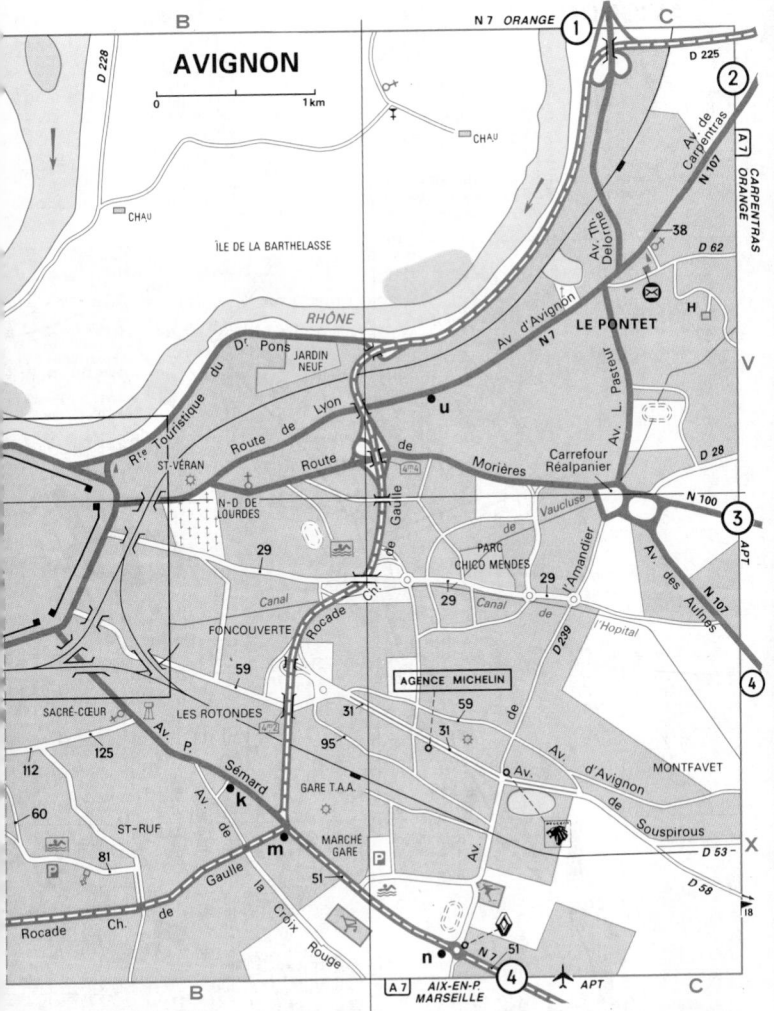

AVIGNON

ÎLE DE LA BARTHELASSE

LE PONTET

MONTFAVET

AGENCE MICHELIN

XXX ❀ **Hiély-Lucullus,** 5 r. République (1er étage) 🛭 90 86 17 07, Fax 90 86 32 38 – 🔲. EY **n**
GB
fermé 19 juin au 4 juil., 10 au 24 janv., mardi midi d'oct. à juin et lundi – **Repas** 140/310
Spéc. Poêlée de langoustines aux légumes. Marinière de turbot aux palourdes. Filets de lapin au romarin. **Vins** Côtes-du-Rhône, Tavel.

XXX ❀ **Le Grangousier** (Buisson), 17 r. Galante 🛭 90 82 96 60, Fax 90 85 31 23 – 🔲. AE GB
fermé 15 août à début sept., vacances de fév., lundi midi et dim. – **Repas** 150 (déj.), 200/350,
enf. 100 EY **v**
Spéc. Millefeuille de brandade de morue. Pigeon en saumure rôti. Crème brûlée à la cassonade. **Vins** Côtes-du-Rhône, Châteauneuf-du-Pape.

XXXX **Brunel,** 46 r. Balance 🛭 90 85 24 83, Fax 90 86 26 67 – 🔲. GB EY **e**
fermé 15 juil. au 15 août, dim. et lundi – **Repas** 250 à 360.

XX **La Fourchette,** 17 r. Racine 🛭 90 85 20 93, Fax 90 85 57 60 – 🔲. GB EY **u**
fermé 12 au 27 août, sam. et dim. – **Repas** 100 bc/145 ♨.

XX **Jardin de la Tour,** 9 r. Tour 🛭 90 85 66 50, Fax 90 27 90 72, 🍴, « Ancienne usine
aménagée » – AE ① GB JCB GY **a**
fermé 16 au 31 août, dim. soir et lundi – **Repas** 125 (déj.), 185/245, enf. 85.

143

AVIGNON

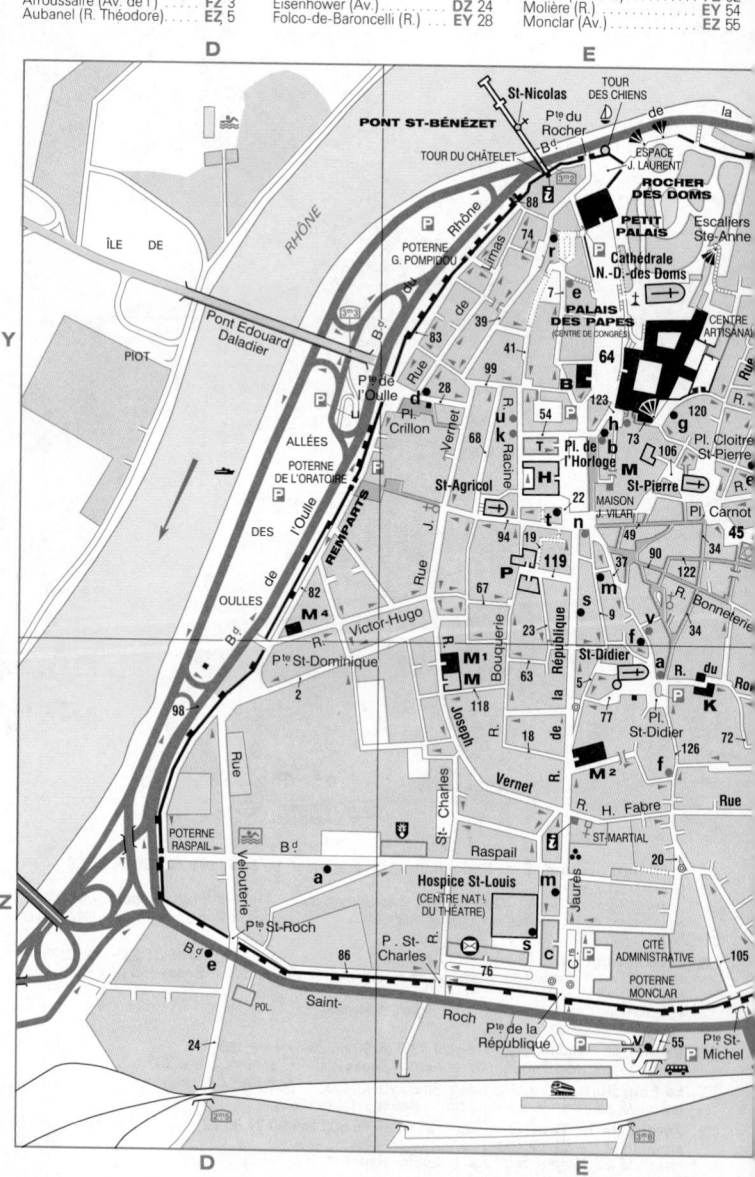

XX **Trois Clefs,** 26 r. Trois Faucons ✆ 90 86 51 53, Fax 90 85 17 32 – ▤. AE GB. ✻ EZ **f**
fermé vacances de Toussaint, de fév. et dim. sauf fêtes – **Repas** 140 bc/180, enf. 75.

XX **L'Aquarelle,** 41 r. Saraillerie ✆ 90 86 33 79, ☂ – GB EZ **a**
fermé 23 août au 6 sept., mardi soir et merc. sauf juil.-août – **Repas** 145/210, enf. 80.

X ✿ **L'Isle Sonnante** (Gradassi), 7 r. Racine ✆ 90 82 56 01 – ▤. GB. ✻ EY **k**
fermé août, dim. et lundi – **Repas** (nombre de couverts limité, prévenir) 130/185
Spéc. Compote de lapin en gelée et son foie à la sauge. Thon poêlé à la tomate confite et au basilic. Mitonnée de joue de boeuf aux petits légumes.

X **Les Domaines,** 28 pl. Horloge ✆ 90 82 58 86, Fax 90 86 26 31, ☂ – ▤. AE GB EY **b**
Repas carte 150 à 310 ♨.

dans l'île de la Barthelasse N : 5 km par D 228 et VO – ✉ **84000** Avignon :

La Ferme ♨, chemin des Bois ✆ 90 82 57 53, Fax 90 27 15 47, ☂, ⛱ – ⊁ ch ▤ ch TV ☎ ♿ P. AE GB. ✻ ch
fermé 2 janv. au 10 fév. – **Repas** *(fermé lundi d'oct. à avril et sam. midi)* 110/180 – ☕ 45 – **20 ch** 340/420 – ½ P 300/340.

vers ② par N 7 : 3,5 km – ✉ **84130** Le Pontet :

Les Agassins M ♨, 52 av. Ch. de Gaulle ✆ 90 32 42 91, Fax 90 32 08 29, ☂, « Jardin fleuri », ⛱ – |‡| ⊁ ch ▤ TV ☎ P – 🏛 30. AE ⊙ GB. ✻ rest CV **u**
fermé 1er janv. au 1er mars et sam. midi hors sais. – **Repas** 130/380, enf. 60 – ☕ 75 – **27 ch** 650/950 – ½ P 600/700.

au Pontet vers ② par N 7 et D 62 : 6 km – 15 688 h. – ✉ **84130** :

✿ **Aub. de Cassagne** M ♨, 450 allée de Cassagne ✆ 90 31 04 18, Télex 432997, Fax 90 32 25 09, ☂, « Beau jardin », ⛱, ✂ – ▤ TV ☎ ♿ P. AE ⊙ GB JCB
Repas 230 (déj.), 290/460 et carte 400 à 500, enf. 110 – ☕ 95 – **22 ch** 420/1180, 4 appart – ½ P 720/1065
Spéc. Escalope de foie gras de canard poêlée. Langoustines grillées et tartelette d'artichaut barigoule. Emincé d'agneau et côtelettes de lapereau panées aux petits légumes farcis. **Vins** Châteauneuf-du-Pape, Cairanne.

à l'Echangeur A 7 Avignon Nord par ② : 9 km – ✉ **84700** Sorgues :

Novotel Avignon Nord M, ✆ 90 31 16 43, Télex 432869, Fax 90 32 22 21, ☂, ⛱, ⛆, ✂ – |‡| ⊁ ch ▤ TV ☎ ♿ P – 🏛 150. AE ⊙ GB JCB
Repas carte environ 170, enf. 50 – ☕ 50 – **100 ch** 400/450.

à Montfavet E : 7 km par av. Avignon - CX – ✉ **84140** :

Host. Les Frênes M ♨, av. Vertes Rives ✆ 90 31 17 93, Fax 90 23 95 03, ☂, « Parc, ⛱ » – |‡| ▤ ch TV ☎ P. AE ⊙ GB
1er avril-31 oct. – **Repas** 195/395 – ☕ 85 – **18 ch** 595/1880, 4 appart.

à Morières-lès-Avignon par ③ : 9 km – 6 405 h. – ✉ **84310** :

Le Paradou, N 100 ✆ 90 33 34 15, Fax 90 33 46 93, ☂, ⛱, ⛆ – TV ☎ ♿ P – 🏛 30. AE ⊙ GB
25 mars-29 oct. – **Repas** *(fermé sam. midi)* 100/180, enf. 50 – ☕ 45 – **31 ch** 320/360 – ½ P 290/310.

rte de Marseille vers ④ – ✉ **84000** Avignon :

Mercure Avignon Sud M, 3 km ✆ 90 88 91 10, Télex 431994, Fax 90 87 61 88, ⛱, ⛆ – |‡| ⊁ ch ▤ TV ☎ ♿ P – 🏛 100. AE ⊙ GB JCB BX **m**
Repas 100/140, enf. 50 – ☕ 50 – **105 ch** 540.

Novotel Avignon Sud M, 4 km ✆ 90 87 62 36, Télex 432878, Fax 90 88 38 47, ☂, ⛱, ⛆ – ⊁ ch ▤ TV ☎ ♿ P – 🏛 150. AE ⊙ GB CX **n**
Repas carte environ 160, enf. 55 – ☕ 50 – **79 ch** 400/450.

à l'aéroport par ④ : 8 km – ✉ **84140** Montfavet :

Paradou-Avignon M, ✆ 90 84 18 30, Fax 90 84 19 16, ☂, ⛱, ⛆, ✂ – ▤ TV ☎ ♿ P – 🏛 50. AE ⊙ GB
Repas 75 bc/160, enf. 50 – ☕ 50 – **42 ch** 370/400 – ½ P 340.

par ④ : 10 km – ✉ **84140** Montfavet :

XX **Aub. de Bonpas** avec ch, rte Cavaillon ✆ 90 23 07 64, Fax 90 23 07 00, ☂, ⛱, ⛆ – TV ☎ P. AE ⊙ GB
Repas 110 (déj.), 170/350, enf. 80 – ☕ 45 – **11 ch** 240/340 – ½ P 340/370.

MICHELIN, Agence régionale, 26 av. de Fontcouverte CX ✆ 90 88 11 10

BMW Foch Autom., ZI St-Tronquet le Pontet ✆ 90 32 60 60
FIAT, LANCIA Gar. Royal, 141 rte de Marseille ✆ 90 88 29 55
FORD Festival Auto Sce N 7, 1 bis rte de Morières ✆ 90 82 16 76
MERCEDES Autom. Avignonnaise, c. commercial Cap Sud, rte de Marseille ✆ 90 88 01 35
NISSAN Gar. Danse, ZI de Courtine, r. Petit Mas ✆ 90 86 48 37
PEUGEOT Gar. de l'Abbaye, 4-6 av. Reine Jeanne BX ✆ 90 82 15 51

PEUGEOT Gar. Vaucluse Auto, 35 av. Fontcouverte
CX ℰ 90 88 07 61 **N** ℰ 05 44 24 24
RENAULT A.S.A., rte de Marseille, RN 7 CX
ℰ 90 13 88 00 **N** ℰ 90 82 90 05
RENAULT Autom. des Remparts, SAR, 14 bd
St-Michel FZ ℰ 90 14 58 00 **N** ℰ 90 82 90 05
VAG E.G.S.A., Centre des Affaires Cap Sud
ℰ 90 87 63 22 **N** ℰ 90 88 50 39
VAG E.G.S.A., RN 7 Zone Portuaire Le Pontet
ℰ 90 32 20 33 **N** ℰ 90 88 50 39
Euromaster, Lot Activité La Gauloise Le Pontet
ℰ 90 31 29 60
Gay Pneus, 27 av. de Fontcouverte ℰ 90 87 56 48
Luciani Pneus Vulcopneu, 99 rte de Lyon
ℰ 90 82 47 47

Page Pneus, 37 ter bd Sixte Isnard ℰ 90 82 06 85
Perrot Pneus, 31 av. du Grand Gigognan
ℰ 90 86 22 21
Pneus Escoffier, 2303 rte de Marseille, N 7
ℰ 90 88 14 84
Tiffany Pneus, 194 av. A.-Briand à Morières-les-
Avignon ℰ 90 33 50 66

⑩ Ayme Pneus, av. de l'Etang, ZI Fontcouverte
ℰ 90 87 65 37
Ayme Pneus, 32 bd St-Michel ℰ 90 82 71 38
Dibon Pneus, 1 rte de Marseille ℰ 90 86 31 65
Dibon Pneus, Le Pigeonnier, 66 av. Ch.-de-Gaulle
au Pontet ℰ 90 31 14 13

AVOINE 37420 I.-et-L. **64** ⑨ − 1 664 h.

Paris 289 − ♦Tours 54 − Azay-le-Rideau 28 − Chinon 9 − Langeais 27 − Saumur 22.

XX **L'Atlantide,** 17 r. Nationale ℰ 47 58 81 85, 🍴 − **GB**
fermé 21 août au 9 sept., dim. soir et lundi − **Repas** 118/247, enf. 70.

AVON 77 S.-et-M. **61** ⑫ − rattaché à Fontainebleau.

Ferienreisen wollen gut vorbereitet sein.

Die Straßenkarten und Führer von Michelin

geben Ihnen Anregungen und praktische Hinweise zur Gestaltung Ihrer Reise :

Streckenvorschläge, Auswahl und Besichtigungsbedingungen

der Sehenswürdigkeiten, Unterkunft, Preise ... u. a. m.

AVRANCHES ◁📰▷ 50300 Manche **59** ⑧ G. Normandie Cotentin − 8 638 h alt. 88.

Voir Manuscrits★★ du Mont-St-Michel (musée) AY **M** − Jardin des Plantes : ⁂★ AZ − La
"plate-forme" ⁂★ AY.

🛈 Office de Tourisme r. Gén.-de-Gaulle ℰ 33 58 00 22 et pl. Carnot (juil.-août) ℰ 33 58 59 11.

Paris 341 ① − St-Lô 59 ① − St-Malo 64 ③ − ♦Caen 99 ① − Dinan 69 ③ − Flers 67 ① − Fougères 41 ③ − ♦Rennes
75 ③.

Plan page suivante

🏨 **Croix d'Or** 🦐, 83 r. Constitution ℰ 33 58 04 88, Fax 33 58 06 95, « Décor rustique
normand, jardin » − ☎ 🚗 **🅿**. **GB**   BZ **s**
15 mars-15 nov. − **Repas** 75 (déj.), 105/250, enf. 60 − 🛏 38 − **29 ch** 240/370 − ½ P 280/360.

🏨 **Les Abrincates** sans rest, 37 bd Luxembourg par ③ : 0,5 km ℰ 33 58 66 64,
Fax 33 58 40 11 − 📳 📺 ☎ 🅿. **GB** **JCB**. ⁒
fermé 24 déc. au 3 janv. et dim. d'oct. à avril − 🛏 33 − **29 ch** 280/350.

🏨 **Le Pratel** sans rest, 24 r. Vanniers par ③ ℰ 33 68 35 41, Fax 33 68 33 50, 🌂 − 📺 ☎ 🅿.
AE **GB**
fermé vacances de fév. et vend. soir du 15 sept. au 1ᵉʳ mars − 🛏 30 − **7 ch** 270/320.

🏠 **Jardin des Plantes,** 10 pl. Carnot ℰ 33 58 03 68, Fax 33 60 01 72, 🌂 − 📺 ☎. **GB**
◆ **JCB**   AZ **u**
Repas 75/270 ⅊, enf. 55 − 🛏 32 − **18 ch** 170/350 − ½ P 205/260.

🏠 **Patton** sans rest, 93 r. Constitution ℰ 33 48 52 52 − 📳 ☎ 🅿. **GB**   BZ **n**
fermé janv. et fév. − 🛏 30 − **26 ch** 220/300.

🏠 **Central** sans rest, 2 r. Jardin des Plantes ℰ 33 58 16 59 − ☎. **GB**   AY **a**
fermé sam. et dim. du 1ᵉʳ nov. à Pâques − 🛏 28 − **14 ch** 150/240.

X **Le Ménestrel,** 37 bd Luxembourg par ③ : 0,5 km ℰ 33 58 12 20, Fax 33 58 12 20 − **GB**
◆ fermé vacances de Toussaint, 1ᵉʳ au 15 janv., dim. soir et lundi de nov. à Pâques et sam.
midi − **Repas** 70/175 ⅊, enf. 36.

à St-Quentin-sur-le-Homme SE : 5 km par D 78 BZ − ✉ 50220 :

XXX **Le Gué du Holme** Ⓜ avec ch, ℰ 33 60 63 76, Fax 33 60 06 77, 🍴, 🌂 − 📺 ☎ 🅼 🅿. **AE**
GB
fermé 23 déc. au 10 janv., sam. midi et dim. soir hors sais. − **Repas** 130/360 et carte 200 à
300, enf. 70 − 🛏 50 − **10 ch** 400/490 − ½ P 450/500.

CITROEN Basse Normandie Auto, 38 bd du
Luxembourg, Le Val-St-Père par ③ ℰ 33 58 23 15
FORD Gar. Gosselin, ZI de St-Senier ℰ 33 68 38 61
RENAULT Gar. Poulain, 87 r. Cdt-Bindel par ②
ℰ 33 58 09 00 **N** ℰ 33 68 51 26
VAG Avranches Autom., 3 av. du Quesnoy.
St-Martin-des-Champs ℰ 33 58 14 96

⑩ Euromaster, 17 bd du Luxembourg
ℰ 33 58 04 24
Lefrançois, à St-Quentin-sur-le-Homme
ℰ 33 58 15 31 **N** ℰ 33 60 49 71

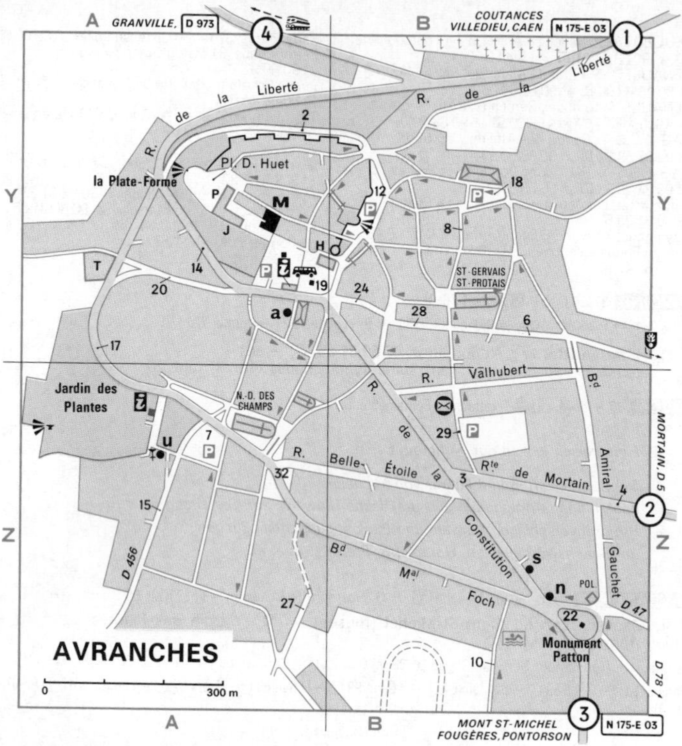

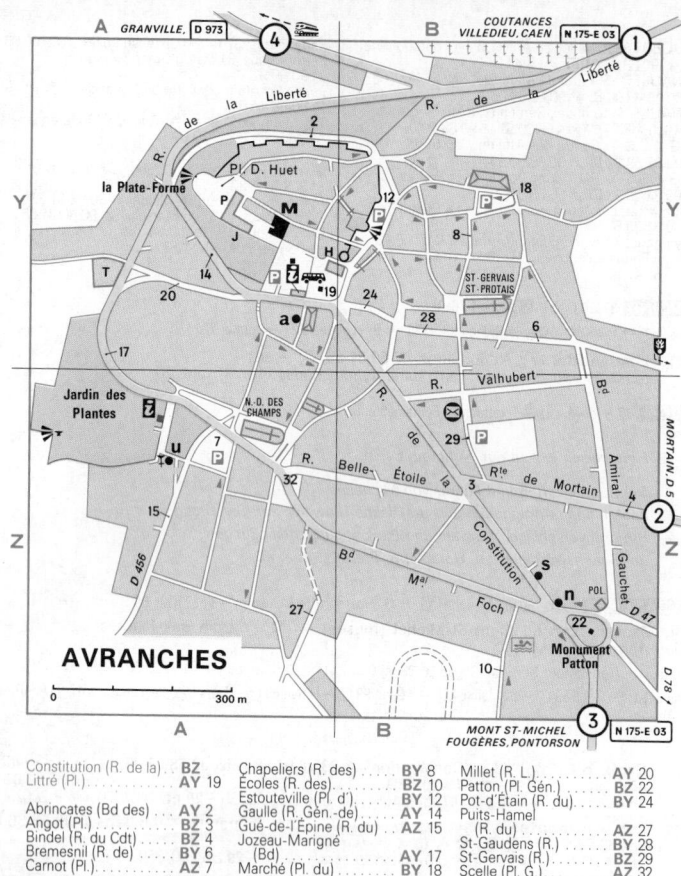

AVRANCHES
GRANVILLE, D 973
COUTANCES
VILLEDIEU, CAEN
N 175-E 03
R. de la Liberté
la Plate-Forme
Pl. D. Huet
M
P
J
H
T
ST-GERVAIS
ST-PROTAIS
R. Valhubert
Jardin des Plantes
N.-D. DES CHAMPS
R. de la Constitution
R. Belle-Étoile
Rte de Mortain
Bd Amiral Gaucher
Bd Mal Foch
D 456
MORTAIN, D 5
D 47
D 78
Monument Patton
POL.
0
300 m
MONT ST-MICHEL
FOUGÈRES, PONTORSON
N 175-E 03

Constitution (R. de la) . BZ
Littré (Pl.) . . . . AY 19

Abrincates (Bd des) . . . AY 2
Angot (Pl.) . . . . BZ 3
Bindel (R. du Cdt) . . . . . BZ 4
Bremesnil (R. de) . . . . . BY 6
Carnot (Pl.) . . . . AZ 7
Chapeliers (R. des) . . . . BY 8
Écoles (R. des) . . . . BZ 10
Estouteville (Pl. d') . . . . . BY 12
Gaulle (R. Gén.-de) . . . . . AY 14
Gué-de-l'Épine (R. du) . . AZ 15
Jozeau-Marigné (Bd) . . . . AY 17
Marché (Pl. du) . . . . BY 18
Millet (R. L.) . . . . AY 20
Patton (Pl. Gén.) . . . . . . BZ 22
Pot-d'Étain (R. du) . . . . . BY 24
Puits-Hamel (R. du) . . . . AZ 27
St-Gaudens (R.) . . . . . . BY 28
St-Gervais (R.) . . . . BZ 29
Scelle (Pl. G.) . . . . AZ 32

EUROPE on a single sheet
Michelin map no 970.

AVRILLÉ **85440** Vendée 67 ⑬ **G. Poitou Vendée Charentes** – 1 004 h alt. 20.

Voir St-Hilaire-la-Forêt : C.A.I.R.N. (centre archéologique d'initiation et de recherche sur le néolithique) SO : 3 km.

Paris 444 – La Rochelle 66 – La Roche-sur-Yon 26 – Luçon 25 – Les Sables-d'Olonne 23.

X **Le Menhir,** av. Sables ☎ 51 22 32 18, Fax 51 22 34 13 – ▤. AE ⓓ GB
fermé 20 janv. au 29 fév., dim. soir et lundi d'oct. à avril – **Repas** 55 (déj.), 75/195, enf. 48.

AX-LES-THERMES **09110** Ariège 86 ⑮ **G. Pyrénées Roussillon** – 1 489 h alt. 720 – Stat. therm. (mars-nov.) – Sports d'hiver au Saquet par route du plateau de Bonascre★ (8 km) et télécabine : 1 400/2 400 m ⛷1 ⛷16.

Voir Vallée d'Orlu★ au SE.

Office de Tourisme pl. du Breilh ☎ 61 64 20 64, Fax 61 64 36 41.

Paris 822 – Foix 42 – Andorre-la-Vieille 62 – Carcassonne 105 – Prades 99 – Quillan 53.

La Lauzeraie M, ☎ 61 64 20 70, Fax 61 64 38 50, 🍽 – |‡| TV ☎. AE GB
fermé 15 nov. au 20 déc. – **Repas** 79/190, enf. 45 – ☕ 50 – **33 ch** 280/420 – ½ P 260/340.

Terminus, ☎ 61 64 20 55 – TV ☎ P. AE ⓓ GB
fermé 1er oct. au 1er nov., dim. soir et lundi sauf vacances scolaires – **Repas** 67/220, enf. 40 – ☕ 32 – **16 ch** 220/260 – ½ P 230/260.

au Castelet NO : 4 km – alt. 660 – ⊠ 09110 Ax-les-Thermes :

🏠 **Le Castelet** ⚘, 𝄐 61 64 24 52, Télex 533376, Fax 61 64 05 93, ≤, 😊, 🌳 – 📺 ☎ 🅿, 🆎 🇬🇧 ❀ rest
10 mai-15 oct. et fermé mardi soir et merc. sauf juil.-août – **Repas** 89/240, enf. 48 – ⊐ 32 –
27 ch 301/341 – ½ P 270/335.

à Unac NO : 9 km par N 20 et D 2 – ⊠ 09250 :

XXX **L'Oustal** ⚘ avec ch, 𝄐 61 64 48 44, ≤, 😊, « Auberge rustique », 🌳 – 🇬🇧
fermé 15 nov. au 15 déc. et lundi sauf du 15 juil. au 15 sept. – **Repas** 195/325 et carte environ 240, enf. 90 – ⊐ 45 – **4 ch** 195/350 – ½ P 335/415.

AYTRÉ 17 Char.-Mar. 71 ⑫ – rattaché à La Rochelle.

AZAY-LE-RIDEAU 37190 I.-et-L. 64 ⑭ G. Châteaux de la Loire (plan) – 3 053 h alt. 44.

Voir Château★★★ (spectacle son et lumière) – Façade★ de l'église St-Symphorien.

🛈 Office de Tourisme pl. Europe 𝄐 47 45 44 40, fax 47 45 31 46.

Paris 264 – ◆Tours 26 – Châtellerault 60 – Chinon 21 – Loches 52 – Saumur 48.

🏠 **Gd Monarque,** 𝄐 47 45 40 08, Fax 47 45 46 25, 😊 – 📺 ☎ 🅿, 🆎 ① 🇬🇧 JCB
fermé 17 déc. au 2 fév. – **Repas** *(fermé lundi midi et jeudi de nov. à mars)* 95 (déj.), 155/275, enf. 55 – ⊐ 55 – **26 ch** 300/650 – ½ P 320/530.

🏠 **de Biencourt** sans rest, 𝄐 47 45 20 75 – ☎, 🇬🇧 ❀
1er mars-15 nov. – ⊐ 35 – **16 ch** 200/370.

XX **L'Aigle d'Or,** 𝄐 47 45 24 58, Fax 47 45 90 18, 😊 – 🇬🇧
fermé 4 au 11 sept., 15 au 25 déc., 5 fév. au 5 mars, mardi soir du 1er oct. au 15 mai, dim. soir et merc. – **Repas** *(prévenir)* 88 (déj.), 140/265, enf. 50.

XX **Grottes,** 𝄐 47 45 21 04, Fax 47 45 92 51, 😊, « Salle troglodytique » – 🇬🇧
fermé 1er au 10 sept., 1er au 15 janv., jeudi soir et lundi – **Repas** 82/185, enf. 45.

X **L'Automate Gourmand,** à La Chapelle-St-Blaise S : 1 km 𝄐 47 45 39 07 – 🇬🇧
fermé 9 au 19 oct., 1er au 15 janv., lundi soir hors sais. et mardi – **Repas** 85/245 🍷.

à Saché E : 6,5 km par D 17 – ⊠ 37190 :

XX **Aub. du XIIe siècle,** 𝄐 47 26 88 77, 😊, « Décor rustique », 🌳 – 🆎 🇬🇧
fermé janv., merc. du 15 sept. au 31 mai et mardi soir – **Repas** 140 (déj.), 180/350, enf. 95.

RENAULT Gar. Martin, à la Chapelle-St-Blaise 𝄐 47 45 42 02

Si vous cherchez un hôtel tranquille,
consultez d'abord les cartes de l'introduction
ou repérez dans le texte les établissements indiqués avec le signe ⚘

AZERAILLES 54120 M.-et-M. 62 ⑥ – 792 h alt. 259.

Paris 357 – ◆Nancy 53 – Épinal 49 – Lunéville 19 – St-Dié 32 – Sarrebourg 43.

XX **Gare** avec ch, 𝄐 83 75 15 17, Fax 83 75 28 67, 🌳 – 🇬🇧
fermé 11 au 16 juil., 27 au 31 déc., dim. soir et lundi – **Repas** 70/200 🍷, enf. 45 – ⊐ 28 – **7 ch** 150/220 – ½ P 170/245.

BADEFOLS-SUR-DORDOGNE 24150 Dordogne 75 ⑮ ⑯ G. Périgord Quercy – 188 h alt. 50.

Voir Chapelle St-Front de Colubri ≤★.

Env. Cloître★★ et église★ de Cadouin SE : 7,5 km.

Paris 552 – Périgueux 57 – Bergerac 26 – Sarlat-la-Canéda 47.

🏠 **Lou Cantou,** 𝄐 53 27 95 61, Fax 53 27 22 44 – 📺 ☎, 🇬🇧 ❀ rest
Repas *(fermé lundi du 1er nov. au 1er avril)* 59/145 🍷, enf. 50 – ⊐ 35 – **12 ch** 180/290 – ½ P 172/230.

BADEN 56 Morbihan 63 ② – rattaché à Auray.

BAERENTHAL 57 Moselle 57 ⑱ – 723 h alt. 201 – ⊠ 57230 Bitche.

Paris 448 – ◆Strasbourg 61 – Bitche 15 – Haguenau 33 – Wissembourg 45.

à Untermuhthal S : 4 km sur rte de Niederbronn-les-Bains (D 87) – ⊠ 57230 Bitche :

XXX ❀ **L'Arnsbourg** (Klein), 𝄐 87 06 50 85, Fax 87 06 57 67, 🌳 – ▤ 🅿, 🆎 ① 🇬🇧
fermé janv., mardi et merc. – **Repas** 189/389 et carte 320 à 420 🍷
Spéc. Presskopf de saumon d'Écosse et Saint-Jacques au caviar. Foie gras d'oie dans son bouillon parfumé aux champignons. Poitrine de pigeon fourrée au foie gras d'oie. **Vins** Riesling, Pinot-noir.

BAGES 11100 Aude 86 ⑩ G. Pyrénées Roussillon – 694 h alt. 15.

Paris 809 – ◆Perpignan 61 – Carcassonne 63 – Narbonne 7,5.

XX **Le Portanel,** 𝄐 68 42 81 66, Fax 68 41 75 93, ≤ – ▤ 🇬🇧
fermé 23 oct. au 6 nov., dim. soir et lundi – **Repas** 98/198.

Voir Parc thermal de Salut★ par D 153 AZ – Grotte de Médous★★ par ② : 2,5 km.

🏌 𝒫 62 91 06 20, N : 3 km par ①.

🏢 Office de Tourisme 3 allée Tournefort 𝒫 62 95 50 71, Fax 62 95 33 13.

Paris 815 ③ – Pau 59 ③ – Lourdes 22 ③ – St-Gaudens 56 ① – Tarbes 21 ③.

BAGNÈRES-DE-BIGORRE

Coustous (Allées des)	BZ 7
Foch (R. Maréchal)	BY 8
Lafayette (Pl.)	ABY 22
Strasbourg (Pl. de)	BZ 32
Thermes (R. des)	AZ 34
Victor-Hugo (R.)	AZ 35

Alsace-Lorraine (R. d')	BZ 2
Arras (R. du Pont d')	AZ 3
Belgique (Av. de)	AY 4
Costallat (R.)	BY 6
Frossard (R. Émilien)	BZ 12
Gambetta (R.)	AY 13
Joffre (Av. Mar.)	AY 17
Jubinal (Pl. A.)	AY 19
Leclerc (Av. Gén.)	BZ 20
Lorry (R.)	AY 23
Pasteur (R.)	BZ 25
Pyrénées (R. des)	BY 26
République (R. de la)	BZ 27
Thermes (Pl. des)	AZ 28
Vignaux (Pl. des)	AZ 33
3-Frères-Duthu (R.)	BY 37
	BZ 39

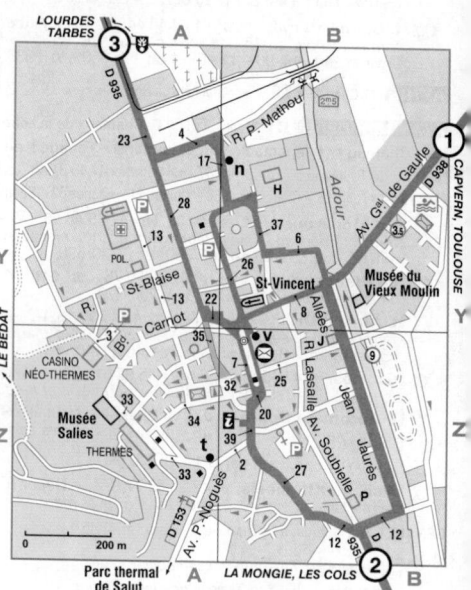

Pour aller loin rapidement,
utilisez
les cartes Michelin
des pays d'Europe à 1/1 000 000.

🏨 **La Résidence** ⑤, Parc Thermal de Salut 𝒫 62 91 19 19, Fax 62 95 29 88, ≤, 🌞, ⅃₆, ⅃,
🌳, 🛎 – 📺 ☎ ℗ 🅰🅴 🆖🅱 ⅏
 par av. P.-Noguès AZ
Repas 120/160 – ⲷ 43 – **31 ch** 395 – ½ P 400.

🏨 **Host. d'Asté,** par ② : 4 km 𝒫 62 91 74 27, Fax 62 91 76 74, ≤, 🌞, 🌳, 🛎 – 📺 ☎ ℗ 🅰🅴
🆖🅱. ⅏
fermé 12 nov. au 15 déc. – **Repas** 78/198, enf. 39 – ⲷ 36 – **21 ch** 219/330 – ½ P 233/313.

🏨 **Le Parador,** 12 av. Mar. Joffre 𝒫 62 91 05 43, Fax 62 91 00 93 – 📺 ☎. ⓞ 🆖🅱 BY n
fermé 14 au 30 nov. – **Repas** 70 ⅃, enf. 38 – ⲷ 28 – **12 ch** 209/320 – P 265/325.

🏨 **Angleterre** sans rest, pl. La Fayette 𝒫 62 95 22 24 – ⧓ 📺 ☎. 🆖🅱 BZ v
fermé 12 nov. au 4 déc. – ⲷ 25 – **28 ch** 120/240.

🏨 **Glycines** sans rest, 12 pl. Thermes 𝒫 62 95 28 11 – ☎. 🅰🅴 🆖🅱 AZ t
ⲷ 28 – **18 ch** 160/240.

à Beaudéan par ② : 4,5 km – ⊠ 65710 Campan :

🏨 **Catala** Ⓜ ⑤, 𝒫 62 91 75 20, Fax 62 91 79 72 – ⧓ 📺 ☎ ⅊ ℗ – 🔬 25. ⓞ 🆖🅱. ⅏
fermé 25 au 31 déc. – **Repas** *(fermé vend. soir et dim. soir sauf vacances scolaires)* 80/220,
enf. 42 – ⲷ 35 – **20 ch** 250/380, 4 appart – ½ P 250/380.

🍴 **Petite Auberge,** 𝒫 62 91 72 16, 🌞 – 🅰🅴 🆖🅱
fermé 1er au 15 juin, 1er au 15 déc. et mardi – **Repas** 76/150 ⅃.

CITROEN Fourcade, rte des Cols par ②
𝒫 62 95 26 68 🅽 𝒫 62 95 26 68
FIAT GTM Autom., 1 av. de la Mongie à Pouzac
𝒫 62 95 06 23

PEUGEOT Laloubère, rte de Tarbes par ③
𝒫 62 95 26 84 🅽 𝒫 62 95 26 84

🛞 Dulout Pneu Sce, 4 r. St-Vincent 𝒫 62 95 03 58

Voir Route de Peyresourde★ O.

Env. Vallée du Lys★ SO : 5,5 km par D 125 et D 46.

🏌️ ℰ 61 79 03 27 X.

🛈 Office de Tourisme allée d'Etigny ℰ 61 79 21 21, Fax 61 79 11 23.

Paris 841 ① – Bagnères-de-Bigorre 80 ③ – Saint-Gaudens 47 ① – Tarbes 89 ① – ◆Toulouse 136 ①.

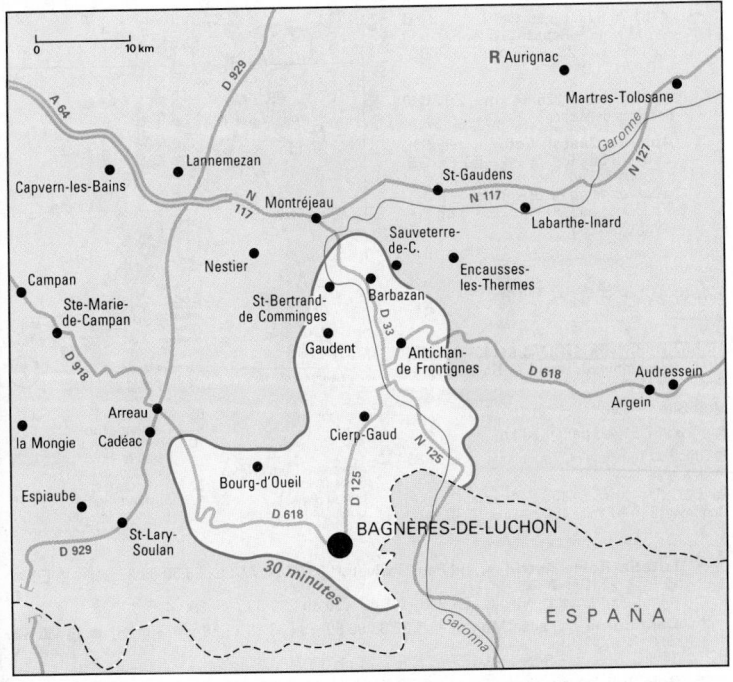

🏛️ **Corneille** 🦢, 5 av. A. Dumas ℰ 61 79 36 22, Fax 61 79 81 11, 😊, « Résidence dans un parc, beaux aménagements intérieurs » – 🛗 📺 ☎ 🅿. 🆎 ⓞ 🇬🇧. 🛑 rest   Y **u**
fermé 1er nov. au 20 déc. – **Repas** 145/198, enf. 75 – 🖃 39 – **52 ch** 400/700, 3 appart – ½ P 420/540.

🏛️ **Étigny,** face établ. thermal ℰ 61 79 01 42, Fax 61 79 80 64, 😊 – 🛗 🗐 rest 📺 ☎ 🚐. 🇬🇧. 🛑 rest   Z **k**
31 mars-28 oct., vacances de Noël et de fév. – **Repas** 95/195, enf. 55 – 🖃 40 – **58 ch** 330/600, 3 appart – ½ P 350/440.

🏛️ **Bains,** 75 allées Étigny ℰ 61 79 00 58, Fax 61 79 18 18 – 🛗 ☎. 🆎 🇬🇧. 🛑 rest   YZ **e**
fermé 28 oct. au 20 déc. – **Repas** 98 🍷 – 🖃 30 – **53 ch** 175/270 – ½ P 265/270.

🏛️ **Royal H.,** 1 cours Quinconces ℰ 61 79 00 62 – 🛗 ☎. 🇬🇧. 🛑 rest   Z **v**
25 mai-8 oct. – **Repas** 95 – 🖃 30 – **48 ch** 160/250 – ½ P 240.

🏛️ **Paris,** 9 cours Quinconces ℰ 61 79 13 70, Fax 61 79 22 08, 😊 – 🛗 📺 ☎ 🅿. 🆎 🇬🇧. 🛑 rest   Z **v**
11.avril-20 oct. et vacances scolaires – **Repas** 87 – 🖃 30 – **40 ch** 244/317 – ½ P 267.

🏛️ **Panoramic** sans rest, 6 av. Carnot ℰ 61 79 30 90, Fax 61 79 32 84 – 🛗 📺 ☎ 🅿. 🇬🇧   X **v**
fermé 8 au 15 janv. – 🖃 38 – **30 ch** 190/380.

🏛️ **La Rencluse,** à St-Mamet ✉ 31110 Bagnères-de-Luchon ℰ 61 79 02 81, Fax 61 79 82 99, 😊 – 📺 ☎ 🅿. 🆎 🇬🇧. 🛑 ch   Z **y**
1er mai-6 oct., vacances de Noël et de fév. – **Repas** 70/150 – 🖃 32 – **30 ch** 300 – ½ P 265.

🏛️ **Le Concorde** Ⓜ, 12 allées Etigny ℰ 61 79 00 69, 😊 – 🛗 📺 ☎ 🅿. 🆎 🇬🇧. 🛑 rest Y **a**
fermé 1er nov. au 20 déc. et 5 au 30 janv. – **Repas** 75/150 🍷 – 🖃 32 – **18 ch** 230/280 – ½ P 280.

Métropole, 40 allées Étigny ✆ 61 79 38 00 – |‡| ☎. GB. ✂ rest
1er avril-20 oct., vacances de Noël et de fév. – **Repas** 90/120 – ☕ 30 – **60 ch** 110/290 – ½ P 220/250. Y **r**

Deux Nations, 5 r. Victor-Hugo ✆ 61 79 01 71, Fax 61 79 27 89 – |‡| ☎. GB Y **g**
Repas 57/150 🍷 – ☕ 30 – **28 ch** 125/191 – ½ P 186/212.

Sports, 12 av. Mar. Foch ✆ 61 79 02 80 – ☎. GB X **d**
fermé nov. – **Repas** (résidents seul.) 60 bc – ☕ 23 – **13 ch** 160/260 – ½ P 170/200.

au Sud par D 125 : 4 km – ✉ **31110** Bagnères-de-Luchon :

Aub. de Castel Vielh ⛰ avec ch, ✆ 61 79 36 79, ☂, 🌳 – 📺 Ⓟ. GB
1er avril-5 nov., vacances scolaires et week-ends en hiver – **Repas** 70 (déj.), 90/150 🍷, enf. 50 – ☕ 38 – **3 ch** 300 – ½ P 230/265.

CITROEN Bardaji, av. R.-Comet par av. de Toulouse
X ✆ 61 79 16 93 N ✆ 61 79 16 93
PEUGEOT-TALBOT Gar. Bedin, pl. Comminges ✆ 61 79 01 35

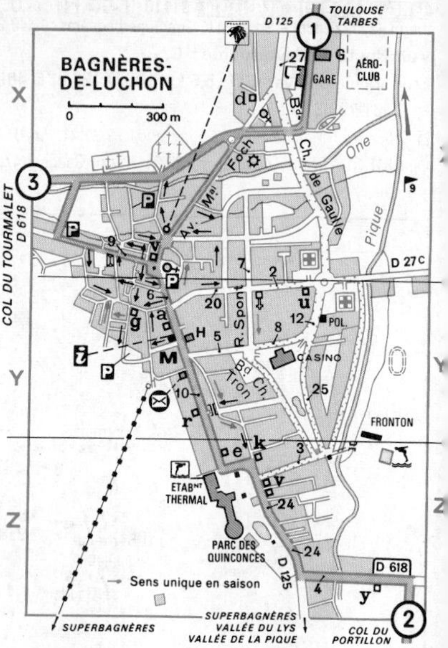

Carnot (Av.) . . . . Y 6
Dr-Germès (R. du) . . . . X 9
Étigny (Allées d') . . . . . Y 10

Alexandre-Dumas (Av.) Y 2
Bains (Allées des) . . . . Z 3
Barrau (Av. J.) . . . . Z 4
Boularan (Av. Jean) . . . Y 5
Colomic (R.) . . . . . . X 7
Dardenne (Bd) . . . . . Y 8
Fontan (Bd A.) . . . . . Y 12
Lamartine (R.) . . . . . Y 20
Quinconces (Cours des) . . . . Z 24
Rostand (Bd E.) . . . . Y 25
Toulouse (Av. de) . . X 27

BAGNOLES-DE-L'ORNE 61140 Orne 60

① G. Normandie Cotentin – 875 h alt. 194 – Stat. therm. – Casino A.

Voir Site★ – Lac★ A – Parc★ AB.

⛳ ✆ 33 37 81 42, par ③ : 3 km.

ℹ Office de Tourisme pl. République ✆ 33 37 85 66, fax 33 38 95 04.

Paris 233 ① – Alençon 48 ② – Argentan 38 ① – Domfront 19 ③ – Falaise 45 ① – Flers 27 ④.

Plan page ci-contre

Lutetia-Reine Astrid ⛰, bd Paul Chalvet ✆ 33 37 94 77, Fax 33 30 09 87, 🌳 – |‡| 📺 ☎ Ⓟ – 🎤 25. AE ⦿ GB. ✂ rest B **n**
début avril-fin oct. – **Repas** 125/340 – ☕ 45 – **30 ch** 280/430 – P 390/495.

Capricorne ⛰, allée Montjoie ✆ 33 37 96 99, Fax 33 38 19 56, 🌳 – |‡| 📺 ☎ Ⓟ. AE ⦿ GB. ✂ rest A **v**
1er avril-10 oct. – **Repas** 105/185 – ☕ 40 – **21 ch** 300/400, 3 appart – P 400/420.

Bois Joli ⛰, av. Ph. du Rozier ✆ 33 37 92 77, Télex 171782, ♿, 🌳 – |‡| 📺 ☎ Ⓟ. AE ⦿ GB A **w**
Repas *(fermé janv. et merc. de nov. à mars)* 115/295 – ☕ 40 – **20 ch** 315/535 – ½ P 330/440.

Ermitage ⛰ sans rest, 24 bd Paul Chalvet ✆ 33 37 96 22, Fax 33 38 59 22, 🌳 – |‡| 📺 ☎ 🚗 Ⓟ. GB B **p**
avril-oct. – ☕ 45 – **37 ch** 215/345.

Beaumont ⛰, 26 bd Le Meunier-de-la-Raillère ✆ 33 37 91 77, Fax 33 38 90 61, ☂, « Jardin fleuri » – 📺 ☎ Ⓟ. AE ⦿ GB B **f**
fermé 16 déc. au 29 fév., dim. soir et lundi du 1er nov. au 31 mars – **Repas** 105/198 🍷, enf. 50 – ☕ 32 – **40 ch** 210/330 – P 310/365.

Le Gd Veneur, pl. République ✆ 33 37 86 79 – |‡| ☎ Ⓟ. AE GB A **r**
31 mars-20 oct. – **Repas** 80/175 – ☕ 32 – **21 ch** 176/296 – P 289/329.

Camélias ⛰, av. Château de Couterne ✆ 33 37 93 11, Fax 33 37 48 32, 🌳 – |‡| ☎ Ⓟ. AE GB A **b**
5 avril-15 oct. – **Repas** 100/130 – ☕ 32 – **30 ch** 180/290 – P 260/310.

Albert 1er, av. Dr Poulain ✆ 33 37 80 97, Fax 33 30 03 64 – |‡| 📺 ☎. AE ⦿ GB A **m**
hôtel : fermé 15 déc. au 1er janv. ; rest. : ouvert 1er fév.-31 oct. – **Repas** 75/148 🍷, enf. 50 – ☕ 35 – **20 ch** 170/280 – P 300/350.

Terrasse sans rest, pl. République ✆ 33 37 92 39, Fax 33 38 98 32 – 📺 ☎ Ⓟ. GB. ✂ A **s**
☕ 30 – **28 ch** 95/205.

à Tessé-la-Madeleine – ✉ **61140** :

Nouvel H., av. A. Christophle ✆ 33 37 81 22, Fax 33 38 04 68, 🌳 – |‡| ☎ Ⓟ. GB. ✂ rest A **e**
avril-oct. – **Repas** 79/155, enf. 45 – ☕ 28 – **30 ch** 220/306 – P 278/326.

BAGNOLES-DE-L'ORNE

Casinos (R. des) . . . . A 2
Dr-Poulain (Av. du) . . . . . . A 8
Château (Av. du) . . . . A 3
Christophle (Bd A.) BAGNOLES . . . . B 4
Christophle (Bd A.) TESSE . . . . A 7
Gaulle (Pl. Général-de) . . . B 9
Hartog (R. G.) . . . . A 13
Le Meunier de la Raillère (Bd) . . . . B 14
Rozier (Av. Ph. du) . . . . . . A 15
Sergenterie-de-Javains (Av.) . . . . A 18

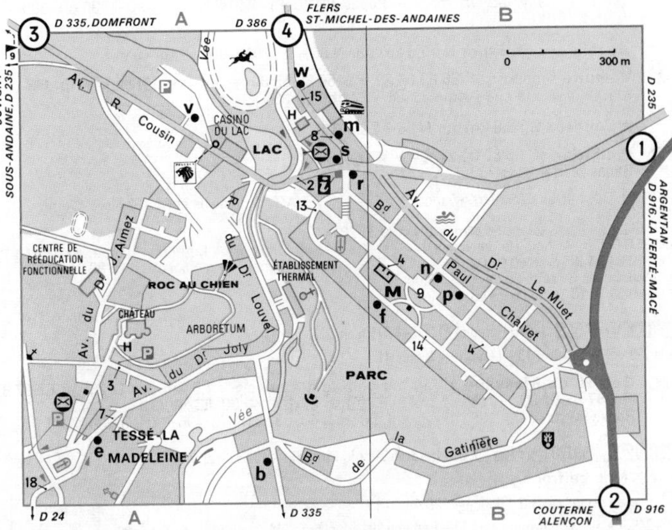

par ③ et D 235 : 3 km – ✉ **61140** Bagnoles-de-l'Orne :

Manoir du Lys 🐎, ☎ 33 37 80 69, Fax 33 30 05 80, 🍽, « Dans un parc fleuri », 🎾 – 🛗 📺 ☎ 🅟 – 🏛 25 à 80. AE ⓓ GB JCB
fermé 8 janv. au 29 fév., dim. soir et lundi du 1er nov. à Pâques – **Repas** 150/260, enf. 80 – ☕ 55 – **23 ch** 300/1000 – P 570/750.

PEUGEOT Gar. Constant, 8 av. R.-Cousin ☎ 33 37 83 11

BAGNOLET **93** Seine-St-Denis 56 ⑪, 101 ⑰ – voir à Paris, Environs.

BAGNOLS **69620** Rhône 73 ⑨ **G. Vallée du Rhône** – 636 h alt. 305.

Paris 447 – ♦Lyon 34 – Tarare 20 – Villefranche-sur-Saône 15.

Château de Bagnols 🐎, ☎ 74 71 40 00, Fax 74 71 40 49, ←, 🍽, parc, « Vieux château restauré, jardins ouverts sur la campagne beaujolaise » – 🛗 📺 ☎ 🅟 – 🏛 35. AE ⓓ GB. 🚫
25 avril-31 oct. – **Repas** 270/430 – ☕ 100 – **12 ch** 2000/2500, 8 appart.

BAGNOLS-LES-BAINS **48190** Lozère 80 ⑥ **G. Gorges du Tarn** – 200 h alt. 913 – Stat. therm. (5 avril-29 oct.).

Paris 609 – Mende 20 – Langogne 40 – Villefort 38.

Résidence du Pont et Bridge, ☎ 66 47 60 03, Fax 66 47 62 78, 🏊 – 🛗 📺 ☎. GB
1er avril-10 oct. – **Repas** 58/140 🍷 – ☕ 35 – **28 ch** 260/320 – ½ P 250/270.

Commerce, ☎ 66 47 60 07 – ☎. GB
1er mars-30 oct. – **Repas** *(fermé jeudi sauf du 1er juin au 30 sept.)* 60/140 🍷 – ☕ 30 – **28 ch** 150/220 – ½ P 200/270.

BAGNOLS-SUR-CÈZE **30200** Gard 80 ⑩ **G. Provence** (plan) – 17 872 h alt. 51.

Voir Musée d'Art moderne★.

Env. Belvédère★★ du Centre d'Énergie Atomique de Marcoule SE : 9,5 km.

ℹ Office de Tourisme esplanade St-Gilles, av. Léon Blum ☎ 66 89 54 61, Fax 66 89 83 88.

Paris 653 – Avignon 34 – Alès 50 – Nîmes 51 – Orange 24 – Pont-Saint-Esprit 10,5.

Mas de Ventadous 🐎, rte Avignon ☎ 66 89 61 26, Télex 490949, Fax 66 79 99 88, 🍽, « Bungalows provençaux dans un parc, 🏊 », 🎾 – ▤ ch 📺 ☎ ♿ 🅟 – 🏛 25. GB. 🚫 rest
fermé Noël au Jour de l'An et sam. midi – **Repas** 105/215 – ☕ 50 – **22 ch** 650/750 – ½ P 550.

rte d'Alès O : 5 km par D 6 et D 143 – ✉ 30200 Bagnols-sur-Cèze :

Château de Montcaud Ⓜ, ☎ 66 89 60 60, Fax 66 89 45 04, parc, – TV ☎ & P – 50. AE GB JCB
fermé 1er janv. au 16 mars – **Repas** 170 (déj.), 240/340 – ☕ 90 – **30 ch** 890/1720 – ½ P 835/1190.

rte de Pont-St-Esprit N : 5,5 km par N 86 – ✉ 30200 Bagnols-sur-Cèze :

Valaurie sans rest, ☎ 66 89 66 22, Fax 66 89 55 80, ←, – TV ☎ P. GB
fermé 24 déc. au 24 janv. – ☕ 38 – **22 ch** 260/300.

à Connaux S : 8,5 km sur N 86 – ✉ 30330 :

Paul Itier, ☎ 66 82 00 24, – P. GB
Repas 70 (déj.), 98/280.

CITROEN Gar. Jeolas, 239 rte d'Avignon ☎ 66 89 60 43
FIAT Électro-Diesel, 29 rte de Nîmes ☎ 66 89 61 20
PEUGEOT Gar. Pailhon, rte de Nîmes ☎ 66 89 54 95 N ☎ 66 90 91 02
RENAULT Gar. Stolard, 252 av. A.-Daudet ☎ 66 89 56 36 N ☎ 05 05 15 15
VAG Gar. Paulus et Fils, 37 av. L.-Blum ☎ 66 89 60 30

Euromaster, Rd-Pt de l'Europe ☎ 66 89 54 19
Europneu, rte d'Avignon ☎ 66 89 04 49

BAILLARGUES 34670 Hérault 83 ⑦ – 4 375 h alt. 23.

Paris 750 – ◆Montpellier 13 – Lunel 10 – Nîmes 41.

Golf H. de Massane Ⓜ, au golf de Massane S : 1,5 km par D 26E ☎ 67 87 87 87, Fax 67 87 87 90, ←, – TV ☎ & P – 80. AE GB
Repas 90 bc (déj.), 125/150, enf. 50 – ☕ 40 – **32 ch** 375/495 – ½ P 370/402.

BAILLEUL 59270 Nord 51 ⑤ **G. Flandres Artois Picardie** – 13 847 h alt. 44.

Voir ✱★ du beffroi.

Office de Tourisme 3 Gd. Place ☎ 28 49 18 17.

Paris 249 – ◆Lille 32 – Armentières 12 – Béthune 29 – Dunkerque 44 – Ieper 19 – St-Omer 36.

Belle H. Ⓜ sans rest, 19 r. Lille ☎ 28 49 19 00, Fax 28 49 22 11 – ch TV ☎ & P. AE GB JCB
☕ 39 – **31 ch** 330/380.

Pomme d'Or avec ch, 27 r. Ypres ☎ 28 49 11 01, Fax 28 49 22 11 – TV – 25. AE GB
fermé 1er au 20 août – **Repas** *(fermé dim. soir)* 69/130, enf. 39 – ☕ 29 – **7 ch** 110/250 – ½ P 240.

BAINS-LES-BAINS 88240 Vosges 62 ⑮ **G. Alsace Lorraine** – 1 466 h alt. 308 – Stat. therm. (5 avril-30 oct.).

Office de Tourisme pl. Bain Romain ☎ 29 36 31 75.

Paris 376 ④ – Épinal 26 ① – Luxeuil-les-Bains 27 ② – ◆Nancy 97 ① – Neufchâteau 71 ④ – Vesoul 51 ② – Vittel 42 ④.

BAINS-LES-BAINS

Docteur-Leroy (R. du)	5
Chavane (Av. du Lieutenant-Colonel)	2
Demazure (Av.)	3
Docteur-Bailly (Av. du)	4
Docteur-Mathieu (Av. du)	6
Leclerc (R. du Général)	7
Poirot (R. Marie)	10
Verdun (R. de)	12
2e-D.-B. (Pl. de la)	14

Les plans de villes sont orientés le Nord en haut.

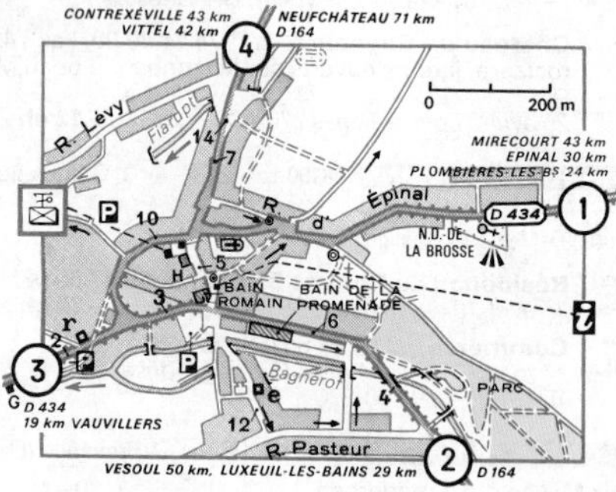

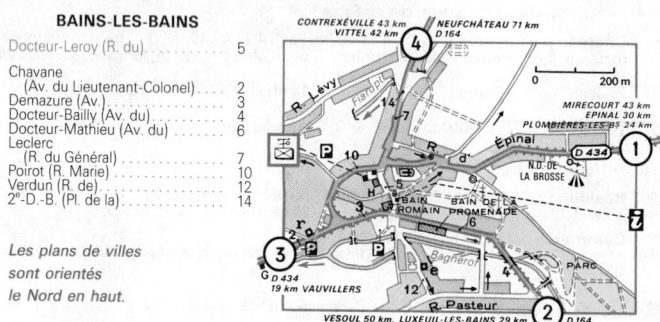

Promenade, (r) ☎ 29 36 30 06, Fax 29 30 44 28, – ☎ P. GB.
1er mars-31 oct. et fermé lundi en mars – **Repas** 74/210 – ☕ 28 – **30 ch** 185/240 – ½ P 220/325.

Poste, (e) ☎ 29 36 31 01, Fax 29 30 44 22 – TV ☎. GB.
hôtel : 3 avril-15 oct. – **Repas** *(fermé 15 au 30 oct., 16 déc. au 19 janv., sam. et le soir de nov. à mars)* (prévenir) 72/177 – ☕ 29 – **19 ch** 116/226 – ½ P 207/236.

BAIX 07210 Ardèche 🔟🔟 ⑪ – 748 h alt. 86.

Paris 593 – Valence 33 – Crest 29 – Montélimar 21 – Privas 18.

🏨 **La Cardinale et sa Résidence** 🦢, ℰ 75 85 80 40, Fax 75 85 82 07, 🍴, « Ancienne demeure seigneuriale » – 🔲 ch 📺 ☎ 🅿, 🆎 ⓸ ⒼⒷ 🇯🇨🇧
fermé 1ᵉʳ fév. au 10 mars – **Repas** 195/600, enf. 100 – ⌧ 100 – **3 ch** 900/1000 – ½ P 825/1225.

La Résidence 🦢 sans rest, 3 km, Fax 75 85 80 40, parc, 🔏 – 🔲 ch 📺 ☎ 🅿, 🆎 ⓸ ⒼⒷ 🇯🇨🇧
fermé 1ᵉʳ fév. au 10 mars – ⌧ 100 – **10 ch** 650/1500.

🏠 **Aub. des Quatre Vents** 🦢, rte Chomérac, NO : 2 km ℰ 75 85 84 49, 🍴, 🌳 – ☎ 🅿.
⬥ ⓸ ⒼⒷ
Repas 70/145 – ⌧ 30 – **16 ch** 145/220 – ½ P 195.

BALARUC-LES-BAINS 34540 Hérault 🔟🔟 ⑯ G. Gorges du Tarn – 5 013 h alt. 4 – Stat. therm. (21 fév.-22 nov.).

🛈 Office de Tourisme 37 av. du Port ℰ 67 48 50 07, Fax 67 43 47 52.

Paris 786 – ⬥Montpellier 30 – Agde 31 – Béziers 48 – Frontignan 7 – Lodève 60 – Sète 9,5.

🏠 **Arcadius** 🦢, quartier Pech Meja ℰ 67 80 28 00, Télex 485625, Fax 67 48 55 52, 🍴, institut bio-marin, 🔏, 🔲, 🌳 – 🗐 📺 ☎ & 🅿 – 🔼 80. 🆎 ⓸ ⒼⒷ
fermé 2 janv. au 9 fév. – **Repas** 95, enf. 39 – ⌧ 44 – **57 ch** 305/360 – ½ P 285/305.

🏠 **Martinez**, 2 r. M. Clavel ℰ 67 48 50 22, Fax 67 43 18 13, 🍴, 🌳 – ⧖ ch, 🔲 rest 📺 ☎ & 🅿, ⒼⒷ, 🛇
fermé 15 janv. au 15 mars – **Repas** 100/250 – ⌧ 45 – **27 ch** 170/350 – P 250/325.

XXX **St Clair**, quai Port ℰ 67 48 48 91, 🍴 – ⒼⒷ
fermé 10 déc. au 1ᵉʳ mars – **Repas** 95 (déj.)/145 et carte 230 à 330.

à Balaruc-le-Vieux N : 3 km par D 129 – ✉ **34540** :

🏠 **Marotel**, centre commercial ℰ 67 48 61 01, Fax 67 43 14 89 – 🔲 rest 📺 ☎ & 🅿 – 🔼 30.
🆎 ⒼⒷ
Repas 95/200, enf. 35 – ⌧ 30 – **45 ch** 210/240 – P 335.

🏠 **Campanile**, Zone de la Barrière ℰ 67 48 53 00, Fax 67 48 30 82 – ⧖ ch, 🔲 rest 📺 ☎ &
🅿 – 🔼 30. 🆎 ⓸ ⒼⒷ
Repas 82 bc/105 bc, enf. 39 – ⌧ 30 – **49 ch** 270.

BALDENHEIM 67 B.-Rhin 🔟🔟 ⑲ – rattaché à Sélestat.

BALDERSHEIM 68 H.-Rhin 🔟🔟 ⑩ – rattaché à Mulhouse.

BÂLE Suisse 🔟🔟 ⑩ 🔟🔟🔟 ④.

*Ressources hôtelières : voir Guide Rouge Michelin **Suisse/Schweiz/Svizzera***

BALLEROY 14490 Calvados 🔟🔟 ⑭ G. Normandie Cotentin – 613 h.

Voir Château★.

🛈 Syndicat d'Initiative pl. de l'Hôtel de Ville (juin-sept.) ℰ 31 21 60 26.

Paris 282 – St-Lô 23 – Bayeux 15 – Caen 44 – Vire 45.

XXX ❀ **Manoir de la Drôme** (Leclerc), ℰ 31 21 60 94, Fax 31 21 88 67, 🌳 – 🅿, 🆎 ⒼⒷ, 🛇
fermé 1ᵉʳ au 7 sept., vacances de fév., dim. soir et lundi – **Repas** 145/195 et carte 280 à 400
Spéc. Fricassée de sole au foie gras. Queues de langoustines "Fernand Cortès". Tarte soufflée au chocolat et banyuls.

CITROEN Gar. du Bessin. ℰ 31 21 60 11 🔃 ℰ 31 21 69 59

BALMA 31 H.-Gar. 🔟🔟 ⑧ – rattaché à Toulouse.

La BALME-DE-SILLINGY 74330 H.-Savoie 🔟🔟 ⑥ – 3 075 h alt. 487.

Paris 526 – Annecy 10 – Bellegarde-sur-Valserine 30 – Belley 58 – Frangy 13 – ⬥Genève 39.

🏨 **Les Rochers**, N 508 ℰ 50 68 70 07, Fax 50 68 82 74, 🌳 – 📺 ☎ 🅿 – 🔼 40. 🆎 ⒼⒷ
fermé 1ᵉʳ au 11 nov., janv., dim. soir et lundi hors sais. – **Repas** 82/260, enf. 52 – ⌧ 34 –
26 ch 200/280 – ½ P 220/280.

Annexe La Chrissandière sans rest, ≤, « Jardin fleuri, 🔏 » – 📺 ☎ 🅿, 🆎 ⒼⒷ
fermé 1ᵉʳ au 11 nov., janv., dim. soir et lundi hors sais. – ⌧ 34 – **10 ch** 320/340.

BAN-DE-LAVELINE 88520 Vosges 🔟🔟 ⑱ – 1 240 h alt. 427.

Paris 403 – Colmar 58 – Épinal 63 – St-Dié 12 – Ste Marie-aux-Mines 14 – Sélestat 39.

X **Aub. Lorraine** avec ch, ℰ 29 51 78 17, Fax 29 51 71 72, 🍴 – ☎ 🅿, ⒼⒷ
fermé 2 au 19 oct. – **Repas** *(fermé dim. soir et lundi sauf du 14 juil. au 31 août)* 65 (déj.),
95/185 🍷, enf. 50 – ⌧ 32 – **7 ch** 120/220 – ½ P 175/230.

BANDOL 83150 Var 🔟🔟 ⑭ 🔟🔟🔟🔟 ⑭ G. Côte d'Azur – 7 431 h alt. 1 – Casino Y.

Voir Allées Jean-Moulin★ Z.

Accès dans l'Ile de Bendor par vedette 7 mn ℰ 94 29 44 34 (Bandol).

🛈 Office de Tourisme allées Vivien ℰ 94 29 41 35, Fax 94 32 50 39.

Paris 824 ② – ⬥Marseille 51 ② – ⬥Toulon 17 ② – Aix-en-Provence 67 ②.

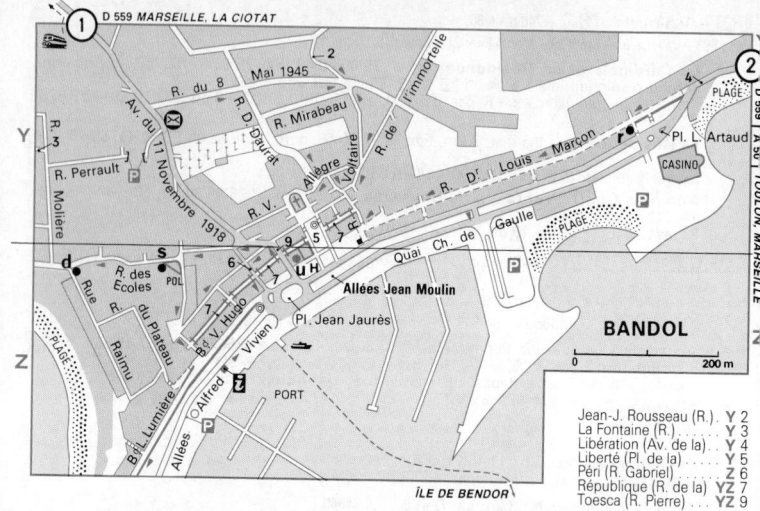

Jean-J. Rousseau (R.) . . **Y** 2
La Fontaine (R.) . . . . . **Y** 3
Libération (Av. de la) . . **Y** 4
Liberté (Pl. de la) . . . . **Y** 5
Péri (R. Gabriel) . . . . . **Z** 6
République (R. de la) . . **YZ** 7
Toesca (R. Pierre) . . . **YZ** 9

BANDOL

0   200 m

Le Provençal, r. Écoles ℰ 94 29 52 11, Fax 94 29 67 57, 🛗 – 📺 ☎ 🄰🄴 🅶🄱 ℅ ch
hôtel : fermé 20 nov. au 20 déc. ; rest. : ouvert 1ᵉʳ avril-1ᵉʳ oct. – **Repas** 95/200 – ⌷ 38 –
20 ch 300/370 – ½ P 360.   Z   **d**

Baie sans rest, 62 r. Dr L. Marçon ℰ 94 29 40 82 – 🔲 📺 ☎ 🅶🄱
⌷ 35 – **14 ch** 280/370.   Y   **r**

Les Galets, par ② : 0,5 km ℰ 94 29 43 46, ≤, 🛗 – ☎ 🄿 🅶🄱. ℅
hôtel : 20 mars-25 oct. ; rest. : 1ᵉʳ mai-30 sept. – **Repas** 130/210 – ⌷ 32 – **21 ch** 175/290 –
½ P 250/307.

Bel Ombra 🦢, r. La Fontaine - Y - ℰ 94 29 40 90 – 📺 ☎ 🅶🄱. ℅
hôtel : 1ᵉʳ avril-10 oct. ; rest. : 20 juin-20 sept. – **Repas** (dîner seul.) 105 – ⌷ 38 – **21 ch**
310/340 – ½ P 298/313.

Golf H. sans rest, sur plage Rénecros par bd L. Lumière - Z - ℰ 94 29 45 83,
Fax 94 32 42 47, ≤ – 📺 ☎ 🄿 🅶🄱. ℅
1ᵉʳ avril-fin oct. – ⌷ 36 – **24 ch** 340/700.

L'Oasis, 15 rue des Ecoles ℰ 94 29 41 69, 🛗, 🍽 – 📺 ☎ 🄿 🅶🄱. ℅ rest   Z   **s**
Repas *(fermé dim. soir du 15 oct. au 15 mars)* 95/210 – ⌷ 40 – **13 ch** 260/320 – ½ P 290/
320.

Aub. du Port, 9 allées J. Moulin ℰ 94 29 42 63, Fax 94 29 44 59, ≤, 🛗 – 🄰🄴 🄾 🅶🄱
Repas 105/210 et carte 290 à 410, enf. 70.   Z   **u**

Réserve avec ch, rte de Sanary par ② ℰ 94 29 30 00, Fax 94 29 30 13, ≤, 🛗 – 🔲 ch 📺
☎ 🄿 🄰🄴 🄾 🅶🄱
fermé 10 nov. au 10 déc. – **Repas** *(fermé dim. soir et lundi de nov. à Pâques)* 130/370 –
⌷ 40 – **13 ch** 330/570 – ½ P 340/530.

Parc, corniche Bonaparte par bd L. Lumière - Z - ℰ 94 32 36 36, Fax 94 32 56 29, ≤
Bandol et port, 🛗 – 🅶🄱
fermé mi-janv. à mi-fév., mardi soir de sept. à juin et merc. sauf le soir en juil.-août – **Repas**
89/248, enf. 59.

Ile de Bendor : en bateau – ✉ 83150 Bandol :

Delos 🦢, ℰ 94 32 22 23, Fax 94 32 41 44, ≤ port et mer, 🛗, « Beau mobilier ancien »,
🏊, ℅ – 📺 ☎ – 🔺 100. 🄰🄴 🄾 🅶🄱 🅹🄲🄱. ℅
Repas 110/250, enf. 55 – ⌷ 60 – **55 ch** 600/1000 – ½ P 530/830.

par ② et rte de Sanary : 1,5 km – ✉ 83110 Sanary-sur-Mer :

Le Castel Ⓜ 🦢 avec ch, ℰ 94 29 82 98, Fax 94 32 53 32, 🛗 – 📺 ☎ 🄿 🄰🄴 🄾 🅶🄱.
℅ ch
fermé 14 nov. au 4 déc., 12 au 27 fév. et dim. soir d'oct. à mars – **Repas** (prévenir) 140/195 –
⌷ 30 – **9 ch** 265/345 – ½ P 305/330.

BANGOR 56 Morbihan 🖽 ⑪ – *voir à Belle-Ile-en-Mer.*

156

BANNALEC 29380 Finistère 🗺 ⑯ – 4 840 h alt. 100.

Paris 528 – Quimper 34 – Carhaix-Plouguer 50 – Châteaulin 57 – Concarneau 24 – Pontivy 90.

    au NE : 4,5 km par rte de St-Thurien et VO – ⊠ 29380 Bannalec :

🏛 **Manoir du Ménec** Ⓜ, ℘ 98 39 47 47, Fax 98 39 46 17, parc, « Manoir 🌳 dans la campagne », 🏋, 🏊 – 🍴 ch 📺 ☎ 🅿 – 🕍 40. ⊞ ⚙
    Repas *(fermé 15 nov. au 15 déc., merc. midi et mardi du 15 déc. au 1ᵉʳ avril)* 100/175, enf. 50 – ⊡ 35 – **16 ch** 300/350 – ½ P 330.

BANNEGON 18210 Cher 🗺 ② – 260 h alt. 180.

Paris 283 – Bourges 43 – Moulins 73 – St-Amand-Montrond 21 – Sancoins 24.

XXX **Aub. Moulin de Chaméron** 🌳 avec ch, SE : 3 km par D 76 et VO ℘ 48 61 83 80, Fax 48 61 84 92, 😋, « Moulin du 18ᵉ siècle et musée de la meunerie », 🏊, 🌳 – 📺 ☎ 🅿.
    ⚙⚙
    1ᵉʳ mars-15 nov. et fermé mardi hors sais. – **Repas** 145/195 et carte 170 à 310, enf. 58 – ⊡ 50 – **13 ch** 350/500.

BANYULS-SUR-MER 66650 Pyr.-Or. 🗺 ⑳ G. Pyrénées Roussillon – 4 662 h alt. 1.

Voir ⁑★★ du cap Réderis E : 2 km.

🅱 Office de Tourisme av. République ℘ 68 88 31 58, fax 68 88 36 84.

Paris 902 – ◆Perpignan 37 – Cerbère 10 – Port-Vendres 6.

🏛 **Le Catalan**, rte Cerbère ℘ 68 88 02 80, Fax 68 88 16 14, ≤ Banyuls et la côte, 🏊 – ⧗ 📺 ☎ 🅿. ⚙ ⓘ ⚙ % rest
    15 mars-1ᵉʳ nov. et 22 déc.-3 janv. – **Repas** 95/280, enf. 60 – ⊡ 45 – **35 ch** 410/460 – ½ P 450/490.

🏛 **Solhotel** Ⓜ sans rest, Cap d'Osne ℘ 68 88 53 16, Fax 68 88 55 45, ≤ mer – ⧗ ▤ 📺 ☎ 🕭 ➾ 🅿.
    ⊡ 30 – **23 ch** 360/380.

🏛 **Les Elmes**, plage des Elmes ℘ 68 88 03 12, Fax 68 88 53 03, ≤ – ▤ ch 📺 ☎ 🅿. ⚙ ⓘ
    ⚙
    La Littorine (fermé 15 nov. au 18 déc. et 3 au 21 janv.) **Repas** 90/280⅚, enf. 60 – ⊡ 40 – **31 ch** 140/240 – ½ P 280/380.

🏠 **Eden** Ⓜ 🌳 sans rest, av. E. Chatton ℘ 68 88 33 07, ≤ – 📺 ☎ 🕭 ➾ 🅿. ⚙
    1ᵉʳ avril-31 oct. – ⊡ 30 – **10 ch** 330.

🏠 **Villa Miramar** sans rest, r. Lacase Duthiers ℘ 68 88 33 85, Fax 68 66 05 70, ≤, 🏊 – 📺 ☎ 🕭 🅿. ⚙
    15 avril-15 oct. – ⊡ 20 – **15 ch** 240/325.

XXX **Le Sardinal**, pl. Reig ℘ 68 88 30 07, Fax 68 88 36 81, 😋 – ▤. ⚙ ⓘ ⚙
    fermé 14 nov. au 9 déc., dim. soir et lundi du 15 sept. au 30 juin – **Repas** 85 bc/250 et carte 220 à 330, enf. 65.

XX **La Pergola** avec ch, av. Fontaulé ℘ 68 88 02 10, Fax 68 88 55 45 – 📺 📶. ⚙
    fermé déc., janv. et jeudi du 1ᵉʳ oct. au 15 juin sauf vacances scolaires – **Repas** 95/165, enf. 45 – ⊡ 28 – **17 ch** 240/330 – ½ P 240/380.

BAPAUME 62450 P.-de-C. 🗺 ⑫ – 3 509 h alt. 121.

Paris 157 – ◆Amiens 48 – St-Quentin 49 – Arras 27 – Cambrai 29 – Douai 36 – Doullens 44.

🏛 **Paix** Ⓜ, av. A.-Guidet ℘ 21 07 11 03, Fax 21 07 43 66, 😋 – 📺 ☎ 🅿. ⚙
➔   fermé dim. soir – **Repas** 68/250 ⅚, enf. 50 – ⊡ 25 – **13 ch** 240/320 – ½ P 180.

BAPEAUME-LÈS-ROUEN 76 S.-Mar. 🗺 ⑭ – rattaché à Rouen.

La BARAQUE 63 P.-de-D. 🗺 ⑭ – rattaché à Clermont-Ferrand.

BARAQUEVILLE 12160 Aveyron 🗺 ② – 2 458 h alt. 791.

Paris 650 – Rodez 18 – Albi 60 – Millau 73 – Villefranche-de-Rouergue 42.

🏛 **Segala Plein Ciel** 🌳, rte Albi ℘ 65 69 03 45, Fax 65 70 14 54, ≤, 😋, 🏊, 🌳, 🎾 – ⧗ ▤ rest 📺 ☎ 🕭 🅿 – 🕍 300. ⚙
    fermé vend. soir, dim. soir et lundi midi de fin sept. à fin juin – **Repas** 100/250 – ⊡ 35 – **45 ch** 230/400 – ½ P 295/318.

PEUGEOT Gar. Sacrispeyre. ℘ 65 69 00 43 🅽 ℘ 65 69 00 43

BARBAZAN 31510 H.-Gar. 🗺 ① – 351 h alt. 450 – Stat. therm. (6 fév.-25 nov.).

Paris 798 – Bagnères-de-Luchon 31 – Lannemezan 24 – St-Gaudens 12 – Tarbes 57 – ◆Toulouse 102.

🏛 **Host. de l'Aristou** 🌳, rte Sauveterre ℘ 61 88 30 67, Fax 61 95 55 66, ≤, 😋 – 📺 ☎ 🅿.
    ⚙ ⚙ %
    fermé 24 déc. au 31 janv., dim. soir et lundi du 17 sept. à Pâques – **Repas** 105/220, enf. 50 – ⊡ 40 – **7 ch** 330 – ½ P 290.

    au hameau de Burs NO : 3 km par D 33 et VO – ⊠ 31510 Barbazan :

🏛 **Panoramique** Ⓜ 🌳, ℘ 61 88 35 23, Fax 61 89 06 02, ≤ Pyrénées, 😋, 🌳 – ☎ 🅿 –
    🕍 30. ⚙. % rest
    Repas *(fermé dim. soir et lundi midi du 10 sept. au 15 juin)* 85/250 – ⊡ 30 – **20 ch** 245/280 – ½ P 260.

La BARBEN 13 B.-du-R. 84 ② – rattaché à Salon-de-Provence.

BARBENTANE 13570 B.-du-R. 83 ⑩ G. Provence – 3 273 h alt. 52.

Voir Décoration intérieure★ du château – Abbaye St-Michel-de-Frigolet : boiseries★ de la chapelle N.-D.-du-Bon-Remède S : 5 km.

🖪 Syndicat d'Initiative à la Mairie ℰ 90 95 50 39.

Paris 699 – Avignon 10 – Arles 33 – ◆Marseille 99 – Nîmes 37 – Tarascon 15.

🏠 **Castel Mouisson** ﹥ sans rest, quartier Castel-Mouisson, par rte Rognonas : 1,5 km ℰ 90 95 51 17, Fax 90 95 67 63, ⅃, ☞, ⹀ – ☎ 🅿. ⹀
15 mars-15 oct. – ⌧ 35 – **16 ch** 280/320.

BARBEREY-ST-SULPICE 10 Aube 61 ⑯ – rattaché à Troyes.

BARBEZIEUX 16 Charente 72 ⑫ G. Poitou Vendée Charentes – 4 774 h alt. 79 – ⌧ 16300 Barbezieux-St-Hilaire.

🖪 Syndicat d'Initiative pl. Château (saison) ℰ 45 78 02 54.

Paris 474 – Angoulême 32 – ◆Bordeaux 82 – Cognac 35 – Jonzac 23 – Libourne 69.

🏨 **La Boule d'Or** 🅼, 9 bd Gambetta ℰ 45 78 64 13, Fax 45 78 63 83, ☞, ☞ – ⧘ ▦ rest 🆃
◆ ☎ ⅊ ⟿. 🄰🄴 ⓞ 🄶🄱
Repas 70/190, enf. 45 – ⌧ 30 – **20 ch** 230/340.

🏠 **Bon Repos,** rte Angoulême : 1,5 km ℰ 45 78 01 92, Fax 45 78 89 81, ☞ – 🆃 ☎ ⟿ 🅿 –
◆ 🔬 60. 🄰🄴 🄶🄱
Repas (fermé sam. midi et dim. soir hors sais.) 75/200 ⅊ – ⌧ 30 – **16 ch** 230/270 –
½ P 230/290.

à *Bois-Vert* S : 12 km sur N 10 – ⌧ 16360 Baignes-Ste-Radegonde :

🏨 **La Venta,** ℰ 45 78 40 95, Fax 45 78 63 42, parc, ⅃, ⹀ – 🆃 ☎ 🅿 – 🔬 30. 🄶🄱
◆ fermé 26 déc. au 10 janv., vend. soir et sam. midi de nov. à mars – **Repas** 69/130 ⅊, enf. 42 –
⌧ 30 – **23 ch** 150/220 – ½ P 172/218.

RENAULT Gar. Cholet, av. Vergnes ℰ 45 78 11 66   ⓦ Charente-Pneus, St-Hilaire ℰ 45 78 03 58
🄽 ℰ 45 24 76 27

BARBIZON 77630 S.-et-M. 61 ① ② 106 ㊺ G. Ile de France – 1 407 h alt. 80.

Voir Gorges d'Apremont★ : Grand Belvédère★ E : 4 km puis 15 mn.

⛳ Urban City Golf Club ℰ (1) 64 38 08 78 à Cély, O : 9 km par D 64 - D ; 11.

🖪 Office de Tourisme 55, Grande Rue ℰ (1) 60 66 41 87.

Paris 57 – Fontainebleau 10 – Étampes 40 – Melun 11,5 – Pithiviers 46.

🏯 ✿ **Bas-Bréau** ﹥, ℰ (1) 60 66 40 05, Fax (1) 60 69 22 89, ☞, parc, « Jardin fleuri », ⅃,
⹀ – 🆃 ☎ 🅿. 🄰🄴 🄶🄱
Repas 330 (déj.)/390 et carte 390 à 850 – ⌧ 90 – **12 ch** 900/1500, 8 appart
Spéc. Grosses langoustines aux herbes fraiches. Côte de veau de lait, poêlée de cèpes. Grouse d'Ecosse rôtie (15 août au 31 déc.).

🏨 **Les Pléiades** ﹥, ℰ (1) 60 66 40 25, Fax (1) 60 66 41 68, ☞, ☞ – 🆃 ☎ ⟿ 🅿 – 🔬 40.
🄰🄴 ⓞ 🄶🄱
Repas 145/280 – ⌧ 45 – **23 ch** 320/550 – ½ P 385/490.

🏨 **Host. Clé d'Or** ﹥, ℰ (1) 60 66 40 96, Fax (1) 60 66 42 71, ☞, ☞ – 🆃 ☎ 🅿. 🄰🄴 ⓞ 🄶🄱
fermé dim. soir hors sais. – **Repas** 160/230, enf. 75 – ⌧ 45 – **16 ch** 280/500.

🍴🍴 **L'Angélus,** ℰ (1) 60 66 40 30, Fax (1) 60 66 42 12, ☞ – 🅿. 🄰🄴 ⓞ 🄶🄱
Repas 168.

🍴 **Le Relais de Barbizon,** ℰ (1) 60 66 40 28, ☞ – 🄶🄱
fermé mardi soir et merc. – **Repas** 145/185.

sur la N 7, à l'orée de la forêt E : 1,5 km – ⌧ 77630 Barbizon :

🍴🍴🍴 **Grand Veneur,** ℰ (1) 60 66 40 44, Fax (1) 60 14 91 20, « Décor de pavillon de chasse, cuisine à la broche », ☞ – 🅿. 🄰🄴 ⓞ 🄶🄱
fermé merc. soir et jeudi sauf fériés – **Repas** carte 300 à 450.

BARBOTAN-LES-THERMES 32 Gers 79 ⑫ G. Pyrénées Aquitaine – alt. 136 – Stat. therm. (21 fév.-26 nov.) – ⌧ 32150 Cazaubon.

🖪 Office de Tourisme pl. Armagnac ℰ 62 69 52 13, fax 62 69 57 71.

Paris 714 – Mont-de-Marsan 42 – Aire-sur-l'Adour 36 – Auch 74 – Condom 38 – Marmande 72 – Nérac 45.

🏨 **La Bastide Gasconne** ﹥, ℰ 62 08 31 00, Fax 62 08 31 49, ☞, ⅃, ☞ – ⧘ 🆃 ☎ 🅿 –
🔬 30. 🄰🄴 🄶🄱. ⹀ rest
30 mars-30 oct. – **Repas** 160, enf. 80 – ⌧ 65 – **32 ch** 600/750.

🏨 **Paix,** ℰ 62 69 52 06, Fax 62 09 55 73, ⅃, ☞ – ☎ 🅿. ⹀ rest
20 mars-6 nov. – **Repas** 95/150, enf. 40 – ⌧ 32 – **32 ch** 260/360 – P 308/350.

🏨 **Cante Grit,** ℰ 62 69 52 12, Fax 62 69 53 98 – 🆃 ☎ 🅿. 🄰🄴 🄶🄱. ⹀ rest
15 avril-31 oct. – **Repas** 85 – ⌧ 33 – **22 ch** 185/310 – P 290/365.

Beauséjour, ✆ 62 69 52 01, Fax 62 09 50 78, ⛱, ⛰ – ☎ Ⓟ. GB. ✗ rest
mars-nov. – **Repas** 96/180 – ☕ 40 – **30 ch** 130/320 – P 210/280.

Aubergade, ✆ 62 69 55 43 – TV ☎. AE GB. ✗ ch
1er mars-15 nov. – **Repas** 50/140 🍷 – ☕ 30 – **18 ch** 230/400 – P 340/360.

Roseraie, ✆ 62 69 53 26, Fax 62 69 58 75, ⛱, ⛰ – |♦| ☎ Ⓟ. GB. ✗ rest
23 mars-31 oct. – **Repas** 69 bc/150, enf. 35 – ☕ 30 – **30 ch** 160/240 – P 310/360.

à Cazaubon SO : 3 km par D 626 – ✉ **32150** :

Château Bellevue 🐚, ✆ 62 09 51 95, Fax 62 09 54 57, ⛱, parc, ⛱ – |♦| TV ☎ Ⓟ. AE ⓓ GB. ✗
fermé janv., fév., mardi soir et merc. en déc. – **Repas** 95 (déj.), 150/230 – ☕ 48 – **25 ch** 230/510 – P 420/490.

RENAULT Gar. Sauvage, à Cazaubon ✆ 62 09 50 19 **N** ✆ 57 67 07 91

BARCAGGIO **2B** H.-Corse 90 ① – voir à Corse.

Le BARCARÈS **66420** Pyr.-Or. 86 ⑩ – 2 422 h alt. 1 – Casino à Port-Barcarès.

⛳ de la Pinède ✆ 68 40 00 62 à Port-Leucate, N : 5 km.

ℹ Office de Tourisme Front de Mer ✆ 68 86 16 56, Fax 68 86 34 20 et Centre Culturel Cocteau/Marais (mai-sept.) ✆ 68 86 18 23.

Paris 854 – ◆Perpignan 22 – Narbonne 54 – Quillan 81.

à Port-Barcarès - **G. Pyrénées Roussillon.**

Hélios Ⓜ, ✆ 68 86 32 82, Fax 68 86 14 10, ⛱, centre de thalassothérapie, ⛱ – |♦| ⇹ ch ▤ ch TV ☎ ♿ Ⓟ – 🪑 30. ⓓ GB JCB. ✗ rest
fermé janv. – **Repas** 95/185 – ☕ 34 – **50 ch** 305/370 – ½ P 325.

RENAULT Gar. Castay, bd 14-Juillet ✆ 68 86 10 35

BARCELONNETTE ⟨SP⟩ **04400** Alpes-de-H.-P. 81 ⑧ **G. Alpes du Sud** – 2 976 h alt. 1 132 – Sports d'hiver au Sauze SE : 4 km, à Super-Sauze SE : 10 km et à Pra-Loup SO : 8,5 km.

Voir Portail Sud★ de l'église de St-Pons NO : 2 km.

ℹ Office de Tourisme pl. F.-Mistral ✆ 92 81 04 71, Fax 91 81 22 67.

Paris 742 – Gap 68 – Briançon 88 – Cannes 168 – Cuneo 96 – Digne-les-Bains 82 – ◆Nice 149.

Azteca Ⓜ 🐚 sans rest, 3 r. F. Arnaud ✆ 92 81 46 36, Fax 92 81 43 92, « Mobilier et objets de l'artisanat mexicain » – |♦| TV ☎ ♿ Ⓟ – 🪑 70. AE ⓓ GB
☕ 42 – **27 ch** 370/500.

✗✗ **La Mangeoire,** pl. 4-Vents (près Église) ✆ 92 81 01 61, Fax 92 81 01 61, ⛱, « Salle voûtée » – AE GB
fermé 15 au 30 mai, 15 au 28 nov., lundi et mardi sauf vacances scolaires – **Repas** 98/240.

✗✗ **Le Passe-Montagne,** SO : 3 km rte Cayolle ✆ 92 81 08 58, ⛱, « Décor rustique », ⛰ – Ⓟ. AE ⓓ GB
fermé 15 nov. au 15 déc. et merc. – **Repas** 95/176, enf. 60.

au Sauze SE : 4 km par D 900 et D 209 – alt. 1 380 – Sports d'hiver : 1 400/2 450 m ⛷27 – ✉ **04400** Barcelonnette :

Alp'H. Ⓜ 🐚, ✆ 92 81 05 04, Fax 92 81 45 84, ≤, ⛱, 🏋, ⛱, ⛰ – |♦| cuisinette TV ☎ 🚗 Ⓟ – 🪑 30. AE ⓓ GB
28 mai-8 oct. et 16 déc.-15 avril – **Repas** *(fermé mardi sauf juil.-août)* 125/135, enf. 62 – ☕ 50 – **24 ch** 420/470, 4 appart – ½ P 360/380.

L'Équipe, ✆ 92 81 05 12, Fax 92 81 45 33, ≤, ⛱ – ☎ 🚗 Ⓟ. GB. ✗ rest
17 juin-10 sept. et 15 déc.-10 avril – **Repas** 90/120, enf. 60 – ☕ 40 – **24 ch** 250/300 – ½ P 280/290.

à Super-Sauze S : 10 km par D 9 et D 9A – alt. 1 700 – Sports d'hiver : voir au Sauze – ✉ **04400** Barcelonnette :

Pyjama 🐚 sans rest, ✆ 92 81 12 00, Fax 92 81 03 16, ≤ – cuisinette TV ☎ Ⓟ. AE ⓓ GB
24 juin-10 sept. et 15 déc.-25 avril – ☕ 45 – **10 ch** 350/480, 4 studios.

à Pra-Loup SO : 8,5 km par D 902 et D 109 – alt. 1 600 – Sports d'hiver : 1 600/2 500 m 🚡3 ⛷30 – ✉ **04400** Barcelonnette.

ℹ Office de Tourisme La Maison de Pra-Loup ✆ 92 84 10 04, Fax 92 84 02 93.

Le Prieuré de Molanès, à Molanès ✆ 92 84 11 43, Fax 92 84 01 88, ⛱, ⛱, ⛰ – TV ☎ Ⓟ. AE GB
15 juin-15 sept. et 1er déc.-15 mai – **Repas** 65 bc (déj.), 85/120, enf. 45 – ☕ 35 – **16 ch** 420/546 – ½ P 434.

✗ **La Tisane,** Chenonceau 1 ✆ 92 84 10 55 – GB
1er juil.-6 sept. et début déc.-début mai – **Repas** 85/245.

CITROEN Gar. de l'Ubaye, ZI du Chazelas ✆ 92 81 02 45 **N** ✆ 92 81 02 45

PEUGEOT Gar. de la Gravette ✆ 92 81 01 66

BARCUS 64130 Pyr.-Atl. 85 ⑤ – 788 h alt. 210.

Paris 819 – Pau 53 – Mauléon-Licharre 14 – Oloron-Sainte-Marie 18 – St-Jean-Pied-de-Port 54.

    XXX **Chilo** avec ch, *𝒫* 59 28 90 79, Fax 59 28 93 10, 🍴, « Jardin » – 📺 ☎ 🔥 🅿. 🖭 🕮 ⓞ GB
    fermé 27 mars au 3 avril, 2 au 15 janv., dim. soir et lundi hors sais. – Repas 90/230 et carte
    270 à 350 👶 – 🖵 40 – **14 ch** 130/470 – ½ P 205/390.

BARÈGES 65120 H.-Pyr. 85 ⑱ **G. Pyrénées Aquitaine** – 257 h alt. 1 250 – Stat. therm. – Sports d'hiver :
1 250/2 350 m ⛷ 1 ⤢ 21.

🛈 Office de Tourisme *𝒫* 62 92 68 19, Télex 521995, Fax 62 92 69 13.

Paris 853 – Pau 81 – Arreau 52 – Bagnères-de-Bigorre 40 – Lourdes 38 – Luz-Saint-Sauveur 7 – Tarbes 58.

    🏛 **Richelieu,** *𝒫* 62 92 68 11, Fax 62 92 66 00 – 📳 ☎. 🖭 GB
    3 juin-7 oct. et 23 déc.-4 avril – Repas *(dîner seul. en hiver)* 90, enf. 40 – 🖵 50 – **35 ch** 340 –
    ½ P 260/290.

BAREMBACH 67 B.-Rhin 62 ⑧ – rattaché à Schirmeck.

BARENTIN 76360 S.-Mar. 55 ⑥ **G. Normandie Vallée de la Seine** – 12 721 h alt. 75.

Paris 154 – ◆Rouen 17 – Dieppe 49 – Duclair 10 – Yerville 15 – Yvetot 19.

    XX **Aub. Gd Saint-Pierre,** 19 av. V. Hugo *𝒫* 35 91 03 37 – 🅿. GB
    fermé 31 juil. au 21 août, dim. soir et lundi – Repas 90/170.

PEUGEOT Bossart Automobiles, av. A. Briand, carr.   VAG Gar. Barbier, 32 av v-hugo *𝒫* 35 91 22 64
La Liberté *𝒫* 35 92 80 01

BARFLEUR 50760 Manche 54 ③ **G. Normandie Cotentin** – 599 h.

Voir Phare de la Pointe de Barfleur : ❊★★ N : 4 km.

🛈 Office de Tourisme 64, rue St-Thomas-Beckett *𝒫* 33 23 12 80 et Permanence-Accueil : Rond-Point G. le
Conquérant (avril-sept.) *𝒫* 33 54 02 48.

Paris 359 – Cherbourg 27 – Carentan 47 – St-Lô 75 – Valognes 25.

    🏛 **Conquérant** sans rest, *𝒫* 33 54 00 82, Fax 33 54 65 25, « Jardin à la française » – 📺 ☎.
    GB. ❊
    fermé 15 nov. au 15 déc. et 5 au 31 janv. – 🖵 40 – **16 ch** 155/355.

    XX **Moderne** avec ch, *𝒫* 33 23 12 44, Fax 33 23 91 58 – 🅿
    fermé 15 janv. au 17 mars, mardi et merc. du 15 sept. au 15 janv. – Repas 85/235, enf. 70 –
    🖵 24 – **8 ch** 120/230 – ½ P 220/260.

CITROEN Gar. Pesnelle, à Anneville-en-Saire *𝒫* 33 54 00 77 🅽 *𝒫* 33 54 00 77

BARGEMON 83830 Var 84 ⑦ 114 ㉓ **G. Côte d'Azur** – 1 069 h alt. 465.

Paris 883 – Castellane 43 – Comps-sur-Artuby 20 – Draguignan 21 – Grasse 44.

    XX **Chez Pierrot,** *𝒫* 94 76 62 19, 🍴 – GB
    fermé fév., dim. soir et lundi sais. – Repas *(nombre de couverts limité - prévenir)*
    90/160, enf. 48.

BARJAC 48000 Lozère 80 ⑤ – 557 h alt. 666.

Paris 598 – Mende 14 – Millau 82 – Rodez 95 – St-Flour 82.

    🏛 **Midi,** *𝒫* 66 47 01 02, Fax 66 47 07 07 – ☎ 🔥 🅿. GB
    + *fermé vend. soir et sam. du 1ᵉʳ oct. au 1ᵉʳ mars* – Repas 60/120, enf. 40 – 🖵 30 – **21 ch**
    180/260 – ½ P 200/240.

BARJAC 30430 Gard 80 ⑨ – 1 361 h alt. 170.

Paris 670 – Alès 33 – Aubenas 47 – Mende 116.

    🏦 **Le Mas du Terme** 📎, SE : 4 km par D 901 et VO *𝒫* 66 24 56 31, Fax 66 24 58 54, 🍴
    🏊, 🐴 🅿 – 🔥 30. GB
    fermé 1ᵉʳ déc. au 29 fév. – Repas 160/220, enf. 50 – 🖵 45 – **19 ch** 360/450 – ½ P 385/430.

    X **Host. de Landes** avec ch, SE : 5 km par D 901 *𝒫* 66 24 56 14, 🍴, 🌳 – 🅿. 🖭 ⓞ GB
    fermé 17 déc. au 15 janv. – Repas 100/220 – 🖵 40 – **4 ch** 265/385 – ½ P 267/319.

BARJOLS 83670 Var 84 ⑤ 114 ⑲ **G. Côte d'Azur** – 2 166 h alt. 288.

Paris 815 – Aix-en-Provence 64 – Brignoles 22 – Digne-les-Bains 82 – Draguignan 45 – Manosque 49.

    🏛 **Pont d'Or,** rte St-Maximin *𝒫* 94 77 05 23, Fax 94 77 09 95 – 📺 rest 🕿 🚗. 🖭 GB
    fermé 26 nov. au 10 janv. – Repas *(fermé dim. soir du 1ᵉʳ nov. au 9 avril et lundi de mi-sept. à
    fin juin)* 95/200, enf. 48 – 🖵 34 – **16 ch** 160/300 – ½ P 244/279.

Dans ce guide

un même symbole, un même caractère,

*imprimé en couleur ou en noir, en maigre ou en **gras**,*

n'ont pas tout à fait la même signification.

Lisez attentivement les pages explicatives.

160

BAR-LE-DUC 55000 Meuse 62 ① G. Alsace Lorraine – 17 545 h alt. 184.

Voir Ville haute★ : "le Squelette" (statue)★★ dans l'église St-Étienne AZ.

de Combles-en-Barrois ℘ 29 45 16 03, par ③ : 5 km.

Office de Tourisme 5 r. Jeanne d'Arc ℘ 29 79 11 13, fax 29 79 21 95 – A.C. 22, av. du 94ᵉ R.I. ℘ 29 79 27 67.

Paris 252 ④ – Châlons-sur-Marne 70 ④ – Charleville-Mézières 143 ④ – Épinal 150 ② – ◆Metz 97 ① – ◆Nancy 82 ②
– Neufchâteau 70 ② – ◆Reims 115 ④ – St-Dizier 24 ③ – Verdun 52 ①.

Gare, 2 pl. République ℘ 29 79 01 45, Fax 29 76 39 19 – 📺 ☎ ⟵ – 🔒 100. ⊕B. 🍽️
Repas 60/160 ⅃ – ⊑ 35 – **45 ch** 210/280 – ½ P 190/220.
BY **v**

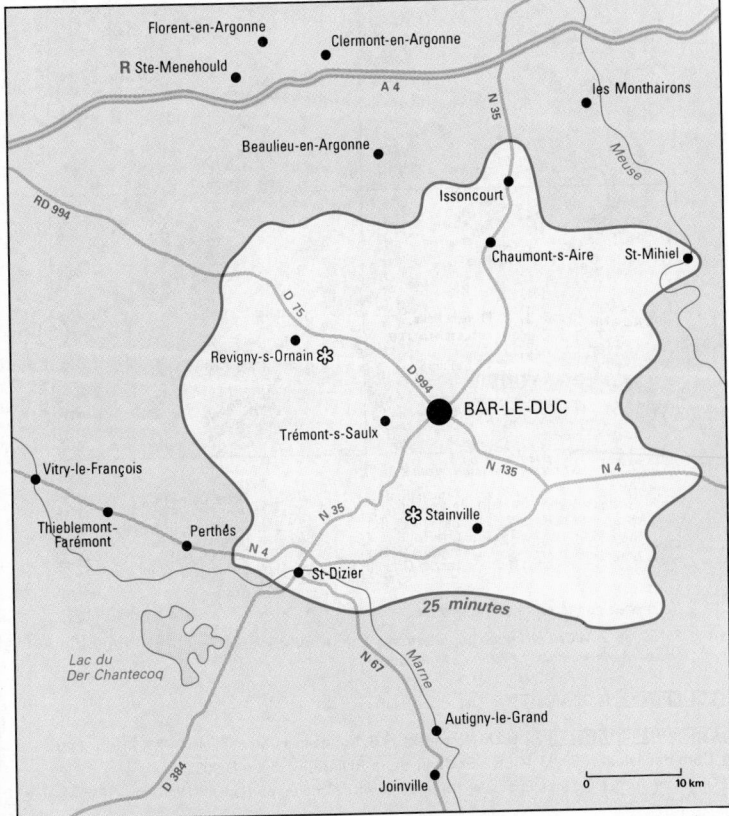

※※ **La Meuse Gourmande,** 1 r. F. de Guise, Ville Haute ℘ 29 79 28 40, Fax 29 45 40 71, ≤,
⌂ – 🅰🅴 ⓪ ⊕B
fermé vacances de fév., dim. soir et merc. – **Repas** 90 (déj.), 150/300.
AZ **e**

à Trémont-sur-Saulx par ③ et D 3 : 9,5 km – ⊠ **55000** :

🏨 **Aub. de la Source** Ⓜ ⌂, ℘ 29 75 45 22, Fax 29 75 48 55, ⅃, ⟞ – 📺 ☎ & Ⓟ – 🔒 25.
🅰🅴 ⊕B. 🍽️ rest
fermé 1ᵉʳ au 22 août, 2 au 17 janv., dim. soir et lundi midi – **Repas** 95/310 ⅃, enf. 65 – ⊑ 36 –
25 ch 280/450 – ½ P 370/420.

CITROEN Gd Gar. Lorrain, rte de Reims à Fains-
Veel par ④ ℘ 29 45 30 22
FORD Goullet Autom., 41 bd R. Poincaré
℘ 29 45 36 36
PEUGEOT Meny Automobiles, 83 r. Bradfer par ②
℘ 29 79 01 30

RENAULT Gar. Central, Parc Bradfer par ②
℘ 29 79 40 66 Ⓝ ℘ 29 76 52 58

🔧 Barrois-Pneus, 31 r. Bradfer ℘ 29 79 13 01
Tiffay Pneus, r. du Lt.-Vasseur anc. cas. Oudinot
℘ 29 76 10 69

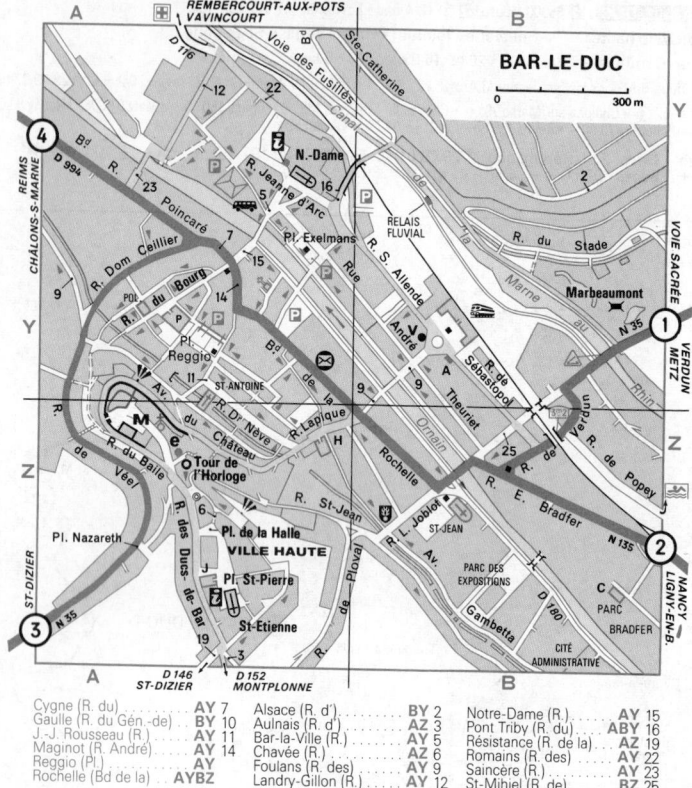

BAR-LE-DUC

0   300 m

Ne prenez pas la route au hasard !

*3615 - 3617 MICHELIN vous apportent sur votre **Minitel** ou sur **fax***
ses conseils routiers, hôteliers et touristiques.

BARNEVILLE 14 Calvados 55 ③ – rattaché à Honfleur.

BARNEVILLE-CARTERET 50270 Manche 54 ① G. Normandie Cotentin (plan) – 2 222 h alt. 43.

🛥 Côte des Isles ℘ 33 93 44 85 à St-Jean-de-la-Rivière, S : 3 km D 903.

🛈 Office de Tourisme r. des Écoles ℘ 33 04 90 58 et à Carteret, pl. Flandres-Dunkerque (Pâques-sept.)
℘ 33 04 94 54.

Paris 354 – Cherbourg 38 – St-Lô 63 – Carentan 43 – Coutances 49.

  à Barneville-Plage.

  Voir Décoration romane★ de l'église.

🏨 **Les Isles**, ℘ 33 04 90 76, Fax 33 94 53 83, ≤, 🎄, 🚗 – ☎. 🖭 ☻☻
  fermé 15 nov. au 10 fév. – **Repas** *(fermé lundi midi en mars et oct.)* 85/180, enf. 45 – ☑ 34 –
  34 ch 200/285 – ½ P 235/300.

  à Carteret.

  Voir Table d'orientation ≤★.

🏨 ⚜ **Marine** (Cesne) 🦞, ℘ 33 53 83 31, Fax 33 53 39 60, ≤ – 🖭 ☎ 🅿 🖭 ➀ ☻☻
  15 fév.-début nov. – **Repas** *(fermé lundi midi en juil.-août, dim. soir et lundi sauf d'avril à*
  sept.) 130/380 et carte 210 à 490 – ☑ 48 – **31 ch** 380/620 – ½ P 390/480
  Spéc. Huîtres creuses en nage. Homard à la vapeur de citronnelle (juil.-août). Turbot rôti en cocotte (sept.-oct.).

PEUGEOT Gar. de la Poste, ℘ 33 04 95 22 🆖
℘ 33 04 95 22

RENAULT Gar. Dubost, ℘ 33 53 80 14 🆖
℘ 33 04 63 34

🖪 Office de Tourisme 🖉 88 08 66 65, fax 88 08 57 27.

Paris 497 – ◆Strasbourg 34 – Colmar 40 – Le Hohwald 11,5 – Saverne 48 – Sélestat 17.

🏠 **Manoir** sans rest, 11 r. St-Marc 🖉 88 08 03 40, Fax 88 08 53 71 – 📺 ☎ 🅿️, 🖭 GB. 🛠️
　 fermé 15 janv. au 1er mars – � 40 – **18 ch** 300/350.

🍴 **Maison Rouge** avec ch, av. Gare 🖉 88 08 90 40, Fax 88 08 57 55 – ☎ 🚗. GB
✦ 　 *fermé fév., dim. soir et lundi sauf juil.-août* – **Repas** 75/150 🍷, enf. 45 – ⊑ 35 – **12 ch**
　 220/260 – ½ P 250/270.

　 rte du Mont Ste-Odile par D 854 – ✉ 67140 Barr :

🏨 **Domaine St-Ulrich** Ⓜ ⏳ sans rest, à 2 km 🖉 88 08 54 40, Fax 88 08 57 55, ⌇, ⪢, 🛠️ –
　 ☎ 🕹️ 🅿️ – 🔺 100. GB
　 fermé janv. et fév. – ⊑ 38 – **24 ch** 260/315, 12 duplex.

🏠 **Château d'Andlau** ⏳ sans rest, à 2 km 🖉 88 08 96 78, Fax 88 08 00 93, ⪢ – ☎ 🅿️. GB.
　 🛠️
　 ⊑ 35 – **24 ch** 230/340.

PEUGEOT Gar. Karrer, 🖉 88 08 94 48

BARRAGE voir au nom propre du barrage.

Les BARRAQUES-EN-VERCORS 26 Drôme 🔢 ③ ④ – alt. 676 – ✉ 26420 La Chapelle-en-Vercors.

Env. NO : Gorges des Grands-Goulets★★★, G. Alpes du Nord.

Paris 602 – ◆Grenoble 57 – Valence 56 – Die 45 – Romans-sur-Isère 40 – St-Marcellin 27 – Villard-de-Lans 23.

🏠 **Grands Goulets** ⏳, 🖉 75 48 22 45, Fax 75 48 10 24, ⪬, ⪢ – ☎ 🚗 🅿️. GB. 🛠️ rest
　 1er mai-1er oct. – **Repas** 95/190, enf. 45 – ⊑ 32 – **30 ch** 175/310 – ½ P 205/235.

Le BARROUX 84330 Vaucluse 🔢 ⑬ G. Provence – 499 h alt. 347.

Paris 680 – Avignon 36 – Carpentras 11 – Vaison-la-Romaine 16.

🏨 **François Joseph** ⏳ sans rest, chemin Rabassières, 2 km rte des Monastères
　 🖉 90 62 52 78, Fax 90 62 33 54, ⪡, ⌇, ⪢ – cuisinette ☎ 🕹️ 🅿️. GB. 🛠️
　 fermé 1er déc. au 29 fév. – ⊑ 45 – **15 ch** 320/400.

🏨 **Géraniums** ⏳, 🖉 90 62 41 08, Fax 90 62 56 48, ⪡, ⪬ – ☎ 🅿️. 🖭 ⓞ GB
✦ 　 *fermé 3 janv. au 12 fév.* – **Repas** (fermé merc. du 15 nov. au 15 mars) 80/250, enf. 40 – ⊑ 35
　 – **22 ch** 210/250 – ½ P 230/250.

BARSAC 33720 Gironde 🔢 ① ② G. Pyrénées Aquitaine – 2 058 h alt. 10.

Paris 615 – ◆Bordeaux 36 – Langon 8 – Libourne 44 – Marmande 55.

🏨 **Host. du Château de Rolland** ⏳, 🖉 56 27 15 75, Fax 56 27 01 69, ⪬, parc – 📺 ☎ 🅿️
　 – 🔺 30. 🖭 ⓞ GB. 🛠️
　 Repas (fermé merc.) 60 (déj.), 95/200, enf. 65 – ⊑ 50 – **9 ch** 350/530.

BAR-SUR-AUBE ◁◇▷ 10200 Aube 🔢 ⑲ G. Champagne – 6 707 h alt. 165.

🖪 Office de Tourisme bd Gambetta (saison) 🖉 25 27 24 25.

Paris 238 – Chaumont 42 – Châtillon-sur-Seine 58 – Troyes 52 – Vitry-le-François 65.

　 à Arsonval NO : 6 km – ✉ 10200 :

🍴🍴 **La Chaumière**, 🖉 25 27 91 02, Fax 25 27 90 26, ⪬, ⪢ – 🅿️. 🖭 GB
　 fermé dim. soir et lundi du 15 sept. au 15 juin sauf fériés – **Repas** 98/180 🍷, enf. 60.

　 à Dolancourt NO : 9 km par rte Troyes – ✉ 10200 :

🏨 **Moulin du Landion,** 🖉 25 27 92 17, Fax 25 27 94 44, ⪬, « Parc », ⌇ – 📺 ☎ 🅿️ –
　 🔺 25. 🖭 ⓞ GB. 🛠️ rest
　 fermé 20 déc. au 20 fév. – **Repas** 100/315 – ⊑ 42 – **16 ch** 310/365 – ½ P 350.

CITROEN Gar. Privé, 11 av. Gén.-Leclerc
🖉 25 27 01 23 🅽 🖉 25 27 13 45
OPEL Gar. Damotte, à Proverville 🖉 25 27 04 47 🅽
🖉 25 27 04 47
PEUGEOT Gar. Vauthier, RN 19 🖉 25 27 15 03 🅽
🖉 25 92 05 17

RENAULT Gar. Maigrot, 18 av. Gén.-Leclerc
🖉 25 27 01 29
ROVER Gar. Roussel, 2 fg de Belfort 🖉 25 27 14 00
🅽 🖉 25 27 14 00

Le BAR-SUR-LOUP 06620 Alpes-Mar. 🔢 ⑨ G. Côte d'Azur – 2 465 h alt. 320.

Voir Site★ – Église St-Jacques : danse macabre★ – Place de l'église : ⪯★.

🖪 Office de Tourisme pl. Francis Paulet 🖉 93 42 72 21.

Paris 919 – Cannes 22 – Grasse 9,5 – ◆Nice 33 – Vence 16.

🍴🍴 **La Jarrerie**, D 2210 🖉 93 42 92 92, Fax 93 42 91 22, ⪬ – 🖭 ⓞ GB 🇯🇨🇧
　 fermé 2 au 31 janv., lundi soir du 15/9 au 15/6, merc. midi du 15/6 au 14/9 et mardi – **Repas**
　 110 (déj.), 145/250 🍷, enf. 75.

BAR-SUR-SEINE 10110 Aube 🔢 ⑰ ⑱ G. Champagne – 3 630 h alt. 152.

Voir Intérieur★ de l'église St-Étienne.

🖪 Office de Tourisme Grande rue de la Résistance 🖉 25 29 86 27.

Paris 207 – Troyes 32 – Bar-sur-Aube 38 – Châtillon-sur-Seine 35 – St-Florentin 57 – Tonnerre 48.

Barséquanais, av. Gén. Leclerc ✆ 25 29 82 75, Fax 25 29 70 01, – ☎ Ⓟ. AE GB
fermé 15 fév. au 8 mars, dim. soir et lundi midi sauf juil.-août – **Repas** 60/170 , enf. 35 – ☐ 25 – **24 ch** 100/300 – ½ P 160/210.

Le Parc de Villeneuve, 1 km par rte de Dijon ✆ 25 29 16 80, Fax 25 29 76 79, parc – Ⓟ. AE GB
fermé 3 au 20 janv. et merc. – **Repas** 165/295 et carte 250 à 400.

Commerce avec ch, r. République ✆ 25 29 86 36, Fax 25 29 64 87 – TV ☎. GB. ch
fermé dim. soir sauf juil.-août – **Repas** 60/200, enf. 40 – ☐ 25 – **12 ch** 170 – ½ P 160/180.

près échangeur autoroute A5 NO : 9 km par D 443 – ✉ **10110** Magnant :

Val Moret, ✆ 25 29 85 12, Fax 25 29 70 81 – TV ☎ ♿ Ⓟ. AE GB
Repas 60/200 , enf. 36 – ☐ 25 – **30 ch** 190/290 – ½ P 180/220.

PEUGEOT Gar. Lamoureux Panot, ✆ 25 29 87 08
RENAULT Jollois, ch. de la Motte Noire ✆ 25 29 87 45 N ✆ 25 29 87 45
Pneumatik'Seine, ✆ 25 29 86 12

BARTENHEIM **68870** H.-Rhin 66 ⑩ – 2 483 h alt. 261.

Paris 494 – ◆Mulhouse 18 – Altkirch 21 – ◆Basel 15 – Belfort 61 – Colmar 56.

Aub. d'Alsace, à la Gare E : 1 km ✆ 89 68 31 26, Fax 89 70 74 78, – Ⓟ. GB
fermé 26 juin au 14 juil., 15 janv. au 1er fév., merc. soir et jeudi – **Repas** 85/250.

BAS-RUPTS **88** Vosges 62 ⑰ – rattaché à Gérardmer.

BASSAC **16** Charente 72 ⑫ – rattaché à Jarnac.

BASSE-GOULAINE **44** Loire-Atl. 67 ③ ④ – rattaché à Nantes.

BASTELICA **2A** Corse-du-Sud 90 ⑥ – voir à Corse.

BASTELICACCIA **2A** Corse-du-Sud 90 ⑰ – voir à Corse (Ajaccio).

BASTIA **2B** H.-Corse 90 ③ – voir à Corse.

La BASTIDE **83840** Var 84 ⑦ 115 ㉒ – 136 h alt. 1 000.

Paris 826 – Digne-les-Bains 76 – Castellane 23 – Comps-sur-Artuby 11,5 – Draguignan 41 – Grasse 48.

de Lachens , ✆ 94 76 80 01, Fax 94 84 21 88, , – ☎ Ⓟ. GB. ch
1er avril-30 nov. et fermé dim. soir et lundi du 1er sept. au 30 juin – **Repas** 75/150, enf. 45 – ☐ 30 – **14 ch** 120/300 – ½ P 170/250.

La BASTIDE-DE-SÉROU **09240** Ariège 86 ④ **G. Pyrénées Roussillon** – 933 h alt. 410.

Env. Grotte du Mas d'Azil★★ N : 17 km.

Paris 774 – Foix 17 – Le Mas-d'Azil 17 – St-Girons 27.

Delrieu avec ch, rte St-Girons ✆ 61 64 50 26, – Ⓟ. GB. ch
fermé 20 au 30 juin, 26 sept. au 6 oct., 3 au 31 janv., dim. soir et lundi – **Repas** 70/160 , enf. 50 – ☐ 30 – **9 ch** 98/140 – ½ P 160.

RENAULT Montané, ✆ 61 64 50 06 N ✆ 61 64 50 06

La BASTIDE-DES-JOURDANS **84240** Vaucluse 114 ④ – 814 h alt. 420.

Paris 764 – Digne-les-Bains 75 – Aix-en-Provence 37 – Apt 39 – Manosque 17.

Le Mirvy , rte Manosque : 3 km ✆ 90 77 83 23, ≤, parc, – TV ☎ ♿ Ⓟ. GB
fermé 15 au 30 nov. et 15 fév. au 15 mars – **Repas** *(fermé le soir en hiver sauf sam., et le midi sauf sam. et dim. en saison)* 120 (déj.), 150/200 – ☐ 45 – **16 ch** 289/477 – ½ P 305/355.

Cheval Blanc avec ch, ✆ 90 77 81 08, – TV ☎. GB. ch
fermé 23 au 30 nov., fév., jeudi sauf le soir de juil. à sept. et merc. soir – **Repas** 140/210 – ☐ 40 – **5 ch** 200/270 – ½ P 245/300.

BATILLY-EN-PUISAYE **45420** Loiret 65 ② ③ – 95 h alt. 180.

Paris 166 – Auxerre 61 – Gien 21 – Montargis 52 – ◆Orléans 89.

Aub. de Batilly avec ch, ✆ 38 31 96 12,
fermé août – **Repas** 85/150 – ☐ 18 – **7 ch** 125/200 – ½ P 160/200.

BATZ (Ile de) **29253** Finistère 58 ⑥ **G. Bretagne** – 746 h.

Accès par transports maritimes.

depuis **Roscoff.** Traversée 15 mn - Renseignements et tarifs : Cie Finistérienne d'Aconage, BP 10 - 29253 Ile de Batz ✆ 98 61 78 87, Fax 98 61 75 94.

Voir ❄️★★ de l'église★ – Chapelle N.-D. du Mûrier★ – Rochers★ du sentier des douaniers – La Côte Sauvage★.

Paris 460 – ♦Nantes 82 – La Baule 9 – Redon 60 – Vannes 73.

🏨 **Le Lichen** sans rest, Le Manérick, SE : 2 km par D 45 ℰ 40 23 91 92, Fax 40 23 84 88, ≼, ☞ – 📺 ☎ 🅿, 🅰🅴 ⓞ 🆖
➖ 42 – **14 ch** 300/550.

🍴🍴 **L'Atlantide**, 59 bd Mer ℰ 40 23 92 20, Fax 40 23 84 88, ≼ – 🅰🅴 ⓞ 🆖
15 mars-15 nov. et fermé lundi – **Repas** - produits de la mer - 95/260.

Voir Croix d'Anjou★★ dans la chapelle des Filles du Coeur de Marie – Pharmacie★ de l'Hôpital public – Le Vieil-Baugé : choeur★ de l'église SO : 2 km par D 61 – Forêt de Chandelais★ SE : 3 km – Pontigné : peintures murales★ dans l'église E : 5 km par D 141.

🛈 Office de Tourisme au Château ℰ 41 89 18 07.

Paris 261 – Angers 42 – La Flèche 18 – ♦Le Mans 61 – Saumur 36 – ♦Tours 67.

🏨 **Boule d'Or**, 4 r. Cygne ℰ 41 89 82 12 – 📺 ☎ 🚗. 🆖
fermé vacances de printemps, de Noël, dim. soir de sept. à juin et lundi – **Repas** 95/195 –
➖ 35 – **10 ch** 270/390 – ½ P 280/420.

CITROEN Michaud, 30 av. Général-de-Gaulle rte de Saumur ℰ 41 89 18 12
PEUGEOT Gar. Baugé Autom., 14 rte d'Angers ℰ 41 89 20 62 🇳 ℰ 41 89 20 62

RENAULT Ahier, 5 r. Foulgues-Nerra ℰ 41 89 10 46
🇳 ℰ 41 89 00 07

Voir Front de mer★★ – Parc des Dryades★ DZ.

🏌₁₈ à St-André-des-Eaux ℰ 40 60 46 18, par ② : 7 km.

🛈 Office de Tourisme et Accueil de France 8 pl. Victoire ℰ 40 24 34 44, Fax 40 11 08 10.

Paris 448 ② – ♦Nantes 75 ② – ♦Rennes 125 ② – St-Nazaire 15 ③ – Vannes 72 ①.

Plan page suivante

🏨🏨🏨 **Hermitage** ⌂, espl. Lucien Barrière ℰ 40 11 46 46, Télex 710510, Fax 40 11 46 45, ≼, 🏠, ⚓, ☞, 🍴 – 🛗 ch 📺 ☎ 🅿 – 🔔 150. 🅰🅴 ⓞ 🆖. ❄️ rest   BZ **h**
1er avril-31 oct. – **Les Evens** : *(fermé sam.) (dîner seul.)* **Repas** 175 et carte 260 à 450 – **Les Ambassadeurs** : *(1er juil.-31 août)* **Repas** 230 et carte 220 à 380, enf. 180 – **Eden Beach** : **Repas** 150 et carte 220 à 350 – ➖ 90 – **214 ch** 1310/2360, 11 appart – ½ P 1090/1510.

🏨🏨🏨 **Royal** ⌂, 6 av. P. Loti ℰ 40 11 48 48, Télex 701135, Fax 40 11 48 45, ≼, centre de thalassothérapie, parc, 🏠, 🍴 – 🛗 📺 ☎ 🅿 – 🔔 40 à 100. 🅰🅴 ⓞ 🆖. ❄️ rest BZ **t**
fermé 27 nov. au 26 déc. – **Repas** 240 – ➖ 90 – **95 ch** 930/1650, 8 appart – ½ P 870/1155.

🏨🏨 ✿ **Castel Marie-Louise** ⌂, 1 r. Andrieu ℰ 40 11 48 38, Télex 700408, Fax 40 11 48 35, ≼, ☞, « Parc », 🍴 – 🛗 📺 ☎ 🕭 🅿 – 🔔 25. 🅰🅴 ⓞ 🆖. ❄️ rest   BZ **g**
fermé mi-janv. à mi-fév. – **Repas** (en saison : prévenir) 150 (déj.), 195/295 et carte 270 à 420, enf. 85 – ➖ 90 – **31 ch** 1270/2000 – ½ P 1200/1300
Spéc. Terrine de foie gras au naturel. Galette de pommes de terre au saumon fumé et caviar. Homard rôti en cocotte et fumet au corail. **Vins** Gros Plant, Muscadet.

🏨🏨 **Bellevue Plage et rest. La Véranda** 🅼, 27 bd Océan ℰ 40 60 28 55, Fax 40 60 10 18, ≼, 🖢 – 🛗 ▤ rest 📺 ☎ 🅿. 🅰🅴 ⓞ 🆖. ❄️ rest   DZ **r**
vacances de fév.-vacances de Toussaint – **Repas** *(fermé mardi en hors sais.)* 130 (déj.), 165/225 🍷, enf. 80 – ➖ 50 – **35 ch** 490/790 – ½ P 460/610.

🏨🏨 **Majestic**, espl. Lucien Barrière ℰ 40 60 24 86, Fax 40 42 03 13, ≼ – 🛗 📺 ☎ 🅿 – 🔔 40. 🅰🅴 ⓞ 🆖. ❄️ rest   BZ **e**
1er avril-31 oct. – **Repas** 145/170, enf. 55 – ➖ 60 – **60 ch** 630/780, 6 appart – ½ P 600/615.

🏨 **Concorde** sans rest, 1 bis av. Concorde ℰ 40 60 23 09, Fax 40 42 72 14 – 🛗 📺 ☎. 🅰🅴 🆖. ❄️   BZ **f**
9 avril-9 oct. – ➖ 45 – **47 ch** 430/550.

🏨 **Alcyon** sans rest, 19 av. Pétrels ℰ 40 60 19 37, Fax 40 42 71 33 – 🛗 📺 ☎ 🅿. 🅰🅴 ⓞ 🆖   BY **s**
➖ 42 – **32 ch** 415/455.

🏨 **Manoir du Parc** 🅼 ⌂ sans rest, 3 allée Albatros ℰ 40 60 24 52, Fax 40 60 55 96 – 📺 ☎ 🕭. 🅰🅴 🆖.   BYZ **a**
25 mars-1er nov. – ➖ 45 – **18 ch** 350/550.

🏨 **La Mascotte** 🅼, 26 av. Marie Louise ℰ 40 60 26 55, Fax 40 60 15 67, 🖢, ☞ – 📺 ☎ 🚗. 🅰🅴 ⓞ 🆖. ❄️ rest   BZ **v**
1er mars-5 nov. – **Repas** 98/245 – ➖ 42 – **21 ch** 380/500 – ½ P 370/420.

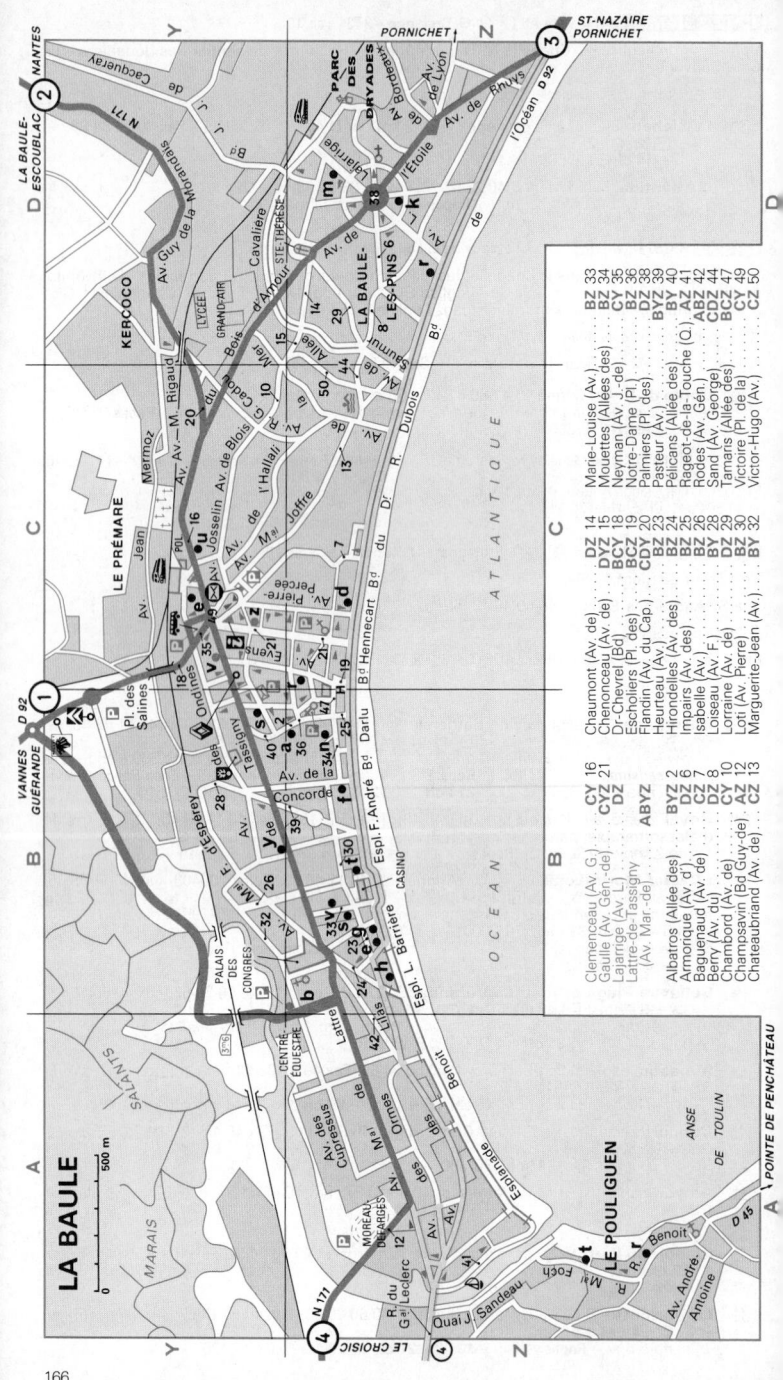

LA BAULE

500 m

Clemenceau (Av. G.) ..... CY 16
Gaulle (Av. Gén.-de) ..... CYZ 21
Lajarrige (Av. L.) ..... DZ
Lattre-de-Tassigny
(Av. Mar.-de) ..... ABYZ

Albatros (Allée des) ..... BYZ 2
Armorique (Av. d') ..... DZ 6
Baguenaud (Av. de) ..... CZ 7
Berry (Av. du) ..... DZ 8
Chambord (Av. de) ..... CY 10
Champsavin (Bd Guy-de) ..... AZ 12
Chateaubriand (Av. de) ..... CZ 13

Chaumont (Av. de) ..... DZ 14
Chenonceau (Av. de) ..... DYZ 15
Dr-Chevrel (Bd) ..... BCY 18
Escholiers (Pl. des) ..... BCZ 19
Flandin (Av. du Cap.) ..... CDY 20
Heurteau (Av.) ..... BZ 23
Hirondelles (Av. des) ..... BZ 24
Impairs (Av. des) ..... BZ 25
Isabelle (Av.) ..... BZ 26
Loiseau (Av. F.) ..... BY 28
Lorraine (Av. de) ..... DZ 29
Loti (Av. Pierre) ..... BZ 30
Marguerite-Jean (Av.) ..... BY 32

Marie-Louise (Av.) ..... BZ 33
Mouettes (Allées des) ..... BZ 34
Neyman (Av. J.-de) ..... CY 35
Notre-Dame (Pl.) ..... BZ 36
Palmiers (Pl. des) ..... DZ 38
Pasteur (Av.) ..... BY 39
Pélicans (Allée des) ..... BY 40
Rageot-de-la-Touche (Q.) ..... AZ 41
Rodes (Av. Gén.) ..... ABZ 42
Sand (Av. George) ..... CDZ 44
Tamaris (Allée des) ..... BCZ 47
Victoire (Pl. de la) ..... CY 49
Victor-Hugo (Av.) ..... CZ 50

166

🏫 **Christina**, 26 bd Hennecart, ℘ 40 60 22 44, Télex 701963, Fax 40 11 04 31, ≼, 🎇 – 🛗
■ rest 📺 ☎ 🅿. GB. ✗   CZ **d**
Repas *(Pâques-oct.)* 150/190 – ⌷ 40 – **36 ch** 380/500 – ½ P 450/500.

🏫 **La Palmeraie** ⬎, 7 allée Cormorans ℘ 40 60 24 41, Fax 40 42 73 71, « Cour fleurie » –
📺 ☎ 🇦🇪 ⓞ GB. ✗ rest   BZ **n**
début avril-1ᵉʳ oct. – **Repas** 130/160 – ⌷ 40 – **23 ch** 380/430 – ½ P 360/400.

🏠 **Delice H.** sans rest, 19 av. Marie-Louise ℘ 40 60 23 17, Fax 40 24 48 88 – 📺 ☎ 🅿. 🇦🇪
GB   BZ **s**
fin avril-fin sept. – ⌷ 37 – **14 ch** 360/470.

🏠 **Host. du Bois**, 65 av. Lajarrige ℘ 40 60 24 78, Fax 40 42 05 88, 🎇, 🌳 – 📺 ☎.
GB   DZ **m**
hôtel : 15 fév.-1ᵉʳ nov. ; rest. : 1ᵉʳ avril-1ᵉʳ nov. – **Repas** 85/165 – ⌷ 38 – **15 ch** 340/380 –
½ P 350.

🏠 **Marini** sans rest, 22 av. G. Clemenceau ℘ 40 60 23 29, Fax 40 11 16 98 – 🛗 📺 ☎.
GB   CY **u**
8 avril-8 oct. – ⌷ 30 – **33 ch** 220/340.

🏠 **La Closerie** sans rest, 173 av. de Lattre-de-Tassigny ℘ 40 60 22 71, Fax 40 60 52 07 – 📺
☎ 🅿. 🇦🇪 ⓞ GB   BY **y**
11 mars-13 nov. et vacances de Noël – ⌷ 35 – **15 ch** 240/370.

🏠 **Le Paris**, 138 av. Ondines ℘ 40 60 30 53, Fax 40 60 83 76 – 📺 ☎. 🇦🇪 ⓞ GB   CY **e**
◆ *fermé oct.* – **Repas** *(fermé Noël au Jour de l'An, dim. soir et sam.)* 70/152 ⅊, enf. 50 – ⌷ 32 –
16 ch 248/340 – ½ P 245.

🏠 **Ty-Gwenn** sans rest, 25 av. Gde Dune ℘ 40 60 37 07 – ☎. GB   DZ **k**
fermé 15 nov. au 15 déc. et 7 janv. au 17 fév. – ⌷ 30 – **18 ch** 210/330.

XXX **La Marcanderie**, 5 av. d'Agen ℘ 40 24 03 12, Fax 40 11 08 21 – 🇦🇪 GB   BZ **b**
fermé lundi sauf le soir en juil.-août et dim. soir – **Repas** 155/410 et carte 210 à 350.

XX **Lutétia-Rossini** avec ch, 13 av. Evens ℘ 40 60 25 81, Fax 40 42 73 52 – 📺 ☎. 🇦🇪 ⓞ
GB   CZ **r**
fermé 6 janv. au 6 fév. – **Repas** *(fermé dim. soir et lundi hors sais. sauf vacances scolaires)*
110/250, enf. 75 – ⌷ 35 – **14 ch** 260/500 – ½ P 310/390.

XX **Le Maréchal**, 277 av. de Lattre de Tassigny ℘ 40 24 51 14 – ■ 🅿. 🇦🇪 ⓞ GB   CY **v**
Repas 99/295, enf. 35.

X **Chalet Suisse**, 114 av. Gén. de Gaulle ℘ 40 60 23 41 – 🇦🇪 ⓞ GB   CY **z**
fermé dim. soir et merc. du 15 sept. au 15 juin – **Repas** 110/180.

CITROEN Salines-Automobiles, pl. Salines   🔘 Le Pneu Baulois, 79 av. Mar.-de-Lattre-de-
℘ 40 60 20 71   Tassigny ℘ 40 24 22 46
PEUGEOT Gar.Guy Chanard, rte de la Baule
℘ 40 11 12 13 🅽 ℘ 05 44 24 24
RENAULT Gar. Richard, 206 av. Mar.-de-Lattre-de-
Tassigny ℘ 40 60 20 30 🅽 ℘ 40 90 75 92

BAULE 45 Loiret 🔢 ⑧ – rattaché à Beaugency.

BAUME-LES-DAMES 25110 Doubs 🔢 ⑯ G. Jura – 5 237 h alt. 291.
🏌 du Château de Bournel à Cubry ℘ 81 86 00 10,N : 19 km par D 50.
🛈 Office de Tourisme r. Provence ℘ 81 84 27 98.
Paris 443 – ◆Besançon 29 – Belfort 64 – Lure 48 – Montbéliard 51 – Pontarlier 62 – Vesoul 47.

🏠 **Central** sans rest, 3 r. Courvoisier ℘ 81 84 09 64, Fax 81 84 09 64 – ☎. GB
fermé 15 janv. au 15 fév. et dim. d'oct. à avril – ⌷ 30 – **12 ch** 135/250.

XXX **Host. du Château d'As** avec ch, ℘ 81 84 00 66, Fax 81 84 39 67, ≼, 🎇 – ☎ 🅿. 🇦🇪 ⓞ
GB
fermé mi-janv. à mi-fév., dim. soir et lundi sauf fériés – **Repas** 90 (déj.), 180/250 et carte 190
à 340 – ⌷ 35 – **9 ch** 240/250 – ½ P 325/390.

à Pont-les-Moulins S : 6 km par D 50 – ✉ 25110 :

🏠 **Aub. des Moulins**, rte Pontarlier ℘ 81 84 09 97, Fax 81 84 04 44 – 📺 ☎ 🅿 – 🔬 25. 🇦🇪 GB
fermé 23 déc. au 17 janv. et sam. sauf le soir du 1ᵉʳ mars au 15 oct. – **Repas** 87/140 ⅊, enf.
38 – ⌷ 28 – **10 ch** 210/300 – ½ P 240.

à Hyèvre-Paroisse E : 7 km sur N 83 – ✉ 25110 :

🏫 **Ziss et rest. Crémaillère**, ℘ 81 84 07 88, 🎇 – 🛗 ☎ 🅿. 🇦🇪 GB
◆ *fermé 5 au 26 oct., 24 déc. au 7 janv., et sam. sauf le soir du 15 mars au 30 sept.* – **Repas**
60/185 ⅊ – ⌷ 32 – **21 ch** 230/250 – ½ P 240/260.

OPEL-GM Gar. Routhier, à Pont-les-Moulins   RENAULT Gar. Central, 10 av. Gén.-Leclerc
℘ 81 84 02 15   ℘ 81 84 02 45 🅽 ℘ 81 32 93 17
PEUGEOT Sté Baumoise d'automobiles,
℘ 81 84 06 91 🅽 ℘ 81 32 90 27

BAUME-LES-MESSIEURS 39210 Jura 🔢 ④ G. Jura – 196 h alt. 320.
Voir Retable à volets★ dans l'église – Belvédère des Roches de Baume ≼★★★ sur cirque★★★ et
grottes★ de Baume S : 3,5 km.
Paris 400 – Champagnole 26 – Dole 49 – Lons-le-Saunier 16 – Poligny 19.

X **Grottes**, aux Grottes S : 3 km ℘ 84 44 61 59, ≼, 🎇 – 🅿. GB. ✗
◆ *Pâques-30 sept. et fermé merc. sauf juil.-août* – **Repas** (prévenir)(déj. seul.) 75/160 ⅊.

BAUVIN 59221 Nord 🗺 ⑮ 👤 ㉙ – 5 444 h alt. 25.

Paris 209 – ◆Lille 26 – Arras 33 – Béthune 20 – Lens 14.

XXX **Salons du Manoir,** 53 r. J. Guesde ℰ 20 85 64 77, Fax 20 86 72 22, parc – 🔲 **℗.** 🖭 ⓞ GB
fermé 31 juil. au 25 août, 15 au 28 fév., lundi et le soir sauf sam. – **Repas** 160/360 et carte 340 à 450.

CITROEN Franchi, 13 r. Ghesquière ℰ 20 86 65 07

Les BAUX-DE-PROVENCE 13520 B.-du-R. 🗺 ① **G. Provence** (plan) – 457 h alt. 280.

Voir Site ✱✱✱ – Château ❋✱✱ – Monument Charloun Rieu ≼✱✱ – Place St-Vincent✱ – Rue du Trencat✱ – Tour Paravelle ≼✱ – Musée Yves-Brayer✱ (dans l'hôtel des Porcelet) – Fête des Bergers (Noël, messe de minuit)✱✱ – Cathédrale d'Images✱ N : 1 km par D 27 – ❋✱✱✱ sur le village N : 2,5 km par D 27.

🏌 ℰ 90 54 37 02, S : 2 km.

🎫 Office de Tourisme Ilot "Post Tenebras Lux" ℰ 90 54 34 39, Fax 90 54 51 15.

Paris 714 – Avignon 29 – Arles 18 – ◆Marseille 83 – Nîmes 49 – St-Rémy-de-Provence 9,5 – Salon-de-Provence 33.

dans le Vallon :

XXXXX ❀❀ **Oustaù de Baumanière** (Charial) 🏡 avec ch, ℰ 90 54 33 07, Télex 420203, Fax 90 54 40 46, ≼, 🍽, « Demeure du 16ᵉ siècle aménagée avec élégance », 🏊, 🎾 – 🔲 ch 🔲 ☎ **℗.** 🖭 ⓞ GB JCB
fermé 15 nov. au 7 déc., 10 janv. au 3 mars, jeudi midi et merc. du 1ᵉʳ nov. au 1ᵉʳ avril – **Repas** 460/720 et carte 380 à 510 – ☲ 100 – **7 ch** 1150, 4 appart – ½ P 1350
Spéc. Ravioli de truffes. Filets de rougets au basilic. Gigot d'agneau en croûte. **Vins** Coteaux d'Aix-en-Provence-les-Baux, Gigondas.

Le Manoir 🏡 🏡 sans rest,, ≼, 🎾 – 🔲 🔲 ☎ **℗.** 🖭 ⓞ GB JCB
fermé 15 nov. au 7 déc., 10 janv. au 3 mars et merc. du 1ᵉʳ nov. au 1ᵉʳ avril – ☲ 100 – **5 ch** 1150, 4 appart.

XXX ❀ **La Riboto de Taven** (Novi et Theme) 🏡 avec ch, ℰ 90 54 34 23, Fax 90 54 38 88, ≼, 🍽, « Terrasse et jardin fleuri au pied des rochers » – ☎ **℗.** 🖭 ⓞ GB
fermé 8 janv. au 14 mars, mardi soir hors sais. et merc. – **Repas** 195 bc (déj.), 298/420 et carte 310 à 480 – ☲ 80 – **3 ch** 990 – ½ P 890
Spéc. Filet de rougets à la bohémienne. Pigeon au pain d'épices. Tarte au fenouil caramélisé. **Vins** Côteaux d'Aix-en-Provence-les-Baux, Châteauneuf du Pape.

rte de St-Rémy E par D 27ᴬ :

🏨 **Mas d'Aigret** 🏡, ℰ 90 54 33 54, Fax 90 54 41 37, ≼, 🍽, « Salle à manger aménagée dans le rocher », 🏊, 🎾 – 🔲 🔲 ☎ **℗.** 🖭 ⓞ GB
fermé 3 janv. au 23 fév. – **Repas** *(fermé merc. midi)* 90 bc (déj.), 190/350 ♨ – ☲ 70 – **16 ch** 500/900 – ½ P 495/820.

rte d'Arles SO par D 78ᶠ :

🏨 **La Cabro d'Or** 🏡, à 1 km ℰ 90 54 33 21, Fax 90 54 45 98, ≼, 🍽, « Jardins fleuris », 🏊, 🎾 – 🔲 ch 🔲 ☎ 🅿 – 🔬 60. 🖭 ⓞ GB JCB
Repas *(fermé mardi midi et lundi du 1ᵉʳ nov. au 1ᵉʳ avril)* 155/360 et carte 300 à 430 – ☲ 70 – **22 ch** 680/970, 8 appart – ½ P 690/835.

🏨 **Mas de l'Oulivié** Ⓜ 🏡 sans rest, à 2,5 km ℰ 90 54 35 78, Fax 90 54 44 31, ≼, « Piscine dans un jardin fleuri », 🎾 – 🔲 🔲 ☎ & **℗.** 🖭 ⓞ GB
6 avril-30 oct. – ☲ 68 – **20 ch** 770/990.

🏨 **La Benvengudo** 🏡, à 2 km ℰ 90 54 32 54, Fax 90 54 42 58, ≼, 🍽, 🏊, 🎾, 🎾 – 🔲 ch 🔲 ☎ **℗.** 🖭 GB. 🎾 rest
15 fév.-30 oct. – **Repas** *(fermé dim. soir)* (dîner seul.) 230 – ☲ 58 – **17 ch** 520/670, 3 appart – ½ P 535/630.

BAVAY 59570 Nord 🗺 ⑤ **G. Flandres Artois Picardie** – 3 751 h alt. 123.

Paris 227 – Avesnes-sur-Helpe 22 – Le Cateau-Cambrésis 29 – ◆Lille 73 – Maubeuge 15 – Mons 24 – Valenciennes 21.

XXX **Bagacum,** r. Audignies ℰ 27 66 87 00, Fax 27 66 86 44, 🍽 – **℗.** 🖭 ⓞ GB JCB
fermé dim. soir et lundi sauf fériés – **Repas** 90/250 bc et carte 230 à 340.

XXX **Le Bourgogne,** porte Gommeries ℰ 27 63 12 58, Fax 27 66 99 74 – 🖭 GB
fermé 6 au 20 mars, 24 juil. au 16 août, dim. soir, merc. soir et lundi – **Repas** 110/250 et carte 190 à 320 ♨.

RENAULT Gar. Dal, 11 r. des Platanes, RN 49 ℰ 27 63 17 04

BAVELLA (col de) 2A Corse-du-Sud 🗺 ⑦ – voir à Corse.

BAYARD (Col) 05 H.-Alpes 🗺 ⑯ **G. Alpes du Nord** – alt. 1170 – ✉ 05500 St-Bonnet-en-Champsaur.

Paris 665 – Gap 7,5 – La Mure 58 – Sisteron 56.

à Laye N : 2,5 km – ✉ 05500 St-Bonnet-en-Champsaur :

X **Laiterie du Col Bayard,** ℰ 92 50 50 06, Fax 92 50 19 91, 🍽 – **℗.** 🖭 GB
⟶ *fermé 15 nov. au 20 déc. et lundi sauf vacance sscolaires* – **Repas** - préparations à base de fromages - 55/180 bc.

Voir Tapisserie de la reine Mathilde★★★ Z – Cathédrale★★ Z – Maison à colombage★ (rue St-Martin) Z **D**.

Env. Brécy : portail★ et jardins★ du château SE : 10 km par D 126 Y – Port★ de Port-en-Bessin NO : 9 km par ⑤.

🏌 ⒓⒙ Omaha Beach Golf Club ℰ 31 21 72 94, 11 r. de Bayeux par ⑦.

🛈 Office de Tourisme Pont St-Jean ℰ 31 92 16 26, Fax 31 92 01 79.

Paris 269 ① – ◆Caen 31 ① – Cherbourg 94 ④ – Flers 68 ② – St-Lô 36 ③ – Vire 60 ②.

BAYEUX

*Les pastilles numérotées
des plans de villes
①, ②, ③ sont répétées
sur les cartes Michelin
à 1/200 000.
Elles facilitent
ainsi le passage
entre les cartes
et les guides Michelin.*

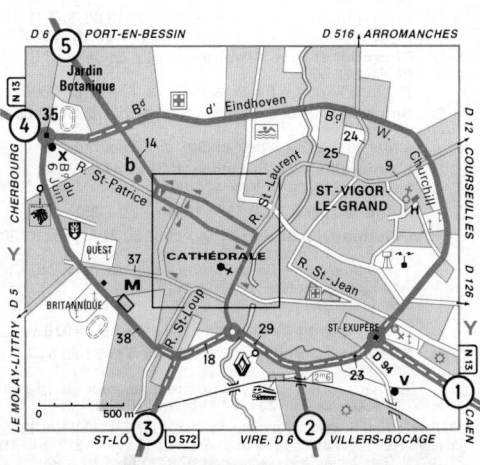

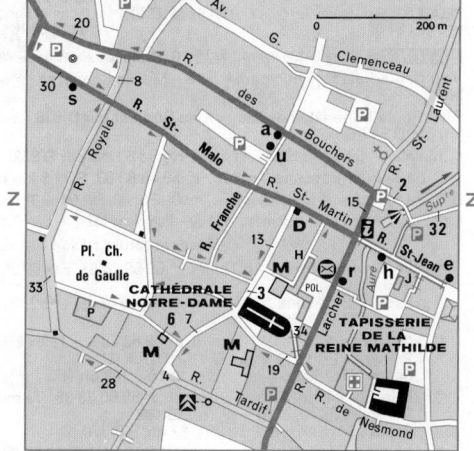

🏠 ☸ **Lion d'Or** ⬧, 71 r. St Jean ℰ 31 92 06 90, Fax 31 22 15 64, « Ancien relais de poste »,
– 📺 ☎ 🅿. 🆎 ⑩ 🆖. ※ rest
Z **e**
fermé 20 déc. au 20 janv. – **Repas** 100 (déj.), 150/320 et carte 240 à 340 – ☲ 55 – **26 ch**
420/470 – ½ P 405/430
Spéc. Andouille chaude à la Bovary. Fricassée de sole au beurre de cidre. Coquelet farci aux morilles en cocotte.

🏠 **Luxembourg** Ⓜ, 25 r. Bouchers ℰ 31 92 00 04, Fax 31 92 54 26 – 🛗 📺 ☎ 🅿. 🆎
🆖
Z **a**
Repas 99/450, enf. 88 – ☲ 50 – **22 ch** 350/470 – ½ P 390.

🏨 **Château de Bellefontaine** ⚘ sans rest, 49 rue Bellefontaine, ✆ 31 22 00 10, Fax 31 22 19 09, « Château du 18ᵉ siècle dans un parc », ✗ – 🛗 ▤ 📺 ☎ ♿ 🅿 – 🛗 40. ᴁ ⒼⒷ   Y   **v**
fermé 15 janv. au 15 fév. – ⌂ 50 – **15 ch** 380/650.

🏨 **Novotel** Ⓜ, 117 r. St Patrice ✆ 31 92 16 11, Fax 31 21 88 76, 🍽, ⚒, ☀ – 🛗 ⅙✗ ch ▤ 📺 ☎ ♿ 🅿 – 🛗 150. ᴁ ⓞ ⒼⒷ   Y   **x**
Repas 150 ⓣ, enf. 50 – ⌂ 50 – **77 ch** 450/495.

🏨 **Argouges** ⚘ sans rest, 21 r. St Patrice ✆ 31 92 88 86, Fax 31 92 69 16, « Ancien hôtel particulier du 18ᵉ siècle », ☀ – 📺 ☎ 🅿. ᴁ ⓞ ⒼⒷ   Z   **s**
⌂ 38 – **25 ch** 280/420.

🏨 **Brunville,** 9 r. G. Duhomme ✆ 31 21 18 00, Fax 31 51 70 89 – 🛗 📺 ☎. ᴁ ⒼⒷ   Z   **u**
Repas 65 (déj.), 85/720, enf. 55 – ⌂ 40 – **38 ch** 300/350 – ½ P 280.

🏨 **Churchill et rest. l'Amirauté,** 14 r. St Jean ✆ 31 21 31 80, Fax 31 21 41 66 – 📺 ☎ ♿.
✛ ᴁ ⓞ ⒼⒷ. ✗   Z   **h**
10 mars-13 nov. – **Repas** 75/250 – ⌂ 40 – **32 ch** 360/460 – ½ P 330/380.

🏨 **Reine Mathilde** sans rest, 23 r. Larcher ✆ 31 92 08 13, Fax 31 92 09 93 – 📺 ☎. ᴁ ⒼⒷ.   Z   **r**
fermé 20 déc. au 1ᵉʳ fév. et dim. du 15 nov. au 15 mars – ⌂ 35 – **16 ch** 270/295.

🍴 **L'Amaryllis,** 32 r. St-Patrice ✆ 31 22 47 94 – ⒼⒷ   Y   **b**
fermé 24 déc. au 10 janv. et lundi – Repas 70 (déj.), 103/160.

à Audrieu par ① et D 158 : 13 km – ✉ **14250** :

🏨 ✿ **Château d'Audrieu** Ⓜ ⚘, ✆ 31 80 21 52, Fax 31 80 24 73, ≤, « Château du 18ᵉ siècle, parc », ⚒ – 📺 ☎ 🅿. ⒼⒷ. ✗ rest
1ᵉʳ mars-30 nov. – **Repas** *(fermé lundi)* 160 (déj.), 310/410 et carte 300 à 460 – ⌂ 90 – **25 ch** 700/1650, 5 appart – ½ P 752/1115
Spéc. Croustade d'huîtres d'Isigny. Daube de canard à la livèche. Tarte moelleuse au chocolat.

rte de Port-en-Bessin par ⑤ : 3 km – ✉ **14400** Bayeux :

🏨 **Château de Sully,** ✆ 31 22 29 48, Fax 31 22 64 77, parc – ☎ 🅿 – 🛗 25. ᴁ ⓞ ⒼⒷ.
✗ rest
15 mars-15 nov. – **Repas** *(fermé lundi sauf du 15 mai au 15 sept.)* (dîner seul. en sem.) 125/190 – ⌂ 65 – **23 ch** 470/550 – ½ P 455/495.

CITROEN Gar. St-Patrice Auto, rte de Cherbourg à Vaucelles par ④ ✆ 31 92 18 35 Ⓝ ✆ 07 33 51 11
CITROEN Gar. Danjou, 13 r. Tardif ✆ 31 92 07 31 Ⓝ ✆ 31 92 13 51
PEUGEOT Gar. Fortin, bd 6 Juin ✆ 31 92 09 77 Ⓝ ✆ 31 21 51 00

RENAULT Gar. Braconnier, 16 bd Carnot ✆ 31 51 18 51 Ⓝ ✆ 31 51 18 51

⓿ Bayeux Pneus, ZI rte de Caen ✆ 31 92 01 61
Schmitt Pneus Vulcopneu, bd Eindhoven ✆ 31 51 18 18

BAYONNE ⬮ **64100** Pyr.-Atl. ⑦⑧ ⑱ G. Pyrénées Aquitaine – 40 051 h alt. 5.
Voir Cathédrale★ AZ et cloître★ AZ B – Musée Bonnat★★ BY **M¹** – Grandes fêtes★ (fin juil.-début août).
Env. Route Impériale des Cimes★ au Sud-Est par D 936 BZ – Croix de Mouguerre ⚹★ SE : 5,5 km par D 312 BZ.
🏌 Makila ✆ 59 42 43 52 à Bassussarry, S : 6 kms par D 932.
✈ de Biarritz-Bayonne-Anglet : ✆ 59 43 83 83, SO : 5 km par N 10 AZ.
🛈 Office de Tourisme pl. des Basques ✆ 59 46 01 46, Fax 59 59 37 55 et gare SNCF ✆ 59 55 20 45 (saison).
Paris 773 ③ – Biarritz 7 – ◆Bordeaux 184 ③ – Pamplona 132 ⑥ – San-Sebastián 54 ⑥ – ◆Toulouse 295 ④.

Accès et sorties : voir à Biarritz.

🏨 **Le Grand Hôtel,** 21 r. Thiers ✆ 59 59 14 61, Fax 59 25 61 70 – 🛗 ⅙✗ ch 📺 ☎. ᴁ ⓞ ⒼⒷ
ᴊᴄʙ   AY   **n**
Repas *(fermé sam. soir et dim. de nov. à mars)* 120/200 ⓑ, enf. 50 – ⌂ 45 – **56 ch** 480/630 – ½ P 375/435.

🏨 **Mercure** Ⓜ, av. J. Rostand ✆ 59 63 30 90, Télex 550621, Fax 59 42 06 64, 🍽, ⚒ – 🛗 ⅙✗ ch ▤ 📺 ☎ 🅿 – 🛗 30 à 60. ᴁ ⓞ ⒼⒷ   AZ   **e**
Repas 115/130 bc ⓑ, enf. 45 – ⌂ 55 – **109 ch** 450.

🏨 **Ibis** Ⓜ, 44 bd Alsace-Lorraine ✆ 59 50 38 38, Télex 572144, Fax 59 50 38 00, 🍽 – 🛗 ⅙✗ ch ▤ 📺 ☎ ♿ 🅿 – 🛗 25. ᴁ ⒼⒷ   BY   **a**
Repas 97 bc, enf. 40 – ⌂ 36 – **87 ch** 340/370.

🏨 **Loustau,** 1 pl. République ✆ 59 55 16 74, Fax 59 55 69 36, ≤ – 🛗 ⅙✗ ch 📺 ☎. ᴁ ⒼⒷ.
✗ rest   BY   **u**
Repas *(fermé sam. et dim. du 1ᵉʳ nov. au 30 avril)* 90/130, enf. 50 – ⌂ 42 – **44 ch** 335/420 – ½ P 290.

🍴🍴🍴 ✿ **Aub. Cheval Blanc** (Tellechea), 68 r. Bourgneuf ✆ 59 59 01 33, Fax 59 59 52 26 – ▤.
ᴁ ⓞ ⒼⒷ   BZ   **b**
fermé dim. soir et lundi sauf juil.-août – **Repas** 98/230 et carte 205 à 375
Spéc. Merlu rôti au jus de volaille, mirepoix de poivrons doux. Ravioli de joues de boeuf au jus d'Irouleguy, carottes confites. Gourmandises au chocolat du bayonnais.

🍴🍴 **François Miura,** 24 r. Marengo ✆ 59 59 49 89 – ▤. ᴁ ⓞ ⒼⒷ   BZ   **r**
fermé 10 juil. au 10 août, 20 au 30 déc., dim. soir et merc. – Repas 105/170.

MICHELIN, Agence, ZAC St-Frédéric II, 89 r. Chalibardon ✆ 59 55 13 73

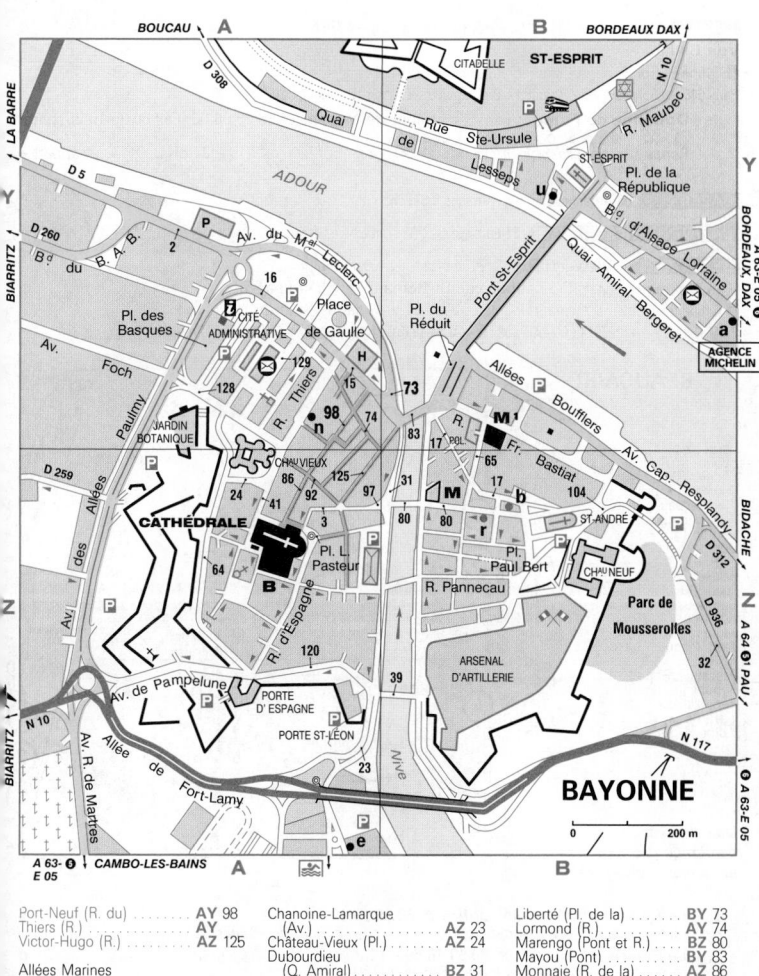

BAYONNE

0   200 m

A 63-❸ ↓ CAMBO-LES-BAINS
E 05

Le Guide change, changez de guide tous les ans.

BAZAS 33430 Gironde **79** ② **G. Pyrénées Aquitaine** – 4 379 h.

Voir Cathédrale★.

🛈 Office de Tourisme 1 pl. Cathédrale ✆ 56 25 25 84.

Paris 640 – ◆Bordeaux 60 – Agen 83 – Bergerac 99 – Langon 15 – Mont-de-Marsan 68.

🏨 **Domaine de Fompeyre** ⏟, rte Mont-de-Marsan ✆ 56 25 98 00, Fax 56 25 16 25, parc, 🏊, ⚓ – 🖭 📺 ☎ & 🄿 – 🔬 60. 🖭 🇬🇧
Repas *(fermé dim. soir du 15 oct. au 30 avril)* 150/220 – ☲ 49 – **31 ch** 320/433, 4 appart – ½ P 414/456.

BAZEILLES 08 Ardennes **53** ⑲ – rattaché à Sedan.

BAZINCOURT-SUR-EPTE 27 Eure **55** ⑧ ⑨ – rattaché à Gisors.

BEAUCAIRE 30300 Gard **83** ⑪ **G. Provence** – 13 400 h alt. 18.

Voir Château★ : ※★★ Y – Abbaye de St-Roman ⩺★ 4,5 km par ⑤.

🛈 Office de Tourisme 24 cours Gambetta ✆ 66 59 26 57, fax 66 59 30 40.

Paris 708 ⑥ – Avignon 24 ① – Alès 68 ⑥ – Arles 18 ③ – Nîmes 24 ⑤ – St-Rémy-de-Provence 17 ②.

BEAUCAIRE

Ledru-Rollin (R.) .... Z 17
Nationale (R.) .... Z

Barbès (R.) .... Z 2
Bijoutiers (R. des) .... YZ 3
Charlier (R.) .... Y 4
Château (R. du) .... Y 5
Clemenceau
  (Pl. Georges). .... Z 6
Danton (R.) .... Y 7
Denfert-Rochereau
  (R.). .... Z 8
Écluse (R. de l') .... Z 9
Foch (Bd Maréchal) ..... YZ 12
Gambetta (Cours) .... Z 13
Hôtel-de-Ville (R. de l') . Z 14
Jaurès (Pl. Jean) .... Y 15
Jean-Jacques Rousseau
  (R.) .... Y 16
Pascal (R. Roger) .... Z 21
République (Pl. de la) .... Y 22
République
  (R. de la) .... Y 23
Victor-Hugo (R.) .... Y 25

*Une réservation
confirmée par écrit
est toujours plus sûre.*

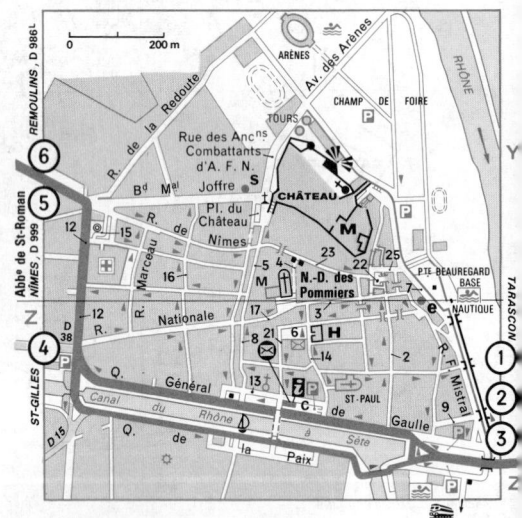

🍴🍴 **Le Sénéchal,** 49 bd Mar. Joffre ✆ 66 59 23 10 – 🍽. 🇬🇧   Y **s**
   fermé 15 au 31 août, vacances de fév., dim. soir et lundi – **Repas** 95/190.

🍴 **Le Fiacre,** 3 r. Danton ✆ 66 59 48 60 – 🍽. 🇬🇧   YZ **e**
   fermé août, mardi soir et lundi – **Repas** 90/170.

PEUGEOT SOREVA, 41 r. des Marronniers par ④   🛞 Ayme Pneus, rte de St-Gilles ✆ 66 59 23 98
✆ 66 59 13 63 **N** ✆ 05 44 24 24

BEAUCENS 65 H.-Pyr. **85** ⑱ – rattaché à Argelès-Gazost.

Le BEAUCET 84 Vaucluse **81** ⑬ – rattaché à Carpentras.

BEAUDÉAN 65 H.-Pyr. **85** ⑱ – rattaché à Bagnères-de-Bigorre.

LES GUIDES MICHELIN :

Guides Rouges (hôtels et restaurants) :

    **Benelux - Deutschland - España Portugal - Main Cities Europe -
    France - Great Britain and Ireland - Italia - Suisse**

Guides Verts (Paysages, monuments et routes touristiques) :

    **Allemagne - Autriche - Belgique Luxembourg - Canada - Espagne -
    Grande Bretagne - Grèce - Hollande - Irlande - Italie - Londres -
    Maroc - New York - Nouvelle Angleterre - Portugal - Rome - Suisse**

    et la collection sur la France.

BEAUFORT 73270 Savoie **74** ⑰ ⑱ G. Alpes du Nord – 1 996 h alt. 743.

🛈 Office de Tourisme pl. Mairie ℘ 79 38 37 57, fax 79 38 16 70.

Paris 601 – Albertville 19 – Chambéry 70 – Megève 42.

🏠 **Gd Mont,** ℘ 79 38 33 36, Fax 79 38 39 07 – **☎. GB**
fermé 24 avril au 2 mai et 1ᵉʳ oct. au 5 nov. – **Repas** 85/140 ⅃, enf. 55 – ⌑ 38 – **13 ch** 190/250 – ½ P 285.

🏠 **de la Roche,** ℘ 79 38 33 31, Fax 79 38 38 60, 佘, 禾 – **☎ 🅿. GB**
➔ *fermé 1ᵉʳ au 8 mai et nov.* – **Repas** (fermé dim. soir) 65/155 ⅃ – ⌑ 30 – **17 ch** 120/250 – ½ P 180/220.

BEAUGENCY 45190 Loiret **64** ⑧ G. Châteaux de la Loire – 6 917 h alt. 106.

Voir Église N.-Dame★ – Donjon★ – Tentures★ dans l'hôtel de ville **H** – Musée de l'Orléanais★ dans le château.

🛈 Office de Tourisme pl. de l'Hôtel de Ville ℘ 38 44 54 42, Fax 38 46 45 31.

Paris 151 ① – ◆Orléans 29 ① – Blois 36 ④ – Châteaudun 40 ⑥ – Vendôme 48 ⑤ – Vierzon 84 ②.

BEAUGENCY

Cordonnerie
(R. de la) 6
Maille-d'Or (R. de la).. 10
Martroi (Pl. du)
Pont (R. du)
Puits-de-l'Ange
(R. du) 14
Abbaye (R. de l') 2
Bretonnerie
(R. de la) 3
Change (R. du) 4
Châteaudun
(R. de) 5
Dr-Hyvernaud (Pl.) .. 8
Dunois (Pl.) 9
Pellieux (Passage) ... 12
Sirène (R. de la) 15
Traîneau (R. du) 17
Trois-Marchands
(R. des) 18

Dans la liste des rues des plans de villes, les noms en rouge indiquent les principales voies commerçantes.

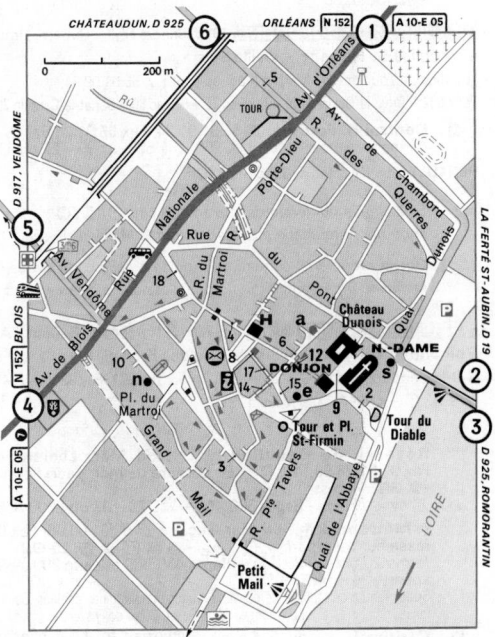

🏨 **L'Abbaye,** quai Abbaye (s) ℘ 38 44 67 35, Fax 38 44 87 92, ≤, 佘 – **📺 ☎ 🅿. ஊ ① GB JCB** – **Repas** 185 – ⌑ 42 – **14 ch** 410/550, 4 duplex.

🏠 **Écu de Bretagne,** pl. Martroi (n) ℘ 38 44 67 60, Fax 38 44 68 07 – **📺 ☎ 🅿. ஊ ① GB**
fermé fév. et lundi du 3 nov. au 30 mars sauf fériés – **Repas** 98/200 ⅃, enf. 65 – ⌑ 40 – **25 ch** 250/360 – ½ P 290/320.

🏠 **Sologne** sans rest, pl. St Firmin (e) ℘ 38 44 50 27, Fax 38 44 90 19 – **📺 ☎. GB**
fermé 20 déc. au 1ᵉʳ fév. et dim. soir de nov. à janv. – ⌑ 38 – **16 ch** 190/280.

🍴 **Au Vieux Fourneau,** 12 r. Cordonnerie (a) ℘ 38 46 40 56 – ஊ GB
fermé 13 au 26 nov., dim. soir et lundi – **Repas** 90/180.

à Baule par ① : 5 km – ⊠ 45130 :

🍴🍴 **Aub. Gourmande,** ℘ 38 45 01 02, Fax 38 45 03 08, 佘 – ஊ GB
fermé vacances de fév., merc. hors sais. et dim. soir – **Repas** 98/215.

à Lailly-en-Val par ② : 5 km – ⊠ 45740 :

🍴 **Aub. Trois Cheminées** avec ch, rte Blois par D 951 : 2 km ℘ 38 44 74 20, 佘 – **☎ 🅿. GB**
fermé 15 fév. au 15 mars, dim. soir et lundi d'oct. à mai – **Repas** 60 (déj.), 100/200 ⅃, enf. 50 – ⌑ 38 – **12 ch** 140/295 – ½ P 240/300.

PEUGEOT Gar. Mahu, 49 av. de Blois par ④
℘ 38 44 53 20

RENAULT Gar. de la Mardelle, ZI, 63 av. d'Orléans par ① ℘ 38 44 50 40

BEAULIEU 69430 Rhône 🔢 ⑨ **G. Vallée du Rhône** – 1 874 h alt. 293.

🇧 Office de Tourisme Square Grand'Han ✆ 74 69 22 88.

Paris 426 – Mâcon 39 – Roanne 61 – Bourg-en-Bresse 55 – ♦Lyon 61 – Villefranche-sur-Saône 26.

XXX **Anne de Beaujeu** avec ch, ✆ 74 04 87 58, Fax 74 69 22 13, 🥢 – 📺 ☎ 🅿. 📼
fermé 30 juil. au 10 août, 21 déc. au 22 janv., dim. soir et lundi – **Repas** 110/350 et carte 170 à 280 – 🖃 35 – **7 ch** 298/348 – ½ P 300/350.

CITROEN Gar. du Centre, ✆ 74 04 87 64

PEUGEOT Gar. Desplace, ✆ 74 69 21 56 🅽 ✆ 74 69 21 56

BEAULIEU-EN-ARGONNE 55250 Meuse 🔢 ⑳ **G. Champagne** – 42 h alt. 273.

Voir Pressoir★ dans l'anc. abbaye.

Paris 239 – Bar-le-Duc 36 – Futeau 10 – Ste-Menehould 23 – Verdun 38.

♟ **Host. Abbaye** ⬙, ✆ 29 70 72 81, ≼, 🏤, ✕ – ☎. 📼. ✿ ch
fermé 15 déc. au 1er fév. et dim. soir d'oct. à mars – **Repas** 90/160 ⅄ – 🖃 25 – **10 ch** 140/250 – ½ P 180/230.

BEAULIEU-SUR-DORDOGNE 19120 Corrèze 🔢 ⑲ **G. Berry Limousin** – 1 265 h alt. 144.

Voir Église St-Pierre★★ – Vieille Ville ★.

🇧 Office de Tourisme pl. Marbot (Pâques-sept.) ✆ 55 91 09 94.

Paris 532 – Brive-la-Gaillarde 44 – Aurillac 70 – Figeac 60 – Sarlat-la-Canéda 70 – Tulle 44.

🏠 **Central H. Fournié,** ✆ 55 91 01 34, Fax 55 91 23 57, 🏤 – ☎ 🅿. 📼
mi mars-mi nov. – **Repas** 85/260, enf. 55 – 🖃 35 – **27 ch** 170/320 – ½ P 240/300.

RENAULT Gar. Lavastroux, ✆ 55 91 12 82

📠 *Le pastiglie numerate delle piante di città ①, ②, ③*
sono riportate anche sulle carte stradali Michelin in scala 1/200 000.

Questi riferimenti, comuni nella guida e nella carta stradale,
facilitano il passaggio di una pubblicazione all'altra.

BEAULIEU-SUR-MER 06310 Alpes-Mar. 🔢 ⑩ 🔢 ㉗ **G. Côte d'Azur** – 4 013 h alt. 10 – Casino Z.

Voir Site★ de la Villa Kerylos★ – Baie des Fourmis★.

🇧 Office de Tourisme pl. G.-Clemenceau ✆ 93 01 02 21, Fax 93 01 44 04.

Paris 943 ④ – ♦ Nice 11 ④ – Menton 23 ③.

Plan page ci-contre

🏨 **Réserve de Beaulieu** 🅼 ⬙, bd Mar. Leclerc ✆ 93 01 00 01, Télex 470301, Fax 93 01 28 99, ≼, 🏤, « En bordure de mer, patio fleuri », 🏊 – 🛗 🗏 ch 📺 ☎ 🕭 ⇦ 📭
⓪ 📼. ✿ rest Z w
1er avril-31 oct. – **Repas** 300/400 – 🖃 120 – **33 ch** 2000/3500, 3 appart.

🏨 ✿ **Métropole** ⬙, bd Mar. Leclerc ✆ 93 01 00 08, Fax 93 01 18 51, ≼, 🏤, « Vaste terrasse sur mer, parc », 🏊, 🛆 – 🛗 🗏 📺 ☎ 🅿. 📭 📼 Z g
fermé 20 oct. au 20 déc. – **Repas** 430/530 et carte 390 à 590 – 🖃 110 – **50 ch** 1020/2730, 3 appart – ½ P 1465/1925
Spéc. – Terrine de mousse de poivrons rouges et aubergines confites. Saint-Pierre rôti aux légumes. Mascarpone aux fraises des bois, velours d'oranges. **Vins** Bellet, Côtes de Provence.

🏨 **Carlton** 🅼 ⬙, av. E. Cavell ✆ 93 01 14 70, Télex 970421, Fax 93 01 29 62, 🏤, 🛆, 🥢 –
🛗 🗏 📺 ☎ ⇦ 🅿 📭 ⓪ 📼 Z b
28 mars-1er oct. – **Repas** (snack) *(fermé merc.)* (déj. seul.) carte 150 à 200 – 🖃 70 – **33 ch** 650/980.

🏨 **Frisia** 🅼 sans rest, bd E. Gauthier ✆ 93 01 01 04, Fax 93 01 31 92, ≼ – 🛗 🗏 📺 ☎. 📭 ⓪
📼 Y r
🖃 40 – **32 ch** 480/670.

🏨 **Comté de Nice** 🅼 sans rest, bd Marinoni ✆ 93 01 19 70, Fax 93 01 23 09, 🎠 – 🛗 🗏 📺
☎ ⇦. 📭 ⓪ 📼. ✿ Y a
🖃 45 – **32 ch** 550/580.

🏨 **Victoria,** bd Marinoni ✆ 93 01 02 20, Télex 470303, Fax 93 01 32 67, 🏤, 🥢 – 🛗 📺 ☎.
📭 ⓪ 📼 YZ t
11 fév.-8 oct. – **Repas** 99 – 🖃 30 – **79 ch** 380/640 – ½ P 348/408.

🏠 **Havre Bleu** sans rest, bd Mar. Joffre ✆ 93 01 01 40, Fax 93 01 29 92 – 📺 ☎ 🅿. 📭 ⓪
📼 Z d
🖃 30 – **22 ch** 270/310.

XXX **Le Maxilien,** bd Marinoni ✆ 93 01 47 48 – 🗏. 📭 ⓪ 📼 Y v
fermé lundi midi, mardi midi et jeudi midi de juin à sept. – **Repas** 155/360 et carte 200 à 400, enf. 90.

Autres ressources hôtelières : voir à **St-Jean-Cap-Ferrat**

CITROEN Gar. de la Poste ✆ 93 01 00 13

BEAULIEU-
SUR-MER

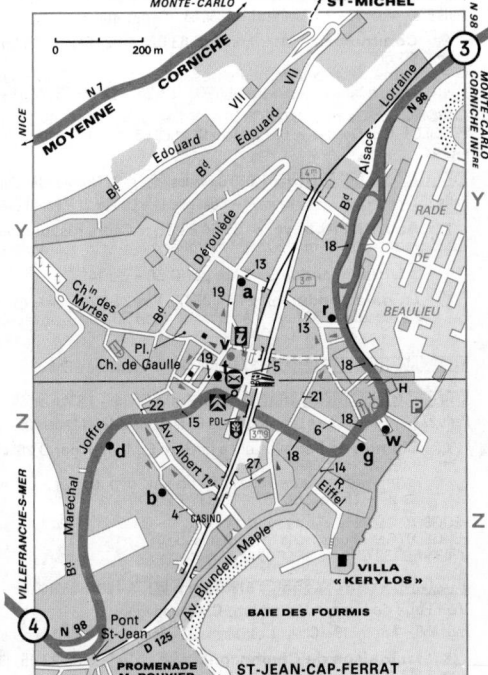

*Le feu
est le plus terrible
ennemi de la forêt.
Soyez prudent !*

Les guides Rouges, les guides Verts et les cartes Michelin
sont complémentaires.
Utilisez-les ensemble.

BEAUMES-DE-VENISE 84190 Vaucluse **81** ⑫ G. Provence – 1 784 h alt. 100.

Voir Clocher★ de la chapelle N.-D. d'Aubune O : 2 km.

🛈 Office de Tourisme cours Jean-Jaurès (fermé après-midi hors saison) ℘ 90 62 94 39.

Paris 671 – Avignon 32 – Nyons 40 – Orange 23 – Vaison-la-Romaine 24.

  ✕ **Aub. St-Roch** avec ch, ℘ 90 62 94 29, Fax 90 65 05 07 – **GB**. 🛠 ch
    1er mars-15 nov. et fermé merc. sauf fériés – **Repas** 85 (déj.), 120/160 ⅃ – ☲ 35 – **4 ch**
    155/235 – ½ P 210/250.

BEAUMESNIL 27410 Eure **54** ⑲ G. Normandie Vallée de la Seine – 527 h alt. 169.

Voir Château★.

Paris 143 – ◆Rouen 58 – Bernay 12 – Dreux 70 – Évreux 39.

  ✕✕ **L'Étape Louis XIII,** ℘ 32 44 44 72, 🌿, « Maison normande du 17e siècle », 🌳 – **🅿**. **ᴁ**
    GB
    fermé 26 juin au 3 juil., 15 janv. au 5 fév., dim. soir et lundi – **Repas** (nombre de couverts
    limité, prévenir) 98/320.

BEAUMETTES 84220 Vaucluse **81** ⑬ – 219 h alt. 126.

Voir ≼★ du chevet de l'église de Ménerbes S : 3,5 km, G. Provence.

Paris 712 – Apt 18 – Avignon 33 – Carpentras 31 – Cavaillon 13.

  🏨 **Le Moulin Blanc** 🦢, rte Apt N 100 ℘ 90 72 34 50, Fax 90 72 25 41, ≼, 🌿, parc, ⊥, ✹
    – 📺 ☎ **🅿**. **ᴁ ⓞ GB JCB**
    Repas 160 – ☲ 65 – **18 ch** 620/950 – ½ P 510/665.

BEAUMONT-DE-LOMAGNE 82500 T.-et-G. 🔢 ⑥ G. Pyrénées Aquitaine – 3 488 h alt. 102.

Paris 684 – Auch 49 – ♦ Toulouse 61 – Agen 58 – Castelsarrasin 25 – Condom 57 – Montauban 36.

🏠 **Commerce,** r. Mar. Foch ℰ 63 02 31 02, Fax 63 65 26 22, 🍽 – 📺 ☎ 🚗, 🆎 ⓞ 🅶🅱.
♦ 🐾 ch
*fermé vacances de printemps, 20 au 27 nov., 2 au 8 janv., vacances de fév., dim. soir et
lundi hors sais.* – **Repas** 70/190 – 🖵 26 – **12 ch** 150/210 – ½ P 170/200.

CITROEN Gar. Daure, ℰ 63 02 35 76   RENAULT Gar. Bedouch, ℰ 63 02 35 15 🅽 ℰ 63
PEUGEOT Gar. Oustric, ℰ 63 02 41 18 🅽 ℰ 63 65   65 39 95
25 58

BEAUMONT-EN-AUGE 14950 Calvados 🔢 ③ G. Normandie Vallée de la Seine – 472 h alt. 95.

Paris 204 – ♦ Caen 41 – ♦ Le Havre 74 – Deauville 11 – Lisieux 21 – Pont-l'Évêque 8.

❌❌ **Aub. de l'Abbaye,** ℰ 31 64 82 31, « Cadre rustique normand » – 🆎 🅶🅱
fermé 15 fév. au 15 mars, mardi et merc. sauf juil.-août – **Repas** 160/280.

à la Haie Tondue S : 2 km par D 58 – ✉ **14130** :

❌❌ **La Haie Tondue,** ℰ 31 64 85 00, Fax 31 64 69 34 – 🅿. 🅶🅱
*fermé 26 au 30 juin, 2 au 9 oct., 19 au 26 déc., vacances de fév., lundi soir sauf en août et
mardi* – **Repas** 110/200.

BEAUMONT-EN-VERON 37 I.-et-L. 🔢 ⑨ – rattaché à Chinon.

BEAUMONT-SUR-SARTHE 72170 Sarthe 🔢 ⑬ – 1 874 h alt. 85.

Paris 222 – Alençon 23 – ♦ Le Mans 25 – La Ferté-Bernard 48 – Mamers 25 – Mayenne 62.

❌❌ **Chemin de Fer** avec ch, à la Gare E : 1,5 km par D 26 ℰ 43 97 00 05, Fax 43 33 52 17, 🍽
♦ – 📺 ☎ 🚗, 🅶🅱
fermé vacances de Toussaint, de fév., dim. soir et lundi en hiver – **Repas** 78/225 🍷, enf. 55 –
🖵 27 – **15 ch** 212/357 – ½ P 179/268.

PEUGEOT Gar. Noyer ℰ 43 97 01 14   RENAULT Gar. Despelchain ℰ 43 97 00 03
PEUGEOT Gar. Thureau, à la Croix-Margot-Juillé
ℰ 43 97 00 33 🅽 ℰ 43 97 00 33

BEAUMONT-SUR-VESLE 51360 Marne 🔢 ⑰ – 686 h alt. 100.

Voir Faux de Verzy★ S : 3,5 km, G. Champagne.

Paris 159 – ♦ Reims 16 – Châlons-sur-Marne 30 – Épernay 26 – Ste-Menehould 62.

❌ **La Maison du Champagne** avec ch, ℰ 26 03 92 45, Fax 26 03 97 59, 🍽 – 📺 ☎ 🅿. 🆎
♦ ⓞ 🅶🅱. 🐾 ch
fermé 1ᵉʳ au 15 nov., 1ᵉʳ au 15 fév., lundi soir (sauf hôtel) et dim. sauf fêtes – **Repas** 70/220,
enf. 40 – 🖵 30 – **13 ch** 160/250 – ½ P 180/230.

RENAULT Gar. Lahante, 14 RN ℰ 26 03 90 59 🅽 ℰ 26 03 90 59

BEAUNE ⬥ℙ⬥ 21200 Côte-d'Or 🔢 ⑨ G. Bourgogne – 21 289 h alt. 218.

Voir Hôtel-Dieu★★★ et polyptyque du Jugement dernier★★★ AZ – Collégiale N.-Dame★ :
tapisseries★★ AY – Hôtel de la Rochepot★ AY B – Remparts★ AZ – Musée du vin de Bour-
gogne★ AYZ M1.

🏌 ₁₈ ℰ 80 24 10 29 à Levernois, 4 km par D 970 BZ.

🅱 Office de Tourisme avec A.C. pl. Halle face Hôtel-Dieu ℰ 80 22 24 51, Fax 80 24 06 85.

Paris 313 ③ – Chalon-sur-Saône 29 ③ – ♦ Dijon 44 ③ – Autun 48 ④ – Auxerre 150 ③ – Dole 68 ③.

Plan page ci-contre

🏨🏨 **Le Cep** 🌳 sans rest, 27 r. Maufoux ℰ 80 22 35 48, Télex 351256, Fax 80 22 76 80,
« Ameublement de style » – 🛗 📺 ☎ 🕭 🚗 – 🔬 70. 🆎 ⓞ 🅶🅱 🅹🅲🅱   AZ z
🖵 65 – **49 ch** 550/1000, 3 appart.

🏨 **Henry II** sans rest, 12 fg St Nicolas ℰ 80 22 83 84, Fax 80 24 15 13 – 🛗 📺 ☎ 🕭 🚗. 🆎
ⓞ 🅶🅱 🅹🅲🅱. 🐾   AY q
50 ch 🖵 390/530.

🏨 **La Closerie** Ⓜ 🌳 sans rest, par ④ rte Autun N 74 ℰ 80 22 15 07, Fax 80 24 16 22, 🏊, 🍽
– 📺 ☎ 🕭 🅿. 🆎 ⓞ 🅶🅱
fermé 24 déc. au 15 janv. – 🖵 40 – **47 ch** 300/440.

🏨 **H. de la Paix,** 45 fg Madeleine ℰ 80 22 33 33, Fax 80 22 84 39, 🍽 – 📺 ☎ 🕭. 🆎 ⓞ 🅶🅱
Le Bouchon *(1ᵉʳ avril-30 sept. et fermé lundi midi et dim.)* **Repas** 60(déj.), 75/125 🍷, enf. 40 –
La Rôtisserie *(fermé lundi midi et dim.)* **Repas** 68(déj.), 78/148 🍷, enf. 40 – 🖵 40 – **10 ch**
230/450 – ½ P 265.   BZ s

🏨 **Central,** 2 r. V. Millot ℰ 80 24 77 24, Fax 80 22 30 40 – 📺 ☎. 🅶🅱   AZ n
fermé 25 nov. au 20 déc. – **Repas** 99/190 – 🖵 38 – **20 ch** 330/420.

🏨 **Samotel** 🌳, par ④ rte Autun N 74 ℰ 80 22 35 55, Fax 80 22 09 14, 🍽, 🏊 – 🍴 rest 📺 ☎
♦ 🅿 – 🔬 25. 🆎 ⓞ 🅶🅱 🅹🅲🅱
Repas 80/110 🍷 – 🖵 42 – **65 ch** 350/380.

🏨 **Belle Epoque** sans rest, 15 fg Bretonnière ℰ 80 24 66 15, Fax 80 24 17 49 – 📺 ☎ 🚗
🅿. 🆎 🅶🅱   AZ h
fermé fév. – 🖵 43 – **16 ch** 430/680.

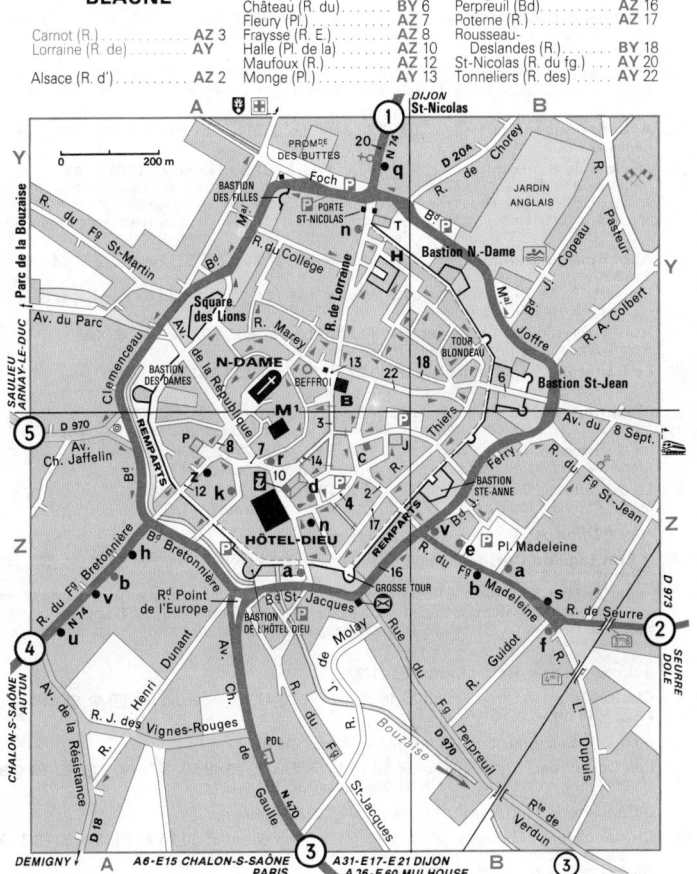

BEAUNE

		Carnot (Pl.)	**AZ** 4	Monge (R.)	**AZ** 14
		Château (R. du)	**BY** 6	Perpreuil (Bd)	**AZ** 16
		Fleury (Pl.)	**AZ** 7	Poterne (R.)	**AZ** 17
Carnot (R.)	**AZ** 3	Fraysse (R. E.)	**AZ** 8	Rousseau-
Lorraine (R. de)	**AY**	Halle (Pl. de la)	**AZ** 10	Deslandes (R.)	**BY** 18
		Maufoux (R.)	**AZ** 12	St-Nicolas (R. du fg)	**AY** 20
Alsace (R. d')	**AZ** 2	Monge (Pl.)	**AY** 13	Tonneliers (R. des)	**AY** 22

🏨 **Grillon** ⬡, 21 rte Seurre par ② : 1 km ℘ 80 22 44 25, Fax 80 24 94 89, 斎, ⛉ – 📺 ☎ 🅿.
🆎 ⓘ 🇬🇧
Repas *(fermé 15 fév. au 15 mars, jeudi midi et merc.)* 85 (déj.), 110/310, enf. 55 – � 30 –
18 ch 255/295.

🏨 **La Cloche**, 42 fg Madeleine ℘ 80 24 66 33, Fax 80 24 04 24, ⛉ – ▤ rest 📺 ☎ 🅿.
← 🇬🇧   BZ **b**
Repas *(fermé janv. et mardi)* 59/205, enf. 35 – ⊏ 35 – **21 ch** 360/380.

🏨 **Host. de Bretonnière** sans rest, 43 fg Bretonnière ℘ 80 22 15 77, Fax 80 22 72 54 –
✕ ch 📺 ☎ 🅿. 🇬🇧   AZ **v**
fermé 23 nov. au 15 déc. et 1ᵉʳ au 15 fév. – ⊏ 37 – **25 ch** 295/350.

🏨 **Alésia** sans rest, 4 av. Sablières, rte Dijon par ① : 1 km ℘ 80 22 63 27, Fax 80 24 95 28 –
☎ 🅿. 🇬🇧
fermé 15 déc. au 20 janv. – ⊏ 30 – **15 ch** 195/325.

🏨 **Beaun' H.** sans rest, 55 bis fg Bretonnière ℘ 80 22 11 01 – ☎ 🅿. 🇬🇧   AZ **u**
fermé 15 déc. au 15 fév. – ⊏ 30 – **16 ch** 170/285.

XXX ⚜ **Bernard Morillon,** 31 r. Maufoux ℘ 80 24 12 06, Fax 80 22 66 22, 斎 – 🆎 ⓘ 🇬🇧
🇯🇨🇧   AZ **z**
fermé 28 janv. au 5 mars, mardi midi et lundi – **Repas** 180/450 et carte 380 à 550
Spéc. Gratin de langoustines du Guilvinec, effilade de laitue façon Brillat Savarin. Volaille de Bresse mijotée au
Gevrey-Chambertin. Tourte d'escargots, douce crème d'ail. **Vins** Beaune, Santenay.

XXX **Jardin des Remparts,** 10 r. Hôtel-Dieu ℰ 80 24 79 41, Fax 80 24 92 79, ㅐ – ➊. ᴳᴮ–
fermé 1ᵉʳ au 7 août, 5 fév. au 4 mars, dim. soir et lundi sauf fériés – **Repas** 130/290 et carte
230 à 320, enf. 90. AZ **a**

XX **L'Écusson,** pl. Malmédy ℰ 80 24 03 82, Fax 80 24 74 02, ㅐ – ᴬᴱ ➊ ᴳᴮ BZ **f**
fermé 1ᵉʳ au 12 déc., 10 au 28 fév., merc. soir de nov. à mars et dim. – **Repas** 125/335, enf.
70.

XX **Aub. St-Vincent,** pl. Halle ℰ 80 22 42 34, Télex 352110, Fax 80 24 02 75 – ▤. ᴬᴱ ➊ ᴳᴮ
Repas 125/300, enf. 85. AZ **r**

XX ✿ **Relais de Saulx** (Monnoir), 6 r. L. Véry ℰ 80 22 01 35, Fax 80 22 41 01 – ᴳᴮ AZ **k**
*fermé 5 au 11/6, 7 au 13/8, 27/11 au 16/12, dim. sauf le midi du 1/10 au 1/5 et lundi sauf le
soir du 1/5 au 1/10* – **Repas** (nombre de couverts limité - prévenir) 100/280 et carte 260 à 400
Spéc. Foie gras des Landes aux cinq poivres. Mitonnée de lotte et homard au jus de crustacés. Jambonnette de volaille
aux morilles à la crème. **Vins** Saint-Aubin, Gevrey-Chambertin.

XX **Aub. Bourguignonne** avec ch, 4 pl. Madeleine ℰ 80 22 23 53, Fax 80 22 51 64 – ▤ rest
☎. ᴬᴱ BZ **a**
fermé 9 déc. au 14 janv., dim. soir de fin nov. à fin fév. et lundi sauf fériés – **Repas** 89/199 ♨
– ☲ 31 – **8 ch** 250/300.

XX **Aub. Toison d'Or,** 4 bd J. Ferry ℰ 80 22 29 62, Fax 80 24 07 11 – ▤. ᴬᴱ ᴳᴮ BZ **v**
fermé dim. soir et lundi – **Repas** 90/235, enf. 50.

XX **Le Bénaton,** 25 fg Bretonnière ℰ 80 22 00 26, Fax 80 22 51 95, ㅐ – ᴳᴮ AZ **b**
fermé 6 au 20 déc., jeudi midi et merc. – **Repas** 95/220.

X **Maxime,** 3 pl. Madeleine ℰ 80 22 17 82, Fax 80 24 90 81, ㅐ – ᴬᴱ ᴳᴮ BZ **e**
fermé 29 janv. au 20 fév., dim. soir du 15 sept. au 31 mai et lundi sauf fériés – **Repas** 73/140.

X **Le Gourmandin,** 8 pl. Carnot ℰ 80 24 07 88, Fax 80 22 78 00 – ▤. ᴳᴮ AZ **d**
fermé 24 déc. au 2 janv., dim. soir et mardi – **Repas** 90 bc/150 bc.

X **La Ciboulette,** 69 r. Lorraine ℰ 80 24 70 72, Fax 80 22 79 71 – ᴳᴮ AY **n**
fermé 7 au 23 août, 6 au 20 fév., lundi soir et mardi – **Repas** 89/129.

rte de Dijon par ① : 4 km – ✉ 21200 Beaune :

XXXX ✿ **Ermitage de Corton** (Parra) Ⓜ avec ch, ℰ 80 22 05 28, Fax 80 24 64 51, ≼, ㅐ, ☞ –
ⓣⓥ ➋ ➊ ᴬᴱ ᴳᴮ
fermé 25 janv. au 25 fév. – **Repas** *(fermé dim. soir et lundi)* (nombre de couverts limité -
prévenir) 165 (déj.), 195/650 et carte 360 à 550 – ☲ 95 – **4 ch** 950/1250, 6 appart
Spéc. Petite langouste grillée sur salade de mesclin. Saumon grillé à la rhubarbe (saison). Canette poêlée aux figues.
Vins Chorey-lès-Beaune, Pernand Vergelesses.

à Aloxe-Corton par ① : 6 km – ✉ 21420 :

血 **Clarion** Ⓜ ⑤ sans rest, ℰ 80 26 46 70, Fax 80 26 47 16, « Jardin » – ⓣⓥ ☎ ➊. ᴳᴮ
☲ 75 – **10 ch** 485/790.

à Ladoix-Serrigny par ① : 7 km sur N 74 – ✉ 21550 :

XX **Les Coquines,** N 74 à Buisson ℰ 80 26 43 58, Fax 80 26 49 59, ㅐ, ☞ – ➊. ᴬᴱ ➊ ᴳᴮ
fermé 7 au 20 fév., merc. soir et jeudi – **Repas** 132/195.

à Challanges par ② puis D 111 : 4 km – ✉ 21200 Beaune :

血 **Château de Challanges** ⑤ sans rest, r. Templiers ℰ 80 26 32 62, Fax 80 26 32 52,
« Belle demeure dans un parc » – ⓣⓥ ☎ ➊. ᴬᴱ ➊ ᴳᴮ ᴶᶜᴮ. ❀
Pâques-nov. – ☲ 50 – **9 ch** 390/430, 5 appart.

près de l'échangeur A 6 par ③ : 2 km – ✉ 21200 Beaune :

血血 **Novotel** Ⓜ, av. Charles de Gaulle ℰ 80 24 59 00, Télex 352237, Fax 80 24 59 29, ㅐ, ⊠
– ▮ ↹ ch ▤ ☎ ➊ ♿ ➊ – ⚐ 25 à 200. ᴬᴱ ➊ ᴳᴮ
Repas carte environ 190, enf. 50 – ☲ 52 – **127 ch** 420/530.

血 **Relais Motel 21** Ⓜ, rte Verdun ℰ 80 24 15 30, Fax 80 24 16 10, ㅐ, ⊠ – ⓣⓥ ☎ ♿ ➊ –
⚐ 25. ᴬᴱ ➊ ᴳᴮ
Repas 79/130, enf. 45 – ☲ 32 – **42 ch** 290.

à Levernois SE : 5 km par rte de Verdun-sur-le-Doubs, D 970 et D 111ᴸ – BZ – ✉ 21200 :

血 **Colvert Golf H.** Ⓜ ⑤ sans rest, ℰ 80 24 78 20, Fax 80 24 77 70, ≼ – ⓣⓥ ☎ ♿ ☞. ᴬᴱ ➊
ᴳᴮ
fermé 15 déc. au 1ᵉʳ fév. – ☲ 50 – **24 ch** 280/350.

血 **Parc** ⑤ sans rest, ℰ 80 24 63 00, Fax 80 24 21 19, parc – ⓣⓥ ☎ ➊. ᴳᴮ
fermé 1ᵉʳ au 15 déc. – ☲ 33 – **25 ch** 210/450.

XXXX ✿✿ **Host. de Levernois** (Crotet) Ⓜ ⑤ avec ch, ℰ 80 24 73 58, Fax 80 22 78 00, ㅐ,
« Jardin fleuri et parc », ❊ – ▤ rest ⓣⓥ ☎ ➊. ᴬᴱ ➊ ᴳᴮ. ❀
fermé 19 au 27 déc., 1ᵉʳ au 15 fév., merc. midi et mardi – **Repas** 200 bc (déj.), 380/520 et carte
390 à 530 – ☲ 90 – **16 ch** 950/1100 – ½ P 1100
Spéc. Petits escargots de Bourgogne en cocotte lutée. Poulet de Bresse rôti. Tarte fine aux pommes, sorbet à
l'estragon. **Vins** Saint-Romain, Savigny-lès-Beaune.

à Montagny-lès-Beaune par ③ et D 113 : 3 km – ✉ 21200 :

血 **Les Genièvres** ⑤ sans rest, ℰ 80 22 37 74, Fax 80 24 23 18, ☞ – ☎ ☞ ➊. ᴬᴱ ᴳᴮ
fermé 22 déc. au 5 janv. et dim. du 1ᵉʳ nov. au 1ᵉʳ mars – ☲ 26 – **19 ch** 150/220.

à Meursault par ④ : 8 km – ✉ **21190** :

ℹ Syndicat d'Initiative pl. Hôtel de Ville (saison) ℘ 80 21 25 90.

Les Magnolias ⛰ sans rest, 8 r. P. Joigneaux ℘ 80 21 23 23, Fax 80 21 29 10 – ☎. AE GB. ✻
fermé 1er déc. au 29 fév. – ☕ 45 – **11 ch** 350/580.

Les Charmes ⛰ sans rest, pl. Murger ℘ 80 21 63 53, Fax 80 21 62 89, 🏊, 🌳 – TV ☎ ♿ P. GB
fermé mi-déc. à mi-janv. – ☕ 45 – **14 ch** 390/550.

Motel Au Soleil Levant, rte Beaune ℘ 80 21 23 47, Fax 80 21 65 67 – TV ☎ P. GB
Repas 64/124 🍷 – ☕ 26 – **43 ch** 192/348.

Le Chevreuil, ℘ 80 21 23 25, Fax 80 21 65 51, 🌂 – 🚭 ch TV ☎ 🚗. GB
fermé 19 déc. au 20 janv., jeudi midi et merc. sauf le soir de juin à fin sept. – **Repas** 95/155, enf. 40 – ☕ 35 – **17 ch** 180/250 – ½ P 250/300.

XX **Relais de la Diligence,** à la gare SE : 2,5 km par D 23 ℘ 80 21 21 32, Fax 80 21 64 69, ← – P. AE ⓓ GB
fermé 6 déc. au 13 janv., mardi soir et merc. – **Repas** 68/160 🍷, enf. 48.

à Puligny-Montrachet par ④ et N 74 : 12 km – ✉ **21190** :

✿ **Le Montrachet** M, ℘ 80 21 30 06, Fax 80 21 39 06 – TV ☎ ♿. AE ⓓ GB
fermé 30 nov. au 10 janv. et merc. midi – **Repas** 180/420 et carte 280 à 380 – ☕ 55 – **30 ch** 415/485 – ½ P 550
Spéc. Escargots de Bourgogne en coquille. Blanc de volaille de Bresse au foie gras. Tarte chaude aux pommes, sorbet au cidre. **Vins** Puligny-Montrachet, Chassagne-Montrachet.

à Auxey-Duresses par ④ et D 973 : 8 km – ✉ **21190** :

XX **La Crémaillère,** ℘ 80 21 22 60, Fax 80 21 62 65 – GB
fermé 1er fév. au 10 mars, lundi soir et mardi – **Repas** 85/270, enf. 40.

à Bouze-lès-Beaune par ⑤ et D 970 : 6,5 km – ✉ **21200** :

X **La Bouzerotte,** ℘ 80 26 01 37, Fax 80 26 01 37, 🌂 – GB
fermé 27 juil. au 13 août, 24 fév. au 16 mars, lundi soir et mardi – **Repas** (dim. prévenir) 82/92 🍷.

BMW Gar. Savy 21, 23 r. J.-Germain ZI ℘ 80 22 88 69
CITROEN Gar. Champion, 1 rte de Pommard par ④ ℘ 80 22 28 14 N ℘ 80 22 28 14
CITROEN Gar. Chaffraix, 47 r. Fg-St-Nicolas par ① ℘ 80 22 17 55
FIAT, LANCIA Gar. Bolatre, 40 fg Bretonnière ℘ 80 24 02 18 N ℘ 80 61 55 57
FORD Gar. Moreau, 135 bis rte de Dijon ℘ 80 22 27 00 N ℘ 80 20 73 28
PEUGEOT Gar. Champion, 42 rte de Pommard par ④ ℘ 80 26 20 20 N ℘ 80 20 74 61
RENAULT Beaune Auto, 78 rte de Pommard par ④ ℘ 80 24 35 00 N ℘ 80 22 87 04

Ⓜ Gaudry Pneu Point S, 148 rte de Dijon ℘ 80 22 14 21

BEAUPRÉAU **49600** M.-et-L. **67** ⑤ **G. Châteaux de la Loire** – 5 937 h alt. 86.

ℹ Office de Tourisme (saison) ℘ 41 71 76 65.

Paris 346 – Angers 51 – Ancenis 28 – Châteaubriant 71 – Cholet 18 – ◆Nantes 53 – Saumur 79.

à la Chapelle-du-Genêt SO : 3 km – ✉ **49600** :

XX **Aub. de la Source,** ℘ 41 63 03 89 – GB
fermé 31 juil. au 20 août, sam. midi, dim. soir et lundi soir – **Repas** 102/265.

BEAURAINS **62** P.-de-C. **53** ② – rattaché à Arras.

BEAURECUEIL **13100** B.-du-R. **84** ③ **114** ⑯ – 510 h alt. 254.

Paris 768 – ◆Marseille 34 – Aix-en-Provence 12 – Aubagne 32 – Brignoles 49.

Mas de la Bertrande ⛰, D 58 ℘ 42 66 90 09, Fax 42 66 82 01, 🌂, 🏊, 🌳 – TV ☎ P. AE ⓓ GB JCB
fermé vacances de fév., dim. soir et lundi du 1er mars au 15 juin sauf fériés – **Repas** 110 (déj.), 160/200 – ☕ 45 – **10 ch** 350/550 – ½ P 420/520.

XXX ✿ **Relais Ste-Victoire** (Berges) ⛰ avec ch, D 46 ℘ 42 66 94 98, Fax 42 66 85 96, ←, 🏊, 🌳 – ▤ TV ☎ P. AE ⓓ GB JCB
fermé vacances de Toussaint, 2 au 7 janv., fév., dim. soir et lundi – **Repas** (week-ends prévenir) 180/430 et carte 350 à 450, enf. 130 – ☕ 65 – **10 ch** 400/550 – ½ P 500/650
Spéc. Ragoût de légumes aux morilles au bouillon de cèpes (mai à fin sept.). Poivrons en habit rouge, souris d'agneau confite au basilic. Flan aux calissons d'Aix et fleur d'oranger. **Vins** Côtes de Provence, Coteaux d'Aix.

When looking for a hotel or restaurant use the most efficient method.
Look for the names of towns underlined in red
on the Michelin maps scale: 1:200 000.
But make sure you have an up-to-date map!

BEAUREGARD 01 Ain 74 ① – rattaché à Villefranche-sur-Saône.

BEAUREPAIRE 38270 Isère 77 ② – 3 735 h alt. 257.

Paris 521 – Annonay 41 – ◆Grenoble 64 – Romans 37 – ◆St-Étienne 79 – Tournon-sur-Rhône 47 – Vienne 30.

XXX **Fiard,** av. Terreaux ✆ 74 84 62 02, Fax 74 84 71 13 – GB
fermé 15 janv. au 4 fév., dim. soir hors sais. et lundi midi sauf fêtes – **Repas** 125/300 et carte 260 à 350 ♨.

aux Roches de Pajay E : 3 km par D 519 – ✉ **38260** Pajay :

X **Le Chandelier,** ✆ 74 84 66 67 – P. GB
Repas 60 (déj.), 98/198 ♨.

CITROEN Gar. des Alpes, ✆ 74 84 60 13
PEUGEOT Gar. Boyet, ✆ 74 84 61 37
RENAULT Gar. des Terreaux, ✆ 74 84 61 50 N ✆ 74 84 61 50

BEAUREPAIRE-EN-BRESSE 71 S.-et-L. 70 ⑬ – rattaché à Louhans.

BEAUSOLEIL 06 Alpes-Mar. 84 ⑩, 115 ㉗ – rattaché à Monaco.

Le BEAUSSET 83330 Var 84 ⑭ 114 ㊹ – 7 114 h alt. 180.

Voir ≤* de la chapelle N.-D. du Beausset-Vieux S : 4 km, **G. Côte d'Azur.**

Office de Tourisme pl. Ch.-de-Gaulle ✆ 94 90 55 10.

Paris 820 – ◆Toulon 19 – Aix-en-Provence 64 – ◆Marseille 47.

Motel la Cigalière 🐦, N : 1,5 km par N 8 et VO ✆ 94 98 64 63, Fax 94 98 66 04, 🍴, parc, 🏊, 🎾 – cuisinette ☎ P – 🏛 25. GB. 🐕
hôtel : fermé 5 au 20 oct. et dim. soir du 1er nov. au 1er mai ; rest. : ouvert 15 mai-30 sept. – **Repas** (dîner seul.) carte 140 à 200 – ☕ 38 – **14 ch** 350/400, 5 studios – ½ P 325/355.

Mas Lei Bancau M 🐦 sans rest, S : 3 km par N 8 et VO ✆ 94 90 27 78, Fax 94 90 29 00, parc, 🏊 – TV ☎ P. GB. 🐕
fermé 15 oct. au 15 nov. – ☕ 45 – **8 ch** 435/535.

X **Aub. Couchoua,** N : 3,5 km par N 8 et VO ✆ 94 98 72 24, 🍴, 🍴 – P. 🐕
fermé 6 au 19 mars., 9 au 22 oct., dim. soir et merc. – **Repas** - viandes grillées - 150.

X **La Miquelette,** S : 2 km par N 8 et VO ✆ 94 90 50 79, ≤, 🍴, 🍴 – P. GB
19 mars-2 nov. et fermé le midi sauf sam. et dim. en juil.-août, dim. soir et lundi de sept. à juin – **Repas** (nombre de couverts limité, prévenir) carte 130 à 230.

à Ste-Anne-d'Evenos SE : 3 km par N 8 et VO – ✉ **83330** Le Beausset :

XX **Le Poivre d'Ane,** ✆ 94 90 37 88, 🍴 – P. AE GB
fermé 15 janv. au 16 fév., dim. soir de sept. à juin et lundi – **Repas** (nombre de couverts limité, prévenir) 130 (déj.), 180/250.

RENAULT Central Gar. Augier, ✆ 94 98 70 10
Michel Pneum. ✆ 94 90 44 70

BEAUVAIS P 60000 Oise 55 ⑨ ⑩ **G. Flandres Artois Picardie** – 54 190 h alt. 64.

Voir Cathédrale*** : horloge astronomique* – Église St-Étienne* : vitraux** et arbre de Jessé*** – Musée départemental de l'Oise* dans l'ancien palais épiscopal M[1].

Office de Tourisme r. Beauregard ✆ 44 45 08 18, fax 44 45 63 95.

Paris 81 ④ – Compiègne 59 ③ – ◆Amiens 59 ② – Arras 126 ② – Boulogne-sur-Mer 168 ① – Dieppe 107 ⑤ – Évreux 99 ⑤ – ◆Reims 153 ③ – ◆Rouen 82 ⑤ – Saint-Quentin 111 ②.

Plan page ci-contre

Chenal, 63 bd Gén. de Gaulle **(a)** ✆ 44 45 03 55, Fax 44 45 07 81 – 🛗 ⇔ ch TV ☎. AE GB. 🐕
fermé 24 déc. au 3 janv. – **Repas** 130/250 – ☕ 45 – **29 ch** 320/350 – ½ P 350.

La Résidence 🐦 sans rest, 24 r. L. Borel par ② et r. D. Maillart ✆ 44 48 30 98, Fax 44 45 09 42 – TV ☎ P. GB
☕ 24 – **23 ch** 170/215.

Bristol sans rest, 60 r. Madeleine **(k)** ✆ 44 45 01 31 – TV ☎. GB
fermé 15 déc. au 7 janv. et dim. de nov. à mars – ☕ 30 – **19 ch** 100/250.

XXX **A la Côtelette,** 8 r. Jacobins **(e)** ✆ 44 45 04 42, Fax 44 45 09 95 – AE GB
fermé dim. soir – **Repas** 155 et carte 250 à 370.

XX **La Coquerie,** 1 r. St-Quentin **(b)** ✆ 44 48 58 45, 🍴 – AE GB
fermé 24 déc. au 1er janv., sam. midi et dim. soir – **Repas** 160, enf. 50.

à l'Ouest par ⑤ : 4 km – ✉ **60000** Beauvais :

XX **La Belle du Coin,** 67 bd Gén. Koenig ✆ 44 45 07 24, Fax 44 45 29 55 – P. GB
fermé dim. soir et lundi – **Repas** 90 (déj.)/150.

BEAUVAIS

Carnot (R.)		Beauregard (R.)	2	Loisel (Bd A.)	16
Gambetta (R.)		Brière (Bd J.)	3	Nully-d'Hécourt (R.)	19
Hachette (Pl. J.)	10	Dr-Gérard (R.)	5	République (Av. de la)	20
Madeleine (R. de la)		Dr-Lamotte (Bd du)	6	St-André (Bd)	22
Malherbe (R. de)	18	Grenier-à-Sel (R.)	8	St-Laurent (R.)	23
St-Pierre (R.)	24	Guéhengnies (R. de)	9	St-Vincent-de-Beauvais (R.)	26
		Halles (Pl. des)	12	Scellier (Cours)	27
		Leclerc (R. Gén.)	13	Taillerie (R. de la)	29
		Lignières (R. J. de)	15	Tapisserie (R. de la)	30

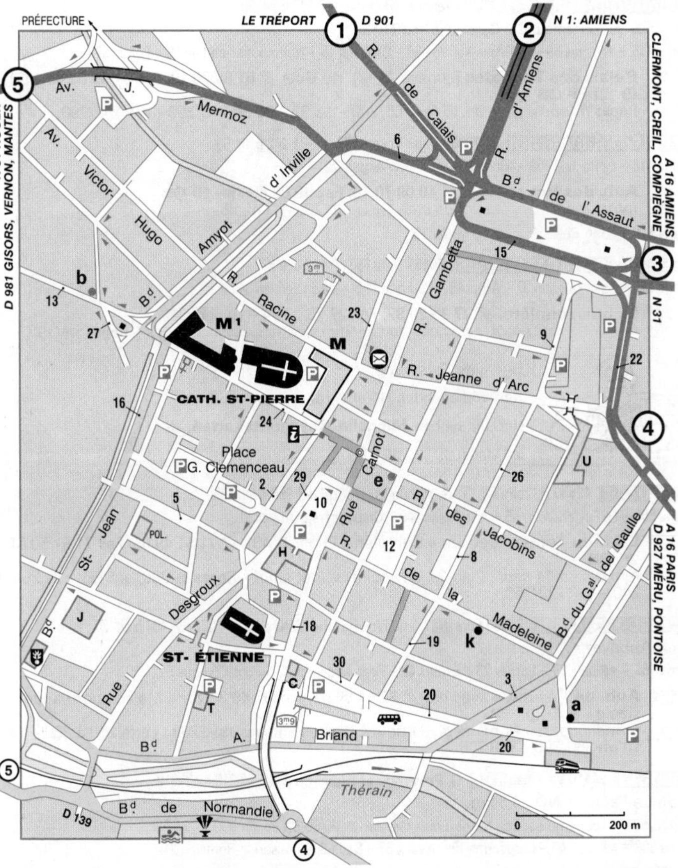

à *Savignies* par ⑤ et D 1 : 10 km – ✉ **60650** :

※※ **Aub. de la Poterie,** ℘ 44 82 27 72, Fax 44 82 71 71, ☎ – ⒼⒷ
fermé 24 juil. au 7 août, 22 janv. au 5 fév., mardi soir et merc. – **Repas** 100/260, enf. 70.

BMW, TOYOTA Gar. du Franc Marché, r. P.-et-M.-
Curie ZAC St-Lazare ℘ 44 05 15 25
CITROEN Gd Gar. Paintré, 63 r. de Calais par ①
℘ 44 45 62 37 Ⓝ ℘ 44 48 05 22
FIAT, LANCIA Gar. Piscine, r. Becquerelle
℘ 44 05 16 00
FORD Thil Autom., 11 r. N.-D.-du-Thil
℘ 44 48 06 06 Ⓝ ℘ 44 48 05 22
MERCEDES Gar. Techstar, ZI du Marais r. du
Moulin ℘ 44 05 47 00 Ⓝ ℘ 20 67 48 04
OPEL Beauvais Autos, ZAC St-Lazare r. P.-et-M.-
Curie ℘ 44 02 05 21
PEUGEOT Le Nouveau Gar., RN 1 - 2 r. Gay Lussac
par ④ ℘ 44 05 20 40

RENAULT S.E.G.O Gueudet, RN 181 rte d'Amiens
par ② ℘ 44 06 06 60 Ⓝ ℘ 44 04 95 01
ROVER Gar. Paris Londres, r. Gay Lussac
℘ 44 02 21 42
VAG S.A.G.A. 60, r. de Clermont ℘ 44 05 45 47
VOLVO Mondial Garage, 22 fg St-Jacques
℘ 44 84 78 78

Ⓦ Cacaux Point S, ZI n° 2 21 av. B.-Pascal
℘ 44 05 21 60
Euromaster, 55 r. E.-de-St-Fuscien à Grandvilliers
℘ 44 46 54 95
Pneu Paris Normandie Vulcopneu, 5 r. 51ᵉ R.-I.
℘ 44 45 91 23

BEAUVEZER 04370 Alpes-de-H.-P. 🗺️⑧ G. Alpes du Sud – 226 h alt. 1 150.

Paris 787 – Digne-les-Bains 65 – Annot 30 – Castellane 43 – Manosque 123 – Puget-Théniers 52.

  🌱 **Verdon,** ℰ 92 83 44 44, ≼, 🚗 – **℗**. ⚶
    fermé 1ᵉʳ nov. au 26 déc. et 8 au 31 janv. – **Repas** 92 – ⌷ 27 – **19 ch** 108/200 – ½ P 155/200.

BEAUVOIR 50 Manche 🗺️⑦ – rattaché au Mont-St-Michel.

BEAUVOIR-SUR-MER 85230 Vendée 🗺️①② – 3 277 h alt. 20.

🗓️ Office de Tourisme r. Ch.-Gallet ℰ 51 68 71 13.

Paris 445 – ♦Nantes 59 – La Roche-sur-Yon 58 – Challans 15 – Noirmoutier-en-l'Île 28 – Pornic 32.

  🏨 **Relais des Touristes** (annexe 🏠 Ⓜ), rte Gois ℰ 51 68 70 19, Fax 51 49 33 45 – 📺 ☎ 🕭
  ✦ **℗**. 🝙 ⓪ ☖ 🗐
    Repas *(fermé 4 janv. au 15 fév.)* 65/200 – ⌷ 32 – **36 ch** 245/350 – ½ P 242/290.

BEAUVOIR-SUR-NIORT 79360 Deux-Sèvres 🗺️① – 1 242 h alt. 66.

Paris 418 – La Rochelle 58 – Niort 16 – St-Jean-d'Angély 28.

  XX **Aub. des Voyageurs,** ℰ 49 09 70 16, Fax 49 09 65 78 – 🝙 ☖
  ✦ *fermé merc. sauf le midi en été* – Repas 70/285 ⅃, enf. 55.

RENAULT Gar. Bello Visu, ℰ 49 09 70 12

BEAUVOIS-EN-CAMBRÉSIS 59157 Nord 🗺️④ – 2 099 h.

Paris 190 – Saint-Quentin 37 – Arras 48 – Cambrai 11,5 – Valenciennes 34.

  XX **La Buissonnière,** ℰ 27 85 29 97, Fax 27 76 25 74 – **℗**. ⓪ ☖
    fermé 1ᵉʳ au 20 août, vacances de fév., dim. soir et lundi sauf fériés – **Repas** 120/190.

Eine gute Ergänzung

zum vorliegenden Hotelführer

sind die gelben **Michelin-Abschnittskarten**

im Maßstab 1 : 200 000.

BEAUZAC 43590 H.-Loire 🗺️⑧ G. Vallée du Rhône – 1 955 h alt. 555.

Paris 558 – Le Puy-en-Velay 45 – ♦St-Étienne 40 – Craponne-sur-Arzon 30.

  XX **L'Air du Temps** avec ch, à Confolens, O par D 461 ℰ 71 61 49 05, Fax 71 61 50 91 – 📺
  ☎. ☖
    fermé 5 au 11 sept., 2 au 29 janv., dim. soir et lundi – **Repas** 85/290, enf. 55 – ⌷ 35 – **8 ch**
    240 – ½ P 220/250.

Le BEC-HELLOUIN 27800 Eure 🗺️⑮ G. Normandie Vallée de la Seine – 434 h alt. 70.

Voir Abbaye★★.

Paris 157 – ♦Rouen 39 – Bernay 23 – Évreux 42 – Pont-Audemer 22 – Pont-l'Évêque 52.

  XXX **Aub. de l'Abbaye** avec ch, ℰ 32 44 86 02, Fax 32 46 32 23, « Maison normande du 18ᵉ
  siècle » – ☎ **℗**. ☖
    fermé lundi soir et mardi du 11 nov. à Pâques – **Repas** 130/320 et carte 250 à 380 – ⌷ 40 –
    10 ch 360/390 – ½ P 390.

BÉDOIN 84410 Vaucluse 🗺️⑬ G. Provence et Alpes du Sud – 2 215 h alt. 310.

Voir Le Paty ≼★ NO : 4,5 km.

🗓️ Office de Tourisme espace Marie-Louis Gravier ℰ 90 65 63 95, Fax 90 12 81 55.

Paris 688 – Avignon 40 – Carpentras 15 – Nyons 37 – Sault 30 – Vaison-la-Romaine 21.

  🏨 **Pins** ⚶, 1 km chemin des Crans ℰ 90 65 92 92, Fax 90 65 60 66, 🍃, ⅃, 🚗 – 📺 ☎ **℗**.
  ☖
    hôtel : fermé 2 janv. au 2 fév. ; rest. : fermé 1ᵉʳ oct. au 31 mars – **Repas** *(dîner seul.)*
    (résidents seul.) 120/130 ⅃ – ⌷ 45 – **25 ch** 300/340 – ½ P 315.

  XX **L'Oustau d'Anaïs,** 1 km rte Carpentras ℰ 90 65 67 43, 🍃 – **℗**. 🝙 ☖
  ✦ *fermé oct., 2 janv. au 1ᵉʳ avril, lundi, mardi, merc. et jeudi du 1ᵉʳ nov. au 1ᵉʳ mai* – **Repas**
    80/205 ⅃.

  à Ste-Colombe E : 4 km par rte du Mont Ventoux – ✉ 84410 :

  🏠 **La Garance** Ⓜ sans rest, ℰ 90 12 81 00, Fax 90 65 93 05, ⅃ – 📺 ☎ **℗**. ☖
    ⌷ 35 – **14 ch** 250/290.

  XX **La Colombe,** ℰ 90 65 61 20, 🍃 – **℗**. ☖. ⚶
    fermé mardi soir, merc. et jeudi du 15 nov. au 1ᵉʳ avril, mardi midi et lundi sauf fêtes – **Repas**
    140/260, enf. 40.

  rte du Mont-Ventoux E : 6 km – ✉ 84410 Bédoin :

  XX **Mas des Vignes,** ℰ 90 65 63 91, ≼, 🍃 – **℗**. ☖
    *fermé 13 au 30 nov., 3 au 27 janv., le midi sauf dim. du 7 juin au 5 sept., dim. soir et lundi du
    6/09 au 6/06* – **Repas** 145/210.

BEG-MEIL 29 Finistère 58 ⑮ G. Bretagne – ✉ **29170** Fouesnant.

🛈 Office de Tourisme (15 juin-15 sept.) ℰ 98 94 97 47.

Paris 554 – Quimper 20 – Carhaix-Plouguer 70 – Concarneau 19 – Pont-l'Abbé 23 – Quimperlé 44.

   🏠 **Bretagne**, 14 r. Glénan ℰ 98 94 98 04, Fax 98 94 90 58, 佘, ☴, 🐾 – 📺 ☎ & 🅿. ⮒B.
      🍴 rest
      1er avril-30 sept. – **Repas** *(fermé mardi sauf juil.-août)* 90/195 🍷, enf. 55 – 🖃 35 – **30 ch** 300/360 – ½ P 300/340.

   🏠 **Thalamot** 🗫, ℰ 98 94 97 38, Fax 98 94 49 92, 🐾 – 📺 ☎. 🖭 ⮒B. 🍴 rest
      Pâques-1er oct. – **Repas** 98/258 🍷, enf. 60 – 🖃 37 – **35 ch** 250/395 – ½ P 275/360.

La BÉGUDE-DE-MAZENC 26160 Drôme 81 ② G. Vallée du Rhône – 1 053 h alt. 215.

Voir Vieux village perché★.

Paris 615 – Valence 55 – Crest 28 – Montélimar 15 – Nyons 37 – Orange 68.

   🏠 **Jabron,** ℰ 75 46 28 85, Fax 75 46 24 31, 佘 – ☎ 🅿. 🖭 ⮒B
      fermé 2 au 31 janv. – **Repas** *(fermé mardi soir et merc. sauf juil.-août)* 110/185 🍷 – 🖃 30 –
      12 ch 180/190 – ½ P 180.

BEINE 89 Yonne 65 ⑤ – rattaché à Chablis.

BEINHEIM 67930 B.-Rhin 87 ③ – 1 556 h.

Paris 516 – ♦Strasbourg 48 – Haguenau 26 – Karlsruhe 40 – Lauterbourg 21 – Wissembourg 28.

   🏤 **François** sans rest, 58 r. Principale ℰ 88 86 41 26, Fax 88 86 27 00, 🐾 – 📺 ☎ 🚗 🅿. 🖭
      ⮒B
      🖃 32 – **13 ch** 225/300.

   Ne prenez pas la route sans connaître votre temps de parcours.

   La carte Michelin n° 911 c'est "la carte du temps gagné".

BELCAIRE 11340 Aude 86 ⑥ – 360 h alt. 1 002.

Voir Forêts★★ de la Plaine et Comus NO.

Env. Belvédère du Pas de l'Ours★★ E : 13 km puis 15 mn, G. Pyrénées Roussillon.

Paris 827 – Foix 53 – Ax-les-Thermes 25 – Carcassonne 80 – Quillan 28.

   🍴 **Bayle** avec ch, ℰ 68 20 31 05, Fax 68 20 35 24, 佘, 🐾 – ☎ 🅿. ⮒B
      fermé 2 nov. au 15 déc. et lundi sauf juin, sept. et vacances scolaires – **Repas** 68/220 🍷, enf.
      45 – 🖃 28 – **14 ch** 160/250 – ½ P 170/230.

BELCASTEL 12390 Aveyron 80 ① G. Gorges du Tarn – 245 h alt. 407.

Paris 653 – Rodez 23 – Decazeville 29 – Villefranche-de-Rouergue 36.

   ❌❌ ❀ **Vieux Pont** (Mlle Fagegaltier) avec ch, ℰ 65 64 52 29, Fax 65 64 44 32, ≤ – ⮒B
      fermé janv., fév., lundi midi en juil.-août, dim. soir et lundi de sept. à juin sauf fériés – **Repas**
      130/320 et carte 240 à 320, enf. 60 – 🖃 45 – **7 ch** 360/420 – ½ P 380/420
      Spéc. Craquant de cèpes à la crème d'ail. Filet d'agneau de lait rôti, navets au lait infusé de girofle. Tarte au caillé de
      vache et à l'eau de fleurs d'oranger. **Vins** Marcillac, Vins d'Entraygues et du Fel.

BELFORT 🅿 90000 Ter.-de-Belf. 66 ⑧ G. Jura – 50 125 h alt. 358.

Voir Le Lion★★ Z – Camp retranché★★ : 🏰★★ de la terrasse du fort Z – Vieille ville★ : porte de
Brisach★ Y – Orgues★ de la cathédrale St-Christophe Y B – Fresque★ (parking rue de l'As-de-
Carreau Z 6).

🛈 Office de Tourisme passage de France ℰ 84 28 12 23, fax 84 21 03 99 - A.C., Z.A.C des Prés, Parc des
Expositions, à Andelnans ℰ 84 28 00 30.

Paris 414 ④ – ♦Besançon 98 ④ – ♦Mulhouse 38 ③ – ♦Basel 79 ③ – Colmar 69 ③ – ♦Dijon 187 ④ – Épinal 96 ⑥ –
♦Genève 243 ④ – ♦Nancy 165 ⑥ – Troyes 259 ⑥.

Plan page suivante

   🏨 **Gd H. du Tonneau d'Or** Ⓜ, 1 r. Reiset ℰ 84 58 57 56, Fax 84 58 57 50 – 🛗 🖐 ch 📺 ☎
      & 🅿 – 🔬 60. 🖭 ⓞ ⮒B   Y **e**
      Repas *(fermé dim. soir)* 100/150 – 🖃 55 – **47 ch** 440/680 – ½ P 350.

   🏨 **Boréal** Ⓜ sans rest, 2 r. Comte de la Suze ℰ 84 22 32 32, Fax 84 28 15 01 – 🛗 📺 ☎ &
      🚗 – 🔬 40. 🖭 ⓞ ⮒B   Z **r**
      🖃 45 – **53 ch** 390/460.

   🏤 **Capucins**, 20 fg Montbéliard ℰ 84 28 04 60, Fax 84 55 00 92 – 🛗 📺 ☎. 🖭 ⮒B   Z **n**
      fermé 17 au 30 juil. et 22 déc. au 7 janv. – **Repas** *(fermé sam. sauf le soir de mai à oct. et
      dim.)* 89/195 🍷 – 🖃 35 – **35 ch** 250/320 – ½ P 250/270.

   🏤 **Modern H.** sans rest, 9 av. Wilson ℰ 84 21 59 45, Fax 84 22 72 40 – 🛗 🖐 ch 📺 ☎ 🚗.
      🖭 ⮒B. 🍴   VX **a**
      fermé 20 déc. au 31 déc. et dim. en hiver – 🖃 30 – **42 ch** 230/320.

   🏠 **Climat de France,** r. G. Defferre ℰ 84 22 09 84, Fax 84 22 59 63 – 🛗 📺 ☎ & 🅿 – 🔬 30.
      🖭 ⮒B   V **d**
      Repas 85/105 🍷, enf. 39 – 🖃 34 – **46 ch** 280 – ½ P 320.

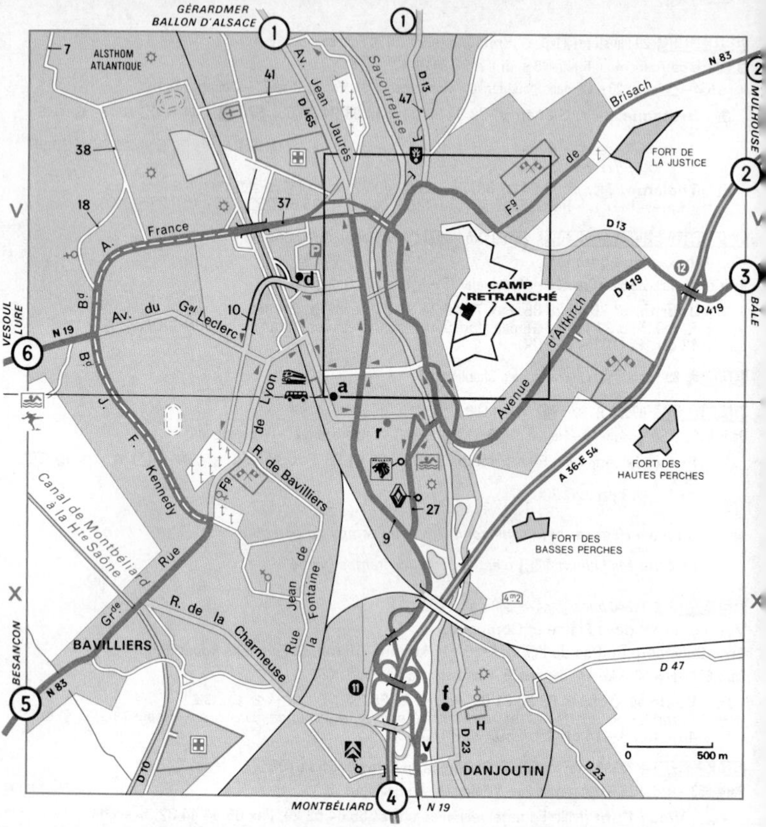

BELFORT

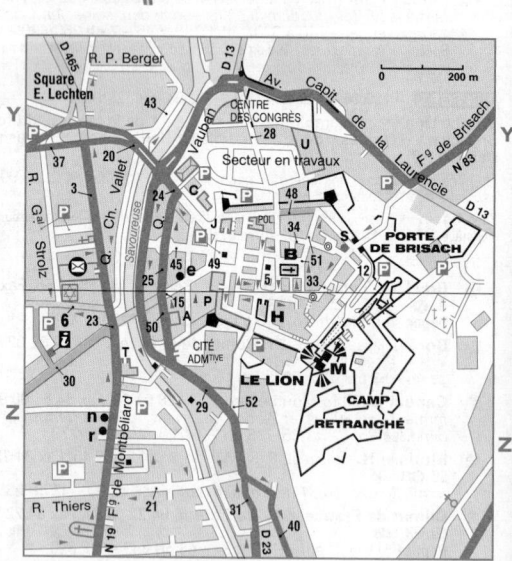

XXX **Host. du Château Servin** ⏃ avec ch, 9 r. Gén. Négrier ℰ 84 21 41 85, Fax 84 57 05 57, ⎯, ⎯ – 🛗 📺 ☎ 🅿️. 🆎 ⓪ 🅶🅱. ⚡ ch   X   r
fermé août, dim. soir et vend. – **Repas** (nombre de couverts limité - prévenir) 100/450 et carte 310 à 450, enf. 80 – 🖵 40 – **10 ch** 300/450.

XXX ❀ **Le Sabot d'Annie** (Barbier), D 13 entrée Offemont -V- N : 3 km ✉ 90300 Valdoie ℰ 84 26 01 71, Fax 84 26 83 79 – 🛗 🅿️. 🆎 🅶🅱
fermé 1ᵉʳ août au 20 août, vacances de fév., sam. midi et dim. – **Repas** 130/350 et carte 270 à 350
Spéc. Eventail de langoustines sur un lit de courgettes. Filet de Saint-Pierre soufflé à l'oseille. Feuilleté de ris de veau au Noilly. **Vins** Arbois rosé, Riesling.

XX **Le Pot au Feu**, 27 bis Grand'rue ℰ 84 28 57 84, Fax 84 58 17 65 – 🆎 🅶🅱   Y   s
fermé 10 au 17 août, sam. midi, lundi midi et dim. – **Repas** 80 (déj.), 150 bc/220 ⏦.

à Valdoie par ① : 5 km – 4 314 h. – ✉ 90300:

XX **L'Orée du Bois**, sur D 465 ℰ 84 26 18 49, Fax 84 26 18 01, ⎯ – 🅿️. 🅶🅱
fermé dim. soir et lundi – **Repas** 75 (déj.), 122/200 ⏦.

à Offemont N : 6 km par D 13 – 4 213 h. – ✉ 90300:

🏠 **Mon Village**, 53 r. A. Briand ℰ 84 26 65 66, Fax 84 26 18 50 – 🛗 📺 ☎ ♿ 🅿️ – 🔏 150. 🆎
⬅ ⓪ 🅶🅱 🅹🅲🅱
Repas 75/220 ⏦, enf. 46 – 🖵 30 – **32 ch** 195/265 – ½ P 195.

à Danjoutin : 3 km X – 3 103 h. – ✉ 90400:

🏨 **Mercure** Ⓜ, ℰ 84 57 88 88, Télex 360801, Fax 84 21 32 12, ⎯, 🏊 – 🛗 ⚡ ch, 🍴 rest 📺
☎ ♿ 🅿️ – 🔏 120. 🆎 ⓪ 🅶🅱   X   f
Repas 110/130 ⏦, enf. 49 – 🖵 48 – **80 ch** 350/445.

XX **Le Pot d'Étain**, ℰ 84 28 31 95, Fax 84 21 70 15 – 🅿️. 🆎 🅶🅱   X   v
fermé 17 au 31 juil., dim. soir et lundi sauf fériés – **Repas** 130/420, enf. 95.

PEUGEOT SIA de Belfort, 10 r. du Rhône ℰ 84 21 53 23 🅽 ℰ 89 63 86 15
RENAULT Gd Gar. Belfortain, bd H.-Dunant ℰ 84 58 52 00 🅽 ℰ 84 54 93 26

Ⓦ Chapuis Pneus, 58 r. 1ʳᵉ-Armée ℰ 84 26 42 00
Toupneu Point S, 86 fg de Montbéliard ℰ 84 21 43 05

Périphérie et environs

CITROEN Succursale, ZI à Danjoutin ℰ 84 58 71 71 🅽 ℰ 05 05 24 24
FIAT Autom. Valdoyenne, 37 r. de Turenne, Valdoie ℰ 84 26 54 31
MERCEDES Gar. Etoile 90, 29 r. d'Alsace à Denney ℰ 84 29 81 02

Ⓦ Kautzmann EPS, ZI d'Argiesans à Bavilliers ℰ 84 22 25 08
Pneus et Services D.K., 1 rte de Montbéliard, Andelnans ℰ 84 28 03 55

BELGODÈRE 2B H.-Corse 🄥🄿 ⑬ – voir à Corse.

BELLAC ⬤ 87300 H.-Vienne 🄷🄽 ⑦ G. Berry Limousin – 4 924 h alt. 242.

Voir Châsse★ dans l'église.

🛈 Office de Tourisme 1 bis r. L.-Jouvet ℰ 55 68 12 79.

Paris 381 – ◆Limoges 40 – Angoulême 99 – Châteauroux 110 – Guéret 73 – Poitiers 80.

🏨 **Châtaigniers**, O : 2 km rte Poitiers ℰ 55 68 14 82, Fax 55 68 77 56, 🏊, ⎯ – 📺 ☎ 🅿️ –
🔏 25. 🆎 🅶🅱
fermé nov., dim. soir et lundi hors sais. – **Repas** 120/260 – 🖵 38 – **27 ch** 165/350 –
½ P 260/340.

XX **Central**, 7 av. Denfert-Rochereau ℰ 55 68 00 34, Fax 55 60 24 73 – 🅶🅱
fermé 25 sept. au 15 oct., 15 au 21 janv., dim. soir et lundi – **Repas** 85/200, enf. 52.

PEUGEOT Gar. Nogaret, 18 rte de Poitiers ℰ 55 68 00 10

RENAULT St-Junien autos, rte du Dorat ℰ 55 60 24 64

BELLE-ÉGLISE 60540 Oise 🄵🄵 ⑳ – 503 h.

Paris 46 – Compiègne 61 – Beauvais 33 – Pontoise 29.

XXX ❀ **Grange de Belle-Eglise** (Duval), 28 bd Belle église ℰ 44 08 49 00, Fax 44 08 45 97 –
🍴 🅿️. 🅶🅱
fermé 7 au 29 août, 27 fév. au 14 mars, dim. soir et lundi – **Repas** 100 (déj.), 150/290 et carte 270 à 380, enf. 90
Spéc. Galette de Saint-Jacques et truffes (janv. à mars). Côte de veau rôtie Grand-Mère (mars à juil.). Minute de rougets à la fondue de tomates.

BELLEGARDE 45270 Loiret 🄶🄵 ① G. Châteaux de la Loire – 1 442 h alt. 114.

Voir Château★.

🛈 Office de Tourisme, pl. Charles Desvergnes ℰ 38 90 25 37, fax 38 90 25 94.

Paris 110 – ◆Orléans 49 – Gien 40 – Montargis 22 – Nemours 39 – Pithiviers 27.

🏠 **Agriculture**, ℰ 38 90 10 48, Fax 38 90 18 13 – ☎ 🅿️. 🅶🅱
⬅ *fermé 9 au 26 oct., 20 fév. au 16 mars et mardi* – **Repas** 70/155 ⏦, enf. 45 – 🖵 27 – **18 ch**
95/220 – ½ P 170/285.

BELLEGARDE-SUR-VALSERINE 01200 Ain 🔲 ⑤ G. Jura – 11 153 h alt. 350.

Voir La Valserine ★★ par ⑤.

Env. Défilé de l'Écluse★★ 10 km par ②.

🄱 Office de Tourisme 24 pl. V.-Bérard ℘ 50 48 48 68.

Paris 498 ⑤ – Annecy 41 ③ – Aix-les-Bains 57 ③ – Bourg-en-Bresse 72 ⑤ – ◆Genève 37 ③ – ◆Lyon 113 ⑤ – Saint-Claude 46 ⑤.

BELLEGARDE-SUR-VALSERINE

Beauséjour (R. de) . . . . YZ
Bérard (Pl. Victor) . . . . Z 2
Bertola (R. Joseph) . . . . YZ 4
Carnot (Pl.) . . . . Y
Dumont (R. Louis) . . . . Y 5
Ferry (R. Jules) . . . . Y 7
Gambetta (Pl.) . . . . Y 8
Gare (Av. de la) . . . . Y 10
Lafayette (R.) . . . . Z
Lamartine (R.) . . . . YZ 12
Lilas (R. des) . . . . Y
Musinens (R. de) . . . . Y 14
Painlevé (R. Paul) . . . . Y 15
République (R. de la) . . . . Z

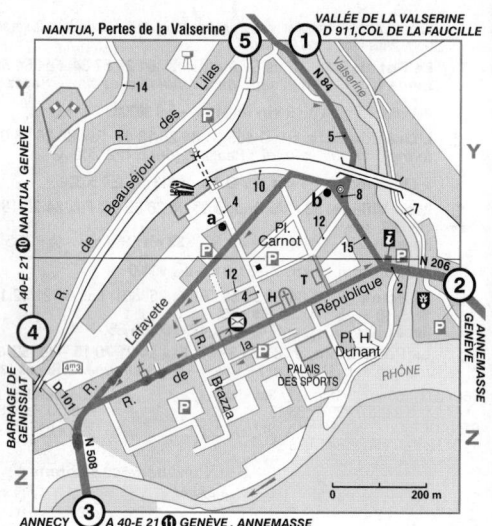

Avec votre guide Rouge
Utilisez la carte
et le guide Vert.

Ils sont inséparables.

🏨 ⚜ **La Belle Époque** (Sevin), 10 pl. Gambetta ℘ 50 48 14 46, Fax 50 56 01 71 – ▤ 📺 ☎
🍽 , ⊟ – **Y b**
fermé 2 au 17 juil., 13 nov. au 5 déc., dim. soir et lundi midi hors sais. – **Repas** 120/260 et carte 250 à 410 – ⊡ 45 – **20 ch** 250/400 – ½ P 350/400
Spéc. Grenouilles sautées. Volaille de Bresse aux morilles et à la crème. Tournedos Rossini. **Vins** Roussette de Seyssel, Arbois-Pupillin.

🏨 **Europa** sans rest, 19 r. Bertola ℘ 50 56 04 74, Fax 50 48 19 11 – 🛗 ⇆ ch 📺 ☎. 🆎
⊟ – **Y a**
⊡ 30 – **22 ch** 240/250.

à Lancrans par ① : 3 km alt. 500 – ⊠ 01200 :

🏨 **Sorgia,** ℘ 50 48 15 81, Fax 50 48 44 72, 🍴 , 🌳 – 📺 ☎ 🅿. ⊟
↔ *fermé 25 août au 18 sept., dim. soir et lundi midi* – **Repas** 70/210 ⅃ – ⊡ 32 – **17 ch** 190/230 –
½ P 180/225.

à Éloise (74 H.-Savoie) par ③ : 5 km – ⊠ 01200 (Ain) :

🏨 **Le Fartoret** ⟩, ℘ 50 48 07 18, Fax 50 48 23 85, ≤, 🍴 , parc, 🏊 , ✵ – 🛗 📺 ☎ 🅿 –
🔬 50. 🆎 ⓓ ⊟
Repas 123/290, enf. 65 – ⊡ 48 – **40 ch** 290/480 – ½ P 323/408.

à Ochiaz par ④ *et D 101* : 5 km – ⊠ 01200 Châtillon-en-Michaille :

🍴🍴 **Aub. de la Fontaine** avec ch, ℘ 50 56 57 23, 🍴 , 🌳 – ☎ 🅿. 🆎 ⓓ ⊟
fermé 6 au 16 juin, 9 janv. au 1er fév. dim. soir et lundi – **Repas** 120/300 – ⊡ 30 – **7 ch** 140/220.

route du Plateau de Retord par ④ : 12 km par Ochiaz et D 101 – ⊠ 01200 Bellegarde-sur-Valserine :

🍴 **Aub. Le Catray** ⟩ avec ch, ℘ 50 56 56 25, ≤ Mt-Blanc et les Alpes, 🍴 , cadre montagnard, 🌳 – ☎ 🅿. ⊟
fermé 24 mars, 19 au 23 juin, 11 au 22 sept., 13 au 24 nov., lundi soir et mardi – **Repas** 80 (déj.), 85/150 ⅃ – ⊡ 30 – **7 ch** 170/270 – ½ P 215/240.

CITROEN Gar. Carrel, 62 av. St-Exupéry par ④
℘ 50 48 06 85 🄽 ℘ 50 42 52 21
NISSAN Gar. du Centre, 20 rte de Vouvray
℘ 50 48 38 31

RENAULT Renault Bellegarde, 18 av. Mar. Leclerc
par D101 ZUP Musinens ℘ 50 48 27 21 🄽
℘ 72 58 07 96

BELLE-ILE-EN-MER ★★ 56 Morbihan 🔲 ⑪ ⑫ G. Bretagne (plan).

Accès par transports maritimes, pour **Le Palais** (en été **réservation indispensable** pour le passage des véhicules).

🚢 depuis **Quiberon** (Port-Maria). Traversée 45 mn – Renseignements et tarifs : Cie Morbihannaise et Nantaise de Navigation ℘ 97 31 80 01 (Le Palais), Fax 97 31 56 81.

🚢 depuis **Port-Navalo** - Services saisonniers - Traversée 1 h - Renseignements et tarifs : Navix Atlantique, à Port-Navalo ℘ 97 53 74 12.

depuis **Vannes** - Service saisonnier - Traversée 2 h - Renseignements et tarifs : Navix Atlantique, Gare Maritime ℘ 97 46 60 00, Fax 97 46 60 29.

🚢 Pour Sauzon : depuis **Quiberon** - Service saisonnier - Traversée 25 mn - Renseignements et tarifs : C.M.N.N. ℘ 97 50 06 90 (Quiberon) – depuis **Lorient** - Service saisonnier - Traversée 1 h 30 mn - Renseignements et tarifs : C.M.N.N. ℘ 97 21 03 97 (Lorient).

🛈 Office de Tourisme, quai Bonnelle - Le Palais ℘ 97 31 81 93, Fax 97 31 56 17.

L'Apothicairerie – NO de l'île – ✉ 56360

🏨 **L'Apothicairerie** Ⓜ ⌖, ℘ 97 31 62 62, Fax 97 31 63 63, ≤, 🍽 – 📺 ☎ 🕭 🅿. 🖭 🕕 ☎
fermé fév. – **Relais de la Roche Percée** *(15 mai-30 sept.)* **Repas** 98/165, enf. 60 – 🍽 40 –
38 ch 380/550 – ½ P 400/441.

Bangor – 735 h alt. 49 – ✉ 56360 Le Palais.

Voir Le Palais : citadelle Vauban★ NE : 3,5 km.

🏌 de Belle-Ile ℘ 97 31 64 65, N par D 190ᴬ puis D 25 : 9 km.

🏨 **La Désirade** Ⓜ ⌖, rte Port Goulphar ℘ 97 31 70 70, Fax 97 31 89 63, 🏊, 🌳 – 📺 ☎ 🅿.
🖭 🕕 ☎
fermé janv. et fév. – **Repas** (dîner seul.)(résidents seul.) – 🍽 60 – **24 ch** 550 – ½ P 490.

Port-Donnant .

Voir Site★★, 30 mn.

Port-Goulphar – ✉ 56360 Le Palais.

Voir Site★, 15 mn – Aiguilles de Port-Coton★★ NO : 1 km – Grand Phare : ✳★★ N : 2,5 km.

🏨 **Castel Clara** Ⓜ ⌖, ℘ 97 31 84 21, Télex 730750, Fax 97 31 51 69, ≤ crique et falaises, 🍽, 🏊, 🌳, 🎾 – 📳 📺 ☎ 🅿. ☎. 🍽 rest
fermé 15 nov. au 15 fév. – **Repas** 170/390 – 🍽 77 – **43 ch** 895/1090 – ½ P 720/865.

🏨 **Manoir de Goulphar** ⌖, ℘ 97 31 80 10, Fax 97 31 80 05, ≤ crique et falaises, 🍽, 🌳 –
📳 📺 ☎ 🅿. ☎. 🍽 rest
mi-mars-début nov. – **Repas** 140 – 🍽 50 – **59 ch** 400/1015, 5 duplex – ½ P 480/540.

Poulains (Pointe des) ★★.

Voir ✳★, 30 mn.

Sauzon – 701 h alt. 23 – ✉ 56360 .

Voir Site★.

✗ ⚬ **Contre Quai** (Coquant), ℘ 97 31 60 60, Fax 97 31 66 70 – ☎
7 avril-1ᵉʳ oct., 20 oct.-1ᵉʳ nov. et fermé mardi midi et lundi sauf vacances scolaires – **Repas**
135 (déj.)et carte 240 à 370
Spéc. Tourteau farci. Escalope de bar et poireaux à l'huile parfumée. Filet de rouget en bécasse. **Vins** Muscadet.

BELLE-ISLE-EN-TERRE 22810 C.-d'Armor 🔲 ① G. Bretagne – 1 067 h alt. 99.

Voir Loc-Envel : jubé★ et voûte★ de l'église S : 4 km.

🛈 Syndicat d'Initiative à la Mairie ℘ 96 43 30 38.

Paris 503 – St-Brieuc 54 – Guingamp 19 – Lannion 28 – Morlaix 33.

✗✗ **Relais de l'Argoat** avec ch, ℘ 96 43 00 34, Fax 96 43 00 76 – ☎ 🅿 – 🏛 40. ☎. ☎
fermé 1ᵉʳ fév. au 1ᵉʳ mars, dim. soir et lundi – **Repas** 110/250 – 🍽 42 – **10 ch** 185/220 –
½ P 275.

RENAULT Gar. Le Quenven, r. Guic ℘ 96 43 30 45 🔲 ℘ 96 43 30 45

BELLÊME 61130 Orne 🔲 ⑭ ⑮ G. Normandie Vallée de la Seine (plan) – 1 788 h alt. 225.

Voir N : Forêt★.

🏌 de Bellême-St-Martin ℘ 33 73 00 07, SO : 1,5 km.

🛈 Office de Tourisme bd Bansard des Bois ℘ 33 73 09 69.

Paris 167 – Alençon 43 – ♦ Le Mans 54 – Chartres 75 – La Ferté-Bernard 24 – Mortagne-au-Perche 17.

🏨 **Du Golf** Ⓜ ⌖, SO : 1,5 km par D 938 ℘ 33 73 00 07, Fax 33 73 00 17, ≤, 🌳 – 📺 ☎ 🕭 🅿
– 🏛 100. 🖭 ☎
Repas 89/145 – 🍽 45 – **38 ch** 420, 5 duplex – ½ P 360.

à Nocé E : 8 km par D 203 – ⊠ **61340** :

XXX ❀ **Aub. des 3 J.** (Joly), ℰ 33 73 41 03, Fax 33 83 33 66 – 🆎 ☻
fermé 12 au 24 sept., 12 au 24 janv., dim. soir sauf juil.-août et lundi – **Repas** (nombre de couverts limité, prévenir) 130/320 et carte 210 à 380 ᪣
Spéc. Confit de lapereau au cidre et romarin. Filet de veau au bacon, tarte au camembert. Grand dessert "pom, pom, pom, pomme".

BELLERIVE-SUR-ALLIER 03 Allier 73 ⑤ – rattaché à Vichy.

BELLES-HUTTES 88 Vosges 62 ⑰ – rattaché à La Bresse.

BELLEVAUX 74470 H.-Savoie 70 ⑰ G. Alpes du Nord – 1 113 h alt. 907 – Sports d'hiver : 1 100/1 800 m ⤓ 23.

Voir Site★.

🛈 Office de Tourisme ℰ 50 73 71 53.

Paris 577 – Thonon-les-Bains 23 – Annecy 71 – Bonneville 34 – ◆Genève 48.

🏠 **Les Moineaux** ⑤, ℰ 50 73 71 11, Fax 50 73 75 79, ≼, ☐, 🔥, ✕ – 📺 ☎ 🄿, 🆎 ① ☻
◆ *15 juin-25 sept. et 24 déc.-15 avril* – **Repas** 80/130 – ☷ 45 – **14 ch** 210/260 – ½ P 250.

au lac de Vallon Se : 6 km par D 26 et !!d 236 – ⊠ **74470** Bellevaux :

🏠 **Lac de Vallon** ⑤, ℰ 50 73 74 55, Fax 50 73 77 95, 🍽 – ☎ 🄿, 🆎 ☻. ✕ rest
fermé 15 nov. au 15 déc. – **Repas** *(fermé jeudi soir sauf juil.-août et dim. soir)* 85/170 – ☷ 35 – **16 ch** 180/260 – ½ P 250.

au SO : 5 km par D 26, D 32 et VO – ⊠ **74470** Bellevaux :

🏠 **Aub. Gai Soleil** ⑤, ℰ 50 73 71 52, ≼, 🍽 – ☎ 🄿. ✕ rest
◆ *15 juin-15 sept. et 15 déc.-15 avril* – **Repas** 50/70 ᪣ – ☷ 28 – **20 ch** 200/220 – ½ P 240/260.

à Hirmentaz SO : 7 km par D 26 et D 32 – ⊠ **74470** Bellevaux :

🏠 **Panoramic** ⑤, ℰ 50 73 70 34, Fax 50 73 74 82, ≼, 🍽, ☐ – 📺 ☎ 🄿. 🆎 ☻. ✕
◆ *25 juin-15 sept. et 20 déc.-15 avril* – **Repas** 75/95, enf. 35 – ☷ 30 – **30 ch** 220/250 – ½ P 280.

🏠 **Excelsa** ⑤, ℰ 50 73 73 22, Fax 50 73 72 73, ≼, – 🛗 📺 ☎ 🄿. ☻. ✕ rest
15 juin-10 sept. et 23 déc.-31 mars – **Repas** 90/120, enf. 60 – ☷ 40 – **20 ch** 250/300.

🏠 **Christania** ⑤, ℰ 50 73 70 77, Fax 50 73 76 08, ≼, ☐, – ☎ 🄿. ☻. ✕ rest
15 juin-15 sept. et 19 déc.-15 avril – **Repas** 95/135, enf. 60 – ☷ 30 – **35 ch** 280/290 – ½ P 300.

🏠 **Skieurs** ⑤, ℰ 50 73 70 46, ≼, 🍽 – ✕ ch ☎. ☻. ✕ rest
◆ *1ᵉʳ juil.-5 sept. et 15 déc.-15 avril* – **Repas** 80/150 ᪣ – ☷ 28 – **22 ch** 180/220 – ½ P 230/265.

BELLEVILLE 54940 M.-et-M. 57 ⑬ – 1 276 h alt. 191.

Paris 337 – ◆Nancy 16 – ◆Metz 39 – Pont-à-Mousson 13 – Toul 37.

XXX ❀ **Bistroquet** (Mme Ponsard), ℰ 83 24 90 12, Fax 83 24 04 01, 🍽 – 🔲 🄿. ☻
fermé 16 au 31 août., sam. midi, dim. soir et lundi – **Repas** (nombre de couverts limité, prévenir) 180/400 et carte 280 à 390 - *Rôtisserie d'en Bas* ℰ 83 24 04 80 **Repas** 97/140, ᪣, enf.60
Spéc. Ravioli de langoustines, sauce coraline. Nage de homard breton au vin de Sauternes. Caneton de Challans à l'aigre doux. **Vins** Côtes de Toul.

XX **La Moselle,** face gare ℰ 83 24 91 44, Fax 83 24 99 38, 🍽, 🍽 – 🔲 🄿. 🆎 ① ☻
fermé 14 au 31 août, 19 fév. au 4 mars, lundi soir et merc. soir – **Repas** 115/260, enf. 85.

BELLEVILLE 69220 Rhône 74 ① G. Vallée du Rhône – 5 935 h alt. 190.

🛈 Syndicat d'Initiative à la Mairie ℰ 74 66 44 67, Maison du Beaujolais à St-Jean-d'Ardières sur N 6 : 1,5 km sortie Autoroute Belleville ℰ 74 66 16 46.

Paris 417 – Mâcon 25 – Bourg-en-Bresse 40 – ◆Lyon 46 – Villefranche-sur-Saône 18.

🏠 **Charme** Ⓜ, péage A 6 ℰ 74 69 61 69, Fax 74 66 58 04, 🍽 – ✕ ch 📺 ☎ ᪣ 🄿. 🆎 ☻
◆ **Repas** 70/95 ᪣, enf. 45 – ☷ 30 – **39 ch** 220.

🏠 **Ange Couronné**, 18 r. République ℰ 74 66 42 00, Fax 74 66 49 20 – ☎ 🚗. ☻
fermé 6 au 20 janv., dim. soir hors sais. et lundi – **Repas** 85/170, enf. 55 – ☷ 28 – **18 ch** 180/350 – ½ P 230.

XX **Beaujolais**, 40 r. Mar. Foch ℰ 74 66 05 31 – 🔲 🄿. 🆎 ① ☻
fermé 7 au 17 juil., 5 au 20 août, 20 au 28 déc., mardi soir et merc. – **Repas** 125/235 ᪣.

à Pizay NO : 5 km par D18 et D69 – ⊠ **69220** Belleville :

🏰 **Château de Pizay** Ⓜ ⑤, ℰ 74 66 51 41, Fax 74 69 65 63, 🍽, parc, « Au milieu du vignoble, jardin à la française », ☐, ✕ – 🔲 ☎ ᪣ 🄿 – ᪣ 200. 🆎 ① ☻ 💳
fermé 23 déc. au 2 janv. – **Repas** 195/365 – ☷ 60 – **62 ch** 995 – ½ P 520/780.

RENAULT Gar. Dépérier, 172 r. République
ℰ 74 66 17 15

Ⓦ Relais du Pneu, ZAC des Gouchoux à St-Jean
d'Ardières ℰ 74 66 41 09

BELLEY ◁⊗▷ **01300** Ain 🔟🔟 ⑭ G. Jura – 7 807 h alt. 277.

Voir Choeur★ de la cathédrale St-Jean.

🖪 Office de Tourisme pl. Victoire ℘ 79 81 29 06.

Paris 507 – Aix-les-Bains 32 – Bourg-en-Bresse 76 – Chambéry 37 – ◆Lyon 96.

🏠 **Urbis** sans rest, îlot Baudin ℘ 79 81 01 20, Fax 79 81 53 83 – |❄| ⇥⇤ ch 📺 ☎ ৬. ﷼ ▣
⏄ 33 – **36 ch** 245.

🏵️🏵️🏵️ **Pavillon Bellevue** Ⓜ avec ch, 1 av. Hoff ℘ 79 81 01 02, Fax 79 81 15 66, ⌂ – 📺 ☎ ❷ –
🏛️ 40. ﷼ ▣ 🃏
fermé 5 au 20 août, 5 au 20 janv. dim. soir et lundi – **Repas** 110/330 et carte 230 à 350 – ⏄ 50
– **3 ch** 350.

SE : 3 km sur rte Chambéry – ✉ **01300** Belley :

🏵️🏵️ **Aub. la Fine Fourchette,** N 504 ℘ 79 81 59 33, Fax 79 81 55 43, ≤, ⌂ – ❷. ▣
fermé dim. soir et lundi – **Repas** 110/275.

à Contrevoz NO : 9 km sur D 32 – ✉ **01300** :

🏵️🏵️ **Aub. la Plumardière,** ℘ 79 81 82 54, Fax 79 81 80 17, ⌂, ⌖ – ❷
fermé 26 au 31 juin, 4 au 8 sept., 17 déc. à fin janv., mardi d'oct. à mai, dim. soir et lundi –
Repas 98/250.

CITROEN Gar. Callet, rte de Lyon ZA la Pelissière
℘ 79 81 06 43
PEUGEOT Belley Autom., ZI du Coron
℘ 79 81 05 53

RENAULT Gar. Benat, ZI de Coron ℘ 79 81 03 51

⓪ Ayme Pneus, rte de Bourg ℘ 79 81 20 09

BELVÈS 24170 Dordogne 🔟🔟 ⑯ G. Périgord Quercy – 1 553 h alt. 180.

Paris 550 – Périgueux 63 – Sarlat-la-Canéda 34 – Bergerac 51 – Cahors 63 – Les Eyzies-de-Tayac 25.

🏠 **Belvédère de Belvès,** ℘ 53 29 90 50, Fax 53 29 90 74, ⌂ – 📺 ☎ ▣
◆ *15 mars-15 nov. –* **Repas** 59 (déj.), 75/160 🍷, enf. 40 – ⏄ 35 – **20 ch** 240/315 – ½ P 235/255.

RENAULT Gar. Merlhiot, à Vaurez ℘ 53 29 02 84   ⓪ Vaurez Pneus ℘ 53 29 02 59

BENFELD 67230 B.-Rhin 🔟🔟 ⑥ G. Alsace Lorraine – 4 330 h alt. 160.

Paris 503 – ◆Strasbourg 29 – Colmar 40 – Obernai 14 – Sélestat 18.

🏵️🏵️ **Au Petit Rempart,** 1 r. Petit Rempart ℘ 88 74 42 26, Fax 88 74 18 58 – ﷼ ▣
fermé 18 juil. au 12 août, 15 fév. au 10 mars, mardi soir et merc. – **Repas** 135/335, enf. 50 -
Au Canon (brasserie) **Repas** 44/130, 🍷.

BÉNODET 29950 Finistère 🔟🔟 ⑮ G. Bretagne (plan) – 2 436 h alt. 20 – Casino .

Voir Pont de Cornouaille ⇄★ NO : 1 km.

Excurs. L' Odet★★ en bateau (1 h 30).

🅱️🅱️ de l'Odet ℘ 98 54 87 88, à Clohars-Fouesnant : 4 km.

🖪 Office de Tourisme av. Plage ℘ 98 57 00 14, fax 98 57 23 00.

Paris 558 – Quimper 16 – Concarneau 22 – Fouesnant 8,5 – Pont-l'Abbé 12 – Quimperlé 48.

🏰 **Ker Moor** ⌂, av. Plage ℘ 98 57 04 48, Télex 941182, Fax 98 57 17 96, « Parc, ⊾, ⅍ » –
|❄| 📺 ☎ ❷ – 🏛️ 80. ﷼ ▣. ⅍ rest
Pâques-fin oct. – **Repas** 150/250, enf. 60 – ⏄ 40 – **60 ch** 400/550 – ½ P 480/520.

🏰 **Gwel-Kaër,** av. Plage ℘ 98 57 04 38, Fax 98 66 22 85, ≤, ⌂ – |❄| 📺 ☎ ❷. ▣
fermé 10 déc. au 10 janv., dim. soir et lundi d'oct. à Pâques – **Repas** 90/380 – ⏄ 48 – **23 ch**
400/515 – ½ P 460/515.

🏰 **Kastel Moor** sans rest, av. Plage ℘ 98 57 05 01, ≤, ⊾, ⌖, ⅍ – |❄| 📺 ☎ ❷ – 🏛️ 60. ﷼
▣
Pâques-fin oct. – ⏄ 40 – **22 ch** 400/550.

🏰 **Menez-Frost** ⌂ sans rest, près poste ℘ 98 57 03 09, Fax 98 57 14 73, « Jardin fleuri,
⊾ », ⅍ – cuisinette ☎ ⇔ ❷. ▣ 🃏. ⅍
10 mai-30 sept. – ⏄ 45 – **46 ch** 410/500, 4 appart.

🏠 **Host. Abbatiale,** r. Odet ℘ 98 57 05 11, Fax 98 57 14 41 – |❄| 📺 ☎ ৬ ❷ – 🏛️ 30. ﷼ ▣
◆ **Repas** *(fermé 6 au 31 janv. et lundi)* 69/190 – ⏄ 45 – **60 ch** 200/500 – ½ P 290/430.

🏠 **Ker Vennaik** Ⓜ sans rest, av. Plage ℘ 98 57 15 40, Fax 98 57 27 48 – 📺 ☎ ৬ ⇔ ❷. ﷼
⓪ ▣
20 mars-12 nov. – ⏄ 40 – **16 ch** 350/400.

🏠 **Le Minaret** ⌂, corniche de l'Estuaire ℘ 98 57 03 13, Fax 98 66 23 72, ≤, ⌖ – |❄| 📺 ☎
❷. ▣. ⅍ rest
8 avril-30 sept. et fermé mardi en avril et mai – **Repas** 90/210, enf. 48 – ⏄ 40 – **20 ch** 410 –
½ P 350/380.

🏠 **Bains de Mer,** r. Kerguelen ℘ 98 57 03 41, Fax 98 57 11 07, ⊾ – |❄| ▤ rest 📺 ☎ ❷. ﷼
◆ ⓪ ▣. ⅍ ch
18 mars-18 nov. – **Repas** 75/200, enf. 35 – ⏄ 35 – **32 ch** 250/350 – ½ P 310.

🏠 **Poste,** r. Église ℘ 98 57 01 09, Fax 98 57 27 48 – ▤ rest 📺 ☎. ﷼ ⓪ ▣
◆ **Repas** *(fermé dim. du 15 nov. au 20 déc. et du 5 janv. au 1ᵉʳ avril)* 59/170 🍷, enf. 45 – ⏄ 40 –
18 ch 220/320 – ½ P 250/310.

XX ✿ **Ferme du Letty** (Guilbault), au Letty SE : 2 km par D 44 et VO ✆ 98 57 01 27, Fax 98 57 25 29, 🏤 – AE ① GB JCB
fin fév.-début oct. et fermé merc. (sauf le soir en juil.-août) et jeudi midi – **Repas** 98/380 et carte 170 à 380, enf. 60
Spéc. Ormeaux à l'ail (sept. à juin). Homard breton et langouste puce. Soufflé chaud aux pommes et au lambic.

rte de Quimper NE : 2,5 km par D 34 et VO – ⊠ 29950 Bénodet :

🏠 **Domaine de Kereven** ⑤, ✆ 98 57 02 46, Fax 98 66 22 61, 🏤, parc – ☎ ℗, ✷
hôtel : Pâques-15 oct. ; rest. : 20 mai-25 sept. – **Repas** (dîner seul.)(résidents seul.) 120 – ☑ 38 – **16 ch** 375 – ½ P 310/340.

à Clohars-Fouesnant NE : 3 km par D 34 – ⊠ 29950 :

XX **La Forge d'Antan**, ✆ 98 54 84 00, Fax 98 54 89 11, 🏤, 🍃 – ℗, GB
fermé 1ᵉʳ au 16 mars, lundi midi et mardi midi en juil.-août, dim. soir et lundi de sept. à juin – **Repas** 139/295, enf. 75.

In questa guida

uno stesso simbolo, uno stesso carattere

stampati a colori o in **nero**, *in magro o in* **grassetto**

hanno un significato diverso.

Leggete attentamente le pagine esplicative.

BENON 17 Char.-Mar. 71 ② – rattaché à La Laigne.

BÉNOUVILLE 14 Calvados 55 ② – rattaché à Caen.

BERCK-SUR-MER 62600 P.-de-C. 51 ⑪
G. Flandres Artois Picardie – 14 167 h alt. 10.

Voir Phare ✳⁎ **B** – Parc d'attractions de Bagatelle⁎ 5 km par ①.

🏌🏌 de Nampont-St-Martin (80) ✆ 22 29 92 90, par ③ : 15 km.

🛈 Office de Tourisme pl. Entonnoir ✆ 21 09 50 00, fax 21 84 78 73.

Paris 211 ③ – ✦Calais 74 ② – Abbeville 42 ③ – Arras 95 ② – Boulogne-sur-Mer 39 ① – Montreuil 14 ② – St-Omer 70 ② – Le Touquet-Paris-Plage 16 ①.

à Berck-Plage :

🏨 **Littoral**, 36 av. Marianne-Toute-Seule **(e)** ✆ 21 09 07 76, Fax 21 09 57 38 – 📺 ☎. AE ①
GB
hôtel : fermé 1ᵉʳ oct. au 20 déc. et 6 janv. au 29 fév., rest. : fermé 1ᵉʳ oct. au 29 fév. – **Repas** 65/95 ⅃ – ☑ 25 – **19 ch** 190/250 – ½ P 260.

X **Aub. du Bois**, 149 av. Dr Quettier par ① ✆ 21 09 03 43 – AE ① GB
fermé 15 janv. au 4 fév. et lundi sauf juil.-août – **Repas** 90/200 ⅃.

CITROEN Artois Autom., ZI rte d'Abbeville par ③ ✆ 21 09 26 42 N
✆ 21 84 30 39
NISSAN G.L. Autom., ZI de la Vigogne ✆ 21 84 15 14
PEUGEOT Gar. Paillard, ZI rte d'Abbeville par ③ ✆ 21 09 43 50 N ✆ 22 31 54 02
RENAULT Campion Berck, pl. Fontaine par ② ✆ 21 09 04 11 N ✆ 21 84 13 13

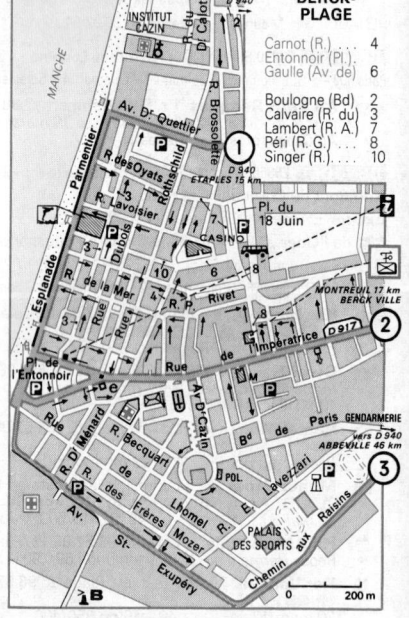

BERCK-PLAGE

Carnot (R.) . . . 4
Entonnoir (Pl.) . .
Gaulle (Av. de) 6

Boulogne (Bd) 2
Calvaire (R. du) 3
Lambert (R. A.) 7
Péri (R. G.) . . . 8
Singer (R.) 10

BERGERAC ❬❭ 24100 Dordogne 75 ⑭ ⑮ G. Périgord Quercy – 26 899 h alt. 37.

Voir Le Vieux Bergerac⁎ : musée du Tabac⁎⁎ (maison Peyrarède⁎) AZ – Musée du Vin, de la Batellerie et de la Tonnellerie⁎ AZ **M2**.

Env. Château de Monbazillac⁎ S : 7 km par D 13.

🏌🏌 du Château des Vigiers ✆ 53 61 50 00, O : 20 km par ⑤.

✈ Bergerac-Roumanière : ✆ 53 57 00 09, par ③ : 5 km.

🛈 Office de Tourisme 97 r. Neuve-d'Argenson ✆ 53 57 03 11.

Paris 544 ① – Périgueux 47 ① – Agen 91 ③ – Angoulême 111 ⑥ – ✦Bordeaux 93 ⑤ – Pau 216 ④.

🏛 **La Flambée,** rte Périgueux par ① : 3 km ℘ 53 57 52 33, Fax 53 61 07 57, ㄍ, « Parc fleuri, ⌇ », ℀ – ⓣⓥ ☎ ⓟ – ⚿ 50. ⒶⒺ ⒼⒷ
fermé 3 janv. au 31 mars – **Repas** *(fermé dim. soir et lundi)* 105/305 – ⬜ 45 – **20 ch** 280/390 – ½ P 380/400.

🏛 **France** sans rest, 18 pl. Gambetta ℘ 53 57 11 61, Fax 53 61 25 70 – ⓣⓥ ☎ ⟵⟶. ⒶⒺ ⓞ ⒼⒷ
AY u
⬜ 40 – **20 ch** 230/329.

🏛 **Bordeaux,** 38 pl. Gambetta ℘ 53 57 12 83, Fax 53 57 72 14, ㄍ, ⌇, ⊞ – 🛗 ⅀ ch ▤ rest ⓣⓥ ☎ ⟵⟶ – ⚿ 30. ⒶⒺ ⓞ ⒼⒷ ⒿⒸⒷ
AY f
fermé 15 déc. au 20 janv. – **Repas** 98/220 – ⬜ 48 – **40 ch** 290/435 – ½ P 360/390.

🏛 **Relais du Petit Prince** Ⓜ, rte d'Agen par ③ : 3 km ℘ 53 24 89 76, Fax 53 57 72 24, ㄍ, ⌇ – 🛗 ▤ ch ⓣⓥ ☎ & ⓟ – ⚿ 30. ⒶⒺ ⒼⒷ
Repas *(fermé dim. soir et lundi midi)* 70/140 – ⬜ 42 – **38 ch** 320, 12 duplex – ½ P 290.

🏛 **Europ H.** sans rest, 20 r. Petit Sol ℘ 53 57 06 54, Fax 53 58 67 60, ⌇, ⅀ – ⅀ ch ⓣⓥ ☎ ⓟ. ⒶⒺ ⒼⒷ
AY v
⬜ 30 – **22 ch** 220/265.

🏛 **Commerce,** 36 pl. Gambetta ℘ 53 27 30 50, Télex 541888, Fax 53 58 23 82 – 🛗 ⓣⓥ ☎ – ⚿ 25. ⒶⒺ ⓞ ⒼⒷ
AY f
10 avril-11 oct. – **Repas** 95/140 ⅃, enf. 55 – ⬜ 40 – **35 ch** 275/360 – ½ P 260/315.

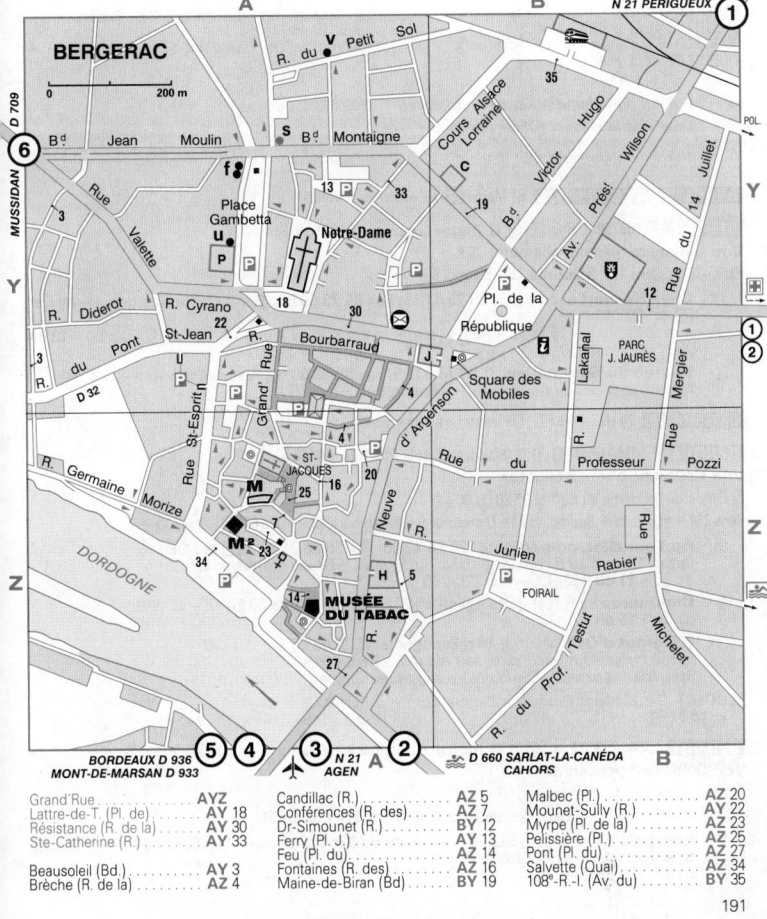

XX **Le Cyrano** avec ch, 2 bd Montaigne ℰ 53 57 02 76, Fax 53 57 78 15 – ▤ rest 🖵 ☎. 🆎
    ① ⌾🖿 🖿🖿   AY **s**
    fermé dim. soir de nov. à avril – **Repas** 90/200 – ☑ 25 – **11 ch** 210/230 – ½ P 230/240.

    à St-Julien-de-Crempse par ①*, N 21, D 107 et VO : 12 km* – ⊠ **24140** :

🏛 **Manoir Gd Vignoble** ⤲, ℰ 53 24 23 18, Fax 53 24 20 89, 🍴, parc, 🎰, 🏊, 🎾 – 🖵 ☎
    🅿 – 🛦 40. 🆎 🇬🇧
    fermé 21 déc. au 31 janv. – **Repas** *(fermé dim. soir et lundi de nov. à fév.)* 100 (déj.), 150/290
    – ☑ 58 – **44 ch** 540/680 – ½ P 471/534.

    au Moulin de Malfourat par ④ *: 8 km* – ⊠ **24240** Monbazillac :

XX **La Tour des Vents**, ℰ 53 58 30 10, Fax 53 58 89 55, ≤ vallée de Bergerac, 🍴 – 🅿. 🆎
← ① 🇬🇧
    fermé janv., lundi soir et mardi d'oct. à juin – **Repas** 75/280 ₰, enf. 55.

    par ⑤ *rte de Bordeaux : 5 km* – ⊠ **24100** Bergerac :

🏠 **Climat de France,** ℰ 53 57 22 23, Fax 53 58 25 24, 🍴, 🏊 – 🖵 ☎ ♿ 🅿 – 🛦 25. 🆎 ①
    🇬🇧 🖿🖿
    Repas 85/135 ₰, enf. 48 – ☑ 35 – **46 ch** 280.

🏠 **Campanile,** ℰ 53 57 86 10, Fax 53 57 72 21, 🍴 – ↘↙ ch 🖵 ☎ ♿ 🅿. 🆎 ① 🇬🇧
    Repas 82 bc/105 bc, enf. 39 – ☑ 30 – **49 ch** 270.

CITROEN Gar. Cazes, rte de Bordeaux par ⑤	RENAULT Bergerac Autos, rte de Périgueux, 151
ℰ 53 57 73 77 🆗 ℰ 53 57 73 77	av. Pasteur par ① ℰ 53 63 65 65 🆗 ℰ 53 63 91 47
FIAT, LANCIA Gar. de Naillac, 39 av. de Bordeaux	VAG Gar. Wilson, 26 av. Wilson ℰ 53 27 20 08
ℰ 53 57 18 97	
FORD Centre Autom. Pecou, rte de Périgueux	ⓦ Poughon Pneu Vulcopneu, 112 av. Pasteur
ℰ 53 57 27 41 🆗 ℰ 53 57 27 41	ℰ 53 57 46 77
PEUGEOT Gar. Géraud, 117 r. Clairat par ②	Service du Pneu Point S. rte d'Eymet ℰ 53 57 19 54
ℰ 53 57 62 72 🆗 ℰ 53 63 93 73	

☞ *Die auf den Michelin-Karten im Maßstab 1 : 200 000 rot unterstrichenen*
    Orte sind in diesem Führer erwähnt.

    Nur eine neue Karte gibt Ihnen die aktuellsten Hinweise.

BERGÈRES-LÈS-VERTUS 51 Marne 🗒🗒 ⑯ – rattaché à Vertus.

BERGHEIM 68750 H.-Rhin 🗒🗒 ⑲ G. Alsace Lorraine – 1 802 h alt. 235.
Voir Cimetière militaire allemand ❊★.
Paris 436 – Colmar 17 – Ribeauvillé 3,5 – Selestat 8,5.

XX **Chez Norbert** avec ch, ℰ 89 73 31 15, Fax 89 73 60 65, 🍴, « Cadre rustique » – ▤ rest
    🖵 ☎. 🆎 🇬🇧
    fermé 15 fév. au 15 mars – **Repas** *(fermé mardi midi et jeudi)* 160/260 bc ₰ – ☑ 50 – **13 ch**
    250/350 – ½ P 350.

X **Wistub du Sommelier,** ℰ 89 73 69 99, Fax 89 73 36 58, restaurant à vins – 🇬🇧 ❊
    fermé vacances de fév. et dim. – **Repas** carte 130 à 180 ₰.

La BERGUE 74 H.-Savoie 🗒🗒 ⑥ – rattaché à Annemasse.

BERGUES 59380 Nord 🗒🗒 ④ G. Flandres Artois Picardie – 4 163 h alt. 7.
Voir Couronne d'Hondschoote★.
🖪 Office de Tourisme au Beffroi ℰ 28 68 60 44.
Paris 284 – ◆Calais 50 – Bourbourg 23 – Dunkerque 9 – Hazebrouck 32 – ◆Lille 63 – St-Omer 30.

🏠 **Au Tonnelier,** près église ℰ 28 68 70 05, Fax 28 68 21 87 – 🖵 ☎. 🇬🇧 ❊
    fermé 17 août au 5 sept. et 28 déc. au 16 janv. – **Repas** *(fermé vend. sauf fériés)* 83/150 ₰ –
    ☑ 30 – **11 ch** 190/335 – ½ P 220/280.

🏡 **Commerce** sans rest, près église ℰ 28 68 60 37, Fax 28 68 70 76 – ☎. 🇬🇧
    ☑ 25 – **15 ch** 120/300.

XXX ✿ **Cornet d'Or** (Tasserit), 26 r. Espagnole ℰ 28 68 66 27 – 🆎 🇬🇧
    fermé mi-juin à mi-juil., dim. soir et lundi – **Repas** 150/200 et carte 280 à 400
    Spéc. Foie gras au naturel. Sole fourrée aux langoustines. Canette rôtie à l'ancienne.

PEUGEOT Gar. Moderne Desmidt, à Esquelbecq	RENAULT Houtland Autom., à Wormhout
ℰ 28 65 61 44	ℰ 28 62 99 00 🆗 ℰ 28 29 45 84

BERNAY ◈ 27300 Eure 🗒🗒 ⑮ G. Normandie Vallée de la Seine (plan) – 10 582 h alt. 108.
Voir Boulevard des Monts★.
🖪 Office de Tourisme 29 r. Thiers ℰ 32 43 32 08.
Paris 154 – ◆Rouen 57 – Argentan 69 – Évreux 50 – ◆Le Havre 71 – Louviers 51.

🏛 **Acropole** Ⓜ sans rest, SO : 3 km sur rte de Broglie ℰ 32 46 06 06, Fax 32 44 01 04 – 🖵
    ☎ ♿ 🅿 – 🛦 30 à 80. 🆎 🇬🇧
    ☑ 37 – **51 ch** 235/285.

au Sud : 4 km par D 833 et VO :

XX **Moulin Fouret** ⌂ avec ch, ☏ 32 43 19 95, Fax 32 45 55 50, ⌂, « Parc en bordure de rivière » – **P**. AE GB. ☒ ch
fermé 1er au 15 mars, dim. soir et lundi de sept. à avril – **Repas** 98/270 – ⌑ 40 – **8 ch** 200/230.

CITROEN Gar. Lauvrière, 36 r. B.-Gombert
☏ 32 43 22 78
NISSAN Gar. Edouin, carr. Malbrouck, RN 13 à
Carsix ☏ 32 46 23 59 **N** ☏ 32 44 21 76
OPEL Gar. Robillard, rte de Broglie ZI
☏ 32 43 09 99

PEUGEOT Gar. Lefèvre, N 138, rte de Broglie ZI
☏ 32 43 34 28

⊕ Sube Pneurama Point S, 5 r. L.-Gillain
☏ 32 43 37 78

BERNEX 74500 H.-Savoie ⑦⓪ ⑱ G. Alpes du Nord – 737 h alt. 1 000 – Sports d'hiver : 1 000/1 900 m ≰15 ⵕ.
🛈 Office de Tourisme ☏ 50 73 60 72, Fax 50 73 16 17.
Paris 587 – Thonon-les-Bains 18 – Annecy 92 – Évian-les-Bains 14 – Morzine 34.

🏨 **Chez Tante Marie** ⌂, ☏ 50 73 60 35, Fax 50 73 61 73, ≤, ⌂, « Jardin fleuri » – |≝| ☎ **P**. ⓞ GB. ☒ ch
fermé 15 oct. au 15 déc. – **Repas** 90/230 ⚖, enf. 55 – ⌑ 42 – **27 ch** 360/385 – ½ P 320/385.

X **L'Échelle et H. Grand Chenay** ⌂ avec ch, ☏ 50 73 60 42, Fax 50 73 69 21, « Décor rustique » – cuisinette **P**. GB
fermé 1er nov. au 25 déc. et mardi sauf vacances scolaires – **Repas** 75 (déj.), 135/165 ⚖ – ⌑ 35 – **11 ch** 320/350 – ½ P 220/350.

à La Beunaz NO : 1,5 km par D 52 – alt. 1 000 – ✉ 74500 Évian-les-Bains :

🏨 **Bois Joli** ⌂, ☏ 50 73 60 11, Fax 50 73 65 28, ≤, ⌂, ⌑, ⌐, ⚖ – ⊡ ☎ **P**. AE ⓞ GB. ☒ rest
fermé 13 mars au 13 avril et 6 nov. au 20 déc. – **Repas** *(fermé merc. sauf vacances scolaires)* 110/230, enf. 60 – ⌑ 38 – **24 ch** 270/340 – ½ P 320.

🏨 **Renardière** ⌂ sans rest, ☏ 50 73 60 02, Fax 50 73 69 29, ≤, ⊠, ⌐ – ⊡ ☎ **P** – ⚖ 30. AE GB. ☒
1er mai-20 sept. et fermé dim. soir et lundi sauf vacances scolaires – ⌑ 38 – **17 ch** 220/420.

Les nouveaux Guides Verts touristiques Michelin, c'est :

– un texte descriptif plus riche,

– une information pratique plus claire,

– des plans, des schémas et des photos en couleurs,

– ... et, bien sûr, une actualisation détaillée et fréquente.

Utilisez toujours la dernière édition.

BERRY-AU-BAC 02190 Aisne ⑤⑥ ⑥ – 509 h alt. 56.
Paris 160 – ♦Reims 24 – Laon 29 – Rethel 45 – Soissons 48 – Vouziers 67.

XXX ✿ **La Côte 108** (Courville), ☏ 23 79 95 04, Fax 23 79 83 50, ⌐ – **P**. AE GB
fermé 10 au 24 juil., 26 déc. au 15 janv., dim. soir et lundi – **Repas** *(dim. prévenir)* 150/420 et carte 290 à 400, enf. 95
Spéc. Médaillons de foie gras chaud en croque de sel. Coquilles Saint-Jacques (15 oct. au 15 avril). Blanc de cabillaud doré. **Vins** Coteaux champenois rouge.

BESANCON ℗ 25000 Doubs ⑥⑥ ⑮ G. Jura – 113 828 h alt. 242 – Casino BY.
Voir Site★★★ – Citadelle★★ BZ : musée d'Histoire naturelle★, musée comtois★, musée de la Résistance et de la Déportation★, musée agraire★ – Vieille ville★★ ABYZ : Palais Granvelle★, Vierge aux Saints★ (cathédrale), horloge astronomique★, façades★ – Préfecture★ AZ P – Grille★ de l'Hôpital St-Jacques AZ – Musée des Beaux-Arts et d'Archéologie★★ AY.
Env. N.-D.-de-la-Libération ≤★ SE : 5,5 km BX – Belvédère de Montfaucon ≤★ 8 km par D 111 BX.
☁ ☏ 81 55 73 54, par ② : 13 km.
🛈 Office de Tourisme et Accueil de France 2 pl. 1ère Armée Française ☏ 81 80 92 55, Télex 360242, Fax 81 80 58 30 – A.C. Comtois, 7 av. E.-Cusenier ☏ 81 81 26 11.
Paris 406 ④ – ♦Basel 172 ② – ♦Bern 157 ② – ♦Dijon 93 ④ – ♦Genève 177 ② – ♦Grenoble 296 ③ – ♦Lyon 254 ④ – ♦Nancy 206 ⑤ – ♦Reims 335 ④ – ♦Strasbourg 238 ⑤.

Plans pages suivantes

🏨 **Altéa Parc Micaud**, 3 av. E. Droz ☏ 81 80 14 44, Télex 360268, Fax 81 53 29 83 – |≝| ☒ ch, ▤ rest ⊡ ☎ **P** – ⚖ 200. AE ⓞ GB   BY **d**
Le Vesontio : **Repas** 90/120⚖, enf. 45 – ⌑ 50 – **94 ch** 370/440.

🏨 **Novotel** Ⓜ ⌂, 22 bis r. Trey ☏ 81 50 14 66, Fax 81 53 51 57, ⌂, ⌑, ⌐ – |≝| ☒ ch ▤ ⊡ ☎ ⅏ ⚖ 120. AE ⓞ GB   BX **e**
Repas 85 et carte environ 180, enf. 50 – ⌑ 48 – **107 ch** 450.

🏨 **Relais Castan** Ⓜ ⌂ sans rest, 6 square Castan ☏ 81 65 02 00, Fax 81 83 01 02, « Hôtel particulier des 17e et 18e siècles » – ⊡ ☎. AE GB   BZ **t**
fermé 1er au 21 août. et 24 déc. au 3 janv. – ⌑ 50 – **7 ch** 550/980.

193

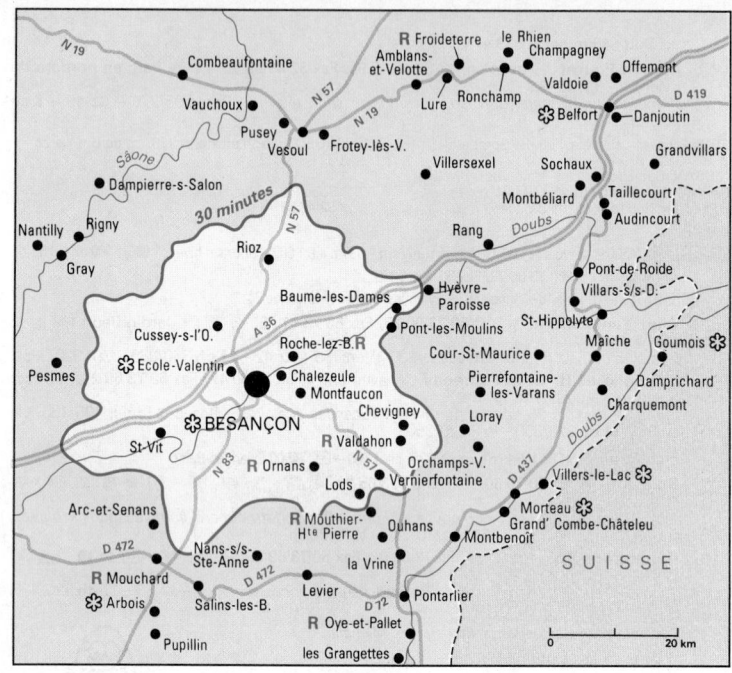

Map of the Besançon region showing: N 19, Combeaufontaine, R Froideterre, le Rhien, Champagney, Offemont, Amblans-et-Velotte, Vauchoux, N 57, Lure, Ronchamp, Valdoie, D 419, Pusey, Frotey-lès-V., Vesoul, Villersexel, Sochaux, Belfort, Danjoutin, Grandvillars, Dampierre-s-Salon, Montbéliard, Taillecourt, Nantilly, Rigny, 30 minutes, Rang, Doubs, Audincourt, Gray, Rioz, Pont-de-Roide, Baume-les-Dames, Hyèvre-Paroisse, Villars-s/s-D., Cussey-s-l'O., Roche-lez-B. R, Pont-les-Moulins, St-Hippolyte, Maîche, Goumois, Ecole-Valentin, Cour-St-Maurice, Pesmes, Chalezeule, Montfaucon, Pierrefontaine-les-Varans, Damprichard, Chevigney, Loray, Charquemont, BESANÇON, R Valdahon, Doubs, St-Vit, R Ornans, Orchamps-V., Vernierfontaine, Villers-le-Lac, Lods, Morteau, Arc-et-Senans, R Mouthier-Hte Pierre, Ouhans, Grand' Combe-Châtelou, Nans-s/s-Ste-Anne, la Vrine, Montbenoit, SUISSE, R Mouchard, Levier, Arbois, Salins-les-B., Pontarlier, R Oye-et-Pallet, Pupillin, les Grangettes, 0 — 20 km

Mercure, 4 av. Carnot ℘ 81 80 33 11, Télex 361276, Fax 81 88 11 14, 滞 – 博 ⇔ ch ☑
☎ ㄅ ❷ – 益 40 à 60. 歴 ⑩ ⬠
Repas 90 ㄅ, enf. 50 – ☑ 45 – **67 ch** 340/410.
BY **a**

Siatel M, 3 chemin des Founottes par N 57 : 3 km ℘ 81 80 41 41, Fax 81 80 41 41 –
✦ ⇔ ch ☑ ☎ ㄅ ❷ – 益 40. ⬠
Repas 69/118 ㄅ, enf. 39 – ☑ 35 – **36 ch** 265 – ½ P 195.
AX **q**

Nord sans rest, 8 r. Moncey ℘ 81 81 34 56, Fax 81 81 85 96 – 博 ☑ ☎ ⇚. 歴 ⑩ ⬠
⬡⬡⬡
☑ 32 – **44 ch** 185/289.
BY **r**

Ibis M, 5 av. Foch (face gare) ℘ 81 88 27 26, Fax 81 80 07 65 – 博 ⇔ ch ☑ ☎ ㄅ. 歴
⬠
Repas -brasserie- carte 120 à 220, enf. 40 – ☑ 35 – **95 ch** 275.
BX **b**

Relais des Vallières M, 3 r. P. Rubens par bd de l'Ouest - AX ℘ 81 52 02 02,
Fax 81 51 18 26, ← – ⇔ ch ☑ ☎ ㄅ ❷. 歴 ⑩ ⬠
Repas (fermé dim. soir de nov. à avril) 78/155 ㄅ, enf. 40 – ☑ 32 – **49 ch** 260 – ½ P 220/240.

Ibis Centre sans rest, 21 r. Gambetta ℘ 81 81 02 02, Télex 361247, Fax 81 81 89 65 – 博
☑ ☎ ㄅ ❷ – 益 25. 歴 ⑩ ⬠ – ☑ 35 – **49 ch** 295/340.
BY **k**

Moncey sans rest, 6 r. Moncey ℘ 81 81 24 77, Fax 81 61 94 89 – ☑ ☎. 歴 ⑩ ⬠
fermé 22 déc. au 8 janv. – ☑ 34 – **25 ch** 250/290.
BY **n**

XXX ❀ **Mungo Park** (Mme Choquart), 11 r. Jean Petit ℘ 81 81 28 01, Fax 81 83 36 97, 滞,
« Élégant cadre rustique » – ⬠
AY **e**
fermé vacances de fév., 1er au 21 août, lundi midi de mai à août, sam. midi de sept. à avril et
dim. – **Repas** 130 (déj.), 180/480 et carte 280 à 450, enf. 90
Spéc. Galette de morilles à l'oeuf poché. Suprême de volaille au foie gras, morilles et vin Jaune . Compote de rhubarbe
et givrée de fromage blanc aux "sèches" comtoises (avril à oct.). Vins Arbois, l'Etoile.

XX **Poker d'As**, 14 square St-Amour ℘ 81 81 42 49, Fax 81 81 05 59, « Décor rustique,
sculptures sur bois » – 歴 ⑩ ⬠
BY **u**
fermé 1er au 7 août, dim. soir et lundi – **Repas** 90/250 ㄅ.

XX **Daniel Achard**, 95 r. Dôle ℘ 81 52 06 13, Fax 81 51 77 11, 滞 – ❷. ⬠
AX **f**
fermé 1er au 13 août, sam. et dim. – **Repas** 85/198.

XX **Le Vauban**, à la Citadelle ℘ 81 83 02 77, Fax 81 83 17 25, 滞, « A l'entrée de la Citadelle, salles voûtées » – ⬠. ❀
BZ **h**
fermé 9 janv. au 5 fév., lundi d'oct. à mai et dim. soir – **Repas** 100/140 ㄅ, enf. 65.

X **Le Chaland,** promenade Micaud, près Pont Brézille ℘ 81 80 61 61, Fax 81 88 67 42,
« Bateau restaurant » – ▤. 歴 ⬠
BY **s**
fermé 20 juil. au 20 août, sam. midi et dim. – **Repas** 95/265.

BESANÇON

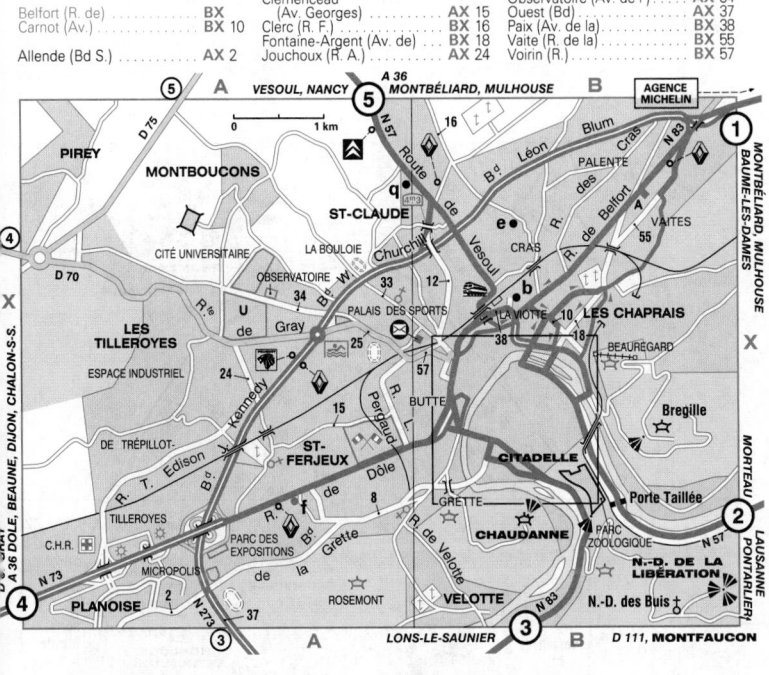

à *Chalezeule* par ① et D 217 : 5,5 km – ⊠ 25220 :

🏠 **des 3 Iles** 🏊 sans rest, ℘ 81 61 00 66, Fax 81 61 73 09, ☞ – 📺 ☎ 🅿. 🆖
⛆ 30 – **16 ch** 240/280.

à *Roche-lez-Beaupré* par ① : 8 km – ⊠ 25220 :

✗ **Aub. des Rosiers,** ℘ 81 57 05 85, 🏡 – 🅿. ⓪ 🆖
━ *fermé 15 au 28 fév., lundi soir et mardi* – Repas 65/190 ♨, enf. 55.

à *Montfaucon* par ②, D 464 et D 111ᴱ : 9 km – ⊠ 25660 :

✗✗ **La Cheminée,** rte Belvédère ℘ 81 81 17 48, Fax 81 82 86 45, ≤, 🏡 – 🅿. 🆎 🆖
fermé 28 août au 11 sept., fév., lundi de mars à août, merc. de sept. à janv. et dim. soir –
Repas 120/250, enf. 70.

à *École-Valentin* par ⑤ et direction Vert Bois-Vallon : 5 km – ⊠ 25480 :

✗✗✗ ❀ **Le Valentin** (Maire), 19 rte Épinal (près sortie autoroute Besançon-Centre)
℘ 81 80 03 90, Fax 81 53 45 49, 🏡, 🍽 – 🅿. 🆎 🆖
fermé 31 juil. au 28 août, dim. soir et lundi – **Repas** 115/345 et carte 300 à 390
Spéc. Escalope de foie gras de canard aux queues et pinces de homard. Ragoût de ris et rognons de veau aux morilles
à la crème. Gibier (saison). **Vins** Arbois-Pupillin.

MICHELIN, Agence régionale, r. Vallières Sud à Chalezeule BX ℘ 81 80 24 53

BMW Gar. Loux, ZAC Valentin à Ecole Valentin
℘ 81 88 48 48 🅽 ℘ 81 50 12 04
CITROEN Cassard Auto Service, 123 r. de Vesoul
AX ℘ 81 50 45 24
CITROEN Succursale, 228 rte de Dole par ④
℘ 81 61 47 47
FORD Est Auto, 18 av. Carnot ℘ 81 80 85 11
MERCEDES CMB, ZAC de Valentin ℘ 81 50 47 34
🅽 ℘ 81 50 47 34
NISSAN Mécanique et Loisirs Auto., 72 r. de
Belfort ℘ 81 88 29 23
PEUGEOT Gar. Morel, 48 r. de Vesoul
℘ 81 50 36 73
PEUGEOT Sté Ind. Autom. Besançon, bd Kennedy
ZI Trépillot AX ℘ 81 48 44 06 🅽 ℘ 81 53 91 27

PEUGEOT Gar. Durand, 9 av. Foch BX
℘ 81 80 66 39
RENAULT Succursale, bd Kennedy AX
℘ 81 54 25 25 🅽 ℘ 05 05 15 15
VAG Espace 3000, ZAC de Châteaufarine
℘ 81 41 28 28

🛞 Eco Pneu, 17 rte d'Epinal à Ecole Valentin
℘ 81 53 32 44
Kautzmann, 22 bis r. Jouchoux ℘ 81 53 09 56
La Maison du Pneu Mariotte, 1 r. Berthelot
℘ 81 53 24 28
Pneus et Services D.K., 8 bd L.-Blum ℘ 81 50 29 30
Pneus et Services D.K., 6 r. Weiss ℘ 81 50 05 54

BESANÇON

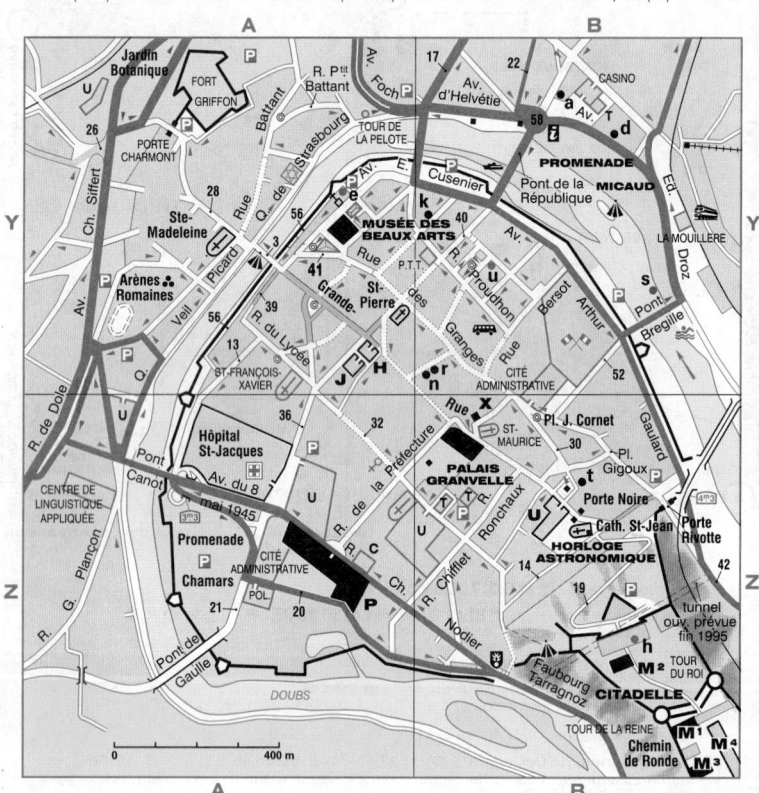

BESSANS 73480 Savoie 77 ⑨ G. Alpes du Nord – 303 h alt. 1 700 – Sports d'hiver : 1 720/2 200 m ⚡4 ⚞.

Voir Peintures⋆ de la chapelle St-Antoine.

🖪 Office de Tourisme ℰ 79 05 96 52, Fax 79 05 83 11.

Paris 681 – Albertville 127 – Chambéry 137 – Lanslebourg-Mont-Cenis 11 – Val-d'Isère 37.

  🏠 **Vanoise** ⑤, ℰ 79 05 96 79, ≼, 🍽 – ☎ 🄿. ⴳⴱ. ⚘
  ➡ 24 juin-15 sept. et 20 déc.-15 avril – **Repas** 75/120, enf. 50 – 🖵 45 – **29 ch** 200/330 –
     ½ P 250/300.

  🏠 **Mont-Iseran,** ℰ 79 05 95 97, Fax 79 05 84 67 – 📺 ☎ 🚗. ⴳⴱ. ⚘ rest
  ➡ 20 juin-1er oct. et 10 déc.-25 avril – **Repas** 70/150 ⚒ – 🖵 45 – **19 ch** 320/330 – ½ P 245/285.

Le BESSAT 42660 Loire 76 ⑨ – 250 h alt. 1 160 – Sports d'hiver : 1 170/1 427 m ⚞.

Paris 535 – ♦St-Étienne 18 – Annonay 30 – Bourg-Argental 15 – St-Chamond 18 – Yssingeaux 64.

  🏠 **France,** ℰ 77 20 40 99, 🚿 – ☎ – 🔏 30. ⴀⴇ ⴳⴱ
  ➡ fermé 1er au 15 sept., 11 déc. au 5 janv., dim. soir et lundi sauf juil.-août – **Repas** 70/160 ⚒ –
     🖵 25 – **30 ch** 130/195 – ½ P 170/185.

  ✕✕ **La Fondue** avec ch, ℰ 77 20 40 09, Fax 77 20 45 20 – ☎ 🚗. ⴀⴇ ⴒ ⴳⴱ. ⚘
  ➡ 1er mars-30 nov. – **Repas** 76/250 – 🖵 33 – **9 ch** 180/300 – ½ P 230/270.

63610 P.-de-D. 73 ⑬ ⑭ G. Auvergne (plan) – 1 799 h alt. 1 050 – Sports d'hiver à Super Besse.

Voir Église St-André★ – Rue de la Boucherie★ – Porte de ville★ – Lac Pavin★★ et Puy de Montchal★★ SO : 4 km par D 978.

Env. Vallée de Chaudefour★★ NO : 11 km.

🅸 Office de Tourisme pl. Dr-Pipet ℘ 73 79 52 84.

Paris 470 – ◆Clermont-Ferrand 47 – Condat 27 – Issoire 31 – Le Mont-Dore 30.

🏨 **Charmilles** sans rest, rte Super-Besse ℘ 73 79 50 79 – ☎ 🅿. ◑ 📭 GB
   20 juin-20 sept., vacances scolaires et week-ends en hiver – ☲ 28 – **20 ch** 270.

🏨 **Levant,** ℘ 73 79 50 17, Fax 73 79 50 55, ☞ – 🆀 ☎ ⇔. GB. ⫻ rest
   hôtel : 1ᵉʳ mars-31 mai, 15 juin-24 sept. et 20 déc.-20 janv. ; rest. : 15 juin-24 sept. et
   20 janv.-31 mars – **Repas** 95/150, enf. 45 – ☲ 38 – **15 ch** 230/270 – ½ P 260.

🏨 **Le Clos** ⑤, rte Mont Dore : 0,5 km ℘ 73 79 52 77, Fax 73 79 56 67, Ɫ₅, ⚓, ☞ – ☎ 🅿.
   GB. ⫻ rest
   8 avril-7 mai, 3 juin-24 sept. et 18 déc.-31 mars – **Repas** 90/140, enf. 40 – ☲ 38 – **29 ch**
   235/350 – ½ P 300.

🏨 **Beffroy,** ℘ 73 79 50 08, Fax 73 79 57 87 – 🆀 ☎. GB. ⫻ rest
   fermé 18 au 24 avril, 15 oct. au 8 nov., dim. soir et lundi hors sais. sauf vacances scolaires –
   Repas 100/260 – ☲ 40 – **14 ch** 260/360 – ½ P 280.

   au Lac Pavin SO : 4 km – ⌧ 63610 Besse-en-Chandesse :

🍴 **Lac Pavin** ⑤, avec ch, ℘ 73 79 62 79, ≤, 😃 – 🅿. GB
   fermé nov. – **Repas** (fermé merc. et jeudi du 15 sept. au 15 avril) 90/170 – ☲ 35 – **5 ch** 235 –
   ½ P 240.

   à Super-Besse O : 7 km – alt. 1 350 – Sports d'hiver : 1 350/1 850 m 彡1 ⽅20 彑 – ⌧ 63610
   Besse-en-Chandesse :

   🅸 Office de Tourisme rond-point des Pistes (20 juin-10 sept., 20 déc.-20 avril) ℘ 73 79 60 29.

🏨 **Gergovia** ⑤, ℘ 73 79 60 15, Fax 73 79 61 43, ≤, Ɫ₅ – 🆀 ☎ ⇔. ◑ 📭 GB. ⫻ rest
   2 juil.-3 sept. et 20 déc.-25 mars – **Repas** 95/135, enf. 50 – ☲ 50 – **53 ch** 210/429 –
   ½ P 341/412.

PEUGEOT Gar. Fabre à Besse et Saint-Anastaise
℘ 73 79 51 10

RENAULT Gar. des Lacs, à Besse et Saint-
Anastaise ℘ 73 79 50 07

69690 Rhône 73 ⑲ – 1 611 h alt. 390.

Paris 467 – Roanne 70 – ◆Lyon 31 – Montbrison 49 – ◆St-Étienne 62.

🏨 **Aub. de la Brevenne** Ⓜ, N 89 ℘ 74 70 80 01, Fax 74 70 82 31, 😃 – ☒ 🆀 ☎ ὧ 🅿. ◑
   GB ⫻ ch
   Repas (fermé dim. soir) 90/250 ⅃, enf. 60 – ☲ 35 – **20 ch** 280/350 – ½ P 240.

72310 Sarthe 64 ⑤ – 2 815 h alt. 76.

Paris 191 – ◆Le Mans 55 – La-Ferté-Bernard 42 – ◆Tours 55 – Vendôme 31.

🏨 **La Chaumière,** rte Troo ℘ 43 35 30 59, Fax 43 35 21 88 – 🆀 ☎ ὧ 🅿. GB
   fermé 20 déc. au 15 janv. et dim. soir – **Repas** 67 (déj.), 94/198 ⅃, enf. 53 – ☲ 23 – **15 ch**
   198/230 – ½ P 187.

   à Pont-de-Braye SO : 8 km par D 303 – ⌧ 72310 Lavenay :

   Voir Escalier★★ du château de Poncé-sur-le-Loir O : 3,5 km, G. Châteaux de la Loire.

🍴🍴 **Petite Auberge** avec ch, ℘ 43 44 45 08 – GB. ⫻ ch
   fermé 15 au 30 nov., mardi sauf juil.-août et lundi soir de janv. à mars – **Repas** 70/168, enf. 42
   – ☲ 24 – **3 ch** 150/170.

CITROEN Gar. Legeay ℘ 43 35 32 63
PEUGEOT Gar. Ched'homme ℘ 43 35 30 42

RENAULT Gar. Hubert, ℘ 43 35 30 70

87250 H.-Vienne 72 ⑧ – 2 988 h alt. 344.

Paris 363 – ◆Limoges 36 – Argenton-sur-Creuse 58 – Bellac 33 – Guéret 54 – La Souterraine 21.

🍴 **Bellevue,** N 20 ℘ 55 76 01 99 – 🅿. GB
   fermé 10 fév. au 10 mars et lundi sauf le midi de juin à sept. et fériés – **Repas** 48/140 ⅃.

   à la Croix-du-Breuil N : 3 km par N 20 – ⌧ 87250 Bessines-sur-Gartempe :

🏨 **Manoir Henri IV,** ℘ 55 76 00 56, Fax 55 76 14 14, ☞ – 🔲 rest 🆀 ☎ 🅿. GB
   fermé lundi hors sais. et dim. soir – **Repas** 110/260, enf. 60 – ☲ 32 – **11 ch** 220/270.

◀▷ 62400 P.-de-C. 51 ⑭ G. Flandres Artois Picardie – 24 556 h alt. 25.

🛅 du Vert-Parc ℘ 20 29 37 87 à Herlies, 18 km par ②.

🅸 Office de Tourisme avec A.C. 34 Grand'Place ℘ 21 68 26 29.

Paris 215 ④ – ◆Lille 40 ② – ◆Amiens 88 ④ – Arras 34 ④ – Boulogne 88 ④ – Douai 40 ② – Dunkerque 68 ⑥.

Plan page suivante

🍴🍴🍴 ✿ **Le Meurin,** 15 pl. République ℘ 21 68 88 88, Fax 21 56 37 15 – 📭 ◐ GB JCB   Y **a**
   fermé 1ᵉʳ au 15 août, dim. soir et lundi – **Repas** 178 bc/280 et carte 250 à 370
   Spéc. Filet d'anguille au vert sur toasts. Suprême de volaille de Licques au foie gras. Noix de Saint-Jacques à l'endive
   (oct. à avril).

BÉTHUNE

Arras (R. d') . . . . Z 3
Clemenceau (Pl. G.) . . . . Z 4
Grand'Place . . . . . Y 5
Haynaut (R. Eug.) Z 6
Sadi-Carnot (R.) . Y
Treilles (R. des) . Y 10

Jaurès (Av. Jean) Z 7
Kennedy (Av. Président) Y 8
Leclerc (Bd Gén.) Z 9

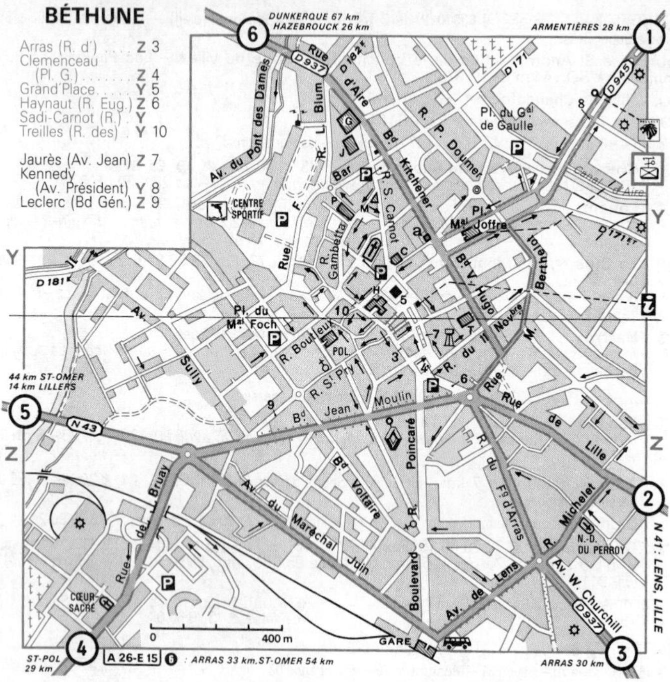

par ④ rte de Bruay-la-Buissière (sortie 6 par A 26) : 3 km – ✉ **62232** Fouquières-lès-Béthune :

Campanile, ☎ 21 57 76 76, Fax 21 56 98 50 – ch TV ☎ & P – 25. AE GB
Repas 82 bc/105 bc, enf. 39 – ☕ 30 – **49 ch** 270.

à Gosnay par ④ et N 41 : 5 km – ✉ **62199** :

Chartreuse du Val St-Esprit , ☎ 21 62 80 00, Télex 134418, Fax 21 62 42 50, parc, – TV ☎ & P – 25 à 130. AE GB
Repas 215/375 – ☕ 50 – **55 ch** 400/950.

CITROEN SO.CA.BE., 1220 av. W.-Churchill par ③ ☎ 21 57 65 70 **N** ☎ 21 57 16 83
PEUGEOT Bethune Artois, 329 av. Kennedy ☎ 21 57 12 05 **N** ☎ 21 57 16 83
RENAULT Dist. Autom. Béthunoise, 255 r. J.-Moulin ☎ 21 63 12 50 **N** ☎ 21 69 08 00

TOYOTA Gar. Duhem, 4 av. W.-Churchill ☎ 21 57 20 60

Equipneu Point S, RN 43 r. Martyrs-Prolongés à Lillers ☎ 21 64 55 55
La Maison du Pneu, 371 r. Aire ☎ 21 57 02 10

Le BETTEX **74** H.-Savoie **74** ⑧ – rattaché à St-Gervais-les-Bains.

BEUIL **06470** Alpes-Mar. **81** ⑨ **115** ④ **G. Alpes du Sud** – 330 h alt. 1 450 – Sports d'hiver : 1 400/2 000 m 6 .

Voir Site★.

Office de Tourisme pl. Jean Robion ☎ et Fax 93 02 32 58.

Paris 820 – Barcelonnette 83 – Digne-les-Bains 118 – ♦Nice 77 – Puget-Théniers 30 – St-Martin-Vésubie 52.

L'Escapade, ☎ 93 02 31 27, ≤, – TV ☎
fermé 15 nov. au 20 déc. – **Repas** 98/145, enf. 60 – ☕ 47 – **11 ch** 210/300 – ½ P 320.

Bellevue, ☎ 93 02 30 04, ≤ –
15 juin-30 sept. et 20 déc.-30 avril – **Repas** 80/130 – ☕ 30 – **6 ch** 190/230 – ½ P 220/260.

BEUVRON-EN-AUGE 14430 Calvados 54 ⑰ G. Normandie Vallée de la Seine – 274 h.

Voir Village★ – ⚘★ de l'église de Clermont-en-Auge NE : 3 km.

Paris 221 – ◆Caen 30 – Cabourg 15 – Lisieux 24 – Pont-l'Évêque 31.

XXX ✿ **Pavé d'Auge** (Bansard), 𝒫 31 79 26 71, Fax 31 39 04 45, « Halles anciennes » – GB
fermé 20 nov. au 13 déc., vacances de fév., lundi sauf le midi d'avril à nov. et mardi – **Repas** 135/220 et carte 240 à 340
Spéc. Chausson de pommes de terre à l'andouille de Vire. Lasagne de homard (mai à sept.). Pruneaux pochés au pommeau.

BEUZEVILLE 27210 Eure 55 ④ G. Normandie Vallée de la Seine – 2 702 h alt. 125.

Paris 184 – ◆Le Havre 33 – Bernay 36 – Deauville 31 – Évreux 77 – Honfleur 14 – Pont-l'Évêque 14.

🏨 **Petit Castel** sans rest, 𝒫 32 57 76 08, Fax 32 42 25 70, 🌳 – 📺 ☎. GB. ⚘
fermé 15 déc. au 15 janv. – 🖵 32 – **16 ch** 250/315.

🏨 **Poste**, 60 r. Constant Fouché 𝒫 32 57 71 04, Fax 32 42 11 01 – 📺 ☎ 🅿. ⓐⒺ GB. ⚘ ch
24 mars-6 nov. – **Repas** (fermé mardi soir sauf de juin à sept. et merc.) 74 (déj.), 98/188 🍴 – 🖵 35 – **16 ch** 230/330 – ½ P 220/270.

XX **Aub. Cochon d'Or** avec ch, 𝒫 32 57 70 46, Fax 32 42 25 70 – ☎. GB. ⚘
fermé 15 déc. au 15 janv. et lundi – **Repas** 75/220 – 🖵 32 – **5 ch** 165/230.

FORD Gar. Bouloche, à Boulleville 𝒫 32 41 21 31
🅽 𝒫 32 57 75 27

PEUGEOT Gar. Normandy, 𝒫 32 57 70 94
RENAULT Gar. Coquerel, 𝒫 32 57 70 26 🅽
𝒫 32 42 33 77

BEYNAC ET CAZENAC 24220 Dordogne 75 ⑰ G. Périgord Quercy – 498 h alt. 60.

Voir Château★★ : site★★, ⚘★★ – Calvaire ⚘★★ – Village★ – Château de Castelnaud : site★★, ⚘★★★ S : 4 km.

Paris 533 – Brive-la-Gaillarde 63 – Périgueux 65 – Sarlat-la-Canéda 11 – Bergerac 63 – Fumel 57 – Gourdon 27.

à Vézac SE : 2 km – ⌧ 24220 :

XX **Relais des Cinq Châteaux** avec ch, 𝒫 53 30 30 72, Fax 53 31 19 39, ≤, 🏡, ⅃ – 🍽 rest 📺 ☎ 🅿 – 🕍 25. GB
fermé 5 fév. au 7 mars et merc. de nov. à mars – **Repas** 78/320 – 🖵 35 – **10 ch** 265/330 – ½ P 240/290.

Les BÉZARDS 45 Loiret 65 ② – alt. 163 – ⌧ 45290 Boismorand.

Paris 137 – Auxerre 82 – Cosne-sur-Loire 49 – Gien 16 – Joigny 59 – Montargis 23 – ◆Orléans 73.

🏯 ✿✿ **Auberge des Templiers** Ⓜ ⚘, 𝒫 38 31 80 01, Télex 780998, Fax 38 31 84 51, 🏡, « Bel ensemble hôtelier dans un parc fleuri », ⅃, ⚘ – 📺 ☎ & 🚗 🅿 – 🕍 30. ⓐⒺ ⓞ GB JCB
fermé fév. – **Repas** 280 (déj.), 390/620 et carte 450 à 620 – 🖵 85 – **22 ch** 600/1380, 8 appart – ½ P 950/1200
Spéc. Salade de grenouilles au beurre de persil. Gibier (saison). Entremets de l'Auberge. **Vins** Pouilly-Fumé, Sancerre.

BÉZIERS ⬠ 34500 Hérault 83 ⑮ G. Gorges du Tarn – 70 996 h alt. 70.

Voir Anc. cathédrale St-Nazaire★ BZ : terrasse ≤★ – Musée St-Jacques★ BZ M¹.

🏌 de St-Thomas 𝒫 67 98 62 01, par ② : 12 km.

🛫 de Béziers-Vias : 𝒫 67 90 99 10, par ④ : 12 km.

🛈 Office de Tourisme Hôtel du Lac, 27 r. Quatre-Septembre 𝒫 67 49 24 19, Fax 67 28 42 41.

Paris 772 ③ – ◆Montpellier 65 ③ – ◆Clermont-Ferrand 359 ③ – ◆Marseille 227 ③ – ◆Perpignan 94 ⑥.

Plans pages suivantes

🏨 **Nord** sans rest, 15 pl. Jaurès 𝒫 67 28 34 09, Fax 67 49 00 37 – 🛗 🍽 📺 ☎. ⓐⒺ ⓞ GB
🖵 33 – **40 ch** 230/450.
BCZ z

🏨 **Imperator** sans rest, 28 allées P. Riquet 𝒫 67 49 02 25, Fax 67 28 92 30 – 🛗 📺 ☎ 🚗. ⓐⒺ ⓞ GB
🖵 38 – **45 ch** 230/400.
CY n

🏨 **Poètes** sans rest, 80 allées P. Riquet 𝒫 67 76 38 66, Fax 67 76 25 88 – 📺 ☎ 🚗. GB
🖵 30 – **14 ch** 220/270.
CZ e

XXX ✿ **Le Framboisier** (Yagues), 12 r. Boëïldieu 𝒫 67 49 90 00 – 🍽. ⓐⒺ ⓞ GB
CY u
fermé 16 août au 4 sept., vacances de fév., dim. et lundi – **Repas** (nombre de couverts limité, prévenir) 150/330 et carte 230 à 350
Spéc. Huîtres chaudes à l'oseille. Filet de morue rôtie, pommes de terre à l'huile d'olive. Émincé de magret de canard au Saint-Chinian. **Vins** Saint-Chinian, Faugères.

199

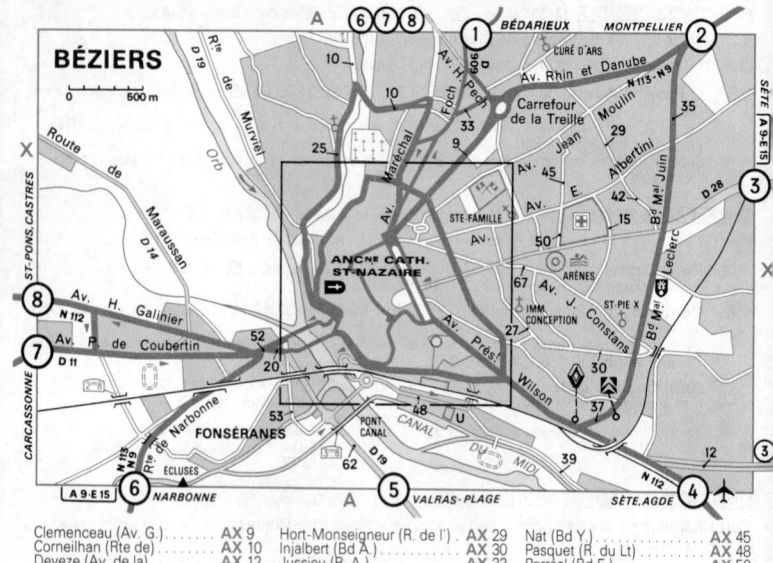

BÉZIERS

0 — 500 m

XX **Le Jardin,** 37 av. J. Moulin ℘ 67 36 41 31, Fax 67 28 72 55 – 🍽, 🍷 ➊ ☖   CY **k**
fermé 2 au 17 juil., 23 fév. au 11 mars, dim. soir et lundi – **Repas** 135/285, enf. 65.

XX **La Potinière,** 15 r. A. de Musset ℘ 67 76 35 30, Fax 67 76 38 45 – 🍽, 🍷 ☖   CZ **s**
fermé 1er au 15 mars, sam. midi et lundi sauf du 1er au 20 août – **Repas** 130/320, enf. 60.

X **Cigale,** 60 allées P. Riquet ℘ 67 28 21 56 – 🍽, 🍷 ☖   CZ **r**
fermé 21 juin au 10 juil., 21 nov. au 10 déc., lundi soir et mardi – **Repas** 90/120 ⬧.

X **Chez Soi,** 10 r. Guilhemon ℘ 67 28 63 34 – 🍽, 🍷 ☖   CY **t**
➜ *fermé août et dim.* – **Repas** 58/188 ⬧.

X **Le Cep d'Or,** 2 impasse Notairie ℘ 67 49 28 09 – ☖   AZ **d**
➜ *fermé 16 au 30 oct., 15 au 28 fév., lundi soir et mardi* – **Repas** 70/160 ⬧.

par ③ : 6 km à l'échangeur A9-Béziers-Est – ✉ *34420 Villeneuve-lès-Béziers :*

🏨 **Climat de France,** 1 km, rte Valras ℘ 67 39 40 00, Fax 67 39 39 61, 🍴, 🌊, ✾ – 🍽 📺
➜ ☎ 🛗 🅿 – 🔏 50. 🍷 ☖
Repas 69/188 ⬧, enf. 38 – ☲ 32 – **79 ch** 298.

à Lignan-sur-Orb NO par D 19 (rte de Murviel) : 7 km alt. 20 – ✉ *34490 :*

🏰 **Château de Lignan** Ⓜ ⌫, ℘ 67 37 91 47, Fax 67 37 99 25, 🍴, parc, 🛎, 🌊 – 🛗 🍽 📺 ☎
🛗 🅿 – 🔏 60. 🍷 ➊ ☖
Repas 100/250, enf. 85 – ☲ 50 – **49 ch** 560/610 – ½ P 400/500.

BÉZIERS

Flourens (R.) .... **BY** 23
Péri (Pl. G.) .... **BYZ** 49
République (R. de la) ..... **BY** 55
Riquet (R. P.) .... **BY** 58

Abreuvoir (R. de l') ...... **BZ** 2
Albert-1er (Av.) .... **CY** 3

Canterelles (R.) .... **BZ** 6
Capus (R. du) .... **BZ** 7
Citadelle (R. de la) ...... **BZ** 9
Drs-Bourguet (R. des) .... **BZ** 13
Dr-Vernhes (R. du) ...... **BZ** 16
Estienne-d'Orves (Av.) ... **BZ** 22
Garibaldi (Pl.) .... **CZ** 26
Joffre (Av. Mar.) .... **CZ** 32
Massol (R.) .... **BZ** 43
Moulins (Rampe des) .... **BY** 44

Orb (R. de l') .... **BZ** 47
Puits-des-Arènes (R.) .... **BZ** 54
Révolution (Pl. de la) .... **BZ** 57
St-Jacques (R.) .... **BZ** 60
Strasbourg (Bd de) ...... **CY** 64
Tourventouse (Bd) ...... **BZ** 65
Victoire (Pl. de la) ...... **BCY** 68
Viennet (R.) .... **BZ** 69
4-Septembre (R. du) ..... **BY** 72
11-Novembre (Pl. du) .... **CY** 74

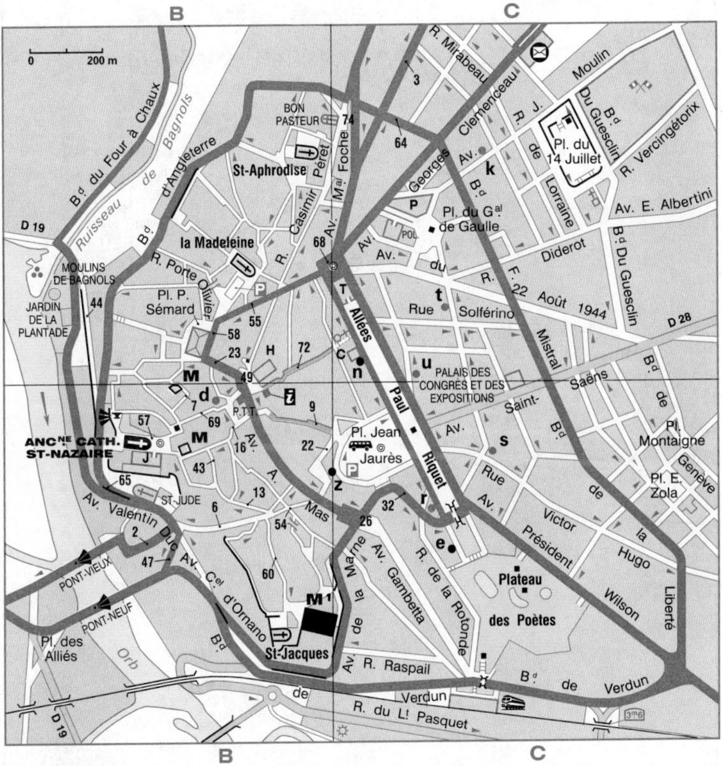

BIARRITZ 64200 Pyr.-Atl. 78 ⑪ ⑱ 85 ② G. Pyrénées Aquitaine – 28 742 h alt. 40 – Casino Bellevue EY.

Voir ≤★★ de la Perspective DZ – ≤★ du phare et de la Pointe St-Martin AX – Rocher de la Vierge★ DY – Musée de la mer★ DY.

🏌 ℘ 59 03 71 80, NE : 1 km AX ; 🏌 de Chiberta ℘ 59 63 83 20, N : 5 km BX ; 🏌 d'Arcangues, ℘ 59 43 10 56 ; 🏌 Ilbarritz ℘ 59 23 74 65, S : 4 km AX ; 🏌 Makila ℘ 59 58 42 42 à Bassussarry : 8,5 km par ⑤.

✈ de Biarritz-Bayonne-Anglet : ℘ 59 43 83 83, 2 km ABX – 🚗 ℘ 59 55 50 50.

🛈 Office de Tourisme square d'Ixelles ℘ 59 24 20 24, Télex 570032, Fax 59 24 14 19.

Paris 779 ③ – ◆Bayonne 7 – ◆Bordeaux 190 ③ – Pau 121 ② – S.-Sebastián 50 ⑥.

Plans pages suivantes

🏨 ✿ **Palais** 🏖, 1 av. Impératrice ℘ 59 41 64 00, Télex 570000, Fax 59 41 67 99, ≤, 🍴, « Belle piscine avec grill », ⅃♣, 🏖 – 🛗 ▤ 📺 ☎ 🅿 – 🕍 25 à 250. ⃝ ⑩ ⃝ 🔴 🕊 rest   EY **k**
fermé 1er au 22 déc. – **Le Grand Siècle : Repas** 380 et carte 370 à 540 – **La Rotonde : Repas** 280 – **L'Hippocampe** (avril-oct.) **Repas** 235/370 – 🍴 100 – **134 ch** 1400/2650, 20 appart – ½ P 1300/1725
Spéc. Rougets en filets poêlés, sauté de chipirons à l'encre. Agneau de lait des Pyrénées rôti (saison). Poêlée de framboises tièdes en croustillant, glace vanille (saison). **Vins** Irouleguy blanc et rouge.

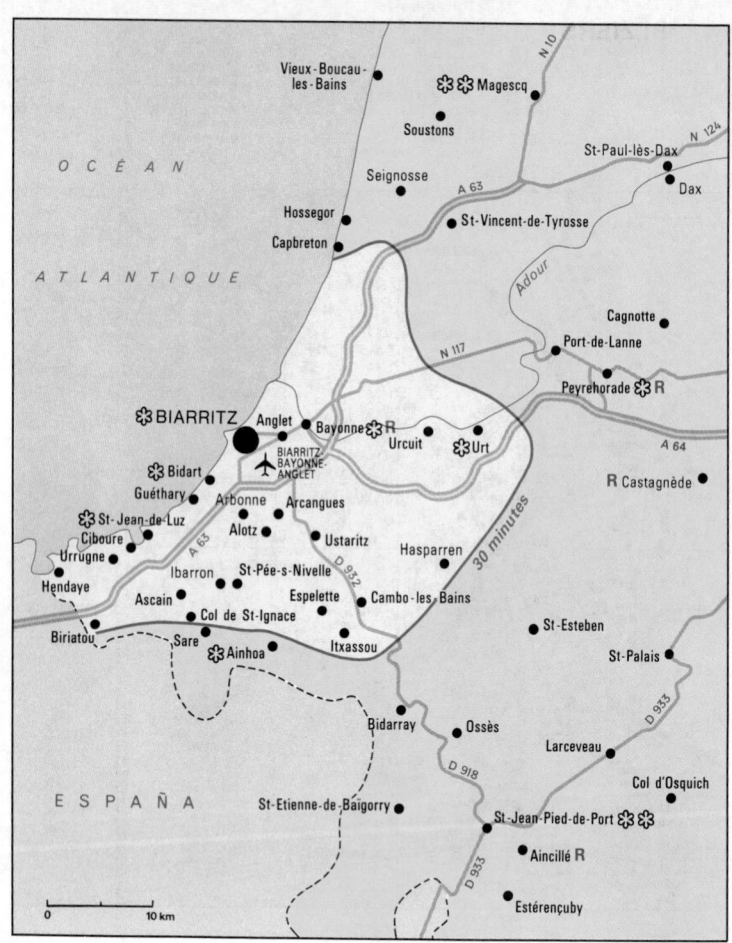

🏨🏨 ❀ **Miramar** Ⓜ ⤷, 13 r. L. Bobet ℘ 59 41 30 00, Fax 59 24 77 20, ≤, 🏡, centre de thalassothérapie, 🏋️, 🔲, 🏊 – 🛗 🗏 📺 ☎ 🏧 – 🔬 40 à 170. 🅰🅴 ⓪ 🅶🅱. ﹩ rest
AX **k**
Relais Miramar : **Repas** 290/390 et carte 295 à 465 – **Les Piballes** (rest. diététique) **Repas** 290 – � 100 – **109 ch** 1560/2575, 17 appart – ½ P 1203/1578
Spéc. Sauté de queues de langoustines aux asperges et artichauts. Blanc de gros turbot doré au four à la crème de truffe. Assiette de desserts Miramar. **Vins** Irouléguy, Jurançon.

🏨🏨 **Régina et Golf,** 52 av. Impératrice ℘ 59 41 33 00, Télex 541330, Fax 59 41 33 99, ≤, 🏊 – 🛗 🗏 📺 ☎ ⓟ – 🔬 30. 🅰🅴 ⓪ 🅶🅱. ﹩ rest
AX **s**
fermé 20 nov. au 25 déc. – **Repas** 195/230 – � 90 – **61 ch** 940/1380, 10 appart – ½ P 722/872.

🏨🏨 **Plaza,** av. Édouard VII ℘ 59 24 74 00, Télex 570048, Fax 59 22 22 01, ≤ – 🛗 🗏 📺 ☎ 🕭 ⓟ – 🔬 25. 🅰🅴 ⓪ 🅶🅱. ﹩ rest
EY **p**
Repas *(fermé dim.)* 105/155 – � 58 – **60 ch** 525/820 – ½ P 525/595.

🏨 **Tonic** Ⓜ, 58 av. Édouard VII ℘ 59 24 58 58, Fax 59 24 86 14, 🏡 – 🛗 🗏 rest 📺 ☎ 🕭 🏧
◆ – 🔬 50. 🅰🅴 ⓪ 🅶🅱
EY **d**
Repas 75/140 🍷 – � 40 – **63 ch** 640/820.

🏨 **Comfort Inn** Ⓜ sans rest, 19 av. Reine Victoria ℘ 59 22 04 80, Fax 59 24 91 19 – 🛗 ﹩ ch 🗏 📺 ☎ 🕭 🏧 🅰🅴 ⓪ 🅶🅱. ﹩
AX **h**
� 40 – **40 ch** 525/590, 3 duplex.

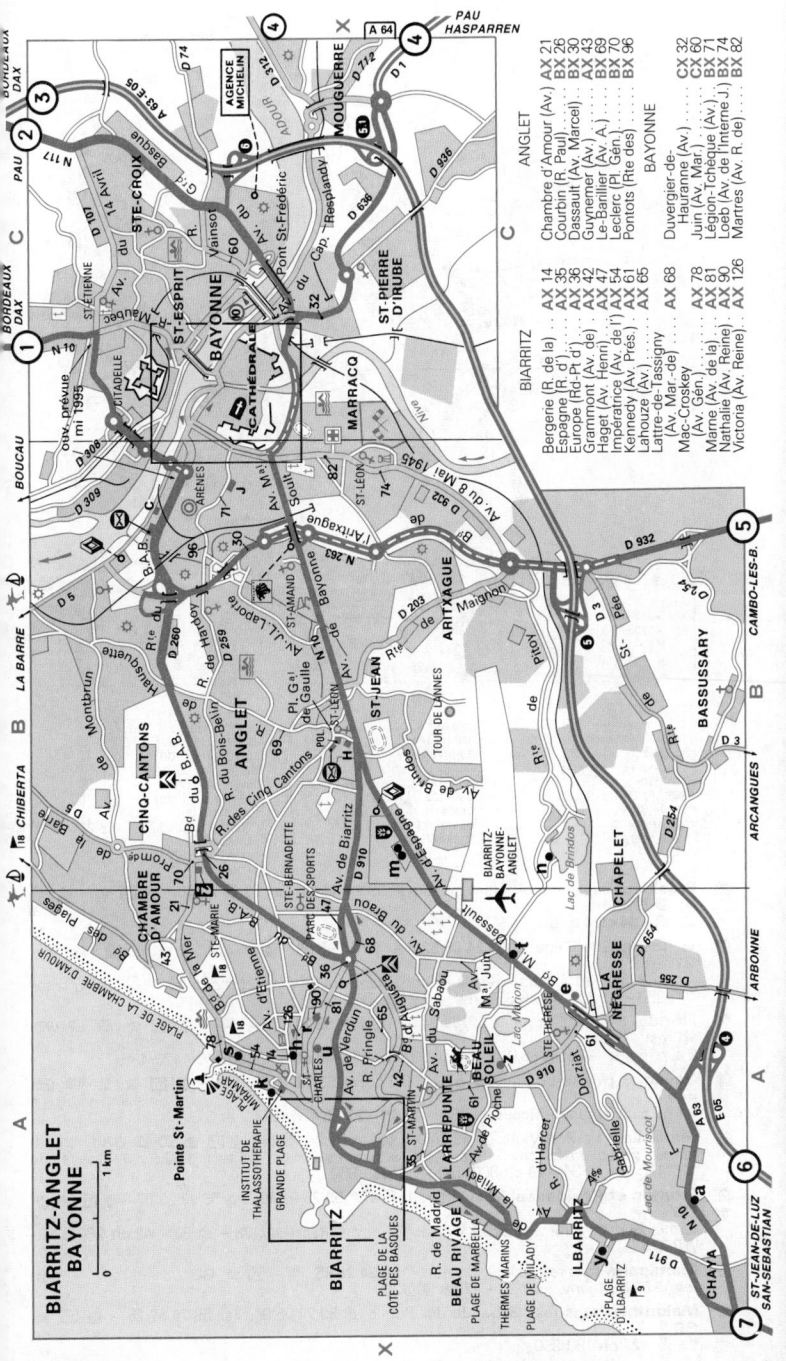

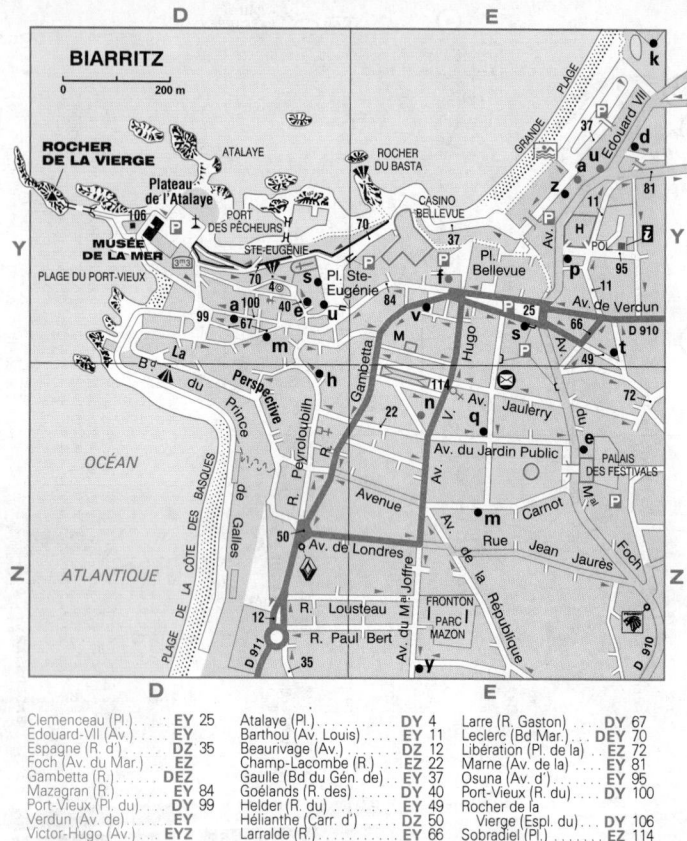

BIARRITZ

ROCHER DE LA VIERGE
ATALAYE
ROCHER DU BASTA
Plateau de l'Atalaye
PORT DES PÊCHEURS
CASINO BELLEVUE
MUSÉE DE LA MER
STE-EUGÉNIE
PLAGE DU PORT-VIEUX
Pl. Ste-Eugénie
Pl. Bellevue
POL.
Av. de Verdun
Gambetta
Av. Victor Hugo
La Perspective
du Prince
de Galles
DE LA CÔTE DES BASQUES
R. Peyroloubilh
Av. Jaulerry
Av. du Jardin Public
PALAIS DES FESTIVALS
OCÉAN
ATLANTIQUE
Avenue
Av. de Londres
Carnot
Rue Jean Jaurès Foch
Av. du Mal Joffre
FRONTON PARC MAZON
R. Lousteau
R. Paul Bert
de la République

🏨 **Président** sans rest, pl. Clemenceau ℰ 59 24 66 40, Fax 59 24 90 46 – 🛗 📺 ☎ – 🔬 50. AE ① GB   EY s
🗜 48 – **64 ch** 475/625.

🏨 **Windsor,** Gde Plage ℰ 59 24 08 52, Fax 59 24 98 90 – 🛗 🍴 rest 📺 ☎. AE ① GB JCB. EY z
🞕 rest
fermé 2 janv. au 2 mars – **Repas** *(fermé 2 janv. au 15 mars et mardi du 1er oct. au 30 mai)* 100/250 – 🗜 50 – **49 ch** 350/750 – ½ P 360/560.

🏨 **Florida**, 3 pl. Ste-Eugénie ℰ 59 24 01 76, Fax 59 24 36 54, ㈜ – 🛗 📺 ☎. AE ① GB. DY u
🞕 rest
9 avril-5 nov. – **Repas** 80/155 ⅃, enf. 60 – 🗜 45 – **45 ch** 520/650 – ½ P 420/480.

🏨 **Océan**, 9 pl. Ste-Eugénie ℰ 59 24 03 27, Fax 59 24 18 50, ㈜ – 🛗 📺 ☎. AE ① GB JCB   DY s
fermé 5 au 31 janv. – **Repas** 90/180 – 🗜 40 – **23 ch** 450/620.

🏨 **Marbella**, 11 r. Port Vieux ℰ 59 24 04 06, Fax 59 24 63 26 – 🛗 📺 ☎. AE ① GB   DY a
fermé 15 déc. au 15 janv. – **Repas** *(fermé sam. et dim. de fin sept. à Pâques)* (dîner seul.) 115/120 ⅃ – 🗜 34 – **29 ch** 330/420 – ½ P 310/350.

🏨 **Fronton et Résidence,** 35 av. Mar. Joffre ℰ 59 23 09 49, Fax 59 23 22 07 – 🛗 📺 ☎ 🅿. EZ y
↔
fermé 19 mars au 2 avril et 22 oct. au 26 nov. – **Repas** 70/128 – 🗜 32 – **42 ch** 260/330 – ½ P 275/280.

🏨 **Maïtagaria** sans rest, 34 av. Carnot ℰ 59 24 26 65, 🞒 – 📺 ☎. GB   EZ m
fermé 6 au 21 janv. – 🗜 29 – **17 ch** 200/280.

🏨 **Malouthéa** sans rest, 3 av. Jardin Public ℰ 59 24 06 00, Fax 59 24 87 26 – 🛗 📺 ☎. GB   EZ q
🗜 35 – **27 ch** 190/350.

🏠 **Atalaye** sans rest, 6 r. Goélands 🖉 59 24 06 76, Fax 59 22 33 51 – |⚡| ☎. ⒼⒷ   DY   e
⌓ 30 – **24 ch** 260/350.

🏠 **Monguillot** sans rest, 3 r. G. Larre 🖉 59 24 12 23 – ☎. ❀   DY   m
fermé janv. et fév. – ⌓ 28 – **14 ch** 190/330.

🏠 **Palacito** sans rest, 1 r. Gambetta 🖉 59 24 04 89, Fax 59 24 33 43 – |⚡| 📺 ☎. ⒶⒺ ①
ⒼⒷ   EY   v
⌓ 32 – **30 ch** 245/360.

🏠 **Etche Gorria** sans rest, 21 av. Mar. Foch 🖉 59 24 00 74, 🌿 – 📺 ☎. ⒼⒷ. ❀   EZ   e
⌓ 32 – **11 ch** 180/350.

🏠 **Central** sans rest, 8 r. Maison Suisse 🖉 59 22 02 06, Fax 59 24 35 97 – 📺 ☎. ⒼⒷ   EY   t
⌓ 35 – **16 ch** 300/370.

🏠 **Argi-Eder** sans rest, 13 r. Peyroloubilh 🖉 59 24 22 53, Fax 59 24 89 10 – 📺 ☎. ⒼⒷ.
❀   DZ   h
⌓ 32 – **19 ch** 290/320.

🍴🍴🍴 ❀ **Café de Paris** (Duhr et Oudill) Ⓜ avec ch, 5 pl. Bellevue 🖉 59 24 19 53,
Fax 59 24 18 20, ⇐ – |⚡| 📺 ☎ &. ⒶⒺ ① ⒼⒷ   EY   f
Repas *(fermé 15 fév. au 30 mars, merc. midi et mardi d'oct. à mai)* 185/380 et carte 350 à
460 - *Bistrot Bellevue :* Repas 145 – ⌓ 90 – **20 ch** 750/950 – ½ P 650
Spéc. Rouget rôti laqué d'épices douces à la maltaise. Aile de poulette lardée au foie gras et aux herbes, pomme de
terre confite au jus de mousserons. Tarte friande au Jurançon, mendiants et marmelade de griottes.

🍴🍴🍴 **Le Galion,** 17 bd Gén. de Gaulle 🖉 59 24 20 32, Fax 59 24 67 54, ⇐, 🌿 – ⒼⒷ   EY   a
fermé dim. soir et lundi sauf juil.-août – **Repas** 140 et carte 200 à 280.

🍴🍴 **L'Operne,** 17 av. Edouard VII 🖉 59 24 30 30, Fax 59 24 37 89, ⇐ océan, 🌿 – ⒶⒺ ① ⒼⒷ
Ⓙ�CⒷ   EY   u
fermé 15 au 31 janv. – **Repas** 150/245.

🍴🍴 **Croque-en-Bouche,** r. Centre 🖉 59 22 06 57 – ▤. ⒶⒺ ⒼⒷ   EZ   n
fermé 15 au 30 janv., dim. soir et lundi – **Repas** 140/160 ⚘.

🍴🍴 **Ramona,** 5 r. Centre 🖉 59 24 34 66 – ▤. ⒶⒺ ⒼⒷ   EZ   n
fermé 16 au 30 janv., lundi soir et mardi sauf juil.-août – **Repas** 98 bc (déj.)/145.

🍴🍴 **Le Petit Doyen,** 87 av. Marne 🖉 59 24 01 61, Fax 59 24 40 83 – ▤. ⒶⒺ ① ⒼⒷ   AX   r
fermé le merc. – **Repas** 98/170.

🍴🍴 **Aub. du Relais** avec ch, 44 av. Marne 🖉 59 24 85 90, Fax 59 22 13 94 – ▤ rest 📺 ☎. ⒶⒺ
ⒼⒷ   AX   u
fermé 27 nov. au 18 déc. et 8 janv. au 1ᵉʳ fév. – **Repas** *(fermé mardi sauf de juin à sept.)*
92/202 ⚘ – ⌓ 32 – **11 ch** 230/340 – ½ P 226/303.

🍴 **Aub. de la Négresse,** 10 bd M. Dassault (sous viaduc) 🖉 59 23 15 83, 🌿 – ▤.
→ ⒼⒷ   AX   e
fermé oct. et lundi de nov. à juin – **Repas** 56/159 ⚘.

🍴 ❀ **Les Platanes** (Daguin), 32 av. Beausoleil 🖉 59 23 13 68 – ⒶⒺ ⒼⒷ   AX   z
fermé 1ᵉʳ au 10 janv., mardi midi et lundi – **Repas** (nombre de couverts limité, prévenir)
160 (déj.), 240/290 et carte 250 à 350
Spéc. Assortiment de trois foies gras. Pêche du jour. Pigeonneau désossé à l'ancienne. Vins Béarn.

près aéroport sur N 10 SE : 4 km – ✉ **64200** Biarritz :

🏠 **Campanile,** bd. M. Dassault 🖉 59 41 19 19, Fax 59 41 28 78, 🌿 – 🖘 ch, ▤ rest 📺 ☎
&. ❶ – 🔏 25. ⒶⒺ ① ⒼⒷ   AX   t
Repas 82 bc/105 bc, enf. 39 – ⌓ 30 – **88 ch** 270.

au lac de Brindos SE : 5 km BX – ✉ **64600** Anglet :

🏰 **Château de Brindos** ⌂, près aéroport 🖉 59 23 17 68, Fax 59 23 48 47, ⇐, « Belle
décoration intérieure, bord du lac, parc », 🏊, ❀ – 📺 ☎ ❶ – 🔏 25 à 50. ⒶⒺ ①
ⒼⒷ   BX   n
Repas 250 bc/400 – ⌓ 85 – **12 ch** 950/1300.

à Arbonne S : 7 km par Pont de la Négresse et D 255 – ✉ **64210** :

🏠 **Laminak** Ⓜ ⌂ sans rest, rte de St Pée 🖉 59 41 95 40, Fax 59 41 87 65, ⇐, 🌿 – 📺 ☎ ❶.
ⒶⒺ ⒼⒷ
fermé 15 nov. au 15 déc., janv. et fév. – ⌓ 45 – **10 ch** 350/580.

à Arcangues S : 7 km par D 254 et D 3 BX – ✉ **64200** :

Voir ❀★ du cimetière.

🏠 **Marie-Eder** sans rest, 🖉 59 43 05 61, Fax 59 43 08 34, 🌿 – 📺 ☎ ❶. ⒼⒷ. ❀
fermé 1ᵉʳ nov. au 15 nov. et mardi hors sais. – ⌓ 30 – **8 ch** 220/350.

à Alotz S : 8 km par D 910, D 255 et VO AX – ✉ **64200** Biarritz :

🍴🍴 **Moulin d'Alotz,** 🖉 59 43 04 54, 🌿, 🌿 – ⒼⒷ
fermé 15 au 31 mars, 20 janv. au 10 fév., mardi d'oct. à juin et lundi – **Repas** (nombre de
couverts limité - prévenir) carte 260 à 380, enf. 50.

CITROEN Gar. Artola, 88 av. Marne AX
🖉 59 41 01 30 🔟 🖉 59 41 01 30
HONDA Gar. Francoaméricain, 47 av. Prés.
Kennedy 🖉 59 23 15 42

PEUGEOT Gar. Victoria, 48 av. Foch EZ
🖉 59 24 53 80
RENAULT Central Auto Gar., 1 carr. Hélianthe DZ
🖉 59 24 92 32 🔟 🖉 59 93 48 22

BIDARRAY 64780 Pyr.-Atl. 🔢 ③ G. Pyrénées Aquitaine – 585 h alt. 71.

Paris 806 – Biarritz 37 – Cambo-les-Bains 17 – Pau 132 – St-Étienne-de-Baïgorry 15 – St-Jean-Pied-de-Port 19.

🏛 **Pont d'Enfer,** ℘ 59 37 70 88, Fax 59 37 76 60, ≤, 😤 – 🖵 ☎ 🅿. 🖭 ⏱ 🅶🅱
fermé 15 déc. au 15 fév., dim. soir et merc. sauf du 2 avril au 30 sept. – **Repas** 88/168, enf. 48
– ☲ 35 – **17 ch** 125/330 – ½ P 195/260.

🏛 **Erramundeya,** D 918 ℘ 59 37 71 21, ≤, 😤 – ☎ 🅿. 🅶🅱
1ᵉʳ déc. au 28 fév. et mardi sauf juil.-août – **Repas** (résidents seul.) – ☲ 30 – **10 ch** 155/225 –
½ P 210/230.

BIDART 64210 Pyr.-Atl. 🔢 ⑪ ⑱ G. Pyrénées Aquitaine – 4 123 h alt. 60.

Voir Chapelle Ste-Madeleine ❀★.

🏌 d'Ilbarritz ℘ 59 23 74 65.

🄱 Office de Tourisme r. de la Plage ℘ 59 54 93 85.

Paris 785 – Biarritz 6,5 – ◆Bayonne 13 – Pau 120 – St-Jean-de-Luz 8,5.

🏛 **Villa L'Arche** Ⓜ ⛱ *sans rest,* chemin Camboénéa ℘ 59 51 65 95, Fax 59 51 65 99,
≤ Océan, 🌳 – 🖵 ☎ 🅿. 🅶🅱
fermé 5 janv. au 15 fév. – ☲ 50 – **8 ch** 600/750.

🏛 **Gochoki** *sans rest,* r. Caricartenea ℘ 59 26 59 55, Fax 59 54 71 00, 🌳 – cuisinette 🖵 ☎
🅿. 🅶🅱. ❀
fermé 11 nov. au 18 déc. et 3 janv. au 10 fév. – ☲ 30 – **10 ch** 300, 10 studios.

🏛 **Pénélope** ⛱, à Ilbarritz N : 3 km sur D 911 ℘ 59 23 00 37, ≤, 🌳 – 🖵 ☎ 🅿
◆ **Repas** *(1ᵉʳ mai-31 oct.)* (résidents seul.) 75/85 ⅃ – ☲ 22 – **23 ch** 220/270 – ½ P 240.

plan Biarritz AX y

XXX ❀ **La Table des Frères Ibarboure,** S par N 10, rte Ahetze et VO : 4 km ℘ 59 54 81 64,
Fax 59 54 75 65, 😤 , parc – 🅿. 🖭 ⏱ 🅶🅱
fermé 15 nov. au 7 déc. et merc. sauf de juil. à sept. – **Repas** 190/240 et carte 300 à 410
Spéc. Ravioles de morue à la biscayenne. Foie chaud de canard aux agrumes. Chipirons en pêle-mêle. **Vins** Irouléguy,
Jurançon.

RENAULT Gar. Cazenave ℘ 59 54 92 57

BIESHEIM 68 H.-Rhin 🔢 ⑲ – rattaché à Neuf-Brisach.

BIÈVRES 08370 Ardennes 🔢 ⑩ – 75 h alt. 210.

Paris 258 – Charleville-Mézières 56 – Longuyon 38 – Sedan 33 – Verdun 59.

XX **Relais de St-Walfroy,** ℘ 24 22 61 62, Fax 24 27 53 04 – 🅿. 🅶🅱
◆ *fermé mardi* – **Repas** 80/145 ⅃.

BIGNAN 56 Morbihan 🔢 ③ – rattaché à Locminé.

BINIC 22520 C.-d'Armor 🔢 ③ G. Bretagne – 2 798 h.

🄱 Office de Tourisme, esplanade de la Banche ℘ 96 73 60 12, Fax 96 73 35 23.

Paris 464 – St-Brieuc 13 – Guingamp 36 – Lannion 68 – Paimpol 33 – St-Quay-Portrieux 7.

🏛 **Benhuyc** Ⓜ, 1 quai J. Bart ℘ 96 73 39 00, Fax 96 73 77 04 – 🛗 ▤ rest 🖵 ☎ ⅀. 🖭 🅶🅱.
❀
Repas 78 (déj.), 90/180, enf. 48 – ☲ 35 – **25 ch** 295/395 – ½ P 268/318.

BIOT 06410 Alpes-Mar. 🔢 ⑨ 🔢 ㉕ G. Côte d'Azur – 5 575 h alt. 80.

Voir Musée Fernand Léger★★ – Retable du Rosaire★ dans l'église.

🏌 ℘ 93 65 08 48, S : 1,5 km.

🄱 Office de Tourisme pl. de la Chapelle ℘ 93 65 05 85, Fax 93 65 18 09.

Paris 920 – Cannes 21 – ◆Nice 22 – Antibes 8 – Cagnes-sur-Mer 11 – Grasse 19 – Vence 19.

🏛 **Domaine du Jas** Ⓜ *sans rest,* 625 rte Mer ℘ 93 65 50 50, Fax 93 65 02 01, ⅃, 🌳 – 🖵
☎ ⅀ 🅿. 🖭 ⏱ 🅶🅱
fermé 8 au 29 janv. – ☲ 50 – **17 ch** 500/1200.

XXX ❀ **Les Terraillers,** au pied du village (D 4) ℘ 93 65 01 59, Fax 93 65 13 78, 😤 ,
« Ancienne poterie du 16ᵉ siècle » – ▤ 🅿. 🖭 🅶🅱
fermé jeudi midi en juil.-août et merc. – **Repas** 170/350 et carte 350 à 450
Spéc. Ravioles de foie gras au fumet de morilles. Agneau de lait en trois cuisson. Fondant tiède au chocolat sauce
Suzette. **Vins** Bellet, Côtes de Provence.

XXX ❀ **Aub. du Jarrier** (Metral), au village ℘ 93 65 11 68, Fax 93 65 50 03, 😤 – ▤. 🖭 🅶🅱
fermé janv., mardi soir de sept. à juin, mardi midi en juil.-août et merc. sauf le soir en
juil.-août – **Repas** 250/400 et carte 300 à 410, enf. 90
Spéc. Canette du Lauragais rôtie au miel de lavande. Pigeonneau désossé et poché, crème de lentilles. Saint-Jacques
d'Erquy en coquille à la fleur de sel (nov. à mars). **Vins** Bellet, Coteaux varois.

XX **Plat d'Etain,** au village ℘ 93 65 09 37, Fax 93 69 90 26 – 🖭 🅶🅱
fermé 15 janv. au 7 fév., sam. midi du 1ᵉʳ juil. au 15 sept., dim. soir et lundi hors sais. –
Repas 105 (déj.), 165/245.

X **Chez Odile,** au village ℘ 93 65 15 63, 😤
fermé 15 nov. au 23 déc. et jeudi sauf le soir en juil.-août – **Repas** 150.

X **Bistrot du Jarrier,** au village ℘ 93 65 53 48 – ▤. 🅶🅱
Repas 100.

BIRIATOU 64 Pyr.-Atl. 85 ① – rattaché à Hendaye.

BIRKENWALD 67440 B.-Rhin 87 ⑭ – 228 h alt. 275.

Paris 460 – ♦Strasbourg 34 – Molsheim 23 – Saverne 12.

🏛 **Au Chasseur** ⤹, 🌮 88 70 61 32, Fax 88 70 66 02, ≤ Schneeberg, 𝄞, ⬛, 🐎 – ▤ rest 📺
🕿 📞 – 🔏 30. 🖭 ⒼⒷ. ⅍ ch
fermé 26 juin au 3 juil., 1er janv. au 5 fév., mardi midi et lundi – Repas 90/380 ⅃, enf. 60 –
⊆ 55 – **28 ch** 280/450 – ½ P 300/400.

BISCARROSSE 40600 Landes 78 ⑬ G. Pyrénées Aquitaine – 9 054 h alt. 24 – Casino.

🅱 Office de Tourisme av. de la Plage, 🌮 58 78 20 96, Fax 58 78 23 65.

Paris 661 – ♦Bordeaux 78 – Arcachon 39 – ♦Bayonne 131 – Dax 92 – Mont-de-Marsan 86.

à Biscarrosse-Bourg :

🏛 **Atlantide** 🅼 sans rest, pl. Marsan 🌮 58 78 08 86, Fax 58 78 75 98 – ▯ 📺 🕿 ⅙ 📞. 🖭 ⓞ
ⒼⒷ
⊆ 30 – **33 ch** 230/360.

🏛 **St-Hubert** ⤹ sans rest, 588 av. G. Latécoère 🌮 58 78 09 99, Fax 58 78 79 37, 🐎 – 📺 🕿
⅙ 📞. 🖭 ⒼⒷ. ⅍
⊆ 32 – **16 ch** 300/350.

🏛 **Le Relais** sans rest, 216 av. Mar. Lyautey 🌮 58 78 10 46, Fax 58 78 09 71 – 📺 🕿 📞. 🖭
ⓞ ⒼⒷ
fermé Noël au Jour de l'An – ⊆ 32 – **24 ch** 240/320.

🍴 **La Fontaine Marsan,** pl. Marsan 🌮 58 82 81 29 – 🖭 ⒼⒷ
➦ *fermé janv., dim. soir et lundi de sept. à juin* – Repas 75/190.

à Navarrosse N : 3,5 km par D 652 et D 305 – ✉ 40600 Biscarrosse :

🏛 **Transaquitain** ⤹ sans rest, 🌮 58 09 83 13 – 🕿. 🖭. ⅍
1er avril-30 sept. – ⊆ 32 – **14 ch** 280/370.

à Ispe N : 6 km par D 652 et D 305 – ✉ 40600 Biscarrosse :

🏛 **La Caravelle** ⤹, 🌮 58 09 82 67, Fax 58 09 82 18, ≤, 🍽 – 🕿 📞. ⒼⒷ. ⅍ ch
Repas *(fermé 15 nov. au 15 fév. et lundi midi hors sais.)* 90/240, enf. 40 – ⊆ 35 – **11 ch**
280/350 – ½ P 270/310.

CITROEN Atlantic Autos, 68 r. E.-Branly
🌮 58 78 13 63
PEUGEOT Gar. Labarthe, rte de Parentis ZI
🌮 58 78 12 46

🔘 Biscarrosse Océan Pneu Vulcopneu,
532 av. de Caupos 🌮 58 78 75 76

BISCHWIHR 68 H.-Rhin 62 ⑲, 87 ⑦ – rattaché à Colmar.

BISCHWILLER 67240 B.-Rhin 87 ④ – 10 969 h alt. 136.

Paris 482 – ♦Strasbourg 28 – Haguenau 8 – Saverne 40.

🏛 **Stade** 🅼 sans rest, 29 rte Haguenau 🌮 88 53 96 96, Fax 88 53 89 49, 🐎 – ▯ 📺 🕿 ⅙ 📞.
🖭 ⒼⒷ. ⅍
⊆ 35 – **20 ch** 250/300.

RENAULT Gar. Stern, 4 r. du Conseil 🌮 88 63 22 87

BITCHE 57230 Moselle 57 ⑱ G. Alsace Lorraine – 5 517 h alt. 243.

Voir Citadelle★ – Fort du Simserhof★ O : 4 km.

🏌 🌮 87 96 15 30, sortie E par RN 62.

🅱 Office de Tourisme à la Mairie 🌮 87 06 16 16, Fax 87 96 10 23.

Paris 437 – ♦Strasbourg 72 – Haguenau 43 – Sarrebourg 58 – Sarreguemines 33 – Saverne 52 – Wissembourg 48.

🏛 **Relais des Châteaux Forts** 🅼, 6 quai E. Branly 🌮 87 96 14 14, Fax 87 96 07 36, 🍽 –
📺 🕿 ⅙ 📞. ⒼⒷ
Repas *(fermé 1er au 8 sept., 10 au 24 fév., vend. midi et jeudi)* 100/250 ⅃ – ⊆ 40 – **30 ch**
245/340 – ½ P 300.

🍴🍴 **Strasbourg** avec ch, 24 r. Teyssier 🌮 87 96 00 44, Fax 87 06 10 60 – 📺 🕿 ⟺. ⒼⒷ
fermé 3 au 17 janv. – Repas *(fermé dim. soir et lundi)* 70 (déj.), 110/180 ⅃ – ⊆ 35 – **11 ch**
140/290 – ½ P 275.

🍴🍴 **Aub. de la Tour,** 3 r. Gare 🌮 87 96 29 25, Fax 87 96 02 61 – ⒼⒷ
➦ *fermé vacances de fév., lundi soir et mardi* – Repas 65/240 ⅃.

CITROEN Gar. Riwer, 1 r. Bastion 🌮 87 96 00 08 ℕ
🌮 87 96 00 08
LADA, SEAT Bitche Autos, 40 r. de Sarreguemines
🌮 87 96 05 26 ℕ 🌮 87 96 05 26
RENAULT Gar. Rébmeister, 47 r. Pasteur
à Rahrbach-les-Bitche 🌮 87 09 70 36 ℕ
🌮 87 09 70 36

RENAULT Gar. Hemmer, 103 r. d'Ingwiller
à Goetzenbruck 🌮 87 96 80 96 ℕ 🌮 87 96 80 96

Paris 492 – ◆Strasbourg 17 – Erstein 13 – Molsheim 15 – Obernai 14 – Sélestat 35.

🏠 **Au Boeuf** Ⓜ 🦐, ℰ 88 68 68 99, Fax 88 68 60 07, 🎇 – 🖵 ☎ 👌 👪 – 🔏 100. 🖭 ⑩ 🝝🝝
JⓒⒷ
Repas *(fermé 1ᵉʳ au 15 août, 1ᵉʳ au 15 fév., dim. soir et lundi)* (dîner à la carte) 200/360 ♣ –
⊊ 50 – **20 ch** 390/570 – ½ P 480.

🗶🗶 **Schadt,** ℰ 88 68 86 00, Fax 88 68 89 83 – 🖭 ⑩ 🝝🝝
fermé 15 juil. au 1ᵉʳ août, 1ᵉʳ au 10 janv., dim. soir et jeudi – **Repas** 160/240.

BLAGNAC 31 H.-Gar. 🝝🝝 ⑧ – rattaché à Toulouse.

Le BLANC 🝝🝝 36300 Indre 🝝🝝 ⑯ 🝝 G. Berry Limousin – 7 361 h alt. 81.
🛈 Office de Tourisme Hôtel de Ville ℰ 54 37 05 13.

Paris 330 – Poitiers 63 – Bellac 62 – Châteauroux 61 – Châtellerault 50.

🏠 **Théâtre** sans rest, 2bis avenue Gambetta ℰ 54 37 68 69, Fax 54 28 03 95 – 🖵 ☎. 🖭 ⑩
🝝🝝 JⒸⒷ
⊊ 30 – **18 ch** 200/260.

🏠 **Ile d'Avant,** rte Châteauroux : 2 km ℰ 54 37 01 56, Fax 54 37 38 06 – 🖵 ☎ 👌 – 🔏 30.
🝝🝝
fermé 22 déc. au 11 janv., dim. soir et lundi hors sais. – **Repas** 83/163 ♣, enf. 35 – ⊊ 29 –
15 ch 200/260 – ½ P 279/319.

par rte de Belâbre, D 10 et VO : 6 km – ✉ **36300** Le Blanc :

🏠 **Domaine de l'Étape** 🦐, ℰ 54 37 18 02, Fax 54 37 75 59, parc – 🖵 ☎ 👌 – 🔏 100. 🖭
⑩ 🝝🝝 JⒸⒷ
Repas (dîner seul.) (résidents seul.) 115/130 ♣ – ⊊ 45 – **35 ch** 205/430.

CITROEN SAVRA, Av. P. Mendès-France   🝝 Euromaster, 72 bis r. République
ℰ 54 37 03 75   ℰ 54 37 00 39
PEUGEOT Auto Agri, 28 r. A.-Chichery
ℰ 54 37 06 38

Le BLANC-MESNIL 93 Seine-St-Denis 🝝🝝 ⑪ ⑩, 🝝🝝 ⑰ – voir à Paris, Environs.

BLANGY-SUR-BRESLE 76340 S.-Mar. 🝝🝝 ⑥ – 3 447 h alt. 50.
Paris 148 – ◆Amiens 53 – Abbeville 28 – Dieppe 53 – Neufchâtel-en-Bray 28 – Le Tréport 24.

🗶 **Les Pieds dans le Plat,** 27 r. St-Denis ℰ 35 93 38 36 – 🝝🝝
fermé 1ᵉʳ au 21 fév., jeudi soir d'oct. à mai et lundi – **Repas** 85/160 ♣, enf. 40.

BLANQUEFORT 33 Gironde 🝝🝝 ⑨ – rattaché à Bordeaux.

BLAYE 🝝🝝 33390 Gironde 🝝🝝 ⑦ ⑧ G. Pyrénées Aquitaine (plan) – 4 286 h alt. 8.
Voir Citadelle★.
Bac : pour Lamarque, renseignements ℰ 57 42 04 49.
🛈 Office de Tourisme Allées Marines ℰ 57 42 12 09.

Paris 543 – ◆Bordeaux 48 – Cognac 82 – Libourne 46 – Royan 81.

🏠 **La Citadelle** Ⓜ 🦐, dans la citadelle ℰ 57 42 17 10, Fax 57 42 10 34, ≤ estuaire, 🎇, 🏊
– 🖵 👌 – 🔏 30. 🖭 ⑩ 🝝🝝
Repas 120/250, enf. 60 – ⊊ 36 – **21 ch** 285/365 – ½ P 325/345.

🏠 **L'Olifant** Ⓜ, rte de Bordeaux ℰ 57 42 22 96, Fax 57 42 10 34 – 🖵 ☎ 👌 👨 – 🔏 60. 🖭 ⑩
◆ 🝝🝝
Repas 60 bc/150 bc – ⊊ 30 – **12 ch** 230/280 – ½ P 205.

PEUGEOT Gar. Fouchereau, ZI cours Bacalan   RENAULT Blaye Autom., 4 av. Haussmann
ℰ 57 42 08 09 🝝 ℰ 57 64 33 41   ℰ 57 42 02 20 🝝 ℰ 57 32 61 61

BLENEAU 89220 Yonne ③ – 1 585 h alt. 171.
Paris 155 – Auxerre 56 – Bonny-sur-Loire 21 – Briare 19 – Clamecy 60 – Gien 29 – Montargis 41.

🏠 **Blanche de Castille** Ⓜ, 17 r. d'Orléans ℰ 86 74 92 63, Fax 86 74 94 43, 🎇 – 🖵 ☎ 👌.
◆ 🖭 🝝🝝
Repas *(fermé dim. soir)* 80/160 – ⊊ 50 – **13 ch** 250/400 – ½ P 320/350.

🗶🗶🗶 **Aub. du Point du Jour,** pl. Mairie ℰ 86 74 94 38, Fax 86 74 85 92 – 🍽. 🖭 ⑩ 🝝🝝
fermé 1ᵉʳ au 8 sept., fév., dim. soir et lundi – **Repas** 130/380 et carte 240 à 340.

BLÉNOD-LÈS-PONT-A-MOUSSON 54 M.-et-M. 🝝🝝 ⑬ – rattaché à Pont-à-Mousson.

BLÉRÉ 37150 I.-et-L. 🝝🝝 ⑯ G. Châteaux de la Loire – 4 388 h alt. 60.
🛈 Office de Tourisme r. J.-J.-Rousseau (15 juin-sept.) ℰ 47 57 93 00, Fax (mairie) 47 23 57 73.
Paris 232 – ◆Tours 27 – Blois 46 – Château-Renault 32 – Loches 25 – Montrichard 16.

🏠 ⚙ **Cheval Blanc** (Blériot), pl. Église ℰ 47 30 30 14, Fax 47 23 52 80, 🎇 – 🖵 ☎ 👌. 🖭 ⑩
🝝🝝
fermé janv. – **Repas** *(fermé dim. soir et lundi sauf juil.-août)* (prévenir) 98/260 et carte 210 à
270, enf. 52 – ⊊ 36 – **12 ch** 260/360 – ½ P 650/750
Spéc. Duo de terrines. Médaillon de lotte à l'émincé de bacon. Crêpe soufflée au Grand Marnier.

🏠 **Cher,** r. Pont 🕿 47 57 95 15, Fax 47 30 26 35, 🏤 – 📺 🕿 🅿. GB. 🛞
Repas 88/225 🍷, enf. 45 – 🗜 32 – **18 ch** 200/260 – ½ P 200/230.

CITROEN Gar. Caillet 🕿 47 30 26 26

PEUGEOT Gar. Vigean, ZAC la Vinerie La Croix
en Touraine 🕿 47 23 55 55

BLÉRIOT-PLAGE 62 P.-de-C. 🗺️ ② – rattaché à Calais.

BLETTERANS 39140 Jura 🗺️ ③ – 1 423 h alt. 201.

Paris 380 – Chalon-sur-Saône 49 – Dole 49 – Lons-le-Saunier 13 – Poligny 26.

🏠 **Chevreuil,** 🕿 84 85 00 83, Fax 84 85 12 25 – 🕿. GB
➔ fermé janv., dim. soir et lundi du 1ᵉʳ oct. au 30 juin – **Repas** 80/300 🍷 – 🗜 30 – **16 ch** 128/300
– ½ P 210/235.

CITROEN Gar. Roy, 🕿 84 85 00 89

RENAULT Gar. Moderne, 🕿 84 85 00 31 🆖 🕿 84
85 00 31

BLIENSCHWILLER 67610 B.-Rhin 🗺️ ⑯ – 292 h alt. 220.

Paris 505 – ◆Strasbourg 43 – Barr 41 – Erstein 25 – Obernai 16 – Sélestat 11,5.

🏨 **Winzenberg** 🅼 sans rest, 46 rte du Vin 🕿 88 92 62 77, Fax 88 92 45 22 – 📺 🕿 ᵰ 🅿. GB.
🛞
fermé 4 janv. au 10 fév. – 🗜 30 – **13 ch** 230/275.

BLIGNY-SUR-OUCHE 21360 Côte-d'Or 🗺️ ⑨ G. Bourgogne – 745 h alt. 362.

Paris 291 – ◆Dijon 47 – Autun 43 – Beaune 19 – Pouilly-en-Auxois 22 – Saulieu 44.

🍴 **Trois Faisans** avec ch, 🕿 80 20 10 14, Fax 80 20 17 63, 🏤 – 🅿. 🝙 🝙 GB. 🛞 rest
➔ fermé 20 déc. au 1ᵉʳ fév., dim. soir et mardi d'oct. à juin – **Repas** 55 bc/150, enf. 50 – 🗜 30 –
7 ch 180/230 – ½ P 160/205.

BLOIS 🅿 41000 L.-et-Ch. 🗺️ ⑦ G. Châteaux de la Loire – 49 318 h alt. 73.

Voir Château★★★ (spectacle son et lumière) Z : musée des Beaux-Arts★ – Église St-Nicolas★ Z
– Cour avec galeries★ de l'hôtel d'Alluye YZ E – jardins de l'Evêché ᴇ★ Y – Jardin du Roi ᴇ★ Z.

🏌️ de la Carte à Chouzy-sur-Cisse 🕿 54 20 49 00, par ⑥ : 10 km ; 🏌️ du Château de Cheverny
🕿 54 79 24 70, SE : 15 km par ④.

🛈 Office de Tourisme et Accueil de France 3, av. J.-Laigret 🕿 54 74 06 49, Fax 54 56 04 59 – A.C. 3 pl. Louis-XII
🕿 54 74 58 92.

Paris 182 ① – ◆Orléans 59 ① – ◆Tours 64 ① – ◆Le Mans 110 ⑧.

Plan page suivante

🏨🏨 **Mercure Centre** 🅼, 28 quai St-Jean 🕿 54 56 66 66, Fax 54 56 67 00, 🎫, 🔲 – 🛗 ᵰ⭤ ch
🍴 📺 🕿 ᵰ ⟷ – 🕍 30 à 300. 🝙 ① GB Z f
Repas 145, enf. 50 – 🗜 52 – **84 ch** 440/495, 12 duplex.

🏨🏨 **L'Horset Lavallière** 🅼, 26 av. Maunoury 🕿 54 74 19 00, Télex 752328, Fax 54 74 57 97,
🏤 ᵰ⭤ ch, 🍴 rest 📺 🕿 ᵰ 🅿 – 🕍 25 à 40. 🝙 ① GB ᴊᴄʙ. 🛞 rest Y t
Repas 105/270 🍷, enf. 50 – 🗜 55 – **78 ch** 450/495 – ½ P 375/398.

🏨 **Le Médicis** 🅼, 2 allée François 1ᵉʳ 🕿 54 43 94 04, Fax 54 42 04 05 – 🍴 📺 🕿. 🝙 ①
GB X p
fermé 2 au 25 janv. et dim. soir du 1ᵉʳ oct. à Pâques – **Repas** 98/300, enf. 60 – 🗜 42 – **11 ch**
300/420 – ½ P 370/470.

🏠 **Anne de Bretagne** sans rest, 31 av. J. Laigret 🕿 54 78 05 38, Fax 54 74 37 79 – 📺 🕿. 🝙
① GB Z k
fermé 17 fév. au 26 mars – 🗜 34 – **29 ch** 245/360.

🏠 **Le Savoie** sans rest, 6 r. Ducoux 🕿 54 74 32 21, Fax 54 74 29 58 – 📺 🕿. 🝙 GB. 🛞
🗜 29 – **26 ch** 180/280. X s

🏠 **Le Lys** sans rest, 3 r. Cordeliers 🕿 54 74 66 08, Fax 54 78 35 74 – 🕿 ᵰ. GB. 🛞 Y b
fermé 19 déc. au 5 janv. et sam. hors sais. – 🗜 25 – **15 ch** 200/260.

🍴🍴🍴 **L'Orangerie du Château,** 1 av. Dr J. Laigret 🕿 54 78 05 36, Fax 54 78 22 78, 🏤,
« Élégante installation, terrasse, ᴇ le château » – 🝙 GB Z e
fermé vacances de fév., dim. soir hors sais. sauf fériés et merc. – **Repas** 120/320 et carte 300
à 410, enf. 70.

🍴🍴 **La Péniche,** promenade Mail 🕿 54 74 37 23, péniche aménagée – 🍴. 🝙 ① GB X n
fermé dim. sauf fériés – **Repas** 150.

🍴🍴 **L'Espérance,** N 152, par ⑥ : 2,5 km 🕿 54 78 09 01, Fax 54 56 17 86, ᴇ – 🍴 🅿. 🝙 GB
fermé 6 au 29 août, vacances de fév., dim. soir et lundi – **Repas** 125/335, enf. 60.

🍴🍴 ❀ **Rendez-vous des Pêcheurs** (Reithler), 27 r. Foix 🕿 54 74 67 48, Fax 54 74 47 67 – 🍴.
🝙 GB X r
fermé 31 juil. au 21 août, vacances de fév., lundi midi, dim. et fériés – **Repas** (nombre de
couverts limité, prévenir) 140 et carte 220 à 320
Spéc. Nage d'huîtres d'Isigny au cerfeuil. Filet de sandre au corail d'oursins. Millefeuille caramélisé à la vanille. **Vins**
Cheverny, Touraine-Mesland.

🍴 **Au Bouchon Lyonnais,** 25 r. Violettes 🕿 54 74 12 87, 🏤 – GB Z a
fermé 1ᵉʳ au 21 janv., dim. et lundi – **Repas** (prévenir) 105/160.

209

BLOIS

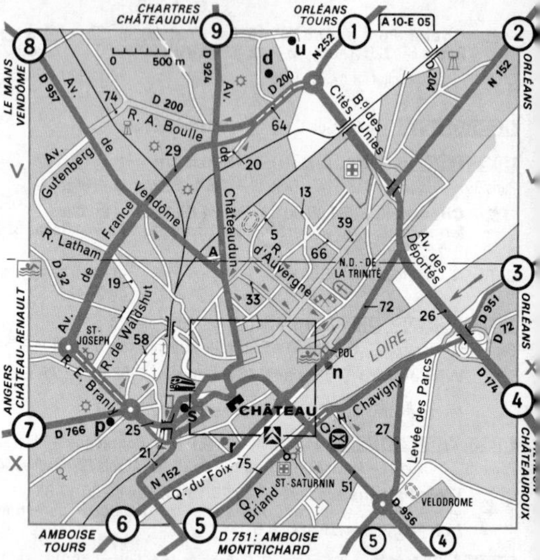

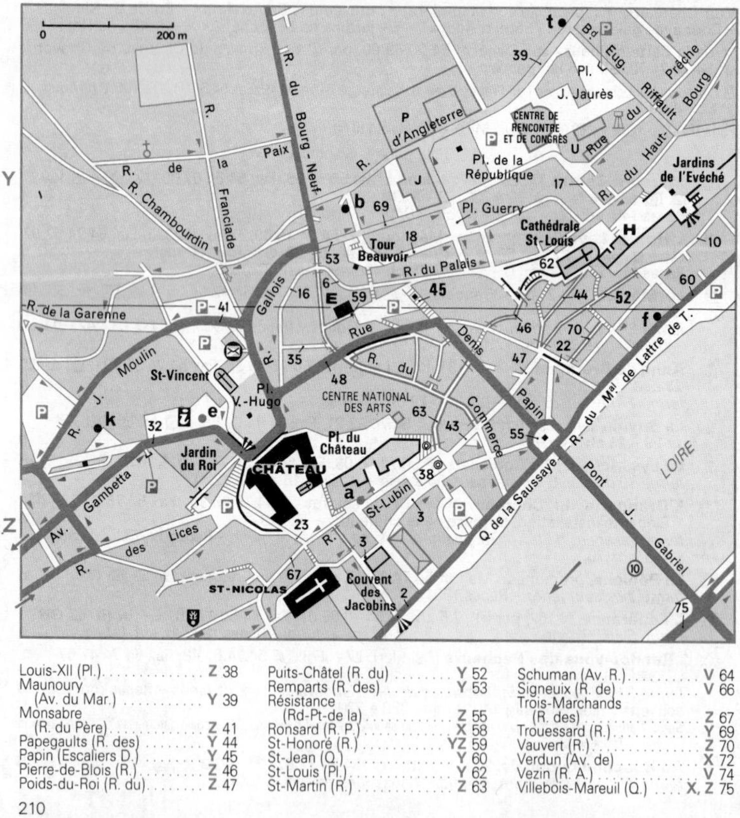

Z.A. Vallée Maillard N : 3 km – ⊠ 41000 Blois :

🏠 **Ibis** Ⓜ, ℘ 54 74 60 60, Fax 54 74 85 71, 🍴 – ❄ ch 📺 ☎ ㊅ ℗ – 🏧 40. 🖭 ⅁ℬ
Repas 97 bc, enf. 40 – ☑ 35 – **61 ch** 275/295.

🏠 **Préma H.** ⌂, ℘ 54 78 89 90, Télex 752242, Fax 54 56 02 27 – 📺 ☎ ㊅ ℗ – 🏧 50. 🖭 ⓞ
✦ ⅁ℬ
Repas *(fermé sam. midi)* 78 bc/108 bc, enf. 45 – ☑ 31 – **42 ch** 255/268 – ½ P 230.

à La Chaussée-St-Victor par ② : 4 km – 4 036 h. – ⊠ 41260 :

🏨 **Novotel** Ⓜ ⌂, ℘ 54 78 33 57, Télex 750232, Fax 54 74 25 13, 🍴, ⊿, 🐎 – 🛗 ❄ ch,
🍽 rest 📺 ☎ ㊅ ℗ – 🏧 100. 🖭 ⓞ ⅁ℬ
Repas carte environ 160 ⓖ, enf. 50 – ☑ 48 – **116 ch** 399/480.

%% **La Tour,** N 152 ℘ 54 78 98 91, Fax 54 74 74 52, 🍴, 🐎 – ℗. ⅁ℬ
fermé 8 au 24 août, dim. soir et lundi sauf fériés – **Repas** 135/200, enf. 90.

à St-Denis-sur-Loire par ② : 6 km – ⊠ 41000 :

🏨 ❀ **Host. La Malouinière** (Berthon) Ⓜ ⌂, ℘ 54 74 76 81, Fax 54 74 85 96, 🍴, « Jardin
fleuri, verger », ⊿ – 📺 ☎ ℗. ⅁ℬ
fermé janv., fév., dim. soir et lundi du 15 sept. au 15 mai – **Repas** (nombre de couverts
limité-prévenir) 200 bc (déj.), 210/420 – ☑ 70 – **8 ch** 700/1200, 3 appart
Spéc. Salade de crabe et tomate confite, langoustines rôties. Homard grillé ''Denise''. Lièvre à la royale (saison).
Vins Sauvignon, Saumur-Champigny.

à Vineuil par ④ et D 176 : 4 km – 6 253 h. – ⊠ 41350 :

🏠 **Climat de France,** 48 r. Quatre Vents ℘ 54 42 70 22, Fax 54 42 43 81 – 📺 ☎ ㊅ ℗ –
✦ 🏧 120. 🖭 ⅁ℬ
Repas 70/135 ⓖ, enf. 39 – ☑ 35 – **58 ch** 295/370.

à St-Gervais-la-Forêt par ④ et D 956 : 4 km – ⊠ 41350 :

🏠 **Comfort Inn Primevère,** 320 r. Fédération ℘ 54 42 77 22, Fax 54 42 03 63 – ❄ ch,
🍽 rest 📺 ☎ ㊅ ℗ – 🏧 30. 🖭 ⅁ℬ
Repas 81/102 ⓖ, enf. 41 – ☑ 30 – **56 ch** 295.

aux Grouëts par ⑥ : 5 km – ⊠ 41000 Blois :

%% **L'Orée du Bois,** ℘ 54 74 35 18, Fax 54 56 01 83, 🍴 – ⅁ℬ
fermé 15 janv. au 15 fév., lundi soir et mardi du 1er sept. au 14 juin – **Repas** 98/250, enf. 55.

à Molineuf par ⑦ : 9 km – ⊠ 41190 :

%% **Poste,** ℘ 54 70 03 25, Fax 54 70 12 46 – 🍽 ℗. 🖭 ⓞ ⅁ℬ
fermé fév., dim. soir et merc. – **Repas** 85/209, enf. 50.

ALFA ROMEO Gar. Blot Frères,
47 bis R. Nle à la Chaussée-St-Victor ℘ 54 78 67 13
BMW Gar. Papon, 44 r. Mar.-de-Lattre-de-Tassigny
℘ 54 78 77 06
CITROEN Alteam 2, ZA Gds Champs,
bd Jos Paul Boncour par ⑤ ℘ 54 78 42 22
FIAT Gar. Blanc, 42 av. Mar.-Maunoury
℘ 54 78 04 62
MERCEDES Gar. Malard, rte de Paris
à la Chaussée-St-Victor ℘ 54 78 34 40
OPEL Auto Loisir, r. R.-Dion ℘ 54 74 29 30
PEUGEOT Beauciel autom., 11 RN La Chaussée-
St-Victor par ① ℘ 54 55 22 22 🅽 ℘ 54 45 09 04

RENAULT Blois Warsemann Autom.,
129 av de Vendôme ℘ 54 52 12 39 🅽
℘ 51 82 96 96
VAG Auto Service, av. R.-Schuman
℘ 54 78 67 84
VOLVO Gar. Ribout, 6 r. Berthonneau
℘ 54 20 07 09

🛞 Euromaster, av. de Châteaudun ℘ 54 78 18 74
Tours Pneus Interpneus Vulcopneu,
44 av. de Vendôme ℘ 54 43 48 40

▬▬ **BLOTZHEIM** 68730 H.-Rhin �8🇧 ⑨ – 3 090 h alt. 268.
Paris 498 – ◆Mulhouse 22 – Altkirch 22 – ◆Bâle 12.

🏠 **Captain** Ⓜ, r. Ancienne Gare ℘ 89 68 82 82, Fax 89 68 86 43, 🍴 – 🛗 📺 ☎ ㊅ ℗ –
✦ 🏧 30. ⅁ℬ
Repas *(fermé sam. midi)* 75/110 ⓖ – ☑ 35 – **60 ch** 260.

▬▬ **BLUFFY (Col de)** 74 H.-Savoie �7🇦 ⑧ – 203 h alt. 670 – ⊠ 74290 Veyrier-du-Lac.
Paris 548 – Annecy 11 – Albertville 37 – La Clusaz 23 – Megève 52.

% **Dents de Lanfon** avec ch, ℘ 50 02 82 51, Fax 50 02 85 19, 🍴 – ☎ ℗. ⅁ℬ
fermé 6 au 16 juin, 2 janv. au 1er fév. et hôtel : fermé lundi sauf juil.-août – **Repas** *(fermé dim.
soir sauf juil.-août et lundi sauf fériés)* 70 (déj.), 108/182 ⓖ, enf. 46 – ☑ 26 – **7 ch** 200/267 –
½ P 230/249.

▬▬ **BOBIGNY** 93 Seine-St-Denis �5🇬 ⑪, 🇮🇴🇮 ⑰ – voir à Paris, Environs.

▬▬ **BOERSCH** 67 B.-Rhin 🇬🇿 ⑨ – rattaché à Obernai.

▬▬ **BOIS-COLOMBES** 92 Hauts-de-Seine 🇫🇫 ⑳, 🇮🇴🇮 ⑮ – voir à Paris, Environs.

▬▬ **BOIS DE LA CHAIZE** 85 Vendée 🇬🇿 ① – voir à Noirmoutier (Ile de).

BOIS-DU-FOUR 12 Aveyron 🗺 ④ – alt. 800 – ⊠ 12780 Vézins-de-Lévézou.

Paris 641 – Rodez 45 – Aguessac 15 – Millau 21 – Pont-de-Salars 25 – Sévérac-le-Château 17.

  🏠 **Relais du Bois du Four** ⌂, 𝒫 65 61 86 17, parc – ☎ ⇐⇒ 🅿. 🖸🅱 ⚬ rest
  → *15 mars-30 nov. et fermé merc.* – **Repas** 73/180 ⅃ – ⊊ 32 – **27 ch** 140/250 – ½ P 260.

BOIS-LE-ROI 77590 S.-et-M. 🗺 ② – 4 744 h alt. 80.

Paris 59 – Fontainebleau 9 – Melun 9 – Montereau-Faut-Yonne 24.

  🏨 **Pavillon Royal** Ⓜ sans rest, 40 av. Gallieni 𝒫 (1) 64 10 41 00, Fax (1) 64 10 41 10, ⅃, ⚬
    – 🖸 ☎ & 🅿 – 🔬 25. 🖸🅱
    ⊊ 37 – **26 ch** 295.

  XX **La Marine**, 52 quai O. Metra (à l'Écluse) 𝒫 (1) 60 69 61 38, 🏡 – 🖸🅱
    fermé oct., vacances de fév., lundi et mardi – **Repas** 130 (déj.), 170/220.

Gar. Gere, 𝒫 (1) 60 69 60 65

BOIS-PLAGE-EN-RÉ 17 Char.-Mar. 🗺 ⑫ – voir à Ré (île de).

BOISSERON 34160 Hérault 🗺 ⑧ – 981 h.

Paris 743 – ♦Montpellier 30 – Aigues-Mortes 26 – Alès 44 – Nîmes 31 – Sommières 3.

  X **Aub. Lou Caléou**, 𝒫 67 86 60 76 – 🖸🅱
    fermé 20 août au 10 sept., vacances de fév., le soir sauf sam. de nov. à mars, dim. soir et mardi – **Repas** 60 (déj.), 90/135.

BOISSET 15600 Cantal 🗺 ⑪ – 653 h alt. 425.

Paris 565 – Aurillac 29 – Calvinet 17 – Entraygues-sur-Truyère 53 – Figeac 35 – Maurs 13.

  🏨 **Aub. de Concasty** Ⓜ ⌂, NE : 3 km par D 64 𝒫 71 62 21 16, Fax 71 62 22 22, ≤, 🏡, ℔,
    ⅃ – 🖸 ☎ & 🅿. 🖸🅱
    fermé 1ᵉʳ au 26 déc., dim. soir et merc. hors sais. sauf vacances scolaires – **Repas** (sur
    réservation seul.) 140/200 – ⊊ 45 – **16 ch** 290/470 – ½ P 380/430.

BOISSEUIL 87220 H.-Vienne 🗺 ⑰ ⑱ – 1 558 h alt. 383.

Paris 409 – ♦Limoges 12 – Bourganeuf 46 – Nontron 71 – Périgueux 96 – Uzerche 47.

  XX **Gril de l'Anneau** avec ch, 𝒫 55 06 90 06, 🏡 – ☎. 🖸🅱. ⚬
    fermé 24 avril au 2 mai, 1ᵉʳ au 22 août, 24 déc. au 2 janv., dim. soir et lundi – **Repas** -
    spécialité de viande limousine - 125 ⅃ – ⊊ 35 – **7 ch** 150/270.

BOIS-VERT 16 Charente 🗺 ② – rattaché à Barbezieux.

BOLBEC 76210 S.-Mar. 🗺 ④ – 12 372 h alt. 51.

Paris 190 – ♦Le Havre 30 – Fécamp 23 – ♦Rouen 58 – Yvetot 20.

  🏤 **Fécamp** sans rest, 15 r. J. Fauquet 𝒫 35 31 00 52 – 🖸 ☎. 🖸🅱. ⚬
    fermé 1ᵉʳ janv. au 1ᵉʳ fév. et dim. d'oct. à Pâques – ⊊ 24 – **25 ch** 150/240.

PEUGEOT Gar. Quesnel, 484 av. Mar.-Joffre   🚗 Pain Pneu, 81 bis et 83 r. G.-Clémenceau
𝒫 35 31 07 11 🚗 𝒫 35 31 07 11   𝒫 35 31 06 87

BOLLENBERG 68 H.-Rhin 🗺 ⑱ ⑧ – rattaché à Rouffach.

BOLLÈNE 84500 Vaucluse 🗺 ① G. Provence (plan) – 13 907 h alt. 55.

🅱 Office de Tourisme pl Reynaud-de-la-Gardette 𝒫 90 40 41 45.

Paris 639 – Avignon 50 – Montélimar 34 – Nyons 35 – Orange 22 – Pont-Saint-Esprit 10.

  🏨 **Château de Rocher et rest. Belle Écluse**, 42 av. E. Lachaux (rte Nyons)
    𝒫 90 40 09 09, Fax 90 40 09 30, 🏡, parc – 🖸 ☎ 🅿. 🖸🅱
    Repas 110 (déj.), 150/250 – ⊊ 50 – **19 ch** 220/370 – ½ P 210/270.

  🏠 **Comfort Inn Primevère** Ⓜ, Echangeur A 7 𝒫 90 40 41 42, Fax 90 40 14 92 – ↞ ch,
    ☰ rest 🖸 ☎ & 🅿 – 🔬 40. 🖸🅱
    Repas 81/102 ⅃, enf. 41 – ⊊ 30 – **42 ch** 275 – ½ P 220/239.

  🏠 **De Chabrières**, 7 bd Gambetta 𝒫 90 40 08 08, Fax 90 30 55 22, 🏡 – 🖸 ☎. 🖸🅱
    Repas 105/190 ⅃, enf. 60 – ⊊ 50 – **10 ch** 280/340 – ½ P 280.

  XXX **Lou Bergamoutié**, r. Abbé Prompsault 𝒫 90 40 10 33, Fax 90 40 10 39, 🏡 – ▤. 🖸🅱
    fermé dim. soir et lundi – **Repas** 150/270 et carte 240 à 420, enf. 70.

CITROEN Gar. Fatiga, av. Salvador Allende   VAG SODIBA, 1 ch. du Souvenir 𝒫 90 30 12 23
𝒫 90 30 51 52
FORD Bollène Autom., av. J.-Giono 𝒫 90 30 10 61   🚗 Ayme Pneus, 633 r. J. Verne 𝒫 90 30 13 21
OPEL S.T.A., rte de Mondragon 𝒫 90 40 56 56   Gaigne Pneus, av. S.-Allende 𝒫 90 30 14 40
PEUGEOT Gar. Portes de Provence,
Quart la Deverasse 𝒫 90 30 10 46

La BOLLÈNE-VÉSUBIE 06 Alpes-Mar. 🗺 ⑲ 🗺 ⑰ G. Côte d'Azur – 308 h alt. 690 – ⊠ 06450
Lantosque.

Voir Chapelle St-Honorat ≤★ S : 1 km.

Paris 894 – ♦Nice 55 – Puget-Théniers 56 – Roquebillière 6,5 – St-Martin-Vésubie 16 – Sospel 31.

  🏠 **Gd H. du Parc** ⌂, D 70 𝒫 93 03 01 01, 🏡, parc – ▤ ☎ 🅿. 🖸 🅾. ⚬ rest
    1ᵉʳ mai-fin oct. – **Repas** 88/170 – ⊊ 30 – **42 ch** 136/345 – ½ P 305/355.

BOLLEZEELE 59470 Nord 🗺 ③ – 1 476 h alt. 38.

Paris 277 – ♦Calais 47 – Dunkerque 23 – ♦Lille 66 – Saint-Omer 17.

🏠 **Host. St-Louis** Ⓜ ⤸, ℰ 28 68 81 83, Fax 28 68 01 17, 🌿 – 📳 📺 ☎ Ⓟ – 🔏 40. ⒶⒺ 🇬🇧
fermé janv., dim. soir et lundi – **Repas** 140/280 – ☟ 45 – **28 ch** 250/450 – ½ P 330/395.

La BOLLINE 06 Alpes-Mar. 🗺 ⑱ ⑲ – rattaché à Valdeblore (Commune de).

BONDUES 59 Nord 🗺 ⑯, 👥👥👥 ⑬ – rattaché à Lille.

BON-ENCONTRE 47 L.-et-G. 🗺 ⑮ – rattaché à Agen.

Le BONHOMME 68650 H.-Rhin 🗺 ⑱ ⑲ G. Alsace Lorraine – 607 h alt. 700 – Sports d'hiver : 850/1 250 m
✦10 ➜.

Paris 461 – Colmar 26 – Gérardmer 36 – St-Dié 31 – Ste-Marie-aux-Mines 16 – Sélestat 39.

🏠 **Poste,** au village ℰ 89 47 51 10, Fax 89 47 23 85, 🌿 – 📺 ☎ Ⓟ. ⒶⒺ 🇬🇧
➥ *fermé 2 nov. au 24 déc., merc. sauf le soir en sais. et mardi soir sauf vacances scolaires* –
Repas 65/200 🍷, enf. 50 – ☟ 35 – **23 ch** 250/270 – ½ P 180/270.

BONIFACIO 2A Corse-du-Sud 🗺 ⑨ – voir à Corse.

BONLIEU 39130 Jura 🗺 ⑮ G. Jura – 206 h alt. 780.

Voir Belvédère de la Dame Blanche ≤★ NO : 2 km puis 30 mn.

Paris 426 – Champagnole 22 – Lons-le-Saunier 33 – Morez 25 – St-Claude 41.

🍴🍴 ❀ **La Poutre** (Moureaux) avec ch, ℰ 84 25 57 77, Fax 84 25 51 61 – 📺 ☎ Ⓟ. 🇬🇧
15 fév.-11 nov. – **Repas** 120/450 et carte 270 à 370 – ☟ 40 – **10 ch** 150/400 – ½ P 300
Spéc. Gratin d'écrevisses aux morilles (juil. à oct.). Filet de sandre à la crème de champignons. Baba au Mac-Vin, fruits
de saison. **Vins** Arbois blanc, Côtes-du-Jura blanc.

BONNATRAIT 74 H.-Savoie 🗺 ⑰ – rattaché à Thonon-les-Bains.

BONNE 74380 H.-Savoie 🗺 ⑥ ⑦ – 1 815 h alt. 493.

Paris 550 – Annecy 44 – Thonon-les-Bains 30 – Bonneville 15 – ♦Genève 19 – Morzine 42.

🍴🍴 **Baud** avec ch, ℰ 50 39 20 15, Fax 50 36 28 96, 🏡, 🌿 – 📺 ☎ Ⓟ. ⒶⒺ 🇬🇧
fermé 15 juin au 7 juil., dim. soir et lundi d'oct. à mi-juil. – **Repas** 85/210 🍷, enf. 43 – ☟ 40 –
10 ch 190/260 – ½ P 200/240.

au Pont-de-Fillinges E : 2,5 km – ✉ 74250 Fillinges :

🍴🍴 **Le Pré d'Antoine,** rte Boëge ℰ 50 36 45 06, 🏡 – Ⓟ. ⓄⒹ 🇬🇧
fermé mi-juil. à mi-août, mardi soir et merc. – **Repas** 90/198.

BONNEUIL-SUR-MARNE 94 Val-de-Marne 🗺 ①, 👥👥👥 ㉗ – Voir à Paris, Environs.

BONNEVAL 28800 E.-et-L. 🗺 ⑰ G. Châteaux de la Loire – 4 420 h alt. 123.

Voir Porte fortifiée★ de l'ancienne abbaye.

🅱 Office de Tourisme 2 pl. de l'Eglise ℰ 37 47 55 89, Fax 37 96 28 62.

Paris 117 – Chartres 30 – ♦Orléans 58 – Ablis 58 – Châteaudun 15 – Étampes 86.

🍴🍴 **Host. Bois Guibert** avec ch, rte Châteaudun : 2 km sur N 10 ℰ 37 47 22 33,
Fax 37 47 50 69, parc, « Ancienne gentilhommière du 17ᵉ siècle » – 📺 ☎ Ⓟ. ⒶⒺ ⓄⒹ 🇬🇧
fermé 14 au 26 janv. – **Repas** 135/295 – ☟ 45 – **14 ch** 250/550 – ½ P 300/450.

CITROEN Gar. Loire, 80 r. de Chartres
ℰ 37 47 28 90 📞 ℰ 37 47 07 26
PEUGEOT Boudet, 45 r. de la Résistance
ℰ 37 47 24 39

RENAULT Gar. Miard, 138 r. de Chartres
ℰ 37 47 46 60 📞 ℰ 37 47 46 60

BONNEVAL-SUR-ARC 73480 Savoie 🗺 ⑲ G. Alpes du Nord – 216 h alt. 1 800 – Sports d'hiver : 1 800/
3 000 m ✦10.

Voir Vieux village★.

🅱 Office de Tourisme ℰ 79 05 95 95.

Paris 689 – Albertville 113 – Chambéry 145 – Lanslebourg 19 – Val-d'Isère 30.

🏠 **La Marmotte** ⤸, ℰ 79 05 94 82, Fax 79 05 90 08, ≤, 🏡, 🕭 – ☎ ⇔ Ⓟ – 🔏 25. ⓄⒹ
🇬🇧. 🍴
15 juin-25 sept. et 17 déc.-2 mai – **Repas** 105/195 🍷, enf. 68 – ☟ 36 – **28 ch** 310/340.

🏠 **A la Pastourelle** Ⓜ ⤸ sans rest, ℰ 79 05 81 56, Fax 79 05 85 44, ≤ – ☎. ⒶⒺ 🇬🇧. 🍴
24 juin-5 sept. et 20 déc.-2 mai – ☟ 30 – **12 ch** 250/300.

🏠 **La Bergerie** ⤸, ℰ 79 05 94 97, Fax 79 05 93 24, ≤ – ☎ Ⓟ. ⒶⒺ 🇬🇧. 🍴
➥ *10 juils 5 oct. et 15 déc.-10 mai* – **Repas** 72/138 🍷, enf. 45 – ☟ 42 – **23 ch** 205/285 –
½ P 295/320.

🍴 **Aub. Le Pré Catin,** ℰ 79 05 95 07, 🏡 – 🇬🇧
24 juin-24 sept., 23 déc.-6 mai et fermé lundi – Repas 120/170 🍷, enf. 63.

BONNEVILLE ⟨SP⟩ 74130 H.-Savoie **74** ⑦ **G. Alpes du Nord** – 9 998 h alt. 450.

🔁 Office de Tourisme pl. Hôtel de Ville ℰ 50 97 38 37.

Paris 558 – Annecy 41 – Chamonix-Mont-Blanc 54 – Thonon-les-Bains 46 – Albertville 73 – Nantua 86.

🏠 **Aub. du Coteau**, à Ayse, E : 2,5 km par D 6 ℰ 50 97 25 07, Fax 50 25 67 02, 😊, 🍴 – **TV**
☎ **P**. **GB**
Repas *(fermé 20 au 28 mars, 4 au 27 août, 25 déc. au 7 janv., lundi midi et dim.)* 75 (déj.)/130
– 😊 28 – **9 ch** 210/280 – ½ P 230/240.

🏠 **Bellevue** 🦢, à Ayse, E : 2,5 km par D 6 ℰ 50 97 20 83, Fax 50 25 28 38, <, 🍴 – **TV** ☎ **P**.
GB
hôtel : 15 juin-15 sept. ; rest : 25 juin-5 sept. – **Repas** 90/175 – 😊 30 – **21 ch** 220/255 –
½ P 220/230.

XXX ✿ **L'Eau Sauvage et H. Sapeur** (Guénon) avec ch, pl. Hôtel de Ville ℰ 50 97 20 68,
Fax 50 25 73 48 – 📶 **TV** ☎ – 🍴 25. **ATE GB JCB**. 🍴
hôtel : fermé 4 au 11 sept., 2 au 8 janv., dim. soir et lundi sauf du 17 juil. au 20 août – **Repas**
(fermé 4 au 11 sept. 2 au 8 janv., dim. soir et lundi sauf du 7 au 21 août) 180/290 et carte 220
à 350 – 😊 40 – **12 ch** 290/350 – ½ P 350/370
Spéc. Matafan de chèvre doux aux gambas poêlées. Atriaux de féra mariné au vin de Féchy. Sauté de cuisse de lapin,
râble rôti et foie poêlé au curry. **Vins** Chignin-Bergeron, Mondeuse.

PEUGEOT Gar. Andréoléty, 403 av. Glières
ℰ 50 97 20 93

Ⓜ Barret, 744 av. de Genève ℰ 50 97 02 22

La BONNEVILLE 95 Val-d'Oise **55** ⑳, **106** ③ – voir à Cergy-Pontoise (Pontoise).

BONNIÈRES-SUR-SEINE 78270 Yvelines **55** ⑱ **106** ② – 3 437 h alt. 20.

Paris 70 – ♦ Rouen 68 – Évreux 33 – Magny-en-Vexin 25 – Mantes-la-Jolie 12 – Vernon 10,5 – Versailles 56.

XX **Host. Bon Accueil**, rte Vernon : 1,5 km ℰ (1) 30 93 01 00 – **P**. **ATE ① GB**
fermé août, vacances de fév., mardi soir et merc. – **Repas** 115/290.

BONNIEUX 84480 Vaucluse **81** ⑬ **114** ① **G. Provence** – 1 422 h.

Voir Tableaux⋆ dans l'église neuve – Terrasse ≤⋆.

Paris 722 – Aix-en-Provence 45 – Apt 9,5 – Carpentras 43 – Cavaillon 26 – Salon-de-Provence 49.

X **Le Fournil**, pl. Carnot ℰ 90 75 83 62, Fax 90 75 96 19, 😊
fermé 20 nov. au 8 déc., 3 janv. au 9 fév., mardi midi de sept. à Pâques, sam. midi de
Pâques à sept. et lundi – **Repas** (prévenir) 116/165, enf. 50.

RENAULT Gar. Morello, av. des Tilleuls ℰ 90 75 80 84

BONSECOURS 76 S.-Mar. **55** ⑥ – rattaché à Rouen.

BONS-EN-CHABLAIS 74890 H.-Savoie **70** ⑰ – 3 275 h alt. 548.

Paris 554 – Thonon-les-Bains 15 – Annecy 59 – Bonneville 31 – ♦ Genève 22.

🏠 **Progrès** Ⓜ, ℰ 50 36 11 09, Fax 50 39 44 16 – 📶 **TV** ☎ & **P**. **GB**
fermé 25 juin au 7 juil., 2 au 20 janv., dim. soir et lundi sauf du 15 juil. au 15 août – **Repas**
85/270 – 😊 35 – **10 ch** 280/320 – ½ P 260.

BONSON 42160 Loire **73** ⑱ – 3 880 h alt. 485.

Voir Sury-le-Comtal : décoration⋆ du château NO : 3 km – St-Rambert-sur-Loire : église⋆,
bronzes⋆ du musée SE : 3,5 km, **G. Vallée du Rhône**.

Paris 537 – ♦ St-Étienne 18 – Feurs 28 – Montbrison 14.

X **Voyageurs** avec ch, à la Gare ℰ 77 55 16 15, Fax 77 36 76 33, 😊 – **TV** ☎ **P**. **ATE ① GB**
♦ fermé 5 au 27 août, dim. soir (sauf hôtel) et sam. – **Repas** 60 (déj.), 70/160 🍷, enf. 52 – 😊 30
– **7 ch** 170/235 – ½ P 200/220.

---

en français
   Visitez la capitale avec le
      guide Vert Michelin PARIS

in English
   Visit the capital with the
      Michelin Green Guide PARIS

in deutsch
   Besuchen Sie die französische Hauptstadt mit dem
      Grünen Michelin-Führer PARIS

in italiano
   per visitare la capitale utilizzate la
      Guida Verde Michelin PARIGI

BORDEAUX Ⓟ **33000** Gironde 🎲 ⑨ G. Pyrénées Aquitaine – 210 336 h Communauté urbaine 624 286 h alt. 5.

Voir Le Bordeaux du 18ᵉ s. : façade des quais★★, esplanade des Quinconces, Grand Théâtre★★, église Notre-Dame★, allées de Tourny, cours Clémenceau, place Gambetta, cours de l'intendance – Le vieux Bordeaux★★ : place de la Bourse★★ EX, place du Parlement★ EX 109, basilique St-Michel★ EY, Grosse cloche★ EY **D** – Quartier Pey Berland DY : cathédrale St-André★ (tour Pey Berland★ **E**) – Quartier Mériadeck CY – Croiseur Colbert★ AU – Centre mondial du vin AU – Musées : des Beaux-Arts★★ CDY **M³**, des Arts décoratifs★ DY **M²**, d'Aquitaine★★ DY **M⁴** – Entrepôt Laîné★★ : musée d'Art contemporain★ BU **M⁷**.

🏌 Golf Bordelais ✆ 56 28 56 04, NO par av. d'Eysines : 4 km AT; 🏌🏌 de Bordeaux Lac ✆ 56 50 92 72, par D 209 : 10 km ; 🏌🏌 du Médoc à Louens ✆ 56 70 21 10 par ⑨ : 16 km ; 🏌🏌🏌🏌 Internat. Bordeaux-Pessac ✆ 56 36 24 47 par N 250 : 16 km ; 🏌 d'Artigues, ✆ 56 86 49 26, E par D 241 : 8 km.

✈ de Bordeaux-Mérignac : ✆ 56 34 50 00, AU : **11 km**.

🚂 ✆ 56 92 50 50.

🛈 Office de Tourisme 12 cours du 30-Juillet ✆ 56 44 28 41, Télex 570362, Fax 56 81 89 21 à la gare St-Jean ✆ 56 91 64 70 et à l'Aéroport, hall arrivées ✆ 56 34 39 39 – A.C. du Sud-Ouest 8 pl. Quinconces ✆ 56 44 22 92 – Maison du vin de Bordeaux, 1 cours 30-Juillet (Informations, dégustation - fermé week-end mi-oct. à mi-mai) ✆ 56 00 22 66 DX.

Paris 579 ① – ♦Lyon 531 ② – ♦Nantes 324 ① – ♦Strasbourg 928 ① – ♦Toulouse 245 ⑤.

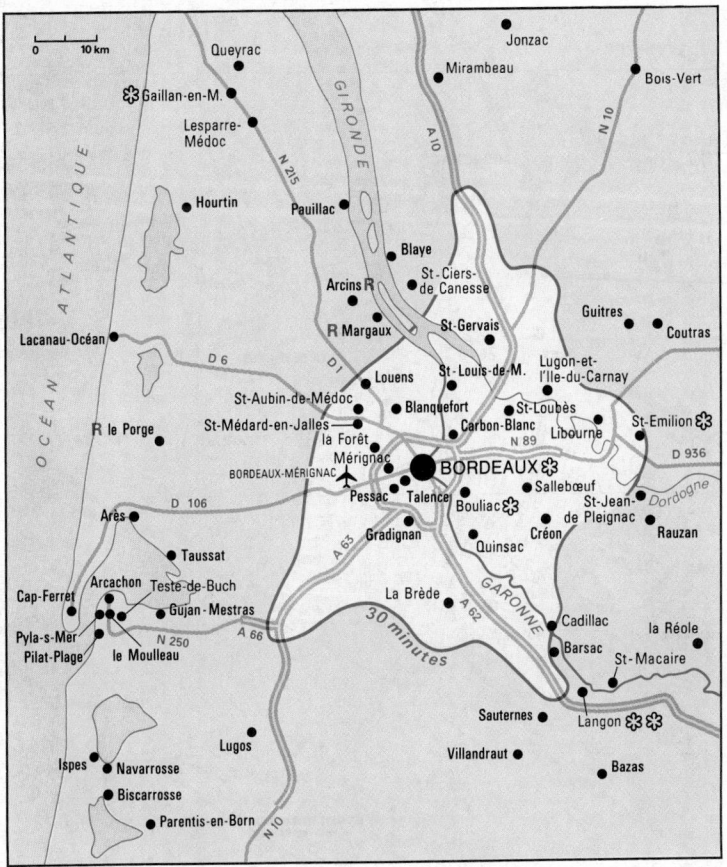

Utilisez toujours les **cartes Michelin** récentes.
Pour une dépense minime vous aurez des informations sûres.

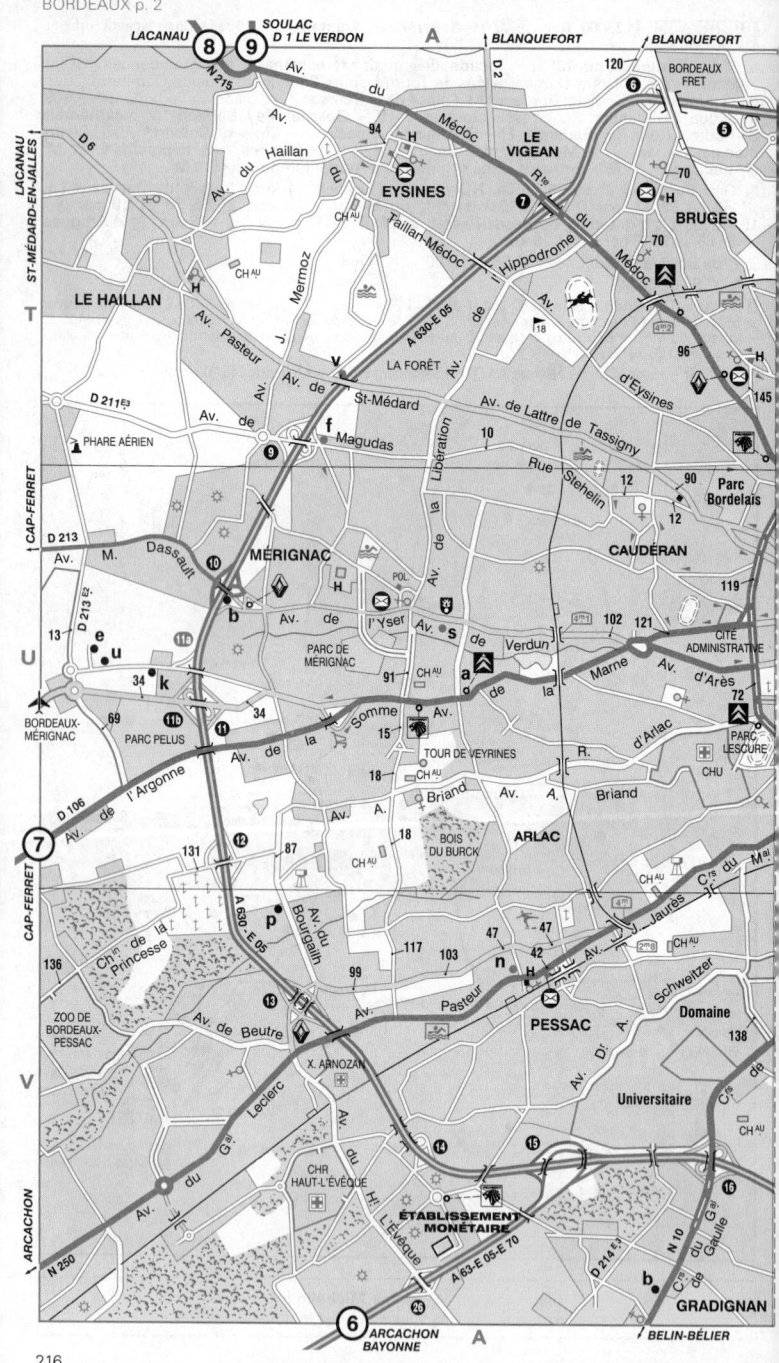

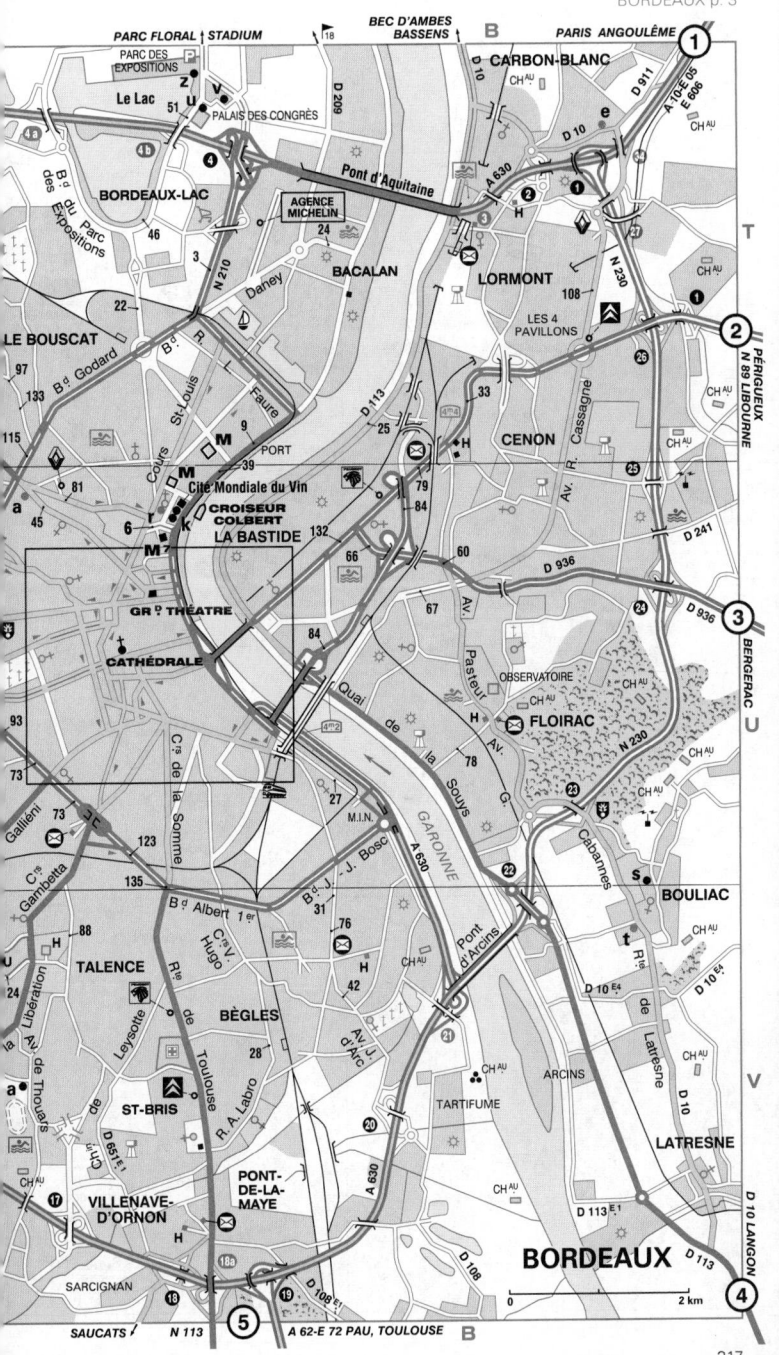

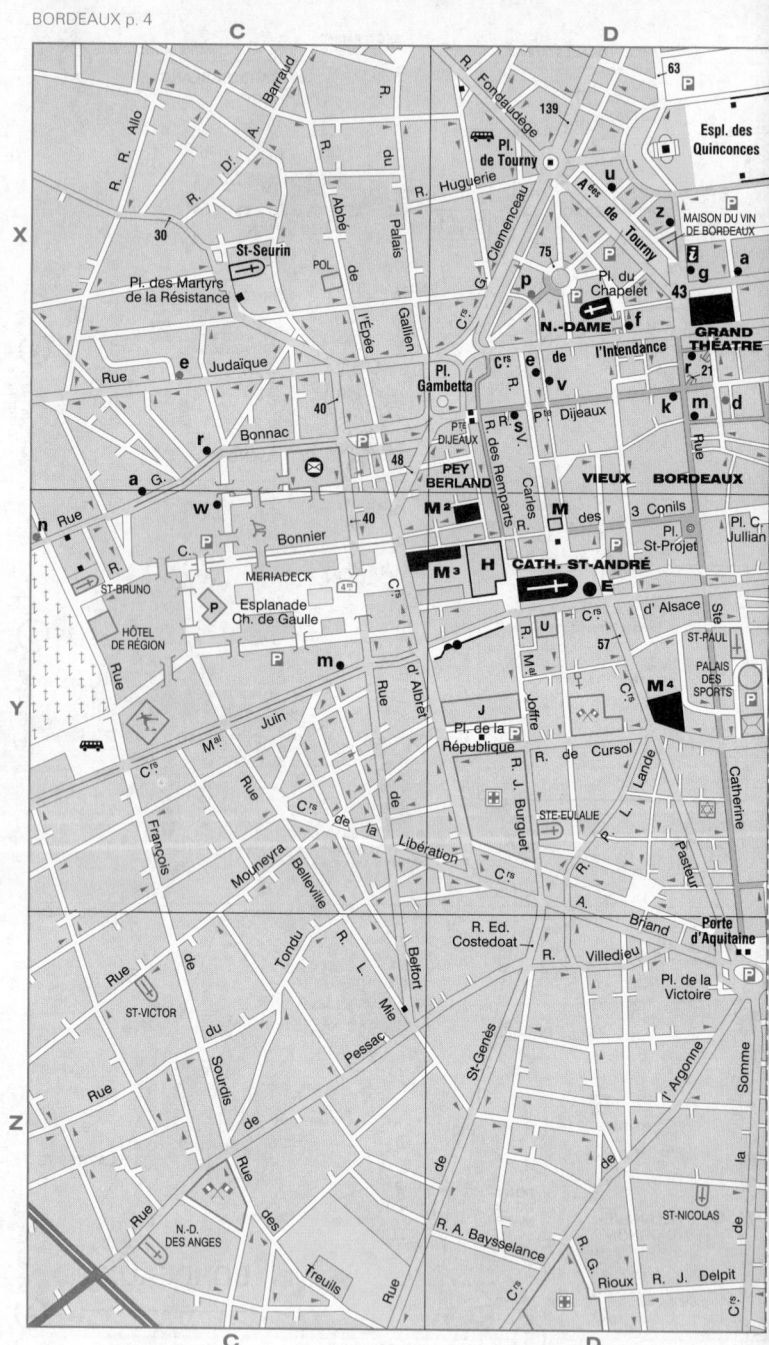

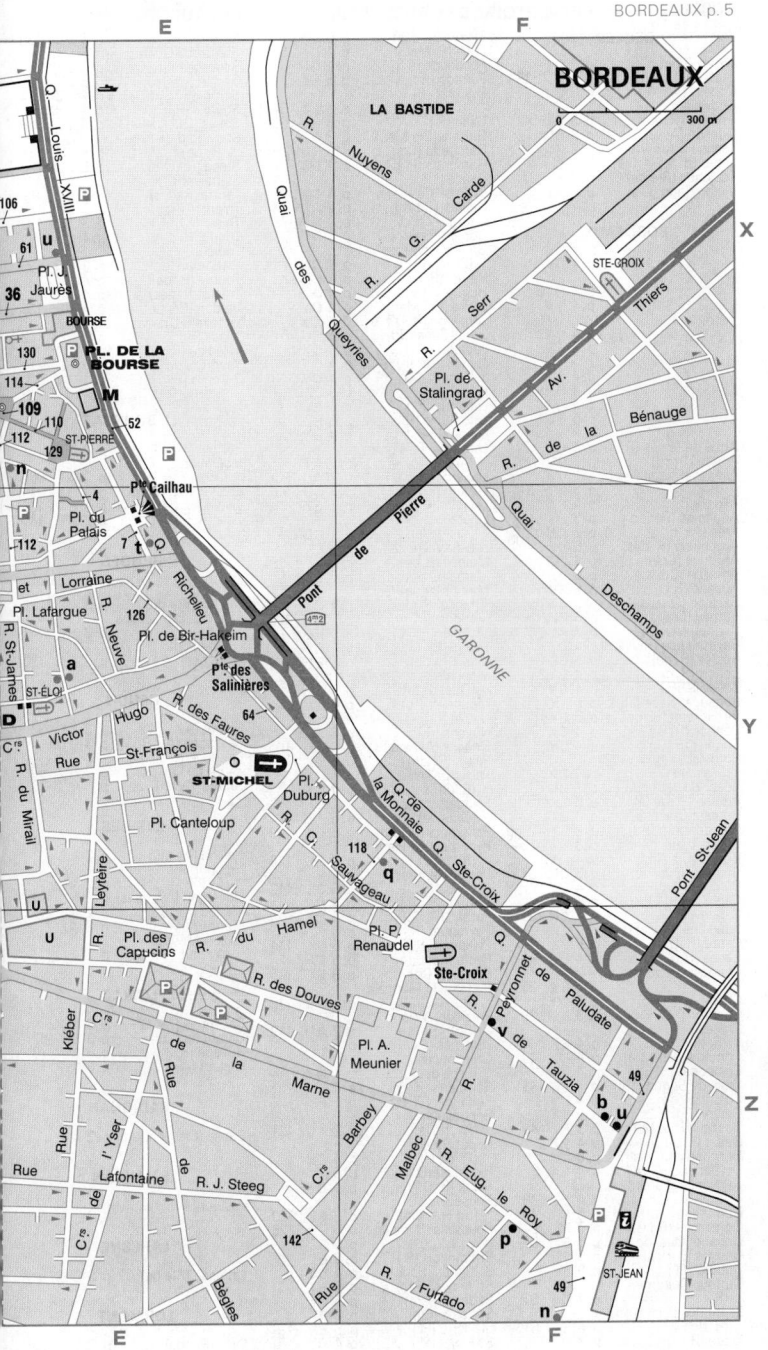

BORDEAUX

0   300 m

LA BASTIDE

Louis-XVIII

106

61   u

36   Pl. J. Jaurès

BOURSE

130

114

109

110   52

112

129   ST-PIERRE

n

Pte Cailhau

4

7   t

Pl. du Palais

112

et   Lorraine

Pl. Lafargue

a   126

Pl. de Bir-Hakeim

ST-ÉLOI

D   Victor   Hugo

C^{rs}

Rue   St-François

Pts des Salinières

64

R. des Faures

ST-MICHEL

Pl. Duburg

Pl. Canteloup

Leyteire

U

U   Pl. des Capucins

R. du Hamel

Pl. P. Renaudel

Ste-Croix

Kléber   C^{rs}

R. des Douves

Pl. A. Meunier

de   la   Marne

Rue   de l'Yser

Lafontaine   R. J. Steeg

142

Bègles

R.   Furtado

Quai   des   Queyries

R. Nuyens

R. G. Carde

R. Serr

STE-CROIX

Av.   Thiers

Pl. de Stalingrad

de   la   Bénauge

Quai   de   Pierre

Pont   de   Pierre

GARONNE

Quai   Deschamps

Q. de la Monnaie

Q. Ste-Croix

118

q

Sauvageau

Q.   de   Paludate

Peyronnet

v

de   Tauzia

b   u

49

Barbey

Malbec

R. Eug. le Roy

p

49

n

ST-JEAN

Pont St-Jean

X

Y

Z

E

F

219

MERIGNAC

Argonne (Av. de l') . . . . p. 2 **AU**
Arlac (R. d') . . . . p. 2 **AU**
Barbusse (Av. H.) . . . . . p. 2 **AT** 10
Beaudésert (Av. de) . . . p. 2 **AU** 13
Belfort (Av. de) . . . . . . p. 2 **AU** 15
Bon-Air (Av.) . . . . p. 2 **AU** 18
Briand (Av. A.) . . . . p. 2 **AU**
Cassin (Av. R.) . . . . p. 2 **AU** 34
Dassault (Av. M.) . . . . . p. 2 **AU**
Garros (Av. Rolland) . . . p. 2 **AU** 69
Kaolack (Av. de) . . . . . . p. 2 **AU** 87
Leclerc (Av. Mar.) . . . p. 2 **AU** 91
Libération
  (Av. de la) . . . . . . p. 2 **AU**
Magudas (Av. de) . . . . p. 2 **AT**
Marne (Av. de la) . . . p. 2 **AU**
Princesse
  (Chemin de la) . . . p. 2 **AV**
Somme (Av. de la) . p. 2 **AU**

St-Médard (Av. de) . . p. 2 **AT**
Souvenir (Av. du) . . . p. 2 **AU** 131
Verdun (Av. de) . . . . p. 2 **AU**
Yser (Av. de l') . . . . . p. 2 **AU**

PESSAC

Beutre (Av. de) . . . . p. 2 **AV**
Bourgailh (Av. du) . . p. 2 **AV**
Dr. Nancel-Penard
  (Av.) . . . . p. 2 **AV** 47
Dr. Schweitzer
  (Av. A.) . . . . p. 2 **AV**
Haut-l'Evêque
  (Av. du) . . . . p. 2 **AV**
Jaurès (Av. J.) . . . . . p. 2 **AV**
Leclerc
  (Av. du Gén.) . . . . p. 2 **AV**
Madran (R. de) . . . . p. 2 **AV** 99
Montagne (R. P.) . . . p. 2 **AV** 103

Pasteur (Av.) . . . . . . p. 2 **AV**
Pont de l'Orient
  (Av. du) . . . . p. 2 **AV** 117
Transvaal (Av. du) . . p. 2 **AV** 136

TALENCE

Gambetta (Crs) . . . . p. 3 **BV**
Lamartine (R.) . . . . . p. 3 **BV** 88
Libération
  (Crs de la) . . . . . . p. 3 **BV**
Roul (Av.) . . . . p. 3 **BV** 124
Thouars (Av. de) . . . p. 3 **BV**
Université
  (Av. de l') . . . . p. 2 **AV** 138

VILLENAVE-D'ORNON

Leysotte (Chemin de) p. 3 **BV**

🏨 **Burdigala** Ⓜ, 115 r. G. Bonnac 𝒫 56 90 16 16, Télex 572981, Fax 56 93 15 06 – |‡| 🗐 📺
🕿 ⅙ ⟲ – 🔬 100. 🖭 ⓞ ⲅⲃ ᴊⲥⲃ
  p. 4 CX **r**
Repas 180/280 – ⌸ 78 – **68 ch** 800/1450, 8 appart. 7 duplex.

🏨 **Pullman Mériadeck** Ⓜ, 5 r. R. Lateulade 𝒫 56 56 43 43, Télex 540565, Fax 56 96 50 59
– |‡| ⅙ ch 🗐 📺 🕿 – 🔬 300. 🖭 ⓞ ⲅⲃ
  p. 4 CY **w**
Le Mériadeck 𝒫 56 56 43 60 **Repas** 100/185, enf. 50 – ⌸ 55 – **194 ch** 450/550.

🏨 **Holiday Inn Garden Court** Ⓜ, 30 r. de Tauzia ⊠ 33800 𝒫 56 92 21 21, Télex 573848,
Fax 56 91 08 06, 🏤 – |‡| ⅙ ch 🗐 📺 🕿 🕭 ⟲ – 🔬 80. 🖭 ⓞ ⲅⲃ ᴊⲥⲃ   p. 5 FZ **v**
Repas 60 bc/90 bc – ⌸ 60 – **89 ch** 410 – ½ P 273.

🏨 **Novotel Bordeaux-Centre** Ⓜ, 45 cours Mar. Juin 𝒫 56 51 46 46, Télex 573749,
Fax 56 98 25 56, 🏤 – |‡| ⅙ ch 🗐 📺 🕭 🅟 – 🔬 80. 🖭 ⓞ ⲅⲃ ᴊⲥⲃ   p. 4 CY **m**
Repas carte environ 170, enf. 50 – ⌸ 50 – **138 ch** 460/490.

🏨 **Claret** Ⓜ ⚓, Cité Mondiale du Vin, 18 parvis des Chartrons 𝒫 56 01 79 79,
Fax 56 01 79 00, 🏤 – |‡| 🗐 📺 🕿 – 🔬 100. 🖭 ⓞ ⲅⲃ   p. 3 BU **k**
Repas 100/140 – ⌸ 60 – **97 ch** 495/550.

🏨 **Sainte-Catherine** Ⓜ sans rest, 27 r. Parlement 𝒫 56 81 95 12, Fax 56 44 50 51 – |‡|
⅙ ch 📺 🕿 🕭 – 🔬 40. 🖭 ⓞ ⲅⲃ ᴊⲥⲃ   p. 4 DX **m**
⌸ 70 – **83 ch** 530/900.

🏨 **Normandie** sans rest, 7 cours 30-Juillet 𝒫 56 52 16 80, Télex 570481, Fax 56 51 68 91 –
|‡| 📺 🕿. 🖭 ⓞ ⲅⲃ ᴊⲥⲃ   p. 4 DX **z**
⌸ 45 – **100 ch** 300/650.

🏨 **Gd H. Français** Ⓜ sans rest, 12 r. Temple 𝒫 56 48 10 35, Fax 56 81 76 18 – |‡| 🗐 📺 🕿
🕭. 🖭 ⓞ ⲅⲃ   p. 4 DX **v**
⌸ 50 – **35 ch** 350/610.

🏨 **Majestic** sans rest, 2 r. Condé 𝒫 56 52 60 44, Fax 56 79 26 70 – |‡| ⅙ ch 🗐 📺 🕿 ⟲.
🖭 ⓞ ⲅⲃ ᴊⲥⲃ   p. 4 DX **a**
⌸ 50 – **49 ch** 420/620.

🏨 **Bayonne** Ⓜ sans rest, 4 r. Martignac 𝒫 56 48 00 88, Fax 56 52 03 79 – |‡| 📺 🕿 🕭. 🖭 ⓞ
ⲅⲃ   p. 4 DX **f**
fermé 23 déc. au 7 janv. – ⌸ 55 – **36 ch** 350/550.

🏨 **Royal St-Jean** Ⓜ sans rest, 15 r. Ch. Domercq ⊠ 33800 𝒫 56 91 72 16, Fax 56 94 08 32
– |‡| 📺 🕿 🕭. 🖭 ⓞ ⲅⲃ ᴊⲥⲃ   p. 5 FZ **u**
⌸ 45 – **37 ch** 330/390.

🏨 **Notre Dame** sans rest, 36 r. N.-Dame 𝒫 56 52 88 24, Fax 56 79 12 67 – 📺 🕿. 🖭 ⓞ
ⲅⲃ   p. 3 BU **k**
⌸ 30 – **21 ch** 245/280.

🏨 **La Méridienne** Ⓜ sans rest, 155 r. G. Bonnac 𝒫 56 24 08 88, Fax 56 98 14 28 – |‡| ⅙ ch
🗐 📺 🕿 🅟 – 🔬 45. 🖭 ⓞ ⲅⲃ   p. 4 CXY **a**
⌸ 33 – **40 ch** 270/390.

🏨 **Sèze** sans rest, 23 allées Tourny 𝒫 56 52 65 54, Fax 56 44 31 83 – |‡| 📺 🕿. 🖭 ⓞ
ⲅⲃ   p. 4 DX **u**
⌸ 35 – **24 ch** 280/420.

🏨 **Presse** Ⓜ sans rest, 6 r. Porte Dijeaux 𝒫 56 48 53 88, Fax 56 01 05 82 – |‡| 📺 🕿. 🖭 ⓞ
ⲅⲃ   p. 4 DX **k**
⌸ 33 – **27 ch** 240/360.

🏨 **Relais Bleus** Ⓜ sans rest, 68 r. Tauzia ⊠ 33800 𝒫 56 91 55 50, Fax 56 91 08 41 – |‡| 🗐 rest 📺 🕿 🕭.
🅟 – 🔬 65. 🖭 ⓞ ⲅⲃ ᴊⲥⲃ   p. 5 FZ **b**
Repas 78 bc/88 bc, enf. 45 – ⌸ 32 – **88 ch** 280/350.

🏨 **California** sans rest, 47 r. E. Leroy ⊠ 33800 𝒫 56 91 58 97, Fax 56 91 61 90 – ⅙ ch 📺
🕿 – 🔬 25. 🖭 ⓞ ⲅⲃ   p. 5 FZ **p**
fermé 15 au 30 déc. – ⌸ 35 – **17 ch** 250/350.

221

🏠 **du Théâtre** sans rest, 10 r. Maison Daurade ✆ 56 79 05 26, Fax 56 81 15 64 – 📺 ☎. 🆎
⌷ 29 – **23 ch** 195/295.   p. 4 DX **r**

🏠 **Trianon** sans rest, 5 r. Temple ✆ 56 48 28 35, Fax 56 51 17 81 – 📺 ☎. 🆎. ✿
fermé 24 déc. au 2 janv. – ⌷ 35 – **18 ch** 260/360.   p. 4 DX **e**

🏠 **Gambetta** sans rest, 66 r. Porte Dijeaux ✆ 56 51 21 83, Fax 56 81 00 40 – 📶 📺 ☎. 🆎 ⓞ
🆎 ⱼᴄʙ
⌷ 30 – **31 ch** 245/290.   p. 4 DX **s**

🏠 **des 4 Soeurs** sans rest, 6 cours 30-Juillet ✆ 57 81 19 20, Fax 56 01 04 28 – 📶 ⤢ ch 📺
☎. 🆎 ⓞ 🆎
⌷ 36 – **35 ch** 220/390.   p. 4 DX **g**

XXXX ❀ **Le Chapon Fin** (Garcia), 5 r. Montesquieu ✆ 56 79 10 10, Fax 56 79 09 10, « Original
décor de rocaille 1900 » – 🍽. 🆎 ⓞ 🆎 ⱼᴄʙ   p. 4 DX **p**
fermé dim. – **Repas** 150 (déj.), 250/400 et carte 390 à 510, enf. 75
Spéc. Marbré de ris de veau et foie gras. Ravioles de langoustines au citron vert. Gigotin d'agneau à l'estragon. **Vins**
Entre-Deux-Mers, Fronsac.

XXX **La Chamade**, 20 r. Piliers de Tutelle ✆ 56 48 13 74, Fax 56 79 29 67 – 🍽. 🆎 🆎
fermé dim. en juil.-août et sam. sauf le soir de sept. à juin – **Repas** 100/300 et carte 240 à
370.   p. 4 DX **d**

XXX ❀ **Jean Ramet**, 7 pl. J. Jaurès ✆ 56 44 12 51, Fax 56 52 19 80 – 🍽. 🆎 🆎   p. 5 EX **u**
fermé 7 au 28 août, sam. sauf le soir d'oct. à juin et dim. – **Repas** 150 (déj.), 230/280 et carte
260 à 440
Spéc. Lamproie à la bordelaise (janv. à avril). Alose (avril, mai et juin). Agneau de Pauillac (janv. à avril).

XXX ❀ **Pavillon des Boulevards** (Franc), 120 r. Croix de Seguey ✆ 56 81 51 02,
Fax 56 51 14 58, ⌂ – 🍽. 🆎 🆎   p. 3 BU **a**
fermé 14 au 21 août, 2 au 10 janv., sam. midi et dim. – **Repas** 200 (déj.), 250/400 et carte 310
à 430
Spéc. Poêlée de langoustines, tranche de boudin grillé. Filet de rouget, pomme de terre écrasée à la morue. Colvert
rôti, cuisse confite et fumée (15 sept. à fin mars). **Vins** Médoc.

XXX **l'Alhambra**, 111 bis r. Judaïque ✆ 56 96 06 91 – 🆎   p. 4 CX **e**
fermé sam. midi et dim. – **Repas** 100 (déj.), 150/200 et carte 230 à 320 ⅃.

XXX ❀ **Le Vieux Bordeaux** (Bordage), 27 r. Buhan ✆ 56 52 94 36, Fax 56 44 25 11, ⌂ – 🍽.
🆎 ⓞ 🆎   p. 5 EY **a**
fermé 1ᵉʳ au 21 août, vacances de fév., sam. midi, dim. et fériés – **Repas** 90 bc (déj.), 155/255
et carte 240 à 370
Spéc. Copeaux de loup aux éclats de truffe. Poularde de Bresse rôtie. Chaud et froid de bananes à la vanille des îles.

XXX ❀ **Les Plaisirs d'Ausone** (Gauffre), 10 r. Ausone ✆ 56 79 30 30, Fax 56 51 38 16 – 🆎
🆎   p. 5 EY **t**
fermé 13 au 23 août, lundi midi, sam. midi et dim. – **Repas** 170 et carte 250 à 350
Spéc. Gourmandise de foie de canard aux trois façons. Fricassée de sole et Saint-Jacques aux champignons (oct. à
mars). Oreille de cochon farcie et mijotée aux morilles. **Vins** Cadillac, Listrac.

XX **Didier Gélineau**, 26 r. Pas St Georges ✆ 56 52 84 25, Fax 56 51 93 25 – 🍽. 🆎 ⓞ 🆎
ⱼᴄʙ   p. 5 EX **n**
Repas 100/350.

XX **Le Buhan**, 28 r. Buhan ✆ 56 52 80 86 – 🆎 🆎   p. 5 EY **a**
fermé 3 au 11 sept., 4 au 12 mars, dim. soir et lundi midi – **Repas** 130/250, enf. 60.

XX **Le Clavel St-Jean**, 44 r. Ch. Domercq ⌧ 33800 ✆ 56 92 63 07 – 🍽. 🆎   p. 5 FZ **n**
fermé 13 au 21 août, sam. midi et dim. – **Repas** 160.

XX **Gravelier**, 114 cours Verdun ✆ 56 48 17 15, Fax 56 51 96 07 – 🆎 🆎   p. 3 BU **r**
fermé 1ᵉʳ au 21 août, 1ᵉʳ au 15 janv., sam. midi, dim. et fériés – **Repas** 85 (déj.), 120/180.

XX **La Tupina**, 6 r. Porte de la Monnaie ✆ 56 91 56 37, Fax 56 31 92 11 – 🆎 ⓞ 🆎   p. 5 FY **q**
fermé dim. et fériés – **Repas** - cuisine typique du Sud-Ouest - 200.

X **La Coquille d'Oeuf**, 197 r. G. Bonnac ✆ 56 93 09 86 – 🍽. 🆎   p. 4 CY **n**
fermé lundi soir sauf juil.-août, sam. sauf le soir de sept. à juin et dim. – **Repas** 85 bc (déj.),
95/150 ⅃.

au Parc des Expositions : Bordeaux-Lac – ⌧ 33300 Bordeaux :

🏨 **Sofitel Aquitania** Ⓜ, ✆ 56 50 83 80, Télex 570557, Fax 56 39 73 75, ≤, ⅃ – 📶 ⤢ ch 🍽
📺 ☎ Ⓟ – 🔬 25 à 600. 🆎 ⓞ 🆎. ✿ rest   p. 3 BT **u**
fermé 9 au 29 déc. – **Le Flore** (fermé week-ends de nov. à mars) **Repas** 175 bc – ⌷ 65 –
205 ch 600.

🏨 **Novotel-Bordeaux Lac** Ⓜ, ✆ 56 50 99 70, Télex 570274, Fax 56 43 00 66, ≤, ⌂, ⅃ –
📶 ⤢ ch 🍽 📺 ☎ & Ⓟ – 🔬 200. 🆎 ⓞ 🆎   p. 3 BT **z**
Repas carte environ 180, enf. 50 – ⌷ 50 – **176 ch** 395/450.

🏨 **Mercure Pont d'Aquitaine** Ⓜ, ✆ 56 43 36 72, Télex 540097, Fax 56 50 23 95, ⌂, ⅃,
✿ – 📶 ⤢ ch 🍽 📺 ☎ & Ⓟ – 🔬 80 à 100. 🆎 ⓞ 🆎   p. 3 BT **v**
fermé 18 déc. au 9 janv. – **Repas** 95 ⅃, enf. 45 – ⌷ 50 – **100 ch** 420.

à Carbon-Blanc NE : 8 km – 5 842 h. – ✉ 33560 :

XXX **Marc Demund,** av. Gardette 🕿 56 74 72 28, Fax 56 06 55 40, 🍴, parc – **P.** 🖭 ⓪
GB
p. 3 BT **e**
fermé dim. soir et lundi – **Repas** 100/350.

à Bouliac SE : 8 km – 2 841 h. – ✉ 33270 :

🏨 ❀ **Le St-James** Ⓜ 🦢, pl. C. Hostein, près église 🕿 57 97 06 00, Fax 56 20 92 58,
≤ Bordeaux, 🍴, « Original décor contemporain », 🌱 – 📶 🖭 🕿 **P.** 🖭 ⓪ GB. ✵
Repas 180 bc/250 et carte 350 à 450, enf. 70 - *Le Bistroy (fermé dim.)* **Repas** carte environ 170
– 🍽 70 – **17 ch** 600/1300 – ½ P 750/1000
p. 3 BU **s**
Spéc. Fondant d'aubergine au cumin. Agneau de Pauillac rôti. Crème au miel et safran caramélisé. **Vins** Bordeaux rosé,
Premières Côtes de Bordeaux.

XX **Aub. du Marais,** 22 rte de Latresne 🕿 56 20 52 17, Fax 56 20 98 06, 🍴 – **P.**
GB
p. 3 BV **t**
fermé 2 au 23 août, vacances de fév. et merc. – **Repas** 70 (déj.), 155/250.

au Sud :

à Talence : 6 km (domaine universitaire) – 34 485 h. – ✉ 33400 :

🏨 **Guyenne** (Lycée Hôtelier), av. F. Rabelais 🕿 56 84 48 60, Fax 56 84 48 61 – 📶 🖭 🕿 **P.** –
🏛 45. 🖭 ⓪ GB
p. 3 BV **a**
fermé vacances scolaires, sam. soir et dim. – **Repas** 90/145 – 🍽 35 – **27 ch** 260/290,
3 appart.

à Gradignan : 8 km – 21 727 h. – ✉ 33170 :

🏨 **Châlet Lyrique** Ⓜ, 169 cours Gén. de Gaulle 🕿 56 89 11 59, Fax 56 89 53 37, 🍴 – 📶 🖭
🕿 ♿ **P.** – 🏛 40. 🖭 ⓪ GB
p. 2 AV **b**
Repas *(fermé août et dim.)* carte 130 à 200 🍷 – 🍽 55 – **40 ch** 290/375.

au Sud-Ouest :

à Pessac par A 630, sortie n°13 – 51 055 h. – ✉ 33600 :

🏨 **La Réserve** 🦢, av. Bourgailh 🕿 56 07 13 28, Fax 56 36 31 02, 🍴, « Parc », 🏊, ✵ – 🖭
🕿 **P.** – 🏛 80. 🖭 ⓪ GB
p. 2 AV **p**
fermé 15 déc. au 25 janv. – **Repas** 130/250 – 🍽 58 – **20 ch** 540/790 – ½ P 570/700.

XX **Le Cohé,** 8 av. R. Cohé 🕿 56 45 73 72, Fax 56 45 96 39 – 🍽. GB. ✵
p. 2 AV **n**
fermé 12 au 31 août, dim. soir et lundi – **Repas** 110/290.

à l'Ouest :

à l'aéroport par A 630, en venant du N : sortie n° 11b, *en venant du S :* sortie n° 11 –
✉ 33700 Mérignac :

🏨 **Novotel-Mérignac** Ⓜ, av.J. F. Kennedy 🕿 56 34 10 25, Télex 540320, Fax 56 55 99 64,
🍴, 🏊, 🌱 – 📶 🖭 🕿 ♿ **P.** – 🏛 80. 🖭 ⓪ GB JCB
p. 2 AU **k**
Repas 90, enf. 50 – 🍽 48 – **137 ch** 450/475.

🏨 **Mercure Aéroport** Ⓜ, 1 av. Ch. Lindbergh 🕿 56 34 74 74, Télex 573953,
Fax 56 34 30 84, 🍴, 🏊 – 📶 ⤬ ch 🍽 🖭 🕿 ♿ **P.** – 🏛 100. 🖭 ⓪ GB
p. 2 AU **e**
Repas 120 🍷, enf. 45 – 🍽 50 – **105ch** 600.

🏨 **Soretel,** 97av. J.-F. Kennedy 🕿 56 34 33 08, Fax 56 34 01 90, 🍴, – 📶 🖭 🕿 ♿ **P.** –
➡ 🏛 25. 🖭 ⓪ GB
p. 2 AU **u**
Repas 78/135 🍷, enf. 45 – 🍽 38 – **60 ch** 295/315.

à Mérignac par A 630, sortie n° 10 – 57 273 h. – ✉ 33700 :

🏨 **Interhôtel,** r. Chataigniers 🕿 56 47 89 50, Fax 56 13 00 81, 🍴, 🏊 – 🖭 🕿 ♿ **P.** – 🏛 60.
➡ 🖭 ⓪ GB JCB
p. 2 AU **b**
Repas 80/120 – 🍽 30 – **50 ch** 250/280 – ½ P 250.

XX **Les Charmilles,** 408 av. Verdun 🕿 56 97 53 01, 🍴 – **P.** GB
p. 2 AU **s**
fermé 5 au 28 août et dim. sauf fériés – **Repas** 100/200.

au Nord-Ouest :

par A 630 : sortie n° 9 – ✉ 33700 Mérignac :

XX **L'Iguane,** 127 av. Magudas 🕿 56 34 07 39, Fax 56 34 41 37 – 🍽. **P.** 🖭 ⓪ GB
fermé sam. midi et dim. soir – **Repas** 105/240.
p. 2 AT **f**

à la Forêt : 8,5 km – ✉ 33320 Eysines :

XX **Les Tilleuls,** 🕿 56 28 04 56, 🍴 – **P.** GB
p. 2 AT **v**
fermé août, merc. soir et dim. – **Repas** 100/155.

à St-Médard-en-Jalles : 15 km par D 6 – 22 064 h. – ✉ 33160 :

🏛 **Le Montaigne** Ⓜ, av. La Boëtie 🕿 56 95 81 33, Fax 56 05 88 97 – 🛗 ▤ 🗺 🕿 & ⇌ –
➡ 🏧 120. 🖭 ⓪ 🖼. 🛠 rest
Repas (fermé dim.) 75/160 – ☲ 35 – **40 ch** 280/340 – ½ P 225.

🏛 **La Chaumière** 🦢, rte Lacanau : 1 km 🕿 56 05 07 64, Fax 56 95 87 12, 🍽, 🐎 – 🗺 🕿 🅿
➡ – 🏧 30 à 60. 🖼. 🛠
Repas (fermé dim. soir, lundi et soirs fériés) 60/220, enf. 50 – ☲ 25 – **20 ch** 200/240 –
½ P 180/200.

🍴 **Tournebride,** rte Porge : 2 km 🕿 56 05 09 08, Fax 56 05 09 08 – 🅿. 🖭 ⓪ 🖼
fermé 15 au 30 août, dim. soir et lundi sauf fériés – **Repas** 65 (déj.), 90/195, enf. 50.

au Nord :

à Blanquefort : 11 km par A 630 sortie n° 6 et r. des Quatre-Ponts AT – 12 843 h. – ✉ 33290
:

🍴🍴🍴 **Host. des Criquets** avec ch, 130 av. 11-nov. 🕿 56 35 09 24, Fax 56 57 13 83, 🍽, 🖾 –
🗺 🕿 🅿 – 🏧 25. 🖭 ⓪ 🖼
Repas (fermé dim. soir) 85/350 et carte 220 à 360 – ☲ 40 – **20 ch** 295/310 – ½ P 280.

MICHELIN, Agence régionale, Zone d'Entrepôts A.-Daney, av. de Tourville BT 🕿 **56 39 94 95**

BMW Gar. Brienne Auto, 23 quai Brienne
🕿 56 49 43 43
CITROEN Gar. Parc Sports, 4 av. Parc Lescure AU
🕿 56 98 65 63
HONDA Mondial Autos, 147 cours Médoc
🕿 56 39 45 78
PEUGEOT S.I.A.S.O., 350 av. Thiers BU
🕿 56 86 84 02 🔃 🕿 07 62 24 13
RENAULT Atlantique Autos, 11-13 r. Arsenal BU
🕿 56 44 32 73

🛞 Bouyssalet Pneu Vulcopneu, 83 r. Tauzia
🕿 56 91 49 54
Casanave, r. La Motte Picquet Zone d'Entrepôts
A.-Daney 🕿 56 43 11 84
Compt. Aquitain Pneu Vulcopneu, 56 quai Paludate
🕿 56 85 61 53
Euromaster, 91 av. République 🕿 56 02 43 80
Euromaster, 80 cours Dupré de St-Maur
🕿 56 50 84 58
Euromaster, 226 av. Thiers 🕿 56 86 24 13

Périphérie et environs

CITROEN Succursale, av. de la Marne à Mérignac
AU a 🕿 56 12 10 10 🔃 🕿 56 12 10 10
CITROEN Succursale, 357 av. Libération, Le
Bouscat AT 🕿 56 42 46 46 🔃 🕿 56 42 46 46
CITROEN Succursale, 411 rte de Toulouse,
Villenave-d'Ornon BV 🕿 56 84 68 68 🔃
🕿 56 87 20 90
CITROEN Succursale, N 10 les 4 Pavillons, Lormont
BT 🕿 57 80 77 77 🔃 🕿 57 80 77 77
FIAT Bordeaux Sud Autom., 114-118 av. Pyrénées
à Villenave-d'Ornon 🕿 56 75 47 94
FORD B.M.A., av. Kennedy à Mérignac
🕿 56 34 16 14
FORD SAFI 33, 486 rte de Toulouse à Bègles
🕿 57 96 12 96
FORD Gar. Palau, 423 rte de Médoc, Bruges
🕿 56 57 43 43 🔃 🕿 56 87 20 99
JAGUAR Peter Green, 6 av. de Terrefort à Bruges
🕿 56 57 56 57
LANCIA, FERRARI Gar. Lopez, Espace Mérignac
Phare à Mérignac 🕿 56 34 28 80 🔃 🕿 56 34 28 80
MERCEDES Cléal Autom. Aquitaine, 7 av. Maurice
Rivière à Cenon 🕿 56 77 27 68 🔃 🕿 05 24 24 30
MERCEDES Cleal Autom. Aquitaine, 262 av. de la
Libération, Le Bouscat 🕿 56 08 78 85 🔃
🕿 05 24 24 30
PEUGEOT S.I.A.S.O., 327 rte de Toulouse à
Villenave-d'Ornon BV 🕿 56 84 41 41
PEUGEOT S.I.A.S.O., 84 av. Libération, Le Bouscat
AT 🕿 56 42 42 42 🔃 🕿 56 74 14 32
PEUGEOT S.I.A.S.O., 254 av. de la Marne à
Mérignac AU 🕿 56 97 36 33
PEUGEOT Auto Pessac, av. G.-Eiffel, Pessac AV
🕿 56 46 66 30
RENAULT Gar. de Pichey, 7 pl. Gén.-Gouraud à
Mérignac AU 🕿 56 34 04 89

RENAULT Succursale, 253 av. Libération, Le
Bouscat AT 🕿 56 17 18 19 🔃 🕿 05 05 15 15
RENAULT SAPA, Alouette Rocade sortie n° 13,
Pessac AV 🕿 57 89 15 15 🔃 🕿 05 05 15 15
RENAULT Succursale Pont-de-la-Maye, 50 av.
Pyrénées, à Villenave-d'Ornon par ⑤ 🕿 56 84 77 77
🔃 🕿 56 74 09 22
RENAULT Autom. Nord d'Aquitaine, rte de Paris N
10 à Lormont BT 🕿 56 33 81 81 🔃 🕿 56 89 76 78
ROVER Gar. Stewart et Ardern, 39 av. Marne
Mérignac 🕿 56 96 86 62
SAAB Autom. Bordelaise, 270 av. de la Libération,
le Bouscat 🕿 56 02 71 71
VAG Gar. Chambéry, 54 r. J.-Pagès, Villenave
d'Ornon 🕿 56 87 72 30

🛞 Ateliers Aquitaine Pneumatique, ZI La Mouline, r.
Ampère à Carbon Blanc 🕿 56 38 08 38
Ets Vallejo Pneu Vulcopneu, ZI de Pinel, av.
G.-Cabannes à Floirac 🕿 56 86 40 62
Euromaster, 253 av. Pasteur à Pessac 🕿 56 07 20 78
Euromaster, 98 quai Wilson à Bègles 🕿 56 49 01 15
🔃 🕿 57 91 01 81
Euromaster, 65-69 rte de Toulouse à Talence
🕿 56 37 40 97
Maison du Pneu, 24 av. de la Somme à Mérignac
🕿 56 47 43 50
Média Pneu Vulcopneu, ZI Tartifume à Bègles
🕿 56 49 01 77
Relais du Pneu, 228 av. de Tivoli, le Bouscat
🕿 56 08 84 05
Sce Dépannage Pneu, 63 av. d'Aquitaine à
Ste-Eulalie 🕿 56 38 03 48 🔃 🕿 56 38 04 01

▬ Les BORDES 45 Loiret 🆖 ① – rattaché à Sully-sur-Loire.

▬ BORMES-LES-MIMOSAS 83230 Var 🆙 ⑯ 🆙🆙 ㊽ G. Côte d'Azur – 5 083 h alt. 120.

Voir Site★ – ≼★ du château – Forêt domaniale du Dom★ N : 4 km.

🏌 de Valcros 🕿 94 66 81 02, NO : 12 km.

🛈 Office de Tourisme pl. Gambetta 🕿 94 71 15 17, Fax 94 64 79 57 et bd de la Plage La Favière 🕿 94 64 82 57,
Fax 94 64 79 61.

Paris 879 – Fréjus 58 – Hyères 22 – Le Lavandou 5 – St-Tropez 34 – Ste-Maxime 38 – ♦Toulon 42.

🏨 **Le Mas des Îles** Ⓜ ⚲, rte Stade ✆ 94 05 32 60, Fax 94 64 93 03, ≤ baie et les îles, 🏊,
🎋, ≉ – 📶 👟 ch 🖃 ch 🖵 ☎ 🄿 – 🔬 30 à 80. 🆎 ⓞ 🆖. 🛇 rest
25 mars-31 oct. – **Repas** 82/119 🍷 – 🖂 33 – **60 ch** 490/690 – ½ P 380/480.

🏨 **Le Palma** sans rest, ✆ 94 71 17 86, Fax 94 71 83 52, 🏊, ≉ – 🖵 ☎ 🄿 🆎 ⓞ 🆖
🖂 45 – **20 ch** 350/550.

XX **Le Jardin de Perlefleurs,** 100 chemin Orangerie près Chapelle St-François
✆ 94 64 99 23, ≤, 🌴
1er juil.-30 sept. et fermé lundi – **Repas** - cuisine provençale - (dîner seul.) 230.

X **Tonnelle des Délices,** pl. Gambetta ✆ 94 71 34 84 – 🆖
fermé fin nov. à mi-janv., le midi en juil.-août et merc. – **Repas** 95 (déj.), 130/220, enf. 75.

X **La Cassole,** ruelle Moulin ✆ 94 71 14 86 – 🖃. 🆎
mars-fin oct. et fermé mardi midi et lundi sauf juil.-août – **Repas** (dîner seul. en juil. août sauf
dim. et fériés) 150/300.

X **Lou Portaou,** r. Cubert des Poètes ✆ 94 64 86 37, 🌴, « Cadre médiéval » – 🖃. 🆖
fermé 15 nov. au 20 déc. et mardi sauf le soir du 1er juin au 20 sept. – **Repas** 130/180.

à Cabasson S : 8 km – ⊠ **83230** Bormes-les-Mimosas :

🏨 **Palmiers** ⚲, chemin du Petit Fort ✆ 94 64 81 94, Fax 94 64 93 61, 🌴, ≉ – 📶 🖵 ☎ 🄿.
🆎 ⓞ 🆖
fermé 15 au 30 nov. et 15 au 31 janv. – **Repas** 160/200 – 🖂 60 – **21 ch** 500/650 – ½ P 585.

⬛ **BORNY** 57 Moselle 🟥🟥 ⑭ – rattaché à Metz.

⬛ **BORT-LES-ORGUES** 19110 Corrèze 🟥🟥 ② G. Auvergne – 4 208 h alt. 430.

Voir Barrage★★ N : 1 km – Orgues de Bort★ : ≉★★ SO : 3 km puis 15 mn.

🛈 Office de Tourisme pl. Marmontel ✆ 55 96 02 49.

Paris 473 – Aurillac 81 – ◆Clermont-Ferrand 81 – Mauriac 29 – Le Mont-Dore 48 – St-Flour 87 – Tulle 79 – Ussel 29.

🏨 **Le Rider,** av. Gare ✆ 55 96 00 47, Fax 55 96 73 07 – 🖃 rest 🖵 ☎ ⟲. 🆎 ⓞ 🆖
→ *fermé 5 au 12 nov., vacances de Noël, vend. soir et sam. midi* – **Repas** 70/240 🍷, enf. 50 –
🖂 29 – **21ch** 210/270 – ½ P 220.

à Veillac (15 Cantal) N : 5 km sur D 922 – ⊠ **15270** Champs-sur-Tarentaine :
Voir Musée de la radio et du phonographe★ N : 3 km – Site★★ du château de Val★
N : 4 km.

ALFA ROMEO, FIAT LANCIA Gar. du Pont-Neuf
✆ 55 46 10 10 🅽 ✆ 55 46 10 10
CITROEN Gar. Serre, à Lanobre ✆ 71 40 30 06 🅽
✆ 71 40 30 06
CITROEN Gar. de la Gare, 570 av. de la Gare
✆ 55 96 72 83 🅽 ✆ 55 96 72 83
FORD Gar. Rouel, à Lanobre ✆ 55 96 71 40

PEUGEOT Gar. Vergeade, 843 av. de la Gare
✆ 55 96 74 78
PEUGEOT Gar. Monteil, à Lanobre ✆ 71 40 30 05
🅽 ✆ 71 40 30 05

🔘 Auto Pièces Bort Pneus, 93 av. V.-Hugo
✆ 55 96 77 50

⬛ **BORT-L'ÉTANG** 63 P.-de-D. 🟥🟥 ⑮ – rattaché à Lezoux.

⬛ **BOSSEY** 74 H.-Savoie 🟥🟥 ⑥ – rattaché à St-Julien-en-Genevois.

⬛ **Les BOSSONS** 74 H.-Savoie 🟥🟥 ⑧ – rattaché à Chamonix.

⬛ **BOUC-BEL-AIR** 13320 B.-du-R. 🟥🟥 ③ ⑬ 🟥🟥🟥 ⑮ – 11 512 h alt. 280.

Paris 767 – ◆Marseille 20 – Aix-en-Provence 12 – Aubagne 38 – St-Maximin-la-Ste-Baume 45 – Salon-de-Provence 45.

🏨 **L'Étape Lani,** au Sud sur D 6 ✆ 42 22 61 90, Fax 42 22 68 67, 🏊, 👟 🖃 rest 🖵 ☎ 🄿 –
🔬 30. 🆎 ⓞ 🆖 🄹🄲🄱
fermé dim. soir – **Repas** (fermé 15 août au 5 sept., 23 au 31 déc., dim. soir et lundi) 135/250
– 🖂 45 – **40 ch** 190/335 – ½ P 195/340.

CITROEN Gar. Laugier, RN 8 Plan Marseillais
✆ 42 22 20 90

🔘 Gardanne Pneus, Quart St-Michel, Av. d'Arménie
à Gardanne ✆ 42 58 38 76

⬛ **BOUESSE** 36 Indre 🟥🟥 ⑱ – rattaché à Argenton-sur-Creuse.

⬛ **BOUGIVAL** 78 Yvelines 🟥🟥 ⑳, 🟥🟥🟥 ⑬ – voir à Paris, Environs.

⬛ **La BOUILLADISSE** 13720 B.-du-R. 🟥🟥 ⑭ 🟥🟥🟥 ㉙ – 4 115 h alt. 230.

Paris 780 – ◆Marseille 31 – Aix-en-Provence 26 – Brignoles 42 – ◆Toulon 57.

🏨 **Fenière,** ✆ 42 72 56 32, Fax 42 72 44 71, 🌴, 🏊 – 🖃 rest 🖵 ☎ 🕭 🄿. 🆎 🆖
→ **Repas** (fermé dim. soir) 68/160, enf. 48 – 🖂 30 – **10 ch** 220/260.

Campers...

Use the current Michelin Guide
Camping Caravaning France.

BOUILLAND 21420 Côte-d'Or 🔢 ⑪ G. Bourgogne – 145 h alt. 410.

Paris 296 – ◆ Dijon 46 – Autun 55 – Beaune 17 – Bligny-sur-Ouche 12 – Saulieu 56.

🏨 ✿ **Host. du Vieux Moulin** (Silva) Ⓜ ⌖, ℰ 80 21 51 16, Fax 80 21 59 90, 🌿, 𝄞, ▨, 🌿 –
▤ rest 📺 ☎ ♿ 🅿 – 🏛 25. ⓖⓑ
fermé 2 au 25 janv., merc. sauf le soir de mai à oct. et jeudi midi sauf fériés – **Repas** 190/470
et carte 380 à 590 – � 80 – **24 ch** 390/800 – ½ P 580/830
Spéc. Pâtes farcies de coq au vin, bouillon parfumé au romarin. Filet de sandre mariné et étuvé, à la bourguignonne.
Filet de chapon au coulis de truffes, sa cuisse en parmentier.

La BOUILLE 76530 S.-Mar. 🔢 ⑥ G. Normandie Vallée de la Seine – 862 h alt. 5.

Voir Château de Robert le Diable★ : ※★ SE : 3 km – Moulineaux : vitrail★ de l'église E : 3 km.

Bac : renseignements ℰ 35 18 01 76.

Paris 137 – ◆ Rouen 19 – Bernay 43 – Elbeuf 13 – Louviers 32 – Pont-Audemer 35.

🏨 **Bellevue**, ℰ 35 18 05 05, Fax 35 18 00 92, ≤ – 🛗 📺 ☎ – 🏛 25. ⓖⓑ
fermé 20 au 27 déc. et vacances de fév. – **Repas** *(fermé dim. soir de nov. à mars)* 105/225 –
⊇ 35 – **20 ch** 190/350 – ½ P 280/360.

🍴🍴🍴 **St-Pierre** avec ch, ℰ 35 18 01 01, Fax 35 18 12 76, ≤, 🌿 – 📺 ☎ – 🏛 25. 🅰ⓔ ⓞ ⓖⓑ. 🍽
fermé 3 au 31 janv., dim. soir et lundi du 1ᵉʳ nov. au 31 mars – **Repas** 140/240 et carte 200 à
320, enf. 90 – ⊇ 40 – **7 ch** 320/350.

🍴🍴 **Poste**, ℰ 35 18 03 90, ≤, 🌿 – ⓖⓑ
fermé 18 déc. au 13 janv., lundi soir et mardi – **Repas** 110/230.

🍴🍴 **Les Gastronomes**, ℰ 35 18 02 07, 🌿 – 🅰ⓔ ⓞ ⓖⓑ
fermé 15 au 30 sept., 1ᵉʳ au 15 fév., merc. soir et jeudi – **Repas** 145/220, enf. 75.

🍴🍴 **Maison Blanche**, ℰ 35 18 01 90, ≤ – 🅰ⓔ ⓖⓑ
fermé 23 juil. au 7 août, dim. soir et lundi – **Repas** 100/260, enf. 60.

BOUIN 85230 Vendée 🔢 ② – 2 268 h alt. 6.

Paris 435 – ◆ Nantes 51 – La Roche-sur-Yon 59 – Challans 22 – Noirmoutier-en-l'Ile 36 – St-Nazaire 52.

🏨 **Martinet** ⌖ sans rest, ℰ 51 49 08 94, ▨, 🌿 – ☎. 🅰ⓔ ⓞ ⓖⓑ ⓙⓒⓑ
⊇ 33 – **21 ch** 255/330.

🍴🍴 **Le Courlis**, ℰ 51 68 64 65, 🌿 – 🅿. ⓖⓑ
← *fermé 26 juin au 3 juil., 20 au 27 janv. et lundi* – **Repas** 72/185, enf. 50.

BOULAY-LES-BARRES 45 Loiret 🔢 ⑨ – rattaché à Orléans.

BOULAZAC 24 Dordogne 🔢 ⑤ – rattaché à Périgueux.

BOULIAC 33 Gironde 🔢 ⑨ – rattaché à Bordeaux.

BOULIGNEUX 01 Ain 🔢 ② – rattaché à Villars-les-Dombes.

BOULOGNE-BILLANCOURT 92 Hauts-de-Seine 🔢 ⑳, 🔢 ㉔ – voir à Paris, Environs.

BOULOGNE-SUR-MER ◈ 62200 P.-de-C. 🔢 ① G. Flandres Artois Picardie – 43 678 h alt. 53 –
Casino (privé) Z.

Voir Ville haute★★ YZ : coupole★, crypte et trésor★ de la basilique Y, ≤★ du Beffroi Y H –
Nausicaa★★ Y – Perspectives★ des remparts YZ – Calvaire des marins ≤★ Y – Château-Musée★
Y – Colonne de la Grande Armée★ : ※★★ 5 km par ① – Côte d'Opale★ par ①.

Env. St-Étienne-au-Mont ≤★ du cimetière 7 km par ④.

🏌 de Wimereux ℰ 21 32 43 20, par ① : 8 km.

🚢 ℰ 21 80 50 50.

🅱 Office de Tourisme quai de la Poste ℰ 21 31 68 38, Fax 21 33 81 09, annexe Vieille Ville ℰ 21 31 57 67.

Paris 296 ③ – ◆ Calais 32 ② – ◆ Amiens 122 ④ – Arras 116 ③ – ◆ Le Havre 241 ④ – ◆ Lille 116 ③ – ◆ Rouen 177 ④.

Plan page ci-contre

🏨 **Métropole** sans rest, 51 r. Thiers ℰ 21 31 54 30, Fax 21 30 45 72, 🌿 – 🛗 📺 ☎ ⇔. 🅰ⓔ
ⓞ ⓖⓑ   Z **e**
fermé 20 déc. au 4 janv. – ⊇ 42 – **25 ch** 330/430.

🏨 **Ibis-Centre**, bd Diderot ℰ 21 30 12 40, Fax 21 87 48 98 – 🛗 ⇥ ch 📺 ☎ – 🏛 25. 🅰ⓔ ⓖⓑ
Repas 97 bc, enf. 40 – ⊇ 35 – **79 ch** 280/310.   Z **k**

🏨 **Ibis-Plage** Ⓜ sans rest, 168 bd Sainte-Beuve ℰ 21 32 15 15, Télex 135248,
Fax 21 30 47 97 – 🛗 ⇥ ch 📺 ☎ ♿. 🅰ⓔ ⓖⓑ   X **a**
⊇ 34 – **42 ch** 265/330.

🏨 **Lorraine** sans rest, 7 pl. Lorraine ℰ 21 31 34 78, Fax 21 32 91 42 – 📺 ☎. 🅰ⓔ ⓞ
ⓖⓑ   Y **v**
fermé 18 déc. au 7 janv. et dim. soir du 15 nov. au 15 mars – ⊇ 30 – **20 ch** 155/265.

🏨 **Londres** sans rest, 22 pl. France ℰ 21 31 35 63 – 🛗 📺 ☎. 🅰ⓔ ⓞ ⓖⓑ   Z **n**
⊇ 26 – **20 ch** 130/230.

226

BOULOGNE-SUR-MER

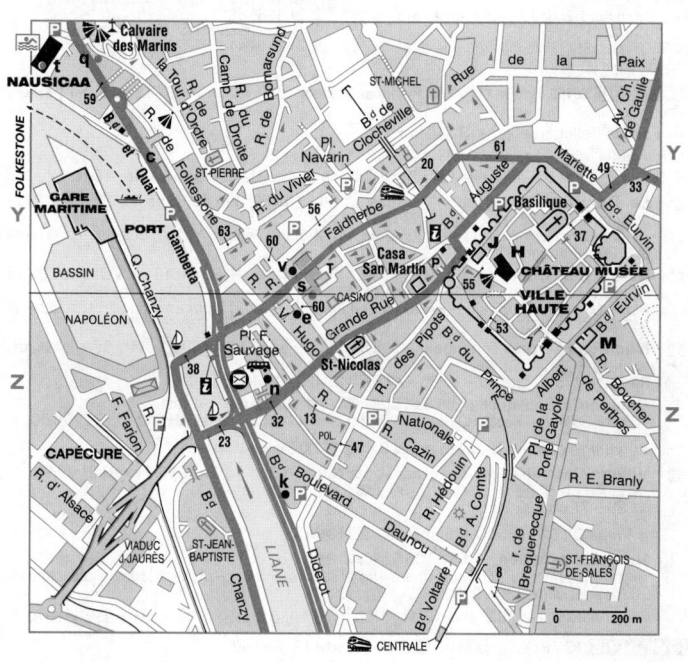

XXX ✿ **La Matelote** (Lestienne), 80 bd Ste Beuve ℰ 21 30 17 97, Fax 21 83 29 24 – ⒜Ⓔ ⒼⒷ
fermé 24 déc. au 15 janv. et dim. soir sauf juil.-août et fériés – **Repas** 160/210 et carte 250 à
360   Y   **q**
Spéc. Salade de homard tiède, velouté de crustacés. Filet de turbot en marinière de moules. Parfait chocolaté tiède,
crème fraîche.

XXX **La Liégeoise**, 10 r. A. Monsigny ℰ 21 31 61 15, Fax 21 33 76 30, � – ⒜Ⓔ ⓞ ⒼⒷ   YZ   **s**
fermé dim. soir et lundi – **Repas** 95/310 et carte 260 à 390.

XX **Rest. de Nausicaa**, bd Ste-Beuve ℰ 21 33 24 24, Fax 21 30 15 63, ≼ – ▤. ⒼⒷ   Y   **t**
Repas 84 (déj.), 88/145 ⓜ.

à Wimille par ② et N 1 : 5 km – 4 681 h. – ✉ 62126 :

XXX ✿ **Relais de la Brocante** (Laurent), près église ℰ 21 83 19 31, Fax 21 87 29 71 – ⒜Ⓔ ⒼⒷ
fermé dim. soir et lundi – **Repas** 130/250 et carte 280 à 400
Spéc. Saint-Jacques à l'embeurrée d'endives (saison). Turbot farci aux choux. Palets croustillants d'andouillette, ris de
veau poêlés au caramel de thym.

à Pont-de-Briques par ④ : 5 km – ✉ 62360 Pont-de-Briques St-Étienne :

XXX ✿ **Host. de la Rivière** (Martin) avec ch, 17 r. Gare ℰ 21 32 22 81, Fax 21 87 45 48, ☞ –
▥ ☎. ⒜Ⓔ ⒼⒷ. ⅙% ch
fermé 16 août au 7 sept., vacances de fév., dim. soir et lundi – **Repas** 160/295 et carte 230 à
370 – ⊊ 40 – **8 ch** 270/300 – ½ P 360/400
Spéc. Poêlée de homard et foie gras aux fruits. Foie gras frais cuit dans sa marinade. Tarte aux pommes minute, glace
à la vanille.

à Hesdin-l'Abbé par ④ et N 1 : 9 km – ✉ 62360 :

🏨 **Cléry** ⌁ sans rest, au village ℰ 21 83 19 83, Fax 21 87 52 59, « Parc », ⅙ – ▥ ☎ ℗. ⒜Ⓔ
ⓞ ⒼⒷ. ⅙%
fermé 20 déc. au 10 janv. – ⊊ 50 – **19 ch** 320/560.

ALFA ROMEO Gar. Cornuel-Boulogne,
13 r. Quéhen ℰ 21 91 10 56
BMW P.B.M., ZI de la Liane à St Léonard,
ℰ 21 80 95 15
CITROEN Liane Autom., ZI de la Liane à St Léonard
par ④ ℰ 21 99 21 11 ℕ ℰ 21 99 21 12
FORD Gar. de Paris, ZI de la Liane à St Léonard
ℰ 21 92 05 22 ℕ ℰ 21 91 02 11
MERCEDES Gorrias Autom., 1 rte de Calais
à St-Martin les Boulogne ℰ 21 92 18 24 ℕ
ℰ 05 24 24 30
OPEL Europ'Auto, ZI de la Liane à St-Léonard
ℰ 21 10 10 10
PEUGEOT Gar. St-Christophe, Bd Liane, ZI à
St-Léonard par ④ ℰ 21 92 09 11 ℕ ℰ 28 02 68 50

ROVER Cie Européenne Distribution,
ZI bd de la Liane à St-Léonard ℰ 21 92 00 22
ROVER Littoral Auto, 63 av. J.-Kennedy
ℰ 21 31 25 26
VAG, SKODA Sté Nlle des Autos Boulonnaises,
122 ZI de la Liane à St-Léonard ℰ 21 80 66 80 ℕ
ℰ 28 02 68 50

Ⓦ Euromaster, ZI Inqueterie, r. P.-Martin
à St-Martin-les-Boulogne ℰ 21 80 72 72
Peuvion Pneus Point S, 12 r. Constantine
ℰ 21 31 85 62
Pneu Fauchille Point S, 10 r. G.-Hansen
ℰ 21 91 04 44

Le BOULOU 66160 Pyr.-Or. 🎱 ⑲ G. Pyrénées Roussillon – 4 436 h alt. 89 – Stat. therm. (fév.-nov.) –
Casino.

Env. Fort de Bellegarde ☀☀★★ S : 10 km.

🛈 Office de Tourisme r. Écoles ℰ 68 83 36 32.

Paris 885 – ♦ Perpignan 21 – Amélie-les-Bains-Palalda 16 – Argelès-sur-Mer 19 – Barcelona 165 – Céret 9.

🏨 **Le Domitien** Ⓜ ⌁, aux Thermes ℰ 68 83 49 50, Fax 68 83 45 90, ⒥, ☞, ⅙ – 🛗
cuisinette ▥ ⛭ ⅄ ℗ – ⅄ 40. ⒼⒷ. ⅙% rest
- **L'Amphore** *(fermé dim. soir et lundi de nov. à mars)* **Repas** 170/250, enf. 60 – ⊊ 40 – **44 ch**
360/380, 8 appart – ½ P 320.

🏨 **Relais des Chartreuses** Ⓜ ⌁, SE : 4,5 km par N 9, D 618 et VO ℰ 68 83 15 88,
Fax 68 83 26 62, ≼, ㄱ, ⒥, ☞ – ☎ ℗. ⒜Ⓔ ⒼⒷ
fermé 30 sept. au 15 nov. – **Repas** *(fermé lundi)* (prévenir) carte environ 275 – ⊊ 58 – **10 ch**
345/485 – ½ P 510/620.

🏨 **Néoulous** Ⓜ, près échangeur ℰ 68 83 38 50, Fax 68 83 13 40, ⒥, ☞, ⅙ – 🛗 ▤ rest ▥
🚽 ☎ ℗ – ⅄ 30. ⒜Ⓔ ⒼⒷ
Repas 75/175 ⓜ, enf. 50 – ⊊ 35 – **47 ch** 240/420 – ½ P 225/250.

🏨 **Canigou**, r. Bousquet ℰ 68 83 15 29, ㄱ – ☎ ℗. ⒜Ⓔ ⒼⒷ. ⅙% rest
15 avril-30 oct. – **Repas** 80 (déj.), 120/250, enf. 45 – ⊊ 42 – **17 ch** 300 – ½ P 225/250.

au village catalan N : 7 km par N 9 – ✉ 66300 Banyuls-dels-Aspres :

🏨 **Village Catalan** Ⓜ sans rest, accès par N 9 et A 9 ℰ 68 21 66 66, Fax 68 21 70 95, ≼, ⒥,
☞ – ⅏ ch ▤ ▥ ☎ ⅄ ℗ – ⅄ 30. ⒼⒷ
⊊ 39 – **77 ch** 290/390.

à Vivès O : 5 km par D 115 et D 13 – ✉ 66400 :

X **Hostalet de Vivès**, ℰ 68 83 05 52 – ℗.
fermé 16 janv. au 10 mars, mardi hors sais. et merc. – **Repas** - spécialités catalanes -
90 (déj.) et carte 120 à 230.

VAG Vallespir Auto Center, 18 ZI ℰ 68 83 44 00   Ⓦ Sénéchal Pneus, 40 av. de la Gare ℰ 68 83 40 00

BOULOURIS 83 Var 🎱 ⑧, 🔟🔟🎲 ㉕, 🔟🔟🎲 ㉝ – rattaché à St-Raphaël.

24560 Dordogne 🗘 ⑮ – 466 h alt. 140.

Paris 557 – Périgueux 60 – Beaumont 23 – Bergerac 13 – Villeneuve-sur-Lot 47.

Voyageurs avec ch, 𝒫 53 58 32 26, Fax 53 58 32 26, 🏤, 🌲 – 📺 ☎ 🅿. GB
fermé 9 au 25 oct., 15 janv. au 8 fév., dim. soir hors sais. et lundi sauf le soir en sais. –
Repas 60/220 ᵟ, enf. 50 – ⊡ 35 – **9ch** 190/280 – ½ P 185/210.

PEUGEOT Gouyou 𝒫 53 58 32 32

BOURBON-LANCY 71140 S.-et-L. 🗘 ⑯ G. Bourgogne – 6 178 h alt. 276 – Stat. therm. (2 avril-21 oct.).

Voir Maison de bois et tour de l'horloge★ B.

🖪 Office de Tourisme avec A.C. pl. Aligre 𝒫 85 89 18 27.

Paris 311 ④ – Moulins 36 ④ – Autun 63 ① – Mâcon 110 ③ – Montceau-les-Mines 53 ② – Nevers 72 ④.

BOURBON-LANCY

Commerce (R. du)	5
Gaulle (Av. du Gén.-de)	
Aligre (Pl. d')	2
Autun (R. d')	3
Châtaigneraie (R. de la)	4
Dr-Gabriel-Pain (R. du)	6
Dr-Robert (R. du)	7
Gueugnon (R. de)	12
Horloge (R. de l')	13
Libération (Av. de la)	15
Musée (R. du)	16
Prébendes (R. des)	18
République (Pl. de la)	22
St-Nazaire (R.)	23

Pour un bon usage
des plans de villes,
voir les signes conventionnels
dans l'introduction.

🏰 ⊛ **Manoir de Sornat** (Raymond) ॐ, allée Platanes, rte Moulins par ④ : 2 km
𝒫 85 89 17 39, Fax 85 89 29 47, 🏤, « Manoir normand dans un parc » – 📺 ☎ 🅿. 🅰🅴 ⑩
GB. ⊛ rest
fermé 15 janv. au 4 fév., dim. soir d'oct. à mai et lundi midi – **Repas** 160/390 et carte 310 à
450 – ⊡ 60 – **13 ch** 350/700 – ½ P 425/550
Spéc. Millefeuille de saumon, "râpis" morvandiaux à l'oeuf coulant. Ris de veau en croûte de Séchuan. Soufflé chaud
au citron. **Vins** Givry, Mâcon.

🏠 **Gd Hôtel** ॐ, (r) 𝒫 85 89 08 87, Fax 85 89 25 45, 🏤, parc – 🛗 cuisinette 📺 ☎ 🅿. GB
29 mars-22 oct. – **Repas** 68/145 – ⊡ 29 – **30 ch** 134/263 – ½ P 176/228.

🏠 **Villa Vieux Puits**, 7 r. Bel Air **(d)** 𝒫 85 89 04 04, Fax 85 89 13 87, 🌲 – ☎ 🅿. GB
fermé fév., dim. soir et lundi d'oct. à mai – **Repas** 90/250 ᵟ, enf. 60 – ⊡ 40 – **7 ch** 250/320 –
½ P 320/350.

🏡 **La Roseraie** sans rest, r. Martyrs-de-la-Libération **(a)** 𝒫 85 89 07 96, 🌲 – ☎. GB
fermé 20 déc. au 15 janv. – ⊡ 29 – **11 ch** 140/240.

CITROEN Gar. Blanc, 47 av. Puzenat par ④
𝒫 85 89 11 07 🅽 𝒫 85 89 11 07

RENAULT Gar. Ségaud, 30 av. F.-Sarrien
𝒫 85 89 19 38 🅽 𝒫 85 89 19 38

BOURBON-L'ARCHAMBAULT 03160 Allier 🗘 ⑬ G. Auvergne – 2 630 h alt. 260 – Stat. therm.
(15 janv.-14 déc.).

Voir Nouveau parc ≼★ Y – Château ≼★ Y.

Env. St-Menoux : choeur★★ de l'église★ 9 km par ②.

🖪 Office de Tourisme 1 pl. Thermes (saison) 𝒫 70 67 09 79, Thermes (hors saison) 𝒫 70 67 07 88.

Paris 290 ① – Moulins 22 ② – Montluçon 48 ③ – Nevers 51 ① – St-Amand-Montrond 55 ③.

Plan page suivante

🏰 **Gd H. Montespan-Talleyrand,** pl. Thermes 𝒫 70 67 00 24, Fax 70 67 12 00, 🏊, 🛗 📺
☎ ᵫ. 🅰🅴 GB. ⊛ rest
9 avril-22 oct. – **Repas** 85/150, enf. 68 – ⊡ 38 – **59 ch** 157/315 – P 262/341.
YZ **e**

🏰 ⊛ **Thermes** (Barichard), av. Ch.-Louis-Philippe 𝒫 70 67 00 15, Fax 70 67 09 43, 🏤, 🌲 –
📖 rest 📺 ☎ ᵫ. 🅰🅴 GB
17 mars-31 oct. – **Repas** 99/335 et carte 200 à 335 – ⊡ 40 – **21 ch** 310/345 – P 340/400
Spéc. Foie gras d'oie. Pavé de boeuf en croûte de sel. Profiteroles au chocolat. **Vins** Sancerre, Saint-Pourçain.
Z **a**

🏰 **Gd H. Parc et Établissement,** r. Parc 𝒫 70 67 02 55, Fax 70 67 13 95, 🌲 – 🛗 ☎ 🅿. 🅰🅴
GB. ⊛ rest
3 avril-20 oct. – **Repas** 90/145 – ⊡ 30 – **56 ch** 170/220 – ½ P 190/260.
Z **b**

BOURBON-L'ARCHAMBAULT

Allier (R. Achille) . . . . Y 2
Bel-Air (R. de) . . . . Z
Bignon (Bd J.) . . . . Z 4
Burge (R. de la) . . . . Y
Château (R. du) . . . . Y 6
Desbordes (Av. E.) . . . . Z
Dubost (R. Lieutenant-Colonel) . . . . Y 8
Fontaine-Jonas (R. de la) . . . . Z 9
Guillaumin (Av. E.) . . . . Z 10
Louis-Philippe (Av. Charles) . . . . . Z
Macé (R. Jean) . . . . Z 13
Meillers (R. de) . . . . Z 14
Mouillères (Bd des) . . . . Y 15
Moulin (R. du) . . . . Y 16
Parc (R. du) . . . . Z
Paroisse (R. de la) . . . . Z 19
Pied-de-Fourche (R. du) . . . . Y 21
République (R. de la) . . . . YZ
Rondreux (R. A.) . . . . Y 24
St-Georges (R.) . . . . Z
Solins (Bd de) . . . . Z
Thermes (Pl. des) . . . . Z 27
Thermes (R. des) . . . . Z
Trois-Maures (R. des) . . . . Y
Villefranche (R. de) . . . . Y 29

Les noms des rues sont soit écrits sur le plan soit répertoriés en liste et identifiés par un numéro.

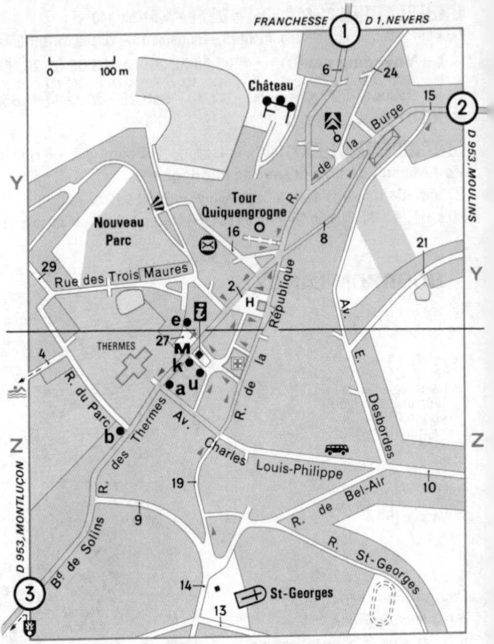

Sources, av. Thermes ✆ 70 67 00 15, Fax 70 67 09 43, – . AE GB — Z **k**
17 mars-31 oct. – **Repas** 79/140 – ▭ 27 – **20 ch** 140/245 – ½ P 260.

Trois Puits, r. Trois Puits ✆ 70 67 08 35 – ☎. GB. ✂ rest — Z **u**
15 mars-30 oct. – **Repas** 75/85 – ▭ 23 – **26 ch** 75/195 – P 160/230.

L'Oustalet avec ch, av. E. Guillaumin Z ✆ 70 67 01 48 – ▤ rest Ⓟ. GB. ✂ ch
fermé 13 au 19 mars, 16 au 27 oct., vend. soir, dim. soir et soirs de fêtes – **Repas** 79/260 – ▭ 24 – **4 ch** 151/205 – ½ P 160.

BOURBONNE-LES-BAINS **52400** H.-Marne 62 ⑬ ⑭ **G. Alsace Lorraine** – **2 764 h alt. 260** – **Stat. therm.** (mars-nov.) – Office de Tourisme Centre Borvo, pl. des Bains ✆ 25 90 01 71, Fax 25 90 14 12.
Paris 324 ④ – Chaumont 54 ④ – ♦Dijon 120 ④ – Langres 38 ④ – Neufchâteau 53 ① – Vesoul 59 ②.

BOURBONNE-LES-BAINS

Bains (R. des) 2
Bassigny (R. du) 3
Capucins (R. des) 4
Daprey-Blache (R.) 5
Écoles (R. des) 6
Gouby (Av. du Lieutenant) 7
Grande-Rue 9
Hôtel-Dieu (R. de l') 12
Lattre-de-Tassigny (Av. Maréchal-de) 14
Maistre (R. du Gén.) 15
Mont-l'Étang (R. de) 17
Pierre (R. Amiral) 22
Porte-Galon (R.) 23
Verdun (Pl. de) 25
Walferdin (Rue) 26

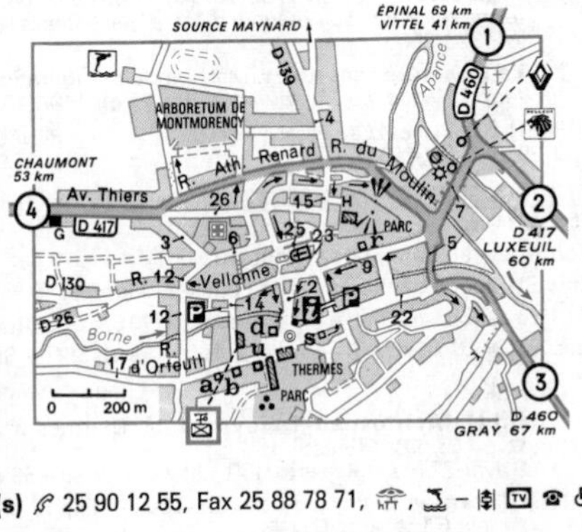

Jeanne d'Arc, r. Amiral Pierre **(s)** ✆ 25 90 12 55, Fax 25 88 78 71, – ▮ TV ☎ ♿ Ⓟ. AE ⓓ GB
1er mars-22 oct. – **Repas** 115/290, enf. 67 – ▭ 42 – **32 ch** 260/296 – P 320/375.

Des Sources, pl. Bains **(u)** ✆ 25 87 86 00, Fax 25 84 46 25 – ▮ cuisinette TV ☎ ♿. GB. ✂ rest
2 avril-25 nov. et fermé merc. soir – **Repas** 80/200, enf. 55 – ▭ 35 – **24 ch** 210/240 – ½ P 243/248.

🏠 **Lauriers Roses,** pl. Bains **(d)** ℰ 25 90 00 97, Fax 25 88 78 02, 🛋 – ♿ cuisinette ☎ ♿ 🅿.
GB
2 avril-14 oct. – **Repas** 72/120 🍷, enf. 36 – ☲ 25 – **74ch** 172/250 – P 230/250.

🏠 **A l'Étoile d'Or,** Gde Rue **(r)** ℰ 25 90 06 05 – ♿ 🍽 rest ☎ ♿ 🚗. ㏂ ① GB
15 avril-15 oct. – **Repas** 70/135 🍷 – ☲ 25 – **24 ch** 145/240 – P 256/301.

🏠 **Orfeuil,** r. Orfeuil **(a)** ℰ 25 90 05 71, Fax 25 84 46 25, parc – ♿ 📺 ☎ 🚗. ㏂ ① GB
✂ rest
2 avril-29 oct. – **Repas** 59/140 🍷, enf. 42 – ☲ 28 – **24ch** 110/230 – P 235/340.

🏠 **Beau Séjour,** r. Orfeuil **(b)** ℰ 25 90 00 34, Fax 25 88 78 02 – ♿ ☎. GB
23 avril-14 oct. – **Repas** 72/115 🍷, enf. 36 – ☲ 25 – **64ch** 180/240 – P 215/230.

CITROEN Gar. Michaud, par ① ℰ 25 90 03 12 Ⓝ   RENAULT Gar. Beau, 13 av. Lieutenant Gouby
ℰ 25 90 09 41   ℰ 25 90 00 72 Ⓝ ℰ 25 90 09 41
PEUGEOT Gar. André, ℰ 25 90 00 56

La BOURBOULE 63150 P.-de-D. 🗺 ⑬ Ⓖ. **Auvergne** – 2 113 h alt. 852 – Stat. therm. – Casino AZ.

Voir Parc Fenêstre★ ABZ – Roche Vendeix ※★ 4 km par ② puis 30 mn.

🇮 Office de Tourisme pl. Hôtel de Ville ℰ 73 65 57 71, fax 73 65 50 21.

Paris 472 ③ – ◆ Clermont-Ferrand 48 ③ – Aubusson 80 ③ – Mauriac 70 ③ – Ussel 52 ③.

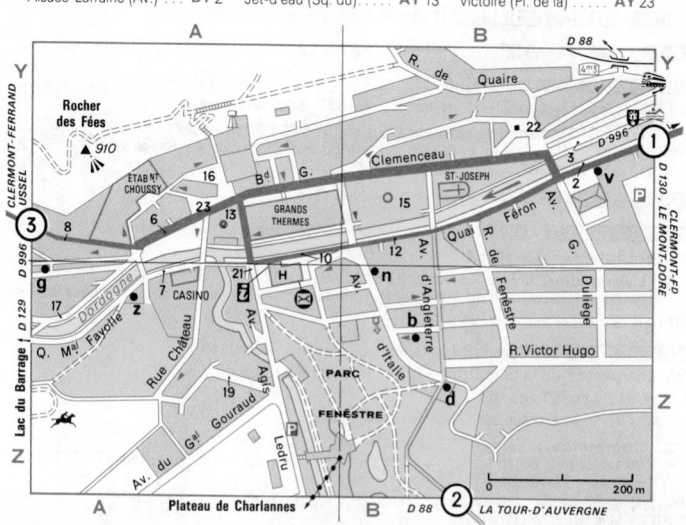

🏨 **Régina,** av. Alsace-Lorraine ℰ 73 81 09 22, Fax 73 81 08 55, 🛋 – ⇔ ch 📺 ☎ 🅿. ㏂ ①
GB. ✂ rest   BY **v**
fermé 4 nov. au 25 déc. et 4 janv. au 2 fév. – **Repas** 80/190, enf. 50 – ☲ 38 – **25 ch** 260/340
– ½ P 290/300.

🏨 **Le Charlet** 🏡, bd L. Choussy ℰ 73 65 51 84, Fax 73 65 50 82 – ♿ 📺 ☎. GB.
✂ rest   AZ **g**
10 avril-15 oct. et 20 déc.-20 mars – **Repas** 85/165, enf. 45 – ☲ 32 – **38 ch** 200/350 –
½ P 215/300.

🏨 **Pavillon,** av. Angleterre ℰ 73 65 50 18, Fax 73 81 00 93, 🛋 – ♿ ⇔ ch 📺 ☎. ㏂ ① GB.
✂   BZ **d**
15 mars-15 oct. – **Repas** 65/90 🍷 – ☲ 33 – **27 ch** 180/320 – ½ P 220/260.

🏨 **Aviation,** r. Metz ℰ 73 65 50 50, Fax 73 81 02 85, 🏊 – ♿ ☎ 🚗. ㏂ GB. ✂ rest   BZ **b**
fermé 1er oct. au 25 déc. – **Repas** 85/100, enf. 50 – ☲ 35 – **50 ch** 170/360 – ½ P 180/260.

231

Les Fleurs sans rest, av. Guéneau de Mussy par ③ ℰ 73 81 09 44, Fax 73 65 52 03, 🛋 – 📺 ☎. GB
15 avril-5 oct. et vacances d'hiver – 🛏 31 – **24 ch** 265/370.

Parc, quai Mar. Fayolle ℰ 73 81 01 77, Fax 73 93 40 61, 🛋 – ▮ ❖ ch ☎. AE ① GB. AZ **z**
❖ rest
25 mai-30 sept. – **Repas** 70/95, enf. 38 – 🛏 29 – **50 ch** 190/320 – ½ P 215/265.

Valsesia, av. Italie ℰ 73 81 06 29 – 📺 ☎. AE GB J̲C̲B̲. ❖ BZ **n**
vacances de printemps-31 oct. et vacances de fév. – **Repas** 65/125, enf. 43 – 🛏 30 –
12 ch 202/242 – ½ P 225/233.

au Nord : 1,5 km par D 88 – ✉ 63150 La Bourboule :

XX **Aub. Tournebride** ⌂, ℰ 73 81 01 91, ≤, 🛋 – ❹. ❖
1ᵉʳ mars-1ᵉʳ nov. et fermé lundi hors sais. – **Repas** 150/180.

au NE : 2 km par D 996 :

Horizon, av. Mar. Leclerc ℰ 73 81 08 40, ≤, 🛋 – ❖ ch ☎ ❹. GB. ❖ rest
hôtel : fermé 10 oct. au 20 déc. ; rest. : fermé 1ᵉʳ oct. au 20 déc. et 6 janv. au 9 fév. –
Repas 69/110 – 🛏 30 – **18 ch** 220/270 – ½ P 215/230.

à St-Sauves-d'Auvergne par ③ : 4,5 km – ✉ 63950 :

Poste, pl. Église ℰ 73 81 10 33, Fax 73 81 02 27 – 📺 ☎ ❹. GB
Repas *(fermé 28 nov. au 20 déc.)* 65/160 ⅃ – 🛏 28 – **15 ch** 150/230 – ½ P 165/205.

CITROEN Gar. Aviation, r. de Metz ℰ 73 81 02 88

BOURBOURG 59630 Nord 🔢 ③ – 7 106 h alt. 5.
Paris 282 – ♦Calais 31 – Cassel 28 – Dunkerque 17 – ♦Lille 85 – St-Omer 25.

XX **La Gueulardière,** 4 pl. Hôtel de Ville ℰ 28 22 20 97, Fax 28 62 31 97 – GB
fermé dim. soir et lundi sauf fériés – **Repas** 90/290 bc.

BOURCEFRANC-LE-CHAPUS 17 Char.-Mar. 🔢 ⑭ – rattaché à Marennes.

BOURDEAU 73 Savoie 🔢 ⑮ – rattaché au Bourget-du-Lac.

BOURDEAUX 26460 Drôme 🔢 ⑬ – 562 h alt. 407.
Paris 615 – Valence 52 – Crest 23 – Montélimar 40 – Nyons 36 – Pont-Saint-Esprit 72.

☆ **Trois Châteaux,** rte Nyons sur D 70 ℰ 75 53 33 92, 🍴 – GB
fermé 20 déc. au 4 janv. et dim. soir du 30 sept. au 1ᵉʳ avril – **Repas** 65 *(déj.)*, 78/125 ⅃ –
🛏 30 – **15 ch** 100/150 – ½ P 170/193.

BOURDEILLES 24 Dordogne 🔢 ⑤ – rattaché à Brantôme.

BOURG-ACHARD 27310 Eure 🔢 ⑤ G. Normandie Vallée de la Seine – 2 255 h alt. 142.
Paris 144 – Bernay 42 – Évreux 62 – ♦Le Havre 61 – ♦Rouen 26.

X **L'Amandier,** 599 rte Rouen ℰ 32 57 11 49, Fax 32 57 28 03, 🍴 – GB
fermé lundi soir (sauf de mai à sept.), dim. soir, mardi soir et merc. soir – **Repas** 90/190 ⅃.

CITROEN Gar. Leple Joël, Gde Rue ℰ 32 56 20 24

BOURGANEUF 23400 Creuse 🔢 ⑨ G. Berry Limousin – 3 385 h alt. 446.
Voir Charpente★ de la tour Zizim – Tapisserie★ dans l'Hôtel de Ville.
🅱 Office de Tourisme Tour Lastic ℰ 55 64 12 20.
Paris 389 – ♦Limoges 47 – Aubusson 39 – Guéret 34 – Uzerche 80.

Commerce, r. Verdun ℰ 55 64 14 55 – 📺 ☎ ⟲. GB
fermé 22 déc. au 15 fév., dim. soir et lundi sauf juil.-août et fériés – **Repas** 70/270 ⅃, enf. 50
– 🛏 30 – **14 ch** 185/330.

CITROEN Gar. Raynaud, ℰ 55 64 29 29   Gar. Pradillon ℰ 55 64 22 79
PEUGEOT Gar. Barlet, ℰ 55 64 08 76
RENAULT Gar. Bévilacqua, ℰ 55 64 14 22 🅽
ℰ 05 05 15 15

BOURG-CHARENTE 16 Charente 🔢 ⑫ – rattaché à Jarnac.

Avant de prendre la route, consultez la carte Michelin
n° 9̲1̲1̲ "FRANCE – Grands Itinéraires".

Vous y trouverez :

– votre kilométrage,

– votre temps de parcours,

– les zones à "bouchons" et les itinéraires de dégagement,

– les stations-service ouvertes 24 h/24...

Votre route sera plus économique et plus sûre.

Le BOURG-D'OISANS 38520 Isère 🗺 ⑥ G. Alpes du Nord – 2 911 h alt. 719.

Voir Musée des Minéraux★ – Cascade de la Sarennes★ NE : 1 km puis 15 mn – Gorges de la Lignarre★ NO : 3 km.

🛈 Office de Tourisme quai Girard ℘ 76 80 03 25.

Paris 619 – ♦Grenoble 49 – Briançon 67 – Gap 99 – St-Jean-de-Maurienne 71 – Vizille 31.

  🏠 **Beau Rivage,** ℘ 76 80 03 19, Fax 76 80 00 77, 😋 – 📺 ☎. 🅶🅱
     Repas 89/148 ♨, enf. 48 – ☑ 35 – **20 ch** 150/270 – ½ P 180/225.

    au Châtelard NE : 12 km par D 211, D 211A et VO – alt. 1 450 – ✉ 38520 La Garde-en-Oisans :

  ♠ **La Forêt de Maronne** ♨, ℘ 76 80 00 06, Fax 76 79 14 61, ←, 😋, 🏊, 🚗 – ☎ 🅿. 🅶🅱
    ❄ rest
    10 juin-20 sept. et 20 déc.-25 avril – **Repas** 95/130, enf. 52 – ☑ 34 – **12 ch** 230/320 – ½ P 240/285.

CITROEN Gar. Bonnenfant, Les Sables en Oisans   RENAULT Gar. St-Laurent, ℘ 76 80 26 97 🆔
℘ 76 80 07 00 🆔 ℘ 76 80 07 00   ℘ 76 80 26 97

BOURG-D'OUEIL 31110 H.-Gar. 🗺 ⑳ – 19 h alt. 1 350.

Voir Vallée d'Oueil★ au SE – Kiosque de Mayrègne ❄★ SE : 5 km, G. Pyrénées Aquitaine.

Paris 843 – Bagnères-de-Luchon 15 – St-Gaudens 100 – ♦Toulouse 147.

  🏠 **Sapin Fleuri** ♨, ℘ 61 79 21 90, ←, – ☎ 🅿. ❄ rest
    1ᵉʳ juin-30 sept. et vacances scolaires – **Repas** 120/300, enf. 60 – ☑ 40 – **22 ch** 230/280 – ½ P 260/320.

Le BOURG-DUN 76740 S.-Mar. 🗺 ③ G. Normandie Vallée de la Seine – 481 h alt. 40.

Voir Tour★ de l'église.

Paris 198 – Dieppe 19 – Fontaine-le-Dun 7 – ♦Rouen 57 – Saint-Valery-en-Caux 15.

  XX ❀ **Aub. du Dun** (Chrétien), face Église ℘ 35 83 05 84 – 🅿. 🅶🅱. ❄
    fermé 21 août au 7 sept., 18 janv. au 5 fév., dim. soir et lundi sauf fériés – **Repas** (nombre de couverts limité, prévenir) 140/325
    Spéc. Salade de caille au foie gras. Rouget barbet farci au jambon de Parme (mai à sept.). Poire rôtie en norvégienne.

BOURG-EN-BRESSE 🅿 01000 Ain 🗺 ③ G. Bourgogne – 40 972 h alt. 240.

Voir Église de Brou★★ : tombeaux★★★, chapelles et oratoires★★★ × B – Monastère★ : musée de Brou★ × E – Stalles★ de l'église N.-Dame Y.

🏌 ℘ 74 24 65 17 au Parc de Loisirs de Bouvent, E : 2 km par ③.

🛈 Office de Tourisme 6 av. Alsace-Lorraine ℘ 74 22 49 40, Fax 74 23 06 28 et bd de Brou (saison) ℘ 74 22 27 76 – A.C. 15 av. Alsace-Lorraine ℘ 74 22 43 11.

Paris 426 ⑦ – Annecy 108 ④ – ♦Besançon 148 ② – Chambéry 117 ④ – ♦Dijon 157 ⑦ – ♦Genève 111 ④ – ♦Lyon 65 ⑤ – Mâcon 36 ⑦ – Roanne 118 ⑤.

Plan page suivante

  🏨 **Prieuré** ♨ sans rest, 49 bd Brou ℘ 74 22 44 60, Fax 74 22 71 07, 🚗 – 🛗 📺 ☎ 🅿. 🅰🅴 ⓞ 🅶🅱   X **a**
    ☑ 45 – **14 ch** 400/550.

  🏨 **Terminus** sans rest, 19 av. A. Baudin ℘ 74 21 01 21, Fax 74 21 36 47, « Parc » – 🛗 ❄ ch 📺 ☎ 🚗. 🅰🅴 ⓞ 🅶🅱   X **t**
    ☑ 40 – **51 ch** 300/430.

  🏨 **Ariane** 🅼, bd Kennedy ℘ 74 22 50 88, Fax 74 22 51 57, 😋, 🏊, 🚗 – 🛗 🖿 📺 ☎ 🕭 🚗   🅿 – 🔏 50. 🅰🅴 🅶🅱   X **s**
    Repas *(fermé dim. et fériés)* 120/230 – ☑ 45 – **40 ch** 300/360.

  🏨 **Mercure-Chantecler** 🅼, 10 av. Bad-Kreuznach ℘ 74 22 44 88, Télex 380468, Fax 74 23 43 57, 😋, 🚗 – 🛗 ❄ ch 🖿 ch 📺 ☎ 🕭 🅿 – 🔏 100. 🅰🅴 ⓞ 🅶🅱 �🅹🅲🅱.   ❄ rest   X **e**
    Repas 90 (déj.), 125/240 ♨, enf. 54 – ☑ 49 – **60 ch** 360/470.

  🏨 **Le Logis de Brou** sans rest, 132 bd Brou ℘ 74 22 11 55, Fax 74 22 37 30 – 🛗 📺 ☎ 🚗   🅿 – 🔏 25. 🅰🅴 ⓞ 🅶🅱   Z **k**
    ☑ 38 – **30 ch** 220/380.

  🏨 **France** sans rest, 19 pl. Bernard ℘ 74 23 30 24, Télex 330740, Fax 74 23 69 90 – 🛗 📺 ☎ 🚗 – 🔏 25. 🅰🅴 ⓞ 🅶🅱   Y **e**
    ☑ 40 – **46 ch** 230/400.

  🏠 **Ibis,** bd Ch. de Gaulle ℘ 74 22 52 66, Fax 74 23 09 58, 😋 – ❄ ch 📺 ☎ 🕭 🅿 – 🔏 50. 🅰🅴 ⓞ 🅶🅱   X **d**
    Repas 98 bc/130 bc, enf. 40 – ☑ 35 – **62 ch** 280/300.

  XXX ❀ **Jacques Guy,** 19 pl. Bernard ℘ 74 45 29 11, Fax 74 24 73 69 – 🅰🅴 ⓞ 🅶🅱   Y **g**
    fermé 6 au 21 mars, 13 au 30 nov., dim. soir et lundi – **Repas** 140/350 et carte 290 à 380, enf. 80
    Spéc. Foie de canard poêlé en tarte gourmande. Dos de sandre cuit au four, crème au genièvre. Volailles de Bresse. **Vins** Brouilly, Seyssel.

BOURG-EN-BRESSE

Foch (R. Maréchal) . . . . Y 20
Gambetta (R.) . . . . Z 21
Notre-Dame (R.) . . . . Y 34

Anciens Combattants (Av. des) . . . . Z 3
Arsonval (Av. A. d') . . . . X 4
Bad-Kreuznach (Av. de) . . . . X 5
Basch (R. Victor) . . . . Z 6
Baudin (Av. A.) . . . . Z 7
Belges (Av. des) . . . . Y 10
Casernes (R. des) . . . . Z 12
Champ-de-Foire (Av. du) . . . . Y 13
Citadelle (R. de la) . . . . X 14
Debeney (R. Général) . . . . . . Y 16
Dr-Bouveret (R. du) . . . . Y 18
Europe (Car. de l') . . . . X 19
Jaurès (Av. Jean) . . . . Z 22
Joliot-Curie (Bd Irène) . . . . . . X 23
Joubert (Pl.) . . . . Z 24
Jourdan (Av.) . . . . Z 25
Lévrier (Bd A.) . . . . X 26
Lyon (Pont de) . . . . X 28
Mail (Av. du) . . . . X 30
Migonney (R. J.) . . . . Z 31
Neuve (Pl.) . . . . Y 33
Palais (R. du) . . . . Y 35
Pont-d'Ain (Av. de) . . . . X 36
St-Nicolas (Bd) . . . . X 37
Samaritaine (R.) . . . . Z 38
Semard (Av. P.) . . . . X 40
Teynière (R.) . . . . Z 42
Valéry (Bd P.) . . . . X 43
Verdun (Cours de) . . . . Y 44
Victoire (Av. de la) . . . . Z 45
4-Septembre (R. du) . . . . Y 48
23e-R.I. (R. du) . . . . X 50

Les plans de villes sont orientés le Nord en haut.

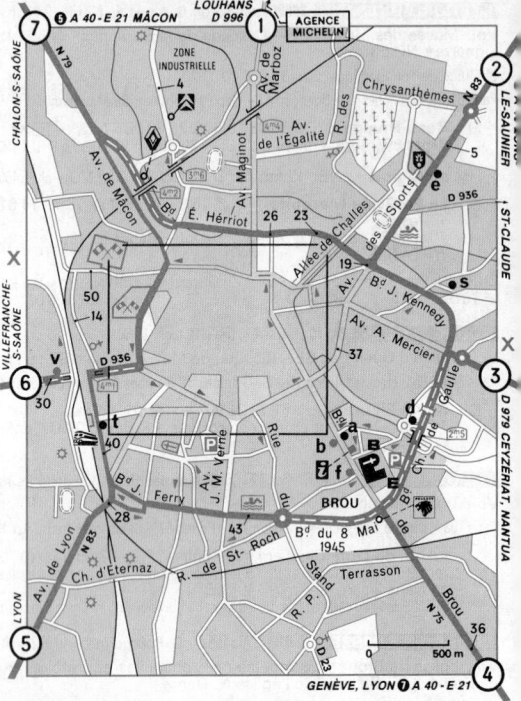

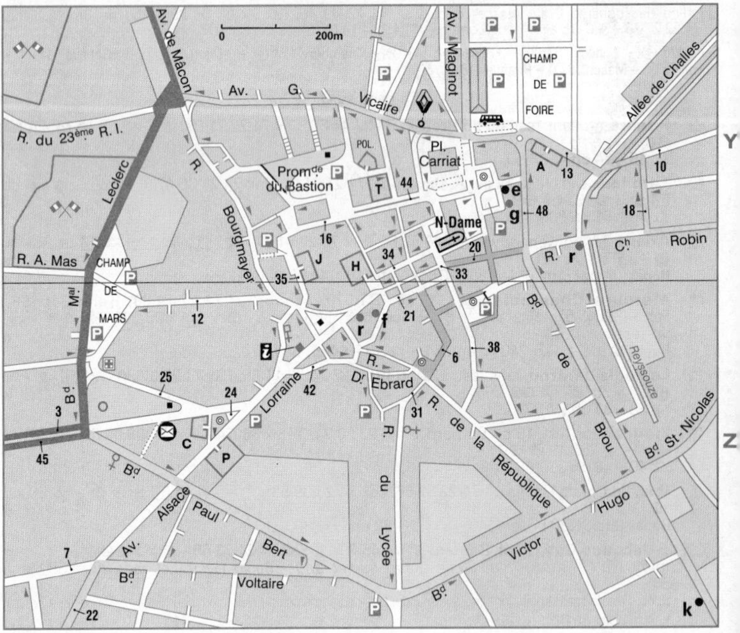

XXX **Auberge Bressane,** face église de Brou 🕿 74 22 22 68, Fax 74 23 03 15, 🏤 – 🅿. 🖭 ⓞ
GB   X   **f**
Repas 98/390 et carte 310 à 530.

XXX **Mail** avec ch, 46 av. Mail 🕿 74 21 00 26, Fax 74 21 29 55 – 🔲 rest 🔳 🕿 🚗 🅿. 🖭 ⓞ
GB   X   **v**
fermé 15 au 28 juil., 22 déc. au 12 janv., dim. soir et lundi – **Repas** 110/320 et carte 230 à
300, enf. 80 – 🗷 30 – **9 ch** 180/280 – ½ P 240/300.

XX **La Galerie,** 4 r. Th. Riboud 🕿 74 45 16 43 – ⓞ GB   Z   **f**
Repas *(fermé sam. midi et dim.)* 110/180.

XX **La Reyssouze,** 20 r. Ch. Robin 🕿 74 23 11 50, Fax 74 23 94 32 – 🔲. GB   Y   **n**
fermé 17 juil. au 7 août, vacances de fév., dim. soir et lundi – **Repas** 130/330, enf. 80.

XX **Chalet de Brou,** face église de Brou 🕿 74 22 26 28, Fax 74 24 72 42, 🏤 – GB   X   **f**
◆ *fermé 1er au 15 juin, 23 déc. au 3 janv., jeudi soir et vend.* – **Repas** 75/220 ⅃.

XX **Le Français,** 7 av. Alsace-Lorraine 🕿 74 22 55 14, Fax 74 22 47 02, brasserie 1900 – 🖭
GB   Z   **r**
fermé 5 au 28 août, 25 déc. au 2 janv., sam. soir et dim. – **Repas** 120/250 ⅃, enf. 70.

XX **Ermitage,** 142 bd de Brou 🕿 74 22 19 00, Fax 74 24 64 91 – GB   X   **b**
fermé 14 juil. au 15 août, dim. soir et lundi – **Repas** 85/220 ⅃.

X **Rest. de l'Église de Brou,** face église de Brou 🕿 74 22 15 28 – 🔲. GB   X   **f**
◆ *fermé 29 juin au 24 juil., 23 déc. au 5 janv., mardi et merc.* – **Repas** 80/180 ⅃, enf. 40.

rte de Lons-le-Saunier par ② : 6,5 km N 83 – ☒ 01370 St-Étienne-du-Bois :

X **Les Mangettes,** 🕿 74 22 70 66, 🏤 – 🅿. 🖭 GB
fermé 31 juil. au 9 août, dim. soir, lundi soir et mardi – **Repas** 90/180.

à St-Just par ③ : 3 km sur D 979 – ☒ 01250 :

XXX **La Petite Auberge,** 🕿 74 22 30 04, Fax 74 24 69 44, 🏤, « Auberge fleurie », 🚗 – 🅿.
🖭 GB
fermé 31 oct. au 7 nov., 13 fév. au 6 mars, dim. soir (sauf. juil.-août), lundi soir et mardi –
Repas (prévenir) 130/200 et carte 220 à 340.

MICHELIN, Agence, rte de Marboz, ZI Extention-Nord par ① 🕿 74 45 24 24

BMW Bresse Auto Sport, ZA la Chambière à Viriat
🕿 74 22 62 55
CITROEN D.A.R.A., ZI Nord av. Arsonval
🕿 74 23 82 82 🔳 🕿 74 45 12 12
FIAT S.E.R.M.A., N 79 Bourg-en-Bresse Nord
à Viriat 🕿 74 23 19 55 🔳 🕿 74 22 36 78
FORD Gar. du Bugey, 28 av. de Pont d'Ain
🕿 74 22 32 66
HONDA Gar. Rignanese, 32 rte de Pont d'Ain
🕿 74 22 15 21
MERCEDES, TOYOTA Espace Bourg Auto, 24 av.
de Pont d'Ain 🕿 74 23 17 22 🔳 🕿 05 24 24 30
PEUGEOT S.I.C.M.A., 192 bd de Brou
🕿 74 45 93 00 🔳 🕿 74 32 98 26
RENAULT A.R.N.O., bd E.-Herriot, ZI Nord
🕿 74 23 35 55 🔳 🕿 74 23 35 55

RENAULT Gar. Carriat, 11 pl. Carriat 🕿 74 22 17 11
ROVER Meunier, rte de Strasbourg N 83 à Viriat
🕿 74 22 20 80
VAG Europe-Gar., av. A.-Mercier 🕿 74 23 31 12

🚲 Ayme Pneus, r. F.-Arago, ZI Nord 🕿 74 23 34 41
C.Sécurité Routière, à Montagnat 🕿 74 22 34 51 🔳
🕿 72 12 40 65
Euromaster, ZAC de la Chambière à Viriat
🕿 74 45 21 98
Gaudry Pneu Point S, Rd-Pt Fleyriat les Vareys
à Viriat 🕿 74 45 05 04
Ruder Pneus, 738 av. de Lyon à Peronnas
🕿 74 21 20 99

CONSTRUCTEUR : Renault Véhicules Industriels, rte de Ceyzeriat 🕿 74 22 82 00

BOURGES 🅿 18000 Cher 🔢 ① G. Berry Limousin – 75 609 h alt. 130.

Voir Cathédrale★★★ : tour Nord ⇐★★ Z – Jardins de l'Archevêché★ Z – Palais Jacques-
Coeur★★ Y – Jardins des Prés-Fichaux★ Y – Maisons anciennes★ YZ – Hôtel des Échevins★ :
musée Estève★★ – Hôtel Lallemant★ : collection de meubles miniatures★ Y B – Musée du Berry
dans l'hôtel Cujas★ : collections gallo-romaines★, prophètes★, pleurants du tombeau du duc
de Berry★ Y E – Musée d'histoire naturelle★ Z M – Les marais★ V.

🏌 🕿 48 21 20 01, S : 5 km par D 106.

🛈 Office de Tourisme - Accueil de France 21 r. V.-Hugo 🕿 48 24 75 33, Fax 48 65 11 87 – A.C. du Centre, 40
av. J.-Jaurès 🕿 48 24 01 36, Fax 48 70 21 85.

Paris 243 ⑦ – Châteauroux 65 ⑥ – ✦Dijon 247 ② – ✦Nevers 69 ③ – ✦Orléans 119 ⑦ – ✦Tours 153 ⑦.

Plans pages suivantes

🏨 🕸 **Bourbon et rest. St-Ambroix** 🅼, bd République 🕿 48 70 70 00, Fax 48 70 21 22,
« Abbaye du 16e siècle » – 🛗 🔲 rest 🔳 🕿 🕭 🅿 – 🔬 60. 🖭 ⓞ GB   Y   **b**
Repas *(fermé sam. midi)* 145/260 et carte 230 à 360 – 🗷 60 – **59 ch** 400/625 – ½ P 460
Spéc. Escalope de foie gras de canard poêlée. Noix de ris de veau braisée au beurre mousseux. Fondant tiède au
chocolat par caraïbe, lait d'amande douce.

🏨 **Angleterre,** 1 pl. Quatre Piliers 🕿 48 24 68 51, Fax 48 65 21 41 – 🛗 🔳 🕿 🚗 – 🔬 25. 🖭
ⓞ GB. 🛠 rest   Y   **a**
Repas *(fermé 18 juin au 2 juil., 17 déc. au 14 janv., sam. midi et dim.)* 88/139 – 🗷 38 – **31 ch**
382/430 – ½ P 322/349.

🏨 **Tilleuls** sans rest, 7 pl. Pyrotechnie 🕿 48 20 49 04, Fax 48 50 61 73, 🐟, 🚗 – ✂ ch 🔳 🕿
🕭 🅿. 🖭 GB   X   **s**
🗷 35 – **38 ch** 215/260.

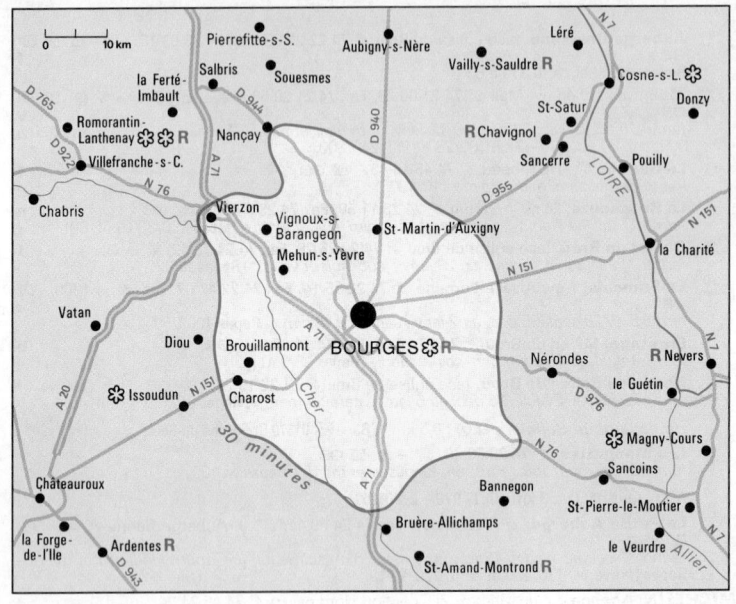

Christina sans rest, 5 r. Halle ℰ 48 70 56 50, Fax 48 70 58 13 – ⸗ ▣ ☎ – ⚿ 60. ᴁ
ⒼⒷ 　　　　　　　　　　　　　　　　　　　　　　　　　　　　　　　　Z m
⟺ 34 – **73 ch** 230/295.

Olympia sans rest, 66 av. Orléans ℰ 48 70 49 84, Fax 48 65 29 06 – ⸗ ▣ ☎ Ⓟ – ⚿ 25.
ᴁ Ⓞ ⒼⒷ 　　　　　　　　　　　　　　　　　　　　　　　　　　　　　　V t
fermé 24 déc. au 1er janv. – ⟺ 35 – **42 ch** 220/275.

Ibis Ⓜ, quartier Prado ℰ 48 65 89 99, Fax 48 65 18 47 – ⸗ ⤢ ch ▣ ☎ ㊌ – ⚿ 25 à 60.
ᴁ ⒼⒷ 　　　　　　　　　　　　　　　　　　　　　　　　　　　　　　　　Z v
Repas 97 bc, enf. 40 – ⟺ 35 – **86 ch** 285/315.

Logitel sans rest, à St-Doulchard ⊠ 18230 ℰ 48 70 07 26, Fax 48 24 59 94, ✵ – ⤢ ch
▣ ☎ Ⓟ ᴁ ⒼⒷ 　　　　　　　　　　　　　　　　　　　　　　　　　V a
⟺ 24 – **30 ch** 210/259.

St-Jean sans rest, 23 av. Marx Dormoy ℰ 48 24 13 48, Fax 48 24 79 98 – ⸗ ▣ ☎.
ⒼⒷ 　　　　　　　　　　　　　　　　　　　　　　　　　　　　　　　　V m
fermé 2 fév. au 3 mars – ⟺ 20 – **24 ch** 125/260.

Le Jardin Gourmand, 15 bis av. E. Renan ℰ 48 21 35 91, Fax 48 20 59 75, ㏕ – ᴁ
ⒼⒷ 　　　　　　　　　　　　　　　　　　　　　　　　　　　　　　　　X r
fermé 10 au 17 juil., mi-déc. à mi-janv., dim. soir et lundi – **Repas** 95/230 et carte 180
à 260.

Jacques Cœur, 3 pl. J. Cœur ℰ 48 70 12 72, Fax 48 65 25 72 – ᴁ Ⓞ ⒼⒷ ᴶᶜᴮ 　Y n
fermé 23 juil. au 23 août, 24 déc. au 2 janv., dim. soir et sam. – **Repas** 145/180 et carte 170 à
260.

Le Beauvoir, 1 av. Marx Dormoy ℰ 48 65 42 44 – ᴁ Ⓞ ⒼⒷ 　　　　　　　Y e
fermé dim. soir – **Repas** 95/230.

Philippe Larmat, 62 bis bd Gambetta ℰ 48 70 79 00, ㏕ – Ⓞ ⒼⒷ 　　　　Y f
fermé 21 août au 5 sept., 26 fév. au 6 mars, dim. soir et lundi – **Repas** 95 (déj.), 140/230.

Le Strasbourg, 41 bd Strasbourg ℰ 48 20 06 80 – ⒼⒷ 　　　　　　　　X v
fermé 1er au 30 août, 20 au 28 fév., dim. soir et lundi – **Repas** 98/295.

Le Bourbonnoux, 44 r. Bourbonnoux ℰ 48 24 14 76 – ▤. ⒼⒷ 　　　　　　Y d
fermé 24 mars au 3 avril, 25 août au 12 sept., 19 au 29 janv., sam. midi et vend. –
Repas 72/160.

rte de Châteauroux par ⑥ :

Novotel Ⓜ, Le Bois de Chagnières, à l'échangeur A 71 : 7 km ⊠ 18570 Le Subdray
ℰ 48 26 53 33, Télex 780352, Fax 48 26 52 22, ㏕, ⵣ, ⛳ – ⸗ ⤢ ch ▤ ▣ ☎ ㊌ Ⓟ –
⚿ 150. ᴁ Ⓞ ⒼⒷ ᴶᶜᴮ
Repas carte environ 180 – ⟺ 50 – **93 ch** 450/550.

BOURGES

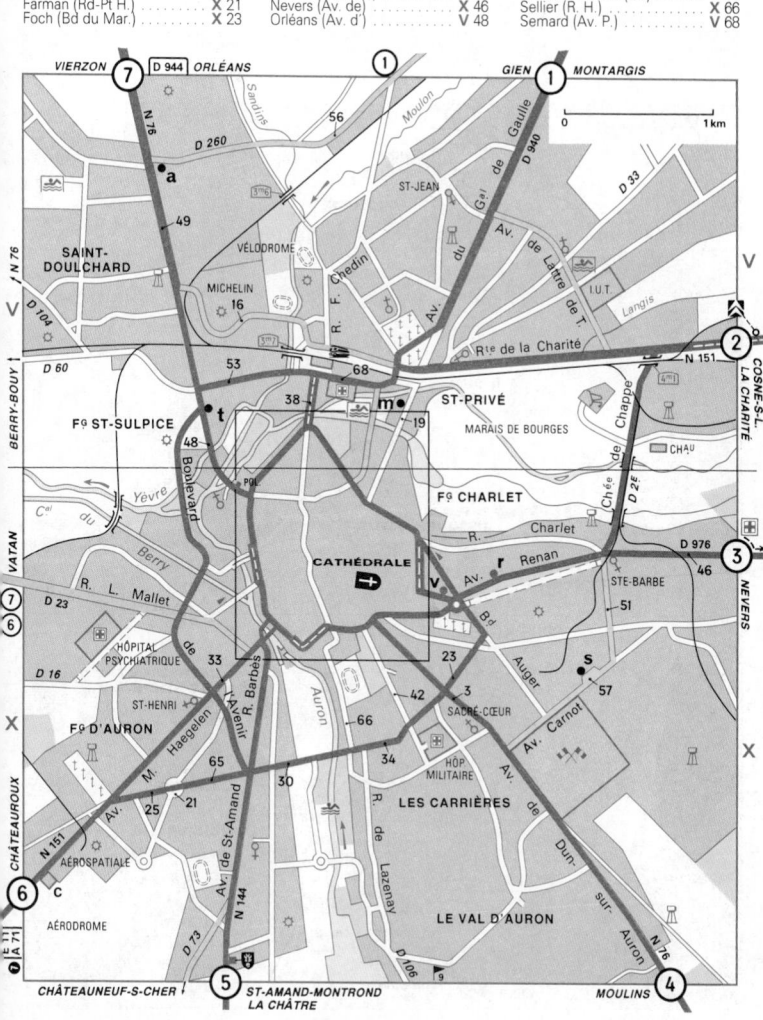

ALFA ROMEO Gar. Pinon, 130 av. Gén.-de-Gaulle
☎ 48 70 54 81
BMW Gar. Vergès Autom., 43 av. Prospective,
Asnières-lès-Bourges ☎ 48 70 47 20
CITROEN Gar. d'Auron, 13 r. Barbès Z
☎ 48 50 03 44
CITROEN Générale Auto de Bourges, rte de la
Charité à St Germain du Puy V ☎ 48 24 65 29 **N**
☎ 48 24 44 44
FIAT La Fourchette Autom., 207 rte de la Charité
☎ 48 65 80 61
HONDA Alba, 444 r. Malitorne à St-Doulchard
☎ 48 70 77 88

MERCEDES SAVIB, r. C.-Durand ☎ 48 67 53 00 **N**
☎ 05 24 24 30
NISSAN Sonaka Autom., ZI Malitorne
à St-Doulchard par ⑧ ☎ 48 65 89 85
OPEL Centre Avenir Autom., bd de l'Avenir
☎ 48 23 23 23
PEUGEOT Gds Gar. du Cher, rte d'Orléans
à St-Doulchard par ⑧ ☎ 48 24 72 01 **N**
☎ 48 57 58 83
RENAULT S.C.A.C. Autom., 259 av. Gén.-de-Gaulle
par ① ☎ 48 70 99 97 **N** ☎ 48 57 53 01
ROVER Gar. Murat, 136 bis rte de Nevers
☎ 48 50 42 10

BOURGES

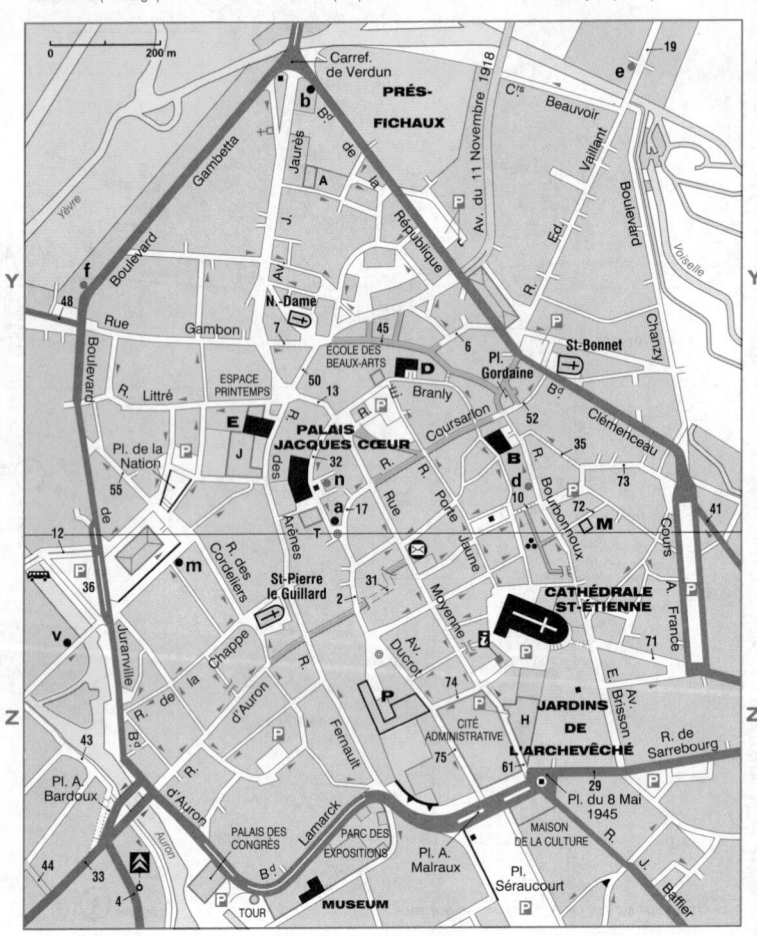

EUROPE on a single sheet
Michelin map no 970.

Le BOURGET 93 Seine-St-Denis 🗺 ⑪, ⑰ – voir à Paris, Environs.

Le BOURGET-DU-LAC 73370 Savoie 🗺 ⑮ **G. Alpes du Nord** – 2 886 h alt. 262.

Voir Église : frise sculptée★ du choeur – Lac★★.

Env. Chapelle de l'Étoile ≤★★ N : 9 km puis 15 mn.

🛈 Office de Tourisme pl. Gén.-Sevez (saison) 𝒫 79 25 01 99.

Paris 532 – Annecy 42 – Aix-les-Bains 8,5 – Belley 24 – Chambéry 13 – La Tour-du-Pin 49.

🏫 **Ombremont,** N : 2 km par N 504 𝒫 79 25 00 23, Fax 79 25 25 77, 🍴, « ≤ lac et montagnes, 🐾 dans un parc », ⚒, – 🛏 🖀 ch 📺 ☎ ⇐ 🅿 – 🔥 60. 🖭 ⑩ 🖪
fermé 3 janv. au 4 fév. – **Repas** 140 (déj.), 165/365 – ☲ 70 – **12 ch** 590/1280, 6 appart – ½ P 835/1080.

🏫 **Orée du Lac** 🐾, 𝒫 79 25 24 19, Fax 79 25 08 51, 🍴, « Parc », ⚒, ⚒ – 📺 ☎ & 🅿. 🖭 ⑩ 🖪 🕮
fermé 15 nov. au 15 janv. – **Repas** (résidents seul.) 130/160 ⅋ – ☲ 60 – **9 ch** 600/920, 3 duplex – ½ P 560/680.

🏨 **Port,** 𝒫 79 25 00 21, Fax 79 25 26 82, ≤, 🍴 – 🛏 📺 ☎ 🅿. 🖪
fermé 15 déc. au 1ᵉʳ fév. – **Repas** *(fermé dim. soir d'oct. à mai et lundi)* 115/210, enf. 60 – ☲ 38 – **25 ch** 330 – ½ P 330/350.

XXX 🌲 ✿✿ **Le Bateau Ivre** (Jacob), 𝒫 79 25 02 66, Fax 79 25 25 03, 🍴, « Ancienne grange à sel, jardin fleuri » – 🅿. 🖭 ⑩ 🖪
début mai-début nov. et fermé merc. du 15 sept. au 1ᵉʳ nov. – **Repas** 195/510 et carte 360 à 450, enf. 100
Spéc. Poêlée de filets de perche en salade de pommes de terre (juil. à sept.). Dos de sandre rôti aux escargots, polenta à l'huile d'olive. Mousse soufflée au chocolat mi-amer. Vins Roussette de Seyssel, Gamay de Savoie.

XXX ✿ **Aub. Lamartine** (Marin), N : 3,5 km par N 504 𝒫 79 25 01 03, Fax 79 25 20 66, ≤ lac, 🍴, 🌳 – 🅿. 🖪
fermé 15 déc. au 20 janv., dim. soir et lundi sauf fériés – **Repas** 160/330 et carte 280 à 360
Spéc. Salade "Lamartine". Omble chevalier farci à la truite saumonée. Selle de chevreuil Grand Veneur (15 sept. au 15 déc.). Vins Chignin-Bergeron, Mondeuse.

X **Beaurivage** avec ch, 𝒫 79 25 00 38, Fax 79 25 06 49, ≤, 🍴 – 📺 ☎ 🅿. 🖪
fermé fin janv. au 24 fév., mardi soir et merc. du 1ᵉʳ sept. au 30 juin – **Repas** 105/205 – ☲ 40 – **7 ch** 270 – ½ P 295.

aux Catons NO : 2,5 km par D 42 – ✉ 73370 Le Bourget-du-Lac :

X **La Cerisaie** 🐾 avec ch, 𝒫 79 25 01 29, Fax 79 25 26 19, ≤ lac et montagnes, 🍴 – ☎ 🅿. 🖭 🖪
fermé vacances de Toussaint, 1ᵉʳ au 7 janv. dim. soir et merc. hors sais. – **Repas** 95/220 – ☲ 30 – **7 ch** 180/250 – ½ P 210/250.

à Bourdeau N : 4 km par D 14 – ✉ 73370 :

🏠 **Terrasse** 🐾, au village 𝒫 79 25 01 01, Fax 79 25 09 97, ≤, 🌳 – 📺 ☎ 🅿. 🖪. ✂ ch
1ᵉʳ mars-15 oct. et fermé mardi midi en sais., dim. soir hors sais. et lundi – **Repas** 100/230, enf. 50 – ☲ 42 – **12 ch** 280 – ½ P 320.

BOURG-LA-REINE 92 Hauts-de-Seine 🗺 ⑩, ⑳ – voir à Paris, Environs.

BOURG-LÈS-VALENCE 26 Drôme 🗺 ⑫ – rattaché à Valence.

BOURG-MADAME 66760 Pyr.-Or. 🗺 ⑯ **G. Pyrénées Roussillon** – 1 238 h alt. 1 130.

Paris 879 – Font-Romeu-Odeillo-Via 19 – Andorre-la-Vieille 68 – Ax-les-Thermes 50 – Carcassonne 141 – Foix 93 – ♦Perpignan 101.

🏨 **Celisol** sans rest, 𝒫 68 04 53 70, 🌳 – 📺 ☎ ⇐ 🅿. 🖪
☲ 31 – **14 ch** 250/270.

🏠 **Paix** sans rest, 𝒫 68 04 53 10 – ☎ 🅿. 🖭 🖪. ✂
☲ 27 – **9 ch** 200/220.

CITROEN Gar. Cerdane 𝒫 68 04 51 53   RENAULT Gar. Pallarès 𝒫 68 04 50 01

BOURGOIN-JALLIEU 38300 Isère 74 ⑬ **G. Vallée du Rhône** – 22 392 h alt. 254.

74 43 28 84, à l'Isle-d'Abeau par ⑥ : 5,5 km.

Office de Tourisme pl. Carnot 74 93 47 50.

Paris 509 ⑦ – ♦Lyon 41 ⑦ – Bourg-en-Bresse 80 ① – ♦Grenoble 64 ③ – La Tour-du-Pin 14 ③ – Vienne 38 ⑥.

BOURGOIN-JALLIEU

Belmont (R. Robert) . . . . . B 3
Libération (R. de la) . . . . . B 18
Liberté (R. de la) . . . . B 19
Pontcottier (R.) . . . . B
République (R. de la) . . AB 31
St-Michel (Pl.) . . . . B 32
23-Août (Pl. du) . . . . B 41

Alsace-Lorraine (Av. d') . . . A 2
Carnot (Pl.) . . . . B 4
Clemenceau (R. Georges) . A 9
Diéderichs (Pl. Ch.) . . . . . . B 10
Gambetta (Av.) . . . . A 12
Génin (Av. Ambroise) . . . . A 15
Halle (Pl. de la) . . . . B 16
Moulin (R. J.) . . . . B 21
Moulins (R. des) . . . . B 22
Nations-Unies (Av. des) . . . . B 23
Paix (R. de la) . . . . A 25
Pouchelon (R. de) . . . . B 26
République (Pl. de la) . . . . A 29
Seigner (R. Joseph) . . . . . . A 35
Victor-Hugo (R.) . . . . B 36
19-Mars-62 (R. du) . . . . AB 39

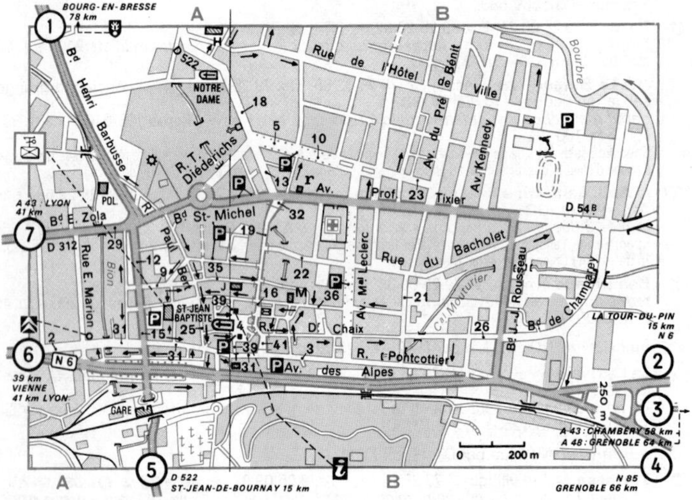

Menestret, par ⑥ : 1 km sur N 6 74 93 13 01, Fax 74 28 46 70 – . AE GB. rest
fermé 24 déc. au 3 janv., dim. soir et lundi midi – **Repas** 90/190, enf. 48 – 30 – **9 ch** 190/255 – ½ P 190/238.

XX **Chavancy,** av. Tixier 74 93 63 88, Fax 74 28 42 44 – . AE GB B r
fermé 23 juil. au 23 août, dim. soir et lundi – **Repas** 95/330.

par ② : 2 km par N 6 et rte de Boussieu – 38300 Bourgoin-Jallieu :

XXXX ✿ **Laurent Thomas - les Séquoias** avec ch, Vie de Boussieu 74 93 78 00, Fax 74 28 60 90, , « Demeure bourgeoise dans un parc », – rest . AE GB
fermé 7 au 31 août, dim. soir, lundi et soirs fériés – **Repas** 140 (déj.), 200/340 et carte 300 à 380 – 55 – **5 ch** 500/700
Spéc. Ravioles de chèvre au bouillon de poule. Filet de Saint Pierre aux olives. Pigeonneau rôti en bécasse.

à la Combe-des-Éparres par ④ : 7 km – 38300 Bourgoin-Jallieu :

L'Auberge, sur N 85 74 92 01 17 – AE GB
fermé 15 au 31 août, dim. soir et lundi soir – **Repas** 63/155 – 20 – **8 ch** 85/195 – ½ P 145/185.

à La Grive par ⑥ : 4,5 km – 38080 l'Isle-d'Abeau :

XX **Bernard Lantelme,** 74 28 19 12, – . GB
fermé 30 juil. au 21 août, sam. midi et dim. – **Repas** 125/230.

sur autoroute A 43 - aire l'Isle-d'Abeau - ou accès par ⑥ et N 6 : 6,5 km – 38080 l'Isle-d'Abeau :

Ibis sans rest, 74 27 27 91, Fax 74 27 01 45 – ch . AE GB
35 – **33 ch** 265/290.

à l'Isle-d'Abeau - ville nouvelle par ⑥ : 10,5 km – ⊠ **38090** Villefontaine :

🏨 **Mercure** Ⓜ, ℘ 74 96 80 00, Télex 308100, Fax 74 96 80 99, 🍽, *Lô*, ⊼, ⊡, 🚗, ✻ – ❙❘❙
cuisinette ⚒ ch ▤ 📺 ☎ ৬ 🅿 – 🔏 150. 🆎 ⑩ 🆖
Repas 130, enf. 50 – ⊡ 50 – **116 ch** 395/540, 30 studios.

à l'Isle-d'Abeau-Bourg par ⑦ : 7 km – 5 554 h. – ⊠ **38080** l'Isle-d'Abeau :

🏨 **Otelinn** Ⓜ, r. Creuzat - Parc d'affaires St-Hubert ℘ 74 27 13 55, Fax 74 27 22 21, 🍽 –
📺 ☎ ৬ 🅿 – 🔏 30. 🆎 ⑩ 🆖 ᴊᴄʙ
Repas *(fermé 31 juil. au 20 août et dim.)* 82/155 ⅃ – ⊡ 36 – **45 ch** 270/300.

✗ **Relais du Catey** ⬙ avec ch, r. Didier ℘ 74 27 02 97, Fax 74 27 89 43, 🍽, 🚗 – 🅿. 🆎
🆖
fermé 30 juil. au 15 août – **Repas** *(fermé dim. soir et lundi)* 98 (déj.), 140/200 – ⊡ 31 – **8 ch**
110/200 – ½ P 180/225.

CITROEN Gar. Pellet, 5 av. Alsace-Lorraine
℘ 74 93 25 63
CITROEN Gar. Cruizille, à Villefontaine par ⑥
℘ 74 96 52 30
NISSAN Gar. Blondet, N 6 à Ruy ℘ 74 93 43 24
PEUGEOT Gar. Gonin, 1 r. J.-Cugnot par ⑦
℘ 74 93 00 90
RENAULT Gar. Girard, 88 av. H.-Barbusse A
℘ 74 43 50 00 🅽 ℘ 74 43 09 57

V.A.G. Gar. Reypin, 25 r. Pontcottier ℘ 74 28 07 34

⑨ Euromaster, ZI La Maladière, 4 r. Isaac-Asimov
℘ 74 93 66 31
Euromaster, 74 av. Prof.-Tixier ℘ 74 28 33 10
Mathieu Pneus, 14 bis r. Funas ℘ 74 28 00 22
Prieur Pneus Point S, 17 av. Alsace-Lorraine
℘ 74 93 31 34

BOURG-ST-ANDÉOL 07700 Ardèche 🔟 ⑨ ⑩ G. Vallée du Rhône (plan) – 7 795 h alt. 68.

Voir Église★.

🛈 Office de Tourisme pl. Champ-de-Mars ℘ 75 54 54 20, Fax 75 54 66 49.

Paris 632 – Montélimar 25 – Nyons 51 – Pont-Saint-Esprit 15 – Privas 55 – Vallon-Pont-d'Arc 30.

🏨 **Le Prieuré**, quai du Rhône ℘ 75 54 62 99, Fax 75 54 63 73, ≤ – ▤ rest 📺 ☎. 🆎 🆖
Repas *(fermé au 18 sept., dim. soir sauf du 14 juil. au 31 août et sam. midi)* 68 (déj.),
98/260 – ⊡ 38 – **16 ch** 260/380 – ½ P 280/320.

🏨 **Moderne**, pl. Champ de Mars ℘ 75 54 50 12 – 📺 ☎ ⇔. 🆎 🆖. ✻ rest
✦ *fermé 1ᵉʳ déc. au 1ᵉʳ mars* – **Repas** *(fermé sam. midi en sais., dim. soir et sam. hors saison)*
75/180, enf. 47 – ⊡ 30 – **21 ch** 110/280 – ½ P 160/250.

CITROEN Gar. Goussard, 13 fg Notre-Dame ℘ 75 54 50 27 🅽 ℘ 75 54 80 63

BOURG-STE-MARIE 52150 H.-Marne 🔢 ⑬ – 117 h alt. 329.

Paris 313 – Chaumont 38 – Langres 45 – Neufchâteau 24 – Vittel 38.

🏨 **St-Martin**, ℘ 25 01 10 15, Fax 25 03 91 68 – ▤ rest 📺 ☎ 🅿 – 🔏 30. 🆎 ⑩ 🆖
✦ *fermé 15 déc. au 10 janv. et dim. soir du 15 nov. au 1ᵉʳ mars* – **Repas** 76/180 ⅃, enf. 55 –
⊡ 35 – **14 ch** 200/260 – ½ P 250/300.

BOURG-ST-MAURICE 73700 Savoie 🔢 ⑱ G. Alpes du Nord – 6 056 h alt. 840 – Sports d'hiver aux Arcs :
1 600/3 200 m ⛷ 1 ⊀68.

🚠 des Arcs Le Chantel ℘ 79 07 43 95, S : 20 km.

🛈 Office de Tourisme pl. Gare ℘ 79 07 04 92.

Paris 635 – Albertville 53 – Aosta 77 – Chambéry 99 – Chamonix-Mont-Blanc 76 – Moûtiers 25 – Val-d'Isère 31.

🏨 **L'Autantic** Ⓜ ⬙ sans rest, rte Hauteville ℘ 79 07 01 70, Fax 79 07 51 55, ≤ – ❙❘❙ 📺 ☎ ৬
⇔ 🅿 – 🔏 40. 🆎 ⑩ 🆖 ᴊᴄʙ
⊡ 40 – **23 ch** 390/440.

🏨 **Host. Petit St-Bernard**, av. Stade ℘ 79 07 04 32, Fax 79 07 32 80 – 📺 ☎ ⇔ 🅿. 🆎 ⑩
🆖
fermé 1ᵉʳ au 10 nov. – **Repas** 95/140, enf. 45 – ⊡ 50 – **20 ch** 330/430 – ½ P 330/350.

🏠 **Arolla** sans rest, av. Centenaire ℘ 79 07 01 78 – 📺 ☎. 🆖
⊡ 30 – **11 ch** 190/300.

✗✗ **Le Montagnole**, 26 av. Stade ℘ 79 07 11 52 – 🆖
fermé 6 au 15 juin, 13 nov. au 4 déc., mardi soir hors sais. et merc. – **Repas** 99/168.

✗ **L'Edelweiss**, face gare ℘ 79 07 05 55 – 🆖
✦ *fermé juin et 1ᵉʳ au 16 nov.* – **Repas** 62/150.

PEUGEOT Gar. Martin, pl. Gare ℘ 79 07 01 44 🅽 ℘ 79 07 03 06

BOURGUEIL 37140 I.-et-L. 🔢 ⑬ G. Châteaux de la Loire – 4 001 h alt. 42.

🛈 Office de Tourisme pl. Halles ℘ 47 97 91 39.

Paris 283 – ♦Tours 45 – Angers 65 – Chinon 17 – Saumur 23.

🏠 **Le Thouarsais** sans rest, pl. Hublin ℘ 47 97 72 05 – 🆖. ✻
fermé 1ᵉʳ au 15 oct. et dim. soir d'oct. à Pâques – ⊡ 24 – **23 ch** 130/330.

✗ **Germain**, r. A. Chartier ℘ 47 97 72 22 – 🆖
fermé 2 au 22 sept., merc. soir et mardi de nov. à juin, dim. soir et lundi sauf fériés –
Repas 90/210, enf. 45.

PEUGEOT Gar. Delafuye, av. St-Nicolas, la Villatte
℘ 47 97 70 48

RENAULT Gar. Pigeon, à St-Nicolas de Bourgueil
℘ 47 97 71 03 🅽 ℘ 47 97 71 03

BOURTH 27580 Eure 60 ⑤ – 1 064 h alt. 192.

Paris 127 – Alençon 76 – L'Aigle 15 – Évreux 44 – Verneuil-sur-Avre 10,5.

XX **Aub. Chantecler,** face église ✆ 32 32 61 45 – AE GB
fermé 31 juil. au 28 août, vacances de fév., dim. soir et lundi sauf fériés – **Repas** 75 (déj.), 118/208 ♁, enf. 40.

BOUSSAC 23600 Creuse 68 ⑳ **G. Berry Limousin** – 1 652 h alt. 334.

Voir Site★ du château.

Env. Toulx Ste-Croix : ✻★★ de la tour S : 11 km.

ℹ Office de Tourisme pl. Hôtel de Ville ✆ 55 65 05 95.

Paris 338 – Aubusson 48 – La Châtre 37 – Guéret 40 – Montluçon 35 – St-Amand-Montrond 55.

XX **Relais Creusois,** ✆ 55 65 02 20 – GB
fermé fév., mardi soir et merc. hors sais. – **Repas** 120/400.

à Nouzerines NO : 11 km par D 97 – ✉ 23600 Boussac :

La Bonne Auberge ⛰, ✆ 55 82 01 18 – GB. ✻ ch
fermé 28 juil. au 13 août, 22 déc. au 2 janv., vend. soir et sam. – **Repas** 50/140 ♁ – ☕ 20 – **9 ch** 125/180 – ½ P 140/170.

PEUGEOT Gar. Chauvet, ✆ 55 65 04 11

RENAULT Gar. Chaubron, ✆ 55 65 01 32 N ✆ 05 05 15 15

Get your copy of the ***Michelin Green Guide to Rome.***

BOUT-DU-LAC 74 H.-Savoie 74 ⑯ – alt. 448 – ✉ 74210 Faverges.

Voir Combe d'Ire★ S : 3 km, **G. Alpes du Nord.**

Paris 555 – Annecy 18 – Albertville 27 – Megève 42.

au Bord du Lac :

XX **Chappet** avec ch, ✆ 50 44 30 19, ⛱, « Terrasse au bord de l'eau », ⛵, ⛱ – TV ☎ P. AE GB
10 fév.-30 sept. et fermé jeudi soir et lundi sauf juil.-août – **Repas** 165/300 – ☕ 42 – **10 ch** 350/380 – ½ P 380/400.

à Doussard S : 3 km par N 508 et VO – ✉ 74210 Faverges :

Marceau ⛰, à Marceau-Dessus O : 2 km par N 508 et VO ✆ 50 44 30 11, Fax 50 44 39 44, ≤, ⛱, ⛱, 🎾 – TV ☎ 🚗 P. AE ⓓ GB
1er fév.-10 oct. – **Repas** 130/330 – ☕ 50 – **15 ch** 470/660 – ½ P 600.

Arcalod, ✆ 50 44 30 22, Fax 50 44 85 03, 🏊, ⛱ – |‡| TV ☎ P. AE ⓓ GB. ✻ rest
14 avril-10 oct. et 17 fév.-5 mars – **Repas** 80/145 – ☕ 40 – **33 ch** 300/450 – ½ P 290/340.

BOUT-DU-PONT-DE-LARN 81 Tarn 83 ⑫ – rattaché à Mazamet.

BOUTENAC-TOUVENT 17120 Char.-Mar. 71 ⑥ – 219 h alt. 45.

Paris 507 – Royan 31 – Blaye 51 – Jonzac 29 – Pons 23 – Saintes 33.

Le Relais M, à Touvent ✆ 46 94 13 06, Fax 46 94 10 40, ⛱, ⛱ – TV ☎ ♿ P. GB
fermé 18 au 28 déc., dim. soir et lundi sauf juil.-août – **Repas** 90/170 – ☕ 40 – **12 ch** 240/290 – ½ P 290.

BOUXWILLER 67330 B.-Rhin 57 ⑱ **G. Alsace Lorraine** – 3 693 h alt. 220.

Env. Tapisseries★★ dans l'église St-Pierre et St-Paul★ de Neuwiller-les Saverne O : 7 km.

ℹ Office de Tourisme du Pays de Hanau ✆ 88 70 70 16.

Paris 448 – ♦Strasbourg 38 – Bitche 36 – Haguenau 23 – Sarrebourg 39 – Saverne 15.

Heintz, ✆ 88 70 72 57, ⛱, 🏊, ⛱ – TV ☎ 🚗 P. GB. ✻
fermé 1er au 15 juil., 1er au 8 nov. et 25 janv. au 10 fév. – **Repas** *(fermé dim. soir et lundi)* 65 (déj.), 85/195 ♁ – **16 ch** ☕ 240/340 – ½ P 230/250.

PEUGEOT Gar. Wietrich, rte de Strasbourg à Hochfelden ✆ 88 91 51 05
RENAULT Gar. Braunecker, à Ingwiller ✆ 88 89 43 78 N ✆ 88 89 43 78
RENAULT Gar. Hammann, à Hochfelden ✆ 88 91 50 37

RENAULT Gar. Roehrig, ZI rte d'Obermodern ✆ 88 70 76 90

Ⓜ Agri Auto, à Wilwisheim ✆ 88 91 91 09

BOUZEL 63910 P.-de-D. 73 ⑮ – 510 h alt. 321.

Paris 437 – ♦Clermont-Ferrand 20 – Ambert 57 – Issoire 39 – Thiers 25 – Vichy 47.

XX **Aub. du Ver Luisant,** ✆ 73 62 93 83 – ⓓ GB. ✻
fermé 16 août au 5 sept., 25 au 31 déc., dim. soir et lundi – **Repas** 95/250, enf. 50.

BOUZE-LÈS-BEAUNE 21 Côte d'Or 70 ① – rattaché à Beaune.

46330 Lot ⅞ ⑧ G. Périgord Quercy – 77 h alt. 136.

Voir Chemin de halage du Lot★.

Paris 588 – Cahors 26 – Figeac 49 – Gourdon 47 – Villefranche-de-Rouergue 40.

🏡 **Les Falaises** 🦢, 🖋 65 31 26 83, Fax 65 30 23 87, ≤, 🍃, 🏊, 🐎, ✵ – 📺 ☎ & 🅿 –
＋ 🔁 40. 🖭 ☖️
fermé 5 déc. au 6 janv. – **Repas** 77/230 ⅄, enf. 45 – 🖃 34 – **39 ch** 281/320 – ½ P 272/291.

34 Hérault 🎇 ⑯ – rattaché à Mèze.

17 Char.-Mar. 🎱 ⑬ – voir à Oléron (Ile d').

12340 Aveyron 🎱 ③ G. Gorges du Tarn – 2 060 h alt. 610.

Voir Trou de Bozouls★.

Paris 611 – Rodez 23 – Espalion 10,5 – Mende 96 – Sévérac-le-Château 40.

🏡 **A la Route d'Argent,** sur D 988 🖋 65 44 92 27, Fax 65 48 81 40, 🏊 – 📺 ☎ 🚗 🅿. 🖭
＋ ⓿ ☖️
fermé fév. et dim. soir hors sais. – **Repas** 70/210 ⅄ – 🖃 30 – **18 ch** 130/220 – ½ P 240/280.

%% **Le Belvédère** 🦢 avec ch, 🖋 65 44 92 66, Fax 65 48 87 33, ≤ Trou de Bozouls, 🍃 – 📺
☎. ☖️
fermé déc. et dim. soir hors sais. – **Repas** 75 (déj.), 97/175 – 🖃 28 – **11 ch** 230/290 –
½ P 220/250.

41250 L.-et-Ch. 🎇 ⑱ G. Châteaux de la Loire – 1 157 h alt. 81.

Paris 183 – ◆Orléans 60 – Blois 18 – Châteauroux 92 – Montrichard 37 – Romorantin-Lanthenay 29.

🏡 **La Bonnheure** 🦢 sans rest, 🖋 54 46 41 57, Fax 54 46 05 90, 🐎 – cuisinette 📺 ☎ 🅿. 🖭
☖️
fermé 25 déc. au 31 janv. – 🖃 36 – **11 ch** 250/320.

🏡 **Cygne et rest. Autebert,** 🖋 54 46 41 07, Fax 54 46 04 87 – 📺 ☎ & 🅿. ☖️
fermé mi-janv. à mi-fév., dim. soir et merc. hors sais. – **Repas** 82/160, enf. 60 – 🖃 29 –
13 ch 245/300 – ½ P 220.

%%%% ❀❀ **Bernard Robin,** 🖋 54 46 41 22, Fax 54 46 03 69, 🍃, « Jardin » – 🖭 ☖️
fermé 22 déc. au 15 janv., mardi soir et merc. sauf juil.-août – **Repas** (nombre de couverts
limité - prévenir) 195/565 et carte 320 à 550
Spéc. Carré et ris de veau à la tourangelle (15 janv. au 15 sept.). Queue de boeuf en hachis parmentier, jus au truffes.
Cuisse de lièvre à la royale (oct. à déc.). **Vins** Cheverny blanc, Chinon.

RENAULT Gar. Warsemann, 🖋 54 55 33 34 🔃 🖋 54 95 02 02

71 S.-et-L. 🎱 ⑪ – rattaché à Tournus.

56 Morbihan 🎇 ① – rattaché à Hennebont.

24310 Dordogne 🎱 ⑤ G. Périgord Quercy – 2 080 h alt. 103.

Voir Site★ – Clocher★★ de l'église abbatiale – Bords de la Dronne★★.

🛈 Syndicat d'Initiative Pavillon Renaissance 🖋 53 05 80 52, Fax 53 05 73 19.

Paris 480 – Angoulême 60 – Périgueux 27 – ◆Limoges 80 – Nontron 24 – Ribérac 37 – Thiviers 27.

🏰 ❀ **Moulin de l'Abbaye** 🖩, 🖋 53 05 80 22, Fax 53 05 75 27, ≤, 🍃, « Terrasse au bord de
l'eau », 🐎 – 📺 ☎ & 🚗 🅿. 🖭 ⓿ ☖️ ⋐
mai-nov. – **Repas** (fermé lundi midi) 210/450, enf. 95 – 🖃 75 – **17 ch** 650/1100, 3 appart –
½ P 715/940
Spéc. Beignet de truffes à la pulpe de pommes de terre. Escalope de foie de canard aux sucs d'oignons nouveaux.
Gratin de fruits rouges à la Mandarine Impériale. **Vins** Bergerac, Pécharmant.

🏰 **Chabrol,** 🖋 53 05 70 15, Fax 53 05 71 85, 🍃, « Terrasse surplombant la rivière » – 📺
☎. 🖭 ⓿ ☖️ ⋐
fermé 15 nov. au 15 déc., 5 au 25 fév., dim. soir et lundi d'oct. à juin sauf fériés –
Repas 170/400 – 🖃 45 – **20 ch** 280/450 – ½ P 400/500.

🏠 **Domaine de la Roseraie** 🦢 sans rest, rte Angoulême 🖋 53 05 84 74, Fax 53 05 77 94,
parc – ⤬ ch 📺 & 🅿. 🖭 ☖️
fermé fév. – 🖃 50 – **7 ch** 300/680.

🏠 **Périgord Vert,** 🖋 53 05 70 58, 🍃 – 📺 ☎ 🅿 – 🔁 30. ☖️. ✵ ch
fermé vend. (sauf hôtel) et dim. soir du 15 nov. au 31 mars – **Repas** 95/250 – 🖃 35 – **18 ch**
245/290 – ½ P 250/280.

à Champagnac de Belair NE : 6 km par D 78 et D 83 – ✉ 24530 :

🏰 ❀ **Moulin du Roc** (Mme Gardillou) 🖩 🦢, 🖋 53 54 80 36, Fax 53 54 21 31, ≤, 🍃,
« Ancien moulin à huile, terrasse et jardin au bord de l'eau », 🏊, ✵ – 📺 ☎ 🅿. 🖭 ⓿
☖️ ⋐
fermé 15 nov. au 15 déc. et 15 janv. au 15 fév. – **Repas** (fermé merc. midi et mardi) 150 bc
(déj.), 200/280 – 🖃 55 – **10 ch** 400/600, 4 appart – ½ P 600/700
Spéc. Terrine tout canard parfumée à l'estragon. Pied de cochon farci aux truffes. Croustillant de poires chaudes, sauce
caramel. **Vins** Bergerac, Pécharmant.

à *Bourdeilles* SO : 10 km par D 78 – 8 110 h. – ⊠ **24310** :

Voir château★ : mobilier★★, cheminée★★ de la salle à manger.

🏰 **Griffons**, ℰ 53 03 75 61, Fax 53 04 64 45, ≤, 🌿 – **☎**. ஊ ⅁⅁
1ᵉʳ avril-30 sept. – **Repas** *(fermé mardi midi en mai et juin)* 145/190 – ☲ 48 – **10 ch** 390/420 – ½ P 390/420.

CITROEN Gar. Desvergne, ℰ 53 05 70 29 🄽 ℰ 53 05 83 93

BRASSAC-LES-MINES **63570** P.-de-D. 🏢🏢 ⑤ – 3 446 h alt. 409.

Env. Auzon : site★, statue de N.-D.-du-Portail★★ dans l'église SE : 6,5 km, G. Auvergne.

Paris 474 – ♦ Clermont-Ferrand 56 – Brioude 13 – Issoire 21 – Murat 61 – Le Puy-en-Velay 74 – St-Flour 52.

🏠 **Le Limanais**, av. Ste-Florine ℰ 73 54 13 98 – **☎ ℗**. ⅁⅁. ✻ rest
➡ *fermé 2 au 31 janv., sam. midi et vend. sauf juil.-août* – **Repas** 80/300 ⌀ – ☲ 32 – **15 ch** 165/260 – ½ P 195/230.

CITROEN Gar. Beauger, à Charbonnier-les-Mines   FORD Gar. Jourdes, 3 pl. Musée ℰ 73 54 10 02
ℰ 73 54 03 34   PEUGEOT Gar. Maisonneuve, ℰ 73 54 19 21

BRAX **47** L.-et-G. 🏢🏢 ⑮ – rattaché à Agen.

BRÉBIÈRES **62** P.-de-C. 🏢🏢 ③ – rattaché à Douai.

BRÉDANNAZ **74** H.-Savoie 🏢🏢 ⑥ ⑯ – alt. 450 – ⊠ **74210** Faverges.

Paris 552 – Annecy 15 – Albertville 30 – Megève 45.

🏠 **Port et Lac**, ℰ 50 68 67 20, ≤, 🌿, 🐾, 🚣 – **☎ ℗** ⅁⅁
➡ *fév.-nov.* – **Repas** 75/200, enf. 45 – ☲ 44 – **19 ch** 175/345 – ½ P 225/330.

à *Chaparon* S : 1,5 km par VO – ⊠ **74210** Faverges :

🏰 **La Châtaigneraie** 🌳, ℰ 50 44 30 67, Fax 50 44 83 71, ≤, 🌿, « Jardin ombragé », ✻ – cuisinette ⅍⅍ ch 📺 **☎ ℗** ஊ ◑ ⅁⅁. ✻ rest
1ᵉʳ fév.-25 oct. et fermé dim. soir et lundi hors sais. – **Repas** 98 (déj.), 110/275, enf. 55 – ☲ 45 – **19 ch** 365/395, 6 studios – ½ P 325/365.

La BRÈDE **33650** Gironde 🏢🏢 ⑩ – 2 846 h alt. 25.

Paris 601 – ♦ Bordeaux 22 – Langon 30 – Libourne 50.

✕✕ **La Maison des Graves**, av. Gén. de Gaulle ℰ 56 20 24 45 – ஊ ◑ ⅁⅁
fermé 15 au 31 juil., dim. soir et lundi – **Repas** 69 (déj.), 98/165 ⌀.

BRÉHAL **50290** Manche 🏢🏢 ⑦ – 2 351 h alt. 52.

🏌 ℰ 33 51 58 88, O : 5 km.

Paris 344 – St-Lô 43 – Coutances 19 – Granville 10 – Villedieu-les-Poêles 26.

🏠 **Gare**, ℰ 33 61 61 11 – 📺 **☎ ℗**. ஊ ⅁⅁
➡ *fermé 5 au 19 juin, 22 déc. au 31 janv., dim. soir et lundi sauf juil.-août* – **Repas** 71 (déj.), 78/179 ⌀ – ☲ 38 – **9 ch** 280/300 – ½ P 274.

RENAULT Gar. Lainé, ℰ 33 61 62 52 🄽 ℰ 33 61 62 52

La BREILLE-LES-PINS **49390** M.-et-L. 🏢🏢 ⑬ – 345 h alt. 110.

Paris 280 – Angers 58 – Baugé 30 – Chinon 33 – Saumur 17.

✕✕ **Orée des Bois** avec ch, ℰ 41 38 85 45, Fax 41 38 86 07, 🌿 – 📺 **☎ ℗**. ⅁⅁
fermé 1ᵉʳ au 19 oct., 1ᵉʳ au 26 janv., lundi soir et mardi – **Repas** 90/170, enf. 40 – ☲ 30 – **6 ch** 220/250 – ½ P 200/250.

BREIL-SUR-ROYA **06540** Alpes-Mar. 🏢🏢 ⑳ 🏢🏢🏢 ⑱ G. Côte d'Azur – 2 058 h alt. 286.

Env. Saorge : site★★, Madonna del Poggio★, couvent des Franciscains ≤★★ N : 9 km – Gorges de Saorge★★ N : 9 km.

🅱 Office de Tourisme pl. Brancheri ℰ 93 04 99 76 (saison) - Mairie ℰ 93 04 99 99 (hors saison).

Paris 898 – Menton 35 – ♦ Nice 58 – Tende 20 – Ventimiglia 25.

🏰 **Castel du Roy** 🌳, N : 1 km par N 204 ℰ 93 04 43 66, Fax 93 04 91 83, ≤, 🌿, « Parc en bordure de rivière », 🏊 – 📺 **☎ & ℗**. ஊ ⅁⅁
1ᵉʳ mars-31 oct. – **Repas** *(fermé mardi sauf du 15 juin au 15 sept.)* 100/210, enf. 70 – ☲ 35 – **19 ch** 390 – ½ P 310/330.

🏠 **Roya**, pl. Biancheri ℰ 93 04 48 10, Fax 93 04 92 70, 🌿 – 📺 **☎**. ⅁⅁
fermé vacances de fév. – **Repas** *(fermé vend. sauf juil.-août)* 90/210 ⌀, enf. 55 – ☲ 30 – **13 ch** 280 – ½ P 250.

BRELIDY **22140** C.-d'Armor 🏢🏢 ② – 325 h alt. 100.

Voir Église de Runan★ NE : 4 km, G. Bretagne.

Paris 499 – St-Brieuc 50 – Carhaix-Plouguer 61 – Guingamp 14 – Lannion 26 – Morlaix 55 – Plouaret 23.

🏰 **Château de Brelidy**, ℰ 96 95 69 38, Fax 96 95 18 03, ≤, « Demeure du 16ᵉ siècle 🌳 dans un parc » – **☎ & ℗** – ⅍ 25. ஊ ⅁⅁. ✻ rest
15 avril-2 nov. – **Repas** (dîner seul.)(résidents seul.) – ☲ 50 – **10 ch** 430/685 – ½ P 400/510.

🛈 Office de Tourisme 21 quai Iranées ℘ 29 25 41 29, Fax 29 25 64 61.

Paris 452 – Colmar 53 – Épinal 58 – Gérardmer 13 – Remiremont 33 – Thann 38 – Le Thillot 19.

🏨 **Vallées et sa Résidence** Ⓜ 🛏, 31 r. P. Claudel ℘ 29 25 41 39, Télex 960573, Fax 29 25 64 38, ≤, 🍽, « Parc », 🌲, ✕ – 🛗 cuisinette 📺 ☎ & ⟷ ❷ – 🛎 200. 亜 ⓪ GB
Repas 87/230 🍷, enf. 55 – 🍴 37 – **54 ch** 310/370 – ½ P 310.

🏨 **du Chevreuil Blanc**, 3 r. P. Claudel ℘ 29 25 41 08 – 📺 ☎ ❷. ⓪ GB JCB
→ fermé 1er au 12 juin et 15 au 25 oct. – **Repas** 60/130 🍷, enf. 40 – 🍴 30 – **10 ch** 230/250 – ½ P 220/230.

au NE : 6,5 km par D 34 et D 34D – ⊠ 88250 La Bresse :

🍴🍴 **Aub. du Pêcheur** avec ch, ℘ 29 25 43 86, Fax 29 25 52 59, ≤, 🍽 – cuisinette 📺 ❷. 亜
→ ⓪ GB
fermé 15 au 30 juin, 1er au 15 déc., mardi soir sauf vacances scolaires et merc. – **Repas** 68/140 🍷, enf. 46 – 🍴 25 – **5 ch** 190/250.

à Belles-Huttes NE : 8 km par D 34 et D 34D – ⊠ **88250** La Bresse :

🍴 **Le Slalom,** ℘ 29 25 41 71, Fax 29 25 60 59, ≤ – ❷. 亜 ⓪ GB
→ fermé nov. – **Repas** (libre-service en saison d'hiver) 80/180 🍷, enf. 50.

CITROEN Gar. Jeangeorge, 7 r. Mougel Bey ℘ 29 25 40 41
PEUGEOT Gar. du Pont de la Plaine, 23 rte de Cornimont ℘ 29 25 40 88

RENAULT Gar. Bertrand, Grande rue ℘ 29 25 40 69
🆘 ℘ 29 25 55 06
VAG Gar. Deybach, 52 rte de Vologne ℘ 29 25 46 91

Une réservation confirmée par écrit est toujours plus sûre.

BRESSON 38 Isère 77 ⑤ – rattaché à Grenoble.

🛈 Office de Tourisme avec A.C. pl. Hôtel de Ville ℘ 49 65 10 27.
Paris 355 ① – Angers 81 ① – Cholet 46 ④ – Niort 62 ③ – Poitiers 82 ② – La Roche-sur-Yon 87 ④.

BRESSUIRE

Gambetta (R.)	20
Notre-Dame (Pl. et ➾)	29
Albert-1er (Bd)	2
Alexandre-1er (Bd).	3
Anciens-Combattants (Pl. des)	4
Aubry (Bd du Col.)	5
Bujault (R. J.)	6
Cave (R. de la).	7
Campes (R. des)	8
Clemenceau (Bd G.)	10
Denfert-Rochereau (R.)	12
Docteur-Brillaud (R. du)	14
Dugesclin (R.).	15
Dupin (Pl.)	16
Fossés (R. des)	18
Hardilliers (R. des)	22
Héry (R. René)	23
Jaurès (R. J.)	24
Labâte (Pl.)	25
Libération (Pl. de la)	26
Lorand (R. G.)	27
Nérisson (Bd J.)	28
Pasteur (R.)	30
Religieuses (R. des)	32
St-Jacques (Pl.)	33
St-Jean (Pl. et R.)	35
Salengro (R. Roger)	36
Sarrail (R. du Gén.)	37
Tourette (R. de la)	39
Vergne (R. de la)	40
5-Mai (Pl. du)	42

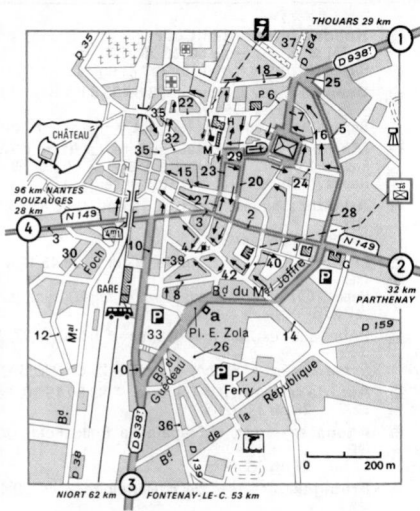

🏨 **Boule d'Or,** 15 pl. É. Zola **(a)** ℘ 49 65 02 18, Fax 49 74 11 19 – 📺 ☎ ⟷ ❷ – 🛎 30. 亜
→ GB
fermé août, 1er au 20 janv. et dim. soir – **Repas** 62/190 🍷 – 🍴 30 – **20 ch** 210/270 – ½ P 198/238.

FIAT, LANCIA Gar. Chauvin Besse, 5 r. Gén.-André ℘ 49 65 06 14
PEUGEOT Gar. Cornu, bd de Thouars par ① ℘ 49 74 20 44 🆘 ℘ 49 94 72 53
RENAULT Gar. Goyault et Jolly, rte de Poitiers par ② ℘ 49 74 15 33 🆘 ℘ 49 94 70 46

VAG Gar. Chollet, bd de Nantes ℘ 49 65 04 00

🛞 Bressuire Pneus, 89 bd de Poitiers ℘ 49 74 13 86

BREST 🚉 **29200** Finistère 📶 ④ G. Bretagne – 147 956 h Communauté urbaine 213 838 h alt. 34.

Voir Oceanopolis★★ – Cours Dajot ⩽★★ EZ – Traversée de la rade★ et promenade en rade★ – Visite arsenal et base navale ★ DZ – Musée des Beaux-Arts★ EZ **M.**

Env. Pont Albert-Louppe ⩽★ 7,5 km par ⑤.

📶 Brest-Iroise ♂ 98 85 16 17, par ④ : 25 km ; 📶 des Abers, à Plouarzel, ♂ 98 89 68 33, par ① : 24 km.

🛬 de Brest-Guipavas : ♂ 98 32 01 00, par ② : 10 km.

🖪 Office de Tourisme 1 pl. Liberté ♂ 98 44 24 96, Fax 98 44 53 73 – A.C. 9 r. Siam ♂ 98 44 32 89.

Paris 596 ② – Lorient 134 ⑤ – Quimper 72 ⑤ – ◆Rennes 244 ② – Saint-Brieuc 143 ②.

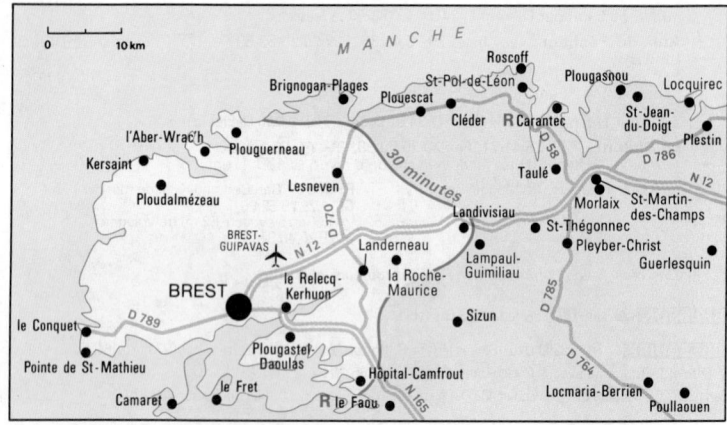

🏨 **Holiday Inn Garden Court** Ⓜ, 41 r. Branda ♂ 98 80 84 00, Fax 98 80 84 84 – 📶 🗲 ch
➡ ▤ 📺 🕿 🕭 ⟗ – 🔏 50. 🖭 ⑩ 🆚 🍱
    EY **t**
    Repas *(fermé dim. midi)* 56/160 ⅄, enf. 45 – ☲ 50 – **84 ch** 360/450.

🏨 **Océania** Ⓜ, 82 r. Siam ♂ 98 80 66 66, Télex 940951, Fax 98 80 65 50 – 📶 ▤ rest 📺 🕿 🕭
    – 🔏 200. 🖭 ⑩ 🆚 🍱
    EY **r**
    Repas *(fermé dim. soir)* 100/190 ⅄ – ☲ 50 – **82 ch** 460/700.

🏨 **Mercure Continental**, square La Tour d'Auvergne ♂ 98 80 50 40, Télex 940575,
    Fax 98 43 17 47 – 📶 🗲 ch 📺 🕿 – 🔏 60. 🖭 ⑩ 🆚 🍱
    EY **f**
    Repas *(fermé sam. et dim.)* (dîner seul.) 95 ⅄, enf. 40 – ☲ 50 – **75 ch** 350/480.

🏨 **Atlantis** sans rest, 157 r. J. Jaurès ♂ 98 43 58 58, Fax 98 43 58 01 – 📶 📺 🕿 🕭. 🖭 ⑩
    🆚
    BX **d**
    ☲ 38 – **50 ch** 190/310.

🏨 **La Corniche** ⚹, 1 r. Amiral Nicol ♂ 98 45 12 42, Fax 98 49 01 53, ☞, ⁕ – 📺 🕿 🅿. 🖭
➡ 🆚
    AX **a**
    Repas *(fermé vend., sam., dim. et fériés)* (dîner seul.) 80/300 ⅄ – ☲ 38 – **16 ch** 295/405 –
    ½ P 275.

🏨 **Paix** sans rest, 32 r. Algésiras ♂ 98 80 12 97, Fax 98 43 30 95 – 📶 📺 🕿. 🖭 ⑩ 🆚
    🍱
    EY **y**
    fermé 23 déc. au 15 janv. – ☲ 30 – **25 ch** 245/300.

🏨 **Astoria** sans rest, 9 r. Traverse ♂ 98 80 19 10, Fax 98 80 52 41 – 📺 🕿. 🖭 🆚
    EZ **e**
    ☲ 27 – **26 ch** 115/205.

🏨 **Agena** sans rest, r. Frégate La Belle Poule ♂ 98 44 23 88, Fax 98 43 20 63 – 📺 🕿.
    🆚
    EZ **u**
    ☲ 30 – **21 ch** 185/275.

🏨 **Bretagne** sans rest, 24 r. Harteloire ♂ 98 80 41 18, Fax 98 44 72 27 – 📺 🕿. 🖭 🆚.
    ⁕
    BX **e**
    ☲ 27 – **21 ch** 190/235.

🏨 **Colbert** sans rest, 12 r. Lyon ♂ 98 80 47 21, Fax 98 43 28 00 – 🗲 ch 📺 🕿. 🖭 🆚
    EY **m**
    ☲ 25 – **27 ch** 149/285.

🍴🍴🍴 **Le Nouveau Rossini**, 22 r. Cdt Drogou ♂ 98 47 90 00, ☞, ⁕ – 🅿. 🖭 🆚
    BV **b**
    fermé 15 août au 6 sept., 5 au 11 mars, dim. soir et lundi – **Repas** 98/340 et carte 260 à 330.

🍴🍴🍴 **Frère Jacques**, 15 bis r. Lyon ♂ 98 44 38 65 – 🆚
    EY **q**
    fermé 28 août au 3 sept., sam. midi et dim. – **Repas** 116/174 et carte 220 à 330.

🍴🍴🍴 **Le Vatel**, 23 r. Fautras ♂ 98 44 51 02 – 🖭 ⑩ 🆚
    EY **a**
    fermé 30 juil. au 16 août, dim. sauf le midi de sept. à juin et lundi soir – **Repas** 90/300 et carte
    260 à 370.

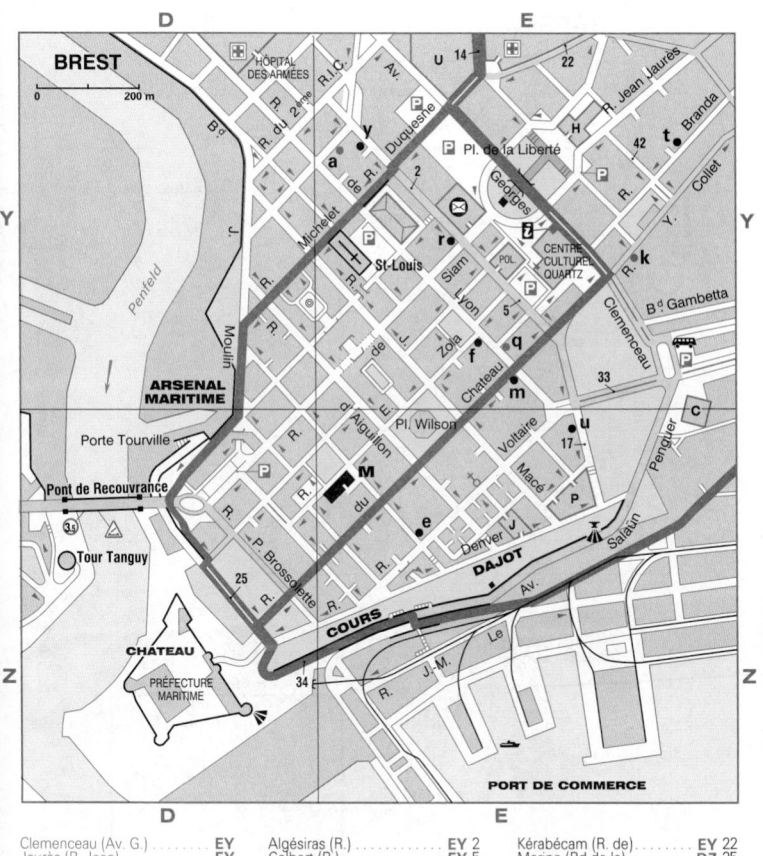

BREST

0   200 m

HÔPITAL DES ARMÉES

Pl. de la Liberté

Penfeld

St-Louis

ARSENAL MARITIME

CENTRE CULTUREL QUARTZ

Porte Tourville

Pont de Recouvrance

Tour Tanguy

Pl. Wilson

CHÂTEAU

PRÉFECTURE MARITIME

COURS

DAJOT

PORT DE COMMERCE

XX **Ruffé**, 1 bis r. Y. Collet ℘ 98 46 07 70, Fax 98 44 31 46 – ᴁᴇ ᴳᴮ   EY **k**
fermé dim. soir – **Repas** 85/180 ♨, enf. 39.

au Nord par D 788 CV : 5 km – ⊠ 29200 Brest :

🏨 **Novotel** M, Z.A. Kergaradec ℘ 98 02 32 83, Télex 940470, Fax 98 41 69 27, 佘, ⊻ –
◄ 灸 ch, 圓 rest ᴛᴠ ☎ & ₽ – 🛦 25 à 200. ᴁᴇ ⓘ ᴳᴮ ᴶᴄᴮ
Repas 78/150 bc, enf. 50 – ☑ 50 – **85 ch** 430/500.

🏨 **Climat de France** M, près ZA Kergaradec ℘ 98 47 50 50, Fax 98 47 76 62, 佘 – ᴛᴠ ☎ &
₽ – 🛦 30. ᴁᴇ ᴳᴮ
Repas 83/99 ♨, enf. 39 – ☑ 34 – **54 ch** 295.

au Relecq-Kerhuon par ⑤ : 7,5 km – ⊠ 29480 :

🏨 **Relais Confortel** M, Z.I. de Kerscao ℘ 98 28 28 44, Fax 98 28 05 65, 佘 – 灸 ch ᴛᴠ ☎
◄ & ₽ – 🛦 45. ᴁᴇ ᴳᴮ. ❄ rest
Repas 54/140 ♨, enf. 36 – ☑ 30 – **42 ch** 240 – ½ P 199.

à Ste-Anne-du-Portzic par ⑥, D 789 et VO : 7 km – ⊠ 29200 Brest :

🏨 **Belvédère** M ⤸, ℘ 98 31 86 00, Fax 98 31 86 39, ≤ océan – |🛗| 灸 ch ᴛᴠ ☎ & ₽. ᴁᴇ ⓘ
ᴳᴮ
Repas 84/238 ♨ – ☑ 35 – **30 ch** 365/440 – ½ P 285.

MICHELIN, Agence, 1 r. P.-Héroult ZI Loscoat par ② ℘ 98 47 31 31

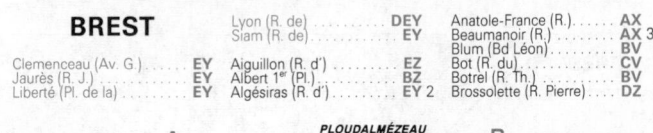

BREST

Clemenceau (Av. G.) . . . . . . EY
Jaurès (R. J.) . . . . EY
Liberté (Pl. de la) . . . . EY

Lyon (R. de) . . . . DEY
Siam (R. de) . . . . EY

Aiguillon (R. d') . . . . EZ
Albert 1er (Pl.) . . . . BZ
Algésiras (R. d') . . . . EY 2

Anatole-France (R.) . . . . . . AX
Beaumanoir (R.) . . . . AX 3
Blum (Bd Léon) . . . . BV
Bot (R. du) CV
Botrel (R. Th.) . . . . BV
Brossolette (R. Pierre) . . . . DZ

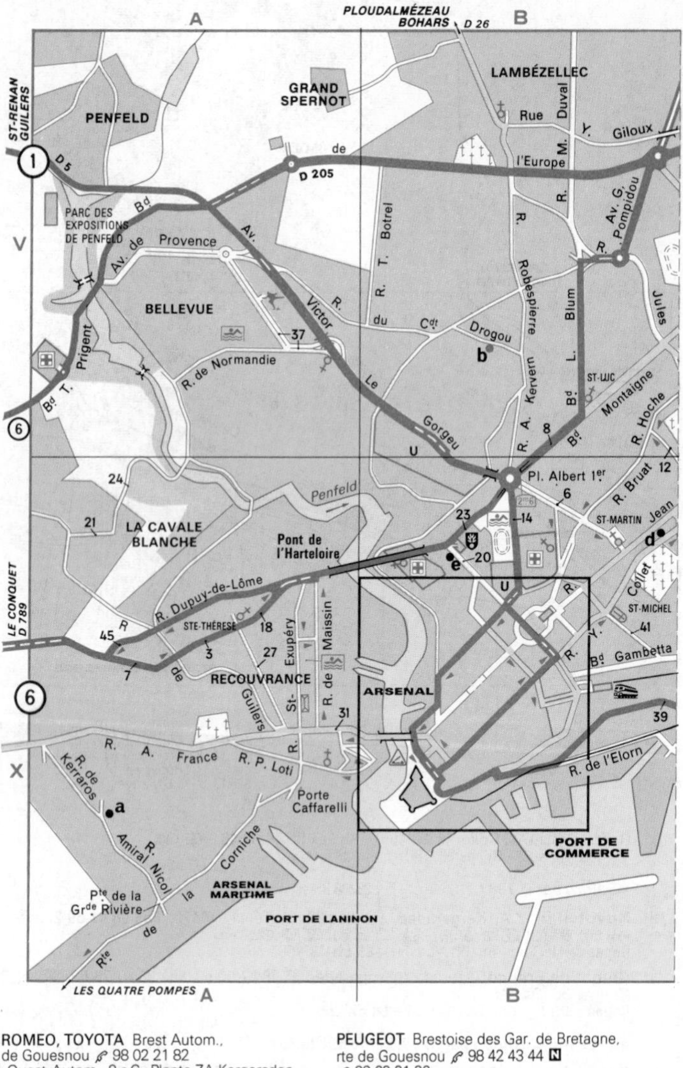

ALFA ROMEO, TOYOTA Brest Autom., 84 rte de Gouesnou ✆ 98 02 21 82
BMW Ouest-Autom., 9 r G.-Plante ZA Kergaradec à Gouesnou ✆ 98 02 11 15 N ✆ 98 40 65 75
CITROEN Succursale, 2 r G.-Zede, ZI de Kergonan par ② ✆ 98 41 27 27 N ✆ 98 40 65 75
FIAT G.A.O., 16 r. Villeneuve ✆ 98 02 64 44
FORD Gar. Herrou et Lyon, rte de Gouesnou à Kerguen ✆ 98 02 35 62
MERCEDES Gar. de l'Etoile, ZAC de l'Hermitage ✆ 98 41 80 80
OPEL Europe Motors, bd de l'Europe ✆ 98 41 70 40 N ✆ 98 40 65 75
PEUGEOT Brestoise des Gar. de Bretagne, rte de Gouesnou ✆ 98 42 43 44 N ✆ 98 62 21 26
RENAULT Auto Sce Brestois, 20 r. de Paris CV ✆ 98 02 20 20 N ✆ 05 05 15 15
ROVER Sébastopol Autom., ZI Kergonan angle bd Europe et rte de Gouesnou ✆ 98 42 05 55 N ✆ 98 40 65 75
VAG Gar. St-Christophe, 132 rte de Gouesnou ✆ 98 02 19 80 N ✆ 98 40 65 75

BRETENOUX 46130 Lot 🎯 ⑲ G. Périgord Quercy – 1 211 h alt. 126.

Voir Château de Castelnau-bretenoux★★ : ≤★ SO : 3,5 km.

🅸 Office de Tourisme av. Libération ✆ 65 38 59 53, fax 65 39 72 44.

Paris 534 – Brive-la-Gaillarde 45 – Cahors 78 – Figeac 48 – Sarlat-la-Canéda 68 – Tulle 52.

au Port de Gagnac NE : 6 km par D 940 et D 14 – ⊠ 46130 Bretenoux :

🏠 **Host. Belle Rive,** ✆ 65 38 50 04, ≤, 🎇 – 📺 ☎ 🅿. 🆚. 🛠 ch
↠ *1ᵉʳ mars-30 sept.* – **Repas** 80/190 ♨, enf. 45 – ⊊ 30 – **13 ch** 200/290 – ½ P 260.

CITROEN Gar. Croix Blanche, à St-Michel-Loubéjou ✆ 65 38 11 88
PEUGEOT Bretenoux Auto ✆ 65 38 45 60

RENAULT Gar. Bassat ✆ 65 38 45 84

🔘 Biars Pneus, à Biars-sur-Cère ✆ 65 38 58 34

BRETEUIL 60120 Oise 🎯 ⑱ – 3 879 h alt. 83.

Paris 108 – ♦Amiens 31 – Compiègne 53 – Beauvais 32 – Clermont 34 – Montdidier 23.

🏨 **Cap Nord,** r. Paris ✆ 44 07 10 33, Fax 44 80 92 71 – 📺 ☎ 🅿 – 🔬 60. 🆎 🆚
↠ **Repas** grill *(fermé 23 déc. au 7 janv., vend. soir et sam.)* 70/130 ♨ – ⊊ 35 – **38 ch** 195/250 – ½ P 214/224.

XX **Globe,** r. République ✆ 44 07 01 78, Fax 44 80 18 63, 🎇 – 🆚
↠ *fermé dim. soir, mardi soir et lundi* – **Repas** 78/300 ♨.

CITROEN Gar. Minard, 2 r. de Paris ✆ 44 07 00 36

🔘 Goy Pneus Point S, ZI N 1, rte de Conches ✆ 32 29 71 88

BRETEUIL 27160 Eure 🎯 ⑯ G. Normandie Vallée de la Seine – 3 351 h alt. 170.

Paris 117 – L'Aigle 25 – Alençon 89 – Conches-en-Ouche 14 – Évreux 30 – Verneuil-sur-Avre 11.

X **Le Biniou,** 76 pl. Laffitte ✆ 32 29 70 61 – 🆎 🆚
fermé 22 août au 6 sept., 22 déc. au 6 janv., mardi soir et merc. – **Repas** 65 (déj.), 95/200 ♨.

Le BREUIL 71 S.-et-L. 🎯 ⑧ – rattaché au Creusot.

Le BREUIL-EN-AUGE 14130 Calvados 🎯 ⑰ – 779 h alt. 38.

Paris 202 – ♦Caen 54 – Deauville 21 – Lisieux 9.

XX ❀ **Aub. Dauphin** (Lecomte), ✆ 31 65 08 11, Fax 31 65 12 08 – 🆎 🆚. 🛠
fermé dim. soir et lundi – **Repas** 170/220 et carte 270 à 380
Spéc. Barbecue d'huîtres spéciales d'Isigny aux petits lardons. Rosace de pommes de terre et d'andouille de Vire. Tarte fine aux pommes et glace cannelle.

BREUILLET 17920 Char.-Mar. 🎯 ⑮ – 1 863 h alt. 27.

Paris 505 – Rochefort 36 – La Rochelle 70 – Royan 10 – Saintes 38.

XXX **La Grange,** Le Grallet O : 1,5 km ✆ 46 22 72 64, Fax 46 22 79 55, 🎇, « Ancienne ferme aménagée, parc fleuri, ⊐ », 🛠 – 🅿. 🆚
1ᵉʳ juil.-31 août – **Repas** 100 (déj.)/220 et carte 185 à 300.

BRÉVANS 39 Jura 🎯 ③ – rattaché à Dole.

BRÉVIANDES 10 Aube 🎯 ⑯ ⑰ – rattaché à Troyes.

BRÉVONNES 10220 Aube 🎯 ⑰ ⑱ – 604 h alt. 116.

Paris 206 – Troyes 26 – Bar-sur-Aube 29 – St-Dizier 58 – Vitry-le-François 51.

X **Vieux Logis** avec ch, ✆ 25 46 30 17, Fax 25 46 37 20, 🎇, 🖈, 🖈 – 📺 ☎ 🅿. 🆚
↠ *fermé dim. soir et lundi du 1ᵉʳ oct. au 30 avril sauf fériés* – **Repas** 70/222 ♨, enf. 45 – ⊊ 34 – **5 ch** 178/270 – ½ P 234/265.

BREZOLLES 28270 E.-et-L. 🎯 ⑥ – 1 695 h alt. 162.

Paris 105 – Chartres 43 – Alençon 87 – Argentan 91 – Dreux 23.

🏠 **Le Relais,** ✆ 37 48 20 84, Fax 37 48 28 46 – 📺 ☎ 🅿. 🔘 🆚
↠ *fermé 31 juil. au 27 août, 1ᵉʳ au 7 janv., vend. soir et dim. soir* – **Repas** 75/150 ♨, enf. 48 – ⊊ 28 – **25 ch** 170/230 – ½ P 210.

BRIAL 82 T.-et-G. 🎯 ⑦ – rattaché à Montauban.

Voir Ville haute★★ : Grande Gargouille★, Pont d'Asfeld★, Remparts ≤★, Statue "La France" ★ **B**
– Puy St-Pierre ✳★★ de l'église SO : 3 km par Rte de Puy St-Pierre.

Env. Croix de Toulouse ≤★★ par Av. de Toulouse et D232^T : 8,5 km.

🚗 ✆ **92 51 50 50.**

🛈 Office de Tourisme pl. du Temple ✆ 92 21 08 50, Fax 92 20 56 45, au Prorel (hiver) et Central Parc (été)
✆ 92 20 07 21.

Paris 686 ④ – Digne-les-Bains 147 ③ – Gap 88 ③ – ♦Grenoble 117 ④ – ♦Nice 219 ③ – Torino 108 ①.

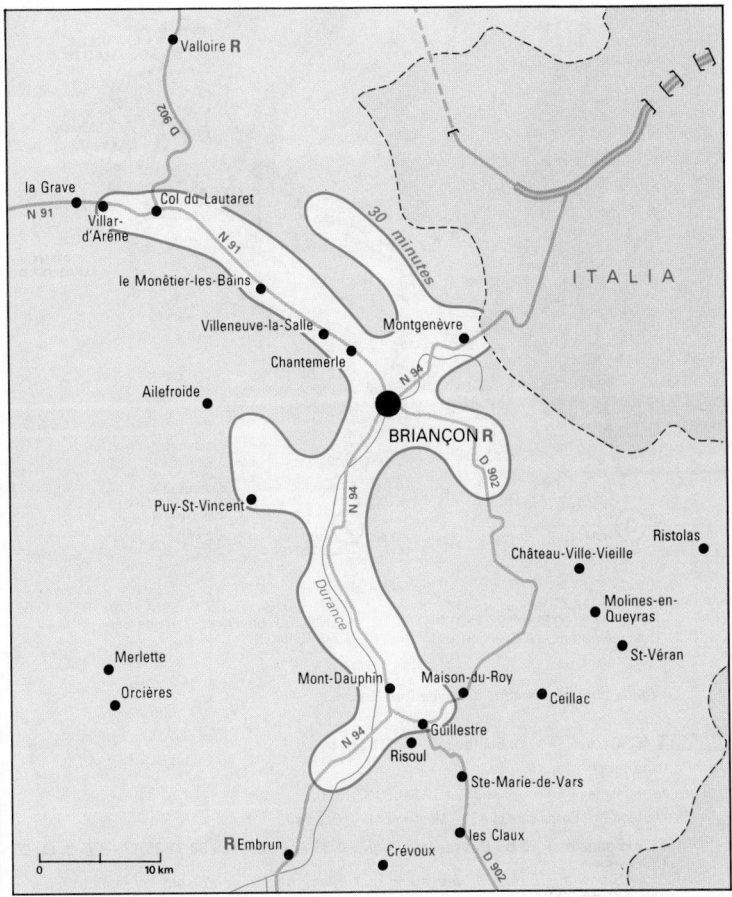

🏨 **Vauban,** 13 av. Gén. de Gaulle **(n)** ✆ 92 21 12 11, Fax 92 20 58 20, 🚗 – 🛗 📺 ☎ 🅿. 🅶🅱
   fermé 6 nov. au 18 déc. – **Repas** 105/165 – 🍽 33 – **44 ch** 350/435 – ½ P 300/380.

🏨 **Le Cristol,** 6 rte Italie **(x)** ✆ 92 20 20 11, Fax 92 21 02 58 – 📺 ☎. 🅶🅱
✚ **Repas** 75/110, enf. 45 – 🍽 42 – **19 ch** 300/340 – ½ P 275/295.

🏨 **Mont-Brison** sans rest, 3 av. Gén. de Gaulle **(s)** ✆ 92 21 14 55, Fax 92 20 46 27 – 🛗 ☎
   🅿 🅶🅱
   fermé 1er nov. au 20 déc. – 🍽 30 – **45 ch** 210/270.

🍴🍴🍴 **Le Péché Gourmand,** 2 rte Gap **(e)** ✆ 92 20 11 02 – 🆎 🅶🅱
   fermé 20 sept. au 6 déc., dim. soir et lundi sauf du 1er juil. au 20 sept. – **Repas** 120/270 et
   carte 210 à 310, enf. 65.

🍴 **Le Rustique,** 36 r. Pont d'Asfeld **(a)** ✆ 92 21 00 10 – 🆎 🅶🅱
   fermé dim. soir et lundi sauf fériés – **Repas** 95/185, enf. 37.

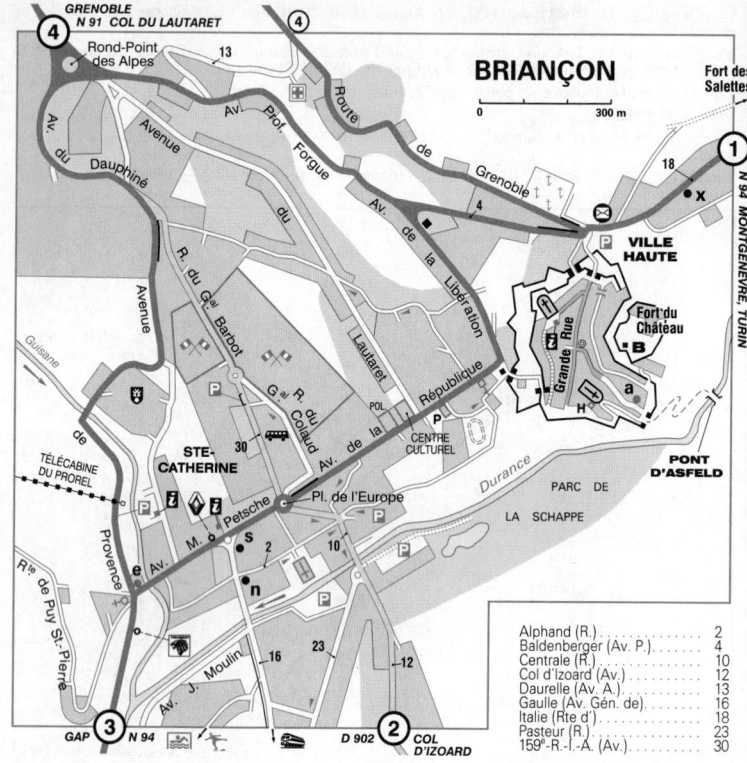

BRIANÇON

GRENOBLE
N 91 COL DU LAUTARET

Fort des Salettes

N 94 MONTGENÈVRE, TURIN

VILLE HAUTE

Fort du Château

PONT D'ASFELD

PARC DE LA SCHAPPE

STE-CATHERINE

TÉLÉCABINE DU PRORÉL

GAP N 94

D 902 COL D'IZOARD

Alphand (R.)	2
Baldenberger (Av. P.)	4
Centrale (R.)	10
Col d'Izoard (Av.)	12
Daurelle (Av. A.)	13
Gaulle (Av. Gén. de)	16
Italie (Rte d')	18
Pasteur (R.)	23
159ᵉ-R.-I.-A. (Av.)	30

Le Guide change, changez de guide tous les ans.

BRIARE 45250 Loiret 6⃤5⃤ ② G. Bourgogne – 6 070 h alt. 144.

Voir Pont-canal★★.

🛈 Office de Tourisme pl. Église ℘ 38 31 24 51, Fax 38 37 15 16.

Paris 155 – Auxerre 75 – Cosne-sur-Loire 31 – Montargis 41 – ◆Orléans 78.

🏠 **Le Cerf** sans rest, 22 bd Buyser (rte Paris) ℘ 38 37 00 80, Fax 38 31 25 17 – 📺 ☎ 🄿. 🖭 ⓞ ⒼⒷ ⒿⒸⒷ
fermé 15 nov. au 15 déc., 1ᵉʳ fév. au 1ᵉʳ mars, sam. midi et vend. sauf juil.-août et fériés – ⊇ 35 – **21 ch** 300/400.

🏠 **Host. Canal,** 19 quai Pont-Canal ℘ 38 31 22 54, Fax 38 31 25 17, 🍴, Ⓕⓢ – 📺 ☎ 🄿. 🖭 ⓞ ⒼⒷ ⒿⒸⒷ
fermé 15 déc. au 1ᵉʳ fév., dim. soir et lundi sauf juil.-août et fériés – **Repas** 95/160, enf. 45 – ⊇ 35 – **18 ch** 280/400 – ½ P 285.

BRICQUEBEC 50260 Manche 5⃤4⃤ ② G. Normandie Cotentin – 4 363 h alt. 34.

Voir Donjon★ du Château.

Paris 353 – Cherbourg 24 – Barneville-Carteret 15 – Coutances 55 – St-Lô 69 – Valognes 12.

🏠 **Vieux Château** ⚓, ℘ 33 52 24 49, Fax 33 52 62 71 – ☎ 🄿. 🖭 ⒼⒷ
◆ **Repas** 60 bc (déj.), 79/170 🍷, enf. 45 – ⊇ 40 – **20 ch** 170/320 – ½ P 320.

73570 Savoie 74 ⑰ ⑱ G. Alpes du Nord – 611 h alt. 572 – Stat. therm. (3 jan.-30 oct.) – Casino.

🛈 Office de Tourisme ℘ 79 55 20 64, Fax 79 55 28 91.

Paris 614 – Albertville 32 – Annecy 78 – Chambéry 78 – Courchevel 18 – Moûtiers 5.

🏨 **Gd H. Thermes** Ⓜ, ℘ 79 55 29 77, Fax 79 55 28 29, ⇱ – 📶 📺 ☎ 👌 ⇔ 🅿 – ⚠ 30 à 80.
⚠ GB. ❄ rest
fermé nov. – **Repas** 130/210 – ☲ 45 – **98 ch** (pension seul.), 4 appart – P 760.

🏨 **Golf,** ℘ 79 55 28 12, Fax 79 55 24 78, ≤, centre de masso-hydrothérapie – 📶 📺 ☎ 🅿.
GB. ❄ rest
1ᵉʳ avril-fin oct. – **Repas** 140/160 – ☲ 50 – **45 ch** 360/700 – P 460/650.

🏨 **Amélie** Ⓜ, ℘ 79 55 30 15, Fax 79 55 28 08, ⇱ – 📶 📺 ☎ 👌 ⇔. ⚠ GB
fermé 15 nov. au 15 déc. – **Repas** 95/150 – ☲ 30 – **42 ch** 400/500 – ½ P 430/580.

🏨 **Verseau** Ⓜ ᗑ, ℘ 79 55 27 44, Fax 79 55 30 20, ≤, ⇱, ⤭ – 📶 📺 ☎ 🅿. GB. ❄ rest
fermé 15 nov. au 24 déc. – **Repas** 105/120 – ☲ 50 – **41 ch** 350/600 – P 450/570.

🏨 **Bains** ᗑ, ℘ 79 55 22 05, Fax 79 55 27 76, ≤, ⇱ – 📶 📺 ☎. ⚠ ⓞ GB. ❄ rest
fermé 31 mars au 10 avril et 15 oct. au 23 déc. – **Repas** 100 – ☲ 35 – **34 ch** 300 – P 340.

🏨 **Altis Val Vert,** ℘ 79 55 22 62, Fax 79 55 29 12, 🛌, ⤭ – 📺 ☎ 🅿. ⚠ GB. ❄
fermé 30 oct. au 16 déc. – **Repas** 105/150 – ☲ 42 – **35 ch** 270/450 – P 350/415.

🏨 **Fontaines** ᗑ, ℘ 79 55 22 53, Fax 79 55 24 32, ≤, ⤭ – 📺 ☎ 🅿. GB. ❄ rest
◆ *fermé fin oct. à Noël* – **Repas** (en hiver dîner seul.) 80/120 – ☲ 38 – **25 ch** 250/400 – ½ P 230/350.

🏨 **Sources** ᗑ, ℘ 79 55 29 22, Fax 79 55 27 06 – 📶 📺 ☎ – ⚠ 35. GB. ❄ rest
fermé 21 oct. au 26 déc. – **Repas** 120/140 – ☲ 35 – **70 ch** 330/500 – ½ P 394/460.

🏨 **Belvédère** sans rest, ℘ 79 55 23 41, Fax 79 55 24 96, ≤ – 📶 📺 ☎ 🅿. GB ⒿⒸⒷ. ❄
fermé 20 oct. au 20 déc. – **26 ch** ☲ 230/390.

🍴 **La Grillade,** résid. Le Royal ℘ 79 55 20 90, ⇱ – GB
fermé 30 oct. au 15 déc. – **Repas** 92/135, enf. 58.

29510 Finistère 58 ⑮ – 4 546 h alt. 158.

Paris 573 – Carhaix-Plouguer 42 – Châteaulin 16 – Morlaix 63 – Pleyben 17 – Quimper 16.

🏨 **Midi,** ℘ 98 57 90 10 – 📺 ☎ 🅿. GB. ❄ ch
◆ *fermé 24 déc. au 5 janv., vacances de printemps, dim. soir et sam. sauf juil.-août* – **Repas** 75/190 ♣, enf. 48 – ☲ 35 – **13 ch** 250/270 – ½ P 230.

77170 S.-et-M. 61 ② 106 ㉝ 101 ㊴ G. Ile de France – 11 501 h alt. 88.

Voir Verrière★ du chevet de l'église.

🏌🏌🏌 du Réveillon, ℘(1) 60 02 17 33 à Lésigny : 5 km.

🛈 Office de Tourisme pl. Jeanne d'Evreux ℘ (1) 64 05 30 09.

Paris 40 – Brunoy 10 – Évry 21 – Melun 18 – Provins 56.

🏨 **A la Grâce de Dieu** Ⓜ, 79 r. Gén. Leclerc (N 19) ℘ (1) 64 05 00 76, Fax (1) 64 05 60 57, ⇱ – 📺 ☎ 🅿. GB
fermé août, dim. soir et lundi – **Repas** 99/180 – ☲ 29 – **18 ch** 155/250.

CITROEN Pasquier Autom., 6 av. Gén.-Leclerc
℘ (1) 64 05 00 94
FORD Zélus Autom., 70 r. Gén.-Leclerc
℘ (1) 64 05 03 10
PEUGEOT Gar. Lespourci, 7 r. Gén.-Leclerc
℘ (1) 64 05 50 50 🅽 ℘ (1) 07 52 88 27

RENAULT Gar. Redelé Brie, 17 av. Gén.-Leclerc
℘ (1) 60 62 50 50 🅽 ℘ (1) 05 05 15 15

⓪ BCR Interpneu Mélia Vulcopneu,
75 r. Gén. Leclerc ℘ (1) 64 05 88 99

10500 Aube 61 ⑱ G. Champagne – 3 752 h alt. 126.

Paris 221 – Troyes 40 – Bar-sur-Aube 23 – Châtillon 72 – St-Dizier 45 – Vitry-le-François 42.

à la Rothière S : 5 km par D 396 – ✉ 10500 :

🍴 **Aub. de la Plaine** avec ch, ℘ 25 92 21 79, Fax 25 92 26 16, ⇱ – 📺 ☎ 🅿. ⚠ ⓞ GB
◆ *fermé 2 au 15 janv., vend. soir et sam. midi d'oct. à mars* – **Repas** 68/248 ♣, enf. 35 – ☲ 35 – **18 ch** 170/270 – ½ P 185/220.

FORD Gar. Blavot, ℘ 25 92 80 39 🅽 ℘ 25 92 64 85
PEUGEOT Gar. Prugnot, r. St-Bernard
℘ 25 92 83 57

RENAULT Gar. Consigny, ℘ 25 92 80 48
RENAULT Gar. Millon, ℘ 25 92 80 59

69530 Rhône 73 ⑳ G. Vallé du Rhône – 10 036 h.

Paris 467 – ◆Lyon 17 – Givors 9,5 – ◆Saint-Étienne 46 – Vienne 21.

🏨 **Restotel des Barolles** Ⓜ, rte Lyon ℘ 78 05 24 57, Fax 78 05 37 57, ⤭, ⤭ – 🍴 rest 📺 ☎ 🅿 – ⚠ 40. ⚠ ⓞ GB
Repas *(fermé 23 déc. au 2 janv. et dim.)* 105/250 ♣ – ☲ 35 – **27 ch** 280 – ½ P 350/420.

BRIGNOGAN-PLAGES **29890** Finistère 58 ④ ⑤ **G. Bretagne** – 836 h alt. 60.

Voir Clocher★ de l'église de Goulven SE : 3,5 km.

Office de Tourisme r. de l'Église ✆ 98 83 41 08.

Paris 588 – ◆Brest 35 – Carhaix-Plouguer 82 – Landerneau 27 – Morlaix 49 – St-Pol-de-Léon 30.

Castel Régis 🔇, plage Garo ✆ 98 83 40 22, Fax 98 83 44 71, ≤ baie, 🏊, 🎾, 🌳 – ☎ 🅿. GB
14 avril-27 sept. – **Repas** (prévenir) 86 (déj.), 99/198 🍷, enf. 72 – ☕ 36 – **21 ch** 650 – ½ P 510.

BRIGNOLES 🚗 **83170** Var 84 ⑮ 114 ㉝ **G. Côte d'Azur** (plan) – 11 239 h alt. 215.

Voir Sarcophage de la Gayole★ dans le musée.

⛳18 de Barbaroux ✆ 94 59 07 43, E : 4 km par N 7 puis D 79.

Office de Tourisme avec A.C. parking des Augustins ✆ 94 69 01 78.

Paris 813 – Aix-en-Provence 57 – Cannes 97 – Draguignan 57 – ◆Marseille 64 – ◆Toulon 50.

Ibis Ⓜ, N : 2 km par rte du Val, D 554 et VO ✆ 94 69 19 29, Télex 404556, Fax 94 69 19 90, 🍽, 🏊, 🌳, 🎾 – ▤ 📺 ☎ ♿ 🅿 – 🎪 45. AE ⓓ GB
Repas 100/150 🍷, enf. 60 – ☕ 35 – **41 ch** 320/350.

PEUGEOT Gar. Blanc et Rochebois, rn 7, rte d'Aix ✆ 94 69 21 23
RENAULT S.A.D.A.P., ZI ✆ 94 69 23 28 🅽 ✆ 05 05 15 15
Ⓜ Aude, ZI ✆ 94 69 34 13
Santa Pneus Vulcopneu, rte de Marseille N 7 ✆ 94 59 28 43

La BRIGUE **06** Alpes-Mar. 84 ⑳, 115 ⑨ – rattaché à Tende.

BRINON-SUR-SAULDRE **18410** Cher 64 ⑳ – 1 107 h alt. 138.

Paris 190 – ◆Orléans 65 – Bourges 65 – Cosne-sur-Loire 58 – Gien 37 – Salbris 24.

✿ **La Solognote** (Girard) 🔇, ✆ 48 58 50 29, Fax 48 58 56 00, 🌳 – ▤ rest 📺 ☎ 🅿. GB. ✗ ch
fermé 9 au 19/5, 12 au 22/9, 15/2 au 16/3, mardi soir et merc. d'oct. à juin, mardi midi et merc. midi en été – **Repas** 160/320 et carte 230 à 340, enf. 90 – ☕ 55 – **13 ch** 290/400 – ½ P 400/450
Spéc. Epaule et dos de lapin en rognonnade. Tatin de Saint-Jacques aux cèpes (oct.à déc.). Gibier (oct. à fév.). Vins Quincy, Menetou-Salon.

RENAULT Gar. de la Jacque, ✆ 48 58 50 37 🅽 ✆ 48 58 50 37

BRIOLLAY **49125** M.-et-L. 64 ① – 2 005 h.

Env. Plafond★★★ de la salle des Gardes du château de Plessis-Bourré NO : 10 km **G. Châteaux de la Loire.**

Paris 286 – Angers 15 – Château-Gontier 41 – La Flèche 40.

par rte de Soucelles (D 109) : 3 km – ✉ **49125** Briollay :

Château de Noirieux 🔇, ✆ 41 42 50 05, Fax 41 37 91 00, ≤, 🍽, « Demeures des 15ᵉ et 17ᵉ siècles dans un parc dominant le Loir », 🏊, 🎾 – 📺 ☎ ♿ 🅿 – 🎪 30. AE ⓓ GB JCB
fermé 2 fév. au 10 mars – **Repas** *(fermé dim. soir et lundi du 16 oct. au 10 avril)* 195/420 – ☕ 75 – **19 ch** 600/1250 – ½ P 560/870.

BRION **01460** Ain 74 ④ – 587 h alt. 475.

Paris 474 – Ambérieu-en-Bugey 40 – Bourg-en-Bresse 46 – Nantua 5,5 – Oyonnax 14.

XX **Bernard Charpy,** ✆ 74 76 24 15, Fax 74 76 22 36, 🍽, 🌳 – 🅿. GB
fermé 7 au 21 août, 26 déc. au 8 janv., dim. soir, lundi et soirs fériés – **Repas** 95 (déj.), 132/215.

BRIONNE **27800** Eure 55 ⑮ **G. Normandie Vallée de la Seine** (plan) – 4 408 h alt. 57.

⛳18 du Champ de Bataille ✆ 32 35 03 72, O : 18 km par D 137 et D 39.

Paris 146 – ◆Rouen 41 – Bernay 16 – Évreux 38 – Lisieux 39 – Pont-Audemer 26.

XXX **Le Logis de Brionne** avec ch, pl. St Denis ✆ 32 44 81 73, Fax 32 45 10 92 – 📺 ☎ 🚗. AE GB
fermé vacances de fév., dim. soir hors sais. et lundi – **Repas** 120 bc/280, enf. 65 – ☕ 40 – **12 ch** 285/350 – ½ P 320/360.

XX **Aub. Vieux Donjon** avec ch, r. Soie ✆ 32 44 80 62, Fax 32 45 83 23, 🍽, « Maison normande du 18ᵉ siècle » – 📺 ☎ 🅿. GB
fermé 15 au 30 oct., dim. soir d'oct. à mai et lundi – **Repas** 75/195, enf. 55 – ☕ 26 – **8 ch** 250/270 – ½ P 280/300.

CITROEN Gar. Duval, rn 138 à Aclou ✆ 32 44 83 66
FIAT Gar. Leroy, 1 rte de Cormeilles ✆ 32 44 88 32 🅽 ✆ 32 44 80 16
PEUGEOT Gar. Leroy, 19 bd République ✆ 32 44 80 16 🅽 ✆ 32 44 80 16
RENAULT Maulion, 24 r. Tragin ✆ 32 44 82 02

BRIOUDE 🚗 **43100** H.-Loire 76 ⑤ **G. Auvergne** – 7 285 h alt. 434.

Voir Basilique St-Julien★★.

Env. Lavaudieu : fresques★ de l'église et cloître★ de l'ancienne abbaye 9,5 km par ①.

Office de Tourisme pl. Champanne ✆ 71 74 97 49, fax 71 74 97 87 et Maison de Mandrin r. du 4 Septembre ✆ 71 74 94 59.

Paris 487 ④ – Le Puy-en-Velay 61 ② – Aurillac 106 ③ – ◆Clermont-Ferrand 73 ④ – Issoire 34 ④ – St-Flour 48 ③.

BRIOUDE

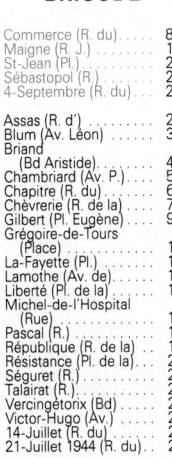

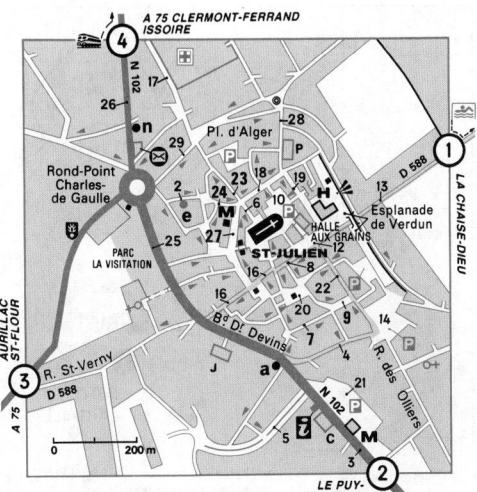

🏨 **Le Brivas,** rte Puy par ② ℰ 71 50 10 49, Fax 71 74 90 69, ☒, ☞ – ⇕ 📺 ☎ 🅿 – 🔬 40. 🖭
  ⓪ 🌐
  fermé 15 au 29 déc., 3 au 10 mars, vend. soir d'oct. à Pâques et sam. midi sauf juil.-août –
  Repas 95/220 – ☑ 35 – **30 ch** 230/320 – ½ P 260/280.

🏨 **Moderne** sans rest, 12 av. V. Hugo **(n)** ℰ 71 50 07 30, Fax 71 50 22 35 – 📺 ☎ 🚗 🅿. 🖭
  ⓪ 🌐 JCB
  1ᵉʳ avril-30 sept. – ☑ 37 – **17 ch** 240/320.

🏨 **Poste et Champanne,** 1 bd Dr Devins **(a)** ℰ 71 50 14 62, Fax 71 50 10 55 – ▦ rest 📺 ☎
  🅿. 🌐
  fermé janv. et dim. soir du 15 sept. au 15 juin – **Repas** 68/170 ⅜ – ☑ 30 – **20 ch** 160/240 –
  ½ P 210.

✗ **Julien Chabaud,** 7 r. Assas **(e)** ℰ 71 50 00 03 – 🌐
  fermé 5 au 12 juin, oct., dim. soir et lundi hors sais. – **Repas** 60/120 ⅜.

CITROEN Gar. Delmas, av. d'Auvergne par ④   Ⓜ Euromaster, av. d'Auvergne ZI St-Ferréol
ℰ 71 50 12 06 Ⓝ ℰ 71 50 12 06   ℰ 71 50 37 01
PEUGEOT Gar. d'Auvergne, av. d'Auvergne par ④   RIPA Pneus, av. d'Auvergne ℰ 71 50 10 86 Ⓝ
ℰ 71 50 06 05   ℰ 71 50 10 86

BRIOUZE 61220 Orne 60 ① – 1 658 h alt. 200.

Paris 223 – Alençon 59 – Argentan 26 – La Ferté-Macé 13 – Flers 17.

✗✗ **Sophie** avec ch, ℰ 33 66 00 30, Fax 33 64 97 01 – 📺 ☎. 🌐
  fermé 15 au 31 août, Noël au Jour de l'an, vacances de fév., vend. soir, dim. soir et sam. –
  Repas 80/180, enf. 50 – ☑ 30 – **9 ch** 130/350 – ½ P 250.

CITROEN Gar. Boutrois ℰ 33 66 00 28 Ⓝ   RENAULT Gar. Tolerie le Chesnay, Le Chesnay
ℰ 33 66 00 28   à Pointel ℰ 33 66 01 34 Ⓝ ℰ 33 66 01 34

BRIVE-LA-GAILLARDE ◁🖎▷ **19100** Corrèze 75 ⑧ G. Périgord Quercy – 49 765 h alt. 142.

Voir Hôtel de Labenche★ BZ X.

🝙 du Coiroux ℰ 55 27 25 66, E : 19 km par ③.

🛫 ℰ 55 23 50 50.

🖪 Office de Tourisme pl. 14-Juillet ℰ 55 24 08 80, Fax 55 24 58 24.

Paris 488 ④ – Albi 206 ③ – ◆Clermont-Ferrand 167 ① – ◆Limoges 91 ④ – ◆Montpellier 339 ③ – ◆Toulouse 213 ③.

Plans pages suivantes

🏨 **Truffe Noire** Ⓜ, 22 bd A. France ℰ 55 92 45 00, Fax 55 92 45 13, 😊 – ⇕ ▦ 📺 ☎ 🚗.
  🖭 ⓪ 🌐
  AY **r**
  Repas 155/310, enf. 65 – ☑ 50 – **27 ch** 390/650.

🏨 **Quercy** sans rest, 8 bis quai Tourny ℰ 55 74 09 26, Fax 55 74 06 24 – ⇕ 📺 ☎. 🖭 ⓪
  🌐
  BY **d**
  fermé 15 déc. au 15 janv. – ☑ 33 – **60 ch** 310/350.

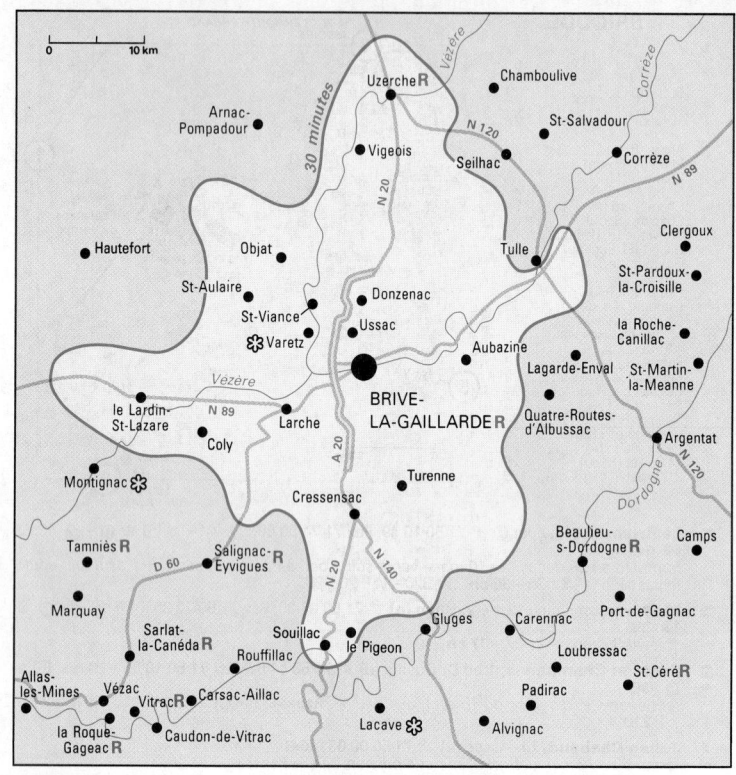

🏠 **Le Collonges** Ⓜ sans rest, 3 - 5 pl. W. Churchill ☏ 55 74 09 58, Fax 55 74 11 25 – 📶 📺
☎. GB
BZ **n**
🖃 35 – **24 ch** 270/310.

🏠 **Ibis** sans rest, 32 r. M. Roche ☏ 55 17 42 42, Fax 55 23 54 41 – 📶 📺 ☎ – 🔬 30. 🆎 ⓪
GB
AY **u**
🖃 35 – **50 ch** 280.

🏠 **Champanatier,** 15 r. Dumyrat ☏ 55 74 24 14 – ☎
AZ **e**
fermé 10 au 24 juil. et vacances de fév. – **Repas** (fermé dim. soir et vend. sauf en août)
80/137 🍷, enf. 47 – 🖃 32 – **12 ch** 87/250 – ½ P 170/200.

🍴🍴 **La Périgourdine,** 15 av. Alsace-Lorraine ☏ 55 24 26 55, Fax 55 17 13 22, 🌳 – 🆎
GB
BZ **a**
fermé 11 au 17 mars, 1ᵉʳ au 12 sept. et dim. soir sauf juil.-août – **Repas** (dim. prévenir)
80/330.

🍴🍴 **l'Ermitage,** 25 bd Koenig ☏ 55 23 63 11, Fax 55 24 31 80, 🌳 – 🍽 ℗. 🆎 ⓪ GB   AY **k**
fermé vend. soir, sam. midi et dim. soir du 15 oct. à Pâques – **Repas** 130/280.

🍴 **Chez Francis,** 61 av. Paris ☏ 55 74 41 72 – GB
AY **s**
fermé 6 au 20 août, 26 fév. au 5 mars et dim. – Repas 85/120.

à Ussac par av. Pasteur et D 57 : 5 km – ✉ 19270 :

🏠 **Aub. St-Jean** 🦢, ☏ 55 88 30 20, Fax 55 87 28 50, 🌳, 🏋 – 📺 ☎ & 🚗. GB
Repas 68/120, enf. 50 – 🖃 35 – **30 ch** 170/280 – ½ P 260.

rte d'Argentat par ② : 3 km – ✉ 19360 Malemort :

🏠 **Aub. des Vieux Chênes,** ☏ 55 24 13 55, Fax 55 24 56 82 – 📺 ☎ 🚗 ℗. 🆎 ⓪
GB
fermé dim. – **Repas** 65/195 🍷, enf. 40 – 🖃 33 – **14 ch** 180/260 – ½ P 210/265.

BRIVE-LA-GAILLARDE

Faro (R. du Lt-Colonel) . **AZ** 8
Gambetta (R.) . . . . **BZ**
Gaulle (Pl. Ch.-de). . . . . **AY** 9
Hôtel-de-Ville (R. de l') . **AZ** 10
Paris (Av. de). . . . . **AY**
République (R. de la) . . **AZ** 23
Toulzac (R.) . . . . **AY** 26

Anatole-France (Bd) . **ABY** 2
Blum (Av. Léon) . . . . . . **AZ** 3
Cardinal (Pont) . . . . **AY** 4
Dauzier (Pl. J.-M.) . . . . . **BY** 5
Dr-Massénat (R.) . . . . . **BY** 6
Dubois (Bd Cardinal) . . **BY** 7
Halle (Pl. de la) . . . . **ABY** 12
Hôtel-de-Ville (Pl. de l') . . **AY** 13
Lattre-de-T. (Pl. de) . . . . . **AZ** 14
Lyautey (Bd Mar.) . . . . . . **AZ** 15
Pasteur (Av.) . . . . **AY** 18
Puyblanc (Bd de) . . . . . **ABZ** 19
Raynal (R. Blaise) . . . . . . **BZ** 20
République (Pl. de la) . . . **AZ** 22
Segeral-Verninac (R.) . . . **AY** 25

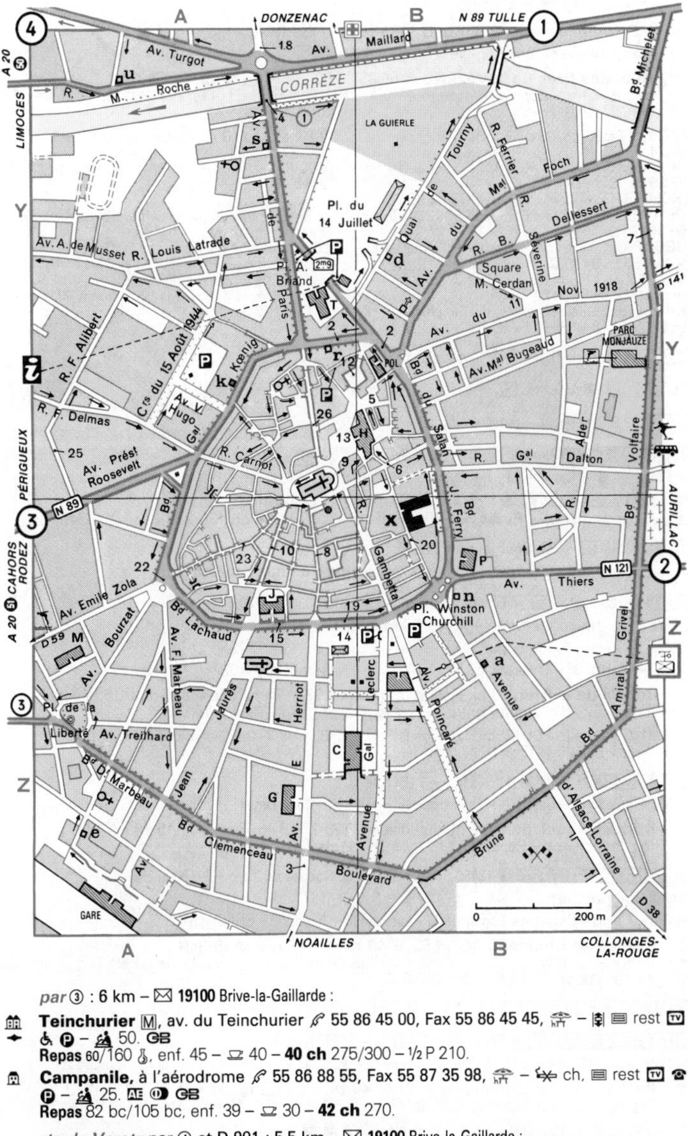

par ③ : 6 km – ✉ **19100** Brive-la-Gaillarde :

Teinchurier Ⓜ, av. du Teinchurier ☏ 55 86 45 00, Fax 55 86 45 45, ⛱ – 🛗 ▤ rest 📺 ☎ ♿ 🅟 – 🏛 50. **GB**
Repas 60/160 ₰, enf. 45 – ☕ 40 – **40 ch** 275/300 – ½ P 210.

Campanile, à l'aérodrome ☏ 55 86 88 55, Fax 55 87 35 98, ⛱ – ⇆ ch, ▤ rest 📺 ☎ ♿ 🅟 – 🏛 25. **AE** ⓓ **GB**
Repas 82 bc/105 bc, enf. 39 – ☕ 30 – **42 ch** 270.

rte de Varetz par ④ et D 901 : 5,5 km – ✉ **19100** Brive-la-Gaillarde :

Mercure, ☏ 55 86 36 36, Fax 55 87 04 40, ⛱, 🏊, 🌳 – 🛗 ⇆ ch ▤ ch 📺 ☎ 🅟 – 🏛 120. **AE** ⓓ **GB**
Repas 130/250 ₰, enf. 49 – ☕ 50 – **57 ch** 400/460.

à *Varetz* par ④ et D152 : 10 km – ⊠ 19240 :

🏰 ❀ **Château de Castel Novel** ⟨🏠⟩, 𝒫 55 85 00 01, Fax 55 85 09 03, ≤, 🍴, « Demeure ancienne isolée dans un grand parc », 🏊, ✗ – 🛗 📺 ☎ 📞 – 🅰 80. 🖭 ⑩ 🆖 🅹🅲🅱
début mai-mi-oct. et fermé lundi midi sauf fériés (déj.), 245/385 et carte 300 à 410, enf. 85 – 🍽 75 – **32 ch** 580/1190, 5 appart – ½ P 690/995
Spéc. Duo de foie gras en terrine, compotée de figues. Gâteau de confit de canard aux pleurotes. Truffes glacées en coffret de nougatine. **Vins** Bergerac, Cahors.

à *St-Viance* par ④, D 901 et D 148 : 10 km – ⊠ 19240 :
Voir Châsse* dans l'église.

🏠 **Aub. des Prés de la Vézère,** 𝒫 55 85 00 50, 🍴 – 🛗 📺 ☎ 📞. 🖭 ⑩ 🆖
début mi-mi oct. et fermé lundi midi – **Repas** 105 (déj.), 115/240 – 🍽 35 – **11 ch** 315 –
½ P 305/340.

BMW Gar. Taurisson, 23 av. Ed.-Herriot 𝒫 55 74 25 42	**VAG** S.O.C.O.D.A., Riante-Borie à Malemort 𝒫 55 74 07 31
CITROEN Midi-Auto 19, av. J.-Ch.-Rivet par ③ 𝒫 55 88 91 19	**VOLVO** Gar. Valenti, 61 av. 11 Novembre 𝒫 55 23 77 64
MERCEDES CENTRE POIDS LOURDS PERIGORD, LE REYHAUD RTE DE VARETZ 𝒫 55 87 12 01 🆖 𝒫 05 24 24 30	ⓦ Brive Pneus, 44 av. P.-Sémard 𝒫 55 87 27 58 Euromaster, 26 av. J.-Ch.-Rivet, zone de Beauregard 𝒫 55 86 89 60
PEUGEOT Gar. Morance, ZI Cana, rte d'Objat par ④ 𝒫 55 88 04 06 🆖 𝒫 55 92 55 59	Poughon Pneu Vulcopneu, zone Ciale Mazaud 𝒫 55 87 95 60 🆖 𝒫 55 87 95 60
RENAULT Gar. Mournetas, 51 Abbé J.-Alvistre Estavel par ③ 𝒫 55 86 92 91	Techni Pneus, 42 av. de la Libération à Malemort 𝒫 55 92 17 80
RENAULT Gar. Beauregard, av. du Teinchurier 𝒫 55 86 74 74 🆖 𝒫 55 92 52 85	

Le BROC 63 P.-de-D. 🎖🎖 ⑭ ⑮ – rattaché à Issoire.

BROGNON 08 Ardennes 🎖🎖 ⑰ – rattaché à Signy-le-Petit.

BRON 69 Rhône 🎖🎖 ⑫ – rattaché à Lyon.

BROQUIÈS 12480 Aveyron 🎖🎖 ⑬ – 652 h alt. 388.
Paris 688 – Albi 61 – Lacaune 53 – Rodez 55 – St-Affrique 30.

🏠 **Le Pescadou** ⟨🏠⟩, S : 2,5 km rte St-Izaire 𝒫 65 99 40 21, 🍴 – ☎ 📞
↣ *15 mars-15 oct.* – **Repas** 76/200 ♨, enf. 47 – 🍽 29 – **14 ch** 130/260 – ½ P 200/240.

BROU 01 Ain 🎖🎖 ③ ⓖ Bourgogne – alt. 235.
Curiosités* et ressources hôtelières : rattachées à Bourg-en-Bresse.

BROU 28160 E.-et-L. 🎖🎖 ⑯ ⓖ Châteaux de la Loire – 3 803 h alt. 160.
Voir Yèvres : boiseries* de l'église 1,5 km à l'Est.
🅱 Office de Tourisme r. de la Chevalerie (Pâques-fin oct.) 𝒫 37 47 01 12.
Paris 127 – Chartres 38 – Châteaudun 22 – ◆Le Mans 86 – Nogent-le-Rotrou 32.

✗✗ **Jardin de la Mer,** 23 pl. Halles 𝒫 37 96 03 32, « Dans une maison du 16ᵉ siècle » – 🆖
↣ *fermé dim., dim. soir et merc. du 16 sept. au 14 juin* – **Repas** 75/170.

CITROEN Gar. Auguste Dominique, 20 r. de la Chevalerie 𝒫 37 47 00 44 🆖 𝒫 37 47 00 44	**RENAULT** Gar. Pichard, 32 av. J. Galliéni 𝒫 37 47 01 68

BROUCKERQUE 59630 Nord 🎖🎖 ③ – 1 168 h alt. 3.
Paris 285 – ◆Calais 36 – Cassel 26 – Dunkerque 15 – ◆Lille 77 – Saint-Omer 31.

✗ **Middel Houck** avec ch, pl. du village 𝒫 28 27 13 46, Fax 28 27 15 10 – 📺 ☎. 🖭 ⑩ 🆖
fermé dim. soir – **Repas** 88/178 – 🍽 28 – **4 ch** 215 – ½ P 200.

BROUSSE-LE-CHÂTEAU 12480 Aveyron 🎖🎖 ⑫ ⓖ Gorges du Tarn – 203 h alt. 232.
Voir Village perché*.
Paris 690 – Albi 53 – Cassagnes-Bégonhès 33 – Lacaune 52 – Rodez 58 – St-Affrique 32.

🏠 **Relays du Chasteau** ⟨🏠⟩, 𝒫 65 99 40 15, ≤ – 🍽 rest ☎ 📞. 🆖
↣ *fermé 20 déc. au 20 janv., vend. soir et sam. midi d' oct. à avril* – **Repas** 69/175 ♨, enf. 40 –
🍽 25 – **12 ch** 180/220 – ½ P 190/200.

BROU-SUR-CHANTEREINE 77 S.-et-M. 🎖🎖 ⑫, 🎖🎖🎖 ⑲ – voir à Paris, Environs.

BRUAY-LA-BUISSIÈRE 62700 P.-de-C. 🎖🎖 ⑭ – 24 927 h alt. 40.
Paris 218 – ◆Calais 82 – Arras 33 – Béthune 9 – Lens 26 – ◆Lille 47 – St-Omer 41 – St-Pol-sur-Ternoise 20.

🏠 **Park H.,** pl. Cdt L'Herminier 𝒫 21 62 40 28, 🍴 – 📺 📞. ⑩ 🆖
Repas *(fermé août et dim. soir)* 89/185, enf. 59 – 🍽 25 – **15 ch** 150/220 – ½ P 160/185.

à *Gauchin-Légal* S : 8 km par D 341 – ⊠ 62150 :
Voir Château* d'Olhain NE : 3 km, ⓖ Flandres Artois Picardie.

✗✗ **Hatton,** 𝒫 21 22 10 02 – 🆖
fermé 15 au 25 juil., vacances de fév., le soir (sauf sam.) et lundi – **Repas** 85/195 ♨.

PEUGEOT Gar. Ste-Barbe, 1 r. A.-France à
Labuissière ✆ 21 53 44 19
RENAULT Gar. Lourme, 13 r. Aire à Labuissière
✆ 21 52 28 19 **N** ✆ 21 69 07 92

VAG Auto Expo, RN 41 Parc Porte Nord à Labuissière ✆ 21 53 57 30 **N** ✆ 21 53 57 30

BRUÈRE-ALLICHAMPS 18 Cher 69 ① – rattaché à St-Amand-Montrond.

Le BRUGERON 63880 P.-de-D. 73 ⑯ – 359 h alt. 850.

Paris 490 – ◆Clermont-Ferrand 73 – Ambert 27 – ◆St-Étienne 93 – Thiers 37.

- ☒ **Gaudon** avec ch, ✆ 73 72 60 46, Fax 73 72 63 83, ≤ – ⟨⟩. GB
- ◆ fermé lundi soir et mardi du 1er oct. au 1er juin – **Repas** 65/180 – ⏞ 25 – **8 ch** 120/160 –
  ½ P 160.

BRUMATH 67170 B.-Rhin 57 ⑲ – 8 182 h alt. 150.

Paris 473 – ◆Strasbourg 18 – Haguenau 11 – Molsheim 29 – Saverne 28.

- 🏠 **Ville de Paris,** 13 r. Gén. Rampont ✆ 88 51 11 02, Fax 88 51 90 19 – �📺 ☎ 🅿. GB
  fermé 24 juin au 14 juil. et 27 au 31 déc. – **Repas** (fermé dim. soir et vend.) 100/240 ♣ – ⏞ 38
  – **14 ch** 120/250 – ½ P 150/200.

- XXX **Écrevisse** avec ch, 4 av. Strasbourg ✆ 88 51 11 08, Fax 88 51 89 02, 佘, ♣♣, ⛵ – ▤ rest
  📺 ☎ ⟨⟩ 🅿 – 🔬 30. ㏒ ⑩ GB
  fermé 31 juil. au 10 août, lundi soir et mardi – **Repas** 165/395 et carte 280 à 380 ♣, enf. 60
  Krebs'Stubel : Repas 50/180, ♣, enf.60 – ⏞ 38 – **21 ch** 250/350.

Le BRUSC 83 Var 84 ⑭, 114 ㊹ – rattaché à Six-Fours-les-Plages.

BRUSQUE 12360 Aveyron 83 ④ – 422 h alt. 465.

Paris 715 – Albi 90 – Béziers 76 – Lacaune 33 – Lodève 49 – Rodez 103 – St-Affrique 34.

- 🏠 **La Dent de St-Jean** 🐾, ✆ 65 99 52 87, ≤ – 🅿. GB. 🍽 ch
- ◆ 3 mars-1er nov. et fermé dim. soir et lundi hors sais. – **Repas** 80/190 ♣ – ⏞ 25 – **18 ch**
  170/220 – ½ P 200/215.

BUAIS 50640 Manche 59 ⑨ – 702 h alt. 231.

Paris 280 – Domfront 27 – Fougères 31 – Laval 58 – Mayenne 44 – St-Hilaire-du-Harcouët 11,5 – St-Lô 81.

- XX **Rôtisserie Normande,** ✆ 33 59 41 10 – 🅿. GB
  fermé 23 janv. au 23 fév., dim. soir et lundi du 15 sept. au 4 juin – **Repas** 58 (déj.), 85/145,
  enf. 50.

BUBRY 56310 Morbihan 63 ② – 2 445 h alt. 183.

Paris 481 – Vannes 53 – Carhaix-Plouguer 65 – Lorient 36 – Pontivy 22 – Quimperlé 32.

- 🏠 **Coet Diquel** 🐾, O : 1 km par VO ✆ 97 51 70 70, Fax 97 51 73 08, « Parc », 🔲, 🍽 – ☎
- ◆ 🅿. GB
  15 mars-30 nov. – **Repas** 78/200 – ⏞ 48 – **20 ch** 280/330 – ½ P 300/325.

BUC 78 Yvelines 60 ⑩, 101 ㉓ – Voir à Paris, Environs.

BUCHÈRES 10 Aube 61 ⑰ – rattaché à Troyes.

Le BUGUE 24260 Dordogne 75 ⑯ G. Périgord Quercy – 2 764 h alt. 68.

Voir Musée Pierre Baudin : collection d'insectes★.

Paris 531 – Périgueux 41 – Bergerac 47 – Brive-la-Gaillarde 73 – Cahors 82 – Sarlat-la-Canéda 31.

- 🏠 **Le Domaine de la Barde** Ⓜ 🐾 sans rest, rte Périgueux ✆ 53 07 16 54, Fax 53 54 76 19,
  parc, ♣♣, 🌊, 🍽– 🛗 ⚡ ch 📺 ☎ ♿ 🅿. GB. 🍽
  8 avril-2 nov. – ⏞ 60 – **18 ch** 350/750.

  à Campagne SE : 4 km – ✉ 24260 :

- 🏠 **du Château,** ✆ 53 07 23 50, Fax 53 03 93 69, ⛵ – ▤ rest ☎ 🅿. GB. 🍽 ch
  8 avril-15 oct. – **Repas** 105/300, enf. 45 – ⏞ 32 – **12 ch** 240/260 – ½ P 240/260.

BUIS-LES-BARONNIES 26170 Drôme 81 ③ G. Alpes du Sud – 2 030 h alt. 370.

Paris 692 – Carpentras 40 – Nyons 29 – Orange 49 – Sault 37 – Sisteron 72 – Valence 131.

- 🏠 **Sous l'Olivier** 🐾, ✆ 75 28 01 04, Fax 75 28 16 49, 佘, ♣♣, 🌊, ⛵, 🍽 – ☎ 🅿. GB
  avril-oct. – **Repas** 100/145 – ⏞ 35 – **36 ch** 275/340 – ½ P 265/290.

- 🏠 **Lion d'Or** sans rest, ✆ 75 28 11 31 – ☎ ⟨⟩. GB. 🍽
  fermé 15 oct. au 15 nov. – ⏞ 28 – **14 ch** 180/260.

- X **La Fourchette,** pl. Arcades ✆ 75 28 03 31, 佘
- ◆ fermé oct., dim. soir et lundi de sept. à juil. – **Repas** 75/200 ♣, enf. 50.

CITROEN Gar. Aubery, ✆ 75 28 10 08
PEUGEOT Gar. Enguent, ✆ 75 28 09 97

RENAULT Gar. des Platanes, ✆ 75 28 04 92

Le BUISSON-CUSSAC 24480 Dordogne 🗺️ ⑯ – 2 003 h.

Env. Cadouin : cloître★★, église★ SO : 6 km, G.Périgord.

Paris 541 – Sarlat-la-Canéda 35 – Bergerac 39 – Périgueux 51 – Villefranche-du-Périgord 35.

🏨 **Manoir de Bellerive** ⬚, rte Siorac 1,5 km ✆ 53 27 16 19, Fax 53 22 09 05, ≤, 🏡, « Élégant manoir dans un parc en bordure de la Dordogne », 🛦, 🎾 – 📺 ☎ 🅿. 🆎 ⬅️
🍽️ rest
15 avril-11 nov. – Repas *(fermé merc. soir)* (dîner seul. en semaine) 165 – 🖃 50 – **16 ch**
420/750 – ½ P 450/500.

BURNHAUPT-LE-HAUT 68520 H.-Rhin 🗺️ ⑲ – 1 426 h alt. 310.

Paris 463 – ◆Mulhouse 18 – Altkirch 15 – Belfort 27 – Thann 13.

🏨 **Aigle d'Or et rest. Coquelicot** Ⓜ️, au Pont d'Aspach N : 1 km ✆ 89 83 10 10,
◆ Fax 89 83 10 33, 🏡, 🌳 – 🍽️ rest 📺 ☎ 🅿 ᗑ – 🔬 30. 🆎 ⬅️ ⬅️
Repas *(fermé 1ᵉʳ au 16 janv. et sam. midi)* 59 (déj.), 79/245 ᗒ, enf. 42 – 🖃 39 – **26 ch** 260/330
– ½ P 255/280.

CITROEN Gar. Muller, à Burnhaupt-le-Bas   RENAULT Gar. Gensbittel, à Gildwiller
✆ 89 48 74 21   ✆ 89 25 37 10

BUSCHWILLER 68220 H.-Rhin 🗺️ ⑩ – 767 h alt. 350.

Paris 491 – ◆Mulhouse 28 – Altkirch 26 – ◆Basel 9 – Colmar 66.

🍴 **Couronne,** ✆ 89 69 12 62, Fax 89 70 11 20 – ⬅️. 🍽️
fermé 13 août au 3 sept., dim. soir et lundi – Repas 85 (déj.), 160/330 ᗒ.

BUSSANG 88540 Vosges 🗺️ ⑧ G. Alsace Lorraine – 1 809 h alt. 599.

Env. Petit Drumont 🌼★★ NE : 9 km puis 15 mn.

🅳 Office de Tourisme r. d'Alsace ✆ 29 61 50 37.

Paris 453 – Épinal 59 – ◆Mulhouse 47 – Belfort 42 – Gérardmer 39 – Thann 26.

🏠 **Sources** ⬚, NE : 2,5 km par D 89 ✆ 29 61 51 94, Fax 29 61 60 61, 🌳 – 📺 ☎ 🅿. ⬅️. 🍽️
Repas 100/280 bc ᗒ, enf. 50 – 🖃 33 – **11 ch** 280/350 – ½ P 260/290.

🏠 **Le Tremplin** ⬚, ✆ 29 61 50 30, Fax 29 61 50 89 – 📺 ☎ 🅿. 🆎 ⬅️ ⬅️
◆ *fermé oct., dim. soir et lundi sauf vacances scolaires et fériés* – Repas 75/300 ᗒ – 🖃 35 –
18 ch 150/360 – ½ P 190/230.

BUSSEAU-SUR-CREUSE 23 Creuse 🗺️ ⑩ – ✉ 23150 Ahun.

Env. Moutier d'Ahun : boiseries★★ de l'église SE : 5,5 km – Ahun : boiseries★ de l'église SE :
6 km, G. Berry Limousin.

Paris 361 – Aubusson 30 – Guéret 18.

🍴 **Viaduc** avec ch, ✆ 55 62 57 20, Fax 55 62 55 80, ≤ – ☎ 🅿. ⬅️
◆ *fermé janv., dim. soir et lundi* – Repas 75/205 ᗒ, enf. 58 – 🖃 35 – **7 ch** 165/240 – ½ P 270.

La BUSSIÈRE 45230 Loiret 🗺️ ② G. Bourgogne – 715 h alt. 161.

Paris 143 – Auxerre 75 – Cosne-sur-Loire 43 – Gien 14 – Montargis 29 – ◆Orléans 79.

🏨 **Le Nuage** Ⓜ️, r. Briare ✆ 38 35 90 73, Fax 38 35 90 62, 🏡, ᒪ – 📺 ☎ 🅿 ᗑ – 🔬 25. 🆎
◆ ⬅️
Repas 69/175 ᗒ, enf. 35 – 🖃 35 – **15 ch** 260/290 – ½ P 240.

BUSSIÈRES 71 S.-et-L. 🗺️ ⑪ G. Bourgogne – 463 h alt. 270 – ✉ 71960 Pierreclos.

Paris 405 – Mâcon 13 – Charolles 46 – Cluny 15.

🍴 **Relais Lamartine** ⬚ avec ch, ✆ 85 36 64 71, Fax 85 37 75 69 – ☎. 🆎 ⬅️ ⬅️. 🍽️ ch
fermé 15 déc. au 15 janv., mardi midi du 1ᵉʳ juil. au 30 sept. dim. soir et lundi d'oct. à juin –
Repas 110 (déj.), 170/220, enf. 70 – 🖃 40 – **8 ch** 325/375.

BUTHIERS 77 S.-et-M. 🗺️ ⑪ – rattaché à Malesherbes (Loiret).

BUXEROLLES 86 Vienne 🗺️ ⑬ – rattaché à Poitiers.

BUXY 71390 S.-et-L. 🗺️ ① – 1 998 h alt. 300.

Paris 355 – Chalon-sur-Saône 17 – Autun 53 – Chagny 23 – Mâcon 62 – Montceau-les-Mines 33.

🏠 **Relais du Montagny** Ⓜ️ sans rest, ✆ 85 92 19 90, Fax 85 92 07 19, ᒪ, 🌳 – 📺 ☎ 🅿 –
🔬 40. 🆎 ⬅️
🖃 40 – **30 ch** 275/355.

BUZANÇAIS 36500 Indre 🗺️ ⑦ – 4 749 h alt. 122.

Env. Château d'Argy★ N : 6 km, G. Berry Limousin.

Paris 275 – Le Blanc 45 – Châteauroux 26 – Chatellerault 77 – ◆Tours 92.

🏨 **Hermitage** ⬚, rte d'Argy ✆ 54 84 03 90, Fax 54 02 13 19, 🌳 – 📺 ☎ 🚙 🅿. ⬅️
◆ *fermé 10 au 19 sept., 2 au 17 janv., dim. soir et lundi sauf hôtel en juil.-août* – Repas *(dim.
prévenir)* 80/275 ᗒ, enf. 60 – 🖃 28 – **14 ch** 120/315 – ½ P 225/260.

🏠 **Le Croissant,** 53 r. Grande ℰ 54 84 00 49, Fax 54 84 20 60, ㈜ – 📺 ☎. GB. ⅏ rest
➔ fermé vend. soir et sam. midi – **Repas** 80/235 ⅃, enf. 68 – ⌷ 30 – **14 ch** 230/270 –
½ P 230/270.

CITROEN Gar. Fontaine, 38 rte de Châteauroux   ⓜ Chirault, 41 r. Hervault ℰ 54 84 12 97
ℰ 54 84 08 39

▣ **BUZET-SUR-BAÏSE** 47160 L.-et-G. 79 ⑭ – 1 353 h alt. 47.
Paris 689 – Agen 30 – Mont-de-Marsan 84 – Nérac 18 – Villeneuve-sur-Lot 42.

※※ **Le Vigneron,** bd République ℰ 53 84 73 46 – ① GB
➔ fermé 15 au 29 fév., dim. soir et lundi – **Repas** 75/235 ⅃, enf. 65.

▣ **CABASSON** 83 Var 84 ⑯, 114 ㊽ – rattaché à Bormes-les-Mimosas.

▣ **CABOURG** 14390 Calvados 55 ② G. Normandie Vallée de la Seine – 3 355 h alt. 3 – Casino A.
⛳ ℰ 31 91 25 56, par ④ : 3 km ; ⛳ ℰ 31 91 70 53, 1 km par av. de l'Hippodrome A.
🛈 Office de Tourisme Jardins du Casino ℰ 31 91 01 09, Fax 31 24 14 49.
Paris 225 ③ – ◆Caen 23 ④ – Deauville 18 ① – Lisieux 35 ② – Pont-l'Évêque 26 ②.

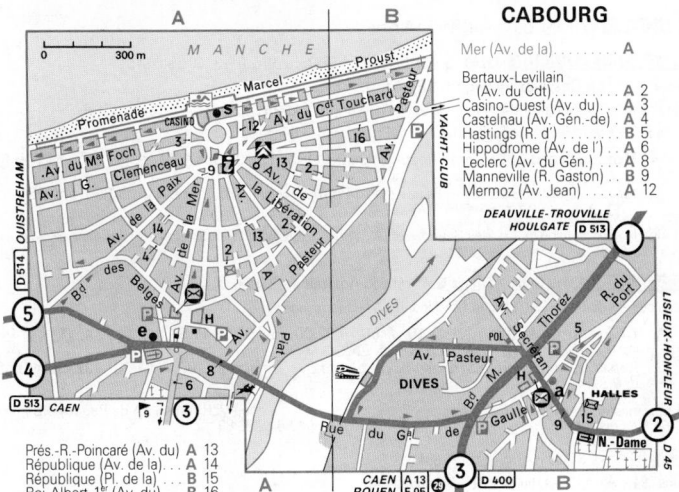

CABOURG

Mer (Av. de la) . . . . A
Bertaux-Levillain
  (Av. du Cdt) . . . . A 2
Casino-Ouest (Av. du) . . A 3
Castelnau (Av. Gén.-de) . . A 4
Hastings (R. d') . . . . B 5
Hippodrome (Av. de l') . . . A 6
Leclerc (Av. du Gén.) . . . A 8
Manneville (R. Gaston) . . B 9
Mermoz (Av. Jean) . . . . . A 12
Prés.-R.-Poincaré (Av. du) A 13
République (Av. de la) . . . A 14
République (Pl. de la) . . . B 15
Roi-Albert-1ᵉʳ (Av. du) . . . B 16

🏨 **Pullman Gd Hôtel** ♨, prom. M. Proust ℰ 31 91 01 79, Télex 171364, Fax 31 24 03 20,
≤, ㈜ – 🛗 ⅙ ch 📺 ☎ 🅿 – 🔬 25 à 200. 🅰🅴 ① GB JCB   A **s**
Repas 145/195 – ⌷ 75 – **68 ch** 730/860 – ½ P 640/790.

🏨 **Mercure Hippodrome** Ⓜ ♨, av. M. d'Ornano par av. Hippodrome A ℰ 31 24 04 04,
Télex 772328, Fax 31 91 03 99, ㈜, ☷ – 📺 ☎ 🕭 🅿 – 🔬 30 à 100. 🅰🅴 GB
Repas (15 mars-13 nov.) 120/160, enf. 60 – ⌷ 55 – **74 ch** 510/630, 8 duplex.

🏠 **Le Cottage** sans rest, 24 av. Gén. Leclerc ℰ 31 91 65 61, Fax 31 28 78 82, ⟿ – 📺 ☎ 🅿.
🅰🅴 ① GB   A **e**
⌷ 38 – **14 ch** 300/390.

à *Dives-sur-Mer* : Sud du plan – 5 344 h. – ✉ 14160 :

Voir Halles★ B.

🛈 Syndicat d'Initiative r. du Gén-de-Gaulle ℰ 31 91 24 66 (saison).

※※ **Guillaume le Conquérant,** 2 r. Hastings ℰ 31 91 07 26, ㈜, « Ancien relais de poste
du 16ᵉ siècle » – 🅰🅴 GB   B **a**
fermé 20 nov. au 26 déc., dim. soir et lundi sauf juil.-août et fériés – **Repas** 102/320, enf. 68.

par ④, D 513 et rte de Gonneville-en-Auge : 7 km – ✉ 14860 Ranville :

※※※ **Host. Moulin du Pré** ♨ avec ch, ℰ 31 78 83 68, Fax 31 78 21 05, parc – ☎ 🅿. 🅰🅴 ①
GB. ⅏ ch
fermé 1ᵉʳ au 15 mars, 1ᵉʳ au 29 oct., dim. soir et lundi sauf juil.-août et fériés – **Repas** 255/310
et carte 220 à 290 – ⌷ 40 – **10 ch** 215/330.

CITROEN Gar. Mesnier, 1 av. de la Libération A
ℰ 31 91 26 83
                  PEUGEOT Gar. Pichon, CD 513, rte de Caen
                  ℰ 31 91 35 97 🅽 ℰ 31 24 10 00

CABRERETS 46330 Lot 𝟟𝟡 ⑨ G. Périgord Quercy – 191 h alt. 130.

Voir Château de Gontaut-Biron★ – ≼★ sur village de la rive gauche du Célé – Grotte du Pech Merle★★ NO : 3 km – Cuzals : musée de plein air du Quercy★ NE : 5 km.

🛂 Office de Tourisme ℘ 65 31 27 12, Fax 65 30 27 17.

Paris 583 – Cahors 31 – Figeac 44 – Gourdon 42 – St-Céré 57 – Villefranche-de-Rouergue 43.

🏠 **Aub. de la Sagne** ⤴, rte grotte de Pech Merle ℘ 65 31 26 62, Fax 65 30 27 43, 斧, ⤻, 🐎 – ☎ 🅿. 🆚.
15 mai-30 sept. – **Repas** (nombre de couverts limité, prévenir) (dîner seul.) 82/130 – ⌸ 28 – **10 ch** 280 – ½ P 256.

🏠 **Grottes**, ℘ 65 31 27 02, Fax 65 31 20 15, 斧, « Terrasse sur la rivière », ⤻ – ☎ 🅿. 🆚. ﹪ ch
1er avril-30 oct. – **Repas** 88/165 ⅃, enf. 58 – ⌸ 35 – **18 ch** 168/312 – ½ P 209/276.

CABRIÈRES-D'AVIGNON 84220 Vaucluse 𝟾𝟷 ⑬ – 1 142 h.

Paris 709 – Avignon 31 – Apt 23 – Carpentras 25 – Cavaillon 12.

✗✗ **Le Bistrot à Michel** ⤴ avec ch, ℘ 90 76 82 08, 斧 – ☎. 🆚
fermé janv. – **Repas** (fermé lundi de sept. à juin et mardi) 160/275 – ⌸ 50 – **3 ch** 400/600.

CABRIS 06 Alpes-Mar. 𝟾𝟺 ⑧, 𝟷𝟷𝟺 ⑬, 𝟷𝟷𝟻 ㉔ – rattaché à Grasse.

CADÉAC 65 H.-Pyr. 𝟾𝟻 ⑲ – rattaché à Arreau.

La CADIÈRE-D'AZUR 83740 Var 𝟾𝟺 ⑭ 𝟷𝟷𝟺 ㊹ G. Côte d'Azur – 3 139 h alt. 144.

Voir ≼★ – Le Castelet : village★ NE : 4 km.

🛂 Office de Tourisme rond-point R.-Salengro (saison) ℘ 94 90 12 56.

Paris 817 – ♦Marseille 44 – ♦Toulon 21 – Aix-en-Provence 61 – Brignoles 53.

🏡🏡 **Host. Bérard** 🅜 ⤴, près Poste ℘ 94 90 11 43, Fax 94 90 01 94, ≼, ⤻, 🐎 – ▤ rest 📺 ☎ 🛬 – ⚒ 40. 🖭 🆚 🄹🄲🄱. ﹪ rest
fermé 14 janv. au 19 fév. – **Repas** (fermé dim. soir et lundi hors sais.) 115/390, enf. 65 – ⌸ 60 – **40 ch** 400/900 – ½ P 575/720.

CITROEN Gar. Jansoulin, Ch. des Beaumes ℘ 94 29 30 36   RENAULT Gar. St-Eloi, av. Libération ℘ 94 90 12 47

CADILLAC 33410 Gironde 𝟽𝟷 ⑩ G. Pyrénées Aquitaine – 2 582 h.

Paris 608 – ♦Bordeaux 33 – Langon 12 – Libourne 40 – Marmande 61.

🏡 **Château de la Tour** 🅜, D 10 ℘ 56 76 92 00, Fax 56 62 11 59, ≼, 斧, Ⅰ₆, ⤻ – ▮ ﹪ ch ▤ rest 📺 ☎ ♿ 🛬 – ⚒ 25 à 60. 🖭 ⓪ 🆚 🄹🄲🄱
Repas (fermé vend. soir et sam. midi de nov. à mars) 87/198 – ⌸ 40 – **32 ch** 450/490 – ½ P 375.

⊛ Euromaster, av. Libération à Beguey ℘ 56 62 17 61   Media pneu Vulcopneu, ZA de Beguey à Beguey ℘ 56 62 90 83

CADOURS 31480 H.-Gar. 𝟾𝟸 ⑥ – 694 h.

Paris 694 – Auch 43 – ♦Toulouse 42 – Montauban 48.

🏡 **Demeure d'En Jourdou** ⤴, NO : 1 km par D 29 ℘ 61 85 77 77, 斧, parc, ⤻ – ﹪ ch 📺 ☎ 🅿 🆚
Repas (dîner seul.)(résidents seul.) 127/187 – ⌸ 37 – **7 ch** 290/420 – ½ P 265/325.

CAEN 🅿 14000 Calvados 𝟻𝟻 ⑪ ⑫ G. Normandie Cotentin – 112 846 h alt. 8.

Voir Abbaye aux Hommes★★ CY – Abbaye aux Dames EX : Église de la Trinité★★ – Chevet★★, frise★ et voûtes★★ de l'Église St-Pierre★ DY – Église et cimetière St-Nicolas★ CY – Tour-lanterne★ de l'église St-Jean EZ – Hôtel d'Escoville★ DY B – Vieilles maisons★ (n° 52 et 54 rue St-Pierre) DY K – Musée des Beaux-Arts★★ dans le château★ DX M¹ – Musée de Normandie★★ DX M² – Mémorial★★ AV.

Env. Ruines de l'abbaye d'Ardenne★ AV 6 km par ⑩.

🏌 ℘ 31 94 72 09, N par D 60 BV : 5 km ; 🏌🏌 de Garcelles ℘ 31 39 08 58, par ⑥ : 15 km.

✈ de Carpiquet : ℘ 31 26 58 00, par ⑨ : 7 km, par N 13 et D 9.

🛂 Office de Tourisme et Accueil de France pl. St-Pierre ℘ 31 86 27 65, Télex 170353, Fax 31 79 08 08 – A.C.O. 20 av. 6-juin ℘ 31 85 47 35.

Paris 240 ④ – Alençon 97 ⑥ – ♦Amiens 236 ④ – ♦Brest 370 ⑧ – Cherbourg 124 ⑩ – Évreux 130 ⑤ – ♦Le Havre 87 ④ – Lille 352 ④ – ♦Le Mans 151 ⑥ – ♦Rennes 174 ⑧.

Plans pages suivantes

🏡🏡 **Holiday Inn**, pl. Foch ℘ 31 27 57 57, Télex 170555, Fax 31 27 57 58 – ▮ ﹪ ch 📺 ☎ – ⚒ 150. 🖭 ⓪ 🆚. ﹪ rest   DZ z
Le Rabelais ℘ 31 27 57 56 **Repas** 110/250, enf. 50 – ⌸ 50 – **92 ch** 410/580.

🏡🏡 **Relais des Gourmets** sans rest, 15 r. Geôle ℘ 31 86 06 01, Fax 31 39 06 00 – ▮ 📺 ☎ – ⚒ 45. 🖭 ⓪ 🄹🄲🄱   DY t
⌸ 50 – **24 ch** 350/550, 4 appart.

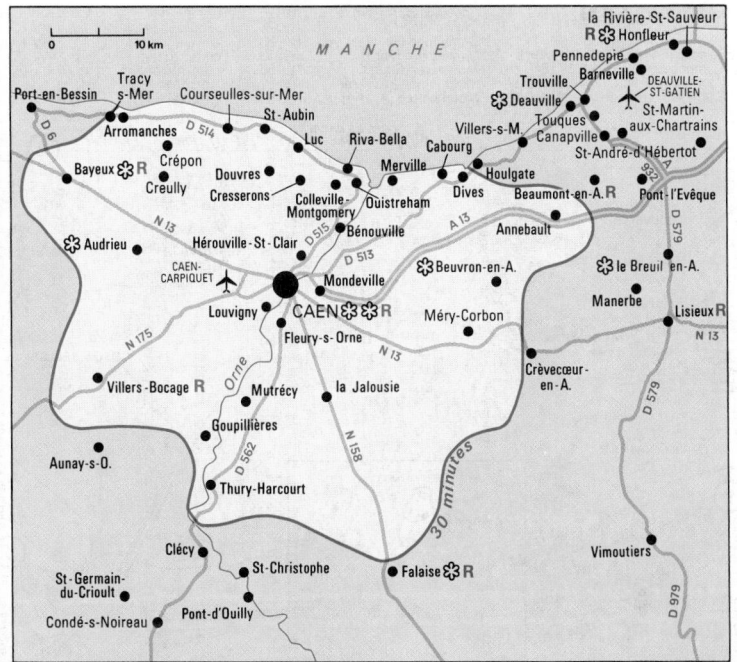

🏨🏨 **Mercure** M, 1 r. Courtonne ℰ 31 47 24 24, Télex 171890, Fax 31 47 43 88 – 📶 ⇔ ch 📺📺 ☎ & ⟐ – 🔏 120. ஊ ⓪ ☜
Repas *(fermé sam. midi et dim. midi)* 120 ⅃ – ⌷ 50 – **110 ch** 530/560, 4 appart.
EY **b**

🏨🏨 **Moderne** M sans rest, 116 bd Mar. Leclerc ℰ 31 86 04 23, Télex 171106, Fax 31 85 37 93 – 📶 📺 ☎ & ⇔. ஊ ⓪ ☜ ⌨
⌷ 47 – **40 ch** 320/630.
DY **d**

🏨 **France** sans rest, 10 r. Gare ℰ 31 52 16 99, Fax 31 83 23 16 – 📶 📺 ☎ & ⟐ – 🔏 30. ஊ ⓪ ☜
fermé 25 au 31 déc. – ⌷ 30 – **47 ch** 250/350.
EZ **h**

🏨 **Royal** sans rest, 1 pl. République ℰ 31 86 55 33, Fax 31 79 89 44 – 📶 📺 ☎. ஊ ☜
⌷ 38 – **42 ch** 250/320.
DY **e**

🏨 **Quatrans** sans rest, 17 r. Gemare ℰ 31 86 25 57, Fax 31 85 27 80 – 📶 📺 ☎. ☜
⌷ 30 – **32 ch** 160/260.
DY **p**

🏨 **Ibis Caen Centre**, 6 pl. Courtonne ℰ 31 95 88 88, Télex 171084, Fax 31 43 80 80 – 📶 ⇔ ch 📺 ☎ & ⇔ – 🔏 150. ஊ ⓪ ☜
Repas 97 bc, enf. 40 – ⌷ 36 – **101 ch** 330/350.
EY **k**

🏨 **Ibis** M sans rest, 33 r. Bras (centre P. Doumer) ℰ 31 50 00 00, Fax 31 86 85 91 – 📶 ⇔ ch 📺 ☎ &. ஊ ☜
⌷ 35 – **59 ch** 280/325.
DY **s**

🏨 **Central** sans rest, 23 pl. J. Letellier ℰ 31 86 18 52, Fax 31 86 88 11 – 📺 ☎. ☜
⌷ 30 – **25 ch** 150/250.
DY **u**

🏨 **Clarine**, 11 r. Prof. J. Rousselot ℰ 31 95 87 00, Fax 31 94 46 54 – 📶 📺 ☎ & ⟐ – 🔏 50. ஊ ⓪ ☜
Repas *(fermé dim.)* 74/115 ⅃, enf. 35 – ⌷ 35 – **50 ch** 275.
AV **n**

XXX ❀❀ **La Bourride** (Bruneau), 15 r. du Vaugueux ℰ 31 93 50 76, Fax 31 93 29 63, « Maison du vieux Caen » – ஊ ⓪ ☜
fermé 16 août au 3 sept., 3 au 19 janv., dim. soir et lundi sauf fériés – Repas *(nombre de couverts limité-prévenir)* 190 *(déj.)*, 316/580 et carte 330 à 460
Spéc. "Mélé" d'andouille du bocage virois. Pigeonneau au sel et vanille. Bourride des cinq poissons.
DX **x**

XXX **Le Dauphin** avec ch, 29 r. Gemare ℰ 31 86 22 26, Fax 31 86 35 14 – 📶 📺 ☎ ⟐. ஊ ⓪ ☜
fermé 17 juil. au 8 août (sauf hôtel), 23 janv. au 7 fév. et sam. midi – Repas 95/290 et carte 250 à 350 ⅃ – ⌷ 50 – **22 ch** 320/510 – ½ P 360/400.
DY **a**

CAEN

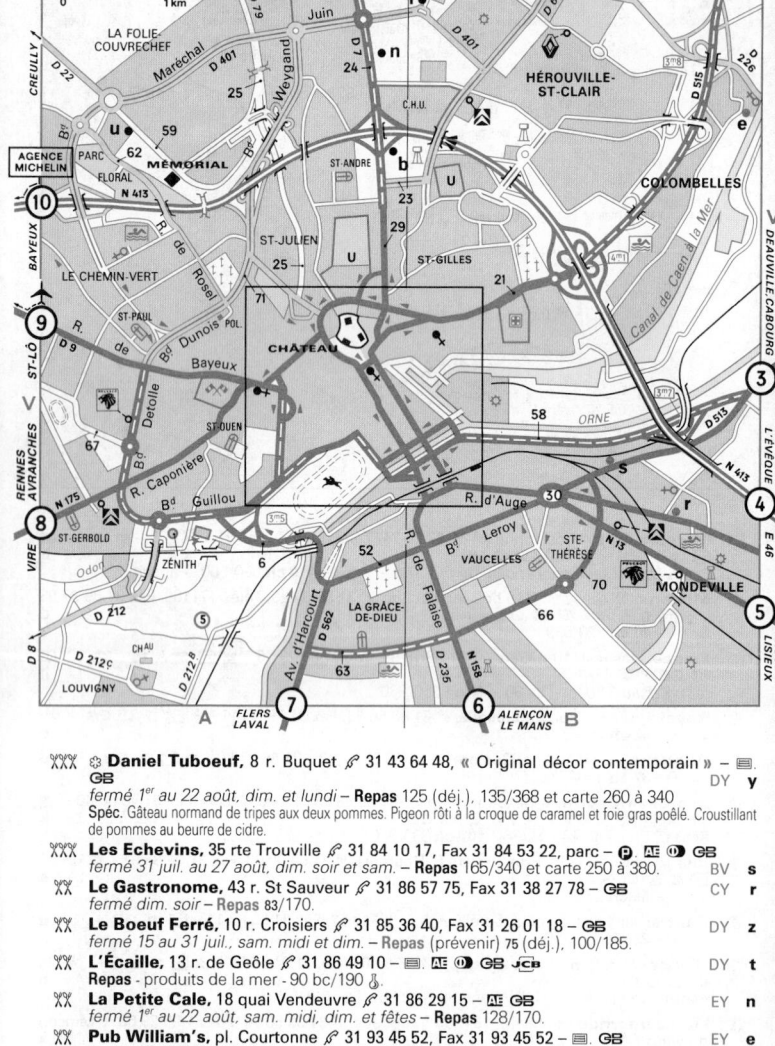

XXX ❀ **Daniel Tuboeuf,** 8 r. Buquet 𝒫 31 43 64 48, « Original décor contemporain » – 🖥.
🈁 **GB**   DY **y**
   fermé 1er au 22 août, dim. et lundi – **Repas** 125 (déj.), 135/368 et carte 260 à 340
   Spéc. Gâteau normand de tripes aux deux pommes. Pigeon rôti à la croque de caramel et foie gras poêlé. Croustillant
   de pommes au beurre de cidre.

XXX **Les Echevins,** 35 rte Trouville 𝒫 31 84 10 17, Fax 31 84 53 22, parc – 🅿 🈁 ⓘ ● **GB**
   fermé 31 juil. au 27 août, dim. soir et sam. – **Repas** 165/340 et carte 250 à 380.   BV **s**

XX **Le Gastronome,** 43 r. St Sauveur 𝒫 31 86 57 75, Fax 31 38 27 78 – **GB**   CY **r**
   fermé dim. soir – **Repas** 83/170.

XX **Le Boeuf Ferré,** 10 r. Croisiers 𝒫 31 85 36 40, Fax 31 26 01 18 – **GB**   DY **z**
   fermé 15 au 31 juil., sam. midi et dim. – Repas (prévenir) 75 (déj.), 100/185.

XX **L'Écaille,** 13 r. de Geôle 𝒫 31 86 49 10 – 🖥. 🈁 ⓘ **GB** 🈂   DY **t**
   Repas - produits de la mer - 90 bc/190 🍷.

XX **La Petite Cale,** 18 quai Vendeuvre 𝒫 31 86 29 15 – 🈁 **GB**   EY **n**
   fermé 1er au 22 août, sam. midi, dim. et fêtes – **Repas** 128/170.

XX **Pub William's,** pl. Courtonne 𝒫 31 93 45 52, Fax 31 93 45 52 – 🖥. **GB**   EY **e**
→ *fermé 1er au 20 août, dim. et fériés* – **Repas** 69/175 🍷.

XX **Alcide,** 1 pl. Courtonne 𝒫 31 44 18 06, Fax 31 22 92 90 – **GB**   EY **e**
→ *fermé 20 au 31 déc. et sam.* – **Repas** 72/135 🍷.

XX **Le Carlotta,** 16 quai Vendeuvre 𝒫 31 86 68 99 – **GB**   EY **m**
   fermé 8 au 22 août et dim. – **Repas** 89/145.

X **La Poêle d'Or,** 7 r. Laplace 𝒫 31 85 39 86 – 🈁 ⓘ **GB**   EZ **r**
→ *fermé 14 juil. au 15 août, sam. midi et dim.* – **Repas** 65/140 🍷.

à l'échangeur Caen-Université (bretelle du bd périphérique) – ⊠ **14000** Caen :

🏨 **Novotel Côte de Nacre** Ⓜ, av. Côte de Nacre 𝒫 31 43 42 00, Télex 170563, Fax 31 44 07 28, 佘, ⤴ – |🛗| ⥥ ch 🖿 🗺 🖳 & Ⓟ – 🍴 200. 🖭 ⓞ 🇬🇧   AV   **b**
Repas carte environ 170, enf. 50 – ⌐ 48 – **126 ch** 395/465.

à Hérouville St-Clair NE : 3 km – 24 795 h. – ⊠ **14200** :

🏨 **Friendly H.** Ⓜ, 2 pl. Boston Citis 𝒫 31 44 05 05, Télex 772500, Fax 31 44 95 94, *Ⅰ6*, 🔲, 🐎 – ⥥ ch, 🖿 rest 🗺 🖳 & Ⓟ – 🍴 300. 🖭 ⓞ 🇬🇧, 🎤 rest   BV   **f**
Repas 125/155 ♨, enf. 50 – ⌐ 48 – **90 ch** 390/460 – ½ P 403.

🍴 **L'Espérance** 🌭 avec ch, r. Abbé Alix, bord du canal 𝒫 31 44 97 10, Fax 31 94 89 23, ≤ –
➡ 🖳 Ⓟ – 🍴 50. 🇬🇧   BV   **e**
fermé 15 au 30 nov. – **Repas** *(fermé lundi)* 68/184 ♨ – ⌐ 25 – **11 ch** 120/190 – ½ P 170/195.

à Bénouville par ② : 10 km – ⊠ **14970** :

Voir Château★ : escalier d'honneur★★.

🏨 **La Glycine** Ⓜ, 𝒫 31 44 61 94, Fax 31 43 67 30 – 🗺 🖳 & Ⓟ. 🇬🇧
➡ **Repas** *(fermé dim. soir hors sais.)* 80/280 – ⌐ 30 – **25 ch** 270 – ½ P 280.

🍴🍴🍴 **Manoir d'Hastings et la Pommeraie** Ⓜ 🌭 avec ch, 𝒫 31 44 62 43, Fax 31 44 76 18, 佘, « Prieuré du 17ᵉ siècle, jardin » – 🗺 🖳 Ⓟ. 🖭 ⓞ 🇬🇧 🇯🇨🇧
fermé 13 nov. au 3 déc. – **Repas** *(fermé dim. soir et lundi sauf juil.-août)* 120 (déj.), 160/360 et carte 200 à 280 – ⌐ 50 – **15 ch** 600/800 – ½ P 625/675.

à Mondeville E : 3,5 km – 9 488 h. – ⊠ **14120** :

🍴🍴 **Les Gourmets**, 41 r. E. Zola 𝒫 31 82 37 59, Fax 31 82 37 92 – 🇬🇧   BV   **r**
fermé 1ᵉʳ au 15 août et dim. soir – **Repas** 92/186.

à La Jalousie par ⑥ : 13 km – ⊠ **14540** St-Aignan-de-Cromesnil :

🍴🍴 **Aub. de la Jalousie** avec ch, N 158 𝒫 31 23 51 69, Fax 31 23 95 55 – 🗺 🖳 Ⓟ. 🇬🇧
➡ *fermé fév., dim. soir (sauf hôtel) et lundi du 1ᵉʳ sept. au 15 juin sauf fériés* – **Repas** 80/225, enf. 48 – ⌐ 32 – **12 ch** 150/300 – ½ P 190/270.

à Fleury-sur-Orne par ⑦ : 4 km – 3 861 h. – ⊠ **14123** :

🍴🍴 **Ile Enchantée**, au bord de l'Orne 𝒫 31 52 15 52, ≤ – 🇬🇧
fermé 1ᵉʳ au 8 août, vacances de fév., dim. soir et lundi – **Repas** 130/215.

à Louvigny S : 4,5 km par D 212ᴮ AV – ⊠ **14111** :

🍴🍴🍴 **Aub. de l'Hermitage**, au bord de l'Orne 𝒫 31 73 38 66 – 🖭 🇬🇧
fermé 28 août au 17 sept., vacances de fév., dim. soir et lundi – **Repas** (nombre de couverts limité, prévenir) 98/185 et carte 210 à 280.

à la Folie Couvrechef (près Mémorial) AV – ⊠ **14000** Caen :

🏨 **Otelinn** Ⓜ, av. Mar. Montgomery 𝒫 31 44 34 20, Fax 31 44 63 80 – 🗺 🖳 & Ⓟ –
🍴 30 à 60. 🖭 ⓞ 🇬🇧   AV   **u**
Repas 83/120 ♨, enf. 37 – ⌐ 39 – **50 ch** 285.

MICHELIN, Agence régionale, ZI Carpiquet, ch. de la Sablonnière - Rots 𝒫 31 26 68 19

CITROEN Gar. Lenrouilly, 35 av. Henri Chéron AV
𝒫 31 74 55 98
CITROEN Succursale, rte de Lion sur Mer BV
𝒫 31 43 44 11 🄽 𝒫 31 80 03 03
MERCEDES Gar. Ame 14, 30 av. de Paris
𝒫 31 82 38 42 🄽 𝒫 05 24 24 30
PEUGEOT Sté Ind. Auto de Normandie, 36 bd
A.-Detolle AV 𝒫 31 74 55 50 🄽 𝒫 31 75 31 11

ROVER, JAGUAR Gar. J.F.C., 96 bd Y.-Guillou
𝒫 31 75 40 00
VAG Auto Technic, ZI Nord-Est rte de Lion sur Mer
𝒫 31 44 09 90
Gar. St-Michel, 13 r. Puits de Jacob 𝒫 31 82 37 51

⦿ Clabeaut Pneu, r. Gén. Moulin 𝒫 31 29 15 50
Euromaster, 2 r. Chemin Vert 𝒫 31 74 44 09

Périphérie et environs

ALFA ROMEO, FIAT Gar. JM Autos,
ZI r. de Bellevue à Carpiquet 𝒫 31 26 50 11
BMW Gar. Regnault, rte de Paris à Mondeville,
𝒫 31 35 15 35
CITROEN Petit Gar., 8 rte de Paris à Mondeville BV
𝒫 31 82 20 28
FORD Gar. Viard, Technopole Citis à Hérouville
𝒫 31 47 03 03
NISSAN, OPEL Transac Auto, ZI de la Sphère
à Hérouville BV 𝒫 31 47 64 23
PEUGEOT Gar. Marie Frères, 42 rte de Paris
à Mondeville 𝒫 31 52 19 32
PEUGEOT Gar. Lechat, 619 r. de Caen à Ifs par ⑥
𝒫 31 82 32 33
RENAULT Succursale, r. Pasteur à Hérouville BV
𝒫 31 46 44 44 🄽 𝒫 05 05 15 15

RENAULT Gar. Allais, 554 rte de Falaise à Ifs par ⑥
𝒫 31 82 33 31 🄽 𝒫 31 82 45 55
Gar. de l'Étoile, 7 rte de Paris à Mondeville
𝒫 31 52 02 34

⦿ Clabeaut Pneu, ZI rte de Paris à Mondeville
𝒫 31 83 10 10
Euromaster, ZI Mondeville-Sud à Grentheville
𝒫 31 82 37 15
Laguerre Pneus, ZI r. des Monts Rameaux
à Carpiquet 𝒫 31 26 05 00
Laguerre Pneus, ZI de la Sphère à Hérouville
𝒫 31 47 65 00
Schmitt Pneus Vulcopneu, rte de Falaise à Ifs,
𝒫 31 52 08 39

CONSTRUCTEUR : RENAULT Véhicules Industriels, à Blainville-sur-Orne 𝒫 31 84 81 33

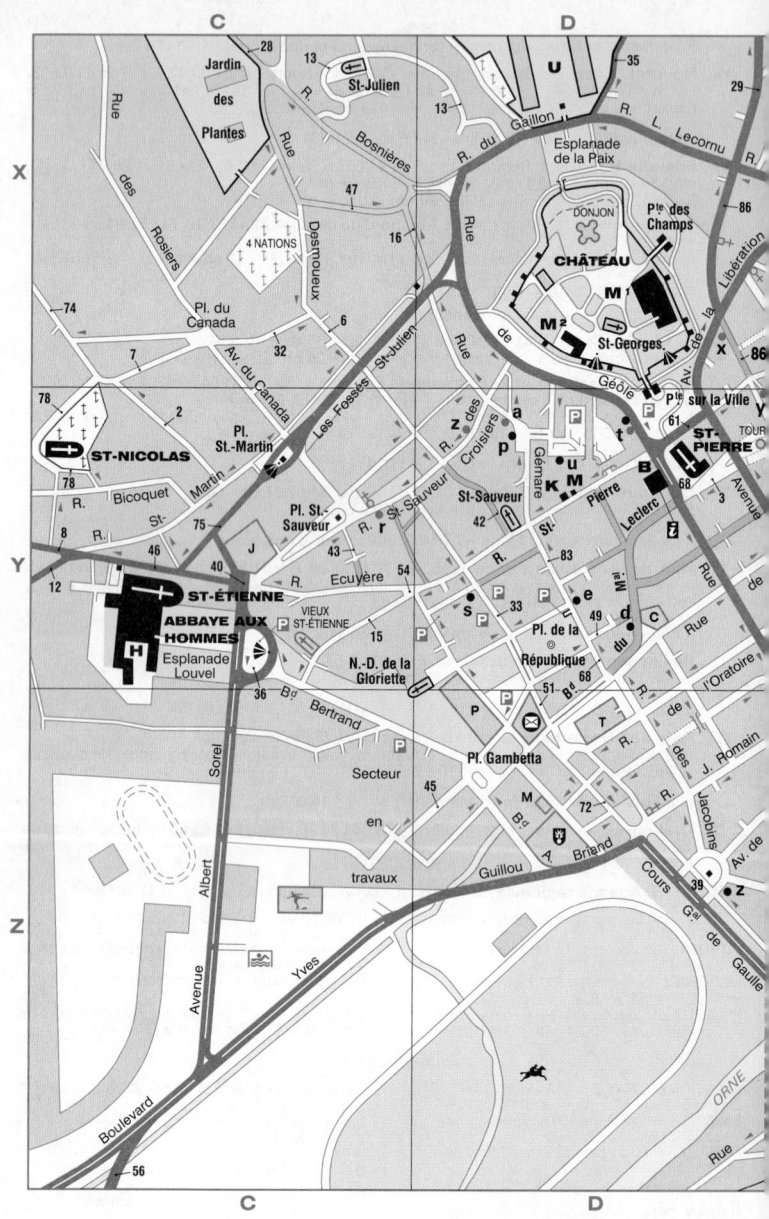

CAEN

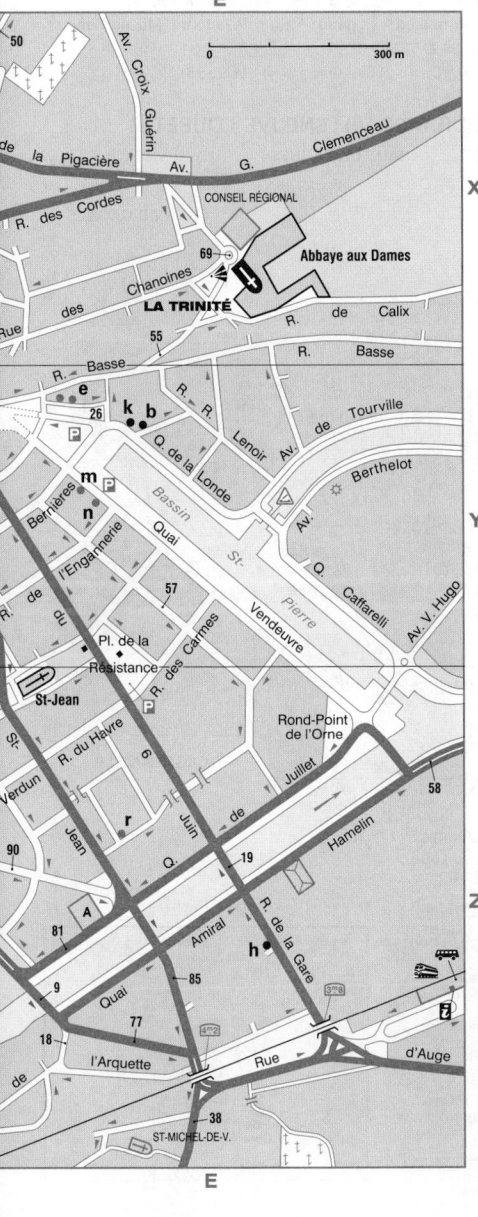

*Dans la liste des rues
des plans de villes,
les noms en rouge
indiquent
les principales voies
commerçantes.*

Routes enneigées

Pour tous renseignements pratiques, consultez
les cartes Michelin **« Grandes Routes »** 918, 919, 915 ou 989.

267

CAGNES-SUR-MER 06800 Alpes-Mar. 84 ⑨ 115 ㉕ G. Côte d'Azur – 40 902 h alt. 77.

Voir Haut-de-Cagnes★ X – Château-musée★ X : patio★★, ☀★ de la tour – Musée Renoir★ Y.

🛈 Office de Tourisme 6 bd Mar.-Juin ℘ 93 20 61 64.

Paris 921 ⑨ – ◆Nice 13 ② – Antibes 11 ④ – Cannes 21 ⑤ – Grasse 24 ⑥ – Vence 9,5 ①.

CAGNES-SUR-MER-VILLENEUVE-LOUBET

HAUT-DE-CAGNES

Château (Montée du)	X 4
Clergue (R. Denis J.)	X 7
Dr-Maurel (Pl. du)	X 8
Dr-Provençal (R. du)	X 10
Geniaux (R. Ch.)	X 16
Grimaldi (Pl.)	X 18
Paissoubran (R.)	X 27
Piolet (R. du)	X 28
Planastel (R. du)	Y 29

Pontis-Long (R. du)	X 30
St-Sébastien (R.)	X 33
Sous-Baous (Montée)	X 37

CROS-DE-CAGNES

Jaurès (Av. Jean)	Y 22
Leclerc (Av. Gén.)	Y 23
Nice (Av. de)	Y 25
Oliviers (Av. des)	Y 26
Serre (Av. de la)	Y 36

CAGNES-VILLE

Gaulle (Pl. Gén.-de)	Z 15
Giacosa (R. J.-R.)	Z 17
Hôtel-des-Postes (Av. de l')	Z 20
Renoir (Av. A.)	Z
Béranger (R. Gén.)	Z 3
Chevalier-Martin (R.)	Z 6
Hôtel-de-Ville (Av. de l')	Z 19
Mistral (Av. F.)	Z 24

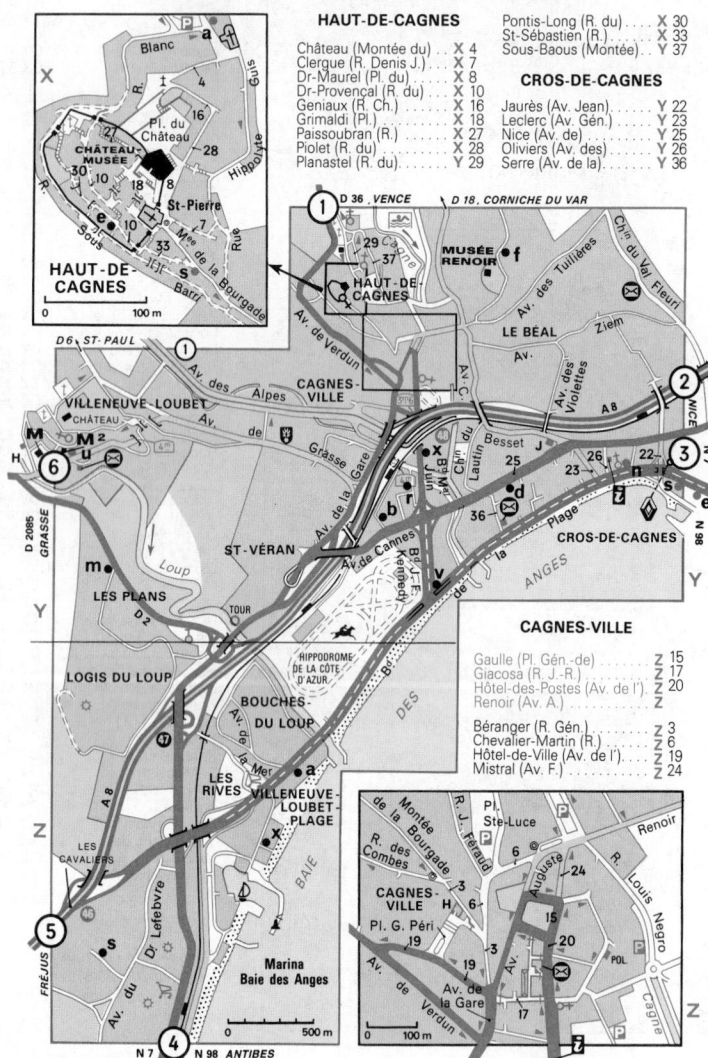

🏔 ※ **Le Cagnard** ⑤, r. Pontis-Long au Haut-de-Cagnes ℘ 93 20 73 21, Fax 93 22 06 39, ≤, 😤 – 🛏 ☰ ch 📺 ☎ 🅿 – 🛦 25. ⚿ ① ☒ ☒
X e
Repas (fermé 1er nov. au 18 déc. et jeudi midi) 250 (déj.), 300/500 et carte 390 à 530 – 🖵 70 – **18 ch** 380/900, 10 appart – 1/2 P 700/1100
Spéc. Ravioli de chèvre aux fruits de mer (hiver). Poêlée de foie gras aux deux pommes de terre truffées. Croustillants de rougets à l'ail et au romarin. **Vins** Bellet, Côtes de Provence.

🏨 **Splendid** Ⓜ sans rest, 41 bd Mar. Juin ℘ 93 22 02 00, Fax 93 20 12 44 – 🔲 📺 ☎ 👌 🅟.
🆔 ⓪ ⒼⒷ
⟐ 40 – **26 ch** 350/440.   Y **x**

🏨 **Chantilly** sans rest, 31 r. Minoterie ℘ 93 20 25 50, Fax 92 02 82 63 – 📺 ☎ 🅟. 🆔 ⒼⒷ
fermé 10 oct. au 10 déc. – ⟐ 35 – **18 ch** 250/350.   Y **b**

🏨 **Tiercé H.** sans rest, 33 bd Kennedy ℘ 93 20 02 09, Fax 93 20 31 55 – 📲 🔲 📺 ☎ 🚗 🅟.
🆔 ⒼⒷ
⟐ 50 – **23 ch** 350/550.   Y **v**

🏨 **Brasilia** sans rest, chemin Grands Plans ℘ 93 20 25 03, Fax 93 22 44 09 – 📲 📺 ☎ 🅟. 🆔
⓪ ⒼⒷ
⟐ 35 – **18 ch** 350/425.   Y **r**

🏨 **Les Collettes** 🕭 sans rest, 38 chemin des Collettes ℘ 93 20 80 66, 🥽, ℀ – cuisinette
📺 🚗 🅟. ⒼⒷ   Y **f**
fermé 1ᵉʳ nov. au 27 déc. – ⟐ 33 – **13 ch** 298/401.

🍴🍴 ✣ **Les Peintres,** 71 montée Bourgade au Haut-de-Cagnes ℘ 93 20 83 08,
Fax 93 20 61 01, ≤ – 🔲. 🆔 ⓪ ⒼⒷ   X **s**
fermé lundi midi et merc. midi du 14 juil. au 31 août et merc. du 1ᵉʳ sept. au 13 juil. –
Repas 200/400 et carte 300 à 380
Spéc. Grosses asperges vertes cuites meunière (printemps). Carpaccio de bonite (été). Jarret de cochon de lait (hiver).
Vins Côtes-de-Provence.

🍴🍴 **Josy-Jo,** 4 pl. Planastel ℘ 93 20 68 76, 🌫 – 🆔 ⒼⒷ   X **a**
fermé 14 juil. au 15 août, sam. midi et dim. – **Repas** carte 250 à 320.

à Cros-de-Cagnes SE : 2 km – ✉ **06800** Cagnes-sur-Mer :
🛈 Syndicat d'Initiative 20 av. des Oliviers (transfert sur la plage en Été) ℘ 93 07 67 08.

🏨 **Mas d'Azur** sans rest, 42 av. Nice ℘ 93 20 19 19 – 📺 ☎ 🅟. ⒼⒷ   Y **d**
⟐ 30 – **15 ch** 275/315.

🍴🍴🍴 **La Bourride,** port du Cros ℘ 93 31 07 75, Fax 93 31 89 11, ≤, 🌫 – 🔲. 🆔 ⒼⒷ   Y **e**
fermé vacances de fév. et merc. – **Repas** 150/290 et carte 230 à 360, enf. 80.

🍴🍴 **Villa du Cros,** port du Cros ℘ 93 07 57 83 – 🔲. 🆔 ⓪ ⒼⒷ   Y **s**
fermé nov., vacances de fév., dim. soir et lundi sauf juil.-août – **Repas** 120.

🍴🍴 ✣ **La Réserve "Loulou"** (Campo), 91 bd Plage ℘ 93 31 00 17 – 🔲. 🆔 ⒼⒷ   Y **n**
fermé 15 juil. au 25 août et dim. – **Repas** 200 et carte 250 à 400
Spéc. Palourdes gratinées à la provençale. Poissons grillés. Tarte chaude aux pommes caramélisées.

PEUGEOT Gar. Ortelli, rte de St-Paul par ① Y   🅜 Pneu Service, 156 rte de Nice, N 7 ℘ 93 31 17 07
℘ 93 20 30 40
RENAULT Succursale de Nice, 104 bd Plage à Cros
de Cagnes ℘ 93 14 20 20 🅽 ℘ 05 05 15 15

▬▬ **CAGNOTTE** ▬ 40300 Landes 🔢 ⑦ – 506 h alt. 40.
Paris 750 – Biarritz 61 – Mont-de-Marsan 67 – ♦Bayonne 39 – Dax 16 – Pau 82.

🍴🍴 **Le Fournil** avec ch, ℘ 58 73 03 78, Fax 58 73 13 48, 🌫, 🥽 – ☎ 🅟 – 🔬 25 à 60. 🆔 ⒼⒷ
◆   *fermé 23 au 30 oct., janv., dim. soir et lundi du 16 sept. au 14 juin* – **Repas** 80/220, enf. 60 –
⟐ 40 – **10 ch** 180/240 – ½ P 240/250.

▬▬ **CAHORS** ▬ 🅿 46000 Lot 🔢 ⑧ G. Périgord Quercy – 19 735 h alt. 128.
Voir Pont Valentré★★ AZ – Portail Nord★★ et cloître★ de la cathédrale St-Etienne★ BY E – ≤★
du pont Cabessut BY – Croix de Magne ≤★ O : 5 km par D 27 AZ – Barbacane et tour St-Jean★
ABY **K** – **Env.** Mont-St-Cyr ≤★ BZ 7 km par D 6.
🛈 Office de Tourisme pl. A.-Briand ℘ 65 35 09 56, Fax 65 23 98 66 – A.C. 107 quai Cavaignac ℘ 65 35 24 97.
Paris 585 ① – Agen 91 ① – Albi 111 ④ – Aurillac 133 ② – Bergerac 105 ① – ♦Bordeaux 217 ① – Brive-la-Gaillarde
100 ① – Castres 136 ④ – Montauban 60 ④ – Périgueux 123 ①.

Plans pages suivantes

🏨 **France** sans rest, 252 av. J. Jaurès ℘ 65 35 16 76, Télex 520394, Fax 65 22 01 08 – 📲 🔲
📺 ☎ 🚗 – 🔬 50. 🆔 ⓪ ⒼⒷ. ℀   AY **n**
fermé 22 déc. au 8 janv. – ⟐ 40 – **79 ch** 220/360.

🏨 **La Chartreuse,** fg St Georges ℘ 65 35 17 37, Télex 533743, Fax 65 22 30 03, ≤, 🥽 – 📲
◆   📺 ☎ 🅟 – 🔬 25. 🆔 ⒼⒷ   BZ **u**
fermé 2 au 24 janv. – **Repas** 79/200 – ⟐ 37 – **51 ch** 210/315 – ½ P 252/290.

🏨 **Terminus,** 5 av. Ch. de Freycinet ℘ 65 35 24 50, Fax 65 22 06 40 – 📲 📺 ☎. 🆔 ⒼⒷⒶ℀ **s**
voir rest. *Le Balandre* ci-après – ⟐ 38 – **29 ch** 280/450.

🍴🍴🍴 **Le Balandre,** 5 av. Ch. de Freycinet ℘ 65 30 01 97, Fax 65 22 06 40, 🌫 – 🔲. 🆔 ⒼⒷ. ℀
fermé dim. soir du 15 sept. au 30 juin – **Repas** 220/300 et carte 260 à 350.   AY **s**

🍴🍴 **La Taverne,** pl. P. Escorbiac ℘ 65 35 28 66, 🌫 – 🔲. ⒼⒷ   BY **a**
fermé sam. et dim. soir en hiver – **Repas** 85/250.

🍴 **Le Rendez-Vous,** 46 r. Daurade ℘ 65 22 65 10, 🌫 – ⒼⒷ   BY **b**
fermé 27 mars au 5 avril, 2 au 12 janv., lundi d'oct. à juin et dim. sauf le midi d'oct. à juin –
Repas 98/155.

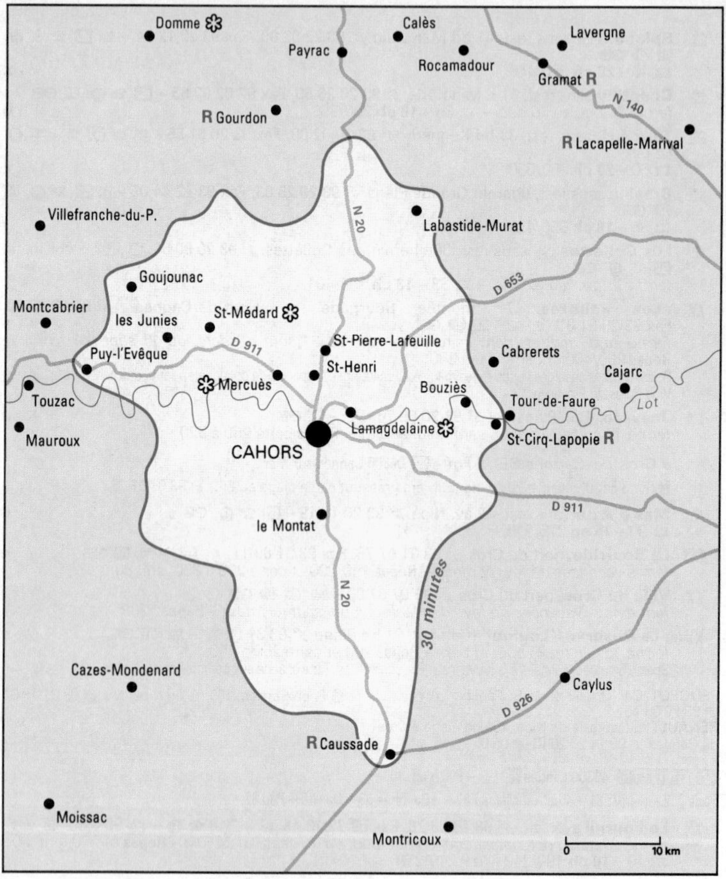

rte de Luzech par ① : 3,5 km à Labéraudie – ✉ **46090** Cahors :

Le Clos Grand 🐌, ✆ 65 35 04 39, Fax 65 22 56 69, 🏊, 🌳 – TV ☎ P. GB. 🐕 ch
fermé 19 fév. au 7 mars et 12 au 28 nov. – **Repas** *(fermé lundi midi en juil.-août, dim. soir et lundi de sept. à janv.)* 80/200 🍷, enf. 45 – ☕ 32 – **21 ch** 185/280 – ½ P 230/260.

à St-Henri par ① et N 20 : 7 km – ✉ **46090** Cahors :

XX **La Garenne,** ✆ 65 35 40 67, 🏠, « Joli cadre rustique », 🌳 – P. GB
fermé 20 janv. au 24 fév., mardi soir et merc. sauf du 14 juil. au 1er sept. – **Repas** 90/260, enf. 50.

à Mercuès par ① : 9 km – ✉ **46090** :

✿ **Château de Mercuès** 🐌, ✆ 65 20 00 01, Fax 65 20 05 72, ≤ vallée du Lot, 🏠, parc, « Ancien château des comtes-évêques de Cahors » , 🏊, 🎾 – 🛗 TV ☎ P – 🎪 60. AE ⓓ GB. 🐕 rest
Pâques-1er nov. – **Repas** *(fermé merc. sauf juil.-août)* 200/395 et carte 320 à 410 – ☕ 80 – **24 ch** 900/1500, 6 appart – ½ P 665/1090
Spéc. Tourte chaude de pommes de terre, truffes et foie gras. Selle d'agneau du Quercy rôtie à la broche. Tarte chocolat et noix.

à Lamagdelaine par ② : 7 km – ✉ **46090** :

XXX ✿ **Claude Marco** M 🐌 avec ch, ✆ 65 35 30 64, Fax 65 30 31 40, 🏠, 🏊, 🌳 – TV ☎ P. AE ⓓ GB
fermé 22 au 30 oct., 4 janv. au 7 mars, dim. soir et lundi du 15 sept. au 15 juin – **Repas** 120/295 et carte 250 à 360, enf. 70 – ☕ 50 – **4 ch** 480/680
Spéc. Foie gras de canard au sel de Guérande. Crépinette de pied de cochon aux truffes. Coeur de filet de boeuf aux morilles. Vins Cahors.

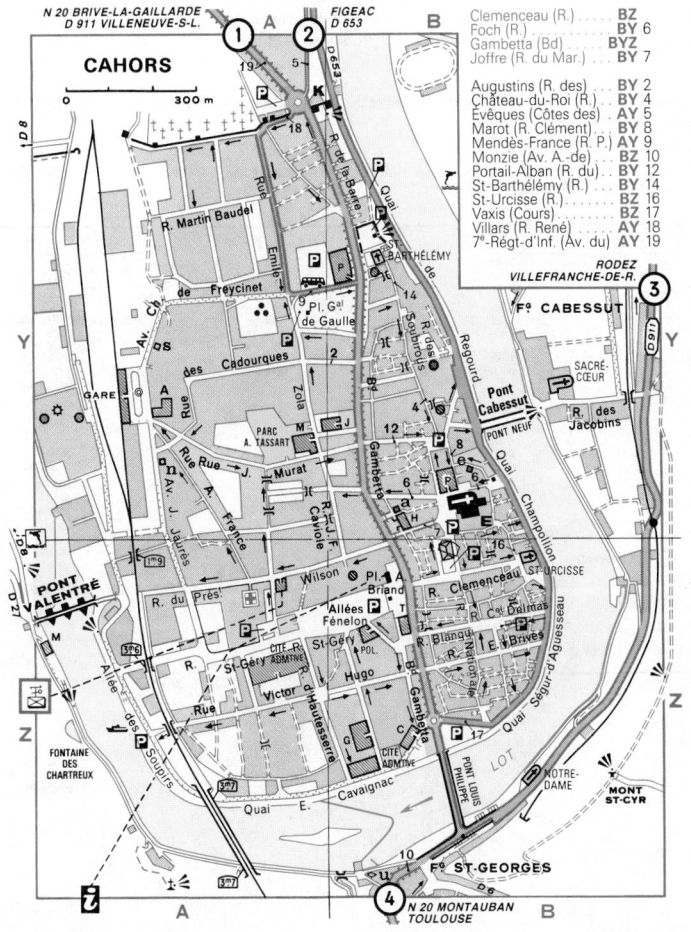

CAHORS

300 m

au Montat par ④ et D 47 : 8,5 km – ⊠ **46090** :

ⅩⅩⅩ **Les Templiers,** ℰ 65 21 01 23, Fax 65 21 02 38, « Belle salle voûtée » – 📧 ⒼⒷ
fermé 1ᵉʳ au 12 juil., 5 au 20 janv., dim. soir sauf août et mardi – **Repas** 80/265 et carte 220 à
300 ♣, enf. 60.

CITROEN Midi Auto 46, rte de Toulouse par ④
ℰ 65 35 27 61
MERCEDES Socadia, rte de Toulouse
ℰ 65 35 77 00
PEUGEOT Gd Gar. du Boulevard, rte de Toulouse
par ④ ℰ 65 35 16 57 🅽 ℰ 65 20 71 84
RENAULT Renault Cahors, rte de Toulouse par ④
ℰ 65 35 15 95 🅽 ℰ 65 20 72 19

Elf Gambetta, 68 bd Gambetta ℰ 65 35 32 17
Gar. Desprat, 129 bd Gambetta ℰ 65 35 04 36

🖭 Euromaster, rte de Toulouse ℰ 65 35 09 02
Garrigue Vulcopneu, av. Monzie, rte de Toulouse
ℰ 65 35 51 12

CAILLOUET 27 Eure 55 ⑰ – rattaché à Pacy-sur-Eure.

CAILLY-SUR-EURE 27490 Eure 55 ⑰ – 191 h alt. 23.
Paris 106 – ◆Rouen 42 – Évreux 12 – Louviers 12 – Vernon 26.

🏠 **Deux Sapins** ⑧, ℰ 32 67 75 13, Fax 32 67 73 62, 🏡 – 📺 ☎ ♿ 🅿, ⒼⒷ, 🛀 ch
◆ fermé 15 août au 5 sept., lundi (sauf hôtel) et dim. soir – **Repas** 78/195 ♣ – � 32 – **16 ch**
230/240 – ½ P 230/250.

CALACUCCIA 2B H.-Corse 90 ⑮ – voir à Corse.

271

Voir Monument des Bourgeois de Calais (Rodin)★★ – Phare ☀★★ DX – Musée des Beaux-Arts et de la Dentelle★ CX **M¹**.

Env. Cap Blanc Nez★★ SO : 13 km par ④.

Tunnel sous la Manche : Terminal de Coquelles AU, renseignements "Le Shuttle" ✆ 21 00 61 00.
🚗 ✆ 21 80 50 50.

🛈 Office de Tourisme et Accueil de de France 12 bd Clemenceau ✆ 21 96 62 40, Fax 21 96 01 92.

Paris 292 ② – ◆Amiens 149 ③ – Boulogne-sur-Mer 32 ③ – Dunkerque 45 ① – ◆Le Havre 273 ③ – ◆Lille 115 ① – Oostende 98 ① – ◆Reims 274 ② – ◆Rouen 209 ③ – Saint-Omer 41 ②.

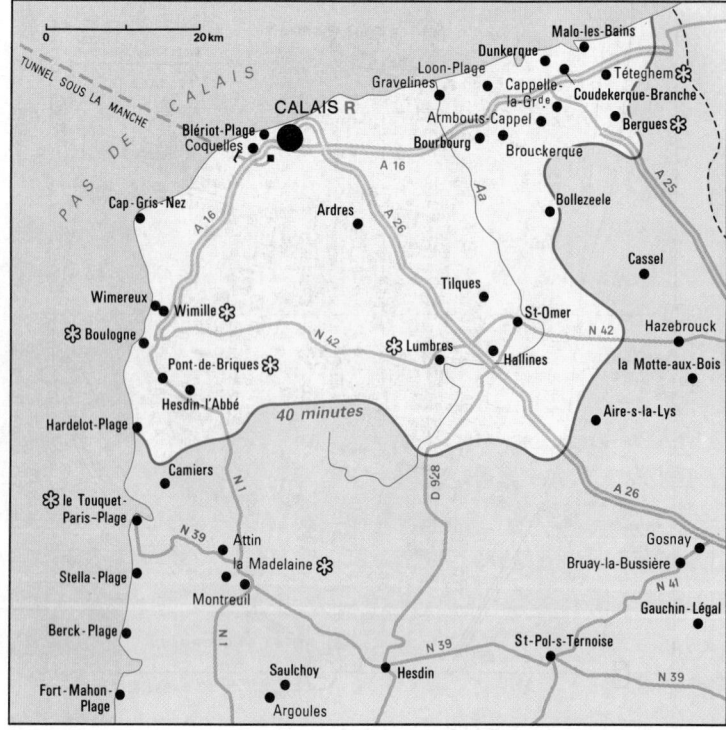

🏩 **Holiday Inn Garden Court** M̄, bd Alliés ✆ 21 34 69 69, Fax 21 97 09 15, ≤ – 🛗 🔄 ch 📺 ☎ &, – 🔬 30. 🆎 ① 🆚 🇯🇨🇧
CX **a**
Repas (grill) *(fermé sam. midi et dim. midi)* 130 – ☲ 55 – **65 ch** 530.

🏩 **Meurice**, 5 r. E. Roche ✆ 21 34 57 03, Télex 135671, Fax 21 34 14 71, 🐎 – 🛗 📺 ☎ 🔄,
🆎 ① 🆚
CX **v**
La Diligence ✆ 21 96 92 89 *(fermé dim.)* **Repas** 100/260, enf. 45 – ☲ 40 – **39 ch** 375/500 – ½ P 325/390.

🏨 **Métropol H.** M̄ sans rest, 45 quai du Rhin ✆ 21 97 54 00, Fax 21 96 69 70 – 🛗 📺 ☎ &, 🔄, 🆎 ① 🆚 🇯🇨🇧
CY **h**
fermé 24 déc. au 2 janv. – ☲ 48 – **40 ch** 250/380.

🏨 **George V**, 36 r. Royale ✆ 21 97 68 00, Télex 135159, Fax 21 97 34 73 – 🛗 📺 ☎ 🅿 –
CX **d**
Repas *(fermé 22 déc. au 5 janv., sam. midi, dim. soir et soirs fériés)* 85/265 bc ↓ – ☲ 42 – **42 ch** 300/370.

🏨 **Fimotel** M̄ sans rest, 35 bd Jacquard ✆ 21 97 98 98, Fax 21 34 63 62 – 🛗 📺 ☎ &, 🆎 ①
🆚
DY **m**
☲ 35 – **41 ch** 280.

🏨 **Ibis**, ZUP Beau Marais, r. Greuze ✆ 21 96 69 69, Fax 21 97 89 99 – 🔄 ch 📺 ☎ &, 🅿 –
🔬 30. 🆎 🆚
BT **n**
Repas 97 bc – ☲ 35 – **55 ch** 290/330.

CALAIS

Bossuet (R.) . . . . BT 9
Cambronne (R.) . . . . AU 12
Chateaubriand (R.) . . . . BT 15
Égalité (Bd de l') . . . . BT 18
Einstein (Bd) . . . . AU 19
Fontinettes (R. des) . . . . . ATU 25
Four à Chaux (R. du) . . . . AU 27
Gambetta (Bd Léon) . . . . . . AT 28
Gaulle (Bd du Gén.-de) . . . . AT 30
Hoche (R.) . . . . ATU 33
Jacquard (Bd) . . . . AT 34
Lafayette (Bd) . . . . AT 39
Lattre-de-Tassigny (R. Mar.-de) . . . . AT 40
Maubeuge (R. de) . . . . BT 43
Phalsbourg (R. de) . . . . BT 51
Prairies (R. des) . . . . AU 52
Ragueneau (R. de) . . . . . . BTU 57
Valenciennes (R. de) . . . . . . AU 69
Verdun (R. de) . . . . AT 73

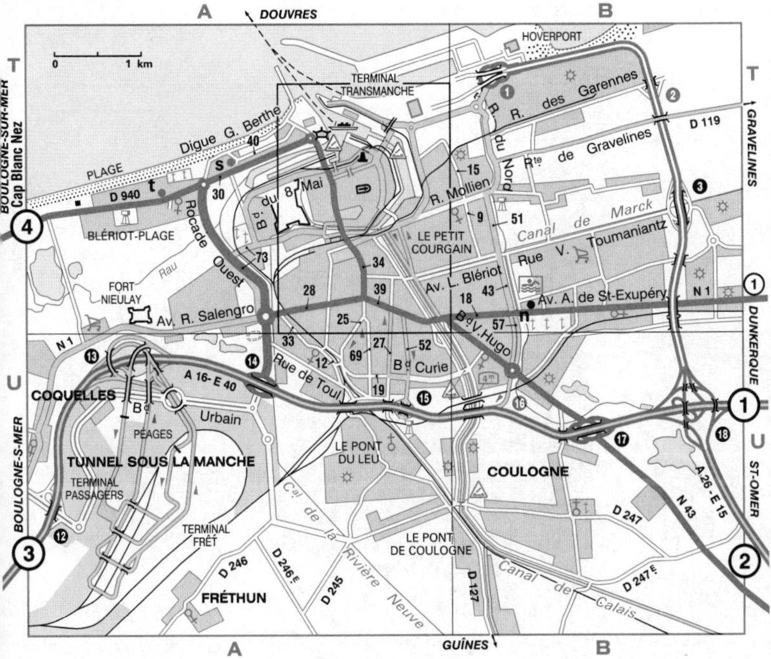

Richelieu sans rest, 17 r. Richelieu ℘ 21 34 61 60, Fax 21 85 89 28 – TV ☎. AE ① GB. CX **k**
▭ 20 – **15 ch** 280.

Windsor sans rest, 2 r. Cdt Bonningue ℘ 21 34 59 40, Fax 21 97 68 59 – TV ☎. AE ① GB DX **z**
▭ 30 – **15 ch** 160/310.

Aquar'aile, 255 r. J. Moulin ℘ 21 34 00 00, Fax 21 34 15 00, ← plage – ▤. AE ① GB JCB
fermé dim. soir et lundi – **Repas** 98/230. AT **s**

Le Channel, 3 bd Résistance ℘ 21 34 42 30, Fax 21 97 42 43 – ▤. AE ① GB JCB CX **e**
fermé 28 juil. au 11 août, 19 déc. au 8 janv., dim. soir et mardi – **Repas** 90/340 bc.

Au Côte d'Argent, 1 digue G. Berthe ℘ 21 34 68 07, Fax 21 96 42 10, ← – AE ① GB
fermé dim. soir et lundi – **Repas** 90/250. CX **f**

La Pléiade, 32 r. J. Quehen ℘ 21 34 03 70, Fax 21 34 03 13 – ▤. AE ① GB CX **r**
fermé sam. midi et lundi – **Repas** 80/160 ⅓, enf. 45.

à Coquelles O : 6 km par bd Gambetta Z – ✉ **62231** :

Copthorne M ⑤, ℘ 21 46 60 60, Fax 21 85 76 76, ⛲, ⛱ – |‡| ⇆ ch, TV ☎ ♿ P – 🏛 30 à 70. AE ① GB JCB
Repas *(fermé le midi du 15 juil. au 31 août et sam. midi)* 110 ⅓ – ▭ 57 – **106 ch** 530/630.

à Blériot-Plage AT – ✉ **62231** Sangatte :

Dunes, ℘ 21 34 54 30, Fax 21 97 17 63 – P. AE ① GB AT **t**
fermé dim. soir sauf du 14 juil. au 15 août – **Repas** 88/170.

CALAIS

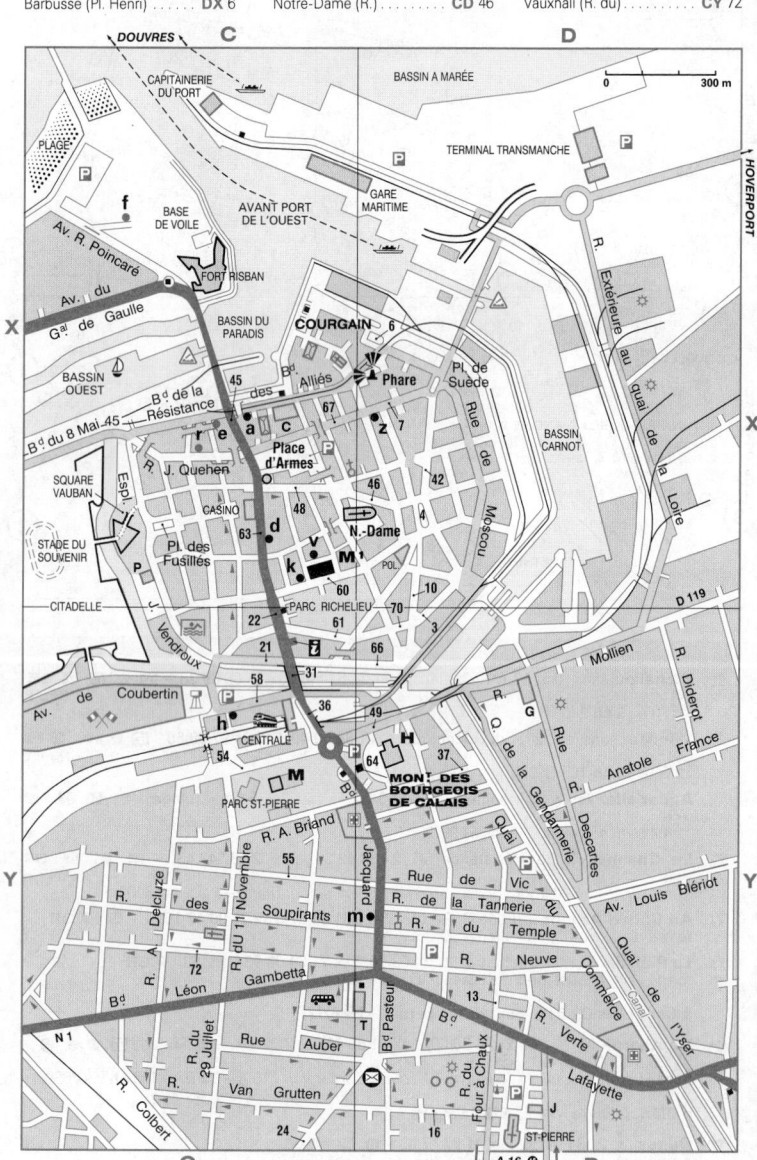

274

BMW Gar. Lengaigne, 229 bis bd V.-Hugo ℘ 21 85 55 00 🅽 ℘ 21 85 55 00
CITROEN Calaisis Autom., 326 av. Saint-Exupéry par N 1 BT ℘ 21 34 81 60 🅽 ℘ 21 34 81 60
FORD Gar. Europe, 58 rte de St-Omer ℘ 21 46 23 11
NISSAN SOVECA "Mag Auto", 200 bd de L'Egalité ℘ 21 96 97 16
PEUGEOT Calais Nord Autom., 361 av. A.-de-Saint-Exupéry par N 1 BT ℘ 21 96 72 42 🅽 ℘ 28 02 42 18
RENAULT D.A.C., 56-60 av. A.-de-Saint-Exupéry par N 1 BT ℘ 21 97 20 99 🅽 ℘ 21 96 15 90
ROVER Littoral Auto Calais, r. G.-Courbet, ZI du Beau Marais ℘ 21 96 14 41

Argot Pneus, 62 av. A.-de-St-Exupéry ℘ 21 96 58 34
Pneu Fauchille Point S, 155 rte de St-Omer ℘ 21 34 68 17
Pneu François, r. C.-Ader, ZI ℘ 21 96 42 36

CALAS **13** B.-du-R. 84 ③ ⑬ 114 ⑮ – alt. 209 – ✉ **13480** Cabriès.

Paris 764 – ♦Marseille 21 – Aix-en-Provence 11,5 – Marignane 15 – Salon-de-Provence 42.

XXX **Aub. Bourrelly** avec ch, ℘ 42 69 13 13, Fax 42 69 13 40, ⛱, 🏊, 🌳 – 📺 ☎ 🅟. AE ⓓ GB
fermé vacances de fév. – **Repas** *(fermé dim. soir et lundi)* 159 (déj.), 185/380 et carte 270 à 380 – ☕ 50 – **12 ch** 420/500 – ½ P 430/500.

How do you find your way around the Paris suburbs?

*Use the **Michelin map** no* **101**

*and the four **street maps** nos* **17-18**, **19-20**, **21-22** *and* **23-24** *:*

clear, precise, up to date.

CALENZANA **2B** H.-Corse 90 ⑭ – voir à Corse.

CALÈS **46350** Lot 75 ⑱ – 141 h alt. 271.

Paris 533 – Cahors 51 – Sarlat-la-Canéda 38 – Brive-la-Gaillarde 47 – Gourdon 20 – Rocamadour 15 – St-Céré 42.

🏠 **Petit Relais,** ℘ 65 37 96 09, Fax 65 37 95 93, ⛱ – 📺 ☎ 🅟. AE GB
✦ *fermé 20 déc. au 10 janv.* – **Repas** *(fermé sam. midi hors sais.)* 68/250, enf. 38 – ☕ 32 – **9 ch** 175/260 – ½ P 230/260.

CALLAC **22160** C.-d'Armor 59 ⑪ **G. Bretagne** – 2 592 h alt. 170.

Paris 511 – St-Brieuc 62 – Carhaix-Plouguer 20 – Guingamp 28 – Morlaix 40.

X **Le Gourmandin** avec ch, face gare ℘ 96 45 50 09 – 🅟. GB
✦ *fermé dim. soir et lundi hors sais.* – **Repas** 70/165 – ☕ 30 – **5 ch** 140/160 – ½ P 180.

CITROEN Gar. Laurent, ℘ 96 45 50 30
PEUGEOT Gar. Cuellar, ℘ 96 45 50 45

CALLAS **83830** Var 84 ⑦ 114 ㉓ **G. Côte d'Azur** – 1 276 h.

Paris 876 – Castellane 49 – Draguignan 15.

au SE : 7 km sur rte du Muy – ✉ **83830** Callas :

🏨 **Host. Les Gorges de Pennafort** M 🔇, D 25 ℘ 94 76 66 51, Fax 94 76 67 23, ←, ⛱, « Isolé, dans les gorges », 🏊, 🌳, 🎾 – ▤ 📺 ☎ ♿ 🅟. AE GB
fermé 15 janv. au 15 mars – **Repas** *(fermé dim. soir et lundi du 15 sept. au 15 juin)* 150 (déj.), 200/330 – ☕ 50 – **16 ch** 525/1000 – ½ P 500.

CALVI **2B** H.-Corse 90 ⑬ – voir à Corse.

CALVINET **15340** Cantal 76 ⑪ – 404 h alt. 600.

Paris 609 – Aurillac 36 – Rodez 60 – Entraygues-sur-Truyère 30 – Figeac 39 – Maurs 17.

XX **Beauséjour** M avec ch, ℘ 71 49 91 68, Fax 71 49 98 63, ⛱ – 📺 ☎ 🅟. GB. ⛔ rest
fermé 2 au 7 oct., 15 janv. au 15 fév., dim. soir et lundi du 1er oct. au 15 juin – **Repas** (prévenir) 85/260, enf. 55 – ☕ 35 – **12 ch** 240/300 – ½ P 240/280.

PEUGEOT Gar. Lavigne, ℘ 71 49 91 57

CAMARET-SUR-MER **29570** Finistère 58 ③ **G. Bretagne** – 2 933 h alt. 5.

Voir Pointe de Penhir★★★ SO : 3,5 km.

Env. Pointe des Espagnols★★ NE : 13 km.

🅸 Office de Tourisme 15 quai Kléber ℘ 98 27 93 60, fax 98 27 87 22.

Paris 622 – ♦Brest 68 – Châteaulin 43 – Crozon 10 – Morlaix 87 – Quimper 62.

🏨 **Thalassa** M, ℘ 98 27 86 44, Fax 98 27 88 14, ←, 🏋, 🏊 – 🛗 📺 ☎ ♿ 🅟 – 🎤 25. AE ⓓ GB
hôtel : 15 avril - 30 sept. ; rest : 15 juin-30 sept. et fermé le midi sauf août, dim. et fêtes – **Repas** 98/340, enf. 45 – ☕ 45 – **46 ch** 300/550 – ½ P 300/370.

🏨 **France,** ℘ 98 27 93 06, Fax 98 27 88 14, ← – 🛗 📺 ☎. AE ⓓ GB. ⛔ rest
1er avril-30 oct. – **Repas** *(fermé vend. sauf du 15 juin au 15 sept.)* 75 (déj.), 95/295, enf. 48 – ☕ 35 – **20 ch** 210/430 – ½ P 270/380.

🏠 **Vauban** sans rest, ℘ 98 27 91 36, ← – ☎ 🅟. GB
fermé janv. – ☕ 28 – **16 ch** 150/250.

CAMBO-LES-BAINS 64250 Pyr.-Atl. 85 ③ G. Pyrénées Aquitaine – 4 128 h alt. 65 – Stat. therm. (3 fév.-29 nov.).

Voir Arnaga★ (villa d'Edmond Rostand) **M** – Vallée de la Nive★ au Sud par ②.

Office de Tourisme parc St-Joseph ✆ 59 29 70 25.

Paris 792 ④ – Biarritz 23 ④ – ♦Bayonne 20 ④ – Pau 115 ① – St-Jean-de-Luz 31 ③ – St-Jean-Pied-de-Port 34 ② – San Sebastián 63 ③.

CAMBO-LES-BAINS

Chiquito de Cambo 2
Espagne (Av. d') 3
Mairie (Av. de la) 4
Marronniers (Allées des) 5
Navarre (Av. de) 6
Neubourg (Allées A.-de) 7
Professeur-Grancher (Bd du) 8
Rostand (Av. Ed.) 9
Terrasses (R. des) 12
Thermes (Av. des) 13

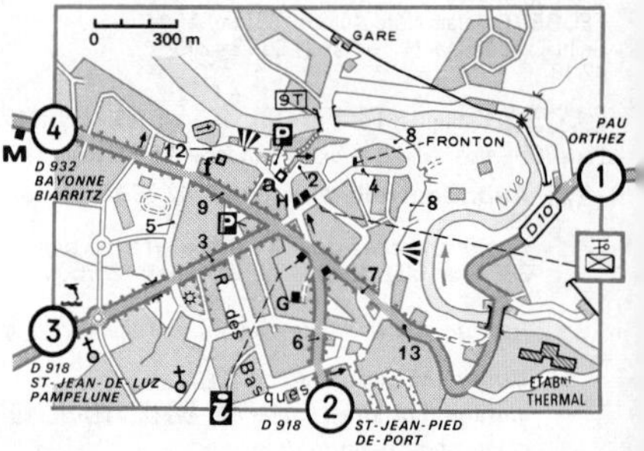

To go a long way quickly,
use Michelin maps
at a scale of 1:1 000 000.

Bellevue, r. Terrasses **(f)** ✆ 59 29 73 22, Fax 59 29 30 96, ≤, ☾, ⛱ – TV ☎ P. AE GB. ⚘ rest
fermé 1er nov. au 1er fév. et lundi sauf juil.-août – **Repas** 105/230 – ☐ 34 – **26 ch** 269/365 – P 338/387.

Trinquet sans rest, r. Trinquet **(a)** ✆ 59 29 73 38 – ☎
fermé 2 au 30 nov. et mardi d'oct. à juin – ☐ 23 – **12 ch** 145/200.

Chez Tante Ursule avec ch (annexe M 10 ch P), N, quartier Bas-Cambo : 2 km ✆ 59 29 78 23, Fax 59 29 28 57 – TV ☎ P. AE GB. ⚘ ch
fermé fév. – **Repas** *(fermé mardi)* 90/180 – ☐ 28 – **17 ch** 165/280 – P 225/285.

> Besichtigen Sie die Seinemetropole
> mit dem Grünen Michelin-Reiseführer **PARIS** (deutsche Ausgabe)

CAMBRAI SP 59400 Nord 53 ③ ④ G. Flandres Artois Picardie – 33 092 h alt. 75.

Voir Mise au tombeau★★ de Rubens dans l'église St-Géry AY.

Office de Tourisme 48 r. de Noyon ✆ 27 78 36 15, fax 27 74 82 82 - A.C. 17 mail St-Martin ✆ 27 81 30 75.

Paris 179 ⑥ – St-Quentin 44 ⑤ – ♦Amiens 77 ⑥ – Arras 36 ⑥ – ♦Lille 74 ⑦ – Valenciennes 32 ①.

Plan page ci-contre

Château de la Motte Fénelon et rest. Les Douves ⛰, square Château (par allée St Roch - Nord du plan) BY ✆ 27 83 61 38, Télex 120285, Fax 27 83 71 61, parc, ⚘ – |‡| TV ☎ P – 🚣 200. AE ⓞ GB JCB
Repas *(fermé dim. soir et fériés le soir)* 120 bc (déj.), 145/225 – ☐ 50 – **40 ch** 290/1000 – 1/2 P 340/695.

Beatus ⛰, 718 av. Paris par ⑤ : 1,3 km ✆ 27 81 45 70, Fax 27 78 00 83, ⛱ – TV ☎ P – 🚣 30. AE ⓞ GB
Repas (résidents seul.) *(fermé vend., sam. et dim.)* (dîner seul.) carte environ 200 – ☐ 40 – **32 ch** 295/400.

Mouton Blanc, 33 r. Alsace-Lorraine ✆ 27 81 30 16, Fax 27 81 83 54 – |‡| TV ☎ – 🚣 25. AE GB BY **a**
Repas *(fermé 1er au 14 août, dim. soir, soirs fériés et lundi)* 95/145 – ☐ 30 – **32 ch** 200/350 – 1/2 P 200/275.

France sans rest, 37 r. Lille ✆ 27 81 38 80, Fax 27 78 13 88 – ⚘ ch TV ☎. AE GB BY **d**
fermé 5 au 27 août et sam. – ☐ 22 – **24 ch** 120/210.

Le Crabe Tambour, 52 r. Cantimpré ✆ 27 83 10 18 – GB AY **r**
fermé 2 au 31 août, 2 au 9 janv., dim. soir et lundi – **Repas** 98/185.

à l'échangeur A2 par ⑥ : 3 km – ✉ 59400 Cambrai :

Ibis, ✆ 27 83 54 54, Fax 27 81 81 66 – ⚘ ch TV ☎ ♿ P – 🚣 30. AE GB
Repas 100 bc, enf. 40 – ☐ 35 – **51 ch** 265.

Campanile, ✆ 27 81 62 00, Fax 27 83 07 87 – ⚘ ch TV ☎ ♿ P – 🚣 25. AE ⓞ GB
Repas 82 bc/105 bc, enf. 39 – ☐ 30 – **39 ch** 270.

PEUGEOT Auto du Cambrésis, 80 av. de Dunkerque ✆ 27 83 84 23 N ✆ 28 02 49 75
RENAULT S.A.N.A.C., 200 rte de Solesmes par ② ✆ 27 83 82 56 N ✆ 28 02 07 66

Lesage Pneus Point S, 28 bd Faidherbe ✆ 27 83 84 85

CAMBRAI

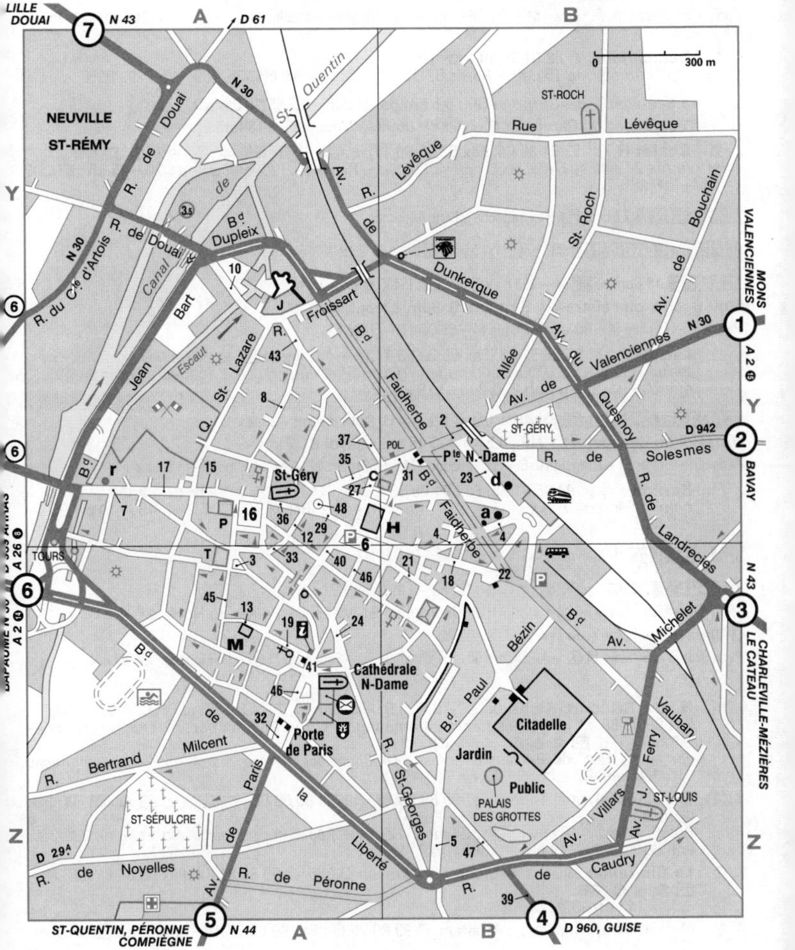

Prices For notes on the prices quoted in this Guide, see the explanatory pages.

CAMIERS **62176** P.-de-C. **51** ⑪ – 2 176 h alt. 21.

Paris 228 – ♦Calais 55 – Arras 99 – Boulogne-sur-Mer 19 – Le Touquet 10,5.

Cèdres, 21 84 94 54, Fax 21 09 23 29, ... – ☎ – AE GB
fermé 15 déc. au 15 janv. – **Repas** 85/210 – ☕ 35 – **29 ch** 160/315 – ½ P 291.

CAMORS 56330 Morbihan 🔲 ② – 2 375 h alt. 113.
Paris 461 – Vannes 31 – Auray 23 – Lorient 38 – Pontivy 26.

🏠 **Les Bruyères** 🅼 sans rest, ℰ 97 39 29 99, Fax 97 39 28 34 – 📺 ☎ 🕭 🅿. ⒼⒷ. ✾
fermé vacances de fév. – ☲ 30 – **15 ch** 270/300.

🏠 **Ar Brug,** ℰ 97 39 20 10 – 📺 ☎.
▬ **Repas** 45 (déj.), 65/160 – ☲ 35 – **18 ch** 150/290 – ½ P 176/210.

CAMPAGNE 24 Dordogne 🔲 ⑯ – rattaché au Bugue.

CAMPAN 65710 H.-Pyr. 🔲 ⑱ G. Pyrénées Aquitaine – 1 390 h alt. 650.
Voir Vallée de Gripp★ S – Vallée de Lesponne★ SO : 1 km à partir de la D 935.
Paris 819 – Bagnères-de-Luchon 64 – Pau 66 – Arreau 32 – Bagnères-de-Bigorre 06 – Luz-Saint-Sauveur 42 – Tarbes 27.

🏡 **Beauséjour,** ℰ 62 91 75 30 – ☎. ⒼⒷ
▬ *fermé 15 nov. au 15 déc.* – **Repas** 57/155 ⅃ – ☲ 26 – **19 ch** 135/230 – ½ P 190/225.

à Ste-Marie-de-Campan SE : 6,5 km par D 935 – ✉ **65710** Campan.
Voir Vallée de Campan★ S – ✳★★★ du col d'Aspin SE : 13 km.

🏠 **Chalet H.,** ℰ 62 91 85 64, Fax 62 91 86 17, ≤, 🏤, 🔲 (été), 🐎, ✾ – ☎ 🅿. 🖭 ⒼⒷ
▬ *fermé 24 avril au 5 mai et 30 oct. au 20 déc.* – **Repas** 65/120, enf. 50 – ☲ 26 – **25 ch** 167/302 – ½ P 185/254.

CAMPIGNY 27 Eure 🔲 ④ – rattaché à Pont-Audemer.

Le CAMP-LAURENT 83 Var 🔲 ⑤ ⑮, 🔲 ㊺ – rattaché à Toulon.

CAMPS 19 Corrèze 🔲 ⑳ – 293 h alt. 546 – ✉ **19430** Mercoeur.
Voir Rocher du Peintre ≤★ S : 1 km, G. Berry Limousin.
Paris 536 – Aurillac 44 – Brive-la-Gaillarde 74 – St-Céré 29 – Tulle 52.

🏠 **Lac** 🅼 🐾, ℰ 55 28 51 83, Fax 55 28 53 71, ≤ – cuisinette 📺 ☎ 🕭 🅿. ⒼⒷ
fermé vacances de Toussaint, de fév., dim. soir et lundi d'oct. à Pâques – **Repas** 94/195 ⅃, enf. 50 – ☲ 27 – **11 ch** 220/240 – ½ P 230/240.

CANADEL-SUR-MER 83820 Var 🔲 ⑰ 🔲 ㊾ G. Côte d'Azur – alt. 25.
Voir Col du Canadel ≤★★ NE : 4,5 km – Site★ du Rayol E : 2 km.
Paris 891 – Fréjus 51 – Draguignan 65 – Le Lavandou 11 – St-Tropez 27 – Ste-Maxime 31 – ♦Toulon 54.

🏨 **Karlina** 🐾, ℰ 94 05 61 65, Fax 94 05 63 52, ≤, 🏤, ℔, 🔲, 🐎 – ☎ 🅿. ⓪ ⒼⒷ
hôtel : Pâques-15 oct. ; rest. : 1ᵉʳ mai-fin sept. – **Repas** 160/200 – ☲ 48 – **10 ch** 900 – ½ P 630.

CANAPVILLE 14 Calvados 🔲 ③ – rattaché à Deauville.

CANCALE 35260 I.-et-V. 🔲 ⑥ G. Bretagne – 4 910 h alt. 50.
Voir Site★ du port★ – ✳★ de la tour de l'église St-Méen Z – Pointe du Hock ≤★ Z.
🅱 Office de Tourisme r. du Port ℰ 99 89 63 72.
Paris 396 ① – St-Malo 14 ② – Avranches 60 ① – Dinan 34 ① – Fougères 71 ① – Le Mont-Saint-Michel 47 ①.

Plan page ci-contre

🏰 **H. de Bricourt-Richeux** 🐾, S : 4,5 km par D 76, D 155 et VO ℰ 99 89 64 76, Fax 99 89 88 47, « Villa élégamment aménagée, entourée d'un parc, ≤ baie du Mont-St-Michel » – 🛆 📺 ☎ 🕭 🅿. 🖭 ⓪ ⒼⒷ
voir aussi rest. **de Bricourt** ci-après - **Le Coquillage** *(fermé mardi midi et lundi)* **Repas** 110/160, enf. 80 – ☲ 85 – **13 ch** 750/1350.

🏨 **Continental,** quai Thomas ℰ 99 89 60 16, Fax 99 89 69 58, ≤, 🏤 – 🛆 📺 ☎. 🖭 ⓪ ⒼⒷ. ✾ rest
Z **s**
hôtel : 17 mars-12 nov. ; rest : 24 mars-12 nov. – **Repas** *(fermé mardi midi et lundi)* 130/260, enf. 68 – ☲ 48 – **19 ch** 440/680 – ½ P 325/490.

🏠 **Le Chatellier** 🅼 sans rest, par ② : 1 km sur D 355 ℰ 99 89 81 84, Fax 99 89 61 69, 🐎 –
📺 ☎ 🕭. ⒼⒷ
☲ 30 – **13 ch** 290/320.

🏠 **Nuit et Jour** sans rest, r. Arnstein ℰ 99 89 75 59, Fax 99 89 77 13 – cuisinette 📺 ☎ 🕭 🅿.
ⒼⒷ
YZ **d**
fermé 15 nov. au 15 fév. – ☲ 32 – **20 ch** 300.

XXX ✿✿ **Maison de Bricourt** (Roellinger), r. Duguesclin ℰ 99 89 64 76, Fax 99 89 88 47, 🐎 –
🖭 ⓪ ⒼⒷ
Y **n**
mi-mars-mi-déc. et fermé mardi et merc. sauf juil.-août – **Repas** (nombre de couverts limité - prévenir) 250 (déj.)/620 et carte 360 à 440, enf. 120
Spéc. Homard en aciduléé. Saint-Pierre "Retour des Indes". Selle d'agneau de pré-salé.
Les Rimains 🏨 🅼 sans rest, NE : 0,5 km par r. Gallais et r. Rimains ℰ 99 89 64 76,
Fax 99 89 88 47, ≤ baie du Mont-St-Michel, « 🐾 dans un jardin surplombant la mer » –
📺 ☎ 🅿. 🖭 ⓪ ⒼⒷ
Y **n**
mi-mars-mi-nov. – ☲ 85 – **6 ch** 650/750.

CANCALE

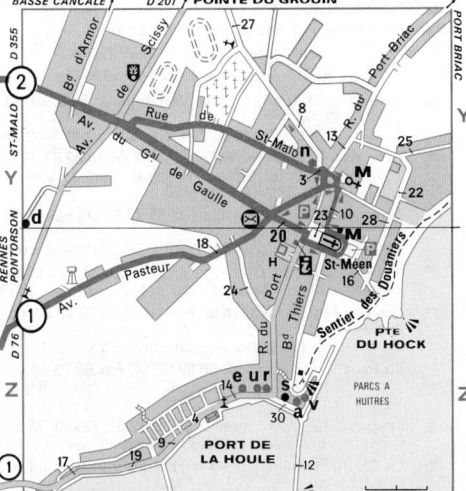

Les principales voies
commerçantes
figurent en rouge
au début de la liste
des plans de villes.

XX **Le St-Cast,** rte Corniche ℰ 99 89 66 08, Fax 99 89 89 20, ≤, 斎 – AE GB   Z **b**
fermé 27 mars au 1ᵉʳ avril, 15 nov. au 20 déc., mardi soir sauf juil.-août et merc. – **Repas**
100/200, enf. 60.

XX **Le Cancalais** avec ch, quai Gambetta ℰ 99 89 61 93, Fax 99 89 89 24, ≤ – GB
✦ *fermé dim. soir et lundi du 11 nov. à fév. sauf vacances scolaires et fériés –* **Repas** 79/250 –
⊂⊃ 28 – **10 ch** 140/240.   Z **u**

XX **Phare** avec ch, quai Thomas ℰ 99 89 60 24, Fax 99 89 91 75, ≤, 斎 – TV ☎. GB   Z **a**
fermé déc., janv. et merc. – **Repas** 98/310, enf. 70 – ⊂⊃ 40 – **11 ch** 260/475 – ½ P 300/400.

XX **L'Armada,** quai Thomas ℰ 99 89 60 02, ≤, 斎 – AE GB   Z **v**
fermé le soir du 15 nov. au 9 avril, dim. soir et lundi sauf de juil. à sept. – **Repas** 98/195.

X **Le Bistrot de Cancale,** quai Gambetta ℰ 99 89 92 42, 斎 – GB   Z **r**
fermé 15 au 31 janv., mardi d'oct. à mars et lundi – **Repas** 79 (déj.), 99/199.

X **Ti Breiz,** quai Gambetta ℰ 99 89 60 26 – AE ① GB   Z **e**
fermé 20 nov. à début fév. et merc. du 27 sept. au 5 juil. sauf vacances scolaires – **Repas**
99/245, enf. 55.

à la Pointe du Grouin ★★ N : 4,5 km par D 201 – ⊠ 35260 Cancale :

血血 **Pointe du Grouin** ⬎, ℰ 99 89 60 55, Fax 99 89 92 22, ≤ îles et baie du Mt-St-Michel –
TV ☎ ⓟ. GB. ⅍ ch
26 mars-3 oct. – **Repas** *(fermé mardi)* 115/315, enf. 70 – ⊂⊃ 42 – **17 ch** 370/500 – ½ P 360/
435.

CANDÉ 49440 M.-et-L. 📖 ⑲ – 2 542 h.

Paris 333 – Angers 39 – Ancenis 26 – Château-Gontier 44 – La Flèche 91.

🏠 **Relais Plaisance** ⬎ sans rest, E : 1,5 km par VO ℰ 41 92 04 25, 🛲 – ☎ ⓟ. GB. ⅍
fermé 9 au 15 oct., vacances de fév. et dim. d'oct. à mars – ⊂⊃ 25 – **11 ch** 120/210.

CANDÉ-SUR-BEUVRON 41120 L.-et-Ch. 📖 ⑰ – 1 134 h alt. 86.

Paris 198 – ◆Orléans 76 – ◆Tours 50 – Blois 14 – Chaumont-sur-Loire 6,5 – Montrichard 21.

🏠 **Lion d'Or,** ℰ 54 44 04 66, Fax 54 44 06 19, 斎 – TV ☎ ⓟ. AE GB. ⅍
✦ *fermé 15 déc. au 15 janv. et mardi (sauf hôtel du 15 oct. au 15 mars) –* **Repas** 68/180 ⅃, enf.
42 – ⊂⊃ 25 – **10 ch** 100/250 – ½ P 140/230.

XXX **Host. de la Caillère** avec ch, rte Montils ℰ 54 44 03 08, Fax 54 44 00 95, 斎, 🛲 – TV ☎
& ⓟ AE GB
fermé janv. et fév. – **Repas** *(fermé dim. soir de nov. à mars et merc.)* 98/268 et carte 210 à
280, enf. 60 – ⊂⊃ 50 – **14 ch** 330/360 – ½ P 428.

Ne prenez pas la route sans connaître votre temps de parcours.

La carte Michelin nº 🔢 c'est "la carte du temps gagné".

Voir Canet-Plage : musée du jouet★ E : 2 km.

🛈 Office de Tourisme pl. Méditerranée ℰ 68 73 25 20, Fax 68 73 24 41.

Paris 864 – ✦Perpignan 11 – Argelès-sur-Mer 22 – Narbonne 70.

🏨 **Althéa** M, 120 prom. Côte Vermeille ℰ 68 80 28 59, Fax 68 73 37 27, ≤ – 📱 ▤ 📺 ☎ –
 🔺 40. **GB**. ❀ rest
 1er avril-15 oct. – **Repas** 90/195, enf. 55 – ⌑ 40 – **48 ch** 360/460 – ½ P 325/345.

🏨 **Clos des Pins,** 34 av. Roussillon ℰ 68 80 32 63, Fax 68 80 49 19, �, 🌿 – ☎ 🄿. **GB**. ❀
 25 mars-15 nov. et fermé dim. soir et lundi hors sais. – *Le Bistro Fleuri :* **Repas** 148/195 ₰ –
 ⌑ 30 – **20 ch** 350/400 – ½ P 400.

🏨 **Aquarius,** 40 av. Roussillon ℰ 68 73 30 00, Fax 68 80 24 34, �, 🔟 – 📱 📺 ☎ 🄿 – 🔺 25.
 GB. ❀
 Repas *(fermé dim. soir)* 95 ₰, enf. 50 – ⌑ 35 – **50 ch** 350/400 – ½ P 310/330.

🏨 **Galion,** 20 bis av. Gd Large ℰ 68 80 28 23, Fax 68 80 20 46, 🔟, 🌿 – 📱 ☎ 🄿. ➊ **GB**
✦ *1er avril-30 sept.* – **Repas** 80/145, enf. 39 – ⌑ 40 – **28 ch** 398 – ½ P 320.

🏨 **Les Sables,** 25 r. Vallée du Rhône ℰ 68 80 23 63, Fax 68 73 26 23, 🔟 – 📱 📺 ☎ 🄿. 🖭 ➊
 GB 🄹🄲🄱
 1er avril-15 oct. – **Repas** brasserie carte environ 100 ₰ – ⌑ 30 – **41 ch** 240/370.

🏨 **du Port,** 21 bd Jetée ℰ 68 80 62 44, Fax 68 73 28 83 – 📱 ☎ 🕭 ⇦ 🄿. **GB**. ❀ rest
✦ hôtel : *14 avril-24 sept. ; rest. : 1er mai-24 sept.* – **Repas** 80/95 ₰, enf. 40 – ⌑ 32 – **36 ch** 340
 – ½ P 270.

🏠 **Frégate,** 12 r. Cerdagne ℰ 68 80 22 87, Fax 68 73 82 72 – 📺 ☎ 🄿. **GB**
 Repas *(résidents seul.)* – ⌑ 38 – **27 ch** 300/340 – ½ P 265/285.

🏠 **La Chalosse** sans rest, 41 av. Méditerranée ℰ 68 80 35 69, Fax 68 80 56 71 – 📱 📺 ☎ 🄿.
 🖭 **GB**. ❀
 fermé 1er au 15 nov. – ⌑ 32 – **15 ch** 265/305.

🆇🆇 **Don Quichotte,** 22 av. de Catalogne ℰ 68 80 35 17, Fax 68 73 36 05 – 🖭 ➊ **GB**
 fermé 12 nov. au 12 déc., vacances de fév., dim. soir et lundi de sept. à mi juin – **Repas**
 100/195.

🆇 **La Rascasse,** 38 bd Tixador ℰ 68 80 20 79 – ▤. **GB**
 1er avril-30 sept. et fermé jeudi du 1er avril au 30 juin – **Repas** 98/165, enf. 38.

Paris 211 – ✦Tours 35 – Amboise 11 – Blois 27 – Montrichard 26.

🏠 **Le Fleuray** ⚲, N : 7 km sur rte Dame-Marie ℰ 47 56 09 25, Fax 47 56 93 97, �, 🌿 – ☎
 🄿. **GB**
 fermé 20 oct. au 5 nov. et 20 déc. au 7 janv. – **Repas** *(fermé dim. soir et lundi de sept. à
 mars)* 98/220, enf. 55 – ⌑ 45 – **9 ch** 250/325 – ½ P 268/428.

Voir Site★★ – Le front de Mer★★ : boulevard★★ BCDZ et pointe★ ✕ de la Croisette – ≤★ de la
tour du Mont-Chevalier AZ V – Musée de la Castre★ AZ – Chemin des Collines★ NE : 4 km V –
La Croix des Gardes ✕ E ≤★ O : 5 km puis 15 mn.

🔢 Country-Club de Cannes-Mougins ℰ 93 75 79 13, par ⑤ : 9 km ; 🔢🔢 Golf Club de
Cannes-Mandelieu ℰ 93 49 55 39, par ② : 6,5 km ; 🔢 Royal Mougins Golf Club à Mougins,
ℰ 92 92 49 69 par ④ : 10 km ; 🔢 Riviera Golf Club, à Mandelieu, ℰ 93 38 32 55, par ② : 8 km.

🛈 Office de Tourisme et Accueil de France, esplanade Prés.-Georges Pompidou ℰ 93 39 24 53, Fax 93 99 37
06 à la Gare SNCF ℰ 93 99 19 77, Fax 93 39 40 19 – A.C. 12bis r. L.-Blanc ℰ 93 39 38 94.

Paris 903 ⑤ – Aix-en-Provence 152 ⑤ – ✦Grenoble 312 ⑤ – ✦Marseille 159 ⑤ – ✦Nice 32 ⑤ – ✦Toulon 121 ⑤.

Plans pages suivantes

🏨🏨🏨 **Martinez,** 73 bd Croisette ℰ 92 98 73 00, Télex 470708, Fax 93 39 67 82, ≤, �, 🔟, 🏖,
 ❀ – 📱 ▤ 📺 ☎ – 🔺 60 à 700. 🖭 ➊ **GB** 🄹🄲🄱
 voir rest *La Palme d'Or* ci-après – *L'Orangeraie* ℰ 92 98 74 12 *(Pâques-2 janv. et fermé le soir*   DZ **n**
 en juil.-août) **Repas** 170 – ⌑ 110 – **418 ch** 1410/3800, 12 appart.

🏨🏨🏨 **Carlton Inter-Continental,** 58 bd Croisette ℰ 93 06 40 06, Télex 470720,
 Fax 93 06 40 25, ≤, �, 🗗, 🏖 – 📱 ⅍ ch ▤ 📺 ☎ 🕭 ⇦ – 🔺 30 à 250. 🖭 ➊ **GB** 🄹🄲🄱.
 ❀ rest   CZ **e**
 voir rest *La Côte* ci-après – *Café Carlton :* **Repas** 190, enf. 150 – ⌑ 145 – **326 ch** 1990/3690, 28
 appart.

🏨🏨🏨 **Majestic,** 14 bd Croisette ℰ 92 98 77 00, Télex 470787, Fax 93 38 97 90, ≤, �, 🔟, 🏖,
 🌿 – 📱 ▤ ☎ & ⇦ – 🔺 400. 🖭 ➊ **GB**   BZ **n**
 fermé mi-nov. à fin déc. – *Le Sunset :* **Repas** 240 – ⌑ 120 – **263 ch** 1400/3800, 24 appart.

🏨🏨🏨 **Noga Hilton** M, 50 bd Croisette ℰ 92 99 70 00, Télex 470013, Fax 92 99 70 11, �,
 « Piscine et terrasses sur le toit ≤ Cannes », 🗗, 🏖 – 📱 ⅍ ch ▤ 📺 ☎ & ⇦ –
 🔺 800. 🖭 ➊ **GB** 🄹🄲🄱. ❀ rest   CZ **b**
 La Scala : **Repas** 225(déj.), 275/320 – *Le Grand Bleu* (brasserie) **Repas** 145/230₰ – ⌑ 110 –
 192 ch 1790/3190, 33 appart – ½ P 1115.

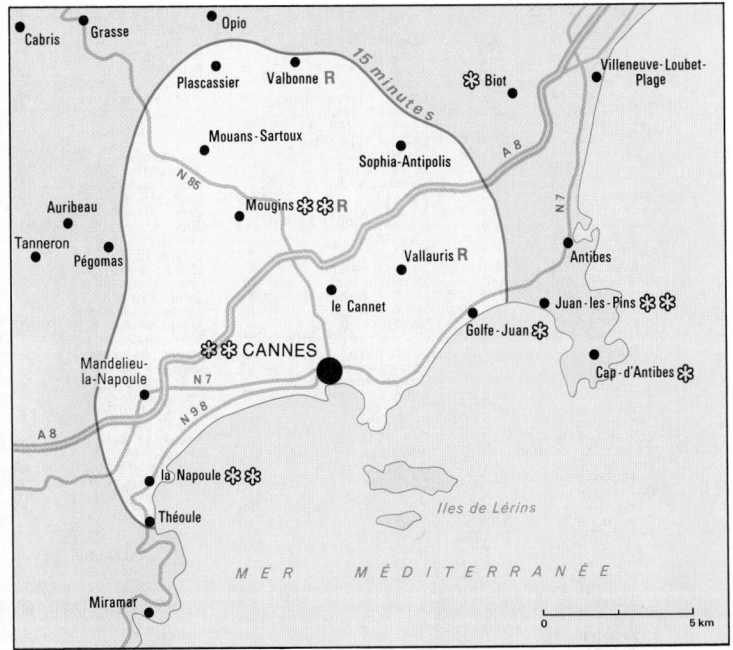

Cabris • Grasse • • Opio

Plascassier • Valbonne **R**   ❀ Biot   • Villeneuve-Loubet-Plage

15 minutes

Mouans-Sartoux •

Sophia-Antipolis •

A 8

Auribeau •

N 85

Mougins ❀❀ **R**

Tanneron • Vallauris **R** Antibes •

N 7

Pégomas •

le Cannet • • Juan-les-Pins ❀❀

Golfe-Juan ❀

Mandelieu-la-Napoule • ❀❀ CANNES

N 7 Cap-d'Antibes ❀

A 8

N 98

la Napoule ❀❀

Théoule •

Iles de Lérins

MER   MÉDITERRANÉE

Miramar •

0   5 km

🏨 **Gray d'Albion** Ⓜ, 38 r. Serbes ☎ 92 99 79 79, Télex 470744, Fax 93 99 26 10, 🏖, 🔺 –
🛗 ⚗ ch ☰ 📺 ☎ ⚘ – 🔏 30 à 200. 🆎 ⓪ 🅶🅱 🅹🅲🅱   BZ **d**
Royal Gray : **Repas** 175/260 – � 90 – **172 ch** 1250/1600, 14 appart – ½ P 725/1040.

🏨 **L'Horset-Savoy** Ⓜ, 5 r. F. Einessy ☎ 92 99 72 00, Télex 461873, Fax 93 68 25 59, 🏖,
🔫 ⚗ ⚗ ch ☰ 📺 ☎ ⚘ – 🔏 120. 🆎   CZ **u**
Repas 180 – ⊘ 95 – **101 ch** 900/1420, 5 appart – ½ P 740/870.

🏨 **Sofitel Méditerranée** Ⓜ, 2 bd J. Hibert ☎ 92 99 73 00, Télex 470728, Fax 92 99 73 29,
🏖, « Piscine et terrasses sur le toit ≤ baie de Cannes » – 🛗 ⚗ ch ☰ 📺 ⚘ –
🔏 100. 🆎 ⓪ 🅶🅱 🅹🅲🅱   AZ **n**
fermé 25 nov. au 26 déc. – **Le Palmyre** ☎ 92 99 73 00 **Repas** 170 et carte 200 à 270 ♣, enf. 90
– ⊘ 100 – **145 ch** 950/1460, 5 appart.

🏨 **Grand Hôtel**, 45 bd Croisette ☎ 93 38 15 45, Télex 470727, Fax 93 68 97 45, ≤, 🏖, 🔺,
🌴 – 🛗 ☰ ch 📺 ☎ 🅿 – 🔏 30. 🆎 ⓪ 🅶🅱. 🍽 rest   CZ **q**
Repas 110/180 – ⊘ 60 – **74 ch** 730/1460 – ½ P 683/955.

🏨 **Novotel** Ⓜ 🌳, 25 av. Beauséjour ☎ 93 68 91 50, Télex 470039, Fax 93 38 37 08, 🏖,
« Jardin avec 🔫 », 🔫, 🔳 – 🛗 ⚗ ch ☰ 📺 ☎ ⚘ – 🔏 30 à 350. 🆎 ⓪ 🅶🅱   DY **r**
Repas carte environ 190, enf. 60 – ⊘ 48 – **181 ch** 990.

🏨 **Pullman Beach** Ⓜ sans rest, 13 r. Canada ☎ 93 94 50 50, Télex 470034, Fax 93 68 35 38,
🔫 – 🛗 ⚗ ch ☰ 📺 ☎ ⚘ – 🔏 40. 🆎 ⓪ 🅶🅱   DZ **y**
fermé 20 nov. au 26 déc. – ⊘ 85 – **93 ch** 1040/1250.

🏨 **Cristal** Ⓜ, 15 rd-pt Duboys d'Angers ☎ 93 39 45 45, Télex 470844, Fax 93 38 64 66, 🏖 –
🛗 ⚗ ch ☰ 📺 ☎ ⚘. 🆎 ⓪ 🅶🅱   CZ **s**
Repas *(fermé 28 nov. au 27 déc.)* 135 – ⊘ 80 – **51 ch** 850/1600 – ½ P 600/690.

🏨 **Amarante** Ⓜ, 78 bd Carnot ☎ 93 39 22 23, Fax 93 39 40 22, 🏖, 🔫 – 🛗 ⚗ ch ☰ 📺 ☎
⚘ – 🔏 25. 🆎 ⓪ 🅶🅱   V **e**
Repas 120 ♣ – ⊘ 55 – **72 ch** 630/730 – ½ P 470.

🏨 **Splendid** sans rest, 4 r. F. Faure ☎ 93 99 53 11, Télex 470990, Fax 93 99 55 02, ≤ – 🛗
cuisinette ☰ 📺 ☎. 🆎 ⓪ 🅶🅱   BZ **a**
⊘ 50 – **64 ch** 590/890.

🏨 **Victoria** sans rest, rd-pt Duboys d'Angers ✉ 06400 ☎ 93 99 36 36, Fax 93 38 03 91, 🔫 –
🛗 ☰ 📺 ☎ ⚘. 🆎 ⓪ 🅶🅱. 🍽   CZ **x**
fermé 1ᵉʳ nov. au 28 déc. – ⊘ 50 – **25 ch** 680/1050.

🏨 **Canberra** sans rest, rd-pt Duboys d'Angers ☎ 93 38 20 70, Télex 470817,
Fax 92 98 03 47 – 🛗 ☰ 📺 ☎ 🅿. 🆎 ⓪ 🅶🅱   CZ **h**
⊘ 50 – **45 ch** 620/778.

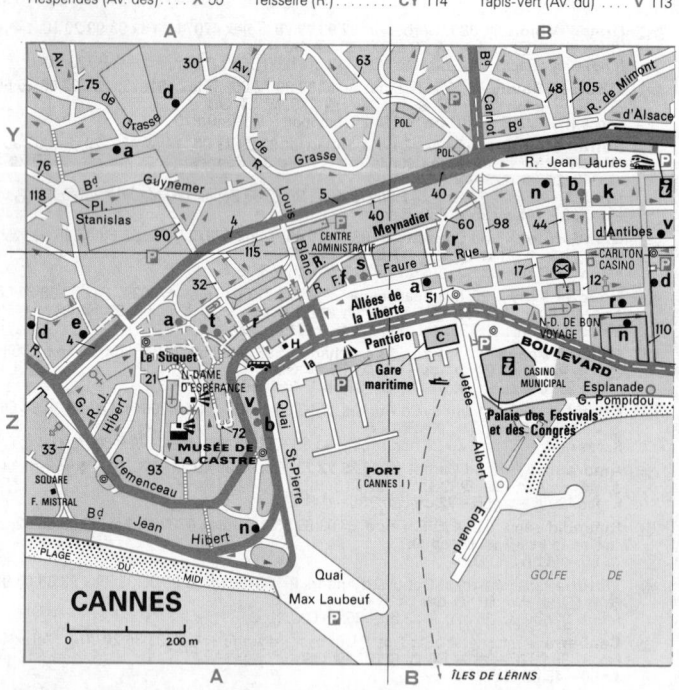

CANNES

0   200 m

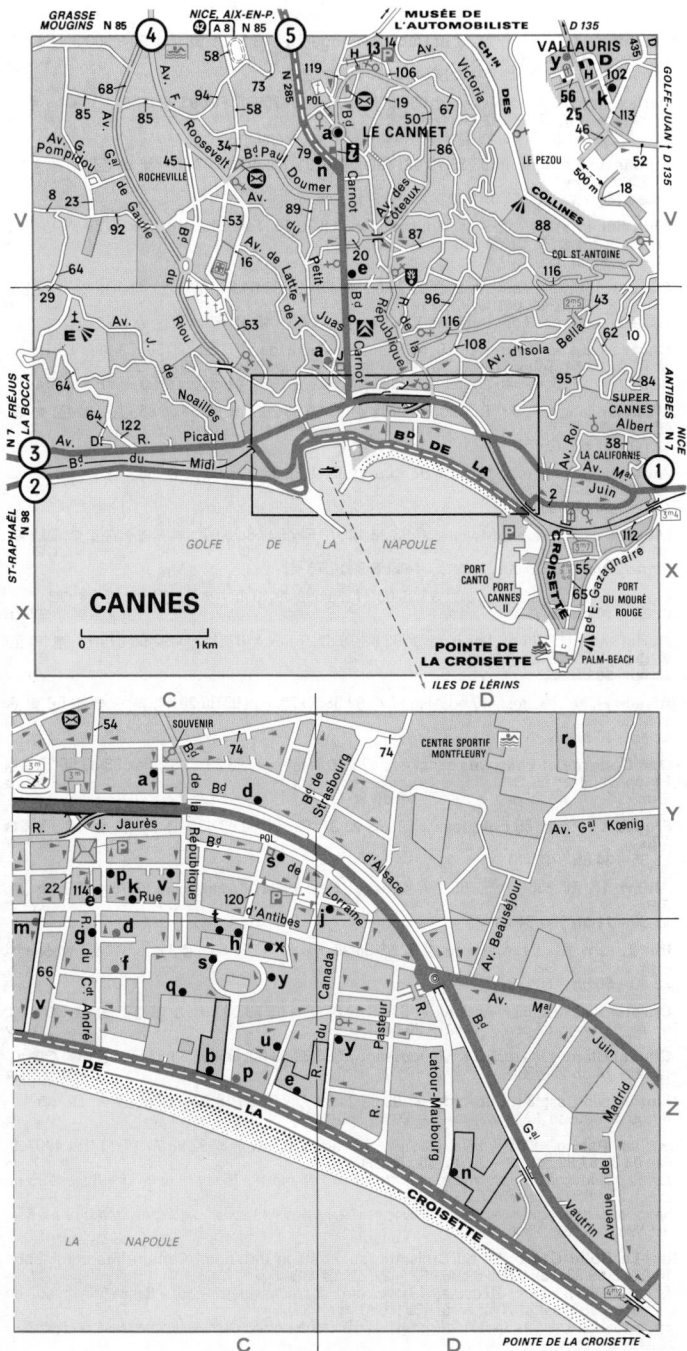

CANNES

GOLFE DE LA NAPOULE

POINTE DE
LA CROISETTE

ÎLES DE LÉRINS

LA NAPOULE

POINTE DE LA CROISETTE

🏨 **Fouquet's** 🅼 sans rest, 2 rd-pt Duboys d'Angers ℰ 93 38 75 81, Fax 92 98 03 39 – 🗏 📺
🕿 🚗. 🅰🅴 ⓞ 🅶🅱 🅹🅲🅱   CZ **y**
fermé 1ᵉʳ nov. au 26 déc. – ☲ 60 – **10 ch** 1100/1300.

🏛 **Paris** sans rest, 34 bd Alsace ℰ 93 38 30 89, Télex 470995, Fax 93 39 04 61, 🏊, ☞ – 🛗 🗏
📺 🕿 🚗 – 🔏 25. 🅰🅴 ⓞ 🅶🅱 🅹🅲🅱. ⌘   CY **a**
fermé 15 nov. au 23 déc. – ☲ 50 – **46 ch** 600/750, 4 appart.

🏛 **Embassy**, 6 r. Bône ℰ 93 38 79 02, Télex 470081, Fax 93 99 07 98 – 🛗 🗏 📺 🕿 – 🔏 50.
🅰🅴 ⓞ 🅶🅱 🅹🅲🅱   DY **j**
Repas 120 – ☲ 45 – **60 ch** 500/700 – ½ P 425/465.

🏛 **Mondial** 🅼 sans rest, 77 r. Antibes ℰ 93 68 70 00, Télex 462918, Fax 93 99 39 11 – 🛗
✸ ch 🗏 📺 🕿 ᚼ. 🅰🅴 ⓞ 🅶🅱   CY **e**
☲ 45 – **56 ch** 580/750.

🏛 **Beau Séjour**, 5 r. Fauvettes ℰ 93 39 63 00, Fax 92 98 64 66, 🍽, 🏊, ☞ – 🛗 🗏 ch 📺 🕿
🚗 – 🔏 30. 🅰🅴 ⓞ 🅶🅱 🅹🅲🅱. ⌘ rest   AZ **d**
fermé 14 déc. au 13 déc. – **Repas** 130/150 ⅃ – ☲ 60 – **46 ch** 630/670 – ½ P 505.

🏛 **Château de la Tour** ঌ, 10 av. Font-de-Veyre par ③ ✉ 06150 Cannes-La-Bocca
ℰ 93 47 34 64, Télex 470906, Fax 93 47 86 61, 🏊 – 🛗 📺 🕿 🅿. 🅰🅴 ⓞ 🅶🅱
Repas *(fermé 20 nov. au 20 déc.)* 90/115, enf. 52 – ☲ 35 – **42 ch** 550/600 – ½ P 415/450.

🏛 **L'Olivier** sans rest, 5 r. Tambourinaires ℰ 93 39 53 28, Fax 93 39 55 85, 🏊 – 🗏 📺 🕿 🅿.
🅰🅴 ⓞ 🅶🅱   AZ **e**
☲ 50 – **24 ch** 525/615.

🏛 **America** 🅼 sans rest, 13 r. St-Honoré ℰ 93 68 36 36, Fax 93 68 04 58 – 🛗 🗏 📺 🕿. 🅰🅴
ⓞ 🅶🅱 🅹🅲🅱. ⌘   BZ **r**
☲ 55 – **30 ch** 535/785.

🏛 **Molière** sans rest, 5 r. Molière ℰ 93 38 16 16, Fax 93 68 29 57, ☞ – 🛗 🗏 📺 🕿. 🅰🅴 🅶🅱.
⌘   CYZ **t**
fermé 15 nov. au 20 déc. – ☲ 35 – **45 ch** 380/570.

🏛 **Ligure** sans rest, 5 pl. Gare ℰ 93 39 03 11, Fax 93 39 19 48 – 🛗 🗏 📺 🕿. 🅰🅴 ⓞ 🅶🅱
☲ 35 – **36 ch** 450/620.   BY **n**

🏛 **Abrial** sans rest, 24 bd Lorraine ℰ 93 38 78 82, Télex 470761, Fax 92 98 67 41 – 🛗 🗏 📺
🕿 🅿 – 🔏 30. 🅰🅴 ⓞ 🅶🅱 🅹🅲🅱   CY **s**
☲ 56 – **50 ch** 676.

🏛 **Alsace H.** 🅼 sans rest, 40 bd Alsace ℰ 93 38 50 70, Fax 93 38 20 44, ☞ – 🛗 🗏 📺 🕿 ᚼ.
🚗. 🅰🅴 🅶🅱   CY **d**
☲ 45 – **30 ch** 550/590.

🏛 **Des Congrès et Festivals** sans rest, 12 r. Teisseire ℰ 93 39 13 81, Fax 93 39 56 28 – 🛗
✸ ch 🗏 📺 🕿. 🅰🅴 🅶🅱   CY **p**
fermé 1ᵉʳ nov. au 27 déc. – ☲ 40 – **20 ch** 300/600.

🏛 **France** sans rest, 85 r. Antibes ℰ 93 39 23 34, Fax 93 68 53 43 – 🛗 🗏 📺 🕿. 🅰🅴 ⓞ 🅶🅱
🅹🅲🅱   CY **k**
☲ 35 – **34 ch** 370/410.

🏠 **Albert 1ᵉʳ** 🅼 sans rest, 68 av. Grasse ℰ 93 39 24 04, Fax 93 38 83 75 – 📺 🕿 🅿.
🅶🅱   AY **d**
☲ 30 – **11 ch** 290/340.

🏠 **Ibis** 🅼 sans rest, 8 r. Marceau ℰ 92 98 96 96, Fax 92 98 05 68 – 🛗 ✸ ch 🗏 📺 🕿 ᚼ 🚗
– 🔏 25. 🅰🅴 ⓞ 🅶🅱   CY **v**
☲ 40 – **60 ch** 385/430.

🏠 **Corona** sans rest, 55 r. Antibes ℰ 93 39 69 85, Fax 93 99 09 69 – 🛗 🗏 📺 🕿. 🅰🅴 🅶🅱
fermé 1ᵉʳ nov. au 7 déc. – ☲ 30 – **20 ch** 480/530.   BY **v**

🏠 **Cheval Blanc** sans rest, 3 r. Maupassant ℰ 93 39 88 60, Fax 93 38 01 50 – 📺 🕿. 🅶🅱
☲ 35 – **16 ch** 250/380.   AY **a**

🏠 **Florian** sans rest, 8 r. Cdt André ℰ 93 39 24 82, Fax 92 99 18 30 – 🛗 🗏 📺 🕿. 🅰🅴 🅶🅱
fermé 1ᵉʳ nov. au 10 janv. – ☲ 28 – **20 ch** 350/400.   CZ **g**

𝟢𝟢𝟢𝟢𝟢 ❀❀ **La Palme d'Or** - Hôtel Martinez, 73 bd Croisette ℰ 92 98 74 14, Télex 470708,
Fax 93 39 67 82, ≤, 🍽 – 🗏 🅿. 🅰🅴 ⓞ 🅶🅱 🅹🅲🅱   DZ **n**
fermé mi-nov. au 20 déc., mardi (sauf le soir du 15 mai au 15 sept.) et lundi – **Repas** 295 bc
(déj.), 330/550 et carte 430 à 630
Spéc. Salade de pigeonneau au foie gras. Rougets en filets poêlés à la tapenade. Agneau de Sisteron persillé à l'ail
vert. **Vins** Côtes de Provence.

𝟢𝟢𝟢𝟢𝟢 ❀❀ **La Belle Otéro**, 58 bd Croisette, au 7ᵉ étage de l'hôtel Carlton Intercontinental
ℰ 93 68 00 33, Fax 93 39 09 06, 🍽 – 🗏. 🅰🅴 ⓞ 🅶🅱 🅹🅲🅱   CZ **e**
fermé 11 juin au 3 juil., 29 oct. au 13 nov., dim. et lundi sauf juil.-août – **Repas** (dîner seul. en
juil.-août) 280 (déj.)/570 et carte 480 à 680
Spéc. Loup rôti au parmesan, poêlée de légumes niçois. Piccata de pigeonneau grillées à la marjolaine. Fleur de cao en
coulis de mangue. **Vins** Côtes de Provence.

XXXXX ✿ **La Côte** - Hôtel Carlton Intercontinental, 58 bd Croisette, ✆ 93 06 40 23, Télex 470720, Fax 93 06 40 25, 佘 – ▤. 🆎 ⓪ 🇬🇧 🇯🇨🇧 ⋘   CZ **e**
avril-nov. et fermé mardi et merc. – **Repas** 275 bc (déj.)/460 et carte 360 à 480
Spéc. Petits farcis de Provence dans leur jus. Daurade au confit d'aromates, pommes de terre gratinées en brandade. Paletot de volaille de Bresse farci de persil. **Vins** Côtes de Provence.

XXX **Poêle d'Or,** 23 r. États-Unis ✆ 93 39 77 65, Fax 93 40 45 59 – 🆎 🇬🇧   CZ **v**
fermé 3 au 10/7, 20 nov. au 5 déc., vacances de fév., dim. soir d'oct. à mai, mardi midi de juin à sept. et lundi – **Repas** (week-ends prévenir) 115/295 et carte 320 à 410.

XXX **Gaston et Gastounette,** 7 quai St-Pierre ✆ 93 39 47 92, 佘 – ▤. 🆎 ⓪ 🇬🇧   AZ **v**
fermé 1er au 18 déc. – **Repas** 120 (déj.)/195 et carte 260 à 380.

XX **Festival,** 52 bd Croisette ✆ 93 38 04 81, Fax 93 38 13 82, 佘 – ▤. 🆎 ⓪ 🇬🇧   CZ **p**
fermé 12 nov. au 20 déc. – **Repas** 190 (déj.)/235.

XX **Le Mesclun,** 16 r. St Antoine ✆ 93 99 45 19, Fax 93 47 68 29 – ▤. 🆎 🇬🇧 🇯🇨🇧   AZ **t**
fermé 15 nov. au 20 déc. et merc. hors sais. – **Repas** (dîner seul.) 170.

XX **La Mirabelle,** 24 r. St Antoine ✆ 93 38 72 75, « Cadre provençal » – 🆎 ⓪ 🇬🇧   AZ **a**
fermé 1er nov. au 15 déc. et mardi – **Repas** (dîner seul.) 175/220.

XX **Relais des Semailles,** 9 r. St Antoine ✆ 93 39 22 32, Fax 93 39 84 73 – ▤. 🆎 🇬🇧   AZ **t**
fermé dim. – **Repas** (dîner seul.) 150/280.

XX **Maître-Pierre,** 6 r. Mar. Joffre ✆ 93 99 36 30 – ▤. 🆎 🇬🇧   BY **r**
fermé juil., le soir du 15 juin au 15 sept. et merc. du 15 sept. au 15 juin – **Repas** 105/155.

XX **La Cigale,** 1 r. Florian ✆ 93 39 65 79, 佘 – ▤. 🆎 ⓪ 🇬🇧 🇯🇨🇧   CZ **d**
fermé 1er au 15 nov., dim. soir et lundi – **Repas** 125/165.

XX **Mère Besson,** 13 r. Frères Pradignac ✆ 93 39 59 24 – 🆎 ⓪ 🇬🇧   CZ **f**
fermé sam. midi et dim. – **Repas** carte 150 à 300.

XX **Caveau 30,** 45 r. F. Faure ✆ 93 39 06 33, Fax 92 98 05 38, 佘 – ▤. 🆎 ⓪ 🇬🇧   AZ **f**
Repas 108/160.

X **Côté Jardin,** 12 av. St-Louis ✆ 93 38 60 28, 佘 – 🆎 🇬🇧   X **a**
fermé fév., lundi (sauf le soir en sais.) et dim. – **Repas** 95 bc (déj.)/165.

X **Chez Astoux,** 43 r. F. Faure ✆ 93 39 06 22, Fax 93 99 45 47, 佘 – 🆎 ⓪ 🇬🇧   AZ **s**
Repas - produits de la mer - 99/380.

X **Au Bec Fin,** 12 r. 24 Août ✆ 93 38 35 86 – ▤. 🆎 ⓪ 🇬🇧   BY **k**
fermé 20 déc. au 20 janv., sam. soir et dim. – **Repas** 90/120 ⅃.

X **Aux Bons Enfants,** 80 r. Meynadier – ⋘   AZ **r**
fermé août, 20 déc. au 5 janv., sam. soir hors sais. et dim. – **Repas** 90 ⅃.

X **Au Mal Assis,** 15 quai St-Pierre ✆ 93 39 13 38, Fax 92 99 11 70, 佘 – 🆎 🇬🇧   AZ **b**
fermé 15 nov. au 20 déc. et lundi de janv. à mars sauf vacances scolaires – **Repas** 120/180.

au Cannet N : 3 km - V – 41 842 h. – ⊠ 06110 :.

🅱 Office de Tourisme av. Campon ✆ 93 45 34 27.

🏤 **Grande Bretagne** sans rest, bd Sadi Carnot ✆ 93 45 66 00, Télex 470918, Fax 93 45 83 30, 佘 – ▤ 📺 ☎ 🅿. 🆎 ⓪ 🇬🇧   V **a**
⊡ 45 – **34 ch** 450/550.

🏤 **Sunset H.** Ⓜ sans rest, av. Campon (bretelle autoroute) ✆ 93 45 35 35, Fax 93 45 60 68 – ▤ 📺 ☎ ⇦⇨ 🅿. 🆎 ⓪ 🇬🇧   V **n**
⊡ 34 – **26 ch** 360/410.

à Vallauris NE : 6 km - V – 24 325 h. – ⊠ 06220 :.

Voir Musée national "la Guerre et la Paix" (château) V **D** – Musée de l'Automobiliste★ NO : 4 km V.

🅱 Office de Tourisme, square du 8 mai 1945 ✆ 93 63 82 58.

🏠 **Val d'Auréa** Ⓜ sans rest, 11 bis bd M. Rouvier ✆ 93 64 64 29, Fax 93 64 92 39 – 🛗 ☎. 🆎 🇬🇧   V **k**
1er avril-30 sept. – ⊡ 28 – **28 ch** 250.

XX **Gousse d'Ail,** 11 bis av. Grasse ✆ 93 64 10 71 – ▤. 🆎 🇬🇧   V **y**
fermé 13 nov. au 12 déc., lundi soir d'oct. à juin et mardi – **Repas** 102/165, enf. 68.

à l'aérodrome de Cannes-Mandelieu par ③ : 6 km – ⊠ 06150 :

🏨 **Mercure** Ⓜ, ✆ 93 90 43 00, Fax 93 90 98 98, 佘, ⅃ – 🛗 ⋘ ch ▤ 📺 ☎ ♿ 🅿 – 🔏 25. 🆎 ⓪ 🇬🇧
Repas 112, enf. 45 – ⊡ 58 – **60 ch** 470/560.

CITROEN Carnot Autom., 48 bd Carnot ✆ 93 68 20 25 🄽 ✆ 93 69 39 89
CITROEN Carnot Autom., 205 av. F.-Tonner à La Bocca par ③ ✆ 93 47 24 00

Ⓦ Euromaster, 240 av. F.-Tonner à la Bocca ✆ 93 47 41 11

Massa-Pneu Vulcopneu, 9 Bd Vallombrosa ✆ 93 39 25 22
Sud-Est Pneus, 20 r. Cdt-Vidal ✆ 93 38 58 14

Le CANNET 06 Alpes-Mar. 🎴 ⑨, 🎴 ㉟ ㉘ – rattaché à Cannes.

Le CANNET-DES-MAURES 83340 Var 84 ⑯ 114 ㉟ – 3 126 h alt. 127.

Paris 838 – Fréjus 37 – Brignoles 28 – Cannes 73 – Draguignan 26 – St-Tropez 38 – ◆Toulon 56.

Mas de Causserène et rest. l'Oustalet, N 7 ☎ 94 60 74 87, Fax 94 60 95 97, ☂, ♨ – TV ☎ ♿ P – 🏛 50 à 150. AE GB
Repas 85 (déj.), 140/180 ♁ – ☕ 40 – **49 ch** 280/300 – ½ P 260/275.

La CANOURGUE 48500 Lozère 80 ④ ⑤ **G. Gorges du Tarn** – 1 817 h alt. 563.

Voir Sabot de Malepeyre★ SE : 4 km.

⛳9 du Sabot ☎ 66 32 84 00, SE : 3 km par D 898.

🅘 Office de Tourisme (juin-sept.) ☎ 66 32 83 67 et à la Mairie ☎ 66 32 81 47.

Paris 604 – Mende 40 – Espalion 60 – Florac 53 – Rodez 67 – Sévérac-le-Château 23.

Commerce, ☎ 66 32 80 18, Fax 66 32 94 79 – |♦| TV ☎ 🚗 P – 🏛 25. AE ⓞ GB
fermé 1er déc. au 1er mars, vend. soir et sam. d'oct. à juin. – **Repas** *(fermé le midi sauf vacances de Noël)* 75/150 ♁, enf. 55 – ☕ 32 – **28 ch** 200/290 – ½ P 260/280.

PEUGEOT Gar. Condomines, ☎ 66 32 80 16 🅽 ☎ 66 32 80 16

CANY-BARVILLE 76450 S.-Mar. 52 ⑬ **G. Normandie Vallée de la Seine** – 3 349 h alt. 22.

Voir Panneaux sculptés★ de l'église – Barville : site★ de l'église S : 2 km.

Paris 201 – Bolbec 30 – Dieppe 46 – Fécamp 21 – ◆Le Havre 59 – ◆Rouen 57 – Yvetot 23.

XXX **Manoir de Barville** 🐌 avec ch, S : 2 km par D 131 ☎ 35 97 79 30, Fax 35 57 03 55, « Parc ombragé et fleuri » – ☎ P – 🏛 25. AE ⓞ GB
Repas 145/260 et carte 250 à 370 – ☕ 40 – **4 ch** 200/380.

CAP voir au nom propre du Cap.

CAPBRETON 40130 Landes 78 ⑰ **G. Pyrénées Aquitaine** – 5 089 h alt. 6 – Casino.

🅘 Office de Tourisme av. G.-Pompidou ☎ 58 72 12 11, Fax 58 41 00 29.

Paris 756 – Biarritz 28 – Mont-de-Marsan 85 – ◆Bayonne 18 – St-Vincent-de-Tyrosse 11,5 – Soustons 24.

quartier de la plage :

Atlantic, av. de Lattre de Tassigny ☎ 58 72 11 14, Fax 58 72 29 01, ☂, ♨ – TV ☎ P. AE GB. ✻ rest
fermé 11 nov. au 10 déc. et 2 janv. au 19 mars – **Repas** 78/120 ♁ – ☕ 30 – **29 ch** 380/460 – ½ P 360/440.

Océan, av. G. Pompidou ☎ 58 72 10 22, Fax 58 72 08 43, ← – |♦| TV ☎ P. ⓞ GB
15 avril-10 oct. – ***Brasserie La Marine*** ☎ 58 41 02 25 *(8 avril-16 oct. et fermé lundi sauf du 15 juin au 15 sept.)* **Repas** 85/120 ♁, enf.50 – ☕ 40 – **27 ch** 480/520 – ½ P 335/380.

XX **Café Bellevue** avec ch, av. G. Pompidou ☎ 58 72 10 30, Fax 58 72 11 12 – TV ☎ P. AE ⓞ GB
fermé 13 nov. au 15 fév. et lundi – **Repas** 69 (déj.), 98/164, enf. 54 – ☕ 33 – **12 ch** 240/280 – ½ P 290/305.

quartier la Pêcherie :

XX **Le Regalty,** port de plaisance ☎ 58 72 22 80, Fax 58 41 82 18, ☂ – AE ⓞ GB
fermé 15 au 30 nov., 15 au 31 janv., dim. soir et lundi sauf juil.-août et fériés – **Repas** - produits de la mer - 150.

CITROEN Gar. Barbe, ☎ 58 72 10 15

CAP COZ 29 Finistère 58 ⑮ – rattaché à Fouesnant.

CAP D'AGDE 34 Hérault 83 ⑯ – rattaché à Agde.

CAP D'AIL 06320 Alpes-Mar. 84 ⑩ 115 ㉗ **G. Côte d'Azur** – 4 859 h alt. 96.

🅘 Office de Tourisme 104 av. 3-Septembre ☎ 93 78 02 33, Fax 92 10 74 36.

Paris 950 – Monaco 2,5 – Menton 16 – Monte-Carlo 4 – ◆Nice 16.

Miramar sans rest, av. 3-Septembre ☎ 93 78 06 60, Fax 93 78 82 78 – ▤ ☎ P. GB
fermé 4 au 31 janv. – ☕ 32 – **25 ch** 200/310.

La CAPELLE 02260 Aisne 53 ⑯ **G. Flandres Artois Picardie** – 2 149 h alt. 228.

Voir Pierre d'Haudroy (monument de l'Armistice 1918) NE : 3 km par D 285.

Paris 191 – St-Quentin 50 – Avesnes-sur-Helpe 17 – Le Cateau-Cambrésis 30 – Fourmies 11,5 – Guise 23 – Laon 51 – Vervins 16.

XX **Gd Cerf,** ☎ 23 97 20 61 – AE GB
fermé juil., dim. soir et lundi sauf fériés – **Repas** 100/250.

CAPESTANG 34310 Hérault 83 ⑭ – 2 903 h alt. 22.

Paris 794 – ◆Montpellier 82 – Béziers 15 – Carcassonne 61 – Narbonne 18 – St-Pons 39.

à Poilhes SE par D 11 : 5 km – 5 170 h. – ✉ **34310** :

XX **La Tour Sarrasine,** ☎ 67 93 41 31 – ▤. AE GB
fermé dim. soir et lundi hors sais. – **Repas** 130 bc/295 ♁, enf. 75.

CAP FERRAT 06 Alpes-Mar. 84 ⑩ ⑲ – rattaché à St-Jean-Cap-Ferrat.

CAP FERRET 33970 Gironde 78 ⑫ **G. Pyrénées Aquitaine** – alt. 11.

Voir ✳︎★ du phare.

🛈 Office de Tourisme 12 av. Océan (saison) ℘ 56 60 63 26.

Paris 648 – ◆Bordeaux 66 – Arcachon 72 – Lacanau-Océan 56 – Lesparre-Médoc 84.

  🏨 **La Frégate** sans rest, av. Océan ℘ 56 60 41 62, Fax 56 03 76 18, ⌇ – TV ☎ 🅿. GB
    20 mars-fin oct. – � 37 – **26 ch** 240/390.

  🏠 **Pins**, r. Fauvettes ℘ 56 60 60 11, Fax 56 03 70 61, 🌳 – ☎. GB. ✸
    hôtel : 7 avril-1er nov. ; rest : 24 juin-3 sept. – **Repas** (dîner seul.) 95/125 – ⊑ 35 – **14 ch**
    295/405 – ½ P 277/343.

  🏠 **Les Dunes** sans rest, av. Bordeaux ℘ 56 60 61 81 – ☎ 🅿. GB
    fermé 15 nov. au 1er fév. – ⊑ 30 – **14 ch** 250/350.

PEUGEOT Gar. Gava, ℘ 56 60 64 20

CAPINGHEM 59 Nord 51 ⑮, 111 ㉑ – rattaché à Lille.

CAPPELLE-LA-GRANDE 59 Nord 51 ④ – rattaché à Dunkerque.

CAPVERN-LES-BAINS 65130 H.-Pyr. 85 ⑨ **G. Pyrénées Aquitaine** – alt. 450 – Stat. therm. (24 avril-22 oct.).

Voir Donjon du château de Mauvezin ✳︎★ O : 4,5 km.

🛇 de Lannemezan ℘ 62 98 01 01, E : 12 km.

🛈 Office de Tourisme r. Thermes ℘ 62 39 00 46, Fax 62 39 08 14.

Paris 826 – Bagnères-de-Luchon 63 – Arreau 31 – Bagnères-de-Bigorre 20 – Lannemezan 9 – Tarbes 29.

  🏠 **St-Paul**, ℘ 62 39 03 54, 🌳 – ▮◉ ☎ 🅿. GB. ✸ rest
  ➜ *22 avril-20 oct.* – **Repas** 74/80 – ⊑ 23 – **30 ch** 170/210 – P 195/260.

  🏠 **Lemoine**, ℘ 62 39 02 18, ≤, parc – ☎ 🅿. GB. ✸
  ➜ *2 mai-22 oct.* – **Repas** 75/95 ⅃, enf. 45 – ⊑ 25 – **18 ch** 120/210 – P 165/210.

  🏠 **Bellevue** ⌂, rte Mauvezin, quartier le Laca ℘ 62 39 00 29, ≤, 🌳 – ☎ 🅿. GB. ✸ rest
    2 mai-6 oct. – **Repas** 85/150 – ⊑ 25 – **34 ch** 81/190 – P 185/304.

CARANTEC 29660 Finistère 58 ⑥ **G. Bretagne** – 2 609 h alt. 45.

Voir Croix de procession★ dans l'église – ''Chaise du Curé'' (plate-forme) ≤★ – Pointe de Pen-al-Lann ≤★ E : 1,5 km puis 15 mn.

🛈 Office de Tourisme r. Pasteur ℘ 98 67 00 43, fax 98 67 07 44.

Paris 557 – ◆Brest 63 – Lannion 55 – Morlaix 15 – Quimper 91 – St-Pol-de-Léon 9,5.

  🏠 **Pors Pol** ⌂, plage Pors-Pol ℘ 98 67 00 52, ≤, 🌳 – ☎ 🅿. GB. ✸ rest
    17 avril-17 sept. – **Repas** 88/240, enf. 52 – ⊑ 34 – **30 ch** 240/260 – ½ P 260.

  🏠 **Falaise** ⌂ sans rest, ℘ 98 67 00 53, ≤ Baie de Morlaix, 🌳 – ☎ 🅿. ✸
    9 avril-fin sept. – ⊑ 32 – **24 ch** 185/260.

  XX **Le Cabestan**, le port ℘ 98 67 01 87, ≤ – GB
    fermé 3 nov. au 10 déc., lundi soir sauf juil.-août et mardi – Repas 108/250.

CITROEN Gar. Jacq ℘ 98 67 01 67   RENAULT Gar. Kerrien, ℘ 98 67 01 71

CARBON-BLANC 33 Gironde 71 ⑨, 75 ⑪ – rattaché à Bordeaux.

CARCASSONNE ℗ 11000 Aude 83 ⑪ **G. Pyrénées Roussillon** – 43 470 h alt. 111.

Voir La Cité★★★ (embrasement 14 juil.) – Basilique St-Nazaire★ : vitraux★★, statues★★ – Musée du château Comtal : calvaire★ de Villanière.

🛇 Domaine d'Auriac, ℘ 68 72 57 30 par ③ : 4 km par D 118 et D 104.

✈ de Salvaza : ℘ 68 25 12 33, par ④ : 3 km.

🛈 Office de Tourisme et Accueil de France 15 bd Camille-Pelletan ℘ 68 25 07 04, Fax 68 47 34 96 et Porte Narbonnaise (Pâques-Nov.) ℘ 68 25 68 81.

Paris 792 ④ – ◆Perpignan 114 ② – ◆Toulouse 93 ④ – Albi 105 ① – Béziers 90 ② – Narbonne 60 ②.

Plan page suivante

  🏨 **Terminus**, 2 av. Mar. Joffre ℘ 68 25 25 00, Télex 500198, Fax 68 72 53 09 – ▮◈ TV ☎ 🚗
    – 🔏 30 à 200. 🆎 ⓞ GB JCB   BY **t**
    Relais de l'Écluse ℘ 68 25 13 77 **Repas** 98/200 ⅃ – ⊑ 35 – **110 ch** 260/440.

  🏨 **Montségur** sans rest, 27 allée Iéna ℘ 68 25 31 41, Fax 68 47 13 22, « Mobilier ancien » –
    ▮◈ ▤ TV ☎ 🅿. 🆎 ⓞ GB JCB   AZ **r**
    fermé 1er au 15 janv. – ⊑ 45 – **21 ch** 320/510.

  🏨 **Bristol**, 7 av. Mar. Foch ℘ 68 25 07 24, Fax 68 25 71 89 – ▮◈ ▤ rest TV ☎ 🚗. GB BY **n**
    1er mars-30 nov. – **Repas** (dîner seul.) 90/200 bc – ⊑ 40 – **59 ch** 200/400 – ½ P 240/260.

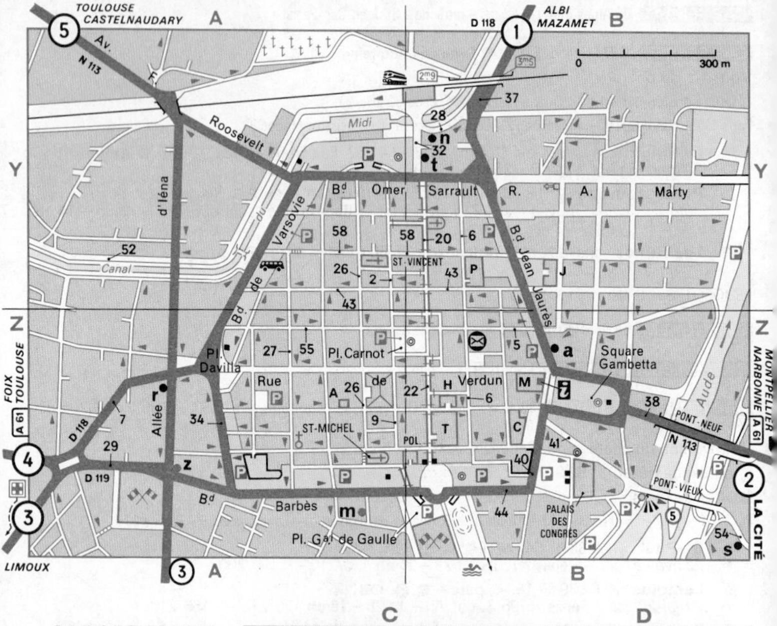

CARCASSONNE

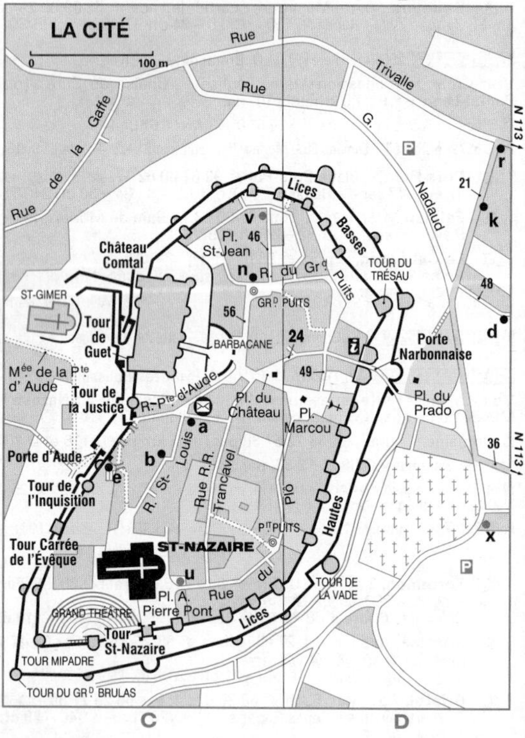

*Les pastilles numérotées
des plans de villes
①, ②, ③ sont répétées
sur les cartes Michelin
à 1/200 000.*

*Elles facilitent
ainsi le passage
entre les cartes
et les guides Michelin.*

288

CARCASSONNE

館 **Pont Vieux** sans rest, 32 r. Trivalle ℰ 68 25 24 99, Fax 68 47 62 71 – 📺 ☎ 🚗. ⚿ ⓞ
GB   BZ **s**
fermé 15 au 31 janv. – ☲ 35 – **19 ch** 250/320.

館 **Royal Hotel** sans rest, 22 bd J. Jaurès ℰ 68 25 19 12, Fax 68 47 33 01 – 📺 ☎ 🚗.
GB   BZ **a**
fermé 20 déc. au 4 janv. et dim. d'oct. à mai – ☲ 30 – **24 ch** 220/270.

XXX **Languedoc,** 32 allée Iéna ℰ 68 25 22 17, Fax 68 47 13 22, 🏠 – 🍽. ⚿ ⓞ GB
JCB   AZ **z**
fermé 20 déc. au 20 janv., lundi sauf le soir en sais. et dim. soir hors sais. – **Repas** 130/250 et
carte 190 à 290 🍷, enf. 70.

XX **L'Écurie,** 1 r. d'Alembert ℰ 68 72 04 04, Fax 68 25 55 89, 🏠, « Authentiques écuries du
18e siècle » – ⚿ GB   AZ **m**
fermé lundi sauf juil.-août – **Repas** 100 bc (déj.), 130 bc/240, enf. 85.

à l'entrée de la Cité, près porte Narbonnaise :

🏨 **Mercure La Vicomté** 🚭, r. C. Saint-Saens ℰ 68 71 45 45, Télex 500303,
➡ Fax 68 71 11 45, ≤, 🏊, ﹨⁄ꜗ ❋ – 🛗 ┿ꜗ che ☐ ☎ �& 🅿 – 🔬 50. ⚿ ⓞ GB   D **d**
Repas *(fermé dim. soir de nov. à mars)* 80/210 🍷 – ☲ 53 – **61 ch** 460.

館 **Aragon** sans rest, 15 montée Combéléran ℰ 68 47 16 31, Fax 68 47 33 53, 🏊 – ┿ꜗ ch ☐
📺 ☎ �& 🅿. ⚿ ⓞ GB   D **k**
☲ 49 – **29 ch** 330/510.

館 **Espace Cité** 🅼 sans rest, 132 r. Trivalle ℰ 68 25 24 24, Fax 68 25 17 17 – ┿ꜗ ch ☐ 📺 ☎
�& 🅿 – 🔬 40. GB   D **r**
☲ 30 – **48 ch** 300.

XXX **Aub. Pont Levis,** ℰ 68 25 55 23, Fax 68 47 32 29, 🏠 – 🍽 🅿. ⚿ ⓞ GB. 🎽   D **x**
fermé dim. soir et lundi – **Repas** (1er étage) 120/250 et carte 220 à 290, enf. 60.

dans la Cité - Circulation réglementée en été :

🏰 ✿✿ **Cité et rest. La Barbacane** 🅼 🚭, pl. Église ℰ 68 25 03 34, Télex 505296,
Fax 68 71 50 15, « Demeure gothique et jardin sur les remparts », 🏊 – 🛗 📺 ☎ 🚗 –
🔬 50. ⚿ GB   C **e**
hôtel : fermé 7 janv. au 12 fév. ; rest : fermé 7 janv. au 8 mars – **Repas** 250 bc (déj.), 280/450
et carte 400 à 500 – ☲ 90 – **23 ch** 900/1150, 3 appart
Spéc. Langoustines royales grillées, chou-fleur au caillé de brebis. Cabillaud à la''plancha'', sauté d'artichauts au
pistou. Pigeonneau doré à la broche, risotto d'épeautre aux truffes. **Vins** Corbières, Minervois.

🏰 **Dame Carcas** 🅼 🚭, 15 r. St-Louis ℰ 68 71 37 37, Télex 505296, Fax 68 71 50 15, ≤,
« Jardin sur les remparts » – 🛗 🍽 ch 📺 ☎ �& – 🔬 25. ⚿ ⓞ GB   C **b**
Les Coulisses du Théâtre (bistro) ℰ 68 47 63 39 *(fermé dim. du 15 sept. au 31 mars)* **Repas**
80(déj.)/215 🍷 – ☲ 60 – **30 ch** 400/700.

🏨 **Donjon,** 2 r. Comte Roger ℰ 68 71 08 80, Télex 505012, Fax 68 25 06 60, ≤, 🌳 – 🛗 🍽 📺
☎ 🅿 – 🔬 50. ⚿ ⓞ GB   C **a**
Brasserie Le Donjon *(fermé dim. soir du 1er nov. au 31 mars)* **Repas** 86/120 enf. 50 – ☲ 52 –
38 ch 300/490.

館 **Remparts** sans rest, 3 pl. Gd Puits ℰ 68 71 27 72, ≤ – ☎ 🅿. ⚿ GB   C **n**
☲ 35 – **18 ch** 280/330.

XX **La Marquière,** 13 r. St Jean ℰ 68 71 52 00, Fax 68 71 30 81 – ⚿ GB   C **v**
fermé mi-janv. à mi-fév., jeudi midi et merc. sauf juil.-août – **Repas** 95/300.

XX **La Crémade,** 1 r. Plô ℰ 68 25 16 64, Fax 68 25 93 41 – ⚿ GB   C **u**
fermé 5 janv. au 5 fév., dim. soir et lundi hors sais. – **Repas** 100/230 🍷, enf. 60.

au hameau de Montredon NE : 4 km par r. A. Marty BY – ✉ 11090 Carcassonne :

XXX ✿ **Château St Martin ''Trencavel''** (Rodriguez), ℰ 68 71 09 53, Fax 68 25 46 55, 🌳 –
🅿. ⚿ ⓞ GB
fermé merc. – **Repas** 160/280 et carte 240 à 310
Spéc. Salade de rognons au vieux vinaigre. Célestine d'agneau à la fleur de thym. Cassoulet languedocien. **Vins**
Cabardès, Corbières.

à l'Est par ② et N 113 : 5 km – ✉ 11800 Trèbes :

館 **La Gentilhommière** 🅼, accès autoroute Carcassonne-Est ℰ 68 78 74 74, Fax
➡ 68 78 65 80, 🏠, 🏊 – 🍽 ch 📺 ☎ �& 🅿 – 🔬 30. ⚿ GB
Repas 80/175 – ☲ 38 – **31 ch** 250/290 – ½ P 240.

au Sud par ③ et Est par D 104 : 3 km – ✉ 11000 Carcassonne :

🏨 ✿ **Domaine d'Auriac** (Rigaudis) 🚭, rte St-Hilaire ℰ 68 25 72 22, Fax 68 47 35 54, ≤, 🏠,
« Demeure du 19e siècle dans un parc, golf », 🏊, 🎾 – 🛗 🍽 ch 📺 ☎ 🅿 – 🔬 60. ⚿ ⓞ
GB
fermé 7 au 31 janv., dim. soir et lundi midi d'oct. à Pâques – **Repas** 170/350 et carte 280 à
380, enf. 120 – ☲ 80 – **23 ch** 660/1300 – ½ P 770/990
Spéc. Les foies gras. Cassoulet. Gibier (15 sept. au 1er janv.) **Vins** Limoux, Corbières.

à Pézens par ⑤ et N 113 : 10 km – ✉ 11170 :

X **Réverbère** avec ch, carrefour Madeleine ℰ 68 24 92 53, Fax 68 24 84 01, 🏠 – 📺 ☎ 🅿.
➡ GB
fermé 10 janv. au 15 fév., lundi soir (sauf juil.-août) et mardi – **Repas** 69 bc/190 🍷, enf. 43 –
☲ 25 – **6 ch** 230 – ½ P 190.

BMW Passion Auto, Av. du Gén.-Leclerc
℘ 68 47 14 14
CITROEN Gar. Ménard, ZAC Salvaza, bd H.-Bouffet
par ④ ℘ 68 25 75 36 **N** ℘ 68 78 00 69
FIAT, LANCIA Gar. Ital, rte de Montréal
℘ 68 25 81 31
FORD Gar. Salvaza, ZI La Bouriette rte de Montréal
℘ 68 25 11 50
HONDA Auto Loisirs, ZI Pont Rouge ℘ 68 71 36 43
MAZDA Gar. Aubertin, 22 r. Jean Monnet
℘ 68 25 38 54
MERCEDES Gar. Bary, RN 113 à Trèbes
℘ 68 78 61 28
NISSAN Gar. Campagnaro, rte de Bram, ZI
L'Arnouze ℘ 68 25 33 34
OPEL Gar. Bourguignon, rte de Toulouse
℘ 68 25 10 43

PEUGEOT Auto Cité, ZA St-Jean-l'Arnouze rocade
Ouest par ④ ℘ 68 47 70 00 **N** ℘ 68 72 91 38
RENAULT Gar. Alaux et Gestin, rte de Narbonne
par ② ℘ 68 77 77 68 **N** ℘ 63 72 75 46
SEAT Gar. Spanauto, Zone Com. de Félines, rte de
Toulouse ℘ 68 71 23 10
TOYOTA Gar. de l'Avenir, ZI Félines ℘ 68 47 58 58
VAG Gar. Cathala, rte de Narbonne ℘ 68 25 90 01

⑩ Euromaster, ZI Arnouzette, rte de Bram
℘ 68 25 46 66
Gastou Point S, ZI la Bouriette ℘ 68 25 35 42
Grulet, 58 av. F.-Roosevelt ℘ 68 25 09 46
Laguzou Pneus, 20 av. F.-Roosevelt ℘ 68 25 25 88

CARENNAC 46110 Lot 七5 ⑲ G. Périgord Quercy – 370 h alt. 126.

Voir Portail★ de l'église – Mise au tombeau★ dans la salle capitulaire.

🛈 Office de Tourisme ℘ 65 10 97 01.

Paris 528 – Brive-la-Gaillarde 40 – Cahors 75 – Martel 15 – St-Céré 14 – Sarlat-la-Canéda 60 – Tulle 54.

🏠 **Aub. Vieux Quercy** Ⓜ ⑤, ℘ 65 10 96 59, Fax 65 10 94 05, 🍴, ⤴, 🌳 – 📺 ☎ ℗. ⑬
15 mars-15 nov. et fermé lundi hors sais. – **Repas** 85/185, enf. 50 – ⌑ 36 – **22 ch** 330 –
½ P 330.

🏠 **Host. Fénelon** ⑤, ℘ 65 10 96 46, Fax 65 10 94 86, 🍴, ⤴ – 📺 ☎ ℗. ⚏ ⑬
fermé 2 janv. au 10 mars, sam. midi et vend. hors sais. – **Repas** 90/290, enf. 50 – ⌑ 40 –
16 ch 240/290 – ½ P 300.

Un conseil Michelin :

pour réussir vos voyages, préparez-les à l'avance.

Les cartes et guides Michelin, vous donnent toutes indications utiles sur :
itinéraires, visite des curiosités, logement, prix, etc.

CARENTAN 50500 Manche 5四 ⑬ G. Normandie Cotentin – 6 300 h alt. 6.

🛈 Office de Tourisme bd Verdun ℘ 33 42 74 01.

Paris 311 – Cherbourg 50 – St-Lô 28 – Avranches 85 – ◆Caen 73 – Coutances 35.

🏠 **Le Vauban** sans rest, 7 r. Sébline ℘ 33 71 00 20 – 📺 ☎. ⑬. ⚒
⌑ 30 – **15 ch** 230/300.

à *St-Hilaire-Petitville* E : 2 km – ⌧ 50500 Carentan :

🏠 **Vipotel** Ⓜ, N 13 ℘ 33 71 11 11, Fax 33 71 92 88, 🍴 – 📺 ☎ ⅙ ℗ – 🔬 60. ⚏ ⑩ ⑬ ⱼⒸⒷ
fermé 23 déc. au 3 janv. – **Repas** (fermé sam. midi et dim. soir d'oct. à avril) 85/280 ⅙, enf.
35 – ⌑ 35 – **36 ch** 230/270 – ½ P 250.

CITROEN Gar. Godefroy, Le Mesnil à St-Hilaire-
Petitville ℘ 33 42 02 78
PEUGEOT Gar. Mecatol, ZI Pommenauque, rte de
Cherbourg ℘ 33 42 23 73

RENAULT Gar. Bourdet, rte de St-Côme
℘ 33 42 00 93 **N** ℘ 31 50 69 05

CARGÈSE 2A Corse-du-Sud 9⓪ ⑯ – voir à Corse.

CARHAIX-PLOUGUER 29270 Finistère 5⑧ ⑰ G. Bretagne – 8 198 h alt. 140.

🛈 Office de Tourisme r. Brizeux ℘ 98 93 04 42, Fax Mairie 98 99 15 92.

Paris 504 – Quimper 58 – ◆Brest 83 – Concarneau 61 – Guingamp 47 – Lorient 72 – Morlaix 46 – Pontivy 57 –
St-Brieuc 82.

🏨 **Gradlon,** 12 bd République ℘ 98 93 15 22, Fax 98 99 16 97 – 📶 ⤴ ch, 🍽 rest 📺 ☎ ℗ –
◆ 🔬 80. ⚏ ⑩ ⑬
Repas 60/188 ⅙, enf. 49 – ⌑ 35 – **37 ch** 240/280, 8 duplex – ½ P 250.

🏠 **D'Ahès** sans rest, 1 r. F. Lancien ℘ 98 93 00 09 – 📺. ⚏ ⑬
fermé 1ᵉʳ au 21 fév. – ⌑ 25 – **10 ch** 190/230.

à *Port de Carhaix* SO : 6 km par rte de Lorient – ⌧ 29270 Carhaix-Plouguer :

ⵝⵝ **Aub. du Poher,** ℘ 98 99 51 18, Fax 98 99 55 98 – ℗. ⑬
fermé 6 au 20 nov., 29 janv. au 11 fév. et lundi – **Repas** 85/210 ⅙.

RENAULT Autom. Centre Bretagne, rte de Rennes
℘ 98 93 18 22 **N** ℘ 98 93 30 30

⑩ Desserrey Pneu Armorique Vulcopneu rte de
Rostrenen ℘ 98 93 05 84
Thomas Pneus, rte de Callac ℘ 98 93 05 41

CARMAUX 81400 Tarn 80 ⑪ G. Pyrénées Roussillon – 10 957 h alt. 241.

🛈 Office de Tourisme pl. Gambetta ℘ 63 76 76 67.

Paris 694 – Rodez 62 – Albi 16 – St-Affrique 91 – Villefranche-de-Rouergue 52.

    ✗ **La Mouette,** 4 pl. J. Jaurès ℘ 63 36 79 90 – ▤. ⒼⒷ
    ↔ *fermé vacances de fév., dim. soir et lundi* – **Repas** 75/280 ⚖, enf. 48.

    à Mirandol-Bourgnounac N : 13 km par N 88 et D 905 – ⊠ **81190** :

    🏠 **Voyageurs** ⑊, ℘ 63 76 90 10 – ☎. ⒼⒷ
    ↔ *fermé 21 août au 7 sept., vacances de fév. et le soir d'oct. à mars* – **Repas** 68 bc/150 ⚖ – ⌂ 35 – **11 ch** 160/260 – ½ P 180/230.

RENAULT Carmaux Autom., N 88 Pont de Blaye   ⓜ Gar. Esteveny, bd A.-Malroux ℘ 63 76 81 72
℘ 63 36 48 67 ⓝ ℘ 63 47 84 74

CARNAC 56340 Morbihan 63 ⑫ G. Bretagne – 4 243 h alt. 22.

Voir Musée de préhistoire★★ Y M – Église St-Cornély★ Y E – Tumulus St-Michel★ : ≼★ –
Alignements du Ménec★★ par D 196 : 1,5 km – Alignements de Kermario★ par ② : 2 km –
Alignements de Kerlescan★ par ② : 4,5 km – Tumulus de Kercado★ par ② : 4,5 km – Dolmens
de Mané-Kérioned★ 4 km par ①.

🏌 de St-Laurent, ℘ 97 56 85 18, N : 8 km par D 196.

🛈 Office de Tourisme av. des Druides et pl. de l'Église ℘ 97 52 13 52, Fax 97 52 86 10.

Paris 488 ② – Vannes 33 ② – Auray 13 ② – Lorient 42 ① – Quiberon 19 ① – Quimperlé 57 ①.

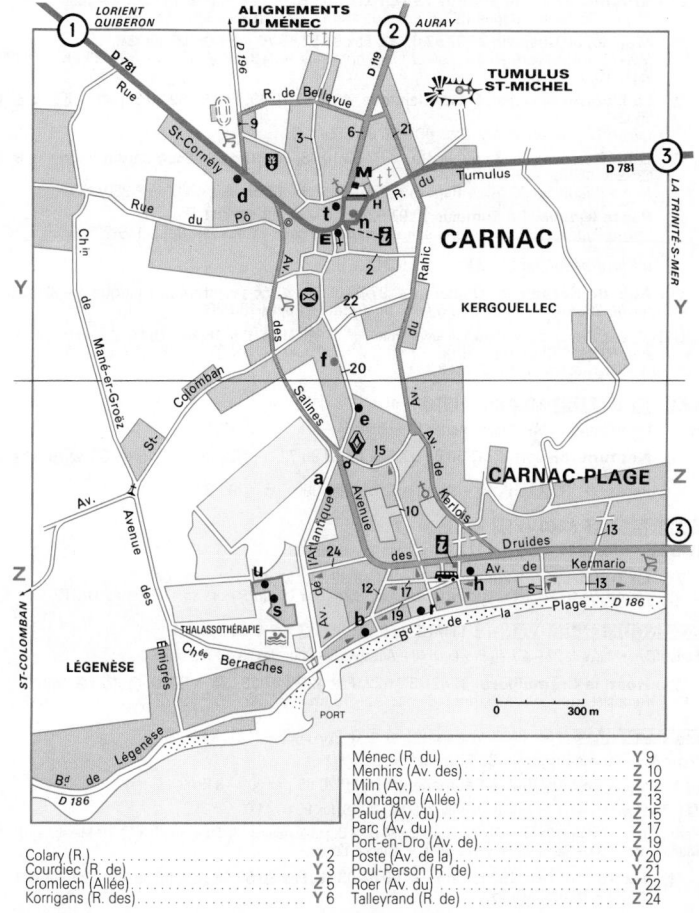

Ménec (R. du)	Y 9
Menhirs (Av. des)	Z 10
Miln (Av.)	Z 12
Montagne (Allée)	Z 13
Palud (Av. du)	Z 15
Parc (Av. du)	Z 17
Port-en-Dro (Av. de)	Z 19
Poste (Av. de la)	Y 20
Poul-Person (R. de)	Y 21
Roer (Av. du)	Y 22
Talleyrand (R. de)	Z 23

Colary (R.)	Y 2
Courdiec (R. de)	Y 3
Cromlech (Allée)	Z 5
Korrigans (R. des)	Y 6

🏨 **Diana** M, 21 bd Plage ℘ 97 52 05 38, Fax 97 52 87 91, ≤, 🏤, 🏖, 🏊, ℁ – 🛗 TV ☎ 👍 📶 🅿.
⓪ GB JCB   Z r
14 avril-30 sept. et fermé merc. midi et mardi hors sais. – **Repas** 175 (déj.), 250/300 – 🖃 80 –
30 ch 900/1100, 3 appart – ½ P 660/860.

🏨 **Novotel** M 🐾, av. Atlantique ℘ 97 52 53 00, Télex 950324, Fax 97 52 53 55, ≤, centre
de thalassothérapie, 🔲 – 🛗 ⅍ ch, 🖃 rest TV ☎ 👍 📶 – 🔬 25. ﷼ ⓪ GB   Z s
Repas 150, enf. 55 – 🖃 58 – **110 ch** 670/750 – ½ P 515/560.

🏨 **Ibis** M, av. Atlantique ℘ 97 52 54 00, Télex 951827, Fax 97 52 53 66, centre de thalassothérapie, 🔲 – 🛗 ⅍ ch TV ☎ 👍 📶 – 🔬 30. ﷼ GB   Z u
Repas 120 🍴, enf. 40 – 🖃 40 – **98 ch** 520/560, 21 duplex – ½ P 415.

🏨 **Celtique** M, 17 av. Kermario ℘ 97 52 11 49, Fax 97 52 71 10, 🏤, 🏖 – 🛗 cuisinette
⅍ ch TV ☎ 👍 📶 – 🔬 40. ﷼ ⓪ GB JCB   Z h
Repas 98/218, enf. 48 – 🖃 58 – **48 ch** 575/725, 5 duplex – ½ P 615/725.

🏨 **Alignements,** 45 r. St Cornély ℘ 97 52 06 30, Fax 97 52 76 56 – 🛗 ⅍ ch TV ☎. ﷼ GB.
℅ ch   Y d
avril-fin sept. – **Repas** 95/245 🍴, enf. 60 – 🖃 39 – **27 ch** 280/395 – ½ P 300/355.

🏨 **Plancton,** 12 bd Plage ℘ 97 52 13 65, Fax 97 52 87 63, ≤ – 🛗 TV ☎ 👍 📶 – 🔬 25. ﷼ GB
1er avril-1er oct. – **Repas** 90/180, enf. 60 – 🖃 48 – **23 ch** 545/595 – ½ P 458/484.   Z b

🏨 **Bateau Ivre,** 71 bd Plage par D 186 ℘ 97 52 19 55, Fax 97 52 84 94, ≤, « Jardin fleuri »,
🏊 – 🛗 TV 📶 ⇔. ﷼ ⓪ GB. ℅ rest
fermé 1er janv. au 1er fév. – **Repas** (résidents seul.) – 🖃 50 – **18 ch** 590/990 – ½ P 590.

🏨 **Armoric,** av. Poste ℘ 97 52 13 47, Fax 97 52 98 66, 🌿 – 🛗 ☎ 📶. GB. ℅ rest   Z e
1er juin-15 sept. – **Repas** 150 🍴, enf. 60 – 🖃 41 – **25 ch** 280/380 – ½ P 385.

🏨 **Marine,** pl. Chapelle ℘ 97 52 07 33, Fax 97 52 85 70 – TV ☎. ﷼ ⓪ GB   Y t
fév.-11 nov. et fermé dim. soir et lundi hors sais. – **Repas** 85/150 – 🖃 38 – **29 ch** 315/420 –
½ P 310.

🏠 **La Licorne** sans rest, 5 av. Atlantique ℘ 97 52 10 59, Fax 97 52 80 30, 🌿 – TV ☎ 👍 📶.
﷼ GB   Z a
fermé 12 nov. au 1er fév. – 🖃 40 – **26 ch** 350/430.

❌❌ **Lann Roz** avec ch, 36 av. Poste ℘ 97 52 10 48, Fax 97 52 24 36, « Jardin fleuri » – ☎ 📶.
﷼ GB. ℅   Y f
fermé 5 janv. au 10 fév. – **Repas** 120/250 – 🖃 38 – **13 ch** 390/430 – ½ P 330/350.

❌❌ **Passe Mauve,** 1 r. Tumulus ℘ 97 52 04 14 – 🖃. ﷼ ⓪ GB   Y n
fermé 9 janv. au 5 fév., merc. soir et jeudi hors sais. – **Repas** 95 (déj.), 145/225.

à Plouharnel par ① *: 3 km –* ✉ 56340 *:*

❌❌ **Aub. de Kérank,** rte Quiberon ℘ 97 52 35 30, ≤, 🏤, « Intérieur rustique » – 🖃. GB
fermé 20 nov. au 20 déc. et 5 janv. au 10 fév. – **Repas** 130/300.

PEUGEOT Gar. Dréan, rte de Carnac à Plouharnel   RENAULT Gar. Thomas Le Ny, 2 r. de la Gare à
par ① ℘ 97 52 08 53 🆗 ℘ 97 52 98 13   Plouharnel par ① ℘ 97 52 35 01
RENAULT Gar. Steunou, ℘ 97 52 12 08

CARNON-PLAGE 34280 Hérault 🔢 ⑦.

Paris 761 – ◆Montpellier 14 – Aigues-Mortes 18 – Nîmes 54 – Sète 36.

🏨 **Neptune,** au port ℘ 67 50 88 00, Fax 67 50 96 72, ≤, 🏤, 🏊 – 🛗 ⅍ ch TV ☎ 📶 – 🔬 25.
﷼ GB
Repas 89/135 🍴, enf. 45 – 🖃 40 – **52 ch** 280/390 – ½ P 295/315.

CARNOULES 83660 Var 🔢 ⑯ 🔢 ㉞ – 2 292 h.

Paris 833 – ◆Toulon 34 – Brignoles 22 – Draguignan 48 – Hyères 33.

❌❌ **La Tuilière,** O : 2 km sur N 97 ℘ 94 48 32 39, 🏤, 🏊, 🌿 – 📶. GB
fermé 20 au 28 déc., vacances de fév., dim. soir et lundi hors sais. – **Repas** 98/210.

CARNOUX-EN-PROVENCE 13470 B.-du-R. 🔢 ⑬ 🔢 ㉘ – 6 363 h alt. 234.

Paris 795 – ◆Marseille 22 – Aix-en-Provence 40 – Aubagne 6 – Brignoles 50 – ◆Toulon 46.

🏠 **Host. la Crémaillère,** ℘ 42 73 71 52, Fax 42 73 67 26, 🏤 – TV ☎ 📶. ﷼ ⓪ GB
Repas 65 (déj.), 98/195, enf. 48 – 🖃 30 – **19 ch** 195/290 – ½ P 195/245.

CARPENTRAS ⬅🚉➡ 84200 Vaucluse 🔢 ⑫ ⑬ **G. Provence** – 24 212 h alt. 102.

Voir Ancienne cathédrale St-Siffrein★ : trésor★ Z.

🏌 Provence Country Club à Saumane, ℘ 90 20 20 65 par ② : 18 km.

🗐 Office de Tourisme 170 av. J.-Jaurès ℘ 90 63 00 78, fax 90 60 41 02.

Paris 678 ④ – Avignon 25 ③ – Aix-en-Provence 84 ② – Digne-les-Bains 139 ② – Gap 148 ① – ◆Marseille 101 ② –
Montélimar 78 ④ – Salon-de-Provence 51 ② – Valence 123 ④.

🏨 **Fiacre** sans rest, 153 r. Vigne ℘ 90 63 03 15, Fax 90 60 49 73 – TV ☎ ⇔. ﷼ ⓪ GB
🖃 35 – **20 ch** 190/450.   Z a

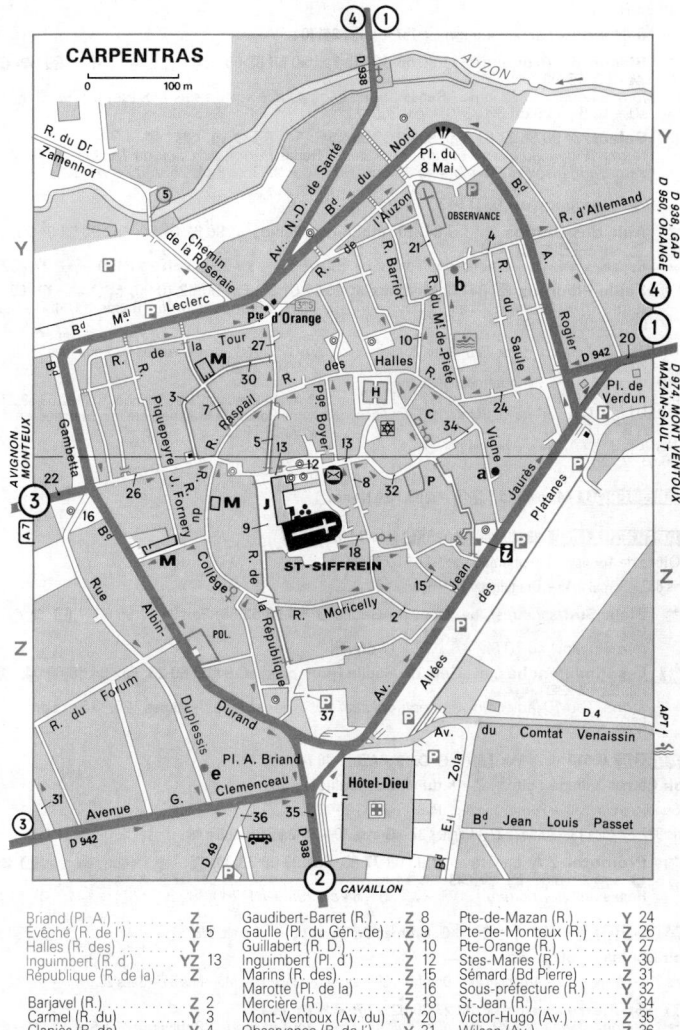

CARPENTRAS

0   100 m

✗ ✿ **Vert Galant** (Mégean), 12 r. Clapies *𝒫* 90 67 15 50 – ⅁⅃   Y **b**
fermé sam. midi et dim. – **Repas** (nombre de couverts limité, prévenir) 100 (déj.), 170/240
Spéc. Tarte friande au pilé d'herbes et légumes primeurs. Noisettes d'agneau aux fèves à la procençale. Crème froide
d'épeautre torréfié à la cassonade.

✗ **Orangerie**, 26 r. Duplessis *𝒫* 90 67 27 23 – ▤. ⅍⅊ ⚈ ⅁⅃   Z **e**
fermé sam. midi et dim. – **Repas** 88/148.

à Mazan E : 7 km par D 942 – 4 459 h. – ✉ 84380.

Voir Cimetière ≼★.

🏛 **Le Siècle** ⊗ sans rest, (derrière l'église) *𝒫* 90 69 75 70 – ☎. ⅁⅃
fermé vacances de Toussaint, de Noël, de fév. et dim. hors sais. – ⌣ 30 – **12 ch** 140/260.

à Le Beaucet SE par D 4 et D 39 : 10,5 km – ✉ 84210 :

✗✗ **Aub. du Beaucet**, *𝒫* 90 66 10 82, ≼, 🍴 – ⅁⅃
fermé 10 au 27 oct., 15 janv. au 2 fév., dim. soir et lundi – **Repas** 160.

à Monteux par ③ : 4,5 km – 8 157 h. – ⊠ 84170 :

🏠 **Blason de Provence,** ℰ 90 66 31 34, Fax 90 66 83 05, ㊛, ㊑, ㊐, ㊨ – 📺 ☎ ❷ –
🔏 100. 🆎 ⓪ 🆎. ❀
fermé 17 déc. au 17 janv. – **Repas** *(fermé sam. sauf le soir en sais.)* 100 (déj.), 139/195 ⅃, enf.
50 – ☑ 50 – **20 ch** 320/370 – ½ P 360.

🏠 **Select,** ℰ 90 66 27 91, Fax 90 66 33 05, ㊛, ㊑ – 📺 ☎ ❷. 🆎. ❀
fermé 18 déc. au 5 janv. et sam. hors sais. – **Repas** *(fermé dim. soir du 15 oct. au 15 mars et
sam. sauf le soir du 15 mars au 15 oct.)* 90/170 – ☑ 35 – **8 ch** 250/300 – ½ P 320.

rte d'Avignon par ③ D 942 : 10 km :

🏠 **Aub. des Gaffins** ㊥, ⊠ 84210 Althen-des-Paluds ℰ 90 62 01 50, Fax 90 62 04 26, ㊛,
㊑, ㊐ – 📺 ☎ ❷. 🆎
Repas *(fermé dim. soir et lundi)* 98 (déj.), 130/260 ⅃ – ☑ 35 – **9 ch** 200/450 – ½ P 270/320.

❌❌❌ **Saule Pleureur,** ⊠ 84170 Monteux ℰ 90 62 01 35, Fax 90 62 10 90, ㊛, ㊐ – ❷. 🆎 🆎
fermé 1ᵉʳ au 22 mars, 1ᵉʳ au 15 nov., dim. soir sauf juil.-août et lundi – **Repas** 160/400 et carte
290 à 390, enf. 80.

CITROEN Gar. Bernard, rte de Pernes les Fontaines
par ② ℰ 90 63 33 18
FORD Ventoux Autos, ZA Automobile, rte de
Pernes ℰ 90 63 16 79
PEUGEOT S.V.D.A., ZA rte de Pernes les Fontaines
par ② ℰ 90 63 60 00
RENAULT S.O.V.A., rte d'Avignon par ③
ℰ 90 63 07 72

VAG S.I.A.B., rte de Pernes les Fontaines
ℰ 90 63 27 36

⑩ Ayme Pneus, 131 bd Gambetta ℰ 90 63 59 27
Ayme Pneus, ZI Marché Gare, av. Marchés
ℰ 90 63 11 73

CARQUEFOU 44 Loire-Atl. 67 ③ – rattaché à Nantes.

CARQUEIRANNE 83320 Var 84 ⑮ 114 ㊻ – 7 118 h alt. 30.

🚹 Office de Tourisme pl. Libération ℰ 94 58 60 78.

Paris 852 – ◆Toulon 15 – Draguignan 79 – Hyères 10.

🏠 **Plein Sud** sans rest, av. Gén. de Gaulle ℰ 94 58 52 86, Fax 94 12 95 59 – 📺 ☎ ❷. 🆎
🆎. ❀
fermé 5 janv. au 10 fév. – ☑ 38 – **17 ch** 380.

❌❌❌ **Les Pins Penchés,** av. Gén. de Gaulle (près port) ℰ 94 58 60 25, Fax 94 58 69 04, ㊛ –
▤. 🆎 ⓪ 🆎 🆎
fermé 2 au 10 janv., dim. soir et lundi sauf juil.-août et fériés – **Repas** 125/170 et carte 210 à
320.

CARROS 06510 Alpes-Mar. 84 ⑨ G. Côte d'Azur – 10 747 h alt. 387.

Voir Carros-Village : site★, ❊★★ du vieux moulin N : 3 km.

🚹 Syndicat d'Initiative Forum Jacques Prévert ℰ 93 08 76 07.

Paris 937 – ◆Nice 19 – Antibes 27 – Cannes 37 – Grasse 40 – St-Martin-Vésubie 48.

🏠 **Promotel,** Z.A. La Grave ℰ 93 08 77 80, Fax 93 08 73 96, ㊑ – ▨ ❊ ch, ▤ rest 📺 ☎ ㊅
❷ – 🔏 25 à 60. 🆎 ⓪ 🆎
Repas grill *(fermé dim.)* 90 ⅃ – ☑ 35 – **84 ch** 295 – ½ P 260/380.

CARROUGES 61320 Orne 60 ② G. Normandie Cotentin – 760 h alt. 328.

Voir Château★ SO : 1 km.

Paris 210 – Alençon 29 – Argentan 22 – Domfront 39 – La Ferté-Macé 17 – Mayenne 54 – Sées 26.

❌❌ **St-Pierre** avec ch, ℰ 33 27 20 02 – 📺 ◁▷ ❷. 🆎
➡ *fermé 28 janv. au 29 fév., dim. soir sauf juil.-août et lundi* – **Repas** 65/210 ⅃ – ☑ 28 – **4 ch**
180/230.

CITROEN Gar. Lehec, ℰ 33 27 20 13 ℕ ℰ 33 27 20 13

Les CARROZ-D'ARÂCHES 74300 H.-Savoie 74 ⑧ G. Alpes du Nord – alt. 1 140 – Sports d'hiver : 1 140/
2 200 m ≼4 ≼53 ⪡.

🏔 de Flaine ℰ 50 90 85 44, 12 km par D 106.

🚹 Office de Tourisme ℰ 50 90 00 04, Fax 50 90 07 00.

Paris 585 – Chamonix-Mont-Blanc 50 – Thonon-les-Bains 71 – Annecy 67 – Bonneville 27 – Cluses 13 – Megève 33 –
Morzine 32.

🏠 **Arbaron** ㊥, ℰ 50 90 02 67, Fax 50 90 37 60, ≼, ㊛, « Jardin fleuri, ㊑ » – 📺 ☎ ❷. 🆎
❀ rest
10 juin-30 sept. et 10 déc.-25 avril – **Repas** 85/250 – ☑ 50 – **30 ch** 375/580 – ½ P 441/471.

🏠 **Bois de la Char** ㊥, ℰ 50 90 06 18, Fax 50 90 00 37, ≼, ㊛ – ▨ ☎ ❷. 🆎 ❀ rest
➡ **Repas** *(15 juil.-18 août et 20 déc.-30 avril)* (résidents seul.) 80/100 – ☑ 35 – **30 ch** 490/550 –
½ P 380.

↑ **Croix de Savoie** ⑤, 1 km rte Flaine ℰ 50 90 00 26, ≤ montagnes et vallée, 佘, 牀 – ☎
→ ℗, 🅖🅑. ℅ ch
15 juin-15 sept. et 15 déc.-15 avril – **Repas** 69/120, enf. 48 – ☑ 32 – **19 ch** 350 – ½ P 340.

CARRY-LE-ROUET 13620 B.-du-R. 🔢 ⑫ G. **Provence** – 5 224 h alt. 4 – Casino.

🛈 Office de Tourisme av. A.-Briand ℰ 42 44 49 72, Fax 42 44 52 03.

Paris 768 – ◆Marseille 39 – Martigues 16 – Salon-de-Provence 46.

※※※※ ❀❀ **L'Escale** (Clor), prom. du Port ℰ 42 45 00 47, Fax 42 44 72 69, 佘, « Terrasse surplombant le port, belle vue », 牀 – 🖭 🅖🅑. ℅
1ᵉʳ fév.-29 oct. et fermé lundi sauf le soir en juil.-août et dim. soir – **Repas** (dim. prévenir)
310/450 et carte 370 à 500
Spéc. Vinaigrette de rougets en pétales iodés. Poêlée de langoustines et coulis de crustacés. Suprême de loup en
grillade et vapeur. **Vins** Bandol, Coteaux d'Aix-en-Provence.

※※※ **La Brise,** quai Vayssière ℰ 42 45 30 55, Fax 42 44 52 10, ≤, 佘 – 🖭 ① 🅖🅑
fermé dim. soir et lundi sauf juil.-août – **Repas** 150 et carte 320 à 400.

CITROEN Gar. de la Tuilière, ℰ 42 45 23 43

CARSAC AILLAC 24200 Dordogne 🔢 ⑰ G. **Périgord Quercy** – 1 219 h alt. 106.

Paris 540 – Brive-la-Gaillarde 55 – Sarlat-la-Canéda 12 – Gourdon 19.

🏠 **Relais du Touron** ⑤, rte de Sarlat ℰ 53 28 16 70, 佘, parc, ⌁ – ☎ ♿ ℗, 🅖🅑. ℅ rest
1ᵉʳ avril-14 nov. – **Repas** *(fermé mardi midi et merc. du 21 juin au 20 sept., midi et merc. soir
hors sais.)* 90/265 – ☑ 35 – **12 ch** 345/390 – ½ P 314/338.

CARTERET 50 Manche 🔢 ① – voir à Barneville-Carteret.

CARVIN 62220 P.-de-C. 🔢 ⑮ 🔢 ㉚ – 17 059 h.

Paris 203 – ◆Lille 22 – Arras 34 – Béthune 25 – Douai 20.

🏠 **Parc Hôtel,** N 17 - Z.I. du Château ℰ 21 79 65 65, Fax 21 79 80 00, 佘 – 📺 ☎ ℗, 🖭 ①
🅖🅑
Repas 84/145 ⚘ – ☑ 35 – **46 ch** 265 – ½ P 220/230.

RENAULT S.A.N.E.G. Ets Guilbert, rte de Lens
ℰ 21 37 18 07 🅽 ℰ 28 02 11 32

TOYOTA, HONDA Clinique Entretien Auto, av.
Montaigne Fosse 14 ℰ 21 74 04 88 🅽 ℰ 28 09 10 76

CASAMOZZA 2B H.-Corse 🔢 ③ – voir à Corse.

CASSEL 59670 Nord 🔢 ④ G. **Flandres Artois Picardie** – 2 177 h alt. 176.

Voir Site★ – Jardin public ❊★★.

Paris 254 – ◆Calais 56 – Dunkerque 29 – Hazebrouck 14 – ◆Lille 49 – St-Omer 21.

au Petit-Bruxelles SE : 3,5 km sur D 916 – ✉ 59670 Cassel :

※※ **Le Petit Bruxelles,** ℰ 28 42 44 64, Fax 28 40 58 13, 牀 – ℗, 🅖🅑
fermé 15 au 30 juil., dim. soir et lundi – **Repas** 140/282.

PEUGEOT Gar. Lescieux, 1 rte de St-Omer à Bavinchove ℰ 28 42 44 16 🅽 ℰ 28 42 44 16

CASSIS 13260 B.-du-R. 🔢 ⑬ 🔢 ㉙ G. **Provence** – 7 967 h alt. 4 – Casino.

Voir Site★ – O : les Calanques★★ : de Port-Miou, de Port-Pin★, d'En-Vau★★ (à faire de
préférence en bateau : 1 h) – Mt de la Saoupe ❊★★ E : 2 km par D 41A.

Env. Cap Canaille ≤★★★ E : 9 km par D 41A – Corniche des Crêtes★★ de Cassis à la Ciotat E : 16
km par D 41A.

🛈 Office de Tourisme pl. Baragnon ℰ 42 01 71 17, Télex 441287, Fax 42 01 28 31.

Paris 803 ① – ◆Marseille 30 ① – Aix-en-Provence 46 ② – La Ciotat 9 ② – ◆Toulon 42 ②.

Plan page suivante

🏠🏠 **Royal Cottage** 🅼 sans rest, 6 av. 11 Novembre par ① ℰ 42 01 33 34, Fax 42 01 06 90,
≤, ⌁, 牀 – ▮ 🗗 📺 ☎ ♿ ⟺ ℗, 🖭 🅖🅑. ℅
☑ 55 – **22 ch** 580/950, 3 duplex.

🏠 **Plage du Bestouan,** plage Bestouan par av. Dardanelles : 1 km ℰ 42 01 05 70,
Fax 42 01 34 82, ≤, 佘 – ▮ 📺 ☎. 🖭 ① 🅖🅑 🅹🅲🅱. ℅ ch
1ᵉʳ avril-fin oct. – **Le Bestouan** ℰ 42 01 24 30 **Repas** 130 (déj.), 160/200, enf. 75 – ☑ 45 –
29 ch 420/650 – ½ P 385/500.

🏠 **Golfe** sans rest, quai Barthélemy **(t)** ℰ 42 01 00 21, Fax 42 01 92 08, ≤ – 📺 ☎. 🖭 🅖🅑
1ᵉʳ avril-31 oct. – ☑ 40 – **30 ch** 340/390.

🏠 **Liautaud** sans rest, 2 r. V. Hugo **(a)** ℰ 42 01 75 37, Fax 42 01 12 08, ≤ – ▮ 📺 ☎ ⟺.
🅖🅑. ℅
fermé 1ᵉʳ déc. au 1ᵉʳ fév. – ☑ 35 – **32 ch** 300/350.

🏠 **Gd Jardin** sans rest, 2 r. P. Eydin **(b)** ℰ 42 01 70 10, Fax 42 01 33 75 – 📺 ☎ ⟺. 🖭 ①
🅖🅑. ℅
☑ 35 – **28 ch** 315/365.

CASSIS

Abbé-Mouton (R.) 2
Arène (R. de l') 4
Autheman (R. V.) 5
Baragnon (Pl.) 6
Barthélemy (Bd) 7
Barthélemy
(Quai Jean-Jacques) 8
Baux (Quai des) 9
Ciotat (R. de la) 10
Clemenceau (Pl.) 12
Dardanelles (Av. des) 14
Jaurès (Av. J.) 16
Leriche (Av. Professeur) 17
Mirabeau (Pl.) 22
Moulins (Q. des) 23
République (Pl.) 25
Revestel (Av. du) 26
St-Michel (Pl.) 27
Thiers (R. Adolphe) 29
Victor-Hugo (Av.) 32

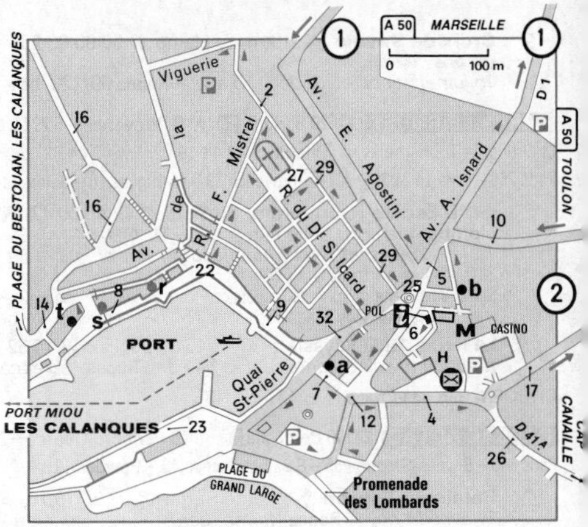

Le Guide change,
changez de guide tous les ans.

XXX **La Presqu'île,** rte de Port-Miou, Les Calanques SO : 2 km ✆ 42 01 03 77, Fax 42 01 94 49, ← mer et Cap Canaille, 🏖 – ▤ Ⓟ. AE ⓓ GB
1er mars-5 nov. et fermé lundi sauf le soir de juin à août et dim. soir – **Repas** 240/380 et carte 315 à 410.

XX **Romano,** quai Barthélemy **(s)** ✆ 42 01 08 16, Fax 42 01 37 31, ←, 🏖 – AE ⓓ GB
fermé 9 au 22 oct., 1er au 21 janv., jeudi midi du 1er avril au 30 sept., dim. soir et jeudi du 1/10 au 31/3 – **Repas** 125/160.

XX **Nino,** quai Barthélemy **(r)** ✆ 42 01 74 32, Fax 42 01 74 32, ← – AE ⓓ GB
fermé 15 déc. au 10 fév., dim. soir hors sais. et lundi – **Repas** 115 (déj.), 160/180.

CASTAGNÈDE **64** Pyr.-Atl. 86 ② – rattaché à Salies-de-Béarn.

CASTAGNIERS **06670** Alpes-Mar. 84 ⑨ 115 ㉖ – 1 229 h alt. 340.

Voir Aspremont : ☼★ de la terrasse de l'ancien château SE : 4 km, **G. Côte d'Azur.**

Paris 944 – ◆Nice 17 – Antibes 34 – Cannes 44 – Contes 29 – Levens 14 – Vence 23.

🏠 **Chez Michel** 🐎, ✆ 93 08 05 15, Fax 93 08 05 38, ←, 🏊 – TV ☎ Ⓟ. AE GB
fermé nov. et lundi – **Repas** 95/185 – ☕ 30 – **20 ch** 255/270 – ½ P 260.

à Castagniers-les-Moulins O : 6 km – ✉ **06670** :

🏨 **Servotel,** N 202 ✆ 93 08 22 00, Fax 93 29 03 66, 🏖, 🏋, 🏊, 🌳, 🎾 – 🛗 ▤ rest TV ☎ 🚗 Ⓟ – 🎓 70. AE GB
Les Moulins ✆ 93 08 10 62 **Repas** 90/260 🍷, enf. 50 – ☕ 40 – **42 ch** 260/340, 30 studios – ½ P 240/280.

CITROEN Ciossa Autos ✆ 93 08 13 48 **N** ✆ 93 18 82 82

CASTEIL **66** Pyr.-Or. 86 ⑰ – rattaché à Vernet-les-Bains.

Le CASTELET **09** Ariège 86 ⑮ – rattaché à Ax-les-Thermes.

CASTELJALOUX **47700** L.-et-G. 79 ⑬ **G. Pyrénées Aquitaine** – 5 048 h alt. 69.

⛳18 de Casteljaloux ✆ 53 93 51 60, S : 4 km par D 933.

ℹ Syndicat d'Initiative Maison du Roy ✆ 53 93 00 00.

Paris 677 – Agen 54 – Mont-de-Marsan 74 – Langon 54 – Marmande 23 – Nérac 30.

🏠 **Cordeliers** sans rest, r. Cordeliers ✆ 53 93 02 19 – 🛗 TV ☎ 🚗 Ⓟ. GB. 🚫
fermé 9 au 31 oct. – ☕ 35 – **24 ch** 130/290.

XX **Vieille Auberge,** 11 r. Posterne ✆ 53 93 01 36, Fax 53 93 18 89 – Ⓟ. GB
fermé 21 juin au 4 juil., 27 nov. au 10 déc., vacances de fév., dim. soir et merc. – **Repas** 100/220, enf. 65.

CITROEN S.E.G.A.D., 44 av. Lac ✆ 53 93 01 59

CASTELLANE ⟨SP⟩ **04120** Alpes-de-H.-P. 81 ⑱ 114 ⑩ **G. Alpes du Sud** – 1 349 h alt. 724.

Voir Site★ – Lac de Chaudanne★ 4 km par ① – Lac de Castillon★ 8 km par ③.

⛳18 du Château de Taulane à La Martre (83) ✆ 93 60 31 30 ; SE : 19 km par ①.

ℹ Office de Tourisme r. Nationale ✆ 92 83 61 14.

Paris 802 ③ – Digne-les-Bains 53 ③ – Draguignan 59 ② – Grasse 63 ① – Manosque 102 ②.

CASTELLANE

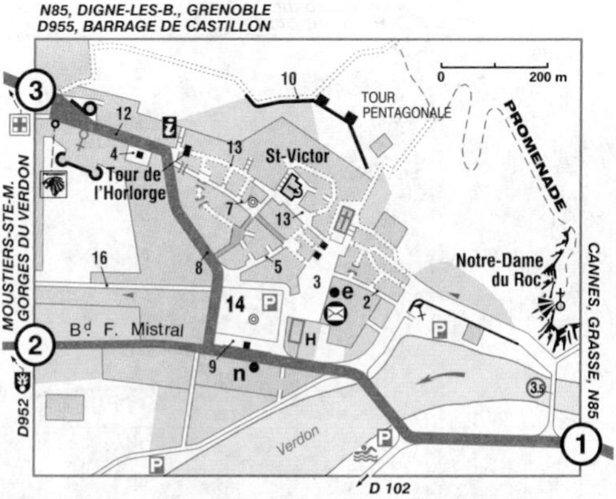

Michelin n'accroche pas de panonceau aux hôtels et restaurants qu'il signale.

Nouvel H. Commerce, (e) ✆ 92 83 61 00, Fax 92 83 72 82, ☂, ♣ – |♦| TV ☎ P. AE ⓓ GB. ✂ rest
1er avril-6 nov. – **Repas** 115 (déj.), 160/260 – ☐ 40 – **43 ch** 250/355 – ½ P 345/355.

Ma Petite Auberge, (n) ✆ 92 83 62 06, Fax 92 83 68 49, ☂ – TV ☎ P. GB
1er avril-fin oct. et fermé merc. sauf juil.-août – **Repas** 70/240, enf. 45 – ☐ 32 – **16 ch** 190/260 – ½ P 220/250.

à la Garde par ① et N 85 : 6 km – ✉ **04120** :

XX **Aub. du Teillon** avec ch, ✆ 92 83 60 88, Fax 92 83 74 08 – TV ☎ P. GB
fermé 15 déc. au 6 mars, dim. soir et lundi d'oct. à Pâques – **Repas** 100/200, enf. 45 – ☐ 30 – **9 ch** 180/260 – ½ P 220/260.

PEUGEOT Gar. Castellane, ✆ 92 83 61 62

Gagnez du temps et de l'argent.

*Consultez **3615** ou **3617 MICHELIN** :*
*vos meilleurs itinéraires sur **Minitel** ou sur **télécopie.***

Bonne route !

Le CASTELLET **83330** Var **84** ⑭ **114** ㊹ **G. Côte d'Azur** – 3 084 h alt. 283.

Circuit automobile permanent N : 11 km.

Paris 825 – ♦Toulon 20 – Brignoles 49 – La Ciotat 23 – ♦Marseille 48.

XXX **Castel Lumière** ⊗ avec ch, au village ✆ 94 32 62 20, Fax 94 32 70 33, ≤ vignoble et pays varois, ☂ – TV ☎. GB
fermé 3 janv. au 3 fév., lundi midi, mardi midi et merc. midi en juil.-août, dim. soir et lundi de sept. à juin – **Repas** (nombre de couverts limité, prévenir) 120 (déj.), 165/250 et carte 210 à 320 – ☐ 55 – **6 ch** 380 – ½ P 290.

X **Le St-Éloi,** 5 r. Aube ✆ 94 32 68 98, ≤, ☂ – AE GB
fermé 27/11 au 18/12, 25/2 au 16/3, mardi midi et jeudi midi en juil.-août, mardi soir et merc. de sept. à juin – **Repas** 120 (déj.), 148/370.

CASTELNAUDARY **11400** Aude **82** ⑳ **G. Pyrénées Roussillon** – 10 970 h alt. 165.

Office de Tourisme pl. République ✆ 68 23 05 73.

Paris 755 ④ – ♦Toulouse 59 ④ – Carcassonne 40 ④ – Foix 69 ④ – Pamiers 49 ⑤.

Plan page suivante

Clos St-Siméon M, rte Carcassonne par ③ ✆ 68 94 01 20, Fax 68 94 05 47, ☂, ⛱ – TV ☎ ♿ P – 🏔 25. AE GB
fermé sam. soir du 1er nov. au 29 fév. – **Repas** 70/160, enf. 40 – ☐ 25 – **31 ch** 220/250 – ½ P 190.

du Canal M ⊗ sans rest, 2 ter av. A. Vidal ✆ 68 94 05 05, Fax 68 94 05 06, ♣ – ⇆ ch TV ☎ ♿ P. AE GB — AZ **b**
☐ 38 – **33 ch** 220/280.

Centre et Lauragais, 31 cours République ✆ 68 23 25 95, Fax 68 94 01 66 – TV ☎. GB — AZ **n**
fermé 15 nov. au 15 déc. – **Repas** 90/250 ♁, enf. 50 – ☐ 28 – **16 ch** 200/300 – ½ P 218/238.

XX **Le Tirou,** 90 av. Mgr de Langle ✆ 68 94 15 95, Fax 68 94 15 96, ☂ – ▤. GB — BZ **e**
fermé 15 janv. au 15 fév., lundi sauf juil.-août et dim. soir – **Repas** 85 (déj.), 120/240.

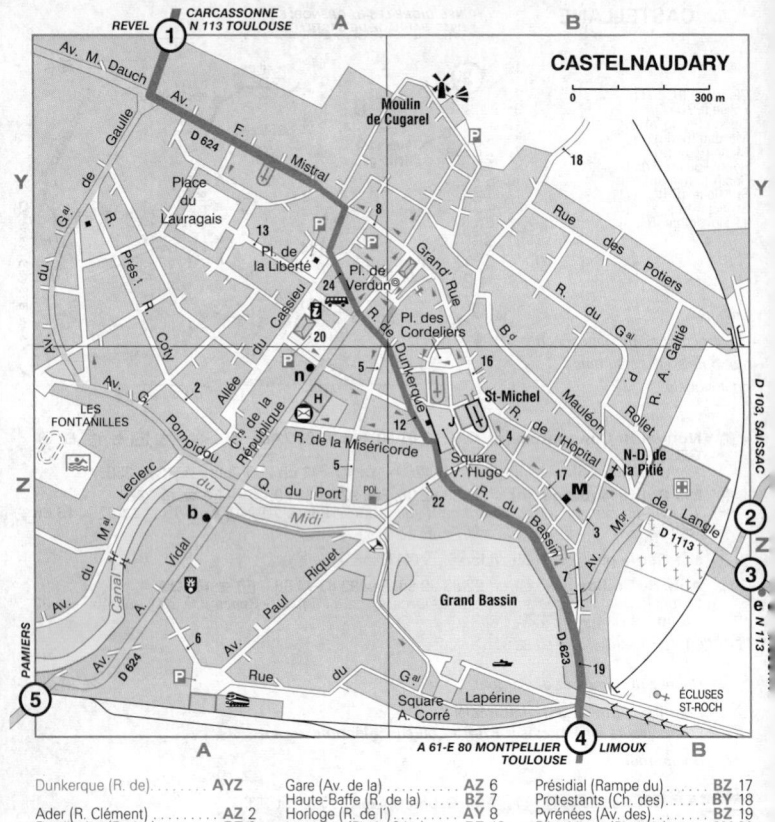

CASTELNAUDARY

à Peyrens par ① : 5 km – ✉ 11400 :

※ **Aub. La Calèche,** ✆ 68 60 40 13 – ⊖ⓑ
✦ *fermé 1ᵉʳ au 15 fév., dim. soir et lundi* – **Repas** 70 bc/185, enf. 40.

CITROEN Lauragais Autom., av. M.-Dauch
✆ 68 23 00 78 **N** ✆ 68 23 06 15
PEUGEOT S.N.G.L., rte de Toulouse par ⑥
✆ 68 23 13 08
RENAULT Gar. Franco, av. Monseigneur-de-Langle
par ③ ✆ 68 23 18 82 **N** ✆ 63 72 75 73

🛞 Euromaster, av. Monseigneur de Langle
✆ 68 23 11 44
Euromaster, ZI en Tourre ✆ 68 23 11 28

CASTELNAU-DE-LÉVIS 81 Tarn 🎱 ⑩ – rattaché à Albi.

CASTELNOU 66300 Pyr.-Or. 🎱 ⑲ G. Pyrénées Roussillon – 277 h alt. 350.
Paris 882 – ✦Perpignan 20 – Argelès-sur-Mer 37 – Céret 28 – Prades 31.

※ **L'Hostal,** ✆ 68 53 45 42, ≤, 🏠 – ⊖ⓑ
fermé 15 nov. au 20 déc., merc. soir et lundi – **Repas** - spécialités catalanes - 128 bc/235 bc, enf. 65.

CASTELPERS 12 Aveyron 🎱 ⑫ – rattaché à Naucelle.

CASTELSARRASIN 82100 T.-et-G. 🎱 ⑰ – 11 317 h alt. 85.
🏌 du Château de Terrides ✆ 63 95 65 20, S : 15 km par D 45 et D 14.
🅱 Office de Tourisme pl. Liberté ✆ 63 32 14 88.
Paris 658 – Agen 52 – ✦Toulouse 68 – Auch 74 – Cahors 70.

🏠 **Félix** 🦡, rte Moissac : 2 km – 𝒫 63 32 14 97, Fax 63 32 37 51, 🌳, parc, décor Far-West –
📺 ☎ 🅿, 🆀 🅶🅱, 🌀 ch
hôtel : fermé 1ᵉʳ au 15 janv. ; rest. : fermé 26 juin au 9 juil., 1ᵉʳ au 15 janv. et lundi – **Repas** 72
(déj.), 132/160 ⅄ – ⊑ 30 – **10 ch** 225/395 – ½ P 230/248.

CITROEN Gar. Martin, 46 av. Mar.-Leclerc
𝒫 63 32 34 18
PEUGEOT Gar. Macard, N 113, lieu-dit Fleury
𝒫 63 95 16 16 🅽 𝒫 05 44 24 24

RENAULT Gar. Dupart, av. de Toulouse
𝒫 63 32 33 31 🅽 𝒫 63 68 95 85

CASTÉRA-VERDUZAN 32410 Gers 🅱🅲 ④ – 794 h alt. 180 – Stat. therm.
🅱 Office de Tourisme av. des Thermes 𝒫 62 68 10 66, Fax 62 68 14 58.
Paris 750 – Auch 25 – Agen 62 – Condom 19.

🏠 **Thermes,** 𝒫 62 68 13 07, Fax 62 68 10 49, 🌳 – ☎. 🆀 🅾 🅶🅱
fermé 2 au 31 janv., sam. soir et dim. du 1ᵉʳ nov. au 30 mars – **Repas** 67/200 ⅄, enf. 40 –
⊑ 30 – **47 ch** 180/260 – P 268/279.

🏠 **Ténarèze** sans rest, 𝒫 62 68 10 22, Fax 62 68 14 69 – ☎ – 🆚 30. 🆀 🅾 🅶🅱
1ᵉʳ avril-31 oct. – ⊑ 30 – **24 ch** 170/221.

✕✕ **Florida,** 𝒫 62 68 13 22, Fax 62 68 10 44, 🌳 – 🆀 🅾 🅶🅱
*fermé vacances de fév., dim. soir et lundi du 1ᵉʳ oct. au 30 mars et merc. du 1ᵉʳ avril au 30
sept.* – **Repas** 71/222.

NISSAN Gavarret Autom., rte de Bayonne à Vic
Fezensac 𝒫 62 06 33 75
RENAULT Gascogne Auto, 𝒫 62 68 12 80 🅽
𝒫 62 68 12 80

RENAULT Gar. Lagoutte, rte d'Auch à Vic Fezensac
𝒫 62 06 30 92 🅽 𝒫 62 06 55 61

CASTILLON-DU-GARD 30 Gard 🅱🅾 ⑲, 🅱🅱 ⑪ – rattaché à Pont-du-Gard.

CASTILLON-EN-COUSERANS 09800 Ariège 🅱🅶 ② G. Pyrénées Aquitaine – 403 h alt. 563.
Paris 809 – Bagnères-de-Luchon 63 – Foix 57 – St-Girons 13.

à Audressein par rte de Luchon : 1 km – ✉ 09800 :

✕ **L'Auberge** avec ch, 𝒫 61 96 11 80, 🌳 – ☎. 🆀 🅶🅱
fermé 15 nov. au 12 fév. – **Repas** 75/210 – ⊑ 35 – **9 ch** 130/195 – ½ P 185/210.

CASTILLONNÈS 47330 L.-et-G. 🅷🅹 ⑤ G. Pyrénées Aquitaine – 1 424 h alt. 110.
Paris 571 – Périgueux 74 – Agen 64 – Bergerac 26 – Marmande 44.

🏠 **Remparts,** 26 r. Paix 𝒫 53 36 80 97, Fax 53 36 93 87, 🌳, « Demeure du 16ᵉ siècle », 🌳
– 📺 ☎. 🆀 🅾 🅶🅱
fermé 1ᵉʳ au 24 déc., dim. soir et merc. d'oct. à mai – **Repas** 120 (déj.), 160/340, enf. 80 –
⊑ 55 – **10 ch** 330/450 – ½ P 350.

CASTRES ◁🆂🅿 81100 Tarn 🅱🅱 ① G. Gorges du Tarn – 44 812 h alt. 172.
Voir Musée★ : oeuvres de Goya★★ BZ – Hôtel de Nayrac★ AY – Centre national et musée
Jean-Jaurès AY – Env. Le Sidobre★ 9 km par ①.
🏌 𝒫 63 72 27 06 au Parc de loisirs de Gourjade, N : 3 km par ①.
✈ de Castres-Mazamet : T.A.T. 𝒫 63 70 32 62 par ③ : 8 km.
🅱 Office de Tourisme Théâtre Municipal, pl. République 𝒫 63 71 56 58, Fax 63 71 59 99 et Gare Routière pl.
Soult 𝒫 63 35 26 26.
Paris 754 ⑦ – ◆Toulouse 71 ④ – Albi 41 ⑦ – Béziers 103 ③ – Carcassonne 64 ③.

Plan page suivante

🏠 **Renaissance** sans rest, 17 r. V. Hugo 𝒫 63 59 30 42, Fax 63 72 11 57, « Maison du 17ᵉ
siècle » – 📺 ☎. 🆀 🅶🅱   AZ **d**
⊑ 35 – **14 ch** 265/570.

🏠 **Occitan** Ⓜ, 201 av. Ch. de Gaulle par ③ 𝒫 63 35 34 20, Fax 63 35 70 32, 🌳 – 🍽 rest 📺
☎ 🚗 🅿. 🆀 🅶🅱
Repas *(fermé 24 déc. au 2 janv. et sam. midi)* 75/190 ⅄ – ⊑ 34 – **43 ch** 270/390 –
½ P 290/330.

✕✕ **Le Victoria,** 24 pl. 8-Mai 1945 𝒫 63 59 14 68 – 🍽. 🆀 🅾 🅶🅱   BZ **s**
fermé 21 au 28 mai, 13 au 27 août, sam. midi et dim. – **Repas** 70 (déj.), 105/220 ⅄.

✕✕ **Rive Gauche,** 7 r. Empare 𝒫 63 35 68 49 – 🅾 🅶🅱   BZ **a**
fermé 1ᵉʳ au 15 août, sam. midi et dim. – **Repas** 75/200.

✕✕ **Henri IV,** 1 r. Henri IV 𝒫 63 72 57 97 – 🅶🅱   BY **e**
fermé au 8 mai, Noël au Jour de l'An, sam. midi, dim. et fériés – **Repas** 72 bc (déj.),
105/190 ⅄, enf. 45.

✕ **La Feuillantine,** 6 pl. Pélisson 𝒫 63 59 26 33 – 🅶🅱   AY **u**
fermé 31 juil. au 7 août, vacances de fév., dim. soir et lundi – **Repas** 72/175.

Les Salvages par ② : 5 km – ✉ 81100 Castres :

✕✕ **Café du Pont** avec ch, 𝒫 63 35 08 21, Fax 63 51 09 82, 🌳 – 🆀 🅾 🅶🅱. 🌀
fermé 29 janv. au 20 fév., dim. soir et lundi – **Repas** 90/250 ⅄ – ⊑ 35 – **5 ch** 160/240.

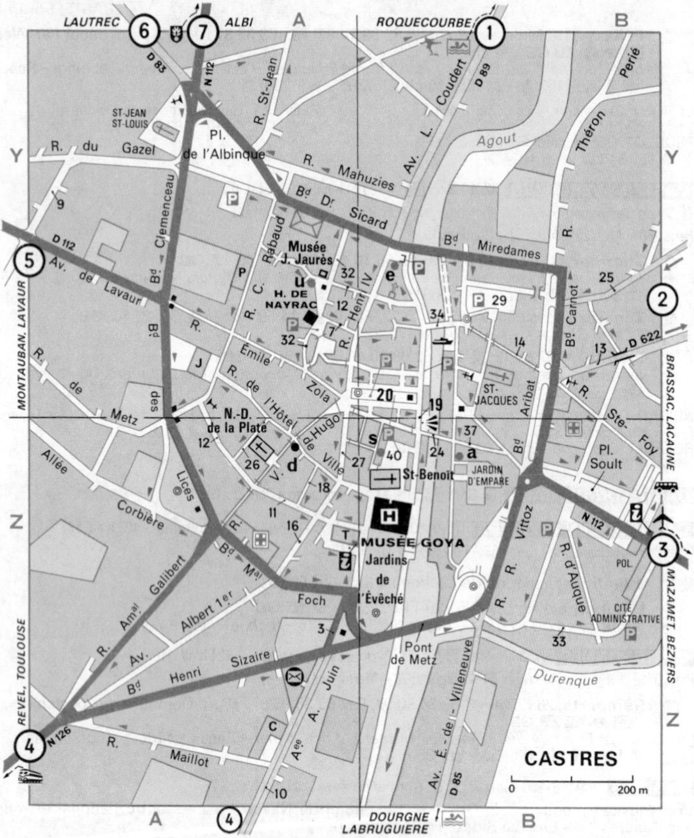

Henri-IV (R.) . . . . ABY
Jaurès (Pl. Jean) . . . . . BY 20
Sabatier (R.) . . . . AZ 27
Villegoudou (R.) . . . . . . BZ 37
Zola (R. Émile) . . . . AY

Alsace-Lorraine (Pl.) . . . AZ 3
Bourgeois (Bd L.) . . . . . AY 9
Cassin (Av. R.) . . . . AZ 10
Chambre de l'Édit (R.) . . AZ 11
Consulat (R. du) . . . . . . AY 12
Desplats (Av. Lt J.) . . . . BY 13
Fuzies (R.) . . . . BY 14
Gambetta (R.) . . . . AZ 16
Guy (R. G.) . . . . AZ 18
Jacobins (Quai des) . . . . BY 19
Neuf (Pont) . . . . BZ 24
Péraudel (R.) . . . . BY 25
Platé (R. de la) . . . . AZ 26
St-Claire (Pl.) . . . . BY 29
Thomas (R. F.) . . . . AY 32
Veaute (R. A.) . . . . BZ 33
Vieux (Pont) . . . . BY 34
8-Mai-1945 (Pl. du) . . . . BZ 40

par ④ rte de Toulouse : 4,5 km – ✉ **81100** Castres :

Fimotel, ZI La Chartreuse ✆ **63 59 82 99, Fax 63 59 63 06** – ch, rest – 25. GB
Repas 75/250 – 35 – **40 ch** 280.

CITROEN Sud Auto, ZAC de la Chartreuse, rte de Toulouse par ④ ✆ 63 59 92 10
FIAT S.A.T.A., 111 av. Albert-1er ✆ 63 59 26 22
MERCEDES Antras Autom., ZI de la Chartreuse ✆ 63 59 99 99 N ✆ 05 24 24 30
OPEL Gd Gar. de Mélou, rte de Toulouse ✆ 63 59 11 12
PEUGEOT Gar. Maurel, r. Crabié ✆ 63 35 74 64 N ✆ 63 72 77 94
RENAULT Gds Gges de Castres, rte de Toulouse, Mélou par ④ ✆ 63 59 41 17

VAG Gar. Négrier, rte de Toulouse, ZI de la Chartreuse ✆ 63 59 30 55

Bellet Pneus, Le Verdier, rte de Toulouse ✆ 63 72 25 25
Bernard, 52 bd P.-Mendès France ✆ 63 59 07 26
Deldossi Pneus Vulcopneu, 88 rte de Toulouse, ZI Mélou ✆ 63 59 33 83
Pneu+ Sud Vulcopneu, 215 av. Albert-1er ✆ 63 59 27 00

Découvrez la France avec les guides Verts Michelin : 24 titres illustrés en couleurs.

CASTRIES 34160 Hérault 🎱🎱 ⑦ G. Gorges du Tarn – 3 992 h alt. 50.

Voir Château★.

Paris 752 – ◆Montpellier 15 – Lunel 13 – Nîmes 43.

    ✕ **L'Art du Feu,** 𝒫 67 70 05 97 – ⬛ ⓞ ⒼⒷ
       fermé 1er au 8 août, mardi soir et merc. – **Repas** 90/110 🍷, enf. 50.

Le CATEAU-CAMBRÉSIS 59360 Nord 🎱🎱 ⑭ ⑮ G. Flandres Artois Picardie – 7 703 h alt. 123.

🛈 Office de Tourisme Hôtel de Ville 𝒫 27 84 10 94.

Paris 203 – St-Quentin 36 – Avesnes-sur-Helpe 31 – Cambrai 24 – Hirson 45 – ◆Lille 80 – Valenciennes 31.

    ✕✕ **Le Relais Fénelon** avec ch, 21 r. Mar. Mortier 𝒫 27 84 25 80, parc – 📺 ☎ ⒼⒷ
       fermé 7 au 27 août – **Repas** *(fermé dim. soir et lundi sauf fériés)* 98/170 – ⌧ 27 – **3 ch**
       230/260 – ½ P 200.

CITROEN Gar. Ribeiro, 13 r. Mar.-Mortier   🏍 Le Cateau Pneus, 61-63 r. L.-Michel
𝒫 27 84 07 76   𝒫 27 84 07 71
PEUGEOT Gar. Cheneaux, 17 fg de Cambrai
𝒫 27 84 05 41
RENAULT Gar. Legrand, ZI av. Mar.-Leclerc
𝒫 27 77 89 33

Le CATELET 02420 Aisne 🎱🎱 ⑬ ⑭ – 223 h alt. 92.

Paris 167 – St-Quentin 19 – Cambrai 21 – Le Cateau-Cambrésis 28 – Laon 69 – Péronne 27.

    ✕✕ **Aub. Croix d'Or,** 𝒫 23 66 21 71, 🐎 – ⓟ. ⒼⒷ
       fermé 1er au 12 août et dim. soir – **Repas** 90 bc/180.

CAUDEBEC-EN-CAUX 76490 S.-Mar. 🎱🎱 ⑤ G. Normandie Vallée de la Seine (plan) – 2 265 h alt. 7.

Voir Église★ – Vallon de Rançon★ NE : 2 km – Pont de Brotonne★ : péage : véhicule jusqu'à 3,5
t. : 10 F, plus de 3,5 t. : 14 à 22 F. Gratuit pour les résidents de Seine-Maritime. E : 1,5 km.

🛈 Office de Tourisme, pl. Ch.-de-Gaulle 𝒫 35 96 20 65.

Paris 167 – ◆Le Havre 54 – ◆Rouen 35 – Lillebonne 16 – Yvetot 11,5.

    🏨 **Normotel-La Marine,** quai Guilbaud 𝒫 35 96 20 11, Fax 35 56 54 40, ≤ – 📳 📺 ☎ ⓟ –
       🦽 50. ⬛ ⒼⒷ
       fermé 2 janv. au 1er fév. – **Repas** *(fermé sam. midi, dim. soir et vend. du 15 nov. au 15 mars)*
       78 (déj.), 138/230 🍷, enf. 60 – ⌧ 35 – **29 ch** 250/420 – ½ P 245/330.

    🏨 **Normandie,** quai Guilbaud 𝒫 35 96 25 11, Fax 35 96 68 15, ≤ – 📺 ☎ ⓟ. ⬛ ⓞ ⒼⒷ
    ➡ *fermé 12 fév. au 5 mars* – **Repas** *(fermé dim. soir sauf fériés)* 59/169 – ⌧ 33 – **15 ch** 200/340.

    🏨 **Cheval Blanc,** 4 pl. R. Coty 𝒫 35 96 21 66, Fax 35 95 35 40, 🍽 – 📺 ☎ ⓟ. ⬛ ⓞ ⒼⒷ
    ➡ *fermé 22 janv. au 12 fév.* – **Repas** *(fermé dim. soir et lundi)* 65/160 🍷, enf. 45 – ⌧ 28 – **16 ch**
       160/280 – ½ P 160/210.

    ✕✕✕ ❀ **Manoir de Rétival** (Tartarin), rte St Clair 𝒫 35 96 11 22, Fax 35 96 29 22, ≤ vallée de
       la Seine – ⓟ. ⬛ ⓞ ⒼⒷ. ✼
       1er mars-30 nov. et fermé dim. soir, mardi midi et lundi sauf de mai à sept. – **Repas** 150 (déj.),
       280/420 et carte 330 à 480
       Spéc. Poissons et crustacés du marché. Pigeonneau "à la rouennaise" en deux services. Millefeuille à la vanille.

RENAULT Gar. Lopéra, 𝒫 35 96 23 88 ℕ   VAG Caudebec Autom., 𝒫 35 96 13 44
𝒫 35 96 23 88

CAUDON-DE-VITRAC 24 Dordogne 🎱🎱 ⑰ – rattaché à Vitrac.

CAULIÈRES 80 Somme 🎱🎱 ⑰ – rattaché à Poix-de-Picardie.

CAUREL 22530 C.-d'Armor 🎱🎱 ⑫ – 384 h alt. 188.

Paris 461 – Saint-Brieuc 48 – Carhaix-Plouguer 43 – Guingamp 47 – Loudéac 25 – Pontivy 20.

    ✕✕ **Beau Rivage** Ⓜ ⚓ avec ch, S : 2 km par D 111 𝒫 96 28 52 15, Fax 96 26 01 16, ≤, 🍽,
       « Au bord du lac » – 📺 ☎ – 🦽 30. ⒼⒷ. ✼
       fermé 14 au 30 nov., 7 au 28 janv., lundi soir et mardi – **Repas** 85/270 – ⌧ 35 – **8 ch** 220/320
       – ½ P 250/275.

CAURO 2A Corse-du-Sud 🎱🎱 ⑰ – voir à Corse.

CAUSSADE 82300 T.-et-G. 🎱🎱 ⑱ G. Périgord Quercy – 6 009 h alt. 109.

Env. Montpezat-de-Quercy : tapisseries★★, gisants★ et trésor★ de la collégiale, NO : 12 km.

🛈 Office de Tourisme r. de la République 𝒫 63 93 10 45.

Paris 623 – Cahors 36 – Albi 73 – Montauban 25 – Villefranche-de-Rouergue 51.

    🏨 **Dupont,** r. Recollets 𝒫 63 65 05 00, Fax 63 65 12 62 – 📺 ☎ ⓟ. ⒼⒷ
    ➡ *fermé 1er au 15 nov., 1er au 15 mars, week-ends de nov. à avril et sam. d'avril à juin* – **Repas**
       68 bc/250 – ⌧ 32 – **29 ch** 220/320 – ½ P 240/280.

PEUGEOT Gar. Macard, 92 av. du Gén.-Leclerc   🏍 Caussade Pneu, pl. Douches 𝒫 63 93 18 30
𝒫 63 93 22 22 ℕ 𝒫 07 05 62 53   Taquipneu Vulcopneu, à Monteils 𝒫 63 93 10 91

CAUTERETS 65110 H.-Pyr. 85 ⑰ G. Pyrénées Aquitaine – 1 201 h alt. 930 – Stat. therm. – Sports d'hiver :1400/2 400 m ≤2 ≤16 ≤ – Casino.

Voir Cascade★★ et vallée★ de Lutour S : 2,5 km par D 920 – Route et site du pont d'Espagne★★ (chutes du Gave) au Sud par D 920.

Env. SO : Site★★ du lac de Gaube accès du pont d'Espagne par télésiège puis 1h.

🛈 Office de Tourisme pl. du Mar.-Foch ℰ 62 92 50 27, Fax 62 92 59 12.

Paris 844 ① – Pau 72 ① – Argelès-Gazost 17 ① – Lourdes 29 ① – Tarbes 49 ①.

🏨🏨 **Aladin** 🅼, av. Gén. Leclerc **(z)**
ℰ 62 92 60 00, Télex 532951,
Fax 62 92 63 30, ✫, 🗐 – 📳 📺 ☎ 🕭
⟚ – 🛆 30 à 80. 🖰 ⍥ rest
10 juin-24 sept. et 15 déc.-22 avril –
Repas 150 – 🖙 52 – **62 ch** 430/750,
8 duplex – ½ P 480.

🏨 **Bordeaux,** r. Richelieu **(f)**
ℰ 62 92 52 50, Fax 62 92 63 29 – 📳
📺 ☎ ⟚ 🄿. 🖭 ⓞ 🖰 ⍥ rest
fermé 15 oct. au 30 nov. – **Repas**
100/260 – 🖙 45 – **21 ch** 320/420, 3
duplex – ½ P 350.

🏨 **Le Sacca** 🅼, bd Latapie-Flurin **(a)**
◆ ℰ 62 92 50 02, Fax 62 92 64 63 – 📳
📺 ☎. 🖭 ⓞ 🖰 ⍥ rest
fermé 15 oct. au 20 déc. – **Repas**
72/178, enf. 42 – 🖙 32 – **44 ch** 255/
295 – ½ P 225/245.

🏨 **Etche Ona,** r. Richelieu **(d)**
◆ ℰ 62 92 51 43, Fax 62 92 54 99 – 📳
📺 ☎. 🖭 🖰
1er juin-10 oct. et 1er déc.-2 mai –
Repas 65/195, enf. 45 – 🖙 32 –
32 ch 200/320 – ½ P 265/280.

🏨 **Welcome,** 3 r. V. Hugo **(t)**
ℰ 62 92 50 22, Fax 62 92 02 90 – 📳
📺 ☎ 🖰
fermé 15 oct. au 1er déc. – **Repas**
95/195 🍴 – 🖙 26 – **26 ch** 230/280 –
½ P 240.

🏨 **Ste Cécile,** bd Latapie-Flurin **(b)** ℰ 62 92 50 47, Fax 62 92 00 87 – 📳 📺 ☎. 🖭 🖰
◆ ⍥ rest
fermé 20 oct. au 1er déc. – **Repas** 70/95 – 🖙 30 – **36 ch** 240/305 – ½ P 235/290.

🏨 **Les Edelweiss,** bd Latapie-Flurin **(n)** ℰ 62 92 52 75, Fax 62 92 62 73 – 📳 📺 ☎. 🖭 ⓞ
◆ 🖰 ⍥ rest
fermé 20 oct. au 15 déc. – **Repas** 80/155, enf. 45 – 🖙 35 – **24 ch** 230/290 – ½ P 255/270.

🏨 **Paris** sans rest, pl. Mar. Foch **(k)** ℰ 62 92 53 85, Fax 62 92 02 23 – 📳 cuisinette 📺 ☎. 🖭
🖰 ⍥
fermé 15 avril au 5 mai et 1er nov. au 15 déc. – 🖙 30 – **12 ch** 230/320.

🏠 **Centre et Poste,** r. Belfort **(m)** ℰ 62 92 52 69 – 📳 ☎. 🖭 🖰 ⍥ rest
◆ 6 mai-25 sept. et 20 déc.-15 avril – **Repas** 75/100 – 🖙 25 – **34 ch** 190/210 – ½ P 175/185.

✗ **Le Grand Tétras,** bd Gén. Leclerc **(e)** ℰ 62 92 59 18 – 📖. 🖰
◆ fermé nov., mardi soir et merc. sauf vacances scolaires – **Repas** 75/210, enf. 45.

à La Fruitière S : 6 km par D 920 et RF – alt. 1 400 – ⌧ 65110 Cauterets :

✗ **Host. La Fruitière** ⌕ avec ch, ℰ 62 92 52 04, ≤, 🏤 – ⏺
◆ fermé 10 janv. au 10 fév. – **Repas** (fermé dim. soir en juil.-août) (dim. prévenir) 67/160 –
🖙 30 – **8 ch** 150/250 – ½ P 215.

CAVAILLON 84300 Vaucluse 81 ⑫ G. Provence – 23 102 h alt. 75.

Voir Musée : collection archéologique★ M.

🛈 Office de Tourisme 79 r. Saunerie ℰ 90 71 32 01, fax 90 71 42 99.

Paris 704 ④ – Avignon 23 ① – Aix-en-Provence 59 ④ – Arles 42 ④ – Manosque 72 ②.

Plan page ci-contre

🏨 **Parc** sans rest, pl. F. Tourel **(e)** ℰ 90 71 57 78, Fax 90 76 10 35 – 📺 ☎ 🕭 ⟚. 🖰 ⍥
🖙 38 – **40 ch** 150/310.

🏨 **Ibis** 🅼, 175 av. Pont **(a)** ℰ 90 76 11 11, Télex 431618, Fax 90 71 77 07, 🏤 – ⍤ ch,
🍴 rest 📺 ☎ 🕭 🄿 – 🛆 30. 🖭 ⓞ 🖰
Repas 97 bc, enf. 40 – 🖙 35 – **35 ch** 290/330.

CAUTERETS

LOURDES 30 km
ARGELÈS-GAZOST 17 km ①
D 920

0   400 m

Gave de
Cambasque

MAISON
DU PARC

Av. du D. Domer

Téléphérique
du Lys

NÉOTHERMES

Espl. des
Œufs

CASINO

THERMES
DE CÉSAR

Plateau de
Cambasque

Av. du

D 12

Dr Ch. Thierry

La Raillère
Pont d'Espagne

Clemenceau (Pl. G.)   5
Richelieu (R.)   10

Dr-Domer (Av. du)   6
Foch (Pl. Mar.)   7
Latapie-Flurin (Bd)   8
Mamelon-Vert (Av.)   9

CAVAILLON

Bournissac (Cours) 3
Castil-Blaze (Pl.) 5
Clos (Pl. du) 7
République (R. de la) 37
Victor-Hugo (Cours) 43

Berthelot (Av.) 2
Clemenceau (Av. G.) 6
Coty (Av. R.) 9
Crillon (Bd) 10
Diderot (R.) 12
Donné (Chemin) 13
Doumer (Av. P.) 14
Dublé (Av. Véran) 15
Durance (R. de la) 17
Gambetta (Cours L.) 18
Gambetta (Pl. L.) 19
Gaulle (Av. Gén.-de) 22
Grand-Rue 23
Jaurès (Av. Jean) 24
Joffre (Av. Mar.) 26
Kennedy (Av. J.F.) 27
Lattre-de-T. (R.P.J. de) 29
Pasteur (R.) 30
Péri (Av. Gabriel) 31
Pertuis (Rte de) 32
Raspail (R.) 34
Renan (Cours E.) 35
Sarnette (Av. Abel) 38
Saunerie (R.) 40
Sémard (Av. P.) 41
Tourel (Pl. F.) 42

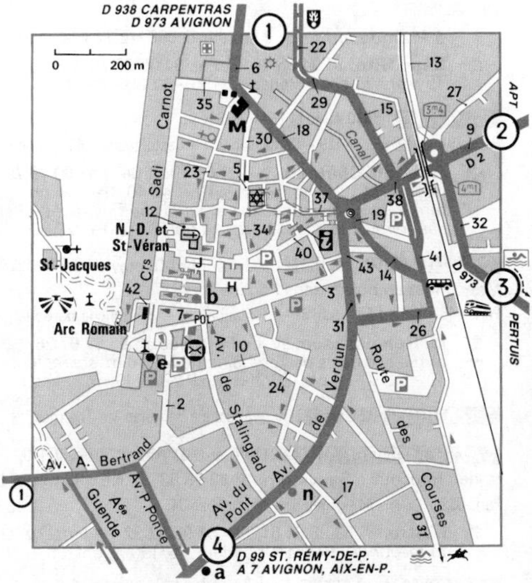

XXX ✿ **Prévot,** 353 av. Verdun **(n)** ☎ 90 71 32 43, Fax 90 71 97 05 – ▤. AE GB
fermé dim. soir et lundi – **Repas** 130 (déj.), 198/380
Spéc. Salade de langoustines rôties aux agrumes. Artichaut soufflé, foie gras et pignons de pin grillés. Rouget farci "en trompe l'oeil" sur canapé de melon (3 avril au 30 sept.). **Vins** Côtes du Luberon, Côtes du Ventoux.

XX **Fin de Siècle,** 46 pl. Clos (1er étage) **(b)** ☎ 90 71 12 27 – ▤. AE ⓓ GB
fermé 2 août au 8 sept., mardi soir et merc. – **Repas** 89/200, enf. 50.

à Cheval-Blanc par ③ : 5 km – 3 032 h. – ✉ **84460** :

XXX ✿ **Nicolet,** NE : 4 km par D 31 et VO ☎ 90 78 01 56, Fax 90 71 91 28, 斎 – Ⓟ. AE ⓓ GB
fermé dim. soir et lundi sauf juil.-août – **Repas** 170 (déj.), 215/350 et carte 290 à 380
Spéc. Chausson d'asperges à la ciboulette (mars à mai). Courgette fleur farcie à la mousseline de homard (juin à août). Colvert au Châteauneuf-du-Pape. **Vins** Côtes du Luberon, Côtes du Ventoux.

CITROEN Gar. Chabas, rte d'Avignon par ①, **quartier Grand-Grès** ☎ 90 71 27 40 **N** ☎ 90 71 19 83
FORD Gar. Reding, 86 av. P.-Doumer ☎ 90 71 14 80
NISSAN Auto-Lubéron, Quartier Bel Air - Les Taillades ☎ 90 71 45 02
PEUGEOT Gar. Berbiguier, rte de l'Isle-sur-la-Sorgue par ① ☎ 90 71 39 23 **N** ☎ 05 44 24 24

RENAULT Autom. Cavaillonnaise, 287 av. G.-Clémenceau par ① ☎ 90 71 34 96 **N** ☎ 05 05 15 15
Gar. Anrès, 154 av. Stalingrad ☎ 90 78 03 91

Ⓜ Ayme Pneus, 305 allée des Temps Perdus ☎ 90 71 36 18
Euromaster, 225 av. Ch.-Delaye ☎ 90 71 41 00
Gay Pneus, av. du Pont ☎ 90 71 78 88

CAVALAIRE-SUR-MER 83240 Var 84 ⑰ 114 ㊾ G. Côte d'Azur – 4 188 h alt. 5.

ℹ Office de Tourisme square de Lattre-de-Tassigny ☎ 94 64 08 28, Fax 94 05 49 89.

Paris 884 – Fréjus 42 – Draguignan 56 – Le Lavandou 20 – St-Tropez 18 – Ste-Maxime 22 – ♦Toulon 63.

🏨 **Calanque** Ⓜ 🌿, r. Calanque ☎ 94 64 04 27, Fax 94 64 66 20, ≤ mer, 斎, 🏊, 🎾 – TV ☎ 🚗 Ⓟ. AE ⓓ GB
mars-oct. – **Repas** 150/210 – ☕ 55 – **33 ch** 560/800 – ½ P 550/630.

🏨 **Pergola,** av. Port ☎ 94 64 06 86, Fax 94 64 60 08, 斎, 🌳 – TV ☎ Ⓟ. AE ⓓ GB. ✻ rest
fermé 10 nov. au 15 déc. et 5 janv. au 5 fév. – **Repas** 145/220, enf. 90 – ☕ 42 – **24 ch** 375/455 – ½ P 465/535.

🏨 **Golfe Bleu,** av. St Raphaël, NE : 1 km ☎ 94 64 07 56, Fax 94 05 48 79, 斎 – TV ☎ Ⓟ. GB. ✻ ch
mars-oct. – **Repas** 70/180 – ☕ 32 – **11 ch** 365 – ½ P 335.

CAVALIÈRE 83 Var 84 ⑰ 114 ㊾ G. Côte d'Azur – alt. 4 – ✉ 83980 Le Lavandou.

Paris 887 – Fréjus 54 – Draguignan 68 – Le Lavandou 7,5 – St-Tropez 30 – Ste-Maxime 34 – ♦Toulon 50.

🏨 **Le Club** Ⓜ, ☎ 94 05 80 14, Fax 94 05 73 16, ≤, 斎, « Elégant ensemble au bord de la mer », 🏊, 🏖, 🌳, 🎾 – 🛗 ⇆ ch ▤ ch TV ☎ Ⓟ. AE ⓓ GB
15 mai-30 sept. – **Repas** 195 (déj.)/300 – ☕ 80 – **42 ch** 1450/2510 – ½ P 1150/1600.

🏨 **Gd Hôtel Moriaz,** ☎ 94 05 80 01, Fax 94 05 70 88, ≤, 🏖 – ▤ ☎. GB. ✻ rest
hôtel : 23 avril-8 oct.; rest. : 20 mai-1er oct. – **Repas** 160/210 – ☕ 50 – **27 ch** 450/650 – ½ P 450/600.

à Pramousquier E : 2 km sur D 559 – ⊠ **83980** Le Lavandou :

🏨 **Beau Site,** 𝒫 94 05 80 08, Fax 94 05 76 76 – 🕿 ᗝ 🅿. 🖭 ⯒ rest
15 mars-15 oct. – **Repas** 92/135 – 🖃 35 – **25 ch** 330/350 – ½ P 290/310.

CAVANAC 11570 Aude 🔟🔟 ⑦ – 676 h.

Paris 791 – ◆ Perpignan 119 – Carcassonne 7 – Castelnaudary 43 – Limoux 21 – Narbonne 65.

🏤 **Aub. du Château** ⮜, 𝒫 68 79 61 04, Fax 68 79 79 67, 🍴, « Bel aménagement intérieur », 𝕴ᗣ, ⯒ – 🛗 🕿 ᗣ 🅿 – 🔏 40. 🖭 ⯒ ch
fermé janv., fév., dim. soir et lundi sauf juil.-août – **Repas** *(fermé dim. soir, lundi et le midi
sauf dim.)* 190 bc – 🖃 45 – **14 ch** 280/580 – ½ P 805.

CAYLUS 82160 T.-et-G. 🔟🔟 ⑲ G. Périgord Quercy – 1 308 h alt. 235.

Voir Christ en bois★ dans l'église.

Paris 645 – Cahors 58 – Albi 61 – Montauban 45 – Villefranche-de-Rouergue 29.

🏨 **La Renaissance,** av. du Père Huc 𝒫 63 67 07 26, 🍴 – 🖃 rest 🖭 🕿. 🖭. ⯒ ch
◆ *fermé vacances de Toussaint, de fév., dim. soir et lundi sauf juil.-août* – **Repas** 65/200 🍷, enf.
40 – 🖃 30 – **9 ch** 180/260 – ½ P 220/240.

CAZAUBON 32 Gers 🔟🔟 ⑫ – rattaché à Barbotan-les-Thermes.

CAZÈS-MONDENARD 82110 T.-et-G. 🔟🔟 ⑰ – 1 307 h alt. 140.

🐟 des Roucous à Sauveterre 𝒫 63 95 83 70, NE : 9 km par D 57.

Paris 632 – Cahors 44 – Agen 57 – Montauban 34.

🏨 **L'Atre,** 𝒫 63 95 81 61, Fax 63 95 87 22 – 🖃 rest 🕿. 🖭
◆ *fermé lundi* – **Repas** 55 bc (déj.), 90/190 🍷, enf. 35 – 🖃 25 – **10 ch** 140/170 – ½ P 165/210.

CÉAUX 50 Manche 🔟🔟 ⑧ – rattaché à Pontaubault.

CEILLAC 05600 H.-Alpes 🔟🔟 ⑱ ⑲ G. Alpes du Sud – 289 h alt. 1 643 – Sports d'hiver : 1 700/2 495 m ⭤8 ⯒.

Voir Vallon du Mélezet★.

🅘 Office de Tourisme à la Mairie 𝒫 92 45 05 74, fax 92 45 27 80.

Paris 736 – Briançon 50 – Gap 74 – Guillestre 14.

🏨 **Cascade** ⮜, au pied du Mélezet SE : 2 km 𝒫 92 45 05 92, Fax 92 45 22 09, ⭠, 🍴 – 🕿
◆ 🅿. 🖭. ⯒
3 juin-10 sept. et 23 déc.-18 avril – **Repas** 68/145, enf. 49 – 🖃 42 – **23 ch** 270/350 –
½ P 240/320.

La CELLE-ST-CLOUD 78 Yvelines 🔟🔟 ⑳, 🔟🔟🔟 ⑬ – voir à Paris, Environs.

CELONY 13 B.-du-R. 🔟🔟 ③, 🔟🔟🔟 ⑮ – rattaché à Aix-en-Provence.

CERBÈRE 66290 Pyr.-Or. 🔟🔟 ⑳ G. Pyrénées Roussillon – 1 461 h alt. 3.

🅘 Office de Tourisme Front de Mer (15 juin-15 sept.) 𝒫 68 88 42 36, fax 68 88 47 64.

Paris 912 – ◆ Perpignan 47 – Port-Vendres 16.

🏨 **Dorade,** 𝒫 68 88 41 93, 🍴 – 🖭 🕿. 🖭 ❶ 🖭
◆ *1ᵉʳ avril-15 oct. et fermé mardi sauf vacances scolaires* – **Repas** 76/150 🍷 – 🖃 35 – **20 ch**
170/290 – ½ P 225/270.

🍴 **Vigie** avec ch, rte Espagne 𝒫 68 88 41 84, ⭠ mer et côte, 🍴 – ⯒. 🖭 🖭. ⯒
◆ *mars-fin oct.* – **Repas** 65/160, enf. 50 – 🖃 35 – **18 ch** 250/290 – ½ P 240/258.

CERCY-LA-TOUR 58340 Nièvre 🔟🔟 ⑤ – 2 258 h alt. 219.

Paris 281 – Moulins 52 – Châtillon-en-Bazois 23 – Luzy 31 – Nevers 51 – St-Honoré-les-Bains 18.

🏨 **Val d'Aron,** r. Écoles 𝒫 86 50 59 66, Fax 86 50 04 24, 🍴, ⯒, ⯒ – 🖭 🕿 🅿. 🖭 🖭
◆ **Repas** 95/250 🍷, enf. 60 – 🖃 50 – **12 ch** 250/380 – ½ P 260.

CITROEN Gar. Guérin, 𝒫 86 50 53 11 🔲   FORD Gar. Aurousseau, 𝒫 86 50 01 45
𝒫 86 50 57 42   PEUGEOT Gar. Baudot, 𝒫 86 50 51 77

CERDON 45620 Loiret 🔟🔟 ① G. Châteaux de la Loire – 929 h alt. 145.

Voir Etang du Puits★ SE : 5 km.

Paris 154 – ◆ Orléans 48 – Aubigny-sur-Nère 21 – Gien 25 – Sully-sur-Loire 16.

🍴🍴 **Relais de Cerdon,** 𝒫 38 36 02 15 – 🖭
fermé 19 au 26 août, vacances de Noël, de fév., mardi soir et merc. – **Repas** 98/165 🍷, enf.
70.

CÉRESTE 04280 Alpes-de-H.-P. 🔟🔟 ⑭, 🔟🔟🔟 ③ G. Provence – 950 h alt. 388.

Paris 749 – Digne-les-Bains 71 – ◆ Aix-en-Provence 50 – Apt 18 – Forcalquier 23.

🏨 **Aiguebelle,** 𝒫 92 79 00 91, 🍴 – ⯒. 🖭 🖭
fermé 15 nov. au 15 fév. – **Repas** 85/200, enf. 50 – 🖃 30 – **14 ch** 150/250 – ½ P 230/260.

⟨SP⟩ **66400** Pyr.-Or. 86 ⑲ G. Pyrénées Roussillon (plan) – 7 285 h alt. 171.

Voir Vieux pont★ – Musée d'Art Moderne★★.

🛈 Office de Tourisme 1 av. G.-Clémenceau ℰ 68 87 00 53.

Paris 892 – ◆Perpignan 32 – Gerona 78 – Port-Vendres 37 – Prades 55.

🏨 **La Terrasse au Soleil** ⬿, rte Fontfrède O : 1,5 km par D 13F ℰ 68 87 01 94, Fax 68 87 39 24, ≤ le Canigou et plaine, ㄸ, ⵎ, ⛵, ℀ – 🗏 ch 🖵 ☎ ₺ ℗ – 🕭 30. GB
fermé 4 janv. au 4 fév. – **Repas** 160 (déj.), 240/480, enf. 80 – ☲ 80 – **25 ch** 595/795 – ½ P 578/678.

🏨 **Le Mas Trilles** M ⬿, au pont de Reynès : 2 km par rte d'Amélie ℰ 68 87 38 37, Fax 68 87 42 62, ㄸ, ⵎ, ⛵ – 🖵 ☎ ℗. GB
1er avril-31 oct. et fermé lundi – **Repas** (dîner seul.)(résidents seul.) 150/185 – ☲ 60 – **10 ch** 420/950 – ½ P 410/675.

🏠 **Les Arcades** M sans rest, 1 pl. Picasso ℰ 68 87 12 30, Fax 68 87 49 83 – ⧈ cuisinette 🖵 ☎ ⟲. GB. ℀
☲ 32 – **26 ch** 220/300.

XXX 🕸 **Les Feuillants** (Banyols) avec ch, 1 bd La Fayette ℰ 68 87 37 88, Fax 68 87 44 68, ㄸ – ⧈ 🗏 🖵 ☎ ⟲. Æ GB
fermé lundi midi en juil.-août, dim. soir et lundi de sept. à juin – **Repas** 240/400 et carte 300 à 500, enf. 100 **Brasserie : Repas** 120₺ – ☲ 50 – **3 ch** 700
Spéc. Fricassée d'escargots et ris de veau à la catalane (automne-hiver). Filets de rougets au gratin d'aubergines. Selle d'agneau en croûte de sel, jus aux amandes et au banyuls. **Vins** Côtes du Roussillon blanc, Collioure.

CITROEN Gar. Coll, La Cabanasse à Reynes
ℰ 68 87 00 75 🄽 ℰ 68 83 48 11
FORD Gar. Mach, av. Aspres ℰ 68 87 05 30 🄽
ℰ 68 87 05 30

PEUGEOT Gar. la Bergerie, 3 av. Gare
ℰ 68 87 18 59
RENAULT Gar. Privat, ZI Oulrich ℰ 68 87 18 53

Le CERGNE 42460 Loire 73 ⑧ – 650 h alt. 673.

Paris 412 – Mâcon 71 – Roanne 24 – Charlieu 16 – Chauffailles 15 – ◆Lyon 82 – ◆St-Étienne 110.

XX **Bel'Vue**, ℰ 74 89 87 73, Fax 74 89 78 61, ≤, ㄸ – Æ GB
fermé 16 au 29 août, dim. soir et lundi – **Repas** 92 bc/270 ₺, enf. 50.

CERGY-PONTOISE ℗ 95 Val-d'Oise 55 ⑳ 106 ⑤ 101 ② G. Ile de France.

Plan page suivante

Cergy – 48 226 h – ⊠ 95000.

ⓕⓖ ℰ (1) 34 21 03 48, O : 7 km par D 922.

Paris 38 – Pontoise 5,5.

🏩 **Astrée** M sans rest, 3 r. Chênes Émeraude par bd Oise ℰ (1) 34 24 94 94, Télex 688356, Fax (1) 34 24 95 15 – ⧈ ⥺ ch 🗏 🖵 ☎ ₺ ⟲ – 🕭 25 à 60. Æ ⓞ GB
☲ 45 – **55 ch** 500.

🏩 **Novotel** ⬿, près préfecture ℰ (1) 30 30 39 47, Télex 607264, Fax (1) 30 30 90 46, ㄸ, ⵎ, ⵎ – ⧈ ⥺ ch 🗏 🖵 ☎ ₺ ℗ – 🕭 40. Æ ⓞ GB
Repas carte environ 180 ₺, enf. 50 – ☲ 50 – **191 ch** 470/495.

XXX **Les Coupoles**, 1 r. Chênes Emeraude par bd Oise ℰ (1) 30 73 13 30, Fax (1) 30 73 46 90 – 🗏. Æ ⓞ GB
fermé 31 juil. au 20 août, sam. midi et dim. – **Repas** 165 bc et carte 260 à 340.

quartier St-Christophe secteur Nord – ⊠ 95800 Cergy Pontoise :

🏠 **Campanile**, sortie échangeur n° 11 ℰ (1) 34 24 02 44, Fax (1) 30 73 99 96, ㄸ – ⥺ ch 🖵 ☎ ₺ ℗ – 🕭 25. Æ ⓞ GB
Repas 82 bc/105 bc, enf. 39 – ☲ 30 – **50 ch** 270.

FORD Remy Goudé Auto, 15 r. de la Pompe
ℰ (1) 34 33 32 31

⑯ Inter Pneu Melia Vulcopneu, ZA 67 r. F.-Combes
ℰ 30 30 11 91

Osny – 12 195 h alt. 27 – ⊠ 95520.

Paris 40 – Pontoise 3,5.

XX **Moulin de la Renardière**, r. Gd Moulin ℰ (1) 30 30 21 13, Fax (1) 34 25 04 98, « Parc, rivière » – ℗ Æ ⓞ GB
fermé 1er au 20 août, dim. soir et lundi – **Repas** 150/200.

PEUGEOT Cergy-Pontoise-Autom., 8 ch. J.-César
par ⑥ ℰ (1) 30 30 12 12 🄽 ℰ (1) 05 44 24 24
RENAULT Rousseau, 2 ch. J.-César par ⑥
ℰ (1) 30 31 00 00

⑯ Vaysse, 15 rte de Gisors RD 915
ℰ (1) 34 24 85 88

Pontoise ⟨SP⟩ – 27 150 h alt. 27 – ⊠ 95300.

🛈 Office de Tourisme 6 pl. Petit-Martroy ℰ (1) 30 38 24 45, Fax (1) 30 73 54 84.

Paris 36 ④ – Beauvais 55 ① – Dieppe 135 ⑦ – Mantes-la-Jolie 39 ⑥ – ◆Rouen 91 ⑥.

🏠 **Campanile**, r. P. de Coubertin par ⑥ ℰ (1) 30 38 55 44, Fax (1) 30 30 48 87, ㄸ, ⵎ – ⥺ ch 🖵 ☎ ₺ ℗ – 🕭 25. Æ ⓞ GB
Repas 82 bc/105 bc, enf. 39 – ☲ 30 – **80 ch** 270.

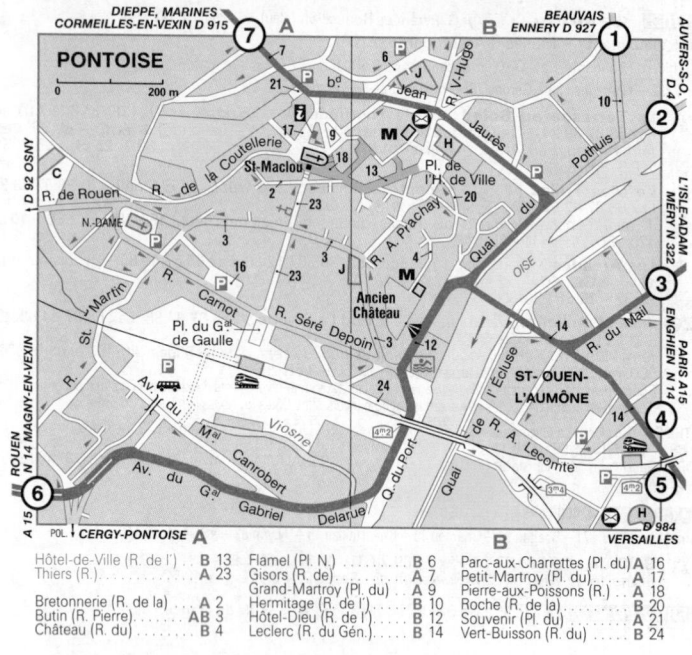

PONTOISE

DIEPPE, MARINES
CORMEILLES-EN-VEXIN D 915 ⑦ A B BEAUVAIS ENNERY D 927 ①

à la Bonneville par ③ : 5,5 km N 322 – ⊠ 95540 Méry-sur-Oise :

XXX ❀ **Le Chiquito** (Mihura), 𝒫 (1) 30 36 40 23, Fax (1) 30 36 42 22 – 🍴 🖭 ⑩ ⊜
fermé sam. midi, dim. soir et lundi – **Repas** 210/295
Spéc. Langoustines et rougets rôtis à l'ail. Côte de veau aux pistils de safran. Délice aux pommes et glace à la réglisse.

à Cormeilles-en-Vexin par ⑦ : 9,5 km – ⊠ 95830 :

XXX ❀❀ **Gérard Cagna,** sur D 915 𝒫 (1) 34 66 61 56, Fax (1) 34 66 40 31, 🏫, « Jardin » – 🅿 🖭 ⊜
fermé 6 au 26 août, 23 au 28 déc., dim. soir et lundi – **Repas** 250 (déj.), 360/500 et carte 450 à 590, enf. 150
Spéc. Soufflé de foie gras à la crème de Sauternes. Selle d'agneau aux olives noires et pistaches. Macarons glacés au miel, sauce café.

CITROEN Pontoise Cergy Autos, 21 ch. J.-César 𝒫 (1) 30 30 28 29
CITROEN Pontoise Cergy Autos, 17 r. d'Anjou ZI de Béthune à St-Ouen-l'Aumone par③ 𝒫 (1) 34 20 15 15
RENAULT Gar. du Véxin, 41 rte de Rouen 𝒫 (1) 30 31 09 62

ROVER, VOLVO Gar. SOGEL, 10 r. Séré-Depoin 𝒫 (1) 30 75 33 00

Ⓦ Euromaster, 121 av. du Gén.-Leclerc à Pierrelaye 𝒫 (1) 34 64 07 50

CERIZAY 79140 Deux-Sèvres 67 ⑯ – 4 787 h alt. 173.

Paris 377 – Bressuire 14 – Cholet 38 – Niort 65 – La Roche-sur-Yon 69.

🏨 **Cheval Blanc,** av. 25-Août 𝒫 49 80 05 77, Fax 49 80 08 74, 🚗 – 🖭 ☎ & 🅿 – 🔏 30. ⊜
fermé 22 déc. au 8 janv., sam. et dim. hors sais. – **Repas** *(fermé 16 déc. au 8 janv.)* 68/118 ⓑ
– ⊡ 30 – **20 ch** 198/295 – ½ P 245/280.

CITROEN Gar. Coulais, 𝒫 49 80 51 51 🅽 𝒫 49 80 01 55

PEUGEOT Gar. Cocandeau, 𝒫 49 80 50 19 🅽 𝒫 49 80 50 19

CERNAY 68700 H.-Rhin 66 ⑨ G. Alsace Lorraine – 10 313 h alt. 275.

Env. Monument national du Vieil Armand près D431, ❄★★ (1 h) N : 12 km.

🅱 Office de Tourisme 1 r. Latouche 𝒫 89 75 50 35, Fax 89 75 49 24.

Paris 469 – Altkirch 25 – Belfort 36 – Colmar 35 – Guebwiller 14 – ◆Mulhouse 17 – Thann 7.

🏠 **Belle-Vue**, 10 r. Mar. Foch ✆ 89 75 40 15, Fax 89 75 74 81 – 📺 ☎ & 🅿. GB
➜ *fermé 22 déc. au 18 janv., sam. midi et dim. soir* – **Repas** 70/250 ⅃, enf. 50 – ⌧ 38 – **25 ch** 260/390.

XX **Host. d'Alsace** 🅼 avec ch, 61 r. Poincaré ✆ 89 75 59 81, Fax 89 75 70 22 – 📺 ☎ 🅿. 🆎 ⓞ GB
fermé 10 au 31 juil., 26 déc. au 2 janv., dim. soir et lundi – **Repas** 95/305 ⅃ – ⌧ 38 – **11 ch** 210/285 – ½ P 240/270.

PEUGEOT Gar. Soriano, 84 r. de Wittelsheim ✆ 89 75 44 85 🅽 ✆ 89 75 44 85

RENAULT Gar. Courtois, fg de Belfort ✆ 89 75 75 75 🅽 ✆ 89 26 71 23

CERNAY-LA-VILLE 78720 Yvelines 🔢 ⑨ 🔢 ㉘ 🔢 ㉛ – 1 757 h alt. 170.

Voir Abbaye★ des Vaux de Cernay O : 2 km, G. Ile de France.

Paris 45 – Chartres 51 – Longjumeau 26 – Rambouillet 11 – Versailles 23.

🏛 **Abbaye des Vaux de Cernay** ⌁, O : 2,5 km par D 24 ✆ (1) 34 85 23 00, Fax (1) 34 85 11 60, ≤, parc, « Ancienne abbaye cistercienne du 12ᵉ siècle », ⌂, ※ – ▮
⊱ ch ☎ 🅿 – ⚒ 500. 🆎 ⓞ GB. ※ rest
Repas 195 (déj.), 245/395 – ⌧ 80 – **55 ch** 750/1050, 3 appart – ½ P 810/1160.

PEUGEOT Gar. Vallée, ✆ (1) 34 85 21 27 🅽 ✆ (1) 05 44 24 24

CERNON 39240 Jura 🔢 ⑭ – 268 h alt. 530.

Paris 445 – Arinthod 13 – Clairvaux-les-Lacs 28 – Lons-le-Saunier 36 – Oyonnax 24 – Saint-Claude 34.

🏠 **Galoubet** 🅼, ✆ 84 48 43 43, 🍴 – 📺 ☎. GB
➜ *fermé 25 janv. au 1ᵉʳ mars, dim. soir et lundi hors sais.* – **Repas** 60 (déj.), 79/156, enf. 40 – ⌧ 30 – **7 ch** 200/220 – ½ P 180.

CESSIEU 38 Isère 🔢 ⑬ – rattaché à la Tour-du-Pin.

CESSON 22 C.-d'Armor 🔢 ③ – rattaché à St-Brieuc.

CESSON-SÉVIGNÉ 35 I.-et-V. 🔢 ⑰ – rattaché à Rennes.

CEYRAT 63122 P.-de-D. 🔢 ⑭ – 5 283 h alt. 560.

🛈 Syndicat d'Initiative à la Mairie ✆ 73 61 42 55.

Paris 431 – ◆Clermont-Ferrand 6 – Issoire 33 – Le Mont-Dore 42 – Royat 3,5.

Voir plan de Clermont-Ferrand agglomération

🏛 **La Châtaigneraie** ⌁ sans rest, av. Châtaigneraie ✆ 73 61 34 66, ≤ – ☎ 🅿. GB AZ **p**
fermé dim. et lundi – ⌧ 28 – **17 ch** 230/360.

🏠 **L'Artière** 🅼 ⌁, S : 1 km, rte Mont-Dore ✆ 73 61 43 02, Fax 73 61 41 37, 🍴, 🏊, ※ –
➜ 📺 ☎ 🅿. 🆎 GB
Repas grill 65/130 ⅃, enf. 35 – ⌧ 30 – **24 ch** 250/270 – ½ P 230/260.

XX **La Renaissance** avec ch, av. Wilson ✆ 73 61 40 46, Fax 73 61 43 77, 🍴 – 📺 ☎ – ⚒ 40. AZ **r**
🆎 GB
Repas (*fermé dim. soir d'oct. à mai*) 100/240 – ⌧ 30 – **10 ch** 200/300 – ½ P 245/270.

à Saulzet-le-Chaud S : 2 km par N 89 – ✉ 63540 Romagnat :

XX **Aub. de Montrognon,** ✆ 73 61 30 51, Fax 73 61 53 11 – ▤ 🅿. GB
fermé dim. soir – **Repas** 110/250.

CEYSSAT (Col de) 63 P.-de-D. 🔢 ⑬ – rattaché à Clermont-Ferrand.

CEYZÉRIAT 01250 Ain 🔢 ③ – 2 058 h alt. 320.

Paris 434 – Mâcon 44 – Bourg-en-Bresse 8 – Nantua 33.

XX **Relais de la Tour** avec ch, ✆ 74 30 01 87, Fax 74 25 03 36 – ▤ rest 📺 ☎. GB
➜ *fermé 15 oct. au 15 nov., dim. soir et merc.* – **Repas** 75/350 ⅃ – ⌧ 28 – **10 ch** 220/280.

RENAULT Gar. Froment, ✆ 74 30 03 97 🅽 ✆ 05 05 15 15

CHABLIS 89800 Yonne 🔢 ⑥ G. Bourgogne – 2 569 h alt. 140.

🛈 Office de Tourisme, Petit Pontigny ✆ 86 42 80 80 (fermé jan.).

Paris 182 – Auxerre 19 – Avallon 46 – Tonnerre 16 – Troyes 75.

🏠 **Ibis** 🅼, rte Auxerre ✆ 86 42 49 20, Fax 86 42 80 04 – ⊱ ch 📺 ☎ & 🅿 – ⚒ 50. GB
Repas 97 bc, enf. 40 – ⌧ 35 – **38 ch** 220/260.

XXX ✿ **Host. des Clos** (Vignaud) ⌁ avec ch, ✆ 86 42 10 63, Fax 86 42 17 11, 🍴 – ▮ ▤ rest
📺 ☎ 🅿 – ⚒ 25. 🆎 GB
fermé 20 déc. au 5 janv., jeudi midi et merc. du 1ᵉʳ oct. au 30 avril – **Repas** 160/420 et carte 250 à 420, enf. 90 – ⌧ 50 – **26 ch** 240/530 – ½ P 470/670
Spéc. Fricassée d'escargots de Bourgogne au persil plat et crème d'ail confit. Dos de sandre rôti au jus de volaille. Chateaubriand de charolais au pinot noir. **Vins** Chablis, Irancy.

X **Vieux Moulin,** ✆ 86 42 47 30, Fax 86 42 84 44 – 🅿. GB
Repas 69 (déj.), 98/180, enf. 55.

à Beine NO : 6 km par rte d'Auxerre – ✉ **89800** :

XX **Le Vaulignot,** ✆ 86 42 48 48 – **P**. GB
fermé 15 au 30 oct., 5 au 28 fév., dim. soir et lundi – **Repas** 98/245, enf. 50.

CITROEN Chablis Autos, ✆ 86 42 14 20 **N** ✆ 86 42 44 97

CHABRIS **36210** Indre **64** ⑱ **G. Châteaux de la Loire** – **2 672 h alt. 100.**

Paris 211 – Bourges 75 – Blois 53 – Châteauroux 58 – Loches 64 – Vierzon 38.

XX **Plage** avec ch, 42 r. du Pont ✆ 54 40 02 24, Fax 54 40 08 59, 🏞 – ☎. GB. ✻
fermé 4 au 13 sept., 22 déc. au 7 fév., dim. soir et lundi sauf juil.-août – **Repas** 98/220 – ☕ 28 – **8 ch** 194/262 – ½ P 240.

CITROEN Gar. Lacoste, ✆ 54 40 02 41

CHAGNY **71150** S.-et-L. **69** ⑨ **G. Bourgogne** – **5 346 h alt. 216.**

Env. Mont de Sène ☼★★ **O : 10 km.**

i Office de Tourisme 2 r. Halles ✆ 85 87 25 95.

Paris 329 ① – Chalon-s-Saône 17 ② – Autun 43 ① – Beaune 16 ① – Mâcon 76 ② – Montceau 44 ④.

CHAGNY

Anciens d'Algérie (R. des) . . . . YZ 2
Beaune (R. de) . . . . Y 3
Bellecroix (R. de) . . . . Z
Boillet (R. M.) . . . . Z
Bourg (R. du) . . . . YZ 5
Boutière (R. de la) . . . . YZ
Bretin (R. T.) . . . . YZ
Chalon (Route de) . . . . Z 6
Chaudenay (R. de) . . . . Y
Ferté (R. de la) . . . . Z 8
Gare (Av. de la) . . . . Z 10
Gaulle (Av. du Gén.-de) . . . . Y
Grabiau (R.) . . . . Y 12
Jaurès (R.J.) . . . . Y 14
Leclerc (Av. du Gén.) . . . . Y
Liberté (Bd de la) . . . . Z
Loyère (R. de la) . . . . Z 15
Marey (R. E.) . . . . Z 18
Martin (R. J.) . . . . Z
Moulin (Chemin du) . . . . Y
Moulin (R. du) . . . . Y 19
Muriers (Chemin des) . . . . Y 22
Nantil (R. du) . . . . Z
Pierres (R. de) . . . . Z 25
Poste (R. de la) . . . . Z 27
Presles (R. de) . . . . Y 28
Remigny (Route de) . . . . Z 30
République (R. de la) . . . . Y 32
St-Jean (Pl.) . . . . Z
Stand (R. du) . . . . Y 34
8-Mai (Av. du) . . . . Y 35

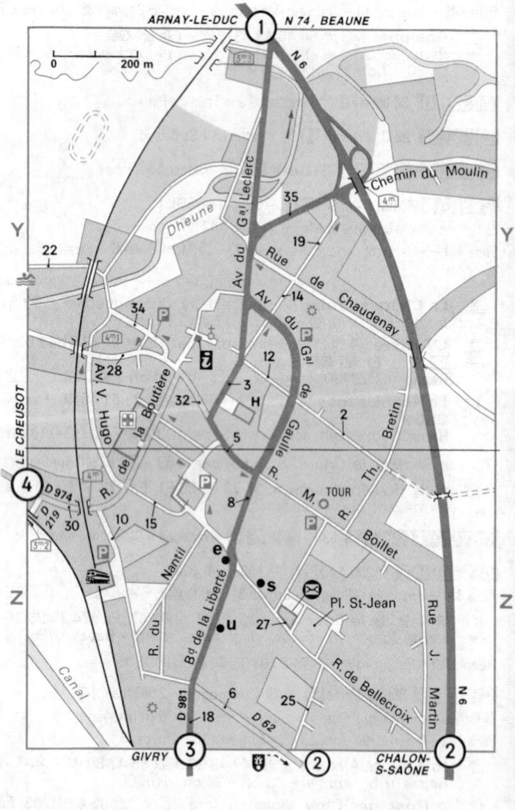

Les pastilles numérotées des plans de ville ①, ②, ③ sont répétées sur les cartes Michelin à 1/200 000. Elles facilitent ainsi le passage entre les cartes et les guides Michelin.

🏨 ✿✿✿ **Lameloise** **M**, pl. d'Armes ✆ 85 87 08 85, Télex 801086, Fax 85 87 03 57, « Ancienne maison bourguignonne aménagée avec élégance » – 🛗 ▤ TV ☎ 🚗. AE GB Z **e**
fermé 20 déc. au 25 janv., merc. sauf le soir du 1er juil. au 31 oct. et jeudi midi – **Repas** (prévenir) 360/580 et carte 360 à 530 – ☕ 80 – **17 ch** 600/1500
Spéc. Ravioli d'escargots de Bourgogne dans leur bouillon d'ail doux. Pigeonneau rôti à l'émietté de truffes. Griottines au chocolat noir sur marmelade d'oranges. **Vins** Rully blanc, Chassagne-Montrachet rouge.

🏠 **La Musardière**, 30 rte Chalon par ② 🕿 85 87 04 97, Fax 85 87 20 51, 🍽, 🌳 – 📺 ☎ 🅿.
⬥ 🆎 ⒼⒷ *fermé lundi d'oct. à mai* – **Repas** 60/150 🍷, enf. 45 – ⊡ 32 – **15 ch** 200/310 – ½ P 175/310.

🏠 **Poste** 🦢 sans rest, r. Poste 🕿 85 87 08 27, 🌳 – 🚗 🚙 🅿. ⒼⒷ. 🛇   Z **s**
1er mars-30 nov. – ⊡ 35 – **11 ch** 235/300.

🏠 **La Ferté** sans rest, bd Liberté 🕿 85 87 07 47, 🌳 – ☎ 🅿. ⒼⒷ   Z **u**
⊡ 28 – **13 ch** 140/255.

rte de Chalon par ② – ⊠ 71150 Chagny :

🏨 **Host. Château de Bellecroix** 🦢, à 2 km par N 6 et VO 🕿 85 87 13 86, Fax 85 91 28 62,
🍽, parc, 🏊 – 📺 ☎ 🅿 🆎 ⓪ ⒼⒷ
fermé 20 déc. au 10 fév. et merc. sauf juil.-août – **Repas** *(fermé merc.)* 110 (déj.), 240/340 –
⊡ 60 – **21 ch** 560/980 – ½ P 570/870.

à Chassey-le-Camp par ④ et D 109 : 6 km – ⊠ 71150 :

🏨 **Aub. du Camp Romain** 🦢, 🕿 85 87 09 91, Fax 85 87 11 51, ≤, 🍽, 🏊, 🎾 – 📧 📺 ☎ 🅿 ♿.
🅿 – 🛄 40. ⒼⒷ
fermé 1er janv. au 10 fév. – **Repas** 121/182, enf. 50 – ⊡ 33 – **36 ch** 303/359, 5 duplex –
½ P 281/329.

RENAULT Chagny Auto, RN 6 par ① 🕿 85 87 22 28

CHAILLES 73 Savoie 🔢 ⑮ – rattaché aux Échelles.

CHAILLOL 05 H.-Alpes 🔢 ⑯ – alt. 1 450 – ⊠ 05260 Chabottes.
Paris 670 – Gap 24 – Orcières 20 – St-Bonnet-en-Champsaur 9,5.

🏪 **L'Étable** 🦢, 🕿 92 50 48 35, ≤ – ☎ 🅿. 🛇 rest
20 juin-20 sept. et 20 déc.-20 mars – **Repas** 85/110 🍷 – ⊡ 32 – **14 ch** 198/218 – ½ P 198/
218.

En juin et en septembre,
les hôtels sont moins chers qu'en pleine saison, le service est plus soigné.

CHAILLY-EN-BIÈRE 77930 S.-et-M. 🔢 ② 🔢 ⑮ G. Ile de France – 2 029 h alt. 64.
Paris 54 – Fontainebleau 9,5 – Étampes 43 – Melun 9,5.

🍽🍽🍽 **Chalet du Moulin**, S : 1,5 km par N 7 et VO 🕿 (1) 60 66 43 42, ≤, 🍽, parc, « Chalet
dans un cadre de verdure » – 🅿. 🆎 ⓪ ⒼⒷ
fermé lundi soir et mardi sauf fériés – **Repas** 300 bc et carte 340 à 450.

CHAILLY-SUR-ARMANÇON 21 Côte-d'or 🔢 ⑱ – rattaché à Pouilly-en-Auxois.

La CHAISE-DIEU 43160 H.-Loire 🔢 ⑥ G. Auvergne (plan) – 778 h alt. 1 082.
Voir Église abbatiale★★ : tapisseries★★★.
🛈 Office de Tourisme pl. Mairie 🕿 71 00 01 16, Fax 71 00 03 45.
Paris 510 – Le Puy-en-Velay 41 – Ambert 29 – Brioude 35 – Issoire 57 – ◆St-Étienne 80 – Yssingeaux 55.

🏨 **L'Écho et de l'Abbaye** 🦢, pl. Écho 🕿 71 00 00 45, Fax 71 00 00 22, 🍽 – 📺 ☎ 🆎 ⒼⒷ.
🛇
28 avril-2 nov. – **Repas** *(fermé lundi midi hors sais.)* 90/250, enf. 70 – ⊡ 40 – **11 ch** 250/350 –
½ P 300/320.

🏠 **Au Tremblant**, D 906 🕿 71 00 01 85, Fax 71 00 08 59, 🌳 – 📺 ☎ 🚙 🅿. ⒼⒷ
1er mai-1er nov. – **Repas** (dim. prévenir) 95/220, enf. 68 – ⊡ 33 – **27 ch** 210/335 – ½ P 260/
290.

🏠 **de La Casadeï** sans rest, pl. Abbaye 🕿 71 00 00 58, Fax 71 00 01 67 – 📺 ☎. 🆎 ⓪ ⒼⒷ
1er juin-30 sept. – ⊡ 40 – **11 ch** 160/280.

au plan d'eau de la Tour N : 2 km par D 906 – ⊠ 43160 La Chaise-Dieu :

🏠 **Le Vénéré**, 🕿 71 00 01 08, Fax 71 00 08 36, ≤, 🌳 – cuisinette ☎ 🚙 🅿. ⒼⒷ. 🛇 rest
⬥ *1er mai-30 sept.* – **Repas** (dîner seul.) 75/145 🍷, enf. 60 – ⊡ 32 – **14 ch** 170/290 –
½ P 210/235.

à Sembadel Gare S : 6 km par D 906 – ⊠ 43160 La Chaise-Dieu :

🏠 **Moderne**, 🕿 71 00 90 15, 🌳 – ☎ 🚙 🅿. ⒼⒷ. 🛇 rest
1er mars-1er nov. – **Repas** 90/135 🍷 – ⊡ 26 – **23 ch** 230 – ½ P 210/220.

PEUGEOT Gar. Rodier-Pumin 🕿 71 00 00 62   RENAULT Gar. Fayet, 🕿 71 00 00 88 🅽
          🕿 71 00 00 88

CHALAIS 16210 Charente 🔢 ③ G. Poitou Vendée Charentes – 2 172 h alt. 100.
Paris 493 – Angoulême 46 – ◆Bordeaux 82 – Périgueux 66.

🍽🍽 **Relais du Château**, au château 🕿 45 98 23 58, 🍽 – 🅿. 🆎 ⒼⒷ
fermé vacances de Toussaint, de fév., mardi soir et merc. – **Repas** 93/215, enf. 50.

PEUGEOT Gar. Gadrat-Blancheton, 🕿 45 98 21 16

01320 Ain ⑦⑭ ② ③ G. Vallée du Rhône – 1 476 h alt. 293.

Paris 440 – ♦Lyon 47 – Belley 63 – Bourg-en-Bresse 24 – Nantua 45 – Villefranche-sur-Saône 40.

XX **Clerc,** Grande rue ℰ 74 61 70 30, Fax 74 61 75 00, 🏠 – ℗
  fermé 3 au 12 juil., 13 nov. au 3 déc., 12 au 28 fév., lundi sauf le midi d'avril à oct. et mardi –
  Repas 86 (déj.). 120/300 ⅃.

RENAULT Gar. Berlie, ℰ 74 61 70 27 Ⓝ ℰ 74 61 76 02

CHALEZEULE 25 Doubs ⑥⑥ ⑮ – rattaché à Besançon.

CHALLANS 85300 Vendée ⑥⑦ ⑫ G. Poitou Vendée Charentes – 14 203 h alt. 11.

🚩 Office de Tourisme r. de Lattre-de-Tassigny ℰ 51 93 19 75. .

Paris 437 ② – Cholet 83 ② – ♦Nantes 56 ① – La Roche-sur-Yon 40 ③ – Les Sables-d'Olonne ④.

CHALLANS

Dodin (Bd L.) .... B
Gambetta (R.) .... B
Gaulle (Pl. de) .... A 7

Baudry (R. P.) .... A
Bazin (Bd R.) .... A
Biochaud (Av.) .... B
Bois-de-Cêné (R. de) .... A 2
Bonne-Fontaine (R.) .... B
Briand (Pl. A.) .... A 3
Carnot (Rue) .... A
Cholet (R. de) .... B 4
Clemenceau (Bd) .... A
F.F.I. (Bd des) .... A 6
Gare (Bd de la) .... B
Guérin (Bd) .... B
Leclerc (R. du Gén.) .... A 8
Lézardière (R. P. de) .... A 10
Lorraine (R. de) .... A 12
Marzelles (R. des) .... B 13
Monnier (R. P.) .... A 15
Nantes (R. de) .... AB
Roche-sur-Yon
  (R. de la) .... B 16
Sables (R. des) .... B 17
Strasbourg (Bd de) ..... A
Viaud
  Grand-Marais (Bd)..... B
Yole (Bd J.) .... AB

*Pas de publicité
payée dans ce guide.*

🏨 **Antiquité** sans rest, 14 r. Gallieni ℰ 51 68 02 84, Fax 51 35 55 74, ⅃, 🌿 – 📺 ☎ ℗. 🆎
  ⓞ ⅭⒷ. ❀   B **a**
  fermé 23 déc. au 5 janv. – ☑ 30 – **16 ch** 250/390.

🏨 **Commerce** sans rest, 17 pl. A. Briand ℰ 51 68 06 24, Fax 51 49 44 97 – 📺 ☎ – 🛗 35. 🆎
  ⒼⒷ   A **r**
  ☑ 28 – **21 ch** 210/250.

🏨 **Champ de Foire,** 10 pl. Champ de Foire ℰ 51 68 17 54, Fax 51 35 06 53 – 📺 ☎. 🆎
  ⒼⒷ   B **s**
  fermé vend. soir et sam. hors sais. – **Repas** 68/230 ⅃, enf. 45 – ☑ 28 – **11 ch** 180/240 –
  ½ P 195/220.

XX **Le Pavillon Gourmand,** 4 r. St-Jean-de-Mont ℰ 51 49 04 52 – ⒼⒷ   A **b**
  fermé 1ᵉʳ au 10 juil., 20 déc. au 2 janv., dim. soir et lundi – **Repas** (prévenir) 120 (déj.).
  160/240.

X **Chez Charles,** 8 pl. Champ de Foire ℰ 51 93 36 65, Fax 51 49 31 88 – 🍽. 🆎 ⓞ ⒼⒷ
  Ⓙ🇨🇧   B **s**
  fermé 20 déc. au 15 janv., dim. soir et lundi de sept. à juin – **Repas** 75/150 ⅃, enf. 50.

  à la Garnache par ① : *6,5 km – 3 379 h. –* ✉ **85710** :

XX **Petit St-Thomas,** ℰ 51 49 05 99 – ⒼⒷ
  fermé 15 au 30 juin, 1ᵉʳ au 15 déc. et lundi – **Repas** 68 (déj.). 100/190.

  rte de St-Gilles-Croix-de-Vie par ⑤ *–* ✉ **85300** Challans :

🏨 **Château de la Vérie** ⑤, 2 km sur D 69 ℰ 51 35 33 44, Fax 51 35 14 84, « Demeure du
  16ᵉ siècle dans un parc », ⅃, ❀ – 📺 ☎ ℗. 🆎 ⓞ ⒼⒷ
  Repas (fermé dim. soir et lundi hors sais.) 100/250, enf. 60 – ☑ 50 – **17 ch** 600/880 –
  ½ P 480/620.

XX **La Gîte du Tourne-Pierre,** 3 km sur D 69 ℰ 51 68 14 78, 🏠, ⅃ – ℗. 🆎 ⓞ ⒼⒷ
  fermé 15 au 31 mars, 9 au 22 oct., vend. soir, sam. midi et dim. soir sauf juil.-août – **Repas**
  (prévenir) 160/315, enf. 60.

par ① : 6 km sur D 948 – ✉ **85300** Challans :

🏠 **Relais des Quatre Moulins,** ℘ 51 68 11 85 – 📺 ☎ 🅿. 🄰🄴 ⅪⅫ. ✾
➡ *fermé 1ᵉʳ au 24 oct., 24 déc. au 2 janv. et dim. d'oct. à mai* – **Repas** 72/243 – ⊆ 28 – **12 ch** 205/350 – ½ P 260.

CITROEN Atlantic-Autom., 52 rte de St-Jean-de-
Monts par ⑥ ℘ 51 93 15 99 ℕ ℘ 51 93 15 99
PEUGEOT Gar. Retail, rte de Soullans
℘ 51 93 16 52

RENAULT S.N.V.A., 29 r. de St-Jean-de-Monts par
⑥ ℘ 51 49 52 22 ℕ ℘ 05 05 15 15

🛞 Challans Pneus, ZA allée Jariette ℘ 51 35 16 43

CHALONNES-SUR-LOIRE 49290 M.-et-L. 🅖🅙 ⑲ G. Châteaux de la Loire – 5 354 h alt. 20.

Voir Corniche angevine★ E.

🄱 Syndicat d'Initiative ℘ 41 78 26 21.

Paris 319 – Angers 25 – Ancenis 36 – Châteaubriant 61 – Château-Gontier 62 – Cholet 40.

🍴 **Boule d'Or,** 4 r. Las-Cases (près poste) ℘ 41 78 02 46, Fax 41 74 94 38 – ⅪⅫ
➡ *fermé lundi du 15 sept. au 30 avril, dim. soir et merc. soir* – **Repas** 80/147, enf. 55.

PEUGEOT Gar. Thuleau, ℘ 41 78 00 28 ℕ ℘ 41 78 15 11

CHÂLONS-SUR-MARNE 🅿 **51000** Marne 🅤🅤 ⑰ G. Champagne – 48 423 h alt. 83.

Voir Cathédrale★★ AZ – Église N.-D.-en-Vaux★ : intérieur★★ AY F – Statues-colonnes★★ du musée du cloître de N.-D.-en-Vaux★ AY M¹.

🛑 la Grande Romanie ℘ 26 66 64 69 à Courtisols par ③ : 15 km.

🄱 Office de Tourisme 3 quai des Arts ℘ 26 65 17 89, Fax 26 21 72 92.

Paris 163 ⑥ – ♦Reims 48 ① – Charleville-Mézières 104 ② – ♦Dijon 255 ④ – ♦Metz 158 ② – ♦Nancy 159 ④ – ♦Orléans 284 ⑤ – Troyes 83 ⑤.

Plan page suivante

🏨 ⚙ **Angleterre et rest. Jacky Michel,** 19 pl. Mgr Tissier ℘ 26 68 21 51, Fax 26 70 51 67,
☞ – 🗏 rest 📺 ☎ 🅿 🄰🄴 🅞 ☲🅐. ✾ ch   BY **g**
fermé 9 au 31 juil., vacances de Noël, sam. midi et dim. – **Repas** 150/400 et carte 350 à 470,
enf. 80 – ⊆ 60 – **18 ch** 430/500
Spéc. Langoustines parfumées au cumin, pommes de terre en salade. Rognons de veau au bouzy rouge et croquettes
à l'ail. Le "tout pomme" (sept. à avril). **Vins** Champagne, Coteaux champenois rouge.

🏨 **Le Renard,** 24 pl. République ℘ 26 68 03 78, Fax 26 64 50 07 – ⅏◈ ch 📺 ☎ – ☲🅐 30.
ⅪⅫ   AZ **r**
Repas *(fermé 23 juil. au 15 août, 22 déc. au 1ᵉʳ janv., dim. soir et sam.)* 90/260 bc, enf. 50 –
⊆ 44 – **35 ch** 330/380 – ½ P 320/480.

🏠 **Pot d'Étain** sans rest, 18 pl. République ℘ 26 68 09 09, Fax 26 68 58 18 – 📺 ☎. ⅪⅫ
⊆ 35 – **27 ch** 250/290.   AZ **u**

🏠 **Bristol** sans rest, 77 av. P. Sémard ✉ 51510 Fagnières ℘ 26 68 24 63, Fax 26 68 22 16 –
📺 ☎ ⇦➔ 🅿. ✾   X **a**
fermé vacances de Noël – ⊆ 35 – **24 ch** 198/238.

🍴🍴 **Les Ardennes,** 34 pl. République ℘ 26 68 21 42, Fax 26 21 34 55 – 🄰🄴 ⅪⅫ   AZ **s**
fermé dim. soir et lundi sauf fériés – **Repas** 95/245, enf. 40.

🍴 **Carillon Gourmand,** 15 pl. Mgr Tissier ℘ 26 64 45 07 – 🗏. ⅪⅫ   BY **e**
fermé 10 au 25 août, 25 janv. au 25 fév., dim. soir et lundi – **Repas** 120 🍶.

rte de Reims – ✉ **51520** St-Martin-sur-le-Pré :

🏠 **Campanile,** ℘ 26 70 41 02, Fax 26 66 87 85, ☞ – ⅏◈ ch 📺 ☎ 🕭 🅿 – ☲🅐 25. 🄰🄴 🅞
ⅪⅫ   X **n**
Repas 82 bc/105 bc, enf. 39 – ⊆ 30 – **47 ch** 270.

rte de Sedan – ✉ **51000** Chalons-sur-Marne :

🏠 **Ibis,** ℘ 26 65 16 65, Fax 26 68 31 88 – ⅏◈ ch 📺 ☎ 🅿 – ☲🅐 25. 🄰🄴 ⅪⅫ ☷☷   X **b**
Repas 97 bc, enf. 40 – ⊆ 35 – **43 ch** 285.

à l'Épine par ③ : 8,5 km – ✉ **51460** :

Voir Basilique N.-Dame★★.

🏨 ⚙ **Aux Armes de Champagne,** ℘ 26 69 30 30, Télex 830998, Fax 26 66 92 31, ☞, ✾ –
📺 ☎ 🅿 – ☲🅐 25 à 100. ⅪⅫ
fermé 7 janv. au 13 fév., dim. soir et lundi de nov. à mars – **Repas** 100 (déj.), 195/480 et carte
270 à 430 – ⊆ 55 – **37 ch** 320/690
Spéc. Bouquet de crustacés et poissons de roche en salade tiède. Saint-Pierre cuit au plat. Crème gratinée au citron et
fruits rouges. **Vins** Champagne, Bouzy.

CITROEN Gar. Ardon, 17 av. W.-Churchill par ④
℘ 26 64 42 42 ℕ ℘ 26 21 01 58
CITROEN Gar. Chauffert, 34 RN à Courtisols par ③
℘ 26 66 60 23 ℕ ℘ 26 66 90 95
FORD Gar. Bartholomé, 34 av. Wiston Churchill
℘ 26 64 49 37
MAZDA Gar. Grandjean, 57 fg St-Antoine
℘ 26 64 60 35
NISSAN Chalons Autom., 36 av. W.-Churchill
℘ 26 21 25 38

OPEL Gar. de l'Avenue, 1 r. Oradour ℘ 26 68 11 63
PEUGEOT Gar. Guyot 170 av. Gén.-Sarrail
℘ 26 68 38 86
RENAULT S.D.A.C., av. 106ᵉ-R.-I., ZI ℘ 26 21 12 12
ℕ ℘ 26 70 75 86
VOLVO, TOYOTA Gar. Poiret, av. Plateau Glières à
St-Memmie ℘ 26 70 41 13

🛞 Euromaster, 1 bis, av. du 106è RI ℘ 26 68 07 17

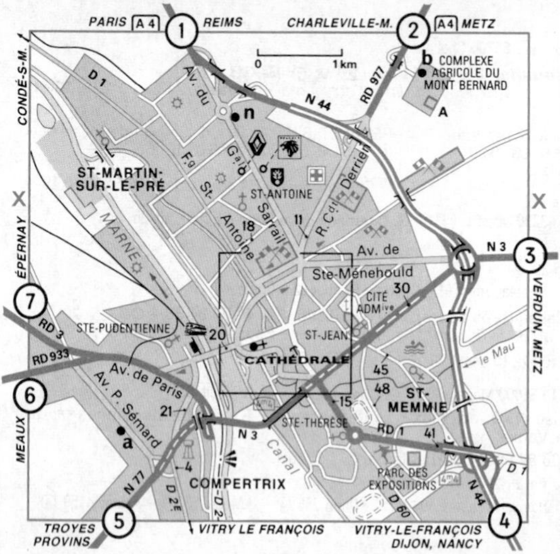

CHÂLONS-SUR-MARNE

312

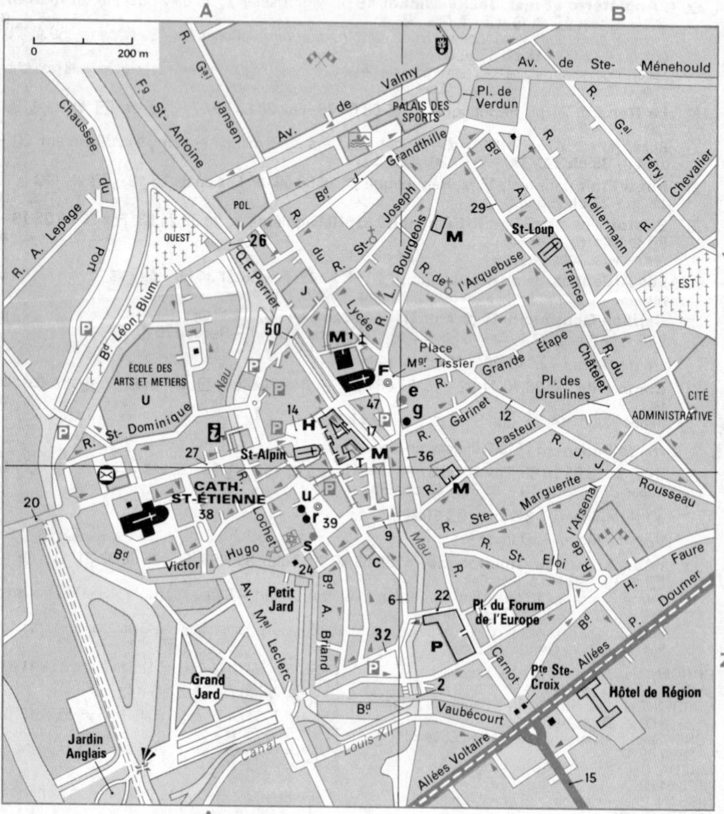

Voir Réfectoire★ de l'hôpital CZ – Musées : Denon★ BZ **M¹**, Nicéphore Niepce★ BZ **M²** –
Roseraie St-Nicolas★ SE : 4 km X.

🖪 *𝒫* 85 48 61 64, à la zone de Sports St-Nicolas, NE : 3 km X.

🛈 Office de Tourisme square Chabas, bd République *𝒫* 85 48 37 97, Fax 85 48 63 55 – A.C. 95 av. Boucicaut
𝒫 85 46 48 89 – Maison des Vins de la Côte Chalonnaise (unique en Bourgogne dégustations commentées à
la carte) promenade Sainte-Marie *𝒫* 85 41 64 00.

Paris 337 ⑦ – ◆Besançon 132 ① – Bourg-en-Bresse 91 ② – ◆Clermont-Fd 211 ⑤ – ◆Dijon 68 ⑦ – ◆Genève 203 ①
– ◆Lyon 127 ④ – Mâcon 58 ④ – Montluçon 213 ⑤ – Roanne 136 ⑤.

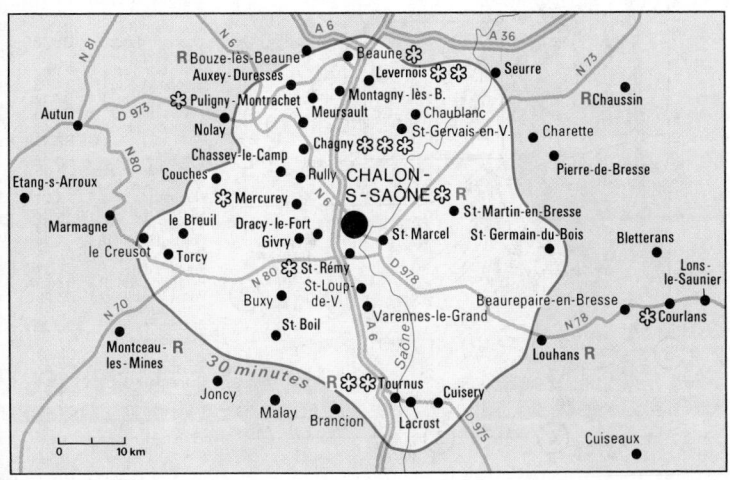

🏔 ❀ **St-Georges** (Choux) Ⓜ, 32 av. J. Jaurès *𝒫* 85 48 27 05, Fax 85 93 23 88 – ▐ ⤙ ch ▤
      📺 ☎ 🅿 – 🔥 25. 🆀🅴 ① 🕮🅱   AZ **s**
   Repas *(fermé sam. midi)* 155/390 et carte 250 à 380, enf. 80 – *Le Petit Comptoir d'à Côté 𝒫* 85
   93 44 26 *(fermé sam. midi et dim.)* **Repas** 78/85, enf. 45 – 🖙 50 – **48 ch** 290/550 –
   ½ P 360/415
      Spéc. Escalopes de foie gras chaud au pain d'épices. Filet de charolais aux crêtes et rognons de coq. Abricots rôtis aux
      pistaches, glace caramel (1ᵉʳ juin au 15 sept.). **Vins** Montagny, Givry.

🏔 **St-Régis,** 22 bd République *𝒫* 85 48 07 28, Fax 85 48 90 88 – ▐ ▤ 📺 ☎ ⟷. 🆀🅴 ① 🕮🅱
   🆎🅱   BZ **v**
   Repas *(fermé dim.)* 95/325 ♨, enf. 55 – 🖙 50 – **36 ch** 350/610 – ½ P 345/420.

🏠 **St-Hubert** sans rest, 35 pl. Beaune *𝒫* 85 48 70 43, Fax 85 48 71 18, *𝄃₅* – 📺 ☎. 🆀🅴 ①
   🕮🅱   BY **r**
   🖙 38 – **52 ch** 200/325.

🏠 **Central** sans rest, 19 pl. Beaune *𝒫* 85 48 35 00, Fax 85 93 10 20 – 📺 ☎. 🕮🅱   BY **e**
   🖙 30 – **29 ch** 200/250.

🏠 **St-Jean** sans rest, 24 quai Gambetta *𝒫* 85 48 45 65, Fax 85 93 62 69 – 📺 ☎. 🕮🅱 BZ **s**
   🖙 25 – **25 ch** 195/245.

XXX **Le Bourgogne,** 28 r. Strasbourg *𝒫* 85 48 89 18, Fax 85 93 39 10, « Maison du 17ᵉ siècle,
◆   caveau » – 🆀🅴 🕮🅱   CZ **r**
   fermé 8 au 22 juil., dim. soir sauf juil.-août et sam. midi – **Repas** 78/220 et carte 190 à 280.

XX **La Rotisserie,** 1 r. Pont *𝒫* 85 48 81 01, Fax 85 48 15 71 – ▤. 🆀🅴 🕮🅱   CZ **b**
   Repas 100/145 bc.

XX **Le Gourmand,** 13 r. Strasbourg *𝒫* 85 93 64 61 – ▤. 🆀🅴 🕮🅱   CZ **f**
   fermé 31 juil. au 21 août, 22 janv. au 5 fév., lundi soir et mardi – **Repas** 85/165.

XX **L'Ile Bleue,** 3 r. Strasbourg *𝒫* 85 48 39 83, Fax 85 48 72 58 – 🕮🅱   CZ **a**
   fermé 7 au 24 août, sam. midi et merc. – **Repas** - produits de la mer - 85/142.

XX **La Réale,** 8 pl. Gén. de Gaulle *𝒫* 85 48 07 21, Fax 85 48 57 77 – ▤. 🕮🅱   BZ **m**
   fermé dim. soir et lundi – **Repas** 85/163 ♨.

X **Marché,** 7 pl. St Vincent *𝒫* 85 48 62 00, 🛋 – 🕮🅱   CZ **d**
◆ fermé 15 au 31 août, dim. soir et lundi – **Repas** 80/160 ♨.

X **Chez Jules,** 11 r. Strasbourg *𝒫* 85 48 08 34 – ▤. 🆀🅴 🕮🅱   CZ **f**
   fermé 1ᵉʳ au 15 août, vacances de fév., sam. midi et dim. – **Repas** 85/165 ♨.

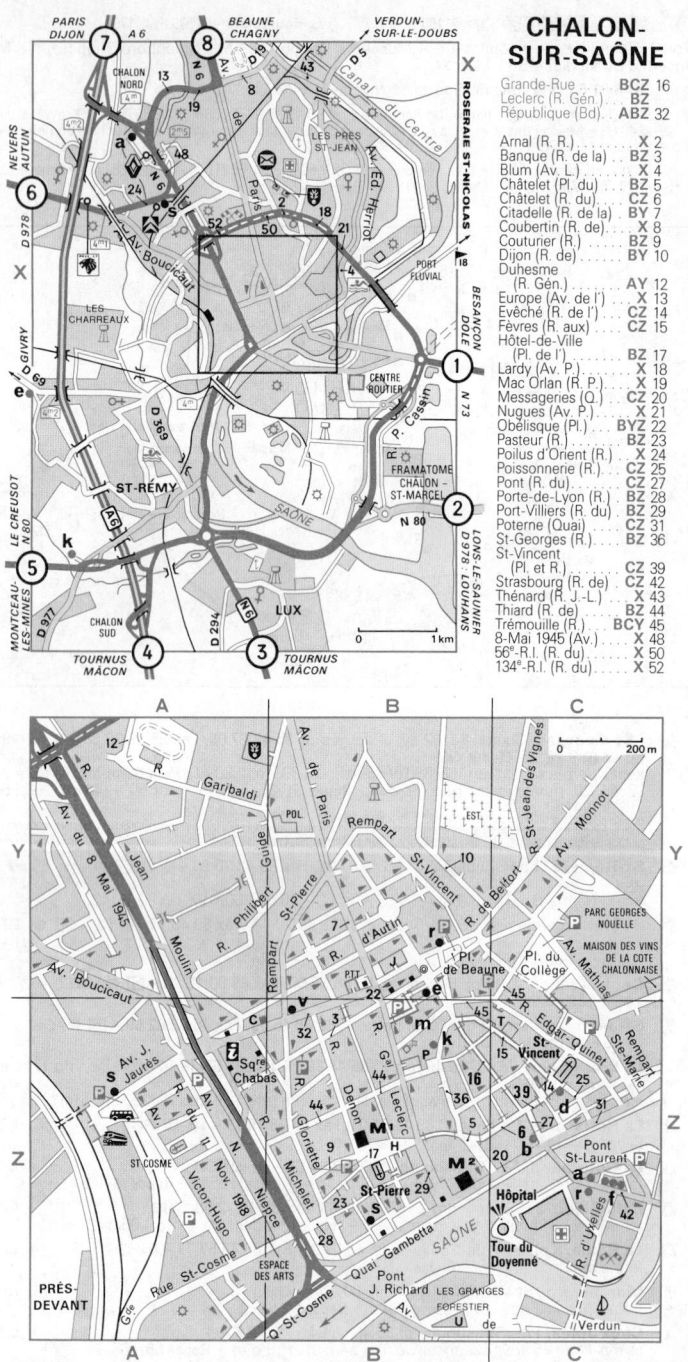

CHALON-SUR-SAÔNE

Grande-Rue . . . . BCZ 16
Leclerc (R. Gén.) . . . . BZ
République (Bd) . . . . ABZ 32

Arnal (R. R.) . . . . X 2
Banque (R. de la) . . . . BZ 3
Blum (Av. L.) . . . . . . X 4
Châtelet (Pl. du) . . . . BZ 5
Châtelet (R. du) . . . . . CZ 6
Citadelle (R. de la) . . BY 7
Coubertin (R. de) . . . . X 8
Couturier (R.) . . . . . . BZ 9
Dijon (R. de) . . . . . . BY 10
Duhesme
  (R. Gén.) . . . . AY 12
Europe (Av. de l') . . . . X 13
Evêché (R. de l') . . . . CZ 14
Fèvres (R. aux) . . . . . CZ 15
Hôtel-de-Ville
  (Pl. de l') . . . . CZ 17
Lardy (Av. P.) . . . . . . X 18
Mac Orlan (R. P.) . . . . X 19
Messageries (Q.) . . . . CZ 20
Nugues (Av. P.) . . . . . X 21
Obélisque (Pl.) . . . . . BYZ 22
Pasteur (R.) . . . . BZ 23
Poilus d'Orient (R.) . . X 24
Poissonnerie (R.) . . . . CZ 25
Pont (R. du) . . . . CZ 27
Porte-de-Lyon (R. du) . BZ 28
Port-Villiers (R.) . . . . BZ 29
Poterne (Quai) . . . . . CZ 31
St-Georges (R.) . . . . . BZ 36
St-Vincent
  (Pl. et R.) . . . . CZ 39
Strasbourg (R. de) . . . CZ 42
Thénard (R. J.-L.) . . . . X 43
Thiard (R. de) . . . . . . BZ 44
Trémouille (R.) . . . . . BCY 45
8-Mai 1945 (Av.) . . . . X 48
56e-R.I. (R. du) . . . . . X 50
134e-R.I. (R. du) . . . . X 52

314

X **Ripert,** 31 r. St Georges ☎ 85 48 89 20 – GB — BZ **k**
fermé vacances de printemps, 1er au 21 août, dim. et lundi – **Repas** 90/150 ₰.

X **Le Bistrot,** 31 r. Strasbourg ☎ 85 93 22 01 – GB — CZ **f**
fermé 1er au 21 août, sam. midi et dim. – **Repas** 78/115 ₰.

à St-Marcel par ① et D 978 : 3 km – 4 118 h. – ✉ 71100 :

XX **Jean Bouthenet,** ☎ 85 96 56 16, Fax 85 96 75 81 – P. ⓓ GB
fermé 7 au 20 août, vacances de fév., dim. soir et lundi – **Repas** 95/370 ₰, enf. 60.

à St-Rémy SO vers ⑤ (rte du Creusot) : 4 km par N 6, N 80 et VO – 5 627 h. – ✉ 71100 :

XXX ✿ **Moulin de Martorey** (Gillot), ☎ 85 48 12 98, Fax 85 48 73 67, ⛱, « Décor rustique avec ancien mécanisme de meunerie » – ▤ P. GB — X **k**
fermé 1er au 11 août, vacances d'hiver, dim. soir et lundi – **Repas** 175/390 et carte 300 à 400
Spéc. Trois préparations d'escargots. Sole rôtie au jus de petits pois frais (printemps-été). Fondant au guanaja et pralin feuilleté. **Vins** Givry, Rully.

à St-Loup-de-Varennes par ③ : 7 km – ✉ 71240 :

X **Le Saint Loup,** N 6 ☎ 85 44 21 58 – ▤ P. GB
fermé 19 au 25 juin, 9 au 15 oct., 5 au 11 fév., dim. soir et merc. – **Repas** 68/150 ₰.

rte de Givry O : 4 km sur D 69 – ✉ 71880 Châtenoy-le-Royal :

XX **Aub. des Alouettes,** ☎ 85 48 32 15, Fax 85 93 12 96, ⛱ – GB — X **e**
fermé 19 juil. au 10 août, mardi soir et merc. – **Repas** 90/220 ₰.

à Dracy-le-Fort par ⑥ : 6 km sur D 978 – ✉ 71640 :

Le Dracy M ⑤, ☎ 85 87 81 81, Fax 85 87 77 49, ⛱, parc, ⛱, ✗ – ▤ rest TV ☎ P – 🏛 30 à 80. AE ⓓ GB
La Garenne ☎ 85 87 72 73 **Repas** 95/170 ₰, enf. 60 – ☐ 45 – **41 ch** 340/440.

près échangeur A6 Chalon-Nord – ✉ 71100 Chalon-sur-Saône :

Mercure M, av. Europe ☎ 85 46 51 89, Télex 800132, Fax 85 46 08 96, ⛱, ⛱, ⛱ – |♦| ⚡ ch ▤ TV ☎ ♿ P – 🏛 100. AE ⓓ GB — X **a**
Repas 130 ₰, enf. 45 – ☐ 50 – **85 ch** 390/440.

Arcade M, carrefour des Moirots ☎ 85 41 04 10, Télex 802142, Fax 85 41 04 11, ⛱, ⛱ – |♦| ⚡ ch, ▤ rest TV ☎ ♿ P – 🏛 40 à 200. AE ⓓ GB — X **s**
Repas 85/200 ₰, enf. 40 – ☐ 35 – **86 ch** 270/315.

BMW Gar. République, 8 pl. République ☎ 85 48 12 14
CITROEN Gar. Moderne de Chalon sur Saône, 5 r. G.-Feydeau ☎ 85 46 52 12
FORD Soreva, 14 av. Kennedy ☎ 85 46 49 45
PEUGEOT Gar. Nedey, rte d'Autun à Châtenoy-le-Royal ☎ 85 46 84 84 N ☎ 85 92 79 08
RENAULT SODIRAC, av. Europe, c. ciale de la Thalie ☎ 85 47 85 47 N ☎ 05 05 15 15

Ⓜ Chalon Pneus, ZI Verte à Châtenoy-le-Royal ☎ 85 46 45 77
Euromaster, r. P.-de-Coubertin,ZI ☎ 85 46 50 12
Perret Pneus, 40 rte de Lyon, N 6 à St-Rémy ☎ 85 48 22 03
Pneus Joly "Point S", Le Maupas, rte d'Autun à Chatenoy-le-Royal ☎ 85 87 92 00

CHAMALIÈRES 63 P.-de-D. 73 ⑭ – rattaché à Clermont-Ferrand.

CHAMBERET 19370 Corrèze 72 ⑲ – 1 376 h alt. 450.

Env. Mont Gargan ✻★★ NO : 9 km, **G. Berry Limousin.**

ℹ Syndicat d'Initiative - Mairie ☎ 55 98 30 12.

Paris 449 – ♦Limoges 57 – Guéret 87 – Tulle 46 – Ussel 72.

France, ☎ 55 98 30 14, Fax 55 73 47 15 – ▤ rest ☎ P. GB. ✻ rest
fermé 22 janv. au 8 fév. et dim. soir d'oct. à Pâques – **Repas** 75/195 ₰ – ☐ 35 – **15 ch** 180/250 – ½ P 220/230.

CHAMBÉRY P 73000 Savoie 74 ⑮ **G. Alpes du Nord** – 54 120 h alt. 272.

Voir Vieille ville★ AB : Ste-Chapelle★ A **B** du château★ A, place St-Léger★ B, grilles★ de l'hôtel de Châteauneuf – (rue de la Croix-d'Or) B – Diptyque★ dans la Cathédrale métropolitaine B – Crypte★ de l'église St-Pierre de Lémenc B – Musée savoisien★ B **M**[1].

✈ de Chambéry-Aix-les-Bains : ☎ 79 54 49 54, au Bourget-du-Lac par ④ : 8 km.

ℹ Office de Tourisme 24 bd de la Colonne ☎ 79 33 42 47, Fax 79 85 71 39 – A.C. de Savoie "Le Comte-Rouge" 222 av. Comte-Vert ☎ 79 69 14 72.

Paris 566 ④ – ♦Grenoble 55 ② – Annecy 49 ④ – ♦Lyon 100 ④ – Torino 202 ② – Valence 127 ③.

Plan page suivante

Mercure M sans rest, 183 pl. Gare ☎ 79 62 10 11, Télex 309157, Fax 79 62 10 23 – |♦| ⚡ ch ▤ TV ☎ ♿ 🚗. AE ⓓ GB — A **s**
☐ 55 – **81 ch** 290/450.

Frantour Le France sans rest, 22 fg Reclus ☎ 79 33 51 18, Fax 79 85 06 30 – |♦| ⚡ ch ▤ TV ☎ 🚗 – 🏛 50. AE ⓓ GB — B **z**
☐ 50 – **48 ch** 320/460.

CHAMBÉRY

Boigne (R. de) . . . . B
Colonne (Bd de la) . . . . . . B 12
Juiverie (R.) . . . . A
St-Léger (Pl.) . . . . B

Allobroges (Q. des) . . . . . A 2
Banque (R. de la) . . . . B 3
Basse-du-Château (R.) . . A 4
Bernardines (Av. des) . . . A 6
Borrel (Q. A.) . . . . B 7
Charvet (R. F.) . . . . B 9
Château (Pl. du) . . . . A 10
Ducis (R.) . . . . B 13
Ducs-de-Savoie (Av. des) B 14
Freizier (R.) . . . . AB 15
Gaulle (Av. Gén.-de) . . . . B 16
Italie (R. d') . . . . B 17
Jaurès (Av. J.) . . . . A 18
Jeu-de-Paume (Q. du) . . A 19
Lans (R. de) . . . . A 20
Libération (Pl. de la) . . . . B 22
Maché (Pl.) . . . . A 23
Martin (R. Cl.) . . . . B 24
Métropole (Pl.) . . . . B 25
Musée (Bd du) . . . . AB 26
Ravet (Q. Ch.) . . . . B 27
St-Antoine (R.) . . . . A 28
St-François (R.) . . . . B 30
Théâtre (Bd du) . . . . B 31
Vert (Av. du Comte) . . . . . A 32

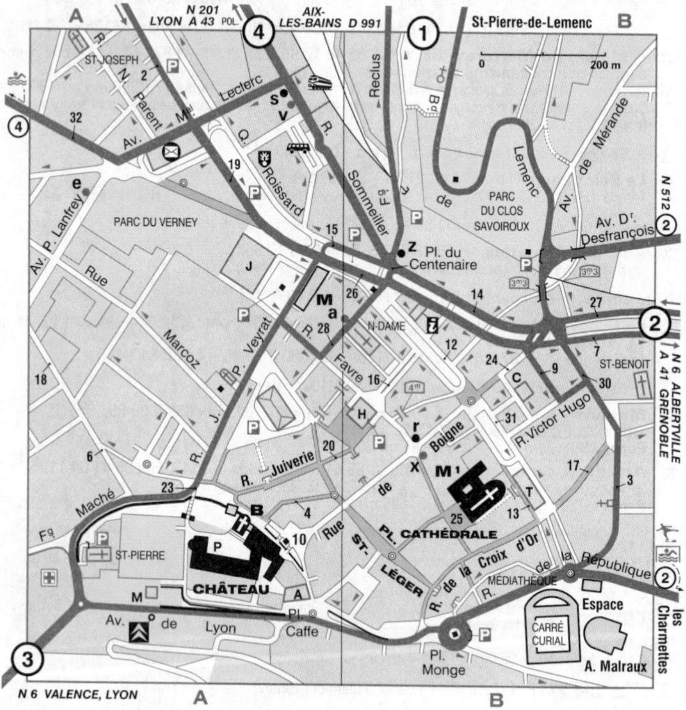

🏨 **Princes,** 4 r. Boigne ✆ 79 33 45 36, Fax 79 70 31 47 – |♦| ▤ rest TV ☎. AE ⓓ GB — B **r**
Repas *(fermé 9 au 16 juil. et dim. soir)* 100 (déj.), 160/320 – ☕ 33 – **45 ch** 190/370 – ½ P 300/370.

XXX ✿ **L'Essentiel** (Bouvier), 183 pl. Gare ✆ 79 96 97 27, Fax 79 96 17 78, 🏖 – ▤. AE GB — A **v**
fermé 1er au 15 août, dim. en juil.-août et sam. midi – **Repas** 95 (déj.), 145/295 et carte 200 à 340
Spéc. Persillé de lapin au romarin. Canette caramélisée au miel de sapin. Omble chevalier meunière.

XXX **St-Réal,** 10 r. St Réal ✆ 79 70 09 33, Fax 79 33 49 65 – AE ⓓ GB — B **x**
fermé dim. – **Repas** 135/380 et carte 250 à 350.

XX **Le Tonneau,** 2 r. St Antoine ✆ 79 33 78 26 – AE ⓓ GB — AB **a**
Repas 100/220 🍷.

X **La Vanoise,** 44 av. P. Lanfrey ✆ 79 69 02 78, Fax 79 62 64 52 – AE GB — A **e**
Repas (nombre de couverts limité, prévenir) 95/260 🍷.

à ***Sonnaz*** par ① : 8 km sur D 991 – ✉ **73000** :

XX **Le Régent,** ✆ 79 72 27 70, 🏖, 🌳 – Ⓟ. GB
fermé 15 août au 10 sept. et merc. – **Repas** 90/300, enf. 50.

à ***St-Alban-Leysse*** par ② : 5 km par N 512 et D 912 – 3 858 h. – ✉ **73230** :

🏨 **L'Or du Temps** Ⓜ, rte Plainpalais ✆ 79 85 51 28, Fax 79 85 83 87, 🏖 – TV ☎ ♿ Ⓟ – 🧑‍🏫 40. GB
fermé août, dim. soir et sam. – **Repas** 90/150 🍷 – ☕ 35 – **18 ch** 190/230 – ½ P 205.

SE : 2 km par D912 et D 4 - B – ⊠ **73000** Chambéry :

🏨 **Aux Pervenches** ⤴, aux Charmettes *℘* 79 33 34 26, Fax 79 60 02 52, ≤, 🌣, 🐎 – 📺
🕿 🅿, 🕮. ⚡ ch
fermé 16 au 24 avril – **Repas** *(fermé dim. soir et lundi midi)* 95/240 – ⊑ 25 – **13 ch** 130/180 –
½ P 220/270.

XX **Mont Carmel,** à Barberaz *℘* 79 85 77 17, Fax 79 85 16 65, 🌣, 🐎 – 🆎 🕮
fermé 2 au 10 janv., dim. soir et lundi – **Repas** 95 (déj.), 135/260.

par ④ : 3 km sur D 201 (sortie La Motte-Servolex) – ⊠ **73000** Chambéry :

🏨 **Novotel,** *℘* 79 69 21 27, Télex 320446, Fax 79 69 71 13, 🌣, 🏊, 🐎 – 📳 ⅘ ch 🖾 📺 🕿
🕭 🅿 – 🔏 200. 🆎 ⑩ 🕮 🃏
Repas carte environ 150, enf. 50 – ⊑ 50 – **103 ch** 395/430.

par ④ et N 201 : 9 km – ⊠ **73420** Voglans :

🏨 **Cerf Volant** ⤴, *℘* 79 54 40 44, Fax 79 54 46 73, 🌣, 🏊, 🐎, ⚡ – 📺 🕿 🅿 – 🔏 40 à 80.
🆎 ⑩ 🕮 🃏. ⚡ rest
fermé 17 déc. au 9 janv., sam. soir et dim. de mi-oct. à mi-avril – **Repas** 140/180 – ⊑ 50 –
30 ch 400/500 – ½ P 380.

CITROEN S.A.D., ZI des Landiers voie rapide
urbaine nord par ④ *℘* 79 62 25 90 🅽
℘ 79 54 41 77
CITROEN Gar. du Château, 187 av. de Lyon
℘ 79 69 39 08
MERCEDES Etoile Service 73, zac des Landiers
℘ 79 69 72 16 🅽 *℘* 05 24 24 30
PEUGEOT Gar. Maurel, ZI des Landiers par ④
℘ 79 96 15 32 🅽 *℘* 79 65 42 11

SEAT Plaza Autom., ZI Landiers Nord
℘ 79 69 21 62
VAG Jean Lain Autom., ZI des Landiers, voie rapide
urbaine nord *℘* 79 62 37 91

🔘 Equip'Auto, r. E.-Ducretet *℘* 79 96 34 40

Périphérie et environs

BMW Europe, 780 r. P.-et-M.-Curie à la Ravoire
℘ 79 71 35 35 🅽 *℘* 05 00 10 24
CITROEN Gar. Schiavon, av. de Turin à Bassens par
RN 512 B *℘* 79 33 03 53
FIAT Gar. Dubois, RN 6 rte de Challes à la Ravoire
℘ 79 72 73 73
FORD Gar. Madelon, 70 rte de Lyon, Cognin
℘ 79 69 09 27
HONDA Gar. Bonomi, RN 6 à La Ravoire
℘ 79 72 95 06
LANCIA Gar. Coudurier-Curioz, r. P.-et-M.-Curie, La
Ravoire *℘* 79 71 35 99
RENAULT Gar. SOGARAL, 282 av. de Chambéry à
St-Alban-Leysse par RN 512 B *℘* 79 72 99 00 🅽
℘ 05 05 15 15

ROVER Olympic Autom., à Voglans *℘* 79 54 46 69
TOYOTA Espace Autom., 22 r. P.-et-M.-Curie, La
Ravoire *℘* 79 72 95 20
VAG Gar. Lain Autom. Sud, ZI la Trousse, La
Ravoire *℘* 79 85 20 19

🔘 Comptoir du Pneu, 340 ch. Carrières à St-Alban
Leysse *℘* 79 75 21 03
Euromaster, N 6, ZI de la Trousse à la Ravoire
℘ 79 72 96 02
Euromaster, 672 av. de Chambéry à St-Alban-
Leysse *℘* 79 33 20 09
Savoy Pneus Point S, ZI Bissy av. Houille-Blanche
℘ 79 69 30 72

CHAMBOLLE-MUSIGNY 21220 Côte-d'Or 🕅🕅 ⑳ – 355 h alt. 350.

Paris 327 – ◆Dijon 18 – Beaune 27.

🏰 **Château André Ziltener** Ⓜ ⤴ sans rest, *℘* 80 62 41 62, Fax 80 62 83 75, « Belle demeure du 18ᵉ siècle, petit musée du vin », 🐎 – 📺 🕿 🕭, ⇐⇒ 🅿 – 🔏 25. 🆎 ⑩ 🕮. ⚡
fermé 14 déc. au 26 janv. – ⊑ 80 – **10 ch** 900/1800.

CHAMBON (Lac) ★★ 63 P.-de-D. 🔢 ⑬ G. Auvergne – alt. 877 – Sports d'hiver : 1 150/1 760 m ⚡9 –
⊠ **63790** Chambon-sur-Lac.

Paris 466 – ◆Clermont-Ferrand 37 – Condat 40 – Issoire 31 – Le Mont-Dore 18.

🏨 **Grillon,** *℘* 73 88 60 66, Fax 73 88 65 55, 🐎 – 🕿 🅿. 🆎 🕮
◆ *vacances de fév.-vacances de Toussaint* – **Repas** 58/180, enf. 38 – ⊑ 32 – **22 ch** 180/250 –
½ P 200/260.

🏨 **Beau Site,** *℘* 73 88 61 29, Fax 73 88 66 73, ≤, 🌣 – 📺 🕿 🅿. 🕮
◆ *10 fév.-30 sept.* – **Repas** 65/180, enf. 45 – ⊑ 35 – **17 ch** 250/320 – ½ P 240.

🏨 **Bellevue** sans rest, *℘* 73 88 61 06, Fax 73 88 63 53, ≤ – 🕿 🅿
◆ *vacances de fév.-30 sept.* – ⊑ 32 – **27 ch** 210/240.

CHAMBON-LA-FORÊT 45340 Loiret 🔢 ⑳ – 589 h.

Paris 96 – ◆Orléans 43 – Châteauneuf-sur-Loire 25 – Montargis 38 – Pithiviers 14.

X **Aub. de la Rive du Bois,** N : 1 km par rte Pithiviers *℘* 38 32 28 44, Fax 38 32 02 61 – 🅿.
◆ 🕮
fermé 10 au 30 août, 20 au 30 déc., lundi soir, mardi soir et merc. – **Repas** 80/230, enf. 55.

Le CHAMBON-SUR-LIGNON 43400 H.-Loire 🔢 ⑧ G. Vallée du Rhône – 2 854 h alt. 960.

🛤 *℘* 71 59 28 10, SE par D 103, D 155 : 5 km.

🅱 Office de Tourisme 1 la Place *℘* 71 59 71 56, fax 71 65 88 78.

Paris 577 – Le Puy-en-Velay 46 – Annonay 47 – Lamastre 32 – Privas 83 – ◆St-Étienne 59 – Yssingeaux 24.

🏨 **Bel Horizon** ⚓, chemin de Molle   🕿 71 59 74 39, Fax 71 59 79 81, ≤, ⤲, 🚗, 🕷 – 📺 🕿
🅿, 🖭, 🕷 rest
Pâques-1ᵉʳ nov. – **Repas** 100/160 ⅃ – ⊐ 40 – **20 ch** 280/360 – ½ P 340/380.

au Sud 3 km par D 151, rte de la Suchère et VO – ⊠ 43400 Chambon-sur-Lignon :

🏨 **Bois Vialotte** ⚓,   🕿 71 59 74 03, ≤, 🚗 – 🅿, 🖭, 🕷 rest
↤ *1ᵉʳ mai-30 sept.* – **Repas** 75/120 – ⊐ 35 – **17 ch** 180/290 – ½ P 210/275.

à l'Est : 3,5 km par D 157 et D 185 – ⊠ 43400 Chambon-sur-Lignon :

🏨 **Clair Matin** ⚓,   🕿 71 59 73 03, Fax 71 65 87 66, ≤, 🏵, parc, ⅃ₔ, ⤲, 🕷 – 📺 🕿 ⅍ 🅿 –
🔬 30. 🖭 ⓸ 🖭 🅹🅲🅱, 🕷 rest
fermé mi-nov. à mi-déc. – **Repas** 110/200 – ⊐ 47 – **30 ch** 370/490 – ½ P 340/400.

CITROEN Gar. Grand, 27-29 rte de St-Agrève   RENAULT Gar. Perrier, à le Sarzier 🕿 71 59 74 31
🕿 71 59 76 18 🅽 🕿 71 59 29 09   🅽 🕿 71 59 74 31

CHAMBORD 41250 L.-et-Ch. 🖽 ⑦ ⑧ – 200 h alt. 71.

Voir Château★★★ (spectacle son et lumière), G. Châteaux de la Loire.

Paris 175 – ◆ Orléans 52 – Blois 16 – Châteauroux 100 – Romorantin-Lanthenay 37 – Salbris 54.

🏨 **Gd St-Michel** ⚓,   🕿 54 20 31 31, Fax 54 20 36 40, 🏵, « Face au château », 🕷 – 📺 🕿
🅿, 🖭, 🕷 ch
fermé 14 nov. au 20 déc. – **Repas** (dim. et fêtes prévenir) 130/210 – ⊐ 38 – **38 ch** 320/450.

CHAMBORIGAUD 30530 Gard 🖾 ⑦ – 716 h.

Paris 646 – Alès 30 – Florac 50 – La Grand-Combe 20 – Villefort 23.

🏠 **Les Cévennes**,   🕿 66 61 47 27, Fax 66 61 51 01, 🏵 – 🕿 🅿 🖭
↤ *fermé 1ᵉʳ janv. au 15 fév. et mardi sauf du 15 juin au 15 sept.* – **Repas** 60/160 ⅃, enf. 35 –
⊐ 28 – **12 ch** 170/200 – ½ P 180/195.

CHAMBOULIVE 19450 Corrèze 🗾 ⑨ G. Berry Limousin – 1 190 h alt. 435.

Paris 465 – Brive-la-Gaillarde 41 – Aubusson 92 – Bourganeuf 76 – Seilhac 8,5 – Tulle 22 – Uzerche 16.

🏠 **Deshors Foujanet**, rte Treignac   🕿 55 21 62 05, Fax 55 21 68 80, ⅃ₔ, ⤲, 🚗 – 🕿 🅿 🖭
🖭 🖭
fermé 1ᵉʳ au 27 oct., vacances de fév., dim. soir de nov. à juin – **Repas** 85 bc/195 ⅃, enf. 58 –
⊐ 28 – **27 ch** 145/270 – ½ P 200/260.

CHAMBRAY 27120 Eure 🖽 ⑰ – 372 h alt. 49.

Paris 93 – ◆ Rouen 50 – Évreux 13 – Louviers 23 – Mantes-la-Jolie 35 – Vernon 17.

XXX ✿ **Le Vol au Vent**,   🕿 32 36 70 05 – ⓸ 🖭
fermé août, 24 déc. au 2 janv., mardi soir et dim. midi – **Repas** 160/270 et carte 235 à 315
Spéc. "Belle de Normandie" en sabayon de cidre. Escalopes de ris de veau aux champignons sauvages. Millefeuille
aux fruits de saison.

CHAMBRAY-LÈS-TOURS 37 I.-et-L. 🖽 ⑮ – rattaché à Tours.

CHAMONIX-MONT-BLANC 74400 H.-Savoie 🗾 ⑧ ⑨ G. Alpes du Nord – 9 701 h alt. 1 037 – Sports
d'hiver : 1 035/3 842 m ⁻ʳ 12 ⥀ 33 ⚡ – Casino AY.

Env. E : Mer de glace★★★ et le Montenvers★★★ par chemin de fer à crémaillère AY – SE :
Aiguille du midi ⋇★★★ par téléphérique AY (station intermédiaire : plan de l'Aiguille★★ BZ) –
NO : Le Brévent★★★ par téléphérique (station intermédiaire : Planpraz★★) AZ.

🖽 ⒙ 🕿 50 53 06 28, N : 3 km BZ.

Tunnel du Mont-Blanc : **Péage en 1994**, aller simple : autos 90 à 175 F, camions 435 à 875 F - Tarifs
spéciaux AR pour autos et camions.

🖪 Office de Tourisme pl. Triangle-de-l'Amitié 🕿 50 53 00 24, Fax 50 53 58 90.

Paris 612 ② – Albertville 67 ② – Annecy 94 ② – Aosta 59 ② – ◆ Genève 83 ② – Lausanne 107 ①.

Plans pages suivantes

🏨 **Mont-Blanc et rest. Le Matafan**, 62 allée Majestic   🕿 50 53 05 64, Télex 385614,
Fax 50 55 89 44, ≤, 🏵, « Jardin », ⤲, 🕷 – 🗌 ⥂ ch 📺 🕿 🚗 🅿 🖭 ⓸ 🖭
🖭   AY **g**
fermé 15 oct. au 16 déc. – **Repas** 240/360 ⅃ – ⊐ 60 – **24 ch** 655/1010, 19 appart – ½ P 695.

🏨 ✿ **Albert 1ᵉʳ** (Carrier) 🖬, 119 impasse Montenvers   🕿 50 53 05 09, Fax 50 55 95 48, ≤,
« Jardin fleuri », ⅃ₔ, ⤲ – 🗌 📺 🕿 🚗 🅿 🖭 ⓸ 🖭 🅹🅲🅱   AX **f**
fermé 9 au 18 mai et 23 oct. au 5 déc. – **Repas** *(fermé merc.)* 190/480 et carte 295 à 450, enf.
120 – ⊐ 70 – **19 ch** 690/920, 7 appart, 3 chalets – ½ P 590/950
Spéc. Menu "La Maison de Savoie". Côte de veau de lait aux aromates. Larme de chocolat amer à la crème légère de
gentiane. **Vins** Marin, Mondeuse.

🏨 ✿ **Aub. du Bois Prin** 🖬 ⚓, aux Moussoux   🕿 50 53 33 51, Fax 50 53 48 75, ≤ massif du
Mont-Blanc, 🏵, « Chalet fleuri », 🚗 – 🗌 📺 🕿 🚗 🅿 🖭 ⓸ 🖭   AZ **a**
fermé 18 avril au 4 mai et 23 oct. au 30 nov. – **Repas** *(fermé merc. midi)* 130 bc (déj.), 170/420
– ⊐ 70 – **11 ch** 740/1080 – ½ P 600/770.

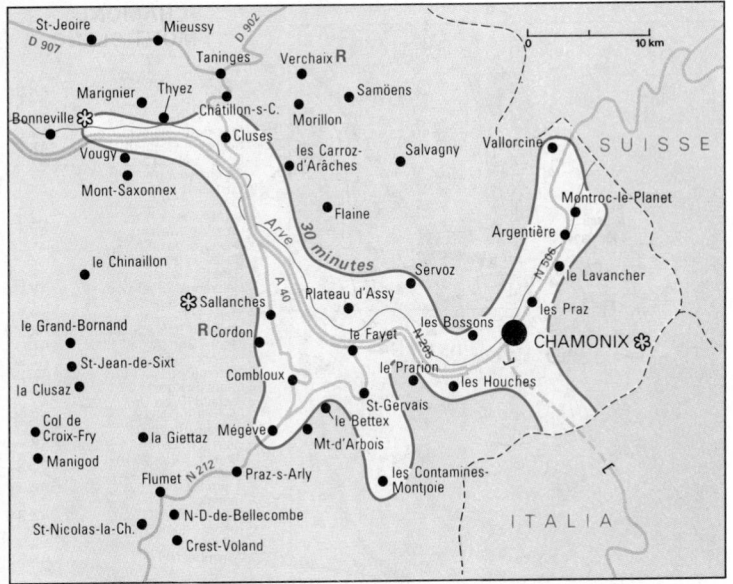

Alpina Ⓜ, 79 av. Mt-Blanc ℘ 50 53 47 77, Télex 385090, Fax 50 55 98 99, ≤, *Ⅰ₆* – ⧉ ❄← ch ▤ rest ▥ ☎ ⅙ ⟲ – ⚗ 150. ⅍ ⓞ ⃝ ⃝ ⒿⒸⒷ
AX **t**
15 juin-2 oct. et 16 déc.-25 avril – **Repas** 145/220 ⅄, enf. 60 – ⧴ 45 – **125 ch** 483/942, 9 appart – ½ P 438/626.

Les Aiglons Ⓜ, av. Courmayeur ℘ 50 55 90 93, Fax 50 53 51 08, ≤, ⌂, *Ⅰ₆* – ⧉ ▥ ☎ ⅙ ⟲ ⃝ – ⚗ 35. ⅍ ⓞ ⃝ ⒿⒸⒷ
AY **m**
hôtel : fermé 14 oct. au 16 déc. ; rest. : fermé 30 sept. au 16 déc. – **Repas** (dîner seul.) 130/160, enf. 45 – ⧴ 55 – **56 ch** 562/777 – ½ P 453/551.

Le Prieuré, allée Recteur Payot ℘ 50 53 20 72, Fax 50 55 87 41, ≤, ⌖ – ⧉ cuisinette ❄← ch ▥ ☎ ⓟ – ⚗ 100. ⅍ ⓞ ⃝ ⒿⒸⒷ
AY **v**
hôtel : fermé 2 oct. au 22 déc. ; rest. : fermé 1ᵉʳ mars au 29 avril et 2 oct. au 22 déc. – **Repas** 110 ⅄ – ⧴ 40 – **91 ch** 421/734 – ½ P 431/497.

Hermitage et Paccard ⌂, r. Cristalliers ℘ 50 53 13 87, Fax 50 55 98 14, ≤, ⌖ – ⧉ ▥ ☎ ⓟ. ⅍ ⓞ ⃝ ⒿⒸⒷ
AX **e**
fermé 1ᵉʳ au 20 mai et 1ᵉʳ oct. au 15 déc. – **Repas** 130/200, enf. 65 – ⧴ 45 – **33 ch** 470/600 – ½ P 480.

La Sapinière-Montana ⌂, 102 r. Mummery ℘ 50 53 07 63, Fax 50 53 10 14, ≤, ⌂, ⌖ – ⧉ ▥ ☎ ⓟ. ⅍ ⓞ ⃝ ⒿⒸⒷ. ❄ rest
AX **k**
11 juin-24 sept. et 20 déc.-14 avril – **Repas** 140/160 – ⧴ 45 – **30 ch** 590 – ½ P 440.

Croix Blanche, 87 r. Vallot ℘ 50 53 00 11, Fax 50 53 48 83, ≤, ⌂ – ⧉ ▥ ☎ ⓟ. ⅍ ⓞ ⃝ ⒿⒸⒷ
AX **v**
fermé 2 mai au 1ᵉʳ juil. – **Repas** brasserie carte 130 à 170 ⅄, enf. 37 – ⧴ 35 – **35 ch** 331/540.

International Ⓜ sans rest, 255 av. M. Croz ℘ 50 53 00 60, Fax 50 53 56 34, *Ⅰ₆* – ⧉ ▥ ☎ ⟲ – ⚗ 25. ⅍ ⓞ ⃝
AY **s**
fermé 15 au 30 mai – ⧴ 38 – **30 ch** 364/528.

Le Chantel sans rest, 391 rte Pècles ℘ 50 53 02 54, Fax 50 53 54 52, ≤, ⌖ – ☎ ⓟ. ⃝. ❄
AZ **k**
fermé 7 au 25 avril et 24 oct. au 9 nov. – ⧴ 25 – **7 ch** 456.

Arve, 60 impasse Anémones ℘ 50 53 02 31, Fax 50 53 56 92, ≤, ⌖ – ⧉ ▥ ☎ ⓟ. ⅍ ⓞ ⃝. ❄ rest
AX **a**
hôtel : fermé 2 nov. au 21 déc. ; rest. : fermé 8 mai au 2 juin et 24 sept. au 20 déc. – **Repas** (dîner seul. du 2 avril au 8 mai, 10 au 24 sept. et 20 déc. au 14 janv.) 73/105 ⅄, enf. 50 – ⧴ 36 – **39 ch** 257/442 – ½ P 243/318.

Arveyron, av. du Bouchet ℘ 50 53 18 29, Fax 50 53 06 43, ≤, ⌂, ⌖ – ▥ ☎ ⓟ. ⃝. ❄ rest
BZ **k**
3 juin-24 sept. et 22 déc.-10 avril – **Repas** 75/110, enf. 45 – ⧴ 34 – **32 ch** 200/300 – ½ P 215/265.

CHAMONIX-
MONT-BLANC

🏠 **La Savoyarde** ⌂ sans rest, 28 rte Moussoux ♪ 50 53 00 77, Fax 50 55 86 82, ≤, ☞ – 📺
☎ ⌧, 🆎 GB   AZ   **s**
10 juin-15 oct. et 9 déc.-15 mai – 😑 48 – **14 ch** 410/594.

🏠 **Roma** sans rest, 289 r. Ravanel-le-Rouge ♪ 50 53 00 62, Fax 50 53 50 31, ≤, ☞ – ☎ ⓟ.
🆎 ⓞ GB   AY   **r**
15 juin-15 oct. et 20 déc.-25 mai – 😑 35 – **30 ch** 330/476.

🏠 **Au Bon Coin** sans rest, 80 av. Aiguille-du-Midi ♪ 50 53 15 67, Fax 50 53 51 51, ≤, ☞ –
☎ ⓟ. GB. ❄   AY   **b**
1er juil.-30 sept. et 20 déc.-20 avril – 😑 35 – **20 ch** 214/344.

❌❌ **Atmosphère,** 123 pl. Balmat ♪ 50 55 97 97, Fax 50 53 38 96 – 📃. 🆎 ⓞ GB 🇯🇨🇧 AY   **n**
Repas 109/139 ⅜.

❌ **Le Crochon,** 80 r. Moulins ♪ 50 53 41 78, Fax 50 53 67 34, 😀 – 🆎 GB   AX   **d**
Repas 92/160, enf. 38.

aux Praz-de-Chamonix N : 2,5 km – alt. 1 060 – ✉ **74400** Chamonix :

Voir la Flégère ≤★★ par téléphérique BZ.

🏠 **Le Labrador et rest. La Cabane** M, au golf ♪ 50 55 90 09, Fax 50 53 15 85, ≤, 😀, 🎴 –
🛏 📺 ☎ ⓟ – 🚪 30. 🆎 ⓞ GB   BZ   **h**
hôtel : fermé 10 oct. au 15 déc. ; rest. : fermé 25 oct. au 15 déc. – **Repas** 75 (déj.), 145/160 ⅜
– 😑 50 – **32 ch** 470/730 – ½ P 515/565.

🏠 **Rhododendrons,** ♪ 50 53 06 39, Fax 50 53 55 76, ≤, 😀 – 📷. GB. ❄ rest   BZ   **a**
10 juin-20 sept. et 20 déc.-20 avril – **Repas** 75/110 ⅜ – 😑 30 – **18 ch** 180/330 – ½ P 270.

❌❌ **L'Eden** M avec ch, ♪ 50 53 06 40, Fax 50 53 51 50, ≤, 😀 – 📺 ☎ ⓟ. 🆎 ⓞ GB 🇯🇨🇧
❄ ch   BZ   **e**
fermé 1er au 15 juin, 7 nov. au 1er au déc. et mardi hors sais. – **Repas** 120/350 – 😑 45 – **10 ch**
295/450 – ½ P 320/350.

au Lavancher par ①, N 506 et VO : 6 km – alt. 1 100 – Sports d'hiver : voir à Chamonix – ✉ **74400**
Chamonix :

Voir ≤★★.

🏠 **Jeu de Paume** M ⌂, ♪ 50 54 03 76, Fax 50 54 10 75, ≤, 😀, « Joli décor de chalet »,
🔲, ☞, ❄ – 🛏 📺 ☎ ⓟ – 🚪 30. 🆎 ⓞ GB. ❄ rest
fermé 8 nov. au 15 déc. – **Repas** *(fermé dim. soir et lundi hors sais.)* 220 – 😑 55 – **22 ch**
780/970 – ½ P 635/730.

🏠 **Beausoleil** ⌂, ♪ 50 54 00 78, Fax 50 54 17 34, ≤, 😀, « Jardin fleuri », ❄ – 📺 ☎ ⌧
ⓟ. 🆎 GB 🇯🇨🇧. ❄ rest
fermé fin sept. au 20 déc. – **Repas** *(fermé le midi du 18 avril au 10 juin et du 9 au 20 janv.)*
90/150 ⅜ – 😑 40 – **15 ch** 430/540 – ½ P 330/385.

aux Bossons S : 3,5 km – alt. 1 005 – ✉ **74400** :

🏠 **Novotel** M, ♪ 50 53 26 22, Télex 385372, Fax 50 53 31 31, ≤, 😀, 🔲, ☞ – 🛏 ⌦ ch
📃 rest 📺 & ⌧ – 🚪 60. 🆎 ⓞ GB   AZ   **f**
Repas carte environ 180 ⅜, enf. 65 – 😑 48 – **89 ch** 465/495.

🏠 **Aiguille du Midi,** ♪ 50 53 00 65, Fax 50 55 93 69, ≤, 😀, « Parc ombragé et fleuri », 🔲,
❄ – 🛏 📺 ☎ ⓟ. GB. ❄ rest   AZ   **n**
14 avril-20 sept., 20 déc.-5 janv. et 15 fév.-17 mars – **Repas** 125/195, enf. 68 – 😑 50 – **47 ch**
180/480 – ½ P 280/420.

CITROEN Gar. du Glacier, 220 rte des Rives, les   RENAULT Gar. du Bouchet, pl. du Mont-Blanc
Bossons ♪ 50 55 95 55   ♪ 50 53 01 75

▨ **CHAMOUILLE** 02860 Aisne 📖 ⑤ – 147 h alt. 102.
Paris 136 – ◆Reims 49 – Fère-en-Tardenois 42 – Laon 14 – Soissons 34.

🏠 **Mercure** M ⌂, parc nautique de l'Ailette ♪ 23 24 84 85, Fax 23 24 81 20, ≤, 😀, 🔲 – 🛏
⌦ ch 📺 ☎ & ⓟ – 🚪 60. 🆎 ⓞ GB. ❄ rest
Repas 110/160, enf. 50 – 😑 50 – **58 ch** 390/440.

▨ **CHAMPAGNAC** 15350 Cantal 📖 ② – 1 339 h alt. 620.
Paris 485 – Aurillac 74 – ◆Clermont-Ferrand 93 – Mauriac 22 – Ussel 41.

🏠 **Le Lavendès** ⌂, Château de Lavendès ♪ 71 69 62 79, Fax 71 69 65 33, 🔲, ☞ – 📺 ☎
ⓟ. GB. ❄
1er mars-15 nov. et fermé dim. soir et lundi sauf du 15 mai au 15 sept. – **Repas** *(fermé le midi
sauf dim.)* 165/260, enf. 65 – 😑 58 – **8 ch** 410/550 – ½ P 500.

▨ **CHAMPAGNAC-DE-BELAIR** 24 Dordogne 📖 ⑤ – rattaché à Brantôme.

▨ **CHAMPAGNE-AU-MONT-D'OR** 69 Rhône 📖 ⑪ – rattaché à Lyon.

▨ **CHAMPAGNEY** 70 H.-Saône 📖 ⑦ – rattaché à Ronchamp.

☞ *Michelin n'accroche pas de panonceau aux hôtels et restaurants
qu'il signale.*

Voir Musée archéologique : plaques-boucles★ M.

🛈 Office de Tourisme Annexe Hôtel-de-Ville ℰ 84 52 43 67, fax 84 52 54 57.

Paris 424 ④ – ◆Besançon 68 ④ – Dole 60 ④ – ◆Genève 86 ② – Lons-le-Saunier 34 ③ – Pontarlier 41 ① – St-Claude 51 ②.

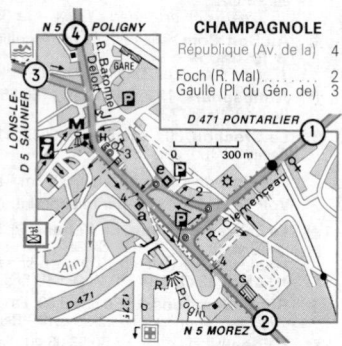

CHAMPAGNOLE
République (Av. de la) ... 4
Foch (R. Mal) 2
Gaulle (Pl. du Gén. de) .. 3

🏨 **Le Bois Dormant** M 🐾, rte Pontarlier par ① : 1,5 km ℰ 84 52 66 66, Fax 84 52 66 67, 🏤, parc, 🎾 – 📺 & ← 🅿 – 🔬 50. 🖭 GB
Repas 88/240 🛢 – 😑 30 – **35 ch** 270/300, 4 duplex – ½ P 240.

🏨 **La Vouivre** 🐾, r. Gédéon David, NO : 2 km ℰ 84 52 10 44, Fax 84 52 04 07, 🏤, « Parc », 🏊, 🎾 – 📺 ☎ 🅿. GB
1er mai-15 oct. – **Repas** (fermé merc. midi) 112/178 – 😑 39 – **20 ch** 347/404 – ½ P 305/341.

🏨 **Gd H. Ripotot,** 54 r. Mar. Foch (e) ℰ 84 52 15 45, Fax 84 52 09 11, 🏤, 🎾 – ⌷ ☎ ← 🖭 ⓪ GB
1er avril-6 nov. – **Repas** 70/210 🛢, enf. 50 – 😑 35 – **55 ch** 150/310 – ½ P 250/280.

🍴 **Taverne de l'Épée,** 2 r. Pont de l'Épée (a) ℰ 84 52 03 85, Fax 84 52 44 67 – GB
fermé lundi – **Repas** 65/158, enf. 35.

rte de Genève par ② : 7,5 km – ⌧ **39300** Champagnole :

🍴🍴🍴 **Aub. des Gourmets** avec ch, ℰ 84 51 60 60, Fax 84 51 62 83, ≼, 🏤, 🌲 – 📺 ☎ 🅿. 🖭 GB
fermé 1er au 13 juil., 1er au 15 déc., dim. soir et lundi sauf vacances scolaires – **Repas** 85/280 et carte 240 à 350 – 😑 32 – **7 ch** 300/490 – ½ P 300.

ALFA ROMEO Gar. Cuynet, 10 r. Baronne Delort ℰ 84 52 09 78
PEUGEOT Gar. Ganeval, av. de Lattre-de-Tassigny ℰ 84 52 07 78 🏬 ℰ 84 35 94 06
RENAULT Gar. Poix Daude, 22 r. du Vieux Pont à Pont du Navoy par ③ ℰ 84 51 21 80

RENAULT Comte Autom., av. J.-Jaurès par ② ℰ 84 52 24 24 🏬 ℰ 07 65 54 91

🖲 Girardot Pneus, r. Egalité ZI ℰ 84 52 21 52
Pneus Maréchal, 44 r. Liberté ℰ 84 52 07 96

Voir Retable★ dans l'église.

🛈 Office de Tourisme ℰ 79 55 06 55, fax 79 55 04 66.

Paris 625 – Albertville 43 – Chambéry 90 – Moûtiers 17.

🏨 **L'Ancolie** M 🐾, ℰ 79 55 05 00, Fax 79 55 04 42, ≼, 🏤, 🍸 – ⌷ 📺 ☎ & – 🔬 30. GB. 🍴 rest
2 juin-9 sept. et 16 déc.-22 avril – **Repas** 100 (déj.)/115, enf. 48 – 😑 50 – **31 ch** 500/640 – ½ P 450.

🏨 **Les Glières,** ℰ 79 55 05 52, Fax 79 55 04 84, ≼, 🏤 – ☎ 🅿. 🖭 GB
17 juin-3 sept. et 16 déc.-15 avril – **Repas** 95/150 🛢, enf. 43 – 😑 34 – **20 ch** 380 – ½ P 334/360.

Paris 349 – St-Lô 61 – St-Malo 81 – Avranches 17 – Granville 15.

🍴🍴 **Marquis de Tombelaine et H. les Hermelles** M 🐾 avec ch, sur D 911 ℰ 33 61 85 94, Fax 33 61 21 52, ≼, 🏤 – ☎ & 🅿. GB
fermé vacances de Toussaint, 5 au 28 janv., mardi soir et merc. – **Repas** 99/350 🛢, enf. 48 – 😑 29 – **6 ch** 180/280 – ½ P 190/270.

Paris 448 – ◆ Clermont-Ferrand 30 – Condat 49 – Issoire 12 – Le Mont-Dore 36 – Thiers 65.

🍴 **Promenade,** ℰ 73 96 70 24 – 🖭 GB
fermé mardi soir et merc. – **Repas** 75/200, enf. 45.

PEUGEOT Gar. Thiers, ℰ 73 96 73 18

Paris 322 – ◆ Nancy 14 – Château-Salins 15 – Pont-à-Mousson 41 – Saint-Avold 56.

🏨 **La Lorette,** 52 r. St-Barthélémy ℰ 83 31 63 43 – 📺 ☎ & 🅿. 🖭 GB
Repas (fermé dim. soir et lundi) 80/170 🛢, enf. 45 – 😑 30 – **10 ch** 200/230 – ½ P 180.

CHAMPIGNY 89370 Yonne 🔲 ⑬ – 1 782 h alt. 59.

Paris 100 – Fontainebleau 35 – Auxerre 80 – Montereau-Faut-Yonne 16 – Nemours 37 – Sens 19.

au Petit-Chaumont O : 2,5 km sur N 6 – ⊠ 89340 Chaumont :

XX **Aub. Vieille France,** 𝒫 86 96 62 08, 😤, 🛋 – **Ɒ**. 🆎 ⲅⲃ
    fermé 16 au 26 août, 24 janv. au 9 fév., dim. soir, mardi soir et merc. – **Repas** 100/200.

CHAMPIGNY 91 Essonne 🔲 ⑩ – rattaché à Étampes.

CHAMPILLON 51 Marne 🔲 ⑯ – rattaché à Épernay.

CHAMPROSAY 91 Essonne 🔲 ①, 🔢 ㊲ – voir à Paris, Environs (Draveil).

CHAMPS-SUR-MARNE 77 S.-et-M. 🔲 ⑫, 🔢 ⑲ – voir à Paris, Environs (Marne-la-Vallée).

CHAMPS-SUR-TARENTAINE 15270 Cantal 🔲 ② – 1 088 h alt. 495.

Env. Gorges de la Rhue✶✶ SE : 9 km, **G. Auvergne.**

Paris 507 – Aurillac 89 – ◆Clermont-Ferrand 80 – Condat 24 – Mauriac 37 – Ussel 36.

🏠 **Aub. du Vieux Chêne** ⲋ, 𝒫 71 78 71 64, Fax 71 78 70 88, 🛋 – **☎ Ɒ**. ⲅⲃ
    20 mars-15 nov. et fermé dim. soir et lundi sauf juil.-août – **Repas** 85/230, enf. 50 – ⲥ 45 –
    15 ch 310/450 – ½ P 300/360.

CHAMPS-SUR-YONNE 89 Yonne 🔲 ⑤ – rattaché à Auxerre.

CHAMPTOCEAUX 49270 M.-et-L. 🔲 ⑱ **G. Châteaux de la Loire** – 1 524 h alt. 70 – ✿ (Loire-Atlantique).

Voir Site✶ – Promenade de Champalud ≼✶✶.

🛈 Office de Tourisme (saison) 𝒫 40 83 57 49 et à la Mairie (hors saison) 𝒫 40 83 52 31.

Paris 359 – ◆ Nantes 32 – Ancenis 11,5 – Angers 64 – Beaupréau 31 – Cholet 50 – Clisson 35.

🏠 **Chez Claudie,** rte Oudon : 1 km 𝒫 40 83 50 43 – **☎ Ɒ**. ⲟⲃ ⲅⲃ
◆   *fermé 1ᵉʳ au 15 oct., 1ᵉʳ au 15 fév., dim. soir et lundi* – **Repas** 80/210 – ⲥ 35 – **10 ch** 180/210.

🏠 **Champalud,** pl. Église 𝒫 40 83 50 09, Fax 40 83 53 81 – **☎**. ⲅⲃ
◆   **Repas** *(fermé janv., dim. soir et merc. d'oct. à mai)* 59 (déj.), 79/200, enf. 45 – ⲥ 29 – **16 ch**
    160/250 – ½ P 200/230.

XXX ✿ **Les Jardins de la Forge** (Pauvert), pl. Piliers 𝒫 40 83 56 23, Fax 40 83 59 80 – 🆎 ⲟⲃ
     ⲅⲃ
     fermé 10 au 25 oct., 15 fév. au 2 mars, lundi soir de nov. à mars, dim. soir, mardi et merc. –
     Repas 155/390 et carte 280 à 360
     Spéc. Salade de Saint-Jacques à l'huile de truffes (oct. à avril). Aiguillettes de Saint-Pierre dorées à la mangue (mai à
     oct.). Crépinettes de pintade fermière à la brunoise de légumes.

CHAMROUSSE 38 Isère 🔲 ⑤ **G. Alpes du Nord** – 544 h alt. 1 650 – Sports d'hiver : 1 400/2 250 m ✦1
ⵌ26 ✗ – ⊠ 38410 Uriage.

Env. E : Croix de Chamrousse ⚞✶✶✶ par téléphérique.

🛈 Office de Tourisme Le Recoin 𝒫 76 89 92 65, fax 76 89 98 06.

Paris 608 – ◆ Grenoble 30 – Allevard 59 – Chambéry 80 – Uriage-les-Bains 19 – Vizille 28.

🏠 **Hermitage,** le Recoin 𝒫 76 89 93 21, Fax 76 89 95 30, ≼ – 📺 **☎** 🚗. 🆎 ⲅⲃ
    17 déc.-15 avril – **Repas** 140/180 – ⲥ 35 – **48 ch** 360/530 – ½ P 370/440.

X   **L'Écureuil,** 𝒫 76 89 90 13, 😤 – ⲅⲃ
◆   *fermé 1ᵉʳ mai au 1ᵉʳ juil.* – **Repas** 70/125 ⲉ.

CHANAC 48230 Lozère 🔲 ⑤ – 1 035 h alt. 650.

Paris 605 – Mende 22 – Espalion 83 – Florac 36 – Rodez 87 – Sévérac-le-Château 37.

🍴 **Voyageurs,** 𝒫 66 48 20 16, Fax 66 48 28 16, 🛋 – **☎ Ɒ**. ⲅⲃ
◆   *fermé vacances de Noël, vend. soir et sam. du 10 nov. au 10 mars* – **Repas** 63/150 ⲉ, enf. 45
    – ⲥ 32 – **17 ch** 160/230 – ½ P 175/220.

aux Salelles O : 6 km par N 88 – ⊠ 48230 Chanac :

XX **La Lauze** ⲋ avec ch, 𝒫 66 48 21 80, ≼, 😤, 🛋 – **Ɒ**
    14 avril-1ᵉʳ oct. et fermé merc. sauf juil.-août – **Repas** 100 (déj.), 160/200, enf. 60 – ⲥ 50 –
    4 ch 320/450.

Gar. Daudé, 𝒫 66 48 20 99 🅽 𝒫 66 48 20 99

CHANAS 38150 Isère 🔲 ⑩ 🔲 ① – 1 727 h alt. 150.

Paris 516 – ◆ Grenoble 84 – ◆ Lyon 56 – ◆ St-Étienne 73 – Valence 47.

🏠 **Halte OK** 🅼, à l'échangeur A 7 𝒫 74 84 27 50, Fax 74 84 36 61, 🛋, 🍴 – ⊟ ☰ 📺 **☎** ⲫ
◆   **Ɒ** – 🅰 25 à 100. ⲅⲃ
    Repas *(fermé le midi du 7 au 20 août, dim. sauf le soir de mai à oct. et sam. midi)* 79/180 ⲉ,
    enf. 45 – ⲥ 38 – **41 ch** 250/300 – ½ P 240.

🔘 Dorcier Ayme Pneus, 𝒫 74 84 28 73

CHANCELADE 24 Dordogne **75** ⑤ – rattaché à Périgueux.

CHANTELLE 03140 Allier **73** ④ G. Auvergne – 1 043 h alt. 324.

🛃 Office de Tourisme pl. Oscambre (saison) ℰ 70 56 62 37.

Paris 373 – Moulins 44 – Aubusson 119 – Gannat 17 – Montluçon 56 – St-Pourçain-sur-Sioule 13.

  🛏 **Poste,** ℰ 70 56 62 12, 帝 – ☎ ℗ 亜 ⊖⊟
  fermé 23 sept. au 16 oct., vacances d'hiver et merc. hors sais. – **Repas** 65/150 ⅃ – ⊇ 25 –
  12 ch 130/220 – ½ P 160/185.

RENAULT Gar. Touzain, ℰ 70 56 61 55

CHANTEMERLE 05 H.-Alpes **77** ⑱ – rattaché à Serre-Chevalier.

Demandez chez le libraire le catalogue des publications Michelin.

CHANTEPIE 35 I.-et-V. **59** ⑰ – rattaché à Rennes.

CHANTILLY 60500 Oise **56** ⑪ **106** ⑧ G. Ile de France – 11 341 h alt. 57.

Voir Château★★★ B : musée★★, parc★★, jardin anglais★ – Grandes Écuries★★ B : musée vivant
du Cheval★.

Env. Site★ du château de la Reine-Blanche S : 5,5 km.

🕞 ℰ 44 57 04 43, N : 1,5 km par D 44 B ; 🕞🕞 du Lys (privé) ℰ 44 21 26 00, à Lys-Chantilly par
③ ; 🕞 Club International ℰ 44 57 00 93, 5 km par ①.

🛃 Office de Tourisme 23 av. Mar.-Joffre ℰ 44 57 08 58, fax 44 57 74 64.

Paris 50 ② – Compiègne 44 ① – Beauvais 43 ⑤ – Clermont 23 ⑤ – Meaux 50 ② – Pontoise 41 ④.

CHANTILLY

Connétable (R. du)	**AB**
Joffre (Av. du Mar.)	**A**
Paris (R. de)	**A** 16
Vallon (Pl. Omer)	**A** 21

Berteux (Av. de)	**A** 2
Canardière (Quai de la)	**A** 3
Cascades (R. des)	**A** 4
Chantilly (R. de)	**B** 5
Condé (Av. de)	**B** 6

Embarcadère (R. de l')	**A** 8
Faisanderie (R. de la)	**B** 9
Leclerc (Av. du Gén.)	**A** 12
Libération (Bd de la)	**A** 13
Orgemont (R. d')	**A** 15
Victor-Hugo (R.)	**A** 22

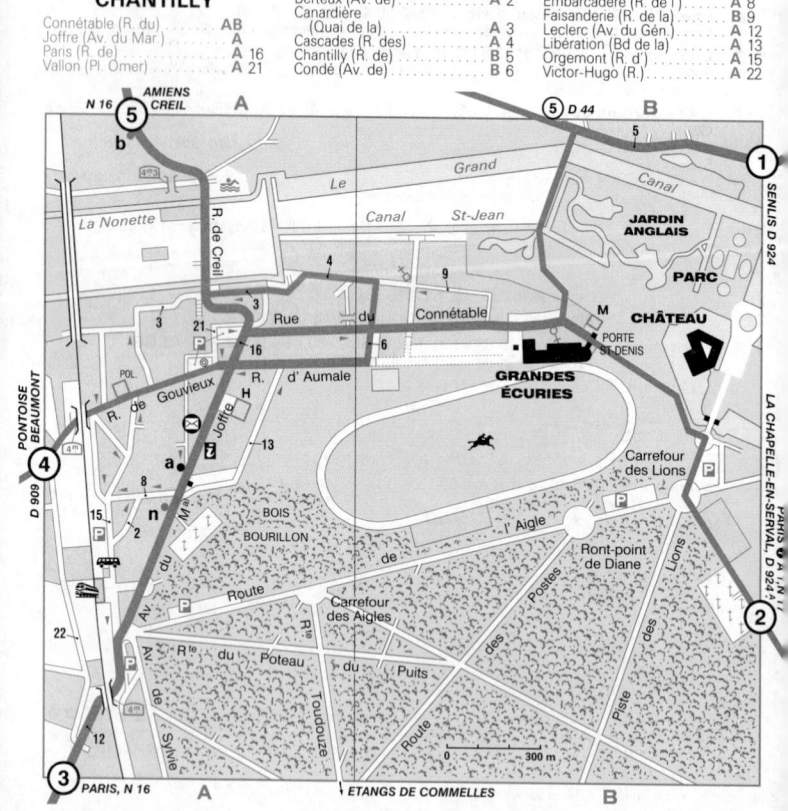

🏛 **Parc** Ⓜ sans rest, 36 av. Mar. Joffre 🖋 44 58 20 00, Fax 44 57 31 10, 🌿 – 📶 📺 ☎ 🔥 –
🛁 30 à 80. 🆎 ⓪ 🅶🅱 🄹🄲🄱   A   **a**
🛏 55 – **58 ch** 380/440.

🏠 **Campanile,** rte Creil par ⑤ 🖋 44 57 39 24, Fax 44 58 10 05 – ⇥ ch 📺 ☎ 🔥 🅿 – 🛁 25.
🆎 ⓪ 🅶🅱
Repas 82 bc/105 bc, enf. 39 – 🛏 30 – **47 ch** 270.

XXX **Relais du Coq Chantant,** 21 rte Creil 🖋 44 57 01 28, Fax 44 57 49 11 – 🆎 ⓪ 🅶🅱
Repas 109/300 et carte 240 à 360.   A   **b**

XX **Relais Condé,** 42 av. Mar. Joffre 🖋 44 57 05 75 – 🆎 🅶🅱   A   **n**
fermé lundi soir et mardi – **Repas** 155/280, enf. 85.

rte d'Apremont par ① et D 606 : 2,5 km – ⊠ **60500** Vineuil-St-Firmin :

🏰 **Golf H. Domaine de Chantilly** Ⓜ 🌊, 🖋 44 58 47 77, Fax 44 58 50 11, ≼, « Golf en
lisière de forêt » – 📶 ⇥ ch 📺 ☎ 🔥 🅿 – 🛁 25 à 150. 🆎 ⓪ 🅶🅱
Carmontelle (fermé 31 juil. au 20 août) **Repas** 185/290, enf. 85 – 🛏 70 – **119 ch** 690/800 –
½ P 695.

à Montgrésin par ② : 5 km – ⊠ **60560** Orry-la-Ville :

🏰 **Relais d'Aumale** Ⓜ 🌊, 🖋 44 54 61 31, Télex 155103, Fax 44 54 69 15, 🍽, 🌿, XX – 📶
📺 ☎ 🔥 🅿 – 🛁 50. 🆎 ⓪ 🅶🅱
Repas 190 (déj.), 210/220 – 🛏 48 – **22 ch** 480/520 – ½ P 480/520.

XX **Forêt,** 🖋 44 60 61 26, Fax 44 54 95 32, 🍽, parc – 🅿. 🆎 🅶🅱
fermé lundi soir et mardi – **Repas** 110 bc/170 bc, enf. 88.

à Coye-la-Forêt par ③ et D 118 : 8,5 km – ⊠ **60580** :

XXX **Les Étangs,** 🖋 44 58 60 15, Fax 44 58 75 95, 🍽, 🌿 – 🆎 ⓪ 🅶🅱
fermé 15 janv. au 15 fév., lundi soir et mardi – **Repas** 150/270 et carte 230 à 320.

à Gouvieux par ④ : 3,5 km – ⊠ **60270** :

🏰 **Château de la Tour** 🌊, 🖋 44 57 07 39, Télex 155014, Fax 44 57 31 97, ≼, 🍽, « Parc
boisé », 🏊, XX – 📶 ☎ 🔥 🅿 – 🛁 150. 🆎 🅶🅱
Repas 190/280, enf. 75 – 🛏 60 – **41 ch** 530/890 – ½ P 500.

rte de Creil par ⑤ : 3,5 km – ⊠ **60740** St-Maximin :

XXX **Le Verbois,** N 16 🖋 44 24 06 22, 🍽, 🌿 – 🅿. 🅶🅱
fermé 16 au 25 août, vacances de fév., dim. soir et lundi – **Repas** 150/190 et carte 250 à 360,
enf. 90.

BMW Gar. Saint-Merri Chantilly, ZA du Coq
Chantant RN 16 🖋 44 57 49 45
CITROEN Gar. SOFIDAC., N 16 ZA du Coq
Chantant à Gouvieux par ④ 🖋 44 57 02 98

CITROEN Gar. Desbois, 39 r. du Havre à Précy-sur-
Oise par ④ 🖋 44 27 71 28 🄽 🖋 44 27 71 28
OPEL Gar. Sadell, 33 av. Mar.-Joffre 🖋 44 57 05 09

CHANTONNAY 85110 Vendée 🅖🅖 ⑮ – 7 458 h alt. 65.

🅱 Office de Tourisme pl. Liberté 🖋 51 94 46 51.

Paris 402 – La Roche-sur-Yon 33 – Cholet 51 – ♦Nantes 74 – Niort 70 – Poitiers 118.

🏠 **Le Mouton,** 31 r. Nationale 🖋 51 94 30 22, Fax 51 46 88 65 – 📺 ☎ 🅿. 🅶🅱
➡ *fermé 1ᵉʳ au 15 janv., dim. soir et lundi du 10 sept. à mi-juil.* – **Repas** 60/175 🍴, enf. 57 – 🛏 35
– **11 ch** 235/350 – ½ P 290/320.

CITROEN Auto Sce-Chantonnaysien, 55 av.
Mar.-de-Lattre-de-Tassigny 🖋 51 94 80 83
PEUGEOT Gar. Réau, 42 av. Batiot 🖋 51 94 30 23
🄽 🖋 51 94 30 23

RENAULT Gar. Paquiet, r. Mar.-de-Lattre-de-
Tassigny 🖋 51 94 31 03

                                                    Ⅴ

CHAOURCE 10210 Aube 🅖🅘 ⑰ G. Champagne – 1 031 h alt. 149.

Voir Église St-Jean-Baptiste : sépulcre★★.

🅱 Syndicat d'Initiative 🖋 25 40 10 67, fax 25 40 00 22.

Paris 206 – Auxerre 67 – Bar-sur-Aube 59 – Châtillon-sur-Seine 46 – Saint-Florentin 36 – Tonnerre 29.

à Maisons-lès-Chaource SE : 6 km par D 34 – ⊠ **10210** :

X **Aux Maisons** avec ch, 🖋 25 70 07 19, Fax 25 70 07 75, 🍽, 🏊 – 📺 ☎ 🅿. 🆎 🅶🅱
➡ **Repas** *(fermé dim. soir d'oct. à mai)* 75/200 🍴, enf. 45 – 🛏 28 – **16 ch** 170/230 – ½ P 200/
280.

La CHAPELAUDE 03380 Allier 🅖🅙 ⑪ – 982 h alt. 260.

Paris 324 – La Châtre 52 – Montluçon 12 – Moulins 88 – Saint-Amand-Montrond 44.

X **Le Grain d'Sel,** 🖋 70 06 47 78 – 🍽. 🆎 🅶🅱
➡ *fermé 4 au 21 sept. et merc.* – **Repas** 70/195.

La CHAPELLE 19 Corrèze 🅗🅘 ⑪ – rattaché à Meymac.

La CHAPELLE-BASSE-MER 44450 Loire-Atl. 🗺 ⑱ 🗺 ④ – 4 012 h alt. 50.

Paris 368 – ◆Nantes 21 – Ancenis 21 – Clisson 24.

　　　à la Pierre Percée NO : 4 km par D 53 – ⊠ 44450 La Chapelle-Basse-Mer :

XX **Pierre Percée** avec ch, D 751 ℘ 40 06 33 09, Fax 40 33 32 29, ≼ – ⚿ 🅶🅱 ☆ ch
fermé 1ᵉʳ au 21 janv., dim. soir et lundi sauf fériés – **Repas** 132/269 ⅋, enf. 64 – ☲ 30 – **5 ch**
95/180 – ½ P 175/200.

RENAULT Gar. Central, ℘ 40 06 33 79 🅽　　　　　　　Gar. Terrien, ℘ 40 06 31 52 🅽 ℘ 40 06 31 52
℘ 40 38 97 00

La CHAPELLE-CARO 56460 Morbihan 🗺 ④ – 1 143 h alt. 73.

Paris 418 – Vannes 40 – Dinan 82 – Lorient 94 – ◆Rennes 72 – Saint-Brieuc 88.

X **Le Petit Kériquel** avec ch, ℘ 97 74 82 44, Fax 97 74 82 44 – 📺 ☎. 🅶🅱. ☆ ch
◆ fermé 1ᵉʳ au 21 oct., vacances de fév., dim. soir et lundi hors sais. – **Repas** 60/170 ⅋, enf. 45 –
☲ 28 – **7 ch** 130/225 – ½ P 150/185.

La CHAPELLE-D'ABONDANCE 74360 H.-Savoie 🗺 ⑱ G. Alpes du Nord – 727 h alt. 1 020 – Sports
d'hiver : 1 000/1 800 m ⚐1 ⚐11 ⚐.

🄳 Office de Tourisme ℘ 50 73 51 41, fax 50 73 50 66.

Paris 603 – Thonon-les-Bains 33 – Annecy 108 – Châtel 5,5 – Évian-les-Bains 34 – Morzine 31.

🏨 **Cornettes** Ⓜ, ℘ 50 73 50 24, Fax 50 73 54 16, 🍴, 🛁, 🏊, 🌳 – 📶 📺 ☎ 🚗 🅿 – 🏊 40.
🅶🅱
fermé 17 avril au 5 mai et 22 oct. au 22 déc. – **Repas** 105/300 ⅋, enf. 75 – ☲ 40 – **43 ch**
300/400 – ½ P 350/410.

🏨 **L'Ensoleillé**, ℘ 50 73 50 42, Fax 50 73 52 96, 🌳 – 📶 📺 ☎ 🅿. 🅶🅱
1ᵉʳ juin-20 sept. et 20 déc.-20 avril – **Repas** 95/280, enf. 60 – ☲ 38 – **34 ch** 280 – ½ P 310.

🏨 **Le Chabi**, ℘ 50 73 50 14, Fax 50 73 55 84, ≼, 🍴, 🛁, 🏊 – 📺 ☎ 🅿, ⚿ 🅶🅱
fermé 18 au 30 avril et 1ᵉʳ au 22 déc. – **Repas** 90/165, enf. 50 – ☲ 40 – **21 ch** 250/340 –
½ P 340.

🏠 **Alpage** Ⓜ, ℘ 50 73 50 25, Fax 50 73 52 43, 🛁, 🌳 – 📶 📺 ☎ 🅿 – 🏊 40. 🅶🅱. ☆ rest
fermé avril et 18 sept. au 27 oct. – **Repas** 90/230 – ☲ 38 – **32 ch** 280/380 – ½ P 320/340.

🏠 **Vieux Moulin** 🕭, rte Chevenne ℘ 50 73 52 52, Fax 50 73 55 62, 🍴 – 📺 ☎ 🅿. 🅶🅱. ☆
15 mai-20 oct. et 20 déc.-15 avril – **Repas** 100/250, enf. 60 – ☲ 40 – **16 ch** 260 – ½ P 260.

🏠 **Le Rucher** 🕭, à la Panthiaz E : 1,5 km ℘ 50 73 50 23, Fax 50 73 54 67, ≼, 🌳 – cuisinette
◆ ☎ 🅿. ⚿ 🅶🅱. ☆ rest
15 juin-15 sept. et 20 déc.-20 avril – **Repas** 79/130 – ☲ 35 – **22 ch** 290/400 – ½ P 320.

CHAPELLE-DES-BOIS 25240 Doubs 🗺 ⑯ G. Jura – 202 h alt. 1 080 – Sports d'hiver :1050/1300 m ⚐.

🌳 des Mélèzes ℘ 81 69 21 82, sortie de ville.

Paris 465 – ◆Genève 68 – Lons-le-Saunier 67 – Pontarlier 47.

🏠 **Les Mélèzes**, ℘ 81 69 21 82, Fax 81 69 12 75, ≼ – ☎. 🅶🅱
◆ 1ᵉʳ juil.-15 sept. et 15 déc.-30 mars – **Repas** 75/175 ⅋, enf. 45 – ☲ 38 – **10 ch** 220/280 –
½ P 250/350.

La CHAPELLE-DU-GENÊT 49 M.-et-L. 🗺 ⑤ – rattaché à Beaupréau.

La CHAPELLE-EN-SERVAL 60520 Oise 🗺 ⑪ – 2 185 h alt. 66.

Paris 40 – Compiègne 42 – Beauvais 60 – Chantilly 10 – Meaux 38 – Senlis 9,5.

🏨 **Mont-Royal** Ⓜ 🕭, E : 2 km par D 118 ℘ 44 54 50 50, Télex 155696, Fax 44 54 50 21, ≼,
🍴, parc, 🛁, 🏊 – 🛏 ⚐🔄 ch 🍴 📺 ☎ 🖦 🅿 – 🏊 300. ⚿ ① 🅶🅱 🆓. ☆ rest
Repas 180/270 – ☲ 90 – **100 ch** 1250/1350, 3 appart.

La CHAPELLE-EN-VALGAUDEMAR 05800 H.-Alpes 🗺 ⑯ G. Alpes du Nord – 135 h alt. 1 100.

Voir Les Portes ≼★ sur le pic d'Olan – Les **« Oulles du Diable »** (marmites de géant) ★ –
Cascade du Casset★ NE : 3,5 km.

Env. Chalet-hôtel du Gioberney : cirque★★, cascade "voile de la mariée"★ E : 9 km.

🄳 Office de Tourisme ℘ 92 55 23 21.

Paris 662 – Gap 47 – ◆Grenoble 91 – La Mure 53.

🏠 **Mont-Olan**, ℘ 92 55 23 03, ≼, 🌳 – ☎ 🅿. 🅶🅱
◆ vacances de printemps-15 sept. – **Repas** 70/120 ⅋ – ☲ 25 – **32 ch** 120/260 – ½ P 190/230.

La CHAPELLE-EN-VERCORS 26420 Drôme 🗺 ⑭ G. Alpes du Nord – 628 h alt. 945 – Sports d'hiver au
Col de Rousset : 1 255/1 700 m ⚐10 ⚐.

🄳 Office de Tourisme à la Mairie ℘ 75 48 22 54.

Paris 607 – ◆Grenoble 62 – Valence 61 – Die 40 – Romans-sur-Isère 45 – St-Marcellin 32.

🏨 **Bellier** 🕭, ℘ 75 48 20 03, Fax 75 48 25 31, 🍴, 🏊, 🌳 – 📺 ☎ 🅿. ⚿ ① 🅶🅱 🆓
Repas 88/210, enf. 69 – ☲ 40 – **13 ch** 350/440.

⚲ **Sports,** ℰ 75 48 20 39, Fax 75 48 10 52 – ☎ ⇌, GB. ⚕ ch
➔ *fermé 31 nov. au 1ᵉʳ fév. et dim. soir hors sais. sauf vacances scolaires* – **Repas** 80/140, enf.
35 – ☑ 25 – **14 ch** 135/250 – ½ P 170/225.

CITROEN Gar. Duclot, ℰ 75 48 21 26 🅽 ℰ 75 48   RENAULT Gar. Dherbassy, ℰ 75 48 21 59 🅽 ℰ 75
21 26   48 21 59

▮ **La CHAPELLE-ST-LUC** 10 Aube 🗗 ⑯ – rattaché à Troyes.

▮ **La CHAPELLE-ST-MESMIN** 45 Loiret 🗗 ⑨ – rattaché à Orléans.

▮ **CHARAVINES** 38850 Isère 🗗 ⑭ G. Vallée du Rhône – 1 251 h alt. 510.

Voir Lac de Paladru★ N : 1 km.

🛈 Office de Tourisme ℰ 76 06 60 31.

Paris 541 – ◆ Grenoble 38 – Belley 49 – Chambéry 54 – La Tour-du-Pin 20 – Voiron 12.

🏨 **Poste,** ℰ 76 06 60 41, Fax 76 55 62 42, ⌂ – 📺 ☎. 🖭 GB
fermé 15 au 30 nov., dim. soir et lundi midi – **Repas** 98/250 ⚕, enf. 70 – ☑ 32 – **15 ch**
210/295 – ½ P 260/290.

PEUGEOT Gar. Lambert, ℰ 76 06 60 43   RENAULT Gar. Chaboud, ℰ 76 06 60 08

▮ **CHARBONNIÈRES-LES-BAINS** 69 Rhône 🗗 ⑪ – rattaché à Lyon.

▮ **CHARBONNIÈRES-LES-VIEILLES** 63410 P.-de-D. 🗗 ④ – 880 h alt. 618.

Voir Gour (lac) de Tazenat★ S : 2 km, G. Auvergne.

Paris 416 – ◆ Clermont-Ferrand 36 – Aubusson 84 – Montluçon 61 – Riom 21 – Vichy 44.

⚲ **Parc,** ℰ 73 86 63 20 – 🖭 GB. ⚕
➔ *fermé jeudi soir* – **Repas** 58 bc/135 ⚕ – ☑ 24 – **8 ch** 115/135 – ½ P 150.

▮ **CHARENTON-LE-PONT** 94 Val-de-Marne 🗗 ①, 🔟🔟 ㉗ – voir à Paris, Environs.

▮ **CHARETTE** 71 S.-et-L. 🗗 ② – rattaché à Pierre-de-Bresse.

▮ **CHARGÉ** 37 I.-et-L. 🗗 ⑯ – rattaché à Amboise.

▮ **La CHARITÉ-SUR-LOIRE** 58400 Nièvre 🗗 ⑬ G. Bourgogne – 5 686 h alt. 175.

Voir Église N.-Dame★★ : ⩽★★ sur le chevet.

🛈 Office de Tourisme pl. Ste-Croix (saison) ℰ 86 70 15 06 et à l'Hôtel de Ville ℰ 86 70 16 12.

Paris 214 ① – Bourges 52 ④ – Autun 119 ③ –
Auxerre 91 ② – Montargis 100 ① – Nevers 24 ③.

🏨 **Terminus,** 23 av. Gambetta **(s)**
➔ ℰ 86 70 09 61 – 📺 ☎ 🅿. GB. ⚕
*fermé 19 au 26 juin, 23 déc. au 24
janv. et lundi* – **Repas** 70/175 –
☑ 29 – **10 ch** 155/250.

XX **Gd Monarque** avec ch, 33 quai
Clémenceau **(e)** ℰ 86 70 21 73,
Fax 86 69 62 32, ⩽, ⌂ – 📺 ☎
⇌. 🖭 ⓞ GB
*fermé 15 fév. au 15 mars, vend. soir
et dim. soir du 11 nov. au 30 mars
sauf fêtes* – **Repas** 98/198, enf. 70 –
☑ 38 – **9 ch** 230/360 – ½ P 335/
370.

par ① *rte de Paris* : 5 km –
✉ 58400 La Charité-sur-Loire :

🏨 **Motel les Broussailles** sans rest,
ℰ 86 70 10 80 – 📺 ☎ 🅿. 🖭 ⓞ
GB
☑ 40 – **12 ch** 195/270.

PEUGEOT Gar. St-Lazare, 53 av.
Gambetta par ② ℰ 86 70 05 07
RENAULT Gar. de Figueiredo, 26 av.
Gambetta par ② ℰ 86 70 04 78
🏍 Pasquette, 21 r. Gén.-Auger
ℰ 86 70 15 93

**LA CHARITÉ-
SUR-LOIRE**

Barrère (R.)	2
Chapelains (R. des)	3
Gaulle (Pl. Général-de)	4
Pont (R. du)	7
Verrerie (R. de la)	8

▮ **CHARLEVAL** 13350 B.-du-R. 🗗 ② 🔟🔟④ ① – 1 877 h.

Paris 724 – Aix-en-Provence 29 – Cavaillon 26 – Manosque 64 – ◆ Marseille 59 – Salon-de-Provence 21.

X **Le Cherche-Midi,** (derrière l'église) ℰ 42 28 52 50 – GB
fermé vacances de Toussaint, dim. soir d'oct. à fin mars et lundi – **Repas** 58 (déj.), 89/135.

CITROEN Gar. Esteban, rte Nationale ℰ 42 28 40 10

CHARLEVILLE-MÉZIÈRES 🅿 08000 Ardennes 🖪🕄 ⑱ G. Champagne – 57 008 h alt. 150.

Voir Place Ducale★★ à Charleville ABX.

📷 l'Abbaye de Sept Fontaines à Fagnon ℰ 24 37 77 27 par ⑥ : 10 km.

🖪 Office de Tourisme 4 pl. Ducale ℰ 24 32 44 80 – A.C. Ardennais, 64, av. Forest ℰ 24 33 35 89.

Paris 235 ⑦ – Charleroi 89 ⑦ – Liège 170 ① – Luxembourg 128 ⑥ – ♦Metz 173 ⑥ – Namur 109 ⑦ – ♦Nancy 221 ⑥ – ♦Reims 86 ⑥ – Saint-Quentin 118 ⑦ – Sedan 24 ⑥.

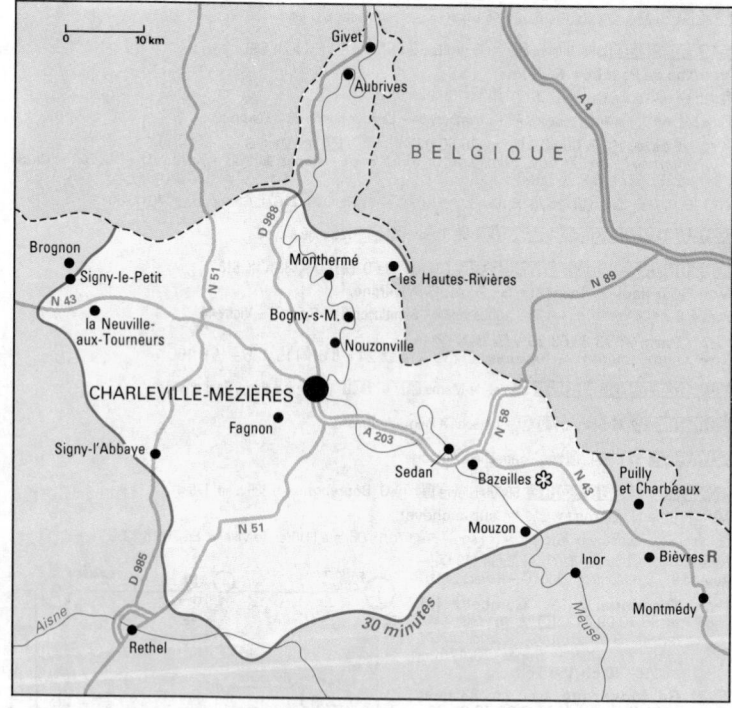

🏠 **Relais du Square** sans rest, 3 pl. Gare ℰ 24 33 38 76, Fax 24 33 56 66 – 🛗 📺 ☎. 🆎 ⓪ 🖸🅱
BY **d**
fermé 24 déc. au 2 janv. – ⇌ 32 – **49 ch** 230/290.

🏠 **Paris** sans rest, 24 av. G. Corneau ℰ 24 33 34 38, Fax 24 59 11 21 – ⇔ ch 📺 ☎. 🆎 🖸🅱. ⁂
BY **n**
fermé 26 déc. au 5 janv. – ⇌ 33 – **28 ch** 190/390.

🏠 **Campanile**, par ⑤ : 2 km sur N 51 ℰ 24 37 54 55, Fax 24 37 76 40, 🍽 – ⇔ ch 📺 ☎ 🕭.
🅿 – 🔥 25. 🆎 ⓪ 🖸🅱
Repas 82 bc/105 bc, enf. 39 – ⇌ 30 – **49 ch** 270.

XX **Mont Olympe**, r. Pâquis ℰ 24 33 43 20, Fax 24 59 93 38, 🍽 – 🆎 🖸🅱
BX **v**
fermé oct., dim. soir et lundi soir – **Repas** 100/240, enf. 60.

XX **La Cigogne**, 40 r. Dubois-Crancé ℰ 24 33 25 39 – 🖸🅱
AY **a**
fermé 1er au 8 août, dim. soir et lundi – **Repas** 80/195 ⅃, enf. 50.

XX **Côte à l'Os**, 11 cours A. Briand ℰ 24 59 20 16, Fax 24 59 48 30 – 🆎 🖸🅱
AY **e**
Repas 79/165 bc ⅃.

par ② : 4 km sur D 1 rte Nouzonville – ✉ 08090 Montcy-Notre-Dame :

XX **Aub. de la Forest**, ℰ 24 33 37 55 – 🅿. 🖸🅱. ⁂
fermé dim. soir et lundi soir – **Repas** 70/170.

à Fagnon par ⑥, D 139 et D 39 : 8 km – 334 h. – ✉ 08090 :

🏰 **Abbaye de Sept Fontaines** 🦢, ℰ 24 37 38 24, Fax 24 37 58 75, ≤, 🍽, « Ancienne demeure dans un parc, golf » – 📺 ☎ 🅿 – 🔥 40. 🆎 ⓪ 🖸🅱. ⁂ rest
fermé 21 au 27 déc. – **Repas** 155/180 – ⇌ 48 – **23 ch** 450/750 – ½ P 420/470.

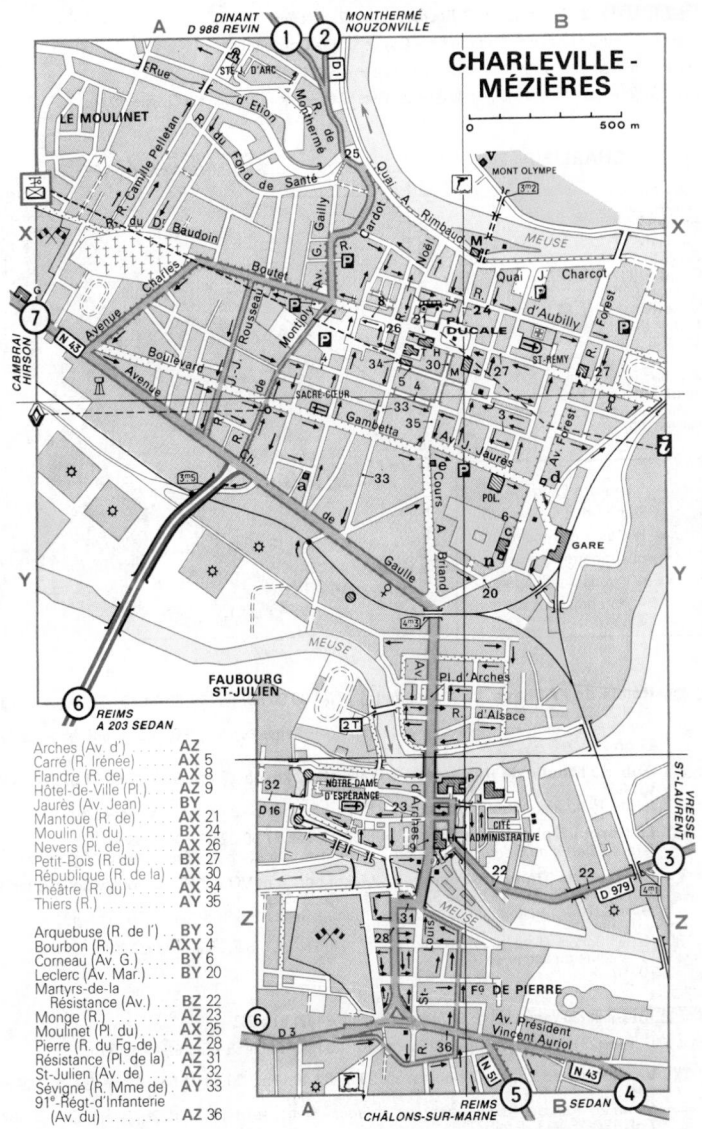

CHARLEVILLE-MÉZIÈRES

0   500 m

CHARLIEU 42190 Loire 73 ⑧ G. Bourgogne – 3 727 h alt. 265.

Voir Ancienne abbaye★ : façade★★ – Couvent des Cordeliers★.

🛈 Office de Tourisme pl. St-Philibert (fermé janv.) ℰ 77 60 12 42.

Paris 384 ④ – Roanne 20 ④ – Digoin 46 ④ – Lapalisse 57 ④ – Mâcon 77 ② – ♦St-Étienne 102 ④.

CHARLIEU

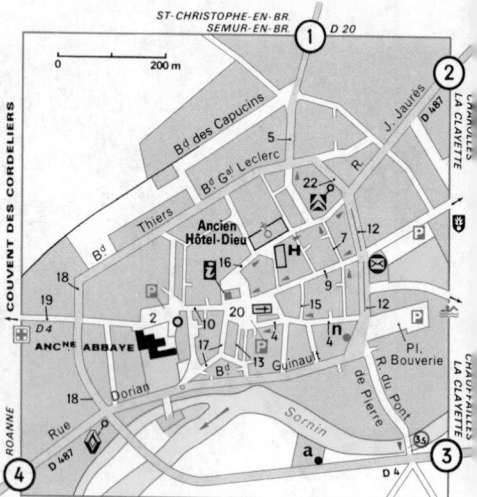

Entrez à l'hôtel
ou au restaurant
le Guide à la main
vous montrerez ainsi
qu'il vous conduit là
en confiance.

🏛 **Relais de l'Abbaye,** La Montalay **(a)** ℰ 77 60 00 88, Fax 77 60 14 60, 佘 – 🔟 ☎ 🅿 –
🕍 100. 🖭 ⊖🅱
fermé janv., dim. soir hors sais. et lundi midi – **Repas** 68 (déj.), 90/180 🕭, enf. 55 – 🖃 32 –
27 ch 220/280 – ½ P 270.

XX **Aub. du Moulin de Rongefer,** rte Pouilly O : 2 km par ④ et VO ℰ 77 60 01 57, 佘, ☞ –
🅿. ⊖🅱
fermé 1ᵉʳ au 20 août, vacances de fév., dim. soir, mardi soir et merc. – **Repas** 95/310.

XX **Le Sornin,** 6 pl. Bouverie **(n)** ℰ 77 60 03 74, Fax 77 60 32 51 – ▪. ⊖🅱
fermé 21 août au 3 sept., 19 fév. au 3 mars, dim. soir et lundi – **Repas** 75/260 🕭, enf. 60.

X **Château de Tigny,** rte Pouilly, O : 2,5 km par ④ et VO ✉ 42720 Pouilly-sous-Charlieu
ℰ 77 60 09 55, Fax 77 69 03 93, 佘, ☞ – 🅿. 🖭 ⊖🅱
fermé 26 déc. au 15 janv., lundi soir et mardi – **Repas** 105/185 🕭, enf. 60.

CITROEN Gar. Botton-Villard, ℰ 77 69 04 44
PEUGEOT Autom.- du Sornin, par ④
ℰ 77 69 07 07

RENAULT Gar. Saunier, ℰ 77 60 07 55

CHARMES 88130 Vosges 62 ⑤ G. Alsace Lorraine – 4 721 h alt. 283.

Paris 390 – Épinal 29 – ♦Nancy 42 – Lunéville 35 – Neufchâteau 55 – St-Dié 59 – Toul 62 – Vittel 39.

XX **Vaudois** avec ch., r. Capucins ℰ 29 38 02 40, Fax 29 38 01 58, 佘 – 🔟 ☎. 🖭 ⓞ
⊖🅱
fermé 20 août au 4 sept., dim. soir et lundi – **Repas** 85 (déj.), 105/325 🕭, enf. 65 – 🖃 37 –
7 ch 180/250 – ½ P 215/226.

XX **Dancourt** avec ch, 6 pl. H. Breton ℰ 29 38 80 80, Fax 29 38 09 15 – 🔟 ☎. 🖭 ⊖🅱
fermé 22 déc. au 14 janv., sam. midi et vend. – **Repas** 82/288 🕭, enf. 62 – 🖃 31 – **15 ch**
180/280 – ½ P 210/250.

à *Vincey* SE : 4 km par N 57 – ✉ 88450 :

🏛 **Relais de Vincey** M, ℰ 29 67 40 11, Fax 29 67 36 66, 🖪, ⍓, ☞, ❧ – ❧ ch 🔟 ☎ 🅿 –
🕍 25. 🖭 ⊖🅱
fermé 16 au 31 août – **Repas** (*fermé dim. soir et sam.*) 98/235 🕭 – 🖃 35 – **28 ch** 220/320 –
½ P 270/345.

🛢 Corbier Pneus, ZI à Roville devant Bayon ℰ 83 72 51 55

CHARMES-SUR-RHÔNE 07800 Ardèche 🔢 ⑪ ⑫ – 1 826 h alt. 111.

Paris 572 – Valence 11 – Crest 24 – Montélimar 41 – Privas 28 – St-Péray 10,5.

   XX **Autour d'une Fontaine (Vieille Auberge)** avec ch, 🖋 75 60 80 10, Fax 75 60 87 47 – 🖃
       📺 ☎. 🕮 ⓞ GB
       fermé dim. soir et lundi – **Repas** 100/300, enf. 60 – ⊆ 30 – **7 ch** 220/250.

CHARMOIS 54360 M.-et-M. 🔢 ⑤ – 196 h alt. 255.

Paris 334 – ◆Nancy 30 – Épinal 55 – Lunéville 12 – St-Dié 62 – Sarrebourg 64.

   XX **La Petite Auberge**, 🖋 83 75 79 65, Fax 83 75 01 82 – GB
       fermé 4 sept. au 2 oct., 26 fév. au 5 mars, lundi et mardi sauf fériés – **Repas** 145/250.

CHARNAY-LÈS-MÂCON 71 S.-et-L. 🔢 ⑲ – rattaché à Mâcon.

CHARNY 89120 Yonne 🔢 ③ – 1 634 h alt. 139.

Paris 140 – Auxerre 48 – Cosne-sur-Loire 62 – Gien 47 – Joigny 28 – Montargis 36 – Sens 46.

   🏠 **Gare** 🍴, 🖋 86 63 61 59 – ☎. GB. 🍴 ch
       fermé 28 août au 9 sept., vacances de fév., dim. soir et lundi – **Repas** 59 (déj.), 125/160 🍷 –
       ⊆ 31 – **12 ch** 170/282 – ½ P 182/204.

PEUGEOT Gar. Carpentier, 🖋 86 63 65 99 🄽
🖋 86 63 65 99
PEUGEOT Gar. Guérin, 🖋 86 63 61 81 🄽
🖋 86 63 61 81

RENAULT Gar. Hivon, 🖋 86 63 65 12

Pour vos voyages,

en complément indispensable de ce guide

utilisez

les **cartes Michelin** détaillées à 1/200 000.

CHAROLLES ◁☜ 71120 S.-et-L. 🔢 ⑰ ⑱ G. Bourgogne – 3 048 h alt. 282.

🇧 Office de Tourisme Couvent des Clarisses, r. Baudinot 🖋 85 24 05 95.

Paris 368 – Mâcon 54 – Autun 77 – Chalon-sur-Saône 68 – Moulins 84 – Roanne 60.

   🏨 **Moderne**, av. Gare 🖋 85 24 07 02, Fax 85 24 05 21, 🛴 – 📺 ☎ ⇌. 🕮 GB
       fermé 27 déc. au 1ᵉʳ fév., lundi (sauf le soir du 10 juil. au 25 août) et dim. soir du 26 août au
       9 juil. – **Repas** 105/290 – ⊆ 42 – **17 ch** 290/460 – ½ P 320/390.

   🏨 **France** sans rest, av. J. Furtin 🖋 85 24 06 66, Fax 85 24 05 54 – 📺 ☎. GB
       fermé 24 juin au 7 juil. et sam. soir sauf de juil. à sept. – ⊆ 37 – **10 ch** 185/270.

   XXX **Poste** avec ch, av. Libération (près église) 🖋 85 24 11 32, Fax 85 24 05 74, 🌇 – 📺 ☎.
       🕮 GB
       fermé 1ᵉʳ au 15 déc., dim. soir et lundi midi – **Repas** 120/380 et carte 210 à 330 🍷 – ⊆ 45 –
       10 ch 240/360.

       au SO par D 985 et D 270 : 11 km – ⊠ **71120** Changy :

   X **Le Chidhouarn**, 🖋 85 88 32 07, Fax 85 24 06 21 – 🅿. 🕮 ⓞ GB
       fermé fév., mardi du 15 nov. au 15 mars et lundi sauf juil.-août – **Repas** 77 (déj.), 100/250,
       enf. 50.

CITROEN Gar. Moulin, 🖋 85 24 01 10 🄽
🖋 85 24 01 10

FORD Gar. Pluriel, 🖋 85 24 01 36 🄽 🖋 85 24 01 36

CHAROST 18290 Cher 🔢 ⑩ G. Berry Limousin – 1 134 h alt. 137.

Paris 245 – Bourges 27 – Châteauroux 40 – Dun-sur-Auron 42 – Issoudun 10 – Vierzon 29.

       à Brouillamnon NE : 3 km par N 151 et D 16ᴱ – ⊠ **18290** Plou :

   XX **L'Orée du Bois**, 🖋 48 26 21 40, Fax 48 26 27 81, 🌇, 🌿 – 🅿. GB
       fermé 1ᵉʳ au 10 août, vacances de fév., dim. soir et lundi – **Repas** 110/200 🍷, enf. 75.

CITROEN Gar. Maxime, 🖋 48 26 29 08

CHARQUEMONT 25140 Doubs 🔢 ⑱ – 2 205 h alt. 900.

Paris 483 – ◆Besançon 74 – ◆Basel 106 – Belfort 65 – Montbéliard 47 – Pontarlier 60.

   🏨 **Haut Doubs H.**, 🖋 81 44 00 20, Fax 81 44 09 18, 🖾 – 📺 ☎ 🅿. GB
       fermé 1ᵉʳ au 15 nov., dim. soir et lundi sauf vacances scolaires – **Repas** 100/200 🍷 – ⊆ 28 –
       32 ch 230/250 – ½ P 240.

   X **Bois de la Biche** 🍴 avec ch, SE : 4,5 km par D 10ᴱ 🖋 81 44 01 82, Fax 81 68 65 09, ≤,
       🌇, 🌿 – 🅿. GB
       fermé 13 nov. au 12 déc. et lundi sauf juil.-août – **Repas** 90/260 – ⊆ 30 – **3 ch** 220 – ½ P 230.

PEUGEOT Gar. Central, 🖋 81 44 00 27 🄽 🖋 81 44 00 27

CHARTRES P 28000 E.-et-L. 60 ⑦ ⑧ 106 ㊲ **G. Ile de France** – 39 595 h alt. 142 Grand pèlerinage des étudiants (fin avril-début mai).

Voir Cathédrale★★★ Y – Vieux Chartres★ YZ – Église St-Pierre★ Z – ≤★ sur l'église St-André, des bords de l'Eure Y – ≤★ du Monument des Aviateurs militaires YZ – Musée des Beaux-Arts : émaux★ YM – C.O.M.P.A.★ (Conservatoire du Machinisme agricole et des Pratiques Agricoles) 2 km par D24.

9 18 de Maintenon ✆ 37 27 18 09, par ① : 19 km.

Office de Tourisme pl. Cathédrale ✆ 37 21 50 00, Fax 37 21 51 91 – A.C.O. 10 av. Jehan-de-Beauce ✆ 37 21 03 79.

Paris 88 ② – Évreux 77 ① – ♦Le Mans 118 ④ – ♦Orléans 76 ③ – Tours 140 ④.

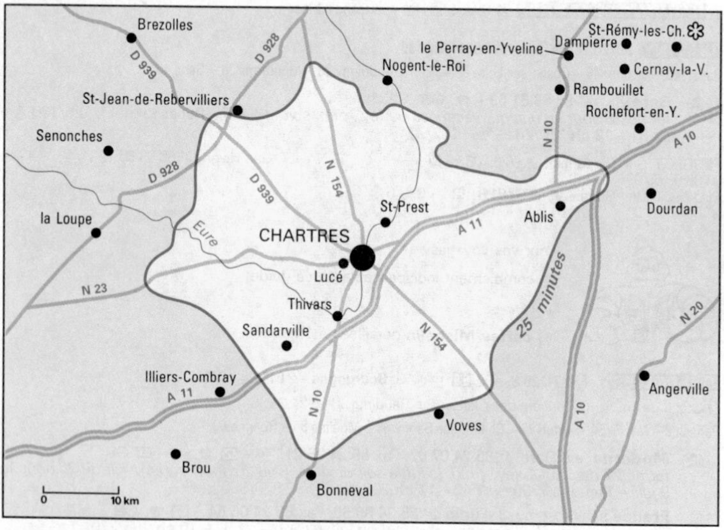

Grand Monarque, 22 pl. Épars ✆ 37 21 00 72, Télex 760777, Fax 37 36 34 18, – TV ☎ – 25 à 50. AE GB JCB Z **e**
Repas 145/280, enf. 75 – ▭ 45 – **49 ch** 475/740, 6 appart.

Mercure sans rest, 8 av. Jehan de Beauce ✆ 37 21 78 00, Fax 37 36 23 01 – ch TV ☎ & P – 75. AE GB Y **b**
▭ 48 – **48 ch** 380/480.

Ibis Centre M, 14 pl. Drouaise ✆ 37 36 06 36, Fax 37 36 17 20, – ch TV ☎ & P – 60. AE GB X **b**
Repas 97 bc, enf. 40 – ▭ 35 – **79 ch** 285/320.

XXX **La Truie qui File,** pl. Poissonnerie ✆ 37 21 53 90, Fax 37 36 62 65 – AE GB Y **r**
fermé août, dim. soir et lundi – **Repas** 180/320 et carte 250 à 380, enf. 70.

XXX **La Vieille Maison,** 5 r. au Lait ✆ 37 34 10 67, Fax 37 91 12 41 – AE GB Y **s**
fermé dim. soir et lundi – **Repas** 145/325 et carte 300 à 360, enf. 80.

XX **Moulin de Ponceau,** 21 r. Tannerie ✆ 37 35 87 87, Fax 37 35 22 79, ≤, , « Ancien moulin du 16e siècle au bord de l'Eure » – AE GB Y **n**
fermé 27 août au 10 sept., vacances de fév., dim. soir et lundi – **Repas** 135/320.

XX **Buisson Ardent,** 10 r. au Lait ✆ 37 34 04 66 – GB. Y **s**
fermé dim. soir – **Repas** 108/245, enf. 68.

X **Dix de Pythagore,** 2 r. Porte Cendreuse ✆ 37 36 02 38 – AE GB Y **d**
fermé 15 au 31 juil., dim. soir et mardi – **Repas** 90/146.

X **Le Minou,** 4 r. Mar. de Lattre de Tassigny ✆ 37 21 10 68 – AE GB YZ **u**
fermé 14 juil. au 15 août, 12 au 26 fév., dim. soir et lundi – **Repas** (nombre de couverts limité, prévenir) 98/160.

à St-Prest par ① et D 6 : 8 km – ✉ 28300 :

Manoir des Prés du Roy , ✆ 37 22 27 27, Fax 37 22 24 92, ≤, « Dans un parc au bord de l'Eure », – TV ☎ P – 25. AE GB
Repas *(fermé 1er au 15 fév., dim. soir et lundi)* 135/320 – ▭ 45 – **18 ch** 350/550 – ½ P 400/450.

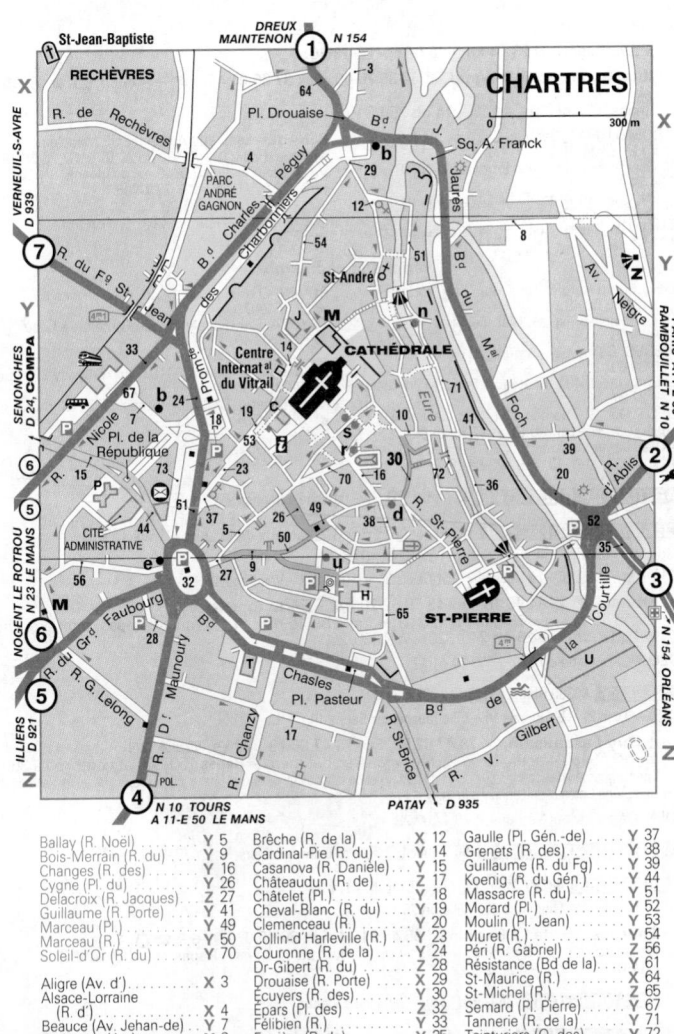

CHARTRES

300 m

par ② *et* N 10 : 4 km – ⊠ 28000 Chartres :

🏨 **Novotel** Ⓜ, av. Marcel Proust ✆ 37 34 80 30, Fax 37 30 29 56, 佘, ⊥ – ⧠ ⥈ ch, 🍽 rest
📺 ☎ ♿ ❷ – ⚖ 180. 🆎 ⑩ ☒ JCB
Repas carte environ 170 ⅃, enf. 50 – ☲ 47 – **78 ch** 405/470.

Z.A. de Barjouville par ④ : 4 km – ⊠ 28630 Barjouville :

🏨 **Climat de France** Ⓜ, ✆ 37 35 35 55, Fax 37 34 72 12, 佘 – 📺 ☎ ♿ ❷ – ⚖ 40. 🆎 ⑩
☒
Repas 78/120 ⅃, enf. 39 – ☲ 34 – **52 ch** 295/320.

à Thivars par ④ : 7,5 km par N 10 – ⊠ 28630 :

🍴🍴🍴 **La Sellerie**, ✆ 37 26 41 59 – ❷. ☒
fermé 3 au 25 août, 10 au 24 janv., dim. soir de nov. à mars, lundi soir et mardi – **Repas**
135/280 et carte 230 à 380.

à *Lucé* par ⑥ N 23 : 4 km – 18 796 h. – ⊠ 28110 :

🏨 **Ibis** Ⓜ, impasse Périgord ✆ 37 35 76 00, Fax 37 30 01 49, 🌤 – ⇄ ch 📺 ☎ 🕭 🅿 –
⏏ 60. 🗚 GB
Repas 97, enf. 40 – 🗷 35 – **74 ch** 250/310.

ALFA ROMEO, FIAT Gar. Fiat Chartres, 84 r. Grand
Faubourg ✆ 37 34 01 33
BMW Gar. Thireau, Parc des Propylées RN 10
✆ 37 34 34 40
CITROEN Chartres Auto, 49 bis, av. d'Orléans
par ③ ✆ 37 91 33 00
RENAULT Gar. Ruelle, 104 r. Fg-la-Grappe par ③
✆ 37 28 51 19

RENAULT Lamirault Autom., ZUP Madeleine av.
M.-Proust par ② ✆ 37 30 20 20 🄽 ✆ 37 23 68 15
VAG Gar. Electricauto, 46 av. d'Orléans, RN 154
✆ 37 28 07 35 🄽 ✆ 37 28 74 06

⦿ Breton Pneus Point S, 26 r. G.-Fessard
✆ 37 21 18 98

Périphérie et environs

CITROEN Europ'Autom., 9 r. Gutemberg à Luisant
par ⑤ ✆ 37 35 96 48
FORD Gar. Paris-Brest, av. Mar.-Leclerc à Lucé
✆ 37 28 13 88
MERCEDES Gar. B.S.A. Cogedi, 20 bis bd Foch
✆ 37 35 88 80
OPEL Gar. Ouest, 43 r. Château d'Eau à Mainvilliers
✆ 37 36 37 87
PEUGEOT Gar. St-Thomas, 52 r. Mar.-Leclerc à
Lucé par ⑤ ✆ 37 91 81 30 🄽 ✆ 37 78 25 86
RENAULT Lamirault Autom., 23 r. Kennedy à Lucé
par ⑤ ✆ 37 34 00 99 🄽 ✆ 37 23 68 15

ROVER Chartres Auto Sport, rte d'Illiers à Lucé
✆ 37 35 24 79
TOYOTA Gar. Socalu, 5 r. de Fontenay à Lucé
✆ 37 28 02 40

⦿ Breton Pneus Point S, 13 r. de Fontenay ZI à Lucé
✆ 37 28 28 80
Marsat Pneus, ZAC Malbrosses 1 r. La Motte à Lucé
✆ 37 35 86 94

CHARTRES-DE-BRETAGNE 35 I.-et-V. 🔢 ⑥ – rattaché à Rennes.

La CHARTRE-SUR-LE-LOIR 72340 Sarthe 🔢 ④ G. Châteaux de la Loire – 1 669 h alt. 57.

🛈 Syndicat d'Initiative (mi-juin, mi-sept.) ✆ 43 44 40 04.

Paris 210 – ◆Le Mans 46 – La Flèche 57 – St-Calais 30 – ◆Tours 42 – Vendôme 42.

🏨 **France,** ✆ 43 44 40 16, Fax 43 79 62 20, 🌤 – 📺 ☎ 🅿. GB
◆ fermé 15 nov. au 15 déc., dim. soir et lundi du 15 nov. au 15 mars – **Repas** (dim. prévenir)
75/230 – 🗷 35 – **29 ch** 240/320 – ½ P 230/260.

PEUGEOT Gar. Vallée du Loir ✆ 43 44 41 12

CHASSELAY 69380 Rhône 🔢 ⑩ – 2 002 h alt. 211.

Paris 445 – ◆Lyon 21 – L'Arbresle 14 – Villefranche-sur-Saône 14.

XXX ❀ **Guy Lassausaie,** ✆ 78 47 62 59, Fax 78 47 06 19 – 🍽 🅿. 🗚 ⓸ GB
fermé 1er au 24 août, 15 au 25 fév., mardi soir et merc. – **Repas** 150/380 et carte 250 à 360
Spéc. Fricassée d'escargots aux pieds de porc. Filet de féra cuit à l'unilatéral (mai à juil.). Pigeon cuit au foin en cocotte
lutée. Vins Coteaux du Lyonnais, Brouilly.

CITROEN Gar. du Mont Verdun. ✆ 78 47 62 23

CHASSENEUIL-DU-POITOU 86 Vienne 🔢 ⑭ – rattaché à Poitiers.

CHASSERADES 48250 Lozère 🔢 ⑦ – 151 h alt. 1 174.

Paris 612 – Mende 40 – Langogne 29 – Villefort 25.

🛉 **Sources** ⭆, rte La Bastide ✆ 66 46 01 14, Fax 66 46 07 80, ≼ – ☎ 🅿. GB
◆ fermé 15 déc. au 6 janv. et dim. soir du 1er nov. au 1er mars – **Repas** 70/130 🍷, enf. 40 – 🗷 28
– **11 ch** 160/220 – ½ P 200/210.

CHASSE-SUR-RHÔNE 38 Isère 🔢 ⑪ – rattaché à Vienne.

CHASSEY-LE-CAMP 71 S.-et-L. 🔢 ⑨ – rattaché à Chagny.

La CHATAIGNERAIE 85120 Vendée 🔢 ⑯ – 2 904 h alt. 171.

Paris 387 – Bressuire 31 – Fontenay-le-Comte 22 – Parthenay 42 – La Roche-sur-Yon 58.

🏨 **Aub. de la Terrasse,** r. Beauregard ✆ 51 69 68 68, Fax 51 52 67 96 – 📺 ☎ 🕭 – ⏏ 40.
◆ 🗚 ⓸ GB. 🌤 rest
fermé vacances de Noël, vend. soir, sam. midi et dim. soir hors sais. – **Repas** 60 (déj.),
78/165, enf. 45 – 🗷 35 – **14 ch** 200/250 – ½ P 260.

OPEL Gar. Arnaud, à la Tardière ✆ 51 69 66 69

RENAULT Gar. Boinot ✆ 51 52 66 66 🄽 ✆ 51 69
60 10

CHÂTEAU-ARNOUX-ST-AUBAN 04160 Alpes-de-H.-P. 🔢 ⑯ G. Alpes du Sud – 5 109 h alt. 440.

Voir ❀★ de la chapelle St-Jean S : 2 km puis 15 mn.

Env. Prieuré de Ganagobie★ : mosaïques★★ dans l'église, ≼★★ de l'allée des Moines, ≼★ de
l'allée de Forcalquier SO : 20 km.

🛈 Office de Tourisme "La Ferme de Font-Robert" ✆ 92 64 02 64, Fax 92 64 41 81.

Paris 724 – Digne-les-Bains 25 – Forcalquier 30 – Manosque 40 – Sault 70 – Sisteron 14.

🏨 ❀ **La Bonne Étape** (Gleize) ⑤, Chemin du lac 🖉 92 64 00 09, Fax 92 64 37 36, « Bel aménagement intérieur », 🛋, 🍴 – 🗐 TV 🕾 🅿 ⚠ ⓞ GB
fermé 5 janv. au 15 fév., dim. soir et lundi du 1ᵉʳ nov. au 31 mars – **Repas** 220/550 et carte 340 à 470, enf. 120 – ☲ 85 – **11 ch** 600/1000, 7 appart
Spéc. Filet d'agneau poêlé aux parfums des collines. Poitrine de colvert en feuilletage (oct. à janv.). Crème glacée au miel de lavande. **Vins** Palette, Vacqueyras.

XXX **L'Oustaou de la Foun**, N : 1,5 km sur N 85 🖉 92 62 65 30, Fax 92 62 65 32, 🌣 – 🗐 🅿
⚠ ⓞ GB
fermé lundi – **Repas** 98/198 et carte 200 à 290, enf. 48.

à St-Auban SO : 3,5 km par N 96 – ✉ **04600**.

Voir Site★ de Montfort S : 2 km.

🏨 **Villiard** sans rest, 🖉 92 64 17 42, Fax 92 64 23 29, 🌿 – TV 🕾 🅿 – 🏛 25. ⚠ GB
fermé 20 déc. au 8 janv. et sam. d'oct. à fév. – ☲ 39 – **20 ch** 280/420.

PEUGEOT Gar. Plantevin, 70 av. Gén.-de-Gaulle 🖉 92 64 06 15 ⚅ 🖉 07 55 46 18

CHÂTEAU-BERNARD 38650 Isère 🗾🗾 ⑭ – 134 h alt. 855.
Paris 606 – ◆Grenoble 36 – Monestier-de-Clermont 12.

au col de l'Arzelier N : 4 km – ✉ **38650** Monestier-de-Clermont.

Voir Site★ de Prélenfrey N : 4 km, G. Alpes du Nord.

🏨 **Deux Soeurs** ⑤, 🖉 76 72 37 68, Fax 76 72 20 25, ≤, 🌣, 🛋 – ⅋ ch TV 🕾 🛏 🅿. GB
➡ *fermé 18 sept. au 7 oct.* – **Repas** 80/180, enf. 50 – ☲ 35 – **24 ch** 175/220 – ½ P 230/250.

CHÂTEAUBOURG 35220 I.-et-V. 🗾🗾 ⑰ ⑱ – 4 056 h alt. 125.
Paris 325 – ◆Rennes 23 – Angers 113 – Châteaubriant 49 – Fougères 43 – Laval 56.

🏨 **Ar Milin'** ⑤, 🖉 99 00 30 91, Fax 99 00 37 56, « Ancien moulin dans un parc au bord de la Vilaine », ❀ – 🖂 TV 🕾 🅿 – 🏛 60. ⚠ ⓞ GB
fermé 23 déc. au 2 janv. – **Repas** *(fermé dim. soir d'oct. à mars)* 98/195, enf. 65 – ☲ 49 –
30 ch 320/555 – ½ P 385/420.

à La Peinière E : 6 km par D 33 et D 105 – ✉ **35220** Châteaubourg :

🏨 **Pen'Roc** Ⓜ, 🖉 99 00 33 02, Fax 99 62 30 89, 🌣, 🛋, 🌿 – 🖂 TV 🕾 🅿 – 🏛 60. ⚠ ⓞ GB
fermé vacances de Toussaint et de fév. – **Repas** *(fermé dim. soir de sept. à avril)* 105/320,
enf. 70 – ☲ 46 – **33 ch** 370/430 – ½ P 355/380.

CITROEN Gar. Brunet, 🖉 99 00 31 16   PEUGEOT Gar. Chevrel, 🖉 99 00 31 12

CHÂTEAUBRIANT ◀🆘▶ 44110 Loire-Atl. 🗾🗾 ⑦ ⑧ G. Bretagne – 12 783 h alt. 56.
Voir Château★.
🅱 Office de Tourisme 22 r. de Couéré 🖉 40 28 20 90, fax 40 81 86 02.
Paris 354 ① – Ancenis 43 ③ – Angers 71 ③ – La Baule 95 ④ – Cholet 91 ① – Fougères 83 ① – Laval 66 ② –
◆Nantes 71 ④ – ◆Rennes 62 ⑤ – St-Nazaire 86 ④.

Plan page suivante

🏨 **Host. La Ferrière** ⑤, rte Nantes par ④ : 2 km 🖉 40 28 00 28, Télex 701353,
Fax 40 28 29 21, « Parc fleuri » – TV 🕾 📠 🅿 – 🏛 60. ⚠ ⓞ GB JCB
fermé 23 au 31 déc. et dim. soir du 1ᵉʳ nov. au 31 mars – **Repas** 115/230, enf. 60 – ☲ 39 –
25 ch 340/400 – ½ P 280.

🏨 **Châteaubriant** sans rest, 30 r. 11-Novembre **(a)** 🖉 40 28 14 14, Fax 40 28 26 49 – 🖂 TV
🕾 🅿 – 🏛 30. ⚠ ⓞ GB
☲ 30 – **37 ch** 250/380.

XXX **Aub. Bretonne** Ⓜ avec ch, 23 pl. Motte **(b)** 🖉 40 81 03 05, Fax 40 28 37 51 – TV 🕾. ⓞ
GB JCB
Repas 92/225 et carte 230 à 340, enf. 68 – ☲ 42 – **8 ch** 190/540.

XX **Le Poêlon d'Or**, 30 bis r. 11-Novembre **(s)** 🖉 40 81 43 33 – GB JCB
fermé 1ᵉʳ au 15 août, vacances de fév., dim. soir et lundi – **Repas** 97/340.

CITROEN Autom. Castelbriantaise, rte de St-
Nazaire, ZI par ④ 🖉 40 28 10 90 ⚅ 🖉 40 55 90 20
FORD Gar. Mérel, ZI, 65 rte d'Ancenis
🖉 40 81 15 29 ⚅ 🖉 40 55 90 20
PEUGEOT Gar. Bareteau, rte de St-Nazaire ZI
🖉 40 81 01 05

RENAULT Gar. SADAC, rte de St-Nazaire, ZI La
Ville au Bois par ④ 🖉 40 81 26 12 ⚅ 🖉 40 81 50 53

🏭 Castel Pneus Point S, ZI, r. du Prés.-Kennedy
🖉 40 28 01 94

335

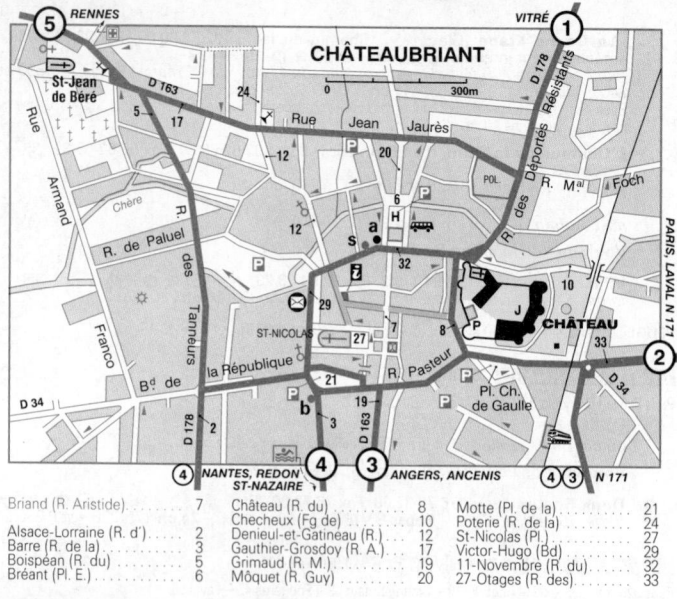

CHÂTEAUBRIANT

CHÂTEAU-D'OLÉRON 17 Char.-Mar. 🗺 ⑭ – voir à Oléron (Ile d').

CHÂTEAU-DU-LOIR 72500 Sarthe 🗺 ④ G. Châteaux de la Loire – 5 473 h alt. 50.

🛈 Syndicat d'Initiative 2 av. J.-Jaurès (juin-15 sept.) ℰ 43 44 56 68 et à la Mairie ℰ 43 44 00 38.

Paris 238 – ◆Le Mans 40 – Château-la-Vallière 20 – La Flèche 41 – ◆Tours 40 – Vendôme 58.

  🏠 **Grand Hôtel,** 59 av. A. Briand ℰ 43 44 00 17 – 📺 ☎ 🅿 🆎 🄶🄱
    fermé 2 au 17 nov. – **Repas** 95/190 ⅜, enf. 65 – ☲ 30 – **23 ch** 180/260 – ½ P 260.

PEUGEOT Gar. Boutellier, rte du Mans à Luceau ℰ 43 44 00 67

CHÂTEAUDUN ◈ 28200 E.-et-L. 🗺 ⑰ G. Châteaux de la Loire – 14 511 h alt. 140.

Voir Château★★ A – Vieille ville★ A : église de la Madeleine★ – Promenade du Mail ≤★ A – Musée : Collection d'oiseaux★ A **M.**

🛈 Office de Tourisme 1 r. de Luynes ℰ 37 45 22 46, Fax 37 66 00 16.

Paris 130 ① – ◆Orléans 51 ② – Alençon 120 ⑤ – Argentan 145 ⑤ – Blois 57 ③ – Chartres 43 ① – Fontainebleau 120 ② – ◆Le Mans 108 ⑤ – Nogent-le-Rotrou 53 ⑤ – ◆Tours 96 ③.

Plan page ci-contre

  🏠 **St-Michel** sans rest, 5 r. Péan ℰ 37 45 15 70, Fax 37 45 83 39 – ⇄ ch 📺 ☎ ⟵. 🆎 ⑩
    🄶🄱. 🛇 – fermé 22 déc. au 5 janv. – ☲ 30 – **19 ch** 150/325.   A **a**

  🏠 **Beauce** 🍃 sans rest, 50 r. Jallans ℰ 37 45 14 75, Fax 37 45 87 53 – 📺 ☎ ⟵. 🄶🄱 B **s**
    fermé 16 déc. au 10 janv. et dim. soir du 15 oct. au 15 mai – ☲ 36 – **24 ch** 145/300.

  🍴🍴 **Aux Trois Pastoureaux,** 31 r. A Gillet ℰ 37 45 74 40, Fax 37 66 00 32 – ⑩ 🄶🄱 A **s**
    fermé 23 déc. au 6 janv., dim. soir et lundi sauf fériés – **Repas** 102/180, enf. 60.

  🍴🍴 **L'Arnaudière,** 4 r. St-Lubin ℰ 37 45 98 98, Fax 37 45 96 48, 😃 – 🆎 🄶🄱   A **b**
    fermé dim. soir et lundi soir – **Repas** 94/158.

  🍴🍴 **La Rose** avec ch, 12 r. Lambert-Licors ℰ 37 45 21 83, Fax 37 45 21 83 – 🍽 rest 📺 ☎
    ⟵. 🆎 ⑩ 🄶🄱. 🛇 ch   B **w**
    fermé dim. soir hors sais. – **Repas** 87/220 ⅜, enf. 65 – ☲ 32 – **13 ch** 215/255 – ½ P 235.

  🍴 **La Licorne,** 6 pl. 18-Octobre ℰ 37 45 32 32 – 🍽. 🄶🄱   A **e**
    fermé 20 au 29 juin, 20 déc. au 15 janv., mardi soir et merc. – **Repas** 70/180, enf. 48.

  à Marboué par ① sur N 10 : 5 km – ✉ 28200 :

  🍴🍴 **Toque Blanche,** ℰ 37 45 12 14 – 🍽. 🄶🄱
    fermé mardi soir et merc. – **Repas** 98/195 ⅜.

CITROEN Gar. Mourice-Rebours, 91 bd Kellermann   ⊕ Euromaster, N 10 ℰ 37 45 11 17
par ② ℰ 37 45 10 87
RENAULT Gar. Giraud, rte de Tours à la Chapelle
du Noyer par ③ ℰ 37 45 10 74 **N** ℰ 37 96 52 31

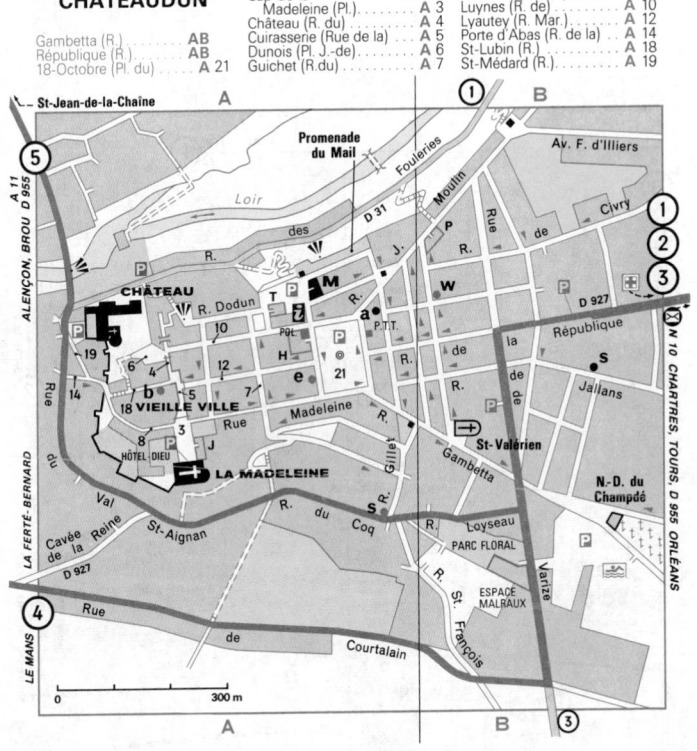

CHÂTEAUDUN

Gambetta (R.)	**AB**
République (R.)	**AB**
18-Octobre (Pl. du)	**A 21**

Cap-de-la-Madeleine (Pl.)	A 3
Château (R. du)	A 4
Cuirasserie (Rue de la)	A 5
Dunois (Pl. J.-de)	A 6
Guichet (R. du)	A 7

Huileries (R. des)	A 8
Luynes (R. de)	A 10
Lyautey (R. Mar.)	A 12
Porte d'Abas (R. de la)	A 14
St-Lubin (R.)	A 18
St-Médard (R.)	A 19

EUROPE on a single sheet Michelin map no **970**.

CHÂTEAUFORT 78 Yvelines **60** ⑩, **101** ㉒ — voir à Paris, Environs.

CHÂTEAUGIRON 35410 I.-et-V. **63** ⑦ G. Bretagne – 4 166 h alt. 60.

Paris 337 – ◆Rennes 18 – Angers 112 – Châteaubriant 42 – Fougères 47 – Nozay 71 – Vitré 28.

Cheval Blanc et Château, ℰ 99 37 40 27, Fax 99 37 59 68 – ▥ ☎ ℗. ⅏
Repas (fermé lundi du 1er oct. au 31 mars et dim. soir) 60/145 ⅄ – ⌧ 25 – **18 ch** 145/230 – ½ P 150/190.

L'Aubergade, ℰ 99 37 41 35 – ⅏
Repas 115/268 et carte 210 à 290.

CHATEAU-GONTIER ⟨🖂⟩ 53200 Mayenne **63** ⑩ G. Châteaux de la Loire – 11 085 h alt. 43.

Voir Intérieur★ de l'église St-Jean-Baptiste A.

🛈 Office de Tourisme Péniche l'Elan quai Alsace ℰ 43 70 42 74, Fax 43 07 96 82.

Paris 277 ② – Angers 48 ③ – Châteaubriant 56 ⑤ – Laval 32 ① – ◆Le Mans 83 ② – ◆Rennes 103 ⑤.

Plan page suivante

Jardin des Arts ⑤, 5 r. A. Cahour ℰ 43 70 12 12, Fax 43 70 12 07, ≤, 🏛, « Jardin » – ▥ ☎ ℗ – 🔬 30. ⅏
A **e**
Repas (fermé sam. midi et dim. soir hors sais.) 100/265 ⅄, enf. 60 – ⌧ 46 – **20 ch** 300/520 – ½ P 270/410.

Host. Mirwault ⑤, N : 2 km par r. Basse-du-Rocher ℰ 43 07 13 17, Fax 43 07 82 96, 🏛, « Au bord de la Mayenne », ☞ – ▥ ☎ ℗. ㏕ ⅏. ⅏ rest
hôtel : fermé 28 déc. au 28 fév. ; rest. : fermé 28 déc. au 15 mars, lundi midi et merc. midi –
Repas 95 (déj.), 115/178 ⅄ – ⌧ 35 – **11 ch** 285 – ½ P 250.

Cerf sans rest, 31 r. Garnier ℰ 43 07 25 13, Fax 43 07 02 90 – ▥ ☎ ℗. ⑩ ⅏
A **b**
⌧ 26 – **22 ch** 155/215.

337

CHÂTEAU-GONTIER

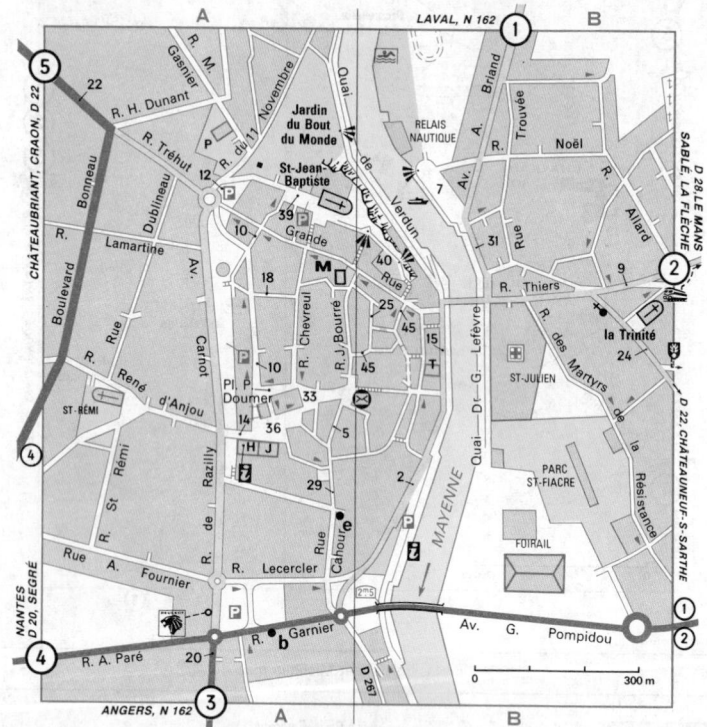

XX **Prieuré,** à Azé, SE : 2 km par D 22, près Église ℰ 43 70 31 16, ≤, 佺, 錦 – GB
✦ fermé 10 fév. au 10 mars et lundi soir – **Repas** 75/195, enf. 48.

X **L'Aquarelle,** S par rte de Ménil : 1 km ℰ 43 70 15 44, Fax 43 07 88 67, ≤, 佺 – ■ **◐.**
✦ GB
fermé 15 au 31 janv., dim. soir et lundi d'oct. à avril – **Repas** 75/180, enf. 45.

à **Coudray** SE : 7 km par D 22 alt. 64 – ⊠ 53200 :

XX **L'Amphitryon,** ℰ 43 70 46 46 – GB
fermé 15 janv. au 11 fév., mardi soir et merc. sauf juil.-août – **Repas** 68 (déj.), 88/125, enf. 45.

PEUGEOT Gar. Fourmond, 8 av. Mar.-Joffre
ℰ 43 70 16 00

RENAULT Bellitourne Autom., av. R.-Cassin ZI
Bellitourne ℰ 43 09 15 15

CHÂTEAUMEILLANT 18370 Cher 𝟨𝟪 ⑳ G. Berry Limousin – 2 081 h alt. 253.

Voir Choeur★ de l'église St-Genès.

🛈 Office de Tourisme r. de la Victoire ℰ 48 61 39 89.

Paris 304 – Argenton-sur-Creuse 57 – Châteauroux 53 – La Châtre 18 – Guéret 60 – La Souterraine 74.

XX **Le Piet à Terre** avec ch., ℰ 48 61 41 74, « Intérieur soigné » – 📺 ☎. GB
fermé 2 janv. au 30 mars, dim. soir et lundi hors sais. – **Repas** 98/260, enf. 50 – ⚌ 30 – **7 ch**
260/350.

CITROEN Gar. Auvity, av. A.-Meillet ℰ 48 61 33 49

RENAULT Gar. Bardiot, r. de la Libération
ℰ 48 61 33 95

CHÂTEAUNEUF 21320 Côte-d'Or 🔢 ⑲ **G. Bourgogne** – 63 h alt. 475.

Voir Site★ du village★ – Château★.

Paris 279 – ◆Dijon 41 – Avallon 72 – Beaune 35 – Montbard 64.

  🏛 **Host. du Château** 🦢, 🖉 80 49 22 00, Fax 80 49 21 27, ≤, 😭 – ☎. ⚙ 🅶🅱
    fermé déc. à mi-fév., lundi soir et mardi de sept. à juin – **Repas** 130/350 bc – 🖵 40 – **17 ch**
    240/450 – ½ P 320/400.

CHÂTEAUNEUF 71 S.-et-L. 🔢 ⑧ – rattaché à Chauffailles.

CHÂTEAUNEUF-DE-GALAURE 26330 Drôme 🔢 ② – 1 246 h alt. 340.

Paris 538 – Valence 37 – Beaurepaire 17 – Romans-sur-Isère 26 – St-Marcellin 41 – Tournon-sur-Rhône 23.

  XX **Yves Leydier,** 🖉 75 68 68 02, Fax 75 68 66 19, 😭, 🛏 – 🅶🅱
    fermé vacances de fév., mardi soir et merc. – **Repas** 100/260, enf. 60.

CHÂTEAUNEUF-DU-FAOU 29520 Finistère 🔢 ⑯ **G. Bretagne** – 3 777 h alt. 130.

🛈 Office de Tourisme r. de la Mairie (juin-sept.) 🖉 98 81 83 90.

Paris 526 – Quimper 37 – ◆Brest 64 – Carhaix-Plouguer 21 – Châteaulin 23 – Morlaix 50.

  🏛 **Relais de Cornouaille,** rte Carhaix 🖉 98 81 75 36, Fax 98 81 81 32 – 📳 📺 ☎ 🕭 🅿 –
  ◆ 🍴 25. 🅶🅱
    fermé oct., sam. et dim. de nov. à Pâques – **Repas** *(fermé oct., dim. soir et sam.)* 60/180 🍷,
    enf. 50 – 🖵 30 – **29 ch** 160/250 – ½ P 205/225.

    Si vous cherchez un hôtel tranquille,
    consultez d'abord les cartes de l'introduction
    ou repérez dans le texte les établissements indiqués avec le signe 🦢.

CHÂTEAUNEUF-DU-PAPE 84230 Vaucluse 🔢 ⑫ **G. Provence** – 2 062 h alt. 117.

Voir ≤★★ du château des Papes.

🛈 Office de Tourisme pl. Portail 🖉 90 83 71 08, Fax 90 83 50 34.

Paris 669 – Avignon 18 – Alès 77 – Carpentras 23 – Orange 10 – Roquemaure 10.

  XXX ❀ **Host. Château des Fines Roches** (Estevenin) 🦢 avec ch, rte Sorgues et voie
    privée : 3 km 🖉 90 83 70 23, Fax 90 83 78 42, 😭, « Dans un domaine viticole, ≤ », 🛏 –
    🍴 rest 📺 ☎ 🅿. 🅶🅱. ❀
    fermé Noël au 1er fév., dim. soir d'oct. à avril et lundi sauf hôtel de mai à sept. – **Repas**
    195/340 et carte 310 à 430, enf. 110 – 🖵 70 – **7 ch** 650/850 – ½ P 665/765
    Spéc. Craquelin de langoustines au beurre de basilic. Taureau camarguais au vin de syrah. Millefeuille de figues au lait
    d'amandes (juil. à sept.). **Vins** Châteauneuf-du-Pape, Côte Rôtie.

  X **Le Pistou,** 🖉 90 83 71 75 – 🅶🅱
    fermé 26 juin au 11 juil., 12 déc. au 2 janv., dim. soir et lundi – **Repas** (prévenir) 80/130 🍷.

CHÂTEAUNEUF-LE-ROUGE 13790 B.-du-R. 🔢 ③ 🔢 ⑯ – 1 283 h alt. 230.

Paris 768 – ◆Marseille 34 – Aix-en-Provence 12 – Aubagne 26 – Brignoles 45 – Rians 30.

  🏨 **La Galinière,** N 7 - rte St-Maximin : 2 km 🖉 42 53 32 55, Fax 42 53 33 80, 😭, 🏊, 🛏 –
    📺 ☎ 🅿. ⚙ ⓞ 🅶🅱
    Repas 100/320, enf. 50 – 🖵 50 – **17 ch** 265/375 – ½ P 322/400.

CHÂTEAUNEUF-LES-BAINS 63390 P.-de-D. 🔢 ③ **G. Auvergne** – 330 h alt. 390 - Stat. therm. .

🛈 Office de Tourisme (mai-sept.) 🖉 73 86 67 86.

Paris 387 – ◆Clermont-Ferrand 47 – Aubusson 81 – Montluçon 54 – Riom 32 – Ussel 91.

  🏛 **Château,** 🖉 73 86 67 01, 😭 – 📺 ☎. 🅶🅱
  ◆ *1er mai-30 sept.* – **Repas** 80/155, enf. 35 – 🖵 25 – **37 ch** 210/240 – P 225/260.

CHÂTEAUNEUF-SUR-LOIRE 45110 Loiret 🔢 ⑩ **G. Châteaux de la Loire** – 6 558 h alt. 135.

Voir Mausolée★ dans l'église St-Martial – Germigny-des-Prés : mosaïque★★ de l'église★ SE :
4,5 km.

🛈 Office de Tourisme 1 pl. A.-Briand 🖉 38 58 44 79, fax 38 58 52 83.

Paris 133 – ◆Orléans 31 – Bourges 97 – Gien 39 – Montargis 44 – Pithiviers 38 – Vierzon 88.

  XX **Aub. des Fontaines,** 1 r. Fontaines (rte St-Denis-de-l'Hôtel) 🖉 38 58 44 10 – 🅶🅱
    fermé juin et dim. soir – **Repas** (nombre de couverts limité - prévenir) 190 🍷.

CHÂTEAUNEUF-SUR-SARTHE 49330 M.-et-L. 🔢 ① – 2 370 h alt. 23.

🛈 Syndicat d'Initiative quai de la Sarthe (fermé matin hors saison sauf samedi) 🖉 41 69 82 89.

Paris 276 – Angers 30 – Château-Gontier 24 – La Flèche 32.

  🏨 **Les Ondines,** 🖉 41 69 84 38, Fax 41 69 83 59, ≤, 😭 – 📳 📺 ☎ 🅿 – 🍴 50. ⚙ 🅶🅱
  ◆ *fermé dim. soir du 15 nov. au 15 mars* – **Repas** 74/215, enf. 44 – 🖵 34 – **24 ch** 228/343 –
    ½ P 230/248.

  X **Sarthe** avec ch, 🖉 41 69 85 29, ≤, 😭 – 🅶🅱. ❀ ch
    fermé 10 au 31 oct., dim. soir et lundi de sept. à mai – **Repas** 90/205 🍷, enf. 60 – 🖵 30 –
    7 ch 200/270 – ½ P 250.

CHÂTEAURENARD 13160 B.-du-R. 81 ⑫ G. Provence – 11 790 h alt. 43.

Voir Château féodal : ✻★ de la tour du Griffon.

ℹ Office de Tourisme 1 r. R.-Salengro ✆ 90 94 23 27, Fax 90 94 14 97.

Paris 697 – Avignon 10 – Carpentras 29 – Cavaillon 20 – ◆Marseille 91 – Nîmes 43 – Orange 40.

XX **Les Glycines** avec ch, 14 av. V. Hugo ✆ 90 94 10 66, Fax 90 94 78 10 – ▤ rest TV ☎. GB. ✂ ch
fermé 15 au 29 fév., dim. soir d'oct. à mars et lundi – **Repas** 85/175, enf. 40 – ☕ 30 – **10 ch** 190/210 – ½ P 205/225.

PEUGEOT Gar. Auto Services, 10 r. H.-Brisson ✆ 90 94 12 04 N ✆ 90 94 12 04
RENAULT Châteaurenard Autom., bd Genevet ✆ 90 94 24 98 N ✆ 05 05 15 15

Ⓜ Ayme Pneus, Bd E.-Genevet ✆ 90 94 54 81
Chato Pneus, 26 av. J.-Jaurès ✆ 90 94 71 87

CHÂTEAU-RENAULT 37110 I.-et-L. 64 ⑤ ⑥ G. Châteaux de la Loire (plan) – 5 787 h alt. 88.

Voir ≤★ des terrasses du château.

ℹ Office de Tourisme Parc de Vauchevrier ✆ 47 29 54 43.

Paris 215 – ◆Tours 32 – Angers 123 – Blois 42 – Loches 57 – ◆Le Mans 86 – Vendôme 27.

🏨 **Lurton** sans rest, 37 pl. J. Jaurès ✆ 47 56 80 26 – TV ☎ P. AE GB
fermé lundi – ☕ 35 – **10 ch** 200/330.

XX **Lion d'Or** avec ch, 166 r. République ✆ 47 29 66 50 – ☎ 🚗. AE ⓓ GB
fermé 15 au 31 oct., vacances de fév., dim. soir et lundi hors sais. – **Repas** 80/250 🍷 – ☕ 38 – **10 ch** 120/265 – ½ P 193/266.

au NE : 7 km sur N 10 – ✉ 41310 St Amand Longpré (L.-et-Ch.) :

X **Le Gastinais,** ✆ 54 80 33 30, 🌳 – P. ⓓ GB
Repas (déj. seul.)(dim. et fêtes prévenir) 58/159 🍷, enf. 40.

RENAULT Gar. Tortay, 19 r. Gambetta ✆ 47 29 50 97

RENAULT Gar. Thorin, 20 r. Michelet ✆ 47 56 90 90 N ✆ 47 56 88 99

CHÂTEAUROUX P 36000 Indre 68 ⑧ G. Berry Limousin – 50 969 h alt. 154.

Voir Musée Bertrand★ BY M – Déols : clocher★ de l'ancienne abbaye X, sarcophage★ dans l'église St-Etienne X.

⛳18 du Val de l'Indre ✆ 54 26 59 44, O : 13 km par ⑧ N 143.

ℹ Office de Tourisme pl. de la Gare ✆ 54 34 10 74, Fax 54 27 57 97 – A.C. 76 av. Blois ✆ 54 34 81 60.

Paris 269 ① – Bourges 65 ② – Blois 99 ⑨ – Châtellerault 104 ⑦ – Guéret 89 ⑤ – ◆Limoges 128 ⑥ – Montluçon 99 ④ – ◆Orléans 145 ① – Poitiers 124 ⑥ – ◆Tours 118 ⑧.

Plan page ci-contre

🏨 **Elysée H.** M sans rest, 2 r. République ✆ 54 22 33 66, Fax 54 07 34 34 – 🛗 TV ☎. AE ⓓ GB JCB AY s
☕ 45 – **18 ch** 260/320.

🏨 **Boischaut** sans rest, 135 av. La Châtre par ④ ✆ 54 22 22 34, Fax 54 22 64 89 – 🛗 TV ☎ P. GB JCB
☕ 24 – **27 ch** 195/265.

🏨 **Comfort Inn Primevère,** 384 av. Verdun par ⑤ ✆ 54 07 87 87, Fax 54 07 04 47 – ▤ rest TV ☎ ♿ P – 🎤 30. AE ⓓ GB
Repas 81/102 🍷, enf. 41 – ☕ 30 – **50 ch** 295.

🏨 **Voltaire,** 42 pl. Voltaire ✆ 54 34 17 44, Fax 54 07 01 90 – 🛗 TV ☎. AE GB BY a
Repas (dîner seul.)(résidents seul.) 49 🍷 – ☕ 26 – **36 ch** 175/245.

🏨 **Christina** sans rest, 250 av. La Châtre par ④ ✆ 54 34 01 77, Fax 54 07 82 42 – 🛗 TV ☎ 🚗 P. AE ⓓ GB
☕ 22 – **33 ch** 189/220.

XXX **Stanislas,** 1 r. J. J. Rousseau ✆ 54 34 82 69, Fax 54 07 32 22 – AE ⓓ GB AY s
fermé 16 juil. au 17 août, dim. soir et lundi – **Repas** 150/380 et carte 290 à 410, enf. 60.

XX **La Ciboulette,** 42 r. Grande ✆ 54 27 66 28 – GB BY e
fermé 30 juil. au 23 août, 7 au 30 janv., dim., lundi et fériés – **Repas** 75/195 🍷.

rte de Paris près Céré par ① : 6 km – ✉ 36130 Déols :

🏨 **Relais St-Jacques,** ✆ 54 22 87 10, Fax 54 22 59 28, 🌳 – ▤ rest TV ☎ ♿ P – 🎤 50 à 80. AE ⓓ GB
fermé 25 déc. au 7 janv. – **Repas** *(fermé dim. sauf fériés)* 105/215 – ☕ 40 – **46 ch** 310/340.

rte de Bourges par ② : 7,5 km – ✉ 36130 Montierchaume :

🏨 **Les Ajoncs,** ✆ 54 26 93 93, Fax 54 26 93 85 – ✂ ch TV ☎ ♿ P – 🎤 30. AE ⓓ GB
Repas 85/160 🍷, enf. 30 – ☕ 30 – **53 ch** 250/275.

à la Forge de l'Ile par ④ : 6 km – ✉ 36330 Le Poinçonnet :

🏨 **Aub. Arc en Ciel** sans rest, ✆ 54 34 09 83, Fax 54 34 46 74 – TV ☎ P – 🎤 80. GB
fermé 27 au 30 déc. – ☕ 26 – **24 ch** 150/230.

CHÂTEAUROUX

*Pas de publicité payée
dans ce guide.*

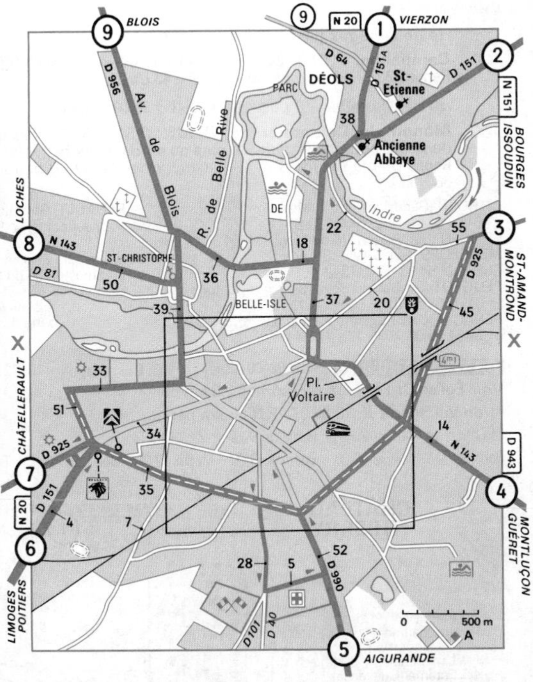

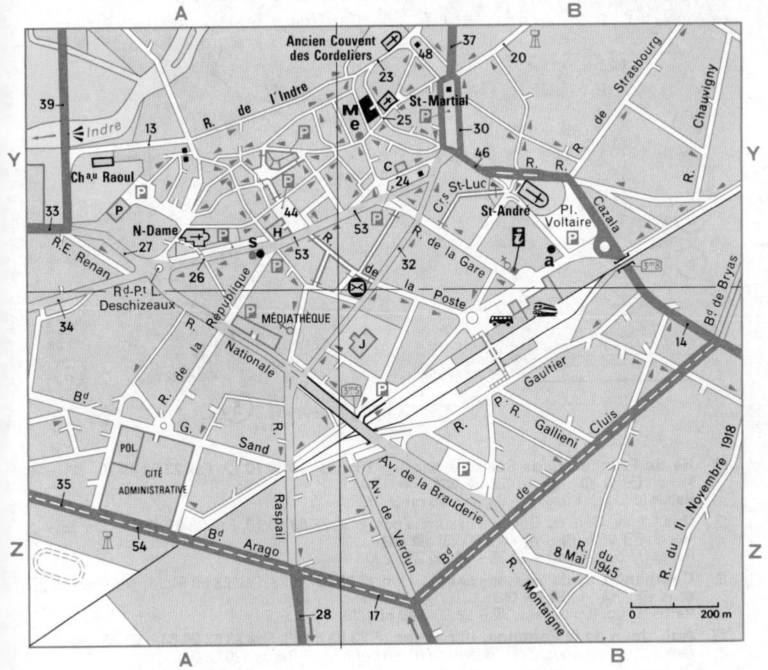

rte de Limoges par ⑥ : 6 km – ⊠ **36250** St-Maur :

🏠 **Campanile**, ℰ 54 08 24 00, Fax 54 07 17 09, ☞ – ⇔ ch 📺 ☎ ♿ ℗ – 🔏 30. 🆎 ⓪ ☒
Repas 82 bc/105 bc, enf. 39 – � 30 – **43 ch** 270.

rte de Châtellerault par ⑦ : 3 km – ⊠ **36000** Châteauroux :

🏥 **Manoir du Colombier** ⥁, D 925 ℰ 54 29 30 01, Fax 54 27 70 90, ☞, « Ancienne demeure bourgeoise dans un parc au bord de l'Indre » – 📺 ☎ ♿ – 🔏 25. 🆎 ⓪ ☒ ⱼ𝚌ʙ
Repas *(fermé vacances de fév., dim. soir et lundi)* 175 bc (déj.), 185/300 – � 45 – **11 ch** 380/550.

CITROEN Gar. Maublanc, r. Montaigne
ℰ 54 07 07 23 ℕ ℰ 54 34 30 28
CITROEN Gar. Bisson, 76 bd Marins ℰ 54 34 12 66
MERCEDES Gar. SAVIB, Rocade Sud, rte de la
Châtre ℰ 54 53 39 00 ℕ ℰ 05 24 24 30
PEUGEOT Gd Gar. du Berry, 9 av. d'Argenton
ℰ 54 08 54 02 ℕ ℰ 54 26 35 73
RENAULT Gar. Tourisme P. L., 38 av. de Tours
ℰ 54 34 15 06

RENAULT Gar. Gibaud, RN 20 les Aubrys à
St-Maur par ⑤ ℰ 54 22 22 22 ℕ ℰ 05 05 15 15

⓪ Chirault, ZI allée Maisons Rouges ℰ 54 27 99 04
Euromaster, 86 bd Cluis ℰ 54 34 12 22
Fredon, RN 20 à St-Maur ℰ 54 34 23 30
Leseche, 1 bis av. Ambulance ℰ 54 22 36 03
Récup Auto, rte d'Issoudun à Déols ℰ 54 34 91 90

CHÂTEAU-THIERRY ⑳ **02400** Aisne 🗓 ⑭ G. Champagne – 15 312 h alt. 63.

Voir Église St-Ferréol★ d'Essômes 2,5 km par ④.

🏌 du Val Secret ℰ 23 83 07 25 N : 5 km par ①.

🛈 Office de Tourisme 12 pl. Hôtel de Ville ℰ 23 83 10 14.

Paris 96 ① – ◆Reims 58 ① – Épernay 49 ② – Meaux 49 ⑤ – Soissons 40 ① – Troyes 111 ④..

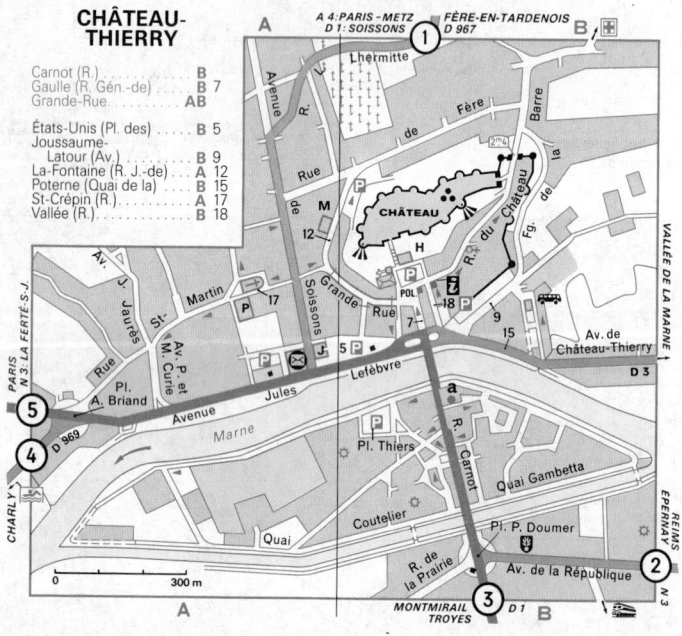

CHÂTEAU-THIERRY

Carnot (R.)	B
Gaulle (R. Gén.-de)	AB 7
Grande-Rue	AB
États-Unis (Pl. des)	B 5
Joussaume-Latour (Av.)	B 9
La-Fontaine (R. J.-de)	A 12
Poterne (Quai de la)	B 15
St-Crépin (R.)	A 17
Vallée (R.)	B 18

🏥 **Ile de France**, rte de Soissons par ① : 2 km ℰ 23 69 10 12, Fax 23 83 49 70, ☞ – 🛗
⇔ ch 📺 ☎ ♿ – 🔏 40. 🆎 ⓪ ☒ ⱼ𝚌ʙ
Repas 98 (déj.), 118/245 – ⊆ 38 – **56 ch** 290/390 – ½ P 295.

🏠 **Ibis** 🅜, av. Gén. de Gaulle à Essômes par ④ ℰ 23 83 10 10, Fax 23 83 45 23, ☞, ℅ – 🛗
⇔ ch 📺 ☎ ♿ ℗ – 🔏 40 à 80. 🆎 ⓪ ☒
Repas 97 bc, enf. 40 – ⊆ 35 – **55 ch** 250/290.

🏠 **Campanile**, rte de Soissons par ① : 3 km ℰ 23 69 23 23, Fax 23 69 91 11, ☞ – ⇔ ch 📺
☎ ♿ ℗ – 🔏 25. 🆎 ⓪ ☒
Repas 82 bc/105 bc, enf. 39 – ⊆ 30 – **49 ch** 270.

❌❌ **Aub. Jean de la Fontaine**, 10 r. Filoirs ℰ 23 83 63 89, Fax 23 83 20 54 – 🆎 ⓪ ☒ B a
fermé 1er au 21 août, 2 au 16 janv., dim. soir et lundi – **Repas** 120/350 bc.

à Reuilly-Sauvigny par ② et N 3 : 15 km – ✉ **02850** :

%%% ☼ **Aub. Le Relais** (Berthuit) avec ch, ℰ 23 70 35 36, Fax 23 70 27 76, 🌿 – 📺 ☎ 🅿. 💳
Ⓓ ☞. 🕸 ch
fermé 20 août au 7 sept., mi-fév. à mi-mars, mardi soir et merc. – **Repas** 153/410 et carte 320
à 400 – ☷ 48 – **7 ch** 265/390
Spéc. Salade au foie gras cru au sel. Lasagne de homard au jus de truffes. Papillote d'agneau au romarin. **Vins**
Cumières.

CITROEN Aisne Auto, 8 av. Montmirail par ③
ℰ 23 83 23 80
FORD Gar. Desaubeau, 29 av. Ch.-de-Gaulle à
Chierry ℰ 23 83 00 86
MAZDA Gar. A4 Motors, rte de Soissons à Bezu St
Germain ℰ 23 69 12 30
MERCEDES Compagnie de l'Est, 8 r. Plaine, ZI
ℰ 23 83 45 88 Ⓝ ℰ 64 33 90 90
OPEL Gar. Bachelet, av. Gén.-de-Gaulle à Essômes
ℰ 23 83 21 78

PEUGEOT Gar. Verdel, 18 av. Essômes par ④
ℰ 23 83 87 90
RENAULT Gds Gar. de l'Avenue, 51-58 av.
Essômes par ④ ℰ 23 83 14 48 Ⓝ ℰ 23 83 14 48
VAG Gar. de la Prairie, ZI av. de l'Europe
ℰ 23 83 24 42

⑩ Euromaster, rte de Châlons, ZI à Montmirail
ℰ 26 81 22 14
Euromaster, 38 av. de Paris par ⑤ ℰ 23 83 02 79

CHÂTEAU-VILLE-VIEILLE (Commune de) 05350 H.-Alpes ⑰ ⑲ – 271 h alt. 1 400.

Voir Site★ de Château-Queyras, O : 2,5 km.

Env. Sommet-Bucher ❄★★ S : 13,5 km, G. Alpes du Sud.

Paris 724 – Briançon 38 – Gap 79 – Guillestre 19 – Col d'Izoard 16.

🏠 **Guilazur,** à Ville-Vieille ℰ 92 46 74 09, Fax 92 46 78 82, ≤, �, 🌿 – ⇥ ch ☎ 🅿. ☞
fermé 1ᵉʳ au 14 mai et 16 oct. au 14 déc. – **Repas** 92/166 ⅄, enf. 58 – ☷ 38 – **18 ch** 280 –
½ P 268.

PEUGEOT Gar. Bonnici, ℰ 92 46 72 39 Ⓝ
ℰ 92 46 72 39

RENAULT Gar. Berge, ℰ 92 46 73 63

CHÂTEL 74390 H.-Savoie ⑦⓪ ⑱ G. Alpes du Nord – 1 255 h alt. 1 235 – Sports d'hiver : 1 200/2 200 m 🎿 2
🎿 48 🎿.

Voir Site★ – Pas de Morgins★ S : 3 km.

🅸 Office de Tourisme ℰ 50 73 22 44, Fax 50 73 22 87.

Paris 567 – Thonon-les-Bains 39 – Annecy 113 – Évian-les-Bains 40 – Morzine 37.

🏩 **Macchi,** ℰ 50 73 24 12, Fax 50 73 27 25, ≤, �, 🎰, 🔲, 🌿 – 📴 📺 ☎ ⟺ 🅿. ☞
20 mai-20 sept. et 15 déc.-15 avril – **Repas** 90/230, enf. 50 – ☷ 50 – **32 ch** 890 –
½ P 500/570.

🏨 **Fleur de Neige,** ℰ 50 73 20 10, Fax 50 73 24 55, ≤, �, 🌿 – 📴 📺 ☎ 🅿. ☞
1ᵉʳ juin-10 sept. et 20 déc.-31 mars – **La Grive Gourmande** : **Repas** 135 (déj.)190/420 – ☷ 50 –
37 ch 400/650 – ½ P 450/580.

🏨 **Panoramic,** ℰ 50 73 22 15, Fax 50 73 36 79, ≤, 🌿 – 📴 cuisinette 📺 ☎ 🅿. ☞. 🕸 rest
juil.-sept. (sauf rest.) et Noël-Pâques – **Repas** 98/176 – ☷ 42 – **28 ch** 480/540 – ½ P 440/
550.

🏨 **Kandahar** ☜, SO : 1,5 km par rte Béchigne ℰ 50 73 30 60, Fax 50 73 25 17, ≤, �, 🎰,
🌿 – cuisinette 📺 ☎ 🅿. ☞
fermé 16 avril au 6 mai et 3 nov. au 15 déc. – **Repas** *(fermé dim. soir hors sais.)* 85/160, enf.
48 – ☷ 35 – **22 ch** 150/280 – ½ P 330.

🏠 **Belalp,** ℰ 50 73 24 39, Fax 50 73 38 55, ≤ – 📺 ☎ 🅿. 💳 ☞
juil.-août et 20 déc.-fin mars – **Repas** 85/230, enf. 52 – ☷ 40 – **30 ch** 310/450 – ½ P 340/350.

🏠 **Triolets** ☜, rte Petit Chatel ℰ 50 73 20 28, Fax 50 73 24 10, ≤, 🎰, 🔲 – ☎ 🅿. ☞.
🕸 rest
juil.-août et Noël-Pâques – **Repas** 100/110, enf. 58 – ☷ 38 – **20 ch** 525 – ½ P 350/375.

🏠 **Lion d'Or,** ℰ 50 73 22 27, Fax 50 73 29 07 – 📴 ☎. 💳 ☞. 🕸 ch
→ *1ᵉʳ juin-30 sept. et 20 déc.-20 avril* – **Repas** 80/160, enf. 48 – ☷ 40 – **35 ch** 240/456 –
½ P 375.

🏠 **Choucas** sans rest, ℰ 50 73 22 57 – ☎ 🅿. ☞
fermé mai et nov. – ☷ 35 – **14 ch** 245/285.

🍴 **La Ripaille,** au Linga SO : 2 km ℰ 50 73 32 14, �, – 🅿. ☞
1ᵉʳ juil.-15 sept. et 1ᵉʳ déc.-15 mai et fermé lundi sauf vacances scolaires d'hiver – **Repas**
85/240 ⅄, enf. 50.

PEUGEOT Gar. Premat, ℰ 50 73 24 87 Ⓝ ℰ 50 73 24 87

CHÂTELAILLON-PLAGE 17340 Char.-Mar. ⑦① ⑬ G. Poitou Vendée Charentes – 4 993 h alt. 4 – Casino .

🅸 Office de Tourisme av. de Strasbourg ℰ 46 56 26 97.

Paris 469 – La Rochelle 15 – Niort 61 – Rochefort 20 – Surgères 27.

🏩 **Altea les Trois Iles** Ⓜ ☜, à la Falaise ℰ 46 56 14 14, Fax 46 56 23 70, ≤, �, parc, 🏊,
🎾 – cuisinette ⇥ ch 📺 ☎ 🖐 🅿 – 🔏 60. 💳 Ⓓ ☞
Repas 98/135 ⅄, enf. 55 – ☷ 52 – **72 ch** 420/645, 6 duplex – ½ P 437/462.

🏨 **Ibis** Ⓜ ☜, à la Falaise ℰ 46 56 35 35, Fax 46 56 33 44, ≤, �, centre de thalassothérapie
– 📴 ⇥ ch 📺 ☎ 🖐 🅿 – 🔏 25. 💳 Ⓓ ☞
Repas 115 ⅄, enf. 40 – ☷ 39 – **70 ch** 385/440.

Majestic H., bd Libération ℰ 46 56 20 53, Fax 46 56 29 24, – TV ☎. AE ◑ GB. rest
fermé 15 déc. au 15 janv., sam. et dim. d'oct. à mars – **Repas** 100/150 ♁, enf. 50 – ☕ 33 – **28 ch** 220/320 – ½ P 280/310.

Le Rivage sans rest, 36 Front de la Mer ℰ 46 56 25 79, Fax 46 56 19 03, ≤ – TV ☎ ♿. GB
1er avril-10 nov. – ☕ 30 – **40 ch** 252/331.

Acadie St-Victor, 35 bd Mer ℰ 46 56 25 13, Fax 46 30 01 92, ≤ – TV ☎. AE GB
fermé 15 oct. au 6 nov., 15 fév. au 5 mars, dim. soir et lundi du 1er oct. au 30 avril – **Repas** 90/190, enf. 48 – ☕ 31 – **13 ch** 240/320 – ½ P 255/300.

Pergola, 2 r. Chassiron ℰ 46 56 27 86, ≤, – ☎ Ⓟ. GB.
20 mars-15 oct. – **Repas** 90/160 – ☕ 30 – **15 ch** 180/300 – ½ P 280/320.

Plage sans rest, bd Mer ℰ 46 56 26 02, ≤ – TV ☎ Ⓟ. GB
1er avril-30 sept. – ☕ 30 – **10 ch** 240.

Centre sans rest, 45 r. Marché ℰ 46 56 23 57, Fax 46 56 37 92 – ☎ Ⓟ. GB
fermé dim. soir et lundi soir d'oct. à Pâques – ☕ 32 – **19 ch** 130/280.

XX **L'Océan** avec ch, 121 bd République ℰ 46 56 25 91 – ☎. GB
fermé mi-déc. à mi-janv., dim. soir et lundi hors sais. – **Repas** 72/320 ♁ – ☕ 30 – **15 ch** 130/300 – ½ P 215/300.

CHÂTELARD 38 Isère 77 ⑥ – rattaché à Bourg d'Oisans.

The new Michelin Green Tourist Guides offer:
- *more detailed descriptive texts,*
- *practical information,*
- *town plans, local maps and colour photographs,*
- *frequent fully revised editions.*

Always make sure you have the latest edition.

CHÂTELGUYON 63140 P.-de-D. 73 ④ **G. Auvergne** – 4 743 h alt. 409 – Stat. therm. (19 avril-3 oct.) – Casino B.

Voir Gorges d'Enval★ 3 km par ③ puis 30 mn.

Office de Tourisme parc E.-Clementel ℰ 73 86 01 17, Fax 73 86 27 03.

Paris 417 ① – ◆Clermont-Ferrand 20 ② – Aubusson 90 ③ – Gannat 29 ① – Vichy 42 ① – Volvic 9,5 ③.

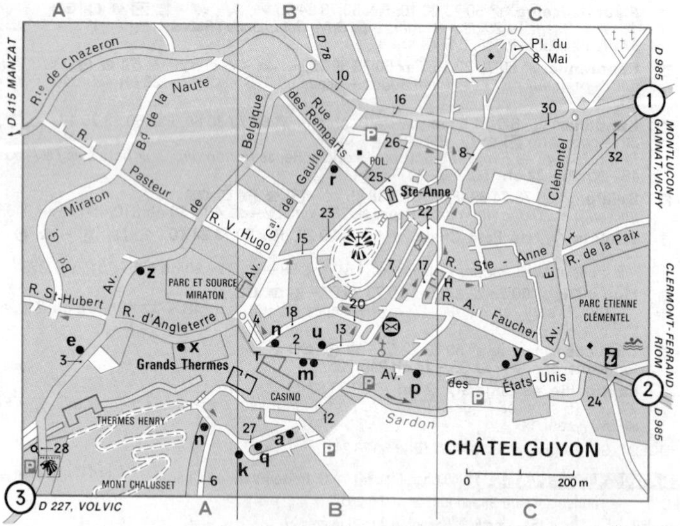

Baraduc (Av.)	B 2	Coulon (R. Roger)	B 10	Maupassant (R. Guy-de)	B 23
Commerce (R. du)	C 8	Dr-Gübler (R.)	B 12	Mouniaude (Av. de la)	C 24
Hôtel-de-Ville (R. de l')	B 17	Dr-Levadoux (R.)	B 13	Orme (Pl. de l')	B 25
		Fénelon (R.)	B 15	Ormeau (R. de l')	B 26
Brocqueville (Av. de)	A 3	Groslier (R. J.)	B 16	Punett (R. A.)	B 27
Brosson (Pl.)	B 4	Lacroix (R.)	B 18	Russie (Av. de)	A 28
Chalusset (R. du)	A 6	Levadoux-Braga (R.)	B 20	Thermal (Bd)	C 30
Château (R. du)	B 7	Marché (Pl. du)	B 22	Vichy (R. de)	C 32

🏨🏨 **Pullman Splendid**, r. Angleterre ℘ 73 86 04 80, Fax 73 86 17 56, ≤, 佘, « Jardin ombragé en terrasses, thermes », 🗗, ⚊ – 🕸 🙌 ch 📺 ☎ 🅿 – 🛁 60. 🖭 ⓪ 🖼.
❄ rest   A   **x**
avril-oct. – **Repas** 155/210, enf. 50 – ⊑ 57 – **80 ch** 435/1275 – P 550/895.

🏨 **International** ⌖, r. Punett ℘ 73 86 06 72, Fax 73 86 24 87, ≤, 🌿 – 🕸 📺 ☎. 🖭 ⓪ 🖼.
❄ rest   AB   **k**
25 avril-3 oct. – **Repas** 110/180 – ⊑ 41 – **56 ch** 320/420 – P 385/420.

🏨 **Mont Chalusset** ⌖, r. Punett ℘ 73 86 00 17, Fax 73 86 22 94, ≤, 🌿 – 🕸 📺 ☎. 🖭 ⓪ 🖼. ❄ rest   B   **q**
2 mai-5 oct. – **Repas** 100/200, enf. 49 – ⊑ 34 – **51 ch** 278/300 – P 384/406.

🏨 **Bellevue** Ⓜ ⌖, r. Punett ℘ 73 86 07 62, Fax 73 86 02 56, ≤, 🌿 – 🕸 🙌 ch 📺 ☎. 🖼   B   **a**
30 avril-1ᵉʳ oct. – **Repas** 95/115, enf. 42 – ⊑ 35 – **38 ch** 220/280 – P 243/293.

🏨 **Printania**, av. Belgique ℘ 73 86 15 09, Fax 73 86 22 87, 🌿 – 🕸 📺 ☎ 🅿. 🖼. ❄ rest
Pâques-début oct. – **Repas** 90/149, enf. 47 – ⊑ 34 – **39 ch** 169/319 – P 244/326.   A   **z**

🏨 **Paris**, r. Dr Levadoux ℘ 73 86 00 12, Fax 73 86 21 85, 🌿 – 🕸 🍽 rest 📺 ☎. 🖼.
❄ rest   B   **u**
fermé 20 au 28 mars et 4 oct. au 14 nov. – **Repas** *(fermé dim. soir)* (prévenir) 115/200 –
⊑ 62 **ch** 210/340 – P 330/375.

🏨 **Thermalia**, av. Baraduc ℘ 73 86 00 11, Fax 73 86 21 97, 🌿 – 🕸 📺 ☎. 🖭 🖼   B   **m**
25 avril-30 sept. – **Repas** 100/150 – ⊑ 35 – **46 ch** 220/322 – P 301/369.

🏨 **Hirondelles**, av. États-Unis ℘ 73 86 09 11, 佘, 🌿 – ☎ 🅿. 🖭 🖼. ❄ rest   B   **p**
🛏 *hôtel : 20 avril-8 oct. ; rest. : 25 avril-5 oct.* – **Repas** 75/120 🍷 – ⊑ 32 – **43 ch** 190/280 –
P 260/320.

🏨 **Excelsior**, av. Brocqueville ℘ 73 86 06 63, Fax 73 86 23 70, ≤, 🌿 – 🕸 📺 ☎ 🅿.
🖼   A   **e**
hôtel : 1ᵉʳ mars-fin oct. ; rest. : 17 avril-5 oct. – **Repas** 98/110 – ⊑ 32 – **54 ch** 199/240 –
P 253/299.

🏨 **Bains**, av. Baraduc ℘ 73 86 07 97, Fax 73 86 11 56, 🌿 – 🕸 📺 ☎. 🖭 🖼. ❄ rest   B   **m**
fin avril-début oct. – **Repas** 95/135, enf. 38 – ⊑ 35 – **37 ch** 192/280 – ½ P 210/290.

🏠 **Beau Site** ⌖, r. Chalusset ℘ 73 86 00 49, Fax 73 86 14 33, 🌿 – ☎ 🅿. 🖭 🖼. ❄ rest
🛏 *15 avril-2 oct.* – **Repas** 80/160 – ⊑ 35 – **30 ch** 130/240 – P 260/270.   A   **n**

🏠 **Régence**, av. États-Unis ℘ 73 86 02 60, Fax 73 86 12 49 – 🕸 ☎. 🖭 🖼. ❄ rest   C   **y**
🛏 *15 mars-30 oct. et fermé lundi du 15 mars au 26 avril* – **Repas** 70/100 🍷, enf. 38 – ⊑ 37 –
27 ch 165/225 – P 240.

🏠 **Chante-Grelet**, av. Gén. de Gaulle ℘ 73 86 02 05, 🌿 – ☎. 🖼. ❄ rest   B   **r**
21 avril-5 oct. – **Repas** 85/120, enf. 45 – ⊑ 28 – **35 ch** 160/280 – ½ P 200/250.

🏠 **Bérénice**, av. Baraduc ℘ 73 86 09 86 – 📺 ☎. 🖼   B   **n**
1ᵉʳ avril-5 oct. – **Repas** 90/135 🍷, enf. 42 – ⊑ 32 – **11 ch** 195/280 – ½ P 230.

🏠 **Paix**, av. États-Unis ℘ 73 86 06 90 – ☎. 🖼   C   **y**
20 avril-10 oct. – **Repas** 85/170, enf. 40 – ⊑ 32 – **44 ch** 88/240 – ½ P 195/265.

à St-Hippolyte par ② et bd Desaix : 2 km – ✉ 63140 Châtelguyon :

🏠 **Le Cantalou**, ℘ 73 86 04 67, Fax 73 86 24 36, ≤, 🌿 – ☎ 🅿. 🖭 🖼. ❄ rest
🛏 *1ᵉʳ avril-15 oct.* – **Repas** *(fermé lundi midi)* 62/130 🍷, enf. 43 – ⊑ 25 – **33 ch** 160/200 –
P 190/210.

CITROEN Gar. Bafoil, ℘ 73 86 05 85   PEUGEOT Gar. Thermal, ℘ 73 86 08 77

CHÂTELLERAULT ◁🅿▷ 86100 Vienne 🔟🔟 ④ G. Poitou Vendée Charentes – 34 678 h alt. 60.

🏌🔟🏌 du Haut-Poitou ℘ 49 62 53 62, par ③ N 10 : 16 km ; 🏌 du Connétable ℘ 49 86 25 10 à la Roche-Posay, 24 km par ②.

🛈 Office de Tourisme Angle bd Blossac et av. Treuille ℘ 49 21 05 47, fax 49 02 03 26.

Paris 305 ① – Poitiers 35 ③ – Châteauroux 104 ② – Cholet 129 ④ – ♦Tours 72 ①.

Plan page suivante

🏨 **Gd H. Moderne et rest. La Charmille**, 74 bd Blossac ℘ 49 21 30 11, Fax 49 93 25 19 –
🕸 🍽 rest 📺 ☎ 🖘. 🖭 ⓪ 🖼 🗂   BY   **n**
Repas *(fermé 15 au 30 nov. et merc. sauf fériés)* 150/220 et carte 260 à 370 – ⊑ 50 – **21 ch** 290/650, 3 appart.

🏠 **Ibis** Ⓜ, av. C. Page, carrefour D 1-N 10 par ③ : 3 km ℘ 49 21 75 77, Fax 49 02 01 79 – 🕸 🙌 ch 📺 ☎ – 🛁 30 à 80. 🖭 ⓪ 🖼
Taverne de Maître Kanter : **Repas** carte environ 160 🍷, enf. 42 – ⊑ 36 – **72 ch** 280/310.

🏠 **Campanile**, par ① : 2 km sur N 10 ℘ 49 21 03 57, Fax 49 21 88 31 – 🕸 🙌 ch 📺 ☎ 🖧 🅿. 🖭 ⓪ 🖼
Repas 82 bc/105 bc, enf. 39 – ⊑ 30 – **49 ch** 270.

XX **Croissant** avec ch, 15 av. J.-F. Kennedy ℘ 49 21 01 77, Fax 49 21 57 92 – 📺 ☎. 🖭
🖼   BZ   **a**
fermé lundi (sauf hôtel) et dim. soir de sept. à juin – **Repas** 80/180 🍷 – ⊑ 32 – **19 ch** 135/300
– ½ P 240/280.

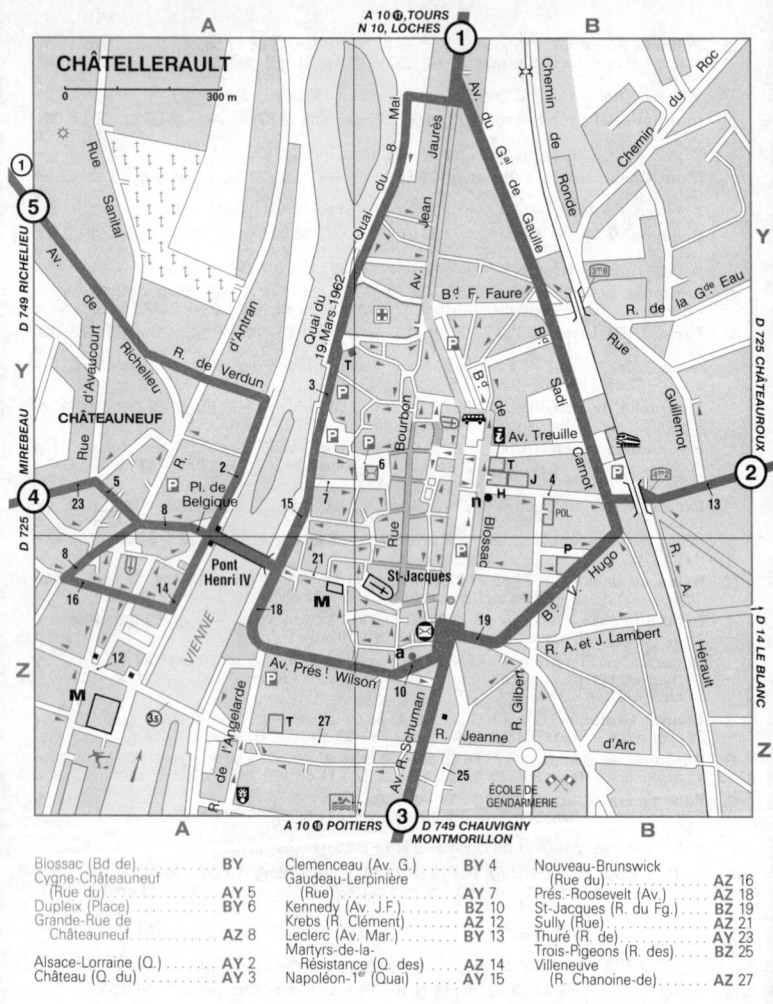

CHÂTELLERAULT

A 10 ⓐ, TOURS
N 10, LOCHES

D 749 RICHELIEU

MIREBEAU

D 725

VIENNE

A 10 ⓐ POITIERS
D 749 CHAUVIGNY
MONTMORILLON

D 725 CHÂTEAUROUX

D 14 LE BLANC

à Naintré par ③ : 9 km sur N 10 – 4 718 h. – ⊠ 86530 :

XX **La Grillade,** ℰ 49 90 03 42, Fax 49 90 06 75, 🏫 – ❶. ⸬
fermé dim. soir – **Repas** 89/189 ⅃.

CITROEN Gar. Raison, 3 av. H.-de-Balzac par ③
ℰ 49 21 32 22 🅽 ℰ 49 21 32 22
FIAT, TOYOTA Gar. Touzalin, 107 r. d'Antran
ℰ 49 21 14 29
FORD Gar. Tardy, 40 bd d'Estrées ℰ 49 21 48 44
PEUGEOT Gar. Georget, 17 av. H.-de-Balzac, N 10
sortie Sud par ③ ℰ 49 21 08 32 🅽 ℰ 49 93 42 83
RENAULT Gar. SODAC, RN 10 13 av. balzac par ③
ℰ 49 21 30 90 🅽 ℰ 49 93 41 60

VAG Prestige Autos, 3 bis av. H.-de-Balzac
ℰ 49 21 69 15

Ⓦ Comptoir du Pneu, 31, av. d'Argenson
ℰ 49 23 36 07
Leroux, 44 bd V.-Hugo ℰ 49 21 11 42
Masse Pneus, 15-17 r. de la Paix ℰ 49 02 02 12
Tours Pneus Interpneus Vulcopneu, 124 av. C.-Page
ℰ 49 21 58 22

Au service de l'automobiliste :
les **pneus,** les **cartes,** les **guides Michelin.**

CHÂTILLON-SUR-CHALARONNE 01400 Ain 74 ② G. Vallée du Rhône – 3 786 h alt. 230.

Voir Triptyque★ dans l'Hôtel de Ville.

🛏 de la Bresse ✆ 74 51 42 09, NE : 12 km par D 936 et D 64.

🖪 Office de Tourisme pl. Champ-de-Foire ✆ 74 55 02 27, fax 74 55 34 78.

Paris 417 – Mâcon 25 – Bourg-en-Bresse 24 – ◆Lyon 54 – Meximieux 34 – Villefranche-sur-Saône 27.

XX **de la Tour** avec ch, pl. République ✆ 74 55 05 12, Fax 74 55 09 19 – 📺 ☎. GB
fermé 27 nov. au 10 déc., 26 fév. au 10 mars, dim. soir et merc. – **Repas** 98/340 ♟ – ⯑ 35 –
13 ch 250/340.

route de Marlieux SE : 2 km sur D 7 – ⊠ 01400 Châtillon-sur-Chalaronne :

XX **Aub. de Montessuy,** ✆ 74 55 05 14, ≤, 😊 – ❶. GB
fermé 2 janv. au 2 fév., lundi soir et mardi – **Repas** 90/230, enf. 60.

à l'Abergement-Clémenciat NO : 5 km par D 7 et D 64ᶜ – 579 h. – ⊠ 01400 :

XX **Le St-Lazare,** ✆ 74 24 00 23, Fax 74 24 00 62, 😊 – GB
fermé 14 sept. au 5 oct., 4 au 15 janv., merc. soir et jeudi – **Repas** 90 bc (déj.), 98/200,
enf. 70.

PEUGEOT Gar. Mousset, ✆ 74 55 26 21   RENAULT Gar. Galland, ✆ 74 55 03 23 🗓
                                                ✆ 74 55 03 23

CHÂTILLON-SUR-CLUSES 74300 H.-Savoie 74 ⑦ – 1 014 h alt. 730.

Paris 574 – Chamonix-Mont-Blanc 47 – Thonon-les-Bains 51 – Annecy 56 – Cluses 6,5 – ◆Genève 44 – Morzine 21 –
St-Gervais-les-Bains 33.

🏠 **Bois du Seigneur,** au col de Châtillon ✆ 50 34 27 40, Fax 50 34 80 20, ≤, 😊 – 📺 ☎ ❶.
GB
fermé 19 juin au 6 juil. et 20 nov. au 12 déc. – **Repas** *(fermé dim. soir et lundi sauf août)*
86/225 – ⯑ 30 – **10 ch** 245/320 – ½ P 265.

CHÂTILLON-SUR-LOIRE 45360 Loiret 65 ② – 2 822 h alt. 135.

Paris 162 – Auxerre 73 – Cosne-sur-Loire 29 – ◆Orléans 83 – Montargis 48.

🏠 **Le Marois** sans rest, ✆ 38 31 11 40 – ☎. GB. ⚘
fermé 15 fév. au 1ᵉʳ mars – ⯑ 26 – **9 ch** 170/200.

CHÂTILLON-SUR-SEINE 21400 Côte-d'Or 65 ⑧ G. Bourgogne (plan) – 6 862 h alt. 224.

Voir Source de la Douix★ – Musée★ : trésor de Vix★★.

🖪 Office de Tourisme avec A.C. pl. Marmont ✆ 80 91 13 19.

Paris 246 – Chaumont 58 – Auxerre 83 – Avallon 72 – ◆Dijon 85 – Langres 72 – Saulieu 80 – Troyes 67.

🏠🏠 **Côte d'Or,** 2 r. Ch. Ronot ✆ 80 91 13 29, Fax 80 91 29 15, 😊, 🌳 – 📺 ☎. 🆎 ⓞ GB
fermé 15 déc. au 31 janv., lundi soir et mardi du 15 oct. au 15 avril – **Repas** 95/180 ♟, enf. 70
– ⯑ 35 – **10 ch** 320/420 – ½ P 263/280.

🏠 **Sylvia H.** sans rest, 9 av. Gare par rte Troyes ✆ 80 91 02 44, Fax 80 91 47 77 – 📺 ☎ ❶.
🆎 GB
⯑ 26 – **21 ch** 195/270.

🏠 **Jura** sans rest, 19 r. Dr Robert ✆ 80 91 26 96, Fax 80 91 10 52 – 📺 ☎. 🆎 GB
fermé dim. soir hors sais. – ⯑ 22 – **10 ch** 150/300.

CITROEN Folléa Autom., av. E.-Hérriot   VAG Gar. des Quatre Vallées, ZI, rte de Troyes
✆ 80 91 19 63   ✆ 80 91 12 82
FORD Gar. Centre, 3 r. Marmont ✆ 80 91 15 41
RENAULT Gar. SOCA, 14 bis av. E.-Herriot   ⓦ Pneus Service, 17 r. Courcelles Prévoir
✆ 80 91 14 04 🗓 ✆ 80 05 15 15   ✆ 80 91 05 34

La CHÂTRE ⬪ 36400 Indre 68 ⑲ G. Berry Limousin – 4 623 h alt. 222.

🛏 des Dryades ✆ 54 30 28 00 par ④ D 940 : 12km.

🖪 Office de Tourisme square G.-Sand ✆ 54 48 22 64, Fax 54 06 09 15.

Paris 301 ① – Bourges 69 ② – Châteauroux 35 ① – Guéret 54 ④ – Montluçon 64 ③ – Poitiers 141 ⑤ –
St-Amand-Montrond 50 ②.

Plan page suivante

🏠🏠 **Lion d'Argent,** Pont Lion d'Argent (e) ✆ 54 48 11 69, Fax 54 06 02 24 – 📺 ☎ ♿ ❶. 🆎
◆ ⓞ GB
fermé dim. soir du 11 nov. au 1ᵉʳ mars – **Repas** 70/130 ♟, enf. 30 – ⯑ 28 – **24 ch** 235/300 –
½ P 235/250.

🏠🏠 **Notre Dame** 🌂 sans rest, 4 pl. N.-Dame (a) ✆ 54 48 01 14, Fax 54 31 10 14 – 📺 ☎ ❶.
🆎 ⓞ GB ⎎⎉⎈
⯑ 42 – **14 ch** 270/320.

XX **Les Tanneries,** pont Lion d'Argent (b) ✆ 54 48 37 37, Fax 54 48 37 42, 😊, 🌳 – ❶. 🆎
GB
fermé mardi soir et merc. sauf juil.-août – **Repas** 95/250, enf. 45.

XX **A l'Escargot,** pl. Marché (s) ✆ 54 48 03 85 – 🆎 ⓞ GB
fermé 1ᵉʳ au 23 fév., lundi soir et mardi – **Repas** 105/225.

LA CHÂTRE

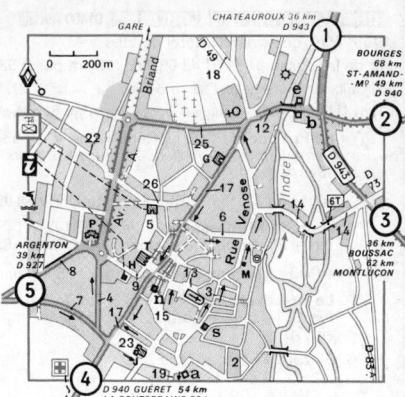

Le guide change,
changez de guide tous les ans.

✗ **Jardin de la Poste,** 10 r. Basse-du-Mouhet **(n)** 🖉 54 48 05 62 – ᴁᴇ ① ☰ꞵ
fermé 14 au 20 juin, 19 sept. au 5 oct., 25 déc. au 5 janv., dim. soir et lundi – **Repas** 100/
240 🍴.

✗ **Aub. du Moulin Bureau,** S : 1 km par pl. Abbaye 🖉 54 48 04 20, 佘, 烝 – **Q**. ☰ꞵ
fermé 1ᵉʳ nov. au 15 déc. et merc. sauf du 1ᵉʳ mai au 31 août – **Repas** 98/188.

à St-Chartier par ① *et D 918 : 9 km* – ⬚ 36400 :

Voir Vic : fresques★ de l'église SO : 2 km.

🏛 **Château Vallée Bleue** ⚲, rte Verneuil 🖉 54 31 01 91, Fax 54 31 04 48, 佘, parc, **⅃** –
🔳 ☎ **Q**. ☰ꞵ
fermé janv., fév., dim. soir et lundi du 1ᵉʳ oct. au 9 avril – **Repas** 125/295, enf. 65 – ⬒ 50 –
13 ch 200/550 – ½ P 395/500.

à Pouligny-Notre-Dame par ④ *et D 940 : 12 km* – ⬚ 36160 :

🏛 **Les Dryades** Ⓜ ⚲, 🖉 54 30 28 00, Télex 750945, Fax 54 30 10 24, 佘, « Complexe de
loisirs et de remise en forme, golf, ≤ Vallée Noire », ⅃₆, ⅃, 🔲, 烝, ※ – 🕍 ☰ 🔳 ☎ **Q** –
🛡 25 à 200. ᴁᴇ ① ☰ꞵ ᴊᴄꞵ
Repas 150/330 – ⬒ 50 – **85 ch** 600/700 – ½ P 650/775.

CITROEN Gar. Patry, par ④ 🖉 54 48 04 83 **N**
🖉 54 48 04 83
FORD Gar. Butte, 2 av. d'Auvergne 🖉 54 48 04 61
PEUGEOT Gar. de la Vallée Noire, rte de Châteauroux par ① 🖉 54 06 10 10 **N** 🖉 54 26 30 47
RENAULT Gar. des Huchettes, 6 ch. des Huchettes
🖉 54 48 38 38 **N** 🖉 54 48 38 38

Gar. Fournier, Fontarabie à Pouligny-Notre-Dame
🖉 54 30 21 50 **N** 🖉 54 30 21 50

Ⓟ Chirault, 🖉 54 48 04 10
Récup Auto, rte de Montluçon 🖉 54 48 04 62

CHAUBLANC 71 S.-et-L. 🖽 ② – rattaché à St-Gervais-en-Vallière.

CHAUDES-AIGUES 15110 Cantal 🖼 ⑭ G. Auvergne (plan) – 1 110 h alt. 750 – Stat. therm. (mai-22 oct.).
🛈 Office de Tourisme av. G.-Pompidou 🖉 71 23 52 75.

Paris 546 – Aurillac 92 – Entraygues-sur-Truyère 61 – Espalion 54 – St-Chély-d'Apcher 29 – St-Flour 29.

🏛 **Beauséjour** Ⓜ, 🖉 71 23 52 32, Fax 71 23 56 89, 佘, 烝 – 🕍 🔳 ☎ **Q** – 🛡 60. ☰ꞵ
25 mars-30 nov. et fermé vend. soir et sam. hors sais. sauf vacances scolaires –
Repas 70/200 – ⬒ 35 – **40 ch** 270/320 – P 260/280.

🏛 **Arev H. et rest. L'Aliseraie** Ⓜ, 🖉 71 23 52 43, Fax 71 23 59 94, 佘 – 🕍 ⥻ ch. ☰ rest
🔳 ☎. ☰ꞵ
1ᵉʳ avril-31 oct. – **Repas** 98/198 – ⬒ 37 – **36 ch** 190/290, 4 duplex – ½ P 220/260.

🏛 **Aux Bouillons d'Or** sans rest, 🖉 71 23 51 42 – 🕍 🔳 ☎ ⇦⇨. ☰ꞵ
vacances de printemps-23 oct. – ⬒ 29 – **12 ch** 240/300.

à Lanau N : 4,5 km par D 921 – ⬚ 15260 Neuvéglise :

✗✗ **Aub. Pont de Lanau** avec ch, 🖉 71 23 57 76, Fax 71 23 53 84, 佘 – 🔳 ☎ **Q**. ☰ꞵ
※ rest
fermé janv., fév., mardi soir et merc. d'oct. à mai – **Repas** 90/270 – ⬒ 37 – **8 ch** 270/350 –
½ P 320.

CITROEN Gar. Moderne, 🖉 71 23 52 52

RENAULT Gar. Gascuel, 🖉 71 23 52 82 **N**
🖉 71 73 81 80

CHAUFFAILLES 71170 S.-et-L. **73** ⑧ – 4 485 h alt. 405.

🛈 Office de Tourisme r. Gambetta (15 juin-15 sept.) ℰ 85 26 07 06.
Paris 401 – Mâcon 68 – Roanne 35 – Charolles 32 – ♦Lyon 78.

à *Châteauneuf* O : 7 km par D 8 G. Bourgogne – ⊠ 71740 :

XX **La Fontaine**, ℰ 85 26 26 87 – **ⓟ**. **GB**. ⌗
fermé 15 au 22 nov., 8 janv. au 7 fév., mardi soir et merc. – **Repas** 115/330 et carte 230 à 310,
enf. 65.

CHAUFFAYER 05 H.-Alpes **77** ⑯ – 363 h alt. 917 – ⊠ **05800** St-Firmin-en-Valgaudemar.
Paris 647 – Gap 26 – ♦Grenoble 78 – St-Bonnet-en-Champsaur 13.

🏛 **Château des Herbeys** ⑤, N : 2 km par N 85 et VO ℰ 92 55 26 83, Fax 92 55 29 66,
parc, « Demeure du 13ᵉ siècle », ⌂, ⌘ – **ⓣⱽ** ☎ ⅋ **ⓟ**. **GB**
1ᵉʳ mars-30 oct. et fermé mardi sauf vacances scolaires – **Repas** (résidents seul.) – ⌼ 50 –
10 ch 400/700 – ½ P 380/550.

CHAUFOUR-LÈS-BONNIÈRES 78270 Yvelines **55** ⑱ **106** ① – 376 h alt. 158.
Paris 76 – ♦Rouen 63 – Bonnières-sur-Seine 7,5 – Évreux 26 – Mantes-la-Jolie 19 – Vernon 9 – Versailles 61.

X **Au Bon Accueil** avec ch, N 13 ℰ (1) 34 76 11 29, Fax (1) 34 76 00 36 – ▦ rest **ⓟ**. **GB**
→ *fermé 23 juil. au 20 août, 24 déc. au 2 janv., vend. soir sauf hôtel et sam.* – **Repas** 75/180 ⅃ –
⌼ 22 – **16 ch** 120/200.

X **Le Relais**, N 13 ℰ (1) 34 76 11 33 – **ⓟ**. **GB**
→ *fermé 15 au 31 août, 1ᵉʳ au 22 fév. et dim. soir* – **Repas** 70/140 ⅃, enf. 45.

CHAUMES-EN-BRIE 77390 S.-et-M. **61** ② – 2 500 h alt. 101.
Paris 58 – Coulommiers 25 – Meaux 36 – Melun 20 – Provins 40.

XX **La Chaum'Yerres** Ⓜ avec ch, 1 av. Libération (rte Melun) ℰ (1) 64 06 03 42,
Fax (1) 64 06 36 15, 🌭 – **ⓣⱽ** ☎. **ⒶⒺ** ⓪ **GB**
fermé 16 au 23 août, 15 au 21 janv. et dim. soir – **Repas** 105 (déj.), 180/280 ⅃ – ⌼ 45 –
10 ch 290/450 – ½ P 350/460.

CITROEN Gar. Sirier, ℰ (1) 64 06 03 50

CHAUMONT ℗ 52000 H.-Marne **62** ⑪ G. Champagne – 27 041 h alt. 314.
Voir Viaduc★ Z – Basilique St-Jean-Baptiste★ Y
🛈 Office de Tourisme pl. Gén-de-Gaulle ℰ 25 03 80 80, Fax 25 32 00 99.
Paris 274 ⑤ – Auxerre 141 ④ – Épinal 124 ② – Langres 35 ③ – St-Dizier 75 ① – Troyes 100 ⑤.

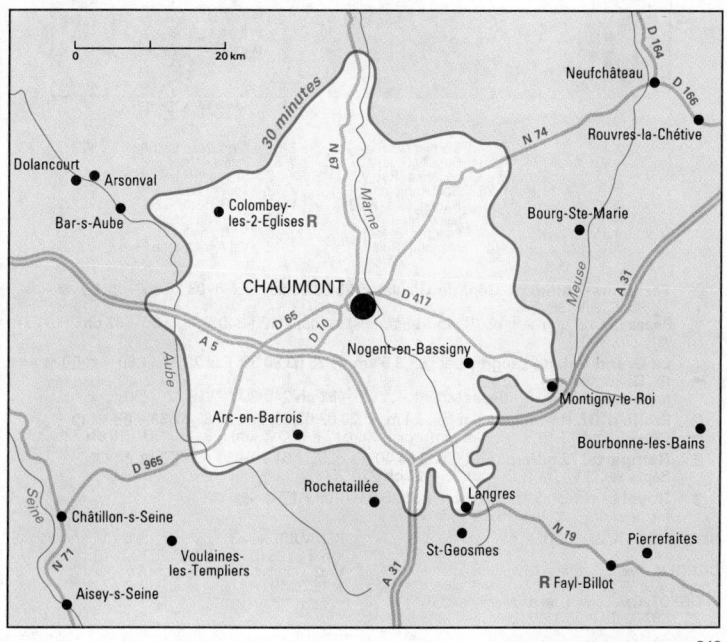

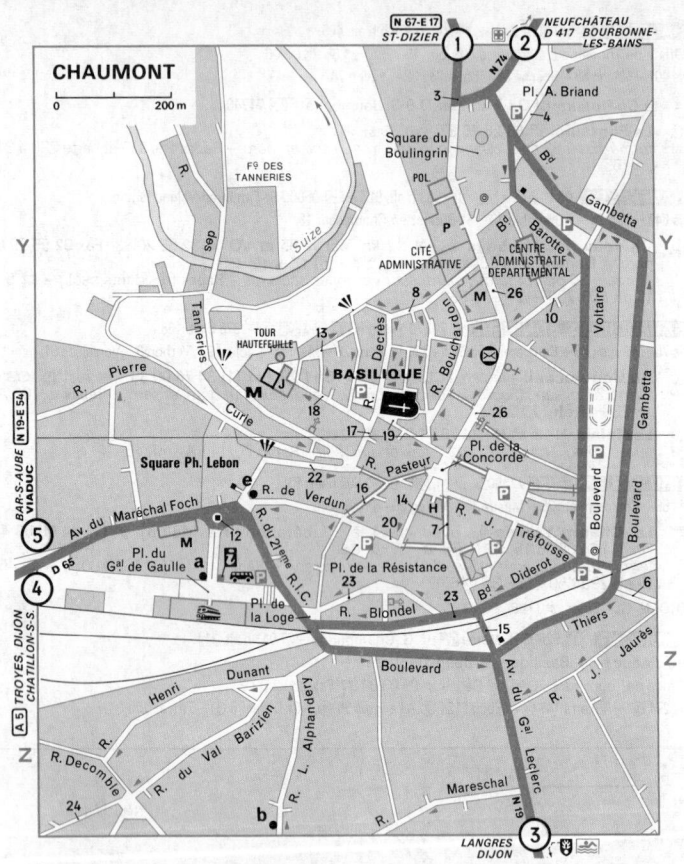

CHAUMONT

▬ 200 m

🏨 **Terminus-Reine,** pl. Gén. de Gaulle ℰ 25 03 66 66, Fax 25 03 28 95 – 📶 📺 ☎ 🚗 – 🔬 80. 🆎 ⓞ ☒
Repas *(fermé dim. soir du 1ᵉʳ nov. à Pâques)* 95 (déj.), 120/340 ♨ – �]= 35 – **62 ch** 280/450 – ½ P 270/300.

Z a

🏨 **Le Grand Val,** rte Langres par ③ : 3,5 km ℰ 25 03 90 35, Fax 25 32 11 80 – 📶 📺 ☎ 🚗
→ ☒ *fermé 23 au 31 déc.* – **Repas** 58/170 – ☒= 25 – **52 ch** 240/300 – ½ P 220/250.

🏨 **Étoile d'Or,** rte Langres par ③ : 2 km ℰ 25 03 02 23, Fax 25 32 52 33 – 📺 ☎ 🅿 – 🔬 60.
→ ☒ – *fermé 12 au 30 nov. et dim. soir* – **Repas** 75/160 ♨, enf. 59 – ☒= 30 – **16 ch** 225/265.

🏨 **Remparts,** 72 r. Verdun ℰ 25 32 64 40, Fax 25 32 51 70 – ☰ rest 📺 ☎ ₷. ☒ **Z e**
Repas 89/230 ♨, enf. 45 – ☒= 35 – **17 ch** 220/280.

🏨 **Royal** sans rest, 31 r. Mareschal ℰ 25 03 01 08 – 📺 ☎ 🅿. ☒ **Z b**
fermé dim. – ☒= 18 – **19 ch** 107/175.

CHAUMONT-SUR-AIRE **55260** Meuse **56** ⑳ – 151 h.

Paris 269 – Bar-le-Duc 20 – Saint-Mihiel 24 – Verdun 33.

X **Aub. du Moulin Haut,** E : 1 km sur rte St-Mihiel ✆ 29 70 66 46, Fax 29 70 60 75, ≤, « Ancien moulin au bord de l'eau » – P. AE ⓪ GB
fermé fév., dim. soir et lundi – **Repas** 100 (déj.), 140/300, enf. 45.

CHAUMONT-SUR-LOIRE **41150** L.-et-Ch. **64** ⑯ – 876 h.

Voir Château★★, **G. Châteaux de la Loire.**

Paris 00 – ♦Tours 44 – Amboise 20 – Blois 17 – Montrichard 18.

X **La Chancelière,** ✆ 54 20 96 95 – AE GB
fermé 1er au 15 nov., 1er au 22 fév., merc. soir sauf de juin à sept. et jeudi – **Repas** 78/198, enf. 55.

RENAULT Gar. Lefebvre, ✆ 54 20 98 65 N ✆ 54 20 93 86

CHAUMONT-SUR-THARONNE **41600** L.-et-Ch. **64** ⑨ **G. Châteaux de la Loire** – 901 h alt. 126.

Paris 167 – ♦Orléans 34 – Blois 52 – Romorantin-Lanthenay 33 – Salbris 31.

Croix Blanche, ✆ 54 88 55 12, Fax 54 88 60 40, ≤ – TV ☎ P – 🏛 25. AE ⓪ GB
Repas 118 (déj.), 149/350, enf. 70 – ☐ 45 – **12 ch** 250/500 – ½ P 420/470.

CHAUMOUSEY **88** Vosges **62** ⑮ – rattaché à Épinal.

We suggest:

for a successful tour, that you prepare it in advance.

Michelin Maps and Guides, will give you much useful information on route planning, places of interest, accommodation, prices etc.

CHAUNAY **86510** Vienne **72** ③ – 1 174 h alt. 131.

Paris 382 – Poitiers 46 – Angoulême 63 – Confolens 52 – Niort 64.

Central, ✆ 49 59 25 04, Fax 49 53 41 88, ⛱ – ▤ rest TV ☎ ♿ P. GB
fermé 25 janv. au 28 fév. et dim. soir du 1er oct. au 31 mars – **Repas** 80/160 ♂ – ☐ 35 – **16 ch** 160/240 – ½ P 220/250.

CHAUNY **02300** Aisne **56** ③ ④ – 12 926 h alt. 47.

B Office de Tourisme, pl. du Marché Couvert ✆ 23 52 10 79.

Paris 120 – Compiègne 39 – St-Quentin 29 – Laon 35 – Noyon 16 – Soissons 31.

XXX ✿ **La Toque Blanche** (Lequeux) M ⛭ avec ch, 24 av. V. Hugo ✆ 23 39 98 98, Fax 23 52 32 79, parc, ✂ – ⇆ ch TV ☎ P. GB. ✂ ch
fermé 30 juil. au 28 août, 1er au 8 janv., sam. midi, dim. soir et lundi – **Repas** (nombre de couverts limité-prévenir) 170/375 et carte 290 à 410 – ☐ 50 – **7 ch** 310/480
Spéc. Rôti de gigue de daguet aux airelles (sept à fév.). Filet de Saint-Pierre lardé à l'anguille fumée. Escalopes de foie gras d'oie poêlées aux poires et au gingembre.

au Rond d'Orléans SE : 8 km par D 937 et D 1750 – ✉ **02300** Sinceny :

Aub. du Rond d'Orléans M ⛭, ✆ 23 52 26 51, Fax 23 52 36 80 – TV ☎ P – 🏛 25 à 50. GB
fermé 1er au 14 août, 23 déc. au 3 janv. et dim. soir – **Repas** 160/350 – ☐ 37 – **21 ch** 280/310.

RENAULT Gar. Charbonnier, 137 r. Pasteur ✆ 23 38 32 10 N ✆ 23 08 05 68

CHAUSEY (Iles) **50** Manche **59** ⑦ **G. Normandie Cotentin** – alt. 19.

Voir Grande Ile★.

Accès par transports maritimes.

⛴ depuis **Granville.** Traversée 50 mn - Renseignements à : Vedette "Jolie France" Gare Maritime ✆ 33 50 31 81 (Granville), fax 33 50 39 90, ou – en saison, à Emeraudes Lines 1 r. Lecampion ✆ 33 50 16 36 (Granville), Fax 33 50 87 80.

⛴ depuis **St-Malo.** Service saisonnier - Traversée 1 h 30 mn - Renseignements à Emeraude Lines, B.P. 16, 35401 St-Malo Cedex ✆ 99 40 48 40, Fax 99 40 57 47.

Fort et des Iles ⛭, ✆ 33 50 25 02, ≤ archipel, ≤
mi-avril-mi-sept. – **Repas** *(fermé lundi sauf fériés)* (en saison, prévenir) 90/245 – **8 ch** (½ pens. seul.) – ½ P 260.

La-CHAUSSÉE-ST-VICTOR **41** L.-et-Ch. **64** ⑦ – rattaché à Blois.

CHAUSSIN **39120** Jura **70** ③ – 1 587 h alt. 191.

Paris 355 – Chalon-sur-Saône 54 – Beaune 55 – ♦Besançon 74 – ♦Dijon 61 – Dole 20 – Lons-le-Saunier 43.

Chez Bach ⛭, pl. Ancienne Gare ✆ 84 81 80 38, Fax 84 81 83 80 – TV ☎ P. AE GB
fermé 2 au 15 janv., vend. soir et dim. soir sauf juil.-août – **Repas** (dim. prévenir) 80/280 ♂, enf. 55 – ☐ 40 – **23 ch** 200/280 – ½ P 260/300.

CITROEN Gar. Pernin, ✆ 84 81 85 82 N ✆ 84 81 83 90

CHAUVIGNY 86300 Vienne 68 ⑭ ⑮ **G. Poitou Vendée Charentes** (plan) – 6 665 h alt. 67.

Voir Ville haute★ – Église St-Pierre★ : chapiteaux du choeur★★.

Env. St-Savin : abbaye★★ (peintures murales★★★), Pont-Vieux★, E : 19 km.

ℹ Office de Tourisme à la Mairie ✆ 49 46 30 21 et 5 r. St-Pierre (juin-30 sept.) ✆ 49 46 39 01.

Paris 337 – Poitiers 26 – Bellac 63 – Le Blanc 37 – Châtellerault 29 – Montmorillon 26 – Ruffec 74.

⌂ **Lion d'Or,** 8 r. Marché ✆ 49 46 30 28, Fax 49 47 74 28 – 📺 ☎ ♿ 🅿. GB
fermé 15 déc. au 15 janv. et sam. de nov. à mars – **Repas** 85/200, enf. 47 – ☕ 32 – **26 ch** 260/280.

⌂ **Beauséjour,** 18 r. Vassalour ✆ 49 46 31 30, Fax 49 56 00 34, ☘ – 📺 ☎ 🅿. AE GB
✦ *fermé 22 déc. au 2 janv.* – **Repas** 65/150 ⚱, enf. 35 – ☕ 35 – **19 ch** 170/300.

CITROEN Gar. Menu, 48 rte de St-Savin ✆ 49 46 37 88

FORD Gar. Dupont, ZA du Planty ✆ 49 46 96 68

CHAVANAY 42410 Loire 77 ① – 2 071 h alt. 154.

Paris 508 – Annonay 28 – ♦St-Étienne 47 – Serrières 12 – Tournon-sur-Rhône 48 – Vienne 18.

✕✕ **Alain Charles** avec ch, rte Nationale ✆ 74 87 23 02, Fax 74 87 01 42, ☂, ☘ – ▤ 📺 ☎. GB
fermé 16 au 30 août, 2 au 10 janv., dim. soir et lundi – **Repas** 92/300 ⚱ – ☕ 38 – **4 ch** 200/260 – ½ P 290.

CHAVIGNOL 18 Cher 65 ⑫ – rattaché à Sancerre.

CHAVOIRES 74 H.-Savoie 74 ⑥ – rattaché à Annecy.

CHAZELLES-SUR-LYON 42140 Loire 73 ⑲ **G. Vallée du Rhône** – 4 895 h alt. 619.

Paris 490 – ♦Saint-Étienne 32 – ♦Lyon 50 – Montbrison 25 – Roanne 61.

⌂ **Château Blanchard** Ⓜ, 36 rte St-Galmier ✆ 77 54 28 88, Fax 77 54 36 03, ☂ – 📺 ☎ 🅿. AE ⓓ GB
fermé 1er au 15 janv., dim. soir et lundi midi – **Repas** 88/245 – ☕ 30 – **12 ch** 260/360 – ½ P 260.

CITROEN Gar. Escot, ✆ 77 54 20 62

Le CHEIX 63 P.-de-D. 73 ⑭ – 601 h alt. 682 – ✉ 63320 St-Diéry.

Voir Gorges de Courgoul★ SE : 5 km, **G. Auvergne.**

Paris 461 – ♦Clermont-Ferrand 46 – Besse-en-Chandesse 8,5 – Issoire 22 – Le Mont-Dore 29.

✕ **Relais des Grottes** avec ch, ✆ 73 96 30 30, ≤, ☂ – ☎ 🅿. GB
fermé 26 mars au 3 avril, 3 au 11 sept., 15 déc. au 15 janv., dim. soir et merc. sauf vacances scolaires – **Repas** 88/175, enf. 50 – ☕ 28 – **10 ch** 135/200 – ½ P 175/210.

CHELLES 77 S.-et-M. 56 ⑫, 101 ⑲ – voir à Paris, Environs.

CHELLES 60350 Oise 56 ③ – 334 h.

Paris 93 – Compiègne 19 – Beauvais 78 – Crépy-en-Valois 22 – Soissons 26 – Villers-Cotterêts 16.

⌂ **Relais Brunehaut** 🐎, ✆ 44 42 85 05, Fax 44 42 83 30, ☂, « Auberge rustique », ☘ – 📺 ☎ 🅿. GB. ✗ ch
hôtel : fermé 1er au 13 août et lundi – **Repas** *(fermé 1er au 13 août, 15 nov. au 15 mai sauf week-ends, lundi et mardi)* 135/250 bc – ☕ 38 – **5 ch** 200/300 – ½ P 260/310.

CHÉNAS 69840 Rhône 74 ① **G. Vallée du Rhône** – 372 h alt. 250.

Paris 409 – Mâcon 17 – Chauffailles 46 – Juliénas 5,5 – ♦Lyon 59 – Villefranche-sur-Saône 26.

✕✕ **Daniel Robin,** aux Deschamps ✆ 85 36 72 67, Fax 85 33 83 57, ≤, ☂, « Terrasse et jardin face au vignoble » – AE ⓓ GB
fermé début fév. à début mars et merc. – **Repas** 150/340.

CHÊNEHUTTE-LES-TUFFEAUX 49 M.-et-L. 64 ⑫ – rattaché à Saumur.

CHÉNÉRAILLES 23130 Creuse 73 ① **G. Berry Limousin** – 794 h alt. 558.

Voir Haut-relief★ dans l'église.

Paris 375 – Aubusson 19 – La Châtre 62 – Guéret 31 – Montluçon 44.

✕✕ **Coq d'Or** avec ch, ✆ 55 62 30 83 – ☎. GB
✦ *fermé 20 juin au 4 juil., 18 au 30 sept., 8 au 23 janv., dim. soir et lundi* – **Repas** 60/180 ⚱, enf. 47 – ☕ 25 – **7 ch** 150/260 – ½ P 225/245.

CHENNEVIÈRES-SUR-MARNE 94 Val-de-Marne 61 ①, 101 ㉘ – voir à Paris, Environs.

CHENONCEAUX **37150** I.-et-L. 64 ⑯ – 313 h alt. 62.

Voir Château de Chenonceau★★★ (spectacle son et lumière), **G. Châteaux de la Loire.**

Office de Tourisme r. Château (juin-sept.) ✆ 47 23 94 45.

Paris 234 – ◆Tours 33 – Amboise 11,5 – Château-Renault 34 – Loches 31 – Montrichard 9,5.

- **Bon Laboureur et Château,** ✆ 47 23 90 02, Fax 47 23 82 01, , , – TV ☎ ♿ P. AE ① GB
  fermé 16 nov. au 15 déc. et 3 janv. au 15 fév. – **Repas** 120 (déj.), 160/320, enf. 90 – ☕ 45 – **36 ch** 320/700 – ½ P 375/545.
- **Ottoni-La Roseraie,** ✆ 47 23 90 09, Fax 47 23 91 59, , – TV ☎ P. AE ① GB
  15 fév.-15 nov. – **Repas** 98/148, enf. 60 – ☕ 38 – **16 ch** 255/465 – ½ P 485/495.
- **Host. La Renaudière,** ✆ 47 23 90 04, Fax 47 23 90 51, , parc – ☎ P. AE GB. rest
  fermé du lundi au vend. midi du 15 nov. au 15 mars sauf vacances scolaires – **Repas** *(fermé merc. du 1er sept. au 1er juin)* 95/189, enf. 50 – ☕ 35 – **15 ch** 250/400 – ½ P 230/320.
- **Relais Chenonceaux** sans rest, ✆ 47 23 98 11, Fax 47 23 84 07 – ☎ P. GB
  15 mars-1er nov. – ☕ 40 – **18 ch** 230/400.

Bodin, gar. du Chateau, à Civray ✆ 47 23 92 03

CHENÔVE **21** Côte-d'Or 66 ⑫ – rattaché à Dijon.

CHÉPY **80210** Somme 52 ⑥ – 1 246 h.

Paris 160 – ◆Amiens 56 – Abbeville 16 – Le Tréport 21.

- **Aub. Picarde** M , à la Gare ✆ 22 26 20 78, Fax 22 26 33 34 – TV ☎ ♿ P – 30. AE GB
  fermé 16 au 24 août et 26 déc. au 2 janv. – **Repas** *(fermé dim. soir)* 85/180, enf. 65 – ☕ 30 – **25 ch** 220/375 – ½ P 200.

CITROEN Gar. Routier, rte de Feuquières à Tours en Vimeu ✆ 22 26 20 36

CHERBOURG SP **50100** Manche 54 ② **G. Normandie Cotentin** – 27 121 h Communauté urbaine 91 894 h alt. 7 – Casino BY.

Voir Fort du Roule ✻★ BZ – Château de Tourlaville : parc★ 5 km par ①.

des Roches ✆ 33 44 45 48, par ② et D 122 : 7 km.

de Cherbourg-Maupertus : ✆ 33 22 91 32, par ① : 13 km.

Office de Tourisme 2 quai Alexandre-III ✆ 33 93 52 02, Fax 33 53 66 97 et à la Gare Maritime ✆ 33 44 39 92 – A.C. ✆ 33 93 97 95.

Paris 362 ② – ◆Brest 396 ② – ◆Caen 124 ② – Laval 218 ② – ◆Le Mans 278 ② – ◆Rennes 200 ②.

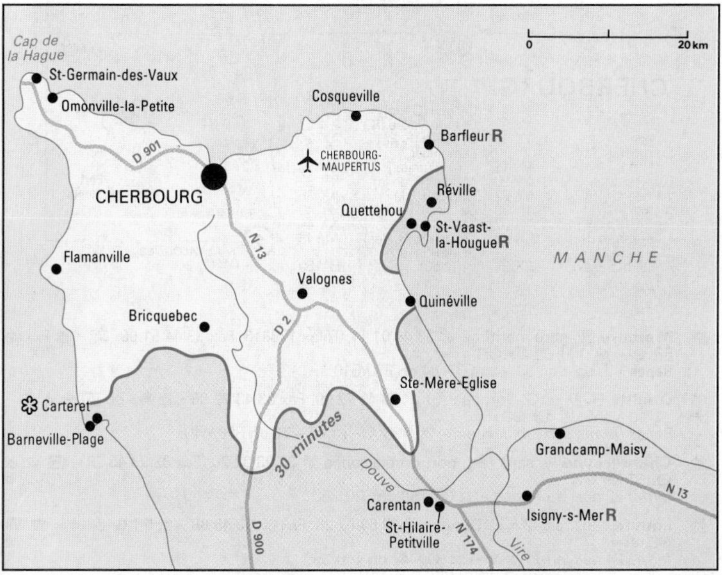

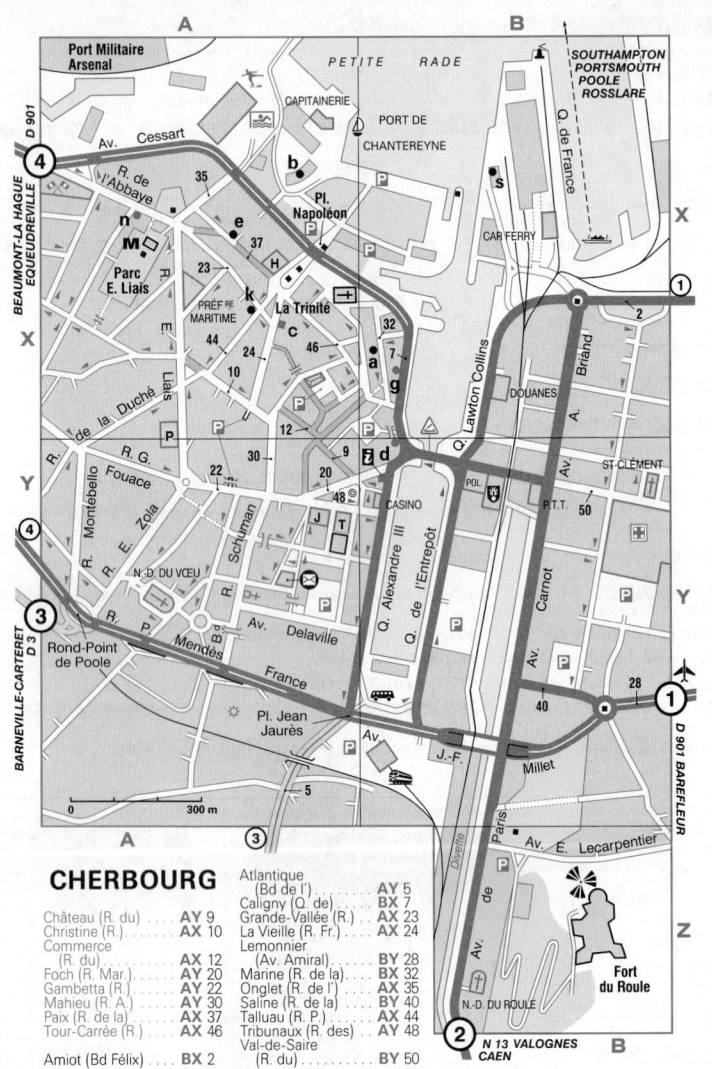

CHERBOURG

Château (R. du)	**AY** 9	Atlantique (Bd de l')	**AY** 5	
Christine (R.)	**AX** 10	Caligny (Q. de)	**BX** 7	
Commerce (R. du)	**AX** 12	Grande-Vallée (R.)	**AX** 23	
Foch (R. Mar.)	**AY** 20	La Vieille (R. Fr.)	**AX** 24	
Gambetta (R.)	**AY** 22	Lemonnier (Av. Amiral)	**BY** 28	
Mahieu (R. A.)	**AY** 30	Marine (R. de la)	**BX** 32	
Paix (R. de la)	**AX** 37	Onglet (R. de l')	**AX** 35	
Tour-Carrée (R.)	**AX** 46	Saline (R. de la)	**BY** 40	
		Talluau (R. P.)	**AX** 44	
Amiot (Bd Félix)	**BX** 2	Tribunaux (R. des)	**AY** 48	
		Val-de-Saire (R. du)	**BY** 50	

Mercure M, gare maritime ℰ 33 44 01 11, Télex 170613, Fax 33 44 51 00, ☆ – 🛊 ⇔ ch
📺 ☎ – 🔏 100. 🄰🄴 ① 🄶🄱 🄹🄲🄱   BX **s**
Repas 115 bc, enf. 50 – 🖵 50 – **84 ch** 380/510.

Quality H. M, r. G. Sorel par ① ℰ 33 43 72 00, Fax 33 43 72 06 – 🛊 ⇔ ch 📺 ☎ ᴖ 🄿 –
← 🔏 40 à 150. 🄰🄴 ① 🄶🄱
Repas (fermé sam. midi et dim.) 70/135 ⅄ – 🖵 45 – **73 ch** 380/440.

Chantereyne M sans rest, port de plaisance ℰ 33 93 02 20, Fax 33 93 45 29 – 🛊 ☎ ᴖ
🄿 🄰🄴 ① 🄶🄱   AX **b**
fermé 22 déc. au 7 janv. – 🖵 35 – **50 ch** 320/360.

Louvre sans rest, 2 r. H. Dunant ℰ 33 53 02 28, Fax 33 53 43 88 – 🛊 📺 ☎ ᴖ ⇔ 🄰🄴 ①
🄶🄱 🄹🄲🄱   AX **e**
fermé 24 déc. au 1er janv. – 🖵 34 – **42 ch** 170/350.

354

Moderna sans rest, 28 r. Marine ✆ 33 43 05 30, Fax 33 43 97 37 – TV ☎. AE GB BX **a**
☕ 30 – **25 ch** 190/300.

Angleterre sans rest, 8 r. P. Talluau ✆ 33 53 70 06, Fax 33 53 74 36 – TV ☎. GB.
☕ 30 – **24 ch** 180/265. AX **k**

XX **Café de Paris,** 40 quai Caligny ✆ 33 43 12 36, Fax 33 43 98 49 – GB BXY **d**
fermé 1er au 15 mars et 1er au 15 nov. – **Repas** 98/145.

XX **Briqueville,** 16 quai Caligny ✆ 33 20 11 66, Fax 33 20 38 31 – AE GB JCB BX **g**
fermé 18 déc. au 8 janv., sam. midi et dim. – **Repas** 98/300.

XX **L'Ancre Dorée,** 27 r. Abbaye ✆ 33 93 98 38, Fax 33 93 22 36 – AE GB AX **n**
fermé sam. midi et lundi – **Repas** 95/174.

BMW, LANCIA Gar. Renouf, bd de l'Est à Tourlaville ✆ 33 20 44 78
CITROEN Gar. Ozenne, r. M.-Sambat à Équeurdreville-Hainneville par ④ ✆ 33 03 49 70
CITROEN Gar. Channel Auto, ZI, bd de l'Est à Tourlaville par ① ✆ 33 23 01 01 **N** ✆ 33 23 22 48
OPEL Gar. Themis Auto, 7 r de la Saline ✆ 33 43 45 30
RENAULT Gar. Coipel, 427 r. 8 Mai Les Flamands à Tourlaville par ① ✆ 33 22 00 27
RENAULT Gar. Dessoude Teyssier, bd de l'Est à Tourlaville par ① ✆ 33 88 33 88 **N** ✆ 33 88 33 88
RENAULT Gar. Marius Marie Equeurdreville-Hainneville par ④ ✆ 33 03 58 97
VAG Gar. Equinox Auto, ZI r. Industries à Tourlaville ✆ 33 20 36 23 **N** ✆ 33 93 51 87

Cotentin Pneumatiques, 74 bd M.-France ✆ 33 04 26 04
Francis-Pneus, bd de l'Est ZI à Tourlaville ✆ 33 20 45 60
Schmitt Pneus Vulcopneu, 13 r. Maupas ✆ 33 44 05 42

CHERENG **59152** Nord 51 ⑯ 111 ㉔ – 2 634 h.
Paris 223 – ♦Lille 13 – Douai 40 – Tournai 14 – Valenciennes 49.

XX **Le Verzenay,** 142 rte Nationale ✆ 20 41 14 56, Fax 20 41 28 50 – P. AE GB
fermé 10 juil. au 7 août, dim. soir et lundi – **Repas** 105/205, enf. 60.

Les CHÈRES **69380** Rhône 74 ① – 1 027 h alt. 210.
Paris 442 – ♦Lyon 21 – L'Arbresle 14 – Meximieux 49 – Trévoux 7,5 – Villefranche-sur-Saône 12.

XX **Aub. du Pont de Morancé,** O : 1 km par D 100 ✉ 69480 Anse ✆ 78 47 65 14, Fax 78 47 05 83, 余, « Jardin fleuri » – P. GB
fermé 15 fév. au 15 mars, mardi soir et merc. – **Repas** 100/300 ♫.

CHERISY **28** E.-et-L. 60 ⑦, 106 ㉕ – rattaché à Dreux.

CHÉROY **89690** Yonne 61 ⑬ – 1 326 h alt. 127.
Paris 103 – Fontainebleau 40 – Auxerre 68 – Montargis 34 – Nemours 24 – Sens 24.

XX **Tour de Chéroy,** ✆ 86 97 53 43 – GB
fermé 25 juin au 2 juil., fév., lundi sauf le midi en juil.-août et mardi – **Repas** 90/175.

Le CHESNAY **78** Yvelines 60 ⑨, 101 ㉓ – voir à Paris, Environs (Versailles).

CHEVAGNES **03230** Allier 69 ⑮ – 729 h alt. 224.
Paris 312 – Moulins 18 – Bourbon-Lancy 18 – Decize 32 – Dompierre-sur-Besbre 15.

XX **Le Goût des Choses,** 12 rte Nationale ✆ 70 43 11 12 – GB
fermé 2 au 18 oct., dim. soir et lundi – **Repas** 108/190.

Gar. Chervier, ✆ 70 43 45 39

CHEVAIGNÉ **35** I.-et-V. 59 ⑰ – rattaché à Rennes.

CHEVAL-BLANC **84** Vaucluse 81 ⑫ – rattaché à Cavaillon.

Le CHEVALON **38** Isère 77 ④ – rattaché à Voreppe.

CHEVANNES **89** Yonne 65 ⑤ – rattaché à Auxerre.

CHEVERNY **41** L.-et-Ch. 64 ⑰ ⑱ – rattaché à Cour-Cheverny.

CHEVIGNEY-LÈS-VERCEL **25** Doubs 66 ⑱ – rattaché à Valdahon.

CHEVIGNY **21** Côte-d'Or 66 ⑫ – rattaché à Dijon.

CHEVILLY-LARUE **94** Val-de-Marne 61 ①, 101 ㉖ – voir à Paris, Environs.

CHEVRY **01** Ain 70 ⑮ – rattaché à Gex.

CHEYLADE **15400** Cantal 76 ③ **G. Auvergne** – 360 h alt. 950.
Voir Voûte★ de l'église – Cascade du Sartre★ S : 2,5 km.
Paris 517 – Aurillac 56 – Mauriac 47 – Murat 31 – St-Flour 56.

Gd H. de la Vallée, ✆ 71 78 90 04, ← – P. GB
fermé 15 nov. au 1er fév. et sam. sauf vacances scolaires – **Repas** 65/130 ♫ – ☕ 20 – **15 ch** 100/150 – 1/2 P 150.

PEUGEOT Riom Autom., à Riom-es-Montagne ✆ 71 78 03 08
RENAULT Gar. Jouve à Riom-es-Montagne ✆ 71 78 07 22

Le CHEYLARD 07160 Ardèche 🔟🔟 ⑲ – 3 833 h alt. 449.

Paris 598 – Le Puy-en-Velay 68 – Valence 62 – Aubenas 50 – Lamastre 21 – Privas 48 – St-Agrève 16.

  🏠 **Provençal**, av. Gare 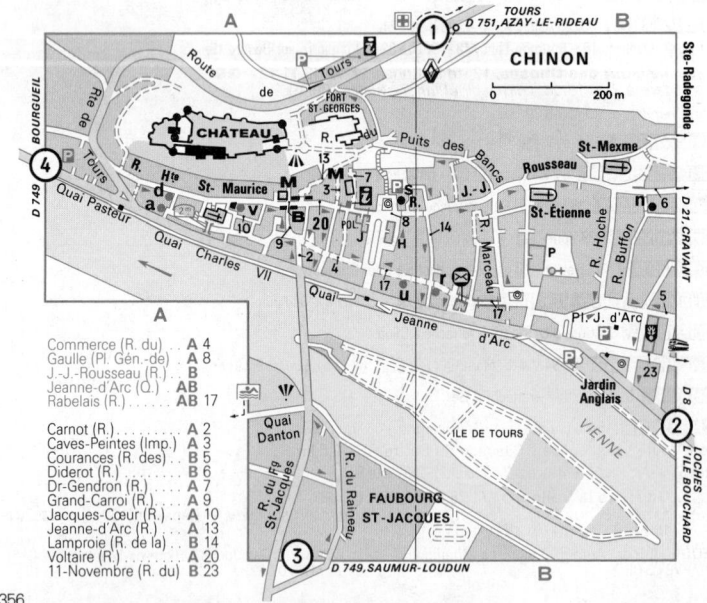 𝒫 75 29 02 08, Fax 75 29 35 63 – 🍽 rest 📺 ☎ ⟚. 🅖🅑
  ← *fermé 17 août au 6 sept., 9 au 28 fév., vend. soir, dim. soir et lundi* – **Repas** 78/190 🍷 – ☲ 38
    – **8 ch** 190/270 – ½ P 230.

CITROEN Gar. des Cévennes, 𝒫 75 29 05 10 🅽   Gar. Chambert et Noyer, à Mariac 𝒫 75 29 14 26
𝒫 75 29 05 10   🅽 𝒫 75 29 00 37

CHÈZERY-FORENS 01410 Ain 🔟🔟 ⑤ – 357 h alt. 582.

Paris 506 – Bellegarde-sur-Valserine 17 – Bourg-en-Bresse 77 – Gex 40 – Nantua 31 – St-Claude 44.

  🍴 **Commerce**, 𝒫 50 56 90 67 – 🅖🅑
  ← *fermé 12 au 17 juin, 18 sept. au 14 oct. et merc. sauf vacances scolaires* – **Repas** 80/170 🍷 –
    ☲ 30 – **10 ch** 200 – ½ P 200.

CHICHILIANNE 38930 Isère 🔟🔟 ⑭ – 158 h alt. 1000.

Paris 621 – Die 46 – Gap 79 – ◆Grenoble 53 – La Mure 59.

  🏨 **Château de Passières** 🦢, 𝒫 76 34 45 48, Fax 76 34 46 25, ≤, 🏡, 🏊, 🌳, 🎾 – ☎ 🅿 –
    🏧 45. 🅖🅑 ⊗ rest
    fermé 10 nov. au 10 fév., dim. soir et lundi sauf vacances scolaires – **Repas** 95/220, enf. 65 –
    ☲ 40 – **23 ch** 280/420 – ½ P 310/380.

CHILLE 39 Jura 🔟🔟 ④ – rattaché à Lons-le-Saunier.

CHINAILLON 74 H.-Savoie 🔟🔟 ⑦ – rattaché au Grand-Bornand.

CHINDRIEUX 73310 Savoie 🔟🔟 ⑮ – 1 059 h alt. 282.

Env. Abbaye de Hautecombe★★ (chant grégorien) SO : 10 km, G. Alpes du Nord.

Paris 521 – Annecy 35 – Aix-les-Bains 15 – Bellegarde-sur-Valserine 39 – Bourg-en-Bresse 90 – Chambéry 33.

  🏨 **Relais de Chautagne**, 𝒫 79 54 20 27, Fax 79 54 51 63 – 🛎 ☎ 🅿 – 🏧 35. 🅖🅑
    fermé 28 déc. au 10 fév., dim. soir et lundi (sauf juil.-août) – **Repas** 90/210 🍷 – ☲ 35 –
    32 ch 220/280.

CHINON ◁🆂🅿▷ 37500 I.-et-L. 🔟🔟 ⑨ G. Châteaux de la Loire – 8 627 h alt. 37.

Voir Vieux Chinon★★ : Grand Carroi★★ A B – Château★★ : ≤★★ A – Quai Danton ≤★★ A.

Env. Château d'Ussé★★ 14 km par ①.

🛈 Office de Tourisme 12 r. Voltaire 𝒫 47 93 17 85, Fax 47 93 93 05 et route de Tours (juil.-août).

Paris 284 ① – ◆ Tours 47 ① – Châtellerault 51 ③ – Poitiers 93 ③ – Saumur 29 ③ – Thouars 44 ③.

🏨 **France** sans rest, 47 pl. Gén. de Gaulle ℰ 47 93 33 91, Fax 47 98 37 03 – 📺 ☎ 🚗, ᴬᴱ ⓞ
🄖🄑. ⅀
A s
1ᵉʳ mars-1ᵉʳ déc. et fermé dim. soir d'oct. à mars – � 40 – **27 ch** 250/380.

🏨 **Le Chinon** Ⓜ ⅏, centre St-Jacques (près piscine), par quai Danton - A - ℰ 47 98 46 46,
Fax 47 98 35 44, 🍴 – 🛗 📺 ☎ ᕫ 🄿 – 🏌 30 à 80. ᴬᴱ ⓞ 🄖🄑
fermé vacances de Noël, 1ᵉʳ au 8 janv., dim. midi et sam. du 15 nov. au 15 mars –
Repas 75/140 🄗, enf. 39 – � 40 – **54 ch** 350/390 – ½ P 320.

🏠 **Diderot** ⅏ sans rest, 4 r. Buffon ℰ 47 93 18 87, Fax 47 93 37 10 – ᕫ ch ☎ ᕫ 🄿. ᴬᴱ ⓞ
🄖🄑. ⅀
B n
fermé 20 déc. au 5 janv. – � 40 – **28 ch** 225/400.

%%% ☺ **Au Plaisir Gourmand** (Rigollet), quai Charles VII ℰ 47 93 20 48, Fax 47 93 05 66 – ▤.
ᴬᴱ 🄖🄑
A a
fermé 13 au 27 nov., 6 au 28 fév., dim. soir et lundi – **Repas** (nombre de couverts limité,
prévenir) 175/320 et carte 230 à 320
Spéc. Salade tiède de langoustines. Sandre au beurre blanc. Beuchelle à la tourangelle. **Vins** Chinon, Vouvray.

%% **Host. Gargantua** avec ch, 73 r. Haute St-Maurice ℰ 47 93 04 71, 🍴, « Ancien Palais du
Baillage 15ᵉ siècle » – ☎. 🄖🄑. ⅀
A v
1ᵉʳ mars-10 nov. et fermé jeudi midi et merc. hors sais. – **Repas** 150 – � 50 – **6 ch** 380/550 –
½ P 320/475.

%% **La Boule d'Or** avec ch, 21 r. Rabelais ℰ 47 93 03 13, Fax 47 93 24 25, 🍴 – 📺 ☎. ᴬᴱ ⓞ
🄖🄑. ⅀
B r
fermé 15 déc. au 3 fév., dim. soir et lundi du 1ᵉʳ oct. au 15 avril – **Repas** 95/195 – � 45 –
14 ch 270/330 – ½ P 290/320.

%% **L'Orangerie**, 79 bis r. Haute-St-Maurice ℰ 47 98 42 00, Fax 47 93 92 50 – 🄖🄑 🄹🄲🄱
fermé 2 au 17 janv., dim. soir et merc. midi – **Repas** 90/125, enf. 40.
A d

% **L'Océanic**, 13 r. Rabelais ℰ 47 93 44 55, 🍴 – ▤. 🄖🄑
A u
fermé 12 au 20 juin, 25 sept. au 3 oct., 8 janv. au 1ᵉʳ fév., dim. soir (sauf juil.-août) et lundi –
Repas - produits de la mer - 98/145, enf. 45.

à Marçay par ③ et D 116 : 9 km – ⊠ **37500** :

🏰 ☺ **Château de Marçay** ⅏, ℰ 47 93 03 47, Fax 47 93 45 33, ≤, 🍴, « Château du
15ᵉ siècle, parc », 🏊, ⅏ – 🛗 📺 ☎ 🄿 – 🏌 30 à 80. ᴬᴱ ⓞ 🄖🄑
fermé 1ᵉʳ fév. au 15 mars – **Repas** *(fermé dim. soir et lundi de nov. à fin avril sauf fêtes)*
145 (déj.), 240/370 et carte 270 à 400 – � 140 – **32 ch** 495/1295, 6 appart – ½ P 730/1205
Spéc. Chartreuse de foie gras de canard et artichauts. Petit rôti de pigeon fermier, crème de laurier. Gratin de pommes
soufflées. **Vins** Touraine Azay-le-Rideau, Chinon.

à Beaumont-en-Véron par ④ : 5 km – ⊠ **37420** :

🏰 **Château de Danzay** ⅏, ℰ 47 58 46 86, Fax 47 58 84 35, ≤, parc, « Château du
15ᵉ siècle », 🏊 – ☎ 🄿. ᴬᴱ ⓞ 🄖🄑. ⅀ rest
1ᵉʳ avril-1ᵉʳ nov. – **Repas** (dîner seul.) 290/390 – � 80 – **10 ch** 650/1500 – ½ P 695/1250.

🏠 **La Giraudière** ⅏, ℰ 47 58 40 36, Fax 47 58 46 06, 🍴, 🌳 – cuisinette ᕫ ch 📺 🄿. ᴬᴱ
ⓞ 🄖🄑 🄹🄲🄱
Petit Pigeonnier ℰ 47 58 98 96, Fax 47 58 98 97 *(fermé janv., fév., merc. midi et mardi)*
Repas 110/300 – � 35 – **25 ch** 200/390 – ½ P 200/295.

CITROEN S.A.R.V.A., 10 r. A.-Correch
par r. Courances ℰ 47 93 06 58 🄝
ℰ 47 95 90 15
FIAT Gar. Hallie, rte de Tours ℰ 47 93 27 36 🄝
ℰ 47 93 27 36
PEUGEOT Gd Gar. du Chinonais, à St-Louans
par ④ ℰ 47 93 28 29

RENAULT Val de Vienne Autom., rte de Tours
ℰ 47 93 05 27 🄝 ℰ 47 40 92 86
RENAULT Gar. de la Gare, Bl Gambetta
ℰ 47 93 03 67
VAG Gar. du Château, rte de Tours ℰ 47 93 04 65

🅦 Super Pneus, 6 pl. Denfert-Rochereau
ℰ 47 93 32 08

CHISSAY-EN-TOURAINE 41 L.-et-Ch. 🔢 ⑯ – rattaché à Montrichard.

CHITENAY 41120 L.-et-Ch. 🔢 ⑰ – 888 h alt. 88.

Voir Galerie des Illustres★★ du château de Beauregard★ N : 5 km, G. Châteaux de la Loire.

Paris 192 – ◆Orléans 70 – ◆Tours 74 – Blois 11,5 – Châteauroux 89 – Contres 10 – Montrichard 24 – Romorantin-
Lanthenay 37.

🏨 **Aub. du Centre**, ℰ 54 70 42 11, Fax 54 70 35 03, 🍴, 🌳 – 📺 ☎ ᕫ 🄿. ᴬᴱ 🄖🄑
fermé 27 fév. au 13 mars, dim. soir et lundi hors sais. – **Repas** 98/340, enf. 50 – � 36 –
23 ch 265/395 – ½ P 265/295.

% **La Clé des Champs**, ℰ 54 70 42 03, 🍴 – 🄿. ᴬᴱ 🄖🄑
fermé janv., lundi soir et mardi, sauf juil.-août – **Repas** 98 bc/180 🄗, enf. 70.

CHOISY-AU-BAC 60 Oise 🔢 ②, 🔢 ⑩ – rattaché à Compiègne.

*Des pneus mal gonflés s'usent vite, tiennent moins bien la route,
sont moins confortables. Respectez les pressions recommandées.*

Voir Musée d'Art et d'Histoire★ Z **M** – ᴎ₈ ℘ 41 71 05 01, AX.

🛈 Office de Tourisme avec A.C. pl. Rougé ℘ 41 62 22 35, Fax 41 62 80 99 et bureau d'accueil rte d'Angers (juil.-août) ℘ 41 58 66 66.

Paris 350 ① – Angers 58 ① – La Roche-sur-Yon 64 ④ – Ancenis 47 ⑥ – ♦Nantes 58 ⑤ – Niort 109 ②.

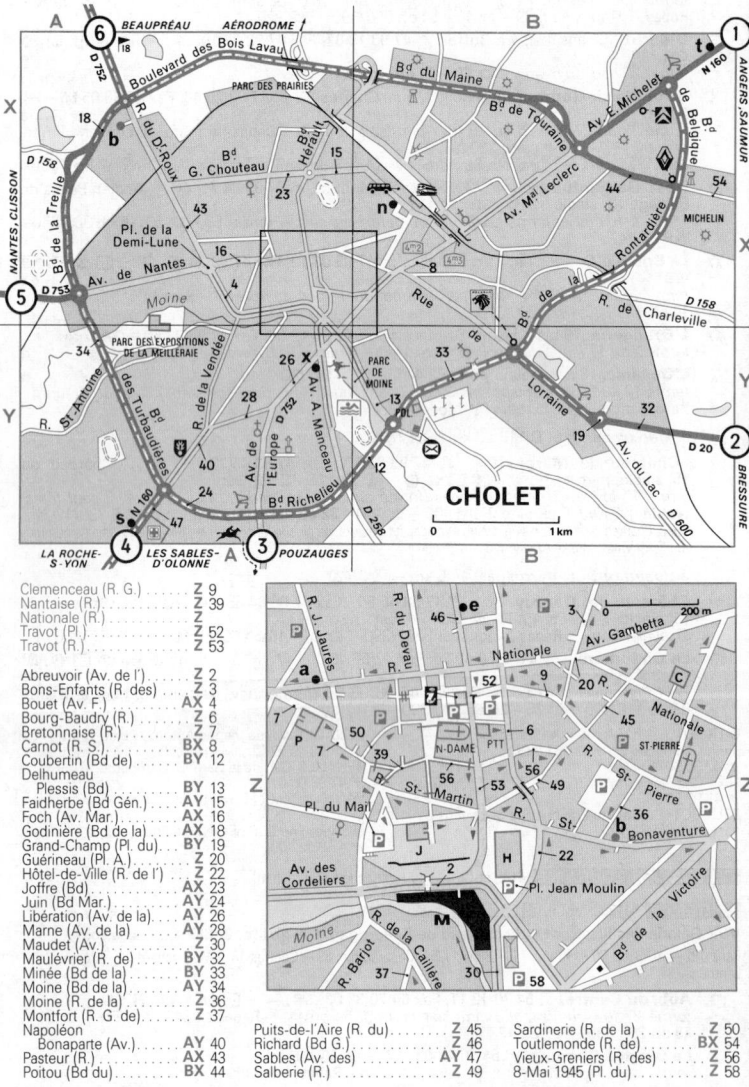

🏠 **Atlantel** Ⓜ, rte Angers ℘ 41 71 08 08, Fax 41 71 96 96, 🌳, 🏊, 🏓 – 📺 ☎ ও 🅿 – 🔬 40. ⒶⒺ Ⓞ ☖ – **Repas** (fermé dim.) 85/200 ⅛, enf. 55 – ☕ 42 – **57 ch** 300/325 – ½ P 315.   BX t

🏠 **Gd H. Poste**, 26 bd G.-Richard ℘ 41 62 07 20, Fax 41 58 54 10 – 🛗 🍴 rest 📺 ☎ 🚗 – 🔬 50. ⒶⒺ Ⓞ ☖
fermé 1ᵉʳ au 11 août, 23 déc. au 2 janv. – **Repas** *(fermé dim.)* 100 bc/280 ⅛ – ☕ 40 – **53 ch** 290/460.
Z e

358

Fimotel Ⓜ, av. Sables-d'Olonne ℘ 41 62 45 45, Fax 41 58 23 45 – 🛗 ▤ rest 📺 ☎ 🅿 –
🏍 80. 🆎 ⓪ ᏀᏴ ᴊᴄв
AY **s**
Repas *(fermé vend. soir, dim. midi et sam.)* 70/189 ⅊, enf. 36 – ⌦ 35 – **42 ch** 260.

Europe sans rest, 15 pl. Gare ℘ 41 62 00 97, Fax 41 71 86 31 – 📺 ☎ 🚗. 🆎 ᏀᏴ   BX **n**
⌦ 30 – **21 ch** 230/280.

Parc sans rest, 4 av. A. Manceau ℘ 41 62 65 45, Fax 41 58 64 08 – 🛗 📺 ☎ 🚗. 🆎
ᏀᏴ
AY **x**
⌦ 38 – **46 ch** 180/300.

Commerce, 194 r. Nationale ℘ 41 62 08 97, Fax 41 62 31 57 – 📺 ☎. 🆎 ⓪ ᏀᏴ   Z **a**
fermé 31 juil. au 17 août – **Repas** *(fermé sam. et dim.)* (dîner seul.) 65/85 ⅊ – ⌦ 35 –
14 ch 150/270.

La Touchetière, rd-pt St-Léger ℘ 41 62 55 03, Fax 41 58 82 10 – 🅿. ᏀᏴ   AX **b**
fermé 5 au 28 août, vacances de fév., dim. soir et lundi – **Repas** (dim. prévenir) 115/180.

Le Thermidor, 40 r. St-Bonaventure ℘ 41 58 55 18 – ᏀᏴ   Z **b**
fermé 5 au 16 août, 1ᵉʳ au 7 janv., sam. midi, dim. soir et lundi – **Repas** 90/260, enf. 50.

à Nuaillé par ① *et D 960 : 7,5 km –* ⊠ **49340** :

Relais des Biches avec ch, pl. Église ℘ 41 62 38 99, Fax 41 62 96 24, 🍃, 🏊, 🎾 – 📺 ☎
🚗 🅿 🆎 ⓪ ᏀᏴ
Repas *(fermé 1ᵉʳ au 15 août et dim. en été)* 105/165 ⅊, enf. 55 – ⌦ 45 – **13 ch** 290/350 –
½ P 343/360.

au lac de Ribou SE : 5 km par av. du Lac - BY – ⊠ **49300** Cholet :

❀ **Le Belvédère** (Inagaki) 🌿 avec ch, ℘ 41 62 14 02, Fax 41 62 16 54, ≤, 🍃 – 📺 ☎ 🅿 –
🏍 25. 🆎 ⓪ ᏀᏴ. ❄ rest
fermé 17 juil. au 16 août, vacances de fév., dim. soir et lundi midi – **Repas** 125/250 et carte
250 à 380, enf. 90 – ⌦ 36 – **8 ch** 310/370
Spéc. Mijotée de homard, sole et langoustines aux Côteaux du Layon. Ris de veau rissolés aux oignons confits.
Pigeonneau à l'orange et à la coriandre. **Vins** Savennières, Saumur-Champigny.

à La Tessouale S : 6,5 km par D 258 – ⊠ **49280** :

Garden H., près Église ℘ 41 56 38 95, Fax 41 56 46 71 – 📺 ☎ 🅿. ᏀᏴ. ❄ rest
fermé 1ᵉʳ au 15 août – **Repas** *(fermé vend. soir, sam. et dim.)* 65/160 ⅊, enf. 49 – ⌦ 29 –
25 ch 205/350 – ½ P 270/305.

par ④ *rte de la Roche-sur-Yon –* ⊠ **49300** Cholet :

Cormier sans rest, à 4,5 km sur N 160 ℘ 41 62 46 24, Fax 41 62 31 73, 🎾 – 📺 ☎ 🅿. ᏀᏴ.
❄
fermé 20 déc. au 10 janv. et dim. – ⌦ 30 – **14 ch** 150/220.

Château de la Tremblaye, à 5,5 km par N 160 et rte du Puy-St-Bonnet ℘ 41 58 40 17,
Fax 41 62 59 58, parc, « Château du 19ᵉ siècle » – 🅿. ᏀᏴ
fermé 24 juil. au 13 août, dim. soir et lundi sauf fériés – **Repas** 95/270 et carte 210 à 260,
enf. 70.

ALFA ROMEO Hall des Sports, 2 r. de la Flèche
℘ 41 62 08 48
CITROEN Cholet Autom., 14 av. E.-Michelet
℘ 41 65 42 77 🅽 ℘ 51 82 93 42
HONDA Cholet Auto Sport, 1 pl. République
℘ 41 62 85 21
MERCEDES Gar. Crochet Cholet, ZI,
13 bd du Poitou ℘ 41 75 23 50
PEUGEOT Gar. Bussereau, 169 r. de Lorraine
℘ 41 62 36 37 🅽 ℘ 41 58 96 14

RENAULT Autom. Choletaise, 17 bd du Poitou
℘ 41 75 37 37 🅽 ℘ 05 05 15 15

🅑 Bossard Pneus, Z.I. Nord 41 bis r. Jominière
℘ 41 62 29 53
Cailleau, 13 bd de Belgique ℘ 41 58 58 74
Cholet Pneus, 49 bd Rontardière ℘ 41 58 22 75
Euromaster, 17 r. Jominière ℘ 41 58 33 14

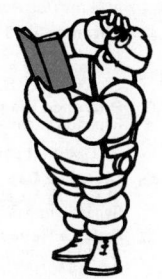

CHOMELIX 43500 H.-Loire 🔢 ⑦ − 376 h alt. 894.

Paris 524 − Le Puy-en-Velay 30 − Ambert 42 − Brioude 67 − La Chaise-Dieu 17 − ◆Saint-Étienne 69.

XX **Aub. de l'Arzon** avec ch, ℰ 71 03 62 35, Fax 71 03 61 62 − 📺 ☎ ⅙. 🕮
  1er avril-15 nov. et fermé lundi soir et mardi sauf juil.-août − **Repas** 98/230 − ☲ 36 − **9 ch** 235
  − ½ P 225/270.

CHOMÉRAC 07 Ardèche 🔢 ⑳ − rattaché à Privas.

La CHOMETTE 43230 H.-Loire 🔢 ⑤ − 128 h.

Paris 494 − Le Puy-en-Velay 49 − Brioude 12 − La Chaise-Dieu 30 − Langeac 17 − Saint-Flour 60.

🏠 **La Crèche,** ℰ 71 76 65 65, Fax 71 76 85 02, 🍸, 🛋 − 📺 ☎ ⅙ 🅿. 🕮 🕕 🕮
  ◆ **Repas** 75/170, enf. 45 − ☲ 35 − **16 ch** 270/330 − ½ P 240/240.

CHONAS-L'AMBALLAN 38 Isère 🔢 ⑪ − rattaché à Vienne.

CHOUVIGNY (Gorges de) 03 Allier 🔢 ④ − rattaché à Pont-de-Menat.

CIBOURE 64 Pyr.-Atl. 🔢 ② − voir à St-Jean-de-Luz.

CIERP-GAUD 31440 H.-Gar. 🔢 ① − 990 h alt. 500.

Paris 815 − Bagnères-de-Luchon 16 − Lannemezan 40 − St-Gaudens 33 − ◆Toulouse 119.

X **La Bonne Auberge** avec ch, ℰ 61 79 54 47 − 🕮
  fermé oct. − **Repas** 75 bc (déj.), 95/160, enf. 50 − ☲ 35 − **5 ch** 110/160 − ½ P 250.

Gar. Fernandez, ℰ 61 79 50 26

CIERZAC 17 Char.-Mar. 🔢 ⑫ − rattaché à Cognac.

CINQ CHEMINS 74 H.-Savoie 🔢 ⑰ − rattaché à Thonon-les-Bains.

Antes de ponerse en carretera, consulte el mapa Michelin
n° 🔢🔢 "FRANCIA - Grandes Itinerarios".

En él encontrará :

− distancias kilométricas,

− duraciones medias de los recorridos,

− zonas de "atascos" e itinerarios alternativos,

− gasolineras abiertas durante las 24 horas del día...

Su viaje será más económico y seguro.

La CIOTAT 13600 B.-du-R. 🔢 ⑭ 🔢 ㊸ G. Provence − 30 620 h alt. 3 − Casino AZ.

Voir Calanque de Figuerolles★ SO : 1,5 km puis 15 mn AZ − Chapelle N.-D. de la Garde
≼★★ O : 2,5 km puis 15 mn AZ.

Env. Sémaphore ≼★★★ O : 5,5 km AZ.

Excurs. à l'Île Verte ≼★ en bateau 30 mn BZ.

🛈 Office de Tourisme bd A.-France ℰ 42 08 61 32, Fax 42 08 17 88.

Paris 804 ⑤ − ◆Marseille 31 ⑤ − ◆Toulon 39 ③ − Aix-en-Provence 47 ⑤ − Brignoles 58 ⑤.

Plan page ci-contre

🏠 **La Rotonde** sans rest, 44 bd République ℰ 42 08 67 50, Fax 42 08 45 21 − 🛗 📺 ☎ 🅿. 🕮
  🕮   BZ **a**
  ☲ 32 − **32 ch** 195/270.

X **Golfe,** 14 bd A. France ℰ 42 08 42 59, 🍸   BZ **b**
  ◆ *fermé 2 nov. au 7 déc. et mardi sauf juil.-août* − **Repas** 58/150.

au Clos des Plages NE : 1,5 km par D 559 - ABY - ⌧ 13600 La Ciotat :

🏨 **Miramar** 🅼, 3 bd Beaurivage ℰ 42 83 09 54, Fax 42 83 33 79, ≼, 🍸 − 🔲 📺 ☎ 🅿 −
  🏋 60. 🕮 🕕 🕮 🆓   BY **f**
  Repas (*fermé sam. midi, dim. soir et lundi soir d'oct. à mars*) 125/400 − ☲ 50 − **25 ch**
  565/665 − ½ P 800/900.

🏠 **Provence Plage,** 3 av. Provence ℰ 42 83 09 61, Fax 42 08 16 28, 🍸 − 📺 ☎ 🅿. 🕮
  ◆ **Repas** 60 et carte 120 à 230 − ☲ 40 − **19 ch** 285/395 − ½ P 257/312.   BY **d**

au Liouquet par ③ : 6 km − ⌧ 13600 La Ciotat :

🏩 **Ciotel Le Cap** 🦢, ℰ 42 83 90 30, Fax 42 83 04 17, ≼, 🍸, « Jardin fleuri, 🛋 », 🏊 − 📺
  ☎ 🅿 − 🏋 80. 🕮 🕕 🕮 🆓 rest
  Repas (*fermé dim. soir d'oct. à mai*) 165/290 − ☲ 60 − **43 ch** 750/820 − ½ P 620.

XX **Aub. Le Revestel** 🦢 avec ch, ℰ 42 83 11 06, Fax 42 83 29 50, ≼, 🍸 − ☎. 🕮. 🆓 ch
  fermé 30 janv. au 26 fév., dim. soir et merc. sauf le soir du 1er juin au 30 sept. −
  Repas 140/185, enf. 90 − ☲ 40 − **6 ch** 260 − ½ P 280.

CITROEN Gar. Léger, av. G.-Dulac ℰ 42 08 41 69   CITROEN Gar. Viviani, av. E. Subilia ℰ 42 71 67 17

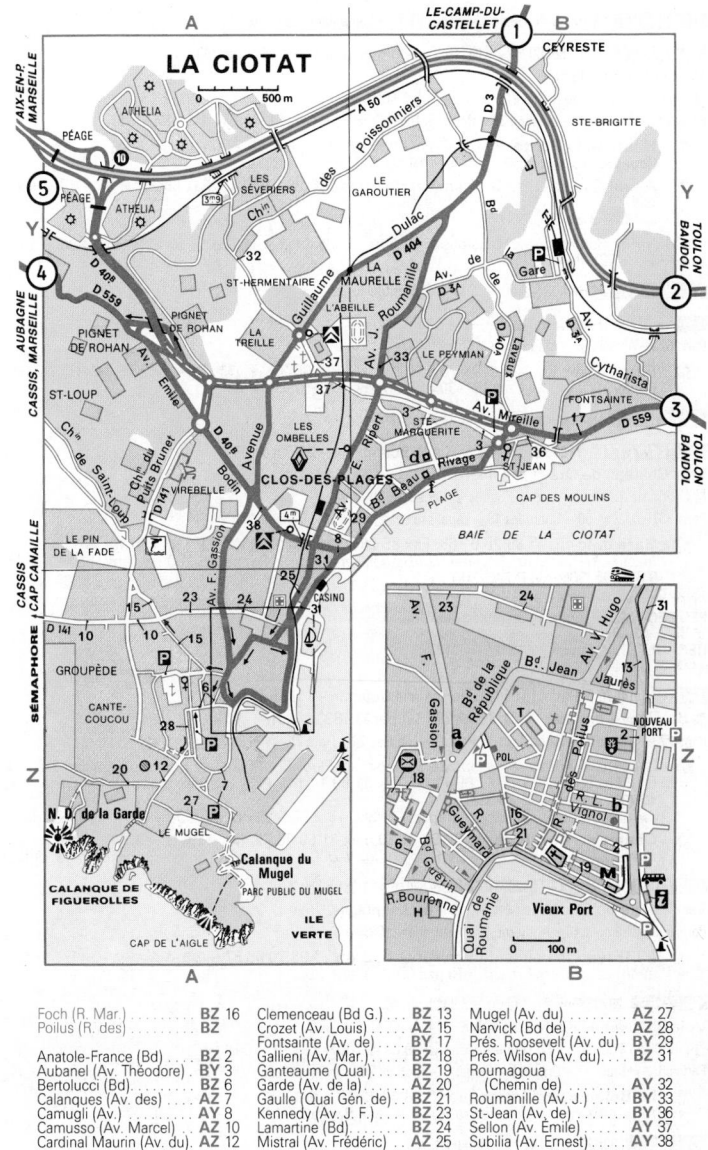

LA CIOTAT

CIRQUE Voir au nom propre du Cirque.

CLAIRA 66530 Pyr.-Or. 🎲 ⑲ – 2 117 h.

Paris 858 – ♦Perpignan 16 – Millas 33 – Narbonne 59 – Rivesaltes 8,5.

XX **Le Baroque,** 41 bis av. Agly ✆ 68 59 69 33, 🍽 – ⓘ ⒼⒷ
fermé 31 oct. au 14 nov., 31 janv. au 14 fév., dim. soir et lundi sauf juil.-août – **Repas** 100
(déj.), 130/190, enf. 50.

CLAIX 38 Isère 🟦🟦 ④ – rattaché à Grenoble.

CLAMART 92 Hauts-de-Seine 🗺 ⑩, 🗺 ㉕ – voir à Paris, Environs.

CLAMECY ⬥ 58500 Nièvre 🗺 ⑮ G. Bourgogne (plan) – 5 284 h alt. 160.

Voir Église St-Martin★.

🗓 Office de Tourisme r. Grand Marché ℰ 86 27 02 51.

Paris 203 – Auxerre 44 – Avallon 38 – Bourges 104 – Cosne-sur-Loire 51 – ◆Dijon 143 – Nevers 67.

🏠 **Host. de la Poste,** 9 pl. É. Zola ℰ 86 27 01 55, Fax 86 27 05 99, 🌣 – 📺 ☎. 🅶🅱
Repas 95/180, enf. 50 – ⏛ 35 – **16 ch** 245/290.

🏠 **Anval** ⧉ sans rest, O : 2 km sur rte Brinon ℰ 86 24 42 40, Fax 86 27 06 87 – 📺 ☎ 🅿. 🅰🅴
🅶🅱
⏛ 35 – **9 ch** 250/350.

CITROEN Gar. Rougeaux, av. H.-Barbusse   Ⓜ Coignet, Le Foulon, rte d'Orléans ℰ 86 27 19 38
ℰ 86 27 11 87 🔃 ℰ 86 27 11 87

CLAPIERS 34 Hérault 🗺 ⑦ – rattaché à Montpellier.

Le CLAUX 15400 Cantal 🗺 ③ – 293 h alt. 1 060.

Paris 523 – Aurillac 50 – Mauriac 53 – Murat 24.

🏛 **Peyre-Arse** M ⧉, ℰ 71 78 93 32, Fax 71 78 90 37, ≤, 🌣, 🏊 – ☎ 🅯 🅿. 🅶🅱
Repas 100/195 ♨ – ⏛ 38 – **30 ch** 220/250 – ½ P 280.

Les CLAUX 05 H.-Alpes 🗺 ⑱ – rattaché à Vars.

La CLAYETTE 71800 S.-et-L. 🗺 ⑰ ⑱ G. Bourgogne – 2 307 h alt. 369.

Voir Château de Drée★ N : 4 km.

🗓 Office de Tourisme pl. des Fossés ℰ 85 28 16 35.

Paris 387 – Mâcon 56 – Charolles 19 – Lapalisse 62 – ◆Lyon 86 – Roanne 40.

🏶🏶 **Gare** avec ch, ℰ 85 28 01 65, Fax 85 28 03 13, 🌣, 🏊, 🗺 – 📺 ☎ ⇦ 🅿. 🅶🅱
fermé 26 déc. au 18 janv., dim. soir et lundi – **Repas** 96/360 ♨, enf. 58 – ⏛ 35 –
8 ch 245/365 – ½ P 240/300.

CITROEN Gar. du Midi, ℰ 85 28 14 08   Ⓜ Matequip, ℰ 85 28 11 46
PEUGEOT Gar. Jugnet, à Varennes-sous-Dun
ℰ 85 28 03 60
RENAULT Gar. Hermey, ℰ 85 28 04 81 🔃
ℰ 85 77 32 60

CLÉCY 14570 Calvados 🗺 ⑪ G. Normandie Cotentin – 1 182 h alt. 81.

🖥 de Clécy-Cantelou ℰ 31 69 72 72, SO par D 133ᴬ : 4 km.

Paris 273 – ◆Caen 38 – Condé-sur-Noireau 10 – Falaise 24 – Flers 21 – Vire 35.

🏩 **Moulin du Vey** ⧉ Annexes Manoir du Placy à 400 m et, Relais de Surosne à 3 km
E : 2 km par D 133 ℰ 31 69 71 08, Fax 31 69 14 14, ≤, 🌣, « Parc au bord de l'Orne » – 📺
☎ 🅿 – ♨ 100. 🅶🅱
fermé 30 nov. au 29 déc. – **Repas** 135/360 – ⏛ 50 – **25 ch** 380/500 – ½ P 440/475.

🏶🏶 **Chalet de Cantepie,** ℰ 31 69 71 10, Fax 31 69 66 72, 🌣 – 🅿. 🅰🅴 ⓪ 🅶🅱 🅹🅲🅱
fermé 27 nov. au 29 déc., dim. soir et lundi du 15 sept. au 15 mars – **Repas** 97/243, enf. 58.

CLÉDEN-CAP-SIZUN 29770 Finistère 🗺 ⑬ – 1 181 h alt. 45.

Voir Pointe de Brézellec ≤★ N : 2 km, G. Bretagne.

Paris 603 – Quimper 46 – Audierne 10 – Douarnenez 29.

🍴 **L'Étrave,** rte Pointe du Van sur D 7 : 2 km ℰ 98 70 66 87 – 🅶🅱. ⋙
↪ avril-oct. et fermé merc. – **Repas** 80/230, enf. 35.

CLÉDER 29233 Finistère 🗺 ⑤ – 3 801 h alt. 46.

Voir Château de Kérouzéré★ NE : 3 km, G. Bretagne.

🗓 Office de Tourisme, 2 r. de Plouescat, ℰ 98 69 43 01, Fax 98 69 47 99.

Paris 567 – ◆Brest 47 – Brignogan-Plage 21 – Morlaix 28 – St-Pol-de-Léon 9,5.

🏶🏶 **Le Baladin,** 9 r. Armorique ℰ 98 69 42 48 – 🅶🅱. ⋙
↪ fermé mardi soir et lundi sauf juil.-août – **Repas** 79/195.

CLELLES 38930 Isère 🗺 ⑭ – 345 h alt. 766.

Paris 619 – Gap 76 – Die 50 – ◆Grenoble 49 – La Mure 26 – Serres 60.

🏠 **Ferrat,** ℰ 76 34 42 70, Fax 76 34 47 47, ≤, 🌣, 🏊, 🗺 – ☎ ⇦ 🅿. 🅶🅱. ⋙
15 mars-11 nov. et fermé mardi hors sais. – **Repas** 88/160, enf. 50 – ⏛ 30 – **16 ch** 200/300 –
½ P 280/300.

RENAULT Gar. du Trièves, ℰ 76 34 40 35 🔃 ℰ 76 34 40 35

CLERGOUX 19320 Corrèze 🗺 ⑩ – 367 h alt. 540.

Paris 486 – Brive-la-Gaillarde 46 – Mauriac 44 – St-Céré 71 – Tulle 21 – Ussel 46.

🏠 **Chammard** sans rest, ℰ 55 27 76 04, 🗺 – 🅿. ⋙
15 mai-30 oct. – ⏛ 22 – **15 ch** 150.

Voir Église★ d'Agnetz O : 2 km par N 31.

🛈 Office de Tourisme Hôtel-de-Ville ℰ 44 50 40 25.

Paris 74 – Compiègne 34 – ◆Amiens 65 – Beauvais 26 – Mantes-la-Jolie 91 – Pontoise 54.

🏨 **Clermotel**, NO : 1 km par rte Beauvais ℰ 44 50 09 90, Fax 44 50 13 00, ☞, ℀ – ⇆ ch ☎ ☎ ⅙ ❷ – 🔏 30. ① ☜
Repas (fermé 21 déc. au 10 janv.) 89/142 ⅃, enf. 45 – ☲ 36 – **37 ch** 265/315 – ½ P 250/270.

à *Étouy* NO : 7 km par D 151 – ✉ **60600** :

💥💥 ⚙ **L'Orée de la Forêt** (Leclercq) ⏳ avec ch, ℰ 44 51 65 18, Fax 44 78 92 11, parc – ❷. ☜. ℀
fermé 16 août au 15 sept., dim. soir et vend. – **Repas** 95/340 et carte 320 à 400 – ☲ 25 –
5 ch 125/200
Spéc. Terrine de canard avec foie gras et filet. Pigeon fermier rôti, petite rissole et jus à la badiane. Millefeuille.

FORD Cler'Auto Services, 75 r. du Gén.-de-Gaulle ℰ 44 50 28 17
PEUGEOT Gar. Carlier, av. des Déportés ℰ 44 50 82 82
RENAULT Gar. Socla, 1 av. des Déportés ℰ 44 50 01 71 ⓝ ℰ 07 65 51 45

Ⓦ Euromaster, 64 r. de Paris à St-Just-en-Chaussée ℰ 44 78 51 36

Paris 235 – Bar-le-Duc 45 – Dun-sur-Meuse 40 – Sainte-Menehould 15 – Verdun 30.

💥💥 **Bellevue** avec ch, r. Liberation ℰ 29 87 41 02, Fax 29 88 46 01, ☞, ☞ – ☎ ☎ ❷. ☜ ①
➤ ☜ ch
fermé 23 déc. au 5 janv. – **Repas** 75/220 ⅃, enf. 45 – ☲ 30 – **7 ch** 200/280 – ½ P 250/270.

Voir Le Vieux Clermont★★ EFVX : Basilique de N.-D.-du-Port★★ (choeur★★★), Cathédrale★★ (vitraux★★), fontaine d'Amboise★, cour★ de la maison de Savaron EV – Cour★ dans la Musée du Ranquet EV M¹ – Le Vieux Montferrand★★ : Hôtel de Lignat★, Hôtet de Fontenilhes★, Maison de l'Éléphant★, cour★ de l'hôtel Regin, porte★ de l'hôtel d'Albiat, – Bas-relief★ de la Maison d'Adam et d'Ève – Musée des Beaux-Arts★★ – Belvédère de la D 941^A ⇐★★ AY.

Env. Puy de Dôme ⋇★★★ 15 km par ⑥.

🔢 🔢 des Volcans à Orcines ℰ 73 62 15 51, par ⑥ : 9 km ; 🔢 de Charade à Royat ℰ 73 35 73 09, 9 km par D941^C, D 5, D 5^F AZ.

Circuit automobile de Clermont-Ferrand-Charade AZ.

✈ de Clermont-Ferrand-Aulnat : ℰ 73 62 71 00 par D 766 CY : 6 km.

🚂 ℰ 73 92 50 50.

🛈 Office de Tourisme 69 bd Gergovia ℰ 73 93 30 20, fax 73 93 56 26, à la Gare SNCF ℰ 73 91 87 89 Annexes ; pl. de Jaude (saison) et Montferrand, Musée des Beaux Arts, pl. Louis Detex – A.C. d'Auvergne, Résidence Arverne, 62 r. Bonnabaud ℰ 73 93 47 67.

Paris 425 ② – ◆Bordeaux 358 ⑥ – ◆Grenoble 297 ③ – ◆Lyon 172 ③ – ◆Marseille 410 ③ – ◆Montpellier 349 ④ – Moulins 104 ① – ◆Nantes 460 ⑧ – ◆St-Étienne 147 ③ – ◆Toulouse 371 ④.

Plans pages suivantes

🏨 **Novotel** Ⓜ, Z.I. Brézet, r. G. Besse ℰ 73 41 14 14, Télex 392019, Fax 73 41 14 00, ☞, 🏊, ☞ – 🛗 ⇆ ch ▦ ☎ ☎ ⅙ ❷ – 🔏 30. ☜ ① ☜ CY **a**
Repas carte environ 180, enf. 50 – ☲ 52 – **96 ch** 440/495.

🏨 **Mercure Gergovie**, 82 bd Gergovia ℰ 73 34 46 46, Télex 392658, Fax 73 34 46 36, ☞ – 🛗 ⇆ ch, ▦ rest ☎ ☎ ⅙ ⇔ – 🔏 100. ☜ ① ☜ v
La Retirade (fermé dim. midi en juil.-août et sam. midi) **Repas** 115/230, enf. 49 – ☲ 52 – **124 ch** 410/490.

🏨 **Arverne**, pl. Delille ℰ 73 91 92 06, Fax 73 91 60 25 – 🛗 ⇆ ch, ▦ rest ☎ ☎ ⇔ – 🔏 50. ☜ ① ☜ 🔢 FV **m**
Repas ,90/150, enf. 45 – ☲ 50 – **57 ch** 398/445.

🏨 **Coubertin** Ⓜ, 25 av. Libération ℰ 73 93 22 22, Fax 73 34 88 66, ☞ – 🛗 ☎ ☎ ⅙ ⇔ – ➤ 🔏 25 à 300. ☜ ① ☜ EX **m**
Repas (fermé sam. soir et dim. soir) 79/120 ⅃ – ☲ 43 – **81 ch** 295/340 – ½ P 260.

🏨 **Gallieni**, 51 r. Bonnabaud ℰ 73 93 59 69, Fax 73 34 89 29 – 🛗 ☎ ☎ ⇔ – 🔏 100. ☜ ① ☜ 🔢 EX **t**
Le Charade ℰ 73 35 12 28 (fermé août, sam. midi et dim.) **Repas** (dîner seul.) 90/140 – ☲ 43 – **80 ch** 210/330 – ½ P 255/275.

🏨 **Lafayette** sans rest, 53 av. Union Soviétique ℰ 73 91 82 27, Fax 73 91 17 26 – 🛗 ☎ ☎ ❷. ☜ ① ☜ GV **a**
☲ 35 – **48 ch** 290/330.

🏨 **Marmotel** Ⓜ, Plateau St Jacques près du CHRU, bd W. Churchill ℰ 73 26 24 55, Fax 73 27 99 57, ☞, 🏋 – ☎ ☎ ⅙ ❷ – 🔏 160. ☜ ① ☜ BZ **h**
Assiette Saint-Jacques (grill) (fermé dim.) **Repas** 72/89, enf. 39 – ☲ 32 – **86 ch** 260/340 – ½ P 230/240.

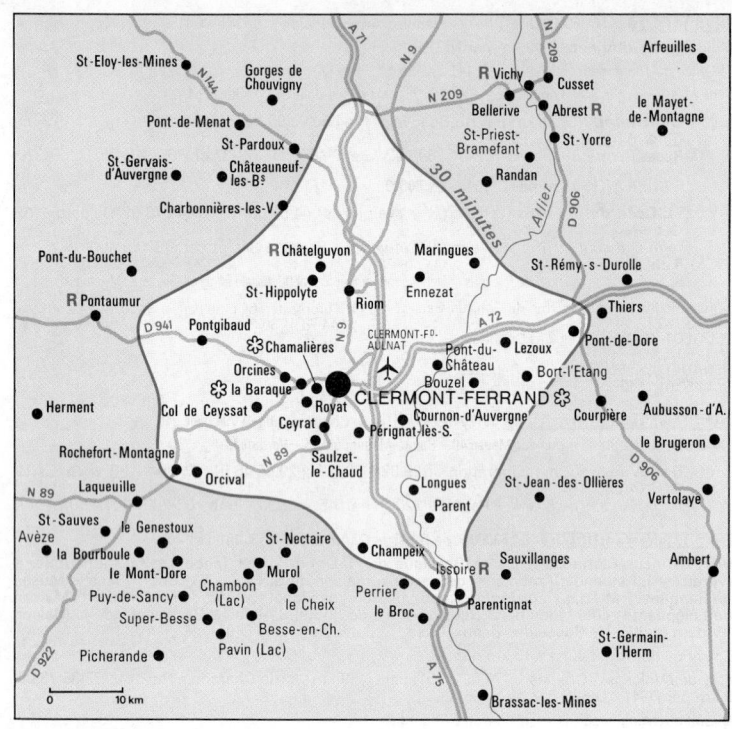

République Ⓜ, 97, av. République ⊠ 63100 ℰ 73 91 92 92, Fax 73 90 21 88, 😊 – 🛗
✦ ch 📺 ☎ ᕊ ⬅ 🅿 – 🔬 50. 🆎 ⓞ 🅶🅱   BY **n**
Repas *(fermé dim.)* 85/170 ⬧, enf. 40 – ⊡ 35 – **55 ch** 260/320 – ½ P 240/250.

Dav'Hôtel Jaude Ⓜ ⑃ sans rest, 10 r. Minimes ℰ 73 93 31 49, Fax 73 34 38 16 – 🛗 📺
☎. 🆎 🅶🅱   EV **f**
⊡ 35 – **28 ch** 250/270.

Fimotel Ⓜ, 59 bd Gergovia ℰ 73 93 58 58, Fax 73 35 55 47 – 🛗 📺 ☎ ᕊ ⬅ – 🔬 80. 🆎
✦ 🅶🅱. ✦ rest   EX **a**
Repas 78/89 ⬧, enf. 36 – ⊡ 39 – **95 ch** 310.

St-André sans rest, 27 av. Union Soviétique ℰ 73 91 40 40, Fax 73 90 72 19 – 🛗 📺 ☎.
🅶🅱   GV **d**
fermé Noël au Jour de l'An – ⊡ 32 – **25 ch** 200/250.

Le Parc Ⓜ sans rest, rd-pt Pardieu ℰ 73 27 47 47, Fax 73 28 01 24 – 🛗 📺 ☎ ᕊ 🅿 –
🔬 35. 🅶🅱   CZ **r**
⊡ 28 – **38 ch** 220/240.

Lyon, 16 pl. Jaude ℰ 73 93 32 55, Fax 73 93 54 33 – 🛗 🍽 rest 📺 ☎. 🆎 🅶🅱   EX **b**
Repas *(fermé lundi)* carte 140 à 210 – ⊡ 40 – **32 ch** 300/390 – ½ P 275.

Comfort Inn Primevère Ⓜ, Z.I. Brezet, r. G. Besse ⊠ 63100 ℰ 73 92 34 24,
✦ Fax 73 90 95 90, 😊 – 📺 ☎ ᕊ 🅿 – 🔬 50. 🆎 🅶🅱   CY **x**
Repas 80/104 ⬧, enf. 39 – ⊡ 35 – **44 ch** 290.

Bordeaux sans rest, 39 av. F. Roosevelt ℰ 73 37 32 32, Fax 73 31 40 56 – 🛗 ☎ ᕊ. 🆎
🅶🅱   DX **w**
⊡ 26 – **32 ch** 185/270.

Floride II sans rest, cours R. Poincaré ℰ 73 35 00 20, Fax 73 28 01 24 – 🛗 📺 ☎ ᕊ 🅿
🅶🅱   FX **e**
⊡ 27 – **29 ch** 205/230.

Albert-Élisabeth sans rest, 37 av. A. Élisabeth ℰ 73 92 47 41 – 🛗 ☎. 🆎 ⓞ 🅶🅱   GV **v**
⊡ 28 – **40 ch** 160/300.

Ravel sans rest, 8 r. Maringues ℰ 73 91 51 33, Fax 73 92 28 48 – 📺 ☎ – 🔬 50   GV **t**
⊡ 30 – **23 ch** 145/210.

XXX ❀ **Jean-Yves Bath,** pl. Marché St Pierre (1ᵉʳ étage) ☎ 73 31 23 23, Fax 73 31 08 33, ☆
– ▤, 🝙 ☞ EV **a**
fermé 15 au 31 août, vacances de Toussaint, de fév., sam. midi, lundi midi et dim. – **Repas**
260/350 et carte 300 à 400
Spéc. Crème glacée de lentilles (été). Emincé de boeuf de Salers, tagliatelles à la fourme d'Ambert."Millard minute"
aux griottes du pays (printemps). **Vins** Boudes blanc.

XXX **Clavé,** 10 r. St-Adjutor ☎ 73 36 46 30, Fax 73 31 30 74 – 🝙. ☞ EV **k**
fermé 20 août au 10 sept., vacances de fév., sam. midi et dim. – **Repas** 100/380 et carte 250
à 380.

XXX **Vacher,** 69 bd Gergovia (1ᵉʳ étage) ☎ 73 93 13 32, Fax 73 34 07 13 – 🝙 🝙 ☞ ⒿⒸⒷ
fermé sam. – **Repas** 100/170 et carte 220 à 320 ⅄. EX **s**

XXX **Gérard Anglard,** 17 r. Lamartine ☎ 73 93 52 25, Fax 73 93 29 25, ☆ – ▤. 🝙 ☞
fermé sam. midi, dim. et fériés – **Repas** 100 (déj.), 160/320 et carte 210 à 290. EX **r**

XX **Gérard Truchetet,** rd-pt Pardieu ☎ 73 27 74 17 – ▤ 🝙. ☞ CZ **r**
fermé sam. midi et dim. soir – **Repas** 120 (déj.), 140/230.

X **Clos St-Pierre,** pl. Marché St-Pierre (rez-de-chaussée) ☎ 73 31 23 22, Fax 73 31 08 33,
☆, *bistro* – ☞ EV **e**
fermé vacances de Toussaint, de fév., dim. et fériés – **Repas** carte 150 à 220 ⅄.

X **Le Green,** 10 r. St-Adjutor ☎ 73 36 47 78, ☆ – 🝙. ☞ EV **k**
fermé 20 août au 10 sept., vacances de fév. et dim. – **Repas** 53 (déj.), 80/200 ⅄.

X **Brasserie Gare Routière,** 69 bd Gergovia (rez-de-chaussée) ☎ 73 93 13 32,
Fax 73 34 07 13 – 🝙 🝙 ☞ EX **s**
Repas carte 80 à 140.

X **Le Diablotin,** 8 r. Abbé Girard ☎ 73 92 85 20 – ☞. ✂ FX **n**
fermé 15 juil. au 15 août, sam. midi et dim. – **Repas** 60 (déj.), 98/182 ⅄, enf. 45.

à Chamalières – 17 301 h. – ✉ 63400 :

🏩 ❀ **Radio** Ⓜ 🕭, 43 av. P.-Curie ☎ 73 30 87 83, Fax 73 36 42 44, ≼, « Cadre "Art Déco" »,
☞ – |🝙| ▤ rest 🝙 ☎ 🝙. 🝙 ☞ Plan de Royat B **w**
fermé janv. – **Repas** *(fermé dim. sauf le midi en hiver et lundi sauf le soir en été)* 150/400 et
carte 270 à 430 – ☑ 60 – **26 ch** 250/750
Spéc. Tourte de pigeon au foie gras de canard. Noisette d'agneau en croûte truffée de lard. Moelleux tiède chocolat,
glace vanille.

🏩 **Europe H.** sans rest, 29 av. Royat ☎ 73 37 61 35, Fax 73 31 16 59 – |🝙| 🝙 ☎ ☞. 🝙
☞ DX **a**
☑ 38 – **34 ch** 250/360.

🏨 **Chalet Fleuri** 🕭, 37 av. Massenet ☎ 73 35 09 60, Fax 73 35 27 25, ☞ – 🝙 ☎ 🝙. 🝙
☞. ✂ rest AZ **e**
Repas 95/250 – ☑ 35 – **39 ch** 200/320 – ½ P 283/370.

X **La Gravière,** 22 r. pont Gravière ☎ 73 36 99 35 – ☞ AY **d**
fermé 14 juil. au 15 août, dim. soir et lundi – **Repas** 78 (déj.), 120/260.

à l'aéroport d'Aulnat par D 769 CY – ✉ 63510 Aulnat :

🏨 **Climat de France** Ⓜ, ☎ 73 92 72 02, Fax 73 90 12 33 – 🝙 ☎ 🝙 🝙. 🝙 25. 🝙 🝙 ☞
ⒿⒸⒷ
Repas 85/120 ⅄, enf. 45 – ☑ 30 – **42 ch** 270.

à Pérignat-lès-Sarliève : 8 km – ✉ 63170 :

🏩 **Host. St Martin** 🕭, Château de Bonneval ☎ 73 79 12 41, Fax 73 79 16 53, ≼, ☆,
« Parc », ✂ – |🝙| 🝙 ☎ 🝙. 🝙 25 à 150. 🝙 🝙 ☞ CZ **s**
Repas *(fermé 25 au 31 déc. et dim. soir de nov. à mars)* 130/310 – ☑ 55 – **35 ch** 280/690 –
½ P 380/530.

XX **Le Petit Bonneval** avec ch, D 978 ☎ 73 79 11 11, Fax 73 79 19 98, ≼, ☆, ☞ – 🝙 ☎ 🝙.
☞ CZ **d**
fermé 18 au 24 avril, 18 juil. au 8 août et vacances de Noël – **Repas** *(fermé dim. soir et lundi)*
98/255, enf. 70 – ☑ 28 – **6 ch** 180/280.

XX **Pescalune** avec ch, r. J. Jaurès ☎ 73 79 11 22, Fax 73 79 09 30 – ☎. 🝙 ☞ CZ **e**
fermé 1ᵉʳ au 21 août, vacances de fév., dim. soir et lundi – **Repas** 96/198 – ☑ 27 –
3 ch 180/190.

rte de La Baraque – ✉ 63830 Durtol :

XXXX ❀ **Bernard Andrieux,** ☎ 73 37 00 26, Fax 73 36 95 25 – ▤ 🝙. 🝙 ☞ ⒿⒸⒷ ✂ AY **f**
*fermé 30/4 au 9/5, 1 au 16/8, vacances de fév., sam. midi et dim. de juin à sept., dim. soir et
lundi d'oct. à mai* – **Repas** 170/420 et carte 330 à 470, enf. 80
Spéc. Ragoût de queues de langoustines. Colvert en deux services (sept. à déc.). Gratin de fraises des bois (saison).
Vins Côtes d'Auvergne-Boudes.

XXX **L'Aubergade,** ☎ 73 37 84 64, Fax 73 30 95 57, ☆, ☞ – 🝙. 🝙 ☞ AY **a**
fermé 1ᵉʳ au 21 mars, 1ᵉʳ au 15 sept., dim. soir et lundi – **Repas** 125/240 et carte 230 à 300.

à La Baraque par ⑥ : 7 km – ✉ 63870 Orcines :

🏨 **Relais des Puys,** ☎ 73 62 10 51, Fax 73 62 22 09, ☞ – 🝙 ☎ 🝙. 🝙 ☞
fermé 10 déc. au 1ᵉʳ fév., dim. soir du 15 sept. au 1ᵉʳ juin et lundi midi – **Repas** 72/175 ⅄,
enf. 45 – ☑ 29 – **28 ch** 168/298 – ½ P 190/230.

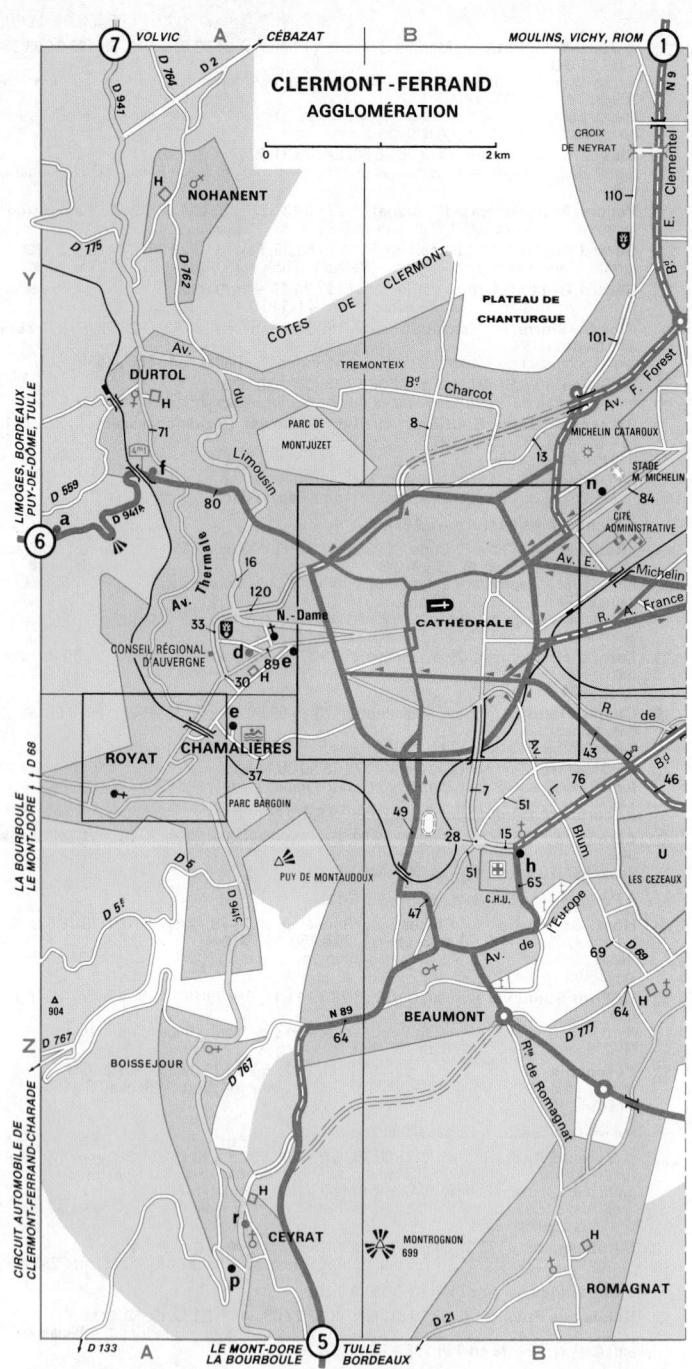

CLERMONT-FERRAND
AGGLOMÉRATION

0   2 km

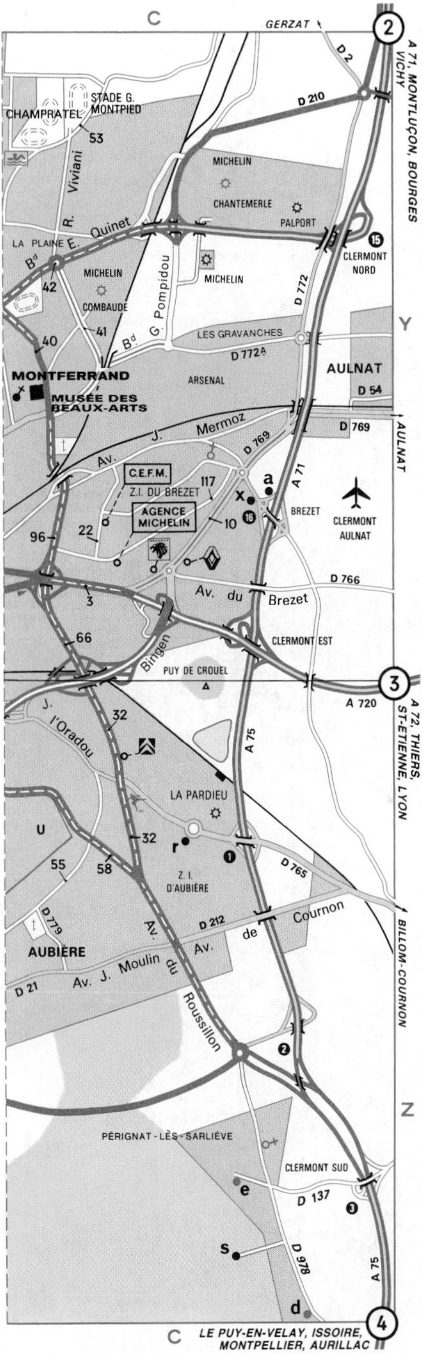

Map labels (left side):

C — GERZAT

A 71, MONTLUÇON, BOURGES / VICHY

STADE G. MONTPIED
CHAMPRATEL
53
MICHELIN
R. Viviani
CHANTERELLE
PALPORT
LA PLAINE
R. Quinet
MICHELIN
Bd
COMBAUDE
42
40
41
Bd G. Pompidou
LES GRAVANCHES
D 772A
MONTFERRAND
MUSÉE DES BEAUX-ARTS
ARSENAL
AULNAT
D 54
Av. J. Mermoz
D 769
C.E.F.M.
Z.I. DU BREZET
117
AGENCE MICHELIN
96
22
10
BREZET
CLERMONT AULNAT
D 766
Av. du Brezet
3
66
R. Bingen
CLERMONT EST
PUY DE CROUEL
A 720
A 72, THIERS, ST-ÉTIENNE, LYON
J. l'Oradou
32
A 75
LA PARDIEU
U
58
55
32
Z.I. D'AUBIÈRE
D 765
BILLOM-COURNON
Av. de Cournon
AUBIÈRE
D 21
D 212
Av. J. Moulin
du
Roussillon
Z
PÉRIGNAT-LÈS-SARLIÈVE
CLERMONT SUD
e
D 137
3
s
D 978
A 75
d
4
C — LE PUY-EN-VELAY, ISSOIRE, MONTPELLIER, AURILLAC

2 — D 2
D 210
CHAMPTEL
D 772
CLERMONT NORD
15
Y

AUBIÈRE

Cournon (Av. de). . . . . **CZ**
Maerte (Av. R.) . . . . **CZ** 55
Mont-Mouchet (Av. du) . . **BZ** 64
Moulin (Av. Jean) . . . . . . **CZ**
Noellet (Av. J.) . . . . **BZ** 69
Roussillon (Av. du) . . . . . **CZ**

BEAUMONT

Europe (Av. de l') . . . . **BZ**
Leclerc (Av. du Gén.) . . . **BZ** 47
Mont-Dore (Av. du) . . . . **ABZ** 63
Romagnat (Rte de) . . . . . **BZ**

CHAMALIÈRES

Claussat (A. J.) . . . . **AY** 16
Europe (Carref. de l') . . . **AY** 30
Fontmaure (Av. de). . . . . **AY** 33
Gambetta (Bd) . . . . **AZ** 37
Royat (Av. de) . . . . **AY** 89
Voltaire (R.) . . . . **AY** 120
Thermale (Av.) . . . . **AY**

CLERMONT-FERRAND

Agriculture (Av. de l') . . . . **CY** 3
Anatole-France (R.) . . . . . **BY**
Bernard (Bd Cl.) . . . . **BZ** 7
Bingen (Bd J.) . . . . **BCYZ**
Blanzat (R. de) . . . . **BY** 8
Blériot (R. L.) . . . . **CY** 10
Blum (Av. L.) . . . . **BZ**
Brezet (Av. du) . . . . **CY**
Champfleuri (R. de). . . . . **BY** 13
Charcot (Bd) . . . . **BY**
Churchill (Bd Winston) . . **BZ** 15
Clementel (Bd E.) . . . . . . **BY**
Cugnot (R. N.-J.) . . . . . . **CY** 22
Dunant (Pl. H.) . . . . **BZ** 28
Flaubert (Bd G.) . . . . **CZ** 32
Forest (Av. F.) . . . . **BY**
Jouhaux (Bd L.) . . . . **CY** 40
Kennedy (Bd J.-F.) . . . . . **CY** 41
Kennedy (Carref.) . . . . . . **CY** 42
La Fayette (Bd) . . . . **BZ** 43
Landais (Av. des) . . . . . **BCZ** 46
Libération (Av. de la) . . . **BZ** 49
Limousin (Av. du) . . . . . . **AY**
Liondards (Av. des) . . . . **BZ** 51
Mabrut (R. A.) . . . . **CY** 53
Margeride (Av. de la) . . . **CZ** 58
Mermoz (Av. J.) . . . . **CY**
Michelin (Av. Édouard) . . **BY**
Montalembert (R.) . . . . . **BZ** 65
Moulin (Bd Jean) . . . . . . **CZ** 66
Oradou (R. de l') . . . . . . **BCZ**
Pochet-Lagaye (Bd) . . . . **BZ** 76
Pompidou (Bd G.) . . . . . **CY**
Puy-de-Dôme (Av. du) . . **AY** 80
Quinet (Bd E.) . . . . **CY**
République (Av. de la) . . . **BY** 84
St-Jean (Bd) . . . . **CY** 96
Sous-les-Vignes (R.) . . . **BY** 101
Torpilleur Sirocco (R. du) **BY** 110
Verne (R. Jules) . . . . **CY** 117
Viviani (R.) . . . . **CY**

DURTOL

Paix (Av. de la) . . . . **AY** 71

*Au moment de chercher
un hôtel ou un restaurant,
soyez efficace.
Sachez utiliser les noms
soulignés en rouge sur les
cartes Michelin à 1/200 000.
Mais ayez une carte à jour.*

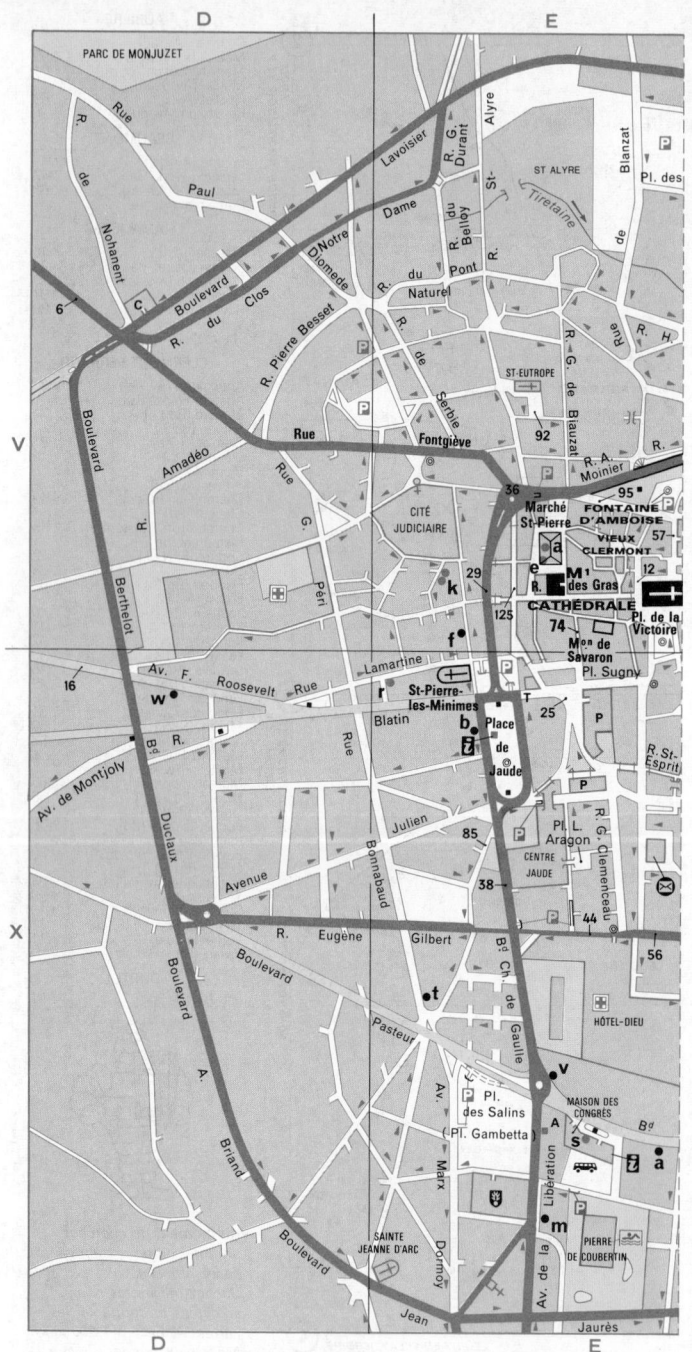

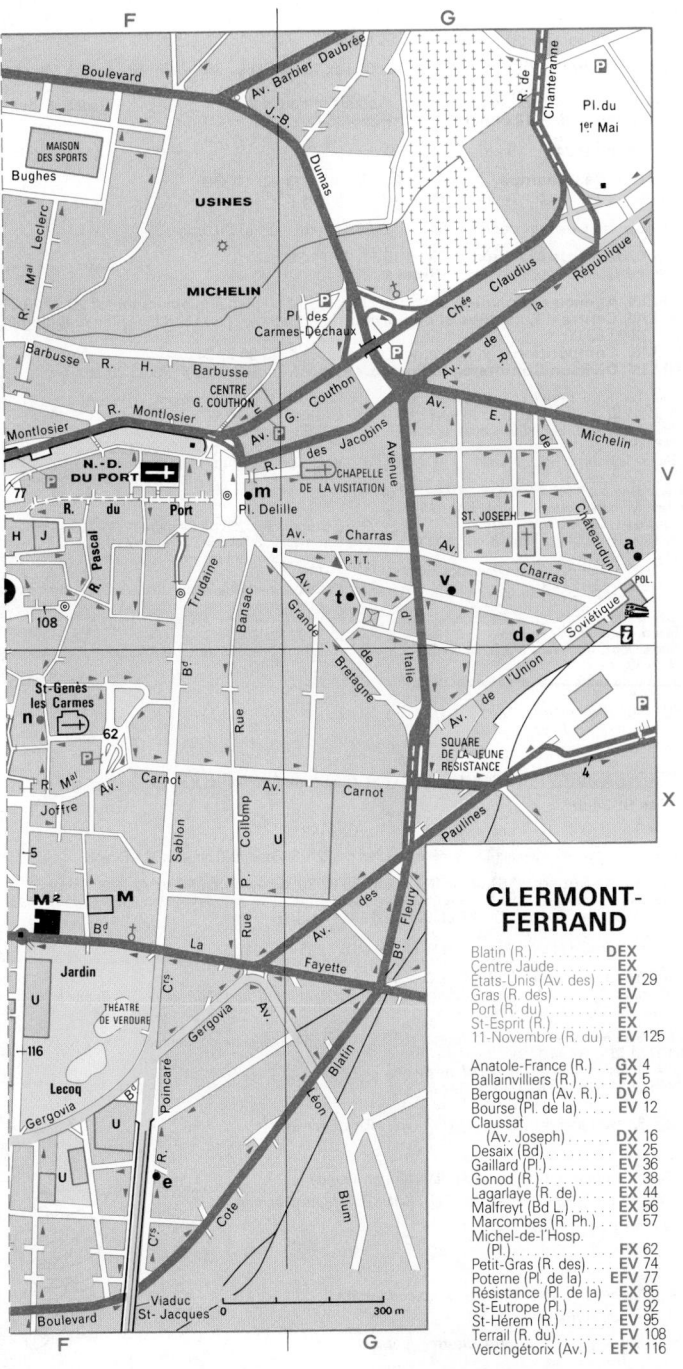

CLERMONT-FERRAND

à Orcines par ⑥ et D 941B : 8 km – ✉ **63870** :

XX **Host. Pichon** avec ch, ✆ 73 62 10 05, Fax 73 62 13 69, – TV ☎ P. AE ⓞ GB. ✻ rest
fermé 18 au 25 sept., fév., lundi (sauf hôtel) et dim. soir de sept. à juin – **Repas** 95 (déj.), 120/290 – ☕ 32 – **12 ch** 178/230 – ½ P 250/260.

par ⑥ sur D 941A : 10 km – ✉ **63870** Orcines :

XX **La Clef des Champs,** ✆ 73 62 10 69, – P. AE ⓞ GB
fermé 23 oct. au 8 nov., dim. soir et merc. – **Repas** 75/220.

au Col de Ceyssat par ⑥, D 941A et D 68 : 14 km – ✉ **63870** Orcines :

X **Aub. des Gros Manaux,** ✆ 73 62 15 11, – GB
fermé 17 au 21 août et merc. – **Repas** 85/225.

MICHELIN, Agence régionale, r. J.-Verne, ZI du Brézet CY plan agglomération ✆ 73 91 29 31
MICHELIN, Centre d'Échanges et de Formation r. Cugnot, ZI du Brézet CY plan d'agglomération ✆ 73 23 53 00
MICHELIN, Compétition, r. Jules Verne, ZI du Brézet ✆ 73 90 77 34
MICHELIN, Division Commerciale France, r. Cugnot, ZI du Brézet ✆ 73 32 00 20

BMW Gar. Gergovie, RN 9 à La Roche Blanche, ✆ 73 79 11 41 N ✆ 73 23 23 23
CITROEN Succursale, 111 bd Gustave Flaubert CZ ✆ 73 28 61 61
FIAT Gar. de la Source, Bd J.-Moulin ✆ 73 91 02 02
FORD Gar. Dugat, 23 av. Agriculture ✆ 73 91 17 67
FORD Gar. Montjoly Auto, 93 av. de Royat à Chamalières ✆ 73 36 69 99
HONDA Gar. des Bughes, 18 av. Mar.-Leclerc ✆ 73 98 25 50
LADA, TOYOTA Hall de l'Auto, 36 av. de Cournon ZI à Aubière ✆ 73 26 34 48
LANCIA Gar. Buire, 157 bd. G.-Flaubert ✆ 73 26 44 25
MERCEDES Centre Étoile Autom., 33 av. Roussillon à Aubière ✆ 73 26 34 50 N ✆ 05 24 24 30
OPEL Auvergne Auto, 3 r. B.-Palissy, ZI du Brézet ✆ 73 91 76 56
PEUGEOT SCA Clermontoise Autom., 27 av. du Brézet CY ✆ 73 92 14 12 N ✆ 73 43 36 88
RENAULT Renault Clermont, ZI du Brézet, r. Blériot CY ✆ 73 42 75 75 N ✆ 05 05 15 15
ROVER Clermont Car Compagny, 11-13 bd G.-Flaubert ✆ 73 92 43 39
VAG Carnot Centre, 10 r. Bien-Assis ✆ 73 98 01 10
VAG Carnot Sud, 86 av. de Cournon à Aubière ✆ 73 60 74 80

Ⓜ Euromaster, 238 bd Clémentel ✆ 73 23 15 15
Euromaster, 80 av. du Brézet ✆ 73 92 13 50
Euromaster, r. Gutenberg, ZI du Brézet ✆ 73 91 10 20
Poughon Pneu Plus Vulcopneu, 65 av. du Brézet ✆ 73 91 39 30
Poughon Pneu Plus Vulcopneu, 15 r. Dr.-Nivet ✆ 73 92 12 48
Vincent Pneus, 123 av. de la République ✆ 73 92 75 19

CLERMONT-L'HÉRAULT 34800 Hérault 83 ⑤ G. Gorges du Tarn – 6 041 h alt. 90.

Voir Église St-Paul★.

Office de Tourisme 9 r. R.-Gosse ✆ 67 96 23 86, Fax 67 96 98 58.

Paris 733 – ♦Montpellier 40 – Béziers 45 – Lodève 24 – Pézenas 22 – St-Pons-de-Thomières 74 – Sète 44.

Sarac, rte Béziers ✆ 67 96 06 81, Fax 67 88 07 30, – ch TV ☎ P. GB. ✻ rest
Repas *(fermé mi-déc. à fin janv., week-ends de fév., dim. sauf le soir en sais. et sam. midi)* 119/159, enf. 50 – ☕ 30 – **22 ch** 220/260 – ½ P 245/265.

à St-Guiraud N : 7,5 km par N 9, N 109 et D 130E – ✉ **34725** :

XX **Mimosa,** ✆ 67 96 67 96, – GB. ✻
1er mars-2 nov. et fermé dim. soir (sauf juil.-août) et lundi sauf fériés le midi – **Repas** (déj. sur réservation) 160 (déj.)/250.

PEUGEOT Gar. Ryckwaert, rte de Montpellier N 9 ✆ 67 96 07 31 N ✆ 67 96 07 31
RENAULT Diffusion Auto Clermontaise, rte de Montpellier ✆ 67 96 03 42 N ✆ 67 96 03 42

Ⓜ Ayme Pneus, av. de Montpellier ✆ 67 96 00 62

CLICHY 92 Hauts-de-Seine 55 ⑳, 101 ⑮ – voir à Paris, Environs.

Before setting out on your journey through France
Consult the **Michelin Map** *no* **911** *FRANCE – Route Planning.*
On this map you will find
– distances
– journey times
– alternative routes to avoid traffic congestion
– 24-hour petrol stations
Plan for a cheaper and trouble-free journey.

CLIMBACH 67510 B.-Rhin 57 ⑲ – 480 h alt. 354.

Paris 477 – ◆Strasbourg 58 – Bitche 39 – Haguenau 29 – Wissembourg 9.

A L'Ange, ✆ 88 94 43 72 – ☎ Ⓟ. ✱ ch
fermé 9 au 24 août, 15 nov. au 14 déc., merc. soir et jeudi – **Repas** carte 120 à 200 ⅄ – ☕ 28 – **15 ch** 160/190 – ½ P 190.

Cheval Blanc avec ch, ✆ 88 94 41 95, Fax 88 94 21 96 – TV ☎ Ⓟ. GB. ✱ ch
fermé 1er au 10 juil., 15 janv. au 15 fév., mardi soir et merc. – **Repas** 90/160 ⅄ – ☕ 35 – **12 ch** 225/285 – ½ P 265/285.

CLISSON 44190 Loire-Atl. 67 ④ **G. Poitou Vendée Charentes** – 5 495 h alt. 42.

Voir Site★.

Office de Tourisme 6 pl. Trinité ✆ 40 54 02 95 et pl. du Minage (15 juin-15 sept.) ✆ 40 54 39 56.

Paris 384 ⑤ – ◆Nantes 29 ⑤ – Niort 133 ② – Poitiers 151 ① – La Roche-sur-Yon 55 ②.

CLISSON

Bertin (R.) ... 2
Cacault (R.) ... 3
Clisson (R. O. de) ... 4
Dr-Boutin (R.) ... 6
Dimerie (R. de la) ... 7
Grand-Logis (R. du) ... 8
Halles (R. des) ... 12
Leclerc (Av. Gén.) ... 13
Nid-d'Oie (Pont de) ... 14
Nid-d'Oie (Rte de) ... 16
St-Jacques (R.) ... 18
Trinité (Gde-R. de la) ... 22
Vallée (R. de la) ... 23

Ne cherchez pas au hasard un hôtel agréable et tranquille mais consultez les cartes de l'introduction.

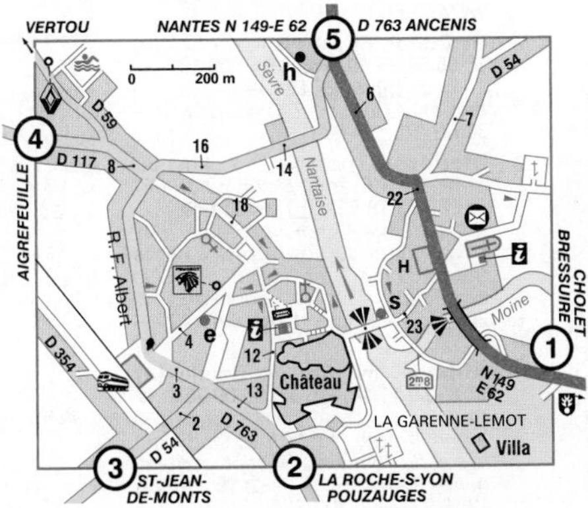

Bonne Auberge (Poiron), 1 r. O. de Clisson **(e)** ✆ 40 54 01 90, Fax 40 54 08 48, – AE GB
fermé 6 au 30 août, 12 au 28 fév., dim. soir et lundi – **Repas** 98 (déj.), 175/430 et carte 360 à 430
Spéc. Galette de tourteau sauce moutarde. Tarte de canard et foie gras aux pommes de terre. Gâteau au chocolat mi-cuit, glace à l'écorce d'orange. **Vins** Muscadet.

La Vallée, 1 r. La Vallée **(s)** ✆ 40 54 36 23, Fax 40 54 41 22, ←, – AE GB
fermé 2 au 17 oct., 2 au 25 janv., lundi soir et mardi sauf fériés – **Repas** 70/177 ⅄, enf. 40.

Aub. de la Cascade avec ch, 28 rte Gervaux **(h)** ✆ 40 54 02 41, ←, – Ⓟ. GB
fermé vacances de Toussaint – **Repas** *(fermé dim. soir et lundi)* 68/165 – ☕ 25 – **10 ch** 130/230.

à Gétigné par ① : 3 km – ✉ **44190** :

Gétignière, 3 r. Navette ✆ 40 36 05 37 – GB
fermé 30 juil. au 20 août, 20 fév. au 1er mars, dim. soir et merc. – **Repas** 75 (déj.), 110/180.

CITROEN Gar. Méchinaud, ✆ 40 54 41 10
PEUGEOT Gar. Baudu, ✆ 40 54 00 67 N ✆ 40 54 36 99
RENAULT Clisson Autos, à Gorges ✆ 40 54 30 55 N ✆ 40 38 96 83

Euromaster, à Gétigné ✆ 40 36 12 82

CLOHARS-FOUESNANT 29 Finistère 58 ⑮ – rattaché à Bénodet.

CLOYES-SUR-LE-LOIR 28220 E.-et-L. 60 ⑯ ⑰ **G. Châteaux de la Loire** – 2 593 h alt. 105.

Voir Montigny-le-Gannelon : château★ N : 2 km.

Office de Tourisme 11 pl. Gambetta ✆ 37 98 55 27.

Paris 142 – ◆Orléans 63 – Blois 54 – Chartres 55 – Châteaudun 12 – ◆Le Mans 92.

Host. St-Jacques, pl. Marché aux Oeufs ✆ 37 98 40 08, Fax 37 98 32 63, , « Jardin au bord du Loir » – TV ☎ Ⓟ. GB
21 mars-1 nov. – **Repas** 169, enf. 78 - ***Le P'tit Bistrot*** *(fermé 17 déc. au 31 janv., dim. soir et lundi du 2 nov. au 31 mars)* **Repas** 98 ⅄ – ☕ 53 – **21 ch** 360/480 – ½ P 420.

PEUGEOT Gar. Cassonnet, ✆ 37 98 51 90 N ✆ 37 98 62 71
RENAULT Gar. Chopard, ✆ 37 98 53 32
Gar. Val de Loir, ✆ 37 98 54 42 N ✆ 37 98 54 42

CLUNY 71250 S.-et-L. 💯 ⑲ G. Bourgogne – 4 430 h alt. 248.

Voir Anc. abbaye★ : clocher de l'Eau Bénite★★ – Musée Ochier★ M – Clocher★ de l'église St-Marcel.

Env. Château de Cormatin★★ : cabinet de Ste-Cécile★★★ N : 13 km – Prieuré★ de Blanot NE : 10 km – Communauté de Taizé N : 10 km.

🎫 Office de Tourisme r. Mercière (fermé dim. de nov. à mars) ℰ 85 59 05 34, fax 85 59 06 95.

Paris 388 ① – Mâcon 26 ③ – Chalon-sur-Saône 50 ① – Charolles 41 ③ – Montceau-les-Mines 43 ④ – Roanne 84 ③ – Tournus 33 ②.

🏛 **Bourgogne,** pl. Abbaye **(n)** ℰ 85 59 00 58, Fax 85 59 03 73, « Face à l'abbaye » – ⛶ ch ☎ 🐎, 🖭 ⓘ 🆖 🗄
5 mars-20 nov. et fermé merc. midi et mardi – **Repas** 130 (déj.), 200/420 – ☑ 55 – **12 ch** 390/490, 3 appart. – ½ P 450/500.

🏠 **St Odilon** 🅜 sans rest, rte Azé **(y)** ℰ 85 59 25 00, Fax 85 59 06 18, 🐎 – ⛶ ch 🖭 ☎ 🅿. 🖭 🆖
fermé 17 déc. au 7 janv. – ☑ 35 – **36 ch** 270.

🏠 **Moderne,** par ③ : 1 km au pont de l'Etang ℰ 85 59 05 65, Fax 85 59 19 43 – 🖭 ☎. 🖭 🆖
hôtel : fermé 11 nov. au 5 déc., dim. soir et lundi de nov. à mai – **Repas** *(fermé 11 nov. au 5 déc., dim. sauf le soir de juin à oct. et lundi midi)* 130/200 ⅃ – ☑ 35 – **13 ch** 245/400 – ½ P 290/315.

🏠 **Abbaye,** av. Ch. de Gaulle **(e)** ℰ 85 59 11 14, Fax 85 59 09 76 – ☎ 🅿. 🆖
fermé 1ᵉʳ janv. au 17 fév., lundi sauf le soir du 15 mai au 30 sept. et mardi midi – **Repas** 95/190 – ☑ 35 – **16 ch** 120/280 – ½ P 200/280.

XX **Hermitage,** rte Cormatin par ① : 1 km ℰ 85 59 27 20, Fax 85 59 08 06, 🏤, parc – 🅿. 🖭 🆖
fermé 11 nov. au 10 déc., vacances de fév., dim. soir et lundi sauf fériés – **Repas** 130/220 ⅃, enf. 70.

X **Cheval Blanc,** 1 r. Porte de Mâcon **(a)** ℰ 85 59 01 13, Fax 85 59 13 32 – 🆖
1ᵉʳ mars-30 nov. et fermé vend. soir et sam. – **Repas** 78/198 ⅃, enf. 55.

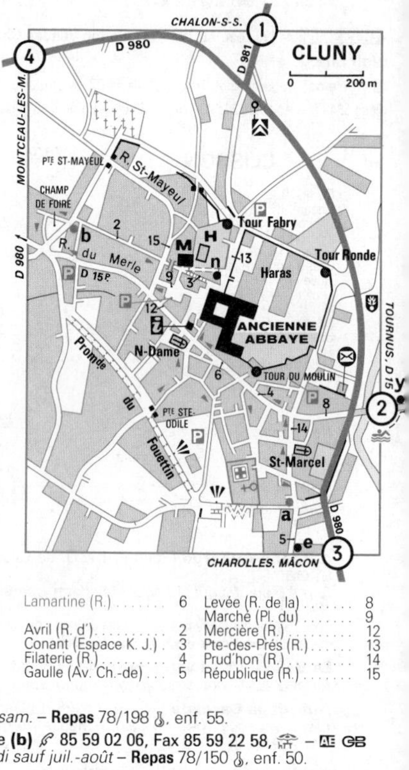

X **Potin Gourmand,** pl. Champ de Foire **(b)** ℰ 85 59 02 06, Fax 85 59 22 58, 🏤 – 🖭 🆖
fermé 4 janv. au 5 fév., dim. soir et lundi sauf juil.-août – **Repas** 78/150 ⅃, enf. 50.

CITROEN Gar. Bay, ℰ 85 59 08 85
PEUGEOT Gar. Ponceblanc, ℰ 85 59 09 72
PEUGEOT Gar. Forest et Simon, à Salornay-sur-Guye par ④ ℰ 85 59 43 11

RENAULT Gar. Pechoux et Couratin, par ② ℰ 85 59 04 61 🖪 ℰ 85 59 04 61

CLUNY

Lamartine (R.) 6
Avril (R. d') 2
Conant (Espace K. J.) . 3
Filaterie (R.) 4
Gaulle (Av. Ch.-de) . . . 5
Levée (R. de la) 8
Marché (Pl. du) 9
Mercière (R.) 12
Pte-des-Prés (R.) 13
Prud'hon (R.) 14
République (R.) 15

La CLUSAZ 74220 H.-Savoie 💯 ⑦ G. Alpes du Nord – 1 845 h alt. 1 100 – Sports d'hiver : 1 100/2 600 m ⛷ 5 ⟋48 ⚡.

Voir E : Vallon des Confins★.

Env. Col des Aravis ⟨★★ par ② : 7,5 km.

🎫 Office de Tourisme ℰ 50 32 65 00, fax 50 32 65 01.

Paris 580 ① – Annecy 32 ① – Chamonix-Mont-Blanc 64 ② – Albertville 40 ② – Bonneville 25 ① – Megève 29 ② – Morzine 62 ①.

Plan page ci-contre

🏨 **Beauregard** 🅜 🕭, **(b)** ℰ 50 32 68 00, Fax 50 02 59 00, ⟨, 🏤, 🖪, 🔲, 🛎 – 📶 🖭 ☎ ᴅ, 🐎 🅿 – 🕮 100. 🖭 ⓘ 🆖 🛎 rest
fermé nov. – **Repas** 110 (déj.), 130/160 – ☑ 60 – **61 ch** 440/550 – ½ P 545.

🏠 **Alp'H.** 🅜, **(e)** ℰ 50 02 40 06, Fax 50 02 60 16, 🔲 – 📶 🖭 ☎ 🅿. 🆖
fermé 11 mai au 9 juin et 1ᵉʳ nov. au 15 déc. – **Repas** 78 (déj.), 98/210, enf. 50 – ☑ 40 – **15 ch** 660 – ½ P 540.

🏠 **Panorama** 🕭, sans rest, **(a)** ℰ 50 02 42 12, Fax 50 32 67 73, ⟨ montagnes – 📶 cuisinette ☎ 🐎 🅿. 🖭 🆖
1ᵉʳ juil.-31 août et 20 déc.-Pâques – ☑ 45 – **14 ch** 300/490, 13 studios.

372

🏨 **Christiania, (f)** 𝄐 50 02 60 60, Fax 50 02 67 30, ☞ – 🛗 📺 ☎ 🅿. 🖻. ⚘
30 juin-14 sept. et 20 déc.-20 avril – **Repas** 92/125, enf. 55 – ☑ 39 – **29 ch** 320/420 – ½ P 325/420.

🏨 **Sapins** ⚘, **(h)** 𝄐 50 02 40 12, Fax 50 02 43 24, ≤, ⤵ – 🛗 📺 ☎ 🅿. 🖻
15 juin-15 sept. et 18 déc.-20 avril – **Repas** 85/130 – ☑ 40 – **24 ch** 370/450 – ½ P 330/440.

🏠 **Floralp, (n)** 𝄐 50 02 41 46, Fax 50 02 63 94 – 🛗 ☎. 🖻. ⚘ rest
25 juin-15 sept. et 18 déc.-Pâques – **Repas** 100/140 – ☑ 40 – **20 ch** 240/380 – ½ P 350/380.

🏠 **Aravis, (r)** 𝄐 50 02 60 31, Fax 50 02 63 52, ≤, ☞, ⚘ – 🛗 ☎. 🖻. ⚘ rest
1ᵉʳ juil.-31 août et 20 déc.-début avril – **Repas** 80/200 ♨ – ☑ 40 – **25 ch** 310/430 – ½ P 300/370.

✗ **L'Ourson, (s)** 𝄐 50 02 49 80 – 🖭 🖻
fermé 10 mai au 10 juin, 5 nov. au 10 déc., dim. soir et lundi hors sais. – **Repas** 78/230, enf. 50.

aux Confins E : 5 km par VO – ⊠ **74220** La Clusaz :

🏠 **Bellachat** ⚘, 𝄐 50 32 66 66, Fax 50 32 65 84, ≤ chaîne des Aravis – 📺 ☎ 🅿. 🖻. ⚘ rest
1ᵉʳ juin-20 oct. et 15 déc.-1ᵉʳ mai – **Repas** 75/200 – ☑ 35 – **31 ch** 350 – ½ P 330.

rte du Col des Aravis par ② : 4 km par D 909 – ⊠ **74220** La Clusaz :

🏨 **Chalets de la Serraz** ⚘, 𝄐 50 02 48 29, Fax 50 02 64 12, ≤, ⤵, ☞ – cuisinette 📺 ☎ 🅿. 🖭 🕦 🖻. ⚘ rest
hôtel:1ᵉʳ juin-20 sept. et 1ᵉʳ déc.-15 avril ; rest:15 juin-15 sept. et 15 déc.-10 avril – **Repas** 140 (déj.), 165/210 – ☑ 55 – **10 ch** 750, 3 duplex – ½ P 575.

RENAULT Gar. du Rocher, 𝄐 50 02 40 38 🔃 𝄐 50 02 40 38

BONNEVILLE, ANNECY
LA CLUSAZ
LA PERRIÈRE
VALLON DES CONFINS
CRÊT DU MERLE
CRÊT DU LOUP
POINTE DE BEAUREGARD
LES RIONDES
PATINOIRE
LES TOLLETS
COL DES ARAVIS
MEGÈVE
ALBERTVILLE
0   200 m

🟦 **CLUSES** 74300 H.-Savoie 🗺 ⑦ G. Alpes du Nord – 16 358 h alt. 485.

🅱 Office de Tourisme, Espace Carpano et Pons, 100 pl. du 11 novembre 𝄐50 98 31 79, Fax 50 96 46 99.
Paris 571 – Chamonix-Mont-Blanc 41 – Thonon-les-Bains 59 – Annecy 54 – ◆Genève 42 – Morzine 28.

🏨 **Le 4 C** 🖩, 301 bd Chevran par rte de Morzine 𝄐 50 98 01 00, Fax 50 98 32 20, 🌿 – 🛗 🙀 ch 📺 ☎ ♿ 🅿 – 🔏 25. 🖭 🕦 🖻. ⚘ rest
Repas *(fermé sam. midi et dim.)* 98/350 ♨ – ☑ 39 – **39 ch** 370/460.

🏨 **Le Bargy et rest. le Cercle des Songes** 🖩, 28 av. Sardagne 𝄐 50 98 01 96, Fax 50 98 23 24, 🌿 – 🛗 📺 ☎ ♿ 🅿. 🖻
Repas *(fermé du 8 mai, 1ᵉʳ au 20 août, 24 déc. au 2 janv., lundi midi et dim.)* 75/200 ♨, enf. 40 – ☑ 40 – **30 ch** 290/350.

✗✗ **La Grenette,** 9 Grand-rue 𝄐 50 96 31 50 – 🔲. 🖻 🖯
fermé 30 juil. au 22 août et dim. – **Repas** 78/190 ♨.

🟦 **Les CLUSES** 66480 Pyr.-Or. 🗺 ⑲ G. Pyrénées Roussillon – 165 h.

Paris 890 – ◆Perpignan 27 – Amélie-les-Bains-Palalda 22 – Céret 10,5 – La Jonquera 11 – Port-Vendres 33.

🏨 **Le Mas de l'Écluse,** rte Perthus 𝄐 68 87 78 60, 🌿, ⤵, ☞, ⚘ – ☎ 🅿 – 🔏 30. 🖻
Repas 95/135 – ☑ 45 – **21 ch** 250/400 – ½ P 350/400.

🟦 **COCHEREL** 27 Eure 🗺 ⑰ – rattaché à Pacy-sur-Eure.

🟦 **COCURÈS** 48 Lozère 🗺 ⑥ – rattaché à Florac.

🟦 **CODOGNAN** 30920 Gard 🗺 ⑧ – 1 760 h alt. 19.

Paris 727 – ◆Montpellier 37 – Nîmes 18.

✗✗ **Lou Flambadou,** N 113 𝄐 66 35 09 70, 🌿, ☞ – 🅿. 🖻
fermé 17 au 30 avril, dim. soir et lundi – **Repas** 140/250.

🟦 **COEUVRES-ET-VALSERY** 02 Aisne 🗺 ③ – rattaché à Villers-Cotterets.

373

COGNAC

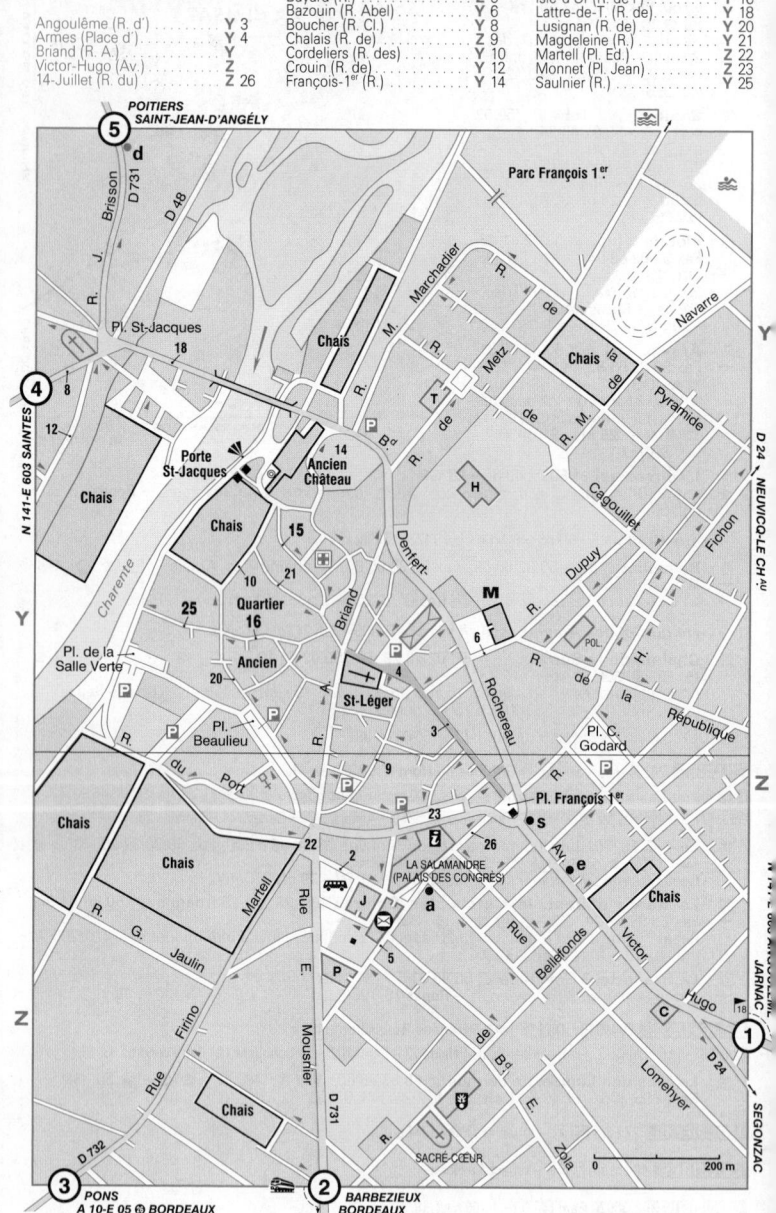

Plans de villes : Les rues sont sélectionnées en fonction de leur importance
pour la circulation et le repérage des établissements cités.

Les rues secondaires ne sont qu'amorcées.

COGNAC ‹⑤P› **16100** Charente ⑦② ⑫ G. Poitou Vendée Charentes – 19 528 h alt. 27.

🏌₁₈ du Cognac ℘ 45 32 18 17, par ① : 8 km.

🖪 Office de Tourisme ℘ 45 82 10 71, Fax 45 82 34 47.

Paris 463 ⑤ – Angoulême 44 ① – ♦Bordeaux 119 ③ – Libourne 118 ② – Niort 82 ⑤ – Poitiers 146 ⑤ –
La Roche-sur-Yon 157 ⑤ – Saintes 27 ④.

Plan page précédente

🏰 **Domaine du Breuil** M ⑤, 104 av. R. Daugas par r. République Y ℘ 45 35 32 06,
Fax 45 35 48 06, ≼, « Demeure du 19ᵉ siècle dans un parc » – 🛗 📺 ☎ 🅿 – 🔬 25. 🖭 ⓞ
GB
Repas 95/240 ⅛, enf. 60 – 🍽 40 – **24 ch** 270/440 – ½ P 290.

🏰 **Le Valois** M sans rest, 35 r. 14-Juillet ℘ 45 82 76 00, Fax 45 82 76 00, ₤₆ – 🛗 ⅍ ch 🖭
📺 ☎ 🅿 – 🔬 25. 🖭 ⓞ GB. ⅍ ch   Z a
fermé 23 déc. au 2 janv. – 🍽 36 – **45 ch** 370/390.

🏰 **Mercure** M, carrefour Trache par ① et N 141 ℘ 45 35 42 00, Télex 790615,
Fax 45 35 45 02, ㈘, ⅌, ☞ – 🛗 📺 ☎ ⅍ 🅿 – 🔬 50. 🖭 ⓞ GB ⌾cɐ
Repas 85/150, enf. 48 – 🍽 38 – **55 ch** 305/345 – ½ P 275/310.

🏠 **François 1ᵉʳ** sans rest, 3 pl. François 1ᵉʳ ℘ 45 32 07 18, Fax 45 35 33 89 – 🛗 📺 ☎ ⏏. 🖭
ⓞ GB ⌾cɐ   Z s
🍽 35 – **30 ch** 200/320.

🏠 **La Résidence** sans rest, 25 av. V. Hugo ℘ 45 32 16 09, Fax 45 35 34 65 – 📺 ☎ ⏏. 🖭
GB   Z e
🍽 33 – **20 ch** 170/320.

🍴🍴🍴 **Pigeons Blancs** ⑤ avec ch, 110 r. J.-Brisson ℘ 45 82 16 36, Fax 45 82 29 29, ㈘, ☞ –
📺 ☎ ⓞ GB. ⅍ ch   Y d
Repas (fermé dim. soir) 130/280, enf. 70 – 🍽 42 – **8 ch** 380/500 – ½ P 350/400.

par ① et D 15 quartier L'Échassier – ⌂ **16100** Chateaubernard :

🏰 **L'Échassier** M ⑤, ℘ 45 35 01 09, Fax 45 32 22 43, ㈘, ⅀, ☞ – 📺 ☎ ⅍ 🅿 – 🔬 25. 🖭
ⓞ GB
Repas (fermé dim. soir sauf juil.-août) 138/320 – 🍽 55 – **22 ch** 370/510 – ½ P 490/520.

à Cierzac (17 Char.-Mar.) par ② : 13 km D 731 – ⌂ **17520** :

🍴🍴🍴 **Moulin de Cierzac**, ℘ 45 83 01 32, Fax 45 83 03 59, ㈘, « Parc au bord de l'eau » – 🅿.
🖭 GB
fermé 15 janv. au 12 fév. – **Repas** (fermé dim. soir de nov. à mars et lundi de sept. à juin)
95 (déj.), 180/260 bc et carte 260 à 350.

BMW Gar. Grammatico, rte d'Angoulême   RENAULT G.A.M.C., 242 av. V.-Hugo par ①
℘ 45 32 50 93   ℘ 45 35 86 86 🅽 ℘ 45 24 74 03
CITROEN Gar. Socodia, 75 av. d'Angoulême par ①
℘ 45 32 27 50 🅽 ℘ 45 32 30 88   ⓦ Cognac Pneus, Pneu + Vulcopneu,
MERCEDES Gar. Savia, 21 av. d'Angoulême   ZA Fief du Roy à Châteaubernard ℘ 45 35 08 96
à Châteaubernard ℘ 45 32 27 77   Euromaster, rte de Barbezieux ℘ 45 82 24 66
PEUGEOT Cognac gar., Le Buisson Moreau   Rogeon Pneus Point S, rte d'Angoulême
à Chateaubernard par ① ℘ 45 32 15 15   à Châteaubernard ℘ 45 35 32 50

COIGNIÈRES 78 Yvelines ⑥⓪ ⑨ – voir à St-Quentin-en-Yvelines.

COL voir au nom propre du col.

COLIGNY 01270 Ain ⑦⓪ ⑬ – 1 117 h alt. 291.
Paris 410 – Mâcon 44 – Bourg-en-Bresse 23 – Lons-le-Saunier 39 – Tournus 47.

à Moulin-des-Ponts S : 5,5 km sur N 83 – ⌂ **01270** Coligny :

🏠 ✾ **Solnan** (Marguin), ℘ 74 51 50 78, Fax 74 51 56 22, ㈘, ☞ – 📺 ☎ ⏏ 🅿 – 🔬 30. GB
fermé 15 au 30 nov., 15 au 31 janv., dim. soir et lundi hors sais – **Repas** 120/380 et carte 300 à
390, enf. 75 – 🍽 38 – **16 ch** 320/400 – ½ P 350
Spéc. Escalope de foie gras au miel de lavande. Queues de langoustines au court bouillon de légumes. Fricassée de
volaille de Bresse en cocotte au vin Jaune et morilles. **Vins** Côtes du Jura, Vin du Bugey Manicle.

COLLÉGIEN 77 S.-et-M. ⑤⑥ ⑫, ⑩⓪① ⑳ – voir à Paris, Environs (Marne-la-Vallée).

La COLLE-SUR-LOUP 06480 Alpes-Mar. ⑧④ ⑨ ⑪⑮ ⑱ G. Côte d'Azur – 6 025 h alt. 96.
🖪 Syndicat d'Initiative, Mairie, ℘ 93 32 83 25, (juil.-août) ℘ 93 32 98 63.
Paris 924 – ♦ Nice 16 – Antibes 14 – Cagnes-sur-Mer 5 – Cannes 24 – Grasse 18 – Vence 7.

🏠 **Marc Hély** ⑤ sans rest, SE : 0,8 km par D 6 ℘ 93 22 64 10, Fax 93 22 93 84, ≼, ⅀, ☞ –
📺 ☎ 🅿. 🖭 GB
🍽 38 – **13 ch** 350/440.

🍴🍴🍴 **Le Diamant Rose**, N : 1 km par D 7 (rte St-Paul) ℘ 93 32 82 20, Télex 461302,
Fax 93 32 69 98, ≼ St-Paul, ㈘ – 🝙 🅿. 🖭 GB
Repas (fermé dim. soir et lundi d'oct. à avril) carte 250 à 550.

🍴🍴🍴 **Host. de l'Abbaye** avec ch, av. Libération ℘ 93 32 66 77, Fax 93 32 61 28, ㈘, « Patio
ombragé », ⅀ – 📺 ☎ 🅿. 🖭 GB ⌾cɐ. ⅍ rest
Repas (fermé mardi soir et merc.) 190/300 – 🍽 45 – **13 ch** 450/800 – ½ P 400/620.

XX **La Belle Époque**, SE : 2 km par D 6 ℰ 93 20 10 92, Fax 93 20 29 66, 🏖, 🍴 – **ℙ** 🆎 ⓪
GB
fermé mardi midi et merc. midi en juil.-août, mardi soir et merc. de sept. à juin –
Repas 105/200 ⅊.

XX **Clos du Loup**, O : 1,5 km par D 6 ℰ 93 32 88 76, 🏖 – **ℙ** 🆎 **GB** ✗
fermé 13 au 30 nov., janv. et lundi – **Repas** 105/155.

XX **La Stréga**, SE : 1,5 km par D 6 ℰ 93 22 62 37, 🏖 – **ℙ** 🆎 **GB**
fermé 2 janv. au 29 fév., mardi midi en juil.-août, dim. soir de sept. à juin et lundi –
Repas 150.

COLLEVILLE-MONTGOMERY 14 Calvados 54 ⑯ – rattaché à Ouistreham.

COLLIAS 30 Gard 80 ⑲ – rattaché à Pont-du-Gard.

L'Atlas Routier FRANCE de Michelin, c'est :

– *toute la cartographie détaillée (1/200 000) en un seul volume,*

– *des dizaines de plans de villes,*

– *un index de repérage des localités..*

Le copilote indispensable dans votre véhicule.

COLLIOURE 66190 Pyr.-Or. 86 ⑳ G. Pyrénées Roussillon – 2 726 h alt. 3.

Voir Site★★ – Retables★ dans l'église Notre-Dame-des-Anges B.

🛈 Office de Tourisme pl. 18-Juin ℰ 68 82 15 47, Fax 68 82 46 29.

Paris 891 ② – ◆Perpignan 27 ② – Argelès-sur-Mer 6,5 ② – Céret 33 ② – Port-Vendres 4 ① – Prades 69 ②.

COLLIOURE

Amirauté (Q. de l')		B 3
Démocratie (R. de la)		B 8
Jaurès (Pl. Jean)		B 14
Leclerc (Pl. Gén.)		AB 17
St-Vincent (R.)		B 30
Aire (R. de l')		B 2
Arago (R. François)		B 4

Argelès (Rte d')		A
Dagobert (R.)		B 7
Égalité (R. de l')		B 9
Ferry (R. Jules)		AB 13
Galère (R. de la)		A
Gaulle (Av. du Gén.)		B
Lamartine (R.)		B 15
La Tour d'Auvergne (R. de)		B 16
Maillol (Av. Aristide)		A
Mailly (R.)		B 19

Michelet (R. Jules)		A 20
Miradou (Av. du)		A 23
Pasteur (R.)		B
Pla de Las Fourques (R. du)		A
République (R. de la)		AB
Rolland (R. Romain)		A
Rousseau (R. J. J.)		AB 29
Soleil (R. du)		B 33
Vauban (R.)		B
18-Juin (Pl. du)		B 35

🏨 ✿ **Relais des Trois Mas et rest. La Balette** Ⓜ, rte Port-Vendres 𝒸 68 82 05 07, Fax 68 82 38 08, 🍴, « Terrasses et ≤ vieux port », 🌊 – 🔲 ☎ 🅿. 🔾🅱 **B a**
  fermé 13 nov. au 15 déc. – **Repas** 165/345 et carte 240 à 330 – 🍴 68 – **19 ch** 660/860, 4 appart – ½ P 655/755
  Spéc. Anchois de Collioure marinés, compotée d'oignons et poivrons. Tronçon de ''collinou'' au céleri branche et jus de curcuma. Entremets chocolat-abricot, sauce noisette.

🏨 **Casa Païral** ॐ sans rest, impasse Palmiers 𝒸 68 82 05 81, Fax 68 82 52 10, « Bel amé-nagement intérieur et jardin fleuri », 🌊 – 🔲 ☎ & 🅿. 🅰🅴 🔾🅱 **A b**
  1ᵉʳ avril-31 oct. – 🍴 45 – **28 ch** 370/850.

🏨 **Mas des Citronniers,** 22 av. République 𝒸 68 82 04 82 – 🔲 ☎ 🅿. 🅰🅴 🔾🅱 **A d**
  1ᵉʳ avril-30 oct. – **Repas** (dîner seul.) (résidents seul.) 130 – 🍴 40 – **30 ch** 290/400.

🏨 **Madeloc** ॐ sans rest, r. R.-Rolland 𝒸 68 82 07 56, Fax 68 82 55 09, ≤, 🚗 – ☎ 🅿. 🅰🅴 🔾 🔾🅱 **A e**
  fermé 10 au 24 oct. – 🍴 40 – **22 ch** 280/400.

🏨 **Ambeille** sans rest, rte Port-d'Avall 𝒸 68 82 08 74, ≤ – 🆑 🅿. 🔾🅱. 🞾 **A f**
  fin mars-début oct. – 🍴 30 – **21 ch** 250/340.

🏨 **Méditerranée** sans rest, av. A. Maillol 𝒸 68 82 08 60, Fax 68 82 46 29 – 🔲 ☎ 🚐. 🔾🅱 **A h**
  1ᵉʳ avril-31 oct. – 🍴 33 – **23 ch** 320/380.

🏨 **Triton** sans rest, r. Jean Bart 𝒸 68 82 06 52, Fax 68 82 11 32, ≤ – 🔲 ☎. 🅰🅴 🔾🅱 **B k**
  🍴 30 – **20 ch** 180/300.

🏨 **Boramar** sans rest, r. Jean Bart 𝒸 68 82 07 06, ≤ – ☎. 🔾🅱. 🞾 **B n**
  1ᵉʳ avril-31 oct. – 🍴 32 – **14 ch** 200/340.

🍴🍴 **Nouvelle Vague,** 7 r. Voltaire 𝒸 68 82 23 88, 🍴 – 🔾🅱 **B r**
  fermé fév., dim. soir hors sais. et lundi sauf le soir en sais. – **Repas** 90/300 bc, enf. 50.

🍴 **Le Mareyeur,** av. Gén. de Gaulle 𝒸 68 82 06 60 – 🔾🅱 **B s**
  fermé 15 déc. au 15 fév. et merc. sauf juil.-août – **Repas** 78/125.

🍴 **Le Puits,** r. Arago 𝒸 68 82 06 24 – 🅰🅴 🔾 🔾🅱 **B u**
  15 fév.-15 nov. et fermé dim. soir et lundi sauf du 15 juin au 15 sept. – **Repas** 115.

RENAULT Gar. Daider, Carr. du Christ 𝒸 68 82 08 34

COLLONGES-AU-MONT-D'OR **69** Rhône 🏐 ⑪ – rattaché à Lyon.

COLMAR 🅿 **68000** H.-Rhin 🔢 ⑲ G. Alsace Lorraine – 63 498 h alt. 193.

Voir Musée d'Unterlinden★★★ (retable d'Issenheim★★★) BY – Ville ancienne★★ BY : Maison Pfister★★ BY **K**, Église St-Martin★ BY **F**, Maison des Arcades★ BY **E**, – Maison des Têtes★ BY **Y**, Ancienne Douane★ BY **N**, Ancien Corps de Garde★ BY **L** – Vierge au buisson de roses★★ et vitraux★ de l'église des Dominicains BY **B** – Quartier de la Krutenau★ BZ : Tribunal civil★ BY **J** – ≤★ du pont St-Pierre BZ **V** sur ''la petite Venise'' – Vitrail de la crucifixion★ de l'église St-Matthieu CY **D** – 🏌 🏌 d'Ammerschwihr 𝒸 89 47 17 30, par ⑥ : 9 km, N 415 puis D 11¹.

🄑 Office de Tourisme, 4 r. Unterlinden 𝒸 89 20 68 92, Fax 89 41 34 13 – A.C. 58 av. République 𝒸 89 41 31 56.
Paris 488 ⑥ – ♦Basel 68 ③ – Freiburg-im-Breisgau 46 ② – ♦Nancy 139 ⑥ – ♦Strasbourg 70 ①.

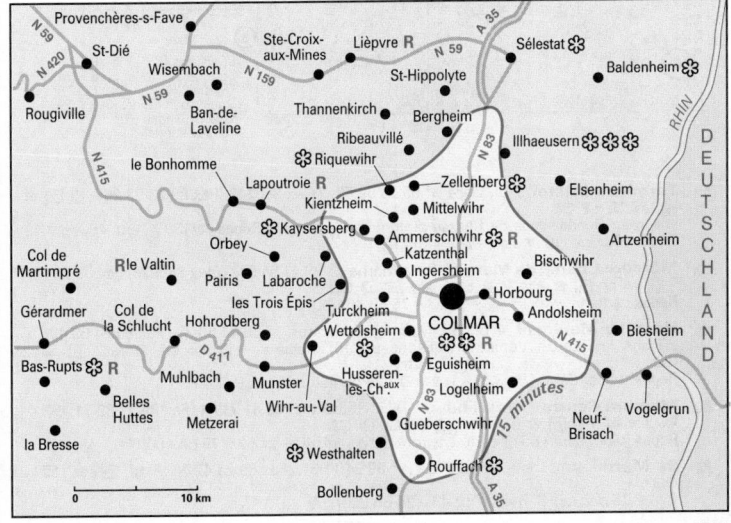

Boulangers (R. des) . . BY 3
Clefs (R. des) . . . . BY
Kléber (R.) . . . . AY 4
République (Av.) . . . AYZ
Têtes (R. des) . . . . BY 27
Vauban (R.) . . . . CY

Bains (R. des) . . . . . ABY 2
Lattre-de-T. (Av. de) . . AY 5
Leclerc (Bd Gén.) . . . ABZ 6
Marchands (R. des) . . BY 8
Neuf-Brisach (Rte) . . . CY 9
St-Joseph (Pl. et ⊞) . AX 22
St-Léon (⊞) CX
St-Martin (⊞) . . . . BY F

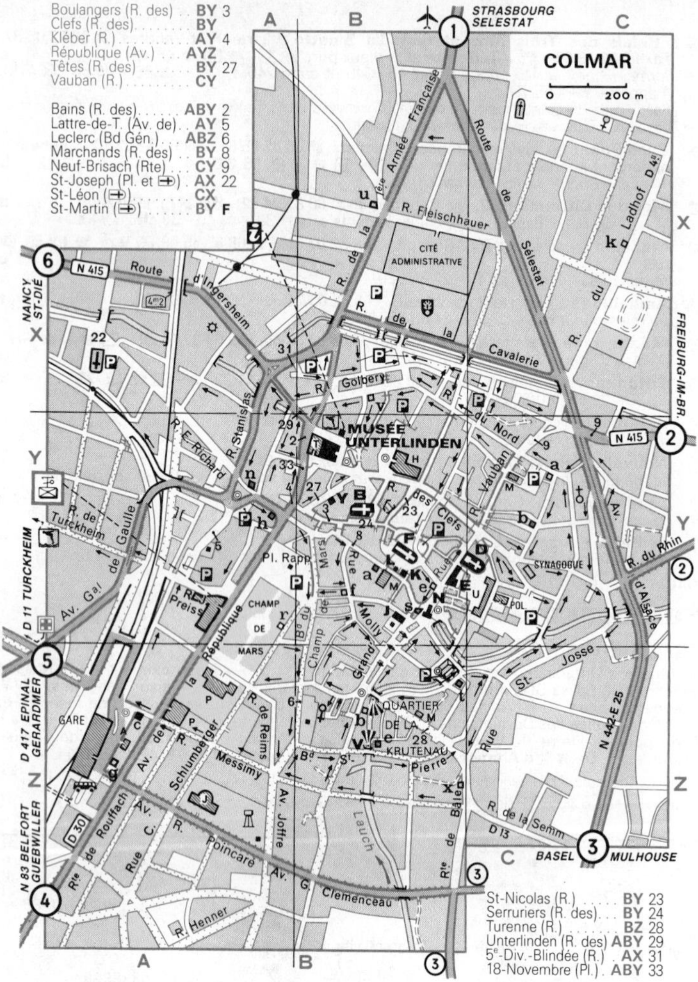

St-Nicolas (R.) . . . . . BY 23
Serruriers (R. des) . . . BY 24
Turenne (R.) . . . . BZ 28
Unterlinden (R. des) ABY 29
5e-Div.-Blindée (R.) . AX 31
18-Novembre (Pl.) . ABY 33

Terminus-Bristol, 7 pl. Gare ✆ 89 23 59 59, Télex 880248, Fax 89 23 92 26 – 25. AE GB — AZ **g**
voir rest. **Rendez-vous de Chasse** ci-après - ***L'Auberge :*** **Repas** 60/130, enf. 45 – 49 – **70 ch** 400/750, 10 appart – ½ P 410/450.

Mercure Champ de Mars M, 2 av. Marne ✆ 89 41 54 54, Télex 880928, Fax 89 23 93 76 – ch – 50 à 200. AE GB — AY **r**
Repas carte environ 180 – 53 – **75 ch** 465/505.

Host. Le Maréchal, 4 pl. Six Montagnes Noires ✆ 89 41 60 32, Fax 89 24 59 40, « Dans la "Petite Venise", maisons du 16e siècle » – ch, rest. AE GB — BZ **b**
Repas 150 bc (déj.), 180/325 – 60 – **28 ch** 450/900 – ½ P 650/800.

Mercure Centre "Unterlinden" M, r. Golbery ✆ 89 41 71 71, Fax 89 23 82 71, – ch, rest – 90. AE GB — BX **v**
Repas (dîner seul.) 85 et carte environ 170, enf. 40 – 53 – **76 ch** 460/500.

St Martin sans rest, 38 Gd'rue ✆ 89 24 11 51, Fax 89 23 47 78 – AE GB — BY **e**
fermé 15 déc. au 1er mars – 48 – **24 ch** 350/750.

🏠 **Turenne** sans rest, 10 rte Bâle 𝒫 89 41 12 26, Fax 89 41 27 64 – |≛| 🛏 ch 📺 ☎ 🚗, 🕮
ⓞ ඐ   BZ   **x**
⊐ 48 – **83 ch** 295/385.

🏠 **Rapp,** 1 r. Weinemer 𝒫 89 41 62 10, Fax 89 24 13 58, 🔲 – |≛| 🍽 rest 📺 ☎ ♿. 🕮 ⓞ
ඐ   BY   **f**
Repas *(fermé janv., sam. midi et vend.)* 95/300 ♨, enf. 50 – *Rappstub (fermé sam. midi et dim.)* : **Repas** carte 110 à 150 ♨, enf. 50 – ⊐ 39 – **43 ch** 280/350 – ½ P 310/330.

🏠 **Beauséjour** Ⓜ, 25 r. Ladhof 𝒫 89 41 37 16, Fax 89 41 43 07, 🏕 – |≛| cuisinette 🛏 ch,
🍽 rest 📺 ☎ ♿ ❶ – ⚠ 40. 🕮 ⓞ ඐ   CX   **k**
Repas 95/300 ♨, enf. 45 – ⊐ 40 – **44 ch** 280/470 – ½ P 270/350.

🏠 **de la Fecht,** 1 r. Fecht 𝒫 89 41 34 08, Fax 89 23 80 28 – 🛏 ch 📺 ☎ ♿ ❶. 🕮 ⓞ ඐ.
🌿 rest   BX   **u**
fermé dim. soir et sam. hors sais. – **Repas** 92/240 ♨, enf. 47 – ⊐ 40 – **39 ch** 305/420 –
½ P 290/340.

🏠 **Ibis Centre** Ⓜ sans rest, 10 r. St Eloi 𝒫 89 41 30 14, Fax 89 24 51 49 – |≛| 🛏 ch 📺 ☎ ♿
– ⚠ 60. 🕮 ⓞ ඐ   CY   **a**
⊐ 36 – **62 ch** 335/560.

𝕏𝕏𝕏𝕏 ✿✿ **Jean Schillinger,** 16 r. Stanislas 𝒫 89 41 43 17, Fax 89 24 28 87, « Décor élégant »
– 🍽. 🕮 ⓞ ඐ   AY   **n**
fermé 4 au 24 juil., dim. soir et lundi sauf fériés – **Repas** 270/520 et carte 350 à 450 ♨
Spéc. Foie gras truffé. Ravioles de foie de canard fumé. Caneton au citron. **Vins** Pinot blanc, Riesling.

𝕏𝕏𝕏 ✿ **Fer Rouge** (Fulgraff), 52 Gd' Rue 𝒫 89 41 37 24, Fax 89 23 82 24, « Maison alsacienne
du 17ᵉ siècle » – 🕮 ⓞ ඐ   BY   **s**
fermé 6 au 24 janv., dim. soir de nov. à avril et lundi – **Repas** 210 (déj.), 295/470 et carte 350 à
500, enf. 105
Spéc. Navets glacés, tranches fines de foie de canard cru au gros sel. Tournedos de Saint-Jacques bardé de lard au
coulis de moules (automne-hiver). Soufflé au Grand Marnier, sorbet au chocolat noir amer. **Vins** Auxerrois, Riesling.

𝕏𝕏𝕏 **Rendez-vous de Chasse** – hôtel Terminus-Bristol, 7 pl. Gare 𝒫 89 41 10 10, Fax 89 23 92 26
– 🕮 ⓞ ඐ   AZ   **g**
Repas 150/250 et carte 250 à 380.

𝕏𝕏𝕏 **Maison des Têtes,** 19 r. Têtes 𝒫 89 24 43 43, Fax 89 24 58 34, 🏕, « Belle maison du
17ᵉ siècle, atmosphère locale » – 🕮 ⓞ ඐ 𝕁𝕔𝕓   BY   **y**
fermé vacances de fév., dim. soir et lundi sauf fériés – **Repas** 130/300 et carte 210 à 320 ♨,
enf. 80.

𝕏𝕏 ✿ **Da Alberto** (Bradi), 24 r. Marchands 𝒫 89 23 37 89, Fax 89 23 39 22, 🏕 – 🕮 ⓞ
ඐ   BY   **a**
fermé 1ᵉʳ au 15 mai, 24 déc. au 8 janv., lundi sauf le soir de juin à sept. et dim. – **Repas** -
cuisine italienne - 190/400 et carte 290 à 390
Spéc. Salade de raie et homard, caviar d'aubergines (oct. à avril). Risotto à la truffe d'Alba (oct. à déc.). Jarret de veau
au four, risotto aux champignons.

𝕏𝕏 **Aux 3 Poissons,** 15 quai Poissonnerie 𝒫 89 41 25 21 – 🕮 ⓞ ඐ 𝕁𝕔𝕓   BZ   **t**
fermé 21 déc. au 4 janv., mardi soir et merc. – **Repas** 130/220 ♨.

𝕏 **Meistermann,** 2A av. République 𝒫 89 41 65 64, Fax 89 41 37 50 – 🕮 ⓞ ඐ   AY   **h**
fermé 1ᵉʳ au 7 mars, 20 au 27 fév. et merc. – **Repas** 85/169 ♨, enf. 45.

𝕏 **Caveau St-Pierre,** 24 r. Herse 𝒫 89 41 99 33, Fax 89 23 94 33, 🏕 – ඐ   BZ   **e**
⬇ fermé 26 juin au 10 juil., 5 au 20 janv., dim. soir et lundi – **Repas** 76/200 ♨, enf. 45.

𝕏 **Le Petit Bouchon,** 11 r. Alspach 𝒫 89 23 45 57, 🏕 – 🍽. ඐ   CY   **b**
fermé 27 fév. au 9 mars, 27 juil. au 9 août, jeudi midi et merc. – **Repas** 85/265 ♨, enf. 49.

au Nord par ① : 2 km – ✉ 68000 Colmar :

🏨 **Novotel** Ⓜ, à l'Aérodrome 𝒫 89 41 49 14, Fax 89 41 22 56, ≼, 🏕, 🔟, 🎾 – 🛏 ch,
🍽 rest 📺 ❶ – ⚠ 30. 🕮 ⓞ ඐ
Repas carte environ 140 ♨, enf. 55 – ⊐ 48 – **66 ch** 410/450.

🏠 **Campanile,** direction Centre Commercial 𝒫 89 24 18 18, Fax 89 24 26 73 – 🛏 ch 📺 ☎
♿ ❶ – ⚠ 40. 🕮 ⓞ ඐ
Repas 82 bc/105 bc, enf. 39 – ⊐ 30 – **49 ch** 270.

🏠 **Motel Azur** sans rest, 50 rte Strasbourg 𝒫 89 41 32 15, Fax 89 23 53 26 – cuisinette 📺
☎ ❶ – ⚠ 🕮 ⓞ ඐ
⊐ 23 – **20 ch** 155/230.

à Horbourg par ② : 4 km – 4 518 h. – ✉ 68180 Horbourg Wihr :

🏨 **Europe** Ⓜ, 15 rte Neuf-Brisach 𝒫 89 20 54 00, Télex 870242, Fax 89 41 27 50, 🏕, ♨,
🔟, 🎾 – 🛏 ch 📺 ☎ ♿ ❶ – ⚠ 400. 🕮 ⓞ ඐ
Repas *(fermé dim. soir et lundi)* 138 (déj.)/150 - Brasserie **Repas** 125/200 – ⊐ 55 –
130 ch 495/590 – ½ P 450.

🏠 **Cerf,** 9 Gd'Rue 𝒫 89 41 20 35, Fax 89 24 24 98, 🎾 – ☎ ❶. 🕮 ඐ. 🌿
fermé 1ᵉʳ au 10 juil., 10 janv. au 10 mars et merc. du 15 mai au 15 sept. – **Repas** 90/225 ♨,
enf. 50 – ⊐ 36 – **27 ch** 260/320 – ½ P 265/320.

🏠 **Ibis** Ⓜ, 13 rte Neuf-Brisach 𝒫 89 23 46 46, Télex 880294, Fax 89 24 35 45 – 🛏 ch 📺 ☎
♿ ❶ – ⚠ 70. 🕮 ඐ
Repas *(fermé sam. midi)* 97 bc, enf. 40 – ⊐ 36 – **86 ch** 270/295.

à Bischwihr par ② et D 111 : 8 km – ✉ **68320** :

🏨 **Relais du Ried** ♨, ℰ 89 47 47 06, Fax 89 47 72 58, 🌡 – ⅍ ch 📺 ☎ 🅿. 🖭 ⓞ 🅶🅱. ✼ rest
fermé 1ᵉʳ déc. au 1ᵉʳ fév. – **Repas** *(fermé dim. soir de nov. à mars)* 95/205 ⅃, enf. 48 – 🖴 35 – **60 ch** 270/290 – ½ P 260.

à Andolsheim par ② : 6 km – ✉ **68280** :

🏨 **Soleil** ♨, ℰ 89 71 40 53, Fax 89 71 40 36 – ☎ ⇦ 🅿. 🖭 ⓞ 🅶🅱
fermé 30 janv. au 1ᵉʳ mars – **Repas** *(fermé mardi de nov. à janv. et merc.)* 120/230, enf. 75 – 🖴 30 – **18 ch** 105/250 – ½ P 220/290.

à Logelheim SE par D 13 et D 45 - CZ - 9 km – ✉ **68280** :

🍴 **Stoffel "A la Vigne"** ♨ avec ch, ℰ 89 22 08 40 – ☎. 🖭 ⓞ 🅶🅱. ✼
fermé 22 juin au 5 juil., mardi soir et merc. – **Repas** 98/180 – 🖴 30 – **7 ch** 230 – ½ P 230.

au Sud : 10 km par ③, N 422 et D 1 (rte d'Herrlisheim) – ✉ **68127** Ste-Croix-en-Plaine :

🏨 **Au Moulin** ♨ sans rest, ℰ 89 49 31 20, Fax 89 49 23 11, 🌡 – 🛗 ☎ ৬ 🅿. 🅶🅱
20 mars-10 nov. – 🖴 40 – **17 ch** 210/380.

à Wettolsheim par ⑤ et D 1 bis II : 4,5 km – ✉ **68000** :

🍴🍴🍴 ❀ **Aub. du Père Floranc** avec ch, ℰ 89 80 79 14, Fax 89 79 77 00, « Jardin fleuri » – 📺 ☎ ⇦ 🅿. 🖭 ⓞ 🅶🅱. ✼ ch
fermé 3 au 17 juil., 20 nov. au 25 déc., dim. soir de janv. à juin et lundi – **Repas** 95/390 et carte 280 à 390, enf. 70 – 🖴 55 – **13 ch** 220/380 – ½ P 380/410
Spéc. Les quatre foies d'oie. Matelote de cuisses de grenouilles et pieds de veau. Aiguillette de colvert aux griottes.
Vins Riesling, Tokay-Pinot gris.

Annexe : Le Pavillon 🏨 ♨ sans rest, « Collection de coquillages », 🌡 – 📺 ☎ ৬ 🅿. 🖭 ⓞ 🅶🅱. ✼
🖴 55 – **20 ch** 350/550.

à Ingersheim par ⑥, rte St-Dié : 4 km – 4 063 h. – ✉ **68040** :

🏨 **Kuehn,** quai Fecht ℰ 89 27 38 38, Fax 89 27 00 77, ≼, 🌡 – 🛗 📺 ☎ ৬ 🅿 – 🔏 40. 🅶🅱. ✼ rest
fermé 1ᵉʳ au 15 fév., dim. soir et lundi du 1ᵉʳ oct. au 30 avril – **Repas** 130/380 – 🖴 38 – **28 ch** 210/360 – ½ P 295/335.

🍴🍴 **Taverne Alsacienne,** 99 r. République ℰ 89 27 08 41 – 🖭 🅶🅱
fermé 17 juil. au 7 août, dim. soir et lundi – **Repas** 70 (déj.), 100/270 ⅃.

BMW J.M.S. Auto, 124 rte de Neuf-Brisach
ℰ 89 24 25 53
CITROEN Gar. Alsauto, 4 r. Timken, ZI Nord par ①
ℰ 89 24 29 24 🅽 ℰ 89 24 29 24
FIAT, LANCIA Auto Market Colmar,
124 rte de Neuf Brisach ℰ 89 41 57 80
FORD Gar. Bolchert, 77 r. Morat ℰ 89 79 11 25
HONDA, LADA Europe Autos Colmar, 101 rte de
Rouffach par ④ ℰ 89 41 10 13
MERCEDES Gar. Dietrich, à Ingersheim
ℰ 89 27 04 77 🅽 ℰ 05 24 24 30
NISSAN Avenir Autom., 191 rte de Rouffach
ℰ 89 41 14 85
OPEL Sama Colmar, 11 rue J-M.Haussmann,
ZI Nord ℰ 89 41 19 50
PEUGEOT Gar. Mulat, 11 rte de Wintzenheim
par ⑤ ℰ 89 80 61 75
PEUGEOT Gar. Colmar Autom., 2A r. Timken
ℰ 89 24 66 66 🅽 ℰ 89 63 88 14
RENAULT Gar. du Stade, 122 r. du Ladhof CX
ℰ 89 23 99 43 🅽 ℰ 05 44 03 09

RENAULT Gar. Wackenthaler, à Ingersheim par ⑥
ℰ 89 27 05 17
RENAULT Gar. Friederich, 25-27 rte de Rouffach
par ④ ℰ 89 41 60 47
ROVER Alsace Auto, 29 r. de la Poudrière
ℰ 89 79 01 13
SEAT Sem Autos, r. Gay Lussac ℰ 89 24 11 42
TOYOTA H et M Autom., 138 rte de Neuf Brisach
ℰ 89 24 12 22
VAG Gar. Dittel, r. J.-M. Hausmann, ZI Nord
ℰ 89 24 76 00
VOLVO Auto Hall Distribution, 84 rte de Neuf-
Brisach ℰ 89 41 81 10

⑩ Kautzmann, 64 r. Papeteries ℰ 89 41 06 24
Pneus et Services D.K., 5 r. J.-Preiss
ℰ 89 41 26 01
Pneus et Services D.K., 11 r. des Frères Lumière,
ZI Nord ℰ 89 41 94 72

à Wintzenheim :

RENAULT Gar. Lauber, 6 r. Clemenceau par ⑤ ℰ 89 27 02 02

COLMARS 04370 Alpes-de-H.-P. 🟦🟥 ⑧ G. Alpes du Sud (plan) – 367 h alt. 1 235.
🄴 Office de Tourisme ℰ 92 83 41 92, Mairie ℰ 92 83 43 21.
Paris 781 – Digne-les-Bains 71 – Barcelonnette 43 – Cannes 128 – Draguignan 109 – ◆Nice 121.

🏨 **Le Chamois,** ℰ 92 83 43 29, ≼, 🌡 – ⅍ ch ☎ 🅿. 🅶🅱
fermé 12 nov. au 20 déc. – **Repas** 90/150 – 🖴 35 – **28 ch** 170/300 – ½ P 248/312.

COLOMBEY-LES-DEUX-ÉGLISES 52330 H.-Marne 🟦🟥 ⑲ G. Champagne – 660 h alt. 352.
Voir Mémorial du Général-de-Gaulle et la Boisserie (musée).
🄴 Syndicat d'Initiative r. du Gén.-de-Gaulle ℰ 25 01 52 33.
Paris 259 – Chaumont 27 – Bar-sur-Aube 15 – Châtillon-sur-Seine 62 – Neufchâteau 70.

🏨 **Dhuits,** N 19 ℰ 25 01 50 10, Fax 25 01 56 22 – 📺 ☎ ৬ ⇦ 🅿 – 🔏 50. 🖭 ⓞ 🅶🅱
🡒 *fermé 20 déc. au 5 janv.* – **Repas** 80/170 ⅃ – 🖴 35 – **42 ch** 250/380 – ½ P 270/340.

XX **Aub. Montagne** 🐾 avec ch, 𝒫 25 01 51 69, Fax 25 01 53 20, 🌳 – 📺 ☎ 🅿. 𝔸𝔼 ⅁⅁.
%% ch
fermé mi-janv. à mi-fév., lundi soir et mardi – **Repas** 120/340 – 🖙 38 – **7 ch** 220/320.

🔟 Gar. Archambaux, N 19 𝒫 25 01 51 43

COLOMIERS 31 H.-Gar. 8 2 ⑦ – rattaché à Toulouse.

COLROY-LA-ROCHE 67420 B.-Rhin 6 2 ⑧ – 435 h alt. 424.

Paris 405 – ◆Strasbourg 62 – Lunéville 67 – St-Dié 32 – Sélestat 31.

🏠 ✿ **Host. La Cheneaudière** M 🐾, 𝒫 88 97 61 64, Fax 88 47 21 73, ≤, 🏡, « Élégante
hostellerie dans un jardin », 🔼, 🔲, %% – 🍽 rest 📺 ☎ 🅿. 𝔸𝔼 ⓞ ⅁⅁
Les Princes de Salm (fin mars-début déc.) **Repas** carte 380 à 570 – **Les Pastoureaux : Repas**
280 bc – 🖙 90 – **22 ch** 950/1300, 7 appart – ½ P 845/1100
Spéc. Foie gras . Gibier (juin à déc.). Ravioles de Munster frais (avril à déc.). **Vins** Riesling, Tokay-Pinot gris.

RENAULT Gar. Wetta, St-Blaise-la-Roche 𝒫 88 97 60 84 🅽 𝒫 88 97 60 84

COLY 24 Dordogne 7 5 ⑦ – rattaché au Lardin-St-Lazare.

La COMBE 73 Savoie 7 4 ⑮ – rattaché à Aiguebelette-le-Lac.

COMBEAUFONTAINE 70120 H.-Saône 6 6 ⑤ – 446 h alt. 252.

Paris 343 – ◆Besançon 73 – Bourbonne-les-Bains 37 – Épinal 81 – Gray 41 – Langres 50 – Luxeuil-les-Bains 54 –
Vesoul 25.

🏠 **Balcon,** 𝒫 84 92 11 13, Fax 84 92 15 89 – ☎ ⌕. 𝔸𝔼 ⓞ ⅁⅁. %% ch
fermé 26 juin au 5 juil., 26 déc. au 12 janv., dim. soir et lundi – **Repas** 140/360 – 🖙 40 –
18 ch 140/360 – ½ P 200/250.

La COMBE-DES-ÉPARRES 38 Isère 7 4 ⑬ – rattaché à Bourgoin-Jallieu.

COMBLOUX 74920 H.-Savoie 7 4 ⑧ G. Alpes du Nord – 1 716 h alt. 1 000 – Sports d'hiver : 1 100/1 853 m
🎿 1 🚡24 – **Voir La Cry** ※★★ O : 3 km.

🅱 Office de Tourisme 𝒫 50 58 60 49, Fax 50 93 33 55.

Paris 591 – Chamonix-Mont-Blanc 30 – Annecy 74 – Bonneville 34 – Megève 5 – Morzine 52 – St-Gervais-les-Bains 10.

🏨 **Ducs de Savoie** 🐾, au Bouchet 𝒫 50 58 61 43, Fax 50 58 67 43, ≤ Mt-Blanc, 𝕝♣, 🔼 – ⏸
📺 🐾 ⌕ 🅿 – 🔬 30. 𝔸𝔼 ⓞ ⅁⅁. %% rest
1er juin-10 oct. et 15 déc.-25 avril – **Repas** 145/175 – 🖙 47 – **50 ch** 605 – ½ P 490.

🏠 **Au Coeur des Prés** 🐾, 𝒫 50 93 36 55, Fax 50 58 69 14, ≤ Aravis et Mt-Blanc, 𝕝♣, 🌳,
%% – 📺 🐾 ⌕ ⌕ – 🔬 25. ⅁⅁. %% rest
25 mai-24 sept. et 16 déc.-10 avril – **Repas** 100/185 – 🖙 42 – **34 ch** 480 – ½ P 360/410.

🏠 **Idéal-Mont-Blanc** 🐾, 𝒫 50 58 60 54, Fax 50 58 64 50, ≤ Mt-Blanc, 𝕝♣, 🔲, 🌳 – ⏸ 📺
🐾 🅿. 𝔸𝔼 ⅁⅁
26 juin-25 sept. et 20 déc.-début avril – **Repas** 193/260, enf. 96 – 🖙 55 – **28 ch** 365/562 –
½ P 445/492.

🏠 **Feug** M 🐾, 𝒫 50 93 00 50, Fax 50 21 21 44, ≤, 🏡, 𝕝♣, 🌳 – ⏸ 📺 🐾 ⌕ ⌕ 🅿. 𝔸𝔼 ⅁⅁
%% rest
fermé 6 nov. au 18 déc. – **Repas** 95/195 – 🖙 45 – **28 ch** 440/610 – ½ P 405/435.

🏠 **Plein Soleil** 🐾, 𝒫 50 58 60 81, Fax 50 93 38 54, ≤ Mt-Blanc, 🔼, 🌳 – ⏸ 📺 🐾 🅿. 𝔸𝔼
⅁⅁. %% rest
26 juin-15 sept. et Noël-3 avril – **Repas** 160/200 – 🖙 50 – **27 ch** 450/476 – ½ P 414/430.

au Haut-Combloux O : 3,5 km – ✉ 74920 Combloux :

🏠 **Rond-Point des Pistes** 🐾, 𝒫 50 58 68 55, Fax 50 93 30 54, ≤ Mt-Blanc – ⏸ 📺 🐾 🅿.
𝔸𝔼 ⅁⅁
15 juin-15 sept. et 20 déc.-15 avril – **Repas** 130/180 – 🖙 45 – **29 ch** 395/500 – ½ P 395/535.

CITROEN Gar. du Perret, 𝒫 50 58 60 92   PEUGEOT Gar. des Cimes, 𝒫 50 93 00 60

COMBOURG 35270 I.-et-V. 5 9 ⑯ G. Bretagne – 4 843 h alt. 66 – **Voir Château★**.

🏌 Château des Ormes 𝒫 99 48 40 27, N par D 795 : 13 km.

🅱 Office de Tourisme pl. A.-Parent (juin-sept.) 𝒫 99 73 13 93.

Paris 384 – St-Malo 36 – Avranches 50 – Dinan 24 – Fougères 48 – ◆Rennes 39 – Vitré 56.

🏠 **Château,** pl. Châteaubriand 𝒫 99 73 00 38, Fax 99 73 25 79, 🌳 – 📺 🐾 🅿 – 🔬 35. 𝔸𝔼
◆   ⓞ ⅁⅁
fermé 15 déc. au 15 janv., dim. soir du 15 oct. au 1er mai et lundi midi – **Repas** 68/235 ♣ –
🖙 46 – **32 ch** 290/460 – ½ P 300/375.

🏠 **Lac,** pl. Châteaubriand 𝒫 99 73 05 65, Fax 99 73 23 34, ≤ – 📺 🐾 ⌕ 🅿 𝔸𝔼 ⓞ ⅁⅁
◆   *fermé nov., vend. midi en sais., vend. soir et dim. soir hors sais.* – **Repas** 65/190 ♣, enf. 45 –
🖙 35 – **28 ch** 260/330 – ½ P 260/280.

X **L'Écrivain,** pl. St-Gilduin 𝒫 99 73 01 61, 🏡 – ⅁⅁
◆   *fermé mars, merc. soir hors sais. et jeudi* – **Repas** 68/158, enf. 50.

COMBREUX 45530 Loiret 🔢 ⑩ G. Châteaux de la Loire – 142 h alt. 127.

Voir Étang de la Vallée★ NO : 2 km.

Paris 122 – ♦Orléans 37 – Châteauneuf-sur-Loire 13 – Gien 50 – Montargis 34 – Pithiviers 28.

XX **Croix Blanche** ⅍ avec ch, 𝒫 38 59 47 62, Fax 38 59 41 35, 🌤, 🛋 – ☎ 🅿. ⓪ GB
fermé 15 au 30 nov., 16 au 29 fév., dim. soir et lundi – **Repas** 120/180 – ⊃ 32 – **7 ch** 210/250
– ½ P 290.

COMMENTRY 03600 Allier 🔢 ③ G. Auvergne – 8 021 h alt. 385.

Paris 341 – Moulins 65 – Aubusson 78 – Gannat 49 – Montluçon 15 – Riom 66.

🏠 **St-Christophe** sans rest, 30 bis r. Lavoisier 𝒫 70 64 31 27 – ☎ 🅿. GB
⊃ 25 – **22 ch** 150/185.

XX **Michel Rubod**, 47 r. J.-J. Rousseau 𝒫 70 64 45 31, Fax 70 64 33 17 – GB
fermé 31 juil. au 20 août, 22 déc. au 5 janv., dim. soir et lundi – **Repas** 120/350.

CITROEN Gar. Gauvin, 16 r. Danton 𝒫 70 64 33 32
FORD Gar. Bougaret, 3 r. J.-Dormoy 𝒫 70 64 43 51

⑩ Almeida Pneus Sce, 7 r. Dr-Paul Fabre
𝒫 70 64 48 33

COMPIÈGNE ⟨SP⟩ 60200 Oise 🔢 ② 🔢 ⑩ G. Flandres Artois Picardie – 41 896 h alt. 41.

Voir Palais★★★ BYZ : musée de la voiture★★ – Hôtel de ville★ BZ H – Musée de la Figurine
historique★ BZ M – Musée Vivenel : vases grecs★★ AZ M¹.

Env. Forêt★★ – Clairière de l'Armistice★★ : statue du Maréchal Foch, dalle commémorative –
Château de Pierrefonds★★ 14 km par ③.

🏌 𝒫 44 40 15 73.

🅱 Office de Tourisme pl. Hôtel de Ville, 𝒫 44 40 01 00, Fax 44 40 23 28.

Paris 80 ⑥ – ♦Amiens 78 ⑦ – Arras 108 ⑦ – Beauvais 59 ⑥ – Douai 123 ⑦ – St-Quentin 60 ① – Soissons 38 ②.

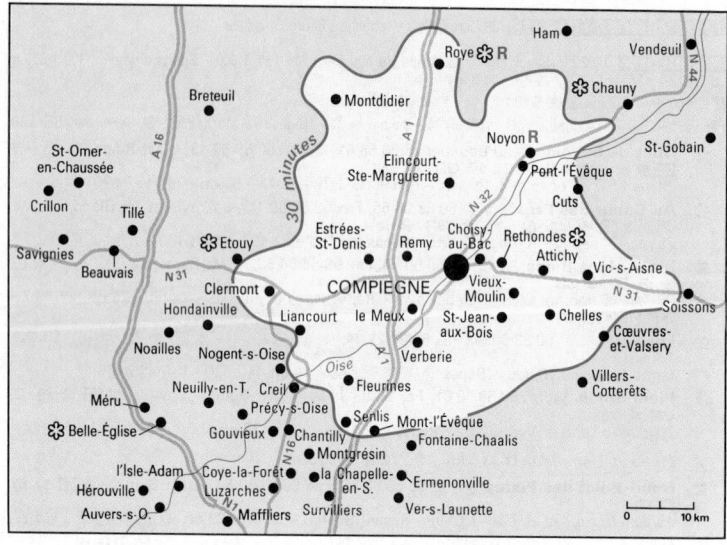

🏨 **Université** M sans rest, 24 r. N.-D. Bonsecours 𝒫 44 23 27 27, Fax 44 86 06 53 – 🛗
↳ ch ☎ 🅿 – 🔏 30 à 100. 🆎 ⓪ GB 🃏
⊃ 50 – **50 ch** 315/420.
AZ **s**

🏨 **de Harlay** sans rest, 3 r. Harlay 𝒫 44 23 01 50, Fax 44 20 19 46 – 🛗 📺 ☎. 🆎 ⓪ GB
⊃ 42 – **20 ch** 295/365.
AY **a**

🏨 **Flandre** sans rest, 16 quai République 𝒫 44 83 24 40, Fax 44 90 02 75 – 🛗 📺 ☎. ⓪
⊃ 35 – **42 ch** 230/290.
AY **u**

XXX **Host. Royal-Lieu** avec ch, 9 r. Senlis à Royallieu par ⑤ : 2 km 𝒫 44 20 10 24,
Fax 44 86 82 27, 🌤 – 📺 ☎ 🅿 🆎 ⓪ GB. % ch
Repas 160/360 et carte 250 à 340, enf. 60 – ⊃ 43 – **17 ch** 450, 3 appart – ½ P 425.

XXX **Laudigeois et H. du Nord** avec ch, pl. Gare 𝒫 44 83 22 30, Fax 44 90 11 87 – 🛗 📺 ☎ –
🔏 30. GB
AY **b**
fermé dim. soir – **Repas** 198/250 et carte 250 à 370 – **20 ch** ⊃ 250/300.

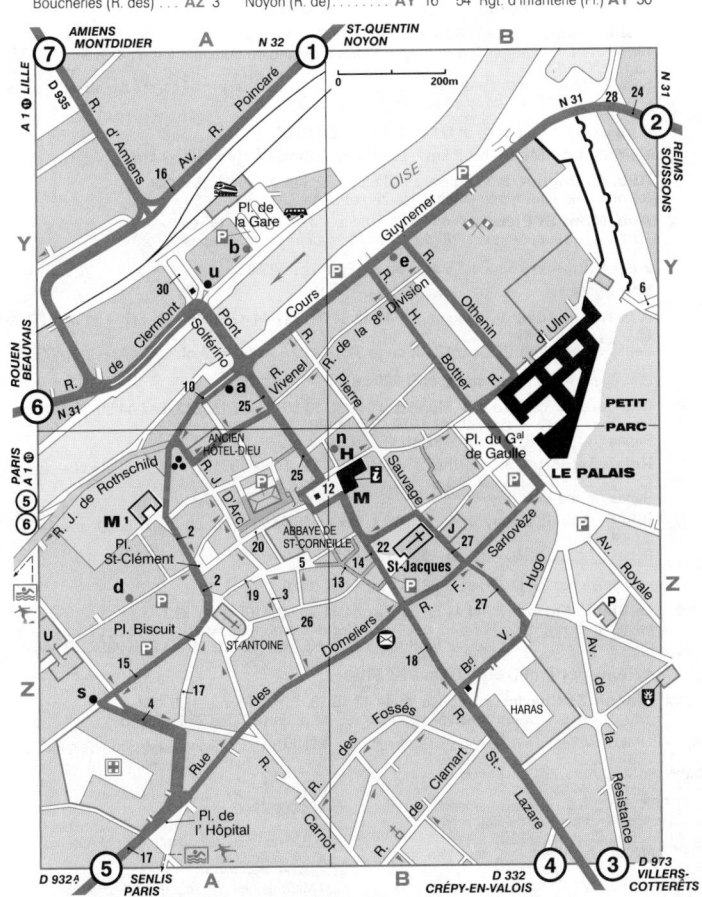

COMPIÈGNE

XX **Chat qui Tourne et H. de France** avec ch, 17 r. E. Floquet ℰ 44 40 02 74,
Fax 44 40 48 37 – 📺 ☎. 🅶🅱 🎴
Repas 90/210 – 🖵 42 – **20 ch** 178/350 – ½ P 290/350.
BZ **n**

XX **La Part des Anges**, 18 r. Bouvines ℰ 44 86 00 00, Fax 44 86 09 00, 🍴 – 🅿. 🅰🅴 🅶🅱
fermé 31 juil. au 21 août, lundi midi et dim. – **Repas** 140/280.
AZ **d**

XX **Rive Gauche**, 13 cours Guynemer ℰ 44 40 29 99, Fax 44 40 38 00 – 🅶🅱
fermé lundi sauf fériés – **Repas** 120/160.
BY **e**

à Élincourt-Ste-Marguerite par ① et D 142 : 15 km – ✉ 60157 :

🏰 **Château de Bellinglise** 🄼 🏌, N : 1 km ℰ 44 96 00 33, Fax 44 96 03 00, ≤, « Demeure
du 16e siècle dans un parc », 🎾 – 🛏 📺 ☎ 🅿 – 🛗 100. 🅰🅴 🅾 🅶🅱 🎴. 🛠 ch
Repas 190/350, enf. 100 – 🖵 74 – **33 ch** 710/1570 – ½ P 640/715.

à Mélicocq par ① et D 142 : 14 km – ✉ 60150 :

XX **Aub. des Chiens Rouges**, ℰ 44 76 05 50 – 🅰🅴 🅶🅱
fermé 30 juil. au 21 août, sam. midi, dim. soir et lundi – **Repas** 130.

à Choisy-au-Bac par ② : 5 km – 3 786 h. – ⊠ **60750** :

✗✗ **Aub. des Étangs du Buissonnet,** ✆ 44 40 17 41, Fax 44 85 28 18, ≼, 霜 , parc – ⒼⒷ
fermé 15 déc. au 5 janv., dim. soir et lundi sauf midi fériés – **Repas** 140/250.

à Rethondes par ② : 10 km – ⊠ **60153** :

Voir St-Crépin-aux-Bois : mobilier★ de l'église NE : 4 km.

✗✗✗ ✿ **Alain Blot,** ✆ 44 85 60 24, Fax 44 85 92 35 – ⒼⒷ. ✵
fermé sam. midi, dim. soir et lundi – **Repas** (nombre de couverts limité, prévenir) 190/330 et
carte 260 à 370
Spéc. Salade de "rattes" chaudes à la crème acidulée (juin à mars). Agneau de pré-salé aux haricots de Soissons
(sept. à mars). Parmentier de canard aux champignons des bois.

à Vieux-Moulin par ③ et D 14 : 9,5 km – ⊠ **60350** :

Voir Mont St-Marc★ N : 2 km – Les Beaux-Monts★★ : ≼★ NO : 7 km.

✗✗✗ **Aub. du Daguet,** face Église ✆ 44 85 60 72, Fax 44 85 61 28 – ⒼⒷ
fermé merc. sauf fériés – **Repas** 120/250 et carte 220 à 360.

✗✗ **Aub. Mont St Pierre,** ✆ 44 85 60 70, Fax 44 85 64 44 – Ⓟ. ⒼⒷ
fermé 16 août au 1er sept., 1er au 15 janv., lundi et mardi – **Repas** 90/220.

à St-Jean-aux-Bois par ④ et D 85 : 11 km – ⊠ **60350** :

Voir Église★.

✗✗✗ **A la Bonne Idée** ৯ avec ch, ✆ 44 42 84 09, Fax 44 42 80 45, 霜 , 舞 – ▤ rest ⊡ ☎ &
Ⓟ – 🔏 30. ⅍ ⒼⒷ
Repas 130 bc (déj.), 200 bc/420 et carte 315 à 410 – 🖙 60 – **23 ch** 395/440 – ½ P 460.

Z.A.C. de Mercières par ⑤ et D 200 : 6 km – ⊠ **60200** :

🏨 **Mercure** Ⓜ, carrefour J. Monnet ✆ 44 30 30 30, Télex 155912, Fax 44 30 30 44, 霜 – ▯
⬚ ch ▤ ⊡ ☎ & Ⓟ – 🔏 60 à 150. ⅍ ⓞ ⒼⒷ
Repas 100, enf. 45 – 🖙 50 – **92 ch** 450/500.

🏨 **Relais Impérial,** av. Berthelot ✆ 44 20 11 11, Télex 155122, Fax 44 20 41 60 – ⊡ ☎ &
Ⓟ – 🔏 50 à 100. ⅍ ⓞ ⒼⒷ
Repas *(fermé dim. soir)* 65/350 ⅛ – 🖙 45 – **48 ch** 275/345 – ½ P 250.

🏨 **Ibis** Ⓜ, 18 r. É. Branly ✆ 44 23 16 27, Fax 44 86 48 21 – ⬚ ch ⊡ ☎ & Ⓟ – 🔏 30 à 100.
⅍ ⓞ ⒼⒷ
Repas 97 bc, enf. 40 – 🖙 35 – **78 ch** 295/330.

au Meux par ⑤, D 200 et D 98 : 11 km – ⊠ **60880** :

🏨 **La Vieille Ferme,** ✆ 44 41 58 54, Fax 44 41 23 50 – ⊡ ☎ Ⓟ. ⒼⒷ
fermé 16 au 31 sept., 24 déc. au 1er janv. et dim. soir – **Repas** *(fermé 16 août au 4 sept., 24
déc. au 1er janv., dim. soir et lundi)* 90 bc/200 bc, enf. 55 – 🖙 35 – **14 ch** 235/310 – ½ P 220.

à Remy par ⑥ et D 36 : 10 km – ⊠ **60190** :

✗✗✗ **Manoir St Charles,** pl. Église ✆ 44 42 45 28, 霜 , « Parc » – ⅍ ⒼⒷ
fermé dim. soir et lundi – **Repas** 155 bc/198 bc et carte 140 à 230, enf. 75.

ALFA ROMEO St Germain Auto, 2 bis r. Chevreuil
✆ 44 20 29 94
BMW St-Merri Auto, ZAC de Mercières
av. H.-Adenot ✆ 44 86 50 00
CITROEN S.A.D.A.C., r. Fonds-Pernant
ZAC de Mercières par r. J.-de-Rothschild
✆ 44 20 26 00 Ⓝ ✆ 44 86 72 19
FIAT, LANCIA Gar. SOVA, ZAC de J.-Venette,
63 r. des Métiers ✆ 44 90 06 06
HONDA Auto Style Compiègne, av. H.-Adenot,
ZAC de Mercières ✆ 44 23 08 11
MERCEDES Gar. Techstar, ZAC de Mercières
✆ 44 23 08 22 Ⓝ ✆ 44 72 03 79
PEUGEOT Safari Compiègne, r. C.-Bayard
par r. J.-de-Rothschild ✆ 44 20 19 63 Ⓝ
✆ 44 76 02 48

RENAULT Gar. Guinard, av. Gén.-Weigand
par r. J.-de-Rothschild ✆ 44 92 55 55 Ⓝ
✆ 22 37 71 37
VAG Gar. Thiry, Ctre Cial de Venette
✆ 44 90 71 00

◍ Bouvet Pneu Vulcopneu, 4-6 r. d'Auterlitz
✆ 44 23 22 17
Charlier Pneu Point S, 177 r. V.-Hugo
à Margny-lès-Compiègne ✆ 44 83 38 69
Euromaster, ZAC de Mercières, r. J.-de-Vaucanson
✆ 44 20 20 22
Pneu+ Paris Normandie-Vulcopneu,
ZI Choisy-au-Bac ✆ 44 85 26 26

◼ COMPS-SUR-ARTUBY 83840 Var ⓸④ ⑦ ⓵⓵④ ⑩ G. Alpes du Sud – 272 h alt. 898.

Env. Balcons de la Mescla★★★ NO : 14,5 km – Tunnels de Fayet ≼★★★ O : 20 km.

Paris 825 – Digne-les-Bains 81 – Castellane 28 – Draguignan 31 – Grasse 60 – Manosque 95.

🏨 **Gd H. Bain,** ✆ 94 76 90 06, Fax 94 76 92 24, ≼ – ⊡ ☎ ⇦ Ⓟ. ⒼⒷ. ✵ ch
fermé 12 nov. au 24 déc., merc. soir et jeudi du 1er oct. au 1er avril – **Repas** 75/180, enf. 50 –
🖙 32 – **18 ch** 165/320 – ½ P 215/255.

Se cercate un albergo tranquillo,
oltre a consultare il carte dell'introduzione,
rintracciate nell'elenco degli esercizi quelli con il simbolo ৯.

Voir Ville Close★★ C – Musée de la Pêche★ C **M1** – Pont du Moros ≤★ B – Fête des Filets bleus★ (fin août).

⛳ de Cornouaille ℰ 98 56 97 09 par ① : 8 km.

🛈 Office de Tourisme quai d'Aiguillon ℰ 98 97 01 44, Fax 98 50 88 81.

Paris 541 ① – Quimper 27 ① – ◆Brest 93 ① – Lorient 51 ① – St-Brieuc 145 ① – Vannes 103 ①.

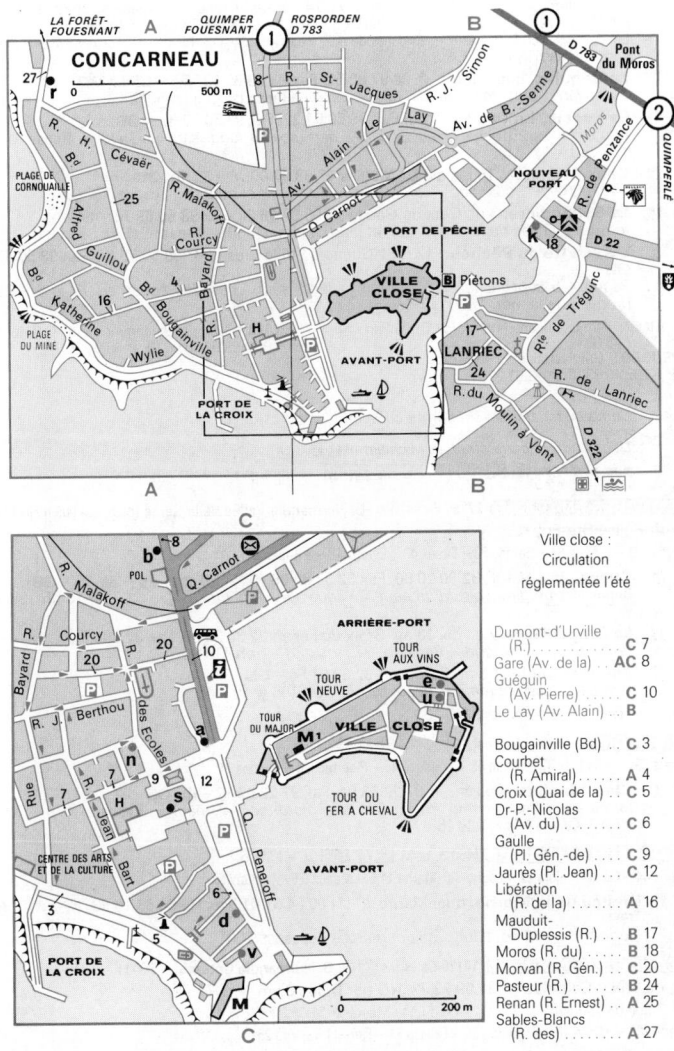

Ville close :
Circulation
réglementée l'été

Dumont-d'Urville
  (R.) . . . . **C** 7
Gare (Av. de la) . . **AC** 8
Guéguin
  (Av. Pierre) . . . . . **C** 10
Le Lay (Av. Alain) . . **B**

Bougainville (Bd) . . **B** 3
Courbet
  (R. Amiral) . . . . . . **A** 4
Croix (Quai de la) . . **C** 5
Dr-P.-Nicolas
  (Av. du) . . . . **C** 6
Gaulle
  (Pl. Gén.-de) . . . . **C** 9
Jaurès (Pl. Jean) . . **C** 12
Libération
  (R. de la) . . . . **A** 16
Mauduit-
  Duplessis (R.) . . . . **B** 17
Moros (R. du) . . . . . **B** 18
Morvan (R. Gén.) . . **C** 20
Pasteur (R.) . . . . . . **B** 24
Renan (R. Ernest) . . **A** 25
Sables-Blancs
  (R. des) . . . . **A** 27

🏨 **Océan** Ⓜ, plage Sables Blancs ℰ 98 50 53 50, Fax 98 50 84 16, ≤, ⌕, – 🛗 📺 ☎ ৬ 🅿 – 🔼 40. 🆀🅱 ⚘ rest
  Repas *(fermé fév.)* 99/260, enf. 48 – 🖵 45 – **73 ch** 450/580, 17 duplex – ½ P 390/420.
  A r

🏨 **De France et d'Europe** sans rest, 9 av. Gare ℰ 98 97 00 64, Fax 98 50 76 66 – 📺 ☎ 🅿.
  🆀🅱
  fermé sam. du 15 nov. au 15 mars – 🖵 30 – **26 ch** 250/335.
  C b

🏨 **Gd Hôtel** sans rest, 1 av. P. Guéguin ✆ 98 97 00 28, Fax 98 97 00 89, ← – ☎ 🅿. GB C **a**
12 avril-10 oct. – ☕ 29 – **33 ch** 153/320.

🏨 **Les Halles** sans rest, pl. Hôtel de Ville ✆ 98 97 11 41, Fax 98 50 58 54 – TV ☎. AE GB C **s**
fermé dim. soir hors sais. – ☕ 30 – **23 ch** 280/340.

XXX ✿ **Le Galion** (Gaonac'h) 🐇 avec ch, 15 r. St-Guénolé "Ville Close" ✆ 98 97 30 16, Fax 98 50 67 88 – cuisinette TV ☎. AE ⓓ GB C **e**
fermé dim. soir et lundi du 16 sept. au 14 juin sauf fériés – **Repas** (nombre de couverts limité, prévenir) 170/370 et carte 270 à 390 – ☕ 42 – **5 ch** 380/420 – ½ P 420
Spéc. Parmentier de tourteaux et araignées de mer. Blanquette de langoustines aux asperges (fin avril à mi-juin). Andouille bretonne au lambic.

XX **La Coquille,** quai Moros ✆ 98 97 08 52, Fax 98 50 69 13, 🌳 – AE ⓓ GB B **k**
fermé janv., dim. soir sauf juil.-août et lundi – **Repas** 120 (déj.), 150/390.

XX **Le Buccin,** 1 r. Duguay-Trouin ✆ 98 50 54 22, Fax 98 50 70 37 – GB C **v**
fermé 15 au 25 oct., 1er au 25 janv., dim. soir et lundi sauf juil.-août – **Repas** 80 (déj.), 138/350.

XX **Chez Armande,** 15 bis av. Dr Nicolas ✆ 98 97 00 76 – AE ⓓ GB JCB C **d**
fermé 20 nov. au 20 déc., mardi soir sauf juil.-août et merc. – **Repas** 85/180 🍷.

XX **La Gallandière,** 3 pl. Gén. de Gaulle ✆ 98 97 16 34, Fax 98 50 69 78 – GB C **n**
fermé vacances de fév., dim. soir et jeudi sauf juil.-août – **Repas** 90/170.

X **L'Assiette du Pêcheur,** 12 r. St-Guénolé "Ville Close" ✆ 98 50 75 84, Fax 98 50 67 88 – GB C **u**
Pâques-15 sept. et fermé dim. soir et lundi sauf fériés de Pâques au 15 juin – **Repas** - produits de la mer - 85.

CITROEN Gar. Duquesne, 4 r. Moros, ZI du Port ✆ 98 97 48 00
PEUGEOT Gar. Nedelec, ZI du Moros ✆ 98 97 46 33 🅽 ✆ 98 62 29 12
RENAULT Gar. de Penanguer, rte de Quimper par ① ✆ 98 97 36 06 🅽 ✆ 05 05 15 15

Come districarsi nei sobborghi di Parigi?

Utilizzando la **carta stradale Michelin** *n.* **101**

e le **piante** *n.* **17-18, 19-20, 21-22, 23-24** *: chiare, precise ed aggiornate.*

CONCHES-EN-OUCHE 27190 Eure 55 ⑯ **G. Normandie Vallée de la Seine** (plan) – 4 009 h alt. 144.

Voir Église Ste-Foy★.

Paris 121 – L'Aigle 37 – Bernay 33 – Dreux 49 – Évreux 18 – ♦Rouen 57.

🏨 **Cygne,** 36 r. Val ✆ 32 30 20 60, Fax 32 37 82 06, 🌳 – TV ☎ ♿ 🅿 – 🏛 100. GB
Repas *(fermé dim. soir de fin sept. à Pâques et lundi)* 95/238 🍷 – ☕ 34 – **15 ch** 135/310 – ½ P 225/265.

XX **La Grand'Mare** avec ch, 13 av. Croix de Fer ✆ 32 30 23 30, Fax 32 30 23 30, 🌳 – GB
fermé dim. soir et lundi – **Repas** 89/270 – ☕ 28 – **7 ch** 110/195.

XX **Toque Blanche,** 18 pl. Carnot ✆ 32 30 01 54 – GB
fermé lundi soir et mardi – **Repas** 60 (déj.), 98/195 🍷, enf. 45.

Gar. Castelin, 51 r. du Bois ✆ 32 30 20 20

CONCORET 56430 Morbihan 59 ⑮ – 626 h alt. 98.

Paris 396 – ♦Rennes 47 – Dinan 55 – Loudéac 45 – Ploërmel 24 – Vannes 71.

X **Chez Maxime** avec ch, ✆ 97 22 63 04, Fax 97 22 67 12 – 🅿. GB. ✂
fermé vacances de fév., 15 au 30 nov., mardi soir et merc. – **Repas** 81/176 – ☕ 28 – **9 ch** 100/172 – ½ P 142/159.

CONDÉ-STE-LIBIAIRE 77450 S.-et-M. 56 ⑫ 106 ㉒ – 1 365 h.

Paris 44 – Coulommiers 22 – Lagny-sur-Marne 11,5 – Meaux 9,5 – Melun 48.

XX **Vallée de la Marne,** quai Marne ✆ (1) 60 04 31 01, Fax (1) 64 63 15 83, 🌳, 🌲 – 🅿. AE GB
fermé 1er au 15 août, lundi soir et mardi – **Repas** 135/250.

CONDÉ-SUR-NOIREAU 14110 Calvados 55 ⑪ **G. Normandie Cotentin** – 6 309 h alt. 84.

⛳18 de Clécy-Cantelou ✆ 31 69 72 72, NO par D 36 : 9 km.

🅸 Office de Tourisme ✆ 31 69 27 64 ou à la Mairie ✆ 31 69 02 82.

Paris 281 – ♦Caen 46 – Argentan 54 – Falaise 31 – Flers 11,5 – Vire 25.

X **Cerf** avec ch, 18 r. Chêne ✆ 31 69 40 55, Fax 31 69 78 29 – TV ☎ 🅿. AE ⓓ GB
fermé dim. soir – **Repas** 68/220 🍷, enf. 45 – ☕ 25 – **9 ch** 204/224 – ½ P 214/234.

à ***St-Germain-du-Crioult*** O : 4,5 km sur rte Vire – ✉ **14110** :

X **Aub. St-Germain** avec ch, ✆ 31 69 08 10 – TV ☎. ⓓ GB. ✂
fermé 1er au 8 août, 26 déc. au 10 janv., et hôtel : fermé vend. soir et dim. soir du 1er nov. au 1er avril – **Repas** *(fermé vend. soir du 1er oct. au 1er mai et dim. soir)* 70/145 🍷, enf. 45 – ☕ 20 – **9 ch** 175/215 – ½ P 165/200.

<SP> 32100 Gers 🛛🛛 ⑭ G. Pyrénées Aquitaine (plan) – 7 717 h alt. 81.

Voir Cathédrale St-Pierre★ : Cloître★.

🛿 Office de Tourisme pl. Bossuet ℘ 62 28 00 80, Fax 62 28 00 80.

Paris 730 – Agen 39 – Auch 44 – Mont-de-Marsan 81 – ◆Toulouse 123.

    🏨 **Trois Lys** sans rest, 38 r. Gambetta ℘ 62 28 33 33, Fax 62 28 41 85, « Hôtel particulier du 18ᵉ siècle », ⅃ – 📺 ☎ 🅿 – 🔬 25. 🝵 🅶🅱
    ⌧ 40 – **10 ch** 380/550.

    🏨 **Logis des Cordeliers** ⑤ sans rest, r. de la Paix ℘ 62 28 03 68, Fax 62 68 29 03, ⅃ – 📺 ☎ 🅿. 🅶🅱
    fermé janv. – ⌧ 35 – **21 ch** 250/380.

CITROEN Gar. Pinson, 11 rte d'Agen ℘ 62 28 12 19
PEUGEOT Gar. Durrieu, bd St-Jacques ℘ 62 28 00 53 ℘ 62 28 00 53
RENAULT Gar. Rottier, allées de Gaulle ℘ 62 28 22 55 🅽 ℘ 62 22 29 36

VAG Gar. Andreu, rte de Fleurance ℘ 62 28 18 86
🅽 ℘ 62 28 18 86

🖲 Euromaster, 7 av. Armagnac ℘ 62 28 01 91
Rivière Point S., 21 av. Pyrénées ℘ 62 28 01 20

69420 Rhône 🛛🛛 ⑪ G. Vallée du Rhône – 3 093 h alt. 150.

Voir Calvaire ≼★.

🛿 Syndicat d'Initiative N 86 ℘ 74 59 53 48.

Paris 501 – ◆Lyon 41 – Annonay 35 – Rive-de-Gier 21 – Tournon-sur-Rhône 52 – Vienne 11,5.

    🏨 ✿ **Hôtellerie Beau Rivage,** ℘ 74 59 52 24, Fax 74 59 59 36, 🏤, « Terrasse avec vue agréable sur le Rhône », ☞ – 🔳 rest 📺 ☎ 🖙 🅿, 🝵 🅶🅱
    Repas 165 bc (déj.), 275/600 et carte 260 à 520 – ⌧ 60 – **20 ch** 500/740, 4 appart
    Spéc. Quenelle de brochet au salpicon de homard. Fleurs de courgettes à la mousse de brochet (15 mai au 15 oct.). Selle d'agneau de lait rôtie au foie gras (15 avril au 30 juin). **Vins** Condrieu, Côte Rôtie.

    ✗ **La Reclusière,** 39 Gde rue ℘ 74 56 67 27, Fax 74 56 67 27 – 🅶🅱
    fermé 16 au 31 août, 20 janv. au 15 fév., merc. soir et jeudi – **Repas** 65 (déj.), 89/140 ℥.

78700 Yvelines 🛛🛛 ⑳ 🛚🛚🛚 ③ G. Ile de France (plan) – 31 467 h alt. 28 -
Pardon national de la Batellerie (fin juin).

Voir ≼★ de la terrasse du parc.

🛿 Office de Tourisme 23 r. M.-Berteaux ℘ 34 90 99 09.

Paris 39 – Mantes-la-Jolie 39 – Poissy 11 – Pontoise 8 – Saint-Germain-en-Laye 13 – Versailles 28.

    🏨 **Campanile,** 91 r. Cergy - RN 184 ℘ (1) 39 19 21 00, Fax (1) 39 19 36 57, 🏤, 🖛, ✗ – 🛏 ch 📺 ☎ ♿ 🅿 – 🔬 25. 🝵 ⓪ 🅶🅱
    Repas 82 bc/105 bc, enf. 39 – ⌧ 30 – **49 ch** 270.

    ✗✗ **Au Confluent de l'Oise,** 15 cours Chimay ℘ (1) 39 72 60 31, Fax (1) 39 19 99 90, ≼, 🏤 – 🅿, 🝵 🅶🅱
    fermé 31 juil. au 29 août, vacances de fév., dim. soir et lundi sauf fériés – **Repas** 85/155.

    ✗ **Au Bord de l'Eau,** 15 quai Martyrs-de-la-Résistance ℘ (1) 39 72 86 51, 🏤 – 🔳
    fermé 10 au 25 août, 23 déc. au 3 janv., le soir sauf sam. et lundi – **Repas** 155.

56 Morbihan 🛛🛛 ③ – rattaché à Vannes.

30 Gard 🛛🛛 ⑲ ⑳ – rattaché à Bagnols-sur-Cèze.

27430 Eure 🛛🛛 ⑦ – 154 h alt. 8.

Paris 114 – ◆Rouen 37 – Les Andelys 13 – Évreux 32 – Vernon-sur-Eure 39.

    🏨 **Moulin de Connelles** Ⓜ ⑤, D 19 ℘ 32 59 53 33, Fax 32 59 21 83, ≼, 🏤, « Belle demeure normande dans un parc au bord de la Seine », ⅃, ✗ – 📺 ☎ 🅿, 🝵 ⓪ 🅶🅱 🇯🇨🇧
    fermé 2 au 31 janv., dim. soir et lundi d'oct. à mai – **Repas** 135/280, enf. 70 – ⌧ 60 – **7 ch** 450/650, 6 appart – ½ P 475/525.

12320 Aveyron 🛛🛛 ① ② G. Gorges du Tarn (plan) – 362 h alt. 250.

Voir Site★★ – Église Ste-Foy★★ : tympan du portail Ouest★★★ et trésor★★★ – Le Cendié ≼★ O : 2 km par D 232 – Site du Bancarel ≼★ S : 3 km par D 901.

🛿 Office de Tourisme ℘ 65 72 85 00.

Paris 629 – Rodez 39 – Aurillac 56 – Espalion 50 – Figeac 44.

    🏨 **Ste-Foy** ⑤, ℘ 65 69 84 03, Fax 65 72 81 04, 🏤 – 🛗 ☎. 🝵 🅶🅱
    9 avril-22 oct. – **Repas** (nombre de couverts limité - prévenir) 100 (déj.), 150/280 – ⌧ 55 – **17 ch** 300/800 – ½ P 465/1015.

    🏠 **Aub. St-Jacques** ⑤, ℘ 65 72 86 36, Fax 65 72 82 47 – ☎ ♿ 🅿. 🅶🅱. ✗ rest
    fermé janv. et lundi de nov. à mars – **Repas** 83/170 – ⌧ 27 – **14 ch** 220/280 – ½ P 240/260.

29217 Finistère 🛛🛛 ③ G. Bretagne – 2 149 h alt. 30.

Voir Site★.

🛿 Office de Tourisme Beauséjour (saison) ℘ 98 89 11 31.

Paris 620 – ◆Brest 24 – Brignogan-Plages 58 – Saint-Pol-de-Léon 85.

🏨 **Pointe Ste-Barbe**, ℰ 98 89 00 26, Fax 98 89 14 81, ≤ mer et les îles – 🛗 📺 ☎ 🕭 🅿 –
🛄 40. 🖭 ◑ ⨹ ❤ rest
fermé 12 nov. au 17 déc. – **Repas** *(fermé lundi sauf du 1ᵉʳ juil. au 15 sept.)* 92/430 – ⌑ 34 –
49 ch 170/607 – ½ P 299/510.

à la Pointe de St-Mathieu S : 4 km – ✉ **29217** Le Conquet :

Voir Phare ❋★★ – Ruines de l'église abbatiale★.

🍽🍽 **Corotel-Pointe St-Mathieu** M avec ch, ℰ 98 89 00 19, Fax 98 89 15 68, ≤ – 🛗 📺 ☎ 🕭
– 🛄 30. 🖭 ◑ ⨹ ❤
fermé mi-janv. à mi-fév. – **Repas** *(fermé dim. soir et mardi d'oct. à avril)* 98/400, enf. 50 –
⌑ 35 – **15 ch** 300/400 – ½ P 280/335.

RENAULT Gar. Taniou le Goff ℰ 98 89 00 29

Les CONTAMINES-MONTJOIE 74170 H.-Savoie 📆 ⑧ G. Alpes du Nord – 994 h alt. 1 164 – Sports
d'hiver : 1 164/2 500 m ≼ 3 ≴ 23 🎿.

Voir ≤★ sur gorges de la Gruvaz NE : 5 km.
🅱 Office de Tourisme pl. Mairie ℰ 50 47 01 58, Fax 50 47 09 54.
Paris 606 – Chamonix-Mont-Blanc 32 – Annecy 89 – Bonneville 49 – Megève 19 – St-Gervais-les-Bains 8,5.

🏨 **La Chemenaz et rest. la Trabla**, ℰ 50 47 02 44, Fax 50 47 12 73, ≤, 🏤, 🛴, 🍃 – 🛗 📺
☎ 🅿. ⨹ ❤ rest
15 juin-15 sept. et 20 déc.-15 avril – **Repas** 115/145, enf. 60 – ⌑ 55 – **38 ch** 535 – ½ P 445.

🏨 **Gai Soleil** 🐾, ℰ 50 47 02 94, ≤, 🍃 – ☎ 🅿. ⨹ ❤ rest
15 juin-17 sept. et 20 déc.- avril – **Repas** 99 🍴 – ⌑ 35 – **19 ch** 290/420 – ½ P 350/480.

🏠 **Le Chamois**, ℰ 50 47 03 43, Fax 50 47 12 59, ≤, 🍃 – cuisinette 📺 ☎ 🅿. ⨹
25 juin-18 déc.-15 avril – **Repas** (dîner seul. en été) 140 (déj.), 150/210 – ⌑ 43 –
20 ch 295/430 – ½ P 375.

🏠 **Christiania**, ℰ 50 47 02 72, ≤, 🏤, 🛴, 🍃 – 📺 ☎ 🅿. 🖭 ◑ ⨹
20 juin-10 sept. et 20 déc.-10 avril – **Repas** snack (dîner seul. en été) 107 🍴 – ⌑ 38 – **14 ch**
210/390 – ½ P 345.

🍽🍽 **Le Vivier et H. Le Miage** M 🐾 avec ch, ℰ 50 47 01 63, Fax 50 47 14 08, 🏤, 🍃 –
cuisinette 📺 ☎ 🅿. ⨹
20 juin-30 sept. et 20 déc.-28 avril – **Repas** 100/220, enf. 45 – **12 ch** 400.

CONTAMINE-SUR-ARVE 74130 H.-Savoie 📆 ⑦ – 1 125 h alt. 449.
Paris 550 – Annecy 44 – Thonon-les-Bains 36 – Bonneville 8 – Chamonix-Mont-Blanc 62 – ◆Genève 19 – Megève 47 –
Morzine 47.

🍽🍽 **Tourne Bride** avec ch, ℰ 50 03 62 18, Fax 50 03 91 99 – ⨹
fermé 1ᵉʳ au 14 mai, 21 août au 3 sept., dim. soir et lundi – **Repas** 68 (déj.), 95/170 🍴 – ⌑ 25 –
8 ch 160/220 – ½ P 180/250.

CONTEVILLE 27210 Eure �55 ④ – 701 h alt. 30.
Paris 185 – ◆ Le Havre 33 – Évreux 75 – Honfleur 13 – Pont-Audemer 12 – Pont-l'Évêque 28.

🍽🍽🍽 ✿ **Aub. Vieux Logis** (Louet), ℰ 32 57 60 16, Fax 32 57 45 84 – 🖭 ◑ ⨹ 🅭🅲🅱
fermé 20 au 30 sept., fév., merc. soir et jeudi – **Repas** (carte le week-end) 130/230 et carte
270 à 350
Spéc. Ravioles de Saint-Jacques aux poivrons doux (oct. à mai). Foie gras poêlé sur lit de pommes à la cannelle.
Baluchon de pommes et raisins confits au cidre.

CONTIS-PLAGE 40 Landes 📖 ⑮ – ✉ **40170** St-Julien-en-Born.
Paris 716 – Mont-de-Marsan 76 – ◆Bayonne 89 – Castets 32 – Mimizan 23.

🏠 **Neptune** sans rest, ℰ 58 42 85 28 – 📶 🅿. ⨹
1ᵉʳ juin-30 sept. – ⌑ 25 – **16 ch** 170/270.

CONTRES 41700 L.-et-Ch. 📖 ⑰ – 2 979 h alt. 100.
Paris 202 – ◆ Tours 64 – Blois 21 – Châteauroux 79 – Montrichard 21 – Romorantin-Lanthenay 26.

🏨 **France**, ℰ 54 79 50 14, Fax 54 79 02 95, 🏤, 🛁, 🛴 – ⋇ ch, 🖩 rest 📺 ☎ 🕭 🚗 🅿 –
🛄 30. 🖭 ⨹ ❤ rest
Repas (fermé 1ᵉʳ fév. au 10 mars) 100/270 – ⌑ 55 – **37 ch** 305/420 – ½ P 315/375.

🍽 **La Botte d'Asperges**, ℰ 54 79 50 49, Fax 54 79 08 74 – ⨹
Repas 80/170 🍴, enf. 50.

NE : 6 km par D 122, D 99 et VO – ✉ **41700** Contres :

🏰 **Château de la Gondelaine** 🐾, ℰ 54 79 09 14, Fax 54 79 64 92, « Parc boisé » – 📺 ☎
🅿. 🖭 ◑ ⨹
fermé 15 janv. au 1ᵉʳ mars – **Repas** (fermé merc.) 155/280 – ⌑ 45 – **15 ch** 450/830 –
½ P 490/550.

à Oisly SO : 6 km par D 675 et D 21 – 319 h. – ✉ **41700** :

🍽🍽 **St-Vincent**, ℰ 54 79 50 04 – ⨹
fermé 24 au 30 avril, 15 au 30 oct., dim. soir, lundi et soirs fériés – **Repas** 90/215, enf. 45.

RENAULT Dubreuil Autom., RN 15 à Chémery ℰ 54 71 80 06

CONTREVOZ 01 Ain 📖 ⑭ – rattaché à Belley.

CONTREXÉVILLE 88140 Vosges 📖 ⑭ G. Alsace Lorraine – 3 945 h alt. 337. – Stat. therm. – Casino Y.

🖪 Office de Tourisme, r. du Shah de Perse ☎ 29 08 08 68, Fax 29 08 25 40.

Paris 347 ③ – Épinal 46 ① – Langres 67 ② – Luxeuil 69 ② – ♦Nancy 85 ① – Neufchâteau 28 ③.

🏨 **Cosmos,** r. Metz ☎ 29 08 15 90, Fax 29 08 68 67, 🔔, 🏊, 🌊, 🎾 – 🛗 📺 ☎ 🅿 – 🔬 25 à 50. 🆎 ⑩ ☒. 🍴 rest
29 avril-16 oct. – **Repas** 157/190 – 🍽 47 – **81 ch** 369/438, 5 appart. Y u

🏨 **Gd H. Établissement,** ☎ 29 08 17 30, Fax 29 08 92 38 – 🛗 📺 ☎ 🅿 🆎 ⑩ ☒. 🍴 rest
8 avril-24 sept. – **Repas** 157/175 – 🍽 42 – **29 ch** 288/328. Z e

🏨 **Souveraine** sans rest, dans le parc ☎ 29 08 09 59, Fax 29 08 92 38 – 📺 ☎ 🅿 🆎 ⑩ ☒
🍽 42 – **32 ch** 288/328. Y r

🏨 **Sources,** r. Ziwer-Pacha ☎ 29 08 04 48, Fax 29 08 63 01 – ☎. 🆎 ☒. 🍴 rest
avril-oct. – **Repas** 100/180, enf. 50 – 🍽 35 – **40 ch** 160/315 – ½ P 265/300. Z x

🏨 **Beauséjour,** r. Ziwer-Pacha ☎ 29 08 04 89, Fax 29 08 62 28, 🍴 – ☎. 🆎 ☒. 🍴 rest
5 avril-5 oct. – **Repas** 95/250 🍷 – 🍽 32 – **32 ch** 200/250. Z v

🏨 **France,** av. Roi Stanislas ☎ 29 08 04 13, Fax 29 08 69 96 – ☎ 🅿 🆎 ⑩ ☒ Z z
fermé 15 déc. au 15 janv. et dim. soir en déc. et janv. –
Repas 80/200 🍷, enf. 55 – 🍽 31 – **33 ch** 160/285 – ½ P 320/365.

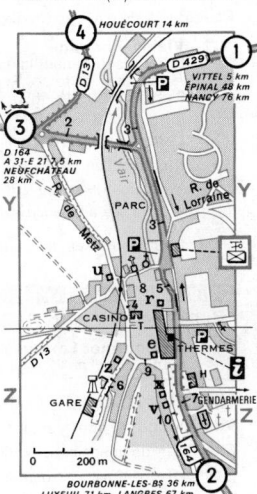

CONTREXÉVILLE

COQUELLES 62 P.-de-C. 📖 ② – rattaché à Calais.

La COQUILLE 24450 Dordogne 📖 ⑯ – 1 515 h alt. 340.

Paris 443 – ♦Limoges 44 – Brive-la-Gaillarde 82 – Nontron 30 – Périgueux 50 – St-Yrieix-la-Perche 24.

🏨 **Voyageurs,** N 21 ☎ 53 52 80 13, Fax 53 62 18 29, 🌿 – 📺 ☎ 🍴 🅿 ⑩ ☒
15 avril-30 sept. et fermé mardi midi et lundi du 15 avril au 30 juin – **Repas** 100/300 🍷, enf. 60 – 🍽 35 – **10 ch** 175/300 – ½ P 210/290.

PEUGEOT Gar. Fauriat, ☎ 53 52 80 60
RENAULT Gar. Fayol, ☎ 53 52 81 35

CORBEHEM 62 P.-de-C. 📖 ③ – rattaché à Douai.

CORBEIL-ESSONNES 91 Essonne 📖 ①, 📖 ㊲, 📖 ㉜ – voir à Évry.

CORBIGNY 58800 Nièvre 📖 ⑮ G. Bourgogne – 1 802 h alt. 197.

Paris 239 – Autun 75 – Avallon 37 – Clamecy 30 – Nevers 61.

🏨 **La Buissonière,** pl. St-Jean ☎ 86 20 02 13, Fax 86 20 13 85, 🍴 – ☼ ch 📺 ☎ 🅿. ☒
Repas (fermé 12 au 29 fév., dim. soir et lundi) 78/275 bc 🍷 – 🍽 30 – **25 ch** 250/290 – ½ P 245.

CITROEN Gar. Philizot, ☎ 86 20 00 34   FORD Gar. Poinsard, ☎ 86 20 10 88 🅽
☎ 86 20 10 88

CORDES-SUR-CIEL 81170 Tarn 📖 ⑳ G. Pyrénées Roussillon (plan) – 932 h alt. 274.

Voir Site★★ – Maisons gothiques★★ – Musée de l'Outil★ à Vindrac-Alayrac O : 5 km.

🖪 Office de Tourisme ☎ 63 56 00 52, Fax 63 56 19 52, et pl. Bouteillerie (saison) ☎ 63 56 14 11.

Paris 668 – ♦Toulouse 80 – Albi 25 – Montauban 59 – Rodez 82 – Villefranche-de-Rouergue 46.

🏨 ☼ **Grand Écuyer** (Thuriès) Ⓜ 🦀, ☎ 63 56 01 03, Fax 63 56 18 83, ≤ vallée, « Demeure gothique, bel intérieur » – 🍽 rest 📺 ☎ – 🔬 30. 🆎 ⑩ ☒ 🎴
15 avril-15 oct. et fermé mardi midi et lundi sauf juil.-août – **Repas** 160/360 et carte 320 à 430 – 🍽 70 – **12 ch** 600/850
Spéc. Foie de canard cuit au torchon. Magret de canard "poivre et sel". Gratin de fraises des bois au citron. Vins Gaillac blanc et rouge.

🏨 **Host. du Vieux Cordes** Ⓜ 🦀, ☎ 63 56 00 12, Fax 63 56 02 47, ≤, 🍴 – 📺 ☎. 🆎 ⑩ ☒
fermé janv. – **Repas** (fermé dim. soir et lundi d'oct. à avril) 80, enf. 50 – 🍽 40 – **21 ch** 265/420 – ½ P 295.

Annexe La Cité 🦀 sans rest, ☎ 63 56 03 53 – ☎. 🆎 ⑩ ☒
15 avril-15 oct. – 🍽 30 – **8 ch** 240/280.

PEUGEOT Gar. Barrié, ☎ 63 56 02 61

`CORDON` 74 H.-Savoie 🔢 ⑦ ⑧ – rattaché à Sallanches.

`CORENC` 38 Isère 🔢 ⑤ – rattaché à Grenoble.

`CORMEILLES-EN-VEXIN` 95 Val-d'Oise 🔢 ⑲, 🔢 ⑤ – rattaché à Cergy-Pontoise.

`CORMERY` 37320 I.-et-L. 🔢 ⑮ G. Châteaux de la Loire – 1 323 h alt. 88.

Paris 246 – ♦Tours 22 – Blois 61 – Château-Renault 46 – Loches 21 – Montrichard 31.

  XX **Aub. du Mail,** pl. Mail *⌀* 47 43 40 32, 🌤 – GB
    fermé 15 au 30 juin, 15 au 30 nov., jeudi soir de sept. à juin, vend. midi en juil.-août, vend. soir et sam. midi – **Repas** 95/260, enf. 60.

`CORNAS` 07 Ardèche 🔢 ⑳ – rattaché à St-Péray.

`CORNILLON` 30630 Gard 🔢 ⑨ – 609 h alt. 55.

Paris 667 – Alès 52 – Avignon 50 – Bagnols-sur-Cèze 16 – Pont-Saint-Esprit 24.

  🏛 **Vieille Fontaine** ♨, *⌀* 66 82 20 56, Fax 66 82 33 64, ≼, 🌤, « Piscine et jardin en terrasses dominant la vallée » – 🚫 ch 📺 ☎. 🖭 GB
    fermé janv. et fév. – **Repas** *(fermé dim. soir et merc. sauf juil.-août)* 195/230 – 🍽 65 – **8 ch** 550/850 – ½ P 650/750.

    L'atlante stradale Michelin della FRANCIA è :

    – *tutta la cartografia dettagliata (1/200 000) in un solo volume,*

    – *decine di piante di città,*

    – *un indice alfabetico delle località...*

    Lo strumento di viaggio indispensabile nel vostro veicolo.

`CORNY-SUR-MOSELLE` 57680 Moselle 🔢 ⑬ – 1 490 h alt. 176.

Paris 319 – ♦Metz 13 – ♦Nancy 41 – Pont-à-Mousson 14 – Verdun 59.

  XX **Au Gourmet Lorrain,** r. Moselle *⌀* 87 52 81 56 – 🔴 GB
    fermé 15 juil. au 12 août, dim. soir, soirs fériés et jeudi – **Repas** 160/230 🍷.

`CORPS` 38970 Isère 🔢 ⑮ ⑯ G. Alpes du Sud – 512 h alt. 937.

Voir Barrage★★, pont★ et lac★ du Sautet O : 4 km.

Env. Site★ de la basilique N.-D. de la Salette, ≼★ N : 15 km par D 212ᶜ.

🅱 Office de Tourisme (juil.-août) *⌀* 76 30 03 85.

Paris 634 – Gap 40 – ♦Grenoble 64 – La Mure 25.

  🏛 **Le Tilleul,** *⌀* 76 30 00 43, 🌤 – ☎ 🚗, 🖭 🔴 GB
  ⇤ *fermé 1ᵉʳ nov. au 15 déc. –* **Repas** 73/150 🍷, enf. 45 – 🍽 30 – **10 ch** 220/240 – ½ P 220/240.

  🏛 **Nouvel H.,** *⌀* 76 30 00 35, Fax 76 30 03 00, ≼, 🌤 – 🚫 ch ☎ 🅿. 🖭 🔴 GB
  ⇤ *fermé mars –* **Repas** 80/120, enf. 50 – 🍽 30 – **20 ch** 320 – ½ P 220/240.

  🏛 **Napoléon** sans rest, *⌀* 76 30 00 42 – 🚫 ch ☎. GB
    15 fév.-31 oct. – 🍽 32 – **22 ch** 200/310.

  XX **Poste** avec ch, *⌀* 76 30 00 03, Fax 76 30 02 73, 🌤 – 📺 ☎ 🚗. 🖭 GB
    fermé 1ᵉʳ déc. au 20 janv. – Repas 95/265 et carte 160 à 320 – 🍽 36 – **20 ch** 220/430 – ½ P 240/350.

    au NE : 4 km par rte La Salette et D 212c – alt. 1 260 – ✉ **38970** Corps :

  🏛 **Boustigue H.** ♨, *⌀* 76 30 01 03, Fax 76 30 04 04, ≼, 🔆, 🌳, 💥 – ☎ 🅿 – 🔼 30. GB
    30 avril-20 oct. – **Repas** 90/145, enf. 55 – 🍽 37 – **30 ch** 236/341 – ½ P 305/330.

CITROEN Gar. du Dauphiné, *⌀* 76 30 01 10 🅽   RENAULT Gar. Rivière, *⌀* 76 30 01 13 🅽
⌀ 76 30 00 28   *⌀* 76 30 01 13

`CORRENÇON-EN-VERCORS` 38 Isère 🔢 ④ – rattaché à Villard-de-Lans.

`CORRÈZE` 19800 Corrèze 🔢 ⑨ G. Berry Limousin – 1 145 h alt. 450.

Paris 486 – Brive-la-Gaillarde 45 – ♦Limoges 89 – Tulle 18 – Ussel 50.

  🏛 **Seniorie** ♨, *⌀* 55 21 22 88, Fax 55 21 24 00, ≼, 🌤, 🎣, 🔆, 🌳, 💥 – 🚇 🖭 📺 ☎ 🚗 🅿 – 🔼 35. 🖭 🔴 GB
    1ᵉʳ mars-15 oct. et fermé sam. sauf de mai à août – **Repas** 135/250, enf. 50 – 🍽 52 – **29 ch** 530 – ½ P 410.

⚓ Relations avec le continent : 50 mn env. par avion, 5 à 10 h par bateau (voir à Marseille, Nice et Toulon).

Plan page suivante

Ajaccio P 2A Corse-du-Sud 20 ⑰ – 58 315 h alt. 18 – Casino Z – ⊠ 20000 Ajaccio.

Voir Musée Fesch★★ Z – Maison Bonaparte★ Z – Place d'Austerlitz Y 3 : monument de Napoléon 1er★ Y N – Jetée de la Citadelle ≤★ YZ – Place Gén.-de-Gaulle ≤★ Z.

Env. S : golfe d'Ajaccio★★ – Pointe de la Parata ≤★★ 12 km par ③ puis 30 mn.

Excurs. aux Iles Sanguinaires★★.

✈ d'Ajaccio-Campo dell'Oro : ℰ 95 21 03 64, par ① : 7 km.

🛈 Office de Tourisme Hôtel de Ville, av. Serafini ℰ 95 21 40 87 et 95 21 53 39 – A.C. de la Corse, 65 cours Napoléon ℰ 95 23 15 01.

Bastia 151 ① – Bonifacio 137 ① – Calvi 175 ① – Corte 81 ① – L'Ile-Rousse 151 ①.

Plan page suivante

🏨 **Albion** sans rest, 15 av. Gén. Leclerc ℰ 95 21 66 70, Télex 460846, Fax 95 21 17 55 – 🛗 🗖
    📺 ☎. ⅋ ⓘ 🏧. ⅋   Y k
    ⊡ 40 – **62 ch** 482/550.

🏨 **Costa** ⑤ sans rest, 2 bd Colomba ℰ 95 21 43 02, Télex 468080, Fax 95 21 59 82 – 🛗 📺
    ☎ ⟵. ⅋ ⓘ 🏧. ⅋   Y x
    ⊡ 38 – **53 ch** 348/533.

🏨 **Napoléon** sans rest, 4 r. Lorenzo Vero ℰ 95 51 54 00, Fax 95 21 80 40 – 🛗 ▤ 📺 ☎. ⅋
    ⓘ 🏧   Z s
    ⊡ 45 – **62 ch** 400/450.

🏨 **San Carlu** sans rest, 8 bd Casanova ℰ 95 21 13 84, Fax 95 21 09 99 – 🛗 📺 ☎ ৬. ⅋ ⓘ
    🏧. ⅋   Z f
    fermé 23 déc. au 3 janv. – ⊡ 35 – **40 ch** 395/490.

🏨 **Fesch** sans rest, 7 r. Cardinal Fesch ℰ 95 21 50 52, Fax 95 21 83 36 – 🛗 ▤ 📺 ☎. ⅋ ⓘ
    🏧   Z y
    fermé 15 déc. au 15 janv. – ⊡ 38 – **77 ch** 350/420.

🏨 **Spunta di Mare**, rte aéroport par ① ℰ 95 23 74 40, Fax 95 20 80 02 – 🛗 📺 ☎ – 🏛 30.
    ⅋ ⓘ 🏧. ⅋ rest
    hôtel : fermé 20 déc. au 31 janv. ; rest. : ouvert 31 mars-1er nov. – Repas 75 (déj.)/88 ⅋ –
    ⊡ 35 – **64 ch** 271/624 – ½ P 283/314.

XX **A La Funtana**, 9 r. Notre Dame ℰ 95 21 78 04, Fax 95 51 40 56 – ▤. ⅋ ⓘ 🏧 JCB
    fermé 20 juin au 20 juil., lundi midi et dim. – Repas 120/250.   Z a

X **Point "U"**, 59 bis r. Cardinal Fesch ℰ 95 21 59 92 – ▤. 🏧   Z t
    fermé 23 au 29 déc. et dim. – Repas 90/165.

X **France**, 59 r. Cardinal Fesch ℰ 95 21 11 00 – ⅋ ⓘ 🏧   Z n
    fermé nov. et dim. – Repas 95/120 ⅋.

X **Le Piano**, 13 bd Roi Jérôme ℰ 95 51 23 81, 🌤 – ▤. ⅋ ⓘ 🏧   Z e
↘ fermé 15 janv. au 15 fév. et dim. – Repas 60/170.

à Afa par ① : 10 km par route de Bastia et D 161 – ⊠ 20167 Mezzaria :

XX **Aub. d'Afa**, ℰ 95 22 92 27, 🌤 – ℗. ⅋ ⓘ 🏧
    fermé fév. et lundi – Repas 120/150.

Plaine de Cuttoli par ① : 10 km par rte de Bastia, gare de Mezzavia et VO – ⊠ 20167
Mezzavia :

XX **U Licettu**, ℰ 95 25 61 57, Fax 95 53 71 00, ≤, 🌤, « Jardin fleuri » – ℗. 🏧. ⅋
    fermé nov. et lundi sauf août – Repas (prévenir) 200 bc.

à Bastelicaccia par ①, N 196 et D 3 : 11 km – ⊠ 20129 Bastelicaccia :

XX **Aub. Seta**, ℰ 95 20 00 16, Fax 95 23 80 66, ≤ – 🏧
    fermé dim. soir et lundi – Repas 90/170.

rte des îles Sanguinaires par ② – ⊠ 20000 Ajaccio :

🏨 ❀ **Dolce Vita et rest. La Mer** ⑤, à 9 km ℰ 95 52 00 93, Fax 95 52 07 15, 🌤, « Terrasse
    en bord de mer, ⊼, ≤ Iles Sanguinaires et le golfe », ✍ – ▤ ch 📺 ☎ ℗ – 🏛 25. ⅋ ⓘ
    🏧. ⅋ rest
    début avril-fin oct. – Repas 200/250 et carte 230 à 380 – ⊡ 60 – **32 ch** 435/970 –
    ½ P 665/800
    Spéc. Pageot aux arômes d'olives et anchois. Suprême de denti à la pomme de pigne de pin. Ravioli verts, fricassée de
    langouste à l'estragon. Vins Porto-Vecchio.

🏨 **Cala di Sole** ⑤, à 6 km ℰ 95 52 01 36, Fax 95 52 00 20, ≤, ⊼, ⚓, ⅋ – ▤ ch 📺 ☎ ℗.
    ⅋ ⓘ 🏧. ⅋ rest
    1er avril-15 oct. – Repas carte 180 à 340 – **31 ch** (½ pens. seul.) – ½ P 640.

🏨 **La Pinède** M ⑤ sans rest, à 3,5 km ℰ 95 52 00 44, Fax 95 52 09 48, ≤, ⊼, ⅋ – ▤ 📺 ☎
    ৬ – 🏛 50. ⅋ ⓘ 🏧. ⅋
    ⊡ 40 – **39 ch** 600/880.

X **Nausicaa**, à 7 km ℰ 95 52 01 42, ≤, 🌤 – ℗. ⅋ ⓘ 🏧
    fermé lundi d'oct. à avril – Repas 120 (déj.), 180/250.

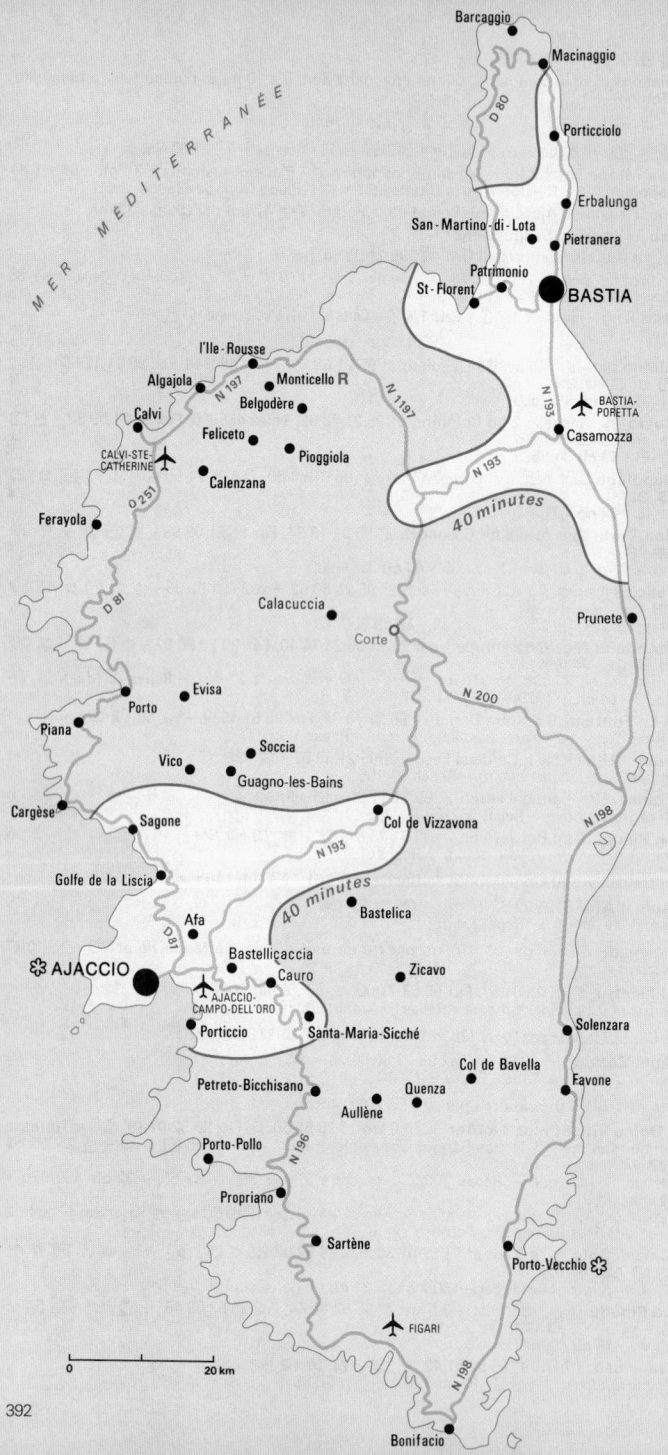

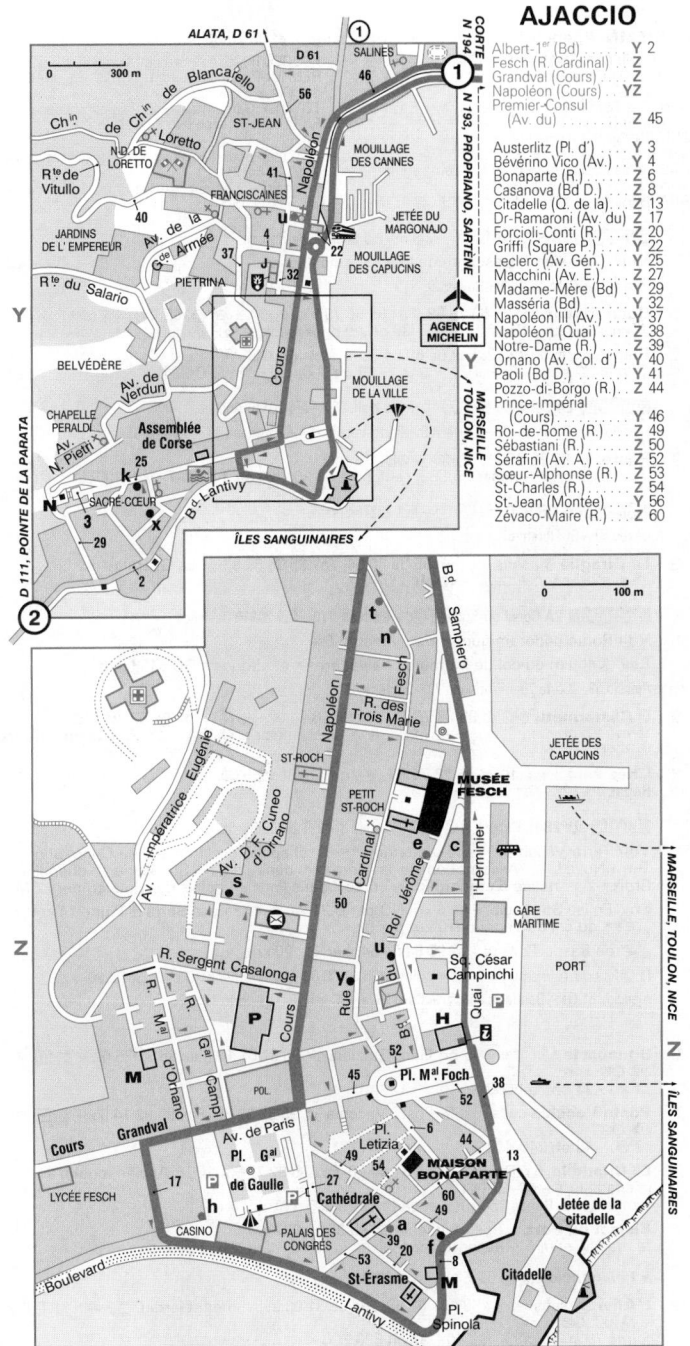

AJACCIO

393

MICHELIN, Agence, D 503, Parc Ind. Vazzio par ① Y ℘ 95 20 30 55

ALFA ROMEO, NISSAN Ajaccio-Technic-Auto,
Résidence 1ᵉʳ Consul, r. Mar.-Lyautey
℘ 95 22 15 83
BMW Gar. Bernardini, rte de Mezzavia, le Stiletto
℘ 95 22 29 15
CITROEN Ajaccio-Nord-Autom., N 194,
rte de Mezzavia par ① ℘ 95 20 97 61
FORD Ile de Beauté Autom., N 194 Pernicaggia
Mezzavia Ajaccio ℘ 95 20 34 85
LADA Gar. Lombardi, 7 r. Bonardi ℘ 95 22 43 85

PEUGEOT S.D.A.C., rte de Mezzavia ℘ 95 29 48 00
RENAULT Ajaccio Autom., N 193, Vignetta Campo
dell Oro ℘ 95 22 38 00
TOYOTA Gar. Emmanuelli, Espace Rocade
Rd-Pt de la Rocade par ① ℘ 95 20 31 64

⏚ Autos-Pneus-Sce-Point S, rte de Mezzavia, km 3
℘ 95 22 64 40
Corse Echappement Sce, Rd-Pt de la Rocade
℘ 95 20 36 04

Algajola 2B H.-Corse ⑨⓪ ⑬ – 211 h. – ⊠ 20220 L'Ile-Rousse.

Voir Citadelle★ – Descente de Croix★ dans l'église.

Bastia 81 – Calvi 15 – L'Ile-Rousse 9.

🏠 **Beau Rivage,** ℘ 95 60 73 99, Fax 95 60 79 51, ≤, 🏡 – 🕿 🅿, 🖭 ⒼⒷ. 🛠 rest
1ᵉʳ mai-15 oct. – **Repas** 95/160 – **36 ch** (½ pens. seul.) – ½ P 280/360.

🏠 **Plage,** ℘ 95 60 72 12, Fax 95 60 64 89, ≤ – 🕿 🅿. ⒼⒷ. 🛠
1ᵉʳ mai-30 sept. – **Repas** 90 – �???⊇ 20 – **36 ch** 300/375 – ½ P 250/284.

Aullène 2A Corse-du-Sud ⑨⓪ ⑦ – 149 h alt. 850 – ⊠ 20116 Aullène.

Ajaccio 69 – Bonifacio 88 – Corte 105 – Porto-Vecchio 59 – Propriano 36 – Sartène 35.

🏡 **Poste,** ℘ 95 78 61 21, ≤, 🏡 – ⒼⒷ. 🛠 rest
1ᵉʳ mai-30 sept. – **Repas** 85/95 ♨, enf. 65 – ⊇ 30 – **20 ch** 140/240 – ½ P 200/240.

Barcaggio 2B H.-Corse ⑨⓪ ① – ⊠ 20275 Ersa.

Bastia 50 – St-Florent 67.

🏠 **La Giraglia** ⟡ sans rest, ℘ 95 35 60 54, Fax 95 35 65 92, ≤ La Giraglia – 🕿
1ᵉʳ avril-30 sept. – ⊇ 32 – **12 ch** 320/420.

Bastelica 2A Corse-du-Sud ⑨⓪ ⑥ – 436 h alt. 770 – ⊠ 20119 Bastelica.

Voir Route panoramique★★ du plateau d'Ese.

Env. A 400 m du col de Mercujo : belvédère★★ et cirque★★ SO : 13,5 km.

Ajaccio 39 – Corte 70 – Propriano 70 – Sartène 83.

🏠 **U Castagnetu** ⟡, ℘ 95 28 70 71, Fax 95 28 74 02, ≤, 🏡 – 🕿 🅿. 🖭 ⓪ ⒼⒷ
fermé 1ᵉʳ nov. au 1ᵉʳ janv. et mardi hors sais. – **Repas** 90/150 – ⊇ 35 – **15 ch** 245/330 –
½ P 305.

✕ **Chez Paul** avec ch, ℘ 95 28 71 59, ≤ – cuisinette. 🖭 ⒼⒷ
← **Repas** 75/125 – ⊇ 15 – **6 ch** 240.

Bastia 🅿 2B H.-Corse ⑨⓪ ③ – 37 845 h alt. 3 – ⊠ 20200 Bastia.

Voir Terra-Vecchia★ Y : le vieux port★★ Z , chapelle de l'Immaculée Conception★ Y –
Terra-Nova★ Z : Assomption de la Vierge★★ dans l'église Ste-Marie Z, chapelle Ste-
Croix★ Z, – musée d'ethnographie corse★ dans l'ancien palais des gouverneurs Z M.

Env. Église Ste-Lucie ≤★★ 6 km NO par D 31 X – ≋★★★ de la Serra di Pigno 14 km par ③
– ≤★★ du col de Teghime10 km par ③.

➹ de Bastia-Poretta : ℘ 95 54 54 54, par ② : 20 km.

🛈 Office de Tourisme pl. Saint-Nicolas ℘95 31 00 89 – A.C. pl. Vincetti ℘ 95 33 25 80.

Ajaccio 151 ② – Bonifacio 168 ② – Calvi 95 ③ – Corte 70 ② – Porto 134 ②.

Plan page ci-contre

🏠 **Bonaparte** sans rest, 45 bd Gén. Graziani ℘ 95 34 07 10, Fax 95 32 35 62 – 🛗 📺 🕿. 🖭
⓪ ⒼⒷ 🇯🇨🇧   X u
⊇ 40 – **23 ch** 350/600.

🏠 **Posta Vecchia** sans rest, r. Posta Vecchia ℘ 95 32 32 38, Fax 95 32 14 05 – 🛗 📺 🕿. 🖭
⓪ ⒼⒷ   Y s
⊇ 30 – **49 ch** 240/440.

✕✕ **La Citadelle,** 6 r. Dragon ℘ 95 31 44 70, Fax 95 32 77 53, 🏡, « Ancien moulin à huile de
la citadelle » – 🍽. 🖭 ⒼⒷ   Z a
fermé dim. – **Repas** 150 (déj.)et carte 220 à 295, enf. 45.

✕ **Bistrot du Port,** r. Posta Vecchia ℘ 95 32 19 83 – 🍽   Y u
fermé fév. et dim. – **Repas** (dîner seul. en juil.août) carte 210 à 300.

à Palagaccio par ① : 2,5 km – ⊠ 20200 Bastia :

🏨 **L'Alivi** ⟡ sans rest, ℘ 95 31 61 85, Fax 95 31 03 95, ≤ mer et jardin, ⟰, 🌳 – 🛗 📺 🕿 🅿
– 🛁 60. ⒼⒷ
fermé 19 au 25 déc. – ⊇ 40 – **37 ch** 530/800.

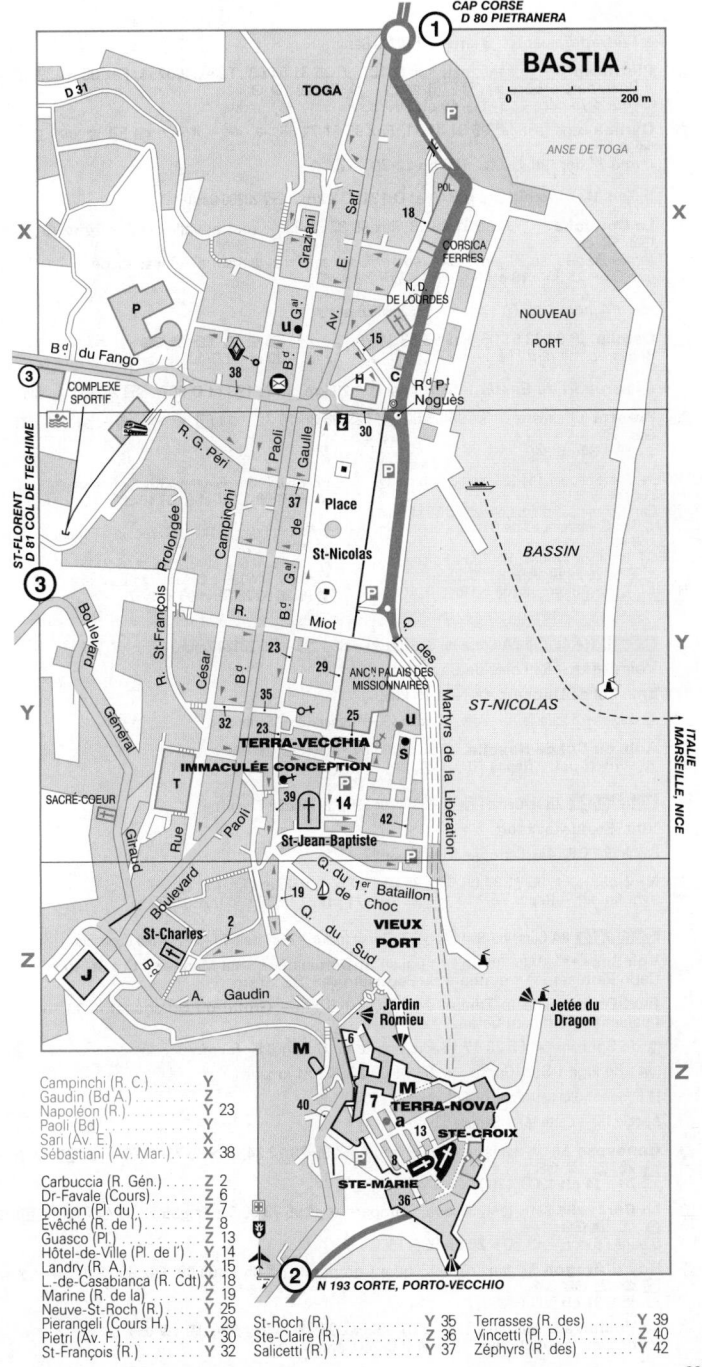

CAP CORSE
D 80 PIETRANERA
①

BASTIA

0   200 m

TOGA

ANSE DE TOGA

X   X

18

CORSICA FERRIES

N. D.
DE LOURDES   NOUVEAU

PORT

B⁴ du Fango

③

COMPLEXE
SPORTIF

15

H C R⁴ P¹
Noguès

38   30

ST-FLORENT
D 81 COL DE TEGHIME

③

37   Place

St-Nicolas   BASSIN

Miot

ITALIE
MARSEILLE, NICE

23
Y   29   ANCⁿ PALAIS DES   Y
MISSIONNAIRES
35   ST-NICOLAS
25
23
32
TERRA-VECCHIA
IMMACULÉE CONCEPTION

39   14

42

St-Jean-Baptiste

SACRÉ-COEUR

19   Q. du 1er Bataillon
Choc

**VIEUX
PORT**
2

St-Charles

A. Gaudin

Jardin
Romieu   Jetée du
Dragon

J   Z

M
6

M
M
40   7   **TERRA-NOVA**
a
13   **STE-CROIX**
8
STE-MARIE
36

② N 193 CORTE, PORTO-VECCHIO

à Pietranera par ① : 3 km – ✉ **20200** Bastia :

🏨 **Pietracap** Ⓜ ⑤ sans rest, sur D 131 , 🖉 95 31 64 63, Télex 460254, Fax 95 31 39 00, ≤, « Beau parc arboré », ⏋ – 📺 ☎ 🅿 – ⚙ 30. 🎴 ⓪ 🇬🇧
1ᵉʳ mars-15 déc. – ⏏ 40 – **40 ch** 380/880.

🏨 **Cyrnea** sans rest, 🖉 95 31 41 71, Fax 95 31 72 65, ≤, ☞ – ⥱ ch 🔲 📺 ☎ ⇦ 🅿. 🇬🇧. ⛟
fermé 1ᵉʳ déc. au 1ᵉʳ fév. – **20 ch** ⏤ 300/420.

à San Martino di Lota par ① et D 131 : 13 km – ✉ **20200** Bastia :

🏨 **La Corniche** ⑤, 🖉 95 31 40 98, Fax 95 32 37 69, ≤ mer et vallée, 🌤 – 📺 ☎ 🅿. 🎴 ⓪ 🇬🇧. ⛟ ch
fermé 20 déc. au 31 janv., dim. soir et lundi sauf d'avril à sept. – **Repas** 95 (déj.), 130/165 ⅋, enf. 65 – ⏤ 35 – **19 ch** 300/450 – ½ P 320/360.

rte d'Ajaccio par ② : 4 km – ✉ **20600** Bastia :

🏨 **Ostella,** 🖉 95 33 51 05, Fax 95 33 11 70, 🌤 – ⫽ 📺 ☎ 🅿. 🎴 ⓪ 🇬🇧
Repas *(fermé dim.)* (dîner seul.) 100/150 – ⏤ 40 – **30 ch** 350/400 – ½ P 320.

à l'aéroport de Bastia-Poretta par ② : 20 km par N 193 et D 507 – ✉ **20290** Lucciana :

🏨 **Poretta** Ⓜ sans rest, 🖉 95 36 09 54, Fax 95 36 15 32 – 🔲 📺 ☎ ⇦ 🅿 – ⚙ 150. 🎴 ⓪ 🇬🇧. ⛟
⏤ 35 – **34 ch** 340.

CITROEN Gar. Socodia, RN 193, sortie Sud par ②
🖉 95 33 36 09
FORD Gar. Schmitt, ZI d'Erbajolo 🖉 95 33 50 41
NISSAN Gar. Costantini, ZI de Bastia
🖉 95 33 55 46
PEUGEOT Insulaire-Autom., RN 193 à Furiani
par ② 🖉 95 54 20 20 🅽 🖉 95 54 20 20
RENAULT Doria-Autom., av. de la Libération
🖉 95 30 13 00

RENAULT Gar. Ginanni, 35 r. C.-Campinchi
🖉 95 31 09 02 🅽 🖉 95 31 46 86

Ⓦ Ferrari Point S, RN 193 Précojo à Furiani
🖉 95 33 51 29
Ferrari Point S, 7 av. E.-Sari 🖉 95 31 06 46
Marcelli, RN 193 à Casamozza-Lucciana
🖉 95 36 00 28 🅽 🖉 95 36 27 75

Bavella (Col de) 2A Corse-du-Sud ⑨⓪ ⑦ – alt. 1 243 – ✉ **20124** Zonza.

Voir ❄*** – E : Forêt de Bavella★★.

Env. Col de Larone ≤★★ NE : 13 km.

Ajaccio 97 – Bonifacio 75 – Porto-Vecchio 49 – Propriano 48 – Sartène 46.

🍴 **Aub. du Col de Bavella,** 🖉 95 57 43 87, 🌤 – 🎴 ⓪ 🇬🇧
15 avril-31 oct. – **Repas** 70/120 ⅋, enf. 49.

Belgodère 2B H.-Corse ⑨⓪ ⑬ – 331 h alt. 390 – ✉ **20226** Belgodère.

Voir ≤★ du vieux fort.

Bastia 79 – Calvi 41 – Corte 57 – L'Ile-Rousse 17.

🏠 **Niobel** ⑤, 🖉 95 61 34 00, Fax 95 61 35 85, ≤ vallée, 🌤 – ☎ 🅿
avril-fin oct. – **Repas** 75/110 ⅋ – ⏤ 26 – **11 ch** 240/330 – ½ P 280/295.

Bonifacio 2A Corse-du-Sud ⑨⓪ ⑨ G. Corse (plan) – 2 683 h alt. 70 – ✉ **20169** Bonifacio.

Voir Site★★★ – Ville haute★★ : église St-Dominique★ – La Marine★ : Col St-Roch ≤★★ – Capo Pertusato ≤★ et phare de Pertusato ❄★ SE : 5 km.

Env. Ermitage de la Trinité ≤★★ NO : 6,5 km – Grotte du Sdragonato★ et tour des falaises★★ 45 mn en bateau.

🏌 de Sperone 🖉 95 73 17 13 à la pointe de Sprono, E : 6 km.

✈ de Figari-Sud-Corse : 🖉 95 71 00 22, N : 21 km.

🛈 Syndicat d'Initiative, pl. de l'Europe, 🖉 95 73 11 88.

Ajaccio 137 – Corte 147 – Sartène 53.

🏨 **Genovese** Ⓜ ⑤ sans rest, ville haute 🖉 95 73 12 34, Fax 95 73 09 03 – 🔲 📺 ☎ 🅿 – ⚙ 25. 🎴 ⓪ 🇬🇧
⏤ 70 – **14 ch** 1300/1700.

🏨 **La Caravelle** sans rest, 35 quai Comparetti 🖉 95 73 00 03, Fax 95 73 00 41 – ⫽ 🔲 📺 ☎ 🅿. 🎴 ⓪ 🇬🇧
8 avril-15 oct. – ⏤ 50 – **28 ch** 590/1600.

🏨 **Roy d'Aragon** Ⓜ sans rest, 13 quai Comparetti 🖉 95 73 03 99, Fax 95 73 07 94 – ⫽ 🔲 📺 ☎. 🎴 🇬🇧. ⛟
⏤ 35 – **31 ch** 590/890.

🍴🍴 **Le Voilier,** à la Marine 🖉 95 73 07 06, Fax 95 73 14 27, 🌤 – 🎴 ⓪ 🇬🇧
fermé janv. à début mars – **Repas** 100/260, enf. 50.

Calacuccia 2B H.-Corse 90 ⑮ – 331 h alt. 830 – ✉ 20224 Calacuccia.

Voir Site★★ – Tour du lac de barrage★★ – Défilé de la Scala di Santa Régina★★ NE : 5 km – Casamaccioli ≤★ SO : 3 km – Chapelle St-Pancrace ≤★ NE : 4 km puis 15 mn.

Bastia 76 – Calvi 99 – Corte 29 – Piana 68 – Porto 58.

🏠 **Acqua Viva** sans rest, ℘ 95 48 06 90, Fax 95 48 08 82 – 📺 ☎ 🅿. 🅖🅑
⊊ 39 – **12 ch** 380/400.

Calenzana 2B H.-Corse 90 ⑭ – 1 535 h alt. 300 – ✉ 20214 Calenzana.

Voir Église Ste-Restitude★ NE : 1 km.

Bastia 99 – Calvi 12 – L'Ile-Rousse 27 – Porto 72.

↟ **Bel Horizon** sans rest, ℘ 95 62 71 72, ≤ –🍽
avril-fin sept. – ⊊ 30 – **13 ch** 250/290.

Calvi ◁🆂▷ 2B H.-Corse 90 ⑬ – 4 815 h alt. 29 – ✉ 20260 Calvi.

Voir Citadelle★ : fortifications★ – La Marine★.

Env. Belvédère N.-D. de-la-Serra ≤★★★ 6 km par ② – 🌣★★ de la terrasse de l'église de Montemaggiore 11 km par ①.

Excurs. en bateau : Calvi-Girolata★★★.

🏌 de Spano ℘ 95 60 75 52, 16 km par ①.

✈ de Calvi-Ste-Catherine : ℘ 95 65 08 09, par ①.

🅱 Office du Tourisme Port de Plaisance ℘ 95 65 16 67, Fax 95 65 14 09 et Office Municipal du Tourisme (Citadelle) ℘ 95 65 36 74 (avr.-oct.).

Bastia 95 ① – Corte 93 ① – L'Ile-Rousse 24 ① – Porto 75 ①.

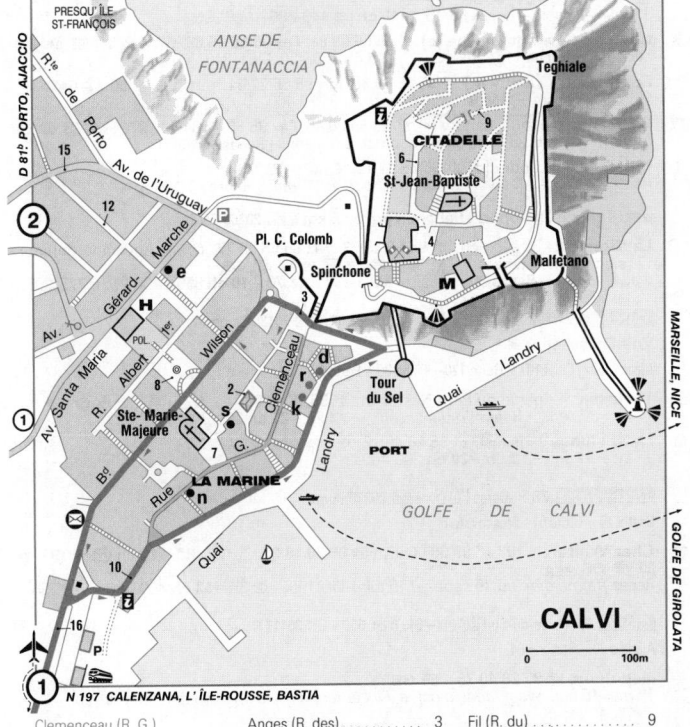

N 197 CALENZANA, L'ÎLE-ROUSSE, BASTIA

CALVI

🏨 **La Villa** M ⌖, chemin de Notre Dame de la Serra par ① : 1 km ℰ 95 65 10 10, Fax 95 65 10 50, ≤, 😤, parc, ⏋, ✘ – ⧉ ⚡ ch ▤ ☎ ♿ ⓟ – 🅿 60. ⒜⒠ ⓪ ⒼⒷ. ❀ *fermé 3 janv. au 31 mars* – **Repas** carte 270 à 390 – ⏛ 80 – **25 ch** 850/1900, 7 appart – ½ P 1150/1550.

🏨 **Le Magnolia et rest. Le Jardin** ⌖, près pl. Marché **(s)** ℰ 95 65 19 16, Fax 95 65 34 52, 😤 – ▤ ch ▦ ☎. ⒜⒠ ⓪ ⒼⒷ. ❀ ch *fermé janv. et fév.* – **Repas** *(fermé merc. d'oct. à juin)* 195/235 – ⏛ 65 – **11 ch** 420/800 – ½ P 750.

🏨 **Meridiana** M sans rest, av. Santa Maria ℰ 95 65 31 38, Fax 95 65 32 72, ≤ – ⧉ ▤ ▦ ☎ ⓟ. ⒜⒠ ⓪ ⒼⒷ. ❀ ⏛ 40 – **37 ch** 540/800.

🏨 **L'Onda** M sans rest, av. Christophe Colomb par ① : 1 km ℰ 95 65 35 00, Fax 95 65 16 26, ≤ – ⧉ ▤ ▦ ▦ ☎ ⓟ. ⒜⒠ ⒼⒷ *1er avril-30 nov.* – ⏛ 35 – **24 ch** 400/700.

🏨 **Balanea** sans rest, 6 r. Clemenceau **(n)** ℰ 95 65 00 45, Fax 95 65 29 71, ≤ – ⧉ ▤ ▦ ☎. ⒜⒠ ⓪ ⒼⒷ ⏛ 60 – **38 ch** 500/1200.

🏨 **St-Érasme** sans rest, rte Ajaccio par ② : 0,8 km ℰ 95 65 04 50, Fax 95 65 32 62, ≤, ⏋, 🍃 – ⧉ ▦ ☎. ⓪ ⒼⒷ *1er avril-20 oct.* – ⏛ 40 – **30 ch** 400/595.

🏨 **Revellata** sans rest, av. Napoléon, rte d'Ajaccio par ② : 0,5 km ℰ 95 65 01 89, Fax 95 65 29 82, ≤ – ☎ ⓟ. ⒜⒠ ⓪ ⒼⒷ ⒿⒸⒷ. ❀ *1er avril-15 oct.* – ⏛ 25 – **43 ch** 350/550.

🏨 **Caravelle** ⌖, à la plage par ① : 0,5 km ℰ 95 65 01 21, Fax 95 65 00 03, 😤, 🍃 – ▦ ☎. ⒼⒷ. ❀ *1er avril-30 oct.* – **Repas** 125/190 – ⏛ 34 – **34 ch** 520 – ½ P 375/410.

🏨 **Corsica** ⌖, par ①, N 197 et rte Pietra Major : 2,5 km ℰ 95 65 03 64, Fax 95 65 00 54, ≤, ⏋, 🍃 – ☎ ⓟ. ⒜⒠ ⓪ ⒼⒷ. ❀ rest *1er mars-1er nov.* – **Repas** 85/150 – **48 ch** ⏛ 440/680 – ½ P 390.

🏠 **Kallisté**, 1 av. Cdt Marche **(e)** ℰ 95 65 09 81, Fax 95 65 35 65, 😤 – ⧉ ☎. ⒜⒠ ⓪ ⒼⒷ *avril-oct.* – **Repas** 115/140 – ⏛ 30 – **28 ch** 350/450 – ½ P 340/360.

XXX **Emile's**, quai Landry **(k)** ℰ 95 65 09 60, Fax 95 65 27 34, ≤, 😤 – ▤. ⒜⒠ ⓪ ⒼⒷ *25 mars-30 sept.* – **Repas** 150/320 et carte 340 à 460.

XX **Ile de Beauté**, quai Landry **(r)** ℰ 95 65 00 46, Fax 95 65 27 34, ≤, 😤 – ▤. ⒜⒠ ⓪ ⒼⒷ *fermé 1er fév. au 25 mars et merc. d'oct. à fin janv.* – **Repas** 100/260.

X **Calellu**, quai Landry **(d)** ℰ 95 65 22 18, ≤, 😤 – ⒜⒠ ⒼⒷ *fermé 30 déc. au 8 fév. et lundi du 1er oct. au 1er mai* – **Repas** 90/100 ♨.

par ① rte de l'aéroport et chemin privé : 5 km – ✉ 20260 Calvi :

XXX **La Signoria** ⌖ avec ch, ℰ 95 65 23 73, Fax 95 65 38 77, 😤, « Ancienne demeure du 17e siècle dans un parc », ⏋, ✘ – ▤ ch ▦ ☎ ⓟ. ⒜⒠ ⒼⒷ *4 avril-15 oct.* – **Repas** 360 et carte 300 à 430 – ⏛ 70 – **10 ch** 850/1100 – ½ P 775/900.

Cargèse 2A Corse-du-Sud 🤍 ⑯ – 915 h alt. 82 – ✉ 20130 Cargèse.

Voir Église latine ≤★.

Ajaccio 50 – Calvi 107 – Corte 120 – Piana 20 – Porto 32.

🏠 **Thalassa** ⌖, plage du Pero N : 1,5 km ℰ 95 26 40 08, ≤, 🐾, 🍃 – ☎ ♿ ⓟ. ❀ rest *1er juin-30 sept.* – **Repas** (½ pens. seul.) – ⏛ 25 – **21 ch** 200/300 – ½ P 350.

🏠 **La Spelunca** sans rest, ℰ 95 26 40 12, ≤ – ☎ 🚗. ❀ *1er avril-31 oct.* – ⏛ 35 – **20 ch** 300/400.

Casamozza 2B H.-Corse 🤍 ③ – ✉ 20290 Borgo.

Bastia 19 – Corte 51 – Vescovato 6.

🏨 **Chez Walter**, N 193 ℰ 95 36 00 09, Fax 95 36 18 92, ⏋, 🍃, ✘ – ▤ ch ▦ ☎ ⓟ – 🅿 80. ⒜⒠ ⓪ ⒼⒷ ⒿⒸⒷ **Repas** *(fermé dim. du 15 sept. au 15 juin)* 110/150 – ⏛ 35 – **53 ch** 400/480 – ½ P 395.

Cauro 2A Corse-du-Sud 🤍 ⑰ – 849 h alt. 356 – ✉ 20117 Cauro.

Ajaccio 20 – Sartène 64.

X **Napoléon**, ℰ 95 28 40 78 – ⒜⒠ ⒼⒷ *1er mai-15 oct., week-ends d'oct. à avril et fermé merc. midi en été* – **Repas** 125.

à Barracone O : 3 km sur N 196 – ✉ 20117 Cauro :

X **U Barracone**, ℰ 95 28 40 55, 😤 – ⓟ. ⒜⒠ ⓪ ⒼⒷ *fermé 10 janv. au 25 fév., dim. soir et lundi du 15 sept. au 15 mars* – **Repas** 125.

Corte <SP> **2B** H.-Corse 90 ⑤ G. Corse (plan) – 5 693 h alt. 396 – ⊠ **20250** Corte.

Voir Ville haute★ : chapelle Ste-Croix★, citadelle ⩽★, belvédère ⁎★ – Mosaïques★ dans l'hôtel de ville.

Env. ⁎★★ du Monte Cecu N : 7 km – SO : Vallée★★ et forêt★ de la Restonica – SE : Vallée du Tavignano★ – Col de Bellagranajo ⁎★★ S : 9,5 km.

🛈 Office de Tourisme Hall de la Paix, av. du Gén.-de-Gaulle ℘95 46 06 76.

Bastia 70 – Bonifacio 147 – Calvi 93 – L'Ile-Rousse 69 – Porto 87 – Sartène 152.

dans les Gorges de la Restonica SO : 2 km sur D 623 – ⊠ **20250** Corte :

🏠 **Dominique Colonna** ⑤, ℘ 95 61 05 45, Fax 95 61 03 91, 佘, ☞ – 📺 ☎ ⅋ 🅿. 🄰🄴 🕕 GB
fermé 1ᵉʳ janv. au 1ᵉʳ mars – **Repas** 90/160 ⅃ – � 45 – **28 ch** 440/550 – ½ P 390/445.

Erbalunga **2B** H.-Corse 90 ② – ⊠ **20222**.

Voir Village★.

Bastia 11.

🏠 **Castel Brando** sans rest, ℘ 95 30 10 30, Fax 95 33 98 18, ⵣ, ☞ – cuisinette 🍽 📺 ☎ 🅿. 🄰🄴 GB
1ᵉʳ mars-15 oct. – ⊏⊐ 25 – **16 ch** 550/800.

Évisa **2A** Corse-du-Sud 90 ⑮ – 257 h alt. 830 – ⊠ **20126** Évisa.

Voir Forêt d'Aïtone★★ – Cascades d'Aïtone★★ NE : 3 km puis 30 mn.

Env. Col de Vergio ⩽★★ NE : 10 km.

Ajaccio 70 – Calvi 98 – Corte 64 – Piana 33 – Porto 23.

🏨 **Aïtone**, ℘ 95 26 20 04, Fax 95 26 24 18, ⩽ vallée, 佘, ⵣ – 📺 ☎ 🅿. 🄰🄴 GB. ⁂ rest
fév.-oct. – **Repas** 85/160 – ⊏⊐ 38 – **32 ch** 200/550 – ½ P 280/470.

🏠 **Scopa Rossa**, ℘ 95 26 20 22, Fax 95 26 24 17, ⩽, 佘 – ☎ ⇔ 🅿. 🕕 GB
1ᵉʳ avril-30 oct. – **Repas** 100/150 – ⊏⊐ 35 – **25 ch** 250/350 – ½ P 280/320.

Favone **2A** Corse-du-Sud 90 ⑦ – ⊠ **20144** Ste Lucie-de-Porto-Vecchio.

Ajaccio 131 – Bonifacio 55.

🏠 **U Dragulinu** ⑤, ℘ 95 73 20 30, Fax 95 73 22 06, ⩽, 佘, 🖎◟, ☞ – ☎ 🅿. 🄰🄴 GB. ⁂ rest
hôtel : 1ᵉʳ mai-15 oct. ; rest. : 1ᵉʳ juin-30 sept. – **Repas** 120, enf. 45 – ⊏⊐ 40 – **32 ch** 600/650 – ½ P 520.

Feliceto **2B** H.-Corse 90 ⑭ – 145 h alt. 370 – ⊠ **20225** Muro.

Bastia 95 – Calvi 25 – Corte 74 – L'Ile-Rousse 16.

🏠 **Gd H. "Mare E Monti"** ⑤, ℘ 95 61 73 06, Fax 95 61 78 67, ⩽, 佘, parc – 🕾 🅿. 🄰🄴 🕕 GB
1ᵉʳ mai-30 sept. – **Repas** 100/150 ⅃ – ⊏⊐ 30 – **18 ch** 220/330 – ½ P 253/297.

Ferayola **2B** H.-Corse 90 ⑭ – ⊠ **20245** Ferayola.

Bastia 116 – Calvi 21 – Porto 54.

🏠 **Aub. de Ferayola** ⑤, ℘ 95 65 25 25, Fax 95 65 20 78, ⩽, 佘, ⵣ, ☞, ⁂ – ☎ 🅿. GB. ⁂
15 mai-30 sept. – **Repas** 85/120 – ⊏⊐ 40 – **10 ch** 310/410 – ½ P 340/390.

Guagno-les-Bains **2A** Corse-du-Sud 90 ⑮ – ⊠ **20160** Guagno-les-Bains.

Ajaccio 62 – Calvi 126 – Corte 94 – Vico 11,5.

🏨 **Thermes** Ⓜ ⑤, ℘ 95 28 30 68, Fax 95 28 34 02, parc, ⵣ, ⁂ – 🛗 📺 ☎ ⅋ 🅿. 🄰🄴 🕕 GB. ⁂ rest
mai-oct. – **Repas** 110/170 – ⊏⊐ 35 – **40 ch** 322/444 – ½ P 294.

L'Ile-Rousse **2B** H.-Corse 90 ⑬ – 2 288 h alt. 6 – ⊠ **20220** L'Ile-Rousse.

Voir Ile de la Pietra : phare ⩽★ N : 2 km.

🛈 Office de Tourisme pl. Paoli ℘ 95 60 04 35, Fax 95 60 24 74.

Bastia 71 – Calvi 24 – Corte 69.

🏨 **La Pietra** ⑤, rte Port ℘ 95 60 01 45, Fax 95 60 15 92, ⩽ mer et montagne, 佘 – 🍽 ch 📺 ☎ 🅿. 🄰🄴 🕕 GB. ⁂ rest
hôtel : 1ᵉʳ avril-15 oct. ; rest. : 1ᵉʳ mai-30 sept. – **Repas** (dîner seul.) 100/130 ⅃, enf. 50 – ⊏⊐ 50 – **40 ch** 420/525 – ½ P 360/415.

🏨 **Funtana Marina** Ⓜ ⑤ sans rest, 1 km par rte Monticello ℘ 95 60 16 12, Fax 95 60 35 44, ⩽ les îles, ⵣ, ☞ – ☎ 🅿. 🄰🄴 🕕 GB. ⁂
fermé janv. et fév. – ⊏⊐ 40 – **29 ch** 450.

🏨 **Cala di l'Oru** ⑤ sans rest, bd Fogata ℘ 95 60 14 75, Fax 95 60 36 40, ⩽ – ☎ 🅿. GB
⊏⊐ 30 – **24 ch** 350/500.

🏤 **Amiral** M ⤷ sans rest, bd Ch.-Marie Savelli ℰ 95 60 28 05, Fax 95 60 31 21, ≤ – ☎ 🅿.
GB. ⋘
1ᵉʳ avril-30 sept. – ☲ 45 – **25 ch** 480.

🏤 **Santa Maria** sans rest, rte Port ℰ 95 60 13 49, Télex 468145, Fax 95 60 32 48, ≤, ⤻ – 🔳
📺 ☎ & 🅿. ⅋Ε ① GB
☲ 50 – **56 ch** 510/720.

🏠 **Le Grillon**, av. P. Doumer ℰ 95 60 00 49, Fax 95 60 43 69 – ☎. ⅋Ε GB
➡ 1ᵉʳ mars-30 nov. – **Repas** 80/100 ⚖ – ☲ 30 – **16 ch** 290/320 – ½ P 290.

à Monticello SE : 3 km – ⊠ 20220 L'Ile-Rousse :

🗶🗶 **A Pastorella** avec ch, ℰ 95 60 05 65, Fax 95 60 21 78, ≤, 🏡 – 🔳 rest ☎. GB
fermé nov. et dim. soir de nov. à mars – **Repas** 130/200 ⚖ – ☲ 38 – **14 ch** 240/340 – ½ P 385.

Macinaggio 2B H.-Corse 90 ① – ⊠ 20248 Macinaggio.
Bastia 34.

🏤 **U Libecciu** ⤷, ℰ 95 35 43 22, Fax 95 35 46 08, 🏡, 🌲 – 📺 ☎ 🅿. ⅋Ε ① GB. ⋘
1ᵉʳ mars-15 oct. – **Repas** 95/125 – ☲ 30 – **30 ch** 250/450 – ½ P 380.

🏠 **U Ricordu** sans rest, ℰ 95 35 40 20, Fax 95 35 41 88, ⤻ – ↩ ch & ⅃. GB
☲ 30 – **54 ch** 420/460.

Patrimonio 2B H.-Corse 90 ③ – 546 h – ⊠ 20253.
Bastia 17 – Saint-Florent 6 – San-Michele-de-Murato 22.

🗶 **Osteria di San Martino,** ℰ 95 37 11 93, 🏡 – GB
➡ 1ᵉʳ mars-30 oct. et fermé merc. en mars et oct. – **Repas** 65 bc et carte 110 à 180 ⚖.

Petreto-Bicchisano 2A Corse-du-Sud 90 ⑰ – 585 h alt. 412 – ⊠ 20140 Petreto-Bicchisano.
Ajaccio 48 – Sartène 35.

🗶🗶 **France** avec ch, à Bicchisano ℰ 95 24 30 55, 🏡 – ↩ ch ☎ ⇆ 🅿. GB. ⋘
fermé 15 déc. au 1ᵉʳ mars – **Repas** 130/320, enf. 85 – **3 ch** (½ pens. seul.) – ½ P 350.

Piana 2A Corse-du-Sud 90 ⑮ – 500 h alt. 435 – ⊠ 20115 Piana.
Voir Col de Lava ≤★★ S : 1 km – Route de Ficajola ≤★★ NO.
Env. Capo Rosso ≤★★ O : 9 km.
Ajaccio 71 – Calvi 87 – Évisa 33 – Porto 12.

🏤 **Capo Rosso** ⤷, ℰ 95 27 82 40, Fax 95 27 80 00, ≤ mer et calanche, 🏡, ⤻, 🌲 – 📺 ☎
🅿. ⅋Ε ① GB. ⋘ ch
1ᵉʳ avril-15 oct. – **Repas** 120/170 – ☲ 45 – **57 ch** 450/550 – ½ P 565.

🏠 **Le Scandola,** rte Cargèse ℰ 95 27 80 07, Fax 95 27 80 00, ≤, 🏡 – 📺 ☎ 🅿. ⅋Ε ① GB.
➡ ⋘ ch
15 mars-15 nov. – **Repas** 80 – ☲ 35 – **14 ch** 200/320 – ½ P 320.

🏡 **Continental** sans rest, ℰ 95 27 82 02, 🌲 – 🅿. ⅋Ε GB
1ᵉʳ avril-30 sept. – ☲ 35 – **17 ch** 155/260.

Pioggiola 2B H.-Corse 90 ⑬ – 49 h alt. 880 – ⊠ 20259 Pioggiola.
Bastia 82 – Calvi 43.

🏠 **Aub. Aghjola** ⤷, ℰ 95 61 90 48, Fax 95 61 92 99, 🏡, ⤻ – ⅋Ε ① GB. ⋘ rest
➡ mars-nov. – **Repas** (nombre de couverts limité, prévenir) 70/160 – ☲ 40 – **10 ch**
(½ pens. seul.) – ½ P 375.

Porticcio 2A Corse-du-Sud 90 ⑰ – alt. 5 – ⊠ 20166 Porticcio.
Ajaccio 17 – Sartène 68.

🏨 **Le Maquis** ⤷, ℰ 95 25 05 55, Fax 95 25 11 70, ≤ Ajaccio et golfe, 🏡, ⤻, ⬜, ▲₆, 🌲,
⋘ – 🛒 🅿. ⅋Ε ① GB. ⋘ ch
fermé 5 janv. au 5 fév. – **L'Arbousier : Repas** 180 (déj.)/270 – ☲ 70 – **25 ch** 1680/2480,
5 appart – ½ P 1100/1450.

🏨 **Sofitel** ⤷, ℰ 95 29 40 40, Télex 460708, Fax 95 25 00 63, ≤ golfe, 🏡, centre de thalassothérapie, ⬜, ▲₆, 🌲, ⋘ – 🛗 ↩ ch 🔳 ch 📺 ☎ 🅿 – 🔬 80. ⅋Ε ① GB. ⋘ rest
Le Caroubier (fermé déc.) **Repas** 140/280, enf. 80 – ☲ 75 – **98 ch** 1210/2120 – ½ P 1125/
1325.

🏠 **Isolella**, S : 4,5 km ℰ 95 25 41 36, Fax 95 25 58 31, ≤, 🏡 – 🔳 ch 📺 ☎ 🅿. GB
Repas (avril-début oct.) 96 – ☲ 30 – **32 ch** 340/384 – ½ P 370/392.

Porticciolo 2B H.-Corse 90 ② – ⊠ 20228 Luri.
Ajaccio 177.

🏤 **Caribou** ⤷, à la Marine de Porticciolo ℰ 95 35 02 33, Fax 95 35 01 13, ≤, 🏡, ⬜, ▲₆,
🌲, ⋘ – 📺 ☎ 🅿. ⅋Ε ① GB. JCB
1ᵉʳ juil.-12 sept. – **Repas** 200 (déj.), 250/350, enf. 100 – ☲ 40 – **20 ch** 500/600 – ½ P 500/750.

Porto **2A** Corse-du-Sud 90 ⑮ – ✉ **20150** Ota.

Voir La Marine★ – Tour génoise★.

Env. Golfe de Porto★★★ : les Calanche★★★ – en vedette : SO : les Calanche★★, NO : réserve de Scandola★★★, site★ de Girolata.

Office de Tourisme Golfe de Porto ✆ 95 26 10 55, Fax 95 26 14 25.

Ajaccio 83 – Calvi 75 – Corte 87 – Évisa 23.

Belvédère M sans rest, à la Marine ✆ 95 26 12 01, Fax 95 26 11 97, ← – ▤ ☎ ♿. AE GB
35 – **20 ch** 300/500.

Capo d'Orto sans rest, ✆ 95 26 11 14, Fax 95 26 13 49, ←, – ☎ P. GB
15 avril-15 oct. – 33 – **30 ch** 320/360.

Porto, ✆ 95 26 11 20, Fax 95 26 13 92, ←, – ☎. AE GB.
1er mai-30 sept. – **Repas** 90/125 – 30 – **28 ch** 250/360 – ½ P 300/350.

Le Romantique M, à la Marine ✆ 95 26 10 85, Fax 95 26 14 04, ←, – ▤ ☎. GB. ch
hôtel : 15 avril-15 oct. ; rest : 10 mai-30 sept. – **Repas** 88/400 – 35 – **8 ch** 500 – ½ P 450.

Bella Vista, ✆ 95 26 11 08, Fax 95 26 15 18, ←, , – cuisinette P. GB. rest
avril-oct. – **Repas** 90/140 – 35 – **21 ch** 250/300 – ½ P 235/260.

au Nord 6 km par D 81 – ✉ **20147** Serrièra :

Eden Park, sur D 81 ✆ 95 26 10 60, Fax 95 26 11 57, , parc, , – ch, ▤ ch ☎ ♿ P. AE GB.
début mai-10 oct. – **Repas** 100/120 – 45 – **33 ch** 550/600, 3 appart – ½ P 740.

Porto-Pollo **2A** Corse-du-Sud 90 ⑱ – alt. 140 – ✉ **20140** Petreto-Bicchisano.

Ajaccio 50 – Sartène 32.

Les Eucalyptus, ✆ 95 74 01 52, Fax 95 74 06 56, ←, , , – ☎ P. AE GB. ch
13 mai-1er oct. – **Repas** 100/150, enf. 45 – 36 – **27 ch** 330 – ½ P 315.

Porto-Vecchio **2A** Corse-du-Sud 90 ⑧ – 9 307 h alt. 70 – ✉ **20137** Porto-Vecchio.

Env. Golfe de Porto-Vecchio★★ – Castello★ d'Arraggio ←★★ N : 7,5 km.

de Figari-Sud-Corse : ✆ 95 71 00 22, SO : 23 km.

Office de Tourisme pl. Hôtel de Ville ✆ 95 70 09 58, fax 95 70 03 72.

Ajaccio 146 – Bonifacio 27 – Corte 120 – Sartène 62.

du Roi Théodore, rte Bastia : 2 km ✆ 95 70 14 94, Fax 95 70 41 34, , , , – ☎ P – 60. AE GB
hôtel : 5 mars-5 nov.; rest : 15 avril-15 oct. – ***Régina :*** **Repas** 200/230 (carte snack le midi) – 60 – **39 ch** 700/1000 – ½ P 750.

Belvédère M, rte plage de Palombaggia : 5 km ✆ 95 70 54 13, Fax 95 70 42 63, ←, , « Bel ensemble en bord de mer », , – ch ▤ ☎ ♿ P. AE GB. ch
fermé 2 janv. à début mars – **Repas** *(fermé dim. soir et lundi sauf du 16 avril au 30 sept.)* 220/380 – 60 – **16 ch** (½ pens. seul.), 3 appart – ½ P 1145.

La Rivière, rte Muratello O : 6 km par D 368, VO et D 159 ✆ 95 70 10 21, Fax 95 70 56 13, , parc, , – ☎ P. AE GB. rest
avril-oct. – **Repas** (dîner seul.) 90/150, enf. 50 – 45 – **29 ch** 350/700 – ½ P 500.

Alcyon M sans rest, 9 rte de Bastia ✆ 95 70 50 50, Fax 95 70 25 84 – ▤ ☎ ♿. AE GB
fermé 5 déc. au 5 janv. – 45 – **40 ch** 500/700.

San Giovanni sans rest, rte Arca SO : 3 km par D 659 ✆ 95 70 22 25, Fax 95 70 20 11, ←, « Parc fleuri », , – ☎ P. AE GB.
1er avril-31 oct. – 35 – **29 ch** 404/520.

Golfe H. M sans rest, chemin de Mazzetta ✆ 95 70 48 20, Fax 95 70 11 71, – ▤ ☎ ♿ P – 40. AE GB
40 – **38 ch** 540/680.

Le Goëland sans rest, à la Marine ✆ 95 70 14 15, ←, , – ☎ P.
1er avril-30 nov. – 30 – **22 ch** 250/550.

Le Baladin, 13 r. Gén. Leclerc ✆ 95 70 08 62, Fax 95 70 55 95, – ▤. AE GB
fermé 15 nov. au 15 janv., sam. midi et dim. – **Repas** (dîner seul. du 1er juin au 15 sept.) 160 et carte 240 à 360 - ***Le Troubadour*** (grill) *(1er juin-30 sept.)* **Repas** (dîner seul.) 95/110, enf. 45.

Orée du Maquis, à la Trinité N : 5 km et chemin de la Lézardière ✆ 95 70 22 21, ←, , – P. AE GB
15 avril-15 nov. et fermé dim. soir et lundi sauf juil.-août – **Repas** *(fermé le midi sauf dim.)* (nombre de couverts limité, prévenir) 300/375.

au golfe de Santa Giulia S : 8 km par N 198 et VO – ⊠ **20137** Porto-Vecchio :

🏨 **Moby Dick** M ⑤, *℘* 95 70 70 00, Fax 95 70 70 01, ≤, 佘, 🖈, �, ℀ – 🖂 ☎ 👌 🅿 – 🏄 40. 🖭 ⓘ ⅁ℬ. ℁
29 avril-14 oct. – **Repas** 170 (déj.)/220 – ⊑ 70 – **44 ch** (½ pens. seul.) – ½ P 840/1050.

🏨 **Castell'Verde** M ⑤, *℘* 95 70 44 79, Fax 95 70 71 01, ≤ golfe, 佘, 🚕, 🚿, ℀ – 🖂 ☎ 👌 🅿. 🖭 ⓘ ⅁ℬ.
hôtel : 12 avril-14 oct. ; rest. : 1er mai-30 sept. – **Repas** (dîner seul. en juil.-août) 120 (déj.), 190/210 – ⊑ 60 – **30 ch** 1040 – ½ P 760.

à Cala Rossa NE : 10 km par N 198, D 568 et D 468 – ⊠ **20137** Porto-Vecchio :

🏨 ✿ **Gd H. Cala Rossa** ⑤, *℘* 95 71 61 51, Télex 460394, Fax 95 71 60 11, ≤, 佘, « Dans les pins, jardin, plage aménagée », ℀ – 🖂 🖭 ☎ 🅿. 🖭 ⓘ ⅁ℬ. ℁
14 avril-2 janv. – **Repas** 180 (déj.), 300/380 – ⊑ 100 – **60 ch** 1150/2600 – ½ P 1250/2000
Spéc. Chapon de mer braisé à la bonifacienne. Blanc de Saint-Pierre en gratiné de pesta. Pigeon rôti rosé au vin de myrte. **Vins** Patrimonio, Porto-Vecchio.

PEUGEOT Piétri Autos., rte de Bonifacio
℘ 95 70 07 32 🆗 *℘* 95 71 21 21

RENAULT Balesi-Auto, RN 198, La Poretta
℘ 95 70 15 55 🆗 *℘* 95 70 21 43

Propriano 2A Corse-du-Sud 🔟 ⑱ – 3 217 h – Stat. therm. (fermé déc.) aux Bains de Baracci – ⊠ **20110** Propriano.

Voir Port★.

🛈 Office de Tourisme 17 r. Gén.-de-Gaulle *℘* 95 76 01 49.

Ajaccio 70 – Bonifacio 67 – Corte 139 – Sartène 13.

🏨 **Miramar,** *℘* 95 76 06 13, Fax 95 76 13 14, ≤ golfe, 佘, 🚁, 🚕 – 🖂 🖭 ☎ 🅿 – 🏄 25. 🖭 ⅁ℬ. ℁
1er mai-30 sept. – **Repas** 100 (déj.), 180/230 – ⊑ 60 – **30 ch** 880/1040 – ½ P 680.

🏨 **Roc é Mare** sans rest, *℘* 95 76 04 85, Fax 95 76 17 55, ≤ golfe, 🖈 – 🖐 🖂 ☎ 🅿. 🖭 ⓘ ⅁ℬ. ℁
mi-avril-fin oct. – ⊑ 45 – **60 ch** 485/665.

🏨 **Arcu di Sole** ⑤, rte Barraci NE : 2 km *℘* 95 76 05 10, Fax 95 76 13 36, 佘, 🚁, 🚕, ℀ – ☎ 🅿. 🖭 ⅁ℬ. ℁ rest
1er avril-30 oct. – **Repas** 120/150 – ⊑ 45 – **51 ch** 520/576, 7 bungalows – ½ P 398/413.

🏨 **Ibiscus** ⑤ sans rest, *℘* 95 76 01 56, Fax 95 76 23 88, ≤ – 🖐 🖭 ☎ 🅿. 🖭 ⓘ ⅁ℬ
⊑ 40 – **27 ch** 340/400.

🏨 **Loft H.** sans rest, 3 r. Pandolfi *℘* 95 76 17 48, Fax 95 76 22 04 – 🖭 ☎ 🅿. ⅁ℬ. ℁
fermé fév. – ⊑ 30 – **25 ch** 300/350.

℀℀ **Le Lido,** *℘* 95 76 06 37, ≤, 佘, « Au bord de l'eau » – 🅿. 🖭 ⓘ ⅁ℬ
avril-fin sept. – **Repas** 130/205.

℀ **Le Cabanon,** av. Napoléon *℘* 95 76 07 76, Fax 95 76 27 97, ≤, 佘 – 🖭 ⓘ ⅁ℬ
fermé janv. et fév. – **Repas** 85/125, enf. 50.

PEUGEOT Insulaire de Diffusion, rte Corniche *℘* 95 76 00 91

Prunete 2B H.-Corse 🔟 ④ – alt. 300 – ⊠ **20221** Cervione.

Bastia 46 – Bonifacio 123 – Corte 73.

🏨 **Orizonte** M ⑤, *℘* 95 38 01 04, Fax 95 38 03 45, ≤, 佘, 🚁, 🖈, 🚕, ℀ – 🖂 🖭 ☎ 👌 🅿 – 🏄 80. 🖭 ⓘ ⅁ℬ. ℁
29 avril-30 sept. – **Repas** (fermé le midi du 15 juin au 15 sept. et merc. du 29 avril au 15 juin) 150 – **45 ch** ⊑ 670/950.

Quenza 2A Corse-du-Sud 🔟 ⑦ – 214 h alt. 800 – ⊠ **20122** Quenza.

Ajaccio 81 – Bonifacio 74 – Porto-Vecchio 47 – Sartène 38.

🏨 **Sole e Monti,** *℘* 95 78 62 53, Fax 95 78 63 88, ≤, 佘, 🚕 – 🖭 ☎. 🖭 ⓘ ⅁ℬ. ℁ rest
vacances de fév.-5 nov. – **Repas** 150/200 – ⊑ 50 – **20 ch** (½ pens. seul.) – ½ P 400/450.

Sagone 2A Corse-du-Sud 🔟 ⑯ – ⊠ **20118** Sagone.

Voir Golfe de Sagone★.

Ajaccio 38 – Piana 33 – Porto 45.

🏨 **U Libbiu** ⑤ sans rest, *℘* 95 28 06 06, Fax 95 28 06 23, ≤, 🚁, 🚕 – cuisinette ☎ 👌 🅿. ⅁ℬ
mai-fin sept. – **22 ch** 575/870.

St-Florent 2B H.-Corse 90 ③ – 1 350 h alt. 10 – ⊠ 20217 St-Florent.

Voir Église Santa Maria Assunta★★ – Vieille Ville★.

🛿 Office de Tourisme, Centre Administratif, ℘ 95 37 06 04.

Bastia 23 – Calvi 72 – Corte 80 – L'Ile-Rousse 48.

🏠 **Bellevue**, ℘ 95 37 00 06, Fax 95 37 14 83, ≤, 🚗, parc, ♨, ℀ – 📺 ☎ 🅟 – 🔬 100. 🖭 ⓞ ⒼⒷ
hôtel : 15 avril-30 sept. ; rest. : 15 mai-30 sept. – **Repas** 180/250 – ☒ 50 – **23 ch** (½ pens. seul.) – ½ P 650/950.

🏠 **Golfe** Ⓜ ⑤, rte Calvi et voie privée ℘ 95 37 10 10, Fax 95 37 13 13, ≤, 🚗, ♨ – 🛗 ☰ rest 📺 ☎ 🚻 🅟 – 🔬 100. 🖭 ⓞ ⒼⒷ
hôtel : fermé fév. ; rest. : fermé 15 oct. au 15 déc. et 10 janv. au 29 fév. – **Repas** 195 – ☒ 40 – **49 ch** 500/1000 – ½ P 760.

🏠 **Dolce Notte** Ⓜ ⑤ sans rest, ℘ 95 37 06 65, Fax 95 37 10 70, ≤ golfe, 🐾₀, 🚗 – 📺 ☎ 🅟. 🖭 ⓞ ⒼⒷ
mars-oct. – ☒ 37 – **20 ch** 500/620.

🏠 **Tettola** Ⓜ sans rest, N : 1 km sur D 81 ℘ 95 37 08 53, Fax 95 37 09 19, ≤, ♨, 🐾₀, 🚗 – cuisinette ☎ 🅟. ⒼⒷ
☒ 30 – **30 ch** 320/520.

℁℁ **La Rascasse**, promenade des Quais ℘ 95 37 06 99, ≤, 🚗, « Terrasse panoramique sur le port » – ☰. 🖭 ⓞ ⒼⒷ
1ᵉʳ avril-30 sept. et fermé lundi sauf du 15 juin au 15 sept. – **Repas** carte 180 à 280.

au Nord : 2 km par D 81 et voie privée – ⊠ 20217 St-Florent :

🏠 **Motel Treperi** ⑤ sans rest, ℘ 95 37 02 75, Fax 95 37 04 61, ≤, ♨, ℀ – ☎ 🅟. 🖭 ⒼⒷ
1ᵉʳ mars-15 nov. – ☒ 35 – **14 ch** 400.

Ste-Marie-Sicché 2A Corse-du-Sud 90 ⑰ – 355 h alt. 500 – ⊠ 20190 Santa-Maria-Sicché.

Ajaccio 34 – Sartène 53.

🏠 **Le Santa Maria**, ℘ 95 25 72 65, Fax 95 25 71 34, 🚗 – 📺 ☎ 🅟. 🖭 ⓞ ⒼⒷ. ℀
Repas 90/140 ⅃ – ☒ 37 – **20 ch** 275/345 – ½ P 285/303.

Sartène ◆◈▷ 2A Corse-du-Sud 90 ⑱ Ⓖ. Corse (plan) – 3 525 h alt. 305 – ⊠ 20100 Sartène.

Voir Vieille ville★★ – Procession de Catenacciu★★ (vend. Saint).

🛿 Syndicat d'Initiative, 6 r. Borgo ℘ 95 77 15 40.

Ajaccio 86 – Bonifacio 54 – Corte 152.

🏠 **Villa Piana** ⑤ sans rest, rte Propriano ℘ 95 77 07 04, Fax 95 73 45 65, ≤, parc, ℀ – ☎ 🅟. 🖭 ⓞ ⒼⒷ. ℀
1ᵉʳ avril-30 sept. – ☒ 36 – **32 ch** 310/420.

℁℁ **Aub. Santa Barbara**, rte de Propriano ℘ 95 77 09 06, Fax 95 77 09 09, 🚗, 🚗 – 🅟. 🖭 ⓞ ⒼⒷ
15 mars-10 oct. et fermé lundi en mars et avril – **Repas** 150 ⅃.

℁ **La Chaumière**, 39 r. Capit. Benedetti ℘ 95 77 07 13, Fax 95 77 17 13 – 🖭 ⓞ ⒼⒷ
ferme 2 janv. au 20 mars – **Repas** 90.

RENAULT Gar. Le Rd-pt, r. J.-Nicoli ℘ 95 77 02 14

Soccia 2A Corse-du-Sud 90 ⑮ – 143 h alt. 700 – ⊠ 20125 Soccia.

Ajaccio 67 – Calvi 131 – Corte 99 – Vico 17.

🏠 **U Paese** ⑤, ℘ 95 28 31 92, ≤ – 🛗 🔄 ch ☎ 🅟. ℀
fermé 20 nov. au 20 déc. – **Repas** 95/120 ⅃ – ☒ 30 – **33 ch** 185/250 – ½ P 220.

Solenzara 2A Corse-du-Sud 90 ⑦ – ⊠ 20145 Solenzara.

Ajaccio 119 – Bonifacio 67 – Sartène 75.

🏠 **Maquis et Mer** sans rest, ℘ 95 57 42 37, Fax 95 57 46 85 – ☎ 🅟 – 🔬 25. 🖭 ⓞ ⒼⒷ ⒿⒸⒷ
1ᵉʳ mars-fin nov. – ☒ 50 – **46 ch** 400/800.

🏠 **La Solenzara** sans rest, ℘ 95 57 42 18, Fax 95 57 46 84, ♨, 🚗 – 📺 ☎ 🅟. 🖭 ⒼⒷ
☒ 32 – **30 ch** 430.

℁ **A Mandria**, N : 1 km ℘ 95 57 41 95, Fax 95 57 45 96, 🚗, 🚗 – 🅟. 🖭 ⒼⒷ
Repas 110/130.

Vico 2A Corse-du-Sud 90 ⑮ – 921 h alt. 385 – ⊠ 20160 Vico.

Voir Couvent St-François : christ en bois★ dans l'église conventuelle.

Ajaccio 52 – Calvi 114 – Corte 81.

🏠 **U Paradisu** ⑤, ℘ 95 26 61 62, Fax 95 26 67 01, 🚗, ♨ – ☎ 🔄 🅟. 🖭 ⓞ ⒼⒷ
15 avril-31 déc. – **Repas** 100 (déj.), 110/160 ⅃ – ☒ 35 – **21 ch** 400 – ½ P 290/320.

CORSE

Vizzavona (Col de) 2B H.-Corse 90 ⑥ – alt. 1 161 – ⊠ 20219 Vivario.

Voir Forêt★★.

Bastia 101 – Bonifacio 136 – Corte 31.

🏤 **Monte d'Oro** 🕭, ℰ 95 47 21 06, Fax 95 47 22 05, en forêt, 🍴, ⁕ – ❷ – 🏛 60. GB.
⁕ rest
1er mai-30 sept. – **Repas** 105/210 🍷 – ⊡ 30 – **57 ch** 160/350 – ½ P 280/350.

Zicavo 2A Corse-du-Sud 90 ⑦ – 245 h alt. 730 – ⊠ 20132 Zicavo.

Ajaccio 61 – Bonifacio 114 – Corte 79 – Porto-Vecchio 85 – Sartène 61.

🏤 **Tourisme**, ℰ 95 24 40 06, ≼ –⁕
➡ **Repas** 65/120 🍷, enf. 40 – ⊡ 25 – **15 ch** 160/200 – ½ P 225.

CORTE 2B H.-Corse 90 ⑤ – voir à Corse.

COSNES-ET-ROMAIN 54 M.-et-M. 57 ② – rattaché à Longwy.

COSNE-SUR-LOIRE ⟨SP⟩ 58200 Nièvre 65 ⑬ G. Bourgogne – 12 123 h alt. 148.

🟦 du Sancerrois ℰ 48 54 11 22 par ④ puis D 955 : 10 km.

🟦 Office de Tourisme pl. Hôtel de Ville ℰ 86 28 11 85.

Paris 186 ① – Bourges 61 ④ – Auxerre 76 ① – Montargis 72 ① – Nevers 53 ③ – ◆Orléans 109 ①.

COSNE-SUR-LOIRE

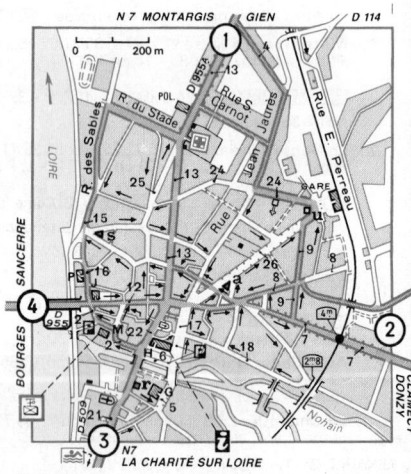

St-Jacques (R.)	22
Baudin (R. Alphonse)	2
Buchet-Desforges (R.)	4
Clemenceau (Pl. G.)	5
Dr-J. Moineau (Pl.)	6
Donzy (R. de)	7
Frères-Gambon (R. des)	8
Gambetta (R.)	9
Gaulle (R. du Général-de)	12
Leclerc (R. du Maréchal)	13
Pêcherie (Pl. de la)	15
Pelletan (R. Eugène)	16
République (Bd de la)	17
Rousseau (R. W.)	18
St-Agnan (R.)	21
Victor-Hugo (R.)	24
Vieille-Route	25
14-Juillet (R. du)	26

*Pour un bon usage
des plans de villes,
voir les signes conventionnels
dans l'introduction.*

🏤 **Saint-Christophe**, pl. Gare **(u)** ℰ 86 28 02 01 – 📺 ☎. 🆎 GB. ⁕ ch
➡ *fermé 29 juil. au 20 août, sam. (sauf hôtel) et dim.soir* – **Repas** 72/145 🍷 – ⊡ 28 –
8 ch 195/250 – ½ P 230/250.

XX ✿ **Le Sévigné** (Derbord), 16 r. 14 Juillet **(a)** ℰ 86 28 27 50 – 🆎 ❶ GB
fermé 2 au 23 oct., dim. soir et lundi – **Repas** (nombre de couverts limité, prévenir) 90 (déj.),
135/210 et carte 240 à 300
Spéc. Blini de céleri et foie gras. Canette caramélisée au miel. Gibier (saison). **Vins** Coteaux du Giennois, Pouilly-Fumé.

X **Vieux Relais** avec ch, 11 r. St Agnan **(r)** ℰ 86 28 20 21, Fax 86 26 71 12 – 📺 ☎ ⟵. 🆎
❶ GB
fermé vacances de Noël, de fév., vend. soir et sam. midi de sept. à mai – **Repas** 98/220,
enf. 50 – ⊡ 35 – **10 ch** 260/300 – ½ P 270/290.

X **La Panetière**, 18 pl. Pêcherie **(s)** ℰ 86 28 01 04, 🍴 – 🆎 ❶ GB
fermé dim. soir et lundi d'oct. à avril – **Repas** 95/190.

rte de Cours NE : 3 km par D114 :

🏤 **Aub. à la Ferme** 🕭, ℰ 86 28 15 85, 🍴 – ❷. GB
15 fév.-15 nov. – **Repas** 110/165, enf. 45 – ⊡ 35 – **15 ch** 235/275 – ½ P 285.

CITROEN Gar. GRV, ch. rural du Gd Champ
N 7 par ③ ℰ 86 39 58 68
PEUGEOT Gds Gar. du Cher, N 7 ℰ 86 26 60 18
RENAULT Gar. Simonneau, 80 av. 85ème par ③
ℰ 86 26 81 81 🅽 ℰ 86 21 73 32

Gar. Doubre, 235 r. Frères Gambon ℰ 86 28 27 31

🚲 Benoit Pneus, av. 85ème de Ligne ℰ 86 28 23 70

COSQUEVILLE 50330 Manche 54 ② – 501 h alt. 15.

Paris 360 – Cherbourg 20 – ◆Caen 122 – Carentan 48 – St-Lô 76 – Valognes 25.

XX **Au Bouquet de Cosqueville**, ℘ 33 54 32 81, Fax 33 54 63 38 – GB
fermé 10 janv. au 10 fév., mardi soir et merc. sauf juil.-août – **Repas** 100/250, enf. 60.

Le COTEAU 42 Loire 73 ⑦ – rattaché à Roanne.

La CÔTE-ST-ANDRÉ 38260 Isère 77 ③ G. Vallée du Rhône (plan) – 3 966 h alt. 374.

Paris 533 – ◆Grenoble 49 – ◆Lyon 65 – La Tour-du-Pin 34 – Valence 78 – Vienne 38 – Voiron 30.

XX ✿ **France** avec ch, pl. Église ℘ 74 20 25 99, Fax 74 20 35 30 – ▤ rest 📺 ☎ ⇔ – 🔏 25.
GB
Repas (fermé 3 au 18 janv., dim. soir et lundi sauf fériés) 135/410 et carte 210 à 330, enf. 90 –
⬜ 50 – **13 ch** 300/380 – ½ P 330/380
Spéc. Truite à chair rose en croûte dorée sauce béarnaise. Ris de veau aux truffes. Râble de lièvre à la crème (saison).
Vins Condrieu, Saint-Joseph.

CITROEN Gar. Mary, ℘ 74 20 50 99   PEUGEOT Gar. Marazzi, ℘ 74 20 32 33

COTIGNAC 83570 Var 84 ⑤ ⑥ 114 ⑳ G. Côte d'Azur – 1 792 h alt. 260.

🛈 Office de Tourisme, 2 r. Bonaventure ℘ 94 04 61 87, Fax 94 04 61 87.

Paris 833 – Brignoles 20 – Draguignan 35 – St-Raphaël 66 – Ste-Maxime 64 – ◆Toulon 66.

XX **Le Mas de Cotignac**, S : 3 km sur rte Carcès ℘ 94 04 66 57, Fax 94 04 74 27, 😌, 🍽 –
🅿. GB
fermé oct., nov., fév., lundi et mardi – **Repas** 110/290.

COTINIÈRE 17 Char.-Mar. 71 ⑬ ⑭ – rattaché à Oléron (Ile d').

COUCHES 71490 S.-et-L. 69 ⑧ G. Bourgogne – 1 457 h alt. 350.

Paris 315 – Chalon-sur-Saône 28 – Autun 24 – Beaune 32 – Le Creusot 16.

🏠 **Les 3 Maures**, ℘ 85 49 63 93, Fax 85 49 50 29, 🍽 – 📺 ☎ 🅿. 🖭 GB
fermé 15 fév. au 15 mars et lundi de sept. à juil. – **Repas** 78/175, enf. 50 – ⬜ 30 –
17 ch 100/245 – ½ P 200/235.

COUCHEY 21 Côte d'Or 66 ⑫ – rattaché à Dijon.

COUCOURON 07470 Ardèche 76 ⑰ G. Vallée du Rhône – 705 h alt. 1 139.

Paris 582 – Le Puy-en-Velay 44 – Langogne 20 – Privas 82.

🏠 **Carrefour des Lacs**, ℘ 66 46 12 70 – ☎ 🅿. GB
fermé 15 déc. au 1ᵉʳ fév. – **Repas** 85/170 – ⬜ 32 – **20 ch** 160/300 – ½ P 200/235.

COUDEKERQUE BRANCHE 59 Nord 51 ④ – rattaché à Dunkerque.

COUDRAY 53 Mayenne 63 ⑩ – rattaché à Château-Gontier.

Le COUDRAY-MONTCEAUX 91 Essonne 61 ① – rattaché à Évry Corbeil-Essonnes (Corbeil-Essonnes).

COUHÉ 86700 Vienne 68 ⑬ – 1 706 h alt. 130.

Paris 371 – Poitiers 36 – Confolens 56 – Montmorillon 61 – Niort 67 – Ruffec 30.

⌂ **Chêne Vert**, r. Bons Enfants ℘ 49 59 20 42, Fax 49 53 42 20 – 📺 ⇔. GB
Repas 75/110 ⅛ – ⬜ 25 – **7 ch** 180 – ½ P 200.

CITROEN Gar. Senelier, ℘ 49 59 22 30 🄽 ℘ 49 59 19 13

COUILLY-PONT-AUX-DAMES 77860 S.-et-M. 56 ⑫ G. Ile-de-France – 1 635 h.

Voir Musée Louis-Braille à Coupvray O : 5 km.

Paris 45 – Coulommiers 19 – Lagny-sur-Marne 12 – Meaux 8 – Melun 46.

XX ✿ **Aub. de la Brie** (Pavard), rte Quincy (D 436) ℘ (1) 64 63 51 80, 😌, 🍽 – 🅿. 🖭 GB
fermé 14 août au 3 sept., dim. soir, merc. soir et lundi – **Repas** (nombre de couverts limité,
prévenir) 165/210
Spéc. Crêpe de maïs au foie gras poêlé. Fricassée de sole aux langoustines. Brioche perdue aux pommes.

COULANDON 03 Allier 69 ⑭ – rattaché à Moulins.

COULANGES-LA-VINEUSE 89580 Yonne 65 ⑤ – 878 h.

Paris 183 – Auxerre 13 – Avallon 43 – Clamecy 35 – Cosne-sur-Loire 67.

à Val-de-Mercy S : 4 km par D 165 et D 38 – 294 h. alt. 147 – ⌧ 89580 :

XX ✿ **Aub. du Château** 🦢 avec ch, ℘ 86 41 60 00, Fax 86 41 65 23, 🍽 – 📺 ☎. 🖭 GB
fermé janv., fév. et merc. – **Repas** 170/300, enf. 60 – ⬜ 50 – **5 ch** 350/550 – ½ P 450/560.

COULOMBIERS 86600 Vienne 68 ⑬ – 962 h.

Paris 351 – Poitiers 16 – Couhé 24 – Lusignan 8 – Parthenay 44 – Vivonne 10,5.

🏠 **Le Centre Poitou**, ℘ 49 60 90 15, Fax 49 50 05 84, 😌 – 📺 ☎ ⇔. GB. 🧚 rest
fermé janv., dim. soir et lundi d'oct. à mai – **Repas** 99/380, enf. 50 – ⬜ 35 – **10 ch** 280/300 –
½ P 290.

405

COULOMMIERS 77120 S.-et-M. 🄌 ③ ⑱ ㉔ G. Ile de France – 13 087 h alt. 73.

🛈 Office de Tourisme 11 r. Gén.-de-Gaulle ℘ (1) 64 03 88 09.

Paris 62 – Châlons-sur-Marne 104 – Château-Thierry 42 – Créteil 57 – Meaux 28 – Melun 49 – Provins 37 – Sens 76.

  ✗ **Le Clos du Theil,** quartier du Theil NE : 2 km - r. Theil ℘ (1) 64 65 11 63 – GB
    fermé 16 août au 31 août, 13 au 28 fév., lundi soir et mardi – **Repas** 140/195, enf. 60.

PEUGEOT Gar. Dehus, 2 av. de la Marne à Rebais   RENAULT Gar. Metz, 1 av. L.-Blum
℘ (1)64 04 50 28   ℘ (1) 64 75 67 67 🅽 ℘ (1) 05 05 15 15
PEUGEOT Gar. Riester, bd de la Marne, ZI
℘ (1) 64 03 01 92   ⑩ Euromaster, ZI 8 r. de l'Orgeval ℘ (1) 64 03 01 95

COULON 79510 Deux-Sèvres 🎵 ② G. Poitou Vendée Charentes – 1 870 h alt. 15.

Voir Marais poitevin★ (promenade en barque★★, 1 h à 1 h 30).

🛈 Office de Tourisme pl. Église ℘ 49 35 99 29.

Paris 416 – La Rochelle 56 – Fontenay-le-Comte 26 – Niort 10 – St-Jean-d'Angély 55.

  🏠 **Au Marais** sans rest, ℘ 49 35 90 43, Fax 49 35 81 98, ≤ – 📺 ☎ 🅿. 🆔 GB 🎴
    ⊡ 38 – **18 ch** 360/480.

  ✗✗ **Central,** ℘ 49 35 90 20, Fax 49 35 81 07, 🏕 – GB
    fermé 24 sept. au 12 oct., 16 janv. au 9 fév., dim. soir et lundi – **Repas** 89/190, enf. 50.

COULONGES-SUR-L'AUTIZE 79160 Deux-Sèvres 🎵 ① – 2 021 h alt. 1.

Paris 418 – La Rochelle 63 – Bressuire 47 – Fontenay-le-Comte 18 – Niort 22 – Parthenay 35.

  ✗ **Citronnelle,** ℘ 49 06 17 67, 🏕 – GB
  ✦ *fermé dim. soir et lundi sauf fériés* – **Repas** 54 bc/198.

COURBEVOIE 92 Hauts-de-Seine 🎵 ⑳, 🔢 ⑮ – voir à Paris, Environs.

COURCELLES-SUR-VESLE 02220 Aisne 🎵 ⑤ – 270 h.

Paris 121 – ◆Reims 36 – Fère-en-Tardenois 19 – Laon 35 – Soissons 20.

  🏰 **Château de Courcelles** 🅼 ⑤, ℘ 23 74 13 53, Fax 23 74 06 41, 🏕, « Parc », 🏊, ✗ –
    📺 ☎ 🅿 – 🔬 40. 🆔 GB
    fermé mi-janv. à mi-fév. – **Repas** 220/350
    et carte 290 à 400 – ⊡ 75 – **12 ch** 550/
    1100 – ½ P 580/830.

COURCHEVEL 73120 Savoie 🎵 ⑱ G. Alpes du
Nord – Sports d'hiver : 1 300/2 707 m ⭐ 9 ⭐58 ⭐.

🚠 de Courchevel ℘ 79 08 17 00.

Altiport International ℘ 79 03 31 14, S : 4 km.

Paris 631 ① – Albertville 49 ① – Chambéry 96 ① –
Moûtiers 23 ①.

  à Courchevel 1850 :

  Voir ❄★.

  🛈 Office de Tourisme La Croisette ℘ 79 08
  00 29, Fax 79 08 33 54.

  🏨 **Byblos des Neiges** 🅼 ⑤, au jardin
    Alpin **(y)** ℘ 79 08 12 12, Télex 980580,
    Fax 79 08 19 38, ≤, 🏕, 🗜, ☒ – 📳 📺 ☎
    🕭 🚗 🅿 – 🔬 40. 🆔 ⑩ GB 🎴
    ❄ rest
    mi-déc.-mi-avril – **La Clairière : Repas**
    310 (déj.), 350/390 – **L'Écailler : Repas**
    (dîner seul.) 400 – ⊡ 120 – **66 ch** 1650/
    3560, 11 appart – ½ P 1520/2250.

  🏨 **Airelles** 🅼 ⑤, au Jardin Alpin **(h)**
    ℘ 79 09 38 38, Fax 79 08 38 69, ≤, 🏕,
    🗜, ☒ – 📳 📺 ☎ 🕭 🚗 – 🔬 80. 🆔 ⑩
    GB ❄ rest
    déc.-avril – **Repas** 320 (déj.)/420 – **52 ch**
    ⊡ 2700/6000, 4 appart – ½ P 1680/
    2950.

  🏨 **Carlina** 🅼 ⑤, **(a)** ℘ 79 08 00 30,
    Fax 79 08 04 03, ≤, 🏕, 🗜, ☒ – 📳 📺
    ☎ 🚗 🅿 – 🔬 25 à 60. 🆔 ⑩ GB.
    ❄ rest
    mi-déc.-mi-avril – **Repas** 250 (déj.)/350 –
    ⊡ 95 – **57 ch** (½ pens. seul.), 5 appart –
    ½ P 1300/1720.

COURCHEVEL 1850

0   200 m

LE PRAZ
CHENUS
TREMPLIN
TÉLÉCABINE
LES TOVETS
LA LOZE
POL
GARE DES TÉLÉCABINES
LA CROISETTE
CHAP. DU CURÉ D'ARS
D 91
24 km MOÛTIERS
COSPILLOT
TÉLÉCABINE DES CHENUS
Les Verdons
TÉLÉCABINE DU JARDIN ALPIN
TREMPLIN
BELLECOTE
GARE 2
SOMMET DE LA SAULIRE
JARDIN ALPIN
NOGENTIL
GARE 3
GARE 4
ALTIPORT 4 km

Bellecôte ⚜, **(d)** 𝒫 79 08 10 19, Télex 980421, Fax 79 08 17 16, ≤ vallée, 🍴, 𝄃𝄃, 🏊 – 𝄃𝄃
📺 ☎ 🅿 – 🎿 40. 🆀 🅶🅱. 🍴 rest
17 déc.-17 avril – **Repas** 350 – 🖵 100 – **56 ch** 1250/1750 – ½ P 1150/1650.

Lana ⚜, **(p)** 𝒫 79 08 01 10, Fax 79 08 36 70, ≤, 🍴, 𝄃𝄃, 🏊 – 𝄃𝄃 📺 ☎ ⟷ – 🎿 80. 🆀 ⓪
🍴 rest
18 déc.-15 avril – **Repas** 220 (déj.)/420 – 🖵 90 – **70 ch** (½ pens. seul.), 6 appart – ½ P 1210/
1570.

des Neiges ⚜, **(e)** 𝒫 79 08 03 77, Fax 79 08 18 70, ≤, 🍴, 𝄃𝄃 – 𝄃𝄃 📺 ☎ ⟷ 🅿. 🆀 ⓪
🅶🅱. 🍴
15 déc.-15 avril – **Repas** 275 (déj.)/320 – 🖵 85 – **37 ch** (½ pens. seul.), 5 appart – ½ P 1390/
1695.

Annapurna ⚜, rte Altiport 𝒫 79 08 04 60, Télex 980324, Fax 79 08 15 31, ≤ la Saulire,
🍴, 𝄃𝄃, 🏊 – 𝄃𝄃 📺 ☎ ⟷ 🅿 – 🎿 80. 🆀 ⓪ 🍴 rest
18 déc.- 18 avril – **Repas** 310 (déj.)/330 – 🖵 125 – **65 ch** 1390/2820, 4 appart – ½ P 1260/
1660.

Pralong 2000 ⚜, rte Altiport 𝒫 79 08 24 82, Fax 79 08 36 41, ≤ montagnes, 🍴, 𝄃𝄃, 🏊 –
𝄃𝄃 📺 ☎ ⟷ 🅿 – 🎿 40. 🆀 ⓪ 🅶🅱
mi-déc.-mi-avril – **Repas** 295 (déj.), 380/650 – 🖵 – **62 ch** (½ pens. seul.), 7 appart –
½ P 970/1715.

La Sivolière 🄼 ⚜, NO : 1 km 𝒫 79 08 08 33, Fax 79 08 15 73, ≤, 🍴, 𝄃𝄃 – 𝄃𝄃 📺 ☎ ⟷.
🆀 🅶🅱. 🍴
3 déc.-2 mai – **Repas** 120 (déj.), 180/320 – 🖵 75 – **30 ch** 770/1870 – ½ P 710/1250.

Trois Vallées 🄼 ⚜, **(q)** 𝒫 79 08 00 12, Fax 79 08 17 98, ≤, « Élégant décor contemporain », 𝄃𝄃 – 𝄃𝄃 ⚜ ch 📺 ☎ ⟷ – 🎿 60. 🆀 🅶🅱. 🍴
1ᵉʳ déc.-1ᵉʳ mai – **Repas** 200 (déj.), 300/360 – 🖵 120 – **30 ch** 1220/1500 – ½ P 1100/1350.

Le Mélezin 🄼 ⚜, **(r)** 𝒫 79 08 01 33, Fax 79 08 08 96, ≤, 🍴, « Belle décoration
contemporaine » – 𝄃𝄃 📺 ☎. 🆀 🅶🅱. 🍴
20 déc.-20 avril – **Repas** (dîner seul.) carte 220 à 310, enf. 150 – **31 ch** 🖵 2200/3200,
3 appart.

Les Grandes Alpes 🄼 ⚜, **(s)** 𝒫 79 08 03 35, Fax 79 08 12 52, ≤, 🍴, 𝄃𝄃 – 𝄃𝄃 📺 ☎ ⚜
⟷ – 🎿 40. 🅶🅱. 🍴 rest
juil.-août et déc.-avril – **Repas** 80 (déj.), 105/350 – 🖵 60 – **37 ch** 1330 – ½ P 850/1325.

⚜ ✿✿ **Le Chabichou** (Rochedy) 🄼 ⚜, **(z)** 𝒫 79 08 00 55, Fax 79 08 33 58, ≤, 🍴, 𝄃𝄃 – 𝄃𝄃 📺
☎ ⟷. 🆀 ⓪ 🅶🅱 🅹🅲🅱
fin juin-fin sept. et fin nov.-fin avril – **Repas** 340 et carte 330 à 510 – 🖵 100 – **35 ch**
(½ pens. seul.), 5 duplex – ½ P 820/1900
Spéc. Nage d'omble chevalier et écrevisses au chignin. Tête de veau mitonnée à l'ancienne, ravigotte aux truffes.
Millefeuille à la glace de chicorée. **Vins** Roussette de Savoie, Mondeuse.

Pomme de Pin 🄼 ⚜, **(x)** 𝒫 79 08 36 88, Fax 79 08 38 72, ≤ vallée et montagnes, 🍴 –
𝄃𝄃 📺 ☎ ⚜ ⟷ – 🎿 40. 🆀 ⓪ 🅶🅱
10 déc.-15 avril – **Repas** (voir aussi *Le Bateau Ivre* ci-après) - 180/260 – 🖵 60 – **49 ch**
1050/1580 🎿 ½ P 920/1100.

La Loze 🄼 sans rest, **(w)** 𝒫 79 08 28 25, Fax 79 08 36 62 – 𝄃𝄃 📺 ☎. 🆀 ⓪ 🅶🅱. 🍴
1ᵉʳ déc.-fin avril – 🖵 90 – **25 ch** 1050/1890.

Caravelle ⚜, au Jardin Alpin **(m)** 𝒫 79 08 02 42, Fax 79 08 33 55, ≤, 🍴, 𝄃𝄃, 🏊 – 𝄃𝄃 📺
☎ ⟷ 🅿. 🅶🅱. 🍴
15 déc.-22 avril – **Repas** 125 (déj.)/290 – 🖵 75 – **55 ch** (½ pens. seul.), 5 appart – ½ P 760/
1100.

New Solarium ⚜, au Jardin Alpin **(n)** 𝒫 79 08 02 01, Fax 79 08 38 52, ≤, 🍴, 𝄃𝄃, 🏊 –
𝄃𝄃 📺 ☎. 🆀 ⓪ 🅶🅱 🍴 rest
Noël-Pâques – **Repas** 230 (déj.)/270 – 🖵 75 – **70 ch** 700/950 – ½ P 1200.

Crystal 2000 ⚜, rte Altiport 𝒫 79 08 28 22, Fax 79 08 28 39, ≤ montagnes, 🍴 – 𝄃𝄃 📺
☎ ⚜ – 🎿 40. 🆀 ⓪ 🅶🅱
Noël-mi-avril – **Repas** 210 (déj.)/310 – **48 ch** (½ pens. seul.), 3 appart – ½ P 900/1220.

Lodge Nogentil 🄼 ⚜ sans rest, r. Bellecôte **(u)** 𝒫 79 08 32 32, Fax 79 08 03 15, ≤ – 𝄃𝄃
📺 ☎ ⚜ ⟷. 🆀 🅶🅱. 🍴
1ᵉʳ nov.-1ᵉʳ avril – 🖵 150 – **12 ch** 1550.

Le Dahu, (v) 𝒫 79 08 01 18, Fax 79 08 11 98, ≤ – 𝄃𝄃 📺 ☎. 🅶🅱. 🍴
mi-déc.-mi-avril – **Repas** 160/300 – 🖵 78 – **38 ch** 735/950 – ½ P 820/870.

Le Chamois sans rest, **(k)** 𝒫 79 08 01 56, Fax 79 08 34 23, ≤ – 𝄃𝄃 cuisinette 📺 ☎. 🅶🅱
15 déc.-15 avril – 🖵 65 – **24 ch** 810/1300, 6 studios.

Courcheneige ⚜, r. Nogentil 𝒫 79 08 02 59, Fax 79 08 11 79, ≤ montagnes, 🍴, 𝄃𝄃 – 𝄃𝄃
📺 ☎ ⟷. 🆀 🅶🅱. 🍴 rest
15 déc.-25 avril – **Repas** 140 (déj.)/160 🍷, enf. 50 – 🖵 70 – **83 ch** (½ pens. seul.), 3 appart –
½ P 640/740.

XXX ✿✿ **Le Bateau Ivre** - hôtel Pomme de Pin - (Jacob), **(x)** 𝒫 79 08 36 88, Fax 79 08 38 72,
« Restaurant panoramique, ≤ massif de la Vanoise » – 🅿. 🆀 ⓪ 🅶🅱
10 déc.-15 avril – **Repas** 195 (déj.), 350/510 et carte 400 à 500, enf. 100
Spéc. Queues de langoustines dorées aux épices. Parmentier de ris de veau au jus de câpres. Mousse soufflée au
chocolat mi-amer. **Vins** Roussette de Savoie, Apremont.

à Courchevel 1650 (Moriond) par ① : 3,5 km – ✉ **73120** Courchevel :

Office de Tourisme (saison) ✆ 79 08 03 29.

du Golf de Courchevel Ⓜ, ✆ 79 00 92 92, Fax 79 08 19 93, ≤, Ⅎ₆ – |‡| ⇔ ch TV ☎ – 🚗 – 🏋 30 à 50. AE ⦿ GB. ✗ rest
15 déc.-15 avril – **Repas** (dîner seul.) 195/260 – ☕ 60 – **51 ch** 890/1530, 6 duplex – ½ P 825/960.

Le Signal, ✆ 79 08 26 36, Fax 79 08 38 83, ≤ – ☎. GB. ✗
fermé mai, sam. et dim. de début sept. à début déc. – **Repas** 150/200 – ☕ 45 – **27 ch** 500 – ½ P 490/510.

✗✗ **La Poule au Pot,** ✆ 79 08 33 97, Fax 79 08 33 58 – GB
juil.-août et fin nov.-mi-avril – **Repas** 110/150.

à Courchevel 1550 par ① : 5,5 km – ✉ **73120** Courchevel :

Office de Tourisme (saison) ✆ 79 08 04 10.

L'Adret d'Ariondaz ⛰, ✆ 79 08 00 01, Fax 79 08 37 95, ≤ – |‡| TV ☎. ⦿ GB. ✗
déc.-avril – **Repas** 140 (déj.)/160 – ☕ 60 – **27 ch** 800 – ½ P 650.

Les Flocons ⛰, ✆ 79 08 02 70, Fax 79 08 11 29, ≤ – TV ☎ Ⓟ. GB JCB. ✗
15 déc.-15 avril – **Repas** (dîner seul.) 175 – ☕ 65 – **29 ch** (½ pens. seul.) – ½ P 590/650.

COUR-CHEVERNY

41700 L.-et-Ch. 64 ⑰ ⑱ – 2 347 h alt. 89.

Voir Château de Cheverny★★★ (spectacle son et lumière) S : 1 km – Porte★ de la chapelle du Château de Troussay SO : 3,5 km, **G. Châteaux de la Loire.**

Office de Tourisme (avril-sept.) ✆ 54 79 95 63.

Paris 194 – ◆Orléans 71 – Blois 13 – Bracieux 9 – Châteauroux 89 – Montrichard 28 – Romorantin-Lanthenay 27.

Trois Marchands, ✆ 54 79 96 44, Fax 54 79 25 60 – TV ☎ Ⓟ – 🏋 30. AE ⦿ GB JCB
fermé 1er fév. au 10 mars et lundi sauf le soir de Pâques au 30 juin – **Repas** 105/300, enf. 52 – ☕ 40 – **36 ch** 190/330 – ½ P 220/290.

St-Hubert, ✆ 54 79 96 60, Fax 54 79 21 17, 🌳 – ☎ Ⓟ. GB
fermé 10 janv. au 20 fév. – **Repas** *(fermé merc.)* 95/280, enf. 55 – ☕ 38 – **19 ch** 210/320 – ½ P 310/340.

à Cheverny S : 1 km – ✉ **41700** :

Château du Breuil ⛰, O : 3 km par D 52 et voie privée ✆ 54 44 20 20, Fax 54 44 30 40, 🌳, « Dans un parc » – TV ☎ Ⓟ. AE GB. ✗ rest
fermé 17 au 25 déc., 1er janv. au 20 fév. dim. soir hors sais. et lundi midi – **Repas** 195/375 – ☕ 65 – **18 ch** 530/890 – ½ P 625/700.

✗ **Pousse Rapière,** ✆ 54 79 94 23, Fax 54 79 27 67 – AE GB
fermé 15 déc. au 8 janv., dim. soir de nov. à mars et lundi – **Repas** 80 (déj.), 100/180, enf. 52.

PEUGEOT Gar. Duceau, ✆ 54 79 98 67

RENAULT Gar. Beaugrand, ✆ 54 79 96 41 N ✆ 54 79 96 41

COURLANS

39 Jura 70 ⑭ – rattaché à Lons-le-Saunier.

COURLON-SUR-YONNE

89140 Yonne 61 ⑬ – 876 h alt. 69.

Paris 103 – Montereau-Faut-Yonne 20 – Auxerre 79 – Fontainebleau 37 – Nemours 40 – Sens 19.

✗ **Aub. Bord de l'Yonne,** ✆ 86 66 84 82, 🌳 – GB
fermé 1er au 30 oct., dim. soir, lundi soir et mardi – **Repas** 95/220.

COURNON-D'AUVERGNE

63800 P.-de-D. 73 ⑭ – 19 156 h alt. 400.

Paris 428 – ◆Clermont-Ferrand 11 – Issoire 33 – Le Mont-Dore 53 – Thiers 40 – Vichy 57.

Cep d'Or, au pont SE : 1,5 km rte Billom ✆ 73 84 80 02, 🌳 – TV ☎ Ⓟ. GB. ✗
fermé dim. soir et lundi du 20 sept. à fin avril – **Repas** 70/158 🍷 – ☕ 25 – **25 ch** 140/250 – ½ P 220/280.

PEUGEOT Gar. du Lac, 58 av. Libération ✆ 73 84 47 41

RENAULT Gar. Bony, 23 av. Liberté ✆ 73 84 80 31

LES GUIDES VERTS MICHELIN

Paysages, monuments

Routes touristiques

Géographie

Histoire, Art

Itinéraires de visite

Plans de villes et de monuments

COURPIÈRE 63120 P.-de-D. 🔞 ⑯ G. Auvergne – 4 674 h alt. 331.

Voir Église★.

🅱 Syndicat d'Initiative - Mairie ℘ 73 51 20 27.

Paris 464 – ◆Clermont-Ferrand 53 – Ambert 39 – Issoire 54 – Lezoux 22 – Thiers 16.

  XX **Clef des Champs**, S : 3,5 km sur D 906 ℘ 73 53 01 83 – ℗ GB
    fermé 20 juin au 3 juil., 24 déc. au 15 janv., le soir de sept. à juin, dim. soir et lundi en juil.-août – **Repas** 80/270 🍴.

CITROEN Gar. Brouillet, à Néronde-sur-Dore   PEUGEOT Gar. Fédide, 11 rte d'Ambert
℘ 73 53 17 28   ℘ 73 53 10 88 🆖 ℘ 73 53 10 88

COURRUERO 83 Var 🔠 ⑰, 🔢 ㊱ – rattaché à Plan-de-la-Tour.

COURS 69470 Rhône 🔞 ⑧ – 4 637 h alt. 553.

Paris 461 – Mâcon 67 – Roanne 27 – L'Arbresle 52 – Chauffailles 17 – ◆Lyon 79 – Villefranche-sur-Saône 60.

  🏨 **Le Pavillon** 🦢, au Col du Pavillon E : 4 km par D 64 ℘ 74 89 83 55, Fax 74 64 70 26, ≤,
    🍽, ☞ – 📺 ☎ ও ℗ – 🏋 30. GB
    fermé vacances de fév., vend. soir et sam. de nov. à mars – **Repas** 78/265 🍴, enf. 58 – 🛏 35
    – **21 ch** 263/349 – ½ P 275/290.

  🏠 **Nouvel Hôtel**, 5 r. G. Clemenceau ℘ 74 89 70 21, Fax 74 89 84 41 – ⇔ ch 📺 ☎. 🆎 GB
    fermé 1ᵉʳ au 15 août et 24 déc. au 4 janv. – **Repas** 75/172 🍴 – 🛏 35 – **15 ch** 157/255 –
    ½ P 249/278.

  X **Chalets des Tilleuls**, à Thel NE : 8 km par D 64 ⌧ 69470 ℘ 74 64 81 53, ≤, 🍽 – ℗. GB
    Repas 69 (déj.), 102/210.

CITROEN Cours Autos. ℘ 74 89 75 91   PEUGEOT Gar. du Stade, ℘ 74 89 98 98
FORD Gar. Lachize, ℘ 74 89 81 67 🆖   RENAULT Gar. Jalabert, ℘ 74 89 71 10
℘ 74 89 81 67

COUR-ST-MAURICE 25380 Doubs 🔠 ⑰ ⑱ – 155 h alt. 520.

Paris 483 – ◆Besançon 66 – Baume-les-Dames 44 – Montbéliard 43 – Maiche 10,5 – Morteau 35.

  🏨 **Le Moulin** 🦢, à Moulin du Milieu, E : 3 km sur D 39 ℘ 81 44 35 18, ≤, « Jardin ombragé
    en bordure de rivière » – ☎ ℗. GB. ❄ rest
    fermé 5 au 10 oct. et 15 janv. au 15 fév. – **Repas** *(fermé merc.)* (nombre de couverts limité, prévenir) 95/153 – 🛏 40 – **7 ch** 240/350 – ½ P 220/315.

  X **La Truite du Moulin**, à Moulin Bas E : 2 km sur D 39 ℘ 81 44 30 59, ≤ – ℗. GB
    fermé 20 juin au 11 juil., 20 oct. au 9 nov., mardi soir et merc. – **Repas** 75/90.

COURSAN 11 Aude 🔠 ⑭ – rattaché à Narbonne.

COURSEGOULES 06140 Alpes-Mar. 🔠 ⑨ G. Côte d'Azur – 260 h alt. 1033.

Paris 861 – Castellane 60 – Grasse 32 – Nice 38.

  🏠 **Aub. de L'Escaou** 🅼, ℘ 93 59 11 28, Fax 93 59 13 70, ≤ – 📱 📺 ☎ ও. GB
    ouvert vacances de printemps-vacances de Toussaint et fermé dim. soir et lundi sauf juil.-août – **Repas** *(fermé 3 janv. au 3 fév., dim. soir et lundi sauf juil.-août)* 95/160 🍴 – 🛏 35
    – **12 ch** 260 – ½ P 250.

COURSEULLES-SUR-MER 14470 Calvados 🔢 ① G. Normandie Cotentin – 3 182 h alt. 4.

Voir Clocher★ de l'église de Bernières-sur-Mer E : 2,5 km – Tour★ de l'église de Ver-sur-Mer
O : 5 km par D 514.

Env. Château★★ de Fontaine-Henry S : 6,5 km.

🅱 Office de Tourisme r. Mer ℘ 31 37 46 80.

Paris 256 – ◆Caen 18 – Arromanches-les-Bains 13 – Bayeux 21 – Cabourg 33.

  🏠 **Paris**, ℘ 31 37 45 07, Fax 31 37 51 63 – 📺 ☎ ℗. 🆎 ⓪ GB 🅹🅲🅱
    15 mars-15 nov. – **Repas** 69/230, enf. 40 – 🛏 35 – **29 ch** 320/340 – ½ P 235/270.

  XXX **Pêcherie**, ℘ 31 37 45 84, 🍽 – 🆎 ⓪ GB
    Repas 99/255 et carte 200 à 350, enf. 48.

COURTENAY 45320 Loiret 🔢 ⑬ – 3 292 h alt. 161.

🏌 de Clairis à Savigny-sur-Clairis (89) ℘ 86 86 33 90, N : 7,5 km.

🅱 Office de Tourisme pl. du Mail (15 avril-sept.) ℘ 38 97 00 60 et à la Mairie (hors saison) ℘ 38 97 40 46.

Paris 120 – Auxerre 54 – Nemours 44 – ◆Orléans 100 – Sens 26.

  🏠 **Gd H. de l'Étoile**, 1 r. Nationale ℘ 38 97 41 71, Fax 38 97 37 89 – 📺 📠 🚗 ℗. GB
    fermé 25 oct. au 10 nov. et 24 déc. au 12 janv. – **Repas** *(fermé dim. soir, mardi soir et merc.)*
    100/150, enf. 50 – 🛏 30 – **16 ch** 160/260.

  XX **Le Relais** avec ch, 34 r. Nationale ℘ 38 97 41 60, Fax 38 97 30 43 – 📺 ☎ ℗. 🆎 ⓪ GB
    fermé dim. soir et lundi – **Repas** 98/215 🍴, enf. 55 – 🛏 35 – **8 ch** 245/370 – ½ P 245/280.

  X **Le Raboliot**, pl. Marché ℘ 38 97 44 52 – GB
    fermé 12 au 19 juin, 7 au 18 sept., 9 au 21 janv., lundi soir et jeudi – **Repas** 95/145.

Les Quatre Croix SE : 1,5 km par D 32 – ⊠ **45320** Courtenay :

XXX ⊛ **Aub. Clé des Champs** (Delion) M ⌂ avec ch, ℰ 38 97 42 68, Fax 38 97 38 10, ≤, ☞ – 📺 ☎ & 🅿, 🖭 ☐
fermé 9 au 25 oct., 9 janv. au 1ᵉʳ fév., mardi soir et merc. – **Repas** (nombre de couverts limité - prévenir) 160/320 et carte 270 à 410 – ☐ 55 – **7 ch** 420/550
Spéc. Ris de veau à la crème de vanille et à l'oseille. Pigeon rôti désossé, jus à la réglisse. Noisettine au Duc de Praslin.
Vins Irancy.

à Ervauville NO : 9 km par N 60, D 32 et D 34 – ⊠ **45320** :

XXX **Le Gamin,** ℰ 38 87 22 02, Fax 38 87 22 02 – ☐
fermé 1ᵉʳ au 15 mars, 1ᵉʳ au 15 sept., dim. soir, lundi et mardi – **Repas** (nombre de couverts limité, prévenir) 200/300 et carte 300 à 390.

COUSSAC-BONNEVAL 87500 H.-Vienne 72 ⑰ ⑱ G. Berry Limousin – 1 447 h alt. 343.

Voir Château★ – Lanterne des morts★.

🚹 Office de Tourisme - Mairie ℰ 55 75 28 46.

Paris 439 – ◆Limoges 45 – Brive-la-Gaillarde 55 – St-Yrieix-la-Perche 11 – Uzerche 30.

XX **Voyageurs** avec ch, ℰ 55 75 20 24, Fax 55 75 28 90, ☞ – 🍽 rest 📺 ☎, ☐ 🄼
◆ *fermé janv., dim. soir et lundi d'oct. à mars* – **Repas** 70/230 ⅓ – ☐ 28 – **9 ch** 240/250 – ½ P 260/270.

Si vous cherchez un hôtel tranquille,
consultez d'abord les cartes de l'introduction
ou repérez dans le texte les établissements indiqués avec le signe ⌂.

COUTANCES ◁⊛▷ 50200 Manche 54 ⑫ G. Normandie Cotentin – 9 715 h alt. 92.

Voir Cathédrale★★★ YZ – Jardin des Plantes★ YZ.

🚹 Office de Tourisme pl. Georges Leclerc ℰ 33 45 17 79, fax 33 47 12 45.

Paris 334 ② – St-Lô 29 ② – Avranches 50 ③ – Cherbourg 75 ⑤ – Vire 56 ③.

COUTANCES

St-Nicolas (R.) .... Y 30
Tancrède (R.) .... Y 32
Tourville (R.) .... Y 33

Albert-1ᵉʳ (Av.) .... Z 2
Croûte (R. de la) .... Z 3
Daniel (R.) .... Y 5
Duhamel (R.) .... Z 6
Écluse-Chette (R. de l') .... Y 8
Encoignard (Bd) .... Z 9
Foch (R. Mar.) .... Z 10
Gambetta (R.) .... Y 12
Herbert (R. G.) .... Z 13
Leclerc (Av. Division) .... Y 15
Legentil-de-la-
Galaisière (Bd) .... Z 16
Lycée (R. du) .... Z 17
Marest (R. Thomas du) .... Y 18
Milon (R.) .... Y 19
Montbray (R. G.-de) .... Z 20
Normandie (Bd de) .... Y 21
Palais-de-Justice (R.) .... Z 23
Paynel (Bd J.) .... Y 24
Quesnel-
Morinière (R.) .... Z 26
République (Av. de la) .... Y 27
St-Dominique (R.) .... Y 29

Dans la liste
des rues
des plans de villes,
les noms en rouge
indiquent
les principales
voies commerçantes.

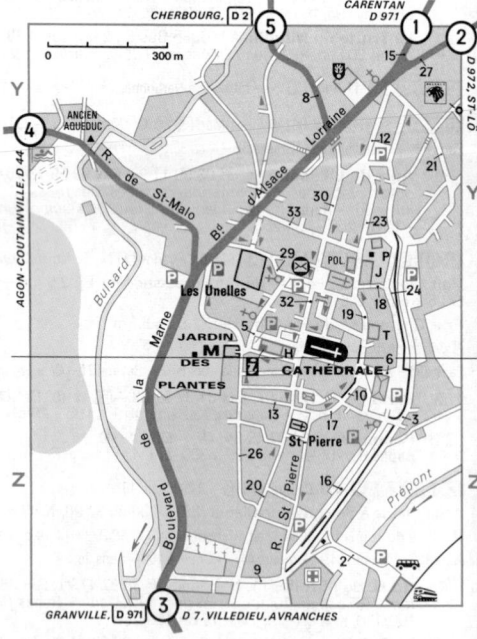

🏠 **Cositel** M ⌂, par ④ : 1 km sur D44 ℰ 33 07 51 64, Télex 772003, Fax 33 07 06 23, ≤ – 📺 ☎ & 🅿 – 🔬 200. 🖭 ⓞ ☐
◆ **Repas** 78/210 ⅓, enf. 54 – ☐ 39 – **54 ch** 280/370 – ½ P 290.

à Gratot par ④ et D 244 : 4 km – ✉ 50200 :

✗ **Le Tourne-Bride,** ℰ 33 45 11 00, 🍽 – **ⓟ**. **GB**
fermé dim. soir et lundi – **Repas** 98/235, enf. 55.

CITROEN Gar. Lebouteiller, rte de St-Lô, ZI par ②
ℰ 33 76 64 65
PEUGEOT Gar. Lebailly-Horel, r. Acacias
ℰ 33 07 34 00 **N** ℰ 33 07 24 24
RENAULT Gar. Sodiam, rte de St-Lô par ②
ℰ 33 07 42 55 **N** ℰ 33 07 42 55

ROVER Gar. Bernard, rte de Lessay ℰ 33 45 16 33
N ℰ 33 45 16 33

🛞 Chanut, av. Division-Leclerc ℰ 33 45 59 96

COUTRAS 33230 Gironde 🖼 ② – 6 689 h alt. 14.

🛈 Syndicat d'Initiative - Mairie ℰ 57 49 04 60 - (juil.-août) ℰ 57 69 36 53.

Paris 528 – ◆Bordeaux 48 – Bergerac 63 – Blaye 49 – Jonzac 56 – Libourne 19 – Périgueux 81.

🏠 **Henri IV** M sans rest, pl. 8 Mai 1945 ℰ 57 49 34 34, Fax 57 49 20 72 – 📺 ☎ **ⓟ**. **ÆE** **GB**
☲ 35 – **14 ch** 220/260.

CITROEN Gar. Debenat, rte de Montpon, ZI
ℰ 57 49 19 36 **N** ℰ 57 49 19 36
PEUGEOT Gar. Fostinelli, 173-175 r. Gambetta
ℰ 57 49 05 94

PEUGEOT Gar. Billard, rte d'Angoulême
ℰ 57 49 12 67
RENAULT Gar. Vacher, 144 r. Gambetta
ℰ 57 49 04 91 **N** ℰ 56 74 09 50

COYE-LA-FORÊT 60 Oise 🔢 ⑪, 🔢 ⑧ – rattaché à Chantilly.

CRANSAC 12110 Aveyron 🔢 ① G. Gorges du Tarn (plan) – 2 180 h alt. 279 – Stat. therm. (15 avril-21 oct.).

🛈 Office de Tourisme, pl. J.-Jaurès ℰ 65 63 06 80.

Paris 608 – Aurillac 73 – Espalion 64 – Figeac 32 – Rodez 35 – Villefranche-de-Rouergue 37.

🏨 **Parc** ⑤, r. Gén. Artous ℰ 65 63 01 78, Fax 65 63 20 36, 🍽, parc, ⌁ – ☎ **ⓟ**. **GB**
◆ *1er avril-1er nov.* – **Repas** 70/160 ⅃ – ☲ 35 – **27 ch** 115/240 – ½ P 150/220.

🏠 **Host. du Rouergue,** av. J. Jaurès ℰ 65 63 02 11, ⌁, 🍽 – ↔ ch ☜ **ⓟ**. **GB**
◆ *15 mars-1er nov.* – **Repas** 59 (déj.), 75/190 ⅃, enf. 45 – ☲ 30 – **16 ch** 150/300 – ½ P 205/250.

La CRAU 83260 Var 🔢 ⑮ 🔢 ㊻ – 11 257 h alt. 35.

🛈 Office de Tourisme, Mairie ℰ 94 66 70 93, et parking de Lattre de Tassigny (sept.-juin) ℰ 94 66 14 48.

Paris 840 – ◆Toulon 15 – Brignoles 38 – Draguignan 71 – Hyères 07 – ◆Marseille 79.

✗✗ **Aub. du Fenouillet,** 20 av. Gén. de Gaulle ℰ 94 66 76 74 – **GB**
fermé 17 juil. au 18 août, 17 déc. au 29 déc., lundi soir et merc. – **Repas** 130/180.

CRÈCHES-SUR-SAÔNE 71 S.-et-L. 🔢 ① – rattaché à Mâcon.

CRÉCY-EN-PONTHIEU 80150 Somme 🔢 ⑦ G. Flandres Artois Picardie – 1 491 h alt. 36.

Paris 190 – ◆Amiens 54 – Abbeville 19 – Montreuil 29 – St-Omer 73.

🏠 **de la Maye** M, ℰ 22 23 54 35, Fax 22 23 53 32 – 📺 ☎ **ⓟ**. **ÆE** **GB**
◆ *fermé vacances de fév., dim. soir et lundi sauf juil.-août* – **Repas** 55/170 – ☲ 30 –
11 ch 235/300 – ½ P 255/300.

CRÉHEN 22130 C.-d'Armor 🔢 ⑤ – 1 493 h alt. 51.

Paris 421 – St-Malo 25 – Dinan 20 – Dinard 18 – St-Brieuc 50.

🏡 **Deux Moulins,** D 768 ℰ 96 84 15 40, Fax 96 84 24 62, 🍽 – **ⓟ**. **GB**
◆ *fermé vacances de Noël, vend. soir et dim. soir d'oct. à avril* – **Repas** 70/250 ⅃ – ☲ 28 –
16 ch 190/300 – ½ P 230.

CREIL 60100 Oise 🔢 ① ⑪ G. Ile de France – 31 956 h alt. 30.

🛈 Office de Tourisme pl. Gén.-de-Gaulle ℰ 44 55 16 07, Fax 44 55 05 27.

Paris 60 ③ – Compiègne 37 ② – Beauvais 42 ① – Chantilly 7 ④ – Clermont 15 ①.

✗✗ **Petite Alsace,** 8 pl. Ch. Brobeil (près gare) **(e)** ℰ 44 55 28 89, Fax 44 55 00 27 – **ÆE** **GB**
fermé août, sam. midi, dim. soir et lundi – **Repas** 85/145 ⅃.

Plan page suivante

à Nogent-sur-Oise par ① : 2 km – 19 537 h. – ✉ 60180 :

🏨 **Sarcus,** 7 r. Châteaubriand ℰ 44 74 01 31, Fax 44 71 58 85 – 📶 📺 ☎ **ⓟ** – 🔬 50 à 200. **ÆE**
◆ **⓪ GB**
fermé 23 juil. au 21 août – **Repas** (fermé sam. midi et dim.) 80/230 bc, enf. 50 – ☲ 40 –
62 ch 260 – ½ P 245.

✗ **Host. des Trois Rois,** 113 r. Gén. de Gaulle ℰ 44 71 63 23, 🍽, 🍽 – **ⓟ**. **ÆE** **GB**
fermé 20 au 26 fév., dim. soir et lundi – **Repas** 85/190 ⅃, enf. 40.

par ② : 2 km sur D 120 – ✉ 60100 Creil :

🏨 **Ferme de Vaux,** 11 et 19 rte Vaux ℰ 44 24 76 76, Fax 44 26 81 50 – 📺 ☎ ௵ **ⓟ** – 🔬 60.
ÆE ⓪ GB
Repas 130/250 bc – ☲ 37 – **30 ch** 285/370 – ½ P 470.

CREIL

Barluet (R. H.) 3
Berteaux (R. M.) 4
Carnot (Pl.) 8
Dugué (Pl.) 12
Duguet (R. Ch.-A.) 13
Faubourg (Pl. du) 14
Gaulle (Pl. Gén.-de) 16
Marl (R. de) 17
Philippe (R. M.) 21
Ribot (R.) 23
Uhry (Av. J.) 27
8-Mai (Pl. du) 28

Pour un bon usage des plans de villes, voir les signes conventionnels dans l'introduction.

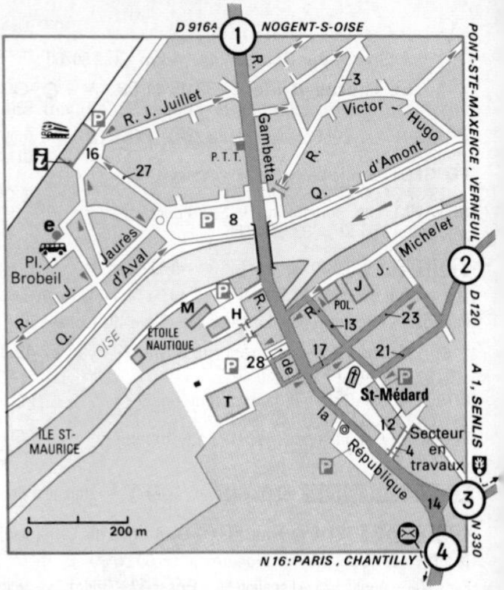

CITROEN SO.FI.DAC., 38 av. 8 Mai, Nogent-sur-Oise par ① ✆ 44 71 72 62
FORD Gar. Brie et Picardie, r. Marais Sec, ZI Nogent sur Oise ✆ 44 55 39 40
PEUGEOT C.D.A, 83 r. R.-Schuman par ③ ✆ 44 64 60 60
RENAULT Palais Autom., ZI r. Marais-Sec à Nogent-sur-Oise par ① ✆ 44 55 02 42 N ✆ 44 24 99 47

Gar. Debuquoy, rte de Chantilly ✆ 44 25 11 50

Euromaster, Z.A.E.T. St-Maximin ✆ 44 24 47 18
Pneu + Paris Normandie-Vulcopneu, 2 rte de Creil, St-Leu-d'Esserent ✆ 44 56 62 56

CRÉMIEU **38460** Isère 74 ⑬ **G. Vallée du Rhône** (plan) – 2 855 h alt. 212.

Maison du Tourisme 5 r. du Four Banal (15 avril-15 oct.) ✆ 74 90 45 13.

Paris 489 – ♦Lyon 39 – Belley 47 – Bourg-en-Bresse 60 – ♦Grenoble 84 – La Tour-du-Pin 34 – Vienne 40.

Aub. de la Chaite avec ch, ✆ 74 90 76 63, Fax 74 90 88 08, – ☎ P. AE O GB
fermé 13 au 20 mars, 2 au 31 janv., dim. soir et lundi – **Repas** 65/160 ₰, enf. 37 – ☐ 27 – **11 ch** 140/235.

CRÉON **33670** Gironde 71 ⑨ **G. Pyrénées Aquitaine** – 2 508 h alt. 103.

Château-Barrault ✆ 56 72 56 30, N : 3 km par D 20.

Paris 595 – ♦Bordeaux 23 – Bergerac 73 – Libourne 20 – La Réole 40.

Château Camiac M, NE : 3 km par D 121 ✆ 56 23 20 85, Fax 56 23 38 84, ←, parc, ⛱, – ☐ ch TV ☎ P – 40. AE GB
Repas *(fermé 15 janv. au 1er mars, merc. midi et mardi hors sais.)* 130 (déj.), 165/220 – ☐ 65 – **19 ch** 390/990 – ½ P 420/685.

CREPON 14 Calvados 54 ⑮ **G. Normandie Cotentin** – 209 h – ✉ **14480** Creully.

Paris 261 – ♦Caen 23 – Bayeux 12 – Deauville 68.

La Rançonnière, rte Arromanches-les-Bains ✆ 31 22 21 73, Fax 31 22 98 39, « Ancienne ferme aménagée », – TV ☎ ♿ P. AE O GB
Repas 60 (déj.), 88/235, enf. 55 – ☐ 42 – **36 ch** 380 – ½ P 310.

CRESSENSAC **46600** Lot 75 ⑱ – 570 h alt. 309.

Paris 505 – Brive-la-Gaillarde 20 – Sarlat-la-Canéda 46 – Cahors 80 – Gourdon 44 – Larche 17.

Chez Gilles avec ch, N 20 ✆ 65 37 70 06, Fax 65 37 77 15 – ☎. AE O GB
Repas 98/250 ₰ – ☐ 35 – **15 ch** 165/295 – ½ P 280/310.

CRESSERONS 14 Calvados 54 ⑯ – rattaché à Douvres-la-Délivrande.

CREST **26400** Drôme 77 ⑫ **G. Vallée du Rhône** – 7 583 h alt. 192.

Voir Donjon★ : ✻★ Y.

du Domaine de Sagnol (saison) ✆ 75 40 98 89 à Gigors, 19 km par ①.

Office de Tourisme pl. Dr M.-Rozier ✆ 75 25 11 38, fax 75 76 79 65.

Paris 592 ④ – Valence 28 ④ – Die 38 ① – Gap 132 ① – ♦Grenoble 109 ④ – Montélimar 37 ②.

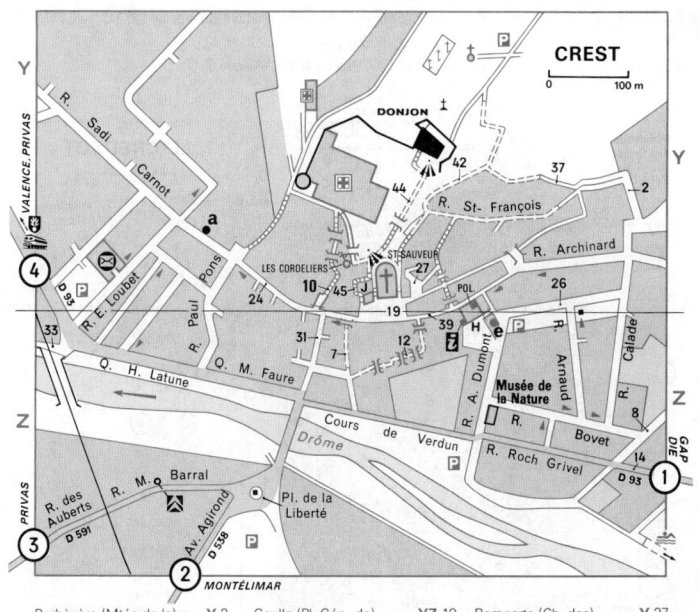

Gd Hôtel, 60 r. Hôtel de Ville ℰ 75 25 08 17, Fax 75 25 46 42 – ☎. ᴳᴮ   Y **a**
fermé 1ᵉʳ au 6 mars, 22 déc. au 22 janv., lundi sauf le soir d'avril à oct. et dim. soir du 15 juin au 8 sept. – **Repas** 77/200, enf. 47 – ☑ 32 – **22 ch** 135/330 – ½ P 180/265.

Porte Montségur avec ch, par ① : 0,5 km sur D 93 ℰ 75 25 41 48, Fax 75 25 22 63, 🍽, 🍽 – 📺 ☎ 🄿. ᴬᴱ ⓞ ᴳᴮ
fermé vacances de Toussaint et de fév., lundi soir et merc. – **Repas** 90/285 – ☑ 38 – **9 ch** 265/290 – ½ P 330/355.

Kléber avec ch, 6 r. A. Dumont ℰ 75 25 11 69 – ▤ rest 📺 ☎. ᴳᴮ   Z **e**
fermé 1ᵉʳ au 15 sept., 15 au 31 janv., dim. soir et lundi sauf fériés – **Repas** 90/240 – ☑ 30 – **7 ch** 180/280.

CITROEN Gar. Rolland, 34 r. M.-Barral
ℰ 75 25 01 13 🄽 ℰ 75 25 01 13
RENAULT Gar. Cunzi, av. A.-Fayolle ℰ 75 25 10 85

🄜 Relais du Pneu, av. F.-Rozier, rte de Valence
ℰ 75 25 44 51

CREST-VOLAND 73590 Savoie 🄷🄸 ⑰ G. Alpes du Nord – 395 h alt. 1 230 – Sports d'hiver : 1 230/1 950 m ⟨17 ⟨.

🄸 Office de Tourisme ℰ 79 31 62 57, Fax 79 31 68 20.

Paris 588 – Albertville 22 – Chamonix-Mont-Blanc 49 – Annecy 52 – Bonneville 53 – Chambéry 73 – Megève 14.

Caprice des Neiges 🌭, rte Saisies : 1 km ℰ 79 31 62 95, Fax 79 31 79 30, ≤, 🍽, 🍽 – ☎ 🄿. 🍽 rest
17 juin-16 sept. et 15 déc.-15 avril – **Repas** 85/110, enf. 45 – ☑ 32 – **16 ch** 280 – ½ P 280.

Mont Charvin, au Cernix S : 1,5 km par VO ℰ 79 31 61 21, Fax 79 31 82 10, ≤, 🍽 – ☎ 🄿. ᴬᴱ ᴳᴮ
25 juin-4 sept. et 15 déc.-30 mars – **Repas** 88/115, enf. 50 – ☑ 32 – **23 ch** (pension seul.) – P 275/305.

CRÉTEIL 94 Val-de-Marne 🄒🄸 ①, 🄸🄾🄸 ㉗ – voir à Paris, Environs.

CREULLY 14480 Calvados 🄔🄸 ⑮ – 1 396 h alt. 27.

Paris 257 – ◆Caen 19 – Bayeux 13 – Deauville 64.

St-Martin, ℰ 31 80 10 11, Fax 31 08 17 64, « Belle salle voûtée » – 📺 ☎ 🄿 – 🄰 50. ᴬᴱ ᴳᴮ
fermé vacances de Noël et de fév., dim. soir et lundi midi hors sais. – **Repas** 62/200, enf. 40 – ☑ 30 – **12 ch** 200/230 – ½ P 250/280.

Le CREUSOT 71200 S.-et-L. 69 ⑧ G. Bourgogne – 28 909 h Communauté urbaine 100 343 h alt. 347.

🛈 Office de Tourisme Château de la Verrerie ℰ 85 55 02 46, Fax 85 80 11 03.

Paris 319 ② – Chalon-sur-Saône 37 ② – Autun 28 ③ – Beaune 46 ① – Mâcon 89 ②.

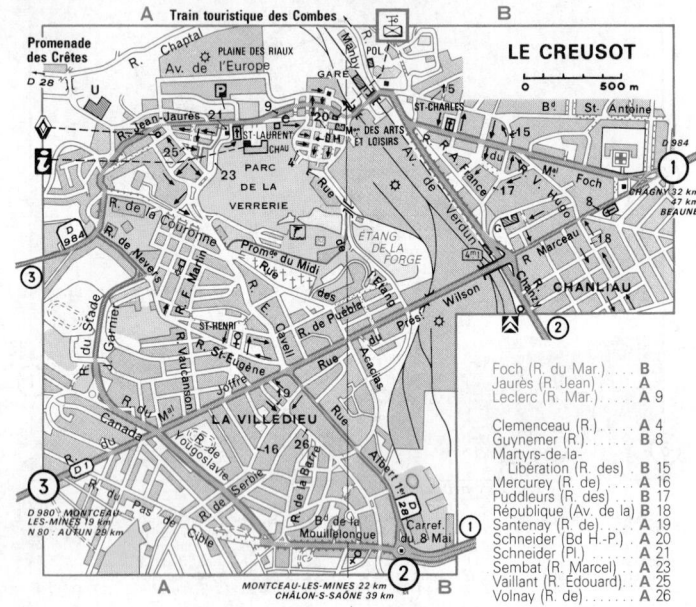

Foch (R. du Mar.)	B
Jaurès (R. Jean)	A
Leclerc (R. Mar.)	A 9
Clemenceau (R.)	A 4
Guynemer (R.)	B 8
Martyrs-de-la-	
Libération (R. des)	B 15
Mercurey (R. de)	A 16
Puddleurs (R. des)	B 17
République (Av. de la)	B 18
Santenay (R. de)	A 19
Schneider (Bd H.-P.)	A 20
Schneider (Pl.)	A 21
Sembat (R. Marcel)	A 23
Vaillant (R. Édouard)	A 25
Volnay (R. de)	A 26

🏨 **La Petite Verrerie,** 4 r. J. Guesde ℰ 85 55 31 44, Télex 801347, Fax 85 80 89 01 – 📺 ☎ 🅿 – 🔏 30. 🖭 ⚌ ☒
A e
Repas *(fermé sam., dim. et fériés)* 100/195, enf. 60 – � 45 – **40 ch** 320/380 – ½ P 295/335.

au Breuil par ① : 3 km – 3 741 h. – ⊠ 71670 :

🏨 **Moulin Rouge** 🏊, ℰ 85 55 14 11, Fax 85 55 53 37, 🍽, 🔼, 🐎 – ⊁ ch 📺 ☎ 🅿. 🖭 ⑩ ☒ 🌑
fermé 20 déc. au 10 janv., vend. soir, sam. midi et dim. soir – **Repas** 100/200 ⅃ – ⊑ 45 – **32 ch** 220/400 – ½ P 300/380.

à Torcy par ② : 4 km – 4 059 h. – ⊠ 71210 :

🍴 **Vieux Saule,** ℰ 85 55 09 53, Fax 85 80 39 99, 🍽 – 🅿. ☒
fermé dim. soir et lundi – **Repas** 120 bc/350 et carte 220 à 310 ⅃, enf. 65.

CREUTZWALD 57150 Moselle 57 ⑤ – 15 169 h alt. 219.

Paris 376 – ◆Metz 47 – Forbach 25 – Saarbrücken 35 – Sarreguemines 38 – Saarlouis 17.

🍴 **Faisan d'Or,** rte Saarlouis NE : 2 km sur N 33 ℰ 87 93 01 36 – ☒ 🌑
fermé août et lundi – **Repas** 90/220 ⅃.

Routes enneigées

Pour tous renseignements pratiques, consultez
les cartes Michelin **« Grandes Routes »** 918, 919, 915 ou 989.

CRÈVECOEUR-EN-AUGE 14340 Calvados 54 ⑰ **G. Normandie Vallée de la Seine** – 554 h alt. 60.

Voir Manoir★.

Paris 194 – ◆ Caen 34 – Falaise 32 – Lisieux 17.

✗ **La Galetière,** ✆ 31 63 04 28 – GB
fermé mardi soir et merc. sauf juil.-août – **Repas** 77/187 ♢, enf. 49.

CREVOUX 05200 H.-Alpes 77 ⑱ **G. Alpes du Sud** – 117 h alt. 1 577 – Sports d'hiver : 1 650/2 100 m ≴3 ⛷.

Paris 727 – Briançon 59 – Gap 53 – Embrun 15 – Guillestre 31.

Parpaillon ⛯, ✆ 92 43 18 08, ≤ – ☎ 🅿. AE ⓓ GB. ✻ rest
fermé 20 au 30 avril et 10 au 30 nov. – **Repas** 95/135 ♢ – ☕ 28 – **28 ch** 160/290 – ½ P 240/280.

CRILLON 60112 Oise 52 ⑰ – 440 h alt. 82.

Paris 96 – Compiègne 75 – Aumale 32 – Beauvais 16 – Breteuil 33 – Gournay-en-Bray 18.

✗✗ **La Petite France,** 7 rte Gisors ✆ 44 81 01 13 – 🅿. GB
fermé 16 août au 6 sept., vacances d'hiver, dim. soir, lundi soir et mardi – **Repas** 80/160 ♢.

CRILLON-LE-BRAVE 84410 Vaucluse 81 ⑬ – 370 h alt. 345.

Paris 686 – Avignon 38 – Carpentras 13 – Nyons 41 – Vaison-la-Romaine 26.

Host. de Crillon le Brave ⛯, pl. Église ✆ 90 65 61 61, Fax 90 65 62 86, 🏛, « Terrasse avec ≤ plaine et Mont Ventoux », 🏊 – ☎ 🅿. AE GB
fermé 2 janv. au 25 mars – **Repas** *(fermé mardi soir du 1er nov. au 21 déc.)* (dîner seul. en sem.) 225/275, enf. 120 – ☕ 75 – **20 ch** 750/1150, 4 appart – ½ P 635/835.

CRISENOY 77 S.-et-M. 61 ② – rattaché à Melun.

Gagnez du temps et de l'argent.

Consultez 3615 ou 3617 MICHELIN :
*vos meilleurs itinéraires sur **Minitel** ou sur **télécopie**.*

Bonne route !

Le CROISIC 44490 Loire-Atl. 63 ⑭ **G. Bretagne** – 4 428 h alt. 5.

Voir Océarium★ AY – ≤★ du Mont-Lénigo.

🅸 Office de Tourisme pl. 18 Juin 1940 ✆ 40 23 00 70, Fax 40 62 96 00.

Paris 464 ① – ◆ Nantes 86 ① – La Baule 13 ① – Guérande 11,5 ① – Le Pouliguen 9 ① – Redon 64 ① – Vannes 77 ①.

Plan page suivante

Les Vikings Ⓜ, à Port-Lin ✆ 40 62 90 03, Fax 40 23 28 03, ≤ – |‡| 📺 ☎ ♿ 🚗 – 🏔 40. AE GB — AZ **e**
voir rest. **Océan** ci-après – ☕ 50 – **24 ch** 380/600.

Maris Stella Ⓜ sans rest, plage Port-Lin ✆ 40 23 21 45, Fax 40 23 22 63, ≤, 🏊, 🌳 – 📺 ☎. GB. ✻ — BZ **g**
☕ 50 – **8 ch** 795, 4 duplex.

Les Nids ⛯, 83 bd Gén. Leclerc à Port-Lin ✆ 40 23 00 63, Fax 40 23 09 79, 🌳 – 📺 ☎. AE GB — AZ **k**
fin mars-30 sept. – **Repas** 94/300 – ☕ 35 – **28 ch** 201/385 – ½ P 230/322.

Castel Moor, av. Castouillet, NO : 1,5 km sur D 45 ✆ 40 23 24 18, Fax 40 62 98 90, ≤, 🏛 – 📺 ☎ 🅿. AE GB
fermé 13 au 20 nov., 4 janv. au 4 fév., lundi soir et mardi – **Repas** 75 (déj.), 98/170, enf. 55 – ☕ 35 – **11 ch** 350/370 – ½ P 330/340.

✗✗✗ ✿ **L'Océan** ⛯ avec ch, à **Port-Lin** ✆ 40 62 90 03, Fax 40 23 28 03, « Sur les rochers de la Côte Sauvage, ≤ mer et côte » – 📺 ☎. AE GB — AZ **v**
Repas - produits de la mer - carte 230 à 360 – ☕ 50 – **14 ch** 450/600
Spéc. Plateau de fruits de mer. Soupe du pêcheur avec rouille. Bar en croûte de sel.

✗✗ **Bretagne,** 11 quai Petite Chambre ✆ 40 23 00 51, Fax 40 23 18 32 – AE ⓓ GB
fermé 10 au 25 oct., 12 nov. au 15 déc., dim. soir et lundi sauf juil. août – **Repas** - produits de la mer - 89/259, enf. 79. — BY **a**

✗✗ **L'Estacade** avec ch, 4 quai Lénigo ✆ 40 23 03 77, Fax 40 23 24 32 – 📺 ☎. AE ⓓ GB
Repas *(fermé vacances de fév., mardi soir et merc. du 1er oct. au 31 mars sauf vacances scolaires)* 80/230, enf. 50 – ☕ 35 – **13 ch** 260/320 – ½ P 260/290. — AY **n**

✗ **Le Lénigo,** 11 quai Lénigo ✆ 40 23 00 31 – AE ⓓ GB — AY **b**
15 fév.-15 nov. et fermé lundi soir et mardi sauf juil.-août – **Repas** 82/190, enf. 48.

PEUGEOT Gar. Rochard, ✆ 40 62 90 32 RENAULT Gar. Propice, ✆ 40 23 02 09

LE CROISIC

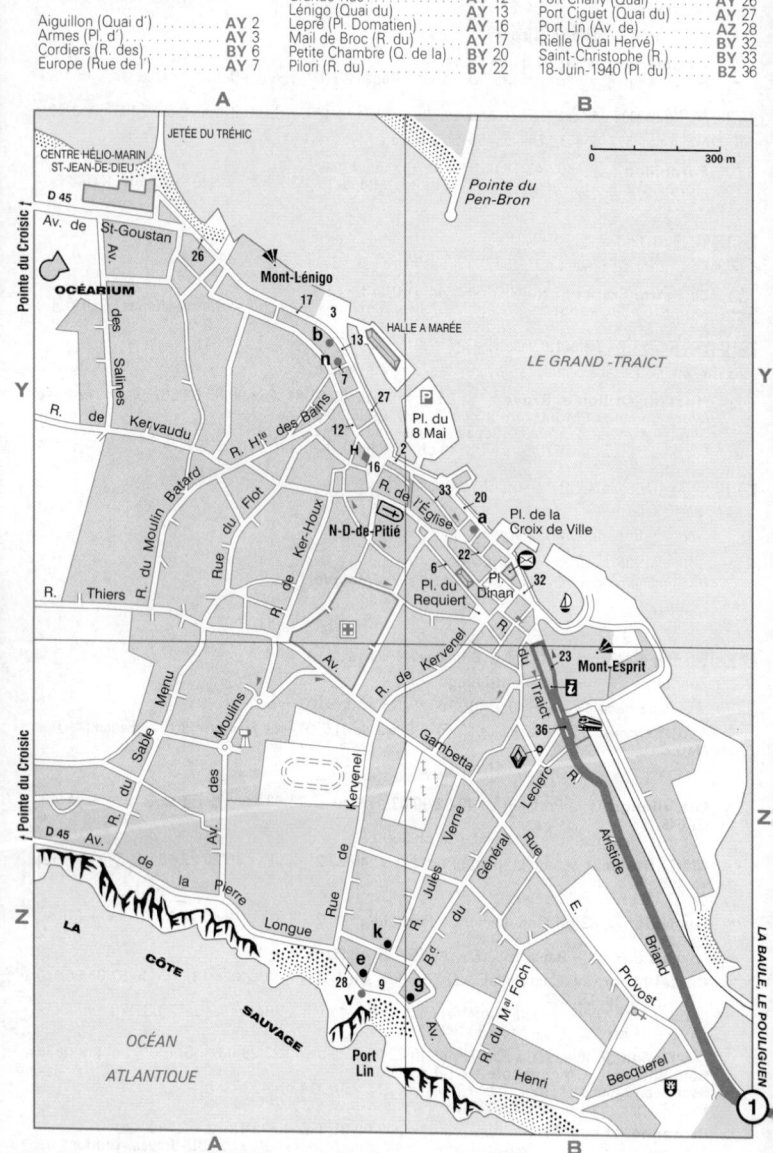

Découvrez la France avec les guides Verts Michelin :
24 titres illustrés en couleurs.

La CROIX-BLANCHE 71 S.-et-L. 👊👊 ⑲ – alt. 204 – ✉ 71960 Berzé-la-Ville.

Voir Berzé-la-Ville : peintures murales★★ de la chapelle aux Moines E : 2 km – Château★ de Berzé-le-Châtel N : 3 km, **G. Bourgogne**.

Paris 407 – Mâcon 13 – Charolles 42 – Cluny 11 – Roanne 84.

    XX **Relais du Mâconnais** avec ch, ancienne N 79 ℰ 85 36 60 72, Fax 85 36 65 47, 🍽 – 📺
      ☎ 🅿 🖭 ⑩ ⅁🄱
      fermé janv., dim. soir et lundi hors sais. – **Repas** 130/270, enf. 65 – 🖙 35 – **10 ch** 330/360 –
      ½ P 300/360.

CROIX (Col des) 88 Vosges 👊👊 ⑦ – rattaché au Thillot.

CROIX-FRY (Col de) 74 H.-Savoie 👊 ⑦ – rattaché à Manigod.

CROIX-MARE 76 S.-Mar. 👊 ⑬ – rattaché à Yvetot.

La CROIX-VALMER 83420 Var 👊 ⑰ 👊👊 ㉟ **G. Côte d'Azur** – 2 634 h alt. 120.

Paris 878 – Fréjus 36 – Brignoles 68 – Draguignan 50 – Le Lavandou 26 – Ste-Maxime 16 – ◆Toulon 69.

    🏠 **Parc** ⚜ sans rest, E : 1 km par D 93 ℰ 94 79 64 04, Fax 94 54 38 91, ≤, parc, ⏋ – 🛋 ☎
      🅿 ⑩ ⅁🄱 ✾
      1er mai-1er oct. – 🖙 45 – **33 ch** 470/550.

      à Gigaro SE : 5 km par D 93 et VO – ✉ 83420 La Croix-Valmer :

    🏠🏠 ❀ **Souleias** Ⓜ ⚜, ℰ 94 79 61 91, Fax 94 54 36 23, ≤ mer et îles, 🍽, « Au faîte d'une
      colline dominant le littoral », ⏋, 🐾, ✗ – 🛋 🖩 ch 📺 ☎ 🅿 – 🕹 25. 🖭 ⑩ ⅁🄱 ✾ rest
      20 mars-5 nov. – **Repas** 200 (déj.), 240/350 et carte 300 à 410 – 🖙 70 – **42 ch** 890/1480,
      6 appart – ½ P 660/1090
      Spéc. Petites ravioles à la nage et foie gras frais de canard. Assiette de petits farcis à la provençale. Homard à l'huile
      aromatisée aux piments doux et son risotto. Vins Côtes de Provence.

    🏠🏠 **Le Château de Valmer** Ⓜ ⚜ sans rest, ℰ 94 79 60 10, Fax 94 54 22 68, ≤, parc, « ⏋
      bordée d'une palmeraie », ✗ – 🛋 🖩 📺 ☎ 🕹 🅿. 🖭 ⑩ ⅁🄱
      avril-sept. – 🖙 75 – **41 ch** 700/1190.

    🏠🏠 **Les Moulins de Paillas et Résidence Gigaro** Ⓜ, ℰ 94 79 71 11, Fax 94 54 37 05, 🍽,
      ⏋, 🐾, 🐾, ✗ – 🖩 ch 📺 ☎ 🅿 🖭 ⅁🄱
      mai-sept. – **La Brigantine** ℰ 94 79 67 16 **Repas** 250 – 🖙 60 – **68 ch** 740/1020 – ½ P 1400/
      1700.

    🏠🏠 **La Pinède** ⚜, ℰ 94 54 31 23, Fax 94 79 71 46, ≤, 🍽, « En bord de mer », ⏋, 🐾, 🐾,
      ✗ – 📺 ☎ 🅿. 🖭 ⑩ ⅁🄱
      mai-oct. – **Repas** (dîner seul.) 190/240, enf. 150 – 🖙 75 – **40 ch** 805/1340 – ½ P 718/985.

CROS-DE-CAGNES 06 Alpes-Mar. 👊 ⑨, 👊👊👊 ㉖ – rattaché à Cagnes.

CROUTELLE 86 Vienne 👊 ⑲ – rattaché à Poitiers.

CROZANT 23160 Creuse 👊👊 ⑱ **G. Berry Limousin** – 636 h alt. 277 – **Voir Ruines★**.

Paris 334 – Argenton-sur-Creuse 31 – La Châtre 48 – Guéret 39 – Montmorillon 70 – La Souterraine 24.

    🏠 **Lac** ⚜ sans rest, E : 1 km par D 72 et D 30 ℰ 55 89 81 96, ≤ – ☎ 🅿 ✾
      1er mai-30 sept. et fermé lundi soir et mardi sauf juil.-août – 🖙 29 – **10 ch** 190/270.

    XX **Aub. de la Vallée**, ℰ 55 89 80 03 – ⅁🄱
    ◆ *fermé 2 janv. au 2 fév., lundi soir et mardi d'oct. à juin* – **Repas** 70/265, enf. 40.

CROZON 29160 Finistère 👊 ④ **G. Bretagne** – 7 705 h alt. 81 – **Voir Retable★** de l'église.

Env. Pointe de Dinan ✾★★ SO : 6 km.

🅱 Office de Tourisme bd de la Plage ℰ 98 27 07 92, Fax 98 26 21 63.

Paris 613 – ◆Brest 57 – Châteaulin 33 – Douarnenez 43 – Morlaix 77 – Quimper 52.

    XX **La Pergola**, 25 r. Poulpatré ℰ 98 27 04 01 – ⅁🄱
    ◆ **Repas** *(fermé dim. soir et lundi sauf juil.-août)* 75/240, enf. 55.

      au Fret N : 5,5 km par D 155 et D 55 – ✉ 29160 Crozon :

    🏠 **Host. de la Mer**, ℰ 98 27 61 90, Fax 98 27 65 89, ≤ – ☎. 🖭 ⅁🄱
      fermé 8 janv. au 2 fév. – **Repas** 102/260 – 🖙 44 – **24 ch** 245/320 – ½ P 285/330.

◍ Prat Pneus, rte de Châteaulin ℰ 98 27 12 51

CRUSEILLES 74350 H.-Savoie 👊 ⑥ **G. Alpes du Nord** – 2 716 h alt. 783.

Voir Ponts de la Caille★ S : 4 km.

Paris 539 – Annecy 18 – Bellegarde-sur-Valserine 45 – Bonneville 36 – ◆Genève 25 – Thonon-les-Bains 58.

    XX **L'Ancolie** Ⓜ ⚜ avec ch, au parc des Dronières ℰ 50 44 28 98, Fax 50 44 09 73, ≤, 🍽 –
      📺 ☎ 🅿 – 🕹 35. 🖭 ⑩ ⅁🄱. ✾ rest
      fermé vacances de fév. et dim. soir – **Repas** 120 (déj.), 210/250, enf. 75 – 🖙 45 – **10 ch**
      330/425 – ½ P 385/425.

CUCHERON (Col du) 38 Isère 👊 ⑤ – rattaché à St-Pierre-de-Chartreuse.

CUCUGNAN 11350 Aude 86 ⑧ – 128 h alt. 320.

Voir Col Grau de Maury ※★★ S : 2,5 km – Site★★ du château de Quéribus★ SE : 3 km.

Env. Château de Peyrepertuse★★★ NO : 7 km, **G. Pyrénées Roussillon.**

Paris 864 – ◆ Perpignan 41 – Carcassonne 75 – Limoux 73 – Quillan 49.

X **Aub. de Cucugnan,** ✆ 68 45 40 84, Fax 68 45 01 52, « Grange aménagée » – ℗. GB
fermé vacances de fév. et merc. de janv. à mars – **Repas** 98/250 ♁, enf. 45.

CUERS 83390 Var 84 ⑮ 114 ㉝ – 7 027 h alt. 132.

Paris 836 – ◆ Toulon 22 – Brignoles 24 – Draguignan 58 – ◆ Marseille 86.

XXX ✿ **Le Lingousto** (Ryon), E : 2 km par rte Pierrefeu ✆ 94 28 69 10, Fax 94 48 63 79, 🌳 – ℗. AE ⓓ GB
fermé vacances de fév., lundi sauf le soir en juil.-août et dim. soir – **Repas** 160/380
Spéc. Salade tiède du Lingousto. Rouelle de pigeon. Dos de pagre à la purée de pommes de terre et oursins (déc. à mars). **Vins** Côtes de Provence.

CUISEAUX 71480 S.-et-L. 70 ⑬ – 1 779 h alt. 273.

Paris 398 – Chalon-sur-Saône 61 – Mâcon 55 – Lons-le-Saunier 27 – Tournus 45.

XX **Commerce** avec ch, ✆ 85 72 71 79, Fax 85 72 54 22, ⛱ – TV ☎ 🚗 ℗. GB
fermé 26 juin au 3 juil., 1er au 10 oct., dim. soir hors sais. et lundi – **Repas** 78/250, enf. 45 – ☕ 30 – **16 ch** 190/250 – ½ P 200.

PEUGEOT Gar. Berger, ✆ 85 72 71 39 N ✆ 85 72 71 39

CUISERY 71290 S.-et-L. 70 ⑫ – 1 505 h alt. 211.

Paris 370 – Chalon-sur-Saône 31 – Bourg-en-Bresse 46 – Lons-le-Saunier 48 – Mâcon 36 – St-Amour 37 – Tournus 7,5.

XXX **Host. Bressane** avec ch, ✆ 85 40 11 63, Fax 85 40 14 96, 🌳, 🌳 – TV ☎ ♿ 🚗 ℗. AE GB
fermé 6 au 15 juin, 15 nov. au 15 janv., merc. midi et mardi – **Repas** 110/260 et carte 230 à 340, enf. 70 – ☕ 45 – **15 ch** 190/400.

La CURE 39 Jura 70 ⑯ – rattaché aux Rousses.

CUREBOURSE (Col de) 15 Cantal 76 ⑫ ⑬ – rattaché à Vic-sur-Cère.

Le CURTILLARD 38 Isère 77 ⑥ – rattaché à La Ferrière.

CURTIL-VERGY 21 Côte-d'Or 66 ⑫ – rattaché à Nuits-St-Georges.

CURZAY-SUR-VONNE 86600 Vienne 68 ⑫ – 460 h.

Paris 368 – Poitiers 33 – Lusignan 13 – Niort 52 – Parthenay 37 – Saint-Maixent-l'École 28.

Château de Curzay M 🐎, rte Jazeneuil ✆ 49 36 17 00, Fax 49 53 57 69, ≤, 🌳, parc – ▤ ch TV ☎ ♿ ℗ – 🎤 30. AE ⓓ GB JCB. ✻ rest
fermé 19 déc. au 30 janv. – **Repas** 190/280 – ☕ 70 – **19 ch** 650/1200.

CUSSAY 37 I.-et-L. 68 ⑤ – rattaché à Ligueil.

CUSSET 03300 Allier 73 ⑤ **G. Auvergne** – 13 567 h alt. 274.

Office de Tourisme 2 r. S.-Arloing ✆ 70 31 39 41.

Paris 348 ② – ◆ Clermont-Ferrand 57 ① – Lapalisse 21 ② – Moulins 53 ② – Vichy 2 ①.

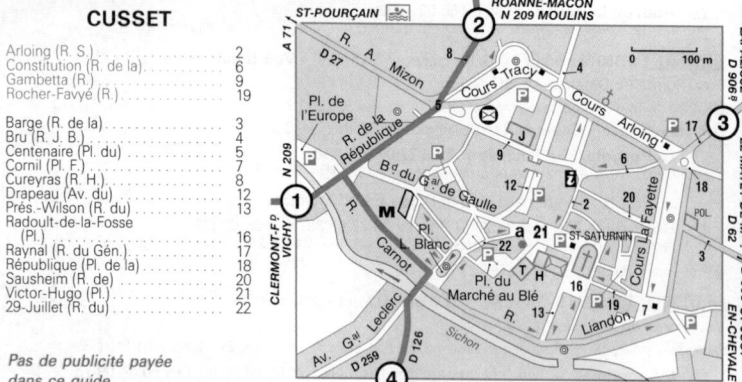

CUSSET

Arloing (R. S.)	2
Constitution (R. de la)	6
Gambetta (R.)	9
Rocher-Favyé (R.)	19
Barge (R. de la)	3
Bru (R. J. B.)	4
Centenaire (Pl. du)	5
Cornil (Pl. F.)	7
Cureyras (R. H.)	8
Drapeau (Av. du)	12
Prés.-Wilson (R. du)	13
Radoult-de-la-Fosse (Pl.)	16
Raynal (R. du Gén.)	17
République (Pl. de la)	18
Sausheim (R. de)	20
Victor-Hugo (Pl.)	21
29-Juillet (R. du)	22

Pas de publicité payée dans ce guide.

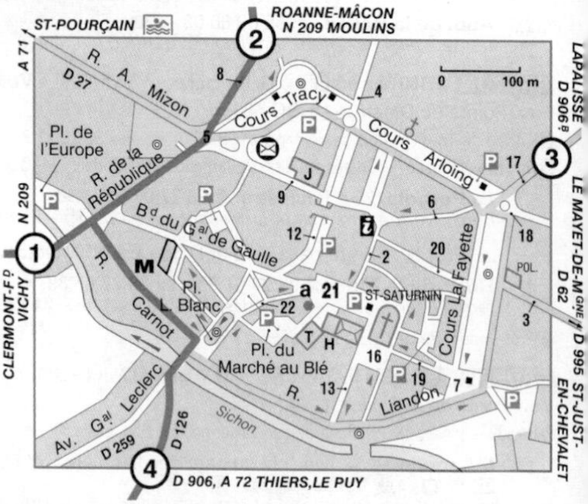

XX **Taverne Louis XI,** pl. Victor Hugo **(a)** ✆ 70 98 39 39, maison du 15e siècle – GB
fermé 29 juin au 9 juil., vacances de fév., dim. soir et lundi sauf fériés – **Repas** (nombre de couverts limité, prévenir) 145/250.

CUSSEY-SUR-L'OGNON 25870 Doubs 66 ⑮ – 570 h alt. 215.

Paris 414 – ♦Besançon 13 – Gray 37 – Vesoul 44.

XX **Vieille Auberge** avec ch, ☎ 81 57 78 35, Fax 81 57 62 30, 余 – TV ☎. GB
fermé 23 déc. au 5 janv., dim. soir et lundi – **Repas** 98/180, enf. 55 – ☐ 38 – **8 ch** 240/320 – ½ P 240/260.

CUTS 60400 Oise 56 ③ – 736 h alt. 71.

Paris 107 – Compiègne 25 – Saint-Quentin 45 – Chauny 15 – Noyon 9,5 – Soissons 28.

X **Le Bois Doré,** 5 r. Ramée ☎ 44 09 77 66, Fax 44 09 79 27 – GB
fermé vacances de fév., dim. soir et lundi – **Repas** 60 (déj.), 110/180 ₰, enf. 70.

DABISSE 04 Alpes-de-H.-P. 81 ⑯ – ✉ 04190 Les Mées.

Env. Rochers des Mées★ NE : 8 km **G. Alpes du sud.**

Paris 740 – Digne-les-Bains 33 – Forcalquier 19 – Manosque 23 – Sisteron 29.

XXX **Vieux Colombier,** S: 2 km sur D4 ☎ 92 34 32 32, Fax 92 34 34 26, 余 – P. AE ⓓ GB
fermé dim. soir du 30 sept. au 31 mai et merc. – **Repas** 130/290, enf. 80.

DACHSTEIN 67120 B.-Rhin 62 ⑨ – 957 h alt. 175.

Paris 476 – ♦Strasbourg 21 – Molsheim 4 – Saverne 27 – Sélestat 40.

XX **Aub. de la Bruche,** ☎ 88 38 14 90, Fax 88 48 81 12, 余 – P. GB
fermé 1er au 15 sept., 15 au 31 janv., sam. midi et mardi – **Repas** 120/200 ₰.

La DAILLE 73 Savoie 74 ⑲ – rattaché à Val-d'Isère.

DAMBACH-LA-VILLE 67650 B.-Rhin 62 ⑨ **G. Alsace Lorraine** – 1 800 h alt. 215.

ℹ Office de Tourisme ☎ 88 92 61 00.

Paris 504 – ♦Strasbourg 45 – Obernai 19 – Saverne 58 – Sélestat 9.

🏠 **Au Raisin d'Or,** ☎ 88 92 48 66, Fax 88 92 61 42 – ⇹ ch TV ☎ P. ⓓ GB. ✻
fermé 15 déc. au 1er fév., mardi midi et lundi – **Repas** 80/120 ₰ – ☐ 35 – **8 ch** 255/270 – ½ P 210/220.

🏠 **Le Vignoble** sans rest, 1 r. Église ☎ 88 92 43 75 – TV ☎ ♿ P. GB. ✻
fermé 4 au 12 mars, 11 nov. au 4 déc., dim. et lundi d'oct. à fév. – ☐ 30 – **7 ch** 270/300.

DAMGAN 56750 Morbihan 63 ⑬ – 1 032 h alt. 6.

Paris 472 – Vannes 26 – Muzillac 9,5 – Redon 46 – La Roche-Bernard 24.

🏨 **L'Albatros,** ☎ 97 41 16 85, Fax 97 41 21 34, ≤, 余 – ▤ rest TV ☎ ♿ P. GB
1er avril-1er oct. – **Repas** 85/220 – ☐ 30 – **28 ch** 200/370 – ½ P 205/290.

DAMPIERRE-EN-YVELINES 78720 Yvelines 60 ⑨.

Voir Château de Dampierre★★, **G. Ile de France.**

Paris 41 – Chartres 56 – Longjumeau 27 – Rambouillet 16 – Versailles 18.

XX Aub. St-Pierre, 1 r. Chevreuse ☎ (1) 30 52 53 53, Fax (1) 30 52 58 57, 余.

DAMPIERRE-SUR-SALON 70180 H.-Saône 66 ④ – 1 227 h alt. 225.

Paris 344 – ♦Besançon 51 – Combeaufontaine 25 – Gray 16 – Langres 54.

XX **de la Tour** M avec ch, 8e étage ☎ 84 67 00 65, Fax 84 67 02 28, 余 – |‡| ⇹ ch, ▤ rest TV ☎ ♿ ⇐ – 🔬 60. AE ⓓ GB
fermé dim. soir et lundi du 15 sept. au 15 mai – **Repas** 70/200 ₰ – ☐ 35 – **25 ch** 250/820 – ½ P 260/560.

DAMPRICHARD 25450 Doubs 66 ⑱ – 1 858 h alt. 825.

Paris 490 – ♦Besançon 81 – ♦Basel 99 – Belfort 64 – Montbéliard 47 – Pontarlier 67.

🏨 **Lion d'Or,** ☎ 81 44 22 84, Fax 81 44 23 10 – TV ☎ ⇐ P. AE ⓓ GB
Repas 80/250 ₰, enf. 40 – ☐ 35 – **19 ch** 150/300 – ½ P 220/240.

DAMVILLERS 55150 Meuse 57 ① – 627 h alt. 208.

Paris 286 – ♦Metz 74 – Bar-le-Duc 76 – Longuyon 20 – Sedan 66 – Verdun 24.

X **Croix Blanche** avec ch, ☎ 29 85 60 12 – ☎ P. GB
fermé 3 au 9 oct., vacances de fév., dim. soir et lundi – **Repas** 70/170 ₰, enf. 45 – ☐ 28 – **9 ch** 140/260 – ½ P 160/230.

CITROEN Gar. Iori, ☎ 29 85 60 25

DANGÉ-ST-ROMAIN 86220 Vienne 68 ④ – 3 150 h alt. 48.

Paris 293 – Poitiers 48 – Le Blanc 55 – Châtellerault 15 – Chinon 44 – Loches 42 – ♦Tours 59.

X **La Crémaillère,** ☎ 49 86 40 24 – P. AE ⓓ GB
fermé merc. – **Repas** 90/185 ₰, enf. 55.

CITROEN Gar. Ory, ☎ 49 86 42 76 RENAULT Gar. Judes, ☎ 49 86 40 39

DANJOUTIN 90 Ter.-de-Belf. 66 ⑧ – rattaché à Belfort.

DANNEMARIE 68210 H.-Rhin 66 ⑨ – 1 820 h alt. 317.

Paris 455 – ◆ Mulhouse 27 – ◆ Basel 43 – Belfort 22 – Colmar 57 – Thann 26.

✗ **Ritter,** face gare ☎ 89 25 04 30, Fax 89 08 02 34, ☂, ⛱, 🌳 – Ⓟ. ⓓ GB
fermé 6 au 20 mars, 18 au 31 déc., lundi soir et mardi – **Repas** 55/180 ♁.

✗ **Wach,** près H. de Ville ☎ 89 25 00 01 – GB
fermé 16 au 29 août, 24 déc. au 9 janv. et lundi – **Repas** (déj. seul.) 55/175 ♁, enf. 50.

FORD Gar. Christen, ☎ 89 25 00 33

DANZÉ 41160 L.-et-Ch. 64 ⑥ – 578 h.

Paris 165 – Blois 46 – Cloyes-sur-le-Loir 24 – Montoire-sur-le-Loir 24 – Vendôme 14.

✗ **Le Marmiton,** pl. Église ☎ 54 80 60 50 – GB
fermé janv., dim. soir et merc. sauf juil.-août – **Repas** 108/300.

DARDILLY 69 Rhône 74 ⑪ – rattaché à Lyon.

DAVÉZIEUX 07 Ardèche 76 ⑩ – rattaché à Annonay.

DAX ⟨SP⟩ 40100 Landes 78 ⑥ ⑦ **G. Pyrénées Aquitaine** – 19 309 h alt. 12 – Stat. therm. : Atrium – Casino à St.Paul les Dax.

Office de Tourisme pl. Thiers ☎ 58 90 20 00, Fax 58 74 85 69 – A.C. Zone Artisanale du Sablar, r. des Prairies ☎ 58 74 05 04.

Paris 734 ① – Biarritz 57 – Mont-de-Marsan 51 ② – ◆ Bayonne 51 ④ – ◆ Bordeaux 145 ① – Pau 78 ③.

DAX

Carmes (R. des) B 6
Liberté (Av. de la) A 17
Verdun (Cours de) B 38

Augusta (Cours J.) B 2
Baignots (Allée des) B 3
Bouvet (Pl. C.) B 5
Chanoine-Bordes (Pl.) B 7
Chanzy (R.) B 8
Clemenceau (Av. G.) A 10
Ducos (Pl. R.) B 12
Foch (Cours Mar.) B 13
Foch (R. Mar.) ST-PAUL-LÈS-DAX A 14
Fusillés (R. des) B 15
Gaulle (Espl. Gén.-de) B 16
Manoir (Bd Y. du) A 19
Milliés-Lacroix (Av. E.) B 20
Pasteur (Cours) B 23
Résistance (Av. de la) A 24
Sablar (Av. du) B 25
St-Pierre (Pl.) B 26
St-Pierre (R.) B 27
St-Vincent (R.) B 28
St-Vincent-de-Paul (Av.) B 30
St-Vincent-de-Paul (Av.) ST-PAUL-LÈS-DAX A 32
Sully (R.) B 35
Thiers (Pl.) B 36
Tuilleries (Av. des) B 37
Victor-Hugo (Av.) B 39

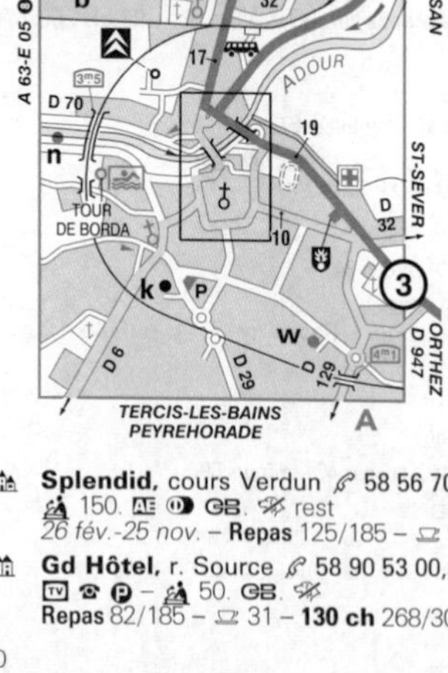

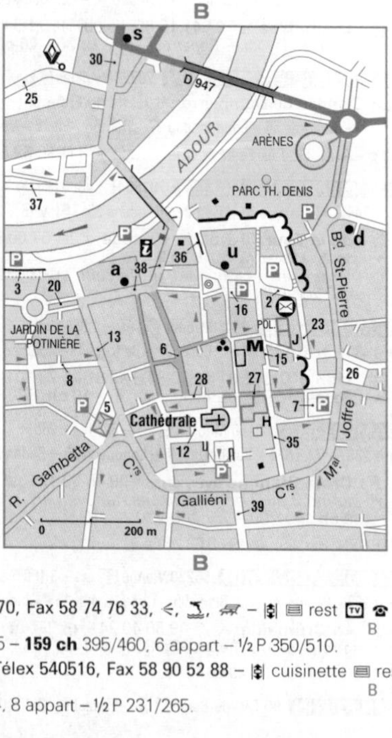

🏨 **Splendid,** cours Verdun ☎ 58 56 70 70, Fax 58 74 76 33, ≤, ⛱, 🌳 – |‡| ▤ rest TV ☎ – 🚶 150. AE ⓓ GB. ✗ rest B **a**
26 fév.-25 nov. – **Repas** 125/185 – ☕ 55 – **159 ch** 395/460, 6 appart – ½ P 350/510.

🏨 **Gd Hôtel,** r. Source ☎ 58 90 53 00, Télex 540516, Fax 58 90 52 88 – |‡| cuisinette ▤ rest TV ☎ Ⓟ – 🚶 50. GB. ✗ B **d**
Repas 82/185 – ☕ 31 – **130 ch** 268/304, 8 appart – ½ P 231/265.

🏠 **Le Vascon** sans rest, pl. Fontaine Chaude ℘ 58 56 64 60 – ⃞ 🅣🆅 ☎   B **u**
12 mars-16 déc. – ⇌ 22 – **25 ch** 145/210.

🏠 **Jean Le Bon**, 12-14 r. Jean Le Bon ℘ 58 74 29 14, Fax 58 90 03 04, ⤵ – cuisinette ☎ 🅿
✦ 🄰🄴 GB   A **k**
Repas *(fermé 15 déc. au 5 janv., sam. soir et dim. du 1ᵉʳ nov. au 30 mars)* 75/220 ₰, enf. 50 –
⇌ 30 – **27 ch** 220/270 – ½ P 215/235.

🏠 **Nord** sans rest, 68 av. St-Vincent-de-Paul ℘ 58 74 19 87 – ☎ 🅿 GB   B **s**
fermé 21 déc. au 16 janv. – ⇌ 30 – **19 ch** 140/200.

XX **Bois de Boulogne**, O : 1 km par allée des Baignots ℘ 58 74 23 32, 🏡 – 🅿. GB
fermé janv., fév., mardi soir et merc. – **Repas** 110/220 ₰, enf. 50.   A **n**

XX **Aub. des Pins** avec ch, 86 av. F. Planté ℘ 58 74 22 46, 🏡 – 🅣🆅 ☎ 🅿. GB   A **w**
✦ *fermé janv.* – **Repas** 61/150 ₰, enf. 50 – ⇌ 26 – **13 ch** 150/240 – ½ P 170/200.

St-Paul-lès-Dax – 9 452 h. – ✉ 40990 :

🛈 Office de Tourisme ℘ 58 91 60 01, Fax 58 91 97 44.

🏨 **du Lac** ⑤, au lac de Christus ℘ 58 90 60 00, Fax 58 91 34 88, 🏡 – ⃞ cuisinette ▤ rest
✦ 🅣🆅 ☎ &, – 🔬 150. 🄰🄴 ① GB. ⚖ rest   A **t**
Repas 79/120 – ⇌ 30 – **244 ch** 307, 8 studios – ½ P 206/252.

🏠 **Campanile**, rte Bayonne - N 124 ℘ 58 91 35 34, Fax 58 91 37 00 – ↳⇤ ch 🅣🆅 ☎ & 🅿 –
🔬 40. 🄰🄴 ① GB   A **b**
Repas 82 bc/105 bc, enf. 39 – ⇌ 30 – **49 ch** 270.

🏠 **Climat de France**, au lac de Christus ℘ 58 91 70 70, Fax 58 91 90 00, 🌾 – 🅣🆅 ☎ & 🅿 –
🔬 40. 🄰🄴 ① GB 🄹🄲🄱   A **t**
Repas 89/138 ₰, enf. 39 – ⇌ 30 – **42 ch** 295.

XXX **Moulin de Poustagnacq**, ℘ 58 91 31 03, Fax 58 91 37 97, ≼, 🏡, « Ancien moulin au
bord d'un étang » – 🅿. 🄰🄴 GB   A **r**
fermé dim. soir et lundi – **Repas** 135/300 et carte 255 à 325.

XX **Relais des Plages** avec ch, rte de Bayonne par ④ : 3 km ℘ 58 91 78 86, Fax 58 91 85 13,
✦ 🏡, ⤵, 🌾 – ▤ rest 🅣🆅 ☎ 🅿. 🄰🄴 GB
fermé du 28 fév. et lundi sauf juil.-août – **Repas** 70/200 ₰ – ⇌ 30 – **10 ch** 220/300 –
½ P 300/320.

CITROEN S.A.A.D., ZAC du Sablar, r. Prairies
℘ 58 74 62 22 🄽 ℘ 58 97 80 85
FIAT Gar. Debibié, 145 av. V.-de-Paul
℘ 58 74 88 74
FORD Gar. Durruty, 21/23 av. de la Résistance à
St-Paul-les-Dax ℘ 58 91 11 11
NISSAN Auto Sce Dacquoise, rte de Bayonne à
St-Paul-les-Dax ℘ 58 91 86 36
OPEL Gar. Duprat-Desclaux, rte de Bayonne à
St-Paul-les-Dax ℘ 58 91 78 04

PEUGEOT Dax Auto, rte de Bayonne à St-Paul-les-
Dax par ④ ℘ 58 91 77 42 🄽 ℘ 58 91 25 55
RENAULT Autom. Landaises, av. du Sablar
℘ 58 90 90 00 🄽 ℘ 58 91 22 90

⑩ Euromaster, 122 av. St-V.-de-Paul ℘ 58 74 08 40
Morès Vulcopneu, ZI n° 1, rte de St-Pandelon
℘ 58 74 94 66

▬▬ **DEAUVILLE** 14800 Calvados �5�5 ③ G. Normandie Vallée de la Seine – 4 261 h alt. 6 – Casino AZ.

Voir Mont Canisy ≼* 5 km par ③ puis 20 mn.

🏌 ℘ 31 88 20 53, S : 3 km par D 278 AZ ; 🏌🏌🏌 de St-Gatien-Deauville ℘ 31 65 19 99,
E : 10 km par D 74 BZ – ✈ de Deauville-St-Gatien : ℘ 31 88 31 28, S : 3 km BY.

🛈 Office de Tourisme pl. Mairie ℘ 31 88 21 43, Fax 31 88 78 88.

Paris 207 ② – ✦Caen 47 ③ – ✦Le Havre 42 ② – Évreux 94 ② – Lisieux 30 ② – ✦Rouen 89 ②.

Plan page suivante

🏨🏨 **Normandy**, 38 r. J. Mermoz ℘ 31 98 66 22, Télex 170617, Fax 31 98 66 23, ≼, 🏡, 🔬, ▨
– ⃞ 🅣🆅 ☎ & ↤ – 🔬 160. 🄰🄴 ① GB. ⚖ rest   AZ **h**
La Potinière : (fermé merc. midi et mardi) **Repas** 230/380 – *La Belle Époque : (ouvert vacances
scolaires, week-ends et fériés)* **Repas** 170 et carte 230 à 370, enf. 120 – ⇌ 90 – **275 ch**
1500/2000, 25 appart.

🏨🏨 **Royal**, bd E. Cornuché ℘ 31 98 66 33, Télex 170549, Fax 31 98 66 34, ≼, 🏡, 🔬, ⤵ – ⃞
🅣🆅 ☎ & 🅿 – 🔬 220. 🄰🄴 ① GB   AZ **y**
15 mars-15 nov. – *L'Étrier :* **Repas** 190/320 – ⇌ 90 – **281 ch** 1700/2200, 17 appart.

🏨 **L'Augeval**, 15 av. Hocquart de Turtot ℘ 31 81 13 18, Fax 31 81 00 40, 🏡, ⤵ – ⃞ ▤ rest
🅣🆅 ☎ &, – 🔬 50. 🄰🄴 ① GB 🄹🄲🄱. ⚖ ch   AZ **d**
Repas 160/380 – ⇌ 50 – **32 ch** 680/820 – ½ P 530/600.

🏨 **Le Trophée** 〔M〕, 81 r. Gén. Leclerc ℘ 31 88 45 86, Fax 31 88 07 94, 🏡 – ⃞ 🅣🆅 ☎ &. 🄰🄴
① GB 🄹🄲🄱   AZ **u**
Repas 140/285 ₰ – ⇌ 45 – **24 ch** 550/650.

🏨 **Hélios** sans rest, 10 r. R. Fossorier ℘ 31 88 28 26, Fax 31 88 53 87, ⤵ – ⃞ 🅣🆅 ☎ &. 🄰🄴 ①
GB. ⚖   AZ **t**
⇌ 46 – **36 ch** 470, 8 duplex.

🏨 **Continental** sans rest, 1 r. Désiré Le Hoc ℘ 31 88 21 06, Fax 31 98 93 67 – ⃞ 🅣🆅 ☎ –
🔬 40. 🄰🄴 ① GB   BZ **n**
fermé 15 nov. au 15 déc. – ⇌ 37 – **48 ch** 380/410.

DEAUVILLE

	Morny (Pl. de) . . . . **BZ** 28	Gaulle (Av. Gén.-de) . . . **AZ** 10
	République (Av. de la) . **ABZ**	Gontaut-Biron (R.) . . . **AYZ** 13
Fracasse (R. A.) . . . . **AZ**		Hoche (R.) . . . . **AYZ** 20
Gambetta (R.) . . . . **BY** 9	Blanc (R. E.) . . . . **AZ** 4	Laplace (R.) . . . . **AZ** 23
Le-Hoc (R. D.) . . . . **BZ** 24	Colas (R. E.) . . . . **AZ** 5	Le Marois (R.) . . . . **AZ** 25
	Fossorier (R. R.) . . . . . **ABZ** 8	Mirabeau (R.) . . . . **BY** 26

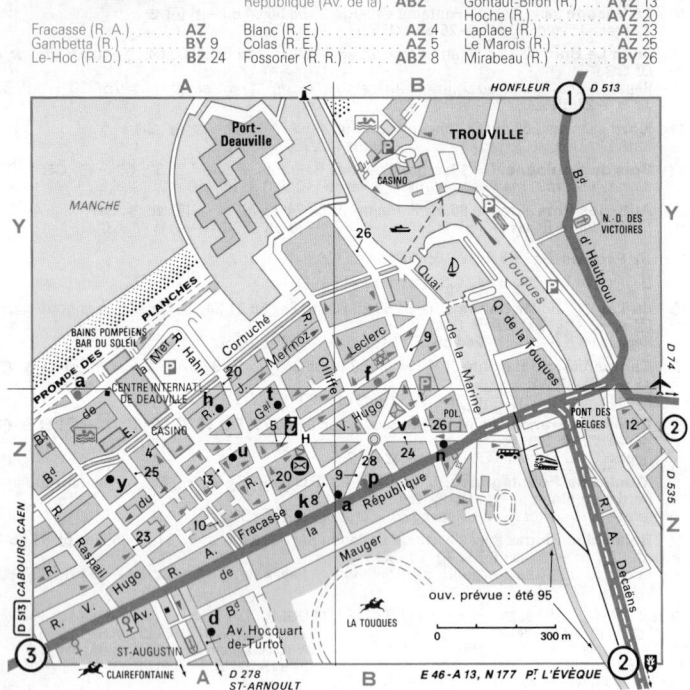

🏠 **Marie-Anne** sans rest, 142 av. République ℰ 31 88 35 32, Fax 31 81 46 31 – ⇆ ch 📺
🕾 🖭 ⓞ ☷ 🄹🄲🄱 AZ **k**
fermé 13 nov. au 3 déc. – ☲ 45 – **25 ch** 430/590.

🏠 **Le Chantilly** sans rest, 120 av. République ℰ 31 88 79 75, Fax 31 88 41 29 – 📺 🕾 🖭 ⓞ
☷ 🄹🄲🄱 BZ **a**
fermé 12 nov. au 1er déc. – ☲ 36 – **17 ch** 175/460.

XXXX **Ciro's**, prom. Planches ℰ 31 88 18 10, Fax 31 98 66 71, ≤, ㈜ – 🖭 ⓞ ☷ 🄹🄲🄱 AZ **a**
Repas 190/320 et carte 280 à 400.

XXX ❀ **Le Spinnaker** (Angenard), 52 r. Mirabeau ℰ 31 88 24 40, Fax 31 88 43 58 – 🖭 ☷
fermé mardi d'oct. à avril et merc. – **Repas** 160/320 et carte 300 à 400 BZ **v**
Spéc. Turbot rôti aux échalotes et jus de veau. Homard rôti au vinaigre de cidre. Feuillantine aux pommes en chaud-froid.

X **L'Espérance** avec ch, 32 r. V. Hugo ℰ 31 88 26 88, Fax 31 88 33 29, ㈜ – 📺 🕾 ☷.
🛠 ch BY **f**
fermé 19 au 24 juin – **Repas** *(fermé merc. et jeudi sauf vacances scolaires)* 99/199 – ☲ 31 –
10 ch 230/355 – ½ P 240/300.

X **Le Garage**, 118 bis av. République ℰ 31 87 25 25, Fax 31 87 38 37 – 🖭 ⓞ ☷ BZ **p**
fermé 21 au 30 nov., dim. soir et lundi hors sais. sauf fêtes et vacances scolaires – **Repas**
98/155 🌡.

à l'aéroport Deauville-St-Gatien E : 7 km par D 74 – ⊠ 14130 Pont-l'Évêque :

XX **Rest. Aéroport**, 1er étage ℰ 31 64 81 81, Fax 31 64 83 83, ≤ – 🖭 ⓞ ☷
fermé 10 janv. au 20 fév., mardi soir et merc. sauf août – **Repas** 150/290.

à Touques par ② : 2,5 km – ⊠ 14800 :

🏨 **L'Amirauté** Ⓜ, N 177 ℰ 31 81 82 83, Fax 31 81 82 93, ㈜, 🛦, 🏊, 🕾 – 🛗 📺 🕾 ♿ 🅿
♨ 80 à 400. 🖭 ⓞ ☷ 🄹🄲🄱
Repas 115/195 – ☲ 55 – **115 ch** 690/780, 6 appart.

🏨 **Le Relais du Haras**, 23 r. Louvel et Brière ℰ 31 81 67 67, Fax 31 81 67 68 – ▤ rest 📺
🕾 🖭 ⓞ ☷
Repas 128/260 – ☲ 45 – **9 ch** 490/690 – ½ P 438.

XX **Le Village** avec ch, 64 r. Louvel et Brière ℰ 31 88 01 77, Fax 31 88 99 24 – 🔟 ☎. 🖭 GB
fermé janv., mardi soir et merc. – **Repas** 125/195 – 🖙 32 – **8 ch** 300 – ½ P 337.

XX **Les Landiers**, 90 r. Louvel-et-Briere ℰ 31 88 00 39 – 🖭 ⑩ GB
fermé 1ᵉʳ au 16 fév., jeudi midi et merc. – **Repas** 98 (déj.), 140/295, enf. 65.

à Canapville par ② : 6 km – ⊠ **14800** :

XX **Jarrasse,** sur N 177 ℰ 31 65 21 80, 😌, 🖛 – ₽. GB
fermé 15 au 30 déc., vacances de fév., mardi et merc. sauf du 14 juil. au 30 août – **Repas**
160 bc/200.

au New Golf S : 3 km par D 278 – AZ – ⊠ **14800** Deauville :

🏨 **Golf** ⑤, ℰ 31 88 19 01, Télex 170448, Fax 31 88 75 99, 😌, « Au milieu du golf,
≤ campagne deauvillaise », 🖪, 🏊, 🎾 – 🛎 🔟 ☎ ₽ – 🔬 30 à 150. 🖭 ⑩ GB. 🎾 rest
25 mars-1ᵉʳ nov. – **Repas** 195/245 – 🖙 90 – **166 ch** 990/1500 – ½ P 780/960.

au Sud : 6 km par D 278 et D 27 – ⊠ **14800** Deauville :

🏨 **Host. de Tourgéville** M ⑤ sans rest, ℰ 31 88 63 40, Fax 31 98 27 16, ≤, parc, 🖪, 🏊,
🎾 – 🔟 ☎. 🖭 GB
1ᵉʳ mars-2 oct. – 🖙 70 – **6 ch** 700, 19 appart1100, 13 duplex.

ALFA ROMEO, FORD Gar. de la Plage, 26 r.
Gén.-Leclerc ℰ 31 88 28 67
CITROEN S.D.A., 40 rte de Paris par ②
ℰ 31 88 85 44
PEUGEOT SODEVA, rte de Paris par ②
ℰ 31 88 66 22
RENAULT Les Autom. Deauvillaises, rte de Paris
par ② ℰ 31 81 64 64 N ℰ 31 50 52 16

V.A.G. Suter Autom., r. des anciennes écoles à
Touques ℰ 31 98 59 59

⑩ Ollitrault Pneus Point S, ZI r. Tonneliers à
Touques ℰ 31 88 46 13

In questa guida

uno stesso simbolo, uno stesso carattere
stampati a colori o in nero, in magro o in grassetto
hanno un significato diverso.

Leggete attentamente le pagine esplicative.

DECAZEVILLE 12300 Aveyron 🎵 ① G. Gorges du Tarn – 7 754 h alt. 225.

🛃 Office de Tourisme square J.-Ségalat ℰ 65 43 18 36, fax 65 43 19 89.

Paris 604 – Rodez 37 – Aurillac 66 – Figeac 27 – Villefranche-de-Rouergue 37.

🏨 **France,** pl. Cabrol ℰ 65 43 00 07, Fax 65 63 50 72 – 🛎 ⇆ ch, 🍴 rest 🔟 ☎. 🖭 GB
Repas *(fermé sam. midi)* 128 🍷 – 🖙 28 – **24 ch** 200/300 – ½ P 240.

🏨 **Moderne,** 16 av. A. Bos ℰ 65 43 04 33, Fax 65 43 17 17 – 🔟 ☎ – 🔬 30. GB
➡ *fermé dim.* – **Repas** 80/280 🍷 – 🖙 25 – **31 ch** 185/290 – ½ P 220.

CITROEN Gar. Rouquette-Fournier, Zone des
Prades ℰ 65 43 09 35
PEUGEOT Gar. Cassan, 47 av. P.-Ramadier
ℰ 65 43 06 06 N ℰ 65 43 20 94

RENAULT S.A.D.A.R., ZI des Prades ℰ 65 43 28 14

⑩ Sigal, ZI des Prades ℰ 65 43 02 33

La DÉFENSE 92 Hauts-de-Seine 🎵 ⑳, 🎵 ⑭ – voir à Paris, Environs.

DELME 57590 Moselle 🎵 ⑭ – 681 h alt. 221.

Paris 365 – ♦ Metz 32 – ♦ Nancy 31 – Château-Salins 12 – Pont-à-Mousson 30 – St-Avold 39.

X **A la Douzième Borne** avec ch, ℰ 87 01 30 18, Fax 87 01 38 39, 🖛 – 🛎 🔟 ☎. 🖭 ⑩ GB
➡ **Repas** 55/230 🍷 – 🖙 25 – **18 ch** 160/170 – ½ P 200.

⑩ Pneus Diffusion ℰ 87 01 36 83 N

DENNEMONT 78 Yvelines 🎵 ⑱ – rattaché à Mantes-la-Jolie.

DÉSAIGNES 07 Ardèche 🎵 ⑲ – rattaché à Lamastre.

DESCARTES 37160 I.-et-L. 🎵 ⑤ G. Poitou Vendée Charentes – 4 120 h alt. 51.

🛃 Office de Tourisme à la Mairie ℰ 47 59 70 50.

Paris 291 – ♦ Tours 57 – Châteauroux 92 – Châtellerault 25 – Chinon 48 – Loches 31.

🏨 **Moderne,** 15 r. Descartes ℰ 47 59 72 11, Fax 47 92 44 90 – 🔟 ☎ ₽. ⑩ GB
➡ *fermé 24 déc. au 3 janv., vacances de fév., vend. soir hors sais. et dim. soir* – **Repas** 78/180
🍷, enf. 30 – 🖙 32 – **11 ch** 260/320 – ½ P 215/255.

X **Aub. de l'Islette,** à Lilette (86 Vienne) O : 3 km par D58 et D5 ⊠ 37160 Descartes
➡ ℰ 47 59 72 22 – ₽. GB
fermé 15 déc. au 15 janv. et sam. hors sais. – **Repas** 56/155.

alt. 1 644 Alpe de Vénosc, 1 660 m Alpe de Mont-de-Lans – Sports d'hiver : 1 250/3 600 m ⨪7 ⨪55 ⨪.

Voir Belvédère de la Croix★.

🛈 Office de Tourisme ℘ 76 79 22 00, Fax 76 79 01 38.

Paris 647 ① – ◆Grenoble 77 ① – Le Bourg-d'Oisans 28 ① – La Grave 27 ① – Col du Lautaret 38 ①.

🏨🏨 ❀ **La Bérangère,** (a)
℘ 76 79 24 11,
Fax 76 79 55 08, ≤, ↨, 🔼,
🔲 – 🛗 📺 ☎ 🅿 – 🔼 25. 🆎
🆖. ❀ rest
*18 juin-3 sept. et 3 déc.-1er
mai* – **Repas** 200 (déj.), 230/
400 – ☷ 60 – **59 ch** 600/800
– ½ P 580/800
Spéc. Brick de Saint-Jacques aux
cèpes (déc. à avril). Dos de sandre
rôti à la peau, poêlée de champignons. Pêche rôtie au miel, glace vanille. **Vins** Chignin Bergeron, Saint-
Joseph.

🏨🏨 **La Farandole** ⌂, (b)
℘ 76 80 50 45,
Fax 76 79 56 12, ≤ massif
de la Muzelle, 🏛, ↨, 🔼,
🍴 – 🛗 ⨪ch 📺 ☎ 🚗 🅿
– 🔼 25 à 80. 🆎 🅾 🆖 🆑
*24 juin-3 sept. et 2 déc.-3
mai* – **Repas** 210/260 – ☷ 60
– **46 ch** 600/1000. 14 appart
– ½ P 720/820.

🏨🏨 **Les Marmottes,** (d)
℘ 76 79 21 91, Té-
lex 320700, Fax 76 79 25 79,
≤, ↨, 🔼, ✕ – 🛗 📺 ☎ 🅿 –
🔼 50. 🆎 🆖. ❀ rest
*24 juin-9 sept. et 20 déc.-17
avril* – **Repas** 180 (déj.). 210/
280 – ☷ 60 – **40 ch** 500/900
– ½ P 650.

🏨 **Chalet Mounier,** (n)
℘ 76 80 56 90,
Fax 76 79 56 51, ≤, 🏛, ↨,
🔼, 🔲, 🍴, ✕ – 🛗 📺 ☎ –
🔼 25 à 40. 🆖
*24 juin-3 sept. et 16 déc.-2
mai* – Repas 125/180 – **48 ch**
☷ 395/780, 3 duplex –
½ P 370/570.

🏨 **Souleil'Or** Ⓜ ⌂, (t)
℘ 76 79 24 69,
Fax 76 79 20 64, ≤, 🏛, ↨,
🔼 – 🛗 📺 ☎ 🅿 – 🔼 25.
🆖. ❀ rest

18 juin-4 sept. et 18 déc.-25 avril – **Repas** 150 (déj.)/170 – ☷ 50 – **42 ch** 680 – ½ P 550/580.

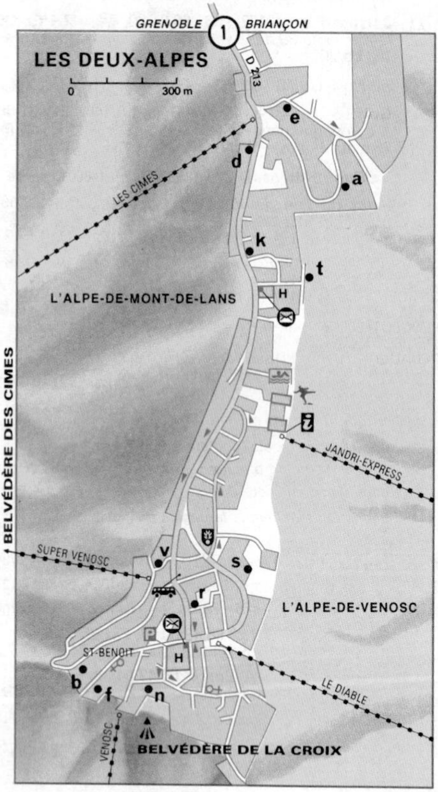

🏨 **Edelweiss, (k)** ℘ 76 79 21 22, Fax 76 79 24 63, ≤, 🏛, ↨, 🔼 – 🛗 📺 ☎ 🚗 – 🔼 30.
🆖. ❀ rest
17 juin-3 sept. et 16 déc.-2 mars – **Repas** 135/225 – ☷ 45 – **30 ch** 395/565, 5 appart –
½ P 405/515.

🏨 **Muzelle-Sylvana, (r)** ℘ 76 80 50 93, Fax 76 79 04 06, ↨ – 🛗 📺 ☎ 🚗 🅿 – 🔼 30. 🆖.
❀
15 déc.-15 avril – **Repas** 150/160 – ☷ 55 – **30 ch** 295/420 – ½ P 400/450.

🏨 **La Mariande** ⌂, **(f)** ℘ 76 80 50 60, Fax 76 79 04 99, ≤ massif de la Muzelle, 🔼, 🍴, ✕
– 📺 ☎ 🅿. 🆖. ❀ rest
*hôtel : 24/6-3/9, vacances de Toussaint et week-ends du 1/11 au 15/12 ; rest : 24/6-3/9 et
15 déc. au 1er mai* – **Repas** 170/190 – ☷ 50 – **26 ch** 480/590, 3 duplex – ½ P 335/490.

🏨 **Mélèzes, (s)** ℘ 76 80 50 50, Fax 76 79 20 70, ≤, – ☎ 🅿. 🆖. ❀ rest
18 déc.-1er mai – **Repas** 135/250 – ☷ 45 – **32 ch** 330/420 – ½ P 385/435.

🏨 **L'Adret** ⌂, **(e)** ℘ 76 79 24 30, Fax 76 79 57 08, ≤, 🏛, ↨, 🔼, 🍴, ✕ – 📺 ☎ 🅿. 🆖.
❀ rest
17 juin-2 sept. et 17 déc.-1er mai – **Repas** 150 – ☷ 40 – **23 ch** 360/590, 4 appart –
½ P 500/550.

🏨 **Le Provençal, (v)** ℘ 76 80 52 58, Fax 76 79 24 02 – 📺 ☎ 🅿. 🆖. ❀ rest
1er juil.-31 août et 20 déc.-1er mai – **Repas** (½ pens. seul.) – ☷ 35 – **18 ch** 310/360 –
½ P 330/360.

DHUIZON 41220 L.-et-Ch. 👁️ ⑧ – 1 100 h alt. 130.

Paris 173 – ◆ Orléans 43 – Beaugency 22 – Blois 28 – Romorantin-Lanthenay 27.

　　XX **Aub. Gd Dauphin** avec ch, ✆ 54 98 31 12, 🌳, 🗏 – ☎ 🅿. ⑩ GB
　　　　fermé 15 janv. au 15 fév., dim. soir et lundi – **Repas** 85/235 ⅃, enf. 50 – ☲ 28 – **9 ch** 190/240
　　　　– ½ P 180/205.

DIE ◁🚄▷ 26150 Drôme 👁️ ⑬ ⑭ G. Alpes du Sud (plan) – 4 230 h alt. 410.

Voir Mosaïque★ dans l'hôtel de ville.

🛈 Office de Tourisme pl. St-Pierre ✆ 75 22 03 03.

Paris 629 – Valence 66 – Gap 93 – ◆Grenoble 97 – Montélimar 75 – Nyons 78 – Sisteron 99.

　　🏠 **Relais de Chamarges**, rte Valence : 1 km ✆ 75 22 00 95, Fax 75 22 19 34, ≼, 🌳, 🗏 –
　　　　📺 ☎ 🅿. GB
　　　　fermé au 1ᵉʳ mars, dim. soir et lundi d'oct. à mai – **Repas** 85/240 ⅃ – ☲ 37 – **13 ch**
　　　　240 – ½ P 275.

　　XX **La Petite Auberge** avec ch, av. Sadi-Carnot (face gare) ✆ 75 22 05 91, Fax 75 22 24 60,
　　　　🌳, 🗏 – 📺 ☎ 🅿. GB
　　　　fermé 15 déc. au 15 janv., lundi en juil-août, dim. soir et merc. de sept. à juin – Repas 90/185
　　　　– ☲ 35 – **11 ch** 260 – ½ P 220/275.

PEUGEOT Gar. Querol, ✆ 75 22 06 47 🆖　　　　　Gar. Bouffier, ✆ 75 22 01 55
✆ 75 22 06 47
RENAULT Gar. Combet, ✆ 75 22 02 11 🆖
✆ 75 22 02 11

DIEFFENTHAL 67650 B.-Rhin 👁️ ⑯ – 246 h alt. 205.

Paris 436 – ◆ Strasbourg 47 – Lunéville 98 – Saint-Dié 44 – Sélestat 7.

　　🏨 **Les Châteaux** Ⓜ ⤢, ✆ 88 92 49 13, Fax 88 92 40 99, ≼, 🌳 – ▯ 📺 ☎ & 🅿 – ⚿ 25. ⒶⒺ
　　　　⑩ GB
　　　　Repas 150/260 ⅃ – ☲ 35 – **33 ch** 360/450 – ½ P 310/325.

DIEFMATTEN 68780 H.-Rhin 👁️ ⑨ – 227 h alt. 300.

Paris 437 – ◆ Mulhouse 20 – Belfort 23 – Colmar 47 – Thann 14.

　　XXX **Aub. du Cheval Blanc**, ✆ 89 26 91 08, Fax 89 26 92 28, 🌳, 🗏 – 🅿. ⒶⒺ ⑩ GB
　　　　fermé 17 juil. au 2 août, mardi soir et lundi – **Repas** 95 bc (déj.). 120/380 et carte 170 à 410 ⅃,
　　　　enf. 60.

DIENNE 15300 Cantal 👁️ ③ G. Auvergne – 359 h alt. 1 050.

Paris 536 – Aurillac 59 – Allanche 20 – Condat 29 – Mauriac 53 – Murat 10 – St-Flour 34.

　　🛏️ **Poste**, ✆ 71 20 80 40 – ☎ 🅿. GB. 🛇
　　　　fermé 5 janv. au 5 fév. – **Repas** (dîner seul.) 95/120 ⅃ – ☲ 28 – **10 ch** 210/260 – ½ P 210.

DIEPPE ◁🚄▷ 76200 S.-Mar. 👁️ ④ G. Normandie Vallée de la Seine – 35 894 h alt. 7 – Casino Municipal AY.

Voir Église St-Jacques★ BY – Boulevard de la Mer ≼★ par D 75 AZ – Chapelle N.-D.-de-Bon-
Secours ≼★ BY – Musée★ du château (ivoires dieppois★) AZ.

Env. Envermeu : choeur★ de l'église, 12 km par D 925 BY.

🏌️ ✆ 35 84 25 05, par D 74 AZ : **2 km**.

🛈 Office de Tourisme Quai du Carénage ✆ 35 84 11 77, Fax 35 06 27 66.

Paris 171 ② – Abbeville 63 ① – Beauvais 107 ② – ◆Caen 171 ② – ◆Le Havre 106 ② – Rouen 64 ②.

Plan page suivante

　　🏨 **Aguado** sans rest, 30 bd Verdun ✆ 35 84 27 00, Fax 35 06 17 61, ≼ – ▯ 📺 ☎. GB. 🛇
　　　　☲ 40 – **56 ch** 330/425.　　　　　　　　　　　　　　　　　　　　　　　　BY **s**

　　🏨 **Univers** sans rest, 10 bd Verdun ✆ 35 84 12 55, Fax 35 40 20 40, ≼, « Meubles anciens »
　　　　– ▯ 📺 ☎ 🅿 – ⚿ 25. ⒶⒺ ⑩ GB ⒿⒸⒷ　　　　　　　　　　　　　　　AY **f**
　　　　☲ 42 – **30 ch** 290/490.

　　🏨 **Plage** sans rest, 20 bd Verdun ✆ 35 84 18 28, Fax 35 82 36 82, ≼ – ▯ 📺 ☎. GB. 🛇
　　　　☲ 39 – **40 ch** 280/330.　　　　　　　　　　　　　　　　　　　　　　　AY **n**

　　🏠 **Epsom** sans rest, 11 bd Verdun ✆ 35 84 10 18, Fax 35 40 03 00, ≼ – ▯ 📺 ☎ – ⚿ 30. ⒶⒺ
　　　　GB　　　　　　　　　　　　　　　　　　　　　　　　　　　　　　　　　AY **a**
　　　　☲ 32 – **28 ch** 260/315.

　　🏠 **Ibis** ⤢, par ② le Val Druel ✆ 35 82 65 30, Fax 35 82 41 52 – ⇺ ch 📺 ☎ 🅿 – ⚿ 30. ⒶⒺ
　　　　GB
　　　　Repas 97 bc, enf. 40 – ☲ 35 – **45 ch** 280.

　　🏠 **Comfort Inn Primevère**, par ④ le Val Druel Z.A.C. La Maison Blanche ⌧ 76550
　　　　St-Aubin-sur-Scie ✆ 35 06 90 80, Fax 35 84 97 63, 🌳 – ⇺ ch 📺 ☎ & 🅿 – ⚿ 30. ⒶⒺ
　　　　GB
　　　　Repas 85/105 ⅃, enf. 41 – ☲ 32 – **42 ch** 265.

　　🏠 **Tourist H.** sans rest, 16 r. Halle au Blé ✆ 35 06 10 10, Fax 35 84 15 87 – ☎. GB　　AY **r**
　　　　☲ 28 – **32 ch** 160/240.

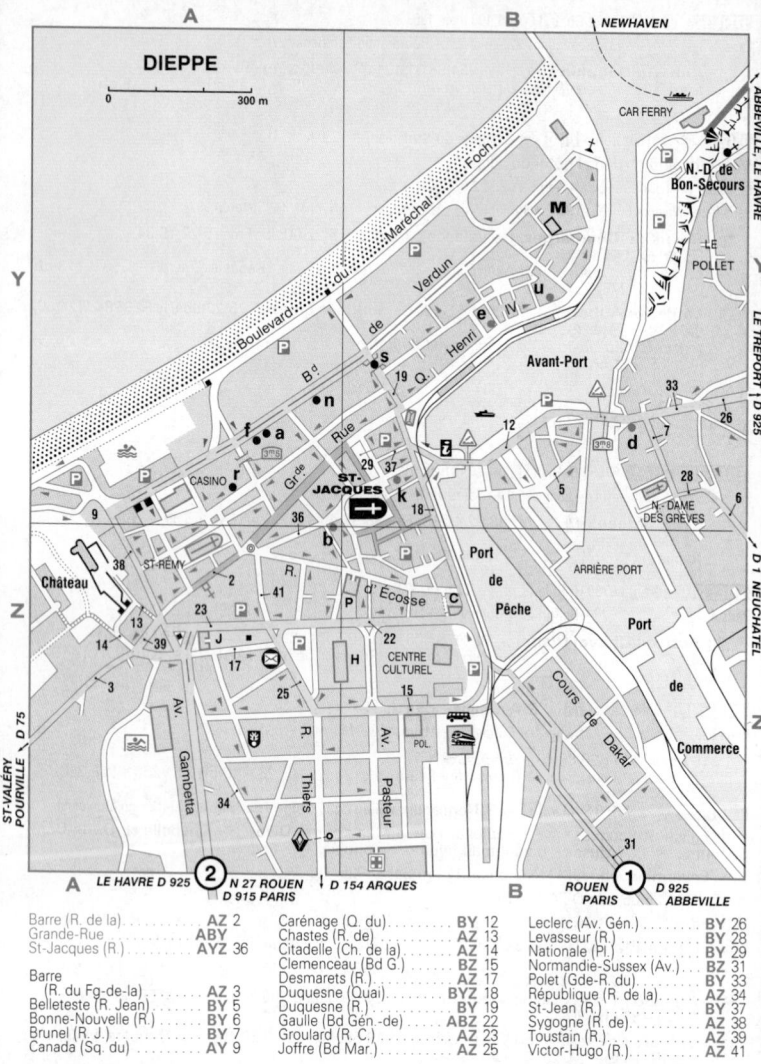

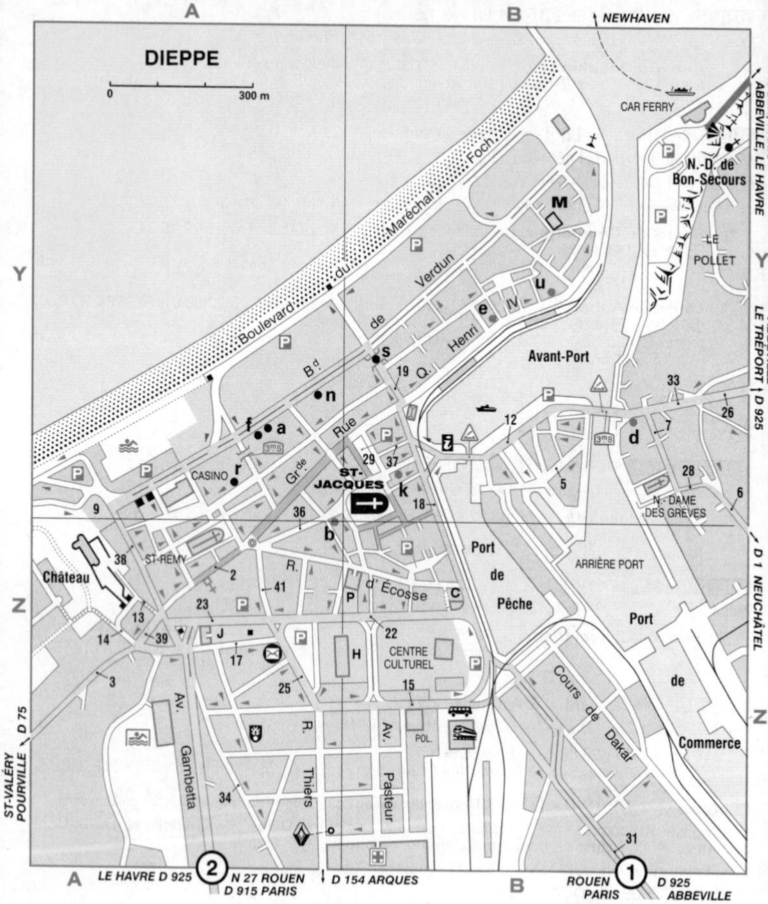
DIEPPE
0
300 m
A
B
Y
Z
NEWHAVEN
CAR FERRY
ABBEVILLE, LE HAVRE
N.-D. de Bon-Secours
LE POLLET
LE TRÉPORT D 925
Boulevard du Maréchal Foch
Bd de Verdun
Q. Henri IV
Avant-Port
Rue Gde
ST-JACQUES
CASINO
ST-RÉMY
Château
R. d' Écosse
Port de Pêche
ARRIÈRE PORT
N.-DAME DES GRÈVES
Port de Commerce
D 1 NEUCHÂTEL
CENTRE CULTUREL
Cours de Dakar
Av. Gambetta
R. Thiers
Av. Pasteur
POL.
ST-VALÉRY POURVILLE D 75
LE HAVRE D 925
N 27 ROUEN
D 915 PARIS
D 154 ARQUES
ROUEN
PARIS
D 925
ABBEVILLE

Barre (R. de la) . . . . AZ 2
Grande-Rue . . . . ABY
St-Jacques (R.) . . . . AYZ 36

Barre (R. du Fg-de-la) . . . . AZ 3
Belleteste (R. Jean) . . . . . . BY 5
Bonne-Nouvelle (R.) . . . . . . BY 6
Brunel (R. J.) . . . . BY 7
Canada (Sq. du) . . . . AY 9
Carénage (Q. du) . . . . BY 12
Chastes (R. de) . . . . AZ 13
Citadelle (Ch. de la) . . . . . . AZ 14
Clemenceau (Bd G.) . . . . . . BZ 15
Desmarets (R.) . . . . AZ 17
Duquesne (Quai) . . . . BYZ 18
Duquesne (R.) . . . . BY 19
Gaulle (Bd Gén.-de) . . . . . . ABZ 22
Groulard (R. C.) . . . . AZ 23
Joffre (Bd Mar.) . . . . AZ 25
Leclerc (Av. Gén.) . . . . BY 26
Levasseur (R.) . . . . BY 28
Nationale (Pl.) . . . . BY 29
Normandie-Sussex (Av.) . . . . BZ 31
Polet (Gde-R. du) . . . . BY 33
République (R. de la) . . . . . AZ 34
St-Jean (R.) . . . . BY 37
Sygogne (R. de) . . . . AZ 38
Toustain (R.) . . . . AZ 39
Victor-Hugo (R.) . . . . AZ 41

XX ✿ **La Mélie** (Brachais), 2 Gde rue du Pollet ✆ 35 84 21 19 – AE ⓓ GB — BY **d**
fermé 15 sept. au 15 déc., vacances de fév., dim. soir et lundi – **Repas** (week-end prévenir) 170/230 bc et carte 190 à 290
Spéc. Langoustines rôties et beignets d'aubergine. Filet de sole dieppoise. Crépou à la normande.

XX **Marmite Dieppoise,** 8 r. St Jean ✆ 35 84 24 26, Fax 35 84 31 12 – GB — BY **k**
fermé 23 juin au 6 juil., 23 déc. au 5 janv., jeudi soir hors sais., dim. soir et lundi – **Repas** 85/210.

X **Le Sully,** 97 quai Henri IV ✆ 35 84 23 13 – GB — BY **u**
fermé mardi soir et merc. sauf juil.-août – **Repas** 60/135.

X **Au Grand Duquesne** M avec ch, 15 pl. St-Jacques ✆ 35 84 21 51, Fax 35 84 29 83 – TV ☎. AE ⓓ GB — AYZ **b**
Repas 69/169 – ☕ 25 – **12 ch** 250 – 1/2 P 210/220.

X **La Musardière,** 61 quai Henri IV ✆ 35 82 94 14 – GB — BY **e**
fermé dim. soir d'oct. à avril et lundi – **Repas** 85/155.

à Martin-Église par D 1 BZ : 7 km – 1 167 h. – ⊠ 76370 :

XX **Aub. Clos Normand** ⤢ avec ch, ℘ 35 04 40 34, Fax 35 04 48 49, 😤, « Parc en bordure de rivière » – 📺 ☎ **Ⓟ** ﷼ 🈁 🆑 ᴶᶜᴮ
fermé 3 au 12 avril, 15 nov. au 15 déc., lundi soir et mardi – **Repas** carte 180 à 300 – ⵒ 35 –
8 ch 300/460 – ½ P 347/442.

aux Vertus par ② et N 27 : 3,5 km – ⊠ 76550 Offranville :

XXX **La Bucherie,** ℘ 35 84 83 10, Fax 35 84 18 19, 😤 – **Ⓟ** ﷼ 🈁
fermé 27 au 30 juin, 26 sept. au 6 oct., dim. soir et lundi – **Repas** 130/240 et carte 285 à 350.

CITROEN Gar. Leprince, R Normandie Sussex-ZI La Pénétrante BZ ℘ 35 84 16 77
FORD Gar. de la Plage, 4 r. Bouzard ℘ 35 84 10 36
MAZDA Thiers Auto, av. Vauban ℘ 35 06 99 99
NISSAN Gar. Gosse, 1 r. J.-Flouest ℘ 35 84 21 49
PEUGEOT Gar, Laffillé, ZI La Pénétrante BZ ℘ 35 06 92 92
RENAULT Gar. Rédélé, 33 r. Thiers ℘ 35 82 23 40 Ⓝ ℘ 35 04 82 55

VAG Gar. Picard, Parc Eurochannel à Neuville ℘ 35 82 02 16 Ⓝ ℘ 35 84 90 28

🅿 Euromaster, ZI rte d'Envermeu à Neuville ℘ 35 82 50 76
Léveillard Pneus, 7 quai Trudaine ℘ 35 84 17 00

CONSTRUCTEUR : Alpine, av. de Bréauté ℘ 35 82 37 21

Eine gute Ergänzung

zum vorliegenden Hotelführer

sind die gelben **Michelin-Abschnittskarten**

im Maßstab 1 : 200 000.

DIEULEFIT 26220 Drôme 🗺️ ② G. Vallée du Rhône – 2 924 h alt. 386.

🚩 Office de Tourisme pl. Abbé-Magnet (fermé après-midi sauf juin-sept.) ℘ 75 46 42 49.

Paris 628 – Valence 61 – Crest 32 – Montélimar 27 – Nyons 30 – Orange 58 – Pont-St-Esprit 61.

🏠 **A l'Escargot d'Or,** rte Nyons : 1 km ℘ 75 46 40 52, Fax 75 46 89 49, 😤, ⤢, ☞ – ☎ **Ⓟ**.
🈁 🆑
fermé dim. soir et lundi du 1ᵉʳ oct. au 15 mai – **Repas** 75 bc/160 ♣, enf. 45 – ⵒ 30 – **15 ch** 160/260 – ½ P 200/250.

XX **Relais du Serre** avec ch, rte Nyons : 3 km sur D 538 ℘ 75 46 43 45, Fax 75 46 40 98, 😤
– 📺 ☎ **Ⓟ**. 🈁 🆑
fermé fév., dim. soir (sauf hôtel) et lundi de sept. à mai – **Repas** 75/250 ♣, enf. 40 – ⵒ 35 –
8 ch 230/300 – ½ P 240/260.

au Poët-Laval O : 5 km par D 540 – ⊠ 26160 .

Voir Site★.

🏨 **Les Hospitaliers** 🅼 ⤢, ℘ 75 46 22 32, Fax 75 46 49 99, ≤ vallée et montagnes, 😤,
« Au vieux village », ⤢ – **Ⓟ** – ⚖ 30. 🈁 ⓪ 🆑
15 mars-15 nov. – **Repas** 140/395 ♣ – ⵒ 70 – **24 ch** 540/1010.

CITROEN Gar. Chauvin, ℘ 75 46 44 47 Ⓝ ℘ 75 46 44 47

PEUGEOT Gar. Henry, ℘ 75 46 43 59 Ⓝ ℘ 75 46 82 03

DIGNE-LES-BAINS 🅿 04000 Alpes-de-H.-P. 🗺️ ⑰ G. Alpes du Sud – 16 087 h alt. 608 – Stat. therm. .

Voir Musée municipal★ B M¹ – Dalles à ammonites géantes★ N : 1 km par D 900ᴬ.

Env. Musée du site de l'ichtyosaure★ N : 7 km par D 900ᴬ – Courbons : ≼★ de l'église, 6 km par ③ – ≼★ du Relais de Télévision, 8 km par ③.

🏌 ℘ 92 30 58 00 par ② : 7 km par N 85 puis D 12.

🚩 Office de Tourisme et Accueil de France le Rond-Point ℘ 92 31 42 73, Fax 92 32 27 24.

Paris 749 ③ – Aix-en-Provence 106 ③ – Antibes 138 ② – Avignon 164 ③ – Cannes 132 ② – Carpentras 139 ③ –
Gap 87 ③ – ◆Grenoble 180 ③ – ◆Nice 152 ②.

Plan page suivante

🏨 ✿ **Grand Paris** (Ricaud), 19 bd Thiers ℘ 92 31 11 15, Fax 92 32 32 82, 😤 – 📺 ☎ 🚗. 🈁
🆑   A a
Repas *(fermé 21 déc. au 1ᵉʳ mars, dim. soir et lundi)* 150 (déj.), 195/400 et carte 280 à 450 –
ⵒ 55 – **25 ch** 400/480, 5 appart – ½ P 420/500
Spéc. Courgettes-fleurs au jus de truffes (mai à oct.). Mignonnette d'agneau ¨Casimir Moisson¨. Pigeon en bécasse.
Vins Châteauneuf-du-Pape, Cornas.

🏨 **Tonic H.** 🅼 ⤢, rte Thermes E : 2 km par av. 8-Mai B ℘ 92 32 20 31, Fax 92 32 44 54, 😤,
⤢ – 🛗 📺 ☎ ♿ – ⚖ 50 à 150. 🈁 ⓪ 🆑
fermé 1ᵉʳ au 21 déc. – **Repas** 90/160 – ⵒ 40 – **60 ch** 380/430.

DIGNE-LES-BAINS

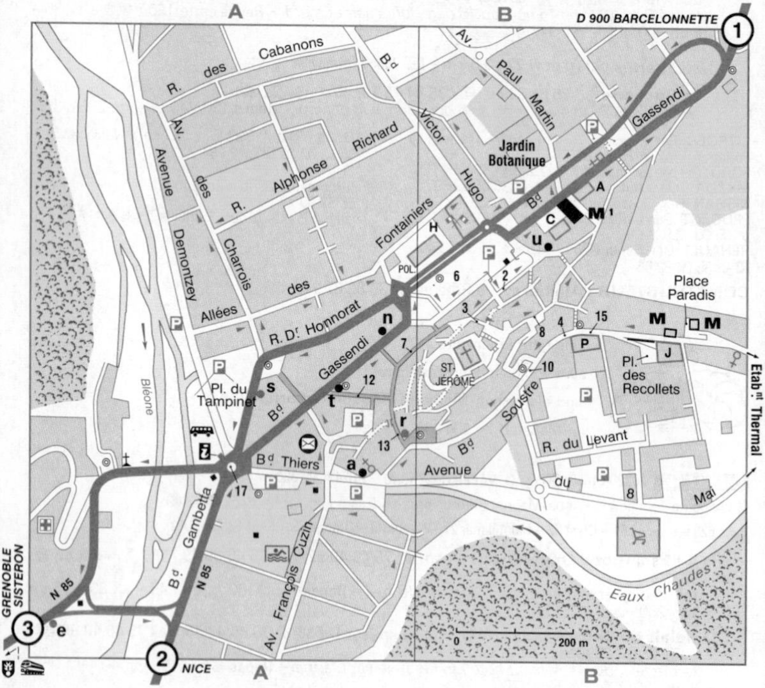

🏨 **Mistre,** 65 bd Gassendi ℘ 92 31 00 16 – ☎ ⇌ – 🏊 80. 🆎 ⲅⲃ
     fermé 15 déc. au 10 janv. – **Repas** *(fermé sam. hors sais.)* 128/290 ⅃ – ⳍ 40 – **19 ch**
     330/460 – ½ P 370/400.
              A **n**

🏠 **Central** sans rest, 26 bd Gassendi ℘ 92 31 31 91, Fax 92 31 49 78 – ⇥ ch 📺 ☎. 🆎 ⲅⲃ
     ⳍ 30 – **21 ch** 150/290.
              A **t**

🛎 **Le Petit St-Jean,** 14 cours Arès ℘ 92 31 30 04, Fax 92 31 30 04 – ⇌. ⲅⲃ
➡ **Repas** *(fermé dim. de déc. à fin janv.)* 65/130 – ⳍ 25 – **17 ch** 120/190 – P 215/235.
              B **u**

XX **Bourgogne** avec ch, 3 av. Verdun ℘ 92 31 00 19, Fax 92 32 30 59 – 📺 ☎ 🅿. ⲅⲃ. ❀ rest
     fermé 20 déc. au 20 fév. – **Repas** *(fermé lundi sauf juil.-août)* 90/250, enf. 50 – ⳍ 30 – **11 ch**
     180/250 – P 290/330.
              A **e**

XX **L'Origan** avec ch, 6 r. Pied-de-Ville ℘ 92 31 62 13, 🌣 – 🆎 ⲅⲃ
     fermé dim. – **Repas** *(en saison, prévenir)* 98/240 – ⳍ 23 – **9 ch** 90/140 – ½ P 145/160.
              A **r**

XX **Le Tampinet,** pl. Tampinet ℘ 92 32 08 02 – ⲅⲃ
➡ *fermé 22 déc. au 2 janv. et dim. de nov. à mars* – **Repas** *(prévenir)* 72/130 ⅃.
              A **s**

     par ② , N 85 et VO : 2 km – ⌧ **04000** Digne-les-Bains :

🏨 **Villa Gaïa** ⏚, ℘ 92 31 21 60, Fax 92 31 20 12, 🌣, parc, ❀ – ☎ ⅙ 🅿
     31 mars-1er nov. – **Repas** *(résidents seul.)* (dîner seul.) 150 – ⳍ 55 – **12 ch** 300/500 –
     P 360/450.

ALFA ROMEO, FIAT, LANCIA Gar. Liotard, quartier
des Sieyes, rte de Marseille ℘ 92 30 59 30 🅽
℘ 92 31 91 06
OPEL Gar. Meyran, 77 av. de Verdun
℘ 92 31 02 47
PEUGEOT S.D.A.D., rte de Marseille, quartier
St-Christophe par ③ ℘ 92 31 06 11

VAG Digne Autos, quartier St-Christophe, N 85
℘ 92 31 12 48 🅽 ℘ 92 31 24 64

⑩ Ayme Pneus, ZI St-Christophe ℘ 92 31 34 67

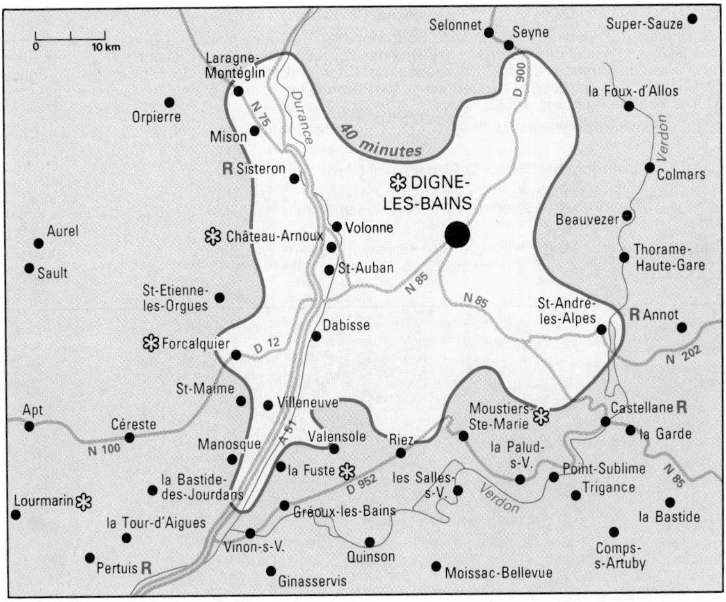

LES GUIDES VERTS MICHELIN

Paysages, monuments

Routes touristiques

Géographie

Histoire, Art

Itinéraires de visite

Plans de villes et de monuments

DIGOIN 71160 S.-et-L. 69 ⑯ G. Bourgogne – 10 032 h alt. 236.

🛈 Office de Tourisme 8 r. Guilleminot ℰ 85 53 00 81 et pl. de la Grève (saison) ℰ 85 88 56 12.

Paris 339 ① – Moulins 59 ③ – Autun 67 ① – Charolles 25 ② – Roanne 56 ③ – Vichy 68 ③.

XXX **Gare** avec ch, 79 av. Gén. de Gaulle **(s)**
ℰ 85 53 03 04, Fax 85 53 14 70, ☞ – 📺 ☎
🅿. ⊙ ⒼⒷ
fermé mi-janv. à mi-fév. et merc. sauf juil.-août
– **Repas** 130/330 et carte 290 à 375 – ☷ 40 –
13 ch 260/300 – ½ P 280/320.

à *Neuzy* par ① : 4 km – ⊠ 71160 Digoin :

🏠 **Merle Blanc,** ℰ 85 53 17 13, Fax 85 88 91 71
← – 📺 ☎ 🅿 ⒼⒷ
fermé dim. soir et lundi midi d'oct. à mars –
Repas 75/200 🖟 – ☷ 35 – **12 ch** 175/260 –
½ P 180/200.

CITROEN Gar. Central, 2 av. Gén.-de-Gaulle
ℰ 85 53 08 37
CITROEN Gar. Martel, rte de Vichy à Molinet (Allier)
par ③ ℰ 85 53 11 04
PEUGEOT Jugnet et Fils, 19 av. Platanes
ℰ 85 53 03 15
🅖 Gaudry Pneu Point S, La Fontaine St-Martin à
Molinet ℰ 85 53 12 21

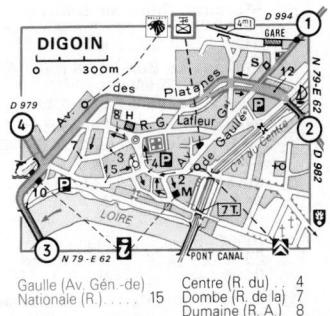

Gaulle (Av. Gén.-de)		
Nationale (R.)	. . . .	15

		Centre (R. du)	. .	4
		Dombe (R. de la)	.	7
		Dumaine (R. A.)		8
Bartoli (R.)	. . . . . .	2	Grève (Pl. de la)	.	10
Bisefranc (R. de)	. .	3	Launay (Av. de)	.	12

Voir Palais des Ducs et des États de Bourgogne★ DY : Tour Philippe-le-Bon ≤★, Musée des Beaux-Arts★★ (salle des Gardes★★★) – Rue des Forges★ DY – Église N.-Dame★ DY – plafonds★ du Palais de Justice DY J – Chartreuse de Champmol★ : Puits de Moïse★★ A – Église St-Michel★ DY – Jardin de l'Arquebuse★ CY – Rotonde★★ de la crypte★ dans la cathédrale CY – Musée Archéologique★ CY **M2.**

🏌 de Dijon Bourgogne ℰ 80 35 71 10, par ① ; 🏌 de Quétigny ℰ 80 46 69 00, E par D 107ᴮ : 5 km.

✈ Dijon-Bourgogne ℰ 80 67 67 67 par ⑤ : 4,5 km.

🚩 Office de Tourisme et Accueil de France pl. Darcy ℰ 80 43 42 12, Télex 350912 et 34 r. des Forges ℰ 80 30 35 39, Télex 351444, fax 80 30 90 02 – A.C. de Bourgogne, de la Haute Marne et du Haut Saonois, r. des Ardennes ℰ 80 72 08 00.

Paris 312 ⑦ – Auxerre 149 ⑦ – ◆Basel 261 ③ – ◆Besançon 93 ③ – ◆Clermont-Ferrand 280 ④ – ◆Genève 190 ③ – ◆Grenoble 297 ④ – ◆Lyon 193 ④ – ◆Reims 297 ① – ◆Strasbourg 331 ③.

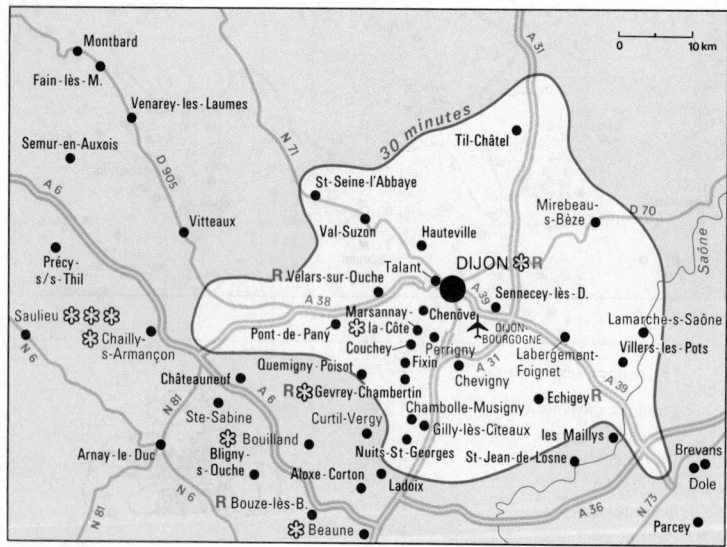

🏨 ✿ **Host. Chapeau Rouge,** 5 r. Michelet ℰ 80 30 28 10, Télex 350535, Fax 80 30 33 89 – |≛|
🍴 rest 📺 ☎ 🝙 ① 🈺 🎴 🛂 rest   CY **a**
Repas 155 bc/395 et carte 240 à 400 – ☑ 65 – **30 ch** 460/900 – ½ P 540/585
Spéc. Miroton d'escargots au coulis de persil. Ragoût de homard au beurre blanc. Pigeonneau. **Vins** Bourgogne, Fixin.

🏨 **Sofitel La Cloche** 🅼, 14 pl. Darcy ℰ 80 30 12 32, Télex 350498, Fax 80 30 04 15, 🌧 – |≛|
🍴 ch 🍴 ch 📺 ☎ & 🝙 – 🔬 40. 🝙 ① 🈺 🎴   CY **f**
voir rest. **Jean-Pierre Billoux** ci-après – ☑ 60 – **76 ch** 510/620, 4 duplex.

🏨 **Mercure Château Bourgogne** 🅼, 22 bd Marne ℰ 80 72 31 13, Télex 350293,
Fax 80 73 61 45, 🌧, 🏊 – |≛| 🍴 ch 🍴 📺 ☎ & 🝙 – 🔬 60 à 200. 🝙 ① 🈺 🎴   EX **z**
Repas 165 bc/250, enf. 55 – ☑ 55 – **116 ch** 435/540, 7 appart.

🏨 **Philippe Le Bon** 🅼, 18 r. Ste-Anne ℰ 80 30 73 52, Fax 80 30 95 51 – |≛| 📺 ☎ & 🅿 –
🔬 25 à 50. 🝙 ① 🈺   DY **p**
voir rest. **La Toison d'Or** ci-après – ☑ 55 – **27 ch** 340/440 – ½ P 370.

🏨 **Wilson** 🅼 sans rest, pl. Wilson ℰ 80 66 82 50, Fax 80 36 41 54, « Ancien relais de poste
du 17ᵉ siècle » – |≛| 📺 ☎ & 🅿. 🈺   DZ **k**
☑ 52 – **27 ch** 335/460.

🏨 **Jura** 🅼 sans rest, 14 av. Mar. Foch ℰ 80 41 61 12, Télex 350485, Fax 80 41 51 13, 🌧 – |≛| 📺
☎ & 🝙 – 🔬 35. 🝙 ① 🈺 🎴   CY **r**
fermé 21 déc. au 15 janv. – ☑ 50 – **79 ch** 260/500.

🏨 **Ibis Central,** 3 pl. Grangier ℰ 80 30 44 00, Télex 350606, Fax 80 30 77 12 – |≛| 🍴 ch 🍴
📺 ☎ & 🝙 – 🔬 40. 🝙 ① 🈺 🎴   CY **e**
Repas (fermé dim.) carte 190 à 280 ⅃ – ☑ 40 – **90 ch** 300/370.

🏨 **Nord et rest. de la Porte Guillaume,** pl. Darcy ℰ 80 30 58 58, Fax 80 30 61 26 – |≛| 📺
☎ – 🔬 50. 🝙 ① 🈺   CY **w**
fermé 23 déc. au 8 janv. – **Repas** 100/195, enf. 50 – ☑ 48 – **26 ch** 320/405 – ½ P 330.

DIJON

DIJON

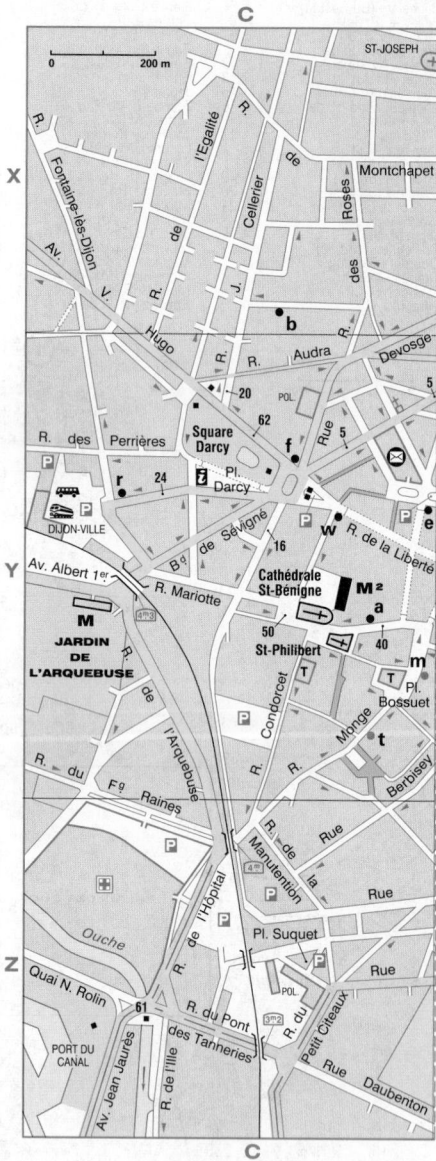

Si vous cherchez un hôtel tranquille,

consultez d'abord les cartes de l'introduction

ou repérez dans le texte les établissements indiqués avec le signe ⚑.

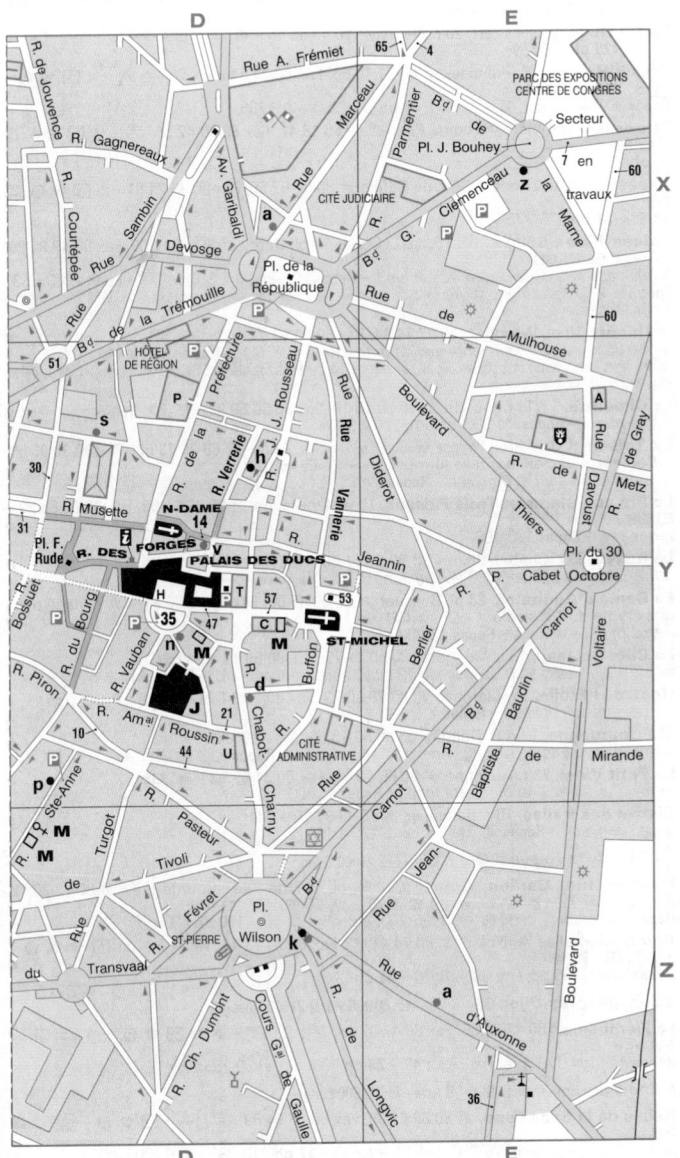

Wenn Sie ein ruhiges Hotel suchen,
benutzen Sie zuerst die Karten in der Einleitung
oder wählen Sie im Text ein Hotel mit dem Zeichen 🔖

🏨 **Ibis Centre Gare** Ⓜ, 15 av. Albert 1er ℰ 80 43 01 12, Télex 350515, Fax 80 41 69 48, 🍽
– 📳 ⇔ ch, 🗐 rest 📺 ☎ ᴋ ❷ – 🚔 80. 🖭 ⓞ ⒼⒷ ᴊᴄʙ   A   n
Repas rôtisserie 90/130 bc, enf. 40 – 🖵 39 – **128 ch** 310/340.

🏨 **Jacquemart** sans rest, 32 r. Verrerie ℰ 80 73 39 74, Fax 80 73 20 99 – 📺 ☎. ⒼⒷ   DY   h
🖵 32 – **30 ch** 150/320.

🏨 **Victor Hugo** 🦶 sans rest, 23 r. Fleurs ℰ 80 43 63 45 – ☎ ⇔. ⒼⒷ. 🌾   CX   b
🖵 27 – **23 ch** 165/260.

🏨 **Grésill'H.**, 16 av. R. Poincaré ℰ 80 71 10 56, Fax 80 74 34 89, 🍽 – 📳 🗐 rest 📺 ☎ ❷ –
🚔 30. 🖭 ⓞ ⒼⒷ   B   t
Repas 90/140 ⅋, enf. 42 – 🖵 38 – **47 ch** 280/350 – ½ P 255.

🏨 **Parc de la Colombière**, 49 cours Parc ℰ 80 65 18 41, Fax 80 36 42 56, 🍽 – 📳 📺 ☎ ᴋ ❷
– 🚔 90   B   a
39 ch.

🏨 **Allées** sans rest, 27 cours Gén. de Gaulle ℰ 80 66 57 50, Fax 80 36 24 81 – 📳 📺 ☎ ❷. 🖭
ⒼⒷ   B   s
🖵 38 – **37 ch** 225/275.

XXXX ⛛ **Jean-Pierre Billoux** - Hôtel Sofitel La Cloche, 14 pl. Darcy ℰ 80 30 11 00, Fax 80 49 94 89,
🍽 – 🗐 ❷. 🖭 ⒼⒷ   CY   f
fermé vacances de fév., dim. soir et lundi – **Repas** 200 bc (déj.). 280 bc/500 et carte 300 à 530
Spéc. Terrine de pigeon à l'ail confit. Feuilleté de grenouilles et pieds d'agneau. Glace aux épices. **Vins** Saint-Romain,
Pernand-Vergelesses.

XXX ⛛ **Thibert**, 10 pl. Wilson ℰ 80 67 74 64, Fax 80 63 87 72 – ⒼⒷ. 🌾   DZ   k
fermé 30 juil. au 21 août, lundi midi et dim. – **Repas** 125/410 et carte 310 à 440
Spéc. Petits choux verts farcis aux escargots. Queues de langoustines au café vert. Ris de veau poêlés, chips de céleri.
Vins Mâcon-Viré, Saint-Romain.

XXX **La Chouette**, 1 r. la Chouette ℰ 80 30 18 10, Fax 80 30 59 93 – 🖭 ⓞ ⒼⒷ ᴊᴄʙ   DY   v
fermé mardi – **Repas** 130/300 et carte 270 à 370.

XXX **La Toison d'Or** - Hôtel Philippe Le Bon, 18 r. Ste Anne ℰ 80 30 73 52, Fax 80 30 95 51,
« Demeures anciennes, caveau-musée » – ❷. ⒼⒷ   DY   p
fermé 8 au 23 août et dim. soir – **Repas** 150/240 et carte 240 à 390.

XX **Le Pré aux Clercs et Trois Faisans**, 13 pl. Libération ℰ 80 67 11 33, Fax 80 66 85 29 –
🖭 ⒼⒷ   DY   n
fermé fév. – **Repas** 130/155.

XX **Le Rallye**, 39 r. Chabot-Charny ℰ 80 67 11 55 – ⒼⒷ   DY   d
fermé 24 juil. au 18 août, 20 fév. au 8 mars, dim. et fériés – Repas 90/220.

XX **La Dame d'Aquitaine**, 23 pl. Bossuet ℰ 80 30 45 65, Fax 80 49 90 41, « Aménagé dans
une crypte du 13e siècle » – 🖭 ⓞ ⒼⒷ. 🌾   CY   m
fermé dim. sauf fériés – **Repas** 120/330.

XX **La Côte St-Jean**, 13 r. Monge ℰ 80 50 11 77, Fax 80 50 18 75 – ⒼⒷ   CY   t
fermé 15 juil. au 5 août, 23 déc. au 12 janv., sam. midi et mardi – **Repas** 110/205.

XX **Host. de l'Étoile**, 1 r. Marceau ℰ 80 73 20 72, Fax 80 71 24 76 – 🗐. 🖭 ⓞ ⒼⒷ ᴊᴄʙ   DX   a
fermé dim. soir et lundi – **Repas** 115/230 ⅋, enf. 65.

XX **Ma Bourgogne**, 1 bd P. Doumer ℰ 80 65 48 06, 🍽 – 🖭 ⒼⒷ   B   e
fermé 15 au 31 août, 19 au 25 fév., dim. soir et lundi – **Repas** 110/180, enf. 60.

XX **Le Petit Vatel**, 73 r. Auxonne ℰ 80 65 80 64, Fax 80 31 69 92 – 🗐. ⒼⒷ   EZ   a
➔ *fermé 2 au 21 août et dim. sauf fériés* – **Repas** 80/200.

X **Bistrot des Halles**, 10 r. Bannelier ℰ 80 49 94 15 – ⒼⒷ   DY   s
fermé dim. soir – **Repas** 95 (déj.)et carte 120 à 160 ⅋.

au Parc de la Toison d'Or : 5 km – ✉ **21000** Dijon :

🏨 **Holiday Inn Garden Court** Ⓜ, 1 pl. Marie de Bourgogne ℰ 80 72 20 72,
Fax 80 72 32 72 – 📳 ⇔ ch 🗐 📺 ☎ ᴋ ❷ – 🚔 50. 🖭 ⓞ ⒼⒷ ᴊᴄʙ   B   r
Repas *(fermé dim. midi)* 65 (déj.). 96/260, enf. 45 – 🖵 58 – **100 ch** 430.

🏨 **Campanile**, allée A. Nobel ℰ 80 74 41 00, Fax 80 70 13 44, 🍽 – ⇔ ch 📺 ☎ ᴋ ❷ –
🚔 25. 🖭 ⓞ ⒼⒷ   B   u
Repas 82 bc/105 bc, enf. 39 – 🖵 30 – **48 ch** 270.

à Sennecey-lès-Dijon SE : 6 km sur D 905 – ✉ **21800** Quétigny :

🏨 **La Flambée**, ℰ 80 47 35 35, Fax 80 47 07 08, 🍽, ⤢, 🌳 – 📳 🗐 📺 ☎ ❷ – 🚔 25. 🖭 ⓞ
ⒼⒷ ᴊᴄʙ
Repas grill 104/179 ⅋, enf. 52 – 🖵 47 – **23 ch** 380/490 – ½ P 285/320.

à Chevigny par ⑤ et D 996 : 9 km – ✉ **21600** Longvic :

🏨 **Relais de la Sans Fond**, ℰ 80 36 61 35, Fax 80 36 94 89, 🍽, 🌳 – 📺 ☎ ❷ – 🚔 50. 🖭
➔ ⒼⒷ
Repas *(fermé dim. soir)* 75/250, enf. 52 – 🖵 32 – **17 ch** 210/280 – ½ P 220.

à Chenôve par ⑥ : 4,5 km sur N 74 – 17 721 h. – ✉ **21300** :

🏨 **Comfort Inn** Ⓜ, 96 rte Beaune ℰ 80 52 15 35, Fax 80 51 44 70, 🍽 – 📳 ⇔ ch 📺 ☎ ᴋ
➔ ❷ – 🚔 25 à 70. ⓞ ⒼⒷ
Repas 80/130 ⅋, enf. 40 – 🖵 35 – **41 ch** 250.

à Marsannay-la-Côte par ⑥ : 8 km – 5 216 h. – ⊠ 21160 :

🏨🏨 **Novotel** Ⓜ, rte Beaune ℰ 80 52 14 22, Télex 350728, Fax 80 51 02 28, 佘, ⃫, 🖈 – ▯
⟂ ch 🗏 ⊡ ☎ & ❷ – ⚇ 25 à 100. ⒶⒺ ⓞ ⒼⒷ
Repas carte environ 160, enf. 50 – ⊒ 48 – **122 ch** 480.

🍴🍴🍴 ✿ **Gourmets** (Perreaut), 8 r. Puits de Têt (près église) ℰ 80 52 16 32, Fax 80 52 03 01, 佘
– ⒶⒺ ⓞ ⒼⒷ ⒿⒸⒷ
fermé dim. soir et lundi – **Repas** 135/380 et carte 340 à 450
Spéc. Pain perdu aux escargots, coulis de navet aillé et persil frit. Saint-Pierre rôti au bacon. Rillons de ris de veau,
blancs de jeunes poireaux rissolés. **Vins** Marsannay blanc et rouge.

à Perrigny-lès-Dijon par ⑥ : 10 km – ⊠ 21160 :

🏨 **Host. de la Côte,** ℰ 80 51 10 00, Fax 80 58 82 97, 佘 – ⟂ ch ⊡ ☎ & ❷ – ⚇ 40. ⒶⒺ ⓞ
ⒼⒷ ⒿⒸⒷ – **Repas** 89/130 ₰, enf. 45 – ⊒ 34 – **41 ch** 245/265.

à Couchey par ⑥, N 74 et D 122ᴰ : 11 km – ⊠ 21160 :

🍴🍴 **L'Écuyer de Bourgogne,** ℰ 80 52 03 14, 佘 – ❷. ⒶⒺ ⒼⒷ
fermé 1ᵉʳ au 7 mars, 1ᵉʳ au 21 août, dim. soir et lundi – **Repas** 98/240, enf. 60.

à Velars-sur-Ouche par ⑦, N 5 et A 38 : 12 km – ⊠ 21370 :

🍴🍴🍴 **Aub. Gourmande,** à l'échangeur de l'A 38 ℰ 80 33 62 51, Fax 80 33 65 83, 佘 – ❷. ⒶⒺ
ⒼⒷ
fermé 10 au 26 oct., dim. soir et lundi – **Repas** 99/215 et carte 150 à 270.

à Talant : 3 km – ⊠ 21240 :.

Voir Table d'orientation ⟨⋆.

🏨🏨 **La Bonbonnière** ⚘ sans rest, 24 r. Orfèvres (près église) ℰ 80 57 31 95,
Fax 80 57 23 92, 🖈 – ▯ ☎ ❷. ⒼⒷ – ⊒ 36 – **20 ch** 280/380.　　　　　　　　A s

rte de Troyes par ⑧ : 4 km – ⊠ 21121 Fontaines-lès-Dijon :

🏨🏨 **Castel Burgond** Ⓜ, N 71 ℰ 80 56 59 72, Fax 80 57 69 48, 佘 – ▯ ⊡ ☎ & ❷ –
⚇ 25 à 40. ⒶⒺ ⓞ ⒼⒷ
Trois Ducs ℰ 80 56 59 75, Fax 80 58 28 99 *(fermé 5 au 20 août, 16 déc. au 3 janv. et dim.)*
Repas 95/395, enf. 65 – ⊒ 35 – **38 ch** 250/270.

à Hauteville-lès-Dijon par ⑧ et D 107ᶠ : 6 km – ⊠ 21121 :

🍴🍴 **La Musarde** avec ch, ℰ 80 56 22 82, Fax 80 56 64 40, 佘, 🖈 – ⊡ ☎ ❷ ⒶⒺ ⓞ ⒼⒷ ⒿⒸⒷ
⚘ rest
fermé 15 déc. au 15 janv. – **Repas** *(fermé dim. soir et lundi du 1ᵉʳ sept. au 15 mai)* 97/330,
enf. 65 – ⊒ 55 – **11 ch** 260/280 – ½ P 310/375.

MICHELIN, Agence régionale, ZA Acti Sud, r. de la Pièce Léger à Marsannay la Côte par ⑥
ℰ 80 67 35 38

ALFA ROMEO Gar. Nudant, 19 r. du Transaal
ℰ 80 67 71 51
CITROËN Succursale, impasse Chanoine-Bardy BZ
ℰ 80 71 83 21 Ⓝ ℰ 80 36 62 13
FIAT Gar. Sodia, 10 r. des Ardennes ℰ 80 71 14 12
FORD Gar. Montchapet, 12 r. des Ardennes
ℰ 80 72 66 66
FORD Gar. Lignier, 3 r. Grands Champs
ℰ 80 66 39 05 Ⓝ ℰ 80 66 39 05

NISSAN Sad, 5 r. des Ardennes ℰ 80 72 19 19
PEUGEOT Gar. Château d'eau, 1 bd Fontaine des
Suisses B u ℰ 80 65 40 34
PEUGEOT Bourgogne Autom. Nord, r. de Cracovie
ZI St-Apollinaire B ℰ 80 73 81 16 Ⓝ ℰ 80 33 73 69
RENAULT Succursale, 139 av. J.-Jaurès A
ℰ 80 51 51 51 Ⓝ ℰ 80 33 53 00
VOLVO Gar. Nudant, 21 r. Transvaal ℰ 80 67 71 51

Périphérie et environs

BMW Gar. Savy 21, r. Charrières à Quetigny
ℰ 80 46 01 51 Ⓝ ℰ 80 46 01 51
CITROËN Succursale, rte de Beaune à Marsannay
la Côte par ⑥ ℰ 80 71 83 10 Ⓝ ℰ 80 36 62 13
FIAT Sodia, 125 rte de Beaune à Chenôve
ℰ 80 52 60 02
MERCEDES-BENZ Gar. Gremeau, 65 rte de
Beaune à Chenôve ℰ 80 52 11 66
OPEL Gar. Heinzlé, r. Prof. L.-Neel, ZI à Longvic
ℰ 80 66 52 78
PORSCHE, MITSUBISHI Auto Sélection, 67 rte de
Beaune à Chenôve ℰ 80 52 60 10
RENAULT Auto Leader Bourgogne, 47 Rte de
Beaune à Marsannay-la-Côte par ⑥ ℰ 80 52 12 15
Ⓝ ℰ 80 52 12 16

RENAULT Gar. Segelle, 5 bd de l'Europe à
Quetigny par D 107B B ℰ 80 46 02 54
VAG Gd Gar. Diderot, r. P.-Langevin à Chenôve
ℰ 80 59 33 59
VAG Gar. Diderot, ZAC de la Charmette, r. des
Ruchottes à Ahuy ℰ 80 44 22 22

🛞 Euromaster, 11 r. A.-Becquerel, ZI à Chenôve
ℰ 80 52 54 70
Euromaster, rte de Gray à St-Apollinaire
ℰ 80 71 36 66
Métifiot, 1 r. de l'Escaut, ZI à St-Apollinaire
ℰ 80 71 21 40

▱ **DINAN** ⟨⑳⟩ 22100 C.-d'Armor 🗃🗃 ⑮ G. Bretagne – 11 591 h alt. 76.
Voir Vieille ville⋆⋆ BY : Tour de l'Horloge ⁂⋆⋆ BZ E, Jardin anglais ⟨⋆⋆ BY, Place des
Merciers⋆ BZ 33, – rue du Jerzual⋆ BY , Promenade de la Duchesse Anne ⟨⋆ BZ – Château⋆ :
⁂⋆ AZ – Lanvallay ⟨⋆ 2 km par ②.
🏌🏌 de St-Malo, le Tronchet ℰ 99 58 96 69 par ② N 176 : 19 km.
🏢 Office de Tourisme 6 r. Horloge ℰ 96 39 75 40, Fax 96 39 01 64.
Paris 400 ② – St-Malo 32 ① – Avranches 69 ② – Fougères 71 ② – ♦Rennes 52 ② – St-Brieuc 60 ③ –
Vannes 116 ③.

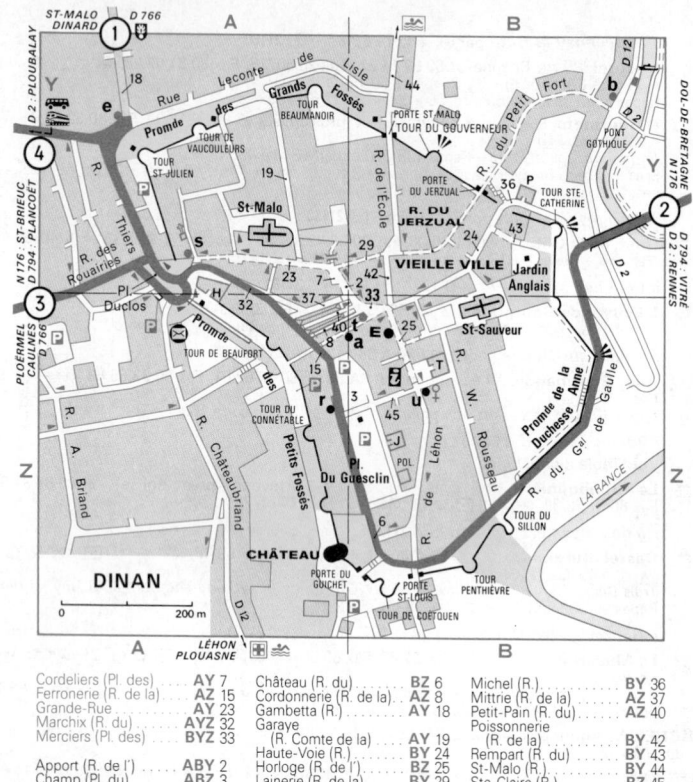

DINAN

Cordeliers (Pl. des)	**AY** 7	Château (R. du)	**BZ** 6	Michel (R.)	**BY** 36
Ferronerie (R. de la)	**AZ** 15	Cordonnerie (R. de la)	**AZ** 8	Mittrie (R. de la)	**AZ** 37
Grande-Rue	**AY** 23	Gambetta (R.)	**AY** 18	Petit-Pain (R. du)	**AZ** 40
Marchix (R. du)	**AYZ** 32	Garaye		Poissonnerie	
Merciers (Pl. des)	**BYZ** 33	(R. Comte de la)	**AY** 19	(R. de la)	**BY** 42
		Haute-Voie (R.)	**BY** 24	Rempart (R. du)	**BY** 43
Apport (R. de l')	**ABY** 2	Horloge (R. de l')	**BZ** 25	St-Malo (R.)	**BY** 44
Champ (Pl. du)	**ABZ** 3	Lainerie (R. de la)	**BY** 29	Ste-Claire (R.)	**BZ** 45

🏨 **Le d'Avaugour** sans rest, 1 pl. Champ ℰ 96 39 07 49, Fax 96 85 43 04, 🐎 – 🛗 📺 ☎. 🖭
   ⓞ 🅶🅱 🍒
   ☲ 48 – **28 ch** 400/600.   AZ r

🏨 **Arvor** sans rest, 5 r. Pavie ℰ 96 39 21 22, Fax 96 39 83 09 – 🛗 📺 ☎ &. 🅿. 🖭 🅶🅱   BZ u
   ☲ 30 – **23 ch** 280/340.

🏨 **Les Alleux**, rte Ploubalay par ④ : 2 km ℰ 96 85 16 10, Télex 741280, Fax 96 85 11 40 –
✦ 📺 📺 🅿 – ᴁ 30. 🖭 🅶🅱 🍒
   Repas 70/170 🍷, enf. 45 – ☲ 36 – **29 ch** 260/300, 7 duplex – ½ P 280.

🏨 **Tour de l'Horloge** sans rest, 5 r. Chaux ℰ 96 39 96 92, Fax 96 85 06 99 – cuisinette 📺
   ☎. 🖭 ⓞ 🅶🅱   ABZ a
   ☲ 30 – **12 ch** 265/295.

🏨 **France**, 7 pl. 11-Novembre par ④ ℰ 96 39 22 56, Fax 96 39 08 96 – 🍽 rest 📺 ☎ 🚗. 🖭
   ⓞ 🅶🅱
   fermé 22 déc. au 7 janv. et sam. de nov. à mars – **Repas** 87/210 🍷 – ☲ 35 – **14 ch** 215/285 –
   ½ P 305/320.

🏨 **du Bas Frêne** sans rest, rte Ploubalay par ④ : 1,5 km ℰ 96 85 02 95, Fax 96 85 11 40 – 📺
   ☎ &. 🅿. 🅶🅱
   1ᵉʳ avril-30 sept. – ☲ 36 – **24 ch** 260/300.

🏨🏨🏨 **Mère Pourcel**, 3 pl. Merciers ℰ 96 39 03 80, Fax 96 87 07 58, « Maison bretonne du 15ᵉ
   siècle » – 🖭 ⓞ 🅶🅱   BZ t
   fermé vacances de fév., dim. soir et lundi sauf juil.-août – **Repas** 92 (déj.), 155/350 et carte
   270 à 380.

🏨🏨🏨 **Les Grands Fossés**, 2 pl. Gén. Leclerc ℰ 96 39 21 50 – 🅿. 🅶🅱   AY e
   fermé 1ᵉʳ au 8 fév. et jeudi – **Repas** 90/280 et carte 220 à 300.

🏨🏨 **Caravelle**, 14 pl. Duclos ℰ 96 39 00 11 – 🖭 ⓞ 🅶🅱   AY s
   fermé 12 nov. au 4 déc., 14 au 22 mars, dim. soir et merc. du 4 déc. au 10 juil. – **Repas**
   135/350.

🏨🏨 **Relais des Corsaires**, Le Port ℰ 96 39 40 17, Fax 96 39 34 75, 🍽 – 🖭 ⓞ 🅶🅱 🍒
   fermé 10 janv. au 12 fév., dim. soir et merc. d'oct. à mai – **Repas** 95/195, enf. 70.   BY b

CITROEN Gar. Jago, ZI de Quevert par ④
𝄞 96 39 04 91 🄽 𝄞 96 83 90 42
PEUGEOT Gar. Brossard Autom., 14 r. des Prunus
par ④ 𝄞 96 39 24 38 🄽 𝄞 99 24 17 91
RENAULT Gar. Lemenant, rte de Ploubalay à Taden
𝄞 96 87 11 11 🄽 𝄞 96 01 97 66

🅖 Desserey Pneu + Vulcopneu, ZA des Alleux, rte
de Ploubalay à Taden 𝄞 96 39 61 18
La Station du Pneu, ZI bd de Preval 𝄞 96 85 10 62

DINARD 35800 I.-et-V. 🟝 ⑤ G. Bretagne – 9 918 h alt. 18 – Casino Municipal BY.

Voir Pointe du Moulinet ≤★★ BY – Grande Plage ou Plage de l'Écluse★ BY – Promenade du
Clair de Lune★ BYZ – La Rance★★ en bateau – St-Lunaire : pointe du Décollé ≤★★ et grotte des
Sirènes★ 4,5 km par ② – Usine marémotrice de la Rance : digue ≤★ SE : 4 km.

Env. Pointe de la Garde Guérin★ : ⁂★★ par ② : 6 km puis 15 mn – Château d'eau de Ploubalay
⁂★★ SO : 7 km par ①.

🏌 de St-Briac-sur-Mer 𝄞 99 88 32 07, par ② : 7,5 km.

✈ de Dinard-Pleurtuit-St-Malo 𝄞 99 46 18 46, par ① : 5 km.

🛈 Office de Tourisme 2 bd Féart 𝄞 99 46 94 12, Fax 99 88 21 07.

Paris 425 ① – St-Malo 11 ① – Dinan 22 ① – Dol-de-Bretagne 27 ① – Lamballe 46 ① – ♦Rennes 71 ①.

Plan page suivante

🏨 **Gd Hôtel et rest. George V**, 46 av. George V 𝄞 99 88 26 26, Fax 99 88 26 27, ≤, 🔳 – 🛗
🔲 ☎ 🄿 – ⚶ 100. 🅰🄴 ⑩ 🅶🅱 ⁒ rest   BY v
1ᵉʳ avril-31 oct. – Repas (fermé lundi du 1ᵉʳ sept. au 31 oct.) 120/180 – 😅 60 – **63 ch**
490/1200, 3 appart – ½ P 1020/1190.

🏨 **Novotel Thalassa** Ⓜ ॐ, av. Château Hébert 𝄞 99 82 78 10, Télex 741990,
Fax 99 82 78 29, ≤ mer, 🛉, centre de thalassothérapie, 🛵, 🔳, ≈, ⁒ – 🛗 ≫ ch 🔲 ☎
🕭 🄿 – ⚶ 25 à 60. 🅰🄴 ⑩ 🅶🅱 ⁒ rest   AY r
fermé 3 au 23 déc. – Repas 160/250, enf. 70 – 😅 59 – **104 ch** 780 – ½ P 580.

🏨 **Reine Hortense** ॐ sans rest (annexe Castel Eugénie 6 ch), 19 r. Malouine
𝄞 99 46 54 31, Fax 99 88 15 88, ≤ St-Malo – 🔲 ☎ 🄿. 🅰🄴 ⑩ 🅶🅱 🄵🄲🄱   BY e
25 mars-15 nov. – 😅 60 – **10 ch** 490/980.

🏨 **Roche Corneille** sans rest, 4 r. G. Clemenceau 𝄞 99 46 14 47, Fax 99 46 40 80 – 🛗 🔲
☎. 🅰🄴 🅶🅱   BY u
8 avril-15 oct. – 😅 50 – **28 ch** 480/700.

🏨 **Émeraude-Plage**, 1 bd Albert 1ᵉʳ 𝄞 99 46 15 79, Fax 99 88 15 31 – 🛗 🔲 ☎ ⊷. 🅶🅱. ⁒
1ᵉʳ avril-1ᵉʳ oct. – Repas (dîner seul.) 90/120 – 😅 38 – **59 ch** 280/300 – ½ P 320/380. BY z

🏨 **Vieux Manoir** Ⓜ ॐ sans rest, 21 r. Gardiner 𝄞 99 46 14 69, Fax 99 46 87 87, « Jardin »
– 🔲 ☎ 🄿. 🅶🅱.   AY d
1ᵉʳ avril-15 nov. et vacances scolaires – 😅 37 – **37 ch** 420.

🏨 **Les Tilleuls**, 36 r. Gare 𝄞 99 82 77 00, Fax 99 82 77 55 – 🔲 ☎ 🕭 🄿. 🅰🄴 ⑩ 🅶🅱 🄵🄲🄱.
⁒ rest   AZ v
Repas (fermé 15 déc. au 15 janv., dim. soir et lundi du 30 sept. au 15 avril) 80/180 ⅃, enf. 50 –
😅 53 – **53 ch** 320/420 – ½ P 275/340.

🏨 **Balmoral** sans rest, 26 r. Mar. Leclerc 𝄞 99 46 16 97, Fax 99 88 20 48 – 🛗 🔲 ☎. 🅰🄴 ⑩
🅶🅱   BY b
fermé janv., fév., dim. soir et lundi de nov. à avril sauf fériés et vacances scolaires – 😅 40 –
31 ch 280/380.

🏨 **Plage et rest. Le Trezen**, 3 bd Féart 𝄞 99 46 14 87, Fax 99 46 55 52 – 🛗 🔲 ☎. 🅰🄴 ⑩
🅶🅱   BY s
15 mars-15 nov. – Repas (fermé merc. sauf du 15 juin au 15 sept.) 90/200 ⅃, enf. 55 – 😅 35
– **18 ch** 280/420 – ½ P 295/325.

🏨 **Mont-St-Michel** sans rest, 54 bd Lhotelier 𝄞 99 46 10 40, Fax 99 88 17 47 – 🔲 ☎ 🄿.
🅶🅱. ⁒   AY f
15 mars-15 nov. et fermé dim. soir – 😅 32 – **26 ch** 200/320.

🏨 **Améthyste** sans rest, pl. Calvaire 𝄞 99 46 61 81, Fax 99 46 96 91 – 🔲 ☎. 🅰🄴 ⑩
🅶🅱   AY a
fermé 20 fév. au 10 mars – 😅 35 – **20 ch** 240/350.

XX **Altaïr** avec ch, 18 bd Féart 𝄞 99 46 13 58, Fax 99 88 20 49 – 🔲 ☎. 🅰🄴 ⑩ 🅶🅱
🄵🄲🄱   BY k
fermé 15 nov. au 15 déc. – Repas (fermé dim. soir et lundi sauf vacances scolaires) 90/300,
enf. 60 – 😅 35 – **21 ch** 280/390 – ½ P 320/340.

X **La Présidence**, 29 bd Prés. Wilson 𝄞 99 46 44 27 – 🅰🄴 🅶🅱. ⁒   BY t
fermé 13 au 27 mars, 13 nov. au 5 déc., dim. soir et lundi hors sais. – Repas 90/180, enf. 45.

X **Prieuré**, 1 pl. Gén. de Gaulle 𝄞 99 46 13 74, ≤ – 🅶🅱   BZ n
fermé janv., dim. soir hors sais. et lundi – Repas 90/160.

à la Jouvente SE : 7 km par D 114 - BZ et D 5 – ✉ 35730 Pleurtuit :

🏨 **Manoir de la Rance** ॐ sans rest, 𝄞 99 88 53 76, Fax 99 88 63 03, ≤, « Dans un jardin
fleuri surplombant la Rance » – 🔲 ☎ 🄿. 🅶🅱
fermé janv. et fév. – 😅 50 – **9 ch** 450/1200.

437

DINARD

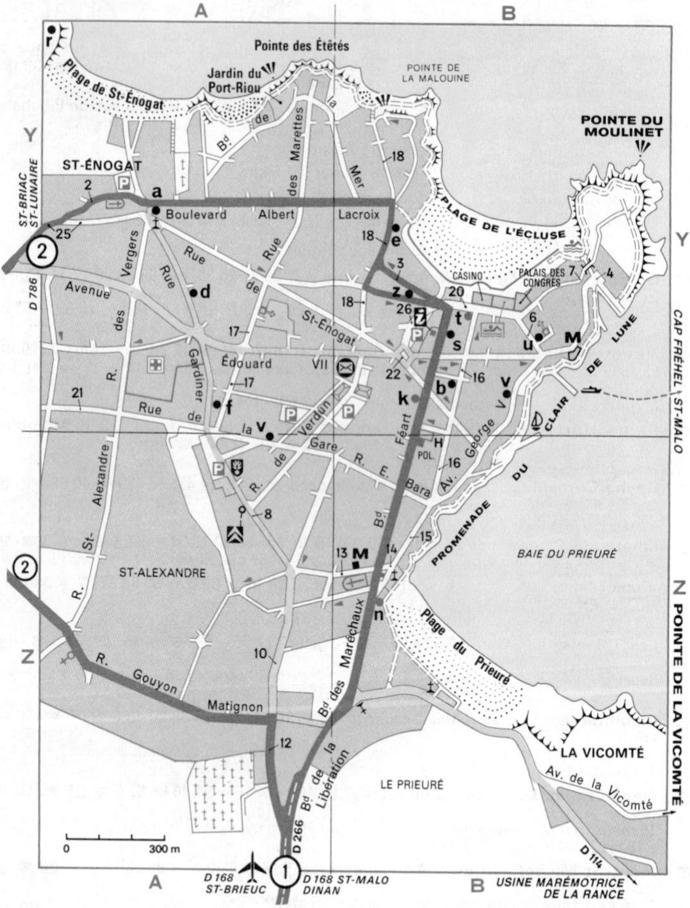

CITROEN Gar. Kopp, 21 r. de la Corbinais,
℘ 99 46 13 43
PEUGEOT Gar. de la Rive Gauche, ZA l'Hermitage à
La Richardais par ① ℘ 99 46 75 78 **N**
℘ 99 88 44 27

RENAULT Gar. Martin, ZA l'Hermitage à la
Richardais par ① ℘ 99 46 10 69

🏍 Emeraude Pneumatiques, La Fourberie à
St-Lunaire ℘ 99 46 11 26

DIOU 36 Indre 68 ⑨ – rattaché à Issoudun.

DISNEYLAND PARIS 77 S.-et-M. 56 ⑫, 106 ㉒ – voir à Paris, Environs (Marne-La-Vallée).

Ne confondez pas :

Confort des hôtels	: 🏰🏰🏰 ... 🏚, ⌂
Confort des restaurants	: XXXXX X
Qualité de la table	: ❀❀❀, ❀❀, ❀

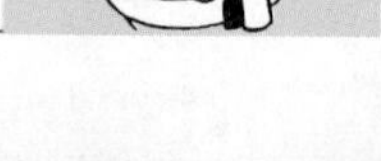

DISSAY 86130 Vienne 🔟 ⑭ G. Poitou Vendée Charentes – 2 498 h alt. 73.

Voir Peintures murales★ du château.

🛈 Syndicat d'Initiative à la Mairie 𝒫 49 52 40 24.

Paris 321 – Poitiers 16 – Châtellerault 18.

🏠 **Les Rives du Clain** Ⓜ, av. du Clain 𝒫 49 52 62 42, Fax 49 52 62 62, 🌤, ℔, ⅃, 🐎, ℀ –
◆ 📺 ♨ 🅟 – 🔬 80. 🖭 ⓪ 🆖
  Repas 78/198, enf. 45 – 🖵 36 – **43 ch** 290/360 – ½ P 272.

�XX **Le Binjamin** avec ch, N 10 𝒫 49 52 42 37, Fax 49 62 59 06, 🐎 – 📺 ☎ 🅟. 🖭 🆖
  fermé 7 au 23 août, vacances de fév., sam. midi, dim. soir et lundi – **Repas** 98/245 – 🖵 30 –
  10 ch 185 – ½ P 215.

�X **Le Clos Fleuri,** r. Église 𝒫 49 52 40 27, Fax 49 62 37 29 – 🅟. 🆖
  Repas 93/192, enf. 60.

CITROEN Gar. Pinaudeau, 𝒫 49 52 42 31

DIVES-SUR-MER 14 Calvados 🔢 ⑰ – rattaché à Cabourg.

DIVONNE-LES-BAINS 01220 Ain 🔟 ⑯ G. Jura (plan) – 5 580 h alt. 500 – Stat. therm. – Casino .

🐎 𝒫 50 40 34 11, O : 2 km.

🛈 Office de Tourisme r. des Bains 𝒫 50 20 01 22, fax 50 20 32 12.

Paris 498 – Thonon-les-Bains 51 – Bourg-en-Bresse 126 – ◆Genève 19 – Gex 8 – Lausanne 50 – Nyon 13.

🏨 ❀ **Le Grand Hôtel** 🦢, 𝒫 50 40 34 34, Télex 385716, Fax 50 40 34 24, ≤, 🌤, « Parc
  ombragé », ⅃, ℀ – 🛗 🍴 rest 📺 ☎ 🅟 – 🔬 200. 🖭 ⓪ 🆖. ℀ rest
  La Terrasse : **Repas** carte 260 à 430 – 🖵 90 – **116 ch** 756/1412, 8 appart
  Spéc. Féra du lac dorée en crépine au thym citronné. Fondant de jarret de porcelet mijoté aux fines épices. Soufflé au
  miel sauvage.

🏨 ❀ **Château de Divonne** 🦢, 115 r. Bains 𝒫 50 20 00 32, Fax 50 20 03 73, ≤ lac et Mt-
  Blanc, 🌤, « Dans un parc ombragé », ℀ – 🛗 🍴 rest 📺 ☎ 🅟 – 🔬 40. 🖭 ⓪ 🆖
  fermé fév. – **Repas** 270/490 et carte 310 à 490 – 🖵 80 – **22 ch** 630/1150, 5 appart –
  ½ P 995/1285
  Spéc. Marbré de foie gras de canard et pigeonneau fumé, pain au sésame. Maraîchère de féra du Léman à la fondue
  de tomate (15 déc. au 15 oct.). Volaille de Bresse aux morilles et vin Jaune. Vins Mondeuse, Seyssel.

🏠 **Jura** 🦢 sans rest, rte Arbère 𝒫 50 20 05 95, Fax 50 20 21 21, 🐎 – 📺 ☎ 🖘 🅟.
  🖵 32 – **24 ch** 220/295.

🏠 **Coccinelles** 🦢 sans rest, rte Lausanne 𝒫 50 20 06 96, Fax 50 20 01 18, 🐎 – 🛗 📺 ☎ 🅟.
  🖭 🆖
  🖵 31 – **24 ch** 145/285.

��X **Bellevue-rest. Marquis** 🦢 avec ch, par av. d'Arbère 𝒫 50 20 02 16, Fax 50 20 26 55,
  ≤, 🌤, 🐎 – 📺 ☎ 🅟. 🖭 ⓪ 🆖
  fermé 1ᵉʳ déc. au 1ᵉʳ mars – **Repas** *(fermé mardi midi et lundi)* 100 (déj.), 160/280 – 🖵 35 –
  15 ch 220/370 – ½ P 280/310.

☆☆ **Champagne,** av. Genève 𝒫 50 20 13 13, 🌤, 🐎 – 🅟. 🆖
  fermé 19 au 29 juin, 2 au 11 oct., 8 au 24 janv., jeudi midi et merc. – **Repas** grill carte 180 à
  270.

☆☆ **Provençal,** r. Genève 𝒫 50 20 01 87, Fax 50 20 35 35, 🌤 – 🖭 ⓪ 🆖
  fermé 3 au 16 juil., 1ᵉʳ au 7 janv., dim. soir et lundi – **Repas** 140/240.

☆ **Aub. du Vieux Bois,** rte Gex : 1 km 𝒫 50 20 01 43, 🌤 – 🅟. 🖭 🆖
  fermé 6 au 13 fév., dim. soir et lundi – **Repas** 95/270 🍷, enf. 65.

DOLANCOURT 10 Aube 🔢 ⑱ – rattaché à Bar-sur-Aube.

DOL-DE-BRETAGNE 35120 I.-et-V. 🔢 ⑥ G. Bretagne (plan) – 4 629 h alt. 16.

Voir Cathédrale★★ – Promenade des Douves★ : ≤★ – Mont-Dol ☀★ 4,5 km NO par D 155.

🐎 Château des Ormes 𝒫 99 73 49 60, S par D 795 : 9 km.

🛈 Office de Tourisme Hôtel de Ville 𝒫 99 48 15 37.

Paris 375 – St-Malo 25 – Alençon 154 – Dinan 26 – Fougères 51 – ◆Rennes 56.

🏠 **Bretagne,** pl. Châteaubriand 𝒫 99 48 02 03, Fax 99 48 25 75 – 📺 ☎. 🖭 ⓪ 🆖
  ◆ *fermé oct., vacances de fév. et sam. d'oct. à mars* – **Repas** 60/150 🍷, enf. 35 – 🖵 27 – **27 ch**
  110/280 – ½ P 140/214.

☆☆ **La Bresche Arthur** avec ch, 36 bd Deminiac 𝒫 99 48 01 44, Fax 99 48 16 32, 🐎 – ☎ 🅟.
  ◆ 🆖
  fermé fév. – **Repas** *(fermé dim. soir et lundi d'oct. à juin)* 75/180, enf. 50 – 🖵 38 – **24 ch**
  180/280 – ½ P 230/265.

☆ **La Grabotais,** 4 r. Ceinte 𝒫 99 48 19 89 – 🖭 🆖
  ◆ *fermé début janv. au 15 fév., dim. soir du 15 nov. à Pâques et lundi sauf le soir en sais.* –
  Repas 68/189 🍷, enf. 45.

RENAULT Gar. du Centre Bordier-Ceyssat 𝒫 99 48 02 12

Demandez chez le libraire le catalogue des publications Michelin.

DOLE ◁⊛▷ 39100 Jura 🔟 ③ G. Jura – 26 577 h alt. 231.

Voir Le Vieux Dole★★ BZ – Grille★ en fer forgé de l'église St-Jean-l'Evangéliste AZ.

🏌 Val d'Amour ℘ 84 71 04 23, par ③ : 9 km par D 405 et N 5.

🛈 Office de Tourisme 6 pl. Grévy ℘ 84 72 11 22 et rte Paris (saison) ℘ 84 72 05 41 – A.C. Zone Portuaire ℘ 84 72 30 62.

Paris 369 ① – ◆Dijon 48 ⑤ – ◆Besançon 54 ① – Chalon-sur-Saône 62 ④ – ◆Genève 149 ③ – Lons-le-Saunier 51 ③.

DOLE

	Boyvin (R.)	**BZ** 4	Nationale, Charles-
	Chifflot (R. L.)	**AZ** 5	de-Gaulle (Pl.)	**BZ** 13
Arènes (R. des) **ABZ**	Duhamel (Av. J.)	**AZ** 6	Parlement (R. du)	**BZ** 14
Besançon (R. de) **BYZ**	Jean-Jaurès (Av.)	**BY** 8	Rockefeller (Av. J.)	**BY** 16
Grande-Rue **BZ**	Juin (Av. du Mar.)	**BZ** 10	Sous-Préfecture
	Messageries (R. des)	**AY** 12	(R. de la)	**BY** 18

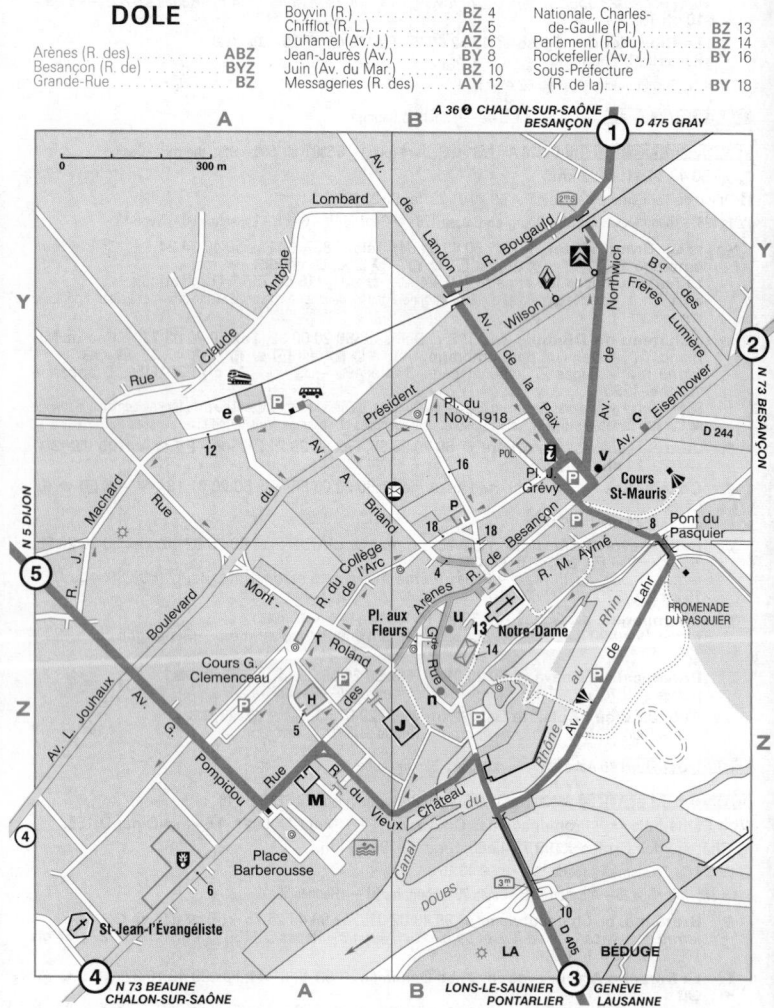

🏨 **La Chaumière** ⌂, 346 av. Mar. Juin par ③ : 3 km ℘ 84 70 72 40, Fax 84 79 25 60, 🌇,
🍴 – 📺 ☎ 🚗 🅿 – 🔬 25. 🆚 🏧
fermé 17 au 26 juin, 17 déc. au 17 janv. et dim. (sauf hôtel du 20 juin au 17 sept.) – **Repas**
95/220, enf. 60 – 🖵 60 – **18 ch** 295/395 – ½ P 300/435.

🏨 **La Cloche** sans rest, 2 pl. Grévy ℘ 84 82 00 18, Fax 84 72 73 82 – 🛗 📺 ☎. 🖭 🆚
voir rest. *Le Grévy* ci-après – 🖵 38 – **29 ch** 260/280.
BY **v**

XXX **Les Templiers,** 35 Gde Rue ☎ 84 82 78 78, Fax 84 72 87 62, « Ancienne chapelle du 13e siècle » – ▤. AE ⓓ GB — BZ **u**
fermé lundi de nov. à avril et dim. soir – **Repas** 85/250 et carte 250 à 310.

XX **Le Grévy,** 2 av. Eisenhower ☎ 84 82 44 42, 🏞 – GB
fermé sam. – **Repas** 89/150 🍷, enf. 40.

XX **La Romanée,** 13 r. Vieilles Boucheries ☎ 84 79 19 05, Fax 84 79 26 97, « Salle voûtée » – GB – *fermé merc.* – **Repas** 69/270, enf. 50. — BZ **n**

X **Buffet Gare,** ☎ 84 82 00 48, Fax 84 82 35 14, 🏞 – GB — AY **e**
Repas 63/180 🍷, enf. 36.

*à **Rochefort-sur-Nenon*** par ② : 7 km par N 73 – ✉ **39700** :

🏠 **Fernoux-Coutenet** 🐎, r. Barbière ☎ 84 70 60 45, Fax 84 70 50 89, 🏞 – TV ☎ P. GB
fermé 25 déc. au 15 janv., dim. hors sais. (sauf hôtel) et sam. midi – **Repas** 80/160 🍷, enf. 55 – ☕ 45 – **20 ch** 230/290 – ½ P 210/220.

*à **Brévans*** E : 2 km sur D 244 BY – ✉ **39100** :

🏠 **Au Village** 🐎, ☎ 84 72 56 40, Fax 84 82 61 94, 🏞 – TV ☎ P – 🎪 25. GB. ✂ rest
fermé 15 au 30 mars, 1er au 15 oct. et 24 déc. au 2 janv. – **Repas** *(fermé sam. midi et dim. soir)* 100/165 🍷 – ☕ 35 – **14 ch** 180/300 – ½ P 290/300.

*à **Parcey*** par ③ : 8 km sur N 5 – ✉ **39100** :

XX **Les Jardins Fleuris,** ☎ 84 71 04 84, Fax 84 71 09 43, 🏞 – AE GB
fermé 21 août au 4 sept., dim. soir et lundi – **Repas** 70/185, enf. 42.

*rte de **Lons-le-Saunier*** par ③ : 10 km par N 5 – ✉ **39100** Parcey :

🏨 **As de Pique** M, carrefour N5 - D 475 ☎ 84 71 00 76, Fax 84 71 09 18, 🏞, 🌳 – TV ☎ P. AE GB
fermé 1er au 7 janv., dim. soir et lundi midi – **Repas** 95/240 – ☕ 35 – **7 ch** 240/295 – ½ P 320/360.

CITROEN Jeanperin, 2 av. de Gray ☎ 84 82 34 23
FIAT Est Autom., 155 av. Eisenhower ☎ 84 82 19 01
PEUGEOT S.C.A.D., 32 av. de Lattre-de-Tassigny par ① ☎ 84 82 07 79 N ☎ 84 91 91 78
RENAULT Cone Autom., 8 bd Wilson ☎ 84 82 67 67 N ☎ 84 82 82 53
Ⓜ Lehmann-Point S, 42 av. Mar.-Juin ☎ 84 72 61 77

DOMAGNÉ 35113 I.-et-V. 63 ⑧ – 1 499 h.

Paris 325 – ◆Rennes 27 – La Guerche-de-Bretagne 21 – Vitré 17.

🏠 **Le Ricordeau,** r. St-Pierre ☎ 99 00 06 06, Fax 99 00 00 32 – TV ☎ ♿. AE GB. ✂ rest
fermé dim. soir – **Repas** 50 bc (déj.), 75/135, enf. 55 – ☕ 28 – **12 ch** 170/225 – ½ P 160/178.

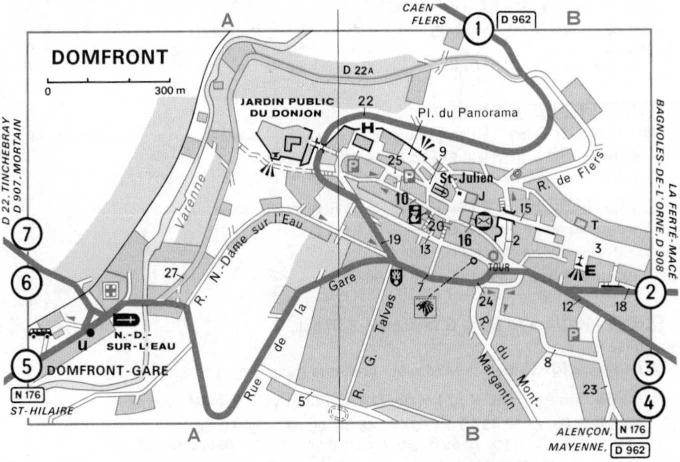

Foch (R. Mar.) .... B 12
Grande-Rue .... B 16
St-Julien (R.) .... B 25

Barbacanes (R. des) .... B 2
Champ-de-Foire (Pl. du) . B 3
Champ-Passais (R. du) .. A 5
Clemenceau (R. G.) ..... B 7
Colombier (R. du) ...... B 8
Commerce (Pl. du) ..... B 9
Dr. Barrabé (R. du) .... B 10
Fossés-Plissons (R. des) . B 13
Godras (R. de) .... B 15
Joffre (R. Mar.) .... B 18
Montgomery (R.) .... B 19
Porte-Cadin (R.) .... B 20
Porte-de-Normandie (R.). B 22
Pressoir (R. du) .... B 23
République (R. de la).... B 24
Tanneries (R. des) ...... A 27

DOMFRONT 61700 Orne 💷 ⑩ **G. Normandie Cotentin** – 4 410 h alt. 209.

Voir Site★ – Église N.-D-sur-l'Eau★ A – Jardin du donjon ※★ A – Croix du Faubourg ※★ B E – Centre ancien★.

🖪 Office de Tourisme r. Dr Barrabé ℰ 33 38 53 97, fax 33 37 48 99.

Paris 252 ③ – Alençon 61 ③ – Argentan 54 ② – Avranches 64 ⑤ – Fougères 56 ⑤ – Mayenne 36 ④ – Vire 39 ⑦.

Plan page précédente

🏛 **Le Relais St-Michel,** r. Mont-St-Michel, ℰ 33 38 64 99, Fax 33 37 37 96 – ↔ ch 📺 ☎
— 🚘 🖭 ⒼⒷ
A u
fermé 23 déc. au 10 janv. et vend. soir hors sais. – **Repas** 62/140 🌡, enf. 40 – 🖵 35 – **13 ch** 150/270 – ½ P 225.

PEUGEOT Gar. Champ, 22 r. Fossés Plissons ℰ 33 38 42 35

DOMFRONT-EN-CHAMPAGNE 72240 Sarthe 💷 ⑬ – 850 h alt. 132.

Paris 214 – ◆Le Mans 17 – Alençon 42 – Laval 68 – Mayenne 56.

XX **Midi,** D 304 ℰ 43 20 52 04, Fax 43 20 56 03 – ⒼⒷ
— *fermé fév., lundi et le soir sauf vend. et sam.* – **Repas** 75/220 🌡, enf. 45.

DOMMARTIN-LÈS-REMIREMONT 88 Vosges 💷 ⑯ – rattaché à Remiremont.

DOMME 24250 Dordogne 💷 ⑰ **G. Périgord Quercy** (plan) – 1 030 h alt. 212.

Voir Promenade des Falaises ※★★★ – La bastide★.

🖪 Office de Tourisme pl. Halle (fermé matin oct.- mars) ℰ 53 28 37 09.

Paris 534 – Cahors 52 – Sarlat-la-Canéda 12 – Fumel 57 – Gourdon 21 – Périgueux 75.

🏛 ❀ **Esplanade** (Gillard) 🦢, ℰ 53 28 31 41, Fax 53 28 49 92, <, 🍴 – 🍽 rest 📺 ☎. 🖭 ⒼⒷ
mi-fév.-début nov. – **Repas** *(fermé lundi sauf d'avril à sept.)* 160/380 et carte 240 à 380 – 🖵 50 – **24 ch** 300/600 – ½ P 370/520
Spéc. "Truffinettes" au velours de truffes. Filet d'agneau en croûte farci de foie gras et truffes. Chaud et froid de fraises (saison). **Vins** Bergerac, Cahors.

DOMPAIRE 88270 Vosges 💷 ⑮ – 907 h alt. 303.

Paris 376 – Épinal 19 – Lunéville 54 – Luxeuil-les-Bains 60 – ◆Nancy 60 – Neufchâteau 53 – Vittel 24.

XX **Commerce** avec ch, ℰ 29 36 50 28, Fax 29 36 66 12 – ☎. ⒼⒷ
— *fermé 20 déc. au 20 janv.* – **Repas** *(fermé dim. soir et lundi)* 65/160 🌡 – 🖵 25 – **10 ch** 150/260 – ½ P 150/190.

DOMPIERRE-SUR-BESBRE 03290 Allier 💷 ⑮ – 3 807 h alt. 234.

Voir Vallée de la Besbre★, G. Auvergne.

Paris 326 – Moulins 33 – Bourbon-Lancy 17 – Decize 52 – Digoin 26 – Lapalisse 36.

XX **Aub. de l'Olive** avec ch, r. Gare ℰ 70 34 51 87, Fax 70 34 61 68 – 📺 ☎. ⒼⒷ
— *fermé 15 nov. au 7 déc., vacances de fév. et vend. sauf juil.-août* – **Repas** 60/235 🌡, enf. 40 – 🖵 50 – **10 ch** 190/260 – ½ P 165/215.

CITROEN Gar. Burtin, ℰ 70 34 50 37 🗈
ℰ 70 34 50 37
FORD Gar. Cannet, ℰ 70 34 51 61 🗈
ℰ 70 34 51 61

PEUGEOT-TALBOT Gar. central, ℰ 70 34 50 10
RENAULT Gar. Champenois, ℰ 70 34 51 20
Gar. Cartier, ℰ 70 34 54 84 🗈 ℰ 70 34 58 08

DOMPIERRE-SUR-VEYLE 01240 Ain 💷 ③ – 828 h alt. 355.

Paris 437 – Mâcon 52 – Belley 71 – Bourg-en-Bresse 16 – ◆Lyon 58 – Nantua 44 – Villefranche-sur-Saône 44.

X **Aubert,** ℰ 74 30 31 19, Fax 74 30 36 98, 🍴 – ⒼⒷ
— *fermé 20 au 28 juil., fév., dim. soir, merc. soir et jeudi* – **Repas** 115/225.

DOMRÉMY-LA-PUCELLE 88630 Vosges 💷 ③ **G. Alsace Lorraine** – 182 h alt. 265.

Voir Maison natale de Jeanne d'Arc★.

Paris 284 – ◆Nancy 58 – Neufchâteau 11 – Toul 34.

♙ **Jeanne d'Arc** sans rest, ℰ 29 06 96 06 – 🚘. ❀
1ᵉʳ avril-15 nov. – 🖵 25 – **7 ch** 150/190.

DONGES 44480 Loire-Atl. 💷 ⑮ **G. Bretagne** – 6 377 h alt. 12.

Voir Église★.

Paris 427 – ◆Nantes 50 – La Baule 25 – Redon 44 – St-Nazaire 16.

rte de Pontchâteau N : 7 km par D 4, D 773 et VO – ✉ 44480 Donges :

XX **La Duchée,** ℰ 40 45 28 41, Fax 40 45 36 72, 🍴 – ⓟ. 🖭 ⒼⒷ
fermé 15 au 30 mars, 15 au 31 août, dim. soir et lundi – **Repas** 90/250.

DONON (Col du) 67 B.-Rhin 💷 ⑧ **G. Alsace Lorraine** – ✉ 67130 Schirmeck.

Paris 395 – ◆Strasbourg 58 – Lunéville 57 – St-Dié 40 – Sarrebourg 37 – Sélestat 54.

🏛 **Donon** 🦢, ℰ 88 97 20 69, Fax 88 97 20 17, <, 🍴, 🐎, ❀ – ☎ ⓟ – 🔼 50. ⒼⒷ
— *fermé 13 au 19 mars, 20 nov. au 10 déc. et jeudi hors sais.* – **Repas** 60/250 🌡, enf. 39 – 🖵 34
— **20 ch** 220/290 – ½ P 235/280.

442

DONZENAC 19270 Corrèze 🔟 ⑧ G. Périgord Quercy – 2 050 h alt. 204.

🚹 Syndicat d'initiative - Mairie ℘ 55 85 72 33.

Paris 478 – Brive-la-Gaillarde 9,5 – ◆Limoges 81 – Tulle 29 – Uzerche 25.

rte de Limoges sur N 20 :

🏠 **Relais Bas Limousin,** à 6 km ℘ 55 84 52 06, Fax 55 84 51 41, �, ⅃, 🌳 – 📺 ☎ 🅿 –
◆ 🛏 25. **GB**
Repas *(fermé dim. soir d'oct. à mai)* 80/250, enf. 50 – 🖙 32 – **22 ch** 220/350 – ½ P 260/285.

🏠 **Soph' Motel** ⑤, à 10 km ℘ 55 84 51 02, Fax 55 84 50 14, 🌆, ⅃, 🌳, ✖ – ✦⚡ ch 📺 ☎
◆ 🅿 – 🛏 30. ⅿ ◑ **GB**
Repas 69 (déj.), 89/200, enf. 38 – 🖙 35 – **25 ch** 340/400 – ½ P 285.

🏠 **La Maleyrie,** à 5 km ℘ 55 84 50 67, Fax 55 84 20 63, 🌳 – ☎ ⚡ 🅿 **GB**
◆ 1ᵉʳ avril-3 nov. – **Repas** 65/165 🖟, enf. 48 – 🖙 28 – **15 ch** 110/250 – ½ P 160/215.

PEUGEOT Gar. Chanourdie, ℘ 55 85 78 76 🅽 ℘ 55 85 65 56

DONZY 58220 Nièvre 🔟 ⑬ G. Bourgogne – 1 719 h alt. 188.

Paris 202 – Bourges 77 – Auxerre 65 – Château-Chinon 86 – Clamecy 37 – Cosne-sur-Loire 16 – Nevers 49.

🍴 **Gd Monarque** avec ch, près église ℘ 86 39 35 44, Fax 86 39 37 09, 🌆 – 📺 ☎ 🅿. **GB**
◆ **Repas** *(fermé dim. soir et lundi sauf août)* 75/200, enf. 55 – 🖙 35 – **11 ch** 240/270.

CITROEN Gar. Petit, ℘ 86 39 30 93   RENAULT Gar. Rouleau, 43 r. Gén.-Leclerc
                                                      ℘ 86 39 35 34

Le DORAT 87210 H.-Vienne 🔟 ⑦ G. Berry Limousin – 2 203 h alt. 209.

Voir Collégiale St-Pierre★★.

🚹 Office de Tourisme pl. Collégiale ℘ 55 60 76 81.

Paris 376 – ◆Limoges 52 – Bellac 12 – Le Blanc 50 – Guéret 68 – Poitiers 76.

🛌 **Bordeaux,** 39 pl. Ch. de Gaulle ℘ 55 60 76 88 – ☎. **GB**
◆ fermé 24 au 30 sept., janv. et dim. soir – **Repas** 68/185 🖟, enf. 48 – 🖙 28 – **9 ch** 150/215 –
½ P 170/195.

🍴 **La Promenade** avec ch, 3 av. Verdun ℘ 55 60 72 09 – ☎ ⚡ 🅿. **GB**
◆ fermé au 10 sept., 1ᵉʳ au 22 janv., dim. soir et lundi – **Repas** 63/175 🖟 – 🖙 25 – **8 ch**
140/200 – ½ P 140/160.

CITROEN Gar. Laguzet, ℘ 55 60 72 79

DORRES 66760 Pyr.-Or. 🔟 ⑯ G. Pyrénées Roussillon – 192 h alt. 1 450.

Voir Angoustrine : Retables★ dans l'église O : 5 km.

Paris 881 – Font-Romeu-Odeillo-Via 17 – Ax-les-Thermes 51 – Bourg-Madame 8,5 – ◆Perpignan 103 – Prades 59.

🏠 **Marty** ⑤, ℘ 68 30 07 52, ≤, 🌆 – 🅿. **GB**
◆ fermé 28 oct. au 20 déc. – **Repas** 70 bc/160 🖟 – 🖙 30 – **21 ch** 160/260 – ½ P 175/210.

DOUAI ◀⚡▶ 59500 Nord 🔟 ③ G. Flandres Artois Picardie – 42 175 h alt. 24.

Voir Beffroi★ BY D – Musée de la Chartreuse★ AX M.

Env. Centre historique minier de Lewarde★★ SE : 8 km par ②.

🏌 de Thumeries Moncheaux ℘ 20 86 58 98, par ① et D 8 : 15 km.

🚹 Office de Tourisme 70 pl. d'Armes ℘ 27 88 26 79, Fax 27 96 42 29 – A.C. 155 pl. d'Armes ℘ 27 88 90 79.

Paris 195 ④ – ◆Lille 37 ⑤ – ◆Amiens 86 ④ – Arras 25 ④ – Charleville-Mézières 148 ③ – Lens 21 ⑤ – St-Quentin 72
③ – Tournai 38 ① – Valenciennes 40 ②.

Plan page suivante

🏠 **La Terrasse,** 36 terrasse St-Pierre ℘ 27 88 70 04, Fax 27 88 36 05 – ▤ rest 📺 ☎ 🅿 –
🛏 23. **GB**   BY **a**
Repas 135 bc/395 – 🖙 40 – **26 ch** 295/660.

🍴 **Au Turbotin,** 9 r. Massue ℘ 27 87 04 16 – ▤. ⅿ ◑ **GB**   AY **s**
◆ fermé août, 25 fév. au 3 mars, sam. midi, dim. soir et lundi – **Repas** 89/250.

à Roost-Warendin par ① : 10 km par D 917 et D 8 – 6 413 h. – ⊠ 59286 :

🍴 **Le Chat Botté,** Château de Bernicourt ℘ 27 80 24 44, Fax 27 80 35 81, 🌆, parc – 🅿
GB
◆ fermé août, dim. soir et lundi – **Repas** 95/250.

à Corbehem par ④ et D 45 : 6 km – ⊠ 62112 :

🏠 **Manoir de Fourcy** ⑤, 48 r. gare ℘ 27 95 91 00, Fax 27 95 91 09, 🌆, 🌳 – 📺 ☎ 🅿 –
🛏 180. ⅿ ◑ **GB**
Repas *(fermé dim. soir)* 180 bc/195, enf. 90 – 🖙 50 – **8 ch** 380.

à Brebières par ④ : 7 km – 4 324 h. – ⊠ 62117 :

🍴 **Air Accueil,** N 50 ℘ 21 50 01 02, Fax 21 50 84 17, 🌳 – 🅿. **GB**
◆ fermé dim. soir et soirs fériés – **Repas** 135/400 et carte 200 à 320.

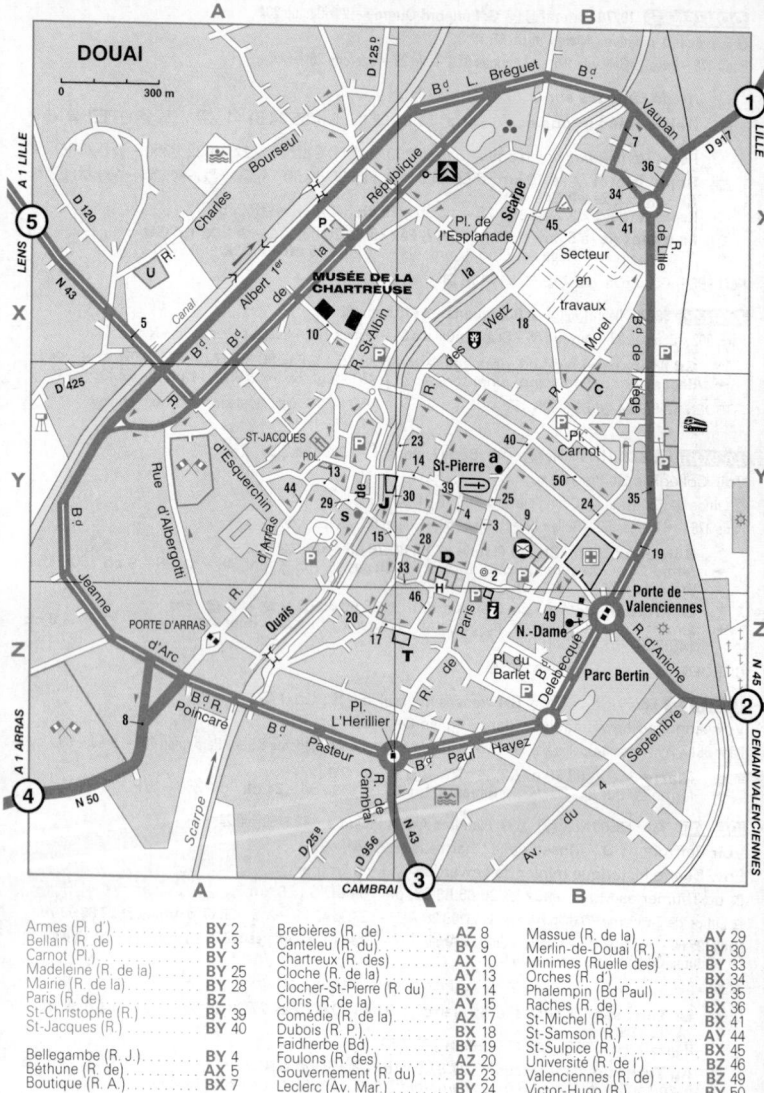

DOUAI

0   300 m

par ⑤ : 2,5 km par N 43 – ⊠ 59553 Cuincy :

🏠 **Campanile,** 𝒫 27 96 97 00, Fax 27 98 98 93 – 🛏️ ch 📺 ☎ & 🅿 – 🔏 25. 🆎 ① 🅶🅱
Repas 82 bc/105 bc, enf. 39 – 🖵 30 – **49 ch** 270.

CITROEN Cabour, 884 bd République
𝒫 27 87 36 22
FORD Paty, N 17 le Raquet à Lambres
𝒫 27 87 30 63
PEUGEOT Nord Distribution Autos, 537 rte de
Cambrai par ③ 𝒫 27 87 22 76 🅽 𝒫 05 44 24 24
RENAULT Gd Gar. Douaisien, rte de Cambrai
par ③ 𝒫 27 93 84 84 🅽 𝒫 28 02 09 28

🛞 Europneus Point S, 174 av. R.-Salengro à Sin le
Noble 𝒫 27 88 69 70
Europneus-Point S, 59 r. de Warenghien
𝒫 27 87 00 63

DOUARNENEZ 29100 Finistère 58 ⑭ G. Bretagne – 16 457 h alt. 37.

Voir Boulevard Jean-Richepin ≤★ Y – Port du Rosmeur★ Y – Port-Musée★★ YZ **M** – Ploaré :
tour★ de l'église S : 1 km – Pointe de Leydé ≤★ NO : 5 km.

🛈 Office de Tourisme 2 r. Dr-Mével ℰ 98 92 13 35, fax 98 74 46 09 et Port de Plaisance à Tréboul (15 juin-15
sept.) ℰ 98 74 22 08.

Paris 580 ① – Quimper 23 ② – ◆Brest 76 ① – Châteaulin 27 ① – Lorient 89 ② – Vannes 142 ②.

DOUARNENEZ

Sens unique en saison :
flèche noire

Anatole-France (R.)	**Y** 2
Duguay-Trouin (R.)	**YZ** 15
Jaurès (R. Jean)	**YZ**
Jean-Bart (R.)	**Y** 24
Voltaire (R.)	**Y** 62
Baigneurs (R. des)	**Y** 5
Barré (R. J.)	**YZ** 7
Berthelot (R.)	**Z** 8
Centre (R. du)	**Y** 10
Croas-Talud (R.)	**Z** 14
Enfer (Pl. de l')	**YZ** 16
Grand-Port (Quai du)	**Y** 19
Grand-Port (R. du)	**Y** 20
Kerivel (R. E.)	**YZ** 21
Laënnec (R.)	**Z** 25
Lamennais (R.)	**Z** 27
Marine (R. de la)	**Y** 32
Michel (R. L.)	**Y** 36
Monte-au-Ciel (R.)	**Z** 37
Péri (Pl. Gabriel)	**Y** 42
Petit-Port (Quai du)	**Y** 43
Plomarc'hs (R. des)	**YZ** 44
Stalingrad (Pl.)	**Z** 56
Vaillant (Pl. E.)	**Z** 59
Victor-Hugo (R.)	**Z** 60

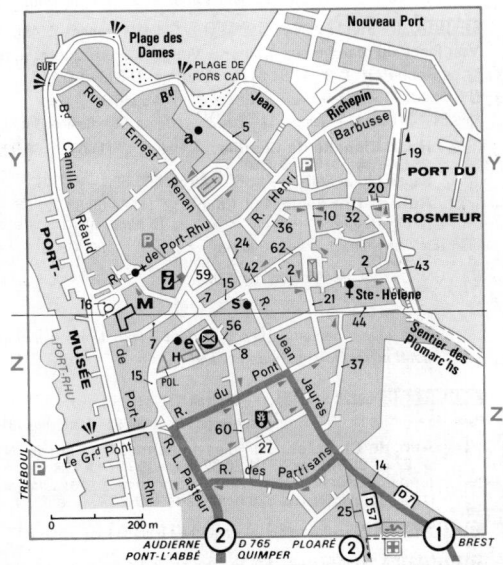

🏨 **Clos de Vallombreuse** ⑤, 7 r. E. d'Orves ℰ 98 92 63 64, Fax 98 92 95 07, ≤, ⛲, 🐴 –   Y **a**
　📺 ☎ & 🅿 ⅀ 🆑. ❄ rest
　fermé dim. soir et lundi – **Repas** 130/280 – ⅄ 45 – **20 ch** 450/500 – ½ P 490.

🏨 **France**, 4 r. J. Jaurès ℰ 98 92 00 02, Fax 98 92 27 05 – 📺. 🆑 🆑   Y **s**
　fermé janv. – **Repas** *(fermé dim. soir et lundi)* 82 (déj.), 95/195 ⅄, enf. 55 – ⅀ 30 – **25 ch**
　250/280 – ½ P 265.

🏨 **Bretagne** sans rest, 23 r. Duguay-Trouin ℰ 98 92 30 44 – 📶 ☎. 🆑   Z **e**
　⅀ 25 – **27 ch** 114/215.

　à *Tréboul* NO : 3 km – ⊠ **29100** :

🏨 **Thalasstonic** Ⓜ, r. des Professeurs Curie ℰ 98 74 45 45, Fax 98 74 36 07 – 📶 📺 ☎ &
　🅿. 🆑 🆑. ❄ rest
　Repas 95/195 – ⅀ 45 – **50 ch** 330/480 – ½ P 360/370.

⑩ Simon Pneus, ZA de Brehuel, ℰ 98 92 15 99

DOUCIER 39130 Jura 70 ⑭ ⑮ G. Jura – 231 h alt. 528.

Voir Lac de Chalain★★ N : 4 km.

Paris 416 – Champagnole 19 – Lons-le-Saunier 25.

🍴 **Sarrazine**, ℰ 84 25 70 60, 🌳 – 🅿. 🆑
➔　*début fév.-début nov. et fermé merc. soir et jeudi hors sais.* – **Repas** - grillades - 78/180 ⅄,
　enf. 60.

RENAULT Gar. Gaillard, ℰ 84 25 70 94

DOUDEVILLE 76560 S.-Mar. 52 ⑬ – 2 492 h alt. 128.

Paris 179 – ◆Rouen 42 – Bolbec 31 – Dieppe 38 – Fécamp 36 – Yvetot 13.

🍴 **Relais du Puits Saint-Jean** avec ch, ℰ 35 96 50 99, 🌳, 🐴 – 📺 🅿. 🆑. ❄ ch
➔　*fermé vacances de fév.* – **Repas** 75/280 – ⅀ 30 – **4 ch** 230 – ½ P 250.

🔖 *Pas de publicité payée dans ce guide.*

445

DOUÉ-LA-FONTAINE 49700 M.-et-L. 🟦67 ⑧ G. Châteaux de la Loire – 7 260 h alt. 76.

Voir Parc zoologique des Minières★★ O : 2 km.

🛈 Office de Tourisme pl. Champ de Foire ℰ 41 59 20 49.

Paris 329 – Angers 38 – Châtellerault 85 – Cholet 49 – Saumur 17 – Thouars 30.

  XXX **France** avec ch, 17 pl. Champ de Foire ℰ 41 59 12 27, Fax 41 59 76 00 – 📺 ☎. ⟨GB⟩
          fermé 25 juin au 8 juil., 20 déc. au 20 janv., dim. soir et lundi sauf juil.-août – **Repas** 100/220
          et carte 130 à 190, enf. 50 – 🖙 27 – **18 ch** 140/280 – ½ P 200/250.

  XX **Aub. Bienvenue,** rte Cholet (près Zoo) ℰ 41 59 22 44, Fax 41 59 93 49, 🌳 – 🅿. ⟨GB⟩
          fermé vacances de fév., dim. soir et lundi sauf juil.-août – **Repas** 90/280, enf. 60.

DOURDAN 91410 Essonne 🟦60 ⑨ 🟥106 ㊶ G. Ile de France – 9 043 h alt. 117.

Voir Place du Marché aux grains★ – Vierge au Perroquet★ au musée.

🏌 de Rochefort ℰ 30 41 91 81, N : 8 km par D 836 et D 149.

🛈 Office de Tourisme pl. Gén.-de-Gaulle ℰ (1) 64 59 86 97.

Paris 54 – Chartres 46 – Étampes 17 – Évry 38 – ♦Orléans 78 – Rambouillet 23 – Versailles 45.

  🏨🏨 **Host. Blanche de Castille,** pl. Halles ℰ (1) 64 59 68 92, Fax (1) 64 59 42 54, 🌳 – ﹥ 📺
          ☎ 🅿 – 🔼 50. ⟨AE⟩ ⟨OD⟩ ⟨GB⟩
          Repas 140 bc/245 ⅄ – 🖙 50 – **40 ch** 450/550 – ½ P 450.

  XX **Aub. de l'Angélus,** 4 pl. Chariot ℰ (1) 64 59 83 72, 🌳 – ⟨AE⟩ ⟨OD⟩ ⟨GB⟩
          fermé 14 août au 4 sept., 26 fév. au 16 mars, mardi soir et merc. – **Repas** 105/255.

CITROEN Gar. Ménard, ZI de la Gaudrée   PEUGEOT Gar. Famel, 2 av. du 14 juillet
ℰ (1) 64 59 64 00   ℰ (1) 64 59 71 86
FIAT, GM, LANCIA Gar. Huberty, rte d'Etampes   RENAULT Lesage, 30 av. de Paris ℰ (1) 64 59 70 83
D 836 ℰ (1) 64 59 66 65

    Your recommendation is self-evident if you always walk into a
    hotel or restaurant Guide in hand.

DOURLERS 59228 Nord 🟦53 ⑥ – 582 h alt. 171.

Paris 215 – St-Quentin 75 – Avesnes-sur-Helpe 7,5 – ♦Lille 92 – Maubeuge 13 – Le Quesnoy 26 – Valenciennes 40.

  XXX **Aub. du Châtelet,** Les Haies à Charmes S : 1 km sur N 2 ✉ 59440 Avesnes-sur-Helpe
          ℰ 27 61 06 70, Fax 27 61 20 02, 🌳 – 🅿. ⟨AE⟩ ⟨OD⟩ ⟨GB⟩
          fermé 16 août au 7 sept., 2 au 10 janv., dim. soir et soirs fériés – **Repas** (nombre de couverts
          limité - prévenir) 150/325 bc et carte 190 à 330 ⅄, enf. 80.

DOUSSARD 74 H.-Savoie 🟦74 ⑯ – rattaché à Bout-du-Lac.

DOUVAINE 74140 H.-Savoie 🟦70 ⑯ – 3 354 h alt. 429.

Paris 558 – Thonon-les-Bains 16 – Annecy 63 – Annemasse 18 – Bonneville 34 – ♦Genève 21.

  XXX **Aub. Gourmande,** à Massongy E : 2 km par N5 et VO ✉ 74140 Douvaine
          ℰ 50 94 16 97, ﹤, 🌳, 🍃, ❊ – 🅿. ⟨AE⟩ ⟨OD⟩ ⟨GB⟩
          fermé jeudi midi et merc. – **Repas** 98/245 et carte 230 à 340, enf. 80.

DOUVRES LA DÉLIVRANDE 14440 Calvados 🟦54 ⑯ – 3 983 h alt. 19.

Paris 250 – ♦Caen 12 – Bayeux 26 – Deauville 44.

  XX **Jacques Quirié,** 1 pl. Ancienne Mairie ℰ 31 37 20 04 – 🅿. ⟨AE⟩ ⟨OD⟩ ⟨GB⟩
          fermé vacances de fév., dim. soir et lundi – **Repas** 68 (déj.), 88/215.

    à Cresserons E : 3 km par D 35 – ✉ 14440 :

  XXX **La Valise Gourmande,** rte Lion sur Mer ℰ 31 37 39 10, Fax 31 37 59 13, 🌳, « Elégante
          demeure bourgeoise », 🌳 – 🅿. ⟨GB⟩
          fermé vacances de fév., dim. soir et lundi sauf fériés – **Repas** 105/185 et carte 280 à 400.

DRACY-LE-FORT 71 S.-et-L. 🟦69 ⑨ – rattaché à Chalon-sur-Saône.

DRAGUIGNAN ⬙ 83300 Var 🟦84 ⑦ 🟥114 ㉓ G. Côte d'Azur – 30 183 h alt. 181.

Voir Musée des Arts et Traditions populaires★ Z M².

🏌 de St-Endréol à la Motte ℰ 94 99 22 99, SE : 14 km par ② et D 47.

🛈 Office de Tourisme avec A.C. 9 bd Clemenceau ℰ 94 68 63 30. Fax 94 47 10 76.

Paris 861 ② – Fréjus 28 ② – Aix-en-Provence 112 ② – Cannes 64 ② – Digne-les-Bains 107 ④ – Grasse 55 ① –
Manosque 88 ③ – ♦Marseille 124 ② – ♦Nice 89 ② – ♦Toulon 79 ②.

                    Plan page ci-contre

  🏨🏨 **Provence** 📇 sans rest, 11 bd Clemenceau ℰ 94 68 66 77, Fax 94 68 23 49 – ﹥ ⤫ ch ▦
          📺 ☎ ﹠. ⟨AE⟩ ⟨OD⟩ ⟨GB⟩   Z u
          🖙 39 – **38 ch** 320/360.

  🏨🏨 **Victoria** 📇, 54 av. Carnot ℰ 94 47 24 12, Fax 94 68 31 69, 🌳 – ﹥ ▦ 📺 ☎ 🅿. ⟨AE⟩
          ⟨GB⟩   Z b
          Repas *(fermé le midi en janv., sam. et dim.)* 68/150 ⅄ – 🖙 55 – **24 ch** 260/700 – ½ P 220.

DRAGUIGNAN

Gay (Pl. C.) . . . . **Y** 6	Marché (Pl. du) . . . . **Y** 16
Grasse (Av. de) . . . . **Y** 8	Martyrs-de-la-R. (Bd des) **Z** 17
Cisson (R.) . . . . **YZ** 3	Joffre (Bd Mar.) . . . . **Y** 9	Marx-Dormoy (Bd) . . . . . . **Z** 18
Clemenceau (Bd) . . . . **Z**	Juiverie (R. de la) . . . . **Y** 12	Mireur (R. F.) . . . . **Y** 19
	Kennedy (Bd J.) . . . . **Z** 13	Observance (R. de l') . . . . . **Z** 20
	Leclerc (Bd Gén.) . . . . **Z** 14	République (R. de la) . . . . . **Z** 23
Clément (R. P.) . . . . **Z** 5	Marchands (R. des) . . . . . . **Y** 15	Rosso (Av. P.) . . . . **Z** 24

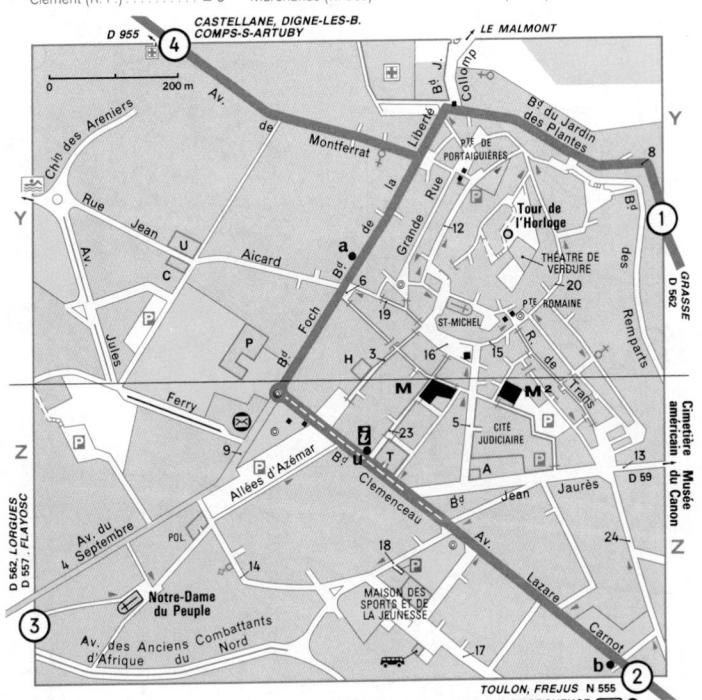

🏠 **Parc** sans rest, 21 bd Liberté ℰ 94 68 53 84, Fax 94 47 11 92 – 📺 ☎ 🅿. Ⅻ 🅶🅱   **Y a**
⬜ 28 – **20 ch** 230/290.

par ③ et D 557 : 4 km – ⊠ 83300 Draguignan :

🏠 **Les Oliviers** Ⓜ sans rest, rte Flayosc ℰ 94 68 25 74, Fax 94 68 57 54, 🌲 – 📺 ☎ 🅗 🅿.
🅶🅱
⬜ 27 – **12 ch** 250/315.

à Flayosc par ③ et D 557 : 7 km – 3 233 h. – ⊠ 83780 :

🍽 **L'Oustaou**, ℰ 94 70 42 69, 🌤 – Ⅻ 🅶🅱
fermé 13 au 20 mars, 13 nov. au 11 déc., dim. soir et lundi – **Repas** 110/250 ⅊, enf. 65.

CITROEN Gar. Piaget, quartier la Beaume à
Salernes ℰ 94 70 60 44 🅽 ℰ 94 70 70 53
PEUGEOT Trans Auto +, rte de Draguignan à
Trans en Provence ℰ 94 47 18 58 🅽 ℰ 94 67 02 02
RENAULT S.A.M.V.A., quartier de la Foux par ②
ℰ 94 68 15 64 🅽 ℰ 05 05 15 15

RENAULT Palmerini, Gar. de la Baume, rte de
Draguignan à Salernes ℰ 94 70 72 38

🅦 Forni Pneu Vulcopneu, ZA St-Hermentaire
ℰ 94 67 13 53

Le DRAMONT 83 Var 🎱 ⑧, 🎱🎱🎱 ㉘ – rattaché à St-Raphaël.

DRAVEIL 91 Essonne 🎱🎱 ①, 🎱🎱🎱 ㊱ – voir à Paris, Environs.

DREUX ⟨SP⟩ 28100 E.-et-L. 🎱🎱 ⑦, 🎱🎱🎱 ㉕ G. Normandie Vallée de la Seine – 35 230 h alt. 104.
Voir Beffroi★ AY **B** – Vitraux★ de la chapelle royale AY.
🄱 Office de Tourisme 4 r. Porte-Chartraine ℰ 37 46 01 73.
Paris 80 ② – Alençon 112 ⑥ – Argentan 114 ⑥ – Chartres 34 ④ – Évreux 43 ⑥ – ♦Le Mans 153 ④ –
Mantes-la-Jolie 42 ①.

447

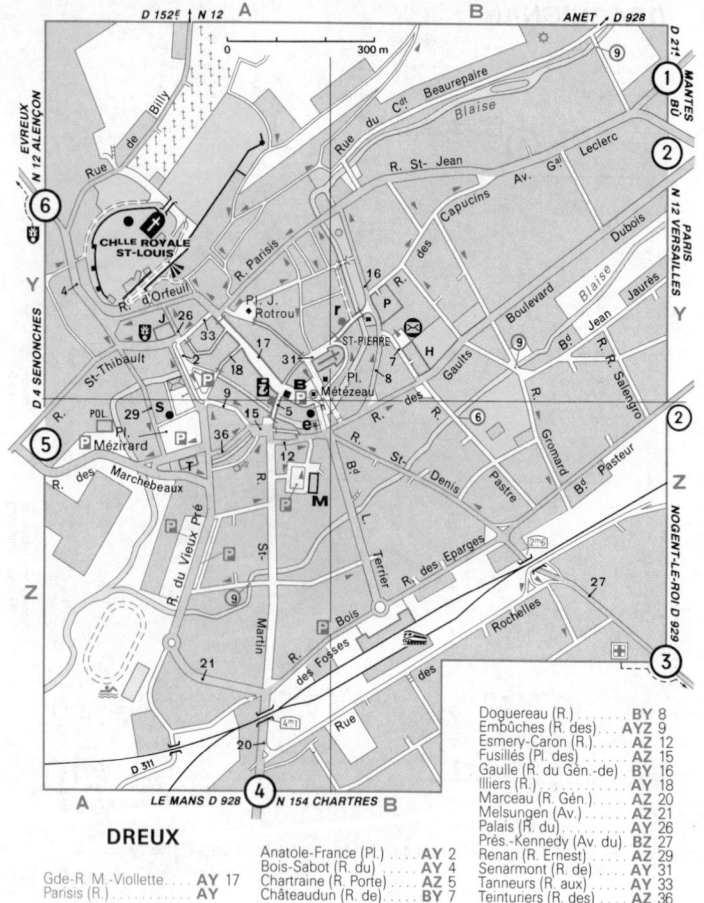

DREUX

Le Beffroi sans rest, 12 pl. Métézeau $\mathscr{C}$ 37 50 02 03, Fax 37 42 07 69 –
⊡ 35 – **16 ch** 285/315.
AZ **e**

Arcade M sans rest, 8 pl. Mesirard $\mathscr{C}$ 37 42 64 10, Fax 37 46 19 11 – ▮ 🖻 🕿 ᵬ – 🔼 30.
🖭 ⲎⲂ
⊡ 35 – **41 ch** 260.
AZ **s**

Le St-Pierre, 19 r. Sénarmont $\mathscr{C}$ 37 46 47 00 – ⲎⲂ
fermé 8 au 25 sept., 7 au 15 janv., dim. soir et lundi – **Repas** 71/126 ⏧.
BY **r**

au Gué-des-Grues N : 8,5 km par D 928 – ⊠ 28500 Montreuil :

Aub. Gué des Grues, $\mathscr{C}$ 37 43 50 25, 😈, « Jardin fleuri » – 🅿. 🖭 ⓘ ⲎⲂ
fermé lundi soir et mardi – **Repas** 150/230.

à Cherisy par ② : 4,5 km – ⊠ 28500 :

Vallon de Chérisy, $\mathscr{C}$ 37 43 70 08, Fax 37 43 86 00, 😈, 🍃 – 🅿. ⲎⲂ
fermé 16 août au 7 sept., mardi soir et merc. – **Repas** 120/170 ⏧, enf. 35.

à Ste-Gemme-Moronval par ② N 12 puis D 308² : 6 km – ⊠ 28500 :

L'Escapade, $\mathscr{C}$ 37 43 72 05, Fax 37 43 86 96 – 🅿. 🖭 ⲎⲂ
fermé 1ᵉʳ au 16 mars, 17 juil. au 3 août, lundi soir et mardi – **Repas** 135 (déj.)/165.

à Écluzelles par ③ : 5,5 km – ⊠ 28500 :

L'Aquaparc, $\mathscr{C}$ 37 43 74 75, Fax 37 43 76 80, ≤, 😈, 🍃 – 🅿. 🖭 ⓘ ⲎⲂ
fermé dim. soir et lundi de nov. à avril – **Repas** 130/220.

à Vernouillet-centre S par D 311 : 2 km – ✉ **28500** :

XX **Aub. Vallée Verte** avec ch, (près Église) ✆ 37 46 04 04, Fax 37 42 91 17 – ch TV ☎ P. AE GB. ✻ ch
fermé 31 juil. au 22 août, 25 déc. au 10 janv., vend. soir, dim.soir et lundi – **Repas** 135/300, enf. 55 – ☕ 35 – **11 ch** 230/290 – ½ P 250/280.

FORD Gar. Perrin, bd de l'Europe à Vernouillet ✆ 37 46 23 31
MERCEDES-BENZ Gar. Avenue, ZI Nord ✆ 37 46 17 98 N ✆ 05 24 24 30
OPEL Dreux Autom., 6 bd de l'Europe à Vernouillet ✆ 37 46 37 43
RENAULT Gar. Chanoine, RN 12, Les Fenots par ⑥ ✆ 37 46 17 35 N ✆ 37 38 73 83

Boin, RN 154 à Sérazereux ✆ 37 65 22 22
Breton Pneus Point S, 14 r. des Livraindières ✆ 37 42 44 22
Marsat Pneus, 9 pl. Vieux Pré ✆ 37 50 03 60
Marsat Pneus, ZI Plein Sud, r. de Rome à Vernouillet ✆ 37 42 02 98
Marsat Pneus, 27 av. Fenots ✆ 37 46 04 11

DRUYES-LES-BELLES-FONTAINES 89 Yonne 65 ⑭ **G. Bourgogne** – 302 h alt. 148 – ✉ **89560** Druyes-Belles-Fontaines.

Paris 183 – Auxerre 33 – Clamecy 15 – Gien 74 – Montargis 86.

Aub. des Sources ⛰, ✆ 86 41 55 14, Fax 86 41 90 31 – TV ☎ P. AE ① GB
fermé 5 janv. au 15 mars, mardi midi et lundi du 15 sept. au 15 juin – **Repas** 80/210, enf. 48 – ☕ 45 – **17 ch** 200/340 – ½ P 225/270.

DUCEY 50220 Manche 59 ⑧ **G. Normandie Cotentin** – 2 069 h alt. 15.

Paris 306 – Avranches 9,5 – Fougères 37 – ◆Rennes 71 – St-Hilaire-du-Harcouët 16 – St-Lô 70.

Moulin de Ducey M ⛰ sans rest, ✆ 33 60 25 25, Télex 772318, Fax 33 60 26 76, <, « Ancien moulin sur la Sélune » – ⎮ TV ☎ ♿ P. AE ① GB JCB
☕ 50 – **28 ch** 290/480.

Aub. de la Sélune, ✆ 33 48 53 62, Fax 33 48 90 30, « Jardin en bordure de rivière » – ☎ P. AE ① GB. ✻ ch
fermé mi-janv. à mi-fév. et lundi du 1er oct. au 1er mars – **Repas** 75/190 ♁ – ☕ 38 – **19 ch** 250/270 – ½ P 275/285.

RENAULT Gar. Lefort, ✆ 33 48 51 11
Gar. Ducey, ✆ 33 48 50 74 N ✆ 33 48 47 23

DUCLAIR 76480 S.-Mar. 55 ⑥ **G. Normandie Vallée de la Seine** – 3 822 h alt. 8.

18 du Parc de Brotonne ✆ 35 05 32 97 à Jumièges S : 10 km par D 982-D65.

Bac: renseignements ✆ 35 37 53 11.

Paris 153 – ◆Rouen 19 – Dieppe 59 – Lillebonne 32 – Yvetot 20.

Poste, ✆ 35 37 50 04, Fax 35 37 39 19, < – ⎮ TV ☎. AE ① GB. ✻
fermé 3 au 16 juil., vacances de Toussaint, de fév. et dim. soir – **Repas** *(fermé dim. soir et lundi sauf fériés)* 80/250 ♁ - ***Grill*** : **Repas** 70/110, ♁, enf. 45 – ☕ 28 – **19 ch** 200/300 – ½ P 260/280.

DUILHAC-SOUS-PEYREPERTUSE 11350 Aude 86 ⑧ **G. Pyrénées Roussillon** – 87 h alt. 400.

Paris 868 – ◆Perpignan 45 – Carcassonne 79 – Millas 35 – Mouthoumet 27 – Narbonne 67.

Aub. du Vieux Moulin, ✆ 68 45 02 17, Fax 68 45 02 18, 🏠, ancien moulin à huile – ☎ ♿. GB. ✻ ch
fermé 31 déc. au 10 fév. et lundi d'oct. à janv. – **Repas** 45/135 ♁ – ☕ 25 – **14 ch** 200.

DUINGT 74410 H.-Savoie 74 ⑥ **G. Alpes du Nord** – 635 h alt. 450.

Voir Site★.

Paris 549 – Annecy 13 – Albertville 32 – Megève 48 – St-Jorioz 3,5.

Lac M, ✆ 50 68 90 90, Fax 50 68 50 18, <, 🏠, « Jardin au bord du lac », ⛵ – ⎮ TV ☎ P. GB. ✻ ch
hôtel : Pâques-oct. et fermé dim. soir et lundi hors sais. ; rest. : début mai-fin sept. – **Repas** 130/220 – ☕ 39 – **23 ch** 375/460 – ½ P 365/400.

Clos Marcel, ✆ 50 68 67 47, Fax 50 68 61 11, <, 🏠, « Jardin au bord du lac », ⛵ – TV ☎ P. GB JCB. ✻ rest
Pâques-1er oct. – **Repas** 120/145 – ☕ 40 – **15 ch** 280/360 – ½ P 320/410.

XX **Aub. du Roselet** avec ch, ✆ 50 68 67 19, Fax 50 68 64 80, 🏠, « Terrasse au bord de l'eau », ⛵, – TV ☎ P. GB
fermé 16 nov. au 25 déc., mardi soir et merc. hors sais. – **Repas** 90/320, enf. 55 – ☕ 35 – **15 ch** 350 – ½ P 350.

DUNES 82340 T.-et-G. 79 ⑮ – 853 h.

Paris 661 – Agen 19 – Auvillar 13 – Miradoux 12 – Moissac 31.

XX **Les Templiers,** ✆ 63 39 86 21, 🏠 – GB
fermé lundi soir et mardi d'oct. à mai – **Repas** 98/185, enf. 45.

RENAULT Gar. Menon, ✆ 63 39 94 60

DUNIÈRES 43220 H.-Loire 76 ⑧ – 3 009 h alt. 760.

Paris 551 – Le Puy-en-Velay 51 – ◆Saint-Étienne 35 – Saint-Agrève 33.

🏠 **La Tour,** ℰ 71 66 86 66, Fax 71 66 82 32 – 📺 ☎ 🕭 🄿 🖭
◆ *fermé 25 au 30 nov., 2 au 15 janv., dim. soir et lundi midi* – **Repas** 60/180 ⅃ – ☲ 35 – **11 ch** 200/240 – ½ P 190.

DUNKERQUE ⬘ 59140 Nord 51 ③ ④ G. Flandres Artois Picardie – 70 331 h Communauté urbaine 208 546 h alt. 7 – Casino à Malo-les-Bains.

Voir Port★★ AX – Musées : Art Contemporain★★ CDY, Beaux-Arts★ CDZ **M**¹.

⛳ Dunkerque-Fort-Vallières ℰ 28 61 07 43, par ② : 6 km.

🛈 Office de Tourisme Beffroi ℰ 28 66 79 21, Télex 132011, Fax 28 26 27 80 et 48 Digue de mer ℰ 28 26 28 88 (avril-nov.) – A.C. 2 r. Amiral-Ronarc'h ℰ 28 66 70 68.

Paris 293 ② – ◆Calais 45 ③ – ◆Amiens 148 ② – Ieper 54 ② – ◆Lille 72 ② – Oostende 55 ①.

DUNKERQUE		
Berteaux (Av. M.) .... AX 10	Cambon (Bd P.) .... BX 17	Malo (R. Célestin) .... BX 50
Bonpain (Pl. de l'Abbé) BX 13	Clemenceau (R.) ST-POL AX 22	Mendès-France (Bd) .. BX 52
	Darses (Chaussées des) . AX 25	Pasteur (R.) .... BX 56
	Jaurès (R. Jean) ...... BX 39	République (R. de la) .. AX 61
	Lille (R. de) .... BX 45	Waldeck-Rousseau (R.) BX 73

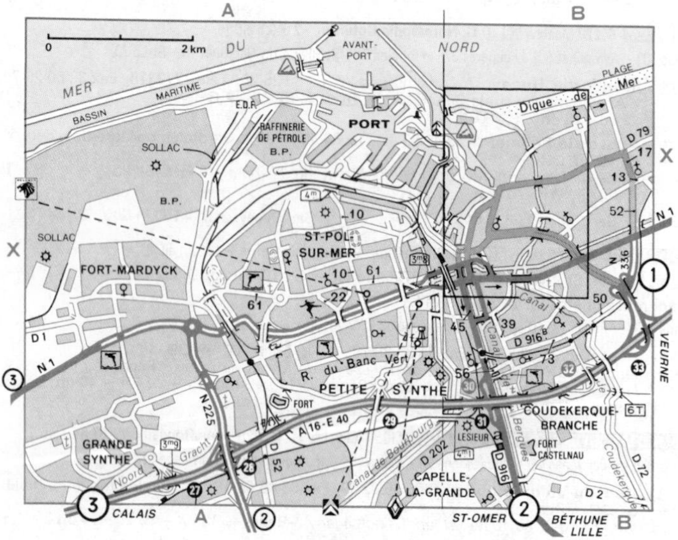

🏨 **Europ'H.** M, 13 r. Leughenaer ℰ 28 66 29 07, Fax 28 63 67 87 – 📶 ■ rest 📺 ☎ – 🛧 150.
🝐 ⓞ 🖭 ⒿⒸⒷ
Le Mareyeur (fermé sam. midi et lundi) **Repas** 65(déj.), 115/165, enf. 45 ⅃ – *La Ferme (fermé dim.)* **Repas** carte environ 110 – ☲ 44 – **120 ch** 346/399.
CY **s**

🏨 **Borel** M sans rest, 6 r. L'Hermitte ℰ 28 66 51 80, Fax 28 59 33 82 – 📶 ⇔ ch 📺 ☎ 🝐 ⓞ
🖭
☲ 50 – **48 ch** 360/410.
CY **u**

🏨 **Welcome H.** M, 37 r. Poincaré ℰ 28 59 20 70, Fax 28 21 03 49 – 📶 📺 ☎ 🕭 🝐 🖭 ⒿⒸⒷ
Repas 85 bc (déj.), 100/220 ⅃ – ☲ 44 – **40 ch** 314/362.
CZ **e**

à Malo-les-Bains – ⊠ 59240 Dunkerque :

🏠 **Hirondelle,** 46 av. Faidherbe ℰ 28 63 17 65, Fax 28 66 15 43 – 📶 📺 ☎ – 🛧 40. 🝐 🖭.
◆ ⸝ ch
Repas *(fermé 16 août au 4 sept., vacances de fév., dim. soir et lundi midi)* 62/150 ⅃ – ☲ 28 –
42 ch 250/300 – ½ P 235.
DY **r**

🏟 **Trianon** sans rest, 20 r. Colline ℰ 28 63 39 15, Fax 28 63 34 57 – 📺 ☎ 🝐 🖭
☲ 30 – **12 ch** 170/240.
DY **d**

🗶 **Au Rivage** avec ch, 7 r. Flandre ℰ 28 63 19 62, Fax 28 66 38 59 – 📺 ☎ 🝐 🖭
◆ *hôtel : fermé 1ᵉʳ au 8 janv. et week-ends du 9 au 29 oct.* – **Repas** *(fermé 9 au 29 oct., 1ᵉʳ au 8 janv., vacances de fév., dim. soir et lundi)* 60/160, enf. 49 – ☲ 30 – **16 ch** 150/250 – ½ P 180/230.
DY **n**

DUNKERQUE

à Téteghem par ① et D 204 : 6 km – 5 839 h. – ✉ 59229

XXX ❀ **La Meunerie** Ⓜ ⚓ avec ch., au Galghouck SE : 2 km par D 4 *ℰ* 28 26 14 30, Fax 28 26 17 32, « Décor élégant », �────🔲 rest 📺 ☎ ⟨⟩ 🅿 🖭 GB
fermé 22 déc. au 15 janv. – **Repas** *(fermé dim. soir et lundi)* 300 bc/450 et carte 300 à 620 – ☲ 70 – **10 ch** 550/800
Spéc. Filet de bar parfumé à la réglisse. Pigeon fermier en croûte de sel marin. Palet or guanaja aux fruits de saison.

à Coudekerque-Branche S : 4 km sur D 916 – 23 644 h. – ✉ 59210 :

XXX **Le Soubise**, 49 rte Bergues *ℰ* 28 64 66 00, Fax 28 25 12 19 – 🅿 🖭 ⓞ GB   BX **a**
fermé sam. midi et dim. soir – **Repas** 95/198 ♨, enf. 45.

à Cappelle-la-Grande par ② et D 916 : 5 km – 8 908 h. – ✉ 59180 :

XX **Le Bois de Chêne**, 48 rte Bergues *ℰ* 28 64 21 80, Fax 28 61 22 00, �ூ – 🅿 . GB
fermé 7 au 21 août, vacances de fév., dim. soir et sam. – **Repas** 105/240.

au Lac d'Armbouts-Cappel S : 9 km par N 225 (sortie Bourbourg) – ✉ 59380 Armbouts-Cappel :

🏠 **Campanile**, *ℰ* 28 64 64 70, Fax 28 60 53 12 – ╳ ch 📺 ☎ ᰔ 🅿 – 🔏 25. 🖭 ⓞ GB
Repas 82 bc/105 bc, enf. 39 – ☲ 30 – **39 ch** 270.

RENAULT Succursale, 561 av. Villette
ℰ 28 62 73 00 Ⓝ *ℰ* 28 02 90 40

⑭ Euromaster, 47 r. Abbé Choquet *ℰ* 28 24 36 15
Gar. Hamez, 98 r. Albert Mahieu *ℰ* 28 63 52 01

La Clinique du Pneu, 12 quai 4 Ecluses
ℰ 28 64 62 70
Littoral Pneus Services, 75 r. Vauban à St Pol sur Mer *ℰ* 28 24 24 20

Périphérie et environs

CITROEN Sté Dunkerquoise-Cabour, 715, av. Petite-Synthe *ℰ* 28 61 64 00 Ⓝ *ℰ* 28 68 61 44
PEUGEOT Gar. Dubus, av. Maurice Berteaux à St Pol sur Mer *ℰ* 28 29 28 00 Ⓝ *ℰ* 28 02 21 15
V.A.G. Auto Expo, ZI r. de la Samaritaine à St-Pol-sur-Mer *ℰ* 28 64 16 55

⑭ Gar. Hamez, 11 rte de Mardyck à Grande Synthe *ℰ* 28 27 41 55

Littoral Pneus Services, r. A.-Carrel à Petite Synthe *ℰ* 28 60 02 00
Pneus et Services D.K., 16 r. Samaritaine à St Pol sur Mer *ℰ* 28 64 76 74
Réform Pneus Point S, ZI r. Albeck à Petite Synthe *ℰ* 28 61 43 10

▮ **DUN-LE-PALESTEL** 23800 Creuse 🔟🔟 ⑱ – 1 203 h alt. 366.

🅱 Office de Tourisme r. des Sabots (saison) *ℰ* 55 89 24 61 et à la Mairie *ℰ* 55 89 01 30.

Paris 338 – Aigurande 22 – Argenton-sur-Creuse 39 – La Châtre 48 – Guéret 28 – La Souterraine 19.

🏠 **Joly**, *ℰ* 55 89 00 23, Fax 55 89 15 89 – 📺 ☎ ᰔ. GB. ❀ rest
fermé 1er au 20 mars, 9 au 22 oct., dim. soir et lundi midi – **Repas** 65/240 ♨, enf. 45 – ☲ 30 – **26 ch** 210/300 – ½ P 190/220.

PEUGEOT Gar. Colas, Chabannes à St Sulpice le Dunois *ℰ* 55 89 16 48

▮ **DURAS** 47120 L.-et-G. 🔟🔟 ⑬ G. Pyrénées Aquitaine – 1 200 h alt. 122.

Paris 578 – Périgueux 93 – Agen 90 – Marmande 23 – Ste-Foy-la-Grande 21.

🏠 **Host. des Ducs**, *ℰ* 53 83 74 58, Fax 53 83 75 03, �ூ, ☒, �──── 📺 ☎ 🅿 🖭 GB
fermé lundi (sauf hôtel) et dim. soir d'oct. à juin – **Repas** 75/280 ♨, enf. 50 – ☲ 38 – **16 ch** 190/370 – ½ P 260/300.

▮ **DURBAN-CORBIERES** 11360 Aude 🔟🔟 ⑨ – 673 h alt. 96.

Paris 833 – ♦Perpignan 67 – Carcassonne 64 – Narbonne 31.

XXX ❀ **Le Moulin** (Moreno), S : 0,5 km par VO *ℰ* 68 45 81 03, Fax 68 45 83 31, ≤ Corbières et château, « Ancien moulin au milieu des vignes » – 🔲 🅿 GB. ❀
fermé 15 janv. au 1er mars, lundi midi en sais., dim. soir et lundi hors sais. – **Repas** 168/317 et carte 280 à 390, enf. 55
Spéc. Dorade au jus de persil plat et jambon grillé. Foie gras rôti, pommes de terre et vieil emmental. Poire des vignes, glace vanille et chocolat au gingembre. Vins Corbières, Fitou.

▮ **DUREIL** 72 Sarthe 🔟🔟 ② – rattaché à Malicorne-sur-Sarthe.

▮ **DURFORT** 30 Gard 🔟🔟 ⑰ – rattaché à Anduze.

▮ **DURTAL** 49430 M-et-L. 🔟🔟 ② G. Châteaux de la Loire – 3 195 h alt. 28.

🅱 Syndicat d'Initiative à la Mairie *ℰ* 41 76 30 24, Fax 41 76 06 10.

Paris 259 – Angers 39 – ♦Le Mans 60 – La Flèche 12 – Laval 66 – Saumur 54.

XX **Boule d'Or**, 19 av. d'Angers *ℰ* 41 76 30 20 – 🅿. GB
fermé 3 au 24 août, vacances de fév., dim. soir, mardi soir et merc. – **Repas** 62/190 ♨, enf. 38.

▮ **DURY** 80 Somme 🔟🔟 ⑱ – rattaché à Amiens.

EAUZE 32800 Gers 🔢 ③ G. Pyrénées Aquitaine – 4 137 h alt. 141.

🏠 de Guinlet 🖉 62 09 80 84, N : 7 km par D 931 et D 29.

🔋 Office de Tourisme pl. Armagnac 🖉 62 09 85 62.

Paris 730 – Auch 56 – Mont-de-Marsan 52 – Aire-sur-l'Adour 39 – Condom 28.

    au NE : 7 km par D931, D 29 et VO – ⊠ **32800** Eauze :

    🍴   **Aub. de Guinlet** 🔅 avec ch, 🖉 62 09 85 99, Fax 62 09 84 50, 🍽, golf, ⏋, 🐎, 🎾 – 📺
    ◆ 🕿 🅿. 🆖. 🎇 ch
    fermé vend. sauf juil.-août – **Repas** 70 bc/190 ⅋ – 🖵 28 – **7 ch** 230 – ½ P 230.

    à Manciet SO : 9 km par D 931 – ⊠ **32370** :

    🍴🍴   **La Bonne Auberge** avec ch, 🖉 62 08 50 04, Fax 62 08 58 84 – 📺 🕿 – 🏄 25. 🖭 ⑩ 🆖
    ◆ 🎇
    fermé dim. soir – **Repas** 80/250 – 🖵 38 – **13 ch** 250/350 – ½ P 235/250.

CITROEN Gar. Fitte, à Manciet 🖉 62 08 50 15
CITROEN Gar. Requena, 🖉 62 09 95 90 🅽
🖉 62 09 97 00
FIAT Gar. Fourteau, 🖉 62 09 80 04
RENAULT Gar. Vignoli, RN 124 à Manciet
🖉 62 08 51 57

RENAULT Gar. Catherine, 🖉 62 09 78 21 🅽
🖉 62 09 72 26
RENAULT Gar. Gourgues, 🖉 62 09 93 15 🅽
🖉 05 05 15 15

🔘 Euromaster, 🖉 62 09 81 52

Les ÉCHELLES 73360 Savoie 🔢 ⑮ G. Alpes du Nord – 1 246 h alt. 386.

🔋 Office de Tourisme à la Mairie 🖉 79 36 60 49.

Paris 540 – ◆ Grenoble 39 – Chambéry 23 – ◆ Lyon 89 – Valence 103.

    🍴   **Centre** avec ch, 🖉 79 36 60 14, Fax 79 36 61 72, 🍽 – 🔟 🔗. 🆖
    ◆ *fermé janv., dim soir et lundi* – **Repas** 75/200 ⅋ – 🖵 30 – **15 ch** 120/250 – ½ P 220/250.

    à Chailles N : 5 km – ⊠ **73360** Les Échelles :

    🏠   **Aub. du Morge**, N 6 🖉 79 36 62 76, Fax 79 36 51 65, 🍽, 🐎 – 🕿 🅿. 🆖. 🎇 ch
    ◆ *fermé 1er déc. au 20 janv. et merc. sauf vacances scolaires* – **Repas** 75/230 – 🖵 28 – **8 ch**
    200/230 – ½ P 260.

RENAULT Gar. Sauge-Merle, 🖉 79 36 62 68 🅽 🖉 79 36 62 68

ECHENEVEX 01 Ain 🔢 ⑮ – rattaché à Gex.

Les ÉCHETS 01 Ain 🔢 ② – alt. 276 – ⊠ **01700** Miribel.

Paris 457 – ◆ Lyon 20 – L'Arbresle 28 – Bourg-en-Bresse 45 – Meximieux 31 – Villefranche-sur-Saône 28.

    🍴🍴🍴   **La Table des Dombes** avec ch, 🖉 78 91 80 05, Fax 78 91 00 69, 🍽 – 🔟 🕿 🔗 🅿. 🖭
    🆖
    fermé dim. soir et lundi – **Repas** 105/330, enf. 65 – 🖵 45 – **8 ch** 290/310.

    🍴🍴🍴   **Marguin** avec ch, 🖉 78 91 80 04, Fax 78 91 06 83, 🍽, 🐎 – 🔟 🕿 🔗 🅿. 🖭 ⑩ 🆖
    fermé 1er au 23 août et 8 au 15 janv. – **Repas** 98/298 et carte 270 à 400, enf. 65 – 🖵 40 –
    9 ch 185/310.

ÉCHIGEY 21 Côte-d'Or 🔢 ⑫ – rattaché à Genlis.

ÉCHIROLLES 38 Isère 🔢 ⑤ – rattaché à Grenoble.

ÉCLUZELLES 28 E.-et-L. 🔢 ⑦, 🔢 ㉕ – rattaché à Dreux.

ÉCOLE-VALENTIN 25 Doubs 🔢 ⑮ – rattaché à Besançon.

ÉCOUCHÉ 61 Orne 🔢 ② – rattaché à Argentan.

Les ÉCRENNES 77820 S.-et-M. 🔢 ② – 557 h alt. 113.

Paris 74 – Fontainebleau 20 – Melun 17 – Montereau-Fault-Yonne 16 – Provins 37.

    🍴🍴 ❀ **Aub. Briarde** (Guichard), 🖉 (1) 60 69 47 32, Fax (1) 60 66 60 11 – 🖭 ⑩ 🆖
    fermé août, dim. soir, merc. soir et lundi – **Repas** 125/430
    Spéc. Soupière de ris de veau et homard. Canard désossé aux fruits frais de saison. Gibier (saison).

ÉGLETONS 19300 Corrèze 🔢 ⑩ – 4 487 h alt. 650.

🔋 Syndicat d'Initiative, r. Joseph Vialancix (saison) 🖉 55 93 04 34, Fax 55 93 21 01.

Paris 469 – Aurillac 98 – Aubusson 76 – ◆ Limoges 110 – Mauriac 49 – Tulle 29 – Ussel 28.

    🏠   **Ibis,** rte Ussel par N 89 : 1,5 km 🖉 55 93 25 16, Fax 55 93 37 54, 🐎, 🎾 – 🔆 ch 🔟 🕿 🔥
    🅿 – 🏄 30. 🖭 🆖
    Repas 97 bc, enf. 40 – 🖵 35 – **41 ch** 260/280.

CITROEN Gar. Courteix, rte de Bordeaux N 89
🖉 55 93 07 64
FORD Gar. Lachaud, rte de Tulle 🖉 55 93 14 33 🅽
🖉 55 93 14 33

PEUGEOT Gar. Leyris, RN 89 🖉 55 93 12 18 🅽
🖉 55 93 12 18

EGUISHEIM 68420 H.-Rhin 62 ⑱ ⑲ G. Alsace Lorraine – 1 530 h alt. 204.

Voir Village★ – Route des Cinq Châteaux★ SO : 3 km.

Paris 489 – Colmar 5,5 – Belfort 65 – Gérardmer 50 – Guebwiller 21 – ♦Mulhouse 41 – Rouffach 10.

🏠 **Host. du Pape** M, 10 Grand Rue ℰ 89 41 41 21, Fax 89 41 41 31, 🏦 – 🔲 🔳 ☎ & 🅿 – 🔬 30. 🖭 ⑩ ⒼⒷ
Repas (fermé 9 janv. au 5 fév., dim. soir et lundi) 95/240 ⅃, enf. 50 – 🖵 45 – **33 ch** 250/395 – ½ P 340.

🗶🗶 **Caveau d'Eguisheim**, 3 pl. Château St-Léon ℰ 89 41 08 89, Fax 89 23 79 99 – 🖭 ⑩ ⒼⒷ
ⒿⒸⒷ
fermé 1er janv. au 1er mars, mardi soir et merc. – **Repas** (nombre de couverts limité, prévenir) 140/380 bc.

🗶🗶 **La Grangelière**, 59 r. Rempart Sud ℰ 89 23 00 30, Fax 89 23 61 62 – ⑩ ⒼⒷ
fermé fév. et jeudi hors sais. – **Repas** 120 bc/390 bc.

🗶🗶 **Le Pavillon Gourmand**, 101 r. Rempart-Sud ℰ 89 24 36 88, Fax 89 23 93 94 – ⒼⒷ
fermé 7 au 27 juil., vacances de fév., dim. soir du 15 nov. au 1er mars, mardi soir et merc. – **Repas** 85/145 ⅃, enf. 50.

ELBEUF 76500 S.-Mar. 55 ⑥ G. Normandie Vallée de la Seine – 16 604 h alt. 17.

Paris 128 – ♦Rouen 18 – Conches-en-Ouche 39 – Évreux 47 – Pont-Audemer 47.

🗶🗶 **Les Chandeliers**, 2 cours Gambetta ℰ 35 77 69 21 – 🖭 ⒼⒷ
fermé sam. midi, dim. soir et lundi soir – **Repas** 120/165.

ÉLINCOURT-STE-MARGUERITE 60 Oise 56 ② – rattaché à Compiègne.

ELNE 66200 Pyr.-Or. 86 ⑳ G. Pyrénées Roussillon – 6 262 h alt. 52.

Voir Cloître★★.

🛈 Office de Tourisme à la Mairie ℰ 68 22 05 07.

Paris 877 – ♦Perpignan 13 – Argelès-sur-Mer 7,5 – Céret 27 – Port-Vendres 18 – Prades 55.

ALFA ROMEO SEAT Gar. du Platane, 7 r. Denis Papin, ZI ℰ 68 22 75 93
CITROEN Gar. Falguéras, 8 bd Évadés-de-France ℰ 68 22 07 58

CITROEN Gar. Subiros, rte d'Alenya, ZI ℰ 68 22 07 02 🔃 ℰ 68 22 07 02
RENAULT Gar. Martre, rte de Perpignan ℰ 68 22 23 00

ELOISE 74 H.-Savoie 74 ⑤ – rattaché à Bellegarde-sur-Valserine.

ELSENHEIM 67390 B.-Rhin 87 ⑦ – 637 h.

Paris 449 – Colmar 18 – Ribeauvillé 15 – Sélestat 14 – ♦Strasbourg 65.

🗶🗶 **Cottage Fleuri**, 22 r. Principale ℰ 88 92 51 59, Fax 88 74 98 00 – ⒼⒷ
fermé 1er au 15 août, 1er au 15 janv., dim. soir et lundi – **Repas** 98/240 ⅃, enf. 40.

CITROEN Gar Krimm, ℰ 88 92 56 64

ELVEN 56250 Morbihan 63 ③ – 3 312 h alt. 88.

Voir Forteresse de Largoët★ SO : 4 km, G. Bretagne.

Paris 440 – Vannes 18 – Ploërmel 30 – Redon 45 – ♦Rennes 95 – La Roche-Bernard 39.

🏠 **Host. du Lion d'Or**, 5 pl. Le Franc ℰ 97 53 33 52, Fax 97 53 55 08 – ☎. ⒼⒷ
fermé 21 oct. au 10 nov., 23 au 28 déc., dim. soir et lundi sauf juil.-août – **Repas** 68/195, enf. 52 – 🖵 25 – **10 ch** 210/280 – ½ P 190/210.

CITROEN Gar. Tastard, 19 r. du Calvaire ℰ 97 53 31 11

PEUGEOT Gar. Tastard, 4 r. Rochefort ℰ 97 53 33 65

EMBRUN 05200 H.-Alpes 77 ⑰ ⑱ G. Alpes du Sud (plan) – 5 793 h alt. 870.

Voir Cathédrale N.-Dame★ : trésor★ – Peintures murales★ dans la chapelle des Cordeliers.

🛈 Office de Tourisme pl. Gén.-Dosse ℰ 92 43 01 80, Fax 92 43 54 06.

Paris 712 – Briançon 50 – Gap 38 – Barcelonnette 56 – Digne-les-Bains 93 – Guillestre 22 – Sisteron 83.

🏠 **Mairie**, pl. Mairie ℰ 92 43 20 65, Fax 92 43 47 02, 🏦 – ▤ rest 🔲 ☎. 🖭 ⑩ ⒼⒷ
fermé 1er au 20 mai, oct., nov., dim. soir et lundi en hiver sauf vacances scolaires – Repas 90/135 ⅃ – 🖵 32 – **22 ch** 240/270 – ½ P 230/250.

🏠 **Notre-Dame**, av. Gén. Nicolas ℰ 92 43 08 36, Fax 92 43 58 41, 🏦, 🐎 – 🔲 ☎. ⒼⒷ
fermé 18 au 30 sept., 8 au 21 janv., dim. soir et lundi sauf vacances scolaires – **Repas** 89/145, enf. 55 – 🖵 30 – **7 ch** 230 – ½ P 240.

rte de Gap SO : 3 km – ✉ 05200 Embrun :

🏠 **Les Bartavelles**, ℰ 92 43 20 69, Fax 92 43 11 92, ≤, 🏦, 🏊, 🐎, 🗶 – ▤ rest 🔲 ☎ 🅿. ⑩ ⒼⒷ
Repas (fermé dim. soir d'oct. à avril sauf vacances scolaires) 110/285, enf. 70 – 🖵 45 – **43 ch** 265/450 – ½ P 320/400.

OPEL Gar. Espitallier, rte du Lycée ℰ 92 43 02 49
PEUGEOT Gar. Esmieu, rte de St-André ℰ 92 43 04 18 🔃 ℰ 92 43 04 18

RENAULT Gar. du Lac, à Baratier ℰ 92 43 02 79

ÉMERAINVILLE 77 S.-et-M. 61 ②, 101 ㉙ – voir à Paris, Environs (Marne-la-Vallée).

ÉMERINGES 69840 Rhône 🔢 ① – 182 h alt. 350.

Paris 411 – Mâcon 19 – Chauffailles 45 – ◆Lyon 66.

　　※ **Les Vignerons**, ℰ 74 04 45 72, Fax 74 04 48 96 – 🍽. **GB**
　　　fermé vacances de printemps, 15 au 31 août, vacances de Noël, dim. soir, lundi, mardi et merc. – **Repas** (nombre de couverts limité, prévenir) 195/250.

ENCAMP 🔢 ⑭ – voir à Andorre (Principauté d').

ENCAUSSE-LES-THERMES 31160 H.-Gar. 🔢 ① – 560 h alt. 363.

Paris 790 – Bagnères-de-Luchon 38 – St-Gaudens 9 – St-Girons 42 – Sauveterre-de-Comminges 8,5 – ◆Toulouse 94.

　　※※ **Marronniers** 🌳 avec ch, ℰ 61 89 17 12, 🌿, 🌳 – 🅿 **GB**
　　◆ *hôtel : 1ᵉʳ avril-15 nov. et fermé dim. soir et lundi ; rest. : fermé 2 janv. au 1ᵉʳ fév., dim. soir et lundi* – **Repas** 67/155 – 🖵 30 – **10 ch** 140/160 – ½ P 165.

ENGENTHAL 67 B.-Rhin 🔢 ⑧ – rattaché à Wangenbourg.

ENGHIEN-LES-BAINS 95 Val-d'Oise 🔢 ⑳, 🔢 ⑤ – voir à Paris, Environs.

ENGLOS 59 Nord 🔢 ⑮, 🔢 ㉑ – rattaché à Lille.

ENNEZAT 63720 P.-de-D. 🔢 ④ G. Auvergne – 1 915 h alt. 383.

Voir Église★.

Paris 417 – ◆ Clermont Ferrand 20 – Lezoux 18 – Riom 9 – Thiers 33 – Vichy 34.

　　🏠 **Hure d'Argent** 🌳, 5 r. Horloge ℰ 73 63 80 39, Fax 73 63 96 47 – 📺 ☎ 🆎 ⓪ **GB**
　　◆ *fermé août, dim. soir et sam.* – **Repas** 55/195 🍴, enf. 50 – 🖵 25 – **14 ch** 200/290 – ½ P 195/245.

Alle im Michelin-Führer erwähnten Orte sind
auf den Michelin-Karten im Maßstab 1:200 000 rot unterstrichen ;
die aktuellsten Hinweise gibt nur die neuste Ausgabe.

ENSISHEIM 68190 H.-Rhin 🔢 ⑩ G. Alsace Lorraine – 6 164 h alt. 217.

Env. Ecomusée d'Alsace★★ SO : 9 km.

Paris 484 – ◆ Mulhouse 17 – Colmar 26 – Guebwiller 13 – Thann 23.

　　※※※ **La Couronne** avec ch, 47 r. 1ᵉ Armée Française ℰ 89 81 03 72, Fax 89 26 40 05, « Maison du 17ᵉ siècle » – 📺 ☎ 🅿 🆎 ⓪ **GB**
　　　fermé 1ᵉʳ au 15 août, dim. soir et lundi – **Repas** 200/380 et carte 280 à 380 – 🖵 40 – **10 ch** 280/650.

PEUGEOT Gar. Wadel, rte de Wittenheim ℰ 89 81 00 11

ENTRAIGUES-SUR-LA-SORGUE 84 Vaucluse 🔢 ⑫ – rattaché à Sorgues.

ENTRAYGUES-SUR-TRUYÈRE 12140 Aveyron 🔢 ⑫ G. Gorges du Tarn (plan) – 1 495 h alt. 230.

Voir Pont gothique★ – Rue Basse★.

Env. SE : Gorges du Lot★★ – Barrage de Couesque★ N : 8 km.

🛈 Office de Tourisme Tour-de-Ville ℰ 65 44 56 10.

Paris 603 – Aurillac 46 – Rodez 47 – Figeac 61 – St-Flour 86.

　　🏠 **Truyère**, ℰ 65 44 51 10, Fax 65 44 57 78, ≼ – 📶 ☎ 🅿 – 🔺 30. **GB** 🎏 rest
　　◆ *1ᵉʳ avril-15 nov.* – **Repas** (fermé lundi) 65/190 🍴, enf. 48 – 🖵 41 – **25 ch** 170/285 – ½ P 250/292.

　　🏠 **Deux Vallées**, ℰ 65 44 52 15 – 📶 ☎ 🔙. **GB**
　　◆ *fermé janv. et fév.* – **Repas** (fermé sam. d'oct. à mai) 65/150 🍴, enf. 40 – 🖵 30 – **16 ch** 190/210 – ½ P 210.

　　　au Fel O : 10 km par D 107 et D 573 – ✉ 12140 Entraygues-sur-Truyère :

　　🏠 **Aub. du Fel** 🌳, ℰ 65 44 52 30, 🌿, 🔙 🅿 **GB**
　　◆ *1ᵉʳ avril-22 nov.* – **Repas** 68/185 🍴 – 🖵 30 – **11 ch** 190/260 – ½ P 185/225.

RENAULT Gar. Marty, 21 av. Pont-de-Truyère ℰ 65 44 51 14

ENTRECHAUX 84 Vaucluse 🔢 ③ – rattaché à Vaison-la-Romaine.

ENTZHEIM 67 B.-Rhin 🔢 ⑤ – rattaché à Strasbourg.

ENVEITG 66 Pyr.-Or. 🔢 ⑯ – 545 h alt. 1 200 – ✉ 66760 Bourg-Madame.

Paris 873 – Font-Romeu-Odeillo-Via 18 – Andorre-la-Vieille 59 – Ax-les-Thermes 43 – ◆Perpignan 105.

　　🏠 **Transpyrénéen** 🌳, ℰ 68 04 81 05, Fax 68 04 83 75, ≼, 🌿 – 📶 📺 ☎ 🅿 🆎 ⓪ **GB**
　　◆ *1ᵉʳ juin-30 sept., 24 déc.-10 janv. et 10 fév.-5 mai* – **Repas** 80 bc/160, enf. 50 – 🖵 38 – **30 ch** 180/290 – ½ P 240/280.

455

Voir Caves de Champagne★★ BYZ – Collection archéologique★ du musée municipal BY **M** – Côte des Blancs★ par ③.

🛈 Office de Tourisme avec A.C. 7 av. Champagne 🕿 26 55 33 00, fax 26 51 95 22.

Paris 143 ④ – ◆Reims 25 ① – Châlons-sur-Marne 34 ② – Château-Thierry 49 ④ – Meaux 96 ③ – Soissons 71 ① – Troyes 110 ③.

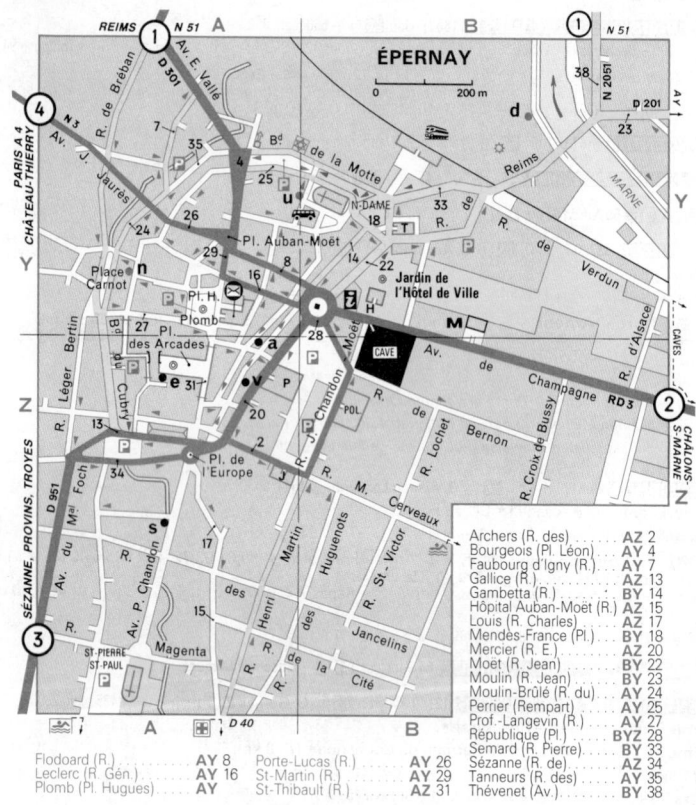

Archers (R. des) ..... **AZ** 2
Bourgeois (Pl. Léon) ..... **AY** 4
Faubourg d'Igny (R.) ..... **AY** 7
Gallice (R.) ..... **AZ** 13
Gambetta (R.) ..... **BY** 14
Hôpital Auban-Moët (R.) ..... **AZ** 15
Louis (R. Charles) ..... **BY** 17
Mendès-France (Pl.) ..... **BY** 18
Mercier (R. E.) ..... **AY** 20
Moët (R. Jean) ..... **BY** 22
Moulin (R. Jean) ..... **BY** 23
Moulin-Brûlé (R. du) ..... **AY** 24
Perrier (Rempart) ..... **AY** 25
Prof.-Langevin (R.) ..... **AY** 27
République (Pl.) ..... **BYZ** 28
Sézanne (R. de) ..... **AZ** 34
Semard (R. Pierre) ..... **BY** 33
Tanneurs (R. des) ..... **AY** 35
Thévenet (Av.) ..... **BY** 38

Flodoard (R.) ..... **AY** 8   Porte-Lucas (R.) ..... **AY** 26
Leclerc (R. Gén.) ..... **AY** 16   St-Martin (R.) ..... **AY** 29
Plomb (Pl. Hugues) ..... **AY**   St-Thibault (R.) ..... **AZ** 31

🏠 **Berceaux**, 13 r. Berceaux 🕿 26 55 28 84, Fax 26 55 10 36 – 🛗 📺 🕿. 🖭 🕦 ⴳ❸   AZ **a**
fermé fév. – **Repas** *(fermé dim. soir)* 140/320, enf. 60 – ⴿ 37 – **29 ch** 310/420 – ½ P 390.

🏠 **Ibis** 🦢, 19 r. Chocatelle 🕿 26 55 34 34, Fax 26 55 41 72 – 🛗 🥢 ch 📺 🕿 ⴳ 🅿 🖭
ⴳ❸   AZ **e**
Repas 97 bc, enf. 40 – ⴿ 35 – **64 ch** 260/295.

🏠 **Champagne** sans rest, 30 r. E.-Mercier 🕿 26 55 30 22, Fax 26 51 94 63 – 🛗 📺 🕿. 🖭 🕦
ⴳ❸   AZ **v**
fermé 1er au 15 janv. – ⴿ 37 – **35 ch** 260/410.

🏠 **Climat de France** 🦢, r. Lorraine par ② : 1 km 🕿 26 54 17 39, Fax 26 51 88 78, 🏤 – 📺
🕿 ⴳ 🅿 – 🛅 25. 🖭 ⴳ❸
Repas 85/105 ⴳ, enf. 39 – ⴿ 34 – **33 ch** 270.

🍴 **St Pierre** sans rest, 14 av. P. Chandon 🕿 26 54 40 80 – 📺 🕿. 🖭 ⴳ❸   AZ **s**
fermé 21 déc. au 3 janv. – ⴿ 26 – **15 ch** 108/199.

🍴🍴 **Chez Pierrot**, 16 r. Fauvette 🕿 26 55 16 93, Fax 26 54 54 51 30 – 🍽. ⴳ❸   AY **n**
fermé 1er au 15 août, vacances de fév. et dim. – **Repas** 120/250.

🍴 **Au Petit Comptoir**, 3 r. Dr Rousseau 🕿 26 51 53 53, Fax 26 58 42 68 – 🍽. 🖭 ⴳ❸   ABY **u**
fermé 6 au 22 août, 21 déc. au 11 janv., dim. soir et lundi – **Repas** 120/190.

🍴 **La Terrasse**, 7 quai Marne 🕿 26 55 26 05, Fax 26 55 33 79 – 🖭 ⴳ❸   BY **d**
◆ *fermé 17 au 25 déc., dim. soir et lundi sauf fériés* – **Repas** 75/260 ⴳ, enf. 55.

à Champillon par ① : 6 km alt. 180 – ✉ **51160** :

🏨 ✿ **Royal Champagne** Ⓜ, N 2051 ✆ 26 52 87 11, Télex 830111, Fax 26 52 89 69, ≤ Épernay et vallée de la Marne, – TV ☎ Ⓟ. AE ⓓ GB
Repas 180 (déj.), 260/400 et carte 340 à 480 – ☕ 80 – **27 ch** 870/1300, 3 appart – ½ P 865/1030
Spéc. Ravioles de homard en soupe crèmeuse. Rôti de lotte au lard de campagne. Brioche rôtie en pain perdu au champagne (automne-hiver). **Vins** Champagne, Cumières rouge.

rte de Reims par ① : 8 km – ✉ **51160** St-Imoges :

XX **Maison du Vigneron,** N 51 ✆ 26 52 88 00, Fax 26 52 86 03 – Ⓟ. AE ⓓ GB
fermé 27 fév. au 10 mars et merc. – **Repas** 115/250.

à Vinay par ③ : 6 km – ✉ **51530** :

🏨 **Host. La Briqueterie** Ⓜ, rte. de Sézanne ✆ 26 59 99 99, Fax 26 59 92 10, Ⓛ, – TV ☎ ♿ Ⓟ – 30. AE ⓓ GB
fermé 22 au 27 déc. – **Repas** 130 (déj.), 335/410, enf. 105 – ☕ 70 – **40 ch** 650/880.

rte de Château-Thierry par ④ : 7 km – ✉ **51480** :

X **Aub. de la Chaussée** avec ch, La Chaussée de Damarie sur N 3 ✆ 26 58 40 66 – ☎ Ⓟ. GB
fermé 18 août au 9 sept., 20 fév. au 3 mars et lundi soir – **Repas** 65/135 🍷, enf. 40 – ☕ 25 – **9 ch** 110/190 – ½ P 155/190.

CITROEN Gar. Ardon, rte de Reims à Dizy ✆ 26 55 58 11 🅽 ✆ 26 55 39 39
FIAT Magenta-Automobiles, 64 av. Thévenet à Magenta ✆ 26 51 04 56 🅽 ✆ 26 55 39 39
FORD Gar. Rebeyrolle, 7 quai Villa ✆ 26 55 59 65
MERCEDES, TOYOTA Gar. Ténédor, 1 pl. Martyrs-Résistance ✆ 26 51 97 77
PEUGEOT Gar. Beuzelin, 75 av. Thévenet à Magenta ✆ 26 51 10 66
RENAULT Automotor, 100 av. Thévenet à Magenta ✆ 26 55 67 11 🅽 ✆ 26 58 58 58

Ⓜ Euromaster, 94 av. A.-Thévenet à Magenta ✆ 26 55 27 47

ÉPINAL Ⓟ **88000** Vosges 62 ⑯ **G. Alsace Lorraine** – 36 732 h alt. 340.

Voir Vieille ville★ : Basilique★ – Parc du château★ – Musée départemental d'art ancien et contemporain★.

18 ✆ 29 34 65 97, par ② à 3 km du centre.

🅘 Office de Tourisme 13 r. Comédie ✆ 29 82 53 32, Fax 29 35 26 16 – A.C. 10 r. C.-Gelée ✆ 29 35 18 14.

Paris 393 ⑥ – Belfort 96 ④ – Colmar 93 ② – ◆Mulhouse 106 ④ – ◆Nancy 71 ⑥ – Vesoul 89 ④.

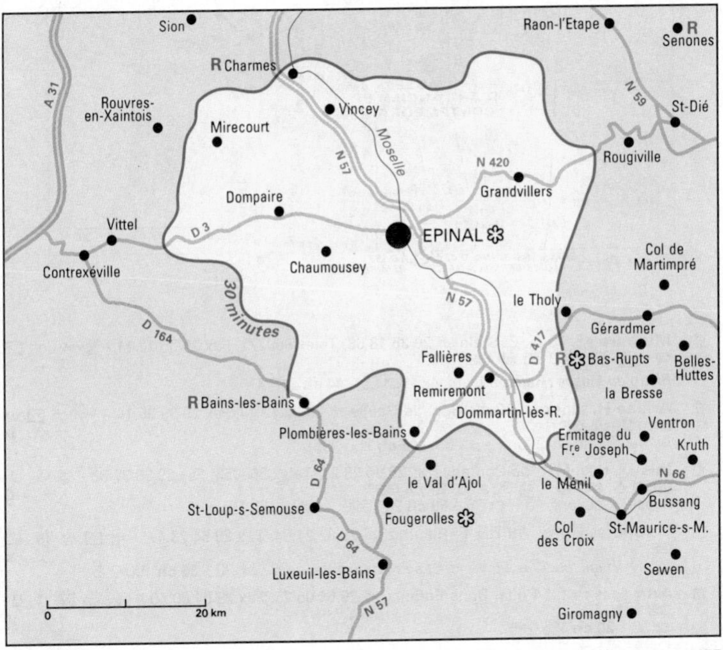

ÉPINAL

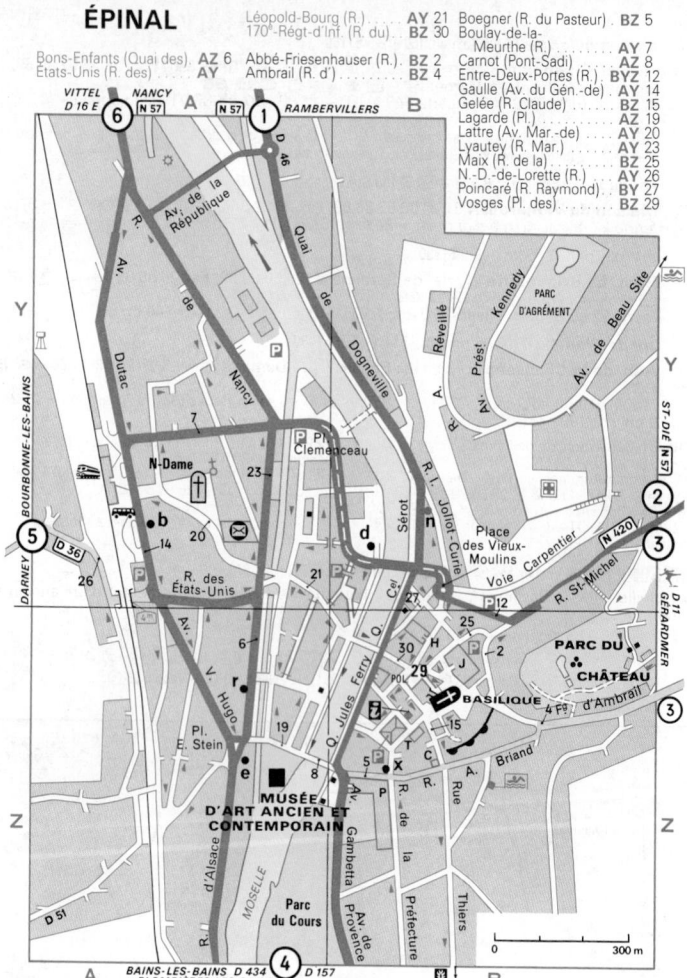

🏨 **Mercure** Ⓜ, 13 pl. E. Stein ℰ 29 35 18 68, Télex 960277, Fax 29 35 12 11 – ⧉ ⇷ ch 📺
☎ – 🔏 30 à 100. 🆎 ⓪ ☺
AZ **e**
Bistro du Musée : Repas 99, enf. 48 – ⇌ 55 – **44 ch** 315/475.

🏨 **Ariane H.** sans rest, 12 av. Gén. de Gaulle ℰ 29 82 10 74, Fax 29 35 35 14 – ⇷ ch 📺 ☎
⇴, 🆎 ⓪ ☺
AY **b**
fermé 23 déc. au 2 janv. – ⇌ 38 – **46 ch** 265/295.

🏨 **Ibis** Ⓜ, quai Mar. de Contades ℰ 29 64 28 28, Télex 850053, Fax 29 35 37 88 – ⧉ ⇷ ch
📺 ☎ ♿ ⇴ 🅿 – 🔏 30 à 50. 🆎 ⓪ ☺
BY **d**
Repas 97 bc, enf. 40 – ⇌ 35 – **60 ch** 290/320.

🏨 **Europe** sans rest, 16 rue F. Blaudez ℰ 29 82 21 04, Fax 29 64 23 47 – ⧉ 📺 ☎ 🅿. 🆎
☺
BZ **x**
fermé 15 juil. au 17 août, vend. et sam. de nov. à mars – ⇌ 30 – **36 ch** 190/285.

🏨 **Azur** sans rest, 54 quai Bons Enfants ℰ 29 64 05 25, Fax 29 64 00 40 – ⇷ ch 📺 ☎ 🆎
☺
AZ **r**
⇌ 30 – **20 ch** 135/285.

XXX ✿ **Relais des Ducs de Lorraine** (Obriot), 16 quai Col. Sérot ℰ 29 34 39 87,
Fax 29 34 27 61 – 🖭 ⬛ BY **n**
fermé 1ᵉʳ au 7 mars, 10 au 24 août, dim. soir et lundi – **Repas** 165/365 et carte 260 à 420 ♨,
enf. 95
Spéc. Cassolette d'escargots cressonnière. Rognon de veau rôti entier au poivre. Soufflé mirabelle. **Vins** Pinot noir.

par ① : 3 km – ⊠ 88000 Épinal :

▲▲ **La Fayette** Ⓜ, parc économique Le Saut Le Cerf ℰ 29 31 15 15, Fax 29 31 07 08, 🍃, *ℱⱄ*,
🏊, ✖ – 🔆 ch, ⬛ rest 📺 ☎ ⅙ ⟚ 🅿 – 🔬 50. 🖭 ⓞ ⬛
Repas 105/250 – ⊇ 45 – **48 ch** 395/525 – ½ P 355.

🏠 **Campanile**, Bois Voivre ℰ 29 31 38 38, Fax 29 34 71 65, 🍃 – 🔆 ch 📺 ☎ ⅙ 🅿 – 🔬 30.
🖭 ⓞ ⬛
Repas 82 bc/105 bc, enf. 39 – ⊇ 30 – **40 ch** 270.

à Chaumousey par ⑤ *et* D 460 : 10 km – ⊠ 88390 :

XX **Le Calmosien**, ℰ 29 66 80 77, Fax 29 66 89 41, 🍃 – ⬛
fermé dim. soir – **Repas** 100/290, enf. 50.

ALFA ROMEO Prestige Automobile, Zone Ciale le
Pré Droué à Chavelot ℰ 29 31 92 54
BMW Pré Droué, r. Barry, pôle d'Activité du Pré
Droué à Chavelot ℰ 29 31 35 34 🔃 ℰ 29 34 55 54
CITROEN Gar. Anotin, av. de St-Dié par ②
ℰ 29 31 93 94 🔃 ℰ 29 34 55 54
FORD Gds Gar. Spinaliens, 17 r. Mar.-Lyautey
ℰ 29 82 47 47

PEUGEOT Epinal-Autom. Theiller, 91 r. d'Alsace AZ
ℰ 29 82 05 94
RENAULT SODISEP, 50, av. de St-Dié par ②
ℰ 29 68 44 44 🔃 ℰ 29 64 54 51

🏵 Malnoy-Pneus - Point S, 13 av. Fontenelle
ℰ 29 82 22 93

ÉPINAY-SUR-SEINE 93 Seine-St-Denis 🗟🗟 ⑪, 🗟🗟🗟 ⑮ – voir à Paris, Environs.

L'ÉPINE 51 Marne 🗟🗟 ⑱ – rattaché à Châlons-sur-Marne.

L'ÉPINE 85 Vendée 🗟🗟 ① – voir à Noirmoutier (Ile de).

ÉPINEAU-LES-VOVES 89 Yonne 🗟🗟 ④ – rattaché à Joigny.

EPPE-SAUVAGE 59132 Nord 🗟🗟 ⑦ G. Flandres Artois Picardie – 245 h alt. 189.
Paris 218 – Saint-Quentin 77 – Avesnes-sur-Helpe 24 – Charleroi 45 – Hirson 27 – Maubeuge 31.

XX **La Goyère**, ℰ 27 61 80 11, Fax 27 61 80 88 – ⬛
→ *fermé janv. et fév. sauf week-ends, mardi soir et merc. sauf fériés* – **Repas** 79/280 ♨.

ERBALUNGA 2B H.-Corse 🗟🗟 ② – voir à Corse.

ERDEVEN 56410 Morbihan 🗟🗟 ① – 2 352 h alt. 18.
Paris 489 – Vannes 37 – Auray 18 – Carnac 8,5 – Lorient 33 – Quiberon 21 – Quimperlé 48.

🏠 **Voyageurs**, r. Océan ℰ 97 55 64 47, Fax 97 55 64 24 – ☎ 🅿. ⬛
→ *1ᵉʳ avril-30 sept. et fermé mardi hors sais.* – **Repas** 58/140 ♨, enf. 40 – ⊇ 33 – **19 ch** 245/285
– ½ P 230/285.

ERMENONVILLE 60950 Oise 🗟🗟 ⑫ 🗟🗟🗟 ⑨ G. Ile de France – 782 h alt. 92.
Voir Parc★ – Forêt d'Ermenonville★ – Abbaye de Chaalis★ N : 3 km – Clocher★ de l'église de
Montagny-Ste-Félicité E : 4 km.
Paris 47 – Compiègne 42 – Beauvais 65 – Meaux 24 – Senlis 13 – Villers-Cotterêts 36.

▲▲ **Château d'Ermenonville** ⑤, ℰ 44 54 00 26, Fax 44 54 01 00, ≼, 🍃, « Château du 18ᵉ
siècle dans un parc » – 🛗 📺 ☎ ⅙ 🅿 – 🔬 60. 🖭 ⓞ
Repas 160 (déj.), 180/450 bc – ⊇ 75 – **60 ch** 420/1020, 5 appart – ½ P 650/750.

🏠 **Le Prieuré** sans rest, ℰ 44 54 00 44, Fax 44 54 02 21, « Demeure du 18ᵉ siècle, jardin » –
📺 ☎ 🅿. 🖭 ⓞ ⬛ 🅹🅲🅱
fermé fév. – ⊇ 50 – **12 ch** 450/600.

à Ver-sur-Launette S : 3 km par D 84 – ⊠ 60950 :

XX **Rabelais**, ℰ 44 54 01 70, Fax 44 54 05 20 – 🖭 ⓞ ⬛
fermé 1ᵉʳ au 8 août, dim. soir et merc. – **Repas** 120 (déj.), 180/300, enf. 80.

ERMITAGE DU FRÈRE JOSEPH 88 Vosges 🗟🗟 ⑰ – rattaché à Ventron.

ERNÉE 53500 Mayenne 🗟🗟 ⑲ G. Normandie Cotentin – 6 052 h alt. 116.
🄑 Office de Tourisme, Bureau d'accueil, pl. Mairie (saison) ℰ 43 05 21 10.
Paris 303 – Domfront 46 – Fougères 20 – Laval 30 – Mayenne 25 – Vitré 29.

🏠 **Relais de Poste**, 1 pl. Église ℰ 43 05 20 33, Fax 43 05 18 23 – 🛗 📺 ☎ – 🔬 25. ⬛
→ **Repas** *(fermé dim. soir)* 70/260 ♨, enf. 45 – ⊇ 37 – **34 ch** 195/310 – ½ P 230/270.

ERNÉE

XX **Grand Cerf** avec ch, 19 r. A.-Briand _&_ 43 05 13 09, Fax 43 05 02 90 – 🖵 ☎. 🆎 ⊞.
%% ch
fermé 15 au 31 janv., dim. soir et lundi hors sais. – **Repas** 108/148, enf. 70 – ⊡ 35 – **8 ch**
195/230 – ½ P 280/320.

CITROEN Gar. Lory, 14 bd Duvivier _&_ 43 05 11 89   PEUGEOT Gar. Vele, 31 rte de laval _&_ 43 05 17 14
🅽 _&_ 43 05 11 89
PEUGEOT Gar. Garnier, 8 rte de Fougères   🚲 Maison du Pneu, rte de Gorron _&_ 43 05 20 56
_&_ 43 05 11 60

ERQUY 22430 C.-d'Armor 🔢 ④ **G. Bretagne** – 3 568 h alt. 10.
Voir Cap d'Erquy ★ NO : 3,5 km puis 30 mn.
🛈 Office de Tourisme bd de la Mer _&_ 96 72 30 12, Fax 96 72 02 88.
Paris 455 – St-Brieuc 35 – Dinan 47 – Dinard 39 – Lamballe 23 – ♦Rennes 103.

XXX **L'Escurial,** bd Mer _&_ 96 72 31 56, ≤ – ⊞. %%
fermé 7 au 21 oct., dim. soir et lundi sauf juil.-août et fériés – **Repas** 98/190 et carte 220 à
310, enf. 80.

CITROEN Gar. Clerivet, _&_ 96 72 14 20   Autoservice AD, _&_ 96 72 02 07
RENAULT Gar. Thomas, _&_ 96 72 30 37

ERSTEIN 🔷 67150 B.-Rhin 🔢 ⑩ – 8 600 h alt. 150.
Paris 502 – ♦ Strasbourg 22 – Colmar 48 – Molsheim 24 – St-Dié 67 – Sélestat 26.

🏠 **Le Crystal** 🅼 sans rest, av. Gare _&_ 88 98 89 12, Fax 88 98 11 29 – 📶 🖵 ☎ ఈ ⇐ 🄿 –
🅰 50. 🆎 ⊞. %%
fermé 24 déc. au 1er janv. et dim. – **72 ch** ⊡ 295/500.

🟐 **A l'Agneau,** 50 r. 28 Novembre _&_ 88 98 02 12 –%% ch
↠ _fermé 3 au 22 juil. et merc._ – **Repas** 55/80 ₰, – ⊡ 25 – **6 ch** 120/150 – ½ P 160/180.

XXX **Jean-Victor Kalt,** 41 av. Gare _&_ 88 98 09 54, Fax 88 98 83 01 – 🖩 🄿 🆎 ⓞ ⊞ 🄹🄲🄱
fermé 24 juil. au 9 août, dim. soir et lundi sauf fériés – **Repas** 110 (déj.), 140/320 et carte 250 à
350.

CITROEN Gar. Fritsch, 39 av. de la Gare   RENAULT Gar. Fechter, 10 r. Gén.-de-Lattre
_&_ 88 98 89 00 🅽 _&_ 88 98 89 00   _&_ 88 98 04 24 🅽 _&_ 88 98 17 71
PEUGEOT Gar. Louis, rte de Lyon _&_ 88 98 07 13 🅽
_&_ 88 98 07 13

ERVAUVILLE 45 Loiret 🔢 ⑬ – rattaché à Courtenay.

Les ESCALDES-ENGORDANY 🔢 ⑭ – voir à Andorre (Principauté d').

L'ESCRINET (Col de) 07 Ardèche 🔢 ⑲ – rattaché à Privas.

ESNANDES 17137 Char.-Mar. 🔢 ⑫ **G. Poitou Vendée Charentes** – 1 730 h alt. 12.
Voir Église ★.
Paris 468 – La Rochelle 12 – Fontenay-le-Comte 40 – Luçon 28.

XX **Paix,** _&_ 46 01 32 02, Fax 46 01 27 36, 😤, 🐎 – 🄿. ⊞
↠ _fermé dim. soir et lundi_ – **Repas** 70/250 ₰, enf. 30.

ESPALION 12500 Aveyron 🔢 ③ **G. Gorges du Tarn** (plan) – 4 614 h alt. 343.
Voir Église de Perse ★ SE : 1 km – Chapelle romane ★ de St-Pierre-de-Bessuéjouls O : 4 km par
D 556.
🛈 Office de Tourisme à la Mairie _&_ 65 44 10 63, Fax 65 48 02 57.
Paris 601 – Aurillac 73 – Figeac 93 – Mende 102 – Millau 77 – Rodez 32 – St-Flour 83.

🏠 **Moderne et rest. l'Eau Vive,** bd Guizard _&_ 65 44 05 11, Fax 65 48 06 94 – 📶 ⇜⇝ ch
🖩 rest ☎ ఈ. ⊞
fermé 1er nov. au 1er déc., 5 au 20 janv., dim. soir et lundi sauf juil.-août – **Repas** 100/350 ₰,
enf. 50 – ⊡ 40 – **28 ch** 180/350 – ½ P 260/380.

XX **Le Méjane,** r. Méjane _&_ 65 48 22 37 – 🖩. 🆎 ⓞ ⊞
fermé 26 juin au 30 juin, vacances de fév., dim. soir et merc. sauf août – **Repas** 110/250,
enf. 65.

CITROEN Gar. Cadars, av. de St-Côme _&_ 65 44 00 73 🅽 _&_ 65 48 22 03

ESPELETTE 64250 Pyr.-Atl. 🔢 ③ **G. Pyrénées Aquitaine** – 1 661 h alt. 80.
Paris 793 – Biarritz 24 – ♦Bayonne 21 – Cambo-les-Bains 5,5 – Pau 120 – St-Jean-de-Luz 25.

🏠 **Euzkadi,** _&_ 59 93 91 88, Fax 59 93 90 19, 🛋, 🐎, %% – ☎ ఈ 🄿. ⊞. %% ch
fermé 5 nov. au 15 déc., mardi hors sais. et lundi – **Repas** 95/175, enf. 55 – ⊡ 35 – **32 ch**
210/260 – ½ P 270.

ESPIAUBE 65 H.-Pyr. 🔢 ⑲ – rattaché à St-Lary-Soulan.

ESQUIÈZE-SÈRE 65 H.-Pyr. 🔢 ⑱ – rattaché à Luz-St-Sauveur.

ESTAING 12190 Aveyron 80 ③ **G. Gorges du Tarn** – 665 h alt. 300.

🛈 Syndicat d'Initiative à la Mairie (15 juin-15 sept.) ℘ 65 44 72 72.
Paris 603 – Rodez 41 – Aurillac 63 – Conques 40 – Espalion 10 – Figeac 78.

   🏚 **Aux Armes d'Estaing**, ℘ 65 44 70 02, Fax 65 44 74 54 – **☎** 🚗. **GB**
   ➡ *fermé 3 au 30 janv.* – **Repas** 65/150 ⅜ – 🖃 26 – **40 ch** 145/220 – ½ P 190/205.

ESTAING 65400 H.-Pyr. 85 ⑰ **G. Pyrénées Aquitaine** – 86 h alt. 1 000 – **Voir** Lac d'Estaing★ S : 4 km.
Paris 838 – Pau 66 – Argelès-Gazost 11 – Arrens 6,5 – Laruns 42 – Lourdes 23 – Tarbes 43.

   ✕ **Lac d'Estaing** 🌧 avec ch, au Lac S : 4 km ℘ 62 97 06 25, ≤, 🍽 – **🅿**. **GB**
   1ᵉʳ mai-11 nov. – **Repas** 85/160 – 🖃 30 – **11 ch** 160/190 – ½ P 195/205.

ESTÉRENÇUBY 64 Pyr.-Atl. 85 ③ – rattaché à St-Jean-Pied-de-Port.

ESTIVAREILLES 03 Allier 69 ⑫ – rattaché à Montluçon.

ESTRABLIN 38 Isère 74 ⑫ – rattaché à Vienne.

ESTRÉES-ST-DENIS 60190 Oise 52 ⑲ – 3 498 h alt. 71.
Paris 75 – Compiègne 15 – Beauvais 45 – Clermont 20 – Senlis 26.

   ✕✕ **Moulin Brûlé**, 70 r. Flandres ℘ 44 41 97 10, Fax 44 41 00 75, 🍽, 🌳 – **GB**
   fermé 15 au 31 août, fév., dim. soir et lundi – **Repas** 130/240.

ÉTAIN 55400 Meuse 57 ⑫ **G. Alsace Lorraine** – 3 577 h alt. 205.

🛈 Office de Tourisme, square Didion ℘ 29 87 20 80.
Paris 287 – Briey 25 – Longwy 46 – ✦Metz 47 – Stenay 52 – Verdun 20.

   🏚 **Sirène**, r. Prud'homme-Havette ℘ 29 87 10 32, Fax 29 87 17 65, 🍽, ✵ – **TV ☎ 🅿**. **GB**
   ➡ ✵ ch
   fermé 23 déc. au 1ᵉʳ fév., dim. soir hors sais. (sauf hôtel) et lundi – **Repas** 65/250 ⅜, enf. 35 –
   🖃 30 – **24 ch** 120/210 – ½ P 180/200.

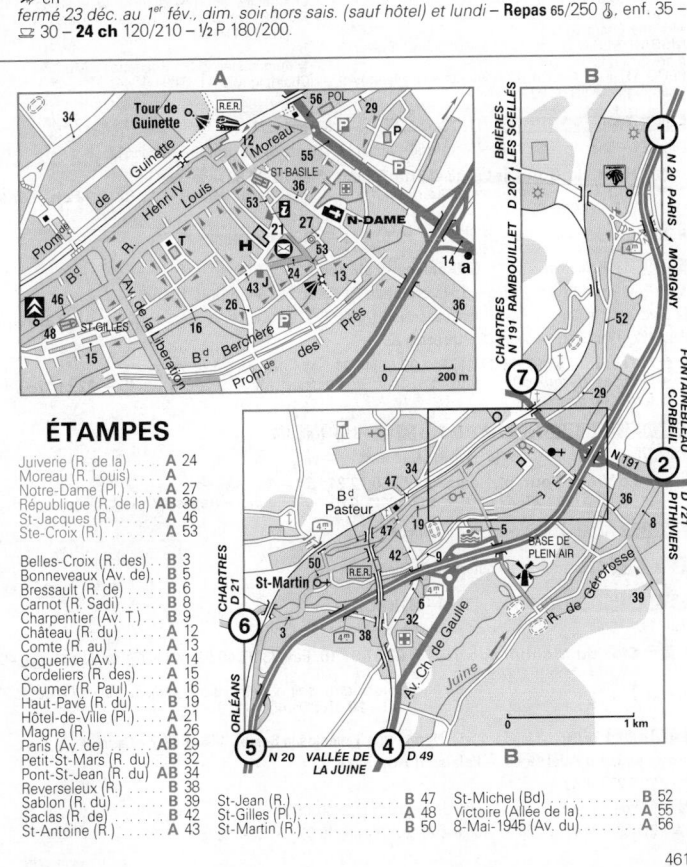

ÉTAMPES

ÉTAMPES ‹☞› **91150** Essonne 🄖🄖 ⑩ 🄧🄥🄖 ㊷ G. Ile de France – 21 457 h alt. 90.

Voir Cathédrale N.-Dame★ A.

🏌 de Belesbat ✆ (1) 69 23 19 10 à Boutigny-s-Essonne : 17 km par ②.

🛈 Office de Tourisme Hôtel Anne-de-Pisseleu ✆ (1) 69 92 69 00 et (1) 69 92 69 13.

Paris 50 ① – Fontainebleau 45 ② – Chartres 57 ⑦ – Évry 35 ① – Melun 45 ③ – ♦Orléans 71 ⑤ – Versailles 51 ①.

Plan page précédente

🏨 **Climat de France** Ⓜ, av. Coquerive ✆ (1) 60 80 04 72, Fax (1) 60 80 04 77, 🍴 – 🆃🆅 ☎
    👌 🅟. 🄰🄴 🄶🄱
                                               A a
    Repas 88/120 👌, enf. 39 – 😑 34 – **44 ch** 304 – ½ P 230.

    à Champigny N : 5 km par Morigny, D 17 et VO – ✉ **91150** Morigny-Champigny :

🏨 **Host. de Villemartin** 🐾, ✆ (1) 64 94 63 54, Fax (1) 64 94 24 68, ≤, « Gentilhommière
    dans un parc », 🍽 – 🆃🆅 ☎ 🅟 – 🛄 30. 🄰🄴 🄸 🄶🄱
    fermé 24 juil. au 22 août, dim. soir et lundi sauf fériés – **Repas** 140/340 👌 – 😑 47 – **14 ch**
    310/490 – ½ P 500.

    à Court-Pain par ② et D 721 : 11 km – ✉ **91690** Fontaine-la-Rivière :

🏨 **Aub. de Courpain,** ✆ (1) 64 95 67 04, Fax (1) 60 80 99 02, 🍴, 🌼 – ☎ 🅟 – 🛄 25. 🄰🄴
    🄶🄱
    fermé 1er fév. au 1er mars – **Repas** 130/180, enf. 65 – 😑 40 – **17 ch** 350/550 – ½ P 350.

    à Ormoy-la-Rivière par ④ et VO : 5 km – ✉ **91150** :

🍴 **Aub. du Vieux Chaudron,** ✆ (1) 64 94 39 46, 🍴 – 🄶🄱
    fermé 1er au 22 août, vacances de fév., dim. soir et lundi – **Repas** 110/195.

CITROEN Sté Ind. Autom., 146 r. St-Jacques
✆ (1) 64 94 01 81 🄽 ✆ (1) 64 95 03 51
FORD G.D.S. Autom., ZI r. des Rochettes à
Morigny-Champigny ✆ (1) 64 94 59 27
NISSAN M.G.C. Autos, N 20 à Morigny-Cham-
pigny ✆ (1) 69 92 93 16
PEUGEOT Gar. Auclert, 12 r. Rochettes à Morigny-
Champigny ✆ (1) 69 92 12 60

RENAULT Gar. du Rempart, RN 20 à Morigny-
Champigny ✆ (1) 64 94 35 45 🄽 ✆ (1) 05 05 15 15
ROVER Gar. St-Pierre, rte de Pithiviers
✆ (1) 64 94 90 00

⓪ Euromaster, ZI 9 r. Rochettes à Morigny-
Champigny ✆ (1) 64 94 94 44

ÉTANG-SUR-ARROUX **71190** S.-et-L. 🄖🄙 ⑦ – 1 835 h alt. 277.

Paris 307 – Chalon-sur-Saône 60 – Moulins 86 – Autun 17 – Decize 66 – Digoin 50 – Mâcon 112.

🍴🍴 **Host. du Gourmet** avec ch, rte Toulon ✆ 85 82 20 88 – ☎. 🄶🄱
✦ fermé janv., dim. soir et lundi sauf juil.-août – **Repas** 75/240 – 😑 32 – **12 ch** 150/205 –
    ½ P 172/202.

RENAULT Gar. des Tuilleries, r. d'Autun ✆ 85 82 21 48 🄽 ✆ 85 82 21 48

ETEL **56410** Morbihan 🄖🄛 ① G. Bretagne – 2 318 h alt. 21.

Voir Rivière d'Etel★ – Site★ de la chapelle St-Cado N : 5 km puis 15 mn.

🛈 Syndicat d'Initiative pl. des Thoniers (saison) ✆ 97 55 23 80, à la Mairie (hors saison) ✆ 97 55 35 19.

Paris 492 – Vannes 37 – Lorient 32 – Quiberon 25.

🏨 **Trianon,** ✆ 97 55 32 41, Fax 97 55 44 71, 🌼 – ✦✦ ch 🆃🆅 ☎ 🅟. 🄶🄱
✦ **Repas** (fermé déc., janv., dim. soir et lundi en fév.) 80/220 – 😑 45 – **22 ch** 280/400 –
    ½ P 300/340.

ÉTOILE-SUR-RHÔNE **26800** Drôme 🄧🄧 ⑫ – 3 504 h alt. 107.

Paris 575 – Valence 13 – Crest 16 – Privas 33.

🍴🍴 **Le Vieux Four,** pl. Centre ✆ 75 60 72 21, 🍴 – 🝙. 🄶🄱. 🍽
    fermé 31 juil. au 21 août, 2 au 8 janv., dim. soir et lundi – **Repas** 92/270 👌.

ÉTOUY 60 Oise 🄖🄖 ① – rattaché à Clermont.

L'ÉTRAT 42 Loire 🄧🄛 ⑲ – rattaché à St-Étienne.

ETRÉAUPONT **02580** Aisne 🄖🄖 ⑯ – 966 h alt. 127.

Paris 182 – St-Quentin 51 – Avesnes-sur-Helpe 25 – Hirson 15 – Laon 42.

🏨 **Clos du Montvinage,** N 2 ✆ 23 97 91 10, Fax 23 97 48 92, 🌼 – 🆃🆅 ☎ 👌 🅟 – 🛄 40. 🄰🄴
    🄸 🄶🄱. 🍽 ch
    fermé 7 au 25 août, 24 fév. au 1er mars, dim. soir et lundi midi – **Aub. du Val de l'Oise** ✆ 23 97
    40 18 **Repas** 85/230, enf. 65 – 😑 49 – **20 ch** 285/450 – ½ P 300/410.

ÉTRETAT **76790** S.-Mar. 🄖🄘 ⑪ G. Normandie Vallée de la Seine – 1 565 h alt. 7 – Casino A.

Voir Falaise d'Aval★★★ A – Falaise d'Amont★★ B.

🏌 ✆ 35 27 04 89 A.

🛈 Office de Tourisme pl. M.-Guillard (mars-oct.) ✆ 35 27 05 21.

Paris 211 ③ – ♦Le Havre 28 ④ – Bolbec 26 ③ – Fécamp 16 ② – ♦Rouen 88 ②.

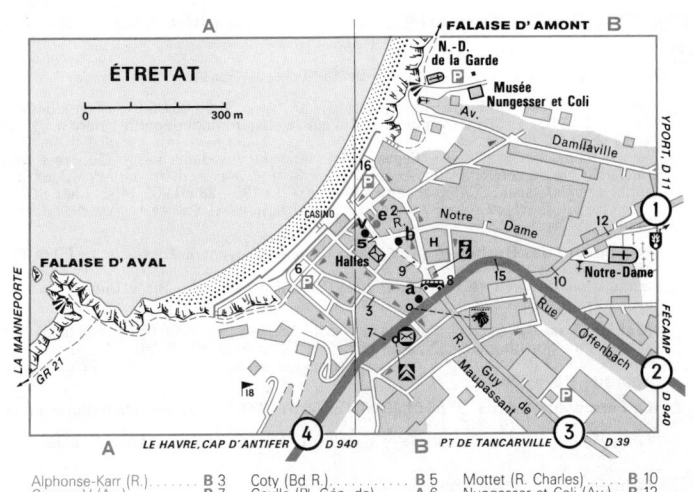

ÉTRETAT

FALAISE D'AMONT
N.-D. de la Garde
Musée Nungesser et Coli
FALAISE D'AVAL
LA MANNEPORTE
LE HAVRE, CAP D'ANTIFER — D 940 — PT DE TANCARVILLE — D 39

Alphonse-Karr (R.) .... **B** 3
George-V (Av.) .... **B** 7
Abbé-Cochet (R. de l') ... **B** 2
Coty (Bd R.) .... **B** 5
Gaulle (Pl. Gén.-de) .... **A** 6
Guillard (Pl. Maurice) ... **B** 8
Monge (R.) .... **B** 9
Mottet (R. Charles) ..... **B** 10
Nungesser-et-Coli (Av.) . **B** 12
Verdun (Av. de) .... **B** 15
Victor-Hugo (Pl.) .... **B** 16

🏠 **Falaises** sans rest, bd R. Coty ℘ 35 27 02 77 – 📺 ☎   B **v**
  ⌧ 30 – **24 ch** 280/390.

🏠 **Normandie**, pl. Foch ℘ 35 27 06 99, Fax 35 27 69 51 – ☎. AE GB   B **b**
  fermé 15 nov. au 20 déc. – **Repas** 95/235 ⅄ – ⌧ 35 – **17 ch** 220/350 – ½ P 235/300.

⚐ **Poste**, av. George V ℘ 35 27 01 34, Fax 35 27 76 28 – 📺 ☎. GB   B **a**
↟ *fermé 12 au 30 nov., 6 au 20 janv., dim.soir et lundi sauf vacances scolaires* – **Repas** 75/105
  ⅄, enf. 45 – ⌧ 28 – **18 ch** 180/250 – ½ P 240.

XX **Galion**, bd R. Coty ℘ 35 29 48 74 – GB   B **e**
  fermé 4 au 16 déc., 15 janv. au 15 fév., jeudi midi et merc. sauf vacances scolaires – **Repas**
  115/220.

  au Tilleul SO : 3 km par ④ et D 940 alt. 110 – ⊠ **76790** Étretat :

🏠 **St-Christophe** M sans rest, ℘ 35 28 84 29, Fax 35 28 84 30 – 📺 ☎ &. GB. ⅍
  ⌧ 35 – **21 ch** 280/320.

CITROEN Gar. Enz. ℘ 35 27 04 69   PEUGEOT Gar. Capron, ℘ 35 27 03 98

EU 76260 S.-Mar. 52 ⑤ G. Normandie Vallée de la Seine (plan) – 8 344 h alt. 17.

Voir Église Notre-Dame et St-Laurent★ – Mausolées★ dans la chapelle du Collège.

🛈 Office de Tourisme 41 r. P.-Bignon ℘ 35 86 04 68, Fax 35 50 16 03.

Paris 166 – ◆Amiens 77 – Abbeville 32 – Blangy-sur-Bresle 21 – Dieppe 31 – ◆Rouen 88 – Le Tréport 3.

🏛 **Pavillon de Joinville** ⚘, O : 1 km par D 1915 ℘ 35 86 24 03, Fax 35 50 27 37, 🏤, parc,
  🛋, ⌇, 🏊, ⅍ – 📺 ☎ ❷ – 🔬 30 à 100. AE ⓪ GB. ⅍ rest
  Repas *(fermé 19 nov. au 10 déc., 7 janv. au 26 mars, dim. soir et lundi de sept. à mai)* 100
  (déj.), 185/260 – ⌧ 80 – **24 ch** 560/880 – ½ P 493/680.

🏠 **La Cour Carrée** M sans rest, Le Briquet, SO : 2 km par rte Dieppe ℘ 35 50 60 60,
  Fax 35 50 60 61 – ⅍ ch 📺 ☎ & ❷ – 🔬 90. AE ⓪ GB
  ⌧ 55 – **28 ch** 280/370.

🏠 **Gare**, 20 pl. Gare ℘ 35 86 16 64, Fax 35 50 86 25 – 📺 ☎ ❷. AE GB JCB
  fermé dim. soir – **Repas** 80 (déj.)/190 ⅄ – ⌧ 32 – **22 ch** 250/280 – ½ P 280.

CITROEN Gar. Amand, 18 pl. Gén.-de-Gaulle
℘ 35 86 00 89
PEUGEOT Gar. Laffille, rte de Mers ℘ 35 86 56 44
RENAULT Carrosserie Eudoise, ZI rte de Mers
℘ 35 86 11 44 N ℘ 35 86 38 50
RENAULT Hardy, 2 bis r. Ch.-de-Gaulle à Gamaches (80) ℘ 22 30 92 78

Gar. Vassard, 22 r. des Belges ℘ 35 86 34 16 N
℘ 35 86 33 04

🛞 Comptoir du Caoutchouc, 91 r. Ch.-de-Gaulle à
Gamaches (80) ℘ 22 26 11 23
Marsat Pneus, 7 r. des Belges ℘ 35 86 29 12

🛈 Office de Tourisme (fév.-déc.) ℘ 58 51 13 16.

Paris 731 – Mont-de-Marsan 25 – Aire-sur-l'Adour 12 – Dax 68 – Orthez 53 – Pau 54.

⛉ ✿✿✿ **Les Prés d'Eugénie** (Guérard) Ⓜ ⌖, ℘ 58 05 06 07, Télex 540470, Fax 58 51 13 59, ≤, 🍴, « Demeure du 19e siècle élégamment décorée - parc », ⚊, ⚲ – 🛗 🄣 ☎ 🄿 🄰🄴 🇴 GB. ⚞
fermé début déc. à mi-fév. – **Repas** (menus minceur, résidents seul.) 320 - *rest. Michel Guérard* (nbre de couverts limité-prévenir) *(fermé jeudi midi et merc. sauf du 12 juil. au 11 sept. et fériés)* **Repas** 390/650 et carte 440 à 570 – ☲ 100 – **28 ch** 900/1450, 7 appart
Spéc. Langoustines en friture légère. Braisade de jarret de veau de sept heures. Soufflé à la pomme et citron vert. **Vins** Tursan blanc, Côtes de Gascogne.

Le Couvent des Herbes Ⓜ ⌖, ≤, parc, « Ancien couvent du 18e siècle » – 🄣 ☎ 🄿. 🄰🄴 🇴 GB. ⚞ rest
fermé début déc. à mi-fév. – **Repas** voir *Les Prés d'Eugénie* et rest. *Michel Guérard* – ☲ 100 – **5 ch** 1450/1650, 3 appart.

⛉ **Maison Rose** Ⓜ ⌖ (voir aussi rest. Michel Guérard), ℘ 58 05 05 05, Fax 58 51 13 59, « Ambiance guesthouse », ⚊, 🌱 – cuisinette 🄣 ☎ 🕭 🄿. 🄰🄴 🇴 GB. ⚞ rest
fermé 3 au 23 déc. et janv. à mi-fév. – **Repas** (résidents seul.) – ☲ 70 – **27 ch** 450/550, 5 appart – P 575/750.

✕ **La Ferme aux Grives,** ℘ 58 51 19 08, Fax 58 51 13 59, « Reconstitution d'une auberge de village », 🌱 – 🄿. GB
fermé janv. à début fév., lundi soir et mardi du 12 sept. au 11 juil. sauf fériés – **Repas** 170.

Voir Lac Léman★★★.

🏌 Royal Club Evian ℘ 50 75 46 66, SO : 2,5 km.

🚗 ℘ 50 66 50 50.

🛈 Office de Tourisme pl. d'Allinges ℘ 50 75 04 26, Fax 5O 75 61 08.

Paris 578 ③ – Thonon-les-Bains 9 ③ – Annecy 83 ③ – Chamonix-Mont-Blanc 108 ③ – ◆Genève 46 ③ – Montreux 37 ①.

Plan page ci-contre

🏰 **Royal** ⌖, ℘ 50 26 85 00, Télex 385759, Fax 50 75 61 00, ≤ lac et montagnes, 🍴, parc, ℐ₆, ⚊, 🔲, ⚲ – 🛗 🄣 ☎ 🄿 – 🕍 50. 🄰🄴 🇴 GB JCB. ⚞ rest   C **z**
fermé 1er déc. au 15 fév. – **Le Café Royal** : **Repas** 340 – ☲ 95 – **127 ch** 1670/2900, 29 appart – ½ P 1190/1690.

🏰 **La Verniaz et ses Chalets** ⌖, rte Abondance ℘ 50 75 04 90, Fax 50 70 78 92, 🍴, parc, « Chalets isolés dans la verdure : jolie vue, ⚊ », ⚲ – 🛗 🄣 ☎ 🄿. 🄰🄴 🇴 GB   C **q**
fermé fin nov. à début fév. – **Repas** 200/320 – ☲ 70 – **35 ch** 750/1000, . 5 chalets – ½ P 730/900.

🏰 **Ermitage** ⌖, ℘ 50 26 85 00, Télex 385759, Fax 50 75 61 00, ≤ lac et montagnes, 🍴, parc, ℐ₆, 🔲, ⚲ – 🛗 🄣 ☎ 🕭 🄿 – 🕍 200. 🄰🄴 🇴 GB JCB. ⚞ rest   C **a**
fermé 1er déc. au 15 fév. – **Le Gourmandin** : **Repas** 170/340, enf. 60 – ☲ 90 – **79 ch** 1230/2240, 12 appart – ½ P 1140/1340.

🏨 **Bourgogne,** pl. Charles Cottet ℘ 50 75 01 05, Fax 50 75 04 05, ℐ₆ – 🛗 🄣 ☎. 🄰🄴 🇴 GB   B **d**
Repas *(fermé 1er nov. au 15 déc., dim. soir et lundi sauf juil.-août)* 145/300 – **Brasserie :** **Repas** 68/95 ⚘ – ☲ 39 – **31 ch** 480/520.

🏨 **Le Littoral** Ⓜ sans rest, quai Baron de Blonay ℘ 50 75 64 00, Fax 50 75 30 04, ≤, ℐ₆ – 🛗 🄣 ☎ 🕭. 🄰🄴 🇴 GB   B **e**
fermé 22 janv. au 6 fév. – ☲ 39 – **30 ch** 410/510.

🏨 **Savoy H.** Ⓜ, 17 quai Ch. Besson ℘ 50 70 70 81, Fax 50 75 68 07, ≤ – 🛗 🄣 ☎ 🕭. 🄰🄴 🇴 GB JCB   B **r**
Repas 120/170 ⚘ – ☲ 55 – **24 ch** 600/650 – ½ P 700/750.

🏨 **Bellevue,** face au Port ℘ 50 75 01 13, Fax 50 75 17 77, ≤, 🌱 – 🛗 🄣 ☎. 🄰🄴 GB. ⚞ rest   C **f**
hôtel : mai-oct. ; rest. : juin-sept. – **Repas** 110/170 ⚘ – ☲ 35 – **50 ch** 400/600 – ½ P 450.

🏠 **France** Ⓜ sans rest, 59 r. Nationale ℘ 50 75 00 36, Fax 50 75 32 47, 🌱 – 🛗 🄣 ☎ – 🕍 30. 🄰🄴 🇴 GB   B **a**
fermé 19 nov. au 10 déc. – ☲ 30 – **46 ch** 290/420.

🏠 **Continental** sans rest, 65 r. Nationale ℘ 50 75 37 54, Fax 50 75 31 11 – 🛗 ☎. 🄰🄴 🇴 GB. ⚞   B **m**
☲ 30 – **32 ch** 260/320.

ÉVIAN-LES-BAINS

Libération (Pl. de la) . . . . C 6
Nationale (Rue) . . . . B 9
Blonay (Q. Baron de) . . . . B
Dupas (Av. Gén.) . . . . A
Folliet (R. Gaspard) . . . . B 3
Gare (Av. de la) . . . . A
Grottes (Av. des) . . . . C 4
Jean-Jaurès (Bd) . . . . ABC
Larringes (Av. de) . . . . AB 5
Monnaie (R. de la) . . . . B 7
Narvik (Av. de) . . . . B 8
Neuvecelle (Av. de) . . . . C 10
Port (Pl. du) . . . . C 12
Sources (Av. des) . . . . B

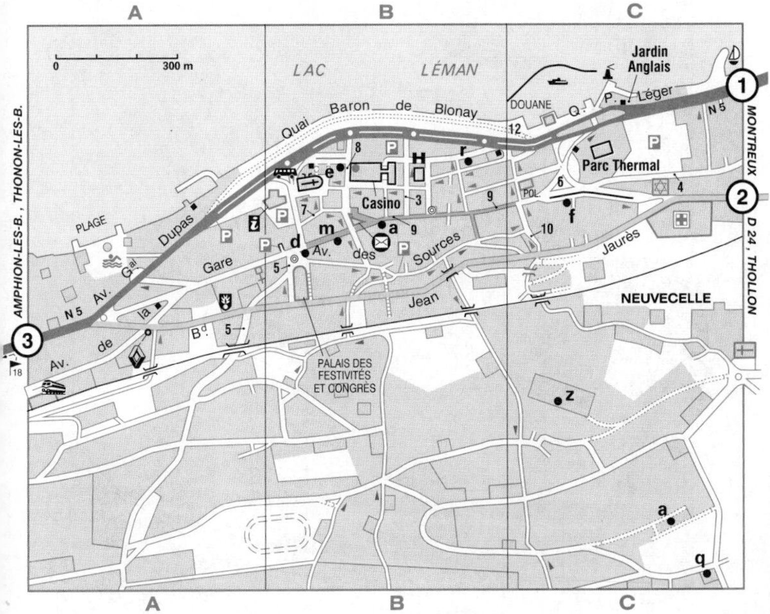

ⅩⅩⅩⅩ ⚘ **La Toque Royale,** au Casino ✆ 50 75 03 78, Fax 50 75 48 40, ≤, ☂ – ▤ Ⓟ. AE ⓓ GB JCB. ⚘ B
Repas 190 (déj.), 280/550 et carte 320 à 430
Spéc. Omble fumé aux écrevisses pattes rouges (avril à nov.). Omble chevalier doré en "matouille" de girolles (juil. à nov.). Pomme de ris de veau rissolée, tartifle aux oignons doux. **Vins** Ripaille, Roussette de Savoie.

à Grande-Rive par ① : 2 km :

Panorama, ✆ 50 75 14 50, Fax 50 75 59 12, ≤, ☂ – TV ☎. AE GB. ⚘ ch
30 avril-1er oct. – **Repas** 70/170, enf. 50 – ☕ 35 – **29 ch** 330 – ½ P 250/285.

rte de Thollon par ② : 7 km – alt. 825 – ✉ **74500** Évian-les-Bains :

⚘ **Les Prés Fleuris sur Evian** (Frossard) ⚘, ✆ 50 75 29 14, Fax 50 70 77 75, ≤ lac et montagnes, ☂, parc – TV ☎ Ⓟ. AE GB JCB. ⚘ rest
mi-mai-début oct. – **Repas** (nombre de couverts limité - prévenir) 260/400 et carte 350 à 470 – ☕ 80 – **12 ch** 1300 – ½ P 1100
Spéc. Fricassée de champignons des bois (saison). Omble chevalier beurre blanc. Volaille de Bresse à la crème d'estragon.

FIAT Impérial-Gar., 9 av. d'Abondance ✆ 50 75 01 90
RENAULT Gar. Sautenet, av. Gare ✆ 50 75 00 32
ROVER Gar. Giroud, Petite-Rive à Maxilly-sur-Léman ✆ 50 75 13 00
V.A.G Évian Automobiles, 18 bd Jean-Jaurès ✆ 50 75 13 99

ÉVISA **2A** Corse-du-Sud 90 ⑮ – voir à Corse.

ÉVREUX P **27000** Eure 55 ⑯ ⑰ **G. Normandie Vallée de la Seine** – 49 103 h alt. 65.
Voir Cathédrale★ BZ – Châsse★★ dans l'église St-Taurin AZ – Musée★★ BZ **M.**
⛳ ✆ 32 39 66 22 à l'hippodrome, 3 km par ④.
ℹ Office de Tourisme 1 pl. Gén.-de-Gaulle ✆ 32 24 04 43 – A.C.O. 6 r. Borville-Dupuis ✆ 32 33 03 84.
Paris 102 ② – ◆Rouen 53 ① – Alençon 116 ③ – Beauvais 99 ② – ◆Caen 130 ④ – Chartres 77 ③ – ◆Le Havre 120 ④ – Lisieux 73 ④.

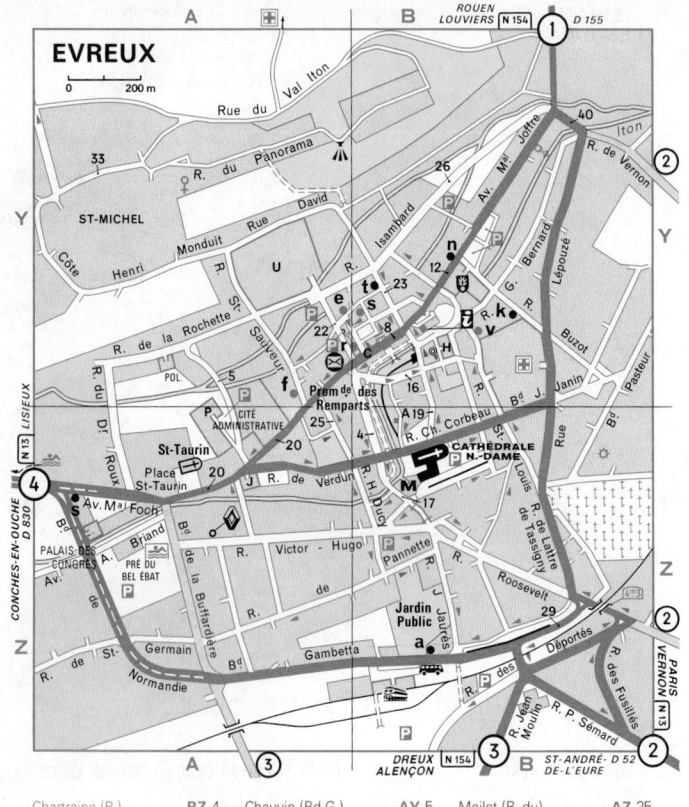

EVREUX

0   200 m

Mercure Ⓜ, bd Normandie ℰ 32 38 77 77, Télex 770495, Fax 32 39 04 53 – 🛗 ⇔ ch ▤ 📺 ☎ 🕭 ⇔ 🅿 – 🔏 90. 🖭 ⓪ 🌐
AZ **s**
Repas 95, enf. 39 – 🖵 50 – **60 ch** 390.

L'Orme Ⓜ 🦢 sans rest, 13 r. Lombards ℰ 32 39 34 12, Fax 32 33 62 48 – 🛗 📺 ☎ 🕭 – 🔏 40. 🖭 ⓪ 🌐
BY **t**
🖵 35 – **55 ch** 290/350, 6 appart.

Normandy, 37 r. E. Feray ℰ 32 33 14 40, Fax 32 31 24 74 – 📺 ☎ 🅿 – 🔏 40. 🖭 🌐
BY **n**
Repas (fermé 7 au 21 août et dim. sauf fêtes) 90/220 ⅞ – 🖵 38 – **25 ch** 330/380 – ½ P 280/340.

Hospitel, 4 r. Buzot ℰ 32 29 45 00, Fax 32 33 42 40, 🏋 – 🛗 📺 ☎ 🕭 ⇔ 🅿 – 🔏 100. 🖭 ⓪ 🌐
BY **k**
Repas (fermé sam. et dim.) 60/80 ⅞ – 🖵 29 – **72 ch** 240/330 – ½ P 180.

Gambetta sans rest, 61 bd Gambetta ℰ 32 33 37 71, Fax 32 33 37 82 – 📺 ☎ 🅿. ⓪ 🌐
BZ **a**
🖵 30 – **32 ch** 195/250.

France avec ch, 29 r. St Thomas ℰ 32 39 09 25, Fax 32 38 38 56 – 📺 ☎. 🖭 ⓪ 🌐. 🛇 ch
AY **e**
Repas (fermé dim. soir et lundi) 145/190 – 🖵 34 – **15 ch** 265/340 – ½ P 285.

Vieille Gabelle, 3 r. Vieille Gabelle ℰ 32 39 77 13 – 🌐
BY **s**
fermé dim. soir et lundi – **Repas** 69/250.

Le Français, pl. Clemenceau (marché) ℰ 32 33 53 60, Fax 32 38 60 17 – 🖭 ⓪ 🌐 🗂 JCB
ABY **r**
Repas 69/155 ⅞, enf. 39.

✗ **Le Bretagne,** 3 r. St-Louis ℰ 32 39 27 38, Fax 32 39 62 63 – ⬛ ⓪ ⬛ BY **v**
➤ *fermé 1ᵉʳ au 22 août, vacances de fév., merc. soir, dim. soir et lundi* – **Repas** 54 (déj.), 69/148 ⬕, enf. 42.

✗ **La Gazette,** 7 r. St-Sauveur ℰ 32 33 43 40 – ⬛ AY **f**
fermé dim. sauf le midi de sept. à juin – **Repas** 108/155.

à Parville par ④ : 4 km – 3 400 h. – ⬛ **27180** :

✗✗✗ ❀ **Aub. de Parville,** rte Lisieux ℰ 32 39 36 63, Fax 32 33 22 76, 🍴 – ⓟ. ⬛ ⬛
fermé dim. soir et lundi – **Repas** 160/315 et carte 300 à 380
Spéc. Fraîcheur de homard à l'escargot (juil. à sept.). Noix de ris de veau braisé au cidre (juil. à sept.). Larmes glacées à l'ananas (juil. à sept.).

BMW Gar. du Stade, r. Gay Lussac Z.Ind.1
ℰ 32 33 44 50 ⬛ ℰ 05 00 16 24
CITROEN Succursale, 81 rte d'orléans par ③
ℰ 32 23 35 46 ⬛ ℰ 32 23 10 24
FIAT Normandy-Gar., rte d'Orléans à Angerville-la-Campagne ℰ 32 28 81 31
FORD Gar. Hôtel de Ville, 4 r. G.-Bernard
ℰ 32 39 58 63
MERCEDES, BENZ A.M.E., à Angerville
ℰ 32 28 27 45
OPEL Autom. de la Madeleine, Ch. communal
n° 28 à Angerville-la-Campagne ℰ 32 23 03 03

PEUGEOT Gar. de l'Ouest, N 154 Caer à Norman-ville ℰ 32 29 17 18 ⬛ ℰ 05 44 24 24
RENAULT Succursale, 2 r. Jacquard, ZI n° 2 par ③
ℰ 32 23 32 32 ⬛ ℰ 32 31 93 85

◍ Gar. Carrère, 16 bis r. Lepouze ℰ 32 39 33 49
Marsat-Pneus, 54 av. Foch ℰ 32 33 42 43
Sube Pneurama-Point S, 1 r. Cocherel
ℰ 32 39 09 86

▰▰ **ÉVRON** 53600 Mayenne ⬛ ⑪ **G. Normandie Cotentin** – 6 904 h alt. 114.

Voir Basilique★ : chapelle N.-D.-de l'Épine★★.

🛈 Office de Tourisme pl. Basilique ℰ 43 01 63 75.

Paris 256 – ◆ Le Mans 57 – Alençon 56 – La Ferté-Bernard 107 – La Flèche 67 – Laval 34 – Mayenne 24.

🏠 **Gare,** pl. Gare ℰ 43 01 60 29, Fax 43 37 26 53 – ⬛ ☎. ⬛
➤ **Repas** 78/138 ⬕, enf. 50 – ⬛ 28 – **8 ch** 209/231 – ½ P 220/240.

à Mézangers NO : 7 km par rte Mayenne – ⬛ **53600** .

Voir Château du Rocher★ 30 mn.

🏨 **Relais du Gué de Selle** ⟨⟩, ℰ 43 90 64 05, Fax 43 90 60 82, ≤, ⅃♣, ♨, 🌳 – ⬛ ☎ ⅄ ⓟ
– ⚄ 60. ⬛ ⓪ ⬛
fermé 23 déc. au 7 janv., 15 fév. au 2 mars, dim. soir et lundi d'oct. à avril – **Repas** 96/237, enf. 41 – ⬛ 43 – **25 ch** 290/463, 7 duplex – ½ P 250/330.

V.A.G Gar. Chauvat, ℰ 43 01 60 44 ⬛ ℰ 43 01 60 44

▰▰ **ÉVRY CORBEIL-ESSONNES** 91 Essonne ⬛ ① ⬛ ㉜ ⬛ ㊲.

Plan page suivante

▰▰ **Corbeil-Essonnes** 91 – 40 345 h alt. 38 – ⬛ **91100** .
🏌 St-Pierre-du-Perray ℰ (1) 60 75 17 47, NE : 5 km ; 🏌 Green-Parc à St-Pierre-du-Perray ℰ (1) 60 75 40 60.

🛈 Office de Tourisme 4 pl. Vaillant-Couturier ℰ (1) 64 96 23 97.

Paris 39 – Fontainebleau 32 – Chartres 85 – Créteil 25 – Étampes 41 – Melun 18 – Versailles 44.

🏠 **Campanile,** par ⑤ et D 26 rte de Lisses : 1,5 km - av. P. Maintenant ℰ (1) 60 89 41 45, Fax (1) 60 88 17 74, 🍴 – ⅄ ch ⬛ ☎ ⅄ ⓟ – ⚄ 25. ⬛ ⓪ ⬛
Repas 82 bc/105 bc, enf. 39 – ⬛ 30 – **79 ch** 270.

✗✗✗ **Aux Armes de France** avec ch, 1 bd J. Jaurès ℰ (1) 64 96 24 04, Fax (1) 60 88 04 00 –
⬛ ☎ ⓟ. ⬛ ⓪ ⬛ ⬛ AZ **a**
fermé août – **Repas** *(fermé dim. soir)* 118/325 et carte 290 à 390 – ⬛ 30 – **11 ch** 170/210 – ½ P 250.

au Coudray-Montceaux SE : 5 km par bord de Seine – ⬛ **91830** :

🏨 **Mercure** Ⓜ ⟨⟩, rte Milly-la-Forêt sur D 948 : 1 km ℰ (1) 64 99 00 00, Télex 603696, Fax (1) 64 93 95 55, 🍴, « Parc avec aménagements sportifs », ⅃♣, ♨, ⅀ – 🛗 ⅄ ch ⬛ ☎ ⅄ ⓟ – ⚄ 100. ⬛ ⓪ ⬛
Repas carte environ 200, enf. 50 – ⬛ 57 – **125 ch** 595.

✗✗ **Aub. du Barrage,** par bord de Seine - 40 ch. Halage ℰ (1) 64 93 81 16, Fax (1) 69 90 41 32, ≤, 🍴 – ▦. ⬛ ⓪ ⬛ ⬛
fermé 1ᵉʳ au 14 mars, 16 oct. au 7 nov., dim. soir et lundi – **Repas** 140/260.

à Lisses par ⑤, D 26 et D 153 : 4 km – ⬛ **91090** :

🏨 **Léonard de Vinci** Ⓜ, av. Parcs ℰ (1) 64 97 66 77, Fax (1) 64 97 59 21, 🍴, ⅃♣, ⅀, ⅀ –
➤ 🛗 ⅄ ch, ▦ rest ⬛ ☎ ⅄ ⓟ – ⚄ 50. ⬛ ⬛
Repas 70/220 ⬕ – ⬛ 49 – **76 ch** 450/500 – ½ P 319.

CITROEN Evry-Corbeil Auto, 33 av. du 8 Mai 45
ℰ (1) 60 21 10 ⬛ ℰ (1) 05 05 24 24
PEUGEOT Gar. Desrues, 29 bd J.-Kennedy par ④
ℰ (1) 60 88 20 90

RENAULT Gd Gar. Féray, 46 av. 8 Mai 1945 par ⑤
N 446 ℰ (1) 60 90 50 50 ⬛ ℰ (1) 05 05 15 15

◍ Coursaux Pneus, 116 bd J.-Kennedy
ℰ (1) 60 88 07 09

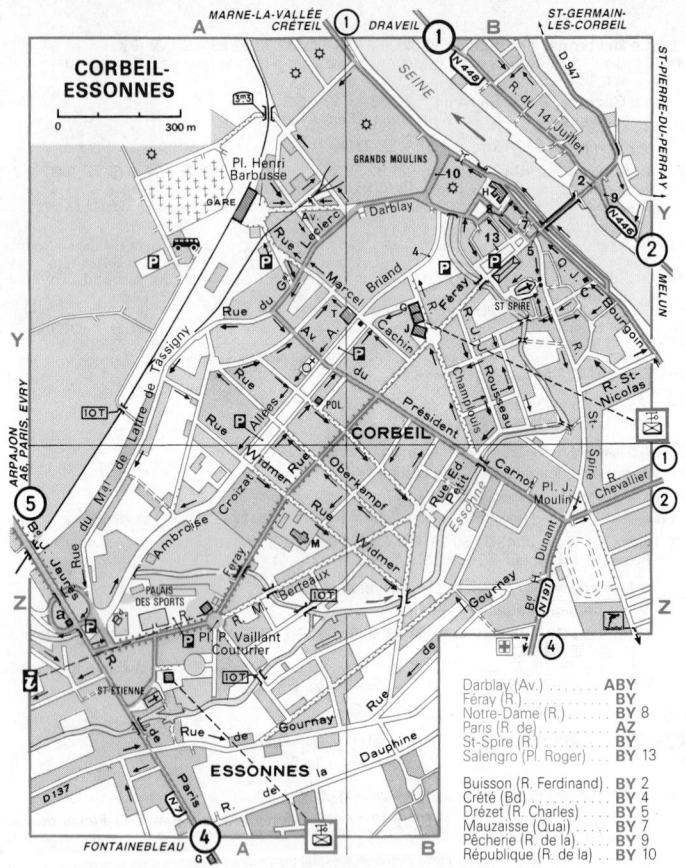

CORBEIL-ESSONNES

0   300 m

MARNE-LA-VALLÉE / CRÉTEIL — DRAVEIL — ST-GERMAIN-LES-CORBEIL

SEINE

GRANDS MOULINS

CORBEIL

ESSONNES

FONTAINEBLEAU

Darblay (Av.)	....	**ABY**
Féray (R.)	....	**BY**
Notre-Dame (R.)	.....	**BY** 8
Paris (R. de)	....	**AZ**
St-Spire (R.)	....	**BY**
Salengro (Pl. Roger)	...	**BY** 13
Buisson (R. Ferdinand).	**BY** 2
Crété (Bd)	....	**BY** 4
Drézet (R. Charles)	....	**BY** 5
Mauzaisse (Quai)	.....	**BY** 7
Pêcherie (R. de la)	....	**BY** 9
République (R. de la)	..	**BY** 10

Évry 🅿 Ⓜ G. Ile de France – 45 531 h alt. 55 – ⌧ **91000** .

🛵 🗼 du Coudray 𝒫 (1) 64 93 81 76, par ④ : 7,5 km.

🗓 Office de Tourisme 23 cours Blaise Pascal 𝒫(1) 60 78 79 99.

Paris 34 – Chartres 80 – Créteil 31 – Étampes 36 – Melun 23 – Versailles 39.

🏩 **Adagio** Ⓜ, 52 bd Coquibus 𝒫 (1) 69 47 30 00, Fax (1) 69 47 30 10 – 🛗 ╪ ch 🆃🆅 ☎ & 🅿 – 🔏 120. 🆎 ⓞ ⒼⒷ
Repas *(fermé dim. midi, vend. soir et sam.)* 125/165 ⅊ – ⌼ 60 – **114 ch** 475/530 – ½ P 385.

🏩 **Novotel** Ⓜ, Z.I. Évry, quartier Bois Briard 𝒫 (1) 69 36 85 00, Télex 600685, Fax (1) 69 36 85 10, 😊, ⚓, 🖼 – 🛗 ╪ ch 🆃🆅 ☎ 🅿 – 🔏 250. 🆎 ⓞ ⒼⒷ
Repas carte environ 170 ⅊, enf. 50 – ⌼ 50 – **174 ch** 440/470.

🏠 **Ibis**, Z.I. Évry, quartier Bois Briard 𝒫 (1) 60 77 74 75, Fax (1) 60 78 06 03 – 🛗 ╪ ch 🆃🆅 ☎ & 🅿 – 🔏 100. 🆎 ⒼⒷ
Repas 95 bc/150 bc, enf. 39 – ⌼ 34 – **132 ch** 310.

RENAULT Gar. de l'Agora, à Courcouronnes par ⑤ 𝒫 (1) 64 97 94 95

Ⓜ Vaysse, Angle RN 7, bd Champs Elysées 𝒫 (1) 60 77 19 39

EXCENEVEX 74140 H.-Savoie 🐓 ⑰ G. Alpes du Nord – 657 h alt. 375.

🗓 Office de Tourisme (fermé après-midi) 𝒫 50 72 89 22.

Paris 568 – Thonon-les-Bains 13 – Annecy 73 – Bonneville 44 – Douvaine 10 – ✦Genève 31.

🏠 **Plage** ➤, 𝒫 50 72 81 12, Fax 50 72 93 44, ≼, 😊, ▲⋄, 🖼 – ☎ 🅿 ⒼⒷ ※
1ᵉʳ avril-15 nov. – **Repas** 95/170, enf. 60 – ⌼ 32 – **22 ch** 200/250 – ½ P 260/275.

EXCIDEUIL 24160 Dordogne 📷 ⑥ ⑦ G. Périgord Quercy – 1 414 h alt. 150.

Env. Château de Hautefort★★ : charpente★★ de la tour du Sud-Ouest, NO : 16,5 km.

Paris 463 – Brive-la-Gaillarde 63 – ◆Limoges 66 – Périgueux 35 – Thiviers 19.

　　X　　**Le Rustic,** 🖉 53 62 42 35, 🍽 – GB
　　　　fermé 25 déc. au 1ᵉʳ janv., vacances de fév., lundi sauf le midi en juil.-août et dim. soir sauf
　　　　en sept. – **Repas** 70 (déj.), 110/180 ♦, enf. 50.

EYBENS 38 Isère 📷 ⑤ – rattaché à Grenoble.

EYGALIÈRES 13810 B.-du-R. 📷 ① G. Provence – 1 594 h alt. 105.

Paris 705 – Avignon 26 – Cavaillon 13 – ◆Marseille 76 – St-Rémy-de-Provence 11 – Salon-de-Provence 27.

　　🏛🏛　**Mas de la Brune** �});, rte St-Rémy par D 74ᴬ : 1,5 km 🖉 90 95 90 77, Fax 90 95 99 21, ≤,
　　　　🍽, « Belle demeure du 16ᵉ siècle, parc, 🏊 » – ▤ ch 🚪 ☎ 🅿, 🍽 rest
　　　　14 avril-8 oct. – **Repas** (fermé mardi) (dîner seul.)(résidents seul.) – **9 ch** (½ pens. seul.) –
　　　　½ P 1025/1220.

　　🏛　　**La Bastide** M �)) sans rest, rte Orgon (D 24ᴮ) et chemin privé : 1 km 🖉 90 95 90 06,
　　　　Fax 90 95 90 06, ≤, 🏊, 🌿 – ▤ 🚪 ☎ 🅿, ⅀ GB
　　　　⚃ 45 – **12 ch** 380/450.

　　🏛　　**Crin Blanc** 🌍, rte Orgon (D 24ᴮ) : 3 km 🖉 90 95 93 17, Fax 90 90 60 62, ≤, 🍽, 🏊, 🌿,
　　　　🍽 – ☎ 🅿, GB. 🍽
　　　　16 mars-15 nov. et 25 déc.-3 janv. – **Repas** (fermé lundi) 150/240 – ⚃ 45 – **10 ch** 400 –
　　　　½ P 395.

　　🏛　　**Mas Dou Pastre** sans rest, rte Orgon (D 24ᴮ) : 1,5 km 🖉 90 95 92 61, Fax 90 90 61 75,
　　　　🏊, 🌿 – 🚪 ☎ 🅿, GB. 🍽
　　　　fermé 5 janv. au 10 fév. – ⚃ 45 – **8 ch** 300/550.

EYGUIÈRES 13430 B.-du-R. 📷 ① G. Provence – 4 481 h alt. 90.

🅱 Office de Tourisme, pl. Hôtel de Ville 🖉 90 59 82 44 et Mairie 🖉 90 57 90 08.

Paris 717 – Avignon 38 – Aix-en-Provence 46 – Arles 40 – Istres 23 – ◆Marseille 64.

　　X　　**Relais du Coche,** pl. Monier 🖉 90 59 86 70, 🍽, « Anciennes écuries » – ⅀ GB
　　　　fermé 2 au 10 juin. et lundi sauf fériés – **Repas** 100 (déj.)/148.

EYMOUTIERS 87120 H.-Vienne 📷 ⑲ G. Berry Limousin – 2 441 h alt. 417.

Voir Croix reliquaire★ dans l'église.

Paris 419 – ◆Limoges 42 – Aubusson 55 – Guéret 64 – Tulle 71 – Ussel 70.

　　XX　**Pré l'Anneau,** Pont de Nedde 🖉 55 69 12 77, 🍽, 🌿 – 🅿, GB. 🍽
　　　　fermé 15 nov. au 15 déc., dim. soir et lundi – **Repas** 100/160 ♦.

FORD Gar. Memery, 5 rte de Limoges　　　　　　RENAULT Gar. Coignac, av. de la Paix
🖉 55 69 11 13　　　　　　　　　　　　　　　🖉 55 69 14 73
PEUGEOT Gar. Chemartin, 1 promenade des Sports
🖉 55 69 14 79

Les EYZIES-DE-TAYAC 24620 Dordogne 📷 ⑯ G. Périgord Quercy – 853 h alt. 74.

Voir Musée national de Préhistoire★★ – Grotte du Grand Roc★★ : ≤★ – Grotte de Font-de-
Gaume★.

🅱 Office de Tourisme pl. Mairie (15 mars-oct.) 🖉 53 06 97 05, Fax 53 06 90 79.

Paris 522 – Périgueux 45 – Sarlat-la-Canéda 20 – Brive-la-Gaillarde 62 – Fumel 62 – Lalinde 36.

　　🏛🏛　🌸🌸 **Centenaire** (Mazère) M (annexe 🌍, ≤ site des Eyzies), 🖉 53 06 97 18,
　　　　Fax 53 06 92 41, 🍽, « Bel aménagement intérieur », 🅵🆅, 🏊, 🌿 – ▤ ch 🚪 ☎ 🅿, ⅀ ⓪
　　　　GB JCB
　　　　début avril-début nov. – **Repas** (fermé mardi midi sauf fériés) 150 (déj.), 275/500 et carte 370
　　　　à 490 – ⚃ 80 – **20 ch** 450/700, 4 appart – ½ P 565/820
　　　　Spéc. Risotto aux truffes et langoustines rôties. Terrine chaude de cèpes. Steak d'oie "Rossini" et gratin de macaroni au
　　　　vieux cantal. **Vins** Bergerac, Montravel.

　　🏛🏛　**Cro-Magnon,** 🖉 53 06 97 06, Fax 53 06 95 45, 🍽, exposition d'objets archéologiques,
　　　　« Jardin et piscine » – ☎ 🅿, ⅀ ⓪ GB JCB
　　　　début mai-9 oct. – **Repas** (fermé merc. midi) 140/350 – ⚃ 50 – **18 ch** 350/550, 4 appart –
　　　　½ P 510.

　　🏛　　**Moulin de la Beune** 🌍, 🖉 53 06 94 33, Fax 53 06 98 06, 🍽, « Ancien moulin », 🌿 –
　　　　☎ 🅿, ⅀ GB
　　　　hôtel : 1ᵉʳ avril-31 oct. – **Repas** (fermé 3 janv. au 15 fév. et mardi midi) 85/250, enf. 50 –
　　　　⚃ 42 – **20 ch** 260/350 – ½ P 320.

　　🏛　　**Les Glycines,** rte Périgueux 🖉 53 06 97 07, Fax 53 06 92 19, ≤, 🍽, « Parc fleuri », 🏊 –
　　　　☎ 🅿, ⅀ GB
　　　　mi-avril-fin oct. – **Repas** (fermé sam. midi sauf de juil. à sept. et fériés) 130/280 – ⚃ 50 –
　　　　25 ch 405/415 – ½ P 405/450.

　　🏛　　**Les Roches** sans rest, rte Sarlat 🖉 53 06 96 59, Fax 53 06 95 54, 🏊, 🌿 – ☎ & 🅿, GB.
　　　　🍽
　　　　10 avril-15 oct. – ⚃ 35 – **41 ch** 285/420.

　　🏛　　**Centre,** 🖉 53 06 97 13, Fax 53 06 91 63, 🍽 – ☎. GB
　　　　1ᵉʳ avril-2 nov. – **Repas** 80 (déj.), 100/320, enf. 56 – ⚃ 36 – **20 ch** 270/295 – ½ P 305/325.

RENAULT Gar. Dupuy, 🖉 53 06 97 32 🅽 🖉 53 06 97 32

ÈZE 06360 Alpes-Mar. 84 ⑩ 115 ㉗ **G. Côte d'Azur** (plan) – 2 446 h alt. 427.

Voir Site★★ (village perché) – Jardin exotique ※★★★ – Les rues d'Èze★ – "Belvédère" d'Èze ≤★★ O : 4 km – La Turbie : Trophée des Alpes★ (※★★★), intérieur★ de l'église St-Michel-Archange, place Neuve ≤★, NE : 4,5 km.

Office de Tourisme pl. Gén.-de-Gaulle (mars-oct.) ☎ 93 41 26 00, Fax 93 41 04 80.

Paris 944 – Monaco 7 – ◆ Nice 12 – Cap d'Ail 4,5 – Menton 19 – Monte-Carlo 8,5.

❀ **Château de la Chèvre d'Or** 🐎, r. Barri (accès piétonnier) ☎ 92 10 66 66, Télex 970839, Fax 93 41 06 72, ≤ côte et presqu'île, « Site pittoresque dominant la mer », – ▤ TV ☎. AE ⓓ GB JCB
1er mars-30 nov. – **Repas** *(fermé merc. en mars et en nov.)* (prévenir) 250 (déj.)/560 et carte 400 à 650 - ***Café du Jardin*** *(15 avril-15 oct. et fermé mardi)* **Repas** 100/160 – ☐ 100 – **23 ch** 1300/2600, 11 appart
Spéc. Langoustines rôties en craquante de courgettes. Carré d'agneau des Alpilles au gratin dauphinois. Soufflé chaud aux framboises. Vins Bellet, Côtes de Provence.

Les Terrasses d'Eze M 🐎, NE : direction la Turbie 1,5 km ☎ 93 41 24 64, Télex 461301, Fax 93 41 13 25, ≤ mer, 🌴, ⛱, 🐎, ✂ – |‡| ▤ TV ☎ P – 🏛 25 à 120. AE ⓓ GB
fermé 20 déc. au 31 janv. – **Repas** 170 – ☐ 60 – **75 ch** 750/850, 6 appart – ½ P 555/655.

Hermitage du Col d'Èze, NO : 2,5 km par D 46 et Gde Corniche ☎ 93 41 00 68, ≤, ⛱ – TV ☎ P. AE GB. ✂ rest
fermé 15 déc. au 15 janv. – **Repas** *(fermé jeudi midi et lundi)* 90/180 – ☐ 27 – **14 ch** 190/295 – ½ P 205/260.

XXXX ❀ **Château Eza** 🐎 avec ch, (accès piétonnier) ☎ 93 41 12 24, Fax 93 41 16 64, ≤ côte et presqu'île, 🌴, « Terrasses dominant la baie » – ▤ ch TV ☎. AE ⓓ GB JCB. ✂
hôtel : fermé 5 nov. au 15 déc.; rest. ouvert 14 avril-1er oct. – **Repas** (dîner seul.), 380/530 et carte 420 à 600 – **6 ch** ☐ 1500/3000, 4 appart
Spéc. Légumes de Provence au coriandre frais (avril à sept.). Pavé de loup en peau croustillante (avril à sept.). Feuilles croustillantes au tapioca, crème mascarpone et fruits rouges (juin à août). Vins Bellet, Bandol.

XXX **Richard Borfiga,** pl. Gén. de Gaulle ☎ 93 41 05 23, Fax 93 41 26 79 – ▤. AE ⓓ GB
fermé lundi – **Repas** 180 et carte 280 à 370.

XX **Troubadour,** (accès piétonnier) ☎ 93 41 19 03 – GB
fermé 1er au 10 juil., 25 nov. au 20 déc., vacances de fév., lundi midi et dim. – **Repas** 115 (déj.), 165/245.

X **Le Grill du Château,** r. Barri (accès piétonnier) ☎ 93 41 00 17, Fax 93 41 06 72 – AE ⓓ GB
fermé 15 nov. au 15 déc. et lundi – **Repas** 95 (déj.)/150.

Plans de villes : *Les rues sont sélectionnées en fonction de leur importance pour la circulation et le repérage des établissements cités.*

Les rues secondaires ne sont qu'amorcées.

ÈZE-BORD-DE-MER 06360 Alpes-Mar. 84 ⑩ 115 ㉗ **G. Côte d'Azur.**

Paris 954 – Monaco 6,5 – ◆ Nice 14 – Beaulieu 3 – Cap d'Ail 4 – Menton 20.

XX **Aub. Éric Rivot** avec ch, ☎ 93 01 51 46, Fax 93 01 58 40, 🌴 – TV ☎. AE GB
fermé 12 nov. au 5 déc. – **Repas** *(fermé mardi en hiver, lundi midi et mardi midi en été)* 100 (déj.), 145/185 – ☐ 30 – **10 ch** 280/300 – ½ P 280.

ÉZY-SUR-EURE 27 Eure 55 ⑰, 106 ⑬ – rattaché à Anet.

FAGNON 08 Ardennes 53 ⑱ – rattaché à Charleville-Mézières.

FAIN-LÈS-MONTBARD 21 Côte-d'Or 65 ⑦ – rattaché à Montbard.

FALAISE 14700 Calvados 55 ⑫ **G. Normandie Cotentin** – 8 119 h alt. 132.

Voir Château★ A – Église de la Trinité★ A.

Office de Tourisme bd de la Libération ☎ 31 90 17 26.

Paris 259 ③ – ◆ Caen 26 ① – Argentan 23 ③ – Flers 38 ⑤ – Lisieux 45 ① – St-Lô 95 ①.

Plan page ci-contre

Poste, 38 r. G. Clemenceau ☎ 31 90 13 14, Fax 31 90 01 81 – TV ☎ P. AE GB B **v**
fermé 16 au 23 oct., 20 déc. au 20 janv., lundi (sauf hôtel) et dim. soir – **Repas** 80/235, enf. 55 – ☐ 38 – **21 ch** 200/390 – ½ P 218/313.

Ibis M, Z.A. Sud Calvados par ① : 1,5 km ☎ 31 90 11 00, Fax 31 90 08 00, 🌴 – ⇆ ch TV ☎ ♿ P – 🏛 40. AE ⓓ GB
Repas 97 bc/125 🍷, enf. 40 – ☐ 35 – **53 ch** 250/290.

Normandie, 4 r. Amiral Courbet ☎ 31 90 18 26, Fax 31 90 02 17 – ☎. GB A **e**
fermé vend. soir et dim. soir de nov. à avril – **Repas** 59/139 🍷, enf. 42 – ☐ 35 – **27 ch** 170/250 – ½ P 180/220.

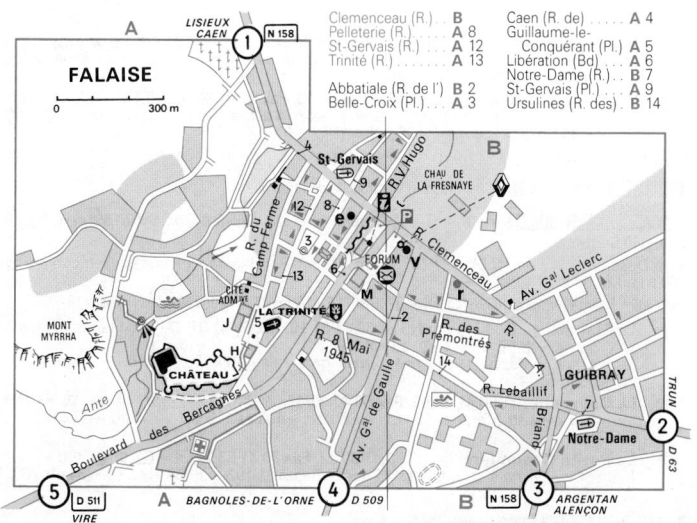

FALAISE

0 — 300 m

XX **La Fine Fourchette**, 52 r. G. Clemenceau ℰ 31 90 08 59, Fax 31 90 00 83 – ⒼⒷ   B   r
→ *fermé 8 au 28 fév. mardi soir et merc. soir hors sais.* – **Repas** 78/238, enf. 45.

X **L'Attache**, rte Caen par ① : 1,5 km ℰ 31 90 05 38 – ⒶⒺ ⒼⒷ. ⋙
fermé 15 au 31 juil. et merc. hors sais. – **Repas** (nombre de couverts limité, prévenir) 85/300.

SO par ⑤ *et* D 44, rte de Fourneaux-le-Val : 5 km – ⊠ **14700** St-Martin-de-Mieux :

XXX ❀ **Château du Tertre** ♨ avec ch, ℰ 31 90 01 04, Fax 31 90 33 16, ≤, « Château du 18ᵉ
siècle dans un grand parc » – ⓉⓋ ☎ Ⓟ. ⒶⒺ ⒼⒷ. ⋙ ch
fermé fév., dim. soir et lundi hors sais. – **Repas** 140/395 et carte 260 à 400 – ⌓ 55 – **9 ch**
590/850 – ½ P 750/950
Spéc. Sandre rôti au vinaigre de cidre. Cane-dinde d'Athis en trilogie. Craquant de fruits rouges, crème mousseuse à l'amande (été).

CITROEN Gar. Lepy, rte de Trun ℰ 31 90 16 25 ◪
ℰ 31 90 16 25
PEUGEOT Falaise Autom., rte d'Argentan N158 par
③ ℰ 31 90 04 89
RENAULT Gar. Lanos, 34 r. G.-Clemenceau
ℰ 31 90 01 00 ◪ ℰ 31 90 01 00

Gar. Lacoudrée, 51 av. Hastings ℰ 31 90 19 69

⚙ Laguerre Pneus, rte de Putanges ℰ 31 90 10 60
Marsat Pneus, rte de Bretagne ℰ 31 40 06 40

▮ **Le FALGOUX** 15380 Cantal ⑦⑥ ② – 226 h alt. 930 – Sports d'hiver : 1 050/1 350 m ⚐ 2.

Voir N Vallée du Falgoux★.

Env. Cirque du Falgoux★★ SE : 6 km – Puy Mary ☀★★★ : 1 h AR du Pas de Peyrol★★ SE : 12 km,
G. Auvergne.

Paris 561 – Aurillac 54 – Mauriac 28 – Murat 34 – Salers 12.

☖ **Voyageurs et Touristes**, ℰ 71 69 51 59, ≤ – ⒶⒺ ⒼⒷ
→ *fermé 7 nov. au 12 déc.* – **Repas** 75/125 ⅜ – ⌓ 26 – **16 ch** 140/220 – ½ P 170/200.

▮ **FALICON** 06950 Alpes-Mar. ⑧④ ⑩ ⑪⑮ ㉖ G. Côte d'Azur – 1 498 h alt. 307.

Voir Terrasse ≤★.

Env. Mont Chauve d'Aspremont ☀★★ N : 8,5 km puis 30 mn.

Paris 942 – ◆Nice 10,5 – Aspremont 9,5 – Colomars 13 – Levens 16 – Sospel 39.

XX **Bellevue**, ℰ 93 84 94 57, ≤, 🍽 – ⒼⒷ
fermé oct., le soir du 1ᵉʳ nov. au 30 mai, dim. soir du 1ᵉʳ juin au 30 sept. et lundi – **Repas**
118/168.

▮ **FALLIÈRES** 88 Vosges ⑥② ⑯ – rattaché à Remiremont.

▮ **Le FAOU** 29580 Finistère ⑤⑧ ⑤ G. Bretagne – 1 522 h alt. 10.

Voir Site★ – Corniche de Térénez★ O – Retables★ dans l'église de Rumengol E : 2,5 km –
Quimerc'h ≤★ SE : 4,5 km.

🛈 Office de Tourisme r. Gén.-de-Gaulle (15 juin-15 sept.) ℰ 98 81 06 85.

Paris 558 – ◆Brest 31 – Carhaix-Plouguer 53 – Châteaulin 18 – Landerneau 23 – Morlaix 50 – Quimper 42.

🏛 **Vieille Renommée,** pl. Mairie ℰ 98 81 90 31, Fax 98 81 92 93 – 📶 🔲 ☎ – 🏃 100. 🆖
↔ *fermé 26 juin au 4 juil., mi-nov. à mi-déc. lundi de sept. à avril et dim. soir* – **Repas** 65/245 🍴 –
☲ 28 – **35 ch** 242/315 – ½ P 227/264.

🏛 **Relais de la Place,** pl. Mairie ℰ 98 81 91 19, Fax 98 81 92 58 – 🔲 ☎ – 🏃 40. 🆖
↔ *fermé mi-sept. à mi-oct., 2 au 15 janv. et sam. d'oct. à Pâques* – **Repas** 72/240 🍴, enf. 35 –
☲ 30 – **34 ch** 200/250 – ½ P 205/215.

RENAULT Gar. Kervella, ℰ 98 81 90 69 🅽 ℰ 98 81 90 69

FARROU 12 Aveyron 🎚🎚 ⑩ – rattaché à Villefranche-de-Rouergue.

La FAUCILLE (Col de) ★★ 01 Ain 🎚🎚 ⑮ G. Jura – alt. 1 323 – Sports d'hiver : 1 000/1 550 m 🎿 1 🎿 10 🎿 –
✉ 01170 Gex.

Voir Descente sur Gex (N 5) ≤★★ SE : 2 km – Mont-Rond ※★★★ (accès par télécabine - gare à
500 m au SO du col).

Paris 484 – Bourg-en-Bresse 106 – ◆Genève 28 – Gex 11,5 – Morez 26 – Nantua 60 – Les Rousses 18.

🏨 **La Mainaz** ⬎, S : 1 km par N5 ℰ 50 41 31 10, Fax 50 41 31 77, ≤ lac Léman et les Alpes,
🌭, 🌋, 🚗 – 📶 🔲 ☎ 🚕 🅿. 🅰🅴 🅾 🆖
fermé nov. – **Repas** *(fermé merc. midi hors sais.)* 135/300 – ☲ 60 – **24 ch** 320/460 –
½ P 425/435.

🏛 **La Couronne,** ℰ 50 41 32 65, Fax 50 41 32 47, ≤, 🌭, 🌋 – 🔲 ☎ 🚕 🅿. 🅰🅴 🅾 🆖
fermé 15 avril au 5 mai et 15 oct. au 5 déc. – **Repas** 115/300 – ☲ 40 – **17 ch** 230/270 –
½ P 310.

🏠 **La Petite Chaumière** ⬎, ℰ 50 41 30 22, Fax 50 41 33 22, ≤ – 🔲 ☎ 🅿. 🆖
fermé 4 au 27 mars et 9 oct. au 16 déc. – **Repas** 92/192, enf. 58 – ☲ 40 – **34 ch** 268/340 –
½ P 315.

FAULQUEMONT 57380 Moselle 🎚🎚 ⑮ – 5 432 h.

Paris 367 – ◆ Metz 35 – Château-Salins 28 – Saarlouis 42 – Sarreguemines 38.

🏠 **Chatelain** Ⓜ sans rest, près Église ℰ 87 90 70 80, Fax 87 90 74 78 – 🎚 ch 🔲 ☎ ♿. 🅰🅴
🆖
☲ 30 – **25 ch** 250/280.

FAUVILLE-EN-CAUX 76640 S.-Mar. 🎚🎚 ⑫ – 1 871 h alt. 141.

Paris 185 – ◆ Le Havre 45 – ◆ Rouen 51 – Bolbec 13 – Fécamp 21 – Saint-Valery-en-Caux 28 – Yvetot 14.

🍴🍴 **Normandie,** ℰ 35 96 72 33 – 🅿. 🆖
↔ *fermé 2 au 22 août et 3 au 24 janv.* – **Repas** *(fermé mardi)* (déj. seul.) (dim. prévenir) 76/168
🍴.

La FAVÈDE 30 Gard 🎚🎚 ⑦ – rattaché à La Grand-Combe.

FAVERGES 74210 H.-Savoie 🎚🎚 ⑯ ⑰ G. Alpes du Nord – 6 334 h alt. 516.

Env. Col de la Forclaz ≤★★ NO : 15 km.

🇧 Office de Tourisme pl. M.-Piquand ℰ 50 44 60 24.

Paris 563 – Albertville 19 – Annecy 26 – Megève 34.

🏠 **Florimont,** NE : 2,5 km sur N 508 ℰ 50 44 50 05, Fax 50 44 43 20, ≤, 🌭, 🚗 – 📶 🔲 ☎ ♿
🅿 – 🏃 30. 🅰🅴 🅾 🆖. ❊ rest
Repas *(fermé dim. soir d'oct. à juin)* 110/380 🍴 – ☲ 45 – **27 ch** 310/420 – ½ P 350/400.

🏠 **Genève,** 34 r. République ℰ 50 32 46 90, Fax 50 44 48 09 – 📶 🔲 ☎ ♿ 🅿. 🅰🅴 🅾 🆖.
↔ ❊ rest
Repas *(fermé mai et dim.)* 70 🍴 – ☲ 39 – **30 ch** 270/330 – ½ P 270/290.

🍴 **Carte d'Autrefois,** 25 r. Gambetta ℰ 50 32 49 98 – 🆖
↔ *fermé 3 au 11 juil., 24 déc. au 2 janv., dim. soir et merc.* – **Repas** 70/160 🍴, enf. 45.

au Tertenoz SE : 4 km par D 12 et VO – ✉ 74210 Faverges :

🏠 **Gay Séjour** ⬎, ℰ 50 44 52 52, Fax 50 44 49 52, ≤, 🌭 – ☎ 🅿. 🅰🅴 🅾 🆖. ❊
fermé 3 au 25 janv., dim. soir et lundi sauf vacances scolaires – **Repas** 130/400 – ☲ 60 –
12 ch 250/480 – ½ P 400/450.

CITROEN Gar. de la Sambuy, ℰ 50 44 53 04   RENAULT Gar. Fontaine, ℰ 50 44 51 09 🅽
PEUGEOT Vauthier Autom., ℰ 50 32 43 27   ℰ 50 44 45 80

FAVERGES-DE-LA-TOUR 38 Isère 🎚🎚 ⑭ – rattaché à La Tour-du-Pin.

La FAVIÈRE 83 Var 🎚🎚 ⑯, 🎚🎚🎚 ㊽ – rattaché au Lavandou.

FAVIÈRES 80120 Somme 🎚🎚 ⑥ – 406 h alt. 6.

Voir Le Crotoy : Butte du Moulin ≤★ SO : 5 km, G. Flandres Artois Picardie.

Paris 186 – ◆ Amiens 65 – Abbeville 21 – Berck-Plage 29 – Le Crotoy 5.

🍴🍴 **La Clé des Champs,** ℰ 22 27 88 00 – 🅿. 🅾 🆖
↔ *fermé 1ᵉʳ au 18 sept., 2 janv. au 4 fév., dim. soir et lundi* – **Repas** (prévenir) 76/158.

FAVONE 2A Corse-du-Sud 🎚🎚 ⑦ – voir à Corse.

Voir ≤★ de la terrasse de l'église.

Env. Mons : site★, ≤★★ de la place St-Sébastien N : 14 km par D 563.

🏌 de Terre Blanche, SE : 6 km par VO.

🛈 Office de Tourisme pl. L.-Roux ℰ 94 76 20 08, Fax 94 76 18 05.

Paris 901 – Castellane 55 – Draguignan 33 – Fréjus 34 – Grasse 26 – St-Raphaël 37.

🏛 **Moulin de la Camandoule** ⬙, O : 3 km par D 19 et chemin N.-D.-des-Cyprès ℰ 94 76 00 84, Fax 94 76 10 40, ≤, 🍴, parc, « Ancien moulin à huile », 🏊 – 📺 ☎ 🅿.
GB
Repas (fermé 2 nov. au 23 déc. sauf week-ends, 2 janv. au 1ᵉʳ mars et mardi midi) 180 – ☲ 50 – **11 ch** (½ pens. seul.) – ½ P 445/565.

🏛 **Les Oliviers** sans rest., quartier Ferrage ℰ 94 76 13 12, Fax 94 76 08 05, 🌾 – 📶 📺 ☎ 🅿. GB
fermé 15 au 30 nov. et 10 janv. au 10 fév. – ☲ 40 – **21 ch** 300/450.

XXX ❀ **Le Castellaras** (Carro), O : 4 km par rte Seillans et VO ℰ 94 76 13 80, Fax 94 84 17 50, ≤, 🍴, 🏊, 🌾 – 🅿. 🅰🅴 GB
fermé 28 juin au 5 juil., 22 nov. au 6 déc., vacances de fév. et merc. – **Repas** 170/260 et carte 300 à 370
Spéc. Flan de homard aux petits légumes. Tournedos de bœuf Rossini. Mazarin au praliné.

Le FAYET 74 H.-Savoie 74 ⑧ – voir à St-Gervais-les-Bains.

Voir École nationale d'Osiériculture et de Vannerie.

Paris 318 – Chaumont 60 – Bourbonne-les-Bains 29 – ♦Dijon 83 – Gray 46 – Langres 25 – Vesoul 50.

X **Cheval Blanc** avec ch, pl. Barre ℰ 25 88 61 44 – ☎. GB
fermé 16 au 26 oct., 15 au 31 janv., dim. soir du 15 nov. au 28 fév. et lundi – **Repas** 60/150 ⅃, enf. 45 – ☲ 26 – **10 ch** 130/220 – ½ P 170/210.

Voir Église de la Trinité★★ BZ – Palais Bénédictine★★ AY – Musée Centre-des-Arts★ BZ M² – Musée des Terre-Neuvas★ AY M¹ – Chapelle N.-D.-du-Salut ⚊★★ N : 2 km par D 79 BY.

🛈 Office de Tourisme 113 r. Alexandre Le Grand ℰ 35 28 51 01, Fax 35 27 07 77 et quai Vicomté (saison) ℰ 35 29 16 34.

Paris 205 ③ – ♦Le Havre 40 ③ – ♦Amiens 161 ② – ♦Caen 117 ③ – Dieppe 66 ① – ♦Rouen 71 ②.

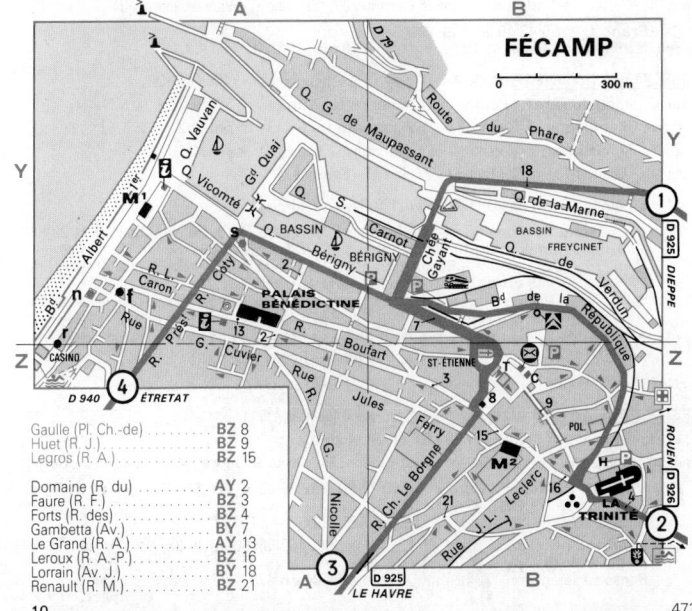

🏠 **Plage** sans rest, 87 r. Plage ☎ 35 29 76 51, Fax 35 28 68 30 – 📶 📺 ☎ 🅰🅴 🅶🅱   AY   **f**
    🛏 30 – **22 ch** 230/340.

🏠 **Mer** sans rest, 89 bd Albert 1er ☎ 35 28 24 64, Fax 35 28 27 67, ≼ – 📺 ☎ 🅶🅱   AYZ   **r**
    🛏 32 – **8 ch** 260/320.

🗙🗙🗙 **Aub. de la Rouge** avec ch, par ③ : 2 km ☎ 35 28 07 59, Fax 35 28 70 55, 🏊 – 📺 ☎ 🅰🅴
    ⓪ 🅶🅱 🇯🇨🇧
    Repas *(fermé dim. soir et lundi)* 105/260 et carte 240 à 290 ⅃, enf. 50 – 🛏 30 – **8 ch** 300/370.

🗙🗙 **Le Viking,** 63 bd Albert 1er ☎ 35 29 22 92, Fax 35 29 45 24, ≼ – 🅶🅱   AY   **n**
    fermé lundi soir, merc. soir et jeudi soir de sept. à juin – **Repas** 95/195.

🗙🗙 **Le Maritime,** 2 pl. N. Selles ☎ 35 28 21 71 – 🅶🅱   AY   **s**
    fermé mardi d'oct. à mars – **Repas** 85/215, enf. 60.

CITROEN Fécamp Autom., 45 bd République   RENAULT S.E.L.C.O., 209 r. G.-Couturier par ②
☎ 35 29 25 72   ☎ 35 28 24 02 🇳 ☎ 35 27 50 65
FORD Gar. Lefèbvre, 15 r. Prés.-Coty
☎ 35 28 05 75   ⓦ Brument Pneus, 6 rte de Valmont ☎ 35 28 28 81
PEUGEOT Gar. Lachèvre, rte du Havre à St-   Comptoir du Pneu, 8 et 10 r. Ch.-Le-Borgne
Léonard par ③ ☎ 35 28 20 30   ☎ 35 28 14 99

La FÉCLAZ 73 Savoie 🄻🄾 ⑮ G. Alpes du Nord – alt. 1 350 – Sports d'hiver : 1 180/1 550 m ⚡10 ⚞ –
✉ **73230** Les Déserts.

🛈 Office de Tourisme Les Déserts ☎ 79 25 80 49, Fax 79 25 81 30.

Paris 562 – Annecy 38 – Aix-les-Bains 27 – Chambéry 19 – Lescheraines 12.

🏠 **Bon Gîte,** ☎ 79 25 82 11, Fax 79 25 80 91, ⅃, 🏊, 🗙 – cuisinette ☎ 🚗 🄿 – 🏌 30. 🅶🅱
→ *mi-juin-mi-sept. et mi-déc.-début avril* – **Repas** 65 bc/130 ⅃, enf. 56 – 🛏 35 – **32 ch**
    210/360 – ½ P 210/300.

    au col de Plainpalais E : 4 km par D 913 et D 912 – Sports d'hiver 1 200/1 450 m ⚡2 – ✉ 73230
    St-Alban-Leysse :

🏠 **Plainpalais** 🍴, ☎ 79 25 81 79, ≼, 🏊 – ☎ 🄿. 🅶🅱
→ *1er juin-25 sept. et 19 déc.-début avril* – **Repas** 80/125, enf. 52 – 🛏 33 – **20 ch** 200/340 –
    ½ P 240/285.

FEGERSHEIM 67 B.-Rhin 🄶🄽 ⑩ – rattaché à Strasbourg.

FELICETO 2B H.-Corse 🄽🄾 ⑭ – voir à Corse.

FERAYOLA 2B H.-Corse 🄽🄾 ⑭ – voir à Corse.

FÈRE-CHAMPENOISE 51230 Marne 🄶🄸 ⑥ – 2 362 h alt. 110.

Paris 133 – Troyes 73 – Châlons-sur-Marne 36 – Épernay 38 – Sézanne 21 – Vitry-le-François 45.

🏯 **France,** ☎ 26 42 40 24 – 🄿. 🅶🅱
→ *fermé lundi* – **Repas** 58/165 ⅃ – 🛏 30 – **10 ch** 110/220 – ½ P 150/180.

FÈRE-EN-TARDENOIS 02130 Aisne 🄵🄶 ⑭ ⑮ G. Champagne – 3 168 h alt. 125.

Voir Château de Fère* : Pont monumental** N : 3 km.

🏌🏌 de Champagne ☎ 23 71 62 08 à Villers-Agron, E : 17 km par D 2.

🛈 Office de Tourisme r. E.-Moreau-Nélaton (saison) ☎ 23 82 27 74, Fax 23 82 28 19.

Paris 110 – Château-Thierry 22 – Laon 53 – ♦Reims 48 – Soissons 26.

    au Nord : 3 km par D 967 – ✉ 02130 Fère-en-Tardenois :

🏰 ✿ **Château de Fère** 🍴 par rte forestière, ☎ 23 82 21 13, Télex 145526, Fax 23 82 37 81,
    ≼, « Belle demeure du 16e siècle, parc », ⅃, 🗙 – 📺 ☎ 🄿 – 🏌 30. 🅰🅴 ⓪ 🅶🅱
    fermé mi-janv. à mi-fév. – **Repas** *(nombre de couverts limité, prévenir)* 180/480 et carte 320 à
    440 – 🛏 90 – **19 ch** 990/1200, 6 appart – ½ P 875/980
    Spéc. Marinière de coquillages et langoustines aux fettucini iodés. Grosses langoustines croustillantes au basilic
    (mi-avril et mi-oct.). Filet d'agneau rôti aux fruits secs. **Vins** Coteaux champenois, Bouzy rouge.

🗙🗙 **Aub. du Connétable,** sur D 967 ☎ 23 82 24 25, Fax 23 82 23 17, ⅃ – 🄿. 🅶🅱
    fermé 1er janv. au 15 mars, dim. soir et lundi – **Repas** 145/260.

RENAULT Gar. Huguenin, av. Courvoisier ☎ 23 82 21 85 🇳 ☎ 23 82 21 85

FERNEY-VOLTAIRE 01210 Ain 🄷🄾 ⑯ G. Jura – 6 408 h alt. 436.

✈ de Genève : ☎ (19 41 22) 799 31 11, S : 4 km.

Paris 500 – Thonon-les-Bains 44 – Bellegarde-sur-Valserine 35 – Bourg-en-Bresse 114 – ♦Genève 6,5 – Gex 10,5.

🏨 **Voltaire Palace,** av. Jura ☎ 50 40 77 90, Fax 50 40 83 00, 😊, ⅃ – 📶 ⇆ ch 📺 ☎ 🛗 🄿
    – 🏌 120. 🅰🅴 ⓪ 🅶🅱. 🗙 rest
    Repas 150 ⅃, enf. 60 – 🛏 65 – **120 ch** 1250/1350 – ½ P 430/480.

🏨 **Novotel,** av. Jura ☎ 50 40 85 23, Télex 385046, Fax 50 40 76 33, 😊, ⅃, 🏊, 🗙 – ⇆ ch
    📺 ☎ 🛗 🄿 – 🏌 100. 🅰🅴 ⓪ 🅶🅱 🇯🇨🇧
    Repas carte environ 170 ⅃, enf. 50 – 🛏 48 – **80 ch** 475.

🏠 **France,** 1 r. Genève ℘ 50 40 63 87, Fax 50 40 47 27, 斎 – 📺 ☎. 亜 ⅅ JCB
hôtel : fermé 24 déc. au 2 janv. ; rest. : fermé lundi midi et dim. – **Repas** 115 (déj.), 165/210
♨ – ⊑ 40 – **14 ch** 280/350 – ½ P 275.

🏠 **Campanile,** par D 35 et chemin Planche Brûlée ℘ 50 40 74 79, Fax 50 42 97 29, 斎 –
⇔ ch 📺 ☎ ੬ ⅅ. 亜 ⅅ ⅅ
Repas 82 bc/105 bc, enf. 39 – ⊑ 30 – **60 ch** 270.

XXX **Le Pirate,** av. Genève ℘ 50 40 63 52, Fax 50 40 64 50, 斎 – ⅅ. 亜 ⅅ ⅅ JCB. 爻
fermé 2 au 23 juil., 24 déc. au 7 janv., lundi midi et dim. – **Repas** - produits de la mer - 160
(déj.), 260/350 et carte 260 à 390.

PEUGEOT Gar. Chevalley, à Ornex ℘ 50 40 58 12
RENAULT Auto Service, à Prévessin Moens
℘ 50 40 59 52 🄽 ℘ 05 05 15 15

VAG Gar. Dunand, 55 rue de Genève
℘ 50 40 61 94

🔘 Euromaster ℘ 50 40 58 02

FERRETTE 68480 H.-Rhin 🖥🖥 ⑨ ⑩ G. Alsace Lorraine – 863 h alt. 470.

Voir Site★ – Ruines du Château ≤★.

🗒 Office de Tourisme r. Château ℘ 89 40 40 01.

Paris 478 – ◆Mulhouse 38 – Altkirch 19 – ◆Basel 31 – Belfort 46 – Colmar 83 – Montbéliard 47.

à Moernach O : 5 km par D 473 – ⊠ 68480 :

XX **Aux Deux Clefs** avec ch, ℘ 89 40 80 56, Fax 89 08 10 47, 㡾 – ☎ ⅅ. ⅅ
fermé 28 oct. au 9 nov., et 16 fév. au 5 mars – **Repas** *(fermé vend. midi et jeudi)* 90/280 ♨,
enf. 45 – ⊑ 34 – **7 ch** 200/265 – ½ P 250/270.

XX **Au Raisin,** ℘ 89 40 80 73, Fax 89 08 11 33, 斎 – ⅅ. ⅅ
fermé 23 janv. au 8 fév., lundi soir et mardi – **Repas** 85/225 ♨, enf. 40.

à Lutter SE : 8 km par D 23 – ⊠ 68480 :

XX **Aub. Paysanne** avec ch, r. Principale ℘ 89 40 71 67 – ☎ ⅅ. ⅅ
fermé 22 janv. au 4 fév. – **Repas** *(fermé mardi midi et lundi du 1ᵉʳ oct. au 15 mars)* 60 (déj.),
120/300, enf. 50 – ⊑ 38 – **7 ch** 220/285 – ½ P 270.

Annexe Host. Paysanne 🏠 Ⓜ 爻⸤, 㡾 – 📺 ☎ ⅅ. ⅅ
fermé 22 janv. au 4 fév. – **Repas** voir **Aub. Paysanne** – ⊑ 38 – **9 ch** 280/420 – ½ P 300/330.

PEUGEOT Gar. Nickel, à Bouxwiller ℘ 89 40 42 13

RENAULT Gar. Fritsch, ℘ 89 40 41 41 🄽 ℘ 05 05
15 15

La FERRIÈRE 38580 Isère 🖥🖥 ⑥ – 191 h alt. 926.

Paris 590 – ◆Grenoble 51 – Allevard 12.

au Curtillard S : 2 km par D 525ᴬ – ⊠ 38580 La Ferrière :

🏠 **Curtillard** 爻⸤, ℘ 76 97 50 82, Fax 76 97 56 57, ≤, 斎, ♨, ⅉ, 㡾, 爻 – cuisinette 📺 ⅅ –
🛁 30. ⅅ 爻
15 juin-15 sept. et 20 déc.-15 avril – **Repas** 98/220, enf. 65 – ⊑ 45 – **16 ch** 277/450,
6 studios – ½ P 340/430.

🏠 **Baroz** 爻⸤, ℘ 76 97 50 81, Fax 76 45 84 75, ≤, 斎, ⅉ, 㡾, 爻 – cuisinette ☎ ⅅ. ⅅ. 爻
hôtel : fin juin-début sept. et 26 déc.-Pâques ; rest : mai-fin sept. et 26 déc.-Pâques – **Repas**
(déj. seul. de mai à fin sept.) 90/110 ♨ – ⊑ 35 – **17 ch** 225/250, 3 chalets – ½ P 240/250.

La FERRIÈRE-AUX-ÉTANGS 61 Orne 🖥🖥 ① – rattaché à Flers.

FERRIÈRES 45210 Loiret 🖥🖥 ⑫ G. Bourgogne – 2 895 h alt. 90.

Voir Croisée du transept★ de l'église St-Pierre et St-Paul.

🗒 Office de Tourisme pl. des Eglises (avril-oct.) ℘ 38 96 58 86.

Paris 00 – Auxerre 79 – Fontainebleau 41 – Montargis 13 – Nemours 26 – ◆Orléans 83 – Sens 41.

🏠 **Abbaye,** ℘ 38 96 53 12, Fax 38 96 57 63, 斎 – 📺 ☎ ੬ ⅅ – 🛁 30. ⅅ
Repas 95/240, enf. 60 – ⊑ 40 – **20 ch** 240/280 – ½ P 235.

La FERTÉ-BERNARD 72400 Sarthe 🖥🖥 ⑮ G. Châteaux de la Loire (plan) – 9 355 h alt. 91.

Voir Église N.-D.-des Marais★★.

🏌 du Perche à Souancé-au-Perche (28) ℘ 37 29 17 33 ; NE : 21 km par N 23 et D 137¹¹.

🗒 Office de Tourisme, 15, pl. de la Lice ℘ 43 71 21 21 et à la Mairie, ℘ 43 93 04 42.

Paris 163 – ◆Le Mans 44 – Alençon 58 – Chartres 76 – Châteaudun 66 – Mortagne-au-Perche 43.

XXX **Perdrix** avec ch, 2 r. Paris ℘ 43 93 00 44, Fax 43 93 74 95 – 🍴 rest 📺 ☎ ⟵. ⅅ
fermé fév., lundi soir hors sais. et mardi – **Repas** 105/220 et carte 220 à 270 – ⊑ 35 – **7 ch**
220/320.

CITROEN Gar. Hulot, av. J.-Monnet ℘ 43 93 00 37
RENAULT Espace Fertois, av. Verdun
℘ 43 93 05 10 🄽 ℘ 43 77 98 27

🔘 Euromaster, la Chapelle du Bois, la Petite Cibole
℘ 43 93 90 44

41300 L.-et-Ch. 64 ⑲ – 1 047 h alt. 99.

Paris 193 – Bourges 58 – ♦Orléans 68 – Romorantin-Lanthenay 17 – Vierzon 23.

🏠 **Aub. A La Tête de Lard** M, ℰ 54 96 22 32, Fax 54 96 06 22 – 🗎 rest 📺 ☎ 🅿. 😅. ❀ ch
fermé 5 au 19 sept., 1ᵉʳ au 21 fév., dim. soir et lundi sauf fériés – **Repas** 90/280 🍷 – 🍽 40 – **11 ch** 260/450 – ½ P 260/330.

61600 Orne 60 ① ② G. Normandie Cotentin – 6 913 h alt. 111.

🛈 Office de Tourisme 13 r. Victoire ℰ 33 37 10 97.

Paris 227 ② – Alençon 46 ④ – Argentan 32 ② – Domfront 22 ⑤ – Falaise 39 ① – Flers 25 ⑥ – Mayenne 41 ④.

XX **Le Céleste** avec ch, 6 r. Victoire **(n)** ℰ 33 37 22 33, Fax 33 38 12 25 – ☎. 🆎 😅
fermé dim. soir et lundi – **Repas** 90/230, enf. 45 – 🍽 25 – **15 ch** 85/300 – ½ P 140/210.

X **Aub. de Clouet** ⑤ avec ch, Le Clouet **(a)** ℰ 33 37 18 22, 😀, « Terrasse fleurie » – 📺 ☎ 🅿 – 🍴 25. 😅. ❀ ch
fermé 22 au 30 oct., dim. et lundi d'oct. à mars – **Repas** 80/300 🍷 – 🍽 38 – **7 ch** 260/300.

X **L'Aub. Fertoise,** 23 r. St-Denis **(s)** ℰ 33 37 01 19 – 🆎 😅
fermé 15 au 31 juil., 15 au 31 janv. et jeudi – **Repas** 68/130 🍷.

par ④ : 2 km sur D 916 : – ⊠ **61600** La Ferté-Macé :

🏨 **Aub. d'Andaine,** ℰ 33 37 20 28, 😀 – ☎ 🅿 – 🍴 25 à 60. 😅
Repas 88/220 – 🍽 35 – **15 ch** 175/280 – ½ P 230/260.

CITROEN Gar. Hardy, 74 r. Dr-Poulain ℰ 33 37 09 11
PEUGEOT Gar. Dérouet, 76 r. Dr-Poulain ℰ 33 37 16 33
RENAULT Gar. Dubourg, 9 r Dr-Poulain ℰ 33 37 20 97
RENAULT Gar. Guillochin, rte de Paris par ② ℰ 33 37 07 11 🅽 ℰ 33 37 07 11

Hautvie (R. d') 8
Leclerc (Pl. du Gén.) .. 9
République (Pl.) 13
Amand-Macé (R.) 3
Barre (R. de la) 5
Hamonic (Bd A.) 6
Prés.-Coty (Av. du) ... 12
Sorbiers (Av. des) 14
Teinture (R. de la) 16

45240 Loiret 64 ⑨ G. Châteaux de la Loire – 6 414 h alt. 92.

🏌 de Sologne ℰ 38 76 57 33, sur D 18 à l'Ouest : 3,5 km.

🛈 Office de Tourisme r. Jardins ℰ 38 64 67 93, Fax 38 64 61 39.

Paris 154 – ♦Orléans 21 – Blois 55 – Romorantin-Lanthenay 46 – Salbris 33.

🏨 **L'Orée des Chênes** M ⑤, NE : 3 km par rte Marcilly ℰ 38 64 84 00, Fax 38 64 84 20, ≤, 😀, « Parc avec étang » – 🌿 ch 📺 ☎ 🅿 ♿ – 🍴 30. 🆎 ⓪
Repas 120/230 – 🍽 60 – **22 ch** 450/600 – ½ P 315/425.

XXX **Ferme de la Lande,** NE : 2,5 km par rte Marcilly ℰ 38 76 64 37, Fax 38 64 68 87, 😀, parc, « Ancienne ferme aménagée » – 🅿. 😅
fermé 3 au 13 mai, 21 août au 4 sept., dim. soir et lundi – **Repas** 135/250 bc et carte 210 à 320, enf. 75.

XX **Les Brémailles en Sologne,** N : 3 km sur N 20 ℰ 38 76 56 60, Fax 38 64 68 04, 😀, parc – 🅿. 😅
fermé lundi soir et mardi – **Repas** 99/250, enf. 59.

XX **Aub. de l'Écu de France,** 6 r. Gén. Leclerc ℰ 38 64 69 22 – 😅
fermé 23 fév. au 9 mars, vacances de Toussaint, mardi soir sauf en sais. et merc. – **Repas** 75/190, enf. 50.

CITROEN Gar. Gorin, N 20 Sud ℰ 38 76 50 36
FIAT Gar. Gidoin, RN 20 ℰ 38 76 51 17 🅽 ℰ 05 24 90 90
PEUGEOT Gar. Trémillon, 73 bd Mar.-Foch ℰ 38 76 64 09
RENAULT Gar. Viet, N 20 ℰ 38 76 53 14 🅽 ℰ 05 24 90 90

41220 L.-et-Ch. 64 ⑧ – 809 h alt. 83.

Paris 165 – ♦Orléans 35 – Beaugency 14 – Blois 31 – Romorantin 35.

🏠 **St Cyr,** ℰ 54 87 90 51, Fax 54 87 95 17, 😀 – 📺 ☎ 🅿. ⓪ 😅. ❀ rest
fermé 10 janv. au 18 mars, lundi (sauf le soir du 15 juin au 15 sept.) et dim. soir du 15 sept. au 15 juin – **Repas** 72/205 – 🍽 32 – **20 ch** 190/260 – ½ P 205/260.

LA FERTÉ-MACÉ

300 m

FLERS 25 km / D 18
FALAISE 39 km / D 19
GARE
ARGENTAN 33 km / D 916
SÉES 43 km / D 908
Pl. de Neustadt
Alençon
DOMFRONT 22 km / D 908
Pl. Gal de Gaulle
BAGNOLES-DE-L'ORNE 6 km
D 916

476

🛈 Office de Tourisme 26 pl. Hôtel de Ville ℘ (1) 60 22 63 43.

Paris 66 ⑥ – Melun 67 ⑤ – ✦Reims 84 ① – Troyes 120 ③.

LA FERTÉ-SOUS-JOUARRE

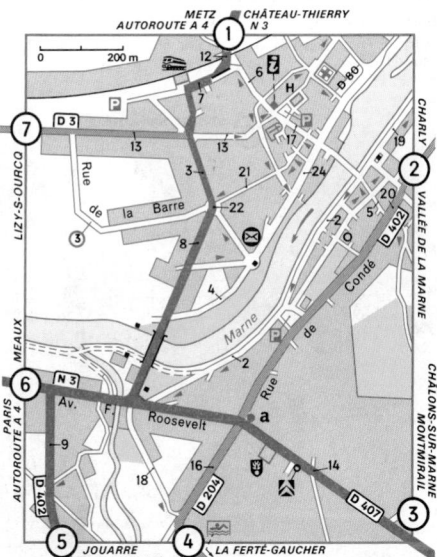

Ne cherchez pas au hasard

un hôtel agréable et tranquille

mais consultez les cartes

de l'introduction.

🏰🏰 **Château des Bondons** Ⓜ ≤ sans rest, rte Montménard par ③ et D 70 : 2 km ℘ (1) 60 22 00 98, Fax (1) 60 22 97 01, parc – 📺 ☎ 🅿. 🖭 ⓞ 🖼
≊ 40 – **11 ch** 350/800.

XXX ↔ **Aub. de Condé** (Tingaud), 1 av. Montmirail **(a)** ℘ (1) 60 22 00 07, Fax (1) 60 22 30 60, 🍴 – 🗐 🅿. 🖭 ⓞ 🖼 JCB
fermé lundi soir et mardi – **Repas** 200/310 et carte 370 à 500
Spéc. Moelleux de foie de canard au vin de Bouzy. Filets de sole "Vincent Bourrel". Poularde de Bresse à la briarde. **Vins** Bouzy, Champagne.

XX **Aub. du Petit Morin**, rte Rebais par ④ : 1,5 km ℘ (1) 60 22 02 39, 🍴 – 🖼
fermé 4 au 27 sept., 15 au 23 janv., dim. soir et lundi sauf fériés – **Repas** 98/230, enf. 60.

à Jouarre par ⑤ : 3 km – 3 274 h. – ✉ **77640** .

Voir Crypte✶ de l'abbaye, G. Ile de France.

🏨 **Le Plat d'Étain**, ℘ (1) 60 22 06 07, Fax (1) 60 22 35 63 – 📺 ☎ 🅿. 🖭 🖼
fermé 15 au 31 déc., dim. soir et vend. – **Repas** 94/187 ₰, enf. 52 – ≊ 32 – **24 ch** 140/330 –
½ P 180/260.

CITROEN Gar. du Parc, 10 av. Montmirail
℘ (1) 60 22 90 00 🗈 ℘ (1) 60 22 90 00

⊛ Pezzetta Dememe, 42 av. F.-Roosevelt
℘ (1) 60 22 02 06

🛈 Office de Tourisme 3 r. V.-de-Laprade ℘ 77 26 05 27.

Paris 520 – Roanne 38 – ✦St-Étienne 39 – ✦Lyon 63 – Montbrison 26 – Thiers 68 – Vienne 88.

🏨 **Motel Etésia** Ⓜ sans rest, rte Roanne ℘ 77 27 07 77, Fax 77 27 03 33 – 📺 ☎ 🕭 🅿. 🖭 ⓞ 🖼
fermé 12 au 26 août et 23 au 31 déc. – ≊ 28 – **15 ch** 230/280.

🏨 **L'Astrée** sans rest, 2 chemin du Bout du Monde ℘ 77 26 54 66 – 📺 ☎ 🅿. 🖼
≊ 30 – **17 ch** 120/220.

XX **La Boule d'Or**, rte Lyon ℘ 77 26 20 68, Fax 77 26 56 84, 🍴 – 🖼
fermé 1er au 19 août, 6 au 15 fév., dim. soir et lundi sauf fériés – **Repas** 90/280, enf. 60.

XX **Commerce**, 2 r. Loire ℘ 77 27 04 67, Fax 77 26 18 92 – 🖭 🖼
✦ *fermé 1er au 15 nov.* – **Repas** 80/170 ₰.

ALFA-ROMEO, SEAT Gar. Cheminal, 15 r. de la
Loire ℘ 77 26 08 14 🗈 ℘ 77 26 24 63
PEUGEOT Gar. Faure, 16 rte de Lyon ℘ 77 26 03 65

⊛ Feurs Pneus, ZA les Planchettes, r. St-Exupéry
℘ 77 26 39 98

FIGEAC <SP> 46100 Lot 🗗🗗 ⑩ G. Périgord Quercy – 9 549 h alt. 214.

Voir Le vieux Figeac★ : hôtel de la Monnaie★ **M¹**, musée Champollion★ **M²** près de la place aux Ecritures★ – Vallée du Célé★ par ⑤.

🖪 Office de Tourisme pl. Vival ℘ 65 34 06 25.

Paris 576 ⑥ – Rodez 64 ② – Aurillac 65 ① – Brive-la-Gaillarde 91 ⑥ – Cahors 68 ⑤ – Villefranche-de-Rouergue 36 ③.

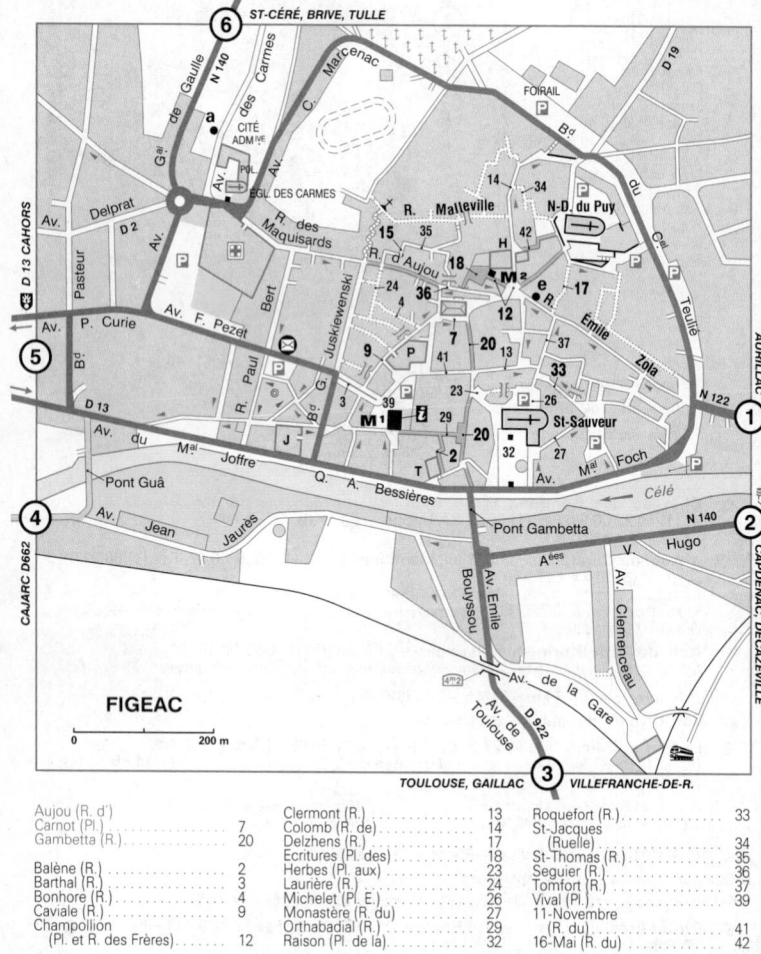

🏨🏨 **Château du Viguier du Roy** ⦶ sans rest, r. É. Zola **(e)** ℘ 65 50 05 05, Fax 65 50 06 06, « Bel aménagement intérieur », 🏊, 🐎 – 劇 ⇔ ch 🗐 🖭 ☎ 🅿 – 🛦 25. 🕮 ⓪ ⊖⊟. 🛠
30 mars-15 oct. et 21 déc.-3 janv. – 🖙 65 – **20 ch** 570/1350.

🏨🏨 **des Carmes,** Enclos des Carmes **(a)** ℘ 65 34 20 78, Télex 520794, Fax 65 34 22 39, 🏤, 🏊, 🐎, ℁ – 劇 🖭 ☎ 🅿 – 🛦 35. 🕮 ⓪ ⊖⊟
fermé 22 déc. au 8 janv., dim. soir et sam. du 1ᵉʳ oct. au 30 avril – **Repas** 105/310 🖏, enf. 55 – 🖙 50 – **40 ch** 300/405 – ½ P 355/400.

🏠 **Pont du Pin** sans rest, 3 allées V. Hugo par ② ℘ 65 34 12 60 – ☎. ⊖⊟. 🛠
🖙 35 – **23 ch** 230/350.

à St-Julien-d'Empare par ② : 10 km – ⊠ 12700 Capdenac-Gare (Aveyron).

Voir Capdenac : site★ et ≤★ d'une terrasse proche de l'église N : 4 km.

🏠 **Aub. la Diège** ⤸, 𝒫 65 64 70 54, Fax 65 80 81 58, 🏡, 🛵, 🏊, 🖉, ✵ – 📺 ☎ ♿ 🅿 –
🔜 🔏 30. ⅁⅄
fermé 23 déc. au 3 janv. – **Repas** *(fermé dim. soir, lundi soir et sam. d'oct. à mars)* 59/218 ⅄
– ⊑ 32 – **24 ch** 138/295 – ½ P 166/237.

CITROEN Diffusion Autom., 31 av. J.-Jaurès
𝒫 65 34 06 67
PEUGEOT Gar. du Pin, 12 av. d'Aurillac
𝒫 65 34 11 44
RENAULT S.A.F.D.A., rte de Cahors, ZI par ⑤
𝒫 65 34 00 23 🆖 𝒫 65 50 01 50
RENAULT Central Gar., 16 av. Ch.-de-Gaulle à
Capdenac-Gare par ② 𝒫 65 64 74 78

🔘 Etap Autom., rte d'Aurillac 𝒫 65 34 20 74
Figeac Pneus, 41 faubourg du Pin 𝒫 65 34 64 64
Quercy-Auvergne Pneus, 21 av. G.-Pompidou
𝒫 65 34 20 30

FILLE 72210 Sarthe 🖸🖸 ③ G. Châteaux de la Loire – 836 h.
Paris 214 – ◆Le Mans 14 – La Flèche 28 – Malicorne-sur-Sarthe 20.

XX **Aub. du Rallye,** 𝒫 43 87 14 08, Fax 43 87 93 70, 🏡, 🖉 – 🅿. ⑩ ⅁⅄
fermé 5 au 25 fév., dim. soir et lundi – **Repas** 120/280.

L'Atlas Routier FRANCE de Michelin, c'est :

– *toute la cartographie détaillée (1/200 000) en un seul volume,*

– *des dizaines de plans de villes,*

– *un index de repérage des localités..*

Le copilote indispensable dans votre véhicule.

FIRMINY 42700 Loire 🖸🖸 ⑧ G. Vallée du Rhône – 23 123 h alt. 473.
Paris 531 – ◆St-Étienne 14 – Ambert 79 – Montbrison 39 – Yssingeaux 37.

XXX **de Cordes,** 17 r. Cordes 𝒫 77 61 93 78, 🏡, 🖉 – 🅿. ⅍⅄ ⅁⅄
fermé août, vacances de fév., dim. soir et lundi – **Repas** *(nombre de couverts limité,
prévenir)* 98/200 et carte 195 à 275.

au Pertuiset NO : 5 km par D 3 – ⊠ 42240 Unieux :

XX **Verdier Riffat,** 𝒫 77 35 71 11, ≤ Loire, 🏡 – 🅿. ⑩ ⅁⅄
fermé janv., fév. et merc. – **Repas** 89/265, enf. 56.

RENAULT Gar. Durand, 16 r. Tour-de-Varan
𝒫 77 56 35 66 🆖 𝒫 05 05 15 15

🔘 Technique Pneus, ZAC des Bruneaux, 78 r.
V.-Hugo 𝒫 77 56 30 12

FITOU 11510 Aude 🖸🖸 ⑨ ⑩ – 579 h alt. 41.
Paris 839 – ◆Perpignan 29 – Carcassonne 88 – Narbonne 38.

X **Cave d'Agnès,** 𝒫 68 45 75 91 – 🅿. ⅁⅄
1ᵉʳ avril-1ᵉʳ oct. et fermé merc. – **Repas** *(nombre de couverts limité, prévenir)* 102/134 ⅄,
enf. 48.

FIXIN 21220 Côte-d'Or 🖸🖸 ⑫ G. Bourgogne – 826 h alt. 292.
Paris 314 – ◆Dijon 11 – Beaune 34 – Dole 58.

X **Chez Jeannette** avec ch, 𝒫 80 52 45 49, Fax 80 51 30 70, 🏡 – 🖭 ⑩ ⅁⅄
fermé 5 janv. au 5 fév. et jeudi d'oct. à juin – **Repas** 90/138 ⅄, enf. 42 – ⊑ 24 – **11 ch**
100/210 – ½ P 175/265.

FLAGY 77 S.-et-M. 🖸🖸 ⑬ – rattaché à Montereau.

FLAINE 74 H.-Savoie 🖸🖸 ⑧ G. Alpes du Nord – alt. 1 600 – Sports d'hiver : 1 600/2 500 m ⅋3 ⅏26 –
⊠ 74300 Cluses.

🏌 𝒫 50 90 85 44, 4 km par D 106.

🛈 Office de Tourisme 𝒫 50 90 80 01, Télex 385662, Fax 50 90 86 26.

Paris 595 – Chamonix-Mont-Blanc 60 – Annecy 77 – Bonneville 37 – Cluses 23 – Megève 43 – Morzine 42 –
Thonon-les-Bains 81.

🏨 **Totem** 🅼 ⤸, 𝒫 50 90 80 64, Fax 50 90 88 47, ≤ – 🛗 🖭 ☎. ⅍⅄ ⑩ ⅁⅄
8 juil.-31 août et 17 déc.-18 avril – **Repas** 140 (déj.), 160/235 – ⊑ 40 – **91 ch** 560/1380,
4 appart – ½ P 470/690.

FLAMANVILLE 50340 Manche 🖸🖸 ① – 1 781 h alt. 90.
Paris 376 – Cherbourg 26 – Barneville-Carteret 24 – Valognes 33.

🏠 **Bel Air** ⤸ sans rest, 𝒫 33 04 48 00, Fax 33 04 49 56, 🖉 – 🖭 ☎ 🅿. ⅁⅄
fermé 15 déc. au 15 janv. – ⊑ 38 – **9 ch** 230/310.

La FLÈCHE <SP> 72200 Sarthe 🖻🖻 ② G. Châteaux de la Loire – 14 953 h alt. 30.

Voir Prytanée militaire★ Y – Boiseries★ de la chapelle N.-D.-des-Vertus Y – Parc zoologique du Tertre Rouge★ 5 km par ② puis D 104.

Env. Bazouges-sur-le-Loir : pont ⩽★, 7 km par ④.

🖬 Office de Tourisme, Espace P.-Mendès-France ℘ 43 48 53 70.

Paris 242 ① – Angers 52 ① – ◆ Le Mans 43 ① – Châteaubriant 106 ④ – Laval 69 ⑤ – ◆ Tours 70 ②.

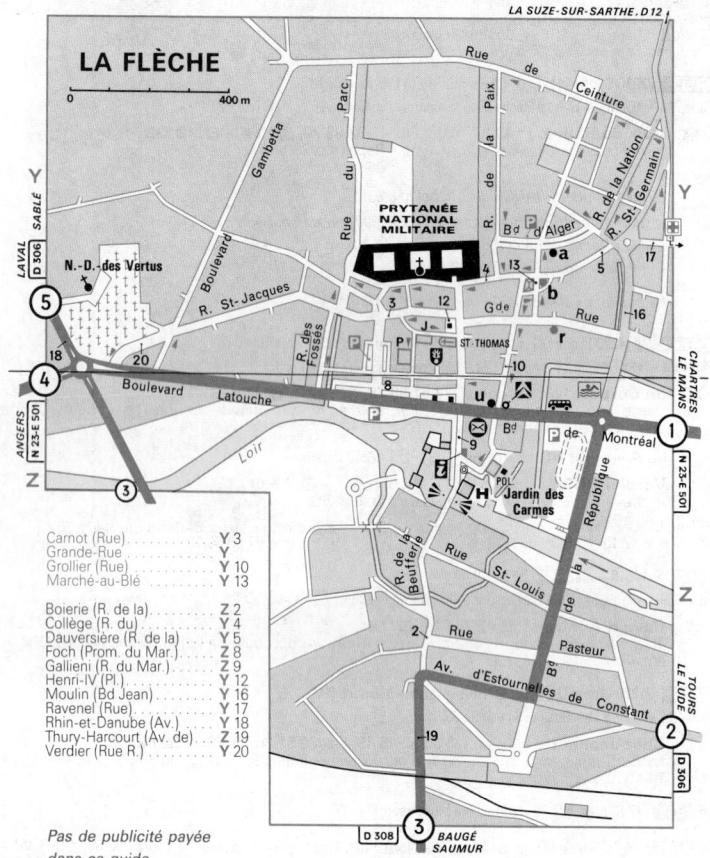

Carnot (Rue)	Y 3
Grande-Rue	Y
Grollier (Rue)	Y 10
Marché-au-Blé	Y 13

Boierie (R. de la)	Z 2
Collège (R. du)	Y 4
Dauversière (R. de la)	Y 5
Foch (Prom. du Mar.)	Z 8
Gallieni (R. du Mar.)	Z 9
Henri-IV (Pl.)	Y 12
Moulin (Bd Jean)	Y 16
Ravenel (Rue)	Y 17
Rhin-et-Danube (Av.)	Y 18
Thury-Harcourt (Av. de)	Z 19
Verdier (Rue R.)	Y 20

Pas de publicité payée
dans ce guide.

🏠 **Relais Cicero** 🕭 sans rest, 18 bd Alger ℘ 43 94 14 14, Fax 43 45 98 96, « Demeure du 17ᵉ siècle, belle décoration intérieure », ☞ – 🆃🆅 ☎ 🖭 🗚🗚 🛈 GB. ⠀⠀⠀⠀⠀⠀⠀⠀⠀⠀⠀⠀⠀⠀⠀⠀Y **a**
fermé 23 déc. au 8 janv. – ⚏ 45 – **21 ch** 350/675.

🏠 **Image,** 50 r. Grollier ℘ 43 94 00 50, Fax 43 94 47 19, ☞ – 🆃🆅 ☎ 🅿 🛈 GB⠀⠀⠀⠀⠀Z **u**
fermé 15 au 31 déc. et dim. soir de nov. à fév. – **Repas** 78 (déj.), 95/220 🖫, enf. 45 – ⚏ 30 – **20 ch** 200/380 – ½ P 220/300.

🍴🍴 **La Fesse d'Ange,** pl. 8 Mai 1945 ℘ 43 94 73 60, Fax 43 45 97 33 – GB⠀⠀⠀⠀⠀⠀⠀⠀Y **b**
fermé 1ᵉʳ au 23 août, vacances de fév., dim. soir et lundi – **Repas** 120/195.

🍴🍴 **Vert Galant** avec ch, 70 Gde Rue ℘ 43 94 00 51, Fax 43 45 11 24, ☞ – 🆃🆅 ☎ 🅿. GB.
◆ ⠀✂⠀⠀Y **r**
fermé 20 déc. au 15 janv. et jeudi de sept. à mars – **Repas** 72/165 🖫 – ⚏ 26 – **9 ch** 207/268 – ½ P 237/290.

CITROEN B.S.A., bd de Montréal ℘ 43 94 01 41
FORD Gar. Bouttier, av. de Verdun ℘ 43 94 04 08
PEUGEOT Gar. Vadeble, av. Rhin-et-Danube par ⑤
℘ 43 94 01 73 🅽 ℘ 43 94 01 73
ROVER Gar. Gambetta, 51 bd Gambetta
℘ 43 94 06 20

VAG Gar. Clerfond, la Jalêtre, av. Rhin-et-Danube
℘ 43 94 10 48

🅾 Robles Pneus, bd Rhin-et-Danube ℘ 43 45 20 38

FLÉRÉ-LA-RIVIÈRE 36700 Indre 🔢 ⑥ – 628 h alt. 95.

Paris 272 – Tours 60 – Le Blanc 50 – Châtellerault 60 – Châtillon-sur-Indre 7 – Loches 16.

    ✕ **Le Relais du Berry,** 2 rte Tours ℘ 54 39 32 57 – 🆖
    ➡ fermé dim. soir et lundi sauf juil.-août – **Repas** 65/180 🍸.

Une réservation confirmée par écrit est toujours plus sûre.

FLERS 61100 Orne 🔢 ① **G. Normandie Cotentin** – 17 888 h alt. 188.

🅱 Office de Tourisme pl. Gén.-de-Gaulle ℘ 33 65 06 75.

Paris 239 ② – Alençon 71 ③ – Argentan 43 ② – ♦Caen 58 ① – Fougères 77 ④ – Laval 88 ④ – Lisieux 84 ① – St-Lô 64 ① – St-Malo 137 ④ – Vire 29 ⑥.

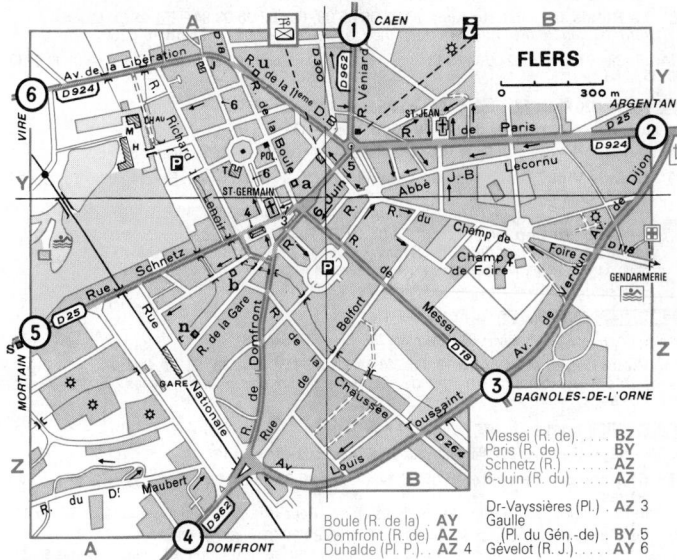

Messei (R. de)	**BZ**
Paris (R. de)	**BY**
Schnetz (R.)	**AZ**
6-Juin (R. du)	**AZ**

Dr-Vayssières (Pl.)	**AZ** 3
Gaulle (Pl. du Gén.-de)	**BY** 5
Gévelot (R. J.)	**AY** 6

Boule (R. de la)	**AY**
Domfront (R. de)	**AZ**
Duhalde (Pl. P.)	**AZ** 4

🏨 **Galion** 🅼 sans rest, 5 r. V. Hugo ℘ 33 64 47 47, Fax 33 65 10 10, 🚗 – 📺 ☎ 🚭 🅿. 🆎 🅾 🆖
    AZ **b**
    ☲ 25 – **30 ch** 200/260.

🏨 **Aub. du Cèdre,** 64 r. 11ᵉ D. B. ℘ 33 64 06 00, 🚗 – 📺 ☎ 🅿. 🆎 🆖
    AY **u**
    fermé 1ᵉʳ au 7 août – **Repas** *(fermé dim. soir et lundi)* 88/155 – ☲ 28 – **8 ch** 250/300.

🏚 **Ouest,** 14 r. Boule ℘ 33 64 32 43, 🏠 – 📺 ☎ 🚗. 🆖
    AY **a**
    ➡ fermé 1ᵉʳ au 15 août, sam. midi et dim. soir – **Repas** 68/148 🍸 – ☲ 24 – **13 ch** 174/240 – ½ P 180.

✕✕ **Aub. Relais Fleuri,** 115 r. Schnetz ℘ 33 65 23 89, Fax 33 65 23 89 – 🆖
    AZ **s**
    fermé 1ᵉʳ au 20 août et lundi – **Repas** 45.

✕✕ **Au Bout de la Rue,** 60 r. Gare ℘ 33 65 31 53, Fax 33 65 46 81 – 🍴. 🆖
    AZ **n**
    ➡ fermé dim. et fériés – **Repas** 69/150 bc 🍸.

    au Buisson-Corblon par ② : 3 km – ✉ 61100 Flers :

✕ **Aub. des Vieilles Pierres,** ℘ 33 65 06 96, Fax 33 65 80 72 – 🅿. 🆖
    ➡ fermé 6 au 29 août, vacances de fév., dim. soir et lundi – **Repas** 70/190.

    à La Ferrière-aux-Étangs par ③ : 10 km – ✉ 61450 :

✕✕ **Aub. de la Mine,** le Gué-Plat S : 2 km par rte Domfront ℘ 33 66 91 10 – 🅿. 🆎 🆖
    fermé 5 au 23 sept., 2 au 21 janv., mardi soir et merc. – **Repas** 90/160, enf. 50.

481

CITROEN S.A.C.O.A., ZI rte de Domfront
☎ 33 64 46 46 🄽 ☎ 33 64 46 46
FORD Gar. Granger, ZA de la Minière, rte de
Domfront ☎ 33 65 08 55 🄽 ☎ 33 64 95 13
NISSAN Gar. Gravelat Fleury Automobiles, La
Chapelle au Moine ☎ 33 64 14 66
NISSAN Gar. Gravelat, la Chapelle au Moine,
☎ 33 64 14 66
OPEL Gar. Bédouelle, 31 r. Abbé-Lecornu
☎ 33 65 22 21
PEUGEOT Gar. Daniaud, av. des Canadiens à
St-Georges des Groseillers ☎ 33 65 25 98 🄽
☎ 33 64 95 13

RENAULT Gar. Manson, rte de Domfront, ZI par ④
☎ 33 65 77 55 🄽 ☎ 31 25 93 49
V.A.G. Avenir Autom., 184 r. Véniard à St-Georges-
des-Groseillers ☎ 33 65 24 88

🅟 Alexandre Pneus, 58 bis r. Messei ☎ 33 65 02 15
Clabeau Pneus, 91 r. de la Chaussée ☎ 33 65 26 18
Grosos Pneus Vulcopneu, Le Tremblay
☎ 33 65 29 60

FLEURANCE 32500 Gers 🎱 ⑤ G. Pyrénées Aquitaine – 6 368 h alt. 98.

🇫₉ ☎ 62 06 26 26, S par N 21 : 4 km.

🛈 Office de Tourisme à la Mairie ☎ 62 06 27 80.

Paris 760 – Auch 24 – Agen 47 – Castelsarrasin 57 – Condom 30 – Montauban 66 – ♦Toulouse 83.

🏨 **Fleurance** sans rest, rte Agen : 2 km ☎ 62 06 14 85, Fax 62 64 05 12, 🐎 – 📺 ☎ 🅿. 🖭
🔘 🆖
fermé 15 déc. au 15 janv. – 🍽 35 – **24 ch** 220/400.

🏠 **Le Relais** sans rest, rte Auch ☎ 62 06 05 08, Fax 62 06 03 84 – 📺 ☎ 🅿. 🖭 🆖
fermé du 26 nov. au 28 fév. – 🍽 27 – **25 ch** 190/260.

RENAULT Gar. Palacin, ☎ 62 06 11 69 🄽   Gar. Carol, av. Gén.-de-Gaulle ☎ 62 06 11 81 🄽
☎ 62 06 11 69   ☎ 62 10 77 09

FLEURIE 69820 Rhône 🏷 ① G. Vallée du Rhône – 1 105 h alt. 295.

Env. La Terrasse ※ ★★ près du col du Fût d'Avenas O : 10 km.

Paris 413 – Mâcon 21 – Bourg-en-Bresse 43 – Chauffailles 42 – ♦Lyon 59 – Villefranche-sur-Saône 26.

🏨 **Grands Vins** ℠ sans rest, S : 1 km par D 119ᴱ ☎ 74 69 81 43, Fax 74 69 86 10, ≤, ⤳, 🐎
– ☎ ⚓ 🅿 🆖. ※
fermé 1ᵉʳ au 8 août et 1ᵉʳ déc. à mi-janv. – 🍽 45 – **20 ch** 350/410.

🍴🍴🍴 ✿✿ **Aub. du Cep**, pl. Église ☎ 74 04 10 77, Fax 74 04 10 28 – 🔲. 🖭 🆖
fermé déc., dim. soir et lundi – **Repas** (prévenir) 190/400 et carte 260 à 400 🅖
Spéc. Cuisses de grenouilles rôties. Queues d'écrevisses en petit ragoût. Volaille fermière au vin de Fleurie. **Vins**
Beaujolais blanc, Fleurie.

FLEURINES 60700 Oise 🏷 ① – 1 494 h alt. 116.

Paris 56 – Compiègne 31 – Beauvais 50 – Clermont 23 – Roye 53 – Senlis 8.

🍴🍴🍴 **Vieux Logis**, ☎ 44 54 10 13, Fax 44 54 12 47, 🌿, 🐎 – 🅿. 🖭 🔘 🆖. ※
fermé 1ᵉʳ au 15 août, sam. midi de nov. à mars, dim. soir et lundi – **Repas** 200 bc/480 et carte
270 à 410.

FLEURVILLE 71260 S.-et-L. 🏷 ⑲ ⑳ – 485 h alt. 177.

Paris 376 – Mâcon 17 – Cluny 26 – Pont-de-Vaux 6 – St-Amour 39 – Tournus 14.

🏨 **Château de Fleurville**, ☎ 85 33 12 17, Fax 85 33 95 34, 🌿, parc, ⤳, ※ – ☎ 🅿 🔘 🆖.
※ rest
fermé 12 nov. au 26 déc., fév. et lundi midi – **Repas** 160/260, enf. 55 – 🍽 45 – **14 ch** 440.

🍴🍴 **Le Fleurvil** avec ch, ☎ 85 33 10 65, Fax 85 33 10 37 – ☎ 🅿. 🆖
fermé 6 au 14 juin, 15 nov. au 15 déc., lundi soir de nov. à juin et mardi – **Repas** 90/210 🅖,
enf. 58 – 🍽 35 – **9 ch** 170/240.

à St-Oyen-Montbellet N : 3 km par N6 – ✉ 71260 Lugny :

🍴🍴 **La Chaumière** avec ch, ☎ 85 33 10 41, Fax 85 33 12 99, 🌿, « Jardin fleuri » – 📺 ☎ 🅿.
🆖
fermé jeudi midi et merc. – **Repas** 110/200 🅖 – 🍽 40 – **10 ch** 210/310.

FLEURY-SUR-ORNE 14 Calvados 🏷 ⑪ – rattaché à Caen.

FLORAC ◈ 48400 Lozère 🏷 ⑥ G. Gorges du Tarn (plan) – 2 065 h alt. 545.

Voir S : Corniche des Cévennes★★★ – O : Gorges du Tarn★★★.

🛈 Office de Tourisme av. J.-Monestier ☎ 66 45 01 14.

Paris 635 – Mende 38 – Alès 68 – Millau 75 – Rodez 119 – Le Vigan 67.

🏨 **Gd H. Parc,** ☎ 66 45 03 05, Fax 66 45 11 81, ≤, « Parc », ⤳ – 📶 📺 ☎ 🅿 – 🔬 40. 🖭 🔘
🆖. ※ ch
15 mars-1ᵉʳ déc. et fermé dim. soir (sauf hôtel) et lundi hors sais. – **Repas** 88/185, enf. 50 –
🍽 32 – **60 ch** 170/285 – ½ P 245/290.

🏠 **Gorges du Tarn** sans rest, ☎ 66 45 00 63 – ☎ 🅿. 🆖. ※
Pâques-30 sept. et fermé sam. et dim. sauf juil.-août – 🍽 30 – **33 ch** 170/250.

🏠 **Pont Neuf,** ☎ 66 45 01 67, 🌿 – 📺 🅿. 🖭 🆖. ※ ch
➤ **Repas** 80/175 🅖 – 🍽 25 – **20 ch** 245/300 – ½ P 210.

à Cocurès NE : 5,5 km alt. 600 – ✉ 48400 :

La Lozerette 🙤, par N 106 et D 998 ✆ 66 45 06 04, Fax 66 45 12 93 – ☎ Ⓟ. AE GB. ✂ rest – *Pâques-1er nov.* – **Repas** *(fermé mardi sauf du 1er juil. au 15 sept.)* 78/250, enf. 55 – ☕ 30 – **21 ch** 260/380 – ½ P 260/310.

CITROEN Gar. chez Momo, ZA St-Julien, rte de Mende ✆ 66 45 00 27
FIAT Gar. Baubrier, ✆ 66 45 01 52
PEUGEOT Gar. Pascal, ✆ 66 45 00 65
Covinhes Pneus, ZA ✆ 66 45 08 84

FLORENSAC **34510** Hérault 83 ⑮ – 3 583 h alt. 8.

Paris 758 – ♦Montpellier 47 – Agde 8,5 – Béziers 25 – Lodève 55 – Mèze 14 – Pézenas 10.

XX ✿ **Léonce** (Fabre) avec ch, pl. République ✆ 67 77 03 05, Fax 67 77 88 89 – ▤ rest ☎ – 🏊 25. AE ⓓ GB. ✂ rest
fermé 25 sept. au 8 oct., 15 fév. au 15 mars, dim. soir sauf juil.-août et lundi – **Repas** (en saison prévenir) 140/350 et carte 230 à 350 – ☕ 38 – **11 ch** 220/360
Spéc. Fricassée de supions. Filet de loup rôti à la peau et courgettes fleurs (été). Sublime "Léonce" au chocolat extra dry. **Vins** Coteaux du Languedoc.

FLORENT-EN-ARGONNE **51** Marne 56 ⑲ – rattaché à Ste-Menehould.

La FLOTTE **17** Char.-Mar. 71 ⑫ – voir à Ré (Ile de).

FLOURE **11800** Aude 86 ⑧ – 255 h alt. 79 – Paris 805 – ♦Perpignan 104 – Carcassonne 11 – Narbonne 43.

Château de Floure 🙤, ✆ 68 79 11 29, Fax 68 79 04 61, ≤, parc, 🏊, 🎾 – TV ☎ 🚗 Ⓟ. AE ⓓ GB JCB
1er avril-20 oct. – **Repas** *(fermé dim. soir et merc. en avril, mai et oct.)* 150/180 – ☕ 55 – **9 ch** 400/790 – ½ P 430/575.

FLUMET **73590** Savoie 74 ⑦ **G. Alpes du Nord** – 760 h alt. 1 000 – Sports d'hiver : 1 000/2 030 m ⛷11 ⛷.

Office de Tourisme "Le Dodécagone" ✆ 79 31 61 08.

Paris 606 – Chamonix-Mont-Blanc 45 – Albertville 21 – Annecy 51 – Chambéry 72 – Megève 10.

Host. Parc des Cèdres, ✆ 79 31 72 37, Fax 79 31 61 66, ≤, ☂, « Parc » – TV ☎ 🚗 Ⓟ. AE ⓓ GB
3 juin-9 oct. et 20 déc.-Pâques – **Repas** 85/230, enf. 52 – ☕ 40 – **18 ch** 250/380 – ½ P 320/350.

à St-Nicolas-la-Chapelle SO : 1,2 km par N 212 – ✉ 73590 :

Vivier, sur N 212 ✆ 79 31 73 79, Fax 79 31 60 70, ≤, ☂, 🌳 – TV ☎ 🚗 Ⓟ. GB
fermé 27 mars au 5 avril et 14 nov. au 18 déc. – **Repas** *(fermé lundi hors sais.)* 55/180 ♿, enf. 40 – ☕ 30 – **20 ch** 210/250 – ½ P 215/230.

Gar. Joly, ✆ 79 31 71 86

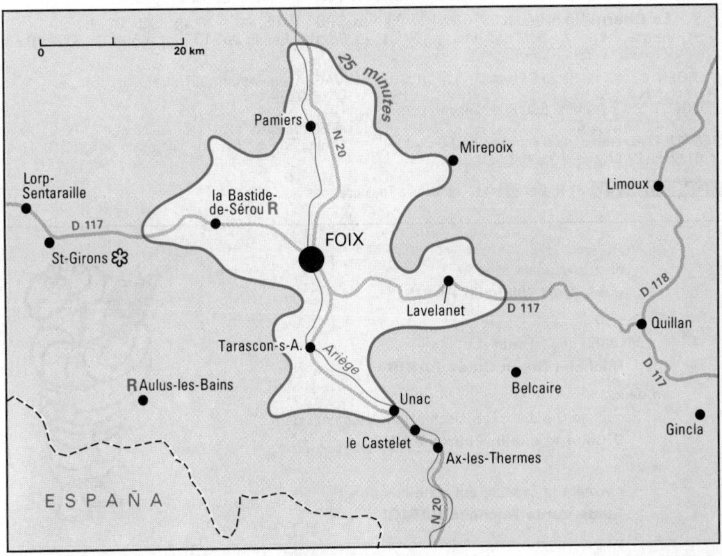

FOIX 🅿 09000 Ariège 🗟🗟 ④ ⑤ **G. Pyrénées Roussillon** – 9 964 h alt. 380.

Voir Site★ – ※★ de la tour du château A – **Route Verte★★** O par D17 A.

Env. Rivière souterraine de Labouiche★ NO : 6,5 km par D1.

🏌 de l'Ariège à la Bastide-de-Sérou, ℰ 61 64 56 78 par ③ : 15 km.

🛈 Office de Tourisme avec A.C. 45 cours G.-Fauré ℰ 61 65 12 12, Fax 61 65 64 63.

Paris 780 ① – Andorra la Vella 105 ② – Carcassonne 89 ① – ◆Perpignan 136 ② – St-Girons 44 ③ – ◆Toulouse 84 ①

FOIX

Bayle (R.)	B
Delcassé (R. Th.)	B 4
Marchands (R. des)	B 12
St-James (R.)	A 22

Alsace-Lorraine (Av.)	B 2
Chapeliers (R. des)	A 3
Delpech (R. Lt P.)	A 5
Duthil (Pl.)	B 6
Fauré (Av. G.)	AB 7
Labistour (R. de)	B 8
Lazéma (R.)	A 9
Lérida (Av. de)	A 10
Préfecture (R. de la)	A 14
Rocher (R. du)	A 20
St-Volusien (Pl.)	A 23
Salenques (R. des)	A 24

*Les plans de villes
sont orientés
le Nord en haut.*

🏨 **Pyrène** Ⓜ sans rest, par ② : 2 km sur N 20 ℰ 61 65 48 66, Fax 61 65 46 69, 🏊, 🐎, ※ – 📺 ☎ 🅿 ⚅
 fermé 20 déc. au 20 janv. – ☲ 30 – **20 ch** 270/330.

🏨 **Lons,** 6 pl. G. Duthil ℰ 61 65 52 44, Fax 61 02 68 18, ≤ – 🛗 📺 ☎ – 🛦 40. 🖭 ⓞ ⚅   B **d**
 Repas 70 (déj.), 72/140 – ☲ 32 – **40 ch** 240/360 – ½ P 220/290.

🍴 **Camp du Drap d'Or,** 21 r. N. Peyrevidal ℰ 61 02 87 87 – ⚅   A **n**
 fermé 1er au 8 nov., dim. soir et lundi – **Repas** 75/150.

au Sud par ② : 7 km bifurcation N 20 et D 117 – ⊠ 09000 St-Paul-de-Jarrat :

🍴 **La Charmille** avec ch, ℰ 61 64 17 03, Fax 61 64 10 05, 🐎 – ☜ 🅿. ⚅. ※ ch
 fermé 1er au 15 oct., 23 déc. au 3 fév. et lundi – **Repas** 65/210, enf. 45 – ☲ 30 – **10 ch**
 210/260 – ½ P 190/210.

CITROEN Gar. Grau, RN20 à Peyssales par ②
ℰ 61 65 50 66
PEUGEOT Stival Autom., N20 ZI de Labarre par ①
ℰ 61 65 42 22 Ⓝ ℰ 61 10 74 00
RENAULT Autorama, rte d'Espagne par ②
ℰ 61 65 32 22 Ⓝ ℰ 61 02 51 54

VAG Ariège Autom., 16 bis av. Mar.-Leclerc
ℰ 61 02 74 44

◍ Euromaster, 33 av. Mar.-Leclerc ℰ 61 65 01 68
Lautier Pneus, 16 av. de Barcelone ℰ 61 65 01 41

FONSEGRIVES 31 H.-Gar. 🗟🗟 ⑧ – rattaché à Toulouse.

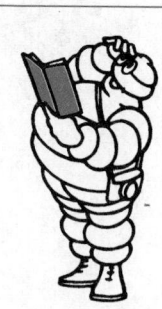

en français
 Visitez la capitale avec le
  guide Vert Michelin PARIS

in English
 Visit the capital with the
  Michelin Green Guide PARIS

in deutsch
 Besuchen Sie die französische Hauptstadt mit dem
  Grünen Michelin-Führer PARIS

in italiano
 per visitare la capitale utilizzate la
  Guida Verde Michelin PARIGI

FONTAINEBLEAU ⟨SP⟩ **77300** S.-et-M. **61** ② ⑫ **106** ㊺ ㊻ **G. Ile de France** – 15 714 h alt. 77.

Voir Palais★★★ ABZ – Jardins★ ABZ – Musée napoléonien d'Art et d'Histoire militaire : collection de sabres et d'épées★ AY **M1** – Forêt★★★ – Gorges de Franchard★★ par ⑥ : 5 km.

18 ✆ (1) 64 22 22 95, par ⑤ : 1,5 km.

Office de Tourisme 31 pl. N.-Bonaparte ✆ (1) 64 22 25 68, Fax (1) 64 22 43 31.

Paris 65 ⑦ – Auxerre 104 ④ – Châlons-sur-Marne 158 ③ – Chartres 111 ⑦ – Meaux 73 ① – Melun 16 ① – Montargis 52 ④ – ◆Orléans 89 ⑤ – Sens 54 ③ – Troyes 117 ③.

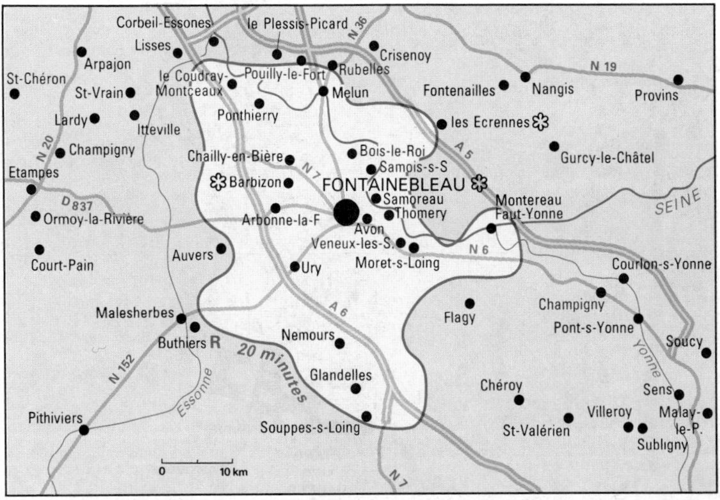

Aigle Noir M, 27 pl. Napoléon ✆ (1) 64 22 32 65, Télex 694080, Fax (1) 64 22 17 33, 🏞, « Bel aménagement intérieur », Fb, 🏊 – 🛗 ⇄ ch ▤ TV ☎ ♿ 🚗 – 🏛 50. AE ⓓ GB JCB AZ **a**
Le Beauharnais (fermé 23 au 30 déc.) **Repas** 180/310 et carte 280 à 370, enf. 80 – ☕ 85 – **51 ch** 950, 6 appart – ½ P 840/1365
Spéc. Médaillons de foie gras en robe d'épices. Croustillant de sandre au beurre d'herbes fraîches. Soufflé aux pralines de Montargis.

Napoléon M, 9 r. Grande ✆ (1) 64 22 20 39, Télex 691652, Fax (1) 64 22 20 87, 🏞 – 🛗 TV ☎ – 🏛 80. AE ⓓ GB JCB BZ **n**
fermé 24 au 30 déc. – ***La Table des Maréchaux :*** **Repas** 130/180 – ☕ 60 – **57 ch** 650/700 – ½ P 415.

Mercure M 🐦, 41 r. Royale ✆ (1) 64 69 34 34, Télex 694420, Fax (1) 64 69 34 39, 🏞, parc, Fb, 🎾 – 🛗 ⇄ ch ▤ TV ☎ ♿ P. AE ⓓ GB AZ **d**
Repas carte environ 180 🍷, enf. 45 – ☕ 50 – **97 ch** 590.

Legris et Parc 🐦, 36 r. Paul Séramy ✆ (1) 64 22 24 24, Fax (1) 64 22 22 05, 🏞, 🌳 – TV ☎ – 🏛 25 à 70. AE ⓓ GB BZ **e**
fermé vacances de fév. – **Repas** *(fermé dim. soir)* 100/170, enf. 60 – ☕ 45 – **31 ch** 405/610.

Ibis M, 18 r. Ferrare ✆ (1) 64 23 45 25, Télex 692240, Fax (1) 64 23 42 22, 🏞 – 🛗 ⇄ ch TV ☎ ♿ 🚗 – 🏛 60. AE ⓓ GB AZ **e**
Repas 97 bc/120 bc, enf. 40 – ☕ 37 – **81 ch** 350.

XXX **François 1er**, 3 r. Royale ✆ (1) 64 22 24 68, Fax (1) 64 23 47 65, 🏞 – AE ⓓ GB AZ **k**
Repas 150/200.

XX **Croquembouche,** 43 r. France ✆ (1) 64 22 01 57, Fax (1) 60 72 08 73 – GB. ✂ AZ **b**
fermé août, vacances de Noël, jeudi midi et merc. – **Repas** 118/190.

XX **Chez Arrighi,** 53 r. France ✆ (1) 64 22 29 43, Fax (1) 60 72 68 02 – AE ⓓ GB AZ **u**
fermé lundi – **Repas** 118/149.

à Avon par ② – 13 873 h. – ✉ **77210** :

Fimotel M, 46 av. F. Roosevelt ✆ (1) 64 22 30 21, Fax (1) 64 22 43 76, 🏞 – 🛗 TV ☎ ♿ P – 🏛 25 à 80. AE ⓓ GB
Repas 62 bc (déj.), 80/105 🍷, enf. 36 – ☕ 39 – **67 ch** 310.

à Thomery E : 9 km par ③, N 6 et D 901 – 3 025 h. – ✉ **77810** :

XXX **Le Vieux Logis** avec ch, 5 r. Sadi Carnot ✆ (1) 60 96 44 77, Fax (1) 60 96 42 71, 🏞, 🏊 – TV ☎ P. AE GB
Repas 145/240 et carte 230 à 340 – ☕ 50 – **14 ch** 400 – ½ P 365.

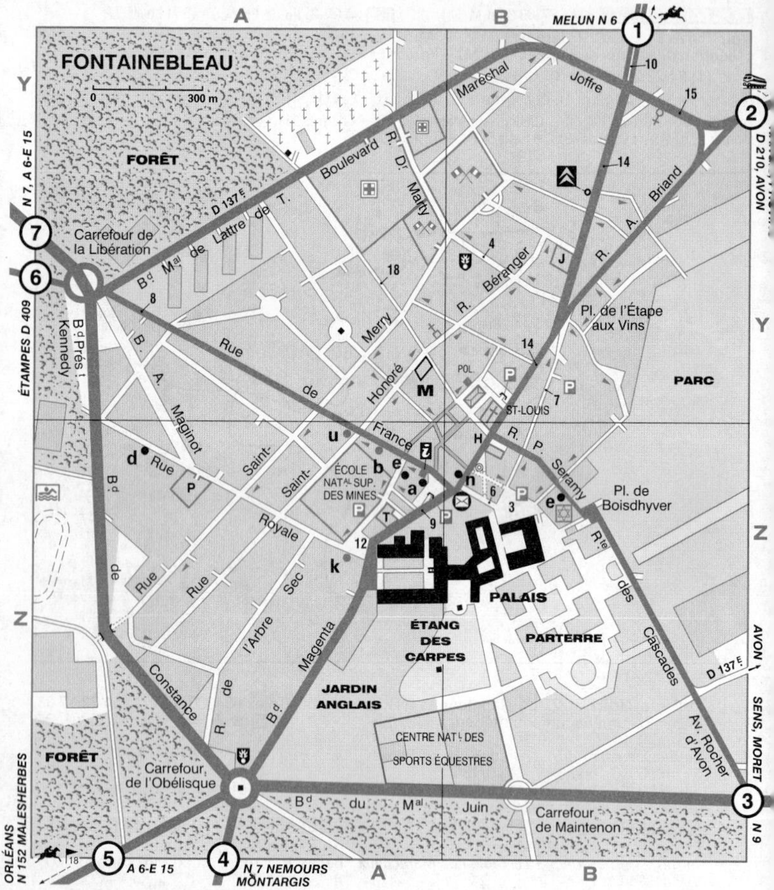

Briand (R. Aristide)	BY		Armes (Pl. d')	BZ	3	Foch (Bd du Mar.)	BY	10
Dénecourt (R.)	AZ	9	Bois (R. des)	BY	4	Gaulle (Pl. Gén.-de)	AZ	12
Étape-aux-Vins (Pl.)	BY		Chancellerie (R. de la)	BZ	6	Leclerc (Bd du Mar.)	BY	15
France (R. de)	AYZ		Château (R. du)	BY	7	Paroisse (R. de la)	AY	18
Grande (R.)	BY	14	Churchill (Bd W.)	AY	8			

à Ury par ⑤ : 10 km – ✉ **77760** :

Novotel M, NE par N 152 et VO ✆ (1) 64 24 48 25, Fax (1) 64 24 46 92, ≤, « En lisière de forêt », – ch, rest TV ☎ & P – 80. AE GB JCB
Repas carte environ 170, enf. 50 – 50 – **127 ch** 470/520.

BMW D.A.B., 72 av. de Valvins à Avon ✆ (1) 64 69 50 70
CITROEN Ste Nlle Sud Auto, 177 r. Grande ✆ (1) 64 69 53 30 **N** ✆ 64 45 90 71
FIAT Gar. Patton, 27 av. F.-Roosevelt à Avon ✆ (1) 64 69 52 00
FORD Gar. François 1er, 9 r. de la Chancellerie ✆ (1) 64 22 20 34 **N** ✆ (1) 60 72 55 32
HONDA Gar. Europe, 2 av. F.-Roosevelt à Avon ✆ (1) 64 22 38 71
PEUGEOT S.C.G.C., 66 av. de Valvins à Avon par ② ✆ (1) 60 72 14 05 **N** ✆ (1) 05 05 24 24
RENAULT Gar. du Viaduc, 40 r. du Viaduc à Avon par ② ✆ (1) 64 22 37 78
RENAULT Gar. Centre, 56 av. de Valvins à Avon par ② ✆ (1) 64 69 56 56 **N** ✆ 05 05 15 15
ROVER, TOYOTA, VOLVO Ile-de-France Autom., 86 r. de France ✆ (1) 64 22 31 59

Forum Pneus, 65-67 r. de France ✆ (1) 64 22 25 85

L'EUROPE en une seule feuille : Carte Michelin n° 970.

FONTAINE-CHAALIS 60300 Oise 🄵🄵 ⑫ 🄸🄾🄶 ⑨ – 366 h alt. 120.

Voir Boiseries★ de l'église de Baron E : 4 km, **G. Ile de France.**

Paris 48 – Compiègne 38 – Beauvais 61 – Meaux 30 – Senlis 9 – Villers-Cotterets 37.

  XX **Aub. de Fontaine** 🕭 avec ch, *ℰ* 44 54 20 22, Fax 44 60 25 38, 😴, 🌿 – ☎. ⒼⒷ
      fermé 20 déc. au 1ᵉʳ janv., 10 fév. au 1ᵉʳ mars, mardi soir et merc. – **Repas** 115/185 – ⵊ 40 –
      8 ch 245/275 – ½ P 278.

FONTAINE-DE-VAUCLUSE 84800 Vaucluse 🄸🄸 ⑬ **G. Provence** (plan) – 580 h alt. 80.

Voir La Fontaine de Vaucluse★★★ 30 mn – Collection Casteret★ au Monde souterrain de
Norbert Casteret – Musée d'Histoire 1939-1945★.

🄳 Syndicat d'Initiative, Chemin de la Fontaine *ℰ* 90 20 32 22, Fax 90 20 21 37.

Paris 705 – Avignon 33 – Apt 31 – Carpentras 21 – Cavaillon 17 – Orange 49.

  XX **Philip,** *ℰ* 90 20 31 81, ≤, 😴, « Au pied des cascades » – ⒼⒷ
      1ᵉʳ avril-30 sept. et fermé le soir sauf juil.-août – **Repas** 115/165.

     En juin et en septembre,

     les hôtels sont moins chers qu'en pleine saison, le service est plus soigné.

FONTENAILLES 77370 S.-et-M. 🄶🄸 ③ – 773 h alt. 102.

Paris 73 – Fontainebleau 29 – Coulommiers 35 – Melun 21 – Provins 26.

  🏨 **Golf H. de Fontenailles** Ⓜ 🕭, Domaine du Bois Boudran N : 1 km *ℰ* (1) 64 60 51 00,
      Fax (1) 60 67 52 12, ≤, 😴, parc, « Château du 19ᵉ siècle au milieu d'un golf », ⁕ – 🛗
      🔟 rest 🅣 ☎ & 🄿 – 🕭 50. 🄰🄴 ⓞ ⒼⒷ 🄹🄲🄱 ⁕
      1ᵉʳ mars-14 juil. et 15 août-30 nov. – **Repas** 120/180 , dîner à la carte – ⵊ 60 – **48 ch**
      650/1450, 3 appart.

FONTENAI-SUR-ORNE 61 Orne 🄶🄾 ② – rattaché à Argentan.

FONTENAY-AUX-ROSES 92 Hauts-de-Seine 🄶🄾 ⑩, 🄸🄾🄸 ㉕ – voir à Paris, Environs.

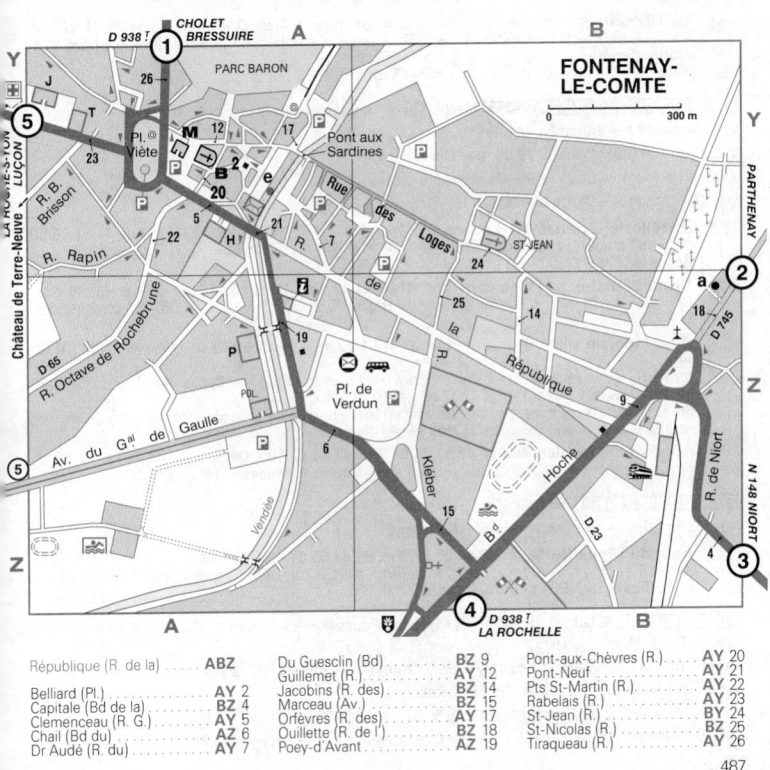

FONTENAY-LE-COMTE

République (R. de la) . . . . . **ABZ**	Du Guesclin (Bd) . . . . **BZ** 9	Pont-aux-Chèvres (R.) . . . . . **AY** 20
	Guillemet (R.) . . . . **AY** 12	Pont-Neuf . . . . **AY** 21
Belliard (Pl.) . . . . **AY** 2	Jacobins (R. des) . . . . **BZ** 14	Pts St-Martin (R.) . . . . **AY** 22
Capitale (Bd de la) . . . . . . **BZ** 4	Marceau (Av.) . . . . **BZ** 15	Rabelais (R.) . . . . **AY** 23
Clemenceau (R. G.) . . . . . . **AY** 5	Orfèvres (R. des) . . . . **AY** 17	St-Jean (R.) . . . . **BY** 24
Chail (Bd du) . . . . **AZ** 6	Ouillette (R. de l') . . . . **BZ** 18	St-Nicolas (R.) . . . . **BZ** 25
Dr Audé (R. du) . . . . **AY** 7	Poey-d'Avant . . . . **AZ** 19	Tiraqueau (R.) . . . . **AY** 26

FONTENAY-LE-COMTE <SP> 85200 Vendée **71** ① G. Poitou Vendée Charentes – 14 456 h alt. 23.

Voir Clocher★ de l'église N.-Dame AY **B** – Intérieur★ du château de Terre-Neuve.

🛈 Office de Tourisme quai Poey-d'Avant ℘ 51 69 44 99, Fax 51 50 00 90 et rte de Niort (16 juin-16 sept.) ℘ 51 53 00 09.

Paris 436 ① – La Rochelle 49 ④ – La Roche-sur-Yon 64 ⑤ – Cholet 75 ①.

Plan page précédente

🏨 **Rabelais**, rte Parthenay ℘ 51 69 86 20, Télex 701737, Fax 51 69 80 45, 斧, ⊥, ☞ – 🆅
 ☎ & ⇦ 🅿 – 🔏 100. 🆎 ⓪ ☖ ☞ 🛇 rest   BZ **a**
 Repas 68/128 ⅃, enf. 42 – 🖙 36 – **54 ch** 280/320 – ½ P 260.

XX **Chouans Gourmets**, 6 r. Halles ℘ 51 69 55 92 – 🆎 ⓪ ☖   AY **e**
 fermé 3 au 12 juil., 1ᵉʳ au 15 janv., dim. soir et lundi sauf fêtes – **Repas** 90/220 ⅃, enf. 42.

à St-Martin-de-Fraigneau par ③ et N 148 : 5 km – ☒ 85200 :

🏨 **Eleis,** ℘ 51 53 03 30, Fax 51 53 01 56, 斧, ☞ – 🆅 ☎ & 🅿 🆎 ☖
 Repas (fermé dim. midi) 65/150 ⅃, enf. 43 – 🖙 30 – **31 ch** 200/270 – ½ P 230.

à Velluire par ④, D 938 ter et D 68 : 11 km – ☒ 85770 :

XX **Aub. de la Rivière** Ⓜ ⅍ avec ch, ℘ 51 52 32 15, Fax 51 52 37 42, ≼, « En bordure de la Vendée » – 🆅 ☎ ☖
 fermé 10 janv. au 25 fév., dim. soir (sauf hôtel) et lundi du 16 sept. au 30 juin – **Repas** 95/215
 – 🖙 60 – **11 ch** 340/400 – ½ P 355/385.

CITROEN Les Gar. Murs, ZI 67 r. Ancienne Capitale
du Bas Poitou par ③ ℘ 51 69 06 76
FIAT Gar. Lamy, bd du Chail ℘ 51 69 30 98
RENAULT Fontenaisienne Autom., rte de la
Rochelle par ④ ℘ 51 69 49 74 🅽 ℘ 51 36 94 64

VAG Gar. Couturier, av. Gén.-de-Gaulle
℘ 51 69 92 67 🅽 ℘ 51 69 05 77

🆄 Gar. Aubert, rte de Niort ℘ 51 69 30 79

FONTENAY-SOUS-BOIS 94 Val-de-Marne **56** ⑪, **101** ⑰ – voir à Paris, Environs.

FONTENAY-TRÉSIGNY 77610 S.-et-M. **61** ②, **106** ㉞ ㉟ – 4 518 h alt. 130.

Paris 53 – Coulommiers 22 – Meaux 31 – Melun 25 – Provins 38 – Sézanne 64.

🏨 **Le Manoir** ⅍, près aérodrome E : 4 km par N 4 et D 402 ℘ (1) 64 25 91 17, Télex 690635, Fax (1) 64 25 95 49, ≼, 斧, « Ancien pavillon de chasse dans un parc avec
 étang, décoration élégante », ⊥, ℀ – 🆅 ☎ 🅿 – 🔏 100. 🆎 ☖
 Repas (fermé mardi) 240/380 – 🖙 60 – **15 ch** 750/790, 5 appart – ½ P 755/1010.

FONTEVRAUD-L'ABBAYE 49590 M.-et-L. **67** ⑨ G. Châteaux de la Loire – 1 108 h alt. 80.

Voir Abbaye★★ – Église St-Michel★.

🏌 de Loudun (86) ℘ 49 98 78 06, par D 947 : 3 km.

🛈 Office de Tourisme Chapelle Ste-Catherine (15 mai-sept.) ℘ 41 51 79 45.

Paris 304 – Angers 64 – Chinon 20 – Loudun 19 – Poitiers 76 – Saumur 15 – Thouars 36.

🏨 **Hôtellerie Prieuré St-Lazare** Ⓜ ⅍, ℘ 41 51 73 16, Télex 722341, Fax 41 51 75 50,
 « Dans l'ancien prieuré de l'abbaye », ☞ – ⓫ ↔ ch 🆅 ☎ 🅿 – 🔏 100. 🆎 ☖ 🛇
 Repas 98/240 – 🖙 50 – **50 ch** 335/430 – ½ P 345.

🏨 **Croix Blanche**, pl. Plantagenets ℘ 41 51 71 11, Fax 41 38 15 38, 斧 – 🆅 ☎ 🅿 🆎 ☖
 fermé 13 au 25 nov. et 8 janv. au 3 fév. – **Repas** 95/200 ⅃, enf. 55 – 🖙 35 – **21 ch** 298/538 –
 ½ P 275/355.

XXX ✿ **La Licorne**, allée Ste-Catherine ℘ 41 51 72 49, Fax 41 51 70 40, 斧, ☞ – 🆎 ⓪ ☖
 ⒿⒸⒷ
 fermé 8 déc. au 8 janv., dim. soir et lundi hors sais. sauf fériés – **Repas** (nombre de couverts
 limité, prévenir) 100 (déj.), 160/290 et carte 270 à 360
 Spéc. Ravioli de langoustines sauce morilles. Saumon cuit en peau, beurre de vanille. Poire pochée au chinon, coulis
 de fruits rouges, sorbet verveine (saison). **Vins** Savennières, Anjou.

X **Abbaye**, rte Montsoreau ℘ 41 51 71 04, Fax 41 51 43 10 – ☖
 fermé 2 au 27 oct., 1ᵉʳ au 26 fév., mardi soir et merc. – **Repas** 65/160 ⅃, enf. 50.

FONTJONCOUSE 11360 Aude **86** ⑨ – 102 h alt. 220.

Paris 833 – ◆ Perpignan 66 – Carcassonne 65 – Narbonne 31.

XXX **Aub. du Vieux Puits**, ℘ 68 44 07 37, Fax 68 44 08 31 – 🖷 🅿. ☖
 fermé 5 au 15 sept., 8 janv. au 10 fév., lundi sauf le soir en juil.-août et dim. soir de sept. à
 juin – **Repas** 138/290 et carte 220 à 320, enf. 55.

FONT-ROMEU 66120 Pyr.-Or. **86** ⑯ G. Pyrénées Roussillon – 1 857 h alt. 1 800 – Sports d'hiver : 1 800/
2 204 m ⚹1 ⚹21 ⚹ – Casino.

Voir Ermitage★ (camaril★★) et calvaire ⁂★★ de Font-Romeu NE : 2 km puis 15 mn.

🏌 de Font-Romeu ℘ 68 30 10 78, N : 1 km.

🛈 Office de Tourisme av. E.-Brousse ℘ 68 30 68 30, Fax 68 30 29 70.

Paris 891 – Andorra la Vella 78 – Ax-les-Thermes 61 – Bourg-Madame 19 – ◆ Perpignan 89.

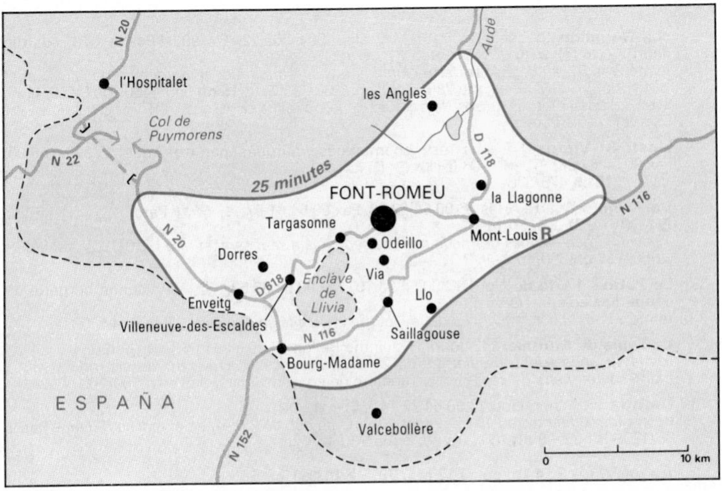

Carlit, ☏ 68 30 80 30, Fax 68 30 80 68, ⛱, 🌳 – |♦| cuisinette TV ☎ – 🏔 35. AE GB
fermé oct. et nov. – **Repas** 135/250 🍷, enf. 60 – ☕ 40 – **45 ch** 350/450, 13 duplex – ½ P 350/400.

Gd Tétras sans rest, ☏ 68 30 01 20, Fax 68 30 35 67, Fб – |♦| TV ☎ 🚗. AE ◑ GB
☕ 36 – **36 ch** 230/325.

Clair Soleil, rte Odeillo : 1 km ☏ 68 30 13 65, Fax 68 30 08 27, ≤ montagnes et four solaire, ⛱, 🌳 – |♦| TV ☎ Ⓟ. AE GB
fermé 15 oct. au 15 déc. – **Repas** *(fermé dim. soir et lundi hors sais.)* 70 (déj.)/195, enf. 45 – ☕ 38 – **31 ch** 180/320 – ½ P 235/315.

L'Orée du Bois sans rest, ☏ 68 30 01 40, ≤ – |♦| TV ☎ ♿ 🚗. AE GB
☕ 35 – **37 ch** 255/290.

La Montagne, ☏ 68 30 36 44, Fax 68 30 14 14, ≤, Fб, ⛱ – |♦| cuisinette TV ☎ ♿ 🚗 Ⓟ – 🏔 40. AE ◑ GB. ✗ rest
hôtel : fermé 15 au 30 nov. ; rest : ouvert 15 juin-30 sept., 15 déc.-15 avril et fermé dim. de sept. à mi-oct. – **Repas** 100/130, enf. 60 – ☕ 39 – **16 ch** 420, 7 duplex – ½ P 350/375.

Sun Valley, ☏ 68 30 21 21, Fax 68 30 30 38 – |♦| TV ☎ 🚗. ◑ GB. ✗ rest
fermé 15 oct. au 30 nov. – **Repas** (résidents seul.) 120 🍷 – ☕ 45 – **41 ch** 330/400 – ½ P 420.

Pyrénées, ☏ 68 30 01 49, Fax 68 30 35 98, ≤ Cerdagne, 🏡, Fб, ⛱ – |♦| TV ☎ – 🏔 25. ◑ GB
fermé 8 mai au 1er juin et 2 nov. au 5 déc. – **Repas** 85/130, enf. 50 – ☕ 40 – **37 ch** 280/330 – ½ P 290/330.

Y Sem Bé 🌙, ☏ 68 30 00 54, Fax 68 30 25 42, ≤ Cerdagne, 🏡, 🌳 – ⇆ ch TV ☎. GB. ✗ rest
17 juin-24 sept.et 9 déc.-15 avril – **Repas** 90 (déj.)/110 🍷 – ☕ 40 – **24 ch** 160/400 – ½ P 235/340.

à Odeillo SO : 3 km par D 29 – alt. 1 596 – ✉ **66120** Font-Romeu-Odeillo Via :

Le Romarin, ☏ 68 30 09 66, Fax 68 30 18 52, ≤ Cerdagne – ☎ Ⓟ. AE GB. ✗ rest
fermé 15 oct. au 20 nov. – **Repas** 90/150 🍷, enf. 45 – ☕ 37 – **15 ch** 240/270 – ½ P 214/250.

à Targasonne O : 4 km par D 10F et D 618 – ✉ **66120** :

La Tourane 🌙, ☏ 68 30 15 03, ≤ – ☎ Ⓟ. GB
fermé 1er nov. au 25 déc. – **Repas** 85 bc/200 – ☕ 35 – **25 ch** 175/215 – ½ P 195/215.

à Via S : 5 km par D 29 – ✉ **66120** Font-Romeu :

L'Oustalet 🌙, ☏ 68 30 11 32, Fax 68 30 31 89, ≤, 🏡, ⛱, 🌳 – |♦| TV ☎ Ⓟ. AE GB. ✗ rest
fermé 10 mai au 5 juin et 1er oct. au 20 déc. – **Repas** 80/170, enf. 50 – ☕ 40 – **28 ch** 260/320 – ½ P 240/300.

FONTVIEILLE 13990 B.-du-R. 83 ⑩ **G. Provence** – 3 642 h alt. 20.

Voir Moulin de Daudet ≤★ – Chapelle St-Gabriel★ N : 5 km.

🅸 Office de Tourisme pl. Honorat ☏ 90 54 67 49, Fax 90 54 69 82.

Paris 722 – Avignon 30 – Arles 10 – ♦Marseille 86 – St-Rémy-de-Provence 17 – Salon-de-Provence 36.

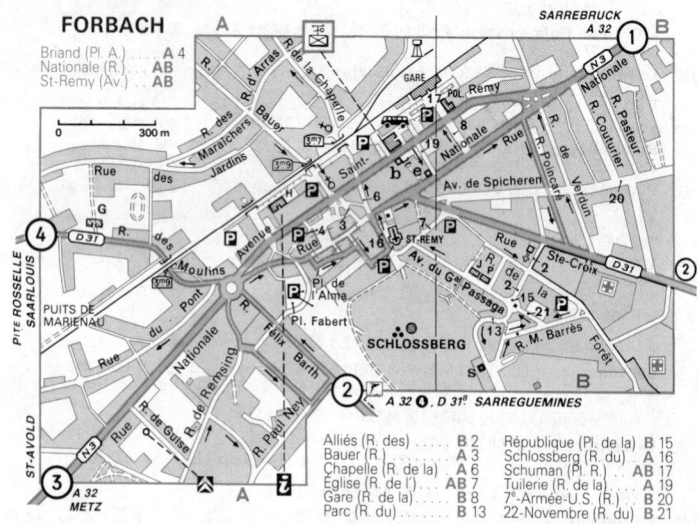

🏫 ✿ **La Regalido** (Michel) ⤢, r. F. Mistral ℘ 90 54 60 22, Fax 90 54 64 29, 🍴, « Jardin fleuri » – 📺 ☎ 🅿 ⒶⒺ ⑩ 🆖
fermé 2 au 31 janv. – **Repas** (fermé lundi hors sais., lundi midi et mardi midi de juil. à sept.)
160 bc (déj.), 300/390 et carte 280 à 380, enf. 130 – ⚌ 90 – **15 ch** 650/1400 – ½ P 850/1100
Spéc. Gratin de moules aux épinards. Nage de loup à l'huile d'olive. Tranche de gigot à l'ail. **Vins** Coteaux-des-Baux, Côtes de Provence.

🏫 **Host. St-Victor** ⤢ sans rest, chemin des Fourques par rte Arles ℘ 90 54 66 00, Fax 90 54 67 88, ᴶ, 🌳 – 📺 ☎ 🅿 ⒶⒺ ⑩ 🆖
⚌ 65 – **11 ch** 475/625.

🏫 **Val Majour** ⤢, rte Arles ℘ 90 54 62 33, Fax 90 54 61 67, ≤, 🍴, « Parc », ᴶ, ✗ – 📺 ☎ 🅿 – ᴁ 50. ⒶⒺ 🆖. ✗ rest
1er avril-31 oct. – **Repas** (fermé le midi de sept. à juin sauf sam. et dim.) 110/190 ⦙, enf. 68 – ⚌ 50 – **32 ch** 380/450 – ½ P 315/430.

✗✗ **Le Patio**, 117 rte du Nord ℘ 90 54 73 10, Fax 90 54 63 52, 🍴, « Ancienne bergerie du début du siècle » – 🆖
fermé 21 au 28 oct., vacances de fév. et merc. sauf le soir en sais. – **Repas** 140/190.

✗ **La Table du Meunier**, 42 cours Hyacinthe Bellon ℘ 90 54 61 05 – 📺 🅿 🆖
fermé vacances de Toussaint, 20 au 28 déc., vacances de fév., merc. midi en juil.-août, mardi soir et merc. de sep – **Repas** (nombre de couverts limité, prévenir) 100/150.

✗ **Laetitia** avec ch, r. Lion ℘ 90 54 72 14, 🍴 – ☎ 🆖
hôtel : fermé fin nov. au 1er fév. ; rest. : fermé fin oct. au 20 fév. et le midi sauf dim. – **Repas** 85/120 – ⚌ 35 – **9 ch** 160/200 – ½ P 185/230.

rte des Baux E : 4 km par D 17 et D 78F – ✉ 13990 Fontvieille :

🏠 **La Ripaille**, ℘ 90 54 73 15, Fax 90 54 60 69, 🍴, ᴶ, 🌳 – 📺 ☎ 🅿 🆖
1er avril-15 nov. – **Repas** (fermé merc. midi sauf juil.-août) 85 (déj.)/135 – ⚌ 50 – **20 ch** 270/350 – ½ P 320/350.

FORBACH ◁🆂🅿▷ **57600** Moselle 🎔 ⑥ G. Alsace Lorraine – 27 076 h alt. 210.

🅱 Office de Tourisme à l'Hôtel de Ville ℘ 87 85 02 43.

Paris 383 ② – ◆ Metz 54 ① – St-Avold 20 ② – Sarreguemines 20 ② – Saarbrücken 9 ①.

FORBACH

Briand (Pl. A.) .... A 4
Nationale (R.) .... AB
St-Remy (Av.) .... AB

Alliés (R. des) ..... B 2
Bauer (R.) .... A 3
Chapelle (R. de la) . A 6
Église (R. de l') ... AB 7
Gare (R. de la) ..... B 8
Parc (R. du) .... B 13

République (Pl. de la) B 15
Schlossberg (R. du) . A 16
Schuman (Pl. R.) ... AB 17
Tuilerie (R. de la) ... A 19
7e-Armée-U.S. (R.) . B 20
22-Novembre (R. du) B 21

🏠 **Poste** sans rest, 57 r. Nationale ℘ 87 85 08 80, Fax 87 85 91 91 – 📺 ☎ 🅿 ⒶⒺ 🆖   A e
⚌ 30 – **29 ch** 150/280.

🏠 **Berg** sans rest, 50 av. St-Rémy ℘ 87 85 09 12, Fax 87 85 27 38 – 📺 ☎ 🅿 – ᴁ 50. 🆖
⚌ 37 – **21 ch** 248/285.   A b

✗✗ **du Schlossberg**, 13 r. Parc ℘ 87 87 88 26, Fax 87 87 83 86, parc – ⒶⒺ 🆖. ✗   B s
fermé mardi soir et merc. – **Repas** 165/310.

à Stiring-Wendel par ① : 3 km – 13 743 h. – ✉ 57350 :

XXX ✿ **Bonne Auberge** (Mme Egloff), 15 r. Nationale ℘ 87 87 52 78, Fax 87 87 18 19, 🏠 – ▤. GB
fermé 27 déc. au 3 janv., dim. soir et lundi – **Repas** 170 (déj.), 300/380 et carte 330 à 450
Spéc. Soupe de boudin noir, macaroni à la compote de pommes (15 oct. à fin fév.). Mignons de chevreuil chocolat-cannelle (15 oct. au 31 janv.). Gratin de mirabelles soufflé en chaud-froid.

à Rosbruck par ③ : 6 km – ✉ 57800 :

XXX **Aub. Albert Marie,** 1 r. Nationale ℘ 87 04 70 76, Fax 87 90 52 55, 🌳 – ▤ Ⓟ. GB
fermé lundi sauf fériés et dim. soir – **Repas** 220/360 et dîner à la carte 280 à 420.

CITROEN Gar. Herber, r. de Guise ℘ 87 85 11 89 🅽 ℘ 87 85 11 89
FORD Lehmann Autom., 143 r. Nationale à Stiring-Wendel ℘ 87 87 42 10
PEUGEOT Derr Forbach Auto, 327 RN carr. de l'Europe ℘ 87 85 11 23
RENAULT Moselle Autom., r. St-Guy ℘ 87 84 45 00 🅽 ℘ 87 84 45 00

Ⓜ Leclerc Pneus, carr. du Schoeneck ℘ 87 85 78 40
Leclerc Pneus, carr. de l'Europe ZI ℘ 87 85 46 26

FORCALQUIER ⟨SP⟩ 04300 Alpes-de-H.-P. 81 ⑮ **G. Alpes du Sud** (plan) – 3 993 h alt. 550.

Voir Site★ – Cimetière★ – ✳★ de la terrasse N.-D. de Provence – Prieuré de Salagon★ S : 4 km.

ℹ Office de Tourisme pl. Bourguet ℘ 92 75 10 02, Fax 92 75 26 76.

Paris 752 – Digne-les-Bains 48 – Aix-en-Provence 77 – Apt 42 – Manosque 22 – Sisteron 41.

🏨 ✿ **Host. des Deux Lions,** 11 pl. Bourguet ℘ 92 75 25 30, Fax 92 75 06 41 – TV ☎ 🚗. AE GB
fermé 1er au 20 déc., janv., fév. lundi midi en sais., dim. soir et lundi hors sais. – **Repas** (nombre de couverts limité, prévenir) 150/320 et carte 250 à 370, enf. 80 – ☕ 48 – **17 ch** 280/450 – ½ P 360
Spéc. Terrine de queue de boeuf et de foie gras de canard. Emincé de boeuf sur son mixed grill de légumes à la ligurienne. Mendiant glacé et profiteroles d'abricot. **Vins** Côtes du Luberon, Côtes du Ventoux.

🏨 **Aub. Charembeau** 🐦 sans rest, E : 4 km par N 100 et VO ℘ 92 75 05 69, Fax 92 75 24 37, ≤, 🏊, 🌳, 🎾 – cuisinette ☎ Ⓟ. AE GB
fermé 30 nov. au 1er fév. – ☕ 41 – **12 ch** 260/336.

🏨 **Colombier** 🐦, S : 4 km par D 16 et VO ℘ 92 75 03 71, Fax 92 75 14 30, ≤, 🏠, 🏊, 🌳 – ☎ Ⓟ. AE GB. ✗ rest
1er mars-30 nov. – **Repas** *(fermé le midi de sept. à juin sauf dim. et lundi)* 120/200, enf. 52 – ☕ 40 – **15 ch** 270/380 – ½ P 280/350.

La FORÊT 33 Gironde 71 ⑨ – rattaché à Bordeaux.

FORÊT voir au nom propre de la forêt.

La FORÊT-FOUESNANT 29940 Finistère 58 ⑮ **G. Bretagne** – 2 369 h alt. 20.

⛳18 de Cornouaille ℘ 98 56 97 09.

ℹ Office de Tourisme, Fouesnant 5, r. Armor ℘ 98 56 00 93, Fax 98 56 64 02.

Paris 546 – Quimper 18 – Carhaix-Plouguer 62 – Concarneau 10,5 – Pont-l'Abbé 22 – Quimperlé 35.

🏨 **Manoir du Stang** 🐦, N : 1,5 km accès par D 783 et chemin privé ℘ 98 56 97 37, Fax 98 56 97 37, « Beau manoir dans un parc fleuri, étangs », 🎾 – 🛗 ☎ Ⓟ – 🏛 50. ✗
hôtel : 10 mai-20 sept. ; rest. : juil.-août – **Repas** (dîner seul.) (résidents seul.) 160/175 – ☕ 40 – **26 ch** 575/940 – ½ P 440/580.

🏨 **Espérance,** pl. Église ℘ 98 56 96 58, Fax 98 51 42 25, 🌳 – ☎ Ⓟ. GB. ✗ rest
5 avril-27 sept. – **Repas** 85/195 🍷, enf. 55 – ☕ 35 – **27 ch** 150/330 – ½ P 215/285.

🏨 **Beauséjour,** pl. Baie ℘ 98 56 97 18, Fax 98 51 40 77 – TV ☎ ♿ Ⓟ. GB
⟶ *25 mars-15 oct.* – **Repas** 74/245 🍷, enf. 52 – ☕ 33 – **25 ch** 160/310 – ½ P 210/300.

🏨 **Aux Cerisiers,** 3 r. Cerisiers ℘ 98 56 97 24 – TV ☎ Ⓟ. GB
⟶ *fermé 15 déc. au 15 janv., dim. soir et sam. hors sais.* – **Repas** 70/220 🍷, enf. 55 – ☕ 33 – **16 ch** 300 – ½ P 295.

FORÊT-SUR-SÈVRE 79380 Deux-Sèvres 67 ⑯ – 2 395 h alt. 157.

Paris 372 – Bressuire 16 – ♦Nantes 101 – Niort 61 – La Roche-sur-Yon 71.

X **Aub. du Cheval Blanc,** ℘ 49 80 86 35 – GB
⟶ *fermé lundi* – **Repas** 65/155.

La FORGE-DE-L'ILE 36 Indre 68 ⑧ – rattaché à Châteauroux.

FORGES-LES-EAUX 76440 S.-Mar. 55 ⑧ **G. Normandie Vallée de la Seine** – 3 376 h alt. 161 – Stat. therm. (fermée pour travaux) – Casino .

ℹ Office de Tourisme parc Hôtel de Ville ℘ 35 90 52 10, Fax 35 90 34 80.

Paris 116 – ♦Amiens 70 – ♦Rouen 42 – Abbeville 71 – Beauvais 52 – ♦Le Havre 129.

🏨 **Relais du Bois des Fontaines,** rte de Dieppe ℘ 35 09 85 09, Fax 35 90 34 53, 🏠, parc
⟶ – TV ☎ Ⓟ. GB
Repas 80/245 – ☕ 36 – **12 ch** 250/370 – ½ P 305/320.

XX **Aub. du Beau Lieu** avec ch, SE : 2 km sur D 915 ☎ 35 90 50 36, Fax 35 90 35 98, – TV ☎ P. AE O GB JCB
fermé dim. soir et mardi sauf juil.-août – **Repas** 105 (déj.), 148/360 – ☕ 37 – **3 ch** 250/335.

XX **Paix** avec ch, 15 r. Neufchatel ☎ 35 90 51 22, Fax 35 09 83 62, – |‡| ☎ P. AE O GB
fermé 18 déc. au 10 janv., lundi (sauf le soir en sais.) et dim. soir hors sais. – **Repas** 75/165 , enf. 52 – ☕ 35 – **18 ch** 220/330 – ½ P 224/246.

RENAULT Gar. Goullier, rte de Sommery à Buchy ☎ 35 34 40 30
Gar. du Parc, ☎ 35 90 52 83
Parin Pneus, ☎ 35 90 51 17

FORT-MAHON-PLAGE 80790 Somme 51 ⑪ G. Flandres Artois Picardie – 1 042 h alt. 5 – Casino.

Env. Parc ornithologique du Marquenterre★★ S : 15 km.

18 de Belle Dune ☎ 22 23 45 50, près de l'Aquaclub.

Office de Tourisme ☎ 22 23 36 00, Fax 22 23 40 93.

Paris 206 – ◆Calais 90 – Abbeville 36 – ◆Amiens 80 – Berck-sur-Mer 18 – Étaples 28 – Montreuil 24.

Terrasse, ☎ 22 23 37 77, Fax 22 23 36 74, ← – |‡| TV ☎ P. AE O GB. ✻ ch
Repas 80/160 – ☕ 40 – **32 ch** 280/390 – ½ P 260/300.

Victoria, ☎ 22 27 71 05 – ☎. O GB
fermé 6 janv. au 10 fév. – **Repas** *(fermé dim. soir et jeudi sauf juil.-août)* 75/160, enf. 45 – ☕ 30 – **15 ch** 150/270 – ½ P 180/220.

XXX **Aub. du Fiacre** avec ch, à Routhiauville SE : 2 km par rte de Rue ✉ 80120 Rue ☎ 22 23 47 30, Fax 22 27 19 80, , « Ancienne ferme aménagée », – P. GB
fermé 15 janv. au 15 fév. – **Repas** 98/200 et carte 210 à 310 – ☕ 40 – **11 ch** 350/380 – ½ P 380.

La FOSSETTE (Plage de) 83 Var 84 ⑯, 114 ㊽ – rattaché au Lavandou.

FOS-SUR-MER 13270 B.-du-R. 84 ⑪ G. Provence – 11 605 h alt. 6.

Voir Bassins de Fos★.

Office de Tourisme pl. Hôtel de Ville ☎ 42 47 71 96, Fax 42 05 59 42 et av. du Sable d'Or (juil.-août) ☎ 42 05 34 38.

Paris 753 – ◆Marseille 47 – Aix-en-Provence 56 – Arles 41 – Martigues 11,5 – Salon-de-Provence 29.

Mercure , rte Istres : 3 km ☎ 42 05 00 57, Télex 410812, Fax 42 05 51 00, ←, , , – cuisinette ch TV ☎ P – 50. AE O GB
Repas *(fermé sam. et dim.)* 90 bc/150 bc – ☕ 50 – **70 ch** 440/540, 10 studios.

Mas de Cantegrillet sans rest, 455 chemin de Phion, N : 2 km par Allée des Pins ☎ 42 05 03 27, Fax 42 05 58 76, – TV ☎ P. GB. ✻
fermé août et 23 déc. au 3 janv. – ☕ 40 – **14 ch** 185/330.

Azur sans rest, 20 av. J. Moulin ☎ 42 05 20 50, Fax 42 05 55 25 – TV ☎ P. GB. ✻
fermé 22 déc. au 3 janv. – ☕ 48 – **16 ch** 280/368.

FOUDAY 67 B.-Rhin 62 ⑧ G. Alsace Lorraine – alt. 447 – ✉ 67130 Le Ban-de-la-Roche.

Paris 405 – ◆Strasbourg 57 – St-Dié 33 – Saverne 53 – Sélestat 36.

Chez Julien, N 420 ☎ 88 97 30 09, Fax 88 97 36 73, , – ☎ P. GB
fermé 19 fév. au 4 mars et mardi – **Repas** 60 (déj.), 88/130 , enf. 50 – ☕ 38 – **31 ch** 190/310 – ½ P 230/295.

FOUESNANT 29170 Finistère 58 ⑮ G. Bretagne – 6 524 h alt. 30.

18 de Cornouaille ☎ 98 56 97 09 à la Forêt-Fouesnant, 4 km.

Office de Tourisme 5 r. Armor ☎ 98 56 00 93, Fax 98 56 64 02.

Paris 549 – Quimper 15 – Carhaix-Plouguer 65 – Concarneau 14 – Quimperlé 39 – Rosporden 18.

Le Roudou (annexe -8 ch), rte St-Evarzec ☎ 98 56 01 26, Fax 98 56 62 69, – TV ☎ P. GB. ✻ rest
hôtel : 15 avril-30 sept. ; rest : 30 avril-30 sept. – **Repas** 70/160, enf. 40 – ☕ 30 – **28 ch** 240/320 – ½ P 235/320.

Orée du Bois sans rest, 4 r. Kergoadic ☎ 98 56 00 06, Fax 98 56 14 17 – TV ☎. AE GB
☕ 32 – **15 ch** 150/255.

au Cap Coz SE : 2,5 km par VO – ✉ 29170 Fouesnant :

Pointe Cap Coz , ☎ 98 56 01 63, Fax 98 56 53 20, ← mer et port – ☎. AE GB. ✻
fermé 1er janv. au 15 fév. – **Repas** *(fermé dim. soir et merc. du 15 sept. au 15 juin)* 100/250, enf. 60 – ☕ 35 – **18 ch** 230/400 – ½ P 250/335.

Belle-Vue, ☎ 98 56 00 33, Fax 98 51 60 85, ←, – ☎ P. GB. ✻
hôtel : 10 mars-30 oct. ; rest. : vacances de printemps-20 sept. – **Repas** *(fermé mardi sauf vacances scolaires)* 82/125, enf. 65 – ☕ 35 – **20 ch** 136/330 – ½ P 220/290.

à la Pointe de Mousterlin SO : 6 km par D 145 et D 134 – ✉ 29170 Fouesnant :

Pointe Mousterlin , ☎ 98 56 04 12, Fax 98 56 61 02, ←, , , – |‡| TV ☎ P – 30. AE GB. ✻
15 avril-30 sept. – **Repas** 90/385, enf. 60 – ☕ 36 – **52 ch** 305/435 – ½ P 345/430.

NISSAN Gar. Munoz, 20 r. de Cornouaille
℘ 98 56 00 39
PEUGEOT Gar. Merrien, rte de Quimper
℘ 98 56 00 17

RENAULT Gar. Bourhis, rte de Quimper
℘ 98 56 02 65 🅽 ℘ 98 56 02 65

FOUGÈRES ◁◐▷ 35300 I.-et-V. 🔢 ⑱ G. Bretagne – 22 239 h alt. 134.

Voir Château★★ AY – Église St-Sulpice★ AY – Jardin public★ : ≤★ AY – Vitraux★ de l'église
St-Léonard AY.

🅱 Office de Tourisme pl. A.-Briand ℘ 99 94 12 20, Fax 99 99 42 41 et au Château pl. P.-Simon (saison) ℘ 99 99
79 59.

Paris 323 ③ – Avranches 41 ⑤ – Laval 50 ② – ◆Le Mans 128 ② – ◆Rennes 48 ④ – St-Malo 76 ⑤.

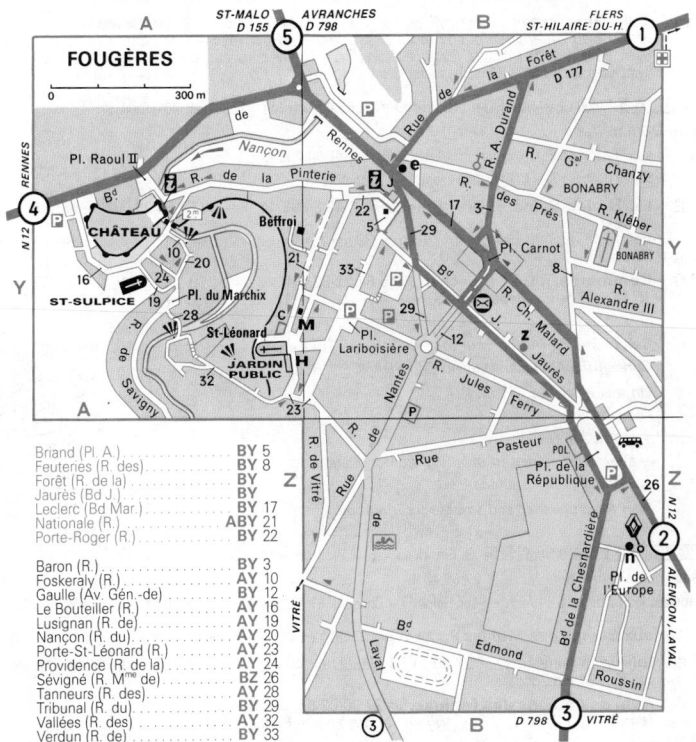

Briand (Pl. A.) . . . . BY 5
Feuteries (R. des) . . . . BY 8
Forêt (R. de la) . . . . BY
Jaurès (Bd J.) . . . . BY 17
Leclerc (Bd Mar.) . . . . BY
Nationale (R.) . . . . ABY 21
Porte-Roger (R.) . . . . BY 22

Baron (R.) . . . . BY 3
Foskeraly (R.) . . . . AY 10
Gaulle (Av. Gén.-de) . . . . BY 12
Le Bouteiller (R.) . . . . AY 16
Lusignan (R.) . . . . AY 19
Nançon (R. du) . . . . AY 20
Porte-St-Léonard (R.) . . . . AY 23
Providence (R. de la) . . . . AY 24
Sévigné (R. Mᵐᵉ de) . . . . BZ 26
Tanneurs (R. des) . . . . AY 28
Tribunal (R. du) . . . . BY 29
Vallées (R. des) . . . . AY 32
Verdun (R. de) . . . . BY 33

🏨 **Campanile,** par ② : 1 km sur N 12 ℘ 99 94 54 00, Fax 99 99 04 01, 🌧 – 🛏 ch 📺 ☎ &.
🅿. 🆎 ⓪ 🆎🅱
Repas 82 bc/105 bc, enf. 39 – 🍴 30 – **49 ch** 270.

🏨 **H. Voyageurs** sans rest, 10 pl. Gambetta ℘ 99 99 08 20, Fax 99 99 99 04 – 🛗 📺 ☎. 🆎
⓪ 🆎🅱   BY **e**
fermé 20 déc. au 2 janv. – 🍴 35 – **37 ch** 180/260.

🏨 **Commerce,** pl. Europe ℘ 99 94 40 40, Fax 99 99 17 15 – 📺 ☎. 🆎 ⓪ 🆎🅱. ✗ rest
◆ **Repas** brasserie 65 (déj.), 70/130 ⑂, enf. 42 – 🍴 32 – **25 ch** 180/270 – ½ P 180/220.   BZ **n**

✗✗ **Le Haute Sève,** 37 bd J. Jaurès ℘ 99 94 23 39 – 🆎 🆎🅱   BY **z**
fermé mi-juil. à mi-août, 2 au 18 janv., dim. soir et lundi – **Repas** 98 bc (déj.), 105/260.

✗✗ **Rest. Voyageurs,** 10 pl. Gambetta ℘ 99 99 14 17, Fax 99 99 28 89 – 🍽. 🆎 🆎🅱   BY **e**
fermé 22 août au 4 sept. et sam. sauf juil.-août – **Repas** (nombre de couverts limité
- prévenir) 90/210.

à Landéan par ① : 8 km – ✉ 35133 :

✗✗ **Au Cellier,** D 177 ℘ 99 97 20 50 – 🆎 ⓪ 🆎🅱
fermé 20 juil. au 10 août, dim. soir et merc. – **Repas** 86/200 ⑂, enf. 47.

à la Templerie par ② : 11 km – ✉ 35133 Fougères :

✗✗ **La Petite Auberge,** sur N 12 ℰ 99 95 27 03 – **P**. **O** GB JCB
   fermé vacances de fév., dim. soir et lundi – **Repas** 96 bc/240.

CITROEN Succursale, 17 r Pasteur, ℰ 99 94 54 94
FORD Gar. Cofa, 3 pl de l'Europe ℰ 99 99 66 95
NISSAN Gar. Juillé, 25 r. Pipon ℰ 99 99 01 98
RENAULT Gar. Guilmault, ZAC de Guénaudière par
② ℰ 99 94 40 20 **N** ℰ 99 74 91 55

VOLVO Gar. Gaillard, 26 r. Dr-Bertin ℰ 99 99 07 60

🔧 Euromaster, bd Groslay ℰ 99 94 55 01

FOUGEROLLES 70220 H.-Saône 🔢 ⑥ **G. Jura** – 4 167 h alt. 301.

Voir Ecomusée de la distillation★.

Paris 385 – Épinal 46 – Luxeuil-les-Bains 10 – Plombières-les-Bains 12 – Remiremont 24 – Vesoul 43.

✗✗✗ ✿ **Au Père Rota** (Kuentz), ℰ 84 49 12 11, Fax 84 49 14 51 – **P**. Æ **O** GB
   fermé 2 au 24 janv., dim. soir et lundi sauf fériés – **Repas** 150/300 et carte 290 à 390
   Spéc. Petite nage de turbot au Vin Jaune et gingembre. Filet de boeuf au champlitte rouge et moelle à la coque.
   Symphonie aux griottines. **Vins** Champlitte, Côtes du Jura.

FOURAS 17450 Char.-Mar. 🔢 ⑬ **G. Poitou Vendée Charentes** – 3 238 h alt. 40 – Casino .

Voir Donjon ⚘★.

🛈 Office de Tourisme Fort Vauban ℰ 46 84 60 69, Fax 46 84 28 04.

Paris 478 – La Rochelle 29 – Châtelaillon-Plage 15 – Rochefort 13.

🏛 **Gd H. des Bains,** r. Gén.-Bruncher ℰ 46 84 03 44, Fax 46 84 58 26, 🌳 – ☎ 🔸. GB.
   ✂ rest
   hôtel : 1ᵉʳ avril-15 oct. ; rest. : 20 mai-20 sept. – **Repas** (dîner seul.) 110 ⓩ, enf. 55 – ⚌ 38 –
   35 ch 250/340 – ½ P 245/290.

🛖 **Commerce,** r. Gén. Bruncher ℰ 46 84 22 62, Fax 46 84 14 50 – ☎. GB
   15 fév.-15 nov. – **Repas** 85/120, enf. 40 – ⚌ 29 – **12 ch** 160/300 – ½ P 177/247.

Before setting out on your journey through France
Consult the Michelin Map no 🔢 FRANCE – Route Planning.

On this map you will find
– distances
– journey times
– alternative routes to avoid traffic congestion
– 24-hour petrol stations
Plan for a cheaper and trouble-free journey.

FOURMIES 59610 Nord 🔢 ⑯ **G. Flandres Artois Picardie** – 14 505 h alt. 202.

🛈 Office de Tourisme pl. Verte ℰ 27 60 40 97.

Paris 201 – St-Quentin 62 – Avesnes-sur-Helpe 17 – Charleroi 61 – Guise 34 – Hirson 13 – ♦Lille 113 – Vervins 29.

aux Étangs des Moines E : 2 km par D 964 et VO – ✉ 59610 Fourmies :

🏛 **Ibis** M ♨ sans rest, ℰ 27 60 21 54, Fax 27 57 40 44 – 🔸 ch 📺 ☎ – 🔏 40. Æ **O** GB
   ⚌ 36 – **31 ch** 285.

✗✗ **Aub. des Étangs des Moines,** ℰ 27 60 02 62, ⩽, 🌳 – GB
   fermé 1ᵉʳ au 21 août, 1ᵉʳ au 15 janv. et dim. soir – **Repas** 100/180 ⓩ, enf. 50.

CITROEN Gar. Losson, 13 r. A.-Renaud
ℰ 27 59 90 27

Gar. Cohidon, 51 r. des Etangs ℰ 27 60 43 27 **N**
ℰ 27 60 43 27

FOURQUES 30 Gard 🔢 ⑩ – rattaché à Arles.

Le FOUSSERET 31430 H.-Gar. 🔢 ⑯ – 1 370 h alt. 319.

Paris 751 – Auch 67 – ♦Toulouse 55 – Foix 67 – Pamiers 64 – St-Gaudens 41 – St-Girons 51.

✗✗ **Voyageurs** avec ch, ℰ 61 98 53 06, 🌳, 🌳 –✂
   fermé 7 août au 7 sept., dim. soir et sam. – **Repas** 55 bc (déj.), 95/220 ⓩ – ⚌ 25 – **7 ch**
   110/150 – ½ P 160/180.

La FOUX D'ALLOS 04 Alpes-de-H.-P. 🔢 ⑧ – rattaché à Allos.

FRANCESCAS 47600 L.-et-G. 🔢 ⑭ – 625 h alt. 127.

Paris 720 – Agen 31 – Condom 15 – Nérac 12 – ♦Toulouse 138.

✗✗✗ **Relais de la Hire,** ℰ 53 65 41 59, Fax 53 65 86 42, 🌳, « Demeure du 18ᵉ siècle », 🌳 –
   P. Æ **O** GB JCB
   fermé dim. soir et lundi – **Repas** (prévenir) 105/210 et carte environ 190, enf. 70.

FRANCHEVILLE 69340 Rhône 74 ⑪ – 10 863 h alt. 250.

Paris 459 – ◆Lyon 9,5 – L'Arbresle 24 – Vienne 31 – Villefranche-sur-Saône 31.

🏠 **Aub. de la Vallée**, 39 av. Chater ℰ 78 59 11 88, Fax 78 59 47 16, 🐬 – 📺 🕿 ⚏ ⫽ GB
hôtel : fermé 13 au 20 août ; rest : fermé 6 au 31 août, vacances de fév., dim. soir et lundi –
Repas 65 (déj.), 98/225 ⅄ – ⚌ 26 – **12 ch** 180/270 – ½ P 200.

PEUGEOT Gar. Fahy, 25 av. du Chater   RENAULT Gar. du Chater, 72 bis av. du Chater
ℰ 78 34 00 20   ℰ 78 59 05 45

FRANQUEVILLE-ST-PIERRE 76 S.-Mar. 55 ⑦ – rattaché à Rouen.

La FRANQUI 11 Aude 86 ⑩ G. Pyrénées Roussillon – ⬜ **11370** Leucate.

Paris 836 – ◆Perpignan 35 – Carcassonne 86 – Leucate 5 – Narbonne 36 – Port-la-Nouvelle 17.

🏠 **Plage,** face plage ℰ 68 45 70 23, Fax 68 45 65 64, ≤, 🐬 – 🕿 ⫽ GB
← hôtel : 1ᵉʳ mai-30 sept. ; rest. : 20 mai-30 sept. – **Repas** 59/140 ⅄ – ⚌ 38 – **32 ch** 270 –
½ P 270.

FRÉHEL 22240 C.-d'Armor 59 ④ – 1 995 h alt. 74 – Casino .

🛈 Office de Tourisme ℰ 96 41 53 81.

Paris 429 – St-Malo 38 – Dinan 38 – Dol-de-Bretagne 54 – Lamballe 29 – St-Brieuc 41 – St-Cast-le-Guildo 14.

✗✗ **Le Victorine,** pl. Mairie ℰ 96 41 55 55, 🐬 – ⫽ GB
fermé 15 au 30 nov., 15 janv. au 15 fév., dim. soir et merc. – **Repas** 85 bc (déj.), 125/380.

Les nouveaux Guides Verts touristiques Michelin, c'est :

– un texte descriptif plus riche,
– une information pratique plus claire,
– des plans, des schémas et des photos en couleurs,
– ... et, bien sûr, une actualisation détaillée et fréquente.

Utilisez toujours la dernière édition.

FRÉHEL (Cap) 22 C.-d'Armor 59 ⑤ G. Bretagne – alt. 57 – ⬜ **22240** Fréhel.

Voir Site★★★ – ❋★★★ – Fort La Latte : site★★, ❋★★ SE : 5 km.

Paris 451 – Saint-Malo 46 – Dinan 45 – Dinard 38 – Lamballe 36 – ◆Rennes 107 – Saint-Brieuc 49.

🏠 **Le Fanal** ⑤, sans rest, S : 2,5 km par D 16 ℰ 96 41 43 19, 🐬 – 🕿 🅿 GB. ❋
1ᵉʳ avril-30 sept. – ⚌ 33 – **9 ch** 240/320.

🏠 **Relais de Fréhel** ⑤, S : 2,5 km par D 16 et VO ℰ 96 41 43 02, 🐬, ❋ – 🅿 GB. ❋
1ᵉʳ avril-3 nov. – **Repas** 90/170, enf. 28 – ⚌ 32 – **13 ch** 195/285 – ½ P 285/305.

✗ **La Fauconnière**, à la Pointe ℰ 96 41 54 20, ≤ mer et côte – ⫽ GB
1ᵉʳ avril-1ᵉʳ nov. et fermé merc. soir – **Repas** 105/220, enf. 50.

La FREISSINOUSE 05 H.-Alpes 81 ⑥ – rattaché à Gap.

FRÉJUS 83600 Var 84 ⑧ 114 ㉕ 115 ㉝ G. Côte d'Azur – 41 486 h alt. 21.

Voir Quartier épiscopal★★ C : baptistère★★, cloître★★, cathédrale★ – Ville romaine★ A :
arènes★ – Parc zoologique★ N : 5 km par ③.

🏌 de Valescure ℰ 94 82 40 46, NE : 8 km ; 🏌 de Roquebrune ℰ 94 82 92 91, O : 7 km par D 8 et
D 7.

✈ ℰ 93 99 50 50.

🛈 Office de Tourisme r. J.-Jaurès ℰ 94 17 19 19, Fax 91 51 00 26.

Paris 872 ③ – Brignoles 63 ③ – Cannes 41 ④ – Draguignan 28 ③ – Hyères 90 ②.

Plans pages suivantes

🏨 **L'Aréna** 🅼, 139 bd Gén. de Gaulle ℰ 94 17 09 40, Fax 94 52 01 52, 🐬 , « Décor provençal » – 🛗 ▤ 📺 🕿 ⅚ 🚗 , ⫽ GB. ❋ ch   C   **r**
fermé 5 nov. au 15 déc., lundi midi et sam. midi – **Repas** 115/230 – ⚌ 40 – **30 ch** 450/480 –
½ P 380/400.

✗✗ **Le Vieux Four** avec ch, 57 r. Grisolle ℰ 94 51 56 38, « Salle rustique » – 📺 🕿 ⫽ ⓪
GB 🇯🇨🇧   C   **a**
fermé 15 nov. au 5 déc. et lundi sauf du 15 juin au 15 sept. – **Repas** 138/270 – ⚌ 30 – **8 ch**
265.

✗✗ **Chez Vincent**, 19 r. Desaugiers ℰ 94 53 89 89 – ▤. ⫽ GB   C   **n**
fermé nov. et sam. – **Repas** (dîner seul.) 120/220.

✗ **Les Potiers**, 135 r. Potiers ℰ 94 51 33 74 – ▤. ⫽ GB   C   **s**
Repas (nombre de couverts limité, prévenir) 160.

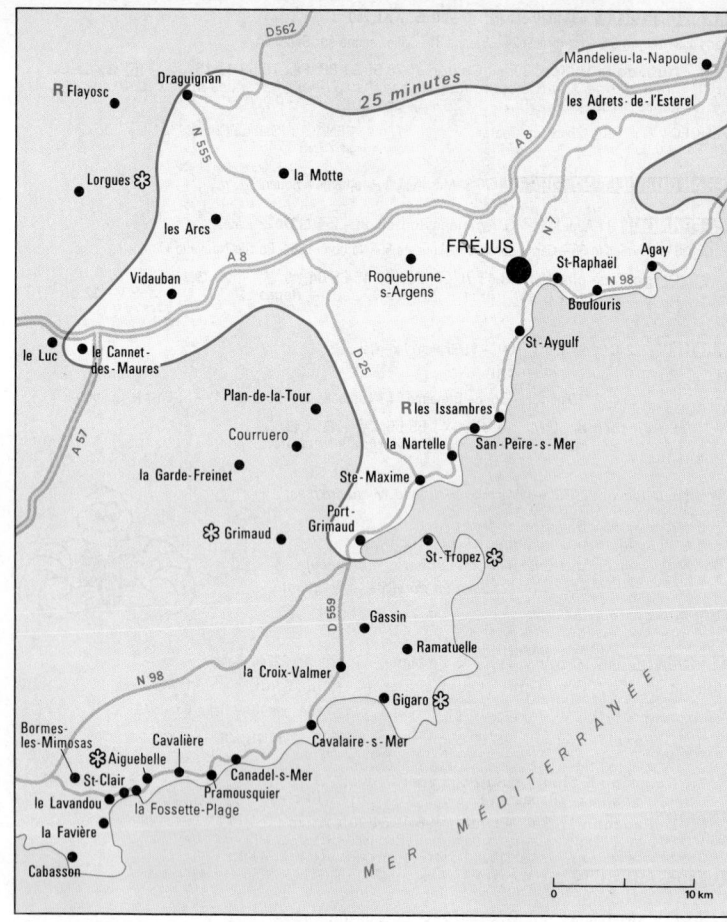

à *Fréjus-plage* AB – ⊠ **83600** Fréjus :.

🛈 Syndicat d'Initiative bd Libération (saison) ℰ 94 51 48 42.

🏨 **A Plus** Ⓜ, r. Forces Françaises Libres à Port-Fréjus ℰ 94 44 56 00, Fax 94 44 56 01, ≤, centre de thalassothérapie, ┺, ▨, ▨, ▨ – ▨ ▣ 🖵 ☎ & ⬟. ᴀᴇ ⓞ ☖. ❄ rest
fermé 2 janv. au 3 fév. – **Repas** 145, enf. 70 – ☲ 50 – **106 ch** 530/840 – ½ P 505/600. A **e**

🏨 **Sable et Soleil** Ⓜ sans rest, 158 r. P. Arène ℰ 94 51 08 70, Fax 94 53 49 12 – 🖵 ☎ & ⬟.
☖. ❄
☲ 30 – **20 ch** 260/300. A **u**

🏨 **H. Oasis** ⌂ sans rest, imp. Charcot ℰ 94 51 50 44 – 🖵 ☎ ⬟. ☖. ❄
15 fév.-31 oct. – ☲ 30 – **27 ch** 300/350. B **h**

XXX **La Toque Blanche**, 394 av. V. Hugo ℰ 94 52 06 14, 🍽 – ▤. ᴀᴇ ⓞ ☖
fermé 20 juin au 12 juil. et lundi – **Repas** 130/250 et carte 240 à 350. B **v**

XXX **Port-Royal**, pl. Tambourinaire à Port-Fréjus ℰ 94 53 09 11, Fax 94 53 75 24, ≤, 🍽 – ᴀᴇ
☖
fermé fév. et merc. hors sais. – **Repas** 145 /(déj.) 195 et carte 260 à 380. A **d**

CITROEN Gar. Bacchi, av. A.-Léotard B
ℰ 94 40 27 89 Ⓝ ℰ 94 44 70 28
FORD Gar. Vagneur, 449 bd de la Mer
ℰ 94 51 38 39 Ⓝ ℰ 94 53 86 32
PEUGEOT Gar. Ortelli, RN 7 ZI de la Palud par ③
ℰ 94 44 20 40

◍ Euromaster, 238 av. de Verdun ℰ 94 51 01 54
Euromaster, ZI la Palud ℰ 94 51 29 20
Massa Pneu Vulcopneu, 1111 bd de-Lattre-de-
Tassigny ℰ 94 51 44 72

FRÉJUS

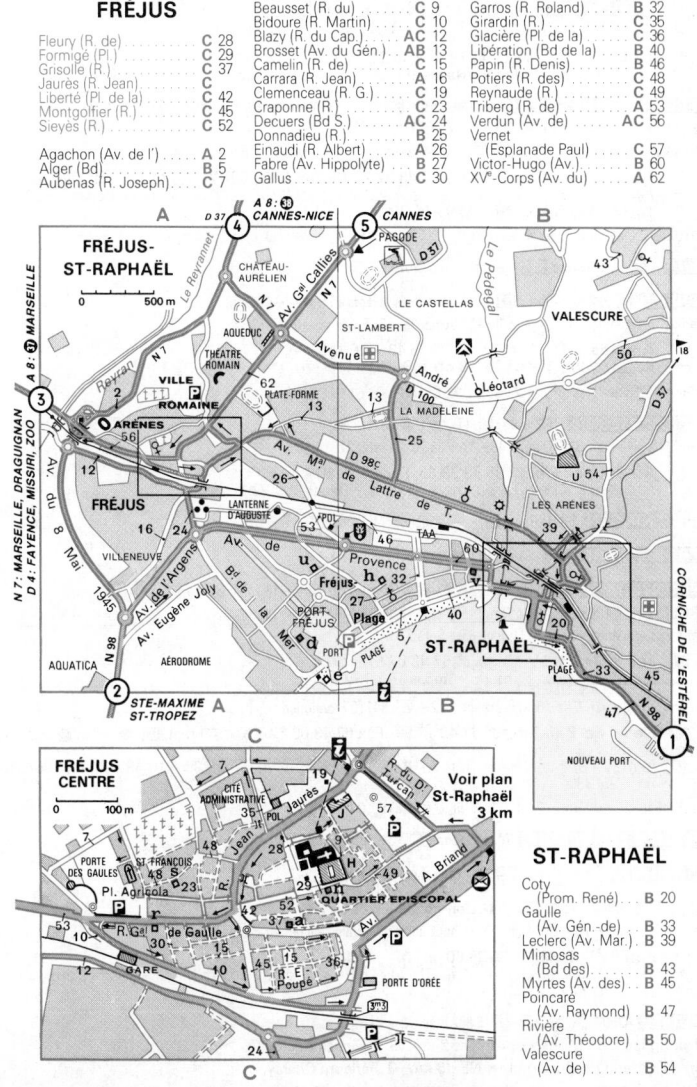

ST-RAPHAËL

Le FRENEY-D'OISANS 38142 Isère 77 ⑥ – 177 h alt. 900.

Voir Barrage du Chambon★★ SE : 2 km – Gorges de l'Infernet★ SO : 2 km, G. Alpes du Nord.

🛈 Syndicat d'Initiative ℘ 76 80 05 82.

Paris 630 – Bourg-d'Oisans 11,5 – La Grave 17 – ◆Grenoble 61.

🏠 **Cassini,** ℘ 76 80 04 10, Fax 76 80 23 06, ≤, 🏠, 🐾 – ☎ 🛜, GB
fermé 10 oct. au 15 déc. – **Repas** 84/170, enf. 55 – ⏛ 33 – **13 ch** 180/295 – ½ P 270/300.

à Mizoën NE : 4 km par N 91 et D 25 – ⊠ 38142 :

🏠🏠 **Panoramique** Ⓜ 🐾, ℘ 76 80 06 25, Fax 76 80 25 12, ≤ montagne et vallée, 🏠, 🐾 –
📺 ☎ 🅿. GB. ⌘ rest
1ᵉʳ juin-30 sept. et 26 déc.-1ᵉʳ mai – **Repas** 95/165, enf. 60 – ⏛ 32 – **10 ch** 250/305 –
½ P 235/260.

FRESNAY-EN-RETZ 44580 Loire-Atl. 🗺️ ② – 848 h alt. 5.

Paris 426 – ♦ Nantes 38 – La Roche-sur-Yon 59 – Challans 25 – St-Nazaire 49.

  XX **Le Colvert**, ℘ 40 21 46 79, Fax 40 21 95 99 – 🆎 Ⓞ ☖
      fermé dim. soir et lundi – **Repas** 85 (déj.), 110/220, enf. 65.

FRESNAY-SUR-SARTHE 72130 Sarthe 🗺️ ⑫ ⑬ **G. Normandie Cotentin** – 2 452 h alt. 81.

🏢 Office de Tourisme à la Mairie ℘ 43 97 23 75.

Paris 234 – Alençon 20 – ♦ Le Mans 37 – Laval 72 – Mamers 31 – Mayenne 53.

  🏠 **Ronsin**, 5 av. Ch. de Gaulle ℘ 43 97 20 10, Fax 43 33 50 47 – 📺 ☎ 🚗 🆎 Ⓞ ☖
  ← *fermé 20 déc. au 10 janv., dim. soir et lundi midi du 15 sept. au 30 juin* – **Repas** 70/220 ♣ –
      ☲ 29 – **12 ch** 200/298 – ½ P 215/290.

CITROEN Gar. Goupil, ℘ 43 97 20 08   RENAULT Gar. Lechat, ℘ 43 97 24 45

Le FRET 29 Finistère 🗺️ ④ – rattaché à Crozon.

FRÉVENT 62270 P.-de-C. 🗺️ ⑬ **G. Flandres Artois Picardie** – 4 121 h.

Paris 182 – ♦ Amiens 47 – Abbeville 42 – Arras 38 – St-Pol-sur-Ternoise 12.

  ♫ **Amiens**, r. Doullens ℘ 21 03 65 43 – ☎ ☖
  ← **Repas** 60/195 ♣ – ☲ 25 – **9 ch** 140/220 – ½ P 170.

RENAULT Gar. Frevent, ℘ 21 03 61 97 🅽 ℘ 21 03 61 97

FRICHEMESNIL 76690 S.-Mar. 🗺️ ⑭ – 406 h.

Paris 140 – ♦ Rouen 32 – Dieppe 40 – Yerville 20 – Yvetot 32.

  XX **Au Souper Fin**, ℘ 35 33 33 88, Fax 35 33 50 42 – Ⓞ ☖
      fermé 16 août au 7 sept., merc. et jeudi – **Repas** 160/220.

FROENINGEN 68 H.-Rhin 🗺️ ⑨ – rattaché à Mulhouse.

FROIDETERRE 70 H.-Saône 🗺️ ⑦ – rattaché à Lure.

FRONTIGNAN 34110 Hérault 🗺️ ⑯ ⑰ **G. Gorges du Tarn** – 16 245 h alt. 4.

🏢 Office de Tourisme r. de la Raffinerie ℘ 67 48 33 94, Fax 67 43 26 34.

Paris 783 – ♦ Montpellier 22 – Lodève 65 – Sète 7,5.

  XX **Jas d'Or**, 2 bd V. Hugo ℘ 67 43 07 57 – ☖
      fermé mardi soir et merc. – **Repas** 140/180.

      au Nord-Est : 4 km sur N 112 – ✉ 34110 Frontignan :

  🏨 **Host. de Balajan**, ℘ 67 48 13 99, Fax 67 43 06 62, ☃, – 🗐 rest 📺 ☎ 🚗 🅿 🆎 ☖.
  ← 🛇 rest
      fermé 24 déc. au 3 janv. et fév. – **Repas** *(fermé sam. midi)* 78/235 – ☲ 43 – **20 ch** 295/395 –
      ½ P 295/330.

CITROEN Gar. Vernhet, ZA La Peyrade ℘ 67 48 87 63

FROTEY-LÈS-VESOUL 70 H.-Saône 🗺️ ⑥ – rattaché à Vesoul.

La FRUITIÈRE 65 H.-Pyr. 🗺️ ⑰ – rattaché à Cauterets.

FUISSÉ 71960 S.-et-L. 🗺️ ⑲ **G. Bourgogne** – 321 h alt. 250.

Paris 407 – Mâcon 9,5 – Charolles 53 – Chauffailles 53 – Villefranche-sur-Saône 45.

  XX **Pouilly Fuissé**, ℘ 85 35 60 68, 🌤️ – ☖
  ← *fermé 31 juil. au 9 août, 7 au 31 janv., dim. soir, mardi soir et merc.* – **Repas** (sam. et dim.
      prévenir) 75/215, enf. 45.

FUMEL 47500 L.-et-G. 🗺️ ⑥ – 5 882 h alt. 72.

Voir Église★ de Monsempron O : 2 km, **G. Pyrénées Aquitaine**.

Env. Château de Bonaguil★★ NE : 8 km, **G. Périgord Quercy**.

🏢 Syndicat d'Initiative pl. G.-Escande ℘ 53 71 13 70, Fax 53 71 40 91.

Paris 601 – Agen 57 – Bergerac 69 – Cahors 48 – Montauban 76 – Villeneuve-sur-Lot 28.

  🏠 **Climat de France**, pl. Église ℘ 53 40 93 93, Fax 53 71 27 94, 🌤️, ☃ – ⅙ ch 📺 ☎ &
      🚗 – ♣ 40. 🆎 Ⓞ ☖
      Repas 75 (déj.), 95/125 ♣, enf. 45 – ☲ 35 – **31 ch** 290.

  XX **72 Avenue** avec ch, av. Usine ℘ 53 71 80 22, Fax 53 71 15 08 – 🗐 rest 📺 ☎ 🅿 ☖
  ← *fermé 1er au 28 août, dim. soir et lundi* – **Repas** 75/220 ♣, enf. 50 – ☲ 30 – **8 ch** 200/250 –
      ½ P 200.

CITROEN Gar. Calassou, ZI Condezaygue, rte de   🏭 Euromaster, ZI Clos Bardy, rte de Périgueux
Villeneuve sur Lot ℘ 53 40 99 99 🅽 ℘ 53 40 98 29   ℘ 53 71 01 50
PEUGEOT Gar. Cousset, Montayral ℘ 53 71 03 58
RENAULT Gar. Mons, ℘ 53 40 92 22

La FUSTE 04 Alpes-de-H.-P. 🗺️ ⑮, 🗺️ ⑤ – rattaché à Manosque.

498

GABARRET 40310 Landes 🔢 ⑬ – 1 335 h alt. 153.

🖪 Office de Tourisme ℰ 58 44 35 77.

Paris 718 – Agen 66 – Mont-de-Marsan 47 – Auch 76 – ♦Bordeaux 138 – Pau 94.

🏠 **Glycines** sans rest, ℰ 58 44 92 90 – 🖵 ☎ 🅿. ⚌🄱
⚏ 30 – **10 ch** 200/250.

RENAULT Gar. Lescure, ℰ 58 44 90 27 🔟 ℰ 58 44 90 27

GABRIAC 12340 Aveyron 🔢 ③ – 403 h alt. 575.

Paris 614 – Rodez 28 – Espalion 13 – Mende 89 – St-Geniez-d'Olt 19 – Sévérac-le-Château 33.

🏠🏠 **Bouloc**, ℰ 65 44 92 89, Fax 65 48 86 74, 🍽, 🎇, 🎐 – 🖵 ☎ 🚗 🅿. ⚌🄱
➡ fermé 12 au 20 mars, 25 juin au 3 juil., 1ᵉʳ au 23 oct. et merc. sauf juil.-août – **Repas** 78/180
🍷, enf. 48 – ⚏ 35 – **11 ch** 260/280 – ½ P 280.

La GACILLY 56200 Morbihan 🔢 ⑤ – 2 268 h alt. 20.

Paris 404 – Châteaubriant 66 – Dinan 89 – Ploërmel 30 – Redon 14 – ♦Rennes 62 – Vannes 53.

🏠 **France** (Annexe Square 🏠🏠), ℰ 99 08 11 15, Fax 99 08 25 88 – 🖵 ☎ 🕭 🅿. ⚌🄱
➡ fermé 24 déc. au 2 janv. et dim. soir d'oct. à avril – **Repas** 65/170, enf. 45 – ⚏ 25 – **35 ch**
120/250 – ½ P 140/210.

RENAULT Gar. Roblin, ℰ 99 08 10 17 🔟 ℰ 99 08 84 72

GAGNY 93 Seine-St-Denis 🔢 ⑪, 🔢 ⑱ – voir à Paris, Environs.

GAILLAC 81600 Tarn 🔢 ⑨ ⑩ G. Pyrénées Roussillon (plan) – 10 378 h alt. 143.

Env. Plafond★ du château de Mauriac N : 8 km par D 3.

🖪 Office de Tourisme pl. Libération ℰ 63 57 14 65.

Paris 670 – ♦Toulouse 57 – Albi 22 – Cahors 82 – Castres 47 – Montauban 50.

🏠 **Occitan** sans rest, pl. Gare ℰ 63 57 11 52 – 🖵 ☎ 🅿. ⚌🄱 ⚌🄱
⚏ 32 – **13 ch** 130/270.

CITROEN Gar. Joulie, 44 av. St-Exupéry
ℰ 63 57 11 88 🔟 ℰ 63 57 23 54
PEUGEOT Gar. Capmartin, 83 av. Ch.-de-Gaulle
ℰ 63 57 08 48 🔟 ℰ 63 47 87 17
RENAULT Gaillac-Auto, av. St-Exupéry
ℰ 63 81 18 18 🔟 ℰ 63 42 70 18

🕭 Deldossi, 124 rte de Toulouse ℰ 63 57 03 29
François Pneus, 24 bd Gambetta ℰ 63 57 13 96

GAILLAN-EN-MÉDOC 33 Gironde 🔢 ⑰ – rattaché à Lesparre-Médoc.

GAILLON 27600 Eure 🔢 ⑰ G. Normandie Vallée de la Seine – 6 303 h alt. 22.

🏌 ℰ 32 53 89 40, E : 1 km par D 515.

Paris 97 – ♦Rouen 43 – Les Andelys 12 – Évreux 24 – Vernon-sur-Eure 14.

🍽 **La Campagnette**, 12 r. P. Brossolette ℰ 32 53 51 10, 🍽 – ⚌🄱
fermé dim. soir et lundi soir – **Repas** 89/155 bc.

à Vieux-Villez O : 4 km par N 15 – ⊠ 27600 :

🏠 **Host. Clos Corneille** 🎇 🐾, ℰ 32 53 88 00, Fax 32 52 45 14, 🍽, 🎐 – 🖨 ⛌ ch 🖵 ☎ 🕭
🅿. ⚌🄱 ⚌🄱
Repas 85/275 🍷 – ⚏ 38 – **23 ch** 260/300 – ½ P 285.

PEUGEOT Gar. Berrier, 44 rte de Rouen
ℰ 32 53 01 43

RENAULT Gar. Gaillonnais, 44 av. du Mar.-Leclerc
ℰ 32 53 14 35

GALIMAS 47 L.-et-G. 🔢 ⑮ – rattaché à Agen.

GANGES 34190 Hérault 🔢 ⑥ G. Gorges du Tarn – 3 343 h.

Voir Gorges de la Vis★★ SO – Aven des Lauriers★ SE : 3 km.

Env. Grotte des Demoiselles★★★ SE : 9 km.

Paris 706 – ♦Montpellier 44 – Alès 48 – Nîmes 58 – Le Vigan 19.

🍽🍽 **Aub. Les Norias** avec ch, à Cazilhac, E sur D 25 ℰ 67 73 55 90, Fax 67 73 62 08, 🍽, 🎐
– 🖵 ☎ 🅿. ⚌🄱
fermé lundi soir et mardi midi – **Repas** 100/210, enf. 55 – ⚏ 35 – **11 ch** 250/300 –
½ P 265/275.

CITROEN Gar. Cayrel, rte de Nîmes ℰ 67 73 81 30
PEUGEOT Gar. Jourdan, 1 av. du Vigan
ℰ 67 73 81 65

RENAULT Gar. Boissière, 16 r. de l'Albarède
ℰ 67 73 82 15

GAP 🅿 05000 H.-Alpes 🔢 ⑯ G. Alpes du Sud – 33 444 h alt. 733.

🏌 de Gap Bayard ℰ 92 50 16 83, 7 km par ①.

🚁 ℰ 92 51 50 50.

🖪 Office de Tourisme 12 r. Faure du Serre ℰ 92 51 57 03, Fax 92 53 63 29 – A.C. des Alpes, 25 rte de la
Justice, ZI des Fauvins ℰ 92 51 22 12.

Paris 674 ① – Avignon 170 ④ – ♦Grenoble 104 ① – Sisteron 49 ③ – Valence 160 ①.

499

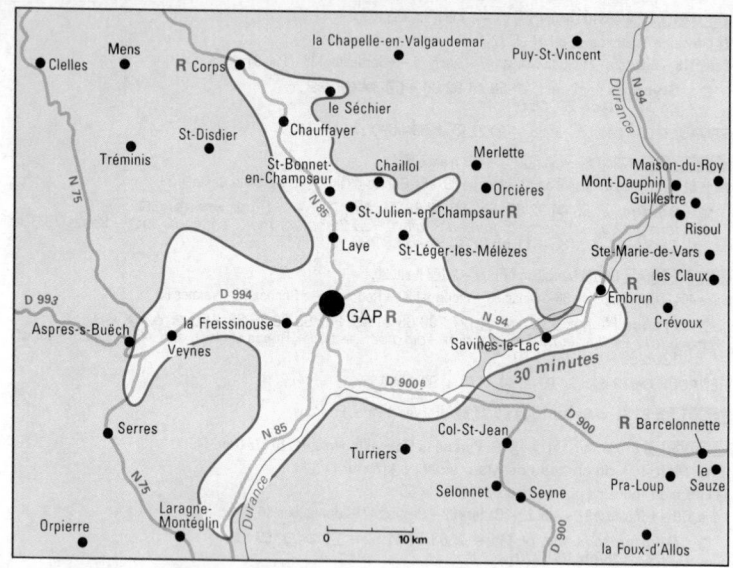

Map of the Gap region showing: Clelles, Mens, R Corps, la Chapelle-en-Valgaudemar, Puy-St-Vincent, Durance, N 94, le Séchier, Chauffayer, St-Disdier, Tréminis, N 75, St-Bonnet-en-Champsaur, Chaillol, Merlette, Maison-du-Roy, Mont-Dauphin, Guillestre, Orcières, St-Julien-en-Champsaur R, Risoul, N 85, Laye, St-Léger-les-Mélèzes, Ste-Marie-de-Vars, les Claux, D 99.3, D 994, GAP R, N 94, R Embrun, Crévoux, Aspres-s-Buëch, la Freissinouse, Veynes, Savines-le-Lac, 30 minutes, D 900 B, Serres, N 85, D 900, R Barcelonnette, Col-St-Jean, Turriers, le Sauze, N 75, Selonnet, Seyne, Pra-Loup, Orpierre, Laragne-Montéglin, Durance, D 900, la Foux-d'Allos, 0 10 km

---

🏨 Gapotel Ⓜ, av. Embrun par ② ℰ 92 52 37 37, Fax 92 52 06 46, 😂, 🏊 – 🛗 📺 ☎ 🔥 🚗
🅿 – 🔬 40 à 100. 🖭 ⑩ 🆖
Repas *(fermé dim. soir du 15 oct. au 1ᵉʳ mai)* 85/130 – 🖙 44 – **66 ch** 315/347. 3 appart –
½ P 280.

🏨 Porte Colombe Ⓜ, 4 pl. F. Euzières ℰ 92 51 04 13, Télex 405834, Fax 92 52 42 50 – 🛗
🍴 ch, 🍽 rest 📺 ☎ 🖘. 🖭 ⑩ 🆖 Z **n**
Repas *(fermé 7 au 28 janv., vend. soir et sam. d'oct. à juil.)* 100/200, enf. 60 – 🖙 35 – **26 ch**
220/350 – ½ P 250/260.

🏨 La Grille, 2 pl. F. Euzières ℰ 92 53 84 84, Fax 92 52 42 38 – 🛗 cuisinette 🍽 ch 📺 ☎. 🖭
⑩ 🆖 Z **r**
Repas *(fermé 5 au 15 janv., dim. soir et lundi sauf août)* 80/180 ⅓ – 🖙 35 – **29 ch** 290/340 –
½ P 270/310.

🏨 Mokotel sans rest, par ③ : 2,5 km (près piscine), rte Marseille ℰ 92 51 57 82,
Fax 92 51 56 52, 🞅 – 📺 ☎ 🔥 🅿. 🖭 ⑩ 🆖
🖙 27 – **27 ch** 210/290.

🏨 Ibis Ⓜ, bd G. Pompidou ℰ 92 53 57 57, Fax 92 53 38 15 – 🛗 🍴 ch 📺 ☎ 🔥 🚗 –
🔬 25 à 70. 🖭 ⑩ 🆖 Y **x**
Repas 97 bc, enf. 40 – 🖙 35 – **61 ch** 285.

🏨 Inter Service H. Ⓜ, par ③ : 2 km rte Marseille ℰ 92 53 53 52, Fax 92 53 56 23, 😂 – 🛗
📺 ☎ 🔥 🅿 – 🔬 25. 🖭 🆖
Repas 100 ⅓, enf. 25 – 🖙 40 – **40 ch** 250/280 – ½ P 240.

🏨 Ferme Blanche 🞕 sans rest, par ① et D 92 : 2 km ℰ 92 51 03 41, Fax 92 51 35 39, ≤, 🞅
– 📺 ☎ 🅿 – 🔬 30. 🖭 🆖
🖙 38 – **26 ch** 170/305.

🏨 Paix sans rest, 1 pl. F. Euzières ℰ 92 51 03 29, Fax 92 52 19 87 – 🛗 📺 ☎. 🆖 Z **v**
🖙 30 – **23 ch** 140/250.

XXX Le Patalain, 7 av. Alpes (près gare) ℰ 92 52 30 83 – 🍽. 🖭 ⑩ 🆖 Y **d**
fermé 8 au 31 juil. et dim. sauf fêtes – **Repas** 115/260 et carte 220 à 330.

XX Carré Long, 32 r. Pasteur ℰ 92 51 13 10 – 🍽. 🖭 ⑩ 🆖 Y **a**
fermé 1ᵉʳ au 15 mai, dim. et lundi – **Repas** 140/280, enf. 70.

XX La Roseraie, par ① et D 92 : 2 km ℰ 92 51 43 08, ≤, 😂 – 🅿. 🖭 ⑩ 🆖 𝖩𝖢𝖡
fermé 1ᵉʳ au 7 nov., dim. soir et lundi sauf du 15 juil. au 20 août – **Repas** 125/350 ⅓, enf. 60.

X La Grangette, 1 av. Foch ℰ 92 52 39 82 – 🆖 Y **t**
fermé 12 au 27 juin, 12 au 22 fév., dim. soir et lundi sauf juil.-août – **Repas** 98/168.

X La Musardière, 3 pl. Révelly ℰ 92 51 56 15 – 🍽 ⑩ 🆖 Y **s**
fermé lundi soir – **Repas** 95/145.

X Pique Feu, par ③ : 2,5 km, (près piscine) rte Marseille ℰ 92 52 16 06, 😂 – 🅿. 🆖
fermé 1ᵉʳ au 15 oct., sam. midi et dim. – **Repas** 65/120.

X La Petite Marmite, 79 r. Carnot ℰ 92 51 14 20, 😂 – 🆖 Z **e**
Repas 79/115, enf. 55.

GAP

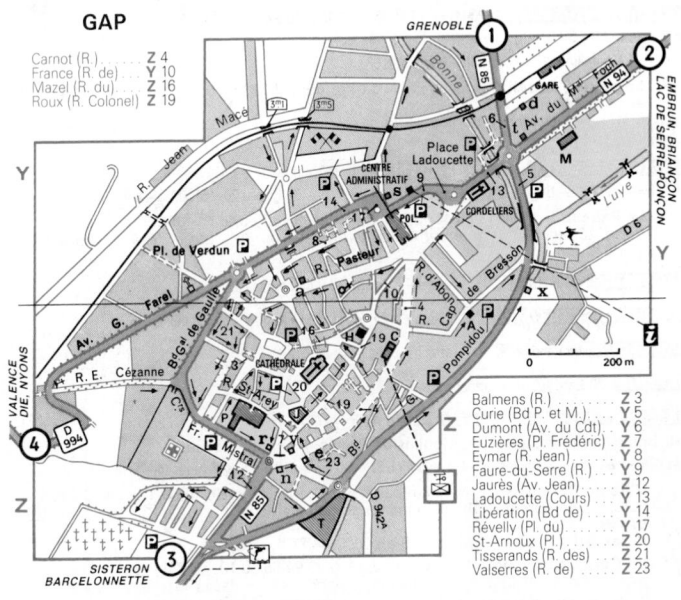

à la Freissinouse par ④ : 9 km – ✉ 05000 :

🏨 **Azur**, D 994 𝒫 92 57 81 30, Fax 92 57 92 37, ≤, parc, 🏊 – 📺 ☎ 🚗 🅿. 🆎
↦ **Repas** 80/160 ⅊ – 🖵 30 – **45 ch** 240/300 – ½ P 260/300.

ALFA-ROMEO, NISSAN Alpes-Sport-Autos, 5 r. de
Tokoro 𝒫 92 51 18 65
BMW, FIAT Transalp-Auto, 85-86 av. d'Embrun
𝒫 92 52 02 57
CITROEN France-Auto, Tokoro Leplan de Gap
par ② 𝒫 92 53 88 11
FORD Gar. Europ-Auto, rte de Briançon
𝒫 92 52 05 46
HYUNDAI MERCEDES D.A.G.A. 3 av. Mar.-Foch
𝒫 92 52 62 00
LANCIA Gar. Rouit, 52 av. de Provence Fontreyne
𝒫 92 51 18 26
OPEL T.A.G., Espace Tokoro 𝒫 92 52 09 99
PEUGEOT France-Alpes, rte de Marseille par ③
𝒫 92 52 15 17

RENAULT Gap-Automobiles, 90 av. d'Embrun
par ② 𝒫 92 53 96 96 🅽 𝒫 92 40 52 60
ROVER Gar. de Verdun, 25 av. J.-Jaurès
𝒫 92 51 26 18
TOYOTA Balagna-Fougairolle, Espace Tokoro
𝒫 92 51 12 97
V.A.G Gar. Alpes-Service, rte de Briançon
𝒫 92 52 25 56

🅖 Barneaud Pneus, 15 rte de St-Jean
𝒫 92 51 00 59
Euromaster, av. d'Embrun 𝒫 92 52 20 28
Meizenq-Pneus-Point S, Espace Tokoro 74 av.
d'Embrun 𝒫 92 52 22 33

GARABIT (Viaduc de) ★★ 15 Cantal 📟 ⑭ G. Auvergne – alt. 835 – ✉ 15390 Loubaresse.

Env. Maison du paysan★ à Loubaresse S : 7 km – Belvédère de Mallet ≤★★ SO : 13 km puis
10 mn.

Paris 528 – Aurillac 85 – Mende 70 – Le Puy-en-Velay 97 – St-Flour 12.

🏨 **Garabit**, 𝒫 71 23 42 75, Fax 71 23 49 60, ≤, 🏖, « Terrasse au bord du lac », 🏊 – 🛗 📺
↦ ☎ 🅿 – 🔏 35. 🆎
avril-oct. – **Repas** 70/180, enf. 45 – 🖵 32 – **47 ch** 185/350 – ½ P 220/290.

🏨 **Panoramic**, 𝒫 71 23 40 24, Fax 71 60 41 60, ≤, 🏊, 🏖, ※ – 🛗 📺 ☎ 🅿 🆎
9 avril-1ᵉʳ nov. – **Repas** 85/240, enf. 45 – 🖵 32 – **30 ch** 250/450 – ½ P 280/300.

🏠 **Beau Site**, N 9 𝒫 71 23 41 46, Fax 71 23 46 34, ≤ viaduc et lac, 🏊, 🏖, ※ – cuisinette
↦ 📺 ☎ 🅿. 🆎
Pâques-1ᵉʳ nov. – **Repas** 71/190 ⅊, enf. 42 – 🖵 32 – **16 ch** 220/250, 3 studios – ½ P 250/270.

🏠 **Viaduc**, N 9 𝒫 71 23 43 20, Fax 71 23 45 19, ≤, 🏊, ※ – ☎ 🅿. 🆎
↦ 1ᵉʳ avril-15 nov. – **Repas** 70/170 ⅊, enf. 42 – 🖵 32 – **25 ch** 180/260 – ½ P 195/255.

GARCHES 92 Hauts-de-Seine 📟 ⑳, 📖 ⑭ – voir à Paris, Environs.

La GARDE 04 Alpes-de-H.-P. 📟 ⑱, 📖 ⑩ – rattaché à Castellane.

La GARDE 48 Lozère 📟 ⑮ – rattaché à St-Chély-d'Apcher.

La GARDE-ADHÉMAR 26700 Drôme 🎂 ① G. Vallée du Rhône – 1 108 h.

Voir Église★ – ≼★ de la terrasse.

Paris 625 – Montélimar 21 – Nyons 39 – Pierrelatte 6.

 ※※ **Logis de l'Escalin** ॐ avec ch, N : 1 km par D 572 ℰ 75 04 41 32, Fax 75 04 40 05, ㈭,
   ㈬ – ℗ ⏣㠔
   fermé 2 au 8 janv., dim. soir et lundi sauf juil.-août – Repas 98/230 – 🍴 30 – **6 ch** 180 –
   ½ P 230.

La GARDE-FREINET 83310 Var 🎂 ⑰ 🏙 ㊱ G. Côte d'Azur – 1 465 h alt. 405.

Paris 856 – Fréjus 42 – Brignoles 46 – Hyères 54 – ♦Toulon 74 – St-Tropez 20 – Ste-Maxime 22.

 ※ **La Faücado**, ℰ 94 43 60 41, ㈭, « Belle terrasse fleurie » – 㠔
   fermé 20 janv. au 10 mars et mardi sauf le soir en juil.-août et fériés – Repas 120 (déj.),
   180/320.

GARDOUCH 31 H.-Gar. 🎂 ⑲ – rattaché à Villefranche-de-Lauragais..

La GARENNE-COLOMBES 92 Hauts-de-Seine 🎂 ⑳, 🏙 ⑭ – voir à Paris, Environs.

GARNACHE 85 Vendée 🎂 ⑫ – rattaché à Challans.

GARONS 30 Gard 🎂 ⑲ – rattaché à Nîmes.

GASSIN 83580 Var 🎂 ⑰ 🏙 ㊲ G. Côte d'Azur – 2 622 h alt. 201.

Voir Boulevard circulaire ≼★ – Moulins de Paillas ✳★★ SE : 3,5 km.

Paris 876 – Fréjus 34 – Brignoles 67 – Le Lavandou 32 – St-Tropez 10,5 – Ste-Maxime 14 – Toulon 71.

 🏯 **Villa de Belieu** Ⓜ ॐ, N : 2 km par rte St-Tropez ℰ 94 56 40 56, Fax 94 43 43 34, ≼, ㈭,
   parc, « Demeure provençale dans un domaine viticole », 🍴, ⊒, 🏊, ⛳ – 🔲 ch 📺 ☎ ℗,
   ㏂ 㠔
   Repas 380 bc/760 bc – 🍴 95 – **13 ch** 2600/4400, 5 appart.

 ※※ **Le Carat**, carrefour D 61-D 98, N : 3,5 km ℰ 94 56 50 10, ㈭, ⊒ – ℗. 㠔
   fermé 11 nov. au 15 déc. et fermé dim. soir hors sais. – Repas 95 (déj.), 149/298, enf. 49.

 ※※ **Aub. la Verdoyante**, N : 2 km par rte St-Tropez et chemin privé ℰ 94 56 16 23,
   Fax 94 56 43 10, ≼, ㈭ – ℗. 㠔
   fin mars-début nov. et fermé merc. sauf le soir en juil.août – Repas 160.

GAUCHIN-LÉGAL 62 P.-de-C. 🎂 ① – rattaché à Bruay-la-Bussière.

GAUDENT 65 H.-Pyr. 🎂 ⑳ – rattaché à St-Bertrand-de-Comminges.

GAVARNIE 65120 H.-Pyr. 🎂 ⑱ G. Pyrénées Aquitaine – 177 h alt. 1 357.

Voir Cirque de Gavarnie★★★ S : 3 h 30.

Env. Pic de Tantes ✳★★ SO : 11 km.

🛈 Office de Tourisme ℰ 62 92 49 10, Télex 533765, Fax 62 92 46 12.

Paris 873 – Pau 93 – Lourdes 50 – Luz-St-Sauveur 20 – Tarbes 70.

 🏨 **Vignemale** Ⓜ ॐ, ℰ 62 92 40 00, Fax 62 92 40 08, ≼, ㈭ – 🛗 ⛗ ch 📺 ☎ ℗ – ㏂ 25. ㏂
   㠔. ✳
   hôtel : 1er avril-31 oct. ; rest : 1er juin-30 sept. – Repas (dîner seul.) 130/180, enf. 55 – 🍴 56 –
   24 ch 390/860 – ½ P 465.

 🏠 **Le Marboré**, ℰ 62 92 40 40, Fax 62 92 40 30, ≼, ㈭ – 📺 ☎ ℗. ㏂ ⑩ 㠔 ㎫
   fermé 15 nov. au 15 déc. – Repas 90/195 🍷, enf. 42 – 🍴 35 – **24 ch** 275/295 – ½ P 275/295.

 ※ **La Ruade**, ℰ 62 92 48 49 – 㠔
 ⬥ *15 juin-1er oct.* – Repas 78/110 🍷, enf. 40.

   à Gèdre N par D 921 : 8,5 km – ✉ 65120 :

 🏠 **Brèche de Roland**, ℰ 62 92 48 54, Fax 62 92 46 05, ≼, ㈭ – ☎ 🅖 ℗. 㠔. ✳ rest
   1er mai-15 oct., week-ends et vacances scolaires du 15 oct. au 30 avril – Repas 90/195,
   enf. 50 – 🍴 30 – **28 ch** 260/280 – ½ P 230.

GAVRINIS (IIe) 56 Morbihan 🎂 ⑫ G. Bretagne.

Voir Cairn★★ 15 mn en bateau de Larmor-Baden.

GÈDRE 65 H.-Pyr. 🎂 ⑱ – rattaché à Gavarnie.

GÉMENOS 13420 B.-du-R. 🎂 ⑭ 🏙 ㉚ G. Provence – 5 025 h alt. 150.

Voir Parc de St-Pons★ E : 3 km – Aubagne : musée de la Légion Etrangère★ O : 5 km – Forêt de
la Ste-Baume★★ NE.

🛈 Office de Tourisme, Cours Pasteur, ℰ 42 32 18 44.

Paris 792 – ♦Marseille 25 – ♦Toulon 50 – Aix-en-Provence 36 – Brignoles 47.

 🏰 **Relais de la Magdeleine** ॐ, ℰ 42 32 20 16, Fax 42 32 02 26, ㈭, « Elégante demeure
   avec mobilier ancien, parc », ⊒ – 🛗 📺 ☎ ℗ – ㏂ 30. 㠔 ✳
   15 mars-1er déc. – Repas 250 – 🍴 68 – **23 ch** 490/800 – ½ P 585/730.

🏠 **Parc** ⬸, Vallée St Pons par D 2 : 1 km 𝒫 42 32 20 38, Fax 42 32 10 26, 🍴, 🐎 – ☎ 𝐏 –
🏧 30. ⓸ GB – 🍽 35 – **12 ch** 280 – ½ P 255/265.
Repas 90/230 –

XX **Le Baron Brisse,** 48 chemin Jouques (D 42) 𝒫 42 32 00 60, Fax 42 32 09 60, 🍴 – 𝐏. AE
GB
fermé 20 août au 7 sept., vacances de fév., dim. soir et lundi – **Repas** 145/200.

XX **Le Fer à Cheval,** pl. Mairie 𝒫 42 32 20 97, Fax 42 32 23 27, 🍴 – AE ⓸ GB
fermé 16 août au 2 sept., 1ᵉʳ au 7 janv., sam. midi, dim. soir et lundi soir – **Repas** 100
(déj.)/160 bc, enf. 70.

GENAS 69740 Rhône 74 ⑫ – 9 316 h alt. 218.

🛈 Syndicat d'Initiative de la Plaine du Lyonnais, 43, av. République, 𝒫 78 40 16 76.

Paris 474 – ◆Lyon 17 – Meyzieu 8 – Pont-de-Chéruy 18 – Saint-Priest 10.

🏨 **Forum H.** M, 1 r. R. Salengro 𝒫 78 40 60 50, Télex 306577, Fax 78 40 17 85 – 📶 ▤ rest
📺 ☎ ♿ 𝐏 – 🏧 60. AE ⓸ GB
Repas (fermé dim. midi) 92/130 🍷, enf. 59 – 🍽 40 – **76 ch** 270/320 – ½ P 250.

GÉNÉRARGUES 30 Gard 80 ⑰ – rattaché à Anduze.

GENESTON 44140 Loire-Atl. 67 ③ – 1 958 h alt. 30.

Paris 400 – ◆Nantes 19 – La Roche-sur-Yon 46 – Cholet 54.

XX **Le Pélican,** 13 pl. G. Gaudet 𝒫 40 04 77 88 – ⓸ GB
fermé 1ᵉʳ au 23 août, 1ᵉʳ au 8 janv., dim. soir, lundi soir et merc. – Repas 85/185, enf. 40.

Le GENESTOUX 63 P.-de-D. 73 ⑬ – rattaché au Mont-Dore.

GENÈVE Suisse 74 ⑥ 217 ⑪.

Ressources hôtelières : voir Guide Rouge Michelin *Suisse/Schweiz/Svizzera*

GENILLÉ 37460 I.-et-L. 64 ⑯ G. Châteaux de la Loire – 1 428 h alt. 88.

Paris 240 – ◆Tours 51 – Amboise 32 – Blois 56 – Loches 10,5 – Montrichard 21.

XX **Agnès Sorel** avec ch, 𝒫 47 59 50 17, 🍴 – ☎. GB
fermé 1ᵉʳ janv. au 5 fév., dim. soir et lundi sauf juil.-août et fériés – Repas 100/240, enf. 50 –
🍽 32 – **3 ch** 190/225 – ½ P 255/285.

GÉNIN (Lac de) 01 Ain 74 ④ – rattaché à Oyonnax.

GENLIS 21110 Côte-d'Or 66 ⑫ ⑬ – 5 241 h alt. 199.

Paris 329 – ◆Dijon 17 – Auxonne 15 – Dole 31 – Gray 45.

à Labergement Foigney NE : 3 km par D 25 – ✉ 21110 Genlis :

X **Aub. des Mésanges,** 𝒫 80 31 22 33 – AE GB
⟶ fermé dim. soir et lundi – **Repas** 72/275, enf. 49.

à Échigey S : 8 km par D 25 et D 34 – ✉ 21110 :

XX **Place** avec ch, 𝒫 80 29 74 00, Fax 80 29 79 55, 🐎 – ☎ 𝐏. AE ⓸ GB
⟶ fermé 1ᵉʳ au 7 août, janv., dim. soir et lundi sauf fériés – **Repas** 68/205 – 🍽 28 – **14 ch**
110/190 – ½ P 210/250.

PEUGEOT Gar. Bourbon, 𝒫 80 31 35 41 🅽   RENAULT Côte-d'Or Auto., 𝒫 80 37 81 04 🅽
𝒫 80 31 57 44   𝒫 80 33 52 12

GENNES 49350 M.-et-L. 64 ⑫ G. Châteaux de la Loire – 1 867 h alt. 29.

Voir Église★★ de Cunault SE : 2,5 km – Église★ de Trèves-Cunault SE : 3 km.

🛈 Office de Tourisme square Europe (mai-sept.) 𝒫 41 51 84 14, Fax 41 51 83 48.

Paris 301 – Angers 32 – Bressuire 64 – Cholet 61 – La Flèche 47 – Saumur 16.

🏠 **Aux Naulets d'Anjou** ⬸, 𝒫 41 51 81 88, Fax 41 38 00 78, ≤, 🍴, 🐎 – ☎ 𝐏. GB
fermé 15 fév. au 15 mars – **Repas** (fermé merc. soir et le midi sauf dim. et fêtes) 98/138 –
🍽 32 – **19 ch** 220/280 – ½ P 250.

XX **Host. Loire** avec ch, 𝒫 41 51 81 03, Fax 41 38 05 22, 🐎 – 𝐏. GB
fermé 26 déc. au 3 fév., lundi soir et mardi sauf juil.-août – **Repas** 70 (déj.), 105/180, enf. 50 –
🍽 30 – **11 ch** 140/320 – ½ P 205/310.

X **L'Aubergade,** 𝒫 41 51 81 07 – GB
fermé vacances de fév., mardi soir hors sais. et merc. – **Repas** 105/200.

GÉNOLHAC 30450 Gard 80 ⑦ G. Gorges du Tarn – 827 h alt. 470.

🛈 Office de Tourisme 𝒫 66 61 18 32.

Paris 643 – Alès 36 – Florac 50 – La Grand-Combe 27 – Nîmes 83 – Villefort 16.

🏠 **Mont Lozère,** D 906 𝒫 66 61 10 72, 🍴 – ☎ 𝐏. ⓸ GB. ⬠
⟶ vacances de fév.-fin oct. et fermé merc. du 15 juin au 15 sept. – **Repas** 75/160 🍷, enf. 45 –
🍽 30 – **15 ch** 170/250 – ½ P 240.

23350 Creuse 🅧🅧 ⑲ – 775 h alt. 305.

Paris 329 – La Châtre 28 – Guéret 26 – Montluçon 57.

   ✗   **Relais d'Oc** avec ch, 𝒫 55 80 72 45 – 🖕 ☎ 🖼
   →   *9 avril-11 nov. et fermé dim. soir et lundi* – **Repas** 80/200 ⅃, enf. 50 – ☲ 35 – **7 ch** 240/300 – ½ P 250/350.

GENSAC 33890 Gironde 🅧🅧 ⑬ – 752 h alt. 71.

Paris 564 – Bergerac 40 – ◆Bordeaux 62 – Libourne 31 – La Réole 38.

   ✗✗   **Remparts** (chambres prévues), 16 r. Château 𝒫 57 47 43 46, ≤ – 🖼
   fermé 1er janv. au 1er mars et lundi – **Repas** *(fermé lundi soir et mardi)* 90 (déj.), 145/230, enf. 50.

GENTILLY 94 Val-de-Marne 🅧🅧 ⑩, 🅧🅧🅧 ㉖ – voir à Paris, Environs.

GÉRARDMER 88400 Vosges 🅧🅧 ⑰ **G. Alsace Lorraine** – 8 951 h alt. 665 – Sports d'hiver : 750/1 150 m ⚡20 ⚡ – Casino AZ.

Voir Site★★ – Lac★ – Saut des Cuves★ E : 3 km par ①.

🛈 Office de Tourisme pl. Déportés 𝒫 29 63 08 74, Fax 29 63 08 25.

Paris 438 ③ – Colmar 51 ① – Épinal 43 ③ – Belfort 77 ② – St-Dié 27 ① – Thann 48 ②.

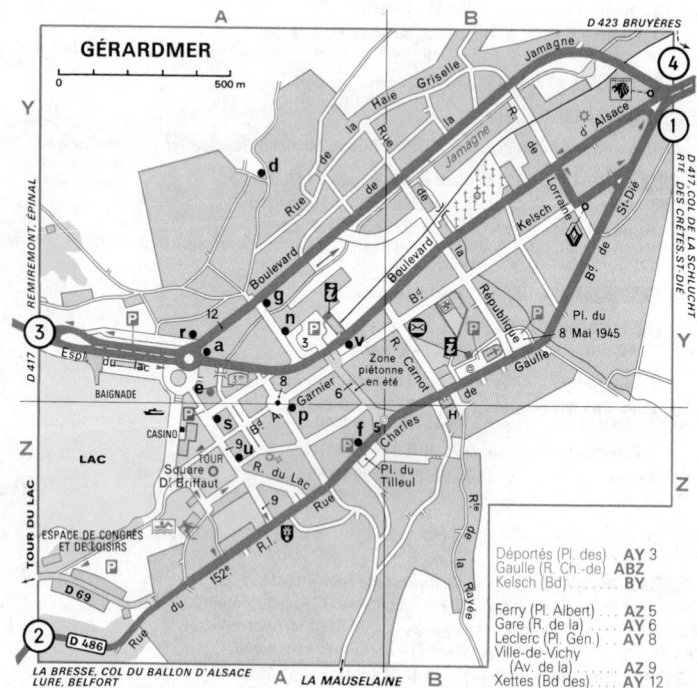

Déportés (Pl. des)	**AY** 3
Gaulle (R. Ch.-de)	**ABZ**
Kelsch (Bd)	**BY**
Ferry (Pl. Albert)	**AZ** 5
Gare (R. de la)	**AY** 6
Leclerc (Pl. Gén)	**AY** 8
Ville-de-Vichy (Av. de la)	**AZ** 9
Xettes (Bd des)	**AY** 12

🏨🏨 **Gd Hôtel Bragard,** pl. Tilleul 𝒫 29 63 06 31, Télex 960964, Fax 29 63 46 81, 🍴, « ⛲, parc », ⅃₅ – 🔲 📺 ☎ 🅟 – 🔏 25 à 60. 🖭 ⓪ 🖼
                                                              AZ **f**
     Grand Cerf : **Repas** 125/360, enf. 70 – ☲ 60 – **56 ch** 425/710, 6 appart – ½ P 390/500.

🏨 **Jamagne,** 2 bd Jamagne 𝒫 29 63 36 86, Fax 29 60 05 87, 🍴, 🔲 – 🔲 📺 ☎ 🕭 🅟 – 🔏 60. 🖼 ≶ rest
                                                                AY **g**
     fermé 3 nov. au 19 déc. et 19 mars au 7 avril – **Repas** 79/170 ⅃, enf. 49 – ☲ 39 – **50 ch** 330/430 – ½ P 300/340.

🏨 **La Réserve,** esplanade du Lac 𝒫 29 63 21 60, Fax 29 60 81 60, ≤ – 🔲 📺 ☎ 🅟 – 🔏 35. 🖭 ⓪ 🖼
                                                              AY **a**
     fermé merc. midi d'oct. à avril sauf vacances scolaires – **Repas** 120 (déj.), 150/185, enf. 70 – ☲ 40 – **24 ch** 295/530 – ½ P 315/435.

🏨 **Paix,** 6 av. Ville de Vichy 𝒫 29 63 38 78, Fax 29 63 18 53, 🍴 – 📺 ☎ 🅟 🖭 🖼   AZ **s**
     Repas 100/245 ⅃, enf. 60 – ☲ 40 – **24 ch** 270/415 – ½ P 302/368.

504

🏛 **Viry et rest. l'Aubergade,** pl. Déportés ℘ 29 63 02 41, Fax 29 63 14 03, 🏠 – 📺 ☎ 🅰🅴
🔸 ⓞ 🆖 *(fermé vend. soir hors sais.)* 78/240 ⅃, enf. 45 – ⊡ 40 – **18 ch** 230/330 – ½ P 270/315.
   Repas AY **n**

🏛 **Beau Rivage,** esplanade du Lac ℘ 29 63 22 28, Fax 29 63 29 83, ≤, 🏠, 🔳 – 🛗 📺 ☎ 🅿
🅰🅴 ⓞ 🆖, 🛇 ch   AY **e**
fermé 24 mars au 2 avril, 18 au 30 juin, 8 oct. au 23 déc., 7 au 20 janv. et merc. midi – **Repas**
95 (déj.), 125/250 ⅃, enf. 53 – ⊡ 50 – **17 ch** 440/630 – ½ P 370/450.

🏛 **Bains** sans rest, 16 bd Garnier ℘ 29 63 08 19, Fax 29 63 23 31, �ません – 📺 ☎ 🅿, 🆖 AZ **p**
fermé 10 nov. au 15 déc. – ⊡ 35 – **55 ch** 190/345.

🏛 **Lac' Hôtel et rest. Bleu Marine,** Esplanade du Lac ℘ 29 63 38 23, Fax 29 60 01 49, ≤,
🔸 🏠 – 🛗 📺 ☎ 🅰🅴 🆖   AY **r**
fermé 6 nov. au 22 déc. – **Repas** *(fermé dim. soir et lundi)* 75/165 ⅃ – ⊡ 40 – **14 ch** 340/390
– ½ P 295/325.

🏛 **Parc,** 12 av. Ville de Vichy ℘ 29 63 32 43, Fax 29 63 17 03, 🏠 – 📺 ☎ 🅿, 🅰🅴 🆖,
🛇   AZ **u**
8 avril-début oct. et 20 déc.-18 mars – **Repas** 90/260 ⅃, enf. 62 – ⊡ 40 – **32 ch** 265/350 –
½ P 220/320.

🏛 **Relais de la Mauselaine** 🛇, au pied des pistes SE : 2,5 km rte de la Rayée - BZ
℘ 29 60 06 60, Fax 29 60 81 08, ≤, 🏠 – 📺 ☎ 🅿, 🆖, 🛇 rest
fermé 30 sept. au 10 déc. – **Repas** *(fermé merc. midi hors sais.)* 85/250 ⅃, enf. 45 – ⊡ 37 –
16 ch 340 – ½ P 320.

🏛 **Chalet du Lac,** par ③ : 1 km rte Épinal ℘ 29 63 38 76, Fax 29 60 91 63, ≤ lac, �かません – 📺 ☎
🅿 🆖
fermé 1ᵉʳ oct. au 1ᵉʳ nov. – **Repas** *(fermé vend. hors sais. sauf vacances scolaires)* 90/97 ⅃ –
⊡ 30 – **11 ch** 180/340 – ½ P 210/250.

🏛 **Liserons,** 5 bd Kelsch ℘ 29 63 02 61, 🏠 – 📺 ☎, 🆖, 🛇 rest   AY **v**
fermé 15 au 31 mars, 15 oct. au 15 déc. et merc. hors sais. – **Repas** 100/150 ⅃ – ⊡ 35 –
13 ch 260/290 – ½ P 240/250.

🏛 **L'Abri** 🛇 sans rest, rte Miselle ℘ 29 63 02 94, �かません – ☎ 🅿, 🆖, 🛇   AY **d**
fermé 20 sept. au 15 oct. et merc. hors sais. – ⊡ 30 – **14 ch** 170/250.

au Col de Martimpré par ① et D 8 : 5 km – ✉ 88400 Gérardmer :

XX **Bonne Auberge de Martimprey** avec ch, ℘ 29 63 19 08, Fax 29 60 94 87, 🏠, �かません – ☎
🔸 🅿 🅰🅴 🆖
fermé 13 nov. au 20 déc., merc. soir et jeudi – **Repas** 80/198 ⅃ – ⊡ 28 – **10 ch** 190/235 –
½ P 220.

aux Bas Rupts par ② : 4 km – alt. 800 – ✉ 88400 Gérardmer :

🏛🏛 **Chalet Fleuri** Ⓜ, ℘ 29 63 09 25, Fax 29 63 00 40, ≤, « Beau décor rustique », 🔳, �かません,
🛇 – 🛗 📺 ☎ 🅰🅴 🆖
voir rest. **Host. Bas-Rupts** *ci-après* – ⊡ 80 – **11 ch** 550/750, 3 appart – ½ P 640/700.

XXX ☼ **Host. des Bas-Rupts** (Philippe) avec ch, ℘ 29 63 09 25, Fax 29 63 00 40, ≤, 🏠,
« Élégante installation », 🔳, 🛇 – 📺 ☎ 🅿 🅰🅴 🆖
Repas *(dim. et fêtes prévenir)* 160/450 et carte 290 à 440, enf. 100 – ⊡ 80 – **18 ch** 380/650 –
½ P 460/550
Spéc. Tripes au Riesling à l'ancienne. Ris et rognons de veau poêlés au jus d'alizier. Civet de joues de porcelet en
chevreuil. **Vins** Riesling, Tokay-Pinot gris.

XX **A La Belle Marée,** ℘ 29 63 06 83, ≤ – 🅿, 🅰🅴 ⓞ 🆖
fermé 25 juin au 7 juil., dim. soir et lundi – Repas – *produits de la mer* - 88/270 ⅃, enf. 60.

FIAT Gar. Cabut, 87 bd d'Alsace ℘ 29 60 03 34
PEUGEOT-TALBOT Gar. Thiébaut, bd de la
Jamagne, la Croisette ℘ 29 63 14 50

RENAULT Gar. Defranoux, 60 bd Kelsch
℘ 29 63 01 95

GERMIGNY-L'ÉVÊQUE 77 S.-et-M. 56 ⑬, 106 ⑳ – rattaché à Meaux.

GÉTIGNÉ 44 Loire-Atl. 67 ④ – rattaché à Clisson.

Les GETS 74260 H.-Savoie 74 ⑧ G. Alpes du Nord – 1 287 h alt. 1 170 – Sports d'hiver : 1 172/1 850 m ⛷5
⛷51 🎿.

🛈 Office de Tourisme ℘ 50 75 80 80, Fax 50 79 76 90.

Paris 585 – Thonon-les-Bains 36 – Annecy 72 – Bonneville 31 – Chamonix-Mont-Blanc 62 – Cluses 22 – ◆Genève 55 –
Morzine 6.

🏛🏛 **La Marmotte** Ⓜ, ℘ 50 75 80 33, Fax 50 75 83 26, ≤, « Décor de chalet savoyard », 🐚,
🔳 – 🛗 📺 ☎ ⟿ 🅿 – 🔬 30. 🅰🅴 ⓞ 🆖 🏧, 🛇 rest
24 juin-10 sept. et 16 déc.-31 mars – **Repas** *(résidents seul.)* 90 (déj.), 125/150 – ⊡ 50 –
43 ch 640/850, 5 duplex – ½ P 500/720.

🏛🏛 **Le Labrador** Ⓜ 🛇, rte La Turche ℘ 50 75 80 00, Fax 50 79 87 03, ≤, 🏠, 🐚, 🔳, �かません, 🛇
– 🛗 🔲 rest 📺 ☎ ⟿ 🅿 🅰🅴 ⓞ 🆖 🏧, 🛇 rest
24 juin-10 sept. et 21 déc.-10 avril – **Le St-Laurent :** Repas 120/155, enf. 60 – ⊡ 40 – **23 ch**
500/800 – ½ P 440/560.

🏨 **Mont Chéry,** ℰ 50 75 80 75, Fax 50 79 70 13, ≤, 🍴, ⌀ (été), ⚓ – 🛗 ▤ rest 📺 ☎ ⟲
 🅿. 🆖. ✕
 1ᵉʳ juil.-3 sept. et 15 déc.-15 avril – **Repas** 95/260 🍷, enf. 50 – **26 ch** ⊆ 440/750 –
 ½ P 410/640.

🏨 **Le Crychar** ≫ sans rest, par rte La Turche ℰ 50 75 80 50, Fax 50 79 83 12, ≤, ⌀ (été),
 ⌀, ⚓ – 📺 ☎ ⟲ 🅿. 🆎 ⓪ 🆖. ✕
 1ᵉʳ juil.-10 sept. et 20 déc.-10 avril – ⊆ 50 – **12 ch** 530/580.

🏨 **Alpages,** rte La Turche ℰ 50 75 80 88, Fax 50 79 76 98, ≤, 🛁, ⌀ – 🛗 📺 ☎ ⟲ 🅿. 🆖
 juil.-août et 20 déc.-1ᵉʳ mars – **Repas** 85/190 – ⊆ 60 – **22 ch** 700/800 – ½ P 650.

🏨 **Alissandre** Ⓜ sans rest, ℰ 50 79 80 65, ≤, ⚓ – 📺 ☎ ⟲ 🅎 🆖
 ⊆ 30 – **14 ch** 420/680.

🏨 **Régina,** ℰ 50 75 80 44, Fax 50 79 87 29, ≤ – 📺 ☎ ⟲ 🅿. 🆎 ⓪ 🆖. ✕ rest
↤ *juil.-août (sans rest.) et 21 déc.-16 avril* – **Repas** 75/175, enf. 45 – ⊆ 35 – **22 ch** 310/360 –
 ½ P 360/400.

🏨 **Alpina** ≫, par rte La Turche ℰ 50 75 80 22, Fax 50 75 83 48, ≤ – ☎ ⟲. 🆎 🆖. ✕ rest
 20 juin-15 sept. et 20 déc.-20 avril – **Repas** 88 (déj.)/118 – ⊆ 30 – **31 ch** 270/400 –
 ½ P 360/380.

🏨 **Maroussia** ≫, à La Turche ℰ 50 75 80 85, Fax 50 75 87 62, ≤ – ☎ 🅿. 🆖. ✕ rest
 26 juin-10 sept. et 20 déc.-mi-avril – **Repas** 85/130 – ⊆ 38 – **22 ch** 300/500 – ½ P 310/400.

PEUGEOT Gar. de la Colombière, ℰ 50 79 75 64

GEVREY-CHAMBERTIN 21220 Côte-d'Or 🖰🖰 ⑫ G. Bourgogne – 2 825 h alt. 287.

🛈 Office de Tourisme pl. Mairie (saison) ℰ 80 34 38 40.
Paris 318 – ◆ Dijon 13 – Beaune 32 – Dole 60.

🏨 **Les Terroirs** sans rest, rte Dijon ℰ 80 34 30 76, Fax 80 34 11 79, « Belle décoration
 intérieure », ⚓ – 📺 ☎ 🅿. 🆎 ⓪ 🆖
 ⊆ 45 – **20 ch** 250/480.

🏨 **Les Grands Crus** ≫ sans rest, ℰ 80 34 34 15, Fax 80 51 89 07, « Jardin fleuri » – ☎ 🅿.
 🆖
 fermé 4 déc. au 1ᵉʳ mars – ⊆ 45 – **24 ch** 350/430.

XXX ❀ **Les Millésimes** (Sangoy), 25 r. Église ℰ 80 51 84 24, Fax 80 34 12 73, 🍴, « Cave
 aménagée, décor élégant » – ▤ 🅿. 🆎 🆖
 fermé 22 déc. au 25 janv., merc. midi et mardi – **Repas** 295/560 et carte 380 à 490
 Spéc. Petite salade de foie gras poêlé, homard, champignons et truffes. Queues de langoustines rôties à la pomme
 verte. Canette de barbarie au miel et aux épices. **Vins** Saint-Romain, Gevrey-Chambertin.

XXX **La Rôtisserie du Chambertin,** ℰ 80 34 33 20, Fax 80 34 12 30, « Caves anciennes
 aménagées, petit musée » – ▤ 🅿. 🆖 🆑🆒🅱
 fermé 1ᵉʳ au 7 août, dim. soir et lundi sauf fêtes – **Repas** 200 (déj.), 260/410 et carte 240 à 330,
 enf. 80 - **Le Bonbistrot** ℰ 80 34 35 14 **Repas** carte environ 130.

XX **La Sommellerie,** ℰ 80 34 31 48, Fax 80 58 52 20 – ▤ 🆖 🆑🆒🅱
 fermé 2 au 9 juil., 10 déc. au 7 janv., vacances de fév. et dim. – **Repas** 98/350 🍷, enf. 65.

X **Sangoy Côté Cour,** N 74 ℰ 80 58 53 58, Fax 80 58 52 73, 🍴 – 🆖
 Repas 90/140 🍷, enf. 55.

GEX ⟨🚲⟩ 01170 Ain 🗗🗗 ⑮ ⑯ G. Jura (plan) – 6 615 h alt. 628.

🛈 Office de Tourisme, Square Jean Clerc, ℰ 50 41 53 85, Fax 50 41 81 00.
Paris 495 – ◆ Genève 16 – Lons-le-Saunier 96 – Pontarlier 110 – St-Claude 44.

🏨 **Parc,** av. Alpes ℰ 50 41 50 18, Fax 50 42 37 29, 🍴, ⚓ – 📺 ☎ 🅿. 🆖. ✕ ch
 fermé 15 au 30 sept., 26 déc. au 1ᵉʳ fév., dim. soir et lundi – **Repas** 120 (déj.), 175/330 – ⊆ 40
 – **17 ch** 120/330 – ½ P 280/350.

XX **La Cravache,** 60 r. Genève ℰ 50 41 69 61 – 🆖
 fermé 18 juil. au 15 août, sam. midi et mardi – **Repas** 148 (déj.), 192/320.

à *Echenevex* S : 4 km par D 984ᶜ – ✉ 01170 Gex :

🏨 **Aub. des Chasseurs** ≫, ℰ 50 41 54 07, Fax 50 41 90 61, ≤, 🍴, « Terrasse fleurie,
 jardin », ⌀, ✕ – 📺 ☎ 🅿 – 🏛 40. 🆎 🆖
 10 mars-15 nov. – **Repas** (fermé dim. soir sauf juil.-août et lundi) (prévenir) 120 (déj.),
 170/260, enf. 90 – ⊆ 55 – **15 ch** 400/600 – ½ P 480/550.

à *Chevry* S : 7 km par D 984c – ✉ 01170 :

XX **Aub. Gessienne,** ℰ 50 41 01 67, 🍴 – 🅿. 🆖
 fermé lundi midi et dim. – **Repas** 90/350.

FORD Gar. Piron, Le Martinet Cessy ℰ 50 41 50 94
MAZDA Gar. Dago, Le Martinet Cessy
ℰ 50 41 55 52
RENAULT G.M.G. Automobiles, RN 5 à Cessy
ℰ 50 41 55 17 🅽 ℰ 05 05 15 15

ROVER-VOLVO TOYOTA à Sauverny
ℰ 50 41 18 14
Gar. Modernes Husson, Les Vertes Campagnes
ℰ 50 41 54 24

Visitez la capitale avec le guide Vert Michelin **PARIS.**

GIAT 63620 P.-de-D. **73** ⑫ – 1 049 h alt. 779.

Paris 406 – Aubusson 36 – ♦Clermont-Ferrand 63 – Le Mont-Dore 46 – Montluçon 72 – Ussel 42.

🛪 **Commerce,** ℰ 73 21 72 38, Fax 73 21 79 00, 🚗 – **ℙ** 🖭 ⓪ ☎
    fermé 5 au 20 oct. – **Repas** *(fermé lundi hors sais.)* (prévenir) 65 (déj.), 90/160 ₰ – ☲ 30 –
    12 ch 150/250 – ½ P 180/220.

CITROEN Gar. Simonnet, ℰ 73 21 72 86 🛚   RENAULT Gar. Richin, ℰ 73 21 72 16 🛚
ℰ 73 21 74 96   ℰ 73 21 72 16

GIEN 45500 Loiret **65** ② G. Châteaux de la Loire – 16 477 h alt. 161.

Voir Château★ : musée de la Chasse★★ Z **M** – Pont ≼★ Z.

🚹 Office de Tourisme, Centre Anne-de-Beaujeu ℰ 38 67 25 28, Fax 38 38 23 16.

Paris 153 ① – ♦Orléans 68 ④ – Auxerre 85 ② – Bourges 78 ③ – Cosne-sur-Loire 41 ② – Vierzon 74 ③.

GIEN

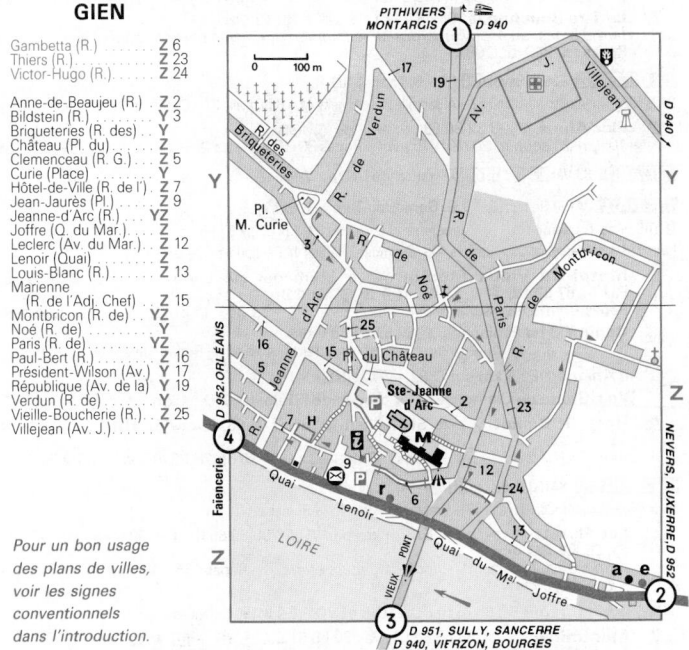

Gambetta (R.)	**Z** 6
Thiers (R.)	**Z** 23
Victor-Hugo (R.)	**Z** 24
Anne-de-Beaujeu (R.)	**Z** 2
Bildstein (R.)	**Y** 3
Briqueteries (R. des)	**Y**
Château (Pl. du)	**Z**
Clemenceau (R. G.)	**Z** 5
Curie (Place)	**Y**
Hôtel-de-Ville (R. de l')	**Z** 7
Jean-Jaurès (Pl.)	**Z** 9
Jeanne-d'Arc (R.)	**YZ**
Joffre (Q. du Mar.)	**Z**
Leclerc (Av. du Mar.)	**Z** 12
Lenoir (Quai)	**Z**
Louis-Blanc (R.)	**Z** 13
Marienne (R. de l'Adj. Chef)	**Z** 15
Montbricon (R. de)	**YZ**
Noé (R. de)	**Y**
Paris (R. de)	**YZ**
Paul-Bert (R.)	**Z** 16
Président-Wilson (Av.)	**Y** 17
République (Av. de la)	**Y** 19
Verdun (R. de)	**Y**
Vieille-Boucherie (R.)	**Z** 25
Villejean (Av. J.)	**Y**

*Pour un bon usage
des plans de villes,
voir les signes
conventionnels
dans l'introduction.*

🏡 ❀ **Rivage,** 1 quai Nice ℰ 38 37 79 00, Fax 38 38 10 21, ≼ – ⇄ ch, 🗏 rest 🖭 ☎ **ℙ**. 🖭 ⓪
    ☎ 🗚🖸🖥   Z **a**
    Repas *(fermé 11 fév. au 6 mars et dim. soir du 5 nov. au 12 mars)* 135/380 et carte 230 à 400
    – ☲ 45 – **16 ch** 295/500, 3 appart
    Spéc. Sandre rôti, miroir au sancerre rouge (saison). Pied de cochon farci, champignons et jus de truffes. "Paris-Gien"
    aux framboises rôties, glace praliné (saison). **Vins** Quincy, Sancerre.

🏠 **Axotel** 🖩 sans rest, r. Bosserie N : 3 km par ① ℰ 38 67 11 99, Fax 38 38 16 61, 🎿 –
    ⇄ ch 🗏 🖭 ☎ ₠ **ℙ** – 🔬 35. 🖭 ☎
    ☲ 45 – **48 ch** 280/330.

🏠 **Anne de Beaujeu** 🖩 sans rest, 10 rte Bourges par ③ ℰ 38 67 12 42, Fax 38 38 27 29 – 🛗
    ⇄ ch 🖭 ☎ ₠ **ℙ** – 🔬 30. 🖭 ⓪ ☎
    ☲ 40 – **30 ch** 260/310.

🏠 **Sanotel,** 21 quai Sully par ③ ℰ 38 67 61 46, Fax 38 67 13 01, ≼, 🚗 – 🛗 ⇄ ch 🖭 ☎ ₠
◆ **ℙ** – 🔬 60. ☎
    Repas *(fermé mardi)* 70 ₰ – ☲ 42 – **60 ch** 270/320.

🍴🍴 **La Poularde** avec ch, 13 quai Nice ℰ 38 67 36 05, Fax 38 38 18 78 – 🗏 rest 🖭 ☎. 🖭 ⓪
    ☎   Z **e**
    fermé 2 au 15 janv., lundi (sauf hôtel) du 1er nov. au 31 janv. et dim. soir – **Repas** 85/228, enf.
    54 – ☲ 35 – **9 ch** 230/290 – ½ P 250/300.

🍴🍴 **Côté Jardin,** 14 rte Bourges par ③ ℰ 38 38 24 67 – ☎
    fermé vacances de fév., sam. midi et dim. soir de nov. à fév. – **Repas** (prévenir) 95/180.

507

✗ **Loire,** 18 quai Lenoir ℰ 38 67 00 75 – GB   Z **r**
fermé 1ᵉʳ au 15 sept., 8 au 28 fév., mardi soir et merc. – **Repas** 82/175.

CITROEN S.A.G.V.R.A., rte de Bourges à Poilly-lez-
Gien par ③ ℰ 38 67 30 82
PEUGEOT S.A.G., rte de Bourges à Poilly-lez-Gien
par ③ ℰ 38 67 35 43 🅽 ℰ 05 44 24 24

RENAULT Gar. Prieur, 100 r. G.-Clémenceau par ④
ℰ 38 67 15 32

🅾 Euromaster, r. J.-César ℰ 38 67 42 08

GIENS 83 Var 🎟️ ⑯ 🎟️ ⑯ **G. Côte d'Azur** – alt. 54 – ✉ **83400** Hyères.

Voir Ruines du château ⁕★★ X.

Paris 863 – ♦Toulon 26 – Carqueiranne 11 – Draguignan 88 – Hyères 11.

Voir plan de Giens à Hyères.

🏩 **Le Provençal,** ℰ 94 58 20 09, Fax 94 58 95 44, ≤, 🍽️, « Parc ombragé et fleuri en
terrasses », 🔁, 🐴, ✗ – 📶 📺 ☎ 🅿 – 🔬 40 à 70. 🔺 🕕 GB ⋇ rest   X **s**
8 avril-25 oct. – **Repas** 130/210, enf. 65 – ⊏ 65 – **41 ch** 330/640 – ½ P 470/610.

✗✗ **Le Tire Bouchon,** ℰ 94 58 24 61, ≤, 🍽️ – 🔲. 🔺 GB   X **a**
fermé 5 déc. au 4 janv., mardi sauf le midi de sept. à juin et merc. sauf le soir en juil.-août –
Repas 130/240, enf. 60.

La GIETTAZ 73590 Savoie 🎟️ ⑦ – 506 h alt. 1 100.

Paris 592 – Chamonix-Mt-Blanc 52 – Albertville 28 – Annecy 44 – Bonneville 37 – Chambéry 79 – Flumet 7 – Megève 17.

🏠 **Flor'Alpes,** ℰ 79 32 90 88, ≤, 🍽️ – ☎ 🅿. GB
10 juin-20 sept. et 20 déc.-15 avril – **Repas** 90/130 🍷 – ⊏ 25 – **11 ch** 175/235 – ½ P 185/200.

GIGARO 83 Var 🎟️ ⑰, 🎟️ ㉟ – rattaché à La Croix-Valmer.

GIGNAC 34150 Hérault 🎟️ ⑥ **G. Gorges du Tarn** – 3 652 h alt. 53.

🅱 Office de Tourisme pl. Gén.-Claparède ℰ 67 57 58 83, Fax 67 57 67 95.

Paris 738 – ♦Montpellier 29 – Béziers 49 – Clermont-l'Hérault 11,5 – Lodève 30 – Sète 45.

🏠 **Motel du Vieux Moulin** 🍽️, à 1 km par rte Lodève et VO ℰ 67 57 57 95,
Fax 67 57 69 19, 🍽️, 🔁, 🐴 – 📺 ☎ 🅿. 🔺 GB
Repas *(fermé fév., sam. midi et lundi)* 89/179 🍷 – ⊏ 34 – **11 ch** 225/255 – ½ P 235/255.

✗✗ **Capion,** 3 bd Esplanade ℰ 67 57 50 83 – GB
fermé vacances de fév., dim. soir et lundi sauf juil.-août – **Repas** 130/280.

à Aniane NE : 5 km sur D 32 – ✉ **34150** :

Voir Grotte de Clamouse★★ et gorges de l'Hérault★ NO : 4 km.

🏩 **Host. St Benoit** 🍽️, rte St-Guilhem ℰ 67 57 71 63, Fax 67 57 47 10, 🍽️, 🔁 – ☎ 🅿 –
🔬 30. GB
fermé 20 déc. au 14 fév. – **Repas** 99/168 – ⊏ 37 – **30 ch** 260/310 – ½ P 250/275.

GIGONDAS 84190 Vaucluse 🎟️ ② – 612 h alt. 400.

Paris 666 – Avignon 36 – Nyons 30 – Orange 20 – Vaison-la-Romaine 14.

✗✗ **Les Florets** 🍽️ avec ch, E : 1,5 km par VO ℰ 90 65 85 01, Fax 90 65 83 80, 🍽️, 🐴 – ☎
🅿 🔺 🕕 GB JCB
fermé janv., fév., mardi soir d'oct. à mars et merc. – **Repas** 155/210 – ⊏ 47 – **15 ch** 350/410
– ½ P 350/390.

à Montmirail S : 6 km par D 7, D 8 et VO – ✉ **84190** Gigondas :

🏩 **Montmirail** 🍽️, ℰ 90 65 84 01, Fax 90 65 81 50, 🔁, 🐴 – 📺 ☎ 🅿. GB
5 avril-2 nov. – **Repas** 140 *(déj.)*, 160/220 – ⊏ 50 – **46 ch** 400/450 – ½ P 420/450.

GILETTE 06830 Alpes-Mar. 🎟️ ⑳ **G. Côte d'Azur** – 1 024 h alt. 478 – **Voir** ≤★ des ruines du château.

Paris 876 – Antibes 43 – ♦Nice 35 – St-Martin-Vésubie 44.

à Vescous par rte de Rosquesteron (D 17) : 9 km – ✉ **06830** Gilette :

✗ **La Capeline,** ℰ 93 08 58 06, 🍽️ – 🅿. GB
fermé le soir de sept. à juin et lundi – **Repas** 90 *(déj.)*, 120/150, enf. 30.

GILLY-LES-CÎTEAUX 21 Côte-d'Or 🎟️ ⑳ – rattaché à Vougeot.

GIMBELHOF 67 B.-Rhin 🎟️ ⑲ – rattaché à Lembach.

GIMONT 32200 Gers 🎟️ ⑥ **G. Pyrénées Aquitaine** – 2 819 h alt. 154.

🔟 Las Martines ℰ 62 07 27 12, E par N 124 : 23 km.

🅱 Syndicat d'Initiative, 83 rte Nationale ℰ 62 67 77 87.

Paris 717 – Auch 24 – Agen 90 – Castelsarrasin 57 – Montauban 68 – St-Gaudens 73 – ♦Toulouse 55.

🏩🏩 **Château Larroque** 🍽️, rte Toulouse ℰ 62 67 77 44, Fax 62 67 88 90, ≤, 🍽️, « Parc »,
🔁, ✗ – 📺 ☎ 🅿 – 🔬 150. 🔺 🕕 GB. ⋇ rest
fermé janv., dim. soir et lundi d'oct. à avril – **Repas** 180 bc/290 – ⊏ 65 – **14 ch** 480/800 –
½ P 580/800.

🏩 **Coin du Feu** 🅼, bd Nord ℰ 62 67 71 56, Fax 62 67 88 28, 🔁, 🐴 – 📺 ☎ 🕭 🅿 – 🔬 120. GB
Repas 75/250 – ⊏ 40 – **28 ch** 195/220 – ½ P 280.

GINASSERVIS 83560 Var 🟤④ 🟤⑤ – 911 h alt. 450.

Paris 787 – Digne-les-Bains 75 – Aix-en-Provence 52 – Brignoles 56 – Draguignan 65 – Manosque 22.

 🏨 **Le Bastier** ⤢, O : 2 km par rte St-Paul ✆ 94 80 11 78, Fax 94 80 13 12, ≤, 🍽, parc, ⽔,
    🍴 – 📺 ☎ & ♿ – ⛛ 80 à 500. 🆎 ⚏
    Repas 220/350 – ⏣ 60 – **27 ch** 450 – ½ P 550.

GINCLA 11140 Aude 🟤⑰ – 49 h alt. 595.

Paris 846 – Foix 85 – ♦Perpignan 65 – Carcassonne 75 – Quillan 23.

 🏨 **Grand Duc** ⤢, ✆ 68 20 55 02, Fax 68 20 61 22, 🍽 – 📺 ☎ ♿. ⚏
    30 mars-15 nov. – **Repas** *(fermé merc. midi sauf juil.-août)* 100/250 ⅃, enf. 46 – ⏣ 36 – **10 ch**
    220/300 – ½ P 255/284.

GIROMAGNY 90200 Ter.-de-Belf. 🟤⑧ **G. Jura** – 3 226 h alt. 476.

🛈 Office de Tourisme Parc du Paradis des Loups ✆ 84 29 09 00.

Paris 412 – Épinal 81 – ♦Mulhouse 45 – Belfort 12 – Lure 30 – Masevaux 21 – Thann 33 – Le Thillot 32.

 ❌❌ **Saut de la Truite** ⤢ avec ch, rte Ballon d'Alsace N : 7 km par D 465 - alt. 701
    ✆ 84 29 32 64, Fax 84 29 57 42, ≤, « Frais jardin dans le vallon » – 📺 ☎ 🚐 ♿. 🆎 🌐
    ⚏
    fermé 1ᵉʳ déc. au 1ᵉʳ fév. et vend. – **Repas** 90/175 ⅃ – ⏣ 33 – **7 ch** 190/240 – ½ P 260.

 ❌❌ **Le Vieux Relais**, à Auxelles-Bas O : 4 km par D 12 ✆ 84 29 31 80, Fax 84 29 56 13 – ⚏
    fermé 15 au 30 juil., 26 fév. au 3 mars, sam. midi, dim. soir et lundi – **Repas** 85 *(déj.)*, 125/250,
    enf. 45.

GIROUSSENS 81 Tarn 🟤⑨ – rattaché à Lavaur.

GISORS 27140 Eure 🟤⑧ ⑨ **G. Normandie Vallée de la Seine** – 9 481 h alt. 58.

Voir Château fort★★ – Église St-Gervais et St-Protais★.

🛈 Office de Tourisme pl. Carmélites ✆ 32 27 30 14.

Paris 72 – ♦Rouen 57 – Beauvais 33 – Évreux 37 – Mantes-la-Jolie 40 – Pontoise 36.

 ❌❌❌ **La Halte Henri II**, 25 rte Dieppe ✆ 32 27 37 37, Fax 32 55 79 19 – ⚏
    fermé 17 juil. au 7 août, dim. soir et lundi – **Repas** 195 bc/260, enf. 80.

 ❌❌ **Le Cappeville**, 17 r. Cappeville ✆ 32 55 11 08, Fax 32 55 93 92 – 🆎 ⚏
    fermé 20 août au 10 sept., 5 au 22 janv., mardi soir et merc. – **Repas** 100/240, enf. 60.

 ❌❌ **Host. des 3 Poissons**, 13 r. Cappeville ✆ 32 55 01 09 – ⚏
 ✦ *fermé 6 au 30 juin, lundi soir et mardi* – **Repas** 78/160 ⅃.

  à Bazincourt-sur-Epte N : 6 km par D 14 – ✉ 27140 :

 🏨 **Château de la Rapée** ⤢, O : 2 km par VO ✆ 32 55 11 61, Fax 32 55 95 65, ≤, « Parc » –
    ☎ ♿ – ⛛ 30. 🆎 🌐 ⚏. 🍴
    fermé 15 janv. au 15 fév. – **Repas** *(fermé 16 au 31 août, 15 janv. au 15 fév. et merc.)* 155/215 –
    ⏣ 50 – **12 ch** 400/500 – ½ P 350/450.

  à St-Denis-le-Ferment NO : 12 km par D 14 et VO alt. 65 – ✉ 27140 :

 ❌❌ **Auberge de l'Atelier**, ✆ 32 55 24 00, 🍽 – ♿. ⚏
    fermé 15 au 31 juil., dim. soir et lundi sauf fériés – **Repas** 110/215.

CITROEN SAGA, r. de la Libération ✆ 32 27 04 00   RENAULT Gar. Lemoine, 2 r. de Dieppe
🆕 ✆ 32 27 04 00   ✆ 32 55 22 29 🆕 ✆ 05 05 15 15
PEUGEOT S.C.A.G., Trie-Château (Oise)
✆ 44 49 75 11   Ⓦ Berry-Pneus, 34 fg Cappeville ✆ 32 55 27 64
RENAULT Gar. Dumorlet, 38 rte de Dieppe   Marsat Pneus, 4 r. Pré-Nattier ✆ 32 55 17 51
✆ 32 55 22 56

GIVERNY 27620 Eure 🟤⑱ **G. Normandie Vallée de la Seine** – 548 h alt. 18.

Voir Maison de Claude Monet★ – Musée américain★.

Paris 76 – ♦Rouen 66 – Beauvais 67 – Évreux 35 – Mantes-la-Jolie 19.

 ❌❌❌ **Les Jardins de Giverny**, D 5 ✆ 32 21 60 80, Fax 32 51 93 77, 🍽, parc – ♿. 🆎 ⚏
    fermé 1ᵉʳ au 10 nov., fév. et lundi – **Repas** 130/250 et carte 240 à 330.

GIVET 08600 Ardennes 🟤⑨ **G. Champagne** – 7 775 h alt. 103.

Voir ≤★ du fort de Charlemont.

🛈 Office de Tourisme, pl. de la Tour ✆ 24 42 03 54.

Paris 261 – Charleville-Mézières 56 – Fumay 23 – Rocroi 41.

 🏨 **Val St-Hilaire** Ⓜ sans rest, 7 quai des Fours ✆ 24 42 38 50, Fax 24 42 07 36 – ⍃⍄ ch 📺
    ☎ & ♿ – ⛛ 25. ⚏
    fermé 20 déc. au 5 janv. et dim. soir du 5 janv. au 15 mars – ⏣ 40 – **20 ch** 280/330.

 🏨 **Roosevelt** sans rest, 78 av. Roosevelt ✆ 24 42 14 14, Fax 24 42 15 15 – 📺 ☎ & ♿ ⚏
    ⏣ 40 – **21 ch** 260/290.

CITROEN Gar. de la Gare, ✆ 24 42 03 81 🆕   V.A.G Gar. Henocq, ✆ 24 42 04 53
✆ 24 42 08 74
RENAULT Gar. Franco Belge, 23 av. Roosevelt
✆ 24 42 01 85 🆕 ✆ 24 42 08 74

509

GIVORS 69700 Rhône 74 ⑪ G. Vallée du Rhône – 19 777 h alt. 161.

Paris 483 – ♦Lyon 23 – Rive-de-Gier 15 – Vienne 12.

à Loire-sur-Rhône : 5 km par N 86, rte de Condrieu – ✉ 69700 :

XX **Camerano,** ✆ 78 07 96 36, 余 – ⓓ GB
fermé 7 au 20 août et dim. soir – **Repas** 95/250.

PEUGEOT Gar. Moret, 31 r. de Dobëln, les Vernes ✆ 78 73 01 69
RENAULT Givors autom., 42 r. J.-Ligonnet ✆ 78 73 09 80
Comptoir du Pneu, 16 r. M.-Cachin ✆ 78 73 15 13

GIVRY 71640 S.-et-L. 69 ⑨ G. Bourgogne – 3 340 h alt. 220.

Paris 343 – Chalon-sur-Saône 9 – Autun 47 – Chagny 13 – Mâcon 65 – Montceau-les-Mines 37.

X **Halle** avec ch, pl. Halle ✆ 85 44 32 45, Fax 85 44 49 45 – ☎. AE ⓓ GB
fermé 15 nov. au 6 déc., dim. soir et lundi – **Repas** 90/205 – ☐ 25 – **10 ch** 220/250 – ½ P 280.

GLANDELLES 77 S.-et-M. 61 ⑫ – rattaché à Nemours.

GLUGES 46 Lot 75 ⑱ ⑲ – rattaché à Martel.

GLUIRAS 07190 Ardèche 76 ⑲ – 378 h alt. 803.

Paris 611 – Valence 50 – Le Cheylard 21 – Lamastre 42 – Privas 34.

XX **Relais de Sully,** pl. Centrale ✆ 75 66 63 41 – GB
fermé 15 janv. au 15 fév., dim. soir et lundi – **Repas** 90/190 ♁.

Le GOLFE-JUAN 06 Alpes-Mar. 84 ⑨ 115 ㉟ ㊴ G. Côte d'Azur – ✉ 06220 Vallauris.

Office de Tourisme 84 av. Liberté ✆ 93 63 73 12, Fax 93 63 95 01.

Paris 911 – Cannes 5 – Antibes 4,5 – Grasse 20 – ♦Nice 28.

Beausoleil M ⑤, impasse Beau-Soleil par N 7 ✆ 93 63 63 63, Fax 93 63 02 89, 余, ⛱ – |‡| ▤ TV ☎ ⇔. GB. ✻
26 mars-15 oct. – **Repas** *(fermé merc. midi)* 98/135, enf. 45 – ☐ 38 – **30 ch** 560 – ½ P 380/415.

Lauvert ⑤ sans rest, impasse des Hameaux de Beau-soleil par N 7 ✆ 93 63 46 06, ⛱, ✻ – |‡| cuisinette TV ☎ P. GB
1er fév.-15 oct. – ☐ 28 – **28 ch** 430.

Palm H., 17 av. Palmeraie ✆ 93 63 72 24, Fax 93 63 18 45, 余, 余 – TV ☎ P. AE GB. ✻ rest
Repas *(fermé nov.)* 90/160, enf. 45 – ☐ 32 – **25 ch** 350/400 – ½ P 320/380.

XX ✿ **Tétou,** à la plage ✆ 93 63 71 16, ≤, ▲ – ▤ P
fermé 30 oct. au 20 déc., 15 fév. au 15 mars, le soir du 20 déc. au 15 fév. et merc. – **Repas** - produits de la mer - carte 430 à 660
Spéc. Bouillabaisse. Langouste grillée. Poissons. Vins Bandol, Bellet.

XX **Nounou,** à la plage ✆ 93 63 71 73, Fax 93 63 46 91, ≤, 余, ▲ – P. AE ⓓ
fermé 12 nov. au 25 déc., dim. soir de sept. à juin et lundi sauf le soir en juil.-août – **Repas** (déj. seul. de nov. à mars) 165/220.

XX **Bistrot du Port,** au port ✆ 93 63 70 64 – ▤. GB. ✻
fermé 20 nov. au 20 déc. et lundi sauf juil.-août – **Repas** 100 (déj.), 165/250.

GOMETZ-LE-CHATEL 91940 Essonne 60 ⑩ 106 ㉚ 101 ㉝ – 1 763 h alt. 86.

Paris 32 – Chartres 66 – Évry 30 – Rambouillet 24.

XX **La Mancelière,** 83 rte Chartres ✆ (1) 60 12 30 10, Fax (1) 60 12 53 10 – AE GB. ✻
fermé 17 au 24 avril, 7 au 22 août, sam. midi et dim. – **Repas** 150.

GONFREVILLE L'ORCHER 76 S.-Mar. 52 ⑪ – rattaché au Havre.

GORDES 84220 Vaucluse 81 ⑬ G. Provence – 2 031 h alt. 373.

Voir Site★ – Château : cheminée★, musée Vasarely★ – Village des Bories★ SO : 2 km par D 15 puis 15 mn – Abbaye de Sénanque★★ NO : 4 km – Pressoir★ dans le musée des Moulins à huile S : 5 km.

Office de Tourisme pl. Château ✆ 90 72 02 75.

Paris 715 – Apt 21 – Avignon 35 – Carpentras 25 – Cavaillon 16 – Sault 35.

Les Bories M ⑤, rte Vénasque : 2 km ✆ 90 72 00 51, Fax 90 72 01 22, ≤ le Luberon, 余, parc, ⛱, ⛱, ✻ – |‡| ▤ ch TV ☎ ♿ P. AE ⓓ GB
15 fév.-30 nov. et fermé lundi midi – **Repas** (prévenir) 150 (déj.), 170/350 – ☐ 75 – **18 ch** 850/1650 – ½ P 575/1100.

Bastide de Gordes M ⑤ sans rest, ✆ 90 72 12 12, Fax 90 72 05 20, ≤ le Luberon, ♞, ⛱ – |‡| ▤ TV ☎ ♿ P. AE GB
18 mars-5 nov. – ☐ 75 – **18 ch** 700/1150.

🏩 **Le Gordos** Ⓜ 🦢 sans rest, rte Cavaillon : 1,5 km 𝒫 90 72 00 75, Fax 90 72 07 00, 🖭, ☞ – 📺 ☎ 🅟. ⒶⒺ ☞ – 🖭 55 – **19 ch** 540/800.
18 mars-5 nov. – 🖭 55 – **19 ch** 540/800.

🏩 **Les Romarins** Ⓜ 🦢 sans rest, rte Sénanque 𝒫 90 72 12 13, Fax 90 72 13 13, ≤, 🖭 – 📺 ☎ 🕭 🅟. ⒶⒺ ☞. ✀
fermé 15 janv. au 15 fév. – 🖭 50 – **10 ch** 500/670.

🏩 **Gacholle** 🦢, rte Murs par D 15 : 1,5 km 𝒫 90 72 01 36, Fax 90 72 01 81, ≤, 🍴, 🖭, ☞, ✀ – 📺 ☎ 🅟. ☞. ✀ rest
15 mars-15 nov. – **Repas** 160/340 – 🖭 58 – **12 ch** 520/750 – ½ P 520/570.

✗ **Comptoir du Victuailler**, pl. Château 𝒫 90 72 01 31, 🍴, bistrot – ☞
fermé 15 nov. au 15 déc., 15 janv. au 15 mars, merc. sauf juil.-août et mardi soir – **Repas** (prévenir) 165 (déj.) et dîner à la carte 250 à 350.

par D 2 E : rte d'Apt – ✉ 84220 Gordes :

🏚 **Ferme de la Huppe** 🦢, à 5 km 𝒫 90 72 12 25, Fax 90 72 01 83, 🍴, « Ancienne ferme provençale du 18ᵉ siècle », 🖭 – 📺 ☎ 🅟. ☞. ✀
1ᵉʳ avril-2 nov. – **Repas** *(fermé jeudi soir)* (dîner seul. en semaine) (prévenir) 145/200, enf. 110 – 🖭 25 – **8 ch** 400/500 – ½ P 340/390.

🏚 **Aub. de Carcarille** 🦢, à 4 km 𝒫 90 72 02 63, Fax 90 72 05 74, 🍴, 🖭, ☞ – 📺 ☎ 🅟. ☞. ✀
fermé 15 nov. au 27 déc. – **Repas** *(fermé vend. sauf le soir d'avril à sept.)* 98/190, enf. 55 – 🖭 40 – **11 ch** 320/370 – ½ P 340/360.

✗ **Les Vordenses**, à 2,5 km 𝒫 90 72 10 12, Fax 90 72 11 63, 🍴 – 🅟. ⒶⒺ ⓞ ☞ ⒿⒸⒷ
fermé 1ᵉʳ déc. au 3 janv. et merc. – **Repas** 110/190, enf. 50.

rte des Imberts SO : 4 km par D 2 et D 103 – ✉ 84220 Gordes :

🍴🍴🍴 **Mas Tourteron**, 𝒫 90 72 00 16, Fax 90 72 09 81, 🍴, « Demeure provençale aménagée avec élégance » – 🅟 ⒶⒺ ☞
fermé 15 nov. au 27 déc., 10 janv. au 14 fév., dim. soir d'oct. à mars et lundi – **Repas** (nombre de couverts limité, prévenir) 130 (déj.), 280/360, enf. 100.

GORGES voir au nom propre des gorges.

GORRON 53120 Mayenne 59 ⑲ ⑳ – 2 837 h alt. 172.
Paris 265 – Alençon 74 – Domfront 29 – Fougères 32 – Laval 47 – Mayenne 22.

✗✗ **Bretagne** avec ch, 𝒫 43 08 63 67, Fax 43 08 01 15, ☞ – 🍽 rest 📺 ☎ 🅟 ⒶⒺ ☞
➡ *fermé vacances de fév.* – **Repas** *(fermé dim. soir et lundi)* 65/140, enf. 45 – 🖭 27 – **9 ch** 110/240 – ½ P 140/190.

GORZE 57680 Moselle 57 ⑬ G. Alsace Lorraine – 1 389 h alt. 240.
Paris 312 – ♦ Metz 18 – Jarny 21 – Pont-à-Mousson 21 – St-Mihiel 48 – Verdun 51.

✗✗ **Host. du Lion d'Or** avec ch, 𝒫 87 52 00 90, Fax 87 52 09 62, 🍴, ☞ – 📺 ☎ 🅟 – 🛝 25. ☞
fermé dim. soir et lundi – **Repas** 100/340 🍷 – 🖭 38 – **18 ch** 160/320 – ½ P 280/320.

GOSNAY 62 P.-de-C. 51 ⑭ – rattaché à Béthune.

GOUAREC 22570 C.-d'Armor 58 ⑱ – 1 026 h alt. 130.
Paris 474 – St-Brieuc 61 – Carhaix-Plouguer 30 – Guingamp 46 – Loudéac 36 – Pontivy 29.

✗✗ **Blavet** avec ch, 𝒫 96 24 90 03, Fax 96 24 84 85, ☞ – ☎ 🅟. ⒶⒺ ☞
➡ *fermé 18 au 25 déc., fév., dim. soir et lundi sauf juil.-août* – **Repas** 80/300 🍷, enf. 50 – 🖭 35 – **15 ch** 160/350 – ½ P 195/290.

CITROEN Gar. Darcel, 𝒫 96 24 91 49 🅽
𝒫 96 24 91 49

RENAULT Gar. Martin, 𝒫 96 24 90 28 🅽
𝒫 96 24 90 28

GOUESNACH 29950 Finistère 58 ⑮ – 1 769 h alt. 33.
Paris 558 – Quimper 13 – Bénodet 6 – Concarneau 23 – Pont-l'Abbé 16 – Rosporden 27.

🏚 **Aux Rives de l'Odet**, 𝒫 98 54 61 09, Fax 98 54 73 21, ☞ – 📺 ☎ 🅟. ☞
fermé 3 au 20 mars et lundi hors sais. – **Repas** 85/110, enf. 52 – 🖭 28 – **35 ch** 145/280 – ½ P 178/245.

Participez à notre effort permanent
de mise à jour

Adressez-nous vos remarques
et vos suggestions.

Cartes et guides Michelin

46 avenue de Breteuil - 75324 Paris Cedex 07

La GOUESNIÈRE 35350 I.-et-V. 🔢 ⑥ – 942 h alt. 22.

Paris 408 – St-Malo 13 – Dinan 24 – Dol-de-Bretagne 12 – Lamballe 57 – ◆Rennes 61 – St-Cast 37.

🏨 ❀ **H. Tirel-Guérin**, à la Gare N : 1,5 km D 76 🖋 99 89 10 46, Fax 99 89 12 62, 🏊, 🔲, 🐎, ✻ – 🔲 rest 🔟 ☎ ७ 🅿 – 🔬 100. 🖭 ⓪ 🇬🇧
    fermé mi-déc. à mi-janv. – **Repas** *(fermé dim. soir hors sais.)* (dim. et fêtes prévenir) 120/230 et carte 210 à 310 – 🖵 40 – **60 ch** 380/400, 3 studios – ½ P 310/450
    Spéc. Poêlée de Saint-Jacques et langoustines (mi-oct. à mi-avril). Homard breton braisé "Jean-Luc". Pigeonneau aux poivres vanillés.

GOUJOUNAC 46250 Lot 🔢 ⑦ G. Périgord Quercy – 174 h alt. 231.

Paris 580 – Cahors 27 – Gourdon 30 – Villeneuve-sur-Lot 51.

🍴 **Host. de Goujounac** avec ch, 🖋 65 36 68 67, Fax 65 36 60 54, 🏡 – 🔟 ☎. 🇬🇧
◆   *fermé 2 au 28 oct., vacances de fév., lundi sauf le midi de juil. à oct. et dim. soir* – **Repas** 65/220 ♣ – 🖵 30 – **7 ch** 200/250 – ½ P 210/250.

GOULT 84220 Vaucluse 🔢 ⑬ 🔢 ① – 1 281 h alt. 256.

Paris 715 – Apt 13 – Avignon 38 – Carpentras 36 – Cavaillon 19.

🍴🍴 **Aub. La Bartavelle**, 🖋 90 72 33 72, 🏡, « Salle voûtée » – 🖭 ⓪ 🇬🇧
    fermé 15 nov. au 15 fév., jeudi midi et merc. sauf juil.-août – **Repas** 110/150, enf. 60.

GOUMOIS 25470 Doubs 🔢 ⑱ – 136 h alt. 490.

Voir Corniche de Goumois★★, G. Jura.

Paris 512 – ◆Besançon 92 – Bienne 147 – Montbéliard 53 – Morteau 47.

🏨 ❀ **Taillard** ⟩, alt. 605 🖋 81 44 20 75, Fax 81 44 26 15, ≤, 🏡, 🏊, 🐎 – 🔟 ☎ 🅿. 🖭 ⓪ 🇬🇧
    1er mars-début nov. et fermé merc. sauf de mai à sept. – **Repas** 135/370 et carte 220 à 310, enf. 70 – 🖵 50 – **12 ch** 275/385, 5 appart – ½ P 355/400
    Spéc. Escalope de foie gras poêlée au miel et griottines. Soupière de morilles en feuilletage. Volaille de Bresse farcie au comté et ses "gaudes". **Vins** Arbois blanc, Côtes du Jura.

🏨 **Moulin du Plain** ⟩, N : 5 km par VO 🖋 81 44 41 99, Fax 81 44 45 70, ≤ – ☎ 🅿. 🇬🇧
    1er mars-30 oct. et fermé dim. soir et lundi en oct. – **Repas** 94/194 ♣, enf. 60 – 🖵 34 – **22 ch** 204/280 – ½ P 220/236.

GOUPILLIÈRES 14 Calvados 🔢 ⑪ – rattaché à Thury-Harcourt.

GOURDON ‹𝕊𝕡› 46300 Lot 🔢 ⑱ G. Périgord Quercy (plan) – 4 851 h alt. 256.

Voir Rue du Majou★ – Cuve baptismale★ dans l'église des Cordeliers – Esplanade ✻★ – Grottes de Cougnac★ NO : 3 km.

🇧 Office de Tourisme r. du Majou 🖋 65 41 06 40, Fax 65 41 44 74.

Paris 549 – Cahors 44 – Sarlat-la-Canéda 26 – Bergerac 90 – Brive-la-Gaillarde 64 – Figeac 64 – Périgueux 92.

🏨 **Domaine du Berthiol** 🅼 ⟩, E : 1 km par D 704 🖋 65 41 33 33, Fax 65 41 14 52, ≤, 🏡, parc, 🏊, ✻ – 📶 🔲 rest 🔟 ☎ ७ 🅿 – 🔬 25. 🖭 🇬🇧. ✻ ch
    1er avril-31 oct. – **Repas** *(fermé jeudi midi)* 100/250 – 🖵 55 – **29 ch** 290/420 – ½ P 380.

🏨 **Host. de la Bouriane** ⟩, pl. Foirail 🖋 65 41 16 37, Fax 65 41 04 92, 🐎 – 📶 🔲 rest 🔟 ☎
◆   *fermé 15 janv. au 5 mars, lundi sauf le soir du 15 mai au 1er oct. et dim. soir* – **Repas** 80/260, enf. 58 – 🖵 40 – **20 ch** 265/360 – ½ P 330/350.

🏨 **Bissonnier La Bonne Auberge,** bd Martyrs 🖋 65 41 02 48, Fax 65 41 44 67 – 📶 🔟 ☎
◆   🅿. 🖭 🇬🇧. ✻ ch
    fermé déc. – **Repas** 80/250 – 🖵 36 – **26 ch** 250/380 – ½ P 300/380.

CITROEN Espace Autos, rte de Cahors   🕧 Garrigue Vulcopneu, rte de Salviac 🖋 65 41 00 71
🖋 65 41 12 03
RENAULT S.A.B.A.G., rte du Vigan 🖋 65 41 10 24
🆖 🖋 65 41 09 09

GOURETTE 64 Pyr.-Atl. 🔢 ⑰ G. Pyrénées Aquitaine – alt. 1 400 – Sports d'hiver : 1 400/2 400 m ⚡2 ⚡24 – ⬚ 64440 Eaux Bonnes.

Voir Site★ – Col d'Aubisque ✻★★ N : 4 km.

🇧 Office de Tourisme pl. Sarrière 🖋 59 05 12 17, Fax 59 05 12 56 et à Eaux-Bonnes 🖋 59 05 33 08.

Paris 825 – Pau 51 – Argelès-Gazost 34 – Eaux-Bonnes 8 – Laruns 14 – Lourdes 46.

🏨 **Boule de Neige** ⟩, 🖋 59 05 10 05, Fax 59 05 11 81, ≤ – ✻ ch 🔟 ☎. 🇬🇧. ✻
◆   *hôtel : 10 juil.-10 sept. et 20 déc.-vacances de printemps ; rest : 20 déc.-vacances de printemps* – **Repas** 75/95, enf. 45 – 🖵 37 – **20 ch** 310/350 – ½ P 320/330.

🏨 **Pene Blanque,** 🖋 59 05 11 29, Fax 59 05 10 85, ≤, 🏡, 🏊 – 🔟 ☎ 🅿. 🖭 🇬🇧. ✻ rest
◆   *juil.-août et 20 déc.-Pâques* – **Repas** 80/190, enf. 55 – 🖵 38 – **24 ch** 260/380 – ½ P 270/350.

Paris 96 ③ – ♦ Rouen 50 ⑤ – Amiens 78 ① – Les Andelys 37 ④ – Beauvais 32 ② – Dieppe 75 ⑦ – Gisors 25 ③.

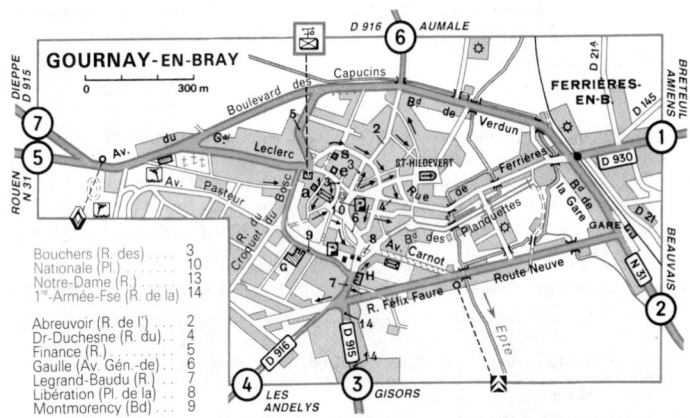

Bouchers (R. des) 3
Nationale (Pl.) 10
Notre-Dame (R.) 13
1ᵉʳ-Armée-Fse (R. de la) 14

Abreuvoir (R. de l') 2
Dr-Duchesne (R. du) .. 4
Finance (R.) 5
Gaulle (Av. Gén.-de) .. 6
Legrand-Baudu (R.) .. 7
Libération (Pl. de la) .. 8
Montmorency (Bd) ... 9

🏢 **Le Cygne** sans rest, 20 r. Notre Dame **(e)** 🖉 35 90 27 80, Fax 35 90 59 00 – 📶 ⇔ ch 📺
🕿 🅿 ⅿ ⓞ GB ᴊᴄʙ
☲ 32 – **30 ch** 260/330.

✗ **Trou des Halles**, 10 r. Halle **(a)** 🖉 35 90 62 32 – GB
fermé 1ᵉʳ au 15 août, 1ᵉʳ au 15 fév., jeudi soir, dim. soir et lundi – **Repas** 98/145.

✗ **Aux Trois Maillets**, 6 r. Barbacane **(s)** 🖉 35 90 82 50, Fax 35 09 99 77 – ⅿ ⓞ GB
fermé 10 au 30 janv., sam. midi et dim. soir – **Repas** 130/235.

CITROEN Central Gar., 30 r. F.-Faure 🖉 35 90 00 75   ⓜ Mouquet Pneus - Point S, 7 r. Bouchers
RENAULT Gournay-Autos, av. Gén.-Leclerc   🖉 35 90 01 50
🖉 35 90 04 77 🗈 🖉 05 05 15 15

GOUZON 23230 Creuse 73 ① – 1 370 h alt. 378.

🇮🇷 de la Jonchère 🖉 55 62 23 05, N : 2 km par D 997 et D 7.

Paris 365 – Aubusson 29 – La Châtre 56 – Guéret 31 – Montluçon 34.

🏢 **Lion d'Or**, 🖉 55 62 28 54, Fax 55 62 21 63 – ⇔ ch 📺 🕿 ⇔, ⅿ GB. ❄ ch
→ *fermé 12 au 22 juin et dim. soir* – **Repas** 79/220 ⅃, enf. 40 – ☲ 40 – **12 ch** 180/280 – ½ P 280.

GRAMAT 46500 Lot 75 ⑲ G. Périgord Quercy – 3 526 h alt. 305.

🇧 Office de Tourisme pl. République (Pentecôte-sept.) 🖉 65 38 73 60.

Paris 541 – Cahors 53 – Brive-la-Gaillarde 56 – Figeac 35 – Gourdon 36 – St-Céré 21.

🏨 **Lion d'Or**, pl. République 🖉 65 38 73 18, Fax 65 38 84 50, 🏤 – 📶 🖃 rest 📺 🕿 ⅿ ⓞ
GB
fermé du 15 déc. au 15 janv. – **Repas** 100/300 – ☲ 45 – **15 ch** 260/420 – ½ P 360.

🏢 **Le Relais des Gourmands** Ⓜ, av. Gare 🖉 65 38 83 92, Fax 65 38 70 99, 🏤, ⅃, 🌳 – 📺
→ 🕿 🅿 GB
fermé dim. soir et lundi midi sauf juil.-août – **Repas** 80/220 ⅃, enf. 50 – ☲ 40 – **16 ch**
285/450 – ½ P 310/400.

🏠 **Host. du Causse**, SO : 1 km sur D 677 🖉 65 38 78 08, Fax 65 38 81 99, 🏤, ⅃, 🌳 – 📺
→ 🕿 🕭 🅿 GB
fermé 4 janv. au 31 mars – **Repas** 69/210, enf. 45 – ☲ 40 – **33 ch** 300/380 – ½ P 340/360.

🏠 **Centre**, pl. République 🖉 65 38 73 37, Fax 65 38 73 66 – 🖃 rest 📺 🕿 ⇔, ⅿ GB
→ *fermé au 26 nov., 16 au 26 fév. et sam. hors sais. sauf fêtes* – **Repas** 75/280 ⅃, enf. 40 –
☲ 35 – **14 ch** 230/320 – ½ P 300/320.

à Lavergne NE : 4 km par D 677 – ✉ 46500 :

✗ **Le Limargue**, 🖉 65 38 76 02 – 🅿 GB
→ *fermé mardi soir et merc. du 15 sept. au 15 juin* – **Repas** 50 (déj.), 68/165 ⅃, enf. 40.

rte de Brive 4,5 km par N 140 et VO – ⊠ **46500** Gramat :

🏯 **Château de Roumégouse** ♤, *⌀* 65 33 63 81, Fax 65 33 71 18, ≤ Causse de Gramat, 🌣, « Château du 19ᵉ siècle dans un parc », ♨ – 🆃🆅 ☎ 🅿 ᴬᴱ ⓞ GB
15 avril-1ᵉʳ nov. – **Repas** *(fermé lundi sauf juil.-août)* 100 (déj.), 180/320, enf. 95 – � 65 –
15 ch 450/1000 – ½ P 640/900.

RENAULT Gar. Barat, *⌀* 65 38 72 15 🅽   ⓦ Garrigue Vulcopneu, *⌀* 65 38 77 61
⌀ 65 38 72 15

Le GRAND-BORNAND 74450 H.-Savoie 🤖 ⑦ **G. Alpes du Nord** – 1 925 h alt. 950 – Sports d'hiver :
1 000/2 100 m ≼ 2 ≰ 38 ≵.

🛈 Office de Tourisme pl. Église *⌀* 50 02 20 33, Fax 50 02 31 01 et annexe du Chinaillon (saison) *⌀* 50 27 05 20.
Paris 578 – Annecy 32 – Chamonix-Mont-Blanc 78 – Albertville 46 – Bonneville 23 – Megève 35.

🏠 **Delta** 🅼 sans rest, L'Envers de Villeneuve *⌀* 50 02 26 25, Fax 50 02 32 71 – 🆃🆅 ☎ 🕭 🅿,
GB
1ᵉʳ juin-30 sept. et 1ᵉʳ déc.-30 avril – ⊐ 28 – **15 ch** 180/290.

🏠 **Les Glaïeuls,** au télécabine la Joyère *⌀* 50 02 20 23, Fax 50 02 25 00, ≤ – 🆃🆅 ☎ 🅿 GB.
🍴 rest
10 juin-20 sept. et 20 déc.-20 avril – **Repas** 83/225, enf. 54 – ⊐ 33 – **22 ch** 298/360 –
½ P 278/318.

🏠 **Croix St-Maurice,** *⌀* 50 02 20 05, Fax 50 02 35 37 – 🖃 ☎. GB
hôtel : *25 juin-10 sept. et 20 déc.-15 avril* ; rest. : *20 déc.-15 avril* – **Repas** 87/185 👶, enf. 47 –
⊐ 32 – **21 ch** 200/290 – ½ P 280/315.

🏠 **Les Écureuils,** au télécabine La Joyère *⌀* 50 02 20 11, Fax 50 02 39 47, ≤, 🌣 – ☎. GB
fin juin-20 sept. et vacances de Noël-vacances de printemps – **Repas** 89/120 👶, enf. 42 –
⊐ 30 – **20 ch** 210/320 – ½ P 279/307.

🏕 **Everest H.,** rte Chinaillon : 1 km *⌀* 50 02 20 35, ≤ – 🅿. 🍴 rest
20 juin-15 sept. et 20 déc.-vacances de printemps – **Repas** 80/95 – ⊐ 28 – **17 ch** 180/210 –
½ P 210.

au Chinaillon N : 5,5 km par D 4 – alt. 1 280 – ⊠ **74450** Le Grand-Bornand :

🏨 **Le Cortina,** *⌀* 50 27 00 22, Fax 50 27 06 31, ≤ montagnes et pistes, 🌣, ♨ – 🖃 🆃🆅 ☎ 🅿
GB
15 juin-15 sept. et Noël-vacances de printemps – **Repas** 90/260 – ⊐ 35 – **30 ch** 345 –
½ P 280/360.

GRANDCAMP-MAISY 14450 Calvados 🞗 ③ – 1 881 h alt. 22.
Paris 298 – Cherbourg 71 – St-Lô 40 – ✦Caen 60.

🏠 **Duguesclin,** *⌀* 31 22 64 22, Fax 31 22 34 79, ≤, 🌿 – 🆃🆅 ☎ 🅿 ᴬᴱ GB
fermé 16 au 24 oct. et 15 janv. au 5 fév. – **Repas** 50/170 – ⊐ 30 – **25 ch** 150/300, 5 duplex –
½ P 200/275.

🍴🍴 **La Marée,** *⌀* 31 22 60 55, Fax 31 92 66 77, ≤, 🌣 – GB
fermé 20 nov. au 5 déc., 15 au 31 janv., mardi soir et merc. d'oct. à avril – **Repas** 108/220.

La GRAND-COMBE 30110 Gard 🞗 ⑦ ⑧ – 7 107 h alt. 188.
Paris 692 – Alès 13 – Aubenas 79 – Florac 57 – Nîmes 57 – Vallon-Pont-d'Arc 51 – Villefort 43.

à La Favède SO : 2,5 km par D 283 – ⊠ **30110** La Grand-Combe :

🏨 **Aub. Cévenole** ♤, *⌀* 66 34 12 13, Fax 66 34 50 50, 🌣, parc, ♨ – ☎ 🅿 GB
1ᵉʳ avril-26 sept. – **Repas** 100 (déj.), 165/265, enf. 60 – ⊐ 45 – **19 ch** 300/550 – ½ P 335/460.

au NO : 6 km par rte de Florac – ⊠ **30110** La Grand-Combe :

🏕 **du Lac,** *⌀* 66 34 12 85, 🌣 – ☎ 🅿 GB
fermé 1ᵉʳ fév. au 8 mars et merc. – **Repas** 70/130 👶, enf. 45 – ⊐ 28 – **13 ch** 125/210 –
½ P 200.

ⓦ Escoffier-Pneus Vulcopneu, 87 RN, Les Salles-du-Gardon *⌀* 66 34 17 21

GRAND'COMBE-CHÂTELEU 25 Doubs 🞗 ⑦ – rattaché à Morteau.

La GRANDE-MOTTE 34280 Hérault 🞗 ⑧ **G. Gorges du Tarn** (plan) – 5 016 h alt. 3 – Casino .
🞓🞓 de la Grande-Motte *⌀* 67 56 05 00.
🛈 Office de Tourisme pl. de la Mairie *⌀* 67 29 03 37, Fax 67 29 03 45.
Paris 753 – ✦Montpellier 23 – Aigues-Mortes 10 – Lunel 17 – Nîmes 45 – Palavas-les-Flots 13 – Sète 44.

🏨 **Frantour** 🅼 ♤, av. Golf *⌀* 67 29 88 88, Fax 67 29 17 01, ≤, 🌣, 🛀, ♨ – 🖃 🆃🆅 ☎ 🕭 🅿 –
🔏 50. ᴬᴱ ⓞ GB
1ᵉʳ mars-30 nov. – **Repas** 120 – ⊐ 50 – **81 ch** 400/475, 12 appart – ½ P 410.

🏨 **Mercure,** r. du Port *⌀* 67 56 90 81, Télex 480241, Fax 67 56 92 29, ≤ le littoral, 🌣, ♨ –
🖃 🆃🆅 ☎ 🅿 ᴬᴱ ⓞ GB. 🔏 30 à 90. ᴬᴱ ⓞ GB. 🍴 rest
Repas *(1ᵉʳ mars-31 oct.)* 120/140 👶, enf. 50 – ⊐ 55 – **135 ch** 450/700.

🏨 **Europe** sans rest, près de la poste ℰ 67 56 62 60, Fax 67 56 93 07, ⚗ – 📺 ☎ 🅿. 🖭 ⓪
GB. ⚭
⊂⊃ 37 – **34 ch** 310/410.

🏨 **Azur** ⚭ sans rest, esplanade de la Capitainerie ℰ 67 56 56 00, Fax 67 29 81 26, ≤, ⚗ –
▤ 📺 ☎ 🅿. 🖭 ⓪ GB
⊂⊃ 45 – **20 ch** 580.

🏨 **Acropolis** ⚭ sans rest, quartier du Couchant ℰ 67 56 76 22 – ☎ ⇦⇨ 🅿. GB. ⚭
mars-fin sept. – ⊂⊃ 40 – **22 ch** 300/420.

🏴 **Alexandre,** esplanade de la Capitainerie ℰ 67 56 63 63, Fax 67 29 74 69, ≤ – ▤ 🅿. 🖭
GB. ⚭
fermé 7 janv. au 10 fév., dim. soir et lundi sauf juil.-août – **Repas** 195/370, enf. 80.

Le GRAND-PRESSIGNY 37350 I.-et-L. 📖 ⑤ G. Châteaux de la Loire – 1 120 h alt. 61.

Voir Musée de Préhistoire★ dans le château.

🅱 Office de Tourisme, Mairie ℰ 47 94 90 37.

Paris 285 – Poitiers 65 – Le Blanc 44 – Châteauroux 82 – Châtellerault 28 – Loches 33 – ◆Tours 59.

🏴 **Espérance** avec ch, ℰ 47 94 90 12 – 🅿. 🖭 ⓪ GB. ⚭ ch
fermé 6 janv. au 6 fév. et lundi – Repas 100/195 ⅃ – ⊂⊃ 40 – **10 ch** 150/200 – ½ P 180.

🏴 **Aub. Savoie-Villars** avec ch, ℰ 47 94 96 86 – ⇔ ch. GB
fermé 15 janv. au 15 fév. et mardi sauf hôtel en saison – **Repas** 60 (déj.), 90/160 ⅃ – ⊂⊃ 30 –
7 ch 120/180 – ½ P 175/205.

CITROEN Gar. Viet, ℰ 47 94 90 25 ▥   RENAULT Gar. Jouzeau, ℰ 47 94 90 65
ℰ 47 94 90 25

Le GRAND-QUEVILLY 76 S.-Mar. 📖 ⑥ – rattaché à Rouen.

GRAND-VABRE 12320 Aveyron 📖 ⑪ – 489 h alt. 213.

Paris 623 – Aurillac 50 – Rodez 43 – Entraygues-sur-Truyère 26 – Figeac 37 – Villefranche-de-Rouergue 61.

🏠 **Gorges du Dourdou,** ℰ 65 69 83 03, Fax 65 72 88 94, ₰ – ☎ 🅿. GB
↞ fermé 29 oct. au 20 nov., 1er janv. au 28 fév., vend. soir et sam. de nov. à fév. – **Repas** 63/190
– ⊂⊃ 32 – **17 ch** 190/245 – ½ P 190/225.

GRANDVILLARS 90600 Ter.-de-Belf. 📖 ⑧ – 2 874 h alt. 350.

Paris 442 – ◆Besançon 95 – ◆Mulhouse 53 – ◆Basel 58 – Belfort 16 – Montbéliard 18.

🏴 **Le Choix de Sophie,** N 19 ℰ 84 27 76 03 – 🅿. GB. ⚭
fermé 24 déc. au 3 janv., dim. soir et lundi – **Repas** 90/150 ⅃.

VAG Gar. Dangel, ℰ 84 27 81 77

GRANDVILLERS 88600 Vosges 📖 ⑯ – 666 h alt. 360.

Paris 413 – Épinal 21 – Lunéville 49 – Gérardmer 28 – Remiremont 38 – Saint-Dié 29.

🏠 **Europe et Commerce,** ℰ 29 65 71 17, Fax 29 65 85 23, ₰, ⚭ – 📺 ☎ ᵫ 🅿 – 🔏 25.
↞ GB. ⚭ ch
Repas (fermé vend. soir et dim. soir) 70/180 ⅃, enf. 55 – ⊂⊃ 30 – **21 ch** 110/300 – ½ P 115/
200.

CITROEN Gar. Keller, ℰ 29 65 71 25

GRANE 26400 Drôme 📖 ⑫ – 1 384 h alt. 177.

Paris 594 – Valence 27 – Crest 9 – Montélimar 31 – Privas 28.

🏴🏴🏴 **Giffon** ⚭ avec ch, ℰ 75 62 60 64, Fax 75 62 70 11, ₰, ⚗ – ▤ rest 📺 ☎ 🅿. 🖭 ⓪ GB
fermé dim. soir d'oct. à avril et lundi – **Repas** 130 (déj.), 170/380 et carte 240 à 340 – ⊂⊃ 55 –
14 ch 220/560 – ½ P 380/500.

GRANGES-LÈS-BEAUMONT 26 Drôme 📖 ② – rattaché à Romans-sur-Isère.

Les GRANGETTES 25160 Doubs 📖 ⑥ – 169 h alt. 900.

Paris 448 – ◆Besançon 71 – Champagnole 38 – Morez 50 – Pontarlier 11,5.

🏠 **Bon Repos** ⚭, ℰ 81 69 62 95, ≤, ₰ – ☎ 🅿. 🖭 GB. ⚭
↞ fermé 28 mars au 7 avril, 21 oct. au 19 déc., mardi soir et merc. hors sais. – **Repas** 66/162 ⅃,
enf. 40 – ⊂⊃ 29 – **16 ch** 156/229 – ½ P 201/246.

GRANVILLE 50400 Manche 📖 ⑦ G. Normandie Cotentin – 12 413 h alt. 8 – Casino Z et à St.-Pair-sur-Mer.

Voir Site★ – Le tour des remparts★ : place de l'Isthme ≤★ Z – Pointe du Roc : site★ Y.

🏌 🏌 ℰ 33 50 23 06, à Bréville par ① : 5,5 km ; 🏌 de Bréhal ℰ 33 51 58 88, par ① : 15 km.

🅱 Office de Tourisme 4 cours Jonville ℰ 33 50 02 67, Fax 33 50 00 18.

Paris 346 ② – St-Lô 53 ① – St-Malo 89 ③ – Avranches 25 ③ – ◆Caen 105 ② – Cherbourg 104 ① – Coutances 28 ①
– Vire 55 ②.

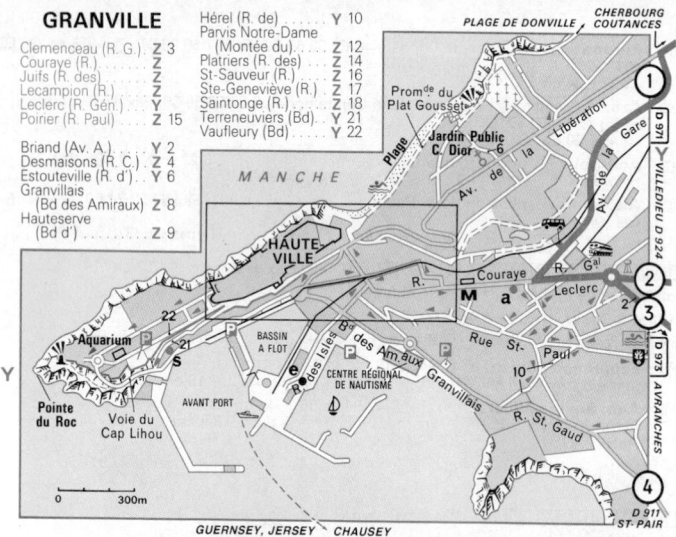

GRANVILLE

Clemenceau (R. G.) . . Z 3
Couraye (R.) . . . . Z
Juifs (R. des) . . . . . . Z
Lecampion (R.) . . . . . Z
Leclerc (R. Gén.) . . . Z
Poirier (R. Paul) . . . . Y 15

Briand (Av. A.) . . . . . . Y 2
Desmaisons (R. C.) . . Y 4
Estouteville (R. d') . . Y 6
Granvillais
(Bd des Amiraux) Z 8
Hauteserve
(Bd d') . . . . Z 9

Hérel (R. de) . . . . . . Y 10
Parvis Notre-Dame
(Montée du) . . . Z 12
Platriers (R. des) . . . Z 14
St-Sauveur (R.) . . . . Z 16
Ste-Geneviève (R.) . . Z 17
Saintonge (R.) . . . . . Z 18
Terreneuviers (Bd) . . Y 21
Vaufleury (Bd) . . . . . Y 22

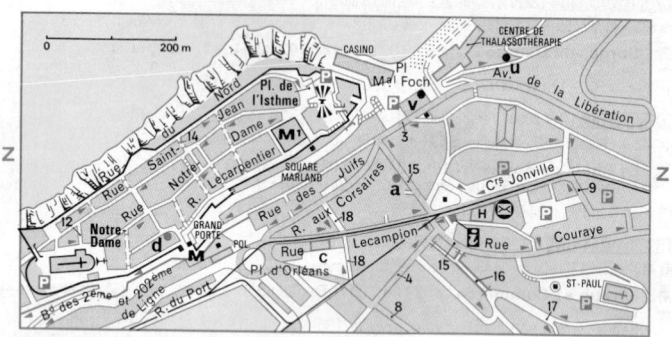

🏛 **Bains,** 19 r. G. Clemenceau ℰ 33 50 17 31, Télex 170600, Fax 33 50 89 22 – 📶 ⇄ ch 📺 ☎ ⅛. ﾑ ⅁ ⅋ ch
Repas *(fermé janv., dim. soir et lundi d'oct. à avril)* 140 – ☲ 45 – **45 ch** 400/850, 5 appart – ½ P 480.
Z v

🏛 **Hérel** Ⓜ, Port de Plaisance ℰ 33 90 48 08, Fax 33 90 75 95, ≤ – 📺 ☎ ⅛. ⅋ – ﾑ 50. ﾑ ⅁ ⅋ ch
Repas *(fermé dim.)* 70/110 ⅛, enf. 35 – ☲ 34 – **43 ch** 252/315 – ½ P 230/250.
Y e

🏠 **Michelet** sans rest, 5 r. J. Michelet ℰ 33 50 06 55, Fax 33 50 12 25 – 📺 ☎ ⅋. ﾑ ⅁.
☲ 29 – **19 ch** 120/280.
Z u

🏛🏛🏛 **La Gentilhommière,** 152 r. Couraye ℰ 33 50 17 99 – ⅁
fermé dim. soir et lundi du 16 sept. au 14 juin – **Repas** *(nombre de couverts limité - prévenir)* 98/210 et carte 220 à 270.
Y a

🏛🏛 **Le Phare,** 11 r. Port ℰ 33 50 12 94, ≤ – ⅁
fermé 20 déc. au 25 janv., mardi soir et merc. sauf juil.-août – **Repas** 68/197 ⅛, enf. 42.
Y s

🏛🏛 **Normandy-Chaumière** avec ch, 20 r. Dr P. Poirier ℰ 33 50 01 71, Fax 33 50 15 34, 🏠 – 📺 ☎ ⅋ ch
fermé 22 déc. au 12 janv., 23 fév. au 1er mars, mardi soir et merc. – **Repas** 95/175 – ☲ 32 – **7 ch** 195/265 – ½ P 310/350.
Z a

🏛🏛 **La Citadelle,** 10 r. Cambernon ℰ 33 50 34 10 – ⅁
fermé 25 sept. au 8 oct., 15 janv. au 15 fév., sam. midi, dim. soir et lundi sauf juil.-août – **Repas** *(en juil.-août : fermé le midi sauf dim.)* 100/240.
Z d

CITROEN Manche Auto, ZI par ② ℰ 33 50 69 76
🅽 ℰ 33 70 84 24
FORD Gar. Gosselin, ZI, r. du Mesnil ℰ 33 50 43 42
MERCEDES Durey, RN 24 bis à St-Planchers
ℰ 33 51 65 54

RENAULT S.O.R.E.V.A., av. des Vendéens par ③
ℰ 33 90 64 99 🅽 ℰ 33 90 18 28

⑩ Schmitt Pneus Vulcopneu, ZI du Mesnil
ℰ 33 50 02 55

GRASSE ⟨𝕊𝕡⟩ 06130 Alpes-Mar. 🔠 ⑧ 🄸🄸🄸 ⑬ 🄸🄸🄸 ㉘ G. Côte d'Azur – 41 388 h alt. 333.

Voir Vieille ville★ : Place du Cours★ Z, musée d'Art et d'Histoire de Provence★ Z M¹ (⩽★) –
Toiles★ de Rubens dans l'anc. cathédrale Z B – Salle Fragonard★ dans la Villa-Musée Frago-
nard Z M² – Parc de la Corniche ⩽★★ 30 mn Z – Jardin de la Princesse Pauline ⩽★ X K – Musée
de la Parfumerie★ Z M³.

Env. Montée au col du Pilon ⩽★★ 9 km par ④.

🇮🇸 Opio-Valbonne ℰ 93 42 00 08, par D 4 : 11 km X ; 🇷🇪 du Val Martin ℰ 93 42 07 98, E : 13 km
par D 4, D 3 et D 103 ; 🇮🇸 de la Grande Bastide à Opio ℰ 93 09 71 22, E : 6 km par D 7 ; 🇷🇪🇮🇸 de
St-Donat ℰ 93 09 76 60 par ② : 5,5 km.

🏢 Office de Tourisme 22 cours H. Cresp ℰ 93 36 66 66, Fax 93 36 86 36.

Paris 909 ② – Cannes 16 ② – Digne-les-Bains 116 ④ – Draguignan 55 ③ – ◆Nice 35 ②.

Plan page suivante

🏨 **du Patti** 🅼, pl. Patti ℰ 93 36 01 00, Télex 460126, Fax 93 36 36 40, 🍽 – 🛗 🗐 📺 ☎ ⅋ –
🅰 25 à 50. 🆔 ⑩ 🆖   Y **a**
Repas 95/230 🍷 – ⌂ 40 – **50 ch** 330/420 – ½ P 310.

🏨 **Panorama** sans rest, 2 pl. Cours ℰ 93 36 80 80, Télex 970908, Fax 93 36 92 04 – 🛗 ⇺ ch
🗐 📺 ☎. 🆔 🆖   Z **u**
⌂ 40 – **36 ch** 305/485.

✕ **Amphitryon**, 16 bd V. Hugo ℰ 93 36 58 73 – 🗐. 🆔 ⑩ 🆖   Z **s**
fermé 10 août au 10 sept., 22 déc. au 3 janv., dim. et fêtes – **Repas** 118/248, enf. 79.

✕ **Maître Boscq**, 13 r. Fontette ℰ 93 36 45 76 – 🆖   Y **k**
fermé 5 au 12 nov., lundi hors sais. et dim. – **Repas** 131.

à Magagnosc par ① : 5 km – ✉ 06520.

Voir ⩽★ du cimetière de l'église St-Laurent.

✕ **Petite Auberge** avec ch, ℰ 93 42 75 32 – 🆖
fermé juil. et vacances de fév. – **Repas** (*fermé merc.*) 86//118 🍷, enf. 48 – **5 ch** (½ pens. seul.)
– ½ P 205/210.

à Opio par ① et D 3 : 8 km – ✉ 06650.

Voir Gourdon : site★★, place ⩽★★, château : musée de peinture naïve★, jardins ⩽★★ N :
10 km.

✕✕ **Mas des Géraniums**, à San Peyre E : 1 km sur D 7 ℰ 93 77 23 23, 🍽, 🐎 – 🅿. 🆖
fermé 23 oct. au 1ᵉʳ déc., mardi soir hors sais., jeudi midi en sais. et merc. – **Repas** 145/240.

à Plascassier SE : 6 km par D 4 – ✉ 06130 :

✕✕ **Relais de Sartoux**, rte Valbonne ✉ 06370 Mouans-Sartoux ℰ 93 60 10 57,
Fax 93 60 17 36, 🍽, 🏊, 🐎 – 📺 ☎ 🅿. 🆔 🆖. ⅋ ch
fermé 2 nov. au 1ᵉʳ déc. et merc. hors sais. – **Repas** 130/160, enf. 70 – ⌂ 35 – **12 ch** 300/370
– ½ P 295.

rte de Cannes par ② : 3 km – ✉ 06130 Grasse :

🏨 **Ibis**, ℰ 93 70 70 70, Fax 93 70 46 31, 🍽, 🏊, ⅋ – 🛗 ⇺ ch 🗐 📺 ☎ ⅋ 🅿 – 🅰 25 à 80.
🆔 ⑩ 🆖
Repas 97 bc/155 🍷, enf. 40 – ⌂ 35 – **65 ch** 365/445.

à Cabris : 5 km par D 4 X alt. 545 – ✉ 06530.

Voir Site★ – ⩽★★ des ruines du château.

🏨 **Horizon** ⅋ sans rest, ℰ 93 60 51 69, Fax 93 60 56 29, ⩽, 🍽 – 🛗 📺 ☎ 🅿. 🆔 ⑩ 🆖. ⅋
1ᵉʳ avril-31 oct. – ⌂ 40 – **22 ch** 310/550.

✕✕ **Vieux Château** avec ch, ℰ 93 60 50 12, 🍽 – 🆖. ⅋ ch
Repas (*fermé mardi soir et merc. soir de sept. à juin*) 110 (déj.), 150/230, enf. 80 – ⌂ 45 –
4 ch 400/600 – ½ P 380/480.

✕ **Aub. Petit Prince**, ℰ 93 60 51 40, Fax 93 60 51 40, 🍽 – 🆔 ⑩ 🆖
fermé 15 nov. au 10 déc., lundi soir et jeudi sauf vacances scolaires et fêtes – **Repas** 98/188.

✕ **La Chèvre d'Or**, 1 pl. Puits ℰ 93 60 54 22 – 🆖
Repas 95/190.

par rte de Digne et D 11 (direction Cabris) : 6 km – ✉ 06150 Grasse :

🏨 **Grasse Country Club** 🅼 ⅋, ℰ 93 60 55 44, Fax 93 60 55 19, ⩽, 🍽, parc, golf, 🏊 – 🛗
🗐 📺 ☎ ⅋ 🅿. 🆔 🆖 �🅹🅲🅱
fermé mi-nov. à mi-déc. – **Repas** (*fermé lundi hors sais.*) 98 (déj.)/150 🍷 – ⌂ 50 – **15 ch**
700/1125 – ½ P 500.

GRASSE

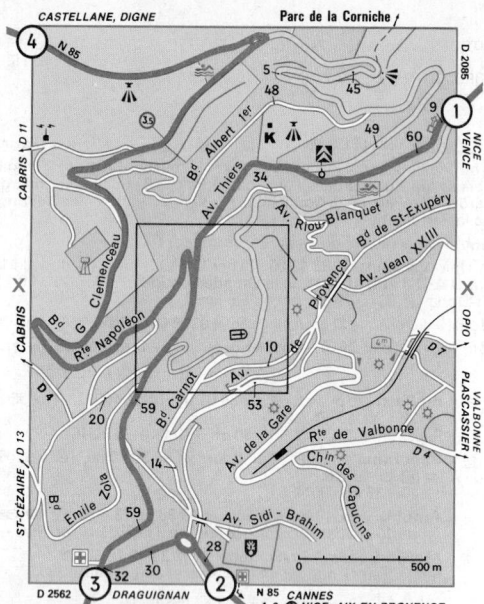

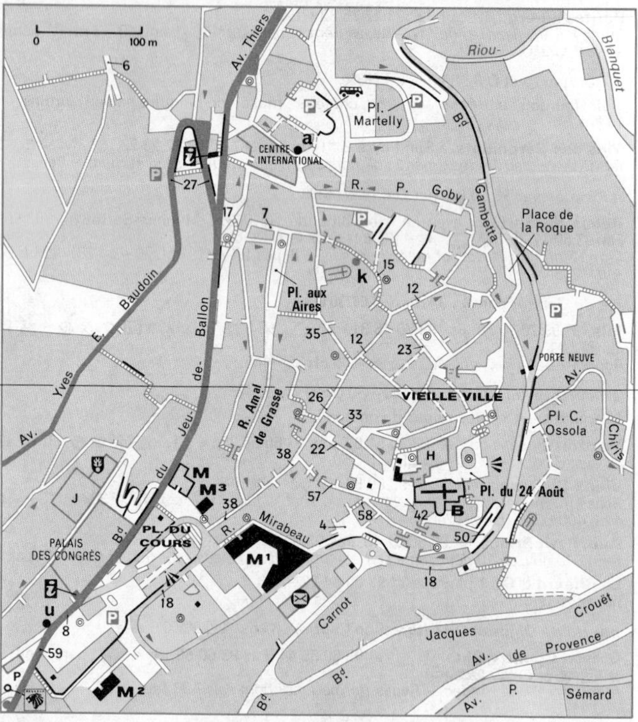

CITROEN Victoria Gar., 19 av. Victoria, rte de Nice
℘ 93 36 64 64
HONDA Gar. Licastro, av. Ste-Lorette
℘ 93 09 02 56
PEUGEOT-TALBOT Grasse-Autom., 6 bd E.-Zola
℘ 93 36 36 50

Gar. Licastro, rte de Draguignan à Peymeinade
℘ 93 66 14 34

⑩ Euromaster, 249 rte de Pégomas ℘ 93 70 66 65
Tosello, 132 rte Marigarde Le Moulin de Brun
℘ 93 70 16 48

GRATENTOUR 31 H.-Gar. 🔲 ⑧ – rattaché à Toulouse.

GRATOT 50 Manche 🔲 ⑫ – rattaché à Coutances.

Le GRAU-D'AGDE 34 Hérault 🔲 ⑮ – rattaché à Agde.

Le GRAU-DU-ROI 30240 Gard 🔲 ⑧ G. Provence – 5 253 h alt. 2.

🚩 Office de Tourisme bd Front-de-Mer ℘ 66 51 67 70, Fax 66 51 06 80.

Paris 756 – ◆Montpellier 29 – Aigues-Mortes 6 – Arles 53 – Lunel 22 – Nîmes 43 – Sète 50.

   ✗ **Le Palangre,** quai Gén. de Gaulle ℘ 66 51 76 30, 😋 – **GB**
      fermé 15 nov. au 15 fév. et mardi du 10 sept. au 31 mai – **Repas** 85/225.

      à Port Camargue S : 3 km par D 62B – ✉ 30240 Le Grau-du-Roi.

      🚩 Office de Tourisme Carrefour 2000 (Pâques-sept.) ℘ 66 51 71 68.

   🏨 **Le Spinaker** 🐾, pointe Môle ℘ 66 53 36 37, Fax 66 53 17 47, ≤, 😋, ⤳, – ▤ rest 📺 ☎
      🅿 – 🏩 40. **GB**
      6 avril-1er oct. et fermé lundi sauf juil.-août – **Repas** 130/390, enf. 90 – � 55 – **21 ch** 470/680
      – ½ P 425/530.

   🏨 **Relais de l'Oustau Camarguen** 🐾, 3 rte Marines ℘ 66 51 51 65, Fax 66 53 06 65, 😋,
      🎐, ⤳, – 📺 ☎ & 🅿. ⚫ **GB**
      hôtel : 1er avril-15 oct. ; rest : 1er mai-30 sept. et fermé lundi midi et merc. sauf juil.-août –
      Repas 120 (déj.), 170/200 – ⊷ 50 – **38 ch** 395/510 – ½ P 395/440.

   ✗✗ **L'Amarette,** centre commercial Camargue 2000 ℘ 66 51 47 63, ≤ – **GB**
      fermé 20 nov. au 9 déc., 1er janv. au 10 fév. et merc. hors sais. – **Repas** 185/250.

  ☞ *Un automobiliste averti utilise le guide Michelin de l'année.*

GRAUFTHAL 67 B.-Rhin 🔲 ⑰ – rattaché à La Petite-Pierre.

GRAULHET 81300 Tarn 🔲 ⑩ G. Pyrénées Roussillon – 13 523 h alt. 166.

🏌 des Étangs de Fiac ℘ 65 70 64 70, S : D 84 et D 49, O : 18 km.

🚩 Syndicat d'Initiative square Foch ℘ 63 34 75 09.

Paris 688 – ◆Toulouse 61 – Albi 32 – Castelnaudary 61 – Castres 30 – Gaillac 19.

  ✗✗ **La Rigaudié,** E : 1,5 km par D 26 ℘ 63 34 50 07, 😋, parc – 🅿. ⚫ **GB**. 🍽
      fermé 1er au 30 août, 22 déc. au 2 janv., dim. soir et sam. – **Repas** 70 (déj.), 95/250.

CITROEN Graulhet Autom., 49 av. Ch.-de-Gaulle
℘ 63 34 51 44
FORD Gar. Arquier, 15 bis av. de l'Europe
℘ 63 34 70 41
OPEL Gar. Joffre, 3 r. Mégisserie ℘ 63 34 50 22

PEUGEOT S.I.V.A., rte de Réalmont ℘ 63 34 70 22
RENAULT Gar. Grigolato, av. Rhin et Danube
℘ 63 34 66 43

⑩ Euromaster, 78 bd de Genève ℘ 63 42 06 21

La GRAVE 05320 H.-Alpes 🔲 ⑦ G. Alpes du Nord – 455 h alt. 1 450 – Sports d'hiver : 1 400/3 550 m ✔ 2 ✔ 2
✔.

Voir Situation ★★ – Téléphérique ≤★★★.

Env. Oratoire du Chazelet ≤★★★ NO : 6 km – Combe de Malaval★ O : 6 km.

🚩 Office de Tourisme ℘ 76 79 90 05, Fax 76 79 91 65.

Paris 647 – Briançon 39 – Gap 127 – ◆Grenoble 78 – Col du Lautaret 11 – St-Jean-de-Maurienne 66.

  🏨 **La Meijette** 🅼, ℘ 76 79 90 34, Fax 76 79 94 76, ≤, 😋 – ▤ 📺 ☎ 🅿. **GB**. 🍽 rest
      1er mars-30 avril, week-ends de mai, 1er juin-30 sept. et fermé mardi sauf juil.-août – **Repas**
      95/160 👶 – ⊷ 37 – **18 ch** 280/460 – ½ P 300/420.

RENAULT Gar. Pic. ℘ 76 79 91 38 🆕 ℘ 76 79 91 89

GRAVELINES 59820 Nord 🔲 ③ G. Flandres Artois Picardie – 12 336 h.

🚩 Office de Tourisme 11 r. République ℘ 28 65 21 28, Fax 28 65 58 19.

Paris 291 – ◆Calais 23 – Cassel 36 – Dunkerque 20 – ◆Lille 90 – St-Omer 33.

  🏨 **Beffroi et rest. La Tour** 🅼, pl. Ch. Valentin ℘ 28 23 24 25, Fax 28 65 59 71, 😋 – ▤ 📺
      ☎ & – 🏩 40. ⚫ **GB**
      Repas 98 👶 – ⊷ 35 – **40 ch** 325/345 – ½ P 245/286.

CITROEN Gar. Herant, 11 r. de Dunkerque
℘ 28 23 06 56
PEUGEOT Gar. Vauban, r. des Islandais
℘ 28 23 11 51 🆕 ℘ 28 23 11 51

RENAULT Gar. Rabat, r. des Islandais
℘ 28 23 13 50

GRAVESON 13690 B.-du-R. 80 ⑳ G. Provence – 2 752 h alt. 13.

Paris 704 – Avignon 14 – Carpentras 36 – Cavaillon 27 – ♦Marseille 98 – Nîmes 36.

Moulin d'Aure sans rest, rte de Chateaurenard ✆ 90 95 84 05, Fax 90 95 73 84, ☐, ☐ – ☎ ☐. GB JCB. ✂
1er avril-30 oct. – ☐ 35 – **14 ch** 260/320.

Mas des Amandiers, rte d'Avignon : 1,5 km ✆ 90 95 81 76, Fax 90 95 85 18, ☐, ☐, ☐ – ☎ ♿ ☐ – ☐ 30. AE ⓓ GB
15 mars-15 oct. – **Repas** (dîner seul.) 95 ☐, enf. 50 – ☐ 38 – **25 ch** 260/310 – ½ P 270/280.

Cadran Solaire ☐ sans rest, ✆ 90 95 71 79, Fax 90 90 55 04, ☐ – ☎ ☐. AE ⓓ GB
fermé 14 au 30 nov. et 1er au 15 fév. – ☐ 32 – **12 ch** 220/260.

RENAULT Gar. Eletti et Massacèse, ✆ 90 95 74 27

GRAY 70100 H.-Saône 66 ⑭ G. Jura – 6 916 h alt. 221.

Voir Collection de dessins★ de Prud'hon au musée Baron-Martin Y M¹.

☐ Office de Tourisme Ile Sauzay ✆ 84 65 14 24.

Paris 346 ⑤ – ♦ Besançon 44 ③ – ♦Dijon 49 ⑤ – Dole 44 ④ – Langres 56 ① – Vesoul 56 ②.

GRAY

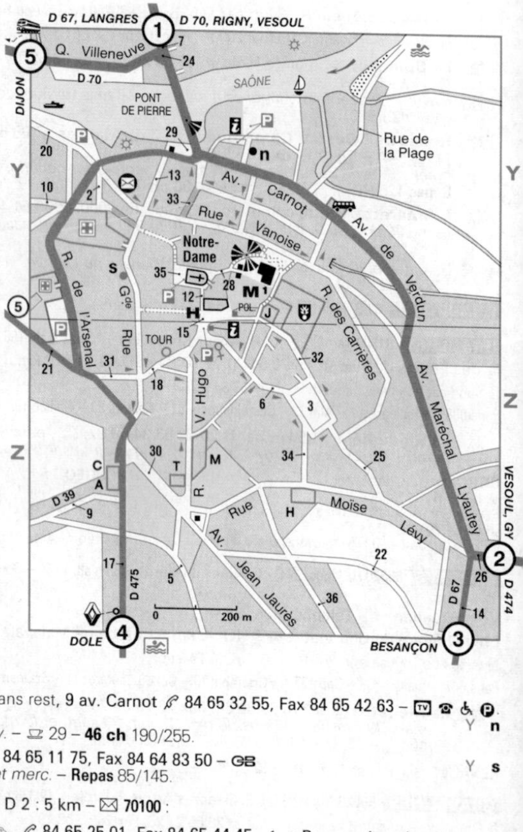

Le Fer à Cheval ☐ sans rest, 9 av. Carnot ✆ 84 65 32 55, Fax 84 65 42 63 – ☐ ☎ ♿ ☐. AE ⓓ GB JCB — Y **n**
fermé 24 déc. au 4 janv. – ☐ 29 – **46 ch** 190/255.

Cratô, 65 Gde Rue ✆ 84 65 11 75, Fax 84 64 83 50 – GB — Y **s**
fermé le midi en août et merc. – **Repas** 85/145.

*à **Rigny** par* ① D 70 et D 2 : 5 km – ✉ **70100** :

Château de Rigny ☐, ✆ 84 65 25 01, Fax 84 65 44 45, ≤, « Parc aménagé en bordure de la Saône », ☐, ☐ – ☐ ☎ ☐ – ☐ 25. AE ⓓ GB. ✂ rest
fermé 5 au 30 janv. – **Repas** 190/320 – ☐ 55 – **23 ch** 350/650 – ½ P 450/600.

*à **Nantilly** par* ① et D 2 : 5 km – ✉ **70100** :

Château de Nantilly ☐ ☐, ✆ 84 67 78 00, Fax 84 67 78 01, ≤, ☐, parc, ☐, ☐, ☐ – ☐ ☎ ♿ ☐ – ☐ 25 à 60. AE ⓓ GB
Repas *(fermé dim. soir et lundi hors sais.)* 190 (déj.), 240/420, enf. 100 – ☐ 90 – **38 ch** 700/800, 3 appart – ½ P 623/1020.

CITROEN Gar. Comtois, Chemin Neuf
℘ 84 65 00 91 **N** ℘ 84 31 20 02
PEUGEOT Gar. Boffy, à Arc-lès-Gray par ①
℘ 84 64 80 79

RENAULT Autom. de la Saône, rte de Dôle
℘ 84 65 48 77 **N** ℘ 84 76 93 38

🔋 Bailly, 15 chaussée d'Arc ℘ 84 65 07 06

GRENADE-SUR-L'ADOUR 40270 Landes 🄶🄸 ① – 2 187 h alt. 55.

Paris 719 – Mont-de-Marsan 14 – Aire-sur-l'Adour 18 – Orthez 50 – St-Sever 13 – Tartas 32.

🏠 ⚙ **Pain Adour et Fantaisie** (Garret) Ⓜ, 7 pl. Tilleuls ℘ 58 45 18 80, Fax 58 45 16 57, ≤,
🍴, « Terrasse au bord de l'eau » – 🗏 ch 📺 ☎ 🅰 ⓪ ⌷🅱
fermé 19 fév. au 6 mars, dim. soir de sept. à juin et lundi sauf le soir en juil.-août – **Repas**
175/400 et carte 280 à 430 – ⌷ 75 – **12 ch** 380/700 – ½ P 475/650
Spéc. Piquillos glacés au "txanguro" de tourteau. Pomme de terre farcie et braisée aux morilles fraîches. Dessert de la "nona". Vins Madiran.

🍽 **France,** 3 pl. Tilleuls ℘ 58 45 19 02, Fax 58 45 11 48, 🍴 – ⌷🅱
↦ fermé 2 au 18 janv., dim. soir et lundi – **Repas** 68/180.

PEUGEOT Gar. de l'Adour, ℘ 58 45 91 45

RENAULT Grenade Automobile, ℘ 58 45 92 62 **N**
℘ 58 45 94 92

GRENDELBRUCH 67190 B.-Rhin 🄶🄸 ⑧ ⑨ – 918 h alt. 555.

Voir Signal de Grendelbruch ❄★ SO : 2 km puis 15 mn, G. Alsace Lorraine.

🄱 Syndicat d'Initiative - Mairie ℘ 88 97 40 79, Accueil (juil.-août) ℘ 88 97 47 50.

Paris 488 – ◆Strasbourg 41 – Erstein 32 – Molsheim 17 – Obernai 16 – Sélestat 37.

🏠 **La Couronne,** rte Schirmeck ℘ 88 97 40 94 – ☎ 🄿 ⌷🅱
↦ fermé nov. – **Repas** 60/145 ♨ – ⌷ 32 – **11 ch** 180/250 – ½ P 195/225.

Ne prenez pas la route sans connaître votre temps de parcours.

La carte Michelin n° 🔢 c'est "la carte du temps gagné".

GRENOBLE 🄿 38000 Isère 🄷🄷 ⑤ G. Alpes du Nord – 150 758 h alt. 214.

Voir Site★★★ – Fort de la Bastille ❄★★ par téléphérique EY – Vieille ville★ EY : Palais de
Justice★ EY J – Patio★ de l'hôtel de ville FZ – Crypte★ de l'église St-Laurent FY – Musées : de
Grenoble★★★ FY, Dauphinois★ EY.

🏌 ℘ 76 73 65 00, à Bresson par ⑥ : 8 km ; 🏌 de St-Quentin-s-Isère ℘ 76 93 67 28, 23 km par ⑨.
✈ de Grenoble-St-Geoirs ℘ 76 65 48 48, par ⑩ : 45 km.

🚃 ℘ 76 47 50 50.

🄱 Office de Tourisme et Accueil de France Service de réservation hôtelière 14 r. République ℘ 76 42 41 41.
Télex 980718, Fax 76 51 28 69 et à la gare SNCF ℘ 76 28 53 00 – A.C. Dauphinois 4 pl. Grenette ℘ 76 44 41 54.
Fax 76 51 93 92.

Paris 573 ⑩ – Bourg-en-Bresse 150 ⑩ – Chambéry 56 ③ – ◆Genève 144 ③ – ◆Lyon 105 ⑩ – ◆Marseille 272 –
◆Nice 332 ⑦ – ◆St-Étienne 158 ⑩ – Torino 235 ③ – Valence 92 ⑩.

Plan page suivante

🏠 **Park H.** Ⓜ, 10 pl. Paul Mistral ℘ 76 85 81 23, Télex 320767, Fax 76 46 49 88, « Beaux
aménagements intérieurs » – 🛗 ✦ ch 🗏 📺 ☎ ♿ 🚗 – 🄰 60. 🅰 ⓪ ⌷🅱 🄹🄲🄱 FZ **w**
fermé 29 juil. au 20 août et 23 déc. au 1ᵉʳ janv. – **La Taverne de Ripaille :** (fermé dim. midi)
Repas 145/245, enf. 60 – ⌷ 60 – **50 ch** 695/995, 10 appart.

🏠 **Président** Ⓜ, r. Gén. Mangin ℘ 76 56 26 56, Télex 308393, Fax 76 56 26 82, ♨ – 🛗
✦ ch 🗏 📺 ☎ ♿ 🚗 🄿 – 🄰 120. 🅰 ⓪ ⌷🅱 AX **y**
Repas 100 (déj.), 120/165 – ⌷ 52 – **105 ch** 448/611.

🏠 **Novotel Atria** Ⓜ, à Europole, pl. R. Schuman ℘ 76 70 84 84, Télex 320207,
Fax 76 70 24 93 – 🛗 ✦ ch 🗏 📺 ☎ ♿ 🚗 – 🄰 550. 🅰 ⓪ ⌷🅱 AV **r**
Repas 135 bc, enf. 50 – ⌷ 50 – **118 ch** 470/520.

🏠 **Mercure Alpes** Ⓜ, 12 bd Mar. Joffre ℘ 76 87 88 41, Télex 320884, Fax 76 47 58 52 – 🛗
✦ ch 🗏 📺 ☎ ♿ 🚗 – 🄰 300. 🅰 ⓪ ⌷🅱 🄹🄲🄱 EZ **d**
Repas 96/200 ♨, enf. 45 – ⌷ 55 – **88 ch** 455.

🏠 **Europole** Ⓜ, 29 r. P. Sémard ℘ 76 49 51 52, Fax 76 21 99 00 – 🛗 ✦ ch 🗏 📺 ☎ ♿ 🚗 –
🄰 50. 🅰 ⓪ ⌷🅱 AV **d**
Brasserie Midi-Minuit : Repas 125/165 – *Via Brasil :* Repas 120/155 – ⌷ 46 – **71 ch** 420/650.

🏠 **Angleterre** Ⓜ sans rest, 5 pl. V.-Hugo ℘ 76 87 37 21, Télex 320297, Fax 76 50 94 10 – 🛗
✦ ch 📺 ☎ 🅰 ⓪ ⌷🅱 EZ **z**
⌷ 45 – **70 ch** 460/650.

🏠 **Porte de France** sans rest, 27 quai C. Bernard ℘ 76 47 39 73, Fax 76 50 95 03 – 🛗 📺 ☎
🚗 🅰 ⓪ ⌷🅱 DY **k**
fermé 23 déc. au 3 janv. – ⌷ 36 – **40 ch** 200/360.

🏠 **Splendid** sans rest, 22 r. Thiers ℘ 76 46 33 12, Fax 76 46 35 24 – 🛗 ✦ ch 📺 ☎ ♿ 🄿 🅰
⓪ ⌷🅱 🄹🄲🄱 DZ **q**
⌷ 29 – **45 ch** 219/380.

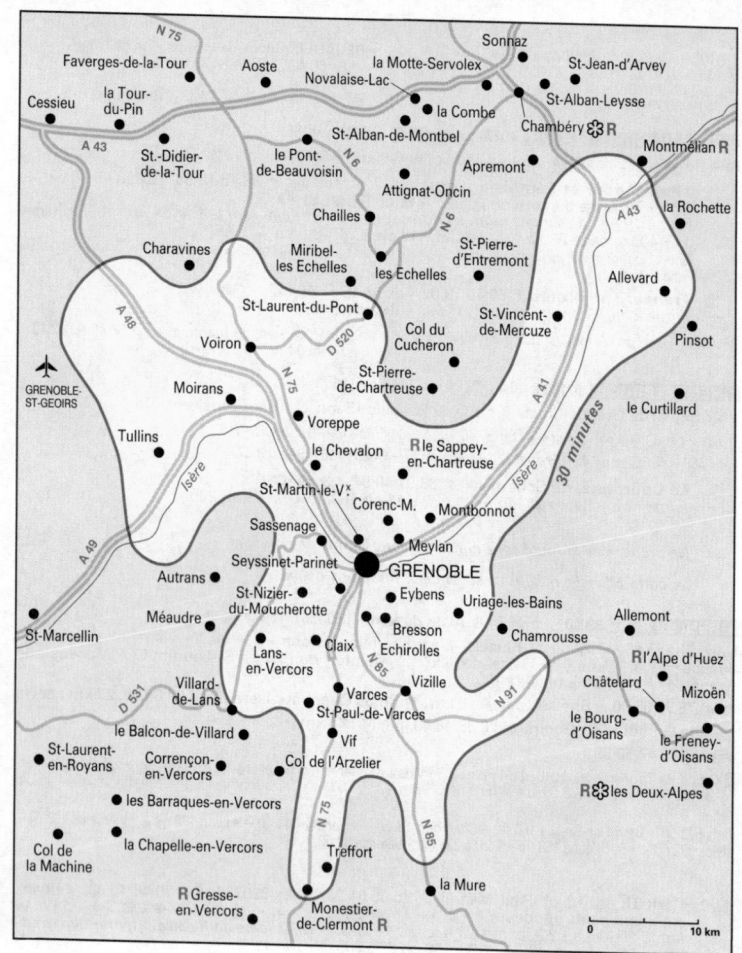

🏨 **Patinoires** sans rest, 12 r. Marie Chamoux ⊠ 38100 ℰ 76 44 43 65, Fax 76 44 44 77 – 🛗
📺 ☎ 🅿. 🖭 ⑩ 🇬🇧 🇯🇨🇧
⊇ 25 – **35 ch** 215/300.
GZ **b**

🏨 **Alpes** sans rest, 45 av. F. Viallet ℰ 76 87 00 71, Fax 76 56 95 45 – 🛗 📺 ☎ 🚗.
🇬🇧
⊇ 25 – **67 ch** 230/290.
DY **z**

🏨 **Bastille** sans rest, 25 av. F. Viallet ℰ 76 43 10 27, Fax 76 87 52 69 – 🛗 📺 ☎ 🚗. 🇬🇧
⊇ 26 – **54 ch** 232/294.
DY **b**

🏨 **Tilleuls** sans rest, 236 cours Libération ⊠ 38100 ℰ 76 09 17 34, Fax 76 40 64 56 – 🛗 ☎
🅿. 🖭 🇬🇧. ✂
⊇ 25 – **39 ch** 170/225.
AX **s**

🏨 **Ibis** Ⓜ, 5 r. Miribel - centre commercial les Trois Dauphins ℰ 76 47 48 49,
Fax 76 47 78 22, 🌳 – 🛗 ↔ ch 📺 ☎ 🚗 – 🔬 60. 🖭 🇬🇧 🇯🇨🇧
Repas 97 bc, enf. 40 – ⊇ 35 – **71 ch** 320.
EY **f**

🏨 **Trianon** sans rest, 3 r. P. Arthaud ℰ 76 46 21 62, Fax 76 46 37 56 – 🛗 📺 ☎. 🖭 ⑩
🇬🇧
⊇ 30 – **38 ch** 199/350.
DZ **m**

🏨 **Gambetta** Ⓜ, 59 bd Gambetta ℰ 76 87 22 25, Fax 76 87 40 94 – 🛗 ▤ rest 📺 ☎. 🖭 ⑩
➜ 🇬🇧
Repas (fermé août et sam.) 55/90 🍴. enf. 45 – ⊇ 29 – **44 ch** 172/294 – ½ P 194.
EZ **a**

🏠 **Paris-Nice** sans rest, 61 bd J. Vallier ⊠ 38100 ℰ 76 96 36 18, Fax 76 48 07 79 – ↔ ch
📺 ☎ ⟳ 🝡 ⚿ ⓪ ☖   AVX **t**
⊑ 25 – **29 ch** 145/245.

🏠 **Gallia** sans rest, 7 bd Mar Joffre ℰ 76 87 39 21, Fax 76 87 65 76 – 🛗 📺 ☎. ⚿ ⓪ ☖
🇯🇨🇧   EZ **s**
fermé 30 juil. au 20 août – ⊑ 25 – **35 ch** 155/260.

XXX **Poularde Bressane,** 12 pl. P.-Mistral ℰ 76 87 08 90, Fax 76 87 52 97 – ▤. ⚿ ⓪
☖   FZ **w**
fermé 22 juil. au 20 août, sam. midi et dim. – **Repas** 125/230.

XXX **Aub. Napoléon,** 7 r. Montorge ℰ 76 87 53 64 – ☖   EY **b**
fermé 23 au 28 mai, 14 juil. au 10 août, lundi midi et dim. – **Repas** (nombre de couverts
limité-prévenir) 120/178 et carte 190 à 300, enf. 70.

XX **L'Escalier,** 6 pl. Lavalette ℰ 76 54 66 16, Fax 76 51 50 93 – ⚿ ⓪ ☖ 🇯🇨🇧   FY **p**
fermé sam. midi et dim. – **Repas** 140 (déj.), 190/320.

XX **Brasserie le Strasbourg,** 11 av. Alsace-Lorraine ℰ 76 46 18 03 – ▤. ⚿ ☖   DEZ **x**
fermé 1ᵉʳ au 20 août, lundi soir et dim. – **Repas** 110/200 ⅃.

XX **A Ma Table,** 92 cours J. Jaurès ℰ 76 96 77 04 – ☖   DZ **t**
fermé août – **Repas** (nombre de couverts limité - prévenir) carte 180 à 300.

XX **La Madelon,** 55 av. Alsace-Lorraine ℰ 76 46 36 90 – ⚿ ⓪ ☖   DZ **n**
fermé sam. midi, dim. et fériés – **Repas** 195.

X **Le Pot au Feu des Musées,** 6 pl. Lavalette ℰ 76 42 27 66, Fax 76 51 50 93, bistrot de
cadre contemporain – ☖   FY **p**
fermé sam. midi et dim. – **Repas** 79 (déj.), 98/160.

à St-Martin-le-Vinoux : 2 km par A 48 et N 75 – 5 139 h. – ⊠ 38950 :

XXX **Pique-Pierre,** ℰ 76 46 12 88, Fax 76 46 43 90, �ிᵎ – ▤ 🅿. ⚿ ☖   AV **p**
fermé 1ᵉʳ au 20 août, dim. soir et lundi sauf fériés – **Repas** 110/250 et carte 220 à 340,
enf. 65.

au Nord : 4 km par D 57 rte Clémencières - AV – ⊠ 38950 St-Martin-le-Vinoux :

🏠 **Bellevue** ⬙ sans rest, ℰ 76 87 68 17, Fax 76 46 18 37, ≤ Grenoble – 📺 ☎ 🅿. ⚿ ⓪ ☖
🇯🇨🇧. ⁇
fermé 23 déc. au 2 janv. – ⊑ 28 – **20 ch** 200/260.

à Meylan : 3 km par N 90 – 17 863 h. – ⊠ 38240 :

🏨 **Alpha** Ⓜ, 34 av. Verdun ℰ 76 90 63 09, Télex 980444, Fax 76 90 28 27, 🌲, ⊾ – 🛗 ↔ ch
▤ rest 📺 ☎ ⟳ 🅿 – 🔔 80 à 150. ⚿ ⓪ ☖ 🇯🇨🇧   BV **e**
Repas 95/145 ⅃, enf. 45 – ⊑ 50 – **60 ch** 395/490, 26 studios – ½ P 310/380.

🏠 **Belle Vallée** sans rest, 32 av. Verdun ℰ 76 90 42 65, Fax 76 90 65 98 – ▤ 📺 ☎ ⟳ 🅿.
⚿ ⓪ ☖ 🇯🇨🇧   CV **a**
⊑ 35 – **30 ch** 270/300.

🏠 **Les Relais de Meylan,** 6 av. Granier ℰ 76 90 44 22, Fax 76 41 04 60, 🌲 – 📺 ☎ 🅿 –
🔔 35. ⚿ ⓪ ☖ 🇯🇨🇧   CV **r**
Repas *(fermé dim. midi)* 62 (déj.). 82/85 ⅃, enf. 48 – ⊑ 30 – **50 ch** 230/270 – ½ P 200.

à Corenc : 3 km – 3 356 h. – ⊠ 38700 :

🏨 **Trois Roses,** 32 av. Grésivaudan ℰ 76 90 35 09, Fax 76 90 71 72 – 🛗 ↔ ch 📺 ☎ 🅿 –
🔔 45. ⚿ ⓪ ☖ 🇯🇨🇧. ⁇ rest   CV **s**
Repas *(fermé vend. soir et sam.)* 120 (déj.)et carte 140 à 250 – ⊑ 48 – **50 ch** 435/460.

à Eybens : 5 km – 8 013 h. – ⊠ 38320 :

🏨 **Château de la Commanderie** ⬙, av. Échirolles ℰ 76 25 34 58, Fax 76 24 07 31, 🌲,
⊾, 🎄 – 📺 ☎ 🅿 – 🔔 25. ⚿ ⓪ ☖ 🇯🇨🇧. ⁇ rest   BX **d**
Repas *(fermé dim. midi)* 139/200 – ⊑ 52 – **25 ch** 375/620 – ½ P 380.

XX **Rustique Auberge,** 134 av. J. Jaurès ℰ 76 25 24 70, Fax 76 62 39 53 – ▤. ⚿ ⓪ ☖
fermé 22 au 29 mai, sam. midi, dim. soir et lundi – **Repas** 90/245 ⅃.   BX **b**

à Échirolles : 4 km – 34 435 h. – ⊠ 38130 :

🏨 **Dauphitel** Ⓜ, av. Grugliasco ℰ 76 23 24 72, Fax 76 40 42 64, 🌲, ⊾, ⁇ – 🛗 ▤ rest 📺
☎ 🅿 – 🔔 25. ⚿ ⓪ ☖. ⁇ rest   AX **e**
Repas *(fermé 7 au 21 août, 22 déc. au 2 janv., sam. midi et dim.)* 125 – ⊑ 42 – **68 ch**
300/385 – ½ P 270/330.

par la sortie ② :

à Montbonnot-St-Martin 7 km sur N 90 – ⊠ 38330.

Voir Bec de Margain ≤ ⋆⋆ NE : 13 km puis 30 mn.

XXX **Les Mésanges,** ℰ 76 90 21 57, Fax 76 90 94 48, 🌲, « Jardin et terrasse ombragés » –
⚿ ☖ 🇯🇨🇧
fermé 1ᵉʳ au 21 août, 1ᵉʳ au 8 janv., dim. soir et lundi – **Repas** 105/360 et carte 240 à 350.

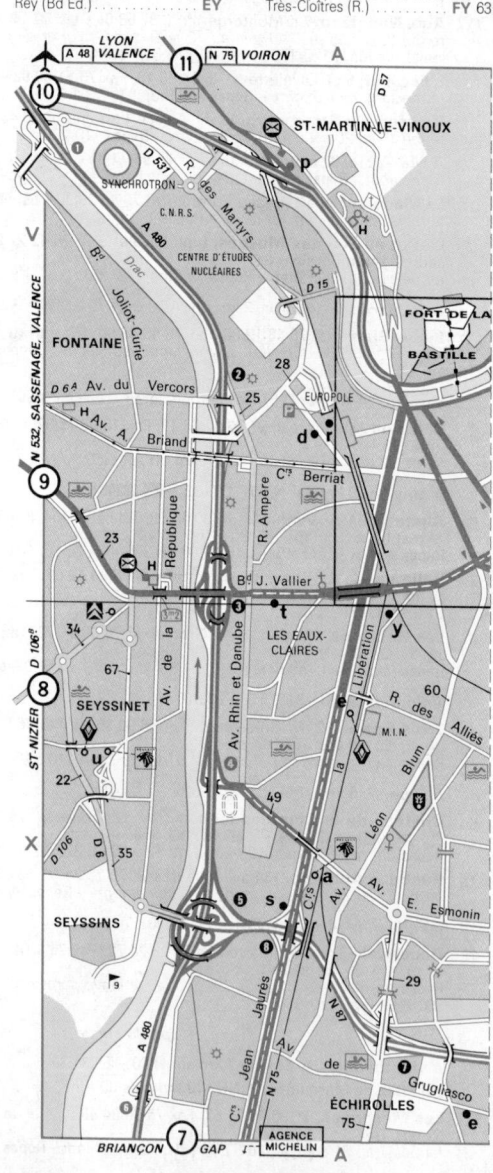

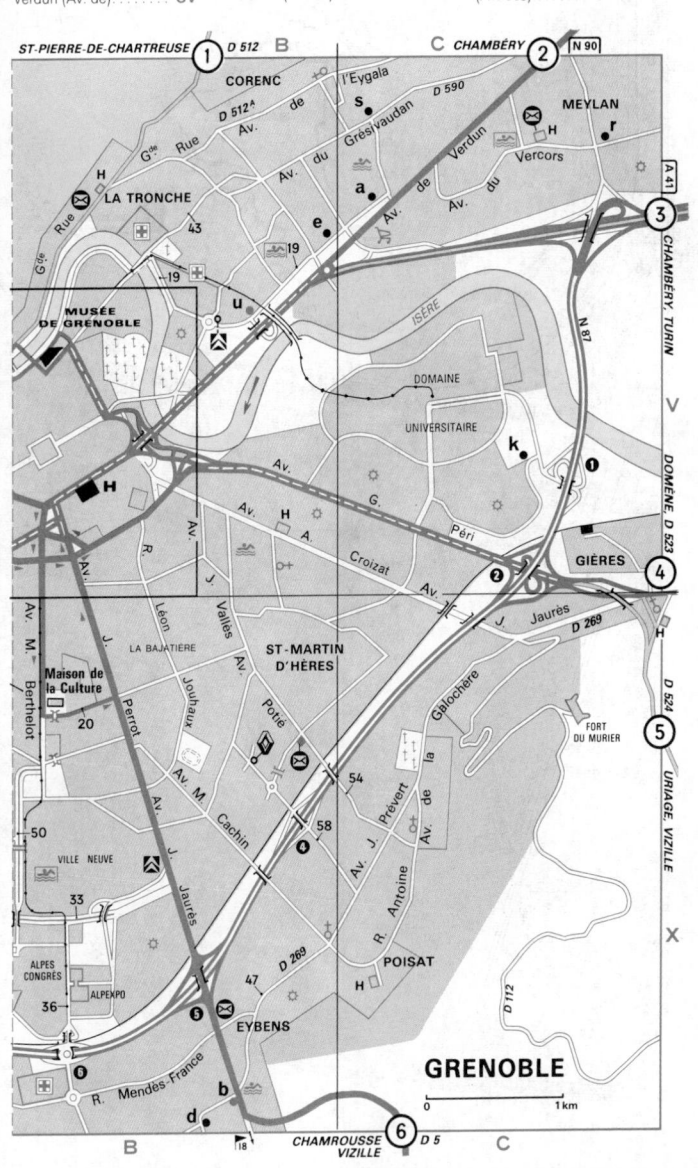

GRENOBLE

GRENOBLE

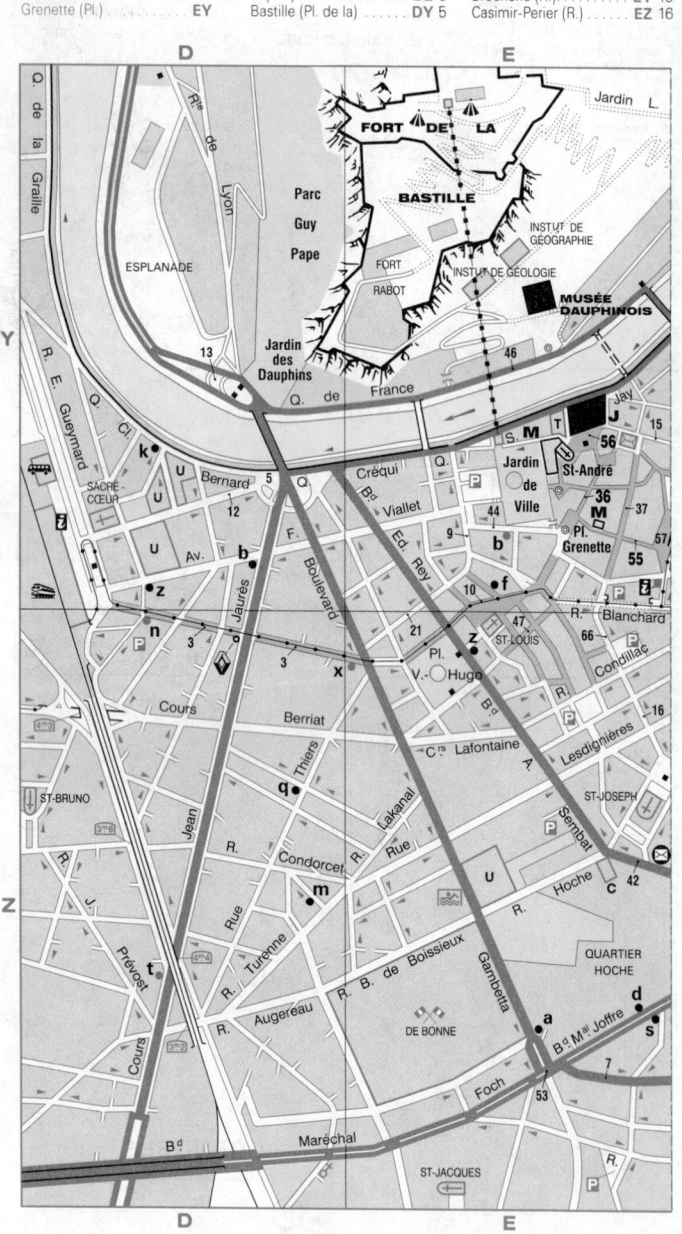

par la sortie ⑥ :

à Bresson 8 km par D 269^c – ✉ **38320** :

XXXX **Chavant** avec ch, ℰ 76 25 15 14, Fax 76 62 06 55, �云, « Jardin ombragé », ⤓ – 📶 🔳 TV ☎ 🅿 ⒶⒺ ⓞ ⒼⒷ. ⚡ rest
fermé 26 au 31 déc. – **Repas** *(fermé lundi d'oct. à mai et sam. midi)* 185 et carte 290 à 360 – 🔲 55 – **8 ch** 500.

par la sortie ⑦ :

à Claix : 9 km par A 480, sortie 9 – 6 960 h. – ✉ **38640** :

🏨 **Comfort Inn Primevère** Ⓜ, Z.A.C. de Font Ratel-r. Europe ℰ 76 98 84 54, Fax 76 98 66 22, �云, ⤓ – 🔳 TV ☎ ⅋ & 🅿 – ⚄ 35. ⒶⒺ ⓞ ⒼⒷ
Repas 83/190 🍷, enf. 43 – 🔲 32 – **45 ch** 280.

à Varces : 13 km par N 75 – 4 592 h. – ✉ **38760** :

XXX **Relais L'Escale** 🦢 avec ch, ℰ 76 72 80 19, Fax 76 72 92 58, �云, « Chalets dans un jardin ombragé », ⤓ – 🔳 ch TV ☎ 🅿 ⒶⒺ ⒼⒷ
fermé 1ᵉʳ janv. au 5 fév. – **Repas** *(fermé mardi du 15 mai au 1ᵉʳ oct., dim. soir et lundi du 2 oct. au 14 mai)* 120/295 et carte 240 à 320 – 🔲 60 – **7 ch** 420/490, (chalets) – ½ P 525.

par la sortie ⑧ :

à Seyssinet-Pariset : 8 km par rte de St-Nizier – 13 241 h. – ✉ **38170** :

XXX **La Gentilhommière**, sur D 106^B ℰ 76 49 73 50, Fax 76 70 22 86, �云, 🌳 – 🅿 ⒶⒺ ⓞ ⒼⒷ
fermé 1ᵉʳ au 8 sept., 2 au 22 janv., dim. soir et lundi – **Repas** 95 *(déj.)*, 125/180 et carte 260 à 330, enf. 65.

par la sortie ⑩ :

à Sassenage : 5 km par A 480 – 9 788 h. – ✉ **38360** :.

🄴 Office de Tourisme pl. Libération ℰ 76 53 17 17.

🏨 **Relais de Sassenage** Ⓜ, Z.I. l'Argentière ℰ 76 27 20 21, Fax 76 53 56 04, �云, ⤓, 🌳 – 🔳 TV ☎ & 🅿 – ⚄ 40. ⒶⒺ ⓞ ⒼⒷ
Repas *(fermé sam. midi et dim. soir)* 79 *(dîner)*, 115/179 🍷, enf. 77 – 🔲 48 – **47 ch** 285/315.

MICHELIN, Agence régionale, r. A.-Bergès, ZI des Iles, Le Pont de Claix par ⑦ ℰ 76 98 51 54

PEUGEOT Bernard Libération, 237 cours Libération AX a ℰ 76 69 62 00 Ⓝ ℰ 76 60 22 07
PEUGEOT Bernard Bastille, 53 rte de Lyon ℰ 76 46 71 67 Ⓝ ℰ 76 60 21 80
RENAULT Splendid-Gar., 4 r. E.-Delacroix FY ℰ 76 42 74 72
RENAULT Galtier Jaurès, 22 crs J.-Jaurès DZ ℰ 76 87 55 27 Ⓝ ℰ 76 74 06 32

RENAULT Galtier Libération, 73 Crs de la Libération AX e ℰ 76 96 69 27 Ⓝ ℰ 76 74 06 32
SAAB Villeneuve-Autom., 8 av. M.-Reynoard ℰ 76 40 57 56

⑩ Euromaster, 86 crs J.-Jaurès ℰ 76 46 00 91

Périphérie et environs

CITROEN Garnier Autom., 28 bd Chantourne à La Tronche BV ℰ 76 42 46 36 Ⓝ ℰ 76 42 46 36
CITROEN Gar. Jourdan, 30 av. Houille Blanche à Seyssinet-Pariset AX ℰ 76 21 07 45
CITROEN S.A.D.A., 38 av. J.-Jaurès à Eybens par ⑥ BX ℰ 76 24 20 63
CITROEN Gar. des Alpes, av. de Provence à Varces par ⑦ ℰ 76 72 80 35
FORD Gauduel, ZI r. du Béal à St Martin-d'Hères ℰ 76 25 75 45
FORD Gar. Gauduel, 46 av A.-Croizat à Fontaine ℰ 76 26 00 18
NISSAN Challenge Auto 38, rte de Lyon à St-Egrève ℰ 76 75 03 36
OPEL, VOLVO Gar. Jeanne d'Arc, 9 av. de l'Ile Brune à St-Egrève ℰ 76 75 88 31
PEUGEOT Gar. Pulicari, 18 av. de Grenoble à Seyssinet-Pariset AX u ℰ 76 48 63 67
RENAULT Esso-Sce du Moucherotte, 117 crs J.-Jaurès à Echirolles par ⑦ ℰ 76 09 16 24
RENAULT Gar. Lambert, 24 av. de Romans à Sassenage par ⑨ ℰ 76 27 40 62
RENAULT Percevalines Automobiles, 11 r. Tuilerie à Seyssinet-Pariset AX u ℰ 76 48 57 99 Ⓝ ℰ 76 48 57 99

RENAULT Galtier Sud, r. Jean-Pierre Timbaud à Echirolles par av. du 8 Mai AX ℰ 76 33 78 78 Ⓝ ℰ 76 74 06 32
RENAULT Auto Dauphiné, ZA Pré Ruffier à St-Martin d'Hères BX ℰ 76 62 42 22 Ⓝ ℰ 05 05 15 15
RENAULT Auto Losange, bd P.-Langevin à Fontaine par ⑨ ℰ 76 28 22 22 Ⓝ ℰ 05 05 15 15
V.A.G. Gar. Guillaumin, 57 bd P. Langevin à Fontaine ℰ 76 53 55 55

⑩ Euromaster, 96 crs J.-Jaurès à Echirolles ℰ 76 09 11 95
Euromaster, 91 av. G.-Péri à St-Martin d'Hères ℰ 76 42 10 59
Euromaster, 71 crs J.-Jaurès à Echirolles ℰ 76 09 33 45
Euromaster, 39 bd P.-Langevin à Fontaine ℰ 76 26 32 45
Euromaster, ZI av. de l'Ile Brune à St-Egrève ℰ 76 75 86 69
Gonthier Frères, 1 r. de Chamechaude à Sassenage ℰ 76 27 11 11
Gonthier Frères-Point S. 131 av. G.-Péri à St-Martin-d'Hères ℰ 76 54 36 83

GRÉOUX-LES-BAINS 04800 Alpes-de-H.-P. 🄸🄸 ④ ⑤ 🄸🄸🄸🄸 ⑤ **G. Alpes du Sud** – 1 718 h alt. 360 – Stat. therm. (20 fév.-21 déc.).

🄴 Office de Tourisme, av. Marronniers ℰ 92 78 01 08, Fax 92 74 24 82.

Paris 769 – Digne-les-Bains 66 – Aix-en-Provence 52 – Brignoles 58 – Manosque 13 – Salernes 52.

🏨🏨 **La Crémaillère** M ॐ, rte Riez ℰ 92 74 22 29, Fax 92 78 19 80, ☞ – |‡| 🖵 ☎ ᕯ 🅿 –
🏊 40. 🅰🅴 🅾 GB. 🍴 rest
fermé 27 nov. au 27 fév. – **Repas** 140/165 – ☲ 45 – **51 ch** 350 – P 440/460.

🏨🏨 **Villa Borghèse** ॐ, ℰ 92 78 00 91, Fax 92 78 09 55, ⍋, ☞, 🛝 – |‡| ▤ ch 🖵 ☎ 🅿 –
🏊 40 à 80. 🅰🅴 🅾 GB. 🍴 rest
6 mars-26 nov. – **Repas** 150/190 – ☲ 50 – **67 ch** 360/650 – ½ P 410/510.

🏨 **Lou San Peyre**, rte Riez ℰ 92 78 01 14, Fax 92 78 03 85, 🌳, ⍋, ☞, 🛝 – |‡| 🖵 ☎ ᕯ 🅿.
🅰🅴 🅾 GB. 🍴 rest
15 nov.-15 mars – **Repas** 98/160, enf. 56 – ☲ 33 – **46 ch** 320/360 – P 340/378.

🏨 **La Chêneraie** ॐ, Les Hautes Plaines ℰ 92 78 03 23, Fax 92 78 11 72, ≼, 🌳, ⍋ – |‡|
◆ 🖵 ☎ ᕯ ⇜ 🅿. 🅰🅴 GB
fermé 20 déc. au 14 fév. – **Repas** 80/250 ⅋ – ☲ 35 – **20 ch** 270/350 – ½ P 260/350.

🏨 **Gd Jardin** (annexe 7 ch. ouvert toute l'année), ℰ 92 74 24 74, Fax 92 74 24 79, 🌳, ⍋,
☞, 🛝 – |‡| 🖵 ☎ 🅿 – 🏊 40. 🅰🅴 GB. 🍴 rest
20 mars-20 nov. – **Repas** 80 (dîner), 90/180, enf. 45 – ☲ 30 – **90 ch** 180/305 – P 285/410.

🏛 **Colonnes**, av. des Marronniers ℰ 92 78 00 04, Fax 92 77 64 37 – 🖵 ☎ 🅿. GB
◆ *1ᵉʳ avril-5 nov.* – **Repas** 85/160 – ☲ 32 – **35 ch** 230/260 – P 260/310.

RENAULT Gar. Galléго, ℰ 92 78 00 50 🅽 ℰ 92 78 00 50

38650 Isère⑰ ⑭ G. Alpes du Nord – 265 h alt. 1 250 – Sports d'hiver : 1 250/
1 750 m ⚡15 ☇.

Voir Col de l'Allimas ≼★ S : 2 km.

🛈 Office de Tourisme ℰ 76 34 33 40, Fax 76 34 31 26.

Paris 616 – ◆Grenoble 47 – Clelles 20 – Monestier-de-Clermont 13 – Vizille 43.

🏨 **Le Chalet** M ॐ, ℰ 76 34 32 08, Fax 76 34 31 06, ≼, 🌳, ⍋, 🛝 – 🖵 ☎ ⇜ 🅿. GB. 🍴
6 mai-2 nov. et 20 déc.-30 mars – **Repas** 86/280, enf. 50 – ☲ 40 – **25 ch** 270/380 –
½ P 310/350.

🏡 **Rochas**, ℰ 76 34 31 20 – ☎. GB. 🍴 ch
◆ *fermé 31 oct. au 20 déc.* – **Repas** 80/150 ⅋ – ☲ 32 – **7 ch** 140/240 – ½ P 220/240.

67190 B.-Rhin⑧⑦ ⑮ – 1 181 h alt. 197.

Paris 481 – ◆Strasbourg 29 – Obernai 13 – Saverne 32 – Sélestat 38.

🏛 **A l'Écu d'Or**, Z.A. r. Gutenberg ℰ 88 50 16 00, Fax 88 50 15 11 – ⅛≠ ch 🖵 ☎ ᕯ 🅿. GB
◆ *fermé sam. midi* – **Repas** 45 (déj.), 75/290 ⅋, enf. 35 – ☲ 35 – **25 ch** 250/280 – ½ P 280.

CITROEN Gar. Fritsch, ℰ 88 50 04 10

77410 S.-et-M.⑤⑥ ⑫ ⑩⑩⑩ ⑩ – 868 h alt. 55.

Paris 37 – Meaux 21 – Melun 57 – Senlis 34.

🏨🏨 **Manoir de Gressy** M ॐ, ℰ (1) 60 26 68 00, Fax (1) 60 26 45 46, 🌳, ⍋, ☞ – |‡| ⅛≠ ch
▤ rest 🖵 ☎ ᕯ 🅿 – 🏊 100. 🅰🅴 🅾 GB
Repas 140 (déj.)/160 ⅋, enf. 70 – ☲ 50 – **90 ch** 750/1250.

73 Savoie⑦④ ⑮ – rattaché à Aix-les-Bains.

73740 Savoie⑦④ ⑯ – 890 h alt. 357.

Env. Site★★ et ≼★★ du château de Miolans★ SO : 7 km, G. Alpes du Nord.

Paris 581 – Albertville 19 – Aiguebelle 12 – Chambéry 37 – St-Jean-de-Maurienne 47.

🏛 **La Tour de Pacoret** ॐ, NE : 1,5 km par D 201 ✉ 73460 Frontenex ℰ 79 37 91 59,
Fax 79 37 93 84, ≼ vallée et montagnes, 🌳, parc – 🖵 ☎ ᕯ 🅿. GB. 🍴
15 avril-11 nov. – **Repas** *(fermé mardi sauf le soir d'avril à sept. et lundi du 1ᵉʳ oct. au 11 nov.)*
(nombre de couverts limité - prévenir) 95 (déj.), 120/220 – ☲ 45 – **9 ch** 280/450 – ½ P 300/
355.

69290 Rhône⑦④ ⑪ – 3 256 h alt. 330.

Paris 462 – ◆Lyon 14 – L'Arbresle 17 – Villefranche-sur-Saône 30.

✕✕✕ **Host. de la Varenne**, 9 r. É. Evellier ℰ 78 57 31 05, 🌳 – 🅿 GB
fermé dim. soir et lundi – **Repas** 140/360 et carte 240 à 315, enf. 70.

85 Vendée⑦① ⑪ – rattaché à La Tranche-sur-Mer.

26230 Drôme⑧① ② G. Provence (plan) – 1 300 h alt. 197.

Voir Château★★ : 🏛★.

Paris 633 – Crest 47 – Montélimar 28 – Nyons 23 – Orange 51 – Pont-St-Esprit 37 – Valence 73.

🏨🏨 **La Roseraie** ॐ, rte Valréas ℰ 75 46 58 15, Fax 75 46 91 55, 🌳, « Élégant manoir dans
un parc, ⍋, 🛝 » – cuisinette 🖵 ☎ ᕯ 🅿. 🅰🅴 🅾 GB
fermé 6 au 13 nov., 4 janv. au 15 fév. et lundi hors sais. – **Repas** (nombre de couverts limité,
prévenir) 170/220, enf. 110 – ☲ 85 – **14 ch** 680/1050 – ½ P 595/1080.

XX **Relais de Grignan,** rte Montélimar D 541 : 1 km *&* 75 46 57 22, Fax 75 46 92 96, 🛦, 🖾
– **Ⓟ**. 🅰🅴 🟢🅱
fermé 13 au 29 nov., dim. soir et lundi sauf fériés – **Repas** 98/320, enf. 56.

CITROEN Gar. Ferretti, *&* 75 46 51 78 **Ⓝ**
& 75 46 51 78

RENAULT Gar. Monier, *&* 75 46 51 24 **Ⓝ**
& 75 46 53 28

GRIMAUD 83310 Var 🎱 ⑰ 🔢 ㉚ G. Côte d'Azur – 3 322 h alt. 100.

🅱 Office de Tourisme bd des Aliziers *&* 94 43 26 98, Fax 94 43 32 40 et annexe St.-Pons-les-Mures
(Pâques-sept.) *&* 94 56 28 87.

Paris 867 – Fréjus 31 – Brignoles 57 – Le Lavandou 32 – St-Tropez 9 – Ste-Maxime 11,5 – ♦Toulon 64.

🏨 **La Boulangerie** 🌿, O : 2 km par D 14 et VO *&* 94 43 23 16, Fax 94 43 38 27, ≤, 🛦,
parc, 🏊, 🎾 – 🕿 **Ⓟ**. 🅰🅴 🟢🅱
hôtel : Pâques-10 oct. ; rest. : 15 mai-15 sept. – **Repas** (déj. seul.)(résidents seul.) carte 200
à 270 – 🖵 60 – **11 ch** 670/820.

🏨 **Athénopolis** Ⓜ 🌿 sans rest, O : 3,5 km par rte La Garde Freinet *&* 94 43 24 24,
Fax 94 43 37 05, ≤, 🏊, 🛦 – 🖵🆅 🕿 ⅙ **Ⓟ** 🅰🅴 🟢 🅱
Pâques-fin oct. – 🖵 45 – **11 ch** 520/640.

🏨 **Host. Coteau Fleuri** 🌿, *&* 94 43 20 17, Fax 94 43 33 42, ≤, 🛦, 🛦 – 🕿. 🅰🅴 🟢🅱. 🛠 rest
fermé 4 au 19 déc., 2 au 18 janv. et mardi sauf juil.-août – **Repas** 145 (déj.), 190/245 bc –
🖵 45 – **14 ch** 360/475.

XXX ✿ **Les Santons** (Girard), *&* 94 43 21 02, Fax 94 43 24 92, « Cadre provençal » – 🗏. 🅰🅴
🟢 🅱 🅹🅲🅱
15 mars-1ᵉʳ nov., 23 déc.-2 janv. et fermé merc. sauf juil.-août – **Repas** 180 (déj.), 265/420 et
carte 350 à 520
Spéc. Poissons. Selle d'agneau de Sistéron aux petits légumes. Gibier (saison). **Vins** Bandol, Côtes-de-Provence.

🔞 Aude-Point S, N 98, Valensole à Cogolin *&* 94 54 54 21

Le feu est le plus terrible ennemi de la forêt.

Soyez prudent !

GRIS-NEZ (Cap) ★★ 62 P.-de-C. 🗩 ① G. Flandres Artois Picardie – alt. 50 – ✉ **62179** Audinghen.
Paris 308 – ♦Calais 28 – Arras 128 – Boulogne-sur-Mer 20 – Marquise 13 – St-Omer 60.

🏨 **Mauves,** *&* 21 32 96 06, 🛦, 🛦 – 🕿 **Ⓟ**. 🟢🅱. 🛠
1ᵉʳ avril-15 nov. – **Repas** 108/220 🍷 – 🖵 37 – **16 ch** 250/450 – ½ P 280/405.

X **La Sirène** (chambres prévues), *&* 21 32 95 97, ≤ mer – **Ⓟ**. 🟢🅱
*fermé 18 déc. au 2 fév., le soir de sept. à Pâques (sauf sam.), lundi de sept. à juin et dim.
soir* – **Repas** 109/192.

La GRIVE 38 Isère 🏁 ⑬ – rattaché à Bourgoin-Jallieu.

GROIX (Ile de) ★ 56590 Morbihan 🗩 ⑫ G. Bretagne – 2 472 h alt. 39.

Voir Site★ de Port-Lay – Trou de l'Enfer★.

Accès par transports maritimes pour **Port-Tudy** (en été **réservation recommandée** pour le passage des véhicules).

🚢 depuis **Lorient.** Traversée 45 mn – Tarifs, se renseigner : Cie Morbihannaise et Nantaise
de Navigation, bd A.-Pierre *&* 97 64 77 64 - Fax 97 64 77 69.

🅱 Office de Tourisme Mairie *&* 97 86 53 08 et Port Tudy (saison) *&* 97 86 54 86.

🏨 **La Marine,** au Bourg *&* 97 86 80 05, Fax 97 86 56 37, 🛦, 🛦 – 🕿. 🟢🅱
➡ *fermé 5 janv. au 5 fév., dim. soir et lundi hors sais.* – **Repas** 70/150, enf. 47 – 🖵 39 – **22 ch**
205/420 – ½ P 229/325.

XX **Ty Mad** avec ch, au port *&* 97 86 80 19, Fax 97 86 50 79, ≤, 🛦 – 🕿 **Ⓟ**. 🅰🅴 🟢🅱. 🛠
➡ *hôtel : fermé fév. ; rest. : ouvert mars-oct.* – **Repas** 75/180 – 🖵 30 – **32 ch** 200/350 –
½ P 220/300.

GROLÉJAC 24250 Dordogne 🏁 ⑰ – 545 h alt. 80.
Paris 544 – Sarlat-la-Canéda 12 – Gourdon 13 – Périgueux 78.

🏨 **Le Grillardin,** *&* 53 28 11 02, 🛦, 🛦 – 🕿 **Ⓟ**. 🟢🅱. 🛠 ch
➡ *1ᵉʳ avril-30 sept.* – **Repas** 68/160 🍷, enf. 45 – 🖵 28 – **14 ch** 140/230 – ½ P 160/210.

GROSLÉE 01680 Ain 🏁 ⑭ – 286 h alt. 237.
Paris 496 – Belley 19 – Bourg-en-B. 68 – ♦Lyon 76 – La Tour-du-Pin 29 – Vienne 70 – Voiron 43.

XX **Penelle,** à Port de Groslée SO : 1 km sur D 19 *&* 74 39 71 01, ≤, 🛦 – **Ⓟ**. 🟢🅱
fermé 1ᵉʳ janv. au 15 fév., lundi et mardi – **Repas** 85/210.

GROTTE voir au nom propre de la grotte.

GROUIN (Pointe du) 35 I.-et-V. 🗩 ⑥ – rattaché à Cancale.

GRUISSAN 11430 Aude 🔢 ⑩ G. Pyrénées Roussillon – 2 170 h alt. 2 – Casino .

🏢 Office de Tourisme bd du Pech Maynaud ✆ 68 49 03 25, Fax 68 49 33 12.

Paris 812 – ◆Perpignan 75 – Carcassonne 71 – Narbonne 17.

🏨 **Corail** Ⓜ, quai Ponant, au port ✆ 68 49 04 43, Fax 68 49 62 89, ≼, � – 🛗 🔲 📺 ☎ 🄿, 🕮
   ⊞
   fermé 10 nov. au 20 janv. – **Repas** 90/160, enf. 45 – 🖵 40 – **32 ch** 350/395 – ½ P 300/330.

🏠 **Plage** sans rest, à la Plage ✆ 68 49 00 75 – 🕾. 🛇
   Pâques-mi-sept. – 🖵 35 – **17 ch** 290/300.

🍴 **L'Estagnol**, au Village ✆ 68 49 01 27, Fax 68 49 96 66, � – ⊞
   fermé 1ᵉʳ janv. au 15 fév. et lundi – **Repas** 95 (déj.), 135/200 ⅄, enf. 45.

Le GUA 17 Char.-Mar. 🔢 ⑭ – rattaché à Saujon.

GUAGNO-LES-BAINS 2A Corse-du-Sud 🔢 ⑮ – voir à Corse.

GUEBERSCHWIHR 68420 H.-Rhin 🔢 ⑱ ⑲ G. Alsace Lorraine – 703 h.

Paris 494 – Colmar 12 – Guebwiller 17 – ◆Mulhouse 34 – ◆Strasbourg 85.

🏨 **Relais du Vignoble et rest. Belle vue** 🍃, ✆ 89 49 22 22, Fax 89 49 27 82, ≼, � – 🛗
◆ 🔲 ☎ 🖆 🄿 – 🖋 40. ⊞
   fermé 27 janv. au 3 mars – **Repas** (fermé merc. soir du 15 nov. au 15 avril et jeudi) 80/250 ⅄,
   enf. 45 – 🖵 45 – **30 ch** 220/450 – ½ P 280/300.

GUEBWILLER ◁🆂▷ 68500 H.-Rhin 🔢 ⑱ G. Alsace Lorraine (plan) – 10 942 h alt. 288.

Voir Église St-Léger★ : façade Ouest★★ – Intérieur★★ de l'église N.-Dame★ : Assomption★★ –
Hôtel de Ville★ – Musée du Florival : décor★ d'une salle de bains, vase★ – Vallée de
Guebwiller★★ NO – Buhl : retable de Buhl★★ dans l'église N : 3 km par D 430.

Env. Église★ de Lautenbach SE : 7 km.

🏢 Office de Tourisme, Hôtel de Ville ✆ 89 76 10 63, Fax 89 76 52 72.

Paris 482 – ◆Mulhouse 22 – Belfort 49 – Colmar 26 – Épinal 103 – ◆Strasbourg 99.

🏨 **L'Ange,** 4 r. Gare ✆ 89 76 22 11, Fax 89 76 50 08 – 🛗 🔲 ☎ ⅙ 🄿 – 🖋 40. 🕮 ⊞
◆ **Repas** (fermé dim. soir et lundi midi) 60/300 ⅄ – 🖵 35 – **36 ch** 210/350 – ½ P 265/285.

   à Murbach NO : 5 km par D 40ᴵᴵ – ✉ 68530.
   Voir Église★★.

🏨 **Host. St Barnabé** 🍃, ✆ 89 76 92 15, Fax 89 76 67 80, ≼, �, « Maison fleurie dans le
   vallon, jardin », 🏓 🔲 ☎ 🄿 – 🖋 30. 🕮 ⊚ ⊞
   fermé 10 janv. au 6 mars et dim. soir de nov. à mars – **Repas** 125/315 – 🖵 60 – **27 ch**
   410/560 – ½ P 448/661.

   à Jungholtz SO : 6 km par D 51 – ✉ 68500 :

🏨 **Résidence Les Violettes** 🍃, à Thierenbach ✆ 89 76 91 19, Fax 89 74 29 12, ≼, « Collection de voitures anciennes », 🛋, 🏓 – 🛗 🔲 ☎ 🄿. 🕮 ⊚ ⊞
   fermé 23 janv. au 7 fév. – **Repas** (fermé lundi soir et mardi sauf fériés) 170/400 – 🖵 55 –
   25 ch 520/730.

🏨 **Host. de Thierenbach** 🍃, à Thierenbach ✆ 89 76 93 01, Fax 89 74 37 45, �, 🍃, 🏓 –
◆ 🔲 ☎ 🄿. ⊞
   fermé lundi hors sais. – **Repas** 70/240 ⅄, enf. 45 – 🖵 48 – **16 ch** 390/490 – ½ P 380/470.

🍴 **Biebler** avec ch, ✆ 89 76 85 75, Fax 89 74 91 45, �, « Jardin » – 🔲 ☎ 🚗 🄿 – 🖋 60.
   🕮 ⊚ ⊞
   fermé jeudi soir et vend. de sept. à juin – **Repas** 100/280 ⅄ – 🖵 40 – **14 ch** 140/300 –
   ½ P 260.

   à Hartmannswiller S : 7 km par D 5 – ✉ 68500 :

🏠 **Meyer,** sur D 5 ✆ 89 76 73 14, Fax 89 76 79 57, �, 🏓 – ⅙ ch 🔲 ☎ 🄿. 🕮 ⊚ ⊞. 🛇
◆ *fermé 16 au 30 juin, 19 janv. au 3 fév., sam. midi et vend.* – **Repas** 70/300 ⅄, enf. 45 – 🖵 40 –
   12 ch 220/340 – ½ P 245/300.

   à Rimbach-près-Guebwiller O : 11 km par D 51 alt. 550 – ✉ 68500 :

🏡 **Aigle d'Or** 🍃, ✆ 89 76 89 90, Fax 89 74 32 41, �, « Jardin » – ☎ 🚗 🄿. 🕮 ⊚ ⊞
◆ *fermé 27 fév. au 23 mars, 4 au 8 déc. et lundi sauf de juil. à sept.* – **Repas** 55/170, enf. 45 –
   🖵 20 – **21 ch** 90/205 – ½ P 165/205.

PEUGEOT Gar. du Parc, 11 rte de Soultz   RENAULT Gar. du Florival, Pénétrante RN 83
✆ 89 76 83 15   ✆ 89 76 27 27 🄽 ✆ 05 05 15 15

GUÉMENE-SUR-SCORFF 56160 Morbihan 🔢 ⑪ – 1 332 h alt. 139.

Paris 479 – Vannes 66 – Concarneau 71 – Lorient 44 – Pontivy 21 – ◆Rennes 127 – St-Brieuc 72.

🏠 **Bretagne,** r. J. Peres ✆ 97 51 20 08, Fax 97 39 30 49, 🏓 – ⅙ ch 🔲 ☎ 🄿 – 🖋 30. 🕮
◆ ⊞
   fermé 1ᵉʳ au 10 sept., 20 déc. au 10 janv. et sam. hors sais. – **Repas** 59/200 ⅄, enf. 36 – 🖵 32
   – **19 ch** 169/273 – ½ P 347/451.

GUENROUËT 44530 Loire-Atl. **⑥③** ⑮ – 2 383 h alt. 43.

Paris 423 – ◆ Nantes 54 – Redon 22 – St-Nazaire 39 – Vannes 69.

    XX **Relais St-Clair,** rte Nozay ℘ 40 87 61 11, Fax 40 87 71 01 – **GB**
      fermé vac. de Toussaint, de fév., mardi soir et merc. soir sauf de mai à sept., dim. soir et
      lundi de sept. à juin – **Repas** 100/320, enf. 70.

RENAULT Gar. Richard, ℘ 40 87 60 79

GUÉRANDE 44350 Loire-Atl. **⑥③** ⑭ G. Bretagne (plan) – 11 665 h alt. 52.

Voir Le tour des remparts★ – Collégiale St-Aubin★.

🛈 Office de Tourisme 1 pl. Marché aux Bois ℘ 40 24 96 71, Fax 40 62 04 24.

Paris 454 – ◆ Nantes 77 – La Baule 7 – St-Nazaire 19 – Vannes 65.

    🏨 **Voyageurs,** pl. du 8 Mai 1945 ℘ 40 24 90 13, Fax 40 62 06 64, 🍴 – 📺 ☎. **GB**
    ◆ *hôtel : fermé 20 déc. au 15 janv. et lundi* – **Repas** *(fermé 20 déc. au 15 janv., le soir d'oct. à*
      mars, dim. soir et lundi sauf juil.-août) 54/205 🍷 – ☄ 30 – **12 ch** 260/290 – ½ P 280/295.

    🏨 **Eurocéan** Ⓜ sans rest, parc d'activités Villejames ℘ 40 42 90 42 – ☎ ㊐ Ⓟ. **GB**
      fermé 25 déc. au 2 janv. – ☄ 30 – **33 ch** 250/280.

    🏨 **Roc Maria** sans rest, 1 r. Halles (intra-muros) ℘ 40 24 90 51, Fax 40 62 13 03, « Maison
      du 15ᵉ siècle » – ☎. **GB**
      ☄ 35 – **10 ch** 260/300.

    XX **Les Remparts** avec ch, bd Nord ℘ 40 24 90 69, Fax 40 62 17 99 – ㊐. **GB**
      fermé dim. soir et lundi – **Repas** *(fermé le soir du 4 nov. au 25 mars)* 95/205, enf. 60 – ☄ 32 –
      8 ch 240/270 – ½ P 270/280.

CITROEN Gar. Mercier, 2 r. Letilly ℘ 40 24 90 35   RENAULT Gar. Guihard, r. de l'Océan à St-Molf
PEUGEOT Gar. Cottais, rte de la Turballe   ℘ 40 62 51 75 🅽 ℘ 40 62 51 75
℘ 40 24 90 39 🅽 ℘ 40 24 94 28
RENAULT Gar. de la Promenade, 3 bd Midi
℘ 40 24 91 39

    Dans ce guide

    un même symbole, un même caractère,

    imprimé en couleur ou en noir, en maigre ou en ***gras,***

    n'ont pas tout à fait la même signification.

    Lisez attentivement les pages explicatives.

La GUERCHE-DE-BRETAGNE 35130 I.-et-V. **⑥③** ⑧ G. Bretagne – 4 123 h alt. 77.

Paris 325 – Châteaubriant 30 – Laval 40 – Redon 85 – ◆Rennes 54 – Vitré 22.

    XX **La Calèche** Ⓜ 🐾 avec ch, 16 av. Gén. Leclerc ℘ 99 96 21 63, Fax 99 96 49 52, 🍴 – 📺
    ◆ 🛏 Ⓟ. **GB**
      fermé 1ᵉʳ au 22 août, dim. soir et lundi – **Repas** 70/170 🍷 – ☄ 45 – **10 ch** 200/270.

🔘 Billon-Pneus, rte de Vitré ℘ 99 96 22 51

GUÉRET Ⓟ 23000 Creuse **⑦②** ⑨ G. Berry Limousin – 14 706 h alt. 436.

Voir Salle du Trésor d'orfèvrerie★ du musée de la Sénatorerie Z M¹.

🛈 Office de Tourisme 1 av. Ch.-de-Gaulle ℘ 55 52 14 29.

Paris 355 ① – ◆ Limoges 89 ④ – Bourges 123 ① – Châteauroux 89 ① – Châtellerault 151 ⑥ – ◆Clermont-Ferrand
132 ③ – Montluçon 65 ② – Poitiers 144 ⑥ – Tulle 135 ④ – Vierzon 122 ①.

Plan page ci-contre

    🏨🏨 **Auclair,** 19 av. Sénatorerie ℘ 55 41 22 00, Fax 55 52 86 89, 🍴, 🍴 – 🛁 ch 📺 ☎ 🚗.
      GB   Z **s**
      Repas 98/230 – ☄ 39 – **32 ch** 215/300 – ½ P 255/300.

    🏨 **Campanile,** av. R. Cassin vers ① par av. Ch. de Gaulle ℘ 55 51 54 00, Fax 55 52 56 16,
      🍴 – 🛁 ch 📺 ☎ ㊐ Ⓟ – 🔥 25. ㊐ ⓪ **GB**
      Repas 82 bc/105 bc, enf. 39 – ☄ 30 – **48 ch** 270.

    X **Le Bouëradour,** 6 r. J. Ducouret ℘ 55 52 05 33 – **GB**   Z **a**
      fermé 1ᵉʳ au 17 août, dim. soir et lundi midi – **Repas** *(prévenir)* 100/250, enf. 60.

    à Ste-Feyre par ③ : 7 km – ⊠ 23000.

    Voir Château du Théret★ SE : 3 km.

    XX **Touristes,** ℘ 55 80 00 07, Fax 55 81 11 04 – **GB**. 🎇
      fermé mardi soir et merc. – **Repas** 82/260 🍷, enf. 45.

CITROEN ASC, 21 av. Ch.-de-Gaulle ℘ 55 52 48 52   TOYOTA Gar. de l'Avenir, ZI Cher du Prat
FIAT-LANCIA Gar. Bellevue, Le Verger N 145 à   ℘ 55 52 73 73 🅽 ℘ 55 51 97 50
Ste-Feyre ℘ 55 52 43 65   VAG Gar. St-Christophe, rte de Paris à Cherdemont
FORD Gar. Martin, 15 r. E.-France ℘ 55 52 14 44   ℘ 55 51 97 50 🅽 ℘ 55 51 97 50
PEUGEOT Gar. Daraud, rte de Montluçon à
Ste-Feyre par ② ℘ 55 52 52 00 🅽 ℘ 55 61 31 42
RENAULT Gén. Autom. Creusoise, 31 av. Gén.-de-   🔘 Godignon Pneu + vulcopneu, 27 av. Ch.-de-
Gaulle Y ℘ 55 52 06 60 🅽 ℘ 55 76 40 79   Gaulle ℘ 55 52 01 65

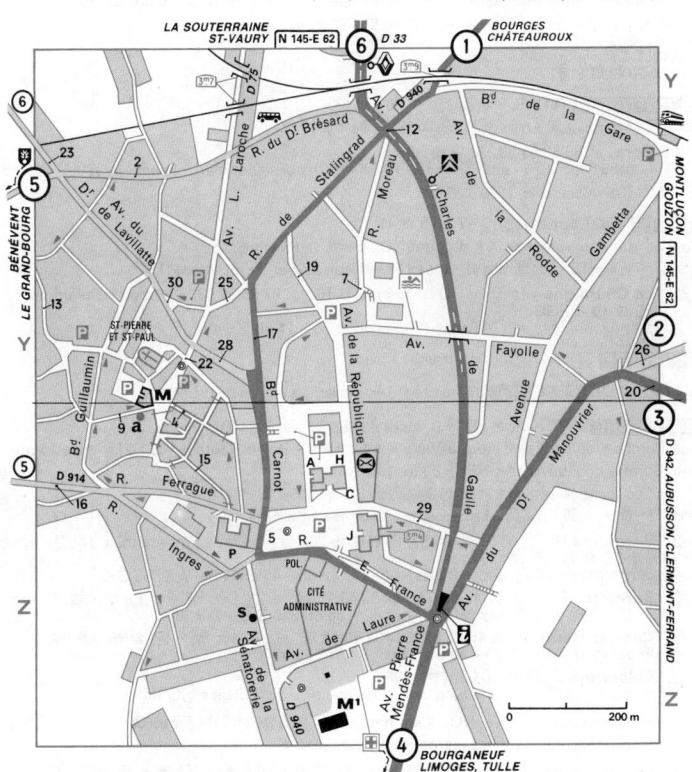

Ancienne-Mairie (R. de l') . . **Z** 4
Grande-Rue . . . . **Z** 15
Piquerelle (Pl.) . . . . **Y** 22

Allende (R. Salvador) . . . . . **Z** 2

Bonnyaud (Pl.) . . . . **Z** 5
Corneille (R. Pierre) . . . . . **Y** 7
Ducouret (R.) . . . . **Z** 9
Gane
   (Rond-Point de la) . . . **Y** 12
Grand (R. Alfred) . . . . . . **Y** 13
Jaurès (R. Jean) . . . . **Z** 16
Londres (R. de) . . . . **Y** 17

Musset (R. Alfred-de) . . . **Y** 19
Pasteur (Av.) . . . . **YZ** 20
Poitou (Av. du) . . . . **Y** 23
Rollinat (R. Maurice) . . . **Y** 25
Roosevelt (R. Franklin) . . **Y** 26
St-Pardoux (Bd) . . . . **Y** 28
Verdun (R. de) . . . . **Z** 29
Zola (Bd Émile) . . . . **Y** 30

Nelle piante di città il Nord è sempre in alto.

GUERLESQUIN 29650 Finistère 🔢 ⑦ G. Bretagne – 1 627 h alt. 250.

Paris 523 – ◆Brest 83 – Carhaix-Plouguer 34 – Guingamp 38 – Lannion 35 – Morlaix 23 – Plouaret 17 – Quimper 81.

  🏠 **Monts d'Arrée**, 𝒫 98 72 80 44, Fax 98 72 81 50 – 🕿 🚐. GB
  ↝ *fermé dim. soir* – **Repas** 50 bc/165 – ☲ 27 – **23 ch** 190/250 – ½ P 220/270.

GUÉTHARY 64210 Pyr.-Atl. 🔢 ⑪ ⑱ G. Pyrénées Aquitaine – 1 105 h alt. 27.

🚩 Office de Tourisme pl. du Fronton 𝒫 59 26 56 60, Fax 59 54 92 67.

Paris 788 – Biarritz 9 – ◆Bayonne 16 – Pau 122 – St-Jean-de-Luz 6.

  🏨 **Pereria** 🐾, 𝒫 59 26 51 68, ≤, 🏤, 🛖 – 🕿 🅿. GB. 🍽 rest
  ↝ *1ᵉʳ mars-1ᵉʳ nov.* – **Repas** 80/180 – ☲ 26 – **32 ch** 112/220 – ½ P 190/275.

  🏨 **Brikétenia** sans rest, 𝒫 59 26 51 34, ≤, 🛖 – 🖵 🕿 🅿. GB
    1ᵉʳ mars-31 oct. – ☲ 40 – **21 ch** 460.

RENAULT Gar. Labourd, 𝒫 59 26 50 52

Le GUÉTIN 18 Cher 🔢 ③ – alt. 175 – ✉ 18150 La Guerche-sur-l'Aubois.

Paris 244 – Bourges 58 – La Guerche-sur-l'Aubois 10,5 – Nevers 11 – St-Pierre-le-Moutier 27.

  XX **Aub. du Pont-Canal**, D 976 𝒫 48 80 40 76, Fax 48 80 45 11, 🏤 – GB
  ↝ *fermé 13 au 27 nov., 28 fév. au 14 mars, le soir de nov. à mars (sauf sam.) et lundi* – **Repas**
    78/200, enf. 38.

Paris 342 – Moulins 62 – Autun 51 – Bourbon-Lancy 26 – Digoin 16 – Mâcon 89 – Montceau-les-Mines 27.

🏠 **Centre**, 34 r. Liberté ℰ 85 85 21 01, Fax 85 85 02 67 – 🍽 rest 📺 ☎ 🅟. ⓞ ⤳ GB
 Repas (fermé dim. soir) 79/245 ♟, enf. 55 – ⊆ 35 – **20 ch** 130/270.

🕮🕮 **Relais Bourguignon** avec ch, 47 r. Convention ℰ 85 85 25 23 – 📺 ☎ ⤳ 🅟. 🏧 ⓞ GB
 fermé 1ᵉʳ au 22 août, dim. soir et lundi – **Repas** 90/190 ♟ – ⊆ 32 – **8 ch** 160/190.

CITROEN Gar. Milli, rte de Digoin ℰ 85 85 06 02 🅽   ⓝ Goesin, ZA rte de Rigny-sur-Arroux
ℰ 85 85 06 02   ℰ 85 85 25 40
RENAULT Gar. Hermey, 48 r. Liberté
ℰ 85 85 20 42 🅽 ℰ 85 77 32 59

Paris 439 – ◆Mulhouse 20 – Altkirch 21 – Belfort 24 – Thann 8.

🍴 **Gare,** ℰ 89 82 51 29, 🌤 – 🅟. GB
 fermé 25 juil. au 11 août, 27 fév. au 10 mars, mardi soir et mer. – **Repas** 125/320 ♟, enf. 55.

PEUGEOT Gar. Maranzana, ℰ 89 82 50 69

Voir St-Maurice : Site★ et ≼★ du pont NO : 5 km, G. Bretagne.

Paris 503 – Vannes 65 – Concarneau 41 – Lorient 13 – Moëlan-sur-Mer 13 – Quimperlé 11,5.

🏯🏯 **La Châtaigneraie** Ⓜ ⬙, O : 1 km par D 162 ℰ 97 65 99 93, « Manoir dans un parc » –
 📺 ☎ 🅟. 🏧 GB
 fermé lundi hors sais. – **Repas** 160/320 – ⊆ 50 – **11 ch** 500/650.

Voir Porche★ de l'église – Pied-la-Viste ≼★ E : 2 km – Peyre-Haute ≼★ S : 4 km puis 15 mn.
Env. Combe du Queyras★★ NE : 5,5 km.

🛈 Office de Tourisme, pl. Salva ℰ 92 45 04 37, Fax 92 45 09 19.

Paris 722 – Briançon 36 – Gap 60 – Barcelonnette 52 – Digne-les-Bains 119.

🏯🏯 **Barnières II** ⬙, ℰ 92 45 04 87, Fax 92 45 28 74, ≼ vallée et montagnes, 🛏, ⊼, 🐝, 🍴
 – 🗐 📺 ☎ 🅟. 🏧 GB. 🐝 rest
 fermé 15 oct. au 20 déc. – **Repas** 100/200 – ⊆ 45 – **45 ch** 380 – ½ P 350/380.

🏯 **Barnières I** ⬙, ℰ 92 45 05 07, Fax 92 45 28 74, ⊼, 🐝, 🍴 – 🗐 🅟. 🏧 GB. 🐝 rest
 1ᵉʳ juin-30 sept. – **Repas** 100/200 – ⊆ 42 – **36 ch** 350/380 – ½ P 360.

🏠 **Catinat Fleuri,** ℰ 92 45 07 62, Fax 92 45 28 88, ≼, ⊼, 🌿, 🍴 – 📺 ☎ 🅟. ⓞ GB
 Repas 80/160 ♟ – ⊆ 36 – **30 ch** 320/350 – ½ P 280/300.

🕮🕮 **Epicurien,** ℰ 92 45 20 02, 🌤 – GB
 fermé 1ᵉʳ au 15 juin, oct., lundi soir et mardi hors sais. – **Repas** 140/190.

à Mont-Dauphin gare NO : 4 km par D 902^A et N 94 alt. 900 – ⊠ **05600** .
Voir Charpente★ de la caserne Rochambeau.

🏠 **Lacour et rest. Gare,** ℰ 92 45 03 08, Fax 92 45 40 09, 🌿 – 📺 ☎ ♿ 🅟. GB. 🐝 rest
 fermé sam. en mai, juin et du 1ᵉʳ sept. au 20 déc. – **Repas** 75/180 ♟ – ⊆ 34 – **30 ch** 300 –
 ½ P 265.

à La Maison du Roy NE : 5,5 km par D 902 – ⊠ **05600** Guillestre :

🏠 **Maison du Roy,** ℰ 92 45 08 34, Fax 92 45 27 19, ≼, 🌤, 🌿, 🍴 – ☎ 🅟. ⓞ GB. 🐝 rest
 fermé 1ᵉʳ au 8 mai, 26 oct. au 20 déc. et sam. en mai, juin, sept., oct. – **Repas** 80/210 ♟, enf.
 57 – ⊆ 44 – **30 ch** 212/388 – ½ P 316/334.

PEUGEOT-TALBOT Gar. du Tourisme, à Mont-   Gar. du Guil, le Villard ℰ 92 45 03 05 🅽
Dauphin ℰ 92 45 07 09   ℰ 92 45 03 05

Paris 413 – Vannes 60 – Dinan 63 – Lorient 90 – Ploërmel 13 – ◆Rennes 64.

🏯 **Relais du Porhoët,** ℰ 97 74 40 17, Fax 97 74 45 65 – 📺 ☎ 🅟 – 🎦 30. 🏧 ⓞ GB
 Repas 65/195 ♟, enf. 48 – ⊆ 35 – **15 ch** 180/260 – ½ P 200/240.

Paris 580 – Quimper 30 – Douarnenez 39 – Pont-l'Abbé 11,5.

🏠 **Centre,** r. Gén. de Gaulle ℰ 98 58 10 44, Fax 98 58 31 05, 🌿 – 📺 ☎ 🅟. GB
 fermé dim. soir et lundi midi du 15 nov. au 28 fév. – **Repas** 65/300, enf. 45 – ⊆ 36 – **17 ch**
 200/320 – ½ P 250/300.

🏠 **Port,** à Léchiagat ℰ 98 58 10 10, Fax 98 58 29 89 – 📺 ☎. 🏧 ⓞ GB
 Repas 85/390 – ⊆ 42 – **38 ch** 255/315 – ½ P 315/335.

🕮🕮 **Le Chandelier,** 16 r. Marine ℰ 98 58 91 00 – GB
 fermé vacances de Toussaint et lundi soir – **Repas** 80/290.

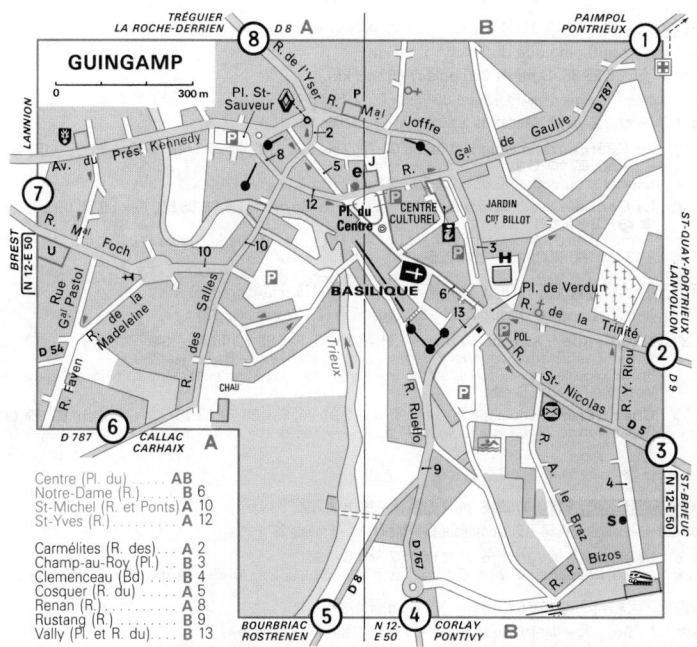

Voir Basilique★ B.

🛈 Office de Tourisme pl. du Champ au Roy (avril-oct.) ℰ 96 43 73 89.

Paris 486 ③ – St-Brieuc 33 ③ – Carhaix-Plouguer 47 ⑥ – Lannion 32 ⑦ – Morlaix 52 ⑦ – Pontivy 60 ④.

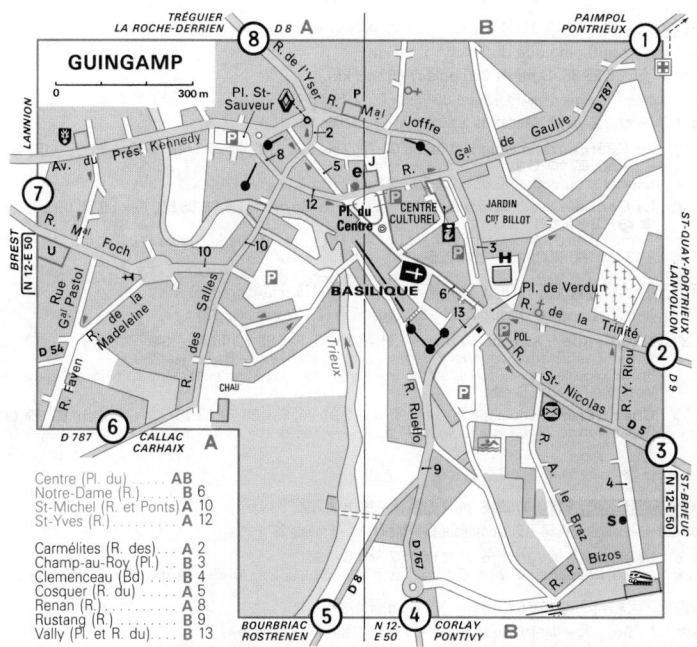

Centre (Pl. du) .... **AB**
Notre-Dame (R.) ...... **B** 6
St-Michel (R. et Ponts) **A** 10
St-Yves (R.) .... **A** 12

Carmélites (R. des) .. **A** 2
Champ-au-Roy (Pl.) .. **B** 3
Clemenceau (Bd) .... **A** 5
Cosquer (R. du) ..... **A** 5
Renan (R.) .... **A** 8
Rustang (R.) .... **B** 9
Vally (Pl. et R. du). . . . **B** 13

🏨 **D'Armor** sans rest, 44 bd Clemenceau ℰ 96 43 76 16, Fax 96 43 89 62 – 📺 ☎. 🅰🅴 🅾
🇬🇧. ✿   B **s**
   ☲ 30 – **23 ch** 250/285.

XXX **Relais du Roy** ⑤ avec ch, pl. Centre ℰ 96 43 76 62, Fax 96 44 08 01 – 📺 ☎ – 🔺 25. 🅰🅴
🅾 🇬🇧. ✿ rest   A **e**
   fermé vacances de Noël et dim. en hiver – **Repas** 130/250 et carte 200 à 300, enf. 75 – ☲ 50
   – **7 ch** 450/600 – ½ P 400.

CITROEN Gar. Kerambrun, ZI de Bellevue à   ⓦ Desserrey-Pneu + Armor. Vulcopneu ZI de
Ploumagoar par ③ ℰ 96 43 79 07 🅽 ℰ 96 43 74 71   Grâces-Guingamp ℰ 96 43 96 82 🅽 ℰ 96 55 95 23
PEUGEOT Gds Gar. de Guingamp, ZI r. de Porsmin
à Grâces par ⑥ ℰ 96 43 85 59 🅽 ℰ 96 43 74 71
RENAULT Gar. Menguy, 9 r. Carmélites
ℰ 96 40 68 10 🅽 ℰ 96 44 80 88

Voir Château★.

🛈 Office de Tourisme ℰ 23 60 45 71.

Paris 174 – St-Quentin 27 – Avesnes-sur-Helpe 40 – Cambrai 49 – Hirson 38 – Laon 38.

🏨 **Champagne Picardie**, 41 r. A. Godin ℰ 23 60 43 44, 🏖 – 📺 ☎ 🅿 – 🔺 25. 🅾 🇬🇧.
➜ ✿ ch
   fermé 1er au 16 août, 24 déc. au 2 janv., lundi soir (sauf hôtel) et dim. – **Repas** grill 59/135 ⅃ –
   ☲ 24 – **12 ch** 240/290 – ½ P 180/195.

XX **Guise** avec ch, 103 pl. Lesur ℰ 23 61 17 58 – 📺 ☎. 🇬🇧
➜   *fermé Noël au Jour de l'An* – **Repas** *(fermé vacances de fév., vend. soir, dim. soir et sam. en
   hiver)* 75/160 ⅃ – ☲ 25 – **8 ch** 185/200.

PEUGEOT Donnay Autom., 35 r. de Flavigny ℰ 23 61 09 43

GUITRES 33230 Gironde 🎰 ② G. Pyrénées Aquitaine – 1 403 h alt. 12.

🛈 Syndicat d'Initiative av. Gare (saison) 🖉 57 69 11 48.

Paris 529 – ◆Bordeaux 47 – Angoulême 84 – Blaye 44 – Libourne 16 – St-André-de-Cubzac 24.

🛏 **Bellevue** sans rest, 🖉 57 69 12 81 – 🕿 ⇔ 🅿. 🖭 GB. 🛠
fermé 18 au 30 sept. – ⲡ 25 – **10 ch** 100/160.

GUJAN-MESTRAS 33470 Gironde 🎰 ② G. Pyrénées Aquitaine – 11 433 h alt. 4.

Voir Parc ornithologique du Teich★ E : 5 km.

🏌 🏌 🖉 56 66 86 36, S par N 250 puis D 652 : 5 km.

🛈 Office de Tourisme 41 av. de Lattre-de-Tassigny 🖉 56 66 12 65.

Paris 643 – ◆Bordeaux 60 – Andernos-les-Bains 26 – Arcachon 15.

🏛 **La Guérinière**, à Gujan 🖉 56 66 08 78, Télex 541270, Fax 56 66 13 39, 😊, 🛋 – 📺 🕿 🅿
– 🄰 50. 🖭 ◍ GB
Repas 130 bc/330, enf. 65 – ⲡ 50 – **27 ch** 470/510 – ½ P 470.

🍴 **La Coquille** avec ch (annexe 12 ch Ⓜ🛠), à Gujan 🖉 56 66 08 60, Fax 56 66 09 09, 😊 –
🕿 🅿. 🖭 ◍ GB
fermé 15 au 31 janv., dim. soir et lundi du 15 oct. au 15 mars – **Repas** 90/188, enf. 48 – ⲡ 35
– **23 ch** 180/280 – ½ P 250/255.

GUNDERSHOFFEN 67110 B.-Rhin 🎰 ⑲ – 3 377 h alt. 173.

Paris 466 – ◆Strasbourg 44 – Haguenau 15 – Sarreguemines 62 – Wissembourg 34.

🍴🍴 ❀ **Au Cygne** (Paul), 35 Gd Rue 🖉 88 72 96 43, Fax 88 72 86 47 – GB
fermé 7 au 28 août, vacances de fév., dim. soir et lundi – **Repas** 168/280 🍷
Spéc. Trilogie de foie d'oie. Filet de bar rôti, brunoise de ris de veau. Noisettes de chevreuil aux épices (sept. à mars).
Vins Tokay-Pinot gris, Riesling.

🍴🍴 **Chez Gérard** avec ch, à la Gare 🖉 88 72 91 20, Fax 88 72 89 25, 😊 – 🛌 ch. 🖭 ◍ GB
Repas *(fermé 24 juil. au 12 août, 1ᵉʳ au 15 fév., lundi soir et mardi)* 100/250 🍷 – ⲡ 25 – **6 ch**
120/170.

Gar. Lotz, 🖉 88 72 91 45

GURCY-LE-CHÂTEL 77520 S.-et-M. 🎰 ③ – 352 h alt. 130.

Paris 89 – Fontainebleau 34 – Coulommiers 47 – Melun 38 – Provins 22.

🍴 **Loiseau,** 21 r. Ampère 🖉 (1) 60 67 34 00 – GB
🡢 *fermé 16 août au 4 sept., 29 janv. au 5 fév., dim. soir et lundi* – **Repas** 55 (déj.), 65/130 🍷.

GYÉ-SUR-SEINE 10250 Aube 🎰 ⑱ – 485 h alt. 173.

Paris 218 – Troyes 43 – Bar-sur-Aube 41 – Châtillon-sur-Seine 24 – Tonnerre 47.

🍴 **Voyageurs** avec ch, 🖉 25 38 20 09, Fax 25 38 25 37, 😊, 🚗 – GB
🡢 *fermé 1ᵉʳ au 15 fév. et merc. du 1ᵉʳ nov. au 1ᵉʳ mars* – **Repas** (dim. et fêtes prévenir) 70/175 🍷
– ⲡ 28 – **9 ch** 100/155.

HABÈRE-POCHE 74420 H.-Savoie 🎰 ⑰ – 662 h alt. 945 – Sports d'hiver : 950/1 600 m ⛷ 11, 🎿.

Voir Col de Cou★ NO : 4 km, G. Alpes du Nord.

🛈 Office de Tourisme 🖉 50 39 54 46.

Paris 567 – Thonon-les-Bains 21 – Annecy 61 – Bonneville 32 – ◆Genève 37.

🏛 **Chardet** 🛠, à Ramble, N : 2,5 km 🖉 50 39 51 46, Fax 50 39 57 18, ≤, 😊, 🛋, 🚗, 🍴 – 🛗
📺 🕿 ⇔ 🅿. GB
10 juin-15 oct., 15 déc.-10 avril et week-ends d'avril à juin – **Repas** 98/190 – ⲡ 38 – **32 ch**
240/370 – ½ P 260/305.

🍴🍴 **Le Tiennolet,** 🖉 50 39 51 01, Fax 50 39 58 15, 😊 – 🖭 GB
*fermé 29 mai au 28 juin, 28 août au 6 sept., 16 oct. au 8 nov., mardi soir et merc. sauf
vacances scolaires* – **Repas** 88 (déj.), 115/250, enf. 60.

L'HABITARELLE 48 Lozère 🎰 ⑱ – ✉ 48170 Châteauneuf-de-Randon.

Paris 582 – Mende 28 – Le Puy-en-Velay 61 – Langogne 19.

🛏 **Poste et Voyageurs,** 🖉 66 47 90 05, Fax 66 47 91 41, 🚗 – ⇔ 🅿. GB
fermé 20 déc. au 31 janv., vend. soir et sam. midi de sept. à juin – **Repas** 82/160 🍷, enf. 28 –
ⲡ 35 – **17 ch** 240/260 – ½ P 210/220.

HAGENTHAL-LE-BAS 68220 H.-Rhin 🎰 ⑩ – 896 h alt. 360.

🏌 privé de Bâle 🖉 89 68 50 91, N : 2 km.

Paris 491 – ◆Mulhouse 34 – Altkirch 25 – ◆Basel 12 – Colmar 72.

🏛 **Jenny** Ⓜ, NE : 2,5 km par D 12B près golf 🖉 89 68 50 09, Fax 89 68 58 64, ≤, 😊, 🛋, 🚗
– 🛗 📺 🕿 ⇔ 🅿 – 🄰 30. 🖭 ◍ GB ЈСВ
Repas *(fermé 20 au 30 déc., dim. soir et lundi d'oct. à mars)* 160/490, enf. 48 – ⲡ 45 – **26 ch**
330/490 – ½ P 370/420.

PEUGEOT Gar. Klein, D 128, dir. St-Louis 🖉 89 68 50 17

HAGENTHAL-LE-HAUT 68220 H.-Rhin 団7 ⑩ – 428 h alt. 375.

Paris 492 – ◆Mulhouse 35 – Altkirch 26 – ◆Basel 16 – Colmar 73.

  XX ❀ **A l'Ancienne Forge**, ℰ 89 68 56 10, 😊 – ⏣
    fermé 17 au 31 juil., 25 déc. au 1ᵉʳ janv., dim. et lundi – **Repas** 190/340 et carte 260 à 390
    Spéc. Terrine de saumon cru au fromage de chèvre. Strudel de pied de porc au jus de truffes. Coeur de filet de boeuf "Angus" au pinot noir.

HAGETMAU 40700 Landes 78 ⑦ G. Pyrénées Aquitaine – 4 449 h alt. 25.

Paris 738 – Mont-de-Marsan 28 – Aire-sur-l'Adour 33 – Dax 48 – Orthez 25 – Pau 56 – Tartas 29.

  XX **Le Jambon** avec ch, r. Carnot ℰ 58 79 32 02, Fax 58 79 34 78 – ▤ rest 📺 ☎ 🅿 ⏣
    fermé vacances de Toussaint, dim. soir et lundi – **Repas** 85/230 – ⏢ 35 – **7 ch** 150/180 – ½ P 220.

CITROEN Gar. Lacourrège, ℰ 58 79 31 80   RENAULT Gar. Labadie, ℰ 58 79 38 11
PEUGEOT Gar. Maurin, ℰ 58 79 58 58

HAGONDANGE 57300 Moselle 団7 ④ G. Alsace Lorraine – 8 222 h.

🛈 Syndicat d'Initiative pl. Jean Burger ℰ 87 70 35 27.

Paris 323 – ◆Metz 17 – Briey 20 – Saarlouis 54 – Thionville 15.

  🏨 **Agena** Ⓜ, 50 r. 11 Novembre ℰ 87 70 21 32, Fax 87 70 11 48, 😊 – 📺 ☎ ♿ 🚗 🅿 ⒶⒺ
    ⏣
    fermé dim. soir et sam. – **Repas** 75 (déj.), 98/200 ♨, enf. 47 – ⏢ 35 – **41 ch** 275/330 – ½ P 215/230.

RENAULT Sallet Auto Diffusion, rte de Metz ℰ 87 71 70 54

HAGUENAU ◁🆂🅿▷ 67500 B.-Rhin 団7 ⑲ G. Alsace Lorraine – 27 675 h alt. 130.

Voir Musée historique★ BZ **M**.

🛈 Office de Tourisme pl. de la Gare ℰ 88 93 70 00, fax 88 93 69 89 et Musée Alsacien ℰ 88 73 30 41.

Paris 479 ④ – ◆Strasbourg 29 ④ – Baden-Baden 43 ② – Épinal 147 ④ – Karlsruhe 64 ② – Lunéville 116 ④ – ◆Nancy 135 ④ – St-Dié 119 ④ – Sarreguemines 77 ⑥.

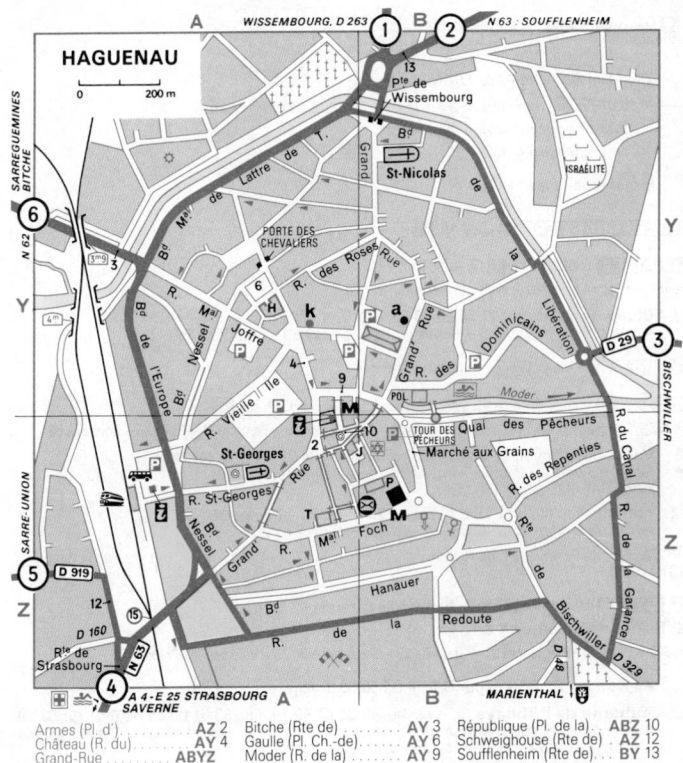

Armes (Pl. d')	AZ 2	Bitche (Rte de)	AY 3	République (Pl. de la)	ABZ 10
Château (R. du)	AY 4	Gaulle (Pl. Ch.-de)	AY 6	Schweighouse (Rte de)	AZ 12
Grand-Rue	ABYZ	Moder (R. de la)	AY 9	Soufflenheim (Rte de)	BY 13

🏩 **Europe,** 15 av. Prof. R. Leriche par ④ ℘ 88 93 58 11, Télex 880566, Fax 88 93 21 33, 🏡,
🔲 🔲 – 🛗 📺 🕿 🅿 – 🔬 60. 🖭 ⑩ 🖼 🎴
Repas *(fermé dim.)* 58/140 ⅛ – ☲ 32 – **81 ch** 250/355 – ½ P 215/297.

🏠 **Kaiserhof** Ⓜ, 119 Gd Rue ℘ 88 73 43 43, Fax 88 73 28 91, 🏡 – 🛗 📺 🕿 🕹 🖭 ⑩ 🖼
🍽 ch
BY **a**
Repas *(fermé 28 août au 13 sept., vacances de fév. et lundi)* 60 (déj.), 105/185 ⅛ – ☲ 42 –
15 ch 275/330 – ½ P 260.

XX **Barberousse,** 8 pl. Barberousse ℘ 88 73 31 09, Fax 88 73 45 14, 🏡 – 🖼
AY **k**
fermé 24 juil. au 15 août, dim. soir et lundi – **Repas** 60/230 ⅛, enf. 40.

à l'aérodrome SE par D 329 : 3,5 km – ✉ 67500 Haguenau :

🏩 **Lindbergh** Ⓜ, Z.I. r. St-Exupéry ℘ 88 93 30 13, Fax 88 73 90 04 – 🛗 📺 🕿 🕹 🅿 – 🔬 60.
🖭 🖼
Repas 80/150 – ☲ 30 – **40 ch** 260 – ½ P 350.

à Marienthal SE par D 48 : 5 km – ✉ 67500 Marienthal :

XXX **Relais Princesse Maria Leczinska,** 1 r. Rothbach ℘ 88 93 70 39, 🏡 – 🔳 🅿 🖭 🖼
fermé fév., dim. soir et lundi – **Repas** 85/295 et carte 160 à 280, enf. 40.

à Schweighouse-sur-Moder par ⑤ : 4 km – 4 354 h. – ✉ 67590 :

XX **Aub. Cheval Blanc** avec ch, 46 r. Gén. de Gaulle ℘ 88 72 76 96, Fax 88 72 07 32 – 📺 🅿
🖼
fermé 29 juil. au 21 août, 26 déc. au 11 janv., dim. soir et sam. – **Repas** 75/200 ⅛, enf. 55 –
☲ 33 – **9 ch** 130/210.

BMW L'Espace, 81 rte de Bischwiller
℘ 88 93 49 49 🆕 ℘ 88 93 49 49
CITROEN Sodifa, 101 rte de Marienthal par D 48
℘ 88 90 60 60 🆕 ℘ 88 93 14 17
FIAT Gar. Gloeckler, 1 bd de l'Europe
℘ 88 73 41 00
FORD Gar. Wolff, 91 rte de Bischwiller
℘ 88 93 12 13 🆕 ℘ 88 93 30 31
PEUGEOT Nord Alsace Autom., 121a rte de
Strasbourg par ④ ℘ 88 93 90 90 🆕 ℘ 05 44 24 24

RENAULT Gar. Grasser, 134 rte de Weitbruch par
D 48 BZ ℘ 88 93 02 29 🆕 ℘ 88 53 72 12

Ⓦ Euromaster, 4 chemin des Prairies ℘ 88 73 30 79
Kautzmann, 105 rte de Strasbourg ℘ 88 93 11 38
Pneus et Services D.K., 2 rte de Strasbourg
℘ 88 93 93 59

The Michelin Road Atlas FRANCE offers:

– all of France, covered at a scale of 1:200 000, in one volume

– plans of principal towns and cities

– comprehensive index

It makes the ideal navigator.

La HAIE FOUASSIÈRE 44 Loire-Atl. 🖾 ④ – rattaché à Nantes.

Les HALLES 69610 Rhône 🖾 ⑲ – 259 h alt. 630.
Paris 481 – ◆Saint-Étienne 50 – ◆Lyon 46 – Montbrison 37.

XX **Charreton** avec ch, ℘ 74 26 63 05 – 🅿 🖼 🍽 ch
fermé dim. soir et merc. – **Repas** 120/250 ⅛ – ☲ 30 – **5 ch** 250/450.

HALLINES 62 P.-de-C. 🖾 ① – rattaché à St-Omer.

HAM 80400 Somme 🖾 ⑬ G. Flandres Artois Picardie – 5 532 h alt. 62.
Paris 123 – Compiègne 44 – St-Quentin 19 – ◆Amiens 68 – Noyon 19 – Péronne 24 – Roye 26 – Soissons 56.

🏠 **Valet,** 58 r. Noyon ℘ 23 81 10 87, Fax 23 81 24 76 – 📺 🕿 🅿 🖼
fermé 23 déc. au 2 janv., sam. soir et dim. soir – **Repas** 50 (déj.), 65/130 ⅛, enf. 40 – ☲ 30 –
23 ch 145/225 – ½ P 150/200.

XX **France** avec ch, 5 pl. H. de Ville ℘ 23 81 00 22 – 📺 🕿 🖼
fermé dim. soir – **Repas** 105/175 – ☲ 30 – **6 ch** 210/260.

CITROEN Gar. de Picardie, 7 r. de Noyon
℘ 23 81 01 86

MAZDA, OPEL Gar. Secret, 46 rue de noyon
℘ 23 36 45 97

HAMBYE 50450 Manche 🖾 ⑬ G. Normandie Cotentin – 1 218 h alt. 92.
Voir Ruines de l'abbaye★★ S : 5 km.
Paris 323 – St-Lô 25 – Coutances 21 – Granville 29 – Tessy-sur-Vire 16 – Villedieu-les-Poêles 17.

à l'Abbaye S : 3,5 km par D 51 – ✉ 50650 Hambye :

XX **Auberge de l'Abbaye** 🍃 avec ch, ℘ 33 61 42 19, Fax 33 61 00 85 – 📺 🕿 🅿 🖭 🖼
fermé 28 sept. au 12 oct., 8 au 29 févr., dim. soir et lundi sauf fériés – **Repas** (week-ends
prévenir) 100/280, enf. 50 – ☲ 35 – **7 ch** 280 – ½ P 270.

HANAU (Étang-de) 57 Moselle 🗂️ ⑱ – rattaché à Philippsbourg.

HARCOURT 27800 Eure 🗂️ ⑮ G. Normandie Vallée de la Seine – 957 h alt. 139.

Voir Château★.

Paris 139 – ◆Rouen 44 – Bernay 23 – Évreux 33 – Lisieux 46 – Pont-Audemer 33.

🍴 **Aub. du Château,** ℘ 32 45 02 29, Fax 32 44 27 31, 🌭 – **GB**
  fermé vacances de fév., mardi soir et merc. – **Repas** 99/195 ♨, enf. 50.

HARDELOT-PLAGE 62 P.-de-C. 🗂️ ⑪ G. Flandres Artois Picardie – alt. 12 – ⊠ **62152** Neufchâtel-Hardelot.

🏌️🏌️ ℘ 21 83 73 10, E : 1 km.

Paris 242 – ◆Calais 50 – Arras 109 – Boulogne-sur-Mer 15 – Montreuil 31 – Le Touquet-Paris-Plage 25.

🏨 **Parc** Ⓜ 🌭, 111 av. Francois 1ᵉʳ ℘ 21 33 22 11, Télex 135808, Fax 21 83 29 71, 🌭, 🏊,
  🌭, 🍴 – 📶 ⇆ ch, ▤ rest 📺 ☎ 🅿 – 🔼 150. 🖭 ⓪ **GB** 𝒥𝒞𝔹
  fermé 20 déc. au 25 janv. – **Repas** 130, enf. 50 – ☲ 49 – **80 ch** 505/610 – ½ P 450.

🏨 **Régina,** av. François 1ᵉʳ ℘ 21 83 81 88, Fax 21 87 44 01 – 📶 📺 ☎ 🅿 – 🔼 70. ⓪ **GB**
  🍴 rest
  15 fév.-15 nov. – **Repas** *(fermé dim. soir et lundi sauf juil.-août)* 99/133 – ☲ 36 – **40 ch** 345 – ½ P 302.

HARFLEUR 76 S.-Mar. 🗂️ ③ – rattaché au Havre.

HARTMANNSWILLER 68 H.-Rhin 🗂️ ⑨ – rattaché à Guebwiller.

HASPARREN 64240 Pyr.-Atl. 🗂️ ③ G. Pyrénées Aquitaine – 5 399 h alt. 90.

Env. Grottes d'Oxocelhaya et d'Isturits★★ SE : 11 km.

🛈 Office de Tourisme, pl. Saint-Jean, ℘ 59 29 62 02.

Paris 792 – Biarritz 36 – ◆Bayonne 22 – Cambo-les-Bains 10 – Pau 105 – Peyrehorade 37 – St-Jean-Pied-de-Port 33.

🏨 **Tilleuls** (annexe Relais Ⓜ – 📶 ♿ 🏊 30, 15 ch), pl. Verdun ℘ 59 29 62 20, Fax 59 29 13 58
  – 📺 ☎. **GB**. 🍴
  Repas *(fermé dim. soir et sam.)* 75/150 – ☲ 30 – **25 ch** 185/315 – ½ P 200/250.

HASPRES 59198 Nord 🗂️ ④ – 2 715 h alt. 52.

Paris 198 – ◆Lille 62 – Avesnes-sur-Helpe 45 – Cambrai 17 – Valenciennes 15.

🍴🍴 **Aub. St Hubert,** ℘ 27 25 70 97, Fax 27 25 76 21 – 🅿. 🖭 ⓪ **GB**
  fermé 10 au 21 mars, août, dim. soir et lundi sauf fériés – **Repas** 140/200, enf. 50.

HAULCHIN 59 Nord 🗂️ ④ – rattaché à Valenciennes.

HAUTEFORT 24390 Dordogne 🗂️ ⑦ G. Périgord Quercy – 1 048 h.

Voir Château★★ : charpente★★ de la tour du Sud-Ouest.

🛈 Syndicat d'Initiative du Canton de Hautefort, ℘ 53 50 40 27.

Paris 467 – Brive-la-Gaillarde 46 – Périgueux 43 – Lanouaille 19 – Sarlat-la-Canéda 52 – Uzerche 55.

🍴 **Aub. du Parc,** ℘ 53 50 88 98, 🌭 – **GB**
  fermé oct., 26 au 30 déc., vacances de fév., mardi soir et merc. sauf juil.-août – **Repas** 60/165
  ♨, enf. 35.

PEUGEOT Gar. du Centre, ℘ 53 50 47 17

HAUTERIVES 26390 Drôme 🗂️ ② G. Vallée du Rhône – 1 202 h alt. 299.

Voir Le Palais Idéal★.

🛈 Office de Tourisme pl. de la Galaure ℘ 75 68 86 82, Fax (Mairie) 75 68 90 94.

Paris 532 – Valence 49 – ◆Grenoble 72 – ◆Lyon 72 – Vienne 41.

🏨 **Le Relais,** ℘ 75 68 81 12, 🌭 – 🕾 🅿. **GB**
  fermé mi-janv. à fin fév., dim. soir (sauf rest. en juil.-août) et lundi – **Repas** 70/140 – ☲ 26 –
  17 ch 140/240 – ½ P 200/260.

Les HAUTES-RIVIÈRES 08800 Ardennes 🗂️ ⑲ G. Champagne – 2 077 h alt. 163.

Voir Croix d'Enfer ⇔★ S : 1,5 km par D 13 puis 30 mn – Vallon de Linchamps★ N : 4 km.

Paris 257 – Charleville-Mézières 21 – Dinant 66 – Sedan 41.

🍴 **Les Saisons,** ℘ 24 53 40 94, Fax 24 54 57 51 – 🖭 ⓪ **GB**
  fermé fév., dim. soir et lundi sauf fériés – **Repas** 52/220 ♨.

HAUTEVILLE-LÈS-DIJON 21 Côte-d'Or 🗂️ ⑳ – rattaché à Dijon.

HAUTEVILLE-LOMPNES 01110 Ain 🔢 ④ – 3 895 h alt. 815 – Sports d'hiver : 920/1 021 m 💺4.

Voir Chute et gorges de l'Albarine★, G. Jura.

🟦 Office de Tourisme à l'Ancienne Mairie ☎ 74 35 39 73, fax 74 35 24 68.

Paris 485 – Aix-les-Bains 55 – Belley 33 – Bourg-en-Bresse 55 – ◆Lyon 89 – Nantua 33.

🏠 **La Chapelle,** r. Chapelle ☎ 74 35 20 11, Fax 74 35 13 99, 🍴 – 📺 ☎ 🅿. ⅁⅃. ⅏ ch
　　fermé 4 au 10 mars, 4 au 10 sept., dim. soir et lundi – **Repas** 90/140 ⅃, enf. 50 – **18 ch**
　　⟑ 225/250 – ½ P 250.

🏠 **Villa Corbet,** r. Fontanettes ☎ 74 35 30 04, Fax 74 35 28 55, chambres non-fumeurs
✦　 exclusivement – 📺 ☎ 🅿. ⅁⅃. ⅏
　　fermé 23 oct. au 5 déc. – **Repas** (dîner pour résidents seul.) 60 (déj.), 75/90 ⅃ – ⟑ 26 – **8 ch**
　　160/220 – ½ P 190/210.

　　au col de la Lèbe rte de Belley : 9 km – alt. 905 m – ⊠ 01260 Champagne-en-Valromey :

🍴 **Aub. du Col de la Lèbe** 🏞 avec ch, ☎ 79 87 64 54, Fax 79 87 54 26, ≤, 🌿, 🏊, 🍴 – 📺
✦　 🅿. ⅁⅃. ⅏ ch
　　début mars-20 juin, 30 juin-15 nov. et fermé mardi sauf le soir en juil.-août et lundi – **Repas**
　　83/265 ⅃ – ⟑ 32 – **8 ch** 185/255 – ½ P 225/245.

CITROEN Gar. Deschombeck, ☎ 74 35 30 45　　　RENAULT Gar. Depierre, ☎ 74 35 31 15 Ⓝ
LADA, HYUNDAI Gar. Lay, ☎ 74 35 37 80　　　　　☎ 74 35 31 15
PEUGEOT Gar. Miguet, ☎ 74 35 35 74　　　　　　RENAULT Gar. de l'Albarine, ☎ 74 35 35 63

HAUVILLE 27350 Eure 🔢 ⑤ – 1 051 h alt. 144.

Paris 149 – ◆Le Havre 65 – ◆Rouen 31 – Caudebec-en-Caux 22.

🍴🍴 **Brotonne,** ☎ 32 57 34 11, Fax 32 42 53 87 – 🅿. ⒶⒺ ⅁⅃
✦　 fermé 16 août au 3 sept., mardi soir et merc. – **Repas** 55/190 ⅃, enf. 45.

Le HAVRE ⬛ 76600 S.-Mar. 🔢 ③ G. Normandie Vallée de la Seine – 195 854 h alt. 5.

Voir Port★★ EZ – Quartier moderne★ EFYZ : intérieur★★ de l'église St-Joseph★ EZ, pl. de
l'Hôtel-de-Ville★ FY47, Av. Foch★ EFY – Fort de Ste-Adresse ⋇★★ EY E – Bd Président-Félix-
Faure : table d'Orientation ⋇★ à Ste-Adresse A F – Musée des Beaux-Arts★ EZ.

Env. Pont de Normandie★★ par ④ : 17 km.

🏌 ☎ 35 46 36 50, N par ① : 10 km.

✈ du Havre-Octeville : ☎ 35 54 65 00 A.

🟦 Office de Tourisme, Forum Hôtel de Ville ☎ 35 21 22 88, Fax 35 42 38 39 – A.C. 49 r. Racine ☎ 35 42 39 32.

Paris 204 ④ – ◆Amiens 178 ③ – ◆Caen 87 ④ – ◆Lille 294 ③ – ◆Nantes 378 ④ – ◆Rouen 86 ③.

Plans pages suivantes

🏨 **Mercure** Ⓜ, chaussée d'Angoulême ☎ 35 19 50 50, Télex 190749, Fax 35 19 50 99 – 📳
　　⅌⅟ ch 🛏 📺 ☎ 🕭 – 🔔 25 à 200. ⒶⒺ ⓄⒹ ⅁⅃　　　　　　　　　　　GZ **b**
　　Repas 125 ⅃, enf. 49 – ⟑ 55 – **96 ch** 495/595.

🏨 **Bordeaux** Ⓜ sans rest, 147 r. L. Brindeau ☎ 35 22 69 44, Fax 35 42 09 27 – 📳 ⅌⅟ ch 📺
　　☎. ⒶⒺ ⓄⒹ ⅁⅃　　　　　　　　　　　　　　　　　　　　　　　　　　　　　FZ **v**
　　⟑ 42 – **31 ch** 360/490.

🏠 **Le Marly** sans rest, 121 r. Paris ☎ 35 41 72 48, Fax 35 21 50 45 – 📳 ⅌⅟ ch 📺 ☎. ⒶⒺ ⓄⒹ
　　⅁⅃ ⒿⒸⒷ　　　　　　　　　　　　　　　　　　　　　　　　　　　　　　　　FZ **n**
　　⟑ 42 – **37 ch** 280/420.

🏠 **Les Relais Bleus** Ⓜ, quai Colbert ☎ 35 26 49 49, Fax 35 25 10 13 – 📳 ⅌⅟ ch 📺 ☎ 🕭 🅿
✦　 – 🔔 80. ⒶⒺ ⓄⒹ ⅁⅃. ⅏ rest　　　　　　　　　　　　　　　　　　　　　　　HZ **m**
　　Repas 78/150 ⅃, enf. 45 – ⟑ 35 – **86 ch** 325.

🏠 **Foch** sans rest, 4 r. Caligny ☎ 35 42 50 69, Fax 35 43 40 17 – 📳 📺 ☎. ⒶⒺ ⓄⒹ ⅁⅃　EZ **b**
　　⟑ 37 – **33 ch** 295/325.

🏠 **Ibis** Ⓜ, r. 129e Régt Inf. ☎ 35 22 29 29, Fax 35 21 00 00 – 📳 ⅌⅟ ch 📺 ☎ 🕭 🅿 – 🔔 70. ⒶⒺ
　　ⓄⒹ ⅁⅃　　　　　　　　　　　　　　　　　　　　　　　　　　　　　　　　　GZ **a**
　　Repas 97 bc, enf. 40 – ⟑ 35 – **91 ch** 330/345.

🏠 **Petit Vatel** sans rest, 86 r. L.-Brindeau ☎ 35 41 72 07, Fax 35 21 37 86 – 📺 ☎. ⒶⒺ
　　⅁⅃　　　　　　　　　　　　　　　　　　　　　　　　　　　　　　　　　　　　FZ **t**
　　⟑ 25 – **27 ch** 180/260.

🏠 **Celtic** sans rest, 106 r. Voltaire ☎ 35 42 39 77, Fax 35 21 67 65 – 📺 ☎. ⒶⒺ ⅁⅃　　FZ **k**
　　⟑ 30 – **14 ch** 185/250.

🏠 **Parisien** sans rest, 1 cours République ☎ 35 25 23 83, Fax 35 25 05 06 – 📳 📺 ☎. ⒶⒺ ⅁⅃
　　HZ **e**
　　⟑ 35 – **22 ch** 220/280.

🏠 **Angleterre** sans rest, 1 r. Louis-Philippe ☎ 35 42 48 42, Fax 35 22 70 69 – 📺 ☎. ⅁⅃
　　EY **s**

🏠 **Richelieu** sans rest, 132 r. Paris ☎ 35 42 38 71, Fax 35 21 07 28 – 📺 ☎. ⒶⒺ ⓄⒹ ⅁⅃ FZ **f**
　　⟑ 28 – **19 ch** 175/255.

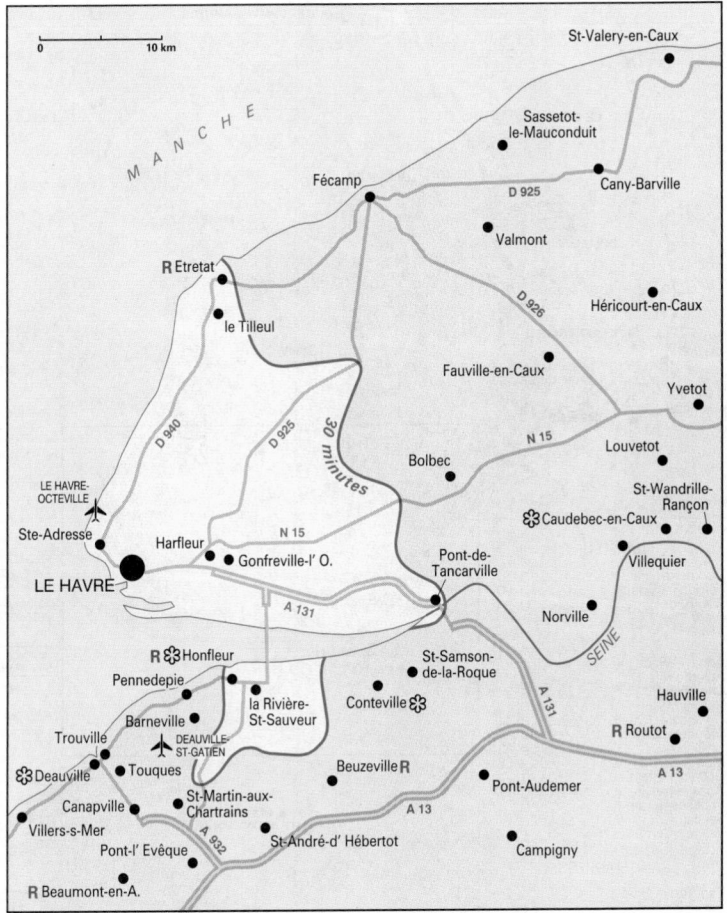

XXX **Le Petit Bedon**, 39 r. L. Brindeau ℰ 35 41 36 81, Fax 35 21 09 24 – 🗏. 🖭 ⓞ 🖭 🖽
fermé vacances de fév., 1ᵉʳ au 15 août, sam. midi et dim. sauf fériés – **Repas** 155/320 et carte
240 à 350. EZ **d**

XX **La Petite Auberge**, 32 r. Ste-Adresse ℰ 35 46 27 32, Fax 35 48 26 15 – 🗏. 🖭 🖭
fermé 1ᵉʳ au 21 août, 1ᵉʳ au 8 fév., dim. soir et lundi sauf fêtes – **Repas** 115/200. EY **r**

XX **Thalassa**, 58 r. Sauveteurs ℰ 35 42 63 73 – 🗏. 🖭 🖭 – **Repas** 115/155. EZ **a**

XX **L'Odyssée**, 41 r. Gén. Faidherbe ℰ 35 21 32 42, Fax 35 19 02 54 – 🖭 🖭
fermé août, sam. midi, dim. soir et lundi – **Repas** 115/185. GZ **s**

X **La Réserve**, 98 r. Prés. Wilson ℰ 35 21 31 73 – 🖭 🖭
✦ fermé dim. soir et lundi sauf fêtes – **Repas** 72/135 ♨. EY **k**

à Ste-Adresse - A – 8 047 h. – ⊠ 76310 :

XX **Yves Page**, 7 pl. Clemenceau ℰ 35 46 06 09, Fax 35 46 85 38, ≼ – 🖭 🖭
fermé dim. soir d'avril au 1ᵉʳ oct. et lundi – **Repas** 155/248. A **s**

à Gonfreville l'Orcher par ③ : 8 km – 10 202 h. – ⊠ 76700 :

🏠 **Campanile**, Z.A.C. Camp Dolent ℰ 35 51 43 00, Fax 35 47 94 58 – ⇔ ch 🖭 ☎ ♿ ❷ –
🔬 25. 🖭 ⓞ 🖭 – **Repas** 82 bc/105 bc, enf. 39 – 🖙 30 – **49 ch** 270.

à Harfleur D – ⊠ 76700 :

🏠 **Ibis** 🅼, ℰ 35 45 54 00, Fax 35 45 25 58 – 🛗 ⇔ ch 🖭 ☎ ♿ ❷ – 🔬 30 à 60. 🖭 ⓞ 🖭
Repas 97 bc/100 bc, enf. 40 – 🖙 35 – **72 ch** 300/320. D **e**

541

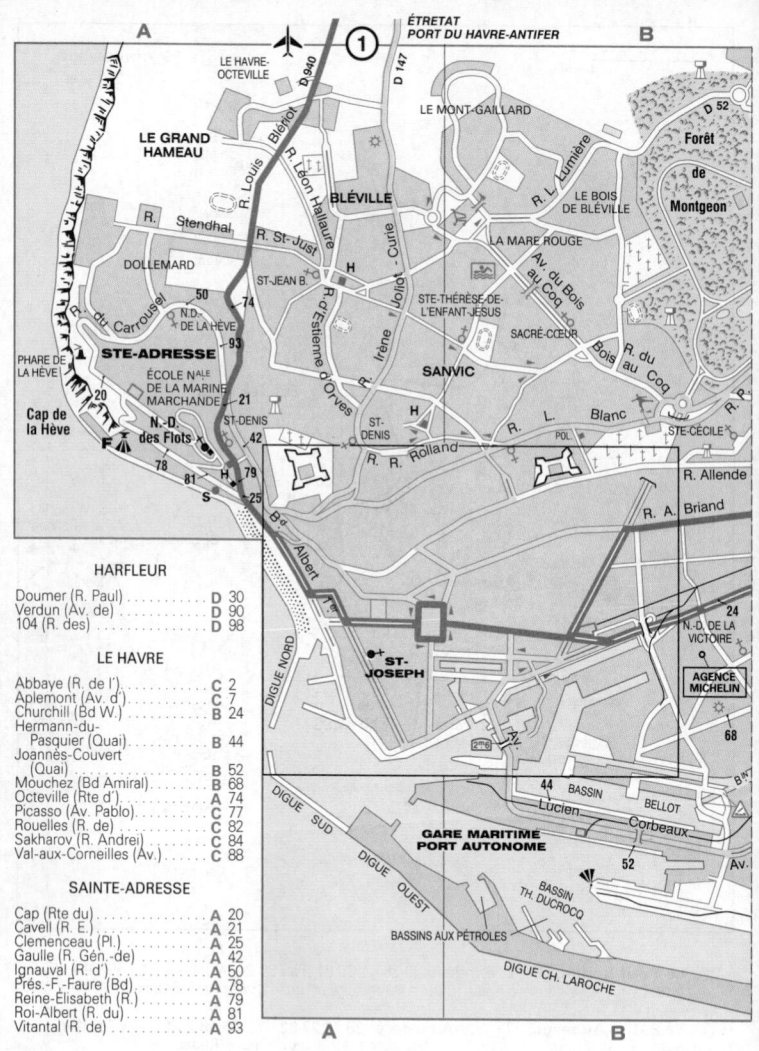

MICHELIN, Agence, 41 r. de Fleurus B $\mathscr{C}$ 35 25 22 20

ALFA ROMEO, SEAT Gar. des Halles, 14 bis r. Berthelot $\mathscr{C}$ 35 24 08 64
BMW Auto 76, 19 r. G.-Braque $\mathscr{C}$ 35 22 69 69
CITROEN Alteam 3, 50 r. Dr Piasceki C $\mathscr{C}$ 35 24 60 60
FIAT S.N.D.A., 216 bd de Graville $\mathscr{C}$ 35 53 27 27
FORD Cazaux Autom., 32 r. Lamartine $\mathscr{C}$ 35 24 60 30
LANCIA JFR Autom., 58 r. Dicquemare $\mathscr{C}$ 35 41 21 91
MERCEDES Lamartine Autom., 10-12 r. Lamartine $\mathscr{C}$ 35 24 46 06
NISSAN Gar. Winston Churchill, 109 r. Dr Piasceki $\mathscr{C}$ 35 24 44 82
PEUGEOT S.I.A. du Havre, 94 r. Denfert-Rochereau HZ $\mathscr{C}$ 35 25 25 05 $\mathscr{C}$ 05 44 24 24

RENAULT Succursale, 239 à 273 bd de Graville C $\mathscr{C}$ 35 53 42 42 $\mathscr{C}$ 05 05 15 15
VAG Gar. Le Troadec, 93 r. Lesueur $\mathscr{C}$ 35 22 45 05
VAG Gar. Le Troadec, 447 r. Curie Zone Emploi Montgaillard $\mathscr{C}$ 35 54 61 61

Euromaster, 26 r. Lesueur $\mathscr{C}$ 35 22 40 14
Legay Pneus, 34 r. Fleurus $\mathscr{C}$ 35 25 07 89
Marsat Pneus, 161 bd de Graville $\mathscr{C}$ 35 25 32 85
Marsat Pneus, 12 r. d'Aplemont $\mathscr{C}$ 35 53 11 20
Norais Pneus - Point S, 203 bd de Graville $\mathscr{C}$ 35 26 50 68
Renov Pneus, 141 bd Amiral-Mouchez $\mathscr{C}$ 35 26 64 64

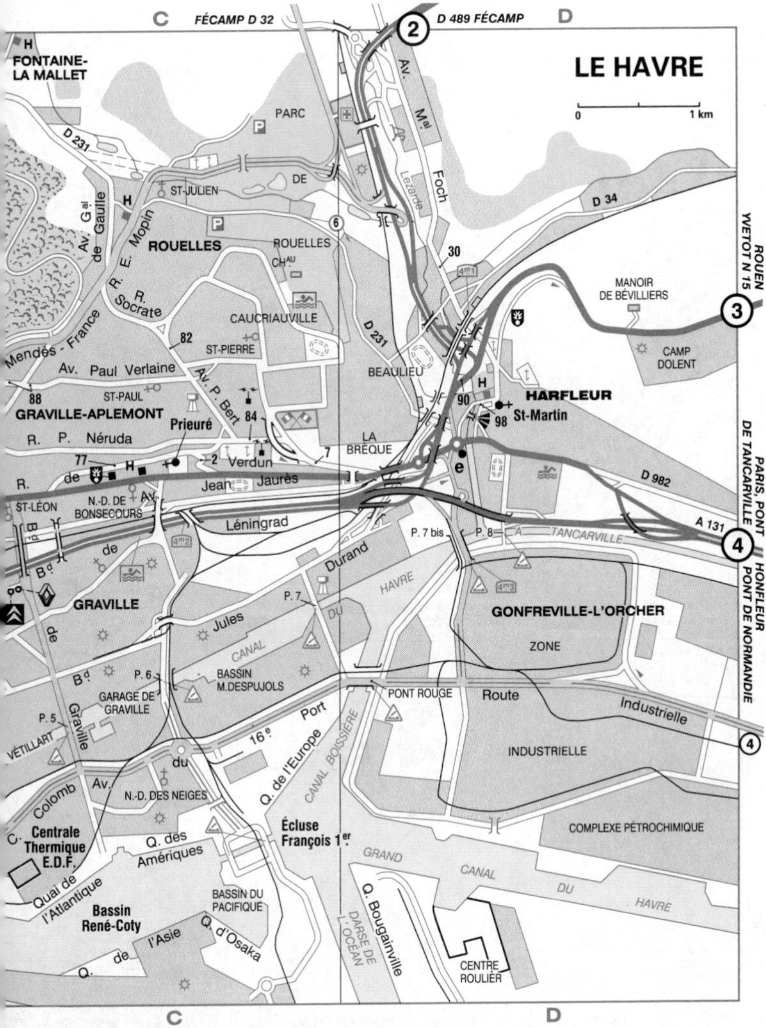

LE HAVRE

FÉCAMP D 32 — D 489 FÉCAMP

FONTAINE-LA MALLET

D 231

ST-JULIEN

PARC

ROUELLES

ROUELLES

Av. Gal de Gaulle

R. E. Mopin

R. P. Socrate

Mendés-France

Av. Paul Verlaine

Av. P. Bert

CAUCRIAUVILLE

ST-PIERRE

ST-PAUL

GRAVILLE-APLEMONT

R. P. Néruda

Prieuré

R. de Verdun

Av. Jean Jaurès

N.-D. DE BONSECOURS

ST-LÉON

GRAVILLE

Léningrad

Durand

P. 7

Jules

CANAL

BASSIN M.DESPUJOLS

GARAGE DE GRAVILLE

N.-D. DES NEIGES

du

Av. Graville

VÉTILLART

Colomb

Q. de l'Atlantique

Centrale Thermique E.D.F.

Bassin René-Coty

BASSIN DU PACIFIQUE

Q. des Amériques

Q. d'Osaka

Q. de l'Asie

Q. de l'Europe

ÉCLUSE François 1er

CANAL BOISSIÈRE

16e

Port

HAVRE

D 231

BEAULIEU

LA BRÈQUE

HARFLEUR St-Martin

MANOIR DE BÉVILLIERS

CAMP DOLENT

D 34

ROUEN YVETOT N 15

PARIS, PONT DE TANCARVILLE

HONFLEUR PONT DE NORMANDIE

D 982

A 131

TANCARVILLE

P. 7 bis

P. 8

GONFREVILLE-L'ORCHER

ZONE

PONT ROUGE

Route

INDUSTRIELLE

Industrielle

COMPLEXE PÉTROCHIMIQUE

GRAND CANAL DU HAVRE

DARSE DE L'OCÉAN

Q. Bougainville

CENTRE ROULIER

0 — 1 km

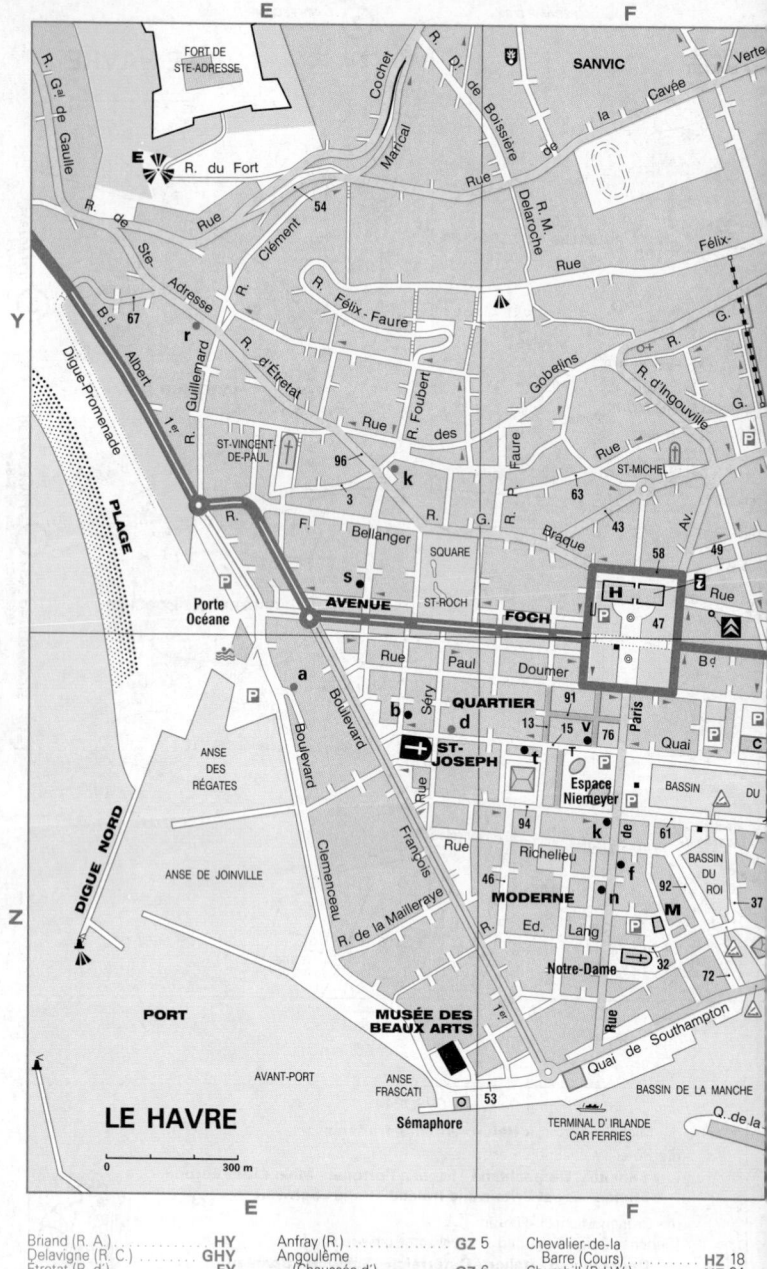

LE HAVRE

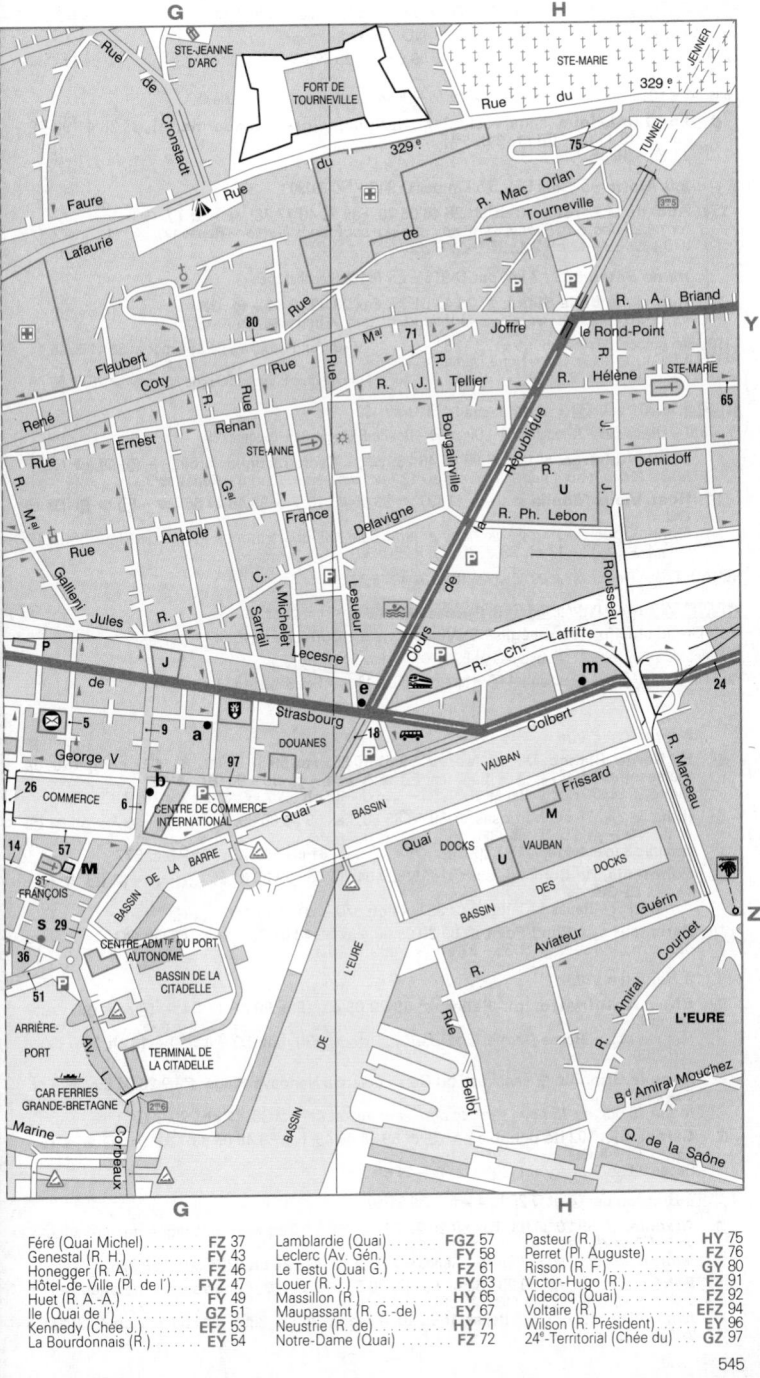

HAZEBROUCK 59190 Nord 51 ④ G. Flandres Artois Picardie – 20 567 h alt. 28.

Env. Cassel : site★ et jardin public ☼★★ NO : 14 km.

Office de Tourisme Hôtel de Ville ✆ 28 49 59 89, Fax 28 49 53 04 - A.C. Auto-Scanner av. de St-Omer ✆ 28 41 92 66.

Paris 241 – ◆Calais 63 – Armentières 28 – Arras 60 – Dunkerque 41 – Ieper 34 – ◆Lille 45.

Le Gambrinus sans rest, 2 r. Nationale (près gendarmerie) ✆ 28 41 98 79, Fax 28 43 11 06 – TV ☎. GB. ✗
☐ 35 – **15 ch** 265.

à la Motte-au-Bois SE : 5,5 km par D 946 – ✉ 59190 :

XXX **Aub. de la Forêt** avec ch, ✆ 28 48 08 78, Fax 28 40 77 76, – ☎ P. GB
fermé 26 déc. au 16 janv., dim. soir et lundi sauf fériés le midi – **Repas** 130/340 et carte 220 à 320 – ☐ 38 – **12 ch** 200/320 – ½ P 260/460.

rte de Béthune S : 7 km par D 916 – ✉ 59189 Steenbecque :

XX **Aub. de la Belle Siska,** ✆ 28 43 61 77, Fax 28 42 10 84 – P. GB
fermé 16 au 29 fév. et le soir sauf vend. et sam. – **Repas** 85 (déj.), 130/190.

CITROEN Autocit, 88 rte de Borre ✆ 28 41 83 73
RENAULT Gar. de la Lys, 223 r. Notre-Dame ✆ 28 41 87 85 N ✆ 28 02 07 69
VAG Auto Expo, av. de St-Omer ✆ 28 41 55 46
François Pneus, 199 r. de Merville ✆ 28 41 59 46

HÉDÉ 35630 I.-et-V. 59 ⑯ G. Bretagne – 1 500 h alt. 100.

Paris 370 – ◆Rennes 25 – Avranches 64 – Dinan 30 – Dol-de-Bretagne 31 – Fougères 49.

XX **Vieille Auberge,** N 137 ✆ 99 45 46 25, , « Cadre rustique, jardin » – P. AE O GB
fermé 28 août au 4 sept., 15 janv. au 12 fév., dim. soir et lundi – **Repas** 98/290.

XX **Host. Vieux Moulin** avec ch, N 137 ✆ 99 45 45 70, Fax 99 45 44 86, – TV ☎ P. AE O GB
fermé 20 déc. au 1er fév., dim. soir et lundi sauf juil.-août et fériés – **Repas** 85 (déj.), 100/240, enf. 65 – ☐ 32 – **13 ch** 230/270 – ½ P 250/270.

RENAULT Gar. Delacroix, ✆ 99 45 46 23 N ✆ 99 45 46 23

HENDAYE 64700 Pyr.-Atl. 85 ① G. Pyrénées Aquitaine – 11 578 h alt. 31.

Voir Grand crucifix★ dans l'église St-Vincent BY B – Corniche basque★★ par ①.

Office de Tourisme 12 r. Aubépines ✆ 59 20 00 34, Fax 59 20 79 17.

Paris 806 ② – Biarritz 29 ② – Pau 141 ② – St-Jean-de-Luz 13 ② – San Sebastián 23 ③.

Plan page ci-contre

à Hendaye Plage :

H. Serge Blanco M, bd Mer ✆ 59 51 35 35, Fax 59 51 36 00, ←, , complexe de thalassothérapie, , – | ▤ rest TV ☎ ♿ – 30 à 90. AE O GB AX **e**
fermé 23 au 30 déc. – **Repas** 180/250 – ☐ 50 – **82 ch** 520/980, 8 duplex – ½ P 605/720.

Ibaïa M , 76 av. Mimosas ✆ 59 48 88 88, Fax 59 48 88 89, ←, , – | ch ▤ TV ☎ ♿ – 25. AE O GB AX **n**
Enbata : **Repas** 90(déj.), 150/200, enf. 75 – ☐ 50 – **61 ch** 630/735 – ½ P 525/577.

Pohoténia, rte Corniche par ① ✆ 59 20 04 76, Fax 59 20 81 25, , – | TV ☎ P – 40. AE GB. ✗ ch
fermé janv. – **Repas** 110/185 – ☐ 35 – **44 ch** 370 – ½ P 370/390.

Paris sans rest, Rond-Point ✆ 59 20 05 06, Fax 59 48 02 82 – | ☎. AE O GB BX **a**
début mai-fin sept. – ☐ 35 – **37 ch** 270/400.

à Hendaye Ville :

Chez Antoinette, pl. Pellot ✆ 59 20 08 47, Fax 59 48 11 64 – TV ☎ P. GB. ✗ ch BY **h**
Pâques-oct. – **Repas** *(fermé lundi sauf juil.-août)* 130, enf. 50 – ☐ 30 – **16 ch** 250/350 – ½ P 260.

Annexe Gitanilla sans rest, bd Gén. Leclerc à Hendaye-Plage ✆ 59 20 04 65, – ☎. GB. ✗ BX **s**
fermé 15 oct. au 15 nov., sam. et dim. sauf juil.-août – ☐ 30 – **7 ch** 220/380.

Campanile, 102 rte Béhobie par ② ✆ 59 48 06 48, Fax 59 48 05 83 – ▤ rest TV ☎ ♿ P – 25. AE O GB
Repas 82 bc/105 bc, enf. 39 – ☐ 30 – **49 ch** 270.

à Biriatou par ② et D 258 : 4 km – ✉ 64700 :

Atxenia, ✆ 59 20 38 83, Fax 59 20 57 78, ←, , « Terrasse ombragée sur la vallée », – TV ☎ P. GB
fermé mars, dim. soir et lundi – **Repas** 90/180 – ☐ 30 – **26 ch** 320/380 – ½ P 275.

XXX **Bakéa** avec ch, ✆ 59 20 76 36, Fax 59 20 58 21, ←, , « Terrasse ombragée sur la vallée » – TV ☎. AE O GB. ✗ ch
fermé 5 au 16 mars – **Repas** 160/210 et carte 250 à 335 – ☐ 50 – **7 ch** 220/400 – ½ P 380/420.

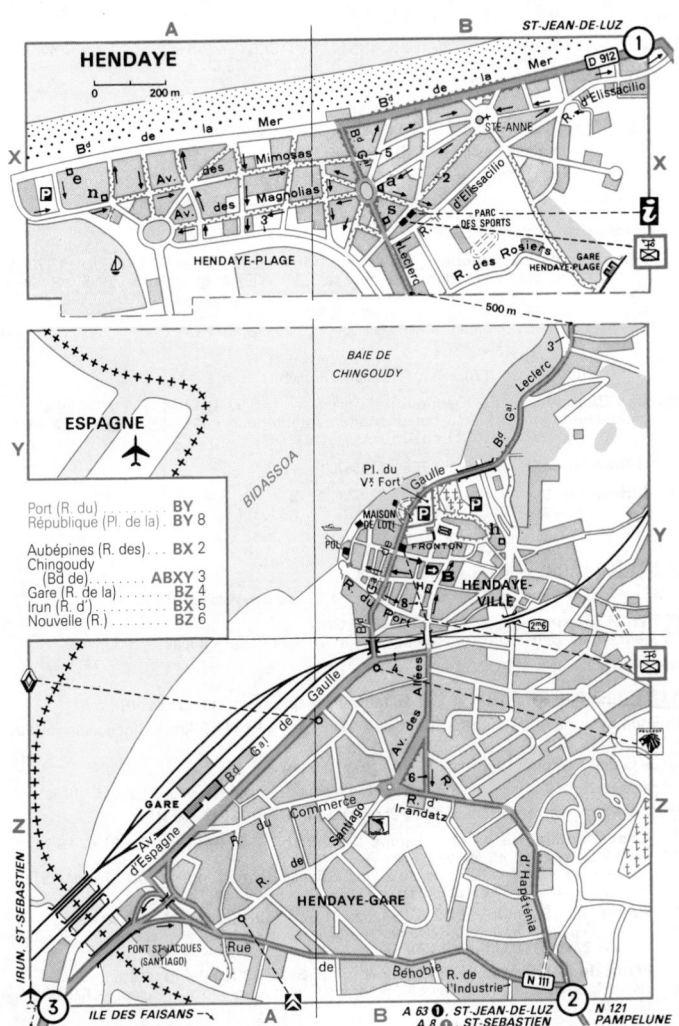

HENDAYE

ST-JEAN-DE-LUZ

0   200 m

ESPAGNE

Port (R. du)	BY
République (Pl. de la)	BY 8
Aubépines (R. des)	BX 2
Chingoudy (Bd de)	ABXY 3
Gare (R. de la)	BZ 4
Irun (R. d')	BX 5
Nouvelle (R.)	BZ 6

BAIE DE CHINGOUDY

HENDAYE-PLAGE

HENDAYE-VILLE

GARE

HENDAYE-GARE

PONT ST-JACQUES (SANTIAGO)

ILE DES FAISANS

IRUN, ST-SEBASTIEN

A 63 ❶, ST-JEAN-DE-LUZ
A 8 ❶, ST-SEBASTIEN

N 111
N 121 PAMPELUNE

CITROEN Gar. de la Place, 41 r. de Santiago
 59 20 00 86
PEUGEOT Gar. Laguillon, ZI Joncaux, r. Industrie
 59 20 18 63

RENAULT Hendaye-Autos, 49 bd Ch.-de-Gaulle
 59 20 78 61 ℕ 59 26 94 80

HÉNIN-BEAUMONT 62110 P.-de-C. **51** ⑮ **111** ㉚ – 26 257 h alt. 31.

🛈 Syndicat d'Initiative, 188 r. Pasteur, 21 49 86 86.

Paris 195 – Arras 21 – Béthune 30 – Douai 11 – Lens 11 – ♦Lille 31.

Novotel Ⓜ, échangeur Autoroute A1 ✉ 62950 Noyelles-Godault 21 75 16 01, Fax 21 75 88 59, ㈜, 🏊, ㊂ – ⇔ ch, 🍽 rest 📺 ☎ ₠ 🅿 – 🔏 120. 🖭 ⑩ 🖸 ⋘ rest
Repas carte environ 170, enf. 50 – ☄ 48 – **81 ch** 405/435.

Campanile, à Noyelles-Godault, N 43 ✉ 62950 Noyelles-Godault 21 76 26 26, Fax 21 75 22 21 – ⇔ ch 📺 ☎ ₠ 🅿 – 🔏 35. 🖭 ⑩ 🖸
Repas 82 bc/105 bc, enf. 39 – ☄ 30 – **53 ch** 270.

FIAT, LANCIA Gar. Hanot-Mariani, ZI Sud bd Darchicourt ✆ 21 20 44 40
PEUGEOT Beaumont Autom., ZI la Peupleraie ✆ 21 75 16 50 N ✆ 28 02 47 07

RENAULT Gar. Sandrah, 1230 bd A.-Schweitzer ✆ 21 75 03 78 N ✆ 21 20 29 15

HENNEBONT **56700** Morbihan 63 ① **G. Bretagne** – 13 624 h alt. 22.

Voir Tour-clocher★ de la basilique N.-D.-de-Paradis.

Office de Tourisme 9 pl. Maréchal Foch ✆ 97 36 24 52, fax 97 36 21 91.

Paris 483 – Vannes 48 – Concarneau 57 – Lorient 12 – Pontivy 46 – Quiberon 43 – Quimperlé 27.

au Sud par D 781 – ✉ **56700** Hennebont :

Château de Locguénolé, 4 km sur rte Port-Louis ✆ 97 76 29 04, Fax 97 76 39 47, ≤, « Dans un parc en bordure de rivière », – TV ☎ P – 50. AE GB. rest
fermé 2 janv. au 8 fév. – **Repas** *(fermé lundi d'oct. à avril sauf fériés)* 190/580 et carte 330 à 480 – 79 – **18 ch** 600/1470, 4 appart – ½ P 844/1184
Spéc. Turbot rôti aux pommes de terre et au lard. Langoustines grillées aux noisettes. Pigeon à l'andouille de Guémené.

au Sud par D 9 et D 170 : 7 km – ✉ **56700** Hennebont :

Les Chaumières de Kerniaven sans rest, ✆ 97 81 14 14, Fax 97 76 39 47, « Ancienne ferme du 15e siècle, bel aménagement intérieur », – TV ☎ P. AE GB
15 avril-15 oct. – 79 – **11 ch** 425/690.

à Brandérion E : 7 km sur D 765 – ✉ **56700** :

L'Hermine sans rest, ✆ 97 32 92 93 – ☎ P
Pâques-30 sept. – 33 – **9 ch** 350.

Jubin Pneus, ZI Kerandré r. D.-Papin ✆ 97 36 16 88

HERBAULT **41190** L.-et-Ch. 64 ⑥ – 926 h alt. 138.

Paris 197 – ◆ Tours 45 – Blois 15 – Château-Renault 18 – Montrichard 36 – Vendôme 27.

XX **Trois Marchands**, ✆ 54 46 12 18 – GB
fermé déc., dim. soir de nov. à Pâques, lundi soir et mardi – **Repas** 85/190, enf. 55.

RENAULT Gar. Mantois, ✆ 54 46 12 16 N ✆ 54 46 12 16

Les HERBIERS **85500** Vendée 67 ⑮ **G. Poitou Vendée Charentes** – 13 413 h alt. 109.

Voir Ecomusée de la Vendée★ – Mont des Alouettes ≤★★ N : 2 km – Cinéscénie du Puy du Fou★★★.

Env. Le Grand Parcours★ (parc de loisirs) NE : 12,5 km.

Office de Tourisme 4 Grande Rue ✆ 51 92 92 92 et Mont des Alouettes (juil.-août) ✆ 51 67 18 39.

Paris 374 – La Roche-sur-Yon 40 – Bressuire 45 – Chantonnay 24 – Cholet 24 – Clisson 34.

Chez Camille, rte de Mouchamps S : 2,5 km ✆ 51 91 07 57, Fax 51 67 19 28, – rest TV ☎ P. AE GB JCB
fermé 1er au 10 août et 23 déc. au 2 janv. – **Repas** *(fermé vend. soir du 15 sept. au 15 mai)* 68/170 – 32 – **13 ch** 250/300.

Relais, 18 r. Saumur ✆ 51 91 01 64, Fax 51 67 36 50 – TV ☎ – 80. GB.
fermé 30 juil. au 10 août, 26 déc. au 7 janv. et sam. hors sais.) – **Repas** 65/160, enf. 40 – 30 – **27 ch** 200/320 – ½ P 220/300.

X **Mont des Alouettes**, N : 3 km sur N 160 ✆ 51 67 02 18, ≤ – P. GB
fermé 2 au 19 oct., vacances de fév. et lundi sauf le midi d'avril à sept. – **Repas** 68 (déj.), 80/180.

CITROEN Gar. Martineau, 40 av. G.-Clemenceau ✆ 51 91 07 50
PEUGEOT Gar. du Bocage, rte de Cholet ✆ 51 91 04 12

RENAULT Herbretaise Finances, 2, r. Industrie ✆ 51 91 01 71 N ✆ 51 65 50 63

Euromaster, ZA de la Buzenière ✆ 51 91 19 08

HERBIGNAC **44410** Loire-Atl. 63 ⑭ – 4 175 h alt. 20.

Paris 446 – ◆ Nantes 70 – La Baule 22 – Redon 36 – Saint-Nazaire 28.

rte de Guérande S : 7 km sur D 774 – ✉ **44410** Herbignac :

X **Aub. L'Eau de Mer**, ✆ 40 91 32 36, « Chaumière briéronne » – P. GB
fermé 2 au 15 janv., dim. soir hors sais. et lundi – **Repas** 95 (déj.), 105/240.

RENAULT Gar. Hervy, ✆ 40 88 90 05 N ✆ 40 88 90 60

HÉRICOURT-EN-CAUX **76560** S.-Mar. 52 ⑬ – 730 h.

Paris 187 – ◆ Le Havre 55 – ◆ Rouen 45 – Bolbec 24 – Dieppe 46 – Fécamp 30 – Yvetot 10.

XX **Saint-Denis**, ✆ 35 96 55 23 – P. GB
fermé 17 oct. au 1er nov. et merc. de sept. à juin – **Repas** 80/250.

HERMENT 63470 P.-de-D. **73** ⑫ – 350 h alt. 823.

Paris 413 – ♦Clermont-Ferrand 54 – Aubusson 49 – Le Mont-Dore 35 – Montluçon 79 – Ussel 39.

  🏠 **Souchal,** ℰ 73 22 10 55, Fax 73 22 13 63 – 📺 ☎ **P**, 🆎 ⑩ ⅋🇬🇧
  ↤ **Repas** 55/180 🍷, enf. 40 – 🍽 25 – **26 ch** 205/215 – ½ P 190.

HÉROUVILLE 95300 Val-d'Oise **55** ⑳ – 439 h.

Paris 44 – Compiègne 73 – Beauvais 48 – Chantilly 31 – L'Isle-Adam 09 – Pontoise 08 – Taverny 12.

  ✗✗ **Vignes Rouges,** pl. Église ℰ (1) 34 66 54 73, Fax (1) 34 66 20 88 – 🆎 🇬🇧
  fermé 1ᵉʳ au 15 mai, 15 août au 2 sept., 3 au 17 janv., dim. soir, fériés le soir et lundi – **Repas** 170 et carte 240 à 340.

HÉROUVILLE-ST-CLAIR 14 Calvados **55** ⑫ – rattaché à Caen.

HESDIN 62140 P.-de-C. **51** ⑫ ⑬ G. Flandres Artois Picardie – 2 713 h alt. 26.

Paris 202 – ♦Calais 86 – Abbeville 37 – Arras 58 – Boulogne-sur-Mer 59 – ♦Lille 88.

  🏠 **Trois Fontaines** 🌦, 16 rte Abbeville à Marconne ℰ 21 86 81 65, Fax 21 86 33 34, 🏖 –
  ⅋ ch 📺 ☎ **P**, 🆎 ⑩ 🇬🇧
  fermé 25 déc. au 3 janv. et lundi midi – **Repas** 85/160 🍷 – 🍽 40 – **10 ch** 260/360.

  🏠 **Flandres,** r. Arras ℰ 21 86 80 21, Fax 21 86 28 01 – 📺 ☎ **P**. 🇬🇧
  ↤ *fermé 1ᵉʳ au 8 juil. et 20 déc. au 10 janv.* – **Repas** 78/180 🍷, enf. 50 – 🍽 40 – **14 ch** 250/320 –
  ½ P 300.

CITROEN Gar. St Christophe, 33 av. Mar.-Leclerc
ℰ 21 86 91 74
RENAULT Gar. Hesdinois, 5 av. d'Arras à Mar-
conne ℰ 21 86 96 44 **N** ℰ 21 86 96 44

🔘 Au Pneu Hesdinois, rte de St-Pol ℰ 21 86 83 97
La Maison du Pneu, 3 pl. Garbé ℰ 21 86 86 19

HESDIN L'ABBÉ 62 P.-de-C. **51** ⑪ – rattaché à Boulogne-sur-Mer.

HÉSINGUE 68 H.-Rhin **66** ⑩ – rattaché à St-Louis.

HEUDICOURT-SOUS-LES-CÔTES 55 Meuse **57** ⑫ – rattaché à St-Mihiel.

HEYRIEUX 38540 Isère **74** ⑫ – 3 872 h alt. 263.

Paris 493 – ♦Lyon 25 – Pont-de-Chéruy 20 – La Tour-du-Pin 34 – Vienne 24.

  ✗✗ **L'Alouette,** rte St-Jean-de-Bournay : 3 km ℰ 78 40 06 08, Fax 78 40 54 74 – 🍴 **P**. 🆎
  🇬🇧
  fermé 15 août au 5 sept., dim. soir et lundi – **Repas** 125 (déj.), 180/270, enf. 75.

HINSINGEN 67260 B.-Rhin **57** ⑯ – 82 h alt. 230.

Paris 406 – St-Avold 35 – Sarrebourg 36 – Sarreguemines 21 – ♦Strasbourg 91.

  ✗ **La Grange du Paysan,** ℰ 88 00 91 83, Fax 88 00 93 23 – 🍴 **P**. 🇬🇧
  ↤ *fermé lundi* – **Repas** 65/295 🍷.

HIRMENTAZ 74 H.-Savoie **70** ⑰ – rattaché à Bellevaux.

HIRTZBACH 68 H.-Rhin **66** ⑨ – rattaché à Altkirch.

HOENHEIM 67 B.-Rhin **87** ④ – rattaché à Strasbourg.

HOERDT 67720 B.-Rhin **87** ④ – 3 836 h alt. 137.

Paris 485 – ♦Strasbourg 16 – Haguenau 15 – Molsheim 44 – Saverne 45.

  ✗ **A la Charrue,** 30 r. République ℰ 88 51 31 11, Fax 88 51 31 11 – **P**. 🇬🇧
  fermé fin juil. et août, 23 déc. au 2 janv., jeudi et le soir (sauf vend. et sam.) de mi-juin à fin mars – **Repas** (spéc. d'asperges d'avril à juin : 270/490) 60 (déj.), 90/200 🍷.

HOHRODBERG 68 H.-Rhin **62** ⑱ G. Alsace Lorraine – alt. 750 – ✉ 68140 Munster.

Voir ≤★★.

Paris 474 – Colmar 26 – Gérardmer 36 – Guebwiller 35 – Munster 7,5 – Le Thillot 57.

  🏨 **Panorama** 🌦, ℰ 89 77 36 53, Fax 89 77 03 93, ≤ vallée et montagnes, 🎨 – 🛗 📺 ☎ ᴋ
  P. 🆎 🇬🇧
  fermé 13 nov. au 8 déc. – **Repas** 95/230 🍷, enf. 42 – 🍽 35 – **32 ch** 210/345 – ½ P 215/290.

  🏠 **Roess** 🌦, ℰ 89 77 36 00, Fax 89 77 01 95, ≤ vallée et montagnes, 🏖 – 🛗 📺 📨 ᴋ **P**.
  🇬🇧. ✗ ch
  fermé 6 nov. au 16 déc. – **Repas** 100/196 🍷 – 🍽 33 – **31 ch** 190/290 – ½ P 260/280.

Le HOHWALD 67140 B.-Rhin **62** ⑨ G. Alsace Lorraine – 360 h alt. 575 – Sports d'hiver : 900/1 050 m ✦3
🎿.

Env. Le Neuntelstein ≤★★ N : 6 km puis 30 mn – Champ du Feu ❊★★ SO : 14 km.

🏢 Office de Tourisme ℰ 88 08 33 92.

Paris 423 – ♦Strasbourg 47 – Lunéville 85 – Molsheim 30 – St-Dié 47 – Sélestat 25.

Marchal 🐎, ✆ 88 08 31 04, Fax 88 08 34 05, ←, 🌳 – ☎ **P**. GB. 🚫 rest
fermé 15 nov. au 18 déc. – **Repas** *(fermé lundi sauf juil.-août)* 115/190 🍷, enf. 60 – ☕ 33 – **17 ch** 185/265 – ½ P 235/265.

Aub. du Lilsbach 🐎 sans rest, SE : 2 km par D 425 ✆ 88 08 31 47, 🌳 – **P**. GB
fermé 15 nov. au 15 déc. – ☕ 30 – **10 ch** 175/265.

La Petite Auberge, ✆ 88 08 33 05, Fax 88 08 34 62, 🏠 – **P**. GB
fermé 26 juin au 7 juil., 1er janv. au 8 fév., mardi et merc. – **Repas** (carte le dim.) 75/130 🍷, enf. 40.

au col du Kreuzweg SO : 5 km par D 425 – ✉ **67140** Le Hohwald :

Zundelkopf 🐎, ✆ 88 08 30 41, ←, 🌳 – **P**
fermé 15 au 31 mars et 3 nov. au 18 déc. – **Repas** (résidents seul.) – ☕ 32 – **22 ch** 135/240 – ½ P 190/220.

HOLNON 02 Aisne 53 ⑬ – rattaché à St-Quentin.

HOMPS 11200 Aude 83 ⑬ – 611 h alt. 47.

Paris 822 – Carcassonne 33 – Lézignan-Corbières 10 – Narbonne 25 – ♦Perpignan 88.

Aub. de l'Arbousier Ⓜ 🐎, av. Carcassonne ✆ 68 91 11 24, ←, 🏠 – ☎ **P**. GB
fermé 15 fév. au 15 mars, lundi en juil.-août, dim. soir et merc. du 1er sept. au 30 juin – **Repas** 78/190 🍷, enf. 40 – ☕ 30 – **7 ch** 210/230 – ½ P 210/240.

HONDAINVILLE 60250 Oise 55 ⑩ – 553 h alt. 43.

Paris 80 – Compiègne 44 – Beauvais 21 – Chantilly 29 – Clermont 10 – Creil 21 – L'Isle-Adam 32.

Vert Pommier, ✆ 44 56 53 60, Fax 44 26 23 07, 🎾 – **P**. AE GB
fermé août, Noël au Jour de l'An et sam. midi – **Repas** 130 (déj.)/230.

HONFLEUR 14600 Calvados 55 ③ ④ **G. Normandie Vallée de la Seine** – 8 272 h alt. 6.

Voir le vieux Honfleur★★ : Vieux bassin★★ AZ, église Ste-Catherine★ AY et clocher★ AY **B** – Côte de Grâce★★ AY : calvaire ✱★★.

Env. Pont de Normandie★★ par ① : 4 km.

i Office de Tourisme pl. A.-Boudin ✆ 31 89 23 30, fax 31 89 18 76.

Paris 192 ① – ♦Caen 62 ② – ♦Le Havre 25 ① – Lisieux 33 ② – ♦Rouen 81 ①.

Plan page ci-contre

✿ **Ferme St-Siméon** 🐎, r. A. Marais par ③ ✆ 31 89 23 61, Fax 31 89 48 48, ←, 🏠, « Parc ombragé dominant l'estuaire », 🏋, 🏊, 🎾 – 🛗 📺 ☎ ♿ **P** – 🏛 50. AE GB JCB
Repas 240 (déj.), 420/550 et carte 440 à 600 – ☕ 95 – **27 ch** 990/2300, 16 appart
Spéc. Terrine de brocoli et foie gras chaud. Millefeuille de homard aux pommes de terre. Noisette de lapereau piqué au romarin.

Le Manoir, r. A. Marais ✆ 31 89 23 61, 🏠, 🌳 – 📺 ☎ **P**. AE GB JCB
Le Butin de la Mer ✆ 31 89 06 06 *(11 avril-10 oct. et fermé mardi midi et lundi hors sais.)*
Repas 120 – ☕ 95 – **7 ch** 990/1970, 3 appart.

L'Ecrin 🐎 sans rest, 19 r. E. Boudin ✆ 31 14 43 45, Fax 31 89 24 41, 🌳 – 🚭 ch 📺 **P**. AE ⊙ GB JCB. 🚫 AZ **k**
☕ 50 – **22 ch** 395/720.

Mercure Ⓜ sans rest, r. Vases ✆ 31 89 50 50, Télex 772352, Fax 31 89 58 77 – 🛗 📺 ☎ ♿ – 🏛 30. AE ⊙ GB BZ **q**
☕ 48 – **56 ch** 585.

La Tour Ⓜ sans rest, 3 quai Tour ✆ 31 89 21 22, Fax 31 89 53 51 – 🛗 📺 ☎. AE GB JCB BZ **r**
fermé 17 nov. au 26 déc. – ☕ 31 – **44 ch** 340/430, 4 duplex.

La Diligence sans rest, 53 r. République ✆ 31 98 81 80, Fax 31 98 83 87 – 🚭 ch 📺 ☎ **P**. AE ⊙ GB JCB AZ **m**
☕ 40 – **11 ch** 450/590.

Castel Albertine sans rest, 19 cours Albert-Manuel ✆ 31 98 85 56, Fax 31 98 83 18, « Jardin ombragé » – ☎ **P**. AE ⊙ GB AZ **e**
☕ 50 – **26 ch** 350/600.

Host. Lechat, pl. Ste-Catherine ✆ 31 89 23 85, Télex 772153, Fax 31 89 28 61 – 📺 ☎. AE ⊙ GB JCB. 🚫 ch AY **a**
fermé janv. – **Repas** *(fermé jeudi midi et merc. du 15 sept. au 15 juin)* 105 (déj.), 145/205 – ☕ 50 – **23 ch** 380/550 – ½ P 345/430.

Cheval Blanc sans rest, 2 quai Passagers ✆ 31 81 65 00, Télex 306022, Fax 31 89 52 80, ← – 🛗 📺 ☎ – 🏛 35. GB AY **d**
fermé janv. – **33 ch** ☕ 387/600.

Otelinn Ⓜ, 62 cours A. Manuel ✆ 31 89 41 77, Fax 31 89 48 09 – 📺 ☎ ♿ **P**. AE ⊙ GB
Repas 83/106 🍷, enf. 40 – ☕ 36 – **50 ch** 315 – ½ P 274.

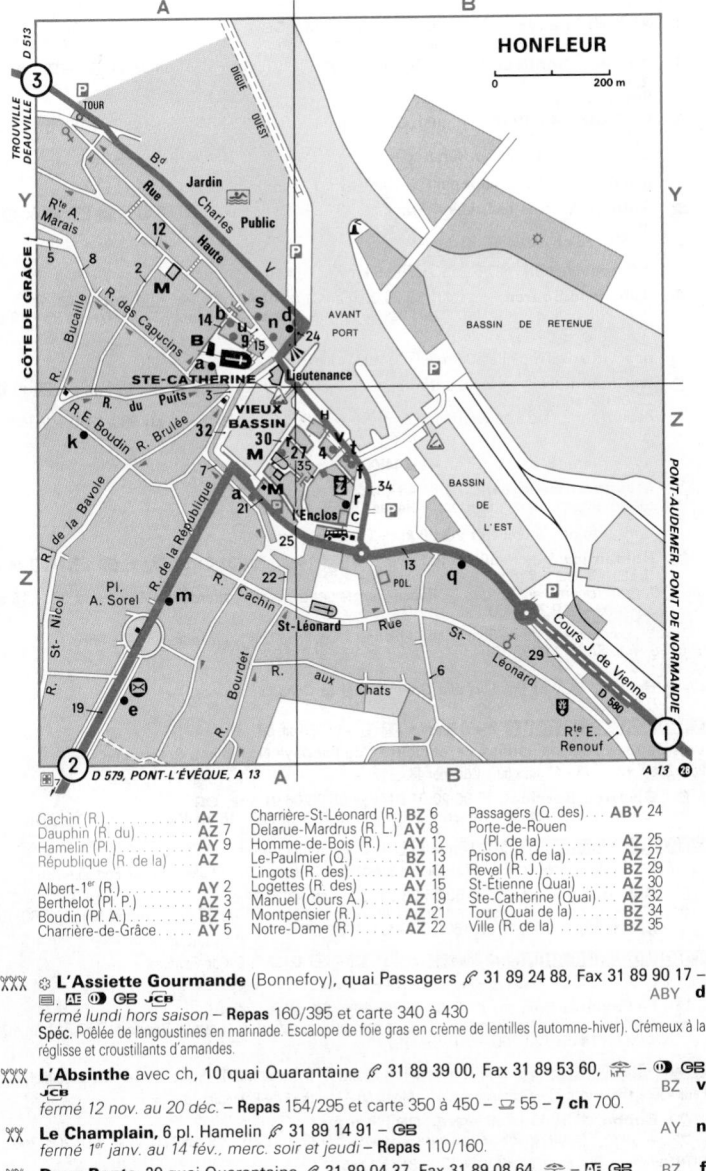

HONFLEUR

0   200 m

XXXX ✿ **L'Assiette Gourmande** (Bonnefoy), quai Passagers ✆ 31 89 24 88, Fax 31 89 90 17 –
▤ 🅰🅴 ⓞ ☒ ☒   ABY **d**
fermé lundi hors saison – **Repas** 160/395 et carte 340 à 430
Spéc. Poêlée de langoustines en marinade. Escalope de foie gras en crème de lentilles (automne-hiver). Crémeux à la réglisse et croustillants d'amandes.

XXX **L'Absinthe** avec ch, 10 quai Quarantaine ✆ 31 89 39 00, Fax 31 89 53 60, 🍸 – ⓞ ☒
☒   BZ **v**
fermé 12 nov. au 20 déc. – **Repas** 154/295 et carte 350 à 450 – ☲ 55 – **7 ch** 700.

XX **Le Champlain**, 6 pl. Hamelin ✆ 31 89 14 91 – ☒   AY **n**
fermé 1er janv. au 14 fév., merc. soir et jeudi – **Repas** 110/160.

XX **Deux Ponts**, 20 quai Quarantaine ✆ 31 89 04 37, Fax 31 89 08 64, 🍸 – 🅰🅴 ☒   BZ **f**
fermé fin nov. à fin déc., merc. soir et jeudi hors sais. – **Repas** 92/255, enf. 47.

XX **L'Ancrage**, 12 r. Montpensier ✆ 31 89 00 70, Fax 31 89 92 78 – ☒   AZ **a**
fermé janv., mardi soir et merc. sauf juil.-août – **Repas** 98/158 ॐ.

XX **Aub. du Vieux Clocher**, 9 r. de l'Homme de Bois ✆ 31 89 12 06 – 🅰🅴 ⓞ ☒
☒   AY **b**
fermé 2 au 20 janv., vacances de fév., dim. soir et merc. hors sais. – **Repas** 125/205.

XX **La Lieutenance**, 12 pl. Ste-Catherine ✆ 31 89 07 52, 🍸 – ☒   AY **u**
fermé 12 nov. au 20 déc., lundi soir et mardi sauf du 1er sept. au 30 avril – **Repas** 98/216.

✗ **Au P'tit Mareyeur**, 4 r. Haute ✐ 31 98 84 23 – GB
  fermé 13 au 30 nov., 5 au 20 janv., vend. midi et jeudi – **Repas** 119. AY **s**

✗ **Au Vieux Honfleur**, 13 quai St-Étienne ✐ 31 89 15 31, Fax 31 89 92 04, 🌤 – AE ❶ GB
  JCB
  Repas 155/285. AZ **r**

✗ **Le Bistro du Port**, 14 quai Quarantaine ✐ 31 89 21 84, Fax 31 89 04 16, 🌤 – AE
  GB
  fermé 20 nov. au 27 déc., lundi soir et mardi de janv. à fin avril – **Repas** 99/169. BZ **t**

  à la Rivière-St-Sauveur par ① : 2 km – ✉ 14600 :

🏨 **Antarès** Ⓜ sans rest, Les 4 Francs ✐ 31 89 10 10, Fax 31 89 58 57 – 🛗 📺 ☎ 🕭 🅿 –
  🏛 60. AE ❶ GB
  ⌗ 50 – **36 ch** 440/480, 10 duplex.

  à Barneville par ②, D 62 et D 279 : 5 km – ✉ 14600 :

🏠 **Aub. de la Source** 🌙, ✐ 31 89 25 02, Fax 31 89 44 40, 🌤, 🌳 – 📺 ☎ 🅿. GB. 🛠
  hôtel : 1ᵉʳ mars-1ᵉʳ nov. ; rest. : 1ᵉʳ avril-31 août – **Repas** (dîner seul.) 120/180 – ⌗ 35 – **16 ch**
  (½ pens. seul.) – ½ P 300/430.

  par ③ *rte de Trouville* : 3 km – ✉ 14600 Vasouy :

🏨 **La Chaumière** 🌙, rte du Littoral ✐ 31 81 63 20, Fax 31 89 59 23, ≤, 🌤, parc – 📺 ☎ 🅿.
  AE GB JCB
  Repas (nombre de couverts limité, prévenir) 180/380 – ⌗ 75 – **8 ch** 990/1350 – ½ P 855/
  1105.

  à Pennedepie par ③ : 5 km – ✉ 14600 :

✗ **Moulin St-Georges**, ✐ 31 81 48 48, 🌤
  fermé fév., mardi soir et merc. – **Repas** 75/159, enf. 35.

  par ③ *rte de Trouville et VO* : 8 km – ✉ 14600 Honfleur :

🏨 **Romantica** 🌙, chemin Petit Paris ✐ 31 81 14 00, Fax 31 81 54 78, ≤, 🌤, 🍸 – 📺 ☎ 🕭
  🅿. AE ❶ GB. 🛠 rest
  fermé 15 nov. au 15 déc. – **Repas** (fermé jeudi midi et merc.) 110/250 – ⌗ 36 – **18 ch**
  300/400 – ½ P 275/400.

RENAULT Gar. Senecal, rte de Genneville à Ablon
✐ 31 98 75 10 🔧 ✐ 31 98 75 10

🅿 PneuParis Normandie-Honfleur Pneu
✐ 31 89 20 37

  Get your copy of the Michelin Green Guide to Canada.

L'HÔPITAL-CAMFROUT 29460 Finistère 🔢 ⑤ – 1 505 h alt. 8.
Voir Daoulas : enclos paroissial★ et cloître★ de l'abbaye N : 4,5 km, G. Bretagne.
Paris 564 – ♦Brest 25 – Morlaix 59 – Quimper 48.

🏠 **Diverres-Bernicot**, ✐ 98 20 01 01, Fax 98 20 06 91 – ☎. GB
  fermé 16 au 30 sept. – **Repas** 68/160 🍴, enf. 40 – ⌗ 35 – **16 ch** 130/230 – ½ P 150/210.

L'HÔPITAL-ST-BLAISE 64130 Pyr.-Atl. 🔢 ⑤ G. Pyrénées Aquitaine – 76 h alt. 159.
Paris 816 – Pau 50 – Cambo-les-Bains 73 – Oloron-Ste-Marie 16 – Orthez 35 – St-Jean-Pied-de-Port 53.

🏠 **Aub. du Lausset** 🌙, ✐ 59 66 53 03, 🌤 – ☎. GB. 🛠 ch
  fermé 15 oct. au 15 nov., mardi soir et merc. du 15 sept. au 30 juin – **Repas** 50 (déj.), 80/150
  🍴, enf. 40 – ⌗ 26 – **7 ch** 160/200 – ½ P 175/195.

L'HÔPITAL-SUR-RHINS 42 Loire 🔢 ⑧ – alt. 430 – ✉ 42132 St-Cyr-de-Favières.
Paris 402 – Roanne 10,5 – ♦Lyon 76 – Montbrison 54 – ♦St-Étienne 74 – Thizy 27.

✗✗ **Le Favières** avec ch, ✐ 77 64 80 30, 🌤 – 📺 ☎ 🚗
  fermé 8 au 29 janv., dim. soir d'oct. à mai et lundi de nov. à avril – **Repas** 68/220 🍴, enf. 40 –
  ⌗ 27 – **14 ch** 120/195 – ½ P 155/187.

Les HÔPITAUX-NEUFS 25370 Doubs 🔢 ⑦ G. Jura – 369 h alt. 1 000 – Sports d'hiver : voir Métabief.
Paris 455 – ♦Besançon 77 – Champagnole 44 – Morez 50 – Mouthe 17 – Pontarlier 18.

🏠 **Robbe**, ✐ 81 49 11 05 – ☎ 🅿. GB. 🛠 rest
  29 juin-10 sept. et 20 déc.-5 avril – **Repas** 75/120 – ⌗ 35 – **19 ch** 170/190 – ½ P 205/245.

CITROEN Gar. Drezet, ✐ 81 49 10 56 🔧 ✐ 81 49 10 56

HORBOURG 68 H.-Rhin 🔢 ⑲ – rattaché à Colmar.

L'HORME 42 Loire 🔢 ⑲ – rattaché à St-Chamond.

L'HOSPITALET-PRÈS-L'ANDORRE 09390 Ariège 🔢 ⑮ – 146 h alt. 1 436.
Paris 847 – Font-Romeu-Odeillo-Via 38 – Andorre-la-Vieille 43 – Ax-les-Thermes 18 – Bourg-Madame 27 – Foix 60.

🏠 **Puymorens**, ✐ 61 05 20 03 – ☎ 🚗. GB
  Repas 87/107 🍴 – ⌗ 25 – **14 ch** 160/200.

Voir Le lac★.

🔢 𝒫 58 43 56 99, SE : 0,5 km.

🚩 Office de Tourisme pl. Pasteur 𝒫 58 43 72 35, Fax 58 41 70 15.

Paris 759 – Biarritz 31 – Mont-de-Marsan 88 – ♦Bayonne 21 – ♦Bordeaux 170 – Dax 33.

  🏨 **Beauséjour** 🏖, av. Tour du lac 𝒫 58 43 51 07, Fax 58 43 70 13, 🏠, 🔟, 🚿 – |🛗| 📺 ☎ 🅿
    – 🏦 25. ⅗ ⑪ ⅏ 🚿 rest
    7 mai-15 oct. – **Repas** 135/230 ⅃, enf. 85 – ⚌ 65 – **45 ch** 480/840 – ½ P 530/650.

  🏨 **Les Hortensias du Lac** Ⓜ 🏖, av. Tour du Lac 𝒫 58 43 99 00, Fax 58 43 42 81, ≼, 🏠,
    🚿 – |🛗| 📺 ☎ 🅒 🅿, ⅗ 🚿
    Repas *(fermé lundi)* (dîner seul.) carte 110 à 180 – ⚌ 40 – **21 ch** 380/440, 10 duplex.

  🏨 **Lacotel,** av. Touring Club 𝒫 58 43 93 50, Fax 58 43 59 69, ≼, 🏠, 🔟 – |🛗| 📺 ☎ ♿ 🅿 –
    🏦 40. ⑪ ⅏
    fermé 15 déc. au 15 janv. – **Repas** *(fermé dim. et lundi du 15 janv. au 30 mars)* 110/165, enf.
    55 – ⚌ 35 – **42 ch** 420 – ½ P 390.

PEUGEOT Gar. de l'Avenue, à Soorts 𝒫 58 43 50 38

Les HOUCHES 74310 H.-Savoie 🔢 ⑧ G. Alpes du Nord – 1 947 h alt. 1 008 – Sports d'hiver : 1 000/1 960 m
⚡2 ⚡13 ⚡.

🚩 Office de Tourisme pl. Église 𝒫 50 55 50 62, Télex 385000, Fax 50 55 53 16.

Paris 605 – Chamonix-Mont-Blanc 10 – Annecy 87 – Bonneville 47 – Megève 28.

  🏨 **Mont Alba** Ⓜ, La Griaz 𝒫 50 54 50 35, Fax 50 55 50 87, ≼, 🏠, 🔟 – |🛗| 📺 ☎ ♿ 🅿 –
    🏦 40. ⅗ ⅏
    fermé 10 nov. au 14 déc. – **Repas** 98/190, enf. 60 – ⚌ 45 – **43 ch** 480 – ½ P 470.

  🏨 **Aub. Beau Site et rest. Le Pèle,** 𝒫 50 55 51 16, Fax 50 54 53 11, ≼, 🏠, « Jardin
    fleuri » – |🛗| 📺 ☎ 🅿. ⅗ ⑪ ⅏. 🚿
    5 mai-fin sept. et Noël-19 avril – **Repas** *(fermé merc. de mai à juin et le midi de mai à mi-juin
    et fin sept. sauf week-ends et fériés)* 125/150 – ⚌ 45 – **18 ch** 500 – ½ P 400/420.

  🏨 **Chris-Tal,** 𝒫 50 54 50 55, Fax 50 54 45 77, ≼, 🏠, 🔟, 🚿, 🍴 – |🛗| 📺 ☎ 🚗 🅿. ⅗ ⑪
    ⅏
    20 mai-30 sept. et 20 déc.-15 avril – **Repas** 98/148, enf. 55 – ⚌ 45 – **25 ch** 495 –
    ½ P 335/395.

    au Prarion par télécabine – alt. 1 890 – Sports d'hiver : 1 000/1 900 m ⚡2 ⚡11 – ✉ 74170
    St-Gervais-les-Bains.

    Voir ✳★★ 30 mn.

  🏨 **Le Prarion** 🏖, alt.1 860 𝒫 50 93 47 01, Fax 50 93 46 76, ✳ sommets, glaciers et vallées,
    🏠 – ☎. ⅏.
    20 juin-15 sept. et Noël-Pâques – **Repas** 120/200 – ⚌ 50 – **18 ch** 180/570 – ½ P 330/430.

HOUDAN 78550 Yvelines 🔢 ⑧ 🔢 ⑭ G. Ile de France (plan) – 2 912 h alt. 104.

🔢🔢 des Yvelines 𝒫 (1) 34 86 48 89, Est par N 12 : 12 km ; 🔢🔢 de la Vaucouleurs à
Civry-la-Forêt 𝒫 (1) 34 87 62 29 ; sortie Est N 12, N 183 et D 166 : 10 km.

🚩 Syndicat d'Initiative à la Mairie 𝒫 (1) 30 59 60 19.

Paris 60 – Chartres 46 – Dreux 20 – Évreux 49 – Mantes-la-Jolie 27 – Rambouillet 28 – Versailles 40.

  ✕✕✕ ❀ **La Poularde** (Vandenameele), N 12 𝒫 (1) 30 59 60 50, Fax (1) 30 59 79 71, 🏠, 🚿 –
    🅿. ⅏
    fermé vacances de fév., mardi soir et merc. – **Repas** 135/300 et carte 260 à 390
    Spéc. Salade du coquetier. Aumônière de poulette truffée. Tarte mince acidulée aux pommes.

  ✕✕ **Plat d'Étain** avec ch, r. Paris 𝒫 (1) 30 59 60 28 – 📺 ☎. ⅏
  ↤ *fermé 1ᵉʳ au 22 août, lundi soir et mardi* – **Repas** 60 bc/210 ⅃ – ⚌ 30 – **8 ch** 280/350 –
    ½ P 260/280.

  ✕✕ **Welcome Auberge,** O : 0,7 km sur N 12 𝒫 (1) 30 59 60 34 – 🅿. ⅏
    fermé août, fév., merc. soir et jeudi – **Repas** 97/132.

    à Maulette E : 2 km sur N 12 – ✉ 78550 :

  ✕ **La Bonne Auberge,** rte Paris 𝒫 (1) 30 59 60 84, 🏠 – 🅿. ⅏
  ↤ *fermé 17 juil. au 14 août, merc. soir, dim. soir et lundi* – **Repas** 70/160 ⅃, enf. 40.

HOULGATE 14510 Calvados 🔢 ② G. Normandie Vallée de la Seine – 1 654 h – Casino .

Voir Falaise des Vaches Noires★ au NE.

🔢 de Beuzeval 𝒫 31 24 80 49.

🚩 Office de Tourisme bd Belges 𝒫 31 24 34 79, fax 31 24 42 27 et r. d'Axbridge (saison) 𝒫 31 24 62 31.

Paris 218 – ♦Caen 33 – Deauville 14 – Lisieux 32 – Pont-l'Évêque 24.

  🏨 **Santa Cecilia** sans rest, 𝒫 31 28 71 71, 🚿 – 📺 ☎. ⅗ ⅏. 🚿
    ⚌ 30 – **12 ch** 295/375.

Get your copy of the Michelin Green Guide to New England.

80 Somme 🔢 ⑥ **G. Flandres Artois Picardie** – ✉ **80410** Cayeux-sur-Mer.

Paris 189 – ◆Amiens 71 – Abbeville 27 – Dieppe 56 – Le Tréport 28.

Ⅹ   **Le Parc aux Huîtres** avec ch, ℰ 22 26 61 20 – 🗄 rest ☎. ⅭⒷ
fermé 15 déc. au 15 janv., vacances de fév., mardi soir et merc. sauf août – **Repas** 85/240,
enf. 45 – ⌷ 32 – **7 ch** 220/290 – ½ P 240/280.

HOURTIN 33990 Gironde 🔢 ⑰ **G. Pyrénées Aquitaine** – 2 072 h alt. 19.

Paris 557 – ◆Bordeaux 62 – Andernos-les-Bains 53 – Lesparre-Médoc 17 – Pauillac 26.

🏠   **Le Dauphin**, pl. Église ℰ 56 09 11 15, Fax 56 09 24 37, 🍴, ⅏, – ☎. 🄰🄴 ⓞ ⅭⒷ
➡   *fermé dim. soir d'oct. à mars* – **Repas** 68/120 ⅊, enf. 45 – ⌷ 35 – **20 ch** 290/330 – ½ P 295.

CITROEN Gar. Galharret, ℰ 56 09 11 18   RENAULT Gar. du Lac, ℰ 56 09 18 09 🄽
                                                  ℰ 56 09 18 09

HUELGOAT 29690 Finistère 🔢 ⑥ **G. Bretagne** (plan) – 1 742 h alt. 175.

Voir Site★★ – Rochers★★ – Forêt★.

Env. St-Herbot : clôture★★ de l'église★ SO : 7 km.

🄱 Office de Tourisme pl. Mairie (saison) ℰ 98 99 72 32.

Paris 521 – ◆Brest 73 – Carhaix-Plouguer 17 – Châteaulin 36 – Landerneau 45 – Morlaix 29 – Quimper 56.

     à Locmaria-Berrien-Gare SE : 7 km par D 764 – ✉ **29690** :

ⅩⅩ   **Aub. de la Truite** avec ch, ℰ 98 99 73 05, ≤, meubles bretons, 🐎 – 🚗 ⓟ ⅭⒷ
Repas (*Pâques-1ᵉʳ nov. et fermé dim. soir et lundi sauf juil.-août*) 98/325 – ⌷ 30 – **6 ch**
120/180 – ½ P 260.

HUNINGUE 68 H.-Rhin 🔢 ⑩ – rattaché à St-Louis.

HUSSEREN-LES-CHÂTEAUX 68420 H.-Rhin 🔢 ⑲ **G. Alsace Lorraine** – 377 h alt. 380.

Paris 492 – Colmar 8,5 – Belfort 66 – Gérardmer 53 – Guebwiller 22 – ◆Mulhouse 43.

🏨   **Husseren-les-Châteaux** 🄼 🐾, r. Schlossberg ℰ 89 49 22 93, Fax 89 49 24 84, ≤, 🍴,
🎱, ⅏, ℀ – 🛗 🗄 rest 🗔 ☎ ὑ ⓟ – 🛎 120. 🄰🄴 ⓞ ⅭⒷ
Repas 120/320 – ⌷ 55 – **34 ch** 490/810 – ½ P 515.

HYÈRES 83400 Var 🔢 ⑮ ⑯ ⅱⅱⅳ ㊻ ㊼ **G. Côte d'Azur** – 48 043 h alt. 40 – Casino des Palmiers Z.

Voir ≤★ de la place St-Paul Y 49 – Jardins Olbius Riquier★ V – ≤★ du parc St-Bernard ∨ –
Chapelle N.-D. de Consolation★ ∨ N : verrières★, ≤★ de l'esplanade S : 3 km – Sommet du
Fenouillet ☀★ NO : 4 km puis 30 mn.

🏌 de Ste-Eulalie, N : 4 km par ①.

✈ de Toulon-Hyères : ℰ 94 22 81 60, SE : 4 km V.

🄱 Office de Tourisme Rotonde J.-Salusse, av. Belgique ℰ 94 65 18 55, Fax 94 35 85 05 et Chalet, rte de Toulon
(15 juin-15 sept.) ℰ 94 65 33 40.

Paris 857 ③ – ◆Toulon 20 ③ – Aix-en-Provence 100 ③ – Cannes 121 ③ – Draguignan 79 ③.

                       Plan page ci-contre

🏨   **Mercure** 🄼, 19 av. A. Thomas ℰ 94 65 03 04, Télex 404508, Fax 94 35 58 20, 🍴, ⅏ – 🛗
≤★ ch 🗄 🗔 ☎ ὑ ⓟ – 🛎 120. 🄰🄴 ⓞ ⅭⒷ 🄹ⅭⒷ   V **x**
Repas grill 105 bc/150 bc, enf. 42 – ⌷ 49 – **84 ch** 595.

🏨   **Casino des Palmiers** 🄼, 1 r. A. Thomas ℰ 94 12 80 80, Fax 94 35 25 46 – 🛗 🗄 🗔 ☎ ὑ
ⓟ – 🛎 35 à 560. 🄰🄴 ⅭⒷ. ℀ rest   Z **n**
Jack Pat (*fermé lundi*) **Repas** (*dîner seul.*) 135 – ⌷ 60 – **13 ch** 490.

🏨   **Centrotel** 🄼 sans rest, 45 av. E. Cawell ℰ 94 38 38 10, Fax 94 38 37 73 – 🗄 🗔 ☎ ὑ 🚗.
🄰🄴 ⓞ ⅭⒷ   V **s**
⌷ 40 – **24 ch** 300/360.

🏠   **Ibis** 🄼, av. J. Moulin ℰ 94 38 83 38, Fax 94 38 57 24, 🍴, ⅏ – 🛗 ≤★ ch, 🗄 rest 🗔 ☎ ὑ
🚗 ⓟ – 🛎 45. 🄰🄴 ⓞ ⅭⒷ 🄹ⅭⒷ   V **a**
L'Atrium : Repas 125 ⅊, enf. 55 – ⌷ 38 – **46 ch** 340/420.

🏠   **Soleil** sans rest, r. Rempart ℰ 94 65 16 26, Fax 94 35 46 00 – ☎. 🄰🄴 ⓞ ⅭⒷ   Y **r**
⌷ 40 – **20 ch** 210/430.

ⅩⅩ   **Jardins de Bacchus**, 32 av. Gambetta ℰ 94 65 77 63 – 🗄. 🄰🄴 ⅭⒷ   Z **v**
fermé dim. soir en hiver, sam. midi en été et lundi – **Repas** 135/280, enf. 60.

     aux Salins d'Hyères E : 6 km – ✉ 83400 :

ⅩⅩ   **La Frégate** avec ch, Port Pothuau ℰ 94 66 40 29, Fax 94 66 38 14, ≤ rade d'Hyères,
Porquerolles, 🍴 – 🗄 rest ☎ – 🛎 25. 🄰🄴 ⅭⒷ
hôtel : 1ᵉʳ juin-30 sept. et fermé dim. soir et lundi – **Repas** (*fermé 20 au 27 déc., 15 fév. au 13
mars, dim. soir et lundi*) 125/190, enf. 65 – ⌷ 33 – **6 ch** 265 – ½ P 290.

     à Hyères-Plage SE : 5 km - Ⅹ – ✉ 83400 Hyères :

🏨   **Pins d'Argent**, ℰ 94 57 63 60, Fax 94 38 33 65, 🍴, parc, ⅏ – 🗔 ☎ ⓟ. 🄰🄴 ⅭⒷ   Ⅹ **f**
fermé janv. – **Repas** (*mai-sept.*) 130/180, enf. 60 – ⌷ 45 – **20 ch** 460 – ½ P 405/470.

🏠   **Rose des Mers** sans rest, ℰ 94 58 02 73, Fax 94 58 06 16, ≤, 🚣 – 🗔 ☎ ⓟ. ⅭⒷ. ℀
31 mars-15 oct. – ⌷ 40 – **18 ch** 340/420.   Ⅹ **k**

HYÈRES
GIENS

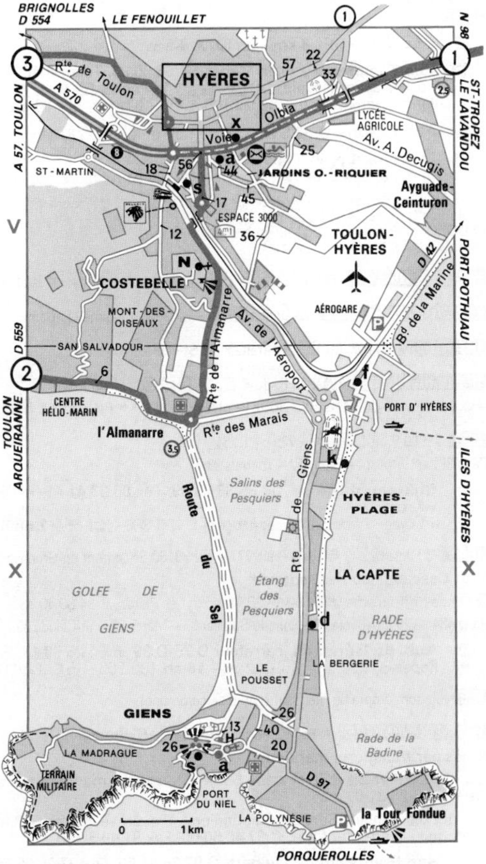

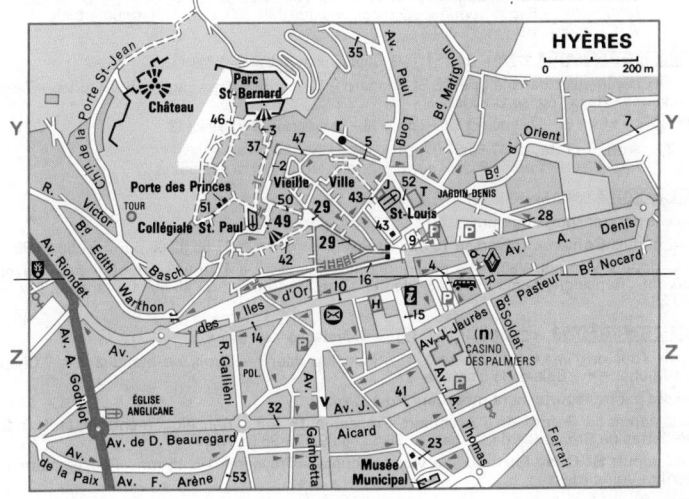

à *La Capte* SE : 8 km – ⌖ **83400** Hyères :

🏨 **Ibis Thalassa** Ⓜ, allée Mer 𝒫 94 58 00 94, Télex 404610, Fax 94 58 09 35, ≤, 🏤, centre
de Thalassothérapie, *Ⅰ₆*, 🟥, ♨ – ⅍ ch 🍽 📺 ☎ ⅙ 🅟 – 🅰 35. 🅰🅴 ⑩ ⒼⒷ. ⅍ rest
fermé 7 au 27 janv. – **Repas** 105 ⅟, enf. 40 – ⊑ 39 – **96 ch** 445/525 – ½ P 410.   X   **d**

à *La Bayorre* O : 2,5 km par rte de Toulon – ⌖ **83400** Hyères :

XX **La Colombe**, 𝒫 94 65 02 15 – ⒼⒷ
fermé dim. soir en hiver, lundi en été et sam. midi – **Repas** 130.

NISSAN Gar. Lafosse, quai St-Gervais rte de   ⓦ Pasero, Pont de la Villette 𝒫 94 57 69 44
Toulon La Bayorre 𝒫 94 65 20 79
PEUGEOT Les Gds Gar. du Var, 6 ch. de la Villette
𝒫 94 57 69 16 Ⓝ 𝒫 91 97 34 41

HYÈRES (Iles d') 83 Var ⑧④ ⑯ ⑰ ⑪⑭ ㊽ ㊾ – voir à Porquerolles et Port-Cros.

HYÈVRE-PAROISSE 25 Doubs ⑥⑥ ⑰ – rattaché à Baume-les-Dames.

IBARRON 64 Pyr.-Atl. ⑧⑤ ② – rattaché à St-Pée-sur-Nivelle.

IF (Ile du Château d') 13 B.-du-R. ⑧④ ⑬ ⑪⑭ ㉗ G. Provence.
⛴ au départ de **Marseille** pour le château d'If★★ (※★★★) 1 h 30.

IGÉ 71960 S.-et-L. ⑦⓪ ⑪ – 729 h alt. 264.
Paris 391 – Mâcon 14 – Cluny 12 – Tournus 33.

🏰 **Château d'Igé** ⊗, 𝒫 85 33 33 99, Fax 85 33 41 41, 🌤 – 📺 ☎ 🅟 – 🅰 60. 🅰🅴 ⑩ ⒼⒷ.
⅍ rest
1ᵉʳ mars-1ᵉʳ déc. – **Repas** 150 (déj.), 190/360 – ⊑ 65 – **7 ch** 545/710, 6 appart – ½ P 490/598.

ILAY 39 Jura ⑦⓪ ⑮ G. Jura – alt. 777 – ⌖ **39150** St-Laurent-en-Grandvaux.
Voir Cascades du Hérisson★★★.
🅱 Office de Tourisme 𝒫 84 60 15 25, Annexe Les Piards 𝒫 84 60 40 38.
Paris 434 – Champagnole 18 – Lons-le-Saunier 37 – Morez 23 – St-Claude 39.

🏠 **Aub. du Hérisson**, carrefour D 75-D 39 𝒫 84 25 58 18, Fax 84 25 51 11, 🌤 – ☎ 🅟. ⒼⒷ
➥ **Repas** 80/250, enf. 45 – ⊑ 38 – **16 ch** 180/295 – ½ P 180/265.

ILE voir nom propre de l'île (sauf si nom de commune).

ILE AUX MOINES ★ 56780 Morbihan ⑥③ ⑫ ⑬ G. Bretagne – 617 h.
Accès par transports maritimes.

⛴ depuis **Port-Blanc**. Traversée 5 mn - Renseignements et tarifs : IZENAH S.A.R.L 𝒫 97 26 31
45, Fax 97 26 31 01.

⛴ depuis **Vannes**. Service Saisonnier - Traversée 30 mn - Renseignements et tarifs : Navix
Bretagne - Gare Maritime 𝒫 97 46 60 00, Fax 97 46 60 29.

🏨 **San Francisco** ⊗, au port 𝒫 97 26 31 52, Fax 97 26 35 59, ≤, 🏤 – 📺 ☎. 🅰🅴 ⒼⒷ
fermé janv. – **Repas** *(fermé jeudi d'oct. à mars)* 135/230, enf. 70 – ⊑ 50 – **8 ch** 440/520 –
½ P 315/380.

L'ILE BOUCHARD 37220 I.-et-L. ⑥⑧ ④ G. Châteaux de la Loire – 1 800 h alt. 40.
Voir Chapiteaux★ dans le prieuré St-Léonard – Cathèdre★ dans l'église St-Maurice – Tavant :
fresques★ dans l'église O : 3 km.
Paris 284 – ♦Tours 51 – Châteauroux 120 – Chinon 16 – Châtellerault 49 – Saumur 42.

XX **Aub. de l'Ile**, 𝒫 47 58 51 07, 🏤 – ⒼⒷ
fermé 2 au 15 oct., 29 janv. au 18 fév., dim. soir et lundi – **Repas** 95/260.

ILE-D'ARZ 56840 Morbihan ⑥③ ⑬ G. Bretagne – 256 h.
Accès par transports maritimes.

⛴ depuis **Conleau**. Traversée 15 mn - Renseignements 𝒫 97 66 92 06 ou 𝒫 97 66 94 98.

⛴ depuis **Vannes**. Vacances de printemps-fin sept., 2 à 4 services quotidiens - Traversée
30 mn - Renseignements : Navix Bretagne, Gare Maritime 𝒫 97 46 60 00 (Vannes), Fax 97 46
60 29.

ILE-DE-BRÉHAT ★ 22870 C.-d'Armor ⑤⑨ ② G. Bretagne – 461 h alt. 52.
Voir Tour de l'île★★ en vedette 1 h – Phare du Paon★ – Croix de Maudez ≤★ – Chapelle
St-Michel ≤★ – Bois de la citadelle ≤★.
Accès par transports maritimes, pour Port-Clos.

⛴ depuis la **Pointe de l'Arcouest**. Traversée 15 mn - Renseignements et tarifs : G.I.E.
Vedettes de Bréhat (Ile de Bréhat) 𝒫 96 55 86 99, Fax 96 55 73 96.

⛴ depuis **St-Quay-Portieux**. Service saisonnier - Traversée 1 h 15 mn - Renseignements et
tarifs : Voir ci-dessus.

🏠 **Vieille Auberge** ⑤, au bourg ℰ 96 20 00 24, Fax 96 20 05 12, 🏤 – ☎. ⑤⑤. ⑤ ch
vacances de printemps-début nov. – **Repas** 90/300 – ☲ 42 – **14 ch** (½ pens. seul.) –
½ P 350.

🏠 **Bellevue** ⑤, Port-Clos ℰ 96 20 00 05, Fax 96 20 06 06, ⩽, 🏤, 🚗 – 🛗 ☎. ⑤⑤. ⑤ rest
fermé 5 janv. au 9 fév. – **Repas** 89 (déj.), 110/170, enf. 65 – ☲ 50 – **17 ch** 390/800 –
½ P 370/550.

ILE D'HOUAT 56 Morbihan ⑥③ ⑫ G. Bretagne – 390 h – ✉ **56170** Quiberon.

Accès par transports maritimes.

🚢 depuis **Quiberon**. Traversée 40 mn - Renseignements et tarifs : Cie Morbihannaise et
Nantaise de Navigation ℰ 97 50 06 90 (Quiberon), Fax 97 50 11 40.

🍴 **Iles** ⑤, avec ch, ℰ 97 30 68 02, Fax 97 30 66 61, ⩽ – ☎. ⑤⑤. ⑤ rest
↤ *avril-nov. et fermé lundi de sept. à nov.* – **Repas** 75/200, enf. 44 – ☲ 30 – **7 ch**
(½ pens. seul.) – ½ P 275/320.

L'ILE-ROUSSE 2B H.-Corse ⑨⓪ ⑬ – voir à Corse.

Ne prenez pas la route au hasard !

3615 - 3617 MICHELIN vous apportent sur votre **Minitel** *ou sur* **fax**
ses conseils routiers, hôteliers et touristiques.

ILLHAEUSERN 68970 H.-Rhin ⑥② ⑲ – 578 h alt. 176.
Paris 445 – Colmar 16 – Artzenheim 14 – St-Dié 53 – Sélestat 12 – ♦Strasbourg 60.

🏨 **La Clairière** Ⓜ ⑤ sans rest, rte Guémar ℰ 89 71 80 80, Fax 89 71 86 22, ⣽, ⫷ – 🛗 📺
☎ ℗. ⑤⑤
fermé 1ᵉʳ janv. au 2 mars – ☲ 65 – **26 ch** 420/950.

🏠 **Les Hirondelles,** ℰ 89 71 83 76, Fax 89 71 86 40, 🚗 – 📺 ☎ ℗. ⑤⑤. ⑤ rest
*hôtel : fermé 26 au 30 juin, et 31 janv. au 10 mars ; rest. : ouvert 10 mars-1ᵉʳ nov. et fermé
dim. soir* – **Repas** (dîner seul.)(résidents seul.) – ☲ 30 – **19 ch** 220/250 – ½ P 230/255.

ⅩⅩⅩⅩⅩ ❀❀❀ **Auberge de l'Ill** (Haeberlin), ℰ 89 71 89 00, Fax 89 71 82 83, « Élégante installation au bord de l'Ill, ⩽ jardins fleuris » – 🍽. ⑤⑤ ⓪ ⑤⑤
fermé fév., lundi sauf le midi d'avril à oct. et mardi – **Repas** (prévenir) 490/700 et carte 500 à
700
Spéc. Gelée de canard de Challans au foie d'oie. Ragoût de grenouilles poêlées, petit chou farci à la choucroute et aux
grenouilles. Suprême de pigeonneau au chou en crépinette, pastilla d'abats au foie d'oie. **Vins** Pinot blanc, Pinot noir.

H. des Berges Ⓜ ⑤ sans rest, ℰ 89 71 87 87, Fax 89 71 87 88, ⩽, « Reconstitution d'un
séchoir à tabac du Ried », 🚗 – 🛗 🍽 📺 ☎ ᵴ. 🚗. ⑤⑤ ⓪ ⑤⑤ ⑤⑤⑤
fermé 5 fév. au 8 mars, lundi et mardi - voir rest. **Aub. de l'Ill** – ☲ 110 – **11 ch** 1250/1400.

ILLIERS-COMBRAY 28120 E.-et-L. ⑥⓪ ⑰ G. Châteaux de la Loire – 3 329 h alt. 160.
🗓 Syndicat d'Initiative, r. Florent d'Illiers ℰ 37 24 21 79 Syndicat d'Initiative, r. Henri Germond ℰ 37 24 21 79.
Paris 114 – Chartres 25 – Châteaudun 29 – ♦Le Mans 94 – Nogent-le-Rotrou 35.

ⅩⅩ **Le Florent,** 13 pl. Marché (près église) ℰ 37 24 10 43 – ⑤⑤
fermé 20 mars au 4 avril, dim. soir et lundi – **Repas** 75 (déj.), 98/220, enf. 48.

CITROEN Gar. Troquet, 26 r de Chartres PEUGEOT Gar. Ringuedé, 59 r. de Chartres
ℰ 37 24 00 53 Ⓝ ℰ 37 24 00 53 ℰ 37 24 33 41

ILLKIRCH-GRAFFENSTADEN 67 B.-Rhin ⑥② ⑩ – rattaché à Strasbourg.

IMSTHAL (Étang d') 67 B.-Rhin ⑧⑦ ⑰ ⑱ – rattaché à La Petite-Pierre.

INGERSHEIM 68 H.-Rhin ⑧⑦ ⑰ – rattaché à Colmar.

INGRANDES 49123 M.-et-L. ⑥③ ⑲ G. Châteaux de la Loire – 1 410 h alt. 19.
Voir S : Route★ de Montjean-sur-Loire à St-Florent-le-Vieil (D 210).
Paris 326 – Angers 32 – Ancenis 21 – Châteaubriant 56 – Château-Gontier 57 – Cholet 48.

🏠 **Lion d'Or,** r. Pont ℰ 41 39 20 08, Fax 41 39 21 03 – 📺 ☎ ℗. 🚗 ⑤⑤
↤ *fermé 15 au 28 fév.* – **Repas** 65/180 bc, enf. 48 – ☲ 30 – **16 ch** 170/260 – ½ P 191/237.

INNENHEIM 67880 B.-Rhin ⑥② ⑨ – 840 h alt. 150.
Paris 488 – ♦Strasbourg 20 – Molsheim 11 – Obernai 9,5 – Sélestat 31.

🏠 **Au Cep de Vigne,** N 422 ℰ 88 95 75 45, Fax 88 95 79 73, 🚗 – 🛗 🍽 ☎ ᵴ ℗ – 🔺 50. ⑤⑤
fermé 15 au 29 fév. – **Repas** (fermé lundi) 95/240 ᵴ, enf. 60 – ☲ 38 – **40 ch** 180/450 –
½ P 200/300.

INOR 55700 Meuse ⑤⑥ ⑩ – 183 h alt. 175.
Paris 249 – Charleville-Mézières 50 – Carignan 13 – Longwy 64 – Sedan 27 – Verdun 52.

🏠 **Faisan Doré** ⑤, ℰ 29 80 35 45, Fax 29 80 37 92, 🏤, ⣽, 🚗 – ☎ ℗. 🚗 ⑤⑤
↤ **Repas** 68/180 ᵴ – ☲ 25 – **13 ch** 200/250 – ½ P 250/280.

ISIGNY-SUR-MER 14230 Calvados 54 ⑬ G. Normandie Cotentin – 3 018 h alt. 5.

Paris 300 – Cherbourg 61 – St-Lô 29 – Bayeux 32 – ♦Caen 62 – Carentan 11.

  🏠 **France,** 17 r. E. Demagny ♟ 31 22 00 33, Fax 31 22 79 19 – 📺 ☎ 🅿 – ⏚ 25. ⊖⊟
↔   *fermé 10 janv. au 1ᵉʳ mars, vend. soir et sam. hors sais. sauf fériés* – **Repas** 55/195 ⅃, enf. 40
    – ⌨ 34 – **19 ch** 160/300 – ½ P 240/300.

PEUGEOT Gar. Etasse, ♟ 31 22 02 52 **N**   RENAULT Isigny Gar., ♟ 31 22 02 33 **N**
♟ 31 22 02 52   ♟ 31 22 02 33

L'ISLE-ADAM 95290 Val-d'Oise 55 ⑳ G. Ile de France – 9 979 h alt. 27.

Voir Chaire★ de l'église St-Martin.

🏛 Office de Tourisme Le Castel Rose, 1, av. de Paris ♟ 34 69 41 09.

Paris 36 – Beauvais 48 – Chantilly 24 – Compiègne 66 – Pontoise 19 – Taverny 14.

  XX **Gai Rivage,** 11 r. Conti ♟ (1) 34 69 01 09, Fax (1) 34 69 30 37, 🌧 – ⊖⊟
    fermé 15 au 30 oct., 15 au 29 fév., dim. soir et lundi – **Repas** 120/180.

  XX **Le Troubadour,** 23 quai Oise ♟ (1) 34 08 10 34, Fax (1) 34 69 34 69, 🌧 – 🆎 ⊖⊟
    fermé vacances de Toussaint, de fév., mardi soir et merc. de sept. à mai – **Repas** 125/180.

  X   **Le Relais Fleuri,** 61 bis r. St-Lazare ♟ (1) 34 69 01 85, 🌧 – ⊖⊟
    fermé 16 au 31 août, lundi soir et mardi – **Repas** 150/200 bc.

CITROËN Gar. Crocqfer, 6 Grande-Rue   RENAULT Gar. de l'Ile de France, 60 av. de Paris
♟ (1) 34 69 00 01   ♟ (1) 34 69 05 66
PEUGEOT Gar.Pétillon, 12 r. de Beaumont
♟ (1) 34 69 01 13 **N** ♟ (1) 05 44 24 24

The new *Michelin Green Tourist Guides* offer:

  – more detailed descriptive texts,

  – practical information,

  – town plans, local maps and colour photographs,

  – frequent fully revised editions.

Always make sure you have the latest edition.

L'ISLE-D'ABEAU 38 Isère 74 ⑬ – rattaché à Bourgoin-Jallieu.

L'ISLE-JOURDAIN 32600 Gers 82 ⑥ ⑦ – 5 029 h alt. 150.

🔓 Las Martines ♟ 62 07 27 12, N : 4,5 km.

Paris 703 – Auch 43 – ♦Toulouse 36 – Montauban 57.

  🏠 **Host. du Lac,** O : 1 km sur N 124 ♟ 62 07 03 91, Fax 62 07 04 37, ⩽, 🌧, ⅃, 🌳 – 📺 ☎
↔   🅿 – ⏚ 30. ⊖⊟
    fermé vacances de fév. – **Repas** 59 bc/99 – ⌨ 30 – **27 ch** 195/235 – ½ P 225.

    à Pujaudran E : 8 km par N 124 – ✉ 32600 :

  XXX **Puits St-Jacques,** ♟ 62 07 41 11, Fax 62 07 40 11 – 🆎 ⓞ ⊖⊟
    fermé 1ᵉʳ au 15 mars, 1ᵉʳ au 15 août, sam. midi et lundi – **Repas** 100/260 et carte 210 à 320,
    enf. 75.

    rte de Toulouse par N 124 : 11 km – ✉ 32600 L'Isle-Jourdain :

  XXX **Frachengues,** ♟ 62 07 40 63, Fax 62 07 42 16, 🌧 – 🅿. ⓞ ⊖⊟
    fermé 15 au 31 août, dim. soir et lundi – **Repas** 95/250 et carte 200 à 360, enf. 60.

CITROËN Gar. Lisle, ♟ 62 07 02 57   Ⓦ Rivière-Point S, ♟ 62 07 08 46
PEUGEOT-TALBOT Gar.Rigal, ♟ 62 07 03 16 **N**
♟ 62 07 05 58
RENAULT Gar. Gascogne-Sce, ♟ 62 07 13 07 **N**
♟ 62 07 13 07

L'ISLE-JOURDAIN 86150 Vienne 72 ⑤ G. Poitou Vendée Charentes – 1 269 h alt. 142.

🏛 Office de Tourisme (saison) ♟ 49 48 80 36 et à la Mairie ♟ 49 48 70 54.

Paris 386 – Poitiers 52 – Confolens 28 – Niort 107.

    au Port de Salles S : 7 km par D 8 et VO : – ✉ 86150 Le Vigeant :

  🏨 **Val de Vienne** M ⑂ sans rest, ♟ 49 48 27 27, Fax 49 48 47 47, ⩽, ⅃, 🌳 – 📺 ☎ & ⟷
    🅿. ⊖⊟
    ⌨ 45 – **20 ch** 480/520.

  XX **La Grimolée,** ♟ 49 48 75 22, 🌧, « Jardin au bord de la Vienne » – ⊖⊟
    fermé 1ᵉʳ au 22 oct., vacances de fév., mardi soir et merc. – **Repas** 75 bc (déj.), 100/225 ⅃,
    enf. 40.

CITROËN Gar. Foussier, ♟ 49 48 88 24   RENAULT Perrin, ♟ 49 48 70 22 **N** ♟ 49 48 70 22
PEUGEOT Gar. Rigaud, ♟ 49 48 70 37 **N**
♟ 49 48 70 37

Voir Décoration intérieure★ de l'église – Église★ du Thor O : 5 km.

🏌 Provence Country Club ℘ 90 20 20 65, E : 4 km sur D 25.

🗓 Office de Tourisme pl. Église ℘ 90 38 04 78.

Paris 698 – Avignon 26 – Apt 32 – Carpentras 17 – Cavaillon 9,5 – Orange 41.

🏨 **Araxe H.** Ⓜ ♨, rte Apt : 1,5 km ℘ 90 38 40 00, Fax 90 20 84 74, ☎, « Jardin en bordure de la Sorgue », ⌺, ❀ – cuisinette 📺 ☎ & 🅿 – 🛗 50. ⒶⒺ ⓄⒹ ⒼⒷ. ❄ rest
Repas 90 (déj.)/128 ⅃ – ⌂ 45 – **51 ch** 270/600, 4 duplex – ½ P 290/455.

🏨 **Acticentre** Ⓜ sans rest, cours de la Pyramide (rte Carpentras) ℘ 90 20 81 81, Fax 90 38 40 30 – ⅛ ch 📺 ☎ & 🅿 – 🛗 80. ⒶⒺ ⒼⒷ
⌂ 40 – **40 ch** 260/360.

🍴🍴 **La Prévôté**, 4 r. J.-J. Rousseau (derrière l'église) ℘ 90 38 57 29, ☎ – ⒼⒷ
fermé 30 oct. au 20 nov., 5 au 12 fév. et lundi – **Repas** 120 (déj.), 180/280.

rte d'Apt SE : 6 km par N 100 – ⊠ 84800 L'Isle-sur-la-Sorgue :

🏨 **Mas des Grès**, ℘ 90 20 32 85, Fax 90 20 21 45, ☎, ⌺, ❀ – 📺 ☎ 🅿. ⒼⒷ. ❄
1ᵉʳ mars-15 nov. et week-ends de nov. et déc. – **Repas** (dîner seul.) (résidents seul.) 135 – ⌂ 55 – **12 ch** 400/560.

à Petit-Palais SE : 6 km par D 31 ou par N 100 et D 24 – ⊠ 84800 L'Isle-sur-la-Sorgue :

🍴🍴🍴 **Bernard Auzet**, ℘ 90 38 09 74, Fax 90 20 91 26, ☎, ❀ – 🅿. ⒼⒷ
Repas 145/380 et carte 290 à 370.

au SO : 2 km par rte de Caumont – ⊠ 84800 L'isle-sur-la-Sorgue :

🍴🍴🍴 **Mas de Cure Bourse** ♨ avec ch, ℘ 90 38 16 58, Fax 90 38 52 31, ☎, « Dans un parc au milieu des vergers, » – 🅿 – 🛗 50.
Repas (fermé 16 au 30 oct., 1ᵉʳ au 8 janv., dim. soir et lundi sauf de Pâques à oct.) 165/260 et carte 210 à 260 – ⌂ 45 – **13 ch** 350/550 – ½ P 380/495.

CITROEN Gar. Roquebrune, rte d'Apt
℘ 90 38 18 48 🔲 ℘ 90 38 18 48
FORD Gar. Germain, rte d'Avignon ZI
℘ 90 38 46 46
PEUGEOT Gar. Manni, 7 quai Charité
℘ 90 38 00 97

RENAULT Automobile Cavaillonnaise, rte de Pernes-les-Fontaines ℘ 90 38 00 41 🔲
℘ 05 05 15 15

Ⓜ Magnan-Pneus, ZA Grande Marine, rte du Thor
℘ 90 38 00 89

Come districarsi nei sobborghi di Parigi?

Utilizzando la carta stradale Michelin n. 🔢

e le piante n. 🔢-🔢, 🔢-🔢, 🔢-🔢, 🔢-🔢 : chiare, precise ed aggiornate.

Paris 212 – Auxerre 49 – Avallon 15 – Montbard 30 – Tonnerre 38.

🍴🍴 **Aub. Pot d'Étain** avec ch, ℘ 86 33 88 10, Fax 86 33 90 93 – ▤ rest. ⒼⒷ
fermé 17 au 24 oct., fév., dim. soir et lundi sauf juil.-août – **Repas** 92/220, enf. 55 – ⌂ 35 – **8 ch** 220/390 – ½ P 290.

RENAULT Gar. Cervo, ℘ 86 33 84 87

Voir Vallon de Chastillon★ O.

🗓 Office de Tourisme ℘ 93 23 15 15, Fax 93 23 14 25.

Paris 820 – Barcelonnette 81 – ♦Nice 93 – Saint-Martin-Vésubie 59.

🏨 **Diva** Ⓜ ♨, ℘ 93 23 17 71, Fax 93 23 12 14, ≤ montagnes, ☎ – 🖾 ⅛ ch 📺 ☎ & 🅿 – 🛗 25. ⒶⒺ ⓄⒹ ⒼⒷ
juil.-août et 10 déc.-15 avril – **Repas** 250/430, enf. 100 – ⌂ 80 – **23 ch** 2170/2650, 5 appart – ½ P 1325/1525.

🏨 **Le Chastillon** ♨, ℘ 93 23 10 60, Fax 93 23 17 66, ≤, ☎ – 🖾 📺 ☎ ⇦ 🅿 – 🛗 40 à 150. ⒶⒺ ⓄⒹ ⒼⒷ ⱼⒸⒷ ❄ rest
fin nov.-fin avril – **Repas** 130 (déj.)/150, enf. 65 – **54 ch** ⌂ 1025/1390, 3 appart – ½ P 775.

Paris 882 – Fréjus 10 – Draguignan 37 – St-Raphaël 12 – Ste-Maxime 10 – Toulon 100.

à San-Peire-sur-Mer – ⊠ 83380 Les Issambres :

🏨 **Provençal**, N 98 ℘ 94 96 90 49, Fax 94 49 62 48, ≤, ☎ – 📺 ☎ 🅿. ⒶⒺ ⒼⒷ
Pâques-oct. – **Repas** (fermé lundi midi) 145/250 – ⌂ 40 – **28 ch** 410/490 – ½ P 400/480.

au parc des Issambres – ✉ **83380** Les Issambres :

🏛 **La Quiétude,** N 98 𝄐 94 96 94 34, Fax 94 49 67 82, ≤, 斎, ☁, 🗷, – 📺 ☎ ℗. ဩ ⤓ 🇬🇧 JCB
22 fév.-15 oct. – **Repas** 136/170, enf. 50 – ☲ 34 – **19 ch** 280/315 – ½ P 320/334.

XXXX **Villa-St-Elme** avec ch, N 98 𝄐 94 49 52 52, Fax 94 49 63 18, ≤, 斎, ☁, ⛵, 🗷 – 📲 ▦
📺 ☎ ⬥ ℗. ဩ 🇬🇧 JCB. ✻ ch
fermé 15 janv. au 1ᵉʳ avril – **Repas** *(fermé merc. d'oct. à janv.)* 185 et carte 270 à 360, enf. 85
– **9 ch** ☲ 765/1640, 3 appart – ½ P 625/1000.

à la calanque des Issambres – ✉ **83380** Les Issambres :

X **Chante-Mer,** au village 𝄐 94 96 93 23, 斎 – ▦. 🇬🇧
fermé 15 déc. au 31 janv., dim. soir et lundi sauf juil.-août – **Repas** 120/220.

à la pointe de la Calle – ✉ **83380** Les Issambres :

XXX **Le St-Pierre,** N 98 𝄐 94 96 89 67, ≤ baie de St-Raphaël, 斎 – ℗. ဩ ⓄD 🇬🇧
fermé janv., mardi midi et vend. midi en juil.-août, lundi soir et mardi hors sais. – **Repas** -
produits de la mer - 210 et carte 230 à 380.

XXX **Au Jardin Gourmand,** N 98 𝄐 94 49 61 10, ≤, 斎 – ℗. ဩ 🇬🇧
fermé 2 au 16 juin, 12 au 27 oct., merc. soir et jeudi – **Repas** 149/250 et carte 260 à 360,
enf. 75.

ISSIGEAC 24560 Dordogne 🔢 ⑮ G. Périgord Quercy – 638 h alt. 100.

🇮 Syndicat d'Initiative, pl. 8 Mai, 𝄐 53 58 79 62.

Paris 563 – Périgueux 66 – ◆Bergerac 19 – ◆Bordeaux 109 – Cahors 88 – Villeneuve-sur-Lot 44.

🏛 **La Bruclière,** 𝄐 53 58 72 28, 斎 – 📺 ☎. 🇬🇧
fermé nov., fév., dim. soir et lundi sauf juil.-août – **Repas** 65 (déj.), 95/200, enf. 50 – ☲ 35 –
6 ch 200/320 – ½ P 200/265.

ISSOIRE ◁SP▷ 63500 P.-de-D. 🔢 ⑭ ⑮ G. Auvergne – 13 559 h alt. 386.

Voir Anc. abbatiale St-Austremoine★★ : chevet★★ Z.

Env. Puy d'Yssou ✳★ SO : 10 km par D 32.

🇮 Office de Tourisme pl. Gén.-de-Gaulle 𝄐 73 89 15 90 et Maison des Parcs d'Auvergne 𝄐 73 55 11 63.

Paris 456 ① – ◆Clermont-Ferrand 38 ① – Aurillac 122 ③ – ◆Lyon 201 ① – Millau 201 ③ – Le Puy-en-Velay 95 ③ –
Rodez 180 ③ – ◆St-Étienne 176 ① – Thiers 57 ① – Tulle 172 ①.

ISSOIRE

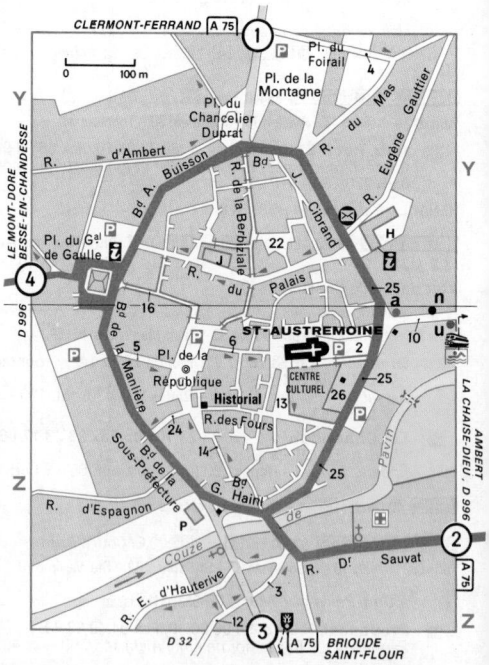

*Une réservation
confirmée par écrit
est toujours plus sûre.*

🏠 **Grilotel** Ⓜ, Z.A.C. des Prés (ctre comm. Continent) NE : 1,5 km par D 716 ou D 9
↝ ℰ 73 89 60 76, Fax 73 89 41 83, ⛲ – ⚿ ch 📺 ☎ 🕭 🅿. 🆎 ⓞ GB
Repas 59/129 ⅄, enf. 28 – ☲ 30 – **36 ch** 195 – ½ P 255.

🏠 **Tourisme** sans rest, 13 av. Gare ℰ 73 89 23 68, Fax 73 89 65 28 – 📺 ☎. 🆎 GB   YZ **n**
fermé 1ᵉʳ au 15 oct. – ☲ 27 – **13 ch** 130/220.

✗ **Le Parc** avec ch, 2 av. Gare ℰ 73 89 23 85, Fax 73 89 44 76, ⛲, ⛐ – 📺 ☎. GB   Z **u**
Repas (fermé sam. midi) 100/230 – ☲ 42 – **7 ch** 260/270.

✗ **Le Relais** avec ch, 1 av. Gare ℰ 73 89 16 61, Fax 73 89 55 62 – 📺 ☎. 🆎 GB. ✻ rest
↝ fermé 1ᵉʳ au 15 mars, 16 au 30 oct., dim. soir et lundi hors sais. – **Repas** 55/150 ⅄ – ☲ 25 –
6 ch 170/240 – ½ P 180/210.   YZ **a**

à *Parentignat* par ② : 4 km – ✉ 63500 :

🏠 **Tourette** ⚞, ℰ 73 55 01 78, Fax 73 89 65 62, ⛐ – ▯ 📺 ☎ 🅿. GB. ✻ ch
↝ fermé vacances de Toussaint, de Noël, de fév., vend. soir et sam. du 16 sept. au 30 juin –
Repas 78/200 ⅄ – ☲ 32 – **36 ch** 207/292 – ½ P 240/255.

à *Sarpoil* par ② et D 999 : 10 km – ✉ 63490 St-Jean-en-Val :

✗✗ **La Bergerie**, ℰ 73 71 02 54 – 🅿. 🆎 ⓞ GB
fermé 11 au 18 sept., janv., dim. soir et lundi – **Repas** (nombre de couverts limité, prévenir)
110/300.

au *Broc* par ③ : 5 km – ✉ 63500 :

✗ **Host. les Vigneaux**, N 9 ℰ 73 89 10 90, ≤, ⛲ – 🅿. GB
↝ fermé dim. soir et lundi sauf juil.-août – **Repas** 78/210, enf. 40.

à *Perrier* par ④ : 5 km – ✉ 63500 :

✗✗ **La Cour Carrée**, ℰ 73 55 15 55, ⛲ – 🅿. GB
↝ fermé 9 au 30 sept., 22 au 27 déc. et sam. – **Repas** (déj. seul.) 70/250, enf. 50.

PEUGEOT Gar. Morette, 66 av. Kennedy par ①   ⑩ Euromaster, 63 bd Kennedy ℰ 73 89 18 83
ℰ 73 55 02 44   Pneu Service Issoirien, 42 av. de la Libération
RENAULT Gar. Granval, rte de Clermont par ①   ℰ 73 89 05 27
ℰ 73 89 22 56 🅽 ℰ 73 55 41 48
V.A.G Issoire-Autos, rte de St-Germain-Lembron
ℰ 73 89 23 08

When looking for a hotel or restaurant use the most efficient method.
Look for the names of towns underlined in red
on the Michelin maps scale: 1:200 000.

But make sure you have an up-to-date map!

ISSONCOURT 55 Meuse 🗺 ⑳ – 119 h alt. 276 – ✉ 55220 Souilly.
Paris 264 – Bar-le-Duc 24 – St-Mihiel 29 – Verdun 28.

✗✗ **Relais de la Voie Sacrée** avec ch, ℰ 29 70 70 46, Fax 29 70 75 75, ⛲, ⛐ – ☎ 🅿 –
↝ 🕭 25. GB
fermé 22 janv. au 10 mars, dim. soir de nov. à Pâques et lundi – **Repas** 80/250 ⅄, enf. 60 –
☲ 35 – **7 ch** 210/250 – ½ P 300/330.

ISSOUDUN ⑬ 36100 Indre 🗺 ⑨ G. Berry Limousin – 13 859 h alt. 129.
Voir Musée St-Roch : arbre de Jessé★ dans la chapelle et apothicairerie★ AB.
🛆 des Sarrays ℰ 54 49 54 49, S : 12 km par ⑤.
🅱 Office de Tourisme pl. St-Cyr ℰ 54 21 74 57.
Paris 245 ① – Bourges 35 ② – Châteauroux 29 ⑤ – ♦Tours 127 ① – Vierzon 33 ①.

Plan page suivante

🏨 **H. La Cognette** Ⓜ ⚞, r. Minimes ℰ 54 21 21 83, Fax 54 03 13 03 – 📺 ☎ 🕭 ⇦. 🆎 ⓞ
GB   A **e**
fermé 2 au 24 janv. - voir rest. **La Cognette** ci-après – ☲ 60 – **11 ch** 330/600, 3 appart –
½ P 380/600.

🏠 **France et rest. Les Trois Rois**, 3 r. P. Brossolette ℰ 54 21 00 65, Fax 54 21 50 61 – 📺
☎ 🅿. 🆎 ⓞ GB   A **s**
Repas (fermé dim. soir et lundi) 120/160, enf. 55 – ☲ 34 – **23 ch** 170/250 – ½ P 250/280.

🏠 **Campanile** Ⓜ, par ② : N 151 ℰ 54 21 06 40, Fax 54 21 20 33, ⛲ – ⚿ ch 📺 ☎ 🅿 –
🕭 25. 🆎 ⓞ GB   A
Repas 82 bc/105 bc, enf. 39 – ☲ 30 – **40 ch** 270.

✗✗✗ ❀ **Rest. La Cognette** -Hôtel La Cognette- (Nonnet), bd Stalingrad ℰ 54 21 21 83,
Fax 54 03 13 03 – ▤. 🆎 ⓞ GB ⛉   A **z**
fermé 2 au 25 janv., dim. soir et lundi – **Repas** (prévenir) 195 bc/385 et carte 310 à 440
Spéc. Crème de lentilles aux truffes. Carpe à l'ancienne. Poulet aux escargots et ravioli au fromage. **Vins** Bourgueil,
Reuilly blanc.

561

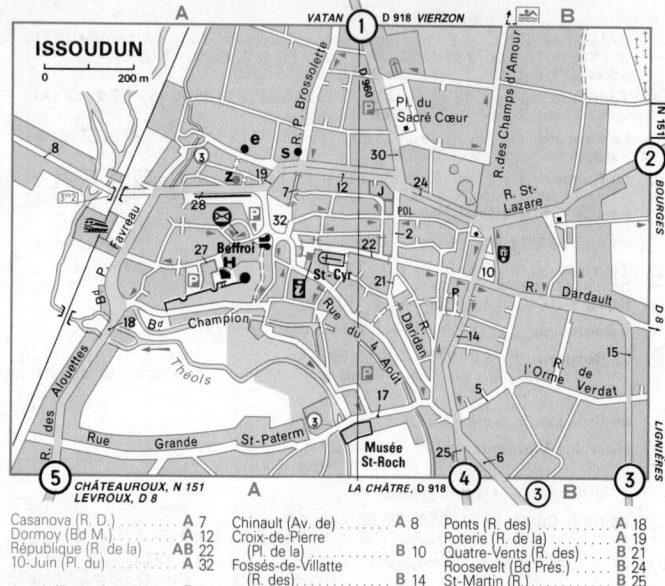

ISSOUDUN
0 200 m

Casanova (R. D.)	**A** 7	Chinault (Av. de)	**A** 8	Ponts (R. des)	**A** 18
Dormoy (Bd M.)	**A** 12	Croix-de-Pierre		Poterie (R. de la)	**A** 19
République (R. de la)	**AB** 22	(Pl. de la)	**B** 10	Quatre-Vents (R. des)	**B** 21
10-Juin (Pl. du)	**A** 32	Fossés-de-Villatte		Roosevelt (Bd Prés.)	**B** 25
		(R. des)	**B** 14	St-Martin (R.)	**B** 25
Avenir (R. de l')	**B** 2	Gaulle (Av. Ch. de)	**B** 15	Sémard (R. P.)	**A** 27
Bons-Enfants (R. des)	**B** 5	Hospices		Stalingrad (Bd de)	**A** 28
Capucins (R. des)	**B** 6	St-Roch (R.)	**B** 17	Trois-Places (R. des)	**B** 30

à *Diou* par ① : 12 km sur D 918 – ✉ **36260** :

XX **L'Aubergeade**, rte Issoudun ℰ 54 49 22 28, 🍽, 🌳 – **🅿**. **GB**
fermé merc. soir et dim. soir – **Repas** 95/190.

PEUGEOT Gar. Fougere, rte de Châteauroux à
St-Aoustrille par ⑤ ℰ 54 21 03 24

🔧 Euromaster, N 151, rte de Bourges ℰ 54 21 02 68
Gar. Giraud, 38 av. Chinault ℰ 54 21 27 33

ISSY-LES-MOULINEAUX 92 Hauts-de-Seine 🔟 ⑩, 🔟🔟 ㉕ – voir à Paris, Environs.

Antes de ponerse en carretera, consulte el *mapa Michelin*
nº 🔟🔟🔟 *"FRANCIA - Grandes Itinerarios"*.

En él encontrará :

– distancias kilométricas,

– duraciones medias de los recorridos,

– zonas de "atascos" e itinerarios alternativos,

– gasolineras abiertas durante las 24 horas del día...

Su viaje será más económico y seguro.

ISTRES 🚍 **13800** B.-du-R. 🎱 ① **G. Provence** – 35 163 h alt. 8.
🇧 Office de Tourisme 30 allées J.-Jaurès ℰ 42 55 51 15, Fax 42 56 59 50.
Paris 746 ③ – ◆Marseille 53 ② – Arles 40 ③ – Martigues 15 ② – Saint-Rémy-de-Provence 38 ① – Salon-de-
Provence 23 ②.

Plan page ci-contre

🏠 **Le Castellan** sans rest, pl. Ste-Catherine ℰ 42 55 13 09, Fax 42 56 91 36 – 📺 ☎ **🅿**. **GB**.
🍴
⊇ 30 – **17 ch** 255/280.
AX **a**

🏠 **Peyreguet** sans rest, bd J.J. Prat ℰ 42 55 04 52, Fax 42 56 66 41 – 📺 ☎ **🅿**. **AE**
GB
⊇ 25 – **25 ch** 160/200.
AY **b**

XX **St-Martin**, Port des Heures Claires, SE : 3 km ℰ 42 56 07 12, Fax 42 56 04 59, ≤, 🍽 –
🍽. **GB**. 🍴
fermé nov., mardi soir et merc. – **Repas** 160/220.
BZ **e**

CITROEN Gar. Clavel, bd J.-J.-Prat ℰ 42 11 01 01
N ℰ 91 97 02 56
FORD Gar. Cardona, Quartier des Cognets Sud
ℰ 42 55 30 30

RENAULT S.I.D.A., Carrefour F. Gouin et Radoff
Zell, ℰ 42 56 91 22 **N** ℰ 05 05 15 15

🔧 Gar. Morcel, 12 chemin de Tivoli ℰ 42 56 34 46

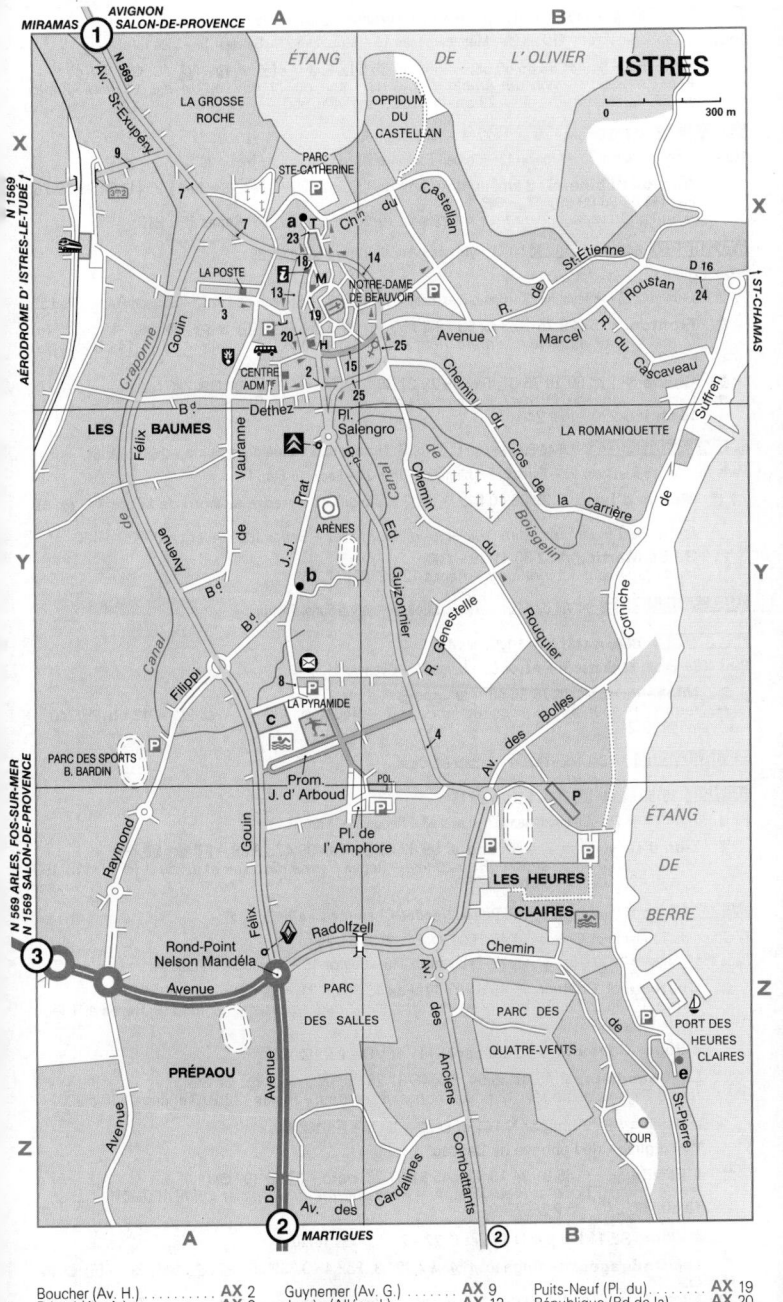

ISTRES

ITTERSWILLER 67140 B.-Rhin 🟤 ⑨ G. Alsace Lorraine – 248 h alt. 250.

Paris 503 – ♦Strasbourg 41 – Erstein 23 – Mittelbergheim 4,5 – Molsheim 27 – Sélestat 14 – Villé 13.

  🏔 **Arnold** Ⓜ ⟍, 𝄐 88 85 50 58, Fax 88 85 55 54, ≤, ⇋ – 🆃🆅 ☎ 🅿 – 🛎 40. 🆎 🆚 ⟍ ch
  Repas 95/395 ⅄ - *Winstub Arnold (fermé dim. soir du 11 nov. au 14 juil. et lundi)* **Repas**
  95/395 ⅄, enf. 65 – 🍽 48 – **28 ch** 440/595 – ½ P 400/550.

ITTEVILLE 91760 Essonne 🟤 ① 🔟🔟🔟 ⑭ – 4 685 h alt. 60.

Paris 44 – Fontainebleau 36 – Arpajon 13 – Corbeil-Essonnes 20 – Étampes 19 – Melun 28.

  ✗✗ **Aub. de l'Épine,** N : 3 km, au domaine de l'Épine (29 r. Gén.-Leclerc) 𝄐 (1) 64 93 10 75,
  Fax (1) 64 93 09 89, ⇋ – 🆚🅱
  fermé août, vacances de fév., mardi soir, merc. soir et lundi – **Repas** 160/210.

ITXASSOU 64250 Pyr.-Atl. 🟤 ③ G. Pyrénées Aquitaine – 1 563 h alt. 39.

Voir Église★.

Paris 795 – Biarritz 26 – ♦Bayonne 23 – Cambo-les-Bains 6,5 – Pau 121 – St-Jean-de-Luz 33 – St-Jean-Pied-de-Port 32.

  🏠 **Fronton,** 𝄐 59 29 75 10, Fax 59 29 23 50, ≤, ⇋, ⟍, ⇋ – 🆃🆅 ☎ 🅿. ⓪ 🆚🅱. 🆚 ch
  fermé 1er janv. au 15 fév. et merc. hors sais. – **Repas** 90/208, enf. 44 – 🍽 27 – **14 ch** 243/350
  – ½ P 305/315.

  🏠 **Chêne** ⟍, 𝄐 59 29 75 01, Fax 59 29 27 39, ≤, ⇋, ⇋ – ☎ 🅿. 🆚🅱. 🆚 rest
  ➤ *fermé 1er janv. au 1er mars, lundi et mardi sauf juil.-août* – **Repas** 70/190, enf. 45 – 🍽 28 –
  16 ch 165/220 – ½ P 240.

IVRY-LA-BATAILLE 27540 Eure 🟤 ⑰ 🔟🔟🔟 ⑬ G. Normandie Vallée de la Seine – 2 563 h alt. 64.

Paris 76 – Anet 5,5 – Dreux 21 – Évreux 30 – Mantes-la-Jolie 24 – Pacy-sur-Eure 17.

  ✗✗✗ **Moulin d'Ivry,** 𝄐 32 36 40 51, ≤, ⇋, « Jardin et terrasse au bord de l'Eure » – 🅿. 🆎
  🅱
  fermé 2 au 9 oct., fév., dim. soir et lundi sauf fériés – **Repas** 165/300 et carte 220 à 430.

  ✗✗ **Gd St-Martin,** 𝄐 32 36 41 39 – 🅱
  fermé janv., dim. soir et lundi – **Repas** 120/270, enf. 75.

IVRY-SUR-SEINE 94 Val-de-Marne 🟤 ①, 🔟🔟🔟 ㉖ – voir à Paris, Environs.

IZERNORE 01580 Ain 🟤 ④ – 1 170 h alt. 470.

Paris 480 – Bourg-en-Bresse 51 – ♦Lyon 93 – Nantua 9 – Oyonnax 11,5.

  ♈ **Michaillard,** 𝄐 74 76 96 46 – ☎ ⟿ 🅿. 🆚 ch
  ➤ *fermé 16 août au 15 sept. et lundi soir* – **Repas** 60/170 ⅄ – 🍽 28 – **12 ch** 95/240 –
  ½ P 130/210.

La JALOUSIE 14 Calvados 🟤 ⑫ – rattaché à Caen.

JANZÉ 35150 I.-et-V. 🟤 ⑦ – 4 500 h alt. 85.

Paris 336 – ♦Rennes 25 – Châteaubriant 32 – Laval 63 – Redon 64 – Vitré 31.

  ✗ **Lion d'Or** avec ch, r. A. Briand 𝄐 99 47 03 21, Fax 99 47 29 88 – 🆃🆅 ☎. ⓪ 🅱
  fermé 26 août au 12 sept. et 3 au 20 fév. – **Repas** *(fermé dim. soir et lundi)* 65 (déj.), 110/150
  ⅄, enf. 40 – 🍽 20 – **8 ch** 100/250.

JARNAC 16200 Charente 🟤 ⑫ G. Poitou Vendée Charentes – 4 786 h alt. 27.

🚩 Office de Tourisme pl. Château 𝄐 45 81 09 30, Fax 45 36 52 45.

Paris 455 – Angoulême 29 – Barbezieux 28 – ♦Bordeaux 110 – Cognac 15 – Jonzac 38 – Ruffec 54.

  ✗✗ **Château,** pl. Château 𝄐 45 81 07 17, Fax 45 35 35 71 – 🆎 🅱
  fermé 1er au 23 août, vacances de fév., sam. midi, dim. soir et lundi – **Repas** 95 (déj.),
  145/210 ⅄.

  à Bourg-Charente O : 6 km par N 141 et VO – ✉ 16200 :

  ✗✗✗ **La Ribaudière,** 𝄐 45 81 30 54, Fax 45 81 28 05, ⇋, – 🅿. 🆎 🅱
  fermé 15 janv. au 15 fév., dim. soir hors sais. et lundi – **Repas** 122/270 et carte 210 à 290.

  à Bassac SE : 7 km par N 141 et D 22 – 464 h. – ✉ 16210 :

  Voir Église★ de l'abbaye de Bassac.

  🏛 **L'Essille** ⟍, 𝄐 45 81 94 13, Fax 45 81 97 26, parc – 🆃🆅 ☎ 🅿. 🅱
  fermé 16 au 23 oct. et 3 au 13 janv. – **Repas** *(fermé dim. soir et lundi)* 100/220 – 🍽 35 –
  10 ch 250/340 – ½ P 280/320.

  à Vibrac SE 11 km par N 141 et D 22 – 223 h. – ✉ 16120 :

  🏠 **Les Ombrages,** rte Angeac 𝄐 45 97 32 33, Fax 45 97 32 05, ⇋, ⟍, ⇋, ✗ – 🆃🆅 ☎ 🅿.
  ➤ 🅱.
  fermé 10 au 20 oct., 20 déc. au 10 janv., dim. soir et lundi d'oct. à avril – **Repas** 68/187 –
  🍽 35 – **10 ch** 250/310 – ½ P 190/255.

PEUGEOT Gar. Forgeau, 𝄐 45 81 18 35

Paris 227 – Alençon 36 – Bagnoles-de-l'Orne 20 – ◆Le Mans 66 – Mayenne 25.

%%% **La Terrasse,** 🖉 43 03 41 91 – ⒢⒝
fermé 2 au 16 janv., dim. soir et lundi sauf fériés – **Repas** 89/185 et carte 190 à 240, enf. 70.

JERSEY (Ile de) ★★ Ile 🗺 ⑤ G. Normandie Cotentin.

Accès par transports maritimes pour St-Hélier (réservation indispensable).

🚢 depuis **St-Malo.** (réservation obligatoire) : par car-ferry - Traversée 1 h 15 mn – Renseignements et tarifs à Emeraude Lines, Gare Maritime du Naye, 35401 St-Malo Cedex 🖉 99 40 48 40, fax 99 81 28 73 et 99 40 57 47.

🚢 depuis **St-Malo.** Services saisonniers par : Catamaran (traversée : 1 h 15 mn) par Emeraude Lines (renseignements : voir ci-dessus) – Hydroglisseur (traversée : 1 h) par Condor Limited (renseignements : Morvan Fils Voyages, Gare Maritime de la Bourse, 35412 St-Malo Cedex 🖉 99 56 42 29.

🚢 depuis **Granville.** Service saisonnier par catamaran (traversée 1 h 10 mn) par Emeraude Lines (1, r. Lecampion 🖉 33 50 16 36, Fax 33 50 87 80.

🚢 depuis **St-Quay-Portrieux.** Service saisonnier par catamaran - Traversée : 1 h 45 mn - est assuré par Emeraude Lines (renseignements : Gare Maritime de St-Quay, 🖉 96 70 49 46, Fax 96 70 49 47.

🚢 à **Gorey** depuis **Carteret et Portbail** – (réservation recommandée) rotations saisonnières - Traversée 30 mn - renseignements à Emeraude Lines 🖉 33 52 61 39, Fax 33 53 51 57 ou Gare Maritime de Portbail 🖉 33 04 86 71, Fax 33 04 15 30.

Service aérien avec Paris Roissy I 🖉 (1) 42 96 02 44 et Dinard 🖉 99 46 22 81 par Jersey European Airways, avec Cherbourg 🖉 33 22 91 32 et Dinard 🖉 99 46 70 28 par Aurigny Air Services.

Ressources hôtelières : voir Guide Rouge Michelin : **Great Britain and Ireland**

Les **guides Rouges,** les **guides Verts** et les **cartes Michelin**
sont complémentaires.
Utilisez-les ensemble.

JOIGNY

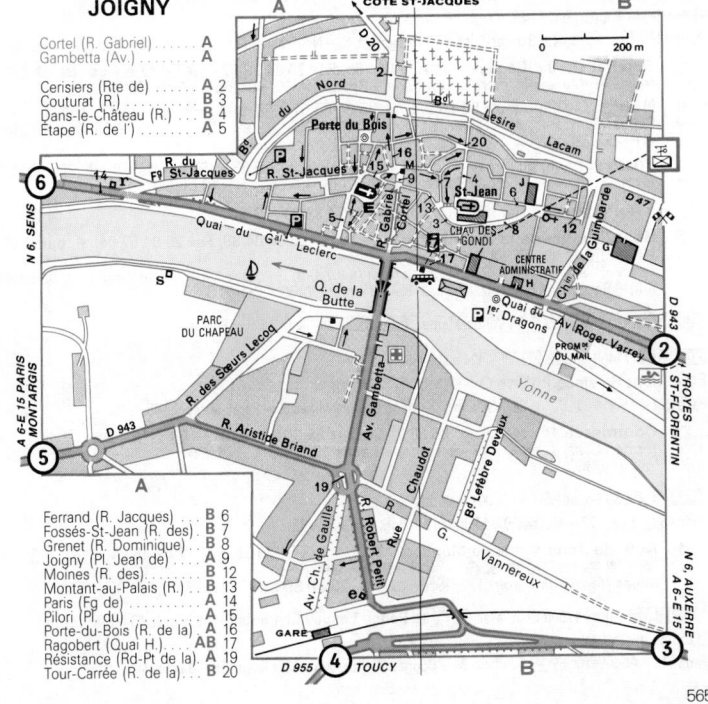

Cortel (R. Gabriel) .... A
Gambetta (Av.) .... A

Cerisiers (Rte de) ...... A 2
Couturat (R.) .... B 3
Dans-le-Château (R.) ... B 4
Étape (R. de l') .... A 5

Ferrand (R. Jacques) ...... B 6
Fossés-St-Jean (R. des) ... B 7
Grenet (R. Dominique) .. B 8
Joigny (Pl. Jean de) ...... A 9
Moines (R. des) .... B 12
Montant-au-Palais (R.) .. B 13
Paris (Fg de) .... A 14
Pilori (Pl. du) .... A 15
Porte-du-Bois (R. de la) A 16
Ragobert (Quai H.) .... AB 17
Résistance (Rd-Pt de la) A 19
Tour-Carrée (R. de la) .. B 20

JOIGNY 89300 Yonne 🔢 ④ G. Bourgogne – 9 697 h alt. 101.

Voir Vierge au sourire★ dans l'église St-Thibault A E – Côte St-Jacques ≤★ 1,5 km par D 20 A.

Env. Laduz : musée rural des arts populaires★ S : 15 km.

🟦 du Roncemay ℰ 86 73 68 87, 18 km par ④.

🛈 Office de Tourisme quai H.-Ragobert ℰ 86 62 11 05, Fax 86 91 76 38.

Paris 147 ⑤ – Auxerre 27 ③ – Gien 75 ⑤ – Montargis 62 ⑤ – Sens 31 ⑥ – Troyes 77 ②.

Plan page précédente

🏨 ❀❀❀ **A la Côte St-Jacques** (Lorain) M ⑤, 14 fg Paris ℰ 86 62 09 70, Fax 86 91 49 70, ≤, « Belle décoration intérieure », 🖾, 🍽 – 🛗 📧 ch 📺 ☎ ⅙ ⇔ 🅿 – 🔏 30. 🆎 �ⓞ 🆖
Repas (dim. prévenir) 360 (déj.)/680 et carte 530 à 730, enf. 160 – ⊈ 110 – **25 ch** 720/1750, 4 appart
A r
Spéc. Huîtres bretonnes en petite terrine océane. Tronçon de turbot braisé au bois de fenouil et aux câpres. Poularde de Bresse à la vapeur de champagne. **Vins** Chablis, Irancy.

🏨 **Modern'H Frères Godard,** 17 av. R. Petit ℰ 86 62 16 28, Fax 86 62 44 33, 🟰 – 📺 ☎ ⇔ 🅿 – 🔏 30. 🆎 ⓞ 🆖 🆓
A e
Repas 135/350, enf. 120 – ⊈ 45 – **21 ch** 195/500 – ½ P 278/415.

🏨 **Le Rive Gauche** M ⑤, r. Port au Bois ℰ 86 91 46 66, Fax 86 91 46 93, ≤, 🍽, 🚗, ℀ – 🛗 🍽 rest 📺 ☎ ⅙ 🅿 – 🔏 25 à 70. 🆎 🆖
A s
Repas 98/200 – ⊈ 40 – **42 ch** 250/650 – ½ P 300/450.

à Épineau-les-Voves par ③ : 7,5 km – ✉ 89400 :

❌❌ **L'Orée des Champs,** N 6 ℰ 86 91 20 39, Fax 86 91 24 92, 🍽 – 🅿. 🆖
➡ *fermé 27 août au 15 sept., vacances de févr., mardi soir et merc.* – **Repas** 69/170 🍷, enf. 40.

à Villecien par ⑥ : 8 km sur N 6 – ✉ 89300 :

🏨 **La Grillade,** ℰ 86 63 11 74, Fax 86 63 11 64, 🍽, 🚗 – 📺 ☎ ⅙ 🅿. 🆎 🆖
Repas 95/190 🍷 – ⊈ 30 – **12 ch** 170/320.

CITROEN Joigny Automobiles, N 6 à Champlay par ③ ℰ 86 62 06 45
RENAULT Gar. Busset, 31 r. d'Aillant-sur-Tholon à Senan par ④ ℰ 86 63 41 66 🗈 ℰ 86 63 41 66
RENAULT Gar. Moutardier, à Sépeaux par ⑤ ℰ 86 73 13 25

RENAULT Jovinienne Auto Saja, rte de Migennes par ② ℰ 86 62 22 00 🗈 ℰ 05 05 15 15
VAG Autom. Fournet, 29 r. A.-Briand ℰ 86 62 09 21

🅦 Jeandot, 9 av. R.-Petit ℰ 86 62 18 84

JOINVILLE 52300 H.-Marne 🔢 ① G. Champagne – 4 755 h alt. 188.

🛈 Office de Tourisme r. A.-Briand ℰ 25 94 17 90.

Paris 239 – Bar-le-Duc 44 – Bar-sur-Aube 47 – Chaumont 43 – Neufchâteau 51 – St-Dizier 32 – Toul 77 – Troyes 94.

🏨 **Soleil d'Or,** 9 r. Capucins ℰ 25 94 15 66, Fax 25 94 39 02 – 📧 📺 ☎ ⅙ ⇔. 🆎 ⓞ 🆖
➡ *fermé 15 fév. au 1er mars et dim. soir* – **Repas** 95/310 – ⊈ 55 – **17 ch** 220/440.

🏨 **Nord,** r. C. Gillet ℰ 25 94 10 97, Fax 25 94 87 57 – 📺 ☎ ⅙ ⇔ 🅿 – 🔏 25. 🆖
➡ **Repas** *(fermé 1er au 10 oct. et dim. soir)* 60/180 🍷, enf. 45 – ⊈ 28 – **15 ch** 120/240 – ½ P 160/220.

❌❌ **Poste** avec ch, pl. Grève ℰ 25 94 12 63, Fax 25 94 36 23 – 📺 ☎ ⇔. 🆎 ⓞ 🆖
➡ *fermé 10 janv. au 2 fév.* – **Repas** 78/220 🍷, enf. 45 – ⊈ 28 – **10 ch** 200/280.

à Autigny-le-Grand N : 6 km sur N 67 – ✉ 52300 :

❌❌ **Host. Moulin de la Planchotte** avec ch, ℰ 25 94 84 39, Fax 25 94 57 04, ≤, parc, ℀ – 😵 ch 📺 ☎ 🅿. 🆎 ⓞ 🆖
fermé 1er au 7 mars, 3 au 31 oct., le midi (sauf sam. et dim.), dim. soir et lundi midi de sept. à juin – **Repas** 84/215, enf. 45 – ⊈ 35 – **8 ch** 190/250 – ½ P 205.

JOINVILLE-LE-PONT 94 Val-de-Marne 🔢 ①, 🔢 ② – voir à Paris, Environs.

JONCY 71460 S.-et-L. 🔢 ⑱ – 424 h alt. 235.

Env. Mont St-Vincent ❅★★ O : 12 km, G. Bourgogne.

Paris 372 – Chalon-sur-Saône 34 – Mâcon 51 – Montceau-les-Mines 25 – Paray-le-Monial 45.

❌❌ **Commerce** M avec ch, ℰ 85 96 27 20, Fax 85 96 21 76, 🍽 – 📺 ☎ 🅿. 🆖
fermé 30 sept. au 5 nov. et vend. – **Repas** 100/280 🍷, enf. 55 – ⊈ 34 – **9 ch** 250/320 – ½ P 240/300.

JONS 69330 Rhône 🔢 ⑫ – 1 001 h alt. 211.

Paris 480 – ♦Lyon 27 – Meyzieu 9 – Montluel 8 – Pont-de-Chéruy 13.

🏨 **Aub. de Jons** M, rte de Montluel : 1 km ℰ 78 31 29 85, Fax 72 02 48 24, ≤, 🍽, 🟰, 🚗, ℀ – 🛗 🍽 rest 📺 ☎ ⅙ 🅿 – 🔏 30. 🆎 ⓞ 🆖
Repas *(fermé dim. soir)* 125/295 – ⊈ 40 – **26 ch** 350/390 – ½ P 310.

JONZAC ◑ 17500 Char.-Mar. 🔢 ⑥ G. Poitou Vendée Charentes – 3 998 h alt. 40 – Stat. therm.

🛈 Office de Tourisme pl. Château ℰ 46 48 49 29.

Paris 513 – Angoulême 55 – ♦Bordeaux 84 – Cognac 35 – Libourne 83 – Royan 59 – Saintes 40.

🏨 **L'Ecu** Ⓜ, 3 pl. Fillaudeau ℰ 46 48 50 56, Fax 46 48 43 49, � – |฿| 📺 ☎ & ℗ – 🛝 30. ⚿
🔚 ⓪ GB
fermé 10 déc. au 10 janv. – **Repas** 60/140 ⅃ – ⌧ 30 – **26 ch** 220/270 – ½ P 195.

🏨 **Le Club** sans rest, pl. Église ℰ 46 48 02 27 – 📺 ☎. GB. ✸
fermé nov. – ⌧ 26 – **10 ch** 190/260.

CITROEN Gar. Mallet, ℰ 46 48 00 04
PEUGEOT Belot, Pl du Champ de Foire
ℰ 46 48 08 77 🅽 ℰ 46 97 36 32

⓪ Euromaster, ℰ 46 48 35 05

JOSSELIN 56120 Morbihan 𝟨𝟥 ④ G. Bretagne (plan) – 2 338 h alt. 59.

Voir Château★★ – Basilique N.-D.-du-Roncier★.

🏌 de Ploermel - Lac au Duc ℰ 97 73 64 64, E : 12 km par N 24.

🛈 Office de Tourisme pl. Congrégation ℰ 97 22 36 43.
Paris 422 – Vannes 43 – Dinan 81 – Lorient 76 – ◆Rennes 78 – St-Brieuc 77.

🏨 **Château,** ℰ 97 22 20 11, Fax 97 22 34 09, ≤ – 📺 ☎ ⇦ ℗. ⚿ ⓪ GB
🔚 *fermé fév.* – **Repas** 80/210 ⅃ – ⌧ 35 – **36 ch** 195/310 – ½ P 260/295.

🏨 **France,** 6 pl. Notre-Dame ℰ 97 22 23 06, Fax 97 22 35 78 – 📺 ☎ ℗. ⚿ GB
🔚 *fermé janv., dim. soir et lundi hors sais.* – **Repas** 78/245, enf. 56 – ⌧ 35 – **20 ch** 240/320 –
½ P 140/180.

XX **Commerce,** ℰ 97 22 22 08, Fax 97 22 22 08, ≤ – GB
fermé 12 nov. au 10 déc. – **Repas** *(fermé mardi soir et merc.)* 82/240, enf. 45.

CITROEN Gar. Joubard, ℰ 97 22 23 04

JOUARRE 77 S.-et-M. 𝟧𝟨 ⑬ – rattaché à La Ferté-sous-Jouarre.

JOUCAS 84220 Vaucluse 𝟪𝟣 ⑬ – 258 h alt. 248.
Paris 719 – Apt 14 – Avignon 39 – Carpentras 31 – Cavaillon 20.

🏨🏨 **Host. le Phébus** ⑊, rte Murs ℰ 90 05 78 83, Fax 90 05 73 61, ≤ le Luberon, �, ⌁, 🌳,
✸ – 📺 ☎ & ℗. ⚿ GB ᴶᶜᴮ
mars-30 oct. – **Repas** 140/165 – ⌧ 75 – **17 ch** 665/980, 5 appart – ½ P 730/800.

🏨🏨 ✿ **Mas des Herbes Blanches** ⑊, rte Murs : 2,5 km ℰ 90 05 79 79, Fax 90 05 71 96, ≤ le
Luberon, �, ⌁, ✸ – ch 📺 ☎ ⇦ ℗ – 🛝 25. ⚿ ⓪ GB
fermé 3 janv. au 10 mars – **Repas** 270 (déj.)/375 et carte 360 à 470 – ⌧ 80 – **16 ch** 890/1835,
3 appart – ½ P 865/1340
Spéc. Brochettes de langoustines grillées au romarin. Emincé de pigeon à la crème de tapenade. Fondant chaud au
chocolat amer, crème Grand Marnier. **Vins** Côtes du Luberon, Côtes du Ventoux.

🏨 **Mas du Loriot** Ⓜ ⑊, rte Murs : 4 km ℰ 90 72 62 62, Fax 90 72 62 54, ≤ le Luberon, �,
⌁ – 📺 ☎ ℗. GB
Repas (prévenir)(dîner seul.) 170 – ⌧ 70 – **6 ch** 450 – ½ P 495.

JOUÉ-LÈS-TOURS 37 I.-et-L. 𝟨𝟦 ⑮ – rattaché à Tours.

JOUGNE 25370 Doubs 𝟩𝟢 ⑦ G. Jura – 1 162 h alt. 1 010 – Sports d'hiver : voir Métabief.
Paris 457 – ◆Besançon 79 – Champagnole 46 – Lausanne 47 – Morez 53 – Pontarlier 20.

🏨 **Couronne,** ℰ 81 49 10 50, 🌳 – ☎ GB. ✸ rest
fermé oct. et nov. – **Repas** *(fermé nov. soir et dim. soir hors sais.)* 85/185, enf. 48 – ⌧ 30 – **14 ch**
140/220 – ½ P 230/250.

à Entre-les-Fourgs SE : 4,5 km par D 423 – ✉ 25370 Les Hôpitaux-Neufs :

🏨 **Les Petits Gris** ⑊, ℰ 81 49 12 93, Fax 81 49 13 93, ≤, 🌳 – ☎ ⓪ GB. ✸ ch
🔚 *fermé 17 sept. au 8 oct.* – **Repas** *(fermé merc.)* 70/170 ⅃, enf. 48 – ⌧ 38 – **13 ch** 235/295 –
½ P 250/285.

JOUY-AUX-ARCHES 57 Moselle 𝟧𝟩 ⑬ – rattaché à Metz.

JOUY-SUR-EURE 27 Eure 𝟧𝟧 ⑰ – rattaché à Pacy-sur-Eure.

JOYEUSE 07260 Ardèche 𝟪𝟢 ⑧ G. Vallée du Rhône – 1 411 h alt. 180.

Voir Corniche du Vivarais Cévenol★★ O.

🛈 Office de Tourisme D 104 ℰ 75 39 56 76, Fax 75 39 58 87.
Paris 653 – Alès 52 – Mende 96 – Privas 52.

🏨 **Les Cèdres,** ℰ 75 39 40 60, Fax 75 39 90 16, ⌁, 🌳 – |฿| 🖿 📺 ☎ & ℗ – 🛝 50. ⚿ ⓪
🔚 GB
15 avril-15 oct. – **Repas** 70/175, enf. 45 – ⌧ 39 – **45 ch** 245/300 – ½ P 295.

au Gua NO : 12 km par D 203 et VO – ✉ 07110 Joyeuse :

XX **La Guaribote** ⑊ avec ch, ℰ 75 39 44 09, Fax 75 39 55 89, ≤, « En bordure de la
Beaume » – 🖿 rest ☎ ℗. ⚿ ⓪ GB
Pâques-30 sept. – **Repas** *(fermé lundi midi sauf du 15 juin au 15 sept.)* 110/295, enf. 65 –
⌧ 40 – **12 ch** 260/290, 4 duplex – ½ P 300.

RENAULT Gar. Duplan, ℰ 75 39 43 91 🅽
ℰ 75 39 43 91

⓪ Gar. Thomas, ℰ 75 39 40 00

🛈 Office de Tourisme 51 bd Ch. Guillaumont ☎ 92 90 53 05.
Paris 914 ② – Cannes 8,5 ③ – Aix-en-Provence 158 ② – ◆Nice 23 ①.

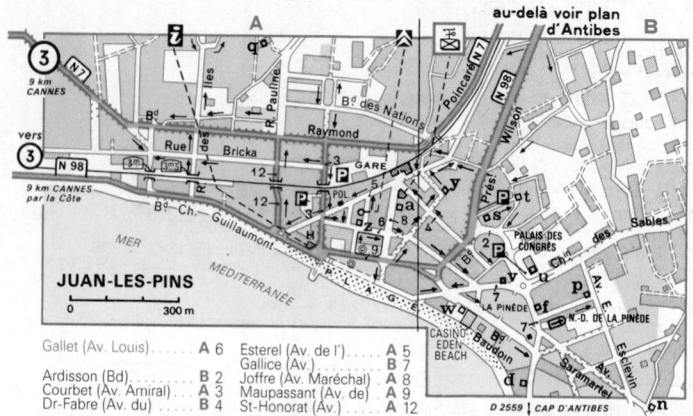

Gallet (Av. Louis) . . . . . . **A** 6	Esterel (Av. de l') . . . . . . **A** 5
	Gallice (Av.) . . . . **B** 7
Ardisson (Bd) . . . . **B** 2	Joffre (Av. Maréchal) . . . **A** 8
Courbet (Av. Amiral) . . **A** 3	Maupassant (Av. de) . . . **A** 9
Dr-Fabre (Av. du) . . . . . **B** 4	St-Honorat (Av.) . . . . . . **A** 12

🏨 ✿✿ **Juana et rest. La Terrasse** ≽, la Pinède, av. G. Gallice ☎ 93 61 08 70, Télex 470778, Fax 93 61 76 60, 余, ⽳, ⚓⽳ – 澍 🖃 ch 📺 ☎ 🅿 🈺 B **f**
1er avril-fin oct. – **Repas** *(fermé merc. sauf juil.-août)* 250 (déj.). 390/610 et carte 500 à 750 –
⊡ 90 – **45 ch** 800/1900, 5 appart – ½ P 760/1340
Spéc. Cannelloni de supions et palourdes à l'encre de seiche. Selle d'agneau de Pauillac cuite en terre d'argile. Millefeuille aux fraises des bois à la crème de mascarpone. **Vins** Bandol, Côtes-de-Provence.

🏨 **Belles Rives** ≽, bd du Littoral ☎ 93 61 02 79, Télex 470984, Fax 93 67 43 51, ⩽ mer et massif de l'Estérel, 余, ⚓⽳ – 澍 🖃 📺 ☎ 🈑 🈺 ⻌ rest B **d**
1er avril-8 oct. – **Repas** (dîner seul.) 300/450 **Plage Belles Rives** *(déj. seul.)* Repas 190, enf. 120 – ⊡ 110 – **41 ch** 1140/2680, 4 appart – ½ P 1300/1750

🏨 **Garden Beach H.** 🅼, 15-17 bd Baudoin ☎ 93 67 25 25, Télex 470888, Fax 93 61 16 65, ⩽, 余, 16, ⚓⽳ – 澍 ⿻ ch 🖃 📺 ☎ – 🔬 40. 🈑 ① 🈺 ⻌ rest B **w**
Repas (dîner seul.) 200 – ⊡ 120 – **156 ch** 950/1900, 14 appart – ½ P 1220/2170.

🏨 **Ambassadeur** 🅼, 50 chemin des Sables ☎ 93 67 82 15, Télex 461164, Fax 93 67 79 85, 余, 16, ⽳, ⽳ – 澍 ⿻ ch 🖃 📺 ☎ 🕭 – 🔬 30 à 150. 🈑 ① 🈺 📇 ⻌ rest B **u**
fermé 24 fév. au 20 mars – **Repas** 180/400 – ⊡ 95 – **235 ch** 1200 – ½ P 1480/1730.

🏨 **Beauséjour** ≽ sans rest, av. Saramartel ☎ 93 61 07 82, Fax 93 61 86 78, ⽳, 余 – 澍 📺 ☎ 🅿 🈑 🈺 B **n**
15 avril-30 sept. – ⊡ 50 – **30 ch** 600/1100.

🏨 **Mimosas** ≽ sans rest, r. Pauline ☎ 93 61 04 16, Fax 92 93 06 46, « Parc », ⽳ – ☎ 🅿 🈑 🈺 ⻌ A **q**
15 avril-30 sept. – ⊡ 50 – **34 ch** 460/650.

🏨 **Ste-Valérie** ≽, r. Oratoire ☎ 93 61 07 15, Fax 93 61 47 52, 余, 余 – 澍 🖃 ch 📺 ☎ ⟿ 🅿 🈑 ① 🈺 ⻌ rest B **p**
Pâques-fin sept. – **Repas** 115 – ⊡ 40 – **30 ch** 520/840 – ½ P 410/545.

🏨 **Welcome** ≽ sans rest, 7 av. Dr Hochet ☎ 93 61 26 12, Fax 93 61 38 04, 余 – 澍 📺 ☎ 🅿 🈑 ① 🈺 B **y**
avril-oct. – ⊡ 48 – **29 ch** 450/720.

🏨 **Astoria** 🅼, 15 av. Mar. Joffre ☎ 93 61 23 65, Fax 93 67 10 40 – 澍 ⿻ ch 🖃 📺 ☎ – 🔬 25. 🈑 ① 🈺 ⻌ rest A **a**
Repas 120 – ⊡ 45 – **49 ch** 560/750 – ½ P 520.

🏨 **Palais des Congrès** sans rest, 4 av. Palmiers ☎ 93 61 04 29, Fax 93 67 22 92 – 📺 ☎ 🅿 🈑 🈺 ⻌ B **s**
fermé 15 nov. au 31 janv. – ⊡ 40 – **16 ch** 330/500.

🏨 **Pré Catelan** ≽, 22 av. Lauriers ☎ 93 61 05 11, Fax 93 67 83 11, 余, 余 – 📺 ☎ 🅿 🈑 ① 🈺 ⻌ B **t**
Repas *(fermé 13 nov. au 23 déc., 3 janv. au 10 fév. et lundi sauf vacances scolaires)* 140/240 – ⊡ 40 – **18 ch** 400/500 – ½ P 400/500.

🏨 **Eden H.** sans rest, 16 av. L. Gallet ☎ 93 61 05 20, Fax 92 93 05 31 – ☎ 🈺 A **z**
15 fév.-5 nov. – ⊡ 26 – **17 ch** 240/370.

XX **Le Perroquet**, av. G. Gallice ☎ 93 61 02 20, 余 – 🈺 B **v**
fermé 5 nov. au 26 déc. – **Repas** 135/165, enf. 60.

CITROEN Gar. St-Charles, 8 r. St-Charles ☎ 93 61 08 16

JUILLAC 33890 Gironde 🎖🅵 ⑬ – 200 h alt. 70.

Paris 560 – Bergerac 42 – ♦Bordeaux 59 – Libourne 28 – La Réole 35.

%%% **Belvédère,** E par D 130 : 4 km ✍ 57 47 40 33, Fax 57 47 48 07, ≼, 🏤 – 🅿. 🖭 ⑩ 🆖
fermé oct., mardi soir et merc. sauf juil.-août – **Repas** 99 bc (déj.), 130/290 ⅊, enf. 45.

JULIÉNAS 69840 Rhône 🎖🅵 ① G. Vallée du Rhône – 703 h alt. 256.

Paris 406 – Mâcon 13 – Bourg-en-Bresse 49 – ♦Lyon 64 – Villefranche-sur-Saône 31.

🏠 **des Vignes** ⌂ sans rest, rte St-Amour : 0,5 km ✍ 74 04 43 70, Fax 74 04 41 95, ≼, 🏤 –
🕿 ₺ 🅿. 🆖
fermé dim. soir en hiver – 🍴 35 – **22 ch** 200/275.

%%% **Le Coq au Vin,** pl. Marché ✍ 74 04 41 98, Fax 74 04 41 44, 🏤 – 🖭 ⑩ 🆖
fermé 18 déc. au 4 janv. – **Repas** 98/198.

% **Chez la Rose** avec ch, pl. Marché ✍ 74 04 41 20, Fax 74 04 49 29, 🏤 – 🕿. 🖭 ⑩ 🆖
fermé 27 nov. au 14 déc., 21 janv. au 12 fév., mardi midi sauf fériés et lundi – **Repas** 100/300
⅊, enf. 70 – 🍴 40 – **11 ch** 120/290 – ½ P 240/310.

JULLOUVILLE 50610 Manche 🎖🅵 ⑦ G. Normandie Cotentin – 2 046 h alt. 80.

🖪 Office de Tourisme av. Mar.-Leclerc (juil.-août) ✍ 33 61 82 48.

Paris 351 – St-Lô 59 – St-Malo 86 – Avranches 24 – Granville 8,5.

%%% **Casino,** ✍ 33 61 82 82, Fax 33 61 16 88, ≼ – 🆖
1er avril-30 sept. et fermé lundi soir et mardi sauf juil.-août – **Repas** 95/155, enf. 32.

MERCEDES Gar. Lazare, à St-Pair-sur-Mer ✍ 33 50 21 65

JUMIÈGES 76118 S.-Mar. 🎖🅵 ⑤ G. Normandie Vallée de la Seine – 1 641 h alt. 10.

Voir Ruines de l'abbaye★★★.

Bac : de Jumièges : renseignements ✍ 35 37 24 23.

Paris 155 – Caudebec-en-Caux 14 – ♦Rouen 27.

JUNGHOLTZ 68 H.-Rhin 🎖🅵 ⑨ – rattaché à Guebwiller.

Les JUNIES 46150 Lot 🎖🅵 ⑦ G. Périgord Quercy – 255 h alt. 205.

Paris 584 – Cahors 23 – Gourdon 34 – Villeneuve-sur-Lot 55.

%%% **La Ribote,** rte Goujounac 2 km ✍ 65 36 25 55, Fax 65 36 28 91, 🏤, « Ancien moulin »,
🏤 – ₺ 🖭 ⑩ 🆖
fermé 5 janv. au 12 fév. et merc. du 15 sept. au 30 juin – **Repas** 95/380, enf. 65.

JURANÇON 64 Pyr.-Atl. 🎖🅵 ⑥ – rattaché à Pau.

JUVIGNAC 34 Hérault 🎖🅵 ⑦ – rattaché à Montpellier.

JUVIGNY-SOUS-ANDAINE 61140 Orne 🎖🅵 ① – 1 105 h alt. 200.

Paris 241 – Alençon 50 – Argentan 48 – Bagnoles-de-l'Orne 10,5 – Domfront 11 – Mayenne 32.

🏠 **Forêt,** ✍ 33 38 11 77 – 🕿. 🆖
fermé janv. – **Repas** 65/115 ⅊ – 🍴 30 – **7 ch** 150/260 – ½ P 180/260.

%%% **Au Bon Accueil** avec ch, ✍ 33 38 10 04, Fax 33 37 44 92 – 📺 🕿 🚗. 🆖
fermé 1er fév. au 4 mars, dim. soir et lundi – **Repas** 128/280 – 🍴 38 – **8 ch** 250/325 – ½ P 280.

JUZIERS 78820 Yvelines 🎖🅵 ⑲ – 3 164 h alt. 57.

Paris 55 – Beauvais 64 – Mantes-la-Jolie 11 – Pontoise 26 – Rambouillet 49 – Versailles 41.

%%%% **Patrick Perfendie,** ✍ (1) 34 75 22 03, Fax (1) 34 75 21 01 – 🍽. 🖭 🆖
fermé dim. soir – **Repas** 140 et carte 190 à 360.

KATZENTHAL 68230 H.-Rhin 🎖🅵 ⑰ – 505 h alt. 267.

Paris 483 – Colmar 8 – Gérardmer 50 – Munster 18 – Saint-Dié 52.

🏠 **A l'Agneau,** ✍ 89 80 90 25, Fax 89 27 50 59, 🏤 – 🕿 🅿. 🆖. ⅌ ch
fermé 21 déc. au 14 mars – **Repas** *(fermé mardi midi d'oct. à juin et lundi)* 95/280 ⅊, enf. 45
– 🍴 30 – **11 ch** 260/290 – ½ P 250/280.

KAYSERSBERG 68240 H.-Rhin 🎖🅵 ⑱ G. Alsace Lorraine (plan) – 2 755 h alt. 242.

Voir Église★ : retable★★ – Hôtel de ville★ – Pont fortifié★ – Maison Brief★.

🖪 Office du Tourisme, 39 r. du Gén.-de-Gaulle ✍ 89 78 22 78.

Paris 476 – Colmar 12 – Gérardmer 50 – Guebwiller 34 – Munster 22 – St-Dié 45 – Sélestat 25.

🏰🏰 ❀ **Chambard et sa Résidence** (Irrmann) Ⓜ ⌂, r. Gén. de Gaulle ✍ 89 47 10 17,
Fax 89 47 35 03 – 🛗 📺 🕿 🚗 🅿. 🖭 🆖 🅹🅲🅱
fermé 1er au 21 mars – **Repas** *(fermé mardi midi et lundi)* 280/450 et carte 340 à 470
Le Bistrot *(fermé lundi)* **Repas** carte 130 à 220 – 🍴 60 – **20 ch** 500/750 – ½ P 700/750
Spéc. Pot-au-feu de foie d'oie au gros sel. Turbot en écailles au vin rouge. Trois mousses au chocolat. Vins Riesling,
Tokay-Pinot gris.

🏨 **Arbre Vert** (annexe Belle Promenade [M] 14 ch), 🕾 89 47 11 51, Fax 89 78 13 40 – [tv] 🕿.
GB
fermé 3 au 31 janv. – **Repas** *(fermé lundi)* 98 (déj.). 120/230 ⅛, enf. 55 – ⊑ 38 – **22 ch**
300/360 – ½ P 325/350.

🏨 **Constantin** [M] ⤷ sans rest, 10 r. Père Kohlman 🕾 89 47 19 90, Fax 89 47 37 82 – [🛗] [tv]
🕿 ⟵⟶. GB. ⤸
⊑ 37 – **20 ch** 270/350.

🏨 **Remparts** ⤷ sans rest, 🕾 89 47 12 12, Fax 89 47 37 24 – [tv] 🕿 ⟵⟶ 🅿 – ⚲ 25. AE GB
⊑ 40 – **34 ch** 340/400.

XX **Au Lion d'Or,** 🕾 89 47 11 16, Fax 89 47 19 02, �áⁿ – GB
fermé 2 au 23 janv., mardi soir du 1ᵉʳ nov. au 30 avril et merc. – **Repas** 98/320 ⅛, enf. 60.

XX **La Vieille Forge,** 1 r. Écoles 🕾 89 47 17 51, Fax 89 78 13 53 – 🗏. GB JCB
fermé 1ᵉʳ au 14 juil., 1ᵉʳ au 15 janv., mardi soir de nov. à mars et merc. – **Repas** 100/260 ⅛,
enf. 50.

X **Château** avec ch, 🕾 89 78 24 33 – GB
⬥ *fermé 1ᵉʳ au 9 juil., 15 fév. au 15 mars, merc. soir du 1ᵉʳ nov. au 1ᵉʳ juil. (sauf hôtel) et jeudi* –
Repas 78/200 ⅛, enf. 50 – ⊑ 35 – **8 ch** 120/290 – ½ P 202/272.

à Kientzheim E : 3 km par D 28 – 9 330 h. – ✉ 68240.
Voir Pierres tombales★ dans l'église.

🏨 **Host. Abbaye d'Alspach** ⤷ sans rest, 🕾 89 47 16 00, Fax 89 78 29 73, « Ancien
couvent du 13ᵉ siècle » – [tv] 🕿 🅿 AE GB
fermé 5 janv. au 8 mars – ⊑ 45 – **29 ch** 310/420.

🏨 **Schwendi,** 🕾 89 47 30 50, Fax 89 49 04 49 – 🕿. AE GB
15 mars-15 nov. – **Repas** *(fermé mardi soir)* 89/195 ⅛, enf. 43 – ⊑ 32 – **11 ch** 270/290 –
½ P 297.

PEUGEOT Gar. Hiltenfinck, 🕾 89 78 23 08 🅽   RENAULT Gar. Flesch, 🕾 89 47 10 43
🕾 89 47 13 00

KERSAINT 29 Finistère 🗺 ③ – rattaché à Ploudalmézeau.

KIENTZHEIM 68 H.-Rhin 🗺 ⑱ ⑲ – rattaché à Kaysersberg.

Le KREMLIN-BICÊTRE 94 Val-de-Marne 🗺 ①, 🗺 ㉖ – voir à Paris, Environs.

KREUZWEG (Col du) 67 B.-Rhin 🗺 ⑧ ⑨ – rattaché au Hohwald.

KRUTH 68820 H.-Rhin 🗺 ⑱ – 976 h alt. 492.
Voir Cascade St-Nicolas★ SO : 3 km par D 13ᵇ¹, G. Alsace Lorraine.
Paris 461 – Épinal 66 – ◆Mulhouse 38 – Colmar 59 – Gérardmer 30 – Thann 18 – Le Thillot 25.

🏨 **Aub. de France,** rte Oderen 🕾 89 82 28 02, Fax 89 82 24 05, 🌲 – [tv] 🕿 🅿. GB
⬥ *fermé 1ᵉʳ nov. au 10 déc., 23 au 30 juin et jeudi* – **Repas** 50 (déj.). 70/210 ⅛ – ⊑ 35 – **16 ch**
180/220 – ½ P 190.

RENAULT Gar. du Lac, 🕾 89 82 26 90 🅽 🕾 89 82 26 90

LABAROCHE 68910 H.-Rhin 🗺 ⑱ – 1 676 h alt. 750.
Paris 480 – Colmar 19 – Gérardmer 49 – Munster 23 – St-Dié 49.

🏨 **Tilleul** ⤷, 🕾 89 49 84 46 – [🛗] [tv] 🕿 🅿. GB. ⤸ rest
⬥ *fermé 8 janv. au 6 fév.* – **Repas** 65/110 ⅛ – ⊑ 30 – **32 ch** 270 – ½ P 220.

X **Aub. La Rochette** ⤷ avec ch, rte Trois-Épis 🕾 89 49 80 40, ≤, 🌲 – 🕿 🅿. AE GB. ⤸
⬥ *fermé janv., dim. soir et merc. d'oct. à juin* – **Repas** 85/185 ⅛ – ⊑ 45 – **8 ch** 250 –
½ P 265/295.

Gar. Girard, Les Correaux 🕾 89 49 82 68

LABARTHE-INARD 31800 H.-Gar. 🗺 ② – 762 h alt. 326.
Paris 777 – Bagnères-de-Luchon 57 – Boussens 16 – St-Gaudens 9,5 – St-Girons 33 – ◆Toulouse 81.

🏨 **Host. du Parc,** N 117 🕾 61 89 08 21, Fax 61 95 99 14, 🌼, 🌲 – 🕿 🅿. GB
⬥ *fermé 15 janv. à fin fév. et lundi d'oct. à juin sauf fériés* – **Repas** 70/220 ⅛, enf. 50 – ⊑ 30 –
14 ch 200/260.

LABARTHE-SUR-LEZE 31 H.-Gar. 🗺 ⑱ – rattaché à Muret.

LABASTIDE-BEAUVOIR 31450 H.-Gar. 🗺 ⑲ – 599 h alt. 262.
Paris 722 – ◆Toulouse 24 – Carcassonne 76 – Castres 55 – Pamiers 51.

X **Aub. du Courdil,** 🕾 61 81 82 55, 🌼 – 🅿. GB
⬥ *fermé 26 juin au 10 juil. et lundi* – **Repas** 55/150 ⅛.

LABASTIDE-MURAT 46240 Lot 🗺 ⑱ G. Périgord Quercy – 610 h alt. 447.
Paris 559 – Cahors 31 – Sarlat-la-Canéda 47 – Brive-la-Gaillarde 74 – Figeac 44 – Gourdon 22.

🏨 **Climat de France,** 🕾 65 21 18 80, Fax 65 21 10 97, 🌼 – [tv] 🕿 🅿. AE ⓪ GB
fermé 15 déc. au 15 janv. – **Repas** 65 bc (déj.). 90/135 ⅛, enf. 45 – ⊑ 35 – **20 ch** 310 –
½ P 250.

LABÈGE 31 H.-Gar. 🔟 ⑱ – rattaché à Toulouse.

LABERGEMENT-FOIGNEY 21 Côte-d'Or 🔟 ⑬ – rattaché à Genlis.

LAC voir au nom propre du lac.

LACANAU-OCÉAN 33680 Gironde 🔟 ⑱ G. Pyrénées Aquitaine – alt. 12.

Voir Lac de Lacanau★ E : 5 km.

🏌 🏌 de Lacanau 🏌 56 03 25 60, E : 2 km.

Paris 636 – ◆Bordeaux 60 – Andernos-les-Bains 42 – Arcachon 86 – Lesparre-Médoc 51.

🏨 **Aplus H. Village Cheval** M, rte Baganais 🏌 56 03 91 00, Fax 56 03 91 10, 🛋, 🔲 – 📱 📺
🕿 🕭 🕿 – 🔬 50. 🖭 ⓞ 🖭. 🌿 rest
fermé 4 janv. au 11 fév. – **Repas** 145 – 🖙 50 – **59 ch** 470/600 – ½ P 470.

🏨 **Latitudes H. du Golf** M ⚘, au golf: 2,5 km par VO 🏌 56 03 23 15, Fax 56 26 30 57, ≼,
🏠, 🛋, 🍴 – 📺 🕿 🕭 🕿 – 🔬 50. 🖭 ⓞ 🖭. 🌿 rest
15 mars-15 nov. – **Repas** 150 – 🖙 50 – **50 ch** 650 – ½ P 550/650.

🏠 **Étoile d'Argent,** 🏌 56 03 21 07, Fax 56 03 25 29, 🏠 – 📺 🕿 🕿. 🖭
↖ *fermé 1er déc. au 20 janv. et lundi sauf vacances scolaires* – **Repas** 70/250, enf. 50 – 🖙 35 –
14 ch 260/310 – ½ P 260/310.

LACAPELLE-MARIVAL 46120 Lot 🔟 ⑲ ⑳ G. Périgord Quercy – 1 201 h alt. 400.

🄳 Office de Tourisme pl. Halle 🏌 65 40 81 11.

Paris 561 – Cahors 64 – Aurillac 66 – Figeac 21 – Gramat 20 – Rocamadour 30 – Tulle 82.

🏠 **Terrasse,** 🏌 65 40 80 07, Fax 65 40 99 45, 🏠, 🍴 – 📺 🕿. 🖭
fermé 3 janv. au 15 mars, dim. soir et lundi hors sais. – **Repas** 85/200 ⅃, enf. 55 – 🖙 35 –
16 ch 170/270 – ½ P 220/270.

LACAPELLE-VIESCAMP 15150 Cantal 🔟 ⑪ – 438 h alt. 600.

Paris 554 – Aurillac 18 – Figeac 58 – Laroquebrou 11,5 – Saint-Céré 51.

🏠 **Lac** ⚘, 🏌 71 46 31 57, Fax 71 46 31 64, ≼, 🛋 – 📺 🕿 🕭 🕿. 🖭
fermé 1er janv. au 31 mars – **Repas** 85/195 ⅃, enf. 40 – 🖙 33 – **23 ch** 295 – ½ P 235/255.

LACAUNE 81230 Tarn 🔟 ③ G. Gorges du Tarn – 3 117 h alt. 800 – Casino .

🄳 Office de Tourisme pl. Gén.-de-Gaulle (15 juin-15 sept.) 🏌 63 37 04 98 et à la Mairie (hors saison) 🏌 63 37
00 18.

Paris 730 – Albi 68 – Béziers 89 – Castres 46 – Lodève 72 – Millau 72 – ◆Montpellier 131.

🏨 **H. Fusiès,** r. République 🏌 63 37 02 03, Fax 63 37 10 98, 🏠, 🍴 – 🕿 – 🔬 30. 🖭 ⓞ 🖭
🄹🄲🄱
fermé vend. soir et sam. midi du 15 nov. au 15 mars – **Repas** 88/300 ⅃, enf. 68 – 🖙 40 –
56 ch 280/320 – ½ P 300/330.

🏠 **Calas,** pl. Vierge 🏌 63 37 03 28, Fax 63 37 09 19, 🛋, 🍴 – 📺 🕿. 🖭 ⓞ 🖭
↖ *fermé 23 déc. au 15 janv., vend soir et sam. midi d'oct. à fév.* – **Repas** 60/230 ⅃, enf. 50 –
🖙 25 – **20 ch** 180/250 – ½ P 175/228.

CITROEN Gar. Milhau, 🏌 63 37 06 08   Ⓜ Nicouleau Pneus, 🏌 63 37 02 48
PEUGEOT Gar. Rouquette, 🏌 63 37 00 16 🄽
🏌 63 37 00 16

LACAVE 46200 Lot 🔟 ⑱ – 241 h alt. 103.

Voir Grottes★ – Site★ du château de Belcastel O : 2,5 km, G. Périgord Quercy.

Paris 532 – Brive-La-Gaillarde 47 – Sarlat-La-Canéda 39 – Cahors 57 – Gourdon 25 – Rocamadour 11,5.

🏰 **Château de la Treyne** ⚘, O : 3 km par D 43 et voie privée 🏌 65 32 66 66,
Fax 65 37 06 57, ≼, 🏠, « Dans un parc dominant la Dordogne », 🛋, 🍴, 🍴 – 📺 🕿 🕿.
🖭 ⓞ 🖭
7 avril-15 nov. et fermé merc. midi et mardi sauf juil.-août – **Repas** 180 bc (déj.), 280/380 –
🖙 70 – **14 ch** 700/1800 – ½ P 1400/2500.

🏵🏵🏵 ⚜ **Pont de l'Ouysse** (Chambon) M ⚘ avec ch, 🏌 65 37 87 04, Fax 65 32 77 41, ≼, 🏠,
« Promenade aménagée au bord de la rivière », 🛋, 🍴 – 📺 🕿 🕿. 🖭 ⓞ 🖭
fermé 15 nov. au 15 janv., sauf le soir en sais. – **Repas** 150/450
et carte 310 à 430 – 🖙 60 – **12 ch** 350/550 – ½ P 650
Spéc. Foie de canard ''Bonne Maman''. Poêlée d'écrevisses au jus de tomate aillé (juin à nov.). Pièce d'agneau de lait
fermier, petits farcis quercynois.

LACHASSAGNE 69 Rhône 🔟 ① – rattaché à Anse.

LACROST 71 S.-et-L. 🔟 ⑳ – rattaché à Tournus.

LADOIX-SERRIGNY 21 Côte-d'Or 🔟 ⑨ – rattaché à Beaune.

LADON 45270 Loiret 🔟 ⑪ – 1 212 h alt. 91.

Paris 110 – Châteauneuf-sur-Loire 29 – Gien 50 – Montargis 15 – ◆Orléans 56 – Pithiviers 29.

🍴 **Cheval Blanc** avec ch, 🏌 38 95 51 79 – 📨 🕿. 🖭
↖ *fermé 11 au 25 sept., Noël au jour de l'An, dim. soir et lundi* – **Repas** 58/125 ⅃ – 🖙 28 – **9 ch**
110/135.

LAGARDE-ENVAL 19150 Corrèze 🔟 ⑨ – 766 h alt. 525.

Paris 499 – Brive-la-Gaillarde 36 – Aurillac 76 – Mauriac 69 – St-Céré 50 – Tulle 15.

  ✗ **Le Central** avec ch, ℘ 55 27 16 12, Fax 55 27 31 85 – 📺 ☎. 🄶🄱 �
      fermé sept. et lundi sauf juil.-août – **Repas** 65 (déj.), 100/150, enf. 40 – ☲ 22 – **7 ch** 220 –
      ½ P 280.

LAGARRIGUE 47 L.-et-G. 🔟🔟 ⑭ – rattaché à Aiguillon.

LAGNY-SUR-MARNE 77 S.-et-M. 🄵🄵 ⑫, 🔟🔟🔟 ⑳ – voir à Paris, Environs (Marne-la-Vallée).

LAGUIAN-MAZOUS 32170 Gers 🄱🄵 ⑨ – 237 h alt. 320.

Voir Puntous de Laguian ✼✼ O : 2 km, G. Pyrénées Aquitaine.

Paris 786 – Auch 43 – Aire-sur-l'Adour 62 – Lannemezan 44 – Mirande 18 – St-Gaudens 73 – Tarbes 31.

  ✗ **Relais des Puntous,** O : 1,5 km ℘ 62 67 52 51, 🏡 – 🄿. 🄶🄱
      fermé 15 fév. au 15 mars, lundi soir et mardi – **Repas** 85/135, enf. 50.

LAGUIOLE 12210 Aveyron 🔟🔟 ⑬ G. Gorges du Tarn – 1 264 h alt. 1 004 – Sports d'hiver : 1 100/1 400 ✗11
✗.

Voir Église ✼★.

🅵 de Mezeyrac à Soulages Bonneval ℘ 65 44 41 41 par D 541 et 213 : 10 ; km.

🄴 Office de Tourisme, pl. du Foirail, ℘ 65 44 35 94.

Paris 578 – Aurillac 76 – Rodez 55 – Espalion 23 – Mende 84 – St-Flour 60.

  🏨 **Gd Hôtel Auguy,** ℘ 65 44 31 11, Fax 65 51 50 81, 🍴 – 🗎 📺 ☎ 🚗. 🄶🄱
      fermé 10 au 16 juin, 13 nov. au 5 janv., dim. soir et lundi sauf vacances scolaires. – **Repas**
      110/250 ⅛, enf. 50 – ☲ 35 – **27 ch** 250/310 – ½ P 240/285.

  🏨 **Régis,** ℘ 65 44 30 05, Fax 65 48 46 44, 🍲 – 🗎 ✸ ch 📺 ☎ 🄿. 🄶🄱 ✼ ch
  ◆ **Repas** 79/130 ⅛, enf. 59 – ☲ 25 – **23 ch** 205/310 – ½ P 205/235.

     à l'Est : 6 km par rte d'Aubrac (D 15) – ✉ **12210** Laguiole :

  🏛 ✿✿ **Michel Bras** Ⓜ 🐾, ℘ 65 44 32 24, Fax 65 48 47 02, « Au sommet d'une colline, vue
      panoramique sur les paysages de l'Aubrac » – 🗎 🍽 rest 📺 ☎ 🄿. 🄰🄴 🄶🄱 ✼
      début avril-31 oct. et fermé mardi midi et lundi sauf juil.-août – **Repas** (nombre de couverts
      limité, prévenir) 200/600 et carte 400 à 530 – ☲ 90 – **15 ch** 950/1600
      Spéc. "Gargouillou" de jeunes légumes. Viandes, volailles de pays. Biscuit de chocolat coulant. Vins Marcillac.

     à Soulages-Bonneval O : 5 km par D 541 – ✉ **12210** :

  🏠 **Aub. du Moulin,** ℘ 65 44 32 36, 🏡 – 🄿. 🄶🄱
  ◆ *fermé janv.* – **Repas** 55/120 ⅛ – ☲ 25 – **12 ch** 120/150 – ½ P 170.

CITROEN Gar. Charles, ℘ 65 44 34 40   RENAULT Gar. Troussillie, ℘ 65 44 32 21

La LAIGNE 17170 Char.-Mar. 🔟🔟 ② – 243 h alt. 15.

Paris 437 – La Rochelle 33 – Fontenay-le-Comte 37 – Niort 30 – Rochefort 40.

  ✗✗ **Aub. Aunisienne,** ℘ 46 51 08 00, 🏡 – 🄰🄴 🄾 🄶🄱
      fermé 10 au 23 janv. et mardi soir du 10 sept. au 30 juin – **Repas** 93/230, enf. 65.

     à Benon O : 4 km par N 11 – ✉ **17170** :

  🏨 **Relais de Benon** Ⓜ 🐾, carrefour N 11 et D 116 ℘ 46 01 61 63, Fax 46 01 70 89, 🏡,
      parc, ⚊, ✼ – 📺 ☎ 🄿 – 🔏 150. 🄰🄴 🄾 🄶🄱
      Repas 85/260 ⅛, enf. 57 – ☲ 47 – **30 ch** 350/430 – ½ P 370.

LAILLY-EN-VAL 45 Loiret 🄱🄽 ⑧ – rattaché à Beaugency.

LALACELLE 61320 Orne 🄱🄾 ② – 251 h alt. 272.

Paris 211 – Alençon 19 – Argentan 34 – Carrouges 12 – Domfront 41 – Falaise 58 – Mayenne 41.

  ✗ **La Lentillère** avec ch, E : 1,5 km sur N 12 ℘ 33 27 38 48, Fax 33 27 38 30, 🍴 – ☎ 🚗
  ◆ 🄿. 🄰🄴 🄾 🄶🄱
      fermé 15 janv. au 10 fév., dim. soir et lundi – **Repas** 74/210 ⅛, enf. 48 – ☲ 32 – **7 ch** 150/230
      – ½ P 195/205.

LALINDE 24150 Dordogne 🔟🔟 ⑮ – 3 029 h alt. 46.

Paris 548 – Périgueux 52 – Bergerac 22 – Brive-La-Gaillarde 98 – Cahors 88 – Villeneuve-sur-Lot 58.

  🏨 **Château** Ⓜ, ℘ 53 61 01 82, Fax 53 24 74 60, ≤, 🏡, « En bordure de la Dordogne » – 📺
      ☎. 🄶🄱
      fermé 1er janv. au 15 fév. et dim. soir de nov. à mars – **Repas** (fermé vend. sauf le soir en
      juil.-août et dim. soir de nov. à mars) 98 (déj.), 155/310 – ☲ 60 – **7 ch** 850 – ½ P 450/700.

  🏠 **Périgord,** pl. Mairie ℘ 53 61 19 86, Fax 53 61 27 49, 🏡 – 📺 ☎. 🄰🄴 🄾 🄶🄱
  ◆ *fermé 23 au 31 oct., 15 au 31 déc., vend. soir et dim. soir sauf juil.-août* – **Repas** 60 (déj.),
      70/250 ⅛, enf. 45 – ☲ 35 – **20 ch** 200/330 – ½ P 220/280.

à St-Capraise-de-Lalinde O : 4 km – 5 840 h. – ✉ 24150 :

XX **Relais St-Jacques** avec ch, ✐ 53 63 47 54 – 🍽 rest ☎ – 🏛 25. GB. ℅ ch
fermé 15 janv. au 20 fév. et merc. sauf le soir en août – **Repas** 85 bc (déj.), 120/240, enf. 55 –
☑ 34 – **6 ch** 210/280 – ½ P 240/280.

PEUGEOT Arbaudie, ✐ 53 61 00 22 🄽 ✐ 53 61 00 22

LALLEYRIAT 01130 Ain 🗂 ④ – 191 h alt. 843.

Paris 486 – Bourg-en-Bresse 57 – ♦Genève 57 – Nantua 11,5 – Oyonnax 18.

XX **Aub. Gentianes**, ✐ 74 75 31 80 – GB
fermé 24 au 31 janv. et merc. – **Repas** 69 (déj.), 90/175 ⬧.

LALOUVESC 07520 Ardèche 🗂 ⑨ G. Vallée du Rhône – 514 h alt. 1 050.

Voir ⁂★.

Paris 559 – Valence 56 – Annonay 24 – Lamastre 27 – Privas 83 – St-Agrève 31 – Tournon-sur-Rhône 40 –
Yssingeaux 42.

🏠 **Beau Site**, ✐ 75 67 82 14, ≤ montagnes – ☎. 🆎 ⑩ GB
➡ *fin mai-10 sept.* – **Repas** 78/120 ⬧, enf. 42 – ☑ 28 – **33 ch** 150/300 – ½ P 180/250.

🏡 **Poste**, ✐ 75 67 82 84 – ☎. GB. ℅ rest
➡ *fermé 1ᵉʳ déc. au 1ᵉʳ fév. et merc. soir du 1ᵉʳ oct. au 1ᵉʳ mai* – **Repas** 67/160 ⬧, enf. 42 – ☑ 27
– **12 ch** 150/220 – ½ P 210.

LAMAGDELAINE 46 Lot 🗂 ⑧ – rattaché à Cahors.

LAMALOU-LES-BAINS 34240 Hérault 🗂 ④ G. Gorges du Tarn – 2 194 h alt. 200 – Stat. therm. – Casino.

Voir Église de St-Pierre-de-Rhèdes★ SO : 1,5 km.

🏌₉ ✐ 67 95 15 15, SE : 2 km par D 908.

🛈 Office de Tourisme av. Dr-Ménard ✐ 67 95 70 91, Fax 67 95 87 70.

Paris 752 – ♦Montpellier 81 – Béziers 40 – Lacaune 53 – Lodève 39 – St-Affrique 78 – St-Pons-de-Thomières 35.

🏨 **L'Arbousier et Paix** 🏖, ✐ 67 95 63 11, Fax 67 95 67 78, 🌳 – 🛗 📺 ☎ ☎. 🆎 GB
15 mars-15 nov. – **Repas** 85/225, enf. 48 – ☑ 33 – **31 ch** 200/250 – P 230/280.

🏨 **Belleville**, ✐ 67 95 61 09, Fax 67 95 64 18, 🌾 – 🛗 📟 ☎ ☂ ☎. GB
➡ **Repas** 76/175 ⬧, enf. 40 – ☑ 29 – **62 ch** 125/300 – ½ P 160/220.

🏠 **Mas**, ✐ 67 95 62 22, Fax 67 95 67 78, – 🛗 cuisinette 📺 ☎ ☎. 🆎 ⑩ GB
➡ **Repas** 75/250, enf. 48 – ☑ 30 – **40 ch** 125/275 – ½ P 245/285.

CITROEN Gar. Marsal, ✐ 67 95 60 38
PEUGEOT Gar. Gayout, ✐ 67 95 64 22
PEUGEOT Bédarieux Autom., rte de St-Pons à
Bédarieux ✐ 67 95 07 05

RENAULT Gar. Sandoval, 66 av. J.-Jaurès à
Bédarieux ✐ 67 95 00 30

LAMARCHE-SUR-SAÔNE 21 Côte-d'Or 🗂 ⑬ – rattaché à Auxonne.

LAMASTRE 07270 Ardèche 🗂 ⑲ G. Vallée du Rhône – 2 717 h alt. 373.

Env. Ruines du château de Rochebloine ≤★★ 12 km par D 236 puis 15 mn.

🛈 Office de Tourisme av. Boissy d'Anglas (fermé après-midi hors saison) ✐ 75 06 48 99.

Paris 575 – Valence 41 – Privas 57 – Le Puy-en-Velay 73 – ♦St-Étienne 89 – Vienne 85.

🏨 **Château d'Urbilhac** 🏖, SE : 2 km par rte Vernoux-en-Vivarais ✐ 75 06 42 11,
Fax 75 06 52 75, ≤ montagnes, 🌳, parc, « Élégante installation, mobilier ancien », ⅃,
℀ – ☎ ⇆ ☎. 🆎 ⑩ GB
1ᵉʳ mars-30 sept. – **Repas** *(fermé le midi sauf sam. et dim.)* 200 – ☑ 65 – **13 ch** 450/650 –
½ P 550/575.

🏨 ❀ **Midi** (Perrier), pl. Seignobos ✐ 75 06 41 50, Fax 75 06 49 75, 🌾 – 📺 ☎ ⇆. 🆎 ⑩ GB
JCB
fermé début déc. à début mars, lundi (sauf juil.-août et fêtes) et dim. soir – **Repas** 180/425 et
carte 290 à 400 – ☑ 65 – **13 ch** 300/450 – ½ P 425/460
Spéc. Salade tiède aux foies de canard, champignons des bois. Pain d'écrevisses sauce cardinal (juin à déc.). Soufflé
glacé aux marrons de l'Ardèche. Vins Saint-Joseph, Saint-Peray.

à Désaignes NO : 7 km par rte St Etienne – ✉ 07570 :

🏠 **Voyageurs**, ✐ 75 06 61 48, Fax 75 06 64 43, 🌳, ⅃, 🌾, ℀ – ☎ GB
➡ *Pâques-fin sept.* – **Repas** 62/190, enf. 45 – ☑ 35 – **18 ch** 160/320 – ½ P 180/280.

FORD Ferraton, ✐ 75 06 41 56
PEUGEOT Rugani, ✐ 75 06 42 20 🄽 ✐ 75 06 42 20

RENAULT Gar. des Stades, ✐ 75 06 49 91 🄽
✐ 75 06 43 58

LAMBALLE 22400 C.-d'Armor 🗂 ④ ⑭ G. Bretagne – 9 894 h alt. 55.

Voir Haras★.

🛈 Office de Tourisme, pl. Martray ✐ 96 31 05 38, Fax 96 34 71 78.

Paris 432 ② – St-Brieuc 23 ④ – Dinan 41 ② – Pontivy 63 ③ – ♦Rennes 80 ② – St-Malo 53 ① – Vannes 107 ③.

LAMBALLE

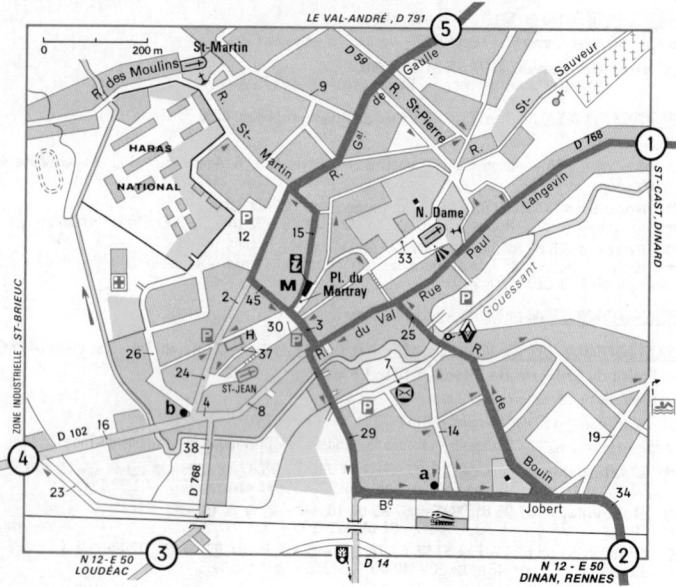

🏨 **Les Alizés**, Z.I., par ④ : 2 km *℘* 96 31 16 37, Fax 96 31 23 89, 🌳 – ⇆ ch 📺 ☎ & 🅿 –
🏛 25 à 120. 🅰🅴 🅶🅱
fermé 24 déc. au 6 janv. – **Repas** *(fermé dim. soir)* 75 bc/85 ♨ – � 40 – **32 ch** 260/295 –
½ P 240.

🏨 **Angleterre**, 29 bd Jobert **(a)** *℘* 96 31 00 16, Fax 96 31 91 54 – 📶 📺 ☎ 🚗. 🅰🅴 ① 🅶🅱
JCB
fermé 23 fév. au 10 mars et dim. soir sauf juil.-août – **Repas** 85/260 ♨, enf. 50 – ⊒ 38 – **20 ch**
290/330 – ½ P 280.

🏚 **Tour d'Argent**, 2 r. Dr Lavergne **(b)** *℘* 96 31 01 37, Fax 96 31 37 59 – ▤ rest 📺 ☎ –
🏛 50. 🅰🅴 ① 🅶🅱
Repas *(fermé sam. d'oct. à fin mars)* 80/198 ♨, enf. 52 – ⊒ 35 – **31 ch** 220/360 – ½ P 240/
270.

à la Poterie E : 3,5 km par ① et D 28 – ✉ 22400 Lamballe :

🏨 **Aub. Manoir des Portes** ⬎, *℘* 96 31 13 62, Fax 96 31 20 53, 🍴, 🌳 – 📺 ☎ 🅿. 🅰🅴 ①
🅶🅱. ⚞ rest
fermé 25 janv. au 1ᵉʳ mars et lundi du 15 sept. au 15 avril – **Repas** 110/170 bc – ⊒ 40 – **16 ch**
330/535 – ½ P 385/460.

CITROEN Armor Auto, ZI, 40 r. d'Armor par ④
℘ 96 31 04 32 Ⓝ *℘* 96 31 04 32
PEUGEOT Gar. Léna, 26 r. Dr-Lavergne par ④
℘ 96 31 01 40
RENAULT Gar. Le Moal Poirier, 1 r. Bouin
℘ 96 31 02 83 Ⓝ *℘* 99 24 96 55

◉ Andrieux Pneu Armorique Vulcopneu rte de
St-Brieuc *℘* 96 31 05 33
Desserrey Pneus Armor. Vulcopneu rte de Plancoët
℘ 96 31 03 11

LAMOTTE-BEUVRON 41600 L.-et-Ch. 🔢 ⑨ – 4 247 h alt. 114.

Paris 171 – ◆ Orléans 35 – Blois 59 – Gien 58 – Romorantin-Lanthenay 40 – Salbris 20.

🏨 **Tatin** Ⓜ, face gare *℘* 54 88 00 03, Fax 54 88 96 73, 🌳 – ▤ 📺 ☎ 🅿. 🅰🅴 ① 🅶🅱
fermé 1ᵉʳ au 12 mars; 10 au 30 janv., dim. soir et lundi – **Repas** 135/270, enf. 55 – ⊒ 42 –
13 ch 280/450 – ½ P 290/315.

CITROEN Gar. Germain, *℘* 54 88 04 49
PEUGEOT Gar. Labé, *℘* 54 88 07 70

VAG Gar. Gorin, *℘* 54 88 00 21

LAMOURA 39310 Jura 🏷 ⑮ – 388 h alt. 1 156 – Sports d'hiver : voir aux Rousses.

Paris 479 – ◆Genève 55 – Gex 29 – Lons-le-Saunier 76 – St-Claude 16.

La Spatule, ℰ 84 41 20 23, Fax 84 41 24 16, ≤ – ☎ 🅿. GB. ⊛
3 juin-2 oct. et 22 déc.-8 avril et fermé dim. soir et lundi hors sais. – **Repas** 75/145, enf. 40 –
□ 35 – **25 ch** 220/290 – ½ P 240/260.

Dalloz, ℰ 84 41 21 45, ≤ – ⊜. ⊛ ch
3 juin-1er oct. et 15 déc.-15 avril – **Repas** 62/155 ♣ – □ 28 – **27 ch** 130/230 – ½ P 180/215.

LAMPAUL-GUIMILIAU 29 Finistère 🏷 ⑤ – rattaché à Landivisiau.

LAMURE-SUR-AZERGUES 69870 Rhône 🏷 ⑨ – 782 h alt. 385.

Paris 442 – Mâcon 49 – Roanne 51 – Chauffailles 26 – ◆Lyon 52 – Tarare 34 – Villefranche-sur-Saône 30.

Ravel, ℰ 74 03 04 72, Fax 74 03 05 26, 佘, ☞ – ☎. GB
fermé 2 au 30 nov. et vend. d'oct. à mai – **Repas** 80/235 ♣ – □ 26 – **9 ch** 140/255 –
½ P 200/235.

LANARCE 07660 Ardèche 🏷 ⑰ – 248 h alt. 1 180.

Paris 588 – Le Puy-en-Velay 47 – Aubenas 42 – Langogne 18 – Privas 70.

Provence, ℰ 66 69 46 06, Fax 66 69 41 56 – 📺 ☎ 🅿. GB
1er avril-15 nov. – **Repas** 70/170 ♣, enf. 40 – □ 27 – **15 ch** 150/240 – ½ P 170/210.

Sapins, ℰ 66 69 46 08, Fax 66 69 42 87, 佘 – ☎ 🅿. ᴀᴇ ⓞ GB
fermé 11 nov. au 20 déc., 2 janv. au 15 fév. et dim. soir du 15 sept. au 15 juin – **Repas** 70/180
♣, enf. 36 – □ 28 – **14 ch** 125/210 – ½ P 190/230.

Get your copy of the Michelin Green Guide to Scotland.

LANCIEUX 22 C.-d'Armor 🏷 ⑤ – rattaché à St-Briac-sur-mer.

LANCRANS 01 Ain 🏷 ⑤ – rattaché à Bellegarde-sur-Valserine.

LANDÉAN 35 I.-et-V. 🏷 ⑱ – rattaché à Fougères.

LANDERNEAU 29800 Finistère 🏷 ⑤ G. Bretagne – 14 269 h alt. 21.

Voir Enclos paroissial★ de Pencran S : 3,5 km Z.

🏌 Brest-Iroise ℰ 98 85 16 17, SE : 5 km par r. J.-L.-Rolland Z.

🛈 Office de Tourisme Pont de Rohan ℰ 98 85 13 09.

Paris 577 ③ – ◆Brest 22 ③ – Carhaix-Plouguer 59 ② – Morlaix 38 ③ – Quimper 64 ③.

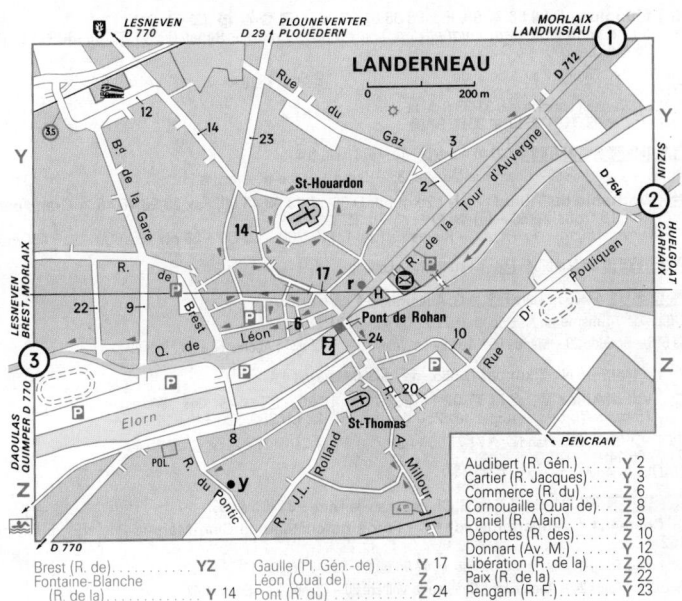

Brest (R. de) ..... **YZ**	Gaulle (Pl. Gén.-de) ..... **Y** 17
Fontaine-Blanche	Léon (Quai de) ..... **Z**
(R. de la) ..... **Y** 14	Pont (R. du) ..... **Z** 24

Audibert (R. Gén.) ..... **Y** 2
Cartier (R. Jacques) ..... **Y** 3
Commerce (R. du) ..... **Z** 6
Cornouaille (Quai de).. **Z** 8
Daniel (R. Alain) ..... **Y** 9
Déportés (R. des)...... **Z** 10
Donnart (Av. M.) ..... **Y** 12
Libération (R. de la) .... **Z** 20
Paix (R. de la) ..... **Z** 22
Pengam (R. F.) ..... **Y** 23

🏨 **Clos du Pontic** 🦐, r. Pontic ℰ 98 21 50 91, Fax 98 21 34 33, parc – 📺 ☎ ଧ 🅿 – 🔏 30.
⓪ 📧
Repas *(fermé lundi sauf le soir en sais., dim. soir hors sais. et sam. midi)* 95/240 🍷, enf. 60 –
☲ 35 – **32 ch** 275/360 – ½ P 275/295.

🍴🍴 **Mairie,** 9 r. La Tour d'Auvergne ℰ 98 85 01 83 – 🖃. 🖭 ⓪ 📧
fermé mardi soir – **Repas** 90/200 🍷, enf. 40.

à La Roche Maurice par ① et C1 : 5 km – ✉ 29800 .

Voir Enclos paroissial★.

🍴🍴 **Aub. Vieux Château,** ℰ 98 20 40 52 – ⓪ 📧
↦ *fermé 13 au 27 fév. et le soir* – **Repas** 58/190.

PEUGEOT S.B.G.B., rte de Sizun par ②
ℰ 98 21 41 80 🅽 ℰ 98 62 21 26
VAG Gar. Le Lannier, r. du Cdt Charcot
ℰ 98 85 00 29 🅽 ℰ 98 85 00 29

🔘 Euromaster, 27 bis, r. H.-de-Guebriant
ℰ 98 85 01 56

LANDERSHEIM 67700 B.-Rhin 🗓 ⑭ – 151 h.

Paris 461 – ◆Strasbourg 25 – Haguenau 33 – Molsheim 21 – Saverne 13.

🍴🍴🍴 **Aub. du Kochersberg** avec ch, ℰ 88 69 91 58, Fax 88 69 91 42, 🚿 – 🖃 rest 📺 ☎ 🛋
🅿 – 🔏 150. 🖭 ⓪ 📧
Repas *(déj. à partir de 13 h. en semaine)* 210 (déj.), 320/700, enf. 100 – ☲ 60 – **14 ch**
350/530 – ½ P 550.

LANDEVANT 56690 Morbihan 🗓 ② – 2 083 h alt. 29.

Paris 478 – Vannes 35 – Auray 15 – Hennebont 14 – Lorient 24.

🍴🍴 **La Forestière,** rte de Nostang : 1 km ℰ 97 56 90 55, « Jardin fleuri » – 🅿. 📧
fermé 1ᵉʳ au 15 oct., fév., dim. soir et lundi – **Repas** 120/250.

LANDIVISIAU 29400 Finistère 🗓 ⑤ G. Bretagne – 8 254 h alt. 76.

Voir Porche★ de l'église St-Thivisiau.

🛈 Office de Tourisme 14 av. Mar.-Foch ℰ 98 68 03 50, Fax 98 68 12 98.

Paris 560 – ◆Brest 37 – Landerneau 16 – Morlaix 22 – Quimper 70 – St-Pol-de-Léon 23.

🏨 **Relais du Vern** 🅼, N 12 sortie Landivisiau-est ℰ 98 24 42 42, Fax 98 24 42 00, 🍴 –
↦ 🦐 ch 📺 ☎ ଧ 🅿 – 🔏 30. 🖭 ⓪ 📧 🃏
Repas *(fermé vend. soir et dim. soir d'oct. à Pâques)* 69/150 🍷, enf. 38 – ☲ 40 – **52 ch**
290/330 – ½ P 280/350.

à Lampaul Guimiliau SE : 4 km par D 11 – ✉ 29400 .

Voir Enclos paroissial★ : intérieur★★ de l'église.

🏨 **L'Enclos,** ℰ 98 68 77 08, Fax 98 68 61 06, ≼ – 📺 ☎ ଧ 🅿. 🖭 ⓪ 📧
↦ *fermé vend. soir, sam. midi et dim. soir de nov. à mars* – **Repas** 68/96 🍷, enf. 40 – ☲ 30 –
36 ch 224/260 – ½ P 250.

CITROEN Gar. Palut, 47 av. Libération
ℰ 98 68 22 82
RENAULT Renault Landivisiau, 31-33 r. de la Tour
d'Auvergne ℰ 98 68 91 85 🅽 ℰ 98 68 91 85

🔘 Simon Pneus, av. Foch ℰ 98 68 13 88

LANDOUZY-LA-VILLE 02140 Aisne 🗓 ⑯ – 578 h alt. 184.

Paris 186 – St-Quentin 60 – Charleville-Mézières 55 – Hirson 9 – Laon 46 – Vervins 11.

🏨 **Domaine du Tilleul** 🦐, N : 2 km par D 36 ℰ 23 98 48 00, Fax 23 98 46 46, « Grand parc,
golf 18 trous », 🍴 – 📺 ☎ 🅿 – 🔏 25. 🖭 📧. 🚿 rest
fermé 15 janv. au 15 fév. – **Repas** 95 (déj.), 140/200 – ☲ 50 – **26 ch** 400/600 – ½ P 450/550.

LANESTER 56 Morbihan 🗓 ① – rattaché à Lorient.

LANGEAC 43300 H.-Loire 🗓 ⑤ G. Auvergne – 4 195 h alt. 507.

🛈 Office de Tourisme pl. A.-Briand ℰ 71 77 05 41, fax 71 77 19 93.

Paris 516 – Brioude 29 – Mende 99 – Le Puy-en-Velay 45 – St-Chély-d'Apcher 58 – St-Flour 49.

à Reilhac N : 3 km par D 585 – ✉ 43300 Mazeyrat d'Allier :

🏨 **Val d'Allier** 🅼, ℰ 71 77 02 11, Fax 71 77 19 20 – 📺 ☎. 🅿. 📧. 🚿 rest
15 mars-15 déc. – **Repas** 100/250 🍷 – ☲ 35 – **22 ch** 280/320 – ½ P 280.

CITROEN, FORD Gar. Flandy, ℰ 71 77 05 14 🅽
RENAULT S.A.M.V.A.L., ℰ 71 77 04 07

🔘 Carlet Pneus, ℰ 71 77 10 40

LANGEAIS 37130 I.-et-L. 🗓 ⑭ G. Châteaux de la Loire – 3 960 h alt. 53.

Voir Château★★ : appartements★★★ – Parc★ du château de Cinq-Mars-la-Pile NE : 5 km par
N 152.

🛈 Office de Tourisme pl. P.-de Brosse ℰ 47 96 58 22, fax 47 96 83 41.

Paris 261 – ◆Tours 24 – Angers 86 – Château-la-Vallière 30 – Chinon 27 – Saumur 42.

Hosten et rest. Langeais, 2 r. Gambetta ☎ 47 96 82 12, Fax 47 96 56 72 – TV ☎ . AE ⓞ GB JCB
fermé 1er au 15 juil., 10 janv. au 10 fév., lundi soir et mardi – **Repas** 160/260 et carte 290 à 380 – ☐ 50 – **11 ch** 340/550
Spéc. Blanquette de sole et turbot. Homard cardinal. "Casse-Museaux" Charles VIII. **Vins** Chinon, Vouvray.

à St-Patrice O : 10 km par rte de Bourgueil – ✉ **37130** Langeais :

Château de Rochecotte M, ☎ 47 96 16 16, Fax 47 96 90 59, ←, « Jardin à la française, parc » – TV ☎ P – 40. AE ⓞ GB JCB
Repas 190/280 – ☐ 55 – **27 ch** 560/870, 3 appart – ½ P 490/635.

PEUGEOT Gar. Denis, ☎ 47 96 80 49
Robles, ☎ 47 96 81 60

LANGOGNE 48300 Lozère 76 ⑰ G. Gorges du Tarn – 3 380 h alt. 912.

Voir Intérieur★ de l'église.

Office de Tourisme bd Capucins ☎ 66 69 01 38, Fax 66 69 16 79.

Paris 583 – Mende 47 – Le Puy-en-Velay 42 – Alès 97 – Aubenas 60 – Villefort 44.

Gaillard, av. Pont d'Allier ☎ 66 69 10 55, Fax 66 69 10 79 – ☎ P. GB
fermé 23 déc. au 15 fév., dim. soir et lundi hors saison – **Repas** 60/230 – ☐ 26 – **21 ch** 180/270 – ½ P 230/250.

rte de Mende 3 km par N 88 – ✉ **48300** Langogne :

Domaine de Barres M, ☎ 66 69 71 00, Fax 66 69 71 29, « Parc et golf », – TV ☎ – 50. AE GB
fermé 10 janv. au 1er mars et merc. – **Repas** 130/290 – ☐ 45 – **22 ch** 260/480 – ½ P 335/415.

RENAULT Gar. Blanquet, ☎ 66 69 11 55 N ☎ 66 69 11 55
Carlet Pneus, ☎ 66 69 17 33
Prouhèze, ☎ 66 69 09 30
R.I.P.A., ☎ 66 69 05 45 N ☎ 66 69 05 45

LANGON SP 33210 Gironde 79 ② G. Pyrénées Aquitaine – 5 842 h alt. 22.

Office de Tourisme allées J.-Jaurès ☎ 56 62 34 00.

Paris 628 – ◆Bordeaux 48 – Bergerac 81 – Libourne 52 – Marmande 47 – Mont-de-Marsan 83.

Claude Darroze, 95 cours Gén. Leclerc ☎ 56 63 00 48, Fax 56 63 41 15, – TV ☎ P – 25. AE ⓞ GB
fermé 15 oct. au 6 nov. et 5 au 25 janv. – **Repas** 210/450 et carte 220 à 530 – ☐ 70 – **16 ch** 320/450
Spéc. Salade de rouget, coquillages et langoustines. Foie gras de canard poêlé au vinaigre de Xérès. Gibier (saison) et truffes fraiches (déc. à fév.). **Vins** Entre-Deux-Mers, Graves.

Saint-Macaire N : 2 km – ✉ **33490**.

Voir Verdelais : calvaire ←★ N : 3 km – Ste-Croix-du-Mont : ←★, grottes★ NO : 5 km.

L'Abricotier, N 115 ☎ 56 76 83 63, Fax 56 76 28 51, – P. GB
fermé 2 au 20 janv. et mardi – **Repas** 100/200, enf. 45.

CITROEN SAGA, N 113 à Toulenne ☎ 56 63 55 37
FIAT-LANCIA Gar. Cazenave, ☎ 56 63 18 59
FORD Auto Service 33, ☎ 56 63 30 14
PEUGEOT Doux et Trouillot, ☎ 56 63 50 47 N ☎ 56 76 06 44
RENAULT Autom. Mazères Service, à Mazères ☎ 56 63 44 69 N ☎ 05 05 15 15
TOYOTA MERCEDES SOGIDA ☎ 56 62 30 52
Euromaster, ☎ 56 62 33 44
Saphore Point S, ☎ 57 98 01 36

LANGRES SP 52200 H.-Marne 66 ③ G. Champagne – 9 987 h alt. 466.

Voir Site★★ – Cathédrale★ Y.

Office de Tourisme square Olivier Lahalle ☎ 25 87 67 67, fax 25 88 99 07.

Paris 293 ④ – Chaumont 35 ④ – Auxerre 159 ④ – ◆Besançon 101 ③ – ◆Dijon 73 ③ – Dole 117 ③ – Épinal 113 ① – ◆Nancy 137 ① – Troyes 121 ④ – Vesoul 75 ②.

Plan page suivante

Cheval Blanc, 4 r. Estres ☎ 25 87 07 00, Fax 25 87 23 13 – TV ☎ . AE GB Z a
fermé janv., merc. soir hors sais. (sauf hôtel), merc. midi et mardi soir – **Repas** 100/250, enf. 60 – ☐ 38 – **17 ch** 270/370 – ½ P 270/320.

Gd H. Europe, 23 r. Diderot ☎ 25 87 10 88, Fax 25 87 60 65 – TV ☎ P. AE ⓞ GB JCB Z e
fermé 8 au 22 mai, 2 au 24 oct., lundi sauf le soir du 23 mai au 23 oct. et dim. soir – **Repas** 70/190 – ☐ 33 – **28 ch** 210/350 – ½ P 220/235.

Poste sans rest, 10 pl. Ziegler ☎ 25 87 10 51, Fax 25 88 46 18 – TV ☎ P. GB Y u
☐ 30 – **35 ch** 110/230.

LANGRES

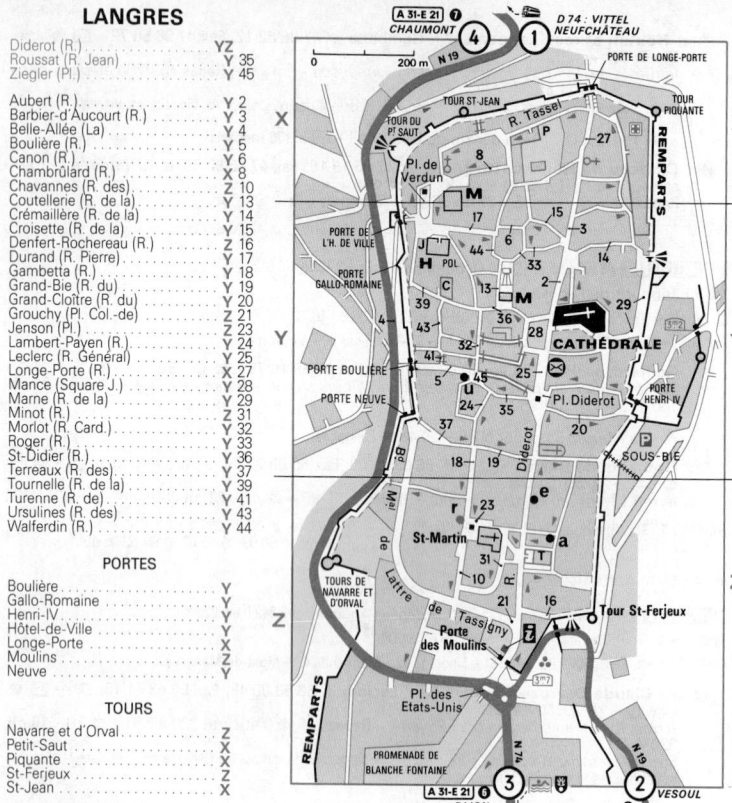

XX **Lion d'Or** avec ch, rte Vesoul ℰ 25 87 03 30, Fax 25 87 60 67, ≤, 佘, 둈, ‒ TV ☎ P. AE
GB   Z s
fermé fin déc. à début fév., vend. soir et sam. sauf juil.-août – **Repas** 75/200 ⅃, enf. 40 –
☒ 35 – **14 ch** 180/300.

X **Aub. Jeanne d'Arc** avec ch, 26 r. Gambetta ℰ 25 87 03 18, Fax 25 88 82 85 – ☎.
GB   Z r
fermé mi-oct. à mi-nov., mardi soir hors sais., mardi midi et lundi soir – **Repas** 68/180 ⅃, enf.
45 – ☒ 25 – **9 ch** 130/200 – ½ P 190/225.

au lac de la Liez par ② *N 19 et D 284 : 4 km* – ☒ 52200 *Langres :*

XX **Aub. des Voiliers** ⤴ avec ch, au bord du Lac ℰ 25 87 05 74, Fax 25 87 24 22, ≤, 佘 –
TV ☎ P. GB
fermé 1ᵉʳ au 12 mars, fév., dim. soir de nov. à avril et lundi – **Repas** 75/225 ⅃, enf. 40 – ☒ 35
– **8 ch** 220/250 – ½ P 240/275.

à Sts-Geosmes par ③ *: 4 km* – ☒ 52200 :

XX **Aub. des Trois Jumeaux** avec ch, ℰ 25 87 03 36, Fax 25 87 58 68, 佘 – ☎. AE GB
fermé 13 nov. au 4 déc., dim. soir du 5 nov. au 30 avril et lundi – **Repas** 80/295 ⅃ – ☒ 32 –
10 ch 180/360 – ½ P 220/300.

CITROEN Gar. lingon, rte de Dijon à Sts-Geosmes   Ⓜ Langres Pneus, 1 av. Capit.-Baudoin
par ③ ℰ 25 87 11 83 Ⓝ ℰ 25 87 11 83   ℰ 25 87 36 31
VAG Gar. Europe, rte de Chaumont ℰ 25 87 03 78

LANGUEUX **22** C.-d'Armor 🄻🄹 ③ – rattaché à St-Brieuc.

LANNEMEZAN **65300** H.-Pyr. 🄶🄵 ⑨ ⑲ – 6 704 h alt. 585.

🖼 de Lannemezan ℰ 62 98 01 01, E par N 117 : 4 km.

🄴 Office de Tourisme pl. République ℰ 62 98 08 31.

Paris 827 – Bagnères-de-Luchon 54 – Auch 67 – St-Gaudens 30 – Tarbes 34.

Pyrénées, rte Tarbes ✆ 62 98 01 53, Fax 62 98 11 85, – – ☎ **P** – 25. AE ⓓ GB
fermé 30 oct. au 8 nov. – **Repas** 75/250, enf. 35 – ☕ 45 – **30 ch** 300/450 – ½ P 250/300.

CITROEN S.P.G.D., rte de Tarbes par r. Clemenceau ✆ 62 98 05 91
PEUGEOT Laffitte, 610 r. G.-Clemenceau ✆ 62 98 34 33 **N** ✆ 59 35 41 49
RENAULT Auto Sce des 4 Vallées, 500 r. Alsace-Lorraine ✆ 62 98 03 88 **N** ✆ 62 98 37 37
VAG Dambax, 430 r. 8 Mai 1945 ✆ 62 98 35 45
Nervol, 538 r. 8 Mai 1945 ✆ 62 98 01 67

Ibos, 227 rte La Barthe, ZI ✆ 62 98 09 78 **N** ✆ 62 98 09 78

LANNION

22300 C.-d'Armor 59 ① **G. Bretagne** – 16 958 h alt. 23.

Voir Maisons anciennes★ (pl.Général Leclerc **Y17**) – Église de Brélévenez★ Y.

de St-Samson ✆ 96 23 87 34, par ① et D 11 : 9,5 km.

de Lannion : T.A.T. ✆ 96 48 42 92, N par ① : 2 km.

Office de Tourisme quai d'Aiguillon ✆ 96 46 41 00, Fax 96 37 19 64.

Paris 516 ③ – St-Brieuc 68 ③ – ♦Brest 95 ⑤ – Morlaix 37 ⑤.

LANNION

Augustins (R. des)	Z	3
Leclerc (Pl. Gén.)	Y	17
Pont-Blanc (R. Geoffroy-de)	Z	25
Aiguillon (Quai d')	Z	2
Buzulzo (R. de)	Z	4
Chapeliers (R. des)	Y	6
Cie-Roger-de-Barbé (R.)	Y	7
Coudraie (R. de la)	Y	8
Du Guesclin (R.)	Z	9
Frères-Lagadec (R. des)	Z	12
Keriavily (R. de)	Z	14
Kermaria (R. et Pont)	Z	16
Le-Dantec (R. F.)	Y	18
Le-taillandier (R. E.)	Z	20
Mairie (R. de la)	Y	21
Palais-de-Justice (Allée du)	Z	24
Pors an Prat (R. de)	Y	26
Roud Ar Roc'h (R. de)	Z	28
St-Malo (R. de)	Z	29
St-Nicolas (R.)	Z	30
Trinité (R. de la)	Y	32

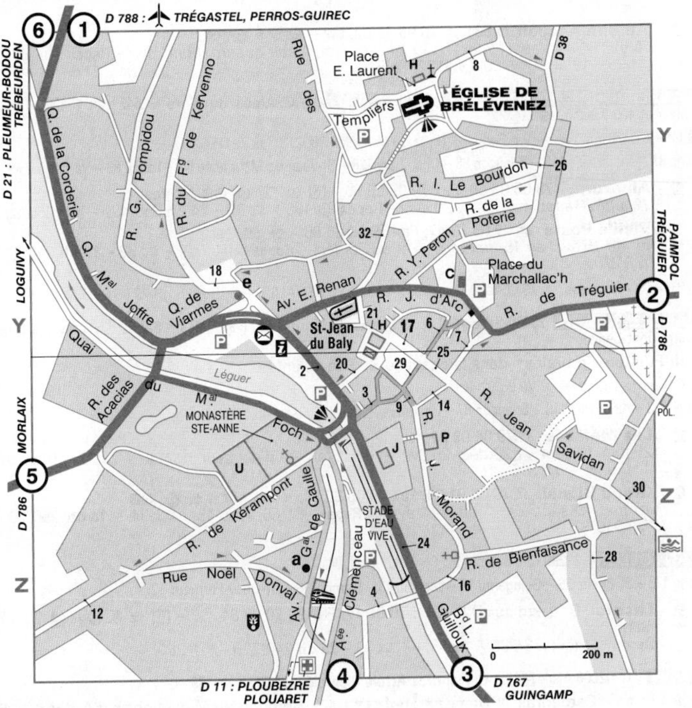

Le Graal M, 30 av. Gén. de Gaulle ✆ 96 37 03 67, Fax 96 46 45 83, – ch, rest ☎ – 30. AE GB Z **a**
Repas *(fermé sam. midi et dim. midi du 1er juil. au 15 sept., sam. soir et dim. du 15 sept. au 30 juin)* 74/111, enf. 45 – ☕ 30 – **42 ch** 290 – ½ P 230.

Le Serpolet, 1 r. F. Le Dantec ✆ 96 46 50 23 – GB Y **e**
fermé lundi – **Repas** 75/170, enf. 45.

rte de Perros Guirec par ① – ⊠ **22300** Lannion :

🏠 **Bryan** Ⓜ, à 5 km 𝒫 96 48 01 26, Fax 96 48 08 35, 🌧, 🔲, 🛋 – 📺 🐾 ⚃ 🅿 – 🔬 25. ℀
→ ⅁⅄
Repas *(fermé dim.)* 65/145 ♨, enf. 45 – ⊇ 30 – **14 ch** 280/300, 6 duplex – ½ P 250.

à La Ville Blanche par ② : 5 km sur D 786 – ⊠ **22300** Lannion :

✕✕ **Ville Blanche,** 𝒫 96 37 04 28, Fax 96 46 57 82 – 🅿. ℀ ⓪ ⅁⅄ 🇯🇨🇧
fermé 9 janv. au 10 fév., dim. soir et lundi sauf juil.-août – **Repas** 90 (déj.), 170/230, enf. 80.

CITROEN Gar. Sobreva, rte de Morlaix par r. Frères Lagadec Z 𝒫 96 37 04 33 🄽 𝒫 96 37 04 33
FORD Gar. Corre, av. Résistance 𝒫 96 48 45 41 🄽 𝒫 96 48 83 35
NISSAN Gar. Philippe, rte de Morlaix à Ploulec'h 𝒫 96 37 08 81
OPEL Gar. Guillou, rte de Guingamp 𝒫 96 37 09 88
PEUGEOT Gd Gar. de Lannion, rte de Perros-Guirec par ① 𝒫 96 48 52 71 🄽 𝒫 96 05 92 49

RENAULT Gar. des Côtes d'Armor, rte de Guingamp Z 𝒫 96 46 64 64 🄽 𝒫 99 65 81 20
ROVER Gar. le Morvan, 69 rte de Tréguier 𝒫 96 37 03 84

⓪ Desserrey Pneu Armorique Vulcopneu rte de Perros-Guirec 𝒫 96 48 44 11
Trégor Pneus Armorique Vulcopneu, ZI du Rusquet 𝒫 96 48 58 36

▐▀ **LANS-EN-VERCORS** 38250 Isère 🗗🗗 ④ – 1 451 h alt. 1 020 – Sports d'hiver : 1 400/1 880 m ⼐16 ⼓.
🛈 Office de Tourisme pl. Église 𝒫 76 95 42 62, fax 76 95 49 70.
Paris 587 – ◆Grenoble 27 – Villard-de-Lans 9 – Voiron 42.

🏠 **Col de l'Arc,** pl. Église 𝒫 76 95 40 08, Fax 76 95 41 25, 🌧, 🔲, 🛋, ✕ – 📺 🕿 🅿. ℀ ⓪
→ ⅁⅄
Repas 75/140, enf. 55 – ⊇ 35 – **26 ch** 230/340 – ½ P 280/320.

🏠 **Val Fleuri,** 𝒫 76 95 41 09, ≼, 🛋 – 🕿 ⟺ 🅿. ⅁⅄. ✕ rest
20 juin-15 sept. et 20 déc.-20 mars – **Repas** (résidents seul.) 103/175 – ⊇ 33 – **16 ch** 162/298 – ½ P 217/286.

🏠 **Au Bon Accueil,** D 531 𝒫 76 95 42 02, 🛋 – 🕿 ⟺ 🅿. ⅁⅄
fermé 24 avril au 14 mai, 17 au 24 déc., vend. soir et sam. hors sais. – **Repas** 90/188 ♨ – ⊇ 35 – **18 ch** 210/280 – ½ P 220/265.

▐▀ **LANSLEBOURG-MONT-CENIS** 73480 Savoie 🗗🗗 ⑨ G. Alpes du Nord – 647 h alt. 1 400 – Sports d'hiver : 1 400/2 800 m ⼐1 ⼓22.
🛈 Office de Tourisme de Val Cenis 𝒫 79 05 23 66, Télex 980213, fax 79 05 82 17.
Paris 670 – Albertville 116 – Briançon 88 – Chambéry 126 – St-Jean-de-Maurienne 54 – Torino 89 – Val-d'Isère 49.

🏨 **Alpazur,** 𝒫 79 05 93 69, Fax 79 05 86 55 – 📺 🕿. ℀ ⓪ ⅁⅄. ✕ rest
1er juin-20 sept. et 20 déc.-20 avril – **Repas** 98/180 – ⊇ 39 – **24 ch** 350/420 – ½ P 355/363.

🏠 **Vieille Poste,** 𝒫 79 05 93 47, Fax 79 05 86 85 – 🕿. ℀ ⅁⅄
→ fermé 15 avril au 15 mai et 1er nov. au 26 déc. – **Repas** 68/110 ♨ – ⊇ 38 – **18 ch** 240/270 – ½ P 270.

CITROEN Alp' autos, 𝒫 79 05 82 00

RENAULT Gar. Burdin, 𝒫 79 05 94 33

▐▀ **LANSLEVILLARD** 73480 Savoie 🗗🗗 ⑨ G. Alpes du Nord – 392 h alt. 1 479 – Sports d'hiver (voir à Lanslebourg-Mont-Cenis).
Voir Peintures murales★ dans la chapelle St-Sébastien.
🛈 Office de Tourisme 𝒫 79 05 92 43.
Paris 673 – Albertville 119 – Briançon 87 – Chambéry 129 – Val-d'Isère 46.

🏨 **Les Mélèzes,** 𝒫 79 05 93 82, ≼, 🛋 – 🕿 🅿. ✕
25 juin-10 sept. et 20 déc.-25 avril – **Repas** (en été dîner seul.) 85/145 – ⊇ 32 – **16 ch** 295, 4 studios – ½ P 315.

🏠 **Grand Signal,** 𝒫 79 05 91 24, Fax 79 05 82 84, ≼, ₤♨, 🛋 – 🕿 🅿. ⅁⅄
18 juin-10 sept. et 17 déc.-1er avril – **Repas** 88/160, enf. 45 – ⊇ 34 – **18 ch** 250/280 – ½ P 310/350.

▐▀ **LANVOLLON** 22290 C.-d'Armor 🗗🗗 ② – 1 427 h alt. 94.
Paris 478 – St-Brieuc 26 – Guingamp 16 – Lannion 43 – Paimpol 19 – St-Quay-Portrieux 12.

🏠 **Lucotel,** E : 1 km sur D 6 𝒫 96 70 01 17, Fax 96 70 08 84, ✕ – 📺 🕿 ⚃ 🅿 – 🔬 25 à 70.
→ ⅁⅄
Repas 68 (déj.), 78/220 ♨, enf. 44 – ⊇ 33 – **25 ch** 240/320 – ½ P 260.

▐▀ **LAON** 🅿 02000 Aisne 🗗🗗 ⑤ G. Flandres Artois Picardie – 26 490 h alt. 179.
Voir Site★★ – Cathédrale N-Dame★★ : nef★★★ CYZ – Rempart du Midi et porte d'Ardon★ CZ R – Église St-Martin★ AZ D – Porte de Soissons★ AZ E – Rue Thibesard ≼★ BZ 51 – Musée et chapelle des Templiers★ CZ M – Circuit du Laonnois★ par D 7 X.
🏌 de l'Aillette 𝒫 23 24 83 99, S : 16 km par ③.
🛈 Office de Tourisme pl. du Parvis de la Cathédrale 𝒫 23 20 28 62, Fax 23 20 68 11.
Paris 138 ⑤ – ◆Reims 58 ③ – St-Quentin 45 ① – ◆Amiens 120 ① – Charleroi 121 ① – Charleville-Mézières 103 ① – Compiègne 75 ⑤ – Mons 107 ① – Soissons 35 ⑤ – Valenciennes 123 ①.

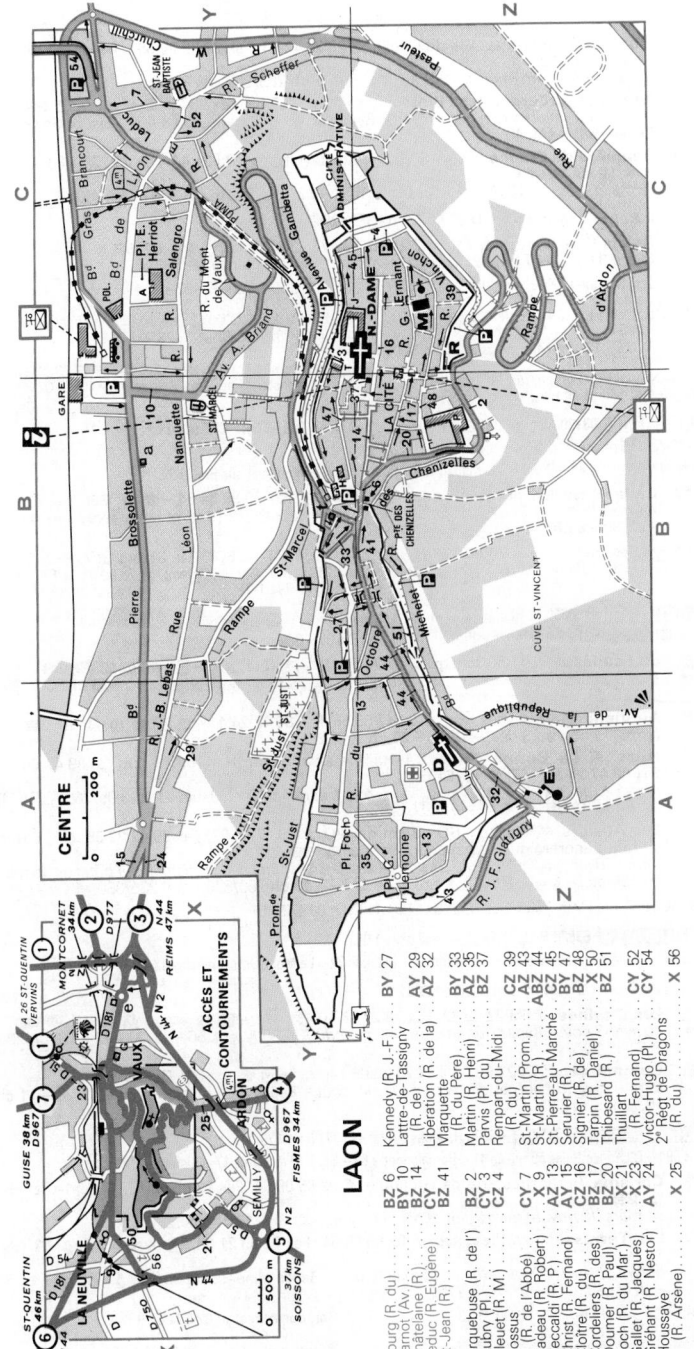

LAON

CENTRE

ACCÈS ET
CONTOURNEMENTS

581

🏠 **Host. St-Vincent,** av. Ch. de Gaulle ℰ 23 23 42 43, Fax 23 79 22 55 – ⇔ ch 📺 ☎ 🅰 🅟
→ – 🏛 30. 🖭 ☒ ⅛ X e
Repas (fermé sam. midi) 69/159 ⅛ – ☲ 35 – **47 ch** 285/305 – ½ P 230.

XXX **La Petite Auberge,** 45 bd Brossolette ℰ 23 23 02 38, Fax 23 79 50 38, ⛲ – 🖭 ☒
fermé sam. midi et dim. sauf fériés – **Repas** 125/350 et carte 280 à 400 - *Bistrot St-Amour :*
Repas 75/89, enf. 45. BY a

XX **Bannière de France** avec ch, 11 r. F. Roosevelt ℰ 23 23 21 44, Fax 23 23 31 56 – 📺 ☎
⇦, 🖭 ⬛ ☒. ⅏ BY t
fermé 20 déc. au 20 janv. – **Repas** 118/315 ⅛ – ☲ 38 – **18 ch** 230/375 – ½ P 260/430.

à Samoussy par ② et D 977 : 7 km – ✉ 02840 :

XXX **Relais Charlemagne,** ℰ 23 22 21 50, Fax 23 22 18 75, ⛲, ⅌ – 🖭 ☒
fermé 31 juil. au 7 août, dim. soir, merc. soir et lundi – **Repas** 125/330.

BMW Gar. Bachelet, 50 r. Porte de Laon à Bruyères
et Montberault ℰ 23 24 74 00
FIAT Gar. Colbeaux, ZAC Ile de France
ℰ 23 20 64 64
FORD S.I.C.B., 121 av. M.-France ℰ 23 79 14 08 🆕
ℰ 23 23 73 73
NISSAN, VOLVO Petetin, rte de Fismes à
Bruyères-et-Montbérault ℰ 23 24 70 36

PEUGEOT Tuppin, 132 av. M.-France
ℰ 23 27 16 70
RENAULT S.O.D.A.L., av. M.-France par ①
ℰ 23 23 24 35 🆕 ℰ 23 23 92 52

🅦 Euromaster, 10 r. des Minimes ℰ 23 23 01 17
Euromaster, 5 bd Gras Brancourt ℰ 23 23 02 27

LAPALISSE 03120 Allier 🗟🗟 ⑥ G. Auvergne – 3 603 h alt. 299 – **Voir Château★★.**

🅱 Office de Tourisme, pl. Ch. Bécaud ℰ 70 99 08 39.
Paris 342 – Moulins 48 – Digoin 44 – Mâcon 123 – Roanne 49 – St-Pourçain-sur-Sioule 30.

XX **Galland** avec ch, pl. République ℰ 70 99 07 21, Fax 70 99 34 64 – ☎ 🅟. ☒
fermé 30 nov. au 13 déc., vacances de fév. et merc. – **Repas** (dim. et fêtes - prévenir) 112/260
– ☲ 38 – **8 ch** 240/280.

CITROEN Désormière, ℰ 70 99 19 68
PEUGEOT Cantat-Bardon, ℰ 70 99 00 77

PEUGEOT-TALBOT Gar. Gabard, ℰ 70 99 26 99
RENAULT Gar. Dupereau, ℰ 70 99 01 01 🆕
ℰ 70 99 01 01

LAPOUTROIE 68650 H.-Rhin 🗟🗟 ⑱ – 1 981 h alt. 450.
Paris 467 – Colmar 21 – Munster 25 – Ribeauvillé 20 – St-Dié 36 – Sélestat 34.

🏨 **du Faudé,** ℰ 89 47 50 35, Fax 89 47 24 82, ⛲, 🅇, 🔲 (été), ⅌ – 📺 ☎ 🅟. 🖭 ⬛ ☒
→ fermé 11 au 28 mars et 6 nov. au 7 déc. – **Repas** 70/360 ⅛, enf. 38 – ☲ 40 – **25 ch** 300/420 –
½ P 280/350.

🏠 **Au Vieux Moulin** sans rest, ℰ 89 47 56 55, Fax 89 47 24 41 – ⅃ 📺 ☎ 🅟. 🖭 ⬛ ☒
fermé 19 nov. au 3 déc. – ☲ 38 – **20 ch** 220/300.

🏠 **Host. A La Bonne Truite,** à Hachimette E par N 415 : 1 km ℰ 89 47 50 07,
Fax 89 47 25 35 – 📺 ☎ 🅟. 🖭 ☒
fermé 20 au 30 juin, 7 au 24 nov., janv., mardi et merc. d'oct. à juin – Repas 95/260 ⅛, enf. 45
– ☲ 40 – **10 ch** 230/270 – ½ P 255/275.

XX **Les Alisiers** ⅏ avec ch, SO : 3 km par VO ℰ 89 47 52 82, Fax 89 47 22 38, ⛲, « Res-
→ taurant panoramique, ≤ vallon », ⅌ – ☎ 🅟. ☒
fermé 30 juin au 7 juil., 18 au 25 déc., 2 au 30 janv., lundi soir et mardi (sauf hôtel du 15 mars
au 15 nov.) – **Repas** 78/149 ⅛, enf. 49 – ☲ 42 – **10 ch** 260/370 – ½ P 235/380.

RENAULT Canton Vert Automobiles, ℰ 89 47 54 44 🆕 ℰ 89 47 56 57

LAQUEUILLE 63820 P.-de-D. 🗟🗟 ⑬ – 382 h alt. 1 000.
Paris 462 – ♦Clermont-Ferrand 38 – Aubusson 72 – Mauriac 72 – Le Mont-Dore 14 – Ussel 44.

à la gare O : 3 km par D 98 et D 82 :

🏨 **Les Clarines,** ℰ 73 22 00 43, Fax 73 22 06 10, ⛲, ⅌ – 📺 🅟 ⇦ – 🏛 25. 🖭 ⬛ ☒
→ 10 avril-3 nov. – **Repas** (fermé dim. soir et lundi) 76/180 ⅛, enf. 56 – ☲ 30 – **12 ch** 250/320 –
½ P 235/275.

🏠 **Commerce,** ℰ 73 22 00 03, Fax 73 22 06 14, ⅌ – 📺 ☎ ⇦ 🅟. 🖭 ☒
fermé 15 au 30 oct. et dim. soir sauf juil.-août – **Repas** 95/170 ⅛, enf. 55 – ☲ 28 – **11 ch**
180/260 – ½ P 210/240.

LARAGNE-MONTÉGLIN 05300 H.-Alpes 🗟🗟 ⑤ – 3 371 h alt. 573.
Paris 694 – Digne-les-Bains 55 – Gap 41 – Barcelonnette 89 – Sault 61 – Serres 17 – Sisteron 17.

🏠 **Chrisma** Ⓜ sans rest, rte de Grenoble ℰ 92 65 09 36, Fax 92 65 08 12, 🅇, ⅌ – ☎ ⇦
🅟. ☒
1er mars-10 nov. et fermé dim. d'oct. à fin juin – ☲ 37 – **17 ch** 220/270.

⅏ **Les Terrasses,** av. Provence ℰ 92 65 08 54, Fax 92 65 21 08, ⛲ – ☎ ⇦ 🅟. 🖭 ☒
⅏ rest
hôtel : 1er avril-1er nov. ; rest. : 1er mai-1er oct. – **Repas** (dîner seul.) 95/140 ⅛, enf. 55 – ☲ 38
– **15 ch** 230/280 – ½ P 240/270.

FORD Gar. Audibert, ℰ 92 65 09 71 🆕
ℰ 92 65 09 71
RENAULT Gar. Lambert, ℰ 92 65 00 05

Gar. des Alpes, ℰ 92 65 04 79

🅦 Bernaudon-Pneus, ℰ 92 65 16 91

LARCEVEAU 64 Pyr.-Atl. 🔢 ④ – 406 h alt. 262 – ✉ 64120 Larceveau-Arros-Cibits.

Paris 807 – Biarritz 61 – ◆Bayonne 57 – Pau 86 – St-Jean-Pied-de-Port 16 – St-Palais 15.

🏠 **Espellet,** 𝒫 59 37 81 91, Fax 59 37 86 09, 🌿 – ⇆ ch, 🍽 rest ☎ 🄿, 🖭 🇬🇧
→ fermé 5 au 31 déc. et mardi du 1er oct. au 1er juil. sauf fériés – **Repas** 58/140 🍷, enf. 45 –
🍴 28 – **19 ch** 130/250 – ½ P 190/210.

✗ **Trinquet** avec ch, 𝒫 59 37 81 57, Fax 59 37 80 06, 🍴, 🌿 – ☎. 🇬🇧. ✻ rest
→ fermé 13 nov. au 6 déc. et lundi (sauf juil.-août et fériés) – **Repas** 70/130 🍷, enf. 35 – 🍴 28 –
12 ch 140/220 – ½ P 220/230.

PEUGEOT Gar. Thambo, 𝒫 59 37 80 37 🄽 𝒫 59 37 80 37

LARCHE 19600 Corrèze 🔢 ⑧ – 1 322 h alt. 90.

Voir Lac du Causse★ SE : 5 km, G. Périgord Quercy.

🄱 Syndicat d'Initiative 𝒫 55 85 39 08 (juil.-août).

Paris 496 – Brive-la-Gaillarde 11 – Arnac-Pompadour 44 – Sarlat-la-Canéda 41 – Tulle 40.

✗✗ **La Bacière,** 12 r. Raymond II de Turenne 𝒫 55 85 30 04, 🍴 – 🇬🇧
→ fermé 2 au 20 janv. et merc. – **Repas** 70/240 🍷.

Le LARDIN-ST-LAZARE 24570 Dordogne 🔢 ⑦ – 2 047 h alt. 90.

Paris 490 – Brive-la-Gaillarde 27 – Lanouaille 38 – Périgueux 47 – Sarlat-la-Canéda 32.

🏨 **Sautet,** 𝒫 53 51 45 00, Fax 53 51 45 29, 🍴, « Parc fleuri », 🏊, ✻ – 🛗 cuisinette 📺 ☎
🄿. 🇬🇧
fermé janv., fév. et sam. sauf le soir de mai à sept. – **Repas** 88 (déj.), 105/196, enf. 63 – 🍴 39
– **29 ch** 320/390, 4 studios – ½ P 320/355.

à Coly SE : 6 km par D 62 – ✉ 24120 :

Voir Église★★ de St-Amand-de-Coly SO : 3 km, G. Périgord Quercy.

🏨 **Manoir d'Hautegente** 🦢, 𝒫 53 51 68 03, Fax 53 50 38 52, 🍴, « Bel aménagement
interieur, jardin », 🏊 – 📺 ☎ 🄿. 🇬🇧
début avril-début nov. – **Repas** (fermé lundi midi, mardi midi et merc. midi) 190/250 – 🍴 55
– **10 ch** 650/900 – ½ P 470/690.

au Sud : 4 km par D 704, D 62 et VO – ✉ 24570 Condat-Le Lardin :

🏨 **Château de la Fleunie** 🦢, 𝒫 53 51 32 74, Fax 53 50 58 98, ≤, 🍴, « Château du 15e
siècle dans un parc », 🏊, ✻ – 📺 ☎ 🄿 – 🏌 100. 🖭 🇬🇧. ✻ rest
Repas 150/220 – 🍴 50 – **33 ch** 350/1000 – ½ P 460/605.

LARDY 91510 Essonne 🔢 ⑩ 🔢 ㊷ G. Ile de France – 3 658 h alt. 75.

Paris 42 – Fontainebleau 46 – Arpajon 8 – Corbeil-Essonnes 24 – Étampes 14 – Évry 21.

✗✗ **Aub. de l'Espérance,** Gde Rue (pl. Église) 𝒫 (1) 64 56 40 82 – 🖭 🅾 🇬🇧
fermé 5 au 25 août, 1er au 11 fév., dim. soir et lundi – **Repas** 140/160.

LARGENTIÈRE ⬧ 07110 Ardèche 🔢 ⑧ G. Vallée du Rhône – 1 990 h alt. 203.

🄱 Office de Tourisme pl. des Récollets 𝒫 75 39 14 28, Fax 75 39 23 66.

Paris 648 – Aubenas 17 – Alès 64 – Privas 47.

🏨 **Le Chêne Vert** 🦢, à Rocher N : 4 km par D 5 𝒫 75 88 34 02, Fax 75 88 33 85, ≤, 🏊, 🌿 –
→ ☎ 🄿 – 🏌 30. 🇬🇧. ✻ rest
20 mars-15 nov. – **Repas** 75/175, enf. 40 – 🍴 37 – **23 ch** 280/350 – ½ P 260/300.

RENAULT Gar. Soboul, 𝒫 75 39 13 66

LARMOR-PLAGE 56260 Morbihan 🔢 ① G. Bretagne – 8 078 h alt. 40.

Paris 502 – Vannes 64 – Lorient 6 – Quimper 73.

🏨 **Les Mouettes** Ⓜ 🦢, Anse de Kerguélen O : 1 km 𝒫 97 65 50 30, Fax 97 33 65 33, ≤ –
🍽 rest 📺 ☎ & 🄿. 🖭 🅾 🇬🇧. ✻ rest
Repas 90/200 – 🍴 39 – **21 ch** 320/400 – ½ P 320.

LARRAU 64560 Pyr.-Atl. 🔢 ⑭ – 241 h alt. 636.

Paris 838 – Pau 77 – Oloron-Ste-Marie 42 – St-Jean-Pied-de-Port 46 – Sauveterre-de-Béarn 56.

🏠 **Etchemaïté** 🦢, 𝒫 59 28 61 45, Fax 59 28 72 71, ≤, 🍴, 🌿 – ☎. 🇬🇧. ✻ ch
→ fermé 15 au 31 janv. et lundi hors sais. sauf vacances scolaires – **Repas** 80/180, enf. 50 –
🍴 30 – **16 ch** 150/240 – ½ P 185/240.

🔄 **Despouey** 🦢, 𝒫 59 28 60 82, 🌿 – ☎ 🄿. 🖭 🇬🇧. ✻
fermé 14 nov. au 31 janv. – **Repas** (résidents seul.) – 🍴 26 – **15 ch** 150/200 – ½ P 200/240.

LARUNS 64440 Pyr.-Atl. 🔢 ⑯ – 1 466 h alt. 531.

Paris 811 – Pau 37 – Argelès-Gazost 48 – Lourdes 32 – Oloron-Ste-Marie 32.

✗ **Aub. Bellevue,** 𝒫 59 05 31 58, ≤, 🍴 – 🄿. 🇬🇧
→ fermé 9 janv. au 25 fév., mardi soir et merc. sauf vacances scolaires – **Repas** 75/180.

RENAULT Gar. d'Ossau, 𝒫 59 05 34 64 🄽 𝒫 59 05 34 64

LAS ILLAS 66 Pyr.-Or. 🔢 ⑲ – rattaché à Maureilles-las-Illas.

LATILLÉ 86190 Vienne 🔢 ⑬ – 1 305 h alt. 149.

Paris 347 – Poitiers 26 – Châtellerault 51 – Parthenay 31 – St-Maixent-l'École 34 – Saumur 89.

🏠 **Centre,** 🖉 49 51 88 75, Fax 49 54 81 86 – ☎. ⬛️. 🌿 rest
➥ **Repas** *(fermé dim. d'oct. à mars)* 50/120 🍷 – ⬚ 30 – **14 ch** 140/210 – ½ P 150/170.

LATTES 34 Hérault 🔢 ⑦ – rattaché à Montpellier.

LAUTARET (Col du) 05 H.-Alpes 🔢 ⑦ G. Alpes du Nord – alt. 2 058 – ✉ **05220** Le Monetier-les-Bains.

Voir ❋★★ – Jardin alpin★.

Env. Col du Galibier ❋★★★ N : 7,5 km.

Paris 658 – Briançon 28 – ♦Grenoble 89 – Lanslebourg-Mont-Cenis 82 – St-Jean-de-Maurienne 55.

🏠 **Glaciers** 🐾, 🖉 92 24 42 21, Fax 92 24 44 81, ≤, 🌳 – ☎ 🅿️. ⬛️
➥ *1ᵉʳ mai-30 sept.* – **Repas** 79/135, enf. 29 – ⬚ 35 – **35 ch** 150/230 – ½ P 170/200.

LAUTERBOURG 67630 B.-Rhin 🔢 ⑳ – 2 372 h alt. 115.

Paris 520 – ♦Strasbourg 62 – Haguenau 41 – Karlsruhe 23 – Wissembourg 19.

XXX 🌸 **La Poêle d'Or** (Gottar), 35 r. Gén. Mittelhauser 🖉 88 94 84 16, Fax 88 54 62 30, 🌳 –
⬛️ ⓪ ⬛️
fermé 24 juil. au 3 août, 3 janv. au 1ᵉʳ fév., merc. et jeudi – **Repas** 190 (déj.), 320/400 et carte
280 à 380 🍷
Spéc. Tête de veau tiède en vinaigrette. Ravioli de langoustines. Sandre au vin blanc d'Alsace, nouilles au beurre. **Vins** Muscat, Tokay-Pinot gris.

Utili complementi di questa guida,

durante i viaggi,

sono le **carte Michelin** dettagliate

in scala 1 : 200 000.

LAVAL 🅿 53000 Mayenne 🔢 ⑩ G. Normandie Cotentin – 50 473 h alt. 70.

Voir Vieux château★ Z : charpente★★ du donjon, musée d'Art naïf★ – Vieille ville★ YZ – Les quais★ – Jardin de la Perrine★ Z – Chevet★ de la basilique N.-D. d'Avesnières X.

🏌 la Chabossière, à Changé 🖉 43 53 16 03, N par ① : 8 km.

🏢 Office de Tourisme pl. du 11-Nov. 🖉 43 49 46 46, Fax 43 49 46 21 - A.C. 7 pl. J.-Moulin 🖉 43 56 47 54.

Paris 278 ① – Angers 78 ④ – ♦Caen 146 ① – ♦Le Havre 219 ① – ♦Le Mans 83 ① – ♦Nantes 134 ⑤ – Poitiers 214 ④ – ♦Rennes 74 ⑦ – ♦Rouen 236 ① – St-Nazaire 151 ⑤.

Plan page ci-contre

🏨 **Impérial H.** sans rest, 61 av. R. Buron 🖉 43 53 55 02, Fax 43 49 16 74 – 🛗 📺 ☎ ➾. ⬛️
⓪ ⬛️ 🇯🇧   X **h**
fermé 6 au 28 août et 24 déc. au 1ᵉʳ janv. – ⬚ 32 – **34 ch** 200/440.

🏠 **Arcade** sans rest, 8 av. R. Buron 🖉 43 67 19 25, Fax 43 56 82 83 – 🛗 ↳⬚ ch 📺 ☎ ঌ ➾
– 🏋 60. ⬛️ ⓪ ⬛️   X **a**
⬚ 34 – **42 ch** 265/295.

🏠 **Campanile,** par ⑥ rte Fougères : 3 km 🖉 43 69 04 00, Fax 43 02 89 25, 🌳 – ↳⬚ ch 📺 ☎
ঌ 🅿️ – 🏋 25. ⬛️ ⓪ ⬛️
Repas 82 bc/105 bc, enf. 39 – ⬚ 30 – **39 ch** 270.

🏠 **Ibis,** rte Mayenne par ① : 3 km 🖉 43 53 81 82, Fax 43 53 11 19, 🌳, 🌿 – ↳⬚ ch 📺 ☎ ঌ
🅿️ – 🏋 60. ⬛️ ⬛️
Repas 97/135 🍷, enf. 41 – ⬚ 35 – **51 ch** 305/325.

🏠 **Marin'H.** sans rest, 102 av. R. Buron 🖉 43 53 09 68, Fax 43 56 95 35 – 🛗 📺 ☎ ঌ. ⬛️
⬛️   X **d**
⬚ 30 – **25 ch** 220/290.

XXX **Les Blés d'Or** Ⓜ avec ch, 83 r. V.-Boissel 🖉 43 53 14 10, Fax 43 49 02 84 – ↳⬚ ch 📺 ☎.
⬛️ ⓪ ⬛️ 🇯🇧. 🌿 ch   X **n**
fermé 7 au 27 août et 2 au 15 janv. – **Repas** *(fermé sam. midi et dim.)* 120 (déj.), 150/280 🍷 –
⬚ 55 – **8 ch** 315/525.

XXX 🌸 **Bistro de Paris** (Lemercier), 67 r. Val de Mayenne 🖉 43 56 98 29, Fax 43 56 52 85 –
⬛️. 🌿   Y **k**
fermé 13 au 30 août, sam. midi et dim. – **Repas** 130 et carte environ 230
Spéc. Petites entrées gourmandes. Blanc de turbot aux épices douces. Oreille de cochon croquante. **Vins** Savennières, Anjou rouge.

XX **A la Bonne Auberge** avec ch, 170 r. Bretagne par ⑥ 🖉 43 69 07 81, Fax 43 91 15 02 –
➥ ☎ ➾. ⬛️ ⬛️
fermé 5 au 27 août, vacances de fév., dim. soir et sam. – Repas 80/250 🍷 – ⬚ 35 – **10 ch**
210/270.

XX **L'Antiquaire,** 5 r. Béliers 🖉 43 53 66 76 – ▤. ⬛️   Y **e**
fermé sam. midi et merc. – **Repas** 79 (déj.), 95/195, enf. 45.

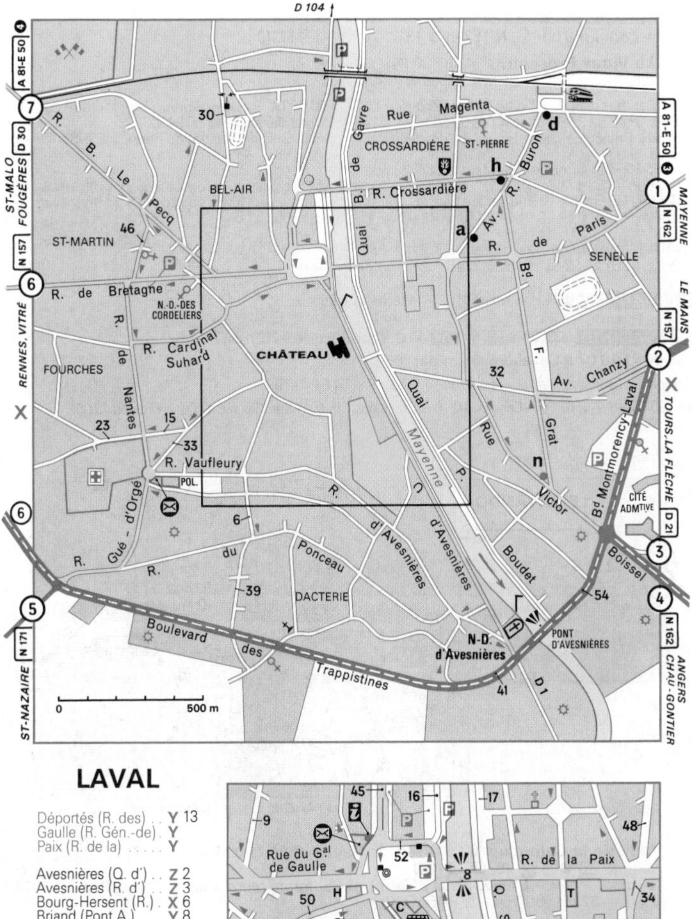

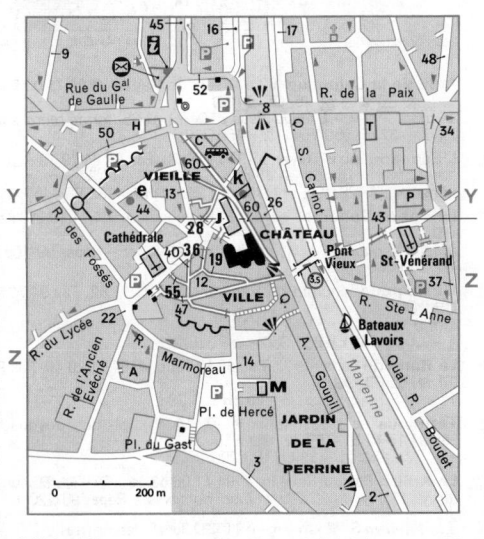

LAVAL

à Louvigné par ②, N 157 et D 131 : 11 km – ✉ **53210** :

XX **Le Vieux Pressoir,** ℘ 43 37 30 84, 🐎 – GB
fermé dim. soir et lundi – **Repas** 80 (déj.), 120/230.

BMW Gar. Bassaler, 110 bd de Buffon, ZI des
Touches ℘ 43 53 31 59 **N** ℘ 43 69 32 32
CITROEN Brilhault, r. Henri Batard ZA des Alignées
℘ 43 69 19 00
MERCEDES Delourmel, rte du Mans à Bonchamp-
les-Laval ℘ 43 53 17 58
PEUGEOT Gd Gar. du Maine, av. de Paris à
St-Berthevin par ⑥ ℘ 43 01 24 24 **N** ℘ 43 96 42
85
RENAULT Laval Autom., av. de Paris à St-Berthevin
par ⑥ ℘ 43 01 22 22 **N** ℘ 05 05 15 15

TOYOTA Bassaler Autom., Parc Activité des
Morandières ℘ 43 56 24 22
VOLVO Defrance, rte de Rennes à St-Berthevin
℘ 43 68 01 44

⑩ Euromaster, 4 r. du Laurier ℘ 43 53 10 04
Euromaster, 10 bd des Loges à St-Berthevin
℘ 43 69 15 08

Le LAVANCHER 74 H.-Savoie **74** ⑨ – rattaché à Chamonix.

Le LAVANDOU 83980 Var **84** ⑯ **114** ㊽ G. Côte d'Azur – 5 212 h alt. 2.

🔵₁₈ ℘ 94 71 10 07 à Cavalière, 8 km par ①.

🛈 Office de Tourisme quai G.-Péri ℘ 94 71 00 61, Fax 94 64 73 79.

Paris 880 ② – Fréjus 62 ① – Cannes 103 ① – Draguignan 76 ① – Ste-Maxime 42 ① – ♦Toulon 43 ②.

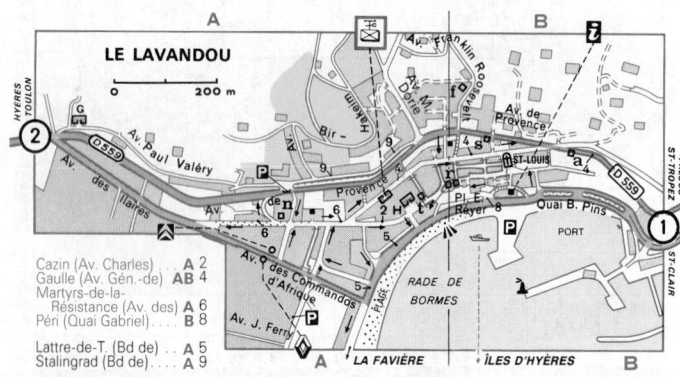

Cazin (Av. Charles) . . . A 2
Gaulle (Av. Gén.-de) . . . AB 4
Martyrs-de-la-
Résistance (Av. des) . A 6
Péri (Quai Gabriel) . . . . B 8
Lattre-de-T. (Bd de) . . . A 5
Stalingrad (Bd de) . . . . A 9

🏨 **Aub. de la Calanque,** 62 av. Gén. de Gaulle ℘ 94 71 05 96, Fax 94 71 20 12, ≤, 🐎, 🏊,
🛁 – 🛗 📺 ☎ – 🔏 25. 🅰🅴 ⑩ GB
B **a**
1ᵉʳ mars-2 nov. – **L'Algue Bleue** ℘ 94 71 01 95 *(fermé merc. sauf juil.-août)* **Repas** 190/360 –
⟐ 60 – **37 ch** 550/750 – ½ P 460/710.

🏨 **L'Espadon,** pl. E. Reyer ℘ 94 71 00 20, Fax 94 64 79 19 – 🛗 🔲 📺 ☎. 🅰🅴 ⑩ GB   A **t**
hôtel : fermé 15 nov. au 15 déc. ; rest. : 1ᵉʳ avril-30 sept. et fermé merc. hors sais. – **Repas**
(dîner seul.) 128/198, enf. 70 – ⟐ 35 – **21 ch** 418/558 – ½ P 349/424.

🏨 **La Petite Bohème** 🌭, av. F.-Roosevelt ℘ 94 71 10 30, Fax 94 64 73 92, 🐎, 🌳 – ☎.
GB
B **f**
hôtel : 15 mars-31 oct. ; rest. : 1ᵉʳ avril-15 oct. – **Repas** 99/165 ♨ – ⟐ 42 – **17 ch** 270/400 –
½ P 340/380.

🏨 **L'Escapade,** chemin du Vannier ℘ 94 71 11 52, Fax 94 71 22 14, 🐎 – 🔲 ch 📺 ☎ 🅿.
GB. ✂
B **s**
fermé 12 nov. au 20 déc. et 10 janv. au 1ᵉʳ mars – **Repas** *(Pâques-oct.)* (dîner seul.) 120/140
♨ – ⟐ 35 – **16 ch** 280/350 – ½ P 315/325.

🏨 **La Ramade** sans rest, r. Patron Ravello ℘ 94 71 20 40, Fax 94 64 79 19 – 🛗 cuisinette 🔲
📺 ☎. 🅰🅴 ⑩ GB
AB **r**
1ᵉʳ avril-30 sept. – ⟐ 35 – **20 ch** 338/398.

🏨 **Terminus** sans rest (annexe 🅼 14 ch), pl. des Joyeuses Vacances ℘ 94 71 00 62,
Fax 94 15 17 51 – 📺 ☎. GB
A **n**
avril-oct. – ⟐ 25 – **39 ch** 180/300.

XX **Le Krill,** r. Patron-Ravello ℘ 94 71 06 43, ≤, 🐎 – 🔲. 🅰🅴 ⑩ GB
B **r**
fermé 1ᵉʳ nov. au 20 déc. et lundi hors sais. – **Repas** 95/220.

à la Favière S : 2 km - A – ✉ **83230** Bormes-les-Mimosas :

🏨 **Plage,** ℘ 94 71 02 74, Fax 94 71 77 22, 🐎, 🌳 – ☎ 🅿. 🅰🅴 GB
♦ *1ᵉʳ avril-8 oct.* – **Repas** 78/150, enf. 56 – ⟐ 38 – **45 ch** 261/350 – ½ P 270/310.

à St-Clair par ① : 3 km – ⊠ **83980** Le Lavandou :

🏨 **Belle Vue** ⤸, 𝒫 94 71 01 06, Fax 94 71 64 72, ≼, 𝕬 – ☎ ⇔ 🅿, 🖭 ⓪ GB. ✵
avril-oct. – **Repas** (dîner seul.) 170/250 – ⊷ 55 – **19 ch** 370/750 – ½ P 400/670.

🏨 **Roc H.** ⤸ sans rest, 𝒫 94 71 12 07, Fax 94 15 06 00, ≼ – 🗐 🖭 ☎ 🅿. GB. ✵
1er avril-15 oct. – ⊷ 38 – **26 ch** 430/540.

🏨 **Tamaris** 🖩 ⤸ sans rest, 𝒫 94 71 79 19, Fax 94 71 88 64 – 🖭 ☎ 🕭 🅿. 🖭 ⓪ GB
1er avril-2 nov. – ⊷ 38 – **41 ch** 450/500.

🏛 **Méditerranée,** 𝒫 94 71 02 18, Fax 94 71 33 47, ≼, 𝕬 – 🖭 ☎ 🅿. GB. ✵ rest
hôtel : 20 mars-20 oct. ; rest. : 20 mars-30 sept. – **Repas** (½ pens. seul.) – ⊷ 36 – **21 ch**
372/443 – ½ P 330/387.

à La Fossette-Plage par ① : 3 km – ⊠ **83980** Le Lavandou :

🏨🏨 **83 Hôtel** 🖩, 𝒫 94 71 20 15, Fax 94 71 63 42, ≼ côte et mer, 𝕬, 🎇, 🖾, 𝒜, ✗ – 🛗 🗐 🖭
☎ ⇔ 🅿 GB. ✵ rest
Pâques-fin sept. – **Repas** 210, enf. 100 – ⊷ 65 – **28 ch** 550/950 – ½ P 650/750.

à Aiguebelle par ① : 4,5 km – ⊠ **83980** Le Lavandou :

🏨🏨 ⊛ **Les Roches** 🖩 ⤸, 𝒫 94 71 05 07, Fax 94 71 08 40, ≼ mer et les îles, 𝕬, « Agréables
terrasses en bordure de mer », 𝟓𝄜, 🎇, 🛥 – 🗐 ch 🖭 ☎ 🅿 – 🔏 40. ⓪ GB. ✵
avril-oct. – **Repas** 280 (déj.), 290/460 et carte 320 à 480 – ⊷ 90 – **42 ch** 1700/3780, 6 appart
– ½ P 1315/2260
Spéc. Salade d'écrevisses et pommes de terre nouvelles. Pigeonneau au foie gras. Calisson et citrons farcis. **Vins**
Côtes de Provence.

🏨 **Résidence Soleil** sans rest, 𝒫 94 05 84 18, Fax 94 05 70 89, ≼ – ☎ 🅿. ⓪ GB
25 mars-oct. – ⊷ 35 – **24 ch** 520.

🏨 **Beau Soleil,** 𝒫 94 05 84 55, Fax 94 05 70 89, 𝕬 – ☎ 🅿. 🖭 GB
hôtel : Pâques-15 oct. ; rest : mai-30 sept. – **Repas** 98/170, enf. 48 – ⊷ 35 – **17 ch** 360/460 –
½ P 345/380.

🏛 **Plage,** 𝒫 94 05 80 74, Fax 94 05 78 05, ≼, 𝕬 – ☎ 🅿. GB
hôtel : Pâques-30 sept. ; rest. : 29 mai-20 sept. – **Repas** (dîner seul.) 110/120 – ⊷ 35 – **24 ch**
480/570 – ½ P 324/394.

CITROEN Gar. des Maures, 𝒫 94 71 14 93   MERCEDES, RENAULT Gar. St-Christophe,
𝒫 94 71 14 90

LAVARDAC 47230 L.-et-G. 🟨🟨 ⑭ G. Pyrénées Aquitaine – 2 454 h alt. 55.

Paris 700 – Agen 31 – Casteljaloux 25 – Houeillès 23 – Marmande 48 – Nérac 7.

♧ **Chaumière d'Albret,** rte Nérac 𝒫 53 65 51 75, 𝕬, 𝒜 – ☎ 🅿. GB
→ *fermé 1er au 15 oct., 10 au 18 mars, dim. soir et lundi sauf juil.-août* – **Repas** 65/155 ♨ –
⊷ 24 – **8 ch** 120/235.

LAVARDIN 41 L.-et-Ch. 🟨🟨 ⑤ – rattaché à Montoire-sur-le-Loir.

LAVAUR 81500 Tarn 🟨🟨 ⑨ G. Pyrénées Roussillon – 8 148 h alt. 140.

Voir Cathédrale St-Alain★.

🏌 des Étangs de Fiac 𝒫 63 70 64 70, E : 11 km par D 112.

🅱 Office de Tourisme 22 Grand'Rue (juil.-sept.) 𝒫 63 58 02 00.

Paris 702 – ◆Toulouse 44 – Albi 47 – Castelnaudary 60 – Castres 39 – Montauban 56.

à Giroussens NO : 10 km par D 87 – ⊠ **81500** :

✗✗ **L'Échauguette** avec ch, 𝒫 63 41 63 65, ≼, 𝕬 – 🖭 ⓪ GB
→ *fermé 15 au 30 sept., 1er au 21 fév., dim. soir et lundi d'oct. à juin* – **Repas** 60/260, enf. 50 –
⊷ 26 – **5 ch** 145/260.

ALFA ROMEO, FIAT Barboule and Laval, 4 et 5 av.
G.-Péri 𝒫 63 58 08 16   VAG Gar. Rigal, rte de Castres 𝒫 63 58 03 83
PEUGEOT S.I.V.A., 20 av. G.-Péri 𝒫 63 58 03 51
RENAULT Vauréenne Autom., rte de Toulouse   ⓜ Lavaur Pneus, rte de Castres 𝒫 63 58 25 48
𝒫 63 83 18 00 🅽 𝒫 63 42 70 18

LAVEISSIÈRE 15300 Cantal 🟨🟨 ③ – 611 h alt. 930.

Paris 532 – Aurillac 44 – Condat 41 – Le Lioran 6 – Murat 5,5.

🏨 **Le Vallagnon,** rte Murat 𝒫 71 20 02 38, Fax 71 20 07 91, 𝒜 – 🛗 🕱 ch 🖭 ☎ 🅿. GB. ✵
→ *fermé 29 oct. au 15 déc., dim. soir et lundi sauf vacances scolaires* – **Repas** 75/120 ♨ – ⊷ 32
– **30 ch** 200/270 – ½ P 210/245.

🏛 **Bellevue,** 𝒫 71 20 01 22, Fax 71 20 09 55, ≼, 𝒜 – ☎. GB
→ *15 avril-15 oct. et 25 déc.-30 mars* – **Repas** 65/100 ♨, enf. 35 – ⊷ 30 – **16 ch** 220 – ½ P 265.

LAVELANET 09300 Ariège 🆕 ⑤ – 7 740 h alt. 510.

🛈 Office de Tourisme, Maison de Lavelanet, ℰ 61 01 22 20, Fax 61 03 06 39.

Paris 801 – Foix 26 – Carcassonne 71 – Castelnaudary 52 – Limoux 46 – Pamiers 41.

rte de Foix par D 117 : 10 km – ⊠ 09300 Roquefixade :

XX **Relais des Trois Châteaux** avec ch, ℰ 61 01 33 99, Fax 61 01 73 73, 🚗 – 🆕 ☎ 🅿. 🆕
← *fermé 13 au 28 nov., 4 au 27 fév., lundi soir et mardi du 1ᵉʳ oct. au 30 avril* – **Repas** 69/198 –
⬜ 45 – **7 ch** 280/340 – ½ P 275/290.

Gar. Vidal, rte de Mirepoix ℰ 61 01 00 84   🏵 Lautier Pneus, 94 av. Gén.-de-Gaulle
                                                        ℰ 61 01 03 58

LAVERGNE 46 Lot 🆕 ⑲ – rattaché à Gramat.

LAVILLEDIEU 07 Ardèche 🆕 ⑨ – rattaché à Aubenas.

LAVIOLLE 07530 Ardèche 🆕 ⑱ – 119 h alt. 680.

Env. Mézilhac : Piton de la Croix ≤★★ N : 9 km G. Vallée du Rhône.

Paris 612 – Le Puy-en-Velay 65 – Aubenas 20 – Lamastre 51 – Mezilhac 8 – Privas 42.

♋ **Plantades** 🏡, rte Antraigues S : 2 km sur D 578 ℰ 75 38 71 58, ≤, 🏡, 🚗 – 🚗 🅿. 🆕
← *fermé 3 janv. au 1ᵉʳ fév., mardi soir et merc. de nov. à Pâques* – **Repas** 58/120 🍴, enf. 40 –
⬜ 19 – **10 ch** 110/130 – ½ P 135/145.

LAYE 05 H.-Alpes 🆕 ⑯ – rattaché à Bayard (Col).

LAYRAC 47390 L.-et-G. 🆕 ⑮ G. Pyrénées Aquitaine – 2 983 h alt. 65.

Paris 719 – Agen 09 – Lectoure 28 – Moissac 42 – Nérac 33.

XX **La Terrasse** avec ch, ℰ 53 87 01 69, Fax 53 87 14 13, 🏡 – 🆕
fermé 1ᵉʳ au 8 oct., 22 au 28 janv., dim. soir et lundi – **Repas** 88/266 bc, enf. 45 – ⬜ 30 – **5 ch**
150/165 – ½ P 200.

La LÈBE (Col de) 01 Ain 🆕 ④ – rattaché à Hauteville-Lompnes.

La LÉCHÈRE 73260 Savoie 🆕 ⑰ G. Alpes du Nord – 1 936 h alt. 461 – Stat. therm. .

🛈 Office de Tourisme av. de l'Isère (en saison) ℰ 79 22 51 60.

Paris 604 – Albertville 22 – Celliers 17 – Chambéry 68 – Moûtiers 7.

🏨 **Radiana** 🅼 🏡, ℰ 79 22 61 61, Fax 79 22 56 65, ≤, parc – 🛗 🖥 rest 🆕 ☎ ♿ 🅿 – 🔺 30.
🆕 🆕 🆕 ✷ rest
25 mars-24 oct. et vacances de fév. – **Repas** *(fermé le midi en hiver)* 105/220 – ⬜ 50 – **87 ch**
320/750 – ½ P 390/500.

Les LECQUES 83 Var 🆕 ⑭, 🆕 ㊸ – rattaché à St-Cyr-sur-Mer.

LECTOURE 32700 Gers 🆕 ⑤ G. Pyrénées Aquitaine – 4 034 h alt. 182.

Voir Site★ – Promenade du bastion ≤★ – Musée municipal★.

🛈 Office de Tourisme cours Hôtel de Ville ℰ 62 68 76 98, fax 62 68 79 30.

Paris 749 – Agen 36 – Auch 35 – Condom 24 – Montauban 72 – ✦Toulouse 94.

🏨 **De Bastard** 🏡, r. Lagrange ℰ 62 68 82 44, Fax 62 68 76 81, 🏡, 🏊 – 🆕 ☎ 🚗 –
🔺 25 à 40. 🆕 🆕 🆕
fermé début janv. au 14 fév. – **Repas** *(fermé vend. soir, sam. midi et dim. soir du 30 sept. au
30 avril)* 85/250, enf. 50 – ⬜ 40 – **29 ch** 190/350 – ½ P 270/320.

RENAULT Gar. Franczak, ℰ 62 68 71 81 🆕 ℰ 62 68 84 94

LEIGNÉ-LES-BOIS 86450 Vienne 🆕 ⑤ – 500 h alt. 128.

Paris 320 – Poitiers 53 – Le Blanc 35 – Châtellerault 16 – Loches 53 – La Roche-Posay 10.

XX **Bernard Gautier**, ℰ 49 86 53 82, Fax 49 86 58 05 – 🆕
fermé 12 nov. au 5 déc., fév., dim. soir et lundi – **Repas** 64 bc (déj.), 98/230.

LELEX 01410 Ain 🆕 ⑮ – 232 h alt. 900 – Sports d'hiver : 1 000/1 680 m ⛷2 ⛷19 ✦.

Paris 490 – Bourg-en-Bresse 91 – Gex 28 – Morez 38 – Nantua 43 – St-Claude 32.

🏨 **Centre,** ℰ 50 20 90 81, Fax 50 20 93 97 – ☎ 🅿. 🆕
10 juil.-10 sept. et 20 déc.-10 mai – **Repas** *(fermé vend. soir, dim. soir et sam. hors sais.)*
85/200 – ⬜ 28 – **19 ch** 235/295 – ½ P 285/315.

🏨 **Crêt de la Neige,** ℰ 50 20 90 15, Fax 50 20 94 46, 🏡, 🚗, ✸ – ☎ 🅿. 🆕 🆕 ✸ rest
← *25 juin-10 sept. et 20 déc.-20 avril* – **Repas** 80/178 🍴 – ⬜ 28 – **29 ch** 165/305 – ½ P 219/295.

🏨 **Mont-Jura,** ℰ 50 20 90 53, Fax 50 20 95 20 – ☎ 🅿. 🆕. ✸ rest
fermé 18 au 28 avril, 1ᵉʳ nov. au 15 déc., dim. soir et lundi hors sais. – **Repas** 90/130 – ⬜ 28 –
12 ch 180/265 – ½ P 250/291.

LEMBACH 67510 B.-Rhin 57 ⑲ G. Alsace Lorraine – 1 710 h alt. 190.

Env. Château de Fleckenstein★★ NO : 7 km.

🛈 Office de Tourisme rte Bitche ℰ 88 94 43 16, fax 88 94 20 04.

Paris 471 – ◆Strasbourg 55 – Bitche 33 – Haguenau 26 – Niederbronn-les-Bains 18 – Wissembourg 15.

🏨 **Au Heimbach** sans rest, rte Wissembourg ℰ 88 94 43 46, Fax 88 94 20 85 – ❘≣❘ ☎ 🅿 ⊇ 35 – **16 ch** 285/365.

🏠 **Vosges du Nord** sans rest, 59 rte Bitche ℰ 88 94 43 41, Fax 88 94 23 08 – ☜ 🅿 . ℁ fermé 20 au 31 août et lundi – ⊇ 24 – **8 ch** 220/235.

XXXX ❀❀ **Aub. Cheval Blanc** (Mischler), ℰ 88 94 41 86, Fax 88 94 20 74, « Ancien relais de poste », 🛋 – 🅿 . AE GB fermé 3 au 21 juil., 5 au 23 fév., lundi et mardi – **Repas** 170/395 et carte 260 à 410 **Spéc.** Farandole de quatre foies d'oie chauds. Suprême de sandre et schniderspattle, sauce aux herbes. Médaillons de selle de chevreuil ''Fleckenstein'' (25 mai au 10 fév.). **Vins** Pinot blanc, Muscat.

à Gimbelhof N : 10 km par D 3, D 925 et RF – ⊠ 67510 Lembach :

↑ **Ferme Gimbelhof** ❀, ℰ 88 94 43 58, Fax 88 94 23 30, ≤, 🛋 – ☎ 🅿 . GB
◆ fermé 15 nov. au 16 déc. et vacances de fév. – **Repas** (fermé lundi et mardi) 60/110 , dîner à la carte ♨ – ⊇ 25 – **8 ch** 85/230 – ½ P 140/170.

CITROEN Gar. Weisbecker, ℰ 88 94 41 96 🅽 ℰ 88 94 41 96

Évitez de fumer au cours du repas :
vous altérez votre goût et vous gênez vos voisins.

LENS ◄➲► 62300 P.-de-C. 51 ⑮ 111 ㉘ – 35 017 h alt. 38.

Env. Mémorial canadien de Vimy★ 9 km par ④ – N.-D.-de-Lorette ⁂★ SO : 11 km, G. Flandres Artois Picardie.

🛈 A.C. Z.I. du Gard ℰ 21 28 34 89.

Paris 199 ④ – ◆Lille 34 ① – Arras 19 ④ – Béthune 18 ⑤ – Douai 21 ② – St-Omer 64 ⑤.

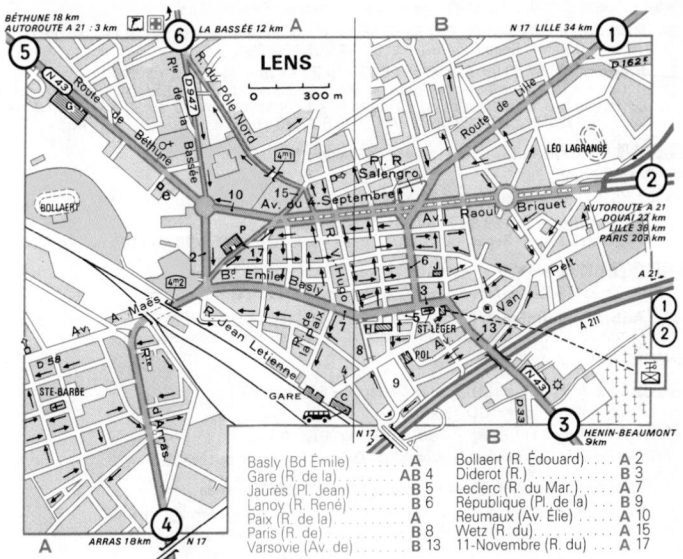

Basly (Bd Émile)	A	Bollaert (R. Édouard)	A	2
Gare (R. de la)	AB 4	Diderot (R.)	B	3
Jaurès (Pl. Jean)	B 5	Leclerc (R. du Mar.)	A	7
Lanoy (R. René)	A 6	République (Pl. de la)	B	9
Paix (R. de la)	A	Reumaux (Av. Élie)	A	10
Paris (R. de)	B 8	Wetz (R. du)	A	15
Varsovie (Av. de)	B 13	11-Novembre (R. du)	A	17

🏨 **Lensotel et rest. L'Escarpolette,** centre commercial Lens 2 par ⑥ : 3,5 km ⊠ 62880 Vendin-le-Vieil ℰ 21 78 64 53, Télex 120324, Fax 21 43 76 09, 🏊, 🛋 – ⤢ch 🔟 ☎ 🅿 – 🛍 100. AE ⓞ GB **Repas** 90/155, enf. 42 – ⊇ 37 – **70 ch** 300/340 – ½ P 250.

🏠 **Espace Bollaert** M, 13C rte Béthune ℰ 21 78 30 30, Fax 21 78 24 83 – ❘≣❘ 🔟 ☎ 🅿 – 🛍 60. GB
A e **Repas** (fermé sam. midi et dim. soir) 110/150, enf. 70 – ⊇ 32 – **54 ch** 225/265 – ½ P 220/250.

589

ALFA ROMEO, NISSAN G.N.D., 44 rte de Lille à
Loison ☎ 21 70 61 63
CITROEN Gransart Autom., 2 rte de Béthune à
Loos-en-Gohelle par ⑤ ☎ 21 70 15 76
HONDA, TOYOTA Gar. Barre, 247 rte de Béthune
☎ 21 42 42 21 🆘 ☎ 28 09 10 76
OPEL Thirion, 60 av. A.-Maes ☎ 21 43 01 96
PEUGEOT Wantiez, RN à Loison par ①
☎ 21 70 17 65
RENAULT Evrard, 2 r. de la Convention à Liévin par
D 58 A ☎ 21 43 42 44 🆘 ☎ 21 69 07 89
RENAULT Gar. Lensois, 50 rte de Lille à Loison par
① ☎ 21 70 19 68 🆘 ☎ 21 69 07 89

RENAULT Gar. Derache, bd Maurice Thorez à
Avion par ④ ☎ 21 42 35 35
SEAT SARELS AUTO, 79, av. Van-Pelt
☎ 21 74 87 77
VAG S.A.M.A., 267 bd Martel à Avion
☎ 21 28 18 16

🔘 Chamart Vulcopneu, 81 av. Van-Pelt
☎ 21 28 60 54
La Maison du Pneu, 346 rte de Lille ☎ 21 78 62 78

LÉON 40550 Landes 🔢 ⑯ – 1 330 h alt. 15.

Voir Courant d'Huchet★ en barque NO : 1,5 km, **G.** Pyrénées Aquitaine.

🏌 de la Côte d'Argent ☎ 58 48 54 65, SO par D 652 puis D 117 : 8 km.

🅱 Office de Tourisme Grand Rue ☎ 58 48 76 03.

Paris 728 – Mont-de-Marsan 78 – Castets 14 – Dax 29 – Mimizan 41 – St-Vincent-de-Tyrosse 32.

🏠 **Lac** ⬧, au Lac NO : 1,5 km ☎ 58 48 73 11, ≤ – ☎. **GB**. ⚡ ch
➡ 1er mai-1er oct. – **Repas** 70/150, enf. 40 – 🖵 26 – **15 ch** 180/250 – ½ P 220/240.

CITROEN Ducasse, ☎ 58 48 73 10   RENAULT Gar. Bidou, ☎ 58 48 74 34

LÉRÉ 18240 Cher 🔢 ⑫ **G.** Berry Limousin – 1 161 h alt. 145.

Paris 178 – Auxerre 75 – Bourges 66 – Montargis 64 – Nevers 62 – ♦Orléans 101.

✕✕ **Lion d'Or** avec ch, ☎ 48 72 60 12, Fax 48 72 56 18 – 🔲 rest 📺 ☎. **GB**
Repas (fermé dim. soir et lundi sauf juil.-août) 125/295 – 🖵 35 – **8 ch** 240 – ½ P 290.

LÉRINS (Iles de) 06 Alpes-Mar. 🔢 ⑨ – voir à Ste-Marguerite et St-Honorat.

LESCAR 64 Pyr.-Atl. 🔢 ⑥ – rattaché à Pau.

LESCONIL 29740 Finistère 🔢 ⑭ **G.** Bretagne – alt. 12.

Paris 576 – Quimper 27 – Douarnenez 43 – Guilvinec 6 – Loctudy 8 – Pont-l'Abbé 8,5.

🏠 **Atlantic,** ☎ 98 87 81 06, Fax 98 87 88 04, « Jardin fleuri » – ☎ 🅿. 🆎 **GB**. ⚡ rest
1er avril-15 oct. – **Repas** 85/180 – 🖵 35 – **23 ch** 260/300.

🏠 **Plage,** ☎ 98 87 80 05, Fax 98 58 29 89 – 🗎 📺 ☎ 🅿 – 🔏 25. 🆎 🌐 **GB**
hôtel : Pâques-sept. et fermé lundi du 10 au 30 juin et du 1er au 15 sept. – **Repas** (vacances
de Pâques, 10 juin-15 sept. et fermé dim. soir et le midi du 10 au 30 juin et du 1er au 15
sept.) 85/325 – 🖵 42 – **28 ch** 235/310 – ½ P 315/340.

LESCUN 64490 Pyr.-Atl. 🔢 ⑮ **G.** Pyrénées Aquitaine – 198 h alt. 900.

Voir ⚡★★ 30 mn.

Paris 860 – Pau 72 – Lourdes 89 – Oloron-Ste-Marie 36.

🏠 **Pic d'Anie** ⬧, ☎ 59 34 71 54, ≤, 🌳 – ☎. **GB**. ⚡ ch
1er avril-20 sept. – **Repas** (dîner seul.) 90/200, enf. 70 – 🖵 35 – **10 ch** 210/280 – ½ P 240/260.

LESMONT 10500 Aube 🔢 ⑧ – 244 h alt. 112.

Paris 211 – Troyes 31 – Bar-sur-Aube 32 – St-Dizier 54 – Vitry-le-François 41.

✕✕ **Aub. Munichoise,** D 960 ☎ 25 92 45 33, 🌳 – 🆎 **GB**
fermé 25 sept. au 8 oct., vacances de fév. mardi soir et merc. – **Repas** 95/195 🍷.

RENAULT Millon, ☎ 25 92 45 13

LESNEVEN 29260 Finistère 🔢 ④ ⑤ **G.** Bretagne – 6 250 h alt. 80.

Voir Le Folgoët : église★★ SO : 2 km.

🅱 Office de Tourisme 14 pl. Le Flô ☎ 98 83 01 47, Fax 98 83 09 93.

Paris 586 – ♦Brest 25 – Landerneau 16 – Morlaix 48 – Quimper 78 – St-Pol-de-Léon 32.

   au Pont du Châtel NE : 4 km par D 110 – ✉ 29260 Lesneven :

🏠 **Week-End,** ☎ 98 25 40 57, Fax 98 25 46 92, 🌫 – 📺 ☎ 🚗 🅿 **GB**. ⚡
➡ fermé janv. et lundi midi – **Repas** 62/250 🍷 – 🖵 40 – **13 ch** 240/330 – ½ P 290/330.

CITROEN Crauste Guilliec, 31 r. Gén.-de-Gaulle ☎ 98 83 00 34

LESPARRE-MÉDOC ⬛ 33340 Gironde 🔢 ⑰ – 4 661 h alt. 9.

Paris 543 – ♦Bordeaux 65 – Soulac-sur-Mer 29.

   à Gaillan-en-Médoc par N 215 : 5 km – ✉ 33340 :

✕✕✕ ⚜ **Château Layauga** (Jorand) Ⓜ ⬧ avec ch, ☎ 56 41 26 83, Fax 56 41 19 52, 🌳, 🌫 –
🖵⬧ 📺 ☎ ⇔ 🅿. 🆎 **GB**
fermé 15 janv. à fin fév. – **Repas** 195/345 et carte 340 à 430 – 🖵 55 – **7 ch** 495 – ½ P 550
Spéc. Truffes du Périgord. Daube d'esturgeon de Gironde. Gigot d'agneau de Pauillac. **Vins** Médoc.

à Queyrac par N 215 : 8 km – ✉ **33340** :

Les Vieux Acacias sans rest, ✆ 56 59 80 63, – ☎ Ⓟ. GB
fermé 15 déc. au 1er fév. – ☕ 35 – **15 ch** 220/310.

CITROEN SADAM, ✆ 56 41 10 77

Médoc Pneu, à Gaillan ✆ 56 41 06 73
Pneu Echappement 2000, ✆ 56 41 11 78

LESTELLE-BÉTHARRAM 64800 Pyr.-Atl. 85 ⑦ **G. Pyrénées Aquitaine** – 865 h alt. 300.

Voir Grottes de Bétharram★★ S : 5 km.

Paris 795 – Pau 26 – Laruns 35 – Lourdes 17 – Nay 8,5 – Oloron-Ste-Marie 43.

Touristes, ✆ 59 71 93 05, – ☎ Ⓟ. GB
fermé 3 janv. au 12 fév.et lundi d'oct. à juin. – **Repas** 72/170 , enf. 50 – ☕ 29 – **14 ch** 115/230 – ½ P 175/220.

Central avec ch, ✆ 59 71 92 88, – ☎. AE GB
fermé 15 oct. au 15 nov., mardi et merc. sauf de juil. à sept. – **Repas** 72 bc/195 – ☕ 40 – **16 ch** 165/250 – ½ P 180/225.

au SE : 3 km par D 937 et rte des Grottes – ✉ **64800** Lestelle-Bétharram :

Le Vieux Logis M , ✆ 59 71 94 87, Fax 59 71 96 75, ←, , « Parc », – | TV ☎ ♿ Ⓟ – 30. AE GB
fermé 15 janv. au 1er mars, dim. soir et lundi de nov. à mars – **Repas** 90/200, enf. 40 – ☕ 35 – **35 ch** 210/270, 5 chalets – ½ P 245/275.

Die auf den Michelin-Karten im Maßstab 1 : 200 000 rot unterstrichenen Orte sind in diesem Führer erwähnt.

Nur eine neue Karte gibt Ihnen die aktuellsten Hinweise.

LEUCATE 11370 Aude 86 ⑩ **G. Pyrénées Roussillon** – 2 177 h alt. 21.

Voir ←★ du sémaphore du Cap E : 2 km.

9 de la Pinède ✆ 68 40 00 62, à Port-Leucate.

Office de Tourisme ✆ 68 40 91 31 et av. J.-Jaurès (juil.-août) ✆ 68 40 04 73.

Paris 836 – ◆Perpignan 35 – Carcassonne 86 – Narbonne 36 – Port-la-Nouvelle 17.

Jouve M avec ch, sur la plage ✆ 68 40 02 77, ←, – TV ☎. GB. ch
hôtel : 2 avril-1er oct. et fermé dim. et lundi en avril-mai – **Repas** *(2 avril-1er oct. et fermé lundi sauf le soir en juil.-août et dim. soir de sept. à juin* 105/210 – ☕ 36 – **7 ch** 320/450.

à Port-Leucate S : 7 km par D 627 – ✉ **11370** :

Deux Golfs M sans rest, sur le port ✆ 68 40 99 42, Fax 68 40 79 79, ← – | TV ☎ ♿ Ⓟ. AE GB
fermé 15 déc. au 1er mars – ☕ 40 – **30 ch** 305/415.

LEVALLOIS-PERRET 92 Hauts-de-Seine 55 ⑳, 101 ⑮ – voir à Paris, Environs.

LEVENS 06670 Alpes-Mar. 84 ⑲ 115 ⑯ **G. Côte d'Azur** – 2 686 h alt. 570.

Voir ←★.

Env. Saut des Français ←★★ N : 8 km – Utelle : retable★ de l'église N : 22 km – Madonne d'Utelle ✳★★★ N : 29 km.

Paris 952 – Antibes 46 – Cannes 54 – ◆Nice 25 – Puget-Théniers 47 – St-Martin-Vésubie 37.

La Vigneraie , SE : 1,5 km (rte St-Blaise) ✆ 93 79 70 46, , – TV ☎ Ⓟ. GB
mi-janv.-mi-oct. et fermé le soir sauf juil.-août – **Repas** 100/150 – ☕ 25 – **18 ch** 120/200 – ½ P 230.

Malausséna, ✆ 93 79 70 06, Fax 93 79 85 89 – TV ☎. AE GB. ch
fermé 25 oct. au 15 déc. – **Repas** (dîner seul. pour résidents de sept. à juin) 90/150 – ☕ 35 – **14 ch** 230/290 – ½ P 230/290.

Les Santons, au village ✆ 93 79 72 47, – GB
fermé 26 juin au 5 juil., 2 au 11 oct., 3 janv. au 7 fév. et merc. – **Repas** (prévenir) 100/238.

Gar. de la Fanga, Quartier de la Fanga ✆ 93 79 79 56

LEVERNOIS 21 Côte-d'Or 69 ⑨ – rattaché à Beaune.

LEVIER 25270 Doubs 70 ⑥ – 1 785 h alt. 717.

Paris 431 – ◆Besançon 46 – Champagnole 34 – Pontarlier 21 – Salins-les-Bains 23.

Guyot, ✆ 81 49 50 56, Fax 81 49 53 53, parc, – cuisinette ☎ Ⓟ – 30
fermé 11 nov. au 11 déc. – **Repas** 55 (déj.), 65/150 , enf. 40 – ☕ 20 – **30 ch** 150/210, 5 studios.

CITROEN, MERCEDES Gar. Cassani, ✆ 81 49 53 45 N ✆ 81 49 53 45

LEVROUX 36110 Indre 🔟 ⑧ G. Berry Limousin – 3 045 h alt. 141.

Voir Collégiale St-Sylvain★ : stalles★, buffet d'orgues★.

Env. Château de Bouges★★, parc★ NE : 9,5 km.

🖪 Office de Tourisme à la Mairie 𝒫 54 35 70 54.

Paris 257 – Blois 78 – Châteauroux 21 – Châtellerault 95 – Loches 55 – Vierzon 51.

🏠 **Cloche,** 3 r. Nationale 𝒫 54 35 70 43, Fax 54 35 67 43 – ☎. **GB**. ※ ch
fermé 1ᵉʳ au 28 fév., lundi soir et mardi – **Repas** 85/280 ₰, – ☲ 28 – **26 ch** 160/320.

XX **Relais St-Jean,** 34 r. Nationale 𝒫 54 35 81 56, Fax 54 35 36 09, 🏤 – **AE GB**
fermé 3 au 10 mars, dim. soir et merc. soir sauf fériés – **Repas** 85/195, enf. 55.

CITROEN Gar. Bailly, 35 av. du Gén.-de-Gaulle
𝒫 54 35 70 30 🔟 𝒫 54 37 70 30
PEUGEOT Gar. Bottin, 15 r. Gambetta
𝒫 54 35 70 28

PEUGEOT Gar Tricoche, 101 rte de Châteauroux
𝒫 54 35 71 42
RENAULT Gar. Tranchant, 95 rte de Châteauroux
𝒫 54 35 71 45

LÉZIGNAN-CORBIÈRES 11200 Aude 🔟 ⑬ – 7 881 h alt. 51.

🖪 Office de Tourisme pl. République 𝒫 68 27 05 42.

Paris 823 – ◆Perpignan 85 – Carcassonne 39 – Narbonne 20 – Prades 129.

🏠 **Tassigny et rest. Tournedos,** pl. de Lattre de Tassigny 𝒫 68 27 11 51, Fax 68 27 67 31
◆ – 📺 rest 📺 ☎ 🕭. **GB**
fermé lundi sauf hôtel et dim. soir – **Repas** 74 bc/180 bc, enf. 38 – ☲ 30 – **19 ch** 170/250.

CITROEN Gar. Algrain, rte de Narbonne
𝒫 68 27 11 57
PEUGEOT Gar. Belmas, ZI de Gaujac, rte de
Fabrézan 𝒫 68 27 01 66 🔟 𝒫 68 27 01 66

RENAULT Lézignan-Auto, 63 av. G.-Clémenceau
𝒫 68 27 74 00 🔟 𝒫 05 05 15 15

🖲 Condouret, 35 av. Mar.-Joffre 𝒫 68 27 01 72

Get your copy of the Michelin Green Guide to Rome.

LEZOUX 63190 P.-de-D. 🔟 ⑯ G. Auvergne – 4 819 h alt. 351.

Voir Moissat-Bas : châsse de St-Lomer★★ dans l'église S : 5 km.

🖪 Syndicat d'Initiative à la Mairie 𝒫 73 73 01 00.

Paris 444 – ◆Clermont-Ferrand 27 – Ambert 61 – Issoire 43 – Riom 39 – Thiers 17 – Vichy 42.

XX **Voyageurs** avec ch, pl. de la Mairie 𝒫 73 73 10 49 – 📺 ☎. **GB**. ※ ch
fermé 2 au 23 oct., vacances de fév., dim. soir et lundi – **Repas** 90/260 ₰, enf. 60 – ☲ 30 –
9 ch 190/300 – ½ P 190/220.

à Bort-l'Étang SE : 8 km par D 223 et D 309 – ✉ 63190.

Voir ※★ de la terrasse du château★ à Ravel O : 5 km.

🏰 **Château de Codignat** ⑤, O : 1 km 𝒫 73 68 43 03, Fax 73 68 93 54, ≼, 🏤, parc,
« Château du 15ᵉ siècle décoré avec raffinement », 🏰, ⛩, ※ – 📺 ☎ 🅿 – 🔏 40. **AE ⓞ**
GB
20 mars-4 nov. – **Repas** 280/340, enf. 180 – ☲ 75 – **14 ch** 790/1300, 4 appart – ½ P 670/
1050.

PEUGEOT Gar. Rozière, 𝒫 73 73 10 98

LIANCOURT 60140 Oise 🔟 ① – 6 178 h alt. 105.

Paris 69 – Compiègne 33 – Beauvais 36 – Chantilly 18 – Creil 10 – Senlis 20.

🏨 **Host. Parc,** av. Ile-de-France 𝒫 44 73 04 99, Fax 44 73 67 75, 🚗 – 📺 ☎ 🅿. **AE GB**
Repas *(fermé lundi en juil.-août et dim. soir)* 105/150 ₰, – ☲ 40 – **13 ch** 298/349.

LIBOURNE ◁𝕊ℙ▷ 33500 Gironde 🔟 ⑫ G. Pyrénées Aquitaine – 21 012 h alt. 15.

🏌🏌 de Cameyrac 𝒫 56 72 96 79 par ② : 18 km.

🖪 Office de Tourisme pl. A.-Surchamp 𝒫 57 51 15 04.

Paris 578 ⑤ – ◆Bordeaux 29 ④ – Agen 129 ③ – Angoulême 101 ① – Bergerac 61 ③ – Périgueux 95 ② –
Royan 119 ⑤.

🏠 **Aub. les Treilles,** 11 r. Treilles 𝒫 57 25 02 52, Fax 57 25 29 70, 🏤 – 📺 ☎ 🅿. **AE ⓞ GB**
Repas 50 bc (déj.), 85/250 – ☲ 30 – **27 ch** 220/260 – ½ P 200.   BY **d**

Plan page ci-contre

à l'aérodrome d'Artigues par ② et N 89 : 12 km – ✉ 33570 Les Artigues de Lussac :

XX **Chez Servais,** 𝒫 57 24 31 95, 🏤 – 🅿. **GB**
fermé vacances de fév., dim. soir et lundi – **Repas** 120/250.

CITROEN Libourne Autom., 140 av. Ch.-de-Gaulle
par ③ 𝒫 57 55 32 32
PEUGEOT Agence Centrale Autom. Libournaise
142 av. Gén.-de-Gaulle par ③ 𝒫 57 51 40 81 🔟
𝒫 57 91 13 62
RENAULT Gar. Bastide, ZI Ballastière, rte d'Angou-
lême par ① 𝒫 57 25 60 60 🔟 𝒫 56 76 04 08
Europe-Auto, av. Gén.-de-Gaulle 𝒫 57 51 43 85

🖲 Da Silva Pneu-Point S, rte de Bordeaux Port-du-
Noyer à Arveyres 𝒫 57 51 54 56
Da Silva Pneu-Point S, av. de Gaulle, rte de Castillon
𝒫 57 51 66 03
Euromaster, 113 av. G.-Pompidou 𝒫 57 51 24 24
Service du Pneu-Point S, rte de Bergerac à Castillon
la Bataille 𝒫 57 40 38 38

592

LIBOURNE

Gli alberghi o ristoranti ameni sono indicati nella guida
con un simbolo rosso.

Contribuite a mantenere
la guida aggiornata segnalandoci
gli alberghi e ristoranti dove avete soggiornato piacevolmente.

LIÉPVRE 68660 H.-Rhin 62 ⑱ – 1 558 h alt. 273.
Paris 420 – Colmar 34 – Ribeauvillé 24 – St-Dié 29 – Sélestat 14.

🏠 **Élisabeth** ⚘, à La Vancelle NE : 2,5 km par VO ⊠ 67730 ℰ 88 57 90 61, Fax 88 57 91 51, 🛋, 🐎 – 📺 ☎ 🅿 – 🔥 25. ⌷ 🟦. ℁ rest
fermé 3 au 31 janv. – **Repas** *(fermé dim. soir et lundi)* 60 (déj.), 120/210 ⅄, enf. 45 – ☴ 40 –
12 ch 210/260 – ½ P 240/260.

℁℁ **A la Vieille Forge**, à Bois l'Abbesse E : 3 km rte Sélestat ℰ 89 58 92 54, Fax 89 58 43 58 –
🅿 ⌷⌷ ⑩ 🟦
fermé 1ᵉʳ au 17 mars, 5 au 21 juil., lundi soir et mardi – **Repas** 110/250 ⅄.

TOYOTA Gar. Gerber. ℰ 89 58 92 03

LIESSIES 59740 Nord 🔢 ⑥ G. Flandres Artois Picardie – 531 h alt. 220.

Voir Lac du Val Joly★ E : 5 km.

Paris 215 – St-Quentin 75 – Avesnes-sur-Helpe 15 – Charleroi 45 – Hirson 24 – Maubeuge 26.

🏚 **Château de la Motte** 🦢, S : 1 km par VO ✆ 27 61 81 94, Fax 27 61 83 57, parc – 📺 ☎
  ❷ – 🔬 50. ⚓
  fermé 20 déc. au 31 janv., dim. soir, mardi soir et lundi hors sais. – **Repas** 98/180, enf. 60 –
  ⌑ 35 – **12 ch** 149/353 – ½ P 219/299.

✗ **Le Carillon,** ✆ 27 61 80 21 – ⚓ ⚓
➜ *fermé 1ᵉʳ au 15 nov., 2 au 17 janv. et merc.* – **Repas** 80 bc/188.

LIEUSAINT 77127 S.-et-M. 🔢 ① 🔢 ㊳ – 5 200 h alt. 91.

Paris 43 – Brie-Comte-Robert 12 – Évry 11 – Melun 12.

🏨 **Le Flamboyant** Ⓜ, 98 r. Paris (près N 6) ✆ (1) 60 60 05 60, Fax (1) 60 60 05 32, 🍴, 🏊,
  🍽 – 📶 🗐 rest 📺 ☎ ⚓ ❷ – 🔬 30 à 80. ⚓ ⚓ ⚓
  Repas 90/220 🍷, enf. 45 – ⌑ 33 – **72 ch** 290/330 – ½ P 280.

LIFFRÉ 35340 I.-et-V. 🔢 ⑰ – 5 659 h alt. 105.

Paris 338 – ◆ Rennes 18 – Avranches 61 – Dinan 62 – Fougères 30 – Mont-St-Michel 53 – Vitré 28.

🏨 **La Reposée** 🦢, SO : 2 km N 12 ✆ 99 68 31 51, Fax 99 68 44 79, 🍴, « Parc », 🍽 – 📺
➜ ☎ ❷ – 🔬 25 à 150. ⚓ ⚓
  fermé 21 au 28 déc. et dim. soir – **Repas** 78/250 – ⌑ 30 – **25 ch** 160/270 – ½ P 195/225.

PEUGEOT Gar. Malle. ✆ 99 68 65 65 Ⓝ
  ✆ 99 68 65 65

RENAULT Gar. Ribulé-Boulais. ✆ 99 68 31 36 Ⓝ
  ✆ 99 68 31 36

Avant de prendre la route, consultez la carte Michelin
nº 🔢 "FRANCE – Grands Itinéraires".

Vous y trouverez :

– votre kilométrage,

– votre temps de parcours,

– les zones à "bouchons" et les itinéraires de dégagement,

– les stations-service ouvertes 24 h/24...

Votre route sera plus économique et plus sûre.

LIGNAN-SUR-ORB 34 Hérault 🔢 ⑭ – rattaché à Béziers.

LIGNY-LE-CHÂTEL 89144 Yonne 🔢 ⑤ G. Bourgogne – 1 122 h alt. 149.

Paris 183 – Auxerre 23 – Sens 57 – Tonnerre 24 – Troyes 64.

🏨 **Relais St Vincent** 🦢, ✆ 86 47 53 38, Fax 86 47 54 16 – ☎ ⚓ ❷ – 🔬 50. ⚓ ⚓ ⚓
➜ **Repas** 70/155 🍷 – ⌑ 40 – **15 ch** 225/370 – ½ P 225/300.

✗✗ **Aub. du Bief,** ✆ 86 47 43 42, 🍴 – ❷ ⚓ ⚓ ⚓
  fermé janv., dim. soir et lundi – **Repas** 98/198.

LIGUEIL 37240 I.-et-L. 🔢 ⑤ G. Châteaux de la Loire – 2 201 h alt. 77.

Paris 271 – ◆ Tours 45 – Le Blanc 56 – Châteauroux 79 – Châtellerault 37 – Chinon 50 – Loches 18.

🏚 **Le Colombier,** pl. Gén. Leclerc ✆ 47 59 60 83 – ☎ ❷ ⚓
➜ *fermé 1ᵉʳ au 15 sept., 2 janv. au 7 fév. et vend. sauf juil.-août* – **Repas** 55/165 🍷, enf. 45 –
  ⌑ 28 – **11 ch** 150/220 – ½ P 210/250.

à Cussay SO : 3,5 km par D 31 – ✉ 37240 :

✗ **Aub. du Pont Neuf** avec ch, ✆ 47 59 66 37, 🍴 – 📺 ☎ ❷ ⚓ ⚓ ⚓
➜ *fermé fév. et lundi hors sais.* – **Repas** 65/120, enf. 45 – ⌑ 35 – **6 ch** 130/210 – ½ P 190/195.

RENAULT Gar. Chapet, ✆ 47 59 64 10 Ⓝ ✆ 47 59 64 10

LILLE Ⓟ 59000 Nord 🔢 ⑯ 🔢 ㉒ G. Flandres Artois Picardie – 172 142 h Communauté urbaine
1 081 479 h alt. 21.

Voir Le Vieux Lille★★ : Vieille Bourse★★ EY D, place du Général-de-Gaulle EY 66, Hospice
comtesse★ (voûte en carène★★) EY, rue de la Monnaie★ EY 120 – Citadelle Vauban★ – Quartier
St-Sauveur : Porte de Paris★, ≼★ du beffroi de l'hôtel de ville FZ – Musée des Beaux-Arts★★ EZ
(fermé pour travaux) – Maison natale du Général De Gaulle EY W.

🅖 des Flandres (privé) ✆ 20 72 20 74 par N 350 : 4,5 km HS; 🅖 du Sart (privé) ✆ 20 72 02 51,
par N 356 : 7 km HS; 🅖 de Brigode à Villeneuve-d'Ascq ✆ 20 91 17 86 par D 146 : 9 km JS; 🔢🔢
de Bondues ✆ 20 23 20 62, par N 17 : 9,5 km HR.

✈ de Lille-Lesquin : ✆ 20 49 68 68, par A1 : 8 km HT.

🚃 ✆ 20 74 50 50.

🅱 Office de Tourisme Palais Rihour ✆ 20 30 81 00, Télex 110213, fax 20 30 82 24 et à la gare SNCF ✆ 20 06
40 65 - A.C. 8 r. Quennette ✆ 20 55 29 44.

Paris 221 ⑩ – Bruxelles 116 ⑧ – Gent 71 ② – Luxembourg 312 ⑧ – ◆ Strasbourg 525 ⑧.

594

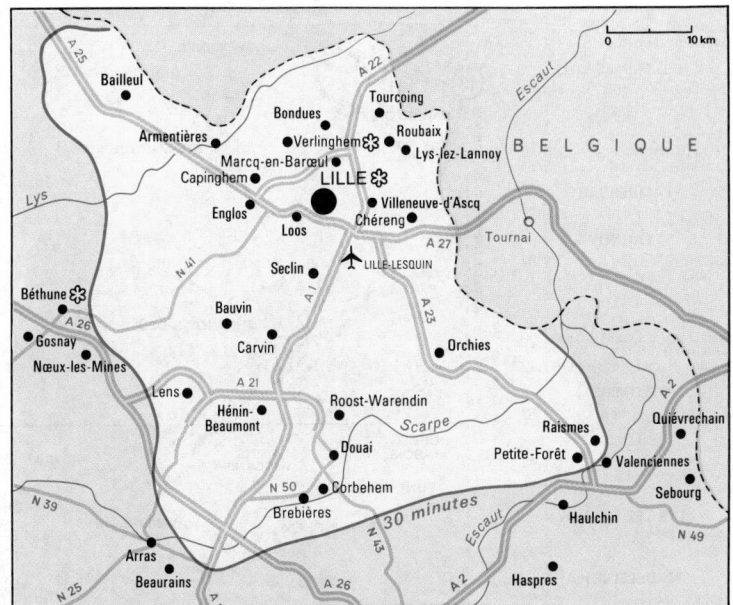

Alliance Ⓜ ⌂, quai du Wault ⊠ 59800 ℰ 20 30 62 62, Télex 136210, Fax 20 42 94 25, « Ancien couvent du 17ᵉ siècle » – ▯ ⇔ ch 📺 ☎ Ⓟ – 🛏 120. 🅰🅴 ⓄⒹ ⒼⒷ ⒿⒸⒷ   BV **d**
Repas 98 (déj.), 160/245 – ⊡ 70 – **75 ch** 640/770, 8 appart.

Carlton, 3 r. Paris ⊠ 59800 ℰ 20 13 33 13, Télex 110400, Fax 20 51 48 17 – ▯ ⇔ ch ▤ 📺 ☎ Ⓟ – 🛏 25 à 100. 🅰🅴 ⓄⒹ ⒼⒷ ⒿⒸⒷ   EY **u**
Bistrot Opéra : **Repas** carte 150 à 220 ⅃ – *Brasserie Jean* : **Repas** 100 (déj.) et carte 140 à 230 ⅃ – ⊡ 65 – **57 ch** 690/790, 3 appart.

Gd H. Bellevue sans rest, 5 r. J. Roisin ⊠ 59800 ℰ 20 57 45 64, Fax 20 40 07 93 – ▯ 📺 ☎ – 🛏 55. 🅰🅴 ⓄⒹ ⒼⒷ   EY **z**
⊡ 60 – **61 ch** 430/530.

Novotel Lille Centre Ⓜ, 116 r. Hôpital Militaire ⊠ 59800 ℰ 20 30 65 26, Fax 20 30 04 04 – ▯ ⇔ ch ▤ 📺 ☎ ⅙ – 🛏 30. 🅰🅴 ⓄⒹ ⒼⒷ   EY **s**
Repas 130 bc/230 bc, enf. 50 – ⊡ 50 – **96 ch** 510/530.

Mercure Royal Lille Centre Ⓜ sans rest, 2 bd Carnot ⊠ 59800 ℰ 20 51 05 11, Télex 820575, Fax 20 74 01 65 – ▯ ⇔ ch 📺 ☎ – 🛏 25. 🅰🅴 ⓄⒹ ⒼⒷ   EY **h**
⊡ 50 – **101 ch** 420/490.

Fimotel Ⓜ ⌂, 75 bis r. Gambetta ℰ 20 42 90 90, Fax 20 57 14 24 – ▯ ⇔ ch 📺 ☎ ⅙ �car – 🛏 80. 🅰🅴 ⓄⒹ ⒼⒷ   EZ **e**
Repas *(fermé dim. midi, vend. soir et sam.)* 89/120 ⅃, enf. 36 – ⊡ 39 – **98 ch** 350.

Paix sans rest, 46 bis r. Paris ⊠ 59800 ℰ 20 54 63 93, Fax 20 63 98 97 – ▯ 📺 ☎. 🅰🅴 ⓄⒹ ⒼⒷ   EY **r**
⊡ 35 – **35 ch** 340/430.

Treille Ⓜ sans rest, 7 pl. L. de Bettignies ⊠ 59800 ℰ 20 55 45 46, Fax 20 51 51 69 – ▯ 📺 ☎ – 🛏 40. 🅰🅴 ⓄⒹ ⒼⒷ   EY **d**
⊡ 41 – **40 ch** 340/370.

Ibis Centre Ⓜ, av. Ch. St-Venant ⊠ 59800 ℰ 20 55 44 44, Fax 20 31 06 25, ☼ – ▯ ⇔ ch 📺 ☎ ⅙ 🚗 – 🛏 25 à 70. 🅰🅴 ⒼⒷ   FYZ **a**
Repas 97 bc, enf. 40 – ⊡ 35 – **151 ch** 340.

Ibis Opéra Ⓜ sans rest, 21 r. Lepelletier ⊠ 59800 ℰ 20 06 21 95, Fax 20 74 91 30 – ▯ ⇔ ch 📺 ☎. 🅰🅴 ⒼⒷ ⒿⒸⒷ   EY **b**
⊡ 35 – **60 ch** 330/350.

Nord H., 46 r. Fg d'Arras ℰ 20 53 53 40, Fax 20 53 20 95 – ▯ 📺 ☎ 🚗 – 🛏 40. 🅰🅴 ⓄⒹ ⒼⒷ   GT **a**
Repas *(fermé sam. et dim.)* 78/138 ⅃ – ⊡ 35 – **80 ch** 225/260 – ½ P 200.

596

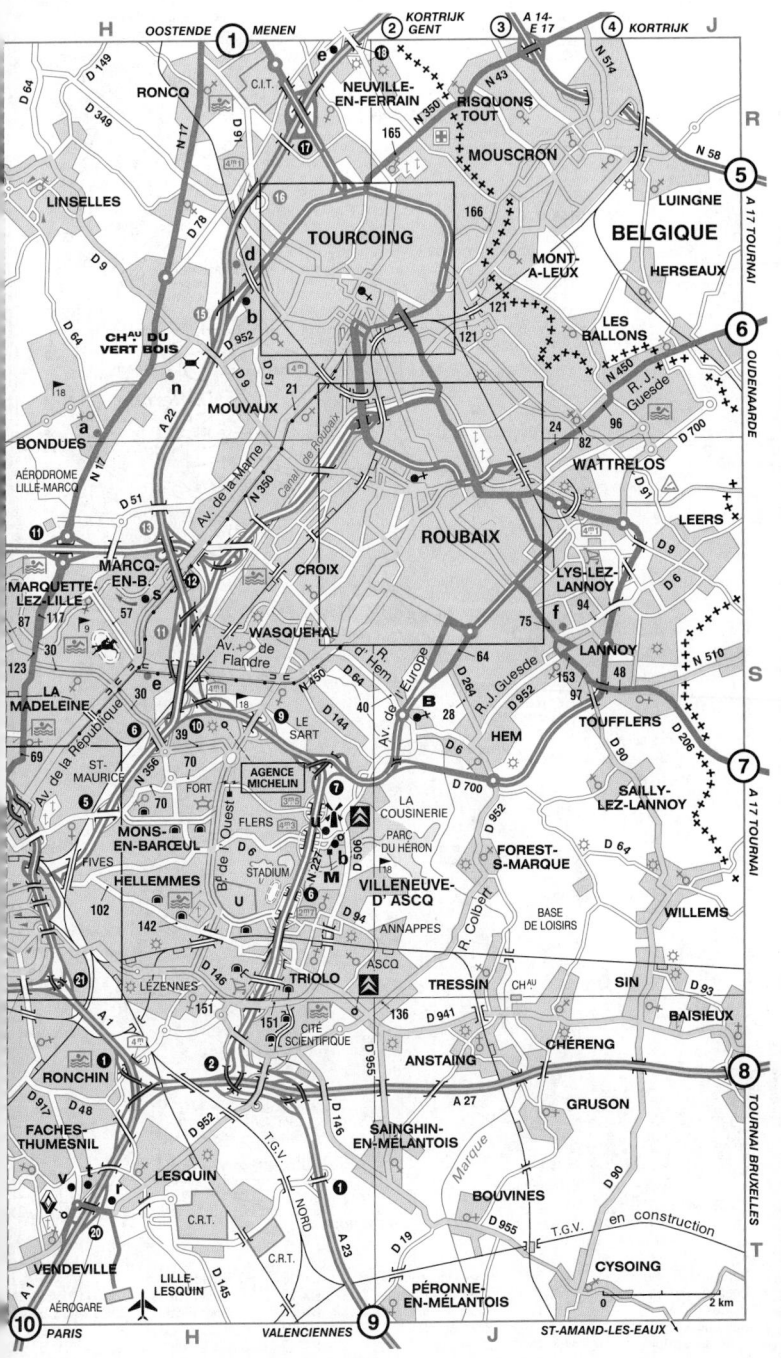

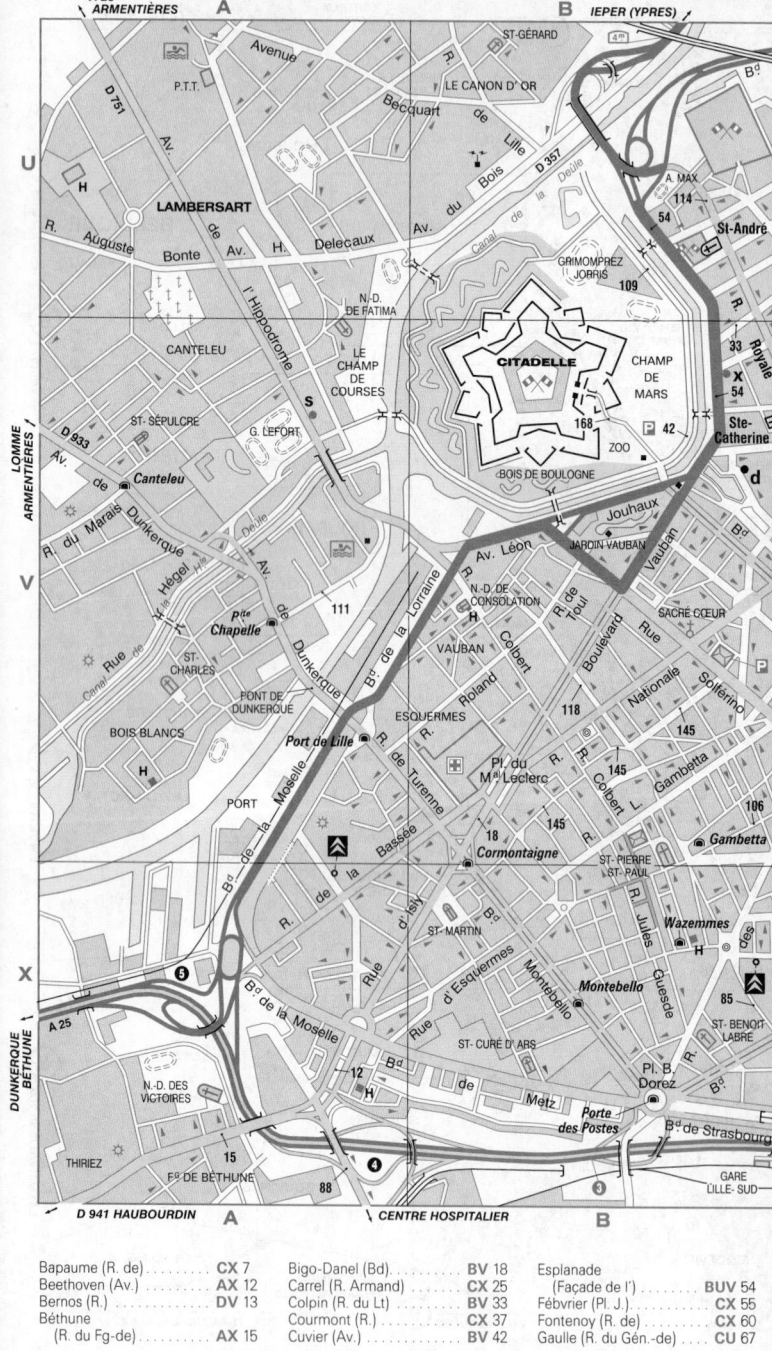

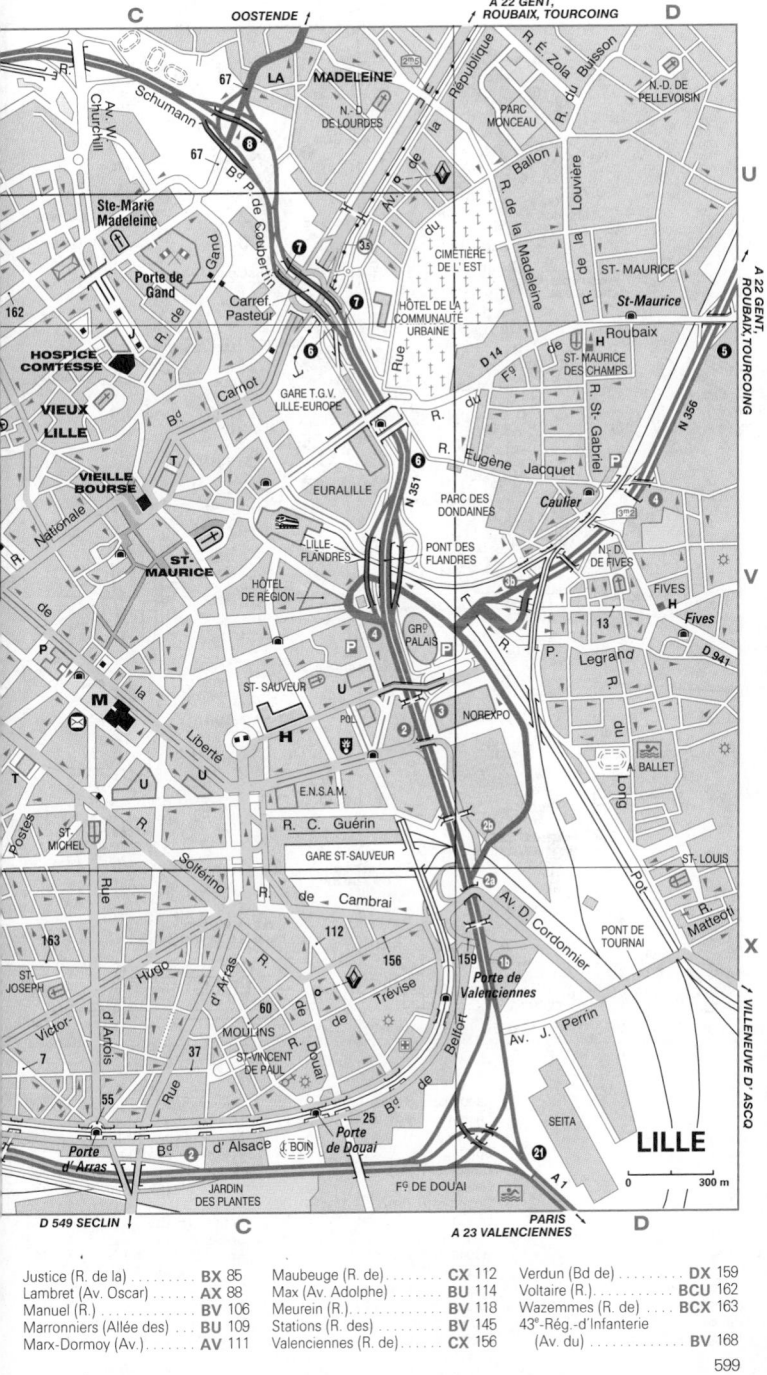

599

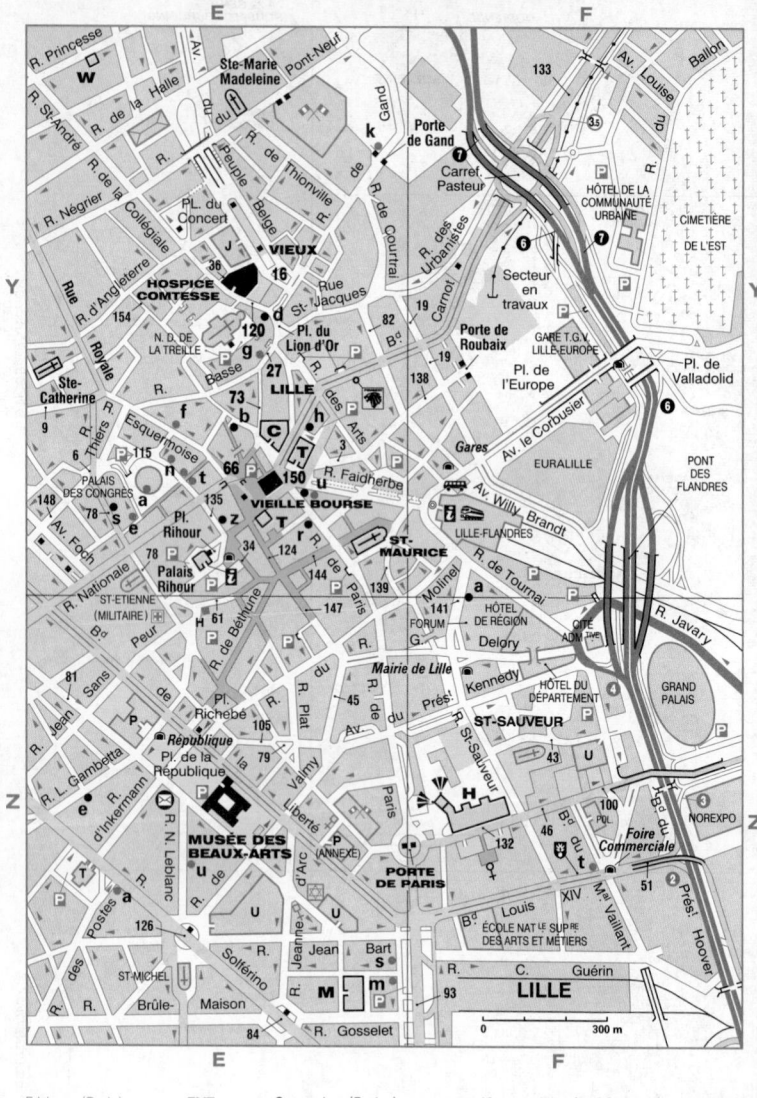

XXXX ✿ **A L'Huîtrière,** 3 r. Chats Bossus ✉ 59800 ✆ 20 55 43 41, Fax 20 55 23 10, « Original décor de céramiques dans la poissonnerie » – AE ⓓ GB EY **g**
fermé 22 juil. au 24 août, dim. soir et soirs fériés – **Repas** 260 (déj.) et carte 300 à 500
Spéc. Produits de la mer. Flan d'anguille à l'oseille. Poêlée de homard aux pommes de terre et à l'estragon.

XXX **Le Paris,** 52 bis r. Esquermoise ✉ 59800 ✆ 20 55 29 41 – AE ⓓ GB EY **f**
fermé début août à début sept. et dim. sauf fêtes – **Repas** 196/265 et carte 240 à 380.

XXX ✿ **La Porte de Gand** (Bardot), à la Porte de Gand ✉ 59800 ✆ 20 74 28 66, Fax 20 31 39 19, 🍽, « Maison du 17ᵉ siècle » – |‡| ⓟ. AE GB EY **k**
fermé 23 avril au 1ᵉʳ mai, 6 au 21 août, 25 déc. au 2 janv., dim. soir et lundi – **Repas** 190 (déj.), 290/390 et carte 260 à 360
Spéc. Oeuf à la neige aux huîtres et crème d'oursins (oct. à mars). Homard au lait de coco. Tournedos de lièvre façon "royale" (oct. à déc.).

XXX **La Laiterie,** 138 av. Hippodrome à Lambersart NO : 2 km ✉ 59130 Lambersart ✆ 20 92 79 73, Fax 20 22 16 19, 🍽, 🌳 – ⓟ. AE ⓓ GB AV **s**
fermé dim. soir – **Repas** 150/240 et carte 310 à 440.

XXX **Le Club,** 16 r. Pas ✉ 59800 ✆ 20 57 01 10, Fax 20 57 39 69 – AE ⓓ GB EY **n**
fermé 5 au 28 août, Noël au Jour de l'An, lundi soir et dim. – **Repas** 130/200 et carte 250 à 330.

XXX **Le Sébastopol,** 1 pl. Sébastopol ✆ 20 57 05 05, Fax 20 40 11 31 – AE GB EZ **a**
fermé 7 au 20 août et dim. sauf fêtes – **Repas** 150/260.

XX **Baan Thaï,** 22 bd J.-B. Lebas ✆ 20 86 06 01, Fax 20 86 03 23 – AE GB. ✗ EZ **s**
fermé 14 au 31 août, sam. midi et dim. – **Repas** - cuisine thaïlandaise - 145 (déj.)/210.

XX **Le Varbet,** 2 r. Pas ✉ 59800 ✆ 20 54 81 40, Fax 20 57 55 18 – AE ⓓ GB EY **t**
fermé 14 juil. au 20 août, Noël au Jour de l'An, dim., lundi et fériés – **Repas** 160/350.

XX **Le Champlain,** 13 r. N. Leblanc ✆ 20 54 01 38, Fax 20 40 07 28, 🍽 – AE ⓓ GB. ✗ EZ **u**
fermé 1ᵉʳ au 25 août, sam. midi, dim. soir et lundi soir – **Repas** 138 bc (déj.), 158/235.

XX **Le Cardinal,** 84 façade Esplanade ✉ 59800 ✆ 20 06 58 58, Fax 20 51 42 59 – AE GB BV **x**
fermé 14 au 21 août, dim. en juil.-août et sam. midi – **Repas** 260 bc/300 bc.

XX **Le Queen, l'Écume des Mers,** 10 r. Pas ✉ 59800 ✆ 20 54 95 40, Fax 20 54 96 66 – ▤. AE GB EY **n**
fermé 30 juil. au 22 août, dim. soir et soirs fériés – **Repas** - produits de la mer - carte 160 à 290 ♪.

XX **Le Bistrot Tourangeau,** 61 bd Louis XIV ✉ 59800 ✆ 20 52 74 64, Fax 20 85 06 39 – AE GB JCB CV **t**
fermé 14 juil. au 15 août et dim. – **Repas** (prévenir) 100 (déj.), 145/195.

XX **Lutterbach,** 10 r. Faidherbe ✉ 59800 ✆ 20 55 13 74 – AE ⓓ GB EY **u**
fermé 17 juil. au 13 août – **Repas** 105/130 ♪, enf. 60.

XX **Charlot II,** 26 bd J.-B. Lebas ✆ 20 52 53 38 – AE ⓓ GB EZ **m**
fermé 1ᵉʳ au 15 août, sam. midi et dim. – **Repas** carte 260 à 400.

XX **La Coquille,** 60 r. St-Étienne ✉ 59800 ✆ 20 54 29 82, Fax 20 54 29 82, maison du 17ᵉ siècle – GB EY **e**
fermé 14 au 20 août, 19 au 25 fév., sam. midi et dim. – **Repas** 125 bc (déj.)/200.

X **Le Hochepot,** 6 r. Nouveau Siècle ✆ 20 54 17 59, Fax 20 54 32 67, 🍽 – GB EY **a**
fermé sam. midi, dim. et fériés – **Repas** 140/180 ♪.

à Bondues 9 km par N 17 – 10 281 h. – ✉ **59910** :

XX **Val d'Auge,** 805 av. Gén. de Gaulle ✆ 20 46 26 87 – ⓟ. AE GB HR **a**
fermé août, vacances de fév., dim. soir, mardi soir et merc. – **Repas** 150 bc/200.

à Marcq-en-Baroeul – 36 601 h. – ✉ **59700**.

Voir Château du Vert Bois★.

🏨 **Sofitel** Ⓜ, av. Marne, par N 350 : 5 km ✆ 20 72 17 30, Télex 132785, Fax 20 89 92 34 – |‡| ⇔ ch ▤ ch 📺 ☎ ♿ ⓟ – 🏛 200. AE ⓓ GB JCB HS **s**
L'Europe : ✆ 20 65 80 60 **Repas** 160/200 – ☕ 70 – **125 ch** 585/720.

XXX **Septentrion,** parc du château Vert-Bois, par N 17 : 9 km ✆ 20 46 26 98, Fax 20 46 38 33, 🍽, « Dans un parc, pièce d'eau » – ⓟ. AE ⓓ GB HR **n**
fermé 1ᵉʳ au 21 août, vacances de fév., jeudi soir, dim. soir et lundi – **Repas** 150/290 et carte 210 à 300.

XXX **L'Épicurien,** 18 av. Flandre ✆ 20 45 82 15, 🍽 – ⓟ. GB HS **e**
fermé dim. soir – **Repas** 135/195 et carte 140 à 290.

à Villeneuve d'Ascq 7 km par N 356 et autoroute de Roubaix (sortie Recueil-la Cousinerie – 65 320 h. – ✉ **59650**.

Voir Musée d'Art moderne★★ KT **M²**.

🏨 ✈ **Comfort Inn** Ⓜ, 13 av. Créativité, Parc des Moulins ✆ 20 47 46 46, Fax 20 91 36 55, 🍽 – |‡| ⇔ ch 📺 ☎ ♿ ⓟ – 🏛 100. AE ⓓ GB HS **u**
Repas 80/139 bc – ☕ 40 – **84 ch** 310.

🏨 **Campanile,** av. Canteleu, La Cousinerie ✆ 20 91 83 10, Fax 20 67 21 18 – ⇔ ch 📺 ☎ ♿ ⓟ – 🏛 25. AE ⓓ GB HS **b**
Repas 82 bc/105 bc, enf. 39 – ☕ 30 – **46 ch** 270.

à l'Aéroport de Lille-Lesquin 8 km par A 1 – ⊠ 59810 Lesquin :

🏨 **Mercure Lille Aéroport** Ⓜ ⅍, ℰ 20 87 46 46, Télex 132051, Fax 20 87 46 47 – ⧊ ⅗ ch
🖧 📺 ☎ ⅗ Ⓟ – ⅍ 25 à 800. ⅍ ⓪ ⬜ ⬜   HT **r**
Grill La Flamme : **Repas** 138bc/198bc – *Le Poêlon :* **Repas** (déj. seul.) carte 90 à 150 ⅍, enf. 39
– ☲ 56 – **213 ch** 485/535.

🏨 **Novotel Lille Aéroport** Ⓜ, ℰ 20 62 53 53, Fax 20 97 36 12, 😈, ⌁, ⇜ – ⧊ ⅗ ch
🖧 rest 📺 ☎ Ⓟ – ⅍ 25 à 200. ⅍ ⓪ ⬜   HT **t**
Repas 89/160 ⅍, enf. 35 – ☲ 48 – **92 ch** 430/460.

🏠 **Agena** sans rest, ⊠ 59155 Faches-Thumesnil ℰ 20 60 13 14, Fax 20 97 31 79 – 📺 ☎ ⅗
Ⓟ. ⅍ ⬜   HT **v**
☲ 48 – **40 ch** 340/370.

à Loos SO : 4 km par D 941 – 20 657 h. – ⊠ 59120 :

🍴🍴 **L'Enfant Terrible,** 25 r. Mar. Foch ℰ 20 07 22 11, Fax 20 44 80 16, 😈 – ⬜   GT **u**
fermé dim. soir et lundi – **Repas** 150/250.

à Englos 10 km par A 25 (sortie Lomme) – ⊠ 59320 :

🏨 **Novotel Lille Englos** Ⓜ, ℰ 20 10 58 58, Fax 20 10 58 59, 😈, ⌁, ⇜ – ⅗ ch 📺 ☎ ⅗ Ⓟ
– ⅍ 60. ⅍ ⬜   GS **s**
Repas carte environ 160, enf. 35 – ☲ 50 – **124 ch** 395/430.

à Capinghem 8 km par D 933 – ⊠ 59160 :

🍴 **La Marmite,** 93 r. Poincaré ℰ 20 92 12 41 – ⅍ ⓪ ⬜   GS **v**
fermé 14 juil. au 15 août, dim. soir, merc. soir et lundi – **Repas** carte 130 à 190.

à Verlinghem 8 km par D 257 – ⊠ 59237 :

🍴🍴🍴 ✿ **Château Blanc** (Lecocq) ⅍, 20 rte Lambersart ℰ 20 40 71 02, Fax 20 40 99 40, 😈,
parc – Ⓟ. ⬜   GS **b**
Repas *(fermé 7 au 21 août, dim. soir, lundi et sam. midi)* 160/400 et carte 250 à 350
Spéc. Terrine de queue de boeuf à la bière. Pavé de pieds de cochon et confit de canard. Tarte avec pommes, sabayon au genièvre de Wambrechies.

MICHELIN, Agence régionale, 30 r. de la Couture, ZI de la Pilaterie à Wasquehal HS
ℰ 20 98 40 48

CITROEN Succursale, 143/145 Rue de Wazemmes
BX ℰ 20 15 55 15
PEUGEOT S.I.A. Nord, 50 bd Carnot EY
ℰ 20 42 39 00 Ⓝ ℰ 28 02 04 07
RENAULT Gar. Crépin, 95 r. de Douai CX
ℰ 20 52 52 48
VAG Castel Auto, 57 bd de Strasbourg
ℰ 20 42 02 02 Ⓝ ℰ 20 87 00 00

⓪ Laloyer, 62, r. Abelard ℰ 20 29 85 10
Nord Pneus Point S. 20 r. d'Isly ℰ 20 09 19 69
Pneus et Services D.K., 148 bis r. d'Esquermes
ℰ 20 93 71 36

Périphérie et environs

ALFA ROMEO Italia Motors, 96 allée Gabriel à
Marcq-en-Baroeul ℰ 20 72 26 00
BMW Gar. Autolille, 873 av. République à Marcq-
en-Baroeul ℰ 20 72 90 72
CITROEN Gar. Fayen, 186 r. Fusillés à Villeneuve-
d'Ascq HT ℰ 20 41 23 05
CITROEN Succursale, 449-453 av. de Dunkerque à
Lomme ℰ 20 08 54 54
FERRARI Auto 2000, 122 av. de la République à La
Madeleine ℰ 20 51 53 89
FIAT, LANCIA France Auto, Angle bd Ouest r.
Fives à Villeneuve-d'Ascq ℰ 20 04 01 30
MERCEDES C.I.C.A., 1033 av. République à
Marcq-en-Baroeul ℰ 20 72 39 39 Ⓝ ℰ 20 44 94 94
PEUGEOT SIAN Lille Sud, 225 r. Clémenceau à
Wattignies ℰ 20 95 92 52 Ⓝ ℰ 28 02 04 07
RENAULT Succursale, 140 av. République à La
Madeleine CU ℰ 20 42 40 40 Ⓝ ℰ 20 60 50 50
RENAULT Gar. de la Lys, à Englos FT
ℰ 20 09 25 55 Ⓝ ℰ 28 40 36 53

RENAULT Succursale, 1 rte de Vendeville à
Faches-Thumesnil HT ℰ 20 88 59 59
VAG Gar. du Château, 100 av. Champollion à
Villeneuve-d'Ascq ℰ 20 47 30 00 Ⓝ ℰ 20 75 40 03

⓪ François-Pneus, 331 av. Gén.-de-Gaulle à
Hallennes ℰ 20 07 70 44
Nord Pneus Point S, 261 bis av. République à La
Madeleine ℰ 20 55 52 70
Pneus et Services D.K., 2 r. Croix-Bougard à Lesquin
ℰ 20 87 82 72
Prévost, 322 r. Gén.-de-Gaulle à Mons-en-Baroeul
ℰ 20 04 88 08
Réform'Pneus-Point S, Centre Routier - r. Croix-
Bougard à Lesquin ℰ 20 87 90 60
Wattelle, 111 r. Gén.-de-Gaulle à La Madeleine
ℰ 20 55 67 55

▪▪▪ **LIMERZEL** 56220 Morbihan 🔢 ④ – 1 178 h alt. 63.
Paris 433 – ◆Nantes 86 – Ploërmel 42 – Redon 26 – Vannes 37.

🍴🍴 **Aub. Limerzelaise,** ℰ 97 66 20 59 – ⅍ ⬜
fermé mars, nov., dim. soir et mardi – **Repas** 65 (déj.), 110/280, enf. 50.

Les **guides Rouges,** les **guides Verts** et les **cartes Michelin**

sont complémentaires.

Utilisez-les ensemble.

LIMEUIL 24510 Dordogne 🔟 ⑯ G. Perigord Quercy – 335 h alt. 52.

Voir Site★.

Paris 537 – Bergerac 42 – Brive-la-Gaillarde 79 – Périgueux 47 – Sarlat-la-Canéda 37.

XX **Terrasses de Beauregard** ⚲ avec ch, rte de Trémolat 1,5 km ℘ 53 63 30 85, Fax 53 24 53 55, 🍴, ⇄ – ☎ ℗. ⒼⒷ
1er mai-fin sept. – **Repas** (fermé mardi midi et vend. midi) 90/300 – ⌷ 45 – **8 ch** 265/285 – ½ P 320/330.

LIMOGES Ⓟ 87000 H.-Vienne 🔟 ⑰ G. Berry Limousin – 133 464 h alt. 294.

Voir Cathédrale St-Etienne★ CZ – Église St-Michel-des-Lions★ BZ – Cour du temple★ BZ 60 – Jardins de l'évêché★ CZ – Musée A. Dubouché★★ (porcelaines) BY – Musée Municipal★ CZ M.

Env. Solignac : église abbatiale★★ S : 13 km.

🏌 Municipal de St-Lazare ℘ 55 30 21 02, par ⑤ : 3 km ; 🏌 de la Porcelaine ℘ 55 31 10 69, par ②, N 421 puis VC : 9 km.

✈ de Limoges-Bellegarde : ℘ 55 43 30 30, par ⑦ : 10 km.

🛈 Office de Tourisme et Accueil de France bd Fleurus ℘ 55 34 46 87, Fax 55 34 19 12 - A.C. Limousin, 33 bd L.-Blanc ℘ 55 34 32 06.

Paris 399 ① – Angoulême 103 ⑦ – Brive-la-Gaillarde 91 ④ – Châteauroux 128 ① – ◆Clermont-Ferrand 175 ② – Montluçon 153 ① – Périgueux 94 ⑤ – Poitiers 120 ⑧.

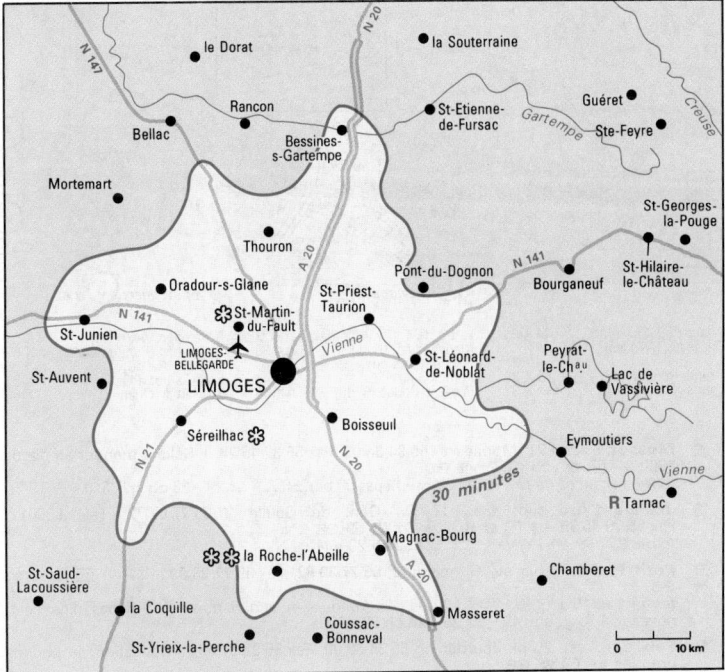

🏨 **Royal Limousin** Ⓜ sans rest, 1 pl. République ℘ 55 34 65 30, Fax 55 34 55 21 – 📶 🗏 📺
☎ – 🛓 150. ㏂ ⓪ ⒼⒷ ⒿⒸⒷ
⌷ 50 – **71 ch** 440/680, 5 appart.
CY **u**

🏨 **Richelieu** Ⓜ sans rest, 40 av. Baudin ℘ 55 34 22 82, Fax 55 32 48 73 – 📶 ⇄ ch 📺 ☎ ℗.
㏂ ⓪ ⒼⒷ
⌷ 45 – **32 ch** 260/370.
BZ **k**

🏨 **Luk H.** sans rest, 29 pl. Jourdan ℘ 55 33 44 00, Télex 580704, Fax 55 34 33 57 – 📶 📺 ☎.
㏂ ⓪ ⒼⒷ
⌷ 30 – **57 ch** 250/295.
CY **x**

🏨 **Caravelle** sans rest, 21 r. A. Barbès ℘ 55 77 75 29, Fax 55 79 27 60 – 📶 📺 ☎ 🚗. ㏂ ⓪
ⒼⒷ ⒿⒸⒷ
⌷ 32 – **37 ch** 275/360.
AX **x**

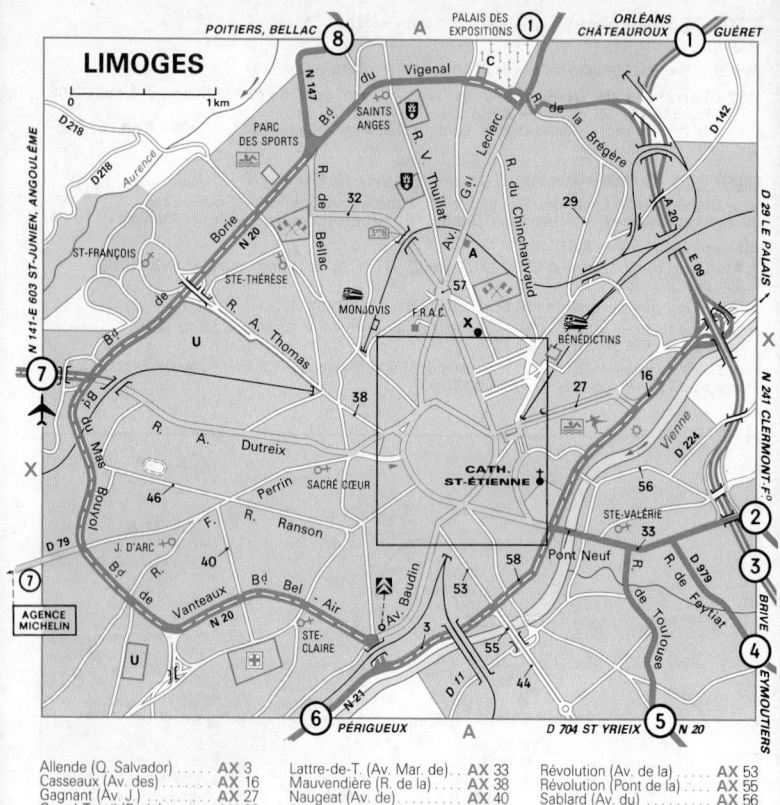

LIMOGES

0 _____ 1km

🏨 **Musset**, 5 r. du 71e Mobiles ℰ 55 34 34 03, Fax 55 32 45 28, « Salle à manger au décor 1900 » – 📺 ☎ 🚗 🅿. 🆎 ① ⒼⒷ CZ **b**
fermé vacances de fév. et dim. soir – **Repas** 98 bc/250 ⅄ – ⌑ 29 – **28 ch** 185/310 – ½ P 315.

🏨 **Jeanne-d'Arc** sans rest, 17 av. Gén. de Gaulle ℰ 55 77 67 77, Télex 580011, Fax 55 79 86 75 – 📳 📺 ☎ 🅿 – 🔬 30. 🆎 ① ⒼⒷ CY **s**
fermé 23 déc. au 1er janv. – ⌑ 35 – **50 ch** 230/440.

🏨 **Petit Paris**, 48 bis av. Garibaldi ℰ 55 77 39 82, Fax 55 77 23 99 – 🔲 ch 📺 ☎ 🚗. ⒼⒷ CY **n**
fermé 4 au 15 août, Noël au Jour de l'An, vend., sam. et dim. hors sais. – **Repas** (dîner seul. hors sais.) 70 ⅄, enf. 42 – ⌑ 28 – **24 ch** 235/260.

🏨 **Paix** sans rest, 25 pl. Jourdan ℰ 55 34 36 00, Fax 55 32 37 06, « Collection de phonographes » – 📺 ☎. ⒼⒷ CY **r**
⌑ 30 – **31 ch** 200/330.

XXX **Philippe Redon**, 3 r. d'Aguesseau ℰ 55 34 66 22 – 🆎 ① ⒼⒷ BZ **t**
fermé lundi midi et dim. – **Repas** 80/200.

XXX **Champlevé**, 1 pl. Wilson ℰ 55 34 43 34 – 🔳. 🆎 ⒼⒷ CZ **v**
fermé sam. midi et dim. – **Repas** 98/195 et carte 210 à 300.

XX **Amphitryon**, 26 r. Boucherie ℰ 55 33 36 39, Fax 55 32 98 50 – 🆎 ⒼⒷ. ⚒ BZ **u**
fermé 6 au 22 août, 1er au 8 janv., 26 fév. au 4 mars, lundi midi et dim. – **Repas** 95 (déj.), 125/280.

XX **Petits Ventres**, 20 r. Boucherie ℰ 55 33 34 02, « Maison du 15e siècle » – ⒼⒷ BZ **u**
fermé dim. – **Repas** 95/180 ⅄, enf. 60.

X **Buffet Gare Bénédictins**, ℰ 55 77 54 54, Fax 55 79 97 32 – ⒼⒷ CY
Repas 61/145.

LIMOGES

Clocher (R. du) . . . . **BZ** 18
Consulat (R. du) . . . . **BZ**
Jaurès (R. J.) . . . . **BCZ**
République
(Pl. de la) . . . . **CY** 52

Aine (Pl. de l') . . . . **BZ** 2
Allois (R. des) . . . . **CZ** 5
Amphithéâtre (R. de l') . . . . **BY** 6
Bénédictins (Av. des) . . . . . **CY** 7
Betoulle (Pl. L.) . . . . **CZ** 9
Boucherie (R. de la) . . . . **BZ** 10
Cathédrale (R. de la) . . . . . . **CZ** 15
Coopérateurs (R. des) . . . . . **BY** 19
Dupuytren (R.) . . . . **BZ** 20
Dussoubs (Pl. D.) . . . . **BY** 22
Ferrerie (R.) . . . . **BZ** 23
Fonderie (R. de la) . . . . **BY** 25
Fontaine-des-Barres (Pl.) . . . **BY** 26
Haute-Cité (R.) . . . . **CZ** 30
Louvrier-de-Lajolais (R.) . . . **BY** 35
Maupas (R. du) . . . . **CY** 36
Motte (Pl. de la) . . . . **BZ** 39
Perrin (R. G.) . . . . **CY** 42
Préfecture
(R. de la) . . . . **BY** 45
Raspail (R.) . . . . **CZ** 49
St-Maurice (Bd) . . . . **CZ** 59
Temple (Cour du) . . . . **BZ** 60
Temple (R. du) . . . . **BZ** 62
Victor-Hugo (Bd) . . . . **BY** 63
Vigne-de-Fer (R.) . . . . **BZ** 64
71e Mobile (R. du) . . . . **CZ** 66

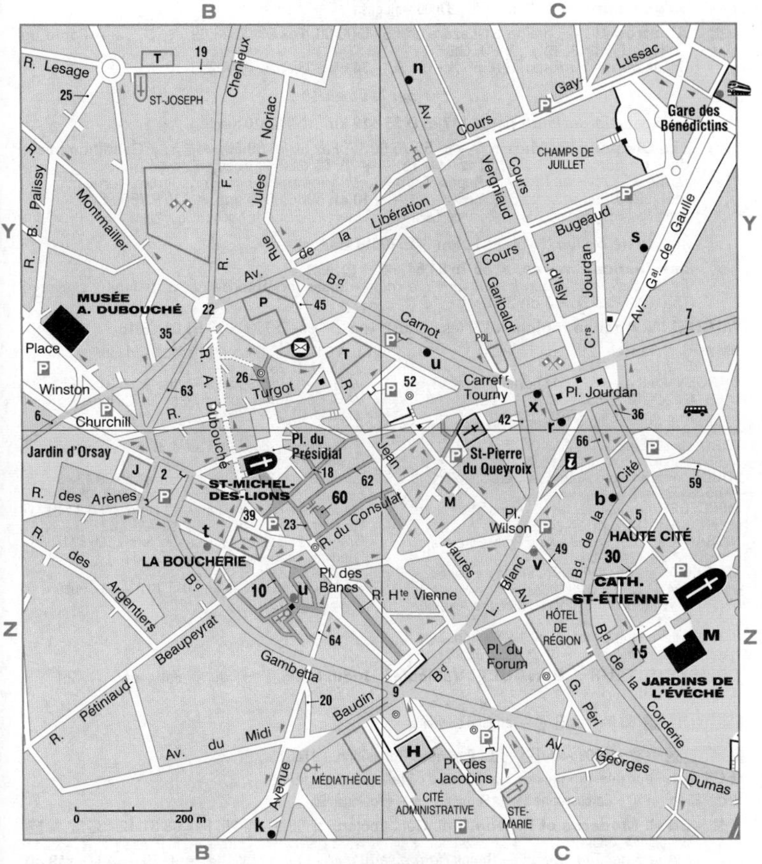

par la sortie ① :

Z.I. Nord Quartier du Lac : 5 km – ✉ **87280** Beaubreuil :

Novotel M, ☎ 55 37 20 98, Télex 580866, Fax 55 37 06 12, ..., ..., ..., ... – ... ch rest ... – 25 à 200. AE ⓓ GB – **Repas** 110, enf. 50 – ☐ 48 – **90 ch** 405/465.

rte de Paris : 9 km sortie Beaune-les-Mines – ✉ **87280** Beaune-les-Mines :

La Résidence, ☎ 55 39 90 47, ..., ... – ... – 40. GB. ... ch
fermé 4 au 19 mars, 3 au 17 août, 22 au 28 déc., sam. (sauf hôtel) et dim. soir – **Repas** 85/200, enf. 35 – ☐ 25 – **20 ch** 160/210.

par la sortie ③ :

sur N 20 Z.I. Romanet : 6 km – ✉ **87220** Feytiat :

Climat de France M, ☎ 55 06 14 60, Fax 55 06 38 93, ... – ... – 50. AE GB
Repas 85/110, enf. 39 – ☐ 34 – **50 ch** 270.

par la sortie ④

sur rte d'Eymoutiers (D 979) : 12 km – ✉ **87220** Feytiat :

XXX **Aub. du Bonheur,** ☎ 55 00 28 19, parc, « Maison limousine, collection d'objets anciens » – P. GB
fermé mi-août à mi-sept., dim. soir et lundi sauf fériés – **Repas** 80 (déj.), 130/230 et carte 160 à 250, enf. 60.

vers la sortie ⑤ :

au golf municipal : 3 km – ✉ **87000** Limoges :

Albatros M, plaine St-Lazare ☎ 55 06 00 00, Fax 55 06 23 49, ≤, « A l'orée du golf » – TV ☎ & P – 80. GB
Repas *(fermé dim. soir)* 69/155 – 38 – **34 ch** 303/318 – ½ P 255.

par la sortie ⑧ :

à St-Martin-du-Fault par N 147 et D 35 : 12 km – ✉ **87510** Nieul :

✿ **La Chapelle St-Martin**, ☎ 55 75 80 17, Fax 55 75 89 50, ≤, « Gentilhommière dans un parc », – TV ☎ P – 25. AE GB. rest
fermé 1er janv. au 15 fév. – **Repas** *(fermé lundi)* (nombre de couverts limité - prévenir) 180 (déj.), 270/390 et carte 370 à 460 – 78 – **10 ch** 590/980, 3 appart – ½ P 750/850
Spéc. Raviole de foie gras de canard fumé. Saint-Pierre à l'ail confit. Panse de pigeon au quinquina.

sur rte de Bellac (N 147) : 12 km – ✉ **87510** Nieul :

XX **Les Justices** avec ch, ☎ 55 75 84 54, – P. GB
fermé dim. soir et lundi sauf fériés le midi – **Repas** (nombre de couverts limité, prévenir) 155/196 – 36 – **3 ch** 220.

MICHELIN, Agence régionale, ZI les Courrières à Isle par D 79 AX ☎ **55 05 18 18**

BMW Gar. Fraisseix, 213 r. de Toulouse ☎ 55 30 42 70
CITROEN Midi Auto 87, r. de Feytiat par ④ ☎ 55 06 42 00 N ☎ 55 06 31 00
CITROEN Gar. Baudin, 176 av. Baudin ☎ 55 34 15 74
FORD Gar. Fraisseix, RN 20 à Crochat ☎ 55 30 46 47
FORD Limousin Nord Autom., r. Serpollet ZI Nord ☎ 55 37 03 29
MERCEDES Gar. Launay, av. L.-Armand, ZI Nord ☎ 55 38 16 17 N ☎ 05 24 24 30
NISSAN Gar. Fourniou, 3 av. du Prés. Carnot à Panazol ☎ 55 30 45 02
PEUGEOT Gds Gar. Limousin, ZI Magre par ④ ☎ 55 31 44 44 N ☎ 55 38 01 28
RENAULT Gar. Boissou, 45 av. Pasteur à Aixe-sur-Vienne par ⑥ ☎ 55 70 20 59
RENAULT Renault Limoges, av. L.-Armand, ZI Nord par ⑤ ☎ 55 04 48 48 N ☎ 05 05 15 15
TOYOTA Gar. Carnot, 34 av. L.-Armand ☎ 55 37 37 38
VAG Gar. Auto-Sport, à Feytiat ☎ 55 31 23 85
VAG Gar. Auto-Sport, r. Serpollet ZI Nord ☎ 55 35 01 00

Aixe Pneu Sce, 23 bis av. J.-Rebier à Aixe-sur-Vienne ☎ 55 70 17 58
Euromaster, 56 av. Gén.-Leclerc ☎ 55 38 42 43
Euromaster, ZI du Ponteix à Feytiat ☎ 55 06 06 47
Euromaster, 5-9 r. A-Comte, ZI Nord ☎ 55 38 10 71
Faucher, 55-59 r. Th.-Bac ☎ 55 77 27 02
Omnium Pneus, 61 av. Gén.-Leclerc ☎ 55 77 52 88
Pneus et Caoutchouc, 230 av. Baudin ☎ 55 34 51 21
Talandier Pneus, Mas Sarrazin, RN 147 à Couzeix ☎ 55 77 52 42

CONSTRUCTEUR : RENAULT Véhicules Industriels, rte du Palais par D 29 AX ☎ 55 77 58 35

LIMONEST

69 Rhône **74** ⑪ – rattaché à Lyon.

LIMOUX

SP **11300** Aude **86** ⑦ **G. Pyrénées Roussillon** – 9 665 h alt. 172.

Office de Tourisme, promenade Tivoli ☎ 68 31 11 82, Fax 68 31 65 26.

Paris 795 – Foix 70 – Carcassonne 25 – ◆Perpignan 99 – ◆Toulouse 96.

Gd H. Moderne et Pigeon, 1 pl. Gén. Leclerc ☎ 68 31 00 25, Fax 68 31 12 43, – TV ☎. AE GB
fermé 5 déc. au 15 janv. – **Repas** *(fermé sam. midi et lundi)* 135/195, enf. 70 – 40 – **19 ch** 290/470 – ½ P 300/340.

sur rte de Castelnaudary par D 623 : 13 km – ✉ **11240** Belvèze-du-Razès :

XX **Relais Touristique de Belvèze** avec ch, carrefour D 623 - D 18 ☎ 68 69 08 78, Fax 68 69 07 65, – rest TV ☎ P. AE GB
Repas 75 bc/230 – 26 – **7 ch** 200 – ½ P 230.

CITROEN Gar. Nivet, rte de Perpignan ☎ 68 31 06 00
FORD Gar. Huillet, 25 av. Fabre-d'Eglantine ☎ 68 31 01 48
PEUGEOT Gar. de Flassian, rte de Carcassonne ☎ 68 31 21 92 N ☎ 68 72 91 58
RENAULT SODAC, rte de Carcassonne ☎ 68 31 08 87 N ☎ 05 05 15 15
VAG Gar. Bardavio, 22 av. A.-Chenier ☎ 68 31 02 43

Belotti Pneus, av. de Catalogne ☎ 68 31 13 84

LINAS 91 Essonne 60 ⑩, 101 ㉟ – voir à Paris, Environs.

LINGOLSHEIM 67 B.-Rhin 62 ⑩ – rattaché à Strasbourg.

LIOCOURT 57590 Moselle 57 ⑭ – 107 h alt. 290.

Paris 360 – ♦Metz 27 – ♦Nancy 32 – Château-Salins 16 – Pont-à-Mousson 30 – St-Avold 45.

XX **Au Savoy,** ✆ 87 01 36 72, Fax 87 01 42 94 – GB
fermé 30 janv. au 25 fév. et lundi sauf fériés – **Repas** 96/225 ♖, enf. 55.

Le LIORAN 15 Cantal 76 ③ **G. Auvergne** – alt. 1 153 – Sports d'hiver à Super-Lioran SO : 2 km – ✉ **15300** Laveissière.

Voir Gorges de l'Alagnon★ NE : 2 km puis 30 mn – Col de Cère ≤★ SO : 4 km.

Paris 537 – Aurillac 38 – Condat 46 – Murat 10,5 – St-Jacques-des-Blats 6.

X **Aub. du Tunnel** avec ch, ✆ 71 49 50 02 – ⇔. GB
♦ *fermé vacances de Toussaint et dim. soir en oct. et nov.* – **Repas** 55/85 ♖ – ☐ 25 – **18 ch** 190/230.

à Super-Lioran SO : 2 km par D 67 – Sports d'hiver : 1 160/1 850 m 1 23 – ✉ **15300** Laveissière.

Voir Plomb du Cantal ✳★★ par téléphérique.

ℹ Office de Tourisme ✆ 71 49 50 08.

Gd H. Anglard et du Cerf ♨, ✆ 71 49 50 26, Fax 71 49 53 53, ≤ Monts du Cantal – |♦|
♦ TV ☎ P – 🏠 90. AE ⊙ GB
fermé 11 au 24 mai, 7 au 30 juin et 1er oct. au 19 déc. – **Repas** 75/220 – ☐ 30 – **38 ch** 190/350 – ½ P 280/350.

Remberter et Saporta ♨, ✆ 71 49 50 28, Fax 71 49 52 88, ≤, 🏕, 🏊 – |♦| cuisinette TV
♦ ☎ P. GB. ✂ rest
15 juin-16 sept. et 16 déc.-15 avril – **Repas** 80/185, enf. 46 – ☐ 30 – **32 ch** 170/270 – ½ P 262/315.

Rocher du Cerf et Crystal Chalet ♨, ✆ 71 49 50 14, Fax 71 49 54 07, ≤, 🏕 – ☎ P.
♦ AE GB
25 juin-10 sept. et 22 déc.-1er avril – **Repas** 49/170 ♖, enf. 44 – ☐ 25 – **29 ch** 170/220 – ½ P 240.

Le LIOUQUET 13 B.-du-R. 84 ⑭, 114 ㊸ – rattaché à La Ciotat.

LISIEUX ⟨SP⟩ 14100 Calvados 55 ⑬ **G. Normandie Vallée de la Seine** – 23 703 h alt. 49 Pèlerinage (fin septembre).

Voir Cathédrale St-Pierre★ BY.

Env. Château★ de St-Germain-de-Livet 7 km par ④.

ℹ Office de Tourisme 11 r. Alençon ✆ 31 62 08 41, fax 31 62 35 22.

Paris 177 ② – ♦Caen 51 ⑥ – Alençon 91 ④ – Argentan 56 ④ – Cherbourg 173 ⑥ – Dieppe 142 ① – Évreux 73 ② – ♦Le Havre 57 ① – ♦Le Mans 139 ④ – ♦Rouen 80 ②.

Plan page suivante

Mercure M, par ② : 2,5 km sur N 13 ✆ 31 61 17 17, Fax 31 32 33 43, 🏕, 🏊, 🌳 – |♦| TV
♦ ☎ ♿ P – 🏠 25 à 70. AE ⊙ GB
Repas grill 78/135 ♖, enf. 58 – ☐ 45 – **69 ch** 310/395.

Espérance et rest. Pays d'Auge, 16 bd Ste Anne ✆ 31 62 17 53, Fax 31 62 34 00 – |♦| ⇆ ch TV ☎ 🚗. AE ⊙ GB — BZ **e**
15 avril-15 oct. – **Repas** 86/140 – ☐ 39 – **100 ch** 350/390.

Azur sans rest, 15 r. au Char ✆ 31 62 09 14, Fax 31 62 16 06 – |♦| TV ☎. AE GB — BYZ **b**
☐ 40 – **15 ch** 380/450.

Terrasse H., 25 av. Ste Thérèse ✆ 31 62 17 65, Fax 31 62 20 25 – TV ☎. AE GB — BZ **r**
fermé 23 déc. au 5 janv., 22 janv. au 27 fév., vend. soir et dim. soir de nov. à mars – **Repas** 89/158, enf. 46 – ☐ 31 – **17 ch** 176/276 – ½ P 208/258.

Coupe d'Or, 49 r. Pont-Mortain ✆ 31 31 16 84, Fax 31 31 35 60 – TV ☎. AE ⊙ GB JCB
Repas *(fermé dim. soir et merc. d'oct. à juin)* 92/120 ♖, enf. 45 – ☐ 35 – **18 ch** 160/360 – ½ P 210/305. — BZ **v**

Régina, 14 r. Gare ✆ 31 31 15 43, Fax 31 31 71 83 – |♦| TV ☎ P. GB — BZ **a**
fermé 15 déc. au 1er mars et week-ends en nov. et déc. – **Repas** 82/120 ♖ – ☐ 40 – **45 ch** 260/380 – ½ P 250/280.

St-Louis sans rest, 4 r. St-Jacques ✆ 31 62 06 50 – TV ☎. GB — BZ **s**
fermé 29 déc. au 18 janv. – ☐ 35 – **17 ch** 185/290.

XXX **Ferme du Roy,** par ① : 2 km ✆ 31 31 33 98, 🏕, « Ancienne ferme, jardin » – P. AE GB. ✂
fermé dim. soir et lundi – **Repas** (prévenir) 95/175 et carte 210 à 300.

XX **Aux Acacias,** 13 r. Résistance ✆ 31 62 10 95 – GB — BZ **d**
fermé 6 au 20 mars, 17 au 31 juil., dim. soir et lundi sauf fériés – **Repas** 85/170, enf. 50.

XX **France,** 5 r. au Char ✆ 31 62 03 37 – GB — BY **n**
fermé 3 au 14 janv. et lundi – **Repas** 85/165, enf. 60.

XX **Aub. du Pêcheur,** 2 bis r. Verdun ✆ 31 31 16 85 – AE ⊙ GB JCB — BZ **u**
fermé 15 déc. au 15 janv., mardi et merc. – **Repas** 110/215.

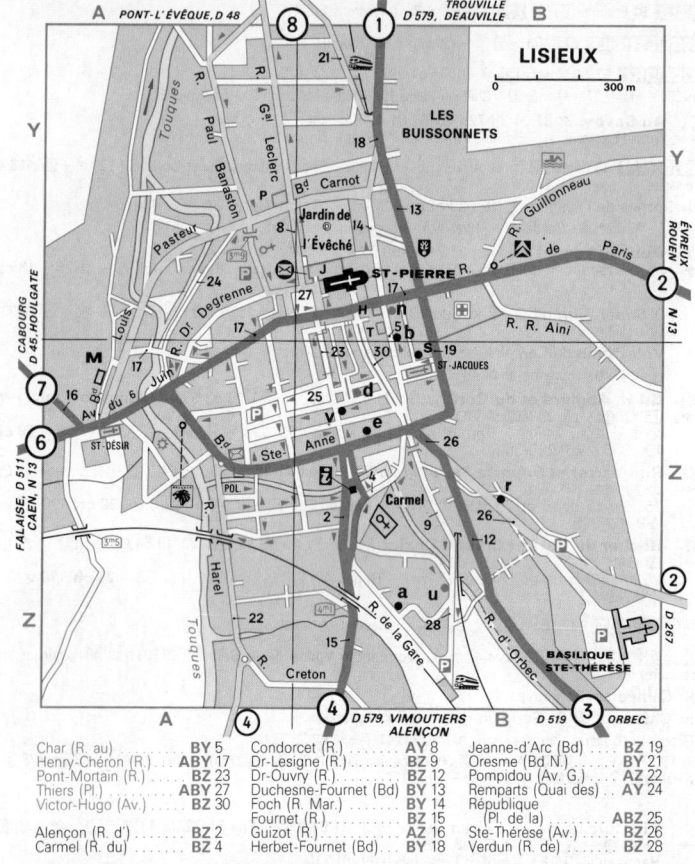

LISIEUX

0   300 m

Char (R. au)	BY 5
Henry-Chéron (R.)	ABY 17
Pont-Mortain (R.)	BZ 23
Thiers (Pl.)	ABY 27
Victor-Hugo (Av.)	BZ 30

| Alençon (R. d') | BZ 2 |
| Carmel (R. du) | BZ 4 |

Condorcet (R.)	AY 8
Dr-Lesigne (R.)	BZ 9
Dr-Ouvry (R.)	BZ 12
Duchesne-Fournet (Bd)	BY 13
Foch (R. Mar.)	BY 14
Fournet (R.)	BZ 15
Guizot (R.)	AZ 16
Herbet-Fournet (Bd)	BY 18

Jeanne-d'Arc (Bd)	BZ 19
Oresme (Bd N.)	BY 21
Pompidou (Av. G.)	AZ 22
Remparts (Quai des)	AY 24
République (Pl. de la)	ABZ 25
Ste-Thérèse (Av.)	BZ 26
Verdun (R. de)	BZ 28

à *Manerbe* par ⑦ : 7 km – ⊠ **14340** :

※※ **Pot d'Étain**, ℰ 31 61 00 94, 🌤, « Jardin fleuri » – 🅿 🖭 ⊖🖪
fermé mi-janv. à mi-fév., mardi soir et merc. – **Repas** 155/235, enf. 50.

CITROEN SDA, 41 r. de Paris ℰ 31 62 81 00
FORD Gar. des Loges, 24 r. Fournet ℰ 31 62 25 17
MERCEDES Gar. Christophe, ZI Nord Est
ℰ 31 62 99 28 🆖 ℰ 31 62 99 28
NISSAN Gge Ehanno, ZI de la vallée r. P.-Cornu
ℰ 31 62 69 35
PEUGEOT Gar. Jonquard, 61 bd Ste-Anne
ℰ 31 31 00 71 🆖 ℰ 07 02 10 65

RENAULT Gar. de la Vallée, ZA r. P.-Cornu par ⑧
ℰ 31 32 44 44 🆖 ℰ 31 65 52 73
VAG Gar. Lepelletier, r. P.-Cornu ℰ 31 31 49 58

🛢 Ollitrault Pneus Point S, 5 r. G.-Bouffay
ℰ 31 62 29 10
Renov. Pneu, 29 r. de Paris ℰ 31 62 03 04

LISSES 91 Essonne 🗺 ① , 🗺 ㉜ – rattaché à Evry-Corbeil-Essonnes (Corbeil-Essonnes).

☞   *The numbered circles on the town plans ① , ② , ③*
*are duplicated on the **Michelin maps** at a scale of 1 : 200 000.*

These references, common to both guide and map,
make it easier to change from one to the other.

☞   *Le pastiglie numerate delle piante di città ① , ② , ③*
*sono riportate anche sulle **carte stradali** Michelin in scala 1/200 000.*

Questi riferimenti, comuni nella guida e nella carta stradale,
facilitano il passaggio di una pubblicazione all'altra.

608

LIVERDUN 54460 M.-et-M. **62** ④ G. Alsace Lorraine – 6 435 h alt. 203.

Voir Site★.

🏌 de Nancy-Aingeray ♪ 83 24 53 87, SO : 2 km.

🛈 Syndicat d'Initiative, Mairie ♪ 83 24 46 76, Fax 83 24 61 64.

Paris 343 – ◆Nancy 14 – ◆Metz 51 – Pont-à-Mousson 25 – Toul 20.

   XX **Host. Gare,** pl. Gare ♪ 83 24 44 76 – AE ① GB
       fermé mardi soir sauf juil.-août – **Repas** 95/280.

     à Aingeray SO : 6 km par D 90 – ✉ 54460 :

   XX **La Poêle d'Or,** 1 r. Liverdun ♪ 83 23 22 31, Fax 83 23 32 80 – GB
       fermé 23 juil. au 8 août, vacances de fév., dim. soir, lundi et mardi – **Repas** 120/360 ♨.

LIVRY-GARGAN 93 Seine-St-Denis **55** ⑪, **101** ⑱ – voir à Paris, Environs.

La LLAGONNE 66 Pyr.-Or. **86** ⑯ – rattaché à Mont-Louis.

LLO 66 Pyr.-Or. **86** ⑯ – rattaché à Saillagouse.

Ferienreisen wollen gut vorbereitet sein.

Die Straßenkarten und Führer von Michelin

geben Ihnen Anregungen und praktische Hinweise zur Gestaltung Ihrer Reise :

Streckenvorschläge, Auswahl und Besichtigungsbedingungen

der Sehenswürdigkeiten, Unterkunft, Preise ... u. a. m.

LOCHES ⟨P⟩ 37600 I.-et-L. **64** ⑥ G. Châteaux de la Loire – 6 544 h alt. 72.

Voir Cité médiévale★★ : château★★, donjon★★, église St-Ours★, Porte Royale★ – Hôtel de ville★ Y **H.**

Env. Portail★ de la Chartreuse du Liget E : 10 km par ②.

🛈 Office de Tourisme pl. Wermelskirchen ♪ 47 59 07 98, Fax 47 91 61 50.

Paris 257 ① – ◆Tours 43 ① – Blois 68 ① – Châteauroux 72 ③ – Châtellerault 55 ④.

LOCHES

Balzac (R.) . . . . **YZ**
Château (R. du) . . . . **YZ** 5
Descartes (R.) . . . . . . **Y** 9
Grande-Rue . . . . **Y** 13
Marché au Blé (Pl. du) **Y** 15
Marne (Pl. de la) . . . . **Y**
Picois (R.) . . . . **Y**
République
  (R. de la) . . . . **Y**
St-Antoine (R.) . . . . . **Y** 21

Auguste (Bd Ph.) . . . . **Z**
Bas-Clos (Av. des) . . . **Y** 2
Cordeliers (Pl. des) . . . **Y** 6
Delaporte (R.) . . . . . . **Z** 8
Donjon (Mail du) . . . . . **Z**
Droulin (Mail) . . . . **Z**
Foulques-Nerra (R.) . . **Z** 10
Gaulle (Av. Gén.-de) . . **Y** 12
Lansyer (R.) . . . . **Y** 14
Moulins (R. des) . . . . . **Y** 16
Pactius (R. T.) . . . . . . **Z** 17
Poterie (Mail de la) . . . **Z**
Ponts (R. des) . . . . . . **Y** 18
Porte-Poitevine (R.) . . **Z** 19
Quintefol (R.) . . . . **YZ**
Ruisseaux (R. des) . . . **Z** 20
St-Ours (R.) . . . . **Z** 22
Tours (R. de) . . . . **Y**
Verdun (Pl. de) . . . . . . **Y**
Victor-Hugo (R.) . . . . . **Y**
Vigny (R. A.-de) . . . . . **Y**
Wermelskirchen
  (Pl. de) . . . . **Y** 29

*Dans la liste des rues
des plans de villes,
les noms en* rouge
*indiquent
les principales voies
commerciales.*

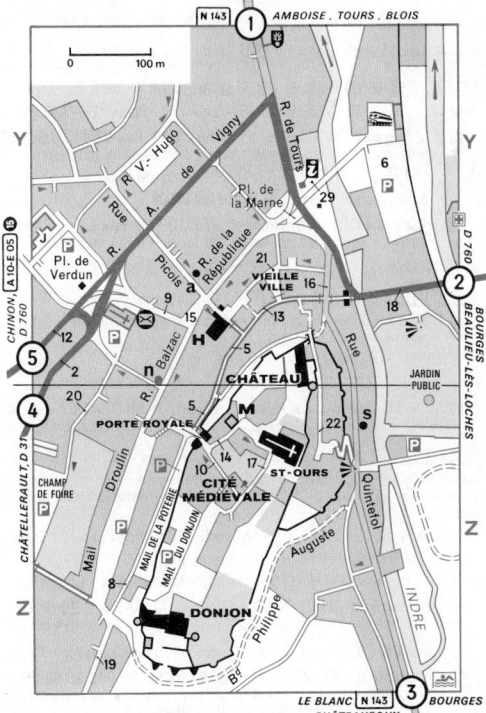

🏨 **France,** 6 r. Picois ℰ 47 59 00 32, Fax 47 59 28 66, 🍽️ – 📺 ☎ 🚗, 🔘 GB   Y **a**
fermé 8 janv. au 13 fév., dim. soir et lundi de sept. à juin – **Repas** 84/255 ⅃ – 🗲 32 – **19 ch**
215/335 – ½ P 240/290.

🏨 **George Sand,** 39 r. Quintefol ℰ 47 59 39 74, Fax 47 91 55 75, 🍽️ – ☎. GB   Z **s**
Repas 85/245, enf. 60 – 🗲 38 – **20 ch** 250/550 – ½ P 235/355.

🏨 **Luccotel** 🦢, r. Lézards, par ⑤ : 1 km ℰ 47 91 50 50, Fax 47 94 01 18, 🏊, 🐎, 🎾 –
▤ rest 📺 ☎ ৬ 🅿 – 🔥 60 à 100. GB
fermé 17 déc. au 17 janv. – **Repas** *(fermé dim. soir du 5 nov. au 30 avril et sam. midi)* 90/190,
enf. 50 – 🗲 35 – **42 ch** 330 – ½ P 275.

XX **Gerbe d'Or,** 22 r. Balzac ℰ 47 59 06 38, 🍽️ – 🔘 GB   Y **n**
↤ *fermé fév., lundi soir et mardi* – **Repas** 75/260, enf. 50.

CITROEN Loches Autom., La Cloutière à Perrusson   🔘 Touraine Pneus, 48 av. Pierruche à Perrusson
ℰ 47 91 24 24   ℰ 47 59 03 86
PEUGEOT Gar. Lorillou, Zone ciale de Tivoli par ③
ℰ 47 59 00 41
RENAULT Sud Touraine Autom., r. Fontaine
Charbonnelle par ① ℰ 47 59 00 77 🅽
ℰ 47 40 91 43

LOCMARIA-BERRIEN 29 Finistère 🖫🖫 ⑥ – rattaché à Huelgoat.

LOCMARIAQUER 56740 Morbihan 🖫🖫 ⑫ G. Bretagne – 1 309 h alt. 16.
Voir Ensemble mégalithique ★★ puis dolmens de Mané Lud★ et de Mané Rethual★ – Tumulus
de Mané-er-Hroech★ S : 1 km – Dolmen des Pierres Plates★ SO : 2 km – Pointe de Kerpenhir
⩽★ SE : 2 km.
🅱 Office de Tourisme, pl. de la Mairie (avril-sept.) ℰ 97 57 33 05.
Paris 486 – Vannes 31 – Auray 13 – Quiberon 32 – La Trinité-sur-Mer 8,5.

🏨 **Trois Fontaines** 🅼 sans rest, rte Auray ℰ 97 57 42 70, Fax 97 57 30 59 – 📺 ☎ ৬ 🅿. 🆎
GB
31 mars-30 sept., vacances de Toussaint et week-ends d'oct. – 🗲 45 – **18 ch** 380/550.

🏚 **Lautram,** ℰ 97 57 31 32, Fax 97 57 37 87 – ☎. GB
↤ *début avril-fin sept.* – **Repas** 70/200, enf. 35 – 🗲 33 – **29 ch** 170/320 – ½ P 220/300.

Find out how long your journey will take before setting out.

The Michelin Map no 🕮🕮🕮 *helps you gain time.*

LOCMINE 56500 Morbihan 🖫🖫 ③ G. Bretagne – 3 346 h alt. 100.
Paris 447 – Vannes 29 – Concarneau 95 – Lorient 50 – Pontivy 25 – Quimper 112 – ◆Rennes 104.

🏚 **L'Argoat,** rte Vannes ℰ 97 60 01 02, Fax 97 44 20 55 – 📺 ☎. GB
↤ *fermé 20 déc. au 20 janv., vend. soir et sam. hors sais.* – **Repas** 60/160 ⅃, enf. 40 – 🗲 28 –
20 ch 200/270 – ½ P 230/250.

à Bignan E : 5 km par D 1 – ⊠ **56500** :

XX **Aub. La Chouannière,** ℰ 97 60 00 96, Fax 97 44 24 58 – GB
fermé 5 au 15 oct., dim. soir et lundi – Repas 105/260.

🔘 Corbel Point S. à Moréac ℰ 97 60 57 18   Rio Pneus, ℰ 97 60 01 24

LOCQUIREC 29241 Finistère 🖫🖫 ⑦ G. Bretagne – 1 226 h alt. 10.
Voir Église★ – Tour de la Pointe de Locquirec★ 30 mn – Table d'orientation de Marc'h Sammet
⩽★ O : 3 km.
🅱 Office de Tourisme pl. du Port ℰ 98 67 40 83.
Paris 536 – ◆Brest 79 – Guingamp 52 – Lannion 22 – Morlaix 21.

XX **Le St-Quirec,** rte Plestin : 1,5 km ℰ 98 67 41 07 – 🅿. GB
fermé 15 nov. au 15 déc., lundi soir et mardi du 15 sept. au 30 juin – **Repas** 98/245.

LOCRONAN 29180 Finistère 🖫🖫 ⑮ G. Bretagne – 796 h alt. 150.
Voir Place★★ – Église et chapelle du Pénity★★ – Montagne de Locronan ❈★ E : 2 km – Kergoat :
vitraux★ de la chapelle NE : 3,5 km – Manifestation : Grande Troménie★★ (2ᵉ et 3ᵉ dimanches
de juillet).
Env. Guengat : vitraux★ de l'église S : 10 km par D 63 et D 56.
🅱 Office de Tourisme pl. de la Mairie (juil.-sept.) ℰ 98 91 70 14.
Paris 563 – Quimper 17 – ◆Brest 65 – Briec 19 – Châteaulin 16 – Crozon 34 – Douarnenez 10.

🏚 **Prieuré,** ℰ 98 91 70 89, Fax 98 91 77 60, 🐎 – 📺 ☎ 🅿 – 🔥 40. GB. 🍽️ ch
↤ *1ᵉʳ avril-15 oct.* – **Repas** 65/230, enf. 35 – 🗲 40 – **14 ch** 230/300 – ½ P 270/300.

au NO : 3 km par C 10 – ⊠ **29550** Plonévez-Porzay :

🏨 **Manoir de Moëllien** 🦢, ℰ 98 92 50 40, Fax 98 92 55 21, ⩽, 🐎 – ☎ 🅿. 🆎 🔘 GB 🇯🇨🇧
fin mars-11 nov. et 15 déc.-2 janv. – **Repas** *(fermé merc. et le midi sauf dim. et fériés hors
sais.)* 120/300, enf. 56 – 🗲 40 – **10 ch** 345.

LODÈVE <SP> 34700 Hérault 🎇 ⑤ G. Gorges du Tarn – 7 602 h alt. 165.

Voir Anc. cathédrale St-Fulcran★ – Musée Cardinal de Fleury★.

🏢 Office de Tourisme, 7, pl. République ℘ 67 88 86 44.

Paris 713 ② – ◆Montpellier 59 ② – Alès 99 ① – Béziers 63 ② – Millau 59 ① – Pézenas 46 ②.

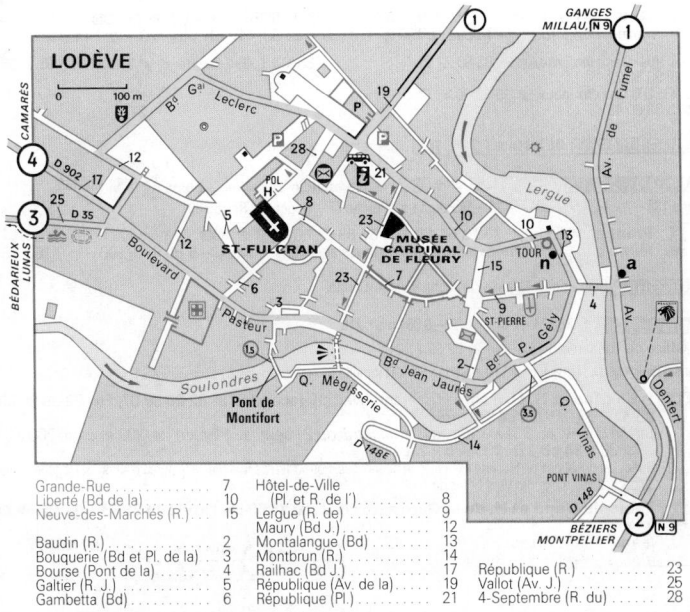

Grande-Rue	7	Hôtel-de-Ville		
Liberté (Bd de la)	10	(Pl. et R. de l')	8	
Neuve-des-Marchés (R.)	15	Lergue (R. de)	9	
		Maury (Bd J.)	12	
Baudin (R.)	2	Montalangue (Bd)	13	
Bouquerie (Bd et Pl. de la)	3	Montbrun (R.)	14	
Bourse (Pont de la)	4	Railhac (Bd J.)	17	République (R.)	23
Galtier (R. J.)	5	République (Av. de la)	19	Vallot (Av. J.)	25
Gambetta (Bd)	6	République (Pl.)	21	4-Septembre (R. du)	28

🏠 **Paix,** 11 bd Montalangue **(n)** ℘ 67 44 07 46 – 🍴 rest ☎. 🖂
   fermé janv., fév., dim. soir et lundi d'oct. à avril sauf vacances scolaires – **Repas** 85/130, enf.
   50 – 🖙 25 – **21 ch** (½ pens. seul.) – ½ P 190/210.

🏠 **Croix Blanche,** 6 av. Fumel **(a)** ℘ 67 44 10 87, Fax 67 44 38 33 – ☎ 🅿. 🖂
◆ 1er avril-30 nov. et fermé vend. midi – **Repas** 70/160, enf. 45 – 🖙 25 – **32 ch** 120/230 –
   ½ P 180/220.

   à St-Jean-de-la-Blaquière par ② et D 144E : 14 km – 3 380 h. – ⊠ **34700** :

🏠 **Le Sanglier** 🍸, E : 3,5 km par rte de Rabieux et VO ℘ 67 44 70 51, Fax 67 44 72 33, ≤,
   🌇, « Dans la garrigue », 🔟, 🐎, 🛎 – ☎ 🅿. 🕙 🖂. 🐕 ch
   25 mars-25 oct. – **Repas** (fermé merc. midi et mardi sauf juil.-août) 95 (déj.), 140/210 🦴, enf.
   60 – 🖙 45 – **10 ch** 400 – ½ P 385.

PEUGEOT Gar. Ryckwaert, 6 av. Denfert ℘ 67 44 02 49 🔟 ℘ 67 96 07 31

LODS 25930 Doubs 🎇 ⑥ G. Jura – 284 h alt. 380.

Paris 439 – ◆Besançon 36 – Baume-les-Dames 51 – Levier 22 – Pontarlier 23 – Vuillafans 4,5.

🏠 **Truite d'Or,** ℘ 81 60 95 48, Fax 81 60 95 73, ≤, 🌇, 🐎 – 📺 ☎ 🅿. 🖂
   fermé 15 déc. au 1er fév. et lundi de mars à juin – **Repas** 90/260 – 🖙 30 – **12 ch** 240 –
   ½ P 280.

LOGELHEIM 68 H.-Rhin 🎇 ⑲ – rattaché à Colmar.

Les LOGES-EN-JOSAS 78 Yvelines 🎇 ⑩, 🎇 ㉓ – voir à Paris, Environs.

LOGNES 77 S.-et-M. 🎇 ⑫, 🎇 ㉙ – voir à Paris, Environs (Marne-la-Vallée).

LOGUIVY-DE-LA-MER 22 C.-d'Armor 🎇 ② – rattaché à Paimpol.

LOHÉAC 35550 I.-et-V. 🎇 ⑥ – 508 h – **Voir** Manoir de l'automobile★, G. Bretagne.

Paris 381 – ◆Rennes 35 – Châteaubriant 49 – Ploërmel 44 – Redon 32.

🏠 **La Gibecière,** ℘ 99 34 06 14, Fax 99 34 10 37 – 📺 ☎ 🅿. 🖂
◆ **Repas** 65/225 🦴 – 🖙 30 – **18 ch** 210/290 – ½ P 180.

LOIRE-SUR-RHÔNE 69 Rhône 🔢 ⑪ – rattaché à Givors.

LOMENER 56 Morbihan 🔢 ⑫ – rattaché à Ploemeur.

LONDINIÈRES 76660 S.-Mar. 🔢 ⑮ – 1 119 h alt. 78.
Paris 147 – ◆Amiens 75 – Blangy-sur-Bresle 24 – Dieppe 26 – Neufchâtel-en-Bray 13 – Le Tréport 29.

   X **Aub. du Pont** avec ch, ℰ 35 93 80 47, Fax 32 97 00 57, ☎ – 📺 ☎ 🅿. 🈸
   ◆ *fermé 1er au 15 fév.* – **Repas** 52/190 ⅄, enf. 39 – ⌓ 30 – **10 ch** 145/220 – ½ P 142/182.

CITROEN Gar. Hardiville, ℰ 35 93 80 22 🅽
ℰ 35 93 80 22
PEUGEOT Gar. Boutleux, ℰ 35 93 80 48 🅽
ℰ 35 93 80 48

RENAULT Gar. Courtaud, ℰ 35 93 80 81 🅽 ℰ 35
93 80 81

🅿 Parin Pneus, ℰ 35 93 80 27

LONGJUMEAU 91 Essonne 🔢 ⑩, 🔢 ㉟ – voir à Paris, Environs.

LONGNY-AU-PERCHE 61290 Orne 🔢 ⑤ G. Normandie Vallée de la Seine – 1 575 h alt. 165.
Paris 136 – Alençon 56 – L'Aigle 28 – Mortagne-au-Perche 17 – Nogent-le-Rotrou 30.

   XX **France** avec ch, ℰ 33 73 64 11, Fax 33 83 68 05 – 📺 ☎. 🈸
   ◆ *fermé dim. soir et lundi sauf fériés* – **Repas** 80/245 ⅄ – ⌓ 28 – **6 ch** 140/190 – ½ P 160/180.

LONGUES 63 P.-de-D. 🔢 ⑭ – rattaché à Vic-le-Comte.

LONGUYON 54260 M.-et-M. 🔢 ② – 6 064 h alt. 218.
🅱 Office de Tourisme pl. Allende ℰ 82 39 21 21.
Paris 315 – ◆Metz 81 – ◆Nancy 110 – Sedan 69 – Thionville 57 – Verdun 48.

   XXX ✿ **Le Mas et H. Lorraine** (Tisserant) avec ch, face gare ℰ 82 26 50 07, Fax 82 39 26 09 –
      📺 ☎ – 🔬 80. 🅰🅴 ⓞ 🈸 🄹🄲🄱
      fermé 8 janv. au 3 fév. – **Repas** *(fermé lundi du 21 sept. au 30 juin)* 109/360 et carte 260 à 370
      – ⌓ 35 – **14 ch** 225/290 – ½ P 290
      Spéc. Langoustines en feuilleté à la julienne de morilles. Pot-au-feu de foie gras à la purée d'ail doux. Rognon de veau
      en déclinaison d'cuisson. Vins Côtes de Toul.

   XX **Table de Napo et H. de la Gare** avec ch, ℰ 82 26 50 85, Fax 82 39 21 33 – 🅿. 🅰🅴 ⓞ 🈸
   ◆ 🄹🄲🄱
   *fermé 4 au 26 sept., 27 fév. au 12
   mars et vend. soir* – **Repas** 75/200 ⅄,
   enf. 70 – ⌓ 32 – **8 ch** 180/280 –
   ½ P 295/380.

PEUGEOT Gar. de l'Est, 75 r. Hôtel de Ville
ℰ 82 26 50 67

LONGWY 54400 M.-et-M. 🔢 ② G. Alsace
Lorraine – 15 439 h alt. 255.
🅱 Office de Tourisme Gare Routière (fermé matin) ℰ 82 24 27 17.
Paris 333 ④ – Luxembourg 36 ② – ◆Metz 65 ③ –
Sedan 84 ④ – Thionville 41 ③ – Verdun 66 ④.

     à Longwy-Haut :

  🏨 **du Nord** sans rest, pl. Darche **(a)**
    ℰ 82 23 40 81, Fax 82 23 17 73 – 📺
    ☎ – 🔬 25. 🅰🅴 🈸
    ⌓ 30 – **19 ch** 240/280.

    à Cosnes et Romain O : 2 km par
    D 43 – ⌧ 54400 :

  XX **Aub. des Trois Canards,**
    ℰ 82 24 35 36 – 🅰🅴 ⓞ 🈸 🄹🄲🄱
    *fermé 20 août au 11 sept., vacances
    d'hiver, dim. soir et lundi sauf fériés*
    – **Repas** 70 (déj.), 110/198 ⅄.

CITROEN Gar. Inglebert, 50 r. Alsace-Lorraine à
Longlaville par ② ℰ 82 24 33 96 🅽
ℰ 82 25 68 57
RENAULT Gar. Robert, RN à Mexy
par ③ ℰ 82 24 56 61 🅽 ℰ 05 05 15 15
ROVER Gar. Pacci, 22 r. J.-B.-Blondeau à
Mont-St-Martin ℰ 82 23 35 05 🅽
ℰ 82 23 35 05

🅿 Leclerc Pneu, 36 r. Chiers ℰ 82 24 40 79
Pneus D.M., av. de Saintignon ℰ 82 24 23 45

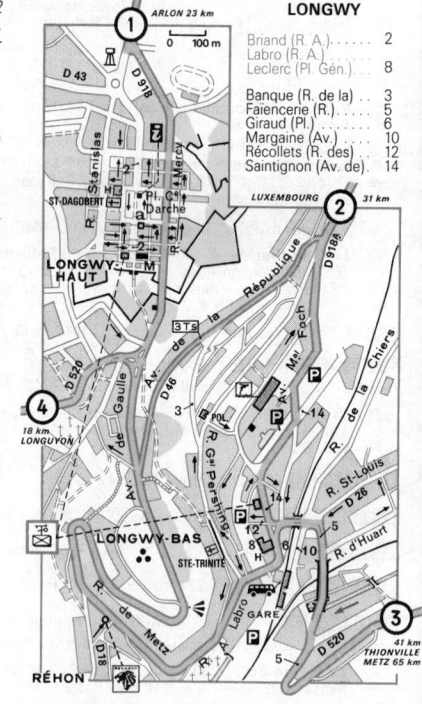

LONGWY

Briand (R. A.)	2
Labro (R. A.)	
Leclerc (Pl. Gén.)	8
Banque (R. de la)	3
Faïencerie (R.)	5
Giraud (Pl.)	6
Margaine (Av.)	10
Récollets (R. des)	12
Saintignon (Av. de)	14

Voir Rue du Commerce★ Y – Grille★ de l'hôpital Y.

Env. Creux de Revigny★ 7,5 km par ②.

🛦 Val de Sorne, ℘ 84 43 04 80, S : 6 km par D 117 et D 41.

🎫 Office de Tourisme 1 r. Pasteur ℘ 84 24 65 01 avec A.C. Jurassien ℘ 84 24 20 63, Fax 84 43 04 22.

Paris 393 ③ – Chalon-sur-Saône 65 ③ – ◆Besançon 86 ① – Bourg-en-Bresse 62 ③ – ◆Dijon 96 ① – Dole 51 ① – ◆Genève 108 ② – ◆Lyon 139 ③ – Mâcon 79 ② – Pontarlier 77 ②.

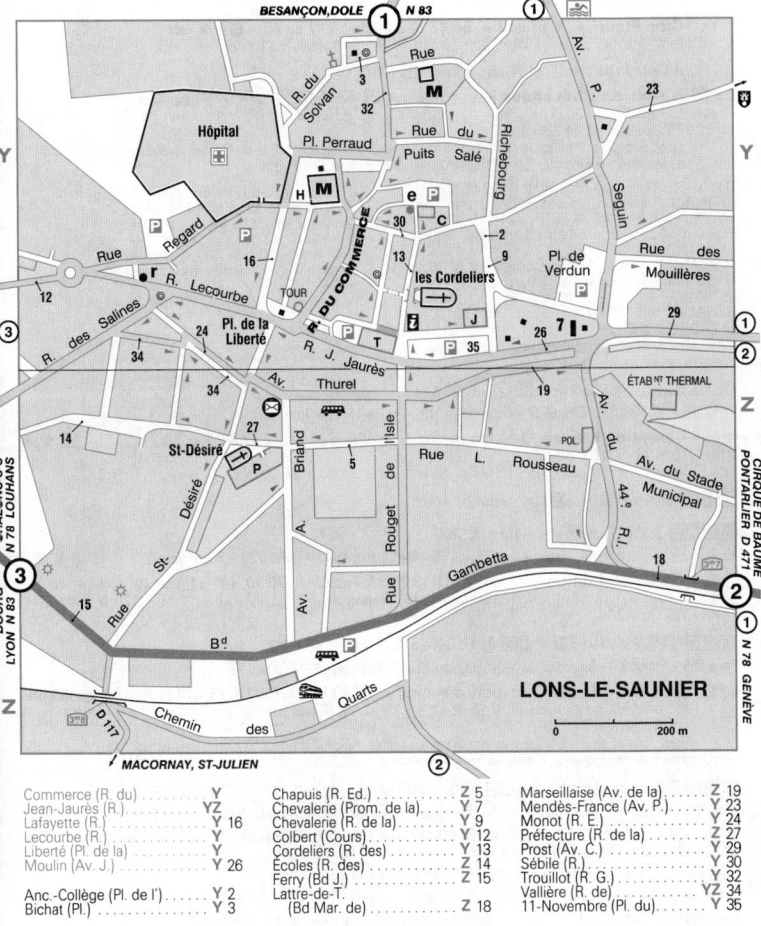

Commerce (R. du)	Y
Jean-Jaurès (R.)	YZ
Lafayette (R.)	Y 16
Lecourbe (R.)	Y
Liberté (Pl. de la)	Y
Moulin (Av. J.)	Y 26
Anc.-Collège (Pl. de l')	Y 2
Bichat (Pl.)	Y 3
Chapuis (R. Ed.)	Z 5
Chevalerie (Prom. de la)	Y 7
Chevalerie (R. de la)	Y 9
Colbert (Cours)	Y 12
Cordeliers (R. des)	Y 13
Ecoles (R. des)	Z 14
Ferry (Bd J.)	Z 15
Lattre-de-T. (Bd Mar. de)	Z 18
Marseillaise (Av. de la)	Z 19
Mendès-France (Av. P.)	Y 23
Monot (R. E.)	Y 24
Préfecture (R. de la)	Z 27
Prost (Av. C.)	Y 29
Sébile (R.)	Y 30
Trouillot (R. G.)	Y 32
Vallière (R. de)	YZ 34
11-Novembre (Pl. du)	Y 35

🏛 **Nouvel H.,** 50 r. Lecourbe ℘ 84 47 20 67, Fax 84 43 27 49 – 📺 ☎ 🅿. ⅏ ⑩ ☺.
➥ ❀ rest   Y r
fermé 20 déc. au 10 janv. – **Repas** (fermé sam. soir et dim. soir hors sais.) (dîner seul.) 65/95 ♣ – ⚏ 32 – **26 ch** 200/300 – ½ P 175/225.

❀❀ **Relais d'Alsace,** 74 rte Besançon par ① ℘ 84 47 24 70, ☞ – 🅿. ⅏ ☺
fermé 18 avril au 4 mai, 27 août au 12 sept., dim. soir et lundi – **Repas** 98/200 ♣, enf. 60.

❀❀ **Comédie,** 65 r. Agriculture ℘ 84 24 20 66 – ▤. ☺   Y e
fermé vacances de printemps, 1er au 22 août, lundi soir et dim. – **Repas** 95/140.

à Chille par ① et D 157 : 3 km – ✉ **39570** :

Parenthèse Ⓜ, ✆ 84 47 55 44, Fax 84 24 92 13, parc – TV ☎ & P – 30. AE GB
Repas *(fermé 12 au 26 fév., lundi sauf le soir en saison et dim. soir)* 78/230, enf. 50 – ☐ 36 – **21 ch** 220/350 – ½ P 300/340.

au Sud : 6 km par D 117 et D 41 – ✉ **39570** Vernantois :

Golf du Val de Sorne Ⓜ, ✆ 84 43 04 80, Fax 84 47 31 21, ≤, « Sur le golf », – ▤ rest TV ☎ & P – 50. GB
Repas *(fermé 23 janv. au 18 fév., dim. soir hors sais.)* 100/160 – ☐ 50 – **36 ch** 460/490 – ½ P 400/415.

rte de Chalon par ③ : 1, 5 km – ✉ **39570** Montmorot :

XX **Clos Fleuri,** r. A. Briand ✆ 84 47 11 34, Fax 84 47 59 48 – P. GB
fermé 15 au 31 août, dim. soir et sam. – **Repas** 80 (déj.), 110/185, enf. 45.

à Courlans par ③ et N 78 : 6 km – ✉ **39570** :

XXX ✿ **Aub. de Chavannes** (Carpentier), ✆ 84 47 05 52, – ▤ P. GB
fermé 24 juin au 4 juil., fév., dim. soir et lundi – **Repas** (nombre de couverts limité - prévenir) 160/340 et carte 280 à 400
Spéc. Suprême de poularde de Bresse en rouelles, morilles farcies. Filet de pigeon rôti, cuisses en caillette. Paupiette de Morteau aux escargots frais et chou croquant. **Vins** L'Etoile, Côtes du Jura.

BMW Gar. Parizon, à Messia ✆ 84 47 05 45
CITROEN Gar. Baud, Bd de l'Europe ZI par r. des Mouillères Y ✆ 84 43 18 17
FORD Gar. Lecourbe, 58 bis r. Lecourbe ✆ 84 47 20 13
NISSAN Gar. Labet, à Montmorot ✆ 84 47 46 18
OPEL Gar. des Sports, r. V.-Bérard, ZI ✆ 84 43 16 40
RENAULT S.O.R.E.C.A., 47 av. C.-Prost par ② ✆ 84 35 66 66 N ✆ 84 35 66 66
VAG Gar. Thevenod, rte de Champagnole, ZI à Perrigny ✆ 84 24 41 58

Jurassienne du Pneumatique, ZI r. V.-Bérard ✆ 84 24 01 59 N ✆ 84 44 24 33
Lehmann Point S, à Messia-sur-Sorne ✆ 84 24 62 43
Lédo Pneus, 96 r. St-Désiré ✆ 84 47 09 75
Pneu Quillot Vulcopneu, 6 bd Duparchy ✆ 84 47 12 63
Pneu Services, 32 av. C.-Prost ✆ 84 43 16 91

LOON-PLAGE 59279 Nord 51 ③ – 6 435 h alt. 7.
Paris 290 – ◆Calais 31 – Cassel 32 – Dunkerque 11,5 – ◆Lille 84 – St-Omer 33.

Climat de France, O : 1 km par rte Gravelines ✆ 28 27 32 88, Fax 28 21 36 11 – TV ☎ & P – 50. AE GB
Repas *(fermé sam. midi)* 84/120, enf. 39 – ☐ 30 – **55 ch** 280.

LOOS 59 Nord 51 ⑯, 111 ㉑ – rattaché à Lille.

LORAY 25390 Doubs 66 ⑰ – 372 h alt. 752.
Paris 452 – ◆Besançon 44 – Baume-les-Dames 35 – Montbéliard 63 – Morteau 20 – Pontarlier 40.

XX **Vieille-Robichon** avec ch, ✆ 81 43 21 67, Fax 81 43 26 10, – TV ☎ P. GB
fermé dim. soir et lundi sauf juil.-août – **Repas** 70/250, enf. 60 – ☐ 35 – **12 ch** 200/260 – ½ P 220/240.

LORGUES 83510 Var 84 ⑥ 114 ㉒ **G. Côte d'Azur** – 6 340 h alt. 239.
Paris 855 – Fréjus 37 – Brignoles 33 – Draguignan 12 – St-Raphaël 40 – ◆Toulon 73.

XXX ✿ **Bruno,** SE : 3 km par route des Arcs ✆ 94 73 92 19, Fax 94 73 78 11, ≤, – P. AE GB
fermé dim. soir et lundi du 15 sept. au 15 juin – **Repas** (menu unique) (nombre de couverts limité, prévenir) 270
Spéc. Truffes en feuilleté (saison). Brouillade aux truffes blanches et noires. Pigeon en feuilleté au foie gras et truffes. **Vins** Côtes de Provence, Coteaux d'Aix-en-Provence.

LORIENT SP **56100** Morbihan 63 ① **G. Bretagne** – 59 271 h alt. 16.
Voir Base des sous-marins★ AZ – Intérieur★ de l'église N.-D.-de-Victoire BY **E.**
18 du Val Quéven ✆ 97 05 17 96, N : 8 km par D 765 et D 6 à dr. AY ; 18 de Ploemeur-Océan ✆ 97 32 81 82, O par D 162 : 13 km.
de Lorient Lann-Bihoué : ✆ 97 87 21 50, par D 162 : 8 km AZ.
Office de Tourisme quai de Rohan ✆ 97 21 07 84, Fax 97 21 99 44 - A.C. 22 r. Poissonnière ✆ 97 21 03 07.
Paris 496 ③ – Vannes 58 ③ – Quimper 68 ③ – St-Brieuc 114 ③ – St-Nazaire 134 ③.

Plan page ci-contre

Mercure Ⓜ sans rest, 31 pl. J. Ferry ✆ 97 21 35 73, Fax 97 64 48 62 – ch TV ☎ & – 25 à 70. AE GB — BZ **m**
☐ 48 – **58 ch** 395/450.

Léopol sans rest, 11 r. W. Rousseau ✆ 97 21 23 16, Fax 97 84 93 27 – TV ☎. AE GB
fermé 24 déc. au 5 janv. – ☐ 26 – **32 ch** 180/245. — BY **r**

Centre sans rest, 30 r. Du Couëdic ✆ 97 64 13 27, Fax 97 64 17 39 – TV ☎ P. AE GB JCB — BY **x**
☐ 30 – **30 ch** 220/325.

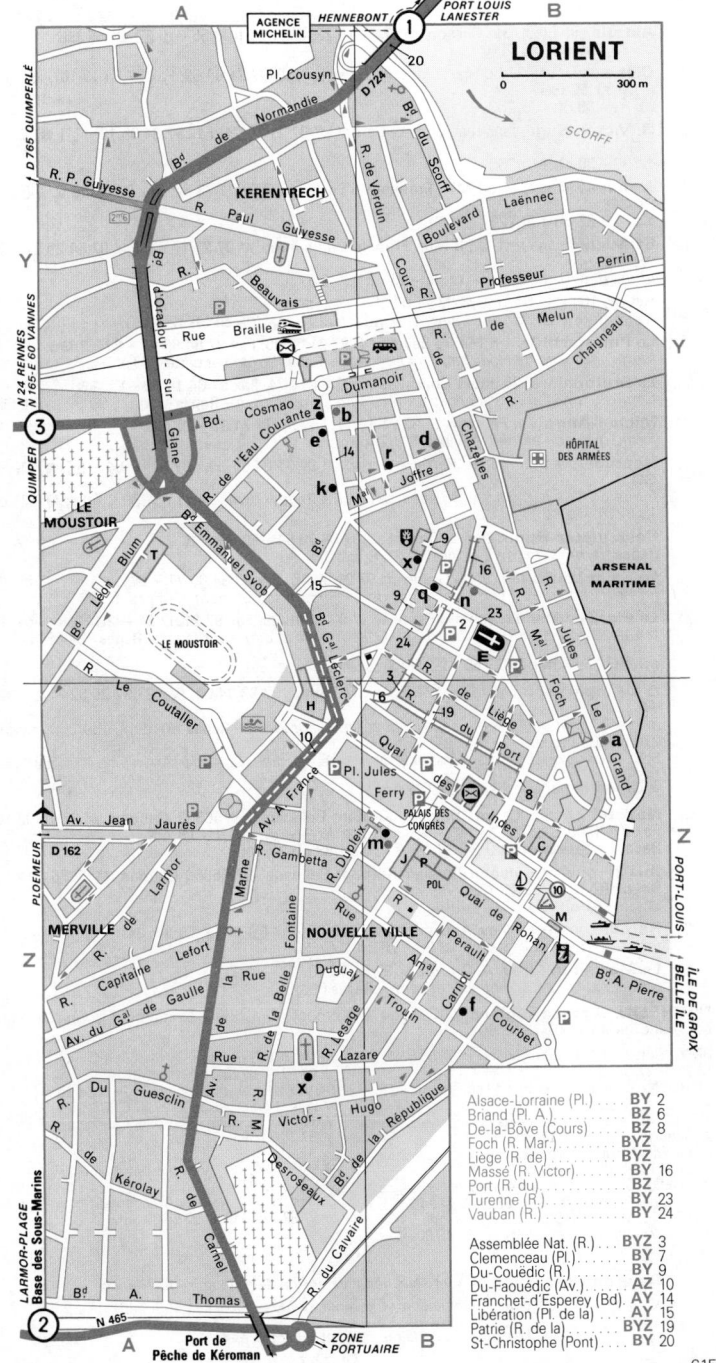

LORIENT

0   300 m

🏨 **Astoria** sans rest, 3 r. Clisson ℰ 97 21 10 23, Fax 97 21 03 55 – 📶 📺 ☎. 🅰🅴 🆖   BY   **q**
  ☲ 30 – **40 ch** 120/250.

🏨 **Cléria** sans rest, 27 bd Mar. Franchet d'Esperey ℰ 97 21 04 59, Fax 97 64 19 10 – 📶 📺 ☎
  – 🔏 30. 🅰🅴 🆖   AY   **k**
  ☲ 30 – **33 ch** 200/250.

🏨 **H. Victor-Hugo** sans rest, 36 r. L. Carnot ℰ 97 21 16 24, Fax 97 84 95 13 – 📺 ☎. 🅰🅴 🔘
  🆖   BZ   **f**
  ☲ 30 – **30 ch** 140/250.

🏨 **Armor** sans rest, 11 bd Mar. Franchet d'Esperey ℰ 97 21 73 87, Fax 97 64 48 50 – 📺 ☎.
  🅰🅴 🆖   AY   **e**
  ☲ 24 – **21 ch** 105/225.

🏨 **St-Michel** sans rest, 9 bd Mar. Franchet d'Esperey ℰ 97 21 17 53, Fax 97 64 29 91 – 📺
  ☎. ☲ 🍴🔾   AY   **z**
  fermé dim. d'oct. à fév. – ☲ 25 – **23 ch** 130/220.

🍴 **Arvor,** 104 r. L. Carnot ℰ 97 21 07 55 – 🚗. 🍴   AZ   **x**
  Repas (fermé 22 déc. au 4 janv. et dim.) 80/120 – ☲ 22 – **20 ch** 120/180 – ½ P 170/190.

XXX **Le Poisson d'Or,** 1 r. Maître Esvelin ℰ 97 21 57 06, Fax 97 64 65 42 – 🅰🅴 🔘 🆖   BZ **m**
  fermé vacances de Noël, sam. midi et dim. – **Repas** 95/300 et carte 240 à 380.

XX **La Bretonnière,** 25 cours Chazelles ℰ 97 64 74 74, Fax 97 64 14 69 – 🅰🅴 🆖   BY   **d**
  fermé 15 au 31 août, vacances de fév., sam. midi et lundi – **Repas** 69 (déj.), 90/320, enf. 65.

XX **Michel-Ange,** 7 r. Fénelon ℰ 97 21 19 11, Fax 97 64 74 87 – 🅰🅴 🆖   BY   **n**
  fermé dim. soir et lundi – **Repas** 140/290.

XX **Neptune** avec ch, 15 av. Perrière par ② ℰ 97 37 04 56, Fax 97 87 07 54 – 📺 ☎. 🅰🅴 🔘
  🆖
  fermé du 1ᵉʳ au 10 mars et 15 sept. au 3 oct. – **Repas** (fermé dim.) 70/350 🍷 – ☲ 30 – **23 ch**
  180/215 – ½ P 230.

XX **Rest. Victor-Hugo,** 36 r. L. Carnot ℰ 97 64 26 54 – 🅰🅴 🔘 🆖   BZ   **f**
  Repas (fermé sam. midi et dim.) 85/198, enf. 55.

XX **Le Saint Louis,** 48 r. J. Le Grand ℰ 97 21 50 45, Fax 97 84 00 77 – 🆖   BZ   **a**
  fermé 31 août au 21 sept., vacances de fév., mardi soir et merc. – **Repas** 59/190.

XX **Le Pic,** 2 bd Mar. Franchet d'Esperey ℰ 97 21 18 29, Fax 97 21 92 64 – 🆖   AY   **b**
  fermé 28 août au 3 sept., 2 au 14 janv., sam. midi et dim. sauf fériés – **Repas** 93/185 🍷.

  au NO : 3,5 km par D 765 – ✉ **56100** Lorient :

XXX 🌸 **L'Amphitryon** (Abadie), 127 r. Col. Müller ℰ 97 83 34 04, Fax 97 37 25 02 – 🍽. 🆖.

  fermé 27 août au 13 sept., sam. midi et dim. sauf fériés – **Repas** 100 (déj.), 150/360 et carte
  270 à 380, enf. 60
  Spéc. Gratin d'étrilles aux pâtes fraiches. Mariage de sole et d'araignée au kari. Pomme au caramel et ses cristallines.

  à Lanester par ① : 5 km – ✉ **56600** :

🏨 **Novotel** Ⓜ 🦮, Centre hôtelier Kerpont-Bellevue ✉ 56850 Caudan ℰ 97 76 02 16,
  Fax 97 76 00 24, 🍽, 🏊, 🎾 – 🛏 ch 📺 ☎ ♿ ☎ – 🔏 120. 🅰🅴 🔘 🆖
  Repas carte environ 160 🍷, enf. 50 – ☲ 48 – **88 ch** 395/450.

🏨 **Ibis** Ⓜ sans rest, centre hôtelier Kerpont-Bellevue ✉ 56850 Caudan ℰ 97 76 40 22 –
  🛏 ch 📺 ☎ ♿ ☎. 🅰🅴 🆖
  ☲ 35 – **41 ch** 275/310.

🏨 **Kerous** sans rest, 74 av. A. Croizat ℰ 97 76 05 21 – 📺 ☎ ☎. 🅰🅴 🔘 🆖. 🍴
  fermé 23 déc. au 1ᵉʳ janv. – ☲ 35 – **20 ch** 150/180.

🍴 **Le Marmiton,** 20 av. A. Croizat ℰ 97 81 10 10, 🍽 – 🆖
  fermé 5 au 22 août, dim. soir et sam. – **Repas** 65/190.

MICHELIN, Agence régionale, r. Arago ZI Kerpont, direction d'Hennebont après Lanester
par ① à Caudan ℰ 97 76 03 60

BMW Auto Port, Rd-Pt du Plénéno ℰ 97 83 87 41
🆕 ℰ 97 37 03 33
CITROEN S.C.A.O., ZI Kerpont à Lanester par ①
ℰ 97 81 19 81 🆕 ℰ 97 37 03 33
MERCEDES Gar. Allanic, Rte de Quimperlé, ZI de
Keryado ℰ 97 83 00 90 🆕 ℰ 97 37 03 33
OPEL Gar. L'Automobile, 42 r. Trudaine à Lanester,
ℰ 97 76 92 69 🆕 ℰ 97 37 03 33
PEUGEOT Gar. Chrétien, Zone Ciale de Bellevue à
Caudan par ① ℰ 97 76 13 56 🆕 ℰ 05 44 24 24
PORSCHE, MITSUBITSCHI Sport Bretagne
Autom., ZI Kerpont à Lanester ℰ 97 81 19 20

RENAULT Gar. Court, ZI Kerpont à Caudan par ①
ℰ 97 87 67 67 🆕 ℰ 05 05 15 15
ROVER Gar. Auto Océane, Rd-Pt Base Sous
Marine, 1 r. F.-Toullec ℰ 97 87 07 07
VAG Atlantic Auto, ZI Kerpont à Lanester
ℰ 97 76 89 89

🏢 Euromaster, 68 av. A.-Croizat à Lanester
ℰ 97 76 03 02
Lorans Pneus Armorique Vulcopneu 1 bd L.-Blum
ℰ 97 87 72 00 🆕 ℰ 97 65 33 38

    Plans de villes : *Les rues sont sélectionnées en fonction de leur importance*
                pour la circulation et le repérage des établissements cités.

                Les rues secondaires ne sont qu'amorcées.

LORMES 58140 Nièvre 🔢 ⑯ G. Bourgogne – 1 464 h.

Voir Terrasse du cimetière ≋* – Mont de la Justice ≋* NO : 1,5 km.

🛈 Syndicat Intercommunal du Morcan des Lacs, 5, r. de Narveau ℰ 86 22 82 74.

Paris 249 – Autun 63 – Avalon 28 – Clamecy 35 – Nevers 74.

🏠 **Perreau**, 8 rte Avallon ℰ 86 22 53 21, Fax 86 22 82 15 – 📺 ☎ **℗**. ⊖℅
→ fermé 15 janv. au 28 fév., dim. soir et lundi d'oct. à mars – **Repas** 80/200 ♨ – ☲ 30 – **13 ch** 240/260 – ½ P 210.

PEUGEOT Gar. Orgueil, ℰ 86 22 83 43

LORP-SENTARAILLE 09 Ariège 🔢 ③ – rattaché à St-Girons.

LORRIS 45260 Loiret 🔢 ① G. Châteaux de la Loire – 2 620 h alt. 120.

Voir Église N.-Dame★.

🛈 Office de Tourisme près des Halles ℰ 38 94 81 42, Fax 38 94 88 00 et r. Gambetta ℰ 38 92 42 76.

Paris 124 – ◆Orléans 53 – Gien 26 – Montargis 22 – Pithiviers 41 – Sully-sur-Loire 19.

🏠 **Sauvage**, ℰ 38 92 43 79, Fax 38 94 82 46 – 📺 ☎. ◍ ⊖℅
fermé jeudi soir sauf juil.-août – **Repas** 100/235 ♨ – ☲ 33 – **8 ch** 250/350 – ½ P 270/300.

XX **Guillaume de Lorris**, ℰ 38 94 83 55 – ⊖℅
fermé 17 au 29 juil., 15 fév. au 12 mars, mardi soir et merc. – **Repas** 115/175, enf. 55.

X **Point du Jour**, ℰ 38 92 40 21 – ⊖℅
→ fermé janv. et lundi – **Repas** 60/195 ♨, enf. 45.

LOUBRESSAC 46130 Lot 🔢 ⑲ G. Périgord Quercy – 449 h alt. 340.

Voir Site★ du château.

🛈 Syndicat d'Initiative Mairie ℰ 65 38 18 30.

Paris 538 – Brive-la-Gaillarde 49 – Cahors 70 – Figeac 42 – Gourdon 53 – Gramat 17 – St-Céré 8,5.

🏠 **Lou Cantou** ⅏, ℰ 65 38 20 58, Fax 65 38 25 37, ☷ – ▤ rest 📺 ☎ ♿ **℗**. ⅍ ⊖℅
→ fermé 20 oct. au 15 nov. et lundi du 15 nov. au 1er mars – **Repas** 70/195 ♨, enf. 50 – ☲ 38 – **12 ch** 300/350 – ½ P 280/340.

à Py au NO : 3,5 km par D 118 et D 14 – ✉ **46130** Loubressac :

🏠 **Les Calèches de Py** Ⓜ ⅏ sans rest, ℰ 65 39 75 06, Fax 65 38 61 04 – ☎ **℗**. ⊖℅
16 avril-1er nov. – ☲ 30 – **9 ch** 250.

LOUDÉAC 22600 C.-d'Armor 🔢 ⑲ G. Bretagne – 9 820 h alt. 161.

🛈 Syndicat d'Initiative, pl. Gén.-de-Gaulle (15 juin-15 sept.) ℰ 96 28 25 17, Fax 96 28 61 94.

Paris 438 – St-Brieuc 42 – Carhaix-Plouguer 66 – Dinan 74 – Pontivy 21 – ◆Rennes 86.

🏠 **France**, 1 r. Cadélac ℰ 96 28 00 15, Fax 96 28 61 94 – ▤ 📺 ☎ **℗** – 🕍 30 à 100. ⅍ ◍ ⊖℅
→ fermé Noël au Jour de l'An – **Repas** (fermé sam. soir et dim. d'oct. à mai) 72/160 ♨, enf. 40 – ☲ 33 – **39 ch** 175/300 – ½ P 180/240.

🏠 **Voyageurs**, 10 r. Cadélac ℰ 96 28 00 47, Fax 96 28 22 30 – ▤ 📺 ☎ – 🕍 40. ⅍ ◍ ⊖℅
→ **Repas** (fermé sam. hors sais.) 70/245 ♨ – ☲ 30 – **25 ch** 215/295 – ½ P 175/260.

à La Prénessaye E : 7 km sur N 164 – ✉ **22210** Plémet :

🏠 **Motel d'Armor**, ℰ 96 25 90 87, Fax 96 25 76 72, ☷ – 📺 ☎ **℗**. ⊖℅
fermé vacances de fév., dim. soir (sauf hôtel) et lundi midi – **Le Boléro** (fermé dim. soir et lundi midi) **Repas** 75/210 – ☲ 32 – **10 ch** 225/280 – ½ P 240/280.

RENAULT E.L.D.A. Michard, pl. Gén.-de-Gaulle 〽️ Desserrey pneu Vulcopneu, ZI de Kersuguet
ℰ 96 28 00 07 ◫ ℰ 97 28 60 22 ℰ 96 28 05 73
VAG Gar. Lebreton, 23 r. de Pontivy ℰ 96 28 00 59

Voir Tour carrée ✳︎★ AY.

🏌 ℘ 49 98 78 06, par ① : 16,5 km.

🅱 Office de Tourisme à l'Hôtel de Ville ℘ 49 98 15 96, Fax 49 98 12 88.

Paris 309 ② – Angers 76 ⑥ – Châtellerault 44 ③ – Parthenay 54 ④ – Poitiers 57 ④ – ◆Tours 72 ②.

LOUDUN

Porte-de-Chinon (R.)	**BY**	Collège (R. du)	**BZ** 6	Porte de Chinon (Pl.)	**BY** 16
		Croix-Bruneau (R. de la)	**AY** 7	Porte Mirebeau (Pl.)	**BZ** 18
Anjou (Av. d')	**BY** 2	Grand-Cour	**BY** 8	Porte Mirebeau (R.)	**BZ** 19
Château (R. du)	**AY** 3	Leuze (Av. de)	**BY** 10	Porte St-Nicolas (R.)	**AY** 20
Chevreau (R. U.)	**BZ** 4	Meures (R. des)	**BY** 12	Renaudot (R.)	**BY** 22
		Palais (R. du)	**BYZ** 13	Touraine (Av. de)	**BY** 23
		Portail-Chaussé (R. du)	**BY** 14	Vieille Charité (R.)	**BZ** 25
		Poitou (Av. du)	**BZ** 15	Vieille porte du Martray	**AY** 26

[Map of LOUDUN with street grid references AY, BY, BZ, directional indicators to SAUMUR, FONTEVRAUD, ANGERS N 147, CHINON, CHÂTELLERAULT D61 RICHELIEU, THOUARS, POITIERS N 147. Points of interest include Pl. Porte St-Nicolas, Pl. du Pilori, Pl. du Portail-Chaussée, St-Hilaire, Tour carrée, Prom. de Foulques Nerra, VELODROME, St-Pierre, Pl. du Gal de Gaulle, Ste-Croix.]

🏨 **Host. Roue d'Or**, 1 av. Anjou ℘ 49 98 01 23, Fax 49 22 31 05 – 📺 ☎ &. 🅿. 🆎 ⓪ GB
BY **e**
fermé dim. soir hors sais. – **Repas** 75/215 ⅃ – ⌧ 33 – **14 ch** 275/370.

🏨 **Renaudot** sans rest, 40 av. de Leuze ℘ 49 98 19 22, Fax 49 98 94 22 – ⇅ 📺 ☎. GB
⌧ 45 – **29 ch** 340/450.
BY **a**

✕✕ **Reine Blanche**, 6 pl. Boeuffeterie ℘ 49 98 51 42 – 🍽. GB
BY **s**
fermé mi-janv. à mi-fév., mardi soir et merc. – **Repas** 98/195.

CITROEN Gar. Terradillos, r. Artisans AZ
℘ 49 98 34 30
RENAULT Gar. Delacote, 2 bd G.-Chauvet
℘ 49 98 12 93 🅽 ℘ 49 98 12 93
VAG Autom. Loudunaise, 9 bd G.-Chauvet
℘ 49 98 15 57

🏵 Loudun Pneus, ZI Nord, av. de Ouagadougou
℘ 49 98 19 39 🅽 ℘ 49 66 06 52
Pneurénov, 17 bd G.-Chauvet ℘ 49 98 01 22

Die im Michelin-Führer

verwendeten Zeichen und Symbole haben –

*dünn oder **fett** gedruckt, in einer Kontrastfarbe oder **schwarz** –*

jeweils eine andere Bedeutung.

Lesen Sie daher die Erklärungen aufmerksam durch.

🛏️🛏️ du Médoc 🏷 56 72 01 10.

Paris 592 – ◆Bordeaux 17 – Lesparre-Médoc 48 – Libourne 45.

🏨 **Pont Bernet** Ⓜ, 🏷 56 70 20 19, Fax 56 70 22 90, 🍽, parc, ♒, ❀ – 📺 ☎ & ❷ – 🛏️ 30.
    🎖 ⓞ 🇬🇧
    Repas *(fermé lundi de déc. à avril)* 100 bc (déj.), 150/290, enf. 70 – ☲ 45 – **18 ch** 310/340 –
    ½ P 350.

LOUHANS ◁❖▷ 71500 S.-et-L. **70** ⑬ G. Bourgogne – 6 140 h alt. 181.

Voir Grande-Rue★.

🇧 Office de Tourisme Arcades St-Jean 🏷 85 75 05 02.

Paris 375 – Chalon-sur-Saône 38 – Bourg-en-Bresse 51 – ◆Dijon 87 – Dole 68 – Tournus 29.

🏨 **Moulin de Bourgchâteau**, r. Guidon (rte Chalon) 🏷 85 75 37 12, Fax 85 75 45 11, parc,
    « Ancien moulin sur la Seille » – 📺 ☎ ❷. 🎖 🇬🇧
    fermé 20 déc. au 20 janv., dim. d'oct. à Pâques et lundi midi – **Repas** 100/150 – ☲ 45 –
    18 ch 220/300.

🏠 **Host. Cheval Rouge**, 5 r. Alsace 🏷 85 75 21 42, Fax 85 75 44 48, 🍽 – ☎ ⬅. 🇬🇧.
    🍴 ch
    fermé 19 au 27/6, 31/12 au 17/1, dim. soir et lundi de sept. à juin, lundi soir et mardi midi en
    juil.-août – **Repas** 85/200 ⅄, enf. 50 – ☲ 35 – **14 ch** 130/270 – ½ P 200/250.

🍴🍴 **La Cotriade**, 4 r. Alsace 🏷 85 75 19 91 – ▤. ⓞ 🇬🇧
  ↠ *fermé 1ᵉʳ au 7 juil., 15 au 30 nov., mardi soir et jeudi soir sauf juil.-août* – **Repas** 64/180 ⅄,
    enf. 45.

    à Beaurepaire-en-Bresse E : 14 km par N 78 – ⌧ 71580 :

🏨 **Aub. Croix Blanche,** 🏷 85 74 13 22, Fax 85 74 13 25, 🍽, 🌿 – 📺 ☎ ❷. 🇬🇧
    fermé 25 au 30 sept., 12 au 30 nov., dim. soir et lundi sauf juil.-août – **Repas** 86/205 ⅄, enf.
    60 – ☲ 38 – **13 ch** 185/260 – ½ P 250/280.

CITROEN Gar. Chevrier, 🏷 85 75 11 56
PEUGEOT Gar. Hengy, 🏷 85 75 23 59

🅦 Bayle Pneus, Châteaurenaud 🏷 85 75 04 41
Collet Vulcopneu, Châteaurenaud 🏷 85 75 12 82
Relais Pneus, 79 r. des Bordes 🏷 85 76 01 80

La LOUPE 28240 E.-et-L. **60** ⑥ – 3 820 h alt. 208.

Paris 129 – Chartres 38 – Dreux 42 – Mortagne-au-Perche 40 – Nogent-le-Rotrou 22.

🏠 **Chêne Doré**, pl. H. de Ville 🏷 37 81 06 71 – 📺 ☎ ❷ – 🛏️ 25. 🎖 ⓞ 🇬🇧
    fermé 23 déc. au 10 janv., dim. soir et lundi – **Repas** 90/210 ⅄, enf. 50 – ☲ 32 – **12 ch**
    210/256.

CITROEN Gar. Leproust, 🏷 37 81 00 69
FIAT Gar. Malbet, 🏷 37 81 07 63
PEUGEOT Gar. Gonsard, 🏷 37 81 08 05

RENAULT St-Thibault Auto, 🏷 37 81 06 23 🅽
🏷 37 81 02 77

LOURDES 65100 H.-Pyr. **85** ⑱ G. Pyrénées Aquitaine – 16 300 h alt. 410 Grand centre de pèlerinage.

Voir Château fort★ AY : musée pyrénéen★ – Musée Grévin de Lourdes★ AZ **M¹** – Basilique
souterraine St-Pie X AYZ **B** – Pic du Jer ※★★ 1,5 km par ③ et funiculaire puis 20 mn – Le Béout
※★ 1 km par ③ et téléphérique.

🛏️ du Lac, 🏷 62 42 02 06, par ④ : 3 km.

✈ de Tarbes-Ossun-Lourdes : 🏷 62 32 92 22, par ① : 11 km.

🇧 Office Municipal de Tourisme, pl. Peyramale 🏷 62 42 77 40, Fax 62 94 60 95 - A.C. pl. Champ-Commun
🏷 62 94 15 64.

Paris 807 ① – Pau 43 ⑤ – ◆Bayonne 148 ⑤ – St-Gaudens 83 ② – Tarbes 19 ①.

Plan page suivante

🏨🏨 **Gd H. de la Grotte,** 66 r. Grotte 🏷 62 94 58 87, Télex 531937, Fax 62 94 20 50, ≤, 🍽 –
    🛗 ▤ rest 📺 ☎. 🎖 ⓞ 🇬🇧 🇯🇨🇧   AZ **y**
    14 avril-20 oct. – **Repas** 80 (déj.), 90/160 – ☲ 60 – **84 ch** 335/510 – ½ P 355/435.

🏨🏨 **Paradis** Ⓜ, 15 av. du Paradis 🏷 62 42 14 14, Fax 62 94 64 04, ≤ – 🛗 ▤ rest ☎ & ⬅ –
    🛏️ 150. 🎖 🇬🇧   AZ **n**
    1ᵉʳ avril-1ᵉʳ nov. – **Repas** 110 – ☲ 40 – **300 ch** 460/480 – ½ P 350/380.

🏨🏨 **Solitude** Ⓜ, 3 passage St-Louis 🏷 62 42 71 71, Fax 62 94 40 65, ≤ – 🛗 ▤ rest ☎ & ⬅
    – 🛏️ 100. 🎖 ⓞ 🇬🇧   AZ **s**
    1ᵉʳ mars-30 oct. – **Repas** 90 – ☲ 50 – **281 ch** 300/350, 4 appart., 8 duplex – ½ P 300/350.

🏨🏨 **Jeanne d'Arc,** 1 r. Alsace-Lorraine 🏷 62 94 35 42, Fax 62 94 96 52 – 🛗 ▤ rest ☎ & –
    🛏️ 70. 🎖 🇬🇧. 🍴 ch   AZ **w**
    1ᵉʳ avril-20 oct. – **Repas** 110 – ☲ 40 – **158 ch** 460/480 – ½ P 370/380.

🏨 **Roissy,** 16 av. Mgr Schoepfer 🏷 62 94 13 04, Fax 62 94 72 76 – 🛗 ☎ & – 🛏️ 70. 🇬🇧.
    🍴 ch   AZ **d**
    12 avril-15 oct. – **Repas** 85 – ☲ 31 – **187 ch** 369 – ½ P 300.

🏨 **Excelsior,** 83 bd Grotte 🏷 62 94 02 05, Télex 520343, Fax 62 94 82 88 – 🛗 ☎. 🎖 ⓞ 🇬🇧
    🇯🇨🇧   AY **h**
    7 avril-25 oct. – **Repas** 110/125 – ☲ 42 – **79 ch** 320/430 – ½ P 320.

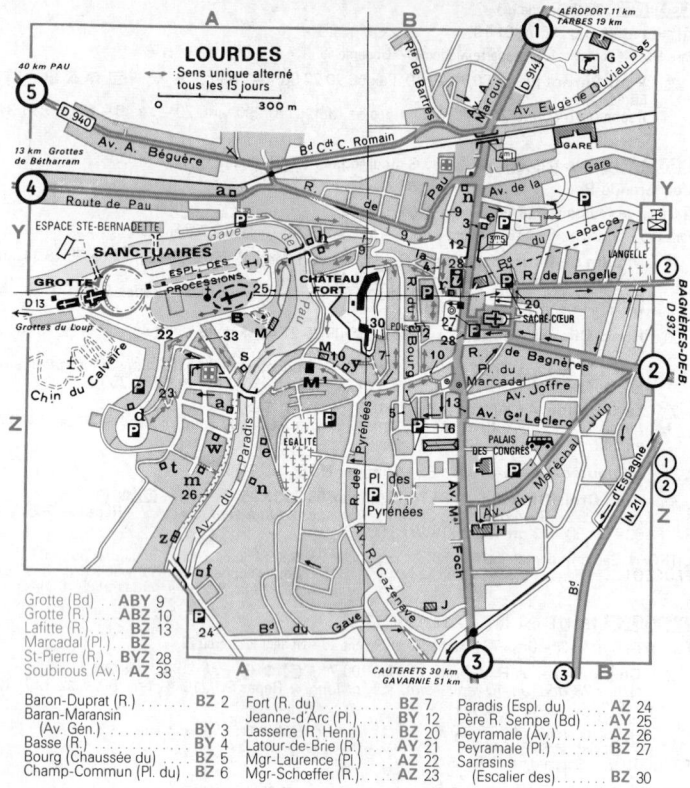

LOURDES
← : Sens unique alterné tous les 15 jours

Grotte (Bd)	**ABY** 9	
Grotte (R.)	**ABZ** 10	
Lafitte (R.)	**BZ** 13	
Marcadal (Pl.)	**BZ**	
St-Pierre (R.)	**BYZ** 28	
Soubirous (Av.)	**AZ** 33	

Baron-Duprat (R.)	**BZ** 2	Fort (R. du)	**BZ** 7	Paradis (Espl. du)	**AZ** 24
Baran-Maransin (Av. Gén.)	**BY** 3	Jeanne-d'Arc (Pl.)	**BY** 12	Père R. Sempe (Bd)	**AY** 25
Basse (R.)	**BY** 4	Lasserre (R. Henri)	**BZ** 20	Peyramale (Av.)	**AZ** 26
Bourg (Chaussée du)	**BZ** 5	Latour-de-Brie (R.)	**AY** 21	Peyramale (Pl.)	**BZ** 27
Champ-Commun (Pl. du)	**BZ** 6	Mgr-Laurence (Pl.)	**AZ** 22	Sarrasins (Escalier des)	**BZ** 30
		Mgr-Schœffer (R.)	**AZ** 23		

🏨 **Alba**, 27 av. Paradis ℰ 62 94 16 16, Télex 530114, Fax 62 94 54 52, ≤, 🏖 – 🛗 ▤ rest ☎ ⟵ ሌ – 🔬 25 à 80. 🖭 🖭 🗺
3 avril-fin oct. – **Repas** 72/137 – � 36 – **161 ch** 315/399 – ½ P 315.
AZ **f**

🏨 **Christ-Roi**, 9 r. Mgr Rhodain ℰ 62 94 24 98, Fax 62 94 17 65 – 🛗 ▤ rest ☎ ሌ ⟵. 🖭 🖭 🖭 ✻ rest
Pâques-15 oct. – **Repas** 74/80 ⅃ – ⊒ 30 – **180 ch** 340 – ½ P 280.
AZ **t**

🏨 **Espagne** 🅼, 9 av. Paradis ℰ 62 94 50 02, Télex 520066, Fax 62 94 58 15, ≤ – 🛗 ▤ rest ☎ ሌ – 🔬 25. 🖭 🖭 ✻ rest
Pâques-30 oct. – **Repas** 94/100 – ⊒ 34 – **129 ch** 442 – ½ P 294.
AZ **e**

🏨 **Ambassadeurs**, 66 bd Grotte ℰ 62 94 32 85, Fax 62 94 46 90 – 🛗 ☎ 🅿 🖭 🖭 🖭 ✻ rest
Pâques-1ᵉʳ nov. – **Repas** 118/245 – ⊒ 60 – **49 ch** 275/470 – ½ P 335/353.
AY **h**

🏨 **Miramont**, 40 av. Peyramale ℰ 62 94 70 00, Télex 520841, Fax 62 94 50 17, ≤ – 🛗 ▤ rest 📺 ☎. 🖭 🖭 ✻ rest
1ᵉʳ avril-30 oct. – **Repas** 85 ⅃ – ⊒ 35 – **94 ch** 330/460 – ½ P 320/360.
AZ **z**

🏨 **Christina**, 42 av. Peyramale ℰ 62 94 26 11, Télex 531062, Fax 62 94 97 09, ≤, 🏖 – 🛗 ☎ ⟵. 🔬 🖭 🖭 🖭
mi-avril-mi-oct. – **Repas** 110/150, enf. 70 – ⊒ 40 – **210 ch** 268/379 – ½ P 300.
AZ **z**

🏨 **Aneto**, 5 r. St Félix ℰ 62 94 23 19 – 🛗 ☎. 🖭 🖭 ✻ rest
1ᵉʳ avril-30 oct. – **Repas** 85 ⅃ – ⊒ 35 – **80 ch** 240/360 – ½ P 270/300.
AZ **m**

🏨 **N.-D. de France**, 8 av. Peyramale ℰ 62 94 91 45, Fax 62 94 57 21, ≤ – 🛗 ▤ rest 🕾. 🖭 🖭 ✻ rest
12 avril-12 oct. – **Repas** 85/95 – ⊒ 32 – **76 ch** 280/370, 3 duplex – ½ P 290.
AZ **a**

🏨 **Campanile**, rte Tarbes par ① ℰ 62 94 07 07, Fax 62 94 77 31, 🏖 – ⅊ ch, ▤ rest 📺 ☎ ሌ 🅿 – 🔬 25. 🖭 🖭 🖭
Repas 82 bc/105 bc, enf. 39 – ⊒ 30 – **49 ch** 270.

🏠 **Acropolis,** 5 bd Grotte ℰ 62 94 23 18, Fax 62 94 96 20 – |≣| ☎, 🖭 ⅁⅁ ፠ rest   BY   **n**
➡ *1er avril-15 oct.* – **Repas** 68/100 ⅄ – ☲ 35 – **25 ch** 225/300 – ½ P 215/240.

🏠 **Majestic,** 9 av. Maransin ℰ 62 94 27 23, Télex 532974, Fax 62 94 64 91 – |≣| ፠ ch,   BY
➡ ≣ rest ☎. ⅁⅁   **e**
1er avril-15 oct. – **Repas** 50/85, enf. 40 – ☲ 29 – **35 ch** 180/260 – ½ P 200/220.

🏠 **N.-D.-de Lorette,** 12 rte Pau ℰ 62 94 12 16 – |≣| ☎ 🅿 ፠   AY   **a**
9 avril.-15 oct. – **Repas** 86/90 – ☲ 24 – **20 ch** 120/218 – ½ P 179/212.

🍽 **Le Magret,** 10 r. 4 Frères Soulan ℰ 62 94 20 55 – 🖭 ⑩ ⅁⅁ ⃣JCB   BY   **r**
➡ *fermé 2 au 10 janv., sam. midi et lundi* – **Repas** 75/250.

à Saux par ① : 3 km – ✉ **65100** Lourdes :

❌❌❌ **Le Relais de Saux** ⌂ avec ch, ℰ 62 94 29 61, Fax 62 42 12 64, ≤, 🏡, 🌲 – 🖭 ☎ 🅿. 🖭
⑩ ⅁⅁. ፠
Repas 140 (déj.), 180/310 et carte 240 à 310 – ☲ 45 – **7 ch** 500/600 – ½ P 425/475.

à Adé par ① : 4,5 km – 637 h. – ✉ **65100** :

🏨 **Le Virginia,** ℰ 62 94 66 18, Fax 62 94 61 32, 🌲 – |≣| 🖭 ☎ 🅿. 🖭 ⅁⅁
Repas 95/160, enf. 50 – ☲ 34 – **45 ch** 260/350 – ½ P 240/340.

🏠 **Dupouey-Lopez,** ℰ 62 94 29 62, Fax 62 94 60 32, 🏡 – ☎ ⅄ 🅿. ⅁⅁. ፠
➡ *fermé 20 déc. au 1er fév. et lundi de déc. à mai sauf vacances scolaires* – **Repas** 57/185, enf.
40 – ☲ 25 – **37 ch** 145/240 – ½ P 160/220.

à Orincles NE : 12 km par D 937 et D 407 – ✉ **65380** :

🏠 **Miramont** ⌂ sans rest, ℰ 62 45 41 02, ⛱, 🌲 – ☎ 🅿. ⅁⅁
☲ 26 – **10 ch** 230.

CITROEN T.D.A., rte de Tarbes par ①   Gar. Allué, 27 av. A.-Marqui ℰ 62 94 07 23
ℰ 62 94 32 32   Gar. Preher, 32 r. de Pau ℰ 62 94 10 00
FORD Gar. Fabre, 46-48 av. A.-Marqui   Gar. Vincent, 4 av. A.-Béguère ℰ 62 94 07 89
ℰ 62 42 11 11
NISSAN Gar. Raoux, 14 av. A.-Marqui   🝙 Bigorre Pneu Vulcopneu, 27 av. F.-Lagardère
ℰ 62 94 23 08   ℰ 62 94 06 70
PEUGEOT Gar. Boutes, 102 av. A.-Marqui par ①
ℰ 62 94 75 68

LOURMARIN 84160 Vaucluse 🎱🎱 ③ 🎴🎴 ② G. Provence – 1 108 h alt. 230.

Voir Château★ – Cadenet : fonts baptismaux★ dans l'église N : 5 km.

🛈 Office de Tourisme, av. Ph.-de-Girard (avril-oct.) ℰ 90 68 10 77.

Paris 735 – Digne-les-Bains 111 – Apt 18 – Aix-en-Provence 33 – Cavaillon 31 – Manosque 42 – Salon-de-Provence 33.

🏨🏨 **Le Moulin de Lourmarin** 🅼 ⌂, r. Temple ℰ 90 68 06 69, Fax 90 68 31 76, ≤, 🏡 – |≣|
≣ 🖭 ☎. 🖭 ⑩ ⅁⅁ ⃣JCB
fermé début janv. à mi-fév. – **Repas** *(fermé mardi hors sais.)* 180/350 – ☲ 85 – **17 ch**
750/1900, 3 appart – ½ P 800/950.

🏨 **De Guilles** ⌂, rte Vaugines : 2 km ℰ 90 68 30 55, Fax 90 68 37 41, ≤, 🏡, « Mas
provençal au milieu des vignes et vergers », ⛱, 🌲, ፠ – 🖭 ☎ 🅿 – ⅄ 25. 🖭 ⅁⅁
fermé 6 nov. au 15 déc. et 3 janv. au 17 fév. – **L'Agneau Gourmand** ℰ 90 68 21 04 *(fermé
merc. sauf le soir en juil.-août et jeudi midi)* **Repas** 140(déj.),170/280, enf. 85 – ☲ 60 – **28 ch**
390/590 – ½ P 430/530.

❌❌❌ ❀ **La Fenière** (Mme Sammut), r. Grand Pré ℰ 90 68 11 79, Fax 90 68 18 60 – ≣. 🖭 ⑩
⅁⅁
*fermé 1 au 5/3, 26/6 au 2/7, 2 au 8/10, 18 au 25/12, mardi midi en juil.-août, dim. soir de
sept. à juin et lundi* – **Repas** 180/480 et carte 340 à 450
Spéc. Chaud et froid de loup rôti aux artichauts violets. Parmentier de pieds et ris d'agneau aux cocos frais et
aubergines. Calissons glacés, coulis d'abricot à l'amande amère.

LOURY 45470 Loiret 🎱🎱 ⑲ ⑳ – 1 810 h alt. 126.

Paris 106 – ◆Orléans 20 – Chartres 72 – Châteauneuf-sur-Loire 19 – Étampes 56 – Pithiviers 24.

🍽 **Relais de la Forge** avec ch, N 152 ℰ 38 65 60 27, Fax 38 52 77 56, 🌲 – 🖭 ☎ ⃕ 🅿.
➡ ⅁⅁
fermé 2 au 15 janv., dim. soir et lundi – **Repas** 80/235 ⅄, enf. 50 – ☲ 35 – **6 ch** 180/220.

LOUVECIENNES 78 Yvelines 🎱🎱 ⑳, 🎴🎴🎴 ⑬ – voir à Paris, Environs.

LOUVETOT 76490 S.-Mar. 🎱🎱 ⑬ 🎴🎴 ⑨ 🎱🎱 ⑤ – 562 h alt. 143.

Paris 171 – ◆Le Havre 48 – ◆Rouen 44 – Bolbec 18 – Fécamp 34 – Yvetot 7,5.

🏠 **Au Grand Méchant Loup,** carr. D 131 - D 33 ℰ 35 95 46 56, Fax 35 95 33 73 – 🖭 ☎ ⅄
➡ 🅿 – ⅄ 60. 🖭 ⅁⅁
Repas *(fermé vend. soir, sam. midi et dim. soir)* 73/146 ⅄, enf. 40 – ☲ 30 – **24 ch** 240/260 –
½ P 226.

☞ *Les pastilles numérotées des plans de ville* ①, ②, ③
sont répétées sur les cartes Michelin à 1/200 000.

Elles facilitent ainsi le passage entre les cartes et les guides Michelin.

64260 Pyr.-Atl. 85 ⑯ – 1 014 h alt. 412.

Paris 800 – Pau 26 – Laruns 11 – Lourdes 41 – Oloron-Ste-Marie 21.

Forestière ⑤, rte Pau ℰ 59 05 62 28, Fax 59 05 75 74, ≤, 余, 屛 – ☎ ℗, AE ⓪ GB
fermé janv. – **Repas** 90/250, enf. 50 – ☑ 50 – **13 ch** 280/450 – ½ P 380/450.

Dhérété ⑤, ℰ 59 05 61 01, Fax 59 05 79 25, ≤, 屛 – ☎ 🚗 ℗, AE GB JCB, ⚙
fermé 15 oct. au 15 déc., dim. soir et lundi – **Repas** 85/175 – ☑ 28 – **18 ch** 165/310 –
½ P 270/280.

FORD Gar. Loustaunau, ℰ 59 05 84 87

PEUGEOT Gar. Bersans, ℰ 59 05 62 14 Ⓝ
ℰ 59 05 62 14

27400 Eure 55 ⑯ ⑰ G. Normandie Vallée de la Seine – 18 658 h alt. 15.

Voir Église N.-Dame★ : oeuvres d'art★ BY.

du Vaudreuil (privé) ℰ 32 59 02 60, NE par ② : 6,5 km.

🅱 Office de Tourisme 10 r. Mar.-Foch ℰ 32 40 04 41.

Paris 108 ③ – ◆Rouen 31 ② – Les Andelys 22 ③ – Bernay 51 ⑤ – Lisieux 74 ⑤ – Mantes-la-Jolie 51 ③.

LOUVIERS

Anc. Combattants d'Afrique du N. (R.).	BY 2	Mendès-France (R. P.) .	AY 15
Beaulieu (R. de).	AZ 3	Pénitents (R. des) .	BY 16
Foch (R. Mar.) .	BZ 7	Citadelle (R. de la)	AY 5	Porte-de-l'Eau (Pl.) .	BY 17
Gaulle (R. Gén.-de) .	AZ 8	Dr-Postel (Av. du) .	BZ 6	Poste (R. de la) .	BY 18
Matrey (R. du) .	AZ 14	Halle aux Drapiers (Pl.).	AZ 9	St-Jean (R.) .	BZ 21
Quai (R. du) .	BY	Jaurès (Pl. Jean) .	BZ 13	Thorel (Pl. E.) .	AY 22
				Vexin (Chaussée du) .	AY 24

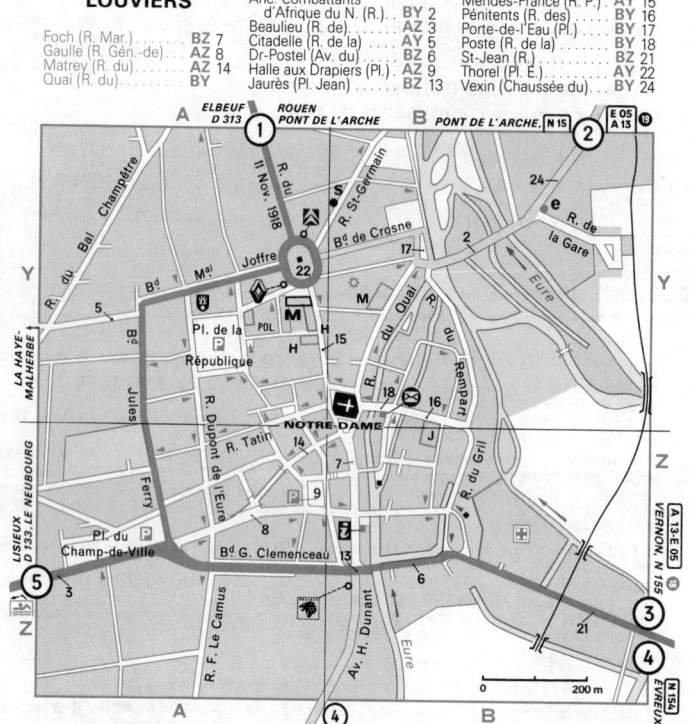

Pré-St-Germain M, 7 r. St-Germain ℰ 32 40 48 48, Fax 32 50 75 60, 余 – 🛗 ☑ ☎ & ℗
– 🛡 100. AE ⓪ GB   BY s
Repas *(fermé sam. midi et dim. soir)* 95/240 bc, enf. 70 – ☑ 40 – **34 ch** 450/560 – ½ P 335.

Mercure Val de Reuil M, par ② : 3,5 km près échangeur A 13 - N 15 (Louviers Nord)
⌨ 27100 Val de Reuil ℰ 32 59 09 09, Fax 32 59 56 54, 余, ⤬, ⚙ – 🛗 ↔ ch, 🍽 rest ☑
☎ & ℗ – 🛡 100. AE ⓪ GB JCB – **Repas** carte environ 130 ⬥, enf. 38 – ☑ 49 – **58 ch**
395/450.

Clos Normand, 16 r. Gare ℰ 32 40 03 56, Fax 32 40 61 24 – AE GB   BY e
Repas 98/170.

à St-Pierre-du-Vauvray par ② : 8 km – ⌨ 27430 :

Host. St-Pierre ⑤, bords de Seine ℰ 32 59 93 29, Fax 32 59 41 93, ≤, 屛 – 🛗 ☑ ☎ ℗.
AE ⓪ GB
15 mars-15 nov. – **Repas** *(fermé mardi midi et lundi sauf du 10 avril au 15 sept.)* 135 (déj.),
195/295, enf. 85 – ☑ 60 – **14 ch** 620/840 – ½ P 500/625.

à Vironvay par ③ : 5 km – ✉ **27400** .

Voir Église★.

XXX **Les Saisons** avec ch, ℰ 32 40 02 56, Fax 32 25 05 26, 🌤, « Pavillons dans un jardin »,
🍽 – 📺 ☎ & 🅿 – 🔬 30. 🖭 ① GB. 🛇
fermé 7 au 28 août, 27 fév. au 6 mars, dim. soir et lundi – **Repas** 160/220 et carte 300 à 390 –
🖵 60 – **12 ch** 500/750, 4 appart – ½ P 760/860.

à Acquigny par ④ : 5 km – ✉ **27400** :

XX **L'Hostellerie,** sur D 71 ℰ 32 50 20 05, Fax 32 50 56 04, 🌤 – 🅿. GB
fermé 1er au 21 août, dim. soir et lundi – **Repas** 120.

CITROEN Cambour Autom., 4 pl. E.-Thorel
ℰ 32 40 37 01
PEUGEOT Gar. Dubreuil, 4 pl. J.-Jaurès
ℰ 32 40 02 28

RENAULT Gar. Duchemin, 1 pl. E.-Thorel
ℰ 32 40 15 97 🅽 ℰ 32 25 12 50

🅖 Marsat Pneus, 49 rte de paris ℰ 32 40 21 16

LOUVIGNÉ 53 Mayenne 🄚🄚 ⑩ – rattaché à Laval.

LOUVIGNY 14 Calvados 🄚🄚 ⑪ – rattaché à Caen.

LOYETTES 01360 Ain 🄖🄖 ⑬ – 2 256 h alt. 193.

Paris 485 – ◆Lyon 36 – Bourg-en-Bresse 56 – Bourgoin-Jallieu 28 – La Tour-du-Pin 41 – Vienne 46.

XXX ✿ **Terrasse** (Antonin), pl. Église ℰ 78 32 70 13, Fax 78 32 73 32, ≤, 🌤 – 🖭 GB
fermé 15 au 29 fév., dim. soir et lundi – **Repas** 180/400 et carte 250 à 380
Spéc. Foie gras de canard en terrine aux fruits poivrés. Champignons (automne). Gibier (saison). **Vins** Seyssel,
Chiroubles.

LUBBON 40240 Landes 🄖🄖 ⑫ ⑬ – 99 h alt. 147.

Paris 689 – Mont-de-Marsan 49 – Aire-sur-l'Adour 61 – Condom 41 – Nérac 35.

🛏 **Le Bon Coin ''Chez Jeanne'',** D 933 ℰ 58 93 60 43, Fax 58 93 61 42, 🏊, 🌳 – ☎ 🅿. 🖭
GB 🄹🄲🄱. 🛇 ch
fermé 8 au 30 sept., 5 au 20 janv., vend. soir et sam. sauf juil.-août – **Repas** 65/200 🦪, enf. 40
– 🖵 25 – **7 ch** 180/220 – ½ P 200.

Le LUC 83340 Var 🄖🄚 ⑯ **G. Côte d' Azur** – 6 929 h alt. 168.

🅱 Office de Tourisme, pl. de la Convention ℰ 94 60 74 51 et à la Mairie (hors saison) ℰ 94 60 70 03, Fax 94 60
93 67.

Paris 840 – Fréjus 39 – Cannes 75 – Draguignan 28 – St-Raphaël 42 – Ste-Maxime 44 – ◆Toulon 58.

XX **Le Gourmandin,** pl. L. Brunet ℰ 94 60 85 92, Fax 94 47 91 10 – 🍽. 🖭 GB
fermé 27 août au 8 sept., vacances de fév., dim. soir et lundi – **Repas** (nombre de couverts
limité - prévenir) 98 (déj.), 135/220.

à l'Ouest : 4 km par N 7 – ✉ **83340** Le Luc :

🏨 **La Grillade au Feu de Bois** ⌂, ℰ 94 69 71 20, Fax 94 59 66 11, ≤, 🌤, parc, antiquités,
🏊 – 🛎 📟 rest 📺 ☎ 🅿. GB
Repas (nombre de couverts limité - prévenir) 180/250 – 🖵 50 – **15 ch** 400/550.

LUCÉ 28 E.-et-L. 🄚🄚 ⑦ – rataché à Chartres.

LUC-EN-DIOIS 26310 Drôme 🄖🄖 ⑭ – 478 h.

Paris 648 – Valence 85 – Die 19 – Gap 75 – ◆Grenoble 95.

🏨 **du Levant,** ℰ 75 21 33 30, Fax 75 21 31 42, 🏊, 🌳 – 📟 🅿. GB
1er avril-1er nov. – **Repas** 65 (déj.), 89/169 – 🖵 32 – **17 ch** 160/280 – ½ P 210/250.

LUCHÉ-PRINGÉ 72800 Sarthe 🄖🄚 ③ **G. Châteaux de la Loire** – 1 486 h alt. 34.

Paris 239 – Angers 65 – ◆Le Mans 37 – La Flèche 13 – ◆Le Lude 9,5.

🏨 **Aub. du Port des Roches** ⌂, au Port des Roches E : 2 km par D 13 et D 214
ℰ 43 45 44 48, Fax 43 45 39 61, 🌳 – ☎ 🅿. GB. 🛇
fermé dim. soir et lundi sauf juil.-août – **Repas** 135/160 – 🖵 32 – **12 ch** 210/300 –
½ P 250/300.

LUCHON 31 H.-Gar. 🄚🄚 ⑳ – voir **Bagnères-de-Luchon.**

LUÇON 85400 Vendée 🄖🄚 ⑪ **G. Poitou Vendée Charentes** – 9 099 h alt. 10.

Voir Cathédrale N.-Dame★ – Jardin Dumaine★.

🅱 Office de Tourisme square E.-Herriot ℰ 51 56 36 52.

Paris 433 – La Rochelle 40 – La Roche-sur-Yon 32 – Cholet 86 – Fontenay-le-Comte 32.

XX **Boeuf Couronné** avec ch, rte de la Roche-sur-Yon : 2 km ℰ 51 56 11 32,
Fax 51 56 98 25 – 📺 ☎ 🅿. 🖭 ① GB
fermé dim. soir et lundi – **Repas** 70/173 – 🖵 29 – **4 ch** 260.

XX **La Mirabelle,** 35 r. de Gaulle ℰ 51 56 93 02, Fax 51 56 35 92 – GB
fermé vacances de Toussaint, de fév., sam. midi et mardi – **Repas** (nombre de couverts
limité, prévenir) 75/250, enf. 40.

CITROEN Gar. Murs, 99 av. Mar. de Lattre-de-Tassigny ℰ 51 56 01 29
FORD Gar. Marratier, 2, quai Ouest ℰ 51 56 01 17
PEUGEOT Gar. Grelé, rte des Sables ℰ 51 56 04 71
🅽 ℰ 51 36 90 50

RENAULT Gar. Rallet, 162 av. Mar.-de-Lattre-de-Tassigny ℰ 51 56 18 21

LUC-SUR-MER 14530 Calvados 🐾 ⑯ G. Normandie Cotentin – 2 902 h alt. 10 – Casino .

Voir Parc municipal★.

🛈 Office de Tourisme r. Dr-Charcot ℰ 31 97 33 25.

Paris 253 – ◆Caen 15 – Arromanches-les-Bains 21 – Bayeux 29 – Cabourg 29.

🏛 **Thermes et du Casino,** ℰ 31 97 32 37, Fax 31 96 72 57, ≤, 🌿, ⅃, 🐎 – 🛗 📺 ☎ ♿ ♇ –
🔏 50. 🆎 ⑩ 🆖
début avril-début nov. – **Repas** 125/260, enf. 65 – ⊒ 45 – **48 ch** 380/480 – ½ P 340/395.

Le LUDE 72800 Sarthe 🐾 ③ G. Châteaux de la Loire – 4 424 h alt. 48.

Voir Château★★ (spectacle son et lumière).

🛈 Office de Tourisme pl. F.-de-Nicolay ℰ 43 94 62 20, fax 43 94 48 46.

Paris 244 – ◆Le Mans 44 – Angers 74 – Chinon 63 – La Flèche 20 – Saumur 50 – ◆Tours 50.

🏛 **Maine,** 17 av. Saumur ℰ 43 94 60 54, Fax 43 94 19 74, 🐎 – ✜ ch 📺 ☎ ♇ – 🔏 30. 🆖
fermé vend. soir et sam. midi d'oct. à avril – **Repas** 105/220 ⅃, enf. 45 – ⊒ 35 – **24 ch**
190/250 – ½ P 280/300.

RENAULT Gar. Charpentier, av. de Talhouet
ℰ 43 94 63 13 🅽 ℰ 43 77 99 70

VAG Gar. Grosbois, à La Pointe ℰ 43 94 60 89

No se ponga en camino sin conocer la duración de su viaje.

El mapa Michelin nº 🔢 *es "el mapa para ganar tiempo".*

LUGON ET L'ILE-DU-CARNEY 33 Gironde 🔢 ⑧ – 1 026 h – ✉ **33240** St-André-de-Cubzac.

Paris 566 – ◆Bordeaux 30 – Libourne 11,5 – Saint-André-de-Cubzac 9,5.

🏛 **Host. Château du Vieux Raquine** ⚘ *sans rest,* S : 0,8 km par D 138 et VO
ℰ 57 84 42 77, Fax 57 84 83 77, ≤, 🐎 – ☎ ♇. 🆖. 🎱
⊒ 50 – **10 ch** 430/600.

LUGOS 33830 Gironde 🔢 ③ – 476 h alt. 35.

Paris 645 – ◆Bordeaux 62 – Arcachon 41 – ◆Bayonne 139.

La Bonne Auberge ⚘, ℰ 57 71 95 28, Fax 57 71 94 32, 🌿, 🐎 – ♇. 🆖
◆ *fermé nov. et lundi hors sais.* – **Repas** 70/190 – ⊒ 25 – **12 ch** 180/240 – ½ P 230.

LUGRIN 74500 H.-Savoie 🔢 ⑱ – 2 025 h alt. 411.

Voir Site★ de Meillerie E : 4 km, G. Alpes du Nord.

Paris 584 – Thonon-les-Bains 15 – Annecy 89 – Évian-les-Bains 6 – St-Gingolph 11.

🏠 **Tour Ronde,** à Tourronde NO : 1,5 km ℰ 50 76 00 23, ≤ – 🛗 ☎ ♇. 🆖. 🎱 rest
◆ *1er mars-mi-oct. et fermé dim. soir et lundi de mars à mai* – **Repas** 78/170 – ⊒ 26 – **25 ch**
150/260 – ½ P 180/215.

LULLIN 74470 H.-Savoie 🔢 ⑰ – 549 h alt. 850 – Sports d'hiver : 1 050/1 350 m ⚡4 🎿.

Paris 575 – Thonon-les-Bains 17 – Annecy 69 – Bonneville 40 – ◆Genève 45.

🏠 **Poste,** ℰ 50 73 81 10, Fax 50 73 84 45, 🐎 – ☎ ♇. 🆖. 🎱
◆ *hôtel : 24 mai-18 sept. et 20 déc.-1er mai ; rest : 28 mai-fin sept.-20 déc.-18 avril et fermé
lundi hors sais.* – **Repas** 75/120 ⅃ – ⊒ 30 – **23 ch** 200/240 – ½ P 220/230.

LUMBRES 62380 P.-de-C. 🔢 ③ – 3 944 h alt. 47.

Paris 258 – ◆Calais 42 – Aire-sur-la-Lys 27 – Arras 77 – Boulogne-sur-Mer 39 – Hesdin 42 – Montreuil 43 – St-Omer 10.

🏛 ❀ **Moulin de Mombreux** (Gaudry) Ⓜ ⚘, O : 2 km par N 42 et VO 16 ℰ 21 39 62 44,
Fax 21 93 61 34, parc – 📺 ☎ ♿ ♇ – 🔏 25. 🆎 ⑩ 🆖
fermé 20 au 29 déc. – **Repas** (dim. prévenir) 200 bc/530 bc et carte 310 à 380 – ⊒ 59 –
24 ch 500/700
Spéc. Salade tiède de homard breton aux artichauts. Dos de bar croûté de basilic, copeaux d'ail. Filet de boeuf à la
ficelle sur une compote de joue de boeuf.

RENAULT Gar. Basquin, rte Nationale ℰ 21 39 64 25

LUNEL 34400 Hérault 🔢 ⑧ – 18 404 h alt. 11.

🛈 Office de Tourisme pl. Martyrs-de-la-Résistance ℰ 67 87 83 97.

Paris 739 – ◆Montpellier 23 – Aigues-Mortes 16 – Alès 55 – Arles 57 – Nîmes 31.

🏛 **Via Domitia** Ⓜ, av. Louis Lumière par rte Nîmes 1,5 km ℰ 67 83 11 55, Fax 67 71 02 19,
🌿, ⅃ – 🛗 ✜ ch 🍽 📺 ☎ ♿ ♇ – 🔏 40. 🆎 ⑩ 🆖
Repas 89/135 ⅃ – ⊒ 30 – **60 ch** 305 – ½ P 265.

XX **Chodoreille,** 140 r. Lakanal ℘ 67 71 55 77, 🍴 – 🗏. 🆎 ㏉
fermé 1ᵉʳ au 15 juil., dim. sauf midi de sept. à mai – **Repas** 115/300.

X **La Toque,** 173 bd Sarrail, rte Sommières ℘ 67 83 19 38 – 🗏. 🆎 ㏉. ⚙
fermé juil., 23 déc. au 3 janv., dim. soir et lundi – **Repas** 90 bc/155 ⅃.

CITROEN Gar. Brunel, 121 r. Boutonnet
℘ 67 71 11 48
FORD Fenouillet Autom., av. du Vidourle, rte de
Nîmes ℘ 67 83 02 12
RENAULT Gar. Autovia, rte de la Mer
℘ 67 71 00 06

VAG Gar. des Fournels, rte de Montpellier, ZI
℘ 67 71 10 59

🛞 Lunel Pneus, ZI Fournels, rte de Montpellier
℘ 67 71 14 95
Mateu, 103 bd Gén.-de-Gaulle ℘ 67 71 11 75

LUNÉVILLE ◁🆂🅿▷ 54300 M.-et-M. 🔠 ⑥ G. Alsace Lorraine – 20 711 h alt. 230.

Voir Château★ A – Parc des Bosquets★ AB – Boiseries★ de l'église St-Jacques A.

🛈 Office de Tourisme au Château ℘ 83 74 06 55, Fax 83 73 57 95.

Paris 339 ④ – ◆Nancy 36 ④ – Épinal 64 ③ – ◆Metz 94 ① – Neufchâteau 79 ④ – St-Dié 51 ② – ◆Strasbourg 127 ②.

LUNÉVILLE

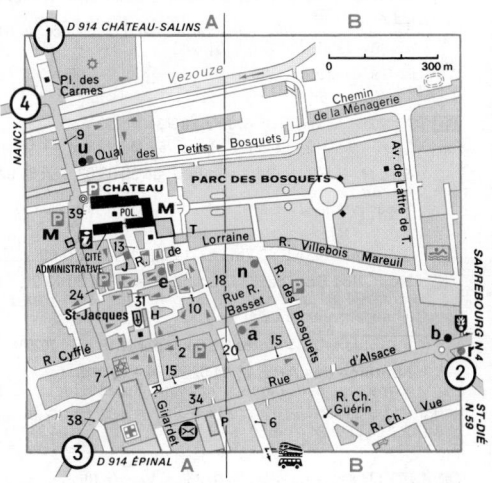

🏨 **Oasis** 🅼 sans rest, 3 av. Voltaire ℘ 83 73 52 85, Fax 83 73 46 63 – 🛗 ⇆ ch 📺 ☎ 🅿 –
🔬 25. 🆎 ㏉
🖵 35 – **30 ch** 240/285.   B b

🏨 **des Pages** sans rest, 5 quai Petits Bosquets ℘ 83 74 11 42, Fax 83 73 46 63 – 🛗 ⇆ ch
📺 ☎ 🅿 – 🔬 40. 🆎 ㏉   A u
🖵 35 – **31 ch** 220/250.

XX **Le Voltaire** avec ch, 8 av. Voltaire ℘ 83 74 07 09, Fax 83 74 41 28, 🍴, 🌳 – 📺 ☎.
㏉   B r
fermé 26 juil. au 16 août, dim. soir et lundi – **Repas** 69 (déj.), 96/160 ⅃ – 🖵 32 – **10 ch**
190/220.

XX **Floréal,** 1 pl. Léopold (1ᵉʳ étage) ℘ 83 73 39 80, Fax 83 73 39 80 – 🆎 ㏉   B a
⬩ *fermé 31 juil. au 7 août, 31 déc. au 8 janv., dim. soir et lundi* – **Repas** 75/140 ⅃, enf. 45.

X **Marie Leszczynska,** 30 r. Lorraine ℘ 83 73 11 85 – 🆎 ㏉   A e
fermé 24 déc. au 2 janv., dim. soir et lundi – **Repas** 85/200 ⅃.

X **Les Bosquets,** 2 r. Bosquets ℘ 83 74 00 14 – 🆎 ㏉   B n
fermé 17 au 31 août, merc. soir et sam. – **Repas** 89/189 ⅃.

X **Le Petit Comptoir,** 5 quai Petits Bosquets ℘ 83 73 14 55, Fax 83 73 46 63 – 🅿. 🆎 ㏉
fermé 7 au 13 août, 24 au 30 déc. et dim. – **Repas** 95 et carte le sam. soir ⅃.   A u

à Moncel-lès-Lunéville par ② : 2,5 km – ✉ 54300 :

XX **Relais St Jean,** N 59 ℘ 83 74 08 65 – 🗏 🅿. 🆎 ㏉
fermé 10 juil. au 2 août, dim. soir et vend. – **Repas** 89/260 ⅃, enf. 45.

à l'Échangeur Lunéville-Z.I. par ② : 3 km – ✉ 54300 Moncel-lès-Lunéville :

🏨 **Acacia** 🅼, ℘ 83 73 49 00, Fax 83 73 46 51 – 📺 ☎ ⅙ 🅿. 🆎 ㏉
⬩ **Repas** 75/130 ⅃ – 🖵 28 – **42 ch** 210/260 – ½ P 225/255.

au Sud par ③ puis av. G. Pompidou et cités Ste-Anne : 5 km – ⊠ **54300** Lunéville :

XXX ❀ **Château d'Adomenil** (Million) Ⓜ ⤶ avec ch, ℰ 83 74 04 81, Fax 83 74 21 78, 🏤, « Parc » – 🔟 ☎ 🅿 – 🔏 25. 🕮 ⓪ ☷ 🎴
fermé 18 fév. au 6 mars, dim. soir du 1/11 au 15/4, lundi sauf le le soir du 16/4 au 31/10 et mardi midi – **Repas** (nombre de couverts limité-prévenir) 240/450 et carte 320 à 430, enf. 95 –
☲ 65 – **8 ch** 580/850 – ½ P 690/840
Spéc. Salade de pigeon fermier en sauce de coriandre. Dos de sandre aux petits lardons et gris de Toul. Crêpes soufflées à la mirabelle, glace caramel. **Vins** Côtes de Toul.

CITROEN Nouveau Gar., ZA "Ecosseuse" à
Moncel-lès-Lunéville par ② ℰ 83 73 00 75
OPEL Gar. du Champ de Mars, à Chanteheux
ℰ 83 74 11 13

RENAULT SODIAL, 95 fg de Menil par ③
ℰ 83 74 15 01 Ⓝ ℰ 83 76 51 80

LURBE-ST-CHRISTAU 64660 Pyr.-Atl. 🎰 ⑥ G. Pyrénées Aquitaine – 214 h alt. 330 – Stat. therm. à St-Christau.

Paris 833 – Pau 43 – Laruns 30 – Lourdes 60 – Oloron-Sainte-Marie 10 – Tardets-Sorholus 28.

🏨 **Au Bon Coin** Ⓜ, rte des Thermes ℰ 59 34 40 12, Fax 59 34 46 40, ☝, 🐎 – 🔟 ☎ 🕭 🅿 –
🔏 25. 🕮 ☷
fermé 1ᵉʳ au 21 fév., dim. soir et mardi du 1ᵉʳ oct. au 31 mars – **Repas** 85/200 ⅃, enf. 40 –
☲ 35 – **18 ch** 280/360 – ½ P 240.

CITROEN Gar. Camsouzou, à Asasp Arros
ℰ 59 34 41 57 Ⓝ ℰ 59 34 41 57

RENAULT Gar. Grégoire, à Sarrance ℰ 59 34 54 74
Ⓝ ℰ 59 34 54 85

LURE 70200 H.-Saône 🎰 ⑥ G. Jura – 8 843 h alt. 292.

Paris 380 – ◆ Besançon 83 – Belfort 32 – Épinal 75 – Montbéliard 34 – Vesoul 31.

🏠 **Eric H.** Ⓜ, 92 av. République ℰ 84 30 03 03, Fax 84 62 76 62 – 📳 🔟 ☎ 🕭 🅿 – 🔏 30. 🕮
➠ ⓪ ☷
Repas (fermé vend. soir, sam. midi et dim. soir) 55/130 ⅃, enf. 35 – ☲ 30 – **40 ch** 200/230 –
½ P 160.

à Froideterre NE : 3 km par rte du Thillot et D 99 – ⊠ **70200** :

XX **Host. des Sources,** 4 r. Grand Bois ℰ 84 30 13 91, Fax 84 30 29 87, 🏤 – 🅿. ☷. ✽
fermé 24 juil. au 8 août, 22 janv. au 5 fév., sam. midi et lundi – **Repas** (nombre de couverts limité, prévenir) 85/255, enf. 50.

à Amblans-et-Velotte O : 6 km par N 19 – ⊠ **70200** :

X **Fontaine des Arts,** ℰ 84 62 70 64 – 🅿. ☷
fermé sam. midi, dim. soir et lundi – **Repas** 55 (déj.), 95/200 ⅃, enf. 45.

RENAULT Mauffrey Frères, rte de Belfort
ℰ 84 30 20 00 Ⓝ ℰ 84 49 30 56

🅦 Hyper Pneus, 67 av. de la République
ℰ 84 30 17 08
Servi Pneus-Point S, ZI des Cloyes ℰ 84 62 86 12

LUSIGNAN 86600 Vienne 🎰 ⑬ G. Poitou Vendée Charentes – 2 749 h alt. 135.

Paris 361 – Poitiers 25 – Angoulême 91 – Confolens 72 – Niort 51.

🏠 **Chapeau Rouge,** r. Nationale ℰ 49 43 31 10, 🏤 – 🔟 ☎ 🅿. ☷
fermé 16 au 29 oct., vacances de fév., dim. soir et lundi de sept. à juin sauf fériés – **Repas** 90/190 ⅃, enf. 45 – ☲ 30 – **8 ch** 200/260 – ½ P 200/230.

CITROEN Gar. des Promenades, ℰ 49 43 31 28

LUSSAC-LES-CHÂTEAUX 86320 Vienne 🎰 ⑮ G. Poitou Vendée Charentes – 2 297 h alt. 90.

Env. Nécropole mérovingienne★ de Civaux NO : 6 km sur D 749.

🛈 Syndicat d'Initiative, Mairie, ℰ 49 48 40 33.

Paris 370 – Poitiers 38 – Bellac 42 – Châtellerault 50 – Montmorillon 12 – Niort 109 – Ruffec 50.

🏠 **Montespan** sans rest, ℰ 49 48 41 42, Fax 49 84 96 10 – 🔟 ☎ 🅿. ☷
fermé 23 déc. au 4 janv. et sam. hors sais. – ☲ 26 – **16 ch** 190/250.

XX **Aub. du Connestable Chandos** avec ch, au pont de Lussac O : 2 km sur rte Poitiers (N 147) ℰ 49 48 40 24, Fax 49 84 07 89 – 🔟 ☎ 🅿. 🕮 ⓪ ☷
fermé 13 au 28 nov., 12 fév. au 5 mars, dim. soir et lundi sauf fériés – **Repas** (dim. prévenir) 95/240 – ☲ 30 – **7 ch** 180/250.

LUTTER 68 H.-Rhin 🎰 ⑩ ⑳ – rattaché à Ferrette.

LUXEUIL-LES-BAINS 70300 H.-Saône 🎰 ⑥ G. Alsace Lorraine – 8 790 h alt. 306 – Stat. therm. – Casino .

Voir Hôtel Cardinal Jouffroy★ **B** – Hôtel des Échevins★ **M** – Anc. Abbaye St-Colomban★ – Maison François1ᵉʳ★ **F**.

🏌₉ ℰ 84 95 82 00 à Genevrey, par ③ : 11 km.

🛈 Office de Tourisme 1 av. Thermes ℰ 84 40 06 41, Fax 84 93 74 47.

Paris 386 ⑤ – Épinal 56 ① – Belfort 51 ③ – St-Dié 87 ① – Vesoul 32 ③ – Vittel 71 ⑤.

Beau Site, 18 r. G. Moulimard **(u)** ℘ 84 40 14 67, Fax 84 40 50 25, 🌳, « Jardin fleuri » – |‡| ⇔ ch TV ☎ **P**. GB. ✻ rest
fermé vend. soir et sam. midi du 15 nov. au 15 mars – **Repas** 85/200, enf. 40 – ☕ 40 – **36 ch** 215/360 – ½ P 250/300.

France, 6 r. G. Clemenceau **(s)** ℘ 84 40 13 90, Fax 84 40 33 12, 🍽 – TV ☎ **P**. GB
Repas *(fermé dim. soir d'oct. à avril)* 70/160 🍷, enf. 40 – ☕ 30 – **17 ch** 170/260 – ½ P 175/205.

OPEL Gar. Marchal, 5 r. Parc ℘ 84 40 11 80 **N** ℘ 84 40 30 76
VAG Gar. Hajmann, 31 r. Martyrs-de-la-Résistance ℘ 84 40 23 17
Ⓜ La Maison du Pneu Mariotte, r. Martyrs-de-la-Résistance ℘ 84 40 27 01 **N** ℘ 84 40 54 08

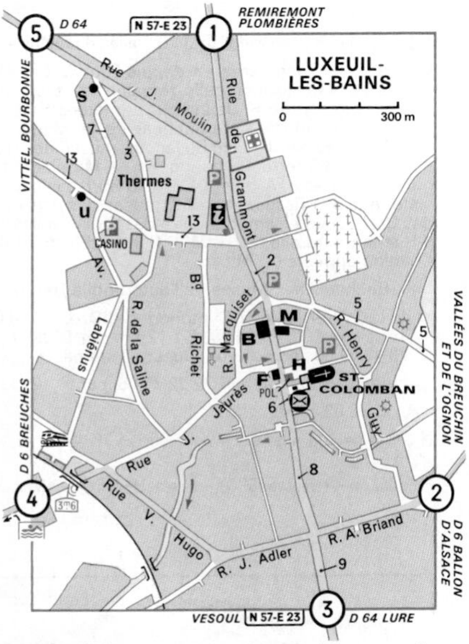

Carnot (R.)	2	Gambetta (R.)	5
Genoux (R. V.)	6	Hoche (R.)	7
Jeanneney (R. J.)	8	Maroselli (Allées A.)	9
Clemenceau (R. G.)	3	Thermes (Av. des)	13

LUYNES **37230** I.-et-L. (64) ⑭ **G. Châteaux de la Loire** – 4 128 h alt. 53.

Voir Église★ au Vieux-Bourg de St-Etienne de Chigny O : 3 km.

i Office de Tourisme à la Mairie ℘ 47 55 50 31.

Paris 249 – ♦Tours 11,5 – Angers 99 – Château-la-Vallière 28 – Chinon 41 – Langeais 14 – Saumur 56.

Domaine de Beauvois 🐦, NO : 4 km par D 49 ℘ 47 55 50 11, Télex 750204, Fax 47 55 59 62, ≤, 🌳, parc, 🏊, 🎾 – |‡| TV ☎ **P** – 🏛 40. AE ⓓ GB. ✻ rest
fermé 7 janv. au 10 mars – **Repas** 210 bc (déj.), 220/360, enf. 100 – ☕ 80 – **34 ch** 700/1400, 4 appart – ½ P 870/1110.

LUZARCHES **95270** Val-d'Oise (56) ⑪ (106) ⑧ **G. Ile de France** – 3 371 h alt. 70.

Paris 31 – Compiègne 54 – Chantilly 10 – Montmorency 18 – Pontoise 30 – St-Denis 22.

Château de Chaumontel 🐦, à **Chaumontel** NE : 0,5 km ℘ (1) 34 71 00 30, Télex 609730, Fax (1) 34 71 26 97, 🌳, « Parc ombragé et fleuri » – TV ☎ **P** – 🏛 25 à 80. AE GB
Repas 159/380 – ☕ 55 – **19 ch** 400/700 – ½ P 460/610.

LUZ-ST-SAUVEUR **65120** H.-Pyr. (85) ⑱ **G. Pyrénées Aquitaine** – 1 173 h alt. 711 – Stat. therm. (15 mai-15 oct.) – Sports d'hiver : 1 680/2 450 m ⛷19.

Voir Église fortifiée★ – Vallée de Gavarnie★★ S.

i Office de Tourisme pl. 8-Mai ℘ 62 92 81 60.

Paris 846 – Pau 74 – Argelès-Gazost 19 – Cauterets 23 – Lourdes 31 – Tarbes 51.

à Esquièze-Sère : au Nord – ✉ **65120** :

Le Montaigu Ⓜ 🐦, rte Vizos ℘ 62 92 81 71, Fax 62 92 94 11, ≤, 🍽 – |‡| TV ☎ **P** – 🏛 30. AE GB. ✻ rest
3 mai-15 oct. et 15 déc.-15 avril – **Repas** 90/200, enf. 60 – ☕ 45 – **35 ch** 350/400 – ½ P 330/350.

Touristic, ℘ 62 92 82 09, Fax 62 92 95 41, 🌳 – |‡| ☎ 🚗 **P**. GB. ✻ rest
ouvert : vacances scolaires d'été et d'hiver et week-ends en hiver – **Repas** (dîner seul.) 52/220, enf. 42 – ☕ 35 – **25 ch** 180/280 – ½ P 240/260.

CITROEN Gar. Crepel, à Sassis ℘ 62 92 83 58 **N** ℘ 62 92 91 80
PEUGEOT Gar. des Pyrénées, à Esquièze-Sère ℘ 62 92 80 87

LUZY **58170** Nièvre (69) ⑥ **G. Bourgogne** – 2 422 h alt. 275.

Paris 324 – Moulins 65 – Autun 34 – Château-Chinon 39 – Nevers 79.

Morvan, 73 av. Dr Dollet ℘ 86 30 00 66, Fax 86 30 04 92, 🍽 – TV ☎ **P**. AE GB
fermé 20 déc. au 5 janv. – **Repas** 50 (déj.), 80/130 🍷, enf. 38 – ☕ 28 – **12 ch** 130/190 – ½ P 150/170.

CITROEN Gar. Lemoine, 2 cours Gambetta ℘ 86 30 06 61
FIAT Gar. Poynter, 4 av. Hoche ℘ 86 30 06 86
PEUGEOT Gar. Martin, 4 av. Dr Bramard ℘ 86 30 01 21 **N** ℘ 86 30 20 87
PEUGEOT Gar. Bondoux, 7 av. Marceau ℘ 86 30 01 53
RENAULT Gar. Cyrille, 3 pl. du Champ-de-Foire ℘ 86 30 04 77 **N** ℘ 86 30 42 14

LYON Ⓟ **69000** Rhône **74** ⑪ ⑫ **G. Vallée du Rhône** – 415 487 h Communauté urbaine 1 200 000 h alt. 169.

Voir Site★★★ (panorama ★★ depuis Fourvière) – Colline de Fourvière : Basilique Notre-Dame, musée de la Civilisation gallo-romaine ★★ (table claudienne★★★) EY **M³**, théâtres romains – Le Vieux Lyon★★ : rue St-Jean★ FX, primatiale St-Jean★, hôtel de Gadagne★ (musée historique de Lyon★ et musée international de la Marionnette★ EX **M¹**, guignol de Lyon FX **N** – La presqu'île : au Nord, place Bellecour, musée des Hospices civils (apothicairerie★) FY **M⁸**, musée de l'imprimerie et de la banque★★ FX **M⁶**, place des Terreaux, hôtel de ville, palais St-Pierre, musée des Beaux-Arts★★ FX **M⁴** – au Sud, basilique St-Martin d'Ainay (chapiteaux★) FY, musée historique des Tissus★★★ FY **M²**, musée des Arts décoratifs★★ FY **M⁵** – La Croix-Rousse : maison des Canuts FV **M¹¹**, amphithéâtre des Trois Gaules FV **E** – Parc de la Tête d'Or★ – Musée Guimet d'Histoire naturelle★★ GV **M⁷** – Centre d'histoire de la résistance et de déportation★ FZ **M⁹** – Château-Lumière CQ. **M¹²**.

Env. Rochetaillée : Musée de l'automobile Henri-Malartre★★ par ⑫ : 12 km.

🏌 de Lyon-Verger, à St-Symphorien-d'Ozon 🕾 78 02 84 20 par ⑥ : 14 km ; 🏌 de Lyon-Chassieu à Chassieu 🕾 78 90 84 77, E : 12 km par D 29 ; 🏌 de Salvagny (privé) à la Tour de Salvagny 🕾 78 48 83 60 ; sortie Lyon-Ouest : 8 km par ⑨.

✈ de Lyon-Satolas : 🕾 72 22 75 05, par ④ : 27 km.

🚗 🕾 78 92 50 50.

🛈 Office de Tourisme place Bellecour 🕾 78 42 25 75, Fax 78 42 04 32 – A.C. du Rhône, 7 rue Grôlée 🕾 78 42 51 01.

Paris 462 ⑩ – ◆Genève 151 ② – ◆Grenoble 105 ④ – ◆Marseille 313 ⑥ – ◆Saint-Étienne 60 ⑥ – Torino 300 ④.

Plans : Lyon p. 2 à 8

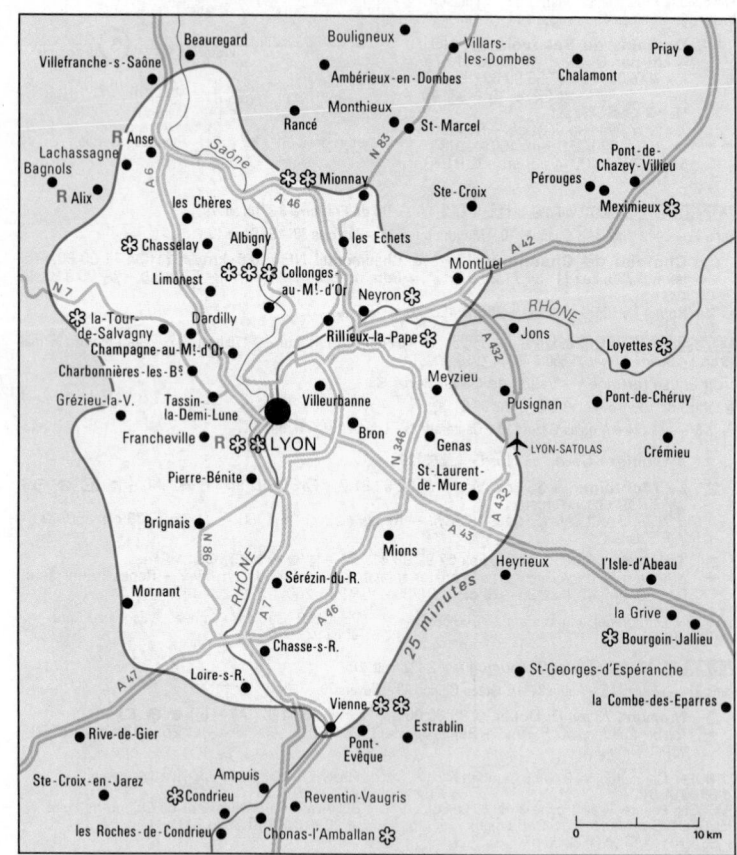

Hôtels

Centre-ville (Bellecour-Terreaux) :

🏨🏨 **Sofitel** Ⓜ, 20 quai Gailleton ⊠ 69002 ℘ 72 41 20 20, Télex 330225, Fax 72 40 05 50, ← –
|≝| ⋈ ch 🗏 🆃🆅 ☎ 🕭 ⇔ – ⚫⚫ 250. 🅰🅴 ⓞ 🆖🅱 🄹🄲🄱 p. 6 FY **p**
Les Trois Dômes (au 8ᵉ étage) ℘ 72 41 20 97 *(fermé août)* **Repas** 210/250, enf. 90 – **Sofi Shop**
(rez-de-chaussée) ℘ 72 41 20 80 **Repas** carte 140 à 200 ⓙ – ⊇ 77 – **167 ch** 790/920, 29
appart.

🏨🏨 **Gd Hôtel Concorde** Ⓜ, 11 r. Grolée ⊠ 69002 ℘ 72 40 45 45, Télex 330244,
Fax 78 37 52 55 – |≝| ⋈ ch 🗏 🆃🆅 ☎ – ⚫⚫ 80. 🅰🅴 ⓞ 🆖🅱 🄹🄲🄱 p. 6 FX **y**
Le Fiorelle ℘ 78 42 99 84 **Repas** 98/168, ⓙ – ⊇ 65 – **140 ch** 650/890, 3 appart.

🏨🏨 **Royal**, 20 pl. Bellecour ⊠ 69002 ℘ 78 37 57 31, Télex 310785, Fax 78 37 01 36 – |≝| ⋈ ch
🗏 ch 🆃🆅 ☎. 🅰🅴 ⓞ 🆖🅱 🄹🄲🄱 p. 6 FY **g**
Repas 100/150 ⓙ – ⊇ 66 – **80 ch** 600/920.

🏨🏨 **Carlton** sans rest, 4 r. Jussieu ⊠ 69002 ℘ 78 42 56 51, Télex 310787, Fax 78 42 10 71 –
|≝| 🗏 🆃🆅 ☎. 🅰🅴 ⓞ 🆖🅱 p. 6 FX **b**
⊇ 55 – **83 ch** 395/695.

🏨🏨 **Plaza République** Ⓜ sans rest, 5 r. Stella ⊠ 69002 ℘ 78 37 50 50, Télex 310222,
Fax 78 42 33 34 – |≝| ⋈ ch 🗏 🆃🆅 ☎ 🕭. 🅰🅴 ⓞ 🆖🅱 p. 6 FY **k**
⊇ 55 – **83 ch** 460/720.

🏨🏨 **Globe et Cécil** sans rest, 21 r. Gasparin ⊠ 69002 ℘ 78 42 58 95, Télex 305184,
Fax 72 41 99 06 – |≝| 🆃🆅 ☎. 🅰🅴 ⓞ 🆖🅱 🄹🄲🄱 p. 6 FY **b**
⊇ 48 – **65 ch** 395/550.

🏨🏨 **Gd H. des Beaux-Arts** sans rest, 75 r. Prés. E. Herriot ⊠ 69002 ℘ 78 38 09 50,
Télex 330442, Fax 78 42 19 19 – |≝| ⋈ ch 🗏 🆃🆅 ☎ – ⚫⚫ 30. 🅰🅴 ⓞ 🆖🅱 p. 6 FX **t**
⊇ 55 – **79 ch** 350/595.

🏨 **La Résidence** sans rest, 18 r. V. Hugo ⊠ 69002 ℘ 78 42 63 28, Télex 900950,
Fax 78 42 85 76 – |≝| 🆃🆅 ☎. 🅰🅴 ⓞ 🆖🅱 p. 6 FY **s**
⊇ 34 – **64 ch** 295/325.

🏨 **Artistes** sans rest, 8 r. G. André ⊠ 69002 ℘ 78 42 04 88, Télex 375664, Fax 78 42 93 76 –
|≝| 🗏 🆃🆅 ☎. 🅰🅴 ⓞ 🆖🅱 ⋇ p. 6 FY **r**
⊇ 45 – **45 ch** 330/430.

🏨 **Bellecordière** sans rest, 18 r. Bellecordière ⊠ 69002 ℘ 78 42 27 78, Fax 72 40 92 27 – |≝|
🆃🆅 ☎ 🕭, 🅰🅴 🆖🅱 p. 6 FY **a**
⊇ 34 – **44 ch** 280/320.

🏨 **Élysée H.** sans rest, 92 r. Prés. Ed. Herriot ℘ 78 42 03 15, Fax 78 37 76 49 – |≝| 🆃🆅 ☎. ⓞ
🆖🅱 p. 6 FY **z**
⊇ 37 – **29 ch** 280/370.

🏨 **Bayard** sans rest, 23 pl. Bellecour ⊠ 69002 ℘ 78 37 39 64, Fax 72 40 95 51 – 🆃🆅 ☎. 🅰🅴
🆖🅱 p. 6 FY **g**
⊇ 33 – **15 ch** 262/354.

Perrache :

🏨🏨 **Pullman Perrache**, 12 cours Verdun ⊠ 69002 ℘ 78 37 58 11, Télex 330500,
Fax 78 37 06 56, « Décor Art Nouveau » – |≝| ⋈ ch 🗏 🆃🆅 ☎ 🕭 – ⚫⚫ 250. 🅰🅴 ⓞ 🆖🅱
🄹🄲🄱 p. 6 EY **a**
Les Belles Saisons : **Repas** 135 bc/250, enf. 60 – ⊇ 65 – **123 ch** 490/820.

🏨🏨 **Charlemagne** Ⓜ, 23 cours Charlemagne ⊠ 69002 ℘ 78 92 81 61, Télex 380401,
Fax 78 42 94 84, 😐 – |≝| 🆃🆅 ☎ ⇔ – ⚫⚫ 120. 🅰🅴 ⓞ 🆖🅱 p. 6 EZ **t**
Repas *(fermé août, sam. et dim.)* 85/160 ⓙ – ⊇ 50 – **116 ch** 395/545.

🏨 **Axotel et rest. Le Chalut** Ⓜ, 12 r. Marc-Antoine Petit ⊠ 69002 ℘ 78 42 17 18,
Télex 380736, Fax 72 40 00 65, 😐 – |≝| 🗏 🆃🆅 ☎ – ⚫⚫ 25 à 130. 🅰🅴 ⓞ 🆖🅱 p. 6 EZ **r**
Repas *(fermé sam. midi et dim.)* 140/285 – ⊇ 40 – **128 ch** 315/340.

🏨 **Bristol** Ⓜ sans rest, 28 cours de Verdun ⊠ 69002 ℘ 78 37 56 55, Télex 330584,
Fax 78 37 02 58 – |≝| 🗏 🆃🆅 ☎ 🕭 – ⚫⚫ 30 à 35. 🅰🅴 ⓞ 🆖🅱 🄹🄲🄱 p. 6 FY **y**
⊇ 45 – **113 ch** 483/690.

🏨 **Gd H. Bordeaux** sans rest, 1 r. Bélier ⊠ 69002 ℘ 78 37 58 73, Fax 78 37 48 02 – |≝| 🆃🆅 ☎
– ⚫⚫ 30. 🅰🅴 ⓞ 🆖🅱 🄹🄲🄱 p. 6 FZ **x**
⊇ 38 – **79 ch** 260/475.

🏨 **Berlioz** Ⓜ sans rest, 12 cours Charlemagne ⊠ 69002 ℘ 78 42 30 31, Télex 330862,
Fax 72 40 97 58 – |≝| ⋈ ch 🆃🆅 ☎. 🅰🅴 ⓞ 🆖🅱 🄹🄲🄱 p. 6 EZ **z**
⊇ 40 – **38 ch** 233/350.

🏨 **des Savoies** sans rest, 80 r. Charité ⊠ 69002 ℘ 78 37 66 94, Fax 72 40 27 84 – |≝| 🆃🆅 ☎
⇔, 🅰🅴 ⓞ 🆖🅱 p. 6 FY **m**
⊇ 28 – **46 ch** 230/280.

🏨 **Normandie** sans rest, 3 r. du Bélier ⊠ 69002 ℘ 78 37 31 36, Fax 72 40 98 56 – |≝| 🆃🆅 ☎.
🅰🅴 ⓞ 🆖🅱 🄹🄲🄱 p. 6 FZ **x**
⊇ 27 – **39 ch** 158/298.

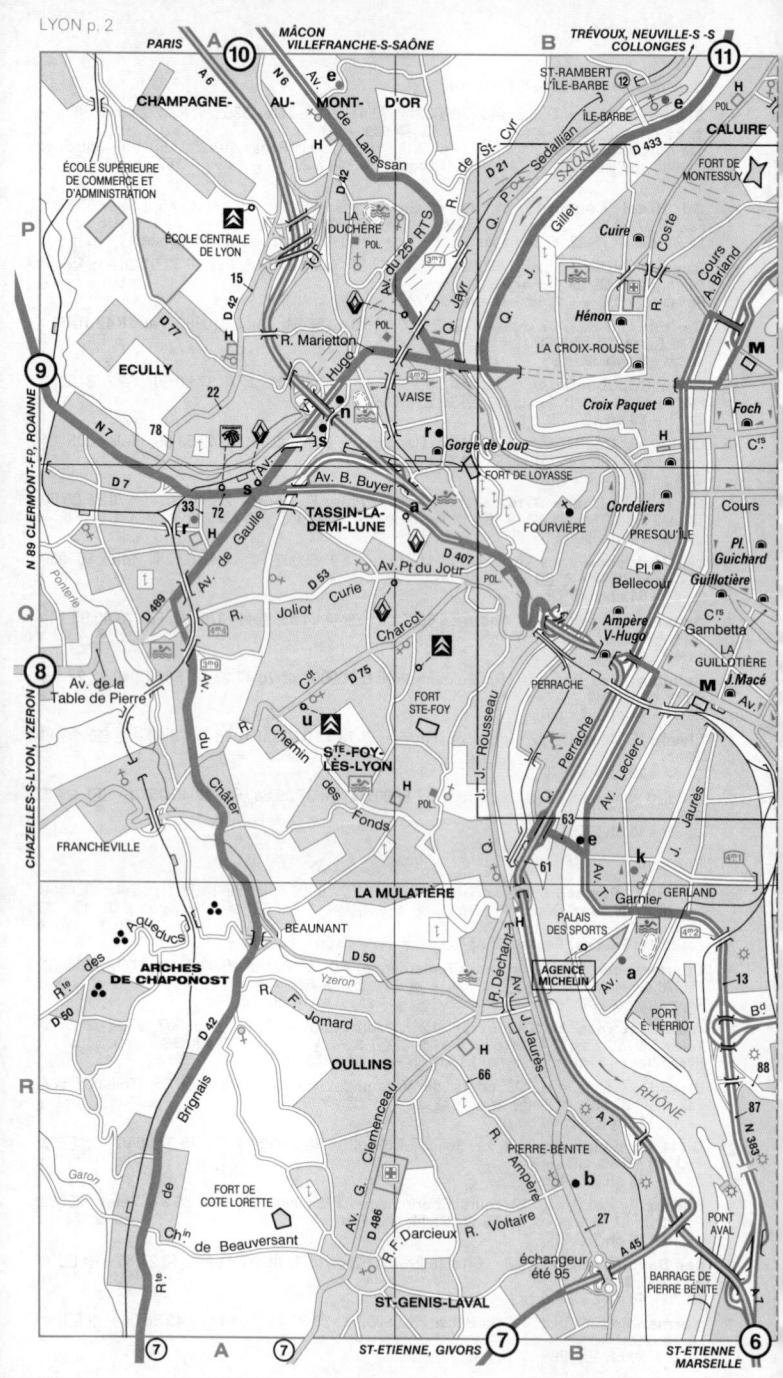

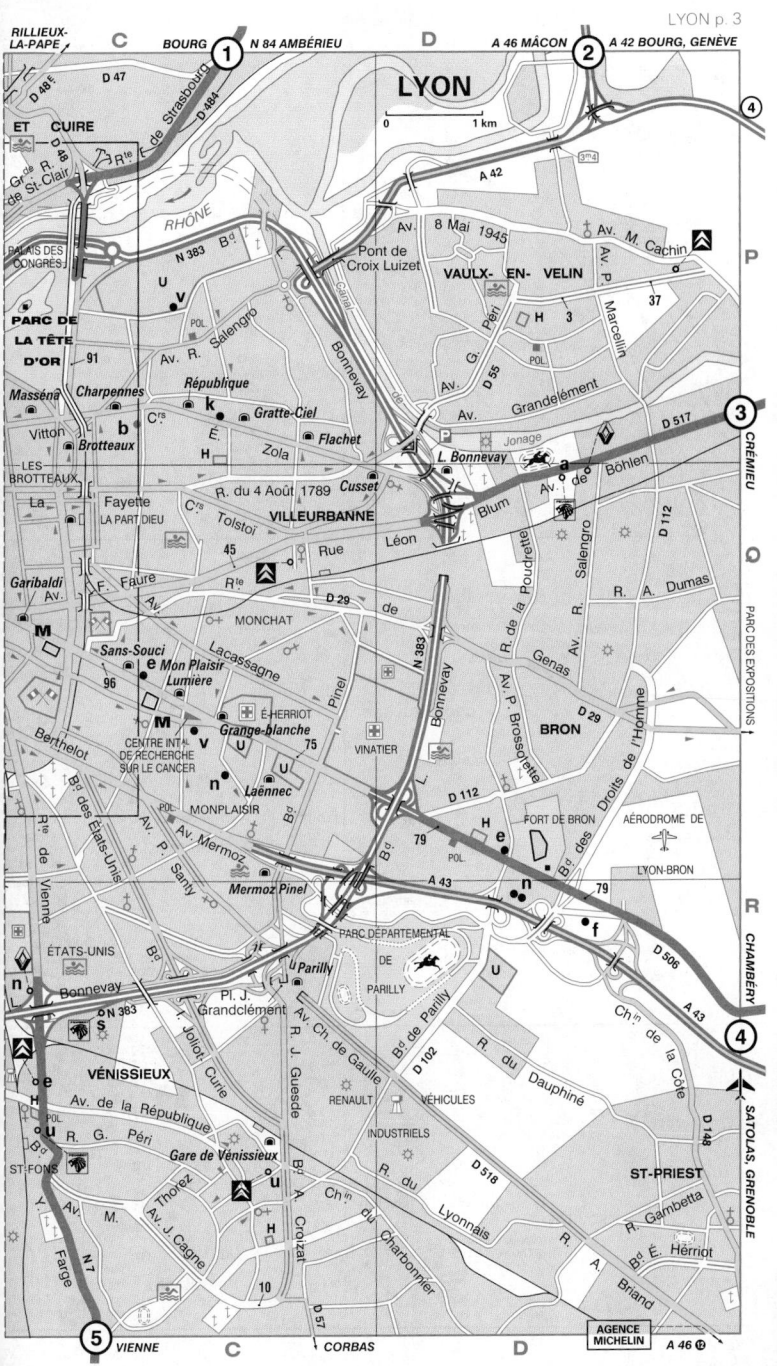

LYON

0   1 km

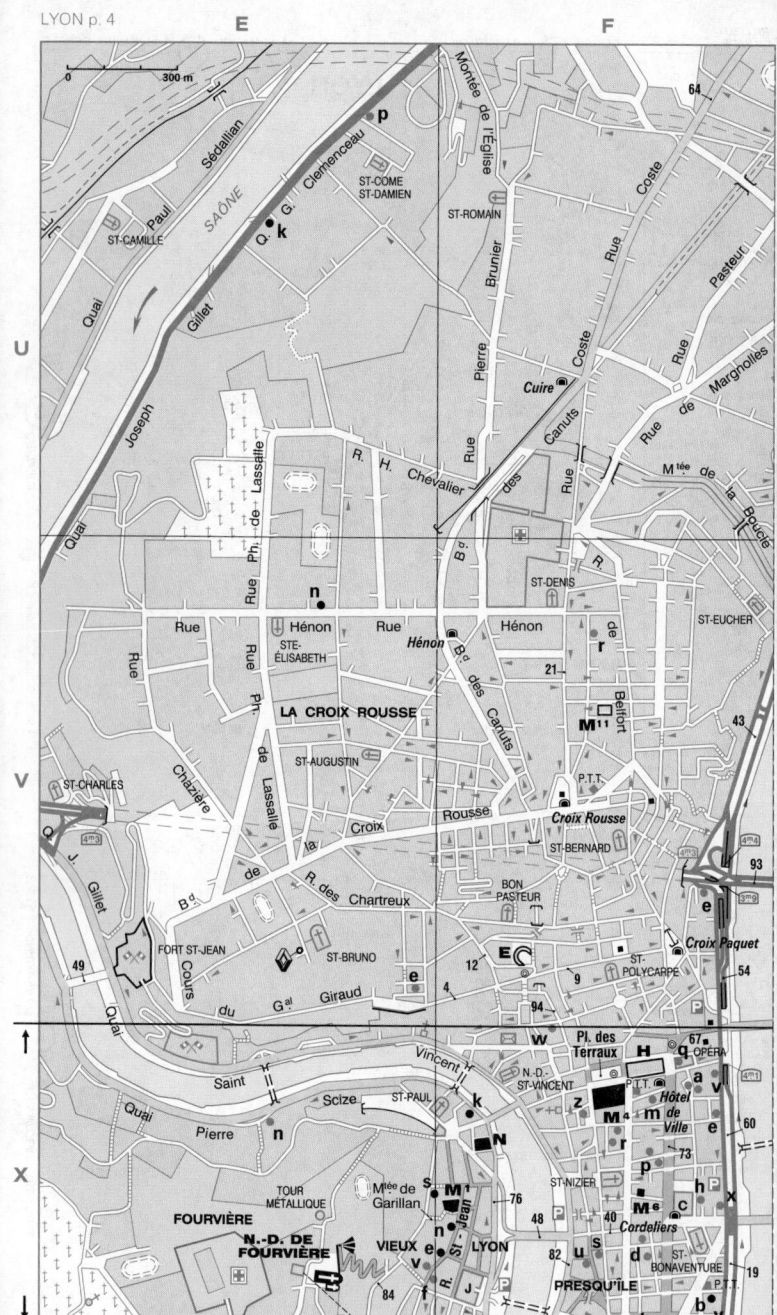

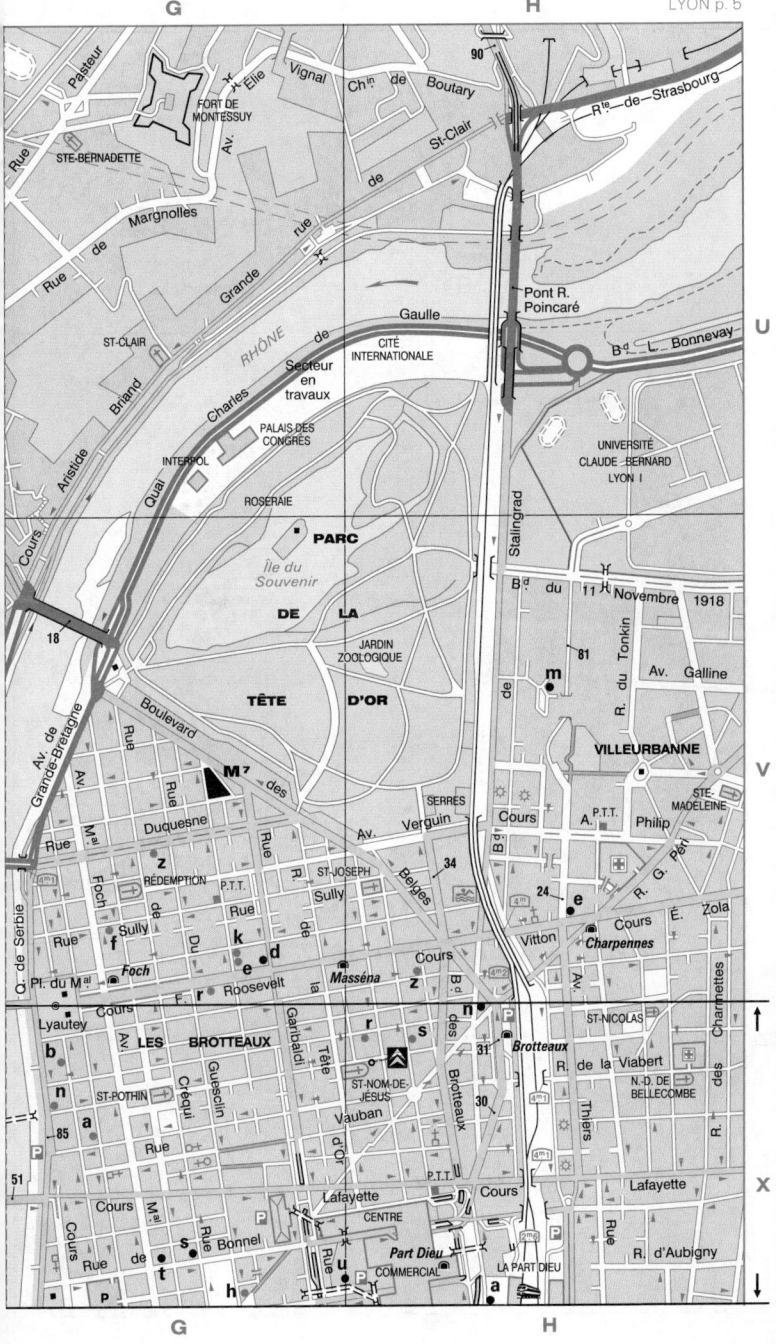

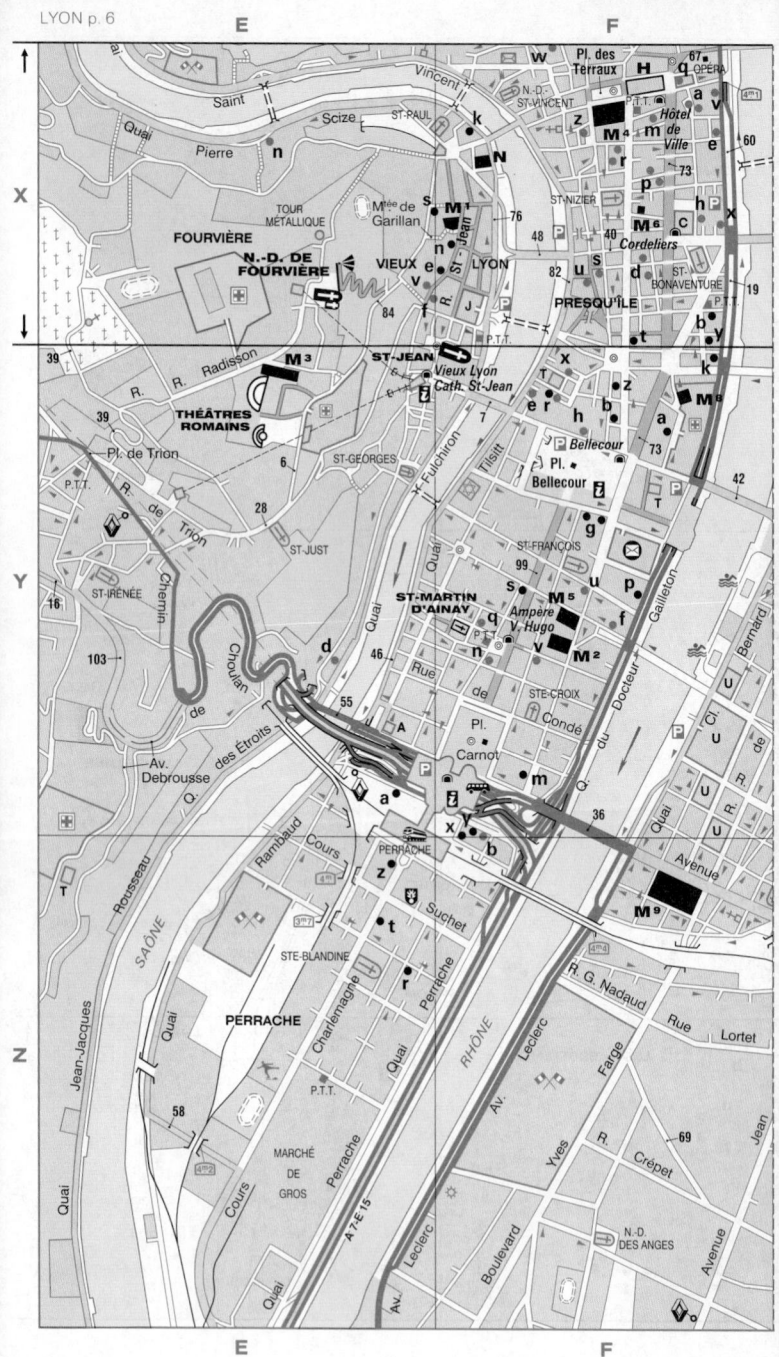

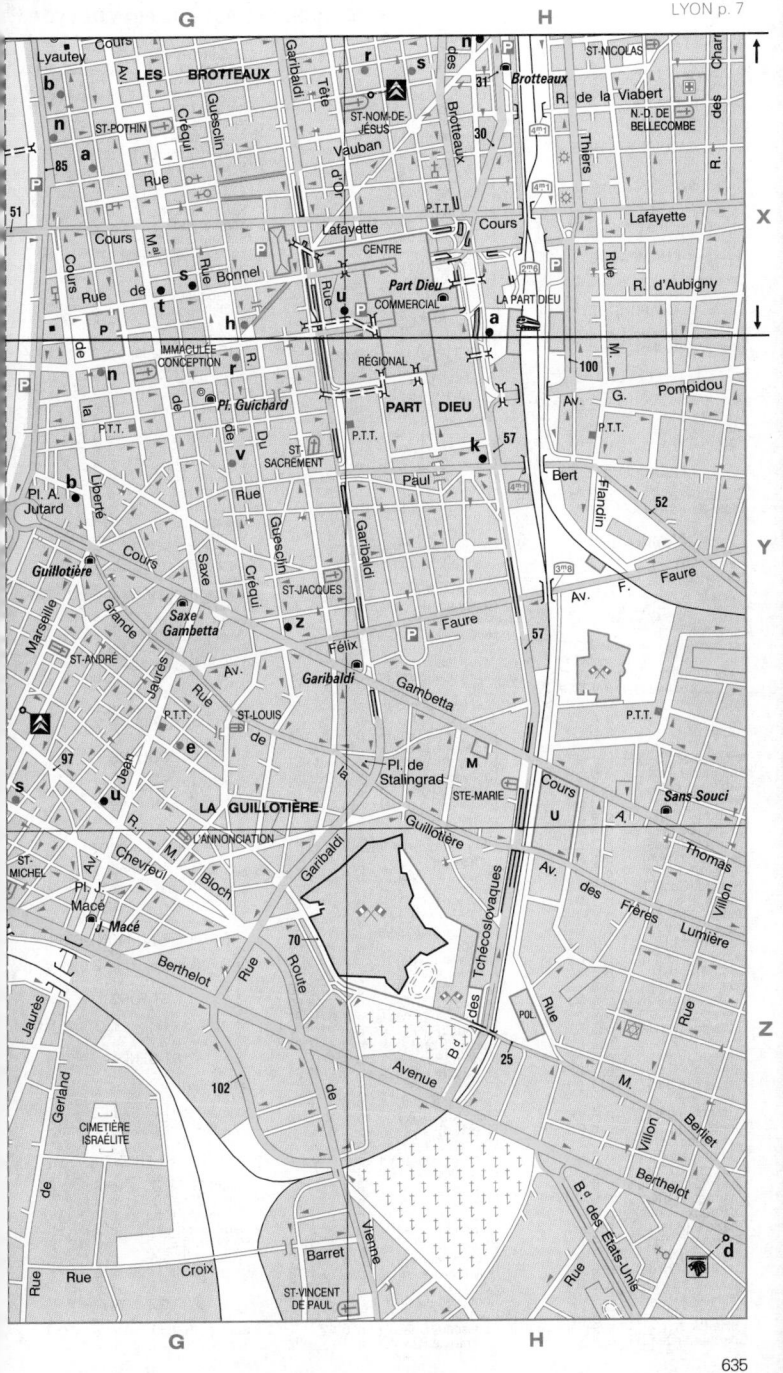

LISTE ALPHABÉTIQUE
des hôtels et restaurants

à Vaise :

▲▲ **Saphir** Ⓜ, 10 r. L. Loucheur ⊠ 69009 ℰ 78 83 48 75, Fax 78 83 30 81 – |≎| ▤ 📺 ☎ ⅊, ⊸
◆ – 🍽 40. ⒶⒺ ⓄⒹ ⒼⒷ   p. 2   BP   **r**
Repas 75/160 ⅊ – ⊑ 45 – **109 ch** 430/450.

Vieux-Lyon :

▲▲▲ ❀ **Villa Florentine** Ⓜ ⊰, 25 montée St-Barthélémy ⊠ 69005 ℰ 72 56 56 56,
Fax 72 40 90 56, ≼ Lyon, 🍴, ⊒ – |≎| ▤ 📺 ☎ ⅊ ⊸ Ⓟ ⒶⒺ ⓄⒹ ⒼⒷ   p. 4 EFX   **s**
Les Terrasses de Lyon : **Repas** 160(déj.),190/350 et carte 265 à 390 – ⊑ 80 – **16 ch** 1200/
1900, 3 appart
Spéc. Marbré de foie gras de canard et d'artichaut. Saumon en vessie aux petits légumes et graine de moutarde.
Pigeon de la Dombes en croûte de sel, jus d'ail en chemise.

▲▲▲ **Cour des Loges** Ⓜ ⊰, 6 r. Boeuf ⊠ 69005 ℰ 78 42 75 75, Télex 330831,
Fax 72 40 93 61, « Décoration contemporaine originale dans des maisons du Vieux
Lyon » – |≎| ▤ 📺 ☎ ⅊ ⊸ – 🍽 45. ⒶⒺ ⓄⒹ ⒼⒷ   p. 4   FX   **n**
Tapas des Loges : **Repas** 130(déj.)150, enf. 75 – ⊑ 105 – **53 ch** 880/1700, 10 appart.

▲▲ ❀ **Tour Rose** (Chavent) Ⓜ ⊰, 22 r. Boeuf ⊠ 69005 ℰ 78 37 25 90, Fax 78 42 26 02,
« Maison du 17ᵉ siècle, élégante décoration sur le thème de la soie », 🍴 – |≎| ▤ 📺 ☎
⊸ – 🍽 25. ⒶⒺ ⓄⒹ ⒼⒷ ⒿⒸⒷ   p. 4 EFX   **e**
Repas *(fermé dim.)* 295/500 bc et carte 440 à 600 – ⊑ 95 – **6 ch** 950/1650, 6 appart2800, 4
duplex
Spéc. Salade de pommes de terre à la crème de caviar. Saumon mi-cuit au fumoir. Foie chaud de canard, filet de
rouget barbet poêlés aux lentilles confites à l'ail. **Vins** Brouilly, Viognier.

▲▲ **Phénix H.** Ⓜ ⊰ sans rest, 7 quai Bondy ⊠ 69005 ℰ 78 28 24 24, Télex 310291,
Fax 78 28 62 86 – |≎| ▤ 📺 ☎ ⅊ – 🍽 35. ⒶⒺ ⓄⒹ ⒼⒷ   p. 4   FX   **k**
⊑ 60 – **36 ch** 520/1220.

La Croix-Rousse (bord de Saône) :

▲▲▲ **Lyon Métropole** Ⓜ, 85 quai J. Gillet ⊠ 69004 ℰ 78 29 20 20, Fax 78 39 99 20, 🍴, ⊒,
❋ – |≎| ▤ 📺 ☎ ⅊ ⊸ Ⓟ – 🍽 350. ⒶⒺ ⓄⒹ ⒼⒷ   p. 4   EU   **k**
Les Eaux Vives : **Repas** 150/290, enf. 100 – *Grill :* **Repas** 75/120. ⅊ – ⊑ 60 – **119 ch** 550/595.

🏠 **Climat de France Croix-Rousse** Ⓜ, 48 r. Henon ⊠ 69004 ℰ 72 00 22 22,
◆ Fax 72 00 00 49, – |≎| ▤ 📺 ☎ ⅊ ⊸ – 🍽 30. ⒶⒺ ⒼⒷ   p. 4   EV   **n**
Repas 62/105 ⅊, enf. 39 – ⊑ 34 – **50 ch** 315.

Les Brotteaux :

▲▲ **Lutétia Comfort Inn** Ⓜ sans rest, 114 bd Belges ⊠ 69006 ℰ 78 24 44 68,
Fax 78 24 82 36 – |≎| ❋ ch ▤ 📺 ☎. ⒶⒺ ⓄⒹ ⒼⒷ   p. 5 HX   **a**
⊑ 45 – **55 ch** 385/495.

🏠 **Olympique** sans rest, 62 r. Garibaldi ⊠ 69006 ℰ 78 89 48 04, Fax 78 89 49 97 – |≎| ❋ ch
📺 ☎. ⒶⒺ ⒼⒷ   p. 5 GV   **d**
⊑ 30 – **23 ch** 250/290.

La Part-Dieu :

▲▲▲ **Holiday Inn Crowne Plaza** Ⓜ, 29 r. Bonnel ⊠ 69003 ℰ 72 61 90 90, Télex 330703,
Fax 72 61 17 54, 𝕃₆ – |≎| ❋ ch ▤ 📺 ☎ ⅊ ⊸ – 🍽 200. ⒶⒺ ⓄⒹ ⒼⒷ ⒿⒸⒷ   p. 5 GX   **t**
Repas 95/210 ⅊ – ⊑ 80 – **156 ch** 795/1500.

▲▲▲ **Pullman Part-Dieu** Ⓜ ⊰, 129 r. Servient (32ᵉ étage) ⊠ 69003 ℰ 78 63 55 00, Té-
lex 380088, Fax 78 63 55 20, ≼ Lyon et vallée du Rhône – |≎| ❋ ch ▤ 📺 ☎ ⊸ – 🍽 300.
ⒶⒺ ⒼⒷ ⒿⒸⒷ. ❋ rest   p. 5 GX   **u**
L'Arc-en-Ciel (fermé 16 juil. au 20 août, sam. midi et dim. soir) **Repas** 190/295, enf.95 – *La
Ripaille* grill (rez-de-chaussée) **Repas** 95 ⅊, enf. 50 – ⊑ 70 – **245 ch** 560/660.

▲▲ **Mercure La Part-Dieu** Ⓜ, 47 bd Vivier-Merle ⊠ 69003 ℰ 72 34 18 12, Télex 306469,
Fax 78 53 40 69 – |≎| ❋ ch ▤ 📺 ☎ ⅊ ⊸ – 🍽 80. ⒶⒺ ⓄⒹ ⒼⒷ ⒿⒸⒷ   p. 7 HX   **a**
Repas 95/160 ⅊, enf. 45 – ⊑ 53 – **124 ch** 575/610.

▲▲ **Créqui** sans rest, 158 r. Créqui ⊠ 69003 ℰ 78 60 20 47, Fax 78 62 21 12 – |≎| 📺 ☎ ⒶⒺ ⓄⒹ
ⒼⒷ   p. 5 GX   **s**
⊑ 45 – **28 ch** 350/380.

🏠 **Ibis La Part-Dieu** Ⓜ, pl. Renaudel ⊠ 69003 ℰ 78 95 42 11, Fax 78 60 42 85, 🍴 – |≎|
❋ ch, ▤ rest 📺 ☎ ⅊ ⊸ – 🍽 30. ⒶⒺ ⒼⒷ   p. 7 HY   **k**
Repas 97 bc, enf. 40 – ⊑ 35 – **144 ch** 335/345.

La Guillotière :

▲▲ **Bleu Marine** Ⓜ sans rest, 4 r. Mortier ⊠ 69003 ℰ 78 60 03 09, Télex 305100,
Fax 78 60 01 95 – |≎| ❋ ch 📺 ☎ ⅊ ⊸ – 🍽 40. ⒶⒺ ⓄⒹ ⒼⒷ   p. 7 GY   **b**
⊑ 60 – **131 ch** 390/480.

▲▲ **Columbia** sans rest, 8 pl. A. Briand ⊠ 69003 ℰ 78 60 54 65, Fax 78 62 04 88 – |≎| 📺 ☎.
ⒶⒺ ⒼⒷ ⒿⒸⒷ   p. 7 GY   **z**
⊑ 31 – **61 ch** 210/290.

▲▲ **Ibis Université** Ⓜ sans rest, 51 r. Université ⊠ 69007 ℰ 78 72 78 42, Télex 340455,
Fax 78 69 24 36 – |≎| ❋ ch 📺 ☎ ⅊ ⊸. ⒶⒺ ⓄⒹ ⒼⒷ   p. 7 GY   **u**
⊑ 35 – **53 ch** 320/340.

Gerland :

▲▲ **Mercure Gerland** M, 70 av. Leclerc ⌧ 69007 ℰ 72 71 11 11, Télex 305484,
Fax 72 71 11 00, 綜, ⊿ – 🛗 ≣ 🔟 🕿 🕭 ⇔ – 🔬 400. 🖭 ⓞ 🖴 🖵 p. 2 BQ **e**
Repas 125 ⅊, enf. 45 – ⌧ 53 – **194 ch** 505/680.

🏠 **Ibis Gerland**, 68 av. Leclerc ⌧ 69007 ℰ 78 58 30 70, Fax 78 72 28 61, 綜 – 🛗 ⅄✗ ch
≣ ch 🔟 🕿 🕭 ⇔ – 🔬 30. 🖭 🖴 p. 2 BQ **e**
Repas 97 bc, enf. 40 – ⌧ 35 – **129 ch** 320.

Montchat-Monplaisir :

▲▲ **Mercure Lyon Lumière** M, 69 cours A. Thomas ⌧ 69003 ℰ 78 53 76 76, Télex 301928,
Fax 72 36 97 65 – 🛗 ⅄✗ ch ≣ 🔟 🕿 🕭 ⇔ – 🔬 25 à 50. 🖭 ⓞ 🖴 🖵 p. 3 CQ **e**
Repas 100/140 ⅊, enf. 45 – ⌧ 52 – **79 ch** 450/500.

▲▲ **Altea Park H.**, 4 r. Prof. Calmette ⌧ 69008 ℰ 78 74 11 20, Télex 380230,
➡ Fax 78 01 43 38, 綜 – 🛗 ⅄✗ ch 🔟 🕿 ⇔. 🖭 ⓞ 🖴 🖵 p. 3 CQ **v**
Repas *(fermé août, vacances de Noël, sam. et dim.)* 78/110 ⅊ – ⌧ 45 – **72 ch** 330/420.

🏠 **Laennec** sans rest, 36 r. Seignemartin ⌧ 69008 ℰ 78 74 55 22, Fax 78 01 00 24 – 🔟 🕿
⇔. 🖴 p. 3 CQ **n**
⌧ 37 – **14 ch** 280/390.

à Villeurbanne – 116 872 h. – ⌧ **69100** :

▲▲ **Congrès**, pl. Cdt Rivière ℰ 78 89 81 10, Fax 78 94 64 86 – 🛗 ≣ 🔟 🕿 ⇔ – 🔬 130. 🖭
ⓞ 🖴 🖵 p. 5 HV **m**
Repas *(fermé 24 déc. au 1ᵉʳ janv.)* 95/260 – ⌧ 55 – **134 ch** 345/375.

▲▲ **Mercure Villeurbanne** M, 7 pl. Ch. Hernu ℰ 72 44 46 46, Fax 78 89 10 14 – 🛗 ⅄✗ ch ≣
🔟 🕿 🕭 ⇔ – 🔬 30. 🖭 ⓞ 🖴 p. 5 HV **a**
Repas *(fermé sam. midi)* 95/140 ⅊, enf. 45 – ⌧ 50 – **94 ch** 420/620.

🏠 **Ariana** M sans rest, 163 cours É. Zola ℰ 78 85 32 33, Fax 78 03 02 82 – 🛗 ≣ 🔟 🕿 ⇔.
🖴 p. 3 CP **k**
⌧ 45 – **102 ch** 248/398.

🏠 **Fimotel** M, 130 bd 11-Novembre-1918 ℰ 78 89 95 95, Fax 72 43 91 55 – 🛗 🔟 🕿 🕭 ⇔ –
🔬 70. 🖭 ⓞ 🖴 p. 3 CP **v**
Repas 62 bc *(déj.)*, 89/125 ⅊, enf. 36 – ⌧ 39 – **79 ch** 350.

à Bron – 39 683 h. – ⌧ **69500** :

▲▲ **Novotel Bron** M, av. J. Monnet ℰ 78 26 97 48, Télex 340781, Fax 78 26 45 12, 綜, ⊿,
– 🛗 ⅄✗ ch ≣ 🕿 🕭 🅿 – 🔬 25 à 800. 🖭 ⓞ 🖴 p. 3 DR **f**
Repas 120, enf. 50 – ⌧ 50 – **189 ch** 480.

🏠 **Dau Ly** ⅋ sans rest, 28 r. Prévieux ℰ 78 26 04 37, Fax 78 26 62 47 – 🔟 🕿 ⇔ 🅿. 🖭 🖴
⌧ 31 – **22 ch** 255/300. p. 3 DQ **e**

🏠 **Relais Porte des Alpes** M, r. Col. Chambonnet ℰ 72 37 00 14, Fax 78 26 95 05, 綜 –
🔟 🕿 🕭 🅿. 🖭 p. 3 DR **n**
Repas *(fermé dim.)* 88/150 – ⌧ 35 – **44 ch** 270/290.

🏠 **Ibis Bron Eurexpo**, r. M. Bastié ℰ 72 37 01 46, Fax 78 26 65 43 – 🛗 ⅄✗ ch 🔟 🕿 🕭 🅿 –
🔬 40. 🖭 🖴 p. 3 DR **n**
Repas 97 bc, enf. 40 – ⌧ 35 – **79 ch** 295.

à Pierre-Bénite – 9 574 h. – ⌧ **69310** :

🏠 **Europe** sans rest, 67 bd Europe ℰ 78 50 55 55, Fax 78 50 16 01 – 🛗 🕿 🅿. 🖭 🖴
⌧ 32 – **34 ch** 255/285. p. 2 BR **b**

Restaurants

XXXXX ✿✿✿ **Paul Bocuse**, au pont de Collonges N : 12 km par bords Saône (D 433, D 51)
⌧ 69660 Collonges-au-Mont-d'Or ℰ 72 27 85 85, Fax 72 27 85 87 – ≣ 🅿. 🖭 ⓞ
🖴 p. 2 BP
Repas 340/740 et carte 450 à 700, enf. 110
Spéc. Soupe aux truffes. Rouget-barbet en écailles de pommes de terre. Volaille de Bresse. **Vins** Saint-Véran, Brouilly.

XXXX ✿ **Orsi**, 3 pl. Kléber ⌧ 69006 ℰ 78 89 57 68, Fax 72 44 93 34, 綜, « Décor élégant » –
≣. 🖭 🖴 🖵 p. 5 GV **e**
fermé sam. en août et dim. sauf juil. – **Repas** 240 *(déj.)*, 400/500 et carte 350 à 490, enf. 150
Spéc. Ravioles de foie gras au jus de porto. Gratin de homard. Pigeonneau de Bresse aux gousses d'ail confites.

XXXX ✿✿ **Léon de Lyon** (Lacombe), 1 r. Pleney ⌧ 69001 ℰ 78 28 11 33, Fax 78 39 89 05 – ≣.
🖭 🖴 🖵. ⅋ p. 6 FX **r**
fermé 13 au 21 août et dim. – **Repas** 250 *(déj.)*, 490/600 et carte 400 à 500, enf. 85
Spéc. Salade de joues de cochon. Pomme de terre farcie au pied de porc, foie gras, truffe et champignons. Six
desserts sur le thème de la praline. **Vins** Chiroubles, St-Véran.

XXX **Christian Têtedoie**, 54 quai Pierre Scize ⌧ 69005 ℰ 78 29 40 10, Fax 72 07 05 65 – ≣
🅿. 🖭 🖴 p. 4 EX **n**
fermé sam. midi et dim. sauf fériés – **Repas** 145/260 et carte 230 à 330.

XXX **Aub. de Fond-Rose**, 23 quai Clemenceau ⌧ 69300 Caluire-et-Cuire ℰ 78 29 34 61,
Fax 72 00 28 67, 綜, « Jardin ombragé et fleuri, volière » – 🅿. 🖭 ⓞ 🖴
🖵 p. 4 EU **p**
fermé lundi du 15 oct. au 15 mai, dim. soir et soirs fériés – **Repas** 150/450 et carte 290 à 450.

XXX ✿ **Nandron,** 26 quai J. Moulin ⊠ 69002 ☎ 78 42 10 26, Fax 78 37 69 88 – 🗐. 🖭 ① 🖭
JCB
p. 4 FX **x**
fermé 29 juil. au 27 août et sam. – **Repas** 200/450 et carte 300 à 450
Spéc. Salade de raie aux feuilles d'épinard. Quenelle de brochet sauce Nantua. Rognon de veau en cocotte au thym.
Vins Mâcon-Fuissé, Chiroubles.

XXX ✿ **Fédora** (Judéaux), 249 r. M. Mérieux ⊠ 69007 ☎ 78 69 46 26, Fax 72 73 38 80, 😤 – 🖭
① 🖭 JCB
p. 2 BQ **k**
fermé 23 déc. au 4 janv., sam. midi, dim. et fériés – **Repas** - produits de la mer - 135/450 et
carte 260 à 380
Spéc. Orge et blé flambés au vieux malt, petites sardines grillotées, sucs d'huîtres. Homard en os à moelle.
Saint-Jacques en coquilles au beurre demi-sel. **Vins** Condrieu, Mâcon.

XXX ✿ **Bourillot,** 8 pl. Célestins ⊠ 69002 ☎ 78 37 38 64, Fax 78 38 20 35 – 🗐. 🖭 ① 🖭 JCB
p. 6 FY **r**
fermé 10 juil. au 7 août, 22 déc. au 2 janv., lundi midi et dim. – **Repas** 160/450 et carte 340 à
420
Spéc. Quenelle de brochet sauce homardine. Volaille de Bresse "Marie", pommes aux truffes. Soufflé glacé au
chocolat. **Vins** Brouilly, Coteaux du Lyonnais.

XXX ✿ **Mère Brazier,** 12 r. Royale ⊠ 69001 ☎ 78 28 15 49, Fax 78 28 63 63, « Ambiance
lyonnaise » – 🖭 ① 🖭 JCB
p. 4 FV **e**
fermé 28 juil. au 29 août, sam. midi, dim. et fériés – **Repas** 170 (déj.), 290/370 et carte 230 à
300
Spéc. Fond d'artichaut au foie gras. Quenelle au gratin. Volaille "demi-deuil". **Vins** Brouilly, Saint-Joseph.

XXX **Le Saint Alban,** 2 quai J. Moulin ⊠ 69001 ☎ 78 30 14 89, Fax 72 00 88 82 – 🗐. 🖭 🖭
fermé 1er au 20 août, vacances de fév., sam. midi et fériés – **Repas** 148/290 et carte 260
à 350.
p. 4 FX **v**

XXX **Fernand Duthion,** 18 r. D. Vincent à Champagne-au-Mont-d'Or ⊠ 69410 Champagne-
au-Mont-d'Or ☎ 78 35 04 78, Fax 78 35 59 58, 😤 – ⊕. 🖭
p. 2 AP **e**
fermé 7 au 13 mars, 16 au 30 août, dim. soir et lundi sauf fériés – **Repas** 110/345 et carte 230
à 360.

XXX **La Soupière,** 14 r. Molière ⊠ 69006 ☎ 78 52 75 34, Fax 78 65 03 92 – 🗐. 🖭 🖭
fermé 1er au 23 août et dim. – **Repas** 140/200 et carte 260 à 370.
p. 5 GX **b**

XX **Cazenove,** 75 r. Boileau ⊠ 69006 ☎ 78 89 82 92, Fax 72 44 93 34, « Évocation Belle
Époque » – 🗐. 🖭 🖭 JCB
p. 5 GV **k**
Repas (*fermé août, sam. et dim.*) 200 (déj.), 260/450.

XX **J.-C. Pequet,** 59 pl. Voltaire ⊠ 69003 ☎ 78 95 49 70 – 🗐. 🖭 ① 🖭
p. 7 GY **v**
fermé 7 au 27 août, 25 déc. au 1er janv., sam. et dim. – **Repas** 150/260.

XX **Le Passage,** 8 r. Plâtre ⊠ 69001 ☎ 78 28 11 16, Fax 72 00 84 34 – 🗐. 🖭 🖭
p. 6 FX **r**
fermé sam. midi et dim. – **Repas** 175 (déj.), 220/290.

XX ✿ **L'Alexandrin** (Alexanian), 83 r. Moncey ⊠ 69003 ☎ 72 61 15 69, Fax 78 62 75 57 – 🗐.
🖭 🖭
p. 5 GX **h**
fermé 21 au 29 mai, 6 au 28 août, 24 déc. au 2 janv., dim., lundi et fériés – **Repas** 130/200 et
carte 230 à 330
Spéc. Blinis au caviar fourré d'aubergine. Filet de boeuf charolais au jus de truffes. Trio de crêpes à la pistache. **Vins**
Saint-Joseph, Saint-Péray.

XX ✿ **Aub. de l'Ile** (Ansanay), quartier St-Rambert, Ile Barbe ⊠ 69009 ☎ 78 83 99 49,
Fax 78 47 80 46 – ⊕. 🖭 ① 🖭. ✀
p. 2 BP **e**
fermé 7 au 22 août, vacances de fév., dim. soir et lundi – **Repas** 150/320 et carte 320 à 400.
Spéc. Nage d'huîtres au saumon et caviar (sept. à mars). Noix de Saint-Jacques rôties (sept. à mars). Canon d'agneau
en croûte d'olives noires (Pâques à oct.). **Vins** Morgon, Condrieu.

XX **Gourmet de Sèze,** 129 r. Sèze ⊠ 69006 ☎ 78 24 23 42, Fax 78 24 23 42 – 🗐. 🖭 🖭
fermé 1er au 21 août, vacances de fév., sam. midi et dim. – **Repas** (nombre de couverts
limité, prévenir) 120/240.
p. 5 HV **z**

XX **Garioud,** 14 r. Palais Grillet ⊠ 69002 ☎ 78 37 04 71, Fax 72 40 98 07 – 🗐. 🖭 🖭 JCB
fermé 1er au 15 août, sam. midi et dim. – **Repas** 122/280.
p. 6 FX **d**

XX **Fleur de Sel,** 7 r. A. Perrin ⊠ 69002 ☎ 78 37 40 37, Fax 78 37 26 37 – 🖭
p. 6 FY **q**
fermé sam. midi et dim. – **Repas** carte 160 à 220.

XX **Thierry Gache,** 37 r. Thibaudière ⊠ 69007 ☎ 78 72 81 77, Fax 78 72 01 75 – 🗐. 🖭 🖭
fermé dim. soir – **Repas** 118/390.
p. 7 GY **e**

XX **La Tassée,** 20 r. Charité ⊠ 69002 ☎ 78 37 02 35, Fax 72 40 05 91 – 🗐. 🖭 ① 🖭
fermé dim. – **Repas** 100 (déj.), 120/240 🍷, enf. 70.
p. 6 FY **u**

XX **Vivarais,** 1 pl. Gailleton ⊠ 69002 ☎ 78 37 85 15, Fax 78 37 59 49 – 🗐. 🖭 ① 🖭 JCB
fermé 24 juil. au 15 août, 25 déc. au 1er janv. et dim. – **Repas** 110/135.
p. 6 FY **f**

XX **La Brunoise,** 4 r. A. Boutin à Villeurbanne ⊠ 69100 Villeurbanne ☎ 78 52 07 77 – 🗐.
🖭
p. 3 CP **b**
fermé août, sam., dim. et le soir sauf jeudi – **Repas** 140/180.

XX **Gervais,** 42 r. P. Corneille ⊠ 69006 ☎ 78 52 19 13, Fax 72 74 99 14 – 🖭 ①
🖭
p. 5 GX **a**
fermé 8 juil. au 1er août, 13 au 21 août, sam. (sauf le soir hors sais.), dim. et fêtes – **Repas** 150
bc/185 bc.

XX **Tante Alice,** 22 r. Remparts d'Ainay ⊠ 69002 ☎ 78 37 49 83 – 🗐. 🖭 🖭   p. 6 FY **v**
fermé août, vend. soir et sam. – **Repas** 92/194 🍷.

XX **Chevallier,** 40 r. Sergent Blandan ⊠ 69001 ℰ 78 28 19 83, Fax 78 29 42 32 – **AE**
GB   p. 4 FX **w**
fermé 15 juil. au 15 août, merc. midi et mardi – **Repas** 85 (déj.), 120/235, enf. 80.

XX **J.-P. Bergier,** 20 r. Sully ⊠ 69006 ℰ 78 89 07 09, Fax 78 89 89 94 – GB   p. 5 GV **f**
fermé 1ᵉʳ au 23 août, sam. midi et dim. – **Repas** 120/265.

XX **La Voûte,** 11 pl. A. Gourju ⊠ 69002 ℰ 78 42 01 33, Fax 78 37 36 41 – ▤. **AE ◐** GB
fermé dim. – **Repas** 122.   p. 6 FY **e**

XX **Le Nord,** 18 r. Neuve ⊠ 69002 ℰ 78 28 24 54, Fax 78 28 76 58, 🍽 – ▤. **AE** GB **JCB**
Repas brasserie carte environ 140 ♨.   p. 6 FX **p**

XX **Christian Grisard,** 158 r. Cuvier ⊠ 69006 ℰ 78 24 77 98 – ▤. **AE ◐** GB   p. 5 HX **r**
fermé 1ᵉʳ sept., dim. et lundi – **Repas** 100/300.

XX **Boeuf d'Argent,** 29 r. Boeuf ⊠ 69005 ℰ 78 42 21 12, Fax 72 40 24 65 – **AE**
GB   p. 6 EFX **f**
fermé 29 juil. au 21 août, 11 au 27 fév., sam. midi et dim. – **Repas** 75 bc (déj.), 115/198.

XX **La Pinte à Gones,** 59 r. Ney ⊠ 69006 ℰ 78 24 81 75 – ▤. GB   p. 5 HX **s**
fermé août, 24 déc. au 1ᵉʳ janv., sam. midi et dim. – **Repas** 98/210.

XX **L'Italien de Lyon,** 25 r. Bât d'Argent ⊠ 69001 ℰ 78 39 58 58, Fax 72 07 98 96, 🍽 – ▤.
AE GB   p. 4 FX **e**
fermé dim. – **Repas** - cuisine italienne - 110 et carte 190 à 260 ♨.

XX **Assiette et Marée,** 49 r. Bourse ⊠ 69002 ℰ 78 37 36 58, Fax 78 60 16 10 – ▤.
GB   p. 4 FX **h**
Repas - produits de la mer - 100 bc (déj.) et carte 130 à 180.

XX **Brasserie Georges,** 30 cours Verdun ⊠ 69002 ℰ 72 56 54 54, Fax 78 42 51 65, brasserie 1925 – **AE ◐** GB **JCB**   p. 6 FZ **b**
Repas 84/158 ♨, enf. 48.

XX **Petit Duc,** 26bis r. Duquesne ⊠ 69006 ℰ 78 93 20 91, 🍽 – GB. 🍴   p. 5 GV **z**
fermé 17 au 23 avril, 7 au 20 août, sam. midi et dim. – **Repas** 98/215 ♨.

XX **L'Epicurien,** 3 r. Bugeaud ⊠ 69006 ℰ 78 24 49 51 – **AE** GB   p. 5 GX **n**
fermé 1ᵉʳ au 21 août, sam. midi et dim. – **Repas** 100/150.

XX **Chez Jean-François,** 2 pl. Célestins ⊠ 69002 ℰ 78 42 08 26, Fax 72 40 04 51 – ▤. **AE**
GB   p. 6 FY **x**
fermé 25 juil. au 25 août, dim. et fériés – Repas 90/160 ♨.

X **Le Grenadin,** 27 r. Franklin ⊠ 69002 ℰ 78 37 80 94, Fax 72 41 81 06 – ▤. **AE ◐** GB
JCB   p. 6 FY **n**
fermé 6 au 31 août, vacances de fév., lundi midi et dim. – **Repas** 93/170 ♨.

X **Le Neuf,** 7 pl. Bellecour ⊠ 69002 ℰ 78 42 07 59 – ▤. GB   p. 6 FY **h**
fermé août et dim. – **Repas** carte environ 220 ♨.

X **Les Muses de l'Opéra,** pl. Comédie, au 7ᵉ étage de l'Opéra ⊠ 69001 ℰ 72 00 45 58,
Fax 78 29 34 01, ≼, 🍽 – ▤. GB   p. 6 FX **q**
fermé dim. – **Repas** carte 150 à 260.

X **Assiette et Marée,** 26 r. Servient ℰ 78 62 89 94, Fax 78 60 39 27 – ▤. GB
JCB   p. 7 GY **n**
fermé 14 au 20 août et dim. – **Repas** - produits de la mer - carte 150 à 200.

X **Les Adrets,** 30 r. Boeuf ℰ 78 38 24 30, Fax 78 42 79 52 – GB   p. 4 EX **v**
fermé 1ᵉʳ au 7 janv., sam. et dim. – **Repas** 75 bc (déj.), 95/165, enf. 55.

X **Bernachon Passion,** 42 cours Franklin-Roosevelt ⊠ 69006 ℰ 78 52 23 65 – ▤.
GB   p. 5 GV **r**
fermé 24 juil. au 20 août, dim. et fériés – **Repas** (nombre de couverts limité, prévenir) (déj.
seul.) carte 140 à 240 ♨.

X **La Romanée,** 19 r. Rivet ⊠ 69001 ℰ 72 00 80 87, Fax 72 07 88 44 – ▤. GB p. 4 EV **e**
fermé août, vacances de fév., sam. midi, dim. soir et lundi – **Repas** (prévenir) 98/185.

X **Le Chandalou,** 36 r. Mail ⊠ 69004 ℰ 78 29 29 18 – **AE ◐** GB   p. 4 FV **r**
fermé 12 au 27 août, dim. et lundi – **Repas** 90/160.

X **Bouchon aux Vins,** 62 r. Mercière ⊠ 69002 ℰ 78 42 88 90, Fax 72 41 76 56 – **AE**
GB   p. 6 FX **u**
fermé dim. – **Repas** 100 (déj.), 150/180.

X **Bouchon de Fourvière,** 9 r. de la Quarantaine ⊠ 69005 ℰ 72 41 85 02, Fax 78 37 46 28
– **AE** GB   p. 6 EY **d**
fermé août, sam. et dim. – **Repas** 65 (déj.), 90/110.

X **Argenson,** 40 allée P. de Coubertin ⊠ 69007 ℰ 78 72 64 53, Fax 78 61 78 02, 🍽 – **P.**
GB   p. 2 BR **a**
fermé dim. – **Repas** (déj. seul.) 117/198.

X **Le Bistrot d'En Face,** 220 r. Duguesclin ⊠ 69003 ℰ 72 61 96 16, Fax 78 60 59 97 – **AE**
GB   p. 7 GY **r**
fermé 30 juil. au 20 août et dim. – **Repas** 108.

X **La Grille,** 106 r. S. Gryphe ⊠ 69007 ℰ 78 72 46 58 – GB   p. 7 GY **s**
→ *fermé 6 au 20 août et dim. –* **Repas** 80/250 ♨.

LES BOUCHONS : dégustation de vins régionaux et cuisine locale dans une ambiance typiquement lyonnaise

X **Le Garet**, 7 r. Garet ⊠ 69001 🖉 78 28 16 94, Fax 72 00 06 84 – 🗉. 🖭 🖼   p. 4   FX   **a**
fermé 15 juil. au 15 août, sam. et dim. – **Repas** (prévenir) 110 ⅃.

X **Chez Sylvain**, 4 r. Tupin ⊠ 69002 🖉 78 42 11 98   p. 6   FX   **s**
fermé 7 au 27 août, vacances de fév., sam. et dim. – **Repas** (prévenir) 99 dîner à la carte.

X **Café des Fédérations**, 8 r. Major Martin ⊠ 69001 🖉 78 28 26 00 – 🖭   p. 4   FX   **z**
fermé 15 juil. au 16 août, sam. et dim. – **Repas** (prévenir) 100 (déj.)/140.

X **La Meunière**, 11 r. Neuve ⊠ 69001 🖉 78 28 62 91 – 🖭 ⓞ 🖼   p. 6   FX   **p**
fermé 14 juil. au 15 août, dim. et lundi – **Repas** (prévenir) 85/140.

X **Café du Jura**, 25 r. Tupin ⊠ 69002 🖉 78 42 20 57 – 🖭 🖼   p. 6   FX   **d**
fermé 1ᵉʳ au 21 août, sam. sauf le soir du 1ᵉʳ sept. au 30 avril et dim. – **Repas** (prévenir) carte environ 150.

X **Au Petit Bouchon "chez Georges"**, 8 r. Garet ⊠ 69001 🖉 78 28 30 46 – 🖼   p. 4   FX   **a**
fermé 1ᵉʳ au 20 août, sam. et dim. – **Repas** 78/105 et carte le soir.

X **Chez Hugon**, 12 rue Pizay ⊠ 69001 🖉 78 28 10 94 – 🖼   p. 4   FX   **m**
fermé août, sam. soir et dim. – **Repas** (prévenir) (déj. seul.) carte 120 à 150 ⅃.

Environs

à Tassin-la-Demi-Lune : 5 km par D 407 – 15 460 h. – ⊠ 69160 :

🏨 **Novotel Tassin** Ⓜ, 13 D av. V. Hugo 🖉 78 64 68 69, Télex 310497, Fax 78 64 61 11, 🌁, ⅃ – 📶 ⅙ ch 🗉 🖵 🖀 ᕃ ⟺ 🅿 – 🔬 25 à 60. 🖭 ⓞ 🖼   p. 2   AP   **n**
Repas carte environ 180, enf. 50 – 🖵 48 – **104 ch** 455.

🏠 **Campanile Tassin**, 12 r. Montribloud 🖉 78 36 69 69, Fax 78 36 02 68 – 📶 ⅙ ch, 🗉 rest 🖵 🖀 ᕃ 🅿 – 🔬 25 à 50. 🖭 ⓞ 🖼   p. 2   AP   **s**
Repas 85 bc/110 bc, enf. 39 – 🖵 31 – **103 ch** 275.

XX **Châteaubriand**, 12av. Mar. Foch 🖉 78 34 15 64, 🌁, 🎋 – 🅿. 🖼   p. 2   AQ   **r**
fermé août, merc. soir, dim. soir et sam. – **Repas** 130/320.

à Collonges-au-Mont-d'Or N : 12 km par bords de Saône (D 433, D 51) – 3 165 h. – ⊠ 69660 :

🏠 **Relais St-Martin**, 1 pl. St-Martin 🖉 78 22 02 75, Fax 78 22 77 96, 🌁 – 🖵 🖀 🅿. 🖼 🇯🇨🇧
Repas *(fermé dim. soir et lundi)* 70 (déj.), 98/240 – 🖵 27 – **15 ch** 250/290.

voir aussi 🗙🗙🗙🗙🗙 ✿✿✿ **Paul Bocuse** à Lyon

par la sortie ① :

à Rillieux-la-Pape : 7 km par N 83 et N 84 – 30 791 h. – ⊠ 69140 :

XXX ✿ **Larivoire** (Constantin), chemin des Iles 🖉 78 88 50 92, Fax 78 88 35 22, 🌁 – 🅿. 🖼
fermé 14 au 25 fév., lundi soir et mardi – **Repas** 150 (déj.), 190/300 et carte 320 à 410
Spéc. Foie gras poêlé à la rhubarbe. Viennoise de ris de veau aux câpres (mai à sept.). Fricassée de volaille de Bresse au vinaigre. **Vins** Mâcon-Villages, Morgon.

par la sortie ④ :

à l'aérogare de Satolas : 27 km par A 43 – ⊠ 69125 Lyon Satolas Aéroport :

🏨 **Sofitel Satolas** Ⓜ sans rest, 3ᵉ étage 🖉 72 23 38 00, Télex 380480, Fax 72 23 98 00, ⩽ – 📶 ⅙ ch 🗉 🖵 🖀 ᕃ. 🖭 ⓞ 🖼
🖵 65 – **120 ch** 720.

🏠 **Climat de France Satolas** Ⓜ, zone de frêt 🖉 72 23 90 90, Fax 72 23 80 32 – 📶 🗉 rest 🖵 🖀 ᕃ 🅿 – 🔬 40. 🖭 ⓞ 🖼
Repas 85/99, enf. 39 – 🖵 34 – **84 ch** 270/310.

XXX **La Grande Corbeille**, 1ᵉʳ étage 🖉 72 22 71 76, Fax 72 22 71 72, ⩽ – 🗉. 🖭 ⓞ 🖼 🇯🇨🇧
fermé août, sam. et dim. – **Repas** 170/260 et carte 220 à 310.

X **Le Bouchon**, 1ᵉʳ étage 🖉 72 22 71 86, Fax 72 22 71 72 – 🗉. 🖭 ⓞ 🖼 🇯🇨🇧
Repas brasserie 98, enf. 49.

par la sortie ⑨ :

à Charbonnières-les-Bains : 8 km par N 7 – 4 033 h. alt. 240 – Stat. therm. – ⊠ 69260 :

Voir Parc Lacroix Laval : château de la Poupée★.

🏨 **Mercure Charbonnières**, N 7 🖉 78 34 72 79, Télex 900972, Fax 78 34 88 94, 🌁, ⅃ – 📶 ch 🖵 🖀 ⟺ 🅿 – 🔬 30 à 150. 🖭 ⓞ 🖼
Repas *(fermé sam. midi et dim. midi)* 95/115, enf. 40 – 🖵 50 – **60 ch** 390.

🏨 **Beaulieu** sans rest, 19 av. Gén. de Gaulle 🖉 78 87 12 04, Fax 78 87 00 62 – 📶 ⅙ ch 🖵 🖀 🅿 – 🔬 40. 🖭 ⓞ 🖼
🖵 29 – **40 ch** 280/320.

à La Tour-de-Salvagny : 11 km par N 7 – 3 226 h. – ⊠ **69890** :

XXXX ✿ **La Rotonde,** au Casino Le Lyon Vert ℰ 78 87 00 97, Fax 78 87 81 39 – ▤. 🝾 ⑩ ⟨GB⟩
fermé août, dim. soir et lundi – **Repas** 180 (déj.), 190/500 et carte 320 à 470
Spéc. Courgettes à la fleur et aux truffes. Tajine de homard aux petits farcis. "Panais" lyonnais de ris et rognon de veau
à la moelle. **Vins** Saint-Véran, Saint-Joseph.

par la sortie ⑩ :

Porte de Lyon - Échangeur A6 N 6 Sortie Limonest N : 10 km – ⊠ **69570** Dardilly :

🏨 **Novotel Lyon Nord** Ⓜ, ℰ 72 17 29 29, Télex 330962, Fax 78 35 08 45, 😭, ⤓, 🎿 – 🛗
⤙ ch ▤ 📺 ☎ 🄿 – 👌 150. 🝾 ⑩ ⟨GB⟩
Repas carte environ 160, enf. 50 – ⚏ 48 – **107 ch** 455.

🏨 **Mercure Lyon Nord,** ℰ 78 35 28 05, Télex 330045, Fax 78 47 47 15, 😭, ⤓, ✕ – 🛗
⤙ ch, ▤ rest 📺 ☎ 🄿 – 👌 30 à 80. 🝾 ⑩ ⟨GB⟩ ⟨JCB⟩
Repas 95/150 bc ⅃, enf. 48 – ⚏ 52 – **165 ch** 305/420.

🏠 **Ibis Lyon Nord** Ⓜ, ℰ 78 66 02 20, Fax 78 47 47 93, 😭, ⤓, 🎿 – ⤙ ch 📺 ☎ 🛗 🄿 –
👌 30. 🝾 ⑩ ⟨GB⟩
Repas 100, enf. 40 – ⚏ 35 – **64 ch** 260/350.

à Dardilly par D 77 – 6 688 h. – ⊠ **69570** :

XXX **Le Panorama,** à Dardilly-le-Haut, face église, ℰ 78 47 40 19, Fax 78 43 20 31, 😭, 🎿 –
🝾 ⑩ ⟨GB⟩ ⟨JCB⟩
fermé dim. soir et lundi – **Repas** 190/350 et carte 340 à 450.

à Limonest : 13 km par A 6 et D 42 – ⊠ **69760** :

X **Le Puy d'Or,** carrefour N 6 et D 42 ℰ 78 35 12 20, Fax 78 64 55 15 – ⟨GB⟩
fermé 16 août au 4 sept., dim. soir et mardi – **Repas** 130/250, enf. 80.

MICHELIN, Agences régionales, 5-7-9 r. Lavoisier - PA les Portes du Dauphiné à St-Pierre de
Chandieu ℰ 72 37 17 35

CONSTRUCTEUR : Renault Véhicules Industriels, Tour du Crédit Lyonnais, 129 r. Servient
69003 LYON EX ℰ 78 76 81 11 et Vénissieux CDR

1ᵉʳ Arrondissement

RENAULT Gar. Haond, 12 pl. Chartreux EV ℰ 78 28 62 33 Ⓝ ℰ 72 29 99 13

2ᵉ Arrondissement

RENAULT Gar. de Verdun, 6 crs Verdun EY ℰ 78 37 26 31

3ᵉ Arrondissement

BMW 6ème Avenue, 82 bd Vivier Merle
ℰ 78 63 55 66
VAG Gar. Bouteille, 195 av. F.-Faure ℰ 72 13 13 13
VOLVO Gar. Actena, 87 av. F.-Faure ℰ 78 95 40 04

◍ Deshayes Pneus, 13 r. Louise ℰ 78 54 47 91

Deshayes Pneus, 19 r. F.-Garcin ℰ 78 95 25 74
Euromaster, 234 cours Lafayette ℰ 72 33 68 77
Gaudry Pneu Point S, 43-45 cours A.-Thomas
ℰ 78 53 25 73
Métifiot, 70 r. Rancy ℰ 78 60 36 93

4ᵉ et 5ᵉ Arrondissements

RENAULT Gar. Choulans, 25 r. Basses-Verchères
(5ᵉ) EY ℰ 78 36 24 11
RENAULT Gar. Point du Jour, 55 bis av. Point-du-
Jour (5ᵉ) AQ ℰ 78 25 02 52

RENAULT Gar. Mondon, 31 av. Barthelemy-Buyer
BQ a ℰ 78 25 29 18 Ⓝ ℰ 78 36 88 57

◍ Charcot Pneus, 20 r. Jeunet ℰ 78 36 05 29

6ᵉ Arrondissement

CITROEN Gar. Métropole, 115 r. Bugeaud HX
ℰ 78 52 01 10 Ⓝ ℰ 78 84 55 56
MERCEDES Alcia Lyon Centre, 65-73 rue du
Bourbonnais ℰ 72 43 31 60 Ⓝ ℰ 05 24 24 30

◍ Euromaster, 55 bd des Brotteaux ℰ 78 52 04 89

7ᵉ Arrondissement

CITROEN Succursale, 35, r. de Marseille GY
ℰ 72 72 57 57 Ⓝ ℰ 05 05 24 24
FORD Galliéni Autom., 47 av. Berthelot
ℰ 78 72 02 27
HONDA Gar. Clamagirand, 32 r. Aguesseau
ℰ 78 72 40 27
LANCIA City Autom., 56 rte de Vienne
ℰ 78 72 37 34
MAZDA Gar. Kennings, 72 à 76 r. de Marseille
ℰ 78 58 16 53

OPEL Gar. Stala, 136 av. Berthelot ℰ 72 73 21 21
RENAULT Gar. Prost, 244 av. J.-Jaurès BQ
ℰ 78 72 61 46

◍ Boson, 39 r. Béchevelin ℰ 78 72 93 89
Euromaster, 190 av. Berthelot ℰ 78 72 41 76
Gaudry Pneu Point S, 200 av. J.-Jaurès
ℰ 72 73 00 98

8ᵉ Arrondissement

FORD Veyet Autom., Parc Marius Berliet
ℰ 78 77 60 07
PEUGEOT Auto du Bachut, 322 av. Berthelot CQ d
ℰ 78 74 18 09

◍ Metifiot 71 av. J.-Mermoz ℰ 78 78 82 82

9ᵉ Arrondissement

RENAULT Succursale, 5 r. St-Simon ABP 🖉 72 20 72 20 🔲 🖉 05 05 15 15 93 r. Marietton AP

🔘 Euromaster, 48 r. de Bourgogne 🖉 78 83 77 76

Brignais

🔘 Métifiot, rte d'Irigny, ZI Nord 🖉 78 05 33 04

Champagne-au-Mont-d'Or

PEUGEOT S.L.I.C.A. Lyon Nord, 15 av. Gén-de-Gaulle 🖉 78 43 89 89

Dardilly

🔘 Euromaster, Ch. Moulin Carron, ZI le Paisy 🖉 78 35 58 50

Ecully

CITROEN Succursale, 5 r. J.-M.-Vianney AP 🖉 78 18 77 00 🔲 🖉 78 18 77 00

Limonest

FORD Gauduel Lyon Nord, r. de l'étang N 6 🖉 78 35 77 99

Meyzieu

PEUGEOT Gar. des Servizières, 116 r. République par ③ 🖉 78 31 40 59

Oullins

🔘 Comptoir du Pneu, 44 che. des Célestins 🖉 78 51 04 06

Pneus Rhone Alpes Vulcopneu, 133 av. des Acqueducs de Beaumont 🖉 78 51 61 90

Rillieux

PEUGEOT Gar. Slica, 971 av. Hippodrome par D 48E CP 🖉 72 01 30 50 🔲 🖉 78 88 39 19

RENAULT Gar. Bronner, Chemin du Champ-de-Lierre 🖉 78 88 04 44 🔲 🖉 72 55 24 58

Saint-Fons

CITROEN Gar. J.-Jaurès, 52 av. J.-Jaurès CR e 🖉 78 70 94 61

PEUGEOT Gar. Centre, 12 av. G.-Péri CR u 🖉 78 70 94 62

Saint-Priest

CITROEN Gar. du Stade, 40 r. H.-Maréchal par D 518 DR 🖉 78 20 23 92
PEUGEOT Gar. Laval, 30 rte de Lyon par D 518 DR 🖉 78 20 07 85
RENAULT Gar. Caimi, 37 rte d'Heyrieux par D 518 DR 🖉 78 20 19 59

🔘 Comptoir du Pneu, 10 bis r. A.-Briand 🖉 78 20 29 28
Euromaster, 52 r. L.-Pradel, ZI à Corbas 🖉 78 20 98 56
Gaudry Pneu Point S, 200 rte de Grenoble 🖉 78 90 73 77
Métifiot, ZI Lyder rte de Lyon 🖉 78 21 58 80

Sainte-Foy-lès-Lyon

CITROEN Gar. de la Plaine, 117 bis r. Cdt-Charcot AQ u 🖉 78 59 62 15
CITROEN Gar. des Provinces, 2 r. Franche Comté BQ 🖉 78 25 67 79

RENAULT FLB Autom., 27 av. des Acqueducs 🖉 72 39 76 76

Tassin-la-Demi-Lune

PEUGEOT Tassin Autom., 100 av. République AQ 🖉 78 34 31 36
RENAULT Gar. Méjat, 11 pl. P.-Vauboin AQ s 🖉 78 34 23 50

🔘 Pneu Rhône Alpes Vulcopneu, 142 av. Ch.-de-Gaulle 🖉 78 34 33 00

Vaulx-en-Velin

CITROEN Succursale, 15 av. Ch.-de-Gaulle DP 🖉 78 79 42 42 🔲 🖉 05 05 24 24
PEUGEOT S.L.I.C.A., 40 av. de Bohlen DQ a 🖉 72 37 13 13
RENAULT Succursale Lyon Est, 52 av. de Bohlen JS 🖉 72 35 30 30 🔲 🖉 05 05 15 15

VAG Gar. Excelsior, r. J.M-Merle ZAC 🖉 78 80 68 93

🔘 Euromaster, 178 av. R.-Salengro 🖉 72 37 54 35

Villeurbanne

CITROEN Gar. Badel, 38 r. F.-Chirat CQ 🖉 78 54 58 50
SEAT Gar. Talas, 37 r. P.-Verlaine 🖉 78 84 81 44

🔘 Ayme Pneus, r. du Boulevard 🖉 78 89 78 08
Cintas Pneus, 10 r. Sylvestre 🖉 78 52 59 42

Comptoir du Pneu, 27 r. J.-Jaurès 🖉 78 54 84 53
Deshayes Pneus, 51 r. A.-France 🖉 78 68 33 34
La Maison des Pneus, 42 à 46 r. A.-Perrin 🖉 78 53 28 52
Rhône Pneus, 80 cours Tolstoï 🖉 78 84 95 24

Vénissieux

CITROEN Gar. du Centre, 50-52 bd L.-Gérin CR u 🖉 72 50 09 61
MERCEDES Alcia Lyon Sud, bd L.-Bonnevay 🖉 78 75 18 01
PEUGEOT S.L.I.C.A., 2 r. Frères Bertrand CR s 🖉 78 77 30 30 🔲 🖉 72 29 89 46

RENAULT Succursale Lyon Sud, 364 rte de Vienne CR n 🖉 78 77 78 77 🔲 🖉 05 05 15 15

🔘 Euromaster, 69 r. A.-Sentuc, ZAC l'Arsenal 🖉 72 51 05 08

LYONS-LA-FORÊT 27480 Eure 55 ⑧ G. Normandie Vallée de la Seine – 701 h alt. 109.

Voir Forêt★★ : hêtre de la Bunodière★ – N.-D.-de la Paix ≼★ O : 1,5 km.

🏢 Office de Tourisme Mairie ℘ 32 49 31 65.

Paris 105 – ♦Rouen 35 – Les Andelys 20 – Forges-les-Eaux 29 – Gisors 29 – Gournay-en-Bray 24.

 🏨 **La Licorne,** ℘ 32 49 62 02, Fax 32 49 80 09, 💏, « Jardin fleuri » – ☎ ❷ – 🔬 30. ⅀ ⓞ
  ꞬꞬ. ⅏
  fermé 20 déc. au 20 janv., dim. soir et lundi d'oct. à mars – **Repas** 170/275 – ⳉ 65 – **13 ch**
  365/480, 6 appart – ½ P 355/405.

 🏠 **Domaine St-Paul** ⳤ, N : 1 km par rte Forges-les-Eaux ℘ 32 49 60 57, Fax 32 49 56 05,
  « Pavillons dans parc fleuri », 🔳 – ❷ – 🔬 30. ꞬꞬ
  1ᵉʳ avril-13 nov. – **Repas** 140/190, enf. 80 – ⳉ 35 – **17 ch** (½ pens. seul.) – ½ P 300/390.

LYS-LEZ-LANNOY 59 Nord 51 ⑯, 111 ⑮ – rattaché à Roubaix.

MACE 61 Orne 60 ③ – rattaché à Sées.

MACHILLY 74140 H.-Savoie 70 ⑯ – 829 h alt. 530.

Paris 551 – Thonon-les-Bains 18 – Annemasse 11 – ♦Genève 21.

 XX **Refuge des Gourmets,** D 206 ℘ 50 43 53 87, 💏 – ❷ ⅀ ⓞ ꞬꞬ
  fermé 17 juil. au 10 août, 2 au 9 janv., dim. soir et lundi – **Repas** 135 bc (déj.), 150/250,
  enf. 50.

La MACHINE (Col de) 26 Drôme 77 ⑬ – rattaché à St-Jean-en-Royans.

MACINAGGIO 2B H.-Corse 90 ① – voir à Corse.

MÂCON P 71000 S.-et-L. 69 ⑲ G. Bourgogne – 37 275 h alt. 175.

Voir Musée municipal des Ursulines★ BY M¹ – Musée Lamartine BZ M² – Apothicairerie★ de
l'Hôtel-Dieu BY.

Env. Roche de Solutré★★ O : 9 km – Clocher★ de l'église de St-André de Bagé E : 8,5 km.

🏌 de la Commanderie ℘ 85 30 44 12, par ② : 7 km ; 🏌 de la Salle ℘ 85 36 09 71, 14 kms par ①.

🏢 Office de Tourisme 187 r. Carnot ℘ 85 39 71 37, Fax 85 39 71 29 – A.C. ℘ 85 38 06 00 – Maison Mâconnaise
des Vins (dégustation et machon bourguignon, ventes de vin AOC à emporter), 484 av. de-Lattre-de-Tassigny
℘ 85 38 36 70 BY.

Paris 393 ① – Bourg-en-Bresse 36 ② – Chalon-sur-Saône 58 ① – ♦Lyon 69 ③ – Roanne 95 ④.

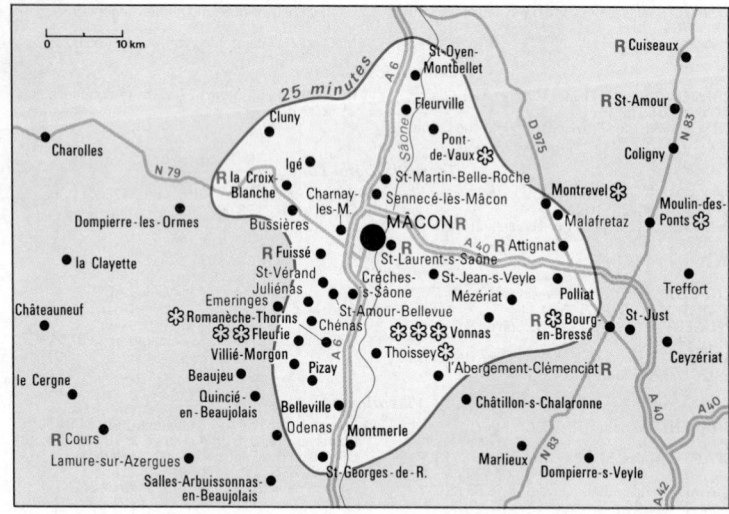

 🏨 **Mercure Bord de Saône** M ⳤ, 26 r. Coubertin par ① : 0,5 km ℘ 85 38 28 06,
  Télex 800830, Fax 85 39 11 45, ≼, 💏, 🔳 – 🛗 ch 📺 ☎ ❷ – 🔬 80. ⅀ ⓞ ꞬꞬ
  Le St-Vincent : **Repas** 95 bc/130 bc, enf. 50 – ⳉ 55 – **63 ch** 360/500.

 🏨 **Bellevue,** 416 quai Lamartine ℘ 85 38 05 07, Télex 800837, Fax 85 38 54 60 – 🛗 📺 ☎
  🖘 ❷ ⅀ ⓞ ꞬꞬ ꭍ🇧   BZ **u**
  Repas 125/290, enf. 70 – ⳉ 50 – **24 ch** 390/640 – ½ P 350/530.

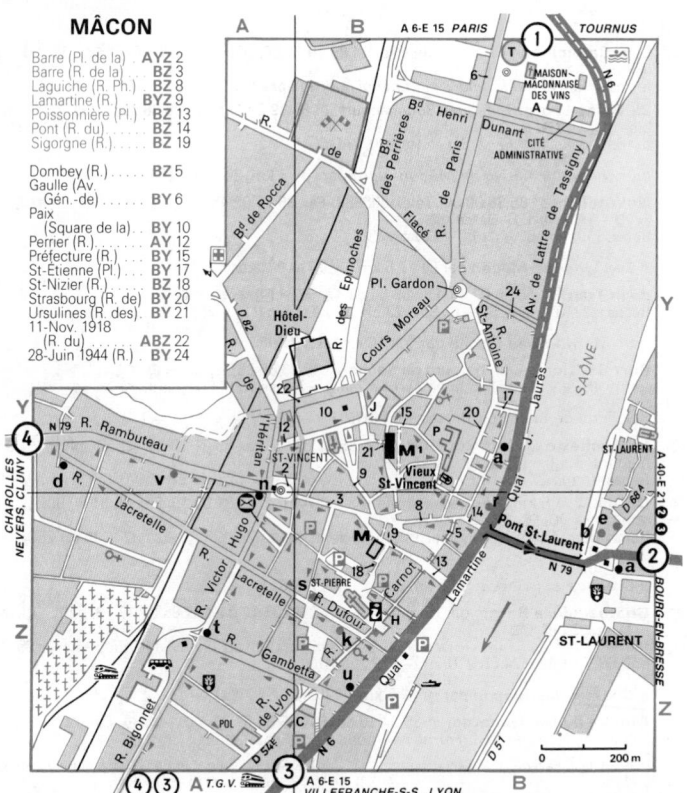

MÂCON

🏨 **Terminus,** 91 r. V. Hugo ℰ 85 39 17 11, Fax 85 38 02 75, ⌇, ☞ – 🛗 ▤ rest 📺 ☎ ⇔ –
🔼 35. ⒜ ⓞ ㏿
Repas 89/170, enf. 40 – ☷ 39 – **48 ch** 265/390 – ½ P 283/290.
                                                                    AZ **t**

🏨 **Bourgogne** Ⓜ, 6 r. V. Hugo ℰ 85 38 36 57, Fax 85 38 65 92 – 🛗 ⇋ ch 📺 ☎ ⓟ – 🔼 25.
⒜ ⓞ ㏿ ⒿⒸⒷ
La Perdrix ℰ 85 39 07 05 (fermé dim. de nov. à mars) **Repas** 95/135, ⅃, enf. 42 – ☷ 44 –
48 ch 265/370 – ½ P 272/300.
                                                                    AYZ **n**

🏠 **Nord** sans rest, 313 quai J. Jaurès ℰ 85 38 08 68, Fax 85 39 01 92 – 🛗 ☎. ⒜ ㏿   BY **a**
fermé dim. soir de nov. à fév. sauf vacances scolaires – ☷ 28 – **21 ch** 120/210.

🏠 **Concorde** sans rest, 73 r. Lacretelle ℰ 85 34 21 47, Fax 85 29 21 79 – 📺 ☎ ⇔. ㏿
☷ 30 – **15 ch** 165/265.
                                                                    AY **d**

XX **Rocher de Cancale,** 393 quai J. Jaurès ℰ 85 38 07 50, Fax 85 38 70 47 – ▤. ⒜ ㏿
fermé dim. soir et lundi sauf fériés – **Repas** 98/210 ⅃.
                                                                    BZ **r**

XX **Pierre,** 7 r. Dufour ℰ 85 38 14 23, Fax 85 39 84 04 – ⓞ ㏿
fermé dim. soir et lundi – **Repas** 98/295, enf. 75.
                                                                    BZ **k**

XX **L'Amandier,** 74 r. Dufour ℰ 85 39 82 00 – ㏿
fermé août, dim. soir et lundi – **Repas** 98/260, enf. 50.
                                                                    BZ **s**

XX **Le Poisson d'Or,** allée Parc par ① et bords de Saône : 1 km ℰ 85 38 00 88,
Fax 85 38 82 55, ≤, ㄹ, « Terrasse ombragée en bordure de Saône » – ⓟ. ㏿
fermé vacances de Toussaint, de fév., mardi soir et merc. – **Repas** 95/230 ⅃, enf. 50.

X **Le Charollais,** 71 r. Rambuteau ℰ 85 38 36 23 – ㏿   AY **v**
✦ fermé 17 au 28 juin, dim. (sauf le midi de sept. à mai) et lundi – **Repas** 72/185 ⅃.

  à St-Laurent-sur-Saône (Ain), rive gauche - Est du plan – ⊠ 01750 St-Laurent :

🏠 **Beaujolais** sans rest, face pont St-Laurent ℰ 85 38 42 06, Fax 85 38 78 02 – 📺 ☎.
㏿   BZ **a**
fermé 11 au 24 sept., 21 déc. au 3 janv. et dim. d'oct. à mars – ☷ 28 – **16 ch** 150/225.

XXX **Les Capucines**, 47 r. J. Jaurès ✆ 85 39 11 05, Fax 85 38 29 60 – ▤. AE ◑ GB JCB BZ **e**
fermé 1er au 15 mars, lundi soir et mardi midi – **Repas** 98/330 bc, enf. 60.

X **Le Saint-Laurent**, 1 quai Bouchacourt ✆ 85 39 29 19, Fax 85 38 29 77, ≤, 余, cadre bistrot – AE GB BZ **b**
fermé 2 janv. au 9 fév. – **Repas** 110/230, enf. 60.

à l'échangeur A6-N6 de Mâcon-Nord par ① : 7 km – ✉ **71000** Mâcon :

Novotel M, ✆ 85 36 00 80, Télex 800869, Fax 85 36 02 45, 余, ⛱, 🌳 – ⇜ ch ▤ TV ☎ ♿ P – 🏛 25 à 120. AE ◑ GB
Repas 110, enf. 50 – ☕ 50 – **115 ch** 480.

à Sennecé-lès-Mâcon par ① : 7,5 km – ✉ **71000** Mâcon :

de la Tour, ✆ 85 36 02 70, Fax 85 36 03 47, 余 – TV ☎ P. GB
Repas 95/210 🍷, enf. 55 – ☕ 35 – **23 ch** 160/300 – ½ P 254/268.

à St-Martin-Belle-Roche par ① : 10 km – ✉ **71118** :

XX **Port St-Nicolas**, en bordure de Saône ✆ 85 36 00 86, ≤, 余 – P. GB
fermé 15 janv. au 15 fév., mardi soir et merc. – **Repas** 100/250 🍷, enf. 60.

par ② rte de Bourg-en-Bresse – ✉ **01750** Replonges :

La Huchette M, à 4,5 km sur N 79 ✆ 85 31 03 55, Fax 85 31 10 24, ≤, 余, parc, « Décor élégant », ⛱ – TV ☎ P. AE ◑ GB
Repas *(fermé 27 nov. au 10 déc. et lundi)* 160/220 – ☕ 62 – **13 ch** 450/620 – ½ P 530/570.

Oréon M, à 5 km près accès sortie n°3 sur A40 ✆ 85 31 00 10, Fax 85 31 00 90, ⛱ – TV ☎ P – 🏛 70. AE GB
Repas *(fermé dim. soir)* (dîner seul.)(résidents seul.) 75/125 🍷 – ☕ 32 – **35 ch** 250/280 – ½ P 247.

à Crèches-sur-Saône S : 8 km par ③ – ✉ **71680** :

Château de la Barge, par rte gare T.G.V. ✆ 85 37 12 04, Fax 85 37 17 18, parc – |‡| ☎ P – 🏛 40. AE ◑ GB
fermé 27 oct. au 5 nov., 16 déc. au 8 janv., sam. et dim. du 1er nov. à Pâques – **Repas** 95/210, enf. 50 – ☕ 42 – **24 ch** 210/295 – ½ P 250/310.

à Charnay-lès-Mâcon par ④ : 2,5 km – 6 102 h. – ✉ **71850** :

XX **Moulin du Gastronome**, ✆ 85 34 16 68, Fax 85 34 37 25, 余 – ▤ P. AE GB
fermé vacances de fév., dim. soir et merc. soir – **Repas** 98/295.

BMW, ROVER Gar. Favède, 18 r. Lacretelle ✆ 85 38 46 05
FORD Gar. Corsin, RN 6 à Sancé ✆ 85 38 73 33
OPEL, VOLVO Chauvot Autom., RN 6 rte de Lyon ✆ 85 32 82 60 N ✆ 85 32 82 60
PEUGEOT Gar. Gounon, 89 rte de Lyon par ③ ✆ 85 29 60 60 N ✆ 85 29 60 63
RENAULT Filiale, carr.de l'Europe et r. de Lyon par ③ ✆ 85 32 78 00 N ✆ 05 05 15 15

Cintas Pneus, 120 r. des Flandines ✆ 85 29 25 04
Gaudry Pneu-Point S, 71 rte de Lyon ✆ 85 34 70 10

Périphérie et environs

CITROEN Autom. du Maconnais, ZAC des Platières à Sancé par ① ✆ 85 38 58 40 N ✆ 85 38 84 96

La MADELAINE-SOUS-MONTREUIL 62 P.-de-C. 51 ⑫ – rattaché à Montreuil.

MADIÈRES 30 Gard 80 ⑯ – ✉ **34190** Ganges.

Paris 721 – ♦Montpellier 63 – Lodève 32 – Nîmes 78 – Le Vigan 19.

Château de Madières M 🐦, ✆ 67 73 84 03, Fax 67 73 55 71, ≤, 余, parc, « Ancienne place forte surplombant les gorges de la Vis », 🏋, ⛱ – TV ☎ P. AE ◑ GB. ✻ rest
8 avril-1er nov. – **Repas** 190/350 – ☕ 75 – **10 ch** 640/1090 – ½ P 635/845.

MADIRAN 65700 H.-Pyrénées 82 ② – 553 h alt. 128.

Paris 752 – Pau 47 – Aire-sur-l'Adour 28 – Auch 69 – Mirande 50 – Tarbes 40.

Le Prieuré 🐦, ✆ 62 31 92 50, Fax 62 31 90 66, 余, 🌳 – TV ☎ P. AE GB
fermé dim. soir et lundi de mi-oct. à avril – **Repas** 90/230, enf. 65 – ☕ 30 – **10 ch** 230/300 – ½ P 255.

MAFFLIERS 95560 Val-d'Oise 55 ⑳ 106 ⑦ – 1 168 h alt. 160.

Paris 29 – Compiègne 67 – Beaumont-sur-Oise 9,5 – Beauvais 54 – Senlis 35.

Novotel Château de Maffliers M 🐦, ✆ (1) 34 08 35 35, Télex 605701, Fax (1) 34 69 97 49, 余, « Parc », ✻ – ⇜ ch TV ☎ ♿ P – 🏛 80. AE ◑ GB
Repas carte environ 210, enf. 50 – ☕ 52 – **80 ch** 500/540.

MAGAGNOSC 06 Alpes-Mar. 84 ⑧, 114 ⑬ – rattaché à Grasse.

MAGESCQ 40140 Landes 🔟🔢 ⑯ – 1 218 h alt. 25.

Paris 728 – Biarritz 52 – Mont-de-Marsan 65 – ♦Bayonne 46 – Castets 12 – Dax 15 – Soustons 10.

🏨 🏵🏵 **Relais de la Poste** (Coussau) Ⓜ ⤴, 𝄐 58 47 70 25, Télex 571349, Fax 58 47 76 17, 🍴, parc, 🏊, 🎾 – 🍽 rest 📺 ☎ ⟺ 🅿. 🔤 ⑩ 🆖 🆑 🕸 ch
fermé 11 nov. au 20 déc., lundi soir et mardi de sept. à juin, lundi midi en juil.-août – **Repas** (week-ends, prévenir) 290/390 et carte 300 à 410 – 🖃 60 – **12 ch** 500/650
Spéc. Foie gras de canard chaud aux raisins. Saumon grillé béarnaise (avril à juil.). Gibier (saison). Vins Tursan.

🍴🍴 **Le Cabanon et la Grange au Canard,** N : 0,8 km sur ancienne N 10 𝄐 58 47 71 51, Fax 58 47 75 19, 🍴, « Demeure landaise rustique », 🌳 – 🅿. 🆖
fermé 15 sept. au 15 oct., dim. soir et lundi – **Repas** 125/195 🍷 - *La Grange au Canard :* **Repas** 230/310, enf. 65.

MAGNAC-BOURG 87380 H.-Vienne 🔢 ⑱ – 857 h alt. 453.

Paris 426 – ♦Limoges 29 – St-Yrieix-la-Perche 27 – Uzerche 27.

🏨 **Midi,** 𝄐 55 00 80 13, Fax 55 48 70 96, 🍴 – 📺 ☎ 🅿. 🔤 ⑩ 🆖
fermé 13 au 24 nov., 16 janv. au 12 fév. et lundi hors sais. sauf fériés – **Repas** 85/220, enf. 55 – 🖃 33 – **13 ch** 220/300.

🍴🍴 **Voyageurs** avec ch, 𝄐 55 00 80 36 – 📺 ☎ ⟺. 🔤 🆖
➡ *fermé 10 au 20 juin, 13 au 23 sept., 2 au 18 janv., sam. sauf vacances scolaires et mardi soir* – **Repas** 78/250, enf. 70 – 🖃 35 – **7 ch** 230/320 – ½ P 250/280.

🍴🍴 **Aub. de l'Étang** avec ch, 𝄐 55 00 81 37, Fax 55 48 70 74, 🍴, 🏊 – 📺 ☎ – 🏌 30. 🆖
➡ *fermé 12 au 24 oct., 24 déc. au 22 janv., dim. soir et lundi d'oct. à avril* – **Repas** 68/230 – 🖃 35 – **14 ch** 225/245 – ½ P 240/290.

MAGNY-COURS 58 Nièvre 🔢 ③ ④ – rattaché à Nevers.

MAGNY-EN-VEXIN 95420 Val-d'Oise 🔢 ⑱ ⑲ 🔢 ③ – 5 050 h alt. 75.

🏌 de Villarceaux 𝄐 (1) 34 67 73 83, SO : 9 km.

Paris 61 – Beauvais 46 – Gisors 16 – Mantes-la-Jolie 22 – Pontoise 29 – ♦Rouen 63 – Vernon-sur-Eure 28.

🍴 **Cheval Blanc,** r. Carnot 𝄐 (1) 34 67 00 37 – 🔤 🆖
fermé août, le soir (sauf sam.) et merc. – **Repas** 80 (déj.), 130/180, enf. 50.

CITROEN Gar. de la Place d'Armes, 𝄐 (1) 34 67 00 70
PEUGEOT Gar. Beauval, 𝄐 (1) 34 67 00 44
RENAULT Magny Autom., 61 r. de Crosne 𝄐 (1) 34 67 00 46 🅽 𝄐 (1) 34 67 00 46

🔧 Euromaster, 11 r. Dr.-Fourniols 𝄐 (1) 34 67 13 94

MAÏCHE 25120 Doubs 🔢 ⑱ G. Jura – 4 168 h alt. 777.

Paris 482 – ♦Besançon 74 – Baume-les-Dames 55 – Montbéliard 41 – Morteau 28 – Pontarlier 60.

🏨 **Panorama** ⤴, 𝄐 81 64 04 78, Fax 81 64 08 95, ≤, 🎾 – cuisinette 📺 ☎ 🅿 – 🏌 50. 🆖
fermé 10 au 26 déc., vend. soir et dim. soir d'oct. à mars sauf vacances scolaires – **Repas** 100/230 🍷, enf. 60 – 🖃 34 – **32 ch** 250/335 – ½ P 240/315.

PEUGEOT Gar. Glasson, 𝄐 81 64 00 12
RENAULT Gar. Guillaume, 𝄐 81 64 24 56

TOYOTA Gar. Schell, 𝄐 81 64 07 73
Gar. Boibessot, 𝄐 81 64 09 21

MAILLANE 13 B.-du-R. 🔢 ⑪ ⑫ – rattaché à St-Rémy-de-Provence.

MAILLEZAIS 85420 Vendée 🔢 ① G. Poitou Vendée Charentes – 930 h alt. 14.

Voir Ancienne abbaye de Maillezais★.

🅱 Office de Tourisme 𝄐 51 87 23 01.

Paris 434 – La Rochelle 44 – Fontenay-le-Comte 12 – Niort 29 – La Roche-sur-Yon 77.

🏨 **St Nicolas** sans rest, 𝄐 51 00 74 45, Fax 51 87 29 10 – 🕸 ch 📺 ☎ ⟺ 🅿. 🆖
fermé 15 nov. au 15 fév. – 🖃 35 – **16 ch** 220/340.

CITROEN Gar. Thouard, 𝄐 51 00 74 68

MAILLY-LE-CHÂTEAU 89660 Yonne 🔢 ⑤ G. Bourgogne – 555 h alt. 170.

Voir ≤★ de la terrasse.

Paris 197 – Auxerre 29 – Avallon 30 – Clamecy 22 – Cosne-sur-Loire 64.

🍴🍴 **Le Castel** ⤴, avec ch, près Eglise 𝄐 86 81 43 06, Fax 86 81 49 26, 🌳 – ☎. 🆖
➡ *15 mars-15 nov. et fermé mardi du 1er oct. au 1er avril et merc.* – **Repas** 75/170 – 🖃 36 – **12 ch** 200/420.

Les MAILLYS 21 Côte-d'Or 🔢 ⑬ – rattaché à Auxonne.

MAISON-DU-ROY 05 H.-Alpes 🔢 ⑱ – rattaché à Guillestre.

MAISON NEUVE 16 Charente 🔢 ⑭ – rattaché à Angoulême.

MAISONS-ALFORT 94 Val-de-Marne 🔢 ①, 🔢 ㉗ – voir à Paris, Environs.

MAISONS-LAFFITTE 78 Yvelines 🔢 ⑳, 🔢 ⑬ – voir à Paris, Environs.

MAISONS-LÈS-CHAOURCE 10 Aube 🔢 ⑰ – rattaché à Chaource.

MAIZIÈRES-LÈS-METZ 57 Moselle 🗗 ④ – rattaché à Metz.

MALAKOFF 92 Hauts-de-Seine 🗗 ⑩, 🗗 ㉕ – voir à Paris, Environs.

MALAUCÈNE 84340 Vaucluse 🗗 ③ G. Provence – 2 172 h alt. 377.

Voir O : Dentelles de Montmirail★.

Env. Mont Ventoux ※★★★ E : 21 km.

🖪 Office de Tourisme pl. Mairie (avril-sept.) 🕾 90 65 22 59.

Paris 679 – Avignon 43 – Carpentras 18 – Vaison-la-Romaine 9,5.

  ※ **Host. La Chevalerie** avec ch, 🕾 90 65 11 19, 🥂 – 🛬 ch 🕿 ⇦. 🖭 GB
      fermé 23 oct. au 6 nov., 27 fév. au 6 mars, mardi soir hors sais. (sauf hôtel) et merc. – **Repas**
      90/200 🍷 – ☵ 32 – **6 ch** 230/300 – ½ P 240.

CITROEN Gar. Meffre, 🕾 90 65 20 26   RENAULT Gar. du Ventoux, 🕾 90 65 20 23

MALAY 71460 S.-et-L. 🗗 ⑪ G. Bourgogne – 200 h alt. 204.

Paris 370 – Chalon-sur-Saône 34 – Mâcon 39 – Montceau-les-Mines 37 – Paray-le-Monial 54.

  🏠 **La Place** Ⓜ, sur D 981 🕾 85 50 15 08, Fax 85 50 13 23, 🏊 – 📺 🕿 🅿. GB
  ✦ *fermé 8 janv. au 7 fév., dim. soir et lundi du 15 oct. au 30 avril* – **Repas** 70/170 🍷, enf. 50 –
      ☵ 40 – **30 ch** 250/270 – ½ P 245.

MALAY-LE-PETIT 89 Yonne 🗗 ⑭ – rattaché à Sens.

MALBUISSON 25160 Doubs 🗗 ⑥ G. Jura – 366 h alt. 900.

Voir Lac de St-Point★.

🖪 Office de Tourisme Lac St-Point 🕾 81 69 31 21.

Paris 452 – ◆Besançon 75 – Champagnole 38 – Pontarlier 16 – St-Claude 72 – Salins-les-Bains 46.

  🏨 **Le Lac,** 🕾 81 69 34 80, Fax 81 69 35 44, <, 🥂 – 🛎 📺 🕿 🅿. ⓞ GB
      fermé 14 nov. au 14 déc. sauf week-ends – **Repas** 100/225, enf. 55 – ☵ 50 – **54 ch** 220/340 –
      ½ P 230/280.

  🏨 **Beau Site** Ⓜ sans rest, 🕾 81 69 70 70, Fax 81 69 35 44 – 📺 🕿 🅿. ⓞ GB
      ☵ 40 – **17 ch** 170/200, 3 appart.

  ※※※ ❀ **Jean-Michel Tannières** avec ch, 🕾 81 69 30 89, Fax 81 69 39 16, 🥂 – 📺 🕿 ⇦ 🅿.
      🖭 ⓞ GB
      fermé 18 au 30 avril, 3 au 30 janv., dim. de nov. à avril et lundi sauf le soir en juil.-août –
      Repas 130/380 et carte 260 à 370, enf. 70 – ☵ 50 – **6 ch** 230/300 – ½ P 320/390
      Spéc. Petite brioche farcie à la crème de morilles. Gratin minute de féra aux herbes potagères (mai à oct.). Soufflé
      glacé à la liqueur de bourgeons de sapins (mai à oct.). Vins Côtes du Jura, Arbois rosé.

  ※※ **Le Bon Accueil** avec ch, 🕾 81 69 30 58, Fax 81 69 37 60, 🥂 – 📺 🕿 ⇦ 🅿. GB. 🛠
      fermé 27 mars au 4 avril, 15 déc. au 15 janv., dim. soir du 1ᵉʳ oct. au 15 avril, mardi midi et
      lundi – **Repas** 90/260, enf. 70 – ☵ 40 – **13 ch** 260/380 – ½ P 270/340.

La MALÈNE 48210 Lozère 🗗 ⑤ G. Gorges du Tarn – 188 h alt. 452.

Voir O : les Détroits★★ et cirque des Baumes★★ (en barque).

🖪 Syndicat d'Initiative (juil.-août) 🕾 66 48 50 77 et à la Mairie (hors saison) 🕾 66 48 51 16.

Paris 625 – Mende 41 – Florac 40 – Millau 42 – Sévérac-le-Château 32 – Le Vigan 78.

  🏨 **Manoir de Montesquiou,** 🕾 66 48 51 12, Fax 66 48 50 47, <, 🥂, « Belle demeure du
      15ᵉ siècle », 🥂 – 📺 🕿 🅿. ⓞ GB. 🛠 rest
      1ᵉʳ avril-20 oct. – **Repas** 165/250, enf. 70 – ☵ 60 – **12 ch** 430/760 – ½ P 515/610.

MALESHERBES 45330 Loiret 🗗 ⑪ G. Ile de France – 5 778 h alt. 140.

🖪 Office de Tourisme 2 r. Pilonne 🕾 38 34 81 94.

Paris 82 – Fontainebleau 27 – Étampes 26 – Montargis 63 – ◆Orléans 62 – Pithiviers 18.

  🏠 **Écu de France,** pl. Martroi 🕾 38 34 87 25, Fax 38 34 68 99 – 📺 🕿 🅿. 🖭 ⓞ GB
      Repas *(fermé jeudi soir)* 100/230 🍷, enf. 38 – *Brasserie de l'Écu :* **Repas** carte 90 à 160 – ☵ 35
      – **14 ch** 120/350 – ½ P 185/280.

  à **Buthiers** (77 S.-et-M.) SE : 2 km – ✉ 77760 :

  ※※ **Roches Gourmandes,** 🕾 (1) 64 24 14 00 – GB
      fermé sept., lundi sauf le midi du 1ᵉʳ avril au 1ᵉʳ sept. et mardi – **Repas** 90/180, enf. 60.

CITROEN Gar. Amant, 20 av. Gén.-Leclerc   RENAULT Gar. Central, 39 av. Gén.-Patton
🕾 38 34 84 56   🕾 38 34 60 36 🅽 🕾 05 05 15 15
PEUGEOT Gar. Thomas, 17 r. A.-Cochery
🕾 38 34 81 41

MALICORNE-SUR-SARTHE 72270 Sarthe 🗗 ② G. Châteaux de la Loire – 1 659 h alt. 36.

Paris 237 – ◆Le Mans 31 – Château-Gontier 52 – La Flèche 16.

  ※※ **La Petite Auberge,** au pont 🕾 43 94 80 52, Fax 43 94 31 37, 🥂 – 🖭 GB
  ✦ *fermé 1/2 au 10/3, merc. soir et jeudi soir en déc. et janv., dim. soir, lundi soir et mardi d'oct.*
      à avril – **Repas** 79/265, enf. 58.

650

à Dureil NO : 6 km par D 8 et VO – 770 h. – ⊠ **72270** :

X **Aub. des Acacias**, ✆ 43 95 34 03, 佘 – ⊖B
✦ *fermé vacances de Toussaint, de fév., dim. soir et lundi sauf fériés* – **Repas** (prévenir) 78/198.

RENAULT Gar. Georget, ✆ 43 94 80 20

MALO-LES-BAINS 59 Nord 🗗🗗 ④ – rattaché à Dunkerque.

Le MALZIEU-VILLE 48140 Lozère 🗗🗗 ⑮ – 947 h alt. 860.

Paris 553 – Le Puy-en-Velay 76 – Mende 51 – Millau 112 – Rodez 107 – St-Flour 37.

🏠 **Voyageurs,** rte Saugues ✆ 66 31 70 08, Fax 66 31 80 36 – ☎ 🅿. ⊖B. ⋘
✦ *fermé 20 déc. au 28 fév. et dim. soir hors sais.* – **Repas** 75/160 🍴 – ⌂ 33 – **18 ch** 240/300 –
½ P 240/300.

CITROEN Gar. Vidal, ✆ 66 31 71 85

MAMERS ◁💹▷ **72600** Sarthe 🗗🗗 ⑭ **G. Normandie Vallée de la Seine** – 6 071 h alt. 128.

🖪 Office de Tourisme avec A.C. pl. République ✆ 43 97 60 63.

Paris 183 – Alençon 26 – ✦Le Mans 43 – Mortagne-au-Perche 24 – Nogent-le-Rotrou 38.

🏠 **Dauphin,** 54 r. Fort ✆ 43 34 24 24 – ☎ 🅿. 표 ⊖B
✦ *fermé dim. soir* – **Repas** 60/145 🍴 – ⌂ 28 – **12 ch** 165/230 – ½ P 150/185.

X **Bon Laboureur** avec ch, 1 r. P.-Bert ✆ 43 97 60 27, Fax 43 97 16 19 – 📺 ☎ 🚗. 표 ⦿
✦ ⊖B
fermé vacances de fév., sam. midi et vend. d'oct. à avril – **Repas** 60/195 🍴, enf. 48 – ⌂ 28 –
10 ch 195/275 – ½ P 205/245.

au Pérou (61 Orne) E : 6 km par rte Bellême – ⊠ **61360** Chemilly :

X **Petite Auberge,** ✆ 33 73 11 34, 佘, 🌳 – 🅿. ⊖B
fermé lundi soir et mardi – **Repas** 65 (déj.), 160/270, enf. 50.

CITROEN Autos du Saosnois, 103 rte du Mans
✆ 43 97 60 17 🗗 ✆ 43 97 98 77
PEUGEOT Gar. du Saosnois, rte de Bellême à Suré
✆ 43 97 64 92

RENAULT Gar. Foullon Dagron, Le Magasin à
St-Rémy-des-Monts ✆ 43 97 63 03 🗗
✆ 43 97 63 03
SEAT, V.A.G. Poirier Autom., Les Fosses
✆ 43 97 13 80

MANCIET 32 Gers 🗗🗗 ③ – rattaché à Eauze.

MANDELIEU-LA-NAPOULE 06210 Alpes-Mar. 🗗🗗 ⑧ 🗗🗗🗗 ㉖ 🗗🗗🗗 ㉞ **G. Côte d'Azur** – 16 493 h alt. 25 –
Casino .

Voir N : Route de Mandelieu ⪚★★.

🗗🗗 Golf-Club de Cannes-Mandelieu ✆ 93 49 55 39, S : 2 km ; 🗗🗗 Riviera Golf Club, ✆ 93 38
32 55, SO : 2 km.

🖪 Office de Tourisme av. Cannes ✆ 93 49 14 39 et bd H.-Clews ✆ 93 49 95 31.

Paris 896 – Cannes 7 – Fréjus 29 – Brignoles 86 – Draguignan 53 – ✦Nice 37 – St-Raphaël 32.

🏨🏨 **Domaine d'Olival** 🖾 🏊 sans rest, 778 av. Mer ✆ 93 49 31 00, Fax 92 97 69 28, « Jardin
fleuri », 🏊, ℀ – cuisinette 🍽 📺 ☎ 🅿. 표 ⦿ ⊖B
fermé 1ᵉʳ nov. au 26 janv. – ⌂ 58 – **7 ch** 925, 11 appart 1780.

🏨🏨 **Host. du Golf** 🖾 🏊, 780 av. Mer ✆ 93 49 11 66, Fax 92 97 04 01, 佘, 🏊, 🌳, ℀ – 🕸 📺
☎ 🅿 – 🏛 25. 표 ⦿ ⊖B 🇯🇨🇧
Repas 90/190 – ⌂ 40 – **45 ch** 570/640, 10 appart – ½ P 410/560.

🏨 **Les Bruyères** 🖾 sans rest, 1400 av. Fréjus ✆ 93 49 92 01, Fax 93 49 21 55, 🏊 – cuisinette 📺 ☎ 🅿. 표 ⊖B
⌂ 45 – **14 ch** 400.

🏠 **Acadia** 🏊 sans rest, 681 av. Mer ✆ 93 49 28 23, Fax 92 97 55 54, 🏊, 🌳, ℀ – 🕸 📺 ☎
🅿. 표 ⊖B. ⋘
fermé 15 nov. au 25 déc. – ⌂ 35 – **27 ch** 390/440.

La Napoule – alt. 18 – ⊠ **06210** .

Voir Site★ du château-musée.

Paris 899 – Cannes 8,5 – Mandelieu-la-Napoule 3 – ✦Nice 40 – St-Raphaël 36.

🏨🏨🏨 **Royal** 🖾, ✆ 92 97 70 00, Télex 461820, Fax 93 49 51 50, ⪚, 佘, 🍴, 🏊, ℀ – 🕸 🕸⪚ ch 🍽
📺 🏊 ☎ 🅿. 표 ⦿ ⊖B 🇯🇨🇧
Le Fereol : **Repas** 180 (déj), 230/310, enf.110 – ⌂ 95 – **180 ch** 1200/1550, 21 appart, 9 duplex
– ½ P 840/990.

🏨🏨 **Ermitage du Riou,** av. H.-Clews ✆ 93 49 95 56, Fax 92 97 69 05, ⪚, 佘, 🏊, 🌳 – 🕸
🕸⪚ ch 🍽 ch 📺 ☎ 🏊 🅿 – 🏛 25. 표 ⦿ ⊖B 🇯🇨🇧
Repas 140 (déj)., 190/280 – ⌂ 70 – **41 ch** 950/1300 – ½ P 735/910.

🏠 **Parisiana** sans rest, r. Argentière 𝒫 93 49 93 02 – ☎. ⌘
Pâques-20 oct. – 🍽 28 – **12 ch** 250/350.

🏠 **Corniche d'Or** sans rest, pl. Fontaine 𝒫 93 49 92 51 –⌘
25 avril-15 oct. – 🍽 27 – **12 ch** 165/285.

XXXX ❀❀ **L'Oasis,** 𝒫 93 49 95 52, Fax 93 49 64 13, 佘, « Patio ombragé et fleuri » – 🍽. 🅰🅴 ⓘ GB
fermé 1ᵉʳ au 14/3, 1/11 au 13/12, le midi du 15/7 au 31/8 (sauf dim.), dim. soir et lundi du 1/11 au 31/1 – **Repas** 250 bc (déj.), 400/650 et carte 460 à 560
Spéc. Foie gras de canard chaud en verdure de blettes. Loup en croûte. Bayeldi de filet d'agneau à la menthe poivrée (printemps-été).

XXX **La Maison de Bruno et Judy,** pl. Château 𝒫 93 49 95 15, 佘 – 🅰🅴 ⓘ GB
1ᵉʳ avril-30 oct. – **Repas** 155/195.

XX **Brocherie II,** au Port 𝒫 93 49 80 73, Fax 93 49 70 51, ≤, 佘, décor marin – 🅰🅴 GB
fermé 5 janv. au 10 fév. – **Repas** 200.

XX **La Pomme d'Amour,** 209 av. 23-Août 𝒫 93 49 95 19, 佘 – GB
fermé 15 nov. au 15 déc., mardi sauf le soir de juil. à sept. et merc. midi – **Repas** 145/190.

MANDEREN 57 Moselle 57 ④ – rattaché à Sierck-les-Bains.

MANERBE 14 Calvados 55 ⑬ – rattaché à Lisieux.

MANIGOD 74230 H.-Savoie 74 ⑦ – 636 h alt. 950.
Voir Vallée de Manigod★★, G. Alpes du Nord.
🛈 Office de Tourisme Chef Lieu 𝒫 50 44 92 44, Fax 50 44 93 58.
Paris 562 – Annecy 26 – Chamonix-Mont-Blanc 73 – Albertville 40 – Bonneville 37 – La Clusaz 17 – Megève 38 – Thônes 6.

rte col de la Croix-Fry : 5,5 km :

🏠 **Chalet H. Croix-Fry** ⏵, 𝒫 50 44 90 16, Fax 50 44 94 87, ≤ montagnes, 佘, ☒, ☞, ⚄ – ☎ ℗. 🅰🅴 GB
début juin-mi sept. et 15 déc.-15 avril – **Repas** 140/360 – 🍽 80 – **12 ch** 950/1500, 5 duplex – ½ P 500/850.

au col de la Croix-Fry NE : 7 km – ⊠ **74230** Thônes :

🏠 **Rosières** ⏵, 𝒫 50 44 90 27, Fax 50 44 94 70, ≤, 佘 – 📺 ☎ ℗. GB
↝ *fermé 1ᵉʳ au 20 mai et nov.* – **Repas** 60/140 ⓙ, enf. 38 – 🍽 30 – **17 ch** 220/250 – ½ P 240.

MANOSQUE 04100 Alpes-de-H.-P. 81 ⑮ 114 ⑤ G. Alpes du Sud – 19 107 h alt. 387.
Voir Porte Saunerie★ – Sarcophage★ dans l'église N.-D. de Romigier – Fondation Carzou★ M – ≤★ du Mont d'Or NE : 1,5 km – ≤★ de la chapelle St-Pancrace 2 km par ③.
🛈 Country Club de Pierrevert (privé) 𝒫 92 72 17 19 ; SO : 7 km par ③ et D 6.
🛈 Office de Tourisme avec A.C. pl. Dr.-P.-Joubert 𝒫 92 72 16 00, Fax 92 72 58 98.
Paris 761 ③ – Digne-les-Bains 58 ① – Aix-en-Provence 53 ② – Avignon 91 ③ – ♦Grenoble 191 ① – ♦Marseille 85 ②

MANOSQUE

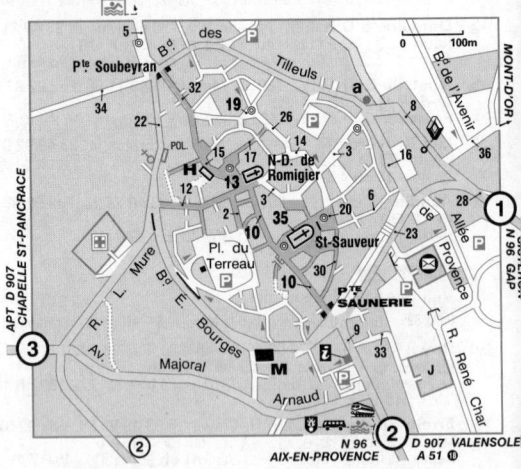

🏠 **Pré St-Michel** Ⓜ 🦮, N : 1,5 km par bd M. Bret et rte Dauphin 🅿 92 72 14 27, Fax 92 72 53 04 – 📺 ☎ 🅿. GB
voir rest. *la Source* ci-après – ⌑ 33 – **18 ch** 295 – ½ P 267/534.

🏠 **Campanile,** par ① 🅿 92 87 59 00, Fax 92 87 43 78, 🏶 – ᾽᾽ ch 📺 ☎ 🅿 – 🛏 25. 🖭 ⑩ GB
Repas 82 bc/105 bc, enf. 39 – ⌑ 30 – **31 ch** 270.

XX **La Source,** N : 1,5 km par bd M. Bret et rte Dauphin 🅿 92 72 12 79, 🏶 – 🅿. GB
fermé 15 au 30 nov., sam. midi et lundi – **Repas** 98/225.

X **La Rôtisserie,** 43 bd Tilleuls **(a)** 🅿 92 72 32 28, Fax 92 72 92 93 – 🖭 GB
Repas 90/150, enf. 50.

à La Fuste SE : 6,5 km sur D 4 par ② et D 907 – ⌧ **04210** Valensole :

🏨 ⛄ **Host. de la Fuste** (Jourdan) 🦮, 🅿 92 72 05 95, Fax 92 72 92 93, ≤, 🏶, « Parc fleuri », 🏊 – 📺 ☎ 🦮 🖚 🅿. 🖭 ⑩ GB
fermé 10 janv. au 25 mars, dim. soir et lundi du 30 sept. au 30 juin sauf fériés – **Repas** (nombre de couverts limité - prévenir) 270/450 et carte 450 à 640, enf. 130 – ⌑ 90 – **14 ch** 600/1100 – ½ P 850/1050
Spéc. Truffes du pays. Agneau de lait. Gibier (saison). Vins Côtes de Luberon, Palette.

à Villeneuve par ① et N 96 : 12 km – ⌧ **04180** :

🏠 **Mas St-Yves** 🦮, 🅿 92 78 42 51, Fax 92 78 59 93, ≤, 🏶, parc, 🏊 – 📺 ☎ 🅿. GB.
❀ rest
fermé 20 déc. au 1er fév. – **Repas** *(fermé dim. soir et lundi midi sauf juil.-août)* 89/285, enf. 55 – ⌑ 35 – **15 ch** 265/365 – ½ P 295.

à St-Maime N : 14 km par ① et D13 – ⌧ **04300** :

XX **Bois d'Asson,** 🅿 92 79 51 20, Fax 92 79 50 50, 🏶 – 🅿. 🖭 ⑩ GB
fermé 28 août au 4 sept., vacances de fév., dim. soir du 1er oct. au 31 mars et lundi – **Repas** 155/330.

CITROEN Alpes de Provence Autom., rte de Marseille par ② 🅿 92 72 09 94
FORD Gar. Chailan, N 96 rte de Marseille 🅿 92 72 41 70
PEUGEOT Gar. Renardat, 237 rte de Marseille 🅿 92 87 87 90 🔼 🅿 92 75 53 90
RENAULT SEPAL, rte d'Aix-en-Provence par ② 🅿 92 70 14 70
RENAULT Gar. Roubaud, 14 r. Dauphine 🅿 92 72 06 09

ROVER Gar. Staiano, 45 r. G.-Pompidou 🅿 92 72 55 03
VOLVO Gar. de la Durance, 240 av. du Lubéron 🅿 92 72 34 99

🔧 Euromaster, rte de la Durance 🅿 92 87 72 00
Meizenq Pneus-Point S, ZI de St-Joseph 144 av. 1er-Mai 🅿 92 72 36 61

Le MANS Ⓟ **72000** Sarthe 🖽 ⑬ 🖽 ③ G. Châteaux de la Loire – 145 502 h Communauté urbaine 185 506 h alt. 71.

Voir Cathédrale St-Julien★★ : chevet★★★ – Le Vieux Mans★★ : maison de la Reine Bérengère★ BV M2 – Église de la Couture★ : Vierge★★ – Église Ste-Jeanne-d'Arc★ – Musée de Tessé★ – Abbaye de l'Épau★ : 4 km par D 152 Z – Musée de l'Automobile★★ : 5 km par ⑤.

🏌 🅿 43 42 00 36, par ⑤ : 11 km ; 🏌 de Sargé 🅿 43 76 25 07, 6 km par ①.

Circuit des 24 heures et circuit Bugatti : 5 km par ⑤.

🛈 Office de Tourisme Hôtel des Ursulines, r. Étoile 🅿 43 28 17 22, Télex 720006, Fax 43 23 47 19 – A.C. de l'Ouest, Circuit des 24h. 19X, 🅿 43 40 24 24, Fax 43 40 24 15.

Paris 205 ② – Angers 95 ⑤ – ◆Le Havre 198 ⑧ – ◆Nantes 185 ⑤ – ◆Rennes 152 ⑦ – ◆Tours 80 ④.

Plan page suivante

🏨 **Concorde,** 16 av. Gén. Leclerc 🅿 43 24 12 30, Télex 720487, Fax 43 24 85 74, 🏶 – 📳 📺 ☎ 🖚 – 🛏 40. 🖭 ⑩ GB 🥢
AX **b**
Repas 130/190 – ⌑ 48 – **55 ch** 460/660 – ½ P 408/508.

🏨 **Novotel** Ⓜ, bd R. Schumann (Z.A.C. Sablons) ⌧ **72100** 🅿 43 85 26 80, Télex 720706, Fax 43 75 31 76, 🏶, 🏊, ❀ – 📳 ᾽᾽ ch, 📶 rest 📺 ☎ 🦮 🅿 – 🛏 200. 🖭 ⑩ GB 🥢 Z **a**
Repas carte environ 160 ⅊, enf. 50 – ⌑ 48 – **94 ch** 399/460.

🏨 **Chantecler** Ⓜ sans rest, 50 r. Pelouse 🅿 43 24 58 53, Fax 43 77 16 28 – 📳 📺 ☎ 🅿. GB
⌑ 35 – **32 ch** 300/320, 3 appart.
AY **f**

🏨 **Relais Bleus** Ⓜ, 79 bd A. Oyon (gare Sud) 🅿 43 85 49 00, Fax 43 85 25 95 – 📳 📺 ☎ 🅿. 🛏 100. 🖭 ⑩ GB 🥢 AY **a**
Repas 78 bc/140, enf. 45 – ⌑ 32 – **66 ch** 305.

🏠 **Ibis** Ⓜ, quai Ledru-Rollin 🅿 43 23 18 23, Fax 43 24 00 72, 🏶 – 📳 ᾽᾽ ch 📺 ☎ 🦮 🖚 – 🛏 25. 🖭 GB AX **a**
Repas 97 bc, enf. 40 – ⌑ 35 – **83 ch** 295.

🏠 **Emeraude** sans rest, 18 r. Gastelier 🅿 43 24 87 46, Fax 43 24 60 64 – 📳 ᾽᾽ ch 📺 ☎ 🖚. 🖭 GB AY **z**
⌑ 36 – **33 ch** 195/270.

🏠 **Atlantique** sans rest, 26 r. E. Chesne ⌧ **72100** 🅿 43 84 35 11, Fax 43 85 75 41 – 📺 ☎ 🅿. 🖭 GB Z **s**
⌑ 30 – **29 ch** 170/320.

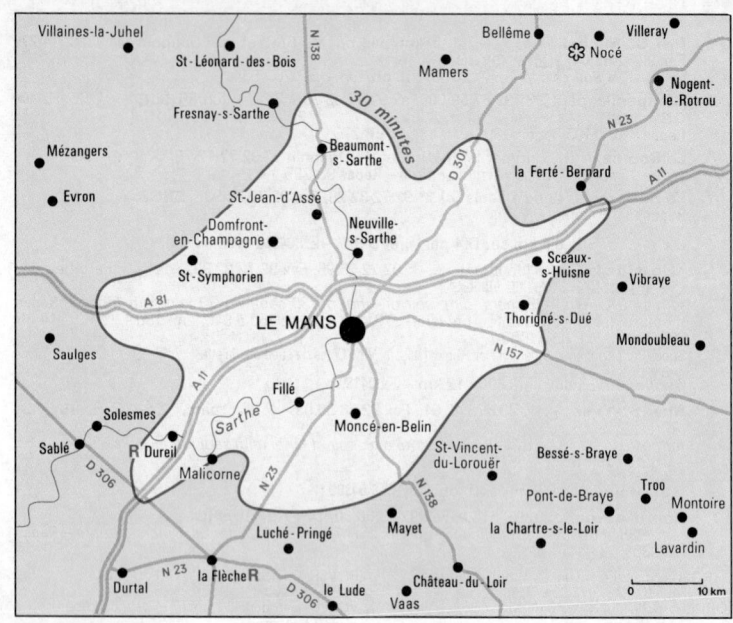

🏠 **L'Escale** sans rest, 72 r. Chanzy ℰ 43 84 55 92, Fax 43 84 76 82 – 🛗 📺 ☎ 🅿. 🖭 🆖
☲ 30 – **46 ch** 200/300.   BY **u**

🏠 **Commerce** sans rest, 41 bd Gare ℰ 43 24 85 40, Fax 43 28 53 36 – 📺 ☎. 🖭 ⓪ 🆖
☲ 34 – **31 ch** 215/270.   AY **d**

XXX **Patrick Bonneville**, 14 r. Bourg Belé ℰ 43 23 75 00 – 🅿. 🆖   BY **k**
fermé 14 juil. au 15 août, vacances de fév., dim. soir, mardi soir et merc. – **Repas** 135/305 et
carte 190 à 250.

XXX **Le Grenier à Sel**, 26 pl. Éperon ℰ 43 23 26 30, Fax 43 77 00 80 – 🍴. 🖭 🆖   AX **x**
fermé 1er au 15 août, dim. soir et lundi – **Repas** 95 bc/250 et carte 160 à 190, enf. 80.

XX **Hippolyte**, 12 r. H. Lecornué ℰ 43 87 51 00, Fax 43 87 51 01 – 🍴. 🆖   AX **v**
Repas brasserie 98 🍷, enf. 49.

XX **Feuillantine**, 19 bis r. Foisy ℰ 43 28 00 38, Fax 43 23 22 31 – 🖭 🆖   AY **f**
🍷 fermé 12 au 21 août, 26 déc. au 8 janv., sam. midi et dim. – **Repas** 70/300 bc.

XX **Chez Jean**, 9 r. Dorée ℰ 43 28 22 96, Fax 43 28 22 96, 🍴 – 🖭 🆖 🄹🄲🄱   AX **e**
🍷 fermé 15 au 30 août, 15 au 21 janv., dim. soir et lundi – **Repas** 78 bc/200 🍷.

XX **La Ciboulette**, 14 r. Vieille Porte ℰ 43 24 65 67, Fax 43 87 51 18 – 🖭 🆖   AX **x**
fermé 30 juil. au 21 août, sam. midi et dim. – **Repas** 115/230 🍷.

XX **La Grillade**, 1 bis r. C. Blondeau ℰ 43 24 21 87, Fax 43 28 52 04 – 🖭 ⓪ 🆖   BX **n**
🍷 fermé 15 au 31 juil., dim. soir et lundi – **Repas** 65/260 🍷.

XX **Gd Cerf**, 8 quai Amiral Lalande ℰ 43 24 16 83, Fax 43 23 98 72, 🍴 – 🆖   AX **t**
🍷 fermé 6 au 16 août, sam. midi et dim. soir d'oct. à juin – **Repas** 69/149 bc.

par ② et rte de l'Éventail : 4 km – ⊠ **72000** Le Mans :

🏠 **La Pommeraie** 🐾 sans rest, ℰ 43 85 13 93, « Jardin fleuri » – 📺 ☎ 🅿
☲ 24 – **34 ch** 89/220.

par ④ sur N 138 : 4 km – ⊠ **72100** Le Mans :

🏠 **Green 7** Ⓜ, 447 av. G. Durand ℰ 43 85 05 73, Fax 43 86 62 78, 🍴, parc – 📺 ☎ ♿ 🅿 –
🔔 45. 🖭 ⓪ 🆖
Repas (fermé vend. soir et dim. soir) 79/169 🍷, enf. 39 – ☲ 32 – **50 ch** 245/295.

sur D 147e par ⑤ et rte d'Arnage : 10 km – ⊠ **72230** Arnage :

XXX **Aub. des Matfeux**, 289 rte Nationale (dir. La Flèche) ℰ 43 21 10 71, Fax 43 21 25 23, 🍴
– 🅿. 🖭 ⓪ 🆖
fermé 24 juil. au 14 août, vacances de fév., dim. soir, lundi et soirs fériés – **Repas** 108/335 et
carte 285 à 435.

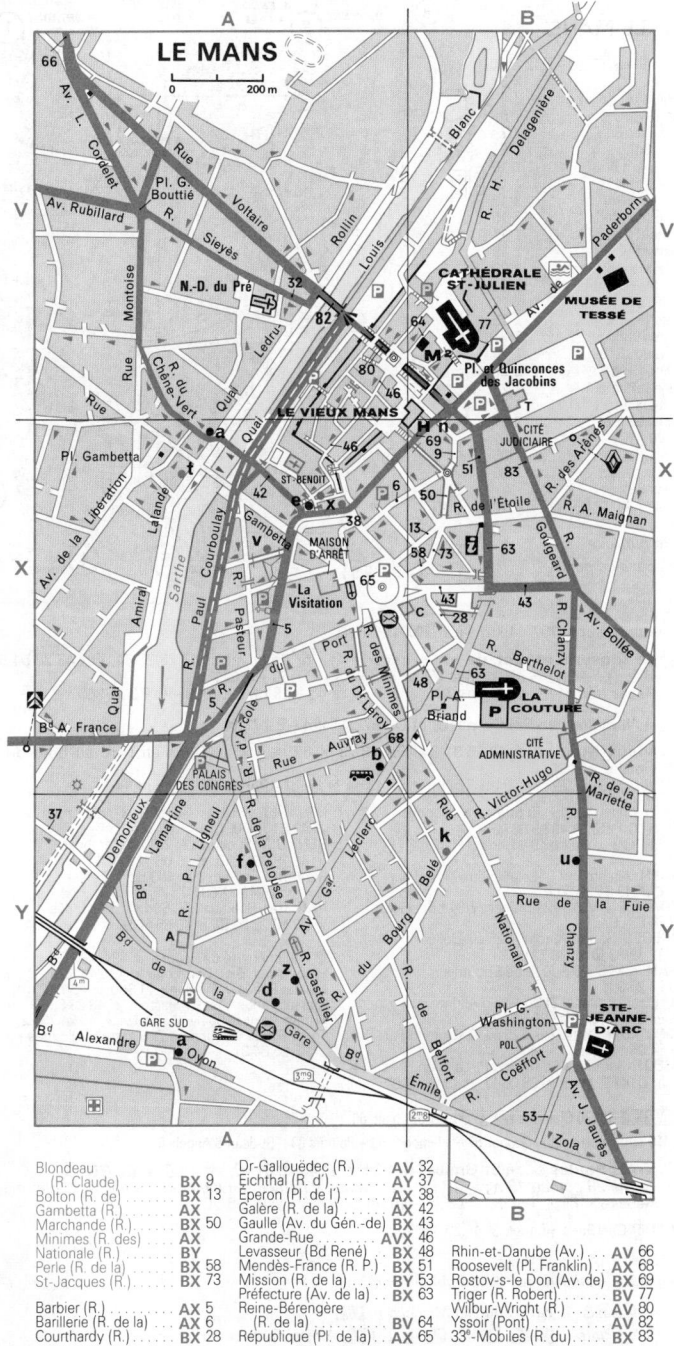

LE MANS

0   200 m

Av. L. Cordelet

Rue

Voltaire

Av. Rubillard

R. Sieyès

Rollin

CATHÉDRALE ST-JULIEN

MUSÉE DE TESSÉ

Pl. G. Bouttié

Montoise

R. du Chêne-Vert

Ledru

Louis

N.-D. du Pré

Paderborn

R. H. Delagenière

Rue Blanc

Pl. et Quinconces des Jacobins

CITÉ JUDICIAIRE

LE VIEUX MANS

Pl. Gambetta

Rue de la Libération

Quai

ST-BENOÎT

R. des Arènes

R. A. Maignan

Av. de la Sarthe

Amiral

R. Paul Courboulay

R. Pasteur

Gambetta

MAISON D'ARRÊT

La Visitation

R. de l'Étoile

Gougeard

R. Chanzy

Av. Bollée

Quai

R. des Minimes

Port

R. du Dr Leroy

R. Berthelot

B¹ A. France

Demorieux

Lamartine

Ligneul

R. d'Arcole

LA COUTURE

Pl. A. Briand

CITÉ ADMINISTRATIVE

PALAIS DES CONGRÈS

Rue Auvray

R. de la Pelouse

Rue

Leclerc

Belê

R. Victor-Hugo

R. de la Mariette

Bd

Bd

Gar

R. Gastelier

du Bourg

Nationale

Rue de la Fuie

GARE SUD

Alexandre

Oyon

Gare

Bd

R. de Belfort

Pl. G. Washington

POL

STE-JEANNE-D'ARC

R. Émile

Zola

Av. J. Jaurès

LE MANS

Pas de publicité
payée dans ce guide.

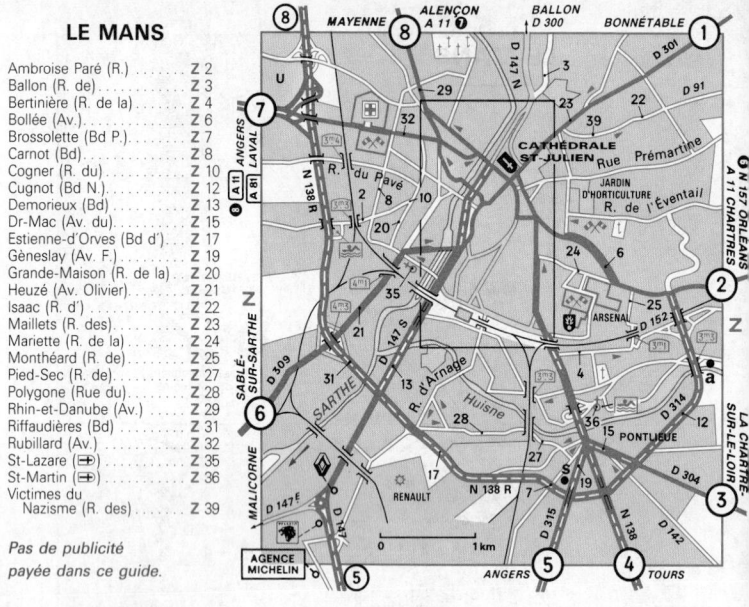

par ⑦ *sur* N 157 : 4 km – ⊠ **72000** Le Mans :

🏨 **La Closerie et rest. de la Foresterie** Ⓜ, rte de Laval ℘ 43 28 28 44, Fax 43 28 54 58, 斎, ⅃, 澒 – ❙⊁ ch, 🖥 rest 📺 ☎ ♿ 🅿 – 🔏 60. ፙ ⓪ ⅁⅁
Repas *(fermé dim. soir)* 105/280, enf. 70 – ☲ 45 – **29 ch** 320/560 – ½ P 300/360.

à Neuville-sur-Sarthe par ⑧ *et* D 197 : 11 km – ⊠ **72190** :

❅❅ **Vieux Moulin,** ℘ 43 25 31 84, Fax 43 25 50 80, ≤, 斎, « Dans un parc au bord de la Sarthe » – ⅁⅁
fermé 9 au 29 oct., 2 au 31 janv., dim. soir et lundi – **Repas** 140/320, enf. 80.

MANSLE 16230 Charente 🈢🈢 ③ ④ – 1 601 h alt. 60.

Paris 419 – Angoulême 25 – Cognac 52 – ♦Limoges 92 – Poitiers 83 – St-Jean-d'Angély 61.

🏠 **Trois Saules** ◈, à St-Groux, NO : 3 km ℘ 45 20 31 40, 斎 – 📺 ☎ 🅿. ⅁⅁
→ *fermé 29 oct. au 13 nov., 19 fév. au 9 mars, dim. soir et lundi midi de fin sept. à fin mai* –
Repas 59/165 ♨, enf. 30 – ☲ 28 – **10 ch** 178/225 – ½ P 185/205.

Come districarsi nei sobborghi di Parigi?

Utilizzando la carta stradale Michelin n. 🔳🔳🔳
e le piante n. 🔳🔳-🔳🔳, 🔳🔳-🔳🔳, 🔳🔳-🔳🔳, 🔳🔳-🔳🔳 : *chiare, precise ed aggiornate.*

Voir Collégiale Notre-Dame★★ BB.

🏌🏌 du Prieuré à Sailly-en-Vexin 𝒫 (1) 34 76 70 12, par ① : 12 km ; 🏌 Golf sur Seine 𝒫 (1) 30 92 45 45, SE : 6 km par ③ puis D 158.

🏢 Office de Tourisme pl. Jean-XXIII 𝒫 (1) 34 77 10 30.

Paris 59 ③ – Beauvais 68 ① – Chartres 77 ④ – Évreux 45 ④ – ◆Rouen 79 ④ – Versailles 45 ③.

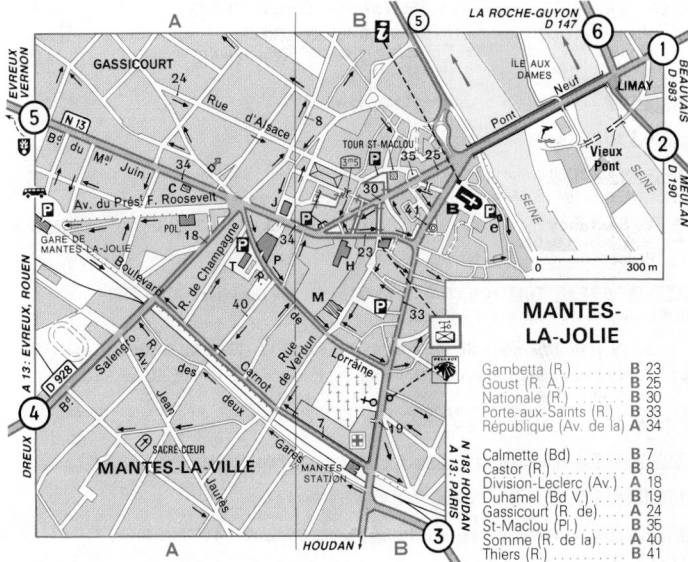

MANTES-LA-JOLIE

Gambetta (R.)	**B** 23
Goust (R. A.)	**B** 25
Nationale (R.)	**B** 30
Porte-aux-Saints (R.)	**B** 33
République (Av. de la)	**A** 34
Calmette (Bd)	**B** 7
Castor (R.)	**B** 8
Division-Leclerc (Av.)	**A** 18
Duhamel (Bd V.)	**B** 19
Gassicourt (R. de)	**A** 24
St-Maclou (Pl.)	**B** 35
Somme (R. de la)	**A** 40
Thiers (R.)	**B** 41

XX **La Galiote,** 1 r. Fort 𝒫 (1) 34 77 03 02, Fax (1) 34 77 07 90 – 🆎 🖸🅱   B e
fermé dim. soir et lundi soir – **Repas** 155/260.

à *Dennemont* par ① : 3 km – ⊠ 78520 :

XX **Port Maria,** 35 r. J. Jaurès 𝒫 (1) 34 77 18 22, Fax (1) 34 97 57 58, 🌂 – ❶ 🆎 Ⓞ🅱
fermé 16 au 28 août et lundi – **Repas** 140/350.

à *Mantes-la-Ville* par ③ : 2 km – 19 081 h. – ⊠ 78200 :

XX **Moulin de la Reillère,** 171 rte Houdan 𝒫 (1) 30 92 22 00, 🌂, parc – ❶ 🆎 🖸🅱
fermé 16 au 31 août, dim. soir et merc. – **Repas** 150/240.

à *Rosay* par ③ : 10 km – ⊠ 78790 :

XX **Aub. de la Truite,** 𝒫 (1) 34 76 30 52, Fax (1) 34 76 30 65, 🌂 – 🖸🅱
fermé 25 août au 10 sept., dim. soir hors sais. et lundi – **Repas** 140/260.

à *St-Martin-la-Garenne* par ⑥ et D 147 : 7 km – ⊠ 78520 Limay :

XX **Aub. St-Martin,** 𝒫 (1) 34 77 58 45 – 🖸🅱
fermé 1ᵉʳ au 29 août, lundi et mardi – **Repas** 120/150.

CITROEN Nord-Ouest Autom., 87 bd Salengro à Mantes-la-Ville par ④ 𝒫 (1) 34 77 04 30
FIAT, LANCIA Gar. de l'Avenue, 4 r. de la Somme 𝒫 (1) 34 77 02 00
FORD Gar. Chantereine, 2 r. Chantereine à Mantes-la-Ville 𝒫 (1) 34 77 31 75
MERCEDES, TOYOTA Gar. Mongazons, av. de l'Europe à Magnanville 𝒫 (1) 34 77 10 75
NISSAN Gar. Elion, 52 bis rte de Houdan à Mantes la Ville 𝒫 (1) 30 92 58 89
PEUGEOT S.M.A., 13 bd Duhamel 𝒫 (1) 34 77 08 27

RENAULT Succursale, 6 r. Ouest à Mantes-la-Ville par ④ 𝒫 (1) 30 98 28 28 🄽 𝒫 (1) 05 05 15 15
ROVER Gar. Dupille, av. de l'Europe à Magnanville 𝒫 (1) 34 77 28 08
VAG M.P.L. Autom., 2 av. de la Durance ZA à Buchelay 𝒫 (1) 30 63 85 25

🏭 Bertault Pneus, 45 r. Martraits 𝒫 (1) 34 77 11 88
Marsat Pneus, 125 bd R.-Salengro à Mantes-la-Ville 𝒫 (1) 30 92 49 49
Marsat-Pneus, 141 bd Mar.-Juin 𝒫 (1) 30 94 07 40

MANTES-LA-VILLE 78 Yvelines 🔢 ⑱ – rattaché à Mantes-la-Jolie.

Sorgfältig zubereitete, preiswerte Mahlzeiten : Repas 100/130

MANZAC-SUR-VERN 24110 Dordogne 🔢 ⑤ – 488 h alt. 90.
Paris 513 – Périgueux 19 – Bergerac 33 – •Bordeaux 112.

XX **Lion d'Or** avec ch, ℰ 53 54 28 09, Fax 53 54 25 50, 🍴, 🌿 – 🕿 – 🔒 25. 🆎 ⑩ 🅖🅑
fermé 25 oct. au 13 nov., vacances de fév., dim. soir sauf juil.-août et lundi – Repas 69 (déj.),
100/200, enf. 50 – 🍴 32 – **7 ch** 180/200 – ½ P 240.

MARANS 17230 Char.-Mar. 🔢 ⑫ G. Poitou Vendée Charentes – 4 170 h alt. 13.
Paris 460 – La Rochelle 23 – La Roche-sur-Yon 60 – Fontenay-le-Comte 26 – Niort 48.

X **Porte Verte,** 20 quai Foch ℰ 46 01 09 45, 🍴 – 🅖🅑
fermé 22 avril au 9 mai, dim. soir du 15 sept. au 15 juin et merc. – Repas (nombre de
couverts limité, prévenir) 85/165.

MARBOUÉ 28 E.-et-L. 🔢 ⑰ – rattaché à Châteaudun.

MARÇAY 37 I.-et-L. 🔢 ⑨ – rattaché à Chinon.

MARCENAY 21330 Côte-d'Or 🔢 ⑧ – 130 h alt. 220.
Paris 233 – Auxerre 70 – Chaumont 72 – •Dijon 89 – Montbard 35 – Troyes 67.

🏨 **Le Santenoy** 🌿, au Lac : 1 km ℰ 80 81 40 08, Fax 80 81 43 05, ≼, 🍴, 🌿 – 📺 🕿 🕭 🅿
◆ – 🔒 30 à 100. 🅖🅑
Repas 67 bc/185 🍴, enf. 50 – 🍴 28 – **18 ch** 128/232 – ½ P 155/210.

MARCILLAC-LA-CROISILLE 19320 Corrèze 🔢 ⑩ G. Berry Limousin – 787 h alt. 560.
Paris 486 – Argentat 25 – Égletons 17 – Mauriac 38 – Tulle 27.

au Pont du Chambon SE : 15 km par D 978 et D 13 – ✉ **19320** St-Merd-de-Lapleau :

XX **Fabry** (Au Rendez-vous des Pêcheurs) 🌿 avec ch, ℰ 55 27 88 39, Fax 55 27 83 19, 🌿 –
◆ 📺 🅿 🅖🅑
fermé 12 nov. au 23 déc., vend. soir et sam. midi du 1er oct. au 30 mars – **Repas** 75/220 🍴 –
🍴 32 – **8 ch** 240/270 – ½ P 255/265.

MARCOUSSIS 91 Essonne 🔢 ⑩, 🔢 ㉚, 🔢 ㉞ – voir à Paris, Environs.

MARCQ-EN-BAROEUL 59 Nord 🔢 ⑯, 🔢 ⑬ – rattaché à Lille.

MARENNES 17320 Char.-Mar. 🔢 ⑭ G. Poitou Vendée Charentes – 4 634 h alt. 10.
Voir ✳* de la tour de l'église.
Env. Remparts★★ de Brouage NE : 6,5 km.
Pont de la Seudre : passage gratuit.
🅱 Office de Tourisme pl. Chasseloup-Laubat (Pâques-sept.) ℰ 46 85 04 36 et à la Mairie (hors saison)
ℰ 46 85 25 55.
Paris 492 – La Rochelle 56 – Royan 33 – Rochefort 22 – Saintes 42.

à Bourcefranc-le-Chapus NO : 5 km – ✉ **17560**.

Voir A la pointe du Chapus ≼★ sur le pont d'Oléron NO : 3 km.

🏨 **Terminus,** au port du Chapus ℰ 46 85 02 42, Fax 46 85 32 39, ≼ – 📺 🕿. 🅖🅑. ✳ ch
◆ *fermé 2 au 13 oct., 8 au 26 janv., dim. soir et lundi d'oct. à mars* – **Repas** 80/150, enf. 40 –
🍴 30 – **10 ch** 230 – ½ P 215/240.

Ⓜ Maison du C/c Pneu Vulcopneu, ℰ 46 85 00 08

MARGAUX 33460 Gironde 🔢 ⑧ G. Pyrénées Aquitaine – 1 387 h alt. 16.
Paris 602 – •Bordeaux 27 – Lesparre-Médoc 41.

🏨 **Relais de Margaux** Ⓜ 🌿, au N : 2 km par VO ℰ 57 88 38 30, Fax 57 88 31 73, ≼, parc,
🥂, 🍴 – 📲 📺 🕿 🅿 – 🔒 80. 🆎 ⑩ 🅖🅑. ✳ rest
fermé 3 janv. au 2 mars – **Repas** 190 bc/350 – 🍴 75 – **29 ch** 700/1200, 3 appart.

XX **Aub. Le Savoie,** ℰ 57 88 31 76, 🍴 – 🌿
◆ *fermé vacances de fév., dim. et fériés* – Repas 80/130.

à Arcins NO : 6 km sur D 2 – ✉ **33460** :

X **Lion d'Or,** ℰ 56 58 96 79 – 🆎 🅖🅑
◆ *fermé juil., dim. et lundi* – Repas 64 bc.

MARGUERITTES 30320 Gard 🔢 ⑲ – 7 548 h alt. 51.
Paris 706 – Montpellier 56 – Avignon 35 – Alès 56 – Arles 40 – Nîmes 8.

🏨 **L'Hacienda** 🌿, Le Mas de Brignon SE : 2 km par VO ℰ 66 75 02 25, Fax 66 75 45 58,
🍴, 🥂, 🌿 – 📺 🕿 🅿. 🅖🅑. ✳ rest
fermé janv. et fév. – **Repas** 95 (déj.), 200/320 – 🍴 70 – **12 ch** 450/550 – ½ P 450/550.

MARIENTHAL 67 B.-Rhin 🔢 ⑲ – rattaché à Haguenau.

MARIGNANE 13700 B.-du-R. 🎱 ⑫ 🎱 ㉗ G. Provence – 32 325 h alt. 13.

Voir Canal souterrain du Rove★ SE : 3 km.

✈ de Marseille-Provence : ☎ 42 78 21 00.

🛈 Office de Tourisme 4 bd F.-Mistral ☎ 42 09 78 83, Fax 42 77 80 38 – A.C. 8 r. Vieux Fours ☎ 42 77 29 53.

Paris 756 – ◆Marseille 23 – Aix-en-Provence 25 – Martigues 15 – Salon-de-Provence 34.

    à l'aéroport au Nord – ✉ **13700** Marignane :

🏨🏨 **Sofitel** Ⓜ, ☎ 42 78 42 78, Télex 401980, Fax 42 78 42 70, 🍴, 🎱, 🏊, 🐎, ✗ – 🛗 ⇆ ch
    🍴 📺 ☎ 🖐 ❷ – 🛎 200. 🆔 ⓪ 🆑
    Repas 130/180 – ⊇ 74 – **176 ch** 690, 3 appart.

🏨 **Primotel** Ⓜ, ✉ 13127 Vitrolles ☎ 42 79 79 19, Télex 420809, Fax 42 89 69 18, 🍴, 🏊, ✗
→   – 🛗 🍴 📺 ☎ 🖐 ❷ – 🛎 100. 🆔 ⓪ 🆑
    Repas 75/120 🍷, enf. 55 – ⊇ 47 – **120 ch** 360.

🏨 **Ibis** Ⓜ, ☎ 42 79 61 61, Fax 42 89 93 13, 🍴, 🏊 – 🛗 ⇆ ch 🍴 📺 ☎ 🖐 ❷ – 🛎 50. 🆔 🆑
    Repas 97 bc, enf. 40 – ⊇ 35 – **85 ch** 300.

✗✗ **Le Romarin,** Aérogare Terminal 1 ☎ 42 78 23 64, Fax 42 75 07 48 – 🍴. 🆔 ⓪ 🆑
    fermé sam., dim. et fériés – **Repas** (déj. seul.) 125/220.

    Z.I. Les Estroublans NE : 4 km par D 9 (rte Vitrolles) – ✉ **13127** Vitrolles :

🏨🏨 **Novotel** Ⓜ, 5ᵉ Rue ☎ 42 89 90 44, Télex 420670, Fax 42 79 07 04, 🍴, 🏊, 🐎 – 🛗 ⇆ ch
    🍴 📺 ☎ ❷ – 🛎 200. 🆔 ⓪ 🆑
    Repas 105, enf. 50 – ⊇ 48 – **140 ch** 430.

CITROEN SADAM, 67 Av. du 8 Mai 1945   🔧 Ayme Pneus, 2ᵉ av. RN4 ZI Estroublans à Vitrolles
☎ 42 89 92 90 🅽 ☎ 91 43 80 37   ☎ 42 79 04 00
PEUGEOT Provence Autom., 45 av. 8 Mai 1945   Denizon Pneu, av. 8 Mai 1945 à St-Victoret
☎ 42 88 54 54   ☎ 42 79 79 42
RENAULT Marignane Autom., av. 8 Mai 1945   Euromaster, 11 r. 2ᵉ av. ZI à Vitrolles ☎ 42 79 70 23
☎ 42 89 93 94 🅽 ☎ 05 05 15 15   Gay Pneus, 29 1ᵉ av. ZI à Vitrolles ☎ 42 89 06 97
RENAULT Vitrolles Autom., r. Bastide Blanche ZAC
Griffon à Vitrolles ☎ 42 89 92 99

MARIGNIER 74 H.-Savoie 🎱 ⑦ – 4 322 h alt. 475 – ✉ **74130** Bonneville.

Paris 567 – Chamonix-Mont-Blanc 47 – Thonon-les-Bains 51 – Annecy 50 – Bonneville 9 – Cluses 7 – Megève 37 –
Morzine 28.

✗✗ **Le Pontvys,** ☎ 50 34 63 58, 🍴 – ❷. 🆑
→   fermé 15 au 30 août, dim. soir et lundi – **Repas** 70/275.

MARIGNY 50570 Manche 🎱 ⑬ – 1 668 h alt. 71.

Paris 318 – St-Lô 13 – Carentan 27 – Coutances 17.

✗✗ **Poste,** ☎ 33 55 11 08, Fax 33 55 25 67 – 🆔 ⓪ 🆑
    fermé 23 sept. au 7 oct., 2 au 15 janv., dim. soir et lundi du 1ᵉʳ sept. au 15 juil. – **Repas**
    110/360, enf. 55.

RENAULT Gar. Vigot, ☎ 33 55 15 28 🅽 ☎ 33 55 15 28

MARIGNY-ST-MARCEL 74150 H.-Savoie 🎱 ⑤ – 581 h alt. 404.

Paris 538 – Annecy 18 – Aix-les-Bains 21 – Bellegarde-sur-Valserine 43 – Rumilly 6.

✗✗ **Blanc,** ☎ 50 01 09 50, Fax 50 64 58 05 – ❷. 🆔 ⓪ 🆑
    fermé dim. soir et sam. – **Repas** 80 (déj.), 110/300.

MARINGUES 63350 P.-de-D. 🎱 ⑤ G. Auvergne – 2 345 h alt. 315.

Paris 417 – ◆Clermont-Ferrand 31 – Lezoux 16 – Riom 21 – Thiers 23 – Vichy 28.

✗✗ **Clos Fleuri** avec ch, rte Clermont ☎ 73 68 70 46, Fax 73 68 75 58, 🍴, « Jardin ombra-
→   gé » – 📺 ☎ 🖐 ❷. 🆑. ✗ ch
    fermé vacances de Toussaint, 15 fév. au 15 mars, dim. soir et lundi du 15 sept. au 15 juin –
    Repas 75/220 – ⊇ 32 – **16 ch** 175/280 – ½ P 200/250.

PEUGEOT Gar. Larzat et Meyronne, ☎ 73 68 70 50

MARLENHEIM 67520 B.-Rhin 🎱 ⑨ – 2 956 h alt. 184.

Paris 467 – ◆Strasbourg 20 – Haguenau 35 – Molsheim 12 – Saverne 18.

🏨 **Host. Reeb,** ☎ 88 87 52 70, Fax 88 87 69 73, 🍴 – 🍴 rest 📺 ☎ ❷ – 🛎 25. 🆔 ⓪ 🆑.
    ✗ ch
    fermé dim. et lundi de nov. à mars – **Repas** 90/290 🍷, enf. 50 – ⊇ 40 – **35 ch** 280 – ½ P 265.

✗✗✗✗ ❀❀ **Le Cerf** (Husser) avec ch, ☎ 88 87 73 73, Fax 88 87 68 08, 🍴, 🐎 – 📺 ☎ ❷ – 🛎 25.
    🆔 ⓪ 🆑
    fermé mardi et merc. – **Repas** 295 bc (déj.), 335/550 et carte 330 à 450 🍷, enf. 85 – ⊇ 65 –
    15 ch 450/600
    Spéc. Ravioles de foie de canard fumé en pot-au-feu. Choucroute''à notre façon''au cochon de lait rôti. Aumônière aux
    griottines, coulis de framboises. **Vins** Pinot noir, Riesling.

CITROEN Gar. Kah-Fuchs, 10 rte de Strasbourg à Furdenheim ☎ 88 69 01 39

MARLIEUX 01240 Ain 🔲 ② – 633 h alt. 270.
Paris 428 – Mâcon 37 – Bourg-en-Bresse 19 – ◆Lyon 45 – Villefranche-sur-Saône 35.

 ❌ **Lion d'Or** avec ch, ℰ 74 42 85 15, 🍽, 🔟 – 📺 🆖, 🎾 ch
    fermé lundi soir et mardi – **Repas** 105/195, enf. 50 – ☱ 30 – **8 ch** 200/280 – ½ P 250.

MARLY-LE-ROI 78 Yvelines 🗆🗆 ⑲, 🔟🔟🔟 ⑬ – voir à Paris, Environs.

MARMAGNE 71710 S.-et-L. 🗆🗆 ⑥ – 1 339 h alt. 311.
Paris 310 – Chalon-sur-Saône 45 – Autun 19 – Le Creusot 9 – Mâcon 97 – Montceau-les-Mines 23.

 ❌❌ **Vieux Jambon** avec ch, rte Creusot ℰ 85 78 20 32 – ☎ 🅿. 🆖
 ➍ *fermé 19 nov. au 3 déc., dim. soir et lundi midi* – **Repas** 68/200 🍷 – ☱ 38 – **13 ch** 180/235 –
    ½ P 160/200.

RENAULT Gar. Détang. D 61 à St-Symphorien-de-Marmagne ℰ 85 54 40 43 🆖 ℰ 85 54 40 43

MARMANDE ◈ 47200 L.-et-G. 🔲 ③ **G. Pyrénées Aquitaine** – 17 568 h alt. 32.
🔓 ℰ 53 20 87 60, E : 4 km.
🇮 Office de Tourisme bd Gambetta ℰ 53 64 44 44.
Paris 644 ④ – Agen 67 ② – Bergerac 58 ① – ◆Bordeaux 90 ③ – Libourne 65 ④.

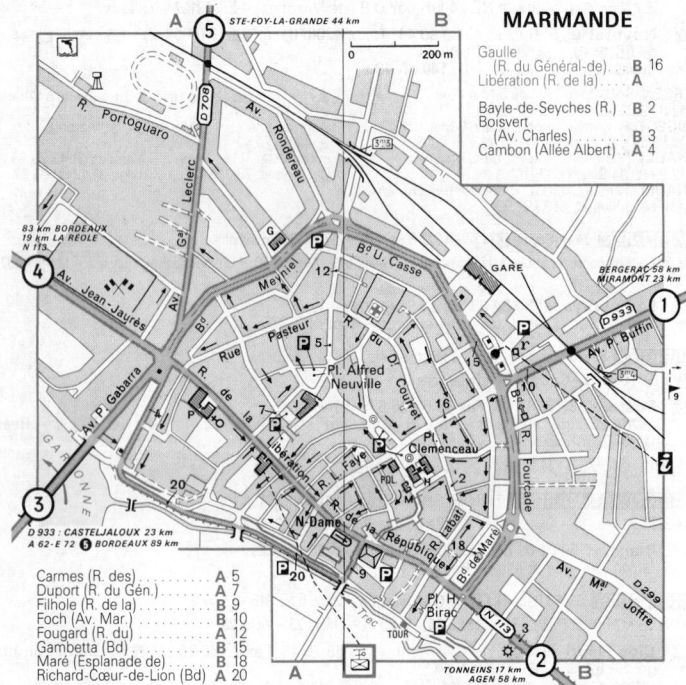

MARMANDE

Gaulle (R. du Général-de)...	B 16
Libération (R. de la)....	A
Bayle-de-Seyches (R.)	B 2
Boisvert (Av. Charles)	B 3
Cambon (Allée Albert)	A 4

Carmes (R. des)........	A 5
Duport (R. du Gén.)......	A 7
Filhole (R. de la).........	B 9
Foch (Av. Mar.).........	B 10
Fougard (R. du)........	A 12
Gambetta (Bd).........	B 15
Maré (Esplanade de)...	B 18
Richard-Cœur-de-Lion (Bd)	A 20

 🏨 **Capricorne,** rte Agen par ② ℰ 53 64 16 14, Fax 53 20 80 18, 🔟, 🍽 – 🍴 rest 📺 ☎ 🅿 –
    🔬 40. 🖭 ① 🆖
    fermé 22 déc. au 7 janv. – **Le Trianon** (*fermé 1er au 7 janv., sam. midi, dim. soir et lundi midi*)
    Repas 75/250 🍷 – ☱ 32 – **34 ch** 250/270 – ½ P 220.

 🏨 **Europ'H.** sans rest, pl. Couronne ℰ 53 20 93 93, Fax 53 64 46 31 – 🛗 📺 ☎ 🚗. 🖭 ①
    🆖   **B r**
    ☱ 33 – **21 ch** 230/250.

 à l'Est par ①, D 933 et D 267 : 7 km – ⊠ **47200** Virazeil :

 ❌❌ **Aub. Moulin d'Ané,** ℰ 53 20 18 25, Fax 53 89 67 99 – 🍽 🅿. 🖭 ① 🆖
    fermé vacances de fév., dim. soir et lundi sauf fériés – **Repas** 98/230, enf. 55.

 par ③ *près échangeur A 62 : 9 km* – ⊠ **47430** Sainte-Marthe :

 🏨 **Les Rives de l'Avance** 🅼 ॐ sans rest, ℰ 53 20 60 22, Fax 53 20 98 76, parc – 📺 ☎ ॐ
    🅿. 🆖
    ☱ 35 – **16 ch** 190/280.

660

rte de Bordeaux par ④ : 2,5 km – ✉ **47200** Marmande :

Campanile, ✆ 53 94 39 80, Fax 53 20 77 49, 🌳 – ⅓ ch, ▤ rest TV ☎ ♿ P – 🏔 25. AE ⊙ GB
Repas 82 bc/105 bc, enf. 39 – ☕ 30 – **50 ch** 270.

à Mauvezin-sur-Gupie par ⑤, D 708 et D 115 : 11 km – ✉ **47200** Marmande :

Poulet à la Ficelle, ✆ 53 94 21 26, 🌳, « Cadre rustique », 🌳 – P
Repas (nombre de couverts limité - prévenir) 95.

CITROEN Gar. Baudrin, rte de Bordeaux à Ste-Bazeille par ④ ✆ 53 64 30 53
PEUGEOT Guyenne et Gascogne Autom., 95 av. J.-Jaurès par ④ ✆ 53 64 34 47
RENAULT A.M.C., rte de Bordeaux à Ste-Bazeille par ④ ✆ 53 20 80 80 N ✆ 53 89 92 64

La Maison du Pneu, 37 av. J.-Jaurès ✆ 53 64 23 52
Relais Marmandais Vulcopneu, 123 av. J.-Jaurès ✆ 53 89 26 74

MARNE-LA-VALLÉE **77** S.-et-M. 56 ⑫, 101 ⑲ – voir à Paris, Environs.

MARNES-LA-COQUETTE **92** Hauts-de-Seine 60 ⑩, 101 ㉔ – voir à Paris, Environs.

MARQUAY **24620** Dordogne 75 ⑰ – 473 h alt. 225.

Paris 516 – Brive-la-Gaillarde 57 – Périgueux 58 – Sarlat-la-Canéda 11,5 – Les Eyzies-de-Tayac 13.

Bories 🐦, ✆ 53 29 67 02, Fax 53 29 64 15, ←, 🌳, ⛱, 🌳 – ☎ ♿ P. GB
1er avril-31 oct. – **Repas** *(fermé lundi midi sauf fériés)* 85/240, enf. 50 – ☕ 31 – **30 ch** 220/270 – ½ P 280/410.

La Condamine 🐦, rte Meyrals : 1 km ✆ 53 29 64 08, Fax 53 28 81 59, ←, 🌳, ⛱, 🌳 – ☎ ♿ P. AE GB
9 avril-15 nov. – **Repas** (dîner seul.) 90/180 – ☕ 30 – **12 ch** 220/240 – ½ P 250/270.

MARSANNAY-LA-CÔTE **21** Côte-d'Or 66 ⑫ – rattaché à Dijon.

MARSEILLAN **34340** Hérault 83 ⑯ **G. Gorges du Tarn** – 4 950 h.

Paris 802 – ◆Montpellier 46 – Agde 7 – Béziers 30 – Pézenas 15 – Sète 22.

La Table d'Émilie, 8 pl. Couverte ✆ 67 77 63 59. GB
fermé 14 au 30 nov., vacances de fév., lundi midi du 15 juin au 15 sept. et merc. du 15 sept. au 15 juin – **Repas** 95/270 🍷

en français
Visitez la capitale avec le
guide Vert Michelin PARIS

in English
Visit the capital with the
Michelin Green Guide PARIS

in deutsch
Besuchen Sie die französische Hauptstadt mit dem
Grünen Michelin-Führer PARIS

in italiano
per visitare la capitale utilizzate la
Guida Verde Michelin PARIGI

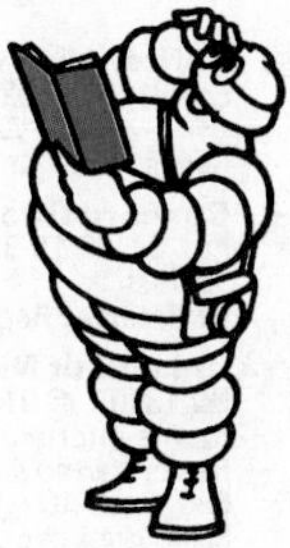

MARSEILLE p. 1

MARSEILLE 🅟 **13000** B.-du-R. 🔢 ⑬ **114** ㉘ G. Provence – 800 550 h.

Voir Basilique N.-D.-de-la-Garde ✳✳✳ – Vieux Port✳✳ – Basilique St-Victor✳ : crypte✳✳ DU – Palais Longchamp✳ GS : musée des Beaux-Arts✳, muséum d'Histoire naturelle✳ – Ancienne cathédrale de la Major✳ DS **N** – Parc du Pharo ⇐✳ – La Vieille Charité✳ DS **R** : musée d'Archéologie méditerranéenne✳ (collection d'antiquités égyptiennes✳✳), chapelle✳ – Musées : Grobet-Labadié✳✳ GS **M⁷**, Cantini✳ FU **M⁵**, Vieux Marseille✳ DT **M³** – Marché aux poissons (quai des Belges ET 5).

Env. Route en corniche✳✳ de Callelongue S : 13 km par la Promenade de la plage BZ.

Excurs. : Château d'If✳✳ (✳✳✳) 1 h 30.

🏌 de Marseille-Aix ✎ 42 24 20 41, par ① : 22 km ; 🏌 d'Allauch-Fonvieille (privé) ✎ 91 05 20 60, sortie Marseille Est ; 15 km par D 2 et D 4ᴬ ; 🏌 Country Club de la Salette ✎ 91 27 12 16, par ② : 10 km.

✈ de Marseille-Provence : ✎ 42 78 21 00, par ① : 28 km.

🚗 ✎ 91 08 50 50.

🚢 pour la Corse : Société Nationale Corse-Méditerranée (S.N.C.M.), 61 bd des Dames (2ᵉ) Renseignements : ✎ 91 56 30 10 DS - Réservations : ✎ 91 56 30 30.

🛈 Office de Tourisme 4 la Canebière (1er) ✎ 91 54 91 11, Télex 430402, Fax 91 33 05 03 et gare St-Charles (1er) ✎ 91 50 59 18.
A.C. de Provence, 149 bd Rabatau (10è) ✎ 91 78 83 00.

Paris 772 ④ – ◆Lyon 312 ① – ◆Nice 188 ② – Torino 372 ② – ◆Toulon 64 ② – ◆Toulouse 401 ④.

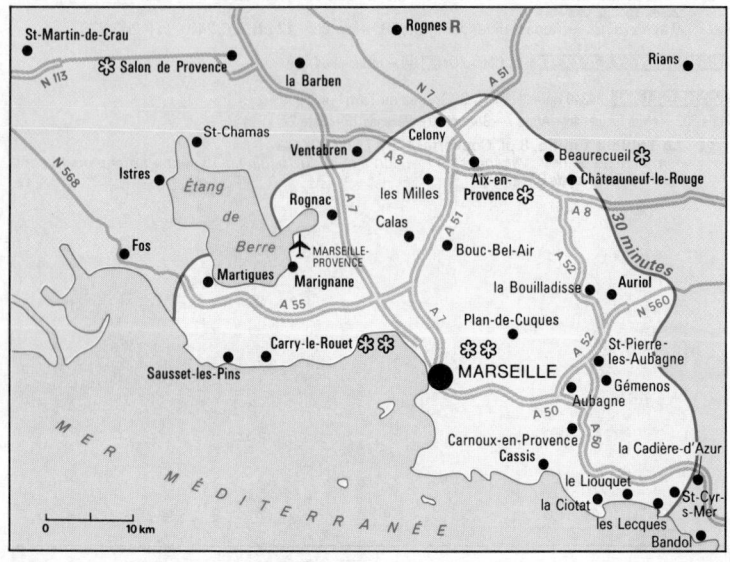

🏨 **Sofitel Vieux Port** Ⓜ, 36 bd Ch. Livon ⊠ 13007 ✎ 91 52 90 19, Télex 401270, Fax 91 31 46 52, ⩽, « Restaurant panoramique ⩽ vieux port », ⌇ – 🛗 🖃 📺 ✎ 🔥
⇦ – 🔥 80. ⒜ ⑪ ☷ 🅹🅲🅱
p. 4 DU **n**
Repas 195 – ⊇ 70 – **127 ch** 630/960, 3 appart.

🏨 **Concorde-Palm Beach** Ⓜ ♨, 2 prom. G. Pompidou ⊠ 13008 ✎ 91 16 19 00, Fax 91 16 19 39, ⩽, 🍽, ⌇ – 🛗 🖃 📺 ✎ ⇦ Ⓟ – 🔥 400. ⒜ ⑪ ☷ 🅹🅲🅱
🍴 rest
p. 2 AZ **s**
La Réserve : Repas 175/205 – **Les Voiliers : Repas** 115 🍸 – ⊇ 63 – **145 ch** 655.

🏨 ❀❀ **Le Petit Nice** (Passédat) Ⓜ ♨, anse de Maldormé (hauteur 160 corniche Kennedy) ⊠ 13007 ✎ 91 59 25 92, Fax 91 59 28 08, 🍽, « Villas dominant la mer, beaux aménagements intérieurs, ⩽ », ⌇ – 🛗 🖃 📺 Ⓟ, ⒜ ☷
p. 2 AZ **d**
Repas (fermé sam. midi et dim. de nov. à mars sauf fériés) 290 (déj.), 580/680 et carte 420 à 680 – ⊇ 110 – **13 ch** 1000/1900, 3 appart – ½ P 1190/1640
Spéc. Gâteau de grenouilles aux pieds de porc. Tronçon de loup "Lucie Passédat". Carpaccio d'agneau au basilic. **Vins** Palette, Bandol.

🏨🏨 **Mercure-Centre** Ⓜ, r. Neuve St Martin ✉ 13001 *✆* 91 39 20 00, Télex 401886, Fax 91 56 24 57, ≤, 😕 – 🛗 ⅍ ch ▤ 📺 🕿 🕭 ⇔ – 🏤 200. 🝊 ⓞ GB ᴊᴄʙ p. 4 EST **g**
Oursinade *✆* 91 39 20 14 *(fermé août, sam. midi et dim. midi)* **Repas** 168/188 – *Oliveraie (fermé dim.)* **Repas** (déj. seul.) 120 ⅊, enf. 60 – ⌑ 60 – **200 ch** 399/580.

🏨🏨 **Pullman Beauvau** sans rest, 4 r. Beauvau ✉ 13001 *✆* 91 54 91 00, Télex 401778, Fax 91 54 15 76, ≤, « Mobilier ancien » – 🛗 ⅍ ch ▤ 📺 🕿 – 🏤 25. 🝊 ⓞ GB p.4 ET **r**
⌑ 65 – **71 ch** 500/700.

🏨🏨 **Holiday Inn** Ⓜ, 103 av. Prado ✉ 13008 *✆* 91 83 10 10, Télex 420016, Fax 91 79 84 12 – 🛗 ⅍ ch ▤ 📺 🕿 🕭 ⇔ – 🏤 170. 🝊 ⓞ GB ᴊᴄʙ ⅍ rest p. 3 BZ **u**
Repas carte 150 à 220 – ⌑ 55 – **115 ch** 510/610, 4 appart.

🏨🏨 **Novotel Vieux Port** Ⓜ, 36 bd Ch. Livon ✉ 13007 *✆* 91 59 22 22, Fax 91 31 15 48, ≤, 😕, 🏊 – 🛗 ⅍ ch ▤ 📺 🕿 🕭 ⇔ – 🏤 200. 🝊 ⓞ GB p. 4 DU **n**
Repas 115 ⅊, enf. 60 – ⌑ 50 – **90 ch** 470/560.

🏨🏨 **Concorde Prado** Ⓜ, 11 av. Mazargues ✉ 13008 *✆* 91 76 51 11, Télex 420616, Fax 91 77 95 10 – 🛗 ▤ 📺 🕿 ⇔ – 🏤 250. 🝊 ⓞ GB ᴊᴄʙ ⅍ rest p. 3 BZ **r**
Repas 140 – ⌑ 60 – **100 ch** 395/595.

🏨🏨 **New H. Bompard** 🏡 sans rest, 2 r. Flots Bleus ✉ 13007 *✆* 91 52 10 93, Télex 400430, Fax 91 31 02 14, 🏊, 😕 – 🛗 cuisinette ▤ 📺 🕿 🕭 🅿. 🝊 ⓞ GB ᴊᴄʙ p. 2 AZ **e**
⌑ 45 – **46 ch** 370.

🏨 **St-Ferréol's** Ⓜ sans rest, 19 r. Pisançon ✉ 13001 *✆* 91 33 12 21, Fax 91 54 29 97 – 🛗 ▤ 📺 🕿. 🝊 GB p. 5 FU **h**
fermé 1er au 21 août – ⌑ 37 – **19 ch** 296/452.

🏨 **Mascotte** Ⓜ sans rest, 5 La Canebière ✉ 13001 *✆* 91 90 61 61, Fax 91 90 95 61 – 🛗 ⅍ ch ▤ 📺 🕿 🕭. 🝊 ⓞ GB p. 4 ET **s**
⌑ 42 – **45 ch** 300/390.

🏨 **New H. Astoria** sans rest, 10 bd Garibaldi ✉ 13001 *✆* 91 33 33 50, Fax 91 54 80 75 – 🛗 ▤ 📺 🕿. 🝊 ⓞ GB ᴊᴄʙ. ⅍ p. 5 FT **f**
⌑ 38 – **58 ch** 310.

🏨 **Alizé** Ⓜ sans rest, 35 quai Belges ✉ 13001 *✆* 91 33 66 97, Fax 91 54 80 06, ≤ – 🛗 ▤ 📺 🕿. 🝊 ⓞ GB p. 4 ETU **b**
⌑ 35 – **37 ch** 275/355.

🏨 **New H. Sélect** sans rest, 4 allées Gambetta ✉ 13001 *✆* 91 50 65 50, Télex 402175, Fax 91 50 45 56 – 🛗 ▤ 📺 🕿 – 🏤 25. 🝊 ⓞ GB ᴊᴄʙ. ⅍ p. 5 FS **k**
⌑ 38 – **60 ch** 295.

🏨 **Castellane** Ⓜ sans rest, 31 r. Rouet ✉ 13006 *✆* 91 79 27 54, Fax 91 25 44 07 – 🛗 ▤ 📺 🕿 ⇔. 🝊 GB p. 5 GV **f**
⌑ 43 – **53 ch** 290/390.

🏨 **Rome et St Pierre** sans rest, 7 cours St Louis ✉ 13001 *✆* 91 54 19 52, Télex 430641, Fax 91 54 34 56 – 🛗 📺 🕿 – 🏤 30. 🝊 ⓞ GB ᴊᴄʙ p. 5 FT **y**
⌑ 42 – **49 ch** 316/422.

🏨 **Phocea** sans rest, 6 r. Beauvau ✉ 13001 *✆* 91 33 02 33, Fax 91 33 21 34 – 🛗 ▤ 📺 🕿. 🝊 ⓞ GB p. 4 ET **r**
⌑ 35 – **49 ch** 260/340.

🏨 **Fimotel-Prado**, 23 bd Rabatau ✉ 13008 *✆* 91 25 66 66, Fax 91 78 09 66 – 🛗 ▤ 📺 🕿 🕭 ⇔ – 🏤 40. 🝊 ⓞ GB p. 3 BZ **a**
Repas *(fermé août, dim. et fériés)* 70/80 ⅊, enf. 60 – ⌑ 35 – **117 ch** 285 – ½ P 210.

🏨 **Edmond Rostand** Ⓜ, 31 r. Dragon ✉ 13006 *✆* 91 37 74 95, Fax 91 57 19 04 – 🛗 🕿. 🝊 GB p. 5 FV **b**
Repas - cuisine italienne - *(fermé août, sam. et dim.)* 55 (déj.)/60 ⅊ – ⌑ 30 – **16 ch** 200/250 – ½ P 215.

🏨 **Hermès** sans rest, 2 r. Bonneterie ✉ 13002 *✆* 91 90 34 51, Fax 91 91 14 44 – 🛗 ▤ 📺 🕿. 🝊 GB p. 4 ET **a**
⌑ 30 – **28 ch** 250/380.

🏨 **La Capitainerie des Galères**, 46 r. Sainte ✉ 13001 *✆* 91 54 73 73, Télex 420808, Fax 91 54 77 77, 😕 – 🛗 ▤ 📺 🕿 🕭 – 🏤 60. 🝊 GB p. 4 EU **x**
Repas *(fermé sam. et dim.)* 85/110 ⅊ – ⌑ 36 – **141 ch** 250/295.

XXX **Patalain**, 49 r. Sainte ✉ 13001 *✆* 91 55 02 78, Fax 91 54 15 29 – ▤. 🝊 ⓞ GB ᴊᴄʙ p. 4 EU **f**
fermé 14 juil. au 6 sept., sam. midi, dim. et fériés – **Repas** 150 (déj.), 180/370 et carte 250 à 370, enf. 110.

XXX **La Ferme**, 23 r. Sainte ✉ 13001 *✆* 91 33 21 12, Fax 91 33 81 21 – ▤. 🝊 ⓞ GB p. 4 EU **m**
fermé août, sam. midi et dim. – **Repas** 145 (déj.)/200 et carte 260 à 330.

XXX ❀ **Miramar** (Minguella), 12 quai Port ✉ 13002 *✆* 91 91 10 40, Fax 91 56 64 31, 😕 – ▤. 🝊 ⓞ GB ᴊᴄʙ p. 4 ET **v**
fermé 31 juil. au 21 août, 23 déc. au 6 janv. et dim. – **Repas** carte 280 à 420 ⅊
Spéc. Bouillabaisse. Flan d'orties de mer au beurre rouge. Loup au beurre de pissala. **Vins** Cassis, Bandol.

RÉPERTOIRE DES RUES

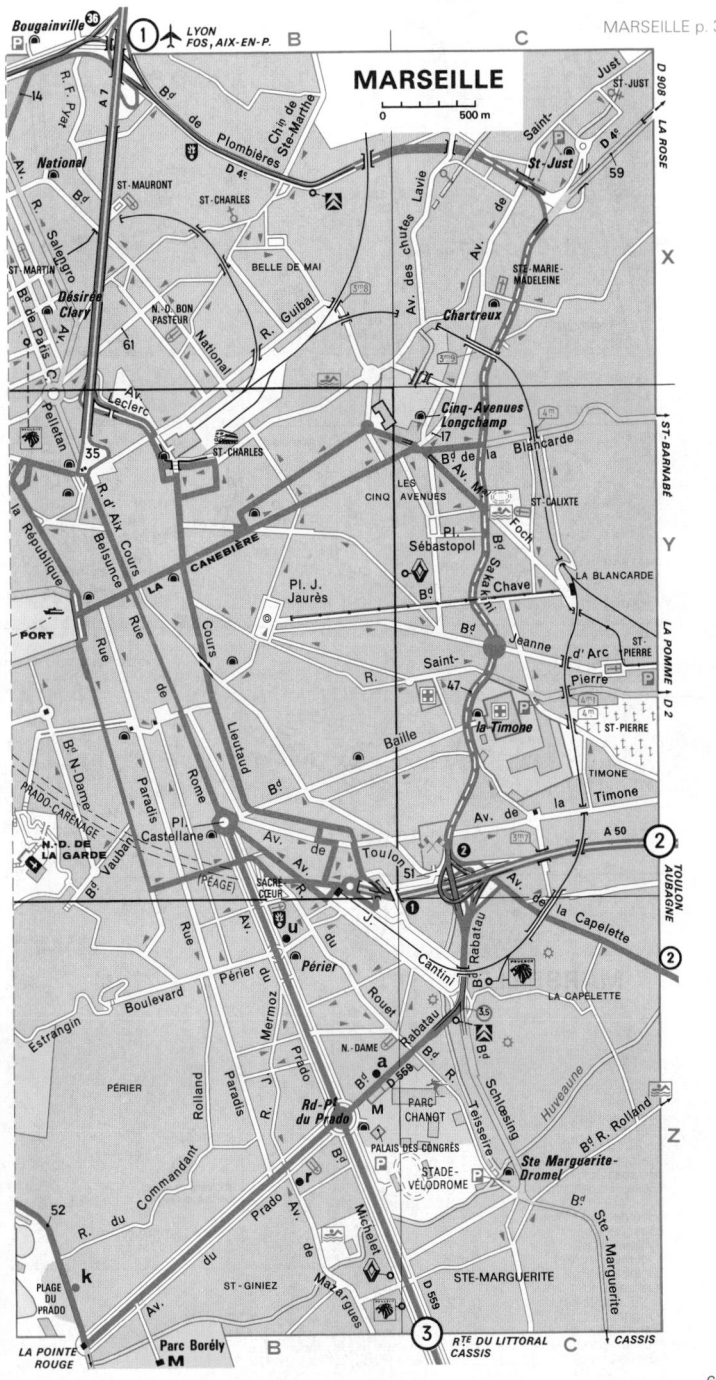

MARSEILLE

0   500 m

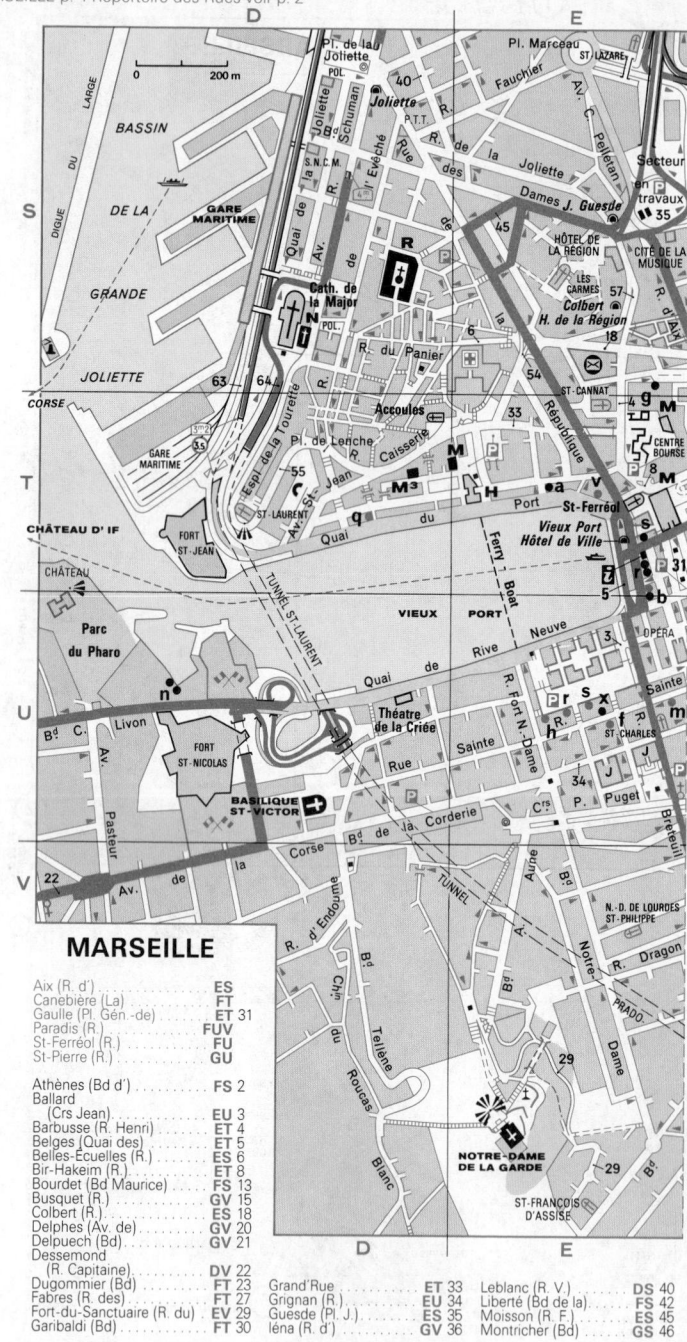

MARSEILLE

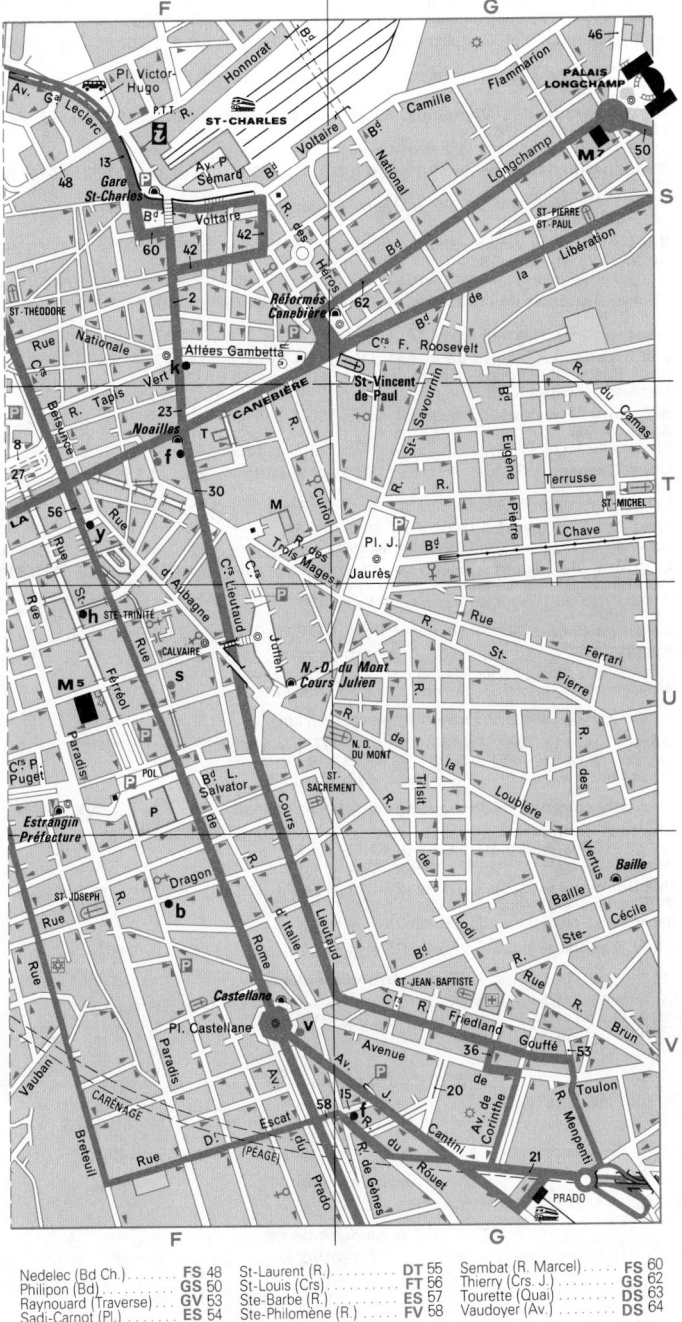

XXX **Jambon de Parme,** 67 r. La Palud ⊠ 13006 ℰ 91 54 37 98 – ▤. 𝖠𝖤 Ⓞ 𝖦𝖡 𝖩𝖢𝖡
fermé 14 juil. au 29 août, dim. soir et lundi – **Repas** 180 et carte 240 à 330.　　　p. 5　FU　**s**

XXX **Au Pescadou,** 19 pl. Castellane ⊠ 13006 ℰ 91 78 36 01, Fax 91 83 02 94 – ▤. 𝖠𝖤 Ⓞ
　　　　　　　　　　　　　　　　　　　　　　　　　　　　　　　　　　p. 5　FV　**v**
fermé 21 juil. au 31 août et dim. soir – **Repas** - produits de la mer - 158/198 et carte 260 à 360.

XX **L' Ambassade des Vignobles,** 42 pl. aux Huiles ⊠ 13001 ℰ 91 33 00 25, Fax 91 54 25 60 – ▤. 𝖠𝖤 𝖦𝖡
　　　　　　　　　　　　　　　　　　　　　　　　　　　　　　　　p. 4　EU　**h**
fermé 1ᵉʳ au 28 août, sam. midi et dim. – **Repas** 180/280.

XX **Chez Fonfon,** 140 vallon des Auffes ⊠ 13007 ℰ 91 52 14 38, Fax 91 59 27 32, ≤ – 𝖠𝖤 Ⓞ 𝖦𝖡
　　　　　　　　　　　　　　　　　　　　　　　　　　　　　　　　p. 2　AY　**t**
fermé 1ᵉʳ oct. au 1ᵉʳ nov., 24 déc. au 2 janv., dim. et lundi – **Repas** - produits de la mer - carte 250 à 475.

XX **René Alloin,** 9 pl. Amiral Muselier (par prom. G. Pompidou) ⊠ 13008 ℰ 91 77 88 25, Fax 91 77 76 84, 🍽 – 𝖦𝖡
　　　　　　　　　　　　　　　　　　　　　　　　　　　　　　　　p. 3　BZ　**k**
fermé 6 au 21 août, sam. midi, dim. soir et lundi midi – **Repas** 185/250 et carte 220 à 340.

XX **Michel-Brasserie des Catalans,** 6 r. Catalans ⊠ 13007 ℰ 91 52 30 63, Fax 91 59 23 05 – ▤. 𝖠𝖤 𝖦𝖡 𝖩𝖢𝖡
　　　　　　　　　　　　　　　　　　　　　　　　　　　　　　　　p. 2　AY　**e**
Repas - produits de la mer - carte 370 à 500.

XX **Les Arcenaulx,** 25 cours d'Estienne d'Orves ⊠ 13001 ℰ 91 54 77 06, Fax 91 54 76 33, 🍽, « Restaurant-librairie dans un décor ancien » – ▤. 𝖠𝖤 Ⓞ 𝖦𝖡 𝖩𝖢𝖡　　p. 4　EU　**s**
fermé dim. – **Repas** 160/225, enf. 50.

XX **Brasserie New-York,** 33 quai Belges ⊠ 13001 ℰ 91 33 60 98, Fax 91 33 29 46, 🍽 – ▤. 𝖠𝖤 Ⓞ 𝖦𝖡
　　　　　　　　　　　　　　　　　　　　　　　　　　　　　　　　p. 4　ETU　**b**
Repas carte 180 à 330 ♨.

XX **Chez Caruso,** 158 quai Port ⊠ 13002 ℰ 91 90 94 04, Fax 91 56 56 55, 🍽 – 𝖠𝖤 𝖦𝖡
　　　　　　　　　　　　　　　　　　　　　　　　　　　　　　　　p. 4　DT　**q**
fermé vacances de Toussaint, dim. soir et lundi – **Repas** - cuisine italienne - 150.

X **Chez Soi,** 5 r. Papère ⊠ 13001 ℰ 91 54 25 41 – 𝖠𝖤 𝖦𝖡　　　　　　　　p. 5　FT　**f**
✦ *fermé dim. soir en juil.-août et lundi –* **Repas** 64 ♨.

X **La Côte de Boeuf,** 35 cours d'Estienne d'Orves ⊠ 13001 ℰ 91 54 89 08, Fax 91 54 25 60 – ▤. 𝖠𝖤 𝖦𝖡　　　　　　　　　　　　　　　　　　p. 4　EU　**r**
fermé 1ᵉʳ juil. au 1ᵉʳ août, dim. et fériés – **Repas** 170.

à Plan-de-Cuques NE : 10 km par La Rose et D 908 – 9 847 h. – ⊠ **13380** :

🏨 **Le Caesar** Ⓜ ⤸, av. G. Pompidou ℰ 91 07 25 25, Fax 91 05 37 16, 🍽, ♨, ⬛, 🌳 – 🛏 ▤ 📺 ☎ ⅋ ⓟ – 🔬 30. 𝖠𝖤 Ⓞ 𝖦𝖡. ⅍ ch
Repas *(fermé dim. soir)* 95/190, enf. 60 – ⊇ 40 – **30 ch** 320/380 – ½ P 310/330.

à l'Est par ② et sortie La Penne-St-Menet : 11,5 km :

🏨 **Novotel** Ⓜ, à St Menet ⊠ 13011 ℰ 91 43 90 60, Télex 400667, Fax 91 27 06 74, 🍽, ⬛, 🌳, ⅍ – 🛏 ⅍ ch ▤ 📺 ☎ ⅋ ⓟ – 🔬 150. 𝖠𝖤 Ⓞ 𝖦𝖡. ⅍ ch
Repas carte environ 170 ♨, enf. 50 – ⊇ – **131 ch** 405/430.

au centre commercial Bonneveine par corniche Kennedy : 8 km AZ – ⊠ **13008** Marseille :

🏨 **Mercure Bonneveine** Ⓜ, av. E. Triolet ℰ 91 22 96 00, Fax 91 25 20 02, 🍽, ⬛, ⅍ – 🛏 ⅍ ch ▤ 📺 ☎ ⅋ ⤏ ⓟ – 🔬 45 – ⊇ 50. 𝖠𝖤 Ⓞ 𝖦𝖡
Repas 99, enf. 50 – ⊇ 45 – **61 ch** 440/490, 8 appart.

🏨 **Ibis Bonneveine** Ⓜ, av. E. Triolet ℰ 91 72 34 34, Fax 91 25 32 78, 🍽, ⬛, ⅍ – 🛏 ⅍ ch ▤ 📺 ☎ ⅋ ⤏ ⓟ – 🔬 45. 𝖠𝖤 𝖦𝖡
Repas 97 bc, enf. 40 – ⊇ – **88 ch** 310.

MICHELIN, Agence régionale, 22-24 r. F.Sauvage (14ᵉ) par N 8 AX ℰ 91 02 08 02

1ᵉʳ et 2ᵉ Arrondissements

BMW Gar. Station 7, 42 bd de Dunkerque (2ᵉ) ℰ 91 91 92 42 𝐍 ℰ 91 47 90 90
PEUGEOT Filiale-SIAP NORD, 27 bd de Paris (2ᵉ)
BX ℰ 91 91 90 65 𝐍 ℰ 05 44 24 24

Ⓜ Mendez Pneu, 17 bd des Dames (2ᵉ) ℰ 91 90 25 77

3ᵉ et 4ᵉ Arrondissements

CITROEN Succursale, 53 bd Guigou (3ᵉ) ℰ 91 28 26 26

Ⓜ Ayme Pneus, 6 r. Esperandieu (4ᵉ) ℰ 91 50 71 07

Denizon Pneus, 34 bd Battala (3ᵉ) ℰ 91 02 40 40
Escoffier-Pneus Vulcopneu, 19 à 23 bd de Briançon (3ᵉ) ℰ 91 50 77 91 𝐍 ℰ 91 50 77 91
Pneus 13, 26 bd d'Arras (4ᵉ) ℰ 91 49 02 51

5ᵉ Arrondissement

RENAULT Gar. de Verdun, 11 r. de Verdun (5ᵉ) CY ℰ 91 94 91 25

6ᵉ et 7ᵉ Arrondissements

MERCEDES Paris Méditerranée Auto, 166 crs Lieutaud (6ᵉ) ℰ 91 94 91 40
VAG Gar. Bernabeu, 50 av. Prado (6ᵉ) ℰ 91 37 74 34

VOLVO Actena, 27 av. J.-Cantini (6ᵉ) ℰ 91 17 42 10

8ᵉ Arrondissement

ALFA ROMEO Var France, 241 av. Prado (8ᵉ)
℘ 91 80 91 44
CITROEN Succursale, 96 bd Rabatau (8ᵉ) CZ
℘ 91 17 56 00 Ⓝ ℘ 91 17 56 00
FIAT Sud Autom., 110 et av. Cantini (8ᵉ)
℘ 91 78 12 11
LANCIA S.O.D.I.A., 150 av. Prado (8ᵉ)
℘ 91 53 55 22
OPEL Auto Sce Réparation, 3 et 5 bd Rabatau (8ᵉ)
℘ 91 83 57 57
PEUGEOT Filiale SIAP Prado Michelet, 204 bd
Michelet (8ᵉ) BCZ ℘ 91 22 92 92 Ⓝ ℘ 91 97 34 39

RENAULT Succursale Michelet, 134 bd Michelet
(8ᵉ) BZ ℘ 91 30 33 00 Ⓝ ℘ 05 05 15 15

⑩ Central Pneus II, 265 av. de Mazargues (8ᵉ)
℘ 91 22 04 77
Central-Pneus, 104 av. Cantini (8ᵉ) ℘ 91 79 79 86
Euromaster, 4 r. R.-Teissière/pl. Rabatau
℘ 91 79 18 12
V.S.D. Pneus, 25 bd du Sablier (8ᵉ) ℘ 91 73 32 22

9ᵉ, 10ᵉ et 11ᵉ Arrondissements

FERRARI, HONDA Gar. Pagani, 47 bd Cabot (9ᵉ)
℘ 91 82 06 66
FORD Agence Centrale Ford, 33 av de la Capelette
(10ᵉ) ℘ 91 17 43 17
MERCEDES M.A.S.A., 108 bd Pont-de-Vivaux (10ᵉ)
℘ 91 79 56 56
PEUGEOT SIAP Lombard, 37 av. J.-Lombard (11ᵉ)
par D 2 CY ℘ 91 94 91 21 Ⓝ ℘ 91 97 34 39
TOYOTA V.A.B., 22 bd Icard (10è) ℘ 91 80 88 20

⑩ Alberola Pneus, 167 bd R.-Rolland (10ᵉ)
℘ 91 79 75 81
Ayme Pneus, 322 bd R.-Rolland (9ᵉ) ℘ 91 26 16 17
Ayme Pneus, 7 av. de la Capelette (10ᵉ)
℘ 91 80 15 15
Euromaster, 37 r. Capitaine Galinat (10ᵉ)
℘ 91 78 10 13

12ᵉ, 13ᵉ et 14ᵉ Arrondissements

VAG S.O.D.R.A., 1 chemin de Ste Marthe (14ᵉ)
℘ 91 50 19 30

⑩ Ayme Pneus, 80 bd Barry St-Just (13ᵉ)
℘ 91 66 25 12

Euromaster, 15 bd Gay-Lussac (14ᵉ) ℘ 91 98 90 11
Gay Pneus, 47 bd Burel (14ᵉ) ℘ 91 95 91 13
Sirvent Pneus, 194 bd D.-Casanova (14ᵉ)
℘ 91 67 22 20

15ᵉ et 16ᵉ Arrondissements

FORD Marseille Nord Autom., 64 r. de Lyon (15ᵉ)
℘ 91 95 90 42
PEUGEOT Gar. Gastaldi, 48 av de St-Antoine (15ᵉ)
par N 8 AX ℘ 91 51 32 37
RENAULT Gar. Lodi, 124 RN la Viste (15ᵉ) par N 8
AX ℘ 91 69 90 71

RENAULT Cap Pinède Autom., av. du Cap Pinède
(15ᵉ) ℘ 91 58 71 14 Ⓝ ℘ 05 05 15 15

⑩ Comptoir du Pneu, 428 RN St-Antoine (15ᵉ)
℘ 91 51 24 13

Banlieue

Relais de Pennes, RN 113 Les Pennes Mirabeau
℘ 42 02 71 26

⑩ Morillas Pneus, Septemes les Vallons
℘ 91 51 01 20

MARTEL 46600 Lot 🔢 ⑱ G. Périgord Quercy – 1 462 h alt. 225.
Voir Place des Consuls★ – Belvédère de Copeyre ≼★ sur cirque de Montvalent★ SE : 4 km.
🅱 Office de Tourisme à la Mairie ℘ 65 37 30 03.
Paris 518 – Brive-la-Gaillarde 33 – Cahors 79 – Figeac 58 – Gourdon 43 – St-Céré 32 – Sarlat-la-Canéda 45.

à *Gluges* : S : 5 km par N 140 – ⊠ 46600 Martel.
Voir Site★.

🏠 **Falaises** ⊗, ℘ 65 37 33 59, Fax 65 37 34 19, �️, 🚗 – ☎ 🅿, GB. ⚘ ch
1ᵉʳ mars-30 nov. – **Repas** 95/300 – � 38 – **16 ch** 220/350 – ½ P 220/270.

MARTIGUES 13500 B.-du-R. 🔢 ⑫ G. Provence – 42 678 h alt. 1.
Voir Pont St-Sébastien ≼★ Z B – Étang de Berre★ Z – Viaduc autoroutier de Caronte★ –
Chapelle N.-D.-des-Marins 🌸★ 3,5 km par ④.
🅱 Office de Tourisme quai P.-Doumer ℘ 42 80 30 72, Fax 42 80 00 97.
Paris 761 ② – ♦Marseille 35 ② – Aix-en-Provence 44 ② – Arles 53 ④ – Salon-de-Provence 38 ①.

Plan page suivante

🏨 **St-Roch** ⊗, av. G. Braque ℘ 42 80 19 73, Télex 402925, Fax 42 80 01 80, ≼, 🌲, parc,
🌊 – 🗏 📺 ☎ 🕭 🅿 – 🔔 30. 🅰🅴 ⓞ GB   Y x
Repas 115/155 – � 45 – **39 ch** 410/535 – ½ P 305/395.

🏠 **Campanile,** par ① : 1,5 km rte Istres ℘ 42 80 14 00, Fax 42 80 01 72 – ↳⇔ ch, 🗏 rest 📺
☎ 🕭 🅿 – 🔔 25. 🅰🅴 ⓞ GB
Repas 82 bc/105 bc, enf. 39 – � 30 – **43 ch** 270.

✕✕ **Le Berjac "Un bouchon à la Mer",** 19 quai Toulmond ℘ 42 80 36 80, Fax 42 49 38 60,
≼ – 🗏. GB   Z a
Repas *(fermé sam. midi)* 107/295, enf. 75.

ALFA ROMEO Gar. Nlle Europe, RN 568 Croix
Sainte ℘ 42 80 13 90
FORD Autom. de Provence, 48 av. F.-Mistral
℘ 42 81 08 63
RENAULT Gar. Aragon, av. J.-Macé ℘ 42 07 03 54

⑩ Euromaster, N 568, Puits de Pouane
℘ 42 06 63 27
Maison du Pneu, ZI Martigues Sud ℘ 42 07 07 71
Morcel Pneus, av. Fleming ℘ 42 80 44 49

669

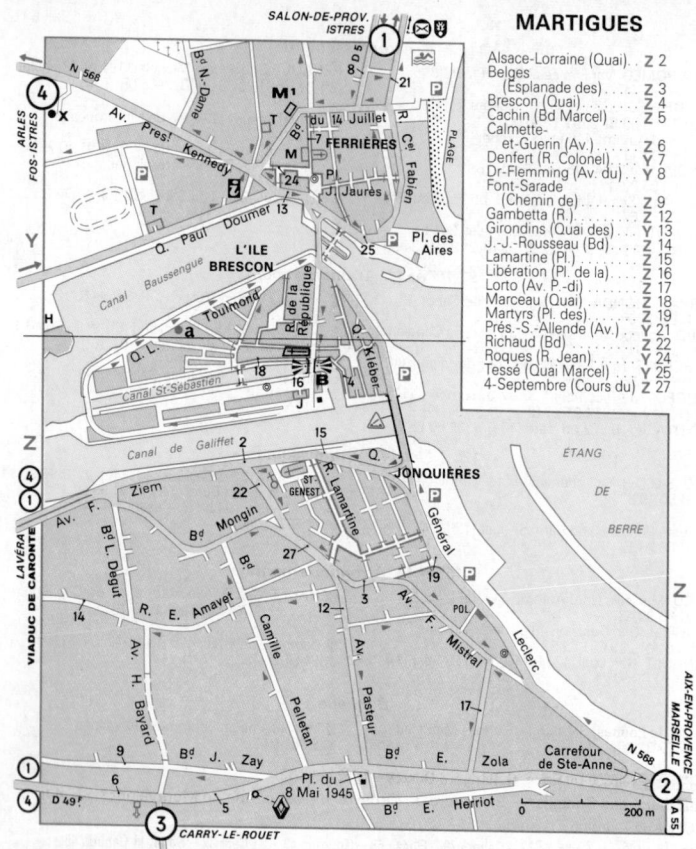

MARTIGUES

Alsace-Lorraine (Quai) . . **Z** 2
Belges
(Esplanade des) . . . . . **Z** 3
Brescon (Quai) . . . . **Z** 4
Cachin (Bd Marcel) . . . . **Z** 5
Calmette-
et-Guerin (Av.) . . . . . . **Z** 6
Denfert (R. Colonel) . . . **Y** 7
Dr-Flemming (Av. du) . . **Y** 8
Font-Sarade
(Chemin de) . . . . **Z** 9
Gambetta (R.) . . . . **Z** 12
Girondins (Quai des) . . . **Y** 13
J.-J.-Rousseau (Bd) . . . . **Z** 14
Lamartine (Pl.) . . . . **Z** 15
Libération (Pl. de la) . . . **Z** 16
Lorto (Av. P.-di) . . . . **Z** 17
Marceau (Quai) . . . . **Z** 18
Martyrs (Pl. des) . . . . . . **Z** 19
Prés.-S.-Allende (Av.) . . **Z** 21
Richaud (Bd) . . . . **Z** 22
Roques (R. Jean) . . . . . . **Z** 24
Tessé (Quai Marcel) . . . **Y** 25
4-Septembre (Cours du) **Z** 27

Don't use yesterday's maps for today's journey.

MARTIMPRÉ (Col de) 88 Vosges **62** ⑰ – rattaché à Gérardmer.

MARTIN-ÉGLISE 76 S.-Mar. **52** ④ – rattaché à Dieppe.

MARTRES-TOLOSANE 31220 H.-Gar. **82** ⑯ G. Pyrénées Roussillon – 1 929 h alt. 264.
Paris 756 – Bagnères-de-Luchon 76 – ♦Toulouse 60 – Auch 79 – Auterive 45 – Pamiers 69 – St-Gaudens 29 –
St-Girons 40.

🏠 **Castet,** face gare ℰ 61 98 80 20, Fax 61 98 80 20, 🐜, 🏊 – 📺 ☎ 🅶🅱
→ fermé 20 fév. au 20 mars, dim. soir et lundi – **Repas** 58/150 ⓵ – 🖵 25 – **14 ch** 160/250 –
½ P 190.

🅰 Pons Pneus, à Cazères ℰ 61 97 27 33

MARVEJOLS 48100 Lozère **80** ⑤ G. Gorges du Tarn (plan) – 5 476 h alt. 651.
Voir Porte de Soubeyran★.
🅱 Office de Tourisme place du Soubeyran ℰ 66 32 02 14.
Paris 582 – Mende 29 – Espalion 64 – Florac 53 – Millau 71 – Rodez 85 – St-Chély-d'Apcher 31.

🏠 **Gare et Rochers** 🦢, pl. Gare ℰ 66 32 10 58, Fax 66 32 30 63, ≤, 🐜 – 🛗 ☎ 🚗 🅶🅱
→ fermé 15 janv. au 10 mars – **Repas** (fermé sam. hors sais. sauf vacances scolaires) 68/210 ⓵,
enf. 60 – 🖵 32 – **30 ch** 240/280 – ½ P 230/250.

✗✗ **Viz Club,** rte du Nord ℰ 66 32 17 69 – 🅿 🅰🅴 🔘 🅶🅱
fermé 2 au 31 janv. et sam. soir – **Repas** (nombre de couverts limité, prévenir) 95/225.

670

rte de Mende par N 108 : 3,5 km – ⊠ 48100 Marvejols :

XX **Moulin de la Chaze,** ℰ 66 32 36 07, ㈜ – **P**. **GB**
fermé 1ᵉʳ au 15 oct. et lundi – **Repas** (week-ends prévenir) 110/220, enf. 60.

CITROEN Rel du Gévaudan, rte de St-Flour
ℰ 66 32 15 62 **N** ℰ 66 32 15 62
FIAT Auto Performance, bd T.-Roussel
ℰ 66 32 28 98
PEUGEOT Gar. Rouvière, ℰ 66 32 00 88

⊚ Gar. Covinhes, 9 bd de Chambrun ℰ 66 32 17 00
Vulc Lozérienne-Point S, 26 bd de Chambrun
ℰ 66 32 07 11

MAS-BLANC-DES-ALPILLES 13 B.-du-R. ⑧① ⑪ – rattaché à St-Rémy-de-Provence.

MASEVAUX 68290 H.-Rhin ⑥⑥ ⑧ G. Alsace Lorraine – 3 267 h alt. 405.

Env. Descente du col du Hundsrück ≼★★ NE : 13 km.

🅱 Office de Tourisme Fossé Flagellants ℰ 89 82 41 99.

Paris 433 – ◆Mulhouse 29 – Altkirch 30 – Belfort 24 – Colmar 56 – Thann 15 – Le Thillot 36.

XX **Host. Alsacienne** avec ch, r. Mar. Foch ℰ 89 82 45 25 – **GB**
fermé 15 juin au 14 juil., vacances de Toussaint, de fév., dim. soir et lundi – **Repas** 85/210 ⅄
– ⌺ 33 – **11 ch** 200/275 – ½ P 240/280.

MASLACQ 64 Pyr.-Atl. ⑦⑧ ⑧ – rattaché à Orthez.

La MASSANA ⑧⑥ ⑭ – voir à Andorre (Principauté d').

When looking for a quiet hotel
use the maps in the introduction
or look for establishments with the sign ⌇

MASSERET 19510 Corrèze ⑦② ⑱ – 669 h alt. 510.

Paris 438 – ◆Limoges 44 – Guéret 129 – Tulle 46 – Ussel 97.

🏠 **La Tour** ⌇, ℰ 55 73 40 12, Fax 55 73 49 41 – ▭ rest �📺 ☎. **GB**
fermé 2 au 14 janv. – **Repas** 90/190, enf. 60 – ⌺ 30 – **15 ch** 230/250 – ½ P 230/240.

MASSIAC 15500 Cantal ⑦⑥ ④ G. Auvergne – 1 881 h alt. 537.

Voir N : Gorges de l'Alagnon★.

🅱 Office de Tourisme av. du Gén.-de-Gaulle ℰ 71 23 07 76, fax 71 23 12 13 et pl. des Pupilles de la Nation
(saison) ℰ 71 23 11 38.

Paris 491 – Aurillac 84 – Brioude 22 – Issoire 38 – Murat 35 – St-Flour 26.

🏠 **Gd H. Poste,** 26 av. Ch. de Gaulle ℰ 71 23 02 01, Fax 71 23 09 23, ⅃⅄, ⌘, ▨ – 🛗 ▭ rest
➔ �📺 ☎ **P** – 🛏 30. ䷁ ⓪ **GB** 🅹🅲🅱
Repas 70/200 – ⌺ 35 – **32 ch** 190/330 – ½ P 265/315.

au Chalet N : 2,5 km par VO – ⊠ 15500 Massiac :

X **Aub. de Chalet,** Chapelle Ste-Madeleine ℰ 71 23 00 67 – **P**. **GB**
➔ *Pâques-1ᵉʳ nov. et fermé jeudi* – **Repas** 80 et carte le week-end 120 à 210, enf. 50.

CITROEN Brunet Autom., pl. Pupilles de la Nation
ℰ 71 23 02 23
PEUGEOT Gar. Richard, 20 av. Gén.-de-Gaulle
ℰ 71 23 02 25

RENAULT Gar. Delmas, RN 9 Le Gravairas, 103 av.
Gén.-de-Gaulle ℰ 71 23 02 11 **N** ℰ 71 23 02 11

MASSY 91 Essonne ⑥⓪ ⑩, ⓵⓪⓵ ㉕ – voir à Paris, Environs.

MAUBEUGE 59600 Nord ⑤③ ⑥ G. Flandres Artois Picardie – 34 989 h alt. 134.

🅱 Office de Tourisme Porte de Bavay ℰ 27 62 11 93 – A.C. Porte de France, av. Gare ℰ 27 64 62 34.

Paris 243 ⑤ – Charleville-Mézières 94 ④ – Mons 20 ① – St-Quentin 77 ④ – Valenciennes 36 ⑤.

Plan page suivante

🏠 **Campanile,** av. J. Jaurès ℰ 27 64 00 91, Fax 27 65 34 47, ㈜, ⌗ – ⅛ ch �📺 ☎ & **P** –
🛏 25. ䷁ ⓪ **GB**
Repas 82 bc/105 bc, enf. 39 – ⌺ 30 – **38 ch** 270.
B b

🏠 **Comfort Inn Primevère,** av. J. Jaurès par ⑤ ℰ 27 62 15 00, Fax 27 65 64 70 – �📺 ☎ &
P – 🛏 30. ䷁ **GB**
Repas 81/102 ⅄, enf. 41 – ⌺ 30 – **41 ch** 290.

sur rte d'Avesnes par ④ et N 2 : 6 km – ⊠ 59330 Beaufort :

XX **Aub. de l'Hermitage,** ℰ 27 67 89 59 – **P**. ䷁ **GB**
fermé 20 juil. au 14 août, sam. midi, dim. soir et lundi soir – **Repas** 140/320.

CITROEN Gar. Deshayes, 18 bd de Jeumont
ℰ 27 53 70 40
RENAULT S.A.F.D.A., 124 rte de Valenciennes à
Feignies par ⑤ ℰ 27 62 30 74 **N** ℰ 27 69 33 33

⊚ Pneus et Sces D.K., 13 porte de Paris
ℰ 27 62 17 65

MAUBEUGE

Albert-1er (R.) . . . . B 2
France (Av. de) . . . . B
Gare (Av. de la) . . . . A
Mabuse (Av.) . . . . B 12
Mail de la Sambre . . . AB 14

Paillot (R. G.) . . . . B 21
Roosevelt (Av. Franklin) AB 28
Vauban (Pl.) . . . . B 29
145e-Régt-d'Inf. (R. du) B 31
Concorde (Pl. de la) . . . . B 4
Coutelle (R.) . . . . A 5

Intendance (R. de l') . . . B 10
Mabuse (Pl.) . . . . B 13
Musée (R. du) . . . . B 18
Nations (Pl. des) . . . . . . B 19
Pasteur (Bd) . . . . B 24
Porte-de-Bavay (Av.) . . . A 25
Provinces-Françaises (Av.) B 26

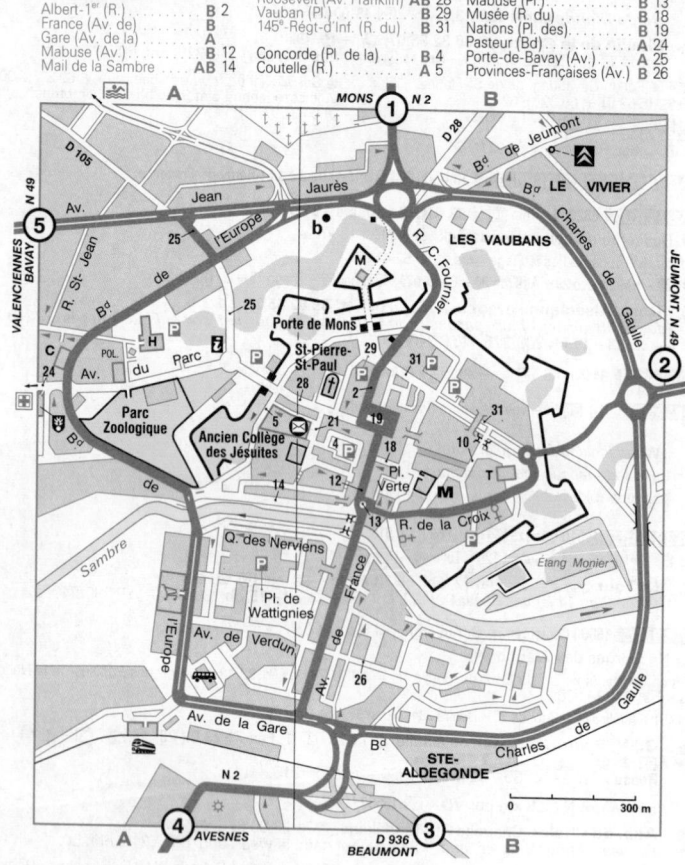

MAULÉON 79700 Deux-Sèvres 🔠 ⑥ ⑯ G. Poitou Vendée Charentes – 8 779 h alt. 187.

🖪 Syndicat d'Initiative pl. de l'Hôtel de Ville ℰ 49 81 95 22 (fermé matin).

Paris 363 – Cholet 24 – ◆Nantes 80 – Niort 81 – Parthenay 53 – La Roche-sur-Yon 65 – Thouars 45.

🏨 **Terrasse** ॐ, 7 pl. Terrasse ℰ 49 81 47 24, Fax 49 81 65 04, 🍴 – 📺 ☎ 🚗 . 💳 🆑
◆ fermé week-ends d'oct. à mai – **Repas** (fermé dim. de juin à sept.) 75/180 ॄ – 🖵 30 – **13 ch**
220/320 – ½ P 215/235.

✕✕ **Europe,** 15 r. Hôpital ℰ 49 81 40 33 – 🆑
◆ fermé 1er au 22 oct., 2 au 8 janv. et lundi – **Repas** 65/145 ॄ, enf. 45.

CITROEN Gar. Olivier, ℰ 49 81 47 75 🆕
ℰ 49 81 47 75

PEUGEOT Gar. Gouffier, 13, rte de Poitiers
ℰ 49 81 44 46

MAULÉON-LICHARRE 64130 Pyr.-Atl. 🔠 ④ ⑤ G. Pyrénées Aquitaine – 3 533 h alt. 141.

🖪 Office de Tourisme, pl. des Allées ℰ 59 28 02 37.

Paris 808 – Pau 58 – Oloron-Ste-Marie 29 – Orthez 39 – St-Jean-Pied-de-Port 40 – Sauveterre-de-Béarn 26.

🏨 **Bidegain,** r. Navarre ℰ 59 28 16 05, Fax 59 28 09 96, 🍴, 🍴 – ☎ 🚗 . 💳 ① 🆑
◆ fermé 15 déc. au 15 janv., dim. soir et lundi – **Repas** 80/190, enf. 50 – 🖵 30 – **30 ch** 150/300
– ½ P 180/250.

PEUGEOT Gar. Sarlang, ℰ 59 28 07 61 🆕
ℰ 59 28 07 61
RENAULT Gar. Jaury, ℰ 59 28 15 13
RENAULT Gar. le Rallye, ℰ 59 28 13 70 🆕
ℰ 59 28 13 70

🅐 Euromaster, 3 av. Mar.-Harispe ℰ 59 28 07 90

MAULETTE 78 Yvelines 🗺️ ⑧, 🗺️ ⑭ – rattaché à Houdan.

MAURE-DE-BRETAGNE 35330 I.-et-V. 🗺️ ⑤ ⑥ – 2 552 h alt. 35.

Paris 382 – ◆Rennes 36 – Châteaubriant 56 – Ploërmel 37 – Redon 35.

🏠 **Centre** sans rest, 2 pl. Poste ℘ 99 34 91 52 – 🕿 ⟷. **GB**
　　➂ 25 – **16 ch** 125/235.

MAUREILLAS-LAS-ILLAS 66400 Pyr.-Or. 🗺️ ⑲ G. Pyrénées Roussillon – 2 037 h alt. 120.

Paris 889 – ◆Perpignan 26 – Gerona 70 – Port-Vendres 31 – Prades 56.

　　à Las Illas SO : 11 km par D 13 – ✉ **66480** :

✗ **Hostal dels Trabucayres** ⤳ avec ch, ℘ 68 83 07 56, ≤, 🍽️ – **🅿**. **GB**. 🎿 ch
⇄　*hôtel : 1ᵉʳ mai-30 sept. et fermé mardi et merc. sauf du 10 juin au 5 sept.* – **Repas** *(fermé 23
au 29 oct., 12 fév. au 12 mars, mardi et merc. du 5 sept. au 10 juin)* 59 bc/225 bc – ➂ 23 –
5 ch 140/170 – ½ P 170.

CITROEN Gar. Coste, ℘ 68 83 06 10

MAUREPAS 78 Yvelines 🗺️ ⑨, 🗺️ ㉑ – voir à St-Quentin-en-Yvelines.

MAURIAC ⬥ 15200 Cantal 🗺️ ① G. Auvergne (plan) – 4 224 h alt. 722.

Voir Basilique★ – Le Vigean : châsse★ dans l'église NE : 2 km.

Env. Barrage de l'Aigle★★ : 11 km par D 678 et D105, G. Berry Limousin.

🅱 Office de Tourisme pl. G.-Pompidou ℘ 71 67 30 26, fax 71 68 12 39.

Paris 499 – Aurillac 52 – Le Mont-Dore 77 – ◆Clermont-Ferrand 110 – Le Puy-en-Velay 181 – Tulle 65.

🏨 **Serre** sans rest, r. du 11 Novembre ℘ 71 68 19 10, Fax 71 68 17 77, 🍽️ – 🛗 📺 🕿 ⟷ **🅿**.
　GB. 🎿
　fermé 31 déc. au 1ᵉʳ fév. – ➂ 26 – **13 ch** 225/330.

RENAULT Gar. Balmisse, au Vigean ℘ 71 68 06 77　　　⊛ Haag Pneus, r. du 19 Mars ℘ 71 68 09 81
N ℘ 71 68 06 77
Gar. Dutuel, av. A.-Chauvet ℘ 71 68 15 24 **N**
℘ 71 68 15 24

MAUROUX 46 Lot 🗺️ ⑥ – rattaché à Puy-l'Évêque.

MAURS 15600 Cantal 🗺️ ⑪ G. Auvergne – 2 350 h alt. 280.

Voir Buste-reliquaire★ et statues★ dans l'église.

🅱 Office de Tourisme pl. Champ-de-Foire ℘ 71 46 73 72.

Paris 574 – Aurillac 43 – Rodez 60 – Entraygues-sur-Truyère 47 – Figeac 22 – Tulle 98.

🏨 **La Châtelleraie** Ⓜ ⤳, à St-Étienne, NE : 1,5 km par rte Aurillac ℘ 71 49 09 09,
　Fax 71 49 07 07, 🍽️, parc, 🛝 – 📺 🕿 🕭 **🅿**. **GB**. 🎿 rest
　8 avril-6 nov. – **Repas** *(résidents seul.)* 110/140 – ➂ 40 – **25 ch** 400 – ½ P 350.

🏠 **Périgord** ⤳ sans rest, av. Gare ℘ 71 49 04 25 – 📺 🕿 **🅿**. **GB**
　fermé janv. et fév. – ➂ 28 – **17 ch** 190/230.

CITROEN Gar. Central, ℘ 71 49 01 95　　　　　　　　RENAULT Gar. Lavigne, ℘ 71 49 00 20
FORD Gar. Balitrand, ℘ 71 49 02 04

MAUSSAC 19 Corrèze 🗺️ ⑪ – rattaché à Meymac.

MAUSSANE-LES-ALPILLES 13520 B.-du-R. 🗺️ ① – 1 886 h alt. 28.

Paris 714 – Avignon 29 – Arles 18 – ◆Marseille 78 – Martigues 44 – St-Rémy-de-Provence 9,5 – Salon-de-Provence 28.

🏨 **Pré des Baux** Ⓜ ⤳ sans rest, r. Vieux Moulin ℘ 90 54 40 40, 🛝, 🍽️ – 📺 🕿 **🅿**. **GB**
　Pâques-7 janv. – ➂ 50 – **10 ch** 550/640.

🏨 **Val Baussenc** Ⓜ ⤳, rte Mouriès ℘ 90 54 38 90, Fax 90 54 33 36, ≤, 🍽️, 🛝, 🍽️ – 📺 🕿
　🕭 **🅿**. **AE** **①** **GB**. 🎿 rest
　*hôtel : fermé 2 janv. au 1ᵉʳ mars ; rest. : fermé 1ᵉʳ nov. au 15 déc., 2 janv. au 1ᵉʳ mars et mardi
　soir* – **Repas** *(dîner seul.)* 180/290, enf. 60 – ➂ 60 – **21 ch** 490/650 – ½ P 540/590.

🏨 **Touret** ⤳ sans rest, rte Paradou ℘ 90 54 31 93, Fax 90 54 51 31, 🛝 – 🍽 🕿 **🅿**. **①** **GB**.
　🎿
　➂ 31 – **16 ch** 310/340.

🏠 **Magnanarelles**, av. Vallée des Baux ℘ 90 54 30 25, 🍽️, 🛝 – 🕿. **GB**
　fermé 3 janv. au 28 fév. – **Repas** *(fermé mardi du 15 sept. au 15 juin)* 80 (déj.), 140/180 –
　➂ 30 – **18 ch** 220/280 – ½ P 260/270.

✗✗ ❀ **La Petite France** (Maffre-Bogé), av. Vallée des Baux ℘ 90 54 41 91, Fax 90 54 52 50 –
　🍽 **🅿**. **GB**
　fermé 13 au 26 nov., 2 au 31 janv., jeudi midi et merc. hors sais. – **Repas** 150/300 et carte
　210 à 340, enf. 65
　Spéc. Raviole d'olives vertes à la ricotte et à la sauge. Crépinette de pied de cochon aux morilles. Fondant chaud au
　chocolat, crème vanille.

✗✗ **Ou Ravi Provençau**, av. Vallée des Baux ℘ 90 54 31 11, Fax 90 54 41 03, 🍽️
　fermé le mardi – **Repas** 170/240.

au Paradou O : 2 km par D 17, rte d'Arles – ⊠ **13520** :

✗ **Le Bistrot du Paradou,** ℰ 90 54 32 70 – **❸**. **GB**
fermé vacances scolaires d'hiver et dim. – **Repas** (prévenir)(menu unique)(dîner seul. de juil.
à mi-sept.) 145 bc (déj.)/180 bc.

MAUVEZIN 32120 Gers 🎯🎯 ⑥ – 1 671 h alt. 157.

Paris 704 – Auch 27 – Agen 71 – Montauban 55 – ♦Toulouse 59.

✗✗ **La Rapière,** ℰ 62 06 80 08, 🏦 – 🔳. **AE ❶ GB**. ✸✸
fermé 18 juin au 8 juil., 18 oct. au 9 nov., mardi soir et merc. – **Repas** 68 (déj.), 100/260 ♨,
enf. 50.

RENAULT Gar. Douard, ℰ 62 06 80 11

MAUVEZIN-SUR-GUPIE 47 L.-et-G. 🎯🎯 ③ – rattaché à Marmande.

MAUZAC 31410 H.-Gar. 🎯🎯 ⑰ – 562 h.

Paris 724 – ♦Toulouse 31 – Auterive 20 – Foix 61 – Saint-Gaudens 61.

✗✗ **La Chaumine,** NO : 2 km par D 53 et VO ℰ 61 56 30 41, 🏦 – **❸**. **GB**
➡ *fermé mardi soir et merc.* – **Repas** 67 bc/200 ♨.

MAUZAC 24 Dordogne 🎯🎯 ⑮ ⑯ – 958 h alt. 49 – ⊠ **24150** Mauzac-et-Grand-Castang.

Paris 544 – Périgueux 51 – Bergerac 28 – Brive-la-Gaillarde 95 – Sarlat-la-Canéda 53.

🏨 **La Métairie** ⌕, rte de Trémolat, 3 km ℰ 53 22 50 47, Fax 53 22 52 93, ≼, 🏦, « Dans un
parc surplombant la Dordogne », ▨, – 🔟 ☎ **❸**. **GB**
1er avril-15 oct. – **Repas** *(fermé mardi sauf le soir du 1er juil. au 15 sept.)* 120/300, enf. 60 –
⊒ 60 – **9 ch** 580/750 – ½ P 500/650.

🏠 **Poste,** ℰ 53 22 50 52, ≼, 🏦 – ☎ **❸**. **AE GB**
➡ *20 mars-31 oct.* – **Repas** *(fermé lundi hors sais.)* 65/180, enf. 45 – ⊒ 30 – **18 ch** 150/280 –
½ P 220/260.

MAUZÉ-SUR-LE-MIGNON 79210 Deux-Sèvres 🎯🎯 ② – 2 378 h alt. 21.

Paris 429 – La Rochelle 40 – Niort 22 – Rochefort 38.

🏠 **Relais de la Fourche en Pré,** rte Niort ℰ 49 26 32 36, Fax 49 26 72 47, 🏦 – 🔟 ☎ **❸**.
➡ **GB**
fermé 18 déc. au 10 janv., vacances de fév., dim. soir et lundi – **Repas** 61 (déj.), 67/210, enf.
50 – ⊒ 31 – **12 ch** 240/345 – ½ P 340.

✗ **France** avec ch, ℰ 49 26 30 15, Fax 49 26 72 80 – ☎ **❸**. **GB**
➡ *fermé dim. d'avril à juin* – **Repas** 78/180 – ⊒ 28 – **7 ch** 125/150 – ½ P 180.

MAYENNE ⊕ **53100** Mayenne 🎯🎯 ⑳ G. Normandie Cotentin – 13 549 h alt. 124.

Voir Ancien château ≼★ **B.**

🛈 Office de Tourisme quai de Waiblingen (fermé après-midi hors saison), ℰ 43 04 19 37.

Paris 282 ② – Alençon 61 ② – Flers 57 ① – Fougères 45 ⑤ – Laval 31 ④ – ♦Le Mans 88 ④.

MAYENNE

Briand (R. Aristide)	4
Gaulle (R. Ch. de)	14
St-Martin (R. et ⊟)	28
Sergent-Louvier (R.)	29
Anatole-France (Bd)	2
Bretagne (R. de)	3
Carnot (Quai)	5
Chateaubriand (R.)	6
Cheverus (Pl. de)	7
Du-Guesclin (R.)	8
Europe (Bd de l')	9
Gambetta (Pl.)	13
Jules-Ferry (R.)	15
Herce (Pl. L. de)	16
Hoche (Av.)	17
Montigny (Bd de)	18
Normandie (R. de)	20
Notre-Dame (⊟)	21
Papin (R. Denis)	22
Pavé-Morin (R. du)	23
République (Quai de la)	24
Roullois (R.)	25
Vallées (R. des)	32
Verdun (R. de)	33
8-Mai-1945 (Pl. du)	35
130e-R.-I. (R. du)	36

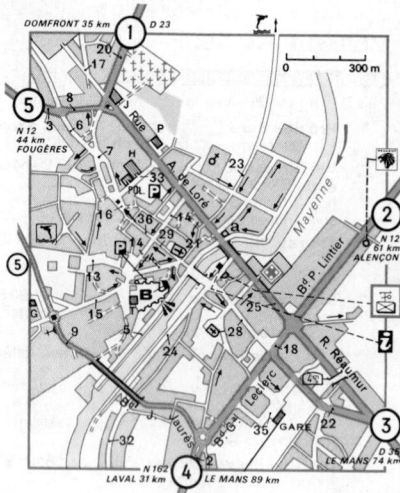

Utilisez le guide de l'année.

🏨 **Gd Hôtel,** 2 r. A. de Loré **(a)** 🖉 43 00 96 00, Fax 43 32 08 49 – 📺 ☎ 🅿 🖭 🕥 🅶🅱
fermé 23 au 28 déc. – **Repas** 95/199 – 🖵 42 – **30 ch** 259/389 – ½ P 267/335.

🏨 **Croix Couverte** avec ch, rte Alençon par ② : 2 km sur N 12 🖉 43 04 32 48, Fax
43 04 43 69, 🈂, 🐾 – 📺 ☎ 🅿 🖭 🕥 🅶🅱
fermé 23 au 30 déc. – **Repas** *(fermé dim. d'oct. à avril)* 88/265 et carte 170 à 250 🍴, enf. 52 –
🖵 30 – **13 ch** 220/280 – ½ P 220/270.

par ④ N 162 et VO – ✉ 53100 Mayenne :

🏨 **La Marjolaine** Ⓜ 🍃 avec ch, à 6,5 km, au domaine du Bas-Mont 🖉 43 00 48 42,
Fax 43 08 10 58, parc – 📺 ☎ 🅿 – 🏊 30. 🅶🅱
fermé 20 au 27 déc., vacances de fév., merc. (sauf hôtel) et dim. soir – **Repas** 110/280 et
carte 220 à 280, enf. 90 – 🖵 45 – **12 ch** 250/320 – ½ P 315/445.

🏨 **BeauRivage** 🍃 avec ch, à 4 km 🖉 43 00 49 13, Fax 43 04 43 69, 🈂, 🐾, 🐾 – 📺 ☎ 🅿. 🅶🅱
fermé dim. soir d'oct. à avril (sauf hôtel) et lundi – **Repas** 82/128 🍴 – 🖵 28 – **3 ch** 200/240 –
½ P 215/260.

BMW TOYOTA Bassaler 92 r. P.-Lintier
🖉 43 04 15 84 🔟 🖉 43 69 32 32
CITROEN, 250 rte de Rennes
🖉 43 04 36 71 🔟 🖉 05 05 24 24
PEUGEOT Gar. Mallecot, 622 bd P.-Lintier
🖉 43 04 10 76 🔟 🖉 43 90 84 00

RENAULT Mayenne Autom., D 35 rte d'Aron
par ③ 🖉 43 04 58 86 🔟 🖉 43 90 82 01

🛞 Euromaster, 412 bd P.-Lintier 🖉 43 04 19 47

MAYET 72360 Sarthe 🔢 ③ – 2 877 h alt. 74.

Paris 225 – ◆Le Mans 29 – Château-la-Vallière 27 – La Flèche 31 – ◆Tours 57 – Vendôme 75.

🍴 **Aub. des Tilleuls,** pl. H. de Ville 🖉 43 46 60 12 – 🅶🅱
fermé fév., dim. soir, lundi soir, mardi soir et merc. – **Repas** 48/145 🍴.

Le MAYET-DE-MONTAGNE 03250 Allier 🔢 ⑥ G. Auvergne – 1 609 h alt. 545.

🅸 Office de Tourisme Chalet Cantonal pl. Foires 🖉 70 59 38 40.

Paris 365 – ◆Clermont-Fd 73 – Lapalisse 23 – Moulins 71 – Roanne 47 – Thiers 41 – Vichy 25.

🍴 **Relais du Lac** avec ch, S : 0,5 km sur D 7 🖉 70 59 70 23 – 📺 ☎ 🅿. 🛁 ch
Repas 60/170 🍴, enf. 40 – 🖵 28 – **5 ch** 240/270 – ½ P 220/235.

CITROEN Gar. St-Christophe. 🖉 70 59 70 42

RENAULT Gar. Tartarin. 🖉 70 59 70 61

MAZAGRAN 57 Moselle 🔢 ⑭ – rattaché à Metz.

MAZAMET 81200 Tarn 🔢 ⑪ ⑫ G. Gorges du Tarn – 11 481 h alt. 241.

🏌 de la Barouge (privé) 🖉 63 61 06 72, par ① : 3,5 km.

✈ de Castres-Mazamet : T.A.T. 🖉 63 70 32 62, par ③ : 14 km.

🅸 Office de Tourisme r. des Casernes 🖉 63 61 27 07 et le Plô de la Bise (juil.-août) 🖉 63 61 25 54.

Paris 772 ④ – ◆Toulouse 82 ③ – Albi 60 ④ – Béziers 87 ① – Carcassonne 45 ② – Castres 18 ④.

Plan page suivante

🏨 **Les Comtes d'Hautpoul,** face gare **(a)** 🖉 63 61 98 14, Fax 63 98 95 76, 🈂 – 📺 ☎ 🅿. 🅶🅱
fermé août, dim. soir et sam. – **Repas** 68/250 🍴, enf. 40 – 🖵 35 – **40 ch** 180/260 –
½ P 180/200.

🏨 **H. Jourdon,** 7 av. A. Rouvière **(e)** 🖉 63 61 56 93, Fax 63 61 83 38 – 🔳 📺 ☎. 🖭 🅶🅱. 🛁
fermé dim. sauf fériés – **Repas** 60/250 bc 🍴, enf. 45 – 🖵 35 – **11 ch** 180/250 – ½ P 200.

à Bout-du-Pont-de-Larn par ① et D 54 : 2 km – ✉ 81660 :

🏨 **La Métairie Neuve** 🍃, 🖉 63 61 23 31, Fax 63 61 94 75, ≤, 🈂, 🛋, 🐾 – 📺 – 🏊 25.
🕥 🅶🅱
fermé 15 déc. au 20 janv. – **Repas** *(fermé sam. sauf le soir du 1er avril au 30 sept.)* 100/250 🍴,
enf. 50 – 🖵 50 – **11 ch** 330/460 – ½ P 350/400.

par ① D 109 et D 54 : 5 km – ✉ 81660 Pont-de-Larn :

🏨 **Host. du Château de Montlédier** 🍃, 🖉 63 61 20 54, Fax 63 98 22 51, ≤, 🈂, « Demeure du 12e siècle dans un parc », 🛋 – 📺 ☎ 🅿 – 🏊 50. 🖭 🕥 🅶🅱
fermé janv. – **Repas** *(fermé dim. soir et lundi sauf juil.-août)* 110/225 – 🖵 50 – **10 ch**
350/590 – ½ P 400/420.

à St-Amans-Soult par ① : 9 km – ✉ 81240 :

🏨 **Host. des Cèdres** avec ch, N 112 🖉 63 98 36 73, 🈂, parc – ☎ 🗨. 🖭 🕥 🅶🅱
fermé dim. soir et lundi sauf fériés – **Repas** 85/240 – 🖵 40 – **12 ch** 150/320 – ½ P 200/375.

CITROEN S.M.A., Bout du Pont de Larn par ③
🖉 63 61 39 41 🔟 🖉 63 61 39 41
HONDA, OPEL Auto Garage, 11 r. Cormouls-
Houlès 🖉 63 61 06 94
PEUGEOT Gar. de la Gare, av. Ch.-Sabatier
🖉 63 61 01 89

RENAULT Montagne Noire Autom., RN 112 La
Chevalière 🖉 63 97 58 30 🔟 🖉 05 05 15 15

🛞 Cousinié Pneus, à Aussillon 🖉 63 61 80 17
Euromaster, N 112, La Richarde 🖉 63 61 08 98

MAZAMET

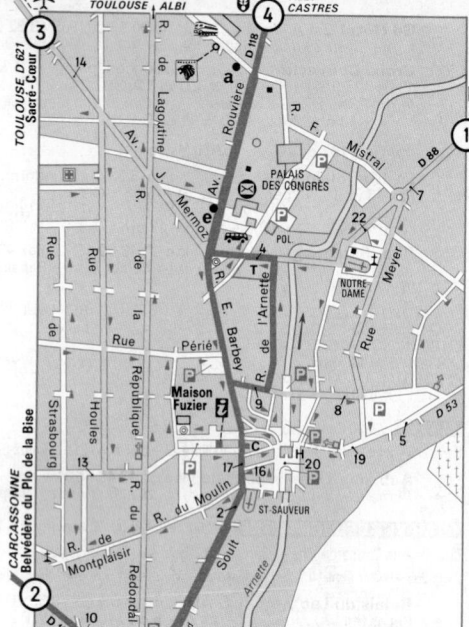

*Les plans de villes
sont orientés
le Nord en haut.*

*Pour un bon usage
des plans de villes,
voir les signes conventionnels
dans l'introduction.*

MAZAN 84 Vaucluse 🛙🛙 ⑬ – rattaché à Carpentras.

MAZET-ST-VOY 43520 H.-Loire 🏎🏎 ⑧ – 1 077 h alt. 1 043.

Paris 580 – Le Puy-en-Velay 39 – Lamastre 36 – ◆St-Étienne 62 – Yssingeaux 17.

   🏠 **L'Escuelle,** ℘ 71 65 00 51 – ☎
   ◆ *fermé janv., dim. soir et lundi* – **Repas** 70/140 ⅄ – ☟ 29 – **11 ch** 170/240 – ½ P 180/240.

MÉAUDRE 38 Isère 🏎🏎 ④ – rattaché à Autrans.

MEAUX ◁SP▷ **77100** S.-et-M. 🛙🛙 ⑫ ⑬ 🛙🛙🛙 ㉒ G. Ile de France – 48 305 h alt. 52.

Voir Centre épiscopal★ ABY : cathédrale★ B, ≼★ de la terrasse des remparts.

📇 📇 de Meaux-Boutigny (privé) ℘ (1) 60 25 63 98, par ③ ; 📇 du Lac de Germigny ℘ (1) 64 33 57 00, par ① : 10 km ; 📇 de Crécy-la-Chapelle ℘ (1) 64 04 70 75, S : 16 km par ③.

🛈 Office de Tourisme 2 r. Notre-Dame ℘ (1) 64 33 02 26, Fax (1) 64 33 24 86.

Paris 54 ③ – Compiègne 66 ⑤ – Melun 54 ③ – ◆Reims 97 ②.

Plan page ci-contre

   🏠 **Richemont** sans rest, quai Grande Ile ℘ (1) 60 25 12 10, Télex 691792, Fax (1) 60 25 18 27 – 🛗 📺 ☎ ঌ – 🔏 25. ஊ GB
   ☟ 40 – **42 ch** 280/300.
                        AZ **s**

   🏠 **Climat de France,** 32 av. Victoire par ② ℘ (1) 64 33 15 47, Fax (1) 64 33 83 80, 🌤 – 📺
   ☎ ঌ 🅿 – 🔏 40. ஊ GB
   Repas 85/125 ⅄, enf. 39 – ☟ 34 – **60 ch** 295 – ½ P 224.

   XXX **Plein Ciel,** 26 pl. J. Bureau (7e étage) ℘ (1) 64 33 44 54, Fax (1) 64 35 01 51, ≼, 🌤,
   « Original décor contemporain » – ஊ ⓪ GB ஷ ⅁
   fermé août, sam. midi et mardi – **Repas** 190/310 et carte 290 à 370.
                        AZ **n**

   XX **Le Marinone,** 30 pl. Marché ℘ (1) 64 33 57 37 – 🗏. ஊ ⓪ GB
   fermé 16 au 28 août, dim. soir et lundi sauf fériés – **Repas** 110/280, enf. 50.
                    ABZ **t**

   X **La Grignotière,** 36 r. Sablonnière ℘ (1) 64 34 21 48, Fax (1) 64 33 93 93 – ஊ
   GB
   fermé août, mardi soir et merc. – **Repas** 95/169.
                    CZ **d**

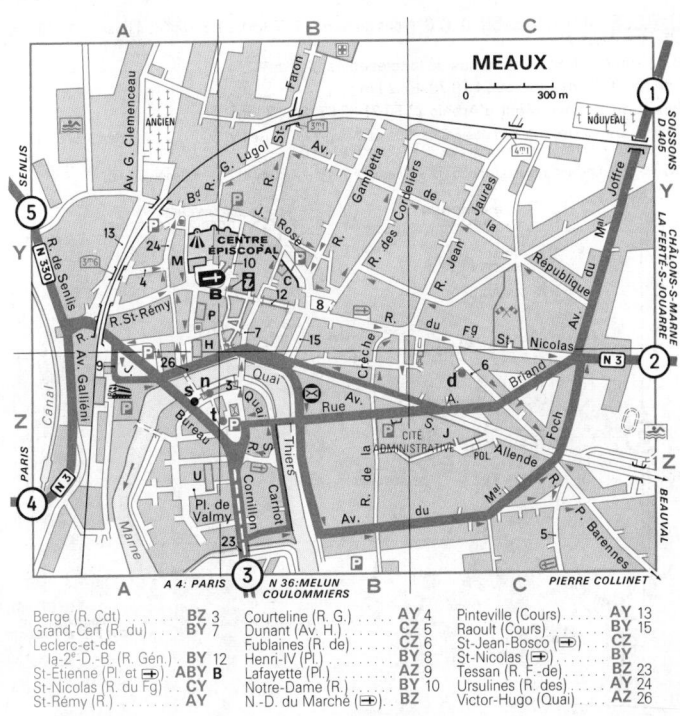

MEAUX

0   300 m

à Varreddes par ① : 6 km – ⊠ 77910 :

XXX **Aub. Cheval Blanc** avec ch, D 405 🎗 (1) 64 33 18 03, Fax (1) 60 23 29 68, 🍽, 🌿 – 📺
🕿 🅿 🖭 ⓞ ⲅⲃ
fermé 1ᵉʳ au 24 août, dim. soir et lundi – **Repas** 198/280 et carte 260 à 380, enf. 98 – ⲷ 49 –
8 ch 280/350.

XX **Au Petit Nain**, 7 r. Orsoy 🎗 (1) 64 33 18 12, Fax (1) 64 34 39 60, 🍽 – 🖭 ⲅⲃ
fermé 25 juil. au 10 août, 14 fév. au 7 mars, mardi soir, jeudi soir et merc. – **Repas** 115/295,
enf. 65.

à Germigny-l'Évêque par ① et D 97 : 8 km – ⊠ 77910 :

XXX **Le Gonfalon** ⌂ avec ch, 2 r. Église 🎗 (1) 64 33 16 05, Fax (1) 64 33 25 59, ⇐, 🍽 – 📺
🕿 🖭 ⓞ ⲅⲃ
fermé janv., dim. soir et lundi – **Repas** 190/330 et carte 280 à 340 – ⲷ 45 – **10 ch** 280/360.

à Poincy par ② et D 17ᴬ : 5 km – ⊠ 77470 :

XXX **Moulin de Poincy,** 🎗 (1) 60 23 06 80, Fax (1) 60 23 12 56, 🍽, 🌿 – 🅿 🖭 ⲅⲃ Ⲏⲥⲃ
fermé mardi soir et merc. – **Repas** 160/450 bc et carte 260 à 380.

à Nanteuil-lès-Meaux par ③ et F 228 : 4 km – 4 339 h. – ⊠ 77100 :

X **Le Montier**, 30 r. Pasteur 🎗 (1) 64 33 01 74, 🍽 – ⲅⲃ
fermé 22 août au 4 sept., 24 déc. au 2 janv., dim. soir et lundi – **Repas** 90/160.

ALFA ROMEO-TOYOTA Gar. Trouble, 17 av. de la
Foulée à Nanteuil-les-Meaux 🎗 (1) 64 33 30 00
BMW Gar. Verdier, 12 r. Buttes-Blanches ZI
🎗 (1) 60 09 35 35
CITROEN Victoire Autom., 101 av. Victoire, ZI
par ② 🎗 (1) 64 34 90 90
FORD Gar. Brie et Picardie, 44 r. Crèche
🎗 (1) 64 34 06 51
MERCEDES Compagnie de l'Est, 137 av. Victoire
🎗 (1) 64 33 05 52 🏧 🎗 (1) 88 72 00 94
OPEL Meaux Autom., 71-73 av. F.-Roosevelt
🎗 (1) 60 25 32 00
PEUGEOT Gar. Métin, 81 av. Roosevelt par ②
🎗 (1) 64 33 20 00

RENAULT Gar. Vance, 37 av. Roosevelt par ②
🎗 (1) 64 34 90 76 🏧 🎗 (1) 05 05 15 15
VAG Gar. Carnot, 26 et 67 av. F.-Roosevelt
🎗 (1) 60 25 10 66

🅖 Central Pneus, ZI 57 av. Victoire
🎗 (1) 64 34 12 67
Hurand Pneu Vulcopneu, 17 av. de Meaux à Poincy
🎗 (1) 64 33 41 41
Vernières Pneus, 101 r. Fg-St-Nicolas
🎗 (1) 64 34 44 48

Voir Mont d'Arbois au terminus de la télécabine ❄★★★ BZ.

🕊 du Mont d'Arbois 🖉 50 21 29 79, E : 2 km BZ.

Altiport de Megève-Mont-d'Arbois 🖉 50 21 33 67, SE : 7 km BZ.

🅱 Office de Tourisme, Maison des Frères, Rue Monseigneur Conseil 🖉 50 21 27 28, Telex 385532, Fax 50 93 03 09 et Megève réservations 🖉 50 21 29 52, Fax 50 91 85 67.

Paris 596 ① – Chamonix-Mont-Blanc 35 ① – Albertville 31 ② – Annecy 61 ② – ◆Genève 69 ①.

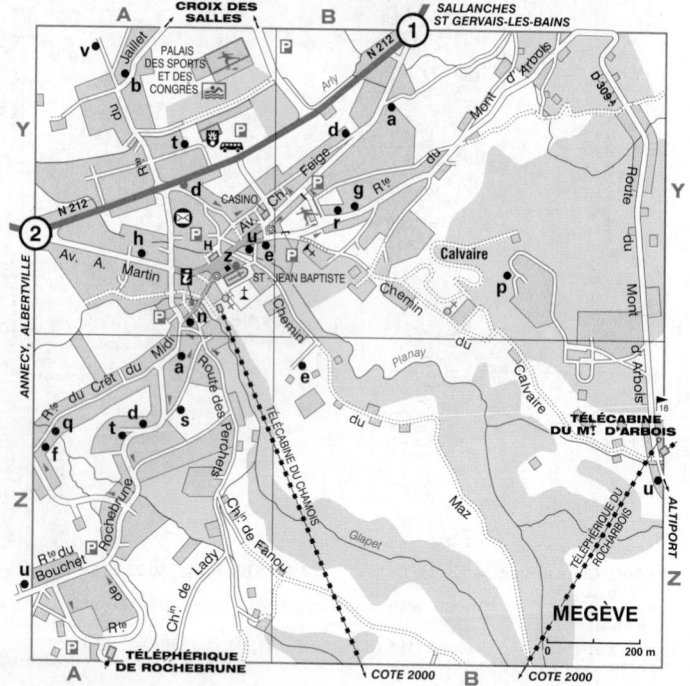

🏨 **Les Fermes de Marie** 🅜 ⤳, chemin de Riante Colline par ② 🖉 50 93 03 10, Fax 50 93 09 84, ≼, 🍴, « Anciennes fermes savoyardes reconstituées en hameau », 🗤, 🔲, 🐎 – 📶 🎬 📶 ﻭ 🚗 🄿 – 🔏 120. 🖭 ⲅ🖼
hôtel : 20 juin-20 sept. et 20 déc.-20 avril ; rest. : 1er juil.-5 sept. et 20 déc.-15 avril – **Repas** carte 250 à 390 – ☲ 50 – **42 ch** (½ pens. seul.). 7 appart, 3 duplex – ½ P 780/1200.

🏨 **Chalet du Mont d'Arbois** 🅜 ⤳, rte Mt-d'Arbois 🖉 50 21 25 03, Fax 50 21 24 79, ≼, 🍴, 🐎, ⚒ – 📶 🎬 📶 ﻭ 🚗 🄿 🖭 🕕 🖼
mi-juin-fin sept. et mi-déc.-fin mars – **Repas** 190/440, enf. 100 – ☲ 80 – **20 ch** 1520/1700 – ½ P 1180/1230.   BY **p**

🏨 **Fer à Cheval**, rte Crêt 🖉 50 21 30 39, Fax 50 93 07 60, 🍴, « Élégant décor rustique », 🗤, 🔲, 🍴 – 📶 🎬 📶 ﻭ 🚗 🄿 🖭 🖼 ⚒ rest
24 juin-10 sept. et 16 déc.-10 avril – **Repas** (dîner seul) 220 – ☲ 50 – **32 ch** 820/1940, 8 appart – ½ P 915.   BY **a**

🏨 **Grange d'Arly** 🅜 ⤳, 10 r. Allobroges 🖉 50 58 77 88, Fax 50 93 07 13, « Belle décoration intérieure » – 📶 🎬 📶 ﻭ 🚗 🄿 🖭 🕕 🖼 ⲅ🖼 ⚒
hôtel : fin juin-12 nov. et mi-déc.-fin avril ; rest. : juil.-mi-sept. et mi-déc.-fin avril – **Repas** (résidents seul.) (dîner seul.) – ☲ 45 – **22 ch** 870/1010 – ½ P 550/625.   AY **t**

🏨 **Coin du Feu**, rte Rochebrune 🖉 50 21 04 94, Fax 50 21 20 15, ≼, « Décor et ambiance savoyards » – 📶 🎬 📶 🄿 🖭 🖼
20 juil.-5 sept. et 18 déc.-5 avril – **Saint Nicolas** (18 déc.-5 avril) **Repas** (dîner seul.) carte 200 à 280 – **23 ch** ☲ 760/1230 – ½ P 600/670.   AZ **t**

🏨 **Castel St-Georges** 🅜 sans rest, carrefour Rochebrune 🖉 50 93 07 15, Fax 50 21 51 18 – 📶 🎬 📶 🄿 🖭 🖼
12 juil.-11 sept. et 17 déc.-21 avril – ☲ 60 – **14 ch** 840/1500, 3 appart.   AY **n**

🏨🏨 **Le Manège** M̄ sans rest, rond-point de Rochebrune ℰ 50 21 21 08, Fax 50 58 95 32, ⅃ẞ, ↖, 舞 – |≢| cuisinette ▥ ☎ ⇔ Ⓟ – 🔏 25. ☒ ❶ ☒. ☜
AZ **a**
fermé 2 nov. au 8 déc. – **20 ch** ⊏ 1000/1850, 6 appart, 4 duplex.

🏨🏨 **Le Triolet** ⊗, rte Bouchet ℰ 50 21 08 96, Fax 50 70 77 75, ≼ – ▥ ☎ ⇔. ☒ ☒
☜ rest
AZ **u**
Noël-Pâques – **Repas** (nombre de couverts limité, prévenir) 260/400 – ⊏ 80 – **10 ch** 1000, 3
appart – ½ P 930.

🏨 **Mont-Joly** ⊗, rte Crêt du Midi ℰ 50 21 26 14, Fax 50 58 75 20, ≼, 舞, 舞 – |≢| ▥ ☎ Ⓟ.
☒ ❶ ☒ ⒿⒸⒷ ☜
AZ **q**
15 juin-15 sept. et 20 déc. 15 avril – **Repas** 290/340 – ⊏ 52 – **22 ch** 760 – ½ P 710.

🏨 **Sapins** ⊗, rte Rochebrune ℰ 50 21 02 79, Fax 50 93 07 54, 舞, ↖, 舞 – |≢| ▥ ☎ Ⓟ.
☒ ☜ rest
AZ **s**
15 juin-10 sept. et 20 déc.-20 avril – **Repas** 178/297, enf. 98 – ⊏ 43 – **18 ch** 367/578 –
½ P 530.

🏨 **La Prairie** M̄, av. Ch. Feige ℰ 50 21 48 55, Fax 50 21 42 13, ≼, 舞 – |≢| ▥ ☎ ⇔ Ⓟ. ☒
❶ ☒ ⒿⒸⒷ. ☜ rest
BY **d**
hôtel : mi-juin-15 oct. et 15 déc.-fin avril ; rest. : 8 juil.-27 août et 22 déc.-fin mars – **Repas**
(snack) (dîner seul.) carte environ 135 ⅃ – ⊏ 44 – **32 ch** 450/830.

🏨 **Ferme Hôtel Duvillard**, plateau du Mt d'Arbois ℰ 50 21 14 62, Fax 50 21 42 82, ≼, 舞,
↖, 舞 – ▥ ☎ Ⓟ. ☒ ❶ ☒. ☜ rest
BZ **u**
1ᵉʳ juil.-15 sept. et 15 déc.-20 avril – **Repas** 115 (déj.)/148 ⅃, enf. 67 – ⊏ 65 – **19 ch**
702/1118 – ½ P 560/689.

🏨 **Au Vieux Moulin** ⊗, 188 r. A. Martin ℰ 50 21 22 29, Fax 50 93 07 91, 舞, ↖, 舞 – |≢| ▥
☎. ☒ ☒ ☒
AY **h**
fermé 7 mai au 9 juin et 1ᵉʳ nov. au 2 déc. – **Repas** 95/150 – ⊏ 60 – **36 ch** 559/1060 –
½ P 580/680.

🏨 **St-Jean** ⊗, chemin du Maz ℰ 50 21 24 45, Fax 50 58 78 50, ≼, 舞 – ▥ ☎ Ⓟ. ☒
BZ **e**
1ᵉʳ juil.-5 sept. et 20 déc.- début avril – **Repas** (dîner seul.) 120 – ⊏ 38 – **15 ch** 290/474 –
½ P 395.

🏩 **Alpina**, pl. Casino ℰ 50 21 54 77, Fax 50 21 53 79 – ▥ ☎. ☒ ❶ ☒. ☜ ch
AY **e**
fermé lundi hors sais. – **Le Savoyard : Repas** 98(déj.) et carte 180 à 250 ⅃, enf. 55 – ⊏ 25 –
14 ch 600/630.

🏩 **Fleur des Alpes**, rte Jaillet ℰ 50 21 11 42, Fax 50 91 93 42, ≼, 舞, 舞 – ▥ ☎ Ⓟ –
🔏 30. ☒ ☜ rest
AY **b**
20 mai-15 sept. et 15 déc.-15 avril – **Repas** 120/150 – **17 ch** ⊏ 400/490 – ½ P 435/500.

🏩 **Coeur de Megève**, av. Ch. Feige ℰ 50 21 25 30, Fax 50 91 91 27 – |≢| ▥ ☎. ☒ AY **u**
➜ **Repas** *(juil.-août et 18 déc.-30 mars)* 80 ⅃ – ⊏ 36 – **28 ch** 460/600 – ½ P 370/440.

🏩 **Week-End** sans rest, rte Rochebrune ℰ 50 21 26 49, Fax 50 58 90 40, ≼ – ▥ ☎ Ⓟ.
☒
AZ **d**
⊏ 30 – **16 ch** 460.

🏩 **Beauregard**, 187 rte Mt-d'Arbois ℰ 50 21 05 56, Fax 50 58 96 78 – ▥ ☎ Ⓟ ☒.
☜ rest
BY **g**
24 juin-10 sept. et 18 déc.-10 avril – **Repas** (dîner seul.)(résidents seul.) 120/180 ⅃ – ⊏ 45 –
29 ch 350/600 – ½ P 575/625.

🏩 **L'Auguille** ⊗ sans rest, chemin de l'Auguille ℰ 50 21 40 00, Fax 50 58 78 78, ≼, 舞 – |≢|
▥ ☎ ⇔ Ⓟ. ☜
AY **v**
1ᵉʳ juin-30 sept. et 15 déc.-25 avril – ⊏ 35 – **11 ch** 390.

🏩 **Les Mourets** ⊗, rte Odier par ① : 1 km ℰ 50 21 04 76, Fax 50 58 78 78, ≼ – |≢| ▥ ☎
⇔ Ⓟ. ☜ rest
AY **m**
23 mai-12 sept. et 16 déc.-5 avril – **Repas** 90 – ⊏ 41 – **24 ch** 395 – ½ P 400.

🏩 **Gai Soleil**, r. Crêt du Midi ℰ 50 21 00 70, Fax 50 58 74 50, ≼, ↖, 舞 – ▥ ☎. ☒ ❶ ☒.
➜ ☜ rest
AZ **f**
3 juin-16 sept. et 16 déc.-Pâques – **Repas** *(fermé le midi en juin et sept.)* 80/350 – ⊏ 42 –
21 ch 390/420 – ½ P 380.

🏩 **Rond-Point d'Arbois**, rte Mt-d'Arbois ℰ 50 21 17 50, Fax 50 58 90 24, 舞 – ▥ ☎.
☒
BY **r**
hôtel : 20 juin-20 sept. et 15 déc.-1ᵉʳ mai ; rest. : 10 juil.-20 août et 20 déc.-1ᵉʳ mai – **Repas**
(dîner seul.) 90, enf. 30 – ⊏ 30 – **13 ch** 480/530 – ½ P 355.

XX **Michel Gaudin**, carrefour d'Arly ℰ 50 21 02 18 – ☒
AY **d**
fermé mardi hors sais. – **Repas** 98/340.

XX **Le Prieuré**, pl. Eglise ℰ 50 21 01 79, 舞 – ☒ ☒
AY **z**
fermé juin, oct. et lundi sauf vacances scolaires – **Repas** 100 (déj.), 110/250.

à Petit Bois par ① : 3 km – ✉ 74120 :

🏨🏨 **Princesse de Megève** M̄ ⊗, les Poëx ℰ 50 93 08 08, Fax 50 21 45 61, ≼, 舞, ↖ (été),
« Bel aménagement dans une ancienne ferme savoyarde », 舞 – ▥ ☎ ⇔ Ⓟ. ☒ ❶
☒. ☜ rest
1ᵉʳ juil.-10 sept. et 18 déc.-10 avril – **Repas** (dîner seul.) 160 – ⊏ 75 – **14 ch** 590/2050 –
½ P 675/1310.

au sommet du Mont d'Arbois par télécabine du Mt d'Arbois ou télécabine de la Princesse – ✉ **74170** St-Gervais :

🏨 **L'Igloo** Ⓜ ❄, 🕾 50 93 05 84, Fax 50 21 02 74, 🍴, 🗻 (été), « ❄ chaîne du Mont Blanc » – 🔟 ☎ – 🔬 25. 🔿🖼 🌐
15 juin-20 sept. et 15 déc.-20 avril – **Repas** 110/250, enf. 85 – 🖵 70 – **11 ch** (½ pens. seul.) – ½ P 550/850.

voir aussi à St-Gervais-les-Bains : **Chez la Tante** 🏨

à l'altiport SE : 7,5 km par rte Mont d'Arbois - BZ – alt. 1 450 – ✉ **74120** Megève :

🏠 **Cote 2000,** 🕾 50 21 31 84, Fax 50 93 05 04, ≤, 🍴, « Authentique chalet savoyard » – 🌐
Noël-Pâques et fermé lundi soir, mardi soir, merc. soir et dim. soir sauf vacances scolaires – **Repas** 135, dîner à la carte 🍸.

FIAT, LANCIA Gar. Gachet, 444 av. Ch. Feige 🕾 50 21 21 23

MERCEDES **V.A.G.** Muffat Méridol, rte d'Albertville 🕾 50 21 00 27

MEHUN-SUR-YÈVRE 18500 Cher 🖽 ⑳ G. Berry Limousin – 7 227 h alt. 120.

🚹 Office de Tourisme pl. 14-Juillet 🕾 48 57 35 51.

Paris 225 – Bourges 17 – Cosne-sur-Loire 67 – Gien 77 – Issoudun 32 – Vierzon 15.

🍴🍴🍴 **Les Abiès,** rte Vierzon 🕾 48 57 39 31, Fax 48 57 00 70, 🍴, ☞ – 🅿, 🖭 🌐
fermé vacances de fév., dim. soir et lundi – **Repas** 100/215 et carte 200 à 310.

MÉJANNES-LÈS-ALÈS 30 Gard 🎱 ⑲ – rattaché à Alès.

Avant de prendre la route, consultez votre Minitel

*Votre meilleur itinéraire sur 3615 MICHELIN
et sur 3617 MICHELIN (feuille de route par **fax**)
et de très nombreux conseils hôteliers
et touristiques.*

MÉLICOCQ 60 Oise 🖽 ② – rattaché à Compiègne.

MELUN 🅿 77000 S.-et-M. 🖽 ② 🔲 ㊺ G. Ile de France – 35 319 h alt. 54.

Env. Vaux-le-Vicomte : château★★ et jardins★★★ 6 km par ②.

🛫 la Croix des Anges à Réau 🕾 (1) 60 60 18 76, par ⑨ N 105 : 8,5 km.

🚹 Office de Tourisme 2 av. Gallieni 🕾 (1) 64 37 11 31.

Paris 58 ⑧ – Fontainebleau 16 ⑤ – Châlons-sur-Marne 144 ① – Chartres 102 ⑧ – Meaux 54 ② – ♦Orléans 103 ⑥ – ♦Reims 144 ② – Sens 74 ⑤ – Troyes 127 ③.

Plan page ci-contre

🏨 **Bleu Marine-Gd Monarque** Ⓜ ❄, par ⑤ : 2,5 km rte Fontainebleau 🕾 (1) 64 39 04 40, Fax (1) 64 39 94 10, 🍴, parc, 🗻, 🎾 – 🛗 ⇖ ch ☎ 🅿 – 🔬 150. 🖭 ⓪ 🌐
Repas 95/145 – 🖵 60 – **49 ch** 390/480.

🏠 **Ibis** Ⓜ, 81 av. Meaux 🕾 (1) 60 68 42 45, Fax (1) 64 09 62 00, 🍴 – ⇖ ch 🔟 ☎ & 🅿 🖭 🌐
Repas 97 bc, enf. 40 – 🖵 35 – **74 ch** 260.

X a

🍴🍴 **La Melunoise,** 5 r. Gâtinais 🕾 (1) 64 39 68 27 – ⓪ 🌐
fermé août, dim. soir, lundi soir et sam. – **Repas** 145/169, enf. 69.

X b

à Rubelles par ② : 3 km – ✉ 77950 :

🏨 **Médicis** Ⓜ, Z.A.E. St-Nicolas 🕾 (1) 64 09 14 14, Fax (1) 64 09 34 34 – 🛗 ⇖ ch 🖥 🔟 ☎ ♦ 🅿 – 🔬 40. 🖭 ⓪ 🌐
Repas *(fermé août et dim.)* 70 bc/195 – 🖵 30 – **56 ch** 330 – ½ P 215/250.

X s

🍴🍴🍴 **L'Orée de Rubelles,** 🕾 (1) 64 09 56 56, Fax (1) 60 68 27 19, 🍴, parc, « Gentilhommière du 18e siècle » – 🅿 🖭 ⓪ 🌐 🌐
fermé août, 23 déc. au 2 janv., sam. midi, dim. soir et lundi soir – **Repas** 160/350 et carte 310 à 430.

à Crisenoy par ② : 10 km – ✉ 77390 :

🍴🍴 **Aub. de Crisenoy,** Gde Rue 🕾 (1) 64 38 83 06, 🍴 – 🌐
fermé 1er au 14 août, 24 au 31 déc., vacances de fév., merc. soir, dim. soir et lundi – **Repas** 98/205, enf. 55.

au Plessis-Picard par ⑧ : 8 km – ✉ 77550 :

🍴🍴 **La Mare au Diable,** 🕾 (1) 64 10 20 90, Fax (1) 64 10 20 91, 🍴, 🗻, 🎾 – 🅿, 🖭 ⓪ 🌐
fermé dim. soir et lundi – **Repas** 150/330, enf. 45.

MELUN

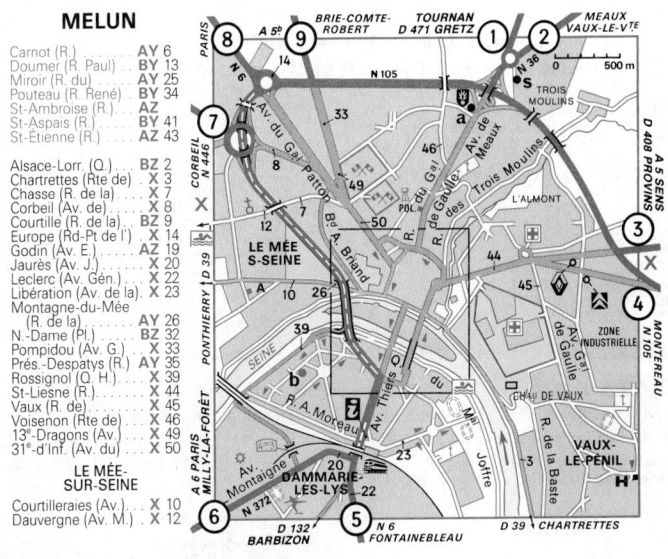

681

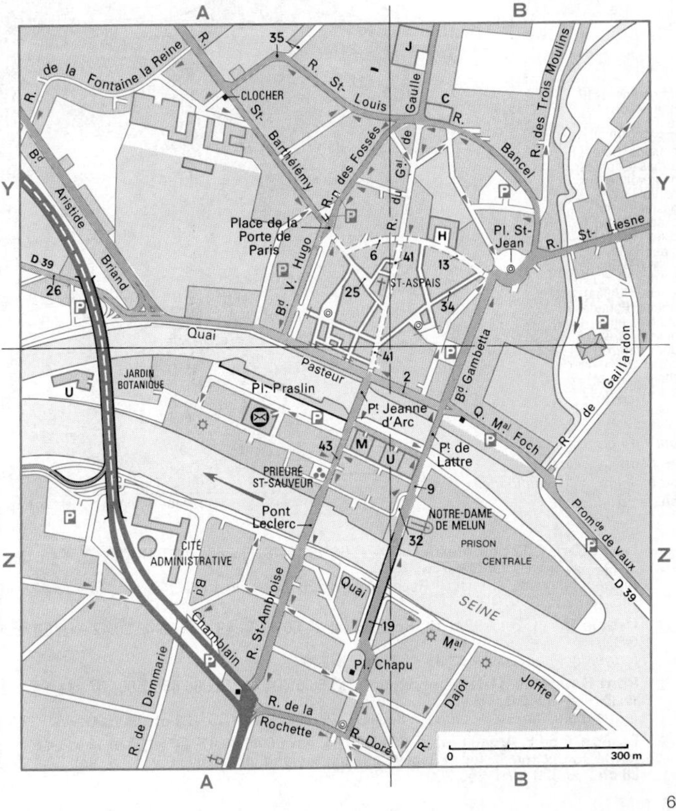

à Pouilly-le-Fort par ⑨ : 6 km – ✉ **77240** :

XXX **Le Pouilly,** r. Fontaine ℰ (1) 64 09 56 64, 佘 – **🅿**. 🆎 **⓪** ◉ ⲅ⃝Ⲃ
fermé 15 au 31 août, 23 au 26 déc., dim. soir et lundi – **Repas** 180/320 et carte 300 à 420.

CITROEN Sogame, 100 rte de Montereau à
Vaux-le-Pénil ℰ (1) 64 37 92 10
FORD Gar. de la Gare, 38 RN6 ZAC de la Cave à
Vert-St-Denis ℰ (1) 60 68 22 57
MERCEDES Gar. Techstar, 140 RN6 à Vert-St-
Denis ℰ (1) 64 14 15 16
OPEL Gar. Brie et Champagne, 27 rte de Monte-
reau ℰ (1) 64 10 23 23
PEUGEOT Duport Autom., RN6 à Vert-St-Denis par
⑧ ℰ (1) 60 68 69 70 Ⓝ ℰ (1) 64 52 35 14
RENAULT Gar. Redele, 23 rte de Montereau
ℰ (1) 64 39 95 77 Ⓝ ℰ (1) 05 05 15 15
ROVER Nelson Autom., 9 rte de Nangis
ℰ (1) 64 39 31 61

SEAT, NISSAN AREVA, 548 av. Montaigne à
Dammarie-les-Lys, ℰ (1) 64 39 11 10

⓪ Euromaster, 11 r. de Ponthierry ℰ (1) 64 37 20 99
Euromaster, 22 r. Mar.-Juin, ZI à Vaux-le-Pénil
ℰ (1) 64 39 12 63
Euromaster, 22 r. Mar.-Juin, ZI à Vaux-le-Penil
ℰ (1) 64 39 12 63
Euromaster, 11 r. de Ponthierry ℰ (1) 64 37 20 99
Vaysse Pneus, r. des Frères Thibault à Dammarie-
les-Lys ℰ (1) 64 37 50 07

La MEMBROLLE-SUR-CHOISILLE 37 I.-et-L. ⑥④ ⑮ – rattaché à Tours.

MENDE 🅿 **48000** Lozère ⑧⓪ ⑤ ⑥ **G. Gorges du Tarn** – 12 667 h alt. 731.

Voir Cathédrale★ – Pont N.-Dame★ – Route du col de Montmirat★★ par ③.

🅱 Office de Tourisme, bd Henri Bourrillon ℰ 66 65 60 01, Fax 66 49 27 96 – A.C. 3 r. Chapitre ℰ 66 49 20 54.

Paris 598 ① – Alès 106 ③ – Aurillac 155 ① – Gap 304 ② – Issoire 145 ① – Millau 96 ③ – Montélimar 149 ② – Le
Puy-en-Velay 89 ② – Rodez 109 ① – Valence 176 ②.

MENDE

Angiran (R. d')	4
Beurre (Pl. au)	5
Droite (R.)	15
Estoup (Pl. René)	22
République (Pl. et R.)	30
Soubeyran (R. du)	34

Aigues-Passes (R. d')	2
Ange (R. de l')	3
Blé (Pl. au)	6
Britexte (Bd)	7
Capucins (Bd des)	8
Carmes (Cité des)	9
Chanteronne (R.)	12
Chaptal (R.)	13
Chastel (R. du)	14
Collège (R. du)	18
Écoles (R. des)	20
Épine (R. de l')	21
Gaulle (Pl. Ch.-de)	23
Montbel (R. du Fg)	24
Piencourt (Allée)	25
Planche (Pont de la)	26
Pont N.-Dame (R. du)	27
Roussel (Pl. Th.)	32
Soubeyran (Bd du)	33
Soupirs (Allée des)	36
Urbain V (Place)	37

*Pour un bon usage
des plans de villes
voir les signes conventionnels
dans l'introduction.*

🏨🏨 **Lion d'Or** Ⓜ, 12 bd Britexte par ② ℰ 66 49 16 46, Fax 66 49 23 31, 佘, ⌴, 禾 – 🛗 🔟 ☎
ᵫ **🅿** – 🛗 40. 🆎 **⓪** ⲅ⃝Ⲃ 🅹🅲🅱
fermé 1ᵉʳ janv. au 15 mars – **Repas** *(fermé dim. hors sais.)* 120/240, enf. 75 – ⲍ 42 – **40 ch**
335/480 – ½ P 330/400.

🏨 **Urbain V** sans rest, 9 bd Th. Roussel **(s)** ℰ 66 49 14 49, Fax 66 49 20 42 – 🛗 🔟 ☎ ⟜
ⲅ⃝Ⲃ
fermé dim. hors sais. – ⲍ 33 – **60 ch** 230/300.

🏨 **Pont Roupt,** av. 11-Novembre par ③ ℰ 66 65 01 43, Fax 66 65 22 96, 佘, Ⅰ₅, ⌱ – 🛗 🔟
☎ **🅿** – 🛗 30. ⲅ⃝Ⲃ. ⁓ ch
fermé mars, dim. soir et lundi – **Repas** 89/250 bc ⅃ – ⲍ 45 – **28 ch** 290/380 – ½ P 320/360.

🏨 **France,** 9 bd L. Arnault **(v)** ℰ 66 65 00 04, Fax 66 49 30 47, 佘 – 🔟 ☎ ⟜. ⲅ⃝Ⲃ
fermé 15 déc. au 1ᵉʳ fév. – **Repas** *(dim. soir et lundi hors sais.)* 85/150 ⅃, enf. 50 – ⲍ 35 –
28 ch 230/320 – ½ P 250/290.

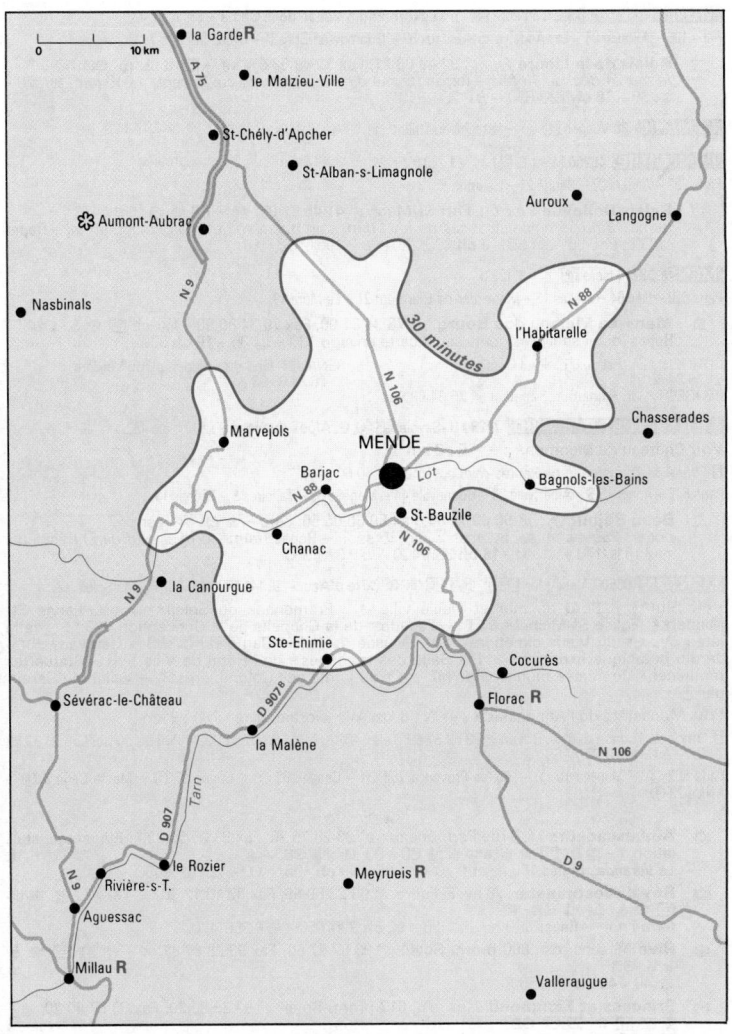

🏠 **Mimat** ⌂ sans rest, 7 quai Petite Roubeyrolle, NO par r. fg Montbel 𝒫 66 49 13 65 – 📺
☎ 🅿 GB. ℅
♋ 35 – **12 ch** 230/360.

🏠 **Remparts** sans rest, pl. Th. Roussel **(n)** 𝒫 66 65 02 29 – 📺 ☎ 🅿
fermé 24 déc. au 4 janv. – ♋ 25 – **10 ch** 180/200.

🍴 **Le Mazel,** 25 r. Collège **(a)** 𝒫 66 65 05 33, � – 🗏. GB
↔ *fermé lundi soir et mardi* – **Repas** 76/155 🍷.

NISSAN Gar. Charbonnel, 24 av. du Père Coudrin
𝒫 66 65 08 22
PEUGEOT Gar. Giral, 7 allée des Soupirs
𝒫 66 49 00 15 Ⓝ 𝒫 66 49 91 34
RENAULT Gar. Lozère, ZA av. du 11 Novembre par
③ 𝒫 66 49 15 58
SEAT, VAG Lozère Autom., ZA Chabrits r. de la
Crete par ③ 𝒫 66 85 19 14

🏮 Escoffier-Pneus Vulcopneu, 31 av. Gorges-du-
Tarn 𝒫 66 65 08 69
Vulc Lozérienne-Point S, 9 bd Britexte
𝒫 66 65 03 98

MÉNESQUEVILLE 27850 Eure 55 ⑦ **G. Normandie Vallée de la Seine** – 358 h alt. 43.

Paris 100 – ♦Rouen 28 – Les Andelys 15 – Évreux 57 – Gournay-en-Bray 31 – Lyons-la-Forêt 7.

Relais de la Lieure ⑤, ☎ 32 49 06 21, Fax 32 49 53 87, 余 – TV ☎ & P. GB. ⚡
fermé 24 déc. au 10 fév. – **Repas** *(fermé dim. soir et lundi du 15 sept. au 15 juin)* 80/270 – ☕ 38 – **16 ch** 220/320 – ½ P 280/340.

Le MÉNIL 88 Vosges 66 ⑧ – rattaché au Thillot.

La MÉNITRÉ 49250 M.-et-L. 64 ⑪ – 1 780 h alt. 21.

Paris 293 – Angers 27 – Baugé 21 – Saumur 25.

Relais Bellevue avec ch, Port St-Maur ☎ 41 45 61 05, 余 – TV ☎ P. GB
fermé 13 au 19 nov., vacances de fév., dim. soir, mardi soir et merc. d'oct. à mai – **Repas** 83/200, enf. 55 – ☕ 35 – **6 ch** 200/220 – ½ P 190/215.

MENS 38710 Isère 77 ⑮ – 1 129 h.

Paris 620 – Gap 64 – Clelles 13 – Monestier-de-Clermont 21 – La Mure 19.

Mens-La Meisou dou Bourg, ☎ 76 34 81 00, Fax 76 34 80 90 – ⚡ ch TV ☎ &. GB
Repas (dîner seul.)(résidents seul.) carte environ 130 – ☕ 35 – **10 ch** 370.

CITROEN Gar. Pelloux, pl. Paul Brachet ☎ 76 34 60 21
PEUGEOT Gar. Richard, r. Senebier ☎ 76 34 63 92
RENAULT Gar. du Vercors, pl. du Vercors ☎ 76 34 63 93

MENTHON-ST-BERNARD 74290 H.-Savoie 74 ⑥ **G. Alpes du Nord** – 1 517 h alt. 482.

Voir Château de Menthon★ : ≤★ E : 2 km.

ℹ Office de Tourisme (fermé après-midi oct.-mai) ☎ 50 60 14 30.

Paris 547 – Annecy 9,5 – Albertville 36 – Bonneville 44 – Megève 53 – Talloires 3 – Thônes 13.

Beau Séjour ⑤, ☎ 50 60 12 04, Fax 50 60 05 56, parc – ☎ P. ⚡ rest
hôtel : Pâques-fin sept. ; rest. : juin-15 sept. – **Repas** *(fermé le midi sauf dim.)* (résidents seul.) 135/170 – ☕ 40 – **18 ch** 365/400 – ½ P 370/385.

MENTON 06500 Alpes-Mar. 84 ⑩ ⑳ 115 ㉘ **G. Côte d'Azur** – 29 141 h alt. 16 – Casino du Soleil AZ.

Voir Site★★ – Bord de mer et vieille ville★★ : Promenade du Soleil★★ ABYZ, Parvis St-Michel★★, Église St-Michel★ BY **F** – , Façade★ de la Chapelle de la Conception BY**B**, ≤★ de la jetée BV, ≤★ du Vieux cimetière BX**D** – Musée du Palais Carnolès★ AX**M1** – Garavan★ BV – Jardin botanique exotique★ BV**E** – Salle des mariages★ de l'Hôtel de Ville BY**H** – Statuettes féminines★ du musée municipal BY**M2** – ≤★ du jardin des Colombières BV – Vallée du Careï★ par ①.

Env. Monastère de l'Annonciade ※★ N : 6 km AV – Gorbio : site★ NO : 9 km.

ℹ Office de Tourisme, 8 av. Boyer ☎ 93 57 57 00, Télex 462207, Fax 93 57 51 00, et Pinède du Bastion ☎ 93 28 26 27 – A.C. ☎ 93 35 77 39.

Paris 962 ③ – Monaco 10 ③ – Aix-en-Provence 206 ① – Cannes 63 ① – Cuneo 97 ① – Monte-Carlo 9 ③ – ♦Nice 29 ①.

Plan page ci-contre

Ambassadeurs M, 3 rue Partouneaux ☎ 93 28 75 75, Fax 93 35 62 32, « Élégante installation » – 🛗 ▤ TV ☎ & 🚗 – 🏛 30 à 80. AE ⓓ GB JCB — AY **k**
La Véranda : **Repas** 160 🍷, enf. 70 – ☕ 65 – **49 ch** 495/1000 – ½ P 490/650.

Royal Westminster, 28 av. F. Faure ☎ 93 28 69 69, Fax 92 10 12 30, ≤, 🏋, 余 – 🛗 ▤ ch TV ☎ &. AE ⓓ GB. ⚡ — BY **t**
fermé nov. – **Repas** 120 bc – ☕ 36 – **92 ch** 320/650 – ½ P 355/470.

Riva M sans rest, 600 prom. Soleil ☎ 93 57 67 60, Fax 93 28 87 87, ≤ – 🛗 ▤ TV ☎ & 🚗. GB — AZ **n**
☕ 40 – **40 ch** 480/550.

Princess et Richmond sans rest, 617 prom. Soleil ☎ 93 35 80 20, Fax 93 57 40 20, ≤ – 🛗 ▤ TV ☎. AE ⓓ GB — AZ **s**
fermé 5 nov. au 19 déc. – ☕ 35 – **44 ch** 375/505.

Aiglon, 7 av. Madone ☎ 93 57 55 55, Fax 93 35 92 39, 🌴, 🏊, 余 – 🛗 ▤ ch TV ☎ P. AE ⓓ GB — AZ **b**
fermé 5 nov. au 20 déc. – ***Le Riaumont*** *(fermé merc.)* **Repas** 175/300 enf. 80 – ☕ 30 – **29 ch** 395/610, 3 appart – ½ P 390/500.

Napoléon, 29 Porte de France ☎ 93 35 89 50, Fax 93 35 49 22, ≤, 🏊 – 🛗 ▤ TV ☎ P. AE ⓓ GB. ⚡ rest — BV **s**
fermé 1er nov. au 18 déc. – **Repas** 120/310 – ☕ 40 – **40 ch** 450/550 – ½ P 395/445.

Chambord sans rest, 6 av. Boyer ☎ 93 35 94 19, Fax 93 41 30 55 – 🛗 ▤ TV ☎ 🚗. AE ⓓ GB — AYZ **a**
fermé 1er nov. au 5 janv. – ☕ 35 – **40 ch** 485/550.

Méditerranée, 5 r. République ☎ 93 28 25 25, Télex 461361, Fax 93 57 88 38 – 🛗 ▤ rest TV ☎ & 🚗 – 🏛 30. AE ⓓ GB. ⚡ rest — BY **m**
Repas *(fermé 10 nov. au 10 déc.)* 95/110 🍷, enf. 45 – ☕ 35 – **90 ch** 460/500 – ½ P 350.

Prince de Galles, 4 av. Gén. de Gaulle ☎ 93 28 21 21, Télex 462540, Fax 93 35 92 91, ≤, 🌴 – 🛗 TV ☎ – 🏛 35. AE ⓓ GB. ⚡ ch — AX **e**
Le Petit Prince : **Repas** 95/190, 🍷, enf. 45 – ☕ 42 – **68 ch** 305/510 – ½ P 332/392.

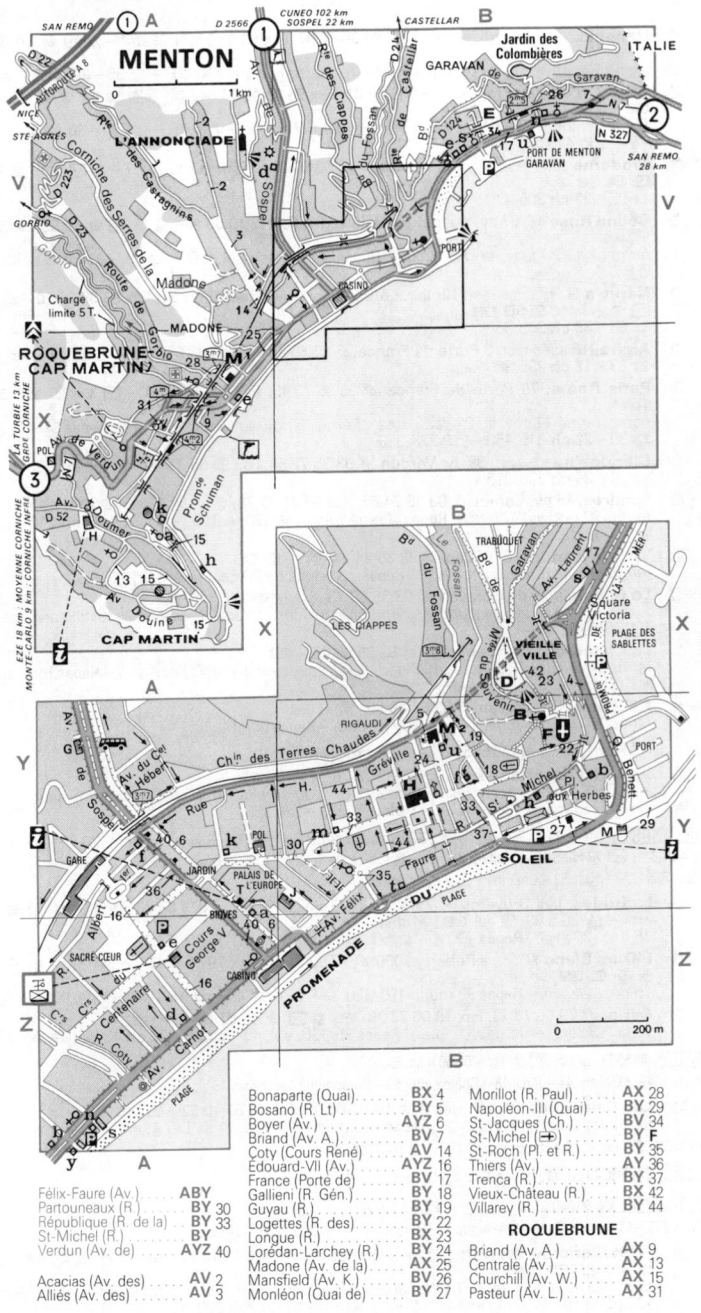

MENTON

D 2566 · CUNEO 102 km · SOSPEL 22 km · CASTELLAR

SAN REMO

NICE · AUTOROUTE A 8

STE-AGNÈS

L'ANNONCIADE

GORBIO

Corniche des Castagnins

Rte des Ciappes

Rte de Castellar

Jardin des Colombières

GARAVAN

ITALIE

N 7

PORT DE MENTON GARAVAN

SAN REMO 28 km

Corniche des Serres de la Madone

Route de Gorbio

Charge limite 5 T.

MADONE

ROQUEBRUNE-CAP MARTIN

LA TURBIE 13 km ; MOYENNE CORNICHE
GRDE CORNICHE

Av. de la Madone

Prom. de Schuman

CASINO

PORT

EZE 18 km ; MOYENNE CORNICHE
MONTE-CARLO 9 km ; CORNICHE INFRE

D 52

Av. Verdi

Av. Doumer

Av. de Douine

CAP MARTIN

TRABUQUET

LES CIAPPES

Bd de Garavan

Square Victoria

PLAGE DES SABLETTES

VIEILLE VILLE

RIGAUDI

Ch.in des Terres Chaudes

Av. du Gal Hébert

Av. de Sospel

Rue

GARE

JARDIN

PALAIS DE L'EUROPE

BRIVES

Av. Albert 1er

SACRÉ-CŒUR

Cours George V

CASINO

Av. Félix Faure

Cra du Centenaire

R. Coty

Av. Carnot

PLAGE

PROMENADE DU SOLEIL

200 m

Bonaparte (Quai)	**BX** 4		Morillot (R. Paul)	**AX** 28	
Bosano (R. Lt)	**BY** 5		Napoléon-III (Quai)	**BY** 29	
Boyer (Av.)	**AYZ** 6		St-Jacques (Ch.)	**BV** 34	
Briand (Av. A.)	**BY** 7		St-Michel (→)	**BY F**	
Coty (Cours René)	**AV** 14		St-Roch (Pl. et R.)	**BY** 35	
Édouard-VII (Av.)	**AYZ** 16		Thiers (Av.)	**AY** 36	
France (Porte de)	**BV** 17		Trenca (R.)	**BY** 37	
Gallieni (R. Gén.)	**BY** 18		Vieux-Château (R.)	**BX** 42	
Guyau (R.)	**BY** 19		Villarey (R.)	**BY** 44	
Logettes (R. des)	**BY** 22				
Longue (R.)	**BX** 23		**ROQUEBRUNE**		
Lorédan-Larchey (R.)	**BY** 24				
Madone (Av. de la)	**AX** 25		Briand (Av. A.)	**AX** 9	
Mansfield (Av. K.)	**BV** 26		Centrale (Av.)	**AX** 13	
Monléon (Quai de)	**BY** 27		Churchill (Av. W.)	**AX** 15	
			Pasteur (Av. L.)	**AX** 31	

Félix-Faure (Av.)	**ABY**		
Partouneaux (R.)	**BY** 30		
République (R. de la)	**BY** 33		
St-Michel (R.)	**BY**		
Verdun (Av. de)	**AYZ** 40		
Acacias (Av. des)	**AV** 2		
Alliés (Av. des)	**AV** 3		

Les plans de villes sont orientés le Nord en haut.

🏨 **Dauphin**, 28 av. Gén. de Gaulle ℘ 93 35 76 37, Fax 93 35 31 74, ≤, 🌤 – 📳 📺 ☎. 🖭 ⏀.
※ ch
AZ **y**
fermé 20 oct. au 20 déc. – **Repas** snack (fermé dim.) carte 90 à 200 – 😐 35 – **30 ch** 260/520.

🏨 **Orly,** 27 Porte de France ℘ 93 35 60 81, Fax 93 35 49 13, ≤, 🌤 – 📳 🔲 📺 ☎ ⓟ. 🖭 ⓞ
⏀
BV **e**
fermé 15 nov. au 28 déc. – **Repas** (fermé mardi d'oct. à juin) 95/150 – 😐 35 – **30 ch** 320/630
– ½ P 260/410.

🏨 **Moderne** sans rest, 1 cours George V ℘ 93 57 20 02, Fax 93 35 71 87 – 📳 📺 ☎ – ⚃ 60.
🖭 ⓞ ⏀ 🇯🇨🇧
AZ **e**
😐 25 – **33 ch** 305/410.

🏠 **Céline Rose** Ⓜ, 57 av. Sospel ℘ 93 28 28 38, Fax 92 10 00 92 – 📳 🔲 📺 ☎ 占. 🖭 ⓞ ⏀.
※ rest
ABV **d**
fermé 4 au 20 janv. et dim. midi – **Repas** (résidents seul.) 90 – 😐 30 – **37 ch** 300/320 –
½ P 280.

🏠 **Narev's H.** Ⓜ sans rest, 12bis r. Lorédan Larchey ℘ 93 35 21 31, Fax 93 35 21 20 – 📳
📺 ☎ 占. ⟵, 🖭 ⓞ ⏀
BY **u**
😐 35 – **35 ch** 353/506.

🏠 **Amirauté** sans rest, 3 Porte de France ℘ 93 35 59 41, Fax 93 57 74 44 – 📳 📺 ☎. ⏀
😐 33 – **18 ch** 295/383.
BX **s**

🏠 **Paris Rome,** 79 Porte de France ℘ 93 35 73 45, Fax 93 35 29 30 – 📺 ☎. 🖭 ⓞ ⏀.
※ ch
BV **n**
hôtel : fermé 11 nov. au 22 déc. ; rest. : fermé 15 nov. au 15 déc. et lundi – **Repas** 87/175 ⅜ –
😐 38 – **22 ch** 315/450 – ½ P 278/333.

🏠 **Claridge's** sans rest, 39 av. Verdun ℘ 93 35 72 53, Fax 93 35 42 90 – 📳 📺 ☎. ⏀
😐 29 – **39 ch** 235/325.
AY **f**

🏠 **Londres,** 15 av. Carnot ℘ 93 35 74 62, Fax 93 41 77 78, 🌤 – 📳 📺 ☎. 🖭 ⏀. ※ rest
fermé 20 oct. au 20 déc. – **Repas** (fermé merc.) 85/120, enf. 50 – 😐 32 – **27 ch** 210/416 –
½ P 260/360.
AZ **d**

✕✕ **Viviers Bretons,** 6 pl. Cap ℘ 93 35 24 24, 🌤 – 🖭 ⏀
BY **b**
fermé nov. et lundi d'oct. à juin – **Repas** - produits de la mer - (prévenir) 150/250.

✕✕ **Le Galion,** port de Garavan ℘ 93 35 89 73, 🌤 – ⏀
BV **u**
fermé 7 janv. au 20 fév., lundi soir et mardi de sept. à mars – **Repas** - cuisine italienne - carte
180 à 300.

✕ **Le Chaudron,** 28 r. St Michel ℘ 93 35 90 25 – ⏀
BY **h**
fermé 1er au 10 juil., 5 nov. au 23 déc., lundi soir (sauf juil.-août) et mardi – **Repas** (prévenir)
85/160 ⅜, enf. 65.

✕ **Au Pistou,** 2 r. Fossan ℘ 93 57 45 89, 🌤 – ⏀
BY **f**
✦ fermé 15 déc. au 15 janv., dim. soir et lundi – **Repas** 80/100 ⅜.

à *Monti* par ① et D 2566 : 5 km – ✉ 06500 Menton :

✕✕ **Pierrot-Pierrette** avec ch, ℘ 93 35 79 76, ≤ – 📳. ⏀
hôtel : 1er avril-31 oct. ; rest. : fermé 1er déc. au 15 janv. et lundi – **Repas** (déj. seul. du 15
janv. au 31 mars) 138 – 😐 35 – **7 ch** 235/320 – ½ P 330.

Les MENUIRES 73 Savoie ⁊⁊ ⑦ ⑧ G. Alpes du Nord – alt. 1 700 – Sports d'hiver : 1 400/2 850 m 🚶11
🚡41 🎿 – ✉ 73440 St-Martin-de-Belleville – 🅱 Office de Tourisme ℘ 79 00 73 00, Fax 79 00 75 06.
Paris 635 – Albertville 53 – Chambéry 99 – Moûtiers 25.

🏨 **Latitudes,** Les Bruyères ℘ 79 00 75 10, Télex 319138, Fax 79 00 70 70, ≤ – 📳 📺 ☎ 占.
⟵ – ⚃ 30 à 60. 🖭 ⓞ ⏀. ※ rest
18 déc.-20 avril – **Repas** 160 ⅜ – 😐 50 – **95 ch** 700/1140 – ½ P 700/770.

🏨 **L'Ours Blanc** Ⓜ 🍴, à Reberty 2000 ℘ 79 00 61 66, Fax 79 00 63 67, ≤, 🌤, 🞕 – 📳 📺 ☎
占. ⓟ 🖭 ⏀. ※ rest
16 déc.-24 avril – **Repas** 90 (déj.), 150/320, enf. 65 – 😐 45 – **47 ch** 745/765 – ½ P 430/470.

🏠 **Carla,** ℘ 79 00 73 73, Fax 79 00 73 76, ≤ – 📳 📺 ☎ 占. 🖭 ⏀. ※ rest
1er juil.-3 sept. et 16 déc.-1er mai – **Repas** 95/130, enf. 45 – 😐 30 – **32 ch** 420/640 – ½ P 430.

MER 41500 L.-et-Ch. ⁊4 ⑦ ⑧ – 5 950 h alt. 87.
Paris 164 – ◆Orléans 41 – Blois 18 – Châteaudun 49 – Romorantin-Lanthenay 45.

✕✕ **Les Calanques,** 21 r. S. Hême ℘ 54 81 00 55, Fax 54 81 10 62 – 🖭 ⏀
fermé fév., dim. soir et lundi – **Repas** - produits de la mer - 150/175 ⅜, enf. 60.

PEUGEOT Gar. Clément, 15 rte d'Orléans ℘ 54 81 03 75

MERCUÈS 46 Lot ⁊9 ⑧ – rattaché à Cahors.

MERCUREY 71640 S.-et-L. ⁊9 ⑨ – 1 276 h alt. 241.
Paris 345 – Chalon-sur-Saône 13 – Autun 39 – Chagny 11 – Le Creusot 29 – Mâcon 72.

🏨 ❀ **Hôtellerie du Val d'Or** (Cogny), Grande-Rue ℘ 85 45 13 70, Fax 85 45 18 45, 🌱 – 📺
☎ 🞕. ⓟ 🖭 ⏀. ※
fermé 29 août au 4 sept., 17 déc. au 19 janv., mardi midi et lundi sauf fériés le midi – **Repas**
120 (déj.), 160/410 et carte 260 à 340 – 😐 50 – **13 ch** 310/390
Spéc. Soupière de petits escargots. Ris de veau braisé en cocotte. Gâteau moelleux au chocolat amer. **Vins**
Bourgogne aligoté, Mercurey.

Voir Sommet de la Saulire ❄️★★ SE par télécabine.

🏌️ ☎ 79 00 52 67, NE : 4,5 km.

Altiport ☎ 79 08 61 33, NE : 4,5 km.

🛈 Office de Tourisme de la Vallée des Allues ☎ 79 08 60 01, Télex 980001, fax 79 00 59 61.

Paris 624 ① – Albertville 42 ① – Annecy 88 ① – Chambéry 88 ① – ♦Grenoble 119 ① – Moûtiers 15 ①.

à la station de Méribel – alt. 1 700 – Sports d'hiver : 1 400/2 910 m ✲16 ✲34 🎿 – ✉ 73550
Méribel-les-Allues

🏨 ❀ **L'Antarès** Ⓜ ⌖, rte du
Belvédère **(z)** ☎ 79 23 28 23,
Fax 79 23 28 18, ⪻ mon-
tagnes, ☞, 🔥, 🏊, 🔲 – 🛗 📺
☎ & ⇔ P – 🛗 30. 🖭 ⓞ
🖭
juil.-août et déc.-avril – **Le Cas-
siopée :** Repas 180 (déj.) 280/
430, enf. 70 – **L'Altaïr** *(dîner
seul.)* Repas carte 220 à 330,
enf. 70 – 😋 100 – **60 ch** 2200/
2420, 13 appart – ½ P 1510/
1610
Spéc. Dos de saumon cuit dans l'argile.
Caille des Dombes en gâteau de girolles.
Mousseux de chocolat au lait d'amande.

🏨 **Le Chalet** ⌖, au Belvédère
(b) ☎ 79 23 28 23, Fax
79 00 56 22, ⪻ montagnes,
☞, « Belle décoration intérieure », 🔥, 🏊 – 🛗 📺 ☎ &
⇔ P. 🖭 ⓞ 🖭
juil.-août et déc.-avril – **Repas**
180 (déj.)/300, enf. 70 – 😋 100
– **27 ch** 1890/2040, 3 appart, 5
duplex – ½ P 1370/1420.

🏨 **Grand Coeur** ⌖, **(a)**
☎ 79 08 60 03,
Fax 79 08 58 38, ⪻, ☞, 🏊
(été), 🔥 – 🛗 📺 ☎ ⇔ P. 🖭
ⓞ 🖭
15 déc.-15 avril – **Repas** 300
(dîner)et carte 210 à 400, enf.
50 – 😋 90 – **41 ch** 990/2900 –
½ P 875/3100.

🏨 **Allodis** Ⓜ ⌖, au Belvédère
(d) ☎ 79 00 56 00, Fax
79 00 59 28, ⪻, ☞, 🔥, 🔲 – 🛗
📺 ☎ & ⇔ P – 🛗 100. ⓞ
🖭 ❀
*début juil.-10 sept. et mi-
déc.-20 avril* – **Repas** 180 (déj.),
220/375 – 😋 50 – **37 ch** 1130/
1800, 3 appart, 3 duplex –
½ P 1050/1380.

🏨 **Le Yeti** Ⓜ ⌖, rd-pt des
Pistes **(p)** ☎ 79 00 51 15,
Fax 79 00 51 73, ⪻, ☞, 🏊
(été) – 🛗 📺 ☎ & ⇔. 🖭.
❀
*1er juil.-31 août et 15 déc.-15
avril* – **Repas** 98 (déj.), 150/250
– 😋 60 – **25 ch** 980/1460, 6
appart, 3 duplex – ½ P 970.

🏨 **La Chaudanne,** **(e)**
☎ 79 08 61 76,
Fax 79 08 57 75, ⪻, 🔥, 🏊, 🔲
– 🛗 cuisinette 📺 ☎ ⇔ P –
🛗 100. 🖭 ⓞ 🖭 ❀ rest
*1er juil.-3 sept. et 15 déc.-30
avril* – **Repas** 150/280, enf. 60 –
😋 65 – **65 ch** 940/1350, 10 appart, 3 duplex – ½ P 550/890.

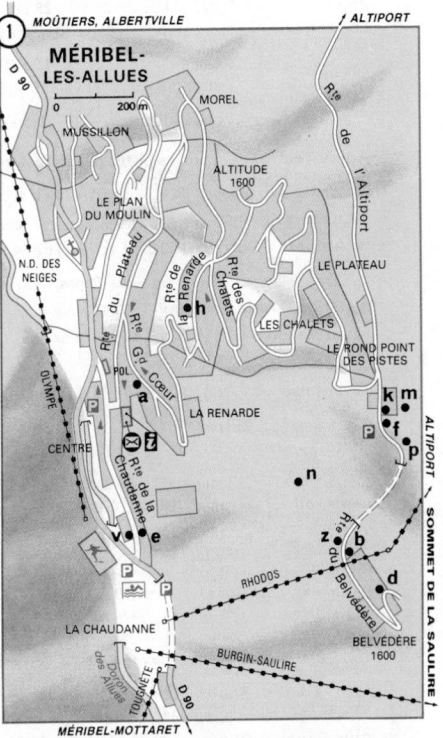

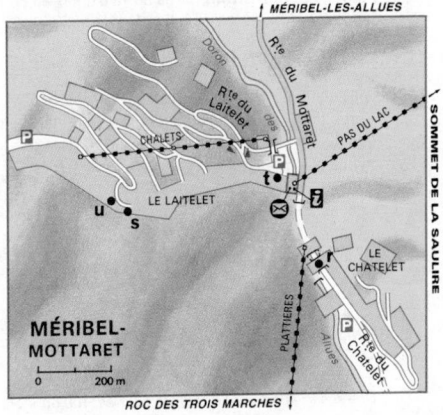

⌂⌂ **Alba** Ⓜ ♨, rd-pt des Pistes **(f)** ✆ 79 08 55 55, Fax 79 00 55 63, ⋞, ⛱, 🏋 – ⇕ 📺 ☎ ♿ 🚗. GB. 🚫 rest
15 déc.-15 avril – **Repas** 140 (déj.), 175/275 – ☕ 60 – **20 ch** (½ pens. seul.) – ½ P 780/880.

⌂⌂ **Marie-Blanche** Ⓜ ♨, rte Renarde **(h)** ✆ 79 08 65 55, Fax 79 08 57 07, ⋞, ⛱ – ⇕ 📺 ☎ ♿ Ⓟ. AE GB
25 juin-10 sept. et 9 déc.-1er mai – **Repas** 180 (dîner)et carte 130 à 190 – ☕ 60 – **21 ch** 950/1500 – ½ P 800/900.

⌂⌂ **Le Mérilys** ♨ sans rest, rd-pt des Pistes **(m)** ✆ 79 08 69 00, Fax 79 08 68 99, ⋞ – ⇕ cuisinette 📺 ☎ ♿ 🚗. GB
24 juin-2 sept. et 23 déc.-21 avril – ☕ 60 – **28 ch** 650/1155, 15 appart.

⌂⌂ **Le Tremplin** Ⓜ sans rest, **(v)** ✆ 79 00 38 50, Fax 79 08 57 75, ⋞, 🏋, 🏊 – ⇕ 📺 ☎ ♿ 🚗 Ⓟ. AE ◑ GB
1er juil.-3 sept. et 15 déc.-30 avril – ☕ 65 – **41 ch** 800/1480.

⌂⌂ **Orée du Bois** ♨, rd-pt des Pistes **(k)** ✆ 79 00 50 30, Fax 79 08 57 52, ⋞, ⛱, 🏊 (été) – ⇕ 📺 ☎. AE ◑ GB. 🚫
juil.-août et Noël-Pâques – **Repas** (dîner seul. en hiver) 180/200 – ☕ 60 – **35 ch** 660/860 – ½ P 590/690.

⌂⌂ **Adray Télé-Bar** ♨, sur les pistes (accès piétonnier) **(n)** ✆ 79 08 60 26, Fax 79 08 53 85, ⋞ montagnes et pistes, ⛱ – ☎. GB
20 déc.-20 avril – **Repas** 180 🍷 – ☕ 50 – **24 ch** 450/750 – ½ P 550/670.

à l'altiport NE : 4,5 km – ✉ **73550** Méribel-les-Allues :

⌂⌂ **H. Altiport** ♨, ✆ 79 00 52 32, Fax 79 08 57 54, ⋞ montagnes, ⛱, 🏊 (été), 🏋, 🎾 – ⇕ 📺 ☎. GB. 🚫 rest
fin juin-mi-sept. et 16 déc.-fin avril – **Repas** 120/280, enf. 70 – ☕ 75 – **41 ch** 1320 – ½ P 960.

à Méribel-Mottaret : 6 km – ✉ **73550** Méribel-les-Allues :

⌂⌂⌂⌂ **Mont Vallon** ♨, **(r)** ✆ 79 00 44 00, Télex 309192, Fax 79 00 46 93, ⋞, ⛱, 🏋, 🏊 – ⇕ 📺 ☎ 🚗 – 👥 80. AE ◑ GB JCB. 🚫 rest
16 déc.-25 avril – **Repas** 260/320 – ☕ 85 – **92 ch** 1575/1850 – ½ P 950/1800.

⌂⌂⌂ **Tarentaise** Ⓜ ♨, **(s)** ✆ 79 00 42 43, Fax 79 00 46 99, ⋞, ⛱, 🏋 – 📺 ☎ – 👥 30. AE GB. 🚫 rest
15 déc.-15 avril – **Repas** 110 (déj.)/150 – ☕ 55 – **45 ch** 720/1100 – ½ P 670/700.

⌂⌂⌂ **Ruitor** ♨, **(t)** ✆ 79 00 48 48, Fax 79 00 48 31, ⋞, ⛱ – ⇕ 📺 ☎ 🚗 – 👥 30. AE ◑ GB. 🚫 rest
mi-déc.-mi-avril – **Repas** 130/190 – ☕ 60 – **43 ch** 1100/1500 – ½ P 800/850.

⌂⌂ **Les Arolles** ♨, **(u)** ✆ 79 00 40 40, Fax 79 00 45 50, ⋞, ⛱, 🏊 – ⇕ 🚭 ch 📺 ☎. GB. 🚫 rest
15 déc.-2 mai – **Repas** 100 (déj.), 150/200 – **60 ch** ☕ 600/1300 – ½ P 700/850.

aux Allues N : 7 km par D 915A – ✉ **73550** :

⌂ **La Croix Jean-Claude** ♨, ✆ 79 08 61 05, Fax 79 00 32 72, ⛱ – 📺 ☎. GB
fermé 25 mai au 5 juil. et 25 sept. au 26 oct. – **Repas** 145/200 – ☕ 40 – **20 ch** 250/450 – ½ P 360/460.

MÉRIGNAC 33 Gironde **71** ⑨ – rattaché à Bordeaux.

MERKWILLER-PECHELBRONN 67250 B.-Rhin **57** ⑲ **G. Alsace Lorraine** – 825 h alt. 376.

Paris 477 – ♦Strasbourg 45 – Haguenau 16 – Wissembourg 19.

XX **Aub. Baechel-Brunn,** ✆ 88 80 78 61, Fax 88 80 75 20, ⛱ – Ⓟ. GB
fermé 14 août au 6 sept., 15 au 30 janv., dim. soir sauf fêtes, lundi soir et mardi – **Repas** 100/260.

MERLETTE 05 H.-Alpes **77** ⑰ – rattaché à Orcières.

MÉRU 60110 Oise **55** ⑳ – 11 928 h alt. 89.

⛳18 des Templiers ✆ 44 08 73 72 à Ivry-le-Temple, O. 9 km par D 923/507.

Paris 52 – Compiègne 69 – Beauvais 26 – Clermont 32 – Senlis 43.

X **Trois Toques,** 21 r. P. Curie ✆ 44 52 01 15 – GB
fermé 15 août au 6 sept., mardi soir et merc. soir – **Repas** 125/180.

PEUGEOT Gar. Jean Jaurès, 15 pl. Jeu de Paume ✆ 44 22 11 60

◍ Euromaster, 4 r. Lamartine ✆ 44 52 24 73

MERVILLE-FRANCEVILLE-PLAGE 14810 Calvados **55** ② **G. Normandie Vallée de la Seine** – 1 317 h alt. 2.

Paris 229 – ♦Caen 19 – Arromanches-les-Bains 41 – Cabourg 6.

XX **Chez Marion** avec ch, ✆ 31 24 23 39, Fax 31 24 88 75 – 📺 ☎. AE ◑ GB
fermé 2 janv. au 3 fév., lundi soir et mardi sauf vacances scolaires – **Repas** 130/230, enf. 60 – ☕ 45 – **14 ch** 260/395 – ½ P 290/400.

Une réservation confirmée par écrit est toujours plus sûre.

MERY-CORBON 14370 Calvados 🏍 ⑰ – 873 h alt. 19.

Paris 224 – ◆Caen 26 – Falaise 35 – Lisieux 30.

　※※　**Relais du Lion d'Or**, au Lion d'Or S : 3 km sur N 13 ℰ 31 23 65 30 – 🅿 ᴁ ⅌ 🖎
　　　fermé dim. soir et lundi de sept. à mai sauf fériés – **Repas** 95/175.

MESCHERS-SUR-GIRONDE 17132 Char.-Mar. 🎇⑪ Ⓖ. **Poitou Vendée Charentes** – 1 862 h alt. 22.

🗓 Office de Tourisme pl. Verdun ℰ 46 02 70 39.

Paris 506 – Royan 10,5 – Blaye 75 – Jonzac 53 – Pons 36 – La Rochelle 84 – Saintes 43.

　※※　**Grottes de Matata** avec ch, ℰ 46 02 70 02, ≤, 🍴, « Cavernes creusées dans une
　　　falaise dominant l'estuaire » – ⅌
　　　Repas (1ᵉʳ juin-25 sept. et fermé dim. soir et lundi sauf juil.-août) 110 (déj.). 150/220 – � 35
　　　– **6 ch** 350/400 – ½ P 350/420.

MESNIÈRES-EN-BRAY 76 S.-Mar. 🎇 ⑮ – rattaché à Neufchâtel-en-Bray.

Le MESNIL AMELOT 77 S.-et-M. 🎇 ⑪, 🎇 ⑧ – voir à Paris, Environs.

MESNIL-ST-PÈRE 10140 Aube 🎇 ⑰ Ⓖ. **Champagne** – 287 h alt. 130.

Paris 204 – Troyes 22 – Bar-sur-Aube 32 – Châtillon-sur-Seine 53 – St-Dizier 76 – Vitry-le-François 70.

　※※　**Aub. du Lac et rest. Vieux Pressoir** avec ch, ℰ 25 41 27 16, Fax 25 41 57 59, 🍴 – 📺
　　　☎ 🅿 ⅌
　　　fermé 1ᵉʳ au 17 nov., dim. soir et lundi midi du 17 sept. au 20 mars – **Repas** 110 (déj.),
　　　160/305 – ⊒ 40 – **15 ch** 310/370 – ½ P 330/360.

MESNIL-SELLIÈRES 10 Aube 🎇 ⑰ – rattaché à Troyes.

Le MESNIL-SUR-OGER 51190 Marne 🎇 ⑯ Ⓖ. **Champagne** – 1 118 h alt. 134.

Voir Musée de la vigne et du vin (maison Launois).

Paris 144 – ◆Reims 43 – Châlons-sur-Marne 29 – Épernay 14 – Vertus 6,5.

　※※※　**Le Mesnil**, ℰ 26 57 95 57, Fax 26 57 78 57 – ▦. ᴁ ⅌
　　　fermé 16 août au 3 sept., vacances de fév., lundi soir et merc. – **Repas** 100 bc/320 et carte
　　　230 à 350, enf. 60.

RENAULT Gar. Ewen, rte d'Oiry ℰ 26 57 52 25

MESNIL-VAL 76 S.-Mar. 🎇 ⑤ – ✉ 76910 Criel-sur-Mer.

Paris 176 – ◆Amiens 80 – Dieppe 25 – Le Tréport 5.

　🏠　**Host. Vieille Ferme** 🦢, ℰ 35 86 72 18, Fax 35 86 12 67, 🍴, 🌳 – 📺 ☎ 🅿. ᴁ ⓞ ⅌
　↝　fermé 1ᵉʳ au 15 janv. – **Repas** 75/195 – ⊒ 35 – **34 ch** 280/450 – ½ P 305/370.

Les MESNULS 78490 Yvelines 🎇 ⑨ 🎇 ㉘ – 793 h alt. 110.

Paris 45 – Dreux 40 – Mantes-la-Jolie 32 – Rambouillet 16 – Versailles 25.

　※※※　❀ **Toque Blanche** (Philippe), 12 Gde Rue ℰ (1) 34 86 05 55, Fax (1) 34 86 82 18 – ᴁ ⓞ
　　　⅌ 🖎
　　　fermé août, vacances de Noël, dim. soir et lundi – **Repas** carte 300 à 420
　　　Spéc. Croustillant de Saint-Jacques (oct. à avril). Mélodie de rouget barbet et d'encornets au fumet de sole et vin de
　　　Bourgogne. Fine tarte sablée au chocolat.

MÉTABIEF 25370 Doubs 🎇 ⑥ Ⓖ. **Jura** – 504 h alt. 960 – Sports d'hiver : 980/1440 m ⊀30 ✦.

Voir Le Morond ❄★ S par télésiège – **Env.** Mont d'Or ❄★★ S : 8 km puis 30 mn.

🗓 Office de Tourisme pl. de la Mairie ℰ 81 49 13 81.

Paris 453 – ◆Besançon 78 – Champagnole 42 – Lausanne 53 – Pontarlier 18.

　🏠　**Étoile des Neiges**, ℰ 81 49 11 21, Fax 81 49 26 91 – ☎ 🅿. ⅌
　　　fermé 15 mai au 15 juin et 15 nov. au 15 déc. – **Le Bief Rouge** (fermé lundi soir et mardi hors
　　　sais.) **Repas** 80/165♨, enf.41 – ⊒ 33 – **14 ch** 190/230 – ½ P 255.

　　　voir aussi ressources hôtelières des **Hôpitaux-Neufs** et de **Jougne**.

METZ 🅿 57000 Moselle 🎇 ⑬ ⑭ Ⓖ. **Alsace Lorraine** – 119 594 h alt. 173.

Voir Cathédrale St-Etienne★★★ CDV – Porte des Allemands★ DV – Esplanade★ CV : église
St-Pierre-aux-Nonnains★ CX E – Place St-Louis★ DVX – Église St-Maximin★ DVX – Narthex★ de
l'église St-Martin DX – ≤★ du Moyen Pont CV – La Cour d'Or, musées★★ : section archéo-
logique★★★ DV M¹.

📍 de Metz-Cherisey ℰ ; 📍 du Technopole ℰ 87 20 33 11, par ③ : 5 km ; 📍 de la Grange-aux-
Ormes, ℰ 87 63 10 62, S par D 5 : 3 km.

✈ de Metz-Nancy-Lorraine : ℰ 87 56 70 00, par D 913 : 23 km – 🚐 ℰ 87 63 50 50.

🗓 Office de Tourisme pl. d'Armes, ℰ 87 55 53 76, Télex 860411, fax 87 36 59 43 et Bureaux Gare et Autoroutier
de l'Est de la France - A.C. de la Moselle 10 r. Ferme St-Ladre à Marly ℰ 87 66 80 15, Fax 87 62 75 87.

Paris 332 ① – Bonn 265 ① – Bruxelles 283 ① – ◆Dijon 264 ④ – ◆Lille 368 ① – Luxembourg 64 ① – ◆Nancy 53 ④ –
◆Reims 190 ① – Saarbrücken 67 ③ – ◆Strasbourg 161 ②.

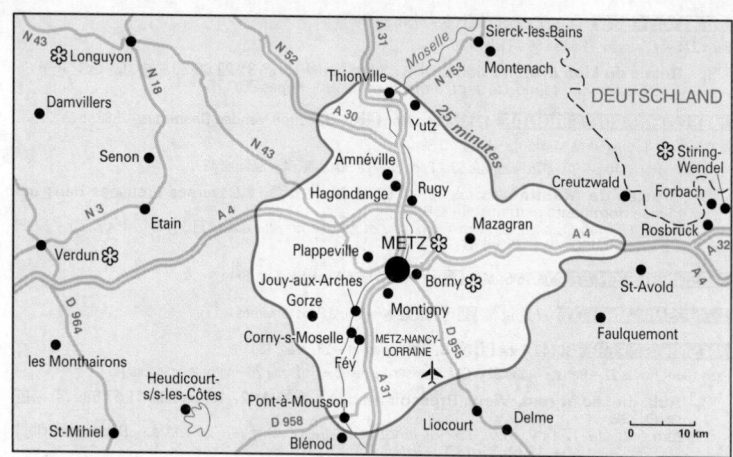

🏨 **Novotel Centre** Ⓜ, pl. Paraiges ℘ 87 37 38 39, Fax 87 36 10 00, 🎭, 🏊 – ▮ ﹩ ch ▤
🔲 ☎ 🕭 🚗 – 🏛 30 à 150. 🖭 ⓞ 🆎   DV **t**
Repas carte 110 à 180 🍴, enf. 50 – 🖙 50 – **117 ch** 460/490. 3 appart.

🏨 **Mercure Centre St-Thiébault** Ⓜ, 29 pl. St-Thiébault ℘ 87 38 50 50, Télex 930417,
Fax 87 75 48 18 – ▮ ﹩ ch ▤ 🔲 ☎ 🕭 🅿 – 🏛 200. 🖭 ⓞ 🆎 🔲   DX **d**
Les 4 Saisons : **Repas** 95/180 🍴, enf. 42 – 🖙 52 – **112 ch** 420/520.

🏨 **Théâtre** Ⓜ, Port-St-Marcel ℘ 87 31 10 10, Télex 869975, Fax 87 30 04 66, 🎭, 🖫, 🏊 – ▮
﹩ ch 🔲 ☎ 🕭 🚗 – 🏛 50. 🖭 ⓞ 🆎   CV **b**
Pont-St-Marcel ℘ 87 30 12 29 « Ambiance locale dans une maison du 17e siècle » **Repas**
98/165 🍴, enf. 50 – 🖙 50 – **36 ch** 450/590 – ½ P 370/445.

🏨 **Royal-Bleu Marine,** 23 av. Foch ℘ 87 66 81 11, Fax 87 56 13 16 – ▮ ﹩ ch 🔲 ☎ –
🏛 60. 🖭 ⓞ 🆎 🔲   DX **s**
Repas 49, enf. 49 – 🖙 60 – **60 ch** 350/480, 3 appart – ½ P 666/890.

🏨 **Foch** sans rest, 8 av. Foch ℘ 87 74 40 75, Fax 87 74 49 90 – ▮ 🔲 ☎. 🆎   CX **v**
🖙 26 – **38 ch** 186/298.

🏨 **Métropole** sans rest, 5 pl. Gén. de Gaulle ℘ 87 66 26 22, Fax 87 66 29 91 – ▮ 🔲 ☎. 🖭
🆎   DX **q**
🖙 26 – **80 ch** 195/240.

🏨 **Bristol** sans rest, 7 r. La Fayette ℘ 87 66 74 22, Fax 87 50 67 89 – ▮ 🔲 ☎. 🆎   CX **u**
fermé Noël au Jour de l'An – 🖙 26 – **66 ch** 110/285.

🏨 **Cécil** sans rest, 14 r. Pasteur ℘ 87 66 66 13, Fax 87 56 96 02 – ▮ 🔲 ☎ 🚗. 🖭 ⓞ 🆎.
🎭   CX **x**
fermé 26 déc. au 1er janv. – 🖙 26 – **39 ch** 185/280.

🏨 **Moderne** sans rest, 1 r. La Fayette ℘ 87 66 57 33, Fax 87 55 98 59 – ▮ 🔲 ☎. 🖭 ⓞ 🆎
🖙 27 – **43 ch** 160/285.   CX **m**

🏨 **Ibis Centre Gare** Ⓜ sans rest, 3 bis r. Vauban ℘ 87 75 53 43, Fax 87 37 04 11 – ▮ ﹩ ch
🔲 ☎. 🖭 🆎   DX **b**
🖙 35 – **72 ch** 270.

🏨 **Ibis Pontiffroy** Ⓜ, 47 r. Chambière, quartier Pontiffroy ℘ 87 31 01 73, Fax 87 31 25 46,
🎭 – ▮ ﹩ ch 🔲 ☎ 🕭 – 🏛 25. 🖭 🆎   DV **e**
Repas 97 bc, enf. 40 – 🖙 35 – **79 ch** 290.

🏨 **Alfa** sans rest, 18 r. Pasteur ℘ 87 66 40 96, Fax 87 63 43 61 – ▮ 🔲 ☎. 🖭 ⓞ 🆎. 🎭
🖙 28 – **40 ch** 180/290.   CX **r**

🏨 **Lutèce,** 11 r. Paris ℘ 87 30 27 25 – 🔲 ☎ 🚗. 🖭 🆎. 🎭 rest   AY **n**
fermé 20 déc. au 10 janv. – **Repas** (fermé sam., dim. et fériés) 66/99 🍴 – 🖙 24 – **20 ch**
145/235 – ½ P 163/208.

🍴🍴🍴 **Maire,** 1 r. Pont des Morts ℘ 87 32 43 12, Fax 87 31 16 75, 🎭 – 🖭 ⓞ 🆎   CV **f**
fermé 16 août au 3 sept., 18 fév. au 6 mars, mardi soir et merc. – **Repas** 150 (déj.), 250/400
et carte 280 à 390, enf. 80.

🍴🍴🍴 **Chambertin,** 22 pl. St-Simplice ℘ 87 37 32 81, Fax 87 36 70 89, 🎭 – 🖭 ⓞ 🆎   DV **u**
fermé 13 au 27 mars, 13 août au 3 sept., dim. soir et lundi – **Repas** 163/250 et carte 250 à
350, enf. 95.

🍴🍴🍴 **des Roches,** 29 r. Roches ℘ 87 74 06 51, Fax 87 75 40 04, 🎭 – 🖭 ⓞ 🆎   CV **n**
fermé dim. soir – **Repas** 130/300 et carte 240 à 360 - *Marée d'Isis* (fermé dim. soir) **Repas**
85/100, 🍴.

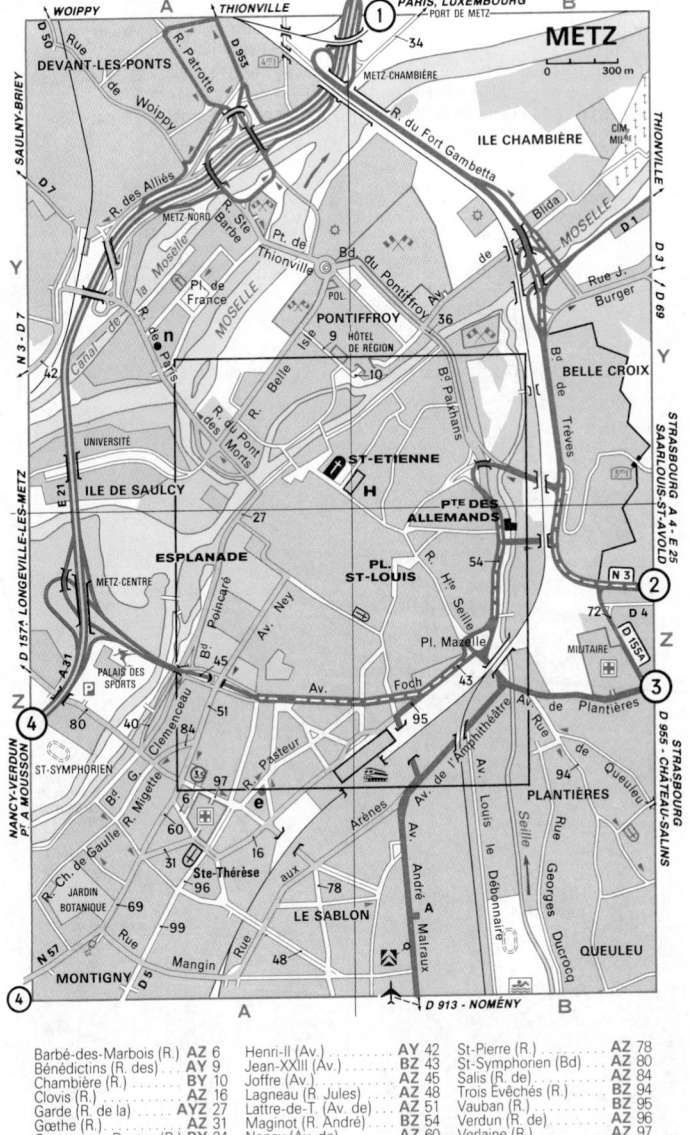

METZ

XX **Ville de Lyon,** 7 r. Piques ℰ 87 36 07 01, Fax 87 74 47 17 – ℗, ᴀᴇ ⓄⒹ ⒼⒷ DV **a**
fermé 1ᵉʳ au 27 août, dim. soir et lundi sauf fériés – **Repas** 105/310.

XX **Le Chat Noir,** 30 r. Pasteur ℰ 87 56 99 19, Fax 87 66 67 64, ⛱ – ᴀᴇ ⓄⒹ ⒼⒷ AZ **e**
fermé sam. midi et dim. – **Repas** 100 et carte 170 à 270 ♨.

XX **Flo,** 2 bis r. Gambetta ℰ 87 55 94 95, Fax 87 38 09 26, ⛱ – ▤. ᴀᴇ ⓄⒹ ⒼⒷ CX **b**
Repas brasserie 99 bc/141 bc.

METZ

Ambroise-Thomas (R.)	CV 2	Belle-Isle (R.)	CV 7	Mondon (Pl. R.)	CX 57
Clercs (R. des)	CV	Chambière (R.)	DV 10	Morts (Pont des)	CV 58
En Fournirue	DV	Chambre (Pl. de)	CV 12	Paix (R. de la)	CV 61
Fabert (R.)	CV 21	Chanoine-Collin (R.)	DV 13	Pierre-Hardie	
Jardins (R. des)	DV	Charlemagne (R.)	CX 15	(R. de la)	CV 66
Palais (R. du)	CV 63	Coëtlosquet		Poncelet (R.)	CV 67
Petit-Paris (R. du)	CV 64	(R. du)	CX 18	Prés.-Kennedy (Av.)	CX 73
St-Louis (Pl.)	DVX	Coislin (Pl.)	DX 19	République (Pl. de la)	CX 75
Schuman (Av. R.)	CX	Faisan (R. du)	CV 22	St-Eucaire (R.)	DV 76
Serpenoise (R.)	CV	Fontaine (R. de la)	DX 24	St-Simplice (Pl.)	DV 79
Tête d'Or (R. de la)	DV 91	Gaulle (Pl. du Gén.-de)	DX 28	St-Thiébault (Pl.)	DX 81
		George (Pl. du Roi)	DX 30	Ste-Marie (R.)	CV 82
Amphithéâtre		Gde-Armée (R. de la)	DV 33	Salis (R. de)	CX 84
(Av.)	DX 3	Hache (R. de la)	DV 39	Sérot (Bd Robert)	CV 85
Armes (Pl. d')	DV 4	Hegly (Allée V.)	CX 40	Serpenoise (Porte)	CX 87
Augustins (R. des)	DX 5	La-Fayette (R.)	CX 46	Taison (R.)	DV 88
		Lasalle (R.)	DX 49	Tanneurs (R. des)	DV 90
		Lattre-de-T. (Av. de)	CX 51	Trinitaires (R. des)	DV 93
		Leclerc-de-H. (Av.)	CX 52	Verlaine (R.)	CX 97

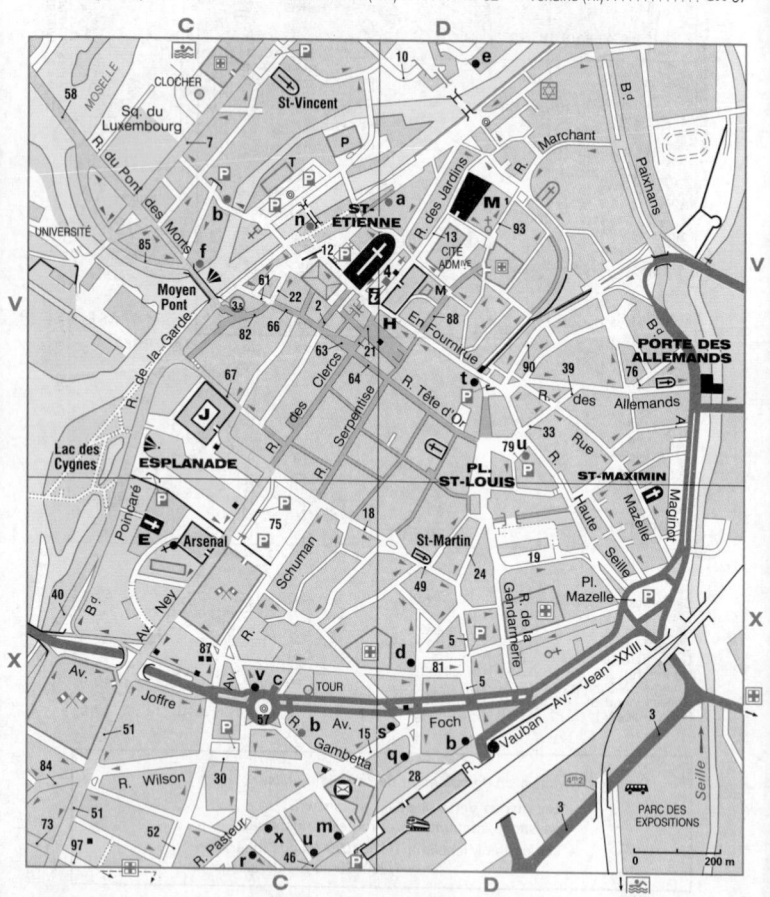

par ① : A 31 sortie la Maxe : 5 km - AY – ⬠ **57140** Woippy :

🏨 **Mercure Metz-Nord** Ⓜ, Z. I. Metz Nord ℘ 87 34 20 00, Fax 87 32 73 11, 🍴 – 📱 ⇔ ch 📺 ⓐ & Ⓟ – 🛗 100. 🖭 ⓪ ⒼⒷ ⒿⒸⒷ
Repas 98/120 ♨, enf. 42 – ⊇ 45 – **83 ch** 380.

par ① et A 31 sortie Maizières-lès-Metz : 10 km – 8 901 h. – ⬠ **57210** Maizières-lès-Metz :

🏨 **Novotel** Ⓜ, ℘ 87 80 18 18, Fax 87 80 36 00, 🍴, 🏊 – 📱 ⇔ ch 📺 ⓐ & Ⓟ – 🛗 120. 🖭 ⓪ ⒼⒷ
Repas 105 ♨, enf. 50 – ⊇ 48 – **132 ch** 405/430.

à Rugy N : 12 km par D 1 – ⬠ **57640** Argancy :

🏨 **La Bergerie** Ⓜ, ℘ 87 77 82 27, Fax 87 77 87 07, 🍴, 🌳 – 📺 ⓐ & Ⓟ – 🛗 100. ⒼⒷ
Repas 150/300 – ⊇ 50 – **42 ch** 300/380 – ½ P 290/315.

par ② direction Vallières : 3 km – ⬠ **57070** Metz :

XXX ❀ **Crinouc** (Lamaze) avec ch, 79 r. Gén. Metman ℘ 87 74 12 46, Fax 87 36 96 92 – 📺 ⓐ Ⓟ. 🖭 ⒼⒷ. 🛪
fermé 15 juil. au 3 août, sam. midi, dim. soir et lundi – **Repas** 190/380 et carte 270 à 420 – ⊇ 40 – **8 ch** 250
Spéc. Gratin de queues de langoustines. Baron d'agneau en croûte à la fleur de thym. Soufflé chaud au chocolat noir. Vins Auxerrois, Côtes de Toul.

à Mazagran par ② et D 954 : 13 km – ⬠ **57530** Courcelles-Chaussy :

XX **Aub. de Mazagran,** ℘ 87 76 62 47 – Ⓟ. 🖭 ⒼⒷ
fermé mardi soir et merc. – **Repas** 160 bc/320.

à Borny par ③ et rte Strasbourg : 3 km – BZ – ⬠ **57070** Metz :

XXX ❀ **Le Jardin de Bellevue** (Krompholtz), 58 r. Claude Bernard (près Technopole Metz 2000) ℘ 87 37 10 27, Fax 87 37 15 45, 🍴 – Ⓟ. ⒼⒷ
fermé 1ᵉʳ au 19 août, dim. soir, mardi soir, lundi et soirs fériés – **Repas** 180/350 et carte 240 à 360, enf. 95
Spéc. Croustillant de tête de veau en ravigote, fritots de cervelle (fév. à juin). Bouchée à la reine (oct. à mai). Gaufres "minutes" aux mirabelles (mai à sept.). Vins Vins de Moselle, Côtes de Toul.

à Technopole 2000 par ③ et rte de Strasbourg : 5 km – ⬠ **57070** Metz :

🏨 **Holiday Inn** Ⓜ 🐾, 1 r. F. Savart ℘ 87 39 94 50, Fax 87 39 94 55, 🍴, 🏊 – 📱 ⇔ ch 📺 ⓐ & Ⓟ – 🛗 100. 🖭 ⓪ ⒼⒷ ⒿⒸⒷ 🛪 rest
Repas 98/140 ♨, enf. 45 – ⊇ 55 – **92 ch** 390/420, 6 appart.

à Montigny-lès-Metz S : 3 km par D 5 (rte de l'aéroport) - AZ – 21 983 h. – ⬠ **57158** :

🏨 **Air H.** sans rest, 54 bis r. Franiatte ℘ 87 63 30 22, Fax 87 66 68 42 – ⇔ ch 📺 ⓐ Ⓟ – 🛗 25. 🖭 ⓪ ⒼⒷ
⊇ 23 – **21 ch** 145/260.

à Jouy-aux-Arches S : 10 km par N 57 – ⬠ **57130** :

X **Gallo Romain,** 92 Grand'Rue ℘ 87 60 86 44, Fax 87 60 78 07, 🍴 – 🖭 ⒼⒷ
fermé 1ᵉʳ au 8 août, 24 au 30 déc., dim. soir et lundi soir – **Repas** 79 (déj.), 99/195 ♨, enf. 59.

à Fey par ④, A 31 sortie Fey : 11 km alt. 229 – ⬠ **57420** :

🏨 **Les Tuileries** Ⓜ, ℘ 87 52 03 03, Fax 87 52 84 24, 🍴, 🌳 – 📺 ⓐ & Ⓟ – 🛗 60. 🖭 ⓪ ⒼⒷ
Repas *(fermé dim. soir)* 98/295 ♨, enf. 70 – ⊇ 38 – **41 ch** 280/330 – ½ P 250/270.

à Plappeville par av. Henri II - AY : 7 km – ⬠ **57050** :

XX **La Grignotière,** 50 r. Gén. de Gaulle ℘ 87 30 36 68 – ⒼⒷ
fermé 21 au 31 août, dim. soir et lundi – **Repas** 120 (déj.), 195/290, enf. 70.

ALFA ROMEO Gar. Jacquot, 17 r. R.-Schumann à Longeville-les-Metz ℘ 87 32 53 06
BMW Gar. Molinari, 19 r. de Paris à Rozerieulles ℘ 87 60 42 40
CITROEN Succursale, 71 av. A.-Malraux ℘ 87 38 55 55
MERCEDES Gar. de l'Etoile, A31 Campus d'Activités à La Maxe ℘ 87 31 85 85
OPEL, SAAB Eurauto, 191 r. Gén.-Metman Actipole Borny ℘ 87 74 95 82
PEUGEOT Gar. Jacquot, 2 r. P.-Boileau par D 953 ℘ 87 32 52 90 Ⓝ ℘ 87 32 52 90
PEUGEOT Gar. Mosellane-Autom., 199 r. Gén.-Metman par ② ℘ 87 74 17 90 Ⓝ ℘ 87 74 17 90
RENAULT Auto Losange, 50, r. Gén.-Metman par ② ℘ 87 39 40 43 Ⓝ ℘ 05 05 15 15
RENAULT Gar. Chevalier, 57 bd St-Symphorien à Longeville par D 157A à l'Ouest ℘ 87 66 80 22 Ⓝ ℘ 05 05 15 15

ROVER Gar. Corroy, 6 r. Chaponost à Moulins-les-Metz ℘ 87 62 32 15
VAG Philippe Autom., à Augny ℘ 87 38 35 36
VAG Philippe Autom., à Woippy ℘ 87 30 46 47

🔘 Euromaster, 11 r. des Coutelliers ℘ 87 75 30 78
Euromaster, 2 r. de Pont-à-Mousson, quartier Ste-Thérèse ℘ 87 62 17 71
Laglasse Pneus, 53 r. Haute-Seille ℘ 87 36 00 42
Leclerc Pneus, 57 av. Abbaye St-Eloy ℘ 87 32 53 17
Leclerc Pneus, 3 pl. Mondon ℘ 87 65 49 33
Leclerc Pneus, ZI Nord à Hauconcourt ℘ 87 80 49 80
Leclerc Pneus, 59 av. République à Jarny (54) ℘ 82 33 44 59
Metz Pneus-Point S, 100 av. Strasbourg ℘ 87 74 16 28

CONSTRUCTEUR : Renault Véhicules Industriels, à Batilly ℘ 87 22 34 99

METZERAL 68380 H.-Rhin 62 ⑱ – 1 041 h alt. 484.

Paris 476 – Colmar 25 – Gérardmer 39 – Guebwiller 30 – Thann 43.

🏠 **Aux Deux Clefs** 🐾, ♪ 89 77 61 48, ←– 🕿 🅿 🆎 ⓞ 🅶🅱 ℅ rest
Pâques-1ᵉʳ nov. – **Repas** (résidents seul.) – 🕮 25 – **13 ch** 230/250 – ½ P 215/225.

XX **Pont** avec ch, ♪ 89 77 60 84, 🌤, 🐖 – 📺 🕿 🅿 🅶🅱
➡ *fermé 20 nov. au 25 déc. et lundi sauf hôtel de juin à oct.* – **Repas** 80/300 ⅊, enf. 50 – 🕮 40 –
8 ch 180/260 – ½ P 250/260.

RENAULT Gar. Friederich, 29A r. Principale à Sondernach ♪ 89 77 60 02

MEUDON 92 Hauts-de-Seine 60 ⑩, 101 ㉔ – voir à Paris, Environs.

MEULAN 78250 Yvelines 55 ⑲ 106 ④ ⑯ – 8 101 h alt. 26.

🏌 de Gadancourt ♪ (1) 34 66 12 77, par D 913 et D 43 : 13 km ; 🏌 de Seraincourt ♪ (1) 34 75 47
28, par D 913 : 3,5 km.

Paris 47 – Beauvais 62 – Mantes-la-Jolie 19 – Pontoise 21 – Rambouillet 50 – Versailles 33.

🏛 **Mercure** 🅼 🐾, l'Île Belle (dir. Mureaux) ♪ (1) 34 74 63 63, Télex 695295,
Fax (1) 34 74 00 98, ←, 🌤, 🐖 – 📳 ⅍ ch 📺 🕿 🕹 🅿 – 🔏 40. 🆎 ⓞ 🅶🅱 🅹🅲🅱
Repas carte environ 170 ⅊, enf. 50 – 🕮 54 – **69 ch** 510.

XX **La Flottille**, 10 r. Bignon à Hardricourt ♪ (1) 34 74 21 67, Fax (1) 34 74 90 51, ←, 🌤 –
🍽. 🅶🅱
fermé dim. soir et lundi – **Repas** 135 bc, enf. 80.

aux Mureaux : au Sud – 33 089 h. – ✉ 78130 :

XX **La Taverne du Coq Gaulois,** 7 r. Seine ♪ (1) 34 74 02 58 – 🅿. 🅶🅱
fermé 6 au 28 août, dim. soir et lundi – **Repas** 65 (déj.), 90/150, enf. 40.

CITROEN Mureaux Autom., 14 r. Ampère aux
Mureaux ♪ (1) 34 74 01 95
FORD Gar. de Chantereine, Les Sablons Rocade
Ouest aux Mureaux, ♪ (1) 34 74 88 88
PEUGEOT Basse Seine Autom., 2 av. Seine aux
Mureaux ♪ (1) 30 99 77 11
RENAULT P.H.P. Autom., 4 r. A.-Briand aux
Mureaux ♪ (1) 34 74 17 92
RENAULT Gar. des Sports, 6 r. du Stade
♪ (1) 34 74 00 22
RENAULT Carnot Autom., 8 bd Carnot à Hardri-
court ♪ (1) 34 74 01 80

RENAULT Phénix Autom., 21 av. de Paris à
Gargenville ♪ (1) 30 93 63 12
Station du Pneu, 90 av. Mar.-Foch aux Mureaux
♪ (1) 34 74 19 28

Ⓜ Marsat Pneus, 41 bis av. Gambetta
♪ (1) 34 74 84 44
Nony Pneus, RN 190 à Gargenville
♪ (1) 30 93 65 27

MEUNG-SUR-LOIRE 45130 Loiret 64 ⑧ G. Châteaux de la Loire – 5 993 h alt. 100.

Voir Église St-Liphard★ – Basilique★ de Cléry-St-André E : 5 km par D 18.

🅱 Office de Tourisme 42 r. J.-de-Meung ♪ 38 44 32 28.

Paris 144 – ◆Orléans 22 – Beaugency 7 – Blois 39.

XX **Aub. St-Jacques** avec ch, 60 r. Gén. de Gaulle ♪ 38 44 30 39, Fax 38 45 17 02 – 🍽 rest
📺 🕿 🆎 🅶🅱 ℅ ch
Repas 90/260 ⅊, enf. 50 – 🕮 25 – **12 ch** 190/260 – ½ P 210/260.

MEURSAULT 21 Côte-d'Or 69 ⑨ – rattaché à Beaune.

Le MEUX 60 Oise 56 ② – rattaché à Compiègne.

MEXIMIEUX 01800 Ain 74 ③ – 6 230 h alt. 226.

Paris 471 – ◆Lyon 36 – Bourg-en-Bresse 35 – Chambéry 95 – ◆Genève 115 – ◆Grenoble 121.

🏛 **La Bérangère** 🅼, rte Lyon ♪ 74 34 77 77, Fax 74 34 70 27, 🏊, ℅ – 📺 🕿 🕹 🅿 – 🔏 50.
🆎 🅶🅱
Le Pérougien ♪ 74 34 70 70 *(fermé vend. sauf le soir en juil.-août)* **Repas** 70 bc/175⅊, enf. 55
– 🕮 32 – **33 ch** 230/265.

XXX ✿ **Claude Lutz** avec ch, 17 r. Lyon ♪ 74 61 06 78, Fax 74 34 75 23 – 🍽 rest 📺 🕿 🅿 –
🔏 80. 🆎 🅶🅱
fermé 17 au 24 juil., 23 oct. au 9 nov., vacances de fév., dim. soir et lundi – **Repas** (prévenir)
150/340 et carte 210 à 330, enf. 70 – 🕮 38 – **13 ch** 180/350
Spéc. Blanquette de grenouilles à la crème. Poulet de Bresse et ris de veau à la crème et morilles. Tournedos au Gamay
du Bugey. Vins Gamay du Bugey, Chardonnay.

au Pont de Chazey-Villieu E : 3 km sur N 84 – ✉ 01800 Meximieux :

XXX **La Mère Jacquet** avec ch, ♪ 74 61 94 80, Fax 74 61 92 07, 🏊, 🐖, ℅ – 📺 🕿 🕹 🅿. 🅶🅱
🔏 50 – ☑ 🕮 320/450.
fermé 20 déc. au 20 janv. – **Repas** *(fermé dim. soir et lundi)* 180/400 et carte 290 à 380 –
🕮 50 – **19 ch** 320/450.

PEUGEOT Gar. du Centre, ♪ 74 61 06 00
PEUGEOT Gar. Chabran, ♪ 74 61 18 09

RENAULT Gar. Paviot, ♪ 74 61 07 89

MEYLAN 38 Isère 77 ⑤ – rattaché à Grenoble.

MEYMAC 19250 Corrèze 🔟 ⑪ G. Berry Limousin – 2 796 h alt. 702.

Voir Vierge noire★ dans l'église abbatiale.

🛈 Office de Tourisme pl. Hôtel-de-Ville 𝒫 55 95 18 43 ou 55 95 10 15, Fax 55 95 29 28.

Paris 449 – Aubusson 57 – ◆Limoges 95 – Neuvic 29 – Tulle 49 – Ussel 17.

  à la Chapelle S : 10 km par D 36 et N 89 – alt. 630 – ⊠ **19250** :

🏨 **Chatel,** sur N 89 𝒫 55 94 22 64, Fax 55 94 24 62, 🐎 – 📺 ☎ ዿ 🅿 – 🔏 30. 🆎 GB
  fermé Noël au Jour de l'An – **Repas** 95/220 – ⊡ 30 – **30 ch** 200/250 – ½ P 220.

  à Maussac S : 9 km par D 36 et N 89 – ⊠ **19250** :

🏠 **Europa** Ⓜ, sur N 89 𝒫 55 94 25 21, Fax 55 94 26 08 – ⇔ ch, 🍽 rest 📺 ☎ ዿ 🅿 – 🔏 25.
◆ 🆎 ⓪ GB
  Repas ,70/150 ⌛ – ⊡ 30 – **24 ch** 200/250 – ½ P 200.

CITROEN Gar. Vergne, 𝒫 55 95 11 36
PEUGEOT Gar. Longerinas, 𝒫 55 95 10 32 🆚
𝒫 55 95 10 32

RENAULT Gar. Mauriange, 𝒫 55 95 10 54 🆚
𝒫 55 95 60 23

MEYRUEIS 48150 Lozère 🔟 ⑤ ⑮ G. Gorges du Tarn – 907 h alt. 706.

Voir NO : Gorges de la Jonte★★.

Env. Aven Armand★★★ NO : 11 km – Grotte de Dargilan★★ NO : 8,5 km.

🛈 Office de Tourisme Tour de l'Horloge 𝒫 66 45 60 33 et 66 45 63 09.

Paris 650 – Mende 56 – Florac 35 – Millau 41 – Rodez 96 – Sévérac-le-Château 50 – Le Vigan 53.

🏨 **Château d'Ayres** ⤢, E : 1,5 km par D 57 𝒫 66 45 60 10, Fax 66 45 62 26, ≤, 🍴,
  « Parc », 🏊, ✵ – 📺 ☎ 🅿. 🆎 ⓪ GB. ✵ rest
  1ᵉʳ avril-15 nov. – **Repas** 110 (déj.), 145/270, enf. 79 – ⊡ 60 – **26 ch** 530/890 – ½ P 355/565.

🏨 **Renaissance** ⤢, 𝒫 66 45 60 19, Fax 66 45 65 94, « Maison du 16ᵉ siècle », 🐎 – 📺 ☎.
◆ 🆎 ⓪ GB
  10 avril-15 nov. – **Repas** 76/280 – ⊡ 40 – **20 ch** 300/500 – ½ P 285/350.

🏨 **Europe,** 𝒫 66 45 60 05, Fax 66 45 65 31 – 🛗 ☎ 🅿. GB
◆ *Pâques-1ᵉʳ nov. –* **Repas** 70/130 – ⊡ 30 – **29 ch** 205/235 – ½ P 225.

🏨 **Family H.,** 𝒫 66 45 60 02, Fax 66 45 66 54, 🏊, 🐎 – 🛗 ☎ 🅿. GB
◆ *1ᵉʳ avril-1ᵉʳ nov. –* **Repas** 72/120 ⌛, enf. 42 – ⊡ 32 – **48ch** 210/230 – ½ P 230.

🏨 **Mont Aigoual,** r. Barrière 𝒫 66 45 65 61, Fax 66 45 64 25, 🏊, 🐎 – 🛗 ☎. 🆎 GB. ✵ rest
  fin mars-début nov. – **Repas** 85/150 – ⊡ 35 – **30 ch** 220/450 – ½ P 250/300.

🏨 **Gd H. de France,** 𝒫 66 45 60 07, Fax 66 45 67 62, 🏊, 🐎, ✵ – 🛗 📺 ☎. GB
  hôtel : 1ᵉʳ avril-1ᵉʳ nov. ; rest. : 1ᵉʳ mai-1ᵉʳ oct. – **Repas** 95/145 – ⊡ 35 – **44 ch** 270 – ½ P 250.

CITROEN Gar. Giraud, 𝒫 66 45 60 04

MEYZIEU 69330 Rhône 🔟 ⑳ – 28 077 h.

Paris 469 – ◆Lyon 18 – Pont-de-Chéruy 14 – Saint-Priest 14 – Vienne 35.

🏨 **Mont Joyeux** ⤢, r. V. Hugo 𝒫 78 04 21 32, Fax 72 02 85 72, 🍴, 🏊, 🐎 – 📺 ☎ ዿ 🅿.
  🆎 ⓪ GB
  Repas 155/270 – ⊡ 55 – **20 ch** 400/470.

✗ **La Petite Auberge du Pont d'Herbeins,** 32 r. V. Hugo 𝒫 72 02 76 76, Fax 78 04 34 93,
  🍴 – 🅿. 🆎 ⓪ GB
  fermé mars, dim. soir et lundi sauf midi fériés – **Repas** 75 (déj.), 95/240.

MÉZANGERS 53 Mayenne 🔟 ⑪ – rattaché à Évron.

MÈZE 34140 Hérault 🔟 ⑯ G. Gorges du Tarn – 6 502 h alt. 6.

🛈 Office de Tourisme, r. Massaloup 𝒫 67 43 93 08.

Paris 789 – ◆Montpellier 33 – Agde 20 – Béziers 41 – Lodève 59 – Pézenas 18 – Sète 19.

  à Bouzigues NE : 4 km par N 113 et VO – ⊠ **34140** :

🏨 **Côte Bleue** ⤢, 𝒫 67 78 31 42, Fax 67 78 35 49, ≤, 🍴, 🏊, 🐎 – 📺 ☎ 🅿 – 🔏 40. GB.
  ✵ ch
  Repas 𝒫 67 78 30 87 - produits de la mer - *(fermé janv., mardi soir et merc. sauf juil.-août)*
  148/380 – ⊡ 36 – **32 ch** 280/350.

⓪ Thau Pneus, 35 rte de Pézenas 𝒫 67 43 93 38

MÉZÉRIAT 01660 Ain 🔟 ② – 1 995 h alt. 198.

Paris 411 – Mâcon 21 – Bourg-en-Bresse 21 – Villefranche-sur-Saône 46.

✗ **Les Bessières** avec ch, 𝒫 74 30 24 24, 🍴 – ⛝. GB
  fermé 10 déc. au 5 fév., lundi et mardi sauf juil.-août – **Repas** 98 (déj.). 128/170 – ⊡ 30 –
  6 ch 180/240 – ½ P 240/280.

MÉZIÈRES-EN-BRENNE 36290 Indre 🔟🔟 ⑥ **G. Berry Limousin** – 1 194 h alt. 90.

🛈 Office de Tourisme "Le Moulin" r. du Nord 🖉 54 38 12 24.

Paris 277 – Le Blanc 26 – Châteauroux 44 – Châtellerault 58 – Poitiers 89 – ♦Tours 89.

   🍴 **Boeuf Couronné** avec ch, 🖉 54 38 04 39 – 🕿. ⒼⒷ. 🏵 ch
   ➡ *fermé 26 juin au 3 juil., 2 au 17 oct., 2 au 17 janv., dim. soir et lundi sauf fériés* – **Repas** 66/238, enf. 38 – 🖃 30 – **8 ch** 160/215.

RENAULT Gar. Fradet, 🖉 54 38 00 02

MÉZOS 40170 Landes 🔟🔟 ⑮ – 851 h alt. 45.

Paris 703 – Mont-de-Marsan 63 – ♦Bordeaux 120 – Castets 24 – Mimizan 16 – Tartas 51.

   🏨 **Boucau** 🌭 sans rest, 🖉 58 42 61 38, 🛲 – 🅿. 🖭 ⑩ ⒼⒷ. 🏵
     1ᵉʳ juin-30 sept. – 🖃 30 – **8 ch** 250/300.

MIALET 30 Gard 🔟🔟 ⑰ – rattaché à Anduze.

MIEUSSY 74440 H.-Savoie 🔟🔟 ⑦ **G. Alpes du Nord** – 1 346 h alt. 636.

🛈 Office de Tourisme 🖉 50 43 02 72, Fax 50 43 01 87, Mairie. 🖉 50 43 01 67.

Paris 567 – Chamonix-Mont-Blanc 57 – Thonon-les-Bains 48 – Annecy 61 – Bonneville 19 – ♦Genève 38 – Megève 45 – Morzine 24.

   🏨 **Accueil Savoyard,** 🖉 50 43 01 90, Fax 50 43 09 59, 🌥 – 🕿 🅿. ⒼⒷ
   ➡ *fermé 30 oct. au 10 nov.* – **Repas** 55 (déj.), 68/150, enf. 40 – 🖃 30 – **19 ch** 168/250 – ½ P 175/250.

RENAULT Gar. Jacquard, 🖉 50 43 00 86 🔃 🖉 50 43 00 86

MIGENNES 89400 Yonne 🔟🔟 ⑤ – 8 235 h alt. 87.

🛈 Office de Tourisme pl. E.-Laporte 🖉 86 80 03 70.

Paris 157 – Auxerre 21 – Joigny 10 – Nogent-sur-Seine 77 – St-Florentin 16 – Seignelay 11,5.

   🍴🍴 **Paris** 🅼 avec ch, 57 av. J. Jaurès 🖉 86 80 23 22, Fax 86 80 31 04 – 🔳 rest 🖻 🕿. ⒼⒷ
   ➡ *fermé août, 2 au 17 janv., vend. soir, sam. midi et dim. soir* – **Repas** 80/300 🍷, enf. 50 – 🖃 30 – **9 ch** 180/350.

RENAULT Gar. Picot. 148 av. J.-Jaurès 🖉 86 80 35 15

MILLAU 🆘 12100 Aveyron 🔟🔟 ⑭ **G. Gorges du Tarn** – 21 788 h alt. 379.

Voir Site★ sur Millau (belvédère) par ③ du plan (N 9) – Musée de Millau : poteries★, maison de la Peau et du Gant (1ᵉʳ étage) BZ **M**.

Env. Gorges du Tarn★★★ 21 km par ① – Canyon de la Dourbie★★ 8 km par ②.

🛈 Office de Tourisme av. A.-Merle 🖉 65 60 02 42, fax 65 61 36 08.

Paris 654 ① – Mende 96 ① – Rodez 66 ⑤ – Albi 109 ④ – Alès 138 ③ – Béziers 123 ③ – ♦Montpellier 113 ③.

Plan page ci-contre

   🏨🏨 **International** 🅼, 1 pl. Tine 🖉 65 59 29 00, Fax 65 59 29 01, ≤ – 🛗 🔳 rest 🖻 🕿 🅿 – 🛗 50 à 250. 🖭 ⑩ ⒼⒷ 🕸   BY **y**
     Repas *(fermé dim. soir et lundi hors sais.)* 98/325, enf. 65 – 🖃 45 – **110 ch** 391/438 – ½ P 231/362.

   🏨🏨 **La Musardière,** 34 av. République 🖉 65 60 20 63, Fax 65 61 02 05, 🛲 – 🛗 🕿 🅿. 🖭 ⑩ ⒼⒷ. 🏵 rest   AY **v**
     1ᵉʳ avril-nov. – **Repas** *(fermé lundi sauf août)* (dim. et fêtes prévenir) 120/250 – 🖃 50 – **15 ch** 350/560 – ½ P 495/520.

   🏨 **Cévenol H. et rest. Pot d'Etain** 🅼, 115 r. Rajol 🖉 65 60 74 44, Fax 65 60 85 99, ≤, ⌿, 🛗 🖻 🕿 🖕 🅿. ⑩ ⒼⒷ   BY **k**
     fermé 8 déc. au 4 janv. et sam. – **Repas** *(fermé 1 au 9/10, 2/12 au 4/1, vend. midi de juil. à sept., sam. du 15/11 au 5/3, lundi midi et dim. d'oct. à juin* 94/195 🍷 – 🖃 35 – **42 ch** 299/320 – ½ P 277/308.

   🏨 **La Capelle** 🌭 sans rest, 7 pl. Fraternité 🖉 65 60 14 72 – 🕿. ⒼⒷ. 🏵   BY **b**
     vacances de printemps-1ᵉʳ oct. – 🖃 32 – **46 ch** 142/260.

   🏨 **Moderne,** 11 av. J. Jaurès 🖉 65 60 59 23, Fax 65 59 29 01 – 🛗 🕿 🅿. 🖭 ⑩ ⒼⒷ   BY **n**
     1ᵉʳ avril-30 sept. – **Repas** grill *(fermé mardi midi et vend. midi)* 78/120 🍷, enf. 40 – 🖃 35 – **45 ch** 149/200 – ½ P 176/205.

   🏨 **Causses,** 56 av. J. Jaurès 🖉 65 60 03 19, Fax 65 60 86 90 – 🖻 🕿. 🖭 ⒼⒷ   BY **s**
     Repas *(fermé 23 déc. au 2 janv., dim. soir de sept. à juin et sam.)* 88/160 🍷 – 🖃 32 – **22 ch** 210/255 – ½ P 225/240.

   🏨 **Jalade** sans rest, 18 bis av. A. Merle 🖉 65 60 62 00, Fax 65 60 74 01 – 🛗 🖻 🕿. 🖭 ⒼⒷ
     🖃 32 – **23 ch** 245/265.   AY **e**

   🏨 **Commerce** sans rest, 8 pl. Mandarous 🖉 65 60 00 56 – 🛗 🕾. ⒼⒷ   BY **h**
     fermé 24 au 31 déc. – 🖃 25 – **17 ch** 140/220.

   🍴🍴 **La Braconne,** 7 pl. Mar. Foch 🖉 65 60 30 93, 🌥 – 🖭 ⑩ ⒼⒷ   BZ **r**
     fermé 13 au 20 mai, 10 au 30 nov., dim. soir et lundi – **Repas** 98/182.

   🍴🍴 **Capion,** 3 r. J.-F. Alméras 🖉 65 60 00 91, Fax 65 60 42 13 – 🖭 ⑩ ⒼⒷ   AY **f**
     fermé merc. sauf juil.-août – **Repas** 65 bc (déj.), 85/162 🍷, enf. 42.

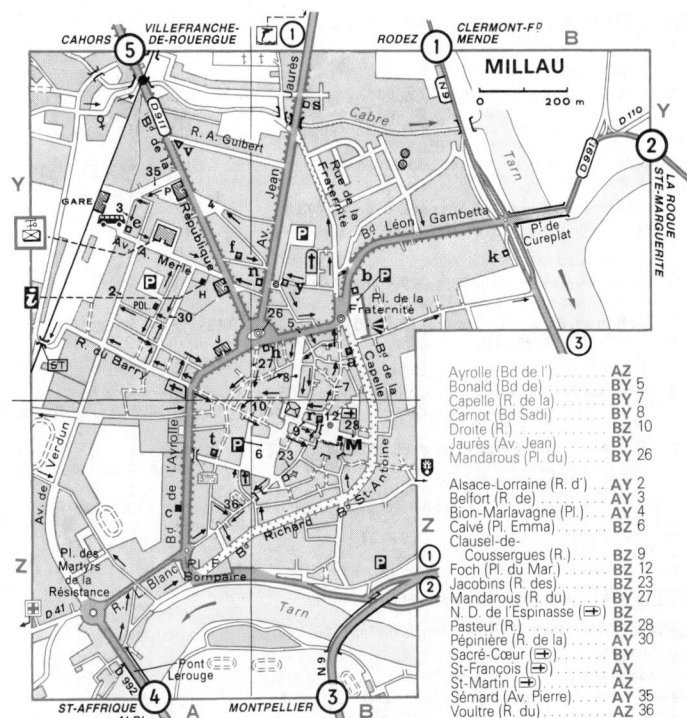

MILLAU

CAHORS VILLEFRANCHE-DE-ROUERGUE RODEZ CLERMONT-F^d MENDE

0 200 m

LA ROQUE STE-MARGUERITE ST-AFFRIQUE ALBI MONTPELLIER

Ayrolle (Bd de l')	**AZ**
Bonald (Bd de)	**BY** 5
Capelle (R. de la)	**BY** 7
Carnot (Bd Sadi)	**BY** 8
Droite (R.)	**BZ** 10
Jaurès (Av. Jean)	**BY**
Mandarous (Pl. du)	**BY** 26
Alsace-Lorraine (R. d')	**AY** 2
Belfort (R. de)	**AY** 3
Bion-Marlavagne (Pl.)	**AY** 4
Calvé (Pl. Emma)	**BZ** 6
Clausel-de-	
Coussergues (R.)	**BZ** 9
Foch (Pl. du Mar.)	**BZ** 12
Jacobins (R. des)	**BZ** 23
Mandarous (R. du)	**BY** 27
N. D. de l'Espinasse (⟶)	**BZ**
Pasteur (R.)	**BZ** 28
Pépinière (R. de la)	**AY** 30
Sacré-Cœur (⟶)	**BY**
St-François (⟶)	**AY**
St-Martin (⟶)	**AZ**
Sémard (Av. Pierre)	**AY** 35
Voultre (R. du)	**AZ** 36

% **Le Square,** 10 r. St-Martin ℘ 65 61 26 00, 😊 – ⁂ ☉   AZ **t**
    fermé dim. soir sauf juil.-août – **Repas** 60/165, enf. 30.

% **La Marmite du Pêcheur,** 14 bd Capelle ℘ 65 61 20 44, 😊 – ⁂ ☉   BY **a**
    fermé merc. soir de nov. à juil. – **Repas** 90/250 ⅃, enf. 40.

par ④ rte St-Affrique : 2 km :

🏛 **Château de Creissels** 🈂, ℘ 65 60 16 59, Fax 65 61 24 63, ≤, 😊, parc – 📺 ☎ ⅙ ☉ ⁂
    ☉ ⁂ ᴊᴄᴮ
    hôtel : fermé 30 déc. au 17 fév. ; rest. : fermé 1ᵉʳ janv. au 17 fév., dim. soir et lundi midi hors
    sais. – **Repas** 110/205, enf. 57 – ⯝ 40 – **33 ch** 225/380 – ½ P 245/345.

PEUGEOT Gar. Pujol, 85 av. J.-Jaurès par ①   Pneus 2000, 8 av. Martel ℘ 65 60 09 77
℘ 65 60 40 90   Treillet Pneus-Point S. 325 r. E.-Delmas
                        ℘ 65 60 05 56 Ⓝ ℘ 65 60 23 04

🛞 Lassale Pneus, 275 r. E.-Delmas ℘ 65 60 27 85

▬▬▬ **MILLEMONT** 78940 Yvelines ⑥⓪ ⑧ ⑩⑥ ⑮ – 173 h alt. 184.

Paris 51 – Dreux 31 – Mantes-la-Jolie 24 – Rambouillet 27 – Versailles 31.

%% **Aub. de la Malvina,** la Haute Perruche ✉ 78890 Garancières, ℘ (1) 34 86 45 76,
    Fax (1) 34 86 46 11, 😊 – ☉
    fermé 3 au 14 sept., 2 janv. au 2 fév., merc. soir et jeudi – **Repas** 95 (déj.), 160/250.

▬▬▬ **Les MILLES** 13 B.-du-R. ⑧④ ③, ⑪④ ⑮ – *rattaché à Aix-en-Provence.*

▬▬▬ **MILLY-LA-FORÊT** 91490 Essonne ⑥① ⑪ ⑩⑥ ④④ G. Ile de France – 4 307 h alt. 65.

Voir Parc de Courances★★ N : 5 km.

🇧 Office de Tourisme, 60 r. Jean Cocteau ℘ 64 98 83 17, Fax 64 98 94 80.

Paris 61 – Fontainebleau 18 – Étampes 25 – Évry 33 – Melun 23 – Nemours 27.

à Auvers (S.-et-M.) S : 4 km par D 948 – ✉ 77123 Noisy-sur-École :

%% **Aub. d'Auvers Galant,** ℘ (1) 64 24 51 02, Fax (1) 64 24 56 40, 😊 – ⁂ ☉
    fermé 16 au 25 août, vacances de fév., lundi sauf le midi de sept. à juin et mardi – **Repas**
    120/270.

MIMIZAN 40200 Landes 🎏 ⑭ **G. Pyrénées Aquitaine** – 6 710 h alt. 12 – Casino .

Paris 687 – Mont-de-Marsan 76 – Arcachon 65 – ♦Bayonne 108 – ♦Bordeaux 116 – Dax 70 – Langon 107.

à Mimizan-Bourg :

ᐧᐧᐧ ❀ **Au Bon Coin du Lac** (Caule) 🏖 avec ch, au lac N : 1,5 km 🖉 58 09 01 55,
Fax 58 09 40 84, ≤, 🍽, 🌳 – 🖃 rest 🆃🆅 🅿 🚗. 🆎 🆖🅱
fermé fév., dim. soir et lundi sauf juil.-août – **Repas** 150/350 et carte 320 à 420 – 🖙 65 – **4 ch**
360/560, 4 appart700 – ½ P 550/630
Spéc. Coussin de foie de canard aux pommes acidulées. Sole soufflée aux langoustines. Nougat glacé au pralin. **Vins**
Jurançon, Madiran.

à Mimizan-Plage O : 6 km par D 626 – ✉ **40200** .

🛈 Office de Tourisme 38 av. M.-Martin 🖉 58 09 11 20, Fax 58 09 40 31.

Plage Nord :

🏠 **France** sans rest, 18 av. Côte d'Argent 🖉 58 09 09 01 – ☎ 🅿. 🆖🅱. 🌿
1ᵉʳ avril-30 sept. – 🖙 33 – **21 ch** 240/270.

🏠 **Bellevue**, 34 av. M. Martin 🖉 58 09 05 23, Fax 58 09 19 15 – ☎ 🅿. 🅾 🆖🅱
↠ *mars-oct.* – **Repas** 70 bc/140 🍴, enf. 40 – 🖙 33 – **36 ch** 148/300 – ½ P 230/310.

Plage Sud :

🏠 **Émeraude des Bois**, 68 av. Courant 🖉 58 09 05 28, 🌳 – ☎ 🅿. 🆖🅱. 🌿 rest
hôtel : 8 avril-24 sept. ; rest. : 27 mai-17sept. – **Repas** (dîner seul.) 98/100, enf. 55 – 🖙 32 –
16 ch 190/300 – ½ P 225/280.

🏠 **Plaisance**, 10 r. Cormorans 🖉 58 09 08 06, 🍽 – 🆃🆅 ☎. 🆖🅱. 🌿
↠ *fermé début janv. à mi-fév.* – **Repas** *(fermé dim. soir et mardi d'oct à mi-juin)* 70/200, enf. 45
– 🖙 28 – **10 ch** 350 – ½ P 253.

CITROEN Auto Mimizanaise, 15 av. de Bordeaux à
Mimizan-Bourg 🖉 58 09 09 81
FORD Gar. Claverie, 1 av. M.-Martin 🖉 58 09 21 24
RENAULT Gar. Poisson, 48 av. de Bordeaux à
Mimizan-Bourg 🖉 58 09 08 73 🅽 🖉 05 05 15 15

RENAULT Gar. Caignieu, 13 av de la Plage
🖉 58 09 03 98 🅽 🖉 05 05 15 15

MINDIN 44 Loire-Atl. 🎏 ① – rattaché à St-Brévin-les-Pins.

MINERVE 34210 Hérault 🎏 ⑬ **G. Gorges du Tarn** – 104 h alt. 227.

Voir Village★.

🛈 Syndicat d'Initiative - Mairie 🖉 68 91 81 43.

Paris 823 – Béziers 44 – Carcassonne 44 – Narbonne 32 – St-Pons 29.

🍴 **Relais Chantovent** 🏖 avec ch, 🖉 68 91 14 18, Fax 68 91 81 99, ≤, 🍽 – 🚗. 🆖🅱
*hôtel : 20 mars-13 nov. et fermé dim. soir et lundi ; rest : fermé 2 janv. au 20 mars, dim. soir
et lundi* – **Repas** 95/230, enf. 50 – 🖙 30 – **6 ch** 190/230 – ½ P 320.

MIONNAY 01390 Ain 🎏 ② – 1 103 h alt. 288.

Paris 456 – ♦Lyon 23 – Bourg-en-Bresse 42 – Meximieux 25 – Montluel 11,5 – Villefranche-sur-Saône 27.

🏛 ❀❀ **Alain Chapel**, 🖉 78 91 82 02, Fax 78 91 82 37, 🍽, « Jardin fleuri » – 🆃🆅 ☎ 🚗 🅿.
🆎 🅾 🆖🅱
fermé janv., mardi midi et lundi – **Repas** 290 (déj.), 560/780 et carte 470 à 630 – 🖙 85 – **14 ch**
600/800
Spéc. Lapin de quatre heures et foie gras en gelée. Langoustines et girolles aux fleurs de coriandre sur polenta
croustillante. Pintade fermière à la badiane, riz sauvage et ragoût de févettes. **Vins** Mâcon-Clessé, Bourgogne.

MIONS 69780 Rhône 🎏 ⑫ – 9 145 h alt. 219.

Paris 487 – ♦Lyon 19 – Bourgoin-Jallieu 30 – Vienne 22.

🏠 **Parc**, r. Libération 🖉 78 20 16 41, Fax 78 20 77 13, 🍽 – 🆃🆅 ☎ 🅿. 🆖🅱
fermé 1ᵉʳ au 20 août, dim. soir et lundi – **Repas** 90/290 🍴 – 🖙 45 – **20 ch** 155/220 –
½ P 165/185.

MIRAMAR 06 Alpes-Mar. 🎏 ⑧ – rattaché à Théoule-sur-Mer.

MIRAMBEAU 17150 Char.-Mar. 🎏 ⑥ – 1 409 h alt. 65.

Paris 516 – ♦Bordeaux 71 – Cognac 46 – Montendre 18 – Saintes 52.

🏰 **Château de Mirambeau** 🏖, rte Montendre 🖉 46 70 71 77, Fax 46 70 71 10, 🍽, parc,
« Bel aménagement intérieur », 🏊, 🏞, 🎾 – 🛗 ☎ 🕭 🅿 – 🔬 25. 🆖🅱. 🌿 rest
1ᵉʳ avril-2 nov. – **Repas** 240/380 – 🖙 100 – **48 ch** 680/1500 – ½ P 680/865.

MIRANDE ⬭ 32300 Gers 🎏 ⑭ **G. Pyrénées Aquitaine** – 3 565 h alt. 174.

Voir Musée des Beaux-Arts★.

🛈 Office de Tourisme r. Évéché 🖉 62 66 68 10.

Paris 784 – Auch 25 – Mont-de-Marsan 98 – Tarbes 50 – ♦Toulouse 104.

🏠 **Pyrénées**, av. d'Etigny 🖉 62 66 51 16, Fax 62 66 79 96, 🥘, 🌳 – 🛏 ch 🆃🆅 ☎ 🅿 – 🔬 30.
🆎 🆖🅱 🇯🇨🇧
Repas *(fermé lundi)* 90/140, enf. 55 – 🖙 38 – **28 ch** 180/240 – ½ P 230/300.

RENAULT Gar. Dufour, 🖉 62 66 50 19

698

MIRANDOL-BOURGNOUNAC 81 Tarn 🎱🔟 ⑪ – rattaché à Carmaux.

MIREBEAU-SUR-BÈZE 21310 Côte-d'Or 🎱🎱 ⑬ – 1 464 h alt. 202.
Paris 337 – ◆Dijon 25 – Châtillon-sur-Seine 99 – Dole 43 – Gray 24 – Langres 65.

🕱🕱 **Aub. Marronniers** avec ch, ℘ 80 36 71 05, Fax 80 36 75 92, 🏤 – 🕿. 📖. 🎇
➥ fermé 22 déc. au 8 janv. – **Repas** (fermé vend. soir du 1er oct. au 30 avril et dim. soir) 58/160
🍴, enf. 40 – ⌷ 25 – **17 ch** 160/250 – ½ P 183/208.

RENAULT Gar. Hinsinger, ℘ 80 36 71 15 🆕 ℘ 80 36 71 15

MIRECOURT 88500 Vosges 🎱🎱 ⑮ G. Alsace Lorraine – 6 900 h alt. 292.
Paris 373 – Épinal 33 – Lunéville 49 – Luxeuil-les-Bains 74 – ◆Nancy 47 – Neufchâteau 39 – Vittel 23.

🏨 **Le Luth** 🅼, rte Neufchâteau ℘ 29 37 12 12, Fax 29 65 68 88 – 📺 🕿 🅿 – 🔬 25. 📖 📖
fermé 1er au 15 août (sauf hôtel), vend. soir et sam. – **Repas** 99/156 🍴, enf. 48 – ⌷ 40 – **30ch**
210/280 – ½ P 240/260.

MIREPEISSET 11120 Aude 🎱🎱 ⑬ – 410 h.
Paris 809 – Béziers 30 – Carcassonne 49 – Narbonne 16 – Saint-Pons-de-Thomières 38.

🕱 **Le Bec Fin**, ℘ 68 46 31 13 – 📖
fermé 21 nov. au 6 déc., 9 au 23 janv., lundi sauf le soir en sais. et mardi midi – **Repas** 89/190.

MIREPOIX 09500 Ariège 🎱🎱 ⑤ G. Pyrénées Roussillon – 2 993 h alt. 303.
Voir Place principale★★.
🛈 Office de Tourisme pl. Mar.-Leclerc ℘ 61 68 83 76, Fax 61 68 89 48.
Paris 778 – Foix 36 – Carcassonne 52 – Castelnaudary 33 – Limoux 34 – Pamiers 24 – Quillan 45.

🏨 **Commerce**, près église ℘ 61 68 10 29, Fax 61 68 20 99, 🏤 – 🕿 📖 📖 📖
➥ fermé 13 au 22 oct. et janv. – **Repas** (fermé sam. sauf juil.-août) 65/180, enf. 40 – ⌷ 28 –
31 ch 175/265 – ½ P 180/225.

RENAULT Gar. Jean, ℘ 61 68 15 64 🆕   Gar. de l'Hers, ℘ 61 68 15 76
℘ 61 68 26 48

MIRIBEL-LES-ECHELLES 38380 Isère 🎱🎱 ⑭ – 1 607 h alt. 599.
Paris 544 – ◆Grenoble 38 – Chambéry 28 – Le Pont-de-Beauvoisin 20.

🕱 **Les Trois Biches**, ℘ 76 55 28 02 – 📖 📖
➥ fermé 20 au 30 juin, 1er au 10 sept., 20 au 28 fév. et merc. sauf juil.-août – **Repas** 65/195 🍴,
enf. 55.

PEUGEOT Gar. Montagnat, ℘ 76 55 27 38

MIRMANDE 26 Drôme 🎱🎱 ⑫ – rattaché à Saulce-sur-Rhône.

MISON 04200 Alpes-de-H.-P. 🎱🎱 ⑤ – 764 h alt. 617.
Paris 698 – Digne-les-Bains 51 – Gap 46 – Sault 69 – Serres 25 – Sisteron 13.

🕱🕱 **l'Iris de Suse**, au vieux village O : 2 km ℘ 92 62 21 69, 🏤 – 📖
fin mars-début nov. et fermé dim. soir et lundi de sept. à juin et mardi midi en juil.-août –
Repas 100/135, enf. 75.

MISSILLAC 44780 Loire-Atl. 🎱🎱 ⑮ G. Bretagne – 3 915 h alt. 30.
Voir Retable★ dans l'église – Site★ du château de la Bretesche O : 1 km.
🏌 de la Bretesche ℘ 40 88 30 03, O : 2 km.
Paris 438 – ◆Nantes 61 – Redon 22 – St-Nazaire 36 – Vannes 53.

🏨 **Golf de la Bretesche** 🦌, rte La Baule : 1 km ℘ 40 88 30 05, Fax 40 66 99 47, ≤, parc,
🏊 – 📺 🕿 🅿 – 🔬 60. 📖 🎇 rest
fermé fév. – **Repas** 145/290 – ⌷ 42 – **27 ch** 320/640 – ½ P 320/480.

RENAULT Gar. de Bretagne, à Pontchâteau ℘ 40 01 62 27 🆕 ℘ 40 90 75 72

MITTELBERGHEIM 67140 B.-Rhin 🎱🎱 ⑨ G. Alsace Lorraine – 628 h alt. 205.
Paris 499 – ◆Strasbourg 37 – Barr 1,5 – Erstein 21 – Molsheim 22 – Sélestat 17.

🕱🕱 **Winstub Gilg** avec ch, ℘ 88 08 91 37, Fax 88 08 45 17, « Ambiance typiquement alsacienne » – 📺 🕿 🅿. 📖 📖 📖 📖
fermé 8 au 31 janv., mardi soir et merc. – **Repas** 100/325 🍴 – ⌷ 33 – **11 ch** 215/400.

🕱🕱 **Am Lindeplatzel**, ℘ 88 08 10 69, Fax 88 08 45 08 – 📖 📖 📖
fermé 21 au 31 août, vacances de fév., merc. soir et jeudi – **Repas** 98/250 🍴, enf. 55.

MITTELHAUSEN 67170 B.-Rhin 🎱🎱 ⑤ 🎱🎱 ④ – 490 h alt. 185.
Paris 469 – ◆Strasbourg 18 – Haguenau 17 – Saverne 22.

🏨 **L'Étoile**, 12 r. La Hey ℘ 88 51 28 44, Fax 88 51 24 79, 🍴 – ▤ rest 🕿 🕭 🅿. 📖
➥ **Repas** (fermé 10 juil. au 3 août, 2 au 10 janv., dim. soir et lundi) 60/210 🍴 – ⌷ 25 – **23 ch**
110/270 – ½ P 200/220.

MITTERSHEIM 57930 Moselle 57 ⑯ – 627 h alt. 233.

Paris 410 – ◆Nancy 60 – ◆Metz 82 – Sarrebourg 22 – Sarre-Union 16 – Saverne 39.

XX **L'Escale** avec ch, rte Dieuze ☎ 87 07 67 01, Fax 87 07 54 57, ←, 🏞, 🌳 – TV ☎ P. AE ⓓ GB
fermé fév. et merc. sauf juil.-août – **Repas** 75/165 🍷 – ☕ 35 – **13 ch** 210/260 – ½ P 230/270.

MIZOËN 38 Isère 77 ⑥ – rattaché au Freney-d'Oisans.

MODANE 73500 Savoie 77 ⑧ **G. Alpes du Nord** – 4 250 h alt. 1 057 – Sports d'hiver : 1 550/2 737 m 🚡2 ⛷10.

Tunnel du Fréjus : Péage en 1994 aller simple : autos 86, 133 ou 173 F, P.L. : 430, 654 ou 866 F - Tarifs spéciaux AR (Validité limitée).

ℹ Office de Tourisme pl. Replaton ☎ 79 05 22 35, Fax 79 05 13 67.

Paris 647 – Albertville 93 – Chambéry 103 – Lanslebourg-Mont-Cenis 23 – Col du Lautaret 59 – St-Jean-de-Maurienne 31.

🏠 **Perce Neige,** cours J. Jaurès ☎ 79 05 00 50, Fax 79 05 12 92 – 🛗 TV ☎. GB. ✻
fermé 1er au 15 mai et 15 oct. au 3 nov. – **Repas** 76/105 🍷, enf. 49 – ☕ 27 – **18ch** 230/319 – ½ P 218/262.

CITROEN Gar. Ragona, ☎ 79 05 33 04
FIAT, LANCIA, TOYOTA, Gar. Durieux, 36 av. de la Liberté à Fourneaux ☎ 79 05 07 74
PEUGEOT Gar. Bellussi, ☎ 79 05 07 68 N ☎ 79 05 07 68

MOËLAN-SUR-MER 29350 Finistère 58 ⑪ ⑫ **G. Bretagne** – 6 596 h alt. 52.

ℹ Office de Tourisme, r. des Moulins ☎98 39 67 28, Fax 98 96 50 11.

Paris 516 – Quimper 47 – Carhaix-Plouguer 65 – Concarneau 26 – Lorient 26 – Quimperlé 10.

🏨 **Les Moulins du Duc** M 🐎, NO : 2 km ☎ 98 39 60 73, Fax 98 39 75 56, ←, 🏞, « Moulins dans un cadre de verdure, parc », 🏊, 🏠 – TV ☎ P – 🔔 25. AE ⓓ GB
début avril-début janv. – **Repas** 90 (déj.), 140/195, enf. 60 – ☕ 55 – **22 ch** 500/805, 5 appart – ½ P 825/910.

🏨 **Manoir de Kertalg** M 🐎 sans rest, O : 3 km par D 24 et chemin privé ☎ 98 39 77 77, Fax 98 39 72 07, ←, parc – TV ☎ P. AE GB
15 avril-15 nov. – ☕ 65 – **10 ch** 490/980.

MOERNACH 68 H.-Rhin 66 ⑨ – rattaché à Ferrette.

MOIRANS 38430 Isère 77 ④ – 7 133 h alt. 192.

Paris 552 – ◆Grenoble 24 – Chambéry 48 – ◆Lyon 84 – Valence 77.

XXX **Beauséjour** avec ch, rte Grenoble ☎ 76 35 30 38, Fax 76 35 59 80, 🏞 – ☎ P. AE ⓓ GB
fermé 4 au 18 janv., dim. soir et lundi – **Repas** 160 bc/350 bc et carte 220 à 290, enf. 70 – ☕ 35 – **7 ch** 180/200 – ½ P 280.

CITROEN Gar. Peretti, ZA La Pichatière ☎ 76 35 31 00
PEUGEOT Gar. de la Gare, av. Gare ☎ 76 35 30 51

MOIRANS-EN-MONTAGNE 39260 Jura 70 ⑭ **G. Jura** – 2 018 h alt. 625.

Voir Belvédère du Regardoir ←★ NO : 3 km puis 15 mn.

Paris 435 – Bourg-en-Bresse 64 – Lons-le-Saunier 39 – Nantua 39 – Saint-Claude 21.

🏨 **Host. Lacuzon** M, r. Jura ☎ 84 42 33 22, Fax 84 42 38 34 – 🛗 TV ☎ ♿. AE ⓓ GB
Repas *(fermé 21 août au 10 sept., vacances de fév., dim. soir et lundi)* 98/180 – ☕ 34 – **12 ch** 280/365 – ½ P 273/280.

sur D 470 N : 4 km par rte de Lons-le-Saunier – ✉ 39260 Moirans-en-Montagne :

X **Aub. Jurassienne,** ☎ 84 42 01 32, Fax 84 42 33 62, 🏞 – P. GB
fermé 22 déc. au 4 janv., dim. soir et lundi sauf juil.-août – **Repas** 70 (déj.), 98/130 🍷, enf. 55.

CITROEN Gar. Messin, 41 r. Roussin ☎ 84 42 00 47
RENAULT Gar. Dalloz, 36 r. Voltaire ☎ 84 42 01 24

MOIRAX 47 L.-et-G. 79 ⑮ – rattaché à Agen.

MOISSAC 82200 T.-et-G. 79 ⑯ ⑰ **G. Pyrénées Roussillon** – 11 971 h alt. 76.

Voir Église St-Pierre★ : portail méridional★★★, cloître★★.

Env. Boudou ✻★ 7 km par ③.

⛳9 Golf Club d'Espalais ☎ 63 29 04 56, par ③ N 113 : 20 km.

ℹ Office de Tourisme pl. Durand-de-Bredon ☎ 63 04 01 85, Fax 63 04 27 10.

Paris 655 ① – Agen 42 ③ – Cahors 61 ① – Auch 85 ② – Montauban 31 ① – ◆Toulouse 72 ②.

Plan page ci-contre

🏨 **Le Chapon Fin,** pl. Récollets **(a)** ☎ 63 04 04 22, Fax 63 04 58 44 – ☎. GB
Repas *(fermé lundi de janv. à mai)* 85/230 – ☕ 30 – **28 ch** 250/300 – ½ P 240/265.

Ⓜ Taquipneu Vulcopneu, "La Dérocade" ☎ 63 04 07 85

MOISSAC

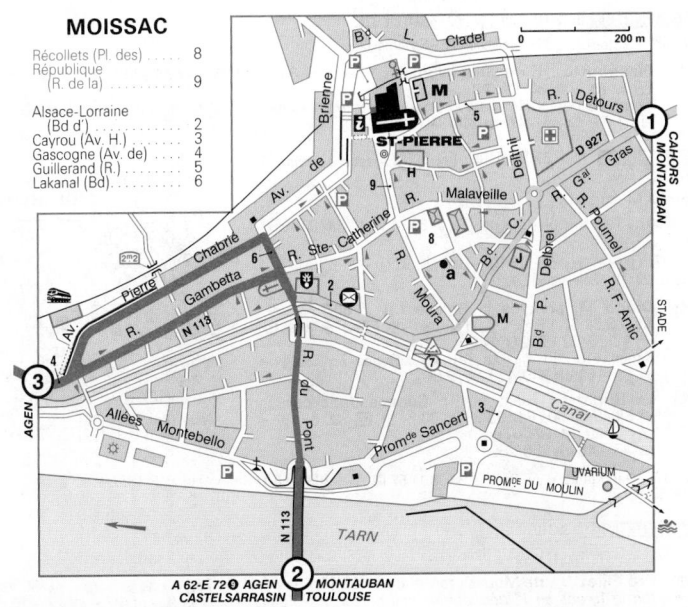

MOLINES-EN-QUEYRAS 05350 H.-Alpes **77** ⑲ **G. Alpes du Sud** – 336 h alt. 1 762 – Sports d'hiver : 1 750/2 580 m ⦃15 ⚡.

🛈 Office de Tourisme ℘ 92 45 83 22, Fax 92 45 80 79.

Paris 732 – Briançon 46 – Gap 87 – Guillestre 27 – St-Véran 5,5.

🏨 **Le Cognarel** ⬧, au Coin E : 3 km par D 205 et VO ℘ 92 45 81 03, Fax 92 45 81 17, ≤, 🍽
– ☎ 🖭 ① ⑤
1er juin-25 sept. et 18 déc.-30 avril – **Repas** (fermé lundi) 98/165, enf. 55 – ☲ 35 – **21 ch**
300/390 – ½ P 357.

🏨 **L'Équipe** ⬧, rte St-Véran ℘ 92 45 83 20, Fax 92 45 81 85, ≤, 🍽 – ☎ 🅿. 🖭 ① ⑤
➜ 24 mai-2 oct., 21 oct.-2 nov. et 16 déc.-8 avril – **Repas** 62/146 ⑂, enf. 40 – ☲ 40 – **22 ch** 294
– ½ P 262.

🏨 **Le Chamois**, ℘ 92 45 83 71, Fax 92 45 80 58, ≤ – ☎ 🅿. 🖭 ① ⑤
➜ fermé 7 avril au 3 mai et 3 nov. au 18 déc. – **Repas** (fermé sam. midi hors sais.) 76/187, enf.
55 – ☲ 35 – **17 ch** 280 – ½ P 260.

MOLITG-LES-BAINS 66500 Pyr.-Or. **86** ⑰ **G. Pyrénées Roussillon** – 185 h alt. 500 – Stat. therm.

Paris 912 – ◆Perpignan 47 – Prades 7 – Quillan 54.

🏨🏨 ❀ **Château de Riell** 🖭 ⬧, ℘ 68 05 04 40, Télex 500705, Fax 68 05 04 37, ≤ Canigou, 🍽,
parc, ⏋, 🝰, ※ – 🖩 🅿 – 🔬 70. 🖭 ① ⑤ ⑤ 🞾 rest
1er avril-1er nov. – **Repas** 190 bc/400 et carte 290 à 410, enf. 120 – ☲ 88 – **19 ch** 970/1250,
3 appart – P 745/1315
Spéc. Tarte feuilletée aux champignons des bois et supions de roche. Tournedos de pied de cochon. Gâteau moelleux
au chocolat et crème à la chicorée. **Vins** Fitou.

🏨 **Gd Hôtel Thermal** ⬧, ℘ 68 05 00 50, Télex 500705, Fax 68 05 02 91, ≤, 🍽, « Parc »,
⏋, ※ – 🖩 🗐 rest ☎ 🖘 🅿 – 🔬 150. 🖭 ⑤. 🞾 rest
27 mars-29 oct. – **Repas** 123/187, enf. 70 – ☲ 37 – **54 ch** 265/520 – ½ P 205/369.

MOLLANS-SUR-OUVÈZE 26170 Drôme **81** ③ **G. Alpes du Sud** – 782 h alt. 280.

Paris 682 – Carpentras 30 – Nyons 20 – Vaison-la-Romaine 12.

🏨 **St Marc** ⬧, pl. Gare ℘ 75 28 70 01, Fax 75 28 78 63, 🍽, ⏋, 🝰, ※ – 🖩 ☎. ⑤. 🞾
15 mars-15 nov. et fermé dim. soir et lundi sauf de Pâques à sept. – **Repas** 123/170 – ☲ 46 –
30 ch 220/370 – ½ P 299/343.

PEUGEOT Gar. Magnet, ℘ 75 28 71 42

MOLLKIRCH 67190 B.-Rhin 🗺 ⑤ – 552 h alt. 325.

Paris 481 – ◆Strasbourg 36 – Molsheim 11 – Saverne 32.

🏠 **Fischhutte** ⤴, rte Grendelbruch : 3,5 km ℰ 88 97 42 03, Fax 88 97 51 85, ≤, ⇪, ⚘ –
🔟 🅟 ☎ – 🕍 30. 🆎 ⅏ 🕮 ✿
fermé 13 fév. au 10 mars et 26 juin au 7 juil. – **Repas** *(fermé lundi soir et mardi)* 150/260 ⅃,
enf. 55 – ⏛ 35 – **17 ch** 240/340 – ½ P 270/330.

MOLSHEIM ◁▷ 67120 B.-Rhin 🗺 ⑨ 🆖. Alsace Lorraine –
7 973 h alt. 200.

Voir La Metzig★ D.

🖪 Office de Tourisme pl. Hôtel de Ville ℰ 88 38 11 61, Fax 88 49 80
40.

Paris 477 ① – ◆Strasbourg 26 ③ – Lunéville 90 ④ – St-Dié 64 ④ –
Saverne 28 ① – Sélestat 36 ③.

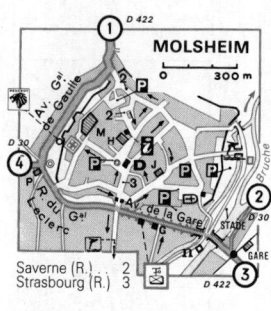

🏨 **Diana** Ⓜ, pont de la Bruche **(n)** ℰ 88 38 51 59,
Fax 88 38 87 11, ⇪, 🎰, 🔲, ⚘ – 🛗 🔟 ☎ ₺ 🚗 🅟
– 🕍 150. 🆎 ⅏ 🕮 🕮
Repas 140/295 ⅃ - *La Taverne :* **Repas** 75/125 ⅃ –
⏛ 39 – **60 ch** 340/420 – ½ P 360.

🏨 **Le Bugatti** Ⓜ sans rest, r. Commanderie par ③
ℰ 88 49 89 00, Fax 88 38 36 00 – 🛗 🔟 ☎ ₺ 🅟 –
🕍 50. 🆎 ⅏ 🕮 🕮
⏛ 35 – **45 ch** 250/280.

Saverne (R.) 2
Strasbourg (R.) . . . 3

CITROEN Gar. Krantz, 6 av. Gare ℰ 88 38 11 57 🆖
ℰ 88 38 11 57

RENAULT Gar. Wietrich, RN 422 par ③
ℰ 88 38 21 62 🆖 ℰ 88 49 38 88

Les MOLUNES 39310 Jura 🗺 ⑯ – 93 h alt. 1274.

Paris 469 – ◆Genève 48 – Gex 32 – Lons-le-Saunier 75 – St-Claude 15.

🏠 **Pré Fillet** ⤴, rte Moussières ℰ 84 41 62 89, Fax 84 41 64 75, ≤ – ☎ 🚗 🅟 – 🕍 30. 🕮
↔ *fermé 15 oct. au 1ᵉʳ déc. et dim. soir hors sais.* – **Repas** 56 bc/155 ⅃, enf. 27 – ⏛ 27 – **20 ch**
210/240 – ½ P 180/195.

MONACO (Principauté de) 🗺 ⑩ 🗺 ㉗ ㉘ 🆖. Côte d'Azur – 29 972 h alt. 65 – Casino .

Plans pages suivantes

Beausoleil 06240 Alpes-Mar. – 12 326 h.

Voir Mont des Mules ✳★ N : 1 km puis 30 mn.

Paris 954 ⑥ – Menton 13 ② – ◆Nice 19 ③ – San Remo 39 ①.

🏨 **Forum** Ⓜ, pl. Moneghetti ℰ 93 78 96 36, Fax 93 78 96 38, ⇪ – 🛗 🗖 🔟 ☎ ₺. 🆎 🕮
Repas *(fermé sam. soir et dim.)* 120 ⅃ – ⏛ 60 – **39 ch** 580/770 – ½ P 535.

🏠 **Olympia** sans rest, 17 bis bd Gén. Leclerc ℰ 93 78 12 70, Fax 93 41 85 04 – 🗖 🔟 ☎. 🕮
⏛ 32 – **32 ch** 250/305.

DX **f**

🔘 Sera Technic Pneu, 38 r. des Martyrs ℰ 93 78 59 16

Monaco Capitale de la Principauté – ⌧ 98000 .

Voir Jardin exotique★★ CZ : ≤★ – Grotte de l'Observatoire★ CZ **B** – Jardins St-Martin★
DZ – Ensemble de primitifs niçois★★ dans la cathédrale DZ – Christ gisant★ dans la
chapelle de la Miséricorde D **D** – Place du Palais★ CZ – Palais du Prince★ CZ – Musées :
océanographique★★ DZ (aquarium★★, ≤★★ de la terrasse), d'anthropologie préhisto-
rique★ CZ **M¹**, – napoléonien et des archives monégasques★ CZ **M⁴** – Collection princière
de voitures anciennes★ CZ **M⁶**.

Circuit automobile urbain.

🖪 A.C.M. 23 bd Albert-1er ℰ 93 15 26 00, Télex 469003, fax 93 25 80 08.

Paris 953 ⑤ – Menton 10 ② – ◆Nice 19 ③ – San Remo 44 ①.

à Monaco Ville, sur le Rocher :

XX **Castelroc**, pl. Palais ℰ 93 30 36 68, Fax 93 30 59 88, ≤, ⇪ – 🕮 🕮 🕮
fermé 1ᵉʳ déc. au 31 janv. et sam. – **Repas** (déj. seul.) 120/220.

CZ **p**

à Fontvieille :

🏨 **Abela** Ⓜ, 23 av. Papalins ℰ 92 05 90 00, Télex 489307, Fax 92 05 91 67, ≤, ⇪ – 🛗 ↔ ch
🗖 🔟 ☎ ₺ 🚗 – 🕍 50 à 120. 🆎 ⅏ 🕮
Repas 110/320, enf. 58 – ⏛ 95 – **192 ch** 990/1500 – ½ P 715/770.

AV **s**

MERCEDES S.A.M.G.F., 1 bd Charles III
ℰ 92 05 95 96 🆖 ℰ 88 72 00 94
VAG Gar. du Pont, 35 bd Rainier III à Ste-Dévote
ℰ 93 30 82 03

🔘 Portier Tiberti, 4 av. Princesse Grace
ℰ 93 15 90 21

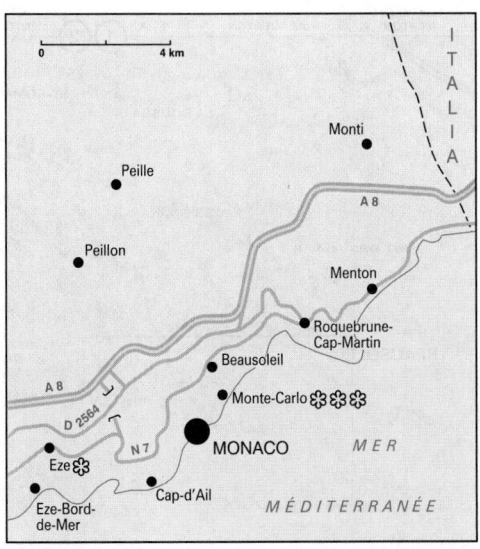

Monte-Carlo Centre mondain de la Principauté – Casinos : Grand Casino DY, Monte-Carlo Sporting Club BU, Sun Casino DX – ⊠ **98000** .

Voir Terrasse★★ du Grand casino DXY – Musée de poupées et automates★ DX **M⁵**.

🛆 de Monte-Carlo Golf Club ✗ 93 41 09 11, par ④ : 11 km.

🛂 Office de Tourisme 2 A bd des Moulins ✗ 92 16 61 66, Télex 469760, Fax 92 16 60 00.

Paris 953 ⑤ – Menton 9 ② – ♦Nice 21 ③ – San Remo 40 ①.

🏨🏨🏨 **Paris,** pl. Casino ✗ 92 16 30 00, Télex 469925, Fax 93 15 90 03, ≤, 🏤, 🔲, 🐾 – 🛗 🗐 📺
🕿 🍴 – 🔬 25 à 70. 🆎 ⓪ 🖭 🄺🄲🄱, ※ rest   DY **y**
voir rest. *Louis XV* et *Le Grill* ci-après - *Terrasse-Empire* (1ᵉʳ juil.-24 sept. et fermé le midi du
27 août au 24 sept.) **Repas** 280 (déj.) et carte 460 à 750 – *Côté Jardin* (déj. seul.) (fermé 1ᵉʳ
juil. au 31 août) **Repas** 280 et carte 270 à 340 – � 140 – **157 ch** 2200/3000, 40 appart.

🏨🏨 **Hermitage,** square Beaumarchais ✗ 92 16 40 00, Télex 479432, Fax 93 50 47 12, ≤, 🏤,
« Salle à manger de style baroque », 🇫🇧, 🔲 – 🛗 🗐 📺 🕿 🄿 – 🔬 25 à 80. 🆎 ⓪ 🖭 🄺🄲🄱
※ rest   DY **r**
Repas 190 (déj.), 310/430 – ⊵ 140 – **220 ch** 2000/2800, 16 appart.

🏨🏨 **Loews** 🅼, 12 av. Spélugues ✗ 93 50 65 00, Télex 479435, Fax 93 30 01 57, ≤, 🏤, casino
et cabaret sur place, 🇫🇧, 🔲 – 🛗 🗐 📺 🕿 🖐 🍴 – 🔬 30 à 1 200. 🆎 ⓪ 🖭 🄺🄲🄱
※ rest   DX **e**
Le Foie Gras (dîner seul.) **Repas** 350/500 – *L'Argentin* (dîner seul.) **Repas** 290 – *Le Pistou* :
Repas 240/320, carte le midi – *Café de la Mer* : **Repas** 320/450 – ⊵ 120 – **600 ch** 1400/1900,
35 appart.

🏨🏨 **Métropole Palace** 🅼, 4 av. Madone ✗ 93 15 15 15, Télex 489836, Fax 93 25 24 44, 🔲 –
🛗 🗐 📺 🕿 ⚕ 🍴 – 🔬 50 à 150. 🆎 ⓪ 🖭 🄺🄲🄱   DX **z**
Les Ambassadeurs : **Repas** 200/250 🍴 – ⊵ 100 – **123 ch** 1200/1700, 18 appart.

🏨🏨 **Beach Plaza** 🅼, av. Princesse Grace, à la plage du Larvotto ✗ 93 30 98 80, Télex 479617, Fax 93 50 23 14, ≤, 🏤, « Bel ensemble balnéaire, piscines, plage aménagée » – 🛗 ⚿ ch 🗐 📺 🕿 ⚕ 🍴 – 🔬 50 à 300. 🆎 ⓪ 🖭 🄺🄲🄱. ※ rest   BU **b**
La Terrasse : **Repas** 185/285, enf. 100 – ⊵ 115 – **304 ch** 1750/2350, 9 appart.

🏨🏨 **Mirabeau** 🅼, 1 av. Princesse Grace ✗ 92 16 65 65, Télex 479413, Fax 93 50 84 85, ≤, 🔲
– 🛗 🗐 📺 🕿 🍴 – 🔬 25 à 100. 🆎 ⓪ 🖭 🄺🄲🄱 ※ rest   DX **n**
voir rest. *La Coupole* ci-après – ⊵ 140 – **99 ch** 1300/2000, 4 appart.

🏨 **Alexandra** sans rest, 35 bd Princesse Charlotte ✗ 93 50 63 13, Fax 92 16 06 48 – 🛗 🗐 📺
🕿. 🆎 ⓪ 🖭. ※   DX **r**
⊵ 56 – **56 ch** 700/850.

🏨 **Balmoral,** 12 av. Costa ✗ 93 50 62 37, Télex 479436, Fax 93 15 08 69, ≤ – 🛗 🗐 🕿. 🆎 ⓪
🖭 🄺🄲🄱. ※   DY **b**
Repas snack (fermé nov., dim. soir et lundi) 150 – ⊵ 65 – **75 ch** 400/850.

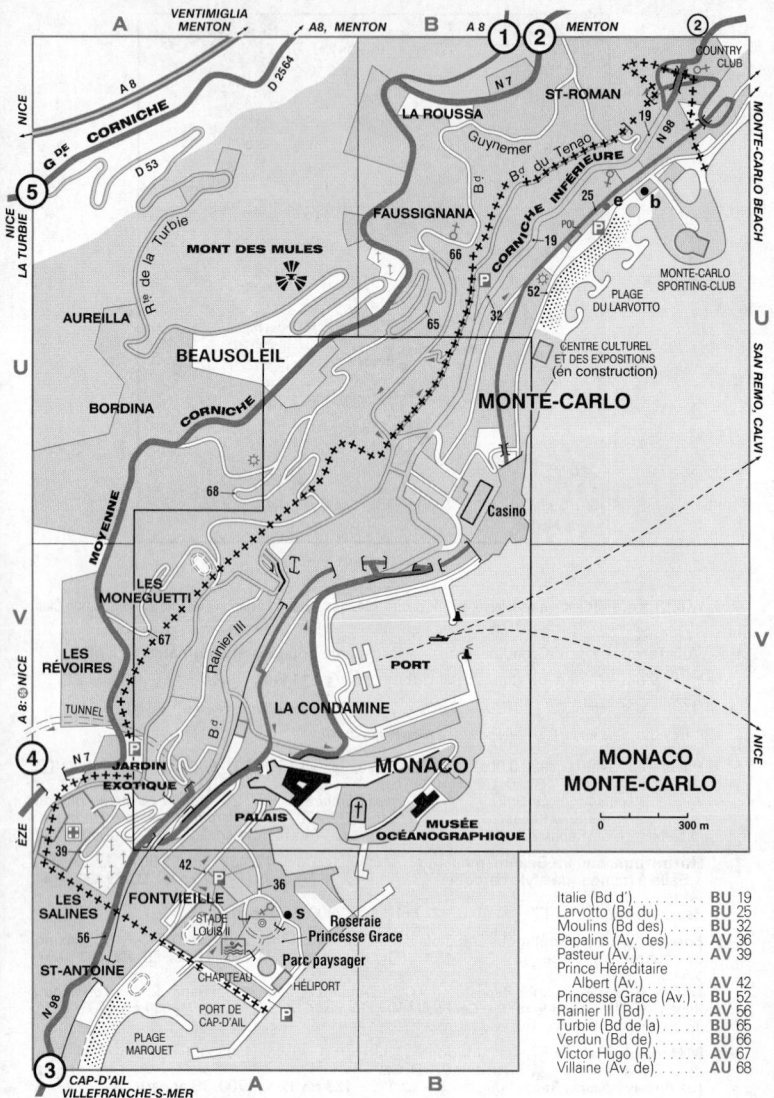

Italie (Bd d')	**BU** 19
Larvotto (Bd du)	**BU** 25
Moulins (Bd des)	**BU** 32
Papalins (Av. des)	**AV** 36
Pasteur (Av.)	**AV** 39
Prince Héréditaire	
Albert (Av.)	**AV** 42
Princesse Grace (Av.)	**BU** 52
Rainier III (Bd)	**AV** 56
Turbie (Bd de la)	**BU** 65
Verdun (Bd de)	**BU** 66
Victor Hugo (R.)	**AV** 67
Villaine (Av. de)	**AU** 68

XXXXX ✿✿✿ **Le Louis XV** - Hôtel de Paris, pl. Casino ℰ 92 16 30 01, Télex 469925, Fax 92 16 69 21, ☜ – ▤ ℗ ᴁ ⓞ ☖ ᴊᴄʙ, ⌘
DY **y**
fermé 28 nov. au 27 déc., 13 au 28 fév., merc. sauf le soir du 21 juin au 23 août et mardi – **Repas** 760/850 et carte 630 à 1 000
Spéc. Légumes des jardins de Provence mijotés à la truffe noire écrasée. Pigeonneau et foie gras de canard sur la braise. "Louis XV" au croustillant de pralin. **Vins** Bandol, Bellet.

XXXX ✿ **Grill de l'Hôtel de Paris,** pl. Casino ℰ 92 16 29 66, Télex 469925, Fax 93 25 38 49, « Au 8ᵉ étage, toit ouvrant et ≤ la Principauté » – ▤ ℗ ᴁ ⓞ ☖ ᴊᴄʙ. ⌘
DY **y**
fermé 8 janv. au 9 fév. – **Repas** carte 440 à 800
Spéc. Salades amères et sauvages, ravioli d'herbes au jus de poulet. Poissons et viandes grillés au feu de bois. Soufflés. **Vins** Côtes de Provence blanc et rouge.

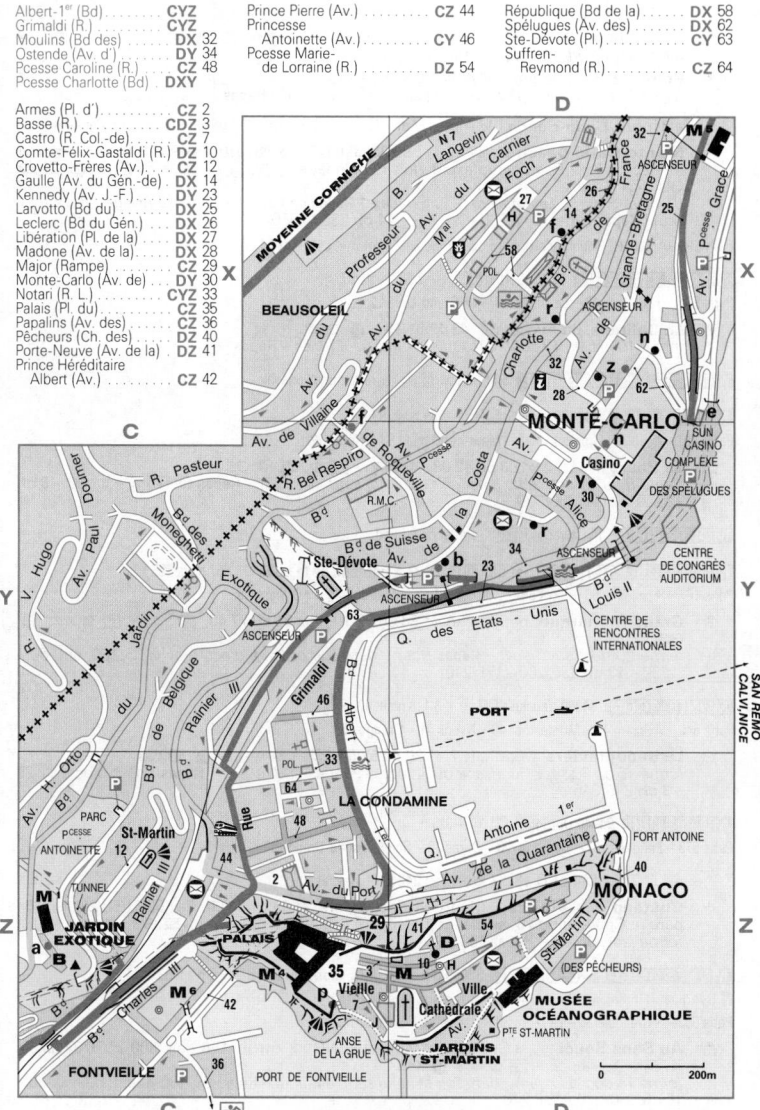

XXXX ✿ **La Coupole** - Hôtel Mirabeau, 1 av. Princesse Grace ℰ 92 16 66 99, Télex 479413,
Fax 93 50 84 85 – ▤ **℗**. 🝙 ⓪ 🇬🇧 🇯🇨🇧, ⌘
DX **n**
fermé juil.-août – **Repas** 290/430 et carte 340 à 480
Spéc. Filets de rougets à l'unilatéral. Crêpes de petits pois "façon cannelloni".

XXX **Le Saint Benoit,** 10 ter av. Costa ℰ 93 25 02 34, Fax 93 30 52 64, ≤ port et le Rocher,
🏠 – ▤. 🝙 ⓪ 🇬🇧 🇯🇨🇧
DY **b**
fermé 21 déc. au 8 janv. et lundi – **Repas** 160/225 et carte 250 à 340.

XX **Café de Paris,** pl. Casino ℰ 92 16 20 20, Fax 93 25 46 98, 🏠, « Evocation de brasserie
1900 » – ▤ 🝙 ⓪ 🇬🇧 🇯🇨🇧
DY **n**
Repas carte 210 à 340.

MONACO (Principauté de)

XX **Chez Gianni,** 39 av. Princesse Grace ℰ 93 30 46 33, 斧 – AE ⓞ GB   BU **e**
   fermé sam. midi – **Repas** - cuisine italienne - carte 220 à 320.

X **Polpetta,** 6 av. Roqueville ℰ 93 50 67 84 – GB   CY **f**
   fermé 1er au 21 mars, 15 au 30 oct., sam. midi et mardi – **Repas** - cuisine italienne - 150.

   à Monte-Carlo-Beach (06 Alpes-Mar.) NE BU : 2,5 km – ⊠ 06190 Roquebrune-Cap-Martin :

🏨 **Monte-Carlo Beach H.** Ⓜ ﹩, ℰ 93 28 66 66, Télex 462010, Fax 93 78 14 18, ≤ mer et
   Monaco, 斧, « Beau complexe de loisirs balnéaire », 🏊, 🏖 – 🛗 🗏 ch 📺 ☎ Ⓟ. AE ⓞ
   GB ⒿⒸⒷ. ﹩ rest
   31 mars-9 oct. – *La Potinière (2 juin-11sept)* **Repas** carte 270 à 430 – *Le Rivage* (snack)(déj.
   seul.) **Repas** carte 190 à 330 – � 140 – **44 ch** 2350/2550.

ROVER, JAGUAR British Motors, 15 bd Princesse Charlotte ℰ 93 25 64 84

MONCÉ-EN-BELIN 72230 Sarthe 64 ③ – 2 257 h alt. 57.

Paris 214 – ◆Le Mans 13 – La Flèche 34 – Le Grand-Lucé 22.

XX **Le Belinois,** bd Avocats ℰ 43 42 01 18 – Ⓟ. GB
   fermé 15 juil. au 13 août, dim. soir et lundi sauf fériés – **Repas** 98/210.

MONCEL-LÈS-LUNÉVILLE 54 M.-et-M. 62 ⑥ – rattaché à Lunéville.

MONCRABEAU 47600 L.-et-G. 79 ⑭ – 789 h alt. 93.

Paris 720 – Agen 38 – Condom 10,5 – Mont-de-Marsan 83 – Nérac 12.

XX **Le Phare** avec ch, ℰ 53 65 42 08, 斧, 🌳 – 📺 ☎. AE ⓞ GB
◆ *fermé 8 au 31 oct., fév., lundi soir et mardi sauf juil.-août* – **Repas** 60/175 ⏶ – ⊙ 30 – **8 ch**
   225/370 – ½ P 260/330.

MONDEVILLE 14 Calvados 55 ⑫ – rattaché à Caen.

MONDOUBLEAU 41170 L.-et-Ch. 60 ⑮ ⑯ G. Châteaux de la Loire – 1 557 h alt. 135.

Paris 167 – ◆Le Mans 63 – Blois 59 – Chartres 73 – Châteaudun 38 – ◆Orléans 89.

🏠 **Grand Monarque,** pl. Marché ℰ 54 80 92 10, Fax 54 80 77 40, 斧, 🌳 – 📺 ☎ ⟵⟶ Ⓟ.
   GB
   fermé 20 déc. au 7 janv. – **Repas** *(fermé dim. soir et lundi d'oct. à avril)* 85/160, enf. 50 –
   ⊙ 30 – **13 ch** 230/260 – ½ P 210.

MONDRAGON 84430 Vaucluse 81 ① – 3 118 h alt. 42.

Paris 645 – Avignon 44 – Montélimar 40 – Nyons 41 – Orange 16.

XXX **La Beaugravière** avec ch, N 7 ℰ 90 40 82 54, 斧 – 🗏 rest ☎ Ⓟ. AE GB
   fermé 15 au 30 sept., lundi soir du 1er oct. à Pâques et dim. soir – **Repas** 130/390 bc – ⊙ 25
   – **3 ch** 245/345.

MONESTIER 24240 Dordogne 75 ⑭ – 325 h.

Paris 573 – Périgueux 67 – Bergerac 20 – Duras 18 – Sainte-Foy-la-Grande 17.

   au NO par D 4 et D 18 : 7 km – ⊠ 24240 Monestier :

🏰 **Château des Vigiers** ﹩, au golf des Vigiers ℰ 53 61 50 00, Fax 53 61 50 20, ≤, 斧,
   parc, « Château du 16e siècle, golf », 🏊, ⚹ – 🛗 📺 ☎ Ⓟ – ⚐ 25. AE GB. ﹩
   fermé janv. et fév. – **Repas** 150/295 – ⊙ 70 – **25 ch** 860/1000 – ½ P 750.

MONESTIER-DE-CLERMONT 38650 Isère 77 ⑭ G. Alpes du Nord – 905 h alt. 832.

🛈 Syndicat d'Initiative Parc Municipal (en saison, matin seul.) ℰ 76 34 15 99.

Paris 603 – ◆Grenoble 33 – La Mure 30 – Serres 74 – Sisteron 108.

🏠 **Au Sans Souci** ﹩, à St-Paul-lès-Monestier NO : 2 km sur D 8 - alt. 800 ℰ 76 34 03 60,
   ≤, 斧, ⚹, 🌳, 🍴 – 📺 ☎ ⟵⟶ Ⓟ. GB
   fermé 15 déc. à fin janv., dim. soir et lundi sauf juil.-août – **Repas** 89/180 ⏶, enf. 50 – ⊙ 36 –
   15 ch 180/270 – ½ P 270.

🏠 **Piot** ﹩, ℰ 76 34 07 35, Fax 76 34 12 74, 斧, parc – ☎ Ⓟ. GB
◆ *fermé 16 nov. au 14 fév., mardi soir et merc. sauf du 15 juin au 15 sept.* – **Repas** 75/140 ⏶,
   enf. 48 – ⊙ 32 – **19 ch** 160/280 – ½ P 190/260.

PEUGEOT Gar. des Alpes, ℰ 76 34 08 20 🔃   RENAULT Gar. Charvet, ℰ 76 34 05 13 🔃
ℰ 76 34 14 08   ℰ 76 34 05 13

Le MONÉTIER-LES-BAINS 05 H.-Alpes 77 ⑦ – rattaché à Serre-Chevalier.

MONFLANQUIN 47150 L.-et-G. 79 ⑤ G. Pyrénées Aquitaine – 2 431 h alt. 181.

Voir ≤★.

🛈 Office de Tourisme pl. Arcades ℰ 53 36 40 19.

Paris 588 – Agen 48 – Bergerac 48 – Cahors 67 – Marmande 54.

706

🏠 **Prince Noir,** pl. Arcades *ℰ* 53 36 50 25 – 🏠 ch 🕿. **GB**
fermé 15 au 30 sept. et fév. – **Repas** *(fermé dim. soir et lundi)* 85/250 – 🖃 45 – **9 ch** 260/380 – ½ P 340/420.

PEUGEOT Gar. Lompech, *ℰ* 53 36 41 03   RENAULT Monflanquin Auto, rte de Villeneuve-sur-
                                                                    Lot *ℰ* 53 36 41 18 🄽 *ℰ* 53 36 41 18

La MONGIE 65 H.-Pyr. 🆒 ⑱ ⑲ **G. Pyrénées Aquitaine** – alt. 1 800 – Sports d'hiver : 1 800/2 500 m 🚡 2 🎿 30 – ⊠ **65200** Bagnères-de-Bigorre.

Voir Le Taoulet ≤ ★★ N par téléphérique – Col du Tourmalet ☀️ ★★ O : 4 km.

Env. Pic du Midi de Bigorre ☀️ ★★★, accès par le col du Tourmalet puis par route à péage ouverte en été NO : 10 km.

🚩 Office de Tourisme *ℰ* 62 91 94 15, Fax 62 95 33 13.

Paris 841 – Bagnères-de-Luchon 70 – Pau 85 – Arreau 37 – Bagnères-de-Bigorre 25 – Lourdes 48 – Luz-St-Sauveur 22 – Tarbes 47.

🏨 **Pourteilh,** *ℰ* 62 91 93 33, Fax 62 91 90 88 – 📶 🆃🆅 🕿 🚗, 🄰🄴 **GB**. ✼ rest
15 déc.-fin avril – **Repas** 95/160 – 🖃 45 – **42 ch** 350/480 – P 400/430.

Annexe Le Taoulet 🏠, *ℰ* 62 91 92 16, Fax 62 91 90 88 – 🚗. 🄰🄴 **GB**
juil.-août (sans rest.) et 15 déc.-20 avril – **Repas** 80 – 🖃 35 – **29 ch** 200/270 – ½ P 220/250.

🏠 **Pic d'Espade,** *ℰ* 62 91 92 27, Fax 62 91 90 64, ≤, 🏡 – 🆃🆅 🕿. 🄰🄴 **GB**. ✼
→ *15 juin-30 sept. et 1er déc.-1er mai* – **Repas** 80/100 – 🖃 45 – **30 ch** 300/350 – ½ P 320/410.

MONNAIE 37380 I.-et-L. 🆒 ⑮ – 2 829 h alt. 113.
Paris 226 – ♦Tours 17 – Château-Renault 15 – Vouvray 11.

🍴🍴 **Soleil Levant,** *ℰ* 47 56 10 34, Fax 47 56 45 22 – **GB**
fermé 17 juil. au 7 août, 20 au 28 fév., dim. soir et lundi – **Repas** 95/220, enf. 50.

MONPAZIER 24540 Dordogne 🆒 ⑯ **G. Périgord Quercy** – 531 h alt. 195.
Voir Place centrale★.
🚩 Syndicat d'Initiative *ℰ* 53 22 68 59, Fax 53 22 46 51.
Paris 563 – Périgueux 73 – Sarlat-la-Canéda 49 – Bergerac 45 – Fumel 29 – Villeneuve-sur-Lot 39.

🏨 **Edward 1er** 🏡 sans rest, *ℰ* 53 22 44 00, Fax 53 22 57 99, ≤, « Demeure du 19e siècle »,
🌳, 🚗 – 🆃🆅 🕿 ♿ ♿ 🄰🄴 🄾 **GB**
1er mai-1er nov. – 🖃 65 – **13 ch** 370/900.

MONSÉGUR 33580 Gironde 🆒 ③ – 1 537 h alt. 69.
Paris 580 – Bergerac 54 – Castillonnès 47 – Langon 34 – Libourne 49 – Marmande 21 – La Réole 15.

🏠 **Gd Hôtel,** *ℰ* 56 61 60 28 – 🕿 🚗. **GB**. ✼ ch
→ **Repas** *(fermé lundi midi en oct.)* 55/160 🍷 – 🖃 25 – **11 ch** 140/250 – ½ P 180/220.

PEUGEOT Gar. Vigneau, *ℰ* 56 61 61 37

MONT voir au nom propre du mont.

MONTAGNY 42840 Loire 🆒 ⑧ – 1 124 h alt. 480.
Paris 404 – Roanne 15 – ♦Lyon 75 – Montbrison 75 – ♦Saint-Étienne 94 – Thizy 7.

🍴🍴 **Poste,** *ℰ* 77 66 11 31, Fax 77 66 15 63 – 🍽. **GB**
fermé août, 15 au 29 fév., août, dim. soir et lundi – **Repas** 70 (déj.), 100/240.

MONTAGNY-LÈS-BEAUNE 21 Côte-d'Or 🆒 ⑨ – rattaché à Beaune.

MONTAIGU 85600 Vendée 🆒 ④ – 4 323 h alt. 48.
Env. Mémorial de vendée ★★ : le logis de la Chabotterie★ (salles historiques★★) SO : 14 km, le chemin de la Mémoire des Lucs★ SO : 24 km **G. Poitou Vendée Charentes**.
Paris 387 – ♦Nantes 33 – La Roche-sur-Yon 39 – Cholet 36 – Fontenay-le-Comte 86 – Noirmoutier 91.

🏨 **Voyageurs,** rte Nantes *ℰ* 51 94 00 71, Télex 701877, Fax 51 94 07 78, 🍽, 🌳 – 🏠 ch
🍽 rest 🆃🆅 🕿 🚗 ♿ – 🏛 60. 🄰🄴 🄾 **GB**
Repas 85/220 🍷, enf. 45 – 🖃 45 – **36 ch** 195/480 – ½ P 260/380.

FIAT, LANCIA Maine Autom., ZA Mirville à Boufféré   VAG Gar. Rineau, 14 r. Amiral Duchaffault
ℰ 51 46 35 52 🄽 *ℰ* 51 46 35 52   *ℰ* 51 94 00 92
PEUGEOT Beauvois Autom., ZI rte de Nantes
ℰ 51 94 04 97

MONTAIGUT-SUR-SAVE 31530 H.-Gar. 🆒 ⑦ – 972 h alt. 124.
Paris 688 – ♦Toulouse 23 – Auch 58 – Montauban 42.

🏨 **Host. Le Ratelier** 🏡, SE : 3 km par D 17 et VO *ℰ* 61 85 43 36, Fax 61 85 76 98, ≤, 🍽,
→ 🌳, 🚗 – 🍽 rest 🆃🆅 🕿 ♿ – 🏛 30. 🄰🄴 🄾 **GB**
Repas *(fermé mardi)* 78/160 🍷, enf. 52 – 🖃 32 – **25 ch** 250/380 – ½ P 200/270.

MONTARGIS ⟨SP⟩ **45200** Loiret **61** ⑫ G. Bourgogne – 15 020 h alt. 88.

Voir Collection Girodet★ du musée Z **M¹**.

🛈 Office de Tourisme pl. du Pâtis ℘ 38 98 00 87, fax 38 89 32 34.

Paris 114 ① – Auxerre 81 ② – Autun 206 ② – Bourges 117 ④ – Chartres 115 ⑤ – Chaumont 211 ② – Fontainebleau 52 ① – Nevers 126 ④ – ◆Orléans 71 ⑤ – Sens 53 ②.

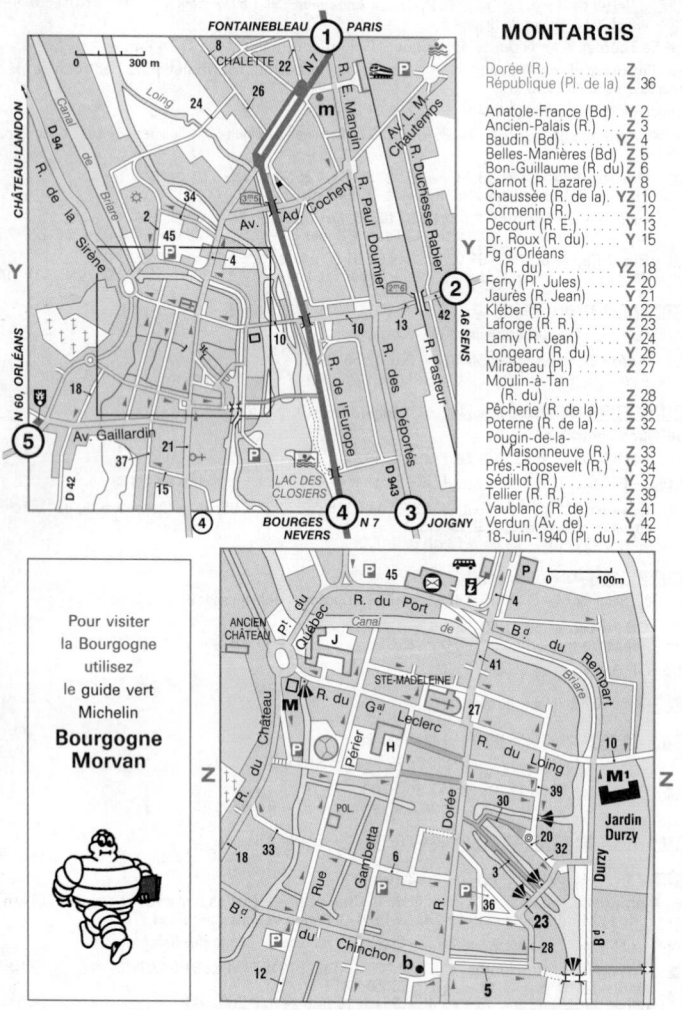

MONTARGIS

Dorée (R.)	**Z**
République (Pl. de la)	**Z** 36
Anatole-France (Bd)	**Y** 2
Ancien-Palais (R.)	**Z** 3
Baudin (Bd)	**YZ** 4
Belles-Manières (Bd)	**Z** 5
Bon-Guillaume (R. du)	**Z** 6
Carnot (R. Lazare)	**Y** 8
Chaussée (R. de la)	**YZ** 10
Cormenin (R.)	**Z** 12
Decourt (R. E.)	**Y** 13
Dr. Roux (R. du)	**Y** 15
Fg d'Orléans (R. du)	**YZ** 18
Ferry (Pl. Jules)	**Z** 20
Jaurès (R. Jean)	**Y** 21
Kléber (R.)	**Y** 22
Laforge (R. R.)	**Z** 23
Lamy (R. Jean)	**Y** 24
Longeard (R. du)	**Y** 26
Mirabeau (R.)	**Z** 27
Moulin-à-Tan (R. du)	**Z** 28
Pêcherie (R. de la)	**Z** 30
Poterne (R. de la)	**Z** 32
Pougin-de-la-Maisonneuve (R.)	**Z** 33
Prés.-Roosevelt (R.)	**Y** 34
Sédillot (R.)	**Y** 37
Tellier (R. R.)	**Z** 39
Vaublanc (R. de)	**Y** 41
Verdun (Av. de)	**Y** 42
18-Juin-1940 (Pl. du)	**Z** 45

Pour visiter la Bourgogne utilisez le guide vert Michelin **Bourgogne Morvan**

🏠 **Ibis** 🅼, 2 pl. V. Hugo ℘ 38 98 00 68, Fax 38 89 14 37 – 📳 ⇄ ch 📺 ☎ & ⇦ 🅿 – 🔬 25. 🆎 ⑩ 🆖
Z b
Brasserie de la Poste : Repas carte 130 à 180 🍷, enf. 40 – ⚌ 35 – **49 ch** 290.

XXX ✿ **Gloire** (Jolly) avec ch, 74 av. Gén. de Gaulle ℘ 38 85 04 69, Fax 38 98 52 32 – 🍽 rest 📺 ☎ ⇦. 🆖 ✾ rest
Y m
fermé 15 au 25 août, mardi soir et merc. – **Repas** 160/320 et carte 280 à 320, enf. 70 – ⚌ 35 – **12 ch** 250/350
Spéc. Emincé de turbot au corail de homard. Rosette d'agneau, crème de basilic frais. Gibier (saison). **Vins** Sancerre, Ménetou-Salon rouge.

à Amilly par ③ : 5 km – 11 029 h. – ⊠ **45200** :

🏠 **Le Belvédère** sans rest, 192 r. J. Ferry ℰ 38 85 41 09, Fax 38 98 75 63, *☞* – ⏺ ☎ 🅿. ⅁ℬ
⊑ 35 – **24 ch** 179/240.

※※ **Aub. Écluse,** r. Ponts (au bord du Canal) ℰ 38 85 44 24, 🍴 – 🅿. ⅁ℬ. ⅌
fermé dim. soir et lundi – **Repas** 140/225.

par ④ *et* N 7 – ⊠ **45200** Montargis

🏠 **Climat de France** M, av. Antibes (centre commercial) : 3 km ℰ 38 98 20 21,
Fax 38 89 19 16 – ⏺ ☎ ⅍ 🅿. ⅁ℬ
Repas 69 (déj.), 78/130 ⅊, enf. 39 – ⊑ 34 – **41 ch** 270.

※ **Relais du Miel,** rte Nevers : 6,5 km ℰ 38 85 32 02, Fax 38 98 47 60, 🍴 – ▤ 🅿. ⅁ℬ
Repas 100/150 ⅊, enf. 40.

⓪ Dominicé-Point S, 64 r. J.-Jaurès ℰ 38 93 38 33   Euromaster, N 7, 3 rte de Nevers ℰ 38 85 12 80

Périphérie et environs

CITROEN S.M.A., 1176 av. d'Antibes à Amilly
par ④ ℰ 38 95 05 20
MERCEDES, TOYOTA Gar. Jousselin, r. des
Aubépines à Amilly ℰ 38 98 82 82
PEUGEOT Corre Autom., RN 60 à Villemandeur par
⑤ ℰ 38 85 03 29 🅽 ℰ 38 71 60 86
RENAULT Gar. Basty, 1400 av. d'Antibes à Amilly
par ③ ℰ 38 95 15 15 🅽 ℰ 38 90 62 88

VOLVO Gar. Schnaidt, 330 av. J.-Jaurès à Amilly
ℰ 38 93 28 10

⓪ La Maison du Pneu, 180 rte de Viroy à Amilly
ℰ 38 85 09 52

GREEN TOURIST GUIDES

Picturesque scenery, buildings

Attractive routes

Touring programmes

Plans of towns and buildings

Le MONTAT 46 Lot 🔢 ⑱ – rattaché à Cahors.

MONTAUBAN 🅿 **82000** T.-et-G. 🔢 ⑰ ⑱ ⅁ G. Pyrénées Roussillon – 51 224 h alt. 87.

Voir Musée Ingres★★ Z – Place Nationale★ Z – Dernier Centaure mourant★ (bronze de Bourdelle) Z **B.**

🏌 des Aiguillons ℰ 63 31 35 40, N par D 959 : 8 km.

🅱 Office de Tourisme, Ancien Collège pl. Prax ℰ 63 63 60 60, Fax 63 63 65 12 – A.C. 22 allées Mortarieu ℰ 63 63 22 35.

Paris 648 ① – ♦Toulouse 52 ③ – Agen 73 ④ – Albi 74 ② – Auch 85 ③ – Cahors 60 ①.

Plan page suivante

🏛 **Ingres** M sans rest, 10 av. Mayenne ℰ 63 63 36 01, Fax 63 66 02 90, 🛁 – 🛗 ▤ ⏺ ☎ ⟵.
🄰🄴 ⓪ ⅁ℬ   Y **u**
⊑ 42 – **31 ch** 310/470.

🏛 **Host. des Coulandrières** 🏡, rte Castelsarrasin par ④ : 4 km ⊠ 82290 Montbeton
ℰ 63 67 47 47, Fax 63 67 46 45, 🍴, « Parc fleuri, piscine » – ▤ rest ⏺ ☎ 🅿 – 🔬 50. ⅁ℬ
Repas 95/180 – ⊑ 50 – **22 ch** 380/440 – ½ P 360.

※※※ **Orsay et rest. La Cuisine d'Alain** avec ch, face gare ℰ 63 66 06 66, Fax 63 66 19 39,
🍴 – 🛗 ⏺ ☎ 🅿 – 🔬 25. 🄰🄴 ⓪ ⅁ℬ 🄹🄲🄱   Y **f**
fermé 1er au 8 mai, 6 au 23 août, 23 déc. au 6 janv., lundi midi, dim. et fériés – **Repas** 120/280
et carte 230 à 360 – ⊑ 32 – **20 ch** 250/330 – ½ P 270.

※※ **Chapon Fin,** 1 pl. St-Orens ℰ 63 63 12 10 – ▤. ⅁ℬ   Y **d**
fermé 29 juil. au 28 août, vend. soir et sam. – **Repas** 80/250 ⅊, enf. 65.

※※ **Ambroisie,** 41 r. Comédie ℰ 63 66 27 40 – ▤. ⅁ℬ. ⅌   Z **s**
fermé 15 au 31 juil. et dim. – **Repas** 95/160.

※※ **Au Fil de l'Eau,** 14 quai Dr Lafforgue ℰ 63 66 11 85 – 🄰🄴 ⅁ℬ   X **e**
fermé 11 au 18 juil., 8 au 23 août, 10 au 18 janv., dim. soir et lundi – **Repas** 110/250.

※ **Le Grand Bleu,** 6 r. St-Jean ℰ 63 66 37 51 – ⅁ℬ   Z **a**
fermé 15 au 31 août, dim. soir et lundi – **Repas** 95/170.

par ① *et* N 20 : 4 km – ⊠ **82000** Montauban :

🏠 **Climat de France** M, ℰ 63 66 51 61, Fax 63 66 70 80 – ⏺ ☎ ⅍ 🅿 – 🔬 30. ⅁ℬ
fermé 24 déc. au 1er janv. et sam. midi – **Repas** 85/125 ⅊, enf. 39 – ⊑ 38 – **36 ch** 245/270.

à Brial par ③ *et* N 20 : 9 km – ⊠ **82710** Bressols :

※※※ ❀ **Depeyre,** ℰ 63 23 05 06, Fax 63 02 18 18, 🍴, parc – ▤ 🅿. 🄰🄴 ⓪ ⅁ℬ
fermé 6 au 13 juin, 1er au 7 sept., 15 au 31 janv., dim. soir et lundi – **Repas** 140 (déj.), 160/350
et carte 320 à 450 - **Cantine des Gourmands** *(fermé dim. et lundi)* **Repas** (déj. seul.) 85 bc
Spéc. Petit mulet au beurre d'algues. Pigeon de Lomagne aux pêches et miel (été). Charlotte aux fruits de saison. **Vins** Côtes du Frontonnais.

MONTAUBAN

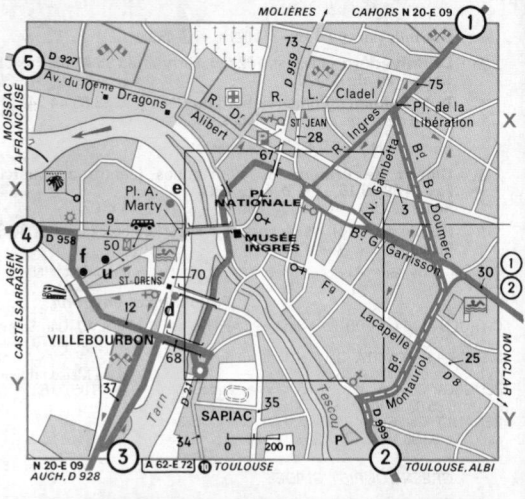

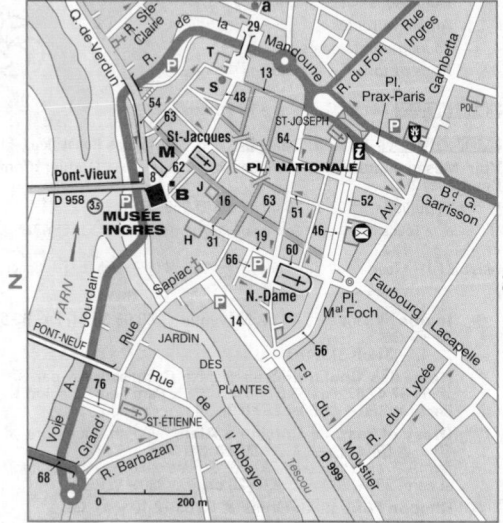

ALFA ROMEO, TOYOTA Gar. Suères, 44/46 r. Léon
Cladel ℘ 63 03 42 06
BMW, LANCIA, JRCAutom., 382 av de Toulouse
℘ 63 63 34 97
CITROEN Midi Auto 82, N 20, ZI Nord par ①
℘ 63 03 15 30
MERCEDES Gar. Hamecher, ZI Sud, rte de
Toulouse ℘ 63 23 07 70 Ⓝ ℘ 05 24 24 30
NISSAN Gar. Sabatié, 963 r. de l'Abbaye
℘ 63 63 08 00
PEUGEOT Gar. Macard, r. Bac ℘ 63 66 31 31 Ⓝ
℘ 62 23 22 91
RENAULT Tarn-et-Garonne Autom., 200 rte du
Nord par ① ℘ 63 03 23 23 Ⓝ ℘ 05 05 15 15

Gar. Almayrac et Despoux, 200 r. Camp d'Aviation
℘ 63 63 44 52

Ⓦ Doumerc Pneus, 281 av. de Toulouse
℘ 63 63 09 76
Le Palais du Pneu, 17 pl. Lalaque ℘ 63 63 15 80
Pereira Pneus, 52 av. du 10e-Dragon ℘ 63 03 53 98
Taquipneu Vulcopneu, 590 rte de Paris RN 20
℘ 63 20 37 00
Taquipneu Vulcopneu, 69 av. Gambetta
℘ 63 03 30 14

MONTAUROUX 83440 Var 84 ⑧ 114 ⑫ ㉕ 115 ㉓ **G. Côte d'Azur** – 2 773 h alt. 350.

Office de Tourisme pl. du Clos ✆ 94 47 75 90, Fax 94 47 60 03.

Paris 895 – Cannes 35 – Draguignan 39 – Fréjus 28 – Grasse 20.

La Marjolaine, ✆ 94 76 43 32, Fax 94 47 73 09, ←, – ☎. AE ⓓ GB JCB
fermé merc. soir et jeudi d'oct. à juin – **Repas** 100/180, enf. 45 – ☐ 35 – **17 ch** 150/280 – ½ P 260/310.

rte de Draguignan S : 4 km – ✉ **83440** Fayence :

La Bécassière, D 562 ✆ 94 76 43 96, – P. AE ⓓ GB
fermé oct., le soir (sauf vend. et sam.) de nov. à mai, dim. soir de sept. à juin et lundi – **Repas** 100/205.

Le St-Vincent, D 562 ✆ 94 47 75 41, – P. GB
fermé 10 au 24 oct., 15 au 29 fév., dim. soir hors sais. et lundi – **Repas** 98/180.

au Sud : 5 km par D 562 et VO – ✉ **83440** Fayence :

Aub. du Puits Jaubert avec ch, ✆ 94 76 44 48, , parc, « Ancienne bergerie » – P. GB
fermé 15 nov. au 15 déc. – **Repas** *(fermé mardi)* 145/260, enf. 80 – ☐ 35 – **8 ch** 225/250 – ½ P 300/320.

GRÜNE REISEFÜHRER
Landschaften, Baudenkmäler
Sehenswürdigkeiten
Fremdenverkehrsstraßen
Streckenvorschläge
Stadtpläne und Übersichtskarten

MONTBARD SP 21500 Côte-d'Or 65 ⑦ **G. Bourgogne** (plan) – 7 108 h alt. 211.

Voir Parc Buffon*.

Env. Abbaye de Fontenay*** E : 6 km par D 905.

Office de Tourisme avec A.C. r. Carnot ✆ 80 92 03 75.

Paris 235 – ♦Dijon 82 – Autun 89 – Auxerre 72 – Troyes 100.

Gare sans rest (annexe 14 ch parc, P), 10 av. Mar. Foch ✆ 80 92 02 12, Fax 80 92 41 72 – TV ☎ P. GB
fermé 20 déc. au 1er fév. – ☐ 40 – **35 ch** 225/320.

Écu, 7 r. A. Carré ✆ 80 92 11 66, Télex 351102, Fax 80 92 14 13, – ch TV ☎. AE ⓓ GB
Repas 108/230, enf. 60 – ☐ 45 – **25 ch** 250/400 – ½ P 370.

Le Cyclamen, 6 av. Mar. Foch ✆ 80 92 06 46, Fax 80 92 08 62, – P. GB
fermé 15 au 30 nov., dim. soir et lundi sauf fériés – **Repas** 98/168 ♂.

à Fain-lès-Montbard SE : 6 km sur N 905 – ✉ **21500** :

Château de Malaisy, ✆ 80 89 46 54, Fax 80 92 30 16, parc, – TV ☎ ♿ P – 25 à 150. GB.
Repas 125/245, enf. 70 – ☐ 38 – **22 ch** 290/595 – ½ P 331/473.

CITROEN Gar. Monnet, rte de Dijon ✆ 80 92 06 09 N ✆ 80 92 06 09

RENAULT Montbard-Autom., 39 r. Abrantès ✆ 80 92 06 23 N ✆ 80 92 70 35

MONTBAZENS 12220 Aveyron 80 ① – 1 389 h alt. 472.

Paris 605 – Rodez 37 – Aurillac 78 – Figeac 28 – Marcillac-Vallon 25 – Villefranche-de-Rouergue 26.

Levant, rte Rignac ✆ 65 80 60 24, – cuisinette TV ☎ P. GB. ch
fermé 15 sept. au 10 oct. et lundi sauf juil.-août – **Repas** 75/170 ♂ – ☐ 30 – **6 ch** 280/310, 3 appart – ½ P 230/280.

Gar. du Fargal, ✆ 65 80 62 23

MONTBAZON 37250 I.-et-L. 64 ⑮ **G. Châteaux de la Loire** – 3 354 h alt. 71.

Office de Tourisme, "La Grange Rouge" - N10 - ✆ 47 26 97 87, Fax 47 34 01 78.

Paris 248 – ♦Tours 15 – Châtellerault 59 – Chinon 41 – Loches 32 – Montrichard 40 – Saumur 68.

Château d'Artigny, SO : 2 km par D 17 ✆ 47 26 24 24, Télex 750900, Fax 47 65 92 79, « Parc, ← l'Indre », – TV ☎ P – 60. AE ⓓ GB
fermé 26 nov. au 13 janv. – **Repas** 280/440, enf. 95 – ☐ 85 – **41 ch** 820/1575 – ½ P 730/1220.

Port Moulin au Fil de l'Eau, ✆ 47 26 24 24, « Pavillon au bord de la rivière » – TV. AE ⓓ GB
fermé 26 nov. au 13 janv. – **Repas** voir ***Château d'Artigny*** – **10 ch** ☐ 350/550.

🏰 **Domaine de la Tortinière** 🐾, N : 2 km par N 10 et D 287 ℰ 47 26 00 19, Télex 752186, Fax 47 65 95 70, « Dans un parc ≤ vallée de l'Indre », ⤳, ✗ – 📺 🕿 🕭 🕑 – 🏛 30. 🟢🔵. ✗ rest
fermé 21 déc. au 28 fév. – **Repas** 195 bc (déj.), 265/350 – 🖙 65 – **15 ch** 550/990, 6 appart – ½ P 530/785.

🏨 **Relais de Touraine,** N : 2 km rte Tours ℰ 47 26 06 57, Fax 47 26 18 40, 🌰, parc – 📺 🕿 🕑 – 🏛 50. 🟢🔵.
fermé 2 au 24 janv. – **Repas** *(fermé dim. soir et lundi)* 145/190, enf. 60 – 🖙 40 – **21 ch** 260/340 – ½ P 320/360.

XXX ❀ **La Chancelière,** 1 pl. Marronniers ℰ 47 26 00 67, Fax 47 73 14 82, « Élégant décor » – 🏛. 🟢🔵
fermé 1er au 8 sept., dim. soir et lundi sauf fériés – **Repas** 300/450 – *Le Jeu de Cartes :* **Repas** 150/200, enf. 120
Spéc. Grecque de queues de langoustines à la coriandre (fin juin à début sept.). Rôti de turbot en osso bucco. Pigeon rôti au jus de figues (juil. à fin déc.). **Vins** Chinon, Montlouis.

X **Courtille,** av. Gare ℰ 47 26 28 26 – 🟢🔵
fermé 8 au 31 août, dim. soir et merc. – **Repas** 145/198, enf. 60.

à l'ouest : 5 km par N 10, D 287 et D 87 – ✉ 37250 Montbazon :

XX **Moulin Fleuri** 🐾 avec ch, ℰ 47 26 01 12, ≤, « Ancien moulin au bord de l'Indre », 🐎 – 📺 🕿 🕑. 🏛 🟢🔵
fermé 1er fév. au 9 mars et lundi sauf fériés – **Repas** 170, enf. 50 – 🖙 44 – **12 ch** 180/275 – ½ P 275/340.

PEUGEOT Gar. Rousseau, ℰ 47 26 06 50

MONTBÉLIARD – ⟨P⟩ **25200** Doubs 🔟🔟 ⑧ **G. Jura** – 29 005 h alt. 318.

Voir Le Vieux Montbéliard★ AZ.

🛆 de Prunevelle ℰ 81 98 11 77, par ③ : 10 km.

🖪 Office de Tourisme 1 rue H.-Mouhot ℰ 81 94 45 60, fax 81 32 12 07.

Paris 431 ⑥ – ◆Besançon 85 ⑥ – ◆Mulhouse 57 ② – ◆Basel 95 ③ – Belfort 21 ② – Pontarlier 112 ⑥ – Vesoul 59 ①.

Plan page ci-contre

🏨 **Bristol** sans rest, 2 r. Velotte ℰ 81 94 43 17, Fax 81 94 15 29 – ↳ ch 📺 🕿 🕑 – 🏛 40. 🏛 🟢🔵. ✗
AZ **b**
fermé août et 27 déc. au 2 janv. – 🖙 32 – **43 ch** 270/400.

🏨 **Joffre** sans rest, 34 bis av. Mar. Joffre ℰ 81 94 44 64, Fax 81 94 37 40 – 🛗 ↳ ch 📺 🕿 🕭 🕑. 🏛 🟠 🟢🔵
AX **a**
🖙 30 – **62 ch** 220/280 – ½ P 220/240.

🏠 **La Balance,** 40 r. Belfort ℰ 81 96 77 41, Fax 81 91 47 16 – 🛗 ↳ ch 📺 🕿 🕭. 🏛 🟠 🟢🔵.
🡒 ✗ rest
AZ **s**
Repas 60/135 🟡, enf. 38 – 🖙 30 – **43 ch** 180/350 – ½ P 215/265.

🏠 **Les Relais Verts,** le Pied des Gouttes ℰ 81 90 10 69, Télex 360724, Fax 81 90 15 18, 🌰
🡒 – 🛗 📺 🕿 🕭 ⤳ 🕑 – 🏛 30. 🏛 🟠 🟢🔵
AX **v**
Repas *(fermé sam. midi)* 80/250, enf. 45 – 🖙 35 – **40 ch** 230 – ½ P 165/213.

🏠 **Ibis,** le Pied des Gouttes ℰ 81 90 21 58, Fax 81 90 44 37, 🌰 – ↳ ch 📺 🕿 🕭 🕑 – 🏛 30.
🏛 🟠 🟢🔵
AX **i**
Repas 95 bc, enf. 39 – 🖙 34 – **62 ch** 279.

🏠 **Mulhouse,** pl. Gare ℰ 81 94 46 35, Fax 81 32 20 32 – 🛗 📺 🕿. 🏛 🟢🔵
AZ **a**
🡒 **Repas** *(fermé vend. soir, sam. soir et dim. soir)* 75/160 🟡 – 🖙 35 – **54 ch** 190/315.

XXX **La Tour Henriette,** 59 fg Besançon ℰ 81 91 03 24, Fax 81 96 71 43 – 🏛 🟠 🟢🔵 AZ **r**
fermé août, sam. midi, dim. (sauf fêtes) et soirs de fêtes – **Repas** 125 (déj.), 200/350 et carte 280 à 350 🟡.

XX **St-Martin,** 1 r. Gén. Leclerc ℰ 81 91 18 37, Fax 81 91 18 37 – 🏛 🟢🔵 AZ **u**
🡒 *fermé 1er au 21 août, 19 au 26 fév., dim. et fériés* – **Repas** 80/240.

XX **Bernard Legendre,** 1 r. Laurillard (1er étage) ℰ 81 96 77 73 – 🟠 🟢🔵 AZ **n**
fermé sam. midi et dim. soir – **Repas** (nombre de couverts limité, prévenir) 120 bc/250.

X **Le Comté,** 18 r. Belfort ℰ 81 91 48 42 – 🟢🔵 AZ **k**
fermé 8 au 30 août, 24 déc. au 3 janv., sam. midi et lundi – **Repas** 100 bc/145 🟡, enf. 45.

FIAT Gar. Mercier, 1 r. Keller à Arbouans
ℰ 81 35 57 62
PEUGEOT Succursale, 16 av. Helvétie
ℰ 81 99 14 00 🄽 ℰ 81 32 95 03
RENAULT Filiale, 87 fg de Besançon ℰ 81 32 66 00
🄽 ℰ 81 32 93 40

🏵 Pneus et Services D.K., 7a r. Port ℰ 81 98 25 29
Pneus et services D.K., ZI du Charmontet
ℰ 81 95 38 33

CONSTRUCTEUR : S.A. des Automobiles Peugeot, ℰ 81 91 83 42

MONTBÉLIARD

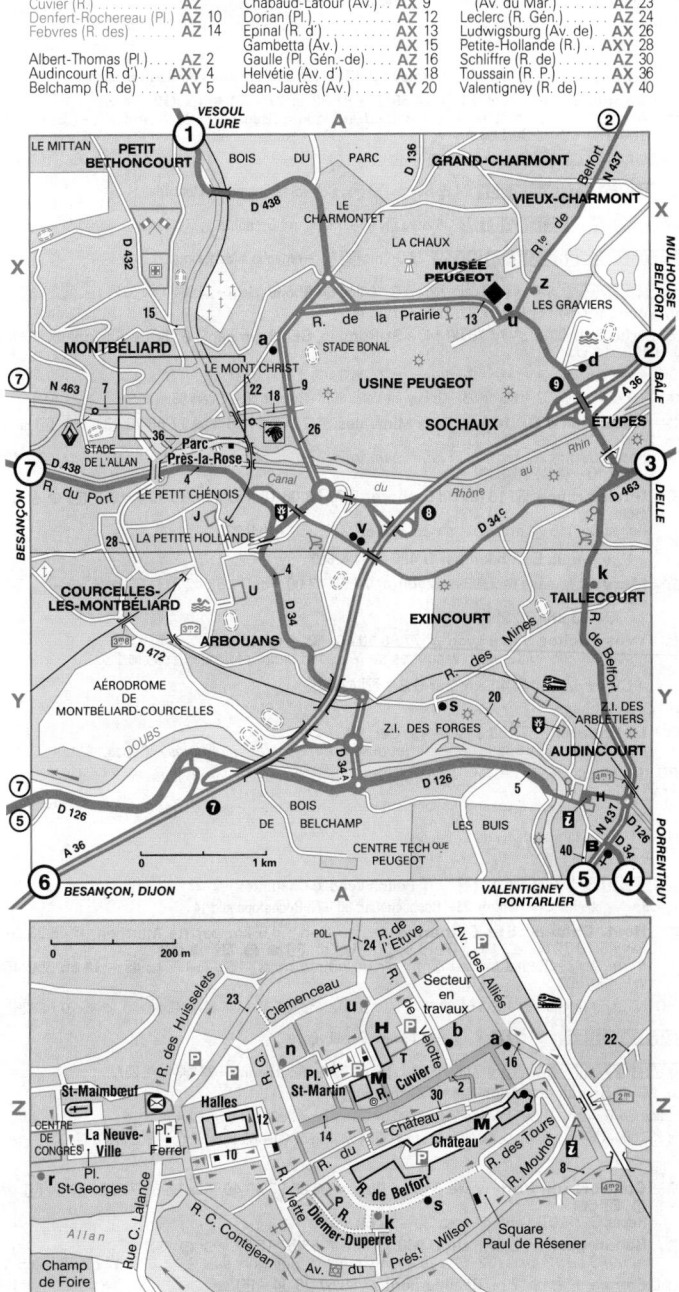

MONTBENOIT 25650 Doubs ⑦⓪ ⑦ G. Jura – 238 h alt. 782.

Voir Ancienne abbaye★ : stalles★★, niche abbatiale★.

🏢 Office de Tourisme ℘ 81 38 10 32.

Paris 469 – ◆Besançon 60 – Morteau 17 – Pontarlier 14.

à Maisons-du-Bois SO : 4 km sur D 437 – ⊠ 25650 Maisons-du-Bois-Lièvremont :

🍴 **Saugeais** avec ch, ℘ 81 38 14 65, Fax 81 38 11 27 – 📺 ☎ 🅿, 🇬🇧 ⌇ ch
◆ *fermé 1ᵉʳ au 20 nov. et dim. soir sauf juil.-août* – **Repas** 60/160 ⅃, enf. 40 – ⌓ 35 – **7 ch** 160/280 – ½ P 200/250.

PEUGEOT Gar Querry, ℘ 81 38 11 89 🅽 ℘ 81 38 10 99

MONT-BLANC (Tunnel du) 74 H.-Savoie ⑦④ ⑧ ⑨ – voir à Chamonix-Mont-Blanc.

MONTBONNOT-ST-MARTIN 38 Isère ⑦⑦ ⑤ – rattaché à Grenoble.

MONTBOUCHER-SUR-JABRON 26 Drôme ⑧① ① – rattaché à Montélimar.

MONTBRISON ◆SP◆ 42600 Loire ⑦③ ⑰ G. Vallée du Rhône (plan) – 14 064 h alt. 394.

Voir Intérieur★ de l'église N.-D.-d'Espérance.

🐾 Superflu Golf Club ℘ 77 76 00 14, à St-Romain, SE : 8 km par D 8 ; 🐾 de Savigneux, E : 4 km par D 496 et VO.

🏢 Office de Tourisme Cloître des Cordeliers ℘ 77 96 08 69, fax 77 58 00 16.

Paris 511 – ◆St-Étienne 32 – ◆Lyon 93 – Le Puy-en-Velay 102 – Roanne 65 – Thiers 69.

🏨 **Host. Lion d'Or**, 14 quai Eaux Minérales ℘ 77 58 34 66, Fax 77 58 73 13, 🍽 – 📺 ☎ 🚗
◆ – 🔥 40. 🏧 🇬🇧
Repas *(fermé 26 déc. au 14 janv., sam. midi et dim. soir hors sais.)* 75/290 ⅃ – ⌓ 40 – **19 ch** 230/415 – ½ P 225/330.

🏨 **Gil de France** 🅼, 18 bis bd Lachèze ℘ 77 58 06 16, Fax 77 58 73 78, 🍽 – 📺 ☎ 🕭 🅿, 🏧 🇬🇧
Repas 85/115 ⅃, enf. 45 – ⌓ 30 – **30 ch** 220/250 – ½ P 220.

à Savigneux E : 1,5 km par D 496 – ⊠ 42600 :

🏨 **Marytel** 🅼 sans rest, 95 rte Lyon ℘ 77 58 72 00, Fax 77 58 42 81 – 📺 ☎ 🕭 🅿 – 🔥 50. 🏧 ⓞ 🇬🇧 ᴊᴄʙ
⌓ 30 – **33 ch** 220/250.

🍴 **Yves Thollot**, 93 rte Lyon ℘ 77 96 10 40, 🍽 – 🅿. 🏧 🇬🇧
fermé 24 juil. au 12 août, vacances de fév., dim. soir et lundi – **Repas** 95/280.

à Champdieu N : 4,5 km par D 8 – ⊠ 42600.

Voir Église★.

🍴 **Le Prieuré**, ℘ 77 58 31 21 – 🅿. 🇬🇧. ⌇
◆ *fermé 1ᵉʳ au 22 août, merc. soir, jeudi soir, dim. soir et soirs fériés* – **Repas** 70/300.

FORD Gar. Montagny, av. Ch.-de-Gaulle
℘ 77 96 85 00
OPEL Forez-Autos, av. P.-Cézanne, Beauregard par
D 69 ℘ 77 58 02 59
RENAULT Gar. Mathieu, 8 av. de St-Etienne
℘ 77 58 30 48 🅽 ℘ 77 44 14 03

⊕ Chasseing Pneus, 12 bd de la Madeleine
℘ 77 96 06 06
Géométrie-Pneus, ZI des Granges ℘ 77 96 10 60

MONTBRON 16220 Charente ⑦② ⑮ G. Poitou Vendée Charentes – 2 422 h alt. 141.

Paris 459 – Angoulême 29 – Nontron 23 – Rochechouart 36 – La Rochefoucauld 14.

🏨 **Host. Château Ste-Catherine** ⌇, au Sud : 4,5 km par rte Marthon ℘ 45 23 60 03,
Fax 45 70 72 00, ⬕, 🍽, « Parc », 🏊 – ⌇ ch 📺 ☎ 🅿. 🏧 ⓞ 🇬🇧
fermé fév. – **Repas** *(fermé dim. soir de nov. à mars)* 160/250 – ⌓ 49 – **14 ch** 350/450 – ½ P 400/550.

CITROEN Gar. Marchat, ℘ 45 23 61 63

PEUGEOT Gar. de la Chapelle, ℘ 45 70 74 32

MONTCABRIER 46 Lot ⑦⑨ ⑥ ⑦ – rattaché à Puy-l'Évêque.

MONTCEAU-LES-MINES 71300 S.-et-L. ⑥⑨ ⑰ ⑱ G. Bourgogne – 22 999 h alt. 287.

Env. Mont-St-Vincent : tour ❊★★ 12 km par ③.

🏢 Office de Tourisme 1 pl. Hôtel de Ville ℘ 85 57 38 51 avec A.C. ℘ 85 57 52 45.

Paris 333 ② – Chalon-sur-Saône 44 ② – Autun 42 ① – Mâcon 69 ③ – Moulins 89 ④ – Roanne 92 ④.

Plan page ci-contre

🏨 **Comfort Inn Primevère** 🅼, rte Blanzy ℘ 85 57 49 49, Fax 85 57 72 23, 🍽 – 📺 ☎ 🕭
🅿 🏧 🇬🇧   B **a**
Repas 81/120 ⅃, enf. 41 – ⌓ 30 – **30 ch** 290.

🏨 **Beauregard** sans rest, sur D 980 : 2 km ℘ 85 57 15 37 – ☎ 🅿. 🇬🇧   B **s**
fermé 3 au 12 mars, 22 janv. au 3 janv. et dim. soir hors sais. – ⌓ 32 – **12 ch** 165/265.

🍴 **France** avec ch, 7 pl. Beaubernard ℘ 85 57 26 64 – 📺 ☎. 🇬🇧   A **k**
fermé fin juil. à fin août et lundi – **Repas** 105 bc/270 – ⌓ 30 – **10 ch** 190/260.

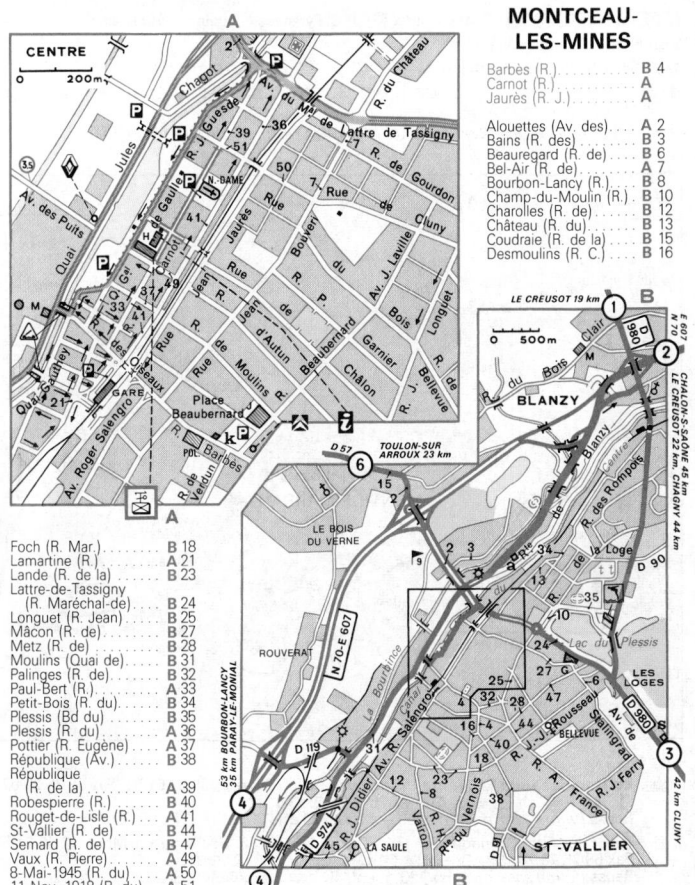

MONTCEAU-LES-MINES

par ③ 4 km sur D 980 – ⊠ 71300 Gourdon :

 Aub. Plain-Joly, ℰ 85 57 24 74, ╦, ℀ – ▥ ☎ ℗. ⅍ ⅏
 Repas 65/130 ⅃ – ⊑ 30 – **8 ch** 140/280 – ½ P 180.

 à Galuzot SO : 5 km par D 974 – ⊠ 71230 St Vallier:

 ℀ **Moulin de Galuzot,** ℰ 85 57 18 85 – ℗. ⅍ ⅏
 fermé mi-juil. à mi-août, mardi soir et merc. – **Repas** 78 (déj.), 110/200 ⅃.

CITROEN Gar. Aubert, 57/59 r. Beaubernard
ℰ 85 57 16 45
RENAULT Gar. Central, q. J.-Chagot ℰ 85 57 25 17
Ⓝ ℰ 85 77 32 70

⊚ Goésin Pneus, D974 av. Mar. Leclerc ZI
ℰ 85 57 36 01
Okrzesik Pneus, bd Maugrand ℰ 85 57 47 00

MONTCHAUVROT 39 Jura ⑦⓪ ④ – rattaché à Poligny.

MONTCHENOT 51 Marne ⑤⑥ ⑯ – rattaché à Reims.

MONT-DAUPHIN GARE 05 H.-Alpes ⑦⑦ ⑱ – rattaché à Guillestre.

> Des pneus mal gonflés s'usent vite, tiennent moins bien la route,
> sont moins confortables. Respectez les pressions recommandées.

MONT-DE-MARSAN ℗ 40000 Landes 🎴 ① G. Pyrénées Aquitaine – 28 328 h alt. 58.

Voir Musée Despiau-Wlérick★.

🏌 ℰ 58 75 63 05, par ① : 10 km.

🛈 Office de Tourisme 6 pl. Gén.-Leclerc ℰ 58 75 22 23, Fax 58 06 85 96 – A.C. av. Corps Franc Pommiès à St-Pierre-du-Mont ℰ 58 75 03 24.

Paris 708 ① – Agen 109 ① – ◆Bayonne 102 ⑥ – ◆Bordeaux 128 ① – Pau 81 ③ – Tarbes 101 ③.

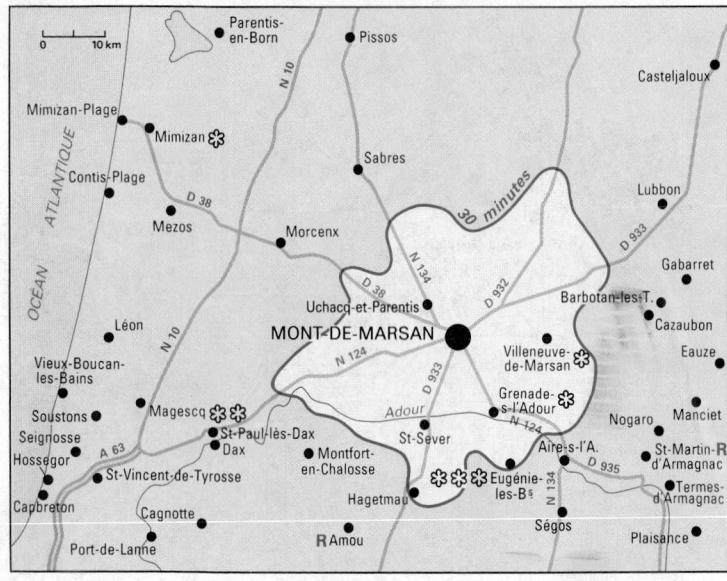

🏨🏨 **Le Renaissance** Ⓜ ⧫, rte Villeneuve par ② : 2 km ℰ 58 51 51 51, Fax 58 75 29 07, 🏡, 🛋, 🛢 – 🛗 ch 🔟 ☎ ♿ ⅊ – 🔏 25 à 40. 🝙 🇬🇧
　　Repas *(fermé sam. midi)* 110/250 – 🖂 50 – **29 ch** 270/380 – ½ P 285/355.

🏨🏨 **Abor** Ⓜ, rte Grenade par ④ : 3 km ✉ 40280 St-Pierre-du-Mont ℰ 58 51 58 00, Fax 58 75 78 78, 🏡, 🛋, 🛋 – 🛗 🔟 ☎ ♿ ⅊ – 🔏 80 🝙 🇬🇧
　　Repas *(fermé sam. midi)* 85/120 🍷, enf. 45 – 🖂 38 – **70 ch** 268/328 – ½ P 245/288.

🏨 **Richelieu,** 3 r. Wlerick ℰ 58 06 10 20, Fax 58 06 00 68 – 🛗 🔟 ☎ ⚙ – 🔏 50. 🝙 🕕 🇬🇧
◆ ʲᶜᴮ　　　　　　　　　　　　　　　　　　　　　　　　　　　　　　　　　　　　BY **r**
　　Repas *(fermé sam. sauf du 15 juil. au 31 août et fêtes)* 78/180 – 🖂 30 – **44 ch** 140/280 – ½ P 230/250.

🏨 **La Siesta,** 8 pl. J. Jaurès ℰ 58 06 44 44, Fax 58 06 09 30 – 🔟 ☎. 🝙 🇬🇧　　　　　BZ **e**
◆　　**Repas** *(fermé dim. soir du 15 déc. au 15 mars)* 68/145 🍷, enf. 40 – 🖂 30 – **16 ch** 210/260 – ½ P 250/265.

🏨 **Hexagone,** rte Langon par ① : 2 km ℰ 58 06 20 21, Fax 58 05 92 48 – 🔟 ☎ ♿ ⅊. 🇬🇧
　　fermé dim. – **Repas** 55 *(déj.)*, 82/108 🍷, enf. 38 – 🖂 26 – **22 ch** 184/200 – ½ P 178/190.

🍴🍴 **Le Corsaire,** 2083 av. Mar. Juin par ① : 3 km ℰ 58 46 46 24, Fax 58 06 46 21, 🌿 – 🍽 ⅊. 🇬🇧
　　fermé dim. soir et lundi – **Repas** - produits de la mer - 70 *(déj.)*, 100/210 🍷, enf. 50.

🍴 **Zanchettin** avec ch, rte Villeneuve par ② : 3 km ℰ 58 75 19 52, Fax 58 85 92 04, 🏡, 🌿
◆ – ☎ ⅊. 🇬🇧. ✳ ch
　　fermé 13 août au 6 sept., vacances de fév., dim. soir et lundi – **Repas** 65/150 🍷 – 🖂 24 – **9 ch** 120/230 – ½ P 150/165.

🍴 **Le Midou,** 12 pl. Porte Campet ℰ 58 75 24 26 – 🇬🇧　　　　　　　　　　　　　AY **a**
◆　　*fermé 23 au 26 déc. et dim. soir* – **Repas** 68/180 🍷, enf. 40.

🍴 **Bistrot du Renaissance,** 22 r. Montluc ℰ 58 06 85 08, Fax 58 75 29 07 – 🍽. 🇬🇧
　　fermé dim. midi et lundi soir – **Repas** carte 110 à 180.　　　　　　　　　　BZ **u**

　　à Uchacq-et-Parentis NO : 7 km par D 134 – ✉ 40090 :

🍴🍴 **Didier Garbage,** ℰ 58 75 33 66, Fax 58 75 22 77, 🏡 – ⅊. 🝙 🇬🇧
◆　　*fermé 2 au 10 janv., dim. soir et lundi hors sais.* – **Repas** 68/220 - *Le Bistrot :* Repas 55.

MONT-DE-MARSAN

Bastiat (R. F.) . . . . **ABZ**
Gambetta (R. L.) . . . . **BZ** 12
Lesbazeilles (R. A.) . . . . **BZ** 18

Alsace-Lorraine (R. d'). . . . . . . **AZ** 2
Bosquet (R. Mar.) . . . . **AZ** 3
Briand (Av. A.) . . . . **BY** 4
Brouchet (Allées) . . . . **BZ** 5
Carnot (Av. Sadi) . . . . **BZ** 6
Delamarre (Bd) . . . . **BZ** 8
Despiau (R. Ch.) . . . . **AZ** 9
Farbos (Allées R.) . . . . **BZ** 10
Gaulle (R. Ch.-de) . . . . **BY** 13
Gourgues (R. D.-de) . . . . **BY** 14
Landes (R. L. des) . . . . **BZ** 15
Lasserre (R. Gén.) . . . . **AZ** 16
Lattre-de-Tassigny (Bd de) . . . . **BY** 17
Martinon (R.) . . . . **BZ** 19
Pancaut (Pl. J.) . . . . **AZ** 20
Poincaré (Pl. R.) . . . . **AY** 21
Président-Kennedy
(Av. du) . . . . **BZ** 22
St-Jean-d'Août (R.) . . . . **AY** 24
St-Roch (Pl.) . . . . **BZ** 25
8-Mai-1945 (R. du) . . . . **BY** 27
34e-d'Inf. (Av. du) . . . . **BZ** 28

*Dans la liste des rues
des plans de villes,
les noms en rouge
indiquent les principales
voies commerçantes.*

CITROEN Mont-de-Marsan Autom., 1596 av.
Mar.-Juin par ① *℘* 58 75 12 10 **N** *℘* 05 05 24 24
FORD La Hiroire-Auto, 995 bd Alingsas
℘ 58 75 36 62 **N** *℘* 58 06 16 16
NISSAN Gar. Moquette, 1068 av. Mar.-Juin
℘ 58 06 83 33
PEUGEOT Gar. Labarthe, av. C.-F.-Pommiès à
St-Pierre-du-Mont par ⑥ *℘* 58 51 55 55 **N** *℘* 58 06
75 18
RENAULT SODIAM, 935 av. Mar.-Juin par ①
℘ 58 46 14 80 **N** *℘* 58 06 73 08

RENAULT Gar. Baudry, 546 av. Mar.-Foch par ①
℘ 58 75 11 64
ROVER Gar. Continental, 839 av. Mar.-Foch
℘ 58 06 32 32

ⓟ Pédarre Vulcopneu, 7 allée Oranger, av. Mar.-
Juin *℘* 58 05 50 50
Pédarre Vulcopneu, 14 bd Candau *℘* 58 75 01 18

MONTDIDIER ◁◻▷ **80500** Somme 💥 ⑲ **G. Flandres Artois Picardie** – 6 262 h alt. 97.

🖪 Office de Tourisme, 4 r. Jean Dupuy *℘* 22 78 92 00.

Paris 107 – ◆Amiens 36 – Compiègne 33 – Beauvais 49 – Péronne 47 – St-Quentin 62.

🏠 **Dijon**, 1 pl. 10-Août-1918 (rte de Rouen) *℘* 22 78 01 35, Fax 22 78 27 24 – 📺 ☎ 🅿. 🇬🇧
— *fermé sam. en hiver (sauf hôtel) et dim. soir* – **Repas** 68 ⅃ – 🖙 35 – **14 ch** 200/270 –
½ P 235.

Le MONT-DORE **63240** P.-de-D. 📖 ⑬ **G. Auvergne** – 1 975 h alt. 1 050 – Stat. therm. – Sports d'hiver :
1 070/1 840 m ⭐ 2 ⛷ 17 ⛷ – Casino.

Voir Puy de Sancy ⋇ ✱✱✱ 5 km par ② puis 1 h. AR de téléphérique et de marche – Cascade du
Queureuilh★ 2 km par ① puis 30 mn.

Env. Col de Guéry ⩽✱✱ sur roches Tuilière et Sanadoire★★ et lac★ 9 km par ① – Col de la
Croix-St-Robert ⋇✱✱ 6,5 km par ②.

🏌⁹ *℘* 73 65 00 79, par ③ : 2,5 km.

🖪 Office de Tourisme av. Libération *℘* 73 65 20 21, Télex 990332, fax 73 65 05 71.

Paris 473 ① – ◆Clermont-Ferrand 44 ① – Aubusson 84 ⑤ – Issoire 49 ① – Mauriac 77 ④ – Ussel 56 ④.

🏨 **Panorama** ⮧, av. Libération *℘* 73 65 11 12, Fax 73 65 20 80, ⩽, 🔲, 🏊 – 🛗 📺 ☎ 🅿.
🇬🇧. ⋇ rest   Z u
12 mai-8 oct. et 25 déc.-20 mars – **Repas** 130/250, enf. 70 – 🖙 38 – **39 ch** 350/430 –
½ P 355/380.

🏨 **Castelet**, av. M. Bertrand *℘* 73 65 05 29, Fax 73 65 27 95, 🔲, 🏊 – 🛗 📺 ☎ 🅿. ⓪ 🇬🇧.
⋇ rest   Y t
15 mai-30 sept. et 20 déc.-30 avril – **Repas** 117/228, enf. 47 – 🖙 34 – **37 ch** 261/323 –
½ P 299.

Annexe Le Wilson 🏨 Ⓜ sans rest, *℘* 73 65 00 06, Fax 73 65 27 95 – 🛗 cuisinette 📺 ☎
♿ 🅿. 🇬🇧   Y r
15 mai-30 sept. et 20 déc.-30 avril – 🖙 34 – **4 ch** 371, 12 appart.

717

MONT-DORE

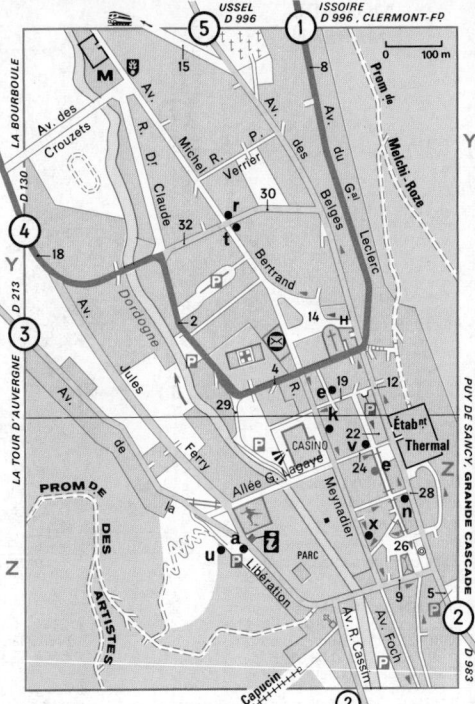

Michelin
n'accroche pas
de panonceau
aux hôtels et restaurants
qu'il signale.

🏨 **Parc,** r. Meynadier ℘ 73 65 02 92, Fax 73 65 28 36 – ▯ 📺 ☎. GB. ❀ rest   **Z k**
15 avril-10 oct. et 26 déc.-15 mars – **Repas** 85/105 ⅃, enf. 40 – ☷ 35 – **33 ch** 330 – ½ P 280.

🏨 **Paris,** 11 pl. Panthéon ℘ 73 65 01 79, Fax 73 65 20 98, ⅃⁓ – ▯ 📺 ☎. GB. ❀ rest   **Z v**
→ *fermé 21 oct. au 19 déc. et 21 au 30 avril* – **Repas** 77/159 bc ⅃, enf. 35 – ☷ 30 – **23 ch**
270/330 – ½ P 275.

🏨 **Paix,** r. Rigny ℘ 73 65 00 17, Fax 73 65 00 31 – ▯ ☎. ⁓ ⓞ GB   **Z n**
fermé 10 oct. au 22 déc. – **Repas** 82/140, enf. 36 – ☷ 26 – **36 ch** 200/250 – ½ P 270.

🏨 **Les Charmettes** sans rest, 30 av. G. Clemenceau par ② ℘ 73 65 05 49, Fax 73 65 20 28
– ☎ ⅃ ⓟ. GB. ❀
15 mai-10 oct., vacances de Noël, de fév., de printemps et week-ends en hiver – ☷ 27 –
21 ch 190/230.

🏨 **Londres** sans rest, r. Meynadier ℘ 73 65 01 12 – ▯ ☎. GB   **Z x**
15 mars-30 nov. – ☷ 27 – **23 ch** 200/230.

🏨 **Madalet** sans rest, av. Libération ℘ 73 65 03 13, Fax 73 65 00 93 – ☎. ⁓ GB   **Z a**
14 mai-30 sept. et Noël-Pâques – ☷ 26 – **18 ch** 165/240.

🏨 **Les Mouflons** sans rest, par ② rte du Sancy : 0,5 km ℘ 73 65 02 90, ≤ – ✆ ⓟ. GB
fermé 20 oct. au 20 déc. – ☷ 25 – **28 ch** 120/200.

🏨 **Mon Clocher,** r. M. Sauvagnat ℘ 73 65 05 41, Fax 73 65 20 80 – 📺 ☎. GB   **Y e**
→ *13 mai-30 sept. et 12 fév.-15 mars* – **Repas** 70/100 ⅃ – ☷ 30 – **30 ch** 155/230 – ½ P 200/230.

🍴🍴 **Louisiane,** r. J. Moulin ℘ 73 65 03 14, Fax 73 65 00 31 – GB   **Z e**
fermé 1ᵉʳ nov. au 15 déc., 10 au 25 janv. et merc. sauf vacances scolaires – **Repas** 82/225 ⅃,
enf. 40.

    au Genestoux par ⑤ : 3,5 km sur D 996 – ⊠ **63240** Le Mont-Dore :

🍴 **Le Pitsounet,** ℘ 73 65 00 67, Fax 73 65 06 22, ☂ – ⓟ. ⁓ GB
→ *fermé mi-nov. à mi-déc. et lundi sauf juil.-août et fév.* – **Repas** 70/160 ⅃, enf. 40.

MONTE-CARLO Principauté de Monaco **84** ⑩, **115** ㉗ ㉘ – voir à Monaco.

MONTECH 82700 T.-et-G. **7 9** ⑰ – 3 091 h alt. 112.

Voir Pente d'eau★ N : 1 km, G. Pyrénées Roussillon.

B Office de Tourisme ℰ 63 64 83 90, Mairie ℰ 63 64 82 44.

Paris 661 – ◆Toulouse 46 – Auch 72 – Beaumont-de-Lomagne 23 – Castelsarrasin 14 – Montauban 13.

  🏠 **Notre Dame,** pl. J. Jaurès ℰ 63 64 77 45, Fax 63 64 75 36 – ☎ – 🛥 50. **GB**
  ◆ **Repas** 78/128, enf. 45 – 🖙 25 – **11 ch** 150/250 – ½ P 180/200.

MONTÉLIER 26120 Drôme **7 7** ⑫ – 2 738 h alt. 200.

Paris 567 – Valence 10,5 – Crest 23 – Romans-sur-Isère 12.

  🏠 **La Martinière** Ⓜ, rte Chabeuil ℰ 75 59 60 65, Fax 75 59 69 20, 🍴, 🏊 – TV ☎ P –
  🛥 40. **GB**
  Repas 85/250 – 🖙 30 – **30 ch** 210/280 – ½ P 220.

MONTÉLIMAR 26200 Drôme **8 1** ① **G. Vallée du Rhône** – 29 982 h alt. 81.

Env. Site★★ du Château de Rochemaure, 7 km par ⑤ – Viviers : vieille ville★, S : 11 km par D 73 – Défilé de Donzère★★ S : 11 km.

📍₁₈ la Valdaine ℰ 75 01 86 66, par ② : 4 km ; 📍₉ la Drôme Provençale à Clansayes, ℰ 75 98 57 03, par ③ : 21 km.

B Office de Tourisme allées Champ-de-Mars ℰ 75 01 00 20, fax 75 52 33 69.

Paris 607 ① – Valence 46 ① – Aix-en-Provence 154 ③ – Alès 99 ③ – Avignon 83 ③ – Nîmes 106 ③ – Le Puy-en-Velay 131 ④ – Salon-de-Provence 118 ③.

MONTÉLIMAR

Julien (R. Pierre) . . . . . . **YZ**

Alexis
  (Chemin des) . . . . Z
Armes (Pl. d') . . . . Y
Aygu (Av.) . . . . Z 4
Blanc (Pl. L.) . . . . Z 6
Briand
  (Bd Aristide) . . . . Y
Clercs (Pl. des) . . . . Y
Daujat (R. R.) . . . . Y
Dormoy (Pl. M.) . . . . Z 8
Espoulette
  (Av. d') . . . . Z 9
Europe (Pl. de l') . . . . Z
Fust (Bd du) . . . . Z
Fust (Bd du) . . . . Y 10
Gaulle
  (Bd Gén. de) . . . . Z
Loubet (Pl. Émile) . . . . . . Z 12
Marché (Pl. du) . . . . Y
Meyer (R. M.) . . . . Y 14
Meynot (Bd) . . . . Z
Monnaie-Vieille (R.) . . . . . Y 15
Montant-au-
  Château (R.) . . . . Y 16
Planel (Pl. A.) . . . . Z 17
Poyol (R. R.) . . . . Z
Provençales (Allées) . . . . Y
Rochemaure
  (Av. de) . . . . Y 18
Roubion (Pl. du) . . . . Z
St-Gaucher (R.) . . . . Y
St-Martin (Av.) . . . . Y
St-Martin
  (Montée) . . . . Y 20
St-Martin-Pl.) . . . . Y
St-Martin (R.) . . . . Y
Théâtre (Pl. du) . . . . Y
Villeneuve (Av. de) . . . . . Y 24
Quatre-Alliances (R.) . . . . Y

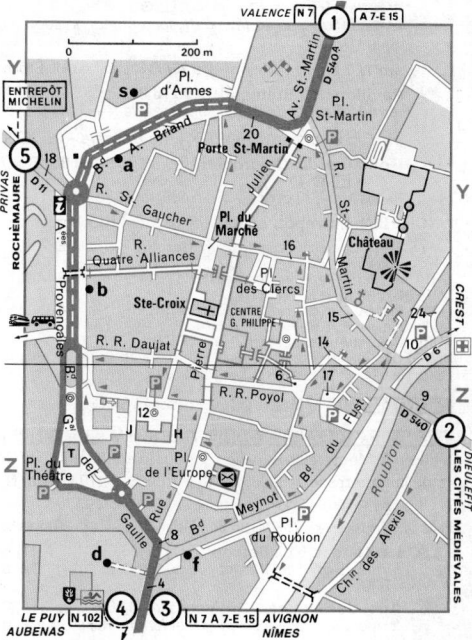

  🏠 **Relais de l'Empereur,** pl. Marx Dormoy ℰ 75 01 29 00, Fax 75 01 32 21, 🍴 – TV ☎ 🚗
  P. AE ① GB JCB
                                             Z **f**
  fermé 11 nov. au 21 déc. – **Repas** 120/210 – 🖙 42 – **30 ch** 320/514 – ½ P 450/550.

  🏠 **Parc Chabaud** 🌿, 16 av. d'Aygu ℰ 75 01 65 66, Fax 75 01 61 12, 🍴, parc, 🏊 – 🛗
  📺 ch TV ☎ P – 🛥 30. AE ① GB. ✵ rest
                                             Z **d**
  fermé fév., sam. et dim. sauf le soir de mai à sept. – **Repas** 150/250, enf. 80 – 🖙 45 – **22 ch** 280/800 – ½ P 540.

  🏠 **Sphinx** sans rest, 19 bd Desmarais ℰ 75 01 86 64, Fax 75 52 34 21 – TV ☎ P. GB   Y **b**
  fermé 22 déc. au 2 janv. – 🖙 33 – **24 ch** 230/310.

719

🏚 **Printemps** 🦌, 8 chemin Manche par ① 𝒫 75 01 32 63, Fax 75 46 03 14, 🍽, 🎾, 🚲 – 📺
☎ 🅿 🆎 ⑩ ▣ ⅌ rest
fermé dim. soir du 15 nov. au 31 janv. – **Repas** (dîner seul.) 95/185 👍, enf. 55 – ☑ 45 – **16 ch**
170/390.

🏚 **Crémaillère** sans rest, 138 av. J. Jaurès par ③ 𝒫 75 01 87 46, Fax 75 52 36 87, 🎾 – 📺 ☎
🅿 🆎 ▣
fermé 22 déc. au 8 janv. – ☑ 33 – **20 ch** 240/310.

🏚 **Beausoleil** sans rest, 14 bd Pêcher 𝒫 75 01 19 80, Fax 75 01 08 17 – 📺 ☎ 🅿 ▣ Y **s**
☑ 33 – **16 ch** 220/280.

🏚 **Provence** sans rest, rte Marseille par ③ 𝒫 75 01 11 67 – ☎ 🚗 🅿
fermé 15 janv. au 15 fév. et sam. du 1ᵉʳ nov. au 15 mars – ☑ 30 – **16 ch** 145/230.

🍽🍽 **Francis,** rte Marseille par ③ : 2,5 km 𝒫 75 01 43 82, Fax 75 01 21 81 – 🍽 🅿 ▣
fermé 27 juil. au 23 août, mardi soir et merc. – Repas 88/158, enf. 63.

🍽 **Le Moderne,** 25 bd A. Briand 𝒫 75 01 31 90 – ▣ Y **a**
← *fermé vend. soir et sam. sauf été* – **Repas** 66/130 👍, enf. 42.

à Montboucher-sur-Jabron par ② *et D 940 : 4,5 km* – ✉ 26740 :

🏯 **Château de Monard** Ⓜ 🦌, au golf de la Valdaine 𝒫 75 01 86 66, Fax 75 01 24 49, ≼,
🍽, parc, 🎿 – 🍽 📺 ☎ 🚗 🅿 – 🏇 40. 🆎 ▣
Repas 105 (déj.), 128/195 👍 – ☑ 50 – **12 ch** 480/780 – ½ P 465/580.

🏯 **Château de Montboucher** 🦌, 𝒫 75 46 08 16, Fax 75 01 44 09, ≼, 🍽, 🎾, 🚲 – 📺 ☎
🅿 🆎 ⑩ ▣
Repas *(fermé lundi midi hors sais.)* 140/250, enf. 70 – ☑ 48 – **12 ch** 490/850 – ½ P 400/550.

par ③ *rte Les Champs et D 206 : 5 km* – ✉ 26200 Montélimar :

🏯 **Château du Perchoir** Ⓜ 🦌, 𝒫 75 01 93 36, Fax 75 53 79 10, ≼, 🍽, « Parc », 🎾, 🍴 –
🍽 rest 📺 ☎ 👍 🅿 – 🏇 40. 🆎 ▣
fermé 20 déc. au 1ᵉʳ fév., dim. soir et lundi de sept. à juin – **Repas** 155/205 – ☑ 65 – **12 ch**
500/660 – ½ P 520.

sur N 7 par ③ : 7,5 km – ✉ 26780 Chateauneuf-du-Rhône :

🍽🍽 **Pavillon de l'Étang,** 𝒫 75 90 76 82, Fax 75 90 72 39, 🍽 – 🅿 ▣
fermé 28 août au 5 sept., vacances de fév., dim. soir et lundi – **Repas** 140/270, enf. 55.

par ③ : 9 km par N 7 et D 844, rte Donzère – ✉ 26780 Malataverne :

🏯 **Domaine du Colombier** 🦌, 𝒫 75 90 86 86, Fax 75 90 79 40, ≼, 🍽, « Jardin fleuri,
🎾 » – 📺 ☎ 🅿 – 🏇 30. 🆎 ⑩ ▣
Repas 130/230 et carte 310 à 400, enf. 120 – ☑ 70 – **20 ch** 450/860, 4 appart – ½ P 550/690.

MICHELIN, Entrepôt, ZA du Meyrol par av. Rochemaure par ⑤ 𝒫 75 01 80 91

BMW, SEAT Chevalier-Lagarde, ZI av. Gournier
𝒫 75 51 83 65
CITROEN Gar. Magne, bd des Présidents
𝒫 75 01 20 55 🄽 𝒫 05 05 24 24
FIAT, LANCIA Gar. Bernard, ZI déviation PL Sud
Audegournier 𝒫 75 51 86 75
FORD Croullet Autom., ZI Sud 𝒫 75 51 02 31
PEUGEOT Gar. Moulin, rte de Marseille, le Grand
Pélican par ③ 𝒫 75 00 83 83 🄽 𝒫 75 01 57 04

RENAULT Gar. Jean, rte de Valence par ①
𝒫 75 00 87 00 🄽 𝒫 75 53 11 48
RENAULT H.-Jean Autom., ZI Sud av. de Gournier
𝒫 75 01 30 40
VAG Génin Autom., ZA du Meyrol 𝒫 75 00 82 92

🏍 Ayme Pneus, ZI Sud av. Gournier 𝒫 75 01 32 77
Euromaster, 112 av. J.-Jaurès 𝒫 75 01 88 11

MONTENACH 57 Moselle 🔠 ④ – rattaché à Sierck-les-Bains.

MONTEREAU-FAULT-YONNE 77130 S.-et-M. 🔠 ⑬ 🔢 ⑰ G. Ile de France – 18 657 h alt. 52.
Voir au N Montereau-Surville : ≼★ sur le confluent de la Seine et de l'Yonne, 15 mn.
🏌 de la Forteresse 𝒫 60 96 95 10 à Thoury, S :10 km par N 105 et D 219.
🅱 Office de Tourisme 2bis r. D.-Casanova 𝒫 (1) 64 32 07 76.
Paris 88 – Fontainebleau 22 – Meaux 81 – Melun 30 – Sens 35 – Troyes 98.

🍽🍽🍽 **Le Régent,** 6 pl. Bosson 𝒫 (1) 60 96 35 74, Fax (1) 64 32 33 46, 🍽 – 🆎 ▣
fermé 15 août au 1ᵉʳ sept., 1ᵉʳ au 8 janv., sam. midi et dim. soir – **Repas** 105/260 et carte 200
à 360.

🍽 **Aub. des Noues,** 22 r. Arches 𝒫 (1) 64 32 05 34, 🍽 – ⑩ ▣
fermé août, vacances de fév. et lundi – **Repas** (déj. seul.) 95/135.

à Flagy SO : 10 km par rte Nemours et D 120 – ✉ 77940 :

🍽🍽🍽 **Host. du Moulin** 🦌 avec ch, 𝒫 (1) 60 96 67 89, Fax (1) 60 96 69 51, 🍽, « Moulin du
13ᵉ siècle », 🚲 – ☎ 🅿 🆎 ⑩ ▣
fermé 17 au 29 sept., 17 déc. au 19 janv., dim. soir et lundi sauf fériés – **Repas** 170/220 et
carte 190 à 260 👍, enf. 75 – ☑ 45 – **10 ch** 240/500 – ½ P 350/438.

FORD Gar. Félix, rte du Petit-Fossard à Varennes-
sur-Seine 𝒫 (1) 64 70 51 51
PEUGEOT Coffre Sud, 11 r. Chatelet par av.
Gén.-de-Gaulle 𝒫 (1) 64 32 02 16
RENAULT Gar. Coulet, av. 8 Mai 1945 à Varennes-
sur-Seine 𝒫 (1) 64 32 09 25 🄽 𝒫 (1) 60 96 27 73

Agrinel Espace Auto, 30 rte du Petit Fossard à
Varennes-sur-Seine 𝒫 (1) 64 70 51 00

🏍 Sovic - Point S, ZI carr. Central 𝒫 (1) 64 32 11 98

MONTEUX 84 Vaucluse 𝟴𝟭 ⑫ – rattaché à Carpentras.

MONTFAUCON 25 Doubs 𝟲𝟲 ⑮ – rattaché à Besançon.

MONTFAVET 84 Vaucluse 𝟴𝟭 ⑫ – rattaché à Avignon.

MONTFERRAT 83131 Var 𝟴𝟰 ⑦ – 629 h alt. 480.

Voir S : Gorges de Châteaudouble★, G. Côte d'Azur.

Paris 880 – Castellane 44 – Draguignan 15 – ◆Toulon 98.

   𝕏   **Ferme du Baudron**, S : 1 km par D 955 ℰ 94 70 91 03, 😊, « Cadre rustique », ⤬, ℀ – ℗
      fermé 15 janv. au 28 fév. et merc. – **Repas** (déj. seul.)(nombre de couverts limités, prévenir)
      90/105 ⅃.

MONTFORT-EN-CHALOSSE 40380 Landes 𝟳𝟴 ⑤ G. Pyrénées Aquitaine – 1 116 h alt. 101.

Paris 742 – Mont-de-Marsan 35 – Aire-sur-l'Adour 56 – Dax 18 – Hagetmau 27 – Orthez 28 – Tartas 15.

   🏠   **Aux Tauzins** ⑨, E : 1,5 km par D 32 et D 2 ℰ 58 98 60 22, Fax 58 98 45 79, 😊, ⤬, 🌳 –
      📺 ℗ ℗ – ⛱ 30. 🅶🅱. ℀ ch
      fermé 1ᵉʳ au 15 oct., 8 au 31 janv. et lundi de janv. à juin – **Repas** 100/185 ⅃, enf. 45 – � 30 –
      16 ch 210/250 – ½ P 225/235.

MONTFORT-L'AMAURY 78490 Yvelines 𝟲𝟬 ⑨ 𝟭𝟬𝟲 ㉗ G. Ile de France (plan) – 2 651 h alt. 186.

Voir Église★ – Ancien charnier★ (au cimetière) – Ruines du château ≤★.

🆔 Office de Tourisme à la Mairie ℰ (1) 34 86 00 40.

Paris 46 – Dreux 37 – Houdan 16 – Mantes-la-Jolie 29 – Rambouillet 19 – Versailles 26.

  𝕏𝕏𝕏 ✿ **Aub. de l'Arrivée** (Habans), D 76 (à Méré) ℰ (1) 34 86 00 28, Fax (1) 34 86 84 94, 😊
      – 🅰🅴 🅶🅱 🅹🅲🅱
      fermé 15 août au 15 sept., 20 fév. au 10 mars, lundi soir et mardi – **Repas** 350 et carte 320 à
      440
      Spéc. Foie gras de canard et sa gelée au Sauternes. Cassolette de homard breton. Fondant au chocolat, crème
      pistache.

  𝕏𝕏𝕏 **Chez Nous**, 22 r. Paris ℰ (1) 34 86 01 62 – 🅶🅱
      fermé dim. soir et lundi sauf fériés – **Repas** 180/250 bc et carte 260 à 350.

MONTGENÈVRE 05100 H.-Alpes 𝟳𝟳 ⑱ G. Alpes du Sud – 519 h alt. 1 854 – Sports d'hiver : 1 860/2 700 m
🚡2 🎿21 🎿.

🚠₉ ℰ 92 21 94 23.

🆔 Office de Tourisme ℰ 92 21 90 22, Fax 92 21 92 45.

Paris 698 – Briançon 12 – Gap 100 – Lanslebourg-Mont-Cenis 76 – Torino 96.

   🏠   **Valérie** ⑨, ℰ 92 21 90 02, Fax 92 21 81 43 – 📶 📺 ℗. 🅶🅱. ℀ rest
      début juil.-15 sept. et mi-déc.-15 avril – **Repas** (dîner seul. en été) 100 (déj.)/130 – ⊆ 30 –
      18 ch 250/365 – ½ P 295/315.

MONTGRÉSIN 60 Oise 𝟱𝟲 ⑪, 𝟭𝟬𝟲 ⑧ – rattaché à Chantilly.

Les MONTHAIRONS 55 Meuse 𝟱𝟳 ⑪ – rattaché à Verdun.

MONTHERMÉ 08800 Ardennes 𝟱𝟯 ⑱ G. Champagne (plan) – 2 866 h alt. 140.

Voir Roche aux Sept Villages ≤★★ S : 3 km – Roc de la Tour ≤★★ E : 3,5 km puis 20 mn –
Longue Roche ≤★★ NO : 2,5 km puis 30 mn – Roche à Sept Heures ≤★ N : 2 km – Roche de
Roma ≤★ S : 4 km – Les Dames de Meuse★ NO : 5 km – Rocher des Quatre Fils Aymon★ SE :
5 km – E : Vallée de la Semoy★.

Env. Roches de Laifour★★ NO : 6 km.

🆔 Office de Tourisme r. Etienne Dolet (juil.-sept.) ℰ 24 53 07 46 et (hors saison) ℰ 24 53 06 50.

Paris 252 – Charleville-Mézières 18 – Fumay 28.

   🛎   **Franco-Belge**, 2 r. Pasteur ℰ 24 53 01 20, Fax 24 53 54 49 – 📼 rest 📺 ☎. 🅶🅱. ℀ ch
      fermé 24 déc. au 2 janv., vend. soir et dim. soir sauf juil.-août et fériés – **Repas** 89/260 –
      ⊆ 33 – **18 ch** 220/275 – ½ P 220/280.

PEUGEOT Modern Gar., 3 r. Dr-Lemaire ℰ 24 53 00 46

MONTHIEUX 01390 Ain 𝟳𝟰 ② – 344 h alt. 315.

Paris 443 – ◆Lyon 31 – Bourg-en-Bresse 37 – Meximieux 25 – Villefranche-sur-Saône 20.

   🏨   **Le Gouverneur** Ⓜ ⑨, Le Château du Breuil, rte Ambérieux-en-Dombes : 1,5 km par
      D 82 et D 6 ℰ 72 26 42 00, Fax 72 26 42 20, ≤, parc, « Au milieu d'un golf », ⤬, ℀ – 📶
      📼 📺 ☎ ﹠ ℗ – ⛱ 90. 🅰🅴 ⑩ 🅶🅱
      Repas 130/250 – ⊆ 46 – **53 ch** 540/900 – ½ P 475.

MONTI 06 Alpes-Mar. 𝟴𝟰 ⑳ – rattaché à Menton.

MONTICELLO 2B H.-Corse 𝟵𝟬 ⑬ – voir à Corse.

Voir Lascaux II★★ SE : 2,5 km.

Env. Le Thot, espace cro-magnon★ S : 7 km – Église★★ de St-Amand de Coly E : 7 km.

🚩 Syndicat d'Initiative, pl. Léo Magne ℘ 53 51 82 60, Fax 53 50 49 72.

Paris 497 – Périgueux 48 – Sarlat-la-Canéda 25 – Bergerac 88 – Brive-la-Gaillarde 37 – ◆Limoges 100.

🏨 ✿ **Château de Puy Robert** ⏍, SO : 1,5 km par D 65 ℘ 53 51 92 13, Fax 53 51 80 11, ≤, parc, « Élégante décoration intérieure », ⏋ – 🍴 🅣🅥 ☎ 🅟 – 🔏 30. 🖭 ⓞ 🖼
début mai-mi-oct. – **Repas** (fermé merc. midi) 190/370 et carte 280 à 470, enf. 90 – 🖵 75 –
34 ch 610/1180, 4 duplex – ½ P 700/975
Spéc. Escalope de ris de veau panée, girolles tièdes en salade. Filet de rouget et foie gras de canard poêlé, risotto aux noix. Rouelle de homard rôti, sauté de cèpes. **Vins** Bergerac blanc.

🏨 **Relais du Soleil d'Or**, r. 4-Septembre ℘ 53 51 80 22, Fax 53 50 27 54, 🌳, ⏋, 🏓 – 🅣🅥 🕿 🕭 🅟 – 🔏 40. 🖭 🖼 🅹🅲🅱
Repas (fermé dim. soir et lundi de fin oct. à fin mars) 115/250 – 🖵 50 – **28 ch** 290/395,
4 appart – ½ P 340/480.

🏨 **Roseraie** ⏍, pl. d'Armes ℘ 53 50 53 92, Fax 53 51 02 23, 🌳, ⏋, 🏓 – 🅣🅥 🕿 🖼
Pâques-1ᵉʳ nov. – **Repas** (fermé lundi midi) 78 (déj.), 98/270 – 🖵 45 – **14 ch** 390/490 –
½ P 380/430.

Paris 248 – Château-Chinon 57 – Decize 36 – Nevers 10,5 – Prémery 18.

🍽 **Aub. des Amognes**, ℘ 86 58 61 97, 🌳, 🏓 – 🅟. 🖼
fermé 5 au 12 fév. et lundi – **Repas** (prévenir) 80 (déj.), 112/175, enf. 60.

Paris 175 –– Auxerre 15 – St-Florentin 18 – Tonnerre 28.

🏨 **Soleil d'Or** Ⓜ, ℘ 86 41 81 21, Fax 86 41 86 88 – 🅣🅥 🕿 🅟 – 🔏 25. 🖭 ⓞ 🖼
Repas 88/325 🍷, enf. 58 – 🖵 32 – **16 ch** 255/285 – ½ P 250.

Paris 307 – Chaumont 34 – Bourbonne-les-Bains 21 – Langres 23 – Neufchâteau 57 – Vittel 49.

🏨 **Moderne,** ℘ 25 90 30 18, Fax 25 90 71 80 – 🅣🅥 🕿 ⚕ ☁ 🅟. 🖭 ⓞ 🖼
Repas 82/220 🍷, enf. 42 – 🖵 38 – **26 ch** 230/300 – ½ P 220/245.

PEUGEOT Gar. Flagez, rte de Chaumont   RENAULT Gar. Rabert, ℘ 25 90 31 15 🅽
℘ 25 90 30 34 🅽 ℘ 25 90 71 71   ℘ 25 90 37 19

Voir Remparts★.

🚩 Office de Tourisme r. Marché ℘ 68 04 21 97.

Paris 888 – Font-Romeu 9 – Andorre-la-Vieille 84 – Carcassonne 120 – Foix 111 – ◆Perpignan 80 – Prades 36.

🍽 **Lou Roubaillou** avec ch, ℘ 68 04 23 26, Fax 68 04 14 09 – 🖭 🖼 🍽 rest
fermé mai, oct., nov., et merc. hors sais. – **Repas** 125/190 – 🖵 30 – **14 ch** 150/250 –
½ P 210/240.

à la Llagonne N : 3 km par D 118 – ✉ 66210 Mont-Louis :

🏨 **Corrieu** ⏍, ℘ 68 04 22 04, Fax 68 04 16 63, ≤, 🍽 – 🕿 🅟. 🖭 🖼 🍽 rest
2 juin-27 sept. et 16 déc.-28 mars – **Repas** 86/148 🍷, enf. 46 – 🖵 38 – **28 ch** 155/360 –
½ P 205/300.

PEUGEOT Gar. Giraud, carr. Monument Brousse à la Cabanasse ℘ 68 04 20 22 🅽 ℘ 68 04 20 22

🚩 Office de Tourisme pl. Mairie (Pâques-1ᵉʳ oct.) ℘ 47 45 00 16.

Paris 235 – ◆Tours 12 – Amboise 13 – Blois 47 – Château-Renault 31 – Loches 38 – Montrichard 31.

🏨 **de la Ville**, pl. Mairie ℘ 47 50 84 84, Fax 47 45 08 43, 🌳 – 🅣🅥 🕿 🅟. 🖼
Repas 85/220, enf. 50 – 🖵 35 – **29 ch** 210/350 – ½ P 205/255.

Voir Le Vieux Montluçon★ BCZ : intérieur★ de l'église St-Pierre (sainte Madeleine★★) CYZ, esplanade du château ≤★ – Collection de vielles★ au musée municipal CZ **M**.

🏌 du Val de Cher ℘ 70 06 71 15, N : 20 km par N 144.

🚩 Office de Tourisme 1 av. Marx-Dormoy ℘ 70 05 05 92 - A.C. 10 r. Michelet ℘ 70 64 70 38.

Paris 333 ① – Moulins 78 ② – Bourges 94 ① – ◆Clermont-Ferrand 88 ③ – ◆Limoges 153 ⑤ – Poitiers 207 ⑥.

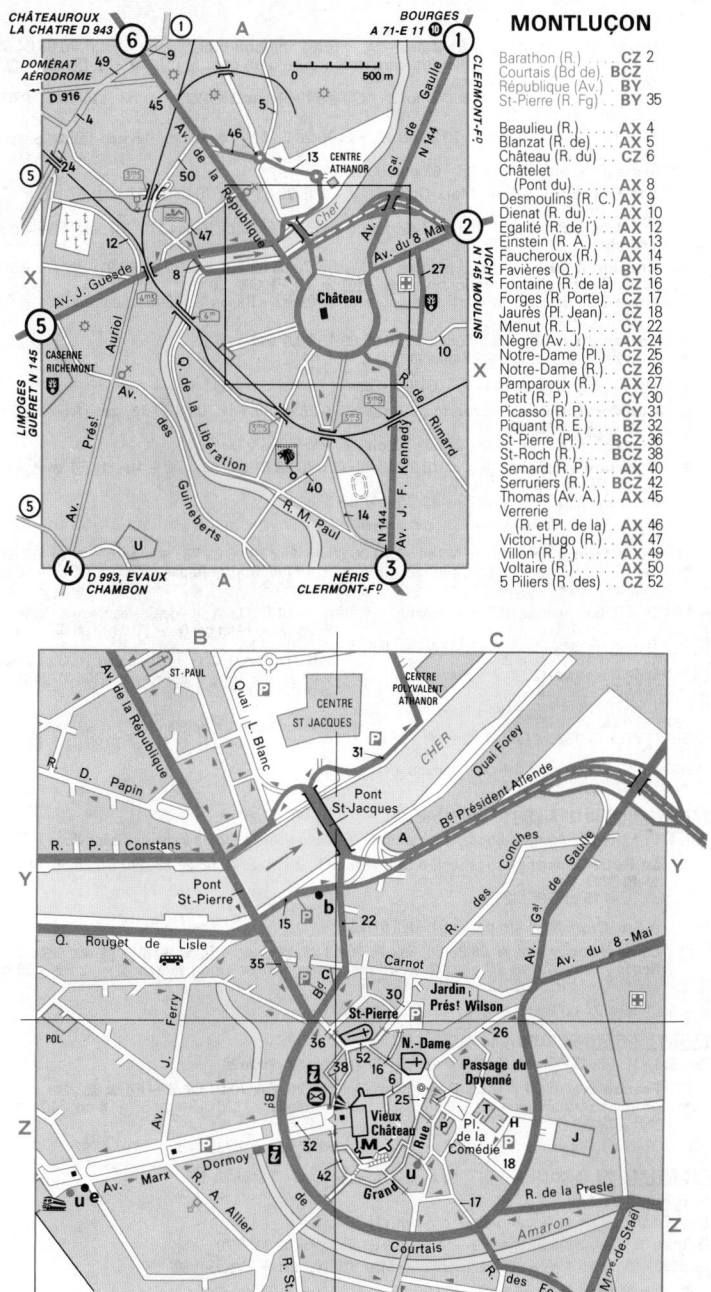

MONTLUÇON

🏨 **Host. du Château St-Jean** 🦢, près hippodrome par ③ 𝒞 70 05 04 65, Fax 70 05 97 75, 🍴, « Belle demeure en bordure d'un parc », 🔲, 🛋 – ▐ TV ☎ 🅿 – 🔺 25 à 100. AE GB. ❄ rest
fermé janv., dim. soir et lundi midi d'oct. à avril – **Repas** 200/265 – ⊑ 58 – **14 ch** 520/700, 5 appart – ½ P 525/650.

🏨 **Ibis** M, quai Favières 𝒞 70 28 48 42, Fax 70 28 58 62 – ▐ ❄ ch, 🛏 rest TV ☎ 👌 🅿 –
🔺 40. AE ⓪ GB   BY **b**
Repas 95 🍷, enf. 39 – ⊑ 35 – **63 ch** 260/290.

🏨 **des Bourbons,** 47 av. Marx Dormoy 𝒞 70 05 28 93, Fax 70 05 16 92 – ▐ TV ☎ �

🔺 25. AE ⓪ GB   BZ **e**
Aux Ducs de Bourbon 𝒞 70 05 22 79 *(fermé dim. soir et lundi)* **Repas** 110/187, enf. 50 – ⊑ 32
– **43 ch** 140/270 – ½ P 210/250.

XXX **Grenier à Sel** avec ch, pl. des Toiles 𝒞 70 05 53 79, Fax 70 05 87 91, 🍴, « Hôtel particulier du vieux Montluçon », 🛋 – TV ☎. AE ⓪ GB. ❄ rest   CZ **n**
fermé 3 au 16 janv. et lundi sauf juil. août et fériés – **Repas** 120/340 et carte 230 à 350 –
⊑ 50 – **4 ch** 350/500.

X **Safran d'Or,** 12 pl. des Toiles 𝒞 70 05 09 18 – AE GB   CZ **u**
↔ *fermé dim. soir et lundi –* **Repas** 70/160 🍷, enf. 44.

par ① : 5 km sur N 144 – ⊠ 03410 St-Victor :

🏨 **Comfort Inn Primevère,** rte Bourges 𝒞 70 28 88 88, Fax 70 28 87 73, 🌳 – ❄ ch TV ☎
👌 🅿 – 🔺 40. AE ⓪ GB
Repas 81/102 🍷, enf. 41 – ⊑ 30 – **42 ch** 290 – ½ P 256/277.

🏨 **Campanile,** rte Bourges 𝒞 70 28 48 48, Fax 70 28 51 04, 🍴, 🌳 – ❄ ch TV ☎ 👌 🅿 –
🔺 30. AE ⓪ GB
Repas 82 bc/105 bc, enf. 39 – ⊑ 30 – **47 ch** 270.

à Estivareilles par ① : 10 km – ⊠ 03190 :

XX **Host. Lion d'Or** avec ch, N 144 𝒞 70 06 00 35, Fax 70 06 09 78, 🍴, parc – ☎ 🅿. AE GB
↔ *fermé 17 août au 1ᵉʳ sept., dim. soir et lundi sauf juil.-août –* **Repas** 80/200 – ⊑ 27 – **10 ch**
140/190 – ½ P 190/210.

ALFA ROMEO Gar. Andrieu, 21 r. H.-Berlioz
𝒞 70 28 41 34
CITROEN Gar. Montluçonnais, r. de Pasquis ZA par
r. C.-Desmoulins AX 𝒞 70 08 23 30
MERCEDES Gar. Auvity, 23 à 27 q. Stalingrad
𝒞 70 29 07 93
NISSAN Gar. du Pont Vert, 99 av J.-Guesde
𝒞 70 05 88 93 🆖 𝒞 70 05 39 10
OPEL S.I.V.R.A.C., 162 av. Gén.-de-Gaulle
𝒞 70 28 39 01
PEUGEOT Gar. Bourbonnais, 10 r. P.-Sémard AX
𝒞 70 05 34 37 🆖 𝒞 70 05 34 37

RENAULT I.D.E.A., rte de Châteauroux-la Cote-
Rouge à Domérat par ⑥ 𝒞 70 08 13 00 🆖
𝒞 70 02 40 38
TOYOTA S.A.G.A., q. de Stalingrad 𝒞 70 28 88 80
VAG Europe Gar., 18 q. Forey 𝒞 70 05 31 33 🆖
𝒞 70 05 39 10

🛞 Euromaster, 1 r. de Blanzat, 𝒞 70 03 74 30
Pneu Vulcopneu, ZI r. E.-Sue 𝒞 70 29 64 85 🆖
𝒞 70 06 42 82

MONTLUEL 01120 Ain 🔢 ② – 5 954 h alt. 198.
Paris 474 – ◆Lyon 24 – Bourg-en-Bresse 44 – Chalamont 20 – Meximieux 14 – Villefranche-sur-Saône 45.

🏨 **Le Petit Casset** M sans rest, à La Boisse SO : 2 km 𝒞 78 06 21 33, Fax 78 06 55 20 – TV
☎ 🅿. GB. ❄
⊑ 37 – **15 ch** 295/325.

à Ste-Croix N : 5 km par D 61 – ⊠ 01120 :

🏨 **Chez Nous** 🦢, 𝒞 78 06 60 60, Fax 78 06 63 26, 🍴, 🌳 – TV ☎ 👌 🅿 – 🔺 40. GB
Repas *(fermé 12 au 28 nov., 2 au 16 janv., dim. soir et lundi)* 95/325 🍷 – ⊑ 32 – **29 ch**
180/280 – ½ P 230/270.

🛞 Relais Pneus, ZA du Petit Rosait à la Boisse 𝒞 78 06 41 01

MONTMARAULT 03390 Allier 🔢 ⑬ – 1 597 h.
Paris 353 – Moulins 45 – Gannat 39 – Montluçon 32 – St-Pourçain-sur-Sioule 28.

XX **France** avec ch, 1 r. Marx Dormoy 𝒞 70 07 60 26, Fax 70 07 68 45 – TV ☎ 🅿. GB
↔ *fermé 16 au 29 janv. et vacances de fév. –* **Repas** 76/220 🍷 – ⊑ 35 – **8 ch** 210/330 –
½ P 216/231.

PEUGEOT Gar. Mercadal, 𝒞 70 07 61 06   RENAULT Gar. Maillard, 𝒞 70 07 67 97

MONTMÉDY 55600 Meuse 🔢 ① G. Alsace Lorraine (plan) – 1 943 h alt. 198.
Voir Remparts★.
Env. Basilique★★ et Recevresse★ d'Avioth N : 8 km.
🅱 Office de Tourisme Ville Haute (fév.-nov.) 𝒞 29 80 15 90, fax 29 80 05 79.
Paris 260 – Charleville-Mézières 66 – Longwy 40 – ◆Metz 103 – Verdun 47 – Vouziers 60.

🏨 **Le Mady,** 𝒞 29 80 10 87, Fax 29 80 02 40 – ❄ ch TV ☎. GB
↔ *fermé fév., dim. soir et lundi sauf hôtel –* **Repas** 71/275 🍷, enf. 39 – ⊑ 33 – **12 ch** 250/290 –
½ P 215/255.

PEUGEOT Gar. Bigorgne, 𝒞 29 80 10 34

MONTMÉLIAN 73800 Savoie  ⑯ G. Alpes du Nord – 3 930 h alt. 285.

Voir ✻★ du rocher.

🛈 Office de Tourisme, Mairie ℘ 79 84 07 31.

Paris 557 – ◆Grenoble 50 – Albertville 40 – Allevard 25 – Chambéry 13 – St-Jean-de-Maurienne 57.

🏨 **Comfort Inn Primevère**, N 6 ℘ 79 84 12 01, Fax 79 84 23 01, 🌇 – 🗹 ☎ & ❷ – 🔬 30.
GB
Repas 81/102 ₰, enf. 41 – � 32 – **42 ch** 290 – ½ P 227/247.

🏨 **George** sans rest, N 6 ℘ 79 84 05 87, Fax 79 84 40 14 – ☎ ⇔ ❷. GB. ✺
fermé nov. – ⊒ 26 – **12 ch** 135/200.

XXX **Host. des Cinq Voûtes**, N 6 ℘ 79 84 05 78, « Voûtes moyenâgeuses » – ❷. AE ⓞ GB
fermé 15 au 30 sept., dim. soir et merc. soir – **Repas** 180/300 et carte 170 à 310.

XX **L'Arlequin** (Centre technique hôtelier), N 6 ℘ 79 84 21 54, Fax 79 84 25 77 – ❷. GB
◆ fermé 5 juil. au 18 août et merc. – **Repas** 72/160.

X **Viboud** avec ch, Vieux Montmélian ℘ 79 84 07 24, Fax 79 84 44 07 – 🍽 rest 🗹 ☎ ⇔
❷. AE ⓞ GB
fermé 24 sept. au 24 oct., 1ᵉʳ au 22 janv., dim. soir et lundi – **Repas** 98/159 ₰ – ⊒ 35 – **8 ch**
160/195 – ½ P 200.

NISSAN Gar. Joguet, à Francin ℘ 79 84 23 78   RENAULT Gar. Novel, ℘ 79 84 04 52

MONTMERLE-SUR-SAÔNE 01090 Ain  ① – 2 596 h alt. 170.

Paris 422 – Mâcon 29 – Bourg-en-Bresse 42 – Chauffailles 48 – ◆Lyon 45 – Villefranche-sur-Saône 12.

🏨 **Rivage**, au pont ℘ 74 69 33 92, Fax 74 69 49 21, 🌇 – 🗹 ☎ ❷ – 🔬 30. AE GB
fermé nov., lundi sauf le soir du 1ᵉʳ juin au 30 sept. et dim. d'oct. à mai – **Repas** 95/280 ₰,
enf. 70 – ⊒ 35 – **21 ch** 240/380 – ½ P 330/360.

Pour vos voyages,

en complément indispensable de ce guide

utilisez

les **cartes Michelin** détaillées à 1/200 000.

MONTMEYRAN 26120 Drôme  ⑫ – 2 360 h alt. 189.

Paris 579 – Valence 14 – Crest 14 – Romans-sur-Isère 25.

XX **La Vieille Ferme**, Les Dorelons E : 1,5 km par D 125 ℘ 75 59 31 64, 🌅, « Intérieur
rustique, jardin » – ❷. GB
fermé 1ᵉʳ au 25 août, dim. soir et mardi – **Repas** (prévenir) 110 (déj.). 168/198.

MONTMIRAIL 84 Vaucluse  ⑫ – rattaché à Gigondas.

MONTMORENCY 95 Val-d'Oise  ⑪, ⓵ ⑤ – voir Paris, Environs.

MONTMORT 51270 Marne  ⑮ ⑯ G. Champagne – 583 h alt. 206.

Env. Fromentières : retable★★ de l'église SO : 11 km.

Paris 123 – ◆Reims 43 – Châlons-sur-Marne 46 – Épernay 18 – Montmirail 24 – Sézanne 26.

🏨 **Cheval Blanc**, ℘ 26 59 10 03, Fax 26 59 15 88 – 🗹 ☎ ❷. ⓞ GB
◆ fermé 15 fév. au 1ᵉʳ mars et vend. du 1ᵉʳ nov. au 1ᵉʳ avril – **Repas** 70/280 ₰, enf. 50 – ⊒ 30 –
19 ch 150/300 – ½ P 180/280.

MONTOIRE-SUR-LE-LOIR 41800 L.-et-Ch.  ⑤ G. Châteaux de la Loire (plan) – 4 065 h alt. 70.

Voir Chapelle St-Gilles★ : peintures murales★★ – Pont ≼★.

🛈 Syndicat d'Initiative à la Mairie ℘ 54 85 00 29.

Paris 189 – ◆Le Mans 68 – Blois 43 – Château-Renault 21 – La Flèche 80 – St-Calais 23 – Vendôme 18.

XX **Cheval Rouge** avec ch, pl. Foch ℘ 54 85 07 05, Fax 54 85 17 42 – ☎ ⇔. AE GB
fermé 15 fév. au 1ᵉʳ mars, 5 au 22 fév., mardi soir et merc. sauf juil.-août – **Repas** (dim. prévenir)
85 (déj.), 147/290, enf. 49 – ⊒ 28 – **15 ch** 118/225 – ½ P 212/259.

à Lavardin SE : 2,5 km par D 108 – ✉ 41800 :

XX **Relais d'Antan**, ℘ 54 86 61 33, Fax 54 86 62 08, 🌇 – GB
fermé 14 au 29 nov., 16 janv. au 1ᵉʳ fév., mardi soir et merc. – **Repas** 95 (déj.), 145/235,
enf. 60.

PEUGEOT Gar. Hervio, ℘ 54 85 02 40 🔧 ℘ 54 85 02 40

MONTORY 64470 Pyr.-Atl.  ⑤ – 379 h alt. 264.

Paris 825 – Pau 57 – Mauléon-Licharre 17 – Oloron-Ste-Marie 22 – St-Jean-Pied-de-Port 56.

🏨 **Aub. de L'Etable**, ℘ 59 28 56 34, Fax 59 28 70 07, ⛴ – 🗹 ☎ ❷. AE ⓞ GB. ✺ ch
◆ fermé 20 au 27 déc. – **Repas** 75/185 – ⊒ 28 – **29 ch** 220/240 – ½ P 250.

Voir Vieux Montpellier★★ : hôtel de Varennes★ FY **M1**, hôtel des Trésoriers de la Bourse★ FY **X**, rue de l'Ancien Courrier★ – EFY **4** – Promenade du Peyrou★★ : ≤★ de la terrasse supérieure AU – Quartier Antigone★ – Musée Fabre★★ FY – Musée Atger★ (dans la faculté de médecine) EX – Musée languedocien★ (dans l'hôtel des trésoriers de France) FY **M²**.

Env. Parc zoologique de Lunaret★ 6 km par av. Bouisson-Bertrand ABT – Château de la Mogère★ E : 5 km par D 24 DU.

🏌 de Coulondres ℘ 67 84 13 75, 12 km par ⑦ ; 🏌🏌 de Fontcaude à Juvignac ℘ 67 03 34 30, 9 km par ⑥ ; 🏌 de Massane à Baillargues ℘ 67 87 87 87, 13 km par ①.

✈ de Montpellier-Fréjorgues : ℘ 67 20 85 00 SE par ③ : 7 km.

🄳 Office de Tourisme 78 av. Pirée ℘ 67 22 06 16, Fax 67 22 38 10 au Triangle allée Tourisme ℘ 67 58 67 58, Fax 67 58 67 59 Annexes : gare SNCF r. J.-Ferry (saison) ℘ 67 92 90 03, Rond-point des Prés d'Arènes ℘ 67 22 08 80 – A.C. Hérault-Aveyron 3 r. Maguelone ℘ 67 58 44 12.

Paris 759 ② – ◆Marseille 164 ② – ◆Nice 325 ② – Nîmes 51 ② – ◆Toulouse 241 ⑤.

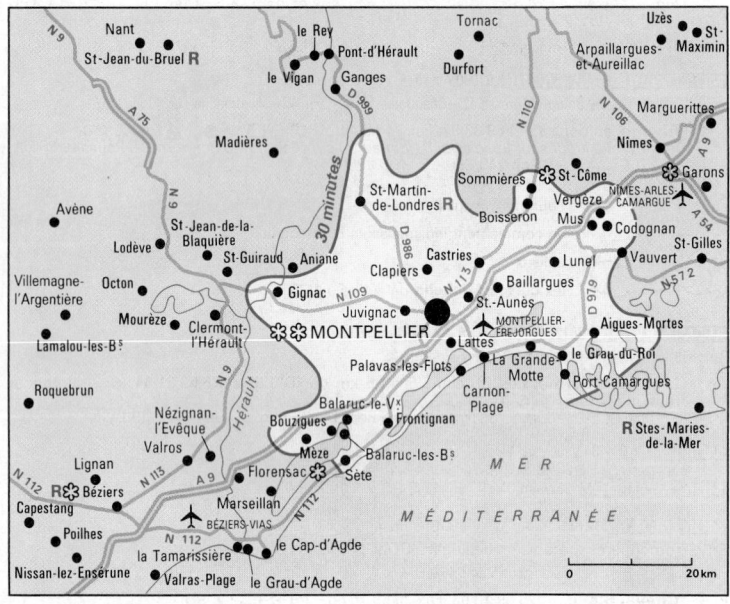

🏨 **Alliance-Métropole** Ⓜ, 3 r. Clos René ℘ 67 58 11 22, Télex 480410, Fax 67 92 13 02, 🏫 – 🛗 ↔ ch 🗏 📺 ☎ ⇔ – 🔬 40 à 70. 🄰🄴 ⓞ ⊖🄱 🄹🄲🄱 FZ **a**
Repas *(fermé sam. et dim.)* 98/145 – �☐ 70 – **82 ch** 430/580 – ½ P 590.

🏨 **Sofitel Antigone** Ⓜ sans rest, 1 r. Pertuisanes ℘ 67 65 62 63, Télex 485875, Fax 67 65 17 50, « Piscine sur le toit » – 🛗 ↔ ch 🗏 📺 ☎ ⅙ – 🔬 150. 🄰🄴 ⓞ ⊖🄱 CU **v**
⊑ 80 – **90 ch** 615/715.

🏨 **Mercure** Ⓜ, 285 bd de l'Aéroport International ℘ 67 20 63 63, Télex 485892, Fax 67 20 63 64, 🏫 – 🛗 ↔ ch 🗏 📺 ☎ ⅙ ⇔ – 🔬 80. 🄰🄴 ⓞ ⊖🄱 DU **k**
Repas *(fermé sam. et dim.)* 140 bc, enf. 45 – ⊑ 57 – **108 ch** 495, 6 appart.

🏨 **Astron Méditerranée** Ⓜ sans rest, av. Pirée ℘ 67 20 57 57, Fax 67 20 58 58, 🛁 – 🛗 ↔ ch 🗏 📺 ☎ ⅙ 🅿. 🄰🄴 ⓞ ⊖🄱 DU **t**
⊑ 65 – **23 ch** 380, 115 appart. 550.

🏨 **Sofitel** sans rest, au Triangle ℘ 67 58 45 45, Télex 480140, Fax 67 58 77 50 – 🛗 ↔ ch 🗏 📺 ☎. 🄰🄴 ⓞ ⊖🄱 🄹🄲🄱 CU **h**
⊑ 65 – **98 ch** 400/500.

🏨 **La Maison Blanche** Ⓜ, 1796 av. Pompignane ℘ 67 79 60 25, Fax 67 79 53 39, 🏫, 🌳, 🗏 ch 📺 ☎ ⅙ 🅿 – 🔬 30. 🄰🄴 ⓞ ⊖🄱 DT **r**
Repas *(fermé lundi midi et dim.)* 85/145 – ⊑ 45 – **38 ch** 350/420 – ½ P 425.

🏨 **New H. du Midi** sans rest, 22 bd V. Hugo ℘ 67 92 69 61, Télex 490752, Fax 67 92 73 63 – 🛗 🗏 📺 ☎. 🄰🄴 ⓞ ⊖🄱 FZ **v**
⊑ 40 – **47 ch** 360.

🏨 **Parc** sans rest, 8 r. A. Bège ℰ 67 41 16 49, Fax 67 54 10 05 – 🖿 📺 ☎ 🄿. 🖭 ⅏ꜝ   BT **k**
    ⟷ 40 – **19 ch** 200/340.

🏨 **Guilhem** ⚘ sans rest, 18 r. J.-J. Rousseau ℰ 67 52 90 90, Fax 67 60 67 67 – ▐ 📺 ☎. 🖭
    ⅏ ꜝ   EY **a**
    ⟷ 49 – **33 ch** 380/600.

🏨 **Palais** sans rest, 3 r. Palais ℰ 67 60 47 38, Fax 67 60 40 23 – ▐ 📺 ☎. ꜝ   EY **m**
    ⟷ 40 – **26 ch** 240/370.

🏨 **Ulysse** sans rest, 338 av. St Maur ℰ 67 02 02 30, Fax 67 02 16 50 – 📺 ☎ ⇐. 🖭 ⅏ ꜝ
    🇯🇨🇧   CT **f**
    ⟷ 35 – **30 ch** 255/295.

🏨 **Relais Bleus** sans rest, 890 av. J. Mermoz-Antigone ℰ 67 64 88 50, Fax 67 64 04 15 – ▐
    ✂ ch 🖿 📺 ☎ ♿ ⇐ – 🔬 40. 🖭 ⅏ ꜝ   CU **z**
    ⟷ 32 – **93 ch** 280.

🍴🍴🍴🍴 ❀❀ **Jardin des Sens** (Pourcel), 11 av. St-Lazare ℰ 67 79 63 38, Fax 67 72 13 05, 🌳,
    « Élégant décor contemporain » – 🖿. 🖭 ꜝ 🇯🇨🇧   CT **e**
    fermé 25 juil. au 15 août, 2 au 15 janv. et dim. – **Repas** (nombre de couverts limité, prévenir)
    175 (déj.), 280/450 et carte 340 à 450
    Spéc. Petits encornets farcis de ratatouille. Carpaccio de tête de veau. Filet de loup cuit au four. **Vins** Faugères, Picpoul
    de Pinet.

🍴🍴🍴 **Chandelier**, 3 r. A. Leenhardt ℰ 67 92 61 62, Fax 67 92 45 28 – 🖿. 🖭 ⅏ ꜝ   FZ **s**
    fermé lundi midi et dim. – **Repas** 140 (déj.)/360 et carte 270 à 410.

🍴🍴🍴 **Le Cercle des Anges**, 3 r. Collot ℰ 67 66 35 13, Fax 67 66 35 27, 🌳 – 🖭 ⅏ ꜝ
    fermé lundi midi et dim. – **Repas** 110 (déj.). 210/280 et carte 240 à 360.   FY **b**

🍴🍴 **Isadora**, 6 r. Petit Scel ℰ 67 66 25 23, 🌳, « Voûte du 13ᵉ siècle » – 🖿. 🖭 ⅏ ꜝ 🇯🇨🇧
    fermé sam. midi et dim. – **Repas** 80 (déj.). 120/250.   EY **n**

🍴🍴 ❀ **L'Olivier** (Breton), 12 r. A. Ollivier ℰ 67 92 86 28 – 🖿. 🖭 ⅏ ꜝ. ✂   FZ **u**
    fermé 6 août au 1ᵉʳ sept., dim., lundi et fériés – **Repas** (prévenir) 145/185 et carte 250 à 330
    Spéc. Galettes de sarrasin au beurre salé, fraîcheur de tourteaux au citron. Lotte en cocotte à l'aïoli. Rognon de veau au
    Banyuls.

🍴🍴 **Maison de la Lozère**, 27 r. Aiguillerie ℰ 67 66 36 10, Fax 67 60 33 22, « Salle voûtée du
    13ᵉ siècle » – 🖿. ꜝ   FY **d**
    fermé août, 25 fév. au 4 mars, dim. et lundi – **Repas** 120 (déj.). 185/270.

🍴🍴 **Castel Ronceray**, 71 av. Toulouse par ⑤ ✉ 34070 ℰ 67 42 46 30, 🌳. 🄿. ꜝ
    fermé vacances de fév., lundi soir et fériés – **Repas** 125 (déj.). 165/220.

🍴 **Le Louvre**, 2 r. Vieille ℰ 67 60 59 37 – 🖿. 🖭 ⅏ ꜝ   FY **q**
    fermé sam. midi du 1ᵉʳ juin au 31 août, lundi (sauf le soir du 1ᵉʳ juin au 31 août) et dim. –
    Repas 140 🍷.

    Le Millénaire par ② : 1 km – ✉ 34000 Montpellier :

🏨 **Campanile**, ℰ 67 64 85 85, Fax 67 22 19 25, 🌳 – ▐ ✂ ch, 🖿 rest 📺 ☎ ♿ 🄿 – 🔬 30.
    🖭 ⅏ ꜝ
    Repas 82 bc/105 bc, enf. 39 – ⟷ 30 – **82 ch** 270.

    à l'Est : 4 km par D 24 et D 172ᴱ – DU – ✉ 34000 Montpellier :

🏨 **Demeure des Brousses** ⚘ sans rest, rte Vauguières ℰ 67 65 77 66, Fax 67 22 22 17,
    parc, « Demeure du 18ᵉ siècle dans un parc » – 📺 ☎ 🄿. 🖭 ꜝ
    ⟷ 50 – **17 ch** 380/580.

🍴🍴🍴 **Le Mas**, rte Vauguières ℰ 67 65 52 27, Fax 67 65 21 93, 🌳 – 🄿. 🖭 ⅏ ꜝ
    fermé 2 au 15 janv., dim. soir et lundi – **Repas** 200/380 et carte 300 à 370.

    rte de Carnon-Pérols par ③ : 6 km – ✉ 34470 Pérols :

🏨 **Eurotel**, ZAC Le Fenouillet ℰ 67 50 27 27, Fax 67 50 23 27, 🌳, 🏊 – ▐ ✂ ch 🖿 📺 ☎ ♿
    🄿 – 🔬 40 à 100. 🖭 ⅏ ꜝ
    Repas 72/179 🍷, enf. 32 – ⟷ 30 – **42 ch** 300/350 – ½ P 250/280.

    à l'échangeur A9-Montpellier-sud par ④ : 2 km – ✉ 34000 Montpellier :

🏨 **Novotel**, 125 bis av. Palavas ℰ 67 64 04 04, Télex 490433, Fax 67 65 40 88, 🌳, 🏊 – ▐
    ✂ ch 🖿 📺 ☎ ♿ 🄿 – 🔬 25 à 80. 🖭 ⅏ ꜝ
    Repas carte environ 180 🍷, enf. 50 – ⟷ 50 – **162 ch** 440/480.

    à Lattes par ④ : 5 km – 10 203 h. – ✉ 34970 :

🍴🍴🍴 **Le Mazerand**, rte Fréjorgues CD 172 ℰ 67 64 82 10, Fax 67 20 10 73, 🌳, « Terrasses
    ombragées ouvrant sur le parc » – 🖿 🄿 🖭 ⅏ ꜝ
    fermé sam. midi et lundi – **Repas** 165/310 et carte 210 à 390.

    par ⑤ et N 112 : 6 km – ✉ 34430 St-Jean-de-Vedas :

🏨 **Yan's**, Parc St Jean ℰ 67 47 07 45, Fax 67 47 16 90, 🌳, 🏊 – 🖿 📺 ☎ ♿ 🄿 – 🔬 35. 🖭
    ꜝ
    fermé sam. (sauf le soir en juil.-août) et dim. – **Repas** 80/195 🍷 – ⟷ 35 – **40 ch** 315/360 –
    ½ P 255.

    par ⑥ rte de Lodève : 5 km – ✉ 34080 Celleneuve :

🏨 **Abélia** sans rest, 70 rte Lodève ℰ 67 03 17 77, Fax 67 63 28 19 – 📺 ☎ 🄿. 🖭 ꜝ
    fermé dim. du 1ᵉʳ nov. au 1ᵉʳ avril – ⟷ 33 – **12 ch** 200/275.

MONTPELLIER

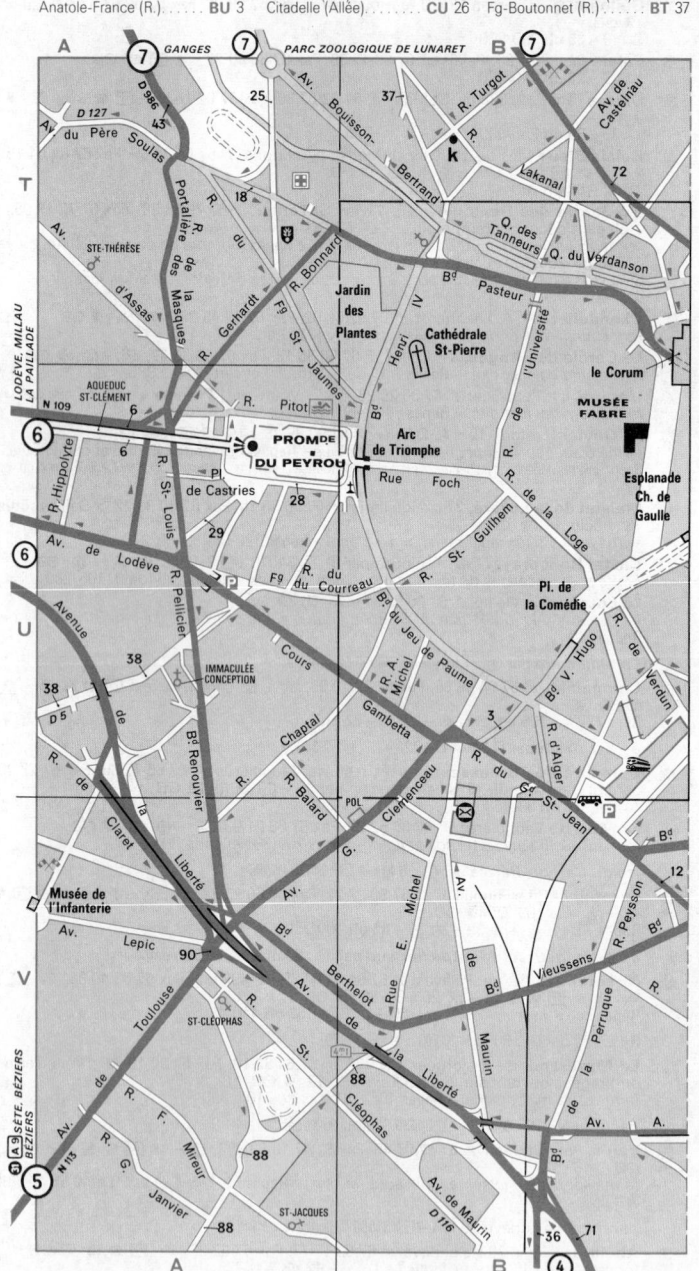

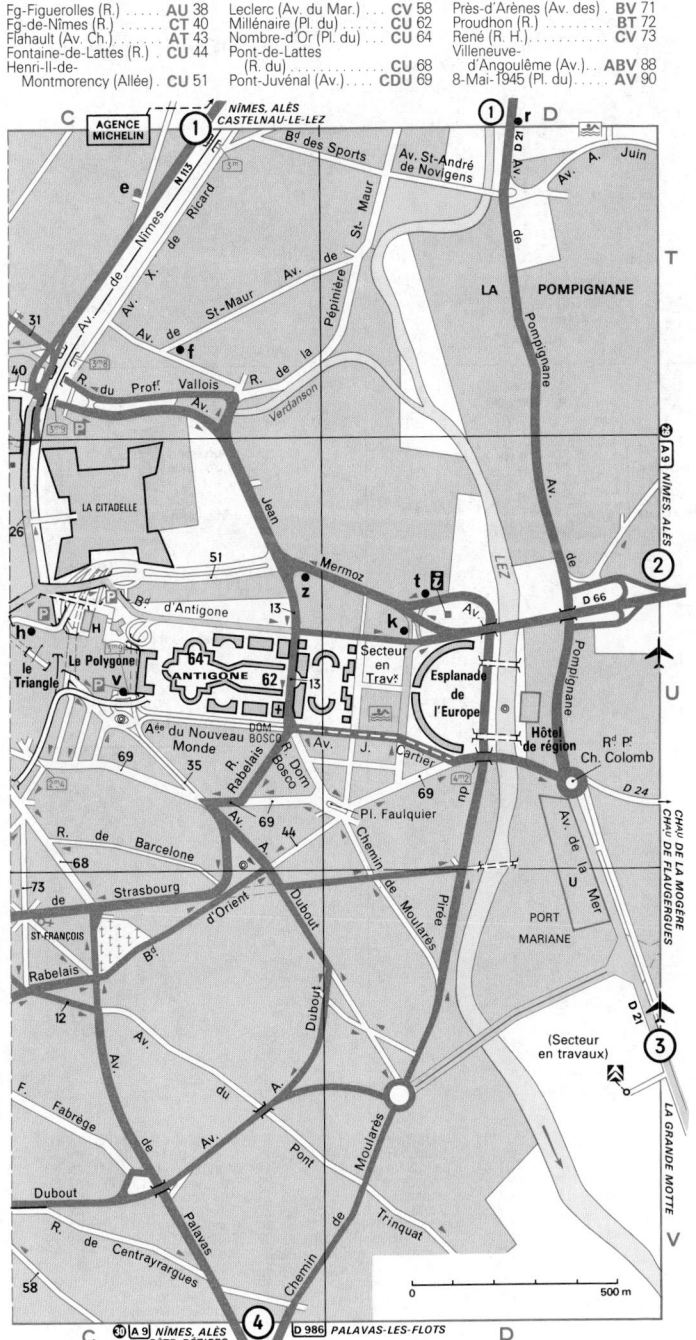

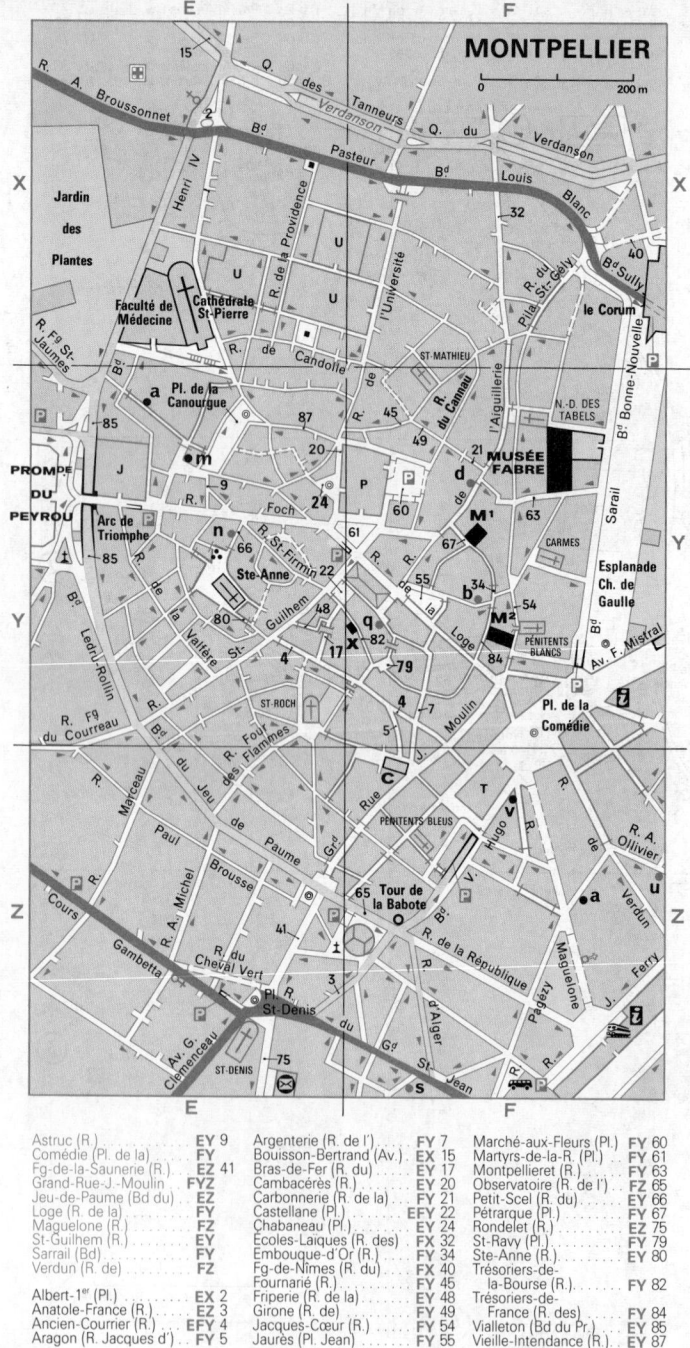

MONTPELLIER

0   200 m

à Juvignac par ⑥, rte de Millau : 6 km – ⊠ 34990 :

🏨 **Golf H. de Fontcaude** Ⓜ ⍚, au golf international, NO : 3 km ℰ 67 03 34 10, Fax 67 03 34 51, ≼, 🍽 – 🛗 🔲 📺 ☎ ₺ 🄿 – 🔬 40. 🅰🅴 ⓞ 🅶🅱
Repas *(fermé dim. soir)* 82 bc/140 ₰, enf. 48 – ⊑ 42 – **46 ch** 290/400 – ½ P 330/360.

rte de Ganges par ⑦ : 7 km :

🏨 **Juvena** Ⓜ ⍚, ⊠ 34000 Montpellier ℰ 67 04 25 10, Fax 67 54 57 52, ≼, 🍽 – 🛗 ✦✦ ch 🔲 📺 ☎ ₺ 🄿 🅰🅴 🅶🅱. 🍴 rest
Repas *(fermé sam., dim. et fériés)* 150 – ⊑ 60 – **21 ch** 390/550 – ½ P 300.

à Clapiers par ⑦ et D 65 : 8 km – ⊠ 34830 :

🏨 **Les Pins** Ⓜ ⍚, chemin Romarins ℰ 67 59 33 00, Fax 67 59 33 99, ≼, 🍽, « Dans une pinède », ℩₅, 🏊, 🍴 – 🛗 cuisinette 🔲 rest 📺 ☎ ₺ 🄿 – 🔬 40 à 80. 🅰🅴 🅶🅱
Repas 125/190 – ⊑ 45 – **69 ch** 310 – ½ P 310.

au Nord : 5 km par r. Proudhon ʙᴛ et D 17 – ⊠ 34980 Montferrier-sur-Lez :

🏨 **Heliotel,** rte de Mende, rd-pt Agropolis ℰ 67 59 90 91, Fax 67 59 91 04, 🍽 – cuisinette 🔲 🔲 ☎ ₺ 🄿 – 🔬 40. 🅰🅴 🅶🅱
Repas 82/102 ₰, enf. 42 – ⊑ 34 – **49 ch** 265/285, 7 studios – ½ P 235.

MICHELIN, Agence régionale, 120 av. M.-Dassault à Castelnau-le-Lez par ① ℰ 67 79 50 79

ALFA ROMEO, MITSUBISHI, PORSCHE Gar. Mourier, ZI av. Mas-d'Argelliers ℰ 67 92 33 47
BMW Auto Méditerranée, ZI 361 r. Industrie ℰ 67 92 97 29
CITROEN Succursale, 852, av. Mer, rte de Carnon DV ℰ 67 65 73 10 🄽 ℰ 67 22 06 17
FIAT SODAM, Rte de Carnon à Boirargues ℰ 67 65 78 80
FORD Fenouillet Autom., ZC Fenouillet rte de Carnon à Pérols ℰ 67 50 34 20
FORD Gar. Imbert, rte de Sète à St-Jean-de-Védas ℰ 67 42 46 22 🄽 ℰ 67 92 22 18
LADA Gar. Guitard, ZI près d'Arènes, r. Mas-St-Pierre ℰ 67 58 13 13
MERCEDES SODIRA, ZA de l'Aube Rouge à Castelnau-le-Lez ℰ 67 79 40 50 🄽 ℰ 23 72 11 08
NISSAN A.B.C. Auto, 55 rte de Béziers à St-Jean-de-Védas ℰ 67 27 55 46
NISSAN Gar. Clémenceau, r. Montels L'Eglise à Lattes ℰ 67 92 95 47
OPEL France Auto, 56 av. Marché-Gare ZI ℰ 67 92 63 74
OPEL France Auto, Parc de l'Aube Rouge à Castelnau-le-Lez ℰ 67 72 20 40
PEUGEOT Gar. de l'Hérault, 905 r. Industrie par ④ ℰ 67 06 25 25 🄽 ℰ 05 44 24 24

RENAULT Paillade Autos, av. de l'Europe par ⑥ ℰ 67 84 74 74 🄽 ℰ 67 84 74 74
RENAULT Succursale, 700 r. de l'Industrie, ZI par av. des Prés d'Arènes BV ℰ 67 07 87 87 🄽 ℰ 67 04 95 12
SEAT P.H.F., 500 av. de l'Europe à Castelnau-le-Lez ℰ 67 79 44 76
SEAT P.H.F. Auto, 1678 av. de Toulouse ℰ 67 27 23 62
TOYOTA C.D.B., 1134 av. de l'Europe à Castelnau-le-Lez ℰ 67 79 41 71
VAG Montpellier Autos Sud, Rd-Pt Rieucoulon à St-Jean-de-Védas ℰ 67 07 83 83 🄽 ℰ 67 92 22 18
VAG Cerf Autom., 145 rte de Nîmes au Crès ℰ 67 70 50 00 🄽 ℰ 05 00 24 24

Ⓦ Ayme Pneus, 49 av. de Toulouse ℰ 67 42 82 25
Ayme Pneus, 210 rte de Nimes au Crès ℰ 67 70 80 01
Ayme Pneus, av. Mas-d'Argelliers ZI ℰ 67 92 72 62
Escoffier Vulcopneu, 685 r. Industrie ℰ 67 92 00 30
Euromaster, ZI av. Mas-d'Argelliers ℰ 67 92 05 93
Mendez Pneus, 18 r. St-Louis ℰ 67 58 54 50

MONTPON-MÉNESTEROL 24700 Dordogne 🔟🖪 ③ ⑬ – 5 481 h alt. 39.
Paris 533 – Bergerac 38 – Libourne 38 – Périgueux 56 – Ste-Foy-la-Grande 24.

🏠 **Puits d'Or,** 7 r. Carnot ℰ 53 80 33 07, Fax 53 81 52 47, 🍽 – 📺 ☎. 🅰🅴 ⓞ 🅶🅱
Repas *(fermé dim. soir et lundi midi hors sais.)* 70 (déj.), 90/200, enf. 60 – ⊑ 30 – **21 ch** 190/210 – ½ P 240.

à Ménesterol N : 1 km par D 708, D 730 et D 3ᴱ¹ – ⊠ 24700 Montpon-Ménesterol :

XX **Aub. de l'Éclade,** ℰ 53 80 28 64, 🍽 – 🍽. 🅶🅱
fermé 1ᵉʳ au 20 mars, 1ᵉʳ au 20 oct., mardi soir et merc. – **Repas** 70 (déj.), 110/210 ₰, enf. 45.

CITROEN Montpon Autom., 1 av. G.-Pompidou ℰ 53 80 31 00
PEUGEOT Gar. Bonnet, 51 av. J. Moulin ℰ 53 80 33 57

Ⓦ Sce du Pneu-Point S, 74 rte de Bordeaux ℰ 53 80 37 21

MONTRÉAL 32250 Gers 🔟🖪 ⑬ **G. Pyrénées Aquitaine** – 1 221 h alt. 98.
Paris 732 – Agen 54 – Auch 57 – Condom 15 – Mont-de-Marsan 66 – Nérac 26.

X **Gare** ⍚ avec ch, S : 3 km par rte Eauze ℰ 62 29 43 37, Fax 62 29 49 82, 🍽, ancienne gare au décor 1900, 🍴 – ☎ 🄿. 🅰🅴 🅶🅱. 🍴 ch
↑ *fermé 11 au 31 janv., jeudi soir sauf juil.-août et vend.* – **Repas** 68/210, enf. 40 – ⊑ 30 – **5 ch** 190 – ½ P 180.

X **Chez Simone,** face église ℰ 62 29 44 40, Fax 62 29 49 94 – 🅰🅴 ⓞ 🅶🅱
↑ *fermé sam.* – **Repas** 70/200.

MONTREDON 11 Aude 🔠 ⑪ – rattaché à Carcassonne.

Visitez la capitale avec le guide Vert Michelin **PARIS.**

Paris 746 – Albi 34 – Castres 21 – Lacaune 41 – ◆Toulouse 92.

🏠 **Host. du Parc,** ℰ 63 75 14 08, Fax 63 75 10 47, 🍽️, 🐎 – ☎ – 🏨 40. 🇬🇧
➤ *fermé fév. et lundi du 1ᵉʳ janv. au 30 mars* – **Repas** 80/180 ₰, enf. 45 – ☎ 30 – **19 ch** 180/260 – ½ P 215/260.

CITROEN Gar. Rahoux, ℰ 63 75 14 11

MONTRÉJEAU 31210 H.-Gar. 📖⑳ G. Pyrénées Aquitaine – 2 857 h alt. 468.

Voir ≤★.

🅱 Office de Tourisme pl. V.-Abeille ℰ 61 95 80 22.

Paris 797 – Bagnères-de-Luchon 38 – Auch 77 – Lannemezan 16 – St-Gaudens 14 – ◆Toulouse 104.

🏠 **Lecler,** av. St-Gaudens ℰ 61 95 80 43, Fax 61 95 45 78, ≤ Pyrénées – 📺 ☎ 🕭. 🆎 🇬🇧
fermé nov. – **Repas** *(fermé dim. soir et lundi d'oct. à Pâques sauf vacances scolaires)* 100/155 – ☎ 30 – **19 ch** 110/280 – ½ P 175/235.

MONTREUIL 🎖 62170 P.-de-C. 📖⑫ G. Flandres Artois Picardie (plan) – 2 450 h alt. 45.

Voir Site★ – Citadelle★ : ≤★★ – Remparts★ – Mobilier de la chapelle de l'Hôtel-Dieu – Église St-Saulve★.

🅱 Office de Tourisme, pl. Darnétal ℰ 21 06 04 27.

Paris 211 – ◆Calais 70 – Abbeville 42 – Arras 83 – Boulogne-sur-Mer 37 – ◆Lille 116 – St-Omer 56.

🏰 **Château de Montreuil** 🌿, chaussée Capucins ℰ 21 81 53 04, Fax 21 81 36 43, 🍽️, « Belle demeure dans un parc » – 📺 ☎ 🕭. 🆎 ⓪ 🇬🇧
fermé 10 déc. au 5 fév., lundi sauf fériés de sept. à mai et jeudi midi – **Repas** 200 (déj.), 300/390 – ☎ 60 – **13 ch** 750/860 – ½ P 800.

✗ **Le Darnetal** avec ch, pl. Darnetal ℰ 21 06 04 87, Fax 21 86 64 67 – 🆎 ⓪ 🇬🇧. 🎬 ch
fermé 26 juin au 6 juil., 9 au 19 oct., lundi soir sauf juil.-août et mardi – **Repas** 95/185 ₰ – ☎ 30 – **4 ch** 200/300.

à La Madelaine-sous-Montreuil O : 2,5 km par D 917 et D 139 – ⊠ **62170** Madelaine-sous-Montreuil :

✗✗✗ ❀ **Aub. La Grenouillère** (Gauthier) 🌿 avec ch, ℰ 21 06 07 22, Fax 21 86 36 36, 🍽️ – ☎ 🅿. 🆎 ⓪ 🇬🇧
fermé 15 déc. au 15 janv., mardi et merc. sauf juil.-août – **Repas** 150/350 et carte 220 à 400 – ☎ 40 – **4 ch** 350/500
Spéc. Cuisses de grenouilles à l'ail. Caudière étaploise (été). Agneau de pré-salé de la baie de Somme (été).

à Attin NO : 5 km par N 39 – ⊠ **62170** :

✗✗ **Bon Accueil,** ℰ 21 06 04 21 – 🍽️. 🇬🇧
➤ *fermé 21 août au 11 sept., vacances de fév., dim. soir, merc. soir et lundi de sept. à avril* – **Repas** 80 bc/165 ₰, enf. 45.

🔘 Pneus Lagrange, à St-Justin ℰ 21 06 09 97

MONTREUIL 93 Seine-St-Denis 📖⑪, 🔟⑰ – voir à Paris, Environs.

MONTREUIL-BELLAY 49260 M.-et-L. 📖⑧ G. Châteaux de la Loire (plan) – 4 041 h alt. 54.

Voir Château★★ – Site★.

🅱 Office de Tourisme, pl. de la Concorde (avril-sept.) ℰ 41 52 32 39, Fax 41 52 32 35.

Paris 312 – Angers 50 – Châtellerault 69 – Chinon 39 – Cholet 59 – Poitiers 82 – Saumur 15.

🏠 **Splendid,** r. Dr Gaudrez ℰ 41 53 10 00, Fax 41 52 45 17 – 📺 ☎ 🅿. 🇬🇧
➤ **Repas** 70/230 ₰, enf. 40 – ☎ 35 – **20 ch** 170/300 – ½ P 260/340.

Annexe Relais du Bellay 🏨 sans rest, ℰ 41 53 10 10, Fax 41 52 45 17, 🔳, 🐎 – 🛗 📺 ☎ ⅙ 🅿. 🇬🇧
☎ 40 – **40 ch** 240/400.

MONTREUIL-L'ARGILLÉ 27390 Eure 📖⑭ – 706 h alt. 172.

Paris 159 – L'Aigle 25 – Argentan 50 – Bernay 21 – Évreux 56 – Lisieux 32 – Vimoutiers 27.

✗ **Aub. de la Truite,** ℰ 32 44 50 47, « Collection d'orgues de Barbarie » – 🇬🇧
fermé 15 janv. au 15 fév., mardi midi et merc. – **Repas** 85/200, enf. 50.

MONTREVEL-EN-BRESSE 01340 Ain 📖⑫ – 1 973 h alt. 230.

Paris 397 – Mâcon 24 – Bourg-en-Bresse 17 – Pont-de-Vaux 22 – St-Amour 24 – Tournus 34.

✗✗ ❀ **Léa** (Monnier), ℰ 74 30 80 84, Fax 74 30 85 66 – 🇬🇧
fermé 29 juin au 12 juil., 21 déc. au 11 janv., dim. soir et merc. – **Repas** (nombre de couverts limité-prévenir) 150/340 et carte 240 à 360
Spéc. Nage de Saint-Jacques d'Erquy (oct. à avril). Homard rôti aux choux, beurre au curry. Poularde de Bresse aux morilles. **Vins** Roussette de Seyssel, Montagnieu.

✗ **Le Comptoir,** ℰ 74 25 45 53 – 🇬🇧
➤ *fermé 29 juin au 12 juil., 21 déc. au 11 janv., mardi soir de sept. à juin, dim. midi en juil.-août et merc.* – **Repas** 80/130 ₰.

rte de Bourg-en-Bresse S : 2 km sur D 975 – ✉ **01340** Montrevel-en-Bresse :

Le Pillebois Ⓜ, D 975 ✆ 74 25 48 44, Fax 74 25 48 79, 🏊, 🌳 – 📺 ☎ ♿ Ⓟ – 🏛 30. AE GB
fermé dim. soir du 1er oct. au 30 avril – **Repas** 85/180 🍷 – ☕ 32 – **31 ch** 240/290 – ½ P 220/260.

CITROEN Gar. Berret, ✆ 74 30 80 06
FIAT, LANCIA Gar. Roux, ✆ 74 25 45 46
PEUGEOT Gar. Petit, ✆ 74 30 82 22

MONTRICHARD 41400 L.-et-Ch. 64 ⑯ ⑰ **G. Châteaux de la Loire** – 3 786 h alt. 68.

Voir Donjon★ : ✷★★.

ℹ Office de Tourisme r. Pont (Rameaux-sept.) ✆ 54 32 05 10.

Paris 219 – ♦Tours 42 – Blois 35 – Châteauroux 84 – Châtellerault 94 – Loches 32 – Vierzon 74.

Château de la Menaudière 🐦, NO : 2,5 km par rte Amboise D 115 ✆ 54 32 02 44, Fax 54 71 34 58, ≤, parc, 🎾 – 📺 ☎ Ⓟ – 🏛 25. AE ⓓ GB. ✻ rest
début mars-mi-nov. et fermé dim. soir et lundi du 15 oct. au 15 nov. sauf fêtes – **Repas** 150 (déj.), 190/290, enf. 90 – ☕ 58 – **25 ch** 520/680 – ½ P 540/700.

Tête Noire, 24 r. Tours ✆ 54 32 05 55, Fax 54 32 78 37 – ☎ Ⓟ. GB
fermé 4 janv. au 2 fév. – **Repas** 95/250, enf. 55 – ☕ 35 – **38 ch** 195/320 – ½ P 273/347.

Croix blanche Ⓜ sans rest, 64 r. Nationale ✆ 54 32 30 87, Fax 54 32 48 06 – 📺 ☎. AE ⓓ GB JCB
20 mars-12 nov. – ☕ 25 – **19 ch** 225/275.

à Chissay en Touraine O : 4 km par D 176 – ✉ **41400** :

Château de Chissay 🐦, ✆ 54 32 32 01, Fax 54 32 43 80, ≤, 🌳, « Château du 15e siècle, parc, 🏊 » – |🛗| 📺 ☎ Ⓟ. AE ⓓ GB. ✻ rest
15 mars-15 nov. – **Repas** 160/295 – ☕ 65 – **24 ch** 490/1000, 7 appart – ½ P 490/740.

PEUGEOT Gar. Ferrand, ✆ 54 32 00 61
Gar. Giraudon, ✆ 54 32 15 33

MONTRICOUX 82800 T.-et-G. 79 ⑱ ⑲ **G. Périgord Quercy** – 909 h alt. 105.

Voir Bruniquel : site★, vieux bourg★, château ≤★ SE : 5 km.

ℹ Syndicat d'Initiative, pl. Porte Basse, ✆ 63 67 21 80.

Paris 635 – Cahors 47 – Gaillac 35 – Montauban 24 – Villefranche-de-Rouergue 57.

✕✕ **Les Gorges de l'Aveyron,** Le Bugarel ✆ 63 24 50 50, Fax 63 24 50 52, 🌳, « Parc surplombant l'Aveyron » – Ⓟ. GB
fermé 1er fév. au 1er mars – **Repas** 145/240.

MONTROC-LE-PLANET 74 H.-Savoie 74 ⑨ – rattaché à Argentière.

MONTROND-LES-BAINS 42210 Loire 73 ⑱ **G. Vallée du Rhône** – 3 627 h alt. 356 – Stat. therm. (7 mars-19 nov.) – Casino .

⛳18 du Forez ✆ 77 30 86 85 à Craintilleux, S : 12 km par RN 82 et D 16.

ℹ Syndicat d'Initiative 1 r. des Ecoles ✆ 77 94 64 74, fax 77 54 51 96.

Paris 499 – ♦St-Étienne 28 – ♦Lyon 62 – Montbrison 12 – Roanne 49 – Thiers 81.

✿✿ **Host. La Poularde** (Etéocle), ✆ 77 54 40 06, Fax 77 54 53 14, 🌳 – ▤ 📺 ☎ 🚗 – 🏛 40. AE ⓓ GB JCB
fermé 2 au 15 janv., mardi midi et lundi sauf fériés – **Repas** (dim. prévenir) 200/540 et carte 430 à 680 – ☕ 75 – **11 ch** 320/520, 3 duplex
Spéc. Crescendo de saumon. Choisi d'agneau de lait (janv. à avril). Pigeonneau du Forez au pain d'épices. **Vins** Condrieu, Saint-Joseph.

Cirius Ⓜ 🐦, bd Château, rte St-Étienne ✆ 77 54 89 22, Fax 77 54 84 32 – 📺 ☎ ♿ Ⓟ. AE GB
Repas grill 78 🍷, enf. 45 – ☕ 30 – **46 ch** 250/300 – ½ P 250.

✕✕✕ **Vieux Logis,** 4 rte Lyon ✆ 77 54 42 71, 🌳 – GB
fermé 1er au 15 mars, 1er au 15 sept., dim. soir et lundi – **Repas** 100/240.

CITROEN Gar. Protiere, ✆ 77 54 44 28 🅽 ✆ 77 88 34 54
RENAULT Gar. Decultieux, ✆ 77 54 41 32

MONTROUGE 92 Hauts-de-Seine 60 ⑩, 101 ㉕ – voir à Paris, Environs.

MONTS 37260 I.-et-L. 64 ⑮ – 6 221 h.

Paris 252 – ♦Tours 19 – Azay-le-Rideau 12 – Chenonceaux 39 – Chinon 34 – Sainte-Maure-de-Touraine 23.

✕ **Aub. du Moulin,** au Vieux Bourg ✆ 47 26 76 86 – Ⓟ. GB
fermé 2 au 31 janv., lundi soir d'oct. à mars et mardi – **Repas** 90/205.

Le MONT-ST-MICHEL 50116 Manche 59 ⑦ **G. Normandie Cotentin, G. Bretagne** – 72 h alt. 154.

Voir Abbaye★★★ – Remparts★★ – Grande-Rue★ – Jardins de l'abbaye★ – Musée historique : coqs de montres★ – Le Mont n'est entouré d'eau qu'aux grandes marées.

ℹ Office de Tourisme Corps de Garde des Bourgeois ✆ 33 60 14 30.

Paris 363 – St-Malo 53 – Alençon 135 – Avranches 22 – Dinan 58 – Fougères 47 – ♦Rennes 66.

🏠 **Saint Pierre et Logis du Chapeau Blanc,** 𝒫 33 60 14 03, Fax 33 48 59 82, ≤, 🍴 – 📺 ☎ ⚠ ☷ **JCB**
fermé 15 déc. au 15 fév. – **Repas** 85/245, enf. 48 – 🖵 50 – **21 ch** 430/650 – ½ P 360/420.

à la Digue S : 2 km sur D 976 :

🏠 **Relais du Roy,** 𝒫 33 60 14 25, Télex 170561, Fax 33 60 37 69 – 📺 ☎ ♣ ⚙, ⚠ ☷. ✗ ch
26 mars-30 nov. – **Repas** 90/200, enf. 45 – 🖵 50 – **27 ch** 350/440 – ½ P 380/410.

🏠 **Digue,** 𝒫 33 60 14 02, Télex 170157, Fax 33 60 37 59, ≤ – ☰ rest 📺 ☎ ⓟ ⚠ ⓞ ☷.
✗ ch
fin mars-15 nov. – **Repas** 85/220, enf. 48 – 🖵 50 – **35 ch** 340/430 – ½ P 360/400.

à Beauvoir S : 4 km par D 976 – ✉ **50170** Pontorson :

🏠 **Beauvoir,** 𝒫 33 60 09 39, Fax 33 48 59 65, 🍴 – 📺 ☎ ⓟ. ☷
15 fév.-15 nov. – **Repas** 88/240, enf. 50 – 🖵 42 – **18 ch** 260/340.

au Sud : 5,5 km sur D 976 – ✉ **50170** Moidrey :

XX **Au Vent des Grèves,** 𝒫 33 60 01 63, 🍴 – ⓟ. ☷
fermé 15 janv. au 15 fév., mardi soir et merc. sauf août – **Repas** 95/285, enf. 65.

MONTSALVY 15120 Cantal 🔢 ⑫ G. Auvergne – 970 h alt. 800.
Voir Puy-de-l'Arbre ✳★ NE : 1,5 km.
🅱 Office de Tourisme 𝒫 71 49 21 43.
Paris 604 – Aurillac 32 – Rodez 61 – Entraygues-sur-Truyère 14 – Figeac 55.

🏠 **Nord,** 𝒫 71 49 20 03, Fax 71 49 29 00 – 📺 ☎ ⓟ. ⚠ ⓞ ☷ **JCB**
fermé 1er janv. au 31 mars – **Repas** 85/250, enf. 40 – 🖵 38 – **26 ch** 180/320 – ½ P 220/290.

X **Aub. Fleurie** avec ch, 𝒫 71 49 20 02 – ☷
➤ **Repas** *(fermé 15 janv. au 15 fév.)* 50/180 ♨, enf. 30 – 🖵 25 – **11 ch** 120/160 – ½ P 133/153.

PEUGEOT Gar. Cazal, 𝒫 71 49 26 65 **Ⓝ** 𝒫 71 47 80 56

MONTSAUCHE-LES-SETTONS 58230 Nièvre 🔢 ⑯ G. Bourgogne – 714 h alt. 650.
Voir Lac des Settons★ SE : 5 km.
🅱 Office de Tourisme, Barrage du Lac des Settons (saison) 𝒫 86 84 55 90 et Mairie 𝒫 86 84 51 05.
Paris 257 – Autun 41 – Avallon 40 – Château-Chinon 24 – Clamecy 56 – Nevers 88 – Saulieu 25.

⚎ **Idéal,** 𝒫 86 84 51 26, 🍴, 🐴 – ⓟ ☷
➤ *fermé 1er déc. au 31 janv. et lundi du 1er oct. au 31 mars* – **Repas** 70/150 ♨, enf. 39 – 🖵 30 –
15 ch 150/250 – ½ P 190/210.

CITROEN Gar. Bouché-Pillon, 𝒫 86 84 52 26

MONT-SAXONNEX 74130 H.-Savoie 🔢 ⑦ G. Alpes du Nord – 880 h alt. 997 – Sports d'hiver : 1 100/
1 570 m ⚹7.
Voir Église ✳★★ 15 mn.
🅱 Syndicat d'Initiative Le Bourgeal (saison) 𝒫 50 96 97 27, Fax 50 96 92 08.
Paris 569 – Chamonix-Mont-Blanc 51 – Thonon-les-Bains 57 – Annecy 52 – Bonneville 11 – Cluses 10,5 – Megève 38 –
Morzine 38.

⚎ **Jalouvre** 🐚, 𝒫 50 96 90 67, 🍴 – ☎ ⓟ. ☷ ✗ rest
fermé 3 au 31 mai, 15 sept. au 1er nov. et merc. hors sais. – **Repas** 93/145 ♨ – 🖵 35 – **14 ch**
140/230 – ½ P 230/250.

Les MONTS-DE-VAUX 39 Jura 🔢 ④ – rattaché à Poligny.

MONTSOREAU 49730 M.-et-L. 🔢 ⑫ ⑬ G. Châteaux de la Loire – 561 h alt. 36.
Voir ✳★★ – Église★ de Candes-St-Martin SE : 1,5 km.
Paris 294 – Angers 60 – Châtellerault 66 – Chinon 18 – Poitiers 80 – Saumur 11 – ♦Tours 56.

XX **Diane de Méridor** avec ch, 𝒫 41 51 70 18, Fax 41 38 15 93, ≤ – ☎ ⓟ. ☷
➤ *fermé 15 déc. au 31 janv., lundi sauf oct. à mai et mardi de sept.à juin* – **Repas** 80/250, enf.
48 – 🖵 40 – **15 ch** 140/350 – ½ P 250/330.

Annexe Le Bussy 🏠 🐚 sans rest, 𝒫 41 38 11 11, ≤, « Jardin en bordure de Loire et du
château » – ☎ ⓟ. ☷
fermé 15 déc. au 31 janv., lundi soir de nov. à avril et mardi d'oct. à juin – 🖵 40 – **12 ch**
280/350.

X **Loire** avec ch, 𝒫 41 51 70 06 – ☎ ⓟ. ☷ ✗ ch
➤ *fermé 15 janv. au 1er mars, jeudi soir et vend. sauf de juil. à sept.* – **Repas** 78/160 ♨ – 🖵 30 –
14 ch 160/260 – ½ P 240.

MOOSCH 68690 H.-Rhin 🔢 ⑧ ⑨ G. Alsace Lorraine – 1 906 h alt. 395.
Paris 473 – ♦Mulhouse 27 – Colmar 48 – Gérardmer 41 – Thann 7 – Le Thillot 30.

XX **Gully "Aux Trois Rois"** avec ch, 𝒫 89 82 34 66, 🐴 – 📺 ☎ ⓟ. ☷
➤ **Repas** *(fermé mardi soir et merc.)* 60/320 ♨, enf. 40 – 🖵 40 – **6 ch** 280/325 – ½ P 280.

VAG Gar. Sovra, à Fellering 𝒫 89 82 63 90 **Ⓝ** 𝒫 89 82 63 90

MORANGIS 91 Essonne 🔢 ①, 🔢 ㉟ – voir à Paris, Environs.

MORCENX 40110 Landes 🔞 ⑤ – 4 332 h alt. 74.

Paris 699 – Mont-de-Marsan 40 – ◆Bayonne 88 – ◆Bordeaux 116 – Mimizan 36.

🏨 **Bellevue,** rte Sabres 🐾 58 07 85 07, 🈺, 🖙 – 📺 ☎ 🅿. 🆖. 🛠
fermé 20 déc. au 10 janv., vacances de fév. et week-ends d'oct. à mai – **Repas** 90/170 🍷.
enf. 47 – 🖙 37 – **21 ch** 325/495 – ½ P 295/395.

RENAULT Gar. Samson, à Garrosse 🐾 58 07 81 09 🔃 🐾 58 07 81 09

MORESTEL 38510 Isère 🔟 ⑭ 🅖. Vallée du Rhône – 2 972 h alt. 214.

Paris 499 – Bourg-en-Bresse 68 – Chambéry 49 – ◆Grenoble 68 – ◆Lyon 63 – La Tour-du-Pin 15.

🏨 **France** Ⓜ, Gde rue 🐾 74 80 04 77, Fax 74 33 07 47 – 📺 ☎ 🚗 🅿 – 🔬 25. 🆎 🆖
Repas (fermé dim. soir et lundi midi) 110/330, enf. 80 – 🖙 38 – **12 ch** 250/410 – ½ P 260.

✗ **La Grille,** N 75 🐾 74 80 02 88, Fax 74 80 05 10 – 🅿. 🆎 ⓞ 🆖
◆ Repas 70 bc/195 🍷, enf. 55.

PEUGEOT Gar. Grégot, les Avenières   🔟 Norda Pneu, 🐾 74 80 24 82
🐾 74 33 60 10 🔃 🐾 74 33 60 10
RENAULT Gar. du Parc, les Avenières
🐾 74 33 61 30 🔃 🐾 74 33 61 30

MORET-SUR-LOING 77250 S.-et-M. 🔟 ⑫ 🔟🅾🅶 ㊻ 🅖. Ile de France (plan) – 4 174 h alt. 70.

Voir Site★.

🚹 Office de Tourisme pl. Samois 🐾 (1) 60 70 41 66, Fax (1) 60 70 82 52.

Paris 75 – Fontainebleau 10 – Melun 26 – Montereau-Faut-Yonne 11 – Nemours 16 – Sens 43.

🏨 **Aub. de la Terrasse,** 40 r. Pêcherie 🐾 (1) 60 70 51 03, Fax (1) 60 70 51 69, ≤, 🈺 – 📺
☎. 🆖
fermé vacances de Toussaint – **Repas** (fermé dim. soir et lundi sauf fériés) 110 bc/180 🍷,
enf. 60 – 🖙 37 – **20 ch** 200/380 – ½ P 263/320.

✗✗ **Aub. de la Palette,** av. J. Jaurès 🐾 (1) 60 70 50 72 – 🆖
fermé 18 au 27 avril, 16 au 31 août, 2 au 13 janv., mardi soir et merc. – **Repas** 98/265, enf. 50.

à Veneux-les-Sablons O : 3,5 km – 4 298 h. – ✉ 77250 :

✗✗ **Pavillon Bon Abri,** av. Fontainebleau 🐾 (1) 60 70 55 40, Fax (1) 64 31 12 27 – 🆎 ⓞ 🆖
fermé 30 juil. au 7 août, dim. soir et lundi – **Repas** 164/254.

MORGAT 29 Finistère 🔝 ⑭ 🅖. Bretagne – ✉ 29160 Crozon.

Voir Phare ≤★ – Grandes Grottes★.

🚹 Office de Tourisme bd de la Plage (saison) 🐾 98 27 29 49, fax 98 26 21 63.

Paris 616 – Quimper 55 – ◆Brest 60 – Châteaulin 36 – Douarnenez 46 – Morlaix 80.

🏨🏨 **Gd H. de la Mer** Ⓜ, 🐾 98 27 02 09, Fax 98 27 02 39, ≤, parc, ✗✗ – 🛗 ☎ 🔥 🅿 – 🔬 35.
🆖. 🛠
1ᵉʳ avril-15 oct. – **Repas** (fermé lundi) 110/200 – 🖙 50 – **78 ch** 460/580 – ½ P 450.

🏨 **Ville d'Ys** 🌊, 🐾 98 27 06 49, Fax 98 26 21 88, ≤ – 🛗 ☎ 🅿. 🆖. 🛠 rest
◆ vacances de printemps-30 sept. – **Repas** (dîner seul. sauf dim.) 80/230, enf. 70 – 🖙 35 –
41 ch 290/400 – ½ P 240/325.

🏨 **Julia** 🌊, 🐾 98 27 05 89, Fax 98 27 23 10, 🈺 – ☎ 🅿. 🆎 🆖. 🛠 rest
◆ fermé 1ᵉʳ nov. au 20 déc., 4 janv. au 20 fév. et lundi hors sais. sauf vacances scolaires –
Repas 80/280, enf. 45 – 🖙 32 – **22 ch** 160/280 – ½ P 230/290.

MORIÈRES-LÈS-AVIGNON 84 Vaucluse 🔟 ⑫ – rattaché à Avignon.

MORILLON 74 H.-Savoie 🔟 ⑧ – rattaché à Samoëns.

MORLAAS 64160 Pyr.-Atl. 🔟 ⑦ 🅖. Pyrénées Aquitaine – 3 094 h alt. 295.

Paris 768 – Pau 11,5 – Tarbes 38.

🏨 **Glisia,** 🐾 59 33 41 12, 🈺 – 📺 ☎ 🅿. 🆖
◆ fermé 15 au 31 juil. – **Repas** (fermé sam. midi et dim.) 55 (déj.), 65/85 🍷 – 🖙 25 – **20 ch**
100/200 – ½ P 135/175.

✗✗ **Le Bourgneuf,** 🐾 59 33 44 02 – 🅿. 🆎 ⓞ 🆖
◆ fermé 10 au 30 oct., dim. soir et lundi – **Repas** 55 bc/230 🍷, enf. 50.

CITROEN Gar. Saubade, 🐾 59 33 40 09 🔃   RENAULT Gar. du Bourg-Neuf, à St-Jammes
🐾 59 33 40 09   🐾 59 33 41 44

MORLAIX ◁🆂🅿▷ 29600 Finistère 🔝 ⑥ 🅖. Bretagne – 16 701 h alt. 61.

Voir Viaduc★ ABY – Grand'Rue★ BZ – Maison "de la Reine Anne" : intérieur★ BZ B – Vierge★
dans l'église St-Mathieu BZ – Musée★ BZ M.

Env. Calvaire★★ de Plougonven SE : 12 km par D 9 BZ.

🏌₉ 🐾 98 63 25 98, E : 4 km par ②.

🚹 Office de Tourisme pl. Otages 🐾 98 62 14 94, Télex 940696, Fax 98 63 84 87.

Paris 536 ② – ◆Brest 58 ③ – Quimper 76 ③ – St-Brieuc 87 ②.

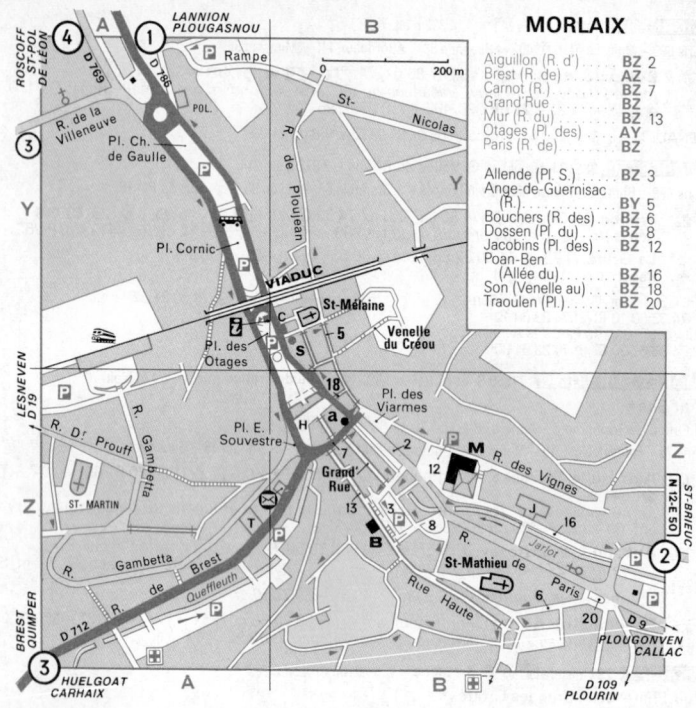

MORLAIX

Europe, 1 r. Aiguillon ℰ 98 62 11 99, Fax 98 88 83 38 – 🛗 📺 ☎ – 🔏 35. 🖭 ⓘ 🖼
Repas 110/235, enf. 48 – *Le Lof* ℰ 98 88 81 15 **Repas** 76, ⅄, enf. 46 – ⊈ 36 – **60 ch** 290/365 –
½ P 270/340.
BZ **a**

Les Bruyères sans rest, par ② : 3 km sur D 712 ℰ 98 88 08 68, Fax 98 88 66 54, 🚗 –
❄ ch 📺 ☎ 🅿. 🖼
fermé 15 déc. au 15 janv. – ⊈ 33 – **32 ch** 230/260.

Fontaine sans rest, ZA la Boissière par ① et rte Lannion : 3 km ℰ 98 62 09 55,
Fax 98 63 82 51 – 📺 ☎ 🅿. 🖼
⊈ 33 – **38 ch** 195/280.

Minimote St-Martin sans rest, au Ctre Com. St-Martin par r. de la Villeneuve AY O :
3 km ⊠ 29210 ℰ 98 88 35 30, Fax 98 63 33 99 – 📺 ☎. 🖭 ⓘ 🖼
⊈ 32 – **22 ch** 250/270.

✗ **Marée Bleue,** 3 rampe St Mélaine ℰ 98 63 24 21 – 🖼
➤ fermé 1ᵉʳ au 16 déc., dim. soir et lundi du 1ᵉʳ sept. au 13 juil. – **Repas** 70/220 ⅄.
BY **s**

à St-Martin-des-Champs par ④ : 2 km – 4 933 h. – ⊠ **29600** :

Campanile, Z.A. du Launay ℰ 98 63 34 63, Fax 98 63 35 66 – ❄ ch 📺 ☎ ᐸ – 🔏 25. 🖭
ⓘ 🖼
Repas 82 bc/105 bc, enf. 39 – ⊈ 30 – **52 ch** 270.

BMW Style Autom., La Vierge Noire ℰ 98 63 30 30
CITROEN SOMODA, bd St-Martin à St-Martin-
des-Champs par r. de la Villeneuve AY
ℰ 98 62 09 68 Ⓝ ℰ 98 62 09 68
FORD Gar. Bourven, rte de Paris, La Roseraie
ℰ 98 88 18 02
NISSAN Gar. Allain, ZI de Keriven à St-Martin-des-
Champs ℰ 98 88 06 16
PEUGEOT Gar. de Bretagne, La Croix Rouge par ②
ℰ 98 62 03 11

RENAULT Gar. Huitric, La Croix Rouge par ②
ℰ 98 62 04 22 Ⓝ ℰ 05 05 15 15
VAG Gar. Beyou, rte de Plouvorn à St-Martin-des-
Champs ℰ 98 88 23 80

🅦 Simon Pneus, rte de St-Sève à St-Martin-des-
Champs ℰ 98 88 01 43

MORNAC-SUR-SEUDRE 17113 Char.-Mar. 🔠 ⑭ ⑮ G. Poitou Vendée Charentes – 640 h alt. 5.
Paris 505 – Royan 12 – Marennes 24 – Rochefort 36 – La Rochelle 70 – Saintes 39.

Mornac sans rest, r. des Halles ℰ 46 22 63 20, Fax 46 22 66 22 – 📺 ☎. 🖼
1ᵉʳ avril-31 oct. – ⊈ 38 – **10 ch** 320/340.

XX **La Gratienne,** rte Breuillet ✆ 46 22 73 90, 余, « Jardin fleuri » – P. GB
7 avril-1er oct. et fermé merc. et jeudi sauf juil.-août – **Repas** 110 bc (déj.), 130/190.

X **La Colombière,** r. du Port ✆ 46 22 62 22 – GB
Pâques-fin sept. et fermé mardi sauf juil.-août – **Repas** 95/230, enf. 48.

MORNANT 69440 Rhône 74 ⑪ **G. Vallée du Rhône** – 3 900 h alt. 367.

Paris 481 – ◆Lyon 27 – ◆St-Étienne 36 – Givors 10 – Rive-de-Gier 13 – Vienne 22.

X **Poste** avec ch, ✆ 78 44 00 40 – rest TV ☎ . AE GB
fermé 8 au 23 fév. – **Repas** *(fermé dim. soir et lundi)* 63 (déj.), 87/250 ꝭ, enf. 55 – ☕ 30 – **12 ch** 160/200 – ½ P 240/320.

MORNAS 84550 Vaucluse 81 ① **G. Provence** – 2 087 h alt. 38.

Paris 649 – Avignon 40 – Bollène 10 – Montélimar 44 – Nyons 45 – Orange 12 – Pont-St-Esprit 13.

Le Manoir, N 7 ✆ 90 37 00 79, Fax 90 37 10 34, 余 – ☎ P. AE GB
fermé 11 nov. au 7 déc., 9 janv. au 11 fév., dim. soir et lundi du 15 sept. au 1er juin – **Repas** 95/185, enf. 45 – ☕ 40 – **25 ch** 250/390 – ½ P 298.

MORSANG-SUR-ORGE 91 Essonne 61 ①, 101 ㊱ – voir à Paris, Environs.

MORTAGNE-AU-PERCHE SP 61400 Orne 60 ④ **G. Normandie Vallée de la Seine** (plan) – 4 584 h alt. 255.

Voir Boiseries★ de l'église N.-Dame.

18 de Bellême-St-Martin ✆ 33 73 15 35, S par D 938 : 17 km.

Office de Tourisme pl. Gén.-de-Gaulle ✆ 33 85 11 18, Fax 33 83 76 76.

Paris 156 – Alençon 38 – Chartres 80 – Lisieux 85 – ◆Le Mans 71 – Verneuil-sur-Avre 39.

XX **Host. Genty-Home** avec ch, 4 r. Notre Dame ✆ 33 25 11 53, Fax 33 25 41 38 – TV ☎. AE GB
Repas 79/169 ꝭ, enf. 55 – ☕ 30 – **8 ch** 190/285 – ½ P 180/280.

Château des Carreaux sans rest, rte Alençon : 5,5 km par D 912 et N 12 ✆ 33 25 02 00, Fax 33 25 41 38, parc – TV ☎ P – 25. AE GB
☕ 35 – **5 ch** 315/425.

au Pin-la-Garenne S : 9 km par rte Bellême sur D 938 – ✉ 61400 Mortagne-au-Perche :

XX **La Croix d'Or,** ✆ 33 83 80 33, Fax 33 83 06 03 – P. GB
fermé vacances de fév., mardi soir et merc. sauf juil.-août – **Repas** 75/210 ꝭ, enf. 45.

CITROEN S.R.A.N., à St-Langis-lès-Mortagne ✆ 33 25 06 66 N ✆ 33 25 33 09
FORD Gar. du Panorama, ✆ 33 25 37 45
PEUGEOT Gar. du Valdieu, à St-Langis-les-Mortagne ✆ 33 25 27 00 N ✆ 33 29 22 22
RENAULT Perche Autom., ✆ 33 25 21 45 N ✆ 33 25 21 45
VAG Gar. Poirier, N 12, Gaillons à St-Hilaire-le-Châtel ✆ 33 25 30 88

MORTAGNE-SUR-GIRONDE 17120 Char.-Mar. 71 ⑥ **G. Poitou Vendée Charentes** – 972 h alt. 51.

Voir Chapelle★ de l'Ermitage St-Martial S : 1,5 km.

Syndicat d'Initiative Les Halles ✆ 46 90 52 90.

Paris 509 – Royan 30 – Blaye 52 – Jonzac 30 – Pons 25 – La Rochelle 98 – Saintes 34 – Saujon 30.

Aub. de la Garenne ꝭ, ✆ 46 90 63 69, Fax 46 90 50 93, ≤, 余, ⛱, – ☎ P. GB
fermé 1er nov. au 17 déc., 2 au 30 janv., dim. soir et lundi sauf du 1er mai au 15 sept. – **Repas** 85/200 ꝭ, enf. 38 – ☕ 32 – **11 ch** 178/270 – ½ P 195/240.

MORTAGNE-SUR-SÈVRE 85290 Vendée 67 ⑤ **G. Poitou Vendée Charentes** – 5 724 h alt. 175.

Office de Tourisme à la Mairie ✆ 51 65 11 32, Fax 41 71 17 24.

Paris 360 – Angers 68 – La Roche-sur-Yon 54 – Bressuire 40 – Cholet 9,5 – ◆Nantes 63.

France, pl. Dr Pichat ✆ 51 65 03 37, Fax 51 65 27 83, – rest TV ☎ – 25 à 80. AE GB
fermé 28 juil. au 11 août, 23 déc. au 15 janv., dim. soir et sam. en hiver – **Repas** 76/230, enf. 45 ***La Taverne* : Repas** 150/330, enf. 45 – ☕ 42 – **25 ch** 240/380 – ½ P 225/278.

PEUGEOT Gar. Fièvre, ✆ 51 65 00 96 N ✆ 51 65 00 96
RENAULT Gar. Soulard, ✆ 51 65 02 33

MORTAIN 50140 Manche 59 ⑨ **G. Normandie Cotentin** (plan) – 2 416 h alt. 232.

Voir Site★ – Grande Cascade★ – Petite chapelle ≤★.

Office de Tourisme r. Bourglopin (juil.-août) ✆ 33 59 19 74 et à la Mairie (hors saison) ✆ 33 59 00 51.

Paris 277 – Avranches 34 – Domfront 24 – Flers 41 – Mayenne 52 – Le Mont-St-Michel 50 – St-Lô 63 – Villedieu-les-Poêles 35.

Poste, pl. Arcades ✆ 33 59 00 05, Fax 33 69 53 89 – TV ☎ P. AE GB
fermé 10 au 20 oct., dim. soir et lundi hors sais. – **Repas** 86/280 ꝭ, enf. 60 – ☕ 40 – **28 ch** 150/420 – ½ P 215/315.

CITROEN Dubois-Helleux, *℘* 33 59 01 63 **N** *℘* 33 59 01 63
PEUGEOT Gar. Prieur, Le Neufbourg *℘* 33 59 00 14
N *℘* 33 59 00 14

RENAULT Gar. Langlois, 27 r. Rocher
℘ 33 59 00 53

MORTEAU 25500 Doubs **7 0** ⑦ G. Jura (plan) – 6 458 h alt. 772.

🏢 Office de Tourisme pl. Gare *℘* 81 67 18 53.

Paris 472 – ◆Besançon 63 – ◆Basel 128 – Belfort 87 – Montbéliard 70 – Neuchâtel 44 – Pontarlier 31.

XX ❀ **Aub. de la Roche** (Feuvrier), au Pont de la Roche SO : 3 km par D 437 ⌧ 25570 Gd Combe Chateleu *℘* 81 68 80 05, Fax 81 68 87 64, ☞ – **P**. GB
   fermé 3 au 10 juil., 11 au 18 sept., 8 au 29 janv., dim. soir et lundi sauf fériés – **Repas** 135/410 et carte 230 à 370
   Spéc. Escalope de foie de canard tiède au caramel de vin de Paille. Fricassée de cuisses de grenouilles à l'émulsion de cresson. Rouelles de volaille de Bresse désossée et farcie. **Vins** Arbois-Pupillin blanc, Arbois rouge.

à *Grand'Combe-Châteleu* SO : 5 km par D 437 et D 47 alt. 800 – ⌧ **25570** .

Voir Fermes anciennes★.

X **Faivre,** *℘* 81 68 84 63 – GB
   fermé 1er au 21 août, 1er au 7 janv., dim. soir et lundi – **Repas** 87 (déj.)/130 🍷.

FORD Gar. Franc-Comtois, La Tanche-les-Fins *℘* 81 67 07 99
PEUGEOT Gar. Central, 40 r. Louhière *℘* 81 67 08 12 **N** *℘* 81 67 08 12

🔧 Pneus Roland-Point S. av. Ch.-de-Gaulle *℘* 81 67 31 50

---

*Können Sie wegen Verkehrsstauungen erst nach 18 Uhr
in Ihrem Hotel sein, bestätigen Sie
telefonisch Ihre Zimmerreservierung ;
Sie gehen sicherer... und es ist Gepflogenheit.*

MORTEMART 87330 H.-Vienne **7 2** ⑥ G. Berry Limousin – 152 h alt. 301.
Paris 395 – ◆Limoges 39 – Bellac 14 – Confolens 28 – St-Junien 20.

XX **Le Relais** avec ch, *℘* 55 68 12 09 – GB
   fermé vacances de fév., mardi soir sauf du 15 juil. au 31 août et merc. – **Repas** 90/245 – 立 38 – **5 ch** 240/290.

MORZINE 74110 H.-Savoie **7 4** ⑧ G. Alpes du Nord – 2 967 h alt. 960 – Sports d'hiver : 1 000/2 350 m ⟜ 3 ⫩23 ⫪.

Voir Le Pléney ❅★ S : par téléphérique.

Env. Col de Joux Plane ❅★★ S : 10 km B.

⛳ Morzine-Avoriaz *℘* 50 74 17 08, E : 12 km par D 338.

🏢 Office de Tourisme pl. Crusaz *℘* 50 74 72 72, Fax 50 79 03 48.

Paris 591 ② – Thonon-les-Bains 32 ① – Annecy 78 ② – Chamonix-Mont-Blanc 68 ② – Cluses 28 ② – ◆Genève 62 ②.

Plan page ci-contre

🏨 **Le Dahu** ⑤, *℘* 50 75 92 92, Fax 50 75 92 50, ≤, ⽭, ♨, ⊡, ◲, ☞ – ⫴ TV ☎ **P**. GB. ❈ rest
   15 juin-15 sept. et 18 déc.-10 avril – **Repas** (fermé mardi en hiver) 160/285 – 立 50 – **40 ch** 470/850, 4 duplex – ½ P 575/860.
   B z

🏨 **Champs Fleuris,** *℘* 50 79 14 44, Fax 50 79 27 75, ≤, ⽭, ♨, ◲, ☞, ❨ – ⫴ TV ☎ ⇆ **P**. GB. ❈ rest
   25 juin-5 sept. et 20 déc.-30 mars – **Repas** 170/215 – 立 55 – **45 ch** 580/1000 – ½ P 530/790.
   A f

🏨 **Les Airelles,** *℘* 50 74 71 21, Télex 385178, Fax 50 79 17 49, ≤, ⽭, ♨, ◲, ☞ – ⫴ cuisinette TV ☎ **P** – 🔔 30 à 50. 厔 GB 🇯🇨🇧. ❈ rest
   15 mai-20 sept. et 1er déc.-20 avril – **Repas** 110/260 – 立 50 – **47 ch** 580/850, 9 studios – ½ P 650/790.
   A b

🏨 **La Bergerie** Ⓜ sans rest, *℘* 50 79 13 69, Fax 50 75 95 71, ≤, « Intérieur savoyard », ♨, ♨, ☞ – ⫴ cuisinette TV ☎ ⇆. GB
   30 juin-10 sept. et 18 déc.-14 avril – 立 55 – **5 ch** 350/450, 22 studios 750/900.
   B h

🏨 **Le Tremplin,** *℘* 50 79 12 31, Télex 385246, Fax 50 75 95 70, ≤, ⽭, ☞ – ⫴ TV ☎ ⇆ **P**. GB. ❈ rest
   1er juil.-2 sept. et 16 déc.-14 avril – **Repas** 160/260 🍷 – 立 50 – **34 ch** 400/1000 – ½ P 550/700.
   A n

🏨 **Le Samoyède,** *℘* 50 79 00 79, Fax 50 79 07 91, ≤, ⽭, ☞ – ⫴ TV ☎ **P**. 厔 ⓪ GB. ❈ rest
   1er juin-15 sept. et 20 déc.-20 avril – **Repas** 102/223, enf. 62 – 立 40 – **27 ch** 226/377 – ½ P 413.
   B g

🏨 **Clef des Champs** ⑤, *℘* 50 79 10 13, Fax 50 79 08 18, ≤, ♨, ☞ – TV ☎ **P**. GB. ❈ rest
   5 juin-15 sept. et 15 déc.-10 avril – **Repas** 130/140 – 立 36 – **27 ch** 295/350 – ½ P 356.
   B e

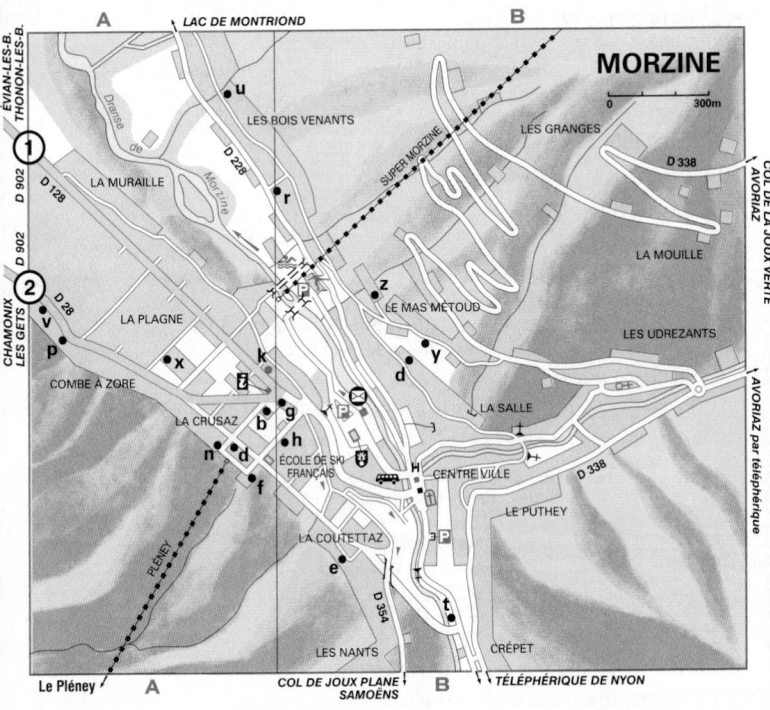

MORZINE

0   300m

🏨 **Carlina,** ℰ 50 79 01 03, Fax 50 75 94 11, 🛬 – 🛏 ch 📺 ☎. 🖭 GB. ⋘ rest   A **d**
   hôtel : 25 juin-5 nov. et 1ᵉʳ déc.-vacances de printemps – **Repas** (10 juil.-10 sept., vacances
   de Toussaint et 1ᵉʳ déc.-vacances de printemps) 110 (déj.), 120/190, enf. 65 – 🖙 40 – **18 ch**
   330/450 – ½ P 400/450.

🏨 **Bel'Alpe,** ℰ 50 79 05 50, Fax 50 79 22 76, ⩽, 🏊, 🛋, 🛬 – ☎ 🅿. GB. ⋘ rest   A **x**
   1ᵉʳ juil.-5 sept. et 20 déc.-10 avril – **Repas** 120/150 – 🖙 35 – **22 ch** 250/350 – ½ P 320/340.

🏨 **Ours Blanc** ⟫, ℰ 50 79 04 02, Fax 50 75 97 82, ⩽, 🏊, 🛬 – ☎ 🅿. GB. ⋘ rest   A **u**
   20 juin-3 sept. et Noël-Pâques – **Repas** 120/130 – 🖙 36 – **23 ch** 190/320 – ½ P 290/310.

🏨 **Combe Humbert** sans rest, ℰ 50 79 06 70, Fax 50 79 25 03, ⩽, 🛬 – 🛗 📺 ☎ ⟸ 🅿. 🖭
   ① GB   A **p**
   🖙 35 – **10 ch** 240/280.

🏨 **La Renardière,** ℰ 50 79 03 50, ⩽, 🛋, – 📺 ☎ ⟸ 🅿. GB   A **v**
→   15 juin-15 sept. et 15 déc.-15 avril – **Repas** (en hiver dîner seul.) 80/250 – 🖙 35 – **17 ch**
   250/350 – ½ P 270/300.

🏨 **Les Côtes** ⟫, ℰ 50 79 09 96, Fax 50 75 97 38, ⩽, 𝄞, 🛋, 🛬 – cuisinette 📺 ☎ 🅿. GB.
   ⋘ rest   B **d**
   1ᵉʳ juil.-3 sept. et 19 déc.-10 avril – **Repas** (dîner seul.) 100/120, enf. 60 – 🖙 45 – **6 ch**
   280/320, 19 studios 410/580 – ½ P 290/330.

🏨 **Soly et rest. Le Varnay,** ℰ 50 79 09 45, Fax 50 74 71 82, ⩽, 🏊 (été), 𝄞, 🛬 – ☎ 🅿. 🖭
   ① GB   B **t**
   17 juin-17 sept. et 17 déc.-20 avril – **Repas** 98/140 – 🖙 39 – **19 ch** 230/295 – ½ P 305/350.

🏨 **Beau Regard** ⟫, ℰ 50 79 11 05, Fax 50 79 07 41, ⩽, 𝄞, 🛋, 🛬 – 🛗 📺 ☎ 🅿. GB.
   ⋘ rest   B **r**
   fin juin-début sept. et Noël-début avril – **Repas** 140/160 – 🖙 50 – **33 ch** 320/460 – ½ P 360/
   400.

🏨 **Hermine Blanche** ⟫, ℰ 50 75 76 55, Fax 50 74 72 47, ⩽, 🛬, 𝄞, 🛋, – ☎ 🅿. 🖭 GB.
   ⋘ rest   B **y**
   15 juin-15 sept. et 20 déc.-1ᵉʳ mars – **Repas** (diner seul. en hiver) 95 – 🖙 35 – **20 ch** 150/240
   – ½ P 280/308.

🍴 **La Chamade,** ℰ 50 79 13 91, Fax 50 79 27 48, 🛬 – 🖭 ① GB JCB   A **k**
   Rez-de-Chaussée (fermé lundi et mardi hors sais.) **Repas** carte 150 à 240 - *1ᵉʳ Étage* (prévenir)
   (ouvert 25 juin-10 sept., 10 déc.-15 avril et fermé mardi) **Repas** 210/360.

MOSNAC 17 Char.-Mar. 🔟 ⑤ – rattaché à Pons.

La MOTTE 83920 Var 🎱🎲 ⑦ – 1 993 h alt. 72.

🛏 St-Endréol 𝒫 94 81 80 81, fax 94 81 84 48.

Paris 861 – Fréjus 19 – Brignoles 51 – Cannes 57 – Draguignan 10 – St-Raphaël 22 – Ste-Maxime 27.

   XX **Les Pignatelles,** E : 1 km par D 47 𝒫 94 70 25 70, Fax 94 70 26 55, 🍽 – **🅿** 🖭 GB
       fermé 1ᵉʳ au 24 mars, 22 au 28 fév., dim. soir hors sais. et merc. – **Repas** 98/240, enf. 60.

La MOTTE-AU-BOIS 59 Nord 🎲 ⑭ – rattaché à Hazebrouck.

MOTTEVILLE 76 S.-Mar. 🎲 ⑬ – rattaché à Yvetot.

Le MOTTIER 38260 Isère 🎲 ⑬ – 468 h alt. 450.

Paris 532 – Bourgoin-Jallieu 23 – ♦Grenoble 46 – St-Étienne-de-St-Geoirs 11 – Vienne 45.

   XX **Les Donnières,** près Mairie 𝒫 74 54 42 06 – 🖭
   ➔ *fermé 14 juil. au 15 août, janv., dim. soir, merc. et jeudi* – **Repas** (nombre de couverts limité, prévenir) carte 80 à 130.

MOUANS-SARTOUX 06370 Alpes-Mar. 🎲 ⑧ 🎲🎲 ⑬ 🎲🎲 ㉔ – 7 989 h alt. 125.

Paris 909 – Cannes 9,5 – Antibes 15 – Grasse 7 – Mougins 3 – ♦Nice 34.

      au SO par D 409 :

   XX **Palais des Coqs,** parc de l'Argile, 3 km 𝒫 93 75 61 57, Fax 92 92 91 71, 🍽, 🌳 – **🅿** 🖭
      GB
      fermé lundi (sauf le soir en juil.-août) et dim. soir de sept. à juin – **Repas** (prévenir) 95 (déj.), 160/270.

   X   **Relais de la Pinède,** à 1,5 km 𝒫 93 75 28 29, 🍽 – **🅿** 🖭 ⓞ GB
      fermé 1ᵉʳ au 21 fév., merc. sauf juil.-août et le soir d'oct. à avril sauf sam. – **Repas** (prévenir) 99/280.

MOUCHARD 39330 Jura 🎲 ④ ⑤ – 997 h alt. 277.

Paris 400 – ♦Besançon 38 – Arbois 10 – Dole 36 – Lons-le-Saunier 48 – Salins-les-Bains 8.

   XX **Chalet Bel'Air** avec ch, 𝒫 84 37 80 34, Fax 84 73 81 18, 🌳 – ▤ rest 🖵 ☎ **🅿** 🖭 ⓞ GB
      rest. : fermé 21 au 28 juin, 22 nov. au 13 déc. et merc. sauf vacances scolaires – **Repas** 160/380 🍷 - **Rôtisserie :** Repas carte 100 à 170 🍷, enf. 68 – 🛏 40 – **9 ch** 245/400 – ½ P 263/390.

RENAULT Gar. Conry, 𝒫 84 37 82 43 🆕 𝒫 84 37 82 43

MOUDEYRES 43150 H.-Loire 🎲 ⑱ – 111 h alt. 1 177.

Paris 573 – Le Puy-en-Velay 25 – Aubenas 62 – Langogne 57 – St-Agrève 40 – Yssingeaux 35.

  🏡 ✿ **Aub. Pré Bossu** (Grootaert) 🦢, 𝒫 71 05 10 70, Fax 71 05 10 21 – ☎ **🅿** 🖭 GB 🛁 rest
      8 avril-1ᵉʳ nov. – **Repas** (prévenir) 165/365 et carte 260 à 410 🍷 – 🛏 55 – **10 ch** 340/480 – ½ P 430/590
      Spéc. Ravioli de chèvre frais. Andouillette d'escargots et pieds de porc aux orties. Gibier (sept-oct.). **Vins** Côtes d'Auvergne, Crozes-Hermitage.

MOUGINS 06250 Alpes-Mar. 🎲 ⑨ 🎲🎲 ㉔ ㊳ G. Côte d'Azur – 13 014 h alt. 260.

Voir Site★ – Ermitage N.-D. de Vie : site★, ≤★ SE : 3,5 km.

🛏 Country-Club de Cannes-Mougins 𝒫 93 75 79 13, E : 2 km ; 🛏 Royal Mougins Golf Club 𝒫 92 92 14 92, O : 2,5 km.

🅱 Office de Tourisme av. J.-Ch.-Mallet (fermé dim. et lundi) 𝒫 93 75 87 67, Fax 92 92 04 03.

Paris 906 – Cannes 7 – Antibes 14 – Grasse 10 – ♦Nice 31 – Vallauris 10.

  🏨🏨 **H. de Mougins** Ⓜ 🦢, 205 av. Golf (rte Antibes) 𝒫 92 92 17 07, Fax 92 92 17 08, 🍽, « Piscine dans un jardin fleuri », 🍽 – ↔ 🖵 🖭 ☎ 🍃 **🅿** – 🛁 25. 🖭 ⓞ GB 🛁 rest
      Repas (fermé dim. soir et lundi de nov. à mars) 185/250 – 🛏 75 – **50 ch** 950 – ½ P 615.

  🏨🏨 **Mas Candille** 🦢, bd Rebuffel 𝒫 93 90 00 85, Fax 92 92 85 56, ≤, 🍽, 🏊, 🌳, 🍽 – ▤ ch 🖵 ☎ **🅿** 🖭 GB 🛁 rest
      1ᵉʳ avril-31 oct. – **Repas** (fermé merc. midi et mardi sauf juil.-août) 155/250 – 🛏 85 – **23 ch** 680/980 – ½ P 540/655.

  🏨 **Manoir de l'Étang** 🦢, aux Bois de Font-Merle E : 2 km par D 35 et VO 𝒫 93 90 01 07, Fax 92 92 20 70, ≤, 🍽, parc, « Isolé dans la campagne », 🏊 – 🖵 ☎ **🅿** 🖭 GB 🛁 rest
      fermé nov. et fév. – **Repas** (fermé mardi d'oct. à mai) 145/190 – 🛏 55 – **14 ch** 600/950 – ½ P 500/750.

  🏨 **Arc H.** 🦢, 1082 rte Valbonne 𝒫 93 75 77 33, Fax 92 92 20 57, 🍽, 🎬, 🏊, 🌳, 🍽 – 🖵 ☎ 🍃 **🅿** – 🛁 50. 🖭 ⓞ GB 🛁 rest
      Repas 110/172, enf. 65 – 🛏 40 – **44 ch** 490/550.

  XXXX ✿✿ **Moulin de Mougins** (Vergé) avec ch, à Notre-Dame-de-Vie SE : 2,5 km par D 3 𝒫 93 75 78 24, Fax 93 90 18 55, 🍽, « Ancien moulin à huile du 16ᵉ siècle », 🌳 – ▤ 🖵 ☎ **🅿** 🖭 ⓞ GB
      fermé 4 fév. au 7 mars – **Repas** (fermé lundi sauf le soir du 15 juil. au 31 août et jeudi midi) 295 bc (déj.), 585/700 et carte 500 à 700 – 🛏 75 – **5 ch** 800/900
      Spéc. Poupeton de fleurs de courgettes. Blanc de loup de ligne en "matignon" de légumes. Carré d'agneau des Alpilles, croûte persillée aux olives. **Vins** Côtes de Provence.

XXX **Les Muscadins** avec ch, au village ℰ 93 90 00 43, Fax 92 92 88 23, ≼, 🍽 – 🔳 ch 📺
🕿 **P**. **AE** **◑** **GB**
fermé 5 au 20 déc. et 6 fév. au 2 mars – **Repas** *(fermé mardi d'oct. à mars)* 165/290 et carte
290 à 340 – 🖵 60 – **8 ch** 750/1200 – ½ P 900/1350.

XXX **Ferme de Mougins**, à St-Basile ℰ 93 90 03 74, Fax 92 92 21 48, 🍽, 🌿 – **P**. **AE** **◑** **GB**
JCB
fermé vacances de fév., dim. soir et lundi de mi-sept. à mai – **Repas** 245 bc *(déj.)*, 250/380 et
carte 380 à 490.

XX **Relais à Mougins**, au village ℰ 93 90 03 47, Fax 93 75 72 83, 🍽 – **AE** **GB**
fermé 23 nov. au 19 déc., 1er au 15 fév., mardi midi et lundi sauf juil.-août et fêtes – **Repas**
175 ♨.

XX **Feu Follet**, Pl. de la mairie ℰ 93 90 15 78, Fax 92 92 92 62, 🍽 – **AE** **GB**
fermé lundi – **Repas** 148/190.

XX **Clos St Basile**, à St-Basile ℰ 92 92 93 03, Fax 92 92 19 34, 🍽 – **AE** **GB**
fermé mars, merc. sauf le soir en juil.-août et vend. midi en sais. – **Repas** 120 *(déj.)*, 170/220.

XX **Bistrot de Mougins**, au village ℰ 93 75 78 34, Fax 93 75 25 52 – 🔳. **GB**
fermé 15 nov. au 15 déc., le midi en juil.-août et merc. – **Repas** *(prévenir)* 130 *(déj.)*/170.

X **L'Amandier de Mougins**, au village ℰ 93 90 00 91, Fax 93 90 18 55, 🍽 – **AE** **◑** **GB**
Repas 135 ♨.

PEUGEOT Gar. Ortelli, 235 rte du Cannet (bretelle autoroute) ℰ 93 69 60 60 🆕 ℰ 05 44 24 24

MOULIN-DES-PONTS 01 Ain 🔟 ⑬ – rattaché à Coligny.

MOULINS 🅟 03000 Allier 🔠 ⑭ G. Auvergne – 22 799 h alt. 221.

Voir Cathédrale★ : triptyque★★★, vitraux★★ DY – Jacquemart★ DY – Mausolée du duc de
Montmorency★ (chapelle du lycée) CDY B – Musée d'Art et d'Archéologie★ : oeuvres médié-
vales★★, collection de faïences★ DY M².

🔓 des Avenelles ℰ 70 20 00 95, par ④ N 7 : 7 km.

🛈 Office de Tourisme pl. Hôtel de Ville *(fermé dim. et fêtes en hiver)* ℰ 70 44 14 14, Fax 70 34 00 21 –
A.C. Parc de Villars ℰ 70 20 19 15.

Paris 293 ① – Bourges 101 ① – Chalon-sur-Saône 134 ③ – Châteauroux 153 ① – ◆Clermont-Ferrand 105 ⑤ –
Mâcon 138 ③ – Montluçon 78 ⑥ – Nevers 54 ① – Roanne 97 ④ – Vichy 58 ④.

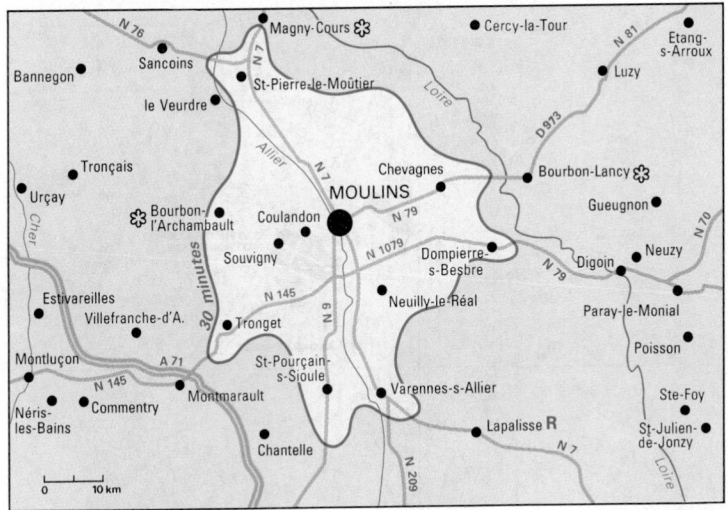

🏨 **Paris-Jacquemart**, 21 r. Paris ℰ 70 44 00 58, Fax 70 34 05 39, 🍽, 🏊 – 🛗 🔳 rest 📺 🕿
P. **AE** **◑** **GB** **JCB**   DY **p**
hôtel : fermé 2 au 23 janv. ; rest : fermé 7 au 21 août, 2 au 23 janv., dim. soir et lundi – **Repas**
170/440 – 🖵 55 – **28 ch** 350/1000 – ½ P 550/800.

🏠 **Parc**, 31 av. Gén. Leclerc ℰ 70 44 12 25, Fax 70 46 79 35 – 🔳 rest 📺 🕿 **P**. **GB**   BX **a**
fermé 15 au 22 juil., 1er au 15 oct. et 23 déc. au 4 janv. – **Repas** *(fermé sam.)* 90/220 ♨ – 🖵 36
– **28 ch** 200/330 – ½ P 250.

🏠 **Moderne** sans rest, 9 pl. J. Moulin ℰ 70 44 05 06, Fax 70 44 89 79 – 🛗 🕿 **P**. **GB**   CY **m**
🖵 30 – **42 ch** 240/325.

741

MOULINS

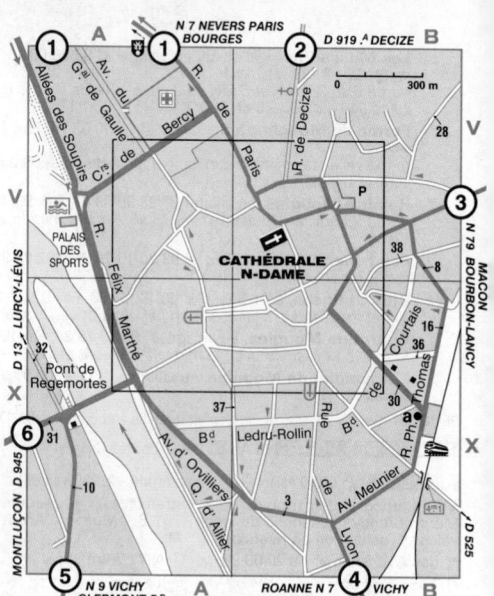

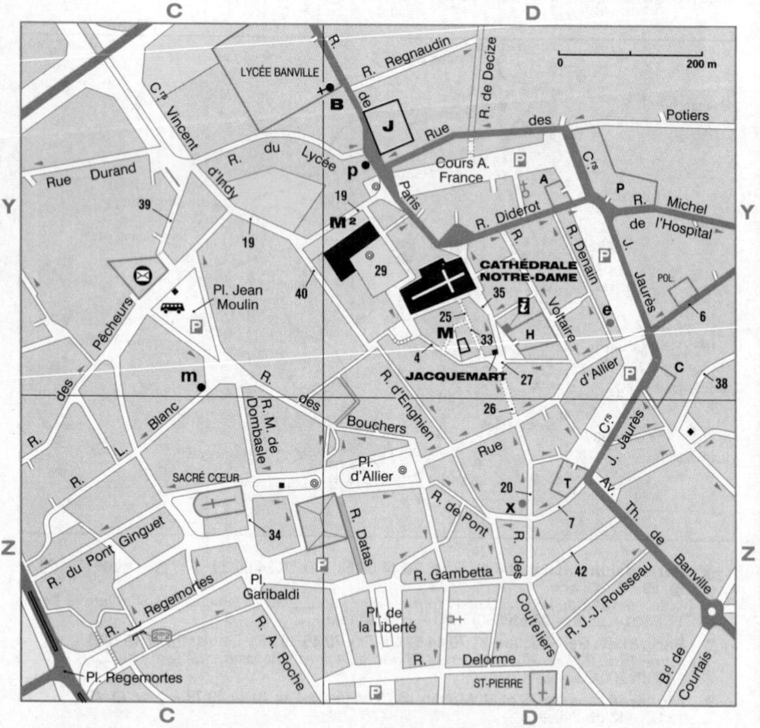

XXX **des Cours,** 36 cours J. Jaurès ✆ 70 44 32 56 – ▤. AE GB DY **e**
fermé 21 au 29 mars, 11 juil. au 5 août, 2 au 10 nov., mardi soir et merc. – **Repas** 125/300 et carte 230 à 310.

X **Pégase,** 37 r. Flèche ✆ 70 44 33 10 – GB DZ **x**
fermé 24 juil. au 7 août, lundi et le soir sauf venf. et sam. – **Repas** 68/95.

rte de Paris par ① : 8 km – ✉ 03460 Trevol :

Mercure, ✆ 70 46 84 84, Fax 70 46 84 80, 🏞, parc, ⛱ – |♦| ⇔ ch TV ☎ P – 🏛 150. AE ⓓ GB
Repas 100/140 🍷, enf. 52 – ☕ 52 – **44 ch** 370/420.

à Coulandon par ⑥ D 945 et VO : 7 km – ✉ 03000 :

Le Chalet 🐌, ✆ 70 44 50 08, Fax 70 44 07 09, ←, 🏞, « Parc », ⛱ – TV ☎ ♿ P. AE ⓓ GB
fermé 16 déc. au 31 janv. – ***Le Montegut*** *(fermé le midi d'oct. à mars sauf dim. et fériés)* **Repas** 105/220, enf. 60 – ☕ 42 – **28 ch** 280/430 – ½ P 315/360.

BMW Gar. Thévenin, 29 r. Charles Rispal ✆ 70 44 60 81
CITROEN Dubois-Dallois, Le Pré Vert RN 7 par ① ✆ 70 44 34 98 **N** ✆ 70 44 38 38
MERCEDES **SEAT** Gar. St-Christophe, 119 r. de Paris ✆ 70 44 13 60
PEUGEOT Gar. Cognet, 175 rte de Lyon RN 7 par ④ ✆ 70 46 07 07 **N** ✆ 70 34 34 28
RENAULT Gar. Paris-Lyon, N 7 à Avermes par ① ✆ 70 44 30 12 **N** ✆ 70 44 30 12
RENAULT Gar. Vernet, 63 rte de Bourgogne à Yzeure par ③ ✆ 70 46 07 55

Euromaster, 36 rte de Moulins à Avermes ✆ 70 44 11 55
Euromaster, 103 rte de Lyon ✆ 70 46 31 42

MOULINS-ENGILBERT **58290** Nièvre 69 ⑥ **G. Bourgogne** – 1 711 h alt. 210.

Paris 295 – Autun 56 – Château-Chinon 16 – Corbigny 38 – Moulins 72 – Nevers 58.

Bon Laboureur, ✆ 86 84 20 55, Fax 86 84 35 52 – TV ☎. GB
fermé 15 janv. au 1er fév. – **Repas** 63/235 🍷, enf. 45 – ☕ 32 – **23 ch** 245/310 – ½ P 165/225.

XX **Cadran,** ✆ 86 84 33 44, 🏞 – AE ⓓ GB
fermé vacances de fév., merc. soir et lundi sauf juil.-août – **Repas** 55 (déj.), 85/195 🍷, enf. 40.

CITROEN Gar. Lavalette, ✆ 86 84 21 68
PEUGEOT Gar. Perraudin, ✆ 86 84 23 55
RENAULT Gar. Pessin, ✆ 86 84 25 13

MOULINS-LA-MARCHE **61380** Orne 60 ④ – 816 h alt. 255.

Paris 158 – Alençon 43 – L'Aigle 18 – Argentan 48 – Mortagne-au-Perche 17.

X **Dauphin,** ✆ 33 34 50 55, Fax 33 34 25 35 – GB
fermé 4 au 27 sept., 5 au 21 fév., dim. soir et lundi – **Repas** 65/175 🍷.

RENAULT Gar. Bazin, ✆ 33 34 55 33 **N** ✆ 33 34 55 33

Le MOULLEAU **33** Gironde 78 ② ⑫ – rattaché à Arcachon.

MOURÈZE **34800** Hérault 83 ⑤ **G. Gorges du Tarn** – 100 h alt. 200.

Voir Cirque★★.

Paris 736 – ♦Montpellier 48 – Bédarieux 23 – Clermont-l'Hérault 8.

Hauts de Mourèze 🐌 sans rest, ✆ 67 96 04 84, Fax 67 96 25 85, ←, parc, ⛱ – P. GB. ✗
20 mars-16 oct. – ☕ 30 – **16 ch** 250/350.

MOUSTERLIN (Pointe de) **29** Finistère 58 ⑮ – rattaché à Fouesnant.

MOUSTIERS-STE-MARIE **04360** Alpes-de-H.-P. 81 ⑰ 114 ⑧ **G. Alpes du Sud** (plan) – 580 h alt. 631.

Voir Site★★ – Eglise★ – Musée de la Faïence★.

Office de Tourisme (fermé matin hors saison) ✆ 92 74 67 84.

Paris 775 – Digne-les-Bains 47 – Aix-en-Provence 87 – Castellane 45 – Draguignan 61 – Manosque 48.

La Bastide de Moustiers M 🐌, ✆ 92 74 62 40, Fax 92 74 62 41, ←, 🏞, parc, « Bel aménagement intérieur », ⛱ – AE GB JCB
fermé 2 janv. au 15 mars – **Repas** (nombre de couverts limité, prévenir) 180/240 – ☕ 65 – **7 ch** 550/950.

Le Colombier 🐌 sans rest, rte Castellane : 0,5 km ✆ 92 74 66 02, Fax 92 74 66 70, ←, 🌳, 🎾 – TV ☎ ♿ P. GB. ✗
☕ 30 – **22 ch** 230/330.

Bonne Auberge, ✆ 92 74 66 18, Fax 92 74 65 11, 🏞 – TV ☎ 🚗. AE GB
1er mars-15 nov. – **Repas** *(fermé lundi de mars à juin)* 98/165, enf. 48 – ☕ 34 – **16 ch** 330 – ½ P 320.

XX ✿ **Les Santons** (Abert), pl. Église ✆ 92 74 66 48, Fax 92 74 63 67, 🏞 – AE ⓓ GB
fermé déc., janv., lundi soir sauf du 14 juil. au 15 sept. et mardi – **Repas** (nombre de couverts limité, prévenir) 230/360 et carte 310 à 420
Spéc. Nouilles fraîches au foie gras et truffes. Pigeon des Alpes à la sauge. Poulet fermier au miel de lavande. **Vins** Bandol, Côtes de Provence.

RENAULT Gar. Honorat, ✆ 92 74 66 30 **N** ✆ 92 74 66 30
Gar. Achard, ✆ 92 74 66 24

MOUTHIER-HAUTE-PIERRE 25920 Doubs 70 ⑥ **G. Jura** – 356 h alt. 430.

Voir Belvédère de Mouthier ≤★★ SE : 2,5 km – Gorges de Nouailles★ SE : 3,5 km – Roche de Haute-Pierre ≤★ N : 5 km puis 30 mn.

Paris 447 – ◆Besançon 38 – Baume-les-Dames 53 – Levier 27 – Pontarlier 21 – Salins-les-Bains 42.

La Cascade ⑤, ☎ 81 60 95 30, Fax 81 60 94 55, ≤ vallée – TV ☎ P. GB. ✗
15 fév.-15 nov. – **Repas** 108/275 – ☕ 38 – **23 ch** 270/350 – ½ P 285/320.

MOUTIERS 73600 Savoie 74 ⑰ **G. Alpes du Nord** – 4 295 h alt. 479.

Office de Tourisme pl. St-Pierre ☎ 79 24 04 23, fax 79 24 56 05.

Paris 608 – Albertville 26 – Chambéry 73 – St-Jean-de-Maurienne 87.

Ibis, colline Champoulet ☎ 79 24 27 11, Fax 79 24 30 03, ≤ – |♦| ⇔ ch TV ☎ P. AE GB
Repas 97 bc, enf. 40 – ☕ 36 – **61 ch** 270/300.

Welcome's et rest. Souvenir, r. Greyffié de Bellecombe ☎ 79 24 00 48, Fax 79 22 99 96 – |♦| TV ☎ & – 🏛 30. AE GB
Repas *(fermé dim. soir)* 80/220 🍷, enf. 45 – ☕ 40 – **23 ch** 250/300 – ½ P 275.

des Alpes, 103 r. Basse de la Gare ☎ 79 24 01 15, Fax 79 24 23 37 – TV ☎. GB
1er déc.-30 avril – **Repas** 95/125, enf. 70 – ☕ 35 – **24 ch** 230/340 – ½ P 170/260.

PEUGEOT Peugeot Bernard, ☎ 79 24 10 66 N ☎ 79 22 93 73
RENAULT Moutiers Autom., ☎ 79 24 61 61 N ☎ 79 09 54 37
La Maison du Pneu, ☎ 79 24 21 95

Avant de prendre la route, consultez la carte Michelin nº 911 "FRANCE – Grands Itinéraires".
Vous y trouverez :
- *votre kilométrage,*
- *votre temps de parcours,*
- *les zones à "bouchons" et les itinéraires de dégagement,*
- *les stations-service ouvertes 24 h/24...*

Votre route sera plus économique et plus sûre.

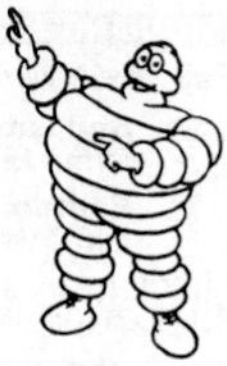

Les MOUTIERS-EN-RETZ 44580 Loire-Atl. 67 ② **G. Poitou Vendée Charentes** – 739 h alt. 6.

Paris 434 – ◆Nantes 45 – Challans 35 – St.-Nazaire 40.

Bonne Auberge, av. Mer ☎ 40 82 72 03, Fax 40 64 68 37 – GB. ✗
fermé 20 nov. au 15 déc., vacances de fév., dim. soir et lundi sauf juil.-août – **Repas** 88/295, enf. 70.

MOUX-EN-MORVAN 58230 Nièvre 65 ⑰ – 744 h alt. 496.

Paris 265 – Autun 30 – Château-Chinon 28 – Clamecy 71 – Nevers 92 – Saulieu 15.

Beau Site, ☎ 86 76 11 75, Fax 86 76 15 84, parc – P. GB. ✗ rest
hôtel : ouvert 15 mars-30 nov. – **Repas** *(fermé 30 déc. au 31 janv., dim. soir et lundi du 15 nov. au 15 mars)* 62/180 🍷, enf. 50 – ☕ 30 – **19 ch** 135/290 – ½ P 195/240.

CITROEN Gar. Bureau, ☎ 86 76 14 05 N ☎ 86 76 14 05

MOUZON 08210 Ardennes 56 ⑩ **G. Champagne** – 2 637 h alt. 160.

Voir Église Notre-Dame★.

Paris 259 – Charleville-Mézières 40 – Carignan 7 – Longwy 71 – Sedan 17 – Verdun 62.

Les Échevins, 33 r. Ch. de Gaulle ☎ 24 26 10 90 – GB
fermé 31 juil. au 24 août, 25 fév. au 8 mars, dim. soir et lundi sauf fériés – **Repas** 120/250, enf. 65.

PEUGEOT Gar. Fédricq, RN 64 ☎ 24 26 13 87 N ☎ 24 26 13 87
RENAULT Gar. Rogier, 4 r. Porte de France ☎ 24 26 11 84 N ☎ 24 26 11 84

MOYE 74 H.-Savoie 74 ⑤ – rattaché à Rumilly.

MUESPACH 68640 H.-Rhin 87 ⑳ – 789 h.

Paris 482 – ◆Mulhouse 33 – Altkirch 18 – ◆Bâle 23 – Belfort 50.

La Marmite, ☎ 89 68 62 62, Fax 89 68 62 34, 🌳 – P. GB
fermé 2 au 17 janv. et mardi – **Repas** 59 (déj.), 130/390 🍷, enf. 50.

MUHLBACH-SUR-MUNSTER 68380 H.-Rhin 62 ⑱ **G. Alsace Lorraine** – 631 h alt. 465.

Paris 475 – Colmar 24 – Gérardmer 37 – Guebwiller 31.

Perle des Vosges ⑤, ☎ 89 77 61 34, Fax 89 77 74 40, ≤ – |♦| ☎ P. ⓓ GB. ✗ rest
fermé 15 nov. au 1er déc. et 3 janv. au 3 fév. – **Repas** 65/200 🍷 – ☕ 30 – **40 ch** 220/320, 5 appart – ½ P 195/250.

MULHOUSE <SP> **68100** H.-Rhin 66 ⑨ ⑩ **G. Alsace Lorraine** – 108 357 h alt. 240.

Voir Parc zoologique et botanique★★ CV – Place de la Réunion★ EFY 113 : Hôtel de Ville★★ FY **H** (musée historique★★ **M**[1]) – Vitraux★ du temple St-Étienne FY **D** – Musée de l'automobile-collection Schlumpf★★★ BU – Musée français du chemin de fer★★★ AV – Musée de l'Impression sur étoffes★ FZ **M**[2] – Electropolis : musée de l'énergie électrique★ AV **M**[8].

Env. Musée du Papier peint★ : collection★★ à Rixheim E : 6 km DV **M**[7].

18 du Rhin à Chalampé ✆ 89 26 07 86, par ① : 19 km.

de Bâle-Mulhouse (Euro-Airport) par ② : 27 km, ✆ 89 69 00 00 à St-Louis (France) et 061 ✆ 325 31 11 à Bâle (Suisse).

Office de Tourisme 9 av. Mar.-Foch ✆ 89 45 68 31, Fax 89 45 66 16 – A.C. Résidence du Parc, 15 bd Europe ✆ 89 45 38 72.

Paris 472 ⑤ – ◆Basel 39 ② – Belfort 40 ⑤ – ◆Besançon 134 ⑤ – Colmar 43 ⑧ – ◆Dijon 223 ⑤ – Freiburg-im-Breisgau 58 ⑨ – ◆Nancy 175 ⑧ – ◆Reims 371 ⑥ – ◆Strasbourg 112 ⑧.

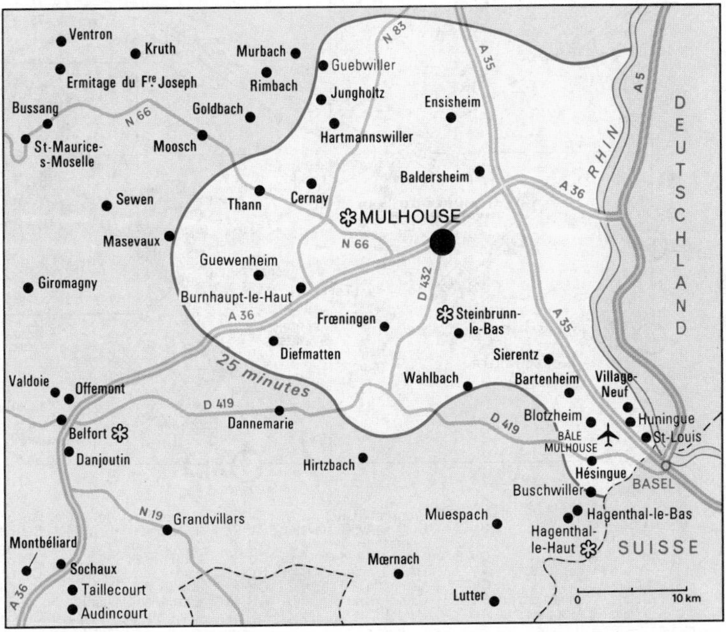

Parc M, 26 r. Sinne ✆ 89 66 12 22, Télex 881790, Fax 89 66 42 44 – ch – 80. AE GB FZ **a**
Repas *(fermé sam. midi et dim. soir)* 150 (déj.), 195/320 – 90 – **76 ch** 650/1300.

Bourse sans rest, 14 r. Bourse ✆ 89 56 18 44, Fax 89 56 60 51 – ch – 30. AE GB FZ **d**
fermé 23 déc. au 3 janv. – 50 – **50 ch** 370/450.

des Maréchaux M sans rest, 15 r. Lambert ✆ 89 66 44 77, Fax 89 46 30 66, – ch – 60. AE GB JCB FY **t**
48 – **60 ch** 280/450.

Bristol sans rest, 18 av. Colmar ✆ 89 42 12 31, Fax 89 42 50 57 – ch – 30. AE GB JCB FY **e**
35 – **65 ch** 280/450.

Ibis Centre Filature, 34 allée Nathan Katz ✆ 89 56 09 56, Fax 89 45 53 57, – ch . AE GB CU **e**
Repas 97 bc, enf. 40 – 35 – **70 ch** 295.

Ibis Gare Centrale M, 53 r. Bâle ✆ 89 46 41 41, Télex 871916, Fax 89 56 24 26 – ch – 50. AE GB FY **f**
Repas *(fermé dim.)* 97 bc, enf. 40 – 35 – **66 ch** 285.

Bâle sans rest, 19 passage Central ✆ 89 46 19 87, Fax 89 66 07 06 – . GB FY **p**
33 – **32 ch** 175/295.

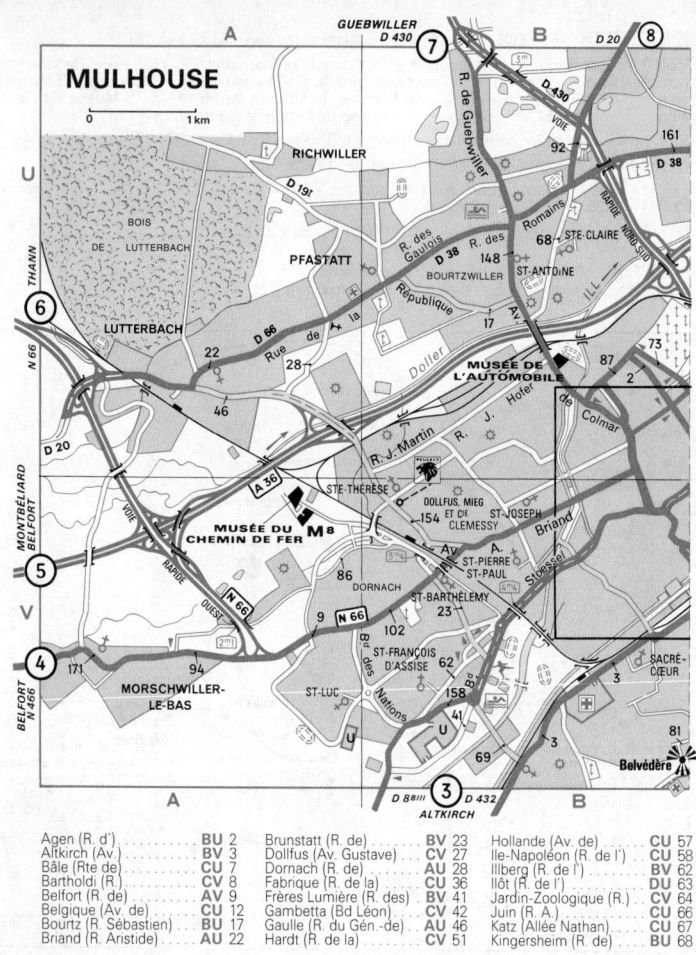

MULHOUSE

0   1 km

🕸🕸🕸 ✿ **Aub. de la Tonnelle** (Hirtzlin), 61 r. Mar.-Joffre à **Riedisheim** ⬚ 68400 Riedisheim
  ℰ 89 54 25 77, Fax 89 64 29 85 – **Ⓟ ①** ◷Ⓑ   CV   **u**
  fermé merc. – **Repas** 160 et carte 170 à 300 ♨
  Spéc. Grenouilles poêlées aux fines herbes. Florentine de brochet "Henri Bost". Nougat glacé au coulis de fruits
  rouges. **Vins** Riesling, Muscat.

🕸🕸🕸 **Le Parc,** 8 r. V. Hugo à **Illzach-Modenheim** ⬚ 68110 Illzach   ℰ 89 56 61 67, Fax
  89 56 13 85, 🍽, ☞ – **Ⓟ** ◷Ⓑ   CU   **k**
  fermé sam. midi, dim. soir et lundi – **Repas** 190/395 et carte 270 à 390.

🕸🕸 ✿ **Poste** (Kieny), 7 r. Gén. de Gaulle à **Riedisheim** ⬚ 68400 Riedisheim   ℰ 89 44 07 71,
  Fax 89 64 32 79 – **Ⓟ** ◷Ⓑ ᴊᴄʙ   CV   **d**
  fermé 31 juil. au 21 août, vacances de fév., dim. soir et lundi – **Repas** 130/390 et carte 230 à
  360 ♨
  Spéc. Tartare d'anguille fumée. Suprême de sandre. Moulé de fromage blanc, sorbet myrtilles.

🍴 **Aux Caves du Vieux Couvent,** 23 r. Couvent ℰ 89 46 28 79, Fax 89 66 47 87, Taverne –
✚ 🍽 ᴀᴇ ① ◷Ⓑ   EY   **n**
  fermé dim. soir et lundi – **Repas** 50/150 bc.

  NE : île Napoléon – ⬚ 68110 Illzach :

🕸🕸🕸 **La Closerie,** ℰ 89 61 88 00, Fax 89 61 95 49 – **Ⓟ** ◷Ⓑ   DU   **x**
  fermé 15 au 31 juil., 24 déc. au 4 janv., sam. midi, lundi soir et dim. – **Repas** 200/280 et carte
  240 à 340, enf. 70.

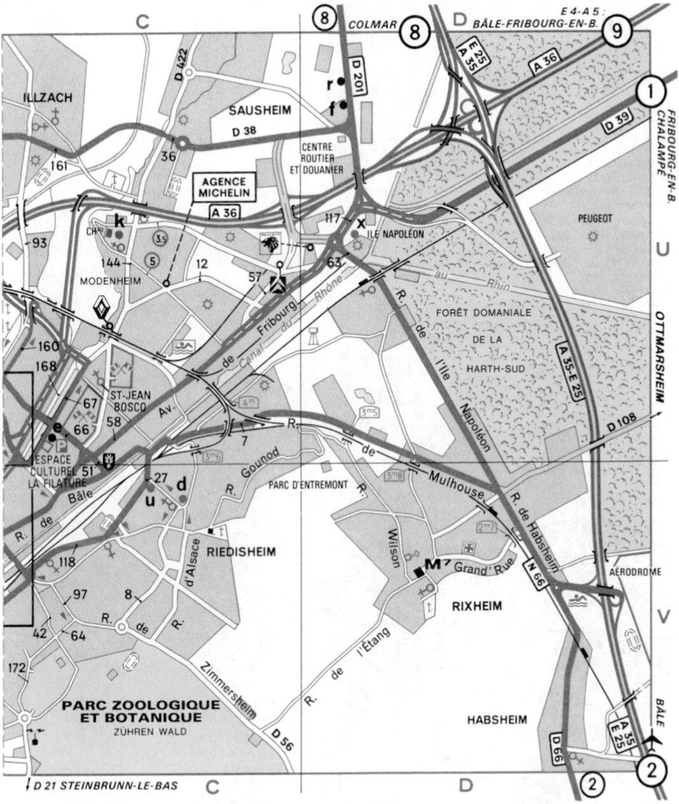

Lagrange (R. Léo) . . . . . BV 69
Lefebvre (R.) . . . . BU 73
Lustig (R. Auguste) . . . . BV 81
Mer-Rouge (R. de la) . . . AV 86
Mertzau (R. de la) . . . . . BU 87
Mulhouse (Fg de) . . . . . BU 92
Mulhouse (R. de) ILLZACH . . . . CU 93
Mulhouse (R. de) MORSCHWILLER-LE-BAS . . . . AV 94
Noelting (R. Émilio) . . CV 97
Paris (Bd de) . . . . BV 102
Rhin (R. du) ILLZACH . DU 117
Riedischeim (Av. de) . CV 118
Sausheim (R. de) . . . . CU 144
Soultz (R. de) . . . . BU 148
Thann (R. de) . . . . BV 154
Vauban (R.) . . . . CU 160
Vosges (R. des) . . . . BCU 161
Wyler (Allée William) . . . . . CU 168
1re-Armée-Française (R.) . . . AV 171
9e-Div.-d'Infanterie Coloniale (R.) . . . . CV 172

au NE – ✉ **68390** Sausheim :

Mercure, ✆ 89 61 87 87, Télex 881757, Fax 89 61 88 40, 余, ⛱, ℀ – |⇕| ⇹ ch ▤ TV ☎ ♿ P – 🏫 120. AE ⓓ GB — DU **r**
La Tissandière : **Repas** 110 ♃, enf. 50 – ☕ 52 – **100 ch** 350/395.

Ibis, ✆ 89 61 83 83, Fax 89 61 78 10, 余 – |⇕| ⇹ ch TV ☎ ♿ P – 🏫 40. AE GB — DU **f**
Repas 97 bc, enf. 40 – ☕ 35 – **76 ch** 270.

à Baldersheim par ⑧ : 8 km – ✉ **68390** :

Au Cheval Blanc, ✆ 89 45 45 44, Fax 89 56 28 93, ⛱ – |⇕| ⇹ ch, ▤ rest TV ☎ ♿ P – 🏫 30. GB
fermé 22 déc. au 4 janv., dim. soir et jeudi – **Repas** 82/225 ♃ – ☕ 39 – **83 ch** 200/335 – 1/2 P 220/245.

à Steinbrunn-le-Bas SE CV : 9,5 km par rte parc zoologique, Bruebach et D 21 – ✉ **68440** :

XX ✿ **Moulin du Kaegy** (Begat), ✆ 89 81 30 34, Fax 89 81 31 10, « Maison du 16e siècle, jardin » – P. AE ⓓ GB
fermé janv., dim. soir et lundi – **Repas** (dim.prévenir) 210 (déj.), 320/520 et carte 300 à 440
Spéc. Blanc de sandre au jus de céleri. Pigeon en croûte fine et gousses d'ail confites. Cassolette de ris de veau et escargots. **Vins** Tokay-Pinot-gris, Clevner.

MULHOUSE

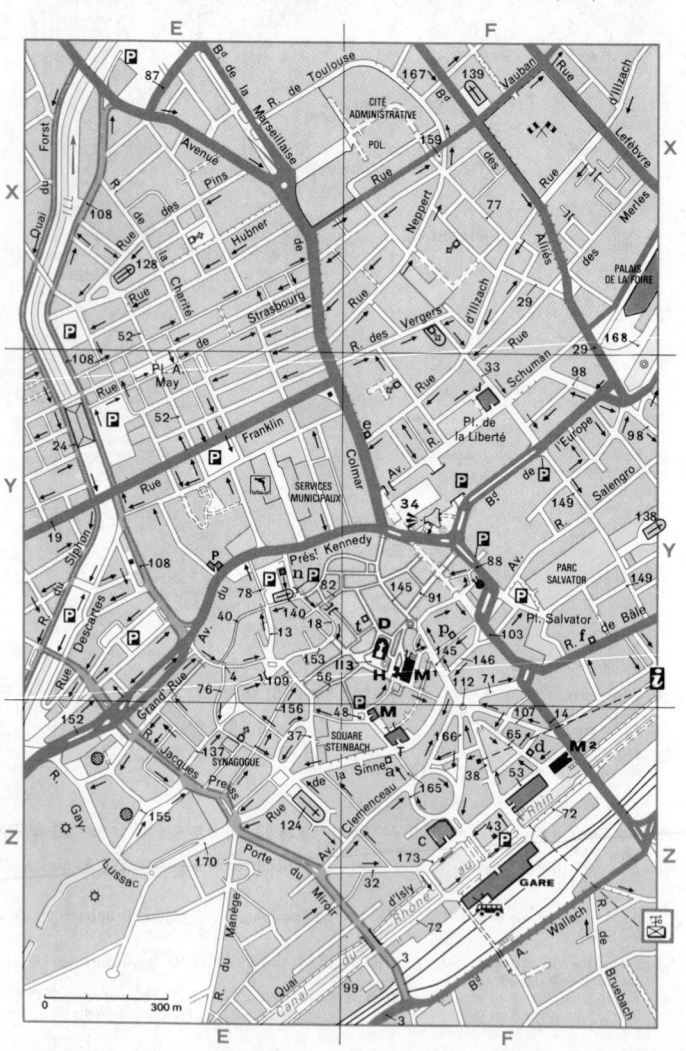

748

à Froeningen : SO : 9 km par D 8^{BIII} - BV – ⊠ **68720** :

XX **Aub. de Froeningen** avec ch, ℘ 89 25 48 48, Fax 89 25 57 33, 🛱, « Demeure fleurie »,
🌼 – 🛏 ch ☎ **Ɒ**. 🅶🅱
fermé 14 au 28 août, 8 au 29 janv., dim. soir et lundi – **Repas** 75 (déj.), 175/345 – 🍴 40 – **7 ch**
320/370.

CITROEN Succursale, av. de Suisse à Illzach
℘ 89 31 33 40 🄽 ℘ 05 05 24 24
FIAT, LANCIA Gar. Hess, 1 bis r. de Sausheim à
Illzach ℘ 89 66 57 66
FORD Gar. Sax, 12 r. Couvent ℘ 89 56 52 22
FORD Safor Autom., ZI - av. de Belgique à Illzach
℘ 89 61 76 33
HONDA, MAZDA, VOLVO Gar. Christen, 21 r.
Thann ℘ 89 42 09 44
NISSAN Gar. Manu Est, 26 r. Manulaine
℘ 89 52 35 80
OPEL Gar. Muller, 23 r. Thann ℘ 89 43 98 88
PEUGEOT S.I.A.M, 7 r. de Berne à Illzach
℘ 89 61 83 23
PEUGEOT S.I.A.M., 22 r. Thann ℘ 89 59 65 65 🄽
℘ 05 44 24 24
RENAULT Gar. Mulhousien, r. Sausheim à Illzach
℘ 89 36 22 22

TOYOTA S.D.A.R., 64 rte de Mulhouse à Rixheim
℘ 89 44 40 50
VAG Autom. Diffusion, ZI Ile Napoléon - r.
d'Annecy à Illzach ℘ 89 31 03 03 🄽 ℘ 89 31 03 03
VAG Gar. Schelcher, 27 fg de Mulhouse à
Kingersheim ℘ 89 52 45 22

⑩ Euromaster, 3 r. L.-Pasteur ℘ 89 56 64 24
Euromaster, ZA les Pylones, 11-15 r. de Londres à
Illzach ℘ 89 61 78 78
Kautzmann, 2 r A.-Hertzog ℘ 89 33 17 33
Pneus et Services D.K., 14 av. de Hollande ZI à
Illzach ℘ 89 61 76 76
Pneus et Services D.K., 6 r. Amidonniers
℘ 89 42 30 06

MUNSTER 68140 H.-Rhin 🖽 ⑱ G. Alsace Lorraine – 4 657 h alt. 381.

🛈 Office de Tourisme pl. du Marché ℘ 89 77 31 80, Fax 89 77 07 17.

Paris 470 – Colmar 19 – Gérardmer 32 – Guebwiller 28 – ♦Mulhouse 59 – St-Dié 54 – ♦Strasbourg 88.

🏨 **Verte Vallée** M ⌂, 10 r. A. Hartmann, parc de la Fecht ℘ 89 77 15 15, Fax 89 77 17 40,
🌼, 🗜, 🏊, 🌼 – 📶 ▤ rest 📺 ☎ 🕭 **Ɒ** – 🔬 25 à 100. 🅰🅴 🅾 🅶🅱
fermé 3 au 27 janv. – **Repas** 85/255 🎄, enf. 60 – 🍴 49 – **107 ch** 360 – ½ P 310.

🏨 **Cigogne** M, pl. Marché ℘ 89 77 32 27, Fax 89 77 28 64 – 📶 📺 ☎ ➡. 🅶🅱
Repas 135/180 🎄 – 🍴 38 – **21 ch** 300/450 – ½ P 280/320.

🏠 **Deux Sapins,** 49 r. 9ᵉ Zouaves par rte Gérardmer ℘ 89 77 33 96, Fax 89 77 03 90 – 📶 📺
➡ ☎ **Ɒ**. 🅰🅴 🅾 🅶🅱
fermé 15 nov. au 15 déc., dim. soir et lundi d'oct. à mai – **Repas** 70/200 🎄, enf. 42 – 🍴 29 –
25 ch 220/320 – ½ P 210/270.

FORD Gar. Sary, ℘ 89 77 33 44
PEUGEOT Gar. Schmidt, ℘ 89 77 40 78 🄽
℘ 89 77 40 78

RENAULT Gar. Gissler, ℘ 89 77 37 44

MURAT 15300 Cantal 🖽 ③ G. Auvergne (plan) – 2 409 h alt. 917.

Voir Site★ – Église★ de Bredons S : 2,5 km.

🛈 Office de Tourisme pl. Hôtel-de-Ville ℘ 71 20 09 47.

Paris 526 – Aurillac 49 – Brioude 57 – Issoire 73 – Le Puy-en-Velay 118 – St-Flour 24.

🏨 **Les Breuils** sans rest, ℘ 71 20 01 25, Fax 71 20 02 43, 🌼 – ☎ **Ɒ**. 🅶🅱 🌼
1ᵉʳ mai-3 nov. et Noël-Pâques – 🍴 35 – **12 ch** 350/450.

🏠 **Les Messageries** (Annexe Le Bredons 12 ch), ℘ 71 20 04 04, Fax 71 20 02 81, 🗜, 🏊 –
📺 ☎. 🅰🅴 🅶🅱
fermé 4 nov. au 25 déc. – **Repas** 75/160 – 🍴 32 – **34 ch** 210/240 – ½ P 245.

au Jarrousset E : 5 km par N 122 – ⊠ 15300 Murat :

XXX ✿ **Jarrousset** (Andrieu), ℘ 71 20 10 69, 🛱, 🏊, 🌼 – **Ɒ**. 🅶🅱
fermé 2 au 9 juil., 2 au 12 sept., 2 au 12 janv., lundi soir et merc. sauf juil.-août – **Repas**
120/340 et carte 230 à 340
Spéc. Escalope de foie gras au vinaigre balsamique. Fricassée de homard à la tomate truffée. Filet de pigeon à la
réglisse.

CITROEN Gar. Meissonnier, Le Martinet
℘ 71 20 13 87 🄽 ℘ 71 20 05 55
PEUGEOT Gar. Delrieu, ℘ 71 20 06 22 🄽
℘ 71 20 06 22

RENAULT Gar. Dolly, ℘ 71 20 03 93

MURBACH 68 H.-Rhin 🖽 ⑱ – rattaché à Guebwiller.

MUR-DE-BARREZ 12600 Aveyron 🖽 ⑫ G. Gorges du Tarn – 1 109 h alt. 789.

Paris 576 – Aurillac 38 – Rodez 76 – St-Flour 59.

🏨 **Aub. du Barrez** M ⌂, ℘ 65 66 00 76, Fax 65 66 07 98 – 📺 ☎ **Ɒ**. 🅰🅴 🅶🅱
fermé 1ᵉʳ janv. au 10 fév. – **Repas** *(fermé dim. soir de nov. à Pâques et lundi)* 64/190 🎄 –
🍴 34 – **18 ch** 200/450 – ½ P 236/321.

PEUGEOT Gar. Manhes, ℘ 65 66 02 25 🄽
℘ 65 66 16 70

Gar. Yerles, ℘ 65 66 02 24 🄽 ℘ 65 66 16 94

MUR-DE-BRETAGNE 22530 C.-d'Armor 🔟 ⑲ G. Bretagne – 2 049 h alt. 225.

Voir Rond-Point du lac ≤★ – Lac de Guerlédan★★ O : 2 km.

🛈 Syndicat d'Initiative pl. Église (juin-sept.) 🖉 96 28 51 41.

Paris 459 – St-Brieuc 45 – Carhaix-Plouguer 49 – Guingamp 47 – Loudéac 21 – Pontivy 16 – Quimper 97.

   XXX ✿ **Aub. Grand'Maison** (Guillo) avec ch, 🖉 96 28 51 10, Fax 96 28 52 30 – 📺 ☎ 🅰🅴 ⓪ 🅶🅱 🎴
                      fermé oct., vacances de fév., dim. soir et lundi – **Repas** (nombre de couverts limité-prévenir)
                      170/380 et carte 300 à 450, enf. 100 – 🖵 50 – **12 ch** 280/600 – ½ P 400/560
                      Spéc. Galettes de pommes de terre au maquereau fumé. Civet d'ormeaux aux bigorneaux (sept. à juin). Profiteroles de
                      foie gras au coulis de truffes.

La MURE 38350 Isère 🗷🗷 ⑮ G. Alpes du Nord – 5 480 h alt. 885.

Paris 608 – ◆Grenoble 39 – Gap 65.

   🏠 **Murtel** Ⓜ, 🖉 76 30 96 10, Fax 76 30 91 38, 🏤 – 📺 ☎ 🅿 🅶🅱
    ◆ **Repas** 69 bc/125 ⅄, enf. 38 – 🖵 28 – **40 ch** 240/260 – ½ P 195/220.

CITROEN Gar. Gay, 🖉 76 81 02 57   RENAULT Gar. du Nord, 🖉 76 81 01 69
PEUGEOT Gar. Reynier, 🖉 76 81 03 78 🛐 🖉 76 81
03 78

Les MUREAUX 78 Yvelines 🗷🗷 ⑲, 🗷🗷🗷 ⑯ – rattaché à Meulan.

MURET ◁🆘▷ 31600 H.-Gar. 🗷🗷 ⑰ G. Pyrénées Roussillon – 18 134 h alt. 169.

Paris 715 – ◆Toulouse 19 – Auch 74 – St-Gaudens 69 – Pamiers 52.

   🏠 **Aragon** sans rest, 15 r. Aragon 🖉 61 56 18 19 – ☎
              fermé dim. – 🖵 22 – **20 ch** 118/168.

     à Labarthe-sur-Lèze E : 6 km par D 19 – 3 772 h. – ✉ 31860 :

   XX **Rose des Vents,** carrefour D 19-D 4 🖉 61 08 67 01, 🏤, 🐾 – 🅿 🅰🅴 ⓪ 🅶🅱
           fermé 15 au 30 août, dim. soir et lundi – **Repas** 90/190.

   XX **Poêlon,** 🖉 61 08 68 49, Fax 61 08 78 48, 🏤 – 🅶🅱
           fermé vacances de fév. et merc. – **Repas** 89/200.

CITROEN Gar. Dedieu, à Rieumes 🖉 61 91 81 28   RENAULT S.A.D.A.M., 254 av. des Pyrénées
CITROEN G.A.M., RN 117 🖉 62 11 60 40   🖉 61 51 05 44 🛐 🖉 61 17 76 50
FIAT Sud Garonne Autom., 7 r. Berges, ZI Marclan
🖉 61 56 82 82
MERCEDES Antras Autom., 44 av. de l'Europe   🕮 Muret Pneus, ZI Joffrery 🖉 61 51 09 39
🖉 61 51 16 26 🛐 🖉 61 51 00 66   Vialatte Pneus-Point S, 179 av. de Toulouse
PEUGEOT SO.NO.MA., 50 av. de Toulouse   🖉 61 51 48 34
🖉 61 56 18 15 🛐 🖉 62 22 29 32

MUROL 63790 P.-de-D. 🗷🗷 ⑬ ⑭ G. Auvergne (plan) – 606 h alt. 833.

Voir Château★★.

🛈 Office de Tourisme r. de Jassaguet 🖉 73 88 62 62.

Paris 465 – ◆Clermont-Ferrand 37 – Besse-en-Chandesse 11,5 – Condat 39 – Issoire 30 – Le Mont-Dore 19.

   🏨 **Les Volcans** sans rest, 🖉 73 88 60 77, 🐾 – ☎ 🅿 🅰🅴 🅶🅱
           vacances de printemps, 15 juin-30 sept., vacances de Noël et de fév. – 🖵 30 – **10 ch**
           220/260.

   🏠 **Pins** ⑤, 🖉 73 88 60 50, Fax 73 88 60 29, 🏤, 🐾 – ☎ 🅿 🅶🅱
    ◆ 1er mai-30 sept. – **Repas** 55/150, enf. 45 – 🖵 30 – **29 ch** 220/270 – ½ P 240/265.

   🏠 **Paris,** 🖉 73 88 60 09, Fax 73 88 69 62, 🐾 – ☎. 🅶🅱 🍽 rest
    ◆ vacances de printemps, 1er mai-20 sept. et vacances de fév. – **Repas** 55/130, enf. 36 – 🖵 30
        – **20 ch** 150/220 – ½ P 175/200.

RENAULT Gar. Dabert, 🖉 73 88 63 43

MUS 30121 Gard 🗷🗷 ⑧ – 768 h.

Paris 730 – ◆Montpellier 35 – Aigues-Mortes 24 – Nîmes 20.

   XX **Aub. de la Paillère** ⑤ avec ch, 🖉 66 73 78 79, Fax 66 73 79 28, 🏤 – 📺 ☎ 🅰🅴 ⓪ 🅶🅱
           15 mars-31 oct. – **Repas** (fermé mardi midi et lundi) 110/230 – 🖵 25 – **7 ch** 380/480.

MUSSIDAN 24400 Dordogne 🗷🗷 ④ G. Périgord Quercy – 2 985 h alt. 57.

🛈 Syndicat d'Initiative, pl. de la République, 🖉 53 81 76 87.

Paris 533 – Périgueux 39 – Angoulême 86 – Bergerac 25 – Libourne 55 – Ste-Foy-la-Grande 28.

   🏠 **Midi** ⑤, à la gare 🖉 53 81 01 77, Fax 53 82 90 14, 🏤, ⌁, 🐾 – 📺 ☎ 🅿 🅶🅱 🍽 ch
    ◆ fermé 5 au 15 mai, 3 au 13 nov., 5 au 22 janv., vend. soir et sam. hors sais. – **Repas** 68/165 ⅄,
        enf. 48 – 🖵 30 – **10 ch** 230/320 – ½ P 230/350.

   🏠 **Gd Café** sans rest, 1 av. Gambetta 🖉 53 81 00 07
         🖵 20 – **11 ch** 100/150.

   XX **Relais de Gabillou,** rte de Périgueux 🖉 53 81 01 42, 🏤 – 🅿 🅶🅱
    ◆ fermé 13 au 27 nov., vacances de fév., dim. soir et lundi – **Repas** 80/260 ⅄, enf. 50.

PEUGEOT Gar. Rousseau, 🖉 53 81 04 47

14220 Calvados 🔟 ⑮ – 219 h alt. 80.

Paris 252 – ◆Caen 17 – Falaise 27 – Lisieux 56 – St-Pierre-sur-Dives 36.

⛺ **Aub. des Pommiers** ⹂, 𝒫 31 79 32 03 – ▤ rest ☎ 🅿. ⅁⅂
→ *fermé 8 au 28 fév. et mardi du 1ᵉʳ oct. au 15 mai* – **Repas** 77/180, enf. 50 – ⇌ 30 – **12 ch** 150/230 – ½ P 190/250.

MUTZIG 67190 B.-Rhin 🔢 ⑨ G. Alsace Lorraine – 4 552 h alt. 187.

Paris 480 – ◆Strasbourg 29 – Obernai 12 – Saverne 31 – Sélestat 37.

🏠 **A L'Ours Noir,** pl. Fontaine 𝒫 88 38 13 20, Télex 890664, Fax 88 38 76 41, 🛋 – ▐ ⮡ ch
→ 📺 ☎ ᐵ ⇍ 🅿 – 🔬 45. 🅰🅴 ⓞ ⅁⅂ 🄹🄲🄱
Repas 48 (déj.), 80/200 ⅃, enf. 48 – ⇌ 45 – **32 ch** 270/350 – ½ P 260/280.

🏠 **Host. de la Poste,** pl. Fontaine 𝒫 88 38 38 38, Fax 88 49 82 05, 🛋 – 📺 ☎ ⇍. ⅁⅂
Repas 115/315 ⅃ – ⇌ 37 – **19 ch** 210/273 – ½ P 263/305.

🍴🍴 **Aub. Alsacienne ''au Nid de Cigogne'',** r. 18-Novembre 𝒫 88 38 11 97 – ⅁⅂
fermé mardi soir et merc. – **Repas** 120/210 ⅃, enf. 48.

⓪ Kautzmann, 𝒫 88 38 61 78

MUZILLAC 56190 Morbihan 🔢 ⑭ – 3 471 h alt. 23.

Paris 447 – Vannes 25 – ◆Nantes 85 – Redon 37 – La Roche-Bernard 15.

🏠 **Aub. Pen-Mur,** 20 rte Vannes 𝒫 97 41 67 58, Fax 97 45 67 41, 🛋 – 📺 ☎ 🅿. ⅁⅂
→ **Repas** 70/178 ⅃ – ⇌ 30 – **18 ch** 200/300 – ½ P 205/250.

à la Pointe de Pen-Lan S : 5 km par D 5 G. Bretagne – ✉ 56190 Muzillac.

Voir ⩽★.

🏰 ❀ **Domaine du Château de Rochevilaine** ⹂, 𝒫 97 41 61 61, Fax 97 41 44 85, « De-
meures anciennes avec jardin, ⩽ littoral », ♨ – 📺 ☎ ᐔ 🅿 – 🔬 45. 🅰🅴 ⓞ ⅁⅂. ❀ rest
Repas 240/390 et carte 270 à 410 – ⇌ 60 – **25 ch** 850/1150 – ½ P 675/825
Spéc. Galette de homard aux saveurs épicées (1ᵉʳ avril au 30 sept.). Bar au poivre et au jus de veau (1ᵉʳ juin au 30 sept.).
Pigeon fumé rôti aux oignons (1ᵉʳ avril au 30 sept.). **Vins** Muscadet.

Before setting out on your journey through France
Consult the Michelin Map no 🕮🕮🕮 FRANCE – Route Planning.

On this map you will find

– distances

– journey times

– alternative routes to avoid traffic congestion

– 24-hour petrol stations

Plan for a cheaper and trouble-free journey.

NAINTRÉ 86 Vienne 🔢 ④ – rattaché à Châtellerault.

NAJAC 12270 Aveyron 🔢 ⑳ G. Gorges du Tarn – 766 h alt. 350.

Voir Site★★ – Ruines du château★ : ⩽★.

🛈 Office de Tourisme pl. Faubourg 𝒫 65 29 72 05.

Paris 631 – Rodez 71 – Albi 50 – Cahors 83 – Gaillac 49 – Montauban 68 – Villefranche-de-Rouergue 19.

🏠 **Belle Rive** ⹂, NO : 2 km par D 39 𝒫 65 29 73 90, ⩽, 🛋, « Dans les gorges de
→ l'Aveyron », ♨, 🛋, 🍴 – ☎ 🅿 – 🔬 30. ⓞ ⅁⅂
Pâques-1ᵉʳ nov. et fermé dim. soir en avril et en oct. – **Repas** 80/230, enf. 50 – ⇌ 42 – **37 ch**
246/280 – ½ P 270/285.

🍴🍴🍴 **Oustal del Barry** ⹂ avec ch, 𝒫 65 29 74 32, Fax 65 29 75 32, ⩽, 🛋, « Jardin » – ▐ 📺
☎. 🅰🅴 ⅁⅂
1ᵉʳ avril-1ᵉʳ nov. et fermé lundi sauf de juil. à sept. – **Repas** 100 (déj.), 130/320 et carte 280 à
400 ⅃, enf. 65 – ⇌ 48 – **21 ch** 260/450 – ½ P 315/350.

au NE : 7 km par D 39 et D 638 – ✉ 12270 Najac :

🏠 **Longcol** ⹂, 𝒫 65 29 63 36, Fax 65 29 64 28, ⩽, 🛋, parc, ♨, 🍴 – 📺 ☎ 🅿 – 🔬 40. 🅰🅴
⅁⅂ ❀ rest
Pâques -15 nov. – **Repas** *(fermé mardi midi du 15 sept. au 15 juin)* 125 (déj.), 185/290 –
⇌ 60 – **17 ch** 550/800 – ½ P 520/645.

NANÇAY 18330 Cher 🔢 ⑳ G. Berry Limousin – 784 h.

Paris 202 – Bourges 35 – Romorantin-Lanthenay 40 – Salbris 15 – Vierzon 22.

🍴🍴 **L'Aub. des Meaulnes** avec ch, 2 rte Vierzon 𝒫 48 51 81 15, Fax 48 51 84 58, 🛋 – 📺 ☎
🅿. 🅰🅴 ⅁⅂
Repas *(fermé mardi midi et lundi)* 130/250 – ⇌ 50 – **10 ch** 450/500.

RENAULT Gar. Garnier, 𝒫 48 51 81 23

Voir Ensemble 18ᵉ s. : Place Stanislas★★★ BY , Arc de Triomphe★ BY B – Place de la Carrière★
BY et Palais du Gouvernement★ BX W – Palais ducal★★ BX : musée Historique lorrain★★★ –
Église et Couvent des Cordeliers★ BX : gisant de Philippe de Gueldre★★ – Porte de la Craffe★
AX F – Église N.-D.-de-Bon-Secours★ EX – Façade★ de l'église St-Sébastien BY – Musées :
Beaux-Arts★★ BY M², Ecole de Nancy★★ DX M³, – Zoologie (aquarium tropical★)CY M⁴.

Env. Basilique★★ de St-Nicolas-de-Port par ② : 12 km.

🏌 de Nancy-Aingeray ✆ 83 24 53 87, par ⑥ : 17 km ; 🏌🏌 de Pulnoy, E : 7 km par ① puis D 83.

🛫 de Metz-Nancy-Lorraine : ✆ 87 56 70 00, par ⑥ : 43 km.

🚗 ✆ 83 56 50 50.

🛈 Office de Tourisme et Accueil de France 14 pl. Stanislas ✆83 35 22 41, Fax 83 37 63 07 – A.C. Lorrain, 49 pl.
de la Carrière ✆ 83 35 04 65, Fax 83 36 79 79.

Paris 307 ⑤ – Chaumont 117 ④ – ◆Dijon 208 ⑤ – ◆Metz 53 ⑥ – ◆Reims 194 ⑤ – ◆Strasbourg 146 ①.

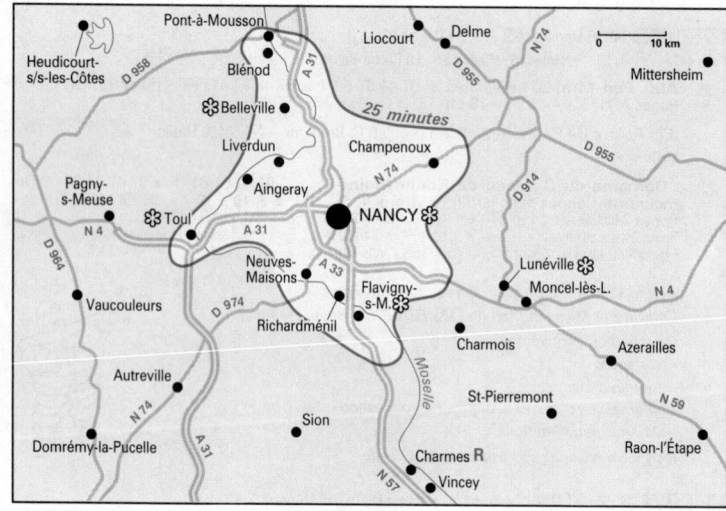

🏛 ✿ **Gd H. de la Reine et rest. Stanislas**, 2 pl. Stanislas ✆ 83 35 03 01, Télex 960367,
Fax 83 32 86 04, « Palais du 18ᵉ siècle sur la place Stanislas » – 🛗 🗐 rest 📺 ☎ ♿ –
🏛 25 à 70. 🖭 ⓞ ⒼⒷ   BY **d**
Repas 180 (déj.), 240/290 et carte 220 à 350 – 🖙 80 – **42 ch** 600/1350, 3 appart
Spéc. Ravioles de homard, consommé à l'estragon. Jarret de veau en cocotte façon "Lorraine". Assiette gourmande
aux saveurs de Nancy. **Vins** Côtes de Toul blanc et rouge.

🏛 **Mercure-Altea Thiers** Ⓜ, 11 r. R. Poincaré ✆ 83 39 75 75, Télex 960034,
Fax 83 32 78 17 – 🛗 ✝ ch 🗐 📺 ☎ ♿ – 🏛 150. 🖭 ⓞ ⒼⒷ   AY **r**
La Toison d'Or (fermé 17 juil. au 20 août) **Repas** 175 bc/240 bc – 🖙 52 – **192 ch** 375/600.

🏛 **Mercure Nancy Centre** Ⓜ sans rest, 5 r. Carmes ✆ 83 35 32 10, Télex 960413,
Fax 83 32 92 49 – 🛗 ✝ ch, 📺 ☎ 🚗. 🖭 ⓞ ⒼⒷ ⒿⒸⒷ   BY **m**
🖙 52 – **80 ch** 435/465.

🏛 **Novotel Nancy Ouest** Ⓜ, rte Paris, O : 4 km ✉ 54520 Laxou ✆ 83 93 45 45,
Fax 83 98 57 07, 🌤, 🏊, 🐎 – 🛗 ✝ ch 🗐 📺 ☎ ♿ 🅿 – 🏛 25 à 250. 🖭 ⓞ ⒼⒷ   CV **a**
Repas carte environ 180, enf. 50 – 🖙 50 – **119 ch** 415/440.

🏛 **Novotel Nancy Sud** Ⓜ, rte Épinal à Houdemont, S : 6 km ✉ 54180 ✆ 83 56 10 25,
Télex 961124, Fax 83 57 62 20, 🌤, 🏊, 🐎 – 🛗 ✝ ch, 🗐 rest 📺 ☎ 🅿 – 🏛 150. 🖭 ⓞ
ⒼⒷ   EY **s**
Repas carte environ 170, enf. 50 – 🖙 48 – **86 ch** 395/420.

🏨 **Albert 1ᵉʳ-Astoria** sans rest, 3 r. Armée Patton ✆ 83 40 31 24, Télex 850895,
Fax 83 28 47 78, 🐎 – 🛗 📺 ☎ 🅿 – 🏛 50. 🖭 ⓞ ⒼⒷ ⒿⒸⒷ   AY **d**
🖙 39 – **125 ch** 290/410.

🏨 **Crystal** sans rest, 5 r. Chanzy ✆ 83 35 41 55, Télex 850139, Fax 83 37 84 85 – 🛗 📺 ☎ ♿.
🖭 ⓞ ⒼⒷ   AY **a**
🖙 40 – **55 ch** 200/360.

🏨 **Ibis Brabois** Ⓜ, allée de Bourgogne à Vendoeuvre-lès-Nancy, SO : 4 km par av. Leclerc
– ⊠ 54500 ℘ 83 44 55 77, Fax 83 44 21 44, 🍴 – 🛏 ﹡ ch, 🖭 rest 🅣 ☎ ♿ ℗. 🖭 ⑩ ⅁🅑
Repas 100 bc, enf. 40 – ⊐ 35 – **68 ch** 290/310.
DY **u**

🏨 **Ibis Centre Stanislas** Ⓜ, 42 av. 20ᵉ Corps ℘ 83 37 10 10, Fax 83 37 66 33 – 🛏 🖭 rest 🅣
➜ ☎ ♿ 🚗 – 🔬 80. 🖭 ⑩ ⅁🅑
CY **v**
Repas 60/135 ⅃ – ⊐ 38 – **60 ch** 270/350.

🏨 **Au Bon Coin**, 33 r. Villiers ℘ 83 40 04 01, Fax 83 90 32 08 – 🛏 🅣 ☎ ℗. ⅁🅑
DX **u**
➜ *fermé 29 juil. au 20 août* – **Repas** *(fermé dim.)* 71/140 ⅃ – ⊐ 35 – **20 ch** 210/270 – ½ P 250.

🏨 **Portes d'Or** sans rest, 21 r. Stanislas ℘ 83 35 42 34, Fax 83 32 51 41 – 🛏 🅣 ☎. 🖭 ⑩
⅁🅑 🅹🅲🅱
BY **b**
⊐ 32 – **20 ch** 230/310.

🏨 **Ibis Centre** Ⓜ sans rest, 3 r. Crampel ℘ 83 32 90 16, Fax 83 32 08 77 – 🛏 ﹡ ch ♿ &. 🖭
⅁🅑
AY **e**
⊐ 35 – **82 ch** 295/315.

🏨 **Résidence** sans rest, 30 bd J. Jaurès ℘ 83 40 33 56, Fax 83 90 16 28 – 🛏 🅣 ☎. 🖭 ⑩
⅁🅑
DEX **a**
⊐ 35 – **22 ch** 250/350.

🏵🏵🏵🏵 ❀ **Le Goéland** (Mengin), 27 r. Ponts ℘ 83 35 17 25, Fax 83 35 72 49 – 🖭 🖭 ⅁🅑   BY **e**
fermé lundi midi et dim. – **Repas** - produits de la mer - 165/255 et carte 380 à 520
Spéc. Lasagne d'encornets et de grenouilles au beurre de foie gras. Matelote de sandre au gris de Toul. Volaille de
Bresse au pot à l'ancienne. **Vins** Côtes de Toul.

🏵🏵🏵 **Capucin Gourmand**, 31 r. Gambetta ℘ 83 35 26 98, Fax 83 35 75 32, « Décor Modern'style » – ⅁🅑
BY **m**
fermé 1ᵉʳ au 15 août, 2 au 8 janv., dim. et lundi – **Repas** 140/550 et carte 300 à 470.

🏵🏵🏵 **Cap Marine**, 60 r. Stanislas ℘ 83 37 05 03, Fax 83 37 01 32 – 🖭. 🖭 ⑩ ⅁🅑   BY **t**
fermé 1ᵉʳ au 20 août, sam. midi et dim. sauf fériés – **Repas** 128/260 et carte 195 à 320.

🏵🏵 **Excelsior Flo**, 50 r. H. Poincaré ℘ 83 35 24 57, Fax 83 35 18 48, « Décor ''École de
Nancy'' » – 🖭. 🖭 ⑩ ⅁🅑
AY **v**
Repas 99 bc/141 bc.

🏵🏵 **Les Agaves**, 2 r. Carmes ℘ 83 32 14 14, Fax 83 37 13 31 – 🖭 ⅁🅑   BY **u**
fermé 1ᵉʳ au 15 août, vacances de fév., lundi soir et dim. – **Repas** 125/180.

🏵🏵 **Mirabelle**, 24 r. Héré ℘ 83 30 49 69, Fax 83 32 78 93 – ⅁🅑   BY **f**
fermé 1ᵉʳ au 15 août, dim. soir et lundi sauf fêtes – **Repas** 90 (déj.), 120/300.

🏵🏵 **La Chine**, 31 r. Ponts ℘ 83 30 13 89 – 🖭. 🖭 ⑩ ⅁🅑   BY **r**
fermé 8 au 28 août, dim. soir et lundi – **Repas** - cuisine chinoise - 145/185.

🏵🏵 **Pavillon Anatole**, 62 av. A. France ℘ 83 40 63 30, 🍴 – 🖭. 🖭 ⑩ ⅁🅑   DVX **b**
fermé 30 juil. au 15 août, sam. midi, dim. soir et lundi – **Repas** 150/300.

🏵🏵 **La Mignardise**, 28 r. Stanislas ℘ 83 32 20 22, Fax 83 32 19 20 – 🖭 ⅁🅑   BY **n**
fermé au 7 août, vacances de Toussaint, dim. soir et lundi – **Repas** 110/350 bc.

🏵🏵 **L'Amandier**, 24 pl. Arsenal ℘ 83 32 11 01, Fax 83 32 11 01 – 🖭. ⅁🅑   AY **s**
fermé 14 juil. au 15 août, sam. midi et dim. – **Repas** 139/175.

🏵 **Petite Marmite**, 8 r. Gambetta ℘ 83 35 25 63 – 🖭 ⅁🅑   BY **b**
fermé lundi. – **Repas** 90/200.

🏵 **Les Pissenlits**, 25 bis r. Ponts ℘ 83 37 43 97, Fax 83 35 72 49 – ⅁🅑   BY **e**
fermé lundi midi et dim. – **Repas** 90 (déj.)/120.

🏵 **Nouveaux Abattoirs**, 4 bd Austrasie ℘ 83 35 46 25 – ⅁🅑   EV **s**
➜ *fermé 22 juil. au 15 août, sam., dim. et fériés* – **Repas** 80/250 ⅃.

🏵 **Le Wagon**, 57 r. Chaligny ℘ 83 32 32 16, Fax 83 35 68 36, « Ancien wagon-restaurant »
➜ – 🖭 ℗. 🖭 ⅁🅑   EV **k**
fermé juil., sam.,dim. et fériés – **Repas** 80/190 ⅃, enf. 40.

🏵 **Bouchon Lyonnais**, 15 r. Maréchaux ℘ 83 37 55 77, Fax 83 35 28 71 – 🖭 ⅁🅑   BY **g**
Repas 83/160.

🏵 **Les Chanterelles**, 27 av. Malgrange à Jarville-la-Malgrange ⊠ 54140 ℘ 83 51 43 17,
Fax 83 51 43 17 – ⅁🅑   EX **n**
fermé 15 au 31 août, sam. midi et dim. soir – **Repas** 55 (déj.), 95/185 ⅃, enf. 45.

à Richardménil S : 10 km par ③ alt. 281 – ⊠ 54630 :

🏵🏵 **Bon Accueil**, ℘ 83 25 62 10 – ℗. 🖭 ⑩ ⅁🅑
fermé 3 au 16 mars, 28 juil. au 17 août, merc. soir et jeudi – **Repas** 112 bc/200 bc.

à Flavigny-sur-Moselle par ③ et N 57 : 16 km – ⊠ 54630 :

🏵🏵🏵 ❀ **Le Prieuré** (Roy) Ⓜ avec ch, ℘ 83 26 70 45, Fax 83 26 75 51, 🍴 – 🅣 ☎. 🖭 ⑩ ⅁🅑
fermé 25 août au 4 sept., vacances de fév., dim. soir et merc. – **Repas** 250/400 et carte 350 à
450 – ⊐ 55 – **4 ch** 600
Spéc. Crêpe tiède de sandre fumé au beurre de ciboulette. Noisettes de lotte au bacon. Pigeon poché au vin rouge.
ravioli de foie gras.

NANCY

754

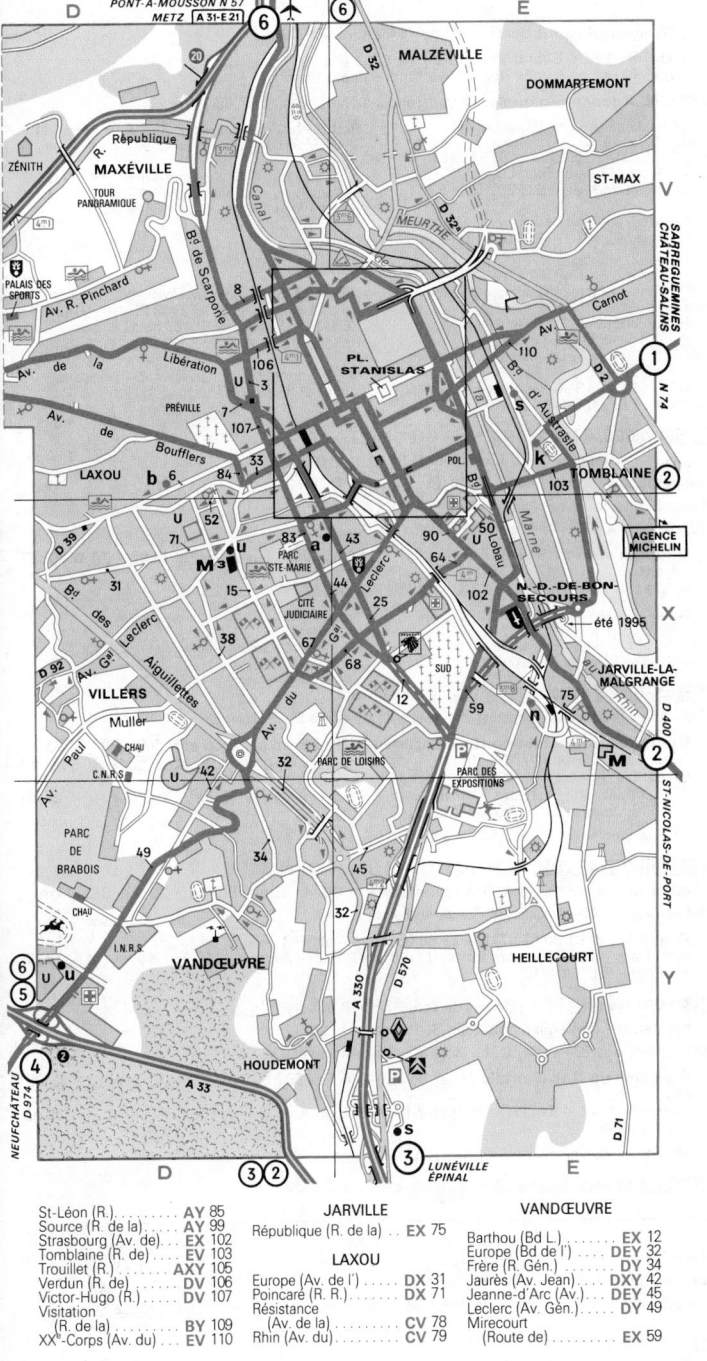

à Neuves-Maisons par ④ : 14 km – 6 432 h. – ✉ 54230 :

XX **L'Union,** 1 r. A. Briand *𝒫* 83 47 30 46, 🍽 – ⊖⊟
fermé 17 juil. au 6 août, dim. soir et lundi – **Repas** 90/260.

MICHELIN, Agence régionale, 117 bd Tolstoï à Tomblaine EX *𝒫* 83 21 83 21

NISSAN Gar. Lorraine-Auto, 39 av. Garenne
𝒫 83 40 22 57
OPEL S.A.N.E., 11 r. Tapis-Vert *𝒫* 83 32 10 24
V.A.G. Sodatec, 111 av. du Gén.-Leclerc à
Vandoeuvre-les-Nancy *𝒫* 83 53 22 07 🅽 *𝒫* 83 33 27 69
V.A.G. Sodatec, Aéroport de Nancy, av. Eugène
Potier à Tomblaine *𝒫* 83 21 38 90 🅽 *𝒫* 83 33 27 69

Roth, 29 bd Joffre building Joffre *𝒫* 83 32 96 03 🅽
𝒫 83 32 96 03

⑩ Le Circulaire, 37 r. Sigisbert-Adam *𝒫* 83 37 06 23
Leclerc-Pneu, r. M.-Barrès *𝒫* 83 37 06 57
Leclerc-Pneu, 11 r. A.-Krug *𝒫* 83 35 28 31

Périphérie et environs

CITROEN Central Autom. de Lorraine, RN 57 à
Houdemont EY *𝒫* 83 51 29 30
FORD Nancy-Laxou Autom., 21 av. Résistance à
Laxou *𝒫* 83 98 43 43 🅽 *𝒫* 83 95 90 90
PEUGEOT S.I.A.L., av. P.-Doumer à Vandoeuvre EX
𝒫 83 50 38 00 🅽 *𝒫* 05 44 24 24
PEUGEOT S.I.A.L., 1 à 3 av. Résistance à Laxou CV
a *𝒫* 83 96 34 21 🅽 *𝒫* 05 44 24 24

RENAULT Succursale, av. Résistance direction
Paris à Laxou CV *𝒫* 83 95 33 33 🅽 *𝒫* 05 05 15 15
RENAULT Succursale, RN 57 rte d'Epinal à
Houdemont EY *𝒫* 83 95 32 32 🅽 *𝒫* 05 05 15 15

⑩ Euromaster, 53 r. E.-Levassor, ZI Franclos à
Ludres *𝒫* 83 25 77 33

NANGIS 77370 S.-et-M. 🅱🅸 ③ 🄯🄾🄶 ㊱ ㊽ – 7 013 h alt. 130.

Voir Église★ de Rampillon E : 4,5 km par D 62, **G. Ile de France.**

🎏 🅸🅸 de Fontenailles *𝒫* (1) 64 60 51 00, O : 5 km par D 408.

🅱 Syndicat d'Initiative 7 r. des Fontaines *𝒫*(1) 64 08 12 95.

Paris 80 – Fontainebleau 33 – Coulommiers 34 – Melun 26 – Provins 21 – Sens 53.

XX **Dauphin** avec ch, 9 bis r. A. Briand *𝒫* (1) 64 08 00 27, Fax (1) 64 08 12 97 – 📺 ☎ 🄿. 🆎
⑩ ⊖⊟
fermé dim. soir – **Repas** 130/310 – 🖵 35 – **17 ch** 140/280 – ½ P 200/300.

CITROEN Gar. Barbier, 31 r. des Ecoles
𝒫 (1) 64 08 01 03
CITROEN S.N.M.A., 3 av. Gén. de Gaulle
𝒫 (1) 64 08 00 48 🅽 *𝒫* (1) 64 08 00 48

A.P.P. Pneus, 28 r du Gén.-de-Gaulle
𝒫 (1) 64 08 35 14
Nangis Accessoires Pièces, 33 bd V.-Hugo
𝒫 (1) 64 08 73 21

NANS-LES-PINS 83860 Var 🄱🄸 ⑭ 🄻🄻🄸 ㉛ – 2 485 h alt. 430.

Paris 800 – Aix-en-Provence 43 – Brignoles 25 – ♦Marseille 42 – Rians 35 – ♦Toulon 69.

🏡 **Domaine de Châteauneuf,** au Châteauneuf N : 3,5 km par D 80 et N 560 *𝒫* 94 78 90 06,
Télex 400747, Fax 94 78 63 30, 🍽, « 🌿 dans un parc, golf », 🏊, 🎾 – 📺 ☎ 🄿 – 🏌 30.
🆎 ⑩ ⊖⊟ 🄹🄲🄱
1ᵉʳ mars-30 nov. – **Repas** *(fermé lundi hors sais.)* 170 (déj.), 230/410 – 🖵 70 – **25 ch**
560/1160, 5 appart – ½ P 570/870.

RENAULT Gar. Cardillo, *𝒫* 94 78 92 53

NANS-SOUS-STE-ANNE 25330 Doubs 🄷🄾 ⑤ **G. Jura** – 142 h alt. 365.

Voir Source du Lison★★ 15 mn, Grotte Sarrazine★★ 30 mn, Creux Billard ★ 30 mn, SE : 3 km.

Paris 421 – ♦Besançon 44 – Pontarlier 36 – Salins-les-Bains 13.

🍴 **Poste** 🐌, *𝒫* 81 86 62 57, Fax 81 86 55 32, ≼ – ☎. ⊖⊟
fermé janv., mardi soir et merc. du 1ᵉʳ oct. au 1ᵉʳ avril – **Repas** 85/140, enf. 40 – 🖵 30 – **10 ch**
160/220 – ½ P 170/210.

NANT 12230 Aveyron 🄱🄾 ⑮ **G. Gorges du Tarn** – 773 h alt. 500.

Voir Chapiteaux★ de l'église abbatiale St-Pierre.

Paris 682 – ♦Montpellier 93 – Le Caylar 21 – Millau 34 – Saint-Affrique 41 – Le Vigan 42.

🏨 **Domaine du Roc Nantais** 🅼, *𝒫* 65 62 14 34, Fax 65 62 29 01, 🍽 – 📺 ☎ 🔥 🄿 – 🏌 30.
⊖⊟. 🍴 rest
15 mars-31 oct. – **Repas** *(fermé mardi sauf du 15 juin au 15 sept.)* 85/205 🍷 – 🖵 35 – **34 ch**
240/310 – ½ P 283.

RENAULT Gar. Saquet, rte de Mouline *𝒫* 65 62 25 13

NANTERRE 92 Hauts-de-Seine 🄵🄵 ⑳ 🄻🄾🄸 ⑭ – voir Paris, Environs.

Teilen Sie uns Ihre Meinung
über die von uns empfohlenen Restaurants,
ihre Spezialitäten und die angebotenen Landweine mit.

NANTES ℙ 44000 Loire-Atl. **67** ③ G. Bretagne – 244 995 h alt. 8.

Voir Château des ducs de Bretagne★★ : musée d'art populaire régional★, musée des Salorges ou de la Marine★ – Intérieur★★ de la cathédrale St-Pierre-et-St-Paul – Musée des Beaux-Arts★★ HY **M**¹ – La ville du 19ᵉ s. ★ : passage Pommeraye★ GZ **135**, cours Cambronne★ FZ – Jardin des Plantes★ HY – Autres curiosités du centre-ville : Muséum d'histoire naturelle★★ FZ **M**², palais Dobrée★ FZ, musée archéologique★ FZ **M**³, – ancienne île Feydeau★ GZ, musée Jules-Verne★ EZ **M**⁵, quai de la Fosse EFZ (escorteur d'escadre Maillé-Brézé★).

🏌 ℘ 40 63 25 82, D 81 : 16 km AV ; 🏌 de Nantes-Erdre ℘ 40 59 21 21, N : 6 km par D 69 BV.

✈ International Nantes-Atlantique : ℘ 40 84 80 00, par D 85 : 8,5 km BX.

🚗 ℘ 40 50 50 50.

🛈 Office de Tourisme, pl. du Commerce ℘ 40 47 04 51, Fax 40 89 11 99 et pl. Marc Elder (saison) A.C. 6 bld G.-Guist'au ℘ 40 48 56 19.

Paris 384 ① – Angers 89 ① – ◆Bordeaux 324 ③ – ◆Lyon 611 ① – Quimper 230 ⑤ – ◆Rennes 108 ⑥.

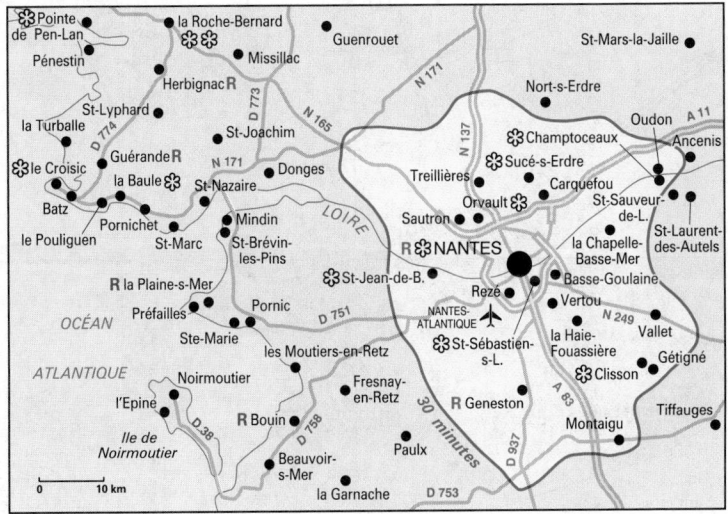

🏨 **Adagio Central H.** Ⓜ, 4 r. Couëdic ℘ 51 82 10 00, Télex 710673, Fax 51 82 10 10 – |🕭|
➝ cuisinette ⇆ ch 🖵 📺 ☎ 🕹 🚗 – 🔬 200. 🖭 ⑩ 🆎   GZ **m**
Repas 69/95 – � 55 – **134 ch** 550/610, 24 studios – ½ P 455.

🏨 **Mercure Beaulieu** Ⓜ 🌭, Ile Beaulieu ✉ 44200 ℘ 40 47 61 03, Télex 710990, Fax 40 48 23 83, ≤, 佘, ℥, 烉 – |🕭| ⇆ ch 🖵 📺 ☎ 🕹 ℗ – 🔬 80. 🖭 ⑩ 🆎   CX **a**
Repas 130 bc, enf. 39 – ⊏ 50 – **98 ch** 450/480.

🏨 **Holiday Inn Garden Court** Ⓜ, 1 bd Martyrs Nantais ℘ 40 47 77 77, Télex 710297, Fax 40 47 36 52, 佘, 𝄞 – |🕭| ⇆ ch 🖵 📺 ☎ 🕹 🚗 – 🔬 50. 🖭 ⑩ 🆎 🅶🅲🅱   HZ **v**
Repas (fermé sam. midi et dim. midi) 89/120 🍷, enf. 50 – ⊏ 55 – **104 ch** 420, 4 appart.

🏨 **Novotel Cité des Congrès** Ⓜ, 3 r. Valmy ℘ 51 82 00 00, Télex 710601, Fax 51 82 07 40, 佘 – |🕭| ch, 🖵 rest. 🖭 ⑩ 🆎   HZ **t**
Repas carte environ 180, enf. 50 – ⊏ 50 – **105 ch** 460/495.

🏨 **La Pérouse** Ⓜ sans rest, 3 allée Duquesne ℘ 40 89 75 00, Fax 40 89 76 00, « Décor contemporain » – |🕭| 🖵 📺 ☎ 🕹. 🖭 ⑩ 🆎   GY **k**
⊏ 41 – **47 ch** 389/489.

🏨 **Jules Verne** Ⓜ sans rest, 3 r. Couëdic ℘ 40 35 74 50, Fax 40 20 09 35 – |🕭| 🖵 📺 ☎ 🕹. 🖭 ⑩ 🆎   GZ **h**
⊏ 39 – **65 ch** 310/389.

🏨 **Amiral** Ⓜ sans rest, 26 bis r. Scribe ℘ 40 69 20 21, Fax 40 73 98 13 – |🕭| 📺 ☎ 🕹. 🖭 ⑩ 🆎   FZ **a**
⊏ 35 – **49 ch** 269/299.

🏨 **L'Hôtel** Ⓜ sans rest, 6 r. Henry IV ℘ 40 29 30 31, Fax 40 29 00 95 – |🕭| 📺 ☎ 🕹. 🖭 ⑩ 🆎   HY **e**
⊏ 37 – **31 ch** 360/390.

🏨 **Relais Bleus** Ⓜ, 50 quai Malakoff (gare sud) ℘ 40 35 30 30, Fax 40 89 35 43 – |🕭| 📺 🕹 🚗 – 🔬 100. 🖭 🆎   HY **m**
Repas 88 bc/140, enf. 45 – ⊏ 35 – **91 ch** 290 – ½ P 231.

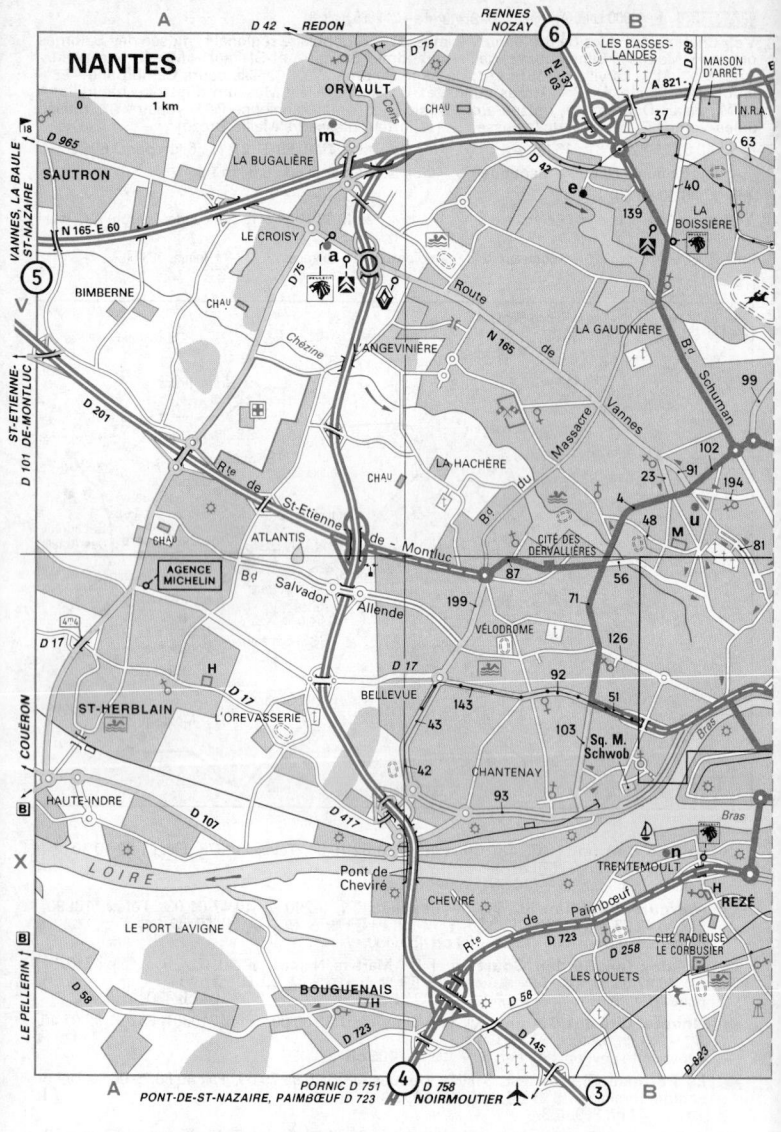

NANTES

0   1 km

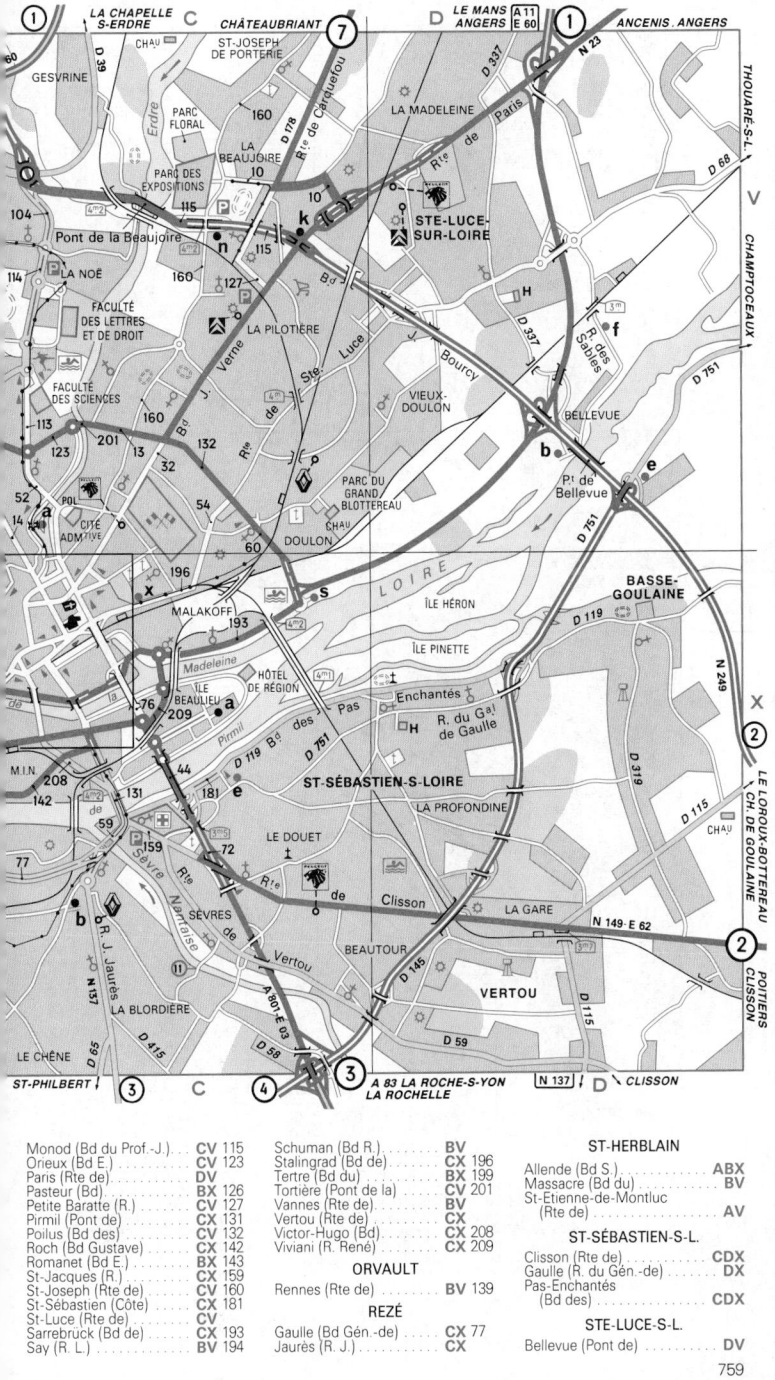

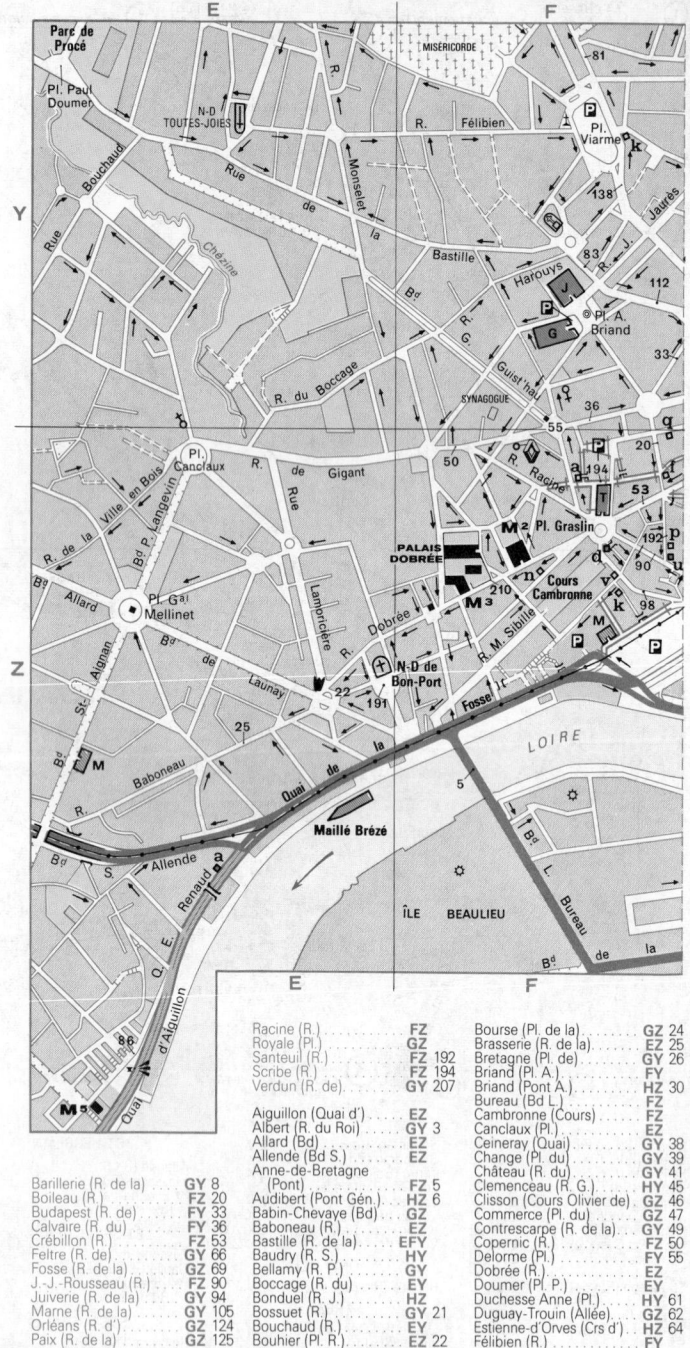

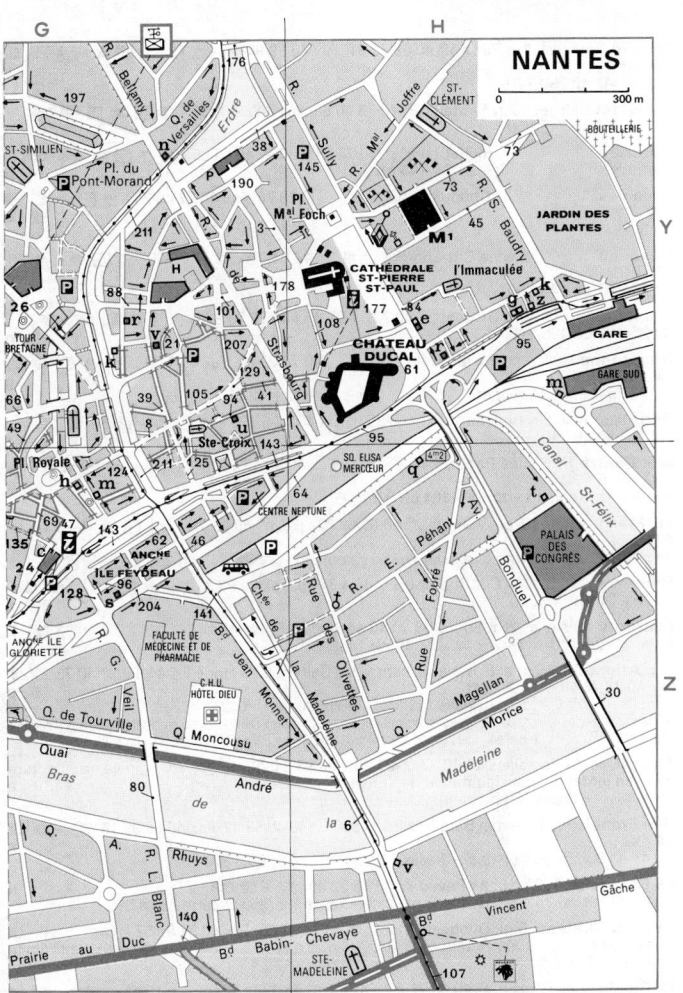

NANTES

0   300 m

ST-CLÉMENT

BOUTEILLERIE

ST-SIMILIEN

Pl. du Pont-Morand

JARDIN DES PLANTES

Pl. Mal Foch

CATHÉDRALE ST-PIERRE ST-PAUL

l'Immaculée

GARE

CHÂTEAU DUCAL

GARE SUD

TOUR BRETAGNE

Ste-Croix

SQ. ELISA MERCŒUR

Pl. Royale

CENTRE NEPTUNE

ANCE ÎLE FEYDEAU

PALAIS DES CONGRÈS

ANC° ÎLE GLORIETTE

FACULTÉ DE MÉDECINE ET DE PHARMACIE

C.H.U. HÔTEL DIEU

Q. de Tourville

Quai   Bras

Q. Moncousu

André   de   la

Madeleine

Morice

Prairie   au   Duc

Bd Babin-Chevaye

STE-MADELEINE

Vincent

Gâche

🏠 **Graslin** sans rest, 1 r. Piron *𝒫* 40 69 72 91, Fax 40 69 04 44 – |‡| ⇜ ch 📺 ☎ – 🏛 25. 🄰🄴
🄳 🄶🄱 FZ **v**
⌧ 38 – **47 ch** 290/360.

🏠 **Gd Hôtel** sans rest, 2 r. Santeuil *𝒫* 40 73 46 68, Fax 40 69 65 98 – |‡| 📺 ☎. 🄰🄴 🄳 🄶🄱
⌧ 28 – **41 ch** 245/259. FZ **p**

🏠 **Astoria** sans rest, 11 r. Richebourg *𝒫* 40 74 39 90, Fax 40 14 05 49 – |‡| 📺 ☎ 🚗. 🄶🄱
fermé 30 juil. au 28 août – ⌧ 38 – **45 ch** 290/350. HY **k**

🏠 **Colonies** sans rest, 5 r. Chapeau Rouge *𝒫* 40 48 79 76, Fax 40 12 49 25 – |‡| 📺 ☎. 🄰🄴 🄳
🄶🄱 FZ **q**
⌧ 30 – **39 ch** 259.

🏠 **Vendée** sans rest, 8 allée Cdt Charcot *𝒫* 40 74 14 54, Fax 40 74 77 68 – |‡| 📺 ☎ – 🏛 30.
🄰🄴 🄳 🄶🄱 🄹🄲🄱 HY **g**
⌧ 30 – **93 ch** 240/380.

🏠 **Cholet** sans rest, 10 r. Gresset *𝒫* 40 73 31 04, Fax 40 73 78 82 – |‡| 📺 ☎. 🄰🄴 🄶🄱 ⌧
⌧ 25 – **38 ch** 195/245. FZ **n**

🏠 **Bourgogne** sans rest, 9 allée Cdt Charcot *𝒫* 40 74 03 34, Fax 40 14 03 86 – |‡| 📺 ☎. 🄰🄴
🄳 🄶🄱 🄹🄲🄱 HY **g**
fermé 29 juil. au 27 août et 23 déc. au 8 janv. – ⌧ 40 – **42 ch** 170/330.

🏠 **Paris** sans rest, 2 r. Boileau *𝒫* 40 48 78 79, Fax 40 47 63 75 – |‡| 📺 ☎ – 🏛 50. 🄰🄴 🄶🄱
⌧ 30 – **50 ch** 240/270. FZ **f**

🏠 **Ibis Centre** Ⓜ, 3 allée Baco *𝒫* 40 20 21 20, Fax 40 89 45 08, 🏡 – |‡| ⇜ ch 📺 ☎ 🔇 🚗
– 🏛 60. 🄰🄴 🄶🄱 HZ **q**
Repas 97 bc, enf. 40 – ⌧ 35 – **104 ch** 295/305.

🏠 **Le Martray** Ⓜ, 10 pl. Viarme *𝒫* 40 89 62 62, Fax 40 89 43 78 – |‡| 📺 ☎ 🔇 🚗. 🄰🄴
➼ 🄶🄱 FY **k**
Repas (brasserie) *(fermé dim. soir)* 72/100 ♨, enf. 35 – ⌧ 35 – **62 ch** 220/240 – ½ P 217.

🏠 **Gare** sans rest, 5 allée Cdt Charcot *𝒫* 40 74 37 25, Fax 40 93 33 71 – |‡| 📺 ☎. 🄰🄴 🄳 🄶🄱
⌧ 25 – **31 ch** 190/260. HY **z**

🏠 **Fourcroy** sans rest, 11 r. Fourcroy *𝒫* 40 44 68 00 – 📺 ☎. ⌧
fermé 23 déc. au 1ᵉʳ janv. – ⌧ 23 – **19 ch** 148/170. FZ **k**

🏵 ❀ **L'Atlantide**, 15 quai E. Renaud, centre les Salorges, 4ᵉ étage ✉ 44100 *𝒫* 40 73 23 23,
Fax 40 73 76 46, ≼ – ▤. 🄶🄱 EZ **a**
fermé sam. midi et dim. – **Repas** 130 (déj.), 180/280, enf. 70
Spéc. Coquilles Saint-Jacques dorées au muscadet (mi-sept. à fin mars). Dorade royale en croûte de sel aux palourdes
(mai à sept.). Pommes de Bailleul rôties, glace au caramel (sept. à janv.). **Vins** Muscadet, Savennières.

🏵 **Torigaï**, île de Versailles *𝒫* 40 37 06 37, Fax 40 93 34 29, ≼, 🏡, « Originale architecture
dans un jardin japonais au milieu de l'Erdre » – 🄰🄴 🄶🄱 CV **a**
fermé dim. – **Repas** 180 bc (déj.), 200/460.

🏵 **San Francisco**, 3 chemin Bateliers ✉ 44300 *𝒫* 40 49 59 42, Fax 40 68 99 16, 🏡 – ⓟ. 🄰🄴
🄳 🄶🄱 CX **s**
fermé août, dim. soir et lundi – **Repas** 140/320 et carte 260 à 320.

🏵 **Le Gavroche**, 139 r. Hauts Pavés *𝒫* 40 76 22 49, 🏡 – 🄰🄴 🄶🄱 BV **u**
fermé 14 juil. au 15 août, dim. soir et lundi – **Repas** 135/260 et carte 230 à 310.

🏵 **Aub. du Château**, 5 pl. Duchesse Anne *𝒫* 40 74 31 85, Fax 40 37 97 57 – 🄶🄱 HY **e**
fermé 30 juil. au 21 août, 24 déc. au 3 janv., dim. et lundi – Repas (nombre de couverts limité
- prévenir) 128/225.

🏵 **La Cigale**, 4 pl. Graslin *𝒫* 40 69 76 41, Fax 40 73 75 37, « Brasserie 1900 » – 🄶🄱 FZ **d**
Repas 89/130.

🏵 **L'Océanide**, 2 r. P. Bellamy *𝒫* 40 20 32 28, Fax 40 48 08 55 – 🄰🄴 🄳 🄶🄱 GY **n**
fermé 15 au 31 août et dim. – **Repas** 94/250.

🏵 **La Palombière**, 13 bd Stalingrad *𝒫* 40 74 05 15 – 🄰🄴 🄶🄱 CX **x**
fermé 1ᵉʳ au 23 août, dim. sauf le midi d'oct. à mai et sam. midi – **Repas** 90/228.

🏵 **L'Embellie**, 14 r. A. Brossard *𝒫* 40 48 20 02 – 🄰🄴 🄶🄱 GY **r**
fermé 13 au 17 juil., 12 au 16 août et dim. – **Repas** 90/310 bc.

🏵 **Coq Hardi**, 22 allée Cdt Charcot *𝒫* 40 74 14 25 – 🄰🄴 🄶🄱 HY **r**
fermé sam. – **Repas** 96/145 ♨, enf. 46.

🏵 **Le Bouchon**, 7 r. Bossuet *𝒫* 40 20 08 44, Fax 40 35 41 21, 🏡 – 🄰🄴 🄳 🄶🄱 GY **v**
fermé sam. midi et dim. – **Repas** 95 (déj.)/145.

🏵 **Le Change**, 11 r. Juiverie *𝒫* 40 48 02 28, Fax 40 35 21 98, 🏡 – 🄰🄴 🄶🄱. ⌧ GY **u**
fermé 25 au 30 sept., fév., dim. soir et lundi – **Repas** 100/200.

🏵 **Le Pressoir**, 11 allée Turenne *𝒫* 40 35 31 10 – 🄶🄱 GZ **s**
fermé août, sam. soir, lundi soir et dim. – **Repas** carte 130 à 200.

🏵 **La Découverte**, 2 r. Santeuil *𝒫* 40 73 27 40 – 🄰🄴 🄶🄱 FZ **u**
fermé 15 au 31 août et dim. – **Repas** 85/119.

Environs

à la Beaujoire NE : 5 km – ⬜ **44300** Nantes :

🏨 **Otelinn** Ⓜ, 45 bd Batignolles, ℰ 40 50 07 07, Fax 40 49 41 40 – 🛗 📺 ☎ ⚹ 🅿 – ⬧ 🕭 30 à 100. 🝯 ⓞ ☒ CV **n**
Repas 72/300 – ⭤ 42 – **60 ch** 290/325 – ½ P 265/285.

rte de Paris vers ① : 5 km – ⬜ **44300** Nantes :

🏨 **Ibis** Ⓜ, r. Champ de Tir ℰ 40 93 22 22, Fax 40 52 17 73 – 🛗 ⇔ ch 📺 ☎ ⚹ 🅿 – 🕭 40. 🝯 ☒ CV **k**
Repas 97 bc, enf. 40 – ⭤ 35 – **64 ch** 280.

rte d'Angers par ① – ⬜ **44470** Carquefou :

🏨🏨 **Novotel** Ⓜ 🌿, à la Belle Étoile : 12 km ℰ 40 52 64 64, Fax 40 93 70 78, 🌳, 🏊, 🎾, ⇔ ch, ▤ rest 📺 ☎ ⚹ 🅿 – 🕭 100. 🝯 ⓞ ☒
Repas carte environ 180, enf. 50 – ⭤ 48 – **96 ch** 399/435.

🏨🏨 **Belle Étoile** Ⓜ, à la Belle Étoile : 11,5 km ℰ 40 68 01 69, Fax 40 68 07 27, 🎾 – 📺 ☎ ⚹ 🅿 – 🕭 25. ☒
Repas *(fermé 1ᵉʳ au 21 août, 24 déc. au 2 janv., sam. et dim.)* 70/160 ⚶ – ⭤ 30 – **37 ch** 250/270 – ½ P 235/310.

au NE : 11 km par A 11, sortie Bellevue, puis r. des Sables – ⬜ **44980** Ste-Luce-sur-Loire :

XXX **Bénureau,** Le Grand Plessis ℰ 40 25 95 25, Fax 40 25 84 17, « Belle demeure du 19ᵉ siècle dans un parc » – 🅿 ☒ DV **f**
fermé 31 juil. au 24 août, vacances de fév., dim. soir et lundi – **Repas** 145/245 et carte 190 à 270.

au pont de Bellevue E : 9 km par A 11 – ⬜ **44980** Ste-Luce-sur-Loire :

XXX **Beauséjour,** ℰ 40 25 60 39, Fax 40 25 60 30, ≼ – 🝯 ⓞ ☒ DV **b**
fermé 1ᵉʳ au 21 août, vacances de fév., dim. soir et lundi – **Repas** 100 (déj.), 130/280 et carte 190 à 270, enf. 85.

à Basse-Goulaine vers ② sur D 751 : 8 km – ⬜ **44115** :

XXX **Villa Mon Rêve,** ℰ 40 03 55 50, Fax 40 06 05 41, 🌳, « Jardin et roseraie » – 🅿 🝯 ⓞ ☒ DV **e**
fermé vacances de Toussaint – **Repas** 96/289, enf. 68.

par ② : 15 km sur D 751 – ⬜ **44450** St-Julien-de-Concelles :

XX **Aub. Nantaise,** Le Bout des Ponts ℰ 40 54 10 73, ≼ – 🝯 ☒
fermé 10 au 25 juil., sam. midi, dim. soir et lundi soir – **Repas** 105/250.

à St-Sébastien-sur-Loire par D 119 : 4 km – 22 202 h. – ⬜ **44230** :

XXX ❀ **Manoir de la Comète** (Thomas-Trophime), 21 av. Libération ℰ 40 34 15 93, Fax 40 34 46 23, « Élégant cadre contemporain » – ▤ 🅿 🝯 ☒ CX **e**
fermé 29 juil. au 21 août et dim. sauf fériés – **Repas** 160/295 et carte 250 à 380
Spéc. Civet de lamproie à la lie de vin et lard fumé (janv. à mars). Aumônière de homard breton et girolles, beurre rouge (mai à sept.). Canard sauvage aux épices douces (sept. à déc.). Vins Muscadet-sur-lie, Anjou.

à La Haie Fouassière par ③, N 149 et D 74 : 15 km – ⬜ **44690** :

XX **Cep de Vigne,** à la Gare N : 1 km par D 74 ℰ 40 36 93 90, 🌳 – ☒
fermé 17 juil. au 4 août, fév., dim. soir, mardi soir et merc. – **Repas** 87 bc/300, enf. 65.

à Vertou SE : 10 km par D 59 DX – 18 235 h. – ⬜ **44120** :

🏨 **Haute-Forêt,** bd Europe ℰ 40 34 01 74, Fax 51 71 24 23, 🎾 – 📺 ☎ 🅿 ☒
Repas *(fermé 25 déc. au 1ᵉʳ janv.)* 50/150 ⚶ – ⭤ 25 – **35 ch** 190/240 – ½ P 180/220.

rte de La Roche-sur-Yon par ④ et D 178 : 12 km – ⬜ **44840** Les Sorinières :

🏨🏨 **Abbaye de Villeneuve** 🌿, ℰ 40 04 40 25, Fax 40 31 28 45, ≼, « Demeure du 18ᵉ siècle dans un parc », 🏊, ⇔ ch 📺 ☎ 🅿 – 🕭 50. 🝯 ⓞ ☒
Repas 160/340 – ⭤ 70 – **21 ch** 390/940, 3 appart – ½ P 460/730.

à Rezé SO : 6 km par D 723 – 33 262 h. – ⬜ **44400** :

🏨 **Cheval Blanc** sans rest, 50 r. Commune de 1871 ℰ 40 75 65 07, Fax 40 75 92 48 – 📺 ☎ 🅿 ☒ CX **b**
fermé 29 juil. au 20 août – ⭤ 30 – **20 ch** 235/300.

XX **L'Aquarelle,** 33 rue Gén.-Leclerc ℰ 40 75 18 33, 🎾 – ⓞ ☒ BX **n**
fermé 1ᵉʳ au 21 août, dim. et lundi – **Repas** 95/225.

à l'Aéroport SO : 10 km par rte de Pornic – ⬜ **44340** Bouguenais :

🏨🏨 **Océania** Ⓜ, ℰ 40 05 05 66, Télex 700091, Fax 40 05 12 03, 🌳, ℐ₅, 🏊, ✗ – 🛗 ⇔ ch ▤ 📺 ☎ ⚹ 🅿 – 🕭 80. 🝯 ⓞ ☒
Repas *(fermé dim. midi)* 100/170 – ⭤ 50 – **87 ch** 450/570.

🏨 **Mascotte** Ⓜ sans rest, ℰ 40 32 14 14, Télex 710312, Fax 40 32 14 13, ✗ – 🛗 ⇔ ch 📺 ☎ ⚹ 🅿 🝯 ⓞ ☒
⭤ 40 – **73 ch** 300/390.

rte de Pornic par ⑤ : 15 km sur D 751 – ✉ **44830** Bouaye :

🏨 **Les Champs d'Avaux** Ⓜ, ℘ 40 65 43 50, Fax 40 32 64 83, 🏡, 🐎, ✕ – 📺 ☎ 🕭 🅿 –
🔬 80. 🝙 ⬛
fermé 15 au 31 déc. – **Repas** *(fermé vend. soir et sam. midi de sept. à juin et dim. soir)*
85/240 – ⊒ 40 – **42 ch** 255/290 – ½ P 250.

à St-Jean-de-Boiseau O : 18 km par D 723 et D 58 - AX – ✉ **44640** :

✕✕ ❀ **L'Enclos de la Cruaudière** (Durand), ℘ 40 65 66 10, Fax 40 65 63 98, 🏡, « Jardin » –
🅿. ⬛
fermé 1er au 22 août, 21 déc. au 4 janv., dim. et lundi – **Repas** (nombre de couverts limité -
prévenir) 180/290 et carte 270 à 380
Spéc. Sandre au beurre blanc. Lamproie en civet. Saint-Pierre à la vapeur d'algues et crème de corail d'oursin. **Vins**
Muscadet. Savennières.

rte de Vannes vers ⑥ : 7 km – ✉ **44800** St-Herblain :

✕✕✕ **Le Pavillon,** ℘ 40 94 99 99, Fax 40 94 96 07, 🐎 – 🅿. 🝙 ⬛   AV **a**
fermé 1er au 21 août, sam. midi et dim. – **Repas** 130/280 et carte 240 à 330, enf. 80.

rte de Vannes par ⑥ : 17 km – ✉ **44360** Vigneux-de-Bretagne :

🏨 **Mercure** Ⓜ, ℘ 40 57 10 80, Fax 40 57 13 30, 🏡, 𝕝𝕤, ⤳, 🐎, ✕ – ▤ rest 📺 ☎ 🕭 🅿 –
🔬 25. 🝙 ⓞ ⬛
Repas 110/140 🍷, enf. 35 – ⊒ 50 – **88 ch** 345/365.

à Sautron NO : 11 km - AV – 6 026 h. – ✉ **44880** :

✕✕ **Le Romarin,** 79 r. Bretagne (D 965) ℘ 40 63 15 87, Fax 40 63 39 24 – ⬛
fermé dim. soir et lundi – **Repas** 95/240.

à Orvault NO : 8 km - ABV – 23 115 h. – ✉ **44700** :

🏨🏨 ❀ **Domaine d'Orvault** (Bernard) ⥮, par N 137 et voie pavillonnaire ℘ 40 76 84 02,
Télex 700454, Fax 40 76 04 21, « Hostellerie dans un parc », 𝕝𝕤, ✕ – 🕭 ▤ rest 📺 ⓞ 🅿 –
🔬 25. 🝙 ⬛   BV **e**
hôtel : fermé week-ends des vacances de fév. ; rest. : fermé vacances de fév. et lundi midi –
Repas 170/440 et carte 290 à 460 – ⊒ 70 – **25 ch** 430/850 – ½ P 625/820
Spéc. Langoustines royales sautées au chutney. Fantaisie de bar aux langoustines. Escalopes de foie gras de canard.
Vins Muscadet de Sèvre et Maine, Anjou rouge.

✕✕✕ **Orée du Bois,** rte Garenne ℘ 40 63 63 54, Fax 40 63 91 79, 🏡, « Terrasse avec pièce
d'eau », 🐎 – 🅿. ⬛   AV **m**
fermé vacances de fév., dim. soir et lundi – **Repas** 100/375 et carte 210 à 280.

à Treillières par ⑨ : 9 km – 4 511 h. – ✉ **44119** :

🏨 **Mint H.** Ⓜ, Z. I. Ragon - 1 r. Lavoisier ℘ 40 72 87 88, Fax 40 72 85 07, 🏡, ⤳ – 📺 ☎ 🕭
◆ 🅿 – 🔬 30. 🝙 ⓞ ⬛
Repas *(fermé vend. soir, sam. et dim.)* 75/98 bc – ⊒ 30 – **48 ch** 270/290.

à Sucé-sur-Erdre : 16 km par D 69 – BV – 4 806 h. – ✉ **44240** :

✕✕✕ ❀ **La Chataigneraie** (Delphin), 156 rte Carquefou ℘ 40 77 90 95, Fax 40 77 90 08, ≤,
🏡, « Manoir du 19e siècle dans un parc au bord de l'Erdre » – 🅿. 🝙 ⓞ ⬛
fermé 2 au 22 janv., lundi sauf fériés le midi et dim. soir – **Repas** 170 (déj.), 245/420 et carte
270 à 450, enf. 100
Spéc. Nage de cuisses de grenouilles. Estouffade de turbot au muscadet. Filet de pigeon en croûte. **Vins** Gros-Plant,
Muscadet.

✕ **Au Cordon Bleu** avec ch, ℘ 40 77 71 34, Fax 40 77 73 44 – ☎. 🝙 ⬛
◆ *fermé 23 au 30 oct., 1er au 8 fév.* – **Repas** *(fermé dim. soir et lundi midi)* 80/185, enf. 50 –
⊒ 35 – **8 ch** 190/260 – ½ P 200/250.

par ⑨ *et rte de la Chantrerie* : 9 km – ✉ **44300** Nantes :

✕✕✕ **Manoir de la Régate,** 155 rte Gachet ℘ 40 18 02 97, Fax 40 25 23 36, 🏡, parc – 🅿. ⓞ
⬛
fermé 15 août au 6 sept., vacances de fév., dim. soir et lundi – **Repas** 105 (déj.), 160/310 et
carte 250 à 330.

✕✕ **Aub. du Vieux Gachet,** rte Gachet ℘ 40 25 10 92, ≤, 🏡, « Terrasse en bordure de
l'Erdre » – 🅿. ⬛
fermé dim. soir et lundi – **Repas** 90 (déj.), 140/220.

à Carquefou par ⑨ : 11 km – 12 877 h. – ✉ **44470** :

✕✕✕ **Aub. du Cheval Blanc,** r. 9 août-1944 ℘ 40 50 88 05 – ⬛
fermé 24 juil. au 9 août, dim. soir et lundi soir sauf fériés – **Repas** 105/235 et carte 240 à 350.

MICHELIN, Agence régionale, 13 r. du Rémouleur ZI à St-Herblain AX ℘ 40 92 15 44

CITROEN Centre de gros automobiles, 14 r. Marché
Commun ℰ 40 49 65 97
CITROEN Citroën Nantes Capal, 215 bd J.-Verne
CV ℰ 40 50 71 72 **N** ℰ 40 74 66 66
FORD San Automobiles, 16 bd Stalingrad
ℰ 40 74 30 11 **N** ℰ 40 40 22 40
OPEL Longchamp Autom., 37 rte de Vannes
ℰ 40 67 68 00
PEUGEOT Gar. Raguideau, 170 rte de Clisson CX
ℰ 40 34 27 43 **N** ℰ 40 40 22 22
PEUGEOT Gar. Dugast, 105 r. Gén.-Buat CV
ℰ 40 74 18 04
PEUGEOT S.I.A.O., 7 bd Martyrs-Nantais HZ
ℰ 40 35 16 16
PEUGEOT Gar. Charpentier, 78 r. de Rennes BV
ℰ 40 76 69 66
PEUGEOT S.I.A.O., 40 r. de Monaco, centre de
gros, rte de Paris DV ℰ 40 93 96 96 **N** ℰ 05 44 24
24

RENAULT Gar. Louis XVI, 41 r. Gambetta HY
ℰ 40 29 15 15 **N** ℰ 40 29 15 15
RENAULT Gar. Lizé, 82 r. du Landreau CV
ℰ 40 49 49 17
RENAULT Gar. Copernic, 5 r. Copernic FZ
ℰ 40 73 34 04
ROVER Gar. Le Moigne, 18 allée Baco
ℰ 40 47 77 16
V.A.G Auto-Gar. de l'Ouest, 8 r. Sully
ℰ 40 29 40 00

⚙ Euromaster, 13 bd Martyrs-Nantais-de-la-
Résistance ℰ 40 47 87 14
Euromaster, 104 rte de Vannes ℰ 40 76 11 98
Interpneus Vulcopneu, 58 r. Fouré ℰ 40 89 52 00
Nantes-Pneumatiques, 83 rte de Paris
ℰ 40 52 57 57
SOFRAP-Point S, 10 quai H.-Barbusse
ℰ 40 74 05 69

Périphérie et environs

ALFA-ROMEO-FERRARI Gar. Barteau, r. Ordron-
neau, ZI à Rezé ℰ 40 04 11 00
CITROEN Gar. Robin, 133 rte de Rennes à Orvault
BV ℰ 40 76 81 50
CITROEN Citroën Capal, 9 r. Ch.-Rivière à Rezé par
③ ℰ 40 84 70 00 **N** ℰ 40 74 66 66
CITROEN Citroën Capal, 351 rte de Vannes à
St-Herblain AV ℰ 40 16 74 00 **N** ℰ 40 74 66 66
FIAT, LANCIA Loire-Océans-Autos, 272 bd M.-Paul
à St-Herblain ℰ 40 94 84 14
FORD Mustière Automobiles, 365 rte de Vannes à
St-Herblain ℰ 40 16 11 12 **N** ℰ 40 40 22 40
FORD Sud Loire Autom., rte des Sorinières à Rezé
ℰ 40 32 10 00
HONDA Gar. Victor Hugo, 223 et 225 rte de Vannes
à St-Herblain ℰ 40 76 20 21
MERCEDES Gar. Paris-Maine, Le Croisy à Orvault
ℰ 40 16 81 81
PEUGEOT S.I.A.O., rte de Vannes le Croisy à
Orvault AV ℰ 40 67 76 76
PEUGEOT Rez'Auto, rte de Pornic à Rezé BX
ℰ 40 32 21 21 **N** ℰ 05 44 24 24

RENAULT Gar. Cora, 100 rte Sorinières à Rezé par
r. J.-Jaurès CX ℰ 40 84 49 49 **N** ℰ 51 70 21 21
RENAULT Gar. Moinet, 25 r. J.-Jaurès à Rezé CX
ℰ 40 04 04 00
RENAULT Gar. Dabireau, 25 r. A.-Arnaud à Vertou
par D 59 ℰ 40 34 21 04 **N** ℰ 40 33 16 26
RENAULT Plaisance Auto, rte de Machecoul à
St-Philbert-de-Grand-Lieu par D 65 ℰ 40 78 77 71
N ℰ 40 78 77 71
RENAULT Succursale, rte de Vannes les Lions à
St-herblain AV ℰ 40 67 27 27 **N** ℰ 05 05 15 15
ROVER Auto Paris Ste-Luce, r. de la Jalousie à
Ste-Luce-sur-Loire ℰ 40 25 74 42
TOYOTA Gar. Grimaud, à Treillières ℰ 40 72 87 87

⚙ Euromaster, 36 r. Grande-Bretagne à Carquefou
ℰ 40 25 25 05
Euromaster, zone Atlantis, 155 bd S.-Allendé à
St-Herblain ℰ 40 92 00 05
Lemaux-Pneu, 67 r. A.-Briand à Rezé ℰ 40 75 84 16
Nantex Atlantique, ZI 7 r. Johardière à St-Herblain
ℰ 40 92 10 11

NANTEUIL-LÈS-MEAUX 77 S.-et-M. 🗒🗒 ⑬ – rattaché à Meaux.

NANTILLY 70 H.-Saône 🗒🗒 ⑬ – rattaché à Gray.

NANTUA ◁SP▷ **01130** Ain 🗒🗒 ④ G. Jura (plan) – 3 602 h alt. 479.

Voir Cluse★★ – Lac★ – Bords du lac ≼★.

🛈 Office de Tourisme, av. de la Gare ℰ 74 75 00 05, Fax 74 75 06 83.

Paris 477 – Aix-les-Bains 77 – Annecy 64 – Bourg-en-Bresse 48 – ◆Genève 64 – ◆Lyon 90.

🏨 **France,** 44 r. Dr Mercier ℰ 74 75 00 55, Fax 74 75 26 22 – 📺 ☎ 🚗 🅿. 🖭 🆎
fermé 1ᵉʳ nov. au 20 déc. et mardi sauf le soir en juil.-août – **Repas** 125/195 – ☲ 33 – **17 ch**
235/405.

🏨 **L'Embarcadère,** av. Lac ℰ 74 75 22 88, Fax 74 75 22 25, ≼ – 📺 ☎ 🅿 – 🔏 30. 🆎.
📯 rest
fermé 1ᵉʳ au 7 mai et 20 déc. au 20 janv. – **Repas** *(fermé lundi)* 105/300, enf. 50 – ☲ 33 –
50 ch 250/330 – ½ P 280/320.

PEUGEOT Gar. Tarrare, la Cluse ℰ 74 76 01 61

RENAULT Gar. du Lac, 16 rte de Lyon à Port N 84
ℰ 74 76 07 33 **N** ℰ 74 76 07 33

La NAPOULE 06 Alpes-Mar. 🗒🗒 ⑧, 🗒🗒🗒 ㉖ – voir à Mandelieu-La-Napoule.

NARBONNE ◁SP▷ **11100** Aude 🗒🗒 ⑭ G. Pyrénées Roussillon – 45 849 h alt. 11.

Voir Cathédrale St-Just★★ (Trésor : tapisserie représentant la Création★★) BY B – Donjon
Gilles Aycelin★ (※★) BY M – Choeur★ de la basilique St-Paul-Serge AZ E – Palais des
Archevêques★ BY M : musée d'Art★ et musée archéologique★ – Musée lapidaire★ BZ M¹.

Env. Abbaye de Fontfroide★★ 14 km par ④.

🏌 ℰ 67 62 50 50.

🛈 Office de Tourisme pl. R.-Salengro ℰ 68 65 15 60, fax 68 65 59 12.

Paris 803 ② – ◆Perpignan 64 ③ – Béziers 27 ① – Carcassonne 60 ③ – ◆Montpellier 94 ②.

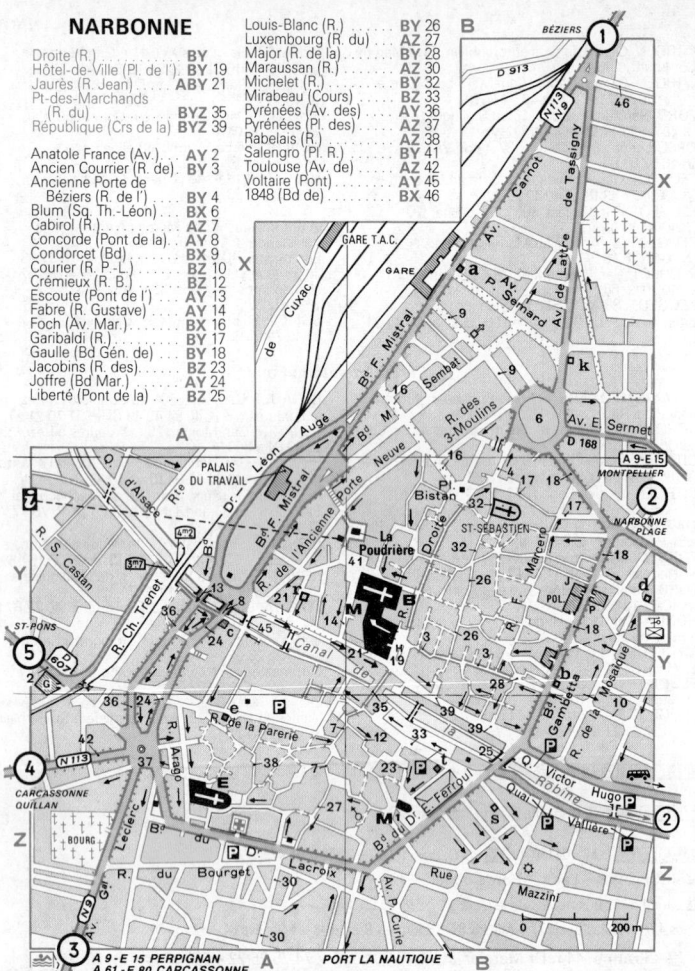

NARBONNE

🏨 **Novotel** M, par ③ : 3 km ℰ 68 42 72 00, Télex 500480, Fax 68 42 72 10, 🍽, 🏊, 🎾 – 🛗
🔄 ch ▦ 📺 🕿 ⅋ 🅿 – 🔼 25 à 150. 🖭 ① 🆖
Repas carte environ 180, enf. 50 – ☲ 50 – **96 ch** 400/450.

🏨 **Motel d'Occitanie** M, av. Mer par ② : 2 km ℰ 68 65 23 71, Télex 505562,
Fax 68 65 09 17, 🍽, 🏊, 🎾, ⅋ – 🍳 cuisinette ▦ 📺 🕿 ⅋ 🅿 – 🔼 100. 🖭 ① 🆖
Le Silène (fermé dim. soir et lundi) **Repas** 90/195, enf. 45 – ☲ 38 – **55 ch** 200/380 – ½ P 320.

🏨 **La Résidence** ৯ sans rest, 6 r. 1ᵉʳ-Mai ℰ 68 32 19 41, Fax 68 65 51 82, « Bel aménagement intérieur » – 🛗 📺 🕿 ⟺. 🖭 🆖 – ☲ 45 – **26 ch** 318/440.   AY **r**

🏨 **Languedoc,** 22 bd Gambetta ℰ 68 65 14 74, Fax 68 65 81 48 – 🛗 ▦ rest 📺 🕿 ⟸ –
🔼 40. 🖭 ① 🆖 🅹🅲🅱   BY **b**
La Coupole ℰ 68 65 81 70 *(fermé 24 au 30 déc., dim. soir et lundi)* **Repas** 90/200 👶 – ☲ 38 –
39 ch 200/450 – ½ P 230/330.

🏨 **Lion d'Or,** 39 av. P. Sémard ℰ 68 32 06 92, Fax 68 65 51 13 – 🕿. 🖭 ① 🆖   BX **k**
Pâques-30 sept. et fermé dim. hors sais. – **Repas** 85/160, enf. 45 – ☲ 30 – **27 ch** 170/220 –
½ P 230.

🏨 **France** sans rest, 6 r. Rossini ℰ 68 32 09 75 – 📺 ☏ ⟸. 🖭 🆖   BZ **s**
☲ 25 – **17 ch** 110/230.

🏨 **Regent** ৯ sans rest, 15 r. Suffren ℰ 68 32 02 41, Fax 68 65 50 43 – 📺 🕿. 🖭 🆖 BY **d**
☲ 27 – **15 ch** 140/250.

XXX **Rest. Alsace,** 2 av. P. Sémard ✆ 68 65 10 24, Fax 68 90 79 45 – ▤. AE ⓓ GB
fermé lundi soir et mardi – **Repas** 98/250 et carte 240 à 380, enf. 70. BX **a**

XX **Le Saint-Loup,** par ② rte Gruissan ✆ 68 32 40 62, Fax 68 65 56 55 – ▤. AE GB
fermé mi-juil. à mi-août, dim. soir et lundi – **Repas** 98 (déj.), 168/232.

XX **L'Olibo,** 53 r. Parerie ✆ 68 41 74 47, Fax 68 42 84 90 – AE GB AZ **e**
Repas 110/250.

X **L'Estagnol,** 5 bis cours Mirabeau ✆ 68 65 09 27, Fax 68 32 23 38, 🌂, brasserie – ▤. GB BZ **t**
fermé dim. – **Repas** 58 (déj.), 85/200 🍷, enf. 38.

à Coursan par ① : 9 km – 5 137 h. – ✉ **11110** :.

🅘 Office de Tourisme, Hôtel de Ville, ✆ 68 33 51 59, en saison : av.de Toulouse ✆ 68 33 77 16.

XX **Os à Moelle,** rte Salles d'Aude ✆ 68 33 55 72, 🌂, 🌳 – Ⓟ. GB
fermé vacances de fév., dim. soir sauf juil.-août et lundi – **Repas** 78 bc (déj.), 98/178 🍷.

sur aire A 9 de Narbonne-Vinassan Nord E : 6 km par D 68 :

🏨 **Aude H.** Ⓜ, ✉ 11110 Vinassan ✆ 68 45 25 00, Fax 68 45 25 20 – |♦| ▤ ch 📺 ☎ ♿ Ⓟ – 🏛 25. AE GB
Repas (dîner seul.) 70/120 🍷, enf. 42 – ☕ 35 – **59 ch** 290/350 – ½ P 265/280.

à Ornaisons par ④ et D 24 : 14 km – ✉ **11200** :

🏨 **Relais Val d'Orbieu** 🐌, ✆ 68 27 10 27, Fax 68 27 52 44, ≤, 🌂, 🏊, 🌳, 🎾 – 📺 ☎ Ⓟ. AE ⓓ GB JCB
fermé 13 au 19 nov. et 5 au 18 fév. – **Repas** 165/275, enf. 95 – ☕ 65 – **13 ch** 420/690, 7 appart – ½ P 670/800.

ALFA-ROMEO Gar. Occitan, 38 av. de Bordeaux ✆ 68 42 11 44
BMW Passion Auto, ZI Croix Sud rte de Perpignan ✆ 68 41 11 77
CITROEN Gar. Tressol, N 9 rte de Perpignan ✆ 68 42 84 00 🅽 ✆ 05 05 24 24
FORD Gar. Villefranque, 20 bd M.-Sembat ✆ 68 32 30 11 🅽 ✆ 68 65 53 38
LADA Croix Sud Autom., ZI Croix Sud ✆ 68 41 43 87
NISSAN Modern Autom., av. Bordeaux ✆ 68 41 21 05
OPEL Narbonauto, av. Champ-de-Mars, ZI Plaisance ✆ 68 41 14 81

PEUGEOT Audoise Autom., rte de Perpignan le Peyrou par③ ✆ 68 42 54 25
RENAULT Languedoc Auto, Croix Sud rte de Perpignan ✆ 68 42 50 00 🅽 ✆ 05 05 15 15
TOYOTA, MERCEDES Cathare Autom., ZI Plaisance ✆ 68 41 22 38
Brunel, 31-33 bd Mar.-Joffre ✆ 68 42 27 53

Ⓟ Distri-Pneu, ZI Croix Sud ✆ 68 41 36 14
Escande, 1 av. de Toulouse ✆ 68 41 01 03
Euromaster, ZI rte de Perpignan ✆ 68 41 23 24
Gastou-Pneus, ZI Croix Sud ✆ 68 41 69 03

La NARTELLE 83 Var 84 ⑰, 114 ㊲ – rattaché à Ste-Maxime.

NASBINALS 48260 Lozère 76 ⑭ G. Gorges du Tarn – 503 h alt. 1 180 – Sports d'hiver : 1 240/1 320 m ⛷1 ⛷.

Paris 573 – Aurillac 107 – Mende 59 – Rodez 66 – Aumont-Aubrac 23 – Chaudes-Aigues 27 – Espalion 34 – St-Flour 67.

au Nord par D 12 : 4 km – alt. 1 080 – ✉ **48260** Nasbinals :

🏠 **Relais de l'Aubrac** 🐌, au **Pont de Gournier** (carrefour D 12 - D 112) ✆ 66 32 52 06, Fax 66 32 56 58, 🌂 – ☎ Ⓟ. GB. ✂ rest
fermé 14 nov. au 26 déc. et 3 janv. au 5 fév. – **Repas** 80/160 , carte le soir 🍷, enf. 45 – ☕ 35 – **22 ch** 220/250 – ½ P 220/250.

NATZWILLER 67130 B.-Rhin 62 ⑧ – 634 h alt. 540.

Paris 415 – ◆Strasbourg 55 – Barr 32 – Molsheim 30 – St-Dié 42.

🏠 **Aub. Metzger,** ✆ 88 97 02 42, Fax 88 97 93 59, 🌂, 🌳 – ☎ Ⓟ. AE GB
fermé 26 au 30 juin, 10 au 25 janv., dim. soir et lundi – **Repas** 57/250 🍷, enf. 45 – ☕ 35 – **10 ch** 245/250 – ½ P 255/260.

NAUCELLE 12800 Aveyron 80 ① – 1 929 h alt. 469.

Paris 665 – Rodez 32 – Albi 47 – Millau 87 – St-Affrique 75 – Villefranche-de-Rouergue 49.

🏠 **Host. Voyageurs,** pl. Hôtel de Ville ✆ 65 47 01 34, Fax 65 47 01 34, 🌂 – ☎. AE GB
fermé 22 au 28 mai, 23 oct. au 5 nov. et lundi du 15 sept. au 15 juin – **Repas** 55/150 🍷, enf. 35 – ☕ 25 – **15ch** 90/200 – ½ P 105/155.

à Castelpers SE : 12,5 km sur D 10 – ✉ **12170** Ledergues :

XX **Château de Castelpers** 🐌 avec ch, ✆ 65 69 22 61, Fax 65 69 25 31, ≤, « Parc au bord de l'eau » – 📺 ☎ Ⓟ. AE ⓓ GB. ✂ rest
1er avril-1er oct. – **Repas** *(fermé sam. soir et dim.)* 130/250 🍷 – ☕ 45 – **9 ch** 285/465 – ½ P 240/345.

NAUZAN 17 Char.-Mar. **71** ⑮ – voir St-Palais-sur-Mer et Royan.

NAVAROSSE 40 Landes **78** ⑬ – rattaché à Biscarrosse.

NAVARRENX 64190 Pyr.-Atl. **85** ⑤ G. Pyrénées Aquitaine – 1 036 h alt. 125.

🛈 Office de Tourisme, Porte St-Antoine ℘ 59 66 10 22.

Paris 803 – Pau 41 – Oloron-Ste-Marie 22 – Orthez 22 – St-Jean-Pied-de-Port 62 – Sauveterre-de-Béarn 21.

🏠 **Commerce,** ℘ 59 66 50 16, Fax 59 66 52 67 – ☎ – 🛦 30. ◻️ᴮ
➡ hôtel : mars-oct. et fermé dim. soir et lundi hors sais. – **Repas** *(fermé vacances de Toussaint, 24 déc. au 17 janv., le soir de nov. à fév., dim. soir et lundi hors sais.)* 60/200 ⚖, enf. 48 – ☲ 28 – **28 ch** 150/250 – ½ P 210/230.

CITROEN Gar. Labrit, ℘ 59 66 16 32 **N** ℘ 59 34 36 75

NAY 64800 Pyr.-Atl. **85** ⑦ – 3 591 h alt. 352.

Paris 788 – Pau 18 – Laruns 34 – Lourdes 25 – Oloron-Ste-Marie 36 – Tarbes 32.

🏠 **Voyageurs,** pl. Marcadieu ℘ 59 61 04 69, Fax 59 61 15 68 – 📱 🖵 ☎. ◻️ᴮ
➡ **Repas** 70/200 ⚖, enf. 45 – ☲ 30 – **22 ch** 170/250 – ½ P 190/240.

🍴 **Aub.Chez Lazare** 🦐, Les Labassères SO : 3 km par D 36 et D 287 ℘ 59 61 05 26, Fax 59 61 25 11, 🏡, 🏡 – 🖵 ☎ 🅿. ◻️ᴮ
fermé 14 au 31 juil., 23 déc. au 3 janv. et hôtel : fermé dim. de nov. à mai ; rest. : fermé dim. de juin à oct. – **Repas** (dîner seul.)(prévenir) 90/150 – ☲ 32 – **8 ch** 240 – ½ P 210.

PEUGEOT Gar. Manuel, ℘ 59 61 27 67
RENAULT Gar. Fouraa, ℘ 59 61 06 18 **N**
℘ 59 38 86 94

RENAULT Gar. Bonnasse-Gahot, à Bénéjacq
℘ 59 61 07 25 **N** ℘ 59 61 26 99

Come districarsi nei sobborghi di Parigi?

Utilizzando la carta stradale Michelin n. **101**
e le piante n. **17-18**, **19-20**, **21-22**, **23-24** *: chiare, precise ed aggiornate.*

NÉANT-SUR-YVEL 56430 Morbihan **63** ④ – 882 h alt. 75.

Paris 408 – ♦Rennes 64 – Dinan 61 – Loudéac 40 – Ploërmel 11,5 – Vannes 58.

🍴 **Aub. Table Ronde** avec ch, ℘ 97 93 03 96, Fax 97 93 05 26 – ☎. ◍ ◻️ᴮ
➡ fermé 11 au 19 sept., 8 au 31 janv., dim. soir et lundi sauf juil.-août – **Repas** 46 (déj.). 56/170 ⚖, enf. 30 – ☲ 26 – **10 ch** 100/200 – ½ P 110/150.

NEAU 53150 Mayenne **60** ⑪ – 652 h alt. 91.

Paris 267 – Alençon 62 – Laval 27 – ♦Le Mans 72 – Mayenne 22 – Ste-Suzanne 14 – Vaiges 14.

🏠 **Croix Verte,** ℘ 43 98 23 41, Fax 43 98 25 39 – 🖵 ☎. 🆎 ◍ ◻️ᴮ
➡ fermé vacances de fév. et dim. soir – **Repas** 55/149 ⚖, enf. 40 – ☲ 28 – **14ch** 140/200 – ½ P 200/220.

RENAULT Gar. Terrier, ℘ 43 98 22 37

NEAUPHLE-LE-CHÂTEAU 78640 Yvelines **60** ⑨ **106** ⑯ G. Ile de France – 2 499 h alt. 185.

Paris 38 – Dreux 43 – Mantes-la-Jolie 29 – Rambouillet 25 – St-Nom-la-Bretèche 11,5 – Versailles 18.

🏨 **Le Verbois** 🦐, ℘ (1) 34 89 11 78, Fax (1) 34 89 57 33, ◁, 🏡, parc, 🎾 – 🖵 ☎ 🅿 – 🛦 40. ◻️ᴮ
fermé du 4 au 20 août – **Repas** (fermé dim. soir) 160/230 – ☲ 65 – **20 ch** 450/790 – ½ P 470.

🍴🍴 **La Griotte,** 58 av. République ℘ (1) 34 89 19 98, 🏡, « Jardin fleuri » – 🆎 ◻️ᴮ
fermé Noël au Jour de l'An, dim. soir et lundi soir – **Repas** 150.

PEUGEOT Gar. Cabailh, 7 r. des Frères-Lumière à Plaisir ℘ (1) 30 55 53 45 **N** ℘ (1) 30 55 53 45

RENAULT Gar. des Petits Prés, 16 r. de la Gare à Plaisir ℘ (1) 30 55 80 84 **N** ℘ (1) 44 03 95 60

NÉGRON 37 I.-et-L. **64** ⑯ – rattaché à Amboise.

NEMOURS 77140 S.-et-M. **61** ⑫ G. Ile de France – 12 072 h alt. 62.

Voir Musée de Préhistoire★ de l'Ile de France par ②.

🛈 Office de Tourisme 41 quai V.-Hugo ℘ (1) 64 28 03 95, Fax (1) 64 45 09 67.

Paris 79 ① – Fontainebleau 16 ⑤ – Chartres 126 ① – Melun 32 ⑤ – Montargis 34 ① – ♦Orléans 89 ④ – Sens 48 ②.

Plan page ci-contre

🍴🍴 **Les Roches** avec ch, av. L. Pelletier à St-Pierre-lès-Nemours ℘ (1) 64 28 01 43, Fax (1) 64 28 04 27, 🏡 – cuisinette 🖵 ☎. 🆎 ◍ ◻️ᴮ   A **h**
➡ fermé dim. soir – **Repas** 80/260 ⚖, enf. 50 – ☲ 30 – **15ch** 180/270 – ½ P 215/225.

Autoroute A 6 sur l'aire de service, SE 2 km accès par A 6 ou par ② D 225 – ✉ **77140** Nemours :

🏨 **Mercure** Ⓜ sans rest, ℘ (1) 64 28 10 32, Télex 690243, Fax (1) 64 28 60 59, 🏡 – ⇄ ch 🖵 ☎ 🅿 🆎 ◍ ◻️ᴮ 🄹🄲🄱
☲ 50 – **102 ch** 270/360.

768

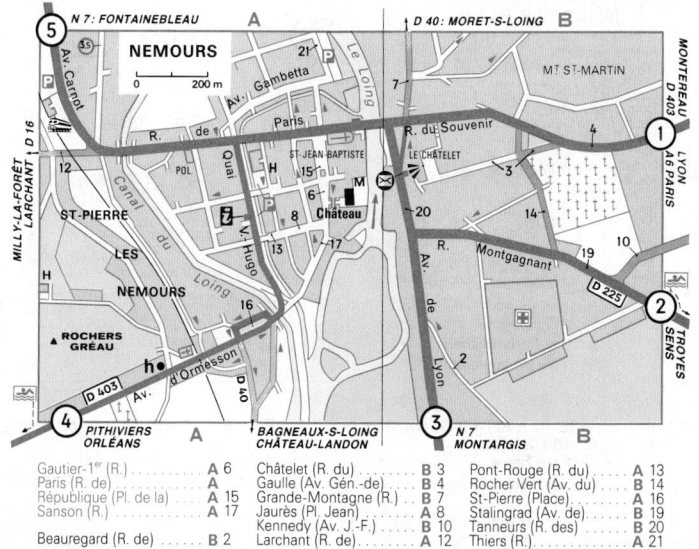

NEMOURS
0   200 m

N 7: FONTAINEBLEAU   A   D 40: MORET-S-LOING   B

MONTEREAU D 403
LYON A6 PARIS
TROYES SENS

MT. ST-MARTIN

à *Glandelles* par ③ : 7 km – ✉ **77167** Bagneaux-sur-Loing :

XX **Les Marronniers** N 7, ℰ (1) 64 28 07 04, Fax (1) 64 29 29 91, ☆ – ⴹ GB
fermé mardi soir et merc. – **Repas** 95/175, enf. 50.

XX **La Glandelière**, S : 1 km N 7 ℰ (1) 64 28 10 20, ☆ – **℗**. GB
fermé 15 sept. au 5 oct., 15 fév. au 5 mars, jeudi soir, lundi soir et mardi – **Repas** 110/220,
enf. 45.

CITROEN Nemours Autom., ZI r. d'Egreville
ℰ (1) 64 28 11 17
PEUGEOT Gar. Coffre, 18 av. Kennedy B
ℰ (1) 64 45 59 29
RENAULT SNCA, 107 av. Carnot à St-Pierre par ⑤
ℰ (1) 64 28 01 50
Gar. Bohec, 16 av. Gén-de-Gaulle
ℰ (1) 64 28 29 10

⓪ Dominicé-Point S, 16 r. d'Egreville ℰ (1)
64 28 11 21
Pneu Sce, 45 av. Carnot à St-Pierre-lès-Nemours
ℰ (1) 64 28 04 67

NÉRAC ◁ 47600 L.-et-G. 🔟🔟 ⑭ G. Pyrénées Aquitaine (plan) – 7 015 h alt. 71.

🅑 d'Albret à Barbaste ℰ 53 65 53 69, NO par D 930 : 8 km.

🅑 Office de Tourisme av. Mondenard ℰ 53 65 27 75.

Paris 707 – Agen 27 – ♦Bordeaux 127 – Condom 21 – Marmande 53.

🏨 **d'Albret,** 42 allées d'Albret ℰ 53 65 01 47, Fax 53 65 20 26, ☆ – 🔲 📺 ☎ – 🔏 25. ⴹ
GB
fermé 13 nov. au 4 déc., 27 fév. au 6 mars et lundi d'oct. à mai – **Repas** 65/270 ⅃ – ⴾ 35 –
23 ch 200/480 – ½ P 215/350.

NÉRIS-LES-BAINS 03310 Allier 🔟🔟 ② G. Auvergne – 2 831 h alt. 354 – Stat. therm. (28 mars-29 oct.) –
Casino .

🅑 Ste-Agathe ℰ 70 03 21 77, par ③ : 4 km.

🅑 Office de Tourisme carrefour des Arènes ℰ 70 03 11 03, Fax 70 03 25 89.

Paris 343 ③ – Moulins 74 ① – ♦Clermont-Ferrand 80 ② – Montluçon 8 ③ – St-Pourçain-sur-Sioule 54 ①.

Plan page suivante

🏨 **Parc des Rivalles** ⤸, r. Parmentier **(k)** ℰ 70 03 10 50, Fax 70 03 11 05, parc – ⴵ ☎ ℗.
GB ※ rest
16 avril-8 oct. – **Repas** 80/270 ⅃ – ⴾ 32 – **26 ch** 160/240 – P 225/285.

🏨 **Garden,** 12 av. Marx Dormoy **(d)** ℰ 70 03 21 16, Fax 70 03 10 67, ☆, ⴼ – 📺 ☎ ℗ –
🔏 25. ⴹ ⓞ GB
fermé 2 au 21 janv. – **Repas** 75/200 ⅃, enf. 45 – ⴾ 32 – **19 ch** 225/305 – P 280/305.

NÉRIS-LES-BAINS

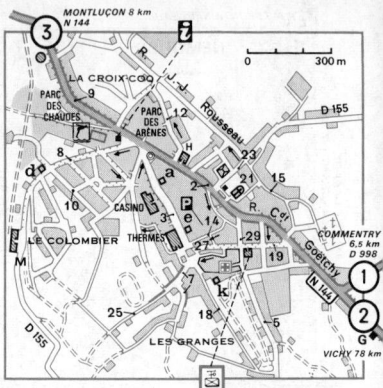

Découvrez la France
avec les guides Verts Michelin :
24 titres illustrés en couleurs.

🏨 **Promenade,** 38 r. Boisrot Desserviers **(e)** ℰ 70 03 26 26, Fax 70 03 25 62 – 🛗 ⇔ ch 📺
☎ – 🔬 50. 🅰🅴 ☉🅱. ❀
1ᵉʳ avril-28 oct. – **Repas** 85/200, enf. 45 – ☲ 32 – **42 ch** 220/320 – ½ P 310/330.

🏨 **Terrasse,** 52 r. Boisrot-Desserviers **(a)** ℰ 70 03 10 42, Fax 70 03 15 41 – 🛗 📺 ☎. ☉🅱.
❀ rest
15 avril-15 oct. – **Repas** 84/100 – ☲ 29 – **22 ch** 220/260 – P 270/290.

NÉRONDES 18350 Cher 🔢 ② – 1 521 h alt. 189.
Paris 242 – Bourges 36 – Montluçon 83 – Nevers 33 – St-Amand-Montrond 43.

XX **Lion d'Or** avec ch, pl. Mairie ℰ 48 74 87 81 – 🍽 rest ☎. ☉🅱
↔ *fermé 12 fév. au 11 mars, dim. soir de nov. à janv. et merc.* – **Repas** 78/195, enf. 48 – ☲ 33 –
11 ch 130/260 – ½ P 170/285.

NESTIER 65150 H.-Pyr. 🔢 ⑳ – 196 h alt. 500.
Paris 839 – Bagnères-de-Luchon 48 – Auch 75 – Lannemezan 13 – Saint-Gaudens 23 – ◆Toulouse 113.

XX **Relais du Castéra** avec ch, ℰ 62 39 77 37, 😷 – ☎ 🄿. 🅰🅴 ☉🅱
fermé 6 au 20 janv., dim. soir et lundi – **Repas** 95 (déj.), 138/250, enf. 45 – ☲ 40 – **8 ch**
200/280 – ½ P 250.

Le NEUBOURG 27110 Eure 🔢 ⑯ G. Normandie Vallée de la Seine – 3 639 h alt. 134.
Paris 130 – ◆Rouen 37 – Bernay 31 – Conches-en-Ouche 21 – Évreux 24.

X **Côté Jardin,** 10 r. Dr Couderc ℰ 32 35 81 89 – ☉🅱
fermé dim. soir et lundi – **Repas** 95/235.

RENAULT Gar. Levasseur, 5 bis av. de la Libération ⓦ Parmentier Pneus, rte d'Elbeuf à Vitot
ℰ 32 35 01 56 ℰ 32 35 10 47

NEUF-BRISACH 68600 H.-Rhin 🔢 ⑲ G. Alsace Lorraine – 2 092 h alt. 205.
🏌 du Rhin à Chalampé ℰ 89 26 07 86, S par D 468 : 25 km.
🛈 Office de Tourisme pl. d'Armes ℰ 89 72 56 66.
Paris 510 – Colmar 16 – ◆Basel 61 – Belfort 77 – Freiburg-im-Breisgau 32 – ◆Mulhouse 39 – Sélestat 30 – Thann 48.

🏨 **Soleil,** ℰ 89 72 51 28, Fax 89 72 83 77 – 📺 ☎. 🅰🅴 ☉🅱
↔ **Repas** *(fermé 15 janv. au 1ᵉʳ mars, dim. soir et lundi midi hors sais.)* 50/220 🛆, enf. 45 – ☲ 28
– **24 ch** 260 – ½ P 190/210.

X **La Petite Palette,** ℰ 89 72 73 50, Fax 89 72 61 93 – ☉🅱
fermé lundi soir et mardi soir – **Repas** 65 (déj.), 100/290.

à Biesheim N : 3 km par D 468 – ✉ 68600 :

🏨 **Deux Clefs,** ℰ 89 72 51 20, Fax 89 72 92 94, « Jardin » – 📺 ☎ 🄿 – 🔬 25. 🅰🅴 ⓞ ☉🅱
fermé 1ᵉʳ au 15 janv. – **Repas** 60 (déj.). 85/275 🛆, enf. 60 – ☲ 37 – **30 ch** 280/450 –
½ P 320/400.

à Vogelgrün E : 5 km par N 415 – ✉ 68600 .
Voir Bief hydro-électrique⋆ – ⇐⋆ du pont-frontière.

🏨 **L'Européen** 🅼 ⬇, à la frontière, sur l'île du Rhin ℰ 89 72 51 57, Fax 89 72 74 54, 😷,
🏊, ☞ – 🛗 ⇔ ch 🍽 ch 📺 ☎ ⅙ 🄿 – 🔬 40. 🅰🅴 ⓞ ☉🅱
Repas *(fermé dim. soir et lundi de nov. à mars)* 230/480 – ☲ 55 – **45 ch** 315/540 –
½ P 370/490.

FORD Gar. Ebelin, ℰ 89 72 51 76 RENAULT Gar. Venturini, ℰ 89 72 69 11 🅽 ℰ 89 72
RENAULT Gar. Haeffeli, ZI CD 52 à Biesheim 69 11
ℰ 89 72 54 83

NEUFCHÂTEAU ⟨SP⟩ **88300** Vosges 62 ⑬ **G. Alsace Lorraine** – 7 803 h alt. 298.

Voir Escalier★ de l'hôtel de ville **H** – Groupe en pierre★ dans l'église St-Nicolas **K.**

Office de Tourisme, Parking des Grandes Ecuries (juil-août) et Mairie (sept.-juin) ✆ 29 94 14 75, Fax 29 94 04 88.

Paris 331 ① – Chaumont 57 ⑥ – Belfort 152 ④ – Épinal 72 ③ – Langres 80 ⑤ – Verdun 103 ①.

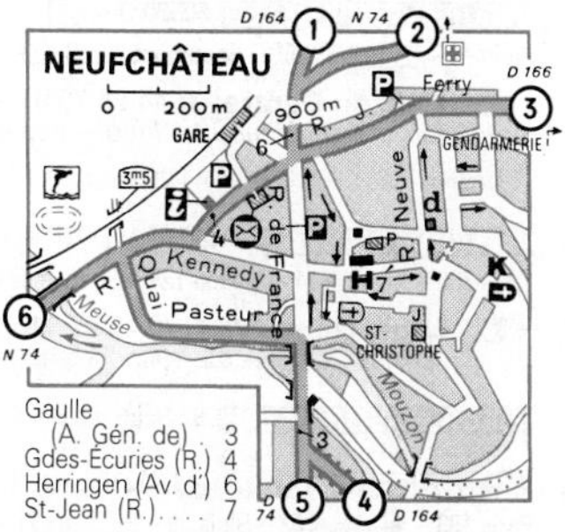

✗ **L'Amie Lune,** 12 r. Neuve **(d)** ✆ 29 94 28 76 – GB
fermé 1er au 15 juin, 2 au 22 janv., dim. soir et lundi – **Repas** 99/240 ♁.

à Rouvres-la-Chétive par ③ : 10 km – ✉ **88170** :

La Frezelle, ✆ 29 94 51 51, Fax 29 94 69 10 – ☎. AE ⓓ GB. ✂ ch
fermé 24 déc. au 3 janv. – **Repas** *(fermé sam.)* 72/260 ♁, enf. 55 – ☕ 28 – **7 ch** 220/320 – ½ P 190/235.

CITROEN CB Autom., rte de Langres par ⑤ ✆ 29 94 10 33
RENAULT Gar. Reuchet, 95 av. Gén.-de-Gaulle par ⑤ ✆ 29 94 19 20 **N** ✆ 29 06 20 43
RENAULT Gar. Reuchet, rte de Nancy par ② ✆ 29 94 05 57 **N** ✆ 29 06 20 43

Néo-Pneu, ZI rte de Frebécourt ✆ 29 94 10 47 **N** ✆ 29 06 01 06

NEUFCHÂTEL-EN-BRAY **76270** S.-Mar. 52 ⑮ **G. Normandie Vallée de la Seine** – 5 322 h alt. 99.

Env. Forêt d'Eawy★★ 10 km au SO.

18 de Saint-Saëns ✆ 35 34 25 24, SO : 17 km par RN 28 et D 929.

Office de Tourisme 6 pl. Notre-Dame ✆ 35 93 22 96.

Paris 134 – ♦Amiens 69 – ♦Rouen 48 – Abbeville 56 – Dieppe 35 – Gournay-en-Bray 37.

✗✗ **Les Airelles** avec ch, 2 passage Michu ✆ 35 93 14 60, Fax 35 93 89 03, ☂, ☂ – TV ☎. AE GB
fermé 16 déc. au 5 janv. – **Repas** 89/200 – ☕ 32 – **14 ch** 200/260.

à Mesnières-en-Bray NO : 5,5 km par D 1 – ✉ **76270** :

Voir Château★.

✗✗ **Aub. Bec Fin,** ✆ 35 94 15 15, Fax 35 94 42 14, ☂ – Ⓟ. AE GB
fermé 1er au 15 mars, 1er au 15 oct. et lundi – **Repas** 120/225, enf. 50.

RENAULT Gar. Sibra, 31 Gde r. St-Pierre ✆ 32 97 55 55 **N** ✆ 35 17 30 45
VAG Gar. Duparc, 9 rte de Foucarmont ✆ 35 93 02 66 **N** ✆ 35 93 02 66

Gar. Thérier, 1 et 3 Grande-R. St-Pierre ✆ 35 93 00 75

Marsat Pneus, 16 bd Mar.-Joffre ✆ 35 94 15 01

NEUFCHATEL-SUR-AISNE **02190** Aisne 56 ⑥ – 483 h alt. 59.

Paris 165 – ♦Reims 22 – Laon 44 – Rethel 30 – Soissons 60.

✗✗ **Le Jardin,** 22 r. Principale ✆ 23 23 82 00, Fax 23 23 84 05, ☂ – GB
fermé 15 au 31 août, 15 au 31 janv., dim. soir, mardi soir et lundi – **Repas** 95/300 ♁.

NEUF-MARCHÉ **76220** S.-Mar. 55 ⑧ – 568 h alt. 104.

Paris 89 – ♦Rouen 51 – Les Andelys 34 – Beauvais 33 – Gisors 18 – Gournay-en-Bray 7.

✗✗ **Aub. du Puits de Corval,** ✆ 35 09 12 25 – GB
fermé 20 juil. au 12 août mardi soir et lundi – **Repas** 100/210.

✗ **André de Lyon,** D 915 ✆ 35 90 10 01 – GB
fermé 17 août au 4 sept., 17 fév. au 6 mars et merc. – **Repas** (déj. seul.) carte 100 à 260.

NEUILLÉ-LE-LIERRE **37380** I.-et-L. 64 ⑮ ⑯ – 514 h alt. 88.

Paris 217 – ♦Tours 26 – Amboise 12 – Château-Renault 10 – Montrichard 30 – Reugny 4,5.

✗✗ **Aub. de la Brenne,** ✆ 47 52 95 05 – Ⓟ. AE GB
fermé 17 janv. au 7 mars, mardi soir et merc. – **Repas** (dim. prévenir) 78/199, enf. 58.

Die im Michelin-Führer

verwendeten Zeichen und Symbole haben – dünn oder **fett** gedruckt, in einer Kontrastfarbe oder schwarz – jeweils eine andere Bedeutung.

Lesen Sie daher die Erklärungen aufmerksam durch.

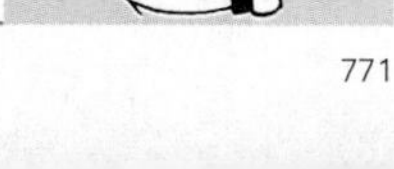

NEUILLY-EN-THELLE 60530 Oise 55 ⑳ − 2 683 h alt. 130.

Paris 48 − Compiègne 55 − Beaumont-sur-Oise 9,5 − Beauvais 32 − Pontoise 32 − Senlis 25.

   X **Aub. du Centre,** ℰ 44 26 70 01 − GB
   + *fermé 6 au 30 août et lundi* − **Repas** 60/90 ♨.

⦿ Merlin Pneus, à Ercuis ℰ 44 26 53 38

NEUILLY-LE-REAL 03340 Allier 69 ⑭ − 1 287 h alt. 253.

Paris 308 − Moulins 14 − Mâcon 129 − Roanne 82 − Vichy 49.

   XX **Logis Henri IV,** ℰ 70 43 87 64, 斎, « Ancien relais de chasse du 16ᵉ siècle » − GB
       fermé 1ᵉʳ au 7 sept., vacances de fév., dim. soir et lundi sauf fériés − **Repas** 90 (déj.), 130/230.

NEUILLY-SUR-SEINE 92 Hauts-de-Seine 55 ⑳, 101 ⑮ − voir à Paris, Environs.

NEUNG-SUR-BEUVRON 41210 L.-et-Ch. 64 ⑲ − 1 152 h.

Paris 183 − ♦Orléans 59 − Blois 39 − Bracieux 21 − Romorantin-Lanthenay 22 − Salbris 25.

   ⌂ **Tilleuls,** 5 pl. A. Prudhomme ℰ 54 83 63 30, Fax 54 83 74 91, 斎 − ☎. Æ GB. ⁓ ch
   + *fermé mardi soir et merc. sauf juil.-août* − **Repas** 75/160 ♨, enf. 49 − ⊈ 32 − **7 ch** 190/260 −
      ½ P 205/215.

Sie finden sich in der Umgebung von Paris nicht zurecht?

Dann benutzen Sie doch die Michelin-Karte Nr. 101
und die Pläne der Vororte Nr. 17-18, 19-20, 21-22, 23-24.
Sie sind übersichtlich, präzise und aktuell.

NEUVÉGLISE 15260 Cantal 76 ⑭ − 1 078 h alt. 938.

Env. Château d'Alleuze★★ : site★★ NE : 14 km, G. Auvergne.

🛈 Office de Tourisme le Bourg ℰ 71 23 85 43.

Paris 537 − Aurillac 78 − Entraygues-sur-Truyère 70 − Espalion 67 − St-Chély-d'Apcher 41 − St-Flour 19.

      à Cordesse E : 1,5 km − ✉ 15260 Neuvéglise :

   🏠 **Relais de la Poste** M, ℰ 71 23 82 32, Fax 71 23 86 23, 斎 − 📺 ☎ 🅿. Æ GB
   + *15 mars-15 nov.* − **Repas** 70/200 ♨, enf. 42 − ⊈ 32 − **8 ch** 220/320 − ½ P 240/280.

RENAULT Gar. Mabit, ℰ 71 23 81 53   Gar. Sauret, ℰ 71 23 80 90 🅽 ℰ 71 23 84 47

NEUVES-MAISONS 54 M.-et-M. 62 ⑤ − rattaché à Nancy.

NEUVILLE-AUX-BOIS 45170 Loiret 60 ⑲ − 3 870 h alt. 126.

Paris 94 − ♦Orléans 26 − Chartres 64 − Étampes 54 − Pithiviers 21.

   🏨 **L'Hostellerie** M, 48 pl. Gén. Leclerc ℰ 38 75 50 00, Fax 38 91 86 81, 斎, ╔╗ − 📶 📺 ☎ &
      🅿 − ⚤ 25 à 80. Æ GB
      Repas *(fermé dim. soir)* 85/195 ♨, enf. 50 − ⊈ 40 − **33 ch** 340/390.

La NEUVILLE-AUX-TOURNEURS 08390 Ardennes 53 ⑰ − 298 h alt. 265.

Paris 212 − Charleville-Mézières 32 − Hirson 23 − Rethel 49 − Rocroi 15.

   🏠 **Motel Dubois** ⚭, N 43 ℰ 24 54 32 55, Fax 24 54 34 90 − 📺 ☎ 🅿. Æ ⓞ GB
   + *fermé janv. et lundi midi sauf fériés* − **Repas** 65/120 − ⊈ 17 − **10 ch** 120/180 − ½ P 200.

NEUVILLE-DE-POITOU 86170 Vienne 68 ⑬ − 3 840 h alt. 121.

Paris 332 − Poitiers 17 − Châtellerault 31 − Parthenay 40 − Saumur 78 − Thouars 50.

   XX **Saint-Fortunat,** 4 r. Bangoura-Moridé ℰ 49 54 56 74 − Æ ⓞ GB
      fermé 21 août au 4 sept., 1ᵉʳ au 21 fév., dim. soir et lundi − **Repas** 95/220.

NEUVILLE-ST-AMAND 02 Aisne 53 ⑭ − rattaché à St-Quentin.

NEUVILLE-SUR-SAONE 69250 Rhône 74 ① G. Vallée du Rhône − 6 762 h alt. 172.

Paris 448 − ♦Lyon 18 − Bourg-en-Bresse 49 − Villefranche-sur-Saône 19.

      à Albigny-sur-Saône par rive droite : 2,5 km − ✉ 69250 :

   XXX **Le Cellier,** quai Saône ℰ 78 98 26 16, Fax 72 08 90 10, 斎 − 🅿. Æ GB
      fermé août, dim. soir et lundi − **Repas** 120 (déj.), 180/320 et carte 230 à 290, enf. 70.

NEUVILLE-SUR-SARTHE 72 Sarthe 60 ⑬ − rattaché au Mans.

NEUVY-SAUTOUR 89 Yonne 61 ⑮ − rattaché à St-Florentin.

NEUZY 71 S.-et-L. 69 ⑯ − rattaché à Digoin.

Voir Cathédrale★★ Z – Palais ducal★ Z – Église St-Étienne★ Y – Porte du Croux★ Z – Faïences de Nevers★ du musée municipal Frédéric Blandin Z M¹.

🏌 du Nivernais 𝒫 86 58 18 30, à Magny-Cours par ④ ; 🏌 du Château d'Azy 𝒫 86 58 50 00 à St-Bénin d'Azy, 20 km par ③.

Circuit Automobile permanent à Magny-Cours SE : 3,5 km.

🎫 Office de Tourisme 31 av. Pierre Bérégovoy 𝒫 86 59 07 03, Fax 86 36 69 64 – A.C. 1 av. Gén.-de-Gaulle, résidence Carnot 𝒫 86 61 27 75.

Paris 239 ① – Bourges 69 ④ – Chalon-sur-Saône 155 ③ – ◆Clermont-Ferrand 158 ④ – ◆Dijon 187 ③ – Montargis 125 ① – Montluçon 103 ④ – Moulins 54 ④ – ◆Orléans 162 ① – Roanne 151 ④.

Plan page suivante

🏨🏨 **Loire,** quai Médine 𝒫 86 61 50 92, Télex 801112, Fax 86 59 43 29 – 🖨 ⇅ ch, 🛏 rest 📺
☎ ⓟ – 🛎 80. 🖭 🕦 ⊙ 🆎 jcb   Z a
Repas (fermé 15 déc. au 15 janv. et sam.) 110/260 – 🖵 38 – **58 ch** 325/430 – ½ P 363/513.

🏨🏨 **Diane,** 38 r. Midi 𝒫 86 57 28 10, Fax 86 59 45 08 – 🖨 📺 ☎ ⇔ – 🛎 30. 🖭 ⊙ 🆎
➡ jcb   Z u
fermé 22 déc. au 10 janv. – **Repas** (fermé dim.) 53/148 🍴, enf. 35 – 🖵 40 – **30 ch** 440/590.

🏨 **Ibis** M, rte de Moulins par ④ 𝒫 86 37 56 00, Fax 86 37 64 48, 🌴 – 📺 ☎ 🕭 ⓟ – 🛎 30.
🖭 ⊙ 🆎
Repas 95 bc, enf. 39 – 🖵 34 – **56 ch** 276/310.

🏨 **Climat de France** M, 35 bd V. Hugo 𝒫 86 21 42 88, Télex 800579, Fax 86 36 08 16 – 🖨
📺 🕭 ⓟ – 🛎 100. 🖭 ⊙ 🆎
Repas 85/125 🍴, enf. 39 – 🖵 35 – **54 ch** 270.   V f

🏨 **Molière** ⌂ sans rest, 25 r. Molière 𝒫 86 57 29 96, Fax 86 36 00 13 – ⇅ ch 📺 ☎ ⓟ. ⊙
🖵 30 – **18 ch** 205/255.   V k

🏨 **Campanile,** rte Paris par ① : 3 km ⊠ 58640 Varennes-Vauzelles   𝒫 86 21 40 44,
Fax 86 57 73 33, 🌴 – ⇅ ch 📺 ☎ 🕭 ⓟ – 🛎 30. 🖭 ⊙ 🆎
Repas 82 bc/105 bc, enf. 39 – 🖵 30 – **48 ch** 270.

🏨 **Villa du Parc** sans rest, 16 ter r. Lourdes 𝒫 86 61 09 48, Fax 86 57 85 17 – 📺. 🖭 🆎
🖵 30 – **28 ch** 135/270.   Y d

🏨 **Clèves** sans rest, 8 r. St-Didier 𝒫 86 61 15 87 – 📺 ☎. 🖭 ⊙ 🆎   Z x
🖵 27 – **15 ch** 159/249.

XXX **Les Jardins de la Porte du Croux,** 17 r. Porte du Croux 𝒫 86 57 12 71, Fax 86 36 08 80,
🌴 , « Terrasse avec ⇐ les remparts » – 🖭 🆎   Z e
fermé vacances de fév., dim. soir et lundi d'oct. à mai – **Repas** 120/190 et carte 150 à 230.

XX **Jean-Michel Couron,** 21 r. St-Étienne 𝒫 86 61 19 28, Fax 86 36 02 96 – 🆎   Y r
fermé 1ᵉʳ au 14 août, dim. soir et lundi – **Repas** 100/220.

XX **La Botte de Nevers,** r. Petit Château 𝒫 86 61 16 93, Fax 86 36 42 22, « Cadre d'inspira-
tion médiévale » – 🖭   Y n
fermé 31 juil. au 21 août, dim. soir et lundi – **Repas** 95/210.

XX **Morvan** avec ch, 28 r. Mouësse 𝒫 86 61 14 16, Fax 86 21 47 75 – 📺 ☎ ⓟ. 🆎   X b
fermé 17 au 24 juil., vacances de fév. et dim. soir – **Repas** 98/230, enf. 50 – 🖵 37 – **8 ch**
230/325.

XX **Puits de St-Pierre,** 21 r. Mirangron 𝒫 86 59 28 88, Fax 86 61 29 81 – 🆎   Y v
fermé 7 au 23 août, vacances de fév., dim. soir et lundi – **Repas** 85/200, enf. 50.

XX **Cour St-Étienne,** 33 r. St-Étienne 𝒫 86 36 74 57 – 🆎   Y s
fermé 1ᵉʳ au 20 août, 2 au 15 janv., dim. soir et lundi – **Repas** 79/138.

X **Bouchon Nivernais,** 69 fg Grand Mouësse 𝒫 86 59 23 14, Fax 86 57 12 15 – 🆎
fermé 24 avril au 3 mai, 1ᵉʳ au 11 août, 2 au 10 janv., sam. midi et mardi – **Repas** 85 (déj.).
105/205.

par ① rte de Paris : 4 km – ⊠ 58640 Varennes-Vauzelles :

XX **Relais du Bengy,** N 7 𝒫 86 38 02 84, Fax 86 38 29 00, 🌴 – 🆎
fermé 20 juil. au 10 août, vacances de fév. et dim. – Repas (déj. seul. sauf vend.) 92/225 🍴.

à Magny-Cours par ④ rte Moulins : 12 km – ⊠ 58470 :

🏨🏨 **Holiday Inn** M, 𝒫 86 21 22 33, Fax 86 21 22 03, ⇐, 🌴 , « A côté du circuit et du golf »,
🍸, 🏊, 🎾 – 🖨 ⇅ ch 📺 ☎ 🕭 ⓟ – 🛎 200. 🖭 ⊙ 🆎 jcb
Repas 98/160 – 🖵 60 – **70 ch** 450/495.

🏨🏨 ❀ **La Renaissance** (Dray) M ⌂, au village 𝒫 86 58 10 40, Fax 86 21 22 60 – 📺 ☎ ⓟ. ⌂.
🆎
fermé 31 juil. au 14 août, 20 fév. au 13 mars, dim. soir et lundi – **Repas** (nombre de couverts
limité-prévenir) 150/500 et carte 260 à 590 – 🖵 80 – **9 ch** 350/700
Spéc. Cuisses de grenouilles sautées au beurre d'échalotes. Foie gras de canard poêlé, compote de rhubarbe. Filet de
charolais à la crème et aux morilles. **Vins** Pouilly Fumé, Sancerre.

🏨 **du Circuit** M, sur N 7 𝒫 86 58 04 88, Fax 86 58 00 25 – 📺 ☎ 🕭 ⓟ – 🛎 30. 🖭 🆎
➡ **Repas** 68/120 🍴, enf. 38 – 🖵 27 – **32 ch** 220.

NEVERS

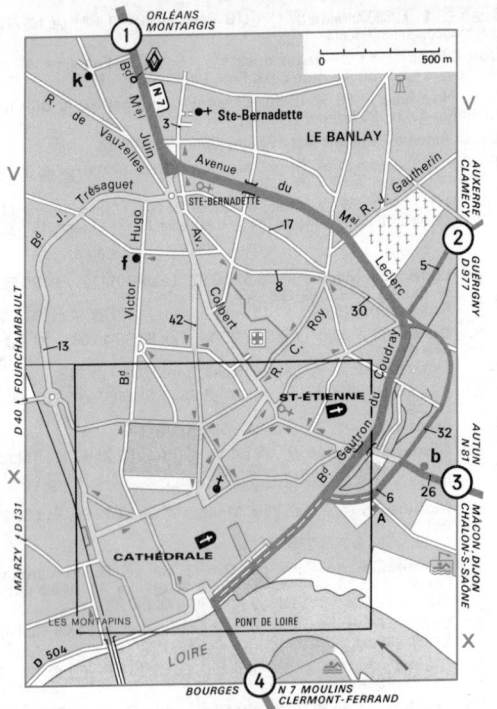

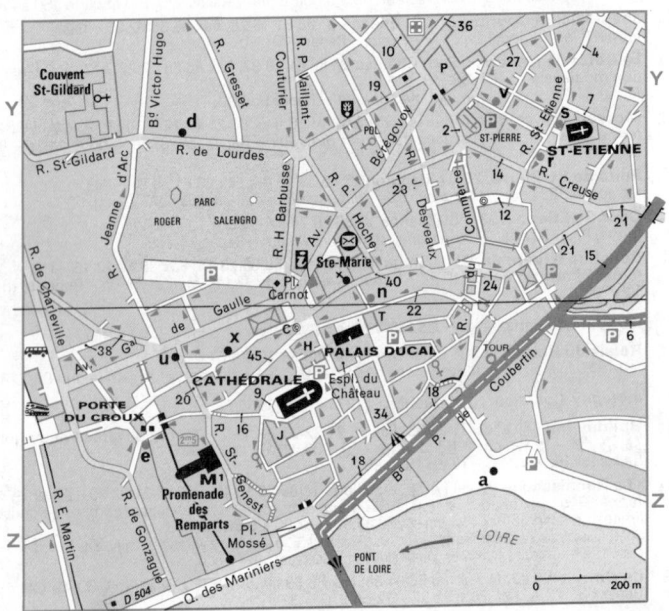

ALFA-ROMEO, ROVER Gar. Tenailles, 18 r. Pasteur
📞 86 59 28 55
BMW, TOYOTA Gar. Verma, 4 av. Colbert
📞 86 61 03 32
CITROEN Gar. Vincent, N 7 Les Bourdons à
Varennes-Vauzelles par ① 📞 86 68 22 00
FORD Auto Hall, RN 81 St-Eloi à la Baratte
📞 86 71 85 00
LANCIA Gar. de la Cité, r. M.-Turpin à Vauzelles
📞 86 57 15 45
MERCEDES Gar. Bezin, RN 7 à Sermoise
📞 86 68 21 70 📞 05 24 24 30
NISSAN Gar. Doulet, 203 rte de Lyon à Challuy
📞 86 37 61 07

OPEL SORAMA, RN 7, Le Bengy à Varennes-
Vauzelles 📞 86 38 02 94
PEUGEOT CATAR, rte de Fourchambault par D 40
X 📞 86 57 36 80
RENAULT Gar. Decelle, 39-49 fg Mar.-Juin V
📞 86 59 84 00 📞 05 05 15 15
VAG Gds Champs Autom., ZAC des Gds Champs,
📞 86 59 58 44 📞 05 00 24 24
VOLVO Gar. Jacquey, 139 fg du Gd Mouesse
📞 86 61 12 47

ⓜ Euromaster, 3 r. Mouësse 📞 86 57 76 33
Pneu Plus Centre vulcopneu, 1 r. Petit-Mouësse
📞 86 61 02 51

NEYRON 01700 Ain 74 ⑫ – 1 723 h.

Paris 463 – ♦ Lyon 11,5 – Bourg-en-Bresse 55 – Chalamont 37 – Meximieux 26 – Villefranche-sur-Saône 36.

XXX ⊛ **Le Saint Didier** (Champin), à Neyron-le-Haut 📞 78 55 28 72, Fax 78 55 01 55, 🏤 – ℗.
GB
fermé 31 juil. au 23 août, 26 déc. au 9 janv., dim. soir et lundi – **Repas** (nombre de couverts
limité, prévenir) 175/400 et carte 300 à 430, enf. 75
Spéc. Foie gras de canard en terrine, gelée au Jurançon. Langoustines en chemise, sauce homardine. Gibier (saison).
Vins Roussette de Seyssel, Pouilly-Loché.

NÉZIGNAN-L'ÉVÊQUE 34 Hérault 83 ⑮ – rattaché à Pézenas

NICE 🅿 **06000** Alpes-Mar. 🟦🟦 ⑨ ⑩ 🟦🟦🟦 ㉖ ㉗ **G. Côte d'Azur** – 342 439 h alt. 5 – Casino Ruhl FZ.

Voir Site★★ – Promenade des Anglais★★ EFZ – Vieux Nice★ : Château ≤★★ JZ, Intérieur★ de l'église St-Martin-St-Augustin HY, Escalier monumental★ du Palais Lascaris HZ **K**, Intérieur★ de la cathédrale Ste-Réparate HZ, Église St-Jacques★ HZ, Décors★ de la chapelle Saint-Giaume HZ **R** – Mosaïque★ de Chagall dans la Faculté de droit DZ U – Palais des Arts★ HJY – Chapelle de la Miséricorde★ HZ **S** – A Cimiez : Monastère★ (Primitifs niçois★★ dans l'église) HV **Q**, site gallo-romain★ HV – Musées : Marc Chagall★★ GX, des Beaux-Arts★★ DZ, d'Art moderne et d'Art contemporain★★ HY **M⁹**, – Matisse★ HV **M²**, Masséna★ FZ **M¹**, International d'Art Naïf★ AU **M¹⁰**, Parc Phoenix★ AU – Carnaval★★★ (avant Mardi-Gras) – Mont Alban ≤★★ 5 km CT – Mont Boron ≤★ 3 km CT – Église St-Pons★ : 3 km BS.

Env. Plateau St-Michel ≤★★ 9,5 km par ①.

🛬 de Nice-Côte-d'Azur : 𝒫 93 21 30 12, 7 km AU.

🚗 𝒫 93 87 50 50.

🚢 pour la Corse : S.N.C.M. - Ferryterranée, quai du Commerce 𝒫 93 13 66 66 JZ.

🖬 Office de Tourisme et Accueil de France av. Thiers 𝒫 93 87 07 07, Télex 460042 ; 5 av. Gustave-V 𝒫 93 87 60 60 et Nice-Ferber près Aéroport 𝒫 93 83 32 64 – A.C. 9 r. Massenet 𝒫 93 87 18 17, Fax 93 88 90 00.

Paris 932 ⑤ – Cannes 32 ⑤ – Genova 194 ⑨ – ◆Lyon 472 ⑤ – ◆Marseille 188 ⑤ – Torino 207 ⑧.

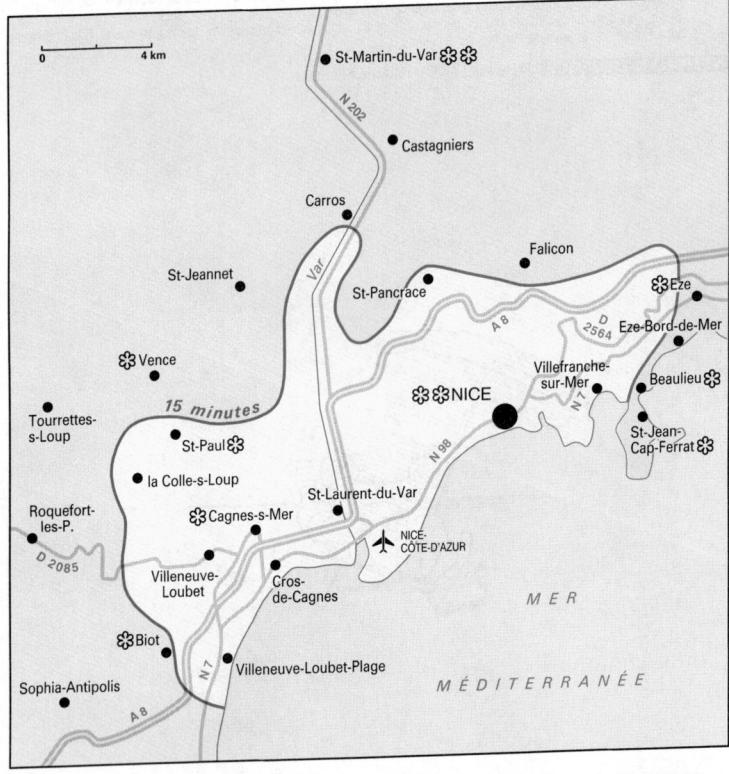

🏨 **Négresco,** 37 promenade des Anglais 𝒫 93 88 39 51, Télex 460040, Fax 93 88 35 68, ≤, « Mobilier d'époque : 17ᵉ et 18ᵉ siècle, Empire, Napoléon III » – 📶 🗏 📺 🅿 ⴵ –
p. 4 FZ **k**
🍴 50 à 400. ⒶⒺ ⓞ ⒼⒷ ⒿⒸⒷ
voir rest **Chantecler** ci-après - **La Rotonde : Repas** 150 ⅋ – ⇆ 120 – **132 ch** 1650/2350, 18 appart.

🏨 **Palais Maeterlinck** Ⓜ ⌘, 6 km par corniche inférieure ⊠ 06300 𝒫 92 00 72 00, Fax 92 04 18 10, ≤, ⌂, « Piscine, jardin et terrasses dominant la mer », 🛟, 🖀 – 📶
p. 3 CU **t**
cuisinette ⴶ ch 🗏 📺 ⴵ 🗐 🅿 – 🍴 25. ⒶⒺ ⓞ ⒼⒷ
31 mars-31 oct. et 23 déc.-3 janv. – **Le Mélisande : Repas** 190(déj.). 260/370, enf.100 – **Le Club Nautique** (fin mai-fin août) **Repas** (déj. seul.) 180/220 enf.100 ⅋ – ⇆ 110 – **22 ch** 1600/2700. 13 appart.

🏨🏨 **Splendid** Ⓜ, 50 bd V. Hugo 🖉 93 16 41 00, Télex 460938, Fax 93 87 02 46, 🏊, « Piscine sur le toit ≤ la ville » – 🛗 ⇔ ch 🔟 🖭 ☎ 👌 ⇔ – 🔬 30 à 100. 🖭 ⑩ ☜ 🚾 ℁ rest
Repas 140 🍷 – ☷ 75 – **115 ch** 795/995, 14 appart – ½ P 585/640.　　　　p. 4 FYZ **g**

🏨🏨🏨 **Abela H.** Ⓜ, 223 promenade des Anglais ⊠ 06200 🖉 93 37 17 17, Télex 461635, Fax 93 71 21 71, 🏊, « Piscine sur le toit ≤ baie », 🏋 – 🛗 ⇔ ch 🔟 🖭 ☎ ⇔ – 🔬 400. 🖭 ⑩ ☜ 🚾
Les Mosaïques (fermé juil.-août) **Repas** 165/175, enf. 70 – *La Piscine* grill *(ouvert juil.-août)*
Repas 95/195, dîner à la carte, enf. 70 – ☷ 90 – **321 ch** 820/1120, 12 appart.　　p. 4 DZ **a**

🏨🏨🏨 **Élysée Palace** Ⓜ, 59 promenade des Anglais 🖉 93 86 06 06, Télex 970336, Fax 93 44 50 40, 🏊, « Piscine sur le toit ≤ la ville » – 🛗 🗐 🔟 🖭 ☎ 👌 ⇔ – 🔬 45. 🖭 ⑩ ☜ 🚾 ℁ rest
Repas carte 210 à 280 – ☷ 95 – **139 ch** 1000/1300, 4 appart – ½ P 515.　　　p. 4 EZ **d**

🏨🏨🏨 **Méridien** Ⓜ, 1 promenade des Anglais 🖉 93 82 25 25, Télex 470361, Fax 93 16 08 90, 🏊, « Piscine sur le toit ≤ baie » – 🛗 🗐 🔟 🖭 ☎ 👌 ⇔ – 🔬 400. 🖭 ⑩ ☜ 🚾　p. 4 FZ **d**
L'Habit Blanc (fermé juil.-août, dim. et lundi en juin et sept.) **Repas** 180(déj.)/240 – *La Terrasse (1ᵉʳ mai-15 sept.) (déj. seul. du 1ᵉʳ mai au 15 juin)* **Repas** 130 – *Café Jardin (15 sept.-30 avril) (déj. seul.)*

🏨🏨🏨 **Sofitel** Ⓜ, 2-4 parvis de l'Europe ⊠ 06300 🖉 92 00 80 00, Télex 461800, Fax 93 26 27 00, 🏊, « Piscine sur le toit, ≤ la ville » – 🛗 ⇔ ch 🔟 🖭 ☎ 👌 ⇔ – 🔬 60. 🖭 ⑩ ☜ 🚾
Repas carte 170 à 270 – ☷ 80 – **152 ch** 990/1080.　　　　　　p. 5 JX **t**

🏨🏨🏨 **Plaza Concorde,** 12 av. Verdun 🖉 93 87 80 41, Télex 461443, Fax 93 82 50 70, ≤, 🏊, « Terrasse sur le toit » – 🛗 🗐 🔟 🖭 ☎ – 🔬 300. 🖭 ⑩ ☜ 🚾
Repas 145/170 🍷 – ☷ 80 – **173 ch** 750/1500, 10 appart.　　　　p. 5 GZ **f**

🏨🏨🏨 **Beau Rivage** Ⓜ, 24 r. St-François-de-Paule ⊠ 06300 🖉 93 80 80 70, Fax 93 80 55 77, 🏖 – 🛗 ⇔ ch 🔟 🖭 ☎ 👌 – 🔬 40. 🖭 ⑩ ☜　　　　　　p. 5 GZ **y**
Bistrot du Rivage (fermé sam. midi et dim.) **Repas** carte 140 à 270, enf. 65 – ☷ 95 – **118 ch** 700/1200.

🏨🏨 **Holiday Inn** Ⓜ, 20 bd V. Hugo 🖉 93 16 55 00, Télex 461630, Fax 93 16 55 55, 🏊 – 🛗 ⇔ ch 🔟 🖭 ☎ 👌 – 🔬 100. 🖭 ⑩ ☜ 🚾　　　　　　　p. 4 FY **a**
Colony : **Repas** carte 180 à 270, enf. 60 – ☷ 85 – **131 ch** 700/1060 – ½ P 615/735.

🏨🏨 **Westminster Concorde,** 27 promenade des Anglais 🖉 93 88 29 44, Télex 460872, Fax 93 82 45 35, ≤, 🏊 – 🛗 🗐 🔟 ☎ – 🔬 40 à 250. 🖭 ⑩ ☜ 🚾　　p. 4 FZ **m**
Le Farniente (fermé dim. d'oct. à mai) (dîner seul. en juil.-août) **Repas** 160/190 – ☷ 70 – **102 ch** 500/1200.

🏨🏨 **West End,** 31 promenade des Anglais 🖉 93 88 79 91, Télex 460879, Fax 93 88 85 07, ≤, 🏊 – 🛗 🗐 🔟 ☎ – 🔬 150. 🖭 ⑩ ☜ 🚾 ℁ rest
Repas 99 (déj.), 170/260 🍷 – ☷ 60 – **126 ch** 600/1300, 5 appart – ½ P 430/930.　p. 4 FZ **p**

🏨🏨 **Pullman Nice** sans rest, 28 av. Notre-Dame 🖉 93 13 36 36, Télex 470662, Fax 93 62 61 69, « Jardin suspendu au 2ᵉ étage, 🏊 au 8ᵉ, ≤ » – 🛗 ⇔ ch 🗐 🔟 ☎ – 🔬 25 à 120. 🖭 ⑩ ☜ 🚾
☷ 70 – **201 ch** 595/930.　　　　　　　　　p. 4 FXY **q**

🏨🏨 **La Pérouse** 🏖, 11 quai Rauba-Capéu ⊠ 06300 🖉 93 62 34 63, Télex 461411, Fax 93 62 59 41, 🏊, « ≤ Nice et la Baie des Anges », 🏊 – 🛗 🗐 ch 🔟 ☎. 🖭 ⑩ ☜ 🚾 ℁ rest
Repas grill *(ouvert : 14 mai-16 sept.)* carte 160 à 230 – ☷ 80 – **62 ch** 480/1210, 3 appart.　　p. 5 HZ **k**

🏨🏨 **Park,** 6 av. de Suède 🖉 93 87 80 25, Télex 970176, Fax 93 82 29 27, ≤ – 🛗 🗐 🔟 ☎ 👌 – 🔬 100. 🖭 ⑩ ☜
Le Passage (fermé dim.) **Repas** 140/200 – ☷ 80 – **131 ch** 650/1250 – ½ P 710.　p. 4 FZ **x**

🏨🏨 **Atlantic,** 12 bd V. Hugo 🖉 93 88 40 15, Fax 93 88 68 60, 🏊 – 🛗 🗐 🔟 ☎ – 🔬 30 à 80. 🖭 ⑩ ☜ 🚾
Repas 130/200 – ☷ 80 – **123 ch** 600/850 – ½ P 820/960.　　　　p. 4 FY **d**

🏨🏨 **Novotel** Ⓜ, 8-10 Parvis de l'Europe ⊠ 06300 🖉 93 13 30 93, Télex 460243, Fax 93 13 09 04, 🏊, 🏊 – 🛗 ⇔ ch 🔟 🖭 ☎ 👌 ⇔ – 🔬 90. 🖭 ⑩ ☜ 🚾　p. 5 JX **v**
Repas carte 140 à 190 🍷, enf. 50 – ☷ 50 – **173 ch** 590.

🏨🏨 **Mercure Baie des Anges** Ⓜ sans rest, 2 r. Halévy 🖉 93 82 30 88, Télex 970656, Fax 93 82 18 20 – 🛗 ⇔ ch 🔟 🖭 ☎ – 🔬 25. 🖭 ⑩ ☜
☷ 70 – **120 ch** 520/890.　　　　　　　　　p. 4 FZ **v**

🏨🏨 **Mercure Masséna** Ⓜ sans rest, 58 r. Gioffredo 🖉 93 85 49 25, Télex 470192, Fax 93 62 43 27 – 🛗 ⇔ ch 🗐 🔟 🖭 ☎ ⇔. 🖭 ⑩ ☜ 🚾
☷ 65 – **116 ch** 520/795.　　　　　　　　　p. 5 GZ **k**

🏨🏨 **Ambassador** sans rest, 8 av. Suède 🖉 93 87 90 19, Fax 93 82 14 90 – 🛗 ⇔ ch 🗐 🔟 ☎ 👌. 🖭 ⑩ ☜ 🚾
fermé déc. et janv. – ☷ 50 – **45 ch** 520/850.　　　　　　p. 4 FZ **x**

🏨🏨 **Napoléon** sans rest, 6 r. Grimaldi 🖉 93 87 70 07, Télex 460949, Fax 93 16 17 80, 🏋 – 🛗 🗐 🔟 ☎. 🖭 ⑩ ☜
☷ 65 – **83 ch** 500/700.　　　　　　　　　p. 4 FZ **r**

RÉPERTOIRE DES RUES

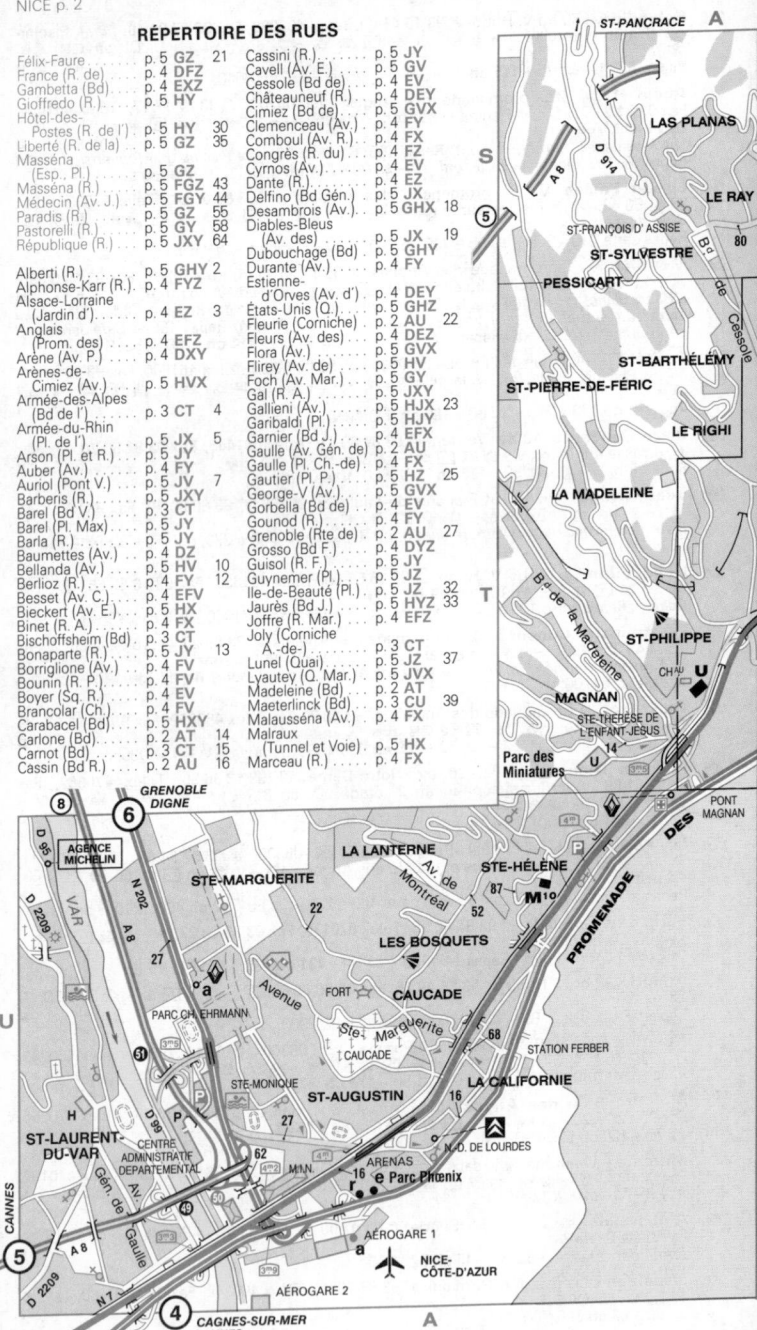

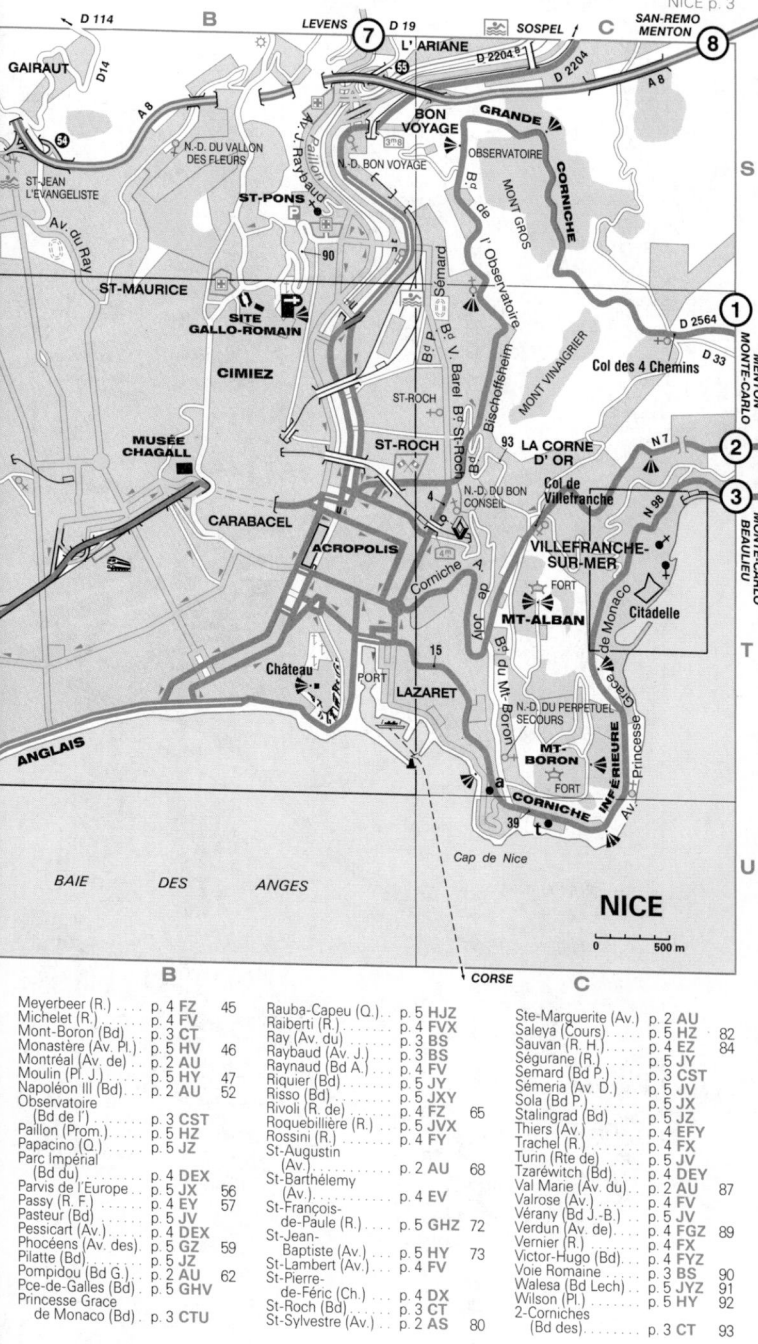

LEVENS
SOSPEL
SAN-REMO
MENTON
D 114
L'ARIANE
D 19

GAIRAUT
BON VOYAGE
GRANDE CORNICHE
ST-JEAN L'EVANGELISTE
N.-D. DU VALLON DES FLEURS
N.-D. BON VOYAGE
OBSERVATOIRE
ST-PONS
ST-MAURICE
SITE GALLO-ROMAIN
CIMIEZ
Col des 4 Chemins
MONT GROS
MONT VINAIGRIER
MUSÉE CHAGALL
ST-ROCH
LA CORNE D'OR
Col de Villefranche
CARABACEL
N.-D. DU BON CONSEIL
ACROPOLIS
VILLEFRANCHE-SUR-MER
FORT
MT-ALBAN
Citadelle
Château
N.-D. DU PERPÉTUEL SECOURS
PORT
LAZARET
MT-BORON
FORT
ANGLAIS
CORNICHE INFÉRIEURE
Cap de Nice
BAIE DES ANGES
NICE
0   500 m
CORSE

MENTON MONTE-CARLO
MONTE-CARLO BEAULIEU

NICE

🏰🏰 **Petit Palais** � sans rest, 10 av. E. Bieckert 🖋 93 62 19 11, Fax 93 62 53 60, ≼ Nice et mer – 🛗 📺 ☎ 🆎 ⑩ 🕾 🇯🇨🇧   p. 5 HX **p**
□ 50 – **25 ch** 530/780.

🏰🏰 **La Malmaison**, 48 bd V. Hugo 🖋 93 87 62 56, Fax 93 16 17 99 – 🛗 📼 ☎ 🆎 ⑩ 🕾
Repas *(fermé 15 nov. au 15 déc. et lundi)* 79 (déj.). 90/220 – □ 50 – **50 ch** 350/550 –
½ P 415.   p. 4 FYZ **e**

🏰 **Windsor**, 11 r. Dalpozzo 🖋 93 88 59 35, Télex 970072, Fax 93 88 94 57, ℔, ⛲, ☞ – 🛗
📼 ch 📺 ☎ 🆎 ⑩ 🕾 🕸 rest   p. 4 FZ **f**
Repas (snack) *(fermé dim.)* carte 130 à 180 – □ 40 – **60 ch** 415/670 – ½ P 435/495.

🏰 **Apogia** M sans rest, 26 r. Smollett ⊠ 06300 🖋 93 89 18 88, Fax 93 89 16 06 – 🛗 ⥮ ch 📼
📺 ☎ ⑤ ⇔. 🆎 ⑩ 🕾   p. 5 JY **e**
□ 50 – **101 ch** 470.

🏰 **Gounod** sans rest, 3 r. Gounod 🖋 93 88 26 20, Télex 461705, Fax 93 88 23 84 – 🛗 📼 📺
☎ ℗. 🆎 ⑩ 🕾 🇯🇨🇧   p. 4 FYZ **g**
□ 30 – **41 ch** 520/600, 6 appart.

🏰 **Vendôme** sans rest, 26 r. Pastorelli 🖋 93 62 00 77, Télex 461762, Fax 93 13 40 78 – 🛗 📼
📺 ☎ ℗. 🆎 ⑩ 🕾 🇯🇨🇧   p. 5 GY **f**
□ 40 – **56 ch** 390/550, 5 duplex.

🏰 **Gourmet Lorrain**, 7 av. Santa Fior ⊠ 06100 🖋 93 84 90 78, Fax 92 09 11 25, 🍽 – 📼 📺
☎. 🆎 ⑩ 🕾 🇯🇨🇧   p. 4 FV **n**
Repas *(fermé sam. midi, dim. soir et lundi midi)* 95 (déj.), 150/190 – □ 30 – **11 ch** 250/300 –
½ P 250.

🏰 **Grimaldi** M sans rest, 15 r. Grimaldi 🖋 93 87 73 61, Fax 93 88 30 05 – 🛗 📼 📺 ☎. 🆎 ⑩
🕾   p. 4 FY **s**
□ 50 – **24 ch** 600/800.

🏰 **Victoria** sans rest, 33 bd V. Hugo 🖋 93 88 39 60, Fax 93 88 39 60, ☞ – 🛗 📼 📺 ☎. 🆎 ⑩
🕾 🇯🇨🇧   p. 4 FYZ **z**
39 ch □ 580/690.

🏰 **Chatham** M sans rest, 9 r. A. Kaar 🖋 93 87 80 61, Télex 970753, Fax 93 82 30 97 – 🛗 📼
📺 ☎. 🆎 ⑩ 🕾 🇯🇨🇧   p. 4 FY **x**
□ 10 – **49 ch** 400/680.

🏰 **Durante** � sans rest, 16 av. Durante 🖋 93 88 84 40, Fax 93 87 77 76, ☞ – 🛗 cuisinette
📼 ☎ ℗. 🕾. 🕸   p. 4 FY **b**
fermé 13 nov. au 15 déc. – □ 45 – **28 ch** 240/450.

🏰 **Brice**, 44 r. Mar. Joffre 🖋 93 88 14 44, Télex 470658, Fax 93 87 38 54, 🍽, ℔, ☞ – 🛗 📼
☎ – ⚖ 30. 🆎 ⑩ 🕾. 🕸 rest   p. 4 FZ **b**
Repas 125 – □ 40 – **61 ch** 442/706 – ½ P 385/491.

🏰 **Agata** sans rest, 46 bd Carnot ⊠ 06300 🖋 93 55 97 13, Fax 93 55 67 38, ≼ – 🛗 📼 📼 ☎
⇔. 🆎 ⑩ 🕾   p. 5 JZ **s**
□ 40 – **45 ch** 400/550.

🏰 **Gd Hôtel de Florence** sans rest, 3 r. P. Déroulède 🖋 93 88 46 87, Télex 470652,
Fax 93 88 43 65 – 🛗 📼 📺 ☎. 🆎 ⑩ 🕾   p. 5 GY **r**
□ 35 – **57 ch** 350/510.

🏰 **Nouvel H.** sans rest, 19 bis bd V. Hugo 🖋 93 87 15 00, Fax 93 16 00 67 – 🛗 📼 📺 ☎. 🆎
⑩ 🕾   p. 4 FY **v**
□ 15 – **60 ch** 343/466.

🏰 **Busby**, 38 r. Mar. Joffre 🖋 93 88 19 41, Télex 461053, Fax 93 87 73 53 – 🛗 📼 📺 ☎. 🆎 ⑩
🕾 🇯🇨🇧   p. 4 FZ **u**
hôtel : fermé 15 nov. au 20 déc. ; rest. : ouvert 20 déc.-31 mai – **Repas** 120 ℥ – □ 35 – **80 ch**
475/650.

🏰 **Georges** � sans rest, 3 r. H. Cordier 🖋 93 86 23 41, Fax 93 44 02 30 – 🛗 📼 📺 ☎ ℗. 🆎
🕾   p. 4 DZ **e**
□ 33 – **18 ch** 320/450.

🏰 **Carlton** sans rest, 26 bd V. Hugo 🖋 93 88 87 83, Fax 93 88 18 87 – 🛗 📼 ☎. 🆎 ⑩ 🕾
🇯🇨🇧   p. 4 FY **w**
□ 35 – **29 ch** 350/600.

🏰 **Oasis** � sans rest, 23 r. Gounod 🖋 93 88 12 29, Fax 93 16 14 40, ☞ – 🛗 📼 📺 ☎ ℗. 🆎 ⑩
🕾   p. 4 FY **r**
□ 38 – **38 ch** 340/420.

🏰 **Kent** sans rest, 16 r. Chauvain 🖋 93 80 76 11, Télex 461784, Fax 93 80 02 94 – 🛗 📼 📺 ☎.
🆎 ⑩ 🕾 🇯🇨🇧   p. 5 GY **b**
□ 35 – **32 ch** 350/440.

🏠 **La Fontaine** M sans rest, 49 r. France 🖋 93 88 30 38, Fax 93 88 98 11 – 🛗 📼 📺 ☎. 🆎
🕾. 🕸   p. 4 FZ **t**
□ 40 – **29 ch** 400/500.

🏠 **St-Georges** sans rest, 7 av. G. Clemenceau 🖋 93 88 79 21, Fax 93 16 22 85 – 🛗 📼 ☎.
🕾   p. 4 FY **y**
□ 32 – **30 ch** 260/330.

🏠 **Armenonville** � sans rest, 20 av. Fleurs 🖋 93 96 86 00, ☞ – 📼 ☎ ℗. 🕸
□ 30 – **13 ch** 250/525.   p. 4 EZ **b**

🏠 **Buffa** sans rest, 56 r. Buffa *℘* 93 88 77 35, Fax 93 88 83 39 – 🖵 📺 ☎. ⚿ ⚏
🛏 30 – **13 ch** 280/380.　　　　　　　　　　　　　　　　　　　　　　　p. 4　EZ　**r**

🏠 **Trianon** sans rest, 15 av. Auber *℘* 93 88 30 69, Fax 93 88 11 35 – 📶 📺 ☎. ⚿ ⓞ ⚏
🛏 35 – **32 ch** 230/350.　　　　　　　　　　　　　　　　　　　　　　　p. 4　FY　**u**

🏠 **Harvey** sans rest, 18 av. Suède *℘* 93 88 73 73, Fax 93 82 53 55 – 📶 🖵 ☎. ⚿ ⓞ ⚏ ᴊᴄʙ
🛏　　　　　　　　　　　　　　　　　　　　　　　　　　　　　　　　　p. 4　FZ　**h**
20 fév.-31 oct. – 🛏 30 – **62 ch** 250/360.

🏠 **Régence** sans rest, 21 r. Masséna *℘* 93 87 75 08, Télex 460204, Fax 93 82 41 31 – 📶 🖵
📺 ☎. ⚿ ⓞ ⚏ ᴊᴄʙ　　　　　　　　　　　　　　　　　　　　　　　p. 4　FZ　**q**
🛏 30 – **40 ch** 330/380.

🏠 **Star H.** sans rest, 14 r. Biscarra *℘* 93 85 19 03, Fax 93 13 04 23 – 📺 ☎. ⚿ ⓞ ⚏ ᴊᴄʙ
🛏 25 – **19 ch** 220/320.　　　　　　　　　　　　　　　　　　　　　　p. 5　GY　**k**

🏠 **Marbella** sans rest, 120 bd Carnot ✉ 06300 *℘* 93 89 39 35, Fax 92 04 22 56, ≤ littoral –
📺 ☎. ⚿ ⚏. ⚘　　　　　　　　　　　　　　　　　　　　　　　　　p. 3　CT　**a**
🛏 30 – **17 ch** 230/430.

🏠 **Carlone** sans rest, 2 bd F. Grosso *℘* 93 44 71 61 – 📺 ☎. ⚿ ⚏　　　p. 4　EZ　**n**
🛏 25 – **22 ch** 230/270.

🏠 **Alizé** sans rest, 65 r. Buffa *℘* 93 88 99 46 – 🖵 ☎. ⚏　　　　　　　　　p. 4　EZ　**y**
🛏 30 – **12 ch** 260/320.

✗✗✗✗✗ ❀❀ **Chantecler** - Hôtel Négresco, 37 promenade des Anglais *℘* 93 88 39 51, Télex 460040,
Fax 93 88 35 68 – 🖵. ⚿ ⓞ ⚏ ᴊᴄʙ　　　　　　　　　　　　　　　　p. 4　FZ　**k**
fermé mi-nov. à mi-déc. – **Repas** 250 bc (déj.), 390/550 et carte 390 à 540
Spéc. Ravioli ouvert aux artichauts, pointes d'asperges et langoustines (janv. à mi-mai). Filets de daurade royale, jus de
légumes à la grecque. Composition de rougets aux courgettes, tomates et basilic en aïoli. **Vins** Côtes de Provence.

✗✗✗ ❀ **Florian** (Gillon), 22 r. A. Karr *℘* 93 88 86 60, Fax 93 87 31 98 – 🖵. ⚿ ⚏　p. 4　FY　**k**
fermé 1ᵉʳ juil. au 31 août., sam. midi et dim. – **Repas** 189 (déj.), 250/350 et carte 230 à 340
Spéc. Ravioles de daube niçoise aux truffes. Filets de rougets à la grassoise. Selle d'agneau de Sisteron et son tian.
Vins Côtes de Provence.

✗✗✗ **L'Ane Rouge,** 7 quai Deux-Emmanuel ✉ 06300 *℘* 93 89 49 63 – ⚿ ⓞ ⚏
fermé 20 juil. au 1ᵉʳ sept., sam. et dim. – **Repas** carte 350 à 490.　　　　p. 5　JZ　**m**

✗✗ **Flo,** 4 r. S. Guitry *℘* 93 13 38 38, Fax 93 13 38 39, brasserie, « Ancien théatre » – 🖵. ⚿
ⓞ ⚏　　　　　　　　　　　　　　　　　　　　　　　　　　　　　p. 5 GYZ　**m**
Repas 99 bc/141 bc.

✗✗ **Les Dents de la Mer,** 2 r. St-François-de-Paule ✉ 06300 *℘* 93 80 99 16, Fax
93 85 05 78, 🍴, « Décor original de galion englouti » – 🖵. ⚿ ⓞ ⚏ ᴊᴄʙ
Repas - produits de la mer - 145/198.　　　　　　　　　　　　　　　　p. 5　HZ　**n**

✗✗ **Boccaccio,** 7 r. Masséna *℘* 93 87 71 76, Fax 93 82 09 06, « Décor de Caravelle » – 🖵.
⚿ ⚏　　　　　　　　　　　　　　　　　　　　　　　　　　　　　p. 5　GZ　**f**
Repas - produits de la mer - 99 bc et carte 230 à 380.

✗✗ **Don Camillo,** 5 r. Ponchettes ✉ 06300 *℘* 93 85 67 95 – 🖵. ⚏　　　　p. 5　HZ　**h**
fermé dim. – **Repas** - cuisine niçoise et italienne - 200/300.

✗✗ **La Toque Blanche,** 40 r. Buffa *℘* 93 88 38 18 – 🖵. ⚿ ⓞ ⚏　　　p. 4　FZ　**n**
fermé dim. et lundi en juil.-août – **Repas** (nombre de couverts limités, prévenir) 140/290.

✗✗ **Chez Rolando,** 3 r. Desboutins ✉ 06300 *℘* 93 85 76 79 – 🖵. ⚿ ⓞ ⚏ ᴊᴄʙ　p. 5　GZ　**n**
fermé juil., le midi en août, dim. et fériés – **Repas** - cuisine italienne - 100 bc (déj.)/250 ♨.

✗✗ **Aux Gourmets,** 12 r. Dante *℘* 93 96 83 53 – 🖵. ⚿ ⓞ ⚏ ᴊᴄʙ　　　p. 4　EZ　**w**
fermé 24 juin au 18 juil., dim. soir et lundi – **Repas** 88/235.

✗✗ **Bông-Laï,** 14 r. Alsace-Lorraine *℘* 93 88 75 36 – 🖵. ⚿ ⓞ ᴊᴄʙ　　　p. 4　FX　**n**
fermé 7 au 27 déc., lundi et mardi – **Repas** - cuisine vietnamienne - carte 165 à 280.

✗✗ **Allegro,** 6 pl. Guynemer ✉ 06300 *℘* 93 56 62 06, Fax 93 56 38 28 – ⚿ ⚏　p. 5　JZ　**u**
fermé dim. – **Repas** - cuisine italienne - 125 et carte 200 à 310.

✗ **Le Bistrot du Florian,** 22 r. A. Karr *℘* 93 88 86 60, Fax 93 87 31 98 – 🖵. ⚏
fermé sam. midi et dim. – **Repas** carte 150 à 220.　　　　　　　　　　p. 4　FY　**k**

✗ **La Nissarda,** 17 r. Gubernatis *℘* 93 85 26 29 – ⚏
fermé août, dim. et fériés – **Repas** 60 bc (déj.), 78/138 ♨.　　　　　　p. 5　HY　**r**

✗ **L'Olivier,** 2 pl. Garibaldi ✉ 06300 *℘* 93 26 89 09 – 🖵. ⚿ ⚏. ⚘　　　p. 5　HY　**n**
fermé août, merc. soir et dim. – **Repas** carte 150 à 220 ♨.

✗ **La Casbah,** 3 r. Dr Balestre *℘* 93 85 58 81 – ⚏
fermé juil.-août, dim. soir et lundi midi – **Repas** - couscous - 105/120.　p. 5　GY　**a**

✗ **Mireille,** 19 bd Raimbaldi *℘* 93 85 27 23 – 🖵. ⚏
fermé 11 juin au 11 juil., 2 au 10 oct., lundi et mardi – **Repas** - plat unique : paella - 140/150.　　p. 5　GX　**d**

✗ **La Merenda,** 4 r. Terrasse ✉ 06300
fermé fév., août, sam., dim. et lundi – **Repas** - cuisine niçoise - carte environ 170.　p. 5　HZ　**a**

✗ **Aub. des Arts,** 9 r. Pairolière ✉ 06300 *℘* 93 85 63 53, Fax 93 81 00 41 – ⚏ ᴊᴄʙ
fermé dim. et lundi – **Repas** carte environ 180 ♨.　　　　　　　　　　p. 5　HY　**z**

à l'Aéroport : 7 km – ⊠ **06200** Nice :

🏨 **Quality Inn Nice Arenas** Ⓜ, 455 promenade des Anglais ℰ 93 21 22 50, Télex 461660, Fax 93 21 63 50 – |📱| ⇔ ch 🗏 📺 🕿 🕭 ℗ – 🛦 200. 🖭 ⑩ ☞ ⃦ᴄᴮ p. 2 AU **r**
Repas 90/125 ₰, enf. 50 – ☲ 45 – **130 ch** 410/490.

🏨 **Campanile**, 459 promenade des Anglais ℰ 93 21 20 20, Fax 93 83 83 96 – |📱| ⇔ ch 🗏 📺 🕿 ₷, ⇦ – 🛦 25 à 80. 🖭 ⑩ ☞ p. 2 AU **e**
Repas 90 bc/117 bc, enf. 39 – ☲ 32 – **170 ch** 370.

✕✕✕ **Ciel d'Azur**, aérogare 1, 2ᵉ étage ℰ 93 21 36 36, Fax 93 21 35 31 – 🗏. 🖭 ⑩ ☞
Repas 160/290 et carte 160 à 230. p. 2 AU **a**

à St-Pancrace N : 8 km par D 914 AS – alt. 302 – ⊠ **06100** Nice :

✕✕ **Cicion**, ℰ 92 09 95 09, ≤ Nice et littoral, ⇷ – ℗. 🖭 ☞
fermé 3 au 31 janv., vacances de Toussaint, merc. sauf juil.-août et le soir de sept. à juin –
Repas (en saison, prévenir) 160/220.

MICHELIN, Agence régionale, ZI, quartier Pugets à St-Laurent-du-Var par ⑤ AU
ℰ 93 31 66 09

BMW Gar. Azur-Autos, Nice la Plaine 1 Contre
Allée RN 202 ℰ 93 18 22 00
CITROEN Succursale, 74, bd R.-Cassin AU
ℰ 93 72 66 66 Ⓝ ℰ 93 89 80 89
CITROEN Succursale, Complexe J. Bouin - Palais
des Sports HJX ℰ 93 13 67 67 Ⓝ ℰ 93 89 80 89
FORD Nice Est Autom., 9 bd de l'Armée des Alpes
ℰ 93 89 03 73
FORD Alpes Auto, 58 av. de St-Augustin
ℰ 93 18 22 93
MERCEDES Succursale, 83 bd Gambetta
ℰ 93 96 15 49 Ⓝ ℰ 05 24 24 30
MITSUBISHI, PORSCHE Somédia, 1 et 3 av.
Notre-Dame ℰ 93 92 44 12
OPEL Détroit-Motors, 87 r. de France
ℰ 93 87 62 45
PEUGEOT Gds Gar. Nice et Littoral, 132 bd Pasteur
HV ℰ 93 62 20 26 Ⓝ ℰ 92 06 36 25
RENAULT Gar. Macagno, 17 av. de la Californie AU
ℰ 93 86 59 81
RENAULT Gar. des Résidences, 9 r. Combattants
en AFN ℰ 93 88 18 59

RENAULT Succursale, 254 rte de Grenoble AU **a**
ℰ 93 14 22 22 Ⓝ ℰ 05 05 15 15
RENAULT Succursale de Nice Riquier, 2 bd
Armée-des-Alpes CT ℰ 93 14 20 20 Ⓝ
ℰ 05 05 15 15
V.A.G S.M.A., 146 rte de Turin ℰ 92 00 35 35 Ⓝ
ℰ 93 29 87 87

⑩ Cagnol, 3 r. Gare-du-Sud 7 bd J.-Garnier
ℰ 93 84 52 29
Euromaster, angle R.-Nicot de Villemain et 17 bd
P.-Montel ℰ 93 83 10 92
Euromaster, 10-12 rte de Laghet à la Trinité
ℰ 93 54 76 00
Nice-Pneu, 14 r. L.-Ackermann ℰ 93 87 49 07
Office du Pneu, 116 bd Gambetta ℰ 93 88 45 84
Omnium-Niçois du C/c, 298 rte de Turin
ℰ 93 27 91 00
Vulca-202, 762 rte de Grenoble ℰ 93 08 14 84

▬▬ **NIEDERBRONN-LES-BAINS** 67110 B.-Rhin 🗗🗗 ⑱ ⑲ G. Alsace Lorraine – 4 372 h alt. 192 – Stat. therm.
– Casino.

🖪 Office de Tourisme pl. Hôtel de Ville ℰ 88 80 89 70.

Paris 460 – ◆Strasbourg 50 – Haguenau 21 – Sarreguemines 56 – Saverne 44 – Wissembourg 33.

🏨 **Gd Hôtel** ⍃ sans rest, av. Foch ℰ 88 09 02 60, Fax 88 80 31 82, ⇷ – |📱| ⇔ ch 📺 🕿 ℗.
🖭 ⑩ ☞
fermé 30 janv. au 17 fév. – ☲ 40 – **60 ch** 300/550.

🏨 **Muller** Ⓜ ⍃, av. Libération ℰ 88 63 38 38, Télex 871327, Fax 88 63 38 39, ⇷, parc, ₶,
↘ ▬ 📺 🕭 ₷, ⇦ ℗ – 🛦 50. 🖭 ⑩ ☞. ❄ rest
Repas *(fermé 9 au 31 janv. et lundi)* 54/198 ₰, enf. 46 – ☲ 38 – **43 ch** 345/395 – ½ P 355.

🏨 **Bristol**, pl. H. de Ville ℰ 88 09 61 44, Fax 88 09 01 20 – |📱| 🗏 rest 📺 🕿 ℗. 🖭 ⑩ ☞ ⃦ᴄᴮ
fermé 27 déc. au 27 janv. – **Repas** *(fermé merc.)* 65/320 ₰, enf. 45 – ☲ 30 – **28 ch** 200/310 –
½ P 265/320.

🏨 **Cully,** r. République ℰ 88 09 01 42, Fax 88 09 05 80, ⇷ – |📱| 🕿 ℗. 🖭 ⑩ ☞
Repas *(fermé 23 oct. au 5 nov., vacances de fév., mardi soir et merc. hors sais.)* 50/200 ₰ –
☲ 29 – **39 ch** 165/280 – ½ P 220/230.

✕✕✕ **Parc**, pl. Thermes ℰ 88 09 66 48, Fax 88 80 38 75, ⇷ – 🖭 ⑩ ☞
fermé 30 janv. au 17 fév. et jeudi – **Repas** 120/315 et carte 210 à 320 ₰.

✕✕ **Les Acacias**, 35 r. Acacias ℰ 88 09 00 47, Fax 88 80 83 33, ⇷ – ℗. 🖭 ☞
fermé 1ᵉʳ au 15 sept., 21 janv. au 10 fév., sam. midi de sept. à mai et vend. – **Repas** 62 (déj.),
88/280 ₰, enf. 55.

CITROEN Gar. krebs, ℰ 88 09 03 66

RENAULT Gar. Moderne, 22 r. des Romains à
Reichshoffen ℰ 88 09 04 58 Ⓝ ℰ 88 09 04 58

▬▬ **NIEDERHASLACH** 67280 B.-Rhin 🗗🗗 ⑨ G. Alsace Lorraine – 1 088 h alt. 255.

Voir Église★.

Paris 481 – ◆Strasbourg 39 – Molsheim 13 – St-Dié 55 – Saverne 32.

🏨 **Pomme d'Or**, face église ℰ 88 50 90 21, Fax 88 50 95 17 – 📺 🕿. ☞. ❄ ch
fermé 23 au 30 juin, fév., dim. soir et lundi d'oct. à avril – **Repas** 52 (déj.), 70/160 ₰ – ☲ 33 –
20 ch 160/270 – ½ P 240.

RENAULT Gar. Ludwig, ℰ 88 50 90 08 Ⓝ ℰ 88 50 90 08

Paris 473 – ◆Strasbourg 23 – Haguenau 6 – Saverne 31.

XX **Au Boeuf Rouge** avec ch, ℘ 88 73 81 00, Fax 88 73 89 71, ☞ – ▥ ☎ Ⓟ – 🛏 50. ᴀᴇ ⓞ
GB
fermé 10 au 30 juil., vacances de fév., dim. soir et lundi sauf fêtes – **Repas** 115/300 ♨, enf. 50
– ⬜ 34 – **15 ch** 250/280 – ½ P 240/250.

Paris 462 – ◆Strasbourg 67 – Bitche 24 – Haguenau 35 – Lembach 9 – Wissembourg 24.

🏠 **Cheval Blanc** ⑤, ℘ 88 09 55 31, Fax 88 09 50 24, ☞, ⼳, ☞, ※ – ☎ Ⓟ. GB
fermé 19 au 30 juin, 1ᵉʳ au 10 déc. et 1ᵉʳ fév. au 10 mars – **Repas** *(fermé vend. midi hors sais.
et jeudi)* 89/270 ♨ – ⬜ 46 – **29 ch** 260/330 – ½ P 280/330.

Paris 436 – Angoulême 41 – Confolens 25 – ◆Limoges 64 – Nontron 51 – Ruffec 34.

🏰 ⊛ **Château de Nieuil** (Mme Bodinaud) ⑤, à l'Est par D 739 et VO ℘ 45 71 36 38,
Fax 45 71 46 45, ≼, ☞, « Belle demeure Renaissance dans un parc », ⼳, ※ – ▤ ▥ ☎
⬤⇒ – 🛏 30. ᴀᴇ ⓞ GB
28 avril-2 nov. – **Repas** (nombre de couverts limité - prévenir) 185 (déj.), 240/320 et carte 270
à 370 - *La Grange aux Oies* (1ᵉʳ mars-17 avril, 15 déc.-28 fév., et fermé dim. soir et lundi)
Repas 160 bc, enf. 80 – ⬜ 75 – **11 ch** 630/1350, 3 appart – ½ P 735/952
Spéc. Croustillant de poireaux aux blancs de seiche, sauce tartare. Rascasse cuite sur peau, crème de langoustines.
Côtes d'agneau au serpolet, pommes de terre à la "guenille".

L'EUROPE en une seule feuille
Cartes Michelin n° 970 (routière, pliée) et n° 973 (politique, plastifiée).

NÎMES

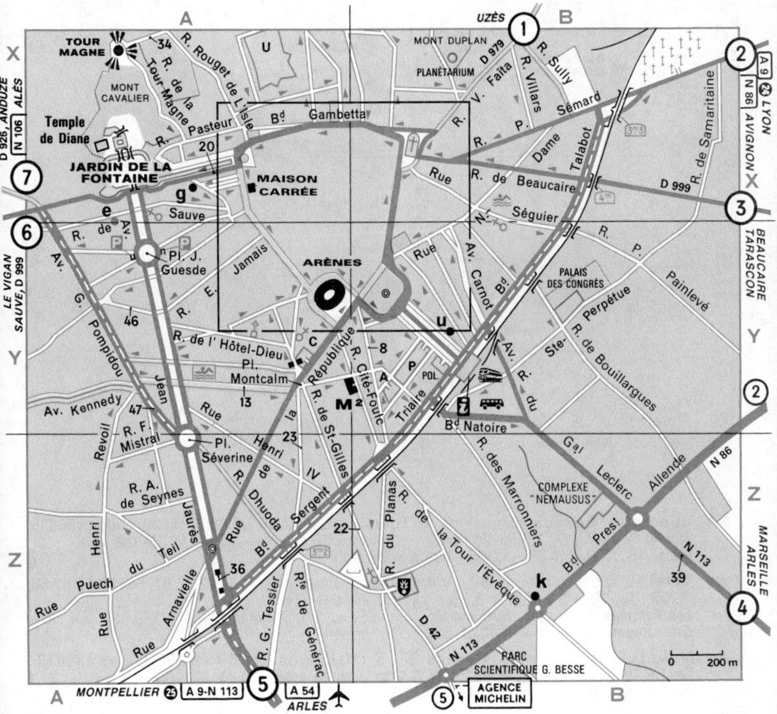

Voir Arènes★★★ CV – Maison Carrée★★★ CU : musée des Antiques★ – Jardin de la Fontaine★★
AX : Tour Magne★, ≤★ – Intérieur★ de la chapelle des Jésuites DU **B** – Musées : Archéologie★
DU **M**¹, Beaux-Arts★ ABY **M**², Vieux Nîmes★ CU **M**³.

🛫 de Nîmes-Arles-Camargue 𝒫 66 70 17 37, par ⑤ : 11 km ; 🛫 des Hauts-de-Nîmes à
Vacquerolles 𝒫 66 23 33 33, E : 6 km par ⑦.

🚲 de Nîmes-Camargue : 𝒫 66 70 06 88, par ⑤ : 8 km.

🅱 Office de Tourisme et Accueil de France 6 r. Auguste 𝒫 66 67 29 11, Télex 490926, fax 66 21 81 04 et à la
gare SNCF 𝒫 66 84 18 13 – A.C. 5 bd Talabot 𝒫 66 29 12 54.

Paris 711 ② – ◆Montpellier 54 ⑤ – Aix-en-Provence 107 ④ – Avignon 44 ② – ◆Clermont-Ferrand 332 ② –
◆Grenoble 245 ② – ◆Lyon 251 ② – ◆Marseille 118 ④ – ◆Nice 279 ④ – ◆St-Étienne 268 ②.

Plan page précédente

NÎMES

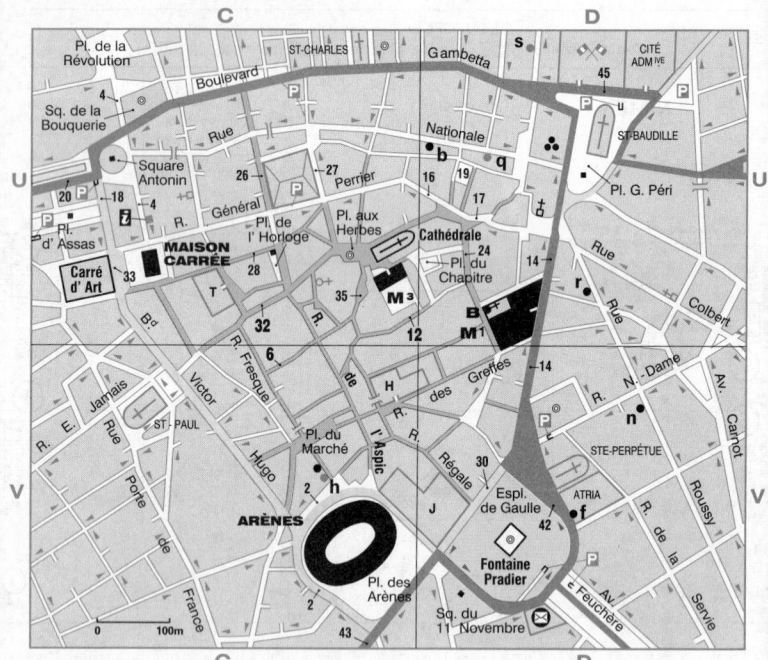

🏨 **Imperator Concorde,** quai de la Fontaine ✉ 30900 𝒫 66 21 90 30, Télex 490635,
Fax 66 67 70 25, 🌳, « Jardin fleuri » – 📱 ▤ 🆑 cw ☎ ⟷ – 🔬 50. 🅰🅴 ⓞ ⒼⒷ ⒿⓒⒷ
Repas 150/260, enf. 85 – ⟳ 65 – **62 ch** 530/1000.   AX **g**

🏨 **Vatel** Ⓜ (École hôtelière), 140 r. Vatel par av. Kennedy AY 𝒫 66 62 57 57, Fax 66 62 57 50,
≤, 🌳, 🏋, 🖭, – 📱 ▤ 🆑 cw ☎ & 🅿 – 🔬 100. ⓞ ⒼⒷ ⒿⓒⒷ
Les Palmiers (6ᵉ étage) (fermé août, dim. soir et lundi) **Repas** 110(déj.), 130/190, enf. 85 –
Grill : Repas 119, – ⟳ 45 – **42 ch** 500/600, 4 appart.

🏨 **Novotel Atria Nîmes Centre** Ⓜ, 5 bd Prague 𝒫 66 76 56 56, Télex 485618,
Fax 66 76 26 36 – 📱 ⚡ ch ▤ cw ☎ & ⟷ – 🔬 25 à 480. 🅰🅴 ⓞ ⒼⒷ ⒿⓒⒷ
Repas 120, enf. 50 – ⟳ 50 – **119 ch** 470/520.   DV **f**

🏨🏨 **New Hôtel La Baume** Ⓜ, 21 r. Nationale ℰ 66 76 28 42, Fax 66 76 28 45, « Hôtel
particulier du Vieux Nîmes » – 🛗 🗏 📺 ☎ ⚄. ஊ ⑩ ⵍ ᴊᴄв   DU **b**
Repas *(fermé dim.)* 90/105 🍷, enf. 36 – ⵎ 40 – **33 ch** 350.

🏨🏨 **L'Orangerie** Ⓜ, 755 r. Tour de l'Évêque ℰ 66 84 50 57, Fax 66 29 44 55, �ில – 🗏 📺 ☎ ⚄
🅟 – 🀤 30. ஊ ⑩ ⵍ ᴊᴄв   BZ **k**
Repas 110 (déj.), 150/250, enf. 70 – ⵎ 45 – **31 ch** 390/500 – ½ P 315/370.

🏨 **Tuileries** sans rest, 22 r. Roussy ℰ 66 21 31 15, Fax 66 67 48 72 – 🛗 🗏 📺 ☎ 🚗. ஊ ⑩
ⵍ ᴊᴄв   DV **n**
ⵎ 40 – **11 ch** 260/320.

🏨 **Plazza** Ⓜ sans rest, 10 r. Roussy ℰ 66 76 16 20, Fax 66 67 65 99 – 🛗 🗏 📺 ☎ 🚗. ஊ ⑩
ⵍ ᴊᴄв   DU **r**
fermé du 1ᵉʳ au 15 janv. – ⵎ 48 – **28 ch** 255/420.

🏨 **Milan** sans rest, 17 av. Feuchères ℰ 66 29 29 90, Fax 66 29 05 31 – 🛗 📺 ☎. ⵍ   BY **u**
ⵎ 30 – **33 ch** 190/290.

🏨 **Amphithéâtre** sans rest, 4 r. Arènes ℰ 66 67 28 51, Fax 66 67 07 79 – 📺 ☎. ⵍ   CV **h**
fermé 22 déc. au 28 janv. – ⵎ 33 – **17 ch** 175/250.

XX **Le Magister**, 5 r. Nationale ℰ 66 76 11 00, Fax 66 67 21 05 – 🗏. ஊ ⑩ ⵍ ᴊᴄв   DU **q**
*fermé 15 août, vacances de fév., sam. midi et dim. soir de sept. à mai, sam. et
dim. de juin à août* – **Repas** 150 bc/240, enf. 70.

XX **Le Jardin d'Hadrien**, 11 r. Enclos Rey ℰ 66 21 86 65, Fax 66 21 54 42, 🌡 – ⵍ   DU **s**
*fermé 27 août au 7 sept., 29 oct. au 8 nov., vacances de fév. et dim. sauf le midi de sept. à
juin* – **Repas** 90/130.

XX **Le Lisita**, 2 bd Arènes ℰ 66 67 29 15, Fax 66 67 25 32 – ⵍ   CV **h**
fermé 1ᵉʳ au 20 août, dim. soir et sam. – **Repas** 125/170.

X **Lou Mas**, 5bis r. Sauve ✉ 30900 ℰ 66 23 24 71, Fax 66 62 07 02 – ஊ ⑩ ⵍ   AXY **e**
Repas 115 🍷.

par ④, N 113 puis rte de Caissargues par D 135 : 6,5 km – ✉ 30132 Caissargues :

🏨 **Climat de France**, ℰ 66 84 21 52, Fax 66 29 76 81, 🌡, 🏊, 🌳 – 🗏 rest 📺 ☎ ⚄ 🅟 –
🀤 30. ஊ ⑩ ⵍ
Repas 85/105 🍷, enf. 39 – ⵎ 34 – **44 ch** 270.

à Garons par ⑤, D 42 et D 442 : 9 km – 3 648 h. – ✉ 30128 :

XXX ❀ **Alexandre** (Kayser), ℰ 66 70 08 99, Fax 66 70 01 75, 🌡, « Jardin » – 🗏 🅟. ஊ ⵍ
*fermé 29/8 au 4/9, vacances de fév., dim. sauf le midi de sept. à juin et lundi sauf le soir en
juil.-août* – **Repas** 170 (déj.), 255/395
Spéc. Iles flottantes aux truffes de Provence (oct. à mai). Blanc de morue fraîche sur brandade. Fricassée de cailles en
paupiettes à la réglisse. **Vins** Costières de Nîmes, Châteauneuf-du-Pape.

près échangeur A9 - A54 parc hôtelier Ville Active par ⑤ : 3 km – ✉ 30900 Nîmes :

🏨🏨 **Mercure Nîmes-Ouest**, ℰ 66 84 14 55, Télex 490746, Fax 66 38 01 44, 🌡, 🏊, 🌳, ✖ –
🛗 ✤ ch 🗏 📺 ☎ ⚄ 🅟 – 🀤 25 à 80. ஊ ⑩ ⵍ
Repas 100, enf. 50 – ⵎ 50 – **98 ch** 350/460.

🏨 **César Palace**, ℰ 66 29 86 87, Télex 485768, Fax 66 84 72 76, 🌡 – 🛗 🗏 📺 ☎ ⚄ 🅟 –
🀤 400. ஊ ⑩ ⵍ ᴊᴄв
Repas 82/225 – ⵎ 40 – **54 ch** 330/400 – ½ P 336.

🏨 **Nimotel**, ℰ 66 38 13 84, Télex 490592, Fax 66 38 14 06, 🌡, 🏊 – 🛗 🗏 📺 ☎ ⚄ 🅟 –
🀤 80. ஊ ⑩ ⵍ ᴊᴄв
Repas 85/160 🍷, enf. 65 – ⵎ 35 – **180 ch** 250/290.

🏨 **Ibis**, ℰ 66 38 83 93, Télex 490180, Fax 66 29 19 56, 🌡, 🏊 – 🛗 ✤ ch 🗏 📺 ☎ ⚄ 🅟 –
🀤 40 à 80. ஊ ⑩ ⵍ
Repas 97 bc, enf. 40 – ⵎ 36 – **108 ch** 275/305.

à St-Côme-et-Maruéjols O : 15 km par av. Kennedy AY , D 40, D 14 et D 1 – ✉ 30870 :

XX ❀ **La Vaunage** (Villenueva), ℰ 66 81 33 29, 🌡 – ⵍ. ✖
fermé 1ᵉʳ au 18 mars, 1ᵉʳ au 18 sept., lundi et mardi – **Repas** carte 240 à 330
Spéc. Parmentière de homard et son coulis. Marinière de turbot aux parfums des garrigues. Coffret de compote de
pommes, caramel de cidre. **Vins** Costières de Nîmes, Coteaux du Languedoc.

ALFA ROMEO-NISSAN Auto-Sport, 2210 rte de
Montpellier ℰ 66 84 03 55
BMW Méridional-Autos, site km delta rte de
Montpellier ℰ 66 38 89 89
CITROEN K 2 Auto, 2290 rte de Montpellier par ⑤
ℰ 66 38 78 78 🔧 ℰ 66 29 26 26
FIAT Gar. Europe, 1976 av. Mar.-Juin
ℰ 66 84 04 40
FORD Méditerranée-Autom., 655 av. Mar.-Juin
ℰ 66 84 08 01

TOYOTA Gar. Veyrunes, bd Périphérique Sud, r.
F.-Cantier ℰ 66 26 40 40

🏵 Ayme Pneus, 2500 rte de Montpellier
ℰ 66 84 94 21
Escoffier-Pneus Vulcopneu, 2 et 4 r. République
ℰ 66 67 32 72
Escoffier-Pneus Vulcopneu, bd Périphérique Sud
ℰ 66 84 02 01

MERCEDES SODIRA, 328 rte d'Avignon
☏ 66 26 04 09 N ☏ 05 24 24 30
PEUGEOT Gds Gar. du Gard, 1667 av. Mar.-Juin
par ⑥ ☏ 66 84 69 11 N ☏ 66 20 90 67
RENAULT Succursale, 1412 av. Mar.-Juin par ⑥
☏ 66 62 72 72 N ☏ 66 87 94 61

Pneus Service Folcher, 2722 rte de Montpellier
☏ 66 84 85 40
Pneus Service Folcher, 55 bd Talabot ☏ 66 67 94 17
Rigon-Pneus, Arche, 18 bd Talabot ☏ 66 84 15 26
Sud Pneus, 128 bd Sergent-Triaire ☏ 66 84 70 94

Le Guide change, changez de guide tous les ans.

NIORT **P** 79000 Deux-Sèvres **71** ② G. Poitou Vendée Charentes – 57 012 h alt. 29.

Voir Donjon★ : salle de la chamoiserie et de la ganterie★ AY – Le Pilori★ BY.

Env. Château du Coudray-Salbart★ 10 km par ①.

⛳ Club Niortais ☏ 49 09 01 41, S : 3 km, à l'hippodrome.

7 Office de Tourisme pl. Poste ☏ 49 24 18 79, Fax 49 24 98 90 - Centrale de réservation hôtelière
☏ 49 24 98 92 – A.C. 1 av. République ☏ 49 24 90 80.

Paris 406 ② – La Rochelle 63 ⑤ – Angoulême 106 ③ – ♦Bordeaux 182 ④ – ♦Limoges 160 ③ – ♦Nantes 145 ⑥ –
Poitiers 74 ② – Rochefort 60 ⑤.

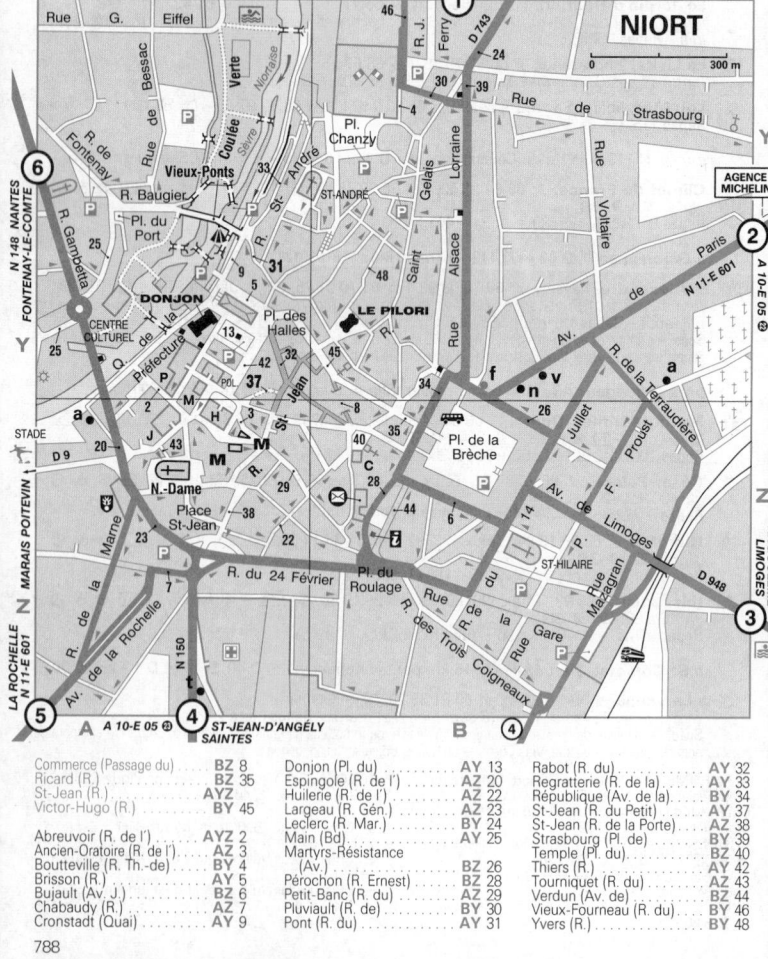

🏨 **Mercure Porte Océane** Ⓜ ⬦, 17 r. Bellune, ℰ 49 24 29 29, Télex 793120,
Fax 49 28 00 90, �️, 🏊, 🌳 – 📶 🍴 ch 🍽 ch 📺 ☎ ⛿ 🅿 – 🔏 80. 🅰🅴 🅾 🅶🅱
BY **a**
Repas *(fermé dim. midi et sam. du 15 oct. à Pâques)* 98/180, enf. 50 – 🖃 50 – **60 ch**
460/620.

🏨 **Gd Hôtel** sans rest, 32 av. Paris, ℰ 49 24 22 21, Fax 49 24 42 41, 🌳 – 📶 🍴 ch 📺 ☎. 🅰🅴
🅾 🅶🅱 🄹🄲🄱
BY **v**
🖃 40 – **39 ch** 275/435.

🏨 **Moulin** Ⓜ sans rest, 27 r. Espingole, ℰ 49 09 07 07, Fax 49 09 19 40 – 📶 📺 ☎ ⛿ 🅿. 🅰🅴
🅶🅱
AZ **a**
fermé Noël au Jour de l'An – 🖃 30 – **34 ch** 250/280.

🏨 **Paris** sans rest, 12 av. Paris, ℰ 49 24 93 78, Fax 49 28 27 57 – 📺 ☎ 🚗. 🅶🅱
BY **n**
fermé Noël au Jour de l'An – 🖃 35 – **44 ch** 190/300.

🏨 **Avenue** sans rest, 43 av. St-Jean-d'Angély, ℰ 49 79 28 42, Fax 49 73 10 85 – 📺 📧. 🅶🅱
🖃 28 – **20 ch** 105/250.
AZ **t**

🏨🏨 **Belle Étoile**, 115 quai M. Métayer (près périph. ouest) - AY- O : 2,5 km ℰ 49 73 31 29,
Fax 49 09 05 59, 🌍, – 🅿. 🅰🅴 🅾 🅶🅱
fermé 1ᵉʳ au 15 août, dim. soir et lundi – **Repas** 130/410 et carte 230 à 400, enf. 89.

🏨🏨 ❀ **Relais St-Antoine** (Cardin), pl. Brèche, ℰ 49 24 02 76, Fax 49 24 79 11, 🌍 – 🍽. 🅰🅴
🅾 🅶🅱
BY **f**
fermé vacances de printemps, vacances de fév., sam. midi et dim. – **Repas** 95 (déj.), 130/360
et carte 250 à 370, enf. 50
Spéc. Foie gras de canard du Poitou. Blanc de turbot au Pineau des Charentes. Pigeonneau du pays aux gousses d'ail
confites. **Vins** Anjou, Haut-Poitou.

par ② : 5 km sur N 11 – ✉ 79180 Chauray :

🏨 **Solana** Ⓜ sans rest, ℰ 49 33 33 33, Fax 49 33 33 33 – 📺 ☎ ⛿ 🅿 – 🔏 30. 🅰🅴 🅾 🅶🅱. 🎇
🖃 36 – **50 ch** 270/300.

🏨🏨 **Victor**, 685 av. de Paris, ℰ 49 33 13 70, Fax 49 33 31 00, 🌍 – 🍽 🅿. 🅰🅴 🅾 🅶🅱
fermé sam. midi et dim. – **Repas** 85/180 🍷.

par ② et D 5 rte Chavagné : 11 km – ✉ 79260 La Crèche :

🏨🏨 **des Rocs** Ⓜ ⬦, ℰ 49 25 50 38, Fax 49 05 31 57, ≼, 🌍, parc, 🦶, 🏊, 🎇 – 📺 ☎ ⛿ 🅿 –
🔏 50. 🅰🅴 🅾 🅶🅱
Le Golden (fermé vacances de fév. et sam. midi) **Repas** 150/380, enf. 70 – *La Rôtisserie
(fermé juin à fin sept.)* **Repas** 100 🍷, enf. 70 – 🖃 45 – **51 ch** 350/520 – ½ P 390/440.

sur autoroute A 10 aire Les Ruralies ou accès de Niort par ③ et VO : 9 km – ✉ 79230
Prahecq :

🏨 **Les Ruralies** Ⓜ, ℰ 49 75 67 66, Fax 49 75 80 29 – 📶 🍽 ch 📺 ☎ ⛿ 🅿 – 🔏 25 à 50. 🅰🅴
🅶🅱
La Mijotière (rest. d'autoroute) **Repas** 95/135 🍷, enf. 40 – 🖃 40 – **51 ch** 330/380 – ½ P 320.

rte de Saintes par ④ : 12 km – ✉ 79360 Granzay-Gript :

🏨🏨 **Domaine du Griffier** Ⓜ ⬦, ℰ 49 32 62 62, Fax 49 32 62 63, ≼, 🌍, parc, 🏊 – 📺 ☎ ⛿
🅿 – 🔏 25 à 100. 🅶🅱
fermé 24 déc. au 2 janv. – **Repas** 95/240 – 🖃 50 – **29 ch** 330/620 – ½ P 330/570.

rte de La Rochelle par ⑤ : 4,5 km sur N 11 – ✉ 79000 Niort :

🏨 **Espace** Ⓜ sans rest, ℰ 49 09 08 07, Fax 49 09 16 07 – 📺 ☎ ⛿ 🅿 – 🔏 25. 🅰🅴 🅶🅱
🖃 30 – **33 ch** 220/280.

🏨 **Reix H.** Ⓜ sans rest, ℰ 49 09 15 15, Fax 49 09 14 13, 🏊 – 📺 ☎ ⛿ 🅿. 🅰🅴 🅶🅱
fermé 22 déc. au 4 janv. – 🖃 30 – **36 ch** 250/300.

🏨🏨 **La Tuilerie**, ℰ 49 09 12 45, Fax 49 09 16 22, 🌍, 🏊, 🌳, 🎇 – 🍽 🅿. 🅰🅴 🅶🅱. 🎇
fermé 1ᵉʳ au 15 août et dim. soir – **Repas** 138/350 et carte 220 à 330.

MICHELIN, Agence régionale, 11 r. J.B.-Colbert par ② ℰ 49 33 00 42

ALFA-ROMEO Gar. de Paris, 55 bis r. Terraudière
ℰ 49 24 72 40
BMW Gar. Tapy, 45 r. des Maisons Rouges, ZA
ℰ 49 33 01 46 🄽 ℰ 49 73 37 70
CITROEN Gar. Dupont, 362 av. de Limoges par ③
ℰ 49 24 12 85
CITROEN Niort Autom., Espace M.-France r.
Cousinet par ② ℰ 49 17 85 00
FIAT Gar. Touzalin, 459 av. de Paris ℰ 49 33 00 55
FORD Gar. Genève, 119 av. de Nantes
ℰ 49 73 45 19 🄽 ℰ 49 73 55 10
LANCIA Gar. Beauchamp, ZC Mendès France r.
Cail ℰ 49 24 25 05
MERCEDES S.A.V.I.A., r. Pied de Fond ZI St-
Liguaire ℰ 49 73 41 90 🄽 ℰ 05 24 24 30
OPEL Gar. Hurtaud, ZI Mendès-France
ℰ 49 17 85 40

RENAULT Gar. St-Christophe, 214 av. de Paris
par ② ℰ 49 33 34 22 🄽 ℰ 05 05 15 15
VAG International Gar., ZI Mendès-France
ℰ 49 17 85 30
Gar. Aumonier, 630 rte de Niort à Aiffres
ℰ 49 32 02 57

🏭 Chouteau, 36 av. de Paris ℰ 49 24 68 81
Chouteau, 640 rte de Paris à Chauray ℰ 49 33 08 63
Pneu Plus Ouest Vulcopneu, r. Pied de Fond ZI
St-Liguaire ℰ 49 09 03 38
Pneumatec, ZC des Trente-Ormeaux, r. Vaumorin
ℰ 49 33 12 08
Woodman Pneus Services, 197 av. de St-Jean-
d'Angély ℰ 49 79 38 51

NISSAN-LEZ-ENSÉRUNE 34440 Hérault 🔢 ⑭ G. Gorges du Tarn – 2 835 h alt. 21.

Voir Oppidum d'Ensérune★ : musée★, ≤★ NO : 5 km.

🛈 Syndicat d'Initiative 17 av. de Lespignan ℰ 67 37 14 12.

Paris 789 – ◆ Montpellier 77 – Béziers 11 – Capestang 9 – Narbonne 16 – St-Pons-de-Thomières 49.

🏠 **La Résidence,** ℰ 67 37 00 63, Fax 67 37 68 63, 🏤 – ☎ 🚗, GB, ❄
   fermé 1ᵉʳ au 30 nov. – **Repas** (dîner seul.) (résidents seul.) 89 bc/105 bc, enf. 45 – 🖵 35 –
   18 ch 260/270 – ½ P 250.

NITRY 89310 Yonne 🔢 ⑥ – 336 h alt. 246.

Paris 195 – Auxerre 32 – Avallon 29 – Vézelay 31.

🏠 **Axis** sans rest, échangeur A 6 ℰ 86 33 60 92, Fax 86 33 64 14 – 📺 ☎ ⛐ ⓟ, ⒜⒠ GB
   🖵 29 – **41 ch** 180/230.

✗ **Aub. la Beursaudière,** ℰ 86 33 62 51, Fax 86 33 65 21, 🏤 – ⓟ, ⒜⒠ ⑩ GB
➥ **Repas** 75/260, enf. 48.

NOAILLES 60430 Oise 🔢 ⑩ – 2 415 h alt. 91.

Paris 60 – Compiègne 52 – Beauvais 16 – Chantilly 27 – Clermont 18 – Creil 31 – Gisors 37 – L'Isle-Adam 27.

✗✗ **Moulin de Blainville,** à Blainville N : 1 km ℰ 44 03 31 00, Fax 44 07 45 65, 🏤, « Cadre
   rustique » – ⓟ, ⒜⒠ GB, ❄
   fermé 16 août au 6 sept. – **Repas** 145.

PEUGEOT Gar. Bochent, 20 r. de Calais ℰ 44 03 30 25

NOCÉ 61 Orne 🔢 ⑮ – rattaché à Bellême.

NOË 31410 H.-Gar. 🔢 ⑰ – 1 975 h alt. 194.

Paris 730 – ◆ Toulouse 37 – Auch 73 – Auterive 20 – Foix 60 – St-Gaudens 57 – St-Girons 67.

🏠 **L'Arche,** ℰ 61 87 40 12, Fax 61 87 06 67, 🌳 – 📺 ☎ ⓟ, ⒜⒠ GB, ❄ rest
➥ **Repas** (fermé dim. hors sais.) (dîner seul.)(résidents seul.) 65/90 🍷 – 🖵 33 – **19 ch** 160/270
   – ½ P 195/230.

NOEUX-LES-MINES 62290 P.-de-C. 🔢 ⑭ – 12 351 h alt. 31.

Paris 208 – ◆ Lille 41 – Arras 25 – Béthune 6 – Bully-les-Mines 6,5 – Doullens 48 – Lens 16.

🏠 **Les Tourterelles,** 374 r. Nationale ℰ 21 66 90 75, Fax 21 26 98 98, 🌳 – 📺 ☎ ⓟ, ⒜⒠ ⑩
   GB, ❄
   fermé sam. midi, dim. soir – **Repas** 120/210 – 🖵 30 – **18 ch** 180/350 – ½ P 225/290.

✗ **Paix,** 115 r. Nationale ℰ 21 26 37 66 – ⒜⒠ GB
   fermé 27 juil. au 27 août et sam. – **Repas** 90/170 🍷.

NOGARO 32110 Gers 🔢 ② – 2 008 h alt. 98.

Paris 728 – Mont-de-Marsan 44 – Agen 86 – Auch 62 – Pau 71 – Tarbes 65.

🏠 **Commerce,** pl. Cordeliers ℰ 62 09 00 95, 🏤 – 📺 ☎, GB, ❄
➥ fermé 10 déc. au 10 janv. et dim. soir du 1ᵉʳ oct. au 31 mai – **Repas** 55 bc/160 🍷 – 🖵 25 –
   19 ch 160/210 – ½ P 190.

CITROEN Gar. Bounet, ℰ 62 09 00 39   RENAULT Gar. Ducourneau, ℰ 62 09 00 80

NOGENT-EN-BASSIGNY 52800 H.-Marne 🔢 ⑫ G. Champagne – 4 754 h alt. 400.

Paris 297 – Chaumont 24 – Bourbonne-les-Bains 36 – Langres 22 – Neufchâteau 54 – Vittel 64.

🏠 **Commerce,** pl. Gén. de Gaulle ℰ 25 31 81 14, Fax 25 31 74 00 – 📺 ☎ 🚗, GB
   Repas (fermé dim. du 1ᵉʳ nov. à Pâques) 95/180 🍷, enf. 50 – 🖵 35 – **19 ch** 250/320 –
   ½ P 190/250.

PEUGEOT Gar. Ponce, ℰ 25 31 80 44

NOGENT-LE-ROI 28210 E.-et-L. 60 ⑧ 106 ㉖ **G. Ile de France** – 3 832 h alt. 93.

de Maintenon ✆ 37 27 18 09, SE : 8 km par D 983.

Paris 74 – Chartres 26 – Ablis 32 – Dreux 18 – Maintenon 8 – Mantes-la-Jolie 47 – Rambouillet 27.

XX **Relais des Remparts,** 2 pl. Marché aux Légumes ✆ 37 51 40 47, – GB
fermé 1er au 20 août, vacances de fév., dim. soir sauf juil.-août, mardi sauf le midi de sept. à juin et merc. – **Repas** 81/220, enf. 50.

OPEL Gar. Bento, 41 Gde rue à Coulombs ✆ 37 51 42 05 N ✆ 37 51 42 05
PEUGEOT Gar. Jeunesse, à Chaudon ✆ 37 51 41 47
RENAULT Gar. Bourinet, 19 r. de Verdun à Lormaye ✆ 37 51 42 95

NOGENT-LE-ROTROU SP 28400 E.-et-L. 60 ⑮ **G. Normandie Vallée de la Seine** – 11 591 h alt. 108.

du Perche ✆ 37 29 17 33, par ③ : 9 km.

Office de Tourisme 44 r. Villette-Gaté ✆ 37 52 22 16, Fax 37 52 39 45.

Paris 153 ① – Alençon 65 ⑤ – ♦Le Mans 65 ④ – Chartres 54 ① – Châteaudun 53 ③ – Mortagne-au-Perche 36 ⑤.

NOGENT-LE-ROTROU

Villette-Gaté (R.) .... Y 25

Bouchers (R. des) .... Z 2
Bourg-le-Cte .... Z 3
Bretonnerie (R.) .... Z
Château-St-Jean (R.) .... Z
Croix-la-Comtesse (R.) .... Y 6
Deschanel (R.) .... YZ
Dr-Desplantes (R.) .... Z 8
Foch (Av. Mar.) .... Y 9
Fuye (R. de la) .... YZ 10
Giroust (R.) .... Y 12
Gouverneur (R.) .... YZ 13
Paty (R. du) .... Z 15
Poupardières (R. des) .... Z 16
Prés (Av. des) .... Y
République (Av. de la) .... Z 17
Rhône (R. de) .... Z 18
St-Hilaire (R.) .... Y
St-Laurent (R.) .... Z 20
St-Martin (R.) .... Y
Sully (R. de) .... YZ 23

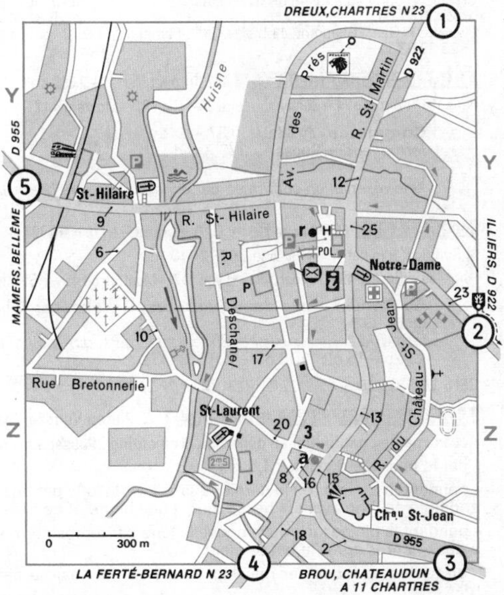

Si vous êtes retardé sur la route, dès 18 h, confirmez votre réservation par téléphone, c'est plus sûr... et c'est l'usage.

Lion d'Or, 28 pl. St-Pol ✆ 37 52 01 60, Fax 37 52 23 82 – TV ☎ P – 25. GB. ch
fermé 3 au 23 août, 23 déc. au 3 janv., lundi (sauf hôtel) et dim. soir – **Repas** 110/270, enf. 65 – 37 – **14 ch** 260/360 – ½ P 290/330. Y **r**

XX **Host. de la Papotière,** 3 r. Bourg le Comte ✆ 37 52 18 41, Fax 37 52 94 71, « Maison du 16e siècle » – P. GB Z **a**
fermé dim. soir et lundi – **Repas** 95/145, enf. 50.

à Villeray (61 Orne) par ① D 918 et D 10 : 11 km – ✉ **61110** Condeau :

XXX **Moulin de Villeray** avec ch, ✆ 33 73 30 22, Fax 33 73 38 28, ←, , « Parc au bord de l'Huisne » – TV ☎ P. AE GB
Repas *(fermé 10 janv. au 8 fév.)* 145/320 et carte 230 à 330 – 70 – **18 ch** 490/1150 – ½ P 560/915.

CITROEN Répar. Autos Nogentaise, rte d'Alençon par ⑤ ✆ 37 52 47 48 N ✆ 37 52 42 84
FORD Gar. de l'Huisne, av. des Prés à Margon ✆ 37 52 05 97
PEUGEOT Gar. Thibault, av. des Prés à Margon Z ✆ 37 52 13 26
RENAULT Auto du Perche, 1 bis r. G.-Hayes par Centre Cial des Gauchetières Z ✆ 37 52 18 91
RENAULT N.A.S.A., av. de Paris à Margon par ① ✆ 37 52 58 70 N ✆ 37 29 81 93

NOGENT-SUR-AUBE 10240 Aube 61 ⑦ – 311 h alt. 103.

Paris 172 – Troyes 33 – Châlons-sur-Marne 65 – Romilly-sur-Seine 47.

XX **Assiette Champenoise,** D 441 ✆ 25 37 66 74, , « Jardin fleuri » – P. GB
fermé le soir sauf vend. et sam. – **Repas** 95/225.

NOGENT-SUR-MARNE 94 Val-de-Marne 56 ⑪, 101 ㉗ – voir Paris, Environs.

NOGENT-SUR-OISE 60 Oise 56 ① – rattaché à Creil.

NOGENT-SUR-SEINE ⬱ 10400 Aube 61 ④ ⑤ G. Champagne – 5 505 h alt. 65.

Paris 104 – Troyes 49 – Châlons-sur-Marne 92 – Épernay 82 – Fontainebleau 66 – Provins 18 – Sens 40.

🏨 **Loisirotel**, 19 r. Fossés ℰ 25 39 71 46, Fax 25 24 95 29, �_____, 🏊 – 🗺 ☎ 🚓, 🚗 – 🏦 40.
 GB
　Repas *(fermé août, vend. soir et sam.)* 75 bc – ⊡ 30 – **42 ch** 230/260 – ½ P 220.

%% **Beau Rivage** 🛶 avec ch, r. Villiers-aux-Choux, près piscine ℰ 25 39 84 22,
 Fax 25 39 18 32, 🌢 – GB. ❀
　Repas *(fermé dim. soir et lundi sauf fériés)* 75/185 ⅃ – ⊡ 28 – **7 ch** 110/195 – ½ P 158/188.

%% **Aub. du Cygne de la Croix**, 22 r. Ponts ℰ 25 39 91 26, Fax 25 39 81 79, 🌢 – GB
 fermé 15 au 30 janv. et dim. soir hors sais. – **Repas** 75 bc/185 ⅃.

　à la Chapelle-Godefroy E : 3 km par N 19 – ⊠ 10400 Nogent-sur-Seine :

%% **Host. du Moulin**, ℰ 25 39 88 32, parc – 🅿. GB
　fermé mardi soir et merc. soir – **Repas** 140/283, enf. 60.

CITROEN Gar. Legrand, 48 bis av. Pasteur　　　　RENAULT Gar. Corbin, 16-20 av. Gén.-de-Gaulle
ℰ 25 39 87 09　　　　　　　　　　　　　　　　　　ℰ 25 39 84 39
PEUGEOT Gar. St-Laurent, 11 bis av. J.-C.-Perrier
ℰ 25 39 83 17

NOGENT-SUR-VERNISSON 45290 Loiret 65 ② – 2 357 h alt. 125.

Paris 131 – Auxerre 74 – Bonny-sur-Loire 34 – Gien 21 – Montargis 17 – ♦Orléans 75.

% **Commerce**, ℰ 38 97 60 37 – GB
　fermé jeudi – **Repas** 95/170 ⅃, enf. 48.

　　Une réservation confirmée par écrit est toujours plus sûre.

NOIRÉTABLE 42440 Loire 73 ⑯ G. Auvergne – 1 719 h alt. 722.

🛈 Syndicat d'Initiative à la Mairie ℰ 77 24 70 12.

Paris 485 – Roanne 45 – Ambert 49 – ♦Lyon 112 – Montbrison 45 – ♦St-Étienne 88 – Thiers 24.

🏨 **Au Rendez-vous des Chasseurs**, O : 2 km par D 53 ℰ 77 24 72 51, Fax 77 24 93 40 –
 ☎ 🅿. GB
　fermé 16 sept. au 10 oct., 26 fév. au 4 mars, dim. soir et lundi d'oct. à juin – **Repas** 60/200 ⅃ –
 ⊡ 25 – **15 ch** 130/250 – ½ P 155/205.

RENAULT Gar. Dejob, ℰ 77 24 70 31 🆖 ℰ 77 24 70 31

NOIRMOUTIER (Ile de) 85 Vendée 67 ① G. Poitou Vendée Charentes – alt. 8.

Accès : par le pont routier au départ de Fromentine : Passage gratuit.

- par le passage du Gois : 4,5 km.

- pendant le premier ou le dernier quartier de la lune par beau temps (vents hauts) d'une heure
et demie environ avant la basse mer, à une heure et demie environ après la basse mer.

- pendant la pleine lune ou la nouvelle lune par temps normal : deux heures avant la basse mer
à deux heures après la basse mer.

- en toutes périodes par mauvais temps (vents bas) ne pas s'écarter de l'heure de la basse
mer.

　　L'Épine – 1 653 h alt. 3 – ⊠ 85740 .

　　Paris 471 – ♦ Nantes 87 – La Roche-sur-Yon 84 – Cholet 126 – Noirmoutier-en-l'Ile 3.

🏨 **Punta Lara** 🛶, S : 2 km par D 95 et VO ⊠ 85680 La Guérinière ℰ 51 39 11 58,
 Fax 51 39 69 12, ≼, 🌢, parc, « Dans une pinède en bordure de mer », 🏊, 🏖, ❀ – ☎
 🅿 – 🏦 100. 🖭 ⓞ GB 🎴
　Pâques-début oct. – **Repas** 140 (déj.), 180/350 – ⊡ 55 – **63 ch** 500/780 – ½ P 590/830.

　　Noirmoutier-en-l'Ile – 4 846 h – ⊠ 85330 .

　　Voir Collection de faïences anglaises★ au château.

　　🛈 Office de Tourisme, annexe : quai J.-Bart (juin-sept. et vacances scolaires) ℰ 51 39 12 42.

　　Paris 471 – ♦ Nantes 88 – La Roche-sur-Yon 85 – Cholet 127.

🏨 **Fleur de Sel** 🅼 🛶, ℰ 51 39 21 59, Fax 51 39 75 66, ≼, 🌢, « Jardin », 🏊, ❀ – 🗺 ☎ 🚓,
 🅿 – 🏦 30. GB
　11 fév.-2 nov. – **Repas** 125 (déj.)/162, enf. 70 – ⊡ 48 – **35 ch** 460/600 – ½ P 465/510.

🏨 **Les Douves**, 11 r. Douves ℰ 51 39 02 72, Fax 51 39 73 09, 🏊 – 🗺 ☎ 🅿. 🖭 ⓞ GB
　fermé janv. – **Repas** 120/152, enf. 58 – ⊡ 33 – **22 ch** 411 – ½ P 364.

%% **L'Etier**, rte Épine SO : 1 km ℰ 51 39 10 28, 🌢 – 🅿. 🖭 GB
　1ᵉʳ fév.-1ᵉʳ nov. et fermé merc. hors sais. – **Repas** 70/160, enf. 45.

%% **Côté Jardin**, 1 bis r. Grand Four (derrière le château) ℰ 51 39 03 02, Fax 51 39 24 46,
 🌢 – GB
　fermé 1ᵉʳ au 15 oct., 15 janv. au 15 fév., jeudi soir, dim. soir et lundi hors sais. – **Repas**
 85/185, enf. 40.

au Bois de la Chaize E : 2 km – ⊠ **85330** Noirmoutier.

Voir Bois★.

🏨 **Les Prateaux** Ⓜ ॐ, ℰ 51 39 12 52, Fax 51 39 46 28, « Jardin » – 📺 ☎ ♿ 🅿. 🎴 ⑩ 🅶🅱.
🍽
15 fév.-15 nov. – **Repas** 145/300 – � 55 – **22 ch** 760 – ½ P 390/585.

🏨 **St-Paul** ॐ, ℰ 51 39 05 63, Fax 51 39 73 98, « Beau jardin », ⛱, 🍴 – 📺 ☎. 🎴 🅶🅱.
🍽 rest
hôtel : 15 fév.-3 nov. ; rest. : 15 mars-3 nov. – **Repas** 175/295 – � 45 – **37 ch** 490/620 –
½ P 550/650.

🏠 **Les Capucines** (annexe 🏨 ॐ-11 ch), ℰ 51 39 06 82, Fax 51 39 33 10, ⛱, ⛲ – 📺 ☎ ♿
◆ 🅿. 🎴 ⑩ 🅶🅱 – 🅿. 🍴 ch
15 fév.-15 nov. et fermé merc. sauf d'avril à sept. et vacances scolaires – **Repas** *(fermé le midi en semaine sauf d'avril à sept.)* 70/190, enf. 45 – � 35 – **21 ch** 320/400 – ½ P 320/350.

▬ **NOISY-LE-GRAND** 93 Seine-St-Denis 🗆🗆 ⑪, 🗆🗆🗆 ⑱ – voir à Paris, Environs.

▬ **NOIZAY** 37 I.-et-L. 🗆🗆 ⑮ – rattaché à Vouvray.

▬ **NOLAY** 21340 Côte-d'Or 🗆🗆 ⑨ G. Bourgogne – 1 551 h alt. 324.

Voir site★ du Château de la Rochepot E : 5 km – Site★ du Cirque du Bout-du-Monde NE : 5 km.

🛈 Office de Tourisme Maison des Halles (juil.-août) ℰ 80 21 80 73 et 80 21 70 86.

Paris 314 – Chalon-sur-Saône 34 – Autun 28 – Beaune 20 – ◆Dijon 64.

🏠 **Parc H.**, pl. H. de Ville ℰ 80 21 84 01, Fax 80 21 86 39, ⛲ – ☎ 🅿. 🅶🅱
◆ *15 mars-30 Nov.* – **Repas** 59/115 ⅊ – � 35 – **11 ch** 220/260 – ½ P 245/265.

🍽 **Le Burgonde**, 35 r. République ℰ 80 21 71 25 – 🅿. 🎴 🅶🅱
fermé vacances de fév. et lundi – **Repas** 79 (déj.), 138 bc/268, enf. 50.

▬ **Les NONIERES** 26 Drôme 🗆🗆 ⑭ – alt. 850 – ⊠ **26410** Châtillon-en-Diois.

Env. Cirque d'Archiane★★ O : 9;5 km, G. Alpes du Sud.

Paris 642 – Die 25 – Gap 85 – ◆Grenoble 72 – Valence 91.

🏨 **Le Mont-Barral** ॐ, ℰ 75 21 12 21, Fax 75 21 12 70, ≤, 🏖, ⛱, ⛲, 🍴 – ☎ 🅿 – 🏓 25.
◆ 🅶🅱
fermé 15 nov. au 20 déc. et mardi – **Repas** 80/160 ⅊ – � 32 – **24 ch** 200/240 – ½ P 218/255.

▬ **NONTRON** ◁🆂▷ 24300 Dordogne 🗆🗆 ⑮ G. Berry Limousin – 3 558 h alt. 182.

🛈 Syndicat d'Initiative r. Verdun ℰ 53 56 25 50.

Paris 465 – Angoulême 45 – Libourne 135 – ◆Limoges 66 – Périgueux 51 – Rochechouart 42.

🏨 **Gd Hôtel**, 3 pl. A. Agard ℰ 53 56 11 22, Fax 53 56 59 94, 🏖, 🍴, ⛲ – 🛗 ☎ 🅿 – 🏓 100.
◆ 🅶🅱 🅹🅲🅱
fermé dim. soir de nov. à mars – **Repas** 78/260 ⅊, enf. 55 – � 34 – **26 ch** 185/300 –
½ P 200/300.

CITROEN Gar. Limousin, ℰ 53 56 01 42   PEUGEOT Gar. Bayer, ℰ 53 56 00 21

▬ **NORT-SUR-ERDRE** 44390 Loire-Atl. 🗆🗆 ⑰ – 5 362 h alt. 11.

Paris 374 – ◆ Nantes 32 – Ancenis 27 – Châteaubriant 35 – ◆Rennes 82 – St-Nazaire 61.

🍽 **Bretagne** Ⓜ avec ch, 41 r. A. Briand ℰ 40 72 21 95, Fax 40 72 25 07, 🏖, ⛲ – 📺 ☎ 🅿.
◆ 🅶🅱. 🍴 ch
fermé vacances de fév., dim. soir et lundi – **Repas** 75/210, enf. 45 – � 30 – **7 ch** 200/260 –
½ P 230/260.

▬ **NORVILLE** 76330 S.-Mar. 🗆🗆 ⑤ – 827 h alt. 45.

Voir Château d'Etelan★ S : 1 km, G. Normandie Vallée de la Seine.

Paris 177 – ◆ Le Havre 45 – ◆Rouen 45 – Bolbec 19 – Honfleur 44 – Lisieux 73.

🍽 **Aub. de Norville** avec ch, ℰ 35 39 91 14, Fax 35 38 47 08 – 📺 ☎. 🅶🅱
◆ **Repas** *(fermé dim. soir et lundi)* 75/210, enf. 46 – � 25 – **10 ch** 200/250.

▬ **NOTRE-DAME-DE-BELLECOMBE** 73590 Savoie 🗆🗆 ⑦ G. Alpes du Nord – 459 h alt. 1 134 – Sports d'hiver : 1 150/2 030 m ✠18.

🛈 Office de Tourisme ℰ 79 31 61 40, fax 79 31 67 09.

Paris 592 – Chamonix-Mont-Blanc 45 – Albertville 24 – Annecy 53 – Bonneville 52 – Chambéry 74 – Megève 11.

🏠 **Le Tétras**, rte Saisies E : 4 km ℰ 79 31 61 70, Fax 79 31 77 31, ≤, 🏖 – 📺 ☎ ♿ 🅿. 🎴 ⑩
◆ 🅶🅱 🅹🅲🅱
25 mai-30 sept. et 10 déc.-25 avril – **Repas** 76/148, enf. 48 – � 43 – **22 ch** 360/450 –
½ P 455.

▬ **NOTRE-DAME-DE-BONDEVILLE** 76 S.-Mar. 🗆🗆 ⑥ – rattaché à Rouen.

Voir La Barre-de-Monts : Centre de découverte du Marais breton-vendéen N : 6 km G. Poitou Vendée Charentes.

Paris 458 – La Roche-sur-Yon 62 – Challans 21 – ♦Nantes 72 – Noirmoutier-en-l'Ile 25 – Pornic 45.

🏨 **Plage,** ℰ 51 58 83 09, Fax 51 58 97 12, ≤, 🍴 – ⧇ 🕿 🅿. 🖭 ⓞ 🆖 🆑
   1ᵉʳ avril-1ᵉʳ nov. – **Repas** 90/220 ⅃, enf. 45 – 🛏 42 – **49 ch** 220/462 – ½ P 296/404.

🏨 **Centre,** pl. Église ℰ 51 58 83 05, Fax 51 59 16 62 – 🖭 🕿 🕭 🅿. 🖭 🆖. 🎾
   fermé 2 au 21 janv. – **Repas** 60/230 ⅃, enf. 45 – 🛏 32 – **19 ch** 220/270 – ½ P 250.

🛈 Office de Tourisme 29 r. du Bourg Neuf ℰ 54 88 76 75.

Paris 177 – ♦Orléans 53 – Blois 58 – Cosne-sur-Loire 71 – Gien 55 – Lamotte-Beuvron 8 – Salbris 12.

🏠 **Charmilles** 🌿 sans rest, D 122 - rte Pierrefitte-sur-Sauldre ℰ 54 88 73 55, « Parc » – 🖭 🕿 🅿. 🆖. 🎾
   1ᵉʳ mai-1ᵉʳ déc. – 🛏 40 – **14 ch** 260/380.

🏠 **Moulin de Villiers** 🌿, rte Chaon NE : 3 km par D 44 ℰ 54 88 72 27, Fax 54 88 78 87, ≤, « En forêt, étang privé », 🐎 – 🖭 🕿 🅿. 🆖. 🎾
   fermé 1ᵉʳ au 15 sept., 4 janv. au 24 mars, mardi soir et merc. en nov. et déc. – **Repas** 78/190 ⅃, enf. 55 – 🛏 40 – **19 ch** 200/360 – ½ P 230/310.

❌❌ **Le Dahu,** 14 r. H. Chapron ℰ 54 88 72 88, 🍴, « Jardin » – 🅿. 🖭 🆖
   fermé 20 fév. au 20 mars, mardi soir et merc. sauf juil.-août – **Repas** 120/230, enf. 68.

❌❌ **Le Raboliot,** av. Mairie ℰ 54 88 70 67, Fax 54 88 77 86 – 🖭 🆖
   fermé 15 janv. au 21 fév. et merc. – Repas 78/220 ⅃, enf. 45.

   à St Viâtre : O : 8 km par D 93 – ✉ 41210 :

❌❌ **Aub. de la Chichone** avec ch, pl. Eglise ℰ 54 88 91 33, Fax 54 96 18 06, 🍴 – 🖭 🕿. 🖭 🆖
   fermé mars, mardi soir hors sais. et merc. – **Repas** 85/195 – 🛏 38 – **7 ch** 320 – ½ P 390.

Paris 194 – St-Quentin 48 – Avesnes-sur-Helpe 21 – Le Cateau 19 – Guise 21 – Hirson 26 – Laon 62 – Vervins 21.

🏠 **Paix,** r. J. Vimont-Vicary ℰ 23 97 04 55, Fax 23 98 98 39, 🐎 – 🖭 🕿 🅿. 🆖
   fermé 23 juil. au 10 août, vacances de fév., lundi (sauf hôtel) et dim. soir – **Repas** 85/200 ⅃ – 🛏 35 – **18 ch** 140/280 – ½ P 175/235.

Paris 242 – Charleville-Mézières 7 – Givet 53 – Rocroi 26.

❌❌ **La Potinière,** N : 1 km rte Joigny-sur-Meuse ℰ 24 53 13 88, Fax 24 53 36 19, 🍴, 🐎 – 🅿. 🆖
   fermé 28 août au 11 sept., 1ᵉʳ au 15 janv., dim. soir et lundi sauf fériés – **Repas** 90/225.

CITROEN Gar. Brunet, 14 bd J.-B.-Clément ℰ 24 53 82 08 🆖 ℰ 24 52 91 13

Paris 691 – Avignon 12 – Arles 37 – Carpentras 25 – Cavaillon 14 – ♦Marseille 86 – Orange 35.

🏨 🕸 **Aub. de Noves** (Lalleman) 🌿, rte Châteaurenard, 2 km par D 28 ℰ 90 94 19 21, Télex 431312, Fax 90 94 47 76, ≤, 🍴, « Belle demeure dans un parc », 🏊, 🎾 – ⧇ 🖿 🖭
   🕿 🅿 – 🏌 40. 🖭 ⓞ 🆖 🆑
   fermé janv. et merc. sauf le soir du 1ᵉʳ avril au 15 oct. – **Repas** 200/495 et carte 360 à 440, enf. 140 – 🛏 100 – **19 ch** 1150/1500, 4 appart – ½ P 1120/1295
   Spéc. Soufflé d'ail doux sur "petits gris". Carré d'agneau des Alpilles à la crème de romarin. Crêpes fourrées à la pomme d'amour. Vins Châteauneuf-du-Pape blanc, Côtes du Rhône.

Voir Cathédrale★★ – Abbaye d'Ourscamps★ 5 km par N 32.

Env. Blérancourt : musée national de la coopération franco-américaine SE : 14 km.

🛈 Office de Tourisme pl. Hôtel de Ville ℰ 44 44 21 88, Fax 44 44 00 70.

Paris 104 – Compiègne 22 – St-Quentin 38 – ♦Amiens 65 – Laon 52 – Péronne 43 – Soissons 37.

🏨 **Le Cèdre** 🖳, 8 r. Évêché ℰ 44 44 23 24, Fax 44 09 53 79, 🍴 – 🖭 🕿 🕭 🅿 – 🏌 60. 🖭 🆖
   L'Entrecôte ℰ 44 09 10 77 **Repas** 90/180 ⅃, enf. 45 – 🛏 38 – **34 ch** 290/350.

❌❌❌ **Saint-Eloi** avec ch, 81 bd Carnot ℰ 44 44 01 49, Fax 44 09 20 90 – 🖭 🕿 🅿 – 🏌 80. 🖭
                                                                                                B n
   fermé 24 juil. au 6 août et dim. soir – **Repas** 120 (déj.), 135/200 et carte 210 à 310 – 🛏 35 –
   22 ch 220/480 – ½ P 280/320.

❌❌ **Dame Journe,** 2 bd Mony ℰ 44 44 01 33 – 🔳. 🖭 🆖
   fermé 7 au 18 août, 2 au 8 janv., dim. soir, lundi soir et mardi soir – Repas 75/260.

à *Pont l'Évêque*S : 3 km par N 32 et D 165 – ⊠ **60400** :

XX **L'Auberge,** ℰ 44 44 05 17, Fax 44 09 59 96, 佘, 霖 – ℗. **GB**
fermé 26 fév. au 10 mars, mardi soir, dim. soir et lundi – **Repas** 75 (déj.), 100/320.

CITROEN Gar. Wargnier, 15 av. J.-Jaurès ℰ 44 44 05 40
PEUGEOT Gd Gar. de l'Avenue, 69 av. J.-Jaurès ℰ 44 93 37 00 **N** ℰ 20 67 87 46

VAG Gar. Thiry, 82 bd Carnot ℰ 44 44 02 78

⚙ Euromaster, 5 bd E.-Noël ℰ 44 44 01 59

NUAILLÉ 49 M.-et-L. **67** ⑥ – rattaché à Cholet.

NUCES 12 Aveyron **80** ② – rattaché à Valady.

NUITS-ST-GEORGES 21700 Côte-d'Or **66** ⑫ **G. Bourgogne** – 5 569 h alt. 234.

🛈 Office de Tourisme r. Sonoys ℰ 80 61 22 47, fax 80 61 23 98.

Paris 321 – ♦ Dijon 26 – Beaune 21 – Chalon-sur-Saône 44 – Dole 66.

🏠 **Host. St-Vincent** **M**, r. Gén. de Gaulle ℰ 80 61 14 91, Fax 80 61 24 65, 佘 – ⌂ 📺 ☎ &. ℗ – ⚶ 25 à 40. **AE ⓪ GB JCB**
fermé 24 au 31 déc. – **Repas** *(fermé mardi midi et lundi)* carte 200 à 350 – ⊑ 55 – **23 ch** 350/380.

🏠 **Host. Gentilhommière** ⟨, rte Meuilley O : 1,5 km ℰ 80 61 12 06, Fax 80 61 30 33, 佘, parc, « Jardin avec basse-cour », ⨼, ℀ – 📺 ☎ ℗ – ⚶ 30. **AE GB**
fermé mi-déc. à mi-janv. – **Repas** *(fermé merc. midi et mardi)* 140 (déj.), 190/260 – ⊑ 50 – **20 ch** 390.

🏠 **Iris H.,** av. Chambolland ℰ 80 61 17 17, Fax 80 61 26 33, 佘 – 📺 ☎ &. ℗ – ⚶ 30. **AE GB**
fermé sam. midi et dim. midi – **Repas** 80/125, enf. 45 – ⊑ 35 – **52 ch** 250/270 – ½ P 250/295.

XXX **Côte d'Or** avec ch, r. Thurot ℰ 80 61 06 10, Fax 80 61 36 24 – 📺 ☎. **AE ⓪ GB JCB**
fermé 1er au 14 août, 30 janv. au 19 fév. jeudi midi et merc. – **Repas** 140 (déj.), 180/250 et carte 230 à 400 – ⊑ 50 – **7 ch** 320/490 – ½ P 390/475.

à *l'échangeur* Autoroute A 31 - carrefour de l'Europe – ⊠ **21700** Nuits-St-Georges :

🏠 **St Georges** **M** (annexe 🏠 **M** 17 ch.), ℰ 80 61 15 00, Fax 80 61 23 80, 佘, ⨼ – ⌂ ▤ rest 📺 ☎ &. ℗ – ⚶ 30. **AE ⓪ GB JCB**
Repas 90/240 &, enf. 50 – ⊑ 40 – **47 ch** 275/355 – ½ P 280/310.

à *Curtil-Vergy* NO : 7 km par D 25, D 35 et VO – ⊠ **21220** :

🏠 **Le Manassès** **M** ⟨ sans rest, ℰ 80 61 43 81, Fax 80 61 42 79, ≤, « Musée de la vigne et du vin », 霖 – 📺 ☎ ℗. **GB**
1er mars-1er déc. – ⊑ 50 – **7 ch** 380.

X **Aub. La Ruellée,** ℰ 80 61 44 11, 佘 – ℗. **AE ⓪ GB**
fermé vacances de fév. et mardi – **Repas** 55 bc (déj.), 90/150, enf. 40.

CITROEN Gar. Blondeau, ℰ 80 61 02 40 **N** ℰ 80 61 02 40
MERCEDES Gar. Aubin, ℰ 80 61 03 85
PEUGEOT Gar. des Gds Crus, ℰ 80 61 02 23 **N** ℰ 80 61 02 23

RENAULT Gar. Montelle, ℰ 80 61 06 31
RENAULT Gar. Meunier, ℰ 80 61 10 43

NYONS ⟨SP⟩ 26110 Drôme **81** ③ **G. Provence** – 6 353 h alt. 270.

Voir Rue des Grands Forts★ – Pont Roman★.

🛈 Office de Tourisme pl. Libération ℰ 75 26 10 35, Fax 75 26 07 57.

Paris 656 ④ – Alès 106 ③ – Gap 105 ① – Orange 42 ③ – Sisteron 98 ① – Valence 96 ④.

Plan page suivante

🏠 **Colombet,** pl. Libération **(a)** ℰ 75 26 03 66, Fax 75 26 42 37 – ⌂ ▤ 📺 ☎ ⟨⟩. **GB**
fermé 10 nov. au 6 janv. – **Repas** 97/240, enf. 66 – ⊑ 39 – **29 ch** 180/390 – ½ P 240/330.

🏠 **Caravelle** ⟨ sans rest, r. Antignans par prom. Digue ℰ 75 26 07 44, Fax 75 26 23 79, 霖 – 📺 ☎ ℗. **GB**
fermé 3 au 30 nov., et 3 au 28 fév. – ⊑ 45 – **11 ch** 265/395.

🏠 **La Picholine** ⟨, prom. Perrière par prom. des Anglais N : 1 km ℰ 75 26 06 21, Fax 75 26 40 72, ≤, 佘, ⨼, 霖 – 📺 ☎ ℗. **GB**
fermé 23 au 29 oct. et fév. – **Repas** *(fermé lundi soir hors sais. et mardi)* 125/195 – ⊑ 42 – **16 ch** 280/375 – ½ P 315/365.

XX **Le Petit Caveau,** 9 r. V. Hugo **(u)** ℰ 75 26 20 21 – ▤. **GB**
fermé dim. soir et lundi sauf fêtes – **Repas** 95/320.

rte *de Gap* par ① : 7 km sur D 94 – ⊠ **26110** Nyons :

XX **La Charrette Bleue,** ℰ 75 27 72 33, 佘 – ℗. **GB**
fermé 14 au 21 déc., 4 janv. au 1er fév., mardi soir sauf juil.-août et merc. – **Repas** 87/160, enf. 46.

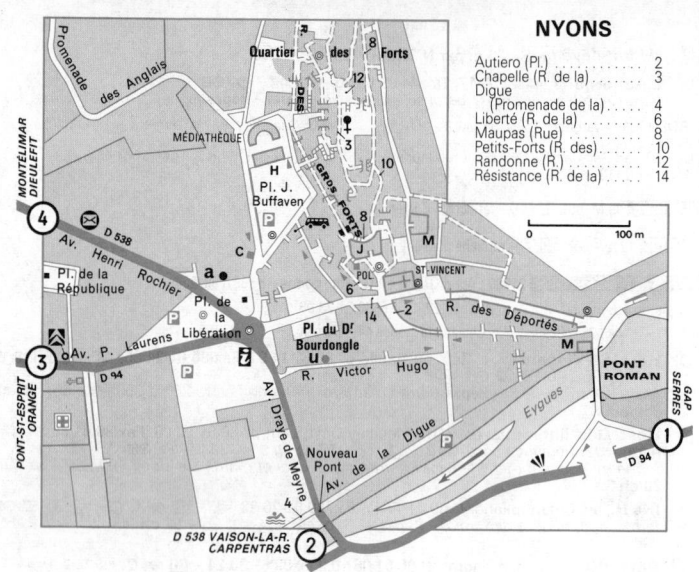

NYONS

rte d'Orange par ③ : 6 km sur D 94 – ✉ 26110 Nyons :

XX **Croisée des Chemins**, ✆ 75 27 61 19, Fax 75 27 68 55, 😋 – **❷**. ᴳᴮ
fermé 26 juin au 1ᵉʳ juil., 4 au 11 sept., 13 nov. au 1ᵉʳ déc., jeudi soir hors sais. et vend. –
Repas 85 (déj.). 110/195, enf. 45.

CITROEN Gar. Monod, ✆ 75 26 12 11 ◼ ✆ 75 26 12 11

OBERHASLACH 67280 B.-Rhin 🗺 ⑨ G. Alsace Lorraine – 1 333 h alt. 250.

Paris 480 – ◆ Strasbourg 40 – Molsheim 14 – Saverne 31 – St-Dié 56.

🏠 **St-Florent** Ⓜ, ✆ 88 50 94 10, Fax 88 50 99 61 – |🛗| 🍽 rest 📺 ☎ ᕫ **❷** – 🕍 40. ᴬᴱ ⓞ ᴳᴮ.
❀ ch
20 fév.-20 nov. et fermé dim. soir et lundi – **Repas** 85/250 ᵟ – 🖵 35 – **25 ch** 270 – ½ P 265.

🏠 **Ruines du Nideck**, ✆ 88 50 90 14, Fax 88 50 93 58, 🚗 – 📺 ☎ **❷**. ᴳᴮ. ❀ rest
fermé 2 au 27 janv., mardi soir et merc. sauf hôtel du 1ᵉʳ avril au 11 nov. – **Repas** 110/220 ᵟ,
enf. 50 – 🖵 35 – **14 ch** 240/320 – ½ P 230/280.

OBERNAI 67210 B.-Rhin 🗺 ⑨ G. Alsace Lorraine (plan) – 9 610 h alt. 181.

Voir Place du Marché★★ – Hôtel de ville★ – Tour de la Chapelle★ – Ancienne halle aux blés★ –
Maisons anciennes★ – Place★ de Boersch NO : 4 km.

🛈 Office de Tourisme Chapelle du Beffroi ✆ 88 95 64 13, fax 88 49 90 84.

Paris 488 – ◆ Strasbourg 31 – Colmar 47 – Erstein 14 – Molsheim 11,5 – Sélestat 25.

🏨 **A la Cour d'Alsace** Ⓜ ❦, 3 r. Gail ✆ 88 95 07 00, Fax 88 95 19 21, 😋, 🚗 – |🛗| ☎ ᕫ
❷ – 🕍 50. ᴬᴱ ⓞ ᴳᴮ
Le Jardin des Remparts (fermé 24 juil. au 15 août, sam. midi, dim. soir et lundi) **Repas**
160(déj.), 190/350, enf. 80 – *Le Caveau de Gail* (fermé 22 déc. au 8 janv. et dim. midi) **Repas**
Carte 110 à 250 – 🖵 55 – **43 ch** 630/780 – ½ P 570.

🏨 **Parc** ❦, 169 r. Gén. Gouraud ✆ 88 95 50 08, Fax 88 95 37 29, 😋, ᴵᵟ, ≋, 🏊, 🚗 – |🛗|
🍽 rest 📺 ☎ ᕫ **❷** – 🕍 80. ᴬᴱ ᴳᴮ
fermé 1ᵉʳ au 7 juil. et déc. – **Repas** (fermé dim. soir et lundi) 200/350 – 🖵 65 – **48 ch** 480/850
– ½ P 520/650.

🏨 **Gd Hôtel**, r. Dietrich ✆ 88 95 51 28, Fax 88 95 50 93 – |🛗| 📺 ☎ – 🕍 80. ᴬᴱ ⓞ ᴳᴮ. ❀
fermé 30 juin au 8 juil., 20 déc. au 4 janv. et 12 au 29 fév. – **Repas** (fermé dim. soir et lundi)
100 bc/195 ᕫ, enf. 67 – 🖵 40 – **24 ch** 310/410 – ½ P 350/390.

🏨 **Les Jardins d'Adalric** Ⓜ ❦ sans rest, r. Mar. Koenig ✆ 88 49 90 90, Fax 88 49 91 80,
🏊, 🚗 – |🛗| ⇲ ch 📺 ☎ ᕫ **❷**. ᴬᴱ ⓞ ᴳᴮ
🖵 38 – **45 ch** 290/360.

🏨 **Diligence et sa Résidence Bel Air** sans rest, 23 pl. Mairie ✆ 88 95 55 69,
Fax 88 95 42 46 – |🛗| 📺 ☎ **❷**. ᴬᴱ ᴳᴮ
🖵 42 – **41 ch** 234/400.

Vosges, 5 pl. Gare ✆ 88 95 53 78, Fax 88 49 92 65, 🍴 – 📶 📺 ☎ & 🅿 – 🔺 30. GB
Repas *(fermé 19 juin au 3 juil., 8 au 29 janv., dim. soir hors sais. et lundi)* 80/290 🍷, enf. 50 – 🍽 38 – **20 ch** 250/290 – ½ P 300.

Host. Duc d'Alsace, 6 r. Gare ✆ 88 95 55 34, Fax 88 95 00 92 – 📺 ☎ – 🔺 25. 🖭 ① GB
Repas *(fermé sam. midi et merc.)* 85 (déj.), 95/220 🍷 – 🍽 40 – **16 ch** 300/450 – ½ P 380.

XX **Cour des Tanneurs,** ruelle du canal de l'Ehn ✆ 88 95 15 70 – 🖭 GB
fermé 22 déc. au 11 janv., mardi soir et merc. – Repas 60 (déj.), 80/180 🍷.

à Ottrott O : 4 km – ✉ 67530 .

Voir Couvent de Ste-Odile : ☀※** de la terrasse, chapelle de la Croix★ SO : 11 km - pèlerinage 13 décembre.

Clos des Délices Ⓜ, rte Klingenthal NO : 1 km par D 426 ✆ 88 95 81 00, Fax 88 95 97 71, 🍴, « Parc », 🖅, 🔲 – 📶 📺 ☎ & 🅿 – 🔺 80. 🖭 ① GB JCB, 🎾 rest
Repas *(fermé dim. soir et merc.)* 120/380, enf. 85 – 🍽 70 – **23 ch** 580/680 – ½ P 480/520.

Host. des Châteaux Ⓜ, Ottrott-le-Haut ✆ 88 95 81 54, Fax 88 95 95 20, ≤, 🖅, 🔲, 🎠 – 📶 📶 ☎ & 🅿 – 🔺 30 à 100. 🖭 ① GB
fermé 31 janv. au 1er mars – Repas *(fermé dim. soir et lundi hors sais.)* 150/400, enf. 75 – 🍽 60 – **60 ch** 395/690, 7 appart – ½ P 450/775.

Beau Site Ⓜ, Ottrott-le-Haut ✆ 88 95 80 61, Fax 88 95 86 41, 🍴, « Salle à manger ''Spindler'' » – 🍴 ch 📺 ☎ ⟷ 🅿. 🖭 ① GB
Repas *(fermé dim. soir et lundi)* 140/300 🍷 – 🍽 50 – **15 ch** 280/380 – ½ P 360/480.

Domaine Le Moulin Ⓜ, rte Klingenthal NO : 1 km par D 426 ✆ 88 95 87 33, Fax 88 95 98 03, 🍴, « Parc », 🎾 – 📶 📺 ☎ & 🅿 – 🔺 30. GB
fermé 20 déc. au 15 janv. – Repas *(fermé sam. midi)* 110/250 🍷, enf. 80 – 🍽 40 – **18 ch** 290/390, , 4 duplex – ½ P 310/350.

XX **A l'Ami Fritz,** Ottrott-le-Haut ✆ 88 95 80 81, Fax 88 95 84 85, 🍴 – 🅿. 🖭 ① GB
fermé 4 au 20 janv. et merc. – Repas 110 (déj.), 125/295 🍷.

Annexe H. A l'Ami Fritz 🏠 Ⓜ 🐾 sans rest, à 500 m. ✆ 88 95 87 39, Fax 88 95 84 85, ≤, 🎠 – 📺 ☎ – 🔺 25. 🖭 ① GB
fermé 4 au 20 janv. – 🍽 40 – **17 ch** 265/355.

à Boersch O : 4 km par D 322 – ✉ 67530 :

XX **Le Chatelain,** ✆ 88 95 83 33, Fax 88 95 80 63 – 🅿. 🖭 ① GB JCB
fermé lundi de nov. à fin mars – Repas 85/290.

CITROEN Gge Dagorn, 24 A r. Gén.-Gouraud ✆ 88 95 52 78
FIAT-LANCIA Gar. Haus, r. Gén.-Leclerc ✆ 88 95 53 72 Ⓝ ✆ 88 95 53 72
NISSAN-VOLVO Gar. Gruss, 202a r. Gén.-Gouraud ✆ 88 95 58 48

OPEL, NISSAN Gar. Keller, r. de l'Artisanat ZA Sud ✆ 88 95 47 47 Ⓝ ✆ 88 95 01 91
PEUGEOT Gillmann-Auto, 10 r. Gén.-Gouraud ✆ 88 95 52 56
RENAULT Wietrich Auto, ZA Sud - r. de l'Artisanat ✆ 88 95 36 36 Ⓝ ✆ 88 49 38 88

OBERSTEIGEN 67 B.-Rhin 🖾 ⑧ G. Alsace Lorraine – alt. 500 – ✉ 67710 Wangenbourg.

Voir Vallée de la Mossig★ E : 2 km.

Paris 460 – ◆Strasbourg 38 – Molsheim 27 – Sarrebourg 31 – Saverne 16 – Wasselonne 12.

Host. Belle Vue 🐾, ✆ 88 87 32 39, Fax 88 87 37 77, ≤, 🖅, 🔲, 🎠 – 📶 📺 ☎ 🅿 – 🔺 25 à 40. GB JCB. 🎾 rest
fermé 5 janv. au 1er avril, dim. soir et lundi hors sais. – Repas 90/280 🍷, enf. 60 – 🍽 50 – **32 ch** 300/450, 6 appart – ½ P 350/450.

OBERSTEINBACH 67510 B.-Rhin 🖾 ⑱ ⑲ G. Alsace Lorraine – 199 h alt. 239.

Paris 460 – ◆Strasbourg 64 – Bitche 22 – Haguenau 37 – Wissembourg 26.

XXX **Anthon** 🐾 avec ch, ✆ 88 09 55 01, Fax 88 09 50 52, 🎠 – 🎠 ☎ 🅿. GB
fermé 28 août au 6 sept., 2 au 26 janv., mardi et merc. – Repas 100/320 et carte 230 à 350 🍷, enf. 70 – 🍽 50 – **9 ch** 250/280.

OBJAT 19130 Corrèze 🖾 ⑧ – 3 163 h alt. 126.

Paris 473 – Brive-la-Gaillarde 19 – Arnac-Pompadour 21 – ◆Limoges 80 – Tulle 44 – Uzerche 29.

France, av. G.-Clemenceau ✆ 55 25 80 38, Fax 55 25 91 87 – ☎ 🅿. GB
fermé 15 sept. au 5 oct., 24 déc. au 2 janv. et dim. hors sais. – Repas 75/220 🍷, enf. 45 – 🍽 35 – **30 ch** 130/220 – ½ P 180/230.

XX **Pré Fleuri,** rte Pompadour ✆ 55 84 13 46, 🍴, 🎠 – GB
fermé 1er au 15 nov. et lundi – Repas 95/180.

X **Chez Tony,** pl. Gare ✆ 55 25 02 23 – GB
fermé juin, dim. soir et lundi – Repas 75/175 🍷, enf. 40.

à St-Aulaire par rte des 4 Chemins : 3 km – ✉ 19130 :

Bellevue 🐾, ✆ 55 25 81 39, Fax 55 84 12 01, ≤, 🍴 – ☎ 🅿. 🖭 ① GB. 🎾 ch
fermé janv. – Repas 65/140 🍷, enf. 35 – 🍽 30 – **9 ch** 270 – ½ P 250.

OCHIAZ 01 Ain 🖾 ⑤ – rattaché à Bellegarde-sur-Valserine.

OCTON 34800 Hérault 📗 ⑤ – 350 h alt. 120.

Paris 727 – ♦ Montpellier 54 – Béziers 54 – Lodève 19.

  🏠 **Mas de Clergues** 📎, ✆ 67 96 08 84, ≼, 🍴 – 🅿
      Pâques-15 oct. – **Repas** 160 bc – � 30 – **7 ch** 280/310 – ½ P 300.

ODEILLO 66 Pyr.-Or. 📗 ⑯ – rattaché à Font-Romeu.

ODENAS 69460 Rhône 📗 ① – 750 h alt. 298.

Paris 424 – Mâcon 32 – Bourg-en-Bresse 51 – ♦ Lyon 49 – Villefranche-sur-Saône 16.

  ✗ **Christian Mabeau,** ✆ 74 03 41 79, Fax 74 03 49 40, 🍴 – ⚅⚄
      fermé dim. soir et lundi – **Repas** 98/225, enf. 75.

RENAULT Gar. Bénétullière, Le Perréon ✆ 74 03 22 67

OFFEMONT 90 Ter.-de-Belf. 📗 ⑧ – rattaché à Belfort.

OFFENDORF 67850 B.-Rhin 📗 ⑲ – 1 640 h alt. 127.

Paris 497 – ♦ Strasbourg 27 – Haguenau 18 – Karlsruhe 65 – Saverne 57.

  ✗✗ **A la Forêt du Rhin,** 2 r. Principale ✆ 88 96 49 53, 🍴 – 🆎 ⓪ ⚅⚄
      fermé 15 au 31 juil., 15 au 29 fév., mardi soir et merc. – **Repas** 95/185 🍴.

OIRON 79100 Deux-Sèvres 📗 ② G. Poitou Vendée Charentes – 1 009 h alt. 85.

Voir Château★ : galerie★★ – Collégiale★.

Paris 324 – Poitiers 57 – Loudun 14 – Parthenay 40 – Thouars 12.

  ✗✗ **Relais du Château** avec ch, ✆ 49 96 54 96, Fax 49 96 54 45, 🍴 – 📺 ☎ ⚅⚄
  ➔ **Repas** *(fermé dim. soir)* 69/155 🍴, enf. 40 – ⊠ 30 – **14 ch** 150/230 – ½ P 155/195.

Ne prenez pas la route sans connaître votre temps de parcours.

La carte Michelin n° 📗📗📗 c'est "la carte du temps gagné".

OISLY 41 L.-et-Ch. 📗 ⑰ – rattaché à Contres.

OLEMPS 12 Aveyron 📗 ② – rattaché à Rodez.

OLÉRON (Ile d') ★ 17 Char.-Mar. 📗 ⑬ ⑭ G. Poitou Vendée Charentes.

🏌 d'Oléron ✆ 46 47 11 59, S par D 126 : 2 km.

Accès par le pont viaduc. Passage gratuit.

  Boyardville – alt. 3 – ✉ 17190 St-Georges-d'Oléron.

  🏌 d'Oléron ✆ 46 47 11 59, S par D 126 : 2 km.

  Paris 520 – La Rochelle 78 – Marennes 25 – Rochefort 46 – Saintes 66.

  ✗✗ **La Perrotine,** au port ✆ 46 47 01 01, Fax 46 47 37 85 – ⚅⚄
      fermé janv. et mardi hors vacances scolaires – **Repas** 130/170, enf. 60.

  ✗✗ **Bains** avec ch, au port ✆ 46 47 01 02, Fax 46 47 16 90, 🍴 – ☎, 🆎 ⓪ ⚅⚄
      25 mai-17 sept. – **Repas** 135/295, enf. 75 – ⊠ 35 – **11 ch** 193/247 – ½ P 270/317.

  Le Château-d'Oléron – 3 544 h alt. 3 – ✉ 17480.

  🄳 Office de Tourisme pl. République ✆ 46 47 60 51.

  Paris 504 – La Rochelle 68 – Royan 41 – Marennes 14 – Rochefort 34 – Saintes 54.

  🏠 **France,** ✆ 46 47 60 07, 🍴 – 📺 ☎ 🆎 ⓪ ⚅⚄
      fermé 24 déc. au 20 janv., dim. soir et lundi de juin à sept. – **Repas** 58 (déj.), 85/145 – ⊠ 32 –
      11 ch 245/285 – ½ P 260/300.

RENAULT Gar. S.O.A., ✆ 46 47 67 22

  La Cotinière – ✉ 17310 St-Pierre-d'Oléron.

  Paris 520 – La Rochelle 78 – Royan 51 – Marennes 25 – Rochefort 45 – Saintes 65.

  🏨 **Motel Ile de Lumière** 🅼 📎 sans rest, ✆ 46 47 10 80, Fax 46 47 30 87, ≼, 🏋, 🍴, 🏖, ✗
      – 📺 ☎ 🅿. ⚅⚄
      9 avril-30 sept. – ⊠ 40 – **45 ch** 535/650.

  🏨 **Face aux Flots,** ✆ 46 47 10 05, Fax 46 47 45 95, ≼, 🍴 – 📺 ☎ ⚅⚄
      fermé 12 nov. au 19 déc. et 7 janv. au 8 fév. – **Repas** *(fermé vend. en mars et oct.)* 99/195 –
      ⊠ 42 – **20 ch** 330/400 – ½ P 340/390.

  La Remigeasse – ✉ 17550 Dolus-d'Oléron.

  Paris 516 – La Rochelle 74 – Royan 51 – Marennes 21 – Rochefort 41 – Saintes 61.

  🏛 **Gd Large et rest. Amiral** 🅼 📎, à la plage ✆ 46 75 37 89, Fax 46 75 49 15, ≼, parc, 🟥,
      ✗ – 📺 ☎ 🅿. 🆎 ⚅⚄
      avril-fin sept. – **Repas** 160 (déj.), 260/360 – ⊠ 85 – **21 ch** 750/1630, 5 appart – ½ P 755/
      1195.

St-Pierre-d'Oléron – 5 365 h alt. 11 – ⊠ **17310** .

Voir Église ※ ★.

🛃 Office de Tourisme pl. Gambetta ℘ 46 47 11 39, fax 46 47 10 41 et à la Cotinière ℘ 46 47 09 08 (Pâques-15 sept.).

Paris 518 – La Rochelle 78 – Royan 51 – Marennes 23 – Rochefort 44 – Saintes 64.

XXX **La Campagne,** D 734 ℘ 46 47 25 42, 😊, 🌭 – 🅿. 🖭 🆖. 🛠
fermé 1ᵉʳ au 15 oct., 1ᵉʳ janv. au 15 mars, dim. soir et lundi sauf août – **Repas** 135/260 et carte 250 à 355.

XX **Moulin du Coivre,** D 734 ℘ 46 47 44 23 – 🅿. 🆖
fermé dim. soir et lundi sauf vacances scolaires – **Repas** 130/240.

OPEL Gar. Pacreau, ZI rte St Georges ℘ 46 47 13 21

St-Trojan-les-Bains – 1 490 h alt. 4 – ⊠ **17370** .

🛃 Office de Tourisme carrefour du Port ℘ 46 76 00 86.

Paris 513 – La Rochelle 72 – Royan 45 – Marennes 18 – Rochefort 38 – Saintes 58.

🏨 **Novotel** Ⓜ 🦢, plage de Gatseau S : 2,5 km ℘ 46 76 02 46, Télex 790910, Fax 46 76 09 33, ≼, 😊, centre de thalassothérapie, « En forêt près de la mer », 🎰, 🏊, 🌭, ℀ – 🧈 ☜ ch 🖭 ☎ 🕭 🅿 – 🕍 25. 🖭 ⓞ 🆖
fermé 27 nov. au 17 déc. – **Repas** 140, enf. 55 – ⊊ 55 – **80 ch** 740/790 – ½ P 550/575.

🏨 **La Forêt** Ⓜ 🦢, bd P. Wiehn ℘ 46 76 00 15, Fax 46 76 14 67, 😊, 🌭 – 🛗 🖹 rest ☎ 🅿.
◆ ⓞ 🆖
hôtel : 7 avril-12 nov. ; rest : 14 avril-15 oct. – **Repas** 80/180, enf. 55 – ⊊ 35 – **43 ch** 305/550 – ½ P 290/410.

🏨 **Les Cleunes** sans rest, ℘ 46 76 03 08, Fax 46 76 08 95, ≼, 🏊, ℀ – 🖭 ☎ 🅿. 🖭 ⓞ 🆖
1ᵉʳ avril-11 nov. – ⊊ 39 – **49 ch** 250/550.

🏨 **L'Albatros** 🦢, ℘ 46 76 00 08, Fax 46 76 03 58, ≼, 😊 – 🖭 ☎ 🅿. 🆖
fermé 11 nov. au 11 fév. – **Repas** 85/157, enf. 60 – ⊊ 38 – **13 ch** 275/307 – ½ P 291/307.

X **La Marée,** au port ℘ 46 76 04 96, 😊 – 🖭 ⓞ 🆖 🎴
1ᵉʳ avril-1ᵉʳ oct. et fermé lundi sauf du 15 juin au 15 sept. – **Repas** 82/175, enf. 50.

OLIVET 45 Loiret 🆔 ⑨ – rattaché à Orléans.

Les OLLIÈRES-SUR-EYRIEUX 07360 Ardèche 🔢 ⑲ ⑳ – 769 h alt. 174.

Paris 595 – Valence 34 – Le Cheylard 29 – Lamastre 34 – Montélimar 52 – Privas 19.

XX **Aub. de la Vallée** avec ch, ℘ 75 66 20 32, Fax 75 66 20 63 – 🖹 rest 🖭 ☎ 🅿. 🆖. 🛠
fermé 18 au 26 sept., 1ᵉʳ fév. au 15 mars, dim. soir et lundi hors sais. – **Repas** 95/320 🍷 – ⊊ 42 – **7 ch** 320 – ½ P 235/275.

PEUGEOT Gar. de Veyes, ℘ 75 66 20 86

OLLIOULES 83190 Var 🎛 ⑭ 🔢 ㊹ **G. Côte d'Azur** – 10 398 h alt. 50.

Voir Gorges d'Ollioules ★.

🛃 Office de Tourisme 16 r. Nationale ℘ 94 63 11 74 (juil.-août).

Paris 832 – ◆Toulon 10 – Aix-en-Provence 75 – ◆Marseille 59.

X **L'Assiette Gourmande,** pl. H. Duprat (parvis de l'église) ℘ 94 63 04 61, 😊 – 🆖
fermé merc. – **Repas** (nombre de couverts limité, prévenir) 125/190, enf. 55.

V.A.G Gar. Star, quart. Lagoubran, chemin des Canniers ℘ 94 09 23 12

OLONNE-SUR-MER 85340 Vendée 🎛 ⑫ – 8 546 h alt. 27.

Paris 447 – La Roche-sur-Yon 34 – Les Sables-d'Olonne 5 – St-Gilles-Croix-de-Vie 26.

au NO par D 80 : 7 km – ⊠ **85340** Olonne-sur-Mer :

X **Aub. de la Forêt,** ℘ 51 90 52 29, Fax 51 20 11 89, 😊 – 🅿. 🖭 ⓞ 🆖
fermé 15 janv. au 28 fév., lundi et mardi de sept. à juin – **Repas** 98/265, enf. 50.

RENAULT Central Gar., 6 rte de Nantes ℘ 51 21 01 07 🅽 ℘ 51 32 40 70

OLORON-STE-MARIE ◀🆂▶ **64400** Pyr.-Atl. 🔢 ⑤ ⑥ **G. Pyrénées Aquitaine** – 11 067 h alt. 221.

Voir Portail ★★ de l'église Ste-Marie A.

🛃 Office de Tourisme pl. Résistance ℘ 59 39 98 00.

Paris 823 ⑤ – Pau 35 ② – ◆Bayonne 93 ⑤ – Dax 79 ⑤ – Lourdes 60 ③ – Mont-de-Marsan 96 ①.

Plan page suivante

🏨 **Alysson** Ⓜ, bd Pyrénées ℘ 59 39 70 70, Fax 59 39 24 47, ≼, 😊, 🏊 – 🧈 ☜ ch, 🖹 rest 🖭 ☎ 🕭 🅿 – 🕍 60. 🆖
Repas *(fermé 27 nov. au 18 déc., sam. midi et dim. soir)* 85 (déj.), 98/220, enf. 60 – ⊊ 50 – **34 ch** 300/440 – ½ P 320/370.

🏨 **Brun,** pl. Jaca ℘ 59 39 64 90, Fax 59 39 12 28 – 🧈 🖭 ☎. 🖭 ⓞ 🆖   A **s**
◆ **Repas** snack *(fermé vend. soir et sam.)* 60/80 🍷 – ⊊ 25 – **20 ch** 240/260 – ½ P 210.

🏨 **Paix** sans rest, 24 av. Sadi-Carnot ℘ 59 39 02 63, Fax 59 39 98 20 – 🖭 ☎ 🅿. 🖭. 🛠
fermé 20 au 31 oct. – ⊊ 28 – **24 ch** 150/260.   A **n**

OLORON-
STE-MARIE

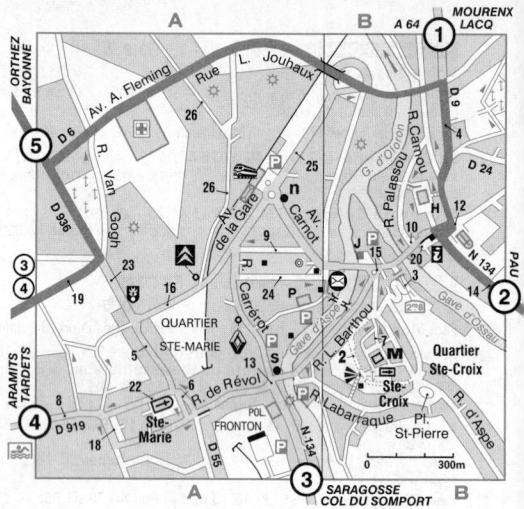

ALFA ROMEO-FIAT Gar. Guiraud, av. Ch.-Moureu
 ℰ 59 39 02 43
CITROEN Atomic Gar., 5 av. 14-Juillet A
 ℰ 59 39 53 00
PEUGEOT Gar. Tristan, av. de Lattre-de-Tassigny
par ⑤ *ℰ* 59 39 10 73 **N** *ℰ* 59 38 82 44
RENAULT Gar. Haurat, 41 r. Carrérot *ℰ* 59 39 01 93
N *ℰ* 59 38 81 25

RENAULT Gar. Biscay, à Ledeuix par ①
 ℰ 59 39 12 08
V.A.G Gar. Loustaunau, 71 av. d'Espagne à Bidos
 ℰ 59 39 26 55

⑩ Dours Pneus, av. Flemming *ℰ* 59 36 11 21

OMAHA BEACH 14 Calvados **54** ④ ⑭ – voir à Vierville-sur-Mer.

OMONVILLE-LA-PETITE 50440 Manche **54** ① – 137 h alt. 26.

Paris 385 – Cherbourg 24 – Barneville-Carteret 45 – Nez de Jobourg 6,5 – Saint-Lô 101.

   🏡 **La Fossardière** ⌘ sans rest, au hameau de la Fosse *ℰ* 33 52 19 83 – ☎ ℗. GB
      fermé 1ᵉʳ déc. au 1ᵉʳ mars – �� 37 – **9 ch** 250/330.

ONZAIN 41150 L.-et-Ch. **64** ⑯ – 3 080 h alt. 67.

Paris 198 – ◆ Tours 47 – Amboise 20 – Blois 16 – Château-Renault 23 – Montrichard 21.

   🏯 ❀❀ **Domaine des Hauts de Loire** Ⓜ ⌘, NO : 3 km par D 1 et voie privée
      ℰ 54 20 72 57, Fax 54 20 77 32, 🌫, « Élégant relais de chasse dans un grand parc », ⓩ,
      🎾 – 📺 ☎ & ℗ – 🕏 70. AE ⓞ GB. ✵
      fermé 1ᵉʳ déc. au 5 fév. – **Repas** *(fermé mardi midi et lundi en fév. et mars)* 285/350 et carte
      370 à 510 – ⏏ 85 – **25 ch** 900/1400, 9 appart
      Spéc. Salade d'anguilles à la vinaigrette d'échalotes. Pigeonneau du Vendomois au jus de presse. Glace cardamome à
      la confiture de fraises. **Vins** Sauvignon, Touraine-Mesland.

   🏨 **Château des Tertres** ⌘ sans rest, O : 1,5 km par D 58 *ℰ* 54 20 83 88, Fax 54 20 89 21,
      « Gentilhommière dans un parc » – ☎ ℗. AE GB. ✵
      31 mars-13 nov. – ⏏ 39 – **14 ch** 370/480.

   🏨 **Host. Les Couronnes** Ⓜ ⌘, au golf de la Carte, SE : 4,5 km sur N 152 *ℰ* 54 20 49 00,
      Fax 54 20 43 78, 🌫, ⓩ, 🎾 – 📺 ☎ & ℗ – 🕏 30. AE GB
      15 mars-15 oct. – **Repas** *(fermé dim. soir et lundi sauf de mai à août)* 95/140 – ⏏ 60 – **10 ch**
      450/650, 10 duplex – ½ P 800/1000.

PEUGEOT Gar. Guyader, *ℰ* 54 20 70 37

OPIO 06 Alpes-Mar. **84** ⑧, **115** ㉔ – rattaché à Grasse.

ORADOUR-SUR-GLANE 87520 H.-Vienne **72** ⑥ ⑦ G. Berry Limousin – 1 998 h alt. 275.

Voir "Village martyr" dont la population a été massacrée en juin 1944.

Paris 403 – ◆ Limoges 22 – Angoulême 89 – Bellac 25 – Confolens 35 – Nontron 70.

   🍴 **Le Milord** avec ch, *ℰ* 55 03 10 35, Fax 55 03 21 76, 🌫 – ☎. AE GB
      fermé fév. et merc. soir d'oct. à avril – **Repas** 58/190 ⚖, enf. 35 – ⏏ 25 – **8 ch** 150/180 –
      ½ P 160.

Voir Théâtre antique★★★ BZ – Arc de Triomphe★★ AY – Colline St-Eutrope ⩽★ BZ.

🐆 du Moulin ✆ 90 34 34 04, par ② : 4 km.

🗓 Office de Tourisme, Cours A.-Briand ✆ 90 34 70 88, Fax 90 34 99 62 et pl. Frères Mounet (avril-sept.).

Paris 659 ⑤ – Avignon 31 ⑤ – Alès 83 ⑤ – Carpentras 23 ③ – Montélimar 54 ⑤ – Nîmes 54 ⑤.

ORANGE

Promeneurs,
campeurs,
fumeurs,

Soyez prudents!

Le feu
est le plus terrible ennemi
de la forêt.

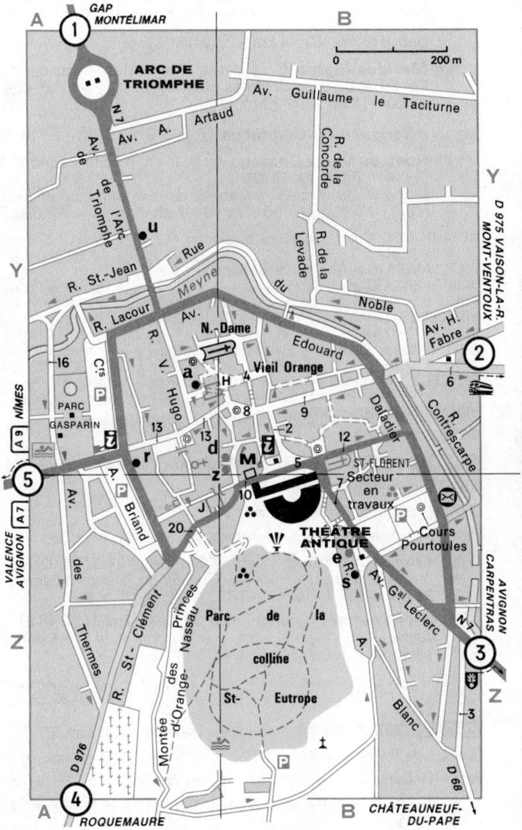

🏨🏨 **Mercure,** rte Caderousse par ⑤ ✆ 90 34 24 10, Fax 90 34 85 48, 🏢, 🏊, 🎾 – 🔲 📺 ☎ 🅿 – 🛎 30 à 150. 🖭 ⑩ 🖲 🄽🄱
Repas 115/160, enf. 55 – 🖵 52 – **99 ch** 380/540.

🏨🏨 **Arène** 🐾 sans rest, pl. Langes ✆ 90 34 10 95, Fax 90 34 91 62 – 🔲 📺 ☎ 🚗. 🖭 ⑩ 🖲
fermé 1er nov. au 15 déc. – 🖵 42 – **30 ch** 320/420.   AY **a**

🏨 **Glacier** sans rest, 46 cours A. Briand ✆ 90 34 02 01, Fax 90 51 13 80 – 🛗 📺 ☎. 🖭
🖲   AY **r**
fermé 22 déc. au 1er fév. et dim. soir de nov. à Pâques – 🖵 32 – **28 ch** 260/300.

🏨 **Ibis** 🄼, rte Caderousse par ⑤ ✆ 90 34 35 35, Fax 90 34 96 47, 🏢, 🏊 – ⤥ ch 📺 ☎ 🚾 🅿
– 🛎 30. 🖭 ⑩ 🖲
Repas 97 bc, enf. 40 – 🖵 35 – **72 ch** 285/310.

🏨 **Climat de France,** 86 av. de l'Arc de Triomphe ✆ 90 51 87 87, Fax 90 34 35 89 – 🛗 🔲 📺
☎ 🚗 🅿 – 🛎 30. 🖭 ⑩ 🖲
Repas 82/110 🕭, enf. 39 – 🖵 32 – **60 ch** 290/310.   AY **u**

🏨 **St-Jean** sans rest, 7 cours Pourtalès ✆ 90 51 15 16, Fax 90 11 05 45 – 🔲 ☎ 🅿. 🖲
🖵 30 – **23 ch** 260/300.   BZ **s**

🏨 **Campanile,** rte Caderousse par ⑤ ✆ 90 51 68 68, Fax 90 34 04 67, 🏢 – ⤥ ch, 🔲 rest
📺 ☎ 🚾 🅿 – 🛎 40. 🖭 ⑩ 🖲
Repas 82 bc/105 bc, enf. 39 – 🖵 30 – **39 ch** 270.

XXX **Le Parvis,** 3 cours Pourtoules ℘ 90 34 82 00, Fax 90 51 18 19, 😊 – 🍽. 🖭 ⓞ
   GB   BZ **e**
   fermé 12 nov. au 5 déc., 15 au 31 janv., dim. soir et lundi sauf juil.-août – **Repas** 103/205.

XXX **Le Forum,** 3 r. Mazeau ℘ 90 34 01 09 – GB   BY **z**
   fermé fév., sam. soir et dim. – **Repas** 95/170 ♨.

X **Au Goût de Jour,** 9 pl. aux Herbes ℘ 90 34 10 80, 😊 – GB. 🍽   BY **d**
   fermé 1ᵉʳ au 10 janv. et dim. – **Repas** (nombre de couverts limité-prévenir) 99/150.

   par ① N 7 et VO : 4 km – ✉ **84100** Orange :

🏠 **Mas des Aigras** ♨ sans rest, chemin des Aigras par ①, N 7 et VO : 4 km ℘ 90 34 81 01,
   Fax 90 34 05 66, « Joli mas provençal », 🏊, 🎾, 🍽 – 🖭 ☎ ℗. GB
   🗝 50 – **11 ch** 380/430.

   à Sérignan-du-Comtat par ① *et D 976 : 8 km* – ✉ **84830** :

XXX **Host. du Vieux Château** ♨ avec ch, rte Ste-Cécile ℘ 90 70 05 58, Fax 90 70 05 62, 😊,
   🏊, 🍽 – 🖭 ☎ ℗. 🖭 GB
   fermé 18 au 30 déc., vacances de fév., dim. soir et lundi d'oct. à Pâques – **Repas** 100 bc
   (déj.), 145/350, enf. 50 – 🗝 40 – **7 ch** 400/800 – ½ P 330/526.

ALFA-ROMEO Gar. Masoero, rte d'Avignon, N 7
℘ 90 34 62 91
FIAT, LANCIA Gar. Gemelli, rte de Jonquières
℘ 90 34 69 04 🖬 ℘ 90 51 75 64
FORD Gar. GR, rte d'Avignon N 7 ℘ 90 51 82 41
MERCEDES SAVIA, rte d'Avignon ℘ 90 34 72 70
🖬 ℘ 88 72 00 94
OPEL-GM Gge Balbi, 191 r. de Lattre-de-Tassigny
℘ 90 34 04 16
PEUGEOT Orangeoise-Autom., rte de Jonquières
par ③ ℘ 90 34 61 83
RENAULT Gar. Brun, N 7 rte de Lyon par ①
℘ 90 11 15 15 🖬 ℘ 05 05 15 15

V.A.G. Sodior Autom., ZAC du Coudoulet
℘ 90 34 04 50

Ⓦ Ayme-Pneus, rte de Caderousse ℘ 90 34 24 65
Pneus Service, 18 r. A.-Lacour ℘ 90 34 34 03
Pneus Service, 280 av. de Lattre-de-Tassigny
℘ 90 34 14 66
Provence Pneus, ZI Coudoulet, r. des Pays-Bas
℘ 90 51 02 20 🖬 ℘ 90 51 84 01
Valerian Pneus-Point S, 54 rte de Jonquières
℘ 90 34 86 86 🖬 ℘ 90 51 55 65

ORBEC 14290 Calvados 🗺 ⑭ G. Normandie Vallée de la Seine – 2 642 h alt. 120.

Voir Vieux manoir★.

🛈 Syndicat d'Initiative r. Guillonnière, ℘ 31 32 87 15.

Paris 170 – L'Aigle 37 – Alençon 79 – Argentan 52 – Bernay 16 – ♦Caen 72 – Lisieux 21.

🏠 **France** (Annexe 🏠 11 ch), r. Grande ℘ 31 32 74 02, Fax 31 32 27 17, 🎾 – 🖭 ☎ ℗. GB
↔ *fermé 22 déc. au 22 janv. et dim. soir du 15 sept. à Pâques* – **Repas** 64/170, enf. 45 – 🗝 32 –
   22 ch 145/330 – ½ P 165/237.

XXX **Au Caneton,** r. Grande ℘ 31 32 73 32, Fax 31 62 48 91 – 🖭 GB 🎴
   fermé 2 au 16 janv., dim. soir et lundi sauf fêtes – **Repas** (nombre de couverts limité-
   prévenir) 95 (déj.), 140/200.

CITROEN Gar. Decaux, à la Vespière ℘ 31 32 80 49

Ⓦ Normandie Pneu Maintenance, à la Vespière
℘ 31 32 28 20

ORBEY 68370 H.-Rhin 🗺 ⑱ G. Alsace Lorraine – 3 282 h alt. 500.

🛈 Office de Tourisme ℘ 89 71 30 11 et wagon d'accueil (juin-sept.) ℘ 89 47 53 11.

Paris 471 – Colmar 22 – Gérardmer 40 – Munster 20 – Ribeauvillé 22 – St-Dié 40 – Sélestat 35.

🏠 **Au Bois Le Sire et son Motel,** ℘ 89 71 25 25, Fax 89 71 30 75, 🔲 – 🖭 ☎ ♿ ℗ – 🔏 30.
↔ 🖭
   fermé 2 janv. au 3 fév. et lundi sauf juil.-août – **Repas** 52 (déj.), 78/250 ♨, enf. 50 – 🗝 48 –
   36 ch 270/360 – ½ P 280/330.

🏠 **Saut de la Truite** ♨, à Remomont NO : 1 km par VO ✉ 68370 Orbey ℘ 89 71 20 04,
↔ Fax 89 71 31 52, ≤, 😊, 🎾 – ☎ ℗ – 🔏 30. GB
   fermé 1ᵉʳ déc. au 1ᵉʳ fév. et merc. d'oct. à juin – **Repas** 72/200 ♨, enf. 45 – 🗝 40 – **22 ch**
   200/350 – ½ P 250/305.

🏠 **Croix d'Or,** r. Église ℘ 89 71 20 51, Fax 89 71 35 60, 😊 – ☎. 🖭 ⓞ GB. 🍽 rest
   fermé 13 nov. au 20 déc., lundi midi en sais. et merc. sauf le soir en sais. – **Repas** 90/260 ♨,
   enf. 59 – 🗝 44 – **18 ch** 270 – ½ P 260/285.

   à Basses-Huttes S : 4 km par D 48 – ✉ **68370** Orbey :

🏠 **Wetterer** ♨, ℘ 89 71 20 28, Fax 89 71 36 50 – ☎ ℗. GB. 🍽
↔ *fermé 6 nov. au 22 déc., lundi midi et merc. midi en juil.-août et merc. de sept. à juin* –
   Repas 75/180 ♨, enf. 45 – 🗝 36 – **17 ch** 200/270 – ½ P 235/245.

   à Pairis SO : 3 km sur D 48 II – alt. 700 – ✉ **68370** Orbey.

   Voir Lac Noir★ : ≤★ 30 mn O : 5 km.

🏠 **Au Bon Repos** ♨, ℘ 89 71 21 92, Fax 89 71 24 51 – ☎ ℗. 🖭 GB
↔ *fermé 12 nov. au 23 déc. et merc. sauf juil.-août* – **Repas** 78/150 ♨, enf. 45 – 🗝 32 – **18 ch**
   150/225 – ½ P 225/235.

XX **Pairis** 🦌 avec ch, ✆ 89 71 20 15, Fax 89 71 36 15, 🍴, 🏕 – ☎ ℗, 🝆 ⓸ GB
→ *fermé 3 janv. au 15 fév. et merc. hors sais.* – **Repas** 55/300 ♨, enf. 55 – ☲ 35 – **15 ch**
180/210 – ½ P 225.

CITROEN Gar. Eberlé ✆ 89 71 20 35 Ⓝ ✆ 89 71 23 45

⬛ **ORCHAMPS-VENNES** 25390 Doubs 🮦🮦 ⑰ Ⓖ. Jura – 1 497 h alt. 750.

Voir Grandfontaine-Fournets : tuyé★ de la ferme du Montagnon E : 4 km.

Env. La Roche du Prêtre ≤★★★ sur le Cirque de Consolation★★ NE : 13 km.

Paris 457 – ◆Besançon 48 – Baume-les-Dames 40 – Montbéliard 70 – Morteau 17 – Pontarlier 36.

X **Barrey** avec ch, face église ✆ 81 43 50 97, Fax 81 43 62 68 – 📺 ☎ ℗. GB
→ *fermé dim. soir et lundi sauf juil.-août* – **Repas** 80/250 ♨, enf. 50 – ☲ 30 – **13 ch** 200/270 –
½ P 250/270.

CITROEN Gar. Cartier, ✆ 81 43 60 52 Ⓝ RENAULT Gar. Gaiffe, ✆ 81 43 52 36
✆ 81 43 57 72

⬛ **ORCHIES** 59310 Nord 🮵🮵 ⑯ 🮙🮙🮙 ㉝ – 6 945 h alt. 38.

Paris 216 – ◆Lille 26 – Denain 26 – Douai 19 – St-Amand-les-Eaux 17 – Tournai 19 – Valenciennes 28.

🏛 **Le Manoir** Ⓜ, O : par rte Seclin ✆ 20 64 68 68, Fax 20 64 68 69 – 📶 📺 ☎ ☕ ℗ – 🔬 30.
→ 🝆 ⓸ GB ᴊᴄʙ
Repas *(fermé dim. soir et soirs fériés)* 70/270 ♨, enf. 55 – ☲ 35 – **34 ch** 295/380 –
½ P 260/350.

XX **La Chaumière**, S : 3 km D 957, rte Marchiennes ✆ 20 71 86 38, Fax 20 61 65 91, 🍴, 🏕
→ – ℗. 🝆 ⓸ GB
fermé fév., jeudi soir et vend. – **Repas** 80/250.

⬛ **ORCIÈRES** 05170 H.-Alpes 🮱🮱 ⑰ Ⓖ. Alpes du Sud – 841 h alt. 1 439 – Sports d'hiver à Orcières-Merlette :
1 850/2 650 m ≰ 2 ≴ 26 ⊼.

Env. Vallée du Drac Blanc★★ NO : 14 km.

🛈 Office de Tourisme ✆ 92 55 70 39, Fax 92 55 62 47.

Paris 686 – Briançon 110 – Gap 33 – ◆Grenoble 116 – La Mure 77 – Saint-Bonnet-en-Champsaur 27.

🏕 **Poste**, ✆ 92 55 70 04, Fax 92 55 73 38, ≤, 🏕 – 📺 ☎ 🝆 ⓸ GB
→ **Repas** 65/125 ♨, enf. 45 – ☲ 30 – **21 ch** 180/280 – ½ P 215/245.

à Merlette N : 5 km par D 76 – ⊠ 05170 Orcières :

🏠 **Le Montagnou** Ⓜ 🦌 sans rest, ✆ 92 55 74 37, Fax 92 55 63 45, ≤ – 📺 ☎ ☕, GB. 🛠
15 juin-15 sept. et 15 déc.-15 mai – ☲ 35 – **20 ch** 300.

🏠 **Les Gardettes** 🦌, ✆ 92 55 71 11, ≤ – ☎ ☕ ℗. 🝆 GB. 🛠 rest
juil.-sept. et déc.-avril – **Repas** (dîner seul. en été) 85/115 ♨ – ☲ 35 – **15 ch** 250/340 –
½ P 270/325.

⬛ **ORCINES** 63 P.-de-D. 🮷🮷 ⑭ – rattaché à Clermont-Ferrand.

⬛ **ORCIVAL** 63210 P.-de-D. 🮷🮷 ⑬ Ⓖ. Auvergne – 283 h alt. 860.

Voir Basilique Notre-Dame★★.

🛈 Syndicat d'Initiative ✆ 73 65 92 25.

Paris 451 – ◆Clermont-Ferrand 26 – Aubusson 85 – Le Mont-Dore 17 – Rochefort-Montagne 5 – Ussel 56.

🏠 **Roche** sans rest, ✆ 73 65 82 31, 🏕 – ☎. GB. 🛠
fermé 15 nov. au 15 déc. et vend. hors sais. – ☲ 30 – **9 ch** 150/210.

🏠 **Notre-Dame**, ✆ 73 65 82 02 – ☎. GB
→ *15 fév.- 11 nov. et fermé mardi soir et merc.* – **Repas** 65/135 ♨, enf. 40 – ☲ 25 – **9 ch**
150/230 – ½ P 165/195.

🏕 **Les Bourelles** 🦌 sans rest, ✆ 73 65 82 28, ≤, 🏕 – ℗. 🛠
vacances de printemps-1ᵉʳ oct. et vacances de fév. – ☲ 23 – **7 ch** 115/155.

⬛ **ORDINO** 🮸🮸 ⑭ – voir à Andorre (Principauté d').

⬛ **ORGEVAL** 78630 Yvelines 🮵🮵 ⑲ 🮙🮙🮙 ⑰ 🮙🮙🮙 ⑪ – 4 509 h alt. 100.

Paris 35 – Mantes-la-Jolie 23 – Pontoise 23 – Rambouillet 46 – St-Germain-en-Laye 10,5 – Versailles 21.

🏛 **Novotel** Ⓜ, à l'échangeur A 13, D 113 ✆ (1) 39 22 35 11, Télex 697174,
Fax (1) 39 75 48 93, 🍴, 🏊, 🛠, 🎾 ch ▦ 📺 ☎ ℗ – 🔬 120. 🝆 ⓸ GB
Repas carte environ 170, enf. 50 – ☲ 50 – **119 ch** 420/450.

⬛ **ORGNAC-L'AVEN** 07150 Ardèche 🮰🮰 ⑨ – 327 h alt. 290.

Voir Aven d'Orgnac★★★ NO : 2 km, Ⓖ. Vallée du Rhône.

Paris 661 – Alès 43 – Aubenas 51 – Pont-St-Esprit 24.

🏕 **Stalagmites**, ✆ 75 38 60 67, Fax 75 38 66 02, 🍴 – ☎ ℗
→ *hôtel : ouvert 1ᵉʳ mars-15 nov. ; rest. : fermé janv. et fév.* – **Repas** 70/130 – ☲ 26 – **24 ch**
140/250 – ½ P 178/218.

⬛ **ORINCLES** 65 H.-Pyr. 🮴🮴 ⑧ – rattaché à Lourdes.

803

Voir Cathédrale Ste-Croix★ EY : boiseries★★ – Maison de Jeanne d'Arc★ DZ **E** – Quai Fort-des-Tourelles ≤★ EZ60 – Musée des Beaux-Arts★★ EY **M¹** – Musée Historique★ EZ **M²** – Muséum d'histoire naturelle★ EY **M³**.

Env. Olivet : parc floral de la Source★★ SE : 8 km CZ.

Ⓘ d'Orléans Val de Loire ℰ 38 59 25 15, E : 17km par N 460 CY ; Ⓘ Parc de Limere, S : 9 km par D 326 BZ ; Ⓘ de Marcilly ℰ 38 76 11 73, SE par D 14 et D 108 : 18 km.

Ⓘ Office de Tourisme et Accueil de France pl. Albert-Iᵉʳ ℰ 38 53 05 95, fax 38 54 49 84 - A.C. du Loiret, r. A.-Brillat-Savarin, Expo-Sud ℰ 38 66 50 50, Fax 38 66 30 31.

Paris 130 ⑪ – ◆Caen 260 ⑪ – ◆Clermont-Ferrand 301 ⑧ – ◆Dijon 300 ② – ◆Limoges 274 ⑥ – ◆Le Mans 141 ⑩ – ◆Reims 267 ② – ◆Rouen 219 ⑪ – ◆Tours 115 ⑨.

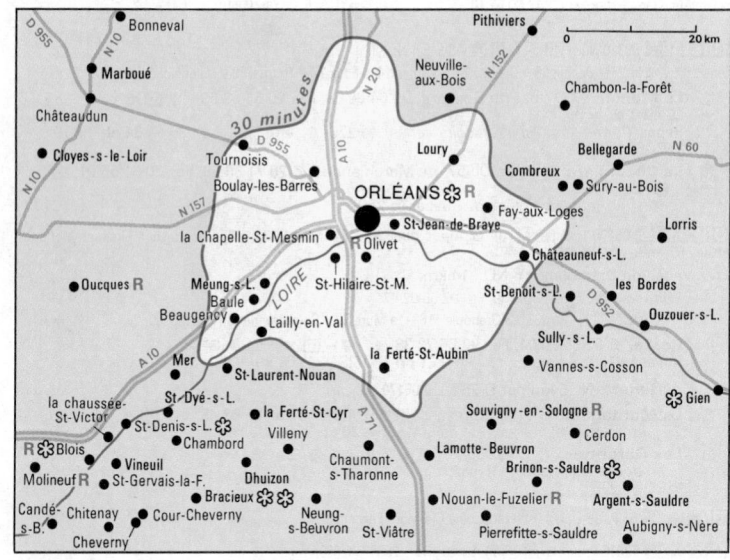

🏨 **Mercure** Ⓜ, 44 quai Barentin ℰ 38 62 17 39, Télex 780073, Fax 38 53 95 34, ≤, 🍽, 🛏 – 🛗 ⇆ ch 🚭 ☎ & Ⓟ – 🔏 100. 🆎 🆅 ● 🅶🅱 🕽🕮🕲
DZ **t**
Le Gourmandin : Repas 98/130, enf. 40 – ⌑ 55 – **105 ch** 495.

🏨 **Holiday Inn Garden Court** Ⓜ, quai Madeleine - Rive de Loire ℰ 38 43 92 92, Fax 38 88 75 60, 🍽 – 🛗 ⇆ ch 🆅 ☎ & 🚗 – 🔏 80. 🆎 🆅 ● 🅶🅱 🕽🕮🕲
BY **e**
Repas *(fermé sam. midi)* 98/135, enf. 45 – ⌑ 45 – **110 ch** 435.

🏨 **d'Arc** sans rest, 37 r. République ℰ 38 53 10 94, Fax 38 81 77 47 – 🛗 🆅 ☎. 🆎 ●
🅶🅱
EY **g**
⌑ 50 – **35 ch** 350/440.

🏨 **Sanotel** sans rest, 16 quai St Laurent ℰ 38 54 47 65, Fax 38 62 05 91 – 🛗 ▤ 🆅 ☎ Ⓟ –
🔏 100. 🆎 ● 🅶🅱
DZ **q**
⌑ 40 – **50 ch** 296/370.

🏨 **Terminus** sans rest, 40 r. République ℰ 38 53 24 64, Fax 38 53 24 18 – 🛗 🆅 ☎. 🆎 ●
🅶🅱
EY **z**
fermé 22 déc. au 4 janv. – ⌑ 40 – **47 ch** 325/370.

🏨 **des Cèdres** sans rest, 17 r. Mar. Foch ℰ 38 62 22 92, Télex 782314, Fax 38 81 76 46, 🌳 –
🛗 ⇆ ch 🆅 ☎. 🆎 🅶🅱
DY **b**
⌑ 38 – **36 ch** 220/360.

🏨 **d'Orléans** sans rest, 6 r. A. Crespin ℰ 38 53 35 34, Fax 38 53 68 20 – 🛗 🆅 ☎ 🚗. 🆎 ●
🅶🅱
EY **t**
⌑ 35 – **18 ch** 260/370.

🏠 **St-Martin** sans rest, 52 bd A. Martin ℰ 38 62 47 47, Fax 38 81 13 28 – ☎. 🅶🅱. 🎾
fermé 22 déc. au 2 janv. – ⌑ 24 – **22 ch** 128/280.
EY **r**

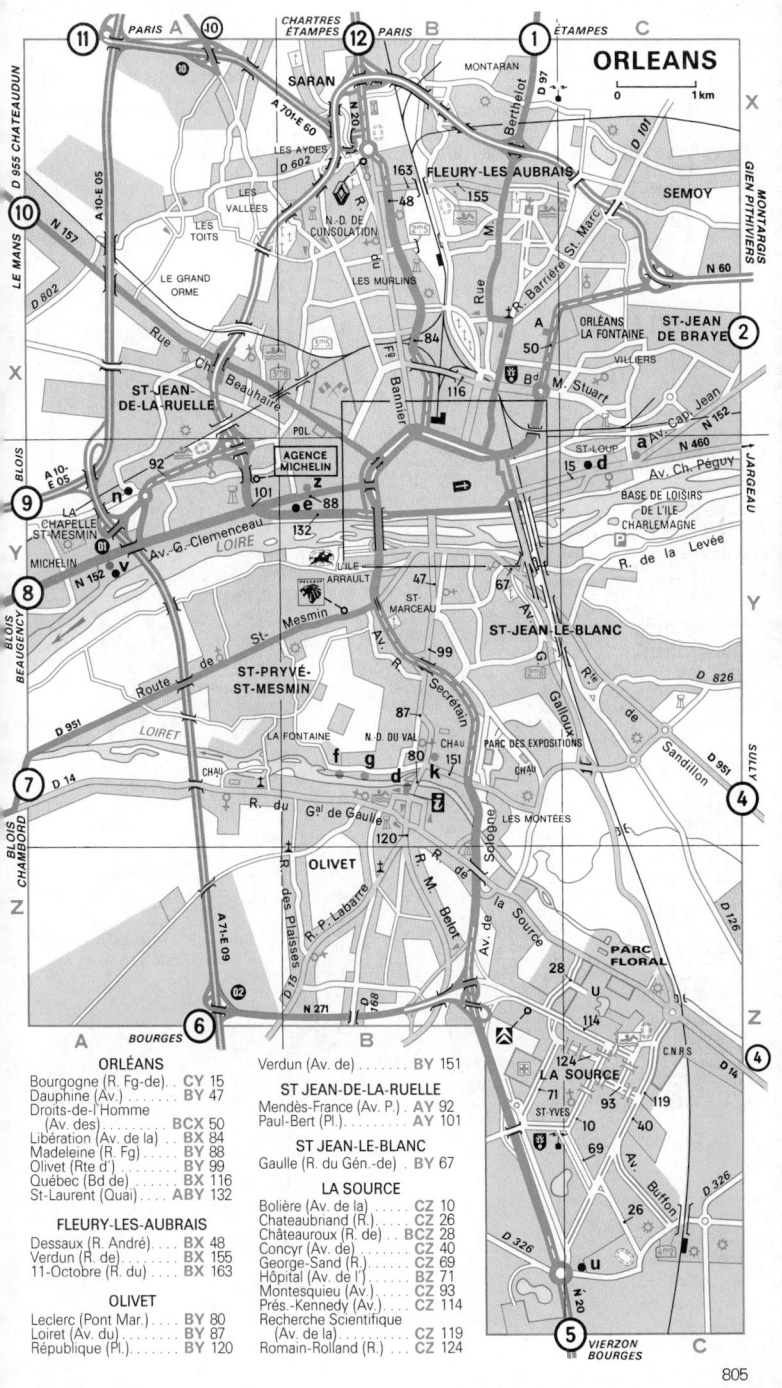

ORLEANS

0   1 km

XXX ❀ **Les Antiquaires** (Pipet), 2 r. au Lin *ℰ* 38 53 52 35, Fax 38 62 06 95 – ᴁ ⓞ
GB
EZ **d**
fermé 18 au 24 avril, 1ᵉʳ au 22 août, 24 déc. au 1ᵉʳ janv., dim. et lundi – **Repas** 110 (déj.), 190
bc/290 et carte 220 à 300
Spéc. Persillé de ris de veau et homard en gelée. Noisettes de biche aux griottes à l'aigre-doux (saison). Nougat glacé
au coulis de framboise. **Vins** Cheverny, Chinon.

XXX ❀ **La Poutrière** (Le Bras), 8 r. Brèche ⊠ 45100 *ℰ* 38 66 02 30, Fax 38 51 19 38, ⇧, 🍽 –
ᴁ GB
EZ **s**
*fermé 25 avril au 2 mai, 29 août au 12 sept., 24 déc. au 10 janv., dim. soir et lundi sauf du 14
juil. au 27 août –* **Repas** 150 bc (déj.), 200/285 et carte 250 à 400
Spéc. Œuf fermier poché au salpicon de homard et saumon fumé. Escalopes de ris de veau poêlées au Noilly, crème
de girolles et poireaux confits (juin à oct.). Civet de lièvre au chinon, pâtes fraîches et cèpes (oct. à déc.). **Vins** Reuilly,
Chinon.

ORLÉANS

*Les numéros de sorties
des villes ①, ②..
sont identiques
sur les plans
et les cartes Michelin.*

XX **Le Florian,** 70 bd A. Martin ✆ 38 53 08 15, Fax 38 53 08 49, 🌸, 🥢 – ⬜ ☒ EY **p**
fermé 1ᵉʳ au 21 août et dim. – **Repas** 100/190.

XX **Eugène,** 24 r. Ste-Anne ✆ 38 53 82 64, Fax 38 54 31 89 – ☒ EY **u**
fermé 1ᵉʳ au 24 août, 23 déc. au 3 janv., sam. midi, lundi midi et dim. – **Repas** (nombre de couverts limité, prévenir) 120/200.

XX **La Crémaillère,** 34 r. N.-D. de Recouvrance ✆ 38 53 49 17, Fax 38 53 98 48 – ⬜ ⓪
☒ DZ **r**
fermé dim. soir – **Repas** 128 bc/148.

XX **L'Archange,** 66 r. fg Madeleine ✆ 38 88 64 20 – ☒ BY **z**
fermé 1ᵉʳ au 23 août, vacances de fév., dim. soir et lundi – **Repas** 100/210, enf. 40.

XX **L'Ambroisie,** 22 r. Bourgogne ✆ 38 68 13 33 – ▤ ⬜ ☒ EZ **t**
fermé dim. – **Repas** 89/155.

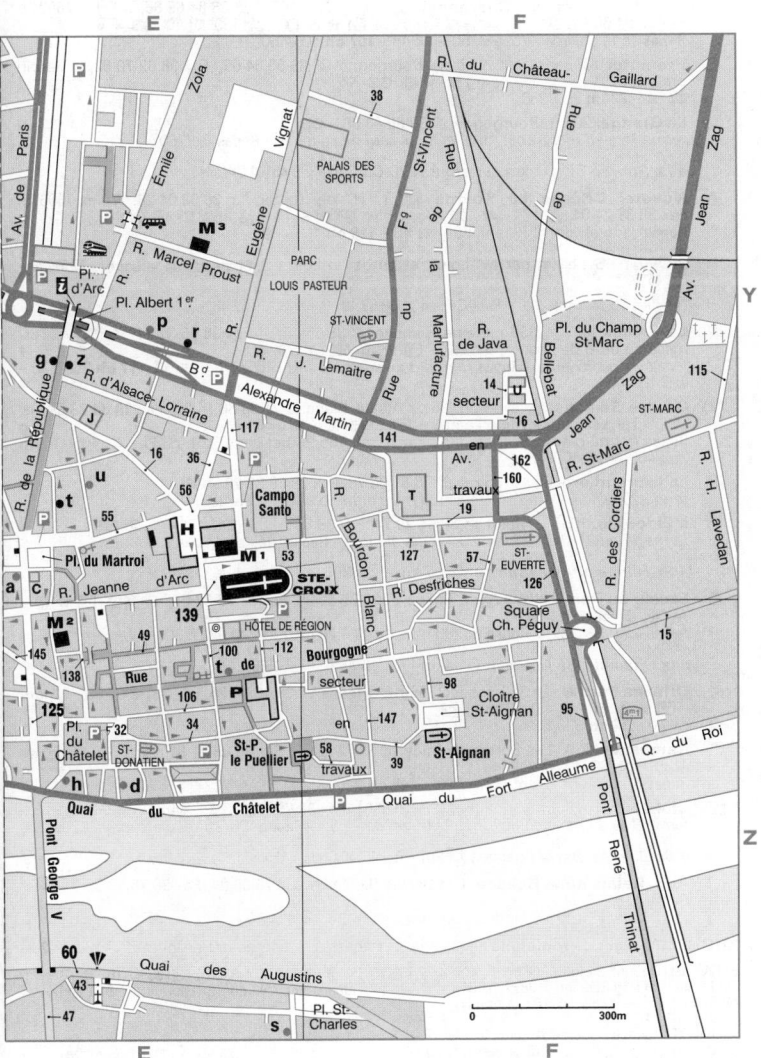

%% **Le Bigorneau**, 54 r. Turcies ℰ 38 68 01 10 – ᴬᴱ ⓞ ⅁Ⓑ ᴶᶜᴮ   DZ **k**
fermé 9 au 24 juil., 5 au 13 fév., dim. et lundi – **Repas** - produits de la mer - 150.

%% **La Chancellerie**, pl. Martroi ℰ 38 53 57 54, Fax 38 77 09 92, 🍴 – ᴬᴱ ⅁Ⓑ   EY **a**
fermé vacances de fév. et dim. – **Repas** brasserie 125/140 🍷, enf. 45.

%% **La Loire**, 6 r. J. Hupeau ℰ 38 62 76 48 – ᴬᴱ ⅁Ⓑ   EZ **h**
fermé 1ᵉʳ au 15 août, sam. midi et dim. – **Repas** 135/300, enf. 60.

% **des Plantes**, 44 r. Tudelle ℰ 38 56 65 55 – ⅁Ⓑ   DZ **n**
fermé 1ᵉʳ au 9 mai, 7 au 29 août, 24 déc. au 3 janv., lundi soir, sam. midi et dim. – Repas
(prévenir) 96/210.

% **Le Lyonnais**, 82 r. Turcies ℰ 38 53 15 24, Fax 38 54 67 54 – ▤. ᴬᴱ ⅁Ⓑ   DZ **m**
fermé 5 au 26 août, sam. midi, dim. et fêtes – **Repas** 100/120.

à St-Jean-de-Braye E : 4 km - CXY – 16 387 h. – ✉ **45800** :

🏨 **Novotel Orléans Charbonnière** Ⓜ, N 152 ℰ 38 84 65 65, Télex 760717,
Fax 38 84 66 61, 🍴, ⤓, 🐟, – ▐ ⇆ ch ▤ ▣ ☎ ❷ – 🔬 150. ᴬᴱ ⓞ ⅁Ⓑ ᴶᶜᴮ
Repas carte environ 170, enf. 50 – ⌑ 48 – **107 ch** 405/460.

🏨 **Promotel** Ⓜ sans rest, 117 fg Bourgogne ℰ 38 53 64 09, Fax 38 62 70 62, « Jardin
ombragé, ⤓ » – ▐ ⇆ ch ▣ ☎ ❷. ⅁Ⓑ. 🦷   CY **d**
⌑ 35 – **83 ch** 260/350.

%% **La Grange**, 205 fg Bourgogne ℰ 38 86 43 36 – ⅁Ⓑ   CY **a**
fermé 1ᵉʳ au 8 mars, août, dim. et lundi sauf midis fériés – **Repas** 100/280.

à La Source SE : 11 km carrefour N 20-CD 326 – ✉ **45100** Orléans :

🏨 **Novotel Orléans La Source** Ⓜ, r. H. de Balzac ℰ 38 63 04 28, Télex 760619,
Fax 38 69 24 04, 🍴, ⤓, 🌳, 🦷 – ⇆ ch ▤ ▣ ☎ ❷ ❹ – 🔬 150. ᴬᴱ ⓞ ⅁Ⓑ   CZ **u**
Repas carte environ 170, enf. 50 – ⌑ 48 – **119 ch** 405/460.

à Olivet : S : 5 km par av. Loiret et bords du Loiret G. Châteaux de la Loire – 17 572 h. –
✉ **45160** :

🛈 Office de Tourisme 226 r. Paul-Génain ℰ 38 63 49 68, Fax 38 69 17 48.

🏨 **Le Rivage** Ⓜ 🍃, 635 r. Reine Blanche ℰ 38 66 02 93, Fax 38 56 31 11, ≤, 🍴, « Terrasse au bord de l'eau », 🌳, 🍴 – ▣ ☎ ❷. ᴬᴱ ⓞ ⅁Ⓑ   BY **f**
fermé 1ᵉʳ au 25 janv. – **Repas** *(fermé dim. soir hors sais.)* 155/270 – ⌑ 50 – **17 ch** 350/430 –
½ P 400/450.

%%% **Quatre Saisons** 🍃 avec ch, 351 r. Reine Blanche ℰ 38 66 14 30, Fax 38 66 78 59, ≤,
🍴, « Terrasse au bord de l'eau » – ▣ ☎ ❷ ᴬᴱ ⅁Ⓑ ᴶᶜᴮ   BY **g**
Repas *(fermé dim. soir et lundi d'oct. à avril)* 165/280 et carte 220 à 330 – ⌑ 40 – **10 ch**
250/400 – ½ P 400.

%% **La Laurendière**, 68 av. Loiret ℰ 38 51 06 78, Fax 38 56 36 20 – ⅁Ⓑ   BY **k**
fermé 26 juin au 11 juil., 19 fév. au 5 mars et merc. – Repas 95/225.

%% **L'Eldorado**, 10 r. M. Belot ℰ 38 64 29 74, Fax 38 69 14 33, 🍴, 🌳 – ❷. ᴬᴱ ⅁Ⓑ   BY **d**
fermé 1ᵉʳ au 21 août, 26 fév. au 4 mars et lundi – **Repas** (déj. seul.) 100/190.

à St-Hilaire-St-Mesmin par ⑦ : 7 km – ✉ **45160** :

🏨 **Escale du Port Arthur** 🍃, r. Église ℰ 38 76 30 36, Fax 38 76 37 67, ≤, 🍴 – ▣ ☎ ❷ –
🔬 25. ᴬᴱ ⅁Ⓑ ᴶᶜᴮ
fermé 2 au 21 janv. – **Repas** 99/200 bc – ⌑ 42 – **20 ch** 270/310 – ½ P 300/330.

à la Chapelle-St-Mesmin O : 4 km – AY – 8 207 h. – ✉ **45380** :

🏨 **Orléans Parc H.** Ⓜ 🍃 sans rest, 55 rte Orléans ℰ 38 43 26 26, Fax 38 72 00 99, ≤, parc
– ▣ ☎ ❷ ❹ – 🔬 30. ᴬᴱ ⅁Ⓑ ᴶᶜᴮ   AY **v**
⌑ 40 – **34 ch** 300/580.

🏨 **Campanile**, Z.A. Les Portes de Micy ℰ 38 72 23 23, Fax 38 88 21 81, 🍴 – ⇆ ch ▣ ☎
❷ ❹ – 🔬 30. ᴬᴱ ⓞ ⅁Ⓑ   AY **n**
Repas 82 bc/105 bc, enf. 39 – ⌑ 30 – **48 ch** 270.

%%% **Ciel de Loire**, 55 rte Orléans ℰ 38 72 29 51, Fax 38 72 29 67, 🍴, parc – ❷. ⅁Ⓑ   AY **v**
fermé 3 au 11 mars, 29 juil. au 22 août et dim. soir – **Repas** 150/210 et carte 190 à 300.

à Boulay-les-Barres par ⑩ : 12 km – ✉ **45140** St-Jean-de-la-Ruelle :

%% **Aub. Relais de la Beauce**, Les Barres (D 955) ℰ 38 75 36 04, Fax 38 75 33 39 – ᴬᴱ ⓞ
⅁Ⓑ
fermé août, dim. soir, lundi soir et mardi soir – **Repas** 120/280.

MICHELIN, Agence régionale, 1 allée des Mistigris à St-Jean-de-la-Ruelle AY ℰ 38 88 02 20

BMW Gar. Dupont, 34 fg Madeleine ℰ 38 71 71 71
FIAT DAO, 54 r. fg Bannier ℰ 38 54 51 51
MERCEDES Gar. Jousselin, 12 r. Jousselin
 ℰ 38 53 61 04
PEUGEOT Agence Générale Autom., 22 av.
St-Mesmin BY ℰ 38 66 10 97 ℕ ℰ 38 78 21 60

Ⓦ Euromaster, 5 r. Rape ℰ 38 53 57 18
Orléans-Pneu, 42 quai St-Laurent ℰ 38 62 24 54

Périphérie et environs

ALFA ROMEO, LANCIA Prestige Automobiles,
ZAC des Aulnaies à Olivet ℰ 38 69 65 65
CITROEN France et Delaroche, RN 20 à Saran
par ⑫ ℰ 38 73 50 60
CITROEN France et Delaroche, r. de Bourges à
Olivet BZ ℰ 38 63 02 62
FORD ASFIR Sud, 764 r. du Rosier à Olivet
ℰ 38 69 32 88
HONDA Orléans Motors, RN 20 à Fleury-les-
Aubrais ℰ 38 43 95 95
NISSAN Auto Val de Loire, 26 r. A.-Dessaux à
Fleury-les-Aubrais ℰ 38 43 71 11
PORSCHE-MITSUBISHI Loire Auto, r. Bergeresse
ZAC Aulnaies à Olivet ℰ 38 69 33 69

RENAULT Succursale, 539 fg Bannier à Saran BX
ℰ 38 79 30 30 🅽 ℰ 38 79 30 30
VAG Gar. Pillon, 20 r. A.-Dessaux à Fleury-les-
Aubrais ℰ 38 88 53 29 🅽 ℰ 38 86 49 62

🔘 Euromaster, ZA r. d'Alsace à Olivet
ℰ 38 63 41 64
Interpneus Vulcopneu, ZI de Montaran à Saran
ℰ 38 73 13 13
Super Pneus, r. du Clos St-Gabriel à St-Jean-de-la-
Ruelle ℰ 38 72 54 00

ORLY (Aéroports de Paris) 94 Val-de-Marne ⑥⑴ ① , ⑴⓿⑴ ㉖ – voir à Paris, Environs.

ORMOY-LA-RIVIÈRE 91 Essonne ⑥⓿ ⑳ , ⑴⓿⑥ ㊷ – rattaché à Étampes.

ORNAISONS 11 Aude ⑧⑶ ⑬ – rattaché à Narbonne.

ORNANS 25290 Doubs ⑥⑥ ⑱ G. Jura (plan) – 4 016 h alt. 315.

Voir Grand Pont ≤★ – Miroir de la Loue★ – Musée Courbet – O : Vallée de la Loue★★ – Le
Château ≤★ N : 2,5 km.

🅱 Office de Tourisme r. P.-Vernier (avril-sept.) ℰ 81 62 21 50.

Paris 428 – ◆Besançon 25 – Baume-les-Dames 42 – Morteau 53 – Pontarlier 34 – Salins-les-Bains 37.

🏨 **France,** r. P. Vernier ℰ 81 62 24 44, Fax 81 62 12 03, 🚗 – 📺 ☎ 🅿. 🔘 🅶🅱. 🎿 ch
fermé 15 déc. au 15 fév., dim. soir et lundi sauf vacances scolaires – Repas 100/250 – 🖵 40 –
31 ch 160/400 – ½ P 350/375.

rte de Bonnevaux-le-Prieuré NO : 8 km par D 67 et D 280 – ⊠ 25620 Bonnevaux :

🏨🏨🏨 **Moulin du Prieuré** 🌤 avec ch, ℰ 81 59 21 47, Fax 81 59 28 79, 🏡, 🚗 – 📺 ☎ 🕭 🅿. 🆎
🔘 🅶🅱
5 mars-11 nov. et fermé merc. midi et mardi – Repas 200/350 et carte 260 à 380 – 🖵 30 –
8 ch 330/350 – ½ P 360/550.

PEUGEOT Pernot Automobiles Services,
ℰ 81 62 15 24 🅽 ℰ 81 57 40 40

RENAULT Gar. de la Vallée, ℰ 81 62 18 68 🅽 ℰ 81
62 21 35

OROUET 85 Vendée ⑥⑺ ⑫ – rattaché à St-Jean-de-Monts.

ORPIERRE 05700 H.-Alpes ⑧⑴ ⑤ G. Alpes du Sud – 335 h alt. 683.

Paris 696 – Digne-les-Bains 70 – Gap 55 – Château-Arnoux 45 – Serres 19 – Sisteron 31.

aux Bégües SO : 4,5 km – ⊠ 05700 Orpierre :

🏨 **Le Céans** 🌤, ℰ 92 66 24 22, Fax 92 66 28 29, ≤, 🏊, 🚗, 🎾 – ☎ 🅿. 🆎 🅶🅱. 🎿 rest
15 mars-31 oct. – Repas 85/160 – 🖵 35 – **24 ch** 200/260 – ½ P 225.

ORSAY 91 Essonne ⑥⓿ ⑩ , ⑴⓿⑴ ㉞ – voir à Paris, Environs.

ORTHEZ 64300 Pyr.-Atl. ⑦⑻ ⑧ G. Pyrénées Aquitaine – 10 159 h alt. 62.

Voir Pont Vieux★ AZ.

🏌 d'Hélios à Salies-de-Béarn ℰ 59 38 37 59, par ⑤ : 17 km.

🅱 Office de Tourisme Maison Jeanne-d'Albret ℰ 59 69 02 75, Fax 59 69 12 00.

Paris 775 ⑥ – Pau 41 ② – ◆Bayonne 66 ⑤ – Dax 37 ⑥ – Mont-de-Marsan 53 ①.

Plan page suivante

🏨 **Au Temps de la Reine Jeanne,** 44 r. Bourg-Vieux ℰ 59 67 00 76, Fax 59 69 09 63 – 📺
☎ 🕭. 🆎 🅶🅱   AZ   r
fermé 6 au 20 fév. – Repas 50 bc (déj.), 85/175 👌, enf. 40 – 🖵 28 – **20 ch** 220/285 –
½ P 230/245.

🏨🏨 **Aub. St-Loup,** 20 r. Pont Vieux ℰ 59 69 15 40, 🏡 – 🆎 🔘 🅶🅱   AZ   e
fermé 2 au 15 janv., dim. soir sauf juil.-août et lundi – Repas 98/160 👌, enf. 45.

à Maslacq par ③ : 9 km – ⊠ 64300 Orthez :

🏨 **Maugouber** 🌤, ℰ 59 38 78 00, Fax 59 38 78 29, 🏊, 🚗 – 🍽 rest 📺 ☎. 🅶🅱. 🎿 rest
➡ *fermé 24 déc. au 2 janv., vend. soir, sam. et fériés* – Repas 60/180 👌 – 🖵 30 – **22 ch** 225/260
– ½ P 185/210.

CITROEN Béarn-Auto, rte de Bayonne par ⑤
ℰ 59 38 79 00 🅽 ℰ 59 69 33 59
PEUGEOT Gar. Flous, 52 r. Frères-Reclus
ℰ 59 69 13 63
PEUGEOT Orthézienne Autom., 19 av. du 8 mai
ℰ 59 69 08 22
RENAULT Gar. Mousques, 10 av. F.-Jammes
ℰ 59 69 09 78

RENAULT Autom. Ortheziennes, Nat 117, ZI des
Soarns par ② ℰ 59 67 00 00 🅽 ℰ 05 05 15 15

🔘 Pédarre Pneus Vulcopneu, RN 117 à Castétis
ℰ 59 69 06 15

ORVAULT 44 Loire-Atl. 67 ③ – rattaché à Nantes.

OSNY 95 Val-d'Oise 55 ⑲, 106 ⑤, 101 ② – voir à Cergy-Pontoise.

OSQUICH (Col d') 64 Pyr.-Atl. 85 ④ G. Pyrénées Aquitaine – alt. 392.

Voir ✳ ★.

Paris 810 – Biarritz 71 – Mauléon-Licharre 14 – Oloron-Ste-Marie 44 – Pau 72 – St-Jean-Pied-de-Port 26.

🏠 **Col d'Osquich** ⌖, ✉ 64130 Mauléon ℘ 59 37 81 23, Fax 59 37 86 81, ≤, 🍽, ♨, ☞ – 📺
⟾ 🐎 ♿ 🅿 ☎ GB
juin-nov. et les week-ends du 15 avril au 31 mai – **Repas** 80/190 ⅃, enf. 50 – ☲ 26 – **18 ch**
170/250 – ½ P 220.

OSSÈS 64780 Pyr.-Atl. 85 ③ – 692 h alt. 120.

Paris 813 – Biarritz 44 – Cambo-les-Bains 24 – Pau 104 – St-Étienne-de-Baïgorry 10,5 – St-Jean-Pied-de-Port 14.

🏠 **Mendi Alde,** pl. église ℘ 59 37 71 78, Fax 59 37 77 22, 🍽 – 📺 ☎ 🅿. 🖭 GB
⟾ fermé 11 nov. au 15 déc., dim. soir et lundi – **Repas** 69/180 ⅃, enf. 40 – ☲ 30 – **15 ch**
205/255 – ½ P 215/255.

OSTHOUSE 67150 B.-Rhin 87 ⑤ – 884 h alt. 156.

Paris 514 – ◆Strasbourg 26 – Obernai 17 – Offenburg 40 – Sélestat 22.

❌❌ **A L'Aigle d'Or,** ℘ 88 98 06 82 – 🅿. 🖭 GB
fermé 1er au 23 août, Noël au jour de l'An, lundi soir et mardi – **Repas** 160/365 ⅃.

OSTWALD 67 B.-Rhin 62 ⑩ – rattaché à Strasbourg.

OTTROTT 67 B.-Rhin 62 ⑨ – rattaché à Obernai.

OUCHAMPS 41120 L.-et-Ch. 64 ⑰ – 648 h alt. 92.

Voir Château de Fougères-sur-Bièvre★ NO : 5 km, G. Châteaux de la Loire.

Paris 198 – ◆Tours 55 – Blois 16 – Montrichard 18 – Romorantin-Lanthenay 38.

🏛🏛 **Relais des Landes** ⌖, N : 1,5 km ℘ 54 44 03 33, Fax 54 44 03 89, parc – 📺 ☎ 🅿 –
🔬 30. 🖭 ⓞ GB JCB
1er avril-15 nov. – **Repas** 180/295, enf. 95 – ☲ 55 – **28 ch** 495/725 – ½ P 530/638.

OUCQUES 41290 L.-et-Ch. 64 ⑦ – 1 473 h alt. 118.

Paris 160 – ◆Orléans 55 – Beaugency 28 – Blois 27 – Châteaudun 30 – Vendôme 30.

❌❌ **Commerce** avec ch, ℘ 54 23 20 41, Fax 54 23 02 88 – 🍽 rest 📺 ☎ 🛋, 🖭 GB
fermé 20 déc. au 31 janv., dim. soir et lundi sauf juil.-août et fériés – Repas (dim. prévenir)
92/255, enf. 60 – ☲ 38 – **12 ch** 200/250 – ½ P 300.

RENAULT Péan ℘ 54 23 20 25 Ⓝ ℘ 54 23 20 25

OUDON 44521 Loire-Atl. 63 ⑱ – 2 353 h alt. 20.

Paris 355 – ◆Nantes 29 – Ancenis 9 – Clisson 36 – Nort-sur-Erdre 26.

❌❌ **Le Port** avec ch, 10 pl. Port ℘ 40 83 68 58, Fax 40 83 69 79, 🍽 – 📺 ☎. GB
⟾ **Repas** 50 bc (déj.), 60 bc/230 – ☲ 30 – **6 ch** 150/260 – ½ P 180/190.

OUESSANT (Ile d') ★★ **29242** Finistère 58 ② **G. Bretagne** – 1 062 h alt. 30.

Voir Rochers★★★ – Phare du Stiff ※★★ – Pointe de Pern★.

Accès par transports maritimes.

depuis **Brest** (1er éperon du port de commerce) avec escales au Conquet et à Molène. Traversée 2 h 15 - Renseignements : Cie Maritime Penn Ar Bed ℘ 98 80 24 68 (Brest), Fax 98 44 75 43 ou Gare Maritime du Conquet ℘ 98 89 02 12.

Office de Tourisme pl. de l'Eglise ℘ 98 48 85 83.

OUHANS **25520** Doubs 70 ⑥ – 287 h alt. 640.

Voir Source de la Loue★★★ N : 2,5 km puis 30 mn – Belvédère du Moine de la Vallée ※★★ NO : 5 km – Belvédère de Renédale ≤★ NO : 4 km puis 15 mn, **G. Jura**.

Paris 457 – ◆Besançon 48 – Pontarlier 16 – Salins-les-Bains 39.

Sources de la Loue, ℘ 81 69 90 06, Fax 81 69 93 17 – ☎ P. AE GB
fermé mi-déc. au 1er fév. et merc. soir hors sais. – **Repas** 70/170 ♁, enf. 45 – ☐ 30 – **14 ch** 160/200 – ½ P 220.

OUISTREHAM **14150** Calvados 55 ② **G. Normandie Cotentin** (plan) – 6 709 h alt. 11 – Casino (Riva Bella).

Voir Église St-Samson★.

18 de Caen ℘ 31 94 72 09, S par D 514 : 13 km.

Office de Tourisme Jardins du Casino ℘ 31 97 18 63, Fax 31 96 87 33.

Paris 239 – ◆Caen 14 – Arromanches-les-Bains 31 – Bayeux 43 – Cabourg 19.

au Port d'Ouistreham :

Delta H. M, 37 r. Dunes ℘ 31 96 20 20, Fax 31 97 10 10, – ☰ TV ☎ ♿ P – 🏔 60. AE GB
fermé janv. – **Repas** 75/135 ♁, enf. 38 – ☐ 45 – **51 ch** 295/350 – ½ P 290.

XXX **Normandie** avec ch, 71 av. M. Cabieu ℘ 31 97 19 57, Fax 31 97 20 07 – TV ☎ P – 🏔 50. AE ⊕ GB
fermé 15 déc. au 15 janv., dim. soir et lundi de nov. à mars – **Repas** 88/325 – ☐ 35 – **23 ch** 320 – ½ P 340.

à Riva-Bella :

Thermes Riva-Bella Normandie M, av. Cdt Kieffer ℘ 31 96 40 40, Fax 31 96 45 45, ≤, centre de thalassothérapie, Fб, – ☰ ≡ rest TV ☎ ♿ P – 🏔 35. AE ⊕ GB. ❋ rest
fermé 3 au 21 janv. – **Repas** 120/220 ♁ – ☐ 50 – **51 ch** 650/750 – ½ P 495/520.

X **Métropolitain**, 1 rte Lion ℘ 31 97 18 61, « Évocation d'un wagon de métropolitain de 1900 » – AE ⊕ GB
fermé 15 au 30 nov., lundi soir et mardi de nov. à avril – **Repas** 90/145.

à Colleville-Montgomery bourg O : 3,5 km par D 35A – ✉ **14880** :

XX **Ferme St-Hubert**, ℘ 31 96 35 41, Fax 31 97 45 79, – P. AE ⊕ GB JCB
fermé 24 déc. au 15 janv., dim. soir et lundi sauf juil.-août et fériés – **Repas** 90/255.

OUSSE 64 Pyr.-Atl. 85 ⑦ – ✉ **64320** Idron-Lee-Ousse-Sendets.

Paris 775 – Pau 11 – Aire-sur-l'Adour 52 – Lourdes 32 – Tarbes 32.

Pyrénées, ℘ 59 81 71 51, Fax 59 81 78 47, – TV ☎ P – 🏔 35. AE ⊕ GB JCB. ❋ ch
fermé 15 déc. au 15 janv., dim. soir et lundi midi de nov. à mai – **Repas** 65/180, enf. 40 – ☐ 30 – **20 ch** 260/315 – ½ P 225/250.

OUZOUER-SUR-LOIRE **45570** Loiret 65 ① – 2 310 h alt. 153.

Paris 142 – ◆Orléans 52 – Gien 16 – Montargis 44 – Pithiviers 53 – Sully-sur-Loire 10.

XX **Abricotier**, 106 r. Gien ℘ 38 35 07 11 – GB
fermé 16 août au 5 sept., 24 au 31 déc., dim. soir, merc. soir et lundi sauf fériés – **Repas** 132/310, enf. 50.

OYE-ET-PALLET **25160** Doubs 70 ⑥ – 467 h alt. 870.

Paris 454 – ◆Besançon 66 – Champagnole 40 – Morez 56 – Pontarlier 6,5.

Parnet, ℘ 81 89 42 03, Fax 81 89 41 47, ≤, parc, – TV ☎ P. GB. ❋
fermé 20 déc. au 1er fév., dim. soir et lundi sauf juil.-août – **Repas** 100/260 – ☐ 40 – **16 ch** 290/340 – ½ P 360/395.

OYONNAX **01100** Ain 70 ⑭ **G. Jura** – 23 869 h alt. 540.

Office de Tourisme 1 r. Bichat ℘ 74 77 94 46, Fax 74 77 68 27.

Paris 486 ③ – Bellegarde-sur-Valserine 29 ② – Bourg-en-Bresse 59 ④ – Lons-le-Saunier 60 ① – Nantua 15 ③.

OYONNAX

Anatole-France (R.) . . . . YZ
Jean-Jaurès (Av.) . . . . Z 10
Michelet (R.) . . . . Y
Sonthonnax (R. J.) . . . . Y 18
Vandel (R.) . . . . Y 22
Voltaire (R.) . . . . Z
Zola (Pl. Émile) . . . . Z 25
8-Mai-1945 (R. du) . . . . Z 26
Bichat (R.) . . . . YZ 2
Brunet (R.) . . . . Y 3
Château (R. du) . . . . Z 4
Muret (R. du) . . . . Z 12
Paix (R. de la) . . . . Z 14
Renan (R.) . . . . Z 15
Roosevelt (Av. Prés.) . . . . Y 16
Vaillant-Couturier (Pl.) . . . . . . Y 20
Victoire (R. de la) . . . . Z 23

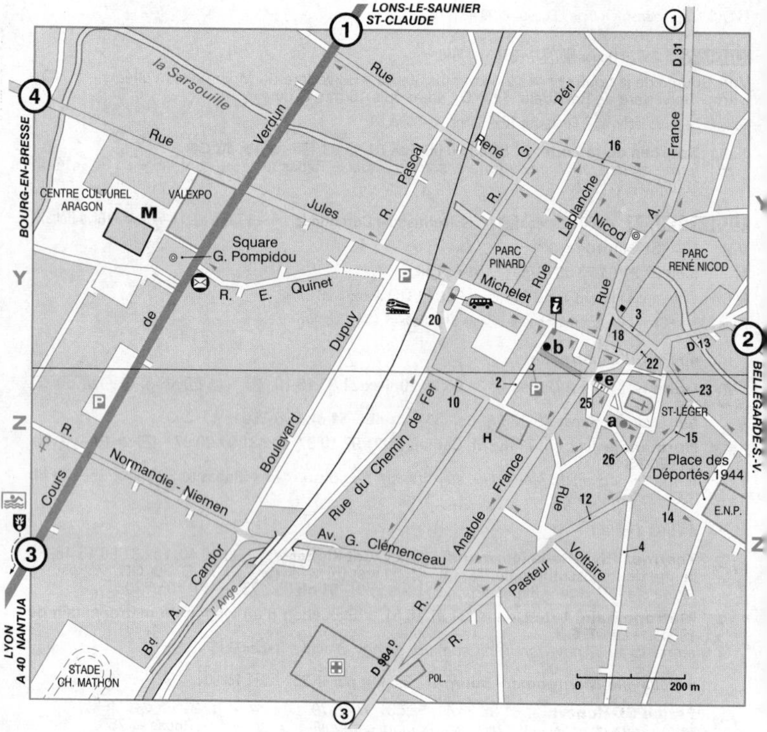

Gdes Roches et rest. Les Feuillantines ⑤, rte Bourg par ④ : 1,5 km ✆ 74 77 27 60, Fax 74 73 89 87, ≤, 🏞 – |♦| 📺 ☎ 🅟 – 🚶 50. AE ⓓ GB JCB
Repas *(fermé sam. midi et dim. soir)* 70/195 ⚱, enf. 65 – ☕ 35 – **38 ch** 285/420 – ½ P 270/322.

Ibis Ⓜ, r. Bichat ✆ 74 73 90 15, Fax 74 77 23 19 – |♦| ⇎ ch 📺 ☎ ♿ – 🚶 60. AE ⓓ GB — Y **b**
Repas *(fermé dim.)* 97 bc/120 bc, enf. 40 – ☕ 35 – **53 ch** 285.

Buffard, pl. Eglise ✆ 74 77 86 01, Fax 74 73 77 68 – |♦| 📺 ☎. GB — YZ **e**
Repas *(fermé 29 juil. au 14 août, dim. soir, vend. soir et sam.)* 70/195 ⚱ – ☕ 35 – **27 ch** 120/320 – ½ P 180/240.

Toque Blanche, 11 pl. É. Zola ✆ 74 73 42 63 – ▤. GB — Z **a**
fermé 1er au 21 août, 2 au 9 janv., sam. midi et dim. sauf fêtes – **Repas** 90/220, enf. 60.

au Lac Génin par ② et D 13 : 10 km – ✉ **01130** Charix.

Voir Site★ du lac.

Aub. du Lac Genin ⑤ avec ch, ✆ 74 75 52 50, Fax 74 75 51 15, ≤ – 📺 ☎ 🅟. GB. ✻
fermé 15 oct. au 1er déc., dim. soir et lundi – **Repas** 60/100 ⚱, enf. 35 – ☕ 25 – **5 ch** 120/240.

CITROEN D.A.R.A., 86 r. Castellion ✆ 74 77 31 22
MERCEDES TOYOTA Gar. Capelli, 178 r. A.-France ✆ 74 77 18 86
PEUGEOT Peugeot-Bernard, rte de la Forge à Bellignat ✆ 74 77 45 09 🅽 ✆ 72 12 55 73
RENAULT Gar. du Lac, rte de St-Claude, ZI Nord par ① ✆ 74 77 46 42 🅽 ✆ 74 76 07 33

Gar. Oyonnaxien, 9 r. Vaugelas ✆ 74 73 59 77
Gar. Vailloud, à Bellignat par D 85 ✆ 74 77 24 30

Ⓜ Alain Pneu-Point S, 53 cours de Verdun ✆ 74 73 51 88
Ayme Pneus, 53 r. B.-Savarin ✆ 74 77 88 88

OZOIR-LA-FERRIÈRE 77330 S.-et-M. 61 ② 106 ㉝ 101 ㉚ – 19 031 h alt. 112.

🛏🛏🛏 ℰ (1) 60 02 60 79, O : 2 km.

🔁 Syndicat d'Initiative pl. de la Mairie ℰ (1) 64 40 10 20.

Paris 35 – Coulommiers 41 – Lagny-sur-Marne 16 – Melun 30 – Sézanne 82.

   XX **La Gueulardière,** 66 av. Gén. de Gaulle ℰ (1) 60 02 94 56, Fax (1) 60 02 98 51, 🌲 – **GB**
         fermé août, vacances de fév., sam. midi et dim. – **Repas** 140/210.

   XX **Le Relais d'Ozoir,** 73 av. Gén. de Gaulle ℰ (1) 60 02 91 33, Fax (1) 64 40 40 91 – **GB**
         fermé 14 juil. au 7 août, dim. soir et lundi – **Repas** 95 bc/240.

FIAT Couffignal, 38 av. Gén.-de-Gaulle ℰ (1) 60 02 60 77

PACY-SUR-EURE 27120 Eure 55 ⑰ 106 ① G. Normandie Vallée de la Seine – 4 295 h alt. 45.

Paris 84 – ♦Rouen 60 – Dreux 38 – Évreux 17 – Louviers 31 – Mantes-la-Jolie 27 – Vernon-sur-Eure 14.

   🏠 **Altina** Ⓜ, rte Paris ℰ 32 36 13 18, Fax 32 26 05 11 – 📺 📞 ⅃ 🅿 – 🛐 30. **GB**
   ← **Repas** (fermé 6 au 20 août et dim. soir) 65/175 ⅃ – ⊆ 30 – **29 ch** 245/285 – ½ P 225/310.

     à Douains NE : 6 km par D 181 et D 75 – 3 460 h. – ✉ **27120** :

   🏯 **Château de Brécourt** ♨, ℰ 32 52 40 50, Fax 32 52 69 65, ≤, 🌲, parc, « Château du
         17ᵉ siècle », 🔄, ℁ – 📞 🅿 – 🛐 100. 🄰🄴 ⓪ **GB**
         Repas 190 (déj.), 225/350 – ⊆ 65 – **29 ch** 390/990 – ½ P 600/1100.

     à Caillouet O : 6 km par N 13 et VO – ✉ **27120** :

   XX **Les Deux Tilleuls,** ℰ 32 36 90 48, 🌲, 🌳 – 🅿 **GB**
   ← fermé 1ᵉʳ au 15 mars, 1ᵉʳ au 15 sept., mardi soir en hiver, lundi soir et merc. – **Repas** 75/228.

     à Cocherel NO : 6,5 km par D 836 – ✉ **27120** Pacy-sur-Eure :

  XXX **Ferme de Cocherel** ♨ avec ch, ℰ 32 36 68 27, Fax 32 26 28 18, 🌳 – 🅿. 🄰🄴 ⓪ **GB** 🄹🄲🄱
         fermé 5 au 14 sept., 2 au 25 janv., mardi et merc. – **Repas** 195 et carte 260 à 380 – **3 ch**
         ⊆ 325/400.

     à Jouy-sur-Eure NO : 9 km par D 836 et D 57 – ✉ **27120** :

   XX **Relais Du Guesclin,** pl. Église ℰ 32 36 62 75, 🌲 – **GB**
         fermé merc. – **Repas** (déj. seul.) 140/180 bc.

PEUGEOT Gar. de la Prudence, Z.I. rte de Paris   RENAULT Gar. Bonneau, 19 r. Albert Camus
ℰ 32 36 10 44 🄽 ℰ 32 36 10 44   ℰ 32 36 11 88

Planen Sie Ihre Fahrtroute in Frankreich mit der

Michelin-Karte Nr. 911 *„FRANCE – Grands Itinéraires''*

Sie ersehen daraus

  – die Kilometerzahl Ihrer Strecke

  – Ihre Fahrzeit

  – die Zonen mit Staus und die Entlastungsstrecken

  – die Lage der Tag und Nacht geöffneten Tankstellen

Sie fahren billiger und sicherer.

PADIRAC 46500 Lot 75 ⑲ – 160 h alt. 360.

Paris 538 – Brive-la-Gaillarde 53 – Cahors 63 – Figeac 39 – Gourdon 47 – Gramat 10,5 – St-Céré 15.

     au Village :

   🏠 **Montbertrand,** ℰ 65 33 64 47, 🌲, 🏊, 🌳 – 📞 🅿. **GB**. ℁
         8 avril-22 oct. – **Repas** 86/182, enf. 70 – ⊆ 34 – **7 ch** 225/270 – ½ P 217/238.

     au Gouffre N : 2,5 km – ✉ **46500** Gramat.

     Voir Gouffre★★★, G. Périgord Quercy.

   🏠 **Padirac H.** ♨, ℰ 65 33 64 23, Fax 65 33 72 03, 🌲 – 📞 🅿. **GB**
   ← 1ᵉʳ avril-8 oct. – **Repas** 58/180, enf. 36 – ⊆ 34 – **23 ch** 100/220 – ½ P 160/210.

PAGNY-SUR-MEUSE 55190 Meuse 62 ③ – 841 h alt. 252.

Paris 269 – ♦Nancy 38 – Bar-le-Duc 44 – Commercy 15 – Vaucouleurs 13.

     E : 1 km Z.A.C. des Herbues – ✉ **55190** Pagny-sur-Meuse :

   🏠 **Les Orchidées,** ℰ 29 90 66 65, Fax 29 90 66 63 – 🍽 rest 📺 📞 ⅃ 🅿 – 🛐 40. 🄰🄴 **GB**
   ← **Repas** (fermé dim. soir et sam.) 79/175 ⅃, enf. 55 – ⊆ 30 – **38 ch** 195 – ½ P 190.

PAILHARÈS 07410 Ardèche 76 ⑨ – 285 h alt. 693.

Paris 564 – Valence 50 – Annonay 30 – Lamastre 19 – Privas 76 – Saint-Agrève 40.

   X **La Griottière,** ℰ 75 06 12 26, ≤, 🌲 – 🅿 **GB**
         ouvert 15 mars-15 oct., week-ends du 15 oct. au 31 janv. et fermé mardi soir et merc. –
         Repas 66 bc (déj.), 83/180 ⅃.

PAILHEROLS 15800 Cantal 76 ⑬ – 171 h alt. 1 040.

Paris 569 – Aurillac 34 – Entraygues-sur-Truyère 48 – Murat 43 – Raulhac 11 – Vic-sur-Cère 14.

Aub. des Montagnes, ✆ 71 47 57 01, Fax 71 49 63 83, – ☎ Ⓟ. GB
fermé 12 oct. au 20 déc. – **Repas** 68/118 – ☕ 28 – **26 ch** 198/260 – ½ P 240/260.

PAIMPOL 22500 C.-d'Armor 59 ② **G. Bretagne** – 7 856 h alt. 12.

Voir Abbaye de Beauport★ SE : 2 km par ② – Tour de Kerroc'h ≤★ 3 km par ① puis 15 mn.

Env. Pointe de Minard★★ SE : 11 km par ②.

18 du Bois-Gelin ✆ 96 22 31 24 à Tréméven, par ③ : 12 km.

Syndicat d'Initiative, r. P.-Feutren ✆ 96 20 83 16.

Paris 495 ② – St-Brieuc 43 ② – Guingamp 31 ④ – Lannion 33 ⑤.

PAIMPOL

Circulation réglementée l'été

Martray (Pl. du)	13
République (Pl. de la)	16
Bertho (R. Sylvain)	2
Botrel (Sq. T.)	3
Église (R. de l')	4
Fromal (R. H.)	5
Gaulle (Av. Gén.-de)	7
Islandais (R. des)	8
Labenne (R. de)	9
Leclerc (R. Gén.)	10
Marne (R. de la)	12
Morand (Quai)	14
Pasteur (R.)	15
St-Vincent (R.)	17
Verdun (Pl. de)	19
18-Juin (R. du)	22

Les plans de villes sont orientés le Nord en haut.

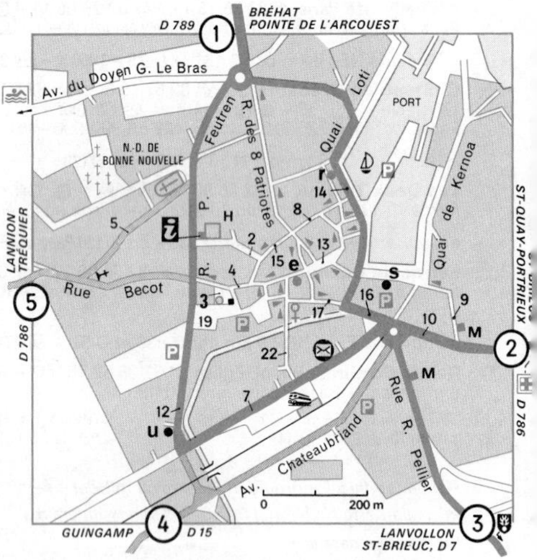

Paimpol-Eurotel, par ③ : 1 km ✆ 96 20 81 85, Fax 96 20 48 24 – ☎ ♿ Ⓟ – 25. AE GB
fermé nov. – **Repas** *(fermé sam. midi et dim. soir)* 70/140, enf. 40 – ☕ 45 – **30 ch** 240/330 – ½ P 260/285.

Le Goëlo sans rest, quai Duguay-Trouin (au port) **(s)** ✆ 96 20 82 74, Fax 96 20 58 93 – ☎. GB.
☕ 35 – **32 ch** 190/280.

Marne avec ch, 30 r. Marne **(u)** ✆ 96 20 82 16, Fax 96 20 92 07 – ☎ Ⓟ. AE GB
fermé 21 au 29 déc., jeudi soir et vend. sauf juil.-août – **Repas** 95/390, enf. 65 – ☕ 35 – **12 ch** 290/320 – ½ P 270/310.

Vieille Tour, 13 r. Église **(e)** ✆ 96 20 83 18 – GB
fermé lundi midi en juil.-août, dim. soir et merc. hors sais. – **Repas** 98/300, enf. 65.

Le Repaire de Kerroc'h avec ch, 29 quai Morand **(r)** ✆ 96 20 50 13, Fax 96 22 07 46, « Malouinière du 18e siècle » – ☎. GB. rest
Repas *(fermé 5 janv. au 15 fév., merc. midi et mardi sauf juil.-août)* 95/350, enf. 60 – ☕ 45 – **12 ch** 390/480 – ½ P 395.

à Ploubazlanec par ① : 2 km – 3 725 h. – ✉ 22620 :

Motel Nuit et Jour M sans rest, rte Ile-de-Bréhat ✆ 96 20 97 97, Fax 96 20 71 37, – cuisinette ☎ ♿ Ⓟ. GB
☕ 35 – **20 ch** 240/320.

à Pors-Even par ① : 5 km – ✉ 22620 Ploubazlanec :

Bocher, ✆ 96 55 84 16 – ☎ Ⓟ. GB.
9 avril-4 nov. – **Repas** 105/225, enf. 60 – ☕ 30 – **15 ch** 150/285 – ½ P 235/302.

à Loguivy-de-la-Mer par ① et D 15 : 5 km – ✉ 22620 Ploubazlanec :

Au Grand Large avec ch, ✆ 96 20 90 18, Fax 96 20 87 10, – ☎. AE GB
fermé 10 au 15 oct., 10 janv. au 10 fév., dim. soir et lundi du 1er oct. à Pâques – **Repas** 85/240, enf. 45 – ☕ 35 – **6 ch** 280/320 – ½ P 320/330.

à la Pointe de l'Arcouest par ① : 6 km – ✉ **22620** Ploubazlanec.

Voir ⩽★★.

🏨 **Le Barbu** ⑤, ☏ 96 55 86 98, Fax 96 55 73 87, ⩽ Ile de Bréhat, 🍴, « Jardin avec piscine » – 📺 ☎ ઇ ❷ – 🔏 25. 🖭 ⅁🖪
fermé 3 janv. au 10 fév. – **Repas** 150/400 – ☴ 60 – **20 ch** 450/800 – ½ P 550/650.

près du pont de Lézardrieux par ⑤ : 4,5 km – ✉ **22500** Paimpol :

🏠 **Relais Brenner** ⑤, ☏ 96 20 11 05, Fax 96 22 16 27, ⩽, « Parc fleuri sur le Trieux » – 📺 ☎ ❷, 🖭 ⓞ ⅁🖪
15 mars-2 nov. – **Repas** *(fermé merc. midi et mardi du 6 sept. au 19 juin)* 150 (déj.), 250/450 – ☴ 70 – **16 ch** 500/1800 – ½ P 500/900.

CITROEN Gar. Landais, rte de Lanvollon par ③
☏ 96 20 88 43 🅽 ☏ 96 20 88 43
FORD Gar. Chapalain, Quai Duguay Trouin
☏ 96 20 80 55 🅽 ☏ 96 20 80 55
RENAULT Gar. Poidevin, rte de Lanvollon par ③
☏ 96 20 73 15 🅽 ☏ 96 05 91 73

🔧 Trégor Pneus Armorique Vulcopneu rte de Lanvollon ☏ 96 22 03 18

PAIMPONT 35380 I.-et-V. 🟦🟦 ⑤ G. Bretagne – 1 385 h alt. 155.

Voir Forêt de Paimpont★.

Paris 389 – ◆Rennes 40 – Dinan 59 – Ploërmel 23 – Redon 48.

🏠 **Relais de Brocéliande**, ☏ 99 07 81 07, Fax 99 07 80 60, 🍴, 🌳 – 📺 ☎ ❷ – 🔏 35. 🖭
➕ ⓞ ⅁🖪, 🍽 rest
fermé 15 au 31 déc. – **Repas** 70/260 – ☴ 35 – **24 ch** 175/275 – ½ P 210/265.

PAIRIS 68 H.-Rhin 🟦🟦 ⑱ – rattaché à Orbey.

PALAISEAU 91 Essonne 🟦🟦 ⑩, 🟦🟦🟦 ㉞ – voir à Paris, Environs.

Au moment de chercher un hôtel ou un restaurant, soyez efficace.
Sachez utiliser les noms soulignés en rouge sur les cartes Michelin à 1/200 000.

Mais ayez une carte à jour !

PALAVAS-LES-FLOTS 34250 Hérault 🟦🟦 ⑦ ⑰ G. Gorges du Tarn – 4 748 h alt. 3 – Casino .

Voir Ancienne cathédrale★ de Maguelone SO : 4 km.

🆔 Office de Tourisme bd Joffre ☏ 67 07 73 34, Fax 67 07 73 01.

Paris 766 – ◆Montpellier 12 – Aigues-Mortes 23 – Nîmes 58 – Sète 31.

🏨 **Amérique H.** sans rest, av. F. Fabrège ☏ 67 68 04 39, Fax 67 68 07 83, 🦶 – 🛗 🖿 📺 ☎ ઇ ⟿ ❷ 🖭 ⓞ ⅁🖪 ⱼ𝖼🄱
☴ 33 – **49 ch** 270/330.

🏠 **Mar y Sol** sans rest, bd Joffre ☏ 67 68 00 46, Télex 485082, Fax 67 68 93 10, 🦶, – 🛗 📺 ☎ 🖭 ⓞ ⅁🖪
☴ 34 – **38 ch** 250/391.

🏠 **Brasilia** sans rest, bd Joffre ☏ 67 68 00 68, Fax 67 68 40 41 – 📺 ☎. 🖭 ⓞ ⅁🖪
☴ 32 – **22 ch** 240/375.

🍴🍴 **L'Escale**, 5 bd Sarrail ☏ 67 68 24 17, 🍴 – 🖭 ⓞ
Repas 99/160, enf. 60.

La PALMYRE 17 Char.-Mar. 🟦🟦 ⑮ G. Poitou Vendée Charentes – ✉ **17570** Les Mathes.

Voir Zoo de la Palmyre★★ – ⛰★ du phare de la Coubre★ NO : 5 km – Forêt de la Coubre★ N : 5 km.

Paris 521 – Royan 15 – Marennes 21 – Rochefort 42 – La Rochelle 76 – Saintes 54.

🏨 **Palmyrotel** Ⓜ ⑤, ☏ 46 23 65 65, Fax 46 22 44 13, 🍴, 🌳 – 🛗 📺 ☎ ઇ ❷ – 🔏 40. ⅁🖪
➕ *hôtel : 1ᵉʳ mars-1ᵉʳ nov. ; rest. : 7 avril-15 oct.* – **Repas** 79/159, enf. 45 – ☴ 35 – **46 ch** 340/380 – ½ P 310.

La PALUD-SUR-VERDON 04120 Alpes-de-H.-P. 🟦🟦 ⑰ G. Alpes du Sud – 243 h alt. 890.

Paris 793 – Digne-les-Bains 65 – Castellane 25 – Draguignan 60 – Manosque 66.

🏨 **Gorges du Verdon** ⑤, S : 1 km ☏ 92 77 38 26, Fax 92 77 35 00, ⩽, 🍴, 🦶, 🌳, 🍽 – 📺 ☎ ❷ – 🔏 30. 🖭 ⅁🖪
7 avril-8 oct. – **Repas** 105/220, enf. 55 – ☴ 60 – **27 ch** 390/540 – ½ P 350/420.

🏠 **Provence** ⑤, ☏ 92 77 38 88, Fax 92 77 31 05, ⩽, 🍴 – ☎ ઇ ❷. ⅁🖪, 🍽 rest
➕ *Pâques-1ᵉʳ nov.* – **Repas** 79/130 🍷, enf. 45 – ☴ 38 – **20 ch** 225/275 – ½ P 240/245.

🏠 **Aub. des Crêtes**, E : 1 km sur D 952 ☏ 92 77 38 47, Fax 92 77 30 40, 🍴 – ☎ ❷. ⅁🖪
➕ *1ᵉʳ avril-2 oct.* – **Repas** *(fermé jeudi)* 78/250, enf. 52 – ☴ 32 – **12 ch** 241/262 – ½ P 242/255.

PAMIERS ⟨🚲⟩ 09100 Ariège 🎛 ④ ⑤ **G. Pyrénées Roussillon** – 12 965 h alt. 278.

🛈 Office de Tourisme bd Delcassé ✆ 61 67 20 30, fax 61 67 22 40.

Paris 759 – Foix 19 – Auch 134 – Carcassonne 76 – Castres 96 – ✦Toulouse 63.

🏨 **France,** 13 r. Hospice ✆ 61 60 20 88, Fax 61 67 29 48 – ⇅ ch, 🛏 rest 📺 ☎ ⟨🚗⟩ 🅿 – 🛎 30. 🖭 ⓪ 🖾
   Repas *(fermé vacances de Noël et dim. du 1er oct. au 25 mai)* 75 bc (déj.), 85/220, enf. 53 – � 35 – **28 ch** 200/360 – ½ P 230/255.

ALFA ROMEO, LADA Gar. Brillas, rte de Mirepoix, la Tour-du-Crieu ✆ 61 60 13 31
CITROEN Gar. Lopez, Côtes de la Cavalerie ✆ 61 67 11 45
FIAT, LANCIA S.C.A.A., 33 av. des Pyrénées à St-Jean-du-Falga ✆ 61 67 12 08

PEUGEOT Gar. Labail, N 20 à St-Jean-du-Falga ✆ 61 68 01 00
RENAULT Pamiers-Autom., RN 20 à St-Jean-du-Falga ✆ 61 68 01 41 🄽 ✆ 61 02 56 90

⓾ Euromaster, 3 av. Terrassa ✆ 61 60 54 34

PANTIN 93 Seine-St-Denis 🎛 ⑪, 🔟🔟 ⑯ – voir à Paris, Environs.

Le PARADOU 13 B.-du-R. 🎛 ⑩ – rattaché à Maussane-les-Alpilles.

PARAMÉ 35 I.-et-V. 🎛 ⑥ – voir à St-Malo.

PARAY-LE-MONIAL 71600 S.-et-L. 🎛 ⑰ **G. Bourgogne** – 9 859 h alt. 245.

Voir Basilique du Sacré-Coeur★★ – Hôtel de ville★ **H** – Tympan★ du musée du Hiéron **M**.

🛈 Office de Tourisme av. Jean-Paul-II ✆ 85 81 10 92, Fax 85 88 35 61.

Paris 368 ⑤ – Moulins 71 ⑤ – Autun 77 ⑤ – Mâcon 66 ② – Montceau-les-Mines 35 ① – Roanne 55 ④.

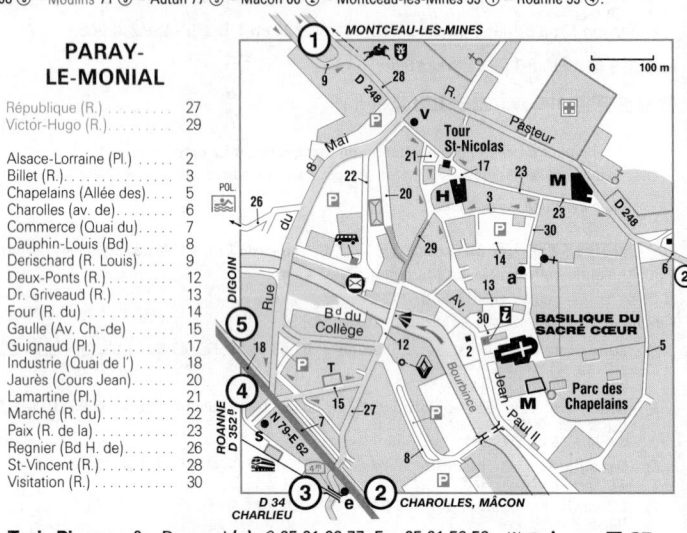

PARAY-LE-MONIAL

République (R.)	27
Victor-Hugo (R.)	29
Alsace-Lorraine (Pl.)	2
Billet (R.)	3
Chapelains (Allée des)	5
Charolles (av. de)	6
Commerce (Quai du)	7
Dauphin-Louis (Bd)	8
Derischard (R. Louis)	9
Deux-Ponts (R.)	12
Dr. Griveaud (R.)	13
Four (R. du)	14
Gaulle (Av. Ch.-de)	15
Guignaud (Pl.)	17
Industrie (Quai de l')	18
Jaurès (Cours Jean)	20
Lamartine (Pl.)	21
Marché (R. du)	22
Paix (R. de la)	23
Regnier (Bd H. de)	26
St-Vincent (R.)	28
Visitation (R.)	30

🏠 **Trois Pigeons,** 2 r. Dargaud **(v)** ✆ 85 81 03 77, Fax 85 81 58 59 – 🛎 ☎ 🕭 ⟨🚗⟩. 🖭 🖾
   1er mars-1er déc. – **Repas** 104/265 🔔 – ⊏ 33 – **45 ch** 225/325 – ½ P 235/280.

🏠 **Terminus,** 27 av. Gare **(s)** ✆ 85 81 59 31, Fax 85 81 38 31, 🍴 – 📺 ☎ ⟨🚗⟩ 🅿. 🖾. ❊
✦ **Repas** *(fermé dim. soir et lundi du 15 sept. au 15 juil.)* 70/300 🔔, enf. 50 – ⊏ 35 – **16 ch** 195/450.

🏠 **Basilique,** 18 r. Visitation **(a)** ✆ 85 81 11 13, Fax 85 88 83 70 – 🛎 ☎. 🖭 ⓪ 🖾 🌠
✦ *15 mars-1er nov.* – **Repas** 70/230 🔔, enf. 45 – ⊏ 30 – **60 ch** 125/290 – ½ P 180/200.

🏠 **Vendanges de Bourgogne,** 5 r. D. Papin **(e)** ✆ 85 81 13 43, Fax 85 88 87 59 – 📺 ☎ 🕭
✦ 🅿. 🖭 ⓪ 🖾
   fermé 25 nov. au 15 déc. et dim. soir du 1er oct. au 1er mai – **Repas** 68/180 🔔, enf. 55 – ⊏ 30 – **17 ch** 170/250 – ½ P 220/260.

   à l'Est : par ② : 3 km sur D 248 – ⊠ 71600 Paray-le-monial :

🏠 **Val d'Or,** ✆ 85 81 05 07, Fax 85 88 84 46, 🍴 – 📺 ☎ 🕭 🅿. ⓪ 🖾
✦ *fermé dim. soir et lundi midi hors sais.* – **Repas** 65/230 🔔 – ⊏ 30 – **15 ch** 155/255 – ½ P 175/205.

   à Poisson par ③ : 8 km sur D 34 – ⊠ 71600 :

XX **Poste,** ✆ 85 81 10 72, Fax 85 81 64 34, 🍴, 🌿 – 🛏. 🖭 🖾
✦ *fermé 1er fév. au 10 mars, lundi soir et mardi* – **Repas** 70/420 bc, enf. 55.

par ⑤ : 4 km sur N 79 – ⊠ **71600** Paray-le-Monial :

🏨 **Motel Grill Le Charollais** Ⓜ, ℰ 85 81 03 35, Fax 85 81 50 31, ㊟, 🚗 – 📺 ☎ 👌 ℗. ﷼
→ ☗
Repas grill 55/150 ♨, enf. 32 – ⏛ 36 – **20 ch** 290/360 – ½ P 215/260.

CITROEN Milli Autom., ZA Le Champ Bossu par ①
ℰ 85 88 88 21 🆕 ℰ 85 85 06 02
FIAT Gar. Lauferon, 16 r. Deux-Ponts ℰ 85 81 13 41
PEUGEOT Gar. de la Beluze, La Beluze par av. de
Charolles à Volesvres ℰ 85 81 43 45

RENAULT Gar. Taillardat, 13 bd Dauphin Louis
ℰ 85 81 44 12 🆕 ℰ 85 26 70 54

PARCEY 39 Jura 🔟 ③ – rattaché à Dole.

PARENT 63 P.-de-D. 🔟🔢 ⑭ ⑮ – rattaché à Vic-le-Comte.

PARENTIGNAT 63 P.-de-D. 🔟🔢 ⑯ – rattaché à Issoire.

PARENTIS-EN-BORN 40160 Landes 🔟🔢 ③ **G. Pyrénées Aquitaine** – 4 056 h alt. 32.

🆔 Office de Tourisme pl. Gén.-de-Gaulle ℰ 58 78 43 60.

Paris 663 – ◆Bordeaux 80 – Mont-de-Marsan 77 – Arcachon 41 – Mimizan 24.

✗✗ **Poste**, av. 8-Mai-1945 ℰ 58 78 40 23 – ☗
→ *fermé dim. soir et lundi sauf juil.-août* – **Repas** 55 bc/130.

✗ **Cousseau** avec ch, r. St-Barthélemy ℰ 58 78 42 46 – ℗. ☗
→ *fermé 15 au 21 mai, 14 oct. au 5 nov., vend. soir et dim. soir* – **Repas** 68/280 – ⏛ 30 – **10 ch**
160/260.

CITROEN Gar. Dumartin, ℰ 58 78 43 00 🆕
ℰ 58 78 40 40
RENAULT Gar. Larrieu, ℰ 58 78 43 50 🆕
ℰ 58 78 43 50

Lucet, 19 av. du 8 mai 1945 ℰ 58 78 40 79

Paris
et environs

PARIS Ⓟ 75 Plans : 🔟 🔟 🔟 et 🔟 G. **Paris** – 2 152 333 h. – Région d'Ile-de-France 10 651 000 h. – alt. Observatoire 60 m – Place de la Concorde 34 m – ❀ 1

Aérogares urbaines (Terminal) : esplanade des Invalides (7ᵉ) ✆ 43 23 97 10 et Palais des Congrès Porte Maillot ✆ 44 09 51 52.

Aéroports de Paris : voir à Orly et à Roissy-en-France, rubrique environs.

Trains Autos : renseignements ✆ 45 82 50 50.

Distances : A chacune des localités du Guide est donnée la distance du centre de l'agglomération à Paris (Notre-Dame) calculée par la route la plus pratique.

CURIOSITÉS

quelques idées pour profiter au mieux d'un séjour à Paris :

PARIS VU D'EN HAUT

Tour Eiffel★★★ – Tour Montparnasse★★★ – Tour Notre-Dame★★★ – Dôme du Sacré Cœur★★★ – Plate-forme de l'Arc de Triomphe★★★.

PERSPECTIVES CÉLÈBRES DE PARIS

≼★★★ depuis l'Obélisque au centre de la Place de la Concorde : Champs-Élysées, Arc de Triomphe, Grande Arche de la Défense.
≼★★ depuis l'Obélisque au centre de la Place de la Concorde : La Madeleine, Assemblée nationale.
≼★★★ depuis la terrasse du Palais de Chaillot : Tour Eiffel, Ecole Militaire, Trocadéro.
≼★★ depuis le pont Alexandre III : Invalides, Grand et Petit Palais.

QUELQUES MONUMENTS HISTORIQUES

Le Louvre★★★ (cour carrée, colonnade de Perrault, la pyramide) – Tour Eiffel★★★ – Notre-Dame★★★ – Sainte-Chapelle★★★ – Arc de Triomphe★★★ – Invalides★★★ (Tombeau de Napoléon) – Palais-Royal★★ – Opéra★★ – Conciergerie★★ – Panthéon★★ – Luxembourg★★ (Palais et Jardins).

Églises : La Madeleine★★ – Sacré-Cœur★★ – St Germain-des-Prés★★ – St Étienne du Mont★★ – St Germain l'Auxerrois★★.

Dans le Marais : Place des Vosges★★ – Hôtel Lamoignon★★ – Hôtel Guénégaud★★ (musée de la Chasse) – Palais Soubise★★ (musée de l'Histoire de France).

QUELQUES MUSÉES

Le Louvre★★★ – Orsay★★★ (milieu du 19ᵉ s. jusqu'au début du 20ᵉ s.) – Art moderne★★★ (au Centre Pompidou) – Armée★★★ (aux Invalides) – Arts décoratifs★★ (107, rue de Rivoli) – Musée National du Moyen Âge et Thermes de Cluny★★ – Rodin★★ (Hôtel de Biron) – Carnavalet★★ (Histoire de Paris) – Picasso★★ – Cité des Sciences et de l'Industrie★★★ (La Villette) – Marmottan★★ (collection de peintres impressionnistes) – Orangerie★★ (des Impressionnistes à 1930).

MONUMENTS CONTEMPORAINS

La Défense★★ (C.N.I.T., la Grande Arche) – Centre Georges-Pompidou★★ – Forum des Halles – Institut du Monde Arabe★ – Opéra-Bastille – Bercy (Palais Omnisports, Ministère des Finances).

QUARTIERS PITTORESQUES

Montmartre★★★ – Ile St-Louis★★ – les Quais★★ (entre le Pont des Arts et le Pont de Sully) – Quartier St-Séverin★★.

LE SHOPPING

Grands magasins :
Boulevard Haussmann, Rue de Rivoli, Rue de Sèvres.

Commerce de luxe :
Faubourg St-Honoré, Rue de la Paix, Rue Royale, av. Montaigne.

Occasions et antiquités :
Marché aux Puces (Porte de Clignancourt), Village Suisse (av. de la Motte-Picquet) – Louvre des Antiquaires.

*Pour rechercher une adresse, consulter le **PARIS PLAN** Michelin n° ██.*

*Pour approfondir une visite touristique, consulter le **guide vert Michelin PARIS.***

OFFICES DE TOURISME

Office du Tourisme et des Congrès de Paris et Accueil de France :
(tous les jours de 9 à 20 h), 127 av. des Champs-Élysées (8ᵉ) ℘ 49 52 53 54 ; Télex
645439 – Informations et réservations d'hôtels (pas plus de 5 jours à l'avance pour la
province).

Bureaux Annexes :
Ouverts tous les jours de 8 h à 21 h (20 h du 1ᵉʳ novembre au 31 mars), fermés le
dimanche : Gare de l'Est ℘ 46 07 17 73 ; Gare de Lyon ℘ 43 43 33 24 ; Gare du
Nord ℘ 45 26 94 82 ; Gare Montparnasse ℘ 43 22 19 19 ; Gare d'Austerlitz
℘ 45 84 91 70 (8 h à 15 h) ; Tour Eiffel ℘ 45 51 22 15 (de mai à septembre de 11 h à
18 h).

Province et étranger :
Voir adresses dans Index et Plan de Paris Michelin n° ▯▯

RENSEIGNEMENTS PRATIQUES

BUREAUX DE CHANGE
- Principales banques : ferment à 17 h et sam., dim.
- A l'aéroport d'Orly-Sud : de 6 h 30 à 23 h 30
- A l'aéroport Roissy-Charles de Gaulle : de 6 h 30 à 23 h 30 (aérogare 1)
                                          de 7 h à 23 h 30 (aérogare 2)

TRANSPORTS
Taxi : faire signe aux véhicules libres (lumière jaune allumée) – Aires de
stationnement – De jour et de nuit : appels téléphonés.
Bus-Métro : se reporter au plan de Paris Michelin n° ▯▯ Le bus permet une
bonne vision de la ville, surtout pour courtes distances.

POSTES-TÉLÉPHONE
Chaque quartier a un bureau de Postes ouvert jusqu'à 19 h, fermé samedi
après-midi et dim.
Bureau ouvert 24 h sur 24 : 52, rue du Louvre.

COMPAGNIES AÉRIENNES FRANÇAISES
Air France 119, Champs-Élysées ℘ 42 99 23 64
Air Inter 49, Champs-Élysées ℘ 47 23 59 58

DÉPANNAGE AUTOMOBILE
Il existe, à Paris et dans la Région Parisienne, des ateliers et des services
permanents de dépannage.
**Les postes de Police vous indiqueront le dépanneur le plus proche de
l'endroit où vous vous trouvez.**

MICHELIN à Paris et en banlieue
Services généraux :
46 av. Breteuil ℘ 45 66 12 34 – 75324 PARIS CEDEX 07 – Télex MICHLIN
270789 F. Ouverts du lundi au vendredi de 8 h 45 à 16 h 30 (16 h le vendredi).
Agences régionales :
Ouvertes du lundi au vendredi de 8 h à 12 h et de 14 h à 18 h (17 h le vendredi).
Aubervilliers : 34 r. des Gardinoux ℘ 48 33 07 58 – BP 79 – 93302 AUBER-
VILLIERS CEDEX.
Buc : 417 av. R. Garros – Z.I. Centre – ℘ 39 56 10 66 – 78530 BUC.
Maisons-Alfort : r. Charles-Martigny – Z.I. des Petites Haies - ℘ 48 99 55 60 –
BP 50 – 94702 MAISONS ALFORT CEDEX.
Nanterre : 13, 15, 17 r. des Fondrières ℘ 47 21 67 21 – BP 505 – 92005
NANTERRE CEDEX.
Sartrouville : 43, rue Calmette-et-Guérin ℘ 39 13 00 96 – BP 130 – 78505
SARTROUVILLE.

ARRONDISSEMENTS

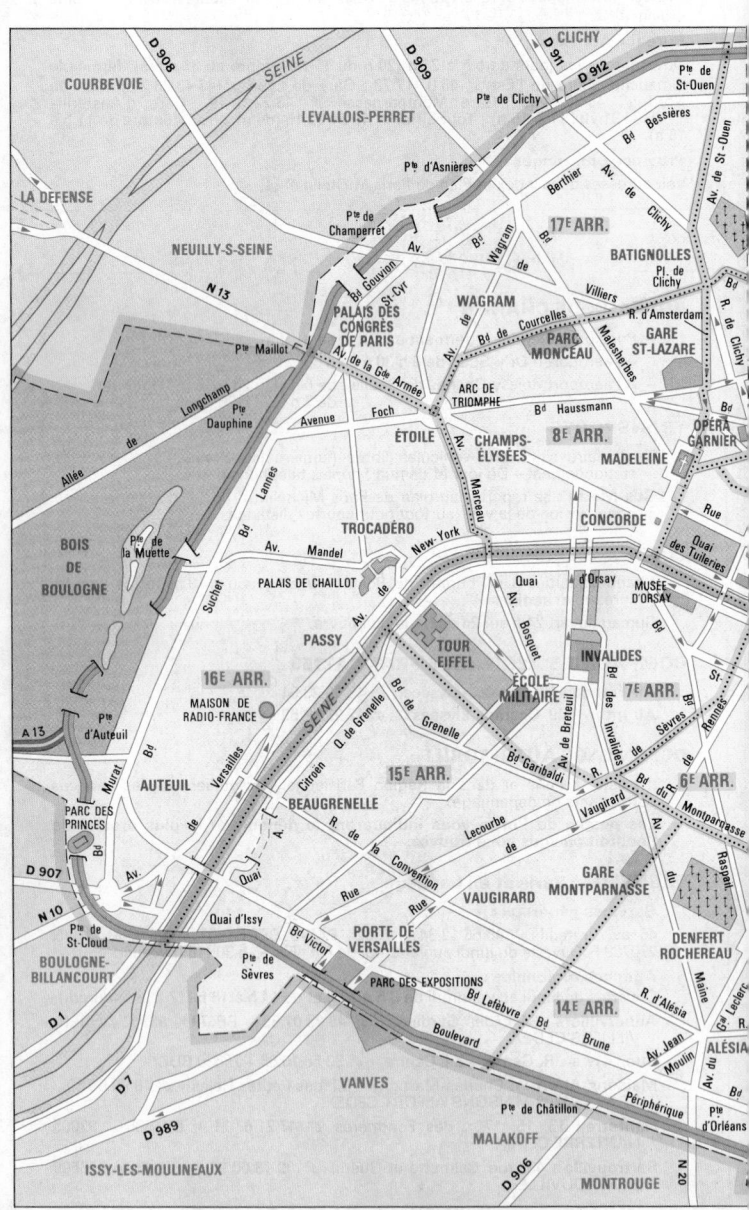

ET QUARTIERS

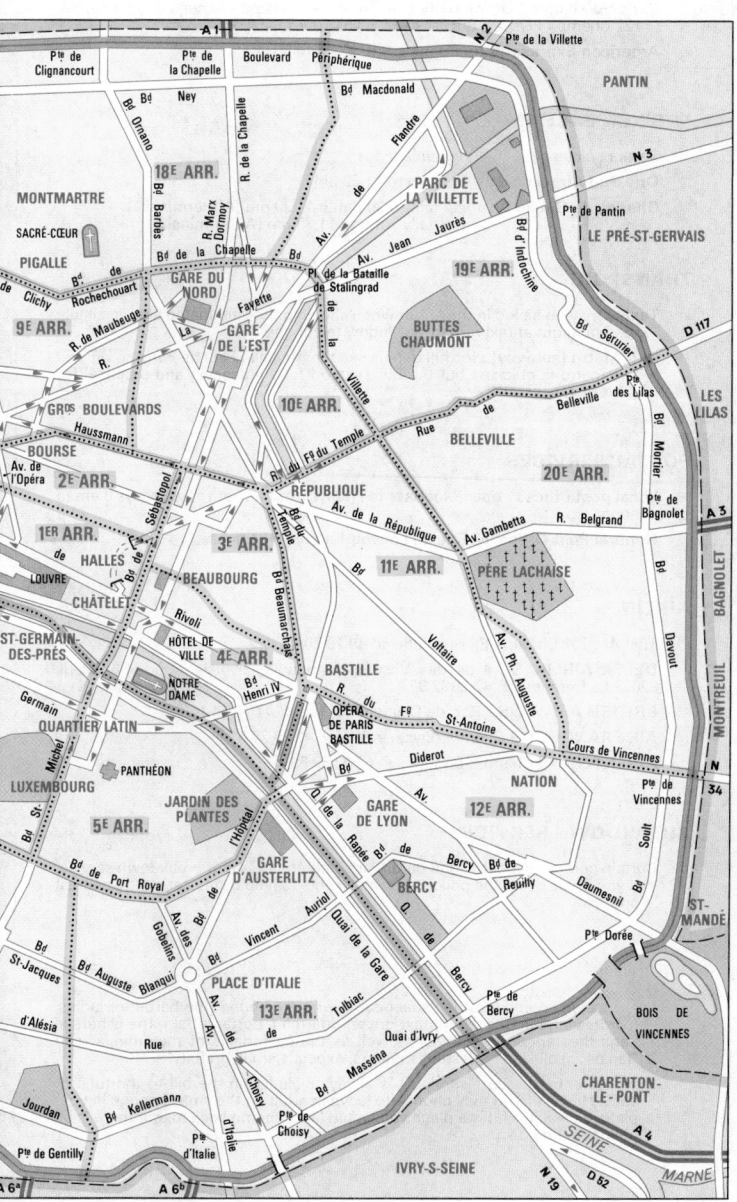

PRACTICAL INFORMATION

TOURIST INFORMATION

Paris "Welcome" Office (Office de Tourisme de Paris - Accueil de France) :
127 Champs-Élysées, 8th, ℰ 49 52 53 54, Telex 645439

American Express 11 Rue Scribe, 9th, ℰ 47 14 50 00

FOREIGN EXCHANGE OFFICES

Banks : close at 5 pm and at weekends

Orly Sud Airport : daily 6.30 am to 11.30 pm

Charles de Gaulle Airport : daily 6.30 am to 11.30 pm (Air terminal 1)
daily 7 am to 11.30 pm (Air terminal 2)

TRANSPORT

Taxis : may be hailed in the street when showing the illuminated sign-available
day and night at taxi ranks or called by telephone

Bus-Métro (subway) : for full details see the Michelin Plan de Paris no ▮▮
The métro is quickest but the bus is good for sightseeing and practical for
short distances

POSTAL SERVICES

Local post offices : open Mondays to Fridays 8 am to 7 pm ; Saturdays 8 am to
noon

General Post Office, 52 Rue du Louvre, 1st : open 24 hours

AIRLINES

T.W.A. : 101 Champs-Élysées, 8th, ℰ 49 19 20 00

DELTA AIRLINES : 4 pl. des Vosges, Immeuble Lavoisier, Cedex 64 Paris
92052 La Défense, ℰ 47 68 92 92

BRITISH AIRWAYS : 12 r. de Castiglione, 1st, ℰ 47 78 14 14

AIR FRANCE : 119 Champs-Élysées, 8th, ℰ 42 99 23 64

AIR INTER : 49 Champs-Élysées, ℰ 47 23 59 58

BREAKDOWN SERVICE

Certain garages in central and outer Paris operate a 24-hour breakdown service.
If you break down the police are usually able to help by indicating the nearest
one.

TIPPING

In France, in addition to the usual people who are tipped (the barber or ladies'
hairdresser, hat-check girl, taxi-driver, doorman, porter, et al.), the ushers in
Paris theaters and cinemas, as well as the custodians of the "men's" and
"ladies" in all kinds of establishments, expect a small gratuity.

In restaurants, the tip ("service") is always included in the bill to the tune of
15 %. However you may choose to leave in addition the small change in your
plate, especially if it is a place you would like to come back to, but there is no
obligation to do so.

LISTE ALPHABÉTIQUE
des hôtels et restaurants

H - I

J - K

L

M

RESTAURANTS
de Paris et de la Banlieue

Les bonnes tables... à étoiles

❀ ❀ ❀

		Arr.	Page
✕✕✕✕✕	Lucas-Carton (Senderens) .	8ᵉ	44
✕✕✕✕✕	Taillevent (Vrinat)	8ᵉ	44
✕✕✕✕✕	Tour d'Argent (Terrail)	5ᵉ	36
✕✕✕✕	Ambroisie (L') (Pacaud) . . .	4ᵉ	33
✕✕✕✕	Joël Robuchon	16ᵉ	58

❀ ❀

✕✕✕✕✕	Ambassadeurs (Les)	8ᵉ	44	✕✕✕✕	Goumard-Prunier	1ᵉʳ	30
✕✕✕✕✕	Espadon.	1ᵉʳ	29	✕✕✕✕	Grand Vefour	1ᵉʳ	29
✕✕✕✕✕	Lasserre.	8ᵉ	44	✕✕✕✕	Guy Savoy	17ᵉ	61
✕✕✕✕✕	Laurent.	8ᵉ	44	✕✕✕✕	Le Divellec.	7ᵉ	39
✕✕✕✕✕	Ledoyen.	8ᵉ	44	✕✕✕✕	Michel Rostang.	17ᵉ	61
✕✕✕✕	Arpège.	7ᵉ	39	✕✕✕✕	Pré Catelan	16ᵉ	59
✕✕✕✕	Carré des Feuillants	1ᵉʳ	29	✕✕✕✕	Trois Marches (Les) . . . Versailles		93
✕✕✕✕	Chiberta.	8ᵉ	44	✕✕✕✕	Vivarois	16ᵉ	58
✕✕✕✕	Drouant	2ᵉ	30	✕✕✕	Amphyclès	17ᵉ	61
✕✕✕✕	Duquesnoy	7ᵉ	39	✕✕✕	Apicius.	17ᵉ	61
✕✕✕✕	Faugeron	16ᵉ	58	✕✕✕	Jacques Cagna	6ᵉ	36
✕✕✕✕	Gérard Besson	1ᵉʳ	30	✕✕✕	Tastevin (Le) . . . . Maisons-Laffitte		77

❀

✕✕✕✕✕	Bristol.	8ᵉ	44	✕✕✕	Cochon d'Or (Au)	19ᵉ	64
✕✕✕✕✕	Régence.	8ᵉ	44	✕✕✕	Copenhague	8ᵉ	45
✕✕✕✕	Célébrités (Les)	15ᵉ	54	✕✕✕	Couronne (La).	8ᵉ	45
✕✕✕✕	Clos Longchamp (Le).	17ᵉ	61	✕✕✕	Dariole de Viry (La). Viry-Châtillon		95
✕✕✕✕	Comte de Gascogne (Au)			✕✕✕	Faucher	17ᵉ	62
	Boulogne-Billancourt		70	✕✕✕	Grande Sirène (La). . . . Versailles		93
✕✕✕✕	Élysées (Les).	8ᵉ	44	✕✕✕	Magnolias (Les)		
✕✕✕✕	Étoile d'Or	17ᵉ	61		Le Perreux-sur-Marne		83
✕✕✕✕	Jules Verne	7ᵉ	39	✕✕✕	Maison Blanche	8ᵉ	45
✕✕✕✕	Marée (La).	8ᵉ	44	✕✕✕	Manoir de Paris.	17ᵉ	61
✕✕✕✕	Maxim's . . Orly (Aéroports de Paris)		82	✕✕✕	Mercure Galant.	1ᵉʳ	30
✕✕✕✕	Meurice (Le)	1ᵉʳ	29	✕✕✕	Miravile	4ᵉ	33
✕✕✕✕	Montparnasse 25	14ᵉ	54	✕✕✕	Morot Gaudry	15ᵉ	54
✕✕✕✕	Muses (Les)	9ᵉ	49	✕✕✕	Paris.	6ᵉ	36
✕✕✕✕	Relais de Sèvres.	15ᵉ	54	✕✕✕	Paul Minchelli	7ᵉ	39
✕✕✕	Beauvilliers	18ᵉ	64	✕✕✕	Port Alma.	16ᵉ	58
✕✕✕	Boule d'Or (La)	7ᵉ	39	✕✕✕	Pressoir (Au)	12ᵉ	51
✕✕✕	Cantine des Gourmets (La)	7ᵉ	39	✕✕✕	Relais d'Auteuil.	16ᵉ	58
✕✕✕	Céladon (Le)	2ᵉ	30	✕✕✕	Relais Louis XIII	6ᵉ	36

❀

XXX	Sormani (Le)	17ᵉ	62
XXX	Table d'Anvers (La)	9ᵉ	49
XXX	Timgad	17ᵉ	62
XXX	Toit de Passy	16ᵉ	58
XXX	Truffe Noire . . . . Neuilly-sur-Seine		81
XXX	Vancouver	8ᵉ	45
XX	Belle Epoque (La) . . . Châteaufort		71
XX	Bellecour (Le)	7ᵉ	39
XX	Benoît	4ᵉ	33
XX	Conti	16ᵉ	59
XX	Fontaine d'Auteuil	16ᵉ	59

XX	Marius et Janette	8ᵉ	46
XX	Pauline (Chez)	1ᵉʳ	30
XX	Petit Colombier (Le)	17ᵉ	62
XX	Petite Tour (La)	16ᵉ	59
XX	Pharamond	1ᵉʳ	30
XX	Pierre Au Palais Royal	1ᵉʳ	30
XX	Pile ou Face	2ᵉ	30
XX	Récamier	7ᵉ	40
XX	Sousceyrac (A)	11ᵉ	33
XX	Timonerie (La)	5ᵉ	37
XX	Trou Gascon (Au)	12ᵉ	51

Pour souper après le spectacle

(Nous indiquons entre parenthèses l'heure limite d'arrivée)

XXXX	Drouant (Café Drouant) (0 h)	2ᵉ	30
XXXX	Fouquet's (1 h)	8ᵉ	45
XXX	Charlot "Roi des Coquillages" (1 h)	9ᵉ	49
XXX	Charlot 1ᵉʳ "Merveilles des Mers" (1 h)	18ᵉ	64
XXX	Louis XIV (Le) (1 h)	10ᵉ	49
XXX	Pavillon Noura (0 h)	16ᵉ	58
XXX	Pied de Cochon (Au) (jour et nuit)	1ᵉʳ	30
XXX	Pierre " A la Fontaine Gaillon " (0 h 30)	2ᵉ	30
XXX	Procope (Le) (1 h)	6ᵉ	36
XXX	Relais-Plaza (1 h 30)	8ᵉ	45
XXX	Vong (Chez) (0 h 30)	1ᵉʳ	30
XXX	Yvan (0 h)	8ᵉ	45
XX	Alsace (L') (jour et nuit)	8ᵉ	46
XX	Arbuci (L') (1 h)	6ᵉ	37
XX	Ballon des Ternes (0 h 30) .	17ᵉ	63
XX	Baumann Ternes (0 h)	17ᵉ	62
XX	Bistro 121 (0 h)	15ᵉ	55
XX	Boeuf Couronné (Au) (0 h)	19ᵉ	64
XX	Boeuf sur le Toit (Le) (2 h)	8ᵉ	45
XX	Bofinger (Brasserie) (1 h) .	4ᵉ	33
XX	Brasserie Café de la Paix (0 h 30)	9ᵉ	49
XX	Brasserie Flo (1 h 30)	10ᵉ	49
XX	Coupole (La) (2 h)	14ᵉ	55

XX	Dôme (Le) (0 h 45)	14ᵉ	55
XX	Grand Café Capucines (jour et nuit)	9ᵉ	49
XX	Grand Colbert (Le) (1 h) . .	2ᵉ	31
XX	Julien (1 h 30)	10ᵉ	49
XX	Petit Riche (Au) (0 h 15) . .	9ᵉ	49
XX	Pichet (Le) (0 h)	8ᵉ	46
XX	Régency 1925 (1 h) St-Maur-des-Fossés		87
XX	Terminus Nord (0 h 30) . . .	10ᵉ	49
XX	Thaï Elephant (0 h)	11ᵉ	33
XX	Tong Yen (0 h)	8ᵉ	46
XX	Vaudeville (2 h)	2ᵉ	31
XX	Village d'Ung et Li Lam (0 h)	8ᵉ	46
X	Appart' (L') (0 h)	8ᵉ	46
X	Balzar (0 h 30)	5ᵉ	37
X	Bistro de la Grille (0 h 30) .	6ᵉ	37
X	Bistro des Deux Théâtres (0 h 30) . .	9ᵉ	50
X	Bistrot de Bofinger (Le) (0 h)	4ᵉ	33
X	Bistrot de l'Étoile (0 h)	16ᵉ	59
X	Bistrot de Marius (0 h)	8ᵉ	46
X	Bookinistes (Les) (0 h)	6ᵉ	37
X	Butte Chaillot (La) (0 h) . . .	16ᵉ	59
X	Noura (0 h)	16ᵉ	59
X	Poule au Pot (La) (5 h)	1ᵉʳ	31
X	Régalade (La) (0 h)	14ᵉ	56
X	Thoumieux (0 h)	7ᵉ	40

Le plat que vous recherchez

Une andouillette

Ambassade d'Auvergne	3ᵉ	33
Anjou-Normandie	11ᵉ	33
Bistrot d'Alex	6ᵉ	37
Cochon d'Or (Au)	19ᵉ	64
Coupole (La)	14ᵉ	55
Duquesnoy	7ᵉ	39
Ferme des Mathurins	8ᵉ	46
Gastroquet (Le)	15ᵉ	56
Georges (Chez)	2ᵉ	31
Moissonnier	5ᵉ	37
Petit Mâchon (Le)	15ᵉ	56
Petits Pères '' Chez Yvonne '' (Aux)	2ᵉ	31
Pharamond	1ᵉʳ	30
Pied de Cochon (Au)	1ᵉʳ	30
Pierre (Chez)	15ᵉ	56
Pouilly Reuilly (Au)	au Pré St-Gervais	83
Relais Beaujolais	9ᵉ	49
Rhône (Le)	13ᵉ	52
Sousceyrac (A)	11ᵉ	33
St-Vincent	15ᵉ	56

Du boudin

Ambassade d'Auvergne	3ᵉ	33
Chez Eux (D')	7ᵉ	40
Cochon d'Or (Au)	19ᵉ	64
Coquille (La)	17ᵉ	62
Moissonnier	5ᵉ	37
Pouilly Reuilly (Au)	au Pré St-Gervais	83
Rhône (Le)	13ᵉ	52
Table d'Honfleur	13ᵉ	52
Yvette (Chez)	15ᵉ	55

Une bouillabaisse

Augusta	17ᵉ	62
Charlot ''Roi des Coquillages''	9ᵉ	49
Charlot 1ᵉʳ ''Merveilles des Mers''	18ᵉ	64
Dôme (Le)	14ᵉ	55
Frégate (La)	12ᵉ	51
Jarrasse	à Neuilly-sur-Seine	81
Marius	18ᵉ	59
Marius et Janette	8ᵉ	46
Moniage Guillaume	14ᵉ	54
Orée du Bois	à Vélizy-Villacoublay	90
Senteurs de Provence (Aux)	15ᵉ	55

Un cassoulet

Baumann Ternes	17ᵉ	62
Chez Eux (D')	7ᵉ	40
Etchegorry	13ᵉ	51
Flambée (La)	12ᵉ	51
Giberne (La)	15ᵉ	55
Gourmets Landais (Aux) à La Garenne-Colombes		74
Julien	10ᵉ	49

Léon (Chez)	17ᵉ	63
Lous Landès	14ᵉ	55
Pierre (Chez)	15ᵉ	56
Pyrénées Cévennes ''Chez Philippe''	11ᵉ	33
Quercy (Le)	9ᵉ	49
Quincy (Le)	12ᵉ	51
Sarladais (Le)	8ᵉ	45
Sousceyrac (A)	11ᵉ	33
Sybarite (Le)	6ᵉ	37
Thoumieux	7ᵉ	40
Trou Gascon (Au)	12ᵉ	51
Vendanges (Les)	14ᵉ	55

Une choucroute

Alsace (L')	8ᵉ	46
Baumann Ternes	17ᵉ	62
Bofinger	4ᵉ	33
Brasserie Flo	10ᵉ	49
Coupole (La)	14ᵉ	55
Luneau (Le)	12ᵉ	51
Terminus Nord	10ᵉ	49

Un confit

Aub. Landaise	à Enghien-les-Bains	74
Cazaudehore	à St-Germain-en-Laye	87
Chez Eux (D')	7ᵉ	40
Closerie Périgourdine	à Argenteuil	68
Comme Chez Soi	9ᵉ	49
Etchegorry	13ᵉ	51
Flambée (La)	12ᵉ	51
Françoise (Chez)	13ᵉ	52
Gastroquet (Le)	15ᵉ	56
Giberne (La)	15ᵉ	55
Gourmets Landais (Aux) à La Garenne-Colombes		74
Lous Landès	14ᵉ	55
Paul Chêne	18ᵉ	59
Pyrénées Cévennes ''Chez Philippe''	11ᵉ	33
Quercy (Le)	9ᵉ	49
Sarladais (Le)	8ᵉ	45
Thoumieux	7ᵉ	40
Trinquet (Le)	à St-Mandé	87
Trou Gascon (Au)	12ᵉ	51

Des coquillages, crustacés, poissons

Alsace (L')	8ᵉ	46
Armes de Bretagne	14ᵉ	54
Augusta	17ᵉ	62
Ballon des Ternes	17ᵉ	63
Baumann Ternes	17ᵉ	62
Bistrot de Marius	8ᵉ	46
Boeuf sur le Toit (Le)	8ᵉ	45
Bofinger	4ᵉ	33
Cagouille (La)	14ᵉ	55
Charlot ''Roi des Coquillages''	9ᵉ	49

Charlot 1er		
"Merveilles des Mers"	18e	64
Coupole (La)	14e	55
Dôme (Le)	14e	55
Eau Vive (L')	à Chelles	71
El Chiquito	à Rueil-Malmaison	85
Frégate (La)	12e	51
Gaya Rive-Droite	1er	30
Gaya Rive-Gauche	7e	40
Goumard-Prunier	1er	30
Grand Café Capucines	9e	49
Jarrasse	à Neuilly-sur-Seine	81
Le Divellec	7e	39
Louis XIV (Le)	10e	49
Luna (La)	8e	45
Marée (La)	8e	44
Marée de Versailles	à Versailles	93
Marines de Pétrus (Les)	17e	62
Marius et Janette	8e	46
Marty	5e	37
Paul Minchelli	7e	39
Pétrus	17e	62
Port Alma	18e	58
Prunier-Traktir	18e	58
Senteurs de Provence (Aux)	15e	55
Table Richelieu (La)	11e	33
Taïra	17e	62
Terminus Nord	10e	49
Vancouver	8e	45
Vaudeville	2e	31

Des escargots

Allard	6e	37
Coquille (La)	17e	62
Escargot de Linas (L')	à Linas	76
Léon (Chez)	17e	63
Moissonnier	5e	37
Moulin à Vent		
"Chez Henri"	5e	37
Petits Pères		
"Chez Yvonne" (Aux)	2e	31
Quincy (Le)	12e	51
Relais Beaujolais	9e	49

Une paëlla

Etchegorry	13e	51
Pyrénées Cévennes		
"Chez Philippe"	11e	33
San Valero	à Neuilly-sur-Seine	81

Une grillade

Boeuf Couronné (Au)	19e	64
Boeuf sur le Toit (Le)	8e	45
Brasserie Flo	10e	49
Cochon d'Or (Au)	19e	64
Julien	10e	49
Terminus Nord	10e	49
Train Bleu	12e	51

De la tête de veau

Apicius	17e	61
Astier	11e	33
Bistrot d'Alex	6e	37
Boeuf Couronné (Au)	19e	64
Caves Petrissans	17e	63
Cochon d'Or (Au)	19e	64
Georges (Chez)	17e	62
Grille (La)	10e	50
Léon (Chez)	17e	63
Marty	5e	37
Paul	1er	31
Petite Tour (La)	18e	59
Pierre (Chez)	15e	56
Pierre Vedel	15e	55
Thoumieux	7e	40

Des tripes

Anjou-Normandie	11e	33
Bistrot d'Alex	6e	37
Laudrin (Chez)	17e	62
Pharamond	1er	30
Pied de Cochon (Au)	1er	30
Thoumieux	7e	40

Des fromages choisis

Androuët	8e	45

Des soufflés

Soufflé (Le)	1er	31

Spécialités étrangères

Anglaises

Bertie's (H. Baltimore) . . . . 16ᵉ | 56 |

Chinoises, Thaïlandaises et Vietnamienne

Foc Ly	7ᵉ	40
Foc Ly . . . . à Neuilly-sur-Seine		81
Lotus de Brou (Le). à Brou-sur-Chantereine		71
Ngo (Chez)	16ᵉ	58
P'tite Tonkinoise (La)	10ᵉ	49
Palais du Trocadéro	16ᵉ	59
Palanquin (Le)	6ᵉ	37
Tan Dinh	7ᵉ	40
Tang	16ᵉ	59
Thaï Elephant	11ᵉ	33
Tong Yen	8ᵉ	46
Tsé-Yang	16ᵉ	58
Village d'Ung et Li Lam.	8ᵉ	46
Vong (Chez)	1ᵉʳ	30

Espagnoles

San Valero . . . . à Neuilly-sur-Seine | 81 |

Grecques

Mavrommatis . . . . 5ᵉ | 37 |

Indiennes

Indra	8ᵉ	45
Lal Qila	15ᵉ	55
Mina Mahal	15ᵉ	55
Vishnou	14ᵉ	55
Yugaraj	6ᵉ	36

Italiennes

Beato	7ᵉ	40
Bice (H. Balzac)	8ᵉ	41
Carpaccio (H. Royal Monceau) . . .	8ᵉ	41
Chateaubriant (Au)	10ᵉ	49
Conti	16ᵉ	59
Da Carlo	7ᵉ	40

Finzi	8ᵉ	46
Finzi	8ᵉ	46
Gildo	7ᵉ	40
Giulio Rebellato	16ᵉ	59
Il Cortile (H. Castille)	1ᵉʳ	28
Il Ristorante	17ᵉ	62
Main à la Pâte (La)	1ᵉʳ	31
Romantica (La) . . . . à Clichy		72
San Francisco	16ᵉ	59
Sormani (Le)	17ᵉ	62
Stresa	8ᵉ	46
Villa Vinci	16ᵉ	59

Japonaises

Benkay (H. Nikko)	15ᵉ	52
Gokado	9ᵉ	49
Inagiku	5ᵉ	37
Kinugawa	1ᵉʳ	30
Kinugawa	8ᵉ	46
Suntory	8ᵉ	46

Libanaises

Noura	16ᵉ	59
Pavillon Noura	16ᵉ	58

Nord-Africaines

Al Mounia	16ᵉ	59
Caroubier (Le)	14ᵉ	55
Étoile Marocaine (L')	8ᵉ	46
Oriental (L')	18ᵉ	64
Timgad	17ᵉ	62
Tour de Marrakech (La) . . . . . . à Antony		68
Wally Le Saharien	9ᵉ	49

Portugaises

Saudade . . . . 1ᵉʳ | 30 |

Russes

Datcha Lydie (La) . . . . 15ᵉ | 56 |

Scandinaves

Copenhague . . . . 8ᵉ | 45 |

Dans la tradition : bistrots et brasseries

Les Bistrots

Les Brasseries

Restaurants proposant
des menus de 100 F à 160 F

1ᵉʳ arrondissement

XX	Bonne Fourchette	31
XX	Cartes Postales (Les)	31
XX	Fabrice (Chez)	30
XX	Petit Bourbon (Le)	30
X	Lescure	31
X	Main à la Pâte (La)	31

2ᵉ arrondissement

XX	Coup de Coeur	31
XX	Grand Colbert (Le)	31
X	Canard d'Avril (Le)	31

3ᵉ arrondissement

XXX	Ambassade d'Auvergne	33

4ᵉ arrondissement

X	Grizzli (Le)	33
X	Monde des Chimères (Le)	33

5ᵉ arrondissement

XX	Inagiku	37
XX	Mavrommatis	37
XX	Pactole (Au)	36
XX	Toutoune (Chez)	37
X	Bistrot du Port	37
X	Rôtisserie du Beaujolais	37
X	Timbale St-Bernard (La)	37

6ᵉ arrondissement

XX	Arbuci (L')	37
XX	Arrosée (L')	37
XX	Bistrot d'Alex	37
XX	Grilladin (Au)	37
XX	Sybarite (Le)	37
X	Bistro de la Grille	37
X	Bookinistes (Les)	37
X	Palanquin (Le)	37
X	Rond de Serviette (Le)	37
X	Valérie Tortu	37

7ᵉ arrondissement

XX	Champ de Mars (Le)	40
XX	Da Carlo	40
XX	Foc Ly	40
X	Calèche (La)	40
X	Collinot (Chez)	40
X	Maupertu (Le)	40
X	Oeillade (L')	40
X	P'tit Troquet (Le)	40
X	Sédillot (Le)	40
X	Thoumieux	40

8ᵉ arrondissement

XX	Fermette Marbeuf	45
XX	Village d'Ung et Li Lam	46
X	Appart' (L')	46
X	Ferme des Mathurins	46

9ᵉ arrondissement

XX	Bistrot Papillon	49
XX	Comme Chez Soi	49
XX	Franche-Comté (Le)	49
XX	Petit Riche (Au)	49
XX	Quercy (Le)	49
XX	Saintongeais (Le)	49
X	Bistro de Gala	50
X	Jean (Chez)	50
X	Petit Batailley	49

10ᵉ arrondissement

XX	Chateaubriant (Au)	49
XX	Deux Canards (Aux)	49

11ᵉ arrondissement

XX	Repaire de Cartouche	33
X	Anjou-Normandie	33
X	Astier	33
X	Fernand (Chez)	33
X	Navarin (Le)	33

12ᵉ arrondissement

XXX	Oulette (L')	51
XX	Flambée (La)	51
XX	Frégate (La)	51
XX	Gourmandise (La)	51
XX	Luneau (Le)	51
XX	Traversière (Le)	51
X	Biche au Bois (A la)	52
X	Escapade en Touraine (L')	51
X	Temps des Cerises (Le)	52
X	Zygomates (Les)	52

13ᵉ arrondissement

X	Etchegorry	51
X	Françoise (Chez)	52
X	Rhône (Le)	52
X	Table d'Honfleur	52

14ᵉ arrondissement

XX	Caroubier (Le)	55
XX	Monsieur Lapin	55
X	Amuse Bouche (L')	56
X	Bonne Table (La)	55
X	Régalade (La)	56

Plein air

Restaurants avec salons particuliers

Restaurants ouverts samedi et dimanche

Banlieue

Hôtels – Restaurants
par arrondissement

(Liste alphabétique des hôtels et Restaurants, voir p. 7 à 13)

G 12 : Ces lettres et chiffres correspondent au carroyage du plan de Paris Michelin n° ⑩ Paris Atlas n° ⑪. Plan avec répertoire n° ⑫ et Plan de Paris n° ⑭.

En consultant ces quatre publications vous trouverez également les parkings les plus proches des établissements cités.

Opéra, Palais-Royal, Halles, Bourse.

1ᵉʳ et 2ᵉ arrondissements - 1ᵉʳ : ✉ *75001 - 2ᵉ :* ✉ *75002*

Ritz 🦢, 15 pl. Vendôme (1ᵉʳ) ℰ 43 16 30 30, Télex 220262, Fax 43 16 31 78, « Belle piscine et luxueux centre de remise en forme » – 🛗 🍽 📺 ☎ ₺ – 🛎 30 à 80. 🝍 ⓞ ☷ 🉐 ⅏ rest
voir rest. *Espadon* ci-après – 🍽 180 – **142 ch** 2870/4170, 45 appart.
G 12

Meurice, 228 r. Rivoli (1ᵉʳ) ℰ 44 58 10 10, Télex 220256, Fax 44 58 10 15 – 🛗 🍽 ch 📺 ☎ ₺ – 🛎 40 à 100. 🝍 ⓞ ☷ 🉐 ⅏ rest
voir rest. *Le Meurice* ci-après – 🍽 140 – **134 ch** 2550/2950, 46 appart.
G 12

Inter - Continental, 3 r. Castiglione (1ᵉʳ) ℰ 44 77 11 11, Télex 220114, Fax 44 77 14 60, ☕ – 🛗 ⅍ ch 🍽 📺 ☎ ₺ – 🛎 500. 🝍 ⓞ ☷ 🉐 ⅏ rest
G 12
Café Tuileries (coffee shop) **Repas** 120 et carte 210 à 300 – *La Terrasse Fleurie (fermé 23 déc. au 1ᵉʳ janv.)* **Repas** 270/450 et carte 310 à 450 – 🍽 120 – **410 ch** 2400/2600, 40 appart.

Lotti, 7 r. Castiglione (1ᵉʳ) ℰ 42 60 37 34, Télex 240066, Fax 40 15 93 56 – 🛗 ⅍ ch 🍽 📺 ☎ – 🛎 25. 🝍 ⓞ ☷ 🉐
G 12
Repas 145/220 et carte 250 à 460 🍷 – 🍽 120 – **121 ch** 1700/3300.

Westminster, 13 r. Paix (2ᵉ) ℰ 42 61 57 46, Télex 680035, Fax 42 60 30 66 – 🛗 ⅍ ch 🍽 📺 ☎ – 🛎 40. 🝍 ⓞ ☷ 🉐
G 12
voir rest. *Le Céladon* ci-après – 🍽 110 – **83 ch** 1250/2000, 18 appart.

du Louvre, pl. A. Malraux (1ᵉʳ) ℰ 44 58 38 38, Télex 220412, Fax 44 58 38 01 – 🛗 🍽 📺 ☎ ₺ – 🛎 100. 🝍 ⓞ ☷ 🉐
H 13
Brasserie Le Louvre : **Repas** 98 et carte 170 à 340, enf. 50 – 🍽 90 – **196 ch** 1500/2000, 24 appart.

Castille Ⓜ, 37 r. Cambon (1ᵉʳ) ℰ 44 58 44 58, Télex 213505, Fax 44 58 44 00, ☕ – 🛗 ⅍ ch 🍽 📺 ☎ ₺. 🝍 ⓞ ☷ 🉐 ⅏ rest
G 12
Il Cortile ℰ 44 58 45 67, cuisine italienne *(fermé dim.)* **Repas** carte 200 à 330 – 🍽 115 – **89 ch** 1690/2650, 8 appart, 14 duplex.

Normandy, 7 r. Échelle (1ᵉʳ) ℰ 42 60 30 21, Télex 670250, Fax 42 60 45 81 – 🛗 ⅍ ch 📺 ☎ – 🛎 45. 🝍 ⓞ ☷ 🉐
H 13
L'Échelle (fermé sam. et dim.) **Repas** 155/300 et carte 190 à 270, enf. 100 – 🍽 72 – **116 ch** 1195/1825, 4 appart – ½ P 970/1115.

Édouard VII et rest. le Delmonico, 39 av. Opéra (2ᵉ) ℰ 42 61 56 90, Télex 680217, Fax 42 61 47 73 – 🛗 🍽 📺 ☎ – 🛎 30. 🝍 ⓞ ☷
G 13
Repas *(fermé août, sam. et dim.)* 168 – 🍽 85 – **65 ch** 1150/1300, 4 appart.

Mayfair sans rest, 3 r. Rouget-de-Lisle (1ᵉʳ) ℰ 42 60 38 14, Télex 240037, Fax 40 15 04 78 – 🛗 ⅍ ch 🍽 📺 ☎ 🝍 ⓞ ☷ 🉐 ⅏
🍽 85 – **53 ch** 950/1750.
G 12

Régina, 2 pl. Pyramides (1ᵉʳ) ℰ 42 60 31 10, Télex 670834, Fax 40 15 95 16, ☕ – 🛗 ⅍ ch, 🍽 rest 📺 ☎ – 🛎 30. 🝍 ⓞ ☷ 🉐 ⅏ rest
H 13
Repas *(fermé août, sam. et dim.)* 160 (déj.)et carte 230 à 330 – 🍽 90 – **116 ch** 1500/1900, 14 appart.

Cambon sans rest, 3 r. Cambon (1ᵉʳ) ℰ 42 60 38 09, Télex 240814, Fax 42 60 30 59 – 🛗 🍽 📺 ☎. 🝍 ⓞ ☷ 🉐
G 12
🍽 75 – **42 ch** 980/1480.

L'Horset Opéra Ⓜ sans rest, 18 r. d'Antin (2ᵉ) ℰ 44 71 87 00, Télex 282676, Fax 42 66 55 54 – 🛗 🍽 📺 ☎ ₺. 🝍 ⓞ ☷ 🉐
G 13
🍽 80 – **54 ch** 970/1350.

Royal St-Honoré Ⓜ sans rest, 221 r. St-Honoré (1ᵉʳ) ℰ 42 60 32 79, Télex 215613, Fax 42 60 47 44 – 🛗 🍽 ch 📺 ☎. 🝍 ⓞ ☷ 🉐 ⅏
G 12
🍽 80 – **65 ch** 1220/1520, 5 appart.

Stendhal Ⓜ sans rest, 22 r. D. Casanova (2ᵉ) ℰ 44 58 52 52, Fax 44 58 52 00 – 🛗 🍽 📺 ☎. 🝍 ⓞ ☷ 🉐
G 12
🍽 80 – **20 ch** 1510/1910, 4 appart.

Novotel Les Halles Ⓜ, 8 pl. M.-de-Navarre (1ᵉʳ) ℰ 42 21 31 31, Télex 216389, Fax 40 26 05 79, ☕ – 🛗 ⅍ ch 📺 ☎ ₺ – 🛎 100. 🝍 ⓞ ☷ 🉐
H 14
Repas carte environ 210 🍷, enf. 58 – 🍽 58 – **280 ch** 840/915, 5 appart.

Mansart sans rest, 5 r. Capucines (1ᵉʳ) ℰ 42 61 50 28, Télex 214324, Fax 49 27 97 44 – 🛗 📺 ☎. 🝍 ⓞ ☷. ⅏
G 12
🍽 47 – **57 ch** 606/812.

🏨 **Favart** sans rest, 5 r. Marivaux (2ᵉ) 𝒫 42 97 59 83, Télex 213126, Fax 40 15 95 58 – 🛗 📺
🕿 ᗒ. 🖭 ⓞ ⌷B ᴶᶜᴮ   F 13
☲ 20 – **37 ch** 600/760.

🏨 **de Noailles** 🅼 sans rest, 9 r. Michodière (2ᵉ) 𝒫 47 42 92 90, Télex 290644,
Fax 49 24 92 71 – 🛗 📺 🕿. 🖭 ⌷B ᴶᶜᴮ   G 13
☲ 45 – **58 ch** 680/850.

🏨 **Relais du Louvre** sans rest, 19 r. Prêtres-St-Germain-L'Auxerrois (1ᵉʳ) 𝒫 40 41 96 42,
Fax 40 41 96 44 – 🛗 ᗒ ch 📺 🕿. 🖭 ⓞ ⌷B   H 14
☲ 50 – **18 ch** 580/900.

🏨 **Montana Tuileries** sans rest, 12 r. St-Roch (1ᵉʳ) 𝒫 42 60 35 10, Télex 214404,
Fax 42 61 12 28 – 🛗 📺 🕿. 🖭 ⓞ ⌷B ᴶᶜᴮ   G 12
☲ 50 – **25 ch** 696/1062.

🏨 **Louvre St-Honoré** 🅼 sans rest, 141 r. St-Honoré (1ᵉʳ) 𝒫 42 96 23 23, Télex 215044,
Fax 42 96 21 61 – 🛗 📺 🕿 ᗒ. 🖭 ⓞ ⌷B   H 14
☲ 45 – **40 ch** 735/945.

🏨 **Molière** sans rest, 21 r. Molière (1ᵉʳ) 𝒫 42 96 22 01, Télex 213292, Fax 42 60 48 68 – 🛗 📺
🕿. 🖭 ⓞ ⌷B ᴶᶜᴮ. ⌘   G 13
☲ 50 – **29 ch** 450/700, 3 appart.

🏨 **Violet** 🅼 sans rest, 7 r. J. Lantier (1ᵉʳ) 𝒫 42 33 45 38, Télex 210383, Fax 40 28 03 56 – 🛗
📺 ᗒ. 🖭 ⓞ ⌷B ᴶᶜᴮ. ⌘   J 14
☲ 45 – **30 ch** 500/680.

🏨 **Lautrec Opéra** sans rest, 8 r. d'Amboise (2ᵉ) 𝒫 42 96 67 90, Télex 216502,
Fax 42 96 06 83 – 🛗 📺 🕿. 🖭 ⓞ ⌷B ᴶᶜᴮ. ⌘   F 13
☲ 30 – **30 ch** 700/800.

🏨 **Gaillon-Opéra** sans rest, 9 r. Gaillon (2ᵉ) 𝒫 47 42 47 74, Fax 47 42 01 23 – 🛗 📺 🕿. 🖭
ⓞ ⌷B ᴶᶜᴮ   G 13
☲ 35 – **26 ch** 650/900.

🏨 **Britannique** sans rest, 20 av. Victoria (1ᵉʳ) 𝒫 42 33 74 59, Télex 220240, Fax 42 33 82 65
– 🛗 📺 🕿. 🖭 ⓞ ⌷B ᴶᶜᴮ. ⌘   J 14
☲ 49 – **40 ch** 600/830.

🏨 **Gd H. de Champagne** sans rest, 17 r. J.-Lantier (1ᵉʳ) 𝒫 42 36 60 00, Télex 215955,
Fax 45 08 43 33 – 🛗 📺 🕿. 🖭 ⓞ ⌷B ᴶᶜᴮ   J 14
☲ 55 – **40 ch** 721/812.

🏨 **Baudelaire Opéra** sans rest, 61 r. Ste Anne (2ᵉ) 𝒫 42 97 50 62, Fax 42 86 85 85 – 🛗 📺
🕿. 🖭 ⓞ ⌷B ᴶᶜᴮ   G 13
☲ 36 – **24 ch** 470/640, 5 duplex.

🏨 **Ducs de Bourgogne** sans rest, 19 r. Pont-Neuf (1ᵉʳ) 𝒫 42 33 95 64, Fax 40 39 01 25 – 🛗
📺 🕿. 🖭 ⓞ ⌷B ᴶᶜᴮ. ⌘   H 14
☲ 43 – **50 ch** 465/610.

🏨 **Marsollier Opéra** sans rest, 13 r. Marsollier (2ᵉ) 𝒫 42 96 68 14, Fax 42 60 53 84 – 🛗 📺
🕿. 🖭 ⓞ ⌷B ᴶᶜᴮ   G 13
☲ 35 – **29 ch** 480/900.

🏨 **Vivienne** sans rest, 40 r. Vivienne (2ᵉ) 𝒫 42 33 13 26, Fax 40 41 98 19 – 🛗 ᗒ ch 📺 🕿.
⌷B   F 14
☲ 40 – **44 ch** 290/460.

XXXXX ✸✸ **Espadon** - Hôtel Ritz, 15 pl. Vendôme (1ᵉʳ) 𝒫 43 16 30 30, Télex 220262,
Fax 43 16 31 78, 🍽 – ▤. 🖭 ⓞ ⌷B ᴶᶜᴮ. ⌘   G 12
Repas 360/580 et carte 440 à 640
Spéc. Ravioles de foie gras de canard, bouillon d'herbes. Turbot rôti contisé à la livèche. Ris de veau de lait braisé.

XXXX ✸✸ **Grand Vefour**, 17 r. Beaujolais (1ᵉʳ) 𝒫 42 96 56 27, Fax 42 86 80 71, « Ancien café
du Palais Royal fin 18ᵉ siècle » – ▤. 🖭 ⓞ ⌷B ᴶᶜᴮ. ⌘   G 13
fermé 29 juil. au 28 août, sam. et dim. – **Repas** 305 (déj.)/750 et carte 520 à 750
Spéc. Ravioles de foie gras, crème truffée. Omble chevalier à la meunière. Evanescence en noir et blanc.

XXXX ✸ **Le Meurice** - Hôtel Meurice, 228 r. Rivoli (1ᵉʳ) 𝒫 44 58 10 50, Télex 220256,
Fax 44 58 10 15 – ▤. 🖭 ⓞ ⌷B ᴶᶜᴮ. ⌘   G 12
Repas 300 (déj.), 380/550 et carte 320 à 480, enf. 150
Spéc. Fraîcheur de homard, macédoine mi-croquante. Volaille de Bresse en deux services. Moelleux de chocolat amer
à l'orange.

XXXX ✸✸ **Carré des Feuillants** (Dutournier), 14 r. Castiglione (1ᵉʳ) 𝒫 42 86 82 82,
Fax 42 86 07 71 – ▤. 🖭 ⓞ ⌷B ᴶᶜᴮ. ⌘   G 12
fermé août, sam. midi et dim. – **Repas** 280 (déj.)et carte 450 à 570
Spéc. Soupe de coquillages aux haricots tarbais (automne-hiver). Friture d'anguilles. Jarret de veau de lait à la daube
de cèpes.

XXXX ۞۞ **Drouant,** pl. Gaillon (2ᵉ) ✆ 42 65 15 16, Fax 49 24 02 15, « Siège de l'Académie
Goncourt depuis 1914 » – ▤. ᴀᴇ ⑩ ɢʙ   G 13
Repas 290 (déj.)/600 et carte 440 à 620 - **Café Drouant : Repas** 250 (dîner) et carte 240 à 330
Spéc. Charlotte de langoustines aux aubergines confites. Turbot rôti en croûte d'argile aux truffes et persil simple.
Volaille de Bresse aux oignons et citron.

XXXX ۞۞ **Goumard-Prunier,** 9 r. Duphot (1ᵉʳ) ✆ 42 60 36 07, Fax 42 60 04 54 – ▤. ᴀᴇ ⑩ ɢʙ
ᴊᴄʙ   G 12
fermé dim. d'avril à sept. et lundi – **Repas** - produits de la mer - carte 430 à 650
Spéc. Craquants de langoustines et salade d'herbes. Poissons de roche en soupe safranée. Homard breton sauce
cayenne.

XXXX ۞۞ **Gérard Besson,** 5 r. Coq Héron (1ᵉʳ) ✆ 42 33 14 74, Fax 42 33 85 71 – ▤. ᴀᴇ ⑩ ɢʙ
ᴊᴄʙ   H 14
fermé sam. sauf le soir du 15 sept. au 15 juin et dim. – **Repas** 260 (déj.)/480 et carte 400 à
630
Spéc. Marbré de boeuf et foie gras en gelée de porto. Gibier (saison). Fenouil confit aux épices (dessert).

XXX **Pierre '' A la Fontaine Gaillon '',** pl. Gaillon (2ᵉ) ✆ 42 65 87 04, Fax 47 42 82 84, 🌂 –
▤. ᴀᴇ ⑩ ɢʙ   G 13
fermé août, sam. midi et dim. – **Repas** 165 (dîner)et carte 210 à 340.

XXX ۞ **Mercure Galant,** 15 r. Petits-Champs (1ᵉʳ) ✆ 42 96 98 89, Fax 42 96 08 89 – ᴀᴇ ⑩ ɢʙ
fermé sam. midi, dim. et fériés – **Repas** 210 (déj.), 280/400 et carte 300 à 410   G 13
Spéc. Salade de homard breton aux agrumes. Poissons. Mille et une feuilles du Mercure.

XXX ۞ **Le Céladon** - Hôtel Westminster, 15 r. Daunou (2ᵉ) ✆ 47 03 40 42, Télex 680035,
Fax 42 60 30 66 – ▤. ᴀᴇ ⑩ ɢʙ ᴊᴄʙ   G 12
fermé août, sam., dim. et fériés – **Repas** 220/290 et carte 380 à 500
Spéc. Gâteau de cèpes aux macaroni et petits gris. Turbot et céleri à l'huile de truffes. Feuillantine d'ananas à la
citronnelle.

XXX **Serge Granger,** 36 pl. Marché St-Honoré (1ᵉʳ) ✆ 42 60 03 00, Fax 42 60 00 89 – ▤. ᴀᴇ
⑩ ɢʙ   G 13
fermé sam. midi et dim. – **Repas** 185 et carte 350 à 430.

XXX **La Corbeille,** 154 r. Montmartre (2ᵉ) ✆ 40 26 30 87, Fax 40 26 08 20 – ▤. ɢʙ. ✵   G 14
fermé août, sam. et dim. – **Repas** 250 bc (déj.)/395 bc.

XXX **Chez Vong,** 10 r. Grande-Truanderie (1ᵉʳ) ✆ 40 39 99 89, Fax 42 33 38 15 – ▤. ᴀᴇ ⑩ ɢʙ
fermé dim. – **Repas** - cuisine chinoise et vietnamienne - 150 (déj.)et carte 180 à 240.   H 15

XXX **Au Pied de Cochon** (ouvert jour et nuit), 6 r. Coquillière (1ᵉʳ) ✆ 42 36 11 75,
Fax 45 08 48 90, brasserie – ▤. ᴀᴇ ⑩ ɢʙ   H 14
Repas 185 et carte 165 à 320.

XX ۞ **Chez Pauline** (Génin), 5 r. Villédo (1ᵉʳ) ✆ 42 96 20 70, Fax 49 27 99 89, bistrot – ᴀᴇ ɢʙ
ᴊᴄʙ   G 13
fermé sam. sauf le soir d'oct. à fév. et dim. – **Repas** 220 et carte 280 à 460
Spéc. Terrine de foie gras frais de canard. Ris de veau en croûte. Compote de lièvre à la royale (oct. à janv.).

XX **Gaya Rive-Droite,** 17 r. Duphot (1ᵉʳ) ✆ 42 60 43 03, Fax 42 60 04 54, « Belles fresques
d'azulejos » – ▤. ᴀᴇ ɢʙ   G 12
fermé dim. – **Repas** - produits de la mer - carte 200 à 300.

XX **Saudade,** 34 r. Bourdonnais (1ᵉʳ) ✆ 42 36 30 71 – ▤. ᴀᴇ ɢʙ. ✵   H 14
fermé dim. – **Repas** - cuisine portugaise - 129 (déj.)et carte 170 à 280.

XX **Kinugawa,** 9 r. Mont Thabor (1ᵉʳ) ✆ 42 60 65 07, Fax 42 60 45 21 – ▤. ᴀᴇ ⑩ ɢʙ ᴊᴄʙ
✵   G 12
fermé 23 déc. au 7 janv. et dim. – **Repas** - cuisine japonaise - carte 210 à 320.

XX ۞ **Pharamond,** 24 r. Grande-Truanderie (1ᵉʳ) ✆ 42 33 06 72, bistrot, « Authentique décor
1900 » – ᴀᴇ ⑩ ɢʙ   H 15
fermé lundi midi et dim. – **Repas** 180 (déj.)/250 et carte 225 à 380
Spéc. Tripes à la mode de Caen. Saint-Jacques au cidre (15 oct. à fin avril). Couronne de pommes au calvados et à la
canelle.

XX **Le Poquelin,** 17 r. Molière (1ᵉʳ) ✆ 42 96 22 19, Fax 42 96 05 72 – ▤. ᴀᴇ ⑩ ɢʙ ᴊᴄʙ
fermé 1ᵉʳ au 20 août, sam. midi et dim. – **Repas** 185 et carte 280 à 370.   G 13

XX **Le Petit Bourbon,** 15 r. Roule (1ᵉʳ) ✆ 40 26 08 93 – ᴀᴇ ɢʙ   H 14
fermé août, dim. et lundi – **Repas** 160 et carte 230 à 360.

XX ۞ **Pierre Au Palais Royal,** 10 r. Richelieu (1ᵉʳ) ✆ 42 96 09 17, Fax 42 96 09 62, bistrot –
ᴀᴇ ⑩ ɢʙ   H 13
fermé 28 juil. au 3 sept., sam., dim. et fériés – **Repas** carte 230 à 370 🍸
Spéc. Escalope de foie de canard au vinaigre de Xérès. Quenelles de brochet. Rognon de veau à l'échalote confite.

XX **Chez Fabrice,** 38 r. Croix des Petits-Champs (1ᵉʳ) ✆ 40 20 06 46 – ᴀᴇ ɢʙ   H 14
fermé 1ᵉʳ au 21 août, 24 déc. au 1ᵉʳ janv., sam. midi et dim. – **Repas** 125/185.

XX ۞ **Pile ou Face,** 52 bis r. N.-D. des Victoires (2ᵉ) ✆ 42 33 64 33, Fax 42 36 61 09 – ▤. ɢʙ
fermé 29 juil. au 29 août, 23 déc. au 1ᵉʳ janv., sam., dim. et fériés – **Repas** 245 (déj.), 280/320
et carte 270 à 400   G 14
Spéc. Pigeonneau rôti à l'huile de truffe. Poulet fermier sauté à l'ail. Dessert au chocolat de ''Marianne''.

XX **La Passion,** 41 r. Petits Champs (1ᵉʳ) ✆ 42 97 53 41 – ᴀᴇ ɢʙ. ✵   G 13
fermé 8 au 27 août, sam. midi et dim. – **Repas** 170/200 et carte 230 à 380.

XX **Vaudeville,** 29 r. Vivienne (2ᵉ) ℰ 40 20 04 62, Fax 49 27 08 78, brasserie – AE ⓞ GB
Repas carte 150 à 290 🍷. G 14

XX **Coup de Coeur,** 19 r. St Augustin (2ᵉ) ℰ 47 03 45 70, Fax 43 24 49 00 – ▤. AE GB G 13
fermé sam. midi et dim. – **Repas** 95 (déj.), 135/270.

XX **Le Soufflé,** 36 r. Mont Thabor (1ᵉʳ) ℰ 42 60 27 19, Fax 42 60 54 98 – ▤. AE ⓞ GB JCB
fermé dim. – **Repas** 185/250 et carte 210 à 360. G 12

XX **Le Grand Colbert,** 2 r. Vivienne (2ᵉ) ℰ 42 86 87 88, Fax 42 86 82 65, brasserie – AE GB
fermé 30 juil. au 28 août – **Repas** 155 bc et carte 170 à 280. G 13

XX **Bonne Fourchette,** 320 r. St Honoré, au fond de la cour (1ᵉʳ) ℰ 42 60 45 27 – ▤. ⓞ
GB. ※ G 12
fermé août, 26 fév. au 3 mars, dim. midi et sam. – **Repas** 115/155 et carte 200 à 320, enf. 95.

XX **Chez Gabriel,** 123 r. St-Honoré (1ᵉʳ) ℰ 42 33 02 99, bistrot – ▤. AE ⓞ GB JCB H 14
fermé 3 au 24 août, 22 déc. au 3 janv., dim. et fériés – **Repas** 170 bc/210.

XX **Les Cartes Postales,** 7 r. Gomboust (1ᵉʳ) ℰ 42 61 02 93, Fax 42 61 02 93 – GB JCB
fermé sam. midi , dim. et fériés – **Repas** (nombre de couverts limité, prévenir) 135 (déj.),
150/350 et carte 220 à 370. G 13

XX **Le Saint Amour,** 8 r. Port Mahon (2ᵉ) ℰ 47 42 63 82 – ▤. AE ⓞ GB JCB G 13
fermé 29 juil. au 22 août, sam. midi, dim. et fériés – **Repas** 165 et carte 220 à 280.

X **Caveau du Palais,** 19 pl. Dauphine (1ᵉʳ) ℰ 43 26 04 28, Fax 43 26 81 84 – AE GB J 14
fermé Noël au Jour de l'An, sam. du 15 oct. au 30 avril et dim. – **Repas** carte 210 à 320.

X **La Main à la Pâte,** 35 r. St-Honoré (1ᵉʳ) ℰ 45 08 85 73 – ▤. AE ⓞ GB JCB H 14
fermé dim. – **Repas** - cuisine italienne - 114 (déj.)/148 et carte 210 à 340.

X **Aux Petits Pères '' Chez Yvonne '',** 8 r. N.-D.-des-Victoires (2ᵉ) ℰ 42 60 91 73 – ▤.
AE GB G 14
fermé août, sam. et dim. – **Repas** 165 et carte 170 à 290.

X **A la Grille St-Honoré,** 15 pl. Marché St-Honoré (1ᵉʳ) ℰ 42 61 00 93, Fax 47 03 31 64 –
▤. AE ⓞ GB G 12
fermé 1ᵉʳ au 21 août, 24 déc. au 3 janv., lundi (sauf le soir en oct. et nov.) et dim. – **Repas** 180
et carte 240 à 400.

X **Chez Georges,** 1 r. Mail (2ᵉ) ℰ 42 60 07 11, bistrot – ▤. AE GB G 14
fermé 1ᵉʳ au 20 août, dim. et fêtes – **Repas** carte 200 à 330.

X **Paul,** 15 pl. Dauphine (1ᵉʳ) ℰ 43 54 21 48 – AE GB. ※ J 14
fermé lundi – **Repas** carte 200 à 340.

X **Le Ruban Bleu,** 29 r. Argenteuil (1ᵉʳ) ℰ 42 61 47 53 – ⓞ GB G 13
fermé 31 juil. au 27 août, 23 déc. au 1ᵉʳ janv., sam. et dim. – **Repas** (déj. seul.) carte 190 à
270.

X **Lescure,** 7 r. Mondovi (1ᵉʳ) ℰ 42 60 18 91, bistrot – GB G 11
fermé 1ᵉʳ au 30 août, sam. soir et dim. – **Repas** 100 bc et carte 80 à 170.

X **La Poule au Pot,** 9 r. Vauvilliers (1ᵉʳ) ℰ 42 36 32 96, bistrot – GB H 14
fermé lundi – **Repas** (dîner seul.) carte 200 à 280.

X **Le Canard d'Avril,** 5 r. Paul Lelong (2ᵉ) ℰ 42 36 26 08 – GB G 14
fermé 5 au 28 août, sam., dim. et fériés – **Repas** 125 et carte 160 à 210 🍷.

Bastille,
République,
Hôtel de Ville.

3ᵉ, 4ᵉ et 11ᵉ arrondissements.
        3ᵉ : ✉ 75003
        4ᵉ : ✉ 75004
       11ᵉ : ✉ 75011

🏨 **Pavillon de la Reine** Ⓜ ⚜ sans rest, 28 pl. Vosges (3ᵉ) ℰ 42 77 96 40, Télex 216160,
Fax 42 77 63 06 – 🛗 ▤ 🔲 ☎ 🕿 ⇔. AE ⓞ GB JCB J 17
☲ 95 – **32 ch** 1300/1700, 23 appart.

🏨 **Jeu de Paume** Ⓜ sans rest, 54 r. St-Louis-en-l'Ile (4ᵉ) ℰ 43 26 14 18, Fax 40 46 02 76,
« Ancien jeu de paume du 17ᵉ siècle » – 🛗 🔲 ☎ – 🔬 30. AE ⓞ GB JCB K 16
☲ 75 – **32 ch** 895/1250, 7 duplex.

🏨 **Bretonnerie** Ⓜ sans rest, 22 r. Ste-Croix-de-la-Bretonnerie (4ᵉ) ℰ 48 87 77 63,
Fax 42 77 26 78 – 🛗 🔲 ☎. GB. ※ J 16
fermé 30 juil. au 27 août – ☲ 45 – **28 ch** 620/730.

🏨 **Atlantide République** Ⓜ sans rest, 114 bd Richard-Lenoir (11ᵉ) ℰ 43 38 29 29,
Fax 43 38 03 18 – 🛗 🔲 ☎. AE ⓞ GB H 18
☲ 35 – **27 ch** 390/530.

🏨 **Beaubourg** M sans rest, 11 r. S. Le Franc (4ᵉ) ℰ 42 74 34 24, Fax 42 78 68 11 – 🛗 📺 ☎.
AE ⓞ GB. ⚓
⚏ 38 – **28 ch** 490/580.
H 15

🏨 **Caron de Beaumarchais** M sans rest, 12 r. Vieille-du-Temple (4ᵉ) ℰ 42 72 34 12,
Fax 42 72 34 63 – 🛗 🖭 📺 ☎. AE ⓞ GB ᴊᴄʙ. ⚓
⚏ 48 – **19 ch** 560/690.
J 16

🏨 **Bel Air** M sans rest, 5 r. Rampon (11ᵉ) ℰ 47 00 41 57, Fax 47 00 21 56 – 🛗 📺 ☎. AE ⓞ
GB. ⚓
⚏ 40 – **48 ch** 450/560.
G 17

🏨 **Lutèce** sans rest, 65 r. St-Louis-en-l'Ile (4ᵉ) ℰ 43 26 23 52, Fax 43 29 60 25 – 🛗 📺 ☎.
⚓
⚏ 45 – **23 ch** 820/840.
K 16

🏨 **Meslay République** sans rest, 3 r. Meslay (3ᵉ) ℰ 42 72 79 79, Télex 213021,
Fax 42 72 76 94 – 🛗 📺 ☎. AE ⓞ GB. ⚓
⚏ 38 – **39 ch** 550/660.
G 16

🏨 **Rivoli Notre Dame** sans rest, 19 r. Bourg Tibourg (4ᵉ) ℰ 42 78 47 39, Télex 215314,
Fax 40 29 07 00 – 🛗 📺 ☎. AE ⓞ GB ᴊᴄʙ.
⚏ 40 – **31 ch** 490/610.
J 16

🏨 **Bastille Spéria** M sans rest, 1 r. Bastille (4ᵉ) ℰ 42 72 04 01, Fax 42 72 56 38 – 🛗 📺 ☎.
AE ⓞ GB. ⚓
⚏ 42 – **42 ch** 556/616.
J 17

🏨 **Axial Beaubourg** sans rest, 11 r. Temple (4ᵉ) ℰ 42 72 72 22, Fax 42 72 03 53 – 🛗 📺 ☎.
AE ⓞ GB. ⚓
⚏ 35 – **39 ch** 450/590.
J 15

🏨 **Vieux Saule** M sans rest, 6 r. Picardie (3ᵉ) ℰ 42 72 01 14, Fax 40 27 88 21 – 🛗 ⚓ ch 📺
☎ ⌨. AE ⓞ GB ᴊᴄʙ. ⚓
⚏ 45 – **31 ch** 370/510.
H 17

🏨 **Méridional** M sans rest, 36 bd Richard-Lenoir (11ᵉ) ℰ 48 05 75 00, Fax 43 57 42 85 – 🛗
📺 ☎. AE ⓞ GB ᴊᴄʙ
⚏ 45 – **36 ch** 600.
J 18

🏨 **Little Palace** M, 4 r. Salomon de Caus (3ᵉ) ℰ 42 72 08 15, Fax 42 72 45 81 – 🛗 📺 ☎ ♿.
AE GB
Repas *(fermé 13 juil. au 16 août, sam. et dim.)* carte 130 à 190 – ⚏ 45 – **57 ch** 515/720.
G 15

🏨 **Deux Iles** sans rest, 59 r. St-Louis-en-l'Ile (4ᵉ) ℰ 43 26 13 35, Fax 43 29 60 25 – 🛗 📺
☎
⚏ 45 – **17 ch** 710/820.
K 16

🏨 **Verlain** sans rest, 97 r. St-Maur (11ᵉ) ℰ 43 57 44 88, Fax 43 57 32 06 – 🛗 🖭 📺 ☎. AE ⓞ
GB
⚏ 40 – **38 ch** 500/535.
G 19

🏨 **Campanile** sans rest, 9 r. Chemin Vert (11ᵉ) ℰ 43 38 58 08, Fax 43 38 52 28 – 🛗 ⚓ ch
📺 ☎ ♿. AE ⓞ GB
⚏ 32 – **157 ch** 420.
J 18

🏨 **Vieux Marais** sans rest, 8 r. Plâtre (4ᵉ) ℰ 42 78 47 22, Fax 42 78 34 32 – 🛗 📺 ☎. GB.
⚓
fermé 1ᵉʳ au 29 août – ⚏ 35 – **30 ch** 385/550.
H 16

🏨 **Nord et Est** sans rest, 49 r. Malte (11ᵉ) ℰ 47 00 71 70, Fax 43 57 51 16 – 🛗 📺 ☎. AE GB.
⚓
fermé août et 24 déc. au 2 janv. – ⚏ 35 – **45 ch** 320/360.
G 17

🏨 **Stella** M sans rest, 14 r. Neuve St-Pierre (4ᵉ) ℰ 44 59 28 50, Fax 44 59 28 79 – 🛗 🖭 📺
☎. AE ⓞ GB ᴊᴄʙ
⚏ 50 – **20 ch** 556/662.
J 17

🏨 **Paris Voltaire** M sans rest, 79 r. Sedaine (11ᵉ) ℰ 48 05 44 66, Fax 48 07 87 96 – 🛗 📺 ☎.
AE GB ᴊᴄʙ
fermé 10 août au 1ᵉʳ sept. et 20 au 27 déc. – ⚏ 38 – **28 ch** 380/480.
J 19

🏨 **Prince Eugène** sans rest, 247 bd Voltaire (11ᵉ) ℰ 43 71 22 81, Télex 215603,
Fax 43 71 24 71 – 🛗 📺 ☎. AE ⓞ GB ᴊᴄʙ
⚏ 32 – **35 ch** 345/405.
K 21

🏨 **Mondia** sans rest, 22 r. Gd Prieuré (11ᵉ) ℰ 47 00 93 44, Fax 43 38 66 14 – 🛗 📺 ☎. AE ⓞ
GB
⚏ 35 – **23 ch** 310/360.
G 17

🏨 **Place des Vosges** sans rest, 12 r. Birague (4ᵉ) ℰ 42 72 60 46, Fax 42 72 02 64 – 🛗 📺 ☎.
AE ⓞ GB ᴊᴄʙ. ⚓
⚏ 40 – **16 ch** 305/440.
J 17

ХХХХ ✿✿✿ **L'Ambroisie** (Pacaud), 9 pl. des Vosges (4e) ℰ 42 78 51 45 – ⊝B. ✸   J 17
fermé 6 au 27 août, vacances de fév., dim. et lundi – **Repas** carte 650 à 900
Spéc. Fricassée de homard breton sauce civet, purée de pois cassés. Noix de ris de veau rôtie au romarin, poêlée d'artichauts. Tarte sablée au cacao amer, glace vanille.

ХХХ ✿ **Miravile** (Epié), 72 quai Hôtel de Ville (4e) ℰ 42 74 72 22, Fax 42 74 67 55 – ▤. ፴ᴇ
⊝B   J 15
fermé sam. midi et dim. – **Repas** 220
Spéc. Saumon à l'huile "comme le hareng". Saint-Jacques à la moelle et truffes (oct-avril). "Chaudcolat" mousse et coco frappé.

ХХХ **Ambassade d'Auvergne**, 22 r. Grenier St-Lazare (3e) ℰ 42 72 31 22, Fax 42 78 85 47 –
▤. ፴ᴇ ⊝B   H 15
fermé 30 juil. au 15 août – **Repas** 160/250 et carte 180 à 260.

ХХ **Bofinger**, 5 r. Bastille (4e) ℰ 42 72 87 82, Fax 42 72 97 68, brasserie, « Décor Belle
Époque » – ፴ᴇ ◍ ⊝B   J 17
Repas 166 bc et carte 160 à 310.

ХХ ✿ **Benoît**, 20 r. St-Martin (4e) ℰ 42 72 25 76, Fax 42 72 45 68, bistrot   J 15
fermé août – **Repas** 200 et carte 350 à 450
Spéc. Coquilles Saint-Jacques au naturel (sept. à avril). Boeuf mode à l'ancienne. Cassoulet.

ХХ ✿ **A Sousceyrac** (Asfaux), 35 r. Faidherbe (11e) ℰ 43 71 65 30, Fax 40 09 79 75 – ▤. ፴ᴇ
◍ ⊝B   J 19
fermé août, sam. midi et dim. – **Repas** 175 et carte 230 à 320
Spéc. Foie gras en terrine. Ris de veau aux pleurotes. Pannequet de charolais.

ХХ **Thaï Elephant**, 43 r. Roquette (11e) ℰ 47 00 42 00, Fax 47 00 45 44, « Décor typique » –
▤. ፴ᴇ ◍ ⊝B   J 18
fermé sam. midi – **Repas** - cuisine thaïlandaise - carte 210 à 330.

ХХ **L'Aiguière**, 37 bis r. Montreuil (11e) ℰ 43 72 42 32, Fax 43 72 96 36 – ▤. ፴ᴇ ◍ ⊝B
fermé sam. midi et dim. – **Repas** 125 (déj.). 175/248 bc et carte 240 à 350.   K 20

ХХ **Pyrénées Cévennes "Chez Philippe"**, 106 r. Folie-Méricourt (11e) ℰ 43 57 33 78,
bistrot – ▤. ⊝B   G 17
fermé août, sam. et dim – **Repas** carte 220 à 320.

ХХ **Repaire de Cartouche**, 8 bd Filles-du-Calvaire (11e) ℰ 47 00 25 86 – ▤. ◍ ⊝B   H 17
fermé 24 juil. au 24 août, sam. midi et dim. – **Repas** 150 et carte 200 à 320 ⌀.

ХХ **La Table Richelieu**, 276 bd Voltaire (11e) ℰ 43 72 31 23 – ▤. ፴ᴇ ⊝B   K 21
fermé sam. midi – **Repas** 145 bc (déj.). 200/260 et carte 230 à 320.

ХХ **L'Alisier**, 26 r. Montmorency (3e) ℰ 42 72 31 04, Fax 42 72 74 83 – ▤. ፴ᴇ ⊝B. ✸   H 16
fermé août, sam. et dim. – **Repas** 165.

ХХ **Les Amognes**, 243 r. Fg St-Antoine (11e) ℰ 43 72 73 05 – ⊝B   K 20
fermé 7 au 21 août, dim. et lundi – **Repas** 170.

ХХ **Chardenoux**, 1 r. J. Vallès (11e) ℰ 43 71 49 52, bistrot – ፴ᴇ ⊝B. ✸   K 20
fermé 7 au 27 août, sam. et dim. – **Repas** carte 160 à 250.

Х **Le Navarin**, 3 av. Philippe Auguste (11e) ℰ 43 67 17 49 – ⊝B   K 21
fermé sam. midi et dim. soir – **Repas** 118/148 ⌀.

Х **Le Maraîcher**, 5 r. Beautreillis (4e) ℰ 42 71 42 49 – ⊝B   K 17
fermé août, 23 déc. au 1er janv., lundi midi et dim. – **Repas** 175/295 et carte 210 à 330.

Х **Bistrot du Dôme**, 2 r. Bastille (4e) ℰ 48 04 88 44, Fax 48 04 00 59 – ▤. ፴ᴇ ⊝B   J 17
Repas - produits de la mer - carte 180 à 260.

Х **Astier**, 44 r. J.-P. Timbaud (11e) ℰ 43 57 16 35, bistrot – ▤. ፴ᴇ ⊝B   G 18
fermé 24 avril au 7 mai, 20 juil. au 24 août, 21 déc. au 3 janv., sam. et dim. – **Repas** 130.

Х **Anjou-Normandie**, 13 r. Folie-Méricourt (11e) ℰ 47 00 30 59 – ⊝B   H 18
fermé août, lundi soir, sam. et dim. – **Repas** 135/160 et carte 160 à 260 ⌀, enf. 60.

Х **Le Monde des Chimères**, 69 r. St-Louis-en-L'Ile (4e) ℰ 43 54 45 27 – ⊝B   K 16
fermé 18 juil. au 7 août, vacances de fév., dim. et lundi – **Repas** 155/300 et carte 240
à 330.

Х **Le Bistrot de Bofinger**, 6 r. Bastille (4e) ℰ 42 72 05 23, Fax 42 72 97 68 – ፴ᴇ ◍ ⊝B
Repas 163 bc et carte 130 à 200.   J 17

Х **Le Grizzli**, 7 r. St-Martin (4e) ℰ 48 87 77 56, bistrot – ፴ᴇ ⊝B   J 15
fermé 24 déc. au 2 janv. et dim. – **Repas** 120 (déj.)/155 et carte 150 à 250 ⌀.

Х **Chez Fernand**, 17 r. Fontaine au Roi (11e) ℰ 43 57 46 25, bistrot – ⊝B   G 18
fermé 15 juil. au 15 août, dim. et lundi – **Repas** 100 bc (déj.)/130 et carte 140 à 280.

Quartier Latin, Luxembourg, Jardin des Plantes,

5ᵉ et 6ᵉ arrondissements.

5ᵉ : ✉ 75005
6ᵉ : ✉ 75006

🏨 **Lutétia**, 45 bd Raspail (6ᵉ) ℘ 49 54 46 46, Télex 270424, Fax 49 54 46 00 – 🛗 ▤ 📺 ☎ – 🔥 400. ⒶⒺ ⓄⒹ 🅖🅑 🆓
voir rest. *Le Paris* ci-après - *Brasserie Lutétia* ℘ 49 54 46 76 **Repas** 295 bc et carte 190 à 310 – ☲ 125 – **270 ch** 1650, 29 appart.
K 12

🏨 **Relais Christine** Ⓜ ⑤ sans rest, 3 r. Christine (6ᵉ) ℘ 43 26 71 80, Télex 202606, Fax 43 26 89 38 – 🛗 ▤ 📺 ☎ ⟸ ⒶⒺ ⓄⒹ 🅖🅑 🆓
☲ 95 – **36 ch** 1580/1650, 13 duplex.
J 14

🏨 **Quality Inn** Ⓜ sans rest, 92 r. Vaugirard (6ᵉ) ℘ 42 22 00 56, Télex 206900, Fax 42 22 05 39 – 🛗 ↔ ch ▤ 📺 ☎ 🕭 ⟸ ⒶⒺ ⓄⒹ 🅖🅑 🆓
☲ 65 – **134 ch** 795/935.
L 12

🏨 **Relais St Germain** Ⓜ sans rest, 9 carrefour de l'Odéon (6ᵉ) ℘ 43 29 12 05, Fax 46 33 45 30, « Bel aménagement intérieur » – 🛗 cuisinette ▤ 📺 ☎ ⒶⒺ ⓄⒹ 🅖🅑 🆓
16 ch ☲ 1260/1650, 5 appart.
K 13

🏨 **Relais Médicis** Ⓜ sans rest, 23 r. Racine (6ᵉ) ℘ 43 26 00 60, Fax 40 46 83 39, « Bel aménagement intérieur » – 🛗 ▤ 📺 ☎ ⒶⒺ ⓄⒹ 🅖🅑 🆓
16 ch ☲ 920/1480.
K 13

🏨 **Victoria Palace** ⑤ sans rest, 6 r. Blaise-Desgoffe (6ᵉ) ℘ 45 44 38 16, Télex 270557, Fax 45 49 23 75 – 🛗 📺 ☎ 🕭 ⒶⒺ ⓄⒹ 🅖🅑
☲ 60 – **110 ch** 750/1300.
L 11

🏨 **Littré** ⑤ sans rest, 9 r. Littré (6ᵉ) ℘ 45 44 38 68, Fax 45 44 88 13 – 🛗 📺 ☎ – 🔥 25. ⒶⒺ ⓄⒹ 🅖🅑 🆓 ✂
☲ 60 – **93 ch** 695/950, 4 appart.
L 11

🏨 **St-Grégoire** Ⓜ sans rest, 43 r. Abbé Grégoire (6ᵉ) ℘ 45 48 23 23, Télex 205343, Fax 45 48 33 95 – 🛗 📺 ☎ ⒶⒺ ⓄⒹ 🅖🅑 🆓 ✂
☲ 60 – **20 ch** 760/1290.
L 12

🏨 **Abbaye St-Germain** ⑤ sans rest, 10 r. Cassette (6ᵉ) ℘ 45 44 38 11, Fax 45 48 07 86 – 🛗 📺 ☎ ⒶⒺ 🅖🅑 🆓 ✂
46 ch ☲ 880/1500, 4 duplex.
K 12

🏨 **Sainte Beuve** Ⓜ sans rest, 9 r. Ste Beuve (6ᵉ) ℘ 45 48 20 07, Fax 45 48 67 52 – 🛗 📺 ☎. ⒶⒺ 🅖🅑 🆓 ✂
☲ 80 – **22 ch** 700/1300.
L 12

🏨 **Left Bank St-Germain** sans rest, 11 r. Ancienne Comédie (6ᵉ) ℘ 43 54 01 70, Télex 200502, Fax 43 26 17 14 – 🛗 ▤ 📺 ☎ 🕭 ⒶⒺ ⓄⒹ 🅖🅑 🆓 ✂
☲ 30 – **31 ch** 895/990.
K 13

🏨 **Madison** sans rest, 143 bd St-Germain (6ᵉ) ℘ 40 51 60 00, Fax 40 51 60 01 – 🛗 ▤ 📺 ☎. ⒶⒺ ⓄⒹ 🅖🅑 🆓
55 ch ☲ 750/1485.
J 13

🏨 **Latitudes St Germain** Ⓜ sans rest, 7-11 r. St-Benoit (6ᵉ) ℘ 42 61 53 53, Télex 213531, Fax 49 27 09 33 – 🛗 ▤ 📺 ☎ 🕭 ⒶⒺ ⓄⒹ 🅖🅑 ✂
☲ 65 – **117 ch** 940.
J 13

🏨 **La Villa** Ⓜ sans rest, 29 r. Jacob (6ᵉ) ℘ 43 26 60 00, Fax 46 34 63 63, « Original décor contemporain » – 🛗 ▤ 📺 ☎. ⒶⒺ ⓄⒹ 🅖🅑 🆓
☲ 80 – **29 ch** 800/1950, 3 appart.
J 13

🏨 **Angleterre** sans rest, 44 r. Jacob (6ᵉ) ℘ 42 60 34 72, Fax 42 60 16 93 – 🛗 📺 ☎. ⒶⒺ ⓄⒹ 🅖🅑
☲ 50 – **27 ch** 650/1100.
J 13

🏨 **St-Germain-des-Prés** sans rest, 36 r. Bonaparte (6ᵉ) ℘ 43 26 00 19, Fax 40 46 83 63, « Bel aménagement intérieur » – 🛗 ▤ 📺 ☎. 🅖🅑 🆓 ✂
☲ 65 – **30 ch** 900/1300.
J 13

🏨 **Villa des Artistes** Ⓜ ⑤ sans rest, 9 r. Grande Chaumière (6ᵉ) ℘ 43 26 60 86, Télex 204080, Fax 43 54 73 70 – 🛗 ▤ 📺 ☎ ⒶⒺ ⓄⒹ 🅖🅑 🆓
59 ch ☲ 600/850.
L 12

🏨 **Ferrandi** sans rest, 92 r. Cherche-Midi (6ᵉ) ℘ 42 22 97 40, Fax 45 44 89 97 – 🛗 📺 ☎. ⒶⒺ ⓄⒹ 🅖🅑 🆓
☲ 60 – **41 ch** 440/940.
L 11

Panthéon sans rest, 19 pl. Panthéon (5e) ✆ 43 54 32 95, Télex 206435, Fax 43 26 64 65, ≤ – |♦| ≡ TV ☎. AE ① GB JCB. ※ L 14
fermé 1er au 21 août – ☕ 40 – **34 ch** 635/760.

Grands Hommes sans rest, 17 pl. Panthéon (5e) ✆ 46 34 19 60, Fax 43 26 67 32, ≤ – |♦| ≡ TV ☎. AE ① GB JCB. ※ L 14
☕ 40 – **32 ch** 635/760.

Résidence Henri IV M sans rest, 50 r. Bernardins (5e) ✆ 44 41 31 81, Fax 46 33 93 22 – |♦| cuisinette TV ☎. AE GB. ※ K 15
☕ 40 – **9 ch** 700/900, 4 appart.

Le Régent M sans rest, 61 r. Dauphine (6e) ✆ 46 34 59 80, Télex 206257, Fax 40 51 05 07 – |♦| ≡ TV ☎ ♿. AE ① GB JCB. ※ J 13
☕ 57 – **25 ch** 750/950.

Odéon H. M sans rest, 3 r. Odéon (6e) ✆ 43 25 90 67, Fax 43 25 55 98 – |♦| ≡ TV ☎. AE ① GB JCB. ※ K 13
☕ 55 – **33 ch** 700/1300.

Prince de Conti M sans rest, 8 r. Guénégaud (6e) ✆ 44 07 30 40, Fax 44 07 36 34 – |♦| ≡ TV ☎ ♿. AE ① GB. ※ J 13
☕ 60 – **26 ch** 750/990.

Belloy St-Germain M sans rest, 2 r. Racine (6e) ✆ 46 34 26 50, Télex 206234, Fax 46 34 66 18 – |♦| TV ☎. AE GB JCB K 14
☕ 45 – **50 ch** 690/910.

de Fleurie sans rest, 32 r. Grégoire de Tours (6e) ✆ 43 29 59 81, Fax 43 29 68 44 – |♦| ≡ TV ☎. AE ① GB. ※ K 13
☕ 55 – **29 ch** 620/1250.

des Saints-Pères sans rest, 65 r. des Sts-Pères (6e) ✆ 45 44 50 00, Fax 45 44 90 83 – |♦| TV ☎. AE GB. ※ J 12
☕ 50 – **36 ch** 506/1512, 3 appart.

Royal St-Michel sans rest, 3 bd St-Michel (5e) ✆ 44 07 06 06, Fax 44 07 36 25 – |♦| TV ☎. AE ① GB JCB K 14
☕ 30 – **39 ch** 740/1120.

de l'Odéon sans rest, 13 r. St-Sulpice (6e) ✆ 43 25 70 11, Fax 43 29 97 34, « Maison du 16e siècle » – |♦| ≡ TV ☎. AE ① GB JCB K 13
☕ 50 – **29 ch** 630/930.

Select M sans rest, 1 pl. Sorbonne (5e) ✆ 46 34 14 80, Télex 201207, Fax 46 34 51 79 – |♦| ≡ TV ☎. AE ① GB JCB K 14
☕ 35 – **67 ch** 650/890.

Jardin de l'Odéon M sans rest, 7 r. C. Delavigne (6e) ✆ 46 34 23 90, Fax 43 25 28 12 – |♦| TV ☎. AE GB JCB K 13
☕ 50 – **41 ch** 606/1012.

Clos Médicis M sans rest, 56 r. Monsieur Le Prince (6e) ✆ 43 29 10 80, Fax 43 54 26 90 – |♦| ⇆ ch ≡ TV ☎ ♿. AE ① GB JCB K 14
☕ 60 – **38 ch** 700/900.

Elysa Luxembourg M sans rest, 6 r. Gay-Lussac (5e) ✆ 43 25 31 74, Télex 206881, Fax 46 34 56 27 – |♦| ⇆ ch TV ☎. AE GB L 14
☕ 45 – **30 ch** 620/720.

Aramis St Germain sans rest, 124 r. Rennes (6e) ✆ 45 48 03 75, Fax 45 44 99 29 – |♦| TV ☎ – 🔑 30. AE ① GB JCB. ※ L 12
☕ 45 – **42 ch** 650/850.

St Christophe sans rest, 17 r. Lacépède (5e) ✆ 43 31 81 54, Fax 43 31 12 54 – |♦| TV ☎. AE ① GB JCB L 15
☕ 50 – **31 ch** 650.

Notre Dame sans rest, 1 quai St-Michel (5e) ✆ 43 54 20 43, Télex 206650, Fax 43 26 61 75, ≤ – |♦| TV ☎. AE ① GB JCB K 14
☕ 40 – **23 ch** 590/790, 3 duplex.

Terminus Montparnasse sans rest, 59 bd Montparnasse (6e) ✆ 45 48 99 10, Télex 202636, Fax 45 48 59 10 – |♦| ≡ TV ☎. AE ① GB JCB L 11
fermé 30 juil. au 25 août – ☕ 38 – **63 ch** 580/650.

Parc St-Séverin sans rest, 22 r. Parcheminerie (5e) ✆ 43 54 32 17, Fax 43 54 70 71 – |♦| TV ☎. AE GB. ※ K 14
☕ 45 – **27 ch** 500/1600.

Jardin de Cluny sans rest, 9 r. Sommerard (5e) ✆ 43 54 22 66, Télex 206975, Fax 40 51 03 36 – |♦| TV ☎. AE ① GB JCB. ※ K 14
☕ 45 – **40 ch** 600/775.

Bréa sans rest, 14 r. Bréa (6e) ✆ 43 25 44 41, Fax 44 07 19 25 – |♦| TV ☎. AE ① GB JCB L 12
☕ 40 – **23 ch** 690/750.

Trois Collèges M sans rest, 16 r. Cujas (5e) ✆ 43 54 67 30, Télex 206034, Fax 46 34 02 99 – |♦| TV ☎. AE ① GB JCB. ※ K 14
☕ 40 – **44 ch** 360/600.

Agora St-Germain sans rest, 42 r. Bernardins (5e) ✆ 46 34 13 00, Télex 205965, Fax 46 34 75 05 – |♦| TV ☎. AE ① GB JCB. ※ K 15
☕ 45 – **39 ch** 580/660.

🏨 **Pas-de-Calais** sans rest, 59 r. Sts-Pères (6ᵉ) ℰ 45 48 78 74, Fax 45 44 94 57 – 🛗 📺 ☎.
ᴬᴱ 𝖦𝖡 𝖩𝖢𝖡
▭ 40 – **41 ch** 575/790.   J 12

🏨 **Delavigne** sans rest, 1 r. Casimir Delavigne (6ᵉ) ℰ 43 29 31 50, Fax 43 29 78 56 – 🛗 📺
☎. 𝖦𝖡. ℅
▭ 45 – **34 ch** 500/600.   K 13

🏠 **Albe** sans rest, 1 r. Harpe (5ᵉ) ℰ 46 34 09 70, Télex 203328, Fax 40 46 85 70 – 🛗 📺 ☎. ᴬᴱ
⓪ 𝖦𝖡 𝖩𝖢𝖡. ℅
▭ 38 – **45 ch** 499/602.   K 14

🏠 **California H.** sans rest, 32 r. Écoles (5ᵉ) ℰ 46 34 12 90, Fax 46 34 75 52 – 🛗 📺 ☎. ᴬᴱ ⓪
𝖦𝖡. ℅
▭ 40 – **44 ch** 500/700.   K 14-15

🏠 **Maxim** Ⓜ sans rest, 28 r. Censier (5ᵉ) ℰ 43 31 16 15, Fax 43 31 93 87 – 🛗 ⤬ ch 📺 ☎.
ᴬᴱ ⓪ 𝖦𝖡 𝖩𝖢𝖡. ℅
▭ 45 – **36 ch** 445/505.   M 15

🏠 **Louis II** sans rest, 2 r. St-Sulpice (6ᵉ) ℰ 46 33 13 80, Fax 46 33 17 29 – 🛗 📺 ☎. ᴬᴱ ⓪
𝖦𝖡
▭ 43 – **22 ch** 509/730.   K 13

🏠 **Collège de France** sans rest, 7 r. Thénard (5ᵉ) ℰ 43 26 78 36, Fax 46 34 58 29 – 🛗 📺 ☎.
ᴬᴱ 𝖦𝖡. ℅
▭ 33 – **27 ch** 480/580.   K 14

🏠 **La Sorbonne** sans rest, 6 r. Victor Cousin (5ᵉ) ℰ 43 54 58 08, Télex 206373,
Fax 40 51 05 18 – 🛗 📺 ☎. ᴬᴱ 𝖦𝖡
▭ 35 – **37 ch** 410/480.   K 14

🏠 **Gd H. Suez** sans rest, 31 bd St-Michel (5ᵉ) ℰ 46 34 08 02, Télex 202019, Fax 40 51 79 44
– 🛗 📺 ☎. ᴬᴱ ⓪ 𝖦𝖡 𝖩𝖢𝖡. ℅
▭ 30 – **49 ch** 335/445.   K 14

XXXXX ✿✿✿ **Tour d'Argent** (Terrail), 15 quai Tournelle (5ᵉ) ℰ 43 54 23 31, Fax 44 07 12 04, « ⩽
Notre-Dame, Petit musée de la table. Dans les caves, spectacle historique sur le vin » –
▤. ᴬᴱ ⓪ 𝖦𝖡 𝖩𝖢𝖡   K 16
fermé lundi – **Repas** 375 (déj.)et carte 800 à 1 100
Spéc. Quenelles de brochet "André Terrail". Canard "Tour d'Argent". Pêches flambées à l'eau-de-vie de framboise.

XXX ✿✿ **Jacques Cagna**, 14 r. Gds Augustins (6ᵉ) ℰ 43 26 49 39, Fax 43 54 54 48, « Maison
du Vieux Paris » – ▤. ᴬᴱ ⓪ 𝖦𝖡 𝖩𝖢𝖡   J 14
fermé août, 24 déc. au 2 janv., sam. midi et dim. – **Repas** 260/480 et carte 460 à 630
Spéc. Saint-Pierre de "petite pêche" et ses petits farcis. Poularde de Houdan en deux services. Gibier (saison).

XXX ✿ **Paris** - Hôtel Lutétia, 45 bd Raspail (6ᵉ) ℰ 49 54 46 90, Télex 270424, Fax 49 54 46 00,
« Cadre paquebot "Art Déco" » – ▤. ᴬᴱ ⓪ 𝖦𝖡 𝖩𝖢𝖡   K 12
fermé août, sam. et dim. – **Repas** 250 (déj.), 350/495 bc et carte 360 à 440
Spéc. Turbot cuit au sel de Guérande et aux algues bretonnes. Carré de porc d'Argoat à la truffe, cassolette de
poireaux aux tomates confites. Le "tout chocolat".

XXX ✿ **Relais Louis XIII**, 1 r. Pont de Lodi (6e) ℰ 43 26 75 96, Fax 44 07 07 80, « Caveau du
16ᵉ siècle, beau mobilier » – ▤. ᴬᴱ ⓪ 𝖦𝖡 𝖩𝖢𝖡   J 14
fermé 23 juil. au 21 août, lundi midi et dim. – **Repas** 190 (déj.), 250/350 et carte 440 à 560
Spéc. Ravioli de langoustines à l'estragon. Tartare de saumon frais, vinaigrette au jus d'huîtres. Côtes d'agneau
poêlées.

XXX **Le Procope**, 13 r. Ancienne Comédie (6ᵉ) ℰ 43 26 99 20, Fax 43 54 16 86, « Ancien café
littéraire du 18ᵉ siècle » – ᴬᴱ ⓪ 𝖦𝖡   K 13
Repas 99 (déj.)/185 et carte 190 à 340 ⅋.

XX **Aub. des Deux Signes**, 46 r. Galande (5ᵉ) ℰ 43 25 46 56, Fax 46 33 20 49, « Cadre
médiéval » – ᴬᴱ ⓪ 𝖦𝖡 𝖩𝖢𝖡   K 14
fermé août, sam. midi et dim. – **Repas** 140 (déj.)/230 et carte 370 à 520, enf. 120.

XX **Au Pactole**, 44 bd St-Germain (5ᵉ) ℰ 46 33 31 31, Fax 46 33 07 60 – ᴬᴱ 𝖦𝖡 𝖩𝖢𝖡   K 15
fermé sam. midi – **Repas** 149/279 et carte 240 à 350.

XX **Dodin-Bouffant**, 25 r. F.-Sauton (5ᵉ) ℰ 43 25 25 14, Fax 43 29 52 61, ⇪ – ▤. ᴬᴱ ⓪ 𝖦𝖡
𝖩𝖢𝖡   K 15
fermé sam. midi et dim. – **Repas** 215.

XX **Campagne et Provence**, 25 quai Tournelle (5ᵉ) ℰ 43 54 05 17, Fax 42 74 67 55 – ▤. 𝖦𝖡
𝖩𝖢𝖡   K 15
fermé lundi midi, sam. midi et dim. – **Repas** 129 (déj.)et carte 170 à 220.

XX **Yugaraj**, 14 r. Dauphine (6ᵉ) ℰ 43 26 44 91, Fax 46 33 50 77 – ▤. ᴬᴱ ⓪ 𝖦𝖡 𝖩𝖢𝖡. ℅
fermé lundi midi – **Repas** - cuisine indienne - 130 (déj.). 180/220 et carte 180 à 290.   J 14

XX **Le Chat Grippé,** 87 r. Assas (6ᵉ) ℰ 43 54 70 00 – 🖼. 🆚🅱 JCB   L-M 13
fermé août, sam. midi et lundi – **Repas** 160 (déj.), 235/320 et carte 280 à 350.

XX **L'Arrosée,** 12 r. Guisarde (6ᵉ) ℰ 43 54 66 59 – 🖼. 🅰🅴 🅾 🆚🅱 JCB. 🍴   K 13
Repas 145/210 et carte 260 à 420.

XX **La Truffière,** 4 r. Blainville (5ᵉ) ℰ 46 33 29 82 – 🖼. 🅰🅴 🅾 🆚🅱   L 15
fermé août, 20 au 27 déc. et lundi – **Repas** 190 ♨.

XX **Marty,** 20 av. Gobelins (5ᵉ) ℰ 43 31 39 51, Fax 43 37 63 70, brasserie – 🅰🅴 🅾 🆚🅱   M 15
Repas 185 et carte 180 à 320.

XX ✿ **La Timonerie** (de Givenchy), 35 quai Tournelle (5ᵉ) ℰ 43 25 44 42 – 🖼. 🆚🅱   K 15
fermé vacances de printemps, 31 juil. au 20 août, lundi midi et dim. – **Repas** 225 et carte 275
à 265
Spéc. Terrine de volaille "façon coq au vin". Sandre rôti, choux et pommes de terre en vinaigrette. Tarte fine au
chocolat.

XX **Mavrommatis,** 42 r. Daubenton (5ᵉ) ℰ 43 31 17 17, Fax 43 36 13 08 – 🖼. 🆚🅱. 🍴   M 15
fermé lundi et le midi sauf sam. et dim. – **Repas** - cuisine grecque - 120 et carte 160 à 230.

XX **L'Arbuci,** 25 r. Buci (6ᵉ) ℰ 44 41 14 14, Fax 44 41 14 10, brasserie – 🖼. 🅰🅴 🆚🅱   J 13
➔ **Repas** 72 (déj.), 78/133 et carte 150 à 240 ♨.

XX **La Marlotte,** 55 r. Cherche-Midi (6ᵉ) ℰ 45 48 86 79, Fax 45 44 34 80 – 🅰🅴 🅾 🆚🅱 JCB. 🍴
fermé août, sam. et dim. – **Repas** carte 200 à 300.   K 12

XX **Bistrot d'Alex,** 2 r. Clément (6ᵉ) ℰ 43 54 09 53 – 🖼. 🅰🅴 🆚🅱 JCB   K 13
fermé 24 déc. au 2 janv. et dim. – **Repas** 140/190 et carte 190 à 300.

XX **Petit Germain,** 11 r. Dupin (6ᵉ) ℰ 42 22 64 56 – 🅰🅴 🆚🅱   K 12
fermé août, sam. et dim. – **Repas** carte 180 à 250.

XX **Le Sybarite,** 6 r. Sabot (6ᵉ) ℰ 42 22 21 56, Fax 42 22 26 21 – 🖼. 🅰🅴 🅾 🆚🅱   K 12
fermé août, sam. midi et dim. – **Repas** 78 (déj.), 120/170 ♨.

XX **Joséphine "Chez Dumonet",** 117 r. Cherche-Midi (6ᵉ) ℰ 45 48 52 40, Fax 42 84 06 83,
bistrot – 🆚🅱 JCB   L 11
fermé juil., sam. et dim. – **Repas** 235 et carte 220 à 330 - *La Rôtisserie* ℰ 42 22 81 19 *(fermé
lundi)* **Repas** carte 190 à 290.

XX **Chez Maître Paul,** 12 r. Monsieur-le-Prince (6ᵉ) ℰ 43 54 74 59, Fax 46 34 58 33 – 🅰🅴 🅾
🆚🅱   K 13
fermé sam. midi et dim. – **Repas** 180 bc et carte 170 à 310.

XX **Chez Toutoune,** 5 r. Pontoise (5ᵉ) ℰ 43 26 56 81, Fax 43 25 35 93 – 🅰🅴 🆚🅱   K 15
fermé lundi midi et dim. – **Repas** 100 (déj.)/150.

XX **Inagiku,** 14 r. Pontoise (5ᵉ) ℰ 43 54 70 07, Fax 40 51 74 44 – 🖼. 🆚🅱 JCB   K 15
fermé le midi du 1ᵉʳ au 15 août et dim. – **Repas** - cuisine japonaise - 108 (déj.), 138/348.

XX **Au Grilladin,** 13 r. Mézières (6ᵉ) ℰ 45 48 30 38 – 🅰🅴 🆚🅱   K 12
fermé août, Noël au Jour de l'An, lundi midi et dim. – **Repas** 159 et carte 200 à 300.

X **Allard,** 41 r. St-André-des-Arts (6ᵉ) ℰ 43 26 48 23, Fax 46 33 04 02, bistrot – 🅰🅴 🅾 🆚🅱
JCB   K 14
fermé 31 juil. au 31 août, 23 déc. au 3 janv. et dim. – **Repas** 200 et carte 260 à 450.

X **La Timbale St-Bernard,** 16 r. Fossés St-Bernard (5ᵉ) ℰ 46 34 28 28, Fax 46 34 66 26 –
🅰🅴 🆚🅱. 🍴   K 15
fermé 31 juil. au 20 août, sam. midi et dim. – **Repas** 128/158 et carte 160 à 210.

X **Moissonnier,** 28 r. Fossés-St-Bernard (5ᵉ) ℰ 43 29 87 65, bistrot – 🆚🅱   K 15
fermé 29 juil. au 5 sept., dim. soir et lundi – **Repas** carte 180 à 310.

X **Moulin à Vent "Chez Henri",** 20 r. Fossés-St-Bernard (5ᵉ) ℰ 43 54 99 37, bistrot –
🆚🅱. 🍴   K 15
fermé août, dim. et lundi – **Repas** carte 240 à 320.

X **Le Rond de Serviette,** 97 r. Cherche-Midi (6ᵉ) ℰ 45 44 01 02, Fax 42 22 50 10 – 🅰🅴 🅾
🆚🅱   L 11
fermé 30 juil. au 17 août, sam. midi et dim. – **Repas** 128 bc (déj.)/158 et carte 160 à 230.

X **Rôtisserie du Beaujolais,** 19 quai Tournelle (5ᵉ) ℰ 43 54 17 47, Fax 44 07 12 04 – 🆚🅱
fermé lundi – **Repas** 160 bc/230 bc et carte 160 à 230.   K 15

X **Rôtisserie d'en Face,** 2 r. Christine (6ᵉ) ℰ 43 26 40 98 – 🖼. 🅰🅴 🆚🅱 JCB   J 14
fermé sam. et dim. – **Repas** 195.

X **Le Palanquin,** 12 r. Princesse (6ᵉ) ℰ 43 29 77 66 – 🆚🅱   K 13
fermé 7 au 20 août et dim. – **Repas** - cuisine vietnamienne - 68 (déj.), 99/145 et carte 140 à 200.

X **Les Bookinistes,** 53 quai Grands Augustins (6ᵉ) ℰ 43 25 45 94, Fax 43 25 23 07 – 🖼. 🅰🅴
🆚🅱   J 14
fermé sam. midi et dim. – **Repas** 160 et carte environ 200.

X **Bistrot du Port,** 13 quai Montebello (5ᵉ) ℰ 40 51 73 19 – 🖼. 🆚🅱. 🍴   K 15
fermé sam. midi et mardi – **Repas** 138/168 et carte 160 à 230.

X **Balzar,** 49 r. Écoles (5ᵉ) ℰ 43 54 13 67, Fax 44 07 14 91, brasserie – 🖼. 🅰🅴 🆚🅱   K 14
fermé août et Noël au 1ᵉʳ janv. – **Repas** carte 150 à 290.

X **Valérie Tortu,** 11 r. Grande Chaumière (6ᵉ) ℰ 46 34 07 58 – 🆚🅱   L 12
➔ *fermé août, sam. midi et dim.* – **Repas** 78 et carte 160 à 230.

X **Bistro de la Grille,** 14 r. Mabillon (6ᵉ) ℰ 43 54 16 87 – 🆚🅱   K 13
Repas 80 (déj.)/150 ♨.

Faubourg-St-Germain, Invalides, École Militaire.

7e arrondissement.
7e : ✉ 75007

Montalembert M, 3 r. Montalembert ℘ 45 48 68 11, Fax 42 22 58 19, 🏛, « Décoration originale » – |‡| ▤ TV ☎ – 🏃 25. AE ⓓ GB J 12
Repas 175 et carte 230 à 370 – ☕ 100 – **51 ch** 1625/2080, 5 appart.

Cayré M sans rest, 4 bd Raspail ℘ 45 44 38 88, Télex 270577, Fax 45 44 98 13 – |‡| ⇆ ch TV ☎. AE ⓓ GB JCB J 12
☕ 50 – **119 ch** 1400.

Duc de Saint-Simon sans rest, 14 r. St-Simon ℘ 44 39 20 20, Télex 203277, Fax 45 48 68 25, « Belle décoration intérieure » – |‡| TV ☎. ✻ J 11
☕ 70 – **29 ch** 1065/1465, 5 appart.

La Bourdonnais, 111 av. La Bourdonnais ℘ 47 05 45 42, Télex 201416, Fax 45 55 75 54 – |‡| TV ☎. ⓓ GB JCB J 9
voir rest. ***La Cantine des Gourmets*** ci-après – ☕ 35 – **57 ch** 471/662, 3 appart.

Bellechasse M sans rest, 8 r. Bellechasse ℘ 45 50 22 31, Fax 45 51 52 36 – |‡| ⇆ ch TV ☎ ♿. AE ⓓ GB JCB H 11
☕ 75 – **41 ch** 825/885.

Le Tourville M sans rest, 16 av. Tourville ℘ 47 05 62 62, Fax 47 05 43 90 – |‡| ▤ TV ☎. AE ⓓ GB J 9
☕ 50 – **30 ch** 760/1390.

Lenox Saint-Germain sans rest, 9 r. Université ℘ 42 96 10 95, Fax 42 61 52 83 – |‡| TV ☎. AE ⓓ GB J 12
☕ 45 – **32 ch** 590/830.

Splendid M sans rest, 29 av. Tourville ℘ 45 51 24 77, Fax 44 18 94 60 – |‡| TV ☎ ♿. AE ⓓ GB. ✻ J 9
☕ 42 – **48 ch** 680/990.

Bourgogne et Montana sans rest, 3 r. Bourgogne ℘ 45 51 20 22, Fax 45 56 11 98 – |‡| TV ☎. AE ⓓ GB JCB H 11
☕ 65 – **30 ch** 670/900, 6 appart.

Sèvres Vaneau M sans rest, 86 r. Vaneau ℘ 45 48 73 11, Fax 45 49 27 74 – |‡| TV ☎. AE ⓓ GB JCB K 11
☕ 75 – **39 ch** 760/815.

Eiffel Park H. M sans rest, 17 bis r. Amélie ℘ 45 55 10 01, Télex 202950, Fax 47 05 28 68 – |‡| TV ☎ ♿ – 🏃 40. AE ⓓ GB JCB. ✻ J 9
☕ 53 – **36 ch** 795/835.

Les Jardins d'Eiffel M sans rest, 8 r. Amélie ℘ 47 05 46 21, Télex 206582, Fax 45 55 28 08 – |‡| ⇆ ch ▤ TV ☎ ♿ 🚗. AE ⓓ GB JCB H 9
☕ 60 – **80 ch** 700/860.

Verneuil St-Germain sans rest, 8 r. Verneuil ℘ 42 60 82 14, Fax 42 61 40 38 – |‡| TV ☎. AE GB. ✻ J 12
☕ 50 – **26 ch** 700/1100.

Muguet M sans rest, 11 r. Chevert ℘ 47 05 05 93, Fax 45 50 25 37 – |‡| TV ☎. AE GB J 9
☕ 38 – **45 ch** 390/470.

Relais Bosquet sans rest, 19 r. Champ-de-Mars ℘ 47 05 25 45, Fax 45 55 08 24 – |‡| TV ☎ ♿. AE ⓓ GB J 9
☕ 53 – **40 ch** 660/810.

du Cadran M sans rest, 10 r. Champ-de-Mars ℘ 40 62 67 00, Fax 40 62 67 13 – |‡| ⇆ ch ▤ TV ☎. AE ⓓ GB. ✻ J 9
☕ 45 – **42 ch** 850/920.

Élysées Maubourg sans rest, 35 bd La Tour Maubourg ℘ 45 56 10 78, Fax 47 05 65 08 – |‡| TV ☎. AE ⓓ GB JCB H 10
☕ 45 – **30 ch** 580/730.

Saxe Résidence 🌿 sans rest, 9 villa Saxe ℘ 47 83 98 28, Télex 270139, Fax 47 83 85 47 – |‡| TV ☎. AE GB. ✻ K 9
☕ 70 – **52 ch** 638/866.

🏨 **de Varenne** 🌿 sans rest, 44 r. Bourgogne ℰ 45 51 45 55, Télex 205329, Fax 45 51 86 63 – 🛗 📺 ☎. 🖭 🖸🖪
☑ 25 – **24 ch** 490/670.
J 10

🏨 **Derby Eiffel H.** sans rest, 5 av. Duquesne ℰ 47 05 12 05, Fax 47 05 43 43 – 🛗 📺 ☎. 🖭 ⓞ 🖸🖪 🟦
☑ 50 – **43 ch** 630/690.
J 9

🏨 **Beaugency** sans rest, 21 r. Duvivier ℰ 47 05 01 63, Fax 45 51 04 96 – 🛗 📺 ☎. 🖭 ⓞ 🖸🖪 🟦
☑ 30 – **30 ch** 500/700.
J 9

🏨 **Londres** sans rest, 1 r. Augereau ℰ 45 51 63 02, Fax 47 05 28 96 – 🛗 📺 ☎. 🖭 ⓞ 🖸🖪 🟦 ⅜
☑ 40 – **30 ch** 495/595.
J 8

🏨 **Bersoly's** sans rest, 28 r. Lille ℰ 42 60 73 79, Fax 49 27 05 55 – 🛗 📺 ☎. 🖸🖪
fermé août – ☑ 50 – **16 ch** 580/680.
J 13

🏨 **Chomel** sans rest, 15 r. Chomel ℰ 45 48 55 52, Télex 206522, Fax 45 48 89 76 – 🛗 ⅜⋙ ch 📺 ☎ 🖭 ⓞ 🖸🖪 🟦 ⅜
☑ 50 – **23 ch** 550/850.
K 12

🏨 **France** sans rest, 102 bd La Tour Maubourg ℰ 47 05 40 49, Télex 205020, Fax 45 56 96 78 – 🛗 📺 ☎ 🕭. 🖭 🖸🖪
☑ 35 – **60 ch** 370/490.
J 9

🏨 **L'Empereur** sans rest, 2 r. Chevert ℰ 45 55 88 02, Fax 45 51 88 54 – 🛗 📺 ☎. 🖸🖪
☑ 36 – **38 ch** 416/456.
J 9

🏨 **Turenne** sans rest, 20 av. Tourville ℰ 47 05 99 92, Fax 47 05 06 04 – 🛗 📺 ☎. 🖭 ⓞ 🖸🖪
☑ 35 – **34 ch** 305/510.
J 9

🏨 **Résidence Orsay** sans rest, 93 r. Lille ℰ 47 05 05 27, Fax 47 05 29 48 – 🛗 📺 ☎. 🖸🖪. ⅜
fermé août – ☑ 35 – **32 ch** 230/480.
H 11

🍴🍴🍴🍴 ⸙ **Jules Verne,** 2ᵉ étage Tour Eiffel, ascenseur privé pilier sud ℰ 45 55 61 44, Fax 47 05 29 41, ≤ Paris – 🔳. 🖭 ⓞ 🖸🖪. ⅜
J 7
Repas 290 (déj.), 660/750 bc et carte 500 à 650
Spéc. Petit pain soufflé de tourteau. Entrecôte de veau de lait aux épices. Aumônière de pommes, jus au cidre.

🍴🍴🍴🍴 ⸙⸙ **Le Divellec,** 107 r. Université ℰ 45 51 91 96, Fax 45 51 31 75 – 🔳. 🖭 ⓞ 🖸🖪 ⅜
H 10
fermé 23 déc. au 2 janv., lundi en juil.-août et dim. – **Repas** - produits de la mer - 270 (déj.) et carte 400 à 550
Spéc. Homard à la presse avec son corail. Aiguillettes de turbot en nage de girolles. Rouget poêlé sur fenouil confit.

🍴🍴🍴🍴 ⸙⸙ **Arpège** (Passard), 84 r. Varenne ℰ 45 51 47 33, Fax 44 18 98 39 – 🔳. 🖭 ⓞ 🖸🖪 🟦
J 10
fermé 4 au 22 août, dim. midi et sam. – **Repas** 390 (déj.)/790 et carte 600 à 880
Spéc. Homard des Côtes d'Armor en aigre-doux. Dragée de pigeonneau à l'hydromel. Tomate confite farcie aux douze saveurs (dessert).

🍴🍴🍴🍴 ⸙⸙ **Duquesnoy,** 6 av. Bosquet ℰ 47 05 96 78, Fax 44 18 90 57 – 🔳. 🖭 🖸🖪 🟦
H 9
fermé 31 juil. au 15 août, sam. midi et dim. – **Repas** 250 (déj.), 450/550 et carte 420 à 640
Spéc. Soupe de haricots tarbais à la truffe noire (nov. à mars). Bar au vermouth, rouelles d'oignon meunière. "Ripopée" de boeuf au vin de Graves.

🍴🍴🍴 ⸙ **Paul Minchelli,** 54 bd La Tour Maubourg ℰ 47 05 89 86, Fax 45 56 03 84 – 🔳. 🖸🖪
J 9
fermé août, dim., lundi et fériés – **Repas** - produits de la mer - carte 320 à 480
Spéc. Bar et saumon tartare. Crevettes sautées au miel et piment. Sole au plat.

🍴🍴🍴 ⸙ **La Cantine des Gourmets,** 113 av. La Bourdonnais ℰ 47 05 47 96, Fax 45 51 09 29 – 🔳. 🖭 🖸🖪 🟦
J 9
Repas 240 bc (déj.), 320/420 et carte 320 à 480 🍴
Spéc. Cannelloni de homard. Noisette d'agneau en fine croûte d'olives. Sablé chocolat mi-cuit, biscuit aux noisettes grillées.

🍴🍴🍴 **Le Petit Laurent,** 38 r. Varenne ℰ 45 48 79 64, Fax 45 44 15 95 – 🖭 ⓞ 🖸🖪
J 11
fermé août, sam. midi et dim. – **Repas** 175/240 et carte 240 à 400.

🍴🍴🍴 ⸙ **La Boule d'Or,** 13 bd La Tour Maubourg ℰ 47 05 50 18, Fax 47 05 91 21 – 🔳. 🖭 ⓞ 🖸🖪 🟦
H 10
fermé sam. midi – **Repas** 170/200
Spéc. Foie gras frais de canard. Chausson de langoustines. Soufflé chaud au citron.

🍴🍴 ⸙ **Le Bellecour** (Goutagny), 22 r. Surcouf ℰ 45 51 46 93, Fax 45 50 30 11 – 🔳. 🖭 ⓞ 🖸🖪
fermé août, sam. sauf le soir du 15 sept. au 15 juin et dim. – **Repas** 160 (déj.), 250/380 et carte 310 à 410
H 9
Spéc. Truffière de Saint-Jacques (15 déc. au 30 mars). Lièvre à la cuillère (10 oct. au 31 janv.). Quenelles de brochet.

XX **La Maison de l'Amérique Latine,** 217 bd St-Germain ℰ 45 49 33 23, Fax 40 49 03 94, 斧, « Dans un hôtel particulier du 18ᵉ siècle, terrasse ouverte sur le jardin » – 🆎 ⓪ 🅶🅱
J 11
fermé 1ᵉʳ au 22 août, sam., dim. et fériés – **Repas** 215 (déj.), 270/300.

XX **Beato,** 8 r. Malar ℰ 47 05 94 27 – ▤. 🆎 🅶🅱. ⁓
H 9
fermé août, Noël au Jour de l'An, dim. et lundi – **Repas** - cuisine italienne - 145 (déj.), 180/300 et carte 250 à 360 ⅃.

XX **Ferme St-Simon,** 6 r. St-Simon ℰ 45 48 35 74, Fax 40 49 07 31 – ▤. 🆎 ⓪ 🅶🅱
J 11
fermé 5 au 16 août, sam. midi et dim. – **Repas** 170 (déj.)et carte 230 à 330.

XX **Au Quai d'Orsay,** 49 quai d'Orsay ℰ 45 51 58 58 – 🆎 ⓪ 🅶🅱
H 9
fermé sam. midi et dim. – **Repas** 180 et carte 210 à 320.

XX ✿ **Récamier** (Cantegrit), 4 r. Récamier ℰ 45 48 86 58, Fax 42 22 84 76, 斧 – ▤. 🆎 ⓪ 🅶🅱
🅹🅲🅱
K 12
fermé dim. – **Repas** carte 270 à 450
Spéc. Oeufs en meurette. Mousse de brochet sauce Nantua. Sauté de boeuf bourguignon.

XX **Les Glénan,** 54 r. Bourgogne ℰ 47 05 96 65 – ▤. 🆎 🅶🅱
J 10
fermé août, sam. et dim. – **Repas** 150 bc (dîner)/195 et carte 260 à 340 ⅃.

XX **Da Carlo,** 20 r. Monttessuy ℰ 45 55 79 01 – ▤. 🆎 🅶🅱. ⁓
H 8
fermé août, sam. midi et dim. – **Repas** - cuisine italienne - 145 bc et carte 250 à 320.

XX **D'Chez Eux,** 2 av. Lowendal ℰ 47 05 52 55, Fax 45 55 60 74 – 🆎 ⓪ 🅶🅱
J 9
fermé août, sam. – **Repas** 250 bc (déj.)et carte 280 à 430.

XX **Foc Ly,** 71 av. Suffren ℰ 47 83 27 12, Fax 46 24 48 46 – ▤. 🆎 🅶🅱
K 8
Repas - cuisine chinoise et thaïlandaise - 140 bc/160 bc et carte 180 à 200.

XX **Gildo,** 153 r. Grenelle ℰ 45 51 54 12, Fax 45 51 57 42 – ▤. 🆎 🅶🅱
J 9
fermé 25 juil. au 25 août, lundi midi et dim. – **Repas** - cuisine italienne - 150 (déj.)et carte 250 à 350.

XX **Le Champ de Mars,** 17 av. La Motte-Picquet ℰ 47 05 57 99 – 🆎 ⓪ 🅶🅱
J 9
fermé 16 juil. au 17 août, mardi soir et lundi – **Repas** 118/159 et carte 180 à 310.

XX **Tan Dinh,** 60 r. Verneuil ℰ 45 44 04 84, Fax 45 44 36 93
J 12
fermé août et dim. – **Repas** - cuisine vietnamienne - carte 240 à 310.

X **Gaya Rive-Gauche,** 44 r. Bac ℰ 45 44 73 73 – 🆎 🅶🅱
J 12
fermé dim. – **Repas** - produits de la mer - carte 230 à 310.

X **Le Maupertu,** 94 bd La Tour Maubourg ℰ 45 51 37 96 – 🅶🅱
J 10
fermé sam. midi et dim. – **Repas** 135 et carte 200 à 320.

X **Vin sur Vin,** 20 r. Monttessuy ℰ 47 05 14 20 – 🅶🅱
H 8
fermé 11 au 22 août, 23 déc. au 2 janv., lundi midi, sam. midi et dim. – **Repas** carte 220 à 330.

X **Le P'tit Troquet,** 28 r. Exposition ℰ 47 05 80 39, bistrot – 🅶🅱
J 9
fermé 31 juil. au 31 août, sam. midi et dim. – **Repas** 99 (déj.), 130/180 ⅃.

X **Thoumieux** avec ch, 79 r. St Dominique ℰ 47 05 49 75, Fax 47 05 36 96, brasserie –
▤ rest 📺 ☎. 🅶🅱
H 9
Repas 67 et carte 120 à 230 – ☲ 35 – **10 ch** 550/600.

X **Clémentine,** 62 av. Bosquet ℰ 45 51 41 16 – 🅶🅱
J 9
fermé 14 au 27 août, sam. midi, dim. et fériés – **Repas** 189 bc.

X **Chez Collinot,** 1 r. P. Leroux ℰ 45 67 66 42 – 🅶🅱
K 11
fermé août, sam. (sauf le soir de sept. à mai) et dim. – **Repas** 125 et carte 180 à 270.

X **Le Sédillot,** 2 r. Sédillot ℰ 45 51 95 82, « Décor Art Nouveau » – 🆎 🅶🅱
H 8
fermé sam. et dim. – **Repas** 135/155.

X **La Fontaine de Mars,** 129 r. St-Dominique ℰ 47 05 46 44, Fax 47 05 11 13, 斧, bistrot –
🅶🅱
J 9
fermé dim. – **Repas** carte 140 à 290 ⅃.

X **L'Oeillade,** 10 r. St-Simon ℰ 42 22 01 60 – ▤. 🅶🅱
J 11
fermé sam. midi et dim. – **Repas** 120 (déj.), 160/195.

X **Du Côté 7ᵉᵐᵉ,** 29 r. Surcouf ℰ 47 05 81 65, bistrot – 🆎 🅶🅱
H 9-10
fermé 8 au 22 août, 24 déc. au 1ᵉʳ janv. et lundi – **Repas** 175 bc.

X **La Calèche,** 8 r. Lille ℰ 42 60 24 76, Fax 47 03 31 10 – 🆎 ⓪ 🅶🅱 🅹🅲🅱
J 12
fermé 7 au 27 août, sam. et dim. – **Repas** 130/170 et carte 180 à 290.

Paris « Welcome » Office

127 Champs-Élysées (8th) (Syndicat d'Initiative and Accueil de France)
Open daily 9 AM to 10 PM. Closed Chrismas Day, New Yearls Day and May Day (1 May)
ℰ 49.52.53.54 - Telex 645 439
Leisure Information: in French (49.52.53.55), English (49.52.53.56), German (49.52.53.57), Japanese (49.52.53.58)

Champs-Élysées, St-Lazare, Madeleine.

8e arrondissement.
8e : ✉ 75008

Plaza Athénée, 25 av. Montaigne ℘ 47 23 78 33, Télex 650092, Fax 47 20 20 70 – TV ☎ – 30 à 100. AE GB JCB G 9
voir rest. ***Régence*** et ***Relais Plaza*** ci-après – 150 – **170 ch** 2400/3150, 41 appart.

Crillon, 10 pl. Concorde ℘ 44 71 15 00, Télex 290204, Fax 44 71 15 02 – TV ☎ – 30 à 60. AE GB JCB. rest G 11
voir rest. ***Les Ambassadeurs*** et ***L'Obélisque*** ci-après – 150 – **120 ch** 2800/4000, 43 appart.

Bristol, 112 r. Fg St-Honoré ℘ 42 66 91 45, Télex 280961, Fax 42 66 68 68, – ch TV ☎ – 30 à 60. AE GB JCB. F 10
voir rest. ***Bristol*** ci-après – 155 – **154 ch** 2500/4400, 41 appart.

George V, 31 av. George-V ℘ 47 23 54 00, Télex 650082, Fax 47 20 40 00, – TV ☎ – 30 à 600. AE GB JCB G 8
Les Princes : **Repas** 240/450 et carte 370 à 550 – ***Le Grill :*** **Repas** 198 et carte 260 à 350 – 130 – **221 ch** 1800/3900, 39 appart.

Royal Monceau, 37 av. Hoche ℘ 42 99 88 00, Télex 650361, Fax 42 99 89 90, « Piscine et centre de remise en forme » – TV ☎ – 25 à 100. AE GB JCB. E 8
Le Jardin ℘ 42 99 98 70 *(fermé sam. et dim.)* **Repas** 280(déj.)/420 et carte 360 à 570 – ***Carpaccio*** ℘ 42 99 98 90, cuisine italienne *(fermé août)* **Repas** 280(déj.) et carte 290 à 420 – 130 – **180 ch** 2100/3200, 39 appart.

Prince de Galles, 33 av. George-V ℘ 47 23 55 11, Télex 651627, Fax 47 20 96 92, – ch TV ☎ – 40 à 110. AE GB JCB. G 8
Jardin des Cygnes : **Repas** (dim. brunch seul. 270) 260/380 et carte 350 à 580 – 125 – **139 ch** 2500/3300, 31 appart.

Vernet, 25 r. Vernet ℘ 44 31 98 00, Télex 651347, Fax 44 31 85 69 – TV ☎. AE GB JCB. rest F 8
voir rest. ***Les Élysées*** ci-après – 115 – **54 ch** 1550/2250, 3 appart.

de Vigny M sans rest, 9 r. Balzac ℘ 40 75 04 39, Télex 651822, Fax 40 75 05 81, « Élégante installation » – ch TV ☎. AE GB F 8
90 – **25 ch** 1900/2200, 12 appart.

San Régis, 12 r. J. Goujon ℘ 44 95 16 16, Fax 45 61 05 48, « Bel aménagement intérieur » – ch TV ☎. AE GB. G 9
Repas carte 290 à 310 – 110 – **34 ch** 1600/2750, 10 appart.

La Trémoille, 14 r. La Trémoille ℘ 47 23 34 20, Télex 640344, Fax 40 70 01 08 – TV ☎ – 25. AE GB JCB G 9
Repas 190 – 100 – **94 ch** 1950/2930, 14 appart.

Lancaster, 7 r. Berri ℘ 40 76 40 76, Télex 640991, Fax 40 76 40 00, – TV ☎. AE GB JCB F 9
Repas *(fermé août, sam. et dim.)* (déj. seul.) 250 – 120 – **52 ch** 1950/2650, 7 appart.

Élysées Star M sans rest, 19 r. Vernet ℘ 47 20 41 73, Télex 651153, Fax 47 23 32 15 – ch TV ☎ – 30. AE GB JCB F8
90 – **38 ch** 1700/1900, 4 appart.

Balzac M, 6 r. Balzac ℘ 45 61 97 22, Télex 651298, Fax 42 25 24 82 – TV ☎. AE GB F 8
Bice ℘ 44 35 18 18 - cuisine italienne *(fermé 4 au 29 août, 22 déc. au 8 janv., sam. midi et dim.)* **Repas** carte 270 à 370 – 90 – **56 ch** 1650/2200, 14 appart.

Golden Tulip St-Honoré M, 220 r. Fg St-Honoré ℘ 49 53 03 03, Télex 650657, Fax 40 75 02 00 – cuisinette ch TV ☎ ♿ – 190. AE GB JCB E 8
Relais Vermeer *(fermé 5 au 28 août et dim.)* **Repas** 195 et carte 250 à 380 – 110 – **54 ch** 1500/1700, 18 appart.

Château Frontenac, 54 r. P. Charron ℘ 47 23 55 85, Télex 644994, Fax 47 23 03 32 – rest TV ☎ – 25. GB. G 9
Pavillon Frontenac ℘ 47 20 60 69 *(fermé août, sam. midi et dim.)* **Repas** 145 (déj.) 175 et carte 160 à 280 – 80 – **102 ch** 890/1650, 4 appart.

Sofitel Arc de Triomphe, 14 r. Beaujon ℘ 45 63 04 04, Télex 650902, Fax 42 25 36 81 – ch, rest TV ☎ – 40. AE GB JCB F 8
Le Clovis *(fermé août, 22 déc. au 2 janv., sam., dim. et fériés)* **Repas** 210 et carte 320 à 410 – 95 – **129 ch** 1550/1810, 6 appart.

Bedford, 17 r. de l'Arcade ℘ 44 94 77 77, Télex 290506, Fax 44 94 77 97 – TV ☎ – 80. AE GB. rest F 11
Repas *(fermé 31 juil. au 27 août, sam. et dim.)* (déj. seul.) carte 250 à 360 – 70 – **137 ch** 750/950, 11 appart.

🏨 **Warwick** Ⓜ, 5 r. Berri ℰ 45 63 14 11, Télex 642295, Fax 45 63 75 81 – |🛄| 🛏 ch 🗖 📺 ☎ – 🛗 30 à 110. 🆎 ⓞ ⑤Ⓑ 🃏 ⅏ rest
voir rest. *La Couronne* ci-après – ⊡ 105 – **142 ch** 2090/2650, 5 appart.
F 9

🏨 **California**, 16 r. Berri ℰ 43 59 93 00, Télex 644634, Fax 45 61 03 62, 🛱 – |🛄| 🛏 ch 🗖 📺 ☎ – 🛗 25 à 90. 🆎 ⓞ ⑤Ⓑ 🃏
Repas *(fermé août, sam. et dim.)* carte 220 à 280 – ⊡ 120 – **160 ch** 2200, 13 duplex.
F 9

🏨 **Résidence du Roy** Ⓜ sans rest, 8 r. François 1er ℰ 42 89 59 59, Télex 648452, Fax 40 74 07 92 – |🛄| cuisinette 🗖 📺 ☎ ৬, 🗪 – 🛗 25. 🆎 ⓞ ⑤Ⓑ 🃏
⊡ 80, 28 appart 1220/1720, 4 studios, 3 duplex.
G 9

🏨 **Queen Elizabeth**, 41 av. Pierre-1er-de-Serbie ℰ 47 20 80 56, Télex 641179, Fax 47 20 89 19 – |🛄| 🛏 ch 🗖 📺 ☎ – 🛗 25 à 30. 🆎 ⓞ ⑤Ⓑ
Repas *(fermé août et dim.)* (déj. seul.) 170/230 🍷 – ⊡ 85 – **54 ch** 1100/1850, 12 appart.
G 8

🏨 **Concorde St-Lazare**, 108 r. St-Lazare ℰ 40 08 44 44, Fax 42 93 01 20, « Hall fin 19e siècle, superbe salon de billards » – |🛄| 🗖 📺 ☎ – 🛗 150. 🆎 ⓞ ⑤Ⓑ 🃏
Café Terminus ℰ 40 08 43 30 **Repas** 190 bc/280 bc, enf. 85 – ⊡ 95 – **295 ch** 1260/1460, 5 appart.
E 12

🏨 **Napoléon** sans rest, 40 av. Friedland ℰ 47 66 02 02, Fax 47 66 82 33 – |🛄| 📺 ☎ – 🛗 100. 🆎 ⓞ ⑤Ⓑ 🃏
⊡ 70 – **70 ch** 1150/1650, 32 appart.
F 8

🏩 **Claridge Bellman**, 37 r. François 1er ℰ 47 23 54 42, Télex 641150, Fax 47 23 08 84 – |🛄| 🗖 📺 ☎. 🆎 ⓞ ⑤Ⓑ. ⅏ rest
Repas *(fermé août, 24 déc. au 2 janv., sam. et dim.)* 180 🍷 – ⊡ 70 – **42 ch** 1150/1350.
G 9

🏩 **Beau Manoir** sans rest, 6 r. de l'Arcade ℰ 42 66 03 07, Fax 42 68 03 00, « Bel aménagement intérieur » – |🛄| 🗖 📺 ☎ ৬. 🆎 ⓞ ⑤Ⓑ 🃏
29 ch ⊡ 995/1155, 3 appart.
F 11

🏩 **Marignan** Ⓜ, 12 r. Marignan ℰ 40 76 34 56, Télex 644018, Fax 40 76 34 34 – |🛄| 🛏 ch 📺 ☎ – 🛗 50. 🆎 ⓞ ⑤Ⓑ 🃏 ⅏ ch
La Table du Marché ℰ 40 76 34 44 *(fermé 1er au 15 août, sam. et dim.)* **Repas** carte 200 à 300 – ⊡ 115 – **57 ch** 1990/2200, 16 duplex.
G 9

🏩 **Sofitel Champs-Élysées** Ⓜ, 8 r. J. Goujon ℰ 43 59 52 41, Fax 49 53 08 42, 🛱 – |🛄| 🛏 ch 🗖 📺 ☎ ৬, 🗪 – 🛗 150. 🆎 ⓞ ⑤Ⓑ 🃏
Les Saveurs ℰ 45 63 17 44 *(fermé 1er au 27 août, sam. et dim.)* **Repas** 180 et carte 230 à 320 – ⊡ 100 – **40 ch** 1450/1650.
G 9

🏩 **Chateaubriand** Ⓜ sans rest, 6 r. Chateaubriand ℰ 40 76 00 50, Télex 641012, Fax 40 76 09 22 – |🛄| 🛏 ch 🗖 📺 ☎ ৬. 🆎 ⓞ ⑤Ⓑ
⊡ 65 – **28 ch** 1100/1400.
F 9

🏩 **Montaigne** Ⓜ sans rest, 6 av. Montaigne ℰ 47 20 30 50, Télex 648051, Fax 47 20 94 12 – |🛄| 🗖 📺 ☎. 🆎 ⓞ ⑤Ⓑ 🃏
⊡ 90 – **29 ch** 1260/1850.
G 9

🏩 **Royal Alma** Ⓜ sans rest, 35 r. J. Goujon ℰ 42 25 83 30, Télex 641428, Fax 45 63 68 64 – |🛄| 🛏 ch 🗖 📺 ☎. 🆎 ⓞ ⑤Ⓑ 🃏. ⅏
⊡ 95 – **61 ch** 1380/1620, 3 appart.
G 9

🏩 **Paris St-Honoré** sans rest, 15 r. Boissy d'Anglas ℰ 44 94 14 14, Télex 281908, Fax 44 94 14 28 – |🛄| 🗖 📺 ☎. 🆎 ⓞ ⑤Ⓑ
⊡ 85 – **104 ch** 800/1055, 8 appart.
G 11

🏩 **de l'Élysée** sans rest, 12 r. Saussaies ℰ 42 65 29 25, Fax 42 65 64 28 – |🛄| 📺 ☎. 🆎 ⓞ ⑤Ⓑ 🃏. ⅏ – ⊡ 60 – **32 ch** 680/950.
F 11

🏩 **Élysées Ponthieu et résidence Le Cid** sans rest, 24 r. Ponthieu ℰ 42 25 68 70, Télex 640053, Fax 42 25 80 82 – |🛄| cuisinette 🛏 ch 🗖 📺 ☎ ৬. 🆎 ⓞ ⑤Ⓑ 🃏
⊡ 75 – **92 ch** 905/1600, 6 appart.
F 9

🏩 **Concortel** sans rest, 19 r. Pasquier ℰ 42 65 45 44, Télex 660228, Fax 42 65 18 33 – |🛄| 🗖 📺 ☎. 🆎 ⓞ ⑤Ⓑ – ⊡ 50 – **46 ch** 600/750.
F 11

🏩 **Royal H.** sans rest, 33 av. Friedland ℰ 43 59 08 14, Télex 651465, Fax 45 63 69 92 – |🛄| 📺 ☎. 🆎 ⓞ ⑤Ⓑ 🃏 – ⊡ 80 – **57 ch** 1220/1950.
F 8

🏩 **Powers** sans rest, 52 r. François 1er ℰ 47 23 91 05, Télex 642051, Fax 49 52 04 63 – |🛄| 📺 🆎 ⓞ ⑤Ⓑ 🃏 – ⊡ 60 – **53 ch** 800/1250.
G 9

🏩 **Résidence Monceau** sans rest, 85 r. Rocher ℰ 45 22 75 11, Télex 280671, Fax 45 22 30 88 – |🛄| 📺 ☎ ৬. 🆎 ⓞ ⑤Ⓑ. ⅏
⊡ 48 – **51 ch** 670.
E 11

🏩 **Mathurins** Ⓜ sans rest, 43 r. Mathurins ℰ 44 94 20 94, Télex 281271, Fax 44 94 00 44 – |🛄| 🛏 ch 🗖 📺 ☎ ৬, 🗪. 🆎 ⓞ ⑤Ⓑ. ⅏
⊡ 65 – **33 ch** 1000/1200, 3 appart.
F 11

🏩 **Castiglione**, 40 r. Fg St-Honoré ℰ 44 94 25 25, Télex 281906, Fax 42 65 12 27 – |🛄| 🗖 📺 ☎. 🆎 ⓞ ⑤Ⓑ
Repas 125/160 et carte 200 à 380 – ⊡ 60 – **115 ch** 1250/1500.
G 11

🏩 **New Roblin et rest. le Mazagran**, 6 r. Chauveau-Lagarde ℰ 44 71 20 80, Télex 285154, Fax 42 65 19 49 – |🛄| 🗖 📺 ☎. 🆎 ⓞ ⑤Ⓑ 🃏. ⅏ rest
Repas *(fermé sam., dim. et fériés)* 115 et carte 230 à 320 🍷 – ⊡ 60 – **75 ch** 700/900, 3 appart.
F 11

🏨 **West End** sans rest, 7 r. Clément-Marot ☎ 47 20 30 78, Télex 645434, Fax 47 20 34 42 –
📶 📺 ☎. 🅰🅴 🆎 ⑩ GB JCB
G 9
🛏 50 – **54 ch** 650/1250.

🏨 **Lido** Ⓜ sans rest, 4 passage Madeleine ☎ 42 66 27 37, Télex 269561, Fax 42 66 61 23 – 📶
📶 📺 ☎. 🅰🅴 ⑩ GB JCB
F 11
32 ch 🛏 800/930.

🏨 **Galiléo** Ⓜ sans rest, 54 r. Galilée ☎ 47 20 66 06, Fax 47 20 67 17 – 📶 🗏 📺 ☎ ♿. 🅰🅴 GB
JCB. ✑
F 8
🛏 50 – **27 ch** 800/950.

🏨 **Friedland** Ⓜ sans rest, 177 r. Fg St-Honoré ☎ 45 63 64 65, Fax 45 63 88 96 – 📶 ↔ ch 🗏
📺 ☎ ♿. 🅰🅴 ⑩ GB JCB
F 9
🛏 75 – **40 ch** 1300.

🏨 **Queen Mary** sans rest, 9 r. Greffulhe ☎ 42 66 40 50, Télex 285419, Fax 42 66 94 92 –
📶 🗏 📺 ☎. 🅰🅴 GB JCB. ✑
F 12
🛏 65 – **36 ch** 710/890.

🏨 **Franklin Roosevelt** sans rest, 18 r. Clément-Marot ☎ 47 23 61 66, Télex 643665,
Fax 47 20 44 30 – 📶 📺 ☎. 🅰🅴 GB. ✑
G 9
🛏 55 – **45 ch** 790/890.

🏨 **Atlantic** sans rest, 44 r. Londres ☎ 43 87 45 40, Télex 285477, Fax 42 93 06 26 – 📶 📺 ☎.
🅰🅴 GB JCB. ✑
E 12
🛏 50 – **88 ch** 490/750.

🏨 **Waldorf Madeleine** Ⓜ sans rest, 12 bd Malesherbes ☎ 42 65 72 06, Fax 40 07 10 45 –
📶 ↔ ch 🗏 📺 ☎. 🅰🅴 ⑩ GB JCB
F 11
🛏 50 – **45 ch** 1400.

🏨 **Flèche d'Or** Ⓜ sans rest, 29 r. Amsterdam ☎ 48 74 06 86, Télex 660641, Fax 48 74 06 04
– 📶 ↔ ch 🗏 📺 ☎ ♿. 🅰🅴 ⑩ GB
E 12
🛏 35 – **61 ch** 550/750.

🏨 **Rochambeau** sans rest, 4 r. La Boétie ☎ 42 65 27 54, Télex 285030, Fax 42 66 03 81 – 📶
↔ ch 📺 ☎. 🅰🅴 ⑩ GB JCB
F 11
🛏 50 – **50 ch** 806/1012.

🏨 **Cordélia** sans rest, 11 r. Greffulhe ☎ 42 65 42 40, Fax 42 65 11 81 – 📶 📺 ☎. 🅰🅴 ⑩ GB
F 12
🛏 50 – **30 ch** 720/740.

🏨 **Newton Opéra** sans rest, 11 bis r. de l'Arcade ☎ 42 65 32 13, Télex 280340,
Fax 42 65 30 90 – 📶 🗏 📺 ☎. 🅰🅴 ⑩ GB
F 11
🛏 50 – **31 ch** 680/830.

🏨 **Mayflower** sans rest, 3 r. Chateaubriand ☎ 45 62 57 46, Télex 640727, Fax 42 56 32 38 –
📶 📺 ☎. 🅰🅴 GB
F 9
🛏 50 – **24 ch** 660/970.

🏨 **Alison** sans rest, 21 r. Surène ☎ 42 65 54 00, Fax 42 65 08 17 – 📶 📺 ☎. 🅰🅴 ⑩ GB JCB.
✑
F 11
🛏 45 – **35 ch** 440/750.

🏨 **Fortuny** sans rest, 35 r. de l'Arcade ☎ 42 66 42 08, Télex 280656, Fax 42 66 00 32 – 📶 📺
☎. 🅰🅴 ⑩ GB
F 11
🛏 45 – **30 ch** 650/750.

🏨 **Astoria** sans rest, 42 r. Moscou ☎ 42 93 63 53, Télex 290061, Fax 42 93 30 30 – 📶 ↔ ch
📺 ☎. 🅰🅴 ⑩ GB JCB. ✑
D 11
🛏 50 – **83 ch** 790/990.

🏨 **Plaza Haussmann** sans rest, 177 bd Haussmann ☎ 45 63 93 83, Fax 45 61 14 30 – 📶 📺
☎. 🅰🅴 ⑩ GB
F 9
🛏 30 – **41 ch** 715/850.

🏨 **L'Orangerie** sans rest, 9 r. Constantinople ☎ 45 22 07 51, Fax 45 22 16 49 – 📶 📺 ☎. 🅰🅴
⑩ GB JCB. ✑
E 11
🛏 35 – **29 ch** 565/665.

🏨 **Lord Byron** sans rest, 5 r. Chateaubriand ☎ 43 59 89 98, Télex 649662, Fax 42 89 46 04,
🌿 – 📶 📺 ☎. 🅰🅴 GB. ✑
F 9
🛏 50 – **31 ch** 660/970.

🏨 **Arc Élysée** Ⓜ sans rest, 45 r. Washington ☎ 45 63 69 33, Fax 45 63 76 25 – 📶 🗏 📺 ☎
♿. 🅰🅴 ⑩ GB JCB
F 9
🛏 50 – **23 ch** 750/900.

🏨 **Bradford** sans rest, 10 r. St-Philippe-du-Roule ☎ 45 63 20 20, Télex 648530,
Fax 45 63 20 07 – 📶 📺 ☎. 🅰🅴 ⑩ GB JCB. ✑
F 9
🛏 50 – **48 ch** 890/990.

🏨 **Colisée** sans rest, 6 r. Colisée ☎ 43 59 95 25, Fax 45 63 26 54 – 📶 🗏 📺 ☎. 🅰🅴 ⑩ GB
JCB
F 9
🛏 35 – **45 ch** 620/830.

🏨 **Rond-Point des Champs-Elysées** sans rest, 10 r. Ponthieu ☎ 43 59 55 58, Télex 642386, Fax 45 63 99 75 – 📶 📺 ☎. 🅰🅴 ⑩ GB JCB. ✑
F 10
🛏 35 – **44 ch** 530/680.

🏠 **Madeleine Haussmann** Ⓜ sans rest, 10 r. Pasquier ✆ 42 65 90 11, Fax 42 68 07 93 – |✿|
📺 ☎. 🅰🅴 ⓞ 🆖🅱
F 11
🛏 30 – **36 ch** 600.

🏠 **Ministère** sans rest, 31 r. Surène ✆ 42 66 21 43, Fax 42 66 96 04 – |✿| 📺 ☎. 🅰🅴 🆖🅱 🆓🅲🅱
🛏 45 – **28 ch** 410/660.
F 11

🏠 **New Orient** sans rest, 16 r. Constantinople ✆ 45 22 21 64, Fax 42 93 83 23 – |✿| 📺 ☎. 🅰🅴
ⓞ 🆖🅱
E 11
🛏 38 – **30 ch** 380/480.

🏠 **Lavoisier-Malesherbes** sans rest, 21 r. Lavoisier ✆ 42 65 10 97, Fax 42 65 02 43 – |✿| 📺
☎. 🆖🅱. ✖
F 11
🛏 35 – **32 ch** 400/470.

🅇🅇🅇🅇🅇 ✿✿ **Lucas-Carton** (Senderens), 9 pl. Madeleine ✆ 42 65 22 90, Fax 42 65 06 23, « Authentique décor 1900 » – 🍽, 🅰🅴 🆖🅱 🆓🅲🅱. ✖
G 11
fermé 29 juil. au 23 août, 24 déc. au 3 janv., sam. midi et dim. – **Repas** 375 (déj.), 750/1850
bc et carte 580 à 900
Spéc. Foie gras au chou. Homard à la vanille. Canard Apicius rôti au miel et aux épices.

🅇🅇🅇🅇🅇 ✿✿ **Lasserre,** 17 av. F.-D.-Roosevelt ✆ 43 59 53 43, Fax 45 63 72 23, « Toit ouvrant » –
🍽 🅰🅴. ✖
G 10
fermé 30 juil. au 28 août, lundi midi et dim. – **Repas** carte 500 à 800
Spéc. Poêlée de langoustines au coulis de homard. Filet et rognons d'agneau, lasagne de légumes. Brioché de pomme
à la cannelle.

🅇🅇🅇🅇🅇 ✿✿✿ **Taillevent** (Vrinat), 15 r. Lamennais ✆ 44 95 15 01, Fax 42 25 95 18 – 🍽. 🅰🅴 ⓞ 🆖🅱
🆓🅲🅱
F 9
fermé 22 juil. au 21 août, sam., dim. et fériés – **Repas** (nombre de couverts limité - prévenir)
carte 530 à 720
Spéc. Crème de cresson au caviar. Poulette de Bresse en cocotte. Dacquoise aux deux parfums.

🅇🅇🅇🅇🅇 ✿✿ **Les Ambassadeurs** - Hôtel Crillon, 10 pl. Concorde ✆ 44 71 16 16, Télex 290204,
Fax 44 71 15 02, « Cadre 18e siècle » – 🍽. 🅰🅴 ⓞ 🆖🅱 🆓🅲🅱. ✖
G 11
Repas 350 (déj.)/620 et carte 440 à 730
Spéc. Bar croustillant aux graines de sésame, semoule au jus de homard. Suprème de pintade fermière poêlé à
l'étouffée. Truffe glacée à la fleur de thym frais, ganache au chocolat "Manjari".

🅇🅇🅇🅇🅇 ✿✿ **Ledoyen,** carré Champs-Élysées (1er étage) ✆ 47 42 35 98, Fax 47 42 55 01, - voir
aussi rest. *Le Cercle* – 🍽 🅿. 🅰🅴 ⓞ 🆖🅱 🆓🅲🅱. ✖
G 10
fermé août, sam. et dim. – **Repas** 290 (déj.)/520 et carte 450 à 680
Spéc. Truffes en feuilleté de pommes de terre (fin déc. à fin fév.). Tronçon de turbot rôti à la bière de garde et oignons
frits. Pigeonneau aux deux cuissons aux champignons sauvages.

🅇🅇🅇🅇🅇 ✿ **Laurent,** 41 av. Gabriel ✆ 42 25 00 39, Fax 45 62 45 21, « Agréable terrasse d'été »
– 🅰🅴 ⓞ 🆖🅱. ✖
G 10
fermé sam. midi, dim. et fériés – **Repas** 380 et carte 600 à 1 020
Spéc. Langoustines croustillantes au basilic. Rognon de veau cuit dans sa graisse, gratin de macaroni. Feuillantine
chocolat-noisette.

🅇🅇🅇🅇🅇 ✿ **Bristol** - Hôtel Bristol, 112 r. Fg St-Honoré ✆ 42 66 91 45, Télex 280961, Fax 42 66 68 68
– 🍽. 🅰🅴 ⓞ 🆖🅱 🆓🅲🅱. ✖
F 10
Repas 340/630 et carte 460 à 770
Spéc. Raviole ouverte de homard aux poivrons et tomates confites. Filet de daurade caramélisée au miel de fleurs. Ris
de veau rôti aux pommes vertes et beurre de cidre.

🅇🅇🅇🅇🅇 ✿ **Régence** - Hôtel Plaza Athénée, 25 av. Montaigne ✆ 47 23 78 33, Télex 650092,
Fax 47 20 20 70, 🍽 – 🍽. 🅰🅴 ⓞ 🆖🅱 🆓🅲🅱
G 9
Repas 330 et carte 440 à 740
Spéc. Soufflé de homard. Rouelles de filet de veau rôti, "royan" à la crème et au persil. Macaron Nelusko à la
mousseline café.

🅇🅇🅇🅇 ✿ **Les Élysées** - Hôtel Vernet, 25 r. Vernet ✆ 44 31 98 00, Fax 44 31 85 69, « Belle verrière » – 🍽. 🅰🅴 ⓞ 🆖🅱. ✖
F 8
fermé 31 juil. au 27 août, 18 au 24 déc., sam., dim. et fériés – **Repas** 300 (déj.)/450 et carte
360 à 500
Spéc. Epeautre du pays de Sault cuisiné comme un risotto. Chapon de Méditerranée farci et braisé. Poire rôtie aux gros
raisins de Malaga.

🅇🅇🅇🅇 ✿✿ **Chiberta,** 3 r. Arsène-Houssaye ✆ 45 63 77 90, Fax 45 62 85 08 – 🍽. 🅰🅴 ⓞ 🆖🅱 🆓🅲🅱
fermé 1er au 29 août, 25 déc. au 1er janv., sam. et dim. – **Repas** 290 et carte 410 à 650
F 8
Spéc. Bar de ligne au champagne et caviar. Poêlée de lapereau aux choux verts et romarin. Craquelin de pommes aux
graines de sésame, sorbet cannelle.

🅇🅇🅇🅇 ✿ **La Marée,** 1 r. Daru ✆ 43 80 20 00, Fax 48 88 04 04 – 🍽. 🅰🅴 ⓞ 🆖🅱
E 8
fermé 31 juil. au 28 août, sam. et dim. – **Repas** - produits de la mer - carte 340 à 560
Spéc. Parmentier de tourteau, mâche à la vinaigrette de Xérès. Homard rôti au gingembre et petits légumes. Merlan en
gondole, sauce tartare.

XXXX **La Table du Gouverneur,** 10 av. Champs-Élysées ℰ 42 65 85 10, Fax 42 65 76 23, 🛋 – 🗐 🅿, ᴁ ⓞ ☒ ᴊᴄᴮ. G 10
Repas carte 200 à 260 ♨.

XXXX **Fouquet's,** 99 av. Champs Élysées ℰ 47 23 70 60, Fax 47 20 08 69 – ᴁ ⓞ ☒ ᴊᴄᴮ F 8
(1er étage fermé 20 juil. au 30 août, sam. midi et dim.) – **Repas** 250/450 et carte 290 à 410 ♨.

XXX ✿ **Maison Blanche,** 15 av. Montaigne (6e étage) ℰ 47 23 55 99, Fax 47 20 09 56, ≤, 🛋, « Décor contemporain » – 🗐 🗐 ᴁ ☒ G 9
fermé sam. midi et dim. – **Repas** carte 380 à 520
Spéc. Ravioli de tomates confites au pistou. Tartare de boeuf aux aromates. Purée de pomme de terre à la truffe (début déc. à fin mars).

XXX ✿ **La Couronne** - Hôtel Warwick, 5 r. Berri ℰ 45 63 78 49, Télex 642295, Fax 42 56 77 59 – 🗐 ᴁ ⓞ ☒ ᴊᴄᴮ. ⅍ F 9
fermé août, sam. midi, dim. et fériés – **Repas** 190/390 bc et carte 250 à 460
Spéc. Lasagne de langoustines, crème de ciboulette. Pot-au-feu d'agneau à l'anis étoilé. Aurore irisée, "dessert des quatre saisons".

XXX **Le 30 - Fauchon,** 30 pl. Madeleine ℰ 47 42 56 58, Fax 42 66 38 95, 🛋 – 🗐. ᴁ ⓞ ☒ ᴊᴄᴮ F 12
fermé dim. – **Repas** 240 (dîner)et carte 300 à 420.

XXX ✿ **Copenhague,** 142 av. Champs-Élysées (1er étage) ℰ 44 13 86 26, Fax 42 25 83 10, 🛋 – 🗐 ᴁ ⓞ ☒ ᴊᴄᴮ. ⅍ F 8
fermé 30 juil. au 27 août, 1er au 8 janv., sam. midi en été, dim. et fériés – **Repas** - cuisine danoise - 230 bc/295 et carte 300 à 460 - **Flora Danica : Repas** 190/270 et carte 230 à 370
Spéc. Saumon mariné à l'aneth. Côtelette et filet de renne aux épices. Feuilleté aux mûres jaunes (oct. à avril).

XXX **Le Cercle Ledoyen,** carré Champs-Élysées (rez-de-chaussée) ℰ 47 42 76 02, Fax 47 42 55 01, 🛋 – 🗐. ᴁ ⓞ ☒ ᴊᴄᴮ. ⅍ G 10
fermé dim. – **Repas** carte 210 à 260.

XXX **Yvan,** 1bis r. J. Mermoz ℰ 43 59 18 40, Fax 45 63 78 69 – 🗐. ᴁ ⓞ ☒ F-G 10
fermé sam. midi et dim. – **Repas** 178/298 et carte 250 à 370.

XXX ✿ **Vancouver** (Decout), 4 r. Arsène Houssaye ℰ 42 56 77 77, Fax 42 56 50 52 – 🗐. ᴁ ☒. ⅍ F 8
fermé 29 juil. au 20 août, sam., dim. et fériés – **Repas** - produits de la mer - 190/380 et carte 280 à 350
Spéc. Cassolette de homard breton aux champignons. Daurade laquée au cidre. Brandade de rouget barbet.

XXX **L'Obélisque** - Hôtel Crillon, 6 r. Boissy d'Anglas ℰ 44 71 15 15, Fax 44 71 15 02 – 🗐. ᴁ ⓞ ☒ ᴊᴄᴮ G 11
fermé août et fériés – **Repas** (prévenir) 250.

XXX **Le Marcande,** 52 av. Miromesnil ℰ 42 65 19 14, Fax 40 76 03 27, 🛋 – ᴁ ☒ F 10
fermé 5 au 22 août, sam. et dim. – **Repas** 225 et carte 230 à 400.

XXX **Relais-Plaza** - Hôtel Plaza Athénée, 21 av. Montaigne ℰ 47 23 46 36, Télex 650092, Fax 47 20 20 70 – 🗐. ᴁ ⓞ ☒ ᴊᴄᴮ G 9
fermé août – **Repas** 285 bc et carte 300 à 520.

XXX **Les Géorgiques,** 36 av. George V ℰ 40 70 10 49 – 🗐. ᴁ ⓞ ☒ ᴊᴄᴮ. ⅍ G 8
fermé sam. midi et dim. – **Repas** 180 (déj.)/360 et carte 330 à 500.

XXX **Indra,** 10 r. Cdt-Rivière ℰ 43 59 46 40, Fax 44 07 29 90 – 🗐. ᴁ ⓞ ☒ F 9
fermé dim. – **Repas** - cuisine indienne - 195 (déj.), 220/340 et carte 180 à 270.

XXX **Hédiard,** 21 pl. Madeleine ℰ 43 12 88 99, Fax 43 12 88 98 – 🗐. ᴁ ⓞ ☒ ᴊᴄᴮ F 11
fermé dim. – **Repas** carte 210 à 340.

XX **Fermette Marbeuf,** 5 r. Marbeuf ℰ 47 23 31 31, Fax 40 70 02 11, « Décor 1900, céramiques et vitraux d'époque » – 🗐. ᴁ ⓞ ☒ G 9
Repas 160 et carte 230 à 340 ♨.

XX **Chez Tante Louise,** 41 r. Boissy d'Anglas ℰ 42 65 06 85, Fax 42 65 28 19 – 🗐. ᴁ ⓞ ☒ ᴊᴄᴮ F 11
fermé août – **Repas** 190 et carte 200 à 340.

XX **Le Boeuf sur le Toit,** 34 r. Colisée ℰ 43 59 83 80, Fax 45 63 45 40, brasserie – ᴁ ⓞ ☒ F 10
Repas carte 160 à 300 ♨.

XX **Le Sarladais,** 2 r. Vienne ℰ 45 22 23 62, Fax 45 22 23 62 – 🗐. ᴁ ☒ E 11
fermé sam. midi et dim. – **Repas** 145 (dîner)/200 et carte 240 à 320.

XX **Le Grenadin,** 46 r. Naples ℰ 45 63 28 92, Fax 45 61 24 76 – 🗐. ᴁ ⓞ ☒ E 11
fermé 13 au 17 juil., 12 au 16 août, 23 au 26 déc., sam. sauf le soir de sept. à avril, dim. et fériés – **Repas** 188/320 et carte 360 à 440.

XX **Androuët,** 41 r. Amsterdam ℰ 48 74 26 93, Fax 49 95 02 54 – 🗐. ᴁ ⓞ ☒ ᴊᴄᴮ. E 12
fermé dim. et fériés – **Repas** - fromages et cuisine fromagère - 175 (déj.)/250 et carte 200 à 350.

XX **La Luna,** 69 r. Rocher ℰ 42 93 77 61, Fax 40 08 02 44 – 🗐. ᴁ ☒ ᴊᴄᴮ E 11
fermé dim. – **Repas** - produits de la mer - carte 270 à 350.

XX **Kinugawa,** 4 r. St-Philippe du Roule ℘ 45 63 08 07, Fax 42 60 45 21 – 🖳. 🝙 ⬤ 🅶🅱 🅹🅲🅱 ⁂
F 9
fermé 23 déc. au 7 janv. et dim. – **Repas** - cuisine japonaise - carte 210 à 320.

XX **Finzi,** 24 av. George V ℘ 47 20 14 78, Fax 47 20 10 08 – 🖳. 🝙 ⬤ 🅶🅱
G 8
fermé sam. midi et dim. midi – **Repas** - cuisine italienne - 130 bc (déj.)et carte 180 à 270.

XX **Le Lloyd's,** 23 r. Treilhard ℘ 45 63 21 23 – 🝙 🅶🅱
E 10
fermé 23 déc. au 1ᵉʳ janv., sam. et dim. – **Repas** 180 (dîner)/200 et carte 250 à 345.

XX **Suntory,** 13 r. Lincoln ℘ 42 25 40 27, Fax 45 63 25 86 – 🖳. 🝙 ⬤ 🅶🅱 🅹🅲🅱 ⁂
F 9
fermé sam. midi, dim. et fériés – **Repas** - cuisine japonaise - 135 (déj.), 350/580 et carte 360 à 460.

XX ✿ **Marius et Janette,** 4 av. George V ℘ 47 23 41 88, Fax 47 23 07 19, 🍽 – 🖳. 🝙 ⬤ 🅶🅱 🅹🅲🅱
G 8
fermé 24 au 30 déc. – **Repas** - produits de la mer - 300 bc et carte 300 à 400
Spéc. Carpaccio de thon au basilic (juin-sept.). Merlan frit sauce tartare (avril-oct.). Langoustines à l'huile d'olive vierge.

XX **Daniel Météry,** 4 r. Arcade ℘ 42 65 53 13, Fax 42 66 53 82 – 🝙 🅶🅱
F 11
fermé 5 au 15 août, sam. midi et dim. – **Repas** 180/260.

XX **Le Pichet,** 68 r. P. Charron ℘ 43 59 50 34, Fax 45 63 07 82 – 🝙 ⬤ 🅶🅱
G 9-F 9
fermé 28 août, 22 déc. au 3 janv., sam. et dim. – **Repas** carte 240 à 430.

XX **Stresa,** 7 r. Chambiges ℘ 47 23 51 62 – 🝙 ⬤
G 9
fermé 1ᵉʳ au 31 août, 20 déc. au 2 janv., sam. soir et dim. – **Repas** - cuisine italienne - (prévenir) carte 210 à 440.

XX **L'Étoile Marocaine,** 56 r. Galilée ℘ 47 20 54 45 – 🖳. 🝙 ⬤ 🅶🅱 🅹🅲🅱
F 8
Repas cuisine marocaine - 161 bc/250 bc et carte 200 à 260.

XX **Village d'Ung et Li Lam,** 10 r. J. Mermoz ℘ 42 25 99 79 – 🖳. 🝙 ⬤ 🅶🅱
F 10
Repas cuisine chinoise et thaïlandaise - 95/145 et carte 130 à 230.

XX **Bistrot du Sommelier,** 97 bd Haussmann ℘ 42 65 24 85, Fax 53 75 23 23 – 🖳. 🝙 🅶🅱
F 11
fermé 29 juil. au 27 août, 23 au 31 déc., sam. et dim. – **Repas** 370 bc (dîner)et carte 250 à 340.

XX **L'Alsace,** 39 av. Champs-Élysées ℘ 43 59 44 24, Fax 42 89 06 62, 🍽, brasserie – 🖳. 🝙 ⬤ 🅶🅱
F 9
Repas 185 et carte 190 à 280 🍷.

XX **Tong Yen,** 1 bis r. J. Mermoz ℘ 42 25 04 23, Fax 45 63 51 57 – 🖳. 🝙 ⬤ 🅶🅱
F 10
fermé 1ᵉʳ au 25 août – **Repas** - cuisine chinoise - carte 280 à 350.

X **Ferme des Mathurins,** 17 r. Vignon ℘ 42 66 46 39 – ⬤ 🅶🅱
F 12
fermé août, dim. et fériés – **Repas** 160/210 et carte 160 à 300.

X **Finzi,** 182 bd Haussmann ℘ 45 62 88 68, Fax 45 61 41 05 – 🖳. 🝙 🅶🅱
F 8
fermé 10 au 16 août et dim. midi – **Repas** - cuisine italienne - carte 190 à 290.

X **Bistrot de Marius,** 6 av. George V ℘ 40 70 11 76, Fax 47 23 07 19, 🍽 – 🝙 ⬤ 🅶🅱 🅹🅲🅱
G 8
Repas - produits de la mer - 200 bc/250 bc et carte 170 à 260.

X **L'Appart',** 9 r. Colisée ℘ 53 75 16 34, Fax 53 76 15 39 – 🖳. 🝙 🅶🅱
F 9
Repas 140 bc et carte 170 à 230.

Opéra, Gare du Nord, Gare de l'Est, Grands Boulevards.

9ᵉ et 10ᵉ arrondissements.
9ᵉ : ✉ 75009
10ᵉ : ✉ 75010

🏨🏨 **Grand Hôtel Inter-Continental,** 2 r. Scribe (9ᵉ) ℘ 40 07 32 32, Télex 220875, Fax 42 66 12 51, 🦶 – 🛗 ♺ ch 🖳 📺 🕿 🕭 – 🔬 300. 🝙 ⬤ 🅶🅱 🅹🅲🅱 ⁂ rest
F 12
voir **Rest. Opéra** et **Brasserie Café de la Paix** ci-après - **La Verrière** ℘ 40 07 31 00 *(fermé 24 juil. au 20 août, dim. soir et sam.)* **Repas** 165(dîner)/295 – 🍴 145 – **478 ch** 2300/2500, 15 appart.

🏨🏨 **Scribe** Ⓜ, 1 r. Scribe (9ᵉ) ℘ 44 71 24 24, Télex 214653, Fax 42 65 39 97 – 🛗 ♺ ch 🖳 📺 🕿 🕭 – 🔬 50. 🝙 ⬤ 🅶🅱 🅹🅲🅱 ⁂ rest
F 12
voir rest. **Les Muses** ci-après - **Le Jardin des Muses :** **Repas** 140 et carte 160 à 220 🍷 – 🍴 105 – **206 ch** 1750/2200, 11 appart.

🏨🏨 **Ambassador,** 16 bd Haussmann (9ᵉ) ℘ 44 83 40 40, Télex 285912, Fax 42 46 19 84 – 🛗 ♺ ch 🕿 – 🔬 110. 🝙 ⬤ 🅶🅱 🅹🅲🅱
F 13
Venantius ℘ 48 00 06 38 *(fermé 28 juil. au 27 août, sam. et dim.)* **Repas** 210/380 et carte 280 à 460 – 🍴 95 – **298 ch** 1410/1710.

Commodore, 12 bd Haussmann (9ᵉ) ℰ 42 46 72 82, Télex 280601, Fax 47 70 23 81 – 📶
↩ ch 📺 ☎ – 🔬 25. 🆎 ⓪ GB JCB   F 13
Cancans (brasserie) **Repas** carte environ 200 ⅛ – *Le Carverly* (déj. seul.) *(fermé juil.-août, sam. et dim.)* **Repas** 220 ⅛ – 🍽 95 – **162 ch** 1450, 9 appart.

L'Horset Pavillon Ⓜ, 38 r. Échiquier (10ᵉ) ℰ 42 46 92 75, Télex 283905, Fax 42 47 03 97
– 📶 📺 ☎. 🆎 ⓪ GB   F 15
Repas *(fermé sam., dim. et fériés)* 160 bc et carte 200 à 310, enf. 50 – 🍽 80 – **92 ch** 830/930.

Blanche Fontaine 📎 sans rest, 34 r. Fontaine (9ᵉ) ℰ 45 26 72 32, Télex 660311,
Fax 42 81 05 52 – 📶 📺 ☎ 🚗. 🆎 GB. ⍥   D 13
🍽 40 – **45 ch** 507/509, 4 appart.

Lafayette Ⓜ sans rest, 49 r. Lafayette (9ᵉ) ℰ 42 85 05 44, Télex 283025, Fax 49 95 06 60
– 📶 ↩ ch 📺 ☎. 🆎 ⓪ GB JCB   F 14
🍽 75 – **103 ch** 825/885.

Terminus Nord Ⓜ sans rest, 12 bd Denain (10ᵉ) ℰ 42 80 20 00, Fax 42 80 63 89 – 📶
↩ ch 📺 ☎. 🆎 ⓪ GB JCB   E 16
🍽 75 – **245 ch** 905/960.

Brébant, 32 bd Poissonnière (9ᵉ) ℰ 47 70 25 55, Télex 280127, Fax 42 46 65 70 – 📶
📶 rest 📺 ☎ – 🔬 25 à 100. 🆎 ⓪ GB JCB   F 14
Repas 89/158 et carte 200 à 340 – 🍽 48 – **122 ch** 760/890.

St-Pétersbourg, 33 r. Caumartin (9ᵉ) ℰ 42 66 60 38, Télex 680001, Fax 42 66 53 54 – 📶
↩ ch 📺 ☎ – 🔬 25. 🆎 ⓪ GB JCB. ⍥ rest   F 12
Repas *(fermé août, sam. et dim.)* 140 et carte 180 à 290 – 🍽 70 – **100 ch** 540/1020.

Opéra Cadet Ⓜ sans rest, 24 r. Cadet (9ᵉ) ℰ 48 24 05 26, Télex 282287, Fax 42 46 68 09
– 📶 ↩ ch 📺 ☎ 🔬 🚗. 🆎 ⓪ GB   F 14
🍽 60 – **82 ch** 710/990, 3 appart.

Bergère sans rest, 34 r. Bergère (9ᵉ) ℰ 47 70 34 34, Télex 290668, Fax 47 70 36 36 – 📶 📺
☎. 🆎 ⓪ GB JCB   F 14
🍽 50 – **134 ch** 690/990.

Paix République sans rest, 2 bis bd St-Martin (10ᵉ) ℰ 42 08 96 95, Télex 680632,
Fax 42 06 36 30 – 📶 📺 ☎. 🆎 ⓪ GB. ⍥   G 16
🍽 40 – **45 ch** 560/950.

Frantour Paris Est Ⓜ sans rest, cour d'Honneur gare de l'Est (10ᵉ) ℰ 44 89 27 00,
Télex 217916, Fax 44 89 27 49 – 📶 📶 📺 ☎. 🆎 GB   E 16
🍽 55 – **42 ch** 540/620, 3 appart.

Anjou-Lafayette Ⓜ sans rest, 4 r. Riboutté (9ᵉ) ℰ 42 46 83 44, Fax 48 00 08 97 – 📶 📺
☎. 🆎 ⓪ GB JCB   E 14
🍽 35 – **39 ch** 450/590.

Trinité Plaza Ⓜ sans rest, 41 r. Pigalle (9ᵉ) ℰ 42 85 57 00, Télex 280110, Fax 45 26 41 20
– 📶 📺 ☎ 🚻. 🆎 ⓪ GB JCB   E 13
🍽 30 – **42 ch** 550/630.

Carlton's H. sans rest, 55 bd Rochechouart (9ᵉ) ℰ 42 81 91 00, Télex 285649,
Fax 42 81 97 04 – 📶 📺 ☎. 🆎 ⓪ GB JCB   D 14
🍽 46 – **103 ch** 614/668.

Caumartin Ⓜ sans rest, 27 r. Caumartin (9ᵉ) ℰ 47 42 95 95, Télex 680702,
Fax 47 42 88 19 – 📶 ↩ ch 📺 ☎. 🆎 ⓪ GB JCB   F 12
🍽 75 – **40 ch** 825/935.

Franklin Ⓜ sans rest, 19 r. Buffault (9ᵉ) ℰ 42 80 27 27, Fax 48 78 13 04 – 📶 ↩ ch 📺 ☎.
🆎 ⓪ GB   E 14
🍽 75 – **68 ch** 760/815.

Mercure Monty Ⓜ sans rest, 5 r. Montyon (9ᵉ) ℰ 47 70 26 10, Télex 660677,
Fax 42 46 55 10 – 📶 ↩ ch 📺 ☎ – 🔬 50. 🆎 ⓪ GB JCB   F 14
🍽 58 – **71 ch** 735/780.

Touraine Opéra Ⓜ sans rest, 73 r. Taitbout (9ᵉ) ℰ 48 74 50 49, Fax 42 81 26 09 – 📶
↩ ch 📺 ☎. 🆎 ⓪ GB   E 13
🍽 75 – **39 ch** 760/815.

Albert 1ᵉʳ Ⓜ sans rest, 162 r. Lafayette (10ᵉ) ℰ 40 36 82 40, Fax 40 35 72 52 – 📶 📶 📺 ☎.
🆎 ⓪ GB. ⍥   E 16
🍽 40 – **59 ch** 430/535.

Moulin Ⓜ sans rest, 39 r. Fontaine (9ᵉ) ℰ 42 81 93 25, Fax 40 16 09 90 – 📶 ↩ ch 📺 ☎.
🆎 ⓪ GB JCB   D 13
🍽 75 – **50 ch** 785.

Gd H. Haussmann sans rest, 6 r. Helder (9ᵉ) ℰ 48 24 76 10, Télex 285390,
Fax 48 00 97 18 – 📶 📺 ☎. 🆎 ⓪ GB. ⍥   F 13
🍽 48 – **59 ch** 490/790.

Printania sans rest, 19 r. Château d'Eau (10ᵉ) ℰ 42 01 84 20, Télex 215425,
Fax 42 39 55 12 – 📶 📺 ☎. 🆎 ⓪ GB. ⍥   F 16
🍽 41 – **51 ch** 490/580.

🏨 **Corona** ⊗ sans rest, 8 cité Bergère (9ᵉ) 🕿 47 70 52 96, Télex 281081, Fax 42 46 83 49 –
|⌘| 📺 ☎. 亞 ⓞ ⚎ 🇯🇨🇧
⊑ 40 – **56 ch** 570/690, 4 appart.
F 14

🏨 **Résidence du Pré** sans rest, 15 r. P. Sémard (9ᵉ) 🕿 48 78 26 72, Fax 42 80 64 83 – |⌘| 📺
☎. 亞 ⓞ ⚎
⊑ 50 – **40 ch** 425/485.
E 15

🏨 **du Pré** sans rest, 10 r. P. Sémard (9ᵉ) 🕿 42 81 37 11, Télex 660549, Fax 40 23 98 28 – |⌘|
📺 ☎. 亞 ⓞ ⚎
⊑ 50 – **40 ch** 425/545.
E 15

🏨 **Gotty** sans rest, 11 r. Trévise (9ᵉ) 🕿 47 70 12 90, Télex 660330, Fax 47 70 21 26 – |⌘| 📺 ☎.
亞 ⓞ ⚎ 🇯🇨🇧
⊑ 25 – **44 ch** 630/740.
F 14

🏨 **Axel** sans rest, 15 r. Montyon (9ᵉ) 🕿 47 70 92 70, Télex 282200, Fax 47 70 43 37 – |⌘|
⊁ ch 📺 ☎. 亞 ⓞ ⚎ 🇯🇨🇧
⊑ 45 – **38 ch** 490/750.
F 14

🏨 **Monterosa** M sans rest, 30 r. La Bruyère (9ᵉ) 🕿 48 74 87 90, Télex 281154,
Fax 42 81 01 12 – |⌘| ⊁ ch 📺 ☎. 亞 ⓞ ⚎. ⊁
⊑ 32 – **36 ch** 380/500.
E 13

🏨 **Français** sans rest, 13 r. 8-Mai 1945 (10ᵉ) 🕿 40 35 94 14, Télex 220401, Fax 40 35 55 40 –
|⌘| 📺 ☎. 亞 ⚎
⊑ 30 – **71 ch** 415/460.
E 16

🏨 **Athènes** sans rest, 21 r. d'Athènes (9ᵉ) 🕿 48 74 00 55, Télex 285119, Fax 42 81 04 75 – |⌘|
📺 ☎. 亞 ⚎ 🇯🇨🇧 ⊁
⊑ 45 – **36 ch** 520/620.
E 12

🏨 **Gare du Nord** sans rest, 33 r. St-Quentin (10ᵉ) 🕿 48 78 02 92, Télex 281255,
Fax 45 26 88 31 – |⌘| 📺 ☎. 亞 ⚎. ⊁
⊑ 40 – **48 ch** 390/540.
E 16

🏨 **Peyris** sans rest, 10 r. Conservatoire (9ᵉ) 🕿 47 70 50 83, Fax 40 22 95 91 – |⌘| 📺 ☎. 亞
⚎
⊑ 30 – **50 ch** 470/560.
F 14

🏨 **Morny** sans rest, 4 r. Liège (9ᵉ) 🕿 42 85 47 92, Télex 660822, Fax 40 16 44 84 – |⌘| 📺 ☎.
亞 ⓞ ⚎ 🇯🇨🇧
⊑ 50 – **41 ch** 460/580.
E 12

🏠 **St-Laurent** M sans rest, 5 r. St-Laurent (10ᵉ) 🕿 42 09 59 79, Fax 42 09 83 50 – |⌘| 📺 ☎
⅙. 亞 ⓞ ⚎ ⊁
⊑ 40 – **44 ch** 500/650.
E-F 16

🏠 **Modern' Est** sans rest, 91 bd Strasbourg (10ᵉ) 🕿 40 37 77 20, Fax 40 37 17 55 – |⌘| 📺 ☎.
⚎. ⊁
⊑ 30 – **30 ch** 375/460.
E 16

🏠 **Capucines** sans rest, 6 r. Godot de Mauroy (9ᵉ) 🕿 47 42 25 05, Fax 42 68 05 05 – |⌘|
⊁ ch 📺 ☎. 亞 ⓞ ⚎ 🇯🇨🇧
⊑ 34 – **45 ch** 450/550.
F 12

🏠 **d'Estrées** ⊗ sans rest, 2 bis cité Pigalle (9ᵉ) 🕿 48 74 39 22, Fax 45 96 04 09 – |⌘| 📺 ☎.
亞 ⓞ ⚎
⊑ 40 – **23 ch** 490/590.
E 13

🏠 **Ibis Lafayette** sans rest, 122 r. Lafayette (10ᵉ) 🕿 45 23 27 27, Fax 42 46 73 79 – |⌘| ⊁ ch
📺 ☎ ⅙. 亞 ⚎
⊑ 37 – **70 ch** 401/451.
E 16

🏠 **Suède** sans rest, 106 bd Magenta (10ᵉ) 🕿 40 36 10 12, Fax 40 36 11 98 – |⌘| ⊁ ch 📺 ☎.
亞 ⓞ ⚎ 🇯🇨🇧
⊑ 45 – **52 ch** 445/505.
E 15-16

🏠 **Winston** sans rest, 4 r. Frochot (9ᵉ) 🕿 48 78 05 28, Fax 48 78 06 07 – |⌘| 📺 ☎. 亞 ⓞ ⚎
🇯🇨🇧
⊑ 35 – **23 ch** 390/490.
D 13

🏠 **Riboutté-Lafayette** sans rest, 5 r. Riboutté (9ᵉ) 🕿 47 70 62 36, Fax 48 00 91 50 – |⌘| 📺
☎. 亞 ⚎ 🇯🇨🇧
⊑ 30 – **24 ch** 400/450.
E 14

🏠 **Montréal** sans rest, 23 r. Godot-de-Mauroy (9ᵉ) 🕿 42 65 99 54, Fax 49 24 07 33 – |⌘|
⊁ ch 📺 ☎. 亞 ⓞ ⚎
fermé août – ⊑ 35 – **14 ch** 285/600, 5 appart.
F 12

🏠 **Baccarat** sans rest, 19 r. Messageries (10ᵉ) 🕿 47 70 96 92, Fax 47 70 96 92 – |⌘| 📺 ☎. 亞
ⓞ ⚎
⊑ 30 – **31 ch** 320/470.
E 15

🏠 **Résidence Magenta** sans rest, 35 r. Y.-Toudic (10ᵉ) 🕿 42 40 17 72, Télex 216543,
Fax 42 02 59 66 – |⌘| ⊁ ch 📺 ☎. 亞 ⓞ ⚎
⊑ 35 – **32 ch** 320/390.
F 17

XXXX **Rest. Opéra** - Grand Hôtel Inter-Continental, pl. Opéra (9ᵉ) ℰ 40 07 30 10, Télex 220875, Fax 40 07 33 75, « Cadre Second Empire » – ▤. ᴁᴇ ⓞ ᴳᴮ ᴶᶜᴮ   F 12
fermé août, 1ᵉʳ au 9 janv., sam. et dim. – **Repas** 325 bc (déj.)/450 et carte 360 à 610.

XXXX ✿ **Les Muses** - Hôtel Scribe, 1 r. Scribe (9ᵉ) ℰ 44 71 24 26, Fax 42 65 39 97 – ᴁᴇ ⓞ ᴳᴮ ᴶᶜᴮ. ✁   F 12
fermé août, sam., dim. et fériés – **Repas** 210/270 et carte environ 350
Spéc. Feuillantines de langoustines aux herbes. Filets de sole braisés au bacon. Noisettes de chevreuil sauce poivrade, pommes farcies aux truffes (oct. à fév.).

XXX ✿ **La Table d'Anvers** (Conticini), 2 pl. d'Anvers (9ᵉ) ℰ 48 78 35 21, Fax 45 26 66 67 – ▤. ᴁᴇ ᴳᴮ   D 14
fermé sam. midi et dim. – **Repas** 160 (déj.), 230/450 et carte 380 à 480
Spéc. Croustillant de langoustines en fondue épicée. Râble de lapin en reblochonnade. Croquettes au chocolat fondant.

XXX **Charlot "Roi des Coquillages"**, 81 bd Clichy (9ᵉ) ℰ 48 74 49 64, Fax 40 16 11 00 – ▤. ᴁᴇ ⓞ ᴳᴮ   D 12
Repas - produits de la mer - 225 (déj.)et carte 260 à 370.

XXX **Le Louis XIV**, 8 bd St-Denis (10ᵉ) ℰ 42 08 56 56, Fax 42 08 23 50 – ᴁᴇ ⓞ ᴳᴮ   G 15
fermé 1ᵉʳ juin au 31 août – **Repas** 190 bc et carte 220 à 440.

XX **Au Chateaubriant**, 23 r. Chabrol (10ᵉ) ℰ 48 24 58 94, collection de tableaux – ▤. ᴁᴇ ᴳᴮ. ✁   E 15
fermé août, 3 au 12 fév., dim. et lundi – **Repas** - cuisine italienne - 149 et carte 280 à 380.

XX **Brasserie Café de la Paix** - Grand Hôtel Inter-Continental, 12 bd Capucines (9ᵉ) ℰ 40 07 30 20, Télex 220875, Fax 40 07 33 75 – ▤. ᴁᴇ ⓞ ᴳᴮ ᴶᶜᴮ   F 12
Repas carte 230 à 350 ⅃.

XX **Julien**, 16 r. Fg St-Denis (10ᵉ) ℰ 47 70 12 06, Fax 42 47 00 65, « Brasserie "Belle Époque" » – ▤. ᴁᴇ ⓞ ᴳᴮ   F 15
Repas carte 140 à 300 ⅃.

XX **Grand Café Capucines** (ouvert jour et nuit), 4 bd Capucines (9ᵉ) ℰ 47 42 19 00, Fax 47 42 74 22, brasserie, « Décor "Belle Époque" » – ▤. ᴁᴇ ⓞ ᴳᴮ   F 13
Repas 185 et carte 180 à 390 ⅃.

XX **Le Quercy**, 36 r. Condorcet (9ᵉ) ℰ 48 78 30 61 – ᴁᴇ ⓞ ᴳᴮ   E 14
fermé 29 juil. au 29 août, dim. et fériés – **Repas** 152 et carte 190 à 310.

XX **Le Franche-Comté**, 2 bd Madeleine (Maison de la Franche-Comté) (9ᵉ) ℰ 49 24 99 09, Fax 49 24 01 63 – ▤. ᴁᴇ ⓞ ᴳᴮ ᴶᶜᴮ   F 12
fermé dim. – **Repas** 115/180 et carte 200 à 300.

XX **Le Saintongeais**, 62 r. Fg Montmartre (9ᵉ) ℰ 42 80 39 92 – ᴁᴇ ⓞ ᴳᴮ   E 14
fermé 7 au 27 août, sam. et dim. – **Repas** 135 et carte 180 à 250.

XX **Comme Chez Soi**, 20 r. Lamartine (9ᵉ) ℰ 48 78 00 02, Fax 42 85 09 78 – ▤. ᴁᴇ ᴳᴮ ᴶᶜᴮ   E 14
fermé août, sam., dim. et fériés – **Repas** 140/350 et carte 210 à 330.

XX **Au Petit Riche**, 25 r. Le Peletier (9ᵉ) ℰ 47 70 68 68, Fax 48 24 10 79, bistrot, « Cadre fin 19ᵉ siècle » – ▤. ᴁᴇ ⓞ ᴳᴮ ᴶᶜᴮ   F 13
fermé dim. – **Repas** 160 et carte 180 à 320 ⅃.

XX **Bistrot Papillon**, 6 r. Papillon (9ᵉ) ℰ 47 70 90 03 – ᴁᴇ ⓞ ᴳᴮ   E 15
fermé 15 au 23 avril, 5 au 27 août, sam. et dim. – **Repas** 135 et carte 220 à 300 ⅃.

XX **Brasserie Flo**, 7 cour Petites-Écuries (10ᵉ) ℰ 47 70 13 59, Fax 42 47 00 80, « Cadre 1900 » – ▤. ᴁᴇ ⓞ ᴳᴮ   F 15
Repas carte 140 à 270 ⅃.

XX **Aux Deux Canards**, 8 r. Fg Poissonnière (10ᵉ) ℰ 47 70 03 23, rest. non-fumeurs exclusivement – ▤. ᴁᴇ ⓞ ᴳᴮ   F 15
fermé sam. midi et dim. – **Repas** 120 ⅃.

XX **Terminus Nord**, 23 r. Dunkerque (10ᵉ) ℰ 42 85 05 15, Fax 40 16 13 98, brasserie – ▤. ᴁᴇ ⓞ ᴳᴮ   E 16
Repas carte 150 à 290 ⅃.

XX **Grange Batelière**, 16 r. Grange Batelière (9ᵉ) ℰ 47 70 85 15, bistrot – ᴳᴮ   F 14
fermé août, sam. du 14 juil. au 15 sept., dim. et fériés – **Repas** 198/280 et carte 240 à 360.

XX **Gokado**, 18 r. Caumartin (9ᵉ) ℰ 47 42 08 82, Fax 47 42 76 19 – ▤. ᴁᴇ ⓞ ᴳᴮ ᴶᶜᴮ   F 12
fermé 1ᵉʳ au 21 août, 24 déc. au 9 janv., sam. soir et dim. – **Repas** - cuisine japonaise - 135 bc (déj.), 280 bc/700 bc et carte 240 à 370.

XX **La P'tite Tonkinoise**, 56 r. Fg Poissonnière (10ᵉ) ℰ 42 46 85 98 – ᴳᴮ   F 15
fermé 1ᵉʳ août au 5 sept., 22 déc. au 5 janv., dim. et lundi – **Repas** - cuisine vietnamienne - carte 140 à 230.

X **Wally Le Saharien**, 36 r. Rodier (9ᵉ) ℰ 42 85 51 90, Fax 42 81 22 77 – ✁   E 14
Repas - cuisine nord-africaine - 240.

X **L'Oenothèque**, 20 r. St-Lazare (9ᵉ) ℰ 48 78 08 76 – ▤. ᴳᴮ   E 13
fermé 14 août à 3 sept., vacances de fév., sam. et dim. – **Repas** carte 200 à 380.

X **Relais Beaujolais**, 3 r. Milton (9ᵉ) ℰ 48 78 77 91, bistrot – ᴳᴮ   E 14
fermé août, sam. et dim. – **Repas** 130 (déj.)et carte 170 à 330.

X **Petit Batailley**, 26 r. Bergère (9ᵉ) ℰ 47 70 85 81 – ᴁᴇ ⓞ ᴳᴮ ᴶᶜᴮ   F 14
fermé 23 juil. au 16 août, 1ᵉʳ au 8 janv., sam. midi, dim. et fériés – **Repas** 139/225 et carte 200 à 280.

X **La Grille,** 80 r. Fg Poissonnière (10e) ✆ 47 70 89 73, bistrot – ▤. AE ⓓ GB JCB E 15
fermé 8 au 21 août, vacances de fév., vend. soir, sam., dim. et fériés – **Repas** carte 200 à 260.

X **Bistro de Gala,** 45 Fg Montmartre (9e) ✆ 40 22 90 50 – GB F 14
fermé août, sam. midi, dim. midi et lundi – **Repas** 150.

X **Chez Jean,** 52 r. Lamartine (9e) ✆ 48 78 62 73, Fax 48 78 39 29, bistrot – GB E 14
fermé 31 juil. au 21 août, Noël au Jour de l'An, sam. midi et dim. – **Repas** 155.

X **Bistro des Deux Théâtres,** 18 r. Blanche (9e) ✆ 45 26 41 43, Fax 48 74 08 92 – ▤. GB
Repas 165 bc. E 12

X **L'Excuse,** 21 r. Joubert (9e) ✆ 42 81 98 19 – GB F 12
fermé août, 24 au 31 déc., sam. et dim. – **Repas** 75/93 dîner à la carte 110 à 180.

Bastille, Gare de Lyon, Place d'Italie, Bois de Vincennes.

12e et 13e arrondissements.
12e : ✉ 75012
13e : ✉ 75013

Pavillon Bastille M sans rest, 65 r. Lyon (12e) ✆ 43 43 65 65, Fax 43 43 96 52 – |‡| ▤ TV ☎ ♿. AE ⓓ GB JCB K 18
☕ 78 – **24 ch** 955.

Novotel Bercy M, 85 r. Bercy (12e) ✆ 43 42 30 00, Télex 218332, Fax 43 45 30 60, 🏕 – |‡| ⚡ ch ▤ TV ☎ ♿ – 🏛 30 à 100. AE ⓓ GB M 19
Repas carte environ 200, enf. 50 – ☕ 60 – **129 ch** 710/760.

Mercure Blanqui M sans rest, 25 bd Blanqui (13e) ✆ 45 80 82 23, Fax 45 81 45 84 – |‡| ⚡ ch ▤ TV ☎ ♿. AE ⓓ GB JCB P 15
☕ 60 – **50 ch** 750.

Mercure Place d'Italie M sans rest, 178 bd Vincent Auriol (13e) ✆ 44 24 01 01, Télex 203424, Fax 44 24 07 07 – |‡| ▤ TV ☎ ♿ – 🏛 100. AE ⓓ GB N 16
☕ 62 – **70 ch** 680/785.

Mercure Tolbiac M sans rest, 21 r. Tolbiac (13e) ✆ 45 84 61 61, Fax 45 84 43 38 – |‡| ⚡ ch ▤ TV ☎ ♿ – 🏛 25. AE ⓓ GB JCB P 18
☕ 60 – **71 ch** 660/700.

Mercure Pont de Bercy sans rest, 6 bd Vincent Auriol (13e) ✆ 45 82 48 00, Fax 45 82 19 16 – |‡| ⚡ ch ▤ TV ☎ ♿. AE ⓓ GB M 18
☕ 60 – **89 ch** 650/690.

Relais de Lyon sans rest, 64 r. Crozatier (12e) ✆ 43 44 22 50, Télex 216690, Fax 43 41 55 12 – |‡| TV ☎ 🚗. AE ⓓ GB K 19
☕ 40 – **34 ch** 420/530.

Quatre Saisons Bastille M sans rest, 67 r. Lyon (12e) ✆ 40 01 07 17, Télex 214223, Fax 40 01 07 27 – |‡| ▤ TV ☎ – 🏛 25. AE ⓓ GB K 18
☕ 55 – **36 ch** 760/950.

Modern H. Lyon sans rest, 3 r. Parrot (12e) ✆ 43 43 41 52, Télex 220083, Fax 43 43 81 16 – |‡| TV ☎. AE ⓓ GB JCB. ✗ L 18
☕ 37 – **48 ch** 495/640.

Terminus-Lyon sans rest, 19 bd Diderot (12e) ✆ 43 43 24 03, Télex 220117, Fax 43 44 09 00 – |‡| TV ☎. AE ⓓ GB JCB. ✗ L 18
☕ 40 – **60 ch** 520/560.

Média sans rest, 22 r. Reine Blanche (13e) ✆ 45 35 72 72, Fax 43 31 43 31 – |‡| TV ☎. AE ⓓ GB JCB M 15
fermé août – ☕ 35 – **19 ch** 395/450.

Slavia sans rest, 51 bd St-Marcel (13e) ✆ 43 37 81 25, Fax 45 87 05 03 – |‡| TV ☎. AE ⓓ GB. ✗ M 16
☕ 30 – **37 ch** 335/390, 6 appart.

Résidence Vert Galant M 🐦, 43 r. Croulebarbe (13e) ✆ 44 08 83 50, Fax 44 08 83 69 – TV ☎. AE ⓓ GB JCB. ✗ ch N 15
voir rest. ***Etchegorry*** ci-après – ☕ 35 – **15 ch** 400/500.

Ibis Bercy M, 77 r. Bercy (12e) ✆ 43 42 91 91, Télex 216391, Fax 43 42 34 79, 🏕 – |‡| ⚡ ch, ▤ rest TV ☎ ♿ – 🏛 25 à 160. AE ⓓ GB M 19
Repas 97 bc – ☕ 39 – **368 ch** 450/455.

🏠 **Gd H. Gobelins** sans rest, 57 bd St-Marcel (13ᵉ) 🌮 43 31 79 89, Fax 45 35 43 56 – 📶 📺
🕿. 🅰🅴 ⬤🅱
M 16
➡ 40 – **45 ch** 320/490.

🏠 **Marceau** sans rest, 13 r. J. César (12ᵉ) 🌮 43 43 11 65, Fax 43 41 67 70 – 📶 📺 🕿 ⬤🅱 ✧
fermé 15 juil. au 15 août – ➡ 30 – **53 ch** 330/375.
K 17

🏠 **Campanile** sans rest, 15 bis av. Italie (13ᵉ) 🌮 45 84 95 95, Fax 45 70 73 06 – 📶 ⇔ ch 📺
🕿 ⬤. 🅰🅴 ⬤🅾 ⬤🅱
P 16
➡ 32 – **120 ch** 420.

🏠 **Ibis** sans rest, 177 r. Tolbiac (13ᵉ) 🌮 45 80 16 60, Fax 45 80 95 80 – 📶 ⇔ ch 📺 🕿 ⬤. 🅰🅴
⬤🅱
P 15
➡ 38 – **60 ch** 392/433.

🏠 **Corail** sans rest, 23 r. Lyon (12ᵉ) 🌮 43 43 23 54, Télex 212002, Fax 43 43 82 55 – 📶 📺 🕿.
🅰🅴 ⬤🅾 ⬤🅱 🅹🅲🅱
L 18
➡ 36 – **50 ch** 360/430.

🏠 **Viator** sans rest, 1 r. Parrot (12ᵉ) 🌮 43 43 11 00, Fax 43 43 10 89 – 📶 📺 🕿. 🅰🅴 ⬤🅱. ✧
➡ 35 – **45 ch** 320/370.
L 18

🏠 **Nouvel H.** sans rest, 24 av. Bel Air (12ᵉ) 🌮 43 43 01 81, Fax 43 44 64 13 – 📺 🕿. 🅰🅴 ⬤🅾
⬤🅱
L 21
➡ 40 – **28 ch** 395/580.

🏠 **Midi** sans rest, 114 av. Daumesnil (12ᵉ) 🌮 43 07 72 03, Fax 43 43 21 75 – 📺 🕿. 🅰🅴 ⬤🅾 ⬤🅱
🅹🅲🅱
L 20
➡ 35 – **36 ch** 326/366.

🏠 **Arts** sans rest, 8 r. Coypel (13ᵉ) 🌮 47 07 76 32, Fax 43 31 18 09 – 📶 📺 🕿. 🅰🅴 ⬤🅱
N 16
➡ 29 – **37 ch** 275/360.

🏠 **Résidence Les Gobelins** sans rest, 9 r. Gobelins (13ᵉ) 🌮 47 07 26 90, Fax 43 31 44 05 –
📶 📺 🕿. 🅰🅴 ⬤🅱
N 15
➡ 36 – **32 ch** 360/460.

XXX ❀ **Au Pressoir** (Seguin), 257 av. Daumesnil (12ᵉ) 🌮 43 44 38 21, Fax 43 43 81 77 – 🗐.
⬤🅱
M 22
fermé août, vacances de fév., sam. et dim. – **Repas** 390 et carte 350 à 480
Spéc. Salade de pommes de terre roseval au foie gras. Assiette de fruits de mer tièdes (oct. à mai). Lièvre à la royale
(en saison).

XXX **Train Bleu**, Gare de Lyon (12ᵉ) 🌮 43 43 09 06, Fax 43 43 97 96, brasserie, « Cadre 1900 -
fresques évoquant le voyage de Paris à la Méditerranée » – 🅰🅴 ⬤🅾 ⬤🅱
L 18
fermé août – **Repas** (1ᵉʳ étage) 260 bc et carte 240 à 360.

XXX **L'Oulette**, 15 pl. Lachambeaudie (12ᵉ) 🌮 40 02 02 12, 🍽 – 🅰🅴 ⬤🅱
N 20
fermé sam. midi et dim. – **Repas** 160/230 bc et carte 230 à 380.

XX ❀ **Au Trou Gascon**, 40 r. Taine (12ᵉ) 🌮 43 44 34 26, Fax 43 07 80 55 – 🗐 🅰🅴 ⬤🅾 ⬤🅱 🅹🅲🅱
fermé août, Noël au Jour de l'An, sam. et dim. – **Repas** (nombre de couverts limité, prévenir)
180 et carte 290 à 390
M 21
Spéc. Petits chipirons en piperade froide (juin à oct.). Petit pâté chaud de cèpes. Volaille de Chalosse truffée.

XX **La Gourmandise**, 271 av. Daumesnil (12ᵉ) 🌮 43 43 94 41 – 🅰🅴 ⬤🅱
M 22
fermé 7 au 28 août, lundi soir et dim. – **Repas** 140/170 et carte 260 à 350, enf. 92.

XX **Au Petit Marguery**, 9 bd. Port-Royal (13ᵉ) 🌮 43 31 58 59, bistrot – 🅰🅴 ⬤🅾 ⬤🅱 🅹🅲🅱
fermé 1ᵉʳ août au 3 sept., 24 déc. au 5 janv., dim. et lundi – **Repas** 160 (déj.), 200/320. M 15

XX **La Frégate**, 30 r. Ledru-Rollin (12ᵉ) 🌮 43 43 90 32 – 🗐. 🅰🅴 ⬤🅱
L 18
fermé août, sam. et dim. – **Repas** - produits de la mer - 150/300 et carte 275 à 405.

XX **Le Luneau**, 5 r. Lyon (12ᵉ) 🌮 43 43 90 85, brasserie – 🅰🅴 ⬤🅾 ⬤🅱
L 18
Repas 114/147 et carte 200 à 310 👵.

XX **La Flambée**, 4 r. Taine (12ᵉ) 🌮 43 43 21 80 – 🗐. 🅰🅴 ⬤🅱 🅹🅲🅱
M 20
fermé 31 juil. au 21 août et dim. – **Repas** 125/185 bc et carte 180 à 310.

XX **Le Traversière**, 40 r. Traversière (12ᵉ) 🌮 43 44 02 10 – 🅰🅴 ⬤🅾 ⬤🅱
K 18
fermé août et dim. soir – **Repas** 120 (déj.)/150 et carte 200 à 370, enf. 70.

X **L'Escapade en Touraine**, 24 r. Traversière (12ᵉ) 🌮 43 43 14 96 – ⬤🅱
L 18
fermé 29 juil. au 27 août, sam., dim. et fériés – **Repas** 110/140 et carte 190 à 280.

X **Le Quincy**, 28 av. Ledru-Rollin (12ᵉ) 🌮 46 28 46 76, bistrot – 🗐
L 17
fermé 10 août au 10 sept., sam., dim. et lundi – **Repas** carte 210 à 320.

X **Etchegorry**, 41 r. Croulebarbe (13ᵉ) 🌮 44 08 83 51, Fax 44 08 83 69 – 🗐. 🅰🅴 ⬤🅾 ⬤🅱 🅹🅲🅱
fermé dim. – **Repas** 155 bc/200 bc et carte 200 à 300.
N 15

✗ **Le Temps des Cerises,** 216 r. Fg St-Antoine (12ᵉ) ✆ 43 67 52 08, Fax 43 67 60 91 – ▤. AE GB K 20
fermé lundi – **Repas** 95/220 et carte 230 à 320 ♁.

✗ **St-Amarante,** 4 r. Biscornet (12ᵉ) ✆ 43 43 00 08, bistrot – GB K 18
fermé 14 juil. au 15 août, sam. et dim. – **Repas** (nombre de couverts limité, prévenir) carte environ 160.

✗ **Chez Françoise,** 12 r. Butte aux Cailles (13ᵉ) ✆ 45 80 12 02, Fax 45 65 13 67, bistrot – AE ⓓ GB. ✻ P 15
fermé 2 au 29 août, sam. midi et dim. – **Repas** 69 bc (déj.), 96/139 et carte 160 à 240 ♁.

✗ **A la Biche au Bois,** 45 av. Ledru-Rollin (12ᵉ) ✆ 43 43 34 38 – AE ⓓ GB K 18
fermé 14 juil. au 13 août, 23 déc. au 1ᵉʳ janv., sam. et dim. – **Repas** 96/115 et carte 120 à 210 ♁.

✗ **Le Rhône,** 40 bd Arago (13ᵉ) ✆ 47 07 33 57, 余 – GB N 14
fermé août, sam., dim. et fêtes – **Repas** 75 (déj.)/160 et carte 130 à 220 ♁.

✗ **Le Terroir,** 11 bd Arago (13ᵉ) ✆ 47 07 36 99, bistrot – GB N 15
fermé vacances de Pâques, 30 juil. au 21 août, 24 déc. au 1ᵉʳ janv., sam. midi et dim. – **Repas** 94 (déj.)et carte 150 à 300.

✗ **Table d'Honfleur,** 21 bd Arago (13ᵉ) ✆ 47 07 01 15 – GB N 15
fermé 11 au 31 juil., 12 au 21 août, 23 au 31 déc. et lundi – **Repas** 75 bc (déj.), 95 bc/145 bc.

✗ **Les Zygomates,** 7 r. Capri (12ᵉ) ✆ 40 19 93 04, Fax 40 19 93 04, bistrot – GB. ✻ N 21
fermé août, 24 déc. au 1ᵉʳ janv., sam. midi et dim. – **Repas** 70 (déj.)/125 et carte 160 à 210.

Vaugirard, Gare Montparnasse, Grenelle, Denfert-Rochereau.

14ᵉ et 15ᵉ arrondissements.
14ᵉ : ✉ 75014
15ᵉ : ✉ 75015

🏨 **Hilton** Ⓜ, 18 av. Suffren (15ᵉ) ✆ 42 73 92 00, Télex 200955, Fax 47 83 62 66, 余 – 🛗 ⇔ ch ▤ TV ☎ ♿ – 🎤 400. AE ⓓ GB JCB J 7
Western : **Repas** 150 et carte 230 à 350 ♁, enf. 75 – ***La Terrasse*** : **Repas** 140/160 bc et carte 230 à 320 – ☕ 120 – **429 ch** 1860/2065, 27 appart.

🏨 **Nikko** Ⓜ, 61 quai Grenelle (15ᵉ) ✆ 40 58 20 00, Télex 205811, Fax 45 75 42 35, ≤, 🏋, 🏊 – 🛗 ⇔ ch ▤ TV ☎ ♿ 🚗 – 🎤 600. AE ⓓ GB JCB K 6
voir rest. ***Les Célébrités*** ci-après - ***Brasserie Pont Mirabeau*** : **Repas** 148 et carte 200 à 310, enf. 83 – ***Benkay*** - cuisine japonaise - **Repas** 110 (déj.), 390/690 et carte 320 à 450 – ☕ 85 – **761 ch** 1480/2180, 7 appart.

🏨 **Méridien Montparnasse** Ⓜ, 19 r. Cdt Mouchotte (14ᵉ) ✆ 44 36 44 36, Télex 200135, Fax 44 36 49 00, ≤ – 🛗 ⇔ ch ▤ TV ☎ ♿ 🚗 – 🎤 1 400. AE ⓓ GB JCB. ✻ rest M 11
voir rest. ***Montparnasse 25*** ci-après - ***Justine*** ✆ 44 36 44 00 **Repas** 195 et carte 180 à 290 – ☕ 95 – **914 ch** 1700/1900, 38 appart.

🏨 **Sofitel Porte de Sèvres** Ⓜ, 8 r. L.-Armand (15ᵉ) ✆ 40 60 30 30, Télex 200484, Fax 45 57 04 22, ≤, piscine intérieure panoramique, 🏋 – 🛗 ⇔ ch ▤ TV ☎ ♿ 🚗 – 🎤 1 200. AE ⓓ GB JCB. ✻ rest N 5
voir rest. ***Le Relais de Sèvres*** ci-après - ***La Tonnelle*** (brasserie) **Repas** 120 – ☕ 90 – **523 ch** 1280, 15 appart.

🏨 **L'Aiglon** sans rest, 232 bd Raspail (14ᵉ) ✆ 43 20 82 42, Télex 206038, Fax 43 20 98 72 – 🛗 TV ☎ 🚗. AE ⓓ GB JCB M 12
☕ 35 – **38 ch** 480/710, 9 appart.

🏨 **Mercure Montparnasse** Ⓜ, 20 r. Gaîté (14ᵉ) ✆ 43 35 28 28, Télex 201532, Fax 43 27 98 64 – 🛗 ⇔ ch ▤ TV ☎ ♿ 🚗 – 🎤 100. AE ⓓ GB JCB M 11
Bistrot de la Gaîté : **Repas** 125/175 ♁, enf. 50 – ☕ 68 – **178 ch** 820, 7 appart.

🏨 **Mercure Porte de Versailles** Ⓜ, 69 bd Victor (15ᵉ) ✆ 44 19 03 03, Télex 205628, Fax 48 28 22 11 – 🛗 ⇔ ch ▤ ch TV ☎ ♿ 🚗 – 🎤 120. AE ⓓ GB JCB N 7
Repas 99/150 – ☕ 70 – **91 ch** 884/1064.

🏨 **Mercure Tour Eiffel** Ⓜ sans rest, 64 bd Grenelle (15ᵉ) ✆ 45 78 90 90, Fax 45 78 95 55 – 🛗 ⇔ ch ▤ TV ☎ ♿ 🚗 – 🎤 40. AE ⓓ GB K 7
☕ 65 – **64 ch** 900.

🏨 **Adagio Vaugirard** Ⓜ, 257 r. Vaugirard (15ᵉ) ✆ 40 45 10 00, Télex 250709, Fax 40 45 10 10, 🏋 – 🛗 ⇔ ch, ▤ rest TV ☎ ♿ 🚗 – 🎤 200. AE ⓓ GB M 9
Repas 150, enf. 60 – ☕ 70 – **184 ch** 795/860, 3 appart.

🏨 **Orléans Palace H.** sans rest, 185 bd Brune (14ᵉ) ✆ 45 39 68 50, Télex 205490, Fax 45 43 65 64 – 🛗 TV ☎ – 🎤 35. AE ⓓ GB R 11
☕ 50 – **92 ch** 510/570.

🏨 **Alizé Grenelle** M sans rest, 87 av. É. Zola (15ᵉ) ℰ 45 78 08 22, Fax 40 59 03 06 – 📳 📺
🕾. 🄰🄴 ⓞ ⸿ 🄺🄱. 　L 7
🛏 36 – **50 ch** 410/490.

🏨 **Lenox Montparnasse** sans rest, 15 r. Delambre (14ᵉ) ℰ 43 35 34 50, Fax 43 20 46 64 –
📳 📺 🕾. 🄰🄴 ⓞ ⸿ 🄺🄱. 　M 12
🛏 45 – **52 ch** 520/960.

🏨 **Beaugrenelle St-Charles** M sans rest, 82 r. St-Charles (15ᵉ) ℰ 45 78 61 63,
Fax 45 79 04 38 – 📳 📺 🕾. 🄰🄴 ⓞ ⸿ 🄺🄱. 　K 7
🛏 36 – **51 ch** 380/480.

🏨 **Raspail Montparnasse** sans rest, 203 bd Raspail (14ᵉ) ℰ 43 20 62 86, Fax 43 20 50 79 –
📳 ▤ 📺 🕾. 🄰🄴 ⓞ ⸿ 🄺🄱. ✳ 　M 12
🛏 30 – **38 ch** 550/850.

🏨 **Versailles** sans rest, 213 r. Croix-Nivert (15ᵉ) ℰ 48 28 48 66, Télex 200473,
Fax 45 30 16 22 – 📳 📺 🕾. 🄰🄴 ⓞ ⸿ 　N 7
🛏 42 – **41 ch** 485/565.

🏨 **Bailli de Suffren** sans rest, 149 av. Suffren (15ᵉ) ℰ 47 34 58 61, Fax 45 67 75 82 – 📳 📺
🕾. 🄰🄴 ⓞ ⸿ 　L 9
🛏 40 – **22 ch** 596/695. 3 appart.

🏨 **Mercure Paris XV** M sans rest, 6 r. St-Lambert (15ᵉ) ℰ 45 58 61 00, Télex 206936,
Fax 45 54 10 43 – 📳 ⟷ ch 📺 🕾 &. ⟺. 🄰🄴 ⓞ ⸿ 　M 7
🛏 50 – **56 ch** 690.

🏨 **Abaca Messidor** sans rest, 330 r. Vaugirard (15ᵉ) ℰ 48 28 03 74, Fax 48 28 75 17, ⟟ –
📳 📺 🕾. 🄰🄴 ⓞ ⸿ 🄺🄱. 　M 8
🛏 53 – **72 ch** 465/900.

🏨 **Terminus Vaugirard** sans rest, 403 r. Vaugirard (15ᵉ) ℰ 48 28 18 72, Fax 48 28 56 34 – 📳
⟷ ch 📺 🕾. ⸿. ✳ 　N 7
fermé 16 au 24 déc. – 🛏 45 – **89 ch** 456/562.

🏨 **L'Alligator** sans rest, 39 r. Delambre (14ᵉ) ℰ 43 35 18 40, Fax 43 35 30 71 – 📳 📺 🕾. 🄰🄴
ⓞ ⸿ 🄺🄱. 　M 12
🛏 45 – **35 ch** 430/650.

🏨 **Alésia Montparnasse** sans rest, 84 r. R. Losserand (14ᵉ) ℰ 45 42 16 03, Fax 45 42 11 60
– 📳 ⟷ ch 📺 🕾. 🄰🄴 ⓞ ⸿ 🄺🄱. 　N 10
🛏 42 – **45 ch** 490/550.

🏨 **L'Orchidée** sans rest, 65 r. de l'Ouest (14ᵉ) ℰ 43 22 70 50, Télex 203026, Fax 42 79 97 46
– 📳 📺 🕾 &. 🄰🄴 ⓞ ⸿. ✳ 　N 11
🛏 35 – **40 ch** 400/490.

🏨 **Sophie Germain** sans rest, 12 r. Sophie Germain (14ᵉ) ℰ 43 21 43 75, Télex 206720,
Fax 43 20 82 89 – 📳 📺 🕾. 🄰🄴 ⓞ ⸿. ✳ 　NP 12
🛏 35 – **33 ch** 490/560.

🏨 **France Eiffel** sans rest, 8 r. St-Charles (15ᵉ) ℰ 45 79 33 35, Télex 204057,
Fax 45 79 40 84 – 📳 📺 🕾. 🄰🄴 ⓞ ⸿ 🄺🄱 　K 7
🛏 45 – **37 ch** 490/632.

🏨 **Tourisme** sans rest, 66 av. La Motte-Picquet (15ᵉ) ℰ 47 34 28 01, Fax 47 83 66 54 – 📳 📺
🕾. ⸿. ✳ 　K 8
🛏 25 – **60 ch** 280/410.

🏨 **Acropole** sans rest, 199 bd Brune (14ᵉ) ℰ 45 39 64 17, Fax 45 42 18 21 – 📳 📺 🕾. 🄰🄴 ⓞ
⸿. ✳ 　R 12
🛏 30 – **41 ch** 350/390.

🏨 **Wallace** sans rest, 89 r. Fondary (15ᵉ) ℰ 45 78 83 30, Télex 283155, Fax 40 58 19 43 – 📳
📺 🕾. 🄰🄴 ⓞ ⸿. ✳ 　L 8
🛏 40 – **35 ch** 550/650.

🏨 **Châtillon H.** sans rest, 11 square Châtillon (14ᵉ) ℰ 45 42 31 17, Fax 45 42 72 09 – 📳 📺
🕾. ⸿. 　P 11
🛏 32 – **31 ch** 320/350.

🏠 **Ariane Montparnasse** M sans rest, 35 r. Sablière (14ᵉ) ℰ 45 45 67 13, Fax 45 45 39 49 –
📳 📺 🕾. 🄰🄴 ⓞ ⸿ 　N 11
🛏 38 – **30 ch** 380/425.

🏠 **Apollon Montparnasse** M sans rest, 91 r. Ouest (14ᵉ) ℰ 43 95 62 00, Fax 43 95 62 10 –
📳 📺 🕾. 🄰🄴 ⓞ ⸿. ✳ 　N 10-11
🛏 35 – **32 ch** 390/460.

🏠 **Sèvres-Montparnasse** sans rest, 153 r. Vaugirard (15ᵉ) ℰ 47 34 56 75, Fax 40 65 01 86
– 📳 📺 🕾. 🄰🄴 ⓞ ⸿. ✳ 　L 10
🛏 35 – **35 ch** 420/520.

🏠 **Lilas Blanc** M sans rest, 5 r. Avre (15ᵉ) ℰ 45 75 30 07, Fax 45 78 66 65 – 📳 📺 🕾. 🄰🄴 ⓞ
⸿ 🄺🄱 　K 8
🛏 32 – **32 ch** 380/455.

🏠 **Modern H. Val Girard** sans rest, 14 r. Pétel (15ᵉ) ℰ 48 28 53 96, Fax 48 28 69 94 – 📳 📺
🕾. 🄰🄴 ⓞ ⸿ 🄺🄱. 　M 8
🛏 35 – **39 ch** 375/450.

🏠 **Carladez Cambronne** sans rest, 3 pl. Gén. Beuret (15ᵉ) ℰ 47 34 07 12, Télex 206823, Fax 40 65 95 68 – 📶 📺 ☎. 🖭 ⌷ M 9
⌷ 31 – **27 ch** 380/425.

🏠 **Idéal** Ⓜ sans rest, 96 av. É. Zola (15ᵉ) ℰ 45 79 09 79, Fax 45 79 73 59 – 📶 📺 ☎. 🖭 ⓞ ⌷ ⌷ L 7
⌷ 40 – **35 ch** 390/430.

🏠 **Aberotel** Ⓜ sans rest, 24 r. Blomet (15ᵉ) ℰ 40 61 70 50, Fax 40 61 08 31 – 📶 📺 ☎ ♿. 🖭 ⓞ ⌷ L 8
⌷ 40 – **28 ch** 415/520.

🏠 **Résidence St-Lambert** sans rest, 5 r. E. Gibez (15ᵉ) ℰ 48 28 63 14, Fax 45 33 45 50 – 📶 📺 ☎. ⓞ ⌷ ⌷ N 8
⌷ 40 – **48 ch** 490/550.

🏠 **des Bains** sans rest, 33 r. Delambre (14ᵉ) ℰ 43 20 85 27, Fax 42 79 82 78 – 📶 📺 ☎ M 12
⌷ 43 – **41 ch** 367.

🏠 **du Lion** sans rest, 1 av. Gén. Leclerc (14ᵉ) ℰ 40 47 04 00, Fax 43 20 38 18 – 📶 ♦✕ ch 📺 ☎. 🖭 ⌷ N 12
⌷ 40 – **33 ch** 370/570.

🏠 **Parc** sans rest, 60 r. Beaunier (14ᵉ) ℰ 45 40 77 02, Fax 45 40 81 99 – 📶 📺 ☎. 🖭 ⌷ R 12
⌷ 30 – **24 ch** 350/390.

🏠 **Cécil'H.** sans rest, 47 r. Beaunier (14ᵉ) ℰ 45 40 93 53, Fax 45 40 43 26 – 📶 📺 ☎. 🖭 ⌷ R 12
⌷ 32 – **25 ch** 360/400.

🏠 **Fondary** sans rest, 30 r. Fondary (15ᵉ) ℰ 45 75 14 75, Fax 45 75 84 42 – 📶 📺 ☎. 🖭 ⌷ L 8
⌷ 38 – **20 ch** 375/395.

🏠 **Istria** sans rest, 29 r. Campagne Première (14ᵉ) ℰ 43 20 91 82, Télex 203618, Fax 43 22 48 45 – 📶 📺 ☎. 🖭 ⓞ ⌷ ⌷ M 12
⌷ 40 – **26 ch** 465/580.

🏠 **Pasteur** sans rest, 33 r. Dr.-Roux (15ᵉ) ℰ 47 83 53 17, Fax 45 66 62 39 – 📶 📺 ☎. ⌷ *fermé fin juil. à fin août* – ⌷ 38 – **19 ch** 315/450. M 10

🏠 **Friant** sans rest, 8 r. Friant (14ᵉ) ℰ 45 42 71 91, Fax 45 42 04 67 – 📶 📺 ☎. ⌷. ✍ P 11
⌷ 45 – **27 ch** 350/370.

🏠 **Agenor** sans rest, 22 r. Cels (14ᵉ) ℰ 43 22 47 25, Fax 42 79 94 01 – 📶 📺 ☎. 🖭 ⌷ ⌷ ✍ M 11
⌷ 32 – **19 ch** 350/440.

XXXX ✧ **Les Célébrités** - Hôtel Nikko, 61 quai Grenelle (15ᵉ) ℰ 40 58 20 00, Télex 205811, Fax 45 75 42 35, ≤ – 🔲 🖭 ⓞ ⌷ ⌷ K 6
fermé août – **Repas** 280/370 et carte 380 à 500
Spéc. Terrine de lièvre, condiments de cumberland (oct. à déc.). Saint-Jacques au jus de coques, pommes de terre au caviar (oct. à avril). Volaille de Bresse en soupière, légumes d'automne.

XXXX ✧ **Montparnasse 25** - Hôtel Méridien Montparnasse, 19 r. Cdt Mouchotte (14ᵉ) ℰ 44 36 44 25, Télex 200135, Fax 44 36 49 03 – 🔲 ⓟ. 🖭 ⓞ ⌷ ⌷ ✍ M 25
fermé août, 24 au 31 déc., sam. et dim. – **Repas** 230 (déj.), 290/380 et carte 310 à 410
Spéc. Galette de riz au rizotto de coquillages et girolles. Fricassée de langouste aux morilles et vin d'Arbois (avril à juin). Noisettes d'agneau de Pauillac, fondue de légumes et truffes (janv. à mars).

XXXX ✧ **Relais de Sèvres** - Hôtel Sofitel Porte de Sèvres, 8 r. L.-Armand (15ᵉ) ℰ 40 60 33 66, Télex 200484, Fax 45 57 04 22 – 🔲 🖭 ⓞ ⌷ ⌷ ✍ N 5
fermé août, 24 au 31 déc., sam. dim. et fériés – **Repas** 320 bc (déj.)/430 et carte 270 à 380
Spéc. Civet de petis gris aux gésiers confits. Morue demi-sel aux légumes acidulés. Filet d'agneau aux tomates confites.

XXX ✧ **Morot Gaudry,** 6 r. Cavalerie (15ᵉ) (8ᵉ étage) ℰ 45 67 06 85, Fax 45 67 55 72, 🍴 – 📶 🔲. 🖭 ⌷ ⌷ K 8
fermé sam. et dim. – **Repas** 220 bc (déj.), 390/550 bc et carte 300 à 450
Spéc. Foie gras de canard poêlé, pétales de pommes séchées. Coussin de sole aux oeufs d'ablette et au chablis. Lièvre à la royale (1ᵉʳ oct.-31 déc.).

XXX **Armes de Bretagne,** 108 av. Maine (14ᵉ) ℰ 43 20 29 50, Fax 43 27 84 11 – 🔲. 🖭 ⓞ ⌷ N 11
fermé août, sam. midi et dim. – **Repas** - produits de la mer - 200 et carte 240 à 410.

XXX **Moniage Guillaume,** 88 r. Tombe-Issoire (14ᵉ) ℰ 43 22 96 15, Fax 43 27 11 79 – 🖭 ⓞ ⌷ ⌷ P 12
fermé dim. – **Repas** 195 bc (déj.)/240 et carte 310 à 420.

XXX **Pavillon Montsouris,** 20 r. Gazan (14e) ℘ 45 88 38 52, Fax 45 88 63 40, ←, 🏠, « Pavillon 1900 en bordure du parc » – Ⓟ. AE ① GB. ✻ R 14
Repas 189/255, enf. 120.

XXX **Lous Landès,** 157 av. Maine (14e) ℘ 45 43 08 04, Fax 45 45 91 35 – ▤. AE ① GB N 11
fermé sam. midi et dim. – **Repas** 190/300 et carte 270 à 380.

XX **Lal Qila,** 88 av. É. Zola (15e) ℘ 45 75 68 40, Fax 45 79 68 61, « Décor original » – ▤. AE ① GB L 7
Repas - cuisine indienne - 68 (déj.), 119/169 et carte 170 à 250.

XX **Yves Quintard,** 99 r. Blomet (15e) ℘ 42 50 22 27 – GB M 8
fermé 10 au 30 août, sam. midi et dim. – **Repas** 160 bc/260 bc.

XX **La Dînée,** 85 r. Leblanc (15e) ℘ 45 54 20 49, Fax 40 60 74 88 – AE GB JCB M 5
fermé 27 juil. au 21 août, dim. midi et sam. – **Repas** 160 (déj.)/260 et carte 210 à 310.

XX **La Chaumière des Gourmets,** 22 pl. Denfert-Rochereau (14e) ℘ 43 21 22 59 – AE GB
fermé août, sam. midi et dim. – **Repas** 165/240 et carte 270 à 370. N 12

XX **Le Dôme,** 108 bd Montparnasse (14e) ℘ 43 35 25 81, Fax 42 79 01 19, brasserie – ▤. AE ① GB LM 12
fermé lundi – **Repas** - produits de la mer - carte 300 à 460.

XX **Vishnou,** 13 r. Cdt Mouchotte (14e) ℘ 45 38 92 93, Fax 44 07 29 90, 🏠 – AE ① GB
fermé dim. – **Repas** - cuisine indienne - 150 bc (déj.)/230 bc et carte 190 à 310. M 11

XX **Bistro 121,** 121 r. Convention (15e) ℘ 45 57 52 90, Fax 45 57 14 69 – ▤. AE ① GB JCB
Repas 200 bc/450 bc et carte 200 à 340. M 7

XX **La Coupole,** 102 bd Montparnasse (14e) ℘ 43 20 14 20, Fax 43 35 46 14, « Brasserie parisienne des années 20 » – AE ① GB L 12
Repas carte 150 à 270 ♂.

XX **Aux Senteurs de Provence,** 295 r. Lecourbe (15e) ℘ 45 57 11 98, Fax 45 58 66 84 – AE ① GB JCB M 6
fermé 6 au 20 août, sam. midi et dim. – **Repas** - produits de la mer - 200 et carte 190 à 300.

XX **Petite Bretonnière,** 2 r. Cadix (15e) ℘ 48 28 34 39, Fax 48 28 20 90 – AE GB JCB N 7
fermé août, sam. midi et dim. – **Repas** 185/350 et carte 290 à 410.

XX **Napoléon et Chaix,** 46 r. Balard (15e) ℘ 45 54 09 00 – ▤. AE GB M 5
fermé août, 1er au 7 janv., sam. midi et dim. – **Repas** 148 et carte 180 à 270 ♂.

XX **Monsieur Lapin,** 11 r. R. Losserand (14e) ℘ 43 20 21 39, Fax 43 21 84 86 – AE GB N 11
fermé août et lundi – **Repas** 150/300 et carte 250 à 360.

XX **Le Caroubier,** 122 av. Maine (14e) ℘ 43 20 41 49 – ▤. GB N 11
fermé août, dim. soir et lundi midi – **Repas** - cuisine nord-africaine - 130/200 bc et carte 140 à 160.

XX **L'Etape,** 89 r. Convention (15e) ℘ 45 54 73 49 – ▤. GB M 6
fermé Noël au Jour de l'An, sam. soir du 1er juil. au 15 sept., sam. midi et dim. – **Repas** 160/190 bc et carte 170 à 270.

XX **Le Copreaux,** 15 r. Copreaux (15e) ℘ 43 06 83 35 – GB M 9
fermé 7 au 28 août, sam. midi et dim. – **Repas** 120/190 et carte 200 à 280.

XX **Le Clos Morillons,** 50 r. Morillons (15e) ℘ 48 28 04 37, Fax 48 28 70 77 – AE GB N 8
fermé 6 au 21 août, sam. midi et dim. – **Repas** 165/285 et carte 240 à 290.

XX **Les Vendanges,** 40 r. Friant (14e) ℘ 45 39 59 98 – AE GB R 11
fermé août, sam. midi et dim. – **Repas** 180.

XX **Filoche,** 34 r. Laos (15e) ℘ 45 66 44 60 – GB. ✻ K 8
fermé 13 juil. au 20 août, 22 déc. au 5 janv., sam. et dim. – **Repas** carte 180 à 270.

XX **La Giberne,** 42 bis av. de Suffren (15e) ℘ 47 34 82 18 – AE ① GB JCB J 8
fermé 1er au 27 août, sam. midi et dim. – **Repas** 118 (déj.), 165/180 et carte 180 à 320 ♂.

XX **Pierre Vedel,** 19 r. Duranton (15e) ℘ 45 58 43 17, Fax 45 58 42 65, bistrot – GB M 6
fermé Noël au Jour de l'An, sam. (sauf le soir d'oct. à avril) et dim. – **Repas** carte 210 à 300.

XX **La Chaumière,** 54 av. F.-Faure (15e) ℘ 45 54 13 91 – AE ① GB M 7
fermé 24 juil. au 21 août, lundi soir et mardi – **Repas** 175 bc et carte 190 à 270.

XX **Mina Mahal,** 25 r. Cambronne (15e) ℘ 47 34 19 88, Fax 45 79 68 61 – ▤. AE ① GB L 8
◆ *fermé dim.* – **Repas** - cuisine indienne - 68/138 et carte 110 à 200.

X **de la Tour,** 6 r. Desaix (15e) ℘ 43 06 04 24 – GB J 8
fermé août, sam. midi et dim. – **Repas** 108 (déj.)/165.

X **L'Épopée,** 89 av. É. Zola (15e) ℘ 45 77 71 37 – AE GB L 7
fermé sam. midi et dim. – **Repas** 168 et carte 180 à 290.

X **La Bonne Table,** 42 r. Friant (14e) ℘ 45 39 74 91 – GB R 11
fermé sam. et dim. – **Repas** (dîner seul.) 150 et carte 190 à 330.

X **Chez Yvette,** 46 bis bd Montparnasse (15e) ℘ 42 22 45 54, bistrot – GB L 11
fermé août, sam. et dim. – **Repas** carte 130 à 310.

X **Bistrot du Dôme,** 1 r. Delambre (14e) ℘ 43 35 32 00 – ▤. AE GB M 12
Repas - produits de la mer - carte 180 à 260.

X **La Cagouille,** 10 pl. Constantin Brancusi (14e) ℘ 43 22 09 01, Fax 45 38 57 29, 🏠 – AE GB JCB M 11
fermé du 24 déc. au 3 janv. – **Repas** - produits de la mer - 250 bc et carte 210 à 355.

✗ **Le Gastroquet,** 10 r. Desnouettes (15ᵉ) ✆ 48 28 60 91 – ☎ GB ⠀⠀⠀⠀⠀⠀⠀⠀⠀⠀ N 7
⠀fermé août, sam. et dim. – **Repas** 99 (déj.)/149 et carte 170 à 270.

✗ **Les Cévennes,** 55 r. Cévennes (15ᵉ) ✆ 45 54 33 76, Fax 44 26 46 95 – GB ⠀⠀⠀⠀ L 6
⠀fermé au 15 août, sam. midi et dim. – **Repas** 155/250, enf. 80.

✗ **La Datcha Lydie,** 7 r. Dupleix (15ᵉ) ✆ 45 66 67 77 – ☎ GB ⠀⠀⠀⠀⠀⠀⠀⠀⠀⠀ K 8
⠀fermé 12 juil. au 31 août et merc. – **Repas** - cuisine russe - 125 bc et carte 130 à 210.

✗ **Chez Pierre,** 117 r. Vaugirard (15ᵉ) ✆ 47 34 96 12, bistrot – 🍽 ☎ GB ⠀⠀⠀⠀ L 11
⠀fermé 1ᵉʳ au 22 août, sam. midi et dim. sauf fériés – **Repas** 120 (déj.)/145 et carte 200 à 330.

✗ **L'Armoise,** 67 r. Entrepreneurs (15ᵉ) ✆ 45 79 03 31 – GB ⠀⠀⠀⠀⠀⠀⠀⠀⠀⠀ L 7
⠀fermé 1ᵉʳ au 20 août, vacances de fév., sam. midi et dim. – **Repas** 125 ⅄.

✗ **Le Père Claude,** 51 av. La Motte-Picquet (15ᵉ) ✆ 47 34 03 05, Fax 40 56 97 84 – ☎ GB ⠀ K 8
⠀**Repas** 92/140 et carte 190 à 300.

✗ **L'Amuse Bouche,** 186 r. Château (14ᵉ) ✆ 43 35 31 61 – ☎ GB ⠀⠀⠀⠀⠀⠀⠀⠀ N 11
⠀fermé 7 au 20 août, sam. midi et dim. – **Repas** (nombre de couverts limité, prévenir) 160 et
⠀carte 230 à 310.

✗ **La Régalade,** 49 av. J. Moulin (14ᵉ) ✆ 45 45 68 58, Fax 45 40 96 74, bistrot – 🍽 ☎ GB.
⠀⅄ ⠀⠀⠀⠀⠀⠀⠀⠀⠀⠀⠀⠀⠀⠀⠀⠀⠀⠀⠀⠀⠀⠀⠀⠀⠀⠀⠀⠀⠀⠀⠀⠀⠀⠀ R 11
⠀fermé août, sam. midi, dim. et lundi – **Repas** (prévenir) 160.

✗ **L'Os à Moelle,** 3 r. Vasco de Gama (15ᵉ) ✆ 45 57 27 27 – GB ⠀⠀⠀⠀⠀⠀⠀⠀ M 6
⠀fermé 7 au 21 août, dim. et lundi – **Repas** 140 (déj.)/180.

✗ **L'Agape,** 281 r. Lecourbe (15ᵉ) ✆ 45 58 19 29 – GB ⠀⠀⠀⠀⠀⠀⠀⠀⠀⠀⠀ M 7
⠀fermé 8 au 29 août, sam. midi et dim. – **Repas** 120.

✗ **St-Vincent,** 26 r. Croix-Nivert (15ᵉ) ✆ 47 34 14 94, bistrot – 🍽 GB ⠀⠀⠀⠀⠀ L 8
⠀fermé sam. midi et dim. – **Repas** carte 170 à 240 ⅄.

✗ **Le Petit Mâchon,** 123 r. Convention (15ᵉ) ✆ 45 54 08 62, bistrot – ☎ ⓞ GB JCB ⠀ N 7
⠀fermé 1ᵉʳ au 25 août et dim. – **Repas** 130 (déj.). 150/200.

Passy, Auteuil, Bois de Boulogne, Chaillot, Porte Maillot.

16ᵉ arrondissement.
16ᵉ : ✉ 75016

🏨 **Le Parc Victor Hugo** Ⓜ ⅏, 55 av. R. Poincaré ✉ 75116 ✆ 44 05 66 66, Télex 643862,
Fax 44 05 66 00, 🍴, « Atmosphère de belle demeure anglaise » – 🔁 ✦ ch 🍽 📺 ☎ ⅄ –
⛰ 30 à 250. ☎ ⓞ GB JCB ⠀⠀⠀⠀⠀⠀⠀⠀⠀⠀⠀⠀⠀⠀⠀⠀⠀⠀⠀⠀ G 6
voir rest. *Joël Robuchon* ci-après - *Le Relais du Parc* ✆ 44 05 66 10 **Repas** carte 200 à 320 –
⊑ 115 – **107 ch** 1690/2300, 10 appart, 3 duplex.

🏨 **Raphaël,** 17 av. Kléber ✉ 75116 ✆ 44 28 00 28, Télex 645356, Fax 45 01 21 50, « Élégant
cachet ancien, beau mobilier » – 🔁 ✦ ch 🍽 📺 ☎ – ⛰ 50. ☎ ⓞ GB JCB ⠀⠀⠀ F 7
Repas *(fermé sam. et dim.)* 250 – ⊑ 115 – **64 ch** 1950/2950, 23 appart.

🏨 **St-James Paris** ⅏, 43 av. Bugeaud ✉ 75116 ✆ 44 05 81 81, Fax 44 05 81 82, 🍴, « Bel
hôtel particulier néo-classique », 🝖, 🍴 – 🔁 🍽 📺 ☎ ⓟ – ⛰ 25. ☎ ⓞ GB JCB ⅄ rest
Repas *(fermé sam., dim. et fériés)* (résidents seul.) 290/300 bc et carte 290 à 460 – ⊑ 95 –
20 ch 1500/1950, 20 appart 3500, 8 duplex. ⠀⠀⠀⠀⠀⠀⠀⠀⠀⠀⠀⠀⠀⠀ F 5

🏨 **Baltimore** Ⓜ, 88 bis av. Kléber ✉ 75116 ✆ 44 34 54 54, Télex 645284, Fax 44 34 54 44 –
🔁 ✦ ch 🍽 📺 ☎ – ⛰ 30 à 100. ☎ ⓞ GB JCB ⅄ rest ⠀⠀⠀⠀⠀⠀⠀⠀⠀ G 7
Bertie's - cuisine anglaise - **Repas** 195 et carte 180 à 360 – ⊑ 115 – **104 ch** 1690/2950.

🏨 **Villa Maillot** Ⓜ sans rest, 143 av. Malakoff ✉ 75116 ✆ 45 01 25 22, Télex 649808,
Fax 45 00 60 61 – 🔁 🍽 📺 ☎ ⅄ – ⛰ 25. ☎ ⓞ GB JCB ⠀⠀⠀⠀⠀⠀⠀⠀ F 6
⊑ 100 – **39 ch** 1300/2300, 3 appart.

🏨 **Pergolèse** Ⓜ sans rest, 3 r. Pergolèse ✉ 75116 ✆ 40 67 96 77, Télex 651618,
Fax 45 00 12 11 – 🔁 🍽 📺 ☎. ☎ ⓞ GB JCB ⠀⠀⠀⠀⠀⠀⠀⠀⠀⠀⠀ E 6
⊑ 75 – **40 ch** 850/1500.

🏨 **Élysées Régencia** Ⓜ sans rest, 41 av. Marceau ✉ 75016 ✆ 47 20 42 65, Télex 644965,
Fax 49 52 03 42, « Belle décoration » – 🔁 ✦ ch 🍽 📺 ☎. ☎ ⓞ GB ⠀⠀⠀⠀⠀ G 8
⊑ 80 – **41 ch** 1260/1680.

🏨 **Majestic** sans rest, 29 r. Dumont d'Urville ✉ 75116 ℰ 45 00 83 70, Télex 640034, Fax 45 00 29 48 – 📶 ⇔ ch 🔲 📺 ☎. 🕮 ⑩ ☒ ᴊᴄʙ
F 7
🖵 60 – **27 ch** 1150/1450, 3 appart.

🏨 **Garden Elysée** 🅼 ⅍, 12 r. St-Didier ✉ 75116 ℰ 47 55 01 11, Télex 648157, Fax 47 27 79 24 – 📶 🔲 📺 ☎ ὐ. 🕮 ⑩ ☒ ᴊᴄʙ. ⅏
G 7
Repas (snack) *(fermé août, sam. et dim.)* 160/250 et carte 230 à 390 – 🖵 80 – **48 ch** 1450/1600.

🏨 **Alexander** sans rest, 102 av. V. Hugo ✉ 75116 ℰ 45 53 64 65, Télex 645373, Fax 45 53 12 51 – 📶 🔲 ☎. 🕮 ⑩ ☒ ᴊᴄʙ. ⅏
G 6
🖵 75 – **62 ch** 830/1300.

🏨 **Floride Etoile**, 14 r. St-Didier ✉ 75116 ℰ 47 27 23 36, Télex 643715, Fax 47 27 82 87 – 📶 🔲 rest 📺 ☎. ᴀ 40. 🕮 ⑩ ☒ ᴊᴄʙ. ⅏
G 7
Repas snack *(fermé août, sam. et dim.)* carte environ 150 – 🖵 45 – **60 ch** 810/840.

🏨 **Rond-Point de Longchamp** sans rest, 86 r. Longchamp ✉ 75116 ℰ 45 05 13 63, Télex 640883, Fax 47 55 12 80 – 📶 ⇔ ch 🔲 📺 ☎. ᴀ 40. 🕮 ⑩ ☒
G 6
🖵 65 – **57 ch** 730/1000.

🏨 **Frémiet** sans rest, 6 av. Frémiet ✉ 75016 ℰ 45 24 52 06, Fax 42 88 77 46 – 📶 🔲 📺 ☎. 🕮 ⑩ ☒ ᴊᴄʙ
J 6
🖵 40 – **34 ch** 650/915.

🏨 **Union H. Étoile** sans rest, 44 r. Hamelin, ✉ 75116 ℰ 45 53 14 95, Télex 645217, Fax 47 55 94 79 – 📶 cuisinette 📺 ☎. 🕮 ⑩ ☒ ᴊᴄʙ
G 7
🖵 42 – **29 ch** 720/830, 13 appart.

🏨 **Élysées Sablons** 🅼 sans rest, 32 r. Greuze ✉ 75116 ℰ 47 27 10 00, Fax 47 27 47 10 – 📶 ⇔ ch ☎ ὐ. 🕮 ⑩ ☒ ᴊᴄʙ
G 6
🖵 75 – **41 ch** 825/885.

🏨 **Elysées Bassano** sans rest, 24 r. Bassano ✉ 75116 ℰ 47 20 49 03, Télex 645280, Fax 47 23 06 72 – 📶 ⇔ ch 📺 ☎. 🕮 ⑩ ☒ ᴊᴄʙ
G 8
🖵 75 – **40 ch** 825/935.

🏨 **Massenet** sans rest, 5 bis r. Massenet ✉ 75116 ℰ 45 24 43 03, Télex 640196, Fax 45 24 41 39 – 📶 📺 ☎. 🕮 ⑩ ☒ ᴊᴄʙ. ⅏
J 6
🖵 40 – **41 ch** 500/760.

🏨 **Victor Hugo** sans rest, 19 r. Copernic ✉ 75116 ℰ 45 53 76 01, Télex 645939, Fax 45 53 69 93 – 📶 🔲 📺 ☎. 🕮 ⑩ ☒. ⅏
G 7
🖵 60 – **75 ch** 644/788.

🏨 **Résidence Bassano** 🅼 sans rest, 15 r. Bassano ✉ 75116 ℰ 47 23 78 23, Fax 47 20 41 22 – 📶 cuisinette 🔲 ☎. 🕮 ⑩ ☒ ᴊᴄʙ
G 8
🖵 65 – **27 ch** 750/1150, 3 appart.

🏨 **Sévigné** sans rest, 6 r. Belloy ✉ 75116 ℰ 47 20 88 90, Télex 645219, Fax 40 70 98 73 – 📶 📺 ☎. 🕮 ⑩ ☒ ᴊᴄʙ
G 7
🖵 47 – **30 ch** 730/860.

🏨 **Résidence Impériale** 🅼 sans rest, 155 av. Malakoff ✉ 75116 ℰ 45 00 23 45, Télex 651158, Fax 45 01 88 82 – 📶 🔲 📺 ☎. 🕮 ⑩ ☒ ᴊᴄʙ
E 6
🖵 45 – **37 ch** 750/890.

🏨 **Les Jardins du Trocadéro** 🅼, 35 r. Franklin ✉ 75116 ℰ 53 70 17 70, Fax 53 70 17 80 – 📶 ⇔ ch 🔲 📺 ☎. 🕮 ⑩ ☒ ᴊᴄʙ
H 6
Repas (snack) 120/150 ⅃ – 🖵 60 – **16 ch** 850/1250, 6 appart.

🏨 **Kléber** sans rest, 7 r. Belloy ✉ 75116 ℰ 47 23 80 22, Fax 49 52 07 20 – 📶 📺 ☎ 🅿. 🕮 ⑩ ☒ ᴊᴄʙ
G 7
🖵 45 – **23 ch** 780/840.

🏨 **Murat** sans rest, 119 bis bd Murat ✉ 75016 ℰ 46 51 12 32, Fax 46 51 70 01 – 📶 🔲 ☎. 🕮 ⑩ ☒. ⅏
M 3
🖵 45 – **28 ch** 650/750.

🏨 **Résidence Chambellan Morgane** 🅼 sans rest, 6 r. Keppler ✉ 75116 ℰ 47 20 35 72, Fax 47 20 95 69 – 📶 🔲 📺 ☎. 🕮 ⑩ ☒. ⅏
GF 8
🖵 50 – **20 ch** 650/900.

🏨 **Étoile Maillot** sans rest, 10 r. Bois de Boulogne (angle r. Duret) ✉ 75116 ℰ 45 00 42 60, Fax 45 00 55 89 – 📶 🔲 📺 ☎. 🕮 ⑩ ☒
F 6
🖵 40 – **27 ch** 520/690.

🏨 **Ambassade** sans rest, 79 r. Lauriston ✉ 75116 ℰ 45 53 41 15, Fax 45 53 30 80 – 📶 📺 ☎. 🕮 ⑩ ☒. ⅏
G 7
🖵 40 – **38 ch** 430/535.

🏨 **Résidence Foch** sans rest, 10 r. Marbeau ✉ 75116 ℰ 45 00 46 50, Fax 45 01 98 68 – 📶 🔲 ☎. 🕮 ⑩ ☒ ᴊᴄʙ
F 6
🖵 45 – **21 ch** 656/762, 4 appart.

🏨 **Passy Eiffel** sans rest, 10 r. Passy ✉ 75016 ℰ 45 25 55 66, Fax 42 88 89 88 – 📶 🔲 📺 ☎. 🕮 ⑩ ☒
J 6
🖵 35 – **50 ch** 580/650.

🏨 **Résidence Marceau** sans rest, 37 av. Marceau ✉ 75116 ℰ 47 20 43 37, Fax 47 20 14 76 – 📶 📺 ☎. 🕮 ⑩ ☒ ᴊᴄʙ. ⅏
G 8
fermé 1ᵉʳ au 24 août – 🖵 35 – **30 ch** 530/620.

🏨 **Longchamp** sans rest, 68 r. Longchamp ✉ 75116 ℰ 47 27 13 48, Fax 47 55 68 26 – |≋| 📺 ☎. 🖭 ⓞ ⊞ ᴊᴄʙ
G 6
⌑ 50 – **23 ch** 600/750.

🏨 **Beauséjour Ranelagh** sans rest, 99 r. Ranelagh ✉ 75016 ℰ 42 88 14 39, Fax 40 50 81 21 – |≋| 📺 ☎. 🖭 ⊞
J 4
⌑ 40 – **30 ch** 450/700.

🏨 **Eiffel Kennedy** Ⓜ sans rest, 12 r. Boulainvilliers ✉ 75016 ℰ 45 24 45 75, Fax 42 30 83 32 – |≋| 📺 ☎. 🖭 ⓞ ⊞. ✺
K 5
⌑ 40 – **30 ch** 500/620.

🏨 **Hameau de Passy** Ⓜ ॐ sans rest, 48 r. Passy ✉ 75016 ℰ 42 88 47 55, Fax 42 30 83 72 – 📺 ☎ ᵭ. 🖭 ⓞ ⊞
J 5-6
⌑ 30 – **32 ch** 490/530.

🏨 **Keppler** sans rest, 12 r. Keppler ✉ 75116 ℰ 47 20 65 05, Fax 47 23 02 29 – |≋| 📺 ☎. 🖭 ⊞. ✺
F 8
⌑ 30 – **49 ch** 450.

🏨 **Nicolo** sans rest, 3 r. Nicolo ✉ 75016 ℰ 42 88 83 40, Télex 649585, Fax 42 24 45 41 – |≋| 📺 ☎. ⊞ ᴊᴄʙ
J 6
⌑ 35 – **28 ch** 350/450.

XXXX ❀❀❀ **Joël Robuchon,** 59 av. R. Poincaré ✉ 75116 ℰ 47 27 12 27, Fax 47 27 31 22, « Bel hôtel particulier de style ''Art Nouveau'' » – ▤. ⊞
G 6
fermé 8 juil. au 7 août, 23 déc. au 2 janv., sam. et dim. – **Repas** 890/1200 et carte 700 à 1 100
Spéc. Gelée de caviar à la crème de chou-fleur. Tarte friande de truffes aux oignons et lard fumé (déc. à mars). Lièvre à la royale (oct. à déc.).

XXXX ❀❀ **Vivarois** (Peyrot), 192 av. V. Hugo, ✉ 75116 ℰ 45 04 04 31, Fax 45 03 09 84 – ▤. 🖭 ⓞ ⊞ ᴊᴄʙ
G 5
fermé août, sam. et dim. – **Repas** 345 (déj.)et carte 410 à 690
Spéc. Galettes de pommes de terre aux truffes (saison). Barbue rôtie au jus de viande et au lard. Canard au miel et aux épices.

XXXX ❀❀ **Faugeron,** 52 r. Longchamp ✉ 75116 ℰ 47 04 24 53, Fax 47 55 62 90 – 🖭 ⊞ ᴊᴄʙ. ✺
G 7
fermé août, 23 déc. au 2 janv., sam. sauf le soir d'oct. à avril et dim. – **Repas** 290 (déj.)/550 bc et carte 430 à 550
Spéc. Parmentier de truffes aux fines épices (janv. à mars). Côte de veau au miel, citron et épices. Macaron à la vanille aux fruits rouges (mai à sept.).

XXX **Prunier-Traktir,** 16 av. V. Hugo ✉ 75116 ℰ 44 17 35 85, Fax 44 17 90 10 – ▤. 🖭 ⓞ ⊞ ᴊᴄʙ
F 7
fermé 15 juil. au 15 août, dim. soir et lundi – **Repas** - produits de la mer - carte 320 à 450.

XXX ❀ **Toit de Passy** (Jacquot), 94 av. P. Doumer (6ᵉ étage) ✉ 75016 ℰ 45 24 55 37, Fax 45 20 94 57, ↝ – ▤ ℗. 🖭 ⊞
H J 5
fermé sam. midi et dim. – **Repas** 195 (déj.), 295/495
Spéc. Foie gras poêlé à la polenta et raisins secs. Filets de rouget en écailles de pommes de terre. Tarte aux pommes caramélisée à l'envers.

XXX **Tsé-Yang,** 25 av. Pierre 1ᵉʳ de Serbie ✉ 75016 ℰ 47 20 70 22, Fax 49 52 03 68, « Cadre élégant » – ▤. 🖭 ⓞ ⊞. ✺
G 8
Repas - cuisine chinoise - 115 (déj.), 245/285 et carte 200 à 300.

XXX **Pavillon Noura,** 21 av. Marceau ✉ 75116 ℰ 47 20 33 33, Fax 47 20 60 31, ↝ – ▤. 🖭 ⓞ ⊞
G 8
Repas - cuisine libanaise - 156 (déj.), 200/320 et carte 160 à 250.

XXX ❀ **Port Alma** (Canal), 10 av. New York ✉ 75116 ℰ 47 23 75 11 – ▤. 🖭 ⓞ ⊞
H 8
fermé août et dim. – **Repas** - produits de la mer - 200 (déj.), 250/400 et carte 250 à 420
Spéc. Gaspacho de tourteau (mai à sept.). Bar en croûte de sel de Guérande. Soufflé au chocolat.

XXX ❀ **Relais d'Auteuil** (Pignol), 31 bd. Murat ✉ 75016 ℰ 46 51 09 54, Fax 40 71 05 03 – ▤. 🖭 ⊞ ᴊᴄʙ
L 3
fermé 1ᵉʳ au 21 août, sam. midi et dim. – **Repas** 230 (déj.), 390/480 et carte 370 à 470
Spéc. Amandine de foie gras de canard. Bar au poivre concassé parfumé aux aromates. Madeleines au miel de bruyère, glace miel et noix.

XXX **Le Pergolèse,** 40 r. Pergolèse ✉ 75116 ℰ 45 00 21 40, Fax 45 00 81 31 – 🖭 ⊞
F 6
fermé 8 au 22 août, sam. et dim. – **Repas** 230 (déj.)/360 et carte 280 à 370.

XXX **Chez Ngo,** 70 r. Longchamp ✉ 75116 ℰ 47 04 53 20, Fax 47 04 53 20 – ▤. 🖭 ⓞ ⊞ ᴊᴄʙ
G 6
Repas - cuisine chinoise et thaïlandaise - carte 130 à 170.

XX **Al Mounia,** 16 r. Magdebourg ✉ 75116 ☎ 47 27 57 28 – ▤. AE GB. ✄ G 7
fermé 10 juil. au 31 août et dim. – **Repas** - cuisine marocaine - (le soir, prévenir) carte 140 à 270.

XX ✿ **Conti,** 72 r. Lauriston ✉ 75116 ☎ 47 27 74 67, Fax 47 27 37 66 – ▤. AE ⓓ GB G 7
fermé 4 au 28 août, 29 déc. au 8 janv., sam. et dim. – **Repas** - cuisine italienne - 198 (déj.)et carte 290 à 420
Spéc. Farci d'os à moelle à la truffe noire (15 déc. au 15 janv.). Poêlée de palourdes au fenouil (1er oct. au 15 déc.). Dégustation de pâtes fraîches.

XX **Carré Kléber,** 11bis r. Magdebourg ✉ 75016 ☎ 47 55 82 08, Fax 47 55 80 09 – ▤. GB. ✄ G 7
fermé 29 juil. au 27 août, sam. midi, dim. et fériés – **Repas** 160/200.

XX **Giulio Rebellato,** 136 r. Pompe ✉ 75116 ☎ 47 27 50 26 – ▤. AE GB. ✄ G 6
fermé août et dim. – **Repas** - cuisine italienne - 170 bc (déj.), 200/350 et carte 240 à 340.

XX ✿ **Fontaine d'Auteuil** (Grégoire), 35bis r. La Fontaine ✉ 75016 ☎ 42 88 04 47 – ▤. AE ⓓ GB K 5
fermé 30 juil. au 20 août, vacances de fév., sam. midi et dim. – **Repas** 170 (déj.), 230/350 et carte 260 à 400
Spéc. Civet de lièvre à la beauceronne (20 sept. au 15 déc.). Poulet du Gatinais au vinaigre d'Orléans. Millefeuille.

XX **Tang,** 125 r. de la Tour ✉ 75116 ☎ 45 04 35 35, Fax 45 04 58 19 – AE GB. ✄ H 5
fermé août et lundi – **Repas** - cuisine chinoise et thaïlandaise - carte 200 à 300.

XX **Villa Vinci,** 23 r. P. Valéry ✉ 75116 ☎ 45 01 68 18 – ▤. AE GB. ✄ F 7
fermé août, sam. et dim. – **Repas** - cuisine italienne - 175 (déj.)/300 et carte 240 à 340 ♨.

XX **Paul Chêne,** 123 r. Lauriston ✉ 75116 ☎ 47 27 63 17 – ▤. AE ⓓ GB G 6
fermé 28 juil. au 22 août, 24 déc. au 2 janv., sam. midi et dim. – **Repas** 200 et carte 260 à 340.

XX **Sous l'Olivier,** 15 r. Goethe ✉ 75116 ☎ 47 20 84 81, Fax 47 20 73 75 – AE GB G 8
fermé août, sam., dim. et fériés – **Repas** carte 200 à 300.

XX **Palais du Trocadéro,** 7 av. Eylau ✉ 75116 ☎ 47 27 05 02, Fax 47 27 25 51 – ▤. AE GB H 6
Repas - cuisine chinoise - 120 (déj.), 150/200 bc et carte 150 à 220 ♨.

XX ✿ **La Petite Tour** (Israël), 11 r. de la Tour ✉ 75116 ☎ 45 20 09 31 – AE ⓓ GB JCB H 6
fermé 10 au 20 août et dim. – **Repas** carte 270 à 400
Spéc. Fricassée de champignons sauvages (juil. à déc.). Côte de veau de lait, sauce Périgueux. Râble de lièvre sauce smitane.

XX **Marius,** 82 bd Murat ✉ 75016 ☎ 46 51 67 80, ☂ – GB M 2
fermé août, vacances de Noël, sam. midi et dim. – **Repas** carte 200 à 290.

XX **Chez Géraud,** 31 r. Vital ✉ 75016 ☎ 45 20 33 00, « Belle fresque en faïence de Longwy » – AE GB H 5
fermé 1er au 30 août, sam. sauf le soir d'oct. à fév. et dim. – **Repas** 200 et carte 220 à 350.

XX **San Francisco,** 1 r. Mirabeau ✉ 75016 ☎ 46 47 84 89 – ▤. AE ⓓ GB L 5
fermé 4 au 18 août et dim. – **Repas** - cuisine italienne - carte 220 à 300.

X **Beaujolais d'Auteuil,** 99 bd Montmorency ✉ 75016 ☎ 47 43 03 56, Fax 46 51 27 81, bistrot – GB K 3
fermé sam. midi et dim. – **Repas** 119 bc et carte 160 à 220 ♨.

X **La Butte Chaillot,** 110 bis av. Kléber ✉ 75116 ☎ 47 27 88 88, Fax 47 04 85 70 – ▤. AE GB JCB G 7
Repas 210 et carte 240 à 330.

X **Le Cuisinier François,** 19 r. Le Marois ✉ 75016 ☎ 45 27 83 74 – GB M 3
fermé août, dim. soir et lundi – **Repas** 140 et carte 170 à 250 ♨.

X **Bistrot de l'Étoile,** 19 r. Lauriston ✉ 75016 ☎ 40 67 11 16, Fax 45 00 99 87 – ▤. AE GB F 7
fermé sam. midi et dim. – **Repas** carte 180 à 230.

X **Noura,** 27 av. Marceau ✉ 75116 ☎ 47 23 02 20, Fax 49 52 01 26 – ▤. AE ⓓ GB. ✄ G 8
Repas - cuisine libanaise - carte 160 à 200.

Au Bois de Boulogne :

XXXX ✿✿ **Pré Catelan,** rte Suresnes ✉ 75016 ☎ 45 24 55 58, Fax 45 24 43 25, ☂, 🌳 – Ⓟ. AE ⓓ GB JCB H 2
fermé vacances de fév., dim. soir et lundi – **Repas** 280 (déj.), 550/690 et carte 490 à 730
Spéc. Saucisses fondantes de couenne au parfum de truffe noire. Risotto noir de langoustines au basilic thaï. Gâteau chaud chocolat-pistache, crème fouettée à l'orgeat.

XXXX **Grande Cascade,** allée de Longchamp (face hippodrome) ✉ 75016 ☎ 45 27 33 51, Fax 42 88 99 06, ☂ – Ⓟ. AE ⓓ GB
fermé 20 déc. au 20 janv. et le soir du 1er nov. au 1er avril – **Repas** 285 (déj.)/480 et carte 370 à 600.

XXX **Pavillon Royal,** rte Suresnes ✉ 75016 ☎ 40 67 11 56, Fax 45 00 31 24, ≤, ☂ – Ⓟ. AE GB G 4
fermé 25 déc. au 2 janv., dim. sauf le midi d'avril à sept. et sam. d'oct. à mars – **Repas** 198 (déj.), 280/360 et carte 320 à 410.

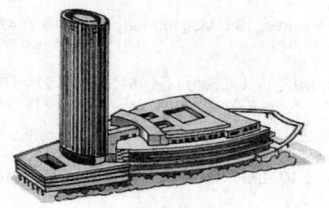

Clichy, Ternes, Wagram.

17ᵉ arrondissement.
17ᵉ : ☒ 75017

🏨🏨 **Concorde La Fayette** Ⓜ, 3 pl. Gén.-Koenig 𝒫 40 68 50 68, Fax 40 68 50 43, « Bar panoramique au 34ᵉ étage ≤ Paris » – 🛗 ﹀✕ ch 🗏 📺 ☎ – 🔏 40 à 2 000. 🖭 ⓞ ⓖⓑ ⒿⒸⒷ
voir rest. *Étoile d'Or* ci-après - *L'Arc-en-Ciel* 𝒫 40 68 51 25 **Repas** 220, enf. 100 – *Les Saisons* (coffee shop) 𝒫 40 68 51 19 **Repas** 155 bc – ⇌ 95 – **943 ch** 1420/1820, 27 appart. E 6

🏨🏨 **Méridien** Ⓜ, 81 bd Gouvion St Cyr 𝒫 40 68 34 34, Télex 651179, Fax 40 68 31 31 – 🛗 ﹀✕ ch 🗏 📺 ☎ ♿ – 🔏 50 à 800. 🖭 ⓞ ⓖⓑ ⒿⒸⒷ E 6
voir rest. *Clos de Longchamp* ci-après - *Café l'Arlequin* 𝒫 40 68 30 85 **Repas** 152/250 et carte 220 à 330 – *Le Yamato* 𝒫 40 68 30 41 - cuisine japonaise - *(fermé août, 1ᵉʳ au 7 janv., sam. midi, dim., lundi et fériés)* **Repas** 170 (déj.) 200/250 et carte 190 à 280 – ⇌ 95 – **1 007 ch** 1450/1850, 18 appart.

🏨 **Splendid Etoile** sans rest, 1 bis av. Carnot 𝒫 45 72 72 00, Télex 651773, Fax 45 72 72 01 – 🛗 📺 ☎ ⓞ ⓖⓑ 🛠 F 7
⇌ 80 – **57 ch** 890/1650.

🏨 **Quality Inn Pierre** Ⓜ sans rest, 25 r. Th.-de-Banville 𝒫 47 63 76 69, Télex 643003, Fax 43 80 63 96 – 🛗 ﹀✕ ch 📺 ☎ ♿ – 🔏 30. 🖭 ⓞ ⓖⓑ ⒿⒸⒷ D 8
⇌ 65 – **50 ch** 790/870.

🏨 **Balmoral** sans rest, 6 r. Gén.-Lanrezac 𝒫 43 80 30 50, Télex 642435, Fax 43 80 51 56 – 🛗 ﹀✕ ch 📺 ☎. 🖭 ⓞ ⓖⓑ E 7
⇌ 38 – **57 ch** 500/700.

🏨 **Regent's Garden** sans rest, 6 r. P.-Demours 𝒫 45 74 07 30, Télex 640127, Fax 40 55 01 42, « Jardin » – 🛗 📺 ☎. 🖭 ⓞ ⓖⓑ ⒿⒸⒷ E 7
⇌ 39 – **39 ch** 640/930.

🏨 **Magellan** 🌿 sans rest, 17 r. J.B.-Dumas 𝒫 45 72 44 51, Télex 644728, Fax 40 68 90 36, 🌿 – 🛗 📺 ☎. 🖭 ⓞ ⓖⓑ. 🛠 D 7
⇌ 40 – **75 ch** 407/594.

🏨 **Étoile St-Ferdinand** sans rest, 36 r. St-Ferdinand 𝒫 45 72 66 66, Télex 649565, Fax 45 74 12 92 – 🛗 ﹀✕ ch 🗏 📺 ☎. 🖭 ⓞ ⓖⓑ ⒿⒸⒷ E 6-7
⇌ 50 – **42 ch** 720/880.

🏨 **Banville** sans rest, 166 bd Berthier 𝒫 42 67 70 16, Télex 643025, Fax 44 40 42 77 – 🛗 📺 ☎. 🖭 ⓖⓑ D 8
⇌ 45 – **39 ch** 600/700.

🏨 **Mercure Etoile** Ⓜ sans rest, 27 av. Ternes 𝒫 47 66 49 18, Télex 650679, Fax 47 63 77 91 – 🛗 ﹀✕ ch 🗏 📺 ☎. 🖭 ⓞ ⓖⓑ E 8
⇌ 60 – **56 ch** 856/862.

🏨 **Champerret-Villiers** Ⓜ sans rest, 129 av. Villiers 𝒫 47 64 44 00, Fax 47 63 10 58 – 🛗 ﹀✕ ch 📺 ☎. 🖭 ⓞ ⓖⓑ ⒿⒸⒷ. 🛠 D 7
⇌ 50 – **45 ch** 515/675.

🏨 **de Neuville** sans rest, 3 r. Verniquet 𝒫 43 80 26 30, Fax 43 80 38 55 – 🛗 📺 ☎. 🖭 ⓞ ⓖⓑ ⒿⒸⒷ C 8
⇌ 55 – **28 ch** 750.

🏨 **Quality H. Péreire** Ⓜ sans rest, 51 bd Péreire 𝒫 44 01 04 90, Fax 44 40 25 54 – 🛗 ﹀✕ ch 📺 ☎. 🖭 ⓞ ⓖⓑ C 9
⇌ 45 – **44 ch** 600/650.

🏨 **Cheverny** Ⓜ sans rest, 7 Villa Berthier 𝒫 43 80 46 42, Télex 648848, Fax 47 63 26 62 – 🛗 📺 ☎. 🖭 ⓞ ⓖⓑ ⒿⒸⒷ D 7
⇌ 40 – **48 ch** 600/800.

🏨 **Neva** Ⓜ sans rest, 14 r. Brey 𝒫 43 80 28 26, Télex 649041, Fax 47 63 00 22 – 🛗 🗏 📺 ☎ ♿. 🖭 ⓞ ⓖⓑ. 🛠 E 8
⇌ 40 – **31 ch** 580/720.

🏨 **Étoile Pereire** 🌿 sans rest, 146 bd Péreire 𝒫 42 67 60 00, Fax 42 67 02 90 – 🛗 📺 ☎. 🖭 ⓞ ⓖⓑ. 🛠 D 7
⇌ 54 – **21 ch** 500/700. 5 duplex.

🏨 **Mercédès** sans rest, 128 av. Wagram 𝒫 42 27 77 82, Télex 644751, Fax 40 53 09 89 – 🛗 🗏 📺 ☎. 🖭 ⓞ ⓖⓑ. 🛠 D 9
⇌ 50 – **37 ch** 700.

🏨 **Étoile Park H.** sans rest, 10 av. Mac Mahon ☎ 42 67 69 63, Télex 649266,
Fax 43 80 18 99 – 🛗 📺 ☎. 🖭 ⓞ 🆇
E 8
fermé 24 déc. au 2 janv. – ☷ 52 – **28 ch** 484/760.

🏨 **Monceau** sans rest, 7 r. Rennequin ☎ 47 63 07 52, Fax 47 66 84 44 – 🛗 ✦ ch 📺 ☎. 🖭
ⓞ 🆇 🄹🄲🄱
E 8
☷ 75 – **25 ch** 760/815.

🏨 **Tilsitt Étoile** sans rest, 23 r. Brey ☎ 43 80 39 71, Télex 640629, Fax 47 66 37 63 – 🛗 📺
☎. 🖭 ⓞ 🆇
E 8
☷ 45 – **39 ch** 570/780.

🏨 **Monceau Étoile** sans rest, 64 r. de Levis ☎ 42 27 33 10, Fax 42 27 59 58 – 🛗 📺 ☎. 🆇.
🛋
D 10
☷ 30 – **26 ch** 600/650.

🏨 **Harvey** sans rest, 7 bis r. Débarcadère ☎ 45 74 27 19, Fax 40 68 03 56 – 🛗 📺 ☎. 🖭 ⓞ
🆇 🄹🄲🄱
E 6
☷ 35 – **32 ch** 500/720.

🏨 **Royal Magda** sans rest, 7 r. Troyon ☎ 47 64 10 19, Télex 641068, Fax 47 64 02 12 – 🛗 📺
☎. 🖭 ⓞ 🆇. 🛋
E 8
☷ 45 – **26 ch** 620/695, 11 appart.

🏨 **Abrial** Ⓜ sans rest, 176 r. Cardinet ☎ 42 63 50 00, Fax 42 63 50 03 – 🛗 📺 ☎ 🅟 ⟺. 🖭
🆇 🄹🄲🄱
C 11
☷ 45 – **80 ch** 490/640.

🏠 **Astrid** sans rest, 27 av. Carnot ☎ 44 09 26 00, Télex 642065, Fax 44 09 26 01 – 🛗 📺 ☎.
🖭 ⓞ 🆇 🄹🄲🄱
E 7
☷ 50 – **40 ch** 425/690.

🏠 **Palma** sans rest, 46 r. Brunel ☎ 45 74 74 51, Fax 45 74 40 90 – 🛗 📺 ☎. 🆇. 🛋
E 7
☷ 35 – **37 ch** 380/460.

🏠 **Champerret-Héliopolis** Ⓜ sans rest, 13 r. Héliopolis ☎ 47 64 92 56, Fax 47 64 50 44 –
📺 ☎ 🅟. 🖭 ⓞ 🆇
D 7
☷ 38 – **22 ch** 350/540.

🏠 **Campanile**, 4 bd Berthier ☎ 46 27 10 00, Fax 46 27 00 57, 🍽 – 🛗 ✦ ch 🍴 📺 ☎ 🅟 ⟺
– 🛎 40. 🖭 ⓞ 🆇
B 10
Repas 90 bc/117 bc, enf. 39 – ☷ 32 – **247 ch** 416.

🍴🍴🍴🍴 ✿✿ **Guy Savoy**, 18 r. Troyon ☎ 43 80 40 61, Fax 46 22 43 09 – 🍽. 🖭 🆇 🄹🄲🄱
E 8
fermé sam. midi et dim. – **Repas** 750 et carte 570 à 700
Spéc. Foie gras de canard au sel gris et gelée de canard. Bar en écailles grillées aux épices douces. ''Craquant-moelleux'' vanille et pomme, jus minute.

🍴🍴🍴🍴 ✿✿ **Michel Rostang**, 20 r. Rennequin ☎ 47 63 40 77, Fax 47 63 82 75, « Cadre élégant » – 🍽. 🖭 🆇 🄹🄲🄱
D 8
fermé 1ᵉʳ au 15 août, sam. midi et dim. – **Repas** 298 (déj.), 520/720 et carte 550 à 710
Spéc. Tarte chaude de grenouilles poêlées. Truffes (15 déc.-15 mars). Canette de Bresse au sang.

🍴🍴🍴🍴 ✿ **Étoile d'Or** - Hôtel Concorde La Fayette, 3 pl. Gén.-Koenig ☎ 40 68 51 28, Fax 40 68 50 43 –
🍽. 🖭 ⓞ 🆇
E 6
fermé août, sam. et dim. – **Repas** 270 et carte 270 à 630
Spéc. Turbot grillé aux graines de fenouil. Joue de boeuf en ravigote. Soufflé chaud au chocolat.

🍴🍴🍴🍴 ✿ **Le Clos Longchamp** - Hôtel Méridien, 81 bd Gouvion-St-Cyr (Pte Maillot)
☎ 40 68 00 70, Télex 651179, Fax 40 68 30 81 – 🍽. 🖭 ⓞ 🆇 🄹🄲🄱
E 6
fermé 24 au 30 déc., sam. dim. et fériés – **Repas** 250 (déj.)/470 et carte 400 à 600
Spéc. Rattes du Touquet et foie gras rôti. Feuilleté de Saint-Jacques (en saison). Steak de canard aux algues marines.

🍴🍴🍴 ✿ **Manoir de Paris**, 6 r. P. Demours ☎ 45 72 25 25, Fax 45 74 80 98 – 🍽. 🖭 ⓞ 🆇
E 7
fermé sam. (sauf le soir de sept. à juin) et dim. – **Repas** 265/450 et carte 310 à 460
Spéc. Tartelette de légumes (mars à sept.). Pigeonneau rôti au macis. Palet ou au craquelin noisettine.

🍴🍴🍴 ✿✿ **Apicius** (Vigato), 122 av. Villiers ☎ 43 80 19 66, Fax 44 40 09 57 – 🍽. 🖭 ⓞ 🆇
🄹🄲🄱
D 8
fermé août, sam. et dim. – **Repas** carte 400 à 560
Spéc. Langoustines façon ''tempura''. Ris de veau comme à la broche. Feuille de chocolat ''passion-choco''.

🍴🍴🍴 ✿✿ **Amphyclès** (Groult), 78 av. Ternes ☎ 40 68 01 01, Fax 40 68 91 88 – 🍽. 🖭 ⓞ
🆇
E 7
fermé sam. midi et dim. – **Repas** 260 (déj.), 580/780 et carte 450 à 600
Spéc. Araignée de mer en carapace. Foie gras frais de canard ''demi-sel'', mijotée de cocos. Agneau de Lozère en persillade.

XXX ❀ **Le Sormani** (Fayet), 4 r. Gén.-Lanrezac ✆ 43 80 13 91 – 🖩. 🆎 ⊖📨 E 7
fermé 15 au 23 avril, 29 juil. au 20 août, 23 déc. au 2 janv., sam., dim. et fériés – **Repas** -
cuisine italienne - 350 bc (déj.), 400 bc/500 bc et carte 310 à 410
Spéc. Ravioli aux oursins (1ᵉʳ oct. au 31 mars). Risotto aux tagliatelles à la truffe blanche (10 oct. au 20 déc.). Soufflé
aux quatre fromages à la truffe noire (15 janv. au 15 mars).

XXX ❀ **Faucher,** 123 av. Wagram ✆ 42 27 61 50, Fax 46 22 25 72 – 🆎 ⊖📨 D 8
fermé sam. midi et dim. – **Repas** carte 200 à 310
Spéc. Millefeuille de boeuf. Rizotto de langoustines. Panaché d'agneau à la marjolaine.

XXX ❀ **Pétrus,** 12 pl. Mar. Juin ✆ 43 80 15 95, Fax 43 80 06 96 – 🖩. 🆎 ⓞ ⊖📨 D 8
fermé août – **Repas** - produits de la mer - carte 280 à 450.

XXX ❀ **Timgad** (Laasri), 21 r. Brunel ✆ 45 74 23 70, Télex 649239, Fax 40 68 76 46, « Décor
mauresque » – 🖩. 🆎 ⓞ ⊖📨. 🛇 E 7
Repas - cuisine nord-africaine - carte 240 à 390
Spéc. Couscous princier. Pastilla. Tagine.

XXX **Augusta,** 98 r. Tocqueville ✆ 47 63 33 97, Fax 42 27 21 71 – ⊖📨 C 9
fermé 7 au 21 août, sam. sauf le soir d'oct. à avril et dim. – **Repas** - produits de la mer - carte
370 à 460.

XXX **Il Ristorante,** 22 r. Fourcroy ✆ 47 63 34 00 – 🖩. 🆎 ⊖📨 D 8
fermé 6 au 20 août et 24 déc. au 2 janv. – **Repas** - cuisine italienne - 165 (déj.), 170/300 et
carte 240 à 350.

XX ❀ **Le Petit Colombier** (Fournier), 42 r. Acacias ✆ 43 80 28 54, Fax 44 40 04 29 – 🆎 ⊖📨
fermé 30 juil. au 15 août, dim. midi et sam. – **Repas** 200/350 et carte 300 à 440 E 7
Spéc. Oeufs rôtis à la broche aux truffes fraîches (déc. à fév.). Suprême de grouse rôtie aux baies de genièvre (août à
oct.). Pigeonneau farci au foie gras.

XX **La Table de Pierre,** 116 bd Péreire ✆ 43 80 88 68, Fax 47 66 53 02, 🏠 – 🖩. 🆎 ⊖📨 D 8
fermé sam. midi et dim. – **Repas** carte 210 à 360.

XX **Le Madigan,** 22 r. Terrasse ✆ 42 27 31 51, Fax 42 67 70 29, 🏠 – 🖩. 🆎 ⓞ ⊖📨 D 10
fermé août, sam. midi et dim. – **Repas** (dîner-concert) 150/280 et carte 280 à 390 🍷.

XX **Graindorge,** 15 r. Arc de Triomphe ✆ 47 54 00 28, Fax 44 09 84 51 – 🆎 ⊖📨 E 7
fermé 1ᵉʳ au 15 août, sam. midi et dim. – **Repas** 160 (déj.). 185/250 et carte 200 à 300.

XX **Le Col-Vert,** 18 r. Bayen ✆ 45 72 02 19 – 🖩. 🆎 ⊖📨 ᴊᴄʙ E 7-8
fermé 1ᵉʳ au 21 août, sam. midi et dim. – **Repas** 160 et carte 240 à 320.

XX **Billy Gourmand,** 20 r. Tocqueville ✆ 42 27 03 71 – 🆎 ⊖📨 D 10
fermé sam. sauf le soir du 10 sept. au 20 juin et dim. – **Repas** 150 et carte 260 à 360.

XX **Le Beudant,** 97 r. des Dames ✆ 43 87 11 20 – 🖩. 🆎 ⓞ ⊖📨 ᴊᴄʙ D 11
fermé 14 au 20 août, sam. midi et dim. – **Repas** 150/285 et carte 230 à 350.

XX **La Truite Vagabonde,** 17 r. Batignolles ✆ 43 87 77 80, 🏠 – 🆎 ⊖📨 D 11
fermé dim. soir – **Repas** 220 bc/320 bc et carte 240 à 350.

XX **Taïra,** 10 r. Acacias ✆ 47 66 74 14, Fax 47 66 74 14 – 🖩. 🆎 ⓞ ⊖📨 E 7
fermé sam. midi et dim. – **Repas** - produits de la mer - 150/320 et carte 280 à 360.

XX **La Coquille,** 6 r. Débarcadère ✆ 45 74 25 95 – 🖩. 🆎 ⓞ ⊖📨 E 7
fermé 29 juil. au 1ᵉʳ sept., 23 déc. au 2 janv., dim. et lundi – **Repas** 230 et carte 270 à 390.

XX **Aub. des Dolomites,** 38 r. Poncelet ✆ 42 27 94 56 – 🆎 ⊖📨 ᴊᴄʙ E 8
fermé 22 juil. au 20 août, sam. midi et dim. – **Repas** 125/185 et carte 230 à 340.

XX **Les Marines de Pétrus,** 27 av. Niel ✆ 47 63 04 24, Fax 44 15 92 20 – 🖩. 🆎 ⓞ ⊖📨 D 8
fermé août, dim. et lundi – **Repas** - produits de la mer - carte 200 à 300.

XX **La Niçoise,** 4 r. P. Demours ✆ 45 74 42 41, Fax 45 74 80 98 – 🖩. 🆎 ⓞ ⊖📨 E 7
fermé sam. (sauf le soir de sept. à juin) et dim. – **Repas** 165/220.

XX **La Petite Auberge,** 38 r. Laugier ✆ 47 63 85 51 – ⊖📨 D 7-8
fermé 30 juil. au 21 août, dim. soir et lundi midi – **Repas** (nombre de couverts limité,
prévenir) 160 et carte 180 à 340.

XX **La Braisière,** 54 r. Cardinet ✆ 47 63 40 37, Fax 47 63 04 76 – 🆎 ⊖📨 D 9
fermé août, sam. et dim. – **Repas** 175 et carte 240 à 370.

XX **Baumann Ternes,** 64 av. Ternes ✆ 45 74 16 66, Fax 45 72 44 32, brasserie – 🖩. 🆎 ⓞ
⊖📨 E 7
Repas 150 et carte 190 à 300 🍷.

XX **La Soupière,** 154 av. Wagram ✆ 42 27 00 73 – 🖩. 🆎 ⊖📨 D 9
fermé 7 au 20 août, sam. midi et dim. – **Repas** 135/240.

XX **Epicure 108,** 108 r. Cardinet ✆ 47 63 50 91 – ⊖📨 D 10
fermé 7 au 21 août, sam. midi et dim. – **Repas** 170/230.

XX **Chez Laudrin,** 154 bd Péreire ✆ 43 80 87 40 – 🖩. 🆎 ⊖📨 D 7
fermé sam. sauf le soir d'oct. à mai et dim. – **Repas** 165 (déj.)/250 et carte 250 à 350.

XX **Chez Guyvonne,** 14 r. Thann ✆ 42 27 25 43, Fax 42 27 25 43 – 🆎 ⊖📨. 🛇 D 10
fermé 17 juil. au 16 août, 25 déc. au 1ᵉʳ janv., sam., dim. et fêtes – **Repas** 180/280 et carte
260 à 320.

XX **Chez Georges,** 273 bd Péreire ✆ 45 74 31 00, Fax 45 74 02 56, bistrot – ⊖📨 E 6
fermé 1ᵉʳ au 15 août – **Repas** 175 et carte 180 à 280.

XX **Ballon des Ternes,** 103 av. Ternes ℰ 45 74 17 98, Fax 45 72 18 84, brasserie – AE GB
fermé 1er au 20 août – **Repas** carte 150 à 260. E 6

XX **Chez Léon,** 32 r. Legendre ℰ 42 27 06 82, bistrot – ⓓ GB D 10
fermé août, sam. et dim. – **Repas** 130/170 et carte 220 à 330 ♁.

X **La Rôtisserie d'Armaillé,** 6 r. Armaillé ℰ 42 27 19 20 – ▤. AE GB JCB E 7
fermé sam. midi et dim. – **Repas** 195/230.

X **L'Impatient,** 14 passage Geffroy Didelot ℰ 43 87 28 10 – GB D 10-11
fermé 15 août au 5 sept., vacances de fév., sam. et dim. – **Repas** 100/280 et carte 200 à 250.

X **Mère Michel,** 5 r. Rennequin ℰ 47 63 59 80, bistrot – AE GB E 8
fermé août, sam. midi et dim. – **Repas** (nombre de couverts limité, prévenir) 85 (déj.), 185 bc/250 bc et carte 200 à 340 ♁.

X **Caves Petrissans,** 30 bis av. Niel ℰ 42 27 83 84, Fax 40 54 87 56, ☂, bistrot – AE GB D 8
fermé 29 juil. au 27 août, sam., dim. et fériés – **Repas** 155 et carte 190 à 300.

X **Bistro du 17e,** 108 av. Villiers ℰ 47 63 32 77, Fax 42 27 67 66 – GB D 8
Repas 165 bc.

X **Bistrot d'à Côté Flaubert,** 10 r. G. Flaubert ℰ 42 67 05 81, Fax 47 63 40 77 – AE GB
Repas 178 et carte 200 à 280. D 8

X **Bistrot de l'Étoile,** 13 r. Troyon ℰ 42 67 25 95 – ▤. AE GB E 8
fermé sam. midi et dim. – **Repas** carte 210 à 270.

Montmartre, La Villette, Belleville.

18e, 19e et 20e arrondissements.
18e : ✉ 75018
19e : ✉ 75019
20e : ✉ 75020

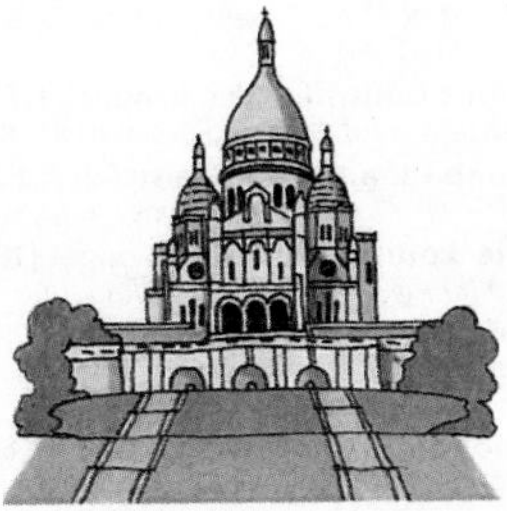

Terrass'H. Ⓜ, 12 r. J. de Maistre (18e) ℰ 46 06 72 85, Télex 280830, Fax 42 52 29 11, ☂, « Terrasse sur le toit, ≤ Paris » – |‡| ⇸ ch, ▤ rest TV ☎ – 🏛 90. AE ⓓ GB JCB
La Terrasse : **Repas** 160 et carte 190 à 280 – ☕ 75 – **88 ch** 930/1230, 13 appart. C 13

Mercure Montmartre sans rest, 1 r. Caulaincourt (18e) ℰ 44 69 70 70, Télex 285605, Fax 44 69 71 72 – |‡| ⇸ ch ▤ TV ☎ ♿ – 🏛 120. AE ⓓ GB D 12
☕ 68 – **308 ch** 710/770.

Roma Sacré Coeur sans rest, 101 r. Caulaincourt (18e) ℰ 42 62 02 02, Télex 281671, Fax 42 54 34 92 – |‡| TV ☎. AE ⓓ GB JCB C 14
☕ 37 – **57 ch** 410/430.

des Arts sans rest, 5 r. Tholozé (18e) ℰ 46 06 30 52, Fax 46 06 10 83 – |‡| TV ☎. AE GB. ⚘ D 13
☕ 30 – **50 ch** 345/470.

Eden H. sans rest, 90 r. Ordener (18e) ℰ 42 64 61 63, Fax 42 64 11 43 – |‡| TV ☎. AE ⓓ GB B 14
☕ 35 – **35 ch** 350/380.

Regyn's Montmartre sans rest, 18 pl. Abbesses (18e) ℰ 42 54 45 21, Fax 42 23 76 69 – |‡| TV ☎. AE GB D 13
☕ 40 – **22 ch** 385/465.

Palma sans rest, 77 av. Gambetta (20e) ℰ 46 36 13 65, Fax 46 36 03 27 – |‡| TV ☎. AE ⓓ GB G 21
☕ 32 – **32 ch** 340/395.

Super H. sans rest, 208 r. Pyrénées (20e) ℰ 46 36 97 48, Fax 46 36 26 10 – |‡| TV ☎. AE GB G 21
fermé août – ☕ 32 – **32 ch** 280/500.

H. Le Laumière sans rest, 4 r. Petit (19e) ℰ 42 06 10 77, Fax 42 06 72 50 – |‡| TV ☎. GB D 19
☕ 32 – **54 ch** 255/370.

Al'Hôtel Ⓜ, 2 av. Prof. A. Lemierre (20e) ℰ 43 63 16 16, Télex 232711, Fax 43 63 31 32 – |‡| ▤ TV ☎ ♿ 🚗 – 🏛 100. AE ⓓ GB J 23
Repas 90/125 ♁, enf. 39 – ☕ 35 – **325 ch** 440.

XXX ✿ **Beauvilliers** (Carlier), 52 r. Lamarck (18ᵉ) ✆ 42 54 54 42, Fax 42 62 70 30, 🍴, « Décor
original, terrasse » – 🗐. 🕮 ⊖ᴮ 🔤 ✸   C 14
fermé lundi midi et dim. – **Repas** 185/300 bc dîner à la carte 360 à 480
Spéc. Minestrone de Saint-Jacques à la tomate et au céleri (oct. à avril). Selle d'agneau en fine croûte au basilic.
Millefeuille de chocolat à la pistache.

XXX **Pavillon Puebla,** Parc Buttes-Chaumont, entrée : av Bolivar, r. Botzaris (19e)
✆ 42 08 92 62, Fax 42 39 83 16, 🍴, « Agréable situation dans le parc » – 🅿. 🕮 ⊖ᴮ
fermé 6 au 21 août, dim. et lundi – **Repas** 180/230 et carte 300 à 410.   E 19

XXX **Charlot 1ᵉʳ "Merveilles des Mers",** 128 bis bd Clichy (18ᵉ) ✆ 45 22 47 08,
Fax 44 70 07 50 – 🗐. 🕮 ⊙ ⊖ᴮ   D 12
fermé lundi en juil.-août – **Repas** - produits de la mer - 180 (déj.)/190 et carte 230 à 360 ⅄.

XXX ✿ **Au Cochon d'Or,** 192 av. J.-Jaurès (19ᵉ) ✆ 42 45 46 46, Fax 42 40 43 90 – 🗐. 🕮 ⊙
⊖ᴮ 🔤   C 20
Repas 240 et carte 320 à 480
Spéc. Salade de tête de veau sauce moutarde. Matelote d'anguille à la bourguignonne. Coeur de filet grillé, pommes
soufflées.

XX **La Chaumière,** 46 av. Secrétan (19ᵉ) ✆ 42 06 54 69 – 🕮 ⊙ ⊖ᴮ   E 18
fermé 1ᵉʳ au 16 août et dim. – **Repas** 143/198 bc et carte 180 à 290.

XX **Cottage Marcadet,** 151 bis r. Marcadet (18ᵉ) ✆ 42 57 71 22 – 🗐. 🕮 ⊖ᴮ. ✸   C 13
fermé août et dim. – **Repas** 210 bc et carte 260 à 350.

XX **Au Boeuf Couronné,** 188 av. J. Jaurès (19ᵉ) ✆ 42 39 44 44, Fax 42 39 17 30 – 🕮 ⊙ ⊖ᴮ
fermé dim. – **Repas** 140 et carte 170 à 310 ⅄.   C 20

XX **Les Allobroges,** 71 r. Grands-Champs (20ᵉ) ✆ 43 73 40 00 – ⊖ᴮ   K 22
fermé août, dim. et lundi – **Repas** 85/150 et carte 175 à 290.

XX **Au Clair de la Lune,** 9 r. Poulbot (18ᵉ) ✆ 42 58 97 03 – 🕮 ⊖ᴮ 🔤   D 14
fermé 22 août au 1ᵉʳ sept., 14 au 28 fév., mardi midi, dim. soir et lundi – **Repas** 165/250 et
carte 210 à 320.

XX **Poulbot Gourmet,** 39 r. Lamarck (18ᵉ) ✆ 46 06 86 00 – ⊖ᴮ   C 14
fermé dim. sauf le midi d'oct. à mai – **Repas** 198 bc et carte 190 à 300.

X **Aucune Idée,** 2 pl. St-Blaise (20ᵉ) ✆ 40 09 70 67 – 🕮 ⊖ᴮ   H 22
fermé 7 au 21 août, dim. soir et lundi – **Repas** 155/165 et carte 160 à 290 ⅄.

X **Marie-Louise,** 52 r. Championnet (18ᵉ) ✆ 46 06 86 55, bistrot – ⊙ ⊖ᴮ   B 15
fermé fin juil. à début sept., dim., lundi et fériés – **Repas** 130 et carte 140 à 230.

X **L'Étrier,** 154 r. Lamarck (18ᵉ) ✆ 42 29 14 01, bistrot – ⊖ᴮ   C 12
fermé août, lundi soir et dim. – **Repas** (nombre de couverts limité, prévenir) 80 (déj.)/150 et
carte 210 à 300 ⅄.

X **L'Oriental,** 76 r. Martyrs (18ᵉ) ✆ 42 64 39 80, Fax 42 64 14 41 – 🕮 ⊖ᴮ. ✸   D 14
fermé 1ᵉʳ au 24 août et dim. – **Repas** - cuisine nord-africaine - 75 (déj.)/185 et carte 130 à 160.

Environs

25 km environ autour de Paris

Pour appeler de province les localités suivantes, composer le 1 avant le numéro à 8 chiffres.

F 15 : Ces lettres et ces chiffres correspondent au carroyage des **plans Michelin Banlieue de Paris** n° **18**, n° **20**, n° **22**, n° **24**.

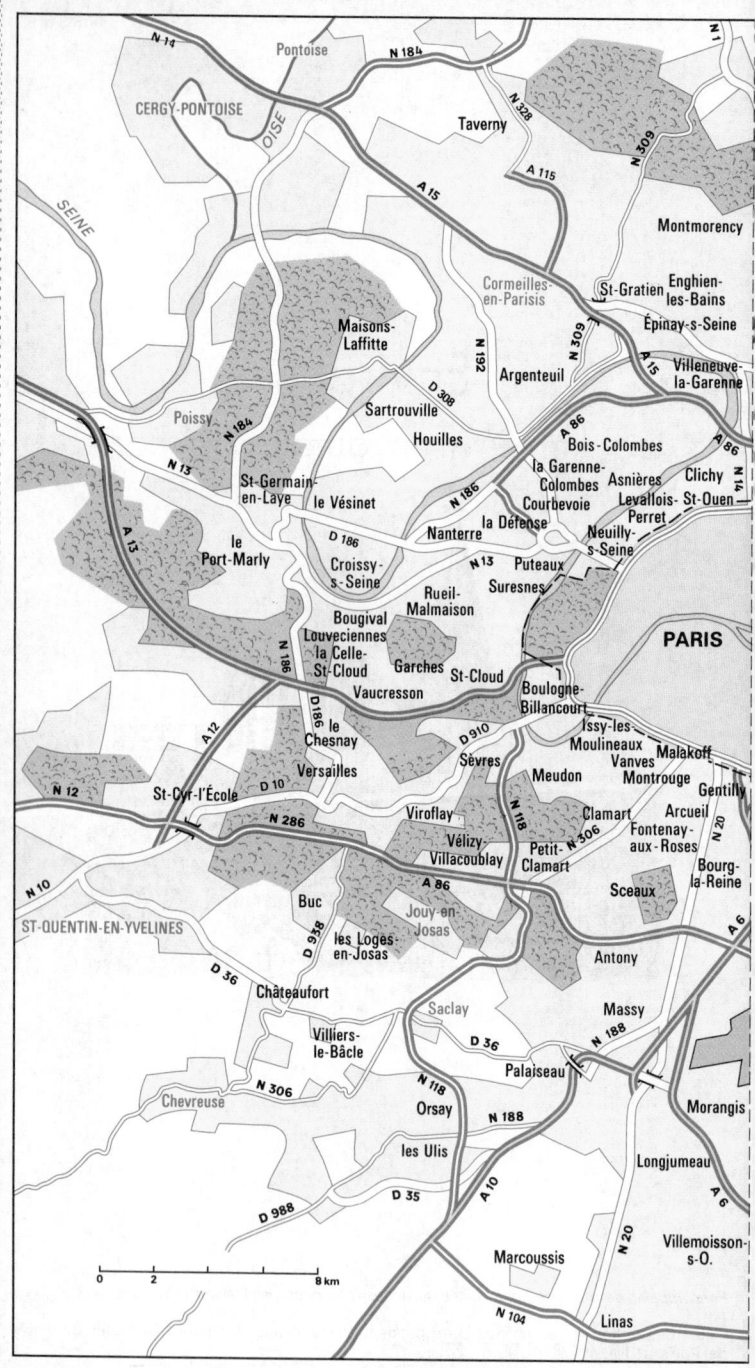

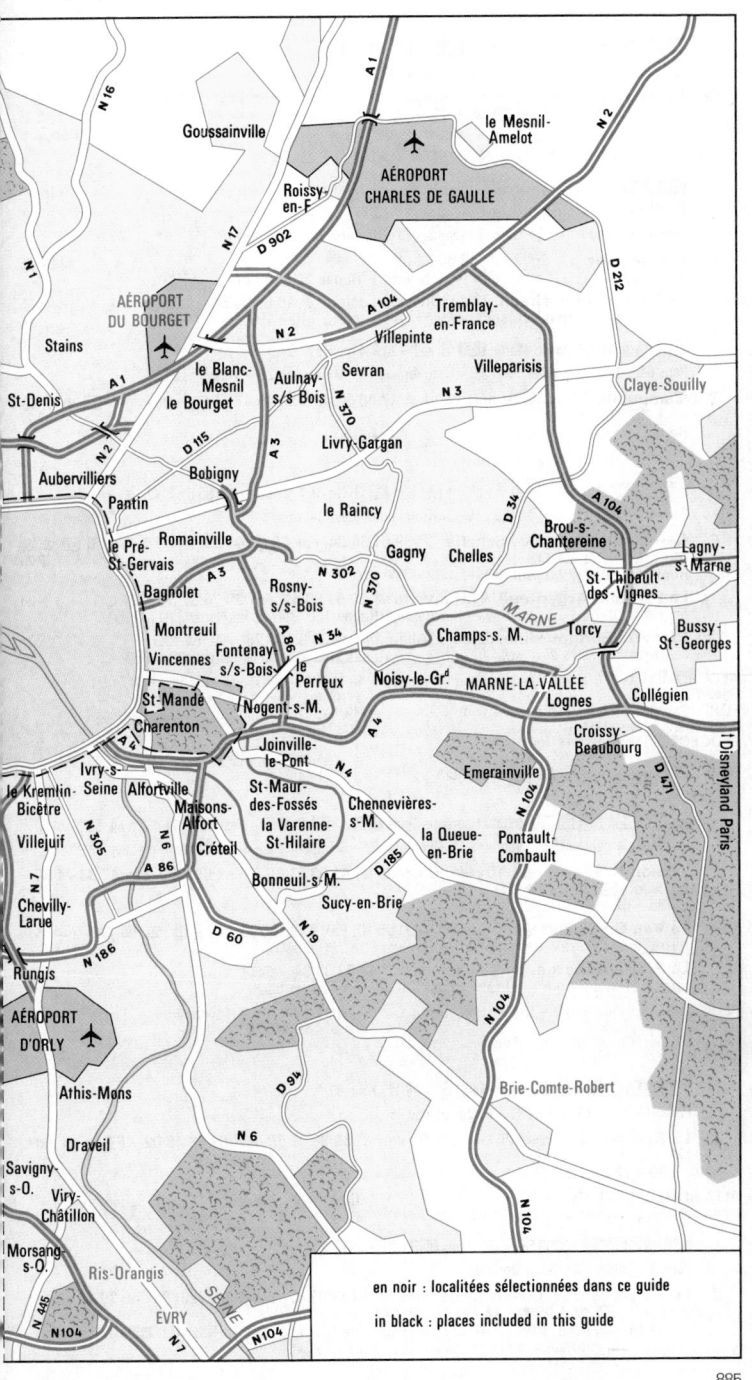

en noir : localitées sélectionnées dans ce guide

in black : places included in this guide

885

Alfortville 94140 Val-de-Marne 101 ㉗ 24 – 36 119 h.

Paris 10 – Créteil 5 – Maisons-Alfort 1 – Melun 41.

🏨 **Chinagora H.** M, centre Chinagora, 1 pl. Confluent France-Chine ℰ 43 53 58 88, Fax 49 77 57 17 – 🛗 🗏 📺 ☎ & 🅿 – 🔏 200. 🖭 ⑩ ☺   AE 35
Repas *(fermé août)* (déj. seul.) 95/180 et carte 150 à 250 – ⌷ 50 – **181 ch** 480/520, 4 appart.

CITROEN Gar. des Quais, 2 r. C.-de-Gaulle ℰ 43 78 50 34

Antony 92160 Hauts-de-Seine 101 ㉕ 22 – 57 771 h alt. 65.

🛈 Office de Tourisme, pl. Firmin Gemier ℰ 42 37 57 77.

Paris 11,5 – Bagneux 7,5 – Corbeil-Essonnes 29 – Nanterre 24 – Versailles 16.

❌❌ **L'Amandier,** 8 r. Église ℰ 46 66 22 02 – 🗏. ☺. ✳   AM24-25
fermé 24 déc. au 2 janv., dim. soir et lundi – **Repas** 120/150 et carte 190 à 330 ⅃.

❌❌ **La Tour de Marrakech,** 72 av. Division Leclerc ℰ 46 66 00 54 – 🗏. ☺. ✳   AN 25
fermé lundi – **Repas** - cuisine nord-africaine - carte 140 à 190.

Arcueil 94110 Val-de-Marne 101 ㉖ 22 – 20 334 h alt. 51.

Paris 6,5 – Boulogne-Billancourt 8,5 – Longjumeau 14 – Montrouge 2,5 – Versailles 21.

🏨 **Campanile,** 73 av. A. Briand, N 20 ℰ 47 40 87 09, Fax 45 47 51 93 – 🛗 ⇆ ch 📺 ☎ & 🅿
– 🔏 25. 🖭 ⑩ ☺   AF 27
Repas 90 bc/117 bc, enf. 39 – ⌷ 32 – **83 ch** 340.

⑩ Equipneu, 32 r. de la Gare ℰ 46 65 10 44

Argenteuil ◁ 95100 Val-d'Oise 101 ⑭ 18 G. Ile de France – 93 096 h alt. 42.

Paris 16 – Chantilly 35 – Pontoise 19 – St-Germain-en-Laye 14.

🏨 **Campanile** M, 1 r. Ary Scheffer ℰ 39 61 34 34, Fax 39 61 44 20, ☄ – 🛗 ⇆ ch 📺 ☎ &
🅿 – 🔏 40. 🖭 ⑩ ☺   P 20
Repas 90 bc/117 bc, enf. 39 – ⌷ 32 – **100 ch** 340.

❌❌❌ **La Ferme d'Argenteuil,** 2 bis r. Verte ℰ 39 61 00 62, Fax 30 76 32 31 – 🖭 ☺   N 20
fermé août, dim. sauf fériés et lundi soir – **Repas** 150/300 bc et carte 210 à 290.

❌❌ **Closerie Périgourdine,** 85 bd J.-Allemane ℰ 39 80 01 28 – 🖭 ⑩ ☺   L 21
fermé sam. midi, dim. soir et lundi soir – **Repas** 135/198 bc et carte 200 à 380.

ALFA ROMEO Gar. Busson, 21 r. Chapeau Rouge à
Sannois ℰ 39 81 43 27
FORD Gar. des Grandes Fontaines, 70 bd
J. Allemane ℰ 39 81 61 61
PEUGEOT Sodisto, 45 r. H.-Barbusse
ℰ 39 47 09 79
RENAULT S.R.P.A., 181 bd Général Delambre
ℰ 39 81 51 95 N ℰ 05 02 83 07

RENAULT Rousseau Argenteuil, 117 bd
J.-Allemane ℰ 39 82 81 81
RENAULT Succursale, 219 r. H. Barbusse
ℰ 39 96 41 41

⑩ Monteils Pneumatiques, 48-50 av. Stalingrad
ℰ 34 11 44 44

Asnières-sur-Seine 92600 Hauts-de-Seine 101 ⑮ 18 G. Ile de France – 71 850 h alt. 32.

Paris 10 – Argenteuil 5,5 – Nanterre 7,5 – Pontoise 27 – Saint-Denis 8 – Saint-Germain-en-Laye 17.

🏨 **Wilson H.** M sans rest, 10 bis r. Château ℰ 47 93 01 66, Télex 610350, Fax 47 33 74 98 –
🛗 ⇆ ch 📺 ☎ 🖭 ⑩ ☺   T 24
⌷ 35 – **62 ch** 330/410.

❌❌❌ **Le Van Gogh,** Port Van Gogh ℰ 47 91 05 10, Fax 47 93 00 93, ☄ – 🅿. 🖭 ⑩ ☺ ⎖ ✳ S 25
fermé 8 au 29 août, sam. et dim. – **Repas** carte 290 à 400.

❌❌ **La Petite Auberge,** 118 r. Colombes ℰ 47 93 33 94 – ☺   S 23
fermé 11 au 22 août et lundi – **Repas** 140 et carte 230 à 320.

PEUGEOT Gar. Hôtel de Ville, 18 r. P.-Brossolette
ℰ 47 33 02 60
RENAULT Gar. Cretaz, 34 r. de Colombes
ℰ 47 93 23 90

TOYOTA S.I.D.A.T. Toyota France, 3 r. de Normandie ℰ 46 13 46 70

Athis-Mons 91200 Essonne 101 ㊱ – 29 123 h alt. 80.

Paris 18 – Créteil 13 – Évry 12 – Fontainebleau 48.

🏨 **La Rotonde** sans rest, 25 bis r. H. Pinson ℰ 69 38 97 78, Fax 69 38 48 02 – 📺 ☎ 🅿. ☺.
✳
⌷ 30 – **22 ch** 280/320.

ALFA ROMEO, SEAT Gar. Bellanger, 37 rte de
Fontainebleau à Paray-Vieille-Poste ℰ 69 38 50 72

BMW VP Automobiles, 111 r. R.-Schumann
ℰ 69 38 64 36

Aubervilliers 93300 Seine-St-Denis 101 ⑯ 20 – 67 557 h alt. 37.

Paris 9 – Bobigny 8 – Saint-Denis 2.

🏨 **Le Relais** M, 53 r. Commune de Paris ℰ 48 39 07 07, Télex 232726, Fax 48 39 16 72 – 🛗
cuisinette 📺 ☎ & ⇔ – 🔏 60. 🖭 ⑩ ☺   S 33
Repas *(fermé août, sam., dim. et fériés)* 89 et carte 130 à 230 ⅃ – ⌷ 40 – **259 ch** 350.

⑩ Arpaliangeas J Pneus Point S, 109 r. H.-Cochennec ℰ 48 33 88 06

Aulnay-sous-Bois **93600** Seine-St-Denis 101 ⑱ 20 – 82 314 h alt. 50.

Paris 18 – Bobigny 7 – Lagny-sur-Marne 26 – Meaux 34 – St-Denis 11 – Senlis 36.

Novotel M, rte Gonesse N 370 ✆ 48 66 22 97, Télex 230121, Fax 48 66 99 39, ⛱, ⛱ – 🛗 ✕ ch ▤ TV ☎ ♿ P – 🏛 200. AE ⓓ GB L 42
Repas carte 130 à 250, enf. 50 – ☕ 52 – **138 ch** 470.

Aub. Saints Pères, 212 av. Nonneville ✆ 48 66 62 11, Fax 48 66 25 22 – AE ⓓ GB JCB. ✕ R 42
fermé août, sam. midi, dim. soir et lundi – **Repas** 200/360 et carte 350 à 470.

A l'Escargot, 40 rte Bondy ✆ 48 66 88 88 – AE ⓓ GB P 42
fermé août, dim. et lundi – **Repas** (déj. seul. sauf vend. et sam.) 150/180, enf. 90.

CITROEN Gar. des Petits Ponts, 153 rte de Mitry ✆ 43 83 70 81 N ✆ 48 60 60 30
FORD Gar. Bocquet, 37 av. A. France ✆ 48 66 47 33
NISSAN Gar. des Gdes Cités, 123 rte de Mitry ✆ 48 66 59 57
RENAULT Paris Nord Autos, r. J.-Duclos RN 370 ✆ 48 66 30 65 N ✆ 05 05 15 15

Bagnolet **93170** Seine-St-Denis 101 ⑰ 20 – 32 600 h alt. 86.

Paris 6,5 – Bobigny 9,5 – Lagny-sur-Marne 31 – Meaux 40.

Novotel Porte de Bagnolet M, av. République, échangeur porte de Bagnolet ✆ 49 93 63 00, Télex 235136, Fax 43 60 83 95, ≤, ⛱ – 🛗 ✕ ch ▤ TV ☎ 🚗 – 🏛 500. AE ⓓ GB JCB Y 36
Repas carte environ 180, enf. 55 – ☕ 55 – **602 ch** 560, 9 appart.

Campanile M, 30 av. Gén. de Gaulle, échangeur Porte de Bagnolet ✆ 48 97 36 00, Fax 48 97 95 60 – 🛗 ✕ ch TV ☎ ♿ – 🏛 200. AE ⓓ GB Y 36
Repas 90 bc/117 bc, enf. 39 – ☕ 32 – **274 ch** 395.

PEUGEOT Botzaris, 210 r. de Noisy-le-Sec ✆ 40 05 66 30

Le Blanc-Mesnil **93150** Seine-St-Denis 101 ⑰ 20 – 46 956 h.

Paris 17 – Bobigny 5 – Lagny-sur-Marne 634 – Saint-Denis 9 – Senlis 39.

Bleu Marine M, 219 av. Descartes ✆ 48 65 52 18, Fax 45 91 07 75 – 🛗 ✕ ch ▤ TV ☎ ♿ 🚗 – 🏛 50. AE ⓓ GB M 40
Repas 165 bc, enf. 49 – ☕ 60 – **128 ch** 420/480.

voir aussi ***Le Bourget***

Bobigny **93000** Seine-St-Denis 101 ⑰ 20 – 44 659 h alt. 53.

Paris 15 – St-Denis 7.

Campanile M, 304 av. Paul Vaillant-Couturier ✆ 48 31 37 55, Fax 48 31 53 30 – 🛗 ✕ ch TV ☎ ♿ P – 🏛 25 à 60. AE ⓓ GB T 39
Repas 90 bc/117 bc, enf. 39 – ☕ 32 – **120 ch** 340.

PEUGEOT Nlle Centrale Auto, 97-103 av. Galliéni à Bondy ✆ 48 47 31 19

Bois-Colombes **92270** Hauts-de-Seine 101 ⑮ 18 – 24 415 h alt. 65.

Paris 11 – Nanterre 8 – Pontoise 26 – Saint-Denis 9 – Saint-Germain-en-Laye 15.

Le Bouquet Garni, 7 r. Ch. Chefson ✆ 47 80 55 51 – AE GB S 23
fermé lundi soir, sam. midi et dim. – **Repas** 170/270.

CITROEN Gar. Central, 17 bis av. Gambetta ✆ 42 42 11 00
CITROEN Gar. des Hauts de Seine, 249 av. d'Argenteuil ✆ 47 82 41 00

Bonneuil-sur-Marne **94380** Val-de-Marne 101 ㉗ 24 – 13 626 h alt. 45.

Paris 17 – Chennevières-sur-Marne 5,5 – Créteil 3,5 – Lagny-sur-Marne 32 – St-Maur-des-Fossés 5.

Campanile, ZI Petits Carreaux, 2 av. Bleuets ✆ 43 77 70 29, Fax 43 99 42 96, ⛱ – ✕ ch TV ☎ ♿ P – 🏛 25. AE ⓓ GB AL 42
Repas 82 bc/105 bc, enf. 39 – ☕ 30 – **60 ch** 270.

Aub. du Moulin Bateau, r. Moulin Bateau ✆ 43 77 00 10, Fax 43 77 70 86, ≤, « Terrasse en bordure de Marne », ✕ – P. AE GB AJ 43
fermé sam. midi et dim. soir – **Repas** 140/400 et carte 280 à 370, enf. 100.

CITROEN Soulard et Faure, av. du 19 Mars 1962 ✆ 43 39 63 66
MERCEDES Gar. Segmat, ZI des Petits Carreaux ✆ 43 39 70 11
RENAULT Central Gar., 3 av. de Boissy ✆ 43 39 62 39

Pour visiter la région parisienne,
utilisez le guide Vert Michelin **Ile-de-France,**
les cartes 101, 106, 237 et les plans de Banlieue 17, 19, 21 et 23.

Bougival 78380 Yvelines **101** ⑬ **18** G. Ile de France – 8 552 h alt. 40.

🏢 Syndicat d'Initiative - Hôtel de Ville - r. Joffre ℘ 39 69 01 15.

Paris 19 – Rueil-Malmaison 5 – St-Germain-en-Laye 6 – Versailles 6,5 – Le Vésinet 4.

🏡🏡 **des Maréchaux** 🦢 sans rest, 10 côte de la Jonchère ℘ 30 82 77 11, Fax 30 82 78 40, parc – |❖| 📺 ☎ 🅿 – 🔬 120. 🖭 ⓞ ☒ Y 12
☲ 45 – **40 ch** 550/630.

XXX **Le Camélia**, 7 quai G. Clemenceau ✉ 78380 ℘ 39 18 36 06, Fax 39 18 00 25 – ▤. 🖭 ⓞ ☒
fermé 1ᵉʳ au 15 août et lundi – **Repas** 170. Y 10

Boulogne-Billancourt ◁⑨▷ 92100 Hauts-de-Seine **101** ㉔ **22** G. Ile de France – 101 743 h alt. 35.

Voir Jardin Albert Kahn★ – Musée Paul Landowski★.

Paris 9 – Nanterre 10,5 – Versailles 15.

🏡🏡 **Latitudes** 🅼, 33 pl. René Clair ℘ 49 10 49 10, Télex 633261, Fax 46 08 27 09 – |❖| ▤ 📺
☎ Ꮹ – 🔬 30 à 150. 🖭 ⓞ ☒ AC 21
L'Entracte : Repas 145 ⅃ – ☲ 65 – **180 ch** 825/870.

🏡🏡 **Acanthe** 🅼 sans rest, 9 rd-pt Rhin et Danube ℘ 46 99 10 40, Fax 46 99 00 05 – |❖| ▤ 📺
☎. 🖭 ⓞ ☒ AB 18
☲ 55 – **34 ch** 670/760.

🏡🏡 **Adagio** 🅼, 20 r. Abondances ℘ 48 25 80 80, Fax 48 25 33 13, ☂ – |❖| ❊❊ ch 📺 ☎ Ꮹ ⊸
– 🔬 60. 🖭 ⓞ ☒ AB 19
Repas *(fermé dim. midi, vend. soir et sam.)* 130 ⅃ – ☲ 60 – **75 ch** 695/755.

🏠 **Sélect H.** sans rest, 66 av. Gén.-Leclerc ℘ 46 04 70 47, Fax 46 04 07 77 – |❖| 📺 ☎ 🅿. 🖭
ⓞ ☒ ⊗ AC 19
☲ 40 – **63 ch** 480/540.

🏠 **Bijou H.** sans rest, 15 r. V. Griffuelhes, pl. Marché ℘ 46 21 24 98, Fax 46 21 12 98 – |❖| 📺
☎ ⓞ ☒ Ꭻᴄв AC 20
☲ 26 – **50 ch** 270/350.

🏠 **Paris** sans rest, 104 bis r. Paris ℘ 46 05 13 82, Fax 48 25 10 43 – |❖| 📺 ☎. 🖭 ⓞ ☒
☲ 35 – **31 ch** 335/405. AB19-20

🏠 **Olympic H.** sans rest, 69 av. V. Hugo ℘ 46 05 20 69, Fax 46 04 04 07 – |❖| 📺 ☎. 🖭 ☒
☲ 30 – **36 ch** 330/420. AC 20

XXXX ❀ **Au Comte de Gascogne** (Charvet), 89 av. J.-B. Clément ℘ 46 03 47 27,
Fax 46 04 55 70, « Jardin d'hiver » – ▤. 🖭 ⓞ ☒ Ꭻᴄв AB 19
fermé 14 au 20 août, sam. midi et dim. – **Repas** 240 (déj.)/400 et carte 270 à 420
Spéc. Dégustation de foie gras de canard. Millefeuille de boeuf Parmentier, jus au porto. Craquelin aux graines de sésame, glace caramel.

XX **L'Auberge**, 86 av. J.-B. Clément ℘ 46 05 67 19, Fax 46 05 23 16 – ▤. 🖭 ⓞ ☒ AB 19
fermé 28 juil. au 21 août, sam. midi et dim. – **Repas** 150 bc/190 bc et carte 250 à 350.

XX **La Bretonnière**, 120 av. J.-B. Clément ℘ 46 05 73 56, Fax 46 05 73 56 – 🖭 ⓞ ☒
fermé sam. et dim. – **Repas** 155/245. AB 19

XX **La Ferme de Boulogne**, 1 r. Billancourt ℘ 46 03 61 69, Fax 46 04 55 70 – 🖭 ☒ AB 19
fermé 13 au 22 août, sam. midi et dim. – **Repas** 155 et carte 180 à 270.

X **Le Boeuf au Bistrot**, 189 r. Gallieni ℘ 48 25 11 84, Fax 46 05 55 85 – ☒ AC 19
Repas 139 bc, enf. 50.

ALFA-ROMEO Lov'Auto, 23 r. Solférino
℘ 46 21 50 60
BMW Zol'Auto, 24 r. du Chemin Vert
℘ 46 09 91 43 **N** ℘ 46 08 23 00
CITROEN Gar. Augustin, 53 r. Danjou
℘ 46 09 93 75 **N** ℘ 05 05 24 24
FIAT, LANCIA Succursale, 67 r. du Château
℘ 46 99 45 45
JAGUAR, ROVER Adam Clayton, 77 av. P.-Grenier
℘ 46 09 15 32
OPEL Cap Ouest Autom., 6 bis r. de la Ferme
℘ 46 94 07 06
PEUGEOT Paris Ouest Autom., 21/23 q. A.-Le Gallo
℘ 46 05 43 43 **N** ℘ 05 44 24 24

RENAULT Succursale, 577 av. Gén.-Leclerc
℘ 47 61 39 39 **N** ℘ 05 05 15 15
RENAULT, ALPINE Succursale, 120 r. Thiers
℘ 46 20 12 13 **N** ℘ 05 05 15 15
SAAB Paris Boulogne Auto, 6 r. de la Ferme
℘ 46 94 09 09
VAG Aguesseau Autom., 183 r. Gallieni
℘ 46 05 62 60

⑩ Cent Mille Pneus, 117 rte de la Reine
℘ 46 03 02 02
Etter Pneus, 57 r. Thiers ℘ 46 20 18 55

Le Bourget 93350 Seine-St-Denis **101** ⑰ **20** G. Ile de France – 11 699 h alt. 66.

Voir Musée de l'Air et de l'Espace★★.

Paris 11 – Bobigny 5 – Chantilly 37 – Meaux 41 – St-Denis 6,5 – Senlis 37.

🏡🏡 **Novotel** 🅼, ZA pont Yblon au Blanc Mesnil ✉ 93150 ℘ 48 67 48 88, Télex 230115,
Fax 45 91 08 27, ☂, 𝄢, ⌘, ⊶ – |❖| ❊❊ ch ▤ 📺 ☎ Ꮹ 🅿 – 🔬 25 à 200. 🖭 ⓞ ☒ Ꭻᴄв
Repas carte environ 180, enf. 50 – ☲ 50 – **143 ch** 475. L 38

🏠 **Bleu Marine** 🅼, aéroport du Bourget - Zone aviation d'affaires ℘ 49 34 10 38, Té-
lex 236600, Fax 49 34 10 35, 𝄢 – |❖| ❊❊ ch ▤ 📺 ☎ Ꮹ 🅿 – 🔬 60. 🖭 ⓞ ☒ K 38
Repas 165, enf. 49 – ☲ 60 – **85 ch** 510.

⑩ Euromaster, 190 av. Ch.-Floquet à Blanc-Mesnil ℘ 48 67 17 40 **N** ℘ 48 60 60 30

Bourg-la-Reine 92340 Hauts-de-Seine 🔟🔟① ㉕ 🏵🏵 – 18 499 h alt. 55.

🖪 Office de Tourisme 1 bd Carnot ℰ 46 61 36 41.

Paris 9 – Boulogne-Billancourt 16 – Évry 24 – Versailles 17.

🏨 **Alixia** 🅼 sans rest, 82 av. Gén. Leclerc ℰ 46 60 56 56, Fax 46 60 57 34 – 🛗 ⇌ ch 📺 ☎ ⟟, 🆎 ⅭⒷ
🖵 42 – **39 ch** 500/550.
AJ 26

PEUGEOT Gar. Sireine Autos, 12bis, av. Gén.-Leclerc ℰ 46 11 15 15
RENAULT Gar. des Cottages, 13 av. des Cottages ℰ 43 50 13 75

🕲 Vaysse, 30 av. du Gén.-Leclerc ℰ 46 65 67 69

Brou-sur-Chantereine 77177 S.-et-M. 🔟🔟① ⑲ – 4 469 h.

Paris 35 – Coulommiers 43 – Meaux 28 – Melun 47.

🍴🍴 **Le Lotus de Brou,** 2 ter r. Carnot ℰ 64 21 01 44 – ⅭⒷ ⌘
fermé août et lundi – **Repas** - cuisines chinoise et thaï - carte 130 à 230.

🕲 RAVM, 12 r. de Chantereine ℰ 60 20 99 05

Buc 78530 Yvelines 🔟🔟① ㉓ 🏵🏵 – 5 434 h alt. 112.

Paris 24 – Bièvres 7,5 – Chevreuse 12 – Versailles 4,5.

🏨 **Climat de France,** Z.A.C. du Haut Buc ℰ 39 56 48 11, Fax 39 56 81 54, �terr – 📺 ☎ ⅙ ⓟ – ⚑ 25. 🆎 ⅭⒷ
Repas 89/130 ⅛, enf. 39 – 🖵 34 – **45 ch** 304.
AL 9

RENAULT Succursale, ZI, 2-4 r. R.-Garros ℰ 30 84 60 00 🔃 ℰ 05 05 15 15

La Celle-St-Cloud 78170 Yvelines 🔟🔟① ⑬ 🔟🔞 – 22 834 h alt. 120.

Paris 20 – Rueil-Malmaison 6,5 – St-Germain-en-Laye 7,5 – Versailles 5 – Le Vésinet 9,5.

🍴 **Au Petit Chez Soi,** pl. Église, au bourg ℰ 39 69 69 51, Fax 39 18 30 42, �terr – 🆎 ⅭⒷ
fermé 24 déc. au 1er janv. – **Repas** 158 et carte 160 à 240.
AA 11

Charenton-le-Pont 94220 Val-de-Marne 🔟🔟① ㉗ 🏵🏵 G. Île de France – 21 872 h alt. 52.

Voir Musée Français du Pain★.

Paris 9 – Alfortville 4 – Ivry-sur-Seine 6.

🏨🏨 **Novotel Atria** 🅼, 5 pl. Marseillais (r. Paris) ℰ 46 76 60 60, Fax 49 77 68 00 – 🛗 ⇌ ch 🍽 rest 📺 ☎ ⅙ – ⚑ 25 à 180. 🆎 ⓞ ⅭⒷ ⱼⷀⷔ
Repas 115, enf. 51 – 🖵 51 – **132 ch** 540/590.
AD 35

Châteaufort 78117 Yvelines 🔟🔟① ㉒ 🏵🏵 – 1 427 h alt. 153.

Paris 26 – Arpajon 28 – Rambouillet 25 – Versailles 10.

🍴🍴 ❀ **La Belle Epoque** (Rayé), ℰ 39 56 21 66, Fax 39 56 87 96, �terr, « Auberge rustique dominant le vallon » – 🆎 ⓞ ⅭⒷ
fermé dim. soir et lundi – **Repas** 210/350 et carte 330 à 430
Spéc. Croustillant de foie gras aux poires et au porto. Canette rôtie aux épices douces. Tarte tiède au chocolat.
AR 6

Chelles 77500 S.-et-M. 🔟🔟① ⑲ 🏵🏵 – 45 365 h alt. 45.

🖪 Office de Tourisme 51 bis av. de la Résistance ℰ 60 80 12 24.

Paris 22 – Coulommiers 46 – Meaux 27 – Melun 45.

🏨 **Climat de France** 🅼, D 34, rte Claye-Souilly ℰ 60 08 75 58, Fax 60 08 90 94 – 📺 ☎ ⅙ ⓟ – ⚑ 50. 🆎 ⅭⒷ
Repas 89/115 ⅛, enf. 39 – 🖵 32 – **43 ch** 270.
W 52

🍴🍴 **L'Eau Vive,** 42 r. Gambetta ℰ 60 08 10 10 – 🍽. ⅭⒷ
fermé 8 août au 4 sept., dim. soir et lundi – **Repas** - produits de la mer - 150 et carte 290 à 410 ⅛, enf. 70.
W 51

🍴🍴 **Rôtisserie Briarde,** 43 r. A. Meunier ℰ 60 08 02 78, Fax 60 20 99 85, �terr, 🥀 – ⓟ 🆎 ⓞ ⅭⒷ
fermé août, vacances de fév., lundi soir et mardi – **Repas** 160/220 et carte 200 à 350, enf. 65.
X 51

CITROEN Gar. Pacha, 59 av. Mar.-Foch ℰ 60 08 56 01
FORD Gar. Dubos, 92 av. Mar.-Foch ℰ 60 20 43 42
NISSAN Gar. Pirrot, 34 à 40 r. A.-Meunier ℰ 69 57 07 26
OPEL Chelles Autom., ZI, av. de Sylvie ℰ 60 08 53 02

PEUGEOT Gar. Metin, 53 av. Mar.-Foch ℰ 60 08 57 57
RENAULT Gar. de Chelles, 9 av. du Marais ℰ 64 21 19 81 🔃 ℰ 60 26 15 88
VAG Gar. Lourdin, 33 r. G.-Nast ℰ 60 08 38 42

🕲 Euromaster, 41 r. A.-Meunier ℰ 60 08 07 68

Chennevières-sur-Marne 94430 Val-de-Marne 101 ㉘ 24 – 17 857 h alt. 100.

🇮🇸 d'Ormesson 🎢 45 76 20 71, SE : 3 km.

Paris 19 – Coulommiers 48 – Créteil 9 – Lagny-sur-Marne 22.

🛏🛏🛏 **Écu de France,** 31 r. Champigny 🎢 45 76 00 03, ≤, 🍽, « Cadre rustique, terrasse fleurie en bordure de rivière », 🚗 – 🅿 GB. ⚘
fermé 4 au 11 sept., dim. soir et lundi – **Repas** carte 230 à 320.   AG 45

BMW Gar. du Bac, 2 et 4 r. Lavoisier 🎢 49 62 03 30
FIAT Carrefour des Nations, 2 rte de la Libération 🎢 45 76 56 05
RENAULT SOVEA, 96 rte de la Libération 🎢 45 76 96 70 🅽 🎢 44 22 52 32

VOLVO Volvo Alma, 102 rte de la Libération 🎢 45 93 04 00

Chevilly-Larue 94550 Val-de-Marne 101 ㉖ 22 – 16 223 h.

Paris 12 – Antony 5 – Corbeil-Essonnes 30 – Créteil 11 – Longjumeau 12.

🍴 **Chez Fernand,** 248 av. Stalingrad 🎢 46 86 11 77 – 🍽. GB   AL 31
fermé 15 juil. au 15 août, dim. soir et lundi – **Repas** 130 et carte 200 à 310.

🛞 Pneu Vertadier Vulcopneu, 88 av. Stalingrad 🎢 46 87 25 48

Clamart 92140 Hauts-de-Seine 101 ㉕ 22 – 47 214 h alt. 110.

🛈 Office de Tourisme 22 rue Pierre et Marie Curie 🎢 46 42 17 95.

Paris 10 – Boulogne-Billancourt 5 – Issy-les-Moulineaux 3,5 – Nanterre 16 – Versailles 14.

🏨 **du Trosy** sans rest, 41 r. P. Vaillant-Couturier 🎢 47 36 37 37, Fax 47 36 88 38 – 🛗 📺 ☎ 🅰,
🚗 🅰🅴 GB   AG 21
🖙 35 – **40 ch** 310/340.

OPEL Vision Sud Autom., 323 av. Gén.-de-Gaulle 🎢 46 30 45 90
PEUGEOT Gar. Claudis, 182 av. Gén.-de-Gaulle 🎢 41 07 90 20 🅽 🎢 05 44 24 24
RENAULT Clamart Autom., 185 av. V.-Hugo 🎢 46 44 38 03 🅽 🎢 05 05 15 15

VAG S.T.N.A., 154 av. V.-Hugo 🎢 46 42 20 61

🛞 Clamart Pneus, 329 av. Gén.-de-Gaulle 🎢 46 31 12 04

Clichy 92110 Hauts-de-Seine 101 ⑮ 18 – 48 030 h alt. 30.

🛈 Office de Tourisme 61 r. Martre 🎢 42 70 97 56.

Paris 8 – Argenteuil 8 – Nanterre 8 – Pontoise 28 – St-Germain-en-Laye 20.

🏨 **Victoria** sans rest, 15 r. P. Curie 🎢 47 56 05 00, Fax 47 56 08 80 – 🛗 ⇄ ch 📺 ☎. 🅰🅴 🅾
GB   T 26
🖙 30 – **28 ch** 340/370.

🏨 **Sovereign** sans rest, 14 r. Dagobert 🎢 47 37 54 24, Fax 47 30 05 80 – 🛗 📺 ☎ 🚗. 🅰🅴 🅾
GB   T 25
🖙 42 – **42 ch** 400/420.

🏨 **Le Ruthène** sans rest, 35 r. Klock 🎢 47 37 02 51, Fax 42 70 83 87 – 🛗 📺 ☎. GB. ⚘
🖙 30 – **20 ch** 380.   U 26

🏠 **des Chasses** Ⓜ sans rest, 49 r. des Chasses 🎢 47 37 01 73, Fax 47 31 40 98 – 🛗 📺 ☎.
🅰🅴 🅾 GB 𝐉𝐂𝐁   T 25
🖙 30 – **35 ch** 350/370.

🏠 **L'Europe** sans rest, 52 bd Gén. Leclerc 🎢 47 37 13 10, Fax 40 87 11 06 – 🛗 📺 ☎. 🅰🅴 GB
🖙 35 – **43 ch** 360/390.   T 26

🛏🛏🛏 **La Romantica,** 73 bd J. Jaurès 🎢 47 37 29 71, Fax 47 37 76 32 – 🅰🅴 GB   T 25
fermé sam. midi et dim. – **Repas** - cuisine italienne - 175 (déj.), 280/350 et carte 250 à 400.

🛏🛏 **La Bonne Table,** 119 bd J.-Jaurès 🎢 47 37 38 79 – 🍽. GB   T 25
fermé août, sam. midi et dim. – **Repas** - produits de la mer - 200/300 et carte 240 à 330.

BMW G.P.M., 8 rue de Belfort 🎢 47 39 99 40
CITROEN Centre Citroën Clichy, 125 bd J.-Jaurès 🎢 42 70 17 17
CITROEN Succursale, 15-17, r. Fournier ZAC 🎢 47 37 30 02

FORD Gar. Sadeva, 129 bd Jean Jaurès 🎢 47 39 71 13

🛞 Central Pneumatique, 22 r. Dr.-Calmette 🎢 42 70 99 94

Courbevoie 92400 Hauts-de-Seine 101 ⑮ 18 G. Ile de France – 65 389 h alt. 34.

Paris 10 – Asnières-sur-Seine 3 – Levallois-Perret 5,5 – Nanterre 4 – St-Germain-en-Laye 16.

🏨 **George Sand** sans rest, 18 av. Marceau 🎢 43 33 57 04, Télex 615305, Fax 47 88 59 38,
« Décor évoquant l'époque de George Sand » – 🛗 📺 ☎. 🅰🅴 🅾 GB   U 20
🖙 35 – **31 ch** 395/480.

🏨 **Blois** sans rest, 85 bd St-Denis 🎢 43 33 13 35, Fax 47 88 24 80 – 🛗 📺 ☎. 🅰🅴 🅾 GB
🖙 40 – **33 ch** 400/440.   U 21-22

🏠 **Central** sans rest, 99 r. Cap. Guynemer 🎢 47 89 25 25, Fax 46 67 02 21 – 🛗 📺 ☎ 🅿. 🅰🅴
🅾 GB 𝐉𝐂𝐁   U 20
🖙 30 – **55 ch** 300/360.

Quartier Charras :

🏨 **Mercure La Défense 5** Ⓜ, 18 r. Baudin ℘ 49 04 75 00, Télex 610470, Fax 47 68 83 32 –
📶 ⅙ ch 🗏 📺 ☎ 🖐 🚗 – 🔏 25 à 250. 🖭 ⓞ 🖭 🍷   U 20
Charleston Brasserie : **Repas** 148 bc, enf. 50 – 😋 68 – **509 ch** 850/890, 6 appart.

au Parc de Bécon :

🍴🍴 **Trois Marmites,** 215 bd St-Denis ℘ 43 33 25 35 – 🗏. 🖭 ⓞ 🖭   U 22
fermé août, sam. et dim. – **Repas** 190.

RENAULT Succursale, 8 bd G.-Clémenceau   🛞 Cenci Pneu Point S, 8 r. de Bitche ℘ 43 33 25 36
℘ 46 67 55 55 🎱 ℘ 05 05 15 15

Créteil 🅿 94000 Val-de-Marne 101 ㉗ 24 G. Ile de France – 82 088 h alt. 49.

Voir Hôtel de ville★ : parvis★.

🛈 Office de Tourisme 1 r. F.-Mauriac ℘ 48 98 58 18.

Paris 14 – Bobigny 19 – Évry 31 – Lagny-sur-Marne 28 – Melun 35.

🏨 **Novotel** Ⓜ 🐾, au lac ℘ 42 07 91 02, Fax 48 99 03 48, 😙, 🏊 – 📶 ⅙ ch 🗏 📺 ☎ 🖐 –
🔏 80. 🖭 ⓞ 🖭 🍷 rest   AJ 38
Repas carte environ 180 – 😋 50 – **110 ch** 495/510.

🏩 **Ibis** Ⓜ, carrefour Pompadour, 14 r. Basse Quinte ℘ 49 80 12 22, Fax 43 99 04 45 – 📶
⅙ ch 📺 ☎ 🖐 ✔ – 🔏 40. 🖭 🖭 🍷   AK 38
Repas 97 bc, enf. 40 – 😋 37 – **84 ch** 300.

CITROEN Gar. des Quais, 30 r. de Valenton   🛞 Créteil Pneu, 90 av. Mar.-de-Lattre-de-Tassigny
℘ 42 07 21 00 🎱 ℘ 05 05 24 24   ℘ 42 07 36 58
PEUGEOT SCA-SVICA, 89 av. Gén.-de-Gaulle   Euromaster, 54 av H. Barbusse à Valenton
℘ 45 17 94 94   ℘ 43 89 06 54
RENAULT SVAC, ZI Petites Haies, 37 r. de Valenton
℘ 48 99 72 50 🎱 ℘ 05 05 15 15

Croissy-sur-Seine 78290 Yvelines 101 ⑬ 18 – 9 098 h alt. 29.

Paris 20 – Maisons-Laffitte 10 – Pontoise 23 – Saint-Germain-en-Laye 4,5 – Versailles 9.

🍴 **La Buissonnière,** 9 av. Mar. Foch ℘ 39 76 73 55 – 🖭   W 11
fermé 15 août au 6 sept., dim. soir et lundi – **Repas** 150 et carte 180 à 280.

FORD Croissy Autom., 4 r. des Ponts ℘ 39 76 22 17

La Défense 92 Hauts-de-Seine 101 ⑭ 18 G. Paris – ✉ 92400 Courbevoie.

Voir Quartier★★ : perspective★ du parvis.

Paris 12 – Courbevoie 5,5 – Nanterre 2,5 – Puteaux 1.

🏨 **Sofitel CNIT** Ⓜ 🐾, 2 pl. Défense ℘ 46 92 10 10, Télex 613782, Fax 46 92 10 50 – 📶
⅙ ch 🗏 ch 📺 ☎ 🖐 – 🔏 25. 🖭 ⓞ 🖭 🍷 rest   U19-V19
voir rest. *Les Communautés* ci-après – 😋 95 – **141 ch** 1400, 6 appart.

🏨 **Sofitel La Défense** Ⓜ 🐾, 34 cours Michelet, par bd circulaire sortie La Défense 4
✉ 92060 Puteaux ℘ 47 76 44 43, Télex 612189, Fax 47 73 72 74 – 📶 ⅙ ch 🗏 📺 ☎ 🖐
🚗 – 🔏 80. 🖭 ⓞ 🖭 🍷   V 20
Les 2 Arcs : (*fermé dim. midi et sam.*) **Repas** 275 (déj.) et carte 260 à 350 – *Le Botanic* (déj. seul) **Repas** carte 190 à 260 – 😋 75 – **150 ch** 1280.

🏨 **Novotel La Défense** Ⓜ, 2 bd Neuilly ℘ 47 78 16 68, Télex 630288, Fax 47 78 84 71, ⩽ –
📶 ⅙ ch 🗏 📺 ☎ 🖐 – 🔏 25 à 150. 🖭 ⓞ 🖭 🍷   V 21
Repas carte environ 180 🍷, enf. 50 – 😋 60 – **278 ch** 750/790.

🏩 **Ibis La Défense** Ⓜ, 4 bd Neuilly ℘ 47 78 15 60, Fax 47 78 94 16, 😙 – 📶 ⅙ ch 🗏 📺 ☎
🖐 – 🔏 120. 🖭 🖭   V 21
Repas 97 bc, enf. 40 – 😋 38 – **284 ch** 450.

🍴🍴🍴 **Les Communautés** - Hôtel Sofitel CNIT, 2 pl. Défense, 5ᵉ étage ℘ 46 92 10 30 – 🗏. 🖭 ⓞ
🖭 🍷   UV 19
fermé sam. et dim. – **Repas** 160 (dîner), 270/420 bc et carte 240 à 350.

Draveil 91210 Essonne 101 ㊱ – 27 867 h alt. 55.

🛈 Office de Tourisme Parc de l'Hôtel de Ville ℘ 69 03 09 39.

Paris 23 – Arpajon 18 – Évry 8.

à Champrosay SE : 3 km par N 448 – ✉ 91210 :

🍴🍴🍴 **Bouquet de la Forêt,** rte l'Ermitage ℘ 69 42 56 08, 😙, « A l'orée de la forêt » – 🖐. 🖭
fermé août, lundi et le soir sauf vend. et sam. – **Repas** 245 à 410.

FORD A.M.V., ZI Réveil Matin Ancienne RN 5 à   RENAULT Gar. Pouvreau, 50 av. H.-Barbusse
Montgeron ℘ 69 40 76 00   ℘ 69 42 22 34 🎱 ℘ 05 05 15 15
RENAULT Gar. du Plateau, 156bis av. de la
République à Montgeron ℘ 69 03 28 52

Enghien-les-Bains 95880 Val-d'Oise **101** ⑤ **18** G. Ile de France – 10 077 h alt. 50 – Stat. therm. (fermé janv.) – Casino .

Voir Lac★ – Deuil-la-Barre : chapiteaux historiés★ de l'église N.-Dame NE : 2 km.

🏌 de Domont Montmorency ✆ 39 91 07 50, N : 8 km.

🛈 Office de Tourisme 2 bd Cotte ✆ 34 12 41 15.

Paris 19 – Argenteuil 4,5 – Chantilly 31 – Pontoise 21 – St-Denis 7 – St-Germain-en-Laye 19.

🏨 **Le Grand Hôtel** M ⚿, 85 r. Gén. de Gaulle ✆ 34 12 80 00, Fax 34 12 73 81, ⇆, ⇜ – 📶
■ ch 📺 ☎ 🅿 – 🔬 25. ⅋⅋ ⓞ ⌾⌾. ⅍ rest
Repas 175/280 – ⇆ 80 – **48 ch** 700/1200, 3 appart.   K 25

🍴🍴 **Aub. Landaise,** 32 bd d'Ormesson ✆ 34 12 78 36 – ■. ⅋⅋ ⌾⌾.
fermé août, dim. soir et merc. – **Repas** carte 160 à 240.   J 26

BMW Enghien Autom., 211 av. Division Leclerc   NISSAN Gar. Andréoli, 14 r. J.-Ferry ✆ 39 64 70 32
✆ 39 89 14 17

Épinay-sur-Seine 93800 Seine-St-Denis **101** ⑮ **18** – 48 762 h alt. 38.

Paris 14 – Argenteuil 4,5 – Bobigny 16 – Pontoise 21 – St-Denis 5,5.

🏨 **Ibis** M, 1 av. 18-Juin-1940 ✆ 48 29 83 41, Fax 48 22 93 03, ⇆ – 📶 ⇜ ch 📺 ☎ ⇜ –
🔬 55. ⅋⅋ ⌾⌾
Repas 97 bc, enf. 40 – ⇆ 37 – **91 ch** 300.   L 25

🔘 Euromaster, 123-125 av. Mar.-de-Lattre-de-Tassigny ✆ 48 41 43 75

Fontenay-aux-Roses 92260 Hauts-de-Seine **101** ㉕ **22** – 23 322 h alt. 120.

Paris 8,5 – Boulogne-Billancourt 7,5 – Nanterre 22 – Versailles 15.

🏨 **Climat de France** M, 32 av. J. M. Dolivet ✆ 43 50 02 04, Fax 46 83 81 20 – 📶 📺 ☎ 🕹 🅿
– 🔬 40. ⅋⅋ ⓞ ⌾⌾
Repas 90/135 ⅍, enf. 39 – ⇆ 35 – **56 ch** 350.   AH 24

CITROEN B.F.A., 98 r. Boucicaut ✆ 46 61 21 75   RENAULT Gar. Berk, 17 av. Jean-Moulin
FORD Gar. Mécanoel, 2 r. des Benards angle av.   ✆ 43 50 61 90
Lombart ✆ 46 61 11 14

Fontenay-sous-Bois 94120 Val-de-Marne **101** ⑰ **20 24** – 51 868 h alt. 102.

🛈 Syndicat d'Initiative 4 bis av. Charles Garcia ✆ 43 94 33 48.

Paris 10,5 – Créteil 9,5 – Lagny-sur-Marne 23 – Villemomble 7 – Vincennes 4.

🏨 **Mercure** M, av. Olympiades ✆ 49 74 88 88, Télex 262159, Fax 43 94 17 73 – 📶 ⇜ ch ■
📺 ☎ 🕹 – 🔬 120. ⅋⅋ ⓞ ⌾⌾
Repas 130/190 ⅍, enf. 50 – ⇆ 55 – **133 ch** 495/550.   Z 42

🏨 **Climat de France,** 18 av. Rabelais ✆ 48 76 21 98, Fax 48 76 25 96 – 📺 ☎ 🕹 🅿 – 🔬 25.
⇢ ⅋⅋ ⌾⌾
Repas 69 (déj.), 79/120 ⅍ – ⇆ 34 – **59 ch** 320 – ½ P 510.   AA 41

🍴 **La Musardière,** 61 av. Mar. Joffre ✆ 48 73 96 13 – ■. ⌾⌾
fermé 31 juil. au 22 août, lundi soir, mardi soir et dim. – **Repas** 145 et carte 190 à 330.   AA 42

MERCEDES Demaria Scodiam, 189 av. Mar.-de-Lattre-de-Tassigny ✆ 48 77 09 09

Gagny 93220 Seine-St-Denis **101** ⑱ **20** – 36 059 h.

Paris 15 – Bobigny 8 – Lagny-sur-Marne 621 – Livry-Gargan 5.

🍴🍴 **Le Vilgacy,** 45 av. H. Barbusse ✆ 43 81 23 33, ⇆ – ⌾⌾
fermé 10 août au 2 sept., dim. soir et lundi – **Repas** 120/160 et carte 200 à 300.   V 45

Garches 92380 Hauts-de-Seine **101** ⑭ **22** – 17 957 h alt. 114.

🏌🏌 (privé) ✆ 47 01 01 85, parc de Buzenval, 60 r. 19-Janvier.

Paris 15 – Courbevoie 8,5 – Nanterre 8 – St-Germain-en-Laye 14 – Versailles 8,5.

🍴🍴 **La Tardoire,** 136 Grande Rue ✆ 47 41 41 59 – ⌾⌾
fermé 16 juil. au 17 août, 2 au 10 janv., dim. soir et lundi – **Repas** 100 (déj.). 160/220 et carte   AB 15
210 à 290.

CITROEN Gar. Magenta, 4 bd Gén.-de-Gaulle ✆ 47 10 91 50

La Garenne-Colombes 92250 Hauts-de-Seine **101** ⑭ **18** – 21 754 h alt. 25.

🛈 Office de Tourisme 24 r. E.-d'Orves ✆ 47 85 09 90.

Paris 11,5 – Argenteuil 6 – Asnières-sur-Seine 4,5 – Courbevoie 2 – Nanterre 2 – Pontoise 27 – St-Germain-en-Laye 14.

🍴🍴 **Aub. du 14 Juillet,** 9 bd République ✆ 42 42 21 79 – ⅋⅋ ⓞ ⌾⌾
fermé 5 au 27 août, sam., dim. et fériés – **Repas** 170/280 et carte 250 à 350.   T 21

🍴🍴 **Aux Gourmets Landais,** 5 av. Joffre ✆ 42 42 22 86, Fax 42 42 27 14, ⇆ – ⅋⅋ ⓞ ⌾⌾
JCB   T 20
fermé 15 août au 15 sept., dim. soir et lundi – **Repas** 120 (déj.), 160 bc/200 ⅍.

PEUGEOT Succursale, 9 bd National ✆ 41 19 55 00 **N** ✆ 05 44 24 24

Gentilly 94250 Val-de-Marne 101 26 24 – 17 093 h alt. 47.

Paris 6 – Créteil 13.

🏨 **Mercure** M, 51 av. Raspail ℰ 47 40 87 87, Fax 47 40 15 88, ⇔ – 🛗 ⇖ ch, 🍴 rest 📺 ☎
& 🅿 – 🔬 35. ⅄ ⓞ ᴳᴮ   AF 29
Repas *(fermé vend. soir et sam.)* 130 🍷, enf. 49 – ⊠ 52 – **87 ch** 510/550.

Goussainville 95190 Val-d'Oise 101 ⑦ – 24 812 h alt. 65.

Paris 27 – Chantilly 23 – Pontoise 23 – Senlis 28.

🏨 **Médian** M, 2 av. F. de Lesseps ℰ 39 88 93 93, Fax 39 88 75 65, ⇔ – 🛗 🍴 📺 ☎ & 🅿 –
➤ 🔬 30. ⅄ ⓞ ᴳᴮ
Repas 75/130 🍷, enf. 38 – ⊠ 30 – **49 ch** 295/320, 6 appart.

🏨 **Campanile**, Z.A.E. Ch. de Gaulle ℰ 39 92 93 36, Fax 39 92 93 73 – 🛗 ⇖ ch 📺 ☎ & 🅿 –
🔬 25. ⅄ ⓞ ᴳᴮ
Repas 85 bc/105 bc – ⊠ 32 – **70 ch** 275.

Issy-les-Moulineaux 92130 Hauts-de-Seine 101 ㉕ 22 – 46 127 h alt. 37.

🛈 Syndicat d'Initiative Esplanade de l'Hôtel de Ville ℰ 40 95 65 43.

Paris 6,5 – Boulogne-Billancourt 3 – Clamart 3,5 – Nanterre 12 – Versailles 16.

🏨 **Campanile**, 213 r. J.-J. Rousseau ℰ 47 36 42 00, Fax 47 36 88 93 – 🛗 ⇖ ch 📺 ☎ &
🚗 – 🔬 70. ⅄ ⓞ ᴳᴮ   AD 21
Repas 90 bc/117 bc, enf. 39 – ⊠ 32 – **168 ch** 360.

✕✕ **L'Olivier**, 22 r. E. Renan ℰ 40 93 42 00, Fax 40 93 02 19 – ⅄ ⓞ ᴳᴮ   AD 23
fermé 24 avril au 2 mai, 7 au 21 août, dim. soir et sam. – **Repas** 175 et carte 260 à 350.

✕✕ **La Manufacture**, 20 espl. Manufacture (face au 30 r. E. Renan) ℰ 40 93 08 98,
Fax 40 93 57 22, ⇔ – 🛗 ⅄ ⓞ ᴳᴮ   AD 23
fermé sam. midi et dim. – **Repas** 180.

✕ **Coquibus**, 16 av. République ℰ 46 38 75 80, Fax 41 08 95 80, brasserie – ⅄ ᴳᴮ   AD 22
fermé 14 au 27 août, sam. midi et dim. – **Repas** 150/250.

ALFA ROMEO V.A.R. France, 41/45 q. Prés.-   ⓦ R.A.V.M., 54 av. du Bas-Meudon ℰ 46 38 81 77
Roosevelt ℰ 46 62 78 78 N ℰ 05 31 14 11

Ivry-sur-Seine 94200 Val-de-Marne 101 26 24 – 53 619 h alt. 33.

Paris 7,5 – Créteil 9,5 – Lagny-sur-Marne 28.

🏨 **Campanile** M, 9 r. R. Villars, Pte d'Ivry ℰ 46 71 00 17, Fax 46 58 91 00 – 🛗 ⇖ ch ☎
& 🚗 – 🔬 40. ⅄ ⓞ ᴳᴮ   AE 32
Repas 90 bc/117 bc, enf. 39 – ⊠ 32 – **155 ch** 360.

ⓦ Michardière, 30 av. de Verdun ℰ 46 72 65 48   Pneu Service, 14-16 bd Brandenbourg
                                                        ℰ 46 72 16 47

Joinville-le-Pont 94340 Val-de-Marne 101 ㉗ 24 – 16 657 h alt. 35.

🛈 Office de Tourisme à la Mairie ℰ 42 83 41 16.

Paris 11 – Créteil 6 – Lagny-sur-Marne 23 – Maisons-Alfort 4 – Vincennes 4,5.

🏨 **Cinépole** ⸱ sans rest, 8 av. Platanes ℰ 48 89 99 77, Fax 48 89 43 92 – 🛗 📺 ☎ & 🚗.
⅄ ⓞ ᴳᴮ   AE 41
⊠ 30 – **34 ch** 290.

🏨 **Campanile**, 1 allée E. L'Heureux (N 4) ℰ 48 89 89 99, Fax 48 89 76 49, ⇔ – 🛗 ⇖ ch 📺
☎ & 🚗 – 🔬 35. ⅄ ⓞ ᴳᴮ   AE 40
Repas 90 bc/117 bc, enf. 39 – ⊠ 32 – **122 ch** 340.

PEUGEOT Restellini, 49/57 av. Gén. Galliéni   ⓦ Euromaster, 146 av. R.-Salengro N 4 à Cham-
ℰ 48 86 30 30   pigny-sur-Marne ℰ 48 81 32 12
RENAULT Gar. Girardin, 118 av. R.-Salengro à   Inter Pneu Vulcopneu, 33 av. Gén. de Gaulle à
Champigny-sur-Marne ℰ 48 82 11 05 N ℰ 44 22   Champigny-sur-Marne ℰ 48 83 66 67
52 32
VAG Gar. Bonnet, 134 av. R.-Salengro à Cham-
pigny-sur-Marne ℰ 48 81 90 10

Le Kremlin-Bicêtre 94270 Val-de-Marne 101 ㉘ 24 – 19 348 h alt. 69.

Paris 6 – Boulogne-Billancourt 10 – Évry 29 – Versailles 25.

🏨 **Campanile**, bd Gén. de Gaulle ℰ 46 70 11 86, Fax 46 70 64 47, ⇔ – 🛗 ⇖ ch 📺 ☎ &
🚗 – 🔬 150. ⅄ ⓞ ᴳᴮ   AE 31
Repas 90 bc/117 bc, enf. 39 – ⊠ 32 – **155 ch** 360.

Circulez autour de Paris avec les **cartes Michelin**

101 à 1/50 000 - Banlieue de Paris

106 à 1/100 000 - Environs de Paris

237 à 1/200 000 - Ile de France

Levallois-Perret 92300 Hauts-de-Seine 101 ⑮ 18 – 47 548 h alt. 30.

Paris 8 – Argenteuil 10 – Nanterre 6,5 – Pontoise 30 – St-Germain-en-Laye 18.

🏨 **Parc** M sans rest, 18 r. Baudin ℘ 47 58 61 60, Télex 615488, Fax 47 48 07 92 – 🛗 📺 ☎. 🅖🅑
⌑ 38 – **52 ch** 345/445.
U 23

🏨 **Espace Champerret** sans rest, 26 r. Louise Michel ℘ 47 57 20 71, Fax 47 57 31 39 – 🛗
📺 ☎. 🅐🅔 ⓞ 🅖🅑
⌑ 35 – **36 ch** 365/400.
V 24

🏨 **ABC Champerret** sans rest, 63 r. Danton ℘ 47 57 01 55, Fax 47 57 54 23 – 🛗 📺 ☎. 🅐🅔
ⓞ 🅖🅑
⌑ 30 – **39 ch** 320/370.
V 23

🏨 **Splendid'H.** sans rest, 73 r. Louise Michel ℘ 47 37 47 03, Fax 47 37 50 01 – 🛗 📺 ☎. 🅐🅔
ⓞ 🅖🅑 🅙🅒🅑
⌑ 37 – **47 ch** 340/429.
V 24

🏨 **Champagne H.** M sans rest, 20 r. Baudin ℘ 47 48 96 00, Fax 47 58 13 29 – 🛗 📺 ☎. 🅖🅑
⌑ 30 – **30 ch** 290/390.
U 23

🏨 **Hermès** sans rest, 22 r. Baudin ℘ 47 59 96 00, Fax 47 48 90 84 – 🛗 📺 ☎. 🅐🅔 🅖🅑
⌑ 40 – **33 ch** 350/440.
U 23

XXX **La Cerisaie**, 56 r. Villiers ℘ 47 58 40 61 – 🅐🅔 🅖🅑
Repas 190 (dîner)/230 et carte 300 à 360.
V 23

XX **L'Instant Gourmand**, 113 r. L. Rouquier ℘ 47 37 13 43, Fax 47 37 79 68 – ▤. 🅐🅔 ⓞ 🅖🅑
fermé août, sam. et dim. – **Repas** 135 et carte 170 à 260.
V 24

XX **La Rôtisserie**, 24 r. A. France ℘ 47 48 13 82, Fax 47 48 07 87 – ▤. 🅐🅔 🅖🅑
fermé sam. midi et dim. – **Repas** 150.
V 24

XX **Le Jardin**, 9 pl. Jean Zay ℘ 47 39 54 02, Fax 47 39 59 99 – 🅐🅔 🅖🅑
fermé 10 au 20 août, sam. midi et dim. – **Repas** 170 et carte 210 à 330.
U 24

X **Le Boeuf au Bistrot**, 39 r. J. Jaurès ℘ 47 31 91 16, Fax 46 05 55 85 – 🅖🅑
Repas 139 bc 🍴, enf. 39.
V 24

ALFA ROMEO, FIAT, LANCIA Fiat Auto France,
80-82 q. Michelet ℘ 47 30 50 00
BMW Gar. Pozzi, 114-116 r. A.-Briand
℘ 47 70 81 33
FERRARI Gar. Pozzi, 109. r. A.-Briand
℘ 47 39 96 50 🅽 ℘ 46 42 41 78
HONDA Japauto Autom., 62 r. Marjolin
℘ 47 37 52 94
JAGUAR Gar. Wilson, 116 r. Prés.-Wilson
℘ 47 39 92 50

JAGUAR Franco Britannic Autom., 25 r. P.-V.-
Couturier ℘ 47 57 50 80 🅽 ℘ 46 42 41 78
MERCEDES, MITSUBISHI, PORSCHE Sonauto
Levallois, 53 r. Marjolin ℘ 47 39 97 40
NISSAN France Carrosserie Autom., 49 r.
A.-France ℘ 47 57 23 93

🅦 Coudert Pneus, 2 r. de Bretagne ℘ 47 37 89 16
Euromaster, 101 r. A.-France ℘ 47 58 56 70

Linas 91310 Essonne 101 ㉟ – 4 767 h – **Autodrome permanent de Linas-Montlhéry.**

Paris 26 – Arpajon 5,5 – Évry 15 – Montlhéry 0,5.

XX **L'Escargot de Linas**, 136 av. Div. Leclerc ℘ 69 01 00 30, 🍽 – 🅐🅔 🅖🅑
fermé août, lundi soir et dim. – **Repas** 180 et carte 240 à 420.

Livry-Gargan 93190 Seine-St-Denis 101 ⑱ 20 – 35 387 h alt. 63.

🄱 Office de Tourisme pl. Hôtel de Ville ℘ 43 30 61 60.

Paris 18 – Aubervilliers 13 – Aulnay-sous-Bois 4 – Bobigny 6,5 – Meaux 28 – Senlis 39.

XX **Petite Marmite**, 8 bd République ℘ 43 81 29 15, 🍽 – ▤. 🅖🅑
T 45
fermé 15 août au 1ᵉʳ sept., vacances de fév. et merc. – **Repas** carte 200 à 310, enf. 100.

OPEL Gar. Guiot, 1-3 av. A.-Briand ℘ 43 02 63 31
🅦 Bonnet-Point S, 4 av. C.-Desmoulins
℘ 43 81 53 13

Les Loges-en-Josas 78350 Yvelines 101 ㉓ 22 – 1 506 h.

Paris 25 – Bièvres 7 – Chevreuse 13 – Palaiseau 11 – Versailles 6.

🏨🏨 **Le Relais de Courlande** ⤸, 23 av. Div. Leclerc ℘ 39 56 01 77, Fax 39 56 06 72, 🍽, 🛋,
🌳 – 🛗 📺 ☎ ♿ 🅟 – 🕍 100. 🅐🅔 🅖🅑
AL 10
Repas 260 – ⌑ 47 – **47 ch** 495/790, 3 appart.

Longjumeau 91160 Essonne 101 ㉟ – 19 864 h alt. 72.

🄱 Office de Tourisme, Espace Aragon - 6 bis r. Léontine Soyier ℘ 69 09 55 56.

Paris 20 – Chartres 69 – Dreux 85 – Évry 16 – Melun 38 – ♦Orléans 111 – Versailles 26.

🏨🏨 **Relais des Chartreux** M, à Saulxier SO : 2 km, sur N 20 ✉ 91160 Longjumeau
℘ 69 09 34 31, Télex 601245, Fax 69 34 57 70, 🍽, 🛋, 🛋, 🌳, 🎾 – 🛗 ▤ rest 📺 ☎ ⓟ –
🕍 80. 🅐🅔 🅖🅑
Repas 149/250 – ⌑ 35 – **100 ch** 200/250.

X **St-Pierre**, 42 Grande Rue ℘ 64 48 81 99, Fax 69 34 25 53 – ▤. 🅐🅔 ⓞ 🅖🅑
fermé 17 juil. au 6 août, 4 au 10 mars, lundi soir et dim. – **Repas** 115 (déj.). 155/175 et carte
230 à 350.

à Saulx-les-Chartreux SO par D 118 – 4 141 h. – ⊠ **91160** :

🏨 **Le St-Georges** 🦮, rte de Montlhéry : 1 km 🎱 64 48 36 40, Fax 64 48 89 48, ≼, parc, ✵
– 🛗 🖵 ☎ 🅿 – 🛗 150. 🖭 ⅭⒷ
fermé mi-juil. à mi-août – **Repas** 150/450 – 🖵 40 – **40 ch** 380/430.

🏠 **Lac,** av. S. Allende (D 118) 🎱 64 48 09 00, Fax 64 48 99 00 – 🖵 ☎ 🕭 🅿 – 🛗 40. 🖭 ⅭⒷ
Repas 89/150 🕭, enf. 45 – 🖵 32 – **52 ch** 295.

🔘 Euromaster, 5 rte de Versailles, Petit Champlan 🎱 69 34 11 50

Louveciennes 78430 Yvelines 🔟🔝 ⑬ 🔟🔢 **G. Ile de France** – 7 446 h alt. 130.

Paris 22 – St-Germain-en-Laye 5 – Versailles 8.

XX **Aux Chandelles,** 12 pl. Église 🎱 39 69 08 40, ☞ – 🖭 ⅭⒷ   Y 8
fermé 7 au 20 août, sam. midi et merc. – **Repas** 150 bc (déj.), 160/260 bc et carte 260 à 340,
enf. 90.

RENAULT Gar. de la Princesse, 17, rte de la Princesse 🎱 39 69 81 23

Maisons-Alfort 94700 Val-de-Marne 🔟🔝 ㉗ 🔢🔢 **G. Ile de France** – 53 375 h alt. 35.

Paris 9,5 – Créteil 4 – Évry 34 – Melun 38.

XX **La Bourgogne,** 164 r. J. Jaurès 🎱 43 75 12 75, Fax 43 68 05 86 – 🍽. 🖭 ⅭⒷ   AG 37
fermé août, sam. et dim. – **Repas** 205 bc et carte 210 à 390.

RENAULT M.A.E.S.A., 8 av. Prof. Cadiot   🔘 Le Page Pneus-Point S, 19 av. G.-Clémenceau
🎱 43 76 63 70 Ⓝ 🎱 05 05 15 15   🎱 43 68 14 14
VAG Gar. de la Pointe, 65 av. E.-Cossonneau à   Vaysse Pneus, 249 av. de la République
Noisy-le-Grand 🎱 43 03 30 92   🎱 42 07 36 85

Maisons-Laffitte 78600 Yvelines 🔟🔝 ⑬ 🔟🔢 **G. Ile de France** – 22 173 h alt. 40.

Voir Château⋆.

🚹 Office de Tourisme, 41 av. de Longueil 🎱 39 62 63 64.

Paris 21 – Argenteuil 10,5 – Mantes-la-Jolie 37 – Poissy 8 – Pontoise 18 – St-Germain-en-Laye 9,5 –
Versailles 18.

XXX ❀❀ **Le Tastevin** (Blanchet), 9 av. Eglé 🎱 39 62 11 67, Fax 39 62 73 09, 🏡, ☞ – 🅿. 🖭
🔘 ⅭⒷ ᴶᶜᴮ   M 11
fermé 16 août au 8 sept., vacances de fév., lundi soir et mardi – **Repas** 230 (déj.)et carte 370
à 500
Spéc. Escalope de foie gras chaud de canard au vinaigre de cidre. Gibier (saison). Sanciaux aux pommes.

XX **Rôtisserie Vieille Fontaine,** 8 r. Grétry 🎱 39 62 01 78, Fax 39 62 13 43, 🏡, ☞ – 🖭
ⅭⒷ   L 12
fermé 1ᵉʳ au 21 août et lundi – **Repas** 168.

XX **Le Laffitte,** 5 av. St-Germain 🎱 39 62 01 53 – 🖭 ⅭⒷ   M 11
fermé 31 juil. au 30 août, dim. soir et lundi – **Repas** 195 bc/320 et carte 250 à 330.

CITROEN Gar. du Parc, 75 r. de Paris 🎱 39 62 04 78   RENAULT Gar. de la Station, 5, r. du Fossé
CITROEN Gar. Selier, 4 av. Longueil 🎱 39 62 04 05   🎱 39 62 05 45

Malakoff 92240 Hauts-de-Seine 🔟🔝 ㉕ 🔢🔢 – 30 959 h.

Paris 5 – Boulogne-Billancourt 5,5 – Évry 31 – Versailles 19.

🏨 **City H.** sans rest, 122 av. P. Brossolette 🎱 46 56 11 52, Télex 632460, Fax 46 56 18 57 – 🛗
🖵 ☎ 🕭 ⟷. 🖭 ⅭⒷ   AE 26
🖵 40 – **53 ch** 390/430.

PEUGEOT Gar. Parisud Malakoff, 105 bd G.-Péri   Gar. Mittaud, 81 bd G.-Péri 🎱 42 53 27 56
🎱 40 92 55 00
PEUGEOT Gar. Blond, 28-30 bd de Stalingrad
🎱 46 55 22 36

Marcoussis 91460 Essonne 🔟🔝 ㉞ **G. Île de France** – 5 680 h.

Voir Vierge⋆ en marbre dans l'église.

Paris 29 – Arpajon 11 – Étampes 28 – Évry 19 – Montlhéry 3.

X **Le Bellejame,** 97 r. A. Dubois 🎱 69 80 66 47 – ⅭⒷ
↤ *fermé 1ᵉʳ au 15 août, jeudi soir, dim. soir et lundi* – **Repas** 79/180 et carte 250 à 330.

PEUGEOT Gar. du Gay, rte d'Orsay 🎱 69 01 16 91

Drive in the area around Paris using the **Michelin Maps**

nos 🔟🔝 (scale 1:50 000) Outskirts of Paris

🔟🔢🔢 (scale 1:100 000) Environs of Paris

🔢🔢🔢 (scale 1:200 000) Paris Region

Marne-la-Vallée 77206 S.-et-M. 🔟🔟 ⑲ ⑳ 🔟 G. Ile de France.

🛫 de Bussy-St-Georges (privé) 🖉 64 66 00 00 ; 🛫 🛫 de Disneyland Paris 🖉 60 45 68 04.
Paris 28 – Meaux 28 – Melun 40.

à Bussy-St-Georges – ✉ 77600 :

🏨 **Golf H.** Ⓜ ⅀, 15 av. Golf **(m)** 🖉 64 66 30 30, Télex 693322, Fax 64 66 04 36, 🍃, 🐎, 🎾 – 🛗 ≼ ch 📺 ☎ ♿ 🅿 – 🛆 140. 🖭 ⓞ ⊖⊟
Repas 150 et carte 140 à 230 ♨, enf. 45 – Ⲻ 60 – **96 ch** 460/580.

🏨 **Holiday Inn** Ⓜ, 39 bd Lagny **(f)** 🖉 64 66 35 65, Fax 64 66 03 10, 🍃, ⳡ – 🛗 ≼ ch 📺
☎ ♿ 🚗 – 🛆 80. 🖭 ⓞ ⊖⊟ ᴊᴄв
Repas 80/110 ♨, enf. 55 – Ⲻ 55 – **120 ch** 650/750.

🏨 **Sweet H.** Ⓜ, 44 bd A. Giroust **(x)** 🖉 64 66 11 11, Fax 64 66 29 05 – 🛗 ▤ 📺 ☎ ♿ 🚗 –
🛆 50. 🖭 ⓞ ⊖⊟
Repas 120 ♨, enf. 47 – Ⲻ 52 – **87 ch** 450/490.

à Champs-sur-Marne – 21 611 h. – ✉ 77420 .

Voir Château★★ et parc★★.

🏨 **Ibis** Ⓜ, cité Descartes, bd Newton **(h)** 🖉 64 68 00 83, Télex 693702, Fax 64 68 02 60, 🍃
– 🛗 ≼ ch 📺 ☎ ♿ 🚗 🅿 – 🛆 80. 🖭 ⊖⊟
Repas 97 bc, enf. 40 – Ⲻ 37 – **110 ch** 315.

à Collégien – ✉ 77090

🏨 **Novotel** Ⓜ, à l'échangeur de Lagny A 4 **(r)** 🖉 64 80 53 53, Télex 691990,
Fax 64 80 48 37, 🍃, ⳡ, 🐎 – 🛗 ≼ ch 📺 ☎ ♿ 🅿 – 🛆 300. 🖭 ⓞ ⊖⊟ ᴊᴄв
Repas carte environ 160, enf. 60 – Ⲻ 52 – **197 ch** 470.

à Croissy-Beaubourg – ✉ 77183

🍴🍴🍴 **L'Aigle d'Or**, 8 r. Paris **(q)** 🖉 60 05 31 33, Fax 64 62 09 39, 🍃, 🐎 – 🅿. 🖭 ⓞ ⊖⊟
fermé dim. soir et lundi soir – **Repas** 250/450 et carte 310 à 470.

à Disneyland Paris accès par autoroute A 4 et bretelle Disneyland :

Voir Disneyland Paris★★★ (voir Guide Vert Disneyland Paris).

🏨 **Disneyland Hôtel** Ⓜ, **(b)** 🖉 60 45 65 00, Fax 60 45 65 33, ≼, 🍃, « Bel ensemble de
style victorien à l'entrée du parc d'attractions », 🛁, ⳡ – 🛗 ≼ ch ▤ 📺 ☎ ♿ 🅿 🖭 ⓞ
⊖⊟ ᴊᴄв. ⅍
California Grill : (dîner seul.) **Repas** 195/295 et carte 245 à 380, enf. 80 – *Inventions :* Repas
170 (déj.)/240, enf. 110 – Ⲻ 75 – **478 ch** 1990/3240, 18 appart.

🏨 **New-York** Ⓜ, **(e)** 🖉 60 45 73 00, Fax 60 45 73 33, ≼, 🍃, « Ambiance du Manhattan
des années 30 », 🛁, ⳡ, ⳡ, 🎾 – 🛗 ≼ ch ▤ 📺 ☎ ♿ 🅿 – 🛆 1 500. 🖭 ⓞ ⊖⊟ ᴊᴄв. ⅍
Parkside Diner : Repas 145, enf. 45 – Ⲻ 75 – **536 ch** 1025/1225, 31 appart.

🏨 **Newport Bay Club** Ⓜ, **(z)** 🖉 60 45 55 00, Fax 60 45 55 33, ≼, 🍃, « Évocation du bord
de mer de la Nouvelle Angleterre », 🛁, ⳡ, ⳡ – 🛗 ≼ ch, ▤ rest 📺 ☎ ♿ – 🛆 30. 🖭 ⓞ
⊖⊟ ᴊᴄв. ⅍
Cape Cod : Repas 125/170 bc, enf. 45 – *Yacht Club* (dîner seul. hors sais.) **Repas** 95/
145 et carte 150 à 300 ♨, enf. 45 – Ⲻ 75 – **1 083 ch** 875/1275, 14 appart.

🏨 **Séquoia Lodge** Ⓜ, **(k)** 🖉 60 45 51 00, Fax 60 45 51 33, ≼, 🍃, « Atmosphère d'un hôtel
des Montagnes Rocheuses », 🛁, ⳡ, ⳡ – 🛗 ≼ ch, ▤ rest 📺 ☎ ♿ – 🛆 80. 🖭 ⓞ ⊖⊟
ᴊᴄв. ⅍
Hunter's Grill : Repas 150, enf. 40 – *Beaver Creek Tavern :* (dîner seul. hors sais.) **Repas**
95/145, enf. 40 – Ⲻ 55 – **997 ch** 775/975, 14 appart.

🏨 **Cheyenne** Ⓜ, **(a)** 🖉 60 45 62 00, Fax 60 45 62 33, 🍃, « Reconstitution d'une petite ville
du Far-West » – ≼ ch, ▤ rest 📺 ☎ ♿ 🅿. 🖭 ⓞ ⊖⊟ ᴊᴄв. ⅍
Chuck Wagon Café : Repas carte environ 150 ♨, enf. 45 – Ⲻ 45 – **1 000 ch** 675.

🏨 **Santa Fé** Ⓜ, **(u)** 🖉 60 45 78 00, Fax 60 45 78 33, 🍃, « Construction évoquant les pue-
blos du Nouveau Mexique » – 🛗 ≼ ch, ▤ rest 📺 ☎ ♿ 🅿. 🖭 ⓞ ⊖⊟ ᴊᴄв. ⅍
La Cantina (self) **Repas** carte environ 150 ♨, enf. 45 – Ⲻ 45 – **1 000 ch** 550.

à Émerainville – 6 766 h. – ✉ 77184 :

🏨 **Ibis** Ⓜ, ZI Pariest bd Beaubourg **(v)** 🖉 60 17 88 39, Télex 693274, Fax 64 62 12 34 – 🛗
≼ ch 📺 ☎ ♿ 🅿 – 🛆 80. 🖭 ⓞ ⊖⊟
Repas 105 bc/200 bc, enf. 39 – Ⲻ 38 – **80 ch** 325.

à Lagny-sur-Marne – 18 643 h. – ✉ 77400 .

Voir Galerie★ du Château de Guermantes S : 3 km par D 35.

🛈 Office de Tourisme 5 cour Abbaye 🖉 64 30 68 77.

🍴🍴🍴 **Egleny**, 13 av. Gén. Leclerc **(d)** 🖉 64 30 52 69, Fax 60 07 56 79, 🍃 – 🅿. 🖭 ⓞ ⊖⊟
fermé 1er au 15 août, dim. soir et lundi – **Repas** 145/380 et carte 340 à 400.

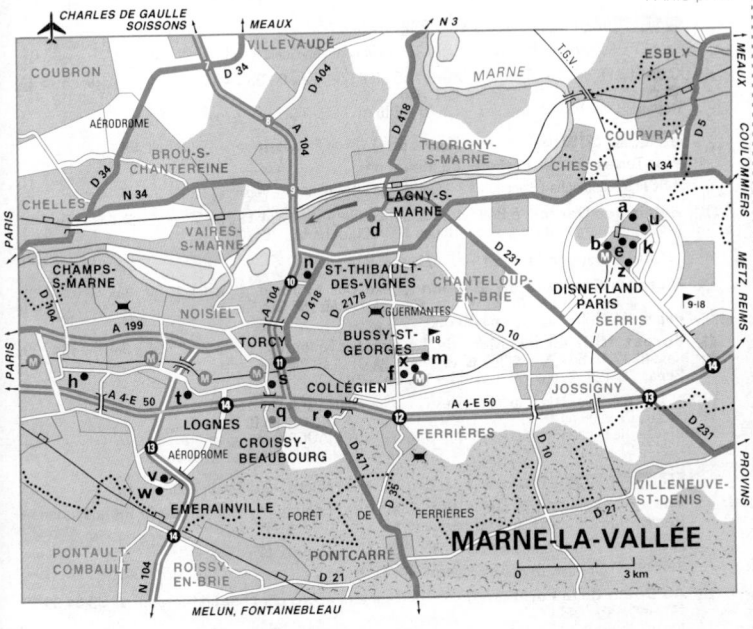

à Lognes – 12 973 h. – ⊠ **77185** :

🏨 **Frantour** Ⓜ, 55 bd Mandinet **(t)** ℰ 64 80 02 50, Télex 693715, Fax 64 80 02 70, �াে, 🕭 –
🛗 🖵 ☎ ﺥ 🖘 ℗ – 🔬 75. ⚿ ⓪ ⒼⒷ ⒿⒸⒷ
Repas *(fermé sam. midi et dim. midi)* 110 et carte 130 à 180 ⅃, enf. 50 – � 58 – **57 ch**
440/485, 28 duplex.

à St-Thibault-des-Vignes – 4 207 h. – ⊠ **77400** :

🏨 **Relais de l'Ecuyer** Ⓜ, Parc de l'Esplanade **(n)** ℰ 64 02 02 44, Télex 693908,
Fax 64 02 40 70, 🌂 – 🖵 ☎ ﺥ ℗ – 🔬 25. ⚿ ⒼⒷ
Repas 87/109 et carte 130 à 240 ⅃, enf. 47 – ⊻ 35 – **66 ch** 335/365.

à Torcy G. Ile de France – 18 681 h. – ⊠ **77200** :

🏨 **Campanile** Ⓜ, 34 r. Gén. de Gaulle **(s)** ℰ 60 17 84 85, Fax 64 62 06 91, 🌂 – 🛗 ✼ ch 🖵
☎ ﺥ ℗ – 🔬 80. ⚿ ⓪ ⒼⒷ
Repas 90 bc/117 bc, enf. 39 – ⊻ 32 – **164 ch** 340.

CITROEN Gar. Yvois, 57 av. Leclerc à St-Thibault-des-Vignes ℰ 64 30 53 67
FORD Gar. Jamin, 30 av. Gén.-Leclerc à Lagny-sur-Marne ℰ 64 30 02 90
MERCEDES Cie de l'Est, 57 allée des Frênes à Champs-sur-Marne ℰ 64 68 70 87
PEUGEOT Métin Marne, 2 av. Gén.-Leclerc à Pomponne ℰ 64 30 30 30 🛚 ℰ 05 44 24 24
PEUGEOT Gar. Queille, 127 av. Gén. Leclerc à Lagny-sur-Marne ℰ 64 30 06 74

RENAULT Gar. Brie des Nations, 4-6 av. P.-M.-France à Noisiel ℰ 60 05 92 92

🖝 Euromaster, 6-8 r. C.-Chappé à Lagny-sur-Marne ℰ 64 30 55 00
Stand Pneus, ZAC le Ru de Nesles à Champs-sur-Marne ℰ 64 28 21 99

Massy 91300 Essonne ⑩⑪ ㉘ ㉒ – 38 574 h alt. 65.

Paris 19 – Arpajon 21 – Évry 20 – Palaiseau 2,5 – Rambouillet 40.

🏨 **Mercure** Ⓜ, 21 av. Carnot (gare T.G.V.) ℰ 69 32 80 20, Télex 681670, Fax 69 32 80 25 –
🛗 ✼ ch 🖵 ☎ ﺥ 🖘 – 🔬 40. ⚿ ⓪ ⒼⒷ
Repas *(fermé dim. midi et sam.)* carte 130 à 170 ⅃, enf. 48 – ⊻ 55 – **116 ch** 495.

CITROEN Succursale, rte de Chilly CD120 ℰ 69 30 27 27
RENAULT Villaine Autom., 8 r. de Versailles ℰ 69 30 13 70
RENAULT Massy Autom., av. de l'Europe ℰ 69 20 47 47

🖝 Euromaster, 12 r. M.-Paul ZI de la Bonde ℰ 69 20 38 20

Le Mesnil-Amelot 77990 S.-et-M. 101 ⑨ – 705 h.

Paris 33 – Aulnay-sous-Bois 18 – Bobigny 22 – Dammartin-en-Goële 9 – Meaux 29 – Melun 67.

🏨 **Quality H.** [M], La Pièce du Gué ℰ 60 03 63 00, Fax 60 03 74 40, *Ⅰ₅*, ⊠ – 🛗 ⇔ ch 🗐 📺
☎ 🕭 ⇔ 🅿 – 🔏 300. 🆀 🕕 🅶🅱 𝒿𝒸𝒷
Repas 98 bc/150 bc, enf. 55 – � 70 – **240 ch** 495/1095.

Meudon 92190 Hauts-de-Seine 101 ㉔ 22 **G. Ile de France** (plan) – 45 339 h alt. 100.

Voir Terrasse⋆ : ❊⋆ – Forêt de Meudon⋆.

Paris 11,5 – Boulogne-Billancourt 4,5 – Clamart 2,5 – Nanterre 15 – Versailles 12.

XXX **Relais des Gardes**, à Bellevue, 42 av. Gallieni ℰ 45 34 11 79, 🍽 – 🆀 🕕 🅶🅱 𝒿𝒸𝒷
fermé sam. midi et dim. soir – **Repas** 190/300 et carte 270 à 390.   AE 19

au sud à Meudon-la-Forêt – ✉ 92360 :

🏨 **Mercure Ermitage de Villebon** [M], rte Col. Moraine ℰ 46 01 46 86, Fax 46 01 46 99,
🍽 – 🛗 ⇔ ch 🗐 ch 📺 ☎ 🕭 🅿 – 🔏 60. 🆀 🕕 🅶🅱
Repas 150/180 – ⊑ 55 – **63 ch** 650.   AH 18

🏨 **Forest Hill**, 40 av. Mar. de Lattre de Tassigny ℰ 46 30 22 55, Télex 634209,
→ Fax 46 32 16 54, ⊇, ⇔ – 🔏 150. 🆀 🕕 🅶🅱 𝒿𝒸𝒷   AJ18-19
Repas 79/129 🕭, enf. 69 – ⊑ 55 – **155 ch** 370/590.

CITROEN Gar. Rabelais, 31 bd Nations-Unies   RENAULT Gar. Biguet, 5 r. Docteur Arnaudet
ℰ 46 26 45 50 🛚 ℰ 05 05 15 15   ℰ 46 26 27 80 🛚 ℰ 05 05 15 15
RENAULT Gar. de l'Orangerie, 16 r. de l'Orangerie   RENAULT Gar. Biguet, 1 av. Gén.-de-Gaulle
ℰ 45 34 27 18 🛚 ℰ 05 05 15 15   ℰ 46 31 65 40 🛚 ℰ 05 05 15 15

Montmorency 95160 Val-d'Oise 101 ⑤ **G. Ile de France** – 20 920 h alt. 130.

Voir Collégiale St-Martin⋆ – Env. Château d'Écouen⋆⋆ : musée de la Renaissance⋆⋆
(tenture de David et de Bethsabée⋆⋆⋆).

🛢 Office de Tourisme, Mairie 2 av. Foch ℰ 39 64 44 31.

Paris 19 – Enghien-les-Bains 3,5 – Pontoise 24 – St-Denis 9,5.

X **Au Coeur de la Forêt**, av. Repos de Diane et accès par chemin forestier ℰ 39 64 99 19,
🍽, 🎇 – 🅿. 🅶🅱
fermé 15 août au 2 sept., dim. soir, lundi soir et jeudi – **Repas** 130/190 et carte 220 à 280.

RENAULT Gar. Rousseau, 150 av. Div. Leclerc   VAG Gar. des Loges, 242 r. J.-Ferry à Montmagny
ℰ 39 34 95 95   ℰ 34 28 60 00

Montreuil 93100 Seine-St-Denis 101 ⑰ 20 **G. Ile de France** – 94 754 h alt. 75.

Voir Musée de l'Histoire vivante⋆ – 🛢 Office de Tourisme 1 r. Kléber ℰ 42 87 38 09.

Paris 7 – Bobigny 9 – Lagny-sur-Marne 30 – Meaux 40 – Senlis 46.

🏨 **Monfortel** [M] sans rest, 15-19 r. Franklin ℰ 48 59 00 03, Fax 48 59 54 46 – 🛗 ⇔ ch 📺 ☎
🕭 ⇔ – 🔏 80. 🆀 🅶🅱 – ⊑ 35 – **88 ch** 295/375.   Y 38

XXX **Le Gaillard**, 28 r. Colbert ℰ 48 58 17 37, Fax 48 70 09 74, 🍽 – 🅿. 🆀 🅶🅱   Y 37
fermé 10 au 24 août, dim. soir et lundi soir – **Repas** 160/350 et carte 240 à 330.

CITROEN Succursale, 224-226 bd A.-Briand   ⓦ Franor Vulcopneu, 97 bd de Chanzy
ℰ 48 59 64 00   ℰ 42 87 39 60
RENAULT Succursale, 57 r. A.-Carrel   Pneu-Service, 65 r. de St-Mandé ℰ 48 51 93 79
ℰ 49 20 38 38 🛚 ℰ 05 05 15 15

Montrouge 92120 Hauts-de-Seine 101 ㉕ 22 – 38 106 h alt. 74.

Paris 5 – Boulogne-Billancourt 6,5 – Longjumeau 16 – Nanterre 15 – Versailles 19.

🏨 **Mercure** [M], 13 r. F.-Ory ℰ 46 57 11 26, Télex 632978, Fax 47 35 47 61 – 🛗 ⇔ ch 🗐 📺
☎ 🕭 – 🔏 150. 🆀 🕕 🅶🅱 𝒿𝒸𝒷   AE 27
Repas carte 150 à 300, enf. 48 – ⊑ 59 – **186 ch** 750/800, 6 appart.

CITROEN Verdier-Montrouge Autom., 99 av.   NISSAN Paris Sud Sce, 83 av. A.-Briand
Verdier ℰ 46 57 12 00   ℰ 46 55 71 24
MERCEDES Succursale, 15-17 r. Barbès   RENAULT Colin-Montrouge, 59 av. République
ℰ 46 12 70 00   ℰ 46 55 26 20

Morangis 91420 Essonne 101 ㉟ – 10 043 h alt. 76 – Paris 21 – Évry 15 – Longjumeau 4 – Versailles 23.

XXX **Le Sabayon**, 15 r. Lavoisier ℰ 69 09 43 80 – 🗐. 🅶🅱
fermé août, sam. midi et dim. – **Repas** 98 (déj.), 150/300, enf. 75.

PEUGEOT Wissous Autom., av. Ch.-de-Gaulle à   RENAULT Gar. Richard, rte de Savigny
Wissous ℰ 69 20 64 42   ℰ 69 09 47 50

Morsang-sur-Orge 91390 Essonne 101 ㊱ – 19 401 h.

Paris 25 – Arpajon 16 – Corbeil-Essonnes 19 – Évry 9 – Longjumeau 7.

XX **L'Aubergade**, 24 bis av. Bruyères ℰ 60 16 65 52 – 🆀 🅶🅱 – fermé 15 juil. au 15 août, dim.
sauf fériés et le soir sauf vend. et sam. – **Repas** 98/195 et carte 200 à 310.

CITROEN Essauto Diffusion, 91, rte de Corbeil ℰ 69 04 21 68

Nanterre ℙ 92000 Hauts-de-Seine 👀 ⑭ 👀 – 84 565 h alt. 38.

🛈 Syndicat d'Initiative, 4 r. du Marché ℰ 47 21 58 02, Fax 47 25 99 02.

Paris 12 – Beauvais 78 – Rouen 123 – Versailles 14.

🏨🏨 **Adagio La Défense** Ⓜ, r. des 3 Fontanot ℰ 46 69 68 00, Télex 616552, Fax 47 25 46 24 –
|🛗| ↜ ch 🖥 📺 ☎ ❤ ↝ – 🔏 70 à 130. ⒶⒺ ⓸ ⒼⒷ   U 18
Les Cinq Continents (fermé dim. midi, vend. soir et sam.) **Repas** 130/170 – ☑ 65 – **97 ch**
720/780.

🏨 **Quality Inn** Ⓜ, 2 av. B. Frachon ℰ 46 95 08 08, Fax 46 95 01 24 – |🛗| ↜ ch, 🖥 rest 📺 ☎
🕭 ↝ – 🔏 30. ⒶⒺ ⓸ ⒼⒷ   U 16
Repas *(fermé sam. et dim.)* 135/150 ⅃ – ☑ 50 – **85 ch** 600/650.

XX **La Rôtisserie**, 180 av. G. Clemenceau ℰ 46 97 12 11, Fax 46 97 12 09, 🏤 – ⒶⒺ ⒼⒷ   V 17
fermé dim. – **Repas** (prévenir) 150.

CITROEN Succursale, 100, av. F.-Arago   ⓦ Euromaster, 74 av. V.-Lénine ℰ 47 24 61 01
ℰ 41 19 35 00

Neuilly-sur-Seine 92200 Hauts-de-Seine 👀 ⑮ 👀 G. Ile de France – 61 768 h alt. 36.

Paris 7,5 – Argenteuil 10 – Nanterre 3,5 – Pontoise 32 – St-Germain-en-Laye 15 – Versailles 17.

🏨🏨 **Jardin de Neuilly** sans rest, 5 r. P. Déroulède ℰ 46 24 51 62, Fax 46 37 14 60 – |🛗| 📺 ☎.
ⒶⒺ ⓸ ⒼⒷ   W 23
☑ 60 – **30 ch** 600/1200.

🏨🏨 **Paris Neuilly** Ⓜ sans rest, 1 av. Madrid ℰ 47 47 14 67, Fax 47 47 97 42 – |🛗| ↜ ch 🖥 📺
☎ ❤ ⒶⒺ ⓸ ⒼⒷ   W 21
☑ 60 – **80 ch** 800/1050.

🏨 **Parc** sans rest, 4 bd Parc ℰ 46 24 32 62, Télex 613689, Fax 46 40 77 31 – |🛗| 📺 ☎. ⒼⒷ
ᴶᶜᴮ   U 22
☑ 38 – **71 ch** 310/510.

🏠 **Roule** sans rest, 37 bis av. Roule ℰ 46 24 60 09, Fax 40 88 37 89 – |🛗| 📺 ☎. ⒼⒷ   W 23
☑ 35 – **35 ch** 390/500.

XXX ✿ **Truffe Noire** (Jacquet), 2 pl. Parmentier ℰ 46 24 94 14, Fax 46 37 27 02 – ⒶⒺ ⒼⒷ. ✇
fermé 7 au 22 août, sam. et dim. – **Repas** 185 et carte 270 à 400   W 23
Spéc. Foie gras de canard mariné au Layon. Galette parmentière à la joue de boeuf (15 sept. au 30 avril). Truffes
fraîches (15 déc. au 15 mars).

XXX **Foc Ly**, 79 av. Ch. de Gaulle ℰ 46 24 43 36, Fax 46 24 48 46 – 🖥. ⒶⒺ ⒼⒷ ᴶᶜᴮ   V 21
fermé lundi en août – **Repas** - cuisine chinoise - 140 (déj.)et carte 170 à 270, enf. 75.

XX **San Valero**, 209 ter av. Ch. de Gaulle ℰ 46 24 07 87, Fax 47 47 83 17 – ⒶⒺ ⓸ ⒼⒷ. ✇
fermé 24 déc. au 1ᵉʳ janv., sam. midi, dim. et fériés – **Repas** - cuisine espagnole - 160/190 et
carte 210 à 330.   V 21

XX **Jarrasse**, 4 av. Madrid ℰ 46 24 07 56, Fax 40 88 35 60 – ⒶⒺ ⓸ ⒼⒷ   W 21
fermé août et dim. soir – **Repas** - produits de la mer - 190 et carte 260 à 480.

XX **Les Feuilles Libres**, 34 r. Perronet ℰ 46 24 41 41, Fax 46 40 77 61 – 🖥. ⒶⒺ ⓸ ⒼⒷ V 22
fermé 4 au 20 août, sam. midi et dim. – **Repas** 190 et carte 270 à 350.

XX **Carpe Diem**, 10 r. Église ℰ 46 24 95 01 – 🖥 ⒶⒺ ⓸ ⒼⒷ   V 22
fermé 1ᵉʳ au 28 août, sam. midi et dim. – **Repas** (nombre de couverts limité, prévenir) carte
240 à 300.

X **Bistrot d'à Côté Neuilly**, 4 r. Boutard ℰ 47 45 34 55, Fax 47 45 15 08 – ⒶⒺ ⒼⒷ   W 21
fermé 1ᵉʳ au 15 août, sam. midi et dim. – **Repas** 178.

X **La Catounière**, 4 r. Poissonniers ℰ 47 47 14 33 – 🖥. ⒼⒷ   W 22
fermé août, sam. midi et dim. – **Repas** 175.

CITROEN Succursale, 124 av. A.-Peretti   ⓦ Maillot Pneus, 69 av. Gén.-de-Gaulle
ℰ 40 88 26 00 Ⓝ ℰ 05 05 24 24   ℰ 46 24 33 69

Nogent-sur-Marne ◁🆂🅿▷ 94130 Val-de-Marne 👀 ㉗ 👀 G. Ile de France – 25 248 h alt. 56.

🛈 Office de Tourisme 5 av. Joinville (fermé matin) ℰ 48 73 73 97.

Paris 10 – Créteil 8 – Montreuil 4,5 – Vincennes 3,5.

🏨🏨 **Mercure Nogentel** Ⓜ, 8 r. Port ℰ 48 72 70 00, Télex 264549, Fax 48 72 86 19, 🏤 – |🛗|
↜ ch 📺 ☎ ❤ – 🔏 25 à 200. ⒶⒺ ⓸ ⒼⒷ   AC 42
Le Panoramic (fermé août et dim. soir) **Repas** 160/250 bc – *Le Canotier* grill **Repas** 125 bc –
☑ 55 – **60 ch** 495/550.

🏠 **Campanile**, quai du port (Pt de Nogent) ℰ 48 72 51 98, Fax 48 72 05 09, 🏤 – |🛗| ↜ ch
📺 ☎ ❤ 🅿 – 🔏 30. ⒶⒺ ⓸ ⒼⒷ   AC42-43
Repas 90 bc/117 bc, enf. 39 – ☑ 32 – **91 ch** 340.

PEUGEOT Gar. Royal Nogent, 44 Gde r. Ch. de   ⓦ Technigum Pneus, 2 av. A. Briand à Neuilly-sur-
Gaulle ℰ 48 73 68 90   Marne ℰ 43 08 44 11

Noisy-le-Grand 93160 Seine-St-Denis 101 ⑱ 24 G. Île de France – 54 032 h alt. 82.

🛈 Office de Tourisme, ancienne Mairie, 167 r. P.-Brossolette ℰ 43 04 51 55.

Paris 20 – Bobigny 18 – Lagny-sur-Marne 12 – Meaux 37.

🏨 **Adagio** M, 2 bd Levant ℰ 45 92 47 47, Télex 230148, Fax 45 92 47 10, ㍿, *Ⅰ₆* – 🛗 ✦ ch
🔟 rest 🔟 ☎ 🕭 ⟷ – 🔬 150. 🕮 ⓞ ☞
Les Météores (fermé sam. midi) **Repas** carte 170 à 250 🍷, enf. 65 – ⟺ 60 – **192 ch** 510/570.
AB 47

🏨 **Novotel Atria** M, 2 allée Bienvenüe-quartier Horizon ℰ 48 15 60 60, Télex 234130,
Fax 43 04 78 83, ㍿, 🔟, 🍳 – 🛗 ch ☎ 🕭 ⟷ – 🔬 180. 🕮 ⓞ ☞
Repas carte environ 200, enf. 50 – ⟺ 50 – **144 ch** 480/550.
AB-AC47

🏨 **Ibis** M, 4 allée Bienvenüe-quartier Horizon ℰ 43 05 20 20, Fax 43 03 41 10, ㍿ – 🛗
✦ ch 🔟 ☎ 🕭 ⟷ – 🔬 25 à 100. 🕮 ⓞ ☞
Repas 97 bc, enf. 40 – ⟺ 37 – **161 ch** 315.
AB-AC47

PEUGEOT Gar. Métin Noisy, 56 Av. du Pavé Neuf ℰ 45 92 13 13

Orly (Aéroports de Paris) 94310 Val-de-Marne 101 ㉖ 24 – 21 646 h alt. 89.

🛬 ℰ 49 75 15 15.

Paris 15 – Corbeil-Essonnes 30 – Créteil 14 – Longjumeau 12 – Villeneuve-St-Georges 8,5.

🏨 **Hilton Orly** M, près aérogare ✉ 94544 ℰ 45 12 45 12, Télex 265971, Fax 45 12 45 00 –
🛗 ✦ ch 🔟 ☎ 🕭 𝐏 – 🔬 300. 🕮 ⓞ ☞ ᴊᴄʙ
Repas 190/220 🍷 – ⟺ 85 – **359 ch** 950/1500.
AR 31

🏨 **Mercure** M, N 7, Z.I. Nord ✉ 94547 ℰ 46 87 23 37, Télex 265665, Fax 46 87 71 92 – 🛗 🔳
🔟 ☎ 🕭 𝐏 – 🔬 30. 🕮 ⓞ ☞
Repas 100 et carte 110 à 170 🍷, enf. 50 – ⟺ 59 – **193 ch** 570/670.

Aérogare d'Orly Sud :

XX **Le Grillardin**, 3ᵉ étage ✉ 94542 ℰ 49 75 78 23, Fax 49 75 36 69, ⟨ – 🔳. 🕮 ⓞ ☞
Repas (déj. seul.) carte 180 à 280 🍷.

Aérogare d'Orly Ouest :

XXXX ✿ **Maxim's**, 2ᵉ étage ✉ 94546 ℰ 46 86 87 84, Fax 46 87 05 39 – 🔳. 🕮 ⓞ ☞
fermé août, sam., dim. et fériés – **Repas** 290 et carte 300 à 500
Spéc. Huîtres chaudes au citron confit, pommes croustillantes (oct. à mars). Tronçon de turbot grillé au fenouil et
cumin. Ris de veau poêlé au jus d'olives vertes.

XXX **Le Grill**, 2ᵉ étage ✉ 94546 ℰ 46 87 16 16, Fax 46 87 05 39, ⟨ – 🔳. 🕮 ⓞ ☞
Repas 260 bc et carte 250 à 330.

Voir aussi à *Rungis*

RENAULT S.A.P.A., Bât.225, Aérogares ℰ 49 75 25 60

Orsay 91400 Essonne 101 ㉞ G. Ile de France – 14 863 h.
Paris 29 – Arpajon 19 – Évry 28 – Rambouillet 29.

XX **Le Boudin Sauvage**, 6 r. Versailles ℰ 69 28 42 93, ㍿ – 🕮 ⓞ ☞ ᴊᴄʙ
fermé août, Noël au Jour de l'An, week-ends, fériés et le soir sauf mardi, jeudi et vend. –
Repas 285 et carte 450 à 500.

CITROEN Gd Gar. d'Orsay, 8, pl. de la République   RENAULT Gar. d'Orsay, 38 r. de Chartres
ℰ 69 28 40 26   ℰ 69 28 43 28

Palaiseau ⟨SP⟩ 91120 Essonne 101 ㉞ 22 – 28 395 h alt. 80.
Paris 21 – Arpajon 20 – Chartres 70 – Évry 21 – Rambouillet 38.

🏨 **Novotel** M, Z.I. de Massy ℰ 69 20 84 91, Télex 601595, Fax 64 47 17 80, ㍿, 🔟, 🍳 – 🛗
✦ ch 🔟 ☎ 🕭 𝐏 – 🔬 25 à 120. 🕮 ⓞ ☞ ᴊᴄʙ
Repas carte environ 180, enf. 50 – ⟺ 50 – **147 ch** 450/490.
AS 22

CITROEN J.-Jaurès Autom., 33 av. J.-Jaurès   RENAULT Palaiseau Autom., 14 r. E.-Branly
ℰ 60 14 03 92   ℰ 60 10 61 76

Pantin 93500 Seine-St-Denis 101 ⑯ 20 – 47 303 h alt. 45.

🛈 Office de Tourisme, 25 ter r. du Pré-St-Gervais ℰ 48 44 93 72, Fax 48 44 18 51.

Paris 7 – Bobigny 4 – Montreuil 6 – St-Denis 7.

🏨 **Référence H.** M, 22 av. J. Lolive ℰ 48 91 66 00, Télex 232900, Fax 48 44 12 17, *Ⅰ₆* – 🛗
🔳 🔟 ☎ 🕭 – 🔬 80. 🕮 ⓞ ☞ ᴊᴄʙ
Repas carte 190 à 290 – ⟺ 60 – **120 ch** 675/750, 3 appart.

🏨 **Mercure Porte de Pantin** M, r. Scandicci ℰ 48 46 70 66, Télex 230742, Fax 48 46 07 90
– 🛗 ☎ 🕭 ⟷ – 🔬 25 à 150. 🕮 ⓞ ☞
Repas 130 🍷, enf. 55 – ⟺ 55 – **129 ch** 595, 9 appart.
U34-V34

CITROEN Succursale, 68/70, av. Gén.-Leclerc   ⓌⒶ Maillot Pneus, 160 av. J.-Jaurès ℰ 48 45 25 85
ℰ 49 15 10 00   Steier-Pneus - Point S. 217 av. J.-Lolive
RENAULT Succursale, 13 av. Gén.-Leclerc   ℰ 48 44 36 80
ℰ 49 42 38 38

Le Perreux-sur-Marne **94170** Val-de-Marne 101 ⑱ 24 – 28 477 h alt. 54.

Office de Tourisme pl. R.-Belvaux ☎ 43 24 26 58.

Paris 16 – Créteil 11,5 – Lagny-sur-Marne 22 – Villemomble 7,5 – Vincennes 6,5.

XXX ✿ **Les Magnolias** (Royant), 48 av. de Bry ☎ 48 72 47 43, Fax 48 72 22 28 – ▤. AE GB AC 43
fermé 6 au 20 août, sam. midi et dim. – **Repas** 190/290
Spéc. Ravioli de langoustines, beurre de crustacés. Méli-mélo de ris et rognon de veau au Xérès. Soufflé au chocolat.

CITROEN S.A.G.A., 131 av. P.-Brossolette, niv. A4 ☎ 43 24 13 50
PEUGEOT Gar. Sabrié, 9-15 av. République à Fontenay-sous-Bois ☎ 48 75 06 10
RENAULT Gar. Hoel, 46 av. Bry ☎ 43 24 52 00
RENAULT Rel. des Nations, 258 av. République à Fontenay-sous-Bois ☎ 48 76 42 72 N ☎ 05 05 15 15

Maison du Pneu 94, 103 bd Alsace Lorraine ☎ 43 24 41 43

Petit-Clamart **92** Hauts-de-Seine 101 ㉔ 22 – alt. 110 – ✉ **92140** Clamart.

Voir Bièvres : Musée français de la photographie★ S : 1 km, **G. Ile de France.**

Paris 12 – Antony 8 – Clamart 5 – Meudon 4 – Nanterre 16 – Sèvres 7,5 – Versailles 8,5.

XX **Au Rendez-vous de Chasse,** 1 av. du Gén. Eisenhower ☎ 46 31 11 95, Fax 40 94 11 40 – ▤. AE ① GB AK 19
fermé dim. soir – **Repas** 160/350 bc et carte 210 à 360 ♨, enf. 90.

Pontault-Combault **77340** S.-et-M. 101 ㉙ 24 – 26 804 h alt. 101.

Paris 27 – Créteil 22 – Lagny-sur-Marne 13 – Melun 34.

Saphir H. M, aire des Berchères sur N 104 ☎ 64 43 45 47, Télex 693585, Fax 64 40 52 43, 余, Fö, ⛱, ✂ – |‡| ▤ TV ☎ ♿ 🚗 P – 🎪 150. AE ① GB
Le Canadel *(fermé août, sam. et dim.)* **Repas** 210/220 bc – ***Le Jardin*** grill **Repas** 115/150 ♨, enf. 50 – ☕ 52 – **158 ch** 485/530, 21 appart.

Le Port-Marly **78560** Yvelines 101 ⑬ 18 – 4 181 h alt. 32.

Paris 20 – St-Germain-en-Laye 2,5 – Versailles 9,5.

XX **Aub. du Relais Breton,** 27 r. Paris ☎ 39 58 64 33, Fax 39 58 35 75, 余, « Auberge rustique », 🌳 – AE GB W 8
fermé 29 juil. au 27 août, dim. soir et lundi – **Repas** 159/219 et carte 200 à 300.

Le Pré St-Gervais **93310** Seine-St-Denis 101 ⑯ 20 – 15 373 h alt. 71.

Paris 7,5 – Bobigny 5,5 – Lagny-sur-Marne 32 – Meaux 41 – Senlis 48.

X **Au Pouilly Reuilly,** 68 r. A. Joineau ☎ 48 45 14 59, bistrot – AE ① GB. ✂ V 35
fermé fin juil. au 6 sept., sam., dim. et fêtes – **Repas** carte 160 à 260.

Puteaux **92800** Hauts-de-Seine 101 ⑭ 18 – 42 756 h alt. 36.

Paris 9,5 – Nanterre 4 – Pontoise 32 – St-Germain-en-Laye 13 – Versailles 16.

Syjac M sans rest, 20 quai de Dion-Bouton ☎ 42 04 03 04, Télex 614164, Fax 45 06 78 69, « Élégante installation » – |‡| cuisinette TV ☎ P – 🎪 30. AE ① GB W 20
☕ 60 – **33 ch** 570/1500, 3 appart, 3 duplex.

Princesse Isabelle M sans rest, 72 r. J. Jaurès ☎ 47 78 80 06, Fax 47 75 25 20, Fö – |‡| ⇔ ch TV ☎ 🚗. AE ① GB JCB W 20
☕ 50 – **30 ch** 640.

Le Dauphin M sans rest, 45 r. J. Jaurès ☎ 47 73 71 63, Fax 46 98 08 82, Fö – |‡| ⇔ ch TV ☎ 🚗. AE ① GB JCB W 20
☕ 40 – **30 ch** 470.

XX **La Chaumière,** 127 av. Prés. Wilson - rd-pt des Bergères ☎ 47 75 05 46 – ▤. AE GB
fermé 5 au 26 août, sam. midi, dim. soir et lundi soir – **Repas** 150 et carte 190 à 370. W 18

Maison André, 20 r. des Fusillés ☎ 47 75 36 31

La Queue-en-Brie **94510** Val-de-Marne 101 ㉙ 24 – 9 897 h alt. 97.

Paris 22 – Coulommiers 49 – Créteil 13 – Lagny-sur-Marne 20 – Melun 32 – Provins 65.

Relais de Pincevent, av. Hippodrome ☎ 45 94 61 61, Fax 45 93 32 69, 余 – TV ☎ ♿ P – 🎪 25 à 80. GB AH 48
Repas 90/120 ♨, enf. 42 – ☕ 30 – **56 ch** 280.

XXX **Aub. du Petit Caporal,** 42 r. Gén. de Gaulle (N 4) ☎ 45 76 30 06 – ▤. AE GB AJ 50
fermé août, vacances de fév., mardi soir, merc. soir et dim. – **Repas** 150/220 bc et carte 250 à 380.

Le Raincy ◁SD▷ **93340** Seine-St-Denis 101 ⑱ 20 **G. Ile de France** – 13 478 h alt. 76.

Voir Eglise N.-Dame ★.

Paris 16 – Bobigny 5,5 – Lagny-sur-Marne 22 – Livry-Gargan 3 – Meaux 31 – Senlis 42.

XX **Chalet des Pins,** 13 av. Livry ℘ 43 81 01 19, Fax 43 02 75 42, 余 – ஊ ⑩ GB   U 45
fermé dim. soir – **Repas** 180 et carte 220 à 320.

Roissy-en-France (Aéroports de Paris) **95700** Val-d'Oise 101 ⑧ – 2 054 h alt. 85.

⤳ Charles-de-Gaulle ℘ 48 62 22 80.

Paris 26 – Chantilly 26 – Meaux 36 – Pontoise 38 – Senlis 26.

à Roissy-ville :

🏨🏨 **Copthorne** M, allée Verger ℘ 34 29 33 33, Télex 606055, Fax 34 29 03 05, 余, ₤₆, ⬛ –
💷 ⇚ch ⬛ TV ☎ & ⟺ ℗ – 🛦 150. ஊ ⑩ GB JCB. ❄ rest
Brasserie l'Europe : Repas 150/250 ₰, enf. 40 – ⇆ 85 – **227 ch** 1050/1250.

🏨🏨 **Holiday Inn** M, allée Verger ℘ 34 29 30 00, Télex 605143, Fax 34 29 90 52, ₤₆ – 💷 ⇚ch
⬛ TV ☎ & ℗ – 🛦 120. ஊ ⑩ GB JCB
Repas 150/159 et carte le dim. 190 à 300 ₰ – ⇆ 85 – **243 ch** 760/1080.

🏨🏨 **Mercure,** allée Verger ℘ 34 29 40 00, Télex 605205, Fax 34 29 00 18, 余, 屏 – 💷 ⇚ch
⬛ TV ☎ & ℗ – 🛦 200. ஊ ⑩ GB
Repas 94/139 bc, enf. 50 – ⇆ 70 – **194 ch** 740/940. 8 appart.

🏛 **Ibis** M, av. Raperie ℘ 34 29 34 34, Télex 688413, Fax 34 29 34 19 – 💷 ⬛ TV ☎ & ⟺ ℗
– 🛦 25 à 70. ஊ ⑩ GB
Repas 97 bc, enf. 40 – ⇆ 40 – **315 ch** 395/440.

dans le domaine de l'aéroport :

🏨🏨 **Hilton** M, Roissypole ℘ 49 19 77 77, Fax 49 19 77 78, ₤₆, ⬛ – 💷 ⇚ch ⬛ TV ☎ & ⟺ –
🛦 1 000. ஊ ⑩ GB JCB. ❄ rest
Le Gourmet *(fermé sam. et dim.)* **Repas** 230 – **La Verrière : Repas** 170 bc, enf. 45 – ⇆ 85 –
379 ch 1100/1200, 4 appart.

🏨🏨 **Sofitel** M, ℘ 48 62 23 23, Télex 230166, Fax 48 62 78 49, ⬛, ❄ – 💷 ⇚ch ⬛ TV ☎ &
℗ – 🛦 100. ஊ ⑩ GB JCB
carte 170 à 290 ₰ – ⇆ 80 – **344 ch** 700/1160, 8 appart.

🏨🏨 **Novotel** M, ℘ 48 62 00 53, Télex 232397, Fax 48 62 00 11 – 💷 ⇚ch ⬛ TV ☎ & ℗ –
🛦 25 à 70. ஊ ⑩ GB JCB
Repas carte environ 180 ₰, enf. 50 – ⇆ 52 – **201 ch** 640.

🏛 **Ibis** M, Roissypole ℘ 48 62 49 49, Télex 236254, Fax 48 62 54 22, 余 – 💷 ⇚ch ⬛ TV ☎
& ⟺ – 🛦 80. ஊ GB
Repas 97 bc, enf. 40 – ⇆ 37 – **556 ch** 375.

dans l'aérogare n° 1 :

XXX **Maxim's,** ℘ 48 62 16 16, Télex 236356, Fax 48 62 45 96 – ⬛. ஊ ⑩ GB. ❄
fermé août, sam. et dim. – **Repas** 210/280 et carte 290 à 500.

Z.I. Paris Nord II – ⊠ *95912 :*

🏨🏨 **Hyatt Regency** M ⋟, 351 av. Bois de la Pie ℘ 48 17 12 34, Télex 230930,
Fax 48 17 17 17, « Original décor contemporain », ₤₆, ⬛ – 💷 ⇚ch ⬛ TV ☎ & ℗ –
🛦 250. ஊ ⑩ GB JCB
Brasserie Espace : Repas (déj. seul.) 180 – **Le Mirage : Repas** carte 170 à 230 – ⇆ 85 – **375 ch**
1200/1400, 13 appart.

Romainville **93230** Seine-St-Denis 101 ⑰ 20 – 23 563 h alt. 118.

Paris 9,5 – Bobigny 3 – St-Denis 11 – Vincennes 4,5.

XXX **Chez Henri,** 72 rte Noisy ℘ 48 45 26 65, Fax 48 91 16 74 – 🖿 ℗. ஊ GB   U 37
fermé août, lundi soir, sam. midi, dim. et fériés – **Repas** 150 et carte 250 à 350.

Rosny-sous-Bois **93110** Seine-St-Denis 101 ⑰ 20 – 37 489 h alt. 81.

🖸 ℘ 48 94 01 81.

Paris 11 – Bobigny 6,5 – Le Perreux-sur-Marne 5 – St-Denis 15.

🏨🏨 **Sweet H.** M, 4 r. Rome ℘ 48 94 33 08, Fax 48 94 30 05, 余 – 💷 🖿 rest TV ☎ & ⟺ ℗ –
🛦 25 à 150. 🖿 ⑩ GB   X 41
Vieux Carré : Repas carte 150 à 240 ₰, enf. 50 – ⇆ 50 – **95 ch** 490/620.

🏛 **Comfort Inn** M, 1 r. Lisbonne ℘ 48 94 78 78, Fax 45 28 83 69 – 💷 ⇚ch. 🖿 rest TV ☎ &
⟺ ℗ – 🛦 120. 🖿 ⑩ GB   W 41
Repas *(fermé sam., dim. et fériés)* 120/150 ₰, enf. 40 – ⇆ 39 – **100 ch** 390/420.

XX **Chalet du Golf,** 12 r. Raspail (au golf municipal) ℘ 49 35 02 72, Fax 49 35 10 44, ≤, 余
– ℗. 🖿 GB   X 41
fermé 6 au 27 août, vacances de Noël, sam. midi et dim. – **Repas** 150/180 et carte 180 à 280,
enf. 90.

⑩ Euromaster, 183 bd d'Alsace-Lorraine ℘ 45 28 15 96

Rueil-Malmaison 92500 Hauts-de-Seine 101 ⑭ 18 G. Ile de France – 66 401 h alt. 15 – **Voir**
Château de Bois-Préau★ – Buffet d'orgues★ de l'église – Malmaison : musée★★ du
château.

🛈 Office de Tourisme, 160 av. Paul Doumer ℰ 47 32 35 75.

Paris 14 – Argenteuil 10,5 – Nanterre 3 – St-Germain-en-Laye 9 – Versailles 11,5.

🏨🏨 **Novotel Atria** M, 21 av. Ed. Belin ℰ 47 16 60 60, Télex 631423, Fax 47 51 09 29 – 🛗
≠ ch 🆃🆅 ☎ & ⇔ – 🛆 140. 🕮 ⓞ 🕑 🃏   V 13
Repas 135, enf. 50 – � 50 – **118 ch** 630/680.

🏨🏨 **Cardinal** sans rest, 1 pl. Richelieu ℰ 47 08 20 20, Fax 47 08 35 84 – 🛗 🆃🆅 ☎ &. 🕮 ⓞ 🕑 🕑
⊆ 50 – **61 ch** 570/690, 4 duplex.   X 14

🏨 **Arts** sans rest, 3 bd Mar. Joffre ℰ 47 52 15 00, Télex 632328, Fax 47 14 90 19 – 🛗 🆃🆅 ☎
&. 🕮 ⓞ 🕑   W 14
⊆ 40 – **32 ch** 480/530.

XXX **El Chiquito**, 126 av. P. Doumer ℰ 47 51 00 53, Fax 47 49 19 61, 🍴, « Jardin » – 🅿. 🕮
🕑   W 15
fermé 12 au 21 août, sam. midi et dim. – **Repas** - produits de la mer - 350 et carte 220 à 400.

XX **Relais de St-Cucufa**, 114 r. Gén. Miribel ℰ 47 49 79 05, 🍴 – 🕮 🕑   Y 13
fermé 10 au 20 août, dim. soir et lundi soir – **Repas** 180/350 bc et carte 260 à 380.

XX **Plat d'Étain**, 2 r. Marronniers ℰ 47 51 86 28, 🍴 – 🕮 🕑   Y 13
fermé août, dim. soir et lundi – **Repas** 110 bc/157 bc et carte 200 à 310.

Rungis 94150 Val-de-Marne 101 ㉖ 24 – 2 939 h alt. 80 - Marché d'Intérêt National.

Paris 14 – Antony 5 – Corbeil-Essonnes 28 – Créteil 10,5 – Longjumeau 10,5.

à Pondorly : accès : de Paris, A6 et bretelle d'Orly ; de province, A6 et sortie Rungis :

🏨🏨 **Pullman Orly** M, 20 av. Ch. Lindbergh ⊠ 94656 ℰ 46 87 36 36, Télex 260738,
Fax 46 87 08 48, ⌶ – 🛗 ≠ ch 🆃🆅 ☎ ⇔ 🅿 – 🛆 250. 🕮 ⓞ 🕑 AM 29
La Rungisserie : **Repas** 170/190 ⅃ – ⊆ 59 – **190 ch** 650.

🏨🏨 **Holiday Inn** M, 4 av. Ch. Lindbergh ⊠ 94656 ℰ 46 87 26 66, Télex 265803,
Fax 45 60 91 25 – 🛗 ≠ ch 🆃🆅 ☎ & 🅿 – 🛆 150. 🕮 ⓞ 🕑 🃏 AM 29
Repas 125 ⅃, enf. 70 – ⊆ 70 – **172 ch** 795/995.

🏨🏨 **Novotel** M, 1 r. Pont des Halles ⊠ 94656 ℰ 45 12 44 12, Télex 266334, Fax 45 12 44 13,
🍴, ⌶ – 🛗 ≠ ch 🆃🆅 ☎ & 🅿 – 🛆 70. 🕮 ⓞ 🕑
Repas carte environ 180 ⅃, enf. 50 – ⊆ 52 – **181 ch** 600.

🏨 **Ibis** M, 1 r. Mondétour ⊠ 94656 ℰ 46 87 22 45, Fax 46 87 84 72, 🍴 – 🛗 ≠ ch 🆃🆅 ☎ &
🅿 – 🛆 80. 🕮 🕑   AM 29
Repas 97 bc, enf. 40 – ⊆ 37 – **119 ch** 350.

à Rungis-ville :

XX **Le Charolais**, 13 r. N.-Dame ℰ 46 86 16 42 – 🕮 ⓞ 🕑   AN 30
fermé 12 août au 4 sept., sam. et dim. – **Repas** 150 et carte 260 à 410.

🛞 Euromaster, 2 r. des Transports Centre Routier ℰ 46 86 46 01

St-Cloud 92210 Hauts-de-Seine 101 ⑭ 22 G. Ile de France – 28 597 h alt. 60.

Voir Parc★★ (Grandes Eaux★★) – Église Stella Matutina★.

🏌🏌 (privé) ℰ 47 01 01 85 parc de Buzenval à Garches, O : 4 km.

Paris 11,5 – Nanterre 9,5 – Rueil-Malmaison 6,5 – St-Germain 16 – Versailles 10,5.

🏨 **Villa Henri IV et rest. Le Bourbon**, 43 bd République ℰ 46 02 59 30, Télex 631893,
Fax 49 11 11 02 – 🛗 🆃🆅 ☎ ⇔ 🅿. 🕮 ⓞ 🕑   AB 17
Repas (fermé août et dim. soir) 110/190 ⅃ – ⊆ 48 – **36 ch** 460/550.

🏨 **Quorum et rest. La Désirade** M, 2 bd République ℰ 47 71 22 33, Fax 46 02 75 64, 🍴
– 🛗 🆃🆅 ☎ & ⇔. 🕮 ⓞ 🕑. ⚟ rest   AB 17
Repas (fermé sam. midi et dim.) 138 bc – ⊆ 40 – **58 ch** 420/480.

XX **Le Florian**, 14 r. Église ℰ 47 71 29 90, Fax 47 71 12 62 – 🕮 ⓞ 🕑 🃏 AB 18
fermé sam. midi et dim. – **Repas** 145 (déj.) et carte 220 à 370.

VAG Gar. de St-Cloud, 38 r. Dailly ℰ 46 02 56 20

St-Cyr-l'École 78210 Yvelines 101 ㉒ – 14 829 h alt. 133.

Paris 26 – Dreux 56 – Rambouillet 26 – St-Germain-en-Laye 13 – Versailles 4.

🏨 **Aérotel** 🕭 sans rest, 88 r. Dr Vaillant ℰ 30 45 07 44, Fax 34 60 35 96 – 🆃🆅 ☎ 🅿. 🕮 ⓞ 🕑
⊆ 32 – **26 ch** 280/345.

RENAULT Gar. de l'Octroi, 28 av. Division-Leclerc 🛞 Euromaster, 10 av. H.-Barbusse ℰ 30 45 29 72
ℰ 30 45 00 16 🄽 ℰ 30 45 00 16   St Cyr Pneu, 86 av. P.-Curie ℰ 34 60 43 80

St-Denis ⓦ 93200 Seine-St-Denis 101 ⑯ 20 G. Ile de France – 89 988 h alt. 33.

Voir Cathédrale★★★.

🛈 Office de Tourisme 2 r. Légion d'Honneur ℰ 42 43 33 55.

Paris 9 – Argenteuil 10,5 – Beauvais 72 – Bobigny 7 – Chantilly 41 – Pontoise 27 – Senlis 41.

Campanile 🄼, 14 r. J. Jaurès ℰ 48 20 74 31, Fax 48 20 74 26 – |≣| ⇦⇨ ch 🆃🆅 ☎ & ⇔ –
🄰 50. 🖭 ⓞ 🆇🆇
Repas 90 bc/117 bc, enf. 39 – � 32 – **99 ch** 340.

N 31

CITROEN Succursale, 43 bd Libération
ℰ 49 33 10 00 🄽 ℰ 49 33 10 00
FORD Gar. Bocquet, 13 bis bd Carnot
ℰ 48 22 20 95
MERCEDES Moderne Autom., 24-35 bd Carnot
ℰ 48 09 24 24 🄽 ℰ 05 24 24 30
PEUGEOT Gar. Neubauer, 227 bd A.-France
ℰ 49 33 60 60
RENAULT Succursale, 93 r. de la Convention à la
Courneuve ℰ 49 92 65 65 🄽 ℰ 05 05 15 15

SEAT S.M.J., 64 bd M.-Sembat ℰ 42 43 31 20

🚗 Bertrand Pneus Vulcopneu, 29 r. R.-Salengro à
Villetaneuse ℰ 48 21 20 24
Pégaud Pneus Vulcopneu, 16 av. R.-Semat
ℰ 48 22 12 14
St-Denis Pneus, 20 bis r. G.-Péri ℰ 48 20 10 77

ST-GERMAIN
EN-LAYE

Bonnenfant (R.A.)	AZ 3	Paris (R. de)	AZ	Gde-Fontaine (R.)	AZ 10		
Marché-Neuf (Pl. du)	AZ	Poissy (R. de)	AZ 22	Loges (Av. des)	AY 14		
Pain (R. au)	AZ 20	Vieux-Marché (R. du)	AZ 33	Malraux (Pl. A.)	BZ 16		
		Coches (R. des)	AZ 4	Mareil (Pl.)	AZ 19		
		Denis (R. M.)	AZ 5	Pologne (R. de)	AY 23		
		Detaille (Pl.)	AY 6	Surintendance (R. de la)	AY 28		
		Giraud-Teulon (R.)	BZ 9	Victoire (Pl. de la)	AY 30		
				Vieil-Abreuvoir (R. du)	AZ 32		

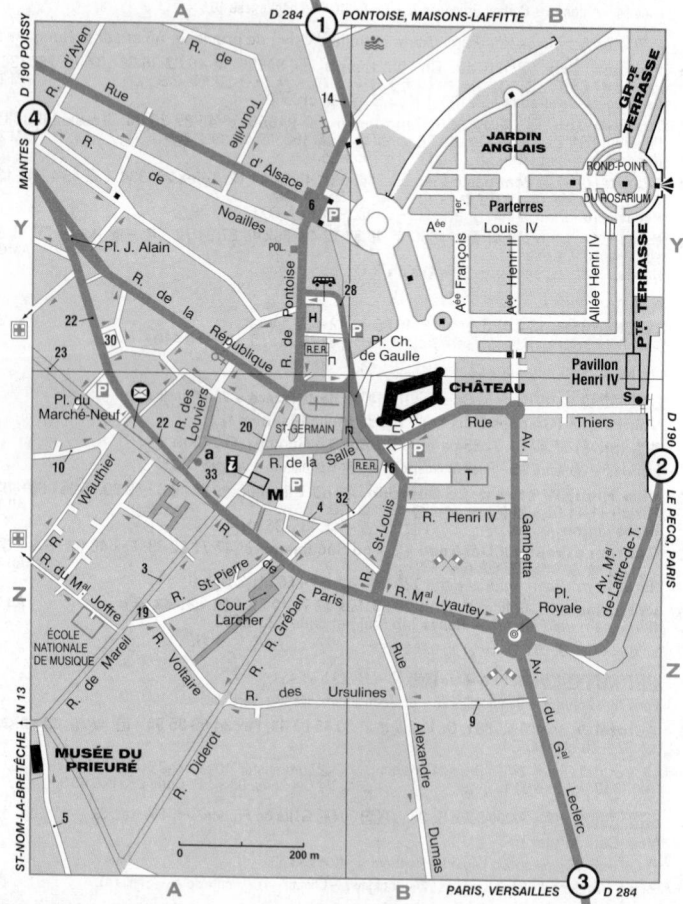

St-Germain-en-Laye ⟨SP⟩ 78100 Yvelines 🔟🔟🔟 ⑬ 🔟🔟 **G. Ile de France** – 39 926 h alt. 78.

Voir Terrasse★★ BY – Jardin anglais★ BY – Château★ BZ : musée des Antiquités nationales★★ – Musée du Prieuré★ AZ – Parc★ de Marly-le-Roi S : 4 km.

🏌₉🏌₁₈ (privé) ℰ 34 51 75 90, par ④ : 3 km ; 🏌🏌🏌 de Fourqueux (privé) ℰ 34 51 41 47, par r. de Mareil AZ.

🛈 Office Municipal de Tourisme 38 r. Au Pain ℰ 34 51 05 12.

Paris 23 ③ – Beauvais 81 ① – Chartres 79 ③ – Dreux 63 ③ – Mantes-la-Jolie 34 ④ – Versailles 12 ③.

Plan page ci-contre

🏨 **Pavillon Henri IV** ⑤, 21 r. Thiers ℰ 39 10 15 15, Télex 695822, Fax 39 73 93 73, ≤ Paris et Seine, 🍴, 🌳 – 🛗 🍽 rest 📺 ☎ 🅿 – 🕍 200. 🖭 ⓪ 🅖🅑   BZ **s**
Repas 240/640 – 🖵 50 – **42 ch** 500/1300, 3 appart –½ P 870/1340.

🍴 **La Feuillantine,** 10 r. Louviers ℰ 34 51 04 24, Fax 30 64 44 10 – 🖭 🅖🅑 🅹🅒🅑   AZ **a**
fermé dim. soir et lundi – **Repas** 130.

au NO par ① : 2,5 km par N 284 et rte des Mares – ⊠ 78100 St-Germain-en-Laye :

🏨 **La Forestière** Ⓜ ⑤, 1 av. Prés. Kennedy ℰ 39 73 36 60, Télex 696055, Fax 39 73 73 88, 🍴 – 🛗🛗 📺 ☎ 🅿 – 🕍 30. 🖭 🅖🅑 🅹🅒🅑
voir rest. *Cazaudehore* ci-après – 🖵 75 – **25 ch** 730/930, 5 appart.

🍴🍴🍴 **Cazaudehore,** 1 av. Prés. Kennedy ℰ 34 51 93 80, Télex 696055, Fax 39 73 73 88, 🍴, « Jardin fleuri en forêt » – 🅿. 🖭 🅖🅑 🅹🅒🅑
fermé lundi sauf fériés – **Repas** 280 bc/360 bc et carte 280 à 400.

CITROEN Ouest Autom., 45 r. de Mantes N 13 à Chambourcy par ④ ℰ 30 74 90 00
PEUGEOT Vauban Autom., pl. Vauban par ④ ℰ 30 87 15 15
RENAULT Gar. Adde, 112 r. du Prés.-Roosevelt ℰ 39 73 32 64

VAG St-Germain Autom., 31 rte de Mantes à Chambourcy par ④ ℰ 39 79 16 16

🔘 Relais du Pneu - Point S, 22 r. Péreire ℰ 34 51 19 33

St-Gratien 95210 Val-d'Oise 🔟🔟🔟 ⑤ 🔟🔟 – 19 338 h alt. 53.

Paris 18 – Argenteuil 3,5 – Chantilly 33 – Enghien-les-Bains 2 – Saint-Denis 10 – Saint-Germain-en-Laye 18.

🏨 **Gem H.** Ⓜ, 54 bd Gare ℰ 39 89 01 11, Fax 34 28 01 39 – 🛗 ↹≈ ch 📺 ☎ ὦ – 🕍 30. 🖭 🅖🅑   K 23-24
fermé août, sam. et dim. – **Repas** 130/190 🍷, enf. 48 – 🖵 38 – **50 ch** 330/380.

St-Mandé 94160 Val-de-Marne 🔟🔟🔟 ㉗ 🔟🔟 – 18 684 h alt. 50.

Paris 5,5 – Créteil 9,5 – Lagny-sur-Marne 28 – Maisons-Alfort 5 – Vincennes 2.

🍴 **Le Trinquet,** 44 av. Gén. de Gaulle ℰ 43 28 23 93 – 🖭 ⓪ 🅖🅑   AB 36
fermé mardi soir et merc. – **Repas** 140/260 bc et carte 170 à 260.

PORSCHE Fast Autom., 8-12 av. V.-Hugo ℰ 43 28 18 18

Gar. Drécourt, 186 av. Gallieni ℰ 43 28 30 21

St-Maur-des-Fossés 94100 Val-de-Marne 🔟🔟🔟 ㉗ 🔟🔟 – 77 206 h alt. 39.

🛈 Office de Tourisme 34 av. République (fermé août) ℰ 42 83 84 74.

Paris 13 – Créteil 5 – Nogent-sur-Marne 4,5.

🍴🍴 **Aub. de la Passerelle,** 37 quai de la Pie ℰ 48 83 59 65, Fax 48 89 91 24 – 🍽. 🖭 🅖🅑
fermé 15 au 31 août, dim. soir et merc. – **Repas** 185/255 et carte 190 à 340.   AH 41

à La Varenne-St-Hilaire – ⊠ 94210 :

🍴🍴🍴 **La Bretèche,** 171 quai Bonneuil ℰ 48 83 38 73, Fax 42 83 63 19, 🍴 – 🍽. 🖭 🅖🅑   AJ 44
fermé 15 au 28 fév., dim. soir et lundi – **Repas** 160 et carte 230 à 350.

🍴🍴 **Régency 1925,** 96 av. Bac ℰ 48 83 15 15, Fax 48 89 99 74 – 🍽. 🖭 ⓪ 🅖🅑   AH 45
Repas 140 et carte 250 à 320.

LANCIA Gar. Léglise, 7 bis av. Foch ℰ 48 83 06 83
MITSUBISHI Sélection Auto Sce., 102 av. Foch ℰ 48 85 45 55
RENAULT Gar. National, 28 av. République ℰ 42 83 46 40
RENAULT Gar. Chevant, 2 bd Gén.-Giraud ℰ 48 83 05 43

VAG SMCDA, 48 r. de la Varenne ℰ 48 86 41 42 Ⓝ ℰ 05 00 24 24

🔘 Selz Pneus, 5 av. L.-Blanc ℰ 48 85 27 33

St-Ouen 93400 Seine-St-Denis 🔟🔟🔟 ⑯ 🔟🔟 – 42 343 h alt. 36.

🛈 Office de Tourisme pl. République ℰ 40 11 77 36.

Paris 9,5 – Bobigny 11 – Chantilly 44 – Meaux 48 – Pontoise 27 – St-Denis 3.

🏨 **Sovereign** Ⓜ, 54 quai Seine ℰ 40 12 91 29, Fax 40 10 89 49 – 🛗 📺 ☎ ὦ 🅿 – 🕍 45. 🖭 ⓪ 🅖🅑   R 28
Repas 110 🍷, enf. 39 – 🖵 36 – **104 ch** 335/355.

🏨 **Fimotel** Ⓜ, 9 r. La Fontaine ℘ 40 12 51 97, Fax 40 12 61 00 – 📶 🕥 📺 ☎ ₺, 🚐 🅿 – 🔏 90.
ᴀᴇ ⓞ ᴄ̶ʙ̶   U 27
Repas *(fermé dim. midi, vend. soir et sam.)* 89/105 ₺, enf. 36 – 😅 39 – **120 ch** 410.

🔏🔏 **Coq de la Maison Blanche**, 37 bd J. Jaurès ℘ 40 11 01 23, Fax 40 11 67 68, 🍴 – ᴀᴇ
ᴄ̶ʙ̶   S 28
fermé dim. – **Repas** carte 230 à 320.

FORD Gar. Bocquet, 45-57 av. Michelet   🔘 Sté Nlle du Pneumatique, 87 bd V.-Hugo
℘ 40 11 13 10   ℘ 40 11 08 66
RENAULT Gar. Michelet, 5 r. A.-Rodin   Technigum Pneus. 165 r. Docteur Bauer
℘ 40 11 85 61   ℘ 40 11 08 56

███ **Sartrouville** **78500** Yvelines 𝟭𝟬𝟭 ⑬ 🄶🄶 – 50 329 h alt. 26.
Paris 20 – Argenteuil 9 – Maisons-Laffitte 1,5 – Pontoise 20 – Saint-Germain-en-Laye 7,5 – Versailles 19.

🔏🔏 **Le Jardin Gourmand**, 109 rte Pontoise ℘ 39 13 18 88 – ▤. ᴀᴇ ᴄ̶ʙ̶ ᴊᴄ̶ʙ̶   M 16
Repas 135/270 et carte 210 à 280.

🔘 C.B. Maintenance, 34 av. G.-Clémenceau ℘ 39 13 56 18

███ **Savigny-sur-Orge** **91600** Essonne 𝟭𝟬𝟭 ㊱ – 33 295 h.
Paris 23 – Arpajon 18 – Corbeil-Essonnes 17 – Évry 12 – Juvisy-sur-Orge 5.

🔏🔏 **Au Menil**, 24 bd A. Briand ℘ 69 05 47 48, Fax 69 44 09 44 – ▤. ᴀᴇ ᴄ̶ʙ̶
fermé 15 juil. au 15 août et merc. – **Repas** 95 bc/240 ₺.

RENAULT Gar. Sard, 10 bd A.-Briand ℘ 69 05 04 50

███ **Sceaux** **92330** Hauts-de-Seine 𝟭𝟬𝟭 ㉕ 🄩🄩 G. Ile de France – 18 052 h alt. 100.
Voir Parc★★ et Musée de l'Ile-de-France★ – L'Hay-les-Roses : roseraie★★ E : 3 km –
Châtenay-Malabry : église St-Germain l'Auxerrois★, Maison de Chateaubriand★ SO :
3 km.
🅱 Office de Tourisme 68 r. Houdan *(fermé matin)* ℘ 46 61 19 03.
Paris 10,5 – Antony 3,5 – Bagneux 4 – Corbeil-Essonnes 32 – Nanterre 20 – Versailles 15.

BMW Gar. Loiseau, 3 r. de la Flèche ℘ 47 02 72 50   🔘 Vaysse, 77 r. V.-Fayo à Châtenay-Malabry
                                                       ℘ 46 61 14 18

███ **Sevran** **93270** Seine-St-Denis 𝟭𝟬𝟭 ⑱ 🄩🄿 – 48 478 h alt. 55.
Paris 20 – Bobigny 9 – Meaux 28 – Villepinte 3.

🏨 **Campanile**, 5 r. A. Léonov ℘ 43 84 67 77, Fax 43 83 27 40 – 📶 ⇔ ch 📺 ☎ ₺, 🅿 – 🔏 25.
ᴀᴇ ⓞ ᴄ̶ʙ̶   M 45
Repas 90 bc/117 bc, enf. 39 – 😅 32 – **58 ch** 340.

🔘 Otico, 7 allée du Mar.-Bugeaud ℘ 43 84 36 30

███ **Sèvres** **92310** Hauts-de-Seine 𝟭𝟬𝟭 ㉔ 🄩🄩 G. Ile de France – 21 990 h alt. 95.
Voir Musée National de céramique★★ – Étangs★ de Ville d'Avray O : 3 km.
Paris 11,5 – Boulogne-Billancourt 2,5 – Nanterre 11 – St-Germain-en-Laye 17 – Versailles 7,5.

🏨🏨 **Adagio** Ⓜ, 13 Grande Rue ℘ 46 23 20 00, Fax 46 23 02 32, 𝐼₆ – 📶 ⇔ ch 📺 ☎ ₺, 🚐 –
🔏 80. ᴀᴇ ᴄ̶ʙ̶   AD 18
Repas *(fermé dim. midi et sam.)* 117 et carte 150 à 230 ₺ – 😅 60 – **95 ch** 695/755.

🔏🔏 **Aub. Garden**, 24 rte Pavé des Gardes ℘ 46 26 50 50, Fax 46 26 58 58, 🍴 – ᴀᴇ
ᴄ̶ʙ̶   AF 17
fermé août, lundi soir, mardi soir et dim. – **Repas** 175.

CITROEN Gar. Pont de Sèvres, ZAC, 2 av. Cristallerie ℘ 45 34 01 93 🅽 ℘ 05 05 24 24

███ **Stains** **93240** Seine-St-Denis 𝟭𝟬𝟭 ⑯ 🄩🄿 – 34 879 h alt. 41.
Paris 14 – Chantilly 29 – Meaux 44 – Pontoise 30 – Senlis 40 – St-Denis 5.

🔏🔏🔏 **Chez Bibi**, 41 allée Val du Moulin ℘ 48 26 64 10 – ᴄ̶ʙ̶   L 33
fermé 8 au 21 août, Noël au Jour de l'An, sam. et dim. – **Repas** *(déj. seul.)* 200 et carte 250 à
350.

███ **Sucy-en-Brie** **94370** Val-de-Marne 𝟭𝟬𝟭 ㉘ 🄩🄰 – 25 839 h alt. 96.
Voir Château de Gros Bois★ : mobilier★★ S : 5 km, G. Ile de France.
Paris 21 – Créteil 6,5 – Chennevières-sur-Marne 3,5.

quartier les Bruyères SE : 3 km :

🏨 **Le Tartarin** Ⓜ 🐾, carrefour de la Patte d'Oie ℘ 45 90 42 61, Fax 45 90 52 55, 🍴 – 📺
☎ – 🔏 30. ᴄ̶ʙ̶   AM 48
Repas *(fermé mardi soir, merc. soir, jeudi soir, dim. soir et lundi)* 120/260 – 😅 30 – **11 ch**
295/310.

PEUGEOT Gar. Paulmier, 89 r. Gén.-Leclerc   RENAULT Boissy Autom., 51/53 av. Gén. Leclerc à
℘ 45 90 95 95   Boissy-St-Léger ℘ 45 69 96 30 🅽 ℘ 05 05 15 15

Suresnes 92150 Hauts-de-Seine 101 ⑭ 18 G. Ile de France – 35 998 h alt. 42.

Voir Fort du Mont Valérien (Mémorial National de la France combattante).

🛈 Office de Tourisme 50 bd Henri Sellier ℰ 45 06 70 14.

Paris 12 – Nanterre 4,5 – Pontoise 35 – St-Germain-en-Laye 13 – Versailles 13.

🏨🏨 **Novotel** [M], 7 r. Port aux Vins ℰ 40 99 00 00, Fax 45 06 60 06 – ⚒ ⇖ ch 📧 📺 ☎ 🕭 ⇔
– 🕿 25 à 100. 🕮 ⑩ ⊖B   X 19
Repas 120/170 ⅋, enf. 65 – ☑ 60 – **109 ch** 630/720.

🏨🏨 **Atrium** [M] sans rest, 68 bd H. Sellier ℰ 42 04 60 76, Télex 616516, Fax 46 97 71 61 – ⚒ 📺
☎ ⇔ – 🕿 80. 🕮 ⑩ ⊖B ᴊᴄB   Y 18
☑ 50 – **42 ch** 580/700.

🏨 **Astor** sans rest, 19 bis r. Mt Valérien ℰ 45 06 15 52, Fax 42 04 65 29 – ⚒ 📺 ☎. 🕮 ⊖B
☑ 30 – **51 ch** 320.   X 18

XX **Les Jardins de Camille**, 70 av. Franklin Roosevelt ℰ 45 06 22 66, Fax 47 72 42 25, ⟨⟩ –
🕮 ⊖B ᴊᴄB   X 18
fermé dim. soir – **Repas** 150.

XX **Pont de Suresnes**, 58 r. Pasteur ℰ 45 06 66 56, Fax 45 06 65 09, ⟨⟩ – 📧 🅿. 🕮 ⊖B
fermé sam. midi et dim. – **Repas** 170 et carte 200 à 290.   Y 18

◎ Euromaster, 4 r. E.-Nieuport ℰ 47 72 43 21

Taverny 95150 Val-d'Oise 101 ④ G. Ile de France – 25 151 h alt. 91.

Voir église★.

Paris 28 – Beauvais 61 – Chantilly 30 – L'Isle-Adam 11,5 – Pontoise 13.

🏨 **Campanile**, centre commercial les Portes de Taverny ℰ 30 40 10 85, Fax 30 40 10 87,
⟨⟩ – ⇖ ch 📺 ☎ 🕭 🅿 – 🕿 25. 🕮 ⑩ ⊖B
Repas 82 bc/105 bc, enf. 39 – ☑ 30 – **76 ch** 270.

CITROEN Gar. Vincent, 183 r. d'Herblay   PEUGEOT Gar. des Lignières, 29 r. de Beauchamp
ℰ 39 95 44 00   ℰ 39 60 13 58
HYUNDAI Gar. Autocat, 201 r. d'Herblay   RENAULT Gar. de la Diligence, 75 r. d'Herblay
ℰ 34 13 10 52   ℰ 39 60 75 68

Tremblay-en-France 93290 Seine-St-Denis 101 ⑱ 20 – 31 385 h alt. 63.

Paris 23 – Aulnay-sous-Bois 7,5 – Bobigny 12 – Villepinte 4.

au Tremblay-Vieux-Pays :

XX **Le Cénacle**, 1 r. Mairie ℰ 48 61 32 91, Fax 48 60 43 89 – 🕮 ⊖B ᴊᴄB   H 48
fermé août, sam. midi et dim. – **Repas** 175/300 et carte 270 à 380, enf. 100.

Les Ulis 91940 Essonne 101 ㉝ – 27 164 h alt. 159.

Paris 31 – Arpajon 17 – Évry 27 – Rambouillet 29 – Versailles 19.

🏨🏨 **Mercure** [M], Z.A. de Courtaboeuf 2 ℰ 69 07 63 96, Fax 69 07 92 00, ⟨⟩, ⊼ – ⚒ 📧 📺 ☎
🕭 🅿 – 🕿 150. 🕮 ⑩ ⊖B ᴊᴄB
Repas 98 ⅋, enf. 55 – ☑ 56 – **108 ch** 530/580.

🏨 **Campanile**, Z.A. de Courtaboeuf 5 ℰ 69 28 60 60, Fax 69 28 06 35, ⟨⟩ – ⇖ ch 📺 ☎ 🕭
🅿 – 🕿 25. 🕮 ⑩ ⊖B
Repas 82 bc/105 bc, enf. 39 – ☑ 30 – **49 ch** 270.

RENAULT S.D.A.O., av. des Tropiques, ZA Courtaboeuf-les-Ulis ℰ 69 07 78 35 🅽 ℰ 44 04 16 19

Vanves 92170 Hauts-de-Seine 101 ㉕ 22 – 25 967 h alt. 47.

Paris 7,5 – Boulogne-Billancourt 4 – Nanterre 13.

🏨🏨 **Mercure Porte de la Plaine**, r. Moulin ℰ 46 48 55 55, Fax 46 48 56 56 – ⚒ ⇖ ch
📧 rest 📺 ☎ 🕭 – 🕿 260. 🕮 ⑩ ⊖B. ⟨⟩ rest   AD 24
Repas brasserie carte 140 à 250 ⅋, enf. 45 – ☑ 60 – **384 ch** 880/930, 4 appart.

🏨 **Parc des Expositions** [M] sans rest, 18 r. E. Baudouin ℰ 41 46 06 46, Fax 41 46 06 47 – ⚒
📺 ☎ 🕭 ⇔. 🕮 ⑩ ⊖B   AD 23
☑ 45 – **55 ch** 680/780.

XXX **Pavillon de la Tourelle**, 10 r. Larmeroux ℰ 46 42 15 59, Fax 46 42 06 27, ⟨⟩, ⟨⟩ – 🅿.
🕮 ⑩ ⊖B ᴊᴄB   AE 23
fermé dim. soir et lundi – **Repas** 195 et carte 330 à 430.

XX **La Pyramide**, 9 r. Gaudray ℰ 46 45 42 76, Fax 46 45 88 70 – 🕮 ⑩ ⊖B   AD 24
fermé août et dim. soir – **Repas** 120 et carte 180 à 320, enf. 60.

Pour la pratique quotidienne de Paris

Les Plans de Paris MICHELIN précis - complets - détaillés

🄨 Paris transports, 🔟 Plan, 🄵 Plan avec répertoire,

🄺 Paris Atlas, 🄸 plan de Paris

907

Vaucresson 92420 Hauts-de-Seine 📖 ㉓ 🔢 – 8 118 h alt. 142.

Voir Etang de St-Cucufa★ NE : 2,5 km – Institut Pasteur - Musée des Applications de la Recherche★ à Marnes-la-Coquette SO : 4 km, G. Ile de France.

Paris 16 – Mantes-la-Jolie 43 – Nanterre 14 – St-Germain-en-Laye 10,5 – Versailles 5.

Voir plan de Versailles.

XX **La Poularde,** 36 bd Jardy (près autoroute) D 182 ℰ 47 41 13 47, Fax 47 01 41 32, 🏤 –
🄿, 🖭 ⓞ 🖼   U   a
fermé août, dim. soir, mardi soir et merc. – **Repas** 170 et carte 280 à 380.

RENAULT Gar. Moriceau, 106 bd République ℰ 47 41 12 40 🄽 ℰ 05 05 15 15

Vélizy-Villacoublay 78140 Yvelines 📖 ㉔ 🔢 – 20 725 h alt. 174.

Paris 17 – Antony 13 – Chartres 76 – Meudon 8,5 – Versailles 6.

🏨 **Holiday Inn** Ⓜ, av. Europe, près centre commercial Vélizy II ℰ 39 46 96 98, Té-lex 696537, Fax 34 65 95 21, 🏊 – 🛗 🌂 ch 🗐 ch 📺 ☎ & 🄿 – 🔬 25 à 250. 🖭 ⓞ 🖼
Repas 135 bc/220 et carte 220 à 320, enf. 65 – 🗜 80 – **182 ch** 795/1050.   AJ 18

🏨 **Vol de Nuit** Ⓜ sans rest, 39 av. Europe, près centre commercial Vélizy II ℰ 39 46 04 00, Fax 39 46 31 75 – 🛗 📺 ☎ & 🚘. 🖭 ⓞ 🖼
🗜 35 – **100 ch** 390.   AJ 16

XX **Orée du Bois,** 2 r. M. Sembat ℰ 39 46 38 40, Fax 30 70 88 67, 🏤 – 🖭 🖼   AH 14
fermé sam. et dim. – **Repas** 162 et carte 210 à 300.

RENAULT BSE-Vélizy, av. L.-Bréguet ℰ 39 46 96 03 🄽 ℰ 05 05 15 15

Les nouveaux Guides Verts touristiques Michelin, c'est :

– un texte descriptif plus riche,

– une information pratique plus claire,

– des plans, des schémas et des photos en couleurs,

– ... et, bien sûr, une actualisation détaillée et fréquente.

Utilisez toujours la dernière édition.

Versailles 🄿 78000 Yvelines 📖 ㉓ 🔢 G. Ile de France – 87 789 h alt. 132.

Voir Château★★★ Y – Jardins★★★ (Grandes Eaux★★★ et fêtes de nuit★★★ en été) V – Ecuries Royales★ Y – Trianon★★ V – Musée Lambinet★ Y M.

Env. Jouy-en-Josas : la "Diège"★ (statue) dans l'église, 7 km par ③.

🄵 🄸🄸🄸 de la Boulie (privé) ℰ 39 50 59 41, par ③ : 2,5 km.

🄱 Office de Tourisme 7 r. Réservoirs ℰ 39 50 36 22, Fax 39 50 68 07.

Paris 20 ① – Beauvais 94 ⑦ – Dreux 60 ⑥ – Évreux 88 ⑦ – Melun 61 ③ – ◆Orléans 121 ③.

Plans pages suivantes

🏨 **Trianon Palace** Ⓜ ⌚, 1 bd Reine ℰ 30 84 38 00, Télex 698863, Fax 39 49 00 77, ≤, parc, « Élégant décor début de siècle », 🎿, 🏊, 🎾 – 🛗 🗐 ch 📺 ☎ 🚘 🄿. 🖭 ⓞ 🖼
🖬   X   r
voir rest. **Les Trois Marches** *ci-après* – 🗜 110 – **69 ch** 1590/2400, 25 appart – ½ P 865/1160.

🏨 **Sofitel Château de Versailles** Ⓜ, 2 av. Paris ℰ 39 53 30 31, Télex 697042, Fax 39 53 87 20 – 🛗 🌂 ch 🗐 📺 ☎ & 🚘 – 🔬 150. 🖭 ⓞ 🖼 🖼   Y   a
Repas 145/280 – 🗜 75 – **146 ch** 900, 6 appart.

🏨 **Résidence Trianon Palace** Ⓜ ⌚, 1 bd Reine ℰ 30 84 38 00, Télex 699210, Fax 39 51 57 79, parc, 🏊, 🎾 – 🛗 🗐 🕹️ 📺 ☎ & 🄿 – 🔬 400. 🖭 ⓞ 🖼 🖼   X   r
Brasserie La Fontaine : Repas 165 et carte 150 à 270 – 🗜 75 – **96 ch** 990/1200 – ½ P 665.

🏨 **Résidence du Berry** Ⓜ sans rest, 14 r. Anjou ℰ 39 49 07 07, Télex 689058, Fax 39 50 59 40 – 🛗 📺 ☎. 🖭 ⓞ 🖼
🗜 40 – **38 ch** 380/450.   Z   s

🏨 **Printania** Ⓜ sans rest, 19 r. Ph. de Dangeau ℰ 39 50 44 10, Fax 39 50 65 11 – 🛗 📺 ☎ &.
🖭 ⓞ 🖼 🖼   Y   n
🗜 36 – **60 ch** 350/370.

🏨 **Ibis** Ⓜ sans rest, 4 av. Gén. de Gaulle ℰ 39 53 03 30, Télex 695652, Fax 39 50 06 31 – 🛗 📺 & 🖭 🖼
🗜 40 – **85 ch** 380/480.   Y   u

🏨 **Paris** sans rest, 14 av. Paris ℰ 39 50 56 00, Fax 39 50 21 83 – 🛗 📺 ☎. 🖭 ⓞ 🖼 🖼
🗜 38 – **38 ch** 220/380.   YZ   e

🏨 **Home St-Louis** sans rest, 28 r. St-Louis ℰ 39 50 23 55, Fax 30 21 62 45 – 🌂 ch 📺 ☎.
🖭 🖼 🖼
🗜 30 – **27 ch** 220/320.   Z   d

VERSAILLES

VERSAILLES

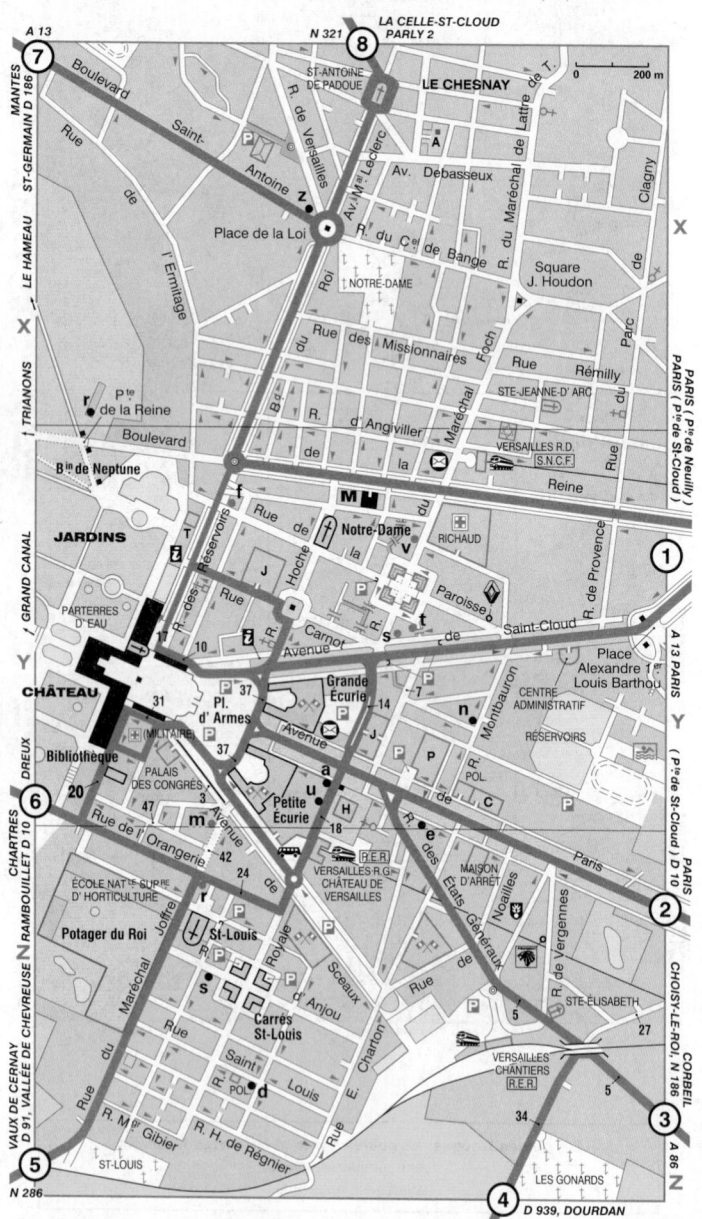

XXXX ✿✿ **Les Trois Marches** (Vié), 1 bd Reine ✆ 39 50 13 21, Fax 30 21 01 25, ≤, 🌳 – 🗏 **🅿.**
🖭 ⓪ 🆎 🎴   X   **r**
fermé août, dim. et lundi – **Repas** 260 (déj.), 495/595 et carte 430 à 660
Spéc. Galette de pommes de terre, lard et caviar. Côte de veau au jus truffé. Assiette de douceurs au chocolat.

XXX ✿ **La Grande Sirène,** 25 r. Mar. Foch ✆ 39 53 08 08, Fax 39 53 37 15 – 🗏. 🖭 ⓪ 🆎. 🈯
fermé 1er au 28 août, vacances de fév., dim. et lundi – **Repas** 178 (déj.), 225/245 et carte 300
à 420   Y   **v**
Spéc. Huîtres frémies "Viroflay". Saint-Pierre rôti au jus de veau. "Coup de foudre" au chocolat.

XXX **Rescatore,** 27 av. St-Cloud ✆ 39 50 23 60, Fax 30 21 96 57 – 🗏. 🖭 ⓪ 🆎 🎴   Y   **s**
fermé sam. midi et dim. – **Repas** - produits de la mer - 145/250 bc et carte 240 à 500.

XX **Potager du Roy,** 1 r. Mar.-Joffre ✆ 39 50 35 34, Fax 30 21 69 30 – 🗏. 🖭 🆎
fermé dim. soir et lundi – **Repas** 120/169 et carte 210 à 410.   Z   **r**

XX **Marée de Versailles,** 22 r. au Pain ✆ 30 21 73 73, Fax 39 50 55 87 – 🗏. 🆎   Y   **t**
fermé 31 juil. au 21 août, 24 déc. au 1er janv., lundi soir et dim. – **Repas** - produits de la mer -
240 et carte 160 à 250 🍷.

XX **La Rôtisserie,** 30 bis r. Réservoirs ✆ 39 50 70 02, Fax 39 02 24 84 – 🖭 🆎   Y   **f**
Repas 95 (déj.)/138 et carte 150 à 200.

XX **Le Pot au Feu,** 22 r. Satory ✆ 39 50 57 43, Fax 39 49 04 66 – 🆎. 🈯   Y   **m**
fermé 1er au 22 août, sam. midi et dim. – **Repas** 125/175 et carte 220 à 330.

au Chesnay – 29 542 h. – ✉ **78150** :

🏨 **Novotel** 🅼, 4 bd St-Antoine ✆ 39 54 96 96, Fax 39 54 94 40 – 🛗 ⇄ ch 🗏 📺 ☎ 🕭 ⟷ –
🔏 25 à 150. 🖭 ⓪ 🆎   X   **z**
Repas carte environ 180, enf. 55 – ⟳ 55 – **105 ch** 530/550.

🏨 **Mercure** 🅼 sansrest, r. Marly-le-Roi, face centre commercial Parly II ✆ 39 55 11 41,
Télex 695205, Fax 39 55 06 22 – 🛗 ⇄ ch 📺 ☎ 🅿. 🖭 ⓪ 🆎 🎴   U   **e**
⟳ 49 – **78 ch** 550.

🏨 **Ibis** 🅼 sans rest, av. Dutartre, centre commercial Parly II ✆ 39 63 37 93, Télex 689188,
Fax 39 55 18 66 – 🛗 ⇄ ch 📺 ☎ 🕭. 🖭 ⓪ 🆎   U   **n**
⟳ 37 – **72 ch** 375.

XX **Le Chesnoy,** 24 r. Pottier ✆ 39 54 01 01 – 🗏. 🖭 ⓪ 🆎   U   **x**
fermé 1er au 21 août, dim. soir et lundi – **Repas** 168.

XX **Le Connemara,** 41 rte Rueil ✆ 39 55 63 07 – 🖭 🆎   U   **b**
fermé fin juil. au 15 août, vacances de fév., dim. et lundi – **Repas** 155 et carte 210 à 320.

BMW Gar. Lostanlen, 10 r. de la Celle au Chesnay
✆ 39 54 75 20
CITROEN Succursale, 124 av. des Etats-Unis
✆ 39 23 12 12 🆗 ✆ 05 05 24 24
FIAT Sodiam 78, 11 r. B.-Franklin ✆ 39 50 64 10
HONDA International Autom., 36-40 av. de
St-Cloud ✆ 39 50 00 51
JAGUAR, NISSAN Paris-Versailles Autom.,
60 bis r. de Versailles au Chesnay ✆ 39 63 35 37
LANCIA Gar. de Versailles, 18/22 r. de Conde
✆ 39 51 06 68
OPEL, SAAB Espace Vergennes, 18 r. de Ver-
gennes ✆ 39 21 56 56

PEUGEOT Le Chesnay Autom., 36 r. M.-Parly 2 au
Chesnay ✆ 39 54 52 76 🆗 ✆ 05 44 24 24
RENAULT Succursale, 81 r. de la Paroisse
✆ 30 84 60 00 🆗 ✆ 05 05 15 15
TOYOTA Espace Franklin, 9 r. B.-Franklin
✆ 30 21 50 51
VAG Gar. des Chantiers, 58 r. des Chantiers
✆ 39 50 04 97

🛞 Euromaster, 77 r. des Chantiers ✆ 30 21 24 25

Le Vésinet **78110** Yvelines 🔟🔟🔟 ⑬ 🔟🔟 – 15 945 h alt. 44.

🛈 Office de Tourisme, Hôtel de Ville, 60 bd Carnot ✆ 39 76 70 70.

Paris 18 – Maisons-Laffitte 8,5 – Pontoise 22 – St-Germain-en-Laye 3 – Versailles 14.

🏨 **Aub. des Trois Marches** 🐤, 15 r. J. Laurent ✆ 39 76 10 30, Fax 39 76 62 58 – 🛗 📺 ☎.
🖭 ⓪ 🆎   V 10
fermé 13 au 21 août et dim. soir – **Repas** 145 – ⟳ 40 – **15 ch** 450/510.

RENAULT Gar. de la Résidence, 40 et 119 av. du Mar. Foch à Chatou ✆ 39 52 20 43 🆗 ✆ 05 05 15 15

Villejuif **94800** Val-de-Marne 🔟🔟🔟 ㉖ 🔟🔟 – 48 405 h alt. 103.

Paris 8 – Créteil 12 – Orly 8,5 – Vitry-sur-Seine 3.

🏨 **Campanile,** 20 r. Dr Pinel ✆ 46 78 10 11, Fax 46 77 88 94 – 🛗 ⇄ ch 📺 ☎ 🕭 🅿 – 🔏 50.
🖭 🆎   AG 29
Repas 90 bc/117 bc, enf. 39 – ⟳ 32 – **72 ch** 340.

🛞 La Pneumathèque-Point S, 21 r. de Verdun ✆ 46 77 06 06

Circulez en Banlieue de Paris avec les **Plans Michelin** à 1/15 000.

    🔟🔟 Plan Nord-Ouest   🔟🔟 Plan et répertoire des rues Nord-Ouest
    🔟🔟 Plan Nord-Est   🔟🔟 Plan et répertoire des rues Nord-Est
    🔟🔟 Plan Sud-Ouest   🔟🔟 Plan et répertoire des rues Sud-Ouest
    🔟🔟 Plan Sud-Est   🔟🔟 Plan et répertoire des rues Sud-Est

Villemoisson-sur-Orge 91360 Essonne 101 ㉟ – 6 404 h.

Paris 24 – Arpajon 14 – Corbeil-Essonnes 18 – Évry 13 – Longjumeau 6.

XXX **Trianon,** 72 rte Corbeil ✆ 69 51 50 80, Fax 69 51 50 81, ⚘, « Parc » – ▤ P. AE ⓓ GB
Repas 160/220 et carte 230 à 360.

Villeneuve-la-Garenne 92390 Hauts-de-Seine 101 ⑮ 20 – 23 824 h alt. 28.

Paris 10,5 – Nanterre 13 – Pontoise 25 – St-Denis 2,5 – St-Germain-en-Laye 21.

XXX **Les Chanteraines,** av. 8 Mai 1945 ✆ 47 99 31 31, Fax 41 21 31 17, ← – ▤ P. AE GB
fermé 15 au 30 août, dim. soir et sam. – **Repas** 180 et carte 260 à 340. N 27

RENAULT Gar. Raynal, 16 av. Sangnier ✆ 47 94 09 09

Euromaster, 8 av. de la Redoute ZI ✆ 47 94 22 85

Villeparisis 77270 S.-et-M. 101 ⑲ – 18 790 h.

Paris 25 – Bobigny 14 – Chelles 9 – Tremblay-en-France 5.

Relais du Parisis, Z.I. L'Ambrésis ✆ 64 27 83 83, Fax 64 27 94 49, ⚘ – ☎ ♿ P – 🏛 40. AE GB
Repas *(fermé dim. soir)* 75/195 ♁, enf. 45 – ☕ 35 – **44 ch** 280 – ½ P 215/235.

Villeparisis Pneus, 45 av. du Gén.-de-Gaulle ✆ 64 61 19 50

Villepinte 93420 Seine-St-Denis 101 ⑧ 20 – 30 303 h alt. 63.

Paris 22 – Bobigny 10,5 – Meaux 30 – St-Denis 18.

Campanile M, 2 r. J. Fourgeaud ✆ 48 60 35 47, Fax 48 61 49 33, ⚘ – ⚡ ch TV ☎ ♿ P – 🏛 40. AE ⓓ GB K 48
Repas 82 bc/105 bc, enf. 39 – ☕ 30 – **49 ch** 270.

Parc des Expositions Paris Nord II – ✉ **93420** Villepinte :

Ibis M, sortie visiteurs ✆ 48 63 89 50, Fax 48 63 23 10, ⚘ – ⇅ ⚡ ch TV ☎ ♿ P – 🏛 60. AE GB K 44
Repas 97 bc/110 bc, enf. 40 – ☕ 37 – **124 ch** 425.

RENAULT Gar. Verdier, 4 av. G.-Clemenceau ✆ 48 61 96 65 N ✆ 05 05 15 15

Villiers-le-Bâcle 91190 Essonne 101 ㉓ 22 – 953 h alt. 151.

Paris 27 – Arpajon 25 – Rambouillet 28 – Versailles 10,5.

XX **La Petite Forge,** ✆ 60 19 03 88 – AE GB AS 9
fermé sam. midi et dim. – **Repas** carte 290 à 400.

Vincennes 94300 Val-de-Marne 101 ⑰ 24 – 42 267 h alt. 60.

Voir Château★★ – Bois de Vincennes★★ : Zoo★★, Parc floral de Paris★★, Musée des Arts d'Afrique et d'Océanie★, **G. Paris.**

Office de Tourisme 11 av. Nogent ✆ 48 08 13 00, Fax 43 74 81 01.

Paris 6,5 – Créteil 13 – Lagny-sur-Marne 25 – Meaux 46 – Melun 51 – Montreuil 1,5 – Senlis 48.

St-Louis M sans rest, 2 bis r. R. Giraudineau ✆ 43 74 16 78, Fax 43 74 16 49 – ⇅ TV ☎ ♿ – 🏛 25. AE ⓓ GB AB 37
☕ 43 – **25 ch** 550/650.

Daumesnil Vincennes M sans rest, 50 av. Paris ✆ 48 08 44 10, Fax 43 65 10 94 – ⇅ TV ☎. AE ⓓ GB AB 37
☕ 34 – **50 ch** 360/450.

Donjon sans rest, 22 r. Donjon ✆ 43 28 19 17, Fax 49 57 02 04 – ⇅ TV ☎. GB. ✻ AB 37
fermé 23 juil. au 23 août – ☕ 30 – **25 ch** 260/350.

X **La Rigadelle,** 26 r. Montreuil ✆ 43 28 04 23 – AE ⓓ GB AB 37
fermé août, dim. soir et lundi – **Repas** (nombre de couverts limité, prévenir) 160/270 et carte 230 à 310.

CITROEN Succursale, 120 av. de Paris ✆ 43 74 12 25
FORD Gar. Deshayes, 232 r. de Fontenay ✆ 43 74 97 40
NISSAN, GM Gar. Démaria, 2-4 av. P.-Déroulède ✆ 43 28 16 33

Gar. Sabrie, 3 av. de Paris ✆ 43 28 37 54

Pneu Service, 12 r. de Fontenay ✆ 43 28 14 79

Viroflay 78220 Yvelines ███ ㉔ ██ – 14 689 h alt. 115.
Paris 14 – Antony 15 – Boulogne-Billancourt 6,5 – Versailles 4.

XX **Aub. la Chaumière,** 3 av. Versailles ℰ 30 24 48 76, Fax 30 24 48 76, ☎ – ⮬B   AG 13
fermé lundi – **Repas** 160/260.

PEUGEOT Gar. de l'Ile de France, 17 av. du
Gén.-Leclerc ℰ 30 84 87 00 Ⓝ ℰ 05 44 24 24
ROVER SOGA Versailles, 189 av. du Gén.-Leclerc
ℰ 30 24 06 16

🅾 Euromaster, 199 av. du Gén.-Leclerc
ℰ 30 24 49 96

Viry-Châtillon 91170 Essonne ███ ㊱ – 30 580 h alt. 36.
Paris 26 – Corbeil-Essonnes 17 – Évry 8 – Longjumeau 8,5 – Versailles 31.

XXX ❄ **La Dariole de Viry** (Richard), 21 r. Pasteur ℰ 69 44 22 40, Fax 69 96 88 87 – ▤. ⮬E ⮬B
fermé 30 juil. au 21 août, 22 déc. au 1ᵉʳ janv., sam. midi et dim. – **Repas** 190 et carte 280 à
360
Spéc. Blinis aux escargots de Bourgogne. Navarin de terre et mer au curry. Soufflé chaud au pralin et Grand Marnier.

MERCEDES Gar. de L'Essonne, 137 av. Gén. de
Gaulle ℰ 69 21 35 90
RENAULT Come et Bardon, 119 av. Ch.-de-Gaulle
ℰ 69 96 91 40 Ⓝ ℰ 05 05 15 15
SEAT Gar. Marchand, 113 av. Gén.-de-Gaulle
ℰ 69 05 38 49

🅾 Besse et Guilbaud, 38 av. cour France à Juvisy-
sur-Orge ℰ 69 21 55 33
Euromaster, 134 Nationale 7 ℰ 69 44 30 07

LES PRINCIPALES MARQUES D'AUTOMOBILES

Constructeurs Français

Alpine-Renault (Sté des Autom.) : 120 r. Thiers, 92109 Boulogne-Billancourt ✆ 46 20 12 13

Citroën : 62 bd Victor-Hugo, 92200 Neuilly ✆ 47 48 41 41
Magasin d'Exposition : 42 av. Champs-Élysées, 75008 Paris ✆ 43 59 62 20

Peugeot (Automobiles) : siège et services commerciaux : 75 av. Gde-Armée, 75116 Paris ✆ 40 66 55 11
Magasin d'Exposition : 136 av. Champs-Élysées, 75008 Paris ✆ 45 62 70 20

Renault : 8 av. Émile-Zola, BP 103, 92109 Boulogne-Billancourt ✆ 41 04 04 04
Magasin d'Exposition : 49 av. Champs-Élysées, 75008 Paris ✆ 42 25 54 44

Renault V.I. : 40 rue Pasteur, BP 302, 92156 Suresnes ✆ 40 99 71 11

Importateurs

(Agents en France : demander la liste aux adresses ci-dessous.)

Aro-France : 2 rte d'Oigny, 02600 Villers-Cotterets ✆ 23 96 29 29

BMW : Parc d'activité du Pas du Lac, 3 av. Ampère, Montigny-le-Bretonneux 78886 St-Quentin-en-Yvelines Cedex ✆ 30 43 93 00

Chevrolet-Pontiac-Buick-Cadillac : NAVI S.A., 41 rue des Peupliers, 92000 Nanterre ✆ 47 69 06 04

Ferrari : Autom. Ch. Pozzi S.A., 109 r. Aristide-Briand, 92300 Levallois-Perret ✆ 47 39 96 50

Fiat-Auto France (Lancia - Alfa-Roméo) : 80/82 quai Michelet, 92532 Levallois-Perret Cedex ✆ 47 30 50 00

Ford France : 344 av. Napoléon-Bonaparte, 92506 Rueil-Malmaison Cedex ✆ 47 32 60 00

Opel-France : 1-9 av. du Marais, 95101 Argenteuil Cedex ✆ 34 26 30 00

Honda-France : Parc d'Activité Paris-Est-La Madeleine, BP 46, 77312 Marne-la-Vallée Cedex 2 ✆ 60 37 30 00

Inchcape France : Mazda (Ste France-Motors), Daihatsu-France, Kia-Proton, Z.I. Moimont II, 95670 Marly-la-Ville ✆ 34 72 13 00

Jaguar Cars France : 4, rue Joseph-Monier, 92859 Rueil-Malmaison Cedex ✆ 41 29 02 40

Korauto (Ssangyong) : 64, r. Marjolin, 92300 Levallois-Perret ✆ 47 37 00 90

Lada France : 10, bd des Martyrs-de-Châteaubriant, 95103 Argenteuil Cedex ✆ 34 11 44 44

Maserati : 53, bd Garibaldi, 75015 Paris

Matra Automobile : Parc d'activités de Pissaloup, 8, av. Jean-d'Alembert, BP 2, 78191 Trappes Cedex ✆ 30 68 30 68

Mercedes-Benz : Parc de Rocquencourt, 78150 Le Chesnay Cedex ✆ 39 23 56 00
Magasin d'Exposition : 118 av. Champs-Élysées, 75008 Paris ✆ 45 62 24 04

Morgan : J. Savoye, 237 bd Pereire, 75017 Paris ✆ 45 74 82 80

Nissan France S.A. : Parc de Pissaloup, 13, av. Jean-d'Alembert, 78194 Trappes Cedex ✆ 30 69 25 00

Porsche-Mitsubishi-Chrysler-Hyundai-Jeep : Sonauto, 1 av. du Fief, Z.A. des Béthunes de St-Ouen l'Aumône, 95005 Cergy-Pontoise Cedex ✆ 34 30 60 60

Rolls-Royce, Bentley : Franco-Britannic, 25, r. P.-Vaillant-Couturier, 92300 Levallois-Perret ✆ 47 57 90 24

Rover France : r. Ambroise-Croisat, Z.I., 95102 Argenteuil ✆ 39 98 40 40

Saab France S.A. : 12, r. des Peupliers. Parc d'Activité du Petit Nanterre, 92000 Nanterre ✆ 47 86 72 22

Seat France : 2 et 4 av. de l'Éguillette, ZI du Vert Galant, 95310 St-Ouen l'Aumône ✆ 34 30 80 00

Skoda France : BP 40, Villers Cotterets Cedex ✆ 23 73 80 80

Subaru France S.A. : 21 rue des Peupliers, 92000 Nanterre ✆ 47 69 93 89

Suzuki France S.A. (Santana) : 8 av. des Frères-Lumières, 78190 Trappes ✆ 34 82 14 00

Toyota France : 20-30 bd de la République, 92420 Vaucresson Cedex ✆ 47 10 81 00

V.A.G. France : Route de Boursonnes, 02600 Villers-Cotterets ✆ 23 73 80 80

Volvo Automobiles France S.A. : 3 r. de la Nouvelle-France, 78130 Les Mureaux ✆ 30 91 27 99

PARTHENAY <SP> 79200 Deux-Sèvres 67 ⑱ G. Poitou Vendée Charentes – 10 809 h alt. 172.

Voir Site★ : ≤★ du Pont-Neuf – Pont et porte St-Jacques★ Y B – Rue de la Vaux-St-Jacques★ Y – Église★ de Parthenay-le-Vieux par ④ : 1,5 km.

🏌 du Petit Chêne à Mazières ℰ 49 63 28 33, par ④ : 18 km ; ⛳⛳⛳ du Château des Forges ℰ 49 69 91 77, E : 23 km par D 59 Z.

🛈 Office de Tourisme Palais des Congrès, square R.-Bigot ℰ 49 64 24 24.

Paris 372 ② – Poitiers 51 ② – Bressuire 31 ① – Châtellerault 77 ② – Fontenay-le-Comte 51 ④ – Niort 42 ④ – Thouars 40 ①.

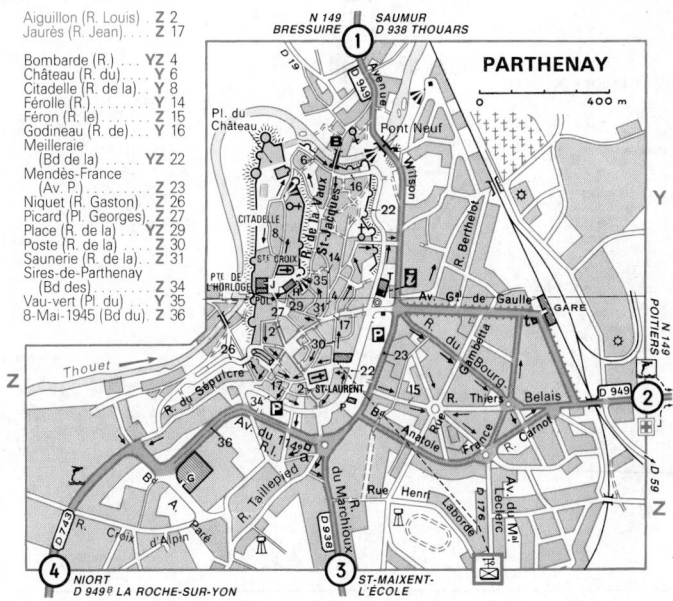

Aiguillon (R. Louis) . . Z 2
Jaurès (R. Jean). . . . . Z 17

Bombarde (R.) . . . . YZ 4
Château (R. du). . . . Y 6
Citadelle (R. de la). . Y 8
Férolle (R.). . . . . . . Y 14
Féron (R. le) . . . . . . Z 15
Godineau (R. de). . . Y 16
Meilleraie
 (Bd de la) . . . . . YZ 22
Mendès-France
 (Av. P.) . . . . Z 23
Niquet (R. Gaston) . . Z 26
Picard (Pl. Georges). Z 27
Place (R. de la) . . . . YZ 29
Poste (R. de la) . . . . Z 30
Saunerie (R. de la) . . Z 31
Sires-de-Parthenay
 (Bd des) . . . . Z 34
Vau-vert (Pl. du) . . . Y 35
8-Mai-1945 (Bd du). Z 36

🏠 **St-Jacques** Ⓜ sans rest, 13 av. 114ᵉ R.I. ℰ 49 64 33 33, Fax 49 94 00 69 – 📶 📺 ☎ ⅙ ⒫ AE Ⓞ GB   Z a
 ⏄ 38 – **46 ch** 215/330.

🍴🍴 **Nord** Ⓜ avec ch, 86 av. Gén. de Gaulle ℰ 49 94 29 11, Fax 49 64 11 72 – 🍴 rest 📺 ☎. AE
← GB   Z t
 fermé 20 déc. au 9 janv. et sam. – **Repas** 70/220 ⅛ – ⏄ 28 – **10 ch** 250/280 – ½ P 230.

FORD Gar. Thoron, 52 av. A.-Briand ℰ 49 64 10 91
RENAULT Gâtine Espace Autom., 114 av. A.-Briand
ℰ 49 94 04 00 🅽 ℰ 05 05 15 15

Ⓦ Coutan Pneus Point S, pl. Martyrs-
de-la-Résistance ℰ 49 94 34 22

PARVILLE 27 Eure 55 ⑯ – rattaché à Évreux.

PASSENANS 39 Jura 70 ④ – rattaché à Poligny.

PATRIMONIO 2B H.-Corse 90 ③ – voir à Corse.

PAU 🅿 64000 Pyr.-Atl. 85 ⑥ ⑦ G. Pyrénées Aquitaine – 82 157 h alt. 210 – Casino.

Voir Boulevard des Pyrénées ≤★★★ ABZ – Château★★ : tapisseries★★★ AZ – Musée des Beaux-Arts★ BY M.

🏌 ℰ 59 32 02 33 AVX.

Circuit automobile urbain.

✈ de Pau-Pyrénées : ℰ 59 33 33 00, par ⑥ : 12 km.

🛈 Office Municipal de Tourisme pl. Royale ℰ 59 27 27 08, Fax 59 27 03 21 et pl. Monnaie ℰ 59 27 41 24 - A.C. Basco-Béarnais 1 bd Aragon ℰ 59 27 01 94.

Paris 774 ⑥ – ♦Bayonne 107 ⑤ – ♦Bordeaux 194 ⑥ – ♦Toulouse 192 ② – Zaragoza 241 ④.

915

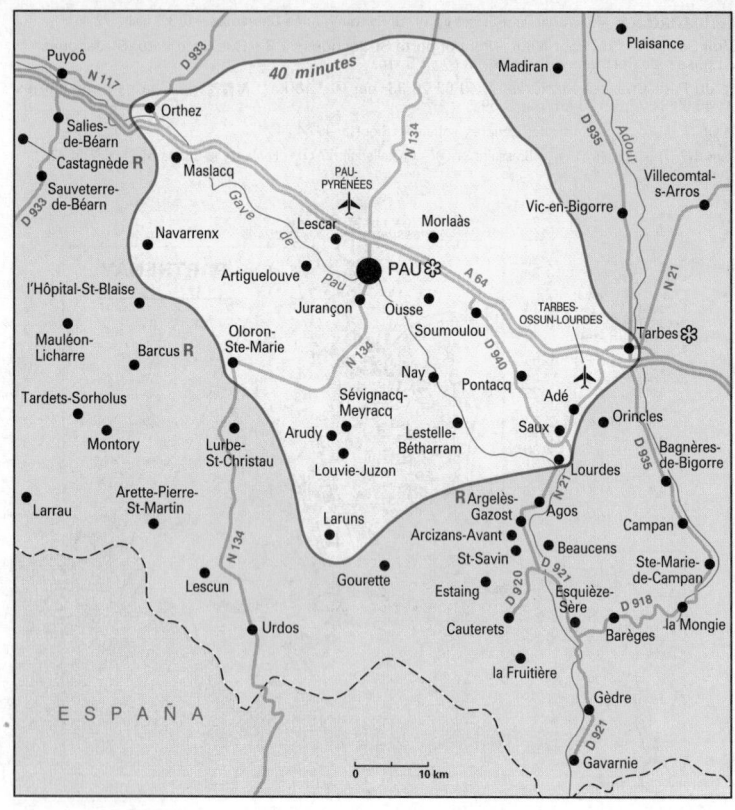

🏨🏨 **Continental,** 2 r. Mar. Foch ℘ 59 27 69 31, Télex 570906, Fax 59 27 99 84 – 🛗 📺 ☎ 🚗
– 🔬 90. 🆎 ⓪ 🇬🇧 🇯🇨🇧
BY **e**
Repas 135/250 – 😅 40 – **80 ch** 300/540 – ½ P 340/415.

🏨 **Paris** 🈴 sans rest, 80 r. E. Garet ℘ 59 82 58 00, Télex 541595, Fax 59 27 30 20 – 🛗 📺 ☎
🚗 🅿 – 🔬 35. 🆎 ⓪ 🇬🇧
BY **n**
41 ch 😅 410/480.

🏨 **de Gramont** Ⓜ sans rest, 3 pl. Gramont ℘ 59 27 84 04, Fax 59 27 62 23 – 🛗 ⇔ ch 📺 ☎.
🆎 ⓪ 🇬🇧 🇯🇨🇧
AY **t**
😅 35 – **36 ch** 200/495.

🏨 **Roncevaux** sans rest, 25 r. L. Barthou ℘ 59 27 08 44, Fax 59 82 92 79 – 🛗 📺 ☎ 🅿. 🆎
⓪ 🇬🇧
AZ **f**
😅 35 – **40 ch** 315/390.

🏨 **Commerce,** 9 r. Mar. Joffre ℘ 59 27 24 40, Télex 540193, Fax 59 83 81 74, 🌭 – 🛗 📺 ☎
– 🔬 30 à 70. 🆎 ⓪ 🇬🇧 🇯🇨🇧
AZ **q**
Repas *(fermé dim.)* 88/140 🎍, enf. 40 – 😅 34 – **51 ch** 265/305 – ½ P 245/255.

🏨 **Le Navarre,** 9 av. Gén. Leclerc ℘ 59 30 25 39, Fax 59 02 63 95, 🌮 – 🛗 ⇔ ch 📺 ☎ 🔥
🚗 🅿. 🇬🇧
BV **m**
Repas snack carte 90 à 120 🎍 – 😅 30 – **31 ch** 260/280 – ½ P 220.

🏨 **Le Bourbon** sans rest, 12 pl. Clemenceau ℘ 59 27 53 12, Fax 59 82 90 99 – 🛗 📺 ☎.
🇬🇧
BY **d**
😅 35 – **33 ch** 260/290.

🏨 **Montpensier** sans rest, 36 r. Montpensier ℘ 59 27 42 72, Fax 59 27 70 95 – 🛗 ⇔ ch 📺
☎ 🅿. 🆎 ⓪ 🇬🇧
AY **h**
😅 33 – **22 ch** 210/350.

🏨 **Ibis** sans rest, 26 r. Samonzet ℘ 59 83 71 83, Télex 571439, Fax 59 83 82 51 – 🛗 ⇔ ch 📺
☎ 🔥 – 🔬 40. 🆎 ⓪ 🇬🇧
BY **a**
😅 35 – **60 ch** 295.

916

PAU

🏢 **Atlantic H.** sans rest, 222 av. J. Mermoz ✆ 59 32 38 24, Fax 59 62 40 24 – 📶 📺 ☎ 🚗
🅿 🖭 ⑩ ☺ᴮ
⌂ 30 – **30 ch** 150/220.   AV   **r**

🏢 **Corona,** 71 av. Mar. Leclerc ✆ 59 30 64 77, Fax 59 02 62 64 – ≡ rest 📺 ☎ 🅿 🖭
☺ᴮ   BV   **a**
Le Trespoey *(fermé 1ᵉʳ au 16 août, 20 déc. au 10 janv., vend. soir et sam.)* **Repas** 135/
165, enf. 40 – **La Rotonde** brasserie *(fermé dim.)* **Repas** carte 110 à 190 ♨, enf. 40 – ⌂ 28 –
20 ch 110/260 – ½ P 230/270.

🏢 **Central** sans rest, 15 r. L. Daran ✆ 59 27 72 75, Fax 59 27 33 28 – 📺 ☎. 🖭 ⑩ ☺ᴮ
⌂ 35 – **28 ch** 175/320.   BZ   **t**

🏵️ **Chez Pierre** (Casau), 16 r. L. Barthou ✆ 59 27 76 86, Fax 59 27 08 14 – 🖭 ⑩ ☺ᴮ 🔳
ferm sam. midi et dim. sauf fériés – **Repas** carte 250 à 390   BZ   **x**
Spéc. Assiette de filets de rougets, sole et langoustines à la fleur de thym. Pigeon ramier flambé au capucin, cuisses en
salmis (oct. à janv.). Grenadin de veau poêlé. **Vins** Jurançon sec, Madiran.

🏵️ **Le Viking** (David), 33 bd Tourasse ✆ 59 84 02 91 – 🅿. 🖭 ⑩ ☺ᴮ. 🛇   BV   **s**
fermé 1ᵉʳ au 15 août, vacances de fév., sam., dim. et fériés – **Repas** *(nombre de couverts
limité, prévenir)* 160 et carte 250 à 340
Spéc. Huîtres chaudes à la nantaise. Suprême de turbot au beurre aillé. Noisette d'agneau "Laurette". **Vins** Jurançon,
Madiran.

🍴🍴 **Fin Gourmet,** face gare ✆ 59 27 47 71, Fax 59 82 96 77, �╫ – 🖭 ⑩ ☺ᴮ   AZ   **v**
fermé lundi – **Repas** 85/160.

🍴🍴 **Pyrénées,** pl. Royale ✆ 59 27 07 75 – ≡. 🖭 ⑩ ☺ᴮ   AZ   **s**
fermé dim. – **Repas** 110/150 ♨.

🍴 **La Table d'Hôte,** 1 r. Hédan ✆ 59 27 56 06, �╫ – ☺ᴮ   AY   **k**
fermé vacances de Toussaint, sam. midi et dim. – **Repas** *(nombre de couverts limité,
prévenir)* 98/140, enf. 40.

🍴 **Brasserie Le Berry,** 4 r. Gachet ✆ 59 27 42 95, �╫ – ≡. ☺ᴮ   BZ   **u**
fermé 26 fév. au 8 mars – **Repas** carte 100 à 150 ♨.

par ① *près échangeur A 64, sortie 7 : 5 km –* ✉ **64000** Pau :

🏰 **Le Renaissance** Ⓜ, ✆ 59 80 20 51, Fax 59 80 27 80, 🌫 – ✼ ch. ≡ rest 📺 ☎ 🅿 –
🔬 40. 🖭 ⑩ ☺ᴮ
Repas *(fermé sam. midi et dim.)* 110/250 – ⌂ 50 – **36 ch** 370/470.

🏰 **Mercure** Ⓜ, ✆ 59 84 29 70, Télex 541852, Fax 59 84 56 11, 🌫, 🏊, – 📶 ✼ ch ≡ 📺 ☎ 🔥
→ 🅿 – 🔬 30 à 160. 🖭 ⑩ ☺ᴮ 🔳
Repas 80/130 bc, enf. 45 – ⌂ 55 – **88 ch** 540/570, 4 appart.

à Jurançon : 2 km – 7 538 h. – ✉ **64110** :

🍴🍴🍴 **Castel du Pont d'Oly** avec ch, 2 av. Rauski par ④ ✆ 59 06 13 40, Fax 59 06 10 53, 🌫,
🏊, 🌳 – 📺 ☎ 🅿. ☺ᴮ
Repas *(dîner seul. soir)* 165/395 et carte 250 à 360 – ⌂ 50 – **6 ch** 350/400 – ½ P 400.

🍴🍴🍴 **Ruffet,** 3 av. Ch. Touzet ✆ 59 06 25 13, cadre rustique – ☺ᴮ   AX   **e**
fermé août, dim. soir et lundi – **Repas** 100 et carte 230 à 320.

rte de Bayonne par ⑤ :

🏰 **Novotel** Ⓜ, à 6 km, centre commercial ✉ **64230** Lescar ✆ 59 32 17 32, Télex 570939,
Fax 59 32 34 98, 🌫, 🏊, 🌳 – ✼ ch ≡ 📺 ☎ 🔥 🅿 – 🔬 30 à 60. 🖭 ⑩ ☺ᴮ
Repas carte environ 150, enf. 50 – ⌂ 48 – **89 ch** 405.

🏢 **Le Mohédan** Ⓜ, à 5 km ✉ **64140** Lons ✆ 59 62 82 00, Fax 59 62 81 96, 🌫 – ≡ rest 📺
→ ☎ 🔥 🅿. 🖭 ⑩ ☺ᴮ
Repas 59 (déj.), 78/120 ♨, enf. 39 – ⌂ 30 – **41 ch** 260.

à Lescar par ⑤ *: 7,5 km – 5 793 h. –* ✉ **64230** :

🏢 **Bilaa** 🌿 sans rest, chemin de Lons : 1,5 km ✆ 59 81 03 00, Fax 59 81 15 24 – 📶 📺 ☎ 🅿.
🖭 ☺ᴮ
fermé 24 déc. au 5 janv. – ⌂ 30 – **80 ch** 180/240.

🏢 **La Terrasse,** 1 r. Maubec ✆ 59 81 02 34, Fax 59 81 08 77, 🌫 – 📺 ☎ 🔥 🅿 – 🔬 25.
→ ☺ᴮ
fermé 24 déc. au 3 janv. – **Repas** *(fermé sam. midi et dim.)* 80/200 ♨ – ⌂ 25 –
24 ch 245/275 – ½ P 215.

rte de Bordeaux par ⑥ *: 4 km –* ✉ **64000** Pau :

🏢 **Climat de France** Ⓜ, centre commercial ✆ 59 72 74 00, Fax 59 72 74 01, 🌫 – 📶 ≡ rest
→ 📺 ☎ 🔥 🅿 – 🔬 30 à 50. 🖭 ☺ᴮ
Repas 59/105 ♨, enf. 39 – ⌂ 34 – **58 ch** 285.

🏢 **Trinquet** sans rest, 66 av. D. Daurat ✆ 59 62 71 23, Fax 59 92 04 51, 🛀, ✂ – 📶 📺 ☎ 🔥
🚗 🅿 – 🔬 40. 🖭 ⑩ ☺ᴮ
⌂ 31 – **32 ch** 240/270.

MICHELIN, Agence régionale, av. Lavoisier, ZI Induspal à Lons par ⑤ ✆ 59 32 56 33

ALFA ROMEO, FIAT Navarre Auto, rte de Bayonne
à Lescar ✆ 59 81 06 28 🅽 ✆ 05 05 34 28
BMW Gar. Bochet, ZA r. B. Palissy à Lescar
✆ 59 81 18 00
CITROEN Gar. Domingue, Rte de Tarbes BV
✆ 59 02 75 18
CITROEN Gar. Brandam, à Jurançon ✆ 59 06 16 04
CITROEN Gar. Domingue, 11 r. des Entrepreneurs
à Billère ✆ 59 62 83 73
FORD Gar. Petit, rte de Bayonne à Lescar
✆ 59 81 30 00
FORD Gar. Petit, rte de Morlaas ✆ 59 80 79 00
MERCEDES SOPAVIA, 108 rte de Bayonne à Lons
✆ 59 62 64 64 🅽 ✆ 05 24 24 30
NISSAN Sud Auto, ZA N 117 à Lescar
✆ 59 81 29 08
PEUGEOT Gar. Dubroca, à Jurançon ✆ 59 06 06 52
RENAULT Gar. P.P.D.A., Rte de Tarbes par ②
✆ 59 92 77 77 🅽 ✆ 05 05 15 15
RENAULT Gar. Bordeau-Lamiou, à Jurançon
✆ 59 06 22 83

RENAULT Gar. des Lilas, 19 av. des Lilas
✆ 59 02 88 11
RENAULT Gar. Barat, rte de Gan à Jurançon par ④
✆ 59 06 22 09
RENAULT Gar. Layus, 284 bd Cami Salie par ①
✆ 59 02 65 14
RENAULT Gar. PPDA, Av. Santos Dumont à Lescar
✆ 59 62 36 44
VOLVO Gar. Davan, 12 bd Corps-Franc-Pommiès
✆ 59 02 70 20

🅦 Baudorre, 171 av. J.-Mermoz à Lons
✆ 59 32 43 85
Dours Pneus Point S, Rd-Pt Bilaa, N 117 à Lescar
✆ 59 81 22 32
Euromaster, 3 r. Chènes à Billère ✆ 59 32 42 99
Euromaster, 31 r. Carnot ✆ 59 30 30 68
Manaute, r. J.-Zay Parc Activités ✆ 59 30 58 50

PAUILLAC 33250 Gironde **71** ⑦ G. Pyrénées Aquitaine – 5 670 h alt. 5.

Voir château Mouton Rothschild★ : musée★★ NO : 2 km.

🅱 Office de Tourisme la Verrerie ✆ 56 59 03 08, Fax 56 59 23 38.

Paris 557 – ◆Bordeaux 54 – Arcachon 116 – Blaye 14 – Lesparre-Médoc 20.

🏰 **Château Cordeillan Bages** Ⓜ ৯, ✆ 56 59 24 24, Télex 573050, Fax 56 59 01 89, 🛋 –
🔄 📺 ☎ 🅿. 🆎 ⓪ 🆖
hôtel : 1ᵉʳ mars-30 nov. – **Repas** (fermé 15/12 au 1/2, dim. soir et lundi du 1/11 au 1/5, sam.
midi, dim. soir et lundi midi du 1/5 au 31/10) 180 bc/380 – 🖃 90 – **25 ch** 830/900 –
½ P 710/840.

🏨 **France et Angleterre** Ⓜ, 3 quai A. Pichon ✆ 56 59 01 20, Fax 56 59 02 31, 🏤 – 🔄 📺 ☎
– 🔏 25. 🆎 🆖 🇯🇨🇧
fermé 20 déc. au 10 janv. – **Repas** (fermé dim. soir et lundi d'oct. à avril) 90/290, enf. 45 –
🖃 33 – **29 ch** 300/350 – ½ P 250.

Pour les grands voyages d'affaires ou de tourisme,
Guide Rouge MICHELIN : Main Cities EUROPE.

La PAULINE 83 Var **84** ⑮ – rattaché à Toulon.

PAULX 44270 Loire-Atl. **67** ② – 1 311 h alt. 17.

Paris 421 – ◆Nantes 39 – La Roche-sur-Yon 47 – Challans 17 – Saint-Nazaire 61.

🍴🍴 **Voyageurs**, pl. Église ✆ 40 26 02 76, Fax 40 26 02 77 – 🆎 ⓪ 🆖
fermé vacances de fév., dim. soir et mardi sauf juil.-août – **Repas** 115/260, enf. 85.

PAYRAC 46350 Lot **75** ⑱ – 492 h alt. 320.

Paris 536 – Cahors 48 – Sarlat-la-Canéda 31 – Bergerac 103 – Brive-la-Gaillarde 51 – Figeac 62 – Périgueux 101.

🏠 **Host. de la Paix**, ✆ 65 37 95 15, Fax 65 37 90 37, 🌊 – 📺 ☎ 🕭 🅿 – 🔏 25. 🆎 🆖
↝ fermé 2 janv. au 18 fév. – **Repas** 70/150 🍷, enf. 27 – 🖃 28 – **50 ch** 270/320 – ½ P 279.

PÉAULE 56130 Morbihan **63** ⑭ – 2 188 h alt. 89.

Paris 437 – Ploërmel 47 – Redon 26 – La Roche-Bernard 10 – Vannes 36.

🏠 **Armor Vilaine**, pl. Église ✆ 97 42 91 03, Fax 97 42 82 27 – 📺 ☎. 🆎 🆖
↝ fermé 15 au 30 nov., vacances de fév., dim. soir et lundi sauf juil.-août et fériés –
Repas 65/230 – 🖃 40 – **21 ch** 190/270 – ½ P 235/285.

PÉGOMAS 06580 Alpes-Mar. **84** ⑧ **114** ㉖ **115** ㉞ – 4 618 h alt. 22.

Paris 902 – Cannes 10 – Draguignan 59 – Grasse 9,5 – ◆Nice 39 – St-Raphaël 38.

🍴 **L'Écluse**, au bord de la Siagne, O : 1,5 km par VO ✆ 93 42 22 55, ≼, 🏤 – ⓪ 🆖
fermé 15 oct. au 15 nov., 15 au 31 janv., dim. soir et lundi du 1ᵉʳ oct. au 30 avril –
Repas 98/155, enf. 40.

à St-Jean SE : 2 km par D 9 – ✉ 06550 La Roquette-sur-Siagne :

🏠 **Chasseurs** sans rest, ✆ 93 47 19 96 – 🔄 cuisinette 📺 ☎ 🅿. ⌘
🖃 35 – **17 ch** 200/240, 3 studios.

PEILLAC 56220 Morbihan **63** ⑤ – 1 694 h alt. 65.

Paris 415 – Redon 14 – ◆Rennes 73 – Vannes 44.

🏠 **Chez Antoine**, ✆ 99 91 24 43, 🛋 – ☎ 🅿. 🆎 🆖
↝ fermé fév. – **Repas** (fermé dim. soir et lundi) 65/168 🍷 – 🖃 28 – **12 ch** 170/205 – ½ P 250.

PEILLE 06440 Alpes-Mar. 84 ⑲ G. Côte d'Azur – 1 836 h alt. 630.

Voir Le bourg★ – Monument aux morts ≤★.

🛈 Syndicat d'Initiative - Mairie ℘ 93 79 90 32.

Paris 958 – Monaco 18 – L'Escarène 14 – Menton 26 – ♦Nice 27 – Sospel 35.

　　✗　**Aub. du Seuillet**, S : 2,5 km par D 53 ℘ 93 41 17 39, 🌣 – **ⓟ**. **GB**
　　　　fermé juil. et merc. – **Repas** 118/166.

PEILLON 06440 Alpes-Mar. 84 ⑩ 115 ㉗ G. Côte d'Azur – 1 139 h alt. 376.

Voir Village★ – Fresques★ dans la chapelle des Pénitents Blancs.

🛈 Syndicat d'Initiative - Mairie ℘ 93 79 91 04.

Paris 953 – Monaco 27 – Contes 12 – L'Escarène 13 – Menton 36 – ♦Nice 19 – Sospel 35.

　　🏨　**Aub. de la Madone** ⌂, ℘ 93 79 91 17, Fax 93 79 99 36, ≤, 🌣, « Au pied d'un village
　　　　pittoresque, jardin et terrasse fleurie », ✗ – ⌂ ch **☎ ⓟ**. **GB**. ✗ ch
　　　　fermé 20 oct. au 20 déc., 7 au 24 janv. et merc. – **Repas** 130 (déj.), 160/320 – ☲ 52 –
　　　　20 ch 420/780 – ½ P 450/680.

PEISEY-NANCROIX 73210 Savoie 74 ⑱ G. Alpes du Nord – 521 h alt. 1 300 – ✉ 73210 Aime.

🛈 Office de Tourisme ℘ 79 07 94 28, Fax 79 07 95 34.

Paris 637 – Albertville 55 – Bourg-St-Maurice 15.

　　🏨　**Vanoise** ⌂, à Plan Peisey : 4 km ℘ 79 07 92 19, Fax 79 07 97 48, ≤, 🌣, ⌁ (été) – 📺 ☎
　　　　ⓟ. **AE GB**
　　　　20 juin-10 sept. et 20 déc.-30 avril – **Repas** 89/98, enf. 50 – ☲ 35 – **34 ch** 260/320 –
　　　　½ P 280/310.

　　✗　**L'Ancolie**, à Nancroix SE : 2 km ℘ 79 07 93 20, 🌣 – **GB**
　　　　25 juin-15 sept., 20 déc.-2 mai et fermé lundi en hiver – **Repas** (prévenir) 125/195.

☞ *Les pastilles numérotées des plans de ville ①, ②, ③*
　sont répétées sur les cartes Michelin à 1/200 000.

Elles facilitent ainsi le passage entre les cartes et les guides Michelin.

PÉLUSSIN 42410 Loire 76 ⑩ G. Vallée du Rhône – 3 132 h alt. 410.

Paris 513 – ♦St-Étienne 39 – Annonay 30 – Tournon-sur-Rhône 56 – Vienne 23.

　　✗✗　**de l'Ancienne Gare** avec ch, ℘ 74 87 61 51, Fax 74 87 63 96, 🌣 – ⓰ rest 📺 ☎. **GB**.
　　　　✗ rest
　　　　fermé 13 au 19 juil., vacances de fév., dim. soir et sam. hors sais. – **Repas** 98/250, enf. 60 –
　　　　☲ 28 – **7 ch** 160/350 – ½ P 210/280.

PELVOUX (Commune de) 05340 H.-Alpes 77 ⑰ G. Alpes du Sud – 335 h – Sports d'hiver : 1 250/2 300 m
✓6.

Voir Route des Choulières : ≤★★ E.

Paris 709 – Briançon 23 – L'Argentière-la-Bessée 12 – Gap 85 – Guillestre 32.

　　　Le Sarret :

　　🏨　**La Condamine** ⌂, ℘ 92 23 35 48, Fax 92 23 49 71, ≤, 🍴 – ☎ ⓟ. **AE GB**. ✗ rest
　　✦　*1ᵉʳ juin-15 sept. et 20 déc.-30 mars* – **Repas** 75/150 – ☲ 36 – **19 ch** 180/260 – ½ P 250.

　　　Ailefroide – alt. 1 510 :

　　　Voir Pré de Madame Carle : paysage★★ NO : 6 km.

　　🏨　**Chalet H. Rolland** ⌂, ℘ 92 23 32 01, Fax 92 23 49 97, ≤, 🌣, 🍴 – ☎ ⓟ. **GB**. ✗ rest
　　　　15 juin-15 sept. – **Repas** 75 (déj.), 90/150 ⓵, enf. 50 – ☲ 32 – **26 ch** 250 – ½ P 230.

PÉNESTIN 56760 Morbihan 63 ⑭ – 1 394 h alt. 20.

Voir Pointe du Bile ≤★ S : 5 km, G. Bretagne.

🛈 Office de Tourisme r. de Tremer ℘ 99 90 37 74, Fax 99 90 47 08.

Paris 457 – Nantes 85 – La Baule 32 – La Roche-Bernard 18 – St-Nazaire 40 – Vannes 46.

　　🏨　**Loscolo** Ⓜ ⌂, Pointe de Loscolo SO : 4 km ℘ 99 90 31 90, Fax 99 90 32 14, ≤, 🌣, 🍴 –
　　　　⓰ rest 📺 🛁 ⓟ. **GB**
　　　　14 avril-2 nov. – **Repas** 150/380 – ☲ 55 – **16 ch** 340/540 – ½ P 365/375.

　　🏨　**Cynthia** sans rest, Plage de la Mine d'Or SO : 2,5 km ℘ 99 90 33 05, Fax 99 90 43 56 – 📺
　　　　☎ ⓟ. **GB**
　　　　fermé 1ᵉʳ fév. au 1ᵉʳ mars – ☲ 35 – **10 ch** 270.

PENHORS 29 Finistère 58 ⑭ – rattaché à Pouldreuzic.

PEN-LAN (Pointe de) 56 Morbihan 63 ⑭ – rattaché à Muzillac.

PENNE-D'AGENAIS 47 L.-et-G. 79 ⑥ – rattaché à Villeneuve-sur-Lot.

PENNEDEPIE 14 Calvados 55 ③ – rattaché à Honfleur.

PENVÉNAN **22710** C.-d'Armor 59 ① – 2 489 h alt. 70.

Paris 510 – St-Brieuc 59 – Guingamp 32 – Lannion 18 – Perros-Guirec 16 – La Roche-Derrien 9 – Tréguier 7,5.

X **Crustacé** avec ch, ✆ 96 92 67 46 – GB
hôtel : 1er avril-11 oct. et fermé mardi soir et merc. sauf juil.-août et fériés – **Repas** *(fermé 11 au 29 oct., 10 janv. au 10 fév., mardi soir et merc. sauf juil.-août et fériés)* 82/310, enf. 48 – ☕ 30 – **6 ch** 170 – 1/2 P 215.

RENAULT Gar. Henry, ✆ 96 92 65 22

PENVINS **56** Morbihan 63 ⑬ – rattaché à Sarzeau.

PÉRIGNAC **17** Char.-Mar. 71 ⑤ – rattaché à Pons.

PÉRIGNAT-LÈS-SARLIÈVE **63** P.-de-D. 73 ⑭ – rattaché à Clermont-Ferrand.

PÉRIGNY **86** Vienne 68 ⑬ – rattaché à Poitiers.

PÉRIGUEUX P **24000** Dordogne 75 ⑤ **G. Périgord Quercy** – 30 280 h alt. 86.

Voir Cathédrale St-Front★ : retable★★ dans l'abside BZ – Église St-Étienne de la Cité★ AZ **K** – Quartier du Puy St-Front★ : rue Limogeanne★ BY, escalier★ de la maison Lajoubertie BY **E** – Galerie Daumesnil★ face au n° 3 de la rue Limogeanne YZ 38 – Musée du Périgord★ BY **M**1.

18 ✆ 53 53 02 35, par ⑤ : 5 km.

ℹ Office de Tourisme 26 pl. Francheville ✆ 53 53 10 63, Fax 53 09 02 50 - A.C. 14 r. Wilson ✆ 53 53 35 19, Fax 53 53 56 76.

Paris 494 ① – Agen 139 ③ – Albi 231 ② – Angoulème 87 ⑤ – ♦Bordeaux 128 ④ – Brive-la-Gaillarde 74 ② – ♦Limoges 94 ① – Pau 264 ③ – Poitiers 195 ⑤ – ♦Toulouse 254 ②.

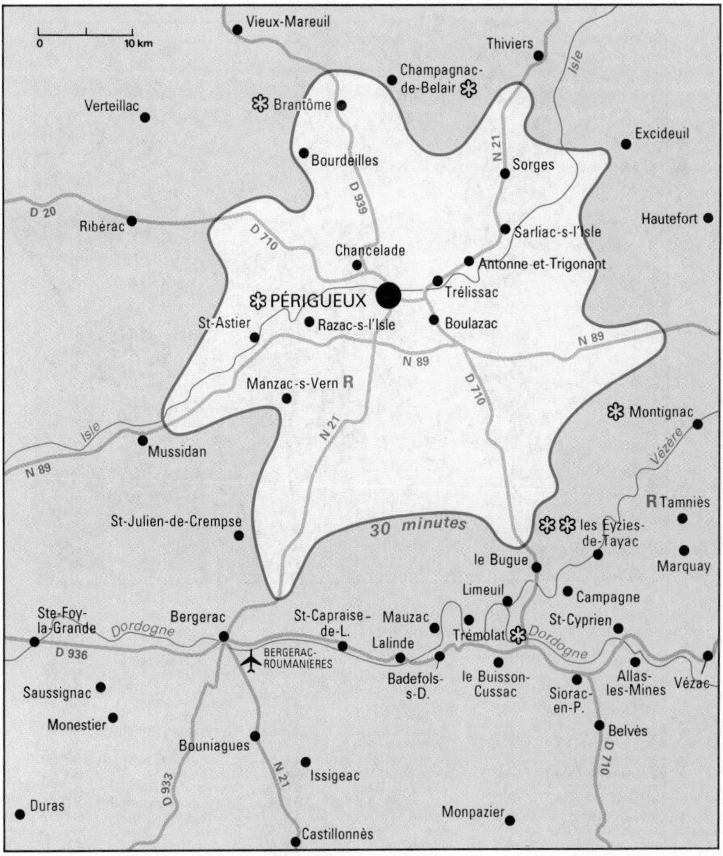

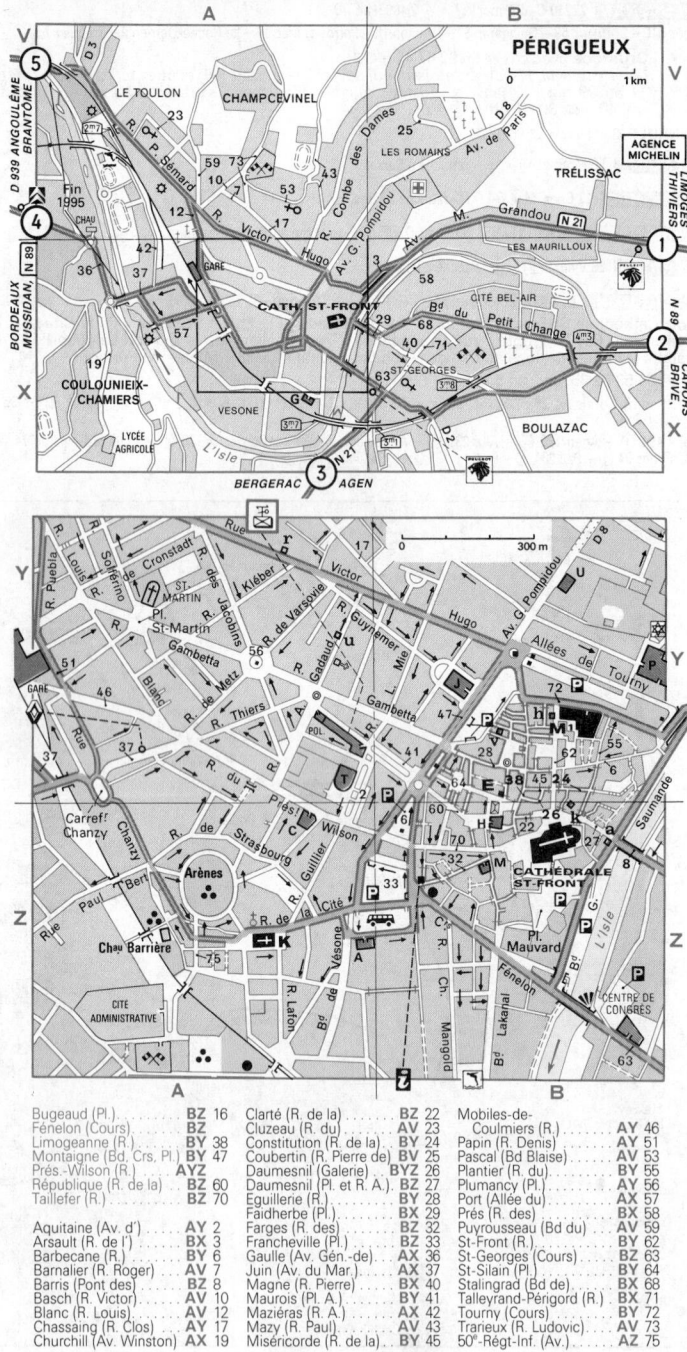

PÉRIGUEUX

🏨 **Bristol** sans rest, 37 r. A. Gadaud 𝒫 53 08 75 90, Fax 53 07 00 49 – 🛗 🗏 ⬚ ☎ 🅿 ፲፱ ⓪
GB   AY **u**
🖵 36 – **29 ch** 270/370.

🏨 **Périgord**, 74 r. V. Hugo 𝒫 53 53 33 63, 🍽 , 🌳 – 📺 ☎ – 🏊 30. GB ᴊᴄʙ, 🍴 ch   AY **r**
fermé 15 oct. au 3 nov., dim. soir et sam. sauf hôtel de mars à sept. – **Repas** 70 (déj.), 90/
168 🍷, enf. 50 – 🖵 33 – **20 ch** 190/290 – ½ P 235/250.

🏨 **Ibis** M, 8 bd Saumade 𝒫 53 53 64 58, Fax 53 07 51 79, 🍽 – 🛗 ⇋ ch 📺 ☎. ፲፱ GB
Repas 97 bc, enf. 40 – 🖵 35 – **89 ch** 280/310.   BZ **a**

🟡🟡🟡 ❀ **L'Oison** (Chiorozas), 31 r. St-Front 𝒫 53 09 84 02, Fax 53 03 27 94 – 🗏. ፲፱ ⓪ GB ᴊᴄʙ
fermé 1er au 14 juil., 15 au 29 fév., dim. soir et lundi – **Repas** (nombre de couverts limité,
prévenir) 180/350 et carte 310 à 390   BY **h**
Spéc. Foie gras de canard mi-cuit. Duo de homard et poissons. Gibier (saison). Vins Bergerac, Pécharmant.

🟡🟡🟡 **Tournepiche**, 2 r. Nation 𝒫 53 08 90 76, Fax 53 04 29 63, « Salle du 18ᵉ siècle » – 🗏. ፲፱
GB   BYZ **k**
fermé 24 déc. au 3 janv., lundi soir et dim. – **Repas** 130/295 et carte 220 à 315.

🟡🟡 **La Flambée**, 2 r. Montaigne 𝒫 53 53 23 06 – GB   BY **v**
fermé dim. et fériés – **Repas** 110.

à *Trélissac* par ① : 5 km – ✉ 24750 :

🏨 **Climat de France**, 𝒫 53 04 36 36, Fax 53 54 08 97, 🍽 – 📺 ☎ & 🅿 – 🏊 60. GB
Repas 86/135 🍷, enf. 39 – 🖵 34 – **62 ch** 278.

à *Antonne-et-Trigonant* par ① : 10,5 km – ✉ 24420 :

Voir Architecture intérieure★ du château des Bories NE : 2 km.

🏨 **Host. L'Écluse** ॐ, 𝒫 53 06 00 04, Fax 53 06 06 39, « Dans un parc au bord de l'Isle »,
🏊 – 🛗 📺 ☎ 🅿 – 🏊 120. GB
fermé janv. – **Repas** 90 bc (déj.), 120/200 🍷, enf. 50 – 🖵 35 – **41 ch** 250/290, 4 appart –
½ P 265/360.

à *Boulazac* par ② : 4 km – 5 996 h. – ✉ 24000 :

🏨 **Campanile**, espace Agora 𝒫 53 09 00 02, Fax 53 09 03 95, 🍽 – ⇋ ch 📺 ☎ & 🅿 –
🏊 40. ፲፱ ⓪ GB
Repas 82 bc/105 bc, enf. 39 – 🖵 30 – **37 ch** 270.

à *Chancelade* par ⑤, D 710 et D 1 : 5,5 km – ✉ 24650 :

Voir Abbaye★.

🏨🏨 **Château des Reynats** ॐ, 𝒫 53 03 53 59, Fax 53 03 44 84, parc, 🏊, 🍴 – 🛗 📺 ☎ & 🅿
– 🏊 80. ፲፱ ⓪ GB ᴊᴄʙ
Repas 130/290 – 🖵 45 – **32 ch** 450/590, 5 appart – ½ P 410/450.

à *Razac-sur-l'Isle* par ⑤, D 939, D 710 et D 3 : 14 km – ✉ 24430 :

🏨 **Château de Lalande** ॐ, 𝒫 53 54 52 30, Fax 53 07 46 67, 🍽 , parc, 🏊 – ☎ 🅿 – 🏊 25.
፲፱ ⓪ GB
15 mars-15 nov. – **Repas** (fermé merc. midi hors sais.) 98/300, enf. 45 – 🖵 38 – **22 ch**
250/450 – ½ P 300/400.

MICHELIN, Agence, av. Grandon à Trélissac par ① 𝒫 53 03 98 13

BMW Gar. Jessus, 46 r. Chanzy 𝒫 53 08 99 30
CITROEN S.O.V.R.A., 74 av. Gén.-de-Gaulle
à Chamiers 𝒫 53 08 31 02 N 𝒫 53 02 70 15
CITROEN Gar. Deluc, rte de Limoges à Trélissac
par ① 𝒫 53 02 70 10 N 𝒫 53 02 70 10
FIAT, LANCIA Gar. Rebière, 228 av. Grandou
à Trélissac 𝒫 53 35 76 20
HONDA Gar. Borie, 156 av. Mar.-Juin
𝒫 53 53 60 16
MERCEDES, TOYOTA Gar. Magot, 192 rte de Lyon
𝒫 53 02 34 34
PEUGEOT Gar. Brout, 18 cours St-Georges
𝒫 53 08 28 55 N 𝒫 53 03 08 83
PEUGEOT Gar. Serreau, 202 av. de Limoges
à Trélissac par ① 𝒫 53 09 42 42 N 𝒫 53 03 09 49
RENAULT Gar. Sarda, rte de Limoges à Trélissac
par ① 𝒫 53 02 41 41 N 𝒫 53 03 05 14

RENAULT S.A.R.D.A., 74 av. Mar.-Juin
𝒫 53 53 43 43 N 𝒫 53 03 05 14
ROVER Gar. Pradier, 5 r. A.-Gadaud 𝒫 53 53 53 94
VOLVO Gar. BG Sport, rte de Bordeaux à Marsac
𝒫 53 03 96 52

🚗 Barrier, N 21 Les Jalots à Trélissac 𝒫 53 53 54 17
Distripneus, rte de Bordeaux à Marsac-sur-l'Isle
𝒫 53 04 13 48
Fontana Pneus, 4 bis av. H.-Barbusse
𝒫 53 08 80 47
Périgord Pneus Point S, à Trélissac 𝒫 53 54 41 27 N
𝒫 53 04 36 54
Réparpneu, ZAE av. L.-Suder à Marsac
𝒫 53 04 95 52
Réparpneu, 18 r. Gambetta 𝒫 53 53 44 14
Réparpneu, 145 bd Petit Change 𝒫 53 53 46 83

PERNES-LES-FONTAINES 84210 Vaucluse 🖽 ⑫ G. Provence (plan) – 8 304 h alt. 90.

Voir Porte Notre-Dame★.

🛈 Office de Tourisme pl. du Comtat Venaissin 𝒫 90 61 31 04.

Paris 684 – Avignon 24 – Apt 43 – Carpentras 6 – Cavaillon 19.

🏨 **L'Hermitage** ॐ sans rest, rte Carpentras : 2 km 𝒫 90 66 51 41, Fax 90 61 36 41, parc,
🏊 – 📺 ☎ 🅿 – 🏊 25. ፲፱ ⓪ GB
🖵 45 – **20 ch** 400/430.

PÉRONNE <SP> **80200** Somme **53** ⑬ **G. Flandres Artois Picardie** – 8 497 h alt. 56.

Voir Historial de la Grande Guerre*.

🅸 Office de Tourisme pl. du Château ✆ 22 84 42 38.

Paris 140 ② – St-Quentin 30 ① – ♦Amiens 51 ② – Arras 47 ① – Doullens 55 ③.

PÉRONNE

Daudré (Pl. du Cdt) 9
Gare (Av. de la) . . . .
St-Sauveur (R.) 22

Ancien Collège (R. de l') 2
Anglais (Bd des) . . . .
Béranger (R.) . . . .
Bouchers (R. des) 4
Boulanger (Av. Ch.) . . . .
Caisse-d'Épargne (R. de la) 5
Chanoines (R. des) 7
Clemenceau (R. G.) . . . .
Danicourt (Av.) . . . .
Hugo (R. V.) . . . .
Mermoz (R. J.) . . . .
Noir-Lion (R. du) 14
Pasteur (R.) 17
Poilu (Bd du) . . . .
République (Av. de la) . . . . . .
St-Fursy (R.) . . . .
St-Jean (R.) 18
St-Quentin-Capelle (R.) 21
Tourelles (R. des) . . . .
Verne (R. J.) . . . .

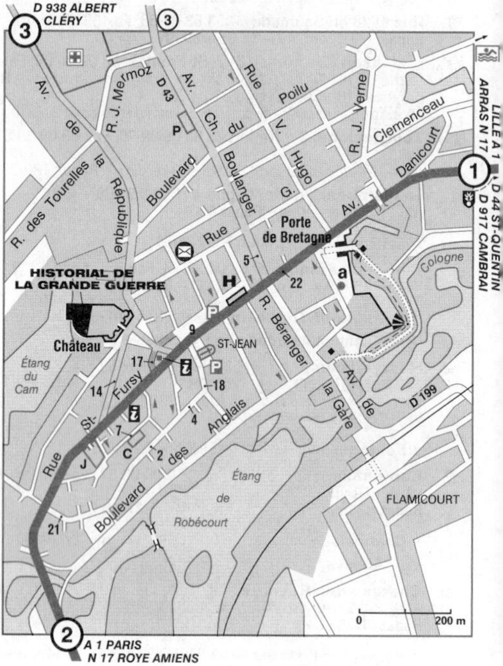

Les rues sont sélectionnées en fonction de leur importance pour la circulation et le repérage des établissements cités. Les rues secondaires ne sont qu'amorcées.

XX **La Quenouille,** 4 av. Australiens N 17 par ① ✆ 22 84 00 62, 🏞, 🌳 – 🅿. AE GB
fermé dim. soir et lundi – **Repas** 95/175.

XX **Host. des Remparts** avec ch, 21 r. Beaubois **(a)** ✆ 22 84 01 22, Fax 22 84 31 96, 🏞 – TV ☎ 🚗 – 🎤 30. AE ⓓ GB
Repas 79/249 – ☕ 35 – **16 ch** 180/320 – ½ P 200/275.

à Rancourt par ① et N 17 : 10 km – ✉ **80360** :

🏨 **Le Prieuré** M, ✆ 22 85 04 43, Fax 22 85 06 69 – TV ☎ 🅿 – 🎤 30. GB
Repas 65/250 🍷 – ☕ 28 – **26 ch** 260/290 – ½ P 210.

rte de Paris par ② : 3 km – ✉ **80200** Péronne :

🏨 **Campanile,** ✆ 22 84 22 22, Fax 22 84 16 86, 🏞 – ⚡ ch TV ☎ ♿ 🅿 – 🎤 25. AE ⓓ GB
Repas 82 bc/105 bc, enf. 39 – ☕ 30 – **40 ch** 270.

Aire d'Assevillers sur A 1 par ② et D 164^{E} : 9 km – ✉ **80200** Péronne :

🏨 **Mercure** M, ✆ 22 84 12 76, Fax 22 85 28 92, 🏞 – 🛗 ⚡ ch ▤ TV ☎ 🅿 – 🎤 40 à 100. AE ⓓ GB
Repas carte environ 160 🍷, enf. 49 – ☕ 52 – **85 ch** 290/495.

CITROEN Gar. de Picardie, av. des Australiens, Mont-St-Quentin par ① ✆ 22 84 00 34
MAZDA, OPEL Gar. du Château, 6 fg de Paris ✆ 22 84 16 56

RENAULT Péronne Autos., rte de Roisel par ① puis D 6 ✆ 22 83 50 00 🅽 ✆ 22 83 71 41

Ⓜ Euromaster, 29 fg de Bretagne ✆ 22 84 29 41

PÉROUGES **01800** Ain **74** ② ③ **G. Vallée du Rhône** (plan) – 851 h alt. 290.

Voir Cité** : place de la Halle***.

🅸 Syndicat d'Initiative Maison des Princes ✆ 74 61 00 88.

Paris 473 – ♦Lyon 36 – Bourg-en-Bresse 37 – St-André-de-Corcy 19 – Villefranche-sur-Saône 41.

Ostellerie du Vieux Pérouges ⌂, ☎ 74 61 00 88, Fax 74 34 77 90, « Intérieur vieux bressan », ☞ – ☎ ⇔ ℗ – ⚓ 25. ☒
Repas 180/390, enf. 95 – ☲ 60 – **15 ch** 700/950.

Annexe – **Repas** voir ci-dessus – **13 ch** 390/580.

PERPIGNAN ℗ 66000 Pyr.-Or. ⑧⑥ ⑲ G. Pyrénées Roussillon – 105 983 h alt. 37.

Voir Le Castillet★ BY – Loge de mer★ BY **E** – Hôtel de Ville★ BY **H** – Cathédrale★ BCY – Palais des Rois de Majorque★ BCZ – Musée numismatique Joseph-Puig★ AY – Cabestany : tympan★ de l'église SE : 4 km par D 22 CZ.

🏌 🏌 de Saint-Cyprien ℘ 68 21 01 71, par ③ : 15 km.

✈ de Perpignan-Rivesaltes : ℘ 68 52 60 70, par ① : 6 km.

🛈 Office de Tourisme et Accueil de France - Palais des Congrès, pl. A. Lanoux ℘ 68 66 30 30, Télex 500500, Fax 68 66 30 26 - Comité Départemental du Tourisme Pyrénées Roussillon 7 quai de Lattre-de-Tassigny ℘ 68 34 29 94, Télex 500776 – A.C. du Roussillon, 47 bd Clémenceau ℘ 68 34 30 22, Fax 68 34 95 51.

Paris 864 ① – Andorra la Vella 168 ⑥ – Béziers 94 ① – ✦Montpellier 153 ① – ✦Toulouse 206 ①.

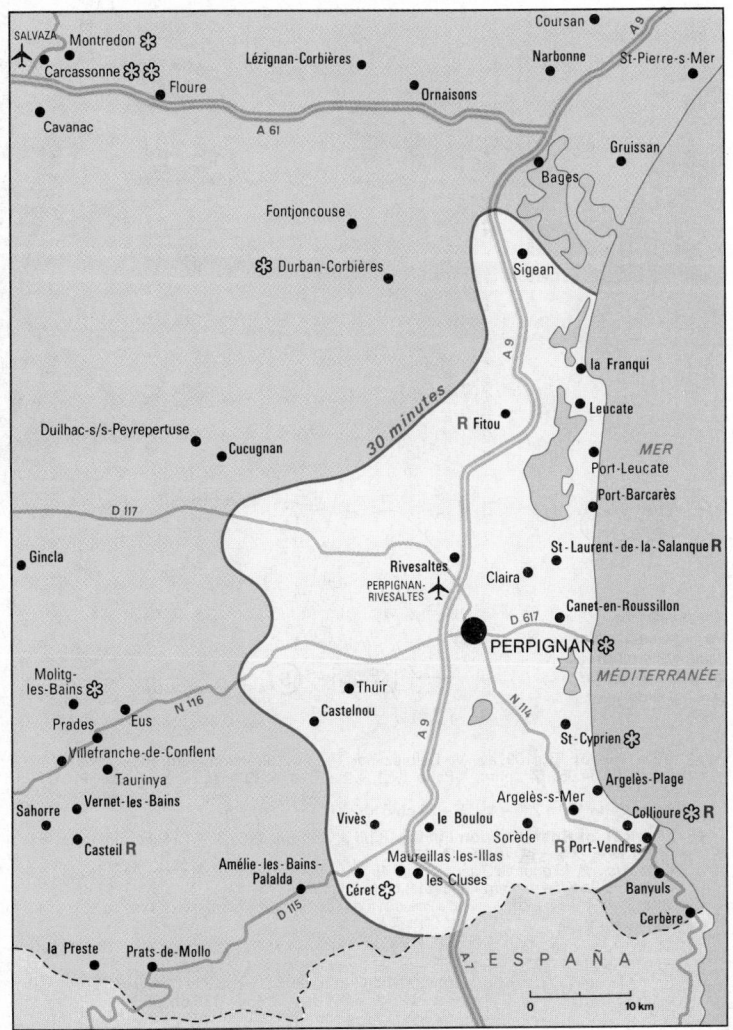

PERPIGNAN

Les principales voies commerçantes figurent en rouge au début de la liste des plans de villes.

🏨 **Villa Duflot** M, 109 av. V. Dalbiez par ④ puis direction autoroute ✆ 68 56 67 67, Fax 68 56 54 05, 🍴, parc, « Patio », 🏊 – 🗐 📺 ☎ 🕭 🅿 – 🔬 50 à 100. 🖭 ⓪ 🖼 🕸 ch
Repas carte 170 à 260 – 🞱 55 – **24 ch** 540/740 – ½ P 500/600.

🏨 ✿ **Park H. et Rest. Chapon Fin** M, 18 bd J. Bourrat ✆ 68 35 14 14, Fax 68 35 48 18 – 🛗 🗐 📺 ☎ 🕭 🚗 – 🔬 70. 🖭 ⓪ 🖼   CY **y**
Repas *(fermé 13 août au 3 sept., 1er au 15 janv. et dim.)* 180/450 et carte 285 à 380, enf. 90 – *Bistrot du Park (fermé dim.)* **Repas** 98 bc (déj.) et carte environ 200 – 🞱 40 – **67 ch** 260/500
Spéc. Salade de Saint-Jacques grillées au mesclun (oct. à mars). Tête de porc mijotée à la catalane. Homard rôti en coque, pennes aux truffes. **Vins** Collioure, Côtes du Roussillon.

🏨 **Mas des Arcades** M, par ④ : 2 km sur N 9 ✆ 68 85 11 11, Télex 500176, Fax 68 85 21 41, 🍴, 🏊, 🐎, 🎾 – 🛗 🗐 📺 ☎ 🕭 🅿 – 🔬 200. 🖼 🕸
Relais Jacques 1er (fermé dim. soir et lundi) **Repas** 150/290, enf. 85 – *L'Aquarium (fermé dim. midi et sam. d'oct. à juin)* **Repas** 95 🖋, enf. 48 – 🞱 45 – **135 ch** 366/486, 3 appart – ½ P 266/326.

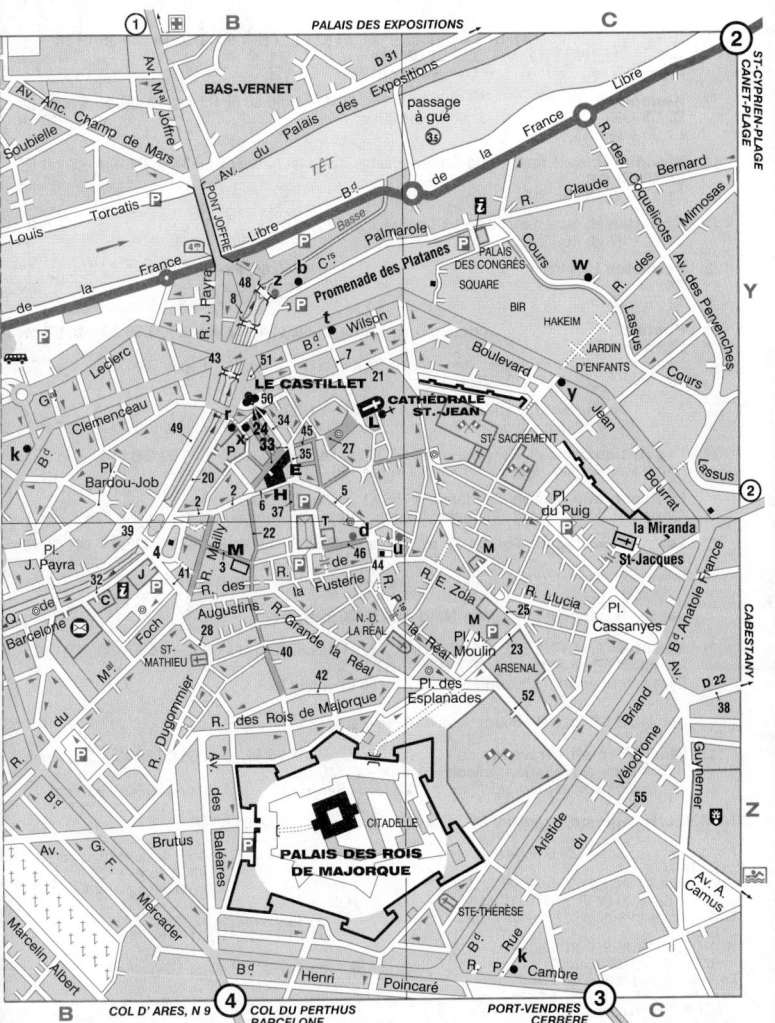

BAS-VERNET

passage
à gué

PALAIS
DES CONGRÈS
SQUARE

LE CASTILLET

**CATHÉDRALE
ST. JEAN**

ST SACREMENT

Pl.
du Puig

la Miranda
St-Jacques

Pl.
Cassanyes

ARSENAL

Pl. des
Esplanades

**PALAIS DES ROIS
DE MAJORQUE**

CITADELLE

STE-THÉRÈSE

🏠 **Mercure** Ⓜ, 5 cours Palmarole ℰ 68 35 67 66, Télex 506196, Fax 68 35 58 13, 🍴 – 📳
🍽 ch 🗏 📺 ☎ 🚲 ⇔ – 🏛 50. 🗛 ⑩ GB ⌸
BY **b**
En Haut de l'Escalier (fermé sam. et dim.) **Repas** 90/200 ⅛, enf. 35 – ☲ 55 – **55 ch** 410/440,
5 duplex.

🏠 **Windsor** sans rest, 8 bd Wilson ℰ 68 51 18 65, Fax 68 51 01 00 – 📳 📺 ☎ – 🏛 50.
GB
BY **t**
☲ 45 – **51 ch** 250/470, 5 appart.

🏠 **New Christina** Ⓜ, 51 cours Lassus ℰ 68 35 12 21, Fax 68 35 67 01, 🏊 – 📳 🗏 📺 ☎ 🚲
⇔. GB
CY **w**
Repas 95 bc, enf. 50 – ☲ 32 – **25 ch** 350/360 – ½ P 290.

🏠 **France et rest. l'Echanson,** 16 quai Sadi-Carnot ℰ 68 34 92 81, Fax 68 34 26 01 – 📳
🗏 rest 📺 ☎ – 🏛 50. 🗛 GB ⌸
BY **r**
fermé 25 juin au 25 juil., sam. soir et dim. de juin à sept. – **Repas** 100/170 ⅛ – ☲ 37,
30 ch 200/400, 4 appart.

927

🏨 **Ibis** Ⓜ, 16 cours Lazare Escarguel ℰ 68 35 62 62, Télex 506270, Fax 68 35 13 38 – |≡|
↳ ch ▤ 📺 ☎ ❧ ❷ – 🖄 250. 🆎 ⓞ ⒼⒷ   AY **a**
Repas 97 bc/120, enf. 40 – ⍺ 35 – **100 ch** 365.

🏨 **Kennedy** Ⓜ sans rest, 9 av. P. Cambre ⊠ 66100 ℰ 68 50 60 02 – |≡| ▤ 📺 ☎ ❧ ⇐ ❷.
🆎 ⓞ ⒼⒷ   CZ **k**
⍺ 30 – **26 ch** 240/290.

🏨 **Mondial H.** sans rest, 40 bd Clemenceau ℰ 68 34 23 45, Fax 68 34 55 07 – |≡| ↳ ch 📺
☎. 🆎 ⓞ ⒼⒷ   BY **k**
⍺ 32 – **40 ch** 195/300.

🏨 **Christina H.** sans rest, 50 cours Lassus ℰ 68 35 24 61, Fax 68 35 67 01 – |≡| ☎ ⇐. ⒼⒷ
⍺ 32 – **37 ch** 150/270.   CY **w**

🏨 **Pyrénées H.** sans rest, 122 av. L. Torcatis ℰ 68 61 19 66, Fax 68 52 48 97 – 📺 ☎ ❷. 🆎
ⒼⒷ   AY **v**
⍺ 28 – **20 ch** 140/310.

🏨 **Poste et Perdrix,** 6 r. Fabriques-d'En-Nabot ℰ 68 34 42 53, Fax 68 34 58 20 – |≡| 📺 ☎.
✈   BY **x**
fermé 28 janv. au 4 mars, dim. soir sauf juil.-août et lundi – **Repas** 78/135 ⅄ – ⍺ 26,
38 ch 120/260 – ½ P 175/225.

XXX **Festin de Pierre,** 7 r. Théâtre ℰ 68 51 28 74 – ▤. 🆎 ⓞ ⒼⒷ   BZ **d**
fermé 15 au 30 juin, 15 au 29 fév., mardi soir et merc. – **Repas** 150 et carte 220 à 320.

XX **Les Antiquaires,** pl. Desprès ℰ 68 34 06 58, Fax 68 35 04 47 – ▤. 🆎 ⒼⒷ   BZ **u**
fermé 2 au 18 juil., dim. soir et lundi – **Repas** 135/210.

XX **La Passerelle,** 1 cours Palmarole ℰ 68 51 30 65 – 🆎 ⒼⒷ   BY **z**
fermé 20 déc. au 4 janv., lundi midi et dim. – **Repas** - produits de la mer - carte 175 à 275 ⅄.

XX **Les Casseroles en Folies,** 72 av. Torcatis ℰ 68 52 48 03, Fax 68 52 47 96 – ▤. 🆎 ⓞ
ⒼⒷ   AY **n**
fermé dim. soir et lundi – **Repas** 130 bc et carte 130 à 220, enf. 50.

par ① : échangeur Perpignan-Nord – ⊠ 66600 Rivesaltes :

🏨 **Novotel** Ⓜ, sur N9 : 10 km ℰ 68 64 02 22, Télex 500851, Fax 68 64 24 27, 🏕, ⊒, 🎾 –
↳ ch ▤ 📺 ☎ ❧ ❷ – 🖄 200. 🆎 ⓞ ⒼⒷ
Repas carte environ 160, enf. 50 – ⍺ 47 – **86 ch** 450/470.

par ② , D 617 et VO : 5 km – ⊠ 66000 Perpignan :

XXX **Mas Vermeil,** Traverse de Cabestany ℰ 68 66 95 96, Fax 68 66 89 13, 🏕, parc,
« Ancienne exploitation vinicole, patio » – ❷. 🆎 ⒼⒷ
fermé dim. soir et lundi du 1ᵉʳ oct. au 28 fév. – **Repas** 150 bc/180 et carte 190 à 300, enf. 70.

MICHELIN, Agence, chem. du Mas Juanola Prolonge AZ ℰ 68 54 53 10

BMW Gar. Alart, 20 av. de Grande Bretagne
ℰ 68 34 07 83
CITROEN Gar. Tressol-Chabrier, 95 av. Mar.-Juin
par ③ ℰ 68 66 26 26 Ⓝ ℰ 68 67 63 51
FIAT Perpignan Autom., 210 rte de Prades
ℰ 68 54 63 54
HONDA, MITSUBISHI, PORSCHE Gar. Coll, 1085
av. d'Espagne ℰ 68 85 17 25
LANCIA Style Auto, 208 rte de Prades
ℰ 68 56 79 02
MAZDA Gar. Valauto, 2 bd des Pyrénées
ℰ 68 56 96 96
MERCEDES Gar. Monopole, 301 av. du Languedoc
ℰ 68 61 22 93
OPEL Auto 66, 175 av. de Prades ℰ 68 56 79 15
PEUGEOT SCA les Gds Gar. Pyrénéens, RN 9 rte
du Perthus par ④ ℰ 68 85 68 85 Ⓝ ℰ 05 44 24 24
PEUGEOT Gar. Merino, 57 av. J.-Panchot par ⑤
ℰ 68 54 68 79

RENAULT Filiale, N 9, Km 3 rte du Perthus par ④
ℰ 68 56 24 24 Ⓝ ℰ 05 05 15 15
TOYOTA Gar. Sudria, rte de Perpignan à Cabestany
ℰ 68 50 50 75
VAG Europe Auto, rte de Thuir, ZI 1 km
ℰ 68 85 01 92 Ⓝ ℰ 68 61 15 64

⑩ Ayme Pneus, 156 av. du Languedoc ZIN
ℰ 68 61 26 38
Escoffier Pneus Vulcopneu, Km 4, rte de Prades
ℰ 68 56 65 34
Euromaster, 33 av. V.-Dalbiez ℰ 68 54 57 78
Euromaster, ZI St-Charles ℰ 68 54 30 11
Figuères, ZI St-Charles ℰ 68 55 23 10
Figuères, 29 r. H.-Bataille ℰ 68 61 20 02
Pagès, r. Levavassseur, ZI St-Charles
ℰ 68 54 67 30

■ **Le PERRAY-EN-YVELINES** 78610 Yvelines 🗺 ⑨ 🗺 ⑳ – 4 645 h alt. 180.

Paris 45 – Chartres 47 – Arpajon 34 – Mantes-la-Jolie 42 – Rambouillet 6 – Versailles 24.

XX **Aub. des Bréviaires,** aux Bréviaires : 3,5 km par D 61 ℰ (1) 34 84 98 47,
Fax (1) 34 84 65 88, 🏕 – 🆎 ⒼⒷ
fermé 1ᵉʳ au 15 août, vacances de fév., lundi soir et mardi – **Repas** 200 bc/250.

XX **Aub. de l'Artoire,** N : 2 km par D 910 ℰ (1) 34 84 97 91, Fax 34 84 15 24, 🏕, 🎾 – ❷.
ⒼⒷ
fermé lundi soir et mardi – **Repas** 78 (déj.), 120/160 ⅄.

PERROS-GUIREC 22700 C.-d'Armor 59 ① **G. Bretagne** – 7 497 h alt. 70 – Casino A.

Voir Nef romane★ de l'église B – Pointe du château ≤★ B – Table d'orientation ≤★ B E – Sentier des douaniers★★ A – Chapelle N.-D. de la Clarté★ 3 km par ② – Sémaphore ≤★ 3,5 km par ②.

🏌₁₈ de St-Samson ✆ 96 23 87 34, SO : 7 km.

🏢 Office de Tourisme et Accueil de France 21 pl. Hôtel de Ville ✆ 96 23 21 15, Fax 96 23 04 72.

Paris 520 ① – St-Brieuc 70 ① – Lannion 11 ① – Tréguier 20 ①.

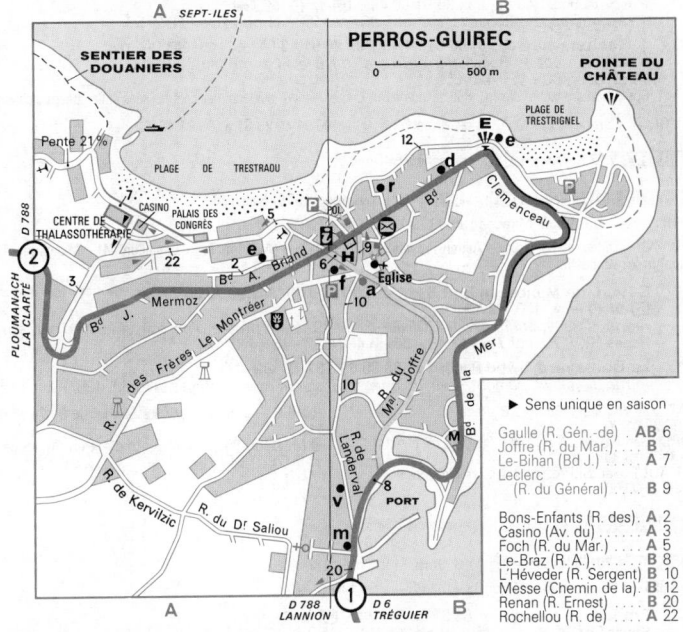

▶ Sens unique en saison

Gaulle (R. Gén.-de) . . **AB** 6
Joffre (R. du Mar.). . . . **B**
Le-Bihan (Bd J.) . . . . **A** 7
Leclerc
   (R. du Général) . . . . **B** 9

Bons-Enfants (R. des). . **A** 2
Casino (Av. du) . . . . . . **A** 3
Foch (R. du Mar.) . . . . **A** 5
Le-Braz (R. A.) . . . . . . **B** 8
L'Héveder (R. Sergent) . **B** 10
Messe (Chemin de la) . . **B** 12
Renan (R. Ernest) . . . . **B** 20
Rochellou (R. de) . . . . **A** 22

🏨🏨 **Printania** Ⓜ ≫, 12 r. Bons Enfants ✆ 96 49 01 10, Fax 96 91 16 36, ≤ mer et les îles, 🌳, ✗ – 🛗 📺 ☎ 🅿. 🆎 ⓪ 🄾🄱 🄹🄲🄱. ✗ rest
A **e**
fermé 20 déc. au 10 janv. – **Repas** (fermé dim. à mars et lundi midi) 145/174, enf. 80 – � 48 – **33 ch** 553/665 – ½ P 471/531.

🏨 **Le Sphinx** ≫, 67 chemin de la Messe ✆ 96 23 25 42, Fax 96 91 26 13, ≤ mer et les îles, 🌳 – 🛗 📺 ☎ 🅿. 🄾🄱 🄶🄱. ✗
B **e**
fermé 5 janv. au 15 fév. – **Repas** (fermé vend. d'oct. à avril et lundi midi sauf fériés) 125/265, enf. 75 – ⊒ 44 – **20 ch** 480/540 – ½ P 480/530.

🏨 **Les Feux des Iles** ≫, 53 bd Clemenceau ✆ 96 23 22 94, Fax 96 91 07 30, ≤, 🌳, ✗ – 📺 ☎ 🅿. 🄾🄱 ⓪ 🄶🄱. ✗
B **d**
fermé 3 au 9 oct., dim. soir et lundi d'oct. à avril – **Repas** 128/325 🟢, enf. 82 – ⊒ 44, **15 ch** 370/600 – ½ P 430/540.

🏨 **Les Sternes** sans rest, rd-pt Perros-Guirec par ① ✆ 96 91 03 38, Fax 96 23 13 01 – 📺 ☎ 🅿. 🄶🄱
⊒ 30 – **20 ch** 200/270.

🏨 **Bon Accueil,** 11 r. Landerval ✆ 96 23 25 77, Fax 96 23 12 66, 🌳 – 📺 ☎ 🅿. 🄾🄱 🄶🄱. ✗ ch
B **v**
fermé 23 déc. au 4 janv. – **Repas** (fermé 20 sept. au 4 oct., 23 déc. au 4 janv., sam. midi et dim. soir de sept. à Pâques) 85/280 🟢, enf. 60 – ⊒ 35 – **21 ch** 260/360 – ½ P 340.

🏨 **France** ≫, 14 r. Rouzig ✆ 96 23 20 27, Fax 96 91 19 57, ≤, 🌳 – 📺 ☎ 🅿. 🄶🄱. ✗
B **r**
7 avril-9 oct. – **Repas** 98/155 – ⊒ 36 – **30 ch** 280/350 – ½ P 300/320.

Levant, sur le port ✆ 96 23 20 15, Fax 96 23 36 31, ← – |‡| TV ☎. GB — B **m**
Repas *(fermé dim. soir de sept. à juin)* 80/210 ♨, enf. 50 – ☕ 30 – **21 ch** 310/340 – ½ P 280/325.

Hermitage ✈, 20 r. Frères Le Montréer ✆ 96 23 21 22, Fax 96 91 16 56, 🌳 – TV ☎ P. AE GB. ✂ rest — B **f**
15 mai-20 sept. – **Repas** (résidents seul.) 95/120 – ☕ 30 – **24 ch** 225/295 – ½ P 260/280.

XX **Crémaillère,** pl. Église ✆ 96 23 22 08 – AE ⓓ GB — B **a**
fermé 15 nov. au 5 déc. et lundi hors sais. – **Repas** 89/198, enf. 45.

à Ploumanach par ② : 6 km – ✉ **22700** Perros-Guirec :

Voir Rochers★★ – Parc municipal★★.

Europe sans rest, ✆ 96 91 40 76, Fax 96 91 49 74 – TV ☎ ♿ P. GB. ✂
fermé 15 nov. au 15 déc. – ☕ 32 – **18 ch** 220/320.

Parc, ✆ 96 91 40 80, Fax 96 91 60 48 – TV ☎ P. AE GB
1er avril-25 sept. – **Repas** 75/160, enf. 46 – ☕ 27 – **11 ch** 275 – ½ P 275.

XXX ✿ **Rochers** avec ch, ✆ 96 91 44 49, Fax 96 91 43 64, ← – ☎. GB. ✂ rest
8 avril-28 sept. – **Repas** *(fermé merc. du 8 avril à mi-juin)* 150/395, enf. 90 – ☕ 45 – **14 ch** 305/500 – ½ P 425/650
Spéc. Homard façon "Justin". Rôti de lotte à l'ail. Crêpe "Nanou" aux pommes caramélisées et flambées au calvados.

PEUGEOT Gar. de la Clarté, 127 bd Corniche par ② ✆ 96 91 46 23 N ✆ 96 91 46 23

PERTHES **52** H.-Marne 61 ⑨ – rattaché à St-Dizier.

PERTUIS **84120** Vaucluse 84 ③ 114 ③ **G. Provence** – 15 791 h alt. 216.

Office de Tourisme pl. Mirabeau ✆ 90 79 15 56, Fax 90 09 59 06.

Paris 748 – Digne-les-Bains 94 – Aix-en-Provence 20 – Apt 35 – Avignon 71 – Cavaillon 44 – Manosque 41 – Salon-de-Provence 46.

Sevan, rte Manosque E : 1,5 km ✆ 90 79 19 30, Fax 90 79 35 77, ←, 🌳, ⛱, 🌳, 🎾 – |‡| TV ☎ P – 🎤 100. AE ⓓ GB
fermé 1er janv. au 15 fév. – ***L'Olivier*** ✆ 90 79 08 19 *(fermé dim. soir et lundi d'oct. à mai)* **Repas** 120/170, enf.70 – ☕ 46 – **36 ch** 438/582 – ½ P 448/474.

XX **Le Boulevard,** 50 bd Pecout ✆ 90 09 69 31 – AE GB
fermé 31 juil. au 13 août, 2 au 15 janv., dim. soir et merc. – **Repas** 98 (déj.), 135/185.

FIAT Gar. Moullet, 159 bd J.B.-Pecout ✆ 90 79 01 70
FORD Gar. Novo, ZA du Terre du Fort, rte d'Aix ✆ 90 09 73 33
RENAULT Gar. SEPAL, rte d'Aix-en-Provence ✆ 90 79 09 66
ROVER Gar. Staiano, D 9 à Sannes ✆ 99 77 75 61

Meysson-Pneu, Point S, rte d'Aix-en-Provence ✆ 90 79 07 31

Le PERTUISET **42** Loire 76 ⑧ – rattaché à Firminy.

PESMES **70140** H.-Saône 66 ⑭ **G. Jura** – 1 006 h alt. 210.

Paris 358 – ♦Besançon 38 – ♦Dijon 49 – Dole 25 – Gray 19.

X **France** ✈ avec ch, ✆ 84 31 20 05, 🌳 – TV ☎ P. GB
Repas 95/180 ♨ – ☕ 35 – **10 ch** 200/280 – ½ P 230/280.

PESSAC **33** Gironde 71 ⑨ – rattaché à Bordeaux.

PETIT-CLAMART **92** Hauts-de-Seine 60 ⑩, 101 ⑭ – voir à Paris, Environs.

PETITE-FORÊT **59** Nord 53 ④ – rattaché à Valenciennes.

La PETITE-PIERRE **67290** B.-Rhin 57 ⑰ **G. Alsace Lorraine** – 623 h alt. 339.

Paris 434 – ♦Strasbourg 55 – Haguenau 42 – Sarrebourg 32 – Sarreguemines 49 – Sarre-Union 25.

La Clairière M ✈, rte d'Ingwiller, 1 km ✆ 88 70 47 76, Fax 88 70 41 05, 🌳, Fø, ⛱ – |‡| TV ☎ ♿ P – 🎤 60. AE ⓓ GB. ✂ ch
Repas 198/285, enf. 68 – ☕ 48 – **50 ch** 400/550 – ½ P 383/523.

Aux Trois Roses ✈, ✆ 88 89 89 00, Fax 88 70 41 28, ←, 🌳, ⛱, 🌳, 🎾 – |‡| ▤ rest TV ☎ – 🎤 30. GB
Repas *(fermé dim. soir et lundi)* 98/270 ♨ – ☕ 54 – **43 ch** 280/570 – ½ P 290/450.

Lion d'Or, ✆ 88 70 45 06, Fax 88 70 45 56, ⛱, 🌳, 🎾 – |‡| ▤ rest TV ☎ ♿ P. AE ⓓ GB
fermé janv. – **Repas** 98/260 ♨, enf. 65 – ☕ 50 – **40 ch** 240/420 – ½ P 340/370.

Vosges, ✆ 88 70 45 05, Fax 88 70 41 13, ←, Fø, 🌳 – |‡| ▤ rest TV ☎ ♿ P – 🎤 30. GB JCB
fermé 20 nov. au 15 déc. – **Repas** 100/280 ♨, enf. 70 – ☕ 40 – **30 ch** 270/450 – ½ P 270/470.

à l'Étang d'Imsthal SE : 3,5 km par D 178 – ⊠ **67290** Wingen-sur-Moder :

🏨 **Aub. d'Imsthal** ⌂, 𝒫 88 70 45 21, Fax 88 70 40 26, ≼, 佘, ℔, 🐴 – 📳 📺 ☎ 🕭 🅿 –
⟵ 🔬 25. 🖭 ① 🇬🇧 🛠 rest
Repas 80/250 ⅄ – ☑ 48 – **23 ch** 230/540 – ½ P 300/520.

à Graufthal SO : 11 km par D 178 et D 122 – ⊠ **67320** Eschbourg :

🏨 **Vieux Moulin** ⌂, 𝒫 88 70 17 28, Fax 88 70 11 25, ≼, 🐴 – 📺 ☎ 🕭 🅿. 🇬🇧
fermé 8 janv. au 10 fév., lundi soir et mardi – **Repas** 50 (déj.), 85/180 ⅄ – ☑ 26 –
14 ch 191/347 – ½ P 224/294.

RENAULT Gar. Letscher, à Petersbach 𝒫 88 70 45 53 🆘 𝒫 88 70 45 53

Le PETIT-PRESSIGNY 37350 I.-et-L. 📖 ⑤ – 394 h alt. 131.

Paris 285 – Poitiers 72 – Le Blanc 39 – Châtellerault 35 – Châteauroux 75 – ♦Tours 61.

🍴 ✿ **La Promenade** (Dallais), 𝒫 47 94 93 52, Fax 47 91 06 03 – 🔲. 🇬🇧
fermé 25 sept. au 10 oct., 1ᵉʳ au 23 janv., dim. soir et lundi sauf fériés – **Repas** 120/350 et
carte 260 à 390
Spéc. Bouillon de carottes aux fèves, sarriette et lard. Côte de cochon fermier rôtie. Fraises aux cinq sucres (saison).
Vins Vouvray, Chinon.

Le PETIT QUEVILLY 76 S.-Mar. 📖 ⑥ – rattaché à Rouen.

PETRETO-BICCHISANO 2A Corse-du-Sud 📖 ⑰ – voir à Corse.

PEYRAT-LE-CHÂTEAU 87470 H.-Vienne 📖 ⑲ G. Berry Limousin – 1 194 h alt. 428.

Paris 409 – ♦Limoges 52 – Aubusson 45 – Guéret 54 – Tulle 81 – Ussel 77 – Uzerche 60.

🏨 **Aub. Bois de l'Étang,** 𝒫 55 69 40 19, Fax 55 69 42 93, 🐴 – 🔲 rest ☎ 🅿 – 🔬 40. 🖭
⟵ 🇬🇧
fermé 15 déc. au 15 janv., dim. soir et lundi du 15 nov. à fin mars – **Repas** 75/195, enf. 45 –
☑ 28 – **28 ch** 135/265 – ½ P 160/210.

🏨 **Bellerive,** 𝒫 55 69 40 67, Fax 55 69 47 96, ≼ – 🛏 ch 🛋 🅿. 🇬🇧
fermé 10 janv. au 20 fév., dim. soir et lundi de mi-oct. à mi-avril – **Repas** 69 (déj.), 96/250 –
☑ 30 – **10 ch** 175/250 – ½ P 180/210.

🏨 **Voyageurs,** 𝒫 55 69 40 02 – 🅿. 🇬🇧 🛠
⟵ *1ᵉʳ mars-30 sept.* – **Repas** 80/150 ⅄ – ☑ 30 – **14 ch** 160/280 – ½ P 180/225.

au Lac de Vassivière E : 7 km par D 13 et D 222 – ⊠ **87470** Peyrat-le-Château :

Voir Lac de Vassivière★★ – Centre d'art contemporain de l'île de Vassivière★★.

🏨 **Golf du Limousin** ⌂, 𝒫 55 69 41 34, Fax 55 69 49 16, 佘, 🐴 – 📺 ☎ 🅿. 🇬🇧.
🛠 rest
9 avril-20 oct. et fermé mardi du 15 sept. au 20 oct. – **Repas** 88/145 ⅄ – ☑ 33 – **18 ch**
207/261 – ½ P 218/238.

Gar. Ratat-Champétinaud 𝒫 55 69 40 11

PEYREHORADE 40300 Landes 📖 ⑦ ⑰ G. Pyrénées Aquitaine – 3 056 h alt. 8.

🛈 Office de Tourisme promenade Sablot 𝒫 58 73 00 52.

Paris 760 – Biarritz 53 – ♦Bayonne 34 – Cambo-les-Bains 47 – Dax 23 – Oloron-Sainte-Marie 63 – Pau 75.

🏨 ✿ **Central** Ⓜ, pl. A. Briand 𝒫 58 73 03 22, Fax 58 73 17 15 – 📳 📺 ☎ – 🔬 25. 🖭 ①
🇬🇧
fermé 1ᵉʳ au 14 mars, dim. soir et lundi sauf juil.-août – **Repas** 105/210 et carte 230 à 340 –
☑ 40 – **16 ch** 320 – ½ P 330
Spéc. Carpaccio de saumon mariné, caviar Sevruga. Paupiette de sole et langoustine aux pâtes fraîches. Pigeonneau
homardine. **Vins** Madiran.

PEUGEOT Gar. Lannot-Vergé. 𝒫 58 73 00 29

PEYRENS 11 Aude 📖 ⑳ – rattaché à Castelnaudary.

Pleasant hotels and restaurants
are shown in the Guide by a red sign.

Please send us the names
of any where you have enjoyed your stay.

Your Michelin Guide will be even better.

🏨🏨🏨 ... 🏨

🍴🍴🍴🍴🍴 ... 🍴

PÉZENAS 34120 Hérault 🔢 ⑮ G. Gorges du Tarn (plan) – 7 613 h alt. 20.

Voir Vieux Pézenas★★ : Hôtels de Lacoste★, d'Alfonce★, de Malibran★.

🛈 Office de Tourisme, pl. Gambetta ℰ 67 98 35 45, Fax 67 98 35 40.

Paris 754 – Montpellier 51 – Agde 22 – Béziers 23 – Lodève 46 – Sète 37.

> *à Nézignan-l'Évêque* S : 5 km par N 9 et D 13 – ⊠ 34120 Pézenas :

🏨 **Host. de St-Alban** Ⓜ ⬙, 31 rte Agde ℰ 67 98 11 38, Fax 67 98 91 63, ㄹ, ⌷, 帚, ℀ –
📺 ☎ ℗, ⒼⒷ. ℀
Repas 95/300 ⅊, enf. 55 – ⊡ 55 – **14 ch** 350/520 – ½ P 440/510.

> *au NE* 11 km par N 9, N 113 et D 32 – ⊠ 34230 Paulhan :

🏨 **Château de Rieutort** ⬙, ℰ 67 25 00 61, Fax 67 25 29 92, 帚, parc, « Ancienne
demeure de maître », ⌷ – 📺 ☎ ℗, ⒼⒷ. ℀ ch
15 mars-15 oct. – **Repas** (dîner seul.) (résidents seul.) 140/160 – ⊡ 45 – **7 ch** 480/510 –
½ P 400/460.

CITROEN Gar. Vidal, N 113, rte d'Agde
ℰ 67 98 11 27
PEUGEOT Gd Gar. Piscenois, 36 av. de Verdun
ℰ 67 98 32 32 Ⓝ ℰ 67 98 32 32
RENAULT Occitane Autos, N 113, rte de Béziers
par ③ ℰ 67 98 97 73 Ⓝ ℰ 05 05 15 15

🏵 Gautrand-Pneus Vulcopneu, 26 av. de Verdun
ℰ 67 98 12 17

PÉZENS 11 Aude 🔢 ⑫ – rattaché à Carcassonne.

PFAFFENHOFFEN 67350 B.-Rhin 🔢 ⑱ G. Alsace Lorraine – 2 285 h alt. 170.

Voir Musée de l'Imagerie peinte et populaire alsacienne★.

Paris 460 – ♦Strasbourg 37 – Haguenau 15 – Sarrebourg 51 – Sarre-Union 51 – Saverne 27.

※※ **Agneau** avec ch, ℰ 88 07 72 38, Fax 88 72 20 24, 帚, 帚 – ☎ 🚗. ⒼⒷ. ℀
→ *fermé 20 juil. au 15 août, vacances de fév. et lundi* – **Repas** 65/320 ⅊ – ⊡ 30 – **16 ch**
140/220.

RENAULT Gar. Keller, ℰ 88 07 71 01

PHALSBOURG 57370 Moselle 🔢 ⑰ G. Alsace Lorraine – 4 189 h alt. 330.

🛈 Office de Tourisme r. Lobau ℰ 87 24 29 97.

Paris 436 – ♦Strasbourg 58 – ♦Metz 107 – Sarrebourg 16 – Sarreguemines 51.

🏨 **Erckmann-Chatrian,** pl. d'Armes ℰ 87 24 31 33, Fax 87 24 27 81 – ⇝ ch ☎ – 🔬 30.
→ ⒼⒷ
Repas (fermé mardi midi et lundi) 58/320 ⅊ – ⊡ 42 – **18 ch** 200/280.

🏨 **Notre-Dame** ⬙, à Bonne-Fontaine E : 4 km par N 4 et VO ℰ 87 24 34 33,
→ Fax 87 24 24 64, ≤, ⌷ – ◼ 📺 ☎ ℅ ℗ – 🔬 80. ⒶⒺ � ⒼⒷ
fermé 1ᵉʳ au 6 mars et 10 au 30 janv. – **Repas** 80/240 bc ⅊, enf. 55 – ⊡ 37 – **34 ch** 245/420 –
½ P 270/320.

※※※ ❀ **Au Soldat de l'An II** (Schmitt), 1 rte Saverne ℰ 87 24 16 16, Fax 87 24 18 18 – ⒼⒷ
fermé 21 au 30 nov., 7 au 25 janv., dim. soir et lundi – **Repas** 175 bc/450 et carte 310 à 460 ⅊,
enf. 75
Spéc. Mirabelle de foie gras de canard. Baeckeoffe de silure aux écrevisses. Fondant de chevreuil griottine (juin à fév.).
Vins Gewurztraminer, Muscat d'Alsace.

PEUGEOT Gar. Klein, 6 r. 23 Novembre ℰ 87 24 35 36 Ⓝ ℰ 87 24 24 24

PHILIPPSBOURG 57230 Moselle 🔢 ⑱ – 504 h alt. 215.

Paris 452 – ♦Strasbourg 57 – Haguenau 28 – Wissembourg 41.

※※ **Tilleul,** ℰ 87 06 50 10, Fax 87 06 58 89, 帚 – ℗. ⒶⒺ ⓓ ⒼⒷ
→ *fermé 1ᵉʳ au 15 oct., 22 janv. au 15 fév., mardi soir et merc.* – **Repas** 60 (déj.), 116/220 ⅊,
enf. 50.

> *à l'étang de Hanau* NO : 5 km par N 62 et VO – ⊠ 57230 Philippsbourg :
> **Voir** Étang★, G. Alsace Lorraine.

🏨 **Beau Rivage** Ⓜ ⬙, ℰ 87 06 50 32, Fax 87 06 57 46, ≤, 𝄐ᵈ, ⌷, 帚᛫ – 📺 ☎ ℅ ℗. ⒼⒷ
→ *fermé nov.* – **Repas** (fermé lundi) 80/160 ⅊ – ⊡ 35 – **29 ch** 230/380 – ½ P 285/305.

PIANA 2A Corse-du-Sud 🔢 ⑮ – voir à Corse.

PICHERANDE 63113 P.-de-D. 🔢 ⑬ – 491 h alt. 1 123.

Paris 486 – ♦Clermont-Ferrand 64 – Issoire 47 – Le Mont-Dore 29.

🎍 **Central Hôtel,** ℰ 73 22 30 79 – ⒼⒷ
→ *fermé oct. et nov.* – **Repas** 70/150 ⅊ – ⊡ 25 – **16 ch** 80/150 – ½ P 150.

PIERRE-BÉNITE 69 Rhône 🔢 ⑪ – rattaché à Lyon.

PIERRE-DE-BRESSE 71270 S.-et-L. **70** ③ G. Bourgogne – 1 981 h alt. 202.

Voir Château★.

Paris 357 – Chalon-sur-Saône 39 – Beaune 47 – Dole 33 – Lons-le-Saunier 36.

 Poste, face Château *₰* 85 76 24 47 – **☎ ₧**. **GB**
 *fermé 1ᵉʳ au 28 janv. – **Repas** (fermé lundi soir et mardi soir)* 68 (déj.), 88/215 ⅋ – ⌑ 26 –
 13 ch 150/265 – ½ P 180/210.

 à Charette NO : 6,5 km par D 73 – ⌧ 71270 :

 Doubs Rivage ⟨⟩, *₰* 85 76 23 45, Fax 85 72 89 18, ⟨⟩, ⟨⟩ – **☎ ₧**. **GB**
 *hôtel : fermé 18 déc. au 1ᵉʳ mars, dim. soir et lundi sauf juil.-août – **Repas** (fermé 18 déc. au
 5 janv., fév., dim. soir et lundi sauf juil.-août)* 87/230 ⅋, enf. 50 – ⌑ 32 – **10 ch** 175/225 –
 ½ P 230.

PIERREFAITES 52500 H.-Marne **66** ④ – 201 h alt. 325.

Paris 325 – Chaumont 67 – Bourbonne-les-Bains 23 – Combeaufontaine 23 – Gray 44 – Langres 32.

 ✗✗ **Tour Carrée,** rte Charmoy *₰* 25 88 88 88, « Au sommet d'une tour aménagée » – **₧**.
 GB
 *fermé 15 janv. au 15 mars, lundi soir et mardi – **Repas** 130/180.*

PIERREFITTE-SUR-SAULDRE 41300 L.-et-Ch. **64** ⑳ – 835 h alt. 130.

Paris 185 – Bourges 56 – ♦ Orléans 60 – Aubigny-sur-Nère 22 – Blois 67 – Salbris 13.

 ✗✗ **Lion d'Or,** *₰* 54 88 62 14, « Cadre rustique », ⟨⟩ – **GB**
 *fermé 20 au 30 mars, 4 au 21 sept. lundi et mardi – **Repas** 125/260.*

When looking for a hotel or restaurant use the most efficient method.
Look for the names of towns underlined in red
on the Michelin maps scale: 1:200 000.

But make sure you have an up-to-date map!

PIERREFONTAINE-LES-VARANS 25510 Doubs **66** ⑰ – 1 505 h alt. 694.

Paris 463 – ♦ Besançon 52 – Montbéliard 52 – Morteau 32 – Pontarlier 48.

 ✗ **Commerce** avec ch, *₰* 81 56 10 50 – **☎ ₧**. **GB**
 *fermé 20 déc. au 20 janv., dim. soir et lundi sauf juil.-août – **Repas** 60/175 ⅋, enf. 40 – ⌑ 30
 – **10 ch** 110/260 – ½ P 220/250.*

 ✗ **Franche-Comté,** *₰* 81 56 12 62, Fax 81 56 06 08 – **GB**
 *fermé 15 déc. au 15 janv. et lundi d'oct. à avril – **Repas** 58/170 ⅋.*

PIERRELATTE 26700 Drôme **81** ① – 11 770 h alt. 60.

🛈 Office de Tourisme pl. Champs-de-Mars *₰* 75 04 07 98, Fax 75 98 40 65.

Paris 627 – Bollène 14 – Montélimar 22 – Nyons 47 – Orange 32 – Pont-Saint-Esprit 16 – Valence 66.

 Centre sans rest, 6 pl. Église *₰* 75 04 28 59, Fax 75 98 83 29 – |⌘| **TV ☎ ₧**. **GB**
 ⌑ 30 – **28 ch** 230/340.

 Tricastin sans rest, r. Caprais-Favier *₰* 75 04 05 82 – **TV ☎** ⟨⟩ **₧**. **GB**
 ⌑ 35 – **13 ch** 219/244.

 ✗✗ **Les Recollets,** 6 pl. Église *₰* 75 96 83 10, Fax 75 96 46 18 – ▤ **₧**. **AE ⓞ GB**
 *fermé 4 au 28 août, vacances de fév., vend. soir et sam. – **Repas** 80/205 bc, enf. 38.*

PEUGEOT Gar. du Midi, rte de St-Paul   ⓦ Jérome Pneus, Quartier Beauregard, N 7
₰ 75 04 00 27   *₰* 75 04 29 76

PIETRANERA 2B H.-Corse **90** ② ③ – voir à Corse (Bastia).

Le PIGEON 46 Lot **75** ⑱ – rattaché à Souillac.

PILAT-PLAGE 33 Gironde **78** ⑫ – voir à Pyla-sur-Mer.

Le PIN-LA-GARENNE 61 Orne **60** ④ – rattaché à Mortagne-au-Perche.

PINSOT 38 Isère **77** ⑥ – rattaché à Allevard.

PIOGGIOLA 2B H.-Corse **90** ⑬ – voir à Corse.

PIRIAC-SUR-MER 44420 Loire-Atl. **63** ⑬ G. Bretagne – 1 442 h.

Voir Pointe du Castelli ⩽★ SO : 1 km.

Paris 467 – ♦ Nantes 90 – La Baule 19 – La Roche-Bernard 32 – Saint-Nazaire 32.

 Poste, 26 r. Plage *₰* 40 23 50 90, Fax 40 23 68 96 – **☎**. **AE GB**
 *hôtel : avril-nov. ; rest. : mai-oct. et fermé dim. soir et lundi sauf du 1ᵉʳ juin au 15 sept. –
 Repas 75/215, enf. 45 – ⌑ 32 – **15 ch** 220/310 – ½ P 235/280.*

933

40410 Landes 78 ④ G. Pyrénées Aquitaine – 970 h alt. 56.

Paris 664 – Mont-de-Marsan 55 – Biscarrosse 32 – ◆Bordeaux 81 – Castets 62 – Mimizan 47.

※ **Café de Pissos** avec ch, ℘ 58 08 90 16, 壽 – **❷**. GB
fermé 15 au 30 nov., mardi soir et merc. sauf juil.-août – **Repas** 70 (déj.), 118/225 – ☑ 30 –
5 ch 200/300 – ½ P 190/220.

⟨SP⟩ **45300** Loiret 60 ⑳ G. Châteaux de la Loire – 9 327 h alt. 120.

🛈 Office de Tourisme Mail-Ouest Gare Routière ℘ 38 30 50 02, Fax 38 30 55 80.

Paris 82 ① – Fontainebleau 45 ② – ◆Orléans 44 ⑤ – Chartres 72 ⑥ – Châteaudun 75 ⑥ – Montargis 44 ④.

Couronne (R. de la)	3
Martroi (Pl. du)	14
Croissant (Fg du)	6
Gambetta (Av.)	7
Gare de Marchandises (R. de la)	12

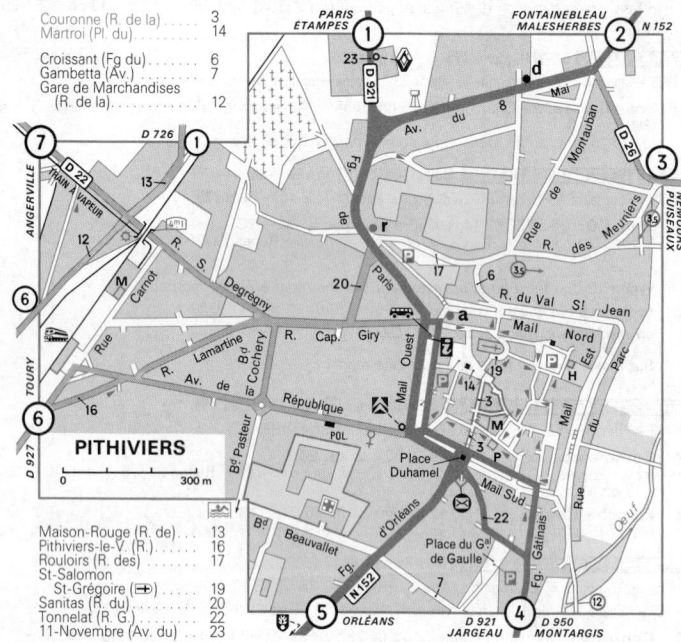

Maison-Rouge (R. de)	13
Pithiviers-le-V. (R.)	16
Rouloirs (R. des)	17
St-Salomon St-Grégoire (⇨)	19
Sanitas (R. du)	20
Tonnelat (R. G.)	22
11-Novembre (Av. du)	23

🏨 **Relais Saint-Georges**, av. du 8 Mai (d) ℘ 38 30 40 25, Télex 783773, Fax 38 30 09 05,
≈ – ✳ ch 📺 ☎ & **❷** – 🔬 25. AE ⓞ GB
Repas *(fermé dim. et soirs de fêtes)* 95/220 ⅃, enf. 48 – ☑ 34 – **42 ch** 270/350 – ½ P 239/
279.

XXX **Péché Mignon**, 50 fg Paris (r) ℘ 38 30 05 32 – **❷**. GB
fermé 15 au 31 janv., dim. soir, mardi soir et lundi – **Repas** 150 bc/185.

XX **Aux Remparts**, 2 Mail Nord (a) ℘ 38 30 34 99, Fax 38 30 64 52 – AE ⓞ GB
fermé lundi soir, mardi soir et merc. – **Repas** 100 bc (déj.), 135/250.

CITROEN Gar. Molvaut, 6 av. République
℘ 38 30 19 22
PEUGEOT Gar. Balançon-Malidor, 76 fg d'Orléans
par ⑤ ℘ 38 30 21 58
RENAULT Beauce Gâtinais Autom.,
av. 11 Novembre ℘ 38 34 51 34

VAG Gar. Delafoy-Caillette, rte d'Etampes
℘ 38 30 16 05

⊕ Euromaster, r. Gare de Marchandises
℘ 38 30 20 08
Euromaster, à Toury ℘ 37 90 51 61

69 Rhône 74 ① – rattaché à Belleville.

73 Savoie 74 ⑱ G. Alpes du Nord – alt. 1 980 – Sports d'hiver : 1 250/3 250 m ⟟ 9 ⟟ 103 ⟟ –
✉ **73210** Macot-La-Plagne.

Voir La Grande Rochette ✳✳★ (accès par télécabine) – Télécabine de Bellecôte ≤★★ à
Plagne-Bellecôte E : 3 km.

🛈 Office du Tourisme le Chalet ℘ 79 09 79 79, Fax 79 09 70 10.

Paris 642 – Albertville 60 – Bourg-St-Maurice 27 – Chambéry 107 – Moûtiers 33.

🏨 **Graciosa** ⟁, ℘ 79 09 00 18, Fax 79 09 04 08, ← – 📺 ☎ **❷** ⓞ GB JCB ✳ rest
1ᵉʳ déc.-20 avril – **Repas** 180/250 – ☑ 52 – **14 ch** 420/490 – ½ P 570/590.

La PLAINE-SUR-MER 44770 Loire-Atl. 67 ① – 2 104 h alt. 33.

Paris 446 – ♦Nantes 57 – Pornic 9 – St-Michel-Chef-Chef 6,5 – St-Nazaire 26.

Anne de Bretagne M, au **Port de Gravette** NO : 3 km ☎ 40 21 54 72, Fax 40 21 02 33, ←, 🏖, 🏊, 🌳, 🎾 – TV ☎ P – 🏛 30. AE GB
fermé 3 janv. au 24 fév. – **Repas** *(fermé lundi sauf le soir du 1er mai au 15 sept. et dim. soir du 15 sept. au 30 avril)* 98/295, enf. 70 – ☕ 45 – **25 ch** 350/475 – ½ P 420/517.

PLAINPALAIS (Col de) 73 Savoie 74 ⑯ – rattaché à La Féclaz.

PLAISANCE 12550 Aveyron 83 ② – 228 h alt. 253.

Paris 703 – Albi 42 – Millau 70 – Rodez 71.

XX **Les Magnolias** avec ch, ☎ 65 99 77 34, Fax 65 99 70 57, 🏖, 🌳 – TV ☎. AE GB
1er avril-1er janv. et fermé merc. du 15 nov. au 1er janv. – **Repas** 98/320, enf. 68 – ☕ 40 – **6 ch** 250/300 – ½ P 225/275.

PLAISANCE 32160 Gers 82 ③ – 1 657 h alt. 133.

Paris 754 – Auch 58 – Mont-de-Marsan 61 – Pau 59 – Aire-sur-l'Adour 30 – Condom 58 – Tarbes 44.

XX **Ripa Alta** avec ch, ☎ 62 69 30 43, Fax 62 69 36 99 – TV ☎. AE ① GB
Repas *(fermé lundi midi du 15 sept. au 15 mai)* 75 bc/275 🍷 – ☕ 32 – **12 ch** 170/315 – ½ P 195/260.

CITROEN Gar. Lenfant, ☎ 62 69 32 13

PLAISIANS 26170 Drôme 81 ③ – 157 h alt. 540.

Paris 695 – Carpentras 44 – Nyons 34 – Vaison-la-Romaine 26.

X **La Clue,** pl. Église ☎ 75 28 01 17, 🏖 – ▤ P
1er avril-30 sept., week-ends du 1er nov. au 31 mars et fermé lundi – **Repas** 120/145.

PLANCOËT 22130 C.-d'Armor 59 ⑤ – 2 507 h alt. 28.

Paris 418 – St-Malo 28 – Dinan 17 – Dinard 21 – St-Brieuc 47.

XXX ✿ **Jean-Pierre Crouzil** M avec ch, ☎ 96 84 10 24, Fax 96 84 01 93, 🏖, « Belle décoration intérieure », 🌳 – TV ☎ P – 🏛 25. AE GB. ✗
fermé 10 janv. au 20 fév. et hôtel : fermé dim. soir et lundi hors sais. – **Repas** *(fermé dim. soir sauf juil.-août et lundi)* (week-ends prévenir) 120 (déj.), 195/450 et carte 250 à 380 – ☕ 65 – **7 ch** 550/700 – ½ P 400/580
Spéc. Huîtres chaudes et glacées au sabayon de Vouvray à la carotte. Saint-Jacques d'Erquy au coulis d'étrilles (oct. à avril). Homard breton brûlé au lambic.

Emeraude Pneumatiques, ☎ 96 84 11 82

PLAN-DE-CUQUES 13 B.-du-R. 84 ⑬, 114 ㉘ – rattaché à Marseille.

PLAN-DE-LA-TOUR 83120 Var 84 ⑰ 114 ㊱ – 1 991 h alt. 69.

Paris 879 – Fréjus 29 – Cannes 77 – Draguignan 36 – St-Tropez 23 – Ste-Maxime 9,5.

Mas des Brugassières sans rest, S : 1,5 km par rte Grimaud ☎ 94 43 72 42, Fax 94 43 00 20, 🏊, 🌳, 🎾 – ⇆ ch ☎ P. GB
15 mars-15 oct. et 15 déc.-15 janv. – ☕ 40 – **14 ch** 520/550.

à Courruero S : 3,5 km par rte Grimaud – ✉ 83120 Plan de la Tour :

Parasolis sans rest, ☎ 94 43 76 05, Fax 94 43 77 09, ←, 🏊, 🌳 – ☎ P. ✗
20 mars-15 oct. – ☕ 35 – **15 ch** 430.

PLAN-D'ORGON 13750 B.-du-R. 84 ① – 2 294 h alt. 70.

Paris 701 – Avignon 21 – Aix-en-Provence 60 – Arles 37 – ♦Marseille 73 – Nîmes 59.

Flamant Rose, rte St-Rémy ☎ 90 73 10 17, Fax 90 73 19 61, 🏖, 🏊, 🌳 – ▤ rest ☎ P. GB
fermé janv., fév. et merc. midi – **Repas** 69/165 🍷, enf. 45 – ☕ 35 – **28 ch** 190/350 – ½ P 258/298.

XX **Les Grès Hauts,** rte Cavaillon, 2 km ☎ 90 73 19 12, 🏖, 🏊 – P. ① GB
fermé 27 mars au 19 avril, 3 au 14 janv., sam. midi et merc. – **Repas** 105 (déj.), 155/235.

PLAN-DU-VAR 06 Alpes-Mar. 84 ⑲ 115 ⑯ – alt. 141 – ✉ 06670 Levens.

Voir Gorges de la Vésubie★★★ NE – Défilé du Chaudan★★ N : 2 km.

Env. Bonson : site★, ←★★ de la terrasse de l'église, retable de St-Benoît★ dans l'église NO : 9 km, **G. Côte d'Azur.**

Paris 870 – Antibes 39 – Cannes 49 – ♦Nice 31 – Puget-Théniers 32 – St-Étienne-de-Tinée 59 – Vence 28.

XX **Cassini** avec ch, rte Nationale ☎ 93 08 91 03, Fax 93 08 45 48, 🏖 – TV ☎ – 🏛 25. AE GB
fermé 5 au 18 juin, 3 au 18 janv., dim. soir et lundi sauf juil.-août – **Repas** 80/180 🍷, enf. 55 – ☕ 25 – **20 ch** 150/260 – ½ P 180/245.

PLAPPEVILLE 57 Moselle 57 ⑬ – rattaché à Metz.

PLASCASSIER 06 Alpes-Mar. 84 ⑧ ⑨, 115 ㉔ – rattaché à Grasse.

Voir ❄️*** – **Église*** : décoration** – Pavillon de Charousse ❄️** O : 2,5 km puis 30 mn – Lac Vert* NE : 5 km.

Env. Plaine-Joux ≼** NE : 5,5 km.

🖪 Office de Tourisme av. J.-Arnaud ☎ 50 58 80 52, Fax 50 93 83 74.

Paris 598 – Chamonix-Mont-Blanc 29 – Annecy 80 – Bonneville 40 – Megève 21 – Sallanches 11,5.

🏨 **Tourisme** sans rest, ☎ 50 58 80 54, Fax 50 93 82 11, ≼, 🐎 – ☎ 🅿. 🖼
fermé 15 au 30 juin, 15 au 30 oct. et lundi hors sais. – 🖙 30 – **15 ch** 140/260.

PEUGEOT Gar. Legon, à Passy ☎ 50 78 33 74   RENAULT Gar. Ducoudray, à Chedde Passy
                                                ☎ 50 78 33 77

Paris 449 – St-Brieuc 29 – Dinan 47 – Erquy 9 – Lamballe 17 – St-Cast 29 – St-Malo 53.

au Val-André O : 2 km, G. Bretagne – ⊠ 22370 Pléneuf-Val-André :

Voir Pointe de Pléneuf* N 15 mn – Le tour de la Pointe de Pléneuf ≼** N 30 mn.

🖪 Office de Tourisme 1 r. W.-Churchill ☎ 96 72 20 55.

🏨 **Gd H. du Val André** ⑤, r. Amiral Charner ☎ 96 72 20 56, Fax 96 63 00 24, ≼ – 🛗 ≼ ch 📺 ☎ 🅿 – 🔏 30. 🖼. ❄️ rest
hôtel : 12 mars-12 nov. ; rest. : 8 avril-30 sept., fermé mardi midi et lundi – **Repas** 90/185, enf. 60 – 🖙 40 – **39 ch** 355/395 – ½ P 402/442.

🏨 **Clemenceau** sans rest, 131 r. Clemenceau ☎ 96 72 23 70 – 🛗 📺 ☎ 🅿. 🖼
fermé 15 au 28 mars – 🖙 35 – **23 ch** 260/360.

🏛 **Casino** ⑤, sans rest, 10 r. Ch. Cotard ☎ 96 72 20 22 – ☎ 🅿. ❄️
avril-oct – 🖙 29 – **15 ch** 150/260.

XX ⚙️ **La Cotriade** (Le Saout), au port de Piégu : 1 km ☎ 96 72 20 26, ≼ port – 🖼 🖼
fermé mi janv. à mi-fev., lundi soir hors sais. et mardi – **Repas** (nombre de couverts limité - prévenir) 130/270 et carte 350 à 450
Spéc. Homard grillé "Cotriade" . Saint-Jacques au beurre d'orange (oct. à avril). Pêche côtière au quotidien.

XX **Au Biniou,** 121 r. Clemenceau ☎ 96 72 24 35, Fax 96 63 03 23 – 🖼
fermé 1ᵉʳ au 18 mars, 4 janv. au 2 fév. et jeudi sauf juil.-août – **Repas** 85/240, enf. 45.

XX **Mer** avec ch, r. Amiral Charner ☎ 96 72 20 44, Fax 96 72 85 72 – 🅿. 🖼 🖼
fermé 1ᵉʳ déc., 10 au 31 janv. et mardi du 15 oct. au 30 mars – **Repas** 69 (déj.), 89/235, enf. 42 – 🖙 27 – **13 ch** 140/240 – ½ P 225/270.

Annexe Nuit et Jour 🏨 sans rest, – cuisinette 📺 🔧 🅿. 🖼 🖼
fermé 15 nov. au 1ᵉʳ déc., 10 au 31 janv. et mardi du 15 oct. au 30 mars – 🖙 27 – **8 ch** 240.

Voir Lieue de Grève* – Corniche de l'Armorique* N : 2 km.

🖪 Office de Tourisme à la Mairie ☎ 96 35 61 93.

Paris 530 – ♦ Brest 77 – Guingamp 46 – Lannion 18 – Morlaix 19 – St-Brieuc 81.

🏨 **Côtes d'Armor,** rte Corniche N : 4 km par D 42 ☎ 96 35 63 11, Fax 96 35 67 04, ≼, 🐎 – 🅿. 🖼
7 avril-13 nov. – **Repas** *(fermé lundi hors sais.)* 110/190 – 🖙 40 – **20 ch** 350 – ½ P 320/360.

Paris 126 – Troyes 52 – Châlons-sur-Marne 48 – Épernay 50 – Sézanne 13 – Vitry-le-François 55.

XX **Paix** avec ch, ☎ 26 80 10 14, Fax 26 80 12 69 – 📺 ☎ 🅿. 🖼
fermé 17 juil. au 7 août, 17 fév. au 2 mars, dim. soir et lundi – **Repas** 62/250 🍷 – 🖙 21 – **7 ch** 180 – ½ P 316.

Voir Ruines du château de la Hunaudaie* SO : 4 km, G. Bretagne.

Paris 431 – Saint-Malo 38 – Dinan 25 – Dinard 31 – Saint-Brieuc 39.

🏛 **Manoir de Vaumadeuc** ⑤, ☎ 96 84 46 17, Fax 96 84 40 16, « Manoir du 15ᵉ siècle dans un parc » – ☎ 🅿. 🖼 🖼 🖼. ❄️ rest
fermé 5 janv. au 15 mars – **Repas** (résidents seul. d'oct. à juin) *(ouvert 1ᵉʳ juil.-30 sept. et fermé le midi sauf dim.)* (nombre de couverts limité - prévenir) 190/295 – 🖙 45 – **14 ch** 590/950 – ½ P 435/680.

Paris 549 – ♦ Brest 54 – Châteaulin 47 – Landivisiau 17 – Morlaix 9,5 – Quimper 66 – Saint-Pol-de-Léon 27.

🏨 **Gare,** ☎ 98 78 43 76, Fax 98 78 49 78, 🐎 – 📺 ☎ 🅿. 🖼. ❄️
fermé dim. soir du 15 sept. au 15 juin – **Repas** 54 (déj.), 65/160 🍷 – 🖙 29 – **8 ch** 200/220 – ½ P 200.

PLOEMEUR 56270 Morbihan 🖫🖫 ⑫ – 17 637 h.

🏌 de Ploemeur-Océan ℰ 97 32 81 82, O par D 162ᴱ : 8 km.

Paris 501 – Vannes 63 – Concarneau 49 – Lorient 5,5 – Quimper 66.

🏨 **Les Astéries,** 1 pl. FFL (près église) ℰ 97 86 21 97, Télex 951573, Fax 97 86 34 33 – 🛗
   📺 🕿 👌 🅿 – 🔏 50. ⅁⅄. 🎇 rest
   Repas *(fermé Noël au Jour de l'An, sam. et dim. du 15 sept. au 15 juin)* 68/110 🍷 – 🖵 40 –
   36 ch 290/340 – ½ P 250/275.

   à Lomener S : 4 km par D 163 – ⊠ 56270 Ploemeur :

🏨 **Le Vivier,** ℰ 97 82 99 60, Fax 97 82 88 89, ≤ île de Groix – 📺 rest 📺 🕿 🚗 🅿 🍽 ⓞ
   ⅁⅄ 🌮
   fermé 2 au 16 janv. – **Repas** *(fermé dim. soir sauf de Pâques à mi-sept.)* 98/240, enf. 65 –
   🖵 42 – **14 ch** 290/380 – ½ P 380.

PLOËRMEL 56800 Morbihan 🖫🖫 ④ – 6 996 h alt. 76.

🏌 ℰ 97 73 64 64.

🛈 Office de Tourisme 5 r. du Val ℰ 97 74 02 70.

Paris 412 – Vannes 47 – Lorient 88 – Loudéac 43 – ✦Rennes 67.

   au Lac au Duc NO 1 km par D 8 – ⊠ 56800 Ploërmel :

🏨 **Le Roi Arthur** Ⓜ 🌊, ℰ 97 73 64 64, Fax 97 73 64 50, ≤ lac, 🍸, parc, 🗗, 🔲 – 🛗 📺 rest
   📺 🕿 👌 🅿 – 🔏 100. 🍽 ⓞ ⅁⅄
   Repas 95/240 – 🖵 45 – **46 ch** 380/420 – ½ P 345/365.

CITROEN Gar. Payoux, ZI du Bois Vert
ℰ 97 74 05 07 🆕 ℰ 97 74 05 07
FORD Broceliande Autom., 35 bd Foch
ℰ 97 74 00 51
RENAULT Triballier Ploermel Autos,
15 rte de Rennes ℰ 97 74 01 66 🆕 ℰ 97 01 68 85

VAG Gar. Cedam, ZI Route de Rennes
ℰ 97 74 07 73

Ⓦ Corbel Point S, ZI de la rte de Rennes
ℰ 97 74 03 03

   Si vous êtes retardé sur la route, dès 18 h,
   confirmez votre réservation par téléphone,
   c'est plus sûr... et c'est l'usage.

PLOEUC-SUR-LIÉ 22150 C.-d'Armor 🖫🖫 ⑩ – 2 932 h alt. 210.

Paris 448 – St-Brieuc 22 – Lamballe 26 – Loudéac 24.

🏨 **Commerce,** ℰ 96 42 10 36, Fax 96 42 85 77, 🎄 – 🕿. ⅁⅄. 🎇 rest
   fermé 16 au 31 oct., dim. soir et lundi de nov. à fév. – **Repas** 65/168 🍷, enf. 50 – 🖵 28 –
   42 ch 180/220 – ½ P 230/240.

PLOGOFF 29770 Finistère 🖫🖫 ⑬ – 1 902 h alt. 65.

Paris 603 – Quimper 46 – Audierne 10 – Douarnenez 32 – Pont-l'Abbé 42.

🏨 **Ker-Moor,** E : 2,5 km plage du Loch ℰ 98 70 62 06, Fax 98 70 32 69, ≤ – 🕿 🅿. ⅁⅄
   Repas *(fermé dim. soir et lundi midi du 1ᵉʳ oct. au 1ᵉʳ mars)* 70/265, enf. 50 – 🖵 33 –
   16 ch 170/285 – ½ P 255/320.

PLOMBIÈRES-LES-BAINS 88370 Vosges 🖫🖫 ⑯ G. Alsace Lorraine – 2 084 h alt. 456 – Stat. therm.
(27 avril-1er oct.) – Casino.

Voir La Feuillée Nouvelle ≤★ 5 km par ②.

🛈 Office de Tourisme r. Stanislas ℰ 29 66 01 30, Fax 29 66 01 94.

Paris 391 ④ – Épinal 35 ④ – Belfort 74 ② – Gérardmer 41 ① – Vesoul 55 ② – Vittel 60 ④.

Plan page suivante

🏨 **Host. Les Rosiers** 🌊, par ② : 1 km ℰ 29 66 02 66, ≤, 🔲, 🎄 – 🕿 🅿. 🍽 ⓞ ⅁⅄. 🎇 rest
   fermé 15 déc. au 15 fév. et lundi du 1ᵉʳ oct. au 1ᵉʳ mai – **Repas** 98/180, enf. 50 – 🖵 33 –
   20 ch 170/250 – ½ P 220/250.

🏨 **Beauséjour,** 26 av. L. Français **(a)** ℰ 29 66 01 50, Fax 29 66 09 45 – 🛗 🛀 ch 📺 🕿. ⅁⅄.
   🎇 rest
   fermé 15 oct. au 15 nov. et dim. soir d'oct. à avril – **Repas** 85/175 🍷 – 🖵 35 – **23 ch** 175/290
   – ½ P 241/273.

🏨 **Modern-Hôtel,** av. Th. Gautier **(s)** ℰ 29 66 04 02, Fax 29 66 09 92 – 📺 🕿. ⓞ ⅁⅄.
   🎇 rest
   15 avril-15 oct. – **Repas** 95/180 🍷, enf. 55 – 🖵 32 – **52 ch** 220/250 – ½ P 200/205.

🏨 **Commerce,** r. Hôtel de Ville **(v)** ℰ 29 66 00 47, 🔲 – 📺 🕿. ⅁⅄
   1ᵉʳ mai-30 sept. – **Repas** 85/170 🍷, enf. 47 – 🖵 26 – **42 ch** 120/195 – ½ P 170/200.

   près de la Fontaine Stanislas par ④ et D 20 : 4 km – alt. 600 – ⊠ 88370 Plombières-les-B. :

🏨 **Fontaine Stanislas** 🌊, ℰ 29 66 01 53, Fax 29 30 04 31, ≤, « En forêt, jardin » – 🛀 ch
   🕿 🚗 🅿. 🍽 ⅁⅄. 🎇 rest
   1ᵉʳ avril-30 sept. – **Repas** 90/270, enf. 56 – 🖵 34 – **19 ch** 140/300 – ½ P 220/275.

Pour un bon usage
des plans de villes
voir les signes
conventionnels
dans l'introduction.

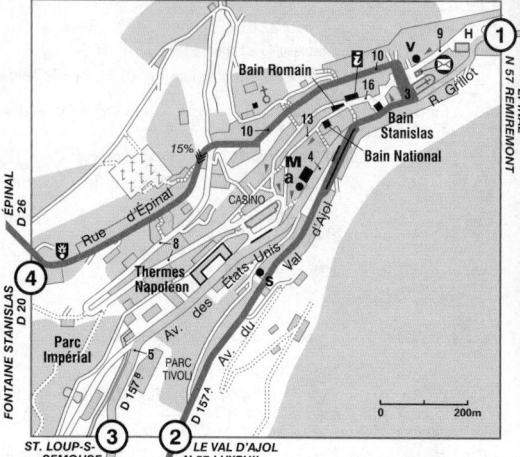

PLOMEUR 29120 Finistère 58 ⑭ G. Bretagne – 3 272 h alt. 31.

Paris 574 – Quimper 25 – Douarnenez 34 – Pont-l'Abbé 6.

🏠   **Ferme du Relais Bigouden** Ⓜ ⤴ sans rest, à Pendreff, S : 2,5 km par D 57
    𝒫 98 58 01 32, Fax 98 82 09 62, 🐎 – 🔟 ☎ & Ⓟ. GB
    fermé janv., vend. et dim. hors sais. – ⊡ 32 – **16 ch** 250/290.

XX   **Relais Bigouden** Ⓜ avec ch, 𝒫 98 82 04 79, Fax 98 82 09 62, 🐎 – 🔟 ☎ – 🔏 40. GB
→   *fermé janv., vend. soir et dim. soir hors sais.* – **Repas** 68/300 – ⊡ 32 – **14 ch** 220/250 –
    ½ P 255/270.

PLOMODIERN 29550 Finistère 58 ⑮ – 1 912 h alt. 112.

Voir Retables★ de la chapelle Ste-Marie-du-Ménez-Hom N : 3,5 km – Charpente★ de la
chapelle St-Côme NO : 4,5 km.

Env. Ménez-Hom ❄★★★ N : 7 km par D 47, G. Bretagne.

🛈 Office de Tourisme, pl. de l'Église (juil.-août) 𝒫 98 81 27 37.

Paris 587 – Quimper 28 – ✦Brest 61 – Châteaulin 12 – Crozon 23 – Douarnenez 19.

🏠   **Relais Porz-Morvan** ⤴ sans rest, E : 3 km 𝒫 98 81 53 23, 🐎, ℀ – ☎ Ⓟ. GB
    1ᵉʳ avril-31 oct. – ⊡ 35 – **12 ch** 290/500.

PLONÉOUR-LANVERN 29720 Finistère 58 ⑭ – 4 619 h alt. 75.

Paris 574 – Quimper 18 – Douarnenez 26 – Guilvinec 13 – Plouhinec 20 – Pont-l'Abbé 7.

🏠   **Voyageurs**, 1 r. J. Jaurès 𝒫 98 87 61 35, Fax 98 82 62 82 – 🍴 rest 🔟 ☎ Ⓟ. ÆE ① GB
    fermé 1ᵉʳ au 15 nov., vend. soir et sam. midi hors sais. – **Repas** 69 (déj.), 91/320 ⅊, enf. 50 –
    ⊡ 35 – **12 ch** 215/295 – ½ P 295/315.

🏠   **Ty Didrouz** ⤴, r. Croas ar Bléon 𝒫 98 87 62 30 – 🔟 ☎ Ⓟ. ÆE ① GB JCB. ℀ rest
→   *fermé vacances de Noël* – **Repas** *(fermé vend. soir hors sais.)* 50 (déj.), 65/180 ⅊ – ⊡ 28 –
    15 ch 225/240 – ½ P 235/255.

PLOUBAZLANEC 22 C.-d'Armor 59 ② – rattaché à Paimpol.

PLOUDALMÉZEAU 29830 Finistère 58 ③ – 4 874 h alt. 50.

Voir Clocher-porche★ de Lampaul-Ploudalmézeau N : 3 km, G. Bretagne.

🛈 Office de Tourisme pl. Église (15 juin-15 sept.) 𝒫 98 48 11 88.

Paris 611 – ✦Brest 25 – Landerneau 39 – Morlaix 73 – Quimper 95.

XX   **Voyageurs** avec ch, pl. Église 𝒫 98 48 10 13, Fax 98 48 19 92 – 🔟 ☎. GB
→   *fermé 15 au 30 mars, 5 au 25 nov., dim. soir sauf juil.-août et lundi* – **Repas** 69 (déj.), 79/
    190 ⅊ – ⊡ 30 – **9 ch** 180/260 – ½ P 240/250.

    à Kersaint O : 4 km par D 168 – ⊠ 29840 Porspoder :

    Voir Parc de stationnement de Trémazan ≤★ NO : 2 km – Route touristique★ NO : 2 km,
    G. Bretagne.

🏠   **Host. du Castel**, 𝒫 98 48 63 35 – ☎ Ⓟ. GB
    Pâques-30 sept., 15 déc.-5 janv. et fermé dim. soir et lundi – **Repas** 100/185 – **17 ch**
    (½ pens. seul.) – ½ P 240/305.

PLOUESCAT 29430 Finistère 🔢 ⑤ **G. Bretagne** – 3 689 h alt. 33.

🛈 Office de Tourisme r. St-Julien (juin-août) 𝒫 98 69 62 18, Fax 98 61 91 74 et à la Mairie 𝒫 98 69 60 13.

Paris 572 – ◆Brest 42 – Brignogan-Plages 15 – Morlaix 34 – Quimper 90 – St-Pol-de-Léon 15.

 🏨 **Caravelle,** 20 r. Calvaire 𝒫 98 69 61 75, Fax 98 61 92 61 – 📺 ☎ – 🛎 30. ◭ ⓪ ⸁⸂
 ➡ **Repas** *(fermé lundi du 15 sept. au 30 juin)* 65/250 ⅄ – ♑ 33 – **17 ch** 215/290 – ½ P 230/245.

 ✗✗ **L'Azou,** r. Gén. Leclerc 𝒫 98 69 60 16, Fax 98 61 91 26 – ◭ ⓪ ⸁⸂
 ➡ *fermé 25 sept. au 18 oct., merc. midi et mardi sauf juil.-août* – **Repas** 76/300 ⅄, enf. 50.

CITROEN Gar. Rouxel, 𝒫 98 69 60 03 ℕ   PEUGEOT Gar. Bossard, 𝒫 98 69 65 26
𝒫 98 69 83 43   RENAULT Gar. Quillec, 𝒫 98 69 61 10 ℕ
                      𝒫 98 69 61 10

PLOUFRAGAN 22 C.-d'Armor 🔢 ③ – rattaché à St-Brieuc.

PLOUGASNOU 29630 Finistère 🔢 ⑥ **G. Bretagne** – 3 530 h alt. 51.

Voir St-Jean du Doigt : Enclos paroissial : trésor★★, église★, fontaine★ SE : 2,5 km – Ste-Barbe
⩽★ NO : 2 km – Pointe de Primel★ NO : 4 km puis 30 mn.

🛈 Office de Tourisme r. des Martyrs (fermé après-midi hors saison) 𝒫 98 67 31 88.

Paris 546 – ◆Brest 76 – Guingamp 61 – Lannion 34 – Morlaix 17 – Quimper 95.

 🏨 **France,** pl. Église 𝒫 98 67 30 15, Fax 98 67 85 21, ☞ – ☎ ℗. ⸁⸂. ✾
 ➡ *fermé merc.* – **Repas** 80/180 – ♑ 27 – **17 ch** 160/260 – ½ P 180/230.

CITROEN Gar. Moal, 𝒫 98 67 35 20   RENAULT Gar. Nicolas, 𝒫 98 67 34 53
RENAULT Gar. Prigent, à Kermébel 𝒫 98 72 30 65

PLOUGASTEL-DAOULAS 29470 Finistère 🔢 ④ **G. Bretagne** – 11 139 h alt. 110.

Voir Calvaire★★ – Site★ de la chapelle St-Jean NE : 5 km – Kernisi ⵯ★ SO : 4,5 km.

Env. Pointe de Kerdéniel ⵯ★★ SO : 8,5 km puis 15 mn.

Paris 578 – ◆Brest 10,5 – Morlaix 55 – Quimper 62.

 🏨 **Kastel Roc'h,** à l'échangeur de la D 33 𝒫 98 40 32 00, Fax 98 04 25 40, ☞ – 🕽 📺 ☎ ℗
 ➡ – 🛎 80. ◭ ⓪ ⸁⸂ ⱼ⸜⸝
  Repas *(fermé dim. soir)* 73/145 ⅄, enf. 55 – ♑ 35 – **48 ch** 242/285.

 ✗✗ **Le Chevalier de l'Auberlac'h,** 𝒫 98 40 54 56 – ◭ ⸁⸂
  fermé lundi hors sais. et dim. soir – **Repas** 75 (déj.), 105/280.

CITROEN Gar. du Centre, 2 r. Neuve 𝒫 98 40 36 23

PLOUGUERNEAU 29880 Finistère 🔢 ④ – 5 255 h alt. 62.

Paris 602 – ◆Brest 26 – Landerneau 35 – Morlaix 67 – Quimper 94.

  à la Plage de Lilia NO : 5 km par D 71 :

 🏨 **Castel Ac'h,** 𝒫 98 04 70 11, Fax 98 04 58 43, ⩽ – ☎ ⅍ ℗. ◭ ⸁⸂
  fermé 15 janv. au 10 fév. – **Repas** 85/190 ⅄, enf. 50 – ♑ 38 – **29 ch** 180/275 – ½ P 240/290.

PLOUHARNEL 56 Morbihan 🔢 ⑪ ⑫ – rattaché à Carnac.

PLOUHINEC 29780 Finistère 🔢 ⑭ – 4 524 h alt. 101.

Paris 589 – Quimper 31 – Audierne 4,5 – Douarnenez 18 – Pont-l'Abbé 27.

 🏨 **Ty Frapp,** r. de Rozavot 𝒫 98 70 89 90, Fax 98 70 81 04 – 📺 ☎ ℗. ⸁⸂. ✾ ch
  fermé 22 déc. au 1ᵉʳ fév., dim. soir et lundi sauf juil.-août – **Repas** 88/220 ⅄, enf. 50 – ♑ 35 –
  16 ch 260 – ½ P 300.

PLOUMANACH 22 C.-d'Armor 🔢 ① – rattaché à Perros-Guirec.

PLOUNÉRIN 22780 C.-d'Armor 🔢 ⑦ – 649 h alt. 186.

Paris 515 – St-Brieuc 66 – Carhaix-Plouguer 49 – Lannion 23 – Morlaix 22.

 ✗✗✗ ❀ **Patrick Jeffroy** avec ch, 𝒫 96 38 61 80, Fax 96 38 66 29 – 📺 ☎ ℗. ⸁⸂. ✾ rest
  mi-mars-mi-nov. et fermé dim. soir et lundi hors sais. – **Repas** (nombre de couverts limité,
  prévenir) 100 bc (déj.), 190/360 et carte 240 à 380 – ♑ 48 – **3 ch** 340/390 – ½ P 450/570
  Spéc. Gâteau de sardines en escabèche. Cannette au sang et navets au jus. Pêche de vigne confite au porto vieux en
  gelée de fruits rouges (août à oct.).

PLUGUFFAN 29 Finistère 🔢 ⑮ – rattaché à Quimper.

Le POËT-LAVAL 26 Drôme 🔢 ② – rattaché à Dieulefit.

POILHES 34 Hérault 🔢 ⑭ – rattaché à Capestang.

POINCY 77 S.-et-M. 🔢 ⑬ – rattaché à Meaux.

POINTE voir au nom propre de la pointe.

 Le Guide change, changez de guide tous les ans.

Voir ≤*** sur Grand Canyon du Verdon 15 mn – Couloir Samson** S : 1,5 km – Rougon ≤* N : 2,5 km – Clue de Carejuan* E : 4 km.

Env. Belvédères SO : de l'Escalès*** 9 km, de Trescaïre** 8 km, du Tilleul** 10 km, des Glacières** 11 km, de l'Imbut** 13 km.

Paris 796 – Digne-les-Bains 71 – Castellane 18 – Draguignan 53 – Manosque 73 – Salernes 65 – Trigance 13.

X **Aub. Point Sublime** ♨ avec ch, ℰ 92 83 60 35, Fax 92 83 74 31, ≤, 綠 – ☎ ℗. GB
1er avril-1er nov. – **Repas** 82/277, enf. 50 – ⌸ 33 – **14 ch** 214/265 – ½ P 220/240.

Le POIRÉ-SUR-VIE 85170 Vendée 67 ⑬ – 5 326 h alt. 54.

Paris 434 – La Roche-sur-Yon 14 – Cholet 68 – ♦Nantes 53 – Les Sables-d'Olonne 41.

🏠 **Centre,** ℰ 51 31 81 20, Fax 51 31 88 21, ⌸, 綠 – 📺 ☎ ⅙. ÆE GB
➻ **Repas** *(fermé dim. soir hors sais.)* 78/250 ⅃, enf. 50 – ⌸ 35 – **32 ch** 135/320 – ½ P 167/241.

CITROEN Gar. Piveteau, 2 r. Écoliers ℰ 51 31 80 42   RENAULT Gar. Bretaudeau, ℰ 51 06 45 00
Ⓝ ℰ 51 31 85 08

POISSON 71 S.-et-L. 69 ⑰ – rattaché à Paray-le-Monial.

POISSY 78300 Yvelines 55 ⑲ 106 ⑰ 101 ⑫ G. Ile de France – 36 745 h alt. 27.
Voir Église N.-Dame*.

🛈 Office de Tourisme 132 r. Gén.-de-Gaulle ℰ (1) 30 74 60 65, Fax (1) 39 65 21 90.

Paris 36 ③ – Mantes-la-Jolie 30 ④ – Pontoise 17 ② – Rambouillet 48 ④ – St-Germain-en-Laye 6 ③.

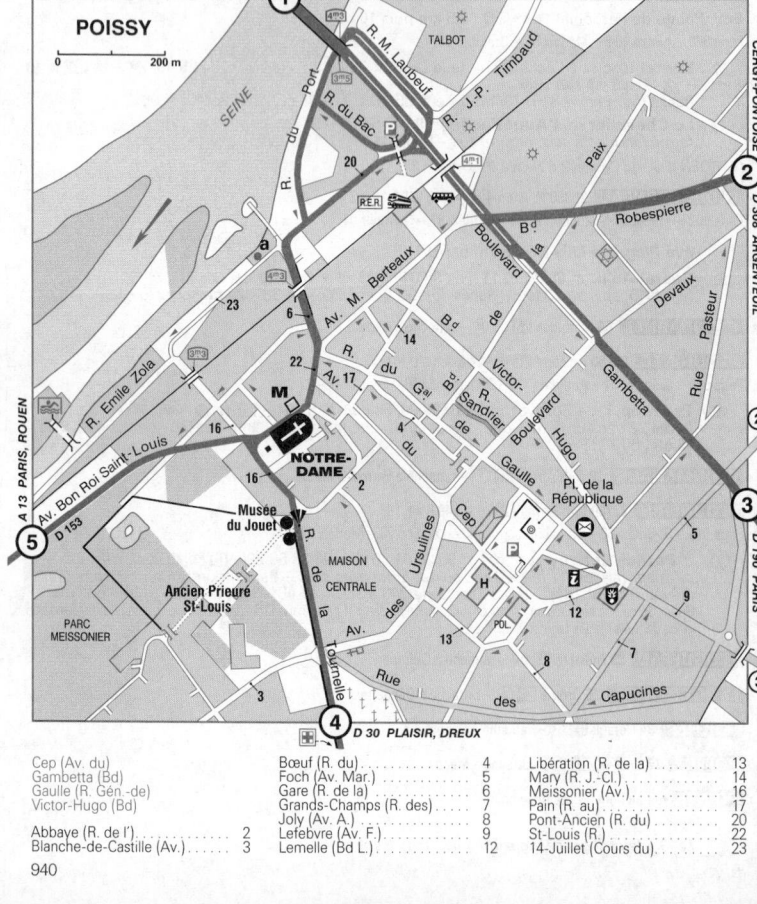

POISSY

Cep (Av. du)		Bœuf (R. du)	4	Libération (R. de la)	13
Gambetta (Bd)		Foch (Av. Mar.)	5	Mary (R. J.-Cl.)	14
Gaulle (R. Gén.-de)		Gare (R. de la)	6	Meissonier (Av.)	16
Victor-Hugo (Bd)		Grands-Champs (R. des)	7	Pain (R. au)	17
		Joly (Av. A.)	8	Pont-Ancien (R. du)	20
Abbaye (R. de l')	2	Lefebvre (Av. F.)	9	St-Louis (R.)	22
Blanche-de-Castille (Av.)	3	Lemelle (Bd L.)	12	14-Juillet (Cours du)	23

XX **L' Esturgeon**, 6 cours 14-Juillet (a) ℰ (1) 39 65 00 04, ≼ – 🖭 🕦 ⒼⒷ
fermé août et jeudi – **Repas** carte 260 à 350.

XX **La Cour-St-Jacques**, 25 av. F. Lefebvre ℰ (1) 30 65 93 00, 🏤 – ⒼⒷ
fermé dim. soir – **Repas** 138 bc.

FORD Gar. Gambetta, 45 bd Gambetta
ℰ (1) 39 65 17 67
RENAULT Gar. Pihan, 78 bd Robespierre par ②
ℰ (1) 39 65 40 94 🅽 ℰ (1) 39 11 50 00
RENAULT Bagros Heid, 1 r. Pont à Triel-sur-Seine
par ① ℰ (1) 39 70 60 29

⑩ Marsat Pneus, 40 bd Robespierre
ℰ (1) 39 65 29 09

CONSTRUCTEUR : Talbot, 45 r. J.-P.-Timbaud ℰ (1) 39 65 40 00

Gagnez du temps et de l'argent.

Consultez 3615 ou 3617 MICHELIN :
*vos meilleurs itinéraires sur **Minitel** ou sur **télécopie**.*

Bonne route !

POITIERS ℗ 86000 Vienne 🖰🖰 ⑬ ⑭ **G. Poitou Vendée Charentes** – 78 894 h alt. 116.

Voir Église N.-D.-la-Grande★★ : façade★★★ DY – Église St-Hilaire-le-Grand★★ CZ – Cathédrale★ DZ – Église Ste-Radegonde★ DZ Q – Baptistère St-Jean★ DZ – Grande salle★ du Palais de Justice DY J – Boulevard Coligny ≼★ BVX – Musée Ste-Croix★★ DZ.

Env. Le Futuroscope★★ 12 km par ①.

🖫 🖫 ℰ 49 46 70 27, E : 3 km par D 6 BVX ; 🖫🖫 du Haut-Poitou ℰ 49 62 53 62, par ① N 10 : 22 km ; 🖫 de Beauvoir ℰ 49 55 47 47 à Mignaloux-Beauvoir, 9 km par ③.

✈ de Poitiers-Biard : ℰ 49 58 27 96 AV.

🛈 Office de Tourisme 8 r. Grandes-Écoles ℰ 49 41 21 24, Fax 49 88 65 84 – A.C. 2 r. Claveurier ℰ 49 41 65 27.

Paris 336 ① – Angers 132 ⑥ – ♦Limoges 120 ③ – ♦Nantes 180 ⑥ – Niort 74 ⑤ – ♦Tours 102 ①.

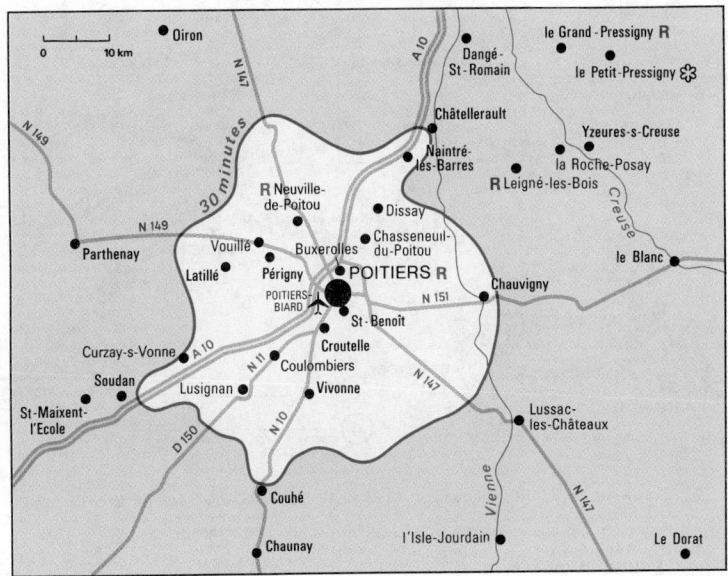

🏨 **Europe** sans rest, 39 r. Carnot ℰ 49 88 12 00, Fax 49 88 97 30, ☞ – 🖨 📺 ☎ ⅄ 🖘 ⓟ 🖭
ⓊⒼⒷ
CZ **n**
☟ 38 – **88 ch** 300/520.

🏨 **France et rest. Royal Poitou**, 215 rte de Paris ℰ 49 01 74 74, Télex 790526,
Fax 49 01 74 73, 🏤 – 🖨 📺 ☎ ☘ ⓟ – ⅄ 25 à 50. 🖭 🕦 ⒼⒷ ⱼⒸⒷ
BV **a**
Repas 100/260, enf. 60 – ☟ 45 – **58 ch** 395/465.

🏨 **Continental** sans rest, 2 bd Solférino ℰ 49 37 93 93, Fax 49 53 01 16 – 🖨 📺 ☎. 🖭 🕦
ⒼⒷ
CY **r**
☟ 38 – **39 ch** 230/295.

POITIERS

Aérospatiale (R. de l') ..... AV 3
Allende (R. Salvador) ..... BX 5
Blaiserie (R. de la) .... AV 6
Ceuille-Mirebalaise (R.) .... AV 15
Coligny (Bd) .... BX 18
Demi-Lune (Carref. de la) .. AV 22
Fg-Ceuille-Mirebalaise (R. du) ..... AV 24
Fg-du-Pont-Neuf (R. du) ... BX 27
Fg-St-Cyprien (R. du) ...... AX 28
Fief-de-Grimoire (R.) ...... AX 30
Gibauderie (R. de la) .... BX 33
Guynemer (R.) .... AX 36
Maillochon (R. de) .... AX 52
Miletrie (R. de la) .... BX 56
Montbernage (R. de) ...... BV 58
Montmidi (R. de) .... AX 62
Pierre-Levée (R.) .... BX 69
Rataudes (R. des) .... AX 70
Schuman (Av. R.) .... BV 88
Vasles (Rte de) .... AX 93

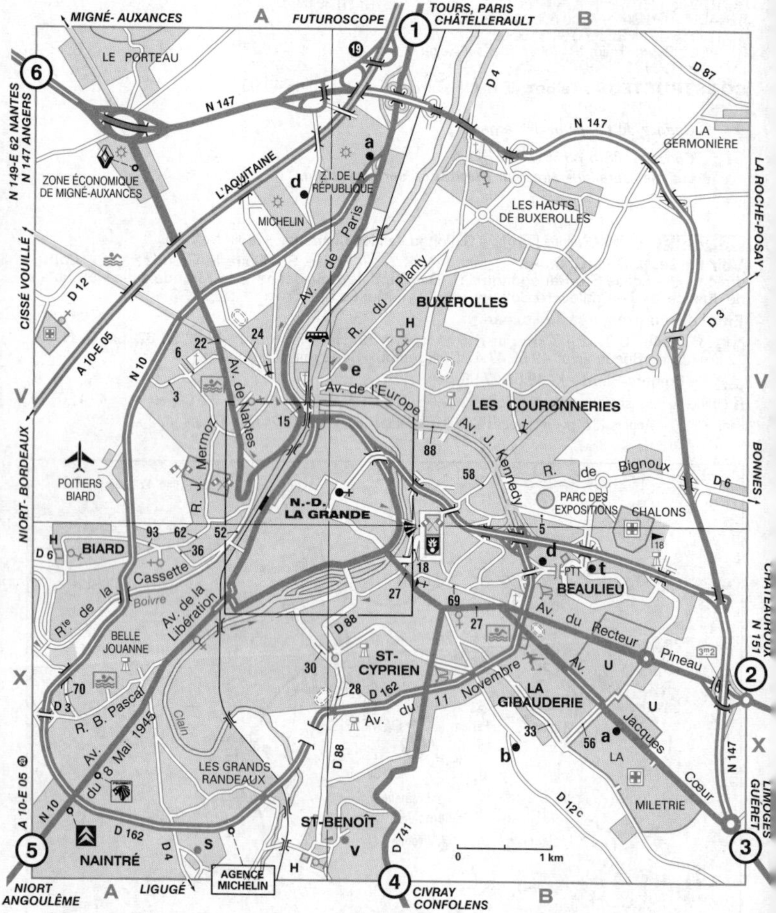

Come Inn Ⓜ, Z.I. République 2 ☎ 49 88 42 42, Fax 49 88 42 44, – TV ☎ ♿ Ⓟ – 🏛 30. GB — AV **d**
Repas *(fermé sam. midi et dim. midi)* 70/125, enf. 40 – ☕ 32 – **46 ch** 235/280 – ½ P 270.

Ibis Beaulieu Ⓜ, quartier Beaulieu ☎ 49 61 11 02, Fax 49 01 72 76 – ch TV ☎ ♿ Ⓟ – 🏛 40. AE ⓓ GB JCB — BX **t**
Repas *(fermé dim. midi)* 97/150 🍷, enf. 40 – ☕ 35 – **47 ch** 270/310.

Gibautel Ⓜ sans rest, rte Nouaillé ☎ 49 46 16 16, Fax 49 46 85 97 – TV ☎ ♿ Ⓟ – 🏛 30. AE GB — BX **b**
☕ 34 – **36 ch** 250/310.

Relais Pictave Ⓜ, 220 av. J. Coeur (près CHRU) ☎ 49 45 07 07, Fax 49 45 07 08 – TV ☎ ♿ Ⓟ – 🏛 30. GB — BX **a**
Repas 78/230 🍷, enf. 45 – ☕ 32 – **43 ch** 220/290 – ½ P 230.

Climat de France, quartier Beaulieu ☎ 49 61 38 75, Fax 49 44 24 42, – TV ☎ ♿ Ⓟ – 🏛 30 à 80. AE ⓓ GB — BX **d**
Repas 90/125 🍷, enf. 44 – ☕ 32 – **70 ch** 259/289.

POITIERS

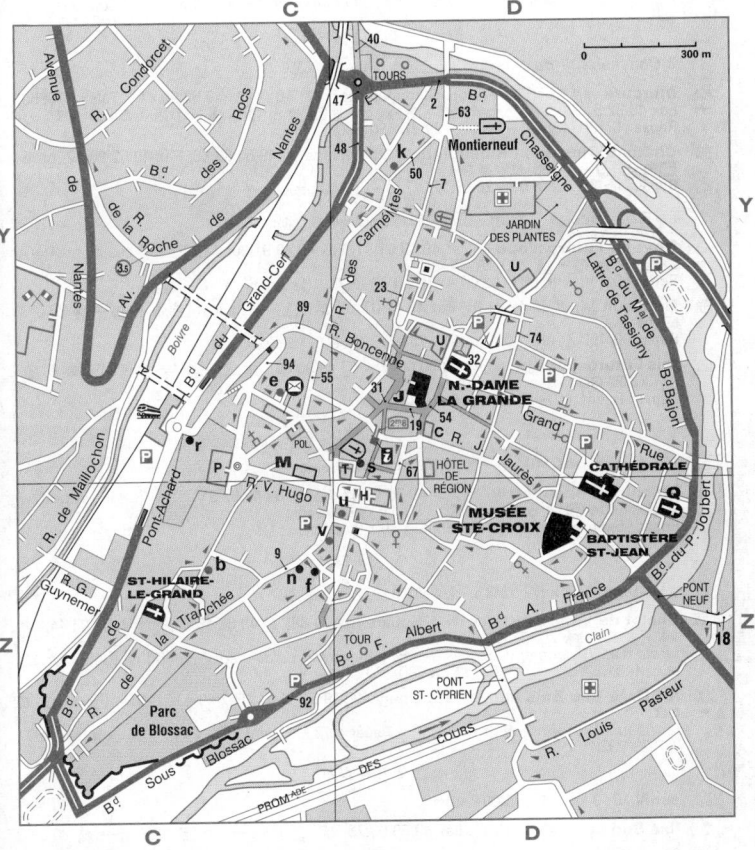

🏠 **Plat d'Étain** sans rest, 7 r. Plat d'Étain 𝒫 49 41 04 80, Fax 49 52 25 84 – 📺 ☎ 🚗 ⚞ 🅰🅴
     🇬🇧   **DY** s
     fermé 22 déc. au 13 janv. – ⇌ 45 – **24 ch** 145/350.

🏠 **Ibis-Centre** sans rest, 15 r. Petit Bonneveau 𝒫 49 88 30 42, Télex 793167,
     Fax 49 55 11 87 – 🛗 📺 ☎ 🛆 🅿 – ⛩ 40. 🅰🅴 ⓪ 🇬🇧   **CZ** f
     ⇌ 36 – **75 ch** 315.

🍴🍴🍴 **Maxime**, 4 r. St-Nicolas 𝒫 49 41 09 55 – 🅰🅴 🇬🇧   **DZ** u
     fermé 10 au 20 juil., 10 au 20 août, 5 au 15 janv., sam. et dim. – **Repas** 99/300 bc et carte 230
     à 390.

🍴🍴 **St Hilaire**, 65 r. T. Renaudot 𝒫 49 41 15 45, Fax 49 60 20 32, « Salle voûtée du
     12e siècle, ambiance médiévale » – ⓪ 🇬🇧   **CZ** b
     fermé 24 déc. au 10 janv., sam. en juil.-août et dim. – **Repas** 120/260.

🍴🍴 **Aux Armes d'Obernai**, 19 r. A. Ranc 𝒫 49 41 16 33 – 🍽. 🅰🅴 ⓪ 🇬🇧   **CY** e
     fermé 5 au 17 sept., 14 fév. au 5 mars, dim. soir et lundi – **Repas** 100/220.

🍴 **Pavé de la Villette**, 21 r. Carnot 𝒫 49 60 49 49, Fax 49 50 63 41 – 🅰🅴 🇬🇧   **CZ** v
     fermé sam. midi et dim. – **Repas** 98 🍷, enf. 46.

🍴 **Chez Vladimir**, 10 r. Jean Macé 𝒫 49 41 69 72, « Décor d'isba » – 🇬🇧 ✂   **DY** k
     fermé 1er juil. au 15 sept., dim. et lundi – **Repas** - cuisine russe - (dîner seul.) carte environ
     150.

au Nord :

à Buxerolles – 6 337 h. – ⊠ 86180 :

XX **Aub. de la Cigogne,** 20 r. Planty 𝄢 49 45 61 47, Fax 49 45 20 06, 斎 – ⒶⒺ ⒼⒷ ᴊᴄʙ,
⌖
BV **e**
fermé 1er au 15 août, 20 au 27 fév., dim. soir et lundi sauf fériés – **Repas** 100/300, enf. 55.

par la sortie ①

à Chasseneuil-du-Poitou : 9 km – 3 002 h. – ⊠ 86360 :

🏛 **Mercure** Ⓜ, espace Croix-Blanche (par N 10) 𝄢 49 52 90 41, Télex 790502,
▬ Fax 49 52 51 72, 斎, 🏊, 🐎, ⚘ – 🛗 ⚐ ch ▦ ▤ ⓉⓋ ☎ 👍 Ⓟ – 🔏 25 à 200. ⒶⒺ ⓄⒷ ⒼⒷ
Repas 70/150, enf. 60 – ⌷ 52 – **89 ch** 490/550.

🏛 **Château Clos de la Ribaudière** 🦢, au village 𝄢 49 52 86 66, Fax 49 52 86 32, parc –
ⓉⓋ ☎ 👍 Ⓟ – 🔏 80. ⒶⒺ ⓄⒷ ⒼⒷ
Repas 145/265 – ⌷ 50 – **20 ch** 280/720 – ½ P 400/500.

au Futuroscope : 12 km – ⊠ 86360 Chasseneuil-du-Poitou :

🏛 **Novotel Futuroscope** Ⓜ, 𝄢 49 49 91 91, Fax 49 49 91 90, ⒻⒺ, 🏊 – 🛗 cuisinette ⚐ ch
▬ ▦ ⓉⓋ ☎ 👍 Ⓟ – 🔏 25 à 200. ⒶⒺ ⓄⒷ ⒼⒷ
Repas 80/110, enf. 50 – ⌷ 50 – **110 ch** 540/635, 18 studios.

🏛 **Deltasun** Ⓜ, 𝄢 49 49 01 01, Fax 49 49 01 10, 斎, 🏊 – 🛗 ▤ rest ⓉⓋ ☎ 👍 Ⓟ – 🔏 25 à 60.
ⒶⒺ ⓄⒷ ⒼⒷ
Repas 90/150 🍷, enf. 40 – ⌷ 40 – **75 ch** 310/380 – ½ P 320.

🏛 **Ibis Futuroscope** Ⓜ, 𝄢 49 49 90 00, Fax 49 49 90 09, 斎, 🏊 – 🛗 ⚐ ch ▦ ⓉⓋ ☎ 👍 Ⓟ –
🔏 30. ⒶⒺ ⒼⒷ
Repas 98, enf. 40 – ⌷ 35 – **140 ch** 300/550.

par la sortie ③

rte de Limoges : 10 km – ⊠ 86800 Mignaloux-Beauvoir :

🏛 **Manoir de Beauvoir** Ⓜ 🦢, 𝄢 49 55 47 47, Fax , Fax 49 55 31 95, ≤, « Parc et golf » –
🛗 cuisinette ⓉⓋ ☎ 👍 Ⓟ – 🔏 25 à 80. ⒶⒺ ⒼⒷ, ⌖ rest
Repas 95, enf. 50 – ⌷ 42 – **43 ch** 430/490, 3 appart.

au Sud :

à St-Benoît : 4 km – 5 843 h. – ⊠ 86280 :

XXX **Chalet de Venise** 🦢 avec ch, r. Square (par D 88) 𝄢 49 88 45 07, Fax 49 52 95 44, 斎,
⚘ – ☎ Ⓟ – 🔏 25. ⒶⒺ ⒼⒷ
BX **v**
fermé 4 au 10 sept. et vacances de fév. – **Repas** *(fermé dim. soir et lundi)* 120 (déj.), 165/280
et carte 260 à 360 – ⌷ 40 – **12 ch** 300/380.

XX **A l'Orée des Bois** avec ch, rte Ligugé 𝄢 49 57 11 44, Fax 49 43 21 40 – ⓉⓋ ☎ Ⓟ. ⒶⒺ
▬ ⒼⒷ
AX **s**
fermé lundi (sauf hôtel) et dim. soir – **Repas** 80/230 🍷, enf. 50 – ⌷ 30 – **16 ch** 200/380 –
½ P 280/320.

par la sortie ⑤

sur N 10 : 3 km – ⊠ 86000 Poitiers :

🏨 **Ibis Sud** Ⓜ, 𝄢 49 53 13 13, Fax 49 53 03 73, 斎, 🏊 – 🛗 ⚐ ch ⓉⓋ ☎ 👍 Ⓟ – 🔏 30 à 80.
ⒶⒺ ⓄⒷ ⒼⒷ
Repas 97 bc/100 🍷, enf. 40 – ⌷ 35 – **116 ch** 300/350.

à Croutelle : 6 km sur N 10 – ⊠ 86240 :

🏛 **Mondial** Ⓜ sans rest, 𝄢 49 55 44 00, Fax 49 55 33 49, 🏊 – ⓉⓋ ☎ 👍 Ⓟ – 🔏 30. ⒶⒺ ⓄⒷ ⒼⒷ
⌷ 34 – **40 ch** 270/450.

XXX **Benoist,** 𝄢 49 57 11 52, 斎, 🐎 – Ⓟ. ⒶⒺ ⒼⒷ
fermé 15 au 21 janv., dim. soir et lundi sauf fériés – **Repas** 125/220 et carte 220 à 400.

rte d'Angoulême : 7 km – ⊠ 86240 Ligugé :

🏛 **Bois de la Marche,** 𝄢 49 53 10 10, Télex 790133, Fax 49 55 32 25, parc, 🏊 – 🛗 ⓉⓋ ☎ 👍
Ⓟ – 🔏 100. ⒶⒺ ⓄⒷ ⒼⒷ ᴊᴄʙ
Repas 100/260 – ⌷ 40 – **53 ch** 305/420 – ½ P 455/480.

par la sortie ⑥

à Périgny par N 149 et D 43 : 17 km – ⊠ 86190 Vouillé :

🏛 **Château de Périgny** 🦢, 𝄢 49 51 80 43, Fax 49 51 90 09, ≤, 斎, « Grand parc », 🏊, ⚘
– 🛗 ⓉⓋ ☎ 👍 Ⓟ – 🔏 25 à 100. ⒶⒺ ⓄⒷ ⒼⒷ
Repas 140/320, enf. 80 – ⌷ 60 – **38 ch** 420/890, 3 appart – ½ P 455/665.

BMW Gar. Futurauto, Rte de Saumur
à Migné-Auxances ℰ 49 54 04 04
CITROEN Diffusion Autom. du Poitou,
157 av. 8 Mai 1945 ℰ 49 53 00 30 **N** ℰ 49 44 63 11
CITROEN S.E.D.P. Auto, à Croutelle par ⑤
ℰ 49 53 06 14
FORD R. M.-Autom., rte de Saumur
à Migné-Auxances ℰ 49 51 69 09
MERCEDES Gar. Etoile 86, 230 rte de Paris
ℰ 49 37 37 73
NISSAN Gar. Bourgoin, 12 rte Torchaise
à Vouneuil-sous-Biard ℰ 49 57 10 07
PEUGEOT Sté Com. Autom. du Poitou,
137 av. 8 Mai 1945 ℰ 49 53 04 51 **N** ℰ 49 62 40 39
RENAULT Gar. Maillet, 14 r. Chanterie
à Nieul l'Espoir ℰ 49 42 64 02

RENAULT Poitevine Autom., 17 r. de Bignoux
ℰ 49 61 27 55
RENAULT S.A.C.O.A. des Nations, rte de Saumur
à Migné-Auxances ℰ 49 51 61 61 **N** ℰ 49 44 66 29
ROVER, SAAB Auto Sport, N 147 à Migné-
Auxances ℰ 49 51 57 57
SEAT Europe Autos, rte de Saumur ℰ 49 51 54 63
VAG Brillant Autom., ZI Demi-Lune, rte de Nantes
ℰ 49 37 60 60

⑩ Chouteau, r. Moulin à St-Benoît ℰ 49 57 20 77
Euromaster, 27 bd Pont-Joubert ℰ 49 01 83 11
Euromaster, 174 av. 8 Mai 1945 ℰ 49 57 25 82
Tours Pneus Interpneus Vulcopneu, r. de Talweg,
ZI République ℰ 49 88 11 92

POIX-DE-PICARDIE 80290 Somme 🗺️ ⑰ G. Flandres Artois Picardie – 2 191 h alt. 106.

Paris 122 – ◆ Amiens 27 – Abbeville 43 – Beauvais 46 – Dieppe 84 – Forges-les-Eaux 43.

🏨 **Le Cardinal**, Pl. République ℰ 22 90 08 23, Fax 22 90 18 61 – 📺 ☎ – 🛗 30 à 100. 🅰🅴 ⑩
GB
Repas 95/165, enf. 40 – 🖵 40 – **35 ch** 240/270 – ½ P 215/235.

à Caulières O : 7 km par N 29 – ✉ 80590 :

XXX **Aub. de la Forge**, ℰ 22 38 00 91, Fax 22 38 08 48 – GB
fermé vacances de fév., mardi soir et merc. – **Repas** (dim.-prévenir) 90/160 🍴, enf. 60.

POLIGNY 39800 Jura 🔟 ④ G. Jura (plan) – 4 714 h alt. 327.

Voir Statues★ dans la collégiale – Culée de Vaux★ S : 2 km.

Env. Cirque de Ladoye ≤★★ S : 8 km.

🛈 Office de Tourisme cour des Ursulines ℰ 84 37 24 21, Fax 84 37 28 76.

Paris 399 – ◆ Besançon 58 – Chalon-sur-Saône 77 – Dole 37 – Lons-le-Saunier 30 – Pontarlier 61.

🏨 **Paris**, 7 r. Travot ℰ 84 37 13 87, 🔲 – ⅙ ch ☎ 🚗. GB
fermé 2 nov. au 2 fév. – **Repas** (*fermé mardi midi et lundi*) 85/165 🍴, enf. 55 – 🖵 32 –
25 ch 160/310 – ½ P 280/300.

🏨 **Nouvel H.**, 11 av. Gare (rte Dole) ℰ 84 37 01 80, Fax 84 37 14 38 – 📺 ☎ 🚗 🅿. GB.
◆ ⅙ ch
fermé 26 oct. au 8 nov., lundi (sauf hôtel) et dim. soir – **Repas** 72/178 🍴 – 🖵 30 –
10 ch 140/280 – ½ P 214/310.

X **Cellier St-Vernier**, 21 pl. Nationale ℰ 84 37 21 65 – 🅰🅴 GB
fermé 2 au 15 janv., dim. soir et lundi – **Repas** 75/180.

aux Monts de Vaux SE : 4,5 km par rte de Genève – alt. 560 – ✉ 39800 Poligny :

Voir ≤★.

🏛️ **Host. Monts de Vaux** ⚫, ℰ 84 37 12 50, Fax 84 37 09 07, ≤, 🌿, parc, ✗ – 📺 ☎ 🚗
🅿 🅰🅴 ⑩ GB
fermé fin oct. à fin déc., mardi sauf le soir en juil.-août et merc. midi de sept. à juin –
Repas 170 (déj.) et carte 250 à 420 – 🖵 70 – **7 ch** 550/900, 3 appart – ½ P 750/820.

à Passenans SO : 11 km par D 83 et D 57 – ✉ 39230 :

🏨 **Le Revermont** ⚫, ℰ 84 44 61 02, Fax 84 44 64 83, ≤, 🌿, parc, 🏊, ✗ – 📳 📺 ☎ 🚗 🅿
– 🛗 25. 🅰🅴 GB. ◆ rest
fermé 25 déc. au 1ᵉʳ mars, dim. soir et lundi d'oct. à mars – **Repas** 105/275, enf. 52 – 🖵 39 –
28 ch 240/375 – ½ P 252/317.

à Montchauvrot SO : 13 km sur N 83 – ✉ 39230 Sellières :

🏨 **La Fontaine**, ℰ 84 85 50 02, Fax 84 85 56 18, 🌿, parc – 📺 ☎ 🅿 – 🛗 40. GB
fermé dim. soir et lundi du 1ᵉʳ oct. au 30 juin – **Repas** 80 (déj.), 85/260 – 🖵 35 –
20 ch 230/300 – ½ P 280/300.

RENAULT Comte Autom., ℰ 84 37 24 80 **N**   ⑩ Chevassu Pneus, ℰ 84 37 15 67
ℰ 84 82 82 67

POLLIAT 01310 Ain 🔟 ② – 2 025 h alt. 213.

Paris 415 – Mâcon 25 – Bourg-en-Bresse 10 – ◆ Lyon 75 – Villefranche-sur-Saône 52.

🏨 **Place**, ℰ 74 30 40 19 – ☎ 🚗. GB
fermé 3 au 10 juil., 30 sept. au 16 oct., 2 au 8 janv., lundi (sauf hôtel) et dim. soir –
Repas 82/220 🍴, enf. 50 – 🖵 29 – **9 ch** 170/270 – ½ P 240/270.

X **Coq Bressan**, ℰ 74 30 40 16, Fax 74 25 75 91 – GB
fermé 14 au 30 juin, 11 au 27 oct., 9 au 17 janv., merc. soir et jeudi – **Repas** 75/180.

RENAULT Gar. Guigue, ℰ 74 30 41 63 **N** ℰ 05 05 15 15

POLMINHAC 15800 Cantal 76 ⑫ – 1 135 h alt. 650.

Paris 560 – Aurillac 15 – Murat 34 – Vic-sur-Cère 5.

🏨 **Parasols,** N 122 🍴 71 47 40 10, ≤, 🛋 – ☎ **P**. **GB**. ⚘ rest
🛏 *fermé 13 nov. au 3 déc., 2 au 14 janv., dim. soir et vend. d'oct. à mars sauf vacances scolaires* – **Repas** 60/130 – � 30 – **25 ch** 180/210 – ½ P 195.

🏨 **Bon Accueil,** près gare 🍴 71 47 40 21, ≤, 🔾, 🛋 – 📺 rest ☎ **P**. **GB**. ⚘
🛏 *fermé 15 oct. au 1ᵉʳ déc., dim. soir et lundi midi sauf vacances scolaires* – **Repas** 55/120 🍴. enf. 35 – ⊡ 33 – **23 ch** 215/260 – ½ P 200/230.

PONS 17800 Char.-Mar. 71 ⑤ G. Poitou Vendée Charentes – 4 412 h alt. 20.

Voir Donjon★ de l'ancien château – Hospice des Pèlerins★ SO par D 732 – Boiseries★ du château d'Usson 1 km par D 249.

🛈 Syndicat d'Initiative Donjon de Pons (15 juin-15 sept.) 🍴 46 96 13 31.

Paris 491 – Royan 42 – Blaye 59 – ◆Bordeaux 95 – Cognac 23 – La Rochelle 92 – Saintes 21.

🏨 ❀ **Aub. Pontoise** (Chat), 23 av. Gambetta 🍴 46 94 00 99, Fax 46 91 33 40, 🉐 – 🛏 rest 📺 ☎ ⟷, 🖭 **GB**
fermé 22 déc. au 1ᵉʳ fév., lundi sauf le soir du 1ᵉʳ juil. au 15 sept. et dim. soir du 15 sept. au 1ᵉʳ juil. – **Repas** 160/320 et carte 270 à 390 – ⊡ 55 – **22 ch** 250/450 – ½ P 340/440
Spéc. Homard sauté à l'ail et au persil plat. Lamproie au vin de Bordeaux et blanc de poireaux. Pannequets de ris de veau aux morilles et foie gras.

🏨 **Bordeaux,** 1 r. Gambetta 🍴 46 91 31 12, Fax 46 91 22 25, 🉐 – 📺 ☎. **GB**
fermé fév., lundi midi et dim. d'oct. à avril – **Repas** 85/230 🍴 – ⊡ 35 – **15 ch** 190/250 – ½ P 225.

à Pérignac NE : 8 km par rte de Cognac – ✉ **17800** :

✕✕ **La Gourmandière,** 🍴 46 96 36 01, 🉐, 🛋 – **GB**
fermé mi-janv. à mi-fév., dim. soir et lundi sauf fériés – **Repas** 90/170, enf. 60.

à Mosnac S : 11 km par rte Bordeaux et D 134 – ✉ **17240** :

✕✕✕ ❀❀ **Moulin de Marcouze** (Bouchet) [M] 🍂 avec ch, 🍴 46 70 46 16, Fax 46 70 48 14, parc, « Élégante hostellerie au bord de la Seugne », 🔾 – 🛏 📺 ☎ ⟷ **P**. 🖭 **GB** **JCB**
15 mars-30 oct. et fermé merc. midi et mardi sauf du 15 juin au 15 sept. et fêtes – **Repas** 150/420 et carte 310 à 470 – ⊡ 70 – **10 ch** 525/700 – ½ P 710/760
Spéc. Tarte aux pommes de terre, saumon fumé et chantilly au caviar. Gigot d'agneau de sept heures à la cuillère. Pêche glacée au granité de Champagne.

à St-Léger NO : 5 km par N 137 et D 249 – ✉ **17800** :

✕ **Le Rustica** 🍂 avec ch, 🍴 46 96 91 75 – **P**. **GB**
🛏 *fermé 9 au 23 oct., 15 au 28 fév., mardi soir et merc. sauf juil.-août* – **Repas** 78/280 🍴, enf. 38 – ⊡ 26 – **7 ch** 140/150 – ½ P 240.

PEUGEOT Relais de Saintonge, 7 cours Alsace-Lorraine 🍴 46 91 32 47

PONTACQ 64530 Pyr.-Atl. 85 ⑦ – 2 683 h alt. 365.

Paris 792 – Pau 28 – Laruns 46 – Lourdes 14 – Nay 13 – Oloron-Ste-Marie 50 – Tarbes 19.

🏨 **Béarn Bigorre,** S : 2 km rte Lourdes ✉ 65380 Ossun 🍴 59 53 57 55, 🛋 – 🕾 **P**. **GB**
🛏 *Pâques-mi-oct.* – **Repas** 78/125 – ⊡ 32 – **18 ch** 215/270 – ½ P 190/235.

RENAULT Gar. Pujo. 🍴 59 53 50 57 **N** 🍴 59 53 50 57

PONT-A-MOUSSON 54700 M.-et-M. 57 ⑬ G. Alsace Lorraine (plan) – 14 645 h alt. 181.

Voir Place Duroc★ – Anc. abbaye des Prémontrés★.

🛈 Office de Tourisme 52 pl. Duroc 🍴 83 81 06 90.

Paris 327 – ◆Metz 27 – ◆Nancy 27 – Toul 48 – Verdun 65.

🏨 **Bagatelle** sans rest, 47 r. Gambetta 🍴 83 81 03 64, Fax 83 81 12 63, 🖌 – 📺 ☎ **P**. 🖭 ⓞ **GB** **JCB**
⊡ 40 – **18 ch** 250/360.

🏨 **Poste** sans rest, 42 bis r. V. Hugo 🍴 83 81 01 16 – 📺 ☎. **GB**
⊡ 30 – **17 ch** 180/260.

à Blénod-lès-Pont-à-Mousson S : 2 km par N 57 – 4 768 h. – ✉ **54700** :

✕ **Aub. des Thomas,** 100 av. V. Claude 🍴 83 81 00 72, 🉐 – 🖭 ⓞ **GB**
fermé 1ᵉʳ au 22 août, 26 fév. au 4 mars, dim. soir, merc. soir et lundi – **Repas** (nombre de couverts limité, prévenir) 95/250.

CITROEN Europ Auto RM, Av. des Etats-Unis 🍴 83 81 01 31
PEUGEOT Gar. André, r. Pont-Mouja, Blénod 🍴 83 81 01 08

🔘 Pneu Cella-Dimoff Point S, 111 r. R.-Blum 🍴 83 81 15 35

*Können Sie wegen Verkehrsstauungen erst nach 18 Uhr
in Ihrem Hotel sein, bestätigen Sie
telefonisch Ihre Zimmerreservierung ;
Sie gehen sicherer... und es ist Gepflogenheit.*

PONTARLIER <SP> 25300 Doubs 70 ⑥ **G. Jura** – 18 104 h alt. 837.

Voir Vitraux modernes★ de l'église St-Bénigne B – Les Rosiers ≤★★ 2 km par ② – Cluse★★ de Pontarlier 4 km par ② – Château de Joux★ 4 km par ②.

Env. Grand Taureau ※★★ par ② : 11 km.

Office de Tourisme,14 bis r. de la Gare ☎ 81 46 48 33, Fax 81 46 83 32.

Paris 447 ③ – ◆Besançon 58 ④ – ◆Basel 160 ① – Beaune 148 ③ – Belfort 127 ④ – Dole 88 ③ – ◆Genève 119 ② – Lausanne 70 ② – Lons-le-Saunier 77 ③ – Neuchâtel 59 ②.

PONTARLIER

République (R. de la) . . AB
St-Étienne (R. du Fg) . . . . B
St-Pierre (Pl.) . . . . A
Ste-Anne (R.) . . . . AB 35

Arçon (Pl. d') . . . . A 2
Augustins (R. des) . . . . . . B 3
Bernardines (Pl. des) . . AB 4
Bernardines (R. des) . . . . B 6
Capucins (R. des) . . . . A 7
Crétin (Pl.) . . . . B 8
Ecorces (R. des) . . . . A 12
Gambetta (R.) . . . . B 13
Halle (R. de la) . . . . A 15
Lattre-de-Tassigny (Pl. Mar.) . . . . B 19
Mathez (R. Jules) . . . . B 26
Mirabeau (R.) . . . . B 27
Moulin Parnet (R. du) . . . A 29
Pagnier (Pl. J.) . . . . B 30
Parc (R. du) . . . . A 31
Salengro (Pl. R.) . . . . A 36
Tissot (R.) . . . . AB 37
Vanolles (R. de) . . . . B 38
Vieux-Château (R. du) . . . A 39
Villingen-Schwenningen (Pl. de) A 40

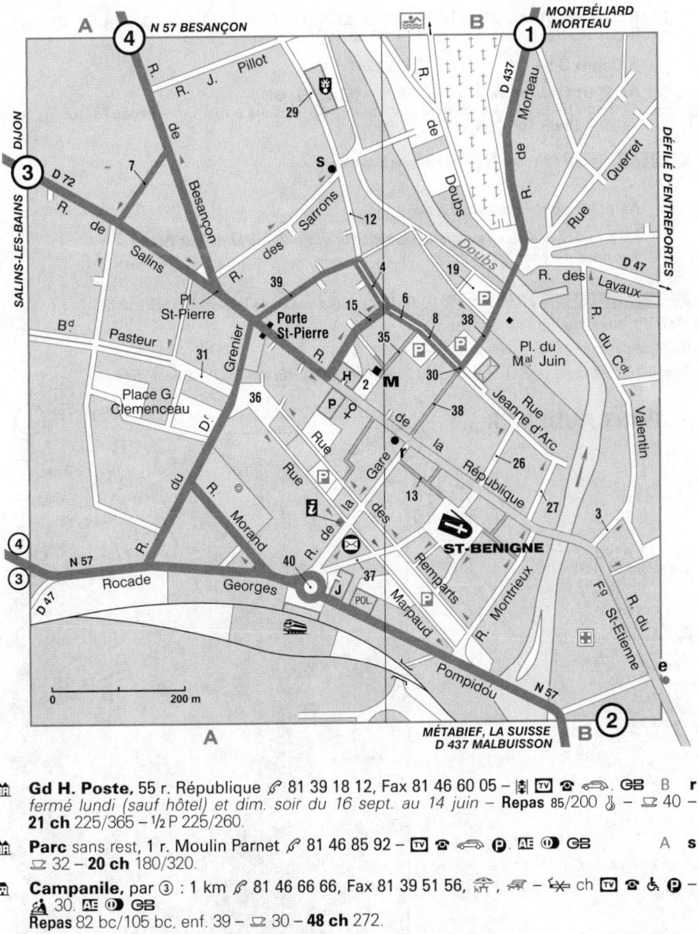

🏨 **Gd H. Poste,** 55 r. République ☎ 81 39 18 12, Fax 81 46 60 05 – TV ☎ GB B **r**
fermé lundi (sauf hôtel) et dim. soir du 16 sept. au 14 juin – **Repas** 85/200 – 40 – **21 ch** 225/365 – ½ P 225/260.

🏨 **Parc** sans rest, 1 r. Moulin Parnet ☎ 81 46 85 92 – TV ☎ P. AE ⓓ GB A **s**
32 – **20 ch** 180/320.

🏨 **Campanile,** par ③ : 1 km ☎ 81 46 66 66, Fax 81 39 51 56, – ch TV ☎ P – 30. AE ⓓ GB
Repas 82 bc/105 bc, enf. 39 – 30 – **48 ch** 272.

🏨 **Villages H.,** par ③ : 1 km ☎ 81 46 71 78, Fax 81 46 67 37 – TV ☎ P – 60. AE ⓓ GB
Repas 65/160, enf. 42 – 32 – **52 ch** 225/255 – ½ P 215/240.

✕✕ **La Gourmandine,** 1 av. Armée de l'Est ☎ 81 46 65 89 – GB B **e**
fermé 1er au 23 juil., mardi soir et merc. – **Repas** 105/320, enf. 50.

CITROEN Gar. Nedey, 8 r. Donnet Zedel par ③
𝄞 81 38 40 40 Ⓝ 𝄞 81 38 40 44
FIAT Gar. Dornier, 55 r. Salins 𝄞 81 39 09 85
FORD Gar. Roussillon, 115 rte de Besançon
𝄞 81 39 11 68
OPEL Gar. Belle Rive, 78 r. de Besançon
𝄞 81 39 14 42
PEUGEOT Gar. Beau-Site, 29 av. Armée de l'Est
par ② 𝄞 81 39 23 95 Ⓝ 𝄞 81 39 23 95

RENAULT Gar. Deffeuille, r. Fée Verte ZI par ③
𝄞 81 46 56 55 Ⓝ 𝄞 81 46 91 75
TOYOTA Gar. Graber, 73 r. de Besançon
𝄞 81 39 17 80

⊚ La Maison du Pneu, 3 et 8 bis r. des Lavaux
𝄞 81 39 19 01
Pneu Pontissalien, 35 r. Eiffel 𝄞 81 39 33 87

PONTAUBAULT 50220 Manche 59 ⑧ – 492 h alt. 31.

Paris 349 – St-Malo 58 – Avranches 8,5 – Dol-de-Bretagne 35 – Fougères 35 – ♦Rennes 68 – St-Lô 67.

🏠 **13 Assiettes,** N : 1 km sur D 43^E2 𝄞 33 58 14 03, Télex 772173, Fax 33 68 28 41, 🍽, 🛋 –
📺 ☎ 🅿 🆎 ⊖⊟
fermé 1er fév. au 15 mars et merc. hors sais. – **Repas** 65 (déj.), 85/200 ⬧, enf. 45 – ⬒ 35 –
34 ch 180/300 – ½ P 225/260.

au SO : 2,5 km sur D 43 – ⊠ 50220 Céaux :

🏠 **Relais du Mont,** 𝄞 33 70 92 55, Fax 33 70 94 57, 🛋 – 📺 ☎ & 🅿 – 🔥 50. 🆎 ⊖⊟
♦ **Repas** 75/185 ⬧, enf. 42 – ⬒ 42 – **28 ch** 300/390 – ½ P 250/280.

à Céaux O : 4 km sur D 43 – ⊠ 50220 :

🏠 **Au P'tit Quinquin,** 𝄞 33 70 97 20 – 📺 ☎ 🅿. ⊖⊟
♦ *1er mars-15 nov. et fermé dim. soir et lundi du 1er mars au 15 juin* – **Repas** 70/165 ⬧, enf. 42 –
⬒ 29 – **20 ch** 145/250 – ½ P 195/240.

PONTAUBERT 89 Yonne 65 ⑯ – rattaché à Avallon.

Ne prenez pas la route au hasard !

*3615 - 3617 MICHELIN vous apportent sur votre **Minitel** ou sur **fax***
ses conseils routiers, hôteliers et touristiques.

PONT-AUDEMER 27500 Eure 55 ④ G. Normandie Vallée de la Seine – 8 975 h alt. 9.

Voir Vitraux★ de l'église St-Ouen.

🛈 Office de Tourisme pl. Maubert 𝄞 32 41 08 21.

Paris 168 ① – ♦ Le Havre 44 ① – ♦ Rouen 50 ① – ♦Caen 74 ⑤ – Évreux 68 ② – Lisieux 35 ④.

PONT-AUDEMER

Clemencin (R. Paul)	5
Gambetta (R.)	13
Jaurès (R. Jean)	18
République (R. de la)	27
Thiers (R.)	32
Victor-Hugo (Pl.)	35
Canel (R. Alfred)	2
Carmélites (R. des)	3
Cordeliers (R. des)	6
Delaquaize (R. S.)	7
Déportés (R. des)	8
Épée (Impasse de l')	9
Félix-Faure (Quai)	
Ferry (R. Jules)	
Gaulle (Pl. Général de)	14
Gilain (Pl. Louis)	16
Goulley (Pl. J.)	
Joffre (R. Mar.)	20
Kennedy (Pl.)	
Leblanc (Quai R.)	21
Maquis-Surcouf (R.)	22
Maubert (Pl.)	23
N.-D. du Pré (R.)	
Pasteur (Bd)	
Pot-d'Étain (Pl. du)	25
Président-Coty (R. du)	26
Président-Pompidou (Av. du)	
Sadi-Carnot (R.)	
St-Ouen (Impasse)	29
Seule (Rue de la)	30
Verdun (Pl. de)	34

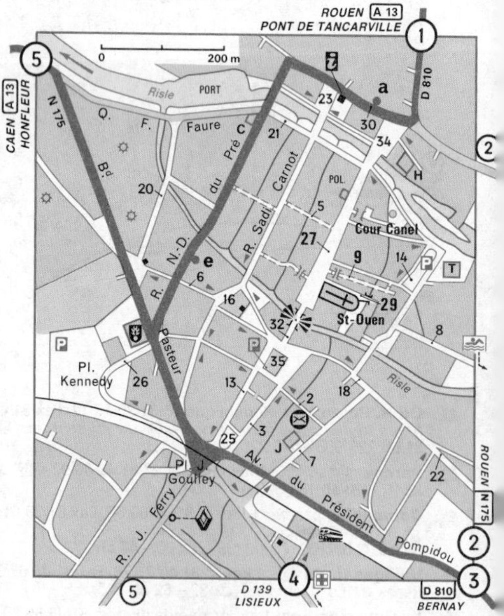

Les plans de villes
sont orientés
le Nord en haut.

🏡🏡 **Belle Isle sur Risle** 🐛, 112 rte Rouen 🖋 32 56 96 22, Fax 32 42 88 96, 🏡, « Sur une
île, parc », 🐾, ⛴, 🍽 – 🛏 ch 📺 ☎ 🅿. 🖭 ⓪ 🖪 ᴊᴄ🖪
Repas 189 (déj.), 230/395 – 🍽 72 – **19 ch** 605/1250 – ½ P 705/1100.

🏡🏡 **Aub. du Vieux Puits** avec ch, 6 r. N.-D.-du-Pré **(e)** 🖋 32 41 01 48, Fax 32 42 37 28,
« Maison normande ancienne, bel intérieur rustique, jardin » – 📺 ☎ 🅿. 🖪. 🦐
fermé 20 déc. au 28 janv., lundi soir et mardi hors sais. – **Repas** 185 (déj.)/290 – 🍽 42 – **12 ch**
250/410.

🏡🏡 **Erawan**, 4 r. Seüle **(a)** 🖋 32 41 12 03, Fax 32 42 53 19 – 🖪. 🦐
fermé août et merc. – **Repas** - cuisine Thaïlandaise - 125.

à Campigny par ③ et D 29 : 6 km – ✉ **27500** :

🏡🏡 **Le Petit Coq aux Champs** 🐛, 🖋 32 41 04 19, Fax 32 56 06 25, 🏡, parc, « Chaumière
normande dans la campagne », 🌊 – ☎ 🅿. 🖭 ⓪ 🖪 ᴊᴄ🖪
Repas 220 bc/300, enf. 80 – 🍽 55 – **12 ch** 525/790 – ½ P 660/720.

CITROEN Gar. Roulin, Z.I. r. Gén.-Koening par ②
🖋 32 41 01 56
CITROEN Gar. Testu, à Lieurey 🖋 32 57 93 47
FIAT Gar. Hauchecorne, 16 r. Maquis Surcouf
🖋 32 41 03 04
NISSAN Gar. Hartog, 7 pl. L.-Gillain 🖋 32 41 04 16
OPEL des Deux Ponts, 22 r. Notre-Dame-du-
Pré 🖋 32 41 00 13
PEUGEOT Gar. Delamare, ZI Rocade Sud par ②
🖋 32 41 00 47
RENAULT Gar. Sovère, rte d'Honfleur à St-
Germain-Village par r. J.-Ferry 🖋 32 41 31 64 🎦
🖋 32 43 81 45

RENAULT Gar. Lidor, rte de Cormeilles à Lieurey
🖋 32 57 90 67
RENAULT Gar. Deschamps, rte de Bernay à Lieurey
par ③ 🖋 32 57 91 77 🎦 🖋 32 57 91 77
VAG Gar. Durfort, 10 rte de Rouen 🖋 32 41 01 57
Stat. La Risle, 67 rte de Rouen 🖋 32 41 14 11

🚗 Marsat Pneus, rte de Bernay à St-Germain-Village
🖋 32 42 15 46
Sube Pneurama Point S, r. Fossés 🖋 32 41 14 89

PONTAULT-COMBAULT 77 S.-et-M. 🖫 ② ⑩, 🖫 ㉘ – voir à Paris, Environs.

PONTAUMUR 63380 P.-de-D. 🖫 ⑬ – 859 h alt. 538.

Paris 399 – ◆Clermont-Ferrand 42 – Aubusson 46 – Le Mont-Dore 58 – Montluçon 66 – Ussel 56.

🏠 **Poste,** 🖋 73 79 90 15, Fax 73 79 73 17 – 📺 ☎ 🚗 – 🛎 25. 🖪. 🦐 ch
fermé 15 déc. au 1ᵉʳ fév., dim. soir et lundi sauf juil.-août – **Repas** 85/250, enf. 55 – 🍽 32 –
15 ch 200/260 – ½ P 190/210.

PEUGEOT Gar. Thiallier-Comes 🖋 73 79 90 02

PONT-AVEN 29930 Finistère 🖫 ⑪ ⑯ **G. Bretagne** – 3 031 h alt. 30.

Voir Promenade au Bois d'Amour★.

🚪 Office de Tourisme pl. Hôtel de Ville 🖋 98 06 04 70, Fax 98 06 17 25.

Paris 529 – Quimper 34 – Carhaix-Plouguer 61 – Concarneau 15 – Quimperlé 17 – Rosporden 14.

🏨 **Ajoncs d'Or,** pl. Hôtel de Ville 🖋 98 06 02 06, Fax 98 06 18 91 – 📺 ☎ 🖭 🖪
fermé 20 nov. au 20 déc. et 3 au 20 janv. – **Repas** *(fermé lundi hors sais. et dim. soir)* 85/
185 🖁, enf. 50 – 🍽 48 – **21 ch** 225/395 – ½ P 295/350.

🏡🏡 🌸 **Moulin de Rosmadec** (Sébilleau) Ⓜ 🐛 avec ch, près pont centre ville
🖋 98 06 00 22, Fax 98 06 18 00, « Ancien moulin sur l'Aven, décor et mobilier bretons »
– 📺 ☎. 🖪
fermé 16 oct. au 3 nov. et fév. – **Repas** *(fermé dim. soir du 3 sept. au 18 juin et merc.)*
(nombre de couverts limité - prévenir) 160/298 et carte 320 à 400 – 🍽 42 – **4 ch** 400/470
Spéc. Homard grillé "Rosmadec". Turbot rôti aux épices douces, coulis de langoustines. Saint-Pierre grillé aux
artichauts.

rte Concarneau O : 4 km par D 783 – ✉ **29930** Pont-Aven :

🏡🏡 🌸 **La Taupinière** (Guilloux), 🖋 98 06 03 12, Fax 98 06 16 46, 🌾 – 🛎 🅿. 🖭 ⓪ 🖪. 🦐
fermé lundi soir sauf juil.-août et mardi – **Repas** (prévenir) 260/460 et carte 290 à 400
Spéc. Fricassée de ris de veau aux langoustines. Dorade grise aux petites huîtres et à l'oseille. Fraises rôties, glace à la
pistache (mai à sept.).

PEUGEOT Gar. Quénéhervé, à Croissant-Kergoz 🖋 98 06 03 11

PONTCHARTRAIN 78 Yvelines 🖫 ⑨ 🖫 ⑯ – alt. 112 – ✉ **78760** Jouars-Pontchartrain.

Env. Domaine de Thoiry★★ NO : 12 km, **G. Ile de France.**

🏌 Isabella 🖋 (1) 30 54 10 62, E : 3 km ; 🏌 des Yvelines 🖋 (1) 34 86 48 89, O par N 12 : 13,5 km.

Paris 37 – Dreux 43 – Mantes-la-Jolie 29 – Montfort-l'Amaury 9 – Rambouillet 23 – Versailles 17.

🏡🏡🏡 **L'Aubergade,** rte Nationale 🖋 (1) 34 89 02 63, Fax (1) 34 89 85 72, 🏡, « Beau jardin
fleuri, volière » – 🅿. 🖪
fermé 7 au 23 août, dim. soir du 16 oct. au 1ᵉʳ mai et lundi soir – **Repas** 210 et carte 290 à
420.

🏡🏡 **Le Bistro Gourmand,** 7 rte Pontel RN 12 🖋 (1) 34 89 25 36 – 🖪
fermé 1ᵉʳ au 22 août, 24 déc. au 3 janv., vacances de fév., dim. soir et lundi – **Repas** 85 (déj.),
125/185 🖁.

à Ste-Appoline E : 3 km sur N 12 – ✉ **78370** Plaisir :

🏡🏡🏡 **Maison des Bois,** 🖋 (1) 30 54 23 17, 🏡, « Demeure rustique, jardin » – 🅿. 🖭 🖪
fermé août, jeudi soir et dim. soir – **Repas** carte 280 à 390.

au SE : 5 km par D 15 et D 23 – ✉ **78760** Jouars-Pontchartrain :

XX **Aub. d'Ergal,** 2 r. Chambord ℰ (1) 34 89 87 87, Fax (1) 34 89 55 65, 佘, ㈜ – ❷, Ⅻ ⅻ
fermé 15 août au 7 sept., dim. soir et lundi – **Repas** 130/190.

CITROEN Gar. Palazzi, 24 rte de Paris ℰ (1) 34 89 02 68

Le PONT-DE-BEAUVOISIN 38480 Isère ⓐ ⑭ ⑮ G. Alpes du Nord – 2 369 h alt. 230.

Paris 525 – ◆Grenoble 57 – Chambéry 36 – Bourg-en-Bresse 94 – ◆Lyon 74 – La Tour-du-Pin 19.

🏠 **Morris,** SE : 2 km par D 82 ℰ 76 37 02 05, ㈜ – ㊀ ❷. ⅻ
fermé 20 déc. au 1ᵉʳ fév. et dim. soir hors sais. – **Repas** 120/260 – ☑ 32 – **20 ch** 180/340 –
½ P 200/300.

CITROEN Gar. Chaboud, ℰ 76 37 03 10 ◨
ℰ 76 37 03 10
FORD Angelin Autom., ℰ 76 37 25 49 ◨
ℰ 76 37 25 49
LADA ROVER Gar. Termoz, ℰ 76 37 05 60 ◨
ℰ 76 37 21 04

PEUGEOT Gar. Cloppet, ℰ 76 37 25 63
RENAULT Autos Isère, ℰ 76 37 04 18

⑩ Pneu Rhone Alpes Vulcopneu, ℰ 76 37 26 62
Prieur Pneus-Point S, ℰ 76 37 34 38

PONT-DE-BRAYE 72 Sarthe ⓖ ⑤ – rattaché à Bessé-sur-Braye.

PONT-DE-BRIQUES 62 P.-de-C. ⓑ ⑪ – rattaché à Boulogne-sur-Mer.

PONT-DE-CHAZEY-VILLIEU 01 Ain ⓐ ③ – rattaché à Meximieux.

PONT-DE-CHERUY 38230 Isère ⓐ ⑬ – 4 700 h alt. 220.

🔗 à Villette d'Anthon, ℰ 78 31 11 33, par D 124 et D 517 : 11,5 km.

Paris 488 – ◆Lyon 32 – Belley 55 – Bourgoin-Jallieu 27 – ◆Grenoble 91 – Meximieux 22 – Vienne 42.

🏠 **Bergeron** sans rest, près Église ℰ 78 32 10 08, Fax 78 32 11 70 – ☎ ❷. ⅻ
fermé 7 au 20 août – ☑ 25 – **16 ch** 120/225.

PEUGEOT Gar. Maunand, ℰ 78 32 11 07

Relais Pneus, 9 ch. de l'Hermite à Tignieu
ℰ 72 02 93 76

⑩ Gar. Roudinsky, r. de la Lechère à Tignieu
ℰ 78 32 22 21

PONT-DE-DORE 63 P.-de-D. ⓓ ⑮ – rattaché à Thiers.

PONT-DE-L'ARCHE 27340 Eure ⓑ ⑥ G. Normandie Vallée de la Seine – 3 022 h alt. 24.

Paris 118 – ◆Rouen 18 – Les Andelys 27 – Elbeuf 12 – Évreux 34 – Gournay-en-Bray 54 – Louviers 11,5.

🏠 **La Tour** sans rest, 41 quai Foch ℰ 35 23 00 99, Fax 35 23 46 22, ㈜ – 📺 ☎ ❷. Ⅻ ⅻ. ❀
☑ 35 – **10 ch** 320.

XX **La Pomme,** aux Damps 1,5 km au bord de l'Eure ℰ 35 23 00 46, Fax 35 23 52 09, 佘, ㈜
– ❷. Ⅻ ⅻ – *fermé 1ᵉʳ au 20 août, dim. soir, mardi soir et merc.* – **Repas** 120/180, enf. 65.

PONT-DE-L'ISERE 26 Drôme ⓒ ② – rattaché à Valence.

PONT-DE-MENAT 63 P.-de-D. ⓓ ③ – ✉ **63560** Menat.

Voir Gorges de la Sioule★★ N et S, G. Auvergne.

Paris 373 – ◆Clermont-Ferrand 49 – Aubusson 82 – Gannat 29 – Montluçon 39 – Riom 34 – St-Pourçain-sur-Sioule 48.

XX **Aub. Maître Henri** avec ch, ℰ 73 85 50 20, Fax 73 85 50 57, 佘 – ❷. ⅻ
↞ *fermé merc. d'oct. à avril* – **Repas** 75/220 ⅃, enf. 40 – ☑ 32 – **10 ch** 130/210.

Gorges de Chouvigny★★ NE par D 915 G. Auvergne – 2 400 h. – ✉ **03450** Chouvigny :
Voir Site★ du château de Chouvigny.

X **Gorges de Chouvigny** ⌇ avec ch, à 7 km ℰ 70 90 42 11, ≤, 佘 – ☎ ❷. ⅻ
fermé 15 déc. au 1ᵉʳ fév., mardi soir et merc. d'oct. à avril – **Repas** 95/180 ⅃, enf. 45 – ☑ 30 –
8 ch 200/300 – ½ P 250.

Le PONT-DE-PACÉ 35 I.-et-V. ⓑ ⑯ – rattaché à Rennes.

PONT-DE-PANY 21410 Côte d'Or ⓖ ⑪ – alt. 288.

Paris 293 – ◆Dijon 20 – Avallon 86 – Beaune 36 – Saulieu 55.

🏨 **Château La Chassagne** ⌇, au N par D 33 et VO : 2 km ℰ 80 40 47 50, Fax 80 23 66 28,
佘, « Château du 19ᵉ siècle dans un parc », 🎣, ⊠, ❀ – 📵 📺 ☎ ⚫ ❷ – 🔒 25. Ⅻ ⅻ
fermé fév. – **Repas** *(fermé lundi)* 145/235 ⅃, enf. 70 – ☑ 60 – **9 ch** 640/1250, 3 appart –
½ P 573/885.

XX **Pont de Pany,** ℰ 80 23 60 59, Fax 80 23 68 90, 佘 – ❷. Ⅻ ⑩ ⅻ
fermé 2 au 31 janv., dim. soir hors sais. et lundi – **Repas** 98/230 ⅃, enf. 55.

PONT-DE-POITTE 39130 Jura ⓖ ⑭ G. Jura – 638 h alt. 439.

Paris 410 – Champagnole 34 – ◆Genève 91 – Lons-le-Saunier 17.

XX **Ain** avec ch, ℰ 84 48 30 16 – ▤ rest 📺 ☎. ⅻ
fermé janv., mardi midi en juil.-août, dim. soir hors saison et lundi – **Repas** 105/260 ⅃ –
☑ 35 – **10 ch** 220/260 – ½ P 240/260.

PONT-DE-ROIDE **25150** Doubs 66 ⑱ **G. Jura** – 4 983 h.

Paris 475 – ◆Besançon 78 – Belfort 35 – La Chaux-de-Fonds 50 – Porrentruy 29.

H. des Voyageurs sans rest, 15 pl. Centrale ✆ 81 96 92 07, Fax 81 92 27 80 – TV ☎ P. AE GB
fermé dim. – ☕ 26 – **16 ch** 155/220.

PEUGEOT Gar. du Lion, ✆ 81 92 42 27

PONT-DE-SALARS **12290** Aveyron 80 ③ – 1 422 h alt. 690.

Paris 642 – Rodez 23 – Albi 87 – Millau 46 – St-Affrique 56 – Villefranche-de-Rouergue 69.

Voyageurs, ✆ 65 46 82 08, Fax 65 46 89 99 – ▤ rest TV ☎. AE GB JCB
fermé fév., dim. soir et lundi d'oct. à juin – **Repas** 75 bc/240 ♁ – ☕ 29 – **31 ch** 210/310 – ½ P 215/250.

RENAULT Gar. Capoulade, ✆ 65 46 83 16 N ✆ 65 46 83 16

PONT-DE-SUMÈNE **43** H.-Loire 76 ⑦ – rattaché au Puy-en-Velay.

PONT-DE-VAUX **01190** Ain 70 ⑫ – 1 913 h alt. 177.

Paris 382 – Mâcon 20 – Bourg-en-Bresse 43 – Lons-le-Saunier 59 – St-Amour 33 – Tournus 20.

XXX **Commerce** avec ch, ✆ 85 30 30 56, Fax 85 30 65 04 – TV ☎ 🚗. AE ① GB JCB
fermé 20 nov. au 20 déc., merc. midi et mardi – **Repas** 98/158 et carte 190 à 260 ♁ – ☕ 43 – **10 ch** 210/298 – ½ P 250/310.

XX ✿ **Le Raisin** (Chazot) avec ch, ✆ 85 30 30 97, Fax 85 30 67 89 – ▤ rest TV ☎ 🚗. AE ① GB
fermé janv., dim. soir et lundi sauf fériés – **Repas** 100/300 ♁, enf. 65 – ☕ 35 – **8 ch** 230/300
Spéc. Grenouilles fraîches à la "Maître d'Hôtel". Crêpes "Parmentier". Poulet de Bresse aux morilles et à la crème. Vins Mâcon, Brouilly.

CITROEN Gar. Grospellier, ✆ 85 30 31 13 N ✆ 85 30 31 13

PONT-D'HÉRAULT **30** Gard 80 ⑯ – rattaché au Vigan.

PONT-D'OUILLY **14690** Calvados 55 ⑪ **G. Normandie Cotentin** – 1 002 h alt. 81.

Voir Roche d'Oëtre★★ S : 6,5 km.

ℹ Syndicat d'Initiative ✆ 31 69 81 95.

Paris 272 – ◆Caen 37 – Briouze 24 – Falaise 18 – Flers 20 – Villers-Bocage 36 – Vire 38.

Commerce, ✆ 31 69 80 16, Fax 31 69 78 08, 🌳, 🍽 – TV ☎. GB
fermé 6 janv. au 6 fév., dim. soir et lundi de sept. à juin – **Repas** 60/160 ♁, enf. 40 – ☕ 30 – **16 ch** 180/220 – ½ P 200/220.

à St-Christophe N : 2 km par D 23 – ✉ **14690** Pont d'Ouilly :

XX **Aub. St-Christophe** 🐦 avec ch, ✆ 31 69 81 23, Fax 31 69 26 58, 🌳, 🍽 – TV ☎ P. AE GB
fermé vacances de Toussaint, de fév., dim. soir et lundi – **Repas** 92/240, enf. 53 – ☕ 40 – **7 ch** 260 – ½ P 275.

PONT-DU-BOUCHET **63** P.-de-D. 73 ③ – ✉ **63380** Pontaumur.

Env. Méandre de Queuille★★ NE : 11,5 km puis 15 mn, **G. Auvergne.**

Paris 391 – ◆Clermont-Ferrand 40 – Pontaumur 12 – Riom 36 – St-Gervais-d'Auvergne 19.

La Crémaillère 🐦, ✆ 73 86 80 07, Fax 73 86 93 17, ≤, 🌳, « Jardin » – TV ☎ P. GB. ✂
fermé 15 déc. au 15 janv., vend. soir et sam. hors sais. – **Repas** 70/200 – ☕ 31 – **16 ch** 220/300 – ½ P 190/240.

PONT-DU-CHAMBON **19** Corrèze 75 ⑩ – rattaché à Marcillac-la-Croisille.

PONT-DU-CHÂTEAU **63430** P.-de-D. 73 ⑮ **G. Auvergne** – 8 562 h alt. 353.

ℹ Syndicat d'Initiative ✆ 73 83 20 02, Fax 73 83 15 00.

Paris 421 – ◆Clermont-Ferrand 14 – Billom 11,5 – Riom 18 – Thiers 30.

X **Pierre Villeneuve**, r. Poste ✆ 73 83 50 03 – GB
fermé 31 juil. au 24 août, dim. soir et lundi – **Repas** 90 (déj.), 138/210.

RENAULT Gar. Denoyelle, 26 r. des Remparts ✆ 73 23 29 87

Gar. Cottier, N 89 ✆ 73 83 22 85
Gar. Vigier, 20 bis r. Croix Blanche ✆ 73 83 25 24

PONT-DU-DOGNON **87** H.-Vienne 72 ⑧ **G. Berry Limousin** – alt. 290 – ✉ **87400** Le Châtenet-en-Dognon.

Paris 395 – ◆Limoges 31 – Bellac 51 – Bourganeuf 27 – La Jonchère-St-Maurice 8,5 – La Souterraine 42.

Chalet du Lac 🐦, ✆ 55 57 10 53, Fax 55 57 11 46, ≤, 🏋, 🍽 – ☎ P – 🏛 50. AE GB
Repas *(fermé dim. soir)* 90/230 – ☕ 30 – **15 ch** 250/350 – ½ P 300.

Rallye 🐦, ✉ 87340 St-Laurent-les-Églises ✆ 55 56 56 11, Fax 55 56 50 67, ≤ lac – TV ☎ P – 🏛 30. GB. ✂ rest
Pâques-15 oct. et fermé mardi midi et lundi hors sais. – **Repas** (prévenir) 90/180, enf. 60 – ☕ 39 – **18 ch** 190/290 – ½ P 210/270.

PONT-DU-GARD 30 Gard 🎱🎰 ⑲ G. Provence – alt. 27 – ✉ **30210** Remoulins.

Voir Pont-aqueduc romain★★★.

🛈 Office de Tourisme (saison) ℘ 66 37 00 02.

Paris 693 – Avignon 26 – Alès 48 – Arles 39 – Nîmes 23 – Orange 37 – Pont-St-Esprit 42 – Uzès 14.

🏠 **Vieux Moulin** ≫, rive gauche ℘ 66 37 14 35, Fax 66 37 26 48, ≤ Pont du Gard, 🌣 – ☎
℗ – 🔦 30. 🖭 ⑥ 🖼 🖼
15 mars-1ᵉʳ nov. et fermé lundi – **Repas** 125/185 – ☷ 60 – **18 ch** 150/495 – ½ P 295/468.

🏠 **Le Colombier** ≫, E : 0,8 km par D 981 (rive droite) ℘ 66 37 05 28, Fax 66 37 35 75, 🌣,
🛼 – 🔟 ☎ ⟺ **℗** 🖭 🖼
Repas 68 bc (déj.), 90/160 🍷, enf. 50 – ☷ 35 – **10 ch** 200/285 – ½ P 240/265.

au NO : 4 km sur D 981 – ✉ **30210** Vers-Pont-du-Gard :

🏛 **La Bégude St Pierre** Ⓜ, ℘ 66 22 10 10, Fax 66 22 73 73, 🌣, 🟰, 🛼 – 🖃 🔟 ☎ 🦽 **℗** –
🔦 50. 🖭 ⑥ 🖼 🖼
Repas *(fermé avril, dim. soir et lundi du 1ᵉʳ oct. au 31 mars)* 115 (déj.), 235/360 – ☷ 60 –
29 ch 440/700 – ½ P 450/580.

à Castillon-du-Gard NE : 4 km par D 19 et D 228 – ✉ **30210** :

🏛 ❀ **Le Vieux Castillon** ≫, ℘ 66 37 00 77, Fax 66 37 28 17, 🌣, patio, « Au coeur d'un
village médiéval », 🟰, – 🔌🔟 ☎ **℗** – 🔦 30 à 60. 🖭 ⑥ 🖼 🖼
fermé début janv. à début mars – **Repas** 220/450 et carte 340 à 420 – ☷ 80 – **35 ch**
650/1360 – ½ P 795/1200
Spéc. Petite fougasse à la tomate et anchoïade (juin à sept.). Effeuillé de filet et joues de morue. Emincé de lapereau et
sa pomme d'amour. **Vins** Côtes du Rhône blanc et rouge.

à Collias O : 7 km par D 981 et D 112 – ✉ **30210** Remoulins :

🏛 **Host. Le Castellas** ≫, Grand'rue ℘ 66 22 88 88, Fax 66 22 84 28, 🌣, « Décor original
dans une ancienne demeure gardoise », 🟰, 🛼 – 🖃 ch 🔟 ☎ **℗** – 🔦 25. 🖭 ⑥ 🖼 🖼
fermé début janv. à début mars – **Repas** 165/360 – ☷ 60 – **16 ch** 450/590 – ½ P 590/760.

Quando cercate un albergo o un ristorante, siate pratici.

Approfittate delle località sottolineate in rosso *sulle* **carte stradali 1:200 000**.

Ma che le carte siano recenti!

PONTEMPEYRAT 43 H.-Loire 🔢 ⑦ – alt. 750 – ✉ **43500** Craponne-sur-Arzon.

Paris 526 – Le Puy-en-Velay 43 – Ambert 39 – Montbrison 49 – ♦St-Étienne 55 – Yssingeaux 41.

🏛 **Mistou** ≫, ℘ 77 50 62 46, Fax 77 50 66 70, « Parc au bord de l'Ance » – 🔟 ☎ **℗** –
🔦 40. 🖭 🖼 ⚭ rest
Pâques-1ᵉʳ nov. – **Repas** *(fermé le midi sauf juil.-août, week-ends et fériés)* 120/295, enf. 70 –
☷ 45 – **28 ch** 300/460 – ½ P 330/470.

Le PONTET 84 Vaucluse 🎱🎰 ⑫ – rattaché à Avignon.

PONT-ÉVÊQUE 38 Isère 🔢 ⑫ – rattaché à Vienne.

PONT-FARCY 14380 Calvados 🔢 ⑨ – 487 h alt. 66.

Paris 301 – St-Lô 25 – ♦Caen 60 – Villedieu-les-Poêles 17 – Villers-Bocage 34 – Vire 18.

🍴 **Coq Hardi,** ℘ 31 68 86 03 – 🖼
↦ *fermé mardi soir et merc. sauf juil.-août* – **Repas** 55/115 🍷, enf. 35.

PONTGIBAUD 63230 P.-de-D. 🔢 ⑬ G. Auvergne – 801 h alt. 672.

Paris 437 – ♦Clermont-Ferrand 24 – Aubusson 65 – Le Mont-Dore 40 – Riom 24 – Ussel 69.

🏠 **Poste,** ℘ 73 88 70 02, Fax 73 88 79 74 – ☎ ⟺. 🖭 🖼
↦ *fermé 1ᵉʳ au 15 oct., janv., dim. soir et lundi sauf juil.-août* – **Repas** 75/190 🍷 – ☷ 32 –
10 ch 165/200.

à La Courteix E : 4 km sur D 941ᴮ – ✉ **63230** St-Ours :

🍴🍴🍴 **L'Ours des Roches,** ℘ 73 88 92 80, Fax 73 88 75 07, « Décor original » – **℗**. 🖭 ⑥ 🖼
fermé 2 au 25 janv., dim. soir et lundi sauf fériés – **Repas** 125/270 et carte 220 à 330, enf. 95.

PONTHIERRY 77 S.-et-M. 🔢 ① 🔢 ㊹ – alt. 60 – ✉ **77310** St-Fargeau-Ponthierry.

Paris 45 – Fontainebleau 18 – Corbeil-Essonnes 11,5 – Étampes 35 – Melun 10,5.

🍴🍴 **Aub. du Bas Pringy,** à Pringy - N 7 ℘ (1) 60 65 57 75, Fax (1) 60 65 48 57, 🌣 – **℗**. 🖭
⑥ 🖼
fermé août, 19 au 29 fév., lundi soir et mardi sauf fêtes – **Repas** 98/230, enf. 55.

🍴🍴 **Aub. Cheval Blanc,** N 7 ℘ (1) 60 65 70 21 – 🖭 🖼
fermé dim. soir – **Repas** 95/198.

Voir Maisons anciennes★ (rues du Fil, du Pont, du Dr-Guépin Y) – Stival : vitraux★ de la chapelle St-Mériadec NO : 3,5 km par ⑥.

🔟 de Rimaison ♒ 97 27 74 03, S : 15 km par D 768.

🛈 Office de Tourisme 61 r. Gén.-de-Gaulle ♒ 97 25 04 10, Fax 97 25 87 09.

Paris 458 ① – Vannes 54 ② – Concarneau 103 ③ – Lorient 56 ② – ◆Rennes 113 ① – St-Brieuc 57 ①.

PONTIVY

> Ne voyagez pas
> aujourd'hui
> avec une carte d'hier.
>
> Don't use
> yesterday's maps
> for today's journey.

🏨 **Rohan Wesseling** Ⓜ sans rest, 90 r. Nationale ♒ 97 25 02 01, Fax 97 25 02 85 – 🛗 📺 ☎ 🔥 🅿 – 🔏 60. ﹍ ☵ ☐ 40 – **18 ch** 295/395.   Z **u**

🏨 **Europe,** 14 pl. A. Briand ♒ 97 25 11 14, Fax 97 25 48 04, 🍴 – 🛗 📺 ☎ 🅿. ﹍ ⓘ ☵.
→ 🍴 rest
Repas (fermé dim.) 70/120 ▯ – ☐ 35 – **20 ch** 250/330 – ½ P 265/280.   Z **b**

🏠 **Porhoët** sans rest, 41 r. Gén. de Gaulle ♒ 97 25 34 88, Fax 97 25 57 17 – 🛗 📺 ☎.
☵
☐ 30 – **28 ch** 210/290.   Y **a**

CITROEN Gar. Laloge, rte de Vannes par ③
♒ 97 25 30 56 🄽 ♒ 97 02 60 60
PEUGEOT Gar. Lainé, 40 r. Colbert ♒ 97 25 12 19
🄽 ♒ 97 25 12 19
RENAULT Centre Bretagne Renault Pontivy,
Rte de Guémené par ⑥ ♒ 97 28 50 00 🄽
♒ 97 28 60 22

Ⓜ Piété, 6 r. de Mun et r. Guynemer
♒ 97 25 02 77
Pontivy Pneus Armorique Vulcopne rte de Lorient
par ④ ♒ 97 25 41 70

Voir Manoir de Kerazan-en-Loctudy★ 3,5 km par ②.

Env. Calvaire★★ de la chapelle N.-D.-de-Tronoën O : 8 km.

🛈 Office de Tourisme "Château" (fermé matin vacances de Printemps-mai, juin-sept.) ♒ 98 82 37 99.

Paris 568 ① – Quimper 18 ① – Douarnenez 33 ④.

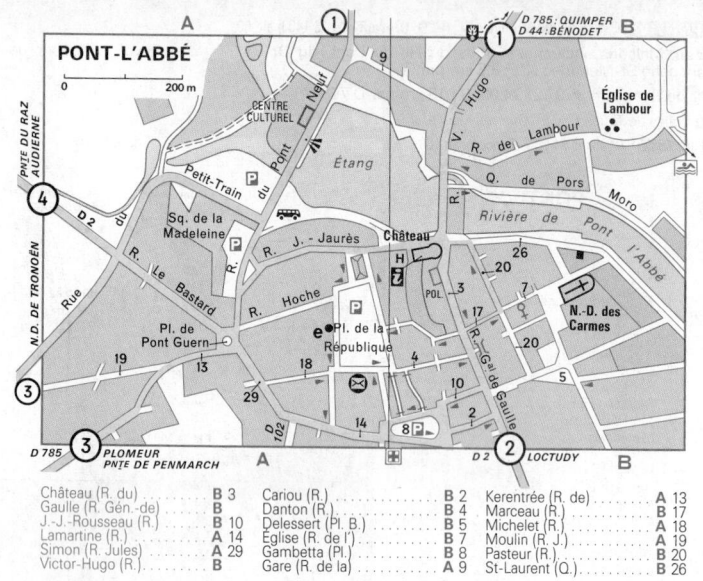

PONT-L'ABBÉ

0   200 m

PNTE DU RAZ AUDIERNE

N.D. DE TRONOËN

D 785 : QUIMPER
D 44 : BÉNODET

Église de Lambour

CENTRE CULTUREL

Étang

Petit-Train

Sq. de la Madeleine

R. Le Bastard

R. J. - Jaurès

Château

R. Hoche

Pl. de Pont Guern

Pl. de la République

D 785   PLOMEUR
PNTE DE PENMARCH

D 2   LOCTUDY

N.D. des Carmes

Rivière de Pont l'Abbé

Q. de Pors Moro

🏨 **Château de Kernuz** ⤸, par ③ : 3 km 🖋 98 87 01 59, Fax 98 66 02 36, « Château du 15ᵉ siècle dans un parc », 🌊, ❀ – ☎ 🅿. 🖼 JCB. 🛇
1ᵉʳ avril-30 sept. – **Repas** 150 🍷 – 🗴 35 – **14 ch** 370/450 – ½ P 370/410.

🏨 **Bretagne**, 24 pl. République 🖋 98 87 17 22, Fax 98 82 39 31 – 📺 ☎. 🖼 🖼. 🛇 ch
fermé 15 janv. au 5 fév. – **Repas** (fermé lundi hors sais. sauf vacances scolaires) 72 (déj.),
115/380 🍷, enf. 60 – 🗴 37 – **18 ch** 240/380 – ½ P 280/335.   A **e**

XX **Relais de Ty-Boutic**, par ③ : 3 km 🖋 98 87 03 90, Fax 98 87 30 63, 🌸 – 🅿. 🖼
fermé début fév. à mi-mars, lundi en juil.-août, mardi soir et merc. hors sais. – **Repas**
125/300 🍷 - **Le Buffet : Repas** 70 🍷, enf. 55.

CITROEN Gar. Chapalain, rte de Plomeur à Kerouan   RENAULT Gar. l'Helgoualc'h, à Loctudy
par ③ 🖋 98 87 16 37   🖋 98 87 53 55
PEUGEOT Gar. Chatalen, rte de Quimper
à Kermaria par ① 🖋 98 66 03 70 🅽 🖋 98 98 90 79

▮ **PONT-LES-MOULINS** 25 Doubs 🔢 ⑯ – rattaché à Baume-les-Dames.

▮ **PONT-L'ÉVÊQUE** 14130 Calvados 🔢 ③ G. Normandie Vallée de la Seine – 3 843 h alt. 16.

🖥 🖥 de St-Julien 🖋 31 64 30 30, SE par D 579 : 3 km.

🖪 Office de Tourisme, r. St-Michel 🖋 31 64 12 77, Fax 31 64 76 96.

Paris 195 – ◆Caen 47 – ◆Le Havre 40 – ◆Rouen 77 – Trouville-sur-Mer 11.

🏠 **Climat de France**, Base de loisirs, SE : 2 km par D 48 🖋 31 64 64 00, Fax 31 64 12 28, ≤,
🍴, 🌸 – ≒ ch 📺 ☎ 🕭 🅿 – 🔬 70. 🖼 🖼 🖼 JCB
Repas 85/125 🍷, enf. 39 – 🗴 34 – **56 ch** 295/350 – ½ P 275/290.

XX **Aigle d'Or**, 68 r. Vaucelles 🖋 31 65 05 25, Fax 31 65 12 03 – 🖼 🖼 🖼
fermé 20 au 30 nov., vacances de fév. et merc. hors sais. – **Repas** 125 bc/225.

XX **Aub. de la Touques**, pl. Église 🖋 31 64 01 69 – 🖼 🖼
fermé 5 au 21 déc., 1ᵉʳ au 23 janv., lundi soir et mardi – **Repas** 105/165, enf. 50.

à St-Martin-aux-Chartrains NO : 3,5 km sur N 177 – ⌧ 14130 Pont-l'Évêque :

XX **Aub. de la Truite**, 🖋 31 65 21 64, Fax 31 65 28 78, 🍴, 🌸 – 🅿. 🖼 🖼 🖼
fermé dim. soir et lundi sauf fériés – **Repas** 98/280, enf. 50 - **Le Bistrot des Chartrains** 🖋 31 65
20 36 **Repas** 50/75 🍷, enf. 40.

St-André-d'Hébertot rte de Pont-Audemer E : 8 km par N 175 et VO – ⌧ 14130
Pont-l'Évêque :

🏨 **Aub. du Prieuré** ⤸, 🖋 31 64 03 03, Fax 31 64 16 66, « Prieuré du 13ᵉ siècle », 🌊, 🌸 –
≒ ch 📺 ☎ 🕭 🅿 – 🔬 30 à 100. 🖼
fermé merc. – **Repas** 145/180 dîner à la carte – 🗴 42 – **13 ch** 310/980 – ½ P 345/640.

CITROEN Gar. Dupuits, 5 r. St-Mélaine   Ⓦ Pont l'Evèque Pneus, ZI r. P.-Gamare
🖋 31 64 01 86   🖋 31 65 00 67

954

PONT-L'ÉVÊQUE 60 Oise 55 ③ – rattaché à Noyon.

PONTLEVOY 41400 L.-et-Ch. 64 ⑰ G. Châteaux de la Loire – 1 423 h.

Voir Ancienne abbaye★.

Paris 211 – ◆Tours 50 – Amboise 27 – Blois 26 – Montrichard 7,5.

  XX **de l'École** avec ch, ℰ 54 32 50 30, Fax 54 32 33 58, 💥, 🚗 – ☎ 🅿. GB. 🛠
        fermé fév. et mardi sauf juil.-août – **Repas** 95/220, enf. 58 – 🍽 38 – **11 ch** 250/395 – ½ P 310.

PONTMAIN 53220 Mayenne 59 ⑲ – 935 h alt. 165.

Paris 324 – Domfront 42 – Fougères 17 – Laval 51 – Mayenne 46.

  🏠 **Aub. de l'Espérance** (Centre d'Aide par le Travail), 9 r. Grange ℰ 43 05 08 10,
  ◆ Fax 43 05 03 19, 💥 – 📳 🖵 🅴 👄. GB. 🛠
        Repas 60 bc/82 🍷, enf. 35 – 🍽 25 – **11 ch** 126/221 – ½ P 153/161.

PONTOISE 95 Val-d'Oise 55 ⑳, 106 ⑤ ⑥, 101 ③ – voir à Cergy-Pontoise.

PONTORSON 50170 Manche 59 ⑦ G. Normandie Cotentin – 4 376 h alt. 18.

🛈 Office de Tourisme pl. Église (Pâques-15 sept.) ℰ 33 60 20 65.

Paris 362 – St-Malo 44 – Avranches 22 – Dinan 49 – Fougères 38 – ◆Rennes 57.

  🏠🏠 **Montgomery**, r. Couesnon ℰ 33 60 00 09, Télex 171332, Fax 33 60 37 66, 💥, « Maison
        du 16ᵉ siècle » – 🖿 ch 🖵 🕿. 🅰🅴 ⓞ GB
        9 avril-1ᵉʳ nov. et fermé mardi midi et lundi en avril et oct. – **Repas** 128/196, enf. 64 – 🍽 49 –
        32 ch 340/460 – ½ P 322/475.

  🏠🏠 **Bretagne**, r. Couesnon ℰ 33 60 10 55, Fax 33 58 63 17 – 🖿 ch 🖵 🕿. 🅰🅴 GB
  ◆ *fermé mi-janv. au 10 fév. et lundi hors sais.* – **Repas** 70/240, enf. 40 – 🍽 30 – **14 ch** 200/380
        – ½ P 250/300.

  🏠 **Relais Clemenceau**, bd Clemenceau ℰ 33 60 10 96, Fax 33 60 25 71 – 🖵 🕿 👄. GB
  ◆ *fermé 9 janv. au 10 fév., dim. soir et lundi hors sais.* – **Repas** 58/200 🍷, enf. 38 – 🍽 30 –
        18 ch 130/270 – ½ P 190/240.

    à Brée NE : 5 km sur N 175 – ✉ **50170** Pontorson :

  XX **Sillon de Bretagne** avec ch, ℰ 33 60 13 04, Fax 33 70 91 75, 💥 – 🖵 🕿 🅿. 🅰🅴 ⓞ GB
  ◆ *fermé 15 au 15 déc., 15 janv. au 15 fév., dim. soir et lundi d'oct. à avril* – **Repas** 70/230 🍷,
        enf. 39 – **9 ch** 200/240 – ½ P 215.

CITROEN Gar. Jamin, 14 r. Libération   PEUGEOT Gar. Galle-Vettori, ℰ 33 60 00 37 🅽
ℰ 33 60 00 29   ℰ 33 60 02 71

PONT-RÉAN 35170 I.-et-V. 63 ⑥.

Paris 362 – ◆Rennes 17 – Châteaubriant 52 – Fougères 70 – Nozay 55 – Vitré 53.

  X **Aub. de Réan** avec ch, ℰ 99 42 24 80, Fax 99 42 28 66 – 🖵 🕿 🅿. 🅰🅴 GB
        fermé vacances de fév. – **Repas** *(fermé dim. soir et lundi)* 60 (déj.), 85/185 – 🍽 35 –
        8 ch 200/260 – ½ P 280/400.

PONT-ST-ESPRIT 30130 Gard 80 ⑩ G. Provence (plan) – 9 277 h alt. 59.

🛈 Office de Tourisme r. Vauban ℰ 66 39 44 45.

Paris 642 – Avignon 45 – Alès 61 – Montélimar 37 – ◆Nîmes 75 – Nyons 45.

  🏠🏠 **St-Jean-Baptiste** 🦢 sans rest, rte Nîmes ℰ 66 39 33 24, Fax 66 39 10 46, 🏊, 💥 – 🖵
        🕿 👄 🅿. 🅰🅴 ⓞ GB. 🛠
        🍽 45 – **28 ch** 340/460.

PONT-ST-PIERRE 27360 Eure 55 ⑦ G. Normandie Vallée de la Seine – 882 h alt. 17.

Voir Boiseries★ de l'église – Côte des Deux-Amants ≤★★ SO : 4,5 km puis 15 mn – Ruines de
l'abbaye de Fontaine-Guérard★ NE : 3 km.

Paris 106 – ◆Rouen 21 – Les Andelys 18 – Évreux 45 – Louviers 22 – Pont-de-l'Arche 11.

  XXX **Bonne Marmite** avec ch, ℰ 32 49 70 24, Fax 32 48 12 41 – 🖵 🕿 🅿 – 🔬 25. 🅰🅴 ⓞ GB
        🅹🅲🅱. 🛠 ch
        fermé 25 juil. au 13 août, 20 fév. au 10 mars, dim. soir et lundi sauf fériés – **Repas** 140/490 bc
        et carte 260 à 350, enf. 98 – 🍽 45 – **9 ch** 370/550 – ½ P 340/415.

  XX **Aub. de l'Andelle**, ℰ 32 49 70 18 – GB
  ◆ *fermé 16 août au 2 sept. et mardi soir* – **Repas** 68/180.

CITROEN Gar. Grandserre, à Neuville-Chant-d'Oisel   ◍ Brunel Pneus, Le Petit Nojeon
ℰ 35 79 91 91   à Fleury-sur-Andelle ℰ 32 49 01 22

PONT-STE-MARIE 10 Aube 61 ⑰ – rattaché à Troyes.

PONT-SUR-YONNE 89140 Yonne 61 ⑭ – 3 212 h.

Paris 107 – Fontainebleau 43 – Auxerre 72 – Montereau-Faut-Yonne 12 – Nemours 44 – Sens 12.

  X **Host. de l'Écu** avec ch, ℰ 86 67 01 00, 💥 – 🅰🅴 ⓞ GB
  ◆ *fermé 20 janv. au 20 fév., lundi soir et mardi* – **Repas** 80/155 – 🍽 30 – **7 ch** 160/200 –
        ½ P 170/255.

RENAULT Gar. Ristick, N 6, av. du Gén.-Leclerc ℰ 86 67 11 87 🅽 ℰ 86 96 36 33

Le PORGE 33680 Gironde **7 8** ① – 1 230 h alt. 20.

Paris 623 – ✦Bordeaux 47 – Andernos-les-Bains 18 – Lacanau-Océan 24 – Lesparre-Médoc 52.

XX **Vieille Auberge,** ✆ 56 26 50 40, 佘, « Jardin » – **ⓟ**. GB
fermé 20 janv. au 20 fév., mardi soir en hiver et merc. – **Repas** 125/250.

PORNIC 44210 Loire-Atl. **67** ① **G. Poitou Vendée Charentes** (plan) – 9 815 h alt. 5 – Casino le Môle.
🛤 ✆ 40 82 06 69, O : 1 km.
🛈 Office de Tourisme quai du Cdt L'Herminier ✆ 40 82 04 40, Fax 40 82 90 12.
Paris 438 – ✦Nantes 49 – La Roche-s-Yon 83 – Les Sables-d'Olonne 94 – St-Nazaire 29.

🏨 **Alliance** Ⓜ 🕭, plage de la source S : 1 km ✆ 40 82 21 21, Fax 40 82 80 89, ≼, centre de
thalassothérapie, 佘, ✗ – |勺| ▤ rest ⊡ ☎ ᣵ **ⓟ** – 🔏 40. ◭ ⓞ GB. ✗ rest
Repas 165, enf. 50 – ⛲ 65 – **90 ch** 510/775 – ½ P 510/618.

🏨 **Relais St-Gilles** 🕭, 7 r. F. de Mun ✆ 40 82 02 25 – ☎. GB. ✗ rest
hôtel : 1ᵉʳ avril-10 oct. ; rest. : 10 juin-20 sept. – **Repas** (dîner seul.) 115 – ⛲ 33 – **29 ch**
270/350 – ½ P 255/300.

🏨 **Alizés** Ⓜ sans rest, 44 r. Gén. de Gaulle ✆ 40 82 00 51, Fax 40 82 87 32 – ⊡ ☎ ᣵ **ⓟ**. ◭
GB
fermé janv. – ⛲ 32 – **29 ch** 290/350.

à Ste-Marie O : 3 km – ✉ 44210 Pornic :

🏨 **Les Sablons** 🕭, ✆ 40 82 09 14, Fax 40 82 04 26, 佘, ✗ – ⊡ ☎ **ⓟ**. GB. ✗
Repas (fermé dim. soir et lundi hors sais.) 100/260, enf. 50 – ⛲ 40 – **30 ch** 390/420 –
½ P 330/360.

CITROEN Gar. du Môle, 26 quai Leray
✆ 40 82 00 08
PEUGEOT Route Bleue Autom., rte Bleue
✆ 40 82 00 26
RENAULT Gar. Guitteny, 7 r. Gén.-de-Gaulle
✆ 40 82 01 17

RENAULT DIFA, ZI des Terres Jarries
✆ 40 64 08 08 **Ⓝ** ✆ 40 82 66 66
VAG Gar. de la Côte de Jade, 21 r. des Champs-
Francs Prolongée ZI ✆ 40 82 37 00

PORNICHET 44380 Loire-Atl. **63** ⑭ **G. Bretagne** – 8 133 h alt. 5 – Casino .
🛈 Office de Tourisme 3 bd République ✆ 40 61 33 33, Fax 40 11 60 88 et pl. A-Briand (juin-sept.)
✆ 40 61 08 92.
Paris 449 – ✦Nantes 72 – La Baule 7 – St-Nazaire 11.

🏨 **Sud Bretagne** Ⓜ, 42 bd République ✆ 40 11 65 00, Fax 40 61 73 70, 佘, « Jolie décora-
tion intérieure », 🛆, 🅺, 🐾, 佘, ✗ – |勺| ⊡ ☎ **ⓟ** – 🔏 40. ◭ ⓞ GB **JCB**
fermé 20 au 30 nov. et 5 au 31 janv. – **Repas** 150/270 – ⛲ 50 – **27 ch** 500/800, 3 appart –
½ P 550/850.

🏨 **Charmettes et Table d'Anaïs** Ⓜ 🕭, 7 av. Flornoy (Hôtel de Ville) ✆ 40 11 57 00,
Fax 40 61 86 47, 佘 – ⊡ ☎ ᣵ – 🔏 25. GB
Repas (fermé mardi midi, dim. soir et lundi) 180 – ⛲ 39 – **21 ch** 390/520 – ½ P 320/419.

🏨 **Ibis** Ⓜ, 66 bd Océanides ✆ 40 61 52 52, Fax 40 61 74 74, 佘, centre de thalassothérapie
– |勺| ⤬ ⊡ ☎ ᣵ – 🔏 40. ◭ ⓞ GB
Repas 105 bc, enf. 40 – ⛲ 39 – **86 ch** 445/495 – ½ P 402.

PORQUEROLLES (Ile de) ★★★ 83400 Var **84** ⑯ **114** ㊼ **G. Côte d'Azur.**
Accès par transports maritimes.

🚢 depuis **La Tour Fondue** (presqu'île de Giens). Traversée 20 mn - Renseignements et tarifs :
Transports Maritimes et Terrestres du Littoral Varois ✆ 94 58 21 81 (La Tour Fondue).

🚢 depuis **Cavalaire.** (traversée : 1 h 15 mn) ou **Le Lavandou** (traversée 50 mn). Services
saisonniers - Renseignements et tarifs : "Vedettes Iles d'Or" 15 quai Gabriel Péri ✆ 94 71 01 02
(Le Lavandou).

🚢 depuis **Miramar.** Service saisonnier - Traversée 30 mn - Renseignements et tarifs : Voir
ci-dessus.

🚢 depuis **Toulon.** Services saisonniers - Traversée 1 h - Renseignements et tarifs : Transmed
2000 quai Stalingrad ✆ 94 92 96 82 (Toulon).

🏨 **Aub. des Glycines,** ✆ 94 58 30 36, Fax 94 58 35 22, 佘, « Cadre provençal » – ▤ ch ⊡
☎. ◭ GB. ✗ ch
fermé janv. – **Repas** (avril-sept.) 140 – ⛲ 50 – **12 ch** (½ pens. seul.) – ½ P 550/850.

XX **Orée du Bois,** ✆ 94 58 30 57, Fax 94 58 35 31, 佘 – GB
1ᵉʳ mars-15 oct. – **Repas** 125/165.

à l'Ouest : 3,5 km du port :

🏨 ❀ **Mas du Langoustier,** ✆ 94 58 30 09, Fax 94 58 36 02, ≼, 佘, parc, « 🕭 dans un site
sauvage dominant le littoral », 🛆, ✗ – |勺| ⊡ ☎ ᣵ – 🔏 80. ◭ ⓞ GB
1ᵉʳ mai-8 oct. – **Repas** 320 bc/420 et carte 320 à 480 – ⛲ 65 – **50 ch** 941/1619, 3 appart –
½ P 988/1243
Spéc. Filets de rougets poêlés sur salade de légumes crus marinés. Steack de thon poêlé, sauté de supions aux fines
herbes. Turbot grillé, asperges vertes et artichauts braisés. **Vins** Côtes de Provence, Porquerolles.

PORS EVEN 22 C.-d'Armor **59** ② – rattaché à Paimpol.

PORT-BARCARES 66 Pyr.-Or. **86** ⑩ – rattaché à Barcarès.

PORT-BLANC 22 C.-d'Armor 59 ① G. Bretagne – ✉ 22710 Penvénan.

Paris 513 – St-Brieuc 62 – Guingamp 35 – Lannion 20 – Perros-Guirec 17 – Tréguier 10,5.

🏠 **Le Rocher** ⤸ sans rest, ℰ 96 92 64 97 – 🕾 🅿. ❄
15 juin-15 sept. – ⊆ 28 – **10 ch** 180/280.

🏠 **Isles,** ℰ 96 92 66 49 – ⤸ ch 🅿. 🖭
↔ 10 avril-10 oct. – **Repas** 80/160 bc, enf. 48 – ⊆ 30 – **25 ch** 180/280 – ½ P 210/250.

PORT-CAMARGUE 30 Gard 83 ⑱ – rattaché au Grau-du-Roi.

PORT-CROS (Ile de) ★★ 83400 Var 84 ⑯ ⑰ 114 ⑱ ⑲ G. Côte d'Azur.
Accès par transports maritimes.

⤶ depuis **Le Lavandou.** Traversée 35 mn - Renseignements et tarifs : "Vedettes Iles d'Or"
15 quai Gabriel Péri ℰ 94 71 01 02 (Le Lavandou).

⤶ depuis **Cavalaire.** Traversée 1 h - ou **Miramar** Traversée 45 mn - services saisonniers -
Renseignements et tarifs : Voir ci-dessus.

⤶ depuis le **Port de la Plage d'Hyères.** Traversée 1 h - – Renseignements et tarifs :
Transports Maritimes et Terrestres du Littoral Varois ℰ 94 58 21 81 (La Tour Fondue).

🏛 **Le Manoir** ⤸, ℰ 94 05 90 52, Fax 94 05 90 89, ≤, 🍽, parc – 🕾. 🖭. ❄
6 mai-1ᵉʳ oct. – **Repas** 250 – ⊆ 60 – **17 ch** (½ pens. seul.), 4 duplex – ½ P 800/990.

PORT-DE-CARHAIX 29 Finistère 58 ⑰ – rattaché à Carhaix.

PORT-DE-GAGNAC 46 Lot 75 ⑲ – rattaché à Bretenoux.

PORT-DE-LA-MEULE 85 Vendée 67 ⑪ – voir à Yeu (île d').

PORT-DE-LANNE 40300 Landes 78 ⑰ – 665 h alt. 10.

Paris 757 – Biarritz 35 – Mont-de-Marsan 71 – ♦Bayonne 28 – Dax 20 – Peyrehorade 6,5 – St-Vincent-de-Tyrosse 21.

✕✕ **Vieille Auberge** ⤸ avec ch, ℰ 58 89 16 29, Fax 58 89 12 89, 🍽, « Cadre ancien, jardin
fleuri, petit musée des traditions locales », 🛝 – 🖭 🕾 🅿
début juin-fin sept. et fermé lundi midi – **Repas** 120/235, enf. 60 – ⊆ 45 – **10 ch** 270/600 –
½ P 320/400.

PORT-DONNANT 56 Morbihan 63 ⑪ – voir à Belle-Ile-en-Mer.

PORT-EN-BESSIN 14 Calvados 54 ⑭ G. Normandie Cotentin – 2 308 h alt. 10 – ✉ 14520 Port-en-Bessin-
Huppain.

Paris 277 – ♦Caen 39 – Saint-Lô 46 – Bayeux 9 – Cherbourg 92.

🏛 **La Chenevière** 🅼 ⤸, S : 1,5 km par D 6 ℰ 31 21 47 96, Fax 31 21 47 98, 🍽, parc,
« Demeure du 19ᵉ siècle » – 🛗 🖭 🕾 🕭 🅿. 🖭 🕕 🖭
fermé lundi du 15 oct. au 31 mars) 135 (déj.), 220/350, enf.
85 – ⊆ 80 – **15 ch** 1100 – ½ P 850.

🏠 **Mercure** 🅼, sur le Golf O : 2 km par D 514 ℰ 31 22 44 44, Télex 772478, Fax 31 22 36 77,
🛝, 🍽, ❄ – 🛗 ⤸ ch 🖭 🕾 🕭 🅿 – 🔏 80. 🖭 🖭
fermé 19 nov. au 10 fév. – **Repas** (fermé mardi et le soir du 15 nov. au 15 mars) 65 (déj.),
95/145 🍷, enf. 48 – ⊆ 50 – **46 ch** 490/590, 7 duplex.

🏠 **Marine,** 5 quai Letourneur ℰ 31 21 70 08, Fax 31 21 90 36, ≤ – 🖵 rest 🖭 🕾. 🖭
fermé 15 au 30 nov. et janv. – **Repas** 95/275 – ⊆ 38 – **16 ch** 295/365.

RENAULT Gar. David, rte de Bayeux ℰ 31 21 72 34 🅽 ℰ 31 21 72 34

Les PORTES-EN-RÉ 17 Char.-Mar. 71 ⑫ – voir à Ré (Ile de).

PORTET-SUR-GARONNE 31 H.-Gar. 82 ⑱ – rattaché à Toulouse.

PORT-GOULPHAR 56 Morbihan 63 ⑪ – voir à Belle-Ile-en-Mer.

PORT-GRIMAUD 83 Var 84 ⑰ 114 ㊲ G. Côte d'Azur – alt. 1 – ✉ 83310 Cogolin.

Voir ≤★ de la tour de l'Église oecuménique.

Paris 871 – Fréjus 27 – Brignoles 62 – Hyères 48 – St-Tropez 7 – Ste-Maxime 7 – ♦Toulon 68.

🏛 **Giraglia** 🅼 ⤸, sur la plage ℰ 94 56 31 33, Fax 94 56 33 77, ≤ golfe, 🍽, 🛝, 🐟 – 🛗 🖵
🖭 🕾 – 🔏 40. 🖭 🕕 🖭. ❄ rest
15 avril-2 oct. – **Repas** 180 (déj.), 250/300 – **48 ch** ⊆ 1070/2000.

à La Foux S : 2 km sur N 98 – ✉ 83310 Cogolin :

✕✕ **Port Diffa,** ℰ 94 56 29 07, 🍽 – 🖵 🅿. 🖭 🕕. ❄
fermé 13 nov. au 21 déc. et lundi du 9 janv. au 3 juil. et du 2 oct. au 13 nov. – **Repas** - cuisine
marocaine - 173.

PORT-HALIGUEN 56 Morbihan 63 ⑫ – rattaché à Quiberon.

PORTICCIO 2A Corse-du-Sud 90 ⑰ – voir à Corse.

PORTICCIOLO 2B H.-Corse 90 ② – voir à Corse.

PORT-JOINVILLE 85 Vendée 67 ⑪ – voir à Yeu (Ile d').

PORT-LEUCATE 11 Aude 👁👁 ⑩ – rattaché à Leucate.

PORT-LOUIS 56290 Morbihan 👁👁 ① G. Bretagne – 2 986 h alt. 10.

Voir Citadelle★★ : musée de la Compagnie des Indes★★, musée de l'Arsenal★.

🛈 Office de Tourisme 47 Grande-Rue ✆ 97 82 52 93.

Paris 495 – Vannes 57 – Auray 38 – Lorient 23 – Pontivy 55 – Quiberon 39 – Quimperlé 38.

  🏡 **Commerce,** pl. Marché ✆ 97 82 46 05, Fax 97 82 11 02 – 📺 ☎. GB
    fermé 20 oct. au 15 nov., vacances de fév. et lundi d'oct. à mai – **Repas** 62 (déj.), 110/250,
    enf. 55 – 🍽 38 – **40 ch** 128/350 – ½ P 216/295.

PEUGEOT Gar. Fouillen, ✆ 97 82 52 14   RENAULT Gar. de l'Avancée, ✆ 97 82 47 85

PORT-MANECH 29 Finistère 👁👁 ⑪ G. Bretagne – ✉ 29920 Névez.

Paris 541 – Quimper 43 – Carhaix-Plouguer 70 – Concarneau 18 – Pont-Aven 12 – Quimperlé 29.

  🏨 **du Port,** ✆ 98 06 82 17, Fax 98 06 62 70, ☞ – ☎. GB. ⚘ ch
  ↝ *Pâques-fin sept.* – **Repas** *(fermé lundi midi)* 78/210, enf. 60 – 🍽 37 – **33 ch** 210/360 –
    ½ P 220/320.

  🏡 **Ar Moor,** ✆ 98 06 82 48, ≤ – ☎ 🄿. GB
  ↝ *Pâques-fin sept.* – **Repas** 68/280 – 🍽 30 – **36 ch** 200/360 – ½ P 245/340.

PORT MARLY 78 Yvelines 👁👁 ⑳, 👁👁👁 ⑱, 👁👁👁 ⑬ – voir à Paris, Environs.

PORT-MORT 27940 Eure 👁👁 ⑰ 👁👁👁 ① – 839 h alt. 16.

Paris 90 – ◆Rouen 54 – Les Andelys 10,5 – Évreux 33 – Vernon-sur-Eure 11.

  %% **Aub. des Pêcheurs,** ✆ 32 52 60 43, Fax 32 52 07 62, �, ☞ – GB ᴊᴄʙ
    fermé 31 juil. au 25 août, 23 janv. au 8 fév., lundi soir et mardi – **Repas** 94/188.

PORT NAVALO 56 Morbihan 👁👁 ⑫ – rattaché à Arzon.

PORTO 2A Corse-du-Sud 👁👁 ⑮ – voir à Corse.

PORTO-POLLO 2A Corse-du-Sud 👁👁 ⑱ – voir à Corse.

PORTO-VECCHIO 2A Corse-du-Sud 👁👁 ⑧ – voir à Corse.

PORTS 37800 I.-et-L. 👁👁 ④ – 343 h alt. 43.

Paris 283 – ◆Tours 50 – Châtellerault 26 – Chinon 33 – Loches 45.

  % **Le Grillon,** Le Bec des Deux Eaux SE : 2 km ✆ 47 65 02 74 – GB
  ↝ *fermé 23 juin au 11 juil., 22 sept. au 3 oct., jeudi soir et vend.* – **Repas** 50/220 🍷, enf. 32.

PORT-SUR-SAÔNE 70170 H.-Saône 👁👁 ⑤ – 2 521 h alt. 261.

Paris 355 – ◆Besançon 62 – Bourbonne-les-Bains 46 – Épinal 76 – Gray 53 – Jussey 24 – Langres 62 – Vesoul 13.

  à Vauchoux S : 3 km par D 6 – ✉ 70170 :

  %%% **Château de Vauchoux,** ✆ 84 91 53 55, Fax 84 91 65 38, parc, 🟦 – 🄿. GB. ⚘
    fermé fév. et lundi – **Repas** 140/420 et carte 370 à 580.

PORT-VENDRES 66660 Pyr.-Or. 👁👁 ⑳ G. Pyrénées Roussillon – 5 370 h alt. 25.

Env. Tour Madeloc ❊★★ SO : 8 km puis 15 mn.

🛈 Office de Tourisme quai P.-Forgas ✆ 68 82 07 54, fax 68 82 53 48.

Paris 894 – ◆Perpignan 31.

  🏨 **La Résidence et rest. Le Cèdre,** 29 rte Banyuls ✆ 68 82 01 05, Fax 68 82 22 13, ≤, 🌸,
    🟦, ☞ – 🗏 ch 📺 ☎ 🄿 – 🔏 25. GB
    1ᵉʳ avril-2 nov. – **Repas** 95/198 – 🍽 38 – **18 ch** 280/480 – ½ P 300/400.

  🏡 **St-Elme** sans rest, 2 quai P. Forgas ✆ 68 82 01 07 – ☎. 🄰🄴 ⓪ GB
    🍽 32 – **30 ch** 185/320.

  %% **Côte Vermeille,** quai Fanal ✆ 68 82 05 71, ≤ – 🗏. GB
    Repas 95 (déj.), 135/235, enf. 65.

  %% **Chalut,** 8 quai F. Joly ✆ 68 82 00 91, Fax 68 82 23 44, 🌸 – 🄰🄴 ⓪ GB
  ↝ *fermé 1ᵉʳ déc. au 25 janv., dim. soir et lundi d'oct. à mai* – **Repas** - produits de la mer - 70/230
    🍷, enf. 45.

  %% **L'Archipel,** 6 quai Douane ✆ 68 82 07 96, 🌸 – 🄰🄴 GB
    fermé mars, 15 oct. au 3 nov., mardi soir et merc. sauf juil.-août – **Repas** 89/250, enf. 50.

PORT-VILLEZ 78 Yvelines 👁👁 ⑱, 👁👁👁 ② – rattaché à Vernon.

La POTERIE 22 C.-d'Armor 👁👁 ④ – rattaché à Lamballe.

POUDENAS 47170 L.-et-G. 👁👁 ⑬ – 274 h alt. 66.

Paris 715 – Agen 44 – Aire-sur-l'Adour 64 – Condom 19 – Mont-de-Marsan 67 – Nérac 17.

  %% **La Belle Gasconne** Ⓜ ≫ avec ch, ✆ 53 65 71 58, Fax 53 65 87 39, 🟦, ☞ – ☎ 🄿. 🄰🄴 ⓪
    GB
    fermé 2 janv. au 28 fév., dim. soir et lundi sauf juil.-août et lundi midi en sept. –
    Repas 160/280 – 🍽 50 – **7 ch** 380/500 – ½ P 570/635.

POUILLY-EN-AUXOIS 21320 Côte-d'Or 🖸🖸 ⑱ G. Bourgogne – 1 372 h alt. 384.

🏮 Château de Chailly ♟ 80 90 30 40.
Paris 273 – ◆ Dijon 43 – Avallon 66 – Beaune 46 – Montbard 58.

à Chailly-sur-Armançon E : 6,5 km par D 977ᵇⁱˢ – ⊠ 21320 Pouilly-en-Auxois :

🏯 ⚙ **Château de Chailly** Ⓜ ♨, ♟ 80 90 30 30, Fax 80 90 30 00, 🗼, ≈, ※ – 🛗 ⇐ ch 📺
☎ & ℗ – 🔏 80. 🖭 ⓞ ⏛ 🖸🖸
fermé 23 déc. au 31 janv. – *L'Armançon (fermé mardi midi et lundi)* **Repas** 180(déj.), 240/
430 et carte 280 à 350, enf.75 – *Le Rubillon (fermé le soir sauf lundi)* **Repas** 145 ₰, enf. 75 –
⊡ 80 – **42 ch** 945/2500, 3 appart – ½ P 706/1228
Spéc. Homard et écrevisses en pôchouse safranée (mars à nov.). Mignon de porc aux escargots. Coeur de filet de
charolais à l'andouillette. **Vins** Auxey-Duresses, Chorey-lès-Beaune.

à Ste-Sabine SE : 8 km par N 81, D 977bis et D 970 – ⊠ 21320 Pouilly-en-Auxois :

🏯 **Host. du Château Ste-Sabine** ♨, ♟ 80 49 22 01, Fax 80 49 20 01, ≼, 🗼, ≈ – 🛗 📺 ☎
℗ – 🔏 25. ⏛ ※
Repas 150/280, enf. 75 – ⊡ 50 – **16 ch** 350/585 – ½ P 340/472.

FORD Gar. Omont, ♟ 80 90 73 21 🅽
♟ 80 90 73 21
PEUGEOT Gar. Poisot, r. Gén.-de-Gaulle
♟ 80 90 81 75

RENAULT Gar. Orset, rte d'Autun à Créancey
♟ 80 90 80 45 🅽 ♟ 80 90 80 45
VAG Gar. Jeannin, ♟ 80 90 82 11 🅽 ♟ 80 90 82 11

POUILLY-LE-FORT 77 S.-et-M. 🖸🖸 ② – rattaché à Melun.

POUILLY-SOUS-CHARLIEU 42720 Loire 🖸🖸 ⑧ – 2 834 h alt. 264.
Paris 379 – Roanne 14 – Charlieu 5,5 – Digoin 41 – Vichy 75.

※※※ **de la Loire**, ♟ 77 60 81 36, 🌳 – ℗. 🖭 ⓞ ⏛
fermé 28 août au 8 sept., vacances de fév., merc. hors sais., dim. soir et lundi – **Repas** 98/290
et carte 210 à 300.

FIAT Gar. Coudert, ♟ 77 60 70 23 🅽 ♟ 77 60 98 33

Découvrez la France avec les guides Verts Michelin :
24 titres illustrés en couleurs.

POUILLY-SUR-LOIRE 58150 Nièvre 🖸🖸 ⑬ G. Bourgogne – 1 708 h alt. 177.
🛈 Office de Tourisme r. W.-Rousseau (fermé après-midi hors saison) ♟ 86 39 03 75.
Paris 202 – Bourges 57 – Château-Chinon 89 – Clamecy 53 – Cosne-sur-Loire 15 – Nevers 38 – Vierzon 77.

🏨 **H. de Pouilly et rest. Relais Grillade** Ⓜ, par échangeur Sud : 2 km ♟ 86 39 03 00,
Fax 86 39 07 47, 🌳, ≈ – 📺 ☎ & ℗. 🖭 ⓞ ⏛
Repas 85/149, enf. 42 – ⊡ 36 – **23 ch** 240/360 – ½ P 275/295.

🏠 **Bouteille d'Or**, rte Paris ♟ 86 39 13 84 – ☎. ⏛
fermé 10 janv. au 25 fév., dim. soir et lundi sauf juil.-août – **Repas** 90/280, enf. 55 – ⊡ 35 –
29 ch 180/240 – ½ P 240/260.

※※ **Le Relais Fleuri et rest. Coq Hardi** avec ch, SE : 0,5 km ♟ 86 39 12 99,
Fax 86 39 14 15, 🌳, « Jardin fleuri et ≼ la Loire » – 📺 ☎ ⇐ ℗. 🖭 ⓞ ⏛
fermé 15 janv. au 15 fév., dim. soir et lundi d'oct. à Pâques – **Repas** 100/240, enf. 40 – ⊡ 36
– **9 ch** 270/290 – ½ P 285/295.

※※ **L'Espérance**, r. Couard ♟ 86 39 07 69, Fax 86 39 09 51, ≈ – ℗. ⏛
fermé 1ᵉʳ au 20 déc., 1ᵉʳ au 15 fév., lundi soir et mardi – **Repas** 95/145, enf. 60.

CITROEN Gar. Prulière, ♟ 86 39 14 44 🅽
♟ 86 39 14 44
PEUGEOT Gar. SAPL, ♟ 86 39 14 65 🅽
♟ 86 39 16 44

POULAINS (Pointe des) 56 Morbihan 🖸🖸 ⑪ ⑫ – voir à Belle-Ile-en-Mer.

POULDREUZIC 29710 Finistère 🖸🖸 ⑭ – 1 854 h alt. 56.
Paris 583 – Quimper 25 – Audierne 16 – Douarnenez 17 – Pont-l'Abbé 15.

🏨 **Moulin de Brénizenec** ♨ sans rest, rte Audierne : 3 km ♟ 98 91 30 33, ≼, « Jardin » –
☎ ℗
Pâques-25 sept. – ⊡ 47 – **12 ch** 360/440.

🏨 **Ker Ansquer** ♨, à Lababan NO : 2 km par D 2 ⊠ 29710 Plogastel-St-Germain
♟ 98 54 41 83, sculptures régionales – 📺 ☎ ℗. ⏛
1ᵉʳ avril-31 oct. – **Repas** (fermé le midi sauf week-ends)(sur réservation seul.) 95/300 – ⊡ 35
– **13 ch** 330 – ½ P 330.

à Penhors O : 4 km par D 40 – ⊠ 29710 Plogastel-St-Germain :

🏨 **Breiz Armor** Ⓜ ♨, ♟ 98 51 52 53, Fax 98 51 52 30, ≼, 🌳, 🛁, ≈ – 📺 ☎ & ℗ – 🔏 50.
⏛
hôtel : début avril-fin sept. et vacances de Noël – **Repas** *(fermé vacances de Toussaint,*
1ᵉʳ janv. au 11 mars et lundi sauf juil.-août) 68 (déj.), 91/230, enf. 45 – ⊡ 35 – **23 ch** 340/360
– ½ P 360.

Le POULDU 29 Finistère 58 ⑫ **G. Bretagne** – ✉ 29360 Clohars-Carnoët.

Office de Tourisme r. Ch.-Filiger ✆ 98 39 93 42, Fax 98 96 90 99.

Paris 515 – Quimper 57 – Concarneau 37 – Lorient 24 – Moëlan-sur-Mer 10,5 – Quimperlé 16.

Armen, ✆ 98 39 90 44, Fax 98 39 98 69, – |‡| TV ☎ P. AE ① GB. rest
28 avril-27 sept. – **Repas** 82/230, enf. 52 – 48 – **38 ch** 270/460 – ½ P 370/450.

Panoramique M sans rest, au Kérou-plage ✆ 98 39 93 49, Fax 98 96 90 16 – ☎ & P. GB
1er avril-30 sept. – 35 – **25 ch** 290/360.

Bains, ✆ 98 39 90 11, Fax 98 39 90 88, ≤ – |‡| ☎ P. AE GB. rest
14 avril-25 sept. – **Repas** 95/250 – 35 – **25 ch** 280/395 – ½ P 340/380.

POULIGNY-NOTRE-DAME 36 Indre 68 ⑲ – rattaché à La Châtre.

Le POULIGUEN 44510 Loire-Atl. 63 ⑭ **G. Bretagne** – 4 912 h alt. 4.

de La Baule à St-André-des-Eaux ✆ 40 60 46 18, NE : 10 km.

Office de Tourisme Port Sterwitz ✆ 40 42 31 05, Fax 40 62 22 27.

Paris 456 – ◆Nantes 83 – La Baule 8 – Guérande 8 – St-Nazaire 25.

Plans : Voir plan de La Baule.

Beau Rivage, 11 r. J. Benoit ✆ 40 42 31 61, Fax 40 42 82 98, ≤, – |‡| ☎ P – 35. GB. rest AZ **r**
Pâques-15 oct. – **Repas** 140/190 – 38 – **66 ch** (½ pens. seul.) – ½ P 345/400.

A l'Orée du Bois sans rest, r. Mar. Foch ✆ 40 42 32 18, Fax 40 62 23 73 – ☎. GB. 38 – **15 ch** 275/280. AZ **t**

Gar. de la Plage, ✆ 40 42 31 07

POULLAOUEN 29246 Finistère 58 ⑥ ⑦ – 1 574 h alt. 164.

Paris 516 – ◆Brest 82 – Carhaix-Plouguer 10 – Châteaulin 45 – Huelgoat 11 – Landerneau 54 – Morlaix 37.

Le Louis XIII, ✆ 98 93 54 22 – AE GB
fermé 25 sept. au 17 oct., lundi soir et mardi sauf juil.-août – **Repas** 65 (déj.), 95/180, enf. 45.

POURVILLE-SUR-MER 76 S.-Mar. 52 ④ **G. Normandie Vallée de la Seine** – alt. 5 – ✉ 76119 Varengeville-sur-mer.

Paris 172 – Dieppe 7 – Fécamp 61 – Fontaine-le-Dun 21 – ◆Rouen 62 – Saint-Valery-en-Caux 29.

Au Trou Normand, ✆ 35 84 59 84, Fax 35 40 29 41 – AE GB
fermé 1er au 23 août, 25 au 31 déc., merc. soir et dim. – **Repas** 95/165.

POUZAUGES 85700 Vendée 67 ⑯ **G. Poitou Vendée Charentes** (plan) – 5 473 h alt. 225.

Voir Puy Crapaud ✻★★ SE : 2,5 km – Moulins du Terrier-Marteau★ : ≤★ sur le bocage O : 1 km par D 752 – Bois de la Folie ≤★ NO : 1 km.

Office de Tourisme cour de la Poste ✆ 51 91 82 46 ou Mairie ✆ 51 57 01 37.

Paris 386 – La Roche-sur-Yon 55 – Bressuire 28 – Chantonnay 21 – Cholet 36 – ◆Nantes 86.

Aub. de la Bruyère , rte La Pommeraie ✆ 51 91 93 46, Fax 51 57 08 18, ≤, , – |‡| TV ☎ P – 25 à 100. AE ① GB
fermé dim. soir et sam. du 1er oct. au 31 mai – **Repas** 79/165, enf. 43 – 37 – **28 ch** 245/365 – ½ P 250/310.

POUZAY 37 I.-et-L. 68 ④ – rattaché à Ste-Maure-de-Touraine.

Le POUZIN 07250 Ardèche 76 ⑳ **G. Vallée du Rhône** – 2 693 h alt. 95.

Paris 587 – Valence 27 – Avignon 107 – Die 61 – Montélimar 26 – Privas 14.

Avenue, ✆ 75 63 80 43, Fax 75 85 93 27 – TV ☎. AE ① GB
fermé 22 au 28 mai, 18 sept. au 8 oct., 23 déc. au 2 janv. et dim. – **Repas** 70/100 – 28 – **14 ch** 190/230 – ½ P 200/230.

CITROEN Gar. Pheby, ✆ 75 63 80 16 N ✆ 75 85 95 56

RENAULT Gar. Combe, ✆ 75 85 98 16 N ✆ 05 05 15 15

PRADES SP 66500 Pyr.-Or. 86 ⑰ **G. Pyrénées Roussillon** – 6 009 h alt. 350.

Voir Abbaye St-Michel-de-Cuxa★ S : 3 km.

Env. Prieuré de Serrabone★★ E : 28 km.

Office de Tourisme r. V.-Hugo ✆ 68 96 27 58, Fax 68 96 50 95.

Paris 908 – ◆Perpignan 43 – Mont-Louis 36 – Olette 16 – Vernet-les-Bains 11,5.

Pradotel M sans rest, av. Festival, sur la rocade ✆ 68 05 22 66, Fax 68 05 23 22, ≤, , – ch TV ☎ & P – 25. GB
25 mars-31 oct. – 32 – **39 ch** 290/330.

Hexagone M, rd-pt de Molitg, sur la rocade ✆ 68 05 31 31, Fax 68 05 24 89 – TV ☎ & P. GB. rest
Repas *(fermé 30 juin au 15 sept., sam. et dim.)* (résidents seul.)(dîner seul.) 85/95 – 30 – **30 ch** 240/260.

à Eus par D 35 : 5 km – ⊠ **66500** :

Voir Village★.

XX **Grangousier,** au village ℰ 68 96 28 32, Fax 68 96 33 69, 斎 – AE GB
fermé 15 au 31 oct., mardi soir et merc. sauf du 14 juil. au 15 août – **Repas** 195.

à Taurinya S : 6 km par D 27 alt. 550 – ⊠ **66500** :

XX **Aub. des Deux Abbayes,** ℰ 68 96 49 53, 斎 – GB
fermé vacances de Toussaint, mardi soir et merc. – **Repas** 95/195 ⌀, enf. 45.

RENAULT Gar. Bosom, ℰ 68 96 11 14   ⓪ Pneu Service ℰ 68 96 43 23

Le PRADET 83220 Var 🎱 ⑮ 🎱 ⑯ – 9 704 h alt. 30.

🛈 Office de Tourisme pl. Gén.-de-Gaulle ℰ 94 21 71 69.

Paris 847 – ◆Toulon 10 – Draguignan 78 – Hyères 10,5.

🏨 **Azur** ⑤, 163 av. Raimu ℰ 94 21 68 50, Fax 94 08 27 00, 斎, ⽔, ⨯ – TV ☎ 🅿 – 🅰 30. AE
GB. ❀ ch
Repas *(fermé dim. soir et lundi)* 140 – ⌷ 50 – **22 ch** 450/800.

XXX **Le Stratos,** av. Raimu ℰ 94 21 23 62 – ▦. GB
fermé vacances de fév., dim. soir et lundi – **Repas** 98/320 et carte 240 à 360.

aux Oursinières S : 3 km par D 86 – ⊠ 83220 Le Pradet :

🏨 **L'Escapade** ⑤ sans rest, ℰ 94 08 39 39, Fax 94 08 31 30, « Jardin fleuri », ⽔ – TV ☎
⇔. GB. ❀
⌷ 60 – **14 ch** 695/980.

XX **La Chanterelle,** ℰ 94 08 52 60, Fax 94 08 31 30, 斎 – GB
fermé janv., fév. et merc. d'oct. à Pâques – **Repas** 155/230.

PRALOGNAN-LA-VANOISE 73710 Savoie 🎱 ⑱ G. Alpes du Nord – 667 h alt. 1 404 – Sports d'hiver :
1 410/2 360 m ≼ 1 ⴓ 13 ⴛ.

Voir Site★ – Parc national de la Vanoise★★ – La Chollière★ SO : 1,5 km puis 30 mn – Mont
Bochor ≼★ par téléphérique.

🛈 Office de Tourisme ℰ 79 08 71 68, Fax 79 08 76 74.

Paris 636 – Albertville 53 – Chambéry 100 – Moûtiers 26.

🏨 **Les Airelles** ⑤, les Darbelays, N : 1 km ℰ 79 08 70 32, Fax 79 08 73 51, ≼, 斎 – TV ☎
⇔ 🅿. GB. ❀ rest
3 juin-23 sept. et 16 déc.-24 avril – **Repas** 89/185 – ⌷ 45 – **22 ch** 315/430 – ½ P 335/375.

🏨 **Grand Bec,** ℰ 79 08 71 10, Fax 79 08 72 22, ≼, 斎, ⽔ (été), 𝕃ₔ, ⨯, ❀ – ⽕ TV ☎ ⇔
🅿 GB. ❀ rest
1ᵉʳ juin-24 sept. et 20 déc.-20 avril – **Repas** 110/200, enf. 55 – ⌷ 50 – **39 ch** 450 –
½ P 300/355.

🏨 **Capricorne** ⑤, ℰ 79 08 71 63, Fax 79 08 76 25, ≼ – TV ☎ 🅿. GB
juin-sept. et mi-déc.-mi-avril – **Repas** 110/165, enf. 45 – ⌷ 35 – **15 ch** 360 – ½ P 320.

🏨 **Parisien,** ℰ 79 08 72 31, Fax 79 08 76 26, ≼, ⨯ – ☎ 🅿. GB. ❀ rest
4 juin-20 sept. et 18 déc.-20 avril – **Repas** 59/135 – ⌷ 29 – **24 ch** 180/330 – ½ P 215/290.

PRA-LOUP 04 Alpes-de-H.-P. 🎱 ⑧ – rattaché à Barcelonnette.

PRAMOUSQUIER 83 Var 🎱 ⑰, 🎱 ⑱ – rattaché à Cavalière.

Le PRARION 74 H.-Savoie 🎱 ⑧ – rattaché aux Houches.

PRATS-DE-MOLLO-LA-PRESTE 66230 Pyr.-Or. 🎱 ⑱ G. Pyrénées Roussillon (plan) – 1 102 h alt. 745.
Voir Ville haute★.

🛈 Office de Tourisme pl. Le Foiral ℰ 68 39 70 83, Fax 68 39 74 51.

Paris 922 – ◆Perpignan 61 – Céret 31.

🏨 **Touristes,** ℰ 68 39 72 12, ⨯ – ☜ 🅿. GB
1ᵉʳ avril-31 oct. – **Repas** 90/140, enf. 48 – ⌷ 40 – **30 ch** 200 – ½ P 225/285.

🏨 **Bellevue,** ℰ 68 39 72 48, Fax 68 39 78 04 – ▦ rest ☎ 🅿. GB
20 mars-2 nov. et vacances scolaires – **Repas** 90/180, enf. 52 – ⌷ 32 – **18 ch** 150/265 –
½ P 170/230.

🏨 **Costabonne,** ℰ 68 39 70 24, Fax 68 39 77 52 – ☎. GB
fermé 18 nov. au 18 déc. – **Repas** 75/150 ⌀, enf. 35 – ⌷ 25 – **18 ch** 160/220 – ½ P 185/210.

🏨 **Ausseil,** ℰ 68 39 70 36, 斎 – ☎. GB
fév.-oct. – **Repas** 78/110 ⌀ – ⌷ 30 – **20 ch** 100/200 – ½ P 180/220.

à La Preste – Stat. therm. (5 avril-30 oct.) – ⊠ **66230** Prats-de-Mollo-La-Preste :

🏨 **Val du Tech** ⑤, ℰ 68 39 71 12, Fax 68 39 78 07, ≼ – ⽕ TV ☎. GB. ❀ rest
9 avril-30 oct. – **Repas** 90/120 – ⌷ 32 – **42 ch** 180/300 – ½ P 232/302.

🏨 **Ribes** ⑤, ℰ 68 39 71 04, Fax 68 39 78 02, ≼ vallée, 斎, ⨯ – ☎ 🅿. GB. ❀ rest
1ᵉʳ avril-31 oct. – **Repas** 80/85 ⌀, enf. 40 – ⌷ 28 – **25 ch** 150/310 – ½ P 180/260.

CITROEN Gar. Pagès Xatart, ℰ 68 39 71 34

Les PRAZ-DE-CHAMONIX 74 H.-Savoie 🟨 ⑧ ⑨ – rattaché à Chamonix.

PRAZ-SUR-ARLY 74120 H.-Savoie 🟨 ⑦ – 922 h alt. 1 036 – Sports d'hiver : 1 036/2 000 m ✤13 ✖.

🚹 Office de Tourisme pl. Mairie ☎ 50 21 90 57.

Paris 601 – Chamonix-Mont-Blanc 40 – Albertville 27 – Chambéry 77 – Megève 4,5.

   🏠 **Edelweiss** sans rest, rte Megève ☎ 50 21 93 87, ≤, 🐎 – ☎ ⇔ 🅿. 🔤. ✤
      🍽 40 – **16 ch** 400/480.

FORD Gar. du Crêt du Midi, ☎ 50 21 90 30 🅽 ☎ 50 21 40 84

PRÉCY-SOUS-THIL 21390 Côte-d'Or 🟦 ⑰ G. Bourgogne – 603 h alt. 333.

Paris 246 – ◆Dijon 66 – Auxerre 83 – Avallon 39 – Beaune 79 – Montbard 31 – Saulieu 16.

   🏠 **Loriot,** ☎ 80 64 56 33, Fax 80 64 47 50, 🏤, 🐎 – 📺 ☎ 🅿. 🔤
      fermé dim. soir et lundi midi hors sais. – **Repas** 90/185, enf. 50 – 🍽 35 – **11 ch** 250/270 –
      ½ P 230.

RENAULT Gar. Orset, rte de Sémur ☎ 80 64 50 56

PRÉCY-SUR-OISE 60460 Oise 🟦 ⑪, 🟥 ⑦ – 3 137 h alt. 33.

Voir Église★ de St-Leu-d'Esserent NE : 3,5 km, **G. Ile de France.**

Paris 44 – Compiègne 46 – Beauvais 37 – Chantilly 8 – Creil 11 – Pontoise 37 – Senlis 17.

   XX **Le Condor,** 14 r. Wateau ☎ 44 27 60 77, Fax 44 27 62 18 – 🍴. 🔤 🔤
      fermé 16 août au 1ᵉʳ sept., vacances de fév., mardi soir et merc. – **Repas** 158.

PRÉ-EN-PAIL 53140 Mayenne 🟦 ② – 2 422 h alt. 230.

Paris 215 – Alençon 24 – Argentan 39 – Domfront 37 – Laval 69 – Mayenne 37.

   🏠 **Bretagne,** r. A. Briand ☎ 43 03 13 00 – 📺 ☎ 🅿. 🔤
   → *fermé 15 déc. au 15 janv. et dim. soir* – **Repas** 69/160 ⅋, enf. 45 – 🍽 30 – **18 ch** 180/250 –
      ½ P 240/280.

PEUGEOT Gar. Huet, ☎ 43 03 00 12 🅽 ☎ 43 03 00 12

PRÉFAILLES 44770 Loire-Atl. 🟦 ① – 857 h alt. 33.

Voir Pointe St-Gildas★ O : 2 km, **G. Poitou Vendée Charentes.**

🚹 Office de Tourisme Grande-Rue (*fermé après-midi sauf juin-sept.*) ☎ 40 21 62 22.

Paris 449 – ◆Nantes 60 – Pornic 12 – St-Brévin-les-Pins 18.

   🏠 **La Flottille** 📿, pointe St-Gildas, O : 2 km ☎ 40 21 61 18, Fax 40 64 51 72, ≤ – 🍴 rest 📺
      ☎ 🅿. 🔤 🔤 🔤 🔤
      Repas 98/300, enf. 55 – 🍽 48 – **26 ch** 350/500 – ½ P 450/550.

CITROEN Gar. Hamon, ☎ 40 21 65 80 🅽   RENAULT Gar. Logerie, ☎ 40 21 60 50 🅽
☎ 40 21 65 80   ☎ 40 21 60 50

La PRENESSAYE 22 C.-d'Armor 🟦 ⑳ – rattaché à Loudéac.

Le PRÉ-ST-GERVAIS 93 Seine-St-Denis 🟦 ⑪, 🟥 ⑯ – voir à Paris, Environs.

La PRESTE 66 Pyr.-Or. 🟦 ⑰ – rattaché à Prats-de-Mollo.

PRIAY 01160 Ain 🟨 ③ – 948 h alt. 235.

Paris 455 – ◆Lyon 52 – Bourg-en-Bresse 26 – Nantua 37.

   XX **Mère Bourgeois,** ☎ 74 35 61 81, Fax 74 35 43 49, 🏤 – ⇔. 🔤
      fermé 26 juin au 7 juil., 13 nov. au 8 déc., dim. soir d'oct. à avril, mardi soir et merc. –
      Repas 100/280 ⅋, enf. 70.

PRIVAS 🅿 07000 Ardèche 🟦 ⑲ G. Vallée du Rhône – 10 080 h alt. 294.

🚹 Office de Tourisme 3 r. E.-Reynier ☎ 75 64 33 35.

Paris 601 ② – Valence 41 ② – Alès 104 ④ – Mende 135 ④ – Montélimar 33 ③ – Le Puy-en-Velay 91 ④.

Plan page ci-contre

   🏨 **La Chaumette,** av. Vanel ☎ 75 64 30 66, Fax 75 64 88 25, 🏤, 🐎 – 📺 ☎ 🅿 – 🔼 50.
      🔤 🔤 🔤 🔤   B e
      Repas (*fermé sam. midi*) 110/210 ⅋ – 🍽 44 – **36 ch** 310/380 – ½ P 295/300.

   à Alissas par ③ : 5 km – ✉ 07210 :

   XX **Lous Esclos,** sur D 2 ☎ 75 65 12 73, 🏤 – 🍴 🅿. 🔤
      fermé 1ᵉʳ au 25 août, 20 déc. au 15 janv., sam. midi, dim. soir et lundi – **Repas** 93/172,
      enf. 40.

   à Chomérac par ③ : 8 km alt. 169 – ✉ 07210 :

   XX **du Molière,** D 2 ☎ 75 65 07 07, Fax 75 65 09 73, 🏤 – 🍴 🔤 🔤 🔤
      fermé 3 au 9 juil., 5 au 12 fév., mardi soir et merc. – **Repas** 100/250.

PRIVAS

Champ-de-Mars (Pl. du). . **B 5**
Esplanade (Cours de l') . . **B 9**
République (R. de la) . . . . **B 26**

Baconnier (R. L.) . . . . **B 2**

Bœufs (Pl. des) . . . . **A 3**
Coux (Av. de) . . . . **B 7**
Durand (R. H.) . . . . **B 10**
Faugier (Av. C.) . . . . **A 12**
Filliat (R. P.) . . . . **B 14**
Foiral (Pl. du) . . . . **A 16**
Gaulle
   (Pl. Ch.-de) . . . . **B 17**

Hôtel-de-Ville
   (Pl. de l') . . . . **B 18**
Mobiles (Bd des) . . . . . . **B 20**
Ouvèze (R. d') . . . . **B 22**
Petit-Tournon
   (Av. du) . . . . **B 24**
St-Louis (Cours) . . . . . . **A 28**
Vanel (Av. du) . . . . **B 30**

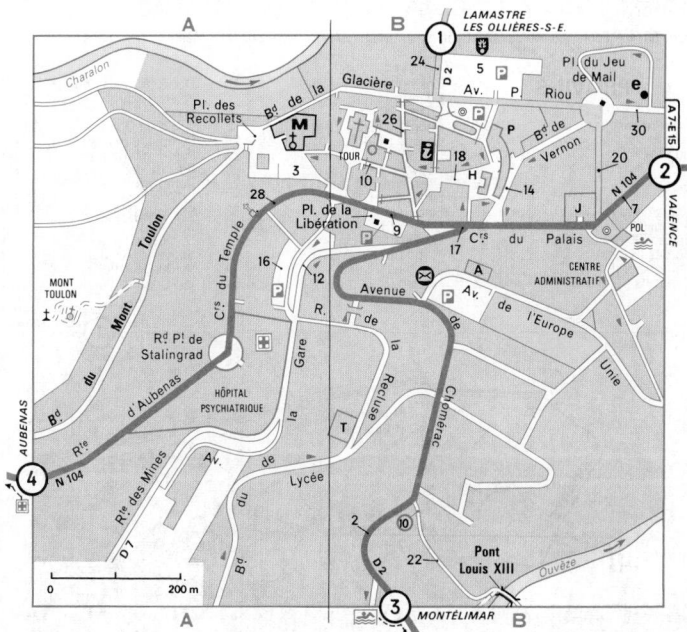

au col de l'Escrinet par ④ : 13 km – ✉ **07000** Privas :

🏨 **Panoramic Escrinet** ⌂, ☏ 75 87 10 11, Fax 75 87 10 34, ≤ vallée, ⃕, ⛲ – 📺 ☎ Ⓟ. ⒜⒠
   Ⓓ 🅶🅱. ⌘ rest
   15 mars-15 nov. – **Repas** *(fermé dim. soir et lundi midi du 15 sept. au 15 juin sauf fériés)*
   (prévenir) 120/290 – ⌷ 38 – **20 ch** 250/480 – ½ P 300/380.

CITROEN Gar. Viazac, ZI du Lac rte de Montélimar
par ③ ☏ 75 64 31 90 🅽 ☏ 75 64 30 86
PEUGEOT Gds Gar. Midi, RN 104 à Coux par ②
☏ 75 64 23 33 🅽 ☏ 75 53 18 30
RENAULT Gar. Seita, rte de Montélimar
☏ 75 64 33 01

VAG Gar. Perrier, ZI rte de Montélimar
☏ 75 64 02 07

Ⓜ R.I.P.A., ZI du Lac ☏ 75 64 05 56 🅽
☏ 75 64 05 56

PROPRIANO 2A Corse-du-Sud 🟔🟎 ⑱ – voir à Corse.

PROVENCHÈRES-SUR-FAVE 88490 Vosges 🟔🟐 ⑱ G. Alsace Lorraine – 733 h alt. 407.

Paris 399 – Colmar 55 – Épinal 66 – St-Dié 15 – Sélestat 35 – ◆Strasbourg 75.

🏚 **Aub. du Spitzemberg** ⌂, à la Petite Fosse, NO : 7 km par D 45 et voie forestière
   ☏ 29 51 20 46, Fax 29 51 10 12, ≤, « Dans la forêt vosgienne » – ☎ Ⓟ – ⌂ 25. 🅶🅱
   fermé 20 nov. au 15 déc. – **Repas** *(fermé mardi)* 80/145 ⚱, enf. 52 – ⌷ 40 – **11 ch** 245/325 –
   ½ P 180/235.

Gli alberghi o ristoranti ameni sono indicati nella guida
con un simbolo rosso.

Contribuite a mantenere
la guida aggiornata segnalandoci
gli alberghi e i ristoranti dove avete soggiornato piacevolmente.

🏛🏛🏛 ... 🏠

🅇🅇🅇🅇🅇 ... 🅇

PROVINS ⟨SP⟩ **77160** S.-et-M. **61** ④ G. Champagne – 11 608 h alt. 92.

Voir Ville Haute★★ AY : remparts★★ AY, tour de César★★ : ≤★ BY , Grange aux Dîmes★ AY E –
Groupe de statues★★ dans l'église St-Ayoul CZ – Choeur★ de l'église St-Quiriace AY – Musée
du Provinois : collections★ de sculptures et de céramiques AY M.

Env. St-Loup-de-Naud : portail★★ de l'église★ 7 km par ④.

🛈 Office de Tourisme pl. H. de Balzac 𝄢 (1) 64 60 26 26, Fax (1) 64 60 11 97, Accueils : Tour César
𝄢 (1) 64 00 26 28 et Pte St-Jean 𝄢 (1) 64 60 26 27.

Paris 86 ⑤ – Fontainebleau 55 ④ – Châlons-sur-Marne 97 ② – Meaux 63 ⑤ – Melun 47 ⑤ – Sens 46 ④.

PROVINS

Cordonnerie (R. de la)	**BY** 24	Champbenoist (Rte de)	**BZ** 13	Opoix (R. Christophe)	**BY** 57		
Friperie (R. de la)	**BY** 37	Changis (R. de)	**BZ** 14	Palais (R. du)	**AY** 59		
Hugues le Grand (R.)	**BZ** 43	Châtel (Pl. du)	**AY** 18	Plessier			
Leclerc (Pl. du Mar.)	**BY** 47	Chomton (Bd Gilbert)	**AZ** 19	(Bd du Gén.)	**BYZ** 64		
Val (R. du)	**BY** 79	Collège (R. du)	**ABY** 23	Pompidou (Av. G.)	**BY** 67		
		Courloison (R.)	**BY** 27	Pont-Pigy (R. du)	**BY** 68		
Anatole-France (Av.)	**AZ** 2	Couverte (R.)	**AY** 28	Prés (R. des)	**BY** 69		
Arnoul (R. Victor)	**BZ** 3	Desmarets (R. Jean)	**AY** 29	Remparts			
Balzac (Pl. Honoré de)	**BYZ** 4	Dr.-Masson (R.)	**BZ** 30	(Allée des)	**AY** 72		
Bordes (R. des)	**BZ** 7	Ferté (Av. de la)	**BY** 33	St-Ayoul (Pl.)	**BY** 73		
Bourquelot (R. Félix)	**BY** 8	Garnier (R. Victor)	**BZ** 39	St-Jean (R.)	**AY** 74		
Capucins (R. des)	**BZ** 12	Gd-Quartier-Gén.		St-Quiriace (Pl.)	**AY** 77		
		(Bd du)	**BZ** 42	Souvenir (Av. du)	**BY** 78		
		Jacobins (R. des)	**BY** 44	Verdun (Av. de)	**BY** 82		
		Nocard (R. Edmond)	**BYZ** 54	29e-Dragons (Pl. du)	**BY** 84		

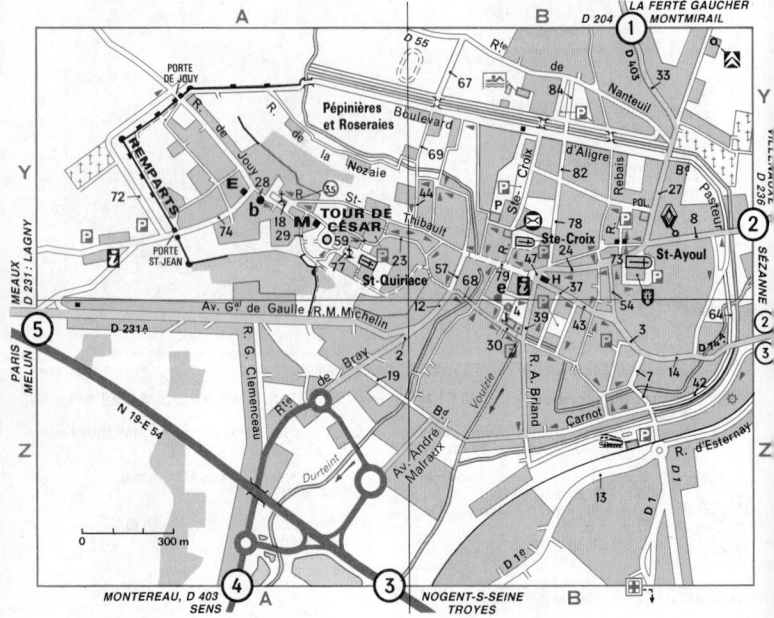

🏠 **Vieux Remparts** Ⓜ 🚲 3 r. Couverte - Ville Haute 𝄢 (1) 64 08 94 00,
Fax (1) 60 67 77 22, 🍽 – 📺 ☎ & 🅿 – 🔬 35. 🆎 ⓞ ☞ AY **b**
Repas 180/460 – 🍴 50 – **25 ch** 395/680 – ½ P 480/765.

🍴 **Le Médiéval,** 6 pl. H. de Balzac 𝄢 (1) 64 00 01 19, 🍽 – 🆎 ☞ BYZ **e**
fermé fév., dim. soir et lundi – **Repas** 98/178 🍴, enf. 55.

CITROEN SPDA, 32 rampe St Syllas
𝄢 (1) 64 08 92 70
FORD Auto Sces du Dome, 5 av. A. France
𝄢 (1) 64 00 00 95
OPEL Gar. de Champagne, 2 r. A.-Briand
𝄢 (1) 64 00 04 8
PEUGEOT Autom. de la Brie. 1 av. Voulzie,
ZI par rte de Champbenoist BZ 𝄢 (1) 64 00 11 50

RENAULT Gar. Briard, ZA, Parc des Deux Rivières
𝄢 (1) 64 60 20 20 🅽 𝄢 (1) 64 60 20 20

🅐 Agricopneu, 11 av. Patton à St-Brice
𝄢 (1) 64 08 92 55
Erric, à Jutigny 𝄢 (1) 64 08 62 10
Euromaster, ZAC des Bordes, rte de Champbenoist
𝄢 (1) 64 00 03 23

PRUNETE 2B H.-Corse **90** ④ – voir à Corse.

PUGET-THÉNIERS 06260 Alpes-Mar. 🗺 ⑲ 🗺 ⑬ ⑭ G. Alpes du Sud (plan) – 1 703 h alt. 410.

Voir Vieille ville★ – Groupe sculpté★ et retable de N.-D-de-Secours★ dans l'église – Statue★ de Maillol.

Env. Entrevaux : Site★★, Ville forte★, ≤★ de la citadelle O : 7 km.

🛈 Office de Tourisme (juil.-août) ℘ 93 05 05 05.

Paris 838 – Barcelonnette 96 – Cannes 82 – Digne-les-Bains 88 – Draguignan 95 – Manosque 145 – ◆Nice 63.

 🏠 **Alizé** sans rest, N 202 ℘ 93 05 06 20, 🔧 – 📺 ch ☎ 🅿. 🖭. �
   🖵 40 – **16 ch** 280.

 ✗ **Les Acacias**, E : 1,5 km sur N 202 ℘ 93 05 05 25, 🏠 – 🅿. 🖭 🖼
   fermé janv., le soir (sauf vend. et sam.) du 1er oct. au 1er mai et lundi – **Repas** 75 (déj.),
   118/175, enf. 45.

CITROEN Gar. Casalengo, Quartier St-Roch ℘ 93 05 00 25 🔟 ℘ 93 05 00 25

PUILLY-ET-CHARBEAUX 08370 Ardennes 🗺 ⑩ – 258 h alt. 215.

Paris 278 – Charleville-Mézières 51 – Carignan 8,5 – Sedan 29 – Verdun 70.

 ✗ **Aub. de Puilly**, à Puilly ℘ 24 22 09 58
 ＋ fermé 20 août au 5 sept. – **Repas** 80/210.

PUJAUDRAN 32 Gers 🗺 ⑦ – rattaché à l'Isle-Jourdain.

PUJOLS 47 L.-et-G. 🗺 ⑤ – rattaché à Villeneuve-sur-Lot.

PULIGNY-MONTRACHET 21 Côte-d'Or 🗺 ⑨ – rattaché à Beaune.

PUPILLIN 39 Jura 🗺 ④ – rattaché à Arbois..

PUSEY 70 H.-Saône 🗺 ⑤ – rattaché à Vesoul.

PUSIGNAN 69330 Rhône 🗺 ⑫ – 2 720 h alt. 221.

Paris 481 – ◆Lyon 23 – Montluel 14 – Meyzieu 5 – Pont-de-Chéruy 9.

 ✗✗✗ **La Closerie**, ℘ 78 04 40 50, 🏠 – 🅿. 🖭 ⓪ 🖼
   fermé 7 au 21 août, dim. soir et lundi – **Repas** 115/290 et carte 240 à 340.

PUTANGES-PONT-ECREPIN 61210 Orne 🗺 ② G. Normandie Cotentin – 1 032 h alt. 127.

Paris 213 – Alençon 58 – Argentan 19 – Briouze 15 – Falaise 16 – La Ferté-Macé 23 – Flers 32.

 🏠 **Lion Verd**, ℘ 33 35 01 86, Fax 33 39 53 32 – ☎ 🅿. 🖼
 ＋ fermé 23 déc. au 30 janv. – **Repas** (fermé vend. soir du 15 nov. au 15 mars) 75/200 ♣, enf. 45
   – 🖵 21 – **20 ch** 150/350 – ½ P 175/200.

PUTEAUX 92 Hauts-de-Seine 🗺 ⑳, 🗺 ⑭ – voir à Paris, Environs.

PUTTELANGE-LÈS-THIONVILLE 57570 Moselle 🗺 ④ – 510 h alt. 185.

Paris 349 – Luxembourg 23 – ◆Metz 52 – Thionville 22 – Trier 60.

 ✗✗ **Aub. du Blé d'Or**, ℘ 82 51 26 66 – 🖭 🖼. 🖼
   fermé 15 août au 10 sept., sam. midi et merc. – **Repas** 90/230.

Le PUY-EN-VELAY 🅿 43000 H.-Loire 🗺 ⑦ G. Vallée du Rhône – 21 743 h alt. 630 Pèlerinage (15 août).

Voir Site★★★ – La cité épiscopale★★★ BY : Cathédrale★★★, cloître★★(trésor d'Art religieux★★ dans la salle des États du Velay) – Chapelle St-Michel d'Aiguilhe★★ AY – Vieille ville★ – Rocher Corneille ≤★ BY – Musée Crozatier : section lapidaire★, dentelles★ AZ – Espaly St-Marcel : ≤★ du rocher St-Joseph 2 km par ①.

Env. Ruines du château de Polignac★ : 🎇★ 6 km par ③ – Christ★ dans l'église de Lavoûte-sur-Loire et souvenirs de famille★ dans le château de Lavoûte-Polignac 13 km par ①.

🏌 du Cros-du-Loup ℘ 71 09 17 77 à Ceyssac, par D 590 : 7 km.

🛈 Office de Tourisme pl. du Breuil ℘ 71 09 38 41, Fax 71 05 22 62 et 23 r. Tables (juil.août) ℘ 71 05 99 02.

Paris 548 ③ – Alès 139 ② – Aurillac 167 ③ – Avignon 203 ② – ◆Clermont-Ferrand 130 ③ – ◆Grenoble 184 ① – ◆Lyon 134 ① – Mende 89 ② – ◆St-Étienne 76 ① – Valence 114 ①.

Plans pages suivantes

 🏠🏠 **Brivas** Ⓜ, à Vals-près-du-Puy par D 31 ⊠ 43750 ℘ 71 05 68 66, Fax 71 05 65 88, 🏠 – 🛗
   📺 ch 📺 ☎ 🅿 – 🔬 45. 🖭 ⓪ 🖼
   fermé 25 au 31 déc. – **Repas** (fermé dim. soir du 15 oct. au 15 avril et sam. midi) 90/180 ♣,
   enf. 52 – 🖵 35 – **60 ch** 260/310 – ½ P 265/275.

 🏠🏠 **Chris'tel** Ⓜ, 15 bd A. Clair par D 31 AZ, ℘ 71 02 24 44, Fax 71 02 71 31 – 🛗 📺 ☎ 🅿 –
   🔬 60. 🖭 🖼
   fermé 15 déc. au 5 janv. et week-ends de nov. à mars – **Repas** (résidents seul.) 97/136 ♣ –
   🖵 35 – **30 ch** 260/360 – ½ P 305.

 🏠🏠 **Parc** sans rest, 4 av. C. Charbonnier ℘ 71 02 40 40, Fax 71 02 18 72 – 🛗 📺 ☎. 🖭 ⓪ 🖼
   🖵 35 – **24 ch** 280/345.   AZ **s**

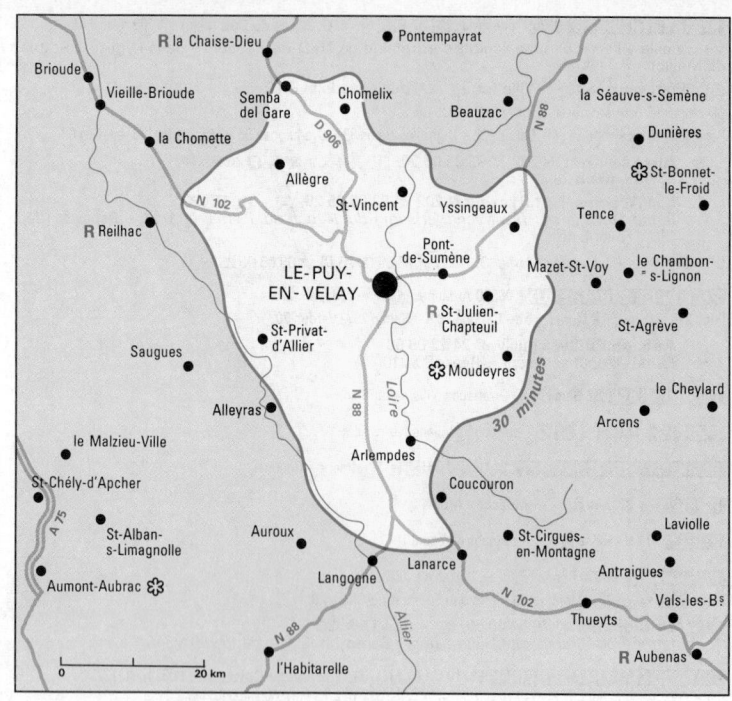

Bristol, 7 av. Mar. Foch ℰ 71 09 13 38, Fax 71 09 51 70, 🌤 – 🛋 ☎ ⟸. 🖭 ⑩ 🖼
fermé vacances de Toussaint et de fév. – **Repas** *(fermé dim. soir du 1er nov. au 1er avril et lundi)* 88/150, enf. 45 – ⌖ 32 – **37 ch** 195/290 – ½ P 205/245.   BZ **e**

Regina, 34 bd Mar. Fayolle ℰ 71 09 14 71, Fax 71 09 18 57 – 🛋 📺 ☎ – 🔬 60. 🖭
🖼   BZ **d**
fermé dim. soir du 1er nov. au 1er mars – **Repas** 100/200 🍷 – ⌖ 45 – **40 ch** 190/350 – ½ P 315.

Ibis St-Laurent Ⓜ, 1 av. Aiguilhe ℰ 71 02 22 22, Fax 71 09 22 96 – 🛋 ⇜ ch 📺 ☎ ⟐ 🅿
– 🔬 40. 🖭 🖼   AY **b**
Repas 97 bc, enf. 40 – ⌖ 35 – **57 ch** 300/320.

Val Vert, rte Mende par ② : 1,5 km sur N 88 ℰ 71 09 09 30, Fax 71 09 36 49 – 📺 ☎ 🅿.
🖭 ⑩ 🖼
Repas *(fermé vend. de nov. à mars)* 89/175 🍷, enf. 50 – ⌖ 40 – **23 ch** 220/280 – ½ P 239/
259.

Ibis Centre sans rest, 47 bd Mar. Fayolle ℰ 71 09 32 36, Fax 71 09 20 97 – 🛋 ⇜ ch 📺
☎ ⟐ ⟸ – 🔬 25. 🖭 🖼   BZ **a**
⌖ 35 – **50 ch** 300/320.

Dyke H. sans rest, 37 bd Mar. Fayolle ℰ 71 09 05 30, Fax 71 02 58 66 – 📺 ☎ ⟸. ⑩
                                                                                                                                BZ **r**
⌖ 30 – **15 ch** 190/250.

Tournayre, 12 r. Chênebouterie ℰ 71 09 58 94, Fax 71 02 68 38 – 🖼   AY **f**
fermé 2 au 26 janv., dim. soir et lundi hors sais. – **Repas** 80/290.

Bateau Ivre, 5 r. Portail d'Avignon ℰ 71 09 67 20 – 🖼   BZ **k**
fermé 11 au 21 juin, dim. et lundi – **Repas** 80 (déj.), 100/280.

Lapierre, 6 r. Capucins ℰ 71 09 08 44 – 🖼. ⚘   AZ **u**
fermé 15 au 30 juin, 1er au 15 oct., 12 au 26 fév., jeudi soir et mardi sauf juil.-août –
Repas 80/220.

au Pont de Sumène : 8 km par ①, N 88 et VO – ⊠ 43700 Blavozy :

Moulin de Barette 🦤, ℰ 71 03 00 88, Fax 71 03 00 51, parc, 🔲, ⚘ – cuisinette 📺 ☎
🅿 – 🔬 250. 🖼
fermé 1er janv. au 15 fév. – **Repas** *(fermé dim. soir et lundi du 15 nov. au 1er mai)* 89/220 🍷,
enf. 52 – ⌖ 38 – **30 ch** 250/330, 12 studios – ½ P 260/330.

LE PUY-
EN-VELAY

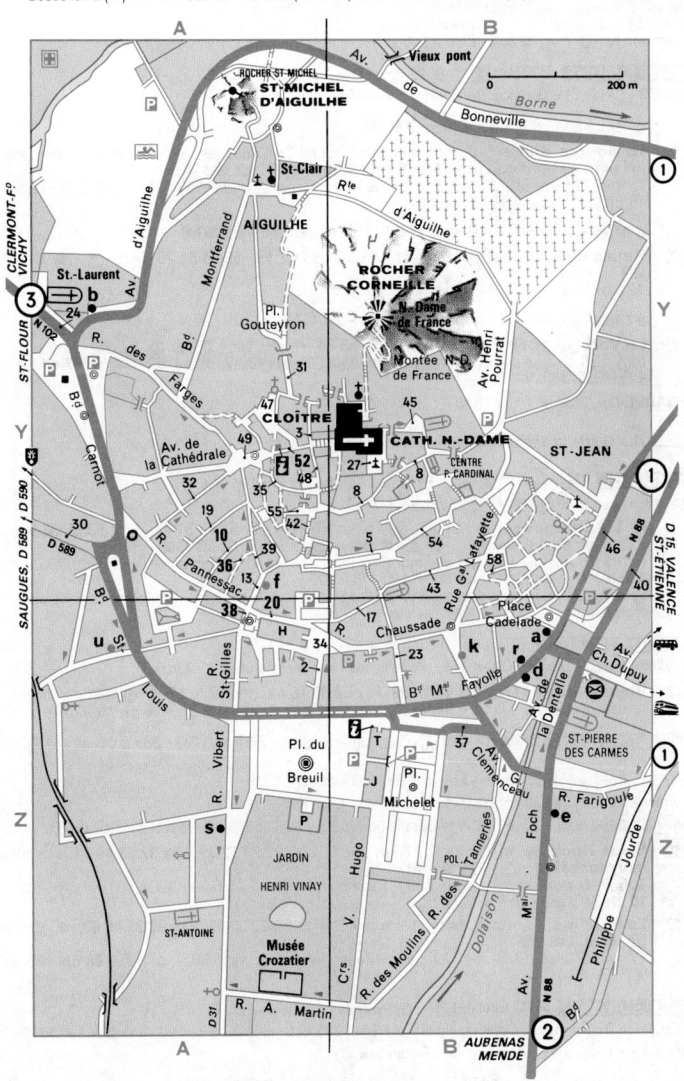

Dans la liste des rues des plans de villes,
les noms en rouge *indiquent les principales voies commerçantes.*

CITROEN Gar. Pouderoux, ZI de Corsac à Brives-
Charensac par ① ℰ 71 05 44 88
FIAT Gar. Roche, 53 r. Gazelle ℰ 71 05 64 64
FORD Velay-Autom., ZI à Brives-Charensac
ℰ 71 09 61 35
HONDA Autom. Gachet, 21 r. de la Gazelle
ℰ 71 02 44 00
MERCEDES Gar. Perret, ZI de Corsac à Brives
Charensac ℰ 71 02 09 98
OPEL Gar. Trescarte, 26 bd République
ℰ 71 05 56 44
PEUGEOT Gd Gar. de Corsac, ZI de Corsac
à Brives-Charensac par ① ℰ 71 09 39 55
RENAULT Gd Gar. Velay, ZI de Corsac à Brives-
Charensac par ① ℰ 71 02 36 55 🗓 ℰ 71 05 15 15

TOYOTA Gar. Escudero, 18 bd République
ℰ 71 09 02 81

🏍 Carlet Pneus, 45 av. de la Bernarde à Espaly
ℰ 71 02 38 40
Chaussende Pneus Point S, ZI de Corsac
à Brives-Charensac ℰ 71 02 05 01
Puy Pneus Services, La Chartreuse à Brives-
Charensac ℰ 71 09 35 89
R.I.P.A., 44 av. Ch.-Dupuy à Brives-Charensac
ℰ 71 02 13 41 🗓 ℰ 71 02 13 41

PUY-L'ÉVÊQUE 46700 Lot 🔢 ⑦ G. Périgord Quercy – 2 209 h alt. 110.
Paris 589 – Cahors 31 – Gourdon 39 – Sarlat-la-Canéda 53 – Villeneuve-sur-Lot 43.

à Touzac O : 8 km par D 8 – ⊠ 46700 :

🏨 **La Source Bleue** ⑩, ℰ 65 36 52 01, Fax 65 24 65 69, ㈱, « Anciens moulins dans un
joli parc au bord du Lot », 🗻, 🏊 – ☎ 🅿️ – 🛎 25. 🖭 🖃 🖂
fermé 1ᵉʳ janv. au 31 mars – **Repas** *(fermé merc. midi)* 105 (déj.), 140/220 – 🖃 35 –
16 ch 295/455 – ½ P 435.

à Montcabrier NO : 10 km par D 911, D 68 et D 58 – ⊠ 46700 :

🏨 **Relais de la Dolse** ⑩ sans rest, ℰ 65 36 53 42, Fax 65 24 61 25, parc, 🏊 – ☎ 🅿️. 🖭 ⑩
🖃
12 mai-3 oct. – 🖃 35 – **10 ch** 412.

à Mauroux SO : 12 km par D 8 et D 5 – ⊠ 46700 :

🏨 **Le Vert** ⑩, ℰ 65 36 51 36, Fax 65 36 56 84, ≤, ㈱, 🌫 – 📺 ☎ 🅿️. 🖭 🖃
fermé 26 nov. au 14 fév., vend. midi et jeudi – **Repas** 100/215, enf. 50 – 🖃 35 – **7 ch** 270/340
– ½ P 295/330.

RENAULT Gar. Cros, ℰ 65 21 30 49

The Guide changes, so renew your Guide every year.

PUYMIROL 47270 L.-et-G. 🔢 ⑮ G. Pyrénées Aquitaine – 777 h alt. 153.
Paris 636 – Agen 17 – Moissac 32 – Villeneuve-sur-Lot 31.

🏨 🕸🕸 **L'Aubergade** (Trama) 🅜 ⑩, 52 r. Royale ℰ 53 95 31 46, Fax 53 95 33 80, ㈱,
« Maison du 13ᵉ siècle » – 🗏 📺 🌫 ☎ 🌫 – 🛎 25 à 40. 🖭 ⑩ 🖃 🖂
fermé 15 fév. au 15 mars et lundi hors sais. sauf fériés – **Repas** 160 (déj.), 280/490 et carte
400 à 700 – 🖃 90 – **10 ch** 880/1410 – ½ P 900
Spéc. Papillote de pommes de terre aux truffes. Chou farci de sa caille au romarin. Toques en profiteroles, glace vanille
et chocolat amer. **Vins** Buzet, Côtes de Duras.

PUYOO 64270 Pyr.-Atl. 🔢 ⑦ ⑧ – 1 007 h alt. 41.
Paris 766 – Pau 59 – Dax 28 – Orthez 11,5 – Peyrehorade 16 – Salies-de-Béarn 8 – Tartas 50.

🏠 **Voyageurs**, N 117 ℰ 59 65 12 83, Fax 59 65 15 42, ㈱, 🌫 – 📺 ☎ 🅿️. 🖃
🍴 *fermé 22 déc. au 4 janv.* – **Repas** *(fermé dim. soir)* 75/160 – 🖃 25 – **15 ch** 150/250 – ½ P 230.

PUY-ST-VINCENT 05290 H.-Alpes 🔢 ⑰ G. Alpes du Sud – 235 h alt. 1 390 – Sports d'hiver : 1 400/2 750 m
🚟 1 🚠 14 🎿.

Voir Les Prés ≤★ SE : 2 km – Église★ de Vallouise N : 4 km.

🛈 Office de Tourisme Bâtiment Communal ℰ 92 23 35 80, Fax 92 23 45 23.

Paris 706 – Briançon 20 – Gap 82 – L'Argentière-la-Bessée 9,5 – Guillestre 29 – Pelvoux (Commune de) 7,5.

🏨 **Saint-Roch** ⑩, aux Prés E : 1 km par D 4 ℰ 92 23 32 79, Fax 92 23 45 11, ≤ vallée et
montagnes, ㈱, 🏊 – 📺 ☎ 🅿️. 🌫
10 juin-5 sept. et 15 déc.-5 avril – **Repas** *(self le midi en hiver)* 130/250, enf. 75 – 🖃 49 –
15 ch 340/350 – ½ P 330/350.

🏨 **La Pendine** ⑩, aux Prés E : 1 km par D 4 ℰ 92 23 32 62, Fax 92 23 46 63, ≤, ㈱, 🌫 –
📺 ☎ 🅿️. 🖃. 🌫
17 juin-9 sept. et 9 déc.-10 avril – **Repas** 82/190 🍴, enf. 58 – 🖃 42 – **28 ch** 175/335 –
½ P 238/310.

PYLA-SUR-MER 33115 Gironde 🔢 ⑫ G. Pyrénées Aquitaine – alt. 7.
🛈 Office de Tourisme rond-point du Figuier ℰ 56 54 02 22 et Grande Dune de Pyla (juin-sept.) ℰ 56 22 12 85.
Paris 654 – ♦Bordeaux 71 – Arcachon 7,5 – Biscarrosse 33.

Plans : Voir plan d'Arcachon agglomération..

🏠 **Maminotte** ⑩ sans rest, allée Acacias ℰ 56 54 55 73, Fax 57 52 24 30 – ☎. 🖃   AY **n**
🖃 42 – **12 ch** 430/480.

XX **Moussours,** 35 bd Océan $\mathscr{E}$ 56 54 07 94, 余 – ⊖B   AY **e**
15 fév.-15 nov. et fermé dim. soir et lundi hors sais. – **Repas** 120 (déj.)/195.

X **La Guitoune** avec ch, bd Océan $\mathscr{E}$ 56 22 70 10, Fax 56 22 14 39, 余 – 🖵 ☎ 🅟. 🕮 ⓪
⊖B 💳
Repas 135/185 – ⯎ 45 – **21 ch** 250/580 – ½ P 495.   AY **g**

à Pilat-Plage S : 3 km par D 218 – ⊠ 33115 Pyla-sur-Mer :
Voir Dune★★ : ⩟ ★★.

🏠 **Oyana** ⤢, $\mathscr{E}$ 56 22 72 59, Fax 56 22 16 47, ⩽ bassin, 余 – ☎. ⊖B
↤ *hôtel : 25 mars-1er oct. ; rest. : 1er mai-1er oct. et fermé lundi* – **Repas** 70/120, enf. 40 – ⯎ 34
– **17 ch** 250/350 – ½ P 290/314.

X **Corniche** ⤢ avec ch, $\mathscr{E}$ 56 22 72 11, Fax 56 22 70 21, ⩽ bassin d'Arcachon, 余 – 🖵 ☎.
🕮 ⊖B
Pâques-15 oct. – **Repas** *(fermé merc. sauf juil.-août)* 90/150, enf. 55 – ⯎ 45 – **15 ch** 300/580
– ½ P 350/600.

89630 Yonne 🆖 ⑯ G. Bourgogne – 735 h alt. 460.
Paris 235 – Auxerre 72 – Avallon 18 – Château-Chinon 46 – Clamecy 48 – ◆Dijon 119 – Saulieu 28.

XX **Le Morvan,** $\mathscr{E}$ 86 32 24 83 – ⊖B
fermé 2 janv. au 8 mars, mardi soir et merc. du 10 sept. au 30 juin – **Repas** 100/240, enf. 58.

aux Brizards SE : 8 km par D 55 et D 355 – ⊠ 89630 Quarré-les-Tombes :

🏠 **Aub. des Brizards** 🅜 ⤢ (annexe 🏠 14 ch), $\mathscr{E}$ 86 32 20 12, Fax 86 32 27 40, 余, « Dans
la campagne, parc avec étang, jardin fleuri », ⩟ – 🖵 ☎ 🅟. 🕮 ⓪ ⊖B
fermé 5 janv. au 17 fév. – **Repas** 100/280, enf. 60 – ⯎ 45 – **23 ch** 250/500, 4 duplex –
½ P 350/450.

aux Lavaults : SE : 5 km par D 10 – ⊠ 89630 Quarré-les-Tombes :

XXX **Aub. de l'Âtre,** $\mathscr{E}$ 86 32 20 79, Fax 86 32 28 25, « Jardin fleuri » – 🅟. 🕮 ⓪ ⊖B 💳
fermé 25 nov. au 10 déc., 25 janv. au 10 mars, mardi soir et merc. du 10 sept. au 30 juin –
Repas *(prévenir)* 135 (déj.), 195/285 et carte 260 à 350, enf. 70.

Gar. Naulot, $\mathscr{E}$ 86 32 23 58

19 Corrèze 🆖 ⑨ – alt. 600 – ⊠ 19380 Albussac.
Voir Roche de Vic ⩟ ★ S : 2 km puis 15 mn, G. Berry Limousin.
Paris 505 – Brive-la-Gaillarde 27 – Aurillac 74 – Mauriac 69 – St-Céré 40 – Tulle 21.

🏠 **Roche de Vic,** $\mathscr{E}$ 55 28 15 87, Fax 55 28 01 09, 余, ⯄, ⯌ – 🖵 ☎ 🅟. ⊖B
↤ *fermé janv., fév. et lundi sauf fériés et hors sais.* – **Repas** 75/165, enf. 45 – ⯎ 30 –
13 ch 150/235 – ½ P 240/245.

35290 I.-et-V. 🆖 ⑮ – 1 018 h alt. 76.
Paris 392 – ◆Rennes 40 – Dinan 29 – Lamballe 44 – Loudéac 55 – Ploërmel 45.

🏠 **Relais de la Rance,** $\mathscr{E}$ 99 06 20 20, Fax 99 06 24 01 – 🖵 ☎ 🅟. 🕮 ⊖B
fermé 24 déc. au 10 janv. et dim. soir sauf juil.-août – **Repas** 105/400, enf. 60 – ⯎ 35 –
13 ch 220/400.

67 B.-Rhin 🆖 ⑧ – alt. 530 – ⊠ 67130 Schirmeck.
Paris 416 – ◆Strasbourg 59 – St-Dié 51 – Senones 37.

🏠 **Neuhauser** ⤢, $\mathscr{E}$ 88 97 06 81, Fax 88 97 14 29, ⩽, ⯄, ⯌ – ▤ rest ☎ 🅟. 🕮 ⓪ ⊖B
fermé 15 au 31 janv. – **Repas** 100/300 ⅃ – ⯎ 40 – **14 ch** 260/310 – ½ P 290/315.

21220 Côte-d'Or 🆖 ⑲ – 167 h alt. 397.
Paris 303 – ◆Dijon 26 – Avallon 96 – Beaune 30 – Saulieu 65.

X **Orée du Bois,** $\mathscr{E}$ 80 49 78 77 – ⊖B
↤ *fermé 22 déc. au 2 fév., dim. soir d'oct. à avril et lundi* – **Repas** 75/170, enf. 55.

2A Corse-du-Sud 🆖 ⑦ – voir à Corse.

56230 Morbihan 🆖 ④ G. Bretagne – 5 076 h alt. 100.
🖪 Syndicat d'Initiative Hôtel Belmont $\mathscr{E}$ 97 26 56 00, Fax 97 26 55 23.
Paris 433 – Vannes 27 – Ploërmel 35 – Redon 33 – ◆Rennes 94 – La Roche-Bernard 24.

XXXX ⊛⊛ **Bretagne** (Paineau) 🅜 avec ch, r. St-Michel $\mathscr{E}$ 97 26 11 12, Fax 97 26 12 37, 余, ⯌
– 🖵 ☎ 🅟. 🕮 ⊖B
hôtel : fermé lundi d'oct. à mai ; rest. : fermé dim. soir et lundi sauf juil.-août et fériés –
Repas *(prévenir)* 170 (déj.), 270/480 et carte 300 à 430 – ⯎ 85 – **11 ch** 780/1200, 3 appart –
½ P 950
Spéc. Huîtres en paquets à la vapeur d'estragon. Chou farci de homard à l'effiloché de tomates. Glacis de coquilles
Saint-Jacques au gingembre (oct. à mai). **Vins** Muscadet.

CITROEN Gar. Le Ray, $\mathscr{E}$ 97 26 10 43 🅽   VAG CEDAM, ZI de Lenruit $\mathscr{E}$ 97 26 50 55
$\mathscr{E}$ 97 26 10 43
RENAULT Gar. Marquer, $\mathscr{E}$ 97 26 10 41 🅽   ⓜ Questembert Pneus, $\mathscr{E}$ 97 26 67 72
$\mathscr{E}$ 97 01 67 84

🛈 Syndicat d'Initiative pl. de la Mairie (15 juin-sept.) ℰ 33 43 63 21.

Paris 348 – Cherbourg 29 – Barfleur 10 – St-Lô 65 – Valognes 15.

- 🏠 **Demeure du Perron** sans rest, ℰ 33 54 56 09, Fax 33 43 69 28, ☞ – 📺 ☎ & 🅿. ⅁Ⓑ
  ☑ 40 – **18 ch** 220/260.

- ✗ **La Chaumière** avec ch, ℰ 33 54 14 94, Fax 33 44 09 87 – 📺 ☎. ⅍ ⅁Ⓑ
  ✦ **Repas** 57/190 ⅊ – ☑ 25 – **5 ch** 130/300 – ½ P 150/180.

CITROEN Gar. Godefroy, ℰ 33 54 13 50 🅽 ℰ 33 54 13 50

La QUEUE-EN-BRIE 94 Val-de-Marne 🔢 ① ②, 🔢 ㉘ – voir à Paris, Environs.

QUEYRAC 33 Gironde 🔢 ⑯ – rattaché à Lesparre-Médoc.

QUIBERON 56170 Morbihan 🔢 ⑫ G. Bretagne – 4 623 h alt. 11 – Casino .

Voir Côte sauvage★★ NO : 2,5 km.

🛈 Office de Tourisme et Accueil de France 7 r. Verdun ℰ 97 50 07 84, Télex 950538, Fax 97 30 58 22.

Paris 504 ① – Vannes 49 ① – Auray 29 ① – Concarneau 100 ① – Lorient 55 ①.

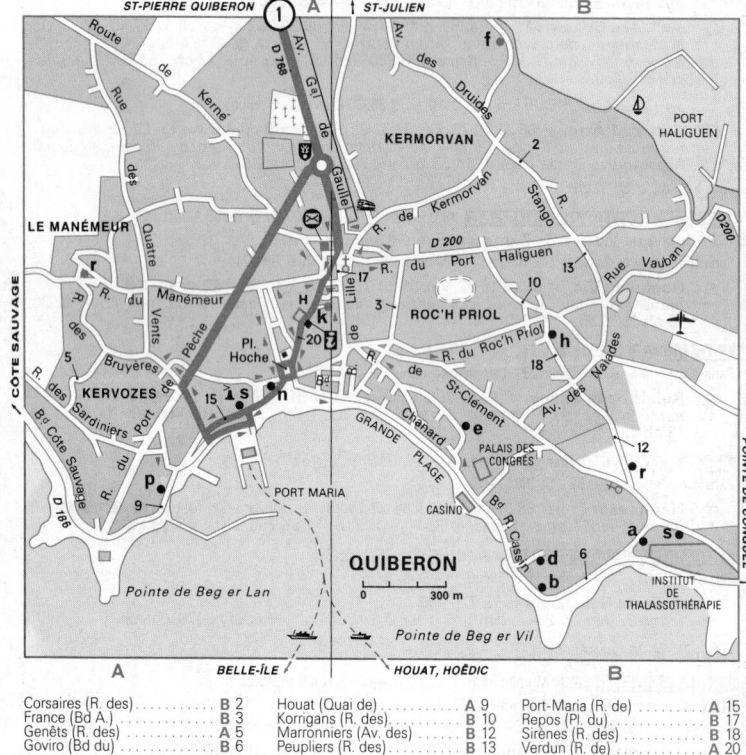

- 🏨 **Sofitel** Ⓜ ⤸, pointe du Goulvars ℰ 97 50 20 00, Télex 730712, Fax 97 50 46 32, ≤, centre de thalassothérapie, 𝄞, 🏊, ☞, ✻ – 🛗 ✳ ch 📺 ☎ & 🅿 – 🔬 30. ⅍ Ⓞ ⅁Ⓑ. ✽ rest
  fermé janv. – **Thalassa : Repas** 215/280 ⅊ – ☑ 65 – **116 ch** 1180/1540, 17 appart – ½ P 815/1040.
  B **a**

- 🏨 **Ker Noyal** ⤸, 51 ch. des Dunes ℰ 97 50 08 41, Fax 97 30 58 20, « Jardin fleuri » – 🛗 📺 ☎ 🅿 – 🔬 40. ⅍ ⅁Ⓑ. ✽
  1er mars-31 oct. – **Repas** 98/230 – ☑ 54 – **100 ch** 550/600 – ½ P 510.
  B **e**

🏨 **Bellevue** 🦫, r. Tiviec ℰ 97 50 16 28, Fax 97 30 44 34, ⌼, ⌖ – 📺 ☎ 🄿. 🆎 ᴳᴮ
  💯 rest   B **d**
  début avril-mi-oct. – **Repas** 98 (déj.), 105/135 – ⌸ 50 – **42 ch** 415/665 – ½ P 400/505.

🏨 **Ibis** Ⓜ, av. Marronniers, pointe du Goulvars ℰ 97 30 47 72, Télex 951935,
  Fax 97 30 55 78, 😄, 🏋, ⌼ – ↔️ ch 📺 ☎ 🄿 – 🛐 60. 🆎 ⓪ ᴳᴮ   B **r**
  Repas 105 bc/150, enf. 40 – ⌸ 39 – **95 ch** 405/495.

🏨 **Roch Priol** 🦫, r. Sirènes ℰ 97 50 04 86, Fax 97 30 50 09 – 📲 ☎ 🄿. ᴳᴮ   B **h**
 ← *fermé 1ᵉʳ déc. au 12 fév.* – **Repas** 65/150 ⅃ – ⌸ 37 – **51 ch** 235/385 – ½ P 325/350.

🏨 **Albatros** Ⓜ, 24 quai Belle-Île ℰ 97 50 15 05, Fax 97 50 27 61, ≼, 😄 – 📲 ↔️ ch 📺 ☎ 🕭
 ← 🄿 – 🛐 25. ᴳᴮ   A **s**
  Repas 74/122 ⅃, enf. 39 – ⌸ 35 – **35 ch** 320/420 – ½ P 320/380.

🏨 **Petite Sirène,** 15 bd R. Cassin ℰ 97 50 17 34, Fax 97 50 03 73, ≼ – cuisinette 📺 ☎ 🄿.
  🆎 ᴳᴮ. 💯   B **b**
  1ᵉʳ avril-5 nov. – **Repas** (*fermé merc. hors sais.*) 90/250 – ⌸ 38 – **14 ch** 320/406, 19 studios
  504/890.

🏨 **Neptune,** 4 quai de Houat à Port Maria ℰ 97 50 09 62, Fax 97 50 41 44, ≼ – 📲 📺 ☎.
 ← ᴳᴮ   A **p**
  fermé 26 déc. au 5 fév. et lundi de nov. à Pâques – **Repas** 80/220 – ⌸ 37 – **21 ch** 260/360 –
  ½ P 320/350.

🏨 **Druides,** 6 r. Port Maria ℰ 97 50 14 74, Fax 97 50 35 72 – 📲 📺 ☎. 🆎 ᴳᴮ. 💯 ch   A **n**
 ← *hôtel : 1ᵉʳ mars-31 oct. ; rest. : 1ᵉʳ avril-30 sept.* – **Repas** 80/170, enf. 48 – ⌸ 40 –
  31 ch 340/490 – ½ P 340/400.

🍴🍴 **Le Relax,** 27 bd Castero à la plage de Kermorvan ℰ 97 50 12 84, ≼, 😄, ⌖ – 🄿. ⓪
 ← ᴳᴮ   B **f**
  fermé 29 nov. au 13 déc., 5 au 13 janv., lundi d'avril à juin et dim. soir de mi-sept. à juin –
  Repas 70/135 ⅃, enf. 42.

🍴🍴 **Ancienne Forge,** 20 r. Verdun ℰ 97 50 18 64 – 🆎 ᴳᴮ   A **k**
  fermé 6 janv. au 6 fév., lundi en juil.-août et merc. de sept. à juin – **Repas** 82/198, enf. 42.

🍴 **La Chaumine,** à Manémeur ℰ 97 50 17 67 – ᴳᴮ   A **r**
  16 mars-12 nov. et fermé dim. soir et lundi sauf juil.-août – **Repas** 80 (déj.), 140/250, enf. 55.

  à Port Haliguen E : 2 km par D 200 – ✉ **56170** Quiberon :

🏨🏨 **Europa,** ℰ 97 50 25 00, Fax 97 50 39 30, ≼, 🏋, ⌼, ⌖ – 📲 📺 ☎ 🄿. ᴳᴮ. 💯 rest
  15 mars-15 nov. – **Repas** 95/250, enf. 65 – ⌸ 50 – **53 ch** 490/650 – ½ P 400/485.

  à St-Julien N : 2 km – ✉ **56170** Quiberon :

🏨 **Au Vieux Logis** 🦫, ℰ 97 50 12 20, 😄 – ☎ 🄿. 🆎 ᴳᴮ. 💯 rest
 ← *14 avril-2 oct.* – **Repas** 70/165, enf. 38 – ⌸ 30 – **21 ch** 171/255 – ½ P 238/280.

🏨 **Baie** 🦫 sans rest, ℰ 97 50 08 20, Fax 97 50 41 51 – ☎ 🄿. 🆎 ᴳᴮ
  Pâques-15 nov. – ⌸ 29 – **19 ch** 190/310.

  à St-Pierre-Quiberon N : 4,5 km par D 768 – ✉ **56510** :

  Voir Pointe du Percho ≼ ★ au NO : 2,5 km.

🏨 **Plage,** ℰ 97 30 92 10, Fax 97 30 99 61, ≼ – 📲 cuisinette 📺 ☎ 🄿. 🆎 ⓪ ᴳᴮ. 💯 rest
  début avril-début oct. – **Repas** 80 (déj.), 85/190, enf. 53 – ⌸ 46 – **49 ch** 390/620 –
  ½ P 350/490.

CITROEN Gar. Corveste, 21 av. Gén.-de-Gaulle   RENAULT S.O.D.A.P., 12 av. Gén.-de-Gaulle par ①
par ① ℰ 97 50 07 71   ℰ 97 50 07 42 🄽 ℰ 97 50 07 42
PEUGEOT Gar. Le Garrec, 6 av. Gén.-de-Gaulle
par ① ℰ 97 50 08 01

QUIÉVRECHAIN 59 Nord � ⑤ – rattaché à Valenciennes.

QUILLAN 11500 Aude �86 ⑦ G. Pyrénées Roussillon – 3 818 h alt. 291.

Voir Défilé de Pierre Lys★ S : 5 km.

🛈 Office de Tourisme pl. Gare ℰ 68 20 07 78, Fax 68 20 04 92.

Paris 822 – Foix 61 – Andorra la Vella 116 – Carcassonne 52 – Limoux 27 – ◆Perpignan 75 – Prades 61.

🏨 **La Chaumière,** bd Ch. de Gaulle ℰ 68 20 17 90, Fax 68 20 13 55 – 📺 ☎ 😄. ᴳᴮ
 ← *fermé 25 déc. au 1ᵉʳ fév., dim. soir et lundi de nov. à avril* – **Repas** 75/250 ⅃, enf. 50 – ⌸ 35 –
  18 ch 300/340 – ½ P 280/300.

🏨 **La Pierre Lys,** av. Carcassonne ℰ 68 20 08 65, ≼, ⌖ – 📺 ☎ 🄿. ᴳᴮ
 ← *fermé mi-nov. à mi-déc.* – **Repas** 65/240 ⅃, enf. 50 – ⌸ 35 – **16 ch** 170/280 – ½ P 220/230.

🏨 **Cartier,** bd Ch. de Gaulle ℰ 68 20 05 14, Fax 68 20 22 57 – 📲 📺 ☎. 🆎 ᴳᴮ
 ← *15 mars-15 déc.* – **Repas** (*fermé sam. d'oct. à avril*) 77/160, enf. 42 – ⌸ 36 – **30 ch** 170/340
  – ½ P 260/280.

au Sud : 10 km sur D117 (carrefour D117 - D107) – ✉ 11140 Axat :

XX **Rébenty,** ✆ 68 20 50 78 – AE GB
fermé oct., dim. soir et lundi sauf du 11 juil. au 28 août – **Repas** 95/130.

CITROEN Gar. Nivet, rte de Carcassonne, N 118 ✆ 68 20 04 27
PEUGEOT Gar. Roosli, 4 bd Ch.-de-Gaulle ✆ 68 20 01 01
RENAULT Gar. Escur, rte de Carcassonne, ZA ✆ 68 20 06 66 N ✆ 68 20 01 79
VAG Gar. Dubois, ZA, rte de Carcassonne ✆ 68 20 07 92
Gar. Saunier, 65 bd Ch.-de-Gaulle ✆ 68 20 00 49

QUIMPER P **29000** Finistère 58 ⑮ **G. Bretagne** – 59 437 h alt. 8.

Voir Cathédrale★★ BZ – Le vieux Quimper★ : Rue Kéréon★ ABY – Jardin de l'Évêché ≤★ BZ **K** – Mont-Frugy ≤★ ABZ – Musée des Beaux-Arts★★ BY **M**[3] – Musée départemental breton★ BZ **M**[1] – Musée de la faïence Jules Verlingue★ AX **M**[2] – Descente de l'Odet★★ en bateau 1 h 30 – Festival de Cornouaille (fin juillet).

9 18 de l'Odet ✆ 98 54 87 88 à Clohars-Fouesnant : 12 km.

✈ de Quimper-Cornouaille ✆ 98 94 30 30, par D 40 : 8 km AX.

🚗 ✆ 98 90 50 50.

i Office de Tourisme avec A.C. pl. Résistance ✆ 98 53 04 05, Fax 98 53 31 33.

Paris 557 ③ – ♦Brest 72 ① – Lorient 66 ③ – ♦Rennes 208 ③ – St-Brieuc 141 ① – Vannes 119 ③.

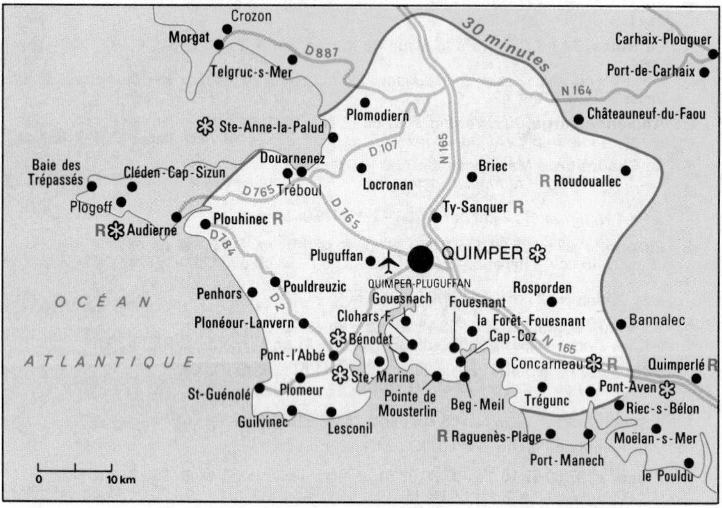

Novotel M, par bd Le Guennec, près centre commercial de Kerdrezec ✆ 98 90 46 26, Télex 941362, Fax 98 53 01 96, ☂, ⛱ – ⧉ ⇆ ch ▤ rest TV ☎ ♿ P – 🎓 100. AE ⓓ GB. ⛔ rest AX **n**
Repas 100/150 ♁, enf. 50 – ☕ 50 – **92 ch** 410/480.

La Tour d'Auvergne, 13 r. Réguaires ✆ 98 95 08 70, Fax 98 95 17 31 – ⧉ TV ☎ P – 🎓 30. AE GB BZ **e**
Repas *(fermé 18/12 au 10/1, sam. midi en oct. et du 1/4 au 15/7, sam. soir du 1/11 au 31/3 et dim. du 1/10 au 30/4)* 125 (déj.), 140/210, enf. 68 – ☕ 49 – **42 ch** 395/510 – ½ P 410/455.

Gradlon sans rest, 30 r. Brest ✆ 98 95 04 39, Fax 98 95 61 25 – TV ☎. AE ⓓ GB. ⛔
fermé 22 déc. au 3 janv. – ☕ 50 – **21 ch** 360/750. BY **a**

Mascotte M, 6 r. Th. Le Hars ✆ 98 53 37 37, Fax 98 90 31 51 – ⧉ ⇆ ch TV ☎ ♿. AE ⓓ GB BZ **d**
Repas (dîner seul.) 90/140 ♁ – ☕ 40 – **63 ch** 320/480.

Arcade M sans rest, 21 bis av. gare ✆ 98 90 31 71, Télex 941224, Fax 98 53 09 81, ⛱ – ⧉ TV ☎ ♿ 🚗 – 🎓 40. AE ⓓ GB BX **a**
☕ 35 – **63 ch** 295/350.

Ibis M, r. G. Eiffel ✆ 98 90 53 80, Fax 98 52 18 41 – ⇆ ch TV ☎ ♿ P – 🎓 60. AE ⓓ GB
Repas 97 bc, enf. 40 – ☕ 35 – **72 ch** 295/360. BV **f**

Sapinière sans rest, rte Bénodet par ⑤ : 4 km ✆ 98 90 39 63, Fax 98 64 76 00, ✂ – TV ☎ P – 🎓 80. AE ⓓ GB. ⛔
fermé 15 sept. au 15 oct. – ☕ 29 – **39 ch** 130/260.

QUIMPER

XXX **Les Acacias,** au S : Z.A. Creac'h Gwen par bd Le Guennec AX *ℰ* 98 52 15 20, Fax 98 52 15 20, 🌧 – 🅿. 🆚
fermé sam. midi et dim. soir – **Repas** 95/250 et carte 180 à 250.

XXX ❀ **Le Capucin Gourmand** (Conchon), 29 r. Réguaires *ℰ* 98 95 43 12 – 🆚   BZ **r**
fermé 1ᵉʳ au 16 juil., sam. midi et dim. – **Repas** 115/350 et carte 210 à 370
Spéc. Ravioles de coques au gingembre. Galette de blé noir à l'andouille de pays. Ragoût de homard flambé au pommeau.

XX **L'Ambroisie,** 49 r. Elie Fréron *ℰ* 98 95 00 02 – 🅰🅴 🆚   BY **u**
fermé 25 juin au 4 juil., 25 au 29 oct. et lundi soir – **Repas** 98/250.

XX **Fleur de Sel,** 1 quai Neuf *ℰ* 98 55 04 71, Fax 98 55 04 71 – 🆚   AX **v**
fermé Noël au Jour de l'An, sam. midi et dim. – **Repas** 100/250.

à Ty Sanquer : 7 km par ① et D 770 – ⊠ 29000 Quimper :

XX **Aub. Ty Coz,** *ℰ* 98 94 50 02 – 🅿. 🆚
fermé 20 avril au 10 mai, 7 au 26 sept., dim. soir et lundi – **Repas** 90/230, enf. 55.

au Sud : 5 km par rte de Pont-l'Abbé, Plomelin Corniguel – ⊠ 29700 Pluguffan :

XXX **La Roseraie de Bel Air,** *ℰ* 98 53 50 80, « Maison bretonne du 19ᵉ siècle », 🌳 – 🅿. 🅰🅴 🆚
fermé dim. soir et lundi – **Repas** 136/300 et carte 200 à 280.

à Pluguffan O : 7 km par D 40 AX – 3 238 h. – ⊠ 29700 :

🏛 **La Coudraie** 🌰 sans rest, impasse du Stade *ℰ* 98 94 03 69, Fax 98 94 08 42, 🌳 – 📺 ☎ 🅿. 🆚
fermé vacances de Toussaint, de fév., sam. et dim. en hiver – 🖙 30 – **11 ch** 200/280.

ALFA ROMEO Gar. Jourdain, 36 rte de Bénodet
ℰ 98 90 60 64
CITROEN S.C.A.F. Diffusion autom.,
rte de Bénodet à Ménez-Bily par ⑤
ℰ 98 90 33 47 🇳 *ℰ* 98 90 28 05
FORD Bretagne-Autom., 105 av. de Ty-Bos
ℰ 98 90 32 00 🇳 *ℰ* 98 90 24 24
MERCEDES Gar. Belléguic, ZI rte de Coray,
ℰ 98 90 03 69 🇳 *ℰ* 98 90 24 24
NISSAN Gar. Munoz, 6 rte de Brest *ℰ* 98 95 95 94
Ouest Atlantique Autom., 136 av. Ty Bos,
rte Concarneau *ℰ* 98 90 84 00
PEUGEOT Gar. Nédélec, 66 rte de Brest
ℰ 98 95 42 74 🇳 *ℰ* 98 62 20 74
RENAULT Gar. de l'Odet, Zi Kernevez 1 r. Nobel
ℰ 98 55 80 00

ROVER Kemper Autom., 13 av. Libération
ℰ 98 90 50 00
VAG Gar. Honoré, KM 4 rte de Rosporden
ℰ 98 94 63 00

🛞 Bégot Pneus, 79 rte de Brest *ℰ* 98 95 09 33
Euromaster, ZA la Salle Verte à Ergue-Gabéric
ℰ 98 59 67 67
Lorans Pneus Armorique Vulcopneu 1 r. O.-de-Serre
ZI Hippodrome *ℰ* 98 53 35 26
Nouveaux Ets CAP, r. Lebon ZI Hippodrome
ℰ 98 90 18 87
Simon Pneus, Le Melenec, rte d'Elliant Ergué-
Gabéric *ℰ* 98 90 17 73

QUIMPERLÉ 29300 Finistère 🔢 ⑫ ⑰ G. Bretagne (plan) – 10 748 h alt. 35.

Voir Église Ste-Croix⋆⋆ – Rue Dom-Morice⋆.

🏌 du Val Quéven *ℰ* 97 05 17 96 à Gestel : SE, 18 km par RN 165.

🅱 Office de Tourisme Pont Bourgneuf *ℰ* 98 96 04 32.

Paris 511 – Quimper 48 – Carhaix-Plouguer 55 – Concarneau 31 – Pontivy 54 – ◆Rennes 169 – St-Brieuc 111 – Vannes 73.

🏛 **Novalis** Ⓜ, rte Concarneau : 1,5 km *ℰ* 98 39 24 00, Fax 98 39 12 10 – 📺 ☎ ♿ 🅿 –
🔼 60. 🅰🅴 🆚. 🚿 rest
Repas *(fermé lundi midi et dim.)* 70/160 🍷 – 🖙 30 – **25 ch** 220/240 – ½ P 220.

XX **Relais du Roch,** S : 2 km par D 49 *ℰ* 98 96 12 97 – 🅿. 🆚
fermé dim. soir et lundi – **Repas** 85/380, enf. 40.

XX **Bistro de la Tour,** 2 r. Dom. Morice *ℰ* 98 39 29 58, Fax 98 39 21 77, « Petit musée de la photographie » – 🅰🅴 🆚
Repas 80 (déj.), 98/350.

X **Aub. de Toulfoën** avec ch, S : 3 km par D 49 *ℰ* 98 96 00 29 – ⇿ ch 🅿. 🅰🅴 🅾 🆚.
🚿 ch
fermé 25 sept. au 31 oct. et lundi sauf juil.-août – **Repas** 100/250 – 🖙 30 – **9 ch** 180/375.

CITROEN Gar. Gaudart, rte de Quimper à Roz-Glass
ℰ 98 96 20 30
FIAT Central Auto, 22 rte de Lorient *ℰ* 98 39 08 39
OPEL Auto Service 29, ZAC de Kervidannou
ℰ 98 96 14 74
RENAULT Sodiqa, 117 r. de Pont-Aven
ℰ 98 39 34 55 🇳 *ℰ* 98 06 98 49

VAG Gar. Quimperlois, 41 rte de Lorient
ℰ 98 39 32 24

🛞 Lorans-Pneus Armorique Vulcopneu Ker Goaler
rte de Pont Aven *ℰ* 98 96 01 39

Campers...

Use the current Michelin Guide
Camping Caravaning France.

QUINCIÉ-EN-BEAUJOLAIS 69430 Rhône 73 ⑨ – 1 059 h alt. 319.
Paris 422 – Roanne 68 – Beaujeu 6,5 – Bourg-en-Bresse 51 – ◆Lyon 57 – Mâcon 30.

🏠 **Mont-Brouilly**, E : 2,5 km par D 37 ℘ 74 04 33 73, Fax 74 69 00 72, ⏚, ☞ – ▤ rest 📺
◆ ☎ & ❷ – 🔒 30. 🆎 ⅁🅱
fermé 24 au 30 déc., 4 au 26 fév., lundi midi d'avril à sept., dim. soir et lundi d'oct. à mars –
Repas 80/230, enf. 50 – ☷ 34 – **29 ch** 280/320 – ½ P 250/270.

XX **Aub. du Pont des Samsons**, E : 2,5 km par D 37 ℘ 74 04 32 09, 🍴 – ❷. ⅁🅱
fermé jeudi – **Repas** 65 (déj.), 90/200 🍷.

QUINÉVILLE 50310 Manche 54 ③ G. Normandie Cotentin – 306 h alt. 24.
Paris 343 – Cherbourg 35 – Barfleur 20 – Carentan 31 – Saint-Lô 59.

🏠 **Château de Quinéville** ⬙, ℘ 33 21 42 67, Fax 33 21 05 79, parc – ☎ & ❷. 🆎 ⅁🅱
fermé 5 janv. au 15 mars – **Repas** *(fermé merc. du 1ᵉʳ oct. au 20 déc.)* 95/180, enf. 60 – ☷ 42
– **24 ch** 430/480 – ½ P 370/390.

QUINSAC 33360 Gironde 75 ⑪ – 1 866 h alt. 49.
Paris 591 – ◆Bordeaux 13 – Langon 33 – Libourne 39.

XX **Robinson** ⬙ avec ch, SE : 2 km sur D 10 ℘ 56 21 31 09, Fax 56 21 37 11, ≤, 🍴, ☞, ✗
– ☎ ❷. 🆎 ⓞ ⅁🅱
Repas 130/185 – ☷ 35 – **5 ch** 300.

au Port Neuf N : 4 km par D 10 et D 14 – ⊠ 33360 Camblanès-et-Meymac :

X **La Maison du Fleuve**, ℘ 56 20 06 40, Fax 56 20 19 89, ≤, 🍴, « Au bord de la
Garonne » – ❷. ⅁🅱. ✗
fermé lundi – **Repas** (nombre de couverts limité, prévenir) 85 (déj.). 135/150.

QUINSON 04480 Alpes-de-H.-P. 84 ⑤ 114 ⑦ – 274 h alt. 370.
Paris 792 – Digne-les-Bains 60 – Aix-en-Provence 75 – Brignoles 44 – Castellane 75.

🏠 **Relais Notre-Dame**, ℘ 92 74 40 01, Fax 92 74 02 10, 🍴, ⏚, ☞ – ☎ ❷. 🆎 ⅁🅱. ✗ ch
fermé 15 déc. au 15 mars, dim. soir et lundi d'oct. à Pâques – **Repas** 85/170, enf. 35 – ☷ 37 –
14 ch 140/280 – ½ P 208/262.

QUINTIN 22800 C.-d'Armor 59 ⑫ ⑬ G. Bretagne – 2 602 h alt. 179.
Paris 465 – St-Brieuc 19 – Guingamp 33 – Lamballe 35 – Loudéac 31.

🏠 **Commerce**, r. Rochonen ℘ 96 74 94 67 – 📺 ☎. ⅁🅱
◆ *fermé début déc. à début janv.* – **Repas** *(fermé dim. soir et lundi midi sauf juil.-août)* 59/289 –
☷ 29 – **13 ch** 170/280 – ½ P 180/230.

PEUGEOT Auto Quintinaise, Les Quartiers   RENAULT Gar. du Gouet, r. de St-Eutrope
à St-Brandan ℘ 96 74 87 96 🅽 ℘ 96 74 83 31   à St-Brandan ℘ 96 74 83 99

RACOU-PLAGE 66 Pyr.-Or. 86 ⑳ – rattaché à Argelès-sur-Mer.

RAGUENÈS-PLAGE 29 Finistère 58 ⑪ G. Bretagne – ⊠ 29139 Névez.
Paris 540 – Quimper 42 – Carhaix-Plouguer 69 – Concarneau 17 – Pont-Aven 11 – Quimperlé 29.

🏠 **Chez Pierre** ⬙, ℘ 98 06 81 06, Fax 98 06 62 09, 🍴, « Jardin » – ☎ & ❷. ⅁🅱. ✗ rest
7 avril-26 sept. – **Repas** *(fermé merc. du 14 juin au 13 sept.)* 110/260, enf. 72 – ☷ 31 –
35 ch 200/397 – ½ P 231/338.

🏠 **Men Du** ⬙ sans rest, ℘ 98 06 84 22, ≤, ☞ – ☎ ❷. ⓞ ⅁🅱. ✗
7 avril-28 sept. – ☷ 34 – **14 ch** 280/300.

Le RAINCY 93 Seine-St-Denis 56 ⑪, 101 ⑱ – voir à Paris, Environs.

RAISMES 59 Nord 53 ④ – rattaché à Valenciennes.

RAMATUELLE 83350 Var 84 ⑰ 114 ㉗ G. Côte d'Azur – 1 945 h alt. 135.
Voir Col de Collebasse ≤⭑ S : 4 km.
Paris 878 – Fréjus 36 – Hyères 23 – Le Lavandou 36 – St-Tropez 9,5 – Ste-Maxime 16 – ◆Toulon 73.

🏛 **Le Baou** ⬙, ℘ 94 79 20 48, Télex 462152, Fax 94 79 28 36, ≤ vieux village et mer, 🍴,
⏚, ☞ – ▤ 📺 ☎ ❷ – 🔒 80. 🆎 ⓞ ⅁🅱. ✗ rest
1ᵉʳ mars-31 oct. – **Repas** 160/250 – ☷ 63 – **33 ch** 650/1200, 8 duplex.

🏠 **La Vigne de Ramatuelle** Ⓜ ⬙ sans rest, SO : 1,5 km par D 93 ℘ 94 79 12 50,
Fax 94 79 13 20, ≤ vignes et collines, parc, ⏚ – ▤ 📺 ☎ & ❷. 🆎 ⓞ ⅁🅱
fermé nov. et janv. – ☷ 75 – **14 ch** 1400/1650.

🏠 **Ferme d'Hermès** ⬙ sans rest, rte l'Escalet, SE : 2,5 km ℘ 94 79 27 80, Fax 94 79 26 86,
« Demeure provençale dans le vignoble », ⏚, ☞ – cuisinette 📺 ☎ ❷. ⅁🅱
1ᵉʳ avril-1ᵉʳ nov. et 27 déc.-10 janv. – ☷ 70 – **8 ch** 700/850.

à la Bonne Terrasse E : 5 km par D 93 et rte Camarat – ⊠ 83350 Ramatuelle :

X **Chez Camille**, ℘ 94 79 80 38, ≤, 🍴 – ❷. ⅁🅱
1ᵉʳ avril-9 oct. et fermé mardi sauf le soir en juil.-août – **Repas** - produits de la mer -
(week-end et saison, prévenir) 230/460.

RAMBOUILLET 78120 Yvelines 🔟 ⑧ ⑨ 🔟🔟🔟 ㉗ ㉘ G. Ile de France – 24 343 h alt. 160.

Voir Boiseries★ du château Z – Parc★ YZ : laiterie de la Reine★ Z B, chaumière des coquillages★ Z E – Bergerie nationale★ Z – Forêt de Rambouillet★.

🚩 Office de Tourisme à l'Hôtel de Ville ℰ (1) 34 83 21 21.

Paris 51 ① – Chartres 41 ③ – Étampes 39 ③ – Mantes-la-Jolie 48 ① – ◆Orléans 89 ③ – Versailles 31 ①.

RAMBOUILLET

Chasles (R.) . . . . Z 2
Félix-Faure (Pl.) . . . . Z 5
Gaulle (R. du Gén.-de) . . Z 6

Commune (R. de la) . . . . Y 3
Humbert (R. Gén.) . . . . . Z 7
Libération (Pl. de la) . . . Z 8
Louvière (R. de la) . . . . . Z 9
Poincaré (R. Raymond) . . Y 12
Providence (R. de la) . . . Y 13
Thome (Pl. André) . . . . . Y 16

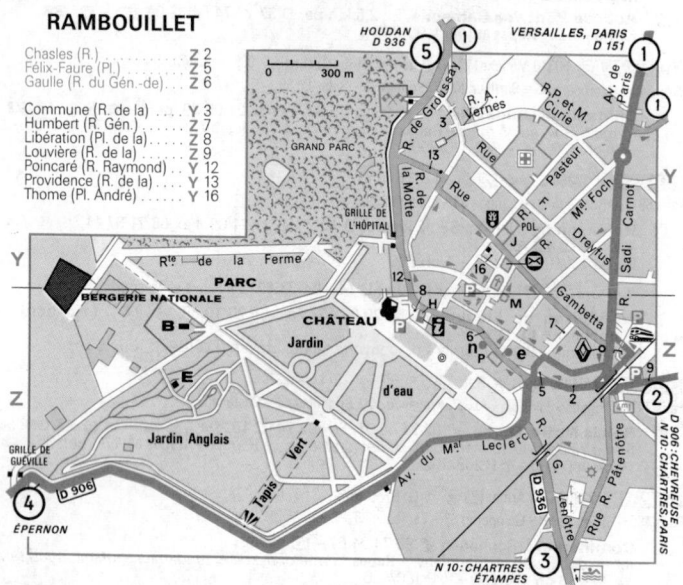

🏨 **Climat de France** Ⓜ, N 10 par ② ℰ (1) 34 85 62 62, Fax (1) 30 59 23 57, ☕, ℀ – 📺 ☎
  🔥 🅿 – 🔬 40. 🅰🅴 🆖
  Repas 59 (déj.), 85/120 🍷, enf. 39 – ☑ 32 – **62 ch** 239/285.

XX **Cheval Rouge**, 78 r. Gén. de Gaulle ℰ (1) 30 88 80 61, Fax (1) 34 83 91 60, 🍽 – 📋 🅰🅴
  ⓪ 🆖   Z **n**
  fermé 17 juil. au 17 août et dim. soir – **Repas** 120/170.

X **Poste**, 101 r. Gén. de Gaulle ℰ (1) 34 83 03 01 – 🅰🅴 🆖   Z **e**
  fermé 1er au 7 janv., dim. soir et lundi sauf fériés – **Repas** 122/192 🍷.

BMW Soravia, 29 r. Pâtenôtre ℰ (1) 34 85 77 77
CITROEN Gar. Van de Maele, r. G.-Lenôtre par ③
ℰ (1) 30 41 81 81 🅽 ℰ (1) 05 05 24 24
PEUGEOT Gar. Préhel, 56 r. Le Nôtre, Le Bel Air
par ③ ℰ (1) 30 41 01 70 🅽 ℰ (1) 05 44 24 24
RENAULT Gar. de la Gare, 9 r. Sadi-Carnot
ℰ (1) 30 59 89 42 🅽 ℰ (1) 05 05 15 15

SAAB Morel-Autom., ZA Bel-Air r. Cutesson
ℰ (1) 34 94 99 00
SEAT P.J. Autom., 11 r. P-Métairie ZA Bel Air
ℰ (1) 34 85 87 00
VAG Gar. Sofriga, 122 r. de Clairefontaine
ℰ (1) 30 41 87 68

RANCÉ 01390 Ain 🔟🔟 ⑩ – 410 h alt. 282.

Paris 442 – ◆Lyon 33 – Bourg-en-Bresse 42 – Villefranche-sur-Saône 12.

XX **Rancé**, ℰ 74 00 81 83, Fax 74 00 87 08 – ▤. 🆖
  fermé le midi, dim. soir, lundi soir et mardi soir sauf août – **Repas** 85 (déj.), 105/290, enf. 65.

RANCON 87290 H.-Vienne 🔟🔟 ⑦ G. Berry Limousin – 544 h alt. 217.

Paris 374 – ◆Limoges 38 – Bellac 12 – La Souterraine 33.

X **L'Oie et le Gril,** ℰ 55 68 15 06 – 🆖
  fermé 15 sept. au 15 oct., vacances de fév., mardi soir et merc. – **Repas** 60 (déj.)/120.

RANCOURT 80 Somme 🔟🔟 ⑬ – rattaché à Péronne.

RANDAN 63310 P.-de-D. 🔟🔟 ⑤ G. Auvergne – 1 429 h alt. 407.

Voir Villeneuve les Cerfs : pigeonnier★ O : 2 km.

🚩 Syndicat d'Initiative à la Mairie (fermé après-midi) ℰ 70 41 50 02.

Paris 408 – ◆Clermont-Ferrand 39 – Aigueperse 13 – Gannat 18 – Riom 24 – Thiers 29 – Vichy 15.

X **Centre** avec ch, ℰ 70 41 50 23 – 🆖
→ fermé 15 oct. au 1er déc., mardi soir et merc. sauf juil.-août – **Repas** 60/220 🍷 – ☑ 28 –
  9 ch 160/380 – ½ P 240/260.

à St-Priest-Bramefant E : 7,5 km par D 59 – ✉ **63310** :

Château de Maulmont 🐁, ☎ 70 59 03 45, Fax 70 59 11 88, ≤, « Château du 19e siècle dans un parc », 🏊, 🎾 – TV ☎ P – 🎯 50. AE GB
fermé janv. et fév. – **Repas** 130/240, enf. 70 – ☕ 45 – **26 ch** 300/900, 3 appart – ½ P 350/635.

CITROEN Gar. Elambert, ☎ 70 41 51 62

RÂNES 61150 Orne 60 ② **G. Normandie Cotentin** – 1 015 h alt. 250.

ℹ Syndicat d'Initiative à la Mairie ☎ 33 39 73 87.

Paris 216 – Alençon 40 – Argentan 19 – Bagnoles-de-l'Orne 19 – Falaise 34.

St Pierre, ☎ 33 39 75 14, Fax 33 35 49 23 – TV ☎ P – 🎯 50. AE ⓓ GB
Repas *(fermé vend. soir hors sais.)* 72/195 🍷, enf. 48 – ☕ 35 – **12 ch** 220/345 – ½ P 285.

Jean Anne, ☎ 33 39 75 16 – GB
fermé mardi soir et merc. sauf fériés – **Repas** 59/195 🍷.

RANG 25250 Doubs 66 ⑰ – 474 h alt. 287.

Paris 419 – ◆Besançon 59 – Baume-les-Dames 22 – Belfort 48 – Lure 39 – Montbéliard 27 – Vesoul 52.

Moderne avec ch, ☎ 81 96 32 54 – 🚗 P. GB
fermé 1er au 15 nov., 15 janv. au 5 fév. et lundi – **Repas** 55/210 🍷 – ☕ 23 – **10 ch** 95/180 – ½ P 150/200.

RAON-L'ÉTAPE 88110 Vosges 62 ⑦ – 6 780 h alt. 291.

Voir Église★ d'Etival-Clairefontaine S : 6 km, **G. Alsace Lorraine.**

ℹ Syndicat d'Initiative r. J.-Ferry (15 juin-15 sept.) ☎ 29 41 83 25.

Paris 372 – Épinal 44 – ◆Nancy 68 – Lunéville 34 – Neufchâteau 112 – St-Dié 17 – Sarrebourg 51.

Relais Lorraine Alsace M, 31 r. J. Ferry ☎ 29 41 61 93, Fax 29 41 93 09 – TV ☎. AE ⓓ GB
fermé nov. et lundi – **Repas** 68/149 🍷 – ☕ 28 – **10 ch** 189/289 – ½ P 360/450.

RASTEAU 84 Vaucluse 81 ② – rattaché à Vaison-la-Romaine.

RAUZAN 33420 Gironde 75 ⑫ **G. Pyrénées Aquitaine** – 978 h alt. 100.

Paris 609 – ◆Bordeaux 37 – Bergerac 57 – Libourne 22 – Marmande 45.

La Gentilhommière, ☎ 57 84 13 42 – P. AE ⓓ GB
fermé 22 au 30 nov. et lundi sauf fériés – **Repas** 65 (déj.), 105/250 🍷.

RENAULT Gar. Nardou, ☎ 57 84 13 17

RAZAC-SUR-L'ISLE 24 Dordogne 75 ⑤ – rattaché à Périgueux.

RAZ (Pointe du) ★★★ 29 Finistère 58 ⑬ **G. Bretagne** – alt. 72.

Voir ✻★★.

Paris 608 – Quimper 51 – Douarnenez 37 – Pont-l'Abbé 47.

à La Baie des Trépassés par D 784 et VO : 3,5 km :

Baie des Trépassés 🐁, ✉ 29770 Plogoff ☎ 98 70 61 34, Fax 98 70 35 20, ≤ – TV ☎ P. GB
fermé 3 janv. au 8 fév. – **Repas** 96/280, enf. 56 – ☕ 36 – **27 ch** 266/348 – ½ P 270/360.

Relais de la Pointe du Van 🐁, ✉ 29770 Cléden-Cap-Sizun ☎ 98 70 62 79, Fax 98 70 35 20, ≤, 🌳 – 🛗 ☎ ♿ P. GB
1er avril-30 sept. – **Repas** snack 96 – ☕ 36 – **25 ch** 250/360 – ½ P 302/360.

RÉ (Ile de) ★ 17 Char.-Mar. 71 ⑫ **G. Poitou Vendée Charentes.**

Accès : par le pont routier (voir à La Rochelle).

Ars-en-Ré – 1 165 h alt. 3 – ✉ **17590.**

ℹ Syndicat d'Initiative pl. Carnot (saison) ☎ 46 29 46 09.

Paris 503 – La Rochelle 34 – Fontenay-le-Comte 81 – Luçon 69.

Le Parasol 🐁, rte St-Clément des Baleines, NO : 0,5 km ☎ 46 29 46 17, Fax 46 29 05 09, 🌳 – cuisinette TV ☎ ♿ P. ⓓ GB
1er mars-2 nov. – **Repas** *(fermé mardi en oct.)* 120/180 🍷 – ☕ 40 – **9 ch** 365, 20 studios 450 – ½ P 338/380.

Le Martray, Le Martray E : 3 km par D 735 ☎ 46 29 40 04, Fax 46 29 41 19, 🌳 – TV ☎ P. AE ⓓ GB
1er avril-5 nov. – **Repas** 120/200 – ☕ 40 – **14 ch** 320/370 – ½ P 360/380.

Bistrot de Bernard, 1 quai Criée ☎ 46 29 40 26, Fax 46 29 28 99, 🌳 – GB
fermé 4 janv. au 15 fév., dim. soir et lundi hors sais. – **Repas** 120/165.

CITROEN Gar. de Beauregard, ☎ 46 29 40 43

Bois-Plage-en-Ré – 2 014 h – ⊠ 17580.

🛈 Office de Tourisme 18 r. de l'Église ℰ 46 09 23 26.

Paris 492 – La Rochelle 24 – Fontenay-le-Comte 71 – Luçon 60.

🏠 **Les Gollandières** ⊗, ℰ 46 09 23 99, Fax 46 09 09 84, 㭎, ⚖, 🐾 – 📺 ☎ 🅿 – 🔏 25. 🖭
⓪ ⅁ℬ
1ᵉʳ avril-1ᵉʳ nov. – Repas 120/180 – 🖙 40 – **32 ch** 315/420 – ½ P 360/420.

La Flotte – 2 452 h alt. 5 – ⊠ 17630.

🛈 Office de Tourisme quai Sénac ℰ 46 09 60 38, Fax 46 09 64 88.

Paris 486 – La Rochelle 18 – Fontenay-le-Comte 65 – Luçon 53.

🏨 ❀ **Richelieu** 🅼 ⊗, ℰ 46 09 60 70, Fax 46 09 50 59, ≤, 㭎, centre de thalassothérapie,
🛌, ⚖, 㡩, ❌ – 🍴 rest 📺 ☎ 🅿 – 🔏 60. ⅁ℬ
Repas (fermé 5 janv. au 10 fév.) 220/400 – 🖙 80 – **42 ch** 800/2000, 3 appart – ½ P 800/2000
Spéc. Homard grillé au beurre rouge. Langoustines grillées à la laque d'épices. Filet de Saint-Pierre aux girolles.
Vins Blanc et rouge de Ré.

🏠 **Hippocampe** sans rest, ℰ 46 09 60 68 – ☎. ⅁ℬ
🖙 23 – **18 ch** 96/235.

✕✕ **Le Lavardin**, r. H. Lainé ℰ 46 09 68 32, Fax 46 09 54 03 – 🍴. ⅁ℬ
fermé 13 nov. au 14 déc., 12 janv. au 12 fév., lundi soir de déc. à mars et mardi du 15 sept.
au 1ᵉʳ juil. – Repas 95 (déj.), 155/330.

✕ **L'Écailler**, 3 quai Senac ℰ 46 09 56 40, 㭎 – ⅁ℬ
avril-1ᵉʳ nov. – Repas - produits de la mer seul. - carte 180 à 300.

Les Portes-en-Ré – 660 h alt. 2 – ⊠ 17880.

🇬 Trousse Chemise ℰ 46 29 69 37, S par D 101 : 3,5 km.

🛈 Office de Tourisme, r. de Trousse-Chemise ℰ 46 29 52 71.

Paris 510 – La Rochelle 42 – Fontenay-le-Comte 89 – Luçon 77.

✕✕ **Aub. de la Rivière**, O : 1 km sur D 101 ℰ 46 29 54 55, Fax 46 29 40 32, 㭎, 㡩 – 🅿. 🖭
⅁ℬ
fermé 12 nov. au 22 déc., 7 janv. au 17 fév. et merc. d'oct. à avril sauf vacances scolaires –
Repas 120/350.

Rivedoux-Plage – 1 163 h – ⊠ 17940 .

🛈 Office de Tourisme pl. République ℰ 46 09 80 62.

Paris 481 – La Rochelle 13 – Fontenay-le-Comte 60 – Luçon 48.

🏠 **Rivotel** 🅼, 154 av. Dunes ℰ 46 09 89 51, Fax 46 09 89 04, ≤, 㭎, ⚖ – 📺 ☎ 🅿. 🖭 ⅁ℬ
hôtel : 7 avril-12 nov. – **Le Lamparo** (7 avril-1ᵉʳ oct.) **Repas** 98/260, enf. 65 – 🖙 48 –
35 ch 440/1250 – ½ P 380/790.

🏠 **Aub. de la Marée**, rte St-Martin ℰ 46 09 80 02, Fax 46 09 88 25, ≤, 㭎, « Jardin fleuri
et piscine » – 🍴 ch 📺 ☎ 🅿. ⅁ℬ
hôtel : 9 avril-12 nov. ; rest. : 24 mai-fin sept. et fermé lundi midi et mardi midi – **Repas** 120
(déj.), 180/330, enf. 70 – 🖙 45 – **30 ch** 350/800 – ½ P 350/600.

St-Clément-des-Baleines – 607 h – ⊠ 17590.

Voir L'Arche de Noé (parc d'attractions) : Naturama★ (collection d'animaux naturalisés)
– Phare des Baleines ❄★ N : 2,5 km.

🛈 Office de Tourisme r. Mairie ℰ 46 29 24 19.

Paris 506 – La Rochelle 37 – Fontenay-le-Comte 84 – Luçon 72.

✕✕ **Le Chat Botté**, ℰ 46 29 42 09, Fax 46 29 29 77, 㭎, 㡩 – 🖭 ⅁ℬ
fermé janv., fév. et merc. hors sais. – **Repas** 110/350, enf. 65.

St-Martin-de-Ré – 2 512 h alt. 11 – ⊠ 17410.

Voir Fortifications★.

🛈 Office de Tourisme av. V.-Bouthillier ℰ 46 09 20 06, Fax 46 09 06 18.

Paris 490 – La Rochelle 22 – Fontenay-le-Comte 69 – Luçon 57.

🏨 **La Jetée** 🅼 sans rest, quai G. Clemenceau ℰ 46 09 36 36, Fax 46 09 36 06 – 🗄 📺 ☎ 🕭
🚘 – 🔏 30. ⅁ℬ
🖙 40 – **31 ch** 590.

🏨 **Le Galion** 🅼 sans rest, allée Guyane ℰ 46 09 03 19, Fax 46 09 13 26, ≤ – 📺 ☎ 🕭 🚘.
🖭 ⓪ ⅁ℬ
fermé 20 nov. au 8 déc. – 🖙 45 – **31 ch** 430/560.

🏠 **Les Colonnes**, 19 quai Job-Foran ℰ 46 09 21 58, Fax 46 09 21 49, ≤ – 📺 ☎. ⅁ℬ
fermé 15 déc. au 1ᵉʳ fév. – **Repas** (fermé merc.) 100/180 ⅃, enf. 45 – 🖙 40 – **30 ch** 390/490 –
½ P 350/380.

RENAULT Gar. Neveur, ℰ 46 09 44 22

REALMONT 81120 Tarn 🔲🔲 ① – 2 631 h alt. 212.

Paris 731 – ◆Toulouse 79 – Albi 19 – Castres 22 – Graulhet 17 – Lacaune 56 – St-Affrique 85.

  XXX **Noël** avec ch, r. H. de Ville ℘ 63 55 52 80, 🍴 – 📺 ☎ – 🏊 50. 🅰🅴 🅾 ⊖🅱 ❄
       fermé vacances de fév., dim. soir et lundi sauf juil.-août – **Repas** 120/250 et carte 200 à 280 –
       ☑ 28 – **8 ch** 195/300 – ½ P 220/260.

RENAULT Gar. Conrazier, ℘ 63 55 51 38

REDON ⟨🚘⟩ 35600 I.-et-V. 🔲🔲 ⑤ G. Bretagne – 9 260 h alt. 12.

Voir **Tour★** de l'église St-Sauveur Y.

🇧 Office de Tourisme pl. Parlement ℘ 99 71 06 04, Fax 99 71 01 59.

Paris 411 ② – Châteaubriant 58 ③ – ◆Nantes 77 ③ – Ploërmel 44 ① – ◆Rennes 65 ② – St-Nazaire 53 ③ –
Vannes 58 ④.

REDON

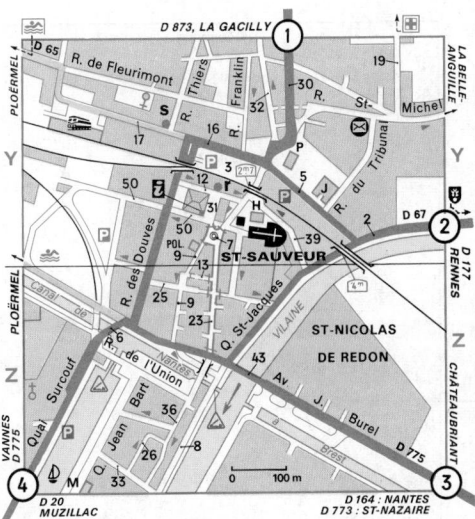

  🏛 **Bel Hôtel** sans rest, 42 av. J. Burel à St-Nicolas-de-Redon par ③ ⊠ 44460 St-Nicolas-
    de-Redon ℘ 99 71 10 10, Fax 99 72 33 03 – 📺 ☎ & 🅿. 🅰🅴 🅾 ⊖🅱
    ☑ 32 – **34 ch** 195/285.

  XXX **Jean-Marc Chandouineau** avec ch, 10 av. Gare ℘ 99 71 02 04, Fax 99 71 08 81 – 📺 ☎
    🅿. 🅰🅴 🅾 ⊖🅱 🄹🄲🄱   Y **s**
    fermé 25 mars au 2 avril, 29 juil. au 6 août, sam. sauf fériés et dim. soir – **Repas** 120/320 et
    carte 220 à 350 – ☑ 40 – **7 ch** 290/450.

  XX **La Bogue**, 3 r. des Etats ℘ 99 71 12 95 – ⊖🅱   Y **r**
  ← *fermé 28 août au 3 sept., vacances de fév. et dim. soir* – **Repas** 70/290.

    rte de la Gacilly par ① et D 873 : 3 km – ⊠ 35600 Redon :

  XXX **Moulin de Via,** ℘ 99 71 05 16, Fax 99 71 08 36, 🍴, 🎋 – 🅿. ⊖🅱
    fermé 4 au 10 sept., 1ᵉʳ au 7 janv., dim. soir et lundi – **Repas** 90/280, enf. 70.

CITROEN Gar. Vinouze, av. J.-Burel à St-Nicolas-
de-Redon (44) ℘ 99 71 00 36 🄽 ℘ 99 71 61 00
FORD Gar. Rouxel, 8 r. de la Barre ℘ 99 71 17 65
RENAULT Gar. Ménard, zone Briangaud,
rte de Rennes ℘ 99 70 52 27 🄽 ℘ 07 31 39 18

VAG Gar. Mazarguil, 120 r. de Vannes
℘ 99 71 17 81 🄽 ℘ 99 71 27 80

🅿 Euromaster, ZI Portuaire, rte de Vannes
℘ 99 71 18 50

REICHSFELD 67140 B.-Rhin 🔲🔲 ⑤ – 295 h alt. 340.

Paris 505 – ◆Strasbourg 43 – Barr 8 – Sélestat 18 – Molsheim 29 – Villé 13.

  XX **Bleesz** 🌲 avec ch, ℘ 88 85 50 61 – ☎ 🅿. ⊖🅱
    fermé 1ᵉʳ janv. au 1ᵉʳ mars – **Repas** *(fermé merc. soir et jeudi)* 120/140 – ☑ 30 – **8 ch**
    230/250 – ½ P 230.

REICHSTETT 67 B.-Rhin 🔲🔲 ⑩ – rattaché à Strasbourg.

REILHAC 43 H.-Loire 🔲🔲 ⑤ – rattaché à Langeac.

    La guida cambia, cambiate la guida ogni anno.

REIMS <⇔> 51100 Marne 56 ⑥ ⑲ G. Champagne – 180 620 h alt. 83.

Voir Cathédrale★★★ BY – Basilique St-Remi★★ CZ : intérieur★★★ – Palais du Tau★★ BY **S** – Caves de Champagne★★ BCX, CZ – Place Royale★ BY – Porte Mars★ BX – Hôtel de la Salle★ BY **E** – Chapelle Foujita★ BX – Bibliothèque★ de l'ancien Collège des Jésuites BZ **W** – Musée St-Rémi★★ CZ **M³** – Musée-hôtel Le Vergeur★ BX **M²** – Musée des Beaux-Arts★ BY **M¹** – Centre historique de l'automobile française★ CY **M**.

Env. Fort de la Pompelle : casques allemands★ 9 km par ③.

🏌 Reims-Champagne ⚘ 26 03 60 14, à Gueux par ⑦ : 9,5 km.

✈ Reims-Champagne ⚘ 26 07 15 15, par ⑩ : 6 km.

🚗 ⚘ 26 88 50 50.

🛈 Office de Tourisme et Accueil de France 2 r. G.-de-Machault ⚘ 26 47 25 69, Télex 840890, Fax 26 47 23 63 – A.C. de Champagne, 7 bd Lundy ⚘ 26 47 34 76, fax 26 88 52 24.

Paris 144 ⑦ – Bruxelles 225 ⑩ – Châlons-sur-Marne 48 ④ – ◆Lille 203 ⑨ – Luxembourg 215 ④.

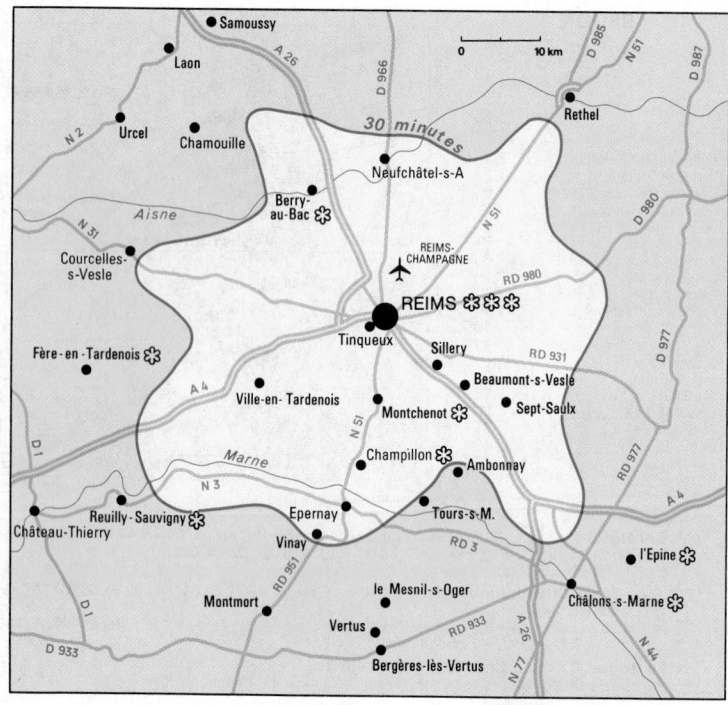

🏰 ❀❀❀ **Boyer "Les Crayères"** Ⓜ 🦢, 64 bd Vasnier ⚘ 26 82 80 80, Fax 26 82 65 52, ≼, 🍽, « Élégante demeure dans un parc », ✗ – 📵 🍴 📺 ☎ Ⓟ ᴀᴇ ⓪ ᴳᴮ   CZ **a**
fermé 22 déc. au 12 janv. – **Repas** *(fermé mardi midi et lundi)* (nombre de couverts limité - prévenir) carte 490 à 680 – �
 90 – **16 ch** 990/1780, 3 appart.
Spéc. Pied de porc farci au foie gras et aux cèpes. Langoustines rôties dans leur carapace, jus au corail. Pigeonneau au foie gras en habit vert. **Vins** Champagne.

🏰 **Les Templiers** Ⓜ sans rest, 22 r. Templiers ⚘ 26 88 55 08, Fax 26 47 80 60, ⊠ – 📵 ⛬ch 📺 ☎ ⅙ Ⓟ ᴀᴇ ⓪ ᴳᴮ ᴶᴄᴮ   BX **a**
☲ 80 – **19 ch** 950/1400.

🏰 **Holiday Inn Garden Court** Ⓜ, 46 r. Buirette ⚘ 26 47 56 00, Fax 26 47 45 75, 🍽 – 📵 ⛬ch 🍴 📺 ☎ ⅙ ⇔ – 🔬 35. ᴀᴇ ⓪ ᴳᴮ ᴶᴄᴮ   AY **f**
Repas *(fermé sam. midi)* 98/175, enf. 47 – ☲ 55 – **80 ch** 470.

🏰 **Quality H.** Ⓜ, 55 bd Paul Doumer ⚘ 26 40 01 08, Fax 26 40 34 13 – 📵 ⛬ch 📺 ☎ ⅙ ⇔ – 🔬 40. ᴀᴇ ⓪ ᴳᴮ   AY **t**
L'Orphée (fermé sam. midi et dim.) **Repas** 95/420, enf. 60 – ☲ 50 – **80 ch** 395/430.

🏰 **Paix**, 9 r. Buirette ⚘ 26 40 04 08, Fax 26 47 75 04, ⅀, 🍽 – 📵 ⛬ch 🍴 rest 📺 ☎ ⇔ – 🔬 50 à 100. ᴀᴇ ⓪ ᴳᴮ ᴶᴄᴮ   AY **q**
Repas brasserie carte 110 à 240 ₰ – ☲ 50 – **105 ch** 370/600.

980

REIMS

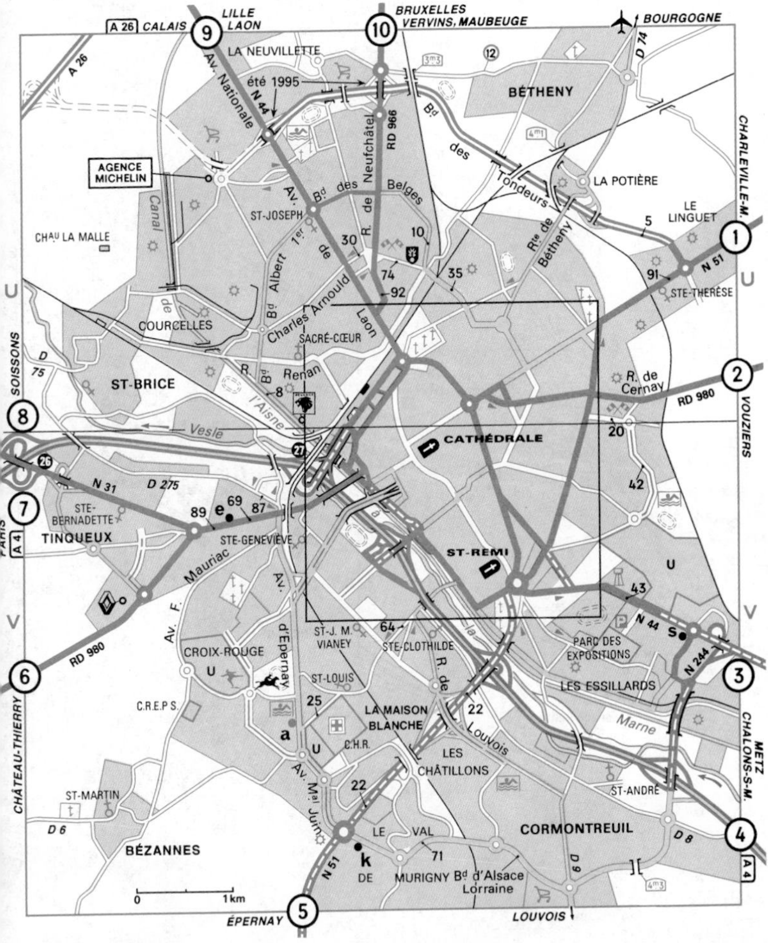

Berthelot (Bd M.) . . . . U 5
Brébant (Av.) . . . . U 8
Brimontel (R. de) . . . . U 10
Carré (R. du Gén.) . . . . UV 20
Champagne (Av. de) . . . . V 22
Cognacq-Jay (R.) . . . . V 25
Danton (R.) . . . . U 30
Dr-Lemoine (R.) . . . . U 35
Europe (Av. de l') . . . . V 42
Farman (Av. Henri) . . . . V 43
Maison-Blanche (R.) . . . . V 64
Paris (Av. de) . . . . V 69
Pompidou (Av. G.) . . . . V 71
Robespierre (Bd) . . . . U 74
Tinqueux (R. de) . . . . V 87
Vaillant-Couturier (Av.) . . . . . V 89
Witry (Route de) . . . . U 91
Zola (R. Émile) . . . . U 92

Consuls M sans rest, 7 r. Gén. Sarrail ✆ 26 88 46 10, Fax 26 88 66 33 – |‡| ⇔ ch ▤ TV ☎ ♿. AE ⓓ GB — BX **s**
☐ 50 – **28 ch** 495/520.

New H. Europe M sans rest, 29 r. Buirette ✆ 26 47 39 39, Télex 842145, Fax 26 40 14 37 – |‡| TV ☎ ♿ P – 🏛 30. AE ⓓ GB JCB — AY **u**
☐ 50 – **54 ch** 370.

Porte Mars sans rest, 2 pl. République ✆ 26 40 28 35, Fax 26 88 92 12 – |‡| TV ☎. AE ⓓ GB — AX **k**
fermé dim. – ☐ 40 – **24 ch** 290/370.

Gd H. du Nord sans rest, 75 pl. Drouet-d'Erlon ✆ 26 47 39 03, Fax 26 40 92 26 – |‡| ⇔ ch TV ☎. AE ⓓ GB — AY **m**
fermé 23 déc. au 3 janv. – ☐ 30 – **50 ch** 275/320.

Univers, 41 bd Foch ✆ 26 88 68 08, Fax 26 40 95 61 – |‡| TV ☎ – 🏛 25 à 70. AE ⓓ GB JCB — AX **a**
Repas *(fermé dim. soir)* 85/165 – ☐ 30 – **42 ch** 230/340 – ½ P 225.

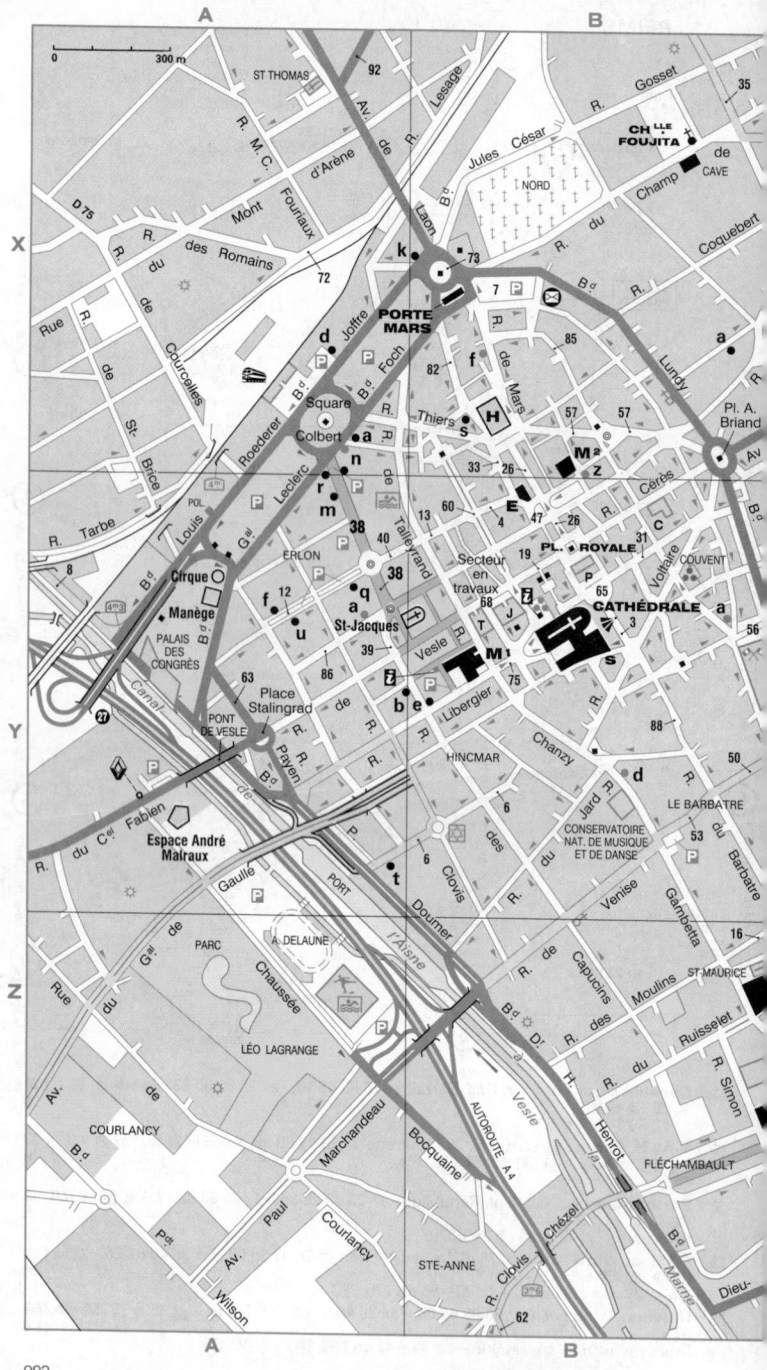

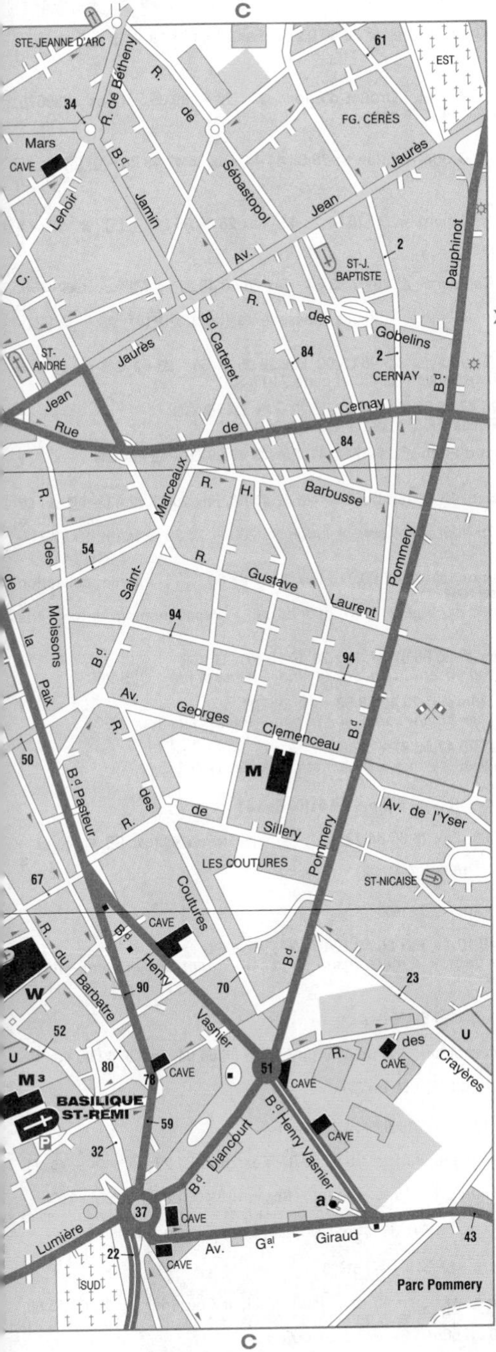

REIMS

🏠 **Ibis Centre** sans rest, 28 bd Joffre ℰ 26 40 03 24, Fax 26 88 33 19 – 🛗 📺 ☎ 🕭 – 🛴 25 à 60. 🆎 🆖
 ⌸ 35 – **94 ch** 295/305.
 AX **d**

🏠 **Continental** sans rest, 93 pl. Drouet-d'Erlon ℰ 26 40 39 35, Télex 839576, Fax 26 47 51 12 – 🛗 📺 ☎. 🆎 ⑩ 🆖 🇯🇨🇧
 ⌸ 42 – **50 ch** 250/480.
 AXY **r**

🏠 **Crystal** ॐ sans rest, 86 pl. Drouet-d'Erlon ℰ 26 88 44 44, Fax 26 47 49 28 – 🛗 📺 ☎. 🆎 ⑩ 🆖
 ⌸ 30 – **31 ch** 230/330.
 AXY **n**

🏠 **Libergier** sans rest, 20 r. Libergier ℰ 26 47 28 46, Fax 26 88 65 81 – 📺 ☎. 🆎 ⑩ 🆖
 ⌸ 35 – **17 ch** 230/330.
 AY **e**

🍴 **Le Bon Moine,** 14 r. Capucins ℰ 26 47 33 64, Fax 26 40 43 87 – 📺 ☎. 🆖 🇯🇨🇧. ✍
 fermé dim. sauf hôtel en juil.-août – **Repas** brasserie 59 (déj.), 79/147 ⅃ – ⌸ 32 – **10 ch** 220/295 – ½ P 205.
 AY **b**

🍽🍽🍽 **Le Chardonnay,** 184 av. Épernay ℰ 26 06 08 60, Fax 26 05 81 56 – 🆎 ⑩ 🆖
 fermé sam. midi et dim. soir – **Repas** 140/400 et carte 210 à 300.
 V **a**

🍽🍽🍽 **Le Foch,** 37 bd Foch ℰ 26 47 48 22, Fax 26 88 78 22 – 🍽. 🆎 ⑩ 🆖
 fermé dim. soir et lundi – **Repas** 155/300 et carte 210 à 350.
 AX **a**

🍽🍽 **Continental,** 95 pl. Drouet-d'Erlon ℰ 26 47 01 47, Fax 26 40 95 60 – 🆎 ⑩ 🆖
 Repas 95/300, enf. 66.
 AXY **r**

🍽🍽 **Vonelly-Gambetta** avec ch, 13 r. Gambetta ℰ 26 47 41 64, Fax 26 47 22 43 – 📺 ☎. 🆎 🆖. ✍ rest
 Repas (fermé 31 juil. au 15 août, dim. soir et lundi) 95/230 – ⌸ 30 – **14 ch** 190/230 – ½ P 230.
 BY **d**

🍽🍽 **Le Vigneron,** pl. P. Jamot ℰ 26 47 00 71, Fax 26 47 87 66, 🌳, « Belle collection d'affiches anciennes » – 🍽.
 fermé 1er au 15 août, 23 déc. au 2 janv., sam. midi et dim. – **Repas** (nombre de couverts limité, prévenir) 155/280.
 BY **a**

🍽🍽 **La Vigneraie,** 14 r. Thillois ℰ 26 88 67 27, Fax 26 40 26 67 – 🆎 🆖
 fermé 31 juil. au 21 août, 2 au 16 janv., dim. soir et lundi – **Repas** 87 (déj.). 125/250.
 AY **a**

🍽 **Au Petit Comptoir,** 17 r. Mars ℰ 26 40 58 58 – 🍽. 🆎 🆖
 fermé 6 au 22 août, 21 déc. au 11 janv., sam. soir et dim. – **Repas** carte 160 à 230.
 BX **f**

🍽 **Le Forum,** 34 pl. Forum ℰ 26 47 56 87 – 🆖
 fermé 15 au 31 août, 20 déc. au 3 janv., lundi soir et dim. – **Repas** 68/175 ⅃.
 BXY **z**

rte de Châlons-sur-Marne vers ③ : 3 km – ✉ 51100 Reims :

🏨 **Mercure** 🅜, ℰ 26 05 00 08, Fax 26 85 64 72, 🌳, ⅃ – 🛗 ✍ ch 🍽 rest 📺 ☎ 🕭 🅿 – 🛴 25 à 100. 🆎 ⑩ 🆖
 Repas 98 ⅃, enf. 50 – ⌸ 53 – **100 ch** 400/440.
 V **s**

à Sillery par ③ et D 8ᴱ : 11 km – ✉ 51500 :

🍽🍽 **Relais de Sillery,** ℰ 26 49 10 11, Fax 26 49 12 07, 🌳, 🐎 – 🆖
 fermé 1er au 15 fév.,le soir de nov. à mars, mardi en juil.-août, dim. soir et lundi – **Repas** 138/230.

rte d'Épernay vers ⑤ : 5 km – ✉ 51100 Reims :

🏠 **Campanile-Sud,** av. G. Pompidou - Val de Murigny ℰ 26 36 66 94, Fax 26 49 95 40, 🌳 – ✍ ch 📺 ☎ 🕭 🅿 – 🛴 25. 🆎 ⑩ 🆖
 Repas 82 bc/105 bc, enf. 39 – ⌸ 30 – **60 ch** 270.
 V **k**

à Montchenot par ⑤ : 11 km – ✉ 51500 Rilly-la-Montagne :

🍽🍽🍽 ✿ **Aub. du Gd Cerf** (Giraudeau), N 51 ℰ 26 97 60 07, Fax 26 97 64 24, 🌳, 🐎 – 🅿. 🆎 🆖
 fermé 6 au 20 mars, 7 au 21 août, dim. soir et merc. – **Repas** 160/400 et carte 260 à 410
 Spéc. Terrine de saumon aux huîtres en gelée (oct. à juin). Noix de Saint-Jacques rôties, purée de pommes de terre à la coriandre (oct. à avril). Pied de cochon farci au ris de veau et champignons. **Vins** Cumières rouge, Bouzy rouge.

à Tinqueux O : par ⑦ : 5 km – 10 154 h. – ✉ 51430 :

🏨 **L'Assiette Champenoise** 🅜 ॐ, 40 av. Paul Vaillant-Couturier ℰ 26 04 15 56, Fax 26 04 15 69, « Parc », ⅃ – 🛗 📺 ☎ 🕭 🅿 – 🛴 60. 🆎 ⑩ 🆖
 Repas 320/480 – ⌸ 70 – **60 ch** 505/770 – ½ P 715/1000.
 V **e**

par ⑦ , autoroute A 4 sortie Tinqueux : 6 km – ✉ **51430** Tinqueux :

🏨 **Novotel** Ⓜ, ℰ 26 08 11 61, Télex 830034, Fax 26 08 72 05, 🏤, 🏊, ⇔ ch 🖿 📺 ☎ ✆ Ⓟ
– 🔏 180. 🖭 Ⓞ 🖼
Repas carte environ 180 ⓵, enf. 55 – ⌒ 52 – **127 ch** 430/460.

🏨 **Ibis,** ℰ 26 04 60 70, Télex 842116, Fax 26 84 24 40 – ⇔ ch 📺 ☎ ✆ Ⓟ – 🔏 50. 🖭 🖼
Repas *(fermé 24 déc. au 2 janv. et dim.)* (dîner seul.) 89 ⓵, enf. 41 – ⌒ 35 – **75 ch** 285/305.

🏨 **Campanile-Ouest,** ZA Sarah Bernhardt ℰ 26 04 09 46, Fax 26 84 25 87, 🏤 – ⇔ ch 📺
☎ ✆ Ⓟ – 🔏 25. 🖭 Ⓞ 🖼
Repas 82 bc/105 bc, enf. 39 – ⌒ 30 – **49 ch** 270.

par ⑦ , autoroute A 4 sortie Tinqueux et rte Soissons : 7 km – ✉ **51370** Champigny-
sur-Vesle :

XXX ❀ **La Garenne** (Laplaige), sur N 31 ℰ 26 08 26 62, Fax 26 84 24 13 – Ⓟ. 🖭 Ⓞ 🖼
fermé 31 juil. au 21 août, dim. soir et lundi – **Repas** 150/380 et carte 260 à 400, enf. 60
Spéc. Langoustines crues marinées à la crème acidulée au caviar. Marmite de homard, turbot et Saint-Jacques. Pigeon
farci aux champignons des bois.

MICHELIN, Agence régionale, Chemin de St-Thierry, ZI des 3 Fontaines à St-Brice-
Courcelles U ℰ 26 09 19 32

ALFA ROMEO, SAAB Venise Auto, 86 r. de Venise
ℰ 26 82 20 02
BMW P.W.A., 16 av. de Paris ℰ 26 08 63 68 Ⓝ
ℰ 26 09 08 08
FORD Gar. St-Christophe, 35 r. Col.-Fabien
ℰ 26 08 24 66
LANCIA Gar. Fornage, 397 av. de Laon
ℰ 26 50 40 00
MERCEDES Gar. Tenedor, 6 rue J.Vergnier Val
Murigny ℰ 26 49 97 77 Ⓝ ℰ 05 24 24 30
MITSUBISHI, PORSCHE J.P.M., 57 r. Pasteur,
ZAC Neuvillette ℰ 26 09 44 46
NISSAN MURIGNY AUTO ZI de Murigny
r. Ed.-Rostand ℰ 26 50 29 00

PEUGEOT Gds Gar. de Champagne,
16 av. Brébant U ℰ 26 04 95 00 Ⓝ ℰ 26 09 08 08
RENAULT Succursale, 8 r. Col.-Fabien AY
ℰ 26 50 60 70 Ⓝ ℰ 26 02 89 71
VAG Gar. du Rhône, 412 av. de Laon
ℰ 26 87 13 61
Gar. Tellier Pneus, 56 r. Ruinart Brimont
ℰ 26 47 12 66

🛞 Leclerc Pneu, 19 r. Magdeleine ℰ 26 88 20 77
Leclerc-Pneu, ZI Sud-Est bd Val-de-Vesle
ℰ 26 05 03 45
Pneumatiques Maltrait-Cunrath, 12 r. Cloître
ℰ 26 47 48 47

Périphérie et environs

CITROEN Succursale, 38 av. P.V.-Couturier
à Tinqueux ℰ 26 50 67 65 Ⓝ ℰ 26 36 45 16
OPEL Reims Autos, 2 av. R.-Salengro à Tinqueux
ℰ 26 08 21 08
RENAULT Gar. Moine, ZI Moulin de l'Ecaille
à Tinqueux V ℰ 26 08 96 31 Ⓝ ℰ 26 61 99 99

VOLVO Gar. Delhorbe, 35 av. Nationale
à la Neuvillette ℰ 26 09 21 31

🛞 Euromaster, 2 av. A.-Margot à la Neuvillette
ℰ 26 47 70 52

REIPERTSWILLER 67340 B.-Rhin 🎑 ⑬ **G.** Alsace Lorraine – 946 h alt. 230.

Paris 449 – ◆Strasbourg 56 – Bitche 20 – Haguenau 34 – Sarreguemines 48 – Saverne 34.

🏨 **La Couronne** Ⓜ ⑳, 13 r. Wimmenau ℰ 88 89 96 21, Fax 88 89 98 22, 🐎 – 📺 ☎ ✆ Ⓟ.
🖼
fermé 16 au 29 oct. et fév. – **Repas** *(fermé lundi soir et mardi)* 88/170 ⓵ – ⌒ 30 – **17 ch**
276/336 – ½ P 246/275.

Le RELECQ-KERHUON 29 Finistère 🎑 ④ – rattaché à Brest.

La REMIGEASSE 17 Char.-Mar. 🎑 ⑭ – voir à Oléron (Ile d').

REMIREMONT 88200 Vosges 🎑 ⑯ **G.** Alsace Lorraine – 9 068 h alt. 400.

Voir Rue Ch.-de-Gaulle★ AB – Crypte★ de l'abbatiale St-Pierre A.

🛈 Office de Tourisme 2 pl. H.-Utard ℰ 29 62 23 70.

Paris 421 ⑤ – Épinal 25 ⑤ – Belfort 71 ② – Colmar 79 ① – ◆Mulhouse 80 ② – Vesoul 66 ④.

Plan page suivante

🏨 **Poste,** 67 r. Ch. de Gaulle ℰ 29 62 55 67, Fax 29 62 34 90 – 📺 ☎ 🚗. 🖭 Ⓞ 🖼   B **a**
fermé 17 au 30 août, 17 déc. au 7 janv., vend. soir et sam. d'oct. à mars – **Repas** 84/195 ⓵,
enf. 52 – ⌒ 30 – **21 ch** 255/345 – ½ P 250/290.

🏨 **Cheval de Bronze** sans rest, 59 r. Ch. de Gaulle ℰ 29 62 52 24, Fax 29 62 34 90 – 📺 ☎
🚗. 🖭 🖼   B **s**
⌒ 30 – **36 ch** 155/330.

XX **Le Clos Heurtebise,** chemin Heurtebise par r. Capit. Flayelle B ℰ 29 62 08 04,
Fax 29 62 38 80, 🏤, 🐎 – Ⓟ. 🖼 ⅏
fermé 2 au 10 juil., 15 au 22 janv., dim. soir et lundi – **Repas** 85/260 ⓵.

à Dommartin-lès-Remiremont par ② et D 23 : 4 km – ✉ **88200** :

XX **Le Karélian,** ℰ 29 62 44 05 – Ⓞ 🖼
fermé 24 juil. au 10 août, Noël au Jour de l'An, sam. midi, dim. soir et lundi soir –
Repas 100/240 ⓵.

REMIREMONT

Courtine (R. de la) . . . . . . A
Gaulle (R. Ch.-de) . . . . . AB

Xavée (R. de la) . . . . A 16

Abbaye (Pl. de l') . . . . A 2
Calvaire (Av. du) . . . . A 3
Écoles (R. des) . . . . A 5

États-Unis (R. des) . . . . A 6
Franche-Pierre (R.) . . . . A 7
Point-du-Jour (R. du) . . . . . A 12
Utard (Pl. H.) . . . . A 15
5e-et-15e-B.C.P. (R. du) . . . B 18

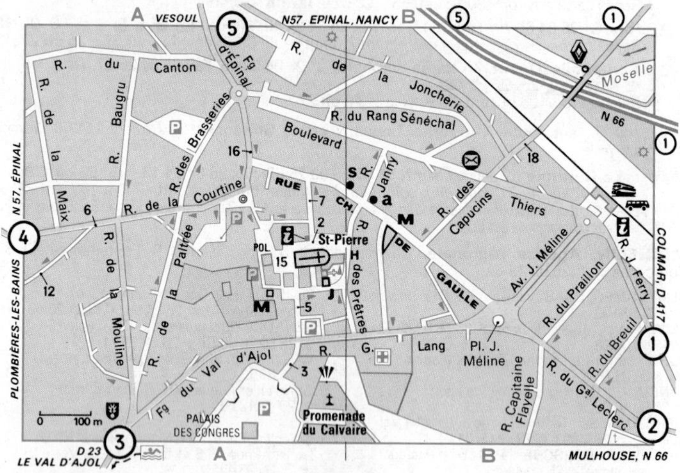

à Fallières par ④ et D 3 : 4 km – ✉ **88200** :

Logis des Prés Braheux, ☎ 29 62 23 67, Fax 29 62 01 40, – TV ☎ P. AE GB.
fermé 24 juil. au 6 août, 1er au 14 janv., lundi sauf hôtel et dim. soir – **Repas** 130/250, enf. 45 – ☕ 38 – **17 ch** 195/340 – ½ P 275/310.

CITROEN Gar. Remiremont Anotin, Les Bruyères, rte de Mulhouse par ② ☎ 29 23 29 45 N ☎ 29 23 00 07
PEUGEOT Choux Autom., à St-Étienne-les-Remiremont par ② et D 23 ☎ 29 23 18 28 N ☎ 29 23 18 28

RENAULT Gar. Pierre, Parc économique à St Étienne les Remiremont ☎ 29 62 55 95

Comptoir du Pneu, 2 r. J.-Ferry ☎ 29 23 23 32
Pneu Villaume, Ranfaing à St-Nabord ☎ 29 62 23 13

REMOULINS **30210** Gard 80 ⑲ ⑳ **G. Provence** – 1 771 h alt. 27.

Paris 690 – Avignon 23 – Alès 50 – Arles 36 – Nîmes 20 – Orange 34 – Pont-Saint-Esprit 39.

Moderne, pl. des Gds Jours ☎ 66 37 20 13, Fax 66 37 01 85 – TV ☎. AE GB
fermé 15 oct. au 12 nov., vacances de fév., vend. soir d'oct. à mars et sam. sauf juil.-août – **Repas** 72 (déj.), 80/110 ♁, enf. 42 – ☕ 33 – **22 ch** 230/320 – ½ P 240/270.

à St-Hilaire-d'Ozilhan NE : 4,5 km par D792 – ✉ **30210** :

L'Arceau M, ☎ 66 37 34 45, Fax 66 37 33 90, – TV ☎ P. AE GB
fermé 1er déc. au 31 janv., dim. soir et lundi hors sais. – **Repas** 95/225, enf. 50 – ☕ 30 – **25 ch** 250/300 – ½ P 225/240.

CITROEN Gar. Julien, ☎ 66 37 08 31 N ☎ 66 37 41 27

REMY **60** Oise 56 ② – rattaché à Compiègne.

RENAISON **42370** Loire 73 ⑦ – 2 563 h alt. 380.

Voir Bourg★ de St-Haon-le-Châtel N : 2 km – Barrage de la Tache : rocher-belvédère★ O : 5 km, **G. Vallée du Rhône.**

Paris 381 – Roanne 11,5 – Chauffailles 43 – Lapalisse 39 – ◆St-Étienne 88 – Thiers 58 – Vichy 54.

Aub. de l'Étang, par rte Roanne et D 9¹ : 1 km ☎ 77 64 25 96, Fax 77 64 43 95, – ch ☎ P. AE GB
fermé 5 au 25 janv., dim. soir sauf hôtel et lundi – **Repas** 65 (déj.), 98/235, enf. 55 – ☕ 40 – **17 ch** 180/220 – ½ P 280/320.

XX **Jacques-Coeur** avec ch, ☎ 77 64 25 34, Fax 77 64 43 88 – TV ☎. GB
fermé 20 fév. au 20 mars, dim. soir et lundi – **Repas** 90/180 ♁ – ☕ 34 – **8 ch** 210/280 – ½ P 230/265.

X **Central** avec ch, ☎ 77 64 25 39 – TV ☎. GB
fermé 28 sept. au 26 oct., 8 au 22 fév., dim. soir (sauf hôtel) et merc. – **Repas** 68/240 ♁ – ☕ 32 – **8 ch** 180/240 – ½ P 250.

Voir Le Vieux Rennes★★ ABY – Palais de Justice★★ BY J – Jardin du Thabor★★ BY – Retable★★ à l'intérieur★ de la cathédrale St-Pierre AY – Musées BY M : de Bretagne★★, des Beaux-Arts★★ – Ecomusée du pays de Rennes★ VD.

🔡 🔡 de Rennes-St-Jacques 𝒫 99 30 18 18, Chavagne, par ⑦ : 6 km ; 🔡 de la Freslonnière au Rheu 𝒫 99 60 84 09, par ⑧ : 7 km ; 🔡 de Cicé-Blossac à Bruz 𝒫 99 52 79 79, par ⑦ : 10 km.

✈ de Rennes-St-Jacques : 𝒫 99 29 60 00, par ⑦ : 7 km.

🛈 Office de Tourisme et Accueil de France Pont de Nemours 𝒫 99 79 01 98, Télex 741218, Fax 99 30 13 45 et accueil Gare 𝒫 99 53 23 23, Fax 99 53 82 22 – A.C. 11 pl. Bretagne 𝒫 99 30 89 88.

Paris 347 ③ – Angers 127 ④ – ◆Brest 245 ⑨ – ◆Caen 174 ② – ◆Le Mans 152 ③ – ◆Nantes 108 ⑥.

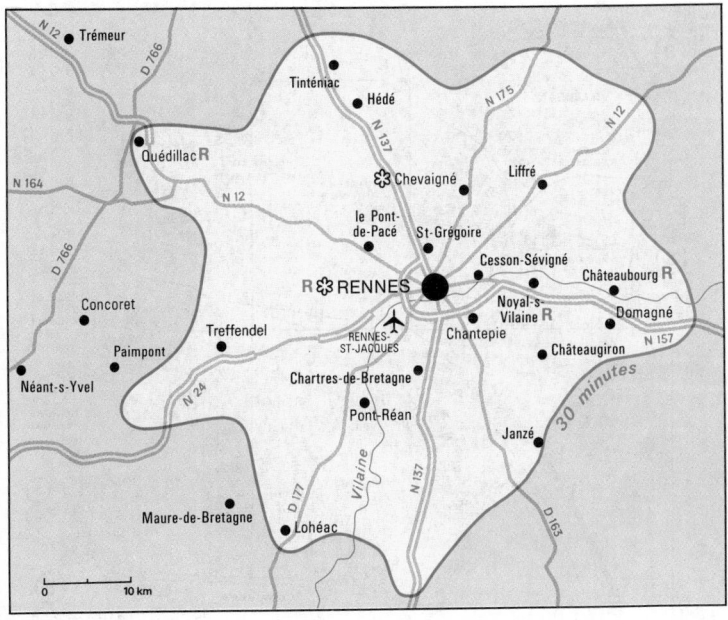

🏨 **Mercure-Colombier,** 1 r. Cap. Maignan 𝒫 99 29 73 73, Télex 730905, Fax 99 30 06 30 – 🛗 ⇜ ch 🔟 📺 ☎ – 🕍 30 à 300. 🖭 ⑩ ☷ 🖼 ABZ **m**
La Table Ronde : Repas 130 bc, enf. 35 – 😃 55 – **140 ch** 440/460.

🏨 **Mercure Centre** Ⓜ sans rest, r. Paul Louis Courier 𝒫 99 78 32 32, Télex 741850, Fax 99 78 33 44 – 🛗 ⇜ ch 🔟 📺 ☎ & ⇜ – 🕍 25. 🖭 ⑩ ☷ BZ **t**
😃 52 – **104 ch** 460/480.

🏨 **Novotel,** près centre commercial par r. Alma BZ 𝒫 99 86 14 14, Télex 740144, Fax 99 86 14 15, 🏤, 🖳, 🞐 – ⇜ ch 🔳 rest 🔟 ☎ 🅿 – 🕍 25 à 150. 🖭 ⑩ ☷ CV **e**
Repas carte environ 160, enf. 50 – 😃 48 – **98 ch** 410/460.

🏨 **Président** sans rest, 27 av. Janvier 𝒫 99 65 42 22, Fax 99 65 49 77 – 🛗 🔟 ☎ ⇜. 🖭 ⑩ ☷ BZ **n**
fermé 22 déc. au 2 janv. – 😃 42 – **34 ch** 320/370.

🏨 **Central H.** sans rest, 6 r. Lanjuinais 𝒫 99 79 12 36, Fax 99 79 65 76 – 🛗 🔟 ☎ 🅿 – 🕍 30. 🖭 ⑩ ☷ AY **h**
😃 40 – **44 ch** 275/355.

🏨 **Astrid** Ⓜ sans rest, 32 av. L. Barthou 𝒫 99 30 82 38, Fax 99 31 88 55 – 🛗 ⇜ ch 🔟 ☎ &. 🖭 ⑩ ☷ 🖼 BZ **u**
😃 35 – **30 ch** 250/310.

🏨 **Nemours** sans rest, 5 r. Nemours 𝒫 99 78 26 26, Fax 99 78 25 40 – 🛗 🔟 ☎. ☷ AZ **s**
😃 35 – **26 ch** 240/315.

🏨 **Lanjuinais** sans rest, 11 r. Lanjuinais 𝒫 99 79 02 03, Fax 99 79 03 97 – 🛗 🔟 ☎. 🖭 ⑩ ☷ AZ **v**
😃 35 – **33 ch** 200/315.

🏨 **Brest** sans rest, 15 pl. Gare 𝒫 99 30 35 83, Fax 99 30 08 60 – 🛗 🔟 ☎. ☷ BZ **e**
😃 40 – **48 ch** 220/300.

RENNES

🏨 **Atlantic** Ⓜ sans rest, 31 bd Beaumont ℰ 99 30 36 19, Fax 99 65 10 17 – 🛗 📺 ☎ 🅿. 🌐
Ⓞ 🇬🇧
☲ 30 – **24 ch** 210/300.
BZ **d**

🏨 **Campanile**, par ③ Zone Universitaire de Beaulieu, r. A. de Becquerel ✉ 35700
ℰ 99 38 37 27, Fax 99 38 27 93, ≼, 🍴 – ⅙ ch 📺 ☎ ⅋ 🅿 – 🔏 60. 🌐 Ⓞ 🇬🇧
Repas 82 bc/105 bc, enf. 39 – ☲ 30 – **42 ch** 270.

🏨 **Voyageurs** sans rest, 28 av. Janvier ℰ 99 31 59 59, Fax 99 30 50 54 – 🛗 📧. 🌐 Ⓞ 🇬🇧
🇯🇨🇧 ⅋
fermé 22 déc. au 2 janv. – ☲ 28 – **34 ch** 160/245.
BZ **b**

🏨 **Angélina** sans rest, 1 quai Lamennais ℰ 99 79 29 66, Fax 99 79 61 01 – 🛗 📺 ☎. 🌐 🇬🇧
🇯🇨🇧
☲ 35 – **29 ch** 250/315.
AY **f**

🏨 **Garden-H.** sans rest, 3 r. Duhamel ℰ 99 65 45 06, Fax 99 65 02 62 – 🛗 📺 ☎. 🌐 🇬🇧
☲ 30 – **24 ch** 180/280.
BZ **r**

XXX ❀ **Palais** (Tizon), 7 pl. Parlement de Bretagne ℰ 99 79 45 01, Fax 99 79 12 41 – 📧. 🌐 Ⓞ
🇬🇧
BY **e**
fermé dim. soir et lundi – **Repas** 130/220 et carte 250 à 380
Spéc. Pressée de tomate et chair de tourteau (avril à oct.). Sole cuite en peau, au four, à l'origan (été). Gâteau chaud au chocolat, "tafia" de rhum. Vins Muscadet.

XXX ❀ **Corsaire** (Luce), 52 r. Antrain ✉ 35700 ℰ 99 36 33 69 – 🌐 Ⓞ 🇬🇧
BX **y**
fermé dim.soir – **Repas** 108/185 et carte 260 à 360, enf. 62
Spéc. Poêlée de langoustines et foie de canard. Ormeaux au beurre persillé (sauf juil.-août). Coq au vin aux petits oignons et lardons (automne-hiver).

988

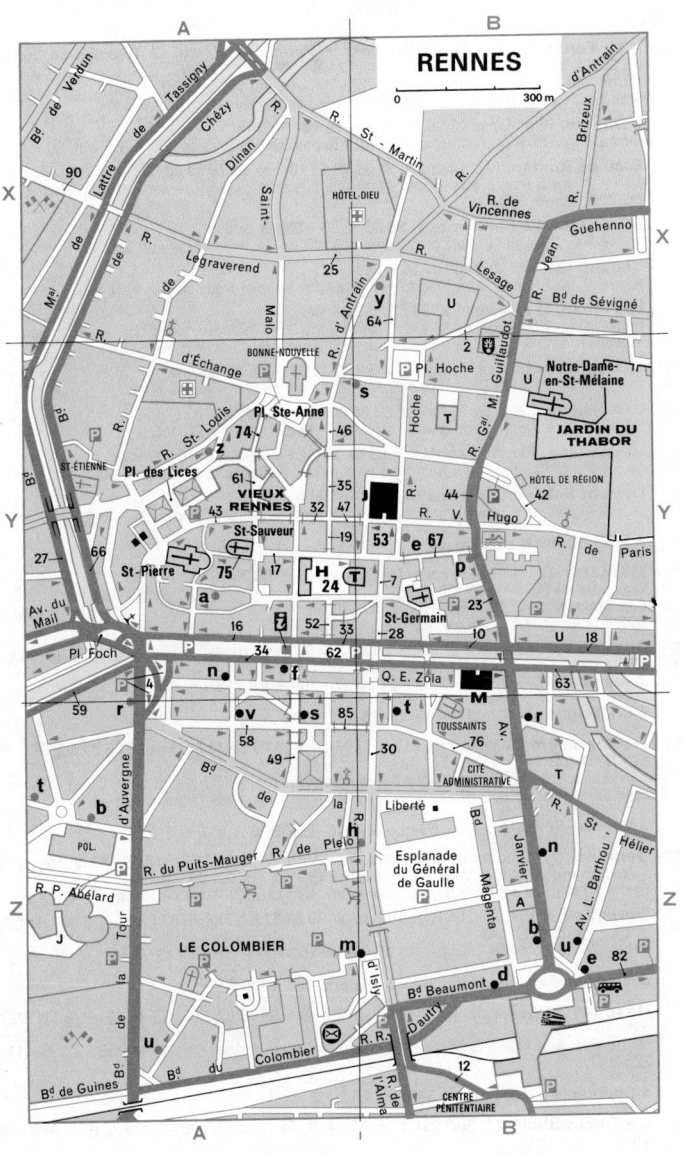

RENNES

0   300 m

La Fontaine aux Perles (Gesbert), r. Poterie par ④ rte La Guerche-de-Bretagne
⌧ 35200 ℰ 99 53 90 90, Fax 99 53 47 77, 🌳, 🌿 – ℗ 🅰 🖪
fermé dim. et lundi – **Repas** 98 (déj.), 128/280 et carte 190 à 280, enf. 68
Spéc. Galette de blé noir de turbot à l'andouille. Cotriade. Filet de boeuf dans sa crêpe au cidre.

L'Ouvrée, 18 pl. Lices ℰ 99 30 16 38 – 🅰 🖸 🖪 🖯   AY z
fermé 1er au 15 août, sam. midi et lundi – **Repas** 80/170 et carte 200 à 260, enf. 60.

Escu de Runfao, 11 r. Chapître ℰ 99 79 13 10, Fax 99 79 43 80, 🌳 – 🅰 🖪 🖯
fermé 1er au 5 mai, 6 au 21 août, dim. (sauf le midi de sept. à juin) et sam. midi – **Repas**
125/260 et carte 300 à 400.   AY a

Four à Ban, 4 r. St-Mélaine ℰ 99 38 72 85 – 🅰 🖸 🖪   ABY s
fermé 1er au 7 janv., dim. soir et lundi – **Repas** (prévenir) 98/228.

Chouin, 12 r. Isly ℰ 99 30 87 86 – 🖪   BZ h
fermé 1er au 21 août, dim. et lundi – **Repas** - poissons et fruits de mer - 99/129.

Le Florian, 12 r. Arsenal ℰ 99 67 25 35 – 🖪   AZ b
fermé au 10 mai, 1er au 16 août, 2 au 10 janv., dim. (sauf le midi d'oct. à mai) et sam. midi
– **Repas** (nombre de couverts limité, prévenir) 102/215.

Le Gourmandin, 4 pl. Bretagne ℰ 99 30 42 01 – 🗏, 🅰 🖸 🖪   AYZ r
fermé 1er au 21 août, vacances de fév., sam. midi et dim. – **Repas** 75/150.

La Korrigane, 26 r. Dr F. Joly ℰ 99 30 60 36 – 🅰 🖸   AZ u
fermé 1er au 27 août, sam. midi et dim. soir – **Repas** 68 (déj.), 98/158.

La Cotriade, 40 r. St-Georges ℰ 99 63 34 76, Fax 99 63 34 76 – 🅰 🖪   BY p
fermé 1er au 10 janv., sam. midi hors sais. et dim. – **Repas** 75/150 🍷, enf. 50.

Le Petit Sabayon, 16 r. Trente ℰ 99 35 02 04 – 🖪   AZ t
fermé 14 juil. au 15 août, sam. midi, dim. et fériés – **Repas** 65 (déj.), 95/195 🍷.

à St-Grégoire N : 5,5 km par D 82 CU – 5 809 h. – ⌧ 35760 :

Mascotte Ⓜ, centre Espace Performance ℰ 99 23 78 78, Fax 99 23 78 33, 🌳 – 🛗
♿ ch 🗏 ch 🖸 ☎ ♿ ℗, 🅰 🖸 🖪
Cap Malo Ⓜ ℰ 99 23 10 92, Fax 99 23 79 22 *(fermé sam. midi et dim. soir)* **Repas** 82/
155, enf. 45 – 🖵 42 – **48 ch** 340/430.

Brit Ⓜ, 6 av. St-Vincent ℰ 99 68 76 76, Fax 99 68 83 01, 🌳 – ♿ ch 🖸 ☎ ♿ ℗ – 🕍 30.
🅰 🖪
Repas 79/170 🍷, enf. 46 – 🖵 37 – **51 ch** 279/299 – ½ P 216.

à Chevaigné par ① : 12 km par N 175 – ⌧ 35250 :

La Marinière (Lejeune), rte Mont-St-Michel ℰ 99 55 74 64, Fax 99 55 89 65, 🌳, 🌿 –
℗, 🅰 🖸 🖪
fermé dim. soir, lundi soir et soirs fériés – **Repas** 85 (déj.), 130/300 et carte 210 à 310
Spéc. Saint-Jacques (oct. à avril). Cassolette de homard. Agneau de pré-salé (Pâques au 15 août).

à Cesson-Sévigné par ③ : 6 km – 12 708 h. – ⌧ 35510 :

Germinal ⑳, 9 cours de la Vilaine, au bourg ℰ 99 83 11 01, Fax 99 83 45 16, ≤, 🌳,
« Ancien moulin sur la Vilaine » – 🛗 🖸 ☎ ℗ – 🕍 25. 🖪. ♿ rest
fermé 23 déc. au 4 janv. – **Repas** *(fermé dim. soir)* 88/250 – 🖵 45 – **19 ch** 325/420.

Floréal ⑳, Z.A. La Rigourdière ℰ 99 83 82 82, Fax 99 83 89 62 – 🛗 🗏 rest 🖸 ☎
♿ ℗ – 🕍 25 à 80.
Repas *(fermé dim.)* 68/130 🍷 – 🖵 35 – **48 ch** 260/290 – ½ P 190/260.

à Noyal-sur-Vilaine par ③ : 12 km – 4 089 h. – ⌧ 35530 :

Host. les Forges avec ch, ℰ 99 00 51 08, Fax 99 00 62 02 – 🖸 ☎ ℗ – 🕍 25. 🅰 🖸
🖪
fermé 7 au 21 août, 29 janv. au 7 fév., dim. soir et soirs fériés – **Repas** 95/250 – 🖵 35 – **11 ch**
225/310.

à Chantepie par ④ : 5 km – 5 898 h. – ⌧ 35135 :

Les Relais Bleus, Z.I. Sud-Est ℰ 99 32 34 34, Fax 99 53 57 26 – 🖸 ☎ ♿ ℗ – 🕍 30. 🖪.
♿ rest
fermé sam. soir et dim. midi d'oct. à avril – **Repas** 62/96 🍷, enf. 35 – 🖵 32 – **50 ch** 260.

à Chartres-de-Bretagne par ⑥ : 10 km – 5 543 h. – ⌧ 35131 :

Chaussairie Ⓜ sans rest, sur ancienne rte de Nantes ℰ 99 41 14 14, Fax 99 41 33 44 –
🖸 ☎ ♿ ℗ – 🕍 30. 🅰 🖸 🖪
🖵 32 – **33 ch** 245/300.

au Pont-de-Pacé par ⑨ : 10 km – ⌧ 35740 Pacé :

La Griotte, ℰ 99 60 62 48, Fax 99 60 26 84, 🌿 – 🅰 🖸 🖪
fermé 1er au 26 août, 15 au 28 fév., dim. soir, mardi soir et merc. – **Repas** 95 (déj.), 120/260,
enf. 85.

MICHELIN, Agence régionale, Z.I. de Chantepie, r. Veyettes par ④ ☏ 99 50 72 00

ALFA ROMEO Guénée, Longs Champs,
rte de Fougères ☏ 99 38 59 59
BMW, ROVER Gar. Huchet, 316 rte de St-Malo
☏ 99 25 06 06 🆖 ☏ 05 00 16 24
CITROEN Succursale de Rennes, 4 r. Breillou
ZI Sud-Est Chantepie par ④ ☏ 99 86 10 30 🆖
☏ 05 05 24 24
CITROEN Succursale de Rennes Nord, ZAC de
l'Auge de Pierre ☏ 99 54 70 70 🆖 ☏ 05 05 24 24
FIAT Sobredia, 9 r. de Paris à Cesson-Sévigné
☏ 99 83 40 00
HONDA Gar. Guénée, 21 r. de Brest ☏ 99 59 24 02
JAGUAR, SAAB Gar. du Mail, 17 r. Doyen Leroy
☏ 99 59 12 24
LANCIA Scadia, 9 r. de Paris à Cesson-Sévigné
☏ 99 83 80 00
MAZDA Gar. de l'Ouest, 132 r. Pottier,
ZAC de Cleunay ☏ 99 65 01 01
MERCEDES Delourmel-Autom., 9 r. Cerisaie,
ZI à St-Grégoire ☏ 05 24 24 30 🆖 ☏ 88 72 00 94
NISSAN Gar. Espace 3, 309 rte de St-Malo
☏ 99 59 23 69
PEUGEOT Gar. Sourget, 14 r. J.-Valles CU
☏ 99 31 01 55
PEUGEOT Filiale, rte de Paris, Cesson-Sévigné
par ③ ☏ 99 83 16 06 🆖 ☏ 99 24 13 14
RENAULT Succursale, rte de Fougères,
lieu-dit les Longs-Champs par ② ☏ 99 87 67 67 🆖
☏ 05 05 15 15

RENAULT Gar. Coulon, 147 r. de Vern DV
☏ 99 50 57 56
RENAULT Succursale, Centre Alma, r. du Bosphore
CV a ☏ 99 87 67 68 🆖 ☏ 05 05 15 15
RENAULT Gar. Louyer, 1 av. des Peupliers
à Cesson-Sévigné ☏ 99 83 40 30
RENAULT Celta Ouest Ag. Renault Ouest,
145 rte de Lorient ☏ 99 54 03 63 🆖 ☏ 99 36 38 36
RENAULT Gar. Bagot Landry, 57 bd Mar.-de-Lattre-
de-Tassigny ☏ 99 55 55 48
SEAT Excel Auto, 49 r. de Rennes
à Cesson-Sévigné ☏ 99 83 71 46
TOYOTA Gar. Defrance, 98 rte de Lorient
☏ 99 59 11 66
VAG G.A.R., r. Meynier, ZA Meynier ☏ 99 59 61 87
VAG Gar. Floc, 53 bis r. de Rennes
à Cesson-Sévigné ☏ 99 83 94 94 🆖 ☏ 99 50 70 56
VOLVO Defrance Autom., 40 av. Sergent-Maginot
☏ 99 67 21 11

🔘 Euromaster, 70 av. Mail ☏ 99 59 35 29
Euromaster, r. Charmilles à Cesson-Sévigné
☏ 99 53 77 77
Euromaster, ZI rte de Lorient,
67 r. Manoir-de-Servigné ☏ 99 59 13 47

Come districarsi nei sobborghi di Parigi?

*Utilizzando la **carta stradale Michelin** n.* 101
e le piante n. 17-18, 19-20, 21-22, 23-24 : *chiare, precise ed aggiornate.*

La RÉOLE 33190 Gironde 75 ⑬ – 4 273 h alt. 38.

Paris 626 – ◆Bordeaux 73 – Casteljaloux 41 – Duras 24 – Libourne 45 – Marmande 29.

　🍴　**Les Fontaines,** 24 r. A. Bénac ☏ 56 61 15 25 – 🖽
　✦　*fermé 13 au 23 nov., dim. soir et lundi sauf fériés –* **Repas** 75/240 🍷, enf. 50.

RETHEL ◁SP▷ 08300 Ardennes 56 ⑦ G. Champagne – 7 923 h alt. 76.

🅱 Syndicat d'Initiative, Hôtel de Ville ☏ 24 39 51 45.

Paris 189 – Charleville-Mézières 44 – ◆Reims 38 – Laon 59 – Verdun 106.

　🏨　**Moderne,** pl. Gare ☏ 24 38 44 54, Fax 24 38 37 84 – 📺 ☎ 🅿 – 🕍 100. 🆎 ⑩ 🖽
　　　Repas 83/135 🍷, enf. 45 – ☲ 30 – **24 ch** 180/260 – ½ P 180/230.

CITROEN Rethel Autom., Rue de la Sucrerie
☏ 24 39 52 00 🆖 ☏ 24 72 94 95
CITROEN Gar. Dehan-Giot, 18 r. du Gén.-Leclerc
à Coucy ☏ 24 72 00 42
FIAT, LANCIA Sodire Auto, 37 av. Gambetta
☏ 24 38 44 18
FORD S.R.A., r. A.-Berquet ☏ 24 38 19 48
PEUGEOT Dachy Auto Loisirs, r. Comtesse,
ZI de Pargny ☏ 24 38 51 88 🆖 ☏ 05 44 24 24

RENAULT Centre-Auto-Rethelois, r. Sucrerie
☏ 24 38 19 20
V.A.G. Ardennes Sud Auto, 34 r. des Trois
Châteaux à Acy-Romance ☏ 24 38 62 62

🔘 Euromaster, ZI de Pargny, r. de Bastogne
☏ 24 38 01 70

RETHONDES 60 Oise 56 ③, 106 ⑪ – rattaché à Compiègne.

REUILLY-SAUVIGNY 02 Aisne 56 ⑮ – rattaché à Château-Thierry.

REVARD (Mont) 73 Savoie 74 ⑮ G. Alpes du Nord – alt. 1 538 – Sports d'hiver : 1 300/1 550 m ⛷5 ⚐ –
✉ 73100 Aix-les-Bains.

Voir ❄***.

Accès : d'Aix-les-Bains par ② et D 913 : 21 km.

Paris 561 – Annecy 50 – Aix-les-Bains 22 – Chambéry 26 – Trévignin 15.

　🍴　**Quatre Vallées,** ☏ 79 54 00 43, Fax 79 54 00 44, ≤ lac et montagnes, 🌳, 🌳 – 🅿. 🖽
　　　fermé 11 nov. au 23 déc. et mardi sauf juil.-août – **Repas** (déj. seul.) 100/150 🍷, enf. 45.

REVEL 31250 H.-Gar. 82 ⑳ G. Gorges du Tarn – 7 520 h alt. 210.

🅱 Office de Tourisme, pl. Philippe-VI-de-Valois ☏ 61 83 50 06, Fax 61 62 18 06 21.

Paris 747 – ◆Toulouse 50 – Carcassonne 44 – Castelnaudary 20 – Castres 27 – Gaillac 60.

　🏨　**Midi,** 34 bd Gambetta ☏ 61 83 50 50, Fax 61 83 34 74, 🌳 – 📺 ☎. 🆎 🖽
　　　Repas *(fermé 14 nov. au 3 déc.)* 90/260, enf. 60 – ☲ 25 – **21 ch** 170/300 – ½ P 150/220.

　🍴🍴🍴　**Le Lauragais,** 25 av. Castelnaudary ☏ 61 83 51 22, Fax 62 18 91 79, 🌳, « Intérieur
　　　rustique », 🌳 – 🅿. 🆎 🖽
　　　Repas 115/350 et carte 270 à 410 🍷.

N par D 622 : 4 km – ✉ 31250 Revel :

XX **Mazies** avec ch, rte de Castres ✆ 61 27 69 70, Fax 62 18 06 37, – TV ☎ P. GB. ch
fermé 1er au 15 oct. et vacances de fév. – **Repas** *(fermé dim. soir et lundi)* 85/235, enf. 50 – ☕ 30 – **7 ch** 245/290 – ½ P 230/250.

à St-Ferréol SE : 3 km par D 629 – ✉ 31250 :

Voir Bassin de St-Ferréol★.

Hermitage sans rest, ✆ 61 83 52 61, ←, – ☎ P. AE GB
1er avril-25 oct. – ☕ 29 – **14 ch** 186/262.

CITROEN Gar. Fabre, 6 av. de la Gare ✆ 61 83 53 37
PEUGEOT Gar. Baylet, 29 av. de Castres ✆ 61 83 54 10

Espace Pneu Vulcopneu, Av. de Castelnaudary ✆ 61 83 50 09

REVENTIN-VAUGRIS 38 Isère 74 ⑪ – rattaché à Vienne.

REVIGNY-SUR-ORNAIN 55800 Meuse 56 ⑲ – 3 528 h alt. 144.

Paris 237 – Bar-le-Duc 17 – Saint-Dizier 30 – Vitry-le-François 37.

XX ✿ **Les Agapes** (Joblot), 7 r. A. Maginot ✆ 29 70 56 00, Fax 29 70 59 30 – AE GB
fermé 24 juil. au 17 août, 26 déc. au 3 janv., 27 fév. au 6 mars, dim. soir et lundi – **Repas** (nombre de couverts limité, prévenir) 80 (déj.), 150/220 et carte 190 à 310
Spéc. Terrine de pigeonneau fermier au foie gras. Râble de lapereau étuvé à l'estragon, galette de polenta. Nougat glacé au coulis de framboises.

Ne prenez pas la route au hasard !

*3615 - 3617 MICHELIN vous apportent sur votre **Minitel** ou sur **fax** ses conseils routiers, hôteliers et touristiques.*

RÉVILLE 50760 Manche 54 ③ – 1 205 h alt. 9.

Voir La Pernelle ✻★★ du blockhaus O : 3 km – Pointe de Saire : blockhaus ←★ SE : 2,5 km, **G. Normandie Cotentin.**

Paris 355 – Cherbourg 31 – Carentan 43 – St-Lô 71 – Valognes 21.

X **Au Moyne de Saire** avec ch, ✆ 33 54 46 06, Fax 33 54 14 99 – ☎ P. GB. rest
fermé 3 janv. 15 fév. et dim. soir d'oct. à mars – **Repas** 90/200, enf. 40 – ☕ 34 – **11 ch** 145/270 – ½ P 195/250.

REY 30 Gard 80 ⑯ – rattaché au Vigan.

REZÉ 44 Loire-Atl. 67 ③ – rattaché à Nantes.

Le RHIEN 70 H.-Saône 66 ⑦ – rattaché à Ronchamp.

RHINAU 67860 B.-Rhin 62 ⑩ – 2 286 h alt. 159.

Paris 516 – ♦Strasbourg 39 – Marckolsheim 25 – Molsheim 36 – Obernai 26 – Sélestat 25.

XX ✿ **Au Vieux Couvent** (Albrecht), ✆ 88 74 61 15, Fax 88 74 89 19 – ▤. AE ⓓ GB
fermé 23 au 31 oct., mardi et merc. – **Repas** 240/450 et carte 260 à 420 , enf. 100
Spéc. Sandre aux champignons sauvages. Canard en deux façons, choucroute au cumin. Grand dessert. **Vins** Sylvaner, Pinot-Auxerrois.

CITROEN Gar. du Rhin, ✆ 88 74 60 59

RIANS 83560 Var 84 ④ 114 ⑰ ⑱ – 2 720 h alt. 455.

Office de Tourisme (saison) ✆ 94 80 33 37 et à la Mairie (hors saison) ✆ 94 80 30 23.

Paris 775 – ♦Marseille 70 – Aix-en-Provence 40 – Avignon 98 – Draguignan 98 – Manosque 32 – ♦Toulon 79.

Esplanade, ✆ 94 80 31 12, ← – TV ☎ . GB
Repas *(fermé sam. hors sais.)* 70/150 , enf. 35 – ☕ 25 – **9 ch** 150/220 – ½ P 160/180.

au Sud : 5 km par rte de St-Maximin – ✉ 83560 Rians :

Le Bois St-Hubert M , ✆ 94 80 31 00, Fax 94 80 55 71, , parc, « Belle décoration intérieure », , – TV ☎ P – 30. AE GB
fermé janv., fév., lundi soir et mardi d'oct. à juin – **Repas** 120/310, enf. 90 – ☕ 70 – **9 ch** 600/900 – ½ P 550/700.

RENAULT Gar. Sepulveda, N 561, quartier St-Esprit ✆ 94 80 30 78 N ✆ 94 80 36 92

RIBEAUVILLÉ <SP> 68150 H.-Rhin 62 ⑱ ⑲ **G. Alsace Lorraine** – 4 774 h alt. 240.

Voir Tour des Bouchers★ A – Hunawihr : Centre de réintroduction des cigognes S : 3 km par ④.

Office de Tourisme, 1 Grand'Rue ✆ 89 73 62 22, Fax 89 73 36 61.

Paris 433 ⑤ – Colmar 15 ③ – Gérardmer 61 ④ – ♦Mulhouse 57 ④ – St-Dié 42 ⑤ – Sélestat 12 ②.

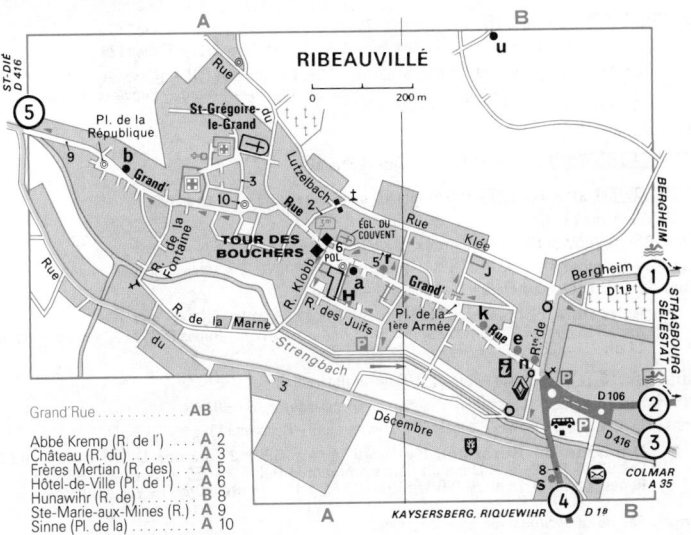

RIBEAUVILLÉ

🏛 **Clos St-Vincent** ⚅, NE : 1,5 km par VO 🖉 89 73 67 65, Fax 89 73 32 20, 🍴, « Dans le
vignoble dominant la plaine d'Alsace, ≤ », ☒, 🛏 – ▮ 📺 ☎ 🅿. ⒼⒷ   B **u**
mi-mars-mi-nov. – **Repas** *(fermé mardi et merc.)* 180/260 – **12 ch** ☲ 650/935, 3 appart –
½ P 718.

🏛 **Le Ménestrel** Ⓜ sans rest, 27 av. Gén. de Gaulle par ④ 🖉 89 73 80 52, Fax 89 73 32 39,
≤, 🛁, 🛏 – ▮ 📺 ☎ ♿ 🅿 – 🛆 30. 🅰🅴 ⒼⒷ
fermé 15 fév. au 15 mars – ☲ 50 – **28 ch** 390/480.

🏚 **Tour** sans rest, 1 r. Mairie 🖉 89 73 72 73, Fax 89 73 38 74, 🛁 – ▮ 📺 ☎ 🅿. Ⓓ ⒼⒷ. ⚡
fermé 1er janv. au 15 mars – ☲ 38 – **35 ch** 265/410.   A **a**

🏚 **Cheval Blanc**, 122 Gd'rue 🖉 89 73 61 38, Fax 89 73 37 03 – ☎. ⒼⒷ   A **b**
fermé 1er nov. au 1er fév. – **Repas** *(fermé lundi)* 50 (déj.), 100/200 🍴, enf. 40 – ☲ 32 –
25 ch 180/260 – ½ P 200/230.

XXX **Les Vosges** avec ch, 2 Gd'rue 🖉 89 73 61 39, Fax 89 73 34 21 – ▮ 📺 ☎. 🅰🅴 Ⓓ ⒼⒷ
fermé 15 fév. au 12 mars – **Repas** *(fermé dim. soir et lundi hors sais.)* 160/380 et carte 200 à
360 – ☲ 50 – **18 ch** 285/395 – ½ P 395.   B **e**

XXX **Haut-Ribeaupierre**, 1 rte Bergheim 🖉 89 73 62 64, Fax 89 73 36 61 – 🍽. 🅰🅴 ⒼⒷ B **n**
fermé mardi soir et merc. – **Repas** carte 260 à 370 🍴.

XX **Aub. de l'Étoile**, 46 Gd'Rue 🖉 89 73 36 46 – ⒼⒷ   A **r**
fermé 15 nov. au 15 déc. – **Repas** 90/280 🍴.

XX **Relais des Ménétriers**, 10 av. Gén. de Gaulle 🖉 89 73 64 52, Fax 89 73 69 94 – ⒼⒷ
fermé au 10 juil., dim. soir et lundi – **Repas** 55 (déj.), 95/165 🍴. B **s**

X **Wistub Zum Pfifferhüs**, 14 Gd'rue 🖉 89 73 62 28, Fax 89 73 80 34, rest. non-fumeurs
exclusivement, « Cadre typiquement alsacien » – ⒼⒷ. ⚡   B **k**
fermé 1er au 25 mars, 1er au 12 juil., Noël au Jour de l'An, merc. et jeudi – **Repas** (prévenir)
carte 140 à 180 🍴.

rte de Ste Marie-aux-Mines par ⑤ : 4 km :

🏚 **La Pépinière** ⚅, 🖉 89 73 64 14, Fax 89 73 88 78, ≤, 🍴, 🛏 – ▮ ☎ 🚗 🅿 – 🛆 30. ⒼⒷ
Pâques-20 nov. et fermé merc. midi et mardi – **Repas** 110/375, enf. 60 – ☲ 42 – **21 ch**
220/450 – ½ P 360/395.

RENAULT Gar. Jessel, 🖉 89 73 61 33 🅽
🖉 89 73 61 33

RENAULT Gar. des Trois Cantons, 42 rte de
Guemar par ② 🖉 89 73 61 07

▮ **RIBÉRAC** 24600 Dordogne 🏵 ④ *G. Périgord Quercy* – 4 118 h alt. 68.

🔹 Office de Tourisme, pl. Gén.-de-Gaulle 🖉 53 90 03 10.
Paris 507 – Périgueux 38 – Angoulême 59 – Barbezieux 58 – Bergerac 51 – Libourne 68 – Nontron 51.

🏚 **France**, r. M. Dufraisse 🖉 53 90 00 61, Fax 53 91 06 05, 🍴, 🌳 – 📺 ☎ – 🛆 40. 🅰🅴 ⒼⒷ
➜ ⒿⒸⒷ
Repas 68/160, enf. 45 – ☲ 30 – **20 ch** 175/230 – ½ P 170/203.

CITROEN Gar. Lafargue, 🖉 53 90 05 38
PEUGEOT Gar. Fargeout, 🖉 53 90 01 09 🅽
🖉 53 90 01 09

RENAULT D.A.P., 🖉 53 90 19 19

Ⓜ Périgord Pneus Point S, 🖉 53 90 05 06 🅽
🖉 53 04 36 54

Les RICEYS 10340 Aube 🏵 ⑰ – 1 421 h alt. 175.

Paris 221 – Troyes 46 – Bar-sur-Aube 52 – Châtillon-sur-Seine 32 – St-Florentin 57 – Tonnerre 39.

  XX **Le Magny** ⬛ avec ch, D 452 ℰ 25 29 38 39, Fax 25 29 11 72 – 📺 ☎ 🄿. 🄶🄱
  ✦ *fermé 28 août au 9 sept., 22 janv. au 15 fév., mardi soir et merc.* – **Repas** 70/195 ⬥, enf. 45 –
     🛏 30 – **7 ch** 200/220 – ½ P 200/210.

RENAULT Gar. Roy, ℰ 25 29 30 33

RICHARDMÉNIL 54 M.-et-M. 🟔 ⑤ – rattaché à Nancy.

RICHELIEU 37120 I.-et-L. 🟔 ③ 🄶 **Châteaux de la Loire** (plan) – 2 223 h alt. 53.

Voir Ville★ du 17ᵉ s.

Env. Champigny-sur-Veude : vitraux★★ de la Sainte-Chapelle★ N.

🄱 Office de Tourisme Grande Rue (15 juin-15 sept.) ℰ 47 58 13 62, à la Mairie (hors saison) ℰ 47 58 10 13.
Paris 296 – ◆Tours 62 – Châtellerault 30 – Chinon 21 – Loudun 19.

  🏠 **Puits Doré**, pl. Marché ℰ 47 58 10 59, Fax 47 58 24 39 – 📺 ☎. 🄶🄱 🄹🄲🄱
     fermé 15 déc. au 15 janv. et sam. du 1ᵉʳ oct. au 15 avril – **Repas** 99/165 ⬥, enf. 45 – 🛏 30 –
     17 ch 235/325.

RIEC-SUR-BÉLON 29340 Finistère 🟔 ⑪ ⑱ – 4 014 h alt. 48.

🄱 Office de Tourisme pl. Église (fermé après-midi hors saison) ℰ 98 06 97 65.
Paris 523 – Quimper 40 – Carhaix-Plouguer 60 – Concarneau 19 – Quimperlé 13.

  🏛 **Domaine de Kerstinec-Kerland** Ⓜ ⬛, SE : 3 km par D 24 ℰ 98 06 42 98,
     Fax 98 06 45 38, ≼, « Dans un parc dominant le Bélon » – 📺 ☎ & 🄿. 🄰🄴 🄶🄱 🄹🄲🄱
     Repas *(fermé lundi midi)* 165/298, enf. 85 – 🛏 45 – **18 ch** 400/650 – ½ P 410/588.

➤ *Pas de publicité payée dans ce guide.*

RIEUPEYROUX 12240 Aveyron 🟔 ① – 2 348 h alt. 718.

Paris 623 – Rodez 37 – Albi 54 – Carmaux 38 – Millau 92 – Villefranche-de-Rouergue 23.

  🏠 **Commerce,** ℰ 65 65 53 06, Fax 65 65 56 58, 🍽, – 📺 ☎ 🄿. 🄰🄴 🄾 🄶🄱
  ✦ *fermé 15/12 au 15/1, lundi midi en mai, juin et sept., lundi soir d'oct. à avril et dim. soir sauf*
     juil.-août – **Repas** 75/200 ⬥, enf. 40 – 🛏 30 – **25 ch** 150/350 – ½ P 200/230.

RENAULT Gar. Costes, ℰ 65 65 54 15

RIEUX-MINERVOIS 11160 Aude 🟔 ⑫ 🄶 **Pyrénées Roussillon** – 1 868 h alt. 110.

Voir Église★.

Paris 835 – Carcassonne 25 – Narbonne 38 – ◆Perpignan 101.

  X **Logis de Merinville** avec ch, ℰ 68 78 12 49 – 🄶🄱. ✻
     fermé 12 nov. au 10 déc., 1ᵉʳ fév. au 10 mars, mardi soir et merc. sauf juil.-août – **Repas**
     68 (déj.), 105/170 ⬥, enf. 45 – 🛏 25 – **7 ch** 170/240 – ½ P 200/220.

RIEZ 04500 Alpes de H.P. 🟔 ⑯ 🟔 ⑦ 🄶 **Alpes du Sud** (plan) – 1 707 h alt. 525.

Voir Baptistère★ – Echassier fossile★ au musée "Nature en Provence" – Mont St-Maxime ✻★
NE : 2 km.

🄱 Office de Tourisme allée Louis Gardiol ℰ 92 77 81 81.
Paris 769 – Brignoles 63 – Castellane 58 – Digne-les-Bains 41 – Manosque 33 – Salernes 46.

  🏛 **Carina** ⬛ sans rest, ℰ 92 77 85 43, Fax 92 77 74 93 – 📺 ☎ & 🄿. 🄶🄱. ✻
     1ᵉʳ avril-15 nov. – 🛏 32 – **30 ch** 250/300.

Gar. Arnoux, ℰ 92 77 80 15 🄽 ℰ 92 77 80 15   Gar. Oberti, ℰ 92 77 80 16 🄽 ℰ 92 77 80 16
Gar. Marchandy, ℰ 92 77 80 60

RIGNAC 12390 Aveyron 🟔 ① – 1 668 h alt. 500.

Paris 609 – Rodez 27 – Aurillac 88 – Figeac 39 – Villefranche-de-Rouergue 28.

  🏠 **Marre,** ℰ 65 64 51 56, 🌳 – ☎ 🚗 🄿. 🄶🄱
  ✦ *fermé vacances de printemps, de Noël et dim. soir* – **Repas** *(fermé dim. soir et lundi sauf*
     juil.-août) 50/140 ⬥, enf. 42 – 🛏 25 – **13 ch** 160/210 – ½ P 180/200.

  🏠 **Delhon,** ℰ 65 64 50 27 – ☎. 🄶🄱
  ✦ **Repas** *(fermé dim. soir et sam. d'oct. à juin)* 68/100 ⬥ – 🛏 22 – **18 ch** 95/150 – ½ P 150/165.

RIGNY 70 H.-Saône 🟔 ⑭ – rattaché à Gray.

RILLÉ 37340 I.-et-L. 🟔 ⑬ – 275 h alt. 82.

Paris 275 – ◆Tours 37 – Angers 73 – Chinon 40 – Saumur 38.

  🏠 **Logis du Lac** ⬛, O : 2 km par D 49 ℰ 47 24 66 61, 🌳, 🌳 – ☎ 🄿. 🄶🄱
  ✦ *fermé 24 oct. au 7 nov., 13 fév. au 15 mars et merc. sauf du 15 juin au 15 sept.* – **Repas**
     70 bc/140, enf. 45 – 🛏 35 – **7 ch** 200/225 – ½ P 195.

RILLIEUX-LA-PAPE 69 Rhône 🟔 ⑪ ⑫ – rattaché à Lyon.

RILLY-SUR-LOIRE **41150** L.-et-Ch. 64 ⑯ – 321 h alt. 65.

Paris 203 – ◆Tours 38 – Amboise 13 – Blois 21 – Montrichard 18.

Château de la Haute-Borde, rte Blois : 1,5 km ✆ 54 20 98 09, Fax 54 20 97 16, « Parc » – ☎ ℗ – 35. AE GB. ch
fermé 15 déc. au 30 janv. – **Repas** 80/170, enf. 50 – ☕ 30 – **18 ch** 141/285 – ½ P 215/295.

Aub. des Voyageurs, ✆ 54 20 98 85, Fax 54 20 98 48 – ☎ ℗. AE GB
fermé 1er nov. au 15 fév. et merc. sauf de juin à sept. – **Repas** 75/180 ♨, enf. 55 – ☕ 30 – **16 ch** 250/270 – ½ P 255.

RIMBACH-PRÈS-GUEBWILLER **68** H.-Rhin 62 ⑱ – rattaché à Guebwiller.

RIOM ⟨SP⟩ **63200** P.-de-D. 73 ④ **G. Auvergne** – 18 793 h alt. 353.

Voir Église N.-D.-du-Marthuret★ : Vierge à l'Oiseau★★★ – Maison des Consuls★ **B** – Hôtel Guimoneau★ **D** – Ste-Chapelle★ du Palais de Justice **L** – Cour★ de l'Hôtel de Ville **H** – Musées : Auvergne★ **M**1, Mandet★ **M**2 – Mozac : chapiteaux★★, trésor★★ de l'église★ 2 km par ④ – Marsat : Vierge noire★★ dans l'église SO : 3 km par D 83.

Env. Châteaugay : donjon★ du château et ✳★ 7,5 km par ③ – Volvic : coulée de lave★ dans la maison de la pierre 7 km par ④ – Ruines du château de Tournoël★★ : ✳★ 8 km par ④.

Office de Tourisme 16 r. Commerce ✆ 73 38 59 45.

Paris 412 ① – ◆Clermont-Ferrand 15 ③ – Montluçon 73 ① – Moulins 82 ① – Thiers 56 ② – Vichy 39 ①.

RIOM

Commerce (R. du)	5
Horloge (R. de l')	
Hôtel-de-Ville (R. de l')	13
St-Amable (R.)	27
Bade (Fg de la)	2
Chabrol (R.)	3
Châtelguyon (Av. de)	4
Croisier (R.)	6
Daurat (R.)	7
Delille (R.)	8
Fédération (Pl. de la)	9
Hellénie (R.)	10
Hôtel-des-Monnaies (R. de l')	12
Laurent (Pl. J.-B.)	14
Layat (Fg)	15
Libération (Av. de la)	16
Madeline (Av. du Cdt)	17
Marthuret (R. du)	18
Martyrs-de-la-Résistance (Pl. des)	19
Menut (Pl. Marinette)	20
Pré-Madame (Promenade du)	21
République (Bd de la)	22
Reynouard (Av. J.)	23
Romme (R. G.)	26
St-Louis (R.)	29
Soanen (Pl. Jean)	32
Soubrany (R.)	34
Taules (Carrefour des)	36

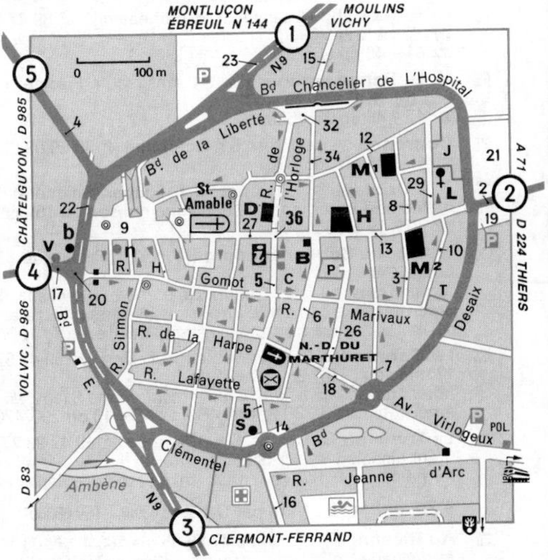

Mikégé sans rest, 40 pl. J.-B. Laurent **(s)** ✆ 73 38 04 12, Fax 73 38 05 08 – TV ☎. GB
☕ 32 – **15 ch** 190/250.

La Caravelle sans rest, 21 bd République **(b)** ✆ 73 38 31 90, Fax 73 33 11 30 – TV ☎ ℗. AE GB
☕ 28 – **27 ch** 130/260.

Lyon sans rest, 107 fg La Bade par ② ✆ 73 38 07 66, – ☎ ℗
fermé 28 avril au 10 mai et 31 août au 18 sept. – ☕ 23 – **15 ch** 110/155.

XXX **Les Petits Ventres,** 6 r. A. Dubourg **(n)** ✆ 73 38 21 65, Fax 73 63 12 21 – AE ⓓ GB
fermé 20 août au 11 sept., vacances de fév., dim. soir, lundi soir et mardi soir – **Repas** 95/220 et carte 200 à 340, enf. 60.

XX **Le Magnolia,** 11 av. Cdt Madeline **(v)** ✆ 73 38 08 25 – GB
fermé 20 juil. au 15 août, lundi midi et dim. – **Repas** 70 (déj.)/190.

à l'échangeur A 71 par ② : 2 km – ✉ **63200** Riom :

Anémotel M, Z.A.C. Les Portes de Riom ✆ 73 33 71 00, Fax 73 64 00 60 – TV ☎ ♿ ℗ – 40. GB
Repas 80/165 ♨, enf. 34 – ☕ 32 – **43 ch** 260 – ½ P 235.

rte de Marsat SO : 2,5 km par D 83 – ✉ **63200** Riom :

XX **Moulin de Villeroze,** ✆ 73 38 58 23, – ℗. AE ⓓ GB
fermé 16 au 31 août, dim. soir et lundi – **Repas** 145/320.

MAZDA Auvergne Distribution Sce ZA Mirabelle
N 9 ✆ 73 63 08 84
PEUGEOT SCA Clermontoise Auto, 81 av. de
Clermont par av. Libération ✆ 73 38 23 05 ▶N◀
✆ 73 43 36 88
RENAULT Gar. Gaudoin, 14 r. F.-Forest à Mozac
par ④ ✆ 73 38 20 76

RENAULT Gar. Delaire, 18 av. de Clermont
✆ 73 38 26 32 ▶N◀ ✆ 73 43 32 80

🔟 Gar. Borie, 35 rte de Paris ✆ 73 63 18 36
Poughon Pneu Plus Vulcopneu, 10 r. A.-Faucon
✆ 73 38 18 72

RIORGES 42 Loire **73** ⑦ – rattaché à Roanne.

RIOZ 70190 H.-Saône **66** ⑮ – 883 h alt. 264.

Paris 393 – ♦ Besançon 23 – Belfort 76 – Gray 46 – Vesoul 23 – Villersexel 37.

🏠 **Logis Comtois**, ✆ 84 91 83 83, ☞ – ☎ ℗. GB
♦ fermé 15 déc. au 31 janv. – **Repas** *(fermé dim. soir et lundi midi)* 72/135 ⅄ – ⌧ 30 –
27 ch 160/240 – ½ P 180/225.

RENAULT Gar. Pernin, ✆ 84 91 82 10

RIQUEWIHR 68340 H.-Rhin **62** ⑱ ⑲ G. Alsace Lorraine (plan) – 1 075 h alt. 300.

Voir Village★★★.

🛈 Office de Tourisme r. 1ère-Armée (Pâques-11 nov. et vacances scolaires) ✆ 89 47 80 80, Fax 89 49 04 40.
Paris 437 – Colmar 12 – Gérardmer 59 – Ribeauvillé 4 – St-Dié 46 – Sélestat 16.

🏨 **Le Riquewihr** Ⓜ sans rest, rte Ribeauvillé ✆ 89 47 83 13, Fax 89 47 99 76, ≤ – ▯ 🆃🆅 ☎
℗. 🆎 ① GB JCB
⌧ 41 – **49 ch** 255/330.

🏨 **H. Le Schoenenbourg** Ⓜ ⑤ sans rest, r. Piscine ✆ 89 49 01 11, Fax 89 47 95 88, ≤, ℔
– ▯ 🆃🆅 ☎ ⅄ ⇔ ℗. GB
⌧ 47 – **45 ch** 355/530.

🏨 **Couronne** ⑤ sans rest, 5 r. Couronne ✆ 89 49 03 03, Fax 89 49 01 01 – 🆃🆅 ☎ ℗. GB
⌧ 40 – **36 ch** 255/580.

🏨 **A L'Oriel** Ⓜ ⑤ sans rest, 3 r. Ecuries Seigneuriales ✆ 89 49 03 13, Fax 89 47 92 87,
« Décoration romantique dans une maison du 16ᵉ siècle » – ▯ 🆃🆅 ☎. 🆎 ① GB
⌧ 40 – **19 ch** 350/420.

🍴🍴🍴 ✿ **Aub. du Schoenenbourg** (Kiener), r. Piscine ✆ 89 47 92 28, Fax 89 47 89 84, ≤, 🏡 –
▤ ℗. GB
fermé janv. au 8 fév., jeudi midi et merc. – **Repas** 180/370 et carte 300 à 400
Spéc. Foie gras de canard poêlé aux pommes. Duo de saumons tièdes au raifort et couronne de choucroute. Suprême
de faisan en chevreuil, spätzle maison (saison). **Vins** Riesling, Tokay-Pinot gris.

🍴🍴 **Le Sarment d'Or** ⑤ avec ch, 4 r. Cerf ✆ 89 47 92 85, Fax 89 47 99 23, « Maison du
17ᵉ siècle » – 🆃🆅 ☎. GB. ✀ ch
hôtel : fermé 8 janv. au 12 fév. ; rest. : fermé 8 janv. au 12 fév., 26 juin au 3 juil., dim. soir et
lundi – **Repas** 99/280 ⅄, enf. 48 – ⌧ 45 – **10 ch** 290/420 – ½ P 350/415.

🍴🍴 **La Table du Gourmet**, 5 r. 1ᵉ Armée ✆ 89 47 98 77, Fax 89 49 04 56, « Cadre typiquement alsacien » – 🆎 GB
fermé mi-janv. à fin fév., merc. midi et mardi – **Repas** 140 (déj.), 190/330, enf. 65.

à *Zellenberg* E : 1 km par D 1B – 3 430 h. – ✉ **68340** :

🏨 **Au Riesling** Ⓜ ⑤, ✆ 89 47 85 85, Fax 89 47 92 08, ≤ – ▯ ☎ ⅄ ℗. 🆎 GB. ✀
fermé janv., dim. soir et lundi – **Repas** 95/195 ⅄, enf. 45 – ⌧ 40 – **36 ch** 300/450 –
½ P 300/350.

🍴🍴🍴 ✿ **Maximilien** (Eblin), ✆ 89 47 99 69, Fax 89 47 99 85, ≤ – ℗. 🆎 GB
fermé 18 au 26 déc., dim. soir et lundi – **Repas** 165 (déj.), 185/385 et carte 290 à 430
Spéc. Petit baeckeoffe d'escargots à l'ail. Croustillant de sandre à la rhubarbe (juin à août). Pigeon et homard rôtis aux
gousses d'ail. **Vins** Sylvaner, Tokay-Pinot gris.

RISOUL 05600 H.-Alpes **77** ⑱ – 526 h alt. 1100.

Env. Belvédère de l'Homme de Pierre ✼★★ S : 15 km G. Alpes du sud.
Paris 718 – Briançon 35 – Gap 61 – Guillestre 02 – Saint-Véran 34.

🏨 **La Bonne Auberge** ⑤, au village ✆ 92 45 02 40, ≤, 🔟, ☞ – ☎ ℗. GB
1ᵉʳ juin-20 sept. et 1ᵉʳ fév.-30 mars – **Repas** 105 – ⌧ 28 – **25 ch** 275/285 – ½ P 255/260.

RISTOLAS 05460 H.-Alpes **77** ⑲ – 72 h alt. 1590.

Paris 738 – Briançon 53 – Gap 95 – Guillestre 34.

🏠 **Chalet de Ségure** ⑤, ✆ 92 46 71 30, Fax 92 46 79 54, ≤ – ☎ ⇔. GB
24 mai-24 sept. et 26 déc.-10 avril – **Repas** 95/135 ⅄ – ⌧ 30 – **10 ch** 250/260 – ½ P 245/255.

RIVA-BELLA 14 Calvados **55** ② – voir à Ouistreham-Riva-Bella.

The names of main shopping streets are printed in red
at the beginning of the list of streets.

Paris 497 – ◆Lyon 37 – ◆St-Étienne 21 – Montbrison 54 – Roanne 106 – Thiers 128 – Vienne 26.

XXX **Host. Renaissance** avec ch, 41 r. A. Marrel 𝒫 77 75 04 31, Fax 77 83 68 58, 🏤, 🌲 – TV
☎ **P**. AE ① GB
fermé dim. soir et lundi – **Repas** 95/355 et carte 300 à 410 – 🖵 60 – **6 ch** 200/400.

à Ste-Croix-en-Jarez SE : 10 km par D 30 – 3 290 h. – ⊠ 42800 :

X **Le Prieuré** ⑤ avec ch, 𝒫 77 20 20 09 – TV ☎. AE ① GB. 🌼
fermé fév. – **Repas** (fermé lundi) 60/200, enf. 38 – 🖵 28 – **4 ch** 250/260 – ½ P 230/250.

OPEL Gar. Putinier, 18 av. Mar.-Juin 𝒫 77 75 02 30   PEUGEOT Gar. Boutin, 44 r. Cl.-Drivon
                                                          𝒫 77 75 04 22 **N** 𝒫 77 75 04 22

Env. Fort de Salses★★ N : 11 km.

✈ de Perpignan-Rivesaltes : 𝒫 68 61 28 98 : 4 km.

🛈 Office de Tourisme r. L.-Rollin 𝒫 68 64 04 04.

Paris 856 – ◆Perpignan 10 – Narbonne 56 – Quillan 67.

🏠 **Alta Riba**, av. Gare 𝒫 68 64 01 17, Fax 68 64 60 91 – 🛗 🍽 ch TV ☎ ᴋ 🛋 **P**. AE ① GB
Repas 65/160 ⅄, enf. 45 – 🖵 30 – **54 ch** 170/280 – ½ P 220/260.

🏠 **Tour de l'Horloge**, 11 r. A. Barbès (près église) 𝒫 68 64 05 88, Fax 68 64 66 67 – TV ☎
🛋. GB
fermé 1ᵉʳ au 15 déc., 1ᵉʳ au 15 fév., dim. soir et lundi midi sauf juil.-août – **Repas** 50/160 ⅄.
enf. 35 – 🖵 32 – **17 ch** 140/230 – ½ P 200/300.

CITROEN Gar. Galabert, av. Gambetta   RENAULT Gar. Sales, 68 bd Arago 𝒫 68 64 15 73
𝒫 68 64 07 67

Paris 652 – Mende 71 – Millau 12 – Rodez 65 – Sévérac-le-Château 28.

🏠 **Le Clos d'Is**, 𝒫 65 59 81 40, Fax 65 59 84 03, 🏤, 🌲 – ☎ **P**. GB ᴊᴄʙ
Repas 75/180 ⅄ – 🖵 32 – **22 ch** 150/250 – ½ P 180/230.

RENAULT Gar. Vayssière, 𝒫 65 59 80 05

Paris 139 – ◆Rouen 48 – Bernay 15 – Évreux 35 – Lisieux 38 – Le Neubourg 15 – Pont-Audemer 33.

XX **Soleil d'Or** avec ch, 𝒫 32 45 00 08, Fax 32 46 89 68, 🏤, 🌲 – TV ☎ **P**. AE GB
fermé fév., dim. soir sauf juil.-août et merc. – **Repas** 89/215 – 🖵 32 – **10 ch** 200/260 –
½ P 260.

PEUGEOT Gar. Chaise, N 13 à Nassandres 𝒫 32 45 00 33 **N** 𝒫 32 45 00 33

Env. Belvédère de Commelle-Vernay ≼★ : 7 km au S par quai Sémard BV.

🏌 de Champlong à Villerest 𝒫 77 69 70 60, par ③.

✈ Roanne-Renaison : 𝒫 77 66 83 55, par D 9 AV : 5 km.

🛈 Office de Tourisme, cours République 𝒫 77 71 51 77, Fax 77 70 96 62 – A.C. pl. Mar. de Lattre de Tassigny
𝒫 77 72 08 91.

Paris 391 ④ – Bourges 198 ④ – Chalon-sur-Saône 136 ① – ◆Clermont-Ferrand 118 ③ – ◆Dijon 205 ① –
◆Lyon 87 ② – Montluçon 140 ④ – ◆St-Étienne 84 ② – Valence 186 ② – Vichy 75 ④.

Plans pages suivantes

🏯 ✿✿✿ **Troisgros** Ⓜ, pl. Gare 𝒫 77 71 66 97, Fax 77 70 39 77, « Élégant décor contemporain », 🌲 – 🛗 🍽 TV ☎ 🛋. AE ① GB   CX r
fermé 1ᵉʳ au 15 août, vacances de fév., mardi soir et merc. – **Repas** (nombre de couverts
limité - prévenir) 300 (déj.), 540/660 et carte 520 à 680, enf. 120 – 🖵 110 – **14 ch** 800/1600, 6
appart
Spéc. "Entre deux lasagnes", truffes et petits pois (juin à sept.). Médaillon de ris de veau croustillant aux cèpes.
Carameline à la mangue. **Vins** Bourgogne blanc, Côte Roannaise.

🏨 **Grand Hôtel** sans rest, 18 cours République (face gare) 𝒫 77 71 48 82, Fax 77 70 42 40 –
🛗 TV ☎ **P** – 🔏 70. AE ① GB ᴊᴄʙ   CX f
fermé 1ᵉʳ au 17 août et 22 déc. au 3 janv. – 🖵 39 – **33 ch** 247/380.

🏨 **Terminus** sans rest, 15 cours République (face gare) 𝒫 77 71 79 69, Fax 77 72 90 26 – 🛗
TV ☎ 🛋. GB   CX f
🖵 30 – **55 ch** 210/270.

🏠 **Campanile**, 38 r. Mâtel 𝒫 77 72 72 73, Fax 77 72 77 61, 🏤 – 🌼 ch TV ☎ ᴋ **P** – 🔏 25.
AE ① GB   BV n
Repas 82 bc/105 bc, enf. 39 – 🖵 30 – **47 ch** 270.

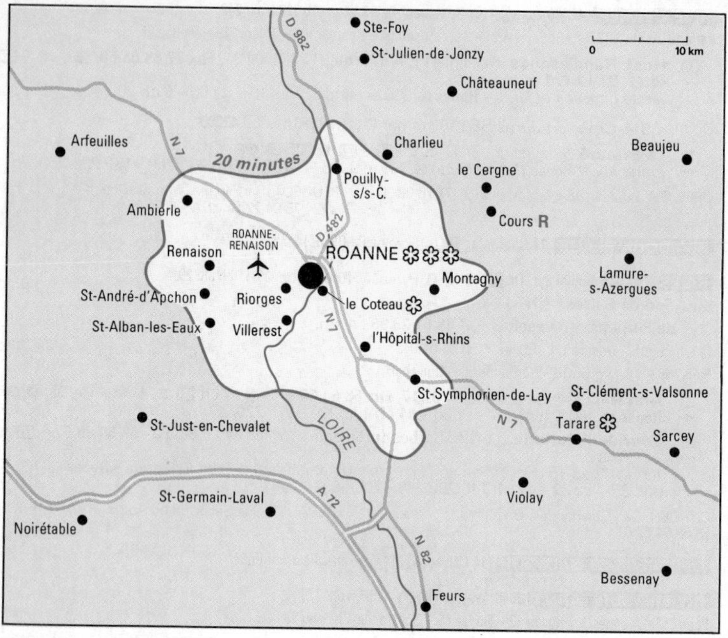

XXX **L'Astrée,** 17 bis cours République ☏ 77 72 74 22, Fax 77 72 72 23 – ▤. ⓓ GB — CX **f**
fermé 1er au 22 août, 26 déc. au 7 janv., sam. et dim. – **Repas** 130/350 et carte 190 à 320, enf. 80.

au Coteau (rive droite de la Loire) – 7 469 h. – ✉ **42120** Le Coteau :

🏨 **Artaud,** 133 av. Libération ☏ 77 68 46 44, Fax 77 72 23 50 – TV ☎ 🚗 – 🏟 100. AE GB JCB — BV **e**
fermé 1er au 15 août et dim. sauf fêtes – **Repas** 95/350 🍷 – ☕ 33 – **25 ch** 240/400.

🏨 **Ibis** M, 53 bd Ch. de Gaulle, ZI Le Coteau - BV ☏ 77 68 36 22, Fax 77 71 24 99, 🌳, 🏊 – ⚡ ch TV ☎ ♿ P – 🏟 25 à 70. AE ⓓ GB
Repas 98 bc/130 bc, enf. 40 – ☕ 35 – **67 ch** 280/300.

XXX ✿ **Aub. Costelloise** (Alex), 2 av. Libération ☏ 77 68 12 71, Fax 77 72 26 78 – ▤. AE GB — DY **a**
fermé 1er au 8 mai, 1er au 23 août, 26 déc. au 5 janv. dim. – **Repas** 115/330 et carte 240 à 350
Spéc. Saumon à la crème de persil plat. "Ripopée" de boeuf au vin blanc de Graves. Huîtres spéciales en cressonnette (oct.-avril). **Vins** Côte Roannaise.

XX **Ma Chaumière,** 3 r. St-Marc ☏ 77 67 25 93 – GB — BV **s**
fermé août, dim. soir et lundi – **Repas** 75/175 🍷.

XX **Le Relais Fleuri,** quai P. Sémard ☏ 77 67 18 52, 🌳 – GB — BV **v**
fermé 1er au 15 sept., dim. soir et lundi – **Repas** 105/215.

à Riorges O : 3 km par D 31 - AV – 9 868 h. – ✉ **42153** :

XXX **Le Marcassin** avec ch, rte St-Alban-les-Eaux ☏ 77 71 30 18, Fax 77 23 11 22, 🌳 – TV ☎. AE GB. ⚡ ch
fermé 29 juil. au 21 août et vacances de fév. – **Repas** *(fermé dim. soir et sam.)* 105/285 et carte 190 à 280 – ☕ 30 – **10 ch** 220/280 – ½ P 210/240.

par ② rte de Lyon : 6 km – ✉ **42120** Roanne :

🏨 **Comfort Inn Primevère** M, N 7 ☏ 77 62 84 84, Fax 77 62 02 09, 🌳 – TV ☎ ♿ P – 🏟 30. AE ⓓ GB JCB
Repas 81/102 🍷, enf. 41 – ☕ 30 – **41 ch** 270.

à Villerest par ③ : 6 km – 4 104 h. – ✉ **42300** :

XX **Château de Champlong,** rte golf ☏ 77 69 69 69, Fax 77 69 71 08, 🌳, 🌳 – P. GB
fermé 1er au 26 janv., dim. soir et lundi sauf fériés – **Repas** 105/250.

ROANNE

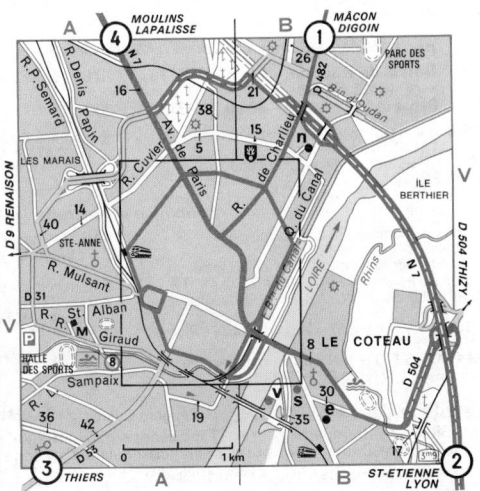

999

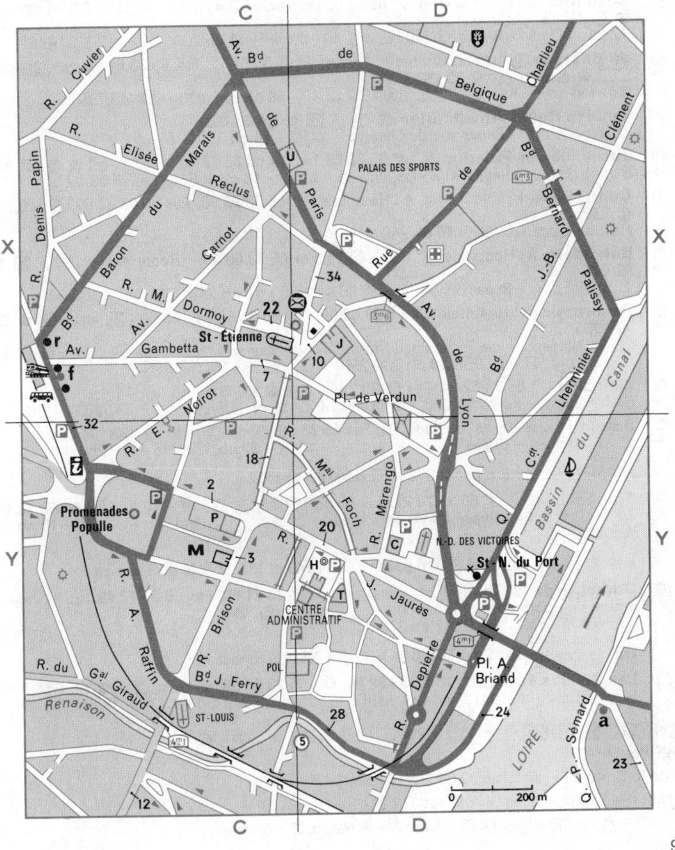

par ④ rte de St-Germain : 7 km – ⊠ **42640** St-Germain-l'Espinasse :

🏨 **Relais de Roanne,** 𝒫 77 71 97 35, Fax 77 70 88 15, 🍽, 🌳 – ❄️ ch 🍴 rest 📺 ☎ 🚗 🅿
– 🛗 40. ◭ ⓪ ⓖⓑ
Repas 82/285 – ☄ 35 – **30 ch** 270/310 – ½ P 260.

FORD Gar. de la Poste, 14 r. R.-Salengro
𝒫 77 44 51 51
VOLVO Gar. Gobelet, 54 av. Gambetta
𝒫 77 72 30 22

Ⓜ Comptoir Roannais C/c. 45 q.Cdt Lherminier
𝒫 77 72 47 33

Périphérie et environs

BMW Gar. Barberet, 36 bd Ch.-de-Gaulle,
Le Coteau BV 𝒫 77 70 42 22
CITROEN Gar. Lagoutte, 212 av. de la Libération
au Coteau BV 𝒫 77 67 00 22 Ⓝ 𝒫 77 72 41 77
MERCEDES SOGEMO, Aiguilly, D 482 à Vougy
𝒫 77 72 26 22
NISSAN Gar. Sinoir, 16 av. Ch.-de-Gaulle à Riorges
𝒫 77 71 73 42
PEUGEOT S.A.G.G., RN 7 rte de Paris par ④ à
Riorges 𝒫 77 44 88 00 Ⓝ 𝒫 77 44 15 42

VAG Gar. Route Bleue, 29 bd Etines ZI, Le Coteau
𝒫 77 67 34 00

Ⓜ Comptoir du Pneu, 4 pl. Église, Le Coteau
𝒫 77 67 05 15
Euromaster, 47 bd Ch.-de-Gaulle, ZI le Coteau
𝒫 77 70 04 44

▇▇▇ **ROCAMADOUR** 46500 Lot 🛉🟧 ⑱ ⑲ G. Périgord Quercy (plan) – 627 h alt. 210.

Voir Site★★★ – Remparts ✻★★★ – Tapisseries★ dans l'Hôtel de Ville – Vierge noire★ dans la
chapelle Notre-Dame – Musée-trésor Francis-Poulenc★ – Féerie du rail : maquette★.

🄳 Office de Tourisme à la Mairie 𝒫 65 33 62 59.

Paris 539 – Cahors 56 – Brive-la-Gaillarde 54 – Figeac 45 – Gourdon 35 – St-Céré 29 – Sarlat-la-Canéda 51.

🏨🏨 **Beau Site et Notre Dame,** 𝒫 65 33 63 08, Télex 520421, Fax 65 33 65 23, <, 🍽 – 🛗 📺
☎ 🅿. ◭ ⓪ ⓖⓑ ⒿⒸⒷ
12 fév.-12 nov. – **Repas** 95/340 bc, enf. 49 – ☄ 45 – **44 ch** 290/480 – ½ P 320/360.

🏨🏨 **du Château** 🗫, rte du Château : 1,5 km 𝒫 65 33 62 22, Fax 65 33 69 00, 🍽, 🏊, 🌳, ✂
– 📺 ☎ ♿ 🅿 – 🛗 60. ◭ ⓖⓑ
6 avril-6 nov. – **Repas** 72/250, enf. 48 – ☄ 40 – **60 ch** 320/410 – ½ P 305/355.

Annexe Relais Amadourien 🏨 🗫, – 📺 🅿 🅿. ◭ ⓖⓑ
10 avril-15 oct. – **Repas** voir du Château – ☄ 32 – **24 ch** 230/275 – ½ P 270.

🏨 **Terminus des Pèlerins** 🗫, 𝒫 65 33 62 14, Fax 65 33 72 10, <, 🍽 – 📺 ☎ 🅿. ◭ ⓪ ⓖⓑ
9 avril-1er nov. – **Repas** 60/230 ♨, enf. 45 – ☄ 32 – **12 ch** 195/290 – ½ P 237/272.

🏨 **Comp'Hostel** Ⓜ sans rest, à l'Hospitalet 𝒫 65 33 73 50, Fax 65 33 69 60, 🏊 – 📺 ☎ ♿
🅿.
Pâques-3 oct. – ☄ 32 – **15 ch** 240.

🏨 **Belvédère,** à l'Hospitalet 𝒫 65 33 63 25, Fax 65 33 69 25, <Rocamadour, 🍽 – 📺 ☎ 🅿.
◭ ⓖⓑ
1er avril-2 nov. – **Repas** 65/240 ♨, enf. 38 – ☄ 35 – **19 ch** 245/350 – ½ P 240/260.

🏨 **Panoramic,** à l'Hospitalet 𝒫 65 33 63 06, Fax 65 33 69 26, <, 🍽, 🏊, 🌳 – 📺 ☎ 🅿. ◭
15 fév.-vacances de Toussaint et fermé vend. hors sais. sauf vacances scolaires – **Repas**
67/198, enf. 47 – ☄ 35 – **20 ch** 230/290 – ½ P 236/263.

🏨 **Lion d'Or,** 𝒫 65 33 62 04, Fax 65 33 72 54 – 🛗 ♿ 🅿. ⓖⓑ
8 avril-2 nov. – **Repas** 59/210, enf. 40 – ☄ 32 – **35 ch** 200/260 – ½ P 230/250.

🏨 **Sainte-Marie** 🗫, 𝒫 65 33 63 07, Fax 65 33 69 08, <, 🍽 – ☎ 🅿. ⓖⓑ. ✻ rest
1er avril-15 oct. – **Repas** 70/250, enf. 40 – ☄ 34 – **22 ch** 180/275 – ½ P 250.

rte de Brive 2,5 km par D 673 – ⊠ **46500** Rocamadour :

🏨 **Troubadour** 🗫, 𝒫 65 33 70 27, Fax 65 33 71 99, 🍽, 🏊, 🌳 – 🍴 rest 📺 ☎ 🅿. ◭ ⓖⓑ
15 fév.-15 nov. – **Repas** (dîner seul.)(résidents seul.) 150, enf. 48 – ☄ 42 – **10 ch** 360 –
½ P 360.

à la Rhue rte de Brive : 6 km par D 673, N 140 et VO – ⊠ **46500** Rocamadour :

🏨🏨 **Domaine de la Rhue** Ⓜ 🗫 sans rest, 𝒫 65 33 71 50, Fax 65 33 72 48, <, « Anciennes
écuries élégamment aménagées », 🏊, 🌳 – ☎ 🅿. ⓖⓑ
10 avril-15 oct. – ☄ 42 – **12 ch** 370/570.

rte de Payrac 4 km par D 673 et VO – ⊠ **46500** Rocamadour :

🏨🏨 **Les Vieilles Tours** 🗫, 𝒫 65 33 68 01, Fax 65 33 68 59, <, parc, 🏊 – ☎ 🅿. ⓖⓑ. ✻ rest
8 avril-5 nov. – **Repas** (dîner seul. sauf dim.) 100/200, enf. 56 – ☄ 47 – **18 ch** 210/460.

▇▇▇ **La ROCHE-BERNARD** 56130 Morbihan 🛉🟧 ⑭ G. Bretagne – 766 h alt. 30.

Voir Pont★.

🛅 de la Bretesche 𝒫 40 88 30 03, SE : 11 km.

🄳 Office de Tourisme pl. du Pilori 𝒫 99 90 67 98, Fax 99 90 88 28.

Paris 439 – ♦Nantes 70 – Ploërmel 59 – Redon 27 – St-Nazaire 35 – Vannes 40.

🏠 **Manoir du Rodoir** Ⓜ, N 165 ℘ 99 90 82 68, Fax 99 90 76 22, ㎡, parc – 📺 ☎ & 🅿 –
🔒 80. 🅰 GB
1ᵉʳ mars-30 nov. – **Repas** 79 (déj.), 98/350 – ☲ 52 – **26 ch** 395/595 – ½ P 448.

🏠 **Deux Magots**, ℘ 99 90 60 75, Fax 99 90 87 87 – 📺 ☎. GB. ❀
← fermé 15 déc. au 15 janv., dim. soir et lundi du 15 sept. au 30 juin sauf fériés – **Repas** 80/340,
enf. 50 – ☲ 32 – **15 ch** 280/480.

🏠 **Le Colibri** Ⓜ sans rest, 1 r. Four ℘ 99 90 66 01, Fax 99 90 75 94 – 📺 ☎ & 🅿. GB. ❀
fermé dim. du 15 nov. au 15 fév. – ☲ 32 – **11 ch** 240/420.

🏠 **Bretagne** sans rest, ℘ 99 90 60 65 – ☎ 🅿. GB. ❀
Pâques-nov. et fermé sam. sauf juil.-août – ☲ 32 – **13 ch** 285/350.

XXXX ❀❀ **Aub. Bretonne** (Thorel) avec ch, ℘ 99 90 60 28, Fax 99 90 85 00 – 📳 📺 ☎ & ⟺. 🅰
GB
fermé 12 nov. au 3 déc. et 8 au 21 janv. – **Repas** (fermé vend. midi et jeudi) 210/450 et carte
410 à 560 – ☲ 75 – **8 ch** 500/1200
Spéc. Cuisses de grenouilles aux herbes et aux girolles (juin à oct.). Léger bouillon d'asperges, truffe de Saint-Jacques
en surprise (oct. à avril). Gras de cuisse de volaille fermière rôtie et rouelle de homard.

XX **Aub. Rochoise**, ℘ 99 90 77 37, Fax 99 90 92 44 – 🅰 GB
← fermé fév. et mardi – **Repas** 55 (déj.), 78/198.

CITROEN Gar. Biton, ℘ 99 90 61 11

RENAULT Gar. Priour, ZA des Métaries,
rte de St-Dolay ℘ 99 90 71 90 � ℘ 99 90 72 92

La ROCHE-CANILLAC 19320 Corrèze 🔟⑩ – 186 h alt. 460.
Paris 511 – Brive-la-Gaillarde 48 – Argentat 16 – Aurillac 71 – Mauriac 52 – St-Céré 56 – Tulle 27 – Ussel 60.

🏠 **Aub. Limousine**, ℘ 55 29 12 06, Fax 55 29 27 03, ⌫ – ☎ 🅿. GB. ❀ rest
1ᵉʳ mai-30 sept. – **Repas** 90/200, enf. 50 – ☲ 32 – **26 ch** 145/299 – ½ P 220/270.

Demandez chez le libraire le catalogue des publications Michelin.

La ROCHE-CHALAIS 24490 Dordogne 🔟③ – 2 860 h alt. 65.
Paris 511 – Bergerac 61 – Blaye 63 – ♦Bordeaux 67 – Périgueux 68.

🏠 **Soleil d'Or** Ⓜ, 14 r. Apre Côte ℘ 53 90 86 71, Fax 53 90 28 21, ㎡ – ⥂ ch 📺 ☎ & 🅿.
GB
Repas (fermé lundi midi) 80 (déj.), 120/195, enf. 45 – ☲ 35 – **15 ch** 200/350 – ½ P 200/250.

ROCHECORBON 37 I.-et-L. 🔢⑮ – rattaché à Tours.

ROCHEFORT ⬭ 17300 Char.-Mar. 🔢⑬ G. Poitou Vendée Charentes – 25 561 h alt. 5 – Stat. therm.
(7 fév.-17 déc.).

Voir Corderie royale★★ BY – Maison de Loti★ BZ **B** – Musée d'Art et d'Histoire★ BZ **M¹** – Les
Métiers de Mercure★ (musée) BZ **D** – Echillais : façade★ de l'église 4,5 km par ③.

Env. Croix hosannière★ de Moëze SO : 12 km.

Accès Pont de Martrou. Péage : auto 30 F (AR 45 F), voiture et caravane 45 F – Renseignements :
Régie d'Exploitation des Ponts ℘ 46 83 01 01, Fax 46 83 05 54.

🅱 Office de Tourisme av. Sadi-Carnot ℘ 46 99 08 60, Fax 46 99 52 64.

Paris 467 ① – La Rochelle 34 ④ – Royan 40 ③ – ♦Limoges 192 ② – Niort 60 ① – Saintes 40 ②.

Plan page suivante

🏠 **La Corderie Royale** Ⓜ ⬭, r. Audebert (près Corderie Royale) ℘ 46 99 35 35, Télex 792283, Fax 46 99 78 72, ≼, ㎡, « Ancienne artillerie royale au bord de la Charente »,
🏋, ⌫, ㎡ – 📳 ▤ rest 📺 ☎ 🅿 – 🔒 40 à 120. 🅰 ⑩ GB 𝖩𝖢𝖡　　　　　　　　　　　BY **h**
fermé 23 janv. au 14 fév., lundi (sauf hôtel) et dim. soir du 1ᵉʳ oct. au 1ᵉʳ mai – **Repas**
100 (déj.), 135/190, enf. 80 – ☲ 50 **ch** 475/575, 3 appart – ½ P 360/475.

🏠 **Fimotel Remparts** Ⓜ, aux Thermes ℘ 46 87 12 44, Fax 46 83 92 62 – 📳 📺 ☎ 🅿 –
🔒 70. 🅰 ⑩ GB　　　　　　　　　　　　　　　　　　　　　　　　　　　　　　BY **s**
Repas ⅃, enf. 36 – ☲ 35 – **73 ch** 310 – ½ P 285.

🏠 **Le Paris**, 27 av. La Fayette ℘ 46 99 33 11, Fax 46 99 77 34 – 📳 ⥂ ch ▤ rest 📺 ☎ –
🔒 40. GB　　　　　　　　　　　　　　　　　　　　　　　　　　　　　　　　BZ **d**
fermé 23 déc. au 15 janv. – **Repas** (fermé dim.) 90/195, enf. 55 – ☲ 38 – **38 ch** 230/310 –
½ P 265/280.

🏠 **Roca-Fortis** sans rest, 14 r. République ℘ 46 99 26 32, Fax 46 83 93 45, ㎡ – 🅿 –
GB　　　　　　　　　　　　　　　　　　　　　　　　　　　　　　　　　　　BY **v**
fermé 23 déc. au 10 janv. – ☲ 28 – **16 ch** 205/275.

🏠 **des Vermandois** Ⓜ sans rest, 33 r. E. Combes ℘ 46 87 09 87, Fax 46 83 21 74 –
cuisinette 📺 ☎. GB　　　　　　　　　　　　　　　　　　　　　　　　　　　BZ **r**
☲ 30 – **11 ch** 250/260, 5 studios.

🏠 **Ibis** Ⓜ, 1 r. Bégon ℘ 46 99 31 31, Fax 46 87 24 09 – 📳 ⥂ ch 📺 ☎ &. 🅰 GB. ❀ rest
Repas snack 85 ⅃, enf. 40 – ☲ 35 – **44 ch** 270.　　　　　　　　　　　　　BY **n**

🏠 **Lafayette** sans rest, 10 av. Lafayette ℘ 46 99 03 31 – ☎. GB　　　　　BZ **u**
☲ 32 – **23 ch** 150/230.

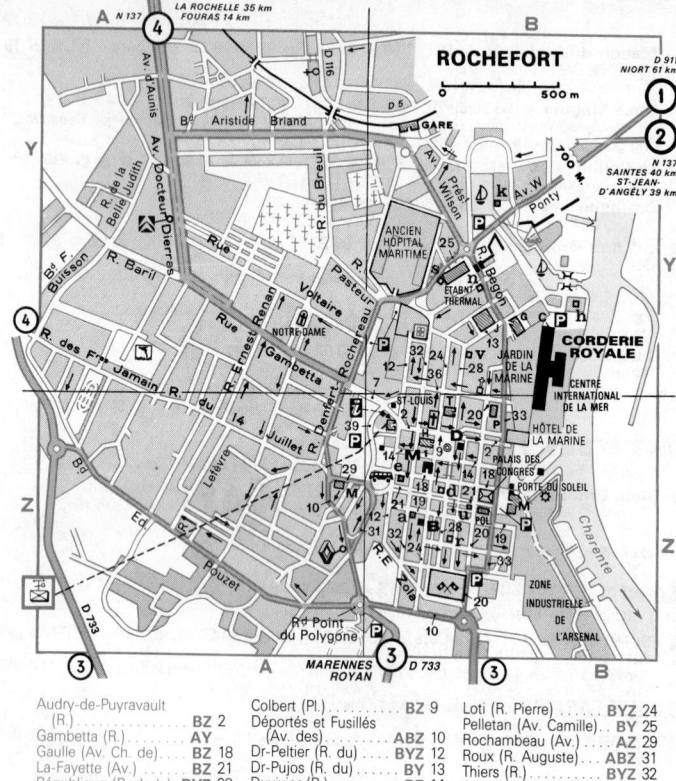

ROCHEFORT

XXX **Escale de Bougainville,** quai Louisiane ℰ 46 99 54 99, Fax 46 99 54 99, ≤, 🍴 – ■.
GB   BY **k**
fermé vacances de fév., dim. soir et lundi – **Repas** 95/198 bc et carte 220 à 320.

XX **Tourne-Broche,** 56 av. Ch. de Gaulle ℰ 46 99 20 19, Fax 46 99 72 06 – AE GB   BZ **e**
fermé 2 au 24 janv., dim. soir et lundi hors sais. – **Repas** 105/220 ⅃.

XX **Bruno Berton,** 76 r. Grimaux ℰ 46 83 95 12 – GB   BZ **a**
fermé 14 au 20 août, lundi soir et dim. – **Repas** (nombre de couverts limité, prévenir)
105/170.

par ③ : 3 km rte de Royan avant pont de Martrou – ⊠ **17300** Rochefort :

🏨 **La Belle Poule,** ℰ 46 99 71 87, Fax 46 83 99 77, 🍴, 🌲 – 📺 ☎ 🅿 – 🔬 25. AE ① GB
fermé dim. soir hors sais. – **Repas** 85/175, enf. 45 – ☑ 29 – **21 ch** 250/280 – ½ P 250.

à Soubise par ③ : 7 km après pont de Martrou – ⊠ **17780** :

🏨 **Le Soubise,** ℰ 46 84 92 16, Fax 46 84 91 35 – ⇔ ch ☎ 🅿. AE ① GB
fermé 2 au 24 oct., 30 janv. au 13 fév., dim. soir et lundi de mi-sept. à juin – **Repas** 80/175,
enf. 75 – ☑ 35 – **24 ch** 170/350 – ½ P 230/390.

CITROEN Rochefort Autom., 46-48 av. du Dr Dieras   ROVER Gar. Central, 31 av. Lafayette
ℰ 46 87 41 55   ℰ 46 99 00 65
FORD Gar. Zanker, 76 r. Gambetta ℰ 46 87 07 55
PEUGEOT S.O.C.A.R., 58 av. 11 Novembre par ③
ℰ 46 99 02 76   Ⓜ Euromaster, ZC de la Fraternité à Tonnay-
RENAULT Gar. Peyronnet, av. Fusillés et Déportés   Charente ℰ 46 99 01 13
ℰ 46 87 36 20 N ℰ 07 53 78 10

56220 Morbihan 𝟞𝟛 ④ G. Bretagne – 645 h alt. 52.

Voir Site⋆ – Maisons anciennes⋆.

🛈 Office de Tourisme - Mairie ✆ 97 43 33 57.

Paris 424 – Ploërmel 33 – Redon 25 – ♦Rennes 78 – La Roche-Bernard 25 – Vannes 34.

  XXX **Host. Lion d'Or,** ✆ 97 43 32 80, Fax 97 43 30 12, « Maison du 16ᵉ siècle » – GB
     fermé 10 au 28 janv., dim. soir et lundi sauf d'avril à août – **Repas** 90/265 et carte 215 à 295,
     enf. 60.

  XX **Vieux Logis,** ✆ 97 43 31 71, Fax 97 43 31 62 – GB
     fermé mars, dim. soir et lundi – **Repas** 110/260.

78730 Yvelines 𝟞𝟘 ⑨ 𝟙𝟘𝟞 ④ G. Ile de France – 783 h alt. 113.

Voir Site⋆ – Vaisseau⋆ de l'église de St-Arnoult-en-Yvelines NE : 3,5 km.

Paris 50 – Chartres 42 – Dourdan 8 – Étampes 25 – Rambouillet 15 – Versailles 33.

  XX **La Brazoucade,** 51 r. Guy le Rouge ✆ (1) 30 41 49 09, Fax (1) 30 88 41 55 – 𝗣. ﷼ GB
     fermé 16 au 30 août, vacances de fév., mardi soir et merc. – **Repas** 98 bc/190.

  XX **L'Escu de Rohan,** 15 r. Guy le Rouge ✆ (1) 30 41 31 33 – GB
     fermé dim. soir et lundi sauf fériés – **Repas** 150/250.

63210 P.-de-D. 𝟟𝟛 ⑬ – 948 h alt. 850.

Paris 455 – ♦Clermont-Ferrand 31 – Aubusson 82 – Mauriac 79 – Le Mont-Dore 22 – Ussel 51.

  🏠 **Centre,** ✆ 73 65 82 10, 🚗 – 🍴, ☕ ch
     15 mai-15 oct. et fermé sam. soir et dim. – **Repas** (dîner seul.) 70 🥂 – ☟ 26 – **10 ch** 120/195.

RENAULT Gar. Bony, N 89 Massagettes à St-Pierre-Roche ✆ 73 65 99 00 📉 ✆ 73 65 88 64

39 Jura 𝟞𝟞 ⑭ – rattaché à Dôle.

16110 Charente 𝟟𝟚 ⑭ G. Poitou Vendée Charentes (plan) – 3 448 h alt. 85.

Voir Château⋆.

🛈 Office de Tourisme Halle aux Grains pl. Gourville ✆ 45 63 07 45.

Paris 441 – Angoulême 23 – Confolens 41 – ♦Limoges 81 – Nontron 37 – Ruffec 39.

  🏠 **Vieille Auberge de la Carpe d'Or,** 13 fg La Souche ✆ 45 62 02 72, Fax 45 63 01 88 –
     📺 ☕ & 𝗣 – 🛋 150. ﷼ ⓞ GB
     Repas 70/190 🥂, enf. 40 – ☟ 32 – **28 ch** 190/290 – ½ P 195/270.

  🏠 **Auberivières,** rte Mansle ✆ 45 63 10 10, Fax 45 63 02 60 – 📺 ☎ 𝗣. ﷼ GB. ☕ ch
     fermé vend. soir hors sais. (sauf hôtel) et dim. – **Repas** 62/160 🥂 – ☟ 30 – **10 ch** 195/242 –
     ½ P 175/185.

CITROEN Bordron Chabernaud, ✆ 45 62 01 41   RENAULT Gar. Cyclope, ✆ 45 63 03 91 📉
                                   ✆ 45 63 94 95

87 H.-Vienne 𝟟𝟚 ⑰ – rattaché à St-Yrieix-la-Perche.

25 Doubs 𝟞𝟞 ⑮ – rattaché à Besançon.

𝐏 **17000** Char.-Mar. 𝟟𝟙 ⑫ G. Poitou Vendée Charentes – 71 094 h alt. 7 – Casino X.

Voir Vieux Port⋆⋆ : tour St-Nicolas⋆, ⁕⋆⋆ de la tour de la Lanterne⋆, plan-relief⋆ dans la tour
de la Chaîne – Le quartier ancien⋆⋆ : Hôtel de Ville⋆ Z H, Hôtel de la Bourse⋆ Z C, Porte de la
Grosse Horloge⋆ Z F – Musées : Muséum d'Histoire naturelle⋆⋆ Y M¹, Nouveau Monde⋆ Y M²,
Beaux-Arts⋆ Y M³, d'Orbigny-Bernon⋆ (histoire rochelaise et céramique) Y M⁴ – Port des
Minimes : aquarium⋆ X – Tour St-Nicolas⋆ Z D – Plan-relief⋆ (tour de la Chaîne) Z E – Parc
Charruyer⋆ Y.

🏌 de la Prée ✆ 46 01 24 42, par D 104 : 11 km V.

Accès par le Pont de l'île de Ré par ④. **Péage en 1994 :** auto (AR) 110 F (saison) 60 F (hors
saison), camion 115 à 335 F, moto 30 F, gratuit pour piétons et vélos.
Renseignements par Régie d'Exploitation des Ponts : ✆ 46 42 61 48, Fax 46 43 04 71.

✈ de la Rochelle-Laleu : T.A.T. ✆ 46 42 18 27, NO : 4,5 km V.

🛈 Office de Tourisme et Accueil de France quartier du Gabut, pl. de la Petite Sirène ✆ 46 41 14 68, Télex
791661, Fax 46 41 99 85.

Paris 470 ① – Angoulême 130 ② – ♦Bordeaux 182 ③ – ♦Nantes 133 ① – Niort 63 ①.

Plans pages suivantes

  🏨 **Novotel** 🅼 ⌂, av. Porte Neuve ✆ 46 34 24 24, Fax 46 34 58 32, 🍽, 🏊 – 🛗 ⇆ ch 📟 📺
     ☎ & 𝗣 – 🛋 60. ﷼ ⓞ GB   Y **t**
     Repas carte environ 180, enf. 50 – ☟ 55 – **94 ch** 470/650.

  🏨 **France-Angleterre et Champlain** sans rest, 20 r. Rambaud ✆ 46 41 34 66,
     Fax 46 41 15 19, « Ancien hôtel particulier avec agréable jardin » – 🛗 📺 ☎ – 🛋 40. ﷼
     ⓞ GB   Y **b**
     ☟ 42 – **36 ch** 315/535, 4 appart.

  🏨 **Monnaie** 🅼 ⌂ sans rest, 3 r. Monnaie ✆ 46 50 65 65, Fax 46 50 63 19 – 🛗 📟 📺 ☎ 🚗
     – 🛋 25. ﷼ ⓞ GB   Z **z**
     ☟ 52 – **32 ch** 460/600, 4 appart.

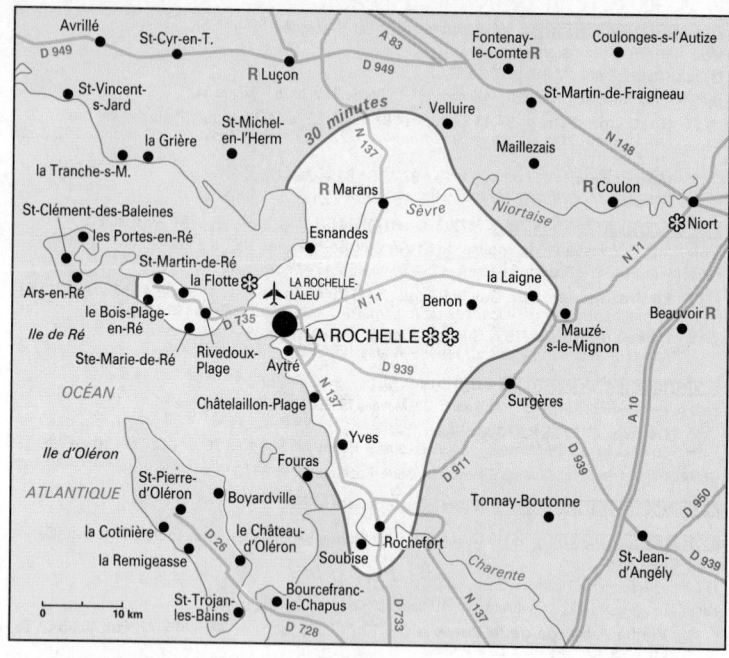

🏨 **Les Brises** ⌕ sans rest, chemin digue Richelieu (av. P. Vincent) ℰ 46 43 89 37, Fax 46 43 27 97, « Terrasse en bordure de mer et ≤ les îles » – ⬚ 🆅 ☎ 🚗 🅿. ☒ 🆎 ⊙ 🆖
⬚ 50 – **48 ch** 310/630.
X **q**

🏨 **L'Océanide** Ⓜ, quai L. Prunier ℰ 46 50 60 61 50, Télex 791735, Fax 46 41 24 31, ≤ – ⬚ ⫟ ch 🆅 ☎ 🚗 – 🔒 700. ☒ ⊙ 🆖
Repas (fermé dim. du 1er nov. au 1er mars) 95/140 ⅃, enf. 46 – ⬚ 52 – **123 ch** 410/510 – ½ P 345.
Z **e**

🏨 **Mercure et rest. Le Yachtman** Ⓜ, 23 quai Valin ℰ 46 41 20 68, Télex 790762, Fax 46 41 81 24, ㄸ, ⣊ – ⬚ ⫟ ch ▤ rest 🆅 ☎ – 🔒 80. ☒ ⊙ 🆖
Repas (fermé 24 au 30 déc., dim. soir et lundi) 98/200 – ⬚ 50 – **46 ch** 480/540.
Z **r**

🏨 **St-Jean d'Acre et rest. Au Vieux Port** Ⓜ, 4 pl. Chaîne ℰ 46 41 73 33, Fax 46 41 10 01, ㄸ – ⬚ 🆅 ☎ – 🔒 25. ☒ ⊙ 🆖
Repas 98/298, enf. 54 – ⬚ 49 – **70 ch** 340/640 – ½ P 420/430.
Z **f**

🏨 **Trianon et Plage,** 6 r. Monnaie ℰ 46 41 21 35, Fax 46 41 95 78, ㄹ – 🆅 ☎ 🅿. ☒ ⊙ 🆖. ⫟ rest
Z **b**
fermé 22 déc. au 1er fév. – **Repas** (fermé vend. du 15 oct. au 15 mars) 93/185, enf. 62 – ⬚ 42 – **25 ch** 330/425 – ½ P 350/390.

🏨 **St-Nicolas** Ⓜ sans rest, 13 r. Sardinerie ℰ 46 41 71 55, Fax 46 41 70 46 – ⬚ 🆅 ☎ ⏦ 🅿 – 🔒 25. ☒ ⊙ 🆖
⬚ 36 – **79 ch** 330/405.
Z **d**

🏨 **Ibis Grosse Horloge** Ⓜ sans rest, 4 r. L. Vieljeux ℰ 46 50 68 68, Fax 46 41 34 94 – ⬚ ⫟ ch 🆅 ☎ ⏦. ☒ 🆖
⬚ 35 – **77 ch** 335.
Z **v**

🏨 **Ibis Vieux Port,** pl. Cdt de la Motte Rouge ℰ 46 41 60 22, Fax 46 41 93 47 – ⬚ ⫟ ch 🆅 ☎ ⏦ – 🔒 25. ☒ 🆖
Repas 97 bc, enf. 40 – ⬚ 35 – **76 ch** 345.
Z **n**

🏨 **Le Manoir** sans rest, 8 bis av. Gén. Leclerc ℰ 46 67 47 47, Fax 46 67 38 92 – 🆅 ☎ 🅿. 🆖
V **e**
fermé dim. de nov. à mars sauf vacances scolaires – ⬚ 35 – **18 ch** 350/520.

🏨 **Majestic** sans rest, 8 av. Coligny ℰ 46 34 10 23 – ☎. 🆖
X **n**
fermé janv. – ⬚ 32 – **14 ch** 250/350.

🏨 **Terminus** sans rest, 11 pl. Cdt de la Motte Rouge ℰ 46 50 69 69, Fax 46 41 73 12 – 🆅 ☎ – 🔒 25. ☒ 🆖
⬚ 34 – **30 ch** 250/330.
Z **x**

🏨 **Tour de Nesle** sans rest, 2 quai L. Durand ℰ 46 41 05 86, Fax 46 41 95 17, ≤ – ⬚ 🆅 ☎. ☒ ⊙ 🆖
⬚ 36 – **28 ch** 250/420.
Z **u**

LA ROCHELLE

Briand (Av. Aristide). . . . . . . V 13
Cognehors (Bd de). . . . . V 23
Coligny (Av.). . . . . VX 25
Couronne (Av. de la) . . . . . . V 29

Denfert-Rochereau (Av.) . . . . V 33
Fétilly (Av. de) . . . . V 47
Joffre (Av. du Mar.) . . . . V 62
Mail (Allée du) . . . . X 64
Marillac (Av.) . . . . X 68
Missy (R. de) . . . . V 72
Moulin (Av. Jean). . . . . X 67

République (Bd de la) . . . . . X 90
Robinet (Av. L.) . . . . V 92
Saintonge (R. A.-de) . . . . . . X 103
Salengro (Av. Roger) . . . . . X 106
Sartre (Av. Jean-Paul) . . . . . X 109
8-Mai-1945 (Av. du) . . . . . . V 118
11-Novembre-1918 (R. du) . . V 121

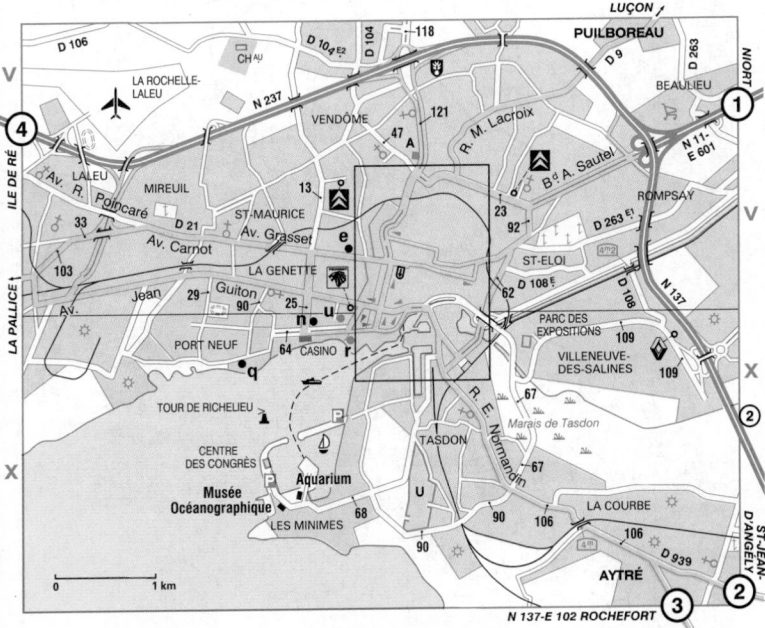

XXXXX ❀❀ **Richard Coutanceau,** plage de la Concurrence ℘ 46 41 48 19, Fax 46 41 99 45, ← –
☰, ﬞAE ⓞ ☷   X **r**
fermé lundi d'oct. à mai et dim. – **Repas** 200/400 et carte 300 à 430
Spéc. Tartare de langoustines en fine gelée. Homard breton rôti à la coque (avril à nov.). Dos de turbot rôti à l'arête au
jus de viande. **Vins** Haut-Poitou, Mareuil.

XXX ❀ **La Marmite** (Marzin), 14 r. St-Jean du Pérot ℘ 46 41 17 03, Fax 46 41 43 15 – ☰. ﬞAE
ⓞ ☷   Z **a**
fermé merc. hors sais. – **Repas** 180/390 et carte 270 à 420
Spéc. Huîtres tièdes au caviar. Morue fraîche à la purée d'ail et jus de viande. Cassolette de homard au vin de
Sauternes (avril à déc.). **Vins** Fiefs Vendéens, Haut-Poitou.

XX **Serge,** 46 cours des Dames ℘ 46 41 18 80, Fax 46 41 95 76, 😞 – ﬞAE ⓞ ☷   Z **s**
Repas 98/320.

XX **Toque Blanche,** 39 r. St-Jean du Pérot ℘ 46 41 60 55, Fax 46 50 51 08 – ☰. ﬞAE ⓞ ☷
fermé sam. midi – **Repas** 100/295, enf. 55.   Z **q**

XX **L'Entracte,** 22 r. St-Jean du Pérot ℘ 46 50 62 60 – ☰. ☷   Z **a**
fermé dim. – **Repas** 145.

XX **Les Quatre Sergents,** 49 r. St-Jean du Pérot ℘ 46 41 35 80, Fax 46 41 95 64, décor de
➔ jardin d'hiver – ☰. ﬞAE ⓞ ☷   Z **q**
fermé dim. soir et lundi – **Repas** 80/165 ⅃, enf. 39.

XX **Le Claridge,** 1 r. Admyrauld ℘ 46 50 64 19, Fax 46 41 91 16 – ﬞAE ☷   Y **v**
fermé sam. midi et dim. – **Repas** 98/150 ⅃.

X **La Galathée,** 45 r. St-Jean du Pérot ℘ 46 41 17 06 – ☷   Z **q**
➔ *fermé vacances de fév., mardi soir et merc. sauf juil.-août* – **Repas** 75/150, enf. 45.

X **Parc,** 38 r. Th. Renaudot ℘ 46 34 15 58 – ﬞAE ☷   VX **u**
➔ *fermé dim. soir et lundi* – **Repas** 72/180, enf. 45.

X **Assiette St-Jean,** 18 r. St-Jean du Pérot ℘ 46 41 75 75 – ☷   Z **a**
fermé dim. sauf juil.-août – **Repas** (nombre de couverts limité, prévenir) 90 ⅃.

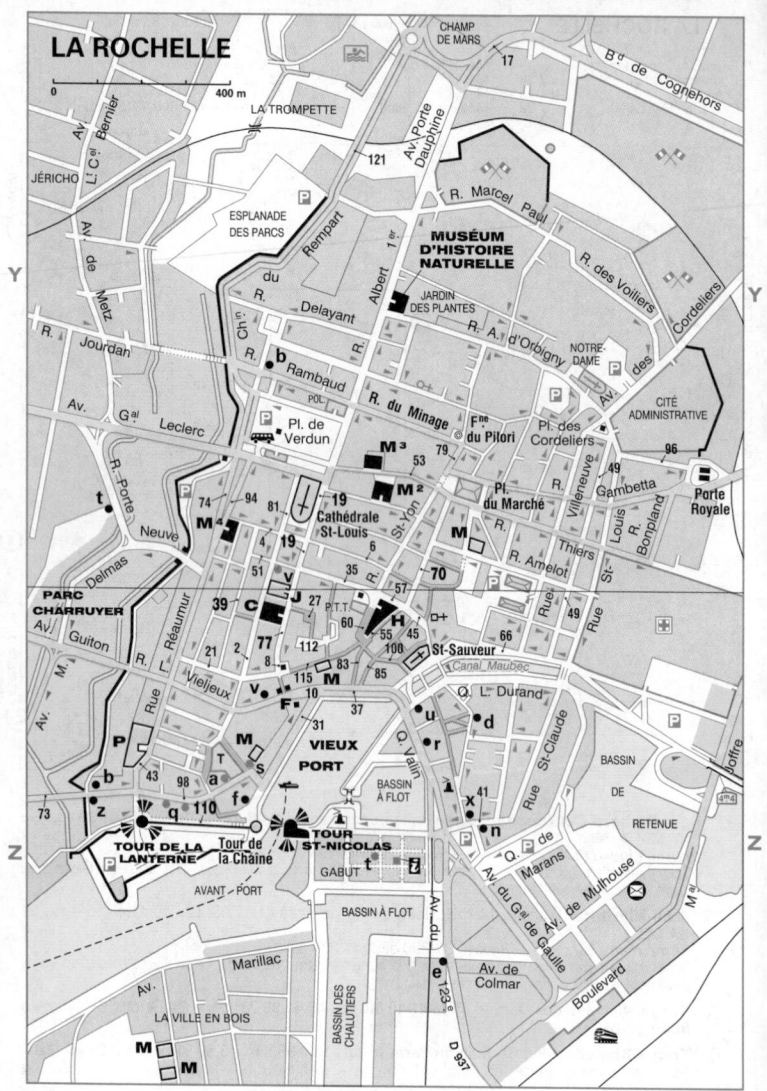

LA ROCHELLE

à Aytré par ③ : 5 km – 7 786 h. – ⊠ 17440 :

XXX **La Maison des Mouettes,** bd Plage ℘ 46 44 29 12, Fax 46 34 66 01, ≤, ㎡, ㎘ – **ℙ**. ⅋ ⊙ GB JCB
fermé lundi sauf juil.-août et fériés – **Repas** 119/340 et carte 280 à 400.

au Pont de l'Ile de Ré par ④ : 7 km – ⊠ 17000 La Rochelle :

X **Bistrot du Belvédère,** ℘ 46 42 62 62, ≤, ㎡ – **ℙ**. ⅋ ⊙ GB
fermé mardi soir, merc. soir, jeudi soir en hiver, dim. soir et lundi hors sais. – **Repas** 98/230,
enf. 48.

BMW Gar. Cormier, ZAC de Beaulieu-La Rochelle
à Puilboreau ℘ 46 27 34 36 🄽 ℘ 46 67 56 26
CITROEN S.O.R.D.A., 99 bd de Cognehors V
℘ 46 27 19 68 🄽 ℘ 46 27 16 06
CITROEN Gar. Bretonnier, 8 r. Trompette V
℘ 46 34 79 79
FORD Porte Dauphine Autom., 2 à 12 av. Porte
Dauphine ℘ 46 67 51 11
MERCEDES S.A.V.I.A., Ctre cial de Beaulieu
à Puilboreau ℘ 46 67 54 22 🄽 ℘ 05 24 24 30
PEUGEOT Gar. Brenuchot, 1 av. Guiton VX
℘ 46 34 65 65 🄽 ℘ 49 08 31 21
PEUGEOT Gar. Brenuchot, ZAC de Beaulieu
à Puilboreau par ① ℘ 46 67 36 44

RENAULT La Rochelle Autom., av. J.-P.-Sartre X
℘ 46 44 01 00 🄽 ℘ 07 54 64 27
ROVER L.G.A, ZAC Beaulieu à Puilboreau
℘ 46 67 45 45 🄽 ℘ 46 67 56 26
VAG Comptoir Autom. Rochelais,
141 av. E.-Normandin ℘ 46 44 30 47 🄽
℘ 46 67 16 16

⊚ Euromaster, 9 r. St-Louis ℘ 46 41 13 20
Euromaster, 153 bd A.-Sautel ℘ 46 34 85 71
Euromaster, N 137 à Angoulins ℘ 46 56 80 94
Maison du C/C Pneus Vulcopneu, 1 Rue de Quebec
℘ 46 43 52 40

La ROCHE-MAURICE 29 Finistère 🔢 ⑤ – rattaché à Landerneau.

Ferienreisen wollen gut vorbereitet sein.

Die Straßenkarten und Führer von Michelin
geben Ihnen Anregungen und praktische Hinweise zur Gestaltung Ihrer Reise :
Streckenvorschläge, Auswahl und Besichtigungsbedingungen
der Sehenswürdigkeiten, Unterkunft, Preise ... u. a. m.

La ROCHE-POSAY 86270 Vienne 🔢 ⑤ G. Poitou Vendée Charentes – 1 444 h alt. 73 – Stat. therm. –
Casino.

🄱 du Connétable ℘ 49 86 20 21.
🄳 Office de Tourisme, 14 bd Victor Hugo ℘ 49 86 20 37, Fax 49 86 27 94.
Paris 316 – Poitiers 60 – Le Blanc 29 – Châteauroux 81 – Châtellerault 23 – Loches 48 – ♦Tours 82.

🏠 **St-Roch** Ⓜ, ℘ 49 86 21 03, Fax 49 86 21 69, ㎡ – 📶 ▤ ch 📺 ☎ & **ℙ**. GB. ⅏ rest
fermé 17 déc. au 21 janv. – **Repas** 98/250 – ☲ 26 – **36 ch** 250/355 – P 337.

🏠 **Europe** sans rest, ℘ 49 86 21 81, Fax 49 86 66 28, ㎡ – 📶 📺 ☎ & **ℙ**. GB
avril-oct. – ☲ 22 – **31 ch** 155/200.

🏠 **Host. St Louis,** ℘ 49 86 20 54, Fax 49 86 00 79 – 📺 ☎ **ℙ**. GB
♦ *10 mars-15 oct.* – **Repas** 75/130 ⅋, enf. 42 – ☲ 26 – **19 ch** 150/250 – P 220/280.

🏠 **Esplanade,** ℘ 49 86 20 48, Fax 49 86 64 64 – 📶 📺 ☎ **ℙ**. GB
1ᵉʳ mars-30 nov. – **Repas** 60/180 ⅋, enf. 40 – ☲ 28 – **35 ch** 135/210 – ½ P 170/200.

Les ROCHES-DE-CONDRIEU 38370 Isère 🔢 ⑪ – 1 836 h alt. 153.
Paris 502 – ♦Lyon 42 – Annonay 36 – ♦Grenoble 101 – Rive-de-Gier 22 – Vienne 12.

🏠 **Bellevue,** ℘ 74 56 41 42, Fax 74 56 47 56, ≤ – 📺 ☎ ⟵. GB
fermé 1ᵉʳ au 11 août, 12 fév. au 9 mars, dim. soir d'oct. à mars, mardi midi d'avril à sept. et
lundi – **Repas** (dim. et fêtes prévenir) 110/300 ⅋ – ☲ 38 – **18 ch** 185/320.

PEUGEOT, RENAULT Gar. Capellaro, ℘ 74 56 41 32

La ROCHE-SUR-FORON 74800 H.-Savoie 🔢 ⑥ G. Alpes du Nord – 7 116 h alt. 547.
🄳 Office de Tourisme pl. Andrevetan ℘ 50 03 36 68, Fax 50 03 31 38.
Paris 555 – Annecy 32 – Thonon-les-Bains 42 – Bonneville 8,5 – ♦Genève 25.

🏠 **Les Afforets** sans rest, 101 r. Egalité ℘ 50 03 35 01, Fax 50 25 82 47 – 📶 📺 ☎. ⅋ GB
☲ 30 – **28 ch** 230/290.

🏠 **Le Foron** Ⓜ sans rest, N 203 ℘ 50 25 82 76, Fax 50 25 81 54 – 📺 ☎ & **ℙ**. ⅋ ⊙ GB
fermé 20 déc. au 5 janv. – ☲ 30 – **26 ch** 240/300.

XXX ❀ **Le Marie-Jean** (Signoud), rte Bonneville : 2 km ℘ 50 03 33 30, Fax 50 25 99 98 – **ℙ**.
⅋ ⊙ GB
fermé 1ᵉʳ au 21 août, dim. soir et lundi – **Repas** 160 (déj.), 210/275 et carte 270 à 370
Spéc. Galette de pommes de terre et foie gras de canard fumé. Sandre rôti à la peau aux fèves, artichaut et jus de
viande. Blanc de pigeonneau et son aligot à la truffe. **Vins** Roussette de Seyssel, Mondeuse.

PEUGEOT Gar. Lemuet, RN 203 à Amancy
℘ 50 25 96 08 🄽 ℘ 50 87 91 86

⊚ Euromaster, av. L.-Rannard ℘ 50 03 10 46

1007

La ROCHE-SUR-YON P **85000** Vendée 67 ⑬ ⑭ **G. Poitou Vendée Charentes** – **45 219 h alt. 74.**

9 18 de la Domangère ✆ 51 07 60 15 par ④, D 746 puis D 85 : 8 km.

Office de Tourisme Galerie Bonaparte, pl. Napoléon ✆ 51 36 00 85, Fax 51 05 37 01 – A.C. 17 r. Lafayette ✆ 51 36 24 60.

Paris 415 ② – Cholet 64 ② – ◆Nantes 69 ① – Niort 93 ③ – La Rochelle 72 ③.

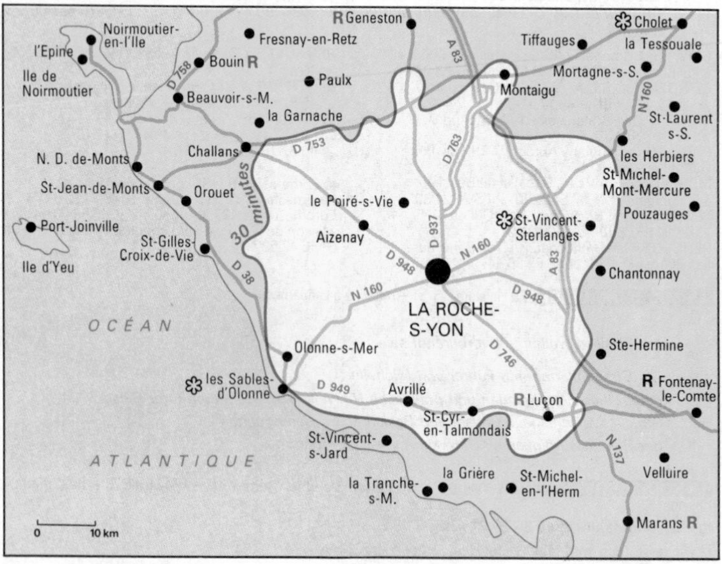

Mercure M, 117 bd A. Briand **(u)** ✆ 51 46 28 00, Télex 710567, Fax 51 46 28 98, ☂ – |♦| ⇜ ch ▤ TV ☎ ♿ 🚗 – 🏛 80. AE ⓓ GB
Le Jardin Gourmand (fermé dim.) **Repas** 98/238 ♀, enf. 60 – ***Brasserie Lafayette* : Repas** 75/95 ♀, enf. 40 – ☕ 47 – **58 ch** 380/420.

Napoléon sans rest, 50 bd A. Briand **(r)** ✆ 51 05 33 56, Fax 51 62 01 69 – |♦| TV ☎ – 🏛 60. AE ⓓ GB JCB
fermé 24 déc. au 8 janv. – ☕ 40 – **29 ch** 270/320.

Le Vincennes sans rest, 81 bd Mar. Leclerc **(s)** ✆ 51 62 73 22, Fax 51 37 45 85 – cuisinette TV ☎ ♿ P. AE ⓓ GB
☕ 26 – **19 ch** 155/260.

XX **L'Halbran,** 86 r. de Gaulle **(t)** ✆ 51 07 08 09, Fax 51 37 66 90 – GB
fermé 24 juil. au 21 août, vacances de Noël, sam., dim. et fêtes – **Repas** 110 (déj.)/300.

XX **Rivoli,** 31 bd A.-Briand **(a)** ✆ 51 37 43 41 – AE GB
fermé 15 au 31 août, sam. soir et dim. – **Repas** 85/180.

rte de Nantes par ① : 2 km – ✉ **85000** La Roche-sur-Yon :

Campanile, ✆ 51 37 27 86, Fax 51 46 23 14, ☂ – ⇜ ch TV ☎ ♿ P – 🏛 30. AE ⓓ GB
Repas 82 bc/105 bc, enf. 39 – ☕ 30 – **56 ch** 270.

à l'Est par ③, D 948 et D 80 : 5 km :

Logis de la Couperie 🐦 sans rest, ✆ 51 37 21 19, Fax 51 47 23 50, 🌳 – TV ☎ P. AE GB. ✂
☕ 38 – **7 ch** 270/480.

au Sud par ③, D 746 et D 85 : 8 km – ✉ **85000** La Roche-sur-Yon :

Domaine de la Domangère M 🐦, ✆ 51 07 60 15, Fax 51 07 64 09, ≤, « Parc et golf », 🎾 – TV ☎ ♿ P – 🏛 35. GB
Repas *(fermé dim. soir et lundi d'oct. à avril)* 130/185 ♀ – ☕ 40 – **19 ch** 290/550 – ½ P 345/425.

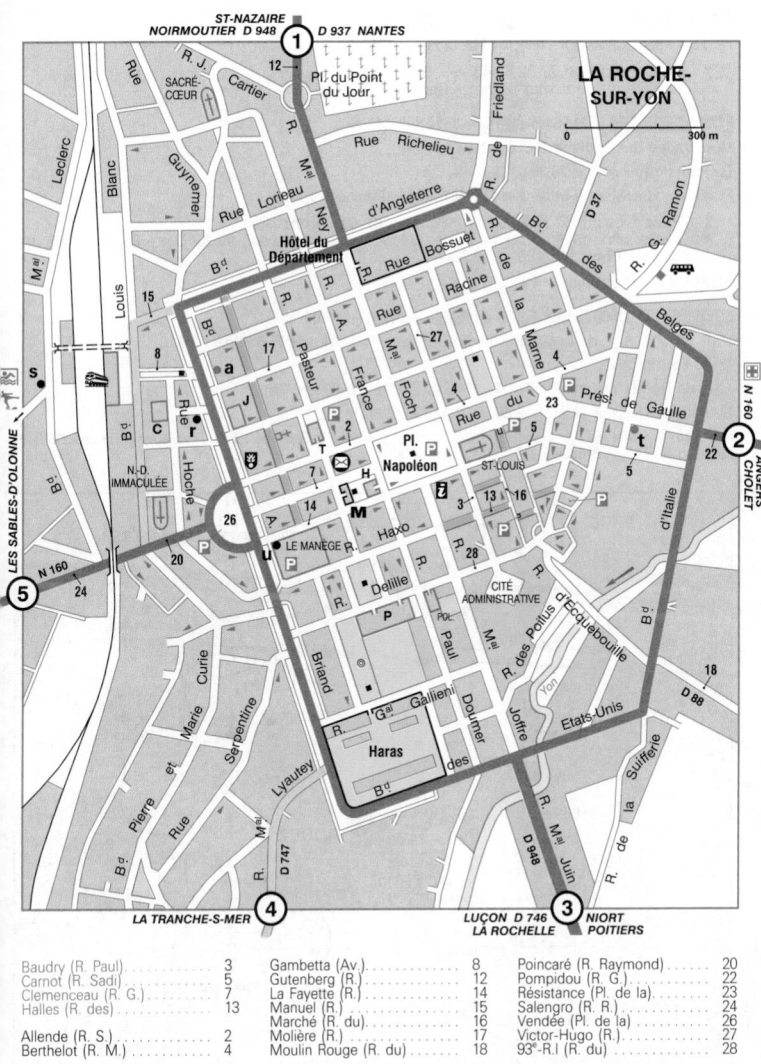

LA ROCHE-SUR-YON

Baudry (R. Paul)	3	Gambetta (Av.)	8	Poincaré (R. Raymond)	20
Carnot (R. Sadi)	5	Gutenberg (R.)	12	Pompidou (R. G.)	22
Clemenceau (R. G.)	7	La Fayette (R.)	14	Résistance (Pl. de la)	23
Halles (R. des)	13	Manuel (R.)	15	Salengro (R. R.)	24
		Marché (R. du)	16	Vendée (Pl. de la)	26
Allende (R. S.)	2	Molière (R.)	17	Victor-Hugo (R.)	27
Berthelot (R. M.)	4	Moulin Rouge (R. du)	18	93ᵉ-R.I (R. du)	28

ALFA ROMEO Gar. Barteau, Rte de Nantes
à Mouilleron le Captif ℰ 51 62 01 04 **N**
ℰ 51 62 01 04
BMW Gar. Napoléon, 4 rte de Nantes, ZI Nord
ℰ 51 37 36 27 **N** ℰ 51 36 19 40
CITROEN Guénant Autos, 15 rte de Nantes par ①
ℰ 51 36 45 00 **N** ℰ 51 36 45 11
FIAT Gar. Hermouet, 46 av. Alienor d'Aquitaine
ℰ 51 62 22 22
OPEL Gar. des Jaulnières, rte d'Aubigny
ZA des Jaulnières ℰ 51 05 36 74

PEUGEOT Gar. Sorin, 17 bd Sully par rte de Nantes
par ① ℰ 51 37 08 15 **N** ℰ 51 36 90 36
RENAULT La Roche Autom., rte de Nantes
ℰ 51 45 18 18 **N** ℰ 51 44 87 66

🛞 Chouteau Pneus Vendée, r. du Commerce,
ZI Sud ℰ 51 36 07 15
Le Pneu Yonnais Point S, rte de Nantes, ZI Nord
ℰ 51 37 05 77

Les **cartes Michelin** sont constamment tenues à jour.

42100 Loire 🔟 ⑨ – alt. 780.

Paris 524 – ◆Saint-Étienne 8 – Annonay 44 – Le Puy-en-Velay 78.

    ※   **Le Coissou**, ℘ 77 32 88 48, ≤ – 🖭 ⑩ ⪕⪖
          fermé août, sam. midi et dim. – **Repas** 99/250, enf. 49.

La ROCHETTE 73110 Savoie 🔟 ⑯ – 3 124 h alt. 347.

Voir Vallée des Huiles★ NE, G. Alpes du Nord.

🅱 Office de Tourisme ℘ 79 25 53 12.

Paris 573 – ◆Grenoble 47 – Albertville 41 – Allevard 9 – Chambéry 29.

    ※   **Parc** avec ch, ℘ 79 25 53 37, 😊, 🌳 – 🅿 🖭 ⑩ ⪕⪖ 🛇
          fermé sam. du 1ᵉʳ sept. au 15 déc. et dim. soir du 1ᵉʳ sept. au 30 juin – **Repas** 75/185 🍷 –
          🍽 34 – **12 ch** 145/195 – ½ P 200/220.

CITROEN Gar. Fachinger. ℘ 79 25 52 73

RODEZ 🅿 12000 Aveyron 🔟 ② G. Gorges du Tarn – 24 701 h alt. 632.

Voir Clocher★★★ de la cathédrale N.-Dame★★ BY – Musée Fenaille★ BZ **M1**.

🔟 de Fontanges.

✈ de Rodez-Marcillac : T.A.T. ℘ 65 42 20 30, par ③ : 10 km.

🅱 Office de Tourisme pl. Foch ℘ 65 68 02 27, Fax 65 68 78 15.

Paris 633 ① – Albi 78 ② – Alès 187 ① – Aurillac 93 ① – Brive-la-Gaillarde 156 ③ – ◆Clermont-Ferrand 215 ① – Montauban 132 ② – Périgueux 217 ③ – ◆Toulouse 156 ②.

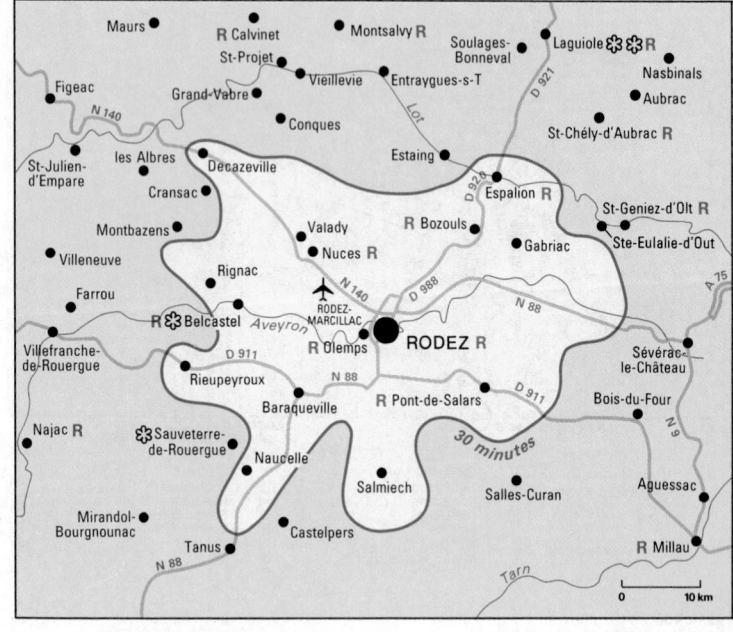

  🏨   **Tour Maje** Ⓜ sans rest, bd Gally ℘ 65 68 34 68, Fax 65 68 27 56 – 📶 📺 ☎ – 🔬 30. 🖭
    ⑩ ⪕⪖   BZ **s**
    🍽 38 – **41 ch** 290/370, 3 appart.

  🏨   **Biney** 🤵 sans rest, 7 bd Gambetta ℘ 65 68 01 24, Fax 65 68 50 45 – 📶 ⤢ ch 📺 ☎.
    ⪕⪖   BY **k**
    🍽 38 – **27 ch** 260/300.

  🏠   **Concorde**, 12-14 r. Béteille ℘ 65 68 31 61, Fax 65 68 19 02 – 📶 📺 ☎ 🅿. 🖭 ⑩
    ⪕⪖   BY **a**
    fermé 24 déc. au 2 janv. – **Repas** 50 (déj.), 80/140 🍷 – 🍽 30 – **28 ch** 170/270 – ½ P 200/220.

  🏠   **Clocher** 🤵 sans rest, 4 r. Séguy ℘ 65 68 10 16, Fax 65 68 64 27 – 📶 📺 ☎. ⪕⪖   BY **d**
    fermé 23 janv. au 8 fév. – 🍽 28 – **24 ch** 130/240.

RODEZ

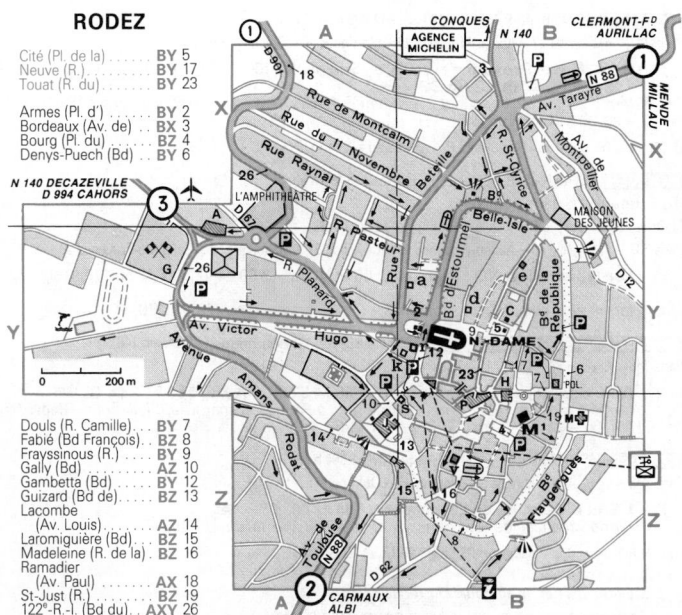

St-Amans, 12 r. Madeleine ℰ 65 68 03 18 – 🖃. ⊖⊟   BZ **v**
fermé 15 fév. au 15 mars, dim. soir et lundi – **Repas** 120/280, enf. 80.

Goûts et Couleurs, 38 r. Bonald ℰ 65 42 75 10, Fax 65 78 11 20, �ंते – ⒶⒺ ⊖⊟   BY **e**
fermé 8 au 18 sept., 15 janv. au 8 fév., dim. et lundi – **Repas** 90 (déj.), 120/240 ⅃.

rte d'Espalion par ① et D 988 : 3 km – ⊠ 12850 Onet-le-Château :

Bowling Ⓜ, ℰ 65 67 08 15, Fax 65 67 43 32, 🌆 – 🚷 ⅙⊁ ch 🆃🆅 ☎ ♿ ♓ – 🔏 50. ⒶⒺ ⓪
⊖⊟
Repas 65 bc (déj.), 85/160 ⅃, enf. 39 – ⊇ 35 – **38 ch** 250/280 – ½ P 215.

rte de Marcillac-Vallon N par D 901 AX :

Host. de Fontanges ≫, à 3,5 km ℰ 65 77 76 00, Télex 521142, Fax 65 42 82 29, 🌆,
parc, ⊃, 🍽 – 🆃🆅 ☎ ♓ – 🔏 100. ⒶⒺ ⓪ ⊖⊟ 🄹🄲🄱
Repas *(fermé dim. soir du 1er nov. à Pâques)* 98/360 – ⊇ 40 – **40 ch** 390/450, 4 appart –
½ P 350/390.

Campanile, rd-pt St-Félix, à 2 km ℰ 65 42 97 08, Fax 65 42 66 69, 🌆 – ⅙⊁ ch 🆃🆅 ☎ ♿
♓ – 🔏 25. ⒶⒺ ⓪ ⊖⊟
Repas 82 bc/105 bc, enf. 39 – ⊇ 30 – **47 ch** 270.

à Olemps par ② et D 653 : 3 km – 3 032 h. – ⊠ 12510 :

Les Peyrières Ⓜ ≫, ℰ 65 68 20 52, Fax 65 68 20 52, 🌆, ⊃ – 🆃🆅 ☎ ♿ ♓. ⒶⒺ ⊖⊟. 🍽 ch
Repas *(fermé dim. soir et lundi midi sauf juil.-août)* 90/300 ⅃, enf. 80 – ⊇ 38 – **50 ch** 290/350
– ½ P 235/300.

MICHELIN, Agence, r. des Artisans, ZA de Bel Air par av. de Bordeaux BY ℰ 65 42 17 88.

ALFA ROMEO, SEAT Gar. Fabre, 21 rte de Séverac
à Onet-le-Château ℰ 65 67 07 02
BMW Gar. Escat, ZA Bel Air ℰ 65 42 84 21
CITROEN Rouergue Autom., rte d'Espalion
à Sébazac-Concourès par ① ℰ 65 46 96 50
FIAT Gaubert Autos, 31 bd Paul Ramadier
ℰ 65 78 17 17
FORD Gar. Boutonnet, La Gineste,
rte de Decazeville ℰ 65 42 20 12
MERCEDES, OPEL Gar. Benoit, La Primaube à Luc
ℰ 65 71 48 31
NISSAN, LANCIA Gar. Dufourgniaud,
93-97, av de Toulouse ℰ 65 68 16 91
PEUGEOT Gar. Caussignac et Guiet, rte
de Conques par av. de Bordeaux BY ℰ 65 42 38 06

RENAULT Gar. Fabre-Rudelle, rte d'Espalion
à Onet-le-Château par ① ℰ 65 67 04 10 🄽
ℰ 65 67 04 10
TOYOTA Gar. Benet, La Primaube à Luc
ℰ 65 69 59 30
VAG Gar. Besset et Jean, ZA Bel-Air
ℰ 65 42 20 14

⊛ Escoffier-Pneus Vulcopneu, ZI de la Prade
à Onet-le-Château ℰ 65 67 07 43
Euromaster, Parc St-Marc, rte Espalion
à Onet-le-Château ℰ 65 67 16 11
Tout Pour le Pneu, 40 r. Béteille ℰ 65 68 01 13

ROGNAC 13340 B.-du-R. **84** ② **114** ⑭ – 11 099 h alt. 24.

Paris 747 – ◆Marseille 27 – Aix-en-Provence 24 – Martigues 26 – Salon-de-Provence 25.

　　XX **Host. Royal Provence** avec ch, au Sud par N 113 ℰ 42 87 00 27, Fax 42 78 77 13, ≼, 屛
　　　– 🍽 rest 📺 ☏ ℗. 🆎 ⓞ 🆘 🍴
　　　fermé 23 juil. au 14 août et 2 au 8 janv. – **Repas** (fermé dim. soir et lundi soir) 87/250, enf. 65
　　　– 🍴 195/245 – ½ P 180.

🅘 Chapus Pneus, 71 av. Ambroise Croizat à Berre l'Étang ℰ 42 85 40 14

ROGNES 13840 B.-du-R. **84** ③ **G. Provence** – 3 450 h alt. 353.

Voir Retables★ dans l'église.

🅩 Office de Tourisme 5 pl. de la Fontaine ℰ 42 50 13 36.

Paris 737 – ◆Marseille 49 – Aix-en-Provence 19 – Cavaillon 37 – Manosque 52 – Salon-de-Provence 23.

　　XX **Les Olivarelles,** NO : 6 km par D 66 et VO ℰ 42 50 24 27, Fax 42 50 17 99, 屛, 屛 – ℗.
　　　🆘
　　　fermé dim. soir et lundi sauf fériés – **Repas** (prévenir) 90/270, enf. 70.

ROGNY-LES-SEPT-ÉCLUSES 89220 Yonne **65** ② **G. Bourgogne** – 725 h alt. 148.

Paris 145 – Auxerre 64 – Gien 24 – Montargis 33.

　　X **Aub. des Sept Ecluses** avec ch, ℰ 86 74 52 90, Fax 86 74 56 77 – ☏. 🆎 🆘
　　　fermé 2 janv. au 4 fév., lundi soir de nov. à Pâques et mardi sauf juil.-août – **Repas** 95/190,
　　　enf. 65 – 🍴 35 – **7 ch** 190/250 – ½ P 220.

ROHAN 56580 Morbihan **58** ⑲ **G. Bretagne** – 1 604 h alt. 76.

Paris 443 – Vannes 52 – Lorient 72 – Pontivy 17 – Quimperlé 87.

　　XX **L'Eau d'Oust,** rte de Loudéac ℰ 97 38 91 86, 屛 – 🆘
　　　fermé vacances de fév., dim. soir et lundi – **Repas** 70 (déj.), 110/215.

RENAULT Gar. des Vallées, ℰ 97 38 98 98 **N** ℰ 97 38 80 15

Évitez de fumer au cours du repas :
vous altérez votre goût et vous gênez vos voisins.

ROISSY-EN-FRANCE 95 Val-d'Oise **56** ⑪, **101** ⑧ – voir à Paris, Environs.

ROMAINVILLE 93 Seine-St-Denis **56** ⑪, **101** ⑰ – voir à Paris, Environs.

ROMANÈCHE-THORINS 71570 S.-et-L. **74** ① **G. Vallée du Rhône** – 1 710 h alt. 187.

Paris 408 – Mâcon 16 – Chauffailles 48 – ◆Lyon 56 – Villefranche-sur-Saône 23.

　　🏨 ⚙ **Maritonnes** (Fauvin), près gare ℰ 85 35 51 70, Fax 85 35 58 14, « Parc fleuri, 🏊 » – 📺
　　　☏ ℗. 🆎 ⓞ 🆘
　　　fermé mi-déc. à fin janv., dim. soir hors sais. mardi midi et lundi – **Repas** 150 (déj.), 195/420
　　　et carte 260 à 380, enf. 100 – 🍴 55 – **20 ch** 380/510 – ½ P 540
　　　Spéc. Escalope de foie gras poêlée sauce aigre-douce. Poulet fermier façon ''coq au vin'' aux pâtes fraîches. Ravigote
　　　de homard en son jus. Vins Chénas, Pouilly-Fuissé.

ROMANS-SUR-ISÈRE 26100 Drôme **77** ② **G. Vallée du Rhône** – 32 734 h alt. 167.

Voir Tentures★★ de l'église St-Barnard BY – Musée de la Chaussure★ CY **M** – Musée diocésain
d'Art sacré★ à Mours-St-Eusèbe, 4 km par ①.

🅟 de Saint-Didier, ℰ 75 59 67 01, par ④ : 15 km.

🅩 Office de Tourisme Le Neuilly, pl. J.-Jaurès ℰ 75 02 28 72, Fax 75 05 91 62.

Paris 561 ⑤ – Valence 18 ④ – Die 79 ④ – ◆Grenoble 79 ② – ◆St-Étienne 119 ⑤ – Vienne 71 ⑤.

Plan page ci-contre

　　🏨 **Comfort Inn Primevère** 🅼, clos des Tanneurs ℰ 75 05 10 20, Fax 75 02 03 00, 屛, 🏊 –
　　　½← ch 📺 ☏ ℗ ⅙ – 🛇 25. 🆎 ⓞ 🆘 🍴　　　　　　　　　　　　　　　　　　AZ **n**
　　　Repas 81/150 ⅃, enf. 41 – 🍴 30 – **32 ch** 295.

　　🏨 **Cendrillon** sans rest, 9 pl. Carnot ℰ 75 02 83 77, Fax 75 05 35 33 – ☏. 🆎 ⓞ 🆘　AZ **s**
　　　🍴 24 – **28 ch** 150/245.

　　🏨 **Magdeleine** sans rest, 31 av. P. Sémard ℰ 75 02 33 53 – 📺 ☏　　　　　　　　　AZ **e**
　　　fermé dim. de nov. à mai – 🍴 22 – **16 ch** 150/230.

　　XX **Parc,** 6 av. Gambetta par ② ℰ 75 70 26 12, 屛, 屛 – 🆘
　　　fermé dim. soir et merc. – **Repas** 130/280.

　　XX **La Fourchette,** 8 r. Solférino ℰ 75 02 12 94, Fax 75 45 76 13, 屛, 屛 – 🆘　　　　CY **d**
　　　fermé 1ᵉʳ au 14 août, vacances de fév., dim. soir et lundi – **Repas** 95 (déj.), 138/270.

　　à l'Est : par ② et N 92 : 4 km – ✉ 26750 St-Paul-lès-Romans :

　　🏨 **Karene H.** 🅼, ℰ 75 05 12 50, Fax 75 05 25 17, 🏊, 屛 – 📺 ☏ ℗ – ⅙ 30. 🆎 ⓞ 🆘
　　　fermé 22 déc. au 2 janv. – **Repas** (dîner seul.) 92/98 ⅃ – 🍴 39 – **23 ch** 255/305 –
　　　½ P 260/272.

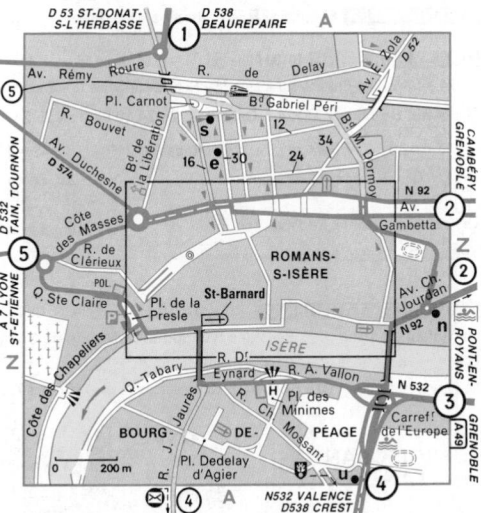

ROMANS-SUR-ISÈRE
BOURG-DE-PÉAGE

Cordeliers
  (Côtes des) . . . . **CY**
Faure (Pl. M.) . . . . . **BY**
Gailly (Pl. E.) . . . . . **BY**
Jacquemart
  (Côte) . . . . **BY** 15
Jacquemart (R.) . . . **AZ** 16
Mathieu-de-
  la-Drôme (R.) . . . **CY** 18

Clerc (R. des) . . . . **CY** 4
Ecosserie
  (R. de l') . . . . . . **BY** 8
Fontaine-des-
  Cordeliers (R.) . **CY** 10
Guillaume (R.) . . . . **AZ** 12
Herbes (Pl. aux) . . **BY** 14
Massenet (Pl.) . . . . **CY** 17
Merlin (R.) . . . . **CY** 20
Mouton (R. du) . . . **BY** 22
Palestro (R.) . . . . . **AZ** 24
Perrot-de-
  Verdun (Pl.) . . . **BY** 26
Sabaton (R.) . . . . . **CY** 28
Ste-Marie (R.) . . . . **CY** 29
Semard (R. P.) . . . . **AZ** 30
Trois-Carreaux (R.) **CY** 32
Victor-Hugo . . . . . **AZ** 34

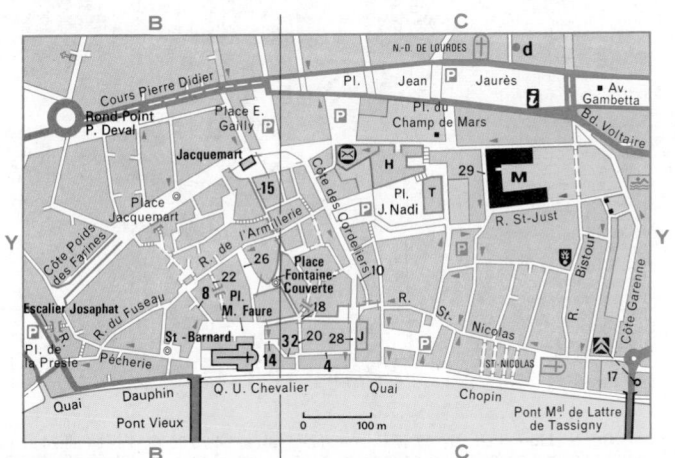

à Granges-lès-Beaumont par ⑤ : 6 km – ⊠ 26600 :

XXX ❀ **Les Cèdres** (Bertrand), ℰ 75 71 50 67, Fax 75 71 64 39, 霜, ⌂, 霜 – **ℙ**. GB
    fermé en sept., vacances de fév., jeudi soir et lundi – **Repas** (nombre de couverts limité, prévenir) 170/420
    Spéc. Carpaccio de filet d'agneau mariné. Etuvée de dorade grise et concassé de tomates. Queue de boeuf braisée en crépine. **Vins** Crozes-Hermitage blanc, Saint-Joseph rouge.

XX **Lanaz** avec ch, ℰ 75 71 50 56, 霜 – ☎ ℙ. GB
 ➔ *fermé 2 au 10 mai et 17 août au 9 sept. –* **Repas** 57 (déj.), 80/195 ⅊ – ⌂ 25 – **7 ch** 170/255.

à St-Paul-lès-Romans par ② : 8 km – ⊠ 26750 :

XXX **La Malle Poste,** ℰ 75 45 35 43, Fax 75 71 40 48 – ▦. ⒶⒺ ⑩ GB
    fermé 1ᵉʳ au 8 janv., dim. soir et lundi – **Repas** 180/340 et carte 220 à 310.

FORD Gar. Larat, ZI RN 92 ℰ 75 70 07 01
PEUGEOT Gar. des Dauphins, ZI, RN 92 par ②
ℰ 75 70 24 66 🆑 ℰ 72 55 89 25

⦿ Dorcier Ayme Pneus, 41 cours P.-Didier
ℰ 75 02 24 64
Drom Pneus, à Bourg-de-Péage ℰ 75 02 49 31
Euromaster, ZI N 92 ℰ 75 70 45 67

ROMANSWILLER 67 B.-Rhin 🎽 ⑭ – rattaché à Wasselonne.

ROMILLY-SUR-SEINE 10100 Aube 🎽 ⑤ – 15 557 h alt. 75.

Paris 124 – Troyes 38 – Châlons-sur-Marne 73 – Nogent-sur-Seine 18 – Sens 60 – Sézanne 26.

 🏨 **Aub. de Nicey** Ⓜ, 24 r. Carnot ℘ 25 24 10 07, Fax 25 24 47 01, 🏋 – 🛗 📺 ☎ 👤 – 🏛 30.
  🆎 ☕
  fermé 6 au 27 août et dim. soir – **Repas** 85/240 🍷 – 🍽 42 – **12 ch** 320/390 – ½ P 280.

CITROEN Gar. Garnerot, 126 r. A.-Briand RN 19   VAG Gar. Rocca, RN 19, 64 ter av. Diderot
℘ 25 24 79 48   ℘ 25 24 90 42 Ⓝ ℘ 25 24 12 95
FORD Gar. D'Agostino, 6 r. E.-Zola ℘ 25 24 71 58
PEUGEOT Gar. Lesaffre, Rd-Pt Val-Thibault   🏢 Euromaster, 223 r. A.-Briand ℘ 25 24 79 40
℘ 25 24 74 45
RENAULT Gar. Cadot, 1-3 bd Robespierre
℘ 25 39 51 80

ROMORANTIN-LANTHENAY ⟨SP⟩ 41200 L.-et-Ch. 🎽 ⑱ Ⓖ **G. Châteaux de la Loire** – 17 865 h alt. 88.

Voir Maisons anciennes★ B – Vues des ponts★ – Musée de Sologne★ M[1].

🚩 Office de Tourisme pl. Paix ℘ 54 76 43 89, Fax 54 76 96 24.

Paris 203 ① – Bourges 71 ③ – Blois 40 ⑤ – Châteauroux 74 ③ – ◆Orléans 79 ① – ◆Tours 91 ④ – Vierzon 34 ③.

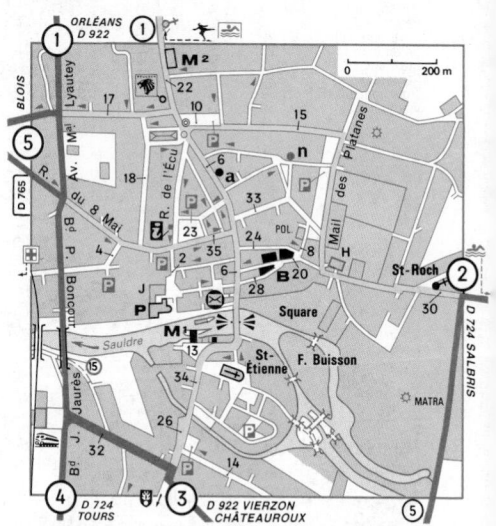

ROMORANTIN-LANTHENAY

Clemenceau (R. Georges)	6
Trois-Rois (R. des)	34
Verdun (R. de)	35
Brault (R. Porte)	2
Capucins (R. des)	4
Four-à-Chaux (R. du)	8
Gaulle (Pl. Gén. de)	10
Ile-Marin (Quai de l')	13
Jouanettes (R. des)	14
Lattre de Tassigny (Av. du Mar. de)	15
Limousins (R. des)	17
Mail de l'Hôtel-Dieu	18
Milieu (R. du)	20
Orléans (Fg d')	22
Paix (Pl. de la)	23
Pierre (R. de la)	24
Prés.-Wilson (R. du)	26
Résistance (R. de la)	28
St-Roch (Fg)	30
Salengro (Av. R.)	32
Sirène (R. de la)	33

🏰 ❀❀ **Gd H. Lion d'Or** Ⓜ, 69 r. Clemenceau **(a)** ℘ 54 76 00 28, Fax 54 88 24 87, 🌳,
 « Belle décoration intérieure, patio fleuri » – 🛗 🍽 rest 📺 ☎ 👤 – 🏛 50. 🆎 ⓸ ☕,
 fermé mi-fév. à fin mars – **Repas** (nombre de couverts limité - prévenir) 400/600 et carte 470
 à 600 – 🍽 100 – **13 ch** 600/1800, 3 appart
 Spéc. Cuisses de grenouilles à la Rocambole. Langoustines rôties à la poudre fine d'épices douces. Fraises confites au
 vin rouge et au lait glacé (mai à sept.). Vins Bourgueil, Vouvray.

🏨 **La Pyramide** Ⓜ 🌳, r. Pyramide par ① ℘ 54 76 26 34, Fax 54 76 22 28 – 🛗 ⇥ ch 📺 ☎
◆ 👤 👤 – 🏛 60. 🆎 ☕
 Repas 75/160 🍷, enf. 40 – 🍽 28 – **66 ch** 180/220 – ½ P 270.

🍽🍽 ❀ **Le Lanthenay** (Valin) 🌳 avec ch, à Lanthenay par ① : 2,5 km, pl. Église ℘ 54 76 09 19,
 Fax 54 76 72 91, 🌳 – 📺 ☎ 🆎 ⓸ ☕
 fermé 2 au 28 nov., 23 déc. au 3 janv., lundi (sauf hôtel) et dim. soir – **Repas** 98/280 et carte
 215 à 300, enf. 60 – 🍽 30 – **10 ch** 240/270 – ½ P 250/280
 Spéc. Pâté chaud de colvert sauce poivrade (saison). Merval au fenouil et basilic. Ragoût solognot d'abats. Vins
 Cheverny blanc, Saint Nicolas de Bourgueil.

🍽🍽 **Le Colombier** avec ch, 18 pl. Vieux Marché **(n)** ℘ 54 76 12 76, Fax 54 76 39 40, 🌳 – 📺
 ☎ 👤 ☕
 fermé mi-janv. à mi-fév. – **Repas** 95/165 – 🍽 26 – **10 ch** 230/250 – ½ P 245.

🍽 **La Cabrière**, 30 av. Villefranche par ③ ℘ 54 76 38 94 – ☕
◆ *fermé dim. soir et lundi soir* – **Repas** 60/178 🍷, enf. 35.

FORD Gar. Girard, 86 fg d'Orléans par ①
𝒫 54 76 11 01
PEUGEOT Gar. Hureau, 14 fg d'Orléans
𝒫 54 76 01 98

RENAULT Gar. de Paris, 12-14 av. de Paris
par fg d'Orléans 𝒫 54 76 06 68 🅽 𝒫 54 95 00 83

RONCE-LES-BAINS 17 Char.-Mar. 🏘 ⑭ G. Poitou Vendée Charentes – alt. 6 – ⊠ 17390 La Tremblade.

🏢 Office de Tourisme pl. Brochard 𝒫 46 36 06 02, Fax 46 36 35 07.

Paris 500 – Royan 26 – Marennes 10 – Rochefort 30 – La Rochelle 64.

 🏨 **Le Grand Chalet,** 2 av. La Cèpe 𝒫 46 36 06 41, ≤ île d'Oléron, 🌳 – ☎ 🅿. 🄶🄱. 🕸 rest
  15 fév.-15 nov. – **Repas** (fermé mardi) 85 (déj.), 130/300 – ⊏⊐ 32 – **28 ch** 240/320 –
  ½ P 280/320.

RONCHAMP 70250 H.-Saône 🄳🄳 ⑦ – 3 088 h alt. 353.

Voir Chapelle★★, G. Jura.

Paris 393 – ✦Besançon 95 – Belfort 20 – Lure 12 – Luxeuil-les-Bains 31 – Vesoul 44.

 🏨 **Le Ronchamp** sans rest, rte de Belfort 𝒫 84 20 60 35, Fax 84 63 58 46 – 📺 ☎ 🅿. 🄰🄴 🄶🄱
  ⊏⊐ 40 – **20 ch** 280/310.

  au Rhien N : 3 km – ⊠ 70250 Ronchamp :

 🏨 **Rhien Carrer** 🕭, 𝒫 84 20 62 32, Fax 84 63 57 08, 🕸 – 📺 ☎ 🕭 🅿. 🄶🄱
 ➼ **Repas** 50/220 🍴, enf. 35 – ⊏⊐ 25 – **22 ch** 120/200 – ½ P 143/180.

  à Champagney E : 4,5 km par D 4 – 3 283 h. – ⊠ 70290 :

 🏨 **Commerce,** 𝒫 84 23 13 24, Fax 84 23 24 33, 🌳 – ☎ 🅿. 🄰🄴 🄾🄳 🄶🄱
 ➼ fermé 1er au 15 fév. – **Repas** (fermé lundi hors sais.) 70/250 🍴 – ⊏⊐ 28 – **25 ch** 180/250 –
  ½ P 190/230.

Before setting out on your journey through France
Consult the Michelin Map no 🟨🟨🟨 FRANCE – Route Planning.

On this map you will find

– distances

– journey times

– alternative routes to avoid traffic congestion

– 24-hour petrol stations

Plan for a cheaper and trouble-free journey.

ROOST-WARENDIN 59 Nord 🄳🄳 ⑯ – rattaché à Douai.

ROQUEBRUN 34460 Hérault 🄳🄳 ⑭ G. Gorges du Tarn – 550 h alt. 89.

Paris 777 – ✦Montpellier 93 – Béziers 29 – Lodève 63 – Narbonne 46 – St-Pons 37.

 🍴 **Petit Nice** avec ch, 𝒫 67 89 64 27, ≤
 ➼ **Repas** (fermé merc. d'oct. à juin) 90 bc/255 bc – ⊏⊐ 32 – **8 ch** 170/240 – ½ P 245.

ROQUEBRUNE-CAP-MARTIN 06190 Alpes-Mar. 🄳🄳 ⑩ 🄳🄳🄳 ㉘ G. Côte d'Azur – 12 376 h alt. 69.

Voir Village perché★★ : rue Moncollet★, 🌼★★ du donjon★ – Cap Martin ≤★★ X – ≤★★ du
belvédère du Vistaëro SO : 4 km.

🏢 Office de Tourisme 20 av. P.-Doumer 𝒫 93 35 62 87, Fax 93 28 57 00.

Paris 956 – Monaco 8,5 – Menton 5,5 – Monte-Carlo 7 – ✦Nice 24.

            Plans : voir à Menton.

 🏰 **Vista Palace** 🄼 🕭, Grande Corniche O : 4 km par ③ et D 2564 𝒫 92 10 40 00,
  Télex 461021, Fax 93 35 18 94, 🌳, « ≤ Monaco et la côte », ⅙, ⊠, 🌳 – 📳 📶 📺 ☎ 🕭 🅿
  – 🔼 25 à 100. 🄰🄴 🄾🄳 🄶🄱. 🕸 rest
  Le Vistaero : **Repas** 200(déj.)/300 – ⊏⊐ 100 – **63 ch** 1250/1550, 5 appart – ½ P 1145.

 🏨 **Victoria** sans rest, 7 prom. Cap-Martin 𝒫 93 35 65 90, Fax 93 28 27 02, ≤ – ▦ 📺 ☎ 🅿.
  🄰🄴 🄾🄳 🄶🄱. 🕸   AX **k**
  fermé 5 janv. au 5 fév. – ⊏⊐ 35 – **32 ch** 400/510.

 🏨 **Alexandra** sans rest, 93 av. W. Churchill 𝒫 93 35 65 45, Fax 93 57 96 51, ≤ – 📳 ▦ 📺 ☎
  🅿. 🄰🄴 🄾🄳 🄶🄱   AX **a**
  fermé 15 nov. au 10 déc. – ⊏⊐ 40 – **40 ch** 400/690.

 🏨 **Westminster,** 14 av. L. Laurent, quartier Bon Voyage par ③ et N 98 : 3 km
 ➼ 𝒫 93 35 00 68, Fax 93 28 88 50, ≤, « Jardin en terrasses » – ☎ 🅿. 🄶🄱. 🕸
  hôtel : 13 fév.-13 nov. ; rest. : 19 fév.-7 oct. – **Repas** (fermé merc. hors sais.) (dîner
  seul.)(résidents seul.) 75/125 – ⊏⊐ 30 – **27 ch** 280/410 – ½ P 270/340.

 🏨 **Regency** sans rest, 98 av. J. Jaurès par ③ et N 98 : 2,5 km 𝒫 93 35 00 91,
  Fax 93 28 99 55, ≤ – ☎. 🄶🄱. 🕸
  fermé 11 nov. au 26 déc. – ⊏⊐ 27 – **12 ch** 243/336.

XXX **Roquebrune,** 100 av. J. Jaurès par ③ et N 98 : 2,5 km 🏷 93 35 00 16, Fax 93 28 98 36, ≤, 🏠 – 🖭 ⓞ 🖼 𝗝𝗖𝗕
fermé 6 nov. au 4 déc., le midi du 1/6 au 15/9, sauf week-ends, merc. midi et mardi du 15/9 au 31/5 – **Repas** *(prévenir) 230/360 et carte 320 à 600.*

XX **Au Grand Inquisiteur,** (accès piétonnier) r. Château, au village par ③ : 3,5 km 🏷 93 35 05 37, « Salle rustique voûtée » – 🖃. 🖭 🖼. 💥
fermé 2 nov. au 25 déc. et lundi – **Repas** *(prévenir) 147/243.*

XX **Le Corail,** 7 prom. du Cap 🏷 93 41 37 69, ≤, 🏠 – 🖃. 🖭 ⓞ 🖼   AX **k**
fermé 5 janv. au 5 fév. et lundi – **Repas** *- cuisine vietnamienne et chinoise - 88 et carte 150 à 200.*

XX **Deux Frères** avec ch, pl. Deux Frères, au village par ③ : 3,5 km 🏷 93 28 99 00, Fax 93 28 99 10, 🏠 – 🖭 ☎. 🖭 🖼
fermé 15 nov. au 15 déc. et 9 au 17 mars – **Repas** *(fermé vend. midi et jeudi) carte 240 à 390 – ⊑ 45 –* **10 ch** *385/495.*

XX **Hippocampe,** av. W. Churchill 🏷 93 35 81 91, ≤ baie et littoral, 🏠 – 🖭 🖼   AX **h**
fermé 1er au 18 mai, 16 oct. au 16 nov., 8 au 26 janv., jeudi soir et dim. soir du 1/7 au 20/9 et lundi – **Repas** *(prévenir) 180 (déj.)/330.*

ROQUEBRUNE-SUR-ARGENS 83520 Var 🟦 ⑦ 𝟭𝟭𝟰 ㉔ G. Côte d'Azur – 10 389 h.

Voir Notre-Dame-de-Pitié ≤★ S : 2 km – Notre-Dame-de-la-Roquette : site★ O : 4,5 km puis 30 mn.

Paris 865 – Fréjus 12 – Cannes 49 – Draguignan 22 – ♦Toulon 85.

X **Les Templiers,** 3 pl. A. Perrin 🏷 94 45 33 37, 🏠 – ⓞ 🖼 ᛞ
fermé janv., fév. et lundi d'oct. à mai – **Repas** *68 (déj.), 98/135 ᛞ.*

La ROQUEBRUSSANNE 83136 Var 🟦 ⑮ 𝟭𝟭𝟰 ㉜ – 1 235 h.

Paris 813 – ♦Toulon 36 – Aix-en-Provence 59 – Aubagne 48 – Brignoles 15 – Saint-Maximin-la-Sainte-Baume 19.

🏠 **Aub. de la Loube** Ⓜ, 🏷 94 86 81 36, 🏠 – 🖭 ☎. 🖭 🖼
fermé 15 nov. au 1er déc. et vacances de fév. – **Repas** *(fermé merc.) 99/159, enf. 45 – ⊑ 35 –* **8 ch** *320 – ½ P 300.*

La ROQUE D'ANTHÉRON 13640 B.-du-R. 🟦 ② 𝟭𝟭𝟰 ① G. Provence – 3 923 h alt. 177.

Voir Abbaye de Silvacane★★ E : 2 km.

🄗 Office de Tourisme 🏷 42 50 58 63 (juil.-août), Fax 42 50 53 19.

Paris 730 – Aix-en-Provence 28 – Cavaillon 31 – Manosque 57 – ♦Marseille 58 – Salon-de-Provence 27.

🏨 **Mas de Livany,** av. Parc 🏷 42 50 47 41, Fax 42 50 49 26, 🏠 – 🖭 ☎ & Ⓟ – 🏛 40. 🖼
fermé 15 janv. au 15 fév. – **Repas** *(fermé dim. soir et merc. d'oct. à mars) 80/170, enf. 50 – ⊑ 38 –* **24 ch** *330 – ½ P 285/295.*

CITROEN Gar. Ricard, 🏷 42 50 46 87   RENAULT Gar. Villa. 🏷 42 28 40 81 🆗
🏷 42 50 41 87

ROQUEFORT-LES-PINS 06330 Alpes-Mar. 🟦 ⑨ – 4 714 h alt. 175.

Paris 917 – ♦Nice 22 – Cannes 17 – Grasse 13.

🏨 **Aub. du Colombier** ♨, 🏷 93 77 10 27, Fax 93 77 07 03, ≤, 🏠, parc, ♒, 💥 – 🖭 ☎ Ⓟ – 🏛 25. 🖭 ⓞ 🖼
fermé 15 nov. au 15 déc. et 15 fév. au 15 mars – **Repas** *(fermé mardi d'oct. à mars) 155/190 – ⊑ 50 –* **18 ch** *270/680 – ½ P 445/560.*

ROQUEFORT-SUR-SOULZON 12250 Aveyron 🟦 ⑭ G. Gorges du Tarn – 789 h alt. 630.

Voir Caves de Roquefort★ – Rocher St-Pierre ≤★.

Paris 678 – Lodève 64 – Millau 24 – Rodez 80 – St-Affrique 11,5 – Le Vigan 76.

🏨 **Grand Hôtel,** 🏷 65 59 90 20, Fax 65 59 97 92 – ☎ Ⓟ. 🖭 ⓞ 🖼
1er avril-15 oct. et fermé dim. soir et lundi sauf juil.-août – **Repas** *150/320 – ⊑ 58 –* **15 ch** *290/380.*

La ROQUE-GAGEAC 24250 Dordogne 🟦 ⑰ G. Périgord Quercy – 447 h alt. 150.

Voir Site★★.

Paris 535 – Brive-la-Gaillarde 70 – Sarlat-la-Canéda 12 – Cahors 54 – Fumel 58 – Lalinde 45 – Périgueux 69.

🏨 **Belle Étoile,** 🏷 53 29 51 44, Fax 53 29 45 63, ≤, 🏠 – 🖃 rest ☎ ⟷. 🖼
1er avril-30 oct. et fermé lundi d'avril à juin – **Repas** *110/260, enf. 50 – ⊑ 35 –* **18 ch** *260/310 – ½ P 320/340.*

🏨 **Gardette,** 🏷 53 29 51 58, Fax 53 31 19 32, 🏠 – ☎ Ⓟ. 🖼. 💥 rest
9 avril-mi-oct. – **Repas** *115/250 – ⊑ 29 –* **15 ch** *190/300 – ½ P 300.*

XX **Plume d'Oie** Ⓜ avec ch, 🏷 53 29 57 05, Fax 53 31 04 81 – 🖭 ☎. 🖭 🖼
fermé fin janv. à début mars – **Repas** *(fermé mardi midi et lundi hors sais., sam. midi et lundi midi en juil.-août) 175/395 – ⊑ 55 –* **4 ch** *380.*

rte de Vitrac SE : 4 km par D 703 – ⊠ **24250** La Roque Gageac:

🏨 **Le Périgord** ⑤, 𝄐 53 28 36 55, Fax 53 28 38 73, parc, ⊼, ✻ – ▤ rest 📺 ☎ 🅿. 🆎 ⨎
15 avril-15 oct. – **Repas** 100/300, enf. 50 – ⊒ 35 – **40 ch** 250/350 – ½ P 280/330.

ROQUEMAURE 30150 Gard 🎵 ⑪ ⑫ G. Provence – 4 647 h alt. 19.
Paris 670 – Avignon 19 – Alès 71 – Bagnols-sur-Cèze 20 – Nîmes 46 – Orange 11 – Pont-St-Esprit 30.

🏨 **Château de Cubières**, 𝄐 66 82 64 28, Fax 66 90 21 20, « Demeure du 18ᵉ siècle, parc »,
⊼ – ☎ 🅿. ⨎
hôtel : fermé 15 au 30 nov. et 18 fév. au 10 mars – **Repas** 𝄐 66 82 89 33, Fax 66 82 60 04,
(fermé 15 au 30 nov., mardi midi et lundi) 150/250, enf. 75 – ⊒ 45 – **19 ch** 275/430.

🏠 **Clément V.** rte Nîmes 𝄐 66 82 67 58, Fax 66 82 84 66, ⊼ – ☎ ⇔ 🅿. ⨎ ✻ rest
← *fermé vacances de Toussaint et de fév.* – **Repas** *(fermé dim. hors sais.)* *(dîner seul.)*
(résidents seul.) 78/118 ⚕ – ⊒ 35 – **20 ch** 280 – ½ P 245.

ROSAY 78 Yvelines 🎵 ⑱, 🎵 ⑮ – rattaché à Mantes-la-Jolie.

ROSBRUCK 57 Moselle 🎵 ⑯ – rattaché à Forbach.

Please avoid smoking during a meal:
you will spoil your palate and annoy your neighbours.

ROSCOFF 29680 Finistère 🎵 ⑥ G. Bretagne (plan) – 3 711 h alt. 7.
Voir Église N.-D.-de-Kroaz-Batz★ Y – Aquarium Ch. Pérez★ Y.
🅱 Office de Tourisme 46 r. Gambetta 𝄐 98 61 12 13.
Paris 565 ① – ◆Brest 65 ① – Landivisiau 27 ① – Morlaix 23 ① – Quimper 99 ①.

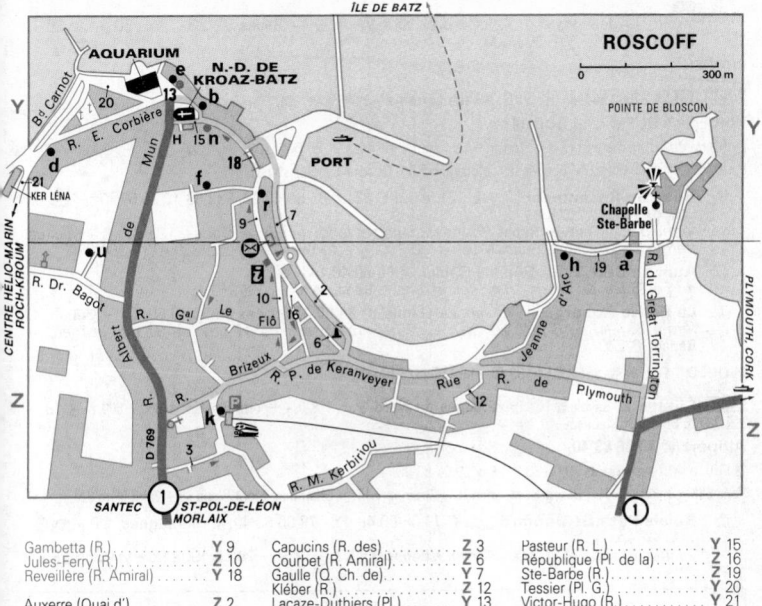

Gambetta (R.)	**Y** 9	Capucins (R. des)	**Z** 3	Pasteur (R. L.)	**Y** 15
Jules-Ferry (R.)	**Z** 10	Courbet (R. Amiral)	**Z** 6	République (Pl. de la)	**Z** 16
Reveillère (R. Amiral)	**Y** 18	Gaulle (Q. Ch. de)	**Y** 7	Ste-Barbe (R.)	**Z** 19
		Kléber (R.)	**Z** 12	Tessier (Pl. G.)	**Y** 20
Auxerre (Quai d')	**Z** 2	Lacaze-Duthiers (Pl.)	**Y** 13	Victor-Hugo (R.)	**Y** 21

🏨 **Brittany,** bd Ste Barbe 𝄐 98 69 70 78, Fax 98 61 13 29, ≤, ⊼ – 🛗 📺 ☎ 🅿 – 🕍 40. 🆎
⨎. ✻ rest   Z a
20 mars-5 nov. – **Repas** *(fermé lundi sauf le soir du 9 avril au 1ᵉʳ oct.)* 120 (déj.), 160/320 –
⊒ 55 – **25 ch** 450/620 – ½ P 440/530.

🏨 **Gulf Stream** ⑤, r. Marquise de Kergariou par r. E. Corbière, 𝄐 98 69 73 19,
Fax 98 61 11 89, ≤, ⊼, 🐎 – 🛗 📺 ☎ 🅿. 🆎 ⨎. ✻
10 mars-8 oct. – **Repas** 130/300 – ⊒ 42 – **32 ch** 500 – ½ P 420/500.

🏨 **Talabardon**, pl. Église 🏖 98 61 24 95, Fax 98 61 10 54, ≤ – 🛗 📺 ☎ 🅿 – 🔬 30 à 60. 🖭
ⓘ **GB** **JCB**. 🗱 rest
Y **b**
fermé déc., janv. – **Repas** *(fermé dim. soir)* 118/265, enf. 58 – ☑ 65 – **39 ch** 375/555 –
½ P 355/410.

🏨 **Thalasstonic** 🅼 🗣, av. V. Hugo 🏖 98 29 20 20, Fax 98 61 22 73, ≤, 🌿 – 🛗 📺 ☎ 🔥 🅿.
🖭 **GB**. 🗱 rest
fermé 1ᵉʳ janv. au 13 fév. – **Repas** 95/195 – ☑ 45 – **50 ch** 390/495 – ½ P 385/420.

🏨 **Armen Le Triton** 🗣 sans rest, r. Dr Bagot 🏖 98 61 24 44, Fax 98 69 77 97, 🌿, 🗱 – 🛗
📺 ☎ 🅿. 🖭 **GB**
Z **u**
fermé oct. et janv. – ☑ 34 – **45 ch** 230/350.

🏨 **Les Tamaris** sans rest, r. É. Corbière 🏖 98 61 22 99, Fax 98 69 74 36, ≤ – 🛗 📺 ☎. **GB**
1ᵉʳ avril-1ᵉʳ oct. – ☑ 32 – **27 ch** 250/320.
Y **d**

🏨 **La Résidence** sans rest, r. des Johnies 🏖 98 69 74 85, – 🛗 ☎. **GB**
Y **f**
fermé 1ᵉʳ au 31 mars – ☑ 35 – **30 ch** 220/280.

🏨 **Ibis-Le Corsaire** sans rest, pl. Lacaze-Duthiers 🏖 98 61 22 61, Fax 98 61 11 94, ≤ – 🛗
📺 ☎ 🔥. 🖭 **GB**
Y **e**
☑ 35 – **40 ch** 350/400.

🏠 **Bellevue**, r. Jeanne d'Arc 🏖 98 61 23 38, Fax 98 61 11 80, ≤ – 📺 ☎. **GB**. 🗱 rest Z **h**
*hôtel : 15 mars-15 nov. ; rest. : 15 mars-15 nov., 20 déc.-10 janv. et fermé merc. sauf
vacances scolaires* – **Repas** 105/260, enf. 65 – ☑ 37 – **18 ch** 380 – ½ P 300/330.

🏠 **Régina**, r. Ropartz Morvan 🏖 98 61 23 55, Fax 98 61 10 89 – 🛗 📺 ☎. 🖭 **GB**. 🗱 rest
1ᵉʳ avril-15 oct. – **Repas** 83/240, enf. 45 – ☑ 37 – **50 ch** 265/390 – ½ P 315. Z **k**

🏠 **Centre**, 5 r. Gambetta 🏖 98 61 24 25, ≤, 🌿 – ☎. 🖭 **GB** Y **r**
← *fermé jeudi du 1ᵉʳ oct. au 1ᵉʳ avril* – **Repas** 80/175 🍴, enf. 42 – ☑ 30 – **16 ch** 270/300 –
½ P 210/290.

🍴🍴🍴 **Le Temps de Vivre**, pl. Église 🏖 98 61 27 28, ≤ – 🖭 **GB** **JCB** Y **e**
fermé vacances de Toussaint, vacances de fév., dim. soir sauf juil.-août et lundi –
Repas 110/350 et carte 260 à 360.

🍴🍴 **Chardons Bleus** avec ch, 4 r. A. Réveillère 🏖 98 69 72 03, Fax 98 61 27 86 – 📺 ☎.
GB
Y **n**
fermé 30 déc. au 1ᵉʳ fév. et merc. sauf juil.-août – **Repas** 82/220, enf. 50 – ☑ 36 –
10 ch 260/300 – ½ P 280/300.

CITROEN Gar. Scouarnec, r. J.-Bara 🏖 98 61 23 05

ROSHEIM 67560 B.-Rhin 🗺 ⑨ G. Alsace Lorraine – 4 016 h alt. 194.

Voir Église St-Pierre et St-Paul★.

🛈 Office de Tourisme à la Mairie *(fermé matin sauf avril-oct.)* 🏖 88 50 75 38.

Paris 484 – ◆Strasbourg 27 – Erstein 19 – Molsheim 7,5 – Obernai 6 – Sélestat 31.

🏨 **Host. du Rosenmeer** 🅼, NE : 2 km sur D 35 🏖 88 50 43 29, Fax 88 49 20 57, 🌿 – 📺 ☎
🥂 🅿 – 🔬 25. 🖭 **GB**
fermé 5 au 30 janv. – **Repas** *(fermé dim. soir et lundi de nov. à Pâques)* 120/380 🍴 - **Winstub**
(fermé 5 au 30 janv.) **Repas** 50 (déj.), 80/100, 🍴 – ☑ 55 – **20 ch** 230/380 – ½ P 360/380.

🍴🍴 **Aub. du Cerf**, 120 r. Gén. de Gaulle 🏖 88 50 40 14 – **GB**
← *fermé 26 fév. au 3 mars, dim. soir et lundi* – **Repas** 55 (déj.), 80/210 🍴.

🍴 **La Petite Auberge**, 41 r. Gén. de Gaulle 🏖 88 50 40 60, Fax 88 50 40 60, 🌿 – **GB**
fermé 28 juin au 6 juil., 20 janv. au 9 fév., mardi soir du 11 nov. au 31 mai et merc. –
Repas 98/280.

PEUGEOT Gar. Jost, 🏖 88 50 40 53 🅽 🏖 88 50 40 53

La ROSIÈRE 73 Savoie 🗺 ⑱ ⑲ G. Alpes du Nord – alt. 1 820 – Sports d'hiver : 1 850/2 600 m 🎿18 –
✉ 73700 Bourg-St-Maurice.

Altiport 🏖 79 06 83 40.

🛈 Office de Tourisme 🏖 79 06 80 51, Fax 79 06 83 20.

Paris 663 – Albertville 71 – Bourg-St-Maurice 18 – Chambéry 117 – Chamonix-Mont-Blanc 58 – Val-d'Isère 32.

🏠 **Relais Petit St-Bernard** 🗣, 🏖 79 06 80 48, Fax 79 06 83 40, ≤ montagnes, 🌿 – ☎ 🅿.
GB. 🗱 ch
24 juin-10 sept. et 20 déc.-30 avril – **Repas** 90/105 – ☑ 35 – **20 ch** 190/295 – ½ P 250/280.

Some useful weights and measures

1 kilogram (1,000 grams) = 2.2 lb.

1 kilometer (1,000 meters) = 0.621 mile

10° C = 50° F   21° C = 70° F

1 liter = 1 ¾ pints   10 liters = 2.62 U.S. gals.

Les ROSIERS-SUR-LOIRE 49350 M.-et-L. 🟦🟦 ⑫ G. Châteaux de la Loire – 2 204 h alt. 24.

🄳 Syndicat d'Initiative pl. Mail (juin-sept.) *&* 41 51 90 22.

Paris 300 – Angers 31 – Baugé 27 – Bressuire 65 – Cholet 62 – La Flèche 46 – Saumur 18.

XXX ✿ **Jeanne de Laval** (Augereau) avec ch, rte Nationale *&* 41 51 80 17, Fax 41 38 04 18, « Jardin fleuri » – ▤ rest 📺 ☎ 🄿. ▲🄴 ⑩ 🄶🄱. ⁒ rest
fermé 22 nov. au 7 déc., 23 janv. au 7 fév. et lundi hors sais. sauf fériés – **Repas** (nombre de couverts limité - prévenir) 180 (déj.), 300/420 et carte 300 à 410 – ⌧ 50 – **4 ch** 550 – ½ P 520/620
Spéc. Foie gras de canard et sa gelée au vin de Saumur. Matelote d'anguilles au champagne. Canard de Challans rôti ''vigneronne''. **Vins** Savennières, Saumur-Champigny.

Annexe Ducs d'Anjou 🏠 ⌇ sans rest, *&* 41 51 80 17, Fax 41 38 04 18, parc – 📺 ☎ 🄿. ▲🄴 ⑩ 🄶🄱
fermé 22 nov. au 7 déc., 23 janv. au 7 fév. et lundi en hiver sauf fériés – ⌧ 50 – **8 ch** 350/480.

XXX **La Toque Blanche**, rte Angers *&* 41 51 80 75 – ▤ 🄿. 🄶🄱
fermé mardi soir et merc. – **Repas** (prévenir) 90 bc/200 ⅊.

XX **Val de Loire** avec ch, pl. Église *&* 41 51 80 73, Fax 41 51 95 00 – 📺 ☎. 🄶🄱
→ *fermé 1ᵉʳ fév. au 15 mars, dim. soir et lundi de sept. a mai* – **Repas** 70/180 ⅊, enf. 50 – ⌧ 28 – **9 ch** 220/260 – ½ P 290/325.

ROSNY-SOUS-BOIS 93 Seine-St-Denis 🟦🟦 ⑪, 🄻🄾🄻 ⑰ – voir à Paris, Environs.

ROSPORDEN 29140 Finistère 🟦🟦 ⑯ G. Bretagne – 6 485 h alt. 118.

Voir Clocher★ de l'église.

🄳 Office de Tourisme Le Moulin, r. Hippolyte-le-Bas (juil.-août) *&* 98 59 27 26.

Paris 538 – Quimper 24 – Carhaix-Plouguer 47 – Châteaulin 46 – Concarneau 14 – Quimperlé 26.

🏠 **Gai Logis**, rte Quimper *&* 98 59 22 38, ☞ – 📺 ☎ 🄿. 🄶🄱
→ **Repas** 60 bc (déj.), 74/157 ⅊ – ⌧ 32 – **17 ch** 150/280 – ½ P 190/270.

PEUGEOT Gar. Montfort, rte de Concarneau   RENAULT Gar. Castrec, 1 r. Gare *&* 98 59 20 25
& 98 59 22 72 🄽 *&* 98 59 28 88

ROTHÉNEUF 35 I.-et-V. 🟦🟦 ⑥ – rattaché à St-Malo.

ROUBAIX 59100 Nord 🟦🟦 ⑥ ⑯, 🄻🄻🄻 ⑮ G. Flandres Artois Picardie – 97 746 h alt. 22.

Voir Centre des archives du monde du travail BX **M** – Parc Barbieux – Chapelle d'Hem★ (murs-vitraux★★ de Manessier) 5 km, voir plan de Lille JS **B.**

🏌 des Flandres (privé) *&* 20 72 20 74, par ⑦ : 8 km ; 🏌 du Sart (privé) *&* 20 72 02 51, par ⑦ : 5 km ; 🏌 de Brigode à Villeneuve-d'Ascq *&* 20 91 17 86, par ⑦ : 6 km ; 🏌🏌 de Bondues *&* 20 23 20 62, par D 9 : 8 km AX.

🄳 Office de Tourisme 78 bd Gal-Leclerc *&* 20 65 31 90, Fax 20 65 31 83 – A.C. du Nord, 42 r. Mar.-Foch *&* 20 73 92 80.

Paris 230 ⑩ – ◆ Lille 13 – Kortrijk 22 ④ – Tournai 19 ⑦.

Accès et sorties : voir plan de Lille.

🏢 **Mercure Gd Hôtel** 🄼, 22 av. J. Lebas *&* 20 73 40 00, Télex 132301, Fax 20 73 22 42 – 🛗 ⁒ ch 📺 ☎ – 🔬 30 à 100. ▲🄴 ⑩ 🄶🄱. ⁒ rest   BX **r**
Repas 90/145 – ⌧ 50 – **92 ch** 650.

🏠 **Ibis** 🄼 sans rest, bd Gén. Leclerc *&* 20 45 00 00, Fax 20 73 59 31 – 🛗 ⁒ ch 📺 ☎ 🕭 ⇔ – 🔬 25. ▲🄴 🄶🄱   BX **e**
⌧ 36 – **94 ch** 275.

XXX **Le Caribou**, 8 r. Mimerel *&* 20 70 87 08, Fax 20 11 24 52 – 🄿. 🄶🄱. ⁒   AX **u**
fermé 14 juil. à fin août, le soir (sauf vend.) et sam. – **Repas** 180/290 et carte 230 à 320.

XX **Chez Charly**, 127 r. J. Lebas *&* 20 70 78 58 – 🄶🄱. ⁒   AX **a**
fermé vacances de printemps, août et dim. – **Repas** (déj. seul.) 100/180.

à Lys-lez-Lannoy 5 km par D 206 – ⌧ 59390 :

XX **Aub. de la Marmotte**, 5 r. J.-B. Lebas *&* 20 75 30 95, Fax 20 81 16 34 – 🄿. 🄶🄱
→ *fermé août, vacances de printemps, le soir (sauf jeudi, vend. et sam.) et lundi* – **Repas** 75 bc/300 ⅊.   plan de Lille JS **f**

PEUGEOT V.L.D., 196 bd Gambetta CX   🕭 Crépy Pneus Point S, 29 r. de l'Ouest
& 20 73 91 00   *&* 20 70 98 02
RENAULT Succursale, 55 r. Mar.-Foch BY   Nord Pneus-Point S, 76 r. Carnot à Wattrelos
& 20 99 43 00 🄽 *&* 05 05 15 15   *&* 20 02 79 19
                                 Prévost, 29 r. V.-Hugo *&* 20 75 53 79

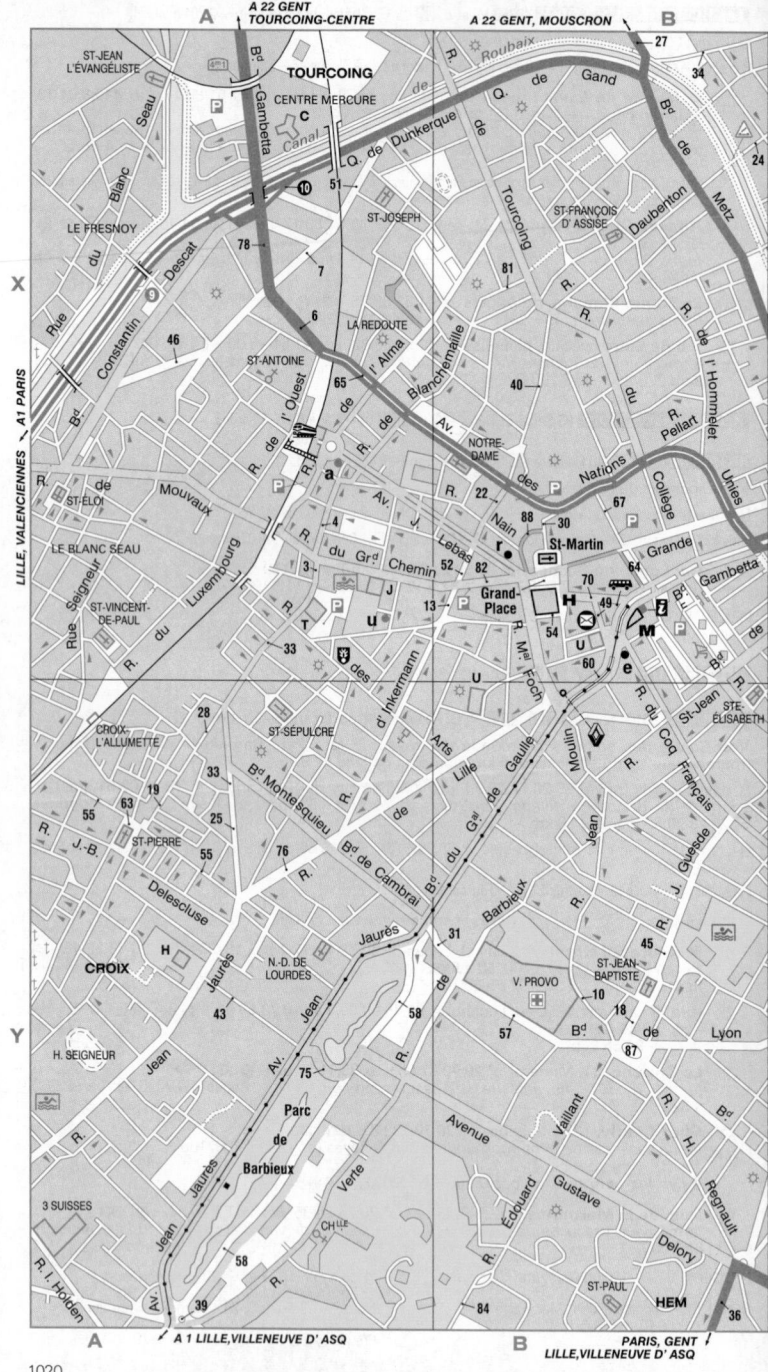

ROUBAIX

ROUDOUALLEC 56110 Morbihan 🔟 ⑯ – 772 h alt. 169.

Paris 521 – Quimper 34 – Carhaix-Plouguer 25 – Concarneau 36 – Lorient 63 – Vannes 109.

  ✗ **Bienvenue,** ℰ 97 34 50 01 – 🅿 🔾 🈸
  ← *fermé vacances de fév., mardi soir et merc. de sept. à juin* – **Repas** 65/249 🍷.

ROUEN 🅿 76000 S.-Mar. 🔢 ⑥ G. Normandie Vallée de la Seine – 102 723 h alt. 10.

Voir Cathédrale★★★ – Le Vieux Rouen★★★ : ⊰★★ du beffroi BZ, Église St-Ouen★★, Église★★ et Aître★★ St-Maclou, Palais de Justice★★ BY, rue du Gros-Horloge★★ ABYZ, rue St-Romain★★ BZ, place du Vieux-Marché★ AY, verrière★ de l'église Ste-Jeanne-d'Arc AY **K**, rue Ganterie★ BY, rue Damiette★ CZ 35, rue Martainville★ CZ, église St-Godard★ BY, Demeure★ (musée de l'Éducation) CZ **M⁹** – Musées: Beaux-Arts★★ BY **M¹**, Le Secq des Tournelles★★ BY **M³**, Céramique★★ BY **M²**, Antiquités★★ CY **M⁷** – Côte Ste-Catherine ⊰★★★ EV, 3,5 km – Bonsecours : ⊰★★ du calvaire et ≼★★ du monument à Jeanne d'Arc FX, 3 km – Canteleu ≼★ de la terrasse de l'église DV, 4 km – Centre Universitaire ⊰★★ EV.

Env. St-Martin de Boscherville : anc. abbatiale St-Georges★★, 11 km par ⑦.

🔟 ℰ 35 76 38 65, près Mont-St-Aignan, N : 4 km AB ; 🔟 de la Forêt Verte ℰ 35 33 62 94 à Bosc-Guérande-St-Adrien, N : 14 km.

Circuit automobile de Rouen-les-Essarts 13 km par ⑥.

🛩 de Rouen-Vallée de Seine : ℰ 35 79 41 00, par ③ : 9 km.

Bacs: de Dieppedalle : renseignements ℰ 35 36 20 81 ; du Petit-Couronne ℰ 35 32 40 21.

🛈 Office de Tourisme et Accueil de France 25 pl. Cathédrale ℰ 35 71 41 77, Télex 770940, Fax 35 98 55 50 - A.C. 46 r. Gén.-Giraud ℰ 35 71 44 89.

Paris 137 ⑥ – ◆Amiens 114 ① – ◆Caen 122 ⑥ – ◆Calais 209 ① – Le Havre 86 ⑧ – ◆Lille 230 ① – ◆Le Mans 194 ⑥ – ◆Rennes 297 ⑥ – ◆Tours 273 ⑥.

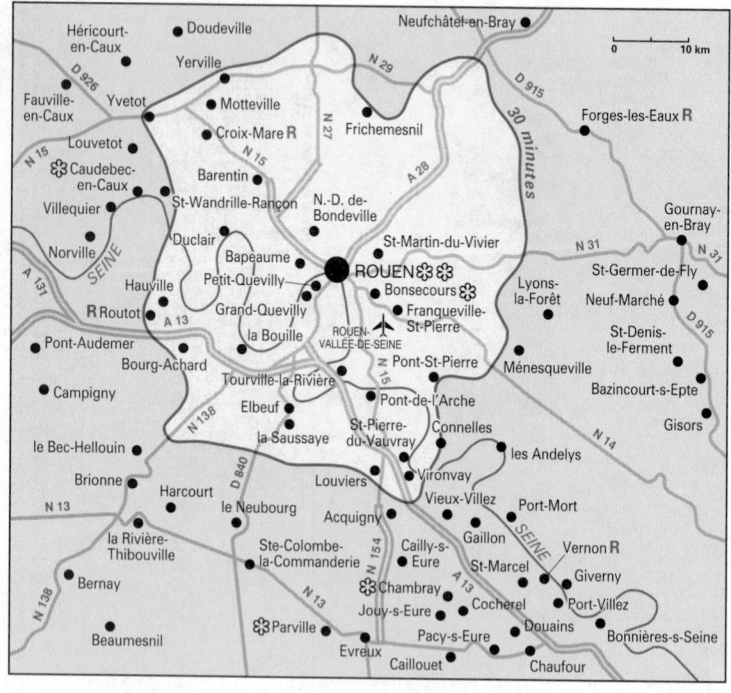

🏨 **Mercure Champ de Mars** Ⓜ, av. A. Briand ℰ 35 52 42 32, Télex 172242, Fax 35 08 15 06 – ▮ ⊱ ch 📺 ☎ ஃ ⇦ – 🔬 160. 🆎 ⓞ 🈸 🅹🅲🅱   CZ **j**
Repas 105/160, enf. 45 – 🖙 50 – **140 ch** 510/560.

🏨 **Mercure Centre** Ⓜ sans rest, r. Croix de Fer ℰ 35 52 69 52, Télex 180949, Fax 35 89 41 46 – ▮ ⊱ ch 🖪 📺 ☎ ஃ ⇦ – 🔬 40. 🆎 ⓞ 🈸   BZ **f**
🖙 55 – **125 ch** 390/510.

Dieppe et rest. Le Quatre Saisons, pl. B. Tissot ✆ 35 71 96 00, Fax 35 89 65 21 – |‡| TV ☎. AE ① GB JCB BY z
Repas 135/195 – ☕ 40 – **41 ch** 415/585 – ½ P 355.

Versan M sans rest, 3 r. J. Lecanuet ✆ 35 70 22 00, Fax 35 70 22 60 – |‡| TV ☎ ♿. AE ① GB CY s
☕ 49 – **34 ch** 310/355.

Bordeaux sans rest, 9 pl. République ✆ 35 71 93 58, Fax 35 71 92 15 – |‡| TV ☎. AE ① GB BZ a
☕ 35 – **48 ch** 260/330.

Relais Bleus M, 14 quai G. Boulet ✆ 35 15 25 25, Fax 35 15 92 90 – |‡| TV ☎ ♿ P – 🏛 180. AE ① GB AY v
Repas *(fermé août, sam. et dim.)* 78/135 🍷, enf. 45 – ☕ 35 – **84 ch** 290 – ½ P 230.

Ibis Rouen Centre M, 56 quai G. Boulet ✆ 35 70 48 18, Télex 771393, Fax 35 71 68 95, 🏖 – |‡| 🚭 ch TV ☎ ♿ P – 🏛 30 à 70. AE GB EV a
Repas 100 bc, enf. 40 – ☕ 35 – **88 ch** 305.

Astrid sans rest, pl. Gare ✆ 35 71 75 88, Fax 35 88 53 25 – |‡| TV ☎. AE ① GB JCB BY s
☕ 35 – **40 ch** 250/360.

Ibis St-Sever M sans rest, 44 r. Amiral Cécille ✉ 76100 ✆ 35 63 27 27, Télex 172399, Fax 35 63 27 11 – |‡| 🚭 ch TV ☎ ♿ 🚗. AE GB AZ m
☕ 35 – **81 ch** 285.

Québec sans rest, 18 r. Québec ✆ 35 70 09 38, Télex 771530, Fax 35 15 80 15 – |‡| TV ☎. AE GB BZ q
fermé 22 déc. au 3 janv. – ☕ 35 – **38 ch** 165/330.

Viking sans rest, 21 quai Havre ✆ 35 70 34 95, Fax 35 89 97 12 – |‡| TV ☎. AE GB AZ y
☕ 35 – **38 ch** 255/320.

Cardinal sans rest, 1 pl. Cathédrale ✆ 35 70 24 42, Fax 35 89 75 14 – |‡| TV ☎. GB BZ r
fermé 26 déc. au 2 janv. – ☕ 32 – **20 ch** 230/355.

Lisieux sans rest, 4 r. Savonnerie ✆ 35 71 87 73, Fax 35 89 31 52 – 🚭 ch TV ☎. AE ① GB BZ b
fermé 23 déc. au 1er janv. – ☕ 34 – **30 ch** 190/300.

Vieille Tour sans rest, 42 pl. Haute Vieille Tour ✆ 35 70 03 27, Fax 35 98 08 54 – |‡| TV ☎. AE ① GB BZ d
☕ 30 – **23 ch** 160/295.

XXXX ✿✿ **Gill** (Tournadre), 9 quai Bourse ✆ 35 71 16 14, Fax 35 71 96 91 – ▤. AE ① GB JCB
fermé 13 au 29 août, vacances de fév., dim. sauf le midi d'oct. à avril et lundi – **Repas** 195/380 et carte 320 à 450 BZ a
Spéc. Fricassée de homard au cidre. Ris de veau lardé à l'andouille de Vire. Millefeuille.

XXX ✿ **Les Nymphéas** (Kukurudz), 9 r. Pie ✆ 35 89 26 69, Fax 35 70 98 81, 🏖 – AE GB
fermé 21 août au 4 sept., dim. soir et lundi – **Repas** 165/250 et carte 280 à 380 AY h
Spéc. Foie gras chaud de canard au vinaigre de cidre. Sauvageon à la rouennaise. Soufflé chaud aux pommes et calvados.

XXX **La Couronne,** 31 pl. Vieux Marché ✆ 35 71 40 90, Fax 35 71 05 78, « Maison normande du 14e siècle » – AE ① GB JCB AY d
Repas 150/240 et carte 280 à 600.

XXX ✿ **L'Écaille** (Tellier), 26 rampe Cauchoise ✆ 35 70 95 52, Fax 35 70 83 49 – ▤. AE ① GB JCB AY g
fermé dim. midi en juil.-août, dim. soir et lundi de sept. à juin – **Repas** 145/450 et carte 310 à 420
Spéc. Salade tiède des pêcheurs au vinaigre de Xères. Saint-Pierre au jus d'huîtres et poulpe poêlé. Soufflé "pomme d'or" au calvados.

XXX ✿ **Le Beffroy** (Mme Engel), 15 r. Beffroy ✆ 35 71 55 27, Fax 35 89 66 12, « Cadre normand » – AE ① GB BY b
fermé dim. soir – **Repas** 100/275 et carte 280 à 330 🍷
Spéc. Canard à la rouennaise. Turbot au vinaigre de cidre. Timbale de homard et langoustines.

XXX **Aub. du Vieux Carré,** 34 r. Ganterie ✆ 35 71 67 70, Fax 35 98 56 21, 🏖 – GB BY v
fermé 15 au 31 juil., dim. sauf le midi de sept. à juin et lundi – **Repas** 120/230 et carte 230 à 330.

XXX ✿ **P'tits Parapluies** (Andrieu), 2 pl Rougemare ✆ 35 88 55 26, Fax 35 70 24 31 – AE GB CY e
fermé 5 au 22 août, vacances de fév., dim. sauf le midi d'oct. à juin et lundi – **Repas** 140/300 et carte 220 à 350
Spéc. Paupiettes d'huîtres et saumon. Aiguillettes de canard au cidre et miel. Fondant aux pommes, glace au lait.

XX **Reverbère,** 5 pl. République ✆ 35 07 03 14 – AE GB BZ e
fermé 7 au 20 août et dim. sauf le midi de sept. à avril – **Repas** 165 bc/295 bc.

XX **Dufour,** 67 r. St-Nicolas ✆ 35 71 90 62, « Cadre vieux normand » – AE GB BZ w
fermé dim. soir et lundi – **Repas** 120/230.

XX **L'Orangerie,** 2 r. T. Cormeille ✆ 35 88 43 97, Fax 35 98 70 44, 🏖, « Salle voûtée » – AE ① GB JCB AY e
Repas 65 (déj.), 95/150.

ROUEN

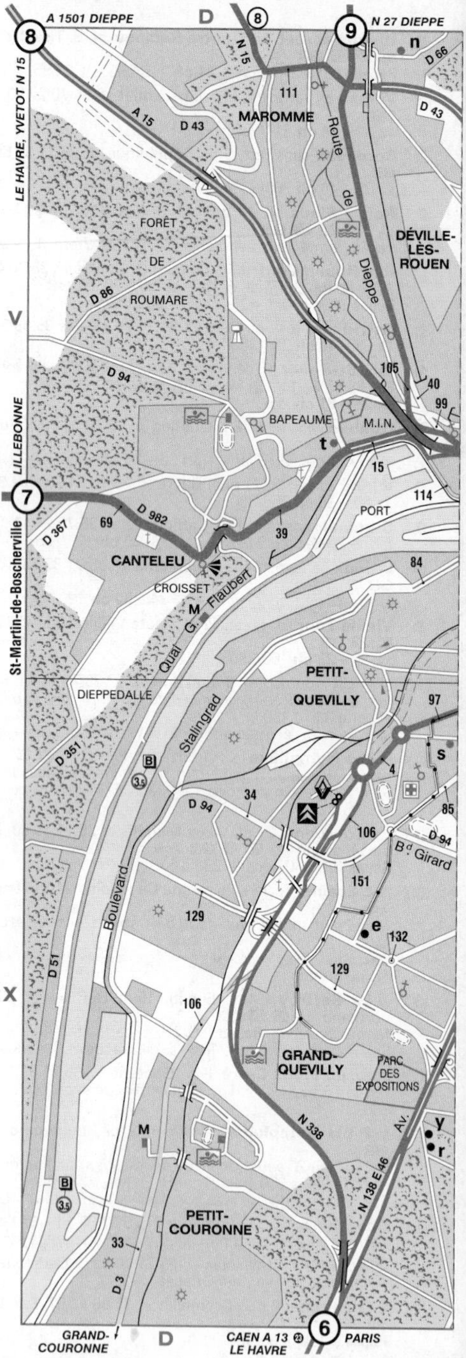

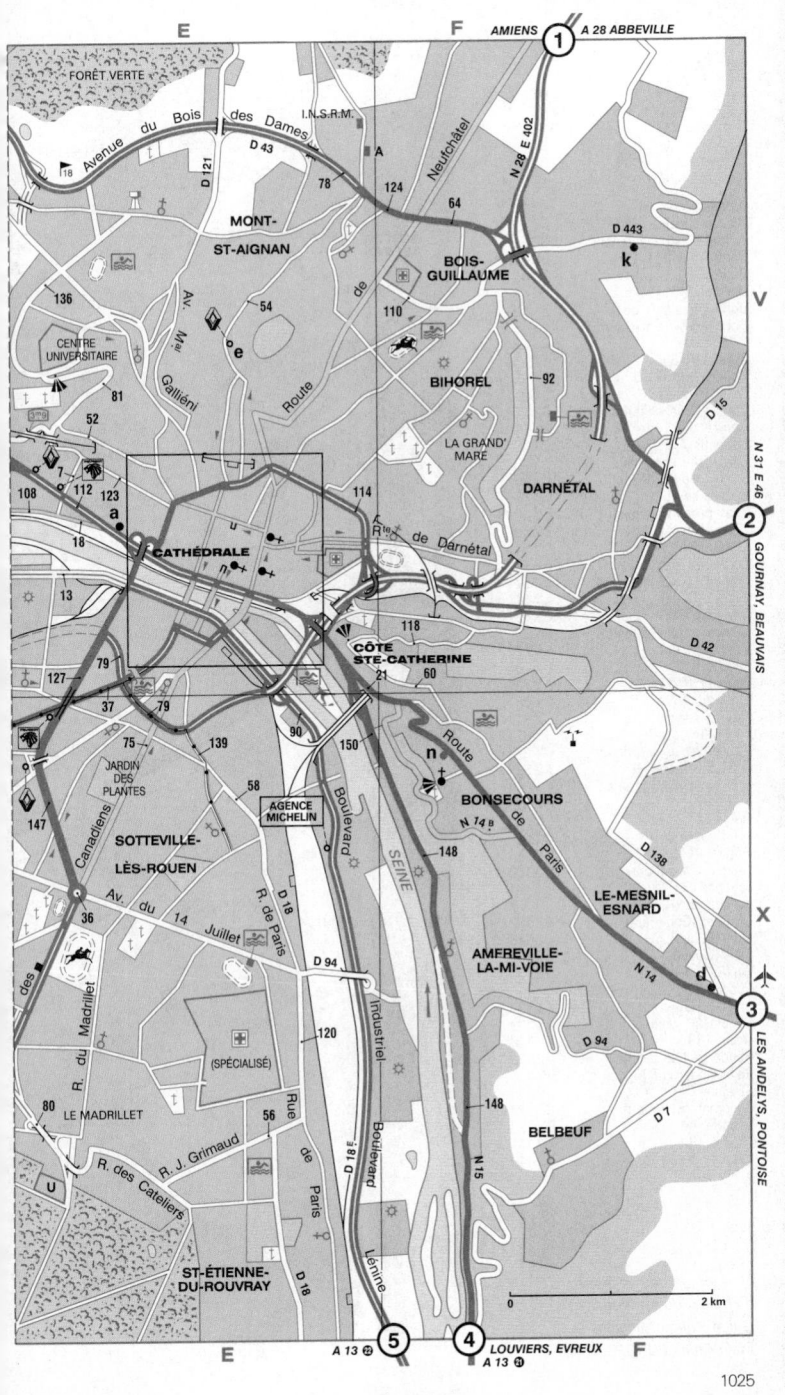

ROUEN

Carmes (R. des)	**BYZ**	
Ganterie (R.)	**BY**	
Grand-Pont (R.)	**BZ**	
Gros-Horloge (R. du)	**ABYZ**	
Jeanne-d'Arc (R.)	**BYZ**	
Leclerc (R. du Gén.)	**BZ**	
République (R. de la)	**BZ**	
Vieux-Marché (Pl. du)	**AY**	
Albane (Cours d')	**BZ**	3
Alsace-Lorraine (R. d')	**CZ**	6
Aubert (Pl. du Lieutenant)	**CZ**	9
Barthélemy (Pl.)	**BZ**	10
Belfroy (R.)	**BY**	12
Boildieu (Pont)	**BZ**	16
Bons-Enfants (R. des)	**ABY**	19
Boucheries-Saint-Ouen (R. des)	**CZ**	22
Boudin (R. E.)	**BY**	24
Boulet (Quai G.)	**AY**	25
Bourg-l'Abbé (R.)	**CY**	27
Bourse (Quai de la)	**BZ**	28
Bouvreuil (R.)	**BY**	30
Carrel (R. A.)	**CZ**	42
Cartier (Av. Jacques)	**AZ**	43
Cathédrale (Pl. de la)	**BZ**	45
Cauchoise (R.)	**AY**	46
Champ-des-Oiseaux (R. du)	**BY**	48
Champlain (Av.)	**BZ**	49
Chasselièvre (R.)	**AY**	51
Cordier (R. du)	**BY**	55
Corneille (Quai Pierre)	**BZ**	57
Crosne (R. de)	**AY**	61
Damiette (R.)	**CZ**	63
Delacroix (Allée Eugène)	**BY**	66
Donjon (R. du)	**BY**	67
Eau-de-Robec (R.)	**CZ**	70
Écureuil (R. de l')	**BY**	72
Émemont (R. d')	**CY**	76
Faulx (R. des)	**CZ**	81
Foch (Pl.)	**BY**	82
Gaulle (Pl. Général-de)	**CY**	87
Giraud (R. Général)	**AZ**	88
Guillaume-le-Conquérant (Pont)	**AZ**	91
Hauts-Mariages (impasse des)	**CZ**	93
Hôpital (R. de l')	**BY**	96
Jeanne-d'Arc (Pont)	**AZ**	100
Joyeuse (R.)	**CY**	101
Juifs (R. aux)	**BYZ**	102
Libraires (Cour des)	**BZ**	109
Ours (R. aux)	**ABZ**	115
Paris (Quai de)	**BZ**	117
Pie (R. de la)	**AY**	120
Pucelle-d'Orléans (Pl. de la)	**AZ**	121
Requins (R. des)	**CY**	123
Rollon (R.)	**BY**	126
Rondeaux (Av. Jean)	**AZ**	128
Saint-Godard (Pl.)	**BY**	130
St-Marie (R.)	**CY**	133
Schuman (R. Robert)	**CZ**	135
Socrate (R.)	**BY**	138
Thouret (R.)	**BYZ**	141
Vieux-Palais (R. du)	**AY**	145

Pour les grands voyages d'affaires ou de tourisme.

Guide Rouge Michelin Main Cities EUROPE.

A

Y

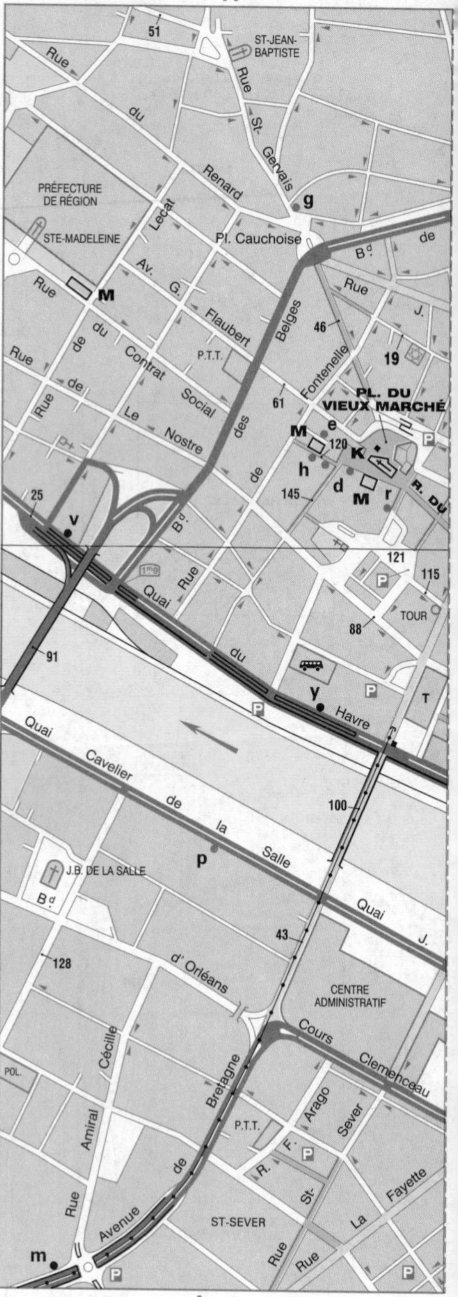

Z

A

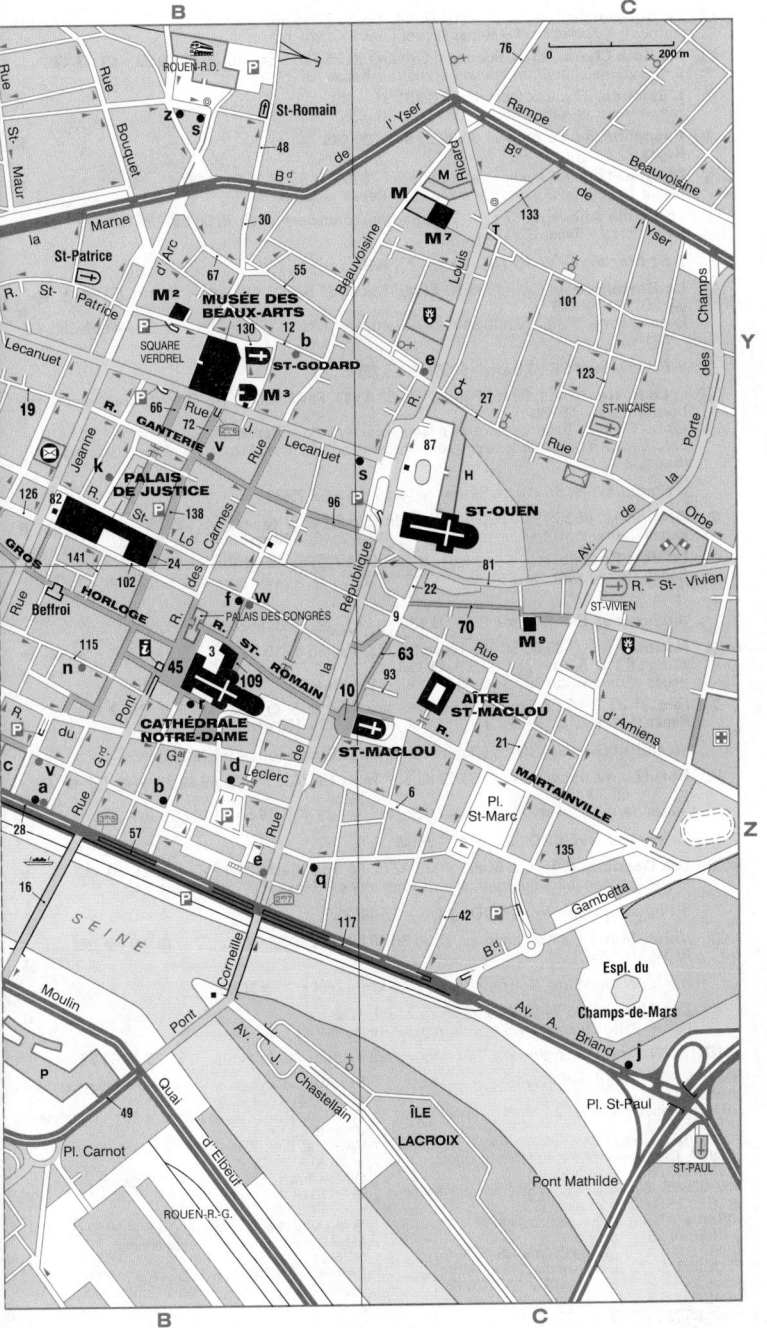

B

C

ROUEN-R.D.
St-Romain
Z
S
48
B d
de
l' Yser
Rampe
76
0
200 m
Beauvoisine
de
l' Yser
M
M Ricard
B d
133
M 7
T
Louis
101
la Marne
d' Arc
30
St-Patrice
67
55
R. St- Patrice
M 2
MUSÉE DES
BEAUX-ARTS
130
12
b
ST-GODARD
e
Beauvoisine
R.
123
27
Lecanuet
19
R. Jeanne
66
GANTERIE
72
J.
V
M 3
Lecanuet
ST-NICAISE
Rue
des
Porte
k
PALAIS
DE JUSTICE
96
S
87
H
ST-OUEN
Y
126
82
R. St-
138
Lô
des Carmes
81
République
Av.
de
Orbe
GROS
141
HORLOGE
102
24
22
R. St- Vivien
ST-VIVIEN
Beffroi
115
n
f
W
PALAIS DES CONGRÈS
9
70
M 9
d' Amiens
Pont
f
45
3
109
ST-ROMAIN
63
10
93
AÎTRE
ST-MACLOU
CATHÉDRALE
NOTRE-DAME
f
la
ST-MACLOU
21
R.
MARTAINVILLE
C
v
a
Rue
du
G de
d
Leclerc
b
6
Pl.
St-Marc
Z
28
57
Rue
e
135
16
q
117
42
B d
Gambetta
SEINE
Moulin
Pont
Corneille
P
Av. A. Briand
Espl. du
Champs-de-Mars
P
49
Quai
Av. J. Chastellain
j
Pl. St-Paul
Pl. Carnot
ÎLE
LACROIX
Pont Mathilde
ST-PAUL
ROUEN-R.-G.

B

C

1027

XX **Le Rouennais,** 5 r. Pie _ℰ_ 35 07 55 44, Fax 35 71 96 38 – ⓞ ⒼⒷ
fermé dim. soir et lundi – **Repas** 75 (déj.), 99/230, enf. 50.
AY **h**

XX **Au Bois Chenu,** 23 pl. Pucelle d'Orléans _ℰ_ 35 71 19 54, Fax 35 89 49 83 – ⒶⒺ ⓞ ⒼⒷ
→ *fermé 20 au 31 août, mardi soir et dim.* – **Repas** 78/150, enf. 50.
AY **r**

X **L'Épisode,** 37 r. aux Ours _ℰ_ 35 89 01 91 – ⒼⒷ
fermé merc. et dim. – **Repas** 105 (déj.). 165/230.
BZ **n**

X **Pascaline,** 5 r. Poterne _ℰ_ 35 89 67 44 – ▤. ⒼⒷ
Repas 95 ⅄.
BY **k**

X **Marine,** 42 quai Cavelier de la Salle ✉ 76100 _ℰ_ 35 73 10 01 – ⒼⒷ
fermé 14 août au 3 sept., sam. et dim. – **Repas** 140/160.
AZ **p**

X **La Vieille Auberge,** 37 r. St-Étienne-des-Tonneliers _ℰ_ 35 70 56 65 – ⒶⒺ ⒼⒷ
fermé lundi – **Repas** 82/175 ⅄.
BZ **v**

à St-Martin-du-Vivier NE : 8 km – ✉ **76160** :

🏨 **La Bertelière** Ⓜ ⑊, _ℰ_ 35 60 44 00, Fax 35 61 56 63, 🛬, ⟼ – ▤ rest Ⓣⓥ ☎ ⅄ Ⓟ –
🔺 200. ⒶⒺ ⓞ ⒼⒷ
Repas *(fermé 1ᵉʳ au 21 août, sam. midi, dim. et fêtes le soir)* 159 – ☲ 50 – **44 ch** 385/435
– ½ P 450.
FV **k**

à Bonsecours SE : 3,5 km – 6 898 h. – ✉ **76240** :

XXX ✿ **La Butte** (Hervé), 69 rte Paris _ℰ_ 35 80 43 11, Fax 35 80 69 74, 🛬, « Coquette auberge
normande » – ⒶⒺ ⒼⒷ
FX **n**
fermé 1ᵉʳ au 24 août, vacances de Noël, dim. et lundi – **Repas** 200/320 et carte 320 à 410
Spéc. Bouquet de salade de homard au beurre mousseux de truffe. Blanc de turbot aux condiments. Canardeau à la
rouennaise.

à Franqueville-St-Pierre SE par N 14 : 9 km – ✉ **76520** :

🏨 **Otelinn** Ⓜ, _ℰ_ 35 79 00 99, Fax 35 79 88 13 – Ⓣⓥ ☎ ⅄ Ⓟ – 🔺 50. ⒶⒺ ⒼⒷ
→ **Repas** *(fermé dim. soir)* 78 bc/180 ⅄, enf. 40 – ☲ 35 – **40 ch** 285/300 – ½ P 230.
FX **d**

🏨 **Le Vert Bocage,** rte Paris par ③ _ℰ_ 35 80 14 74, Fax 35 80 55 73 – Ⓣⓥ ☎ Ⓟ. ⒼⒷ
Repas *(fermé dim. soir et lundi de nov. à mars)* 98/200 ⅄ – ☲ 26 – **19 ch** 230/270 –
½ P 235/245.

au Parc des Expositions S par N 138 : 6 km – ✉ **76800** St-Étienne-du-Rouvray :

🏨🏨 **Novotel** Ⓜ, _ℰ_ 35 66 58 50, Télex 180215, Fax 35 66 15 56, 🛬, ⚊, 🏊, ❀ – ⃒⃒ ⊷ch
▤ rest Ⓣⓥ ☎ ⅄ Ⓟ – 🔺 180. ⒶⒺ ⓞ ⒼⒷ
DX **y**
Repas carte environ 160, enf. 35 – ☲ 48 – **134 ch** 405.

🏨 **Ibis,** _ℰ_ 35 66 03 63, Fax 35 66 62 55 – ⊷ch Ⓣⓥ ☎ ⅄ Ⓟ – 🔺 30 à 140. ⒶⒺ ⓞ ⒼⒷ
Repas *(fermé 23 au 31 déc.)* 97 bc, enf. 40 – ☲ 35 – **108 ch** 295.
DX **r**

au Grand Quevilly SO : 5,5 km près Parc des Expositions – ✉ **76120** :

🏨🏨 **Soretel,** av. Provinces _ℰ_ 35 69 63 50, Télex 180743, Fax 35 69 42 28 – ⃒⃒ Ⓣⓥ ☎ Ⓟ –
🔺 100. ⒶⒺ ⓞ ⒼⒷ
DX **e**
Repas *(fermé sam. midi et dim. soir)* 85/165 ⅄ – ☲ 40 – **45 ch** 310/360 – ½ P 280.

au Petit Quevilly SO : 3 km – ✉ **76140** :

XXX **Les Capucines,** 16 r. J. Macé _ℰ_ 35 72 62 34, Fax 35 03 23 84, 🛬 – Ⓟ. ⒶⒺ ⓞ ⒼⒷ DX **s**
fermé lundi en juil.-août, dim. soir et soirs fériés – **Repas** 160/280 et carte 240 à 350.

à Bapeaume-lès-Rouen NO : 3 km – ✉ **76820** :

XX **Vieux Moulin,** 3 r. S. Lecoeur _ℰ_ 35 36 39 59, Fax 35 36 02 56, 🛬 – Ⓟ. ⒶⒺ ⓞ ⒼⒷ
Repas 105/260.
DV **t**

à Notre-Dame-de-Bondeville NO : 7,5 km – 7 584 h. – ✉ **76960** :

X **Les Elfes,** _ℰ_ 35 74 36 21, Fax 35 75 27 09 – ⒼⒷ
DV **n**
fermé 1ᵉʳ au 15 août, dim. soir et merc. – **Repas** 85 (déj.), 95/210.

MICHELIN, Agence régionale, 24 bd Industriel à Sotteville-lès-Rouen B _ℰ_ 35 73 63 73.

BMW S.R.D.A., 122 r. de Constantine
_ℰ_ 35 98 33 77
CITROEN Succursale, 144 av. Mont Riboudet EV
_ℰ_ 35 52 86 40
FORD Gar. Thibaut, 135 r. Lafayette _ℰ_ 35 72 76 84
HONDA Gar. Sporty, 65 av. du Mont Riboudet
_ℰ_ 35 88 13 88
MERCEDES Gar. Autotechnic, 99 r. de Constantine
_ℰ_ 35 88 16 88 Ⓝ _ℰ_ 35 71 93 57
NISSAN S.E.R.A., 115 r. de Constantine
_ℰ_ 35 89 01 53
OPEL S.N.O.A., 31 av. de Caen _ℰ_ 35 72 11 63
PEUGEOT S.I.A. de Normandie, 116 av. Mont-
Riboudet EV _ℰ_ 35 89 81 44 Ⓝ _ℰ_ 35 70 02 05
PEUGEOT S.I.A. de Normandie, 71-73 av. de Caen
EX _ℰ_ 35 72 24 84 Ⓝ _ℰ_ 35 70 02 05

RENAULT Succursale, 184 av. Mont-Riboudet EV
_ℰ_ 32 10 41 41 Ⓝ _ℰ_ 05 05 15 15
TOYOTA SIDAT Toyota France, 4-10 r. Lillebonne
_ℰ_ 35 15 13 13
VAG Gar. Blet, 90 av. Mont-Riboudet
_ℰ_ 35 88 45 45 Ⓝ _ℰ_ 35 88 03 88
Olivier Autos, 118 bis av. Mont Riboudet
_ℰ_ 35 70 84 24

◍ Ansselin Pneus, 55 av. de Caen _ℰ_ 35 62 00 24
Blard Pneus Center, 46 r. de Lillebonne
_ℰ_ 35 71 72 97
CAP, Hangar n° 10 quai de Lesseps _ℰ_ 35 07 08 99
Marsat-Pneus, 28 r. F.-Arago pl. Emmurees
_ℰ_ 35 72 32 38

Périphérie et environs

CITROEN Succursale, Ctre Cial de Bois-Cany au Grand-Quevilly DX ℰ 35 18 29 20 **N** ℰ 35 74 11 26
FIAT Albion Auto, r. Canal à Bapeaume
ℰ 35 74 46 74
FORD Gar. Thibaud, 128 av. J.-Jaurès au Petit-Quevilly ℰ 35 72 96 96
OPEL Nord Autos Sce, 94 r. Martyrs Résistance à Maronne ℰ 35 74 22 83
RENAULT Renault, Rouen Rive Gauche
20 pl. Chartreux au Petit-Quevilly EX
ℰ 35 58 22 22 **N** ℰ 05 05 15 15
RENAULT Gar. du Chemin de Clères, 138 chemin de Clères à Bois-Guillaume EV e ℰ 35 71 22 70
RENAULT Renault, Rouen Rive Gauche Bois Cany au Grand Quévilly DX ℰ 35 58 22 22 **N**
ℰ 05 05 15 15
ROVER Rédélé Autom., 226 av. des Alliés au Petit Quevilly ℰ 35 73 24 02
VAG Gar. Blet, Ctre Cial, r. Lavoisier au Grand Quevilly ℰ 35 69 69 45 **N** ℰ 35 88 03 88

VAG Socap, 164 r. de Paris au Mesnil-Esnard
ℰ 35 80 15 55 **N** ℰ 35 73 39 56

CAP, 226 av. des Alliés au Petit Quevilly
ℰ 35 03 33 23
Marsat Pneus, 141-143 pl. A.-Briand à Maromme
ℰ 35 74 27 69
Pneu Paris Normandie Vulcopneu, 51 à 59
bd 11 Novembre au Petit Quevilly ℰ 35 72 16 06
Regnier, 18 av. J.-Jaurès au Petit Quevilly
ℰ 35 72 67 01
Rouen Pneus, r. Cateliers ZI Madrillet à St-Etienne-du-Rouvray ℰ 35 65 34 13
S.R.C. Pneus Vulcopneu, bd Industriel à Sotteville-lès-Rouen ℰ 35 72 50 90
Sube Pneurama Point S, 23 r. de Roanne à Elbeuf
ℰ 35 81 04 47
Sube Pneurama Point S, r. Chesnaie à St-Etienne-du-Rouvray ℰ 35 65 24 53

ROUFFACH 68250 H.-Rhin 62 ⑲ G. Alsace Lorraine – 4 303 h alt. 204.

Paris 487 – Colmar 15 – ◆Basel 60 – Belfort 55 – Guebwiller 10,5 – ◆Mulhouse 27 – Thann 26.

🏨 ❁ **Château d'Isenbourg** ⑤, ℰ 89 49 63 53, Fax 89 78 53 70, ≤, 斎, 📣, ᢒ, ⊠, 斎, ％ – 📦 📺 ☎ ❷ – 🔏 25. 匹 ⑤ ☒ ⑤ 𝐉𝐂𝐁
fermé 14 janv. au 15 mars – **Repas** 250 bc (déj.). 260/360 et carte 320 à 450 – ⊊ 80 –
37 ch 850/1400, 3 appart – ½ P 835/1110
Spéc. Fricassée de cuisses de grenouilles. Croustillant de pigeon et millefeuille de choux au foie gras. Kougelhopf en pain perdu et glace vanille. **Vins** Pinot blanc, Riesling.

🏠 **A la Ville de Lyon**, r. Poincaré ℰ 89 49 65 51, Fax 89 49 76 67 – 📦 📺 ☎ ❷ – 🔏 40. 匹 ⑤ ☒
fermé 27 fév. au 19 mars - voir rest. **Philippe Bohrer** *ci-après* – ⊊ 45 – **43 ch** 270/450 –
½ P 325/345.

%%% ❁ **Philippe Bohrer**, r. Poincaré ℰ 89 49 62 49, Fax 89 49 76 67 – 🔳 ❷. 匹 ⑤ ☒
fermé 27 fév. au 19 mars et lundi – **Repas** 115/380 et carte 230 à 380, enf. 75
Spéc. Presskopf gourmand de homard aux herbes. Sandre au Gewürztraminer et brochette de légumes. Côte de cochon fourrée au foie gras. **Vins** Riesling, Pinot noir.

à Bollenberg SO : 6 km par N 83 et VO – ⊠ 68250 Rouffach :

🏠 **Bollenberg** ⑤ sans rest, ℰ 89 49 62 47, Télex 880896, Fax 89 49 77 66, 📣, 斎 – 📺 ☎ ♿
❷ – 🔏 80. 匹 ⑤ ☒
⊊ 50 – **45 ch** 280/360.

%% **Vieux Pressoir**, ℰ 89 49 60 04, Fax 89 49 76 16, 斎, « Décor alsacien » – ❷. 匹 ⑤ ☒
◆ *fermé 20 au 27 déc.* – **Repas** 80/330 ⅙, enf. 65

CITROEN Gar. Sauter, ℰ 89 49 61 46   FORD Gar. Habermacher, ℰ 89 49 60 08

ROUFFIAC-TOLOSAN 31 H.-Gar. 82 ⑧ – rattaché à Toulouse.

ROUFFILLAC 24 Dordogne 75 ⑱ – ⊠ 24370 Carlux.

Paris 534 – Brive-la-Gaillarde 49 – Sarlat-la-Canéda 16 – Gourdon 18.

🏠 **Cayre**, ℰ 53 29 70 24, Fax 53 31 16 36, 斎, 📣, ％ – 📺 ☎ ❷. ☒
◆ *fermé oct.* – **Repas** 75/220 – ⊊ 35 – **18 ch** 260/380 – ½ P 300.

Le ROUGET 15290 Cantal 76 ⑪ – 910 h alt. 606.

Paris 555 – Aurillac 24 – Figeac 41 – Laroquebrou 15 – St-Céré 38 – Tulle 79.

🏠 **Voyageurs**, ℰ 71 46 10 14 – ☎ ❷. ✇ ch
◆ **Repas** 65 bc/160 ⅙ – ⊊ 20 – **38 ch** 180/200 – ½ P 180.

CITROEN Gar. Fau, ℰ 71 46 11 03 **N**   PEUGEOT Gar. Lajarrige, à Cayrols ℰ 71 46 15 63
ℰ 71 46 11 03   RENAULT Gar. Montimart, ℰ 71 46 15 47

ROUGIVILLE 88 Vosges 62 ⑰ – rattaché à St-Dié.

ROULLET 16 Charente 72 ⑬ – rattaché à Angoulême.

Les ROUSSES 39220 Jura 70 ⑮ ⑯ G. Jura – 2 840 h alt. 1 120 – Sports d'hiver : 1 120/1 680 m ✂40 ✿.

Voir Gorges de la Bienne★ O : 3 km.

⛳ ℰ 84 60 06 25 sur D 29ᴱ¹ ; ⛷ du Mont-Saint-Jean ℰ 84 60 09 71, E : 1 km par D 29ᴱ¹.

🅱 Office de Tourisme ℰ 84 60 02 55, Fax 84 60 52 03.

Paris 466 – ◆Genève 44 – Gex 29 – Lons-le-Saunier 66 – Nyon 24 – St-Claude 32.

🏨 ❁ **France**, ℰ 84 60 01 45, Fax 84 60 04 63, 斎 – 📺 ☎ ❷ – 🔏 25. 匹 ⑤ ☒
fermé 11 au 30 juin et 20 nov. au 14 déc. – **Repas** 140/420 et carte 270 à 410 ⅙ – ⊊ 48 –
33 ch 370/495 – ½ P 320/435
Spéc. Raviole de homard et coquillages, coulis cardinal. Sole braisée au savagnin. Suprême de pigeon et son jus à l'ail. **Vins** Arbois, Pupillin rouge.

🏠 **Relais des Gentianes,** 🕿 84 60 50 64, Fax 84 60 04 58, 🍴 – 📺 🕿. 🅰🅴 ⓞ ⏴ 🇬🇧 🔳
fermé dim. soir et lundi sauf juil.-août et du 20 déc. à Pâques – **Repas** 98/260 – ☞ 42 –
14 ch 295/355 – ½ P 350.

🏠 **La Redoute,** 🕿 84 60 00 40, Fax 84 60 04 59 – 📺 🕿 🅿. 🇬🇧
fermé 15 nov. au 8 déc. – **Repas** 85/185, enf. 45 – ☞ 30 – **26 ch** 310/340 – ½ P 310/320.

Annexe Le Noirmont sans rest, à 3 km 🕿 84 60 30 15, 🔳 – 📺 🕿 🅿 – 🏔 30. 🇬🇧
fermé 15 nov. au 8 déc. – ☞ 30 – **7 ch** 350/380.

à la Cure SE : 2,5 km par N 5 – ✉ 39220 Les Rousses :

❌❌ **Arbez Franco-Suisse** Ⓜ avec ch, 🕿 84 60 02 20, Fax 84 60 08 59, 🍴 – 📺 🕿 🅿. 🇬🇧
◆ ⚘ rest
fermé 13 au 30 nov., lundi soir et mardi sauf de déc. à mars et de juil. à sept. – **Repas** 80/195
Ⓑ, enf. 50 – ☞ 35 – **10 ch** 250/330 – ½ P 270/290.

à Noirmont N : 3 km par D 29ᴱ – ✉ 39220 Les Rousses :

🏠 **Chamois** ⟲, 🕿 84 60 01 48, Fax 84 60 39 38, ← – 🕿 🅿. 🇬🇧
◆ *fermé 30 avril au 10 mai, 20 nov. au 10 déc. et vend. soir en nov.* – **Repas** 78/200 Ⓑ, enf. 40 –
☞ 30 – **12 ch** 200/250 – ½ P 250.

OPEL Gar. Michelin, 🕿 84 60 51 46   RENAULT Gar. des Neiges, 🕿 84 60 02 54 🅽
                                           🕿 84 60 02 54

Entrez à l'hôtel ou au restaurant le Guide à la main,
vous montrerez ainsi qu'il vous conduit là en confiance.

ROUSSILLON 84220 Vaucluse 🎱🎱 ⑬ G. Provence (plan) – 1 165 h alt. 390.
Voir Site★ **du village**★.
🛈 Office de Tourisme pl. de la Poste 🕿 90 05 60 25.
Paris 725 – Apt 11,5 – Avignon 45 – Bonnieux 10,5 – Carpentras 43 – Cavaillon 26 – Sault 32.

🏨 **Mas de Garrigon** ⟲, N : 3 km par C 7 et D 2 🕿 90 05 63 22, Fax 90 05 70 01, ≤, 🍴, 🏊
– ⚘ ch 📺 🕿 🅿. 🅰🅴 ⓞ 🇬🇧. ⚘ rest
fermé 15 nov. au 28 déc. – **Repas** *(fermé dim. soir et lundi)* (prévenir) 175/330 Ⓑ – ☞ 75 –
9 ch 730/750 – ½ P 675/800.

❌❌ **David,** pl. Poste 🕿 90 05 60 13, Fax 90 05 75 80, ≤ falaises et vallée, 🍴 – ⓞ 🇬🇧
fermé 1ᵉʳ fév. au 9 mars, lundi et mardi – **Repas** (week-ends et fêtes prévenir) 125 bc/270,
enf. 50.

ROUSSILLON 38150 Isère 🎱🎱 ① – 7 365 h alt. 175.
Paris 511 – Annonay 27 – ◆Grenoble 87 – ◆Saint-Étienne 68 – Tournon-sur-Rhône 42 – Vienne 20.

🏨 **Le Médicis** Ⓜ sans rest, r. Fernand Léger 🕿 74 86 22 47, Fax 74 86 48 05 – 📺 🕿 ♿ 🚗
🅿 – 🏔 60. 🅰🅴 ⓞ 🇬🇧
☞ 32 – **15 ch** 210/300.

🏠 **Europa,** rte Valence 🕿 74 86 28 84, Fax 74 86 15 11 – ⫿ 🍽 ch 📺 🕿 🅿. ⓞ 🇬🇧
◆ *fermé 24 déc. au 8 janv. et dim. de sept. à mai* – **Repas** *(fermé vend., sam. et dim.)* (dîner
seul.) (résidents seul.) 68 Ⓑ – ☞ 32 – **26 ch** 180/220 – ½ P 175.

CITROEN Gar. Pleynet, 5 r. Puits-sans-Tour   PEUGEOT Gar. Bourget, 79 av. G.-Péri
à Péage-de-Roussillon 🕿 74 86 20 12   🕿 74 86 23 38
CITROEN Drisar Autom., 132 N 7 à Salaise-
sur-Sanne 🕿 74 86 04 20

ROUTOT 27350 Eure 🎱🎱 ⑲ G. Normandie Vallée de la Seine – 1 043 h alt. 145.
Voir La Haye-de-Routot : ifs millénaires★ N : 4 km.
Paris 152 – ◆ Le Havre 57 – ◆ Rouen 34 – Bernay 44 – Évreux 68 – Pont-Audemer 18.

❌❌ **L'Écurie,** 🕿 32 57 30 30 – 🅿
fermé 31 juil. au 7 août, 1ᵉʳ au 7 fév., vacances de fév., dim. soir et lundi sauf fériés –
Repas 100/235.

CITROEN Gar. Bocquier, 🕿 32 57 30 48   Gar. du Centre, 🕿 32 57 31 23 🅽 🕿 32 57 31 23

ROUVRAY 21530 Côte-d'Or 🎱🎱 ⑰ – 601 h alt. 396.
🛈 Syndicat d'Initiative (après-midi seul.) 🕿 80 64 72 61.
Paris 229 – Avallon 18 – ◆Dijon 83 – Saulieu 20.

🏨 **Axéal** Ⓜ, N 6 🕿 80 64 79 79, Fax 80 64 79 56, 🍴, 🏊 – 📺 🕿 ♿ 🅿 – 🏔 30. 🅰🅴 ⓞ 🇬🇧
Repas grill 98 Ⓑ, enf. 40 – ☞ 28 – **26 ch** 250/330 – ½ P 260.

ROUVRES-EN-XAINTOIS 88500 Vosges 🎱🎱 ⑭ – 337 h alt. 318.
Paris 365 – Épinal 40 – Lunéville 57 – Mirecourt 7,5 – ◆Nancy 54 – Neufchâteau 32 – Vittel 16.

🏨 **Burnel,** au village 🕿 29 65 64 10, Fax 29 65 68 88, 🏋, 🌳 – 📺 🕿 ♿ 🅿. 🅰🅴 🇬🇧
◆ *fermé 23 au 31 déc.* – **Repas** *(fermé dim. soir hors sais.)* 78/260 Ⓑ – ☞ 43 – **18 ch** 165/290 –
½ P 195/240.

ROYAN 17200 Char.-Mar. 71 ⑮ G. Poitou Vendée Charentes – 16 837 h alt. 20 – Casino Royan Pontaillac A.

Voir Front de mer★ C – Église N.-Dame★ B – Corniche★ et Conche★ de Pontaillac A.

🛋 de Royan Côte de Beauté ℰ 46 23 16 24, par ④ : 7 Km.

Bac : pour le Verdon-s-Mer : renseignements ℰ 56 09 60 84.

🛈 Office de Tourisme Palais des Congrès ℰ 46 38 65 11, Télex 790441, Fax 46 38 52 01 et pl. Poste ℰ 46 05 04 71.

Paris 506 ① – ◆Bordeaux 120 ② – Périgueux 172 ② – Rochefort 40 ⑤ – Saintes 40 ①.

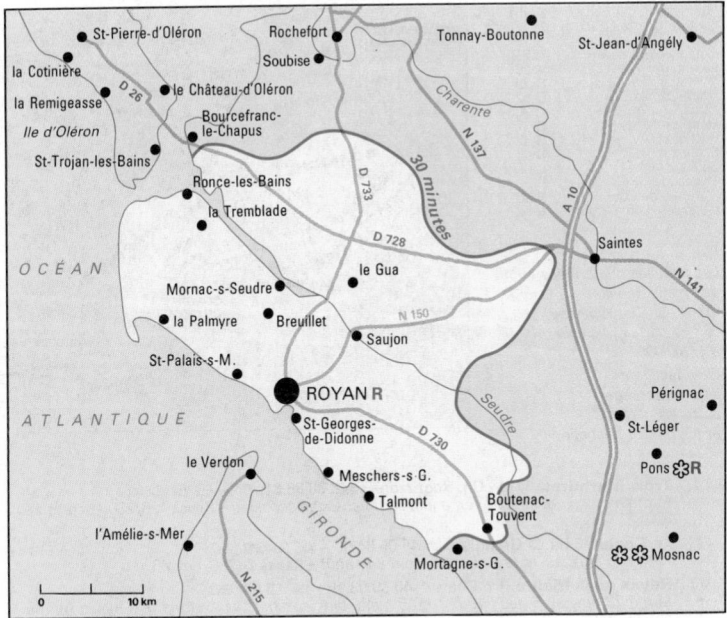

🏨 **Novotel** Ⓜ ⚓, bd Carnot - Conche du Chay ℰ 46 39 46 39, Télex 793270, Fax 46 39 46 46, ≤ mer, 🏤, centre de thalassothérapie, 🛏 – 📳 ⇔ ch 🔟 📺 ☎ ⅋ ⇔ 🄿
– 🕍 130. 🖭 ⑨ ⅁🄱
Repas 98/149 ⅃, enf. 60 – 🖙 55 – **83 ch** 790 – ½ P 590.
A b

🏨 **Family Golf H.** Ⓜ sans rest, 28 bd Garnier ℰ 46 05 14 66, Fax 46 06 52 56, ≤ Pointe de Grave – 📳 🔟 ☎ 🄿. ⅁🄱
Pâques-30 sept. – 🖙 40 – **33 ch** 340/500.
C m

🏨 **Beau Rivage** sans rest, 9 façade Foncillon ℰ 46 39 43 10, Fax 46 38 22 50, ≤ – 📳 🔟 ☎.
⅁🄱. ⅏
15 fév.-15 nov. – 🖙 36 – **22 ch** 300/395.
B z

🏨 **Beauséjour,** 32 av. Grande Conche ℰ 46 05 09 40, Fax 46 05 39 41, 🏤 – 🔟 ☎. ⅁🄱
fermé 10 déc. au 20 janv. et sam. d'oct. à avril – **Repas** *(fermé le midi d'oct. à avril, sam. et dim.)* 95/110 – 🖙 32 – **14 ch** 250/320 – ½ P 260/325.
C e

🏨 **Bleuets,** 21 façade Foncillon ℰ 46 38 51 79, Fax 46 23 82 00 – 🔟 ☎. ⅁🄱. ⅏
➔ **Repas** *(fermé 15 déc. au 15 janv., vend., sam. et dim. hors sais.)* (dîner seul.) 65/95 – 🖙 32 – **16 ch** 265/336 – ½ P 263/300.
B a

🏨 **Corinna** ⚓ sans rest, 5 r. Amazones ℰ 46 39 82 53 – ☎ 🄿. ⅏
Pâques-juin sept. – 🖙 28 – **14 ch** 240/285.
A d

🏨 **Saintonge** sans rest, 14 r. Gambetta ℰ 46 05 78 24 – 🔟 ☎. ⅁🄱
🖙 33 – **14 ch** 300/380.
B b

🏠 **Pasteur** sans rest, 40 r. Pasteur ℰ 46 05 14 34, Fax 46 05 96 44 – ☎. ⅁🄱
🖙 25 – **11 ch** 180/290.
B s

ROYAN

Les pastilles numérotées
des plans de villes
①, ②, ③ sont répétées
sur les cartes Michelin
à 1/200 000.

Elles facilitent
ainsi le passage
entre les cartes
et les guides Michelin.

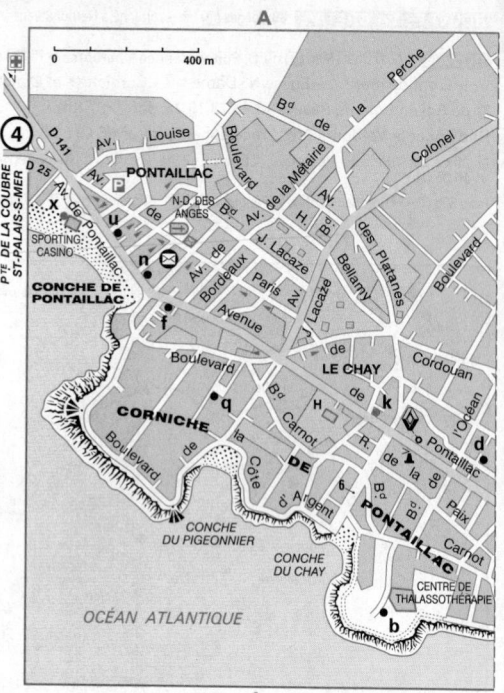

XXX **Trois Marmites,** 37 av. Ch. Regazzoni ℰ 46 38 66 31, 🍴 – 🔲 ÆE ⓞ ⒢ℬ   **B** **r**
      fermé dim. soir et lundi d'oct. à juin sauf vacances scolaires – **Repas** 135/230 et carte 220 à
      300.

XX **Le Chalet,** 6 bd La Grandière ℰ 46 05 04 90 – 🔲. ÆE ⒢ℬ   **C** **u**
      fermé 15 janv. au 15 fév. et merc. sauf juil.-août – **Repas** 98/280, enf. 45.

XX **Relais de la Mairie,** 1 r. Chay ℰ 46 39 03 15 – 🔲. ÆE ⓞ ⒢ℬ   **A** **k**
→   *fermé 13 nov. au 5 déc., 19 fév. au 5 mars, dim. soir hors sais. et mardi* – **Repas** 75/165 ⅃.
      enf. 45.

à Pontaillac :

🏨 **Gd H. de Pontaillac** sans rest, 195 av. Pontaillac ℰ 46 39 00 44, Fax 46 39 04 05, ≤ – 🛗
      🔲 ☎ 🅿. ⒢ℬ   **A** **u**
      1er mai-30 sept. – 🖃 43 – **41 ch** 400/540.

🏨 **Miramar** sans rest, 173 av. Pontaillac ℰ 46 39 03 64, Fax 46 39 23 75, ≤ – 🔲 ☎. ÆE ⓞ
      ⒢ℬ   **A** **n**
      15 mars-30 oct. – 🖃 40 – **25 ch** 350/600.

🏨 **Résidence de Saintonge et rest Pavillon Bleu** ৯, allée des Algues ℰ 46 39 00 00,
→   Fax 46 39 07 00 – ☎ க 🅿. ⒢ℬ. ⁒ rest   **A** **q**
      8 avril-30 sept. – **Repas** 68/180 – 🖃 38 – **40 ch** 220/340 – ½ P 350.

🏨 **Bellevue** sans rest, 122 av. Pontaillac ℰ 46 39 06 75, Fax 46 39 44 92, ≤ – 🔲 ☎ 🅿. ⒢ℬ
      1er mars-1er nov. – 🖃 35 – **18 ch** 255/335.   **A** **f**

XX **La Jabotière,** près Casino ℰ 46 39 91 29, ≤ – ⒢ℬ   **A** **x**
      fermé 18 au 26 déc., 2 janv. au 2 fév., dim. soir et lundi sauf juil.-août – **Repas** 125 (déj.),
      155/265.

rte de St-Palais par ④ : 3,5 km – ⊠ *17640 Vaux-sur-Mer :*

🏨 **Résidence de Rohan** ৯ sans rest, conche de Nauzan ℰ 46 39 00 75, Fax 46 38 29 99,
      ≤, « Villas dans un parc dominant la plage », ⁒ – 🔲 ☎ 🅿. ÆE ⒢ℬ
      20 mars-15 nov. – 🖃 49 – **41 ch** 690.

X **La Biche au Bois** avec ch, D 25 ℰ 46 39 01 52, Fax 46 38 17 96, 🍴 – ☎ 🅿. ⒢ℬ
→   *15 fév.-28 sept. et fermé jeudi du 15 fév. au 15 juin* – **Repas** 50/156, enf. 33 – 🖃 24 –
      12 ch 190/220 – ½ P 190/205.

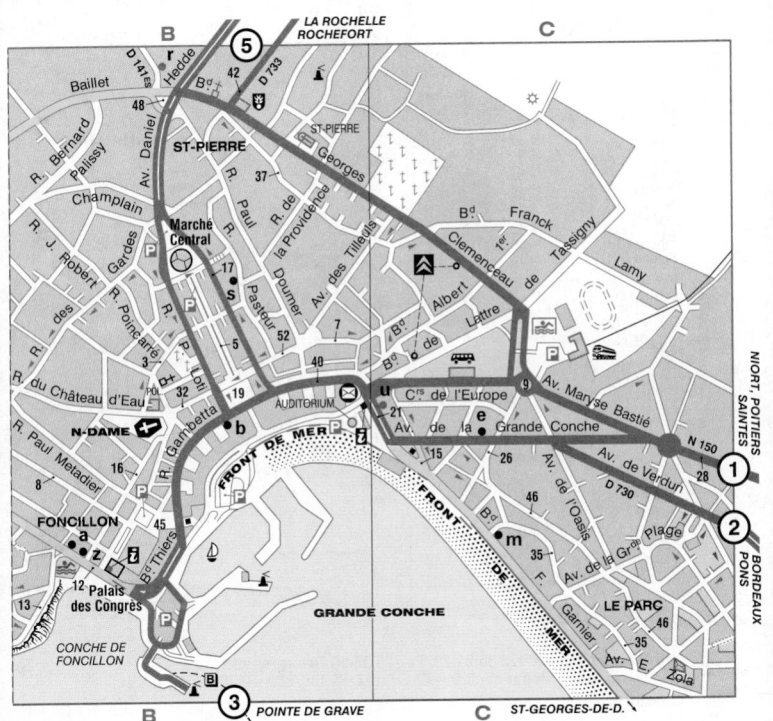

BMW Gar. Bienvenue, 43 av. M.-Bastié
✆ 46 05 01 62
CITROEN Gar. Casagrande, 24 bd de Lattre-de-Tassigny ✆ 46 05 04 26
FORD Gar. Zanker, 11 r. Notre-Dame
✆ 46 05 69 87
NISSAN Gar. Cassagnau, 44 av. Mar.-Leclerc
✆ 46 05 01 66
PEUGEOT Gar. Richard, Zone Ciale, rte de Saintes
par ① ✆ 46 05 03 55 N ✆ 46 05 24 24

RENAULT Gar. du Chay, 75 av. de Pontaillac
✆ 46 38 48 88
RENAULT Royan auto 2000, 20 r. Lavoisier par ①
✆ 46 05 05 08 N ✆ 07 55 02 96

Ⓜ Euromaster, 50 bd de Lattre-de-Tassigny
✆ 46 05 54 24
Royan Pneus Point S, av. Libération ✆ 46 05 46 93

ROYAT 63130 P.-de-D. **73** ⑭ G. Auvergne – 3 950 h alt. 456 – Stat. therm. (mars -30 nov.).

Voir Église St-Léger★ A.

⌐₉⌐₁₈ des Volcans à Orcines ✆ 73 62 15 51, par ③ : 9 km ; ⌐₉ de Charade ✆ 73 35 73 09, SO :
6 km par ②, D 5 et D 5ᶠ.

Circuit automobile de montagne d'Auvergne.

🅱 Office de Tourisme pl. Allard ✆ 73 35 81 87, Fax 73 35 81 07.

Paris 429 – ◆Clermont-Ferrand 3,5 – Aubusson 87 – La Bourboule 45 – Le Mont-Dore 41.

Accès et sorties : voir plan de Clermont-F.

🏨🏨 **Métropole,** bd Vaquez ✆ 73 35 80 18, Fax 73 35 66 67 – 🛗 ☎ 🅿 ☒ ⓪ ⅏. B h
⅌ rest
1ᵉʳ mai-30 sept. – **Repas** 165/180, enf. 80 – 🖙 46 – **71 ch** 250/600, 5 appart – P 345/599.

🏨🏨 **Royal H. St-Mart,** av Gare ✆ 73 35 80 01, Fax 73 35 75 92, 🌫 – 🛗 ☎ 🅿 ⓪ ⅏ B n
1ᵉʳ mai-30 sept. – **Repas** 120/250 – 🖙 32 – **60 ch** 160/350 – ½ P 400/420.

🏨 **Richelieu,** av. A. Rouzaud ✆ 73 35 86 31, Fax 73 35 63 98 – 🛗 📺 ☎ 🅿. ⅏. ⅌ rest B e
17 avril-7 oct. – **Repas** 100 – 🖙 30 – **60 ch** 180/400 – P 189/368.

🏨 **Barrieu** M, 1 bd Barrieu ✆ 73 35 82 50, Fax 73 35 63 31 – 🛗 📺 ☎ 🅿. ⅏. ⅌ rest B t
✦ 1ᵉʳ avril-30 oct. – **Repas** 80/120, enf. 50 – 🖙 30 – **30 ch** 235/330 – P 360/380.

ROYAT

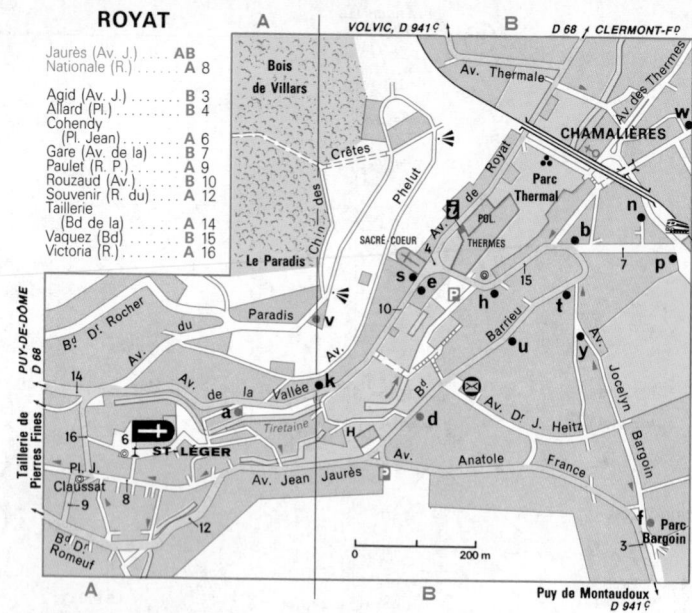

Jaurès (Av. J.) ..... **AB**
Nationale (R.) ...... **A** 8

Agid (Av. J.) .... **B** 3
Allard (Pl.) .... **B** 4
Cohendy
(Pl. Jean) .... **A** 6
Gare (Av. de la) .... **B** 7
Paulet (R. P.) ...... **A** 9
Rouzaud (Av.) ..... **B** 10
Souvenir (R. du) ... **A** 12
Taillerie
(Bd de la) .... **A** 14
Vaquez (Bd) .... **B** 15
Victoria (R.) .... **A** 16

🏨 **Univers,** av. Gare ℰ 73 35 81 28, Fax 73 35 66 79 – 🛗 ☎. 🅶🅱   **B   p**
  30 avril-30 sept. – **Repas** 65/120 – 🖵 29 – **42 ch** 140/280 – P 260/350.

🏨 **Castel H.,** pl. Dr Landouzy ℰ 73 35 80 14, Fax 73 35 80 49 – 🛗 ✻ ch 📺 ☎. 🅰🅴 🅶🅱.
  ✻   **B   b**
  fermé nov. – **Repas** 70/130 – 🖵 29 – **57 ch** 130/320 – ½ P 270/360.

🏨 **Athena** sans rest, av. A. Rouzaud ℰ 73 35 80 32, Fax 73 35 66 26 – 🛗 📺 ☎. 🅰🅴 🅾 🅶🅱
  🏧   **B   s**
  🖵 30 – **24 ch** 220/330.

🏨 **Le Chatel,** av. Vallée ℰ 73 35 82 78, Fax 73 35 79 49 – 🛗 📺 ☎. 🅶🅱   **B   k**
  1er avril-31 oct. – **Repas** 65/158, enf. 45 – 🖵 30 – **25 ch** 150/300 – P 240/310.

🏨 **Chalet Camille** 🍴, bd Barrieu ℰ 73 35 80 87, Fax 73 35 63 62, � – 📺 ☎ 🅿. 🅰🅴 🅶🅱
  hôtel : fermé vacances de Toussaint, Noël au Jour de l'An et vacances de fév.; rest. : ouvert
  1er avril-25 oct. – **Repas** 85/110 – 🖵 23 – **22 ch** 225/260 – ½ P 250/350.   **B   u**

🏨 **Cottage** 🍴, av. Jocelyn Bargoin ℰ 73 35 82 53, � – ☎ 🅿. ✻ rest   **B   y**
  début avril-30 sept. – **Repas** 75/100 – 🖵 24 – **35 ch** 125/250 – P 230/280.

XXX **Le Paradis,** av. Paradis ℰ 73 35 85 46, Fax 73 35 64 41, �, « Demeure surplombant
  Royat et Clermont » – 🅰🅴 🅶🅱   **AB   v**
  fermé vacances de Toussaint, 2 au 31 janv., dim. soir et lundi – **Repas** 140/260 et carte 230 à
  290, enf. 60.

XXX **Belle Meunière** avec ch, av. Vallée ℰ 73 35 80 17, � – 📺 ☎ 🚗. 🅰🅴 🅾 🅶🅱   **A   a**
  fermé 15 nov. au 8 déc., 1er au 15 fév., dim. soir et merc. – **Repas** 120/240 et carte 280 à 360,
  enf. 65 – 🖵 35 – **8 ch** 210/300 – P 320/350.

XX **La Pépinière** avec ch, av. Pasteur par bd Dr Romeuf ℰ 73 35 81 19, Fax 73 35 94 23, �
  – ▤ rest ☎ 🅿. 🅶🅱
  hôtel : ouvert 1er avril-31 oct. – **Repas** *(fermé 1er nov. au 16 déc., lundi sauf le midi du 1er avril*
  au 31 oct. et mardi du 15 déc. au 31 mars) 70/195 🍷 – 🖵 28 – **21 ch** 95/170 – P 215/300.

XX **L'Hostalet,** bd Barrieu ℰ 73 35 82 67 – 🅰🅴 🅶🅱   **B   d**
  fermé 1er janv. au 31 mars, dim. et lundi sauf fêtes – **Repas** 75 (déj.), 120/185.

XX **L'Oasis,** 31 av. Bargoin ℰ 73 35 82 79, Fax 73 35 62 93, ← – 🅶🅱   **B   f**
  fermé 15 juil. au 14 août, dim. soir et lundi sauf fériés le midi – **Repas** 80/170, enf. 60.

CITROEN Gar. Boyer, 50 av. Thermes,
à Chamalières ℰ 73 37 71 57

RENAULT Gar. Valleix, 57 bd Gambetta
à Chamalières B ℰ 73 93 11 43

ROYE 80700 Somme 52 ⑳ **G. Flandres Artois Picardie** – 6 333 h alt. 88.

Paris 111 ⑤ – ♦Amiens 43 ⑥ – Compiègne 40 ⑤ – Arras 75 ⑦ – St-Quentin 44 ②.

ROYE

Amiens (R. d') 2
Basse-Ville (R.) 3
Dr-Duquesnel (R.) 4
Est (Bd de l') 6
Fontaines (R. des) 8
Goyencourt (R. de) 9
Jaurès (Av. Jean-) 10
Lavaquerie (R.) 13
Leclerc (Bd Gén.) 14
Nesle (R. de) 15
Noyon (R. de) 16
Paris (R. de) 17
Péronne (R. de) 19
République (Pl. de la) 21
St-Médard (R.) 23

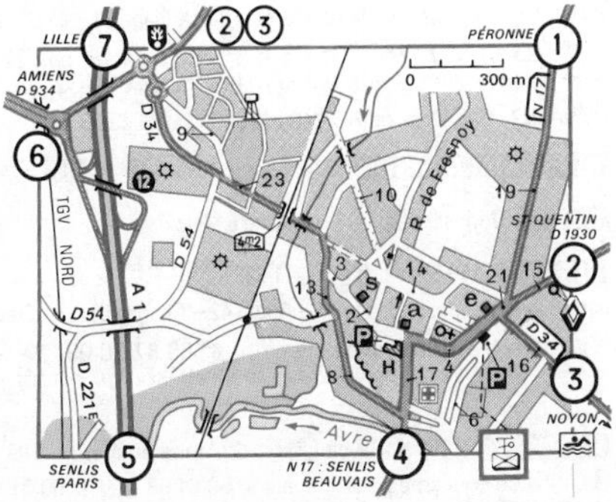

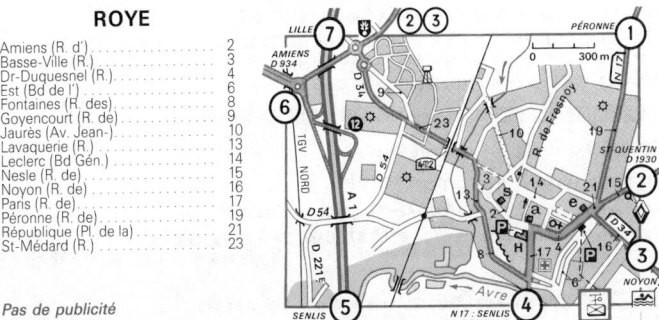

Pas de publicité payée dans ce guide

XXX ✿ **La Flamiche** (Mme Klopp), pl. H. de Ville **(a)** ✆ 22 87 00 56, Fax 22 78 46 77 – AE ⓓ GB JCB
fermé 14 au 17 juil., 22 déc. au 9 janv., dim. soir et lundi – **Repas** 125/450 et carte 400 à 520
Spéc. Flamiche aux poireaux (oct. à avril). Gratin d'anguilles de Somme aux pommes de terre "charlotte". Colvert en choucroute parfumée au genièvre de Houlle (juil. à janv.).

XX **Central et rest. Florentin** avec ch, 36 r. Amiens **(s)** ✆ 22 87 11 05, Fax 22 87 42 74 – TV ☎. AE ⓓ GB. ✻ ch
fermé 16 au 28 août, 23 déc. au 5 janv., dim. soir et lundi – **Repas** 85/200, enf. 60 – ☕ 28 – **8 ch** 230/320.

XX **Nord** avec ch, pl. République **(e)** ✆ 22 87 10 87, Fax 22 87 46 88 – ☎. GB
fermé 16 au 31 juil., 11 au 28 fév., mardi soir et merc. – **Repas** 95/290, enf. 65 – ☕ 28 – **7 ch** 160/180.

CITROEN Gar. François, 20 r. du Fg St-Nicolas à Nesle par ② ✆ 22 88 25 47
RENAULT Péronne Autom. Roye, 10 r. de Nesle ✆ 22 87 07 88
Ⓜ Euromaster, 12 r. de Péronne ✆ 22 87 11 03

ROZAY-EN-BRIE 77540 S.-et-M. 61 ③ **G. Ile de France** – 2 380 h alt. 103.

Paris 60 – Coulommiers 19 – Meaux 38 – Melun 29 – Provins 31 – Sézanne 58.

Les 3 Épis M, 2 av. Épi (près N 4) ✆ (1) 64 25 65 25, Fax (1) 64 25 70 04 – ▤ rest TV ☎ ♿ Ⓟ – 🏛 70. AE ⓓ GB
Repas 73/118 ♁, enf. 44 – ☕ 35 – **55 ch** 260 – ½ P 238.

PEUGEOT Gar. Mirat, ✆ (1) 64 25 60 54

Le ROZIER 48150 Lozère 80 ④ ⑤ **G. Gorges du Tarn** – 157 h alt. 390.

Voir Terrasses du Truel ≤★ E : 3,5 km – Gorges du Tarn★★★.

Env. Chaos de Montpellier-le-Vieux★★★ S : 11,5 km – Corniche du Causse Noir ≤★★ SE : 13 km puis 15 mn.

ℹ Office de Tourisme ✆ 65 62 60 89.

Paris 640 – Mende 62 – Florac 57 – Millau 21 – Sévérac-le-Château 28 – Le Vigan 72.

Gd H. Muse et Rozier M ⛰, à la **Muse** (D 907) rive dte du Tarn ✉ 12720 Peyreleau (Aveyron) ✆ 65 62 60 01, Fax 65 62 63 88, ≤, 🌳, « Au bord de l'eau », 🏊, 🌲 – 🛗 TV ☎ Ⓟ – 🏛 45. AE ⓓ GB JCB
15 mars-15 nov. – **Repas** 120 (déj.), 160/220, enf. 75 – ☕ 58 – **35 ch** 490/625, 3 appart – ½ P 450/520.

Voyageurs, ✆ 65 62 60 09, Fax 65 62 64 01 – 🛗 ☎. AE GB. ✻
1er mars-1er nov. – **Repas** 80/200 ♁, enf. 48 – ☕ 35 – **29 ch** 260/420 – ½ P 240.

Doussière sans rest (annexe 🏨 ⛰ 11 ch), ✆ 65 62 60 25 – ☎. GB
Pâques-11 nov. – ☕ 31 – **24 ch** 180/320.

RUBELLES 77 S.-et-M. 61 ② – rattaché à Melun.

RUCH 33350 Gironde 75 ⑬ – 509 h alt. 75.

Voir Moulin de Labarthe★ SO : 4 km, **G. Pyrénées Aquitaine.**

Paris 558 – ♦Bordeaux 45 – Bergerac 55 – Libourne 26 – La Réole 26.

Château Lardier ⛰, NE : 2 km par D 232 et VO ✆ 57 40 54 11, Fax 57 40 70 38, 🌳 – ☎ Ⓟ. GB
début mars-15 nov. et fermé dim. soir et lundi hors sais. – **Repas** 85/270 ♁, enf. 40 – ☕ 30 – **9 ch** 220/330 – ½ P 265/325.

RUE 80120 Somme 52 ⑥ G. Flandres Artois Picardie – 2 942 h alt. 10.

Voir Chapelle du St-Esprit★.

🛈 Office de Tourisme 54 Porte de Bécray ℘ 22 25 69 94, Fax 22 25 76 26.

Paris 192 – ◆Amiens 68 – Abbeville 24 – Berck-Plage 22 – Le Crotoy 8,5.

🏠 **Lion d'Or** M, r. Barrière ℘ 22 25 74 18, Fax 22 25 66 63 – 📺 ☎ 🅿 ⓪ 🆚
   fermé dim. soir d'oct. à mai – **Repas** 80/160 ⅄, enf. 55 – ☲ 35 – **16 ch** 240/320 – ½ P 230.

RENAULT Gar. Dupont, RD 940 à Quend ℘ 22 23 23 68

RUEIL-MALMAISON 92 Hauts-de-Seine 55 ⑳, 101 ⑭ – voir à Paris, Environs.

RUGY 57 Moselle 57 ④ – rattaché à Metz.

RULLY 71150 S.-et-L. 70 ① – 1 635 h.

Paris 335 – Chalon-sur-Saône 17 – Autun 42 – Chagny 05 – Le Creusot 31.

XX **Le Vendangerot** avec ch, ℘ 85 87 20 09, 😊 – ☎ 🅿 🆚
   fermé vacances de fév., et merc. sauf juil.-août – **Repas** 78/178 ⅄ – ☲ 30 – **12 ch** 210/250 –
   ½ P 203.

RUMILLY 74150 H.-Savoie 74 ⑤ G. Alpes du Nord – 9 991 h alt. 345.

🛈 Office de Tourisme de l'Albanais ℘ 50 64 58 32, Fax 50 01 41 65.

Paris 533 – Annecy 16 – Aix-les-Bains 20 – Bellegarde-sur-Valserine 37 – Belley 45 – ◆Genève 64.

XX **L'Améthyste,** 27 r. Pont-Neuf ℘ 50 01 02 52 – 🍴. 🆚
   fermé 1er au 13 août, dim. soir et lundi soir – **Repas** 88/360.

à Moye NO : 4 km par D 231 – ✉ 74150 :

🏠 **Relais du Clergeon** 🐾, ℘ 50 01 23 80, ≤, 😊, 🎋 – ☎ 🅿 ⓪ 🆚. 🌸
   fermé 27 août au 5 sept., janv., dim. soir et lundi – **Repas** (dim. et fêtes prévenir) 75/280 ⅄,
   enf. 48 – ☲ 34 – **19 ch** 155/330 – ½ P 220/280.

CITROEN Gar. Lacrevaz, 7 r. J.-Béard   PEUGEOT Gar. Central, rte d'Aix-les-Bains
℘ 50 01 11 75   ℘ 50 01 41 81 🆖 ℘ 05 44 24 24

Come districarsi nei sobborghi di Parigi?

Utilizzando la carta stradale Michelin n. 101
e le piante n. 17-18, 19-20, 21-22, 23-24 : chiare, precise ed aggiornate.

RUNGIS 94 Val-de-Marne 61 ①, 101 ㉖ – voir à Paris, Environs.

RUOMS 07120 Ardèche 80 ⑨ G. Vallée du Rhône – 1 858 h alt. 120.

Voir Défilé★ NO : 2,5 km – Gorges de la Beaume★ O : 4 km – Auriolles : Promenade★ à
Labeaume SO : 4 km puis 30 mn.

🛈 Office de Tourisme r. Alphonse Daudet ℘ 75 93 91 90.

Paris 655 – Alès 54 – Aubenas 24 – Pont-St-Esprit 47.

rte des Vans - D 111 – ✉ 07120 Ruoms :

🏠 **La Chapoulière**, à 3,5 km ℘ 75 39 65 43, Fax 75 39 75 82, 😊 – 📺 ☎ 🅿 🆚
   15 mars-15 nov. et fermé lundi sauf de juin à sept. – **Repas** 85/195, enf. 45 – ☲ 35 – **12 ch**
   260/310 – ½ P 275/290.

domaine du Rouret près Grospierres, SO : 13 km par D 111 – ✉ 07120 Grospierres :

🏨 **Le Caleou** 🐾, ℘ 75 93 60 00, Fax 75 93 97 46, ≤, 😊, « Parc ombragé et complexe de
   loisirs », 🍴, ☼, 🏊, 🎾 – 📶 🍴 ch 🍴 📺 ☎ 🅿 🌸. 🍴
   mi-mars-mi-nov. – **Repas** 120 (déj.), 160/190, enf. 75 – ☲ 50 – **118 ch** 650 – ½ P 620.

CITROEN Gar. Dupland, ℘ 75 39 61 23 🆖   RENAULT Gar. Bouschon, ℘ 75 39 61 08 🆖
℘ 75 39 61 94   ℘ 75 39 61 08

RUYNES-EN-MARGERIDE 15320 Cantal 76 ⑭ ⑮ – 605 h alt. 914.

Paris 528 – Aurillac 86 – Langeac 44 – Le Puy-en-Velay 87 – St-Chély-d'Apcher 31 – St-Flour 13.

🏠 **Moderne,** ℘ 71 23 41 17, 🎋 – ☎ 🅿 – 🏛 50. 🆎 🆚
   début mars-début oct. – **Repas** 58/138 ⅄, enf. 49 – ☲ 30 – **33 ch** 140/200 – ½ P 195/215.

RENAULT Gar. Brun, ℘ 71 23 42 31

Les SABLES-D'OLONNE 🆖 85100 Vendée 67 ⑫ G. Poitou Vendée Charentes – 15 830 h alt. 4 –
Casinos de la plage AZ, Casino des Sports CY.

Voir Le Remblai★ BCZ.

🏌 des Olonnes ℘ 51 33 16 16, 6 km par ②.

🛈 Office de Tourisme r. Mar.-Leclerc ℘ 51 32 03 28, Fax 51 32 84 49.

Paris 449 ② – La Roche-sur-Yon 37 ② – Cholet 101 ② – ◆Nantes 93 ② – Niort 110 ④ – La Rochelle 89 ④.

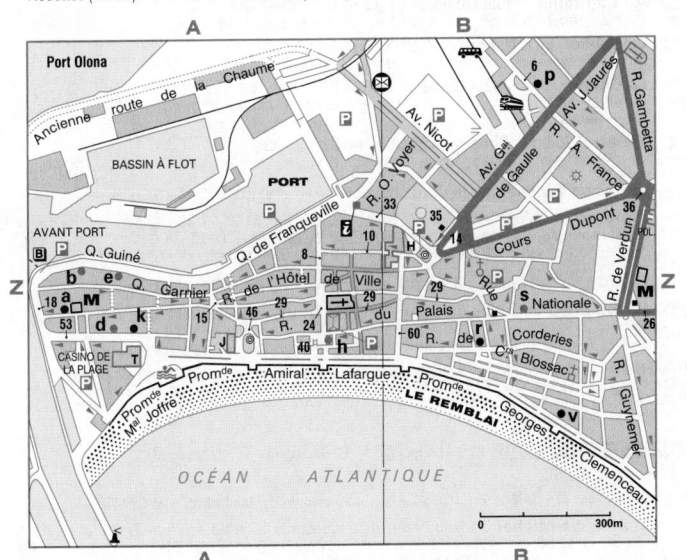

LES SABLES-D'OLONNE

D 32
CHALLANS

NANTES
LA ROCHE-S/YON

0   500 m

LA GRANDE
GALIERE

L'Ile

Port
Olona

LES FILÉES

LES
GRANDS RIAUX

GROSBREUIL

LA
CHAUME

D 36

Tour d'Arundel

R¹ᵉ
Bleue

Fort St-Nicolas

OCEAN

ATLANTIQUE

D 949

NIORT
LUÇON

R. de la Plaine

R. des Roses

CASINO
DES SPORTS

LA
RUDELIÈRE

CENTRE DE
THALASSOTHÉRAPIE

Lac de
Tanchet

ZOO

La Corniche

D 32ª

PUITS D'ENFER

Port Olona

Ancienne   route   de   la   Chaume

Av. Nicot

R. Gambetta

Av. Gᵉᵗ

Av. J. Jaurès

BASSIN À FLOT

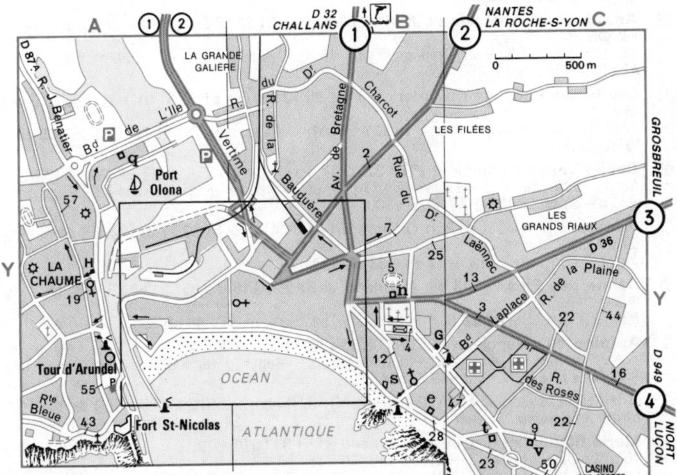

PORT

de Gaulle

A. France

AVANT PORT

Q. Guiné

R.O. Voyer

Cours   Dupont

R. de Verdun

Q. de Franqueville

H

Q. Garnier

R. de l'Hôtel de Ville

Nationale

Palais

CASINO
DE LA PLAGE

R.

Corderies

Cⁱᵉ   Blossac

R. Guynemer

Prom.   Amiral   Lafargue   Prom.   Georges

Promᵈᵉ Mˡ Joffre

LE REMBLAI

Clemenceau

OCÉAN   ATLANTIQUE

0   300m

🟎🟎 **Atlantic H.,** 5 prom. Godet ℘ 51 95 37 71, Fax 51 95 37 30, ≤, ▢ – 🛗 ≡ rest 📺 ☎ – 🛆 30. 🅰🅴 ◑ 🅶🅱
BY **e**
Le Sloop (fermé déc., sam. midi et vend. d'oct. à avril) **Repas** 99/150, enf. 59 – ⊡ 50 – **30 ch** 438/730 – ½ P 515/595.

🏠🏠 **Roches Noires** Ⓜ sans rest, 12 prom. G. Clemenceau ℘ 51 32 01 71, Fax 51 21 61 00, ≤ – 🛗 📺 ☎ &, 🅰🅴 ◑ 🅶🅱
BY **s**
⊡ 40 – **37 ch** 420/650.

🏠 **Arundel,** 8 bd F. Roosevelt ℘ 51 32 03 77, Fax 51 32 86 28 – 🛗 ↙↙ ch 📺 ☎ – 🛆 30. 🅰🅴 ◑ 🅶🅱
AZ **k**
fermé 5 déc. au 5 janv. – **Repas** *(1ᵉʳ juin-15 sept. et fermé lundi)* (résidents seul.) – ⊡ 45 – **42 ch** 340/550 – ½ P 350/420.

🏠 **Les Hirondelles,** 44 r. Corderies ℘ 51 95 10 50, Fax 51 32 31 01 – 🛗 📺 ☎ &, 🅿. 🅰🅴
CZ **r**
hôtel : 1ᵉʳ avril-30 sept. ; rest. : 15 avril-20 sept. – **Repas** 95/135, enf. 50 – ⊡ 35 – **65 ch** 370 – ½ P 340/360.

🏠 **Chêne Vert,** 5 r. Bauduère ℘ 51 32 09 47, Fax 51 21 29 65 – 🛗 📺 ☎. 🅶🅱
CZ **p**
fermé 15 déc. au 5 janv., sam. (sauf hôtel) et dim. d'oct. à mai – **Repas** 49/130 🍴, enf. 35 – ⊡ 28 – **33 ch** 270/300 – ½ P 250/300.

🏠 **Admiral's** Ⓜ sans rest, Port Olona ℘ 51 21 41 41, Fax 51 32 71 23 – 🛗 📺 ☎ &, – 🛆 30.
AY **q**
fermé 23 déc. au 2 janv. – ⊡ 38 – **33 ch** 360/425.

🏠 **Calme des Pins** Ⓜ, 43 av. A. Briand ℘ 51 21 03 18, Fax 51 21 59 85 – 🛗 ☎ &, 🅿. 🅰🅴 🅶🅱
CY **v**
Pâques-30 sept. – **Repas** *(fermé lundi soir)* 90/150 – ⊡ 35 – **46 ch** 350/370 – ½ P 340/360.

🏠 **Antoine,** 60 r. Napoléon ℘ 51 95 08 36 – 📺 ☎ 🚗. 🅶🅱. ✵
AZ **a**
hôtel : 15 mars-15 oct. ; rest. : 15 avril-30 sept. – **Repas** *(dîner seul.)* (résidents seul.) 100/130 – ⊡ 32 – **19 ch** 260/320 – ½ P 250/290.

🏠 **Alizé H.** sans rest, 78 av. A. Gabaret ℘ 51 32 44 90, Fax 51 21 49 59 – 📺 ☎. 🅶🅱. ✵
BY **n**
fermé 20 déc. au 15 fév. et dim. d'oct. à mai – ⊡ 30 – **24 ch** 140/250.

🏠 **Merle Blanc** sans rest, 59 av. A. Briand ℘ 51 32 00 35 – ☎
CY **t**
15 mars-30 sept. – ⊡ 27 – **23 ch** 110/270.

XXX ✿ **Beau Rivage** (Drapeau) avec ch, 40 prom. G. Clemenceau ℘ 51 32 03 01, Fax 51 32 46 48, ≤ – 📺 ☎. 🅰🅴 ◑ 🅶🅱
CZ **v**
fermé 2 au 12 oct., janv., dim. soir et lundi de fin sept. à fin mai sauf fêtes – **Repas** 185/460 et carte 330 à 470, enf. 110 – ⊡ 40 – **11 ch** 280/500 – ½ P 475/570
Spéc. Millefeuille de langouste et de pommes de terre au beurre de mousserons. Tournedos de turbot. Aiguillettes de bœuf ''Maine-Anjou'' aux deux sauces. **Vins** Muscadet.

XX **Le Navarin,** pl. Navarin ℘ 51 21 11 61, ≤ – ≡. 🅰🅴 🅶🅱
BZ **h**
fermé nov., dim. soir et lundi sauf juil.-août – **Repas** 110/290.

XX **Au Capitaine,** 5 quai Guiné ℘ 51 95 18 10 – 🅰🅴 ◑ 🅶🅱
AZ **e**
fermé 1ᵉʳ au 10 oct., fév., sam. midi et vend. – **Repas** 65/185.

XX **Le Sablier,** 56 r. Nationale ℘ 51 21 09 54 – 🅰🅴 🅶🅱
CZ **s**
fermé vacances de fév., dim. soir et lundi – **Repas** 98/188.

XX **Le Clipper,** 19 bis quai Guiné ℘ 51 32 03 61 – ≡. 🅶🅱
AZ **b**
fermé 20 au 26 nov., 10 fév. au 10 mars, lundi en juil.-août, mardi soir et merc. de sept. à juin – **Repas** 68/190.

X **Théâtre,** 20 bd F. Roosevelt ℘ 51 32 00 92 – ≡. 🅶🅱
AZ **d**
1ᵉʳ mars-1ᵉʳ oct. – **Repas** *(fermé mardi soir et merc. sauf juil.-août)* 57/160 🍴, enf. 40.

au Lac de Tanchet par la Corniche : 2,5 km – ✉ 85100 Les Sables d'Olonne :

🟎🟎 **Mercure** Ⓜ 🏊, ℘ 51 21 77 77, Télex 700739, Fax 51 21 77 80, ≤, 🌳, centre de thalassothérapie, 🍴, ▢ – 🛗 ↙↙ ch 📺 ≡ rest 📺 ☎ &, – 🛆 120. 🅰🅴 ◑ 🅶🅱 ✵ rest
CY **f**
fermé 7 au 27 janv. – **Repas** 150/160, enf. 48 – ⊡ 59 – **100 ch** 650/700 – ½ P 520/545.

à l'anse de Cayola SE : 3 km par la corniche – ✉ 85100 Château d'Olonne :

XXXX **Cayola,** 76 promenade de Cayola ℘ 51 22 01 01, Fax 51 22 08 28, ≤, 🌳, ▢ – 🅿. 🅰🅴 ◑ 🅶🅱
fermé 15 janv. au 4 fév., dim. soir et lundi sauf juil.-août – **Repas** 160/450, enf. 90.

CITROEN Olonne Sce Autom., av. du Pas du Bois
au Château-d'Olonne par ④ ℘ 51 21 36 36
PEUGEOT Gar. Olonauto, ZAC le Pas du Bois,
au Château-d'Olonne par ④ ℘ 51 21 06 18

TOYOTA Gar. des Olonnes, Av. R.-Coty,
au Château-d'Olonne ℘ 51 32 01 63
VAG Gar. Tixier, La Mouzinière, au Château-d'Olonne ℘ 51 32 41 04

SABLES-D'OR-LES-PINS 22 C.-d'Armor 🟝🟝 ④ G. Bretagne – ✉ 22240 Fréhel.

🏌️ ℘ 96 41 42 57, SE.

Paris 459 – St-Brieuc 39 – St-Malo 45 – Dinan 45 – Dol-de-Bretagne 60 – Lamballe 27 – St-Cast 20.

🏠 **Manoir St-Michel** 🏊 sans rest, à la Carquois, E : 1,5 km par D 34 ℘ 96 41 48 87, Fax 96 41 41 55, « Jardin et plan d'eau » – ↙↙ ch 📺 ☎ &, 🅿. 🅶🅱
1ᵉʳ avril-2 nov. – ⊡ 40 – **17 ch** 250/550, 3 duplex.

🏨 **Voile d'Or - La Lagune,** 𝒫 96 41 42 49, Fax 96 41 55 45, ≤, ☞ – 📺 ☎ ﺪ 🅿. 🆖
15 mars-15 nov. et fermé mardi midi et lundi en oct. – **Repas** 95/360, enf. 55 – ⌑ 38 –
26 ch 250/380 – ½ P 270/380.

🏨 **Diane,** 𝒫 96 41 42 07, Fax 96 41 42 67, ㍻, ☞ – |≎| 📺 ☎ 🅿. 🖭 🆖
➡ *8 avril-7 oct.* – **Repas** 80/200, enf. 50 – ⌑ 35 – **28 ch** 320/375 – ½ P 240/322.

🏨 **Morgane** sans rest, 𝒫 96 41 46 90, ☞ – ☎ 🅿. 🆖
15 avril-30 sept. – ⌑ 38 – **19 ch** 250/360.

🏠 **Bon Accueil** sans rest, 𝒫 96 41 42 19, Fax 96 41 57 59, ☞ – |≎| ⊜ ﺪ 🅿. 🆖
1er avril-1er oct. – ⌑ 35 – **38 ch** 250/340.

🏡 **Pins,** 𝒫 96 41 42 20, Fax 96 41 59 02, ☞ – ☎. 🖭 🆖
➡ *8 avril-30 sept.* – **Repas** 74/160, enf. 48 – ⌑ 34 – **22 ch** 250/270 – ½ P 250/290.

à Pléhérel-plage E : 3,5 km par D 34 – ⊠ 22240 Fréhel :

🏠 **Plage et Fréhel** ⌂, 𝒫 96 41 40 04, Fax 96 41 57 96, ☞ – ☎ 🅿. 🖭 🆖. 🎇 rest
➡ *1er avril-2 oct. et 22 oct.-13 nov.* – **Repas** 79/228 – ⌑ 33 – **27 ch** (½ pens. seul.) – ½ P 208/
275.

Gar. Hamon, 𝒫 96 41 42 48

SABLÉ-SUR-SARTHE 72300 Sarthe 🖳 ① G. Châteaux de la Loire – 12 178 h alt. 27.

🖫 🖫 𝒫 43 95 28 78, S : 6 km par D 159.

🖪 Office de Tourisme pl. R.-Elizé 𝒫 43 95 00 60, Fax 43 92 04 44.

Paris 257 – ♦Le Mans 58 – Angers 64 – La Flèche 26 – Laval 43 – Mayenne 60.

🍴🍴 **Escu du Roy** avec ch, 20 r. L. Legludic (près Eglise) 𝒫 43 95 90 31 – ▤ rest 📺 ☎. 🆖
➡ *fermé dim. soir* – **Repas** 75/190, enf. 40 – ⌑ 40 – **9 ch** 220/250 – ½ P 250.

🍴🍴 **Host. St-Martin,** 3 r. Haute St-Martin 𝒫 43 95 00 03, ㍻ – 🖭 ⓞ 🆖
fermé lundi – **Repas** 90/170, enf. 50.

à Solesmes NE : 3 km par D 22 – ⊠ 72300 :

Voir Statues des "Saints de Solesmes"★★ dans l'église abbatiale★ (chant grégorien) –
Pont ≤★.

🏨 **Grand Hôtel,** 𝒫 43 95 45 10, Télex 722903, Fax 43 95 22 26, 𝐿ᵦ, ☞ – |≎| 📺 ☎ – 🕍 60. 🖭
ⓞ 🆖
Repas *(fermé dim. soir de nov. à mars)* 110/280 – ⌑ 42 – **34 ch** 350/420 – ½ P 320.

SE : 3 km rte de La Flèche – ⊠ 72300 Sablé-sur-Sarthe :

🏠 **Aster,** 𝒫 43 92 28 96, Fax 43 95 22 66 – 📺 ☎ ﺪ 🅿. 🆖
➡ **Repas** *(fermé dim. soir)* 59/102 🍴, enf. 35 – ⌑ 30 – **30 ch** 199.

CITROEN Gar. Alteam, rte du Mans 𝒫 43 95 06 51   ⓦ Euromaster, ZA rte de la Flèche 𝒫 43 92 20 35
PEUGEOT Sablé Autom., r. de la Briquetterie
𝒫 43 92 55 55
RENAULT Centr. Auto Tuilerie, rte du Mans
𝒫 43 95 55 67 🆖 𝒫 43 95 55 67

SABRES 40630 Landes 🖳 ④ G. Pyrénées Aquitaine – 1 096 h alt. 78.

Voir Ecomusée★ de la grande Lande NO : 4 km.

🖪 Office de Tourisme - Mairie 𝒫 58 07 56 39, Fax 58 07 51 86.

Paris 683 – Mont-de-Marsan 36 – Arcachon 92 – ♦Bayonne 111 – ♦Bordeaux 100 – Mimizan 40.

🏨 **Aub. des Pins** ⌂, 𝒫 58 07 50 47, Fax 58 07 56 74, ㍻, parc – ⊱ ch 📺 ☎ ﺪ 🅿 – 🕍 40.
🆖 🎇
fermé janv., dim. soir et lundi sauf juil.-août – **Repas** 90/320, enf. 60 – ⌑ 45 – **23 ch** 280/600
– ½ P 310/460.

SACHÉ 37 I.-et-L. 🖳 ⑭ – rattaché à Azay-le-Rideau.

SAGONE 2A Corse-du-Sud 🖳 ⑯ – voir à Corse.

SAHORRE 66 Pyr.-Or. 🖳 ⑰ – rattaché à Vernet-les-Bains.

SAIGNES 15240 Cantal 🖳 ② G. Auvergne – 1 009 h alt. 500.

Paris 481 – Aurillac 79 – ♦Clermont-Ferrand 89 – Mauriac 27 – Le Mont-Dore 56 – Ussel 37.

🏠 **Relais Arverne,** 𝒫 71 40 62 64, Fax 71 40 61 14, ☞ – 📺 ☎ 🅿. 🆖
➡ *fermé 15 oct., 19 fév. au 10 mars, vend. soir et dim. soir hors sais.* – **Repas** 65/200 🍴 –
⌑ 28 – **10 ch** 180/230 – ½ P 177/212.

PEUGEOT Gar. Brigoux, rte d'Auzer 𝒫 71 40 62 11   RENAULT Gar. Tribout, av. Gare 𝒫 71 40 61 11
🆖 𝒫 71 40 62 11

SAIGNON 84 Vaucluse 🖳 ⑭, 🖳🖳 ② – rattaché à Apt.

SAILLAGOUSE 66800 Pyr.-Or. 🖳 ⑯ G. Pyrénées Roussillon – 825 h alt. 1 305.

Voir Gorges du Sègre★ E : 2 km.

🖪 Office de Tourisme 𝒫 68 04 72 89.

Paris 886 – Font-Romeu-Odeillo-Via 12 – Bourg-Madame 9 – Mont-Louis 12 – ♦Perpignan 92.

🏛 **Planes** (La Vieille Maison Cerdane), 🖋 68 04 72 08, Fax 68 04 75 93 – 🐕 🔟 ☎ 🕹. AE GB
fermé 15 oct. au 20 déc. – **Repas** 140/250, enf. 60 – *Brasserie :* **Repas** 60 🍴 – ☲ 30 – **18 ch**
200/250 – ½ P 230/255.

🏛 **Planotel** M 🛏 sans rest, 🖋 68 04 72 08, Fax 68 04 75 93, ≤, 🏊, 🛁 – 🔟 ☎ 🅿. AE GB
1er juin-30 sept., 20 déc.-3 janv. et vacances de fév. – ☲ 30 – **20 ch** 220/260.

à Llo E : 3 km par D 33 – alt. 1412 – ☒ **66800**.

Voir Site★.

🏛 **Aub. Atalaya** 🛏, 🖋 68 04 70 04, Fax 68 04 01 29, ≤, 🍽, « Jolie auberge rustique », 🏊
– 🔟 ☎ 🅿. AE GB. 🍴 rest
fermé 10 janv. au 1er avril, mardi midi et lundi hors sais. – **Repas** 150/380 – ☲ 60 – **13 ch**
480/715 – ½ P 460/575.

CITROEN Gar. Rougé, 🖋 68 04 70 55   RENAULT Gar. Domenech, 🖋 68 04 70 30 🗓
🖋 68 04 76 45

12400 Aveyron 🔢 ⑬ G. Gorges du Tarn (plan) – 7 798 h alt. 329.

🚹 Office de Tourisme bd Verdun (Pâques-30 sept.) 🖋 65 99 09 05.

Paris 681 – Albi 82 – Castres 92 – Lodève 66 – Millau 27 – Rodez 79.

🏛 **Moderne**, à la gare 🖋 65 49 20 44, Fax 65 49 36 55 – 🔟 ☎. AE GB
fermé 9 au 15 oct. et 23 déc. au 7 janv. – **Repas** 85/260 🍴 – ☲ 35 – **28 ch** 200/390 –
½ P 211/265.

🍽 **Tilleuls** sans rest, à la gare 🖋 65 49 20 44, Fax 65 49 36 55 – ☎. GB
fermé 23 déc. au 7 janv. – ☲ 35 – **18 ch** 95/180.

CITROEN Gar. Bousquet, 29 bd V.-Hugo   Treillet Pneus Point S, Av. J.-Bourgougnon,
🖋 65 49 30 15   🖋 65 49 22 08 🗓 🖋 65 60 23 04
PEUGEOT Gar. Pujol, 36 bd E.-Borel 🖋 65 49 21 09   Vaygalier Maison du Pneu, 7 bd de Verdun
🖋 65 49 01 23
🔘 Maury, rte de Vabres, Le Vern 🖋 65 99 06 83

07320 Ardèche 🔢 ⑨ ⑲ G. Vallée du Rhône (plan) – 2 762 h alt. 1 050.
Voir Mont Chiniac ≤★★.

🚹 Syndicat d'Initiative à la Mairie (15 juin-15 sept. vacances scolaires) 🖋 75 30 15 06.

Paris 581 – Le Puy-en-Velay 52 – Aubenas 66 – Lamastre 20 – Privas 71 – ◆St-Étienne 69 – Yssingeaux 34.

🏛 **L'Arraché** sans rest, 🖋 75 30 10 12, 🏊 – ☎. GB
15 juin-15 sept. – ☲ 25 – **10 ch** 200/250.

🍽 **Boissy-Teyssier**, 🖋 75 30 12 43 – ☎
→ *fermé 20 avril au 1er mai, 25 sept. au 25 oct. et sam. de sept. à juin* – **Repas** 70/130 🍴, enf. 45
– ☲ 27 – **10 ch** 150/230 – ½ P 190/210.

✕✕✕ **Domaine de Rilhac** 🛏 avec ch, par D 120, D 21 et VO : 2 km 🖋 75 30 20 20,
Fax 75 30 20 00, ≤ – 🔟 ☎ 🕹. 🅿. GB
fermé fév., lundi soir et mardi sauf juil.-août – **Repas** 100 (déj.), 135/250, enf. 70 – ☲ 50 –
8 ch 295/395 – ½ P 330/380.

RENAULT Gar. Chareyron, 🖋 75 30 14 12 🗓 🖋 75 30 14 12

41110 L.-et-Ch. 🔢 ⑰ G. Châteaux de la Loire (plan) – 3 672 h alt. 84.
Voir Crypte★★ de l'église★.

🚹 Office de Tourisme (juil.-août) 🖋 54 75 22 85.

Paris 220 – ◆Tours 60 – Blois 39 – Châteauroux 65 – Romorantin-Lanthenay 32 – Vierzon 57.

🏛 **Clos du Cher** M 🛏, le Boeuf Couronné, N : 1 km ☒ 41140 Noyers-sur-Cher
🖋 54 75 00 03, Fax 54 75 03 79, parc – 🔟 ☎ 🕹 🅿. AE ⑩ GB. 🍴 ch
fermé 20 nov. au 13 déc., janv. et merc. – **Repas** 130/340, enf. 60 – ☲ 58 – **10 ch** 390/540 –
½ P 370/460.

🏛 **Gd H. St-Aignan**, 🖋 54 75 18 04, Fax 54 75 12 59, ≤ – ☎ ⟶ 🅿 – 🔬 25. AE GB
→ *fermé 13 au 28 nov., 18 fév. au 12 mars, dim. soir et lundi de début nov. à fin mars* –
Repas 80/185 🍴 – ☲ 26 – **21 ch** 100/330 – ½ P 180/300.

✕ **Gare** avec ch, à la gare de Noyers N : 2 km sur D 675 ☒ 41140 Noyers-sur-Cher
→ 🖋 54 75 16 38 – 🅿. GB. 🍴 ch
fermé 8 janv. au 2 fév., dim. soir et lundi – **Repas** 59/195 🍴 – ☲ 25 – **11 ch** 120 –
½ P 200/250.

PEUGEOT Gar. Danger, La Croix-Michel,   RENAULT Touraine Sologne Autom., à Seigy
🖋 54 75 19 72   🖋 54 75 40 18 🗓 🖋 54 75 40 18

73 Savoie 🔢 ⑮ – rattaché à Aiguebelette-le-Lac.

42370 Loire 🔢 ⑦ – 843 h alt. 470.
Paris 387 – Roanne 12 – Lapalisse 45 – Montbrison 65 – ◆St-Étienne 85 – Thiers 49 – Vichy 63.

✕✕ **St-Albanais**, 🖋 77 65 84 23 – GB
→ *fermé 1er au 15 août, vacances de fév., mardi soir et merc.* – **Repas** 65/240 🍴.

73 Savoie 🔢 ⑮ – rattaché à Chambéry.

Paris 549 – Mende 41 – Le Puy-en-Velay 75 – Espalion 74 – Saint-Chély-d'Apcher 13 – Sévérac-le-Château 79.

   🏨 **Relais St Roch** ⚜, Château de la Chastre ℘ 66 31 55 48, Fax 66 31 53 26, 🍴, 🌳 – 📺
      ☎ 🅿. 🆎 ⓪ ⅭⒷ
      fermé déc. et janv. – **Repas** *(fermé mardi midi hors sais. et lundi sauf le soir en sais.)* 78 (déj.),
      108/228, enf. 68 – ☑ 48 – **10 ch** 390/640 – ½ P 429/475.

🏍 Gar. Brunet, ℘ 66 31 55 29

Voir Ancienne abbaye de Noirlac★★ 4 km par ⑥.

Env. Château de Meillant★★ 8 km par ① – Ainay-le-Vieil : château★ 11 km par ④.

🅱 Office de Tourisme pl. République (fermé dim.) ℘ 48 96 16 86, Fax 48 96 46 64.

Paris 288 ⑤ – Bourges 44 ⑤ – Châteauroux 66 ⑤ – Montluçon 54 ④ – Moulins 86 ③ – Nevers 70 ③.

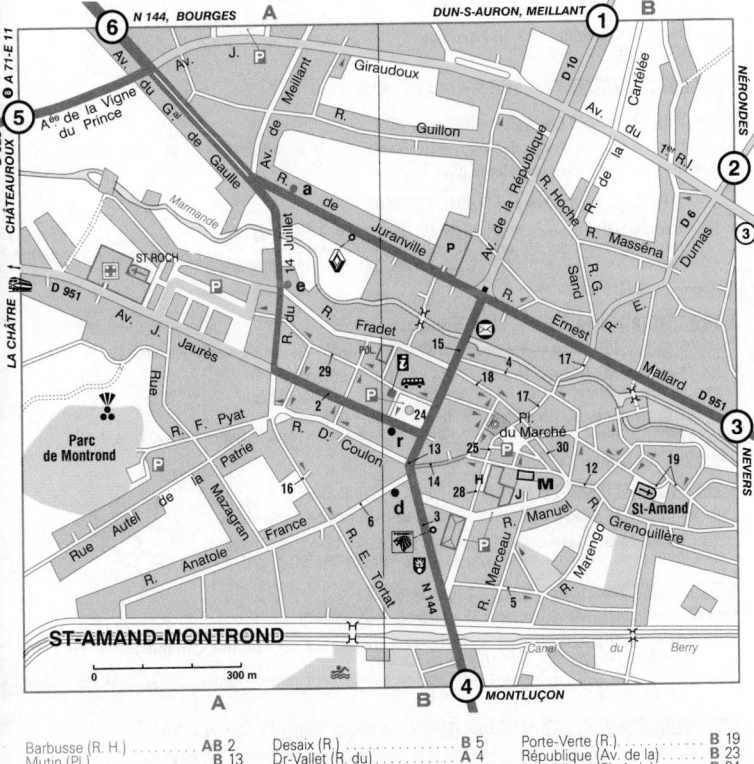

  🏨 **L'Amandois** 🅼, 7 r. H. Barbusse ℘ 48 63 72 00, Fax 48 96 77 11 – 🛗 🍴 rest 📺 ☎ ♿ 🅿 –
     🔺 25. 🆎 ⓪ ⅭⒷ   B **r**
     Repas 75/180 – ☑ 33 – **27 ch** 250/320 – ½ P 265.

  🏨 **Le Noirlac** 🅼, rte Bourges par ⑥ : 2 km ℘ 48 96 80 80, Fax 48 96 63 88, 🌳, 🍴, 🌳, 🎾 –
     📺 ☎ ♿ 🅿 – 🔺 30. 🆎 ⅭⒷ
     Repas 90/190 🍷, enf. 45 – ☑ 32 – **44 ch** 255/295 – ½ P 265.

  🏠 **Poste**, 9 r. Dr Vallet ℘ 48 96 27 14, Fax 48 96 97 74 – 📺 ☎ 🅿. 🆎 ⅭⒷ   B **d**
     fermé 7 janv. au 11 fév. et merc. de nov. à avril – **Repas** 95/230 🍷 – ☑ 35 – **22 ch** 160/280 –
     ½ P 250.

XX **Croix d'Or** avec ch, 28 r. 14-Juillet ℘ 48 96 09 41, Fax 48 96 72 89 – 📺 ☎ ⟨⟩, 🄶🄱　　　A　e
fermé vend. soir d'oct. à juin sauf fêtes – **Repas** 88/280 – ☲ 40 – **12 ch** 160/280.

X **Boeuf Couronné**, 86 r. Juranville ℘ 48 96 42 72, Fax 48 96 33 80 – 🄿. 🄶🄱　　　　　A　a
fermé 3 au 11 juil., 2 au 21 janv., mardi soir et merc. – Repas 90/170 🍷.

à Noirlac par ⑥ et D 35 : 4 km – ✉ 18200 St-Amand-Montrond :

X **Aub. Abbaye de Noirlac**, ℘ 48 96 22 58 – 🄶🄱
fermé 10 janv. au 10 fév. et merc. – **Repas** 90/160.

à Bruère-Allichamps par ⑥ : 8,5 km – ✉ 18200 :

🏠 **Les Tilleuls**, rte Noirlac ℘ 48 61 02 75, 🍽 – ☎ 🄿. 🄶🄱. 🛇 ch
fermé fév., dim. soir du 11 nov. au 1ᵉʳ avril et lundi – **Repas** 98/205 🍷, enf. 62 – ☲ 33 – **10 ch**
160/210 – ½ P 218/238.

CITROEN Gén. Auto St-Amand, rte de Bourges
par ⑥ ℘ 48 96 25 07
FORD Gar. Marembert, 94 av. Gén.-de-Gaulle
℘ 48 96 26 93
PEUGEOT Gar. Charbonnier, 15 r. B.-Constant
℘ 48 96 10 07 🄽 ℘ 05 44 24 24

RENAULT Gar. Centre, 45 r. Juranville
℘ 48 96 05 89 🄽 ℘ 48 57 54 97

🚲 Godignon Pneu Vulcopneu,
99 av. Gén.-de-Gaulle ℘ 48 96 11 21

ST-AMANS-SOULT 81 Tarn 🞐🞐 ⑫ – rattaché à Mazamet.

ST-AMBROIX 30500 Gard 🞐🞐 ⑧ – 3 517 h alt. 151.

🅱 Office de Tourisme pl. Ancien Temple (fermé après-midi hors saison) ℘ 66 24 33 36, Fax 66 24 30 00.
Paris 690 – Alès 18 – Aubenas 56 – Mende 107.

à St-Brès N : 1,5 km par D 904 – ✉ 30500 :

XX **Aub. St-Brès** avec ch, ℘ 66 24 10 79, 🍽, 🌳 – 📺 ☎ 🄿. 🄶🄱
fermé 12 nov. au 1ᵉʳ janv., lundi midi en juil.-août, dim. soir et lundi de sept. à juin –
Repas 120/220 🍷, enf. 50 – ☲ 40 – **9 ch** 190/270 – ½ P 250/275.

🚲 Thomas-Pneus, ℘ 66 24 17 91

ST AMOUR 39160 Jura 🞐🞐 ⑬ – 2 200 h alt. 253.
Paris 405 – Mâcon 48 – Bourg-en-Bresse 29 – Chalon-sur-Saône 68 – Lons-le-Saunier 33 – Tournus 43.

XX **Fred et Martine**, r. Bresse ℘ 84 48 71 95 – 🄰🄴 🄾 🄶🄱
✦ *fermé vacances de fév., dim. soir et lundi* – Repas 80/200 🍷.

X **Commerce**, pl. Chevalerie ℘ 84 48 73 05 – 🄶🄱
fermé 15 déc. au 20 janv., dim. soir et lundi sauf juil.-août – **Repas** 85/200 🍷, enf. 65.

RENAULT Gar. Lecuelle, ℘ 84 48 73 52

ST-AMOUR-BELLEVUE 71570 S.-et-L. 🞐🞐 ① – 492 h alt. 306.
Paris 403 – Mâcon 11 – Bourg-en-Bresse 47 – ✦Lyon 68 – Villefranche-sur-Saône 32.

XX **Chez Jean Pierre**, ℘ 85 37 41 26, Fax 85 37 18 40, 🍽 – 🄶🄱
fermé vac. de Noël, merc. soir et jeudi – **Repas** 95/190 🍷, enf. 45.

ST-ANDIOL 13690 B.-du-R. 🞐🞐 ① – 2 253 h alt. 54.
Paris 695 – Avignon 16 – Aix-en-Provence 65 – Arles 36 – ✦Marseille 78.

XX **Berger des Abeilles** ⟨⟩ avec ch, N : 2 km par N 7 et D 74ᴱ (rte Cabanes) ℘ 90 95 01 91,
Fax 90 95 48 26, 🍽, 🌳 – 📺 ☎ 🄿. 🄰🄴 🄶🄱
fermé janv., fév., lundi sauf hôtel et dim. soir de sept. à juin – **Repas** 120/300, enf. 65 – ☲ 60
– **6 ch** 300/350 – ½ P 350.

ST-ANDRÉ-D'APCHON 42370 Loire 🞐🞐 ⑦ G. Vallée du Rhône – 1 720 h alt. 417.
Paris 383 – Roanne 11 – Lapalisse 41 – Montbrison 67 – ✦St-Étienne 86 – Thiers 56 – Vichy 56.

XXX **Lion d'Or** avec ch, ℘ 77 65 81 53 – 🄰🄴 🄾 🄶🄱
fermé dim. soir et lundi – **Repas** 110/295 et carte 140 à 290 🍷 – ☲ 32 – **6 ch** 190/250 –
½ P 210/255.

ST-ANDRÉ-DE-CORCY 01390 Ain 🞐🞐 ② – 2 547 h alt. 297.
Paris 453 – ✦Lyon 27 – Bourg-en-Bresse 38 – Meximieux 21 – Villefranche-sur-Saône 24.

à St-Marcel N : 3 km par N 83 – ✉ 01390 :

XX **La Colonne**, ℘ 72 26 11 06 – 🄶🄱
fermé 4 au 11 juil., 20 déc. au 20 janv., lundi soir et mardi sauf fériés – **Repas** 88/210.

ST-ANDRÉ-DE-CUBZAC 33240 Gironde 🞐🞐 ⑧ – 6 341 h alt. 30.

🅱 Office de Tourisme 141 r. Nationale ℘ 57 43 64 80, Fax 57 43 69 63.
Paris 558 – ✦Bordeaux 24 – Angoulême 92 – Blaye 25 – Jonzac 63 – Libourne 21 – Saintes 94.

à **St Gervais** NO : 3,5 km par N 137 et D 151E – ✉ 33240 :

XX **Au Sarment,** ℰ 57 43 44 73, Fax 57 43 90 28, 🏤 – ⓞ 🆚 ᴊᴄʙ
fermé août, vacances de fév., dim. soir et lundi – **Repas** 90/200, enf. 65.

CITROEN Gar. Darroman, rte de Bordeaux
ℰ 57 43 06 49
FORD Gar. de l'Europe, 168 Rte Nat. ℰ 57 43 03 95
OPEL Gar. Abbadie, 25 RN 10 ℰ 57 43 01 42
RENAULT Gar. Carip, N 137 à Pugnac
ℰ 57 68 80 50 🆖 ℰ 05 05 15 15

Ⓜ Ateliers Aquitaine Pneumatique,
70 av. Bois Ch. Milan ℰ 57 43 20 56

ST-ANDRÉ-D'HÉBERTOT 14 Calvados 🆕 ④ – rattaché à Pont-l'Évêque.

ST-ANDRÉ-LES-ALPES 04170 Alpes-de-H.-P. 🆕 ⑱ G. Alpes du Sud – 794 h alt. 894.
🅱 Office de Tourisme pl. M.-Pastorelli ℰ 92 89 02 39.
Paris 792 – Digne-les-Bains 43 – Castellane 21 – Colmars 28 – Manosque 93 – Puget-Théniers 45.

🏠 **Monge** sans rest, ℰ 92 89 01 06, Fax 92 89 17 37, 🚗 – ☎ Ⓟ. 🆚
fermé 23 oct. au 10 nov. – ☲ 40 – **25 ch** 210/260.

X **Aub. du Parc** avec ch, ℰ 92 89 00 03, Fax 92 89 17 38, 🏤, 🚗 – 🚗 Ⓟ
fermé 1ᵉʳ janv. au 15 fév. – **Repas** 85/225, enf. 50 – ☲ 36 – **13 ch** 140/300 – ½ P 280.

ST-ANDRÉ-LES-VERGERS 10 Aube 🆕 ⑯ – rattaché à Troyes.

ST-ANTHÈME 63660 P.-de-D. 🆕 ⑰ G. Vallée du Rhône – 880 h alt. 940 – Sports d'hiver : 1 250/1 410 m
✓3 ⛷.
🅱 Syndicat d'Initiative - Mairie ℰ 73 95 47 06.
Paris 510 – ◆St-Étienne 50 – Ambert 22 – ◆Clermont-Ferrand 97 – Montbrison 24.

à **Raffiny** S par D 261 : 5 km – ✉ 63660 St Romain :

🏠 **Pont de Raffiny,** ℰ 73 95 49 10, Fax 73 95 80 21 – ☎ Ⓟ. 🆚
➛ *fermé janv. à mi fév., dim. soir et lundi du 3 sept. au 18 juin* – **Repas** 80/160 ♨, enf. 55 – ☲ 30
– **12 ch** 180/220 – ½ P 200.

ST-ANTOINE-L'ABBAYE 38160 Isère 🆕 ③ G. Vallée du Rhône – 873 h alt. 350.
Voir Abbatiale★.
🅱 Office de Tourisme, Maison du Tourisme ℰ 76 36 44 46.
Paris 563 – Valence 44 – ◆Grenoble 64 – Romans-sur-Isère 25 – St-Marcellin 12.

XX **Aub. de l'Abbaye,** Mail de l'Abbaye ℰ 76 36 42 83, 🏤, « Maison ancienne face à
l'Abbaye » – 🆎 ⓞ 🆚
fermé 2 au 30 janv., lundi soir et mardi hors sais. – **Repas** 110 bc/220.

ST-AUBAN 04 Alpes-de-H.-P. 🆕 ⑯ – rattaché à Château-Arnoux.

ST-AUBIN-DE-MÉDOC 33160 Gironde 🆕 ⑨ – 4 332 h.
Paris 592 – ◆Bordeaux 17 – Lesparre-Médoc 52 – Libourne 46.

🏠 **Quatre Saisons** Ⓜ, N 215 ℰ 56 95 86 90, Fax 56 95 79 72, 🏤 – 🆃 ☎ 👌 Ⓟ. 🆚
Repas *(fermé dim. soir)* 85/230 ♨ – ☲ 30 – **16 ch** 300/350 – ½ P 275.

ST-AUBIN-SUR-MER 14750 Calvados 🆕 ① G. Normandie Cotentin – 1 526 h alt. 7.
🅱 Office de Tourisme Digue Favereau *(vacances scolaires, Pâques-sept.)* ℰ 31 97 30 41, Fax 31 96 18 92.
Paris 256 – Caen 18 – Arromanches-les-Bains 18 – Bayeux 27 – Cabourg 31.

🏠 **Clos Normand,** ℰ 31 97 30 47, Fax 31 96 46 23, ≤, 🚗 – ☎ Ⓟ. 🆚 ᴊᴄʙ
30 mars-3 oct. – **Repas** 98/250, enf. 56 – ☲ 36 – **29 ch** 290/330 – ½ P 310/340.

🏠 **St-Aubin,** ℰ 31 97 30 39, Fax 31 97 41 56, ≤ – 🆃 ☎ Ⓟ. 🆎 ⓞ 🆚
fermé 12 au 28 nov., 2 janv. au 2 fév., dim. soir et lundi sauf de mai à sept. – **Repas** 110/270,
enf. 50 – ☲ 35 – **24 ch** 300/350 – ½ P 300/330.

ST-AULAIRE 19 Corrèze 🆕 ⑧ – rattaché à Objat.

ST-AUNÈS 34130 Hérault 🆕 ⑦ – 2 027 h.
Paris 752 – ◆Montpellier 16 – Lunel 17 – ◆Nîmes 46.

🏠 **Cetus** Ⓜ, N 113 ℰ 67 70 38 40, Fax 67 87 38 04, 🏤, 🏋, 🏊, 🚗 – 🛗 🍴 🆃 ☎ 👌 Ⓟ –
🚲 40. 🆎 ⓞ 🆚. ✂ rest
Repas *(fermé dim. en hiver)* 87/230 – ☲ 40 – **50 ch** 290/350 – ½ P 320.

ST-AUVENT 87310 H.-Vienne 🆕 ⑯ – 817 h alt. 295.
Paris 431 – ◆Limoges 34 – Chalûs 22 – Rochechouart 9,5 – St-Junien 13.

X **Aub. Vallée de la Gorre,** ℰ 55 00 01 27 – ▤. 🆚
➛ *fermé 28 août à 4 sept., dim. soir et lundi soir* – **Repas** 65/210 ♨.

ST-AVÉ 56 Morbihan 🆕 ③ – rattaché à Vannes.

ST-AVOLD 57500 Moselle 57 ⑮ G. Alsace Lorraine – 16 533 h alt. 230.

Voir Groupe sculpté★ dans l'église St-Nabor.

🏌 Faulquemont-Pontpierre ℰ 87 91 48 48, SO : 16 km par D 20.

🅱 Office de Tourisme à la Mairie ℰ 87 91 30 19.

Paris 371 – ◆Metz 42 – Haguenau 112 – Lunéville 74 – ◆Nancy 71 – Saarbrücken 33 – Sarreguemines 28 – ◆Strasbourg 123 – Thionville 68 – Trier 92.

🏨🏨 **Novotel** Ⓜ ⓢ, sur N 33 (échangeur A 32) ℰ 87 92 25 93, Fax 87 92 02 47, 🍴, « A l'orée de la forêt », 🖳, ☞ – ⇌ ch 🖥 rest 📺 ☎ ₲ ₽ – 🔬 30 à 200. 🅰🅴 ⓞ ⒼⒷ 🄹🄲🄱
  Repas carte environ 160, enf. 50 – 🖂 50 – **61 ch** 400/420.

🏨 **Europe,** 7 r. Altmayer ℰ 87 92 00 33, Fax 87 92 01 23 – 📶 📺 ☎ 🚗 ₽ – 🔬 50. 🅰🅴 ⓞ ⒼⒷ
  Repas (fermé sam. midi et dim.) 120/270 – 🖂 45 – **34 ch** 270 – ½ P 250.

XXX **Le Neptune,** à la piscine ℰ 87 92 38 10 – 🅰🅴 ⓞ ⒼⒷ 🄹🄲🄱
  fermé août, 2 au 10 janv., sam. midi, dim. soir et lundi – **Repas** 120/260, enf. 60.

  au NO par D 72 et D 25ᴰ : 5 km – ⌧ 57740 Longeville-lès-St-Avold :

XX **Moulin d'Ambach,** ℰ 87 92 18 40, Fax 87 29 08 68, 🍴 – ₽. 🅰🅴 ⒼⒷ
  fermé 10 juil. au 1ᵉʳ août, vacances de fév., lundi soir et mardi – **Repas** 110/260 ⅋, enf. 45.

CITROEN Gar. Rein, 65 r. Gén.-Mangin
ℰ 87 29 24 24
FORD Gar. Schwaller, r. du 27 Novembre
ℰ 87 29 27 27
PEUGEOT Derr St-Avold Auto, RN 3, ZI Longeville
ℰ 87 29 20 50

RENAULT Moselle Autom., 67 av. Patton
ℰ 87 91 83 83 🅽 ℰ 87 23 44 42

Ⓦ Leclerc-Pneu, 10 r. Mar.-Foch ℰ 87 92 24 68

ST-AYGULF 83370 Var 84 ⑱ 114 ㊳ 115 ㉝ G. Côte d'Azur – alt. 15.

🅱 Office de Tourisme pl. Poste ℰ 94 81 22 09.

Paris 878 – Fréjus 6 – Brignoles 68 – Draguignan 33 – St-Raphaël 8 – Ste-Maxime 14.

🏨 **Catalogne** sans rest, ℰ 94 81 01 44, Fax 94 81 32 42, ☞ – 📶 📺 ☎ ₽. 🅰🅴 ⓞ ⒼⒷ. 🎾
  Pâques-15 oct. – 🖂 45 – **32 ch** 520.

ST-BAUZILE 48000 Lozère 80 ⑥ – 472 h alt. 750.

Paris 605 – Mende 13 – Florac 27 – Langogne 60 – Marvejols 27.

🏠 **Deux Vallées,** N 106 ℰ 66 47 08 80, Fax 66 47 07 95 – 📺 ☎ ₵ ₽ – 🔬 45. 🅰🅴 ⓞ ⒼⒷ
➡ **Repas** 70/170 ⅋, enf. 42 – 🖂 30 – **27 ch** 180/290 – ½ P 230/260.

ST-BEAUZEIL 82150 T.-et-G. 79 ⑯ – 120 h alt. 138.

Paris 624 – Agen 35 – Cahors 56 – Montauban 63 – Villeneuve-sur-Lot 23.

🏨🏨 **Château de l'Hoste** ⓢ, rte Agen (D 656) ℰ 63 95 25 61, Fax 63 95 25 50, 🍴, parc, 🖳 – ☎ ₵ ₽. ⒼⒷ
  fermé 15 fév. au 15 mars, dim. soir et lundi du 1ᵉʳ oct. au 15 mai – **Repas** 110/265 – 🖂 40 – **32 ch** 210/260 – ½ P 280.

ST-BENOIT 01300 Ain 74 ⑭ – 488 h alt. 210.

Paris 501 – Belley 17 – Bourg-en-Bresse 70 – ◆Lyon 74 – La Tour-du-Pin 27 – Vienne 70 – Voiron 41.

X **Billiemaz,** au pont d'Evieu SO : 2,5 km ℰ 74 39 72 56 – ₽. 🅰🅴 ⓞ ⒼⒷ
  fermé 27 juin au 13 juil., 5 au 22 sept., mardi soir et merc. – **Repas** 68/220 ⅋.

PEUGEOT Gar. Personeni, ℰ 74 39 72 59 🅽 ℰ 74 39 72 59

ST-BENOIT 86 Vienne 68 ⑬ ⑭ – rattaché à Poitiers.

ST-BENOIT-SUR-LOIRE 45730 Loiret 64 ⑩ G. Châteaux de la Loire – 1 880 h alt. 100.

Voir Basilique★★ (chant grégorien).

🅱 Syndicat d'Initiative 44, r. Orléanaise ℰ 38 35 79 00.

Paris 137 – ◆Orléans 40 – Bourges 92 – Châteauneuf-sur-Loire 10 – Gien 31 – Montargis 43.

🏠 **Labrador** ⓢ sans rest, ℰ 38 35 74 38, Fax 38 35 72 99, ☞ – 📺 ☎ ₵ ₽ – 🔬 50. 🅰🅴 ⒼⒷ
  fermé 1ᵉʳ au 15 janv. – 🖂 39 – **44 ch** 150/350.

ST-BERTRAND-DE-COMMINGES 31510 H.-Gar. 85 ⑳ G. Pyrénées Aquitaine – 217 h alt. 446.

Voir Site★★ – Cathédrale★ : boiseries★★, cloître★★ et trésor★ – Basilique Saint-Just★ de Valcabrère NE : 2 km.

Paris 811 – Bagnères-de-Luchon 33 – Lannemezan 25 – Saint-Gaudens 17 – Tarbes 57 – ◆Toulouse 107.

🏠 **L'Oppidum** Ⓜ ⓢ, r. Poste ℰ 61 88 33 50, Fax 61 95 94 04 – ☎ ₵. 🅰🅴 ⒼⒷ
➡ fermé 30 nov. au 15 fév. et merc. sauf du 1ᵉʳ mai au 31 oct. – **Repas** 80/180, enf. 50 – 🖂 30 – **15 ch** 190/340 – ½ P 280/300.

🏠 **Comminges,** ℰ 61 88 31 43, Fax 61 94 98 22, 🍴, ☞ – ☎ ₽. ⒼⒷ 🄹🄲🄱 🎾 rest
➡ hôtel : 1ᵉʳ avril-31 oct., vacances scolaires et week-ends sauf déc. et janv. – **Repas** (1ᵉʳ avril-30 sept. et fermé mardi en avril et mai) 80/130 ⅋ – 🖂 30 – **14 ch** 180/340 – ½ P 198/208.

à Gaudent S : 6 km par D 26ᴬ et D 925 – ⊠ 65370 :

※ **La Chapelle d'Albret** ☜ avec ch, ℰ 62 99 21 13, Fax 62 99 23 69, 🐎, ※ – 📺 **🅿**. 🆚
↔ *fermé 1ᵉʳ au 7 janv. et lundi* – **Repas** 70/128, enf. 50 – ⊡ 25 – **4 ch** 180/200 – ½ P 280.

ST-BOIL 71390 S.-et-L. 📖 ⑪ – 377 h alt. 230.

Paris 362 – Chalon-sur-Saône 24 – Cluny 27 – Montceau-les-Mines 34 – Mâcon 50.

※※ **Aub. Cheval Blanc** 🅼 avec ch, ℰ 85 44 03 16, Fax 85 44 07 25, 🏠, 🎨, 🐎 – 📺 ☎ 🕭 **🅿**.
🆚. ※ ch
fermé 15 fév. au 15 mars et merc. – **Repas** 90 (déj.), 130/200 – ⊡ 52 – **10 ch** 350/450 –
½ P 350/520.

ST-BONNET-EN-CHAMPSAUR 05500 H.-Alpes 📖 ⑯ G. Alpes du Sud – 1 371 h alt. 1 025.

Env. ≤★★ du col du Noyer O : 13,5 km.

🅱 Office de Tourisme r. Maréchaux ℰ 92 50 02 57.

Paris 652 – Gap 15 – ◆Grenoble 90 – La Mure 52.

🏠 **La Crémaillère** ☜, ℰ 92 50 00 60, Fax 92 50 01 57, ≤, 🐎 – 📺 ☎ **🅿**. 🆚. ※ rest
1ᵉʳ avril-30 sept. – **Repas** 90/230, enf. 55 – ⊡ 32 – **21 ch** 260/320 – ½ P 260/290.

PEUGEOT Champsaur Autos, ℰ 92 50 52 33
RENAULT Gar. Piot, à La Fare-en-Champsaur
ℰ 92 50 53 80 🚻 ℰ 92 50 53 80

Gar. Central, ℰ 92 50 52 52

ST-BONNET-LE-CHATEAU 42380 Loire 📖 ⑦ G. Vallée du Rhône – 1 687 h alt. 870.

Voir Chevet de la collégiale ≤★ – Chemin des Murailles★.

🅱 Syndicat d'Initiative pl. de la République ℰ 77 50 52 48.

Paris 558 – ◆Saint-Étienne 35 – Ambert 43 – Montbrison 33 – Le Puy-en-Velay 65.

※ **La Calèche**, 7 r. F. Valette ℰ 77 50 15 58 – 🆚
↔ *fermé 26 au 30 juin, 28 août au 1ᵉʳ sept., vacances d'hiver, merc. sauf le midi en août et*
mardi soir – **Repas** 78/225.

ST-BONNET-LE-FROID 43290 H.-Loire 📖 ⑨ – 180 h alt. 1 127.

Paris 561 – Le Puy-en-Velay 56 – Valence 68 – Aubenas 86 – Annonay 26 – ◆St-Étienne 51 – Tournon-sur-Rhône 51 –
Yssingeaux 30.

※※※ ❀ **Aub. des Cimes** (Marcon) 🅼 avec ch, ℰ 71 59 93 72, Fax 71 59 93 40, 🐎 – ↩ ch ☎
🅿. 🆚
Pâques-15 nov. et fermé dim. soir et merc. sauf juil.-août – **Repas** 135/500 et carte 270 à 380,
enf. 75 – ⊡ 60 – **18 ch** 290/700 – ½ P 450/800
Spéc. Brochette ''Margaridou''. Foie gras poêlé, vinaigrette de lentilles vertes du Puy. Menu champignons (saison).
Vins Condrieu, Crozes-Hermitage.

ST-BRÈS 30 Gard 📖 ⑧ – rattaché à St-Ambroix.

ST-BRÉVIN-LES-PINS 44250 Loire-Atl. 📖 ① G. Poitou Vendée Charentes – 8 688 h alt. 8 – Casino à
St-Brévin-l'Océan.

Voir Pont routier St-Nazaire-St-Brévin★, G. Bretagne.

Pont de St-Nazaire : Passage gratuit.

🅱 Office de Tourisme 10 r. Église ℰ 40 27 24 32 et pl. Ouessant (saison) ℰ 40 27 24 33.

Paris 443 – ◆Nantes 56 – Challans 63 – Noirmoutier-en-l'Ìle 77 – Pornic 18 – St-Nazaire 13.

🏠 **Estuaire** 🅼 sans rest, parc d'activités de la Guerche, SE : 1 km ℰ 40 27 39 40,
Fax 40 64 40 98 – ☎ 🕭 **🅿**. 🆚
⊡ 35 – **25 ch** 250/300.

à Mindin N : 3 km – ⊠ 44250 St-Brévin-les-Pins :

🏠 **La Boissière** ☜, 70 av. Mindin ℰ 40 27 21 79, Fax 40 39 11 88, 🐎 – ☎ **🅿**. 🖭 🆚.
※ rest
30 mars-1ᵉʳ oct. – **Repas** 85/145 – ⊡ 30 – **23 ch** 300/420 – ½ P 255/390.

※※ **Débarcadère** avec ch, ℰ 40 27 20 53, ≤, 🐎 – ☎ **🅿**. 🖭 🆚
fermé 1ᵉʳ déc. au 15 janv. – **Repas** *(fermé sam. midi et dim. soir sauf juil.-août)* 100/162,
enf. 50 – ⊡ 32 – **14 ch** 230/300 – ½ P 310/330.

RENAULT Gar. Clisson, Parc d'Activité de la Guerche ℰ 40 27 20 07

ST-BRIAC-SUR-MER 35800 I.-et-V. 📖 ⑤ – 1 825 h alt. 19.

🅱 Office de Tourisme 49 Grande Rue ℰ 99 88 32 47.

Paris 429 – Saint-Malo 16 – Dinan 23 – Dol-de-Bretagne 32 – Lamballe 42 – Saint-Brieuc 63 – Saint-Cast-le-Guildo 21.

à Lancieux SO : 2 km par D 786 – ⊠ 22770 :

🏠 **Bains** 🅼 sans rest, 20 r. Poncel ℰ 96 86 31 33, Fax 96 86 22 85, 🐎 – cuisinette 📺 ☎ 🕭
🅿. 🖭 🆚
fermé janv. – ⊡ 38 – **12 ch** 360/500.

Paris 339 – St-Malo 61 – Avranches 35 – Fougères 15 – ◆Rennes 50.

　　🏠 **Lion d'Or,** r. Chateaubriant 🖉 99 98 61 44, Fax 99 97 85 66, 🛋 – 📺 ☎ ぺ 🅿 – 🔬 25. ⊜
　　◆ **Repas** 53 bc (déj.), 70/165 🖔 – 🖙 30 – **22 ch** 135/255 – ½ P 160/220.

FORD Gar. Guerinel, 🖉 99 98 61 27 🛚 🖉 99 98 67 67

Voir Cathédrale★ AY – Tertre Aubé ≤★ BV.

Env. Pointe du Roselier★ NO : 8,5 km par D 24 BV.

🏌 de la Crinière 🖉 96 32 72 60 aux Ponts-neufs, par ② : 15 km.

✈ de St-Brieuc-Armor : 🖉 96 94 95 00, 10 km par ①.

🚆 🖉 96 94 50 50.

🚹 Office de Tourisme 7 r. St-Gouéno 🖉 96 33 32 50, Fax 96 61 42 16 – A.C. 6 pl. Duguesclin 🖉 96 33 16 20.

Paris 453 ② – ◆Brest 143 ① – ◆Caen 226 ② – Cherbourg 259 ② – Dinan 59 ② – Lorient 114 ③ – Morlaix 87 ① – Quimper 140 ③ – ◆Rennes 101 ② – St-Malo 74 ②.

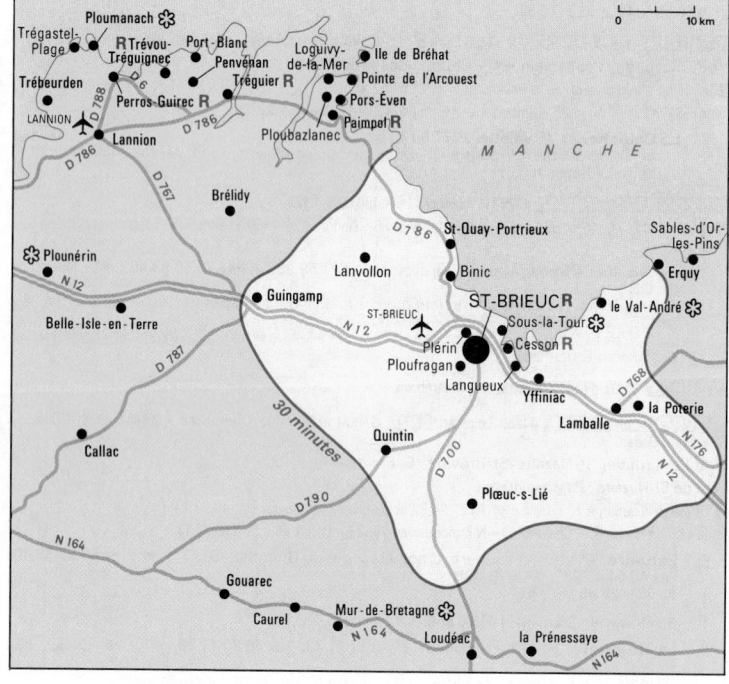

　　🏛 **de Clisson** Ⓜ 🌲 sans rest, 36 r. Gouët 🖉 96 62 19 29, Fax 96 61 06 95, 🛋 – 📲 🌡 ch 📺
　　☎ ぺ 🅿 ⒶⒺ ⊜ 🌿
　　🖙 35 – **24 ch** 260/385.
　　　　　　　　　　　　　　　　　　　　　　　　　　　　　　　　AY **e**

　　🏠 **Champ de Mars** Ⓜ sans rest, 13 r. Gén. Leclerc 🖉 96 33 60 99, Fax 96 33 60 05 – 📲 📺
　　☎ ぺ ⊜
　　fermé 23 déc. au 2 janv. – 🖙 35 – **21 ch** 240/290.
　　　　　　　　　　　　　　　　　　　　　　　　　　　　　　　　BZ **s**

　　🏠 **Ker Izel** 🌲 sans rest, 20 r. Gouët 🖉 96 33 46 29, Fax 96 61 86 12 – 🌡 ch 📺 ☎ 🚗 ⒶⒺ
　　⊜ 🌿
　　🖙 32 – **22 ch** 220/320.
　　　　　　　　　　　　　　　　　　　　　　　　　　　　　　　　AY **a**

　　🏠 **Quai des Etoiles** Ⓜ sans rest, 51 r. Gare 🖉 96 78 69 96, Fax 96 78 69 90 – 📲 📺 ☎ ぺ 🅿
　　ⒶⒺ ⓞ ⊜
　　fermé 18 déc. au 3 janv. – 🖙 40 – **40 ch** 235/330.
　　　　　　　　　　　　　　　　　　　　　　　　　　　　　　　　AZ **e**

ST-BRIEUC

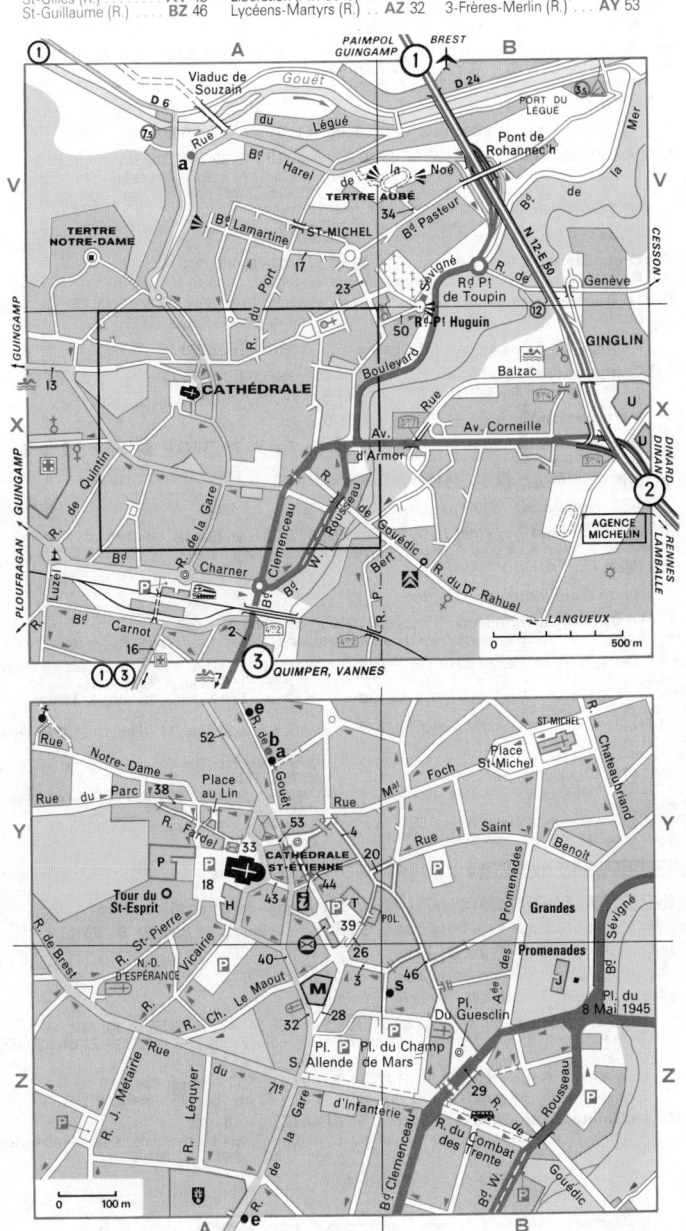

XXX **Aux Pesked,** 59 r. Légué ☎ 96 33 34 65, Fax 96 33 65 38, ← – ▤ Ⓟ. AE GB JCB AV **a**
fermé 24 déc. au 5 janv., vacances de fév., dim. soir et lundi – **Repas** 85/495 bc et carte 190 à 260.

XX **Amadeus,** 22 r. Gouët ☎ 96 33 92 44, Fax 96 61 42 05 – GB AY **b**
fermé 2 au 16 juil., vacances fév., lundi midi et dim. – **Repas** 100 bc (déj.), 145/260.

à Plérin N : 3 km – 12 108 h. – ✉ **22190** :

Chêne Vert, échangeur St-Laurent-de-la-Mer ☎ 96 79 80 20, Fax 96 79 80 21 – cuisinette TV ☎ ♿ Ⓟ – 🏛 50. AE ⓓ GB JCB
Repas *(fermé 24 déc. au 5 janv. et dim. sauf le soir de juin à sept.)* 75/155, enf. 40 – ☕ 35 – **70 ch** 265/320 – ½ P 250/260.

à Sous-la-Tour NE : 3 km par Port Légué et D 24 BV – ✉ **22190** Plérin :

XX ✿ **La Vieille Tour** (Hellio), ☎ 96 33 10 30, Fax 96 33 10 30 – ▤. AE GB
fermé vacances de fév., 21 août au 3 sept., dim. soir et lundi – **Repas** (nombre de couverts limité, prévenir) 120 (déj.), 190/360 et carte 280 à 360, enf. 100
Spéc. Homard grillé. Saint-Jacques (nov. à avril). Folie des desserts.

à Cesson E : 3 km par r. Genève BV – ✉ **22000** :

XXX **Croix Blanche,** 61 r. Genève ☎ 96 33 16 97, 🌳 – AE ⓓ GB
fermé 1er au 15 août, dim. soir et lundi – **Repas** 94/225 et carte 190 à 240.

XX **Le Quatre Saisons,** 61 chemin Courses ☎ 96 33 20 38, Fax 96 33 77 38, 🌳, 🌳 – GB
fermé 15 au 30 sept., vacances de fév., dim. soir et lundi – **Repas** 99/295.

à Langueux SE : 4 km par r. Dr Rahuel BX – 5 938 h. – ✉ **22360** :

Campanile, ☎ 96 33 65 66, Fax 96 33 86 87 – 🚭 ch TV ☎ ♿ Ⓟ – 🏛 25. AE ⓓ GB
Repas 82 bc/105 bc, enf. 39 – ☕ 30 – **38 ch** 270.

à Yffiniac par ② : 8 km – 3 510 h. – ✉ **22120** :

La Baie, aire de repos N 12 ☎ 96 72 64 10, Fax 96 72 71 55 – 🛗 🚭 ch TV ☎ ♿ Ⓟ – 🏛 80. AE ⓓ GB
Repas 74/165 🍷 – ☕ 42 – **42 ch** 260/275 – ½ P 242.

à Ploufragan SO : 5 km par r. Luzel AX – 10 583 h. – ✉ **22440** :

Beaucemaine 🐦, ☎ 96 78 05 60, Fax 96 78 08 33 – ☎ Ⓟ. GB. ✂ rest
fermé 23 déc. au 4 janv. – **Repas** *(fermé le midi en semaine et dim. soir)* 60/90 🍷 – ☕ 25 – **25 ch** 155/270 – ½ P 160/200.

rte de Guingamp par r. Corderie AX ***13*** :

X **Le Buchon,** à Trémuson : 8 km ✉ 22440 ☎ 96 94 85 84 – GB
fermé 1er au 15 nov., sam. midi d'oct. à mars, lundi soir et mardi soir – **Repas** 80/300.

ALFA ROMEO, TOYOTA Gar. Boscher, ZI la Hazaie à Trégueux ☎ 96 61 21 74
BMW Style Autom. 22, ZI de Douvenant, r. Landes à Langueux ☎ 96 33 20 42
CITROEN Gar. Savra, 101 r. Gouédic ☎ 96 33 24 05 N ☎ 96 33 44 07
FIAT Générale Autom. de l'Ouest, 2 av. L.-Aragon ☎ 96 94 01 20 N ☎ 96 33 44 07
MERCEDES Hamon Autom., 1 r. Gay Lussac ☎ 96 33 33 45
PEUGEOT Gds Gar. des Côtes-d'Armor, 65 r. Chaptal, ZI par ② ☎ 96 62 24 24 N ☎ 96 01 91 77
RENAULT S.B.D.A., r. Monge, ZI par r. de Gouédic BX ☎ 96 33 66 28 N ☎ 96 01 98 36
RENAULT Gar. Monfort, 28 r. Vallée à Plérin par ① ☎ 96 74 52 61
VAG Sélection Auto, 14 r. Chaptal ☎ 96 33 18 48

Ⓜ Andrieux Pneu Armorique Vulcopneu 6 r. de Paris ☎ 96 33 71 50
Desserrey-Pneu Armorique Vulcopneu 2 r.Ampère ☎ 96 60 46 65
Euromaster, ZAC r. Lecuyer à Plérin par ① ☎ 96 74 70 56

ST-CAPRAISE-DE-LALINDE 24 Dordogne 75 ⑮ – rattaché à Lalinde.

ST-CAST-LE-GUILDO 22380 C.-d'Armor 59 ⑤ G. Bretagne – 3 093 h alt. 45.

Voir Pointe de St-Cast ←★★ – Pointe de la Garde ←★★ – Pointe de Bay ←★ S : 5 km.

⛳18 de Pen Guen ☎ 96 41 91 20, S : 4 km.

ℹ Office de Tourisme pl. Gén.-de-Gaulle ☎ 96 41 81 52, Fax 96 41 76 19.

Paris 441 – St-Malo 34 – Avranches 88 – Dinan 34 – St-Brieuc 51.

Dunes, r. Primauguet ☎ 96 41 80 31, Fax 96 41 85 34, 🌳, ✂ – TV ☎ Ⓟ. GB. ✂
29 mars-2 nov. et fermé dim. soir et lundi en oct. – **Repas** 100/380 – ☕ 38 – **27 ch** 320/370 – ½ P 360/390.

Bon Abri, r. Sémaphore ☎ 96 41 85 74, Fax 96 41 99 11 – ☎ Ⓟ. GB
1er juin-13 sept. – **Repas** 100/135, enf. 50 – ☕ 32 – **42 ch** 185/275 – ½ P 210/260.

XX **Le Biniou,** à Pen-Guen S : 1,5 km ☎ 96 41 94 53, ← – Ⓟ. GB
1er mars-15 nov. et fermé mardi sauf du 15 juin au 15 sept. et vacances scolaires – **Repas** 98/300, enf. 60.

PEUGEOT Gar. Depagne, 13 bd Vieuxville ☎ 96 41 86 67

Richiedete nelle librerie il catalogo delle ***pubblicazioni Michelin.***

ST-CÉRÉ 46400 Lot 🔟🔟 ⑲ ⑳ G. Périgord Quercy (plan) – 3 760 h alt. 152.

Voir Site★ – Tapisseries de Jean Lurçat★ au casino – Atelier-musée Jean Lurçat★ – Château de Montal★★ O : 3 km.

Env. Cirque d'Autoire★ : ≤★★ par Autoire (site★) O : 8 km.

🛈 Office de Tourisme pl. République ✆ 65 38 11 85, Fax 65 38 38 71.

Paris 543 – Brive-la-Gaillarde 54 – Aurillac 65 – Cahors 74 – Figeac 42 – Tulle 61.

    🏨 **Trois Soleils de Montal** M ⏦, rte de Gramat O : 2 km par D 673 ✆ 65 38 20 61, Fax 65 38 30 66, ≤, 🍴, 🛖, 🔟, 🌿, 🍽 – 📺 ☎ 👌 🅿 – 🔏 50. 🆖. 🍴 rest
    Repas (fermé 3 au 15 janv., sam. midi, dim. soir et lundi midi d'oct. à mars) 120/295 – ☲ 45
    – **28 ch** 450 – ½ P 410/450.

    🏨 **France,** av. F. de Maynard ✆ 65 38 02 16, Fax 65 38 02 98, 🍴, 🔟, 🌿 – cuisinette 📺 ☎
    🅿. 🆖. 🍴 rest
    15 mars-nov. et fermé mardi midi et sam. midi – **Repas** 110/230, enf. 60 – ☲ 40 – **22 ch**
    280/380 – ½ P 320/380.

    🏨 **Le Coq Arlequin** sans rest, bd Dr Roux ✆ 65 38 02 13, Fax 65 38 37 27 – 📺 ☎ 🚗 🅿.
    🆖
    15 mars-15 nov. – ☲ 45 – **16 ch** 225/450.

    🏠 **du Touring** sans rest, pl. République ✆ 65 38 30 08, Fax 65 38 18 67 – ☎. 🆖
    fermé 15 nov. au 15 nov. – ☲ 35 – **28 ch** 240/310.

    XXX **Ric** M ⏦ avec ch, rte Leyme par D 48 : 2 km ✆ 65 38 04 08, Fax 65 38 00 14, ≤ plateau
    du Quercy, 🍴, 🔟, 🌿 – 📺 ☎ 🅿. 🆖
    fermé vend. et lundi hors sais. – **Repas** 100 (déj.), 160/240 et carte 240 à 370 – ☲ 45 – **6 ch** 350
    – ½ P 380.

MERCEDES, VAG Gar. Payrot, Av. F.-de-Maynard   ⓦ Meublat, rte de Monteil ✆ 65 38 16 54
✆ 65 38 01 07

    ➤   *Un automobiliste averti utilise le guide Michelin de l'année.*

ST-CERGUES 74140 H.-Savoie 🔟🔟 ⑯ ⑰ – 2 337 h alt. 615.

Paris 549 – Thonon-les-Bains 20 – Annecy 54 – Annemasse 9 – Bonneville 25 – ◆Genève 16.

    🏠 **France,** ✆ 50 43 50 32, Fax 50 94 66 45, 🍴, 🌿, 🍽 – 📺 ☎ 🅿 – 🔏 30. 🆖
    fermé 17 avril au 2 mai, 13 oct. au 27 nov. dim. soir et lundi du 3 sept. au 26 juin –
    Repas 100/240, enf. 60 – ☲ 30 – **21 ch** 145/270 – ½ P 185/240.

ST-CÉZAIRE-SUR-SIAGNE 06780 Alpes-Mar. 🔟🔟 ⑧ 🔟🔟🔟 ⑫ G. Côte d'Azur – 2 182 h alt. 475.

Voir Site★ – Point de vue★ – Grottes de St-Cézaire★ NE : 4 km.

🛈 Office de Tourisme à la Mairie ✆ 93 60 84 30.

Paris 910 – Cannes 32 – Castellane 62 – Draguignan 57 – Grasse 16 – ◆Nice 55.

    X **Aub. Puits d'Amon** avec ch, ✆ 93 60 28 50 – 🍽 rest. 🆖. 🍴 ch
    fermé 1er au 8 oct., 3 au 23 janv. et jeudi – **Repas** 95/190 – ☲ 35 – **5 ch** 160/190 –
    ½ P 225/240.

    X **Petite Auberge** avec ch, ✆ 93 60 26 60, 🍴 – 🆖
    ➤ fermé mi-déc. à mi-janv. – **Repas** (fermé lundi soir et mardi sauf juil.-août) 75/155 🍴, enf. 48
    – ☲ 30 – **6 ch** 115/195 – ½ P 175.

ST-CHAMAS 13250 B.-du-R. 🔟🔟 ① G. Provence – 5 396 h alt. 70.

🛈 Office de Tourisme, Montée des Pénitents ✆ 90 50 90 54, Fax 90 50 90 10.

Paris 737 – ◆Marseille 49 – Arles 40 – Martigues 28 – Saint-Rémy-de-Provence 37 – Salon-de-Provence 16.

    XX **Le Rabelais,** 10 r. A. Fabre ✆ 90 50 84 40, Fax 90 50 78 49, 🍴, « Salle voûtée » – 🍽. 🆑
    🆖
    fermé 15 au 31 août, vacances de fév. et sam. midi – **Repas** 98/189.

ST-CHAMOND 42400 Loire 🔟🔟 ⑲ G. Vallée du Rhône – 38 878 h alt. 375.

Paris 512 ① – ◆St-Étienne 11 ④ – Feurs 50 ④ – ◆Lyon 52 ① – Montbrison 43 ④ – Vienne 41 ①.

Plan page suivante

    🏨 **Ambassadeurs,** 28 av. Libération ✆ 77 22 85 80, Fax 77 31 96 95 – 📺 ☎. 🆑 ⓞ 🆖   BZ **a**
    ➤ hôtel: fermé 13 au 20 août ; rest. : fermé 29 avril au 8 mai, 5 au 27 août, vend. soir et sam. –
    Repas 78/230 🍴 – ☲ 26 – **19 ch** 120/320 – ½ P 210/240.

    XX **Chemin de Fer** avec ch, 27 av. Libération ✆ 77 22 00 15 – ☎. 🆑 ⓞ 🆖   BZ **e**
    ➤ fermé août, vend. soir et sam. – **Repas** 65 bc/240 – ☲ 25 – **10 ch** 110/180 – ½ P 160/170.

    à l'Horme par ② : 3 km – 4 689 h. – ⌧ 42152 :

    🏨 **Vulcain** sans rest, ✆ 77 22 17 11, Fax 77 29 07 95 – 📶 📺 ☎ 🚗 🅿. 🆑 🆖
    ☲ 32 – **30 ch** 205/352.

OPEL Gar. Quiblier, 38 r. V.-Hugo ✆ 77 22 03 75   ⓦ Hall du Pneu, 8 pl. G.-Morel ✆ 77 22 28 96
PEUGEOT I.C.A.R. Vallée du Gier, Sortie autoroute
St-Julien par ② ✆ 77 31 42 42
RENAULT Fonsala-Autom., bd Fonsala par ②
✆ 77 22 22 98

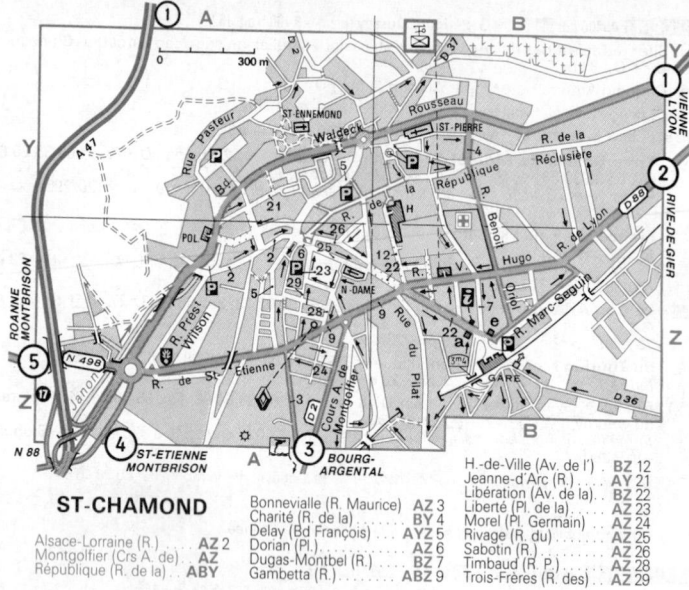

ST-CHAMOND

Alsace-Lorraine (R.) . . . **AZ** 2
Montgolfier (Crs A. de) . **AZ**
République (R. de la) . . **ABY**

Bonnevialle (R. Maurice) . **AZ** 3
Charité (R. de la) . . . . . **BY** 4
Delay (Bd François) . . . **AYZ** 5
Dorian (Pl.) . . . . **AZ** 6
Dugas-Montbel (R.) . . . **BZ** 7
Gambetta (R.) . . . . **ABZ** 9

H.-de-Ville (Av. de l') . . **BZ** 12
Jeanne-d'Arc (R.) . . . . **AY** 21
Libération (Av. de la) . . **BZ** 22
Liberté (Pl. de la) . . . . **AZ** 23
Morel (Pl. Germain) . . . **AZ** 24
Rivage (R. du) . . . . . . **AZ** 25
Sabotin (R.) . . . . **AZ** 26
Timbaud (R. P.) . . . . . **AZ** 28
Trois-Frères (R. des) . . **AZ** 29

How do you find your way around the Paris suburbs?

Use the Michelin map no ▨▨▨
and the four street maps nos ▨▨-▨▨, ▨▨-▨▨, ▨▨-▨▨ *and* ▨▨-▨▨ :
clear, precise, up to date.

ST-CHARTIER 36 Indre ██ ⑲ — rattaché à La Châtre.

ST-CHÉLY-D'APCHER 48200 Lozère ██ ⑮ — 4 570 h alt. 1 000.

🛈 Office de Tourisme pl. 19-Mars-1962 ℘ 66 31 03 67, Fax 66 31 30 50.
Paris 551 — Aurillac 104 — Mende 46 — Le Puy-en-Velay 86 — Rodez 97 — St-Flour 35.

  ♤ **Jeanne d'Arc**, 49 av. Gare ℘ 66 31 00 46, Fax 66 31 28 85, 🚗 – 📺 ☎ 🚘, GB. ⬚
  → **Repas** 70/180 ♧ – ⌑ 30 – **15 ch** 190/230 – ½ P 210/220.

  à La Garde N : 9 km par N 9 – ⊠ 48200 Albaret-Ste-Marie :

  🏠 **Rocher Blanc,** ℘ 66 31 90 09, Fax 66 31 93 67, 🍽, 🏊, 🚗 – 📺 ☎ 🅿. GB
    Pâques-15 nov. et fermé dim. soir et lundi sauf du 15 juin au 15 sept. – **Repas** (dim. prévenir)
    82/190 ♧ – ⌑ 36 – **21 ch** 260/350 – ½ P 270/290.

⦿ Terrisson Pneus, Croix des Anglais, N 9 ℘ 66 31 23 93

ST-CHÉLY-D'AUBRAC 12470 Aveyron ██ ③ ④ – 547 h alt. 800 – Sports d'hiver à Brameloup : 1 200/
1 390 m ≰9 ⚐.

🛈 Syndicat d'Initiative à la Mairie ℘ 65 44 26 25.
Paris 589 — Rodez 52 — Espalion 20 — Mende 31 — St-Flour 83 — Sévérac-le-Château 60.

  🏠 **Voyageurs-Vayrou** (annexe ♤), ℘ 65 44 27 05 – GB. ⬚ ch
    9 avril-30 sept. et fermé sam. sauf juil.-août – **Repas** 85/170 – ⌑ 30 – **14 ch** 170/280 –
    ½ P 205/260.

ST-CHÉRON 91530 Essonne ██ ⑩ – 4 082 h alt. 75.
Paris 43 — Fontainebleau 61 — Chartres 52 — Dourdan 9 — Étampes 17 — ♦Orléans 87 — Rambouillet 28 — Versailles 36.

  à St-Évroult S : 1,5 km par V 6 – ⊠ 91530 St-Chéron :

  XX **Aub. de la Cressonnière,** ℘ (1) 64 56 60 55, Fax (1) 64 56 56 37, 🍽, 🚗 – GB
    fermé 15 au 30 sept., 15 fév. au 1er mars, dim. soir et lundi sauf fériés – **Repas** 110/200.

PEUGEOT Gar. Fighen-Ghenname, 35 av. de
Dourdan ℘ (1) 64 56 63 53

RENAULT P.O.G. Auto. r. P.-Payenneville
℘ (1) 64 56 50 42

ST-CHRISTAU 64 Pyr.-Atl. ██ ⑥ – voir à Lurbe-St-Christau.

Paris 548 – ♦Bordeaux 45 – Blaye 8 – Jonzac 50 – Libourne 41.

au N : 2 km par D 250 et D 135ᴱ – ⊠ 33710 St-Ciers-de-Canesse :

🏠 **La Closerie des Vignes** Ⓜ ⌂, Village Arnauds 🖉 57 64 81 90, Fax 57 64 94 44 – 📺 ☎
      ♿ ❷ ⒼⒷ
      fermé fév. – **Repas** *(fermé dim. soir et mardi hors sais.)* 120/160 – ⏖ 35 – **9 ch** 350 –
      ½ P 315.

ST-CIRGUES-DE-JORDANNE 15590 Cantal 🔢 ② ⑫ – 199 h alt. 800.

Paris 556 – Aurillac 17 – Murat 34.

🏠 **Tilleuls,** ⊠ 15590 🖉 71 47 92 19, Fax 71 47 91 06, 🍴, 🏋, ☉, 🌳 – ☎ 🚗 ❷ – 🏕 25. ⓄⒹ
♦ ⒼⒷ
      fermé vacances de Toussaint, dim. soir et lundi de nov. à Pâques – **Repas** 70/200, enf. 37 –
      ⏖ 30 – **14 ch** 250/300 – ½ P 250/270.

ST-CIRGUES-EN-MONTAGNE 07510 Ardèche 🔢 ⑱ – 361 h alt. 1044.

Paris 595 – Le Puy-en-Velay 53 – Aubenas 38 – Privas 66 – Langogne 32.

🏠 **Parfum des Bois,** 🖉 75 38 93 93, Fax 75 38 95 38 – 📺 ☎ ❷. ⒼⒷ
♦ *fermé 15 nov. au 26 déc.* – **Repas** 65/160 ⓑ – ⏖ 30 – **24 ch** 200/280 – ½ P 190/220.

ST-CIRQ-LAPOPIE 46330 Lot 🔢 ⑨ G. Périgord Quercy – 187 h alt. 137.

Voir Site★★ – Vestiges de l'ancien château ≤★★ – Le Bancourel ≤★.

🛈 Office de Tourisme 🖉 65 31 29 06 – Mairie 🖉 65 31 24 14.

Paris 592 – Cahors 25 – Figeac 43 – Villefranche-de-Rouergue 37.

🏠 **La Pélissaria** ⌂, 🖉 65 31 25 14, Fax 65 30 25 52, ≤, « Maison du 13ᵉ siècle », 🌳 – 📺
      ☎. ⒼⒷ
      1ᵉʳ avril-15 nov. – **Repas** *(fermé jeudi et vend.)* (prévenir) (dîner seul.) 200 – ⏖ 48 –
      10 ch 450/700.

XX **Aub. du Sombral "Aux Bonnes Choses"** ⌂ avec ch, 🖉 65 31 26 08, Fax 65 30 26 37,
      🍴 – ☎. ⒼⒷ
      1ᵉʳ avril-15 nov. et fermé mardi soir et merc. sauf du 1ᵉʳ juil. au 30 sept. – **Repas** 100/250 –
      ⏖ 48 – **8 ch** 300/400.

à Tour-de-Faure E : 2 km par D 40 – ⊠ 46330 :

🏠 **Les Gabarres** Ⓜ sans rest, 🖉 65 30 24 57, Fax 65 30 25 85, ☉, 🌳 – ☎ ❷. ⒼⒷ
      ⏖ 35 – **28 ch** 252/294.

ST-CLAIR 83 Var 🔢 ⑯, 🔢 ㊽ – rattaché au Lavandou.

ST-CLAUDE ⟨ℙ⟩ 39200 Jura 🔢 ⑮ G. Jura – 12 704 h alt. 434.

Voir Site★★ – Cathédrale St-Pierre★ : stalles★★ Z – Place Louis-XI ≤★ Z – Exposition de pipes
et diamants Z E – Gorges du Flumen★ par ②.

Env. Route de Morez (D 69) ≤★★ 7 km par ① – Crêt Pourri ※★ E : 6 km puis 30 mn par D 304 Z.

🏌 de Villard-Saint-Sauveur 🖉 84 41 05 15, par ② : 5 km.

🛈 Office de Tourisme 6 r. du Marché 🖉 84 45 34 24, Fax 84 41 02 72 – A.C. r. St-Blaise 🖉 84 45 67 57.

Paris 472 ③ – Annecy 86 ② – Bourg-en-Bresse 72 ③ – ♦Genève 60 ② – Lons-le-Saunier 60 ③.

Plan page suivante

🏠 **St-Hubert,** pl. St-Hubert 🖉 84 45 10 70, Fax 84 45 64 76 – 🛗 🛀 ch 📺 ☎ ❷. ⒼⒷ   Z **s**
♦ *hôtel : fermé 23 déc. au 1ᵉʳ janv.* – **Repas** *(fermé 1ᵉʳ au 7 oct., 23 déc. au 1ᵉʳ janv., sam. midi
      et dim. soir sauf juil.-août et lundi midi)* 80/270 ⓑ, enf. 55 – ⏖ 32 – **30 ch** 225/395 –
      ½ P 235/255.

🏠 **Jura** sans rest (rest. prévu), 40 av. Gare 🖉 84 45 24 04, Fax 84 45 58 10 – 🛀 ch ☎ 🚗.
      ⒼⒷ   Z **a**
      ⏖ 28 – **35 ch** 190/330.

🏠 **Poste** sans rest, 1 r. Reybert 🖉 84 45 52 34 – ☎. ⒼⒷ   Y **z**
      ⏖ 25 – **15 ch** 130/270.

à Villard-St-Sauveur par ② et D 290 : 5 km alt. 580 – ⊠ 39200 St-Claude :

🏠 **Au Retour de la Chasse** ⌂, 🖉 84 45 44 44, Fax 84 45 13 95, ≤, ✳ – cuisinette 📺 ☎ ❷
      – 🏕 30. ⒶⒺ ⓄⒹ ⒼⒷ
      fermé 20 au 30 déc., dim. soir et lundi hors sais. – **Repas** 90/340, enf. 60 – ⏖ 33 – **16 ch**
      340/390 – ½ P 310/330.

CITROEN Gar. Duchène, 21 rte Valfin par ④
🖉 84 45 12 07 🔃 🖉 88 19 32 60
FIAT Gar. de Genève, 11 r. Lt-Froidurot
🖉 84 45 21 01
FORD Gar. Grenard, 23 r. Carnot 🖉 84 45 06 48 🔃
🖉 84 45 42 34
NISSAN Gar. Cavallin, 4 r. Gambetta 🖉 84 45 18 69
PEUGEOT Gar. Ganeval, ZA d'Etables, rte de Lyon
par ③ 🖉 84 45 11 07 🔃 🖉 84 35 94 06

RENAULT Lacuzon Autom., 21 r. Carnot par ③
🖉 84 41 51 51 🔃 🖉 84 35 93 71

⑩ Alain Pneu Point S, 28 r. Collège 🖉 84 45 15 37
Carronnier, 25, r. Carnot 🖉 84 45 58 78
Euromaster, r. Plan d'Acier, ZI 🖉 84 45 12 74

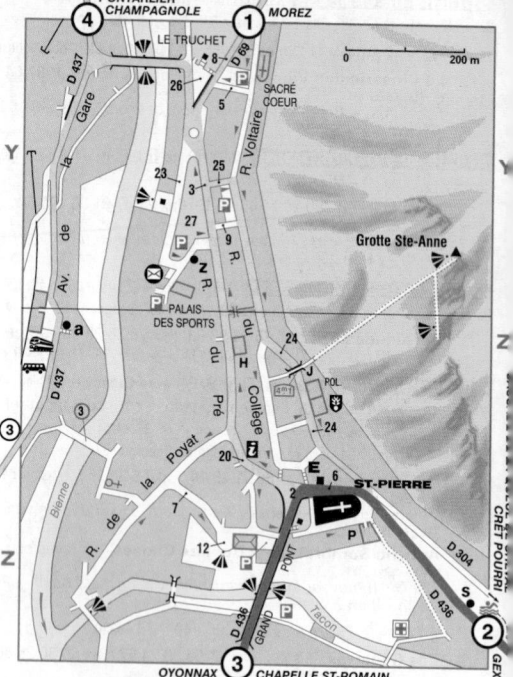

ST-CLAUDE

*Les rues
sont sélectionnées
en fonction
de leur importance
pour la circulation
et le repérage
des établissements cités.
Les rues secondaires
ne sont qu'amorcées.*

ST-CLÉMENT-DES-BALEINES 17 Char.-Mar. 🔢 ⑫ – voir à Ré (île de).

ST-CLÉMENT-SUR-VALSONNE 69170 Rhône 🔢 ⑨ – 467 h alt. 375.
Paris 461 – Roanne 45 – ◆Lyon 42 – Montbrison 63 – Tarare 4 – Villefranche-sur-Saône 30.

🏠 **St-Clément**, pl. Europe ℰ 74 05 17 80, 🍽 – ☎ ⓞ 🅶🅱
fermé 2 au 24 janv., lundi soir et mardi sauf juil.-août – **Repas** 60 (déj.), 98/200 🔸, enf. 45 –
🍽 25 – **9 ch** 200/240 – ½ P 180.

ST-CLOUD 92 Hauts-de-Seine 🔢 ⑳, 🔢 ⑭ – voir à Paris, Environs.

ST-CÔME-ET-MARUEJOLS 30 Gard 🔢 ⑮ – rattaché à Nîmes.

ST-CYPRIEN 24220 Dordogne 🔢 ⑯ G. Périgord Quercy – 1 593 h alt. 72.
Paris 534 – Périgueux 55 – Sarlat-la-Canéda 20 – Bergerac 54 – Cahors 68 – Fumel 51 – Gourdon 37.

🏛 **L'Abbaye** 🍃, ℰ 53 29 20 48, Fax 53 29 15 85, 🍽, 🔆, 🌳 – 📺 ☎ 🅿 🄰🄴 🅶🅱, 🍽 rest
25 avril-15 oct. – **Repas** 145/330, enf. 58 – 🍽 55 – **23 ch** 380/680 – ½ P 390/560.

🏛 **Terrasse**, ℰ 53 29 21 69, Fax 53 29 60 88, 🍽 – 📺 ☎. 🅶🅱
15 mars-15 nov. et fermé lundi en mars et oct. – **Repas** 100/215, enf. 58 – 🍽 34 –
17 ch 208/355 – ½ P 250/340.

à Allas-les-Mines SO : 5 km par D 703 et C 204 – ✉ 24220 :

🍴 **Gabarrier,** ℰ 53 29 22 51, Fax 53 29 47 12, 🍽, « En bordure de la Dordogne », 🌳 – 🅿.
🅶🅱
1er mars-30 nov. et fermé merc. d'oct. à avril – **Repas** 115/320, enf. 65.

RENAULT Castillon Veyssière, à Castels   ◉ Sauvanet Pneus, ℰ 53 29 23 21
ℰ 53 29 20 23

ST-CYPRIEN 66750 Pyr.-Or. 🔢 ⑳ G. Pyrénées Roussillon – 6 892 h alt. 6 – Casino.
🔢🔢 ℰ 68 37 63 63, N : 1 km.
🅱 Office de Tourisme parking Nord du Port ℰ 68 21 01 33, Fax 68 21 98 33.
Paris 876 – ◆Perpignan 16 – Céret 30 – Port-Vendres 21.

à St-Cyprien-Plage NE : 3 km par D 22 – ⊠ **66750** St-Cyprien :

🏨🏨 **Le Mas d'Huston** Ⓜ ⊗, au golf ℘ 68 37 63 63, Télex 500834, Fax 68 37 64 64, ≤, �,
« Parc », ⌦, ℀ – 🔲 ☰ 🔲 ☎ 🕭 ⑤ – 🕸 120. ⅋ ⓞ ⅁. ⅌ rest
fermé fév. – **Repas** 185/270 - *Les Parasols* **Repas** *(déj. seul.)* 140, enf. 75 – ☲ 60 – **50 ch**
535/770 – ½ P 500.

🏨 **Mar i Sol,** r. Rodin ℘ 68 21 00 17, Fax 68 37 03 11, ≤ – 🔲 🔲 ☎ 🕭. ⅁
fermé 1ᵉʳ janv. au 29 fév. – **Repas** *(fermé merc. sauf de mai à sept.)* 90/160 🍷 – ☲ 30 –
45 ch 300/320 – ½ P 250/270.

🏠 **Ibis** Ⓜ sans rest, au port ℘ 68 21 30 30, Fax 68 21 28 32, ≤ – 🔲 🔲 ☎ 🕭. ⅋ ⅁
☲ 35 – **34 ch** 360.

à St-Cyprien-Sud : 3 km – ⊠ **66750** St-Cyprien :

🏨🏨 ❀ **L'Ile de la Lagune** Ⓜ ⊗, ℘ 68 21 01 02, Fax 68 21 06 28, ≤, �, ⌦, 🛥₀ – 🔲 ☰ 🔲 ☎
🕭 ☜ ⑤ – 🕸 60. ⅋ ⅁
fermé 3 janv. au 26 fév., dim. soir et lundi du 15 oct. au 1ᵉʳ avril – *L'Almandin (fermé 3 janv.
au 26 fév., dim. soir et lundi du 15 sept. au 15 juin)* **Repas** 160/360 et carte 270 à 380, enf. 80
– ☲ 65 – **18 ch** 580/900, 4 appart – ½ P 650/680
Spéc. Blinis aux anchois de Collioure à la tapenade. Bouillabaisse de baudroie et rougets. Fricassée de gambas et
calamars aux piments doux. **Vins** Côtes du Roussillon.

PEUGEOT Gar. des Albères, ℘ 68 21 02 44   RENAULT Gar. Vandellos, ℘ 68 21 05 47

Find out how long your journey will take before setting out.

The Michelin Map no 🌐911 helps you gain time.

ST-CYR-EN-TALMONDAIS 85540 Vendée 🔲 ⑪ – 274 h alt. 36.
Voir Collections d'art★ du château de la Court d'Aron E : 1 km, G. Poitou Vendée Charentes.
🏛 Syndicat d'Initiative - Mairie ℘ 51 30 82 82.
Paris 441 – La Rochelle 54 – La Roche-sur-Yon 29 – Luçon 13 – Les Sables d'Olonne 36 – La Tranche-sur-Mer 20.

🍽 **Aub. de la Court d'Aron,** ℘ 51 30 81 80, 🌱 – ⑤. ⅁
↝ *fermé janv. à mi-mars, merc. soir et jeudi sauf juil.-août* – **Repas** 70/175.

ST-CYR-L'ÉCOLE 78 Yvelines 🔲 ⑩, 🔢 ㉒ – voir à Paris, Environs.

ST-CYR-SUR-MER 83270 Var 🔲 ⑭ 🔢 ㊸ – 7 033 h.
Paris 812 – ◆Marseille 39 – ◆Toulon 24 – Bandol 8 – Le Beausset 13 – Brignoles 69.

Les Lecques – ⊠ **83270** St-Cyr-sur-Mer :

🏨 **Gd Hôtel** ⊗, ℘ 94 26 23 01, Fax 94 26 10 22, ≤, « Parc fleuri », ⌦, ℀ – 🔲 🔲 ☎ ⑤. ⅋
ⓞ ⅁
15 avril-15 oct. – **Repas** 175, enf. 65 – ☲ 55 – **58 ch** 455/845 – ½ P 450/655.

🏨 **Chanteplage,** ℘ 94 26 16 55, Fax 94 26 25 71, ≤, � – 🔲 ☎ ⑤. ⅋ ⅁
hôtel : 1ᵉʳ mars-15 oct. ; rest. : 15 juin-15 sept., week-ends et fériés – **Repas** 90/135, enf. 55
– ☲ 20 – **20 ch** 350/420 – ½ P 320/340.

🏠 **Petit Nice** ⊗, ℘ 94 32 00 64, Fax 94 88 72 39, 🌱 – 🔲 ☎ 🕭 ⑤. ⅋ ⅁. ⅌ rest
hôtel : 15 mars-30 oct. ; rest. : 15 avril-30 sept. – **Repas** *(1/2 pens. seul.) (résidents seul.)* 🍷 –
☲ 30 – **30 ch** 255/320 – ½ P 257/322.

à La Madrague S : 1,5 km – ⊠ **83270** St-Cyr-sur-Mer :

🏠 **Pins,** ℘ 94 26 28 36, Fax 94 88 74 51, ≤ – 🔲 ☎ ⑤. ⅁
1ᵉʳ avril-1ᵉʳ oct. – **Repas** *(dîner seul.)* 100/200 – ☲ 30 – **20 ch** 300 – ½ P 280/380.

SE : 4 km par D 559 – ⊠ **83270** St-Cyr-sur-Mer :

🏨🏨 **de Frégate** Ⓜ ⊗, ℘ 94 29 39 39, Fax 94 29 39 40, ≤ mer, �, parc, « Beau complexe
de loisirs, centre de conférences », ⌦, ℀ – 🔲 ☜❀ch 🔲 ☎ 🕭 ⑤ – 🕸 100. ⅋ ⓞ ⅁
Repas 170/300 – ☲ 70 – **94 ch** 1150/1350, 6 appart – ½ P 1030.

PEUGEOT Gar. lori, 63 Bd J.-Jaures ℘ 94 26 23 80   Gar. Marro, quartier Banette ℘ 94 26 31 09

ST-DALMAS-DE-TENDE 06 Alpes-Mar. 🔲 ⑩ ⑳, 🔢 ⑧ ⑨ – rattaché à Tende.

ST-DALMAS-VALDEBLORE 06 Alpes-Mar. 🔲 ⑲, 🔢 ⑥ – voir à Valdeblore.

ST-DENIS 93 Seine-St-Denis 🔲 ⑪, 🔢 ⑯ – voir à Paris, Environs.

ST-DENIS-D'ANJOU 53290 Mayenne 🔲 ① G. Châteaux de la Loire – 1 278 h alt. 38.
Paris 267 – Angers 44 – ◆Le Mans 68 – Sablé-sur-Sarthe 10,5.

🍽 **La Calèche** avec ch, ℘ 43 70 61 00, Fax 43 70 94 40 – ☎. ⅁
fermé 1ᵉʳ janv. au 31 mars, dim. soir et mardi – **Repas** *(fermé 15 au 30 oct., 15 fév. au
15 mars, dim. soir et mardi)* 75 *(déj.)*, 88/175, enf. 45 – ☲ 35 – **8 ch** 205/250 – ½ P 235/250.

ST-DENIS-SUR-SARTHON 61420 Orne 🗺️ ② – 971 h alt. 196.

Paris 203 – Alençon 11,5 – Argentan 40 – Domfront 49 – Falaise 63 – Flers 59 – Mayenne 49.

🏨 **La Faïencerie,** 𝒫 33 27 30 16, parc – ☎ 🅿 🆎 ⅁⅃
Pâques-fin sept. et fermé lundi midi – **Repas** 95 et carte le dim. – ⊇ 35 – **17 ch** 180/350 – ½ P 250.

RENAULT Gar. Poirier, 𝒫 33 27 30 32

ST-DIÉ ◁🆂🅿▷ 88100 Vosges 🗺️ ⑰ G. Alsace Lorraine – 22 635 h alt. 343.

Voir Cathédrale⋆ B – Cloître gothique⋆ AB.

🛈 Office de Tourisme 31 r. Thiers 𝒫 29 56 17 62. Fax 29 56 72 30.

Paris 389 ③ – Colmar 57 ① – Épinal 50 ② – Belfort 123 ① – ◆Mulhouse 99 ① – ◆Strasbourg 89 ①.

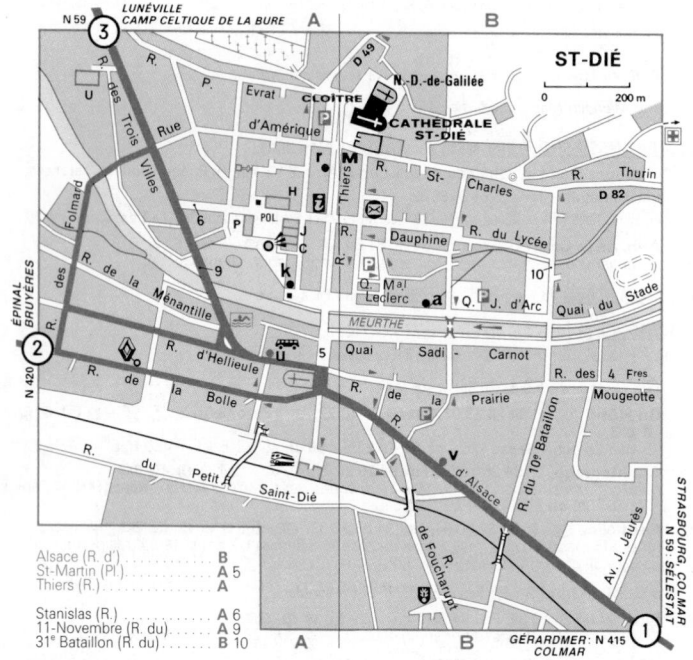

Alsace (R. d')	**B**
St-Martin (Pl.)	**A** 5
Thiers (R.)	**A**
Stanislas (R.)	**A** 6
11-Novembre (R. du)	**A** 9
31ᵉ Bataillon (R. du)	**B** 10

🏨 **Ibis** Ⓜ, 5 quai Jeanne d'Arc 𝒫 29 55 43 44, Télex 850165, Fax 29 55 49 15 – 📶 ⋦⋟ ch 📺
☎ ⅊ – 🛗 45. 🆎 ⅁⅃
Repas 97 bc, enf. 40 – ⊇ 35 – **48 ch** 280. B a

🏨 **Moderne** Ⓜ, 64 r. Alsace 𝒫 29 56 11 71, Fax 29 56 45 06 – 📺 ☎ 🅿 ⅁⅃ 🌣 B v
fermé 22 déc. au 6 janv., vend. soir et sam. sauf juil.-août – **Repas** 93/175 🍷 – ⊇ 30 –
10 ch 230/380 – ½ P 200/225.

🏨 **Vosges et Commerce** sans rest, 57 r. Thiers 𝒫 29 56 16 21, Fax 29 55 48 71 – 📺 ☎ 🚗
– 🛗 30. 🆎 ① ⅁⅃ A r
⊇ 27 – **30 ch** 135/300.

🏨 **Campanile,** O : 1,5 km par ② et Z.A.C. d'Hellieule 𝒫 29 56 85 20, Fax 29 55 52 64, 🌿 –
⋦⋟ ch 📺 ☎ & 🅿 – 🛗 25. 🆎 ⅁⅃
Repas 82 bc/105 bc, enf. 39 – ⊇ 30 – **49 ch** 270.

🏨 **Parc** sans rest, 5 r. J.-J. Baligan 𝒫 29 56 36 54 – 📺 🚗 ⅁⅃ A k
fermé dim. sauf juil.-août – ⊇ 25 – **7 ch** 210/250.

🍴 **Voyageurs,** 22 r. Hellieule 𝒫 29 56 21 56, Fax 29 56 60 80 – ⅁⅃ A u
fermé 20 juil. au 10 août, vacances de Noël, dim. soir et lundi – **Repas** 78/170 🍷.

à Rougiville O : 6 km par ② – ✉ **88100** St-Dié :

Le Haut Fer, ✆ 29 55 03 48, Fax 29 55 23 40, ≤, ⛱, 🎾 – TV ☎ P – 🏊 60. AE GB
fermé 1er au 20 janv. et dim. soir – **Repas** *(fermé dim. soir et lundi)* 70/200 ⅓ – ☕ 25 – **16 ch** 260/300 – ½ P 250/270.

FORD Gar. Thouzet, rte de Raon ✆ 29 52 27 27
RENAUSLT Gar. Husson, 52 r. Bolle ✆ 29 51 62 62
N ✆ 29 56 60 70

Pneu Villaume, RN 59 rte de Raon ✆ 29 56 14 18
Pneus et Services D.K., 126 r. d'Alsace ✆ 29 56 11 34

ST-DISDIER **05250** H.-Alpes 77 ⑮ **G. Alpes du Nord** – 157 h alt. 1028.

Voir Défilé de la Souloise★ N.

Paris 642 – Gap 44 – ♦Grenoble 73 – La Mure 34.

Aub. La Neyrette 🕭, ✆ 92 58 81 17, Fax 92 58 89 95, ≤, 🌳, 🌳 – TV ☎ P. AE ⓓ GB
fermé 1er oct. au 15 déc. – **Repas** 94/210 – ☕ 29 – **10 ch** 220/270 – ½ P 250.

ST-DIZIER ⟨SP⟩ **52100** H.-Marne 61 ⑨ **G. Champagne** – 33 552 h alt. 146.

Env. Lac du Der-Chantecoq★★ 11 km par ④.

i Office de Tourisme Pavillon du Jard ✆ 25 05 31 84.

Paris 207 ⑤ – Bar-le-Duc 24 ① – Chaumont 75 ③ – ♦Nancy 100 ② – Troyes 85 ④ – Vitry-le-François 29 ⑤.

ST-DIZIER

Gambetta (R.) . . . . B 8
Liberté (Pl. de la) . . . . B 12
République (Av. de la) . . A
Alsace-Lorraine (Av. d') . B 3
Anatole-France (R.) . . . . . B 4
Commune-de-Paris (Av. de la) . . . . AB 7
Gaulle (Pl. du Gén. de) . . B 9
Giros (R. E.) . . . . B 10
Pasteur (Av.) . . . . B 13
République (Pl. de la) . . . A 14
Tanneurs (R. des) . . . . . . B 15
Vergy (Pont de) . . . . A 16

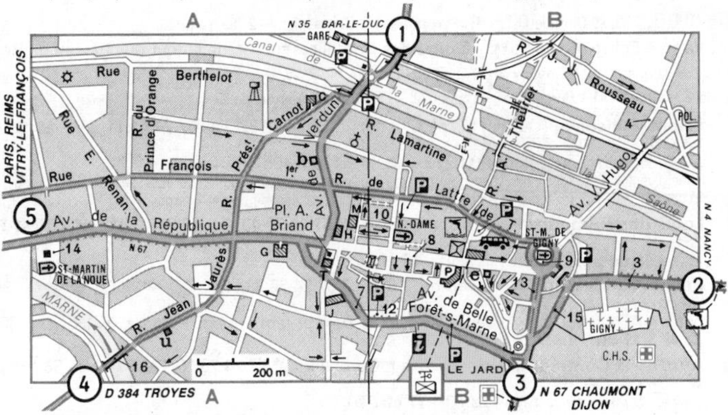

Gambetta M, 62 r. Gambetta ✆ 25 56 52 10, Télex 842365, Fax 25 56 39 47 – |‡| ▤ rest TV ☎ ♿ 🚗 P – 🏊 150. AE ⓓ GB JCB — B **e**
Repas *(fermé dim. soir)* 65/125 ⅓ – ☕ 35 – **63 ch** 240/390.

Ibis, rte Bar-le-Duc par ① : 2 km ✆ 25 05 68 22, Télex 840946, Fax 25 56 37 77, ⛱ – |‡| ⊭ ch TV ☎ ♿ P – 🏊 80. AE ⓓ GB
Repas *(fermé sam. midi et dim. soir)* 150 ⅓ – ☕ 35 – **62 ch** 285/350.

Picardy sans rest, 15 av. Verdun ✆ 25 05 09 12, Fax 25 05 36 81 – TV ☎ P. AE GB
☕ 25 – **12 ch** 150/200. — A **b**

La Gentilhommière, 29 r. J. Jaurès ✆ 25 56 32 97 – GB — A **u**
fermé dim. soir et lundi – **Repas** 80/158, enf. 58.

à Perthes par ⑤ : 10 km – ✉ **52100** :

La Cigogne Gourmande 🕭 avec ch, ✆ 25 56 40 29, Fax 25 05 79 12 – ▤ rest TV. AE GB
fermé juil. – **Repas** (nombre de couverts limité - prévenir) 75/295, enf. 60 – ☕ 30 – **6 ch** 185/270 – ½ P 480.

FORD Dynamic Motors, Rte de Bar le Duc ✆ 25 56 03 98
PEUGEOT C.A.B., 6 av. Parchim ✆ 25 56 19 72 N ✆ 80 61 52 71
RENAULT Gar. Fogel, 20 av. des Etats-Unis par ② ✆ 25 56 19 79 N ✆ 25 94 91 82

Barrois-Pneus, rte de Bar-le-Duc à Bettancourt-la-Ferrée ✆ 25 05 19 16

Visitez la capitale avec le guide Vert Michelin **PARIS.**

26260 Drôme **77** ② G. Vallée du Rhône – 2 658 h alt. 210.

Paris 550 – Valence 27 – ♦Grenoble 92 – Hauterives 19 – Romans-sur-Isère 13 – Tournon-sur-Rhône 16.

XXX **Chartron** M avec ch, *P* 75 45 11 82, Fax 75 45 01 36, 🏤 – ▤ rest 📺 ☎ 🚗 **P**. 🖭 ⑩ GB
fermé lundi soir sauf juil.-août et mardi – **Repas** 120/390, enf. 75 – ☄ 45 – **7 ch** 280/350 – ½ P 300.

41500 L.-et-Ch. **64** ⑦ ⑧ G. Châteaux de la Loire – 895 h alt. 75.

Paris 172 – ♦ Orléans 49 – Beaugency 21 – Blois 16 – Romorantin-Lanthenay 43.

🏠 **Manoir Bel Air** ⑤, *P* 54 81 60 10, Fax 54 81 65 34, ≤, parc – 📺 ☎ **P** – 🔏 25 à 40. GB
JCB ⅏ rest
fermé 15 janv. au 20 fév. – **Repas** 118/218 – ☄ 34 – **40 ch** 220/380 – ½ P 360.

voir après la nomenclature des Saints.

63700 P.-de-D. **73** ③ – 4 721 h alt. 500.

Paris 363 – ♦ Clermont-Ferrand 59 – Guéret 84 – Montluçon 29 – Moulins 70 – Vichy 57.

🏠 **Le St-Joseph,** r. J. Jaurès *P* 73 85 21 50, Fax 73 85 47 73 – 📺 ☎ & **P** – 🔏 25. 🖭 ⑩
↤ GB
Repas 55/160 ⅙, enf. 40 – ☄ 25 – **28 ch** 190/230 – ½ P 190.

CITROEN Gar. Mercier, 1 r. J.-Jaurès *P* 73 85 03 68
PEUGEOT Gar. H et W, rte des Nigonnes
P 73 85 03 92
PEUGEOT Gar. St-Christophe, 112 r. J.-Jaurès
P 73 85 06 60

RENAULT Gar. Gidel, RN 144 "La Boule"
P 73 85 06 83 **N** *P* 73 85 16 16

33330 Gironde **75** ⑫ G. Pyrénées Aquitaine (plan) – 2 799 h alt. 102.

Voir Site ★★ – Église monolithe ★ – Cloître des Cordeliers ★ – ≤★ de la tour du château du Roi.

🛈 Office de Tourisme pl. Créneaux *P* 57 24 72 03, Fax 57 74 47 15.

Paris 546 – ♦ Bordeaux 41 – Bergerac 57 – Langon 48 – Libourne 8 – Marmande 60.

🏠 ✿ **Host. Plaisance** (Quilain) M, pl. Clocher *P* 57 24 72 32, Fax 57 74 41 11, 🏤 – ▤ ☎. 🖭
⑩ GB
fermé 2 au 31 janv. – **Repas** 136/270 – ☄ 54 – **12 ch** 495/790
Spéc. Eventail d'esturgeon des Landes au caviar. Aiguillettes de pigeonneau fermier rosé, sauce salmis (1ᵉʳ fév. au 15 oct.). Escalope de foie gras de canard aux nouilles fraîches truffées. Vins Saint-Emilion.

🏠 **Logis des Remparts** sans rest, r. Guadet *P* 57 24 70 43, Fax 57 74 47 44, 🏤 – 📺 ☎ **P**.
GB ⅏
fermé 15 déc. au 15 janv. – ☄ 48 – **15 ch** 320/600.

🏠 **Palais Cardinal,** pl. 11 Novembre 1918 *P* 57 24 72 39, 🏤, 🏊, 🏤 – 📺 ☎ 🚗. GB.
↤ ⅏ ch
hôtel : 1ᵉʳ mars-30 nov. ; rest. : 1ᵉʳ avril-30 nov. et fermé merc. – **Repas** 78/135, enf. 60 –
☄ 45 – **17 ch** 310/370 – ½ P 345/365.

🏠 **Aub. de la Commanderie** sans rest, r. Cordeliers *P* 57 24 70 19, Fax 57 74 44 53 – 📳 📺
☎ – 🔏 30. GB. ⅏
fermé 15 janv. au 15 fév. – ☄ 40 – **17 ch** 270/450.

XX **Francis Goullée,** r. Guadet *P* 57 24 70 49, Fax 57 74 47 96 – GB
fermé 20 nov. au 10 déc. et dim. soir – **Repas** 110/220 ⅙.

XX **Le Tertre,** r. Tertre de la Tente *P* 57 74 46 33, Fax 57 74 49 87 – ▤. 🖭 GB
fermé 3 nov. au 6 janv. – **Repas** 85 (déj.), 110/280.

X **Clos du Roy,** r. Petite Fontaine *P* 57 74 41 55, Fax 57 74 45 13 – GB
fermé 27 oct. au 8 nov., 20 au 28 déc., 15 fév. au 6 mars, dim. soir et merc. – **Repas** 95/260.

NO : 4 km par D 243 – ✉ 33330 St-Émilion :

🏠 **Château Gd Barrail** ⑤, *P* 57 55 37 00, Fax 57 55 37 49, ≤, 🏤, « Château du 19ᵉ siècle
au milieu des vignobles », 🏊, 🏤 – 📳 ▤ 📺 ☎ 🚗 **P** – 🔏 30. 🖭 ⑩ GB. ⅏ rest
Repas 160 (déj.), 195/295 – ☄ 100 – **28 ch** 900/1300 – ½ P 795/945.

64640 Pyr.-Atl. **85** ③ G. Pyrénées Aquitaine – 391 h alt. 139.

Paris 789 – Biarritz 47 – ♦Bayonne 33 – Orthez 53 – Pau 93 – St-Jean-Pied-de-Port 28.

XX **Chez Onésime,** *P* 59 29 65 51, « Cadre rustique », 🏤 – **P**. GB. ⅏
fermé 1ᵉʳ fév. au 1ᵉʳ mars et merc. sauf juil.-août – **Repas** 130/240.

P 42000 Loire **73** ⑲ **76** ⑨ G. Vallée du Rhône – 199 396 h alt. 517.

Voir Le vieux St-Etienne ★ : maisons sans escaliers ★ (n° 54 et 56 rue Daguerre U 16) – Musée
d'Art moderne ★★ T M – Musée d'Art et d'Industrie : Armes ★ Z – Puits Couriot ★ U M¹.

Env. Guizay ≤★★ S : 10 km V.

✈ de St-Étienne-Bouthéon : *P* 77 36 54 79, par ⑤ : 15 km.

🛈 Office de Tourisme pl. Roannelle *P* 77 25 12 14, Fax 77 32 71 28 – A.C. du Forez 9 r. Gén. Foy
P 77 32 55 99, Fax 77 32 18 44.

Paris 520 ① – ♦Clermont-Ferrand 147 ④ – ♦Grenoble 158 ① – ♦Lyon 60 ① – Valence 118 ②.

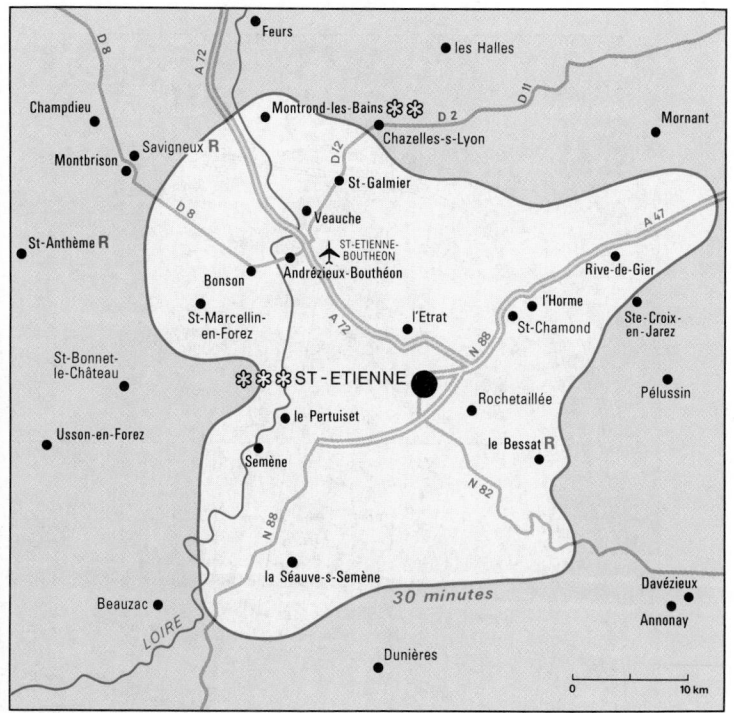

Feurs •   • les Halles

Champdieu •

Montbrison •   Savigneux **R**   Montrond-les-Bains ✿✿   D 2   Mornant •

           Chazelles-s-Lyon •

Montbrison •

• St-Galmier

• St-Anthème **R**   Veauche •

       ST-ETIENNE-BOUTHÉON ✈

Bonson •   Andrézieux-Bouthéon •   Rive-de-Gier •

• St-Marcellin-en-Forez   l'Etrat •   l'Horme •   St-Chamond •   Ste-Croix-en-Jarez •

St-Bonnet-le-Château •

✿✿✿ **ST-ETIENNE**   Rochetaillée •   Pélussin •

Usson-en-Forez •   • le Pertuiset   le Bessat **R**

Semène •

la Séauve-s-Semène •   *30 minutes*   Davézieux •

Beauzac •   Annonay •

Dunières •

0   10 km

Mercure-Altéa Parc de l'Europe Ⓜ, r. Wuppertal SE du plan, par cours Fauriel ✉ 42100 ℰ 77 25 22 75, Télex 300050, Fax 77 41 14 81, 🛋 – 🛗 ⇆ ch 🍽 rest 📺 ☎ 🚗 Ⓟ – 🔼 50 à 200. ⌶ ⓪ ☒ 🇯🇨🇧   U **a**
La Ribandière (fermé 23 déc. au 2 janv., sam. et dim.) **Repas** 135/200, enf. 50 – ⌷ 53 – **120 ch** 480/530.

Albatros Ⓜ, face au golf par r. Revollier T ℰ 77 41 41 00, Fax 77 38 28 16, ≤, 🛋, 🏊 – 🛗 📺 ☎ & 🚗 Ⓟ – 🔼 25 à 50. ⌶ ☒
Repas *(fermé dim. soir et sam. en hiver)* 105/175 – ⌷ 48 – **44 ch** 390/450.

Midi sans rest, 19 bd Pasteur ✉ 42100 ℰ 77 57 32 55, Fax 77 59 11 43 – 🛗 ⇆ ch 🍽 📺 ☎ 🚗. ⌶ ⓪ ☒   V **e**
fermé 1ᵉʳ au 27 août – ⌷ 36 – **33 ch** 310/380.

Astoria 🏡 sans rest, r. H. Déchaud SE du plan par cours Fauriel ✉ 42100 ℰ 77 25 09 56, Fax 77 25 58 28 – 🛗 ⇆ ch 📺 ☎ Ⓟ. ⌶ ⓪ ☒ 🇯🇨🇧   U **d**
⌷ 30 – **33 ch** 290/350.

Terminus du Forez, 31 av. Denfert-Rochereau ℰ 77 32 48 47, Fax 77 34 03 30 – 🛗 ⇆ ch 🍽 rest 📺 ☎ Ⓟ – 🔼 40. ⌶ ⓪ ☒ 🇯🇨🇧   Y **h**
Repas *(fermé août, lundi midi, sam. midi et dim.)* 98/148, enf. 55 – ⌷ 50 – **65 ch** 275/375.

Ténor H. Ⓜ sans rest, 12 r. Blanqui ℰ 77 33 79 88, Fax 77 41 69 81 – 🛗 📺 ☎ & 🚗 – 🔼 40. ☒   Y **d**
⌷ 35 – **68 ch** 295/300.

Ibis Ⓜ sans rest, 35 av. Denfert-Rochereau ℰ 77 37 90 90, Fax 77 38 47 65 – 🛗 ⇆ ch 📺 ☎ & 🚗. ⌶ ☒   Y **a**
⌷ 34 – **88 ch** 305/330.

Valrhôtel Ⓜ, 77 r. Montat ℰ 77 21 12 21, Fax 77 41 57 28 – 🛗 📺 ☎ & 🚗 – 🔼 50. ⌶ ☒   U **s**
Repas 82/103 🍴, enf. 39 – ⌷ 30 – **68 ch** 285 – ½ P 220.

Ibis Ⓜ, 35 pl. Massenet, NO du plan par bd Thiers ou A 72 ℰ 77 93 31 87, Fax 77 93 71 29 – 🛗 ⇆ ch 🍽 rest 📺 ☎ 🚗 Ⓟ – 🔼 120. ⌶ ☒   T **u**
Repas 97 bc/100 🍴, enf. 40 – ⌷ 35 – **85 ch** 295/325.

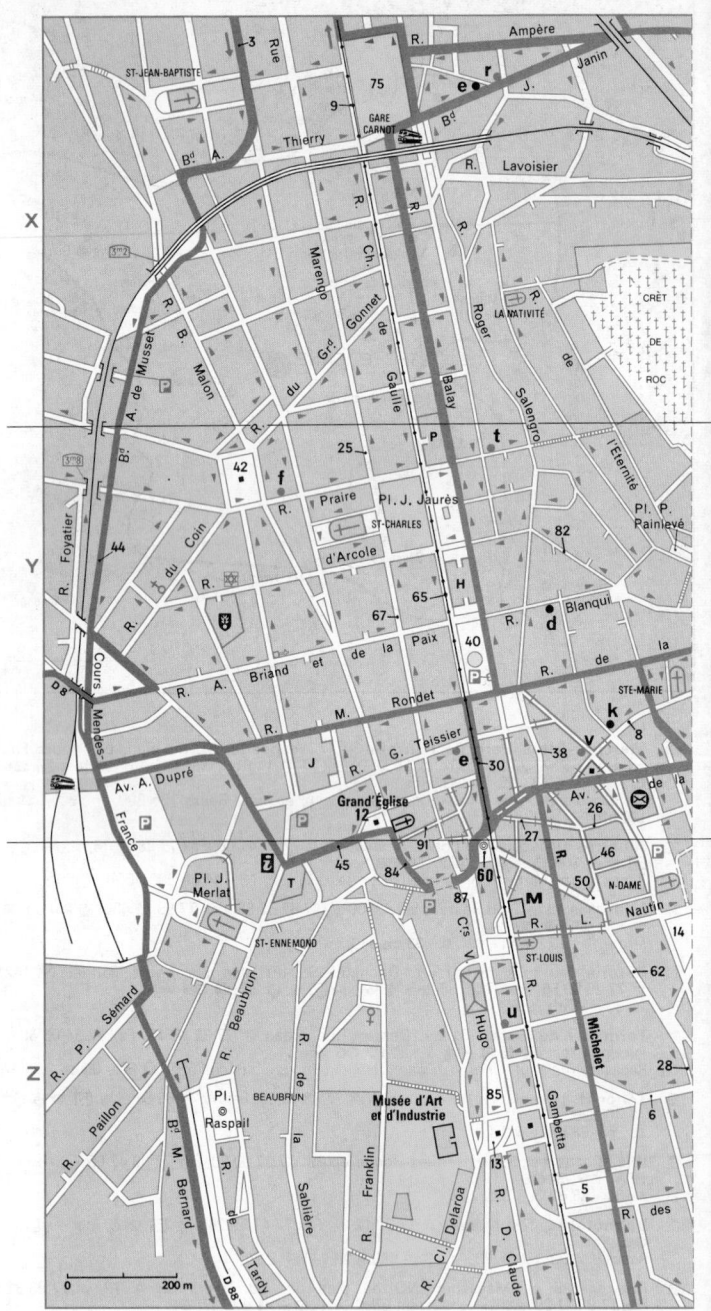

ST-ÉTIENNE

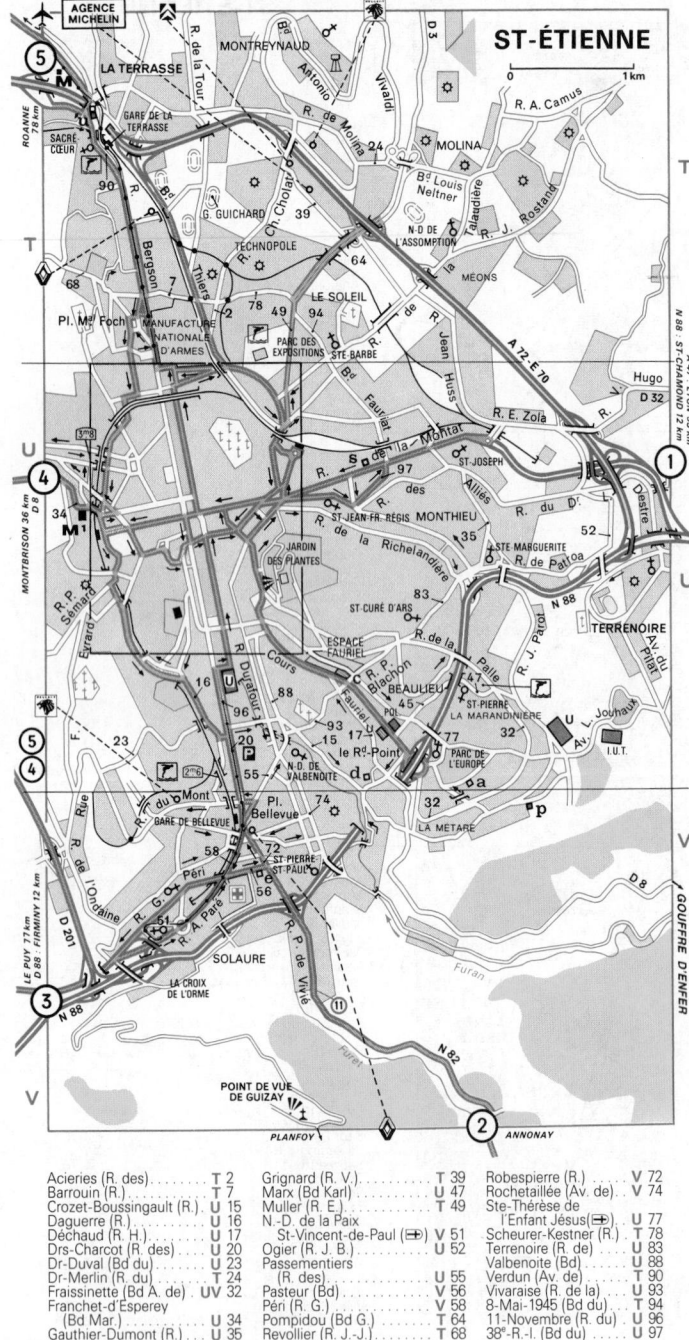

ST-ÉTIENNE

0   1 km

🏛 **Carnot** sans rest, 11 bd J. Janin *ℰ* 77 74 27 16, Fax 77 74 25 79 – |≉| 📺 ☎ 🅿. GB   X **e**
   🛏 30 – **24 ch** 195/275.

🏛 **Cheval Noir** sans rest, 11 r. F. Gillet *ℰ* 77 33 41 72, Fax 77 37 79 19 – |≉| 📺 ☎ – 🦽 40. AE
   ① GB   Y **k**
   🛏 30 – **45 ch** 140/260.

🕸🕸🕸🕸 ✿✿✿ **Pierre Gagnaire**, 7 r. Richelandière ⊠ 42100 *ℰ* 77 42 30 90, Fax 77 42 30 95,
   « Villa 1930 aménagée avec élégance et originalité » – ▤. AE ① GB   Y **b**
   fermé 1ᵉʳ au 15 août et dim. soir – **Repas** 300 (déj.), 650/850 et carte 560 à 760, enf. 80
   Spéc. Poêlée de tomates, pistes, espareilles et girolles à l'oseille craquante. Bar de ligne et vives cuits en cocotte au
   mesclun d'herbes aromatiques. Joue de cochon demi-sel. Vins Condrieu, Crozes-Hermitage.

🕸🕸🕸 **Clos des Lilas,** 28 r. Virgile SE du plan par cours Fauriel ⊠ 42100 *ℰ* 77 25 28 13,
   Fax 77 41 58 91 – GB   V **p**
   fermé août, vacances de fév., mardi soir, dim. soir et lundi – **Repas** 185/400 et carte 230 à
   410.

🕸🕸🕸 **Le Chantecler,** 5 cours Fauriel ⊠ 42100 *ℰ* 77 25 48 55, Fax 77 37 62 75 – ▤. AE ①
   GB   Z **q**
   fermé août, sam. et dim. – **Repas** 138/198 et carte 200 à 280.

🕸🕸🕸 **André Barcet,** 19 bis cours V. Hugo *ℰ* 77 32 43 63, Fax 77 32 23 93 – ▤. AE ① GB
   fermé 14 au 31 juil. – **Repas** 165/320 et carte 250 à 370.   Z **u**

🕸🕸 **Clos les Passementiers,** 3 r. G. Teissier *ℰ* 77 41 87 99 – GB   Y **e**
   fermé août, sam. midi et dim. soir – **Repas** 155 (sauf le midi en sem.)et carte 160 à 240.

🕸🕸 **Le Bouchon,** 7 r. Robert *ℰ* 77 32 93 32, Fax 77 32 93 32 – ▤. AE ① GB   Y **t**
   fermé 8 au 30 juil., dim. sauf le midi d'oct. à Pâques et sam. midi – **Repas** 95/340.

🕸🕸 **Praire,** 14 r. Praire *ℰ* 77 37 85 74, Fax 77 25 17 10 – ▤. AE ① GB   Y **f**
   fermé 20 au 29 mai, 5 au 23 août, sam. midi, dim. soir et lundi midi – **Repas** - produits de la
   mer - 98/150.

🕸🕸 **Le Régency,** 17 bd J. Janin *ℰ* 77 74 27 06, Fax 77 74 98 24 – ▤. AE GB   X **r**
   fermé août, sam. et dim. soir – **Repas** 180/260.

🕸 **Hubert Chaurand,** 13 pl. Massenet *ℰ* 77 93 62 21, 🍽 – GB   T **u**
   fermé 10 au 22 août, dim. soir et sam. – **Repas** 85/258 ⚬.

🕸 **Le Gratin,** 30 r. St-Jean *ℰ* 77 32 32 60 – AE ① GB JCB   Y **v**
↔   *fermé 11 au 20 août, sam. midi, dim. soir et lundi* – **Repas** 70/190 ⚬, enf. 35.

    à l'Étrat N : 5 km par D 11 – ⊠ **42580** :

🕸🕸 **Yves Pouchain,** rte St-Héand *ℰ* 77 93 46 31, Fax 77 93 90 71, 🍽 – 🅿. GB
   fermé 16 au 30 août, sam. midi, dim. soir – **Repas** 95/340, enf. 65.

MICHELIN, Agence Régionale, ZI de Montreynaud, 9 r. V.-Grignard T *ℰ* 77 74 22 88.

CITROEN Succursale, 1 r. V.-Grignard T
ℰ 77 92 28 40 🅽 *ℰ* 77 37 22 64
FIAT Autorama 42, ZI de Montreynaud, r. J.-Neyret
ℰ 77 79 08 45
FORD E.D.A., ZI de Montreynaud,
17-19 r. G.-Delory *ℰ* 77 74 42 44
MERCEDES Alcia St-Etienne, r. J.-Snella
ℰ 77 92 13 92
OPEL St-Etienne Autom., 50 rue D.-Claude
ℰ 77 32 50 25
PEUGEOT Gar. Boniface, 24 à 28 r. Mont
ℰ 77 57 17 37 🅽 *ℰ* 77 88 34 94
PEUGEOT Gar. Boniface, ZI de Montreynaud,
13-15 r. G.-Delory *ℰ* 77 74 74 66 🅽 *ℰ* 77 88 34 94
RENAULT Bellevue-Autom.-Granet,
1 r. Thimonier V *ℰ* 77 57 28 28

RENAULT Succursale, 5 r. C.-Oddé T
ℰ 77 43 49 49 🅽 *ℰ* 05 05 15 15
VAG Gar. Rocle, 6 r. E.-Mimard *ℰ* 77 25 40 28

⬤ Euromaster, 36 r. Montat *ℰ* 77 33 06 20
Euromaster, 22 r. J.-Neyret *ℰ* 77 33 06 81
Fournier Autocenter, 1 et 3 r. Nicéphore Niepce
ℰ 77 57 25 13
Métifiot, ZI de Montreynaud, 12 r. V.-Grignard
ℰ 77 79 06 03
Pastourel Vulcopneu, 2 r. J.-Snella *ℰ* 77 74 42 66
Pastourel Vulcopneu, 22 r. Voltaire *ℰ* 77 25 44 05
Philibert Pneus, à la Talaudière *ℰ* 77 53 07 19

ST-ÉTIENNE-DE-BAÏGORRY **64430** Pyr.-Atl.🟦🟦 ③ G. Pyrénées Aquitaine – 1 565 h alt. 162.

Voir Église St-Étienne★.

🛈 Syndicat d'Initiative pl. Église *ℰ* 59 37 47 28.

Paris 820 – Biarritz 53 – Cambo-les-Bains 31 – Pau 109 – Saint-Jean-Pied-de-Port 11.

🏨 **Arcé** 🦢, *ℰ* 59 37 40 14, Fax 59 37 40 27, 🍽, « Terrasse au bord de l'eau », 🏊, 🐎, 🎾 –
   📺 ☎ 🅿. GB
   mi-mars-mi-nov. – **Repas** (fermé lundi midi sauf du 1ᵉʳ juin au 30 sept., vacances scolaires et
   fériés) (dim. prévenir) 110/235, enf. 60 – 🛏 47 – **22 ch** 420/680 – ½ P 400/540.

ST-ÉTIENNE-DE-FURSAC **23** Creuse🟦🟦 ⑧ – rattaché à La Souterraine.

ST-ÉTIENNE-LES-ORGUES **04230** Alpes-de-H.-P.🟦🟦 ⑮ G. Alpes du Sud – 1 091 h alt. 697.

🛈 Office de Tourisme à la Mairie *ℰ* 92 76 02 57.

Paris 736 – Digne-les-Bains 46 – Forcalquier 17 – Sault 47 – Sisteron 30.

🏛 **St Clair** 🦢, S : 2 km par D 13 *ℰ* 92 73 07 09, ≤, 🍽, 🏊, 🐎 – ☎ 🅿. GB. 🍽 ch
↔   *1ᵉʳ mars-31 oct.* – **Repas** 80/170, enf. 50 – 🛏 37 – **30 ch** 212/388 – ½ P 217/313.

89170 Yonne 🆔 ③ G. Bourgogne – 1 884 h alt. 193.

Voir Château★.

🛈 Office de Tourisme, Maison de la Puisaye ℰ 86 74 15 72.

Paris 173 – Auxerre 44 – Cosne-sur-Loire 32 – Gien 41 – Montargis 53.

🏠 **Relais du Château,** promenade Grillon ℰ 86 74 01 75, Fax 86 74 09 73, 🏫 – 📺 ☎ ᵬ –
🔸 🏛 40. ⚿ ⓿ ☜
fermé 15 janv. au 29 fév., dim. soir et lundi sauf juil.-août – **Repas** 78/250 ᵬ, enf. 45 – 🖙 40 –
28 ch 230/280 – ½ P 300/320.

FORD Gar. Ciechelski, 7 av. Grande-Demoiselle   PEUGEOT Gar. Chambrillon, Promenade du Grillon
ℰ 86 74 01 39 🄽 ℰ 86 74 01 39   ℰ 86 74 08 20 🄽 ℰ 86 74 08 20

31540 H.-Gar. 🆔 ⑲ G. Pyrénées Roussillon – 1 177 h alt. 327.

Voir Site★.

🛈 Office de Tourisme, Mairie ℰ 61 83 01 71.

Paris 740 – ◆ Toulouse 42 – Auterive 45 – Carcassonne 57 – Castres 36 – Gaillac 65.

🏦 ❀ **Aub. du Poids Public** (Taffarello), ℰ 61 83 00 20, Fax 61 83 86 21, ≼, 🏫, 🚃 – 📺 ☎
🔸 🖛 🄿 – 🏛 25. ⚿ ☜
fermé janv. et dim. soir d'oct. à avril – **Repas** 90 bc (déj.), 135/300 et carte 260 à 400 – 🖙 40 –
13 ch 240/290 – ½ P 270/310
Spéc. Raviole de gésiers confits, "matignon" de légumes. Quasi de veau du Lauragais rôti. Pain perdu brioché, sauce
aux pommes.

31 H.-Gar. 🆔 ⑳ – rattaché à Revel.

05800 H.-Alpes 🆔 ⑯ G. Alpes du Nord – 408 h alt. 900.

Paris 645 – Gap 31 – Corps 11 – ◆ Grenoble 75 – La Mure 36 – St-Bonnet-en-Champsaur 18.

au Séchier E : 4 km – alt. 900 – ✉ **05800** St-Firmin :

🛖 **Loubet** 🐾, ℰ 92 55 21 12, Fax 92 55 32 72, ≼, 🏫, 🚃 – ☎ 🄿
🔸 *mi-juin-fin sept.* – **Repas** 54/149, enf. 47 – 🖙 24 – **23 ch** 183/264 – ½ P 179/259.

2B H.-Corse 🆔 ③ – voir à Corse.

89600 Yonne 🆔 ⑮ G. Bourgogne – 6 433 h alt. 105.

Voir Vitraux★ de l'église E.

🛈 Office de Tourisme 10 r. Terrasse ℰ 86 35 11 86.

Paris 172 ④ – Auxerre 33 ③ – Troyes 51 ① – Chaumont 137 ② – ◆ Dijon 162 ② – Sens 42 ④.

ST-FLORENTIN

Grande-Rue	5
St-Martin (R.)	15

Aval (R. du Fg-d')	2
Dilo (Pl.)	3
Dilo (R. du Fg)	4
Guimbarde (R. de la)	6
Halle (Pl. de la)	7
Landrecies (Fg)	9
Leclerc (R. Gén.)	10
Montarmance (R.)	12
Pont (R. du)	13
Rempart (R. Basse-du)	14
St-Martin (R. du Fg)	17

*Une réservation
confirmée par écrit
est toujours plus sûre.*

🏠 **Tilleuls** 🐾, 3 r. Decourtive **(s)** ℰ 86 35 09 09, Fax 86 35 36 90, 🏫, 🚃 – 📺 ☎ 🄿. ⚿ ☜
fermé 25 déc. au 1ᵉʳ janv., 21 fév. au 13 mars, lundi (sauf hôtel) et dim. soir de sept. à mai –
Repas 75 (déj.), 110/240 ᵬ, enf. 55 – 🖙 35 – **9 ch** 220/315.

XXX ❀ **Grande Chaumière** (Bonvalot) Ⓜ 🐾 avec ch, 3 r. Capucins **(a)** ℰ 86 35 15 12,
Fax 86 35 33 14, 🏫, 🚃 – 📺 ☎ 🄿. ⚿ ⓿ ☜. ❀ ch
fermé 30 août au 6 sept., 20 déc. au 17 janv. et merc. – **Repas** 130 (déj.), 198/265 et carte 290
à 390 – 🖙 52 – **10 ch** 350/650 – ½ P 490/550
Spéc. Noix de Saint-Jacques grillées au beurre de vieux rhum (nov. à avril). Sole désarêtée à l'infusion de chicorée.
Dos de lapereau à la purée d'ail. **Vins** Irancy, Rosé des Riceys.

à Neuvy-Sautour par ① : 7 km – 9 590 h. – ✉ **89570** :

XX **Dauphin,** ℰ 86 56 30 01, Fax 86 56 40 00, 🏫 – 🄿. ☜
🔸 *fermé dim. soir du 1ᵉʳ nov. au 30 avril et lundi soir* – **Repas** 75 bc/300 ᵬ, enf. 55.

aux Pommerats par ⑤, rte de Venizy et D 129 : 4 km – ✉ **89210** Venizy :

🏛 **Moulin des Pommerats** ⑤, ℘ 86 35 08 04, Fax 86 43 47 88, 余, 黍 – 📺 ☎ 🅿 – 🔬 30. 🇬🇧
fermé dim. soir et lundi hors sais. – **Repas** 95/195 – ⊏ 38 – **19 ch** 290/450 – ½ P 270/320.

CITROEN Gar. Bleu, rte de Troyes ℘ 86 35 12 52 🅽 ℘ 86 35 32 49
PEUGEOT Gar. de l'Europe, av. 8 Mai par ④ ℘ 86 35 06 05 🅽 ℘ 86 35 12 81
RENAULT Gar. Autoflo, rte de Paris par ④ ℘ 86 35 06 26 🅽 ℘ 05 05 15 15

⦿ Auto Service Pneumatiques, 5-7 r. de Lancome ℘ 86 43 43 33

ST-FLORENT-LE-VIEIL 49410 M.-et-L. 🔢 ⑲ G. Châteaux de la Loire – 2 511 h alt. 16.
Voir Tombeau★ dans l'église – Esplanade ≤★.
🅱 Office de Tourisme à la Mairie ℘ 41 72 62 32.
Paris 336 – Angers 42 – Ancenis 15 – Châteaubriant 67 – Château-Gontier 63 – Cholet 37.

🏛 **Host. de la Gabelle**, ℘ 41 72 50 19, Fax 41 72 54 38, ≤, 余 – 📺 ☎ 🆎 ⓞ 🇬🇧 🇯🇨🇧
＋ **Repas** 75/250 ⅃, enf. 37 – ⊏ 30 – **20 ch** 180/270 – ½ P 250/280.

PEUGEOT Gar. Alloyer, ℘ 41 72 50 07

Les nouveaux Guides Verts touristiques Michelin, c'est :

– un texte descriptif plus riche,

– une information pratique plus claire,

– des plans, des schémas et des photos en couleurs,

– ... et, bien sûr, une actualisation détaillée et fréquente.

Utilisez toujours la dernière édition.

ST-FLOUR ◀🆂🅿▶ **15100** Cantal 🔢 ④ ⑭ G. Auvergne – 7 417 h alt. 881.
Voir Site★★ – Cathédrale★ B – Brassard★ dans le musée de la Haute Auvergne B H – Plateau de la Chaumette : calvaire ≤★ S : 3 km par D 40 puis 30 mn.
🅱 Office de Tourisme av. du Dr. Mallet ℘ 71 60 22 50, Fax 71 60 05 14.
Paris 517 ① – Aurillac 73 ④ – Issoire 64 ① – Millau 138 ② – Le Puy-en-Velay 109 ① – Rodez 115 ③.

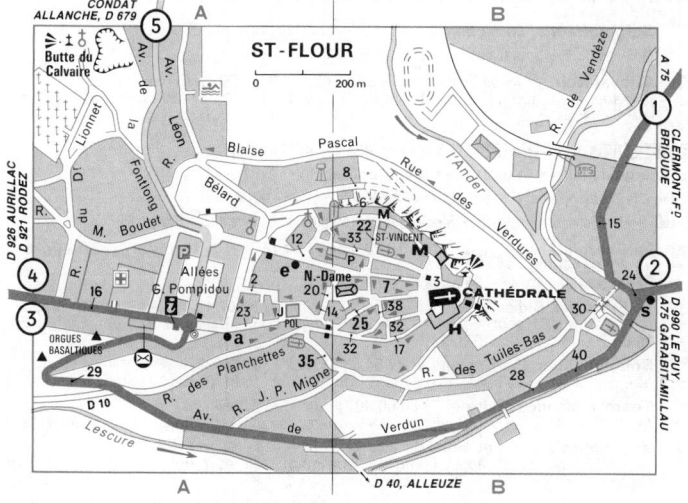

Ville basse :

🏨 **L'Étape** Ⓜ (Annexe 🏠 11 ch), 18 av. République par ② ℰ 71 60 13 03, Fax 71 60 48 05 –
📶 ⇔ ch 📺 ☎ ⇔, 🆎 ⑩ ☺ Ⓙ☺®
fermé 26 déc. au 15 janv. – **Repas** *(fermé dim. soir et lundi hors sais.)* 89/280, enf. 50 – 🍴 40
– **34 ch** 310/430 – ½ P 250/310.

🏨 **Les Messageries et rest. Nautilus**, 23 av. Ch. de Gaulle par ② ℰ 71 60 11 36,
◆ Fax 71 60 46 79, ㍿, 🔅 – 📺 ☎ ⇔ Ⓟ, ☺
fermé 22 janv. au 16 fév., sam. midi et vend. du 1er nov. à Pâques sauf vacances scolaires –
Repas 80 bc/360, enf. 57 – 🍴 50 – **17 ch** 198/385 – ½ P 240/325.

🏨 **St-Jacques**, 6 pl. Liberté ℰ 71 60 09 20, Fax 71 60 33 81, 🔅 – 📶 📺 ☎ ⇔, ☺ B s
fermé 11 nov. au 5 janv., vend. soir et sam. de nov. à Pâques – **Repas** 88/220, enf. 50 –
🍴 38 – **28 ch** 240/380 – ½ P 250/290.

🏠 **Aub. La Providence**, 1 r. Château d'Alleuze par D 40 (sud du plan) ℰ 71 60 12 05,
Fax 71 60 33 94 – 📺 ☎ Ⓟ, 🆎 ⑩ ☺
fermé 15 oct. au 15 nov., 1er au 7 janv., sam. midi, dim. soir et vend. du 1er nov. à Pâques –
Repas 86/160 🍴 – 🍴 35 – **10 ch** 250/280 – ½ P 250/280.

Ville haute :

🏨 **Europe**, 12 cours Ternes ℰ 71 60 03 64, Fax 71 60 03 45, ≤ vallée – 📶 📺 ☎ ⇔,
◆ ☺ A a
fermé 9 au 24 janv. – **Repas** 78/255, enf. 60 – 🍴 40 – **45 ch** 245/355 – ½ P 205/305.

🏨 **Gd H. Voyageurs**, 25 r. Collège ℰ 71 60 34 44, Fax 71 60 00 21 – 📶 ☎ ⇔, ⑩ ☺
vacances de printemps-1er nov. – **Repas** 88/220, enf. 55 – 🍴 36 – **33 ch** 150/360 – ½ P 190/
300. A e

CITROEN Gar. Bardoux, 47 av. République par ②
ℰ 71 60 12 39
FIAT Gar. des Orgues, Av. de Verdun
ℰ 71 60 34 76
FORD Saint Flour Autom., Les Rosiers, échangeur
nord ℰ 71 60 21 25
OPEL, LADA Gar. Universel, 1 r. M.-Boudet
ℰ 71 60 09 64

PEUGEOT Montplain Autom., av. Lioran,
ZI Montplain par ④ ℰ 71 60 02 43 Ⓝ ℰ 71 60 18 85
RENAULT Gar. Berthet, Av. République par ②
ℰ 71 60 01 81
SEAT Gar. Teissedre, ZI Montplain, rte d'Aurillac
ℰ 71 60 20 66 Ⓝ ℰ 71 60 10 35

ST-FRANCOIS-LONGCHAMP 73130 Savoie 🔢 ⑰ G. Alpes du Nord – 236 h alt. 1450 – Sports d'hiver :
1 415/2 550 m ≤ 17.

🛈 Office de Tourisme, Maison du Tourisme ℰ 79 59 10 56, Fax 79 59 13 67.

Paris 615 – Albertville 61 – Chambéry 73 – Moûtiers 36 – Saint-Jean-de-Maurienne 24.

Station Haute : Longchamp – alt. 1 610 – ✉ **73130** La Chambre :
🛈 Office de Tourisme (saison) ℰ 79 59 10 56, Télex 309951.

🏨 **Cheval Noir**, ℰ 79 59 10 88, Fax 79 59 10 00, ≤, 🌳 – 📺 ☎ Ⓟ, ☺, ⚘ rest
juil.-août et 20 déc.-20 avril – **Repas** 100/185, enf. 54 – 🍴 32 – **20 ch** 250/340, 7 duplex –
½ P 350/405.

ST-GALMIER 42330 Loire 🔢 ⑱ G. Vallée du Rhône – 4 272 h alt. 400.

Voir Vierge du Pilier★ et triptyque★ dans l'église.

🛈 Office de Tourisme avec A.C. bd Sud ℰ 77 54 06 07.

Paris 501 – ◆St-Étienne 23 – ◆Lyon 59 – Montbrison 23 – Montrond-les-Bains 10,5 – Roanne 60.

🏨 **La Charpinière** Ⓜ ⚘, ℰ 77 54 10 20, Fax 77 54 18 79, 🌳, parc, ⅙, 🔅, ⚘ – 📺 ☎ Ⓟ –
◆ 🌳 60. 🆎 ⑩ ☺, ⚘ rest
Repas 80/230 – 🍴 45 – **34 ch** 405 – ½ P 350.

🏠 **Le Forez**, 6 r. Didier Guetton ℰ 77 54 00 23, Fax 77 54 07 49, 🌳 – 📺 ☎, 🆎 ⑩ ☺
◆ *fermé 16 au 31 août, vacances de fév. et dim. soir* – **Repas** 65/350, enf. 50 – 🍴 40 –
18 ch 200/350 – ½ P 310/370.

XX **Bougainvillier**, Pré-Château ℰ 77 54 03 31, Fax 77 94 95 93 – ☺
◆ *fermé 21 août au 14 sept., 1er au 7 janv., dim. soir et lundi* – **Repas** (prévenir) 80/250.

XX **Poste**, r. Maurice André ℰ 77 54 00 30, ≤, 🌳 – ▤, 🆎 ⑩ ☺
◆ *fermé 20 juil. au 7 août, 18 janv. au 8 fév., merc. soir et jeudi* – **Repas** (dim. prévenir) 78/280.

X **Voyageurs** avec ch, pl. Hôtel de Ville ℰ 77 54 00 25 – ☎ ⇔, ☺
◆ *fermé 28 juil. au 20 août, 1er au 15 janv., dim. soir sauf hôtel, vend. soir et sam.* –
Repas 63/150 🍴 – 🍴 25 – **12 ch** 150/220.

CITROEN Gar. Brosse, ℰ 77 54 00 13
RENAULT Gar. Pailleux, ℰ 77 54 06 71

ST-GAUDENS ◀Ⓢ▶ 31800 H.-Gar. 🔢 ① G. Pyrénées Aquitaine – 11 266 h alt. 405.

Voir Boulevards Jean-Bepmale et des Pyrénées ≤★ Z.

🛈 Office de Tourisme 2 r. Thiers ℰ 61 94 77 61.

Paris 785 ② – Bagnères-de-Luchon 47 ④ – Auch 74 ① – Foix 87 ② – Lourdes 83 ⑤ – Tarbes 63 ⑤ –
◆Toulouse 89 ②.

ST-GAUDENS

République (R. de la) Y 14
Thiers (R.) . . . . Y 15
Victor-Hugo (R.) . . . . Z

Boulogne (Av. de) . . . Y 2
Compagnons-du-Tour de-France (R. des) Y 3
Foch (Av. Mar.) . . . . . Z 4
Isle (Av. de l') . . . . Y 5
Jaurès (Pl. Jean) . . . YZ 6
Joffre (Av. Mar.) . . . . Z 7
Leclerc (Av. Gén.) . . . Y 8
Mathe (R.) . . . . Y 9
Palais (Pl. du) . . . . Y 10
Pasteur (Bd) . . . . Y 12
Pyrénées (Bd des) . . . Z 13
Toulouse (Av. de) . . . Y 16

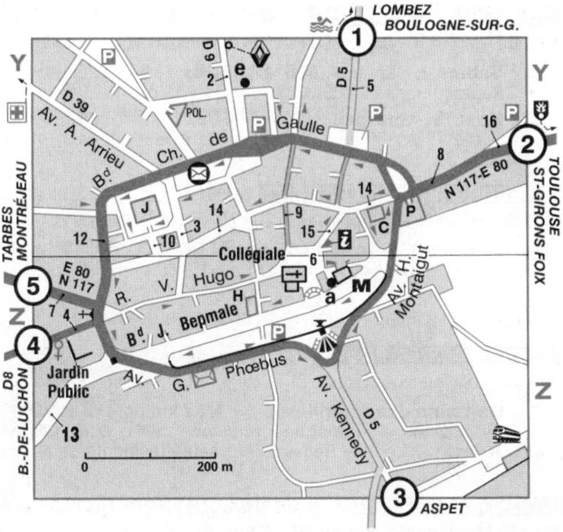

Les guides Rouges, les guides Verts et les cartes Michelin sont complémentaires. Utilisez-les ensemble.

Commerce, av. Boulogne ✆ 61 89 44 77, Fax 61 95 06 96 – 🛗 ▤ TV ☎ ♿ 🚗. AE ⓓ GB — Y e
fermé 23 déc. au 28 janv. – **Repas** 80/210 🍷, enf. 55 – ☕ 40 – **49 ch** 230/380 – ½ P 200/260.

Esplanade sans rest, 7 pl. Mas St-Pierre ✆ 61 89 15 90 – 🛗 ☎. GB — Z a
☕ 35 – **12 ch** 260/300.

CITROEN G.A.M., av. de Toulouse par ② ✆ 61 95 13 69
FORD SORVA, rte Nat. 117 à Landorthe ✆ 61 89 23 79
PEUGEOT Gar. Comet, N 117 à Landorthe par ② ✆ 61 89 60 00 N ✆ 05 44 24 24
RENAULT S.I.A.C., 14 av. de Boulogne ✆ 61 94 77 94 N ✆ 05 05 15 15
VAG Gar. Dambax, RN 117 à Estancarbon ✆ 61 95 43 43

Ⓜ Comptoir du Pneu Vulcopneu, 162 av. de Toulouse ✆ 61 89 28 25
Euromaster, 5 pl. Mar.-Juin ✆ 61 89 11 24
Pyrénées Pneus Point S, rte Nat. 117 à Villeneuve-de-Rivière ✆ 61 95 58 58 N ✆ 61 95 58 58

ST-GENIEZ-D'OLT 12130 Aveyron 80 ④ G. Gorges du Tarn – 1 988 h alt. 420.

Office de Tourisme les Cloîtres ✆ 65 70 43 42.

Paris 627 – Rodez 47 – Espalion 26 – Florac 80 – Mende 69 – Sévérac-le-Château 24.

France M, ✆ 65 70 42 20, Fax 65 47 41 38 – 🛗 ⇹ ch TV ☎ – 🏛 80. GB
15 mars-15 nov. – **Repas** 70/175 🍷, enf. 48 – ☕ 32 – **48 ch** 245/285 – ½ P 260/280.

Poste 🐦, ✆ 65 47 43 30, Fax 65 47 42 75, 🍽, 🏊, 🌳, 🎾 – 🛗 ⇹ ch ☎ 🅟. AE GB
Repas 86/130 🍷, enf. 47 – ☕ 39 – **50 ch** 220/315 – ½ P 325/370.

RENAULT Gar. Crespo, ✆ 65 47 52 89
Gar. Fages, ✆ 65 70 41 40

ST-GENIS-POUILLY 01630 Ain 70 ⑮ – 5 696 h alt. 450.

Paris 523 – Bellegarde-sur-Valserine 26 – Bourg-en-Bresse 95 – ♦Genève 11 – Gex 10.

L'Amphitryon, N : 2 km sur D 984 ᶜ ✆ 50 20 64 64, Fax 50 42 06 98, 🍽 – 🅟. GB
fermé 30 juil. au 16 août, 26 déc. au 12 janv., dim. soir et lundi – **Repas** 80 (déj.), 160/260.

Auberge Charaux, SO : 2 km sur D 984 ✉ 01710 Thoiry ✆ 50 42 29 38, Fax 50 28 21 25, ←, 🍽, 🌳 – 🅟. AE ⓓ GB
fermé 3 au 17 juil., 25 déc. au 2 janv., 19 fév. au 6 mars, dim. soir et lundi – **Repas** 100/290, enf. 50.

CITROEN Gar. du Centre, ✆ 50 42 10 03
RENAULT Gar. Pelletier, ✆ 50 42 12 91

ST-GEORGES-DE-DIDONNE 17110 Char.-Mar. 71 ⑮ G. Poitou Vendée Charentes – 4 705 h alt. 10.

Voir Pointe de Vallières★ – Pointe de Suzac★ S : 3 km.

Office de Tourisme bd Michelet ✆ 46 05 09 73.

Paris 505 – Royan 3 – Blaye 78 – ♦Bordeaux 117 – Jonzac 58 – La Rochelle 75.

Colinette 🐦, 16 av. Gde Plage ✆ 46 05 15 75, Fax 46 06 54 17, 🍽 – ☎. GB
15 fév.-1er nov. – **Repas** *(fermé dim. soir et lundi hors sais.)* 62/147, enf. 37 – ☕ 26 – **26 ch** 135/225 – ½ P 200/313.

Printemps 🐦 sans rest, 7 av. Pelletan ✆ 46 05 14 65 – ☎ 🅟. 🐕
1er avril-30 sept. et vacances de Noël – ☕ 28 – **12 ch** 190/230.

Floréal 🐦, 10 allée Repos ✆ 46 05 08 12, Fax 46 06 30 70, 🍽 – ⇹ ch 🅟. ⓓ GB
hôtel : fermé janv. ; rest. : ouvert avril-sept. – **Repas** 55/120 🍷 – ☕ 26 – **18 ch** 180/260 – ½ P 220/240.

Saint-Georges Autom., ✆ 46 05 08 14 N ✆ 46 05 08 14

ST-GEORGES-DE-RENEINS 69830 Rhône 74 ① – 3 509 h alt. 222.

Paris 420 – Mâcon 31 – Bourg-en-Bresse 43 – Chauffailles 47 – ♦Lyon 40 – Villefranche-sur-Saône 9.

Sables, r. Saône ✆ 74 67 64 08, Fax 74 67 68 23 – ☎ P. AE GB
Repas (dîner seul.) 69/92 – 24 – **18 ch** 120/185.

Host. St-Georges, N 6 ✆ 74 67 62 78, – GB
fermé 1er au 20 août, vacances de Noël, dim. soir, mardi soir et merc. – **Repas** 72 (déj.), 105/235.

ST-GEORGES-D'ESPÉRANCHE 38790 Isère 74 ⑫ – 2 221 h alt. 400.

Paris 496 – ♦Lyon 35 – Bourgoin-Jallieu 21 – ♦Grenoble 88 – Vienne 21.

Le Castel, ✆ 74 59 18 45, Fax 74 59 04 40, – P. GB
fermé 23 janv. au 1er fév., 1er au 15 sept., mardi soir et merc. – **Repas** 90 (déj.), 135/350, enf. 70.

RENAULT Gar. Berthon, ✆ 74 59 02 09 N ✆ 74 59 19 66

ST-GEORGES-LA-POUGE 23250 Creuse 72 ⑩ – 328 h alt. 565.

Paris 384 – Limoges 69 – Aubusson 21 – Bourganeuf 21 – Guéret 29 – Montluçon 71.

Domaine des Mouillères , N : 2 km par D 3 et VO ✆ 55 66 60 64, Fax 55 66 68 80, ≤, , « Dans la campagne limousine », – ☎ P. GB.
20 mars-1er oct. – **Repas** (dîner seul.)(résidents seul.) carte environ 160 – 38 – **7 ch** 200/370.

ST-GEORGES-SUR-LOIRE 49170 M.-et-L. 63 ⑲ ⑳ **G. Châteaux de la Loire** – 3 101 h alt. 20.

Voir Château de Serrant★★ NE : 2 km.

Paris 312 – Angers 18 – Ancenis 33 – Châteaubriant 63 – Château-Gontier 54 – Cholet 46.

Relais d'Anjou, r. Nationale ✆ 41 39 13 38, Fax 41 39 13 69, – AE GB
fermé 1er au 15 juil., 2 au 15 janv., dim. soir et lundi – **Repas** 98 (déj.), 145/300.

Tête Noire, r. Nationale ✆ 41 39 13 12 – GB.
fermé 1er au 20 août, 3 au 11 fév., vend. soir et sam. – **Repas** 70 (déj.), 105/240.

ST-GERMAIN-DE-JOUX 01130 Ain 74 ④ ⑤ – 465 h alt. 515.

Paris 488 – Bellegarde-sur-Valserine 11 – Belley 66 – Bourg-en-Bresse 59 – Nantua 13 – St-Claude 33.

Reygrobellet, N 84 ✆ 50 59 81 13, Fax 50 59 83 74 – TV ☎ P. GB. ch
fermé 13 au 21 mars, 1er au 11 juil., 12 oct. au 5 nov., dim. soir et lundi – **Repas** 95/260 – 32 – **10 ch** 220/250 – ½ P 210/240.

ST-GERMAIN-DES-VAUX 50440 Manche 54 ① – 489 h alt. 67.

Voir Baie d'Ecalgrain★★ S : 3 km – Port de Goury★ NO : 2 km.

Env. Nez de Jobourg★★ S : 7,5 km puis 30 mn – ≤★★ sur anse de Vauville SE : 9,5 km par Herqueville, **G. Normandie Cotentin.**

Paris 388 – Cherbourg 27 – Barneville-Carteret 48 – Nez de Jobourg 6,5 – St-Lô 104.

Moulin à Vent, ✆ 33 52 75 20, – P. AE GB
fermé vacances de Noël, sam. midi, dim. soir et lundi – **Repas** 95, enf. 40.

PEUGEOT Gar. Troude, à Beaumont-Hague ✆ 33 52 70 12

RENAULT Gar. Lecocq, à Beaumont ✆ 33 52 76 58 N ✆ 33 52 73 16

ST-GERMAIN-DE-TALLEVENDE 14 Calvados 59 ⑨ – rattaché à Vire.

ST-GERMAIN-DU-BOIS 71330 S.-et-L. 70 ③ **G. Bourgogne** – 1 856 h alt. 210.

Paris 368 – Chalon-sur-Saône 31 – Dole 55 – Lons-le-Saunier 31 – Mâcon 73 – Tournus 44.

Host. Bressane avec ch, ✆ 85 72 04 69, Fax 85 72 07 75 – ☎ P. GB
fermé 23 avril au 1er mai, 24 déc. au 8 janv., dim. soir sauf juil.-août et lundi – **Repas** 55/135 , enf. 36 – 25 – **9 ch** 105/240 – ½ P 170/190.

ST-GERMAIN-DU-CRIOULT 14 Calvados 59 ⑩ – rattaché à Condé-sur-Noireau.

ST-GERMAIN-EN-LAYE 78 Yvelines 55 ⑲ ⑳, 101 ⑬ – voir à Paris, Environs.

ST-GERMAIN-LAVAL 42260 Loire 73 ⑰ **G. Vallée du Rhône** – 1 510 h alt. 430.

Syndicat d'Initiative ✆ 77 65 52 96, Fax 77 65 51 31 et à la Mairie ✆ 77 65 41 30.

Paris 504 – Roanne 34 – L'Arbresle 68 – Montbrison 29 – ♦St-Étienne 66 – Thiers 53 – Vichy 86.

Touristes avec ch, ✆ 77 65 41 08 – GB
fermé fév. et mardi sauf juil.-août – **Repas** 60/200 – 23 – **12 ch** 98/225 – ½ P 140/180.

PEUGEOT Gar. Rambaud, ✆ 77 65 41 09 N ✆ 77 65 41 09

ST-GERMAIN-L'HERM 63630 P.-de-D. 73 ⑯ – 533 h alt. 1 000.

Paris 484 – ♦Clermont-Ferrand 66 – Ambert 28 – Brioude 32 – Le Puy-en-Velay 67 – ♦St-Étienne 103.

France, ✆ 73 72 00 27, Fax 73 72 02 33, – ☎ . GB
fermé 15 oct. au 10 nov., 2 au 15 janv. et merc. hors sais. sauf vacances scolaires – **Repas** 60/150 – 35 – **21 ch** 140/300 – ½ P 190/230.

60850 Oise 🔢 ⑧ ⑨ G. Flandres Artois Picardie – 1 585 h alt. 101.

Voir Église★ – ≼★ de la D 129 SE : 4 km.

🛈 Office de Tourisme pl. de Verdun ℘ 44 82 62 74.

Paris 92 – ♦ Rouen 57 – Les Andelys 40 – Beauvais 27 – Gisors 20 – Gournay-en-Bray 7,5.

XX **Aub. de l'Abbaye,** ℘ 44 82 50 73, Fax 44 82 64 54 – ⊖🖼
◆ fermé 16 au 31 août, 6 au 27 janv., dim. soir (sauf fêtes), mardi soir et merc. –
Repas 80/153, enf. 60.

33 Gironde 🔢 ⑪ – rattaché à St-André-de-Cubzac.

63390 P.-de-D. 🔢 ③ G. Auvergne – 1 419 h alt. 725.

🛈 Syndicat d'Initiative à la Mairie ℘ 73 85 80 94.

Paris 379 – ♦ Clermont-Ferrand 53 – Aubusson 73 – Gannat 42 – Montluçon 46 – Riom 38 – Ussel 83.

🏨 **Castel H. 1904** 🌳, ℘ 73 85 70 42, Fax 73 85 84 39, 🌳 – 📺 ☎ 🅿. ⊖🖼. 🦌
Pâques-11 nov. – **Repas** 130/245, enf. 70 - **Comptoir à Moustaches** (bistrot) **Repas** 69, ⅃ –
⊡ 38 – **17 ch** 250/280 – ½ P 220/240.

🏨 **Relais d'Auvergne,** rte Châteauneuf ℘ 73 85 70 10, Fax 73 85 85 66 – ☎ 🔜 🅿. ⊖🖼.
◆ 🦌 rest
Repas 70/145 ⅃, enf. 45 – ⊡ 27 – **12 ch** 105/215 – ½ P 155/195.

71350 S.-et-L. 🔢 ② – 269 h.

Paris 326 – Chalon-sur-Saône 24 – Beaune 18 – Chagny 19 – Verdun-sur-le-Doubs 10.

à Chaublanc NE : 3 km par D 94 et D 183 – ⊠ 71350 St-Gervais-en-Vallière :

🏨 **Moulin d'Hauterive** 🌳, ℘ 85 91 55 56, Fax 85 91 89 65, 🌳, parc, 🏊, ⅃, 🎾 – 📺 ☎ 🅿
– 🔼 30. ⊠🖼 🅪 ⊖🖼. 🦌 rest
mars-déc. et fermé dim. soir et
lundi sauf juil.-août – **Repas** 160
(déj.), 240/350 – ⊡ 70 – **10 ch**
530/650, 6 appart. 5 duplex –
½ P 570/730.

41 L.-et-Ch.
🔢 ⑦ – rattaché à Blois.

74170 H.-
Savoie 🔢 ⑧ G. Alpes du Nord –
5 124 h alt. 807 – Stat. therm. – Sports d'hiver :
1 400/2 400 m ⟡ 2 ⟡ 36 ⟡.

Env. Route du Bettex★★★ 8 km par ③
puis D 43 – Le Planey ⟡★★ S : 10,5 km
par D 43 – Site★★ de St-Nicolas-de-
Véroce S : 9 km par D 43 – Le Plateau
de la Croix ⟡★★ S : 12 km par D 43.

🔜 ℘ 50 66 50 50.

🛈 Office de Tourisme av. Mont-Paccard
℘ 50 47 76 08, Fax 50 47 75 69.

Paris 598 ⑤ – Annecy 80 ⑤ – Bonneville 40 ⑤
– Chamonix-Mont-Blanc 23 ① – Megève 11 ③
– Morzine 56 ⑤.

🏨 **Carlina** 🌳, r. Rosay **(w)**
℘ 50 93 41 10, Fax 50 93 56 26,
≼, ⅃, 🌳 – ⧏ 📺 ☎ 🅿. ⊠🖼 🅪
⊖🖼. 🦌
15 juin-30 sept. et 17 déc.-17
avril – **Repas** 135/180 – ⊡ 47 –
34 ch 410/576 – ½ P 650.

🏠 **L'Adret** 🌳 sans rest, chemin
La Mollaz **(d)** ℘ 50 93 50 60,
Fax 50 93 58 54, ≼ – ☜ 🅿. 🦌
1er juin-26 sept., 18 déc.-8 janv.
et 27 janv.-15 avril – ⊡ 30 –
15 ch 220/340.

🏠 **Edelweiss** sans rest, chemin
du Vorassay par ② **(u)**
℘ 50 93 44 48, Fax 50 47 75 05,
≼ – ☎ 🅿. ⊖🖼
⊡ 35 – **14 ch** 190/310.

X **Rest. Val d'Este,** pl. Église **(b)**
℘ 50 47 76 06 – ⊠🖼 ⊖🖼
fermé 1er au 10 juin, 15 nov. au
15 déc. et merc. en mai, sept. et
oct. – **Repas** 98/175 ⅃.

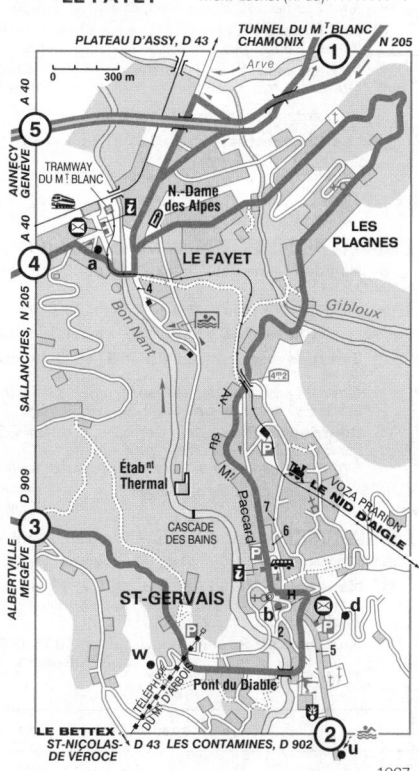

ST-GERVAIS- **LES-BAINS** **LE FAYET**	Comtesse (R.) 2
	Gontard (Av.) 4
	Miage (Av. de) 5
	Mont-Blanc (R. et jardin du) 6
	Mont-Lachat (R. du) 7

au Bettex SO : 8 km par D 43 ou par télécabine, station intermédiaire – alt. 1 400 – ⊠ 74170 St-Gervais-les-Bains :

🏨 **Arbois-Bettex** Ⓜ 🦢 , ℰ 50 93 12 22, Fax 50 93 14 42, ≼ Massif Mt-Blanc, 🎿, 🏊, – 📺 ☎ 🅿, ⒼⒷ, 🛇 rest
1ᵉʳ juil.-4 sept. et 17 déc.-15 avril – **Repas** 180 , déj. à la carte en hiver, enf. 55 – 🍽 50 –
33 ch 410/880 – ½ P 540/670.

🏨 **Flèche d'Or** 🦢 , ℰ 50 93 11 54, ≼ Massif Mt-Blanc, 🍽 – ☎ . ⒼⒷ
25 juin-10 sept. et 20 déc.-15 avril – **Repas** 85/120 🍷, enf. 55 – 🍽 36 – **16 ch** 350 –
½ P 330/460.

au Mont d'Arbois par télécabine – ⊠ 74190 Le Fayet :

🏨 **Chez la Tante** 🦢 , à la station supérieure (accès piétonnier) ℰ 50 21 31 30,
Fax 50 21 31 33, 🍽 , « ❄ exceptionnel de la chaîne des Aravis au Mt-Blanc », 🎿 – ☎ . 🆎
ⒼⒷ
1ᵉʳ juil.-15 sept. et 17 déc.-15 avril – **Repas** (self au déj. en hiver) carte 130 à 170 🍷 –
25 ch 🍽 285/345 – ½ P 425.

voir aussi à Megève : L'Igloo 🏨 (accès piétonnier).

FORD Gar. Tuaz, ℰ 50 78 30 75

Le Fayet – alt. 567 – ⊠ 74190 .

🎗 Syndicat d'Initiative r. de la Poste ℰ 50 93 64 64, Fax 50 78 38 48.

🏨 **La Chaumière,** av. Genève **(a)** ℰ 50 93 60 10, Fax 50 78 37 23 – 📺 ☎ 🅿. 🆎 ⓪ ⒼⒷ
fermé 20 oct. au 30 nov. – **Repas** 88/250, enf. 48 – 🍽 38 – **22 ch** 300/360 – ½ P 305/325.

ST-GILLES 30800 Gard 🎃🎃 ⑨ G. Provence (plan) – 11 304 h alt. 7.

Voir Façade★★ et crypte★ de l'église – Vis de St-Gilles★.

🎗 Office de Tourisme pl. F.-Mistral ℰ 66 87 33 75, Fax 66 87 16 28.

Paris 728 – ♦Montpellier 59 – Aigues-Mortes 36 – Arles 17 – Beaucaire 25 – Lunel 31 – Nîmes 19.

🏨 **Cours,** 10 av. F. Griffeuille ℰ 66 87 31 93, Fax 66 87 31 83, 🍽 – 📺 ☎ 🆎 ⓪ ⒼⒷ
→ *fermé 15 déc. au 20 fév.* – **Repas** 47/138, enf. 39 – 🍽 29 – **34 ch** 232/290 – ½ P 185/240.

🍴 **Le Clément IV,** port de plaisance ℰ 66 87 00 66 – ⒼⒷ
fermé 1ᵉʳ au 21 janv., dim. soir et lundi – **Repas** 98/150.

🍴 **La Rascasse,** 16 av. F. Griffeuille ℰ 66 87 42 96 – 🍽. ⒼⒷ
→ *fermé fév., mardi soir hors sais. et merc.* – **Repas** 67/110.

rte d'Arles E : 3,5 km – ⊠ 13200 Arles :

🏨 **Les Cabanettes** 🦢 , ℰ 66 87 31 53, Fax 66 87 35 39, 🍽 , 🏊 , 🎾 – 🍽 📺 ☎ 🚗 🅿 –
🕍 25. 🆎 ⓪ ⒼⒷ ⒿⒸⒷ
fermé 25 janv. au 29 fév. – **Repas** 128/183, enf. 70 – 🍽 45 – **29 ch** 420 – ½ P 375.

PEUGEOT Gar. Crumière, 71 bd Gambetta   ⑩ Ayme Pneus, rte de Nîmes ℰ 66 87 08 30
ℰ 66 87 31 25

ST-GILLES-CROIX-DE-VIE 85800 Vendée 🎃🎃 ⑫ G. Poitou Vendée Charentes – 6 296 h alt. 6.

🏌 St-Jean-de-Monts ℰ 51 58 82 73, N par D 38 : 20 km ; 🏌 des Fontenelles ℰ 51 54 13 94,
E par D 6 : 11 km.

🎗 Office de Tourisme Forum du Port de Plaisance, bd Égalité ℰ 51 55 03 66, Fax 51 55 69 60.

Paris 457 – La Roche-sur-Yon 43 – Challans 20 – Cholet 100 – ♦Nantes 78 – Les Sables-d'Olonne 30.

🍴🍴🍴 **Embruns** avec ch, 16 bd Mer ℰ 51 55 11 40, Fax 51 55 11 20, ≼ – 📺 ☎ 🚗 – 🕍 30. ⒼⒷ
🛇 ch
fermé 15 nov. au 2 déc., 1ᵉʳ au 15 janv., dim. soir et lundi – **Repas** 90/250 et carte 290 à 420,
enf. 65 – 🍽 45 – **14 ch** 300/480 – ½ P 290/420.

🍴🍴 **Bourrine de Riez,** sur la Corniche, O : 2 km ⊠ 85270 St-Hilaire-de-Riez ℰ 51 55 01 83,
→ Fax 51 55 52 31 – 🆎 ⒼⒷ
fermé déc., janv., lundi soir et mardi sauf juil.-août – **Repas** 70/195, enf. 50.

CITROEN Gar. Goillandeau, rte des Sables,   PEUGEOT EL.ME.CA., 2 r. Pasteur ℰ 51 55 10 19
Km 3 à Givrand ℰ 51 55 89 94   RENAULT Gar. Raffin, Le Fenouiller ℰ 51 55 84 92

ST-GINGOLPH 74500 H.-Savoie 🎃🎃 ⑱ G. Alpes du Nord – 677 h alt. 385.

Paris 549 – Thonon-les-Bains 26 – Annecy 100 – Évian-les-Bains 17 – Montreux 20.

🏨 **National,** ℰ 50 76 72 97, Fax 50 76 71 93, ≼ – ☎ 🅿. 🆎 ⒼⒷ. 🛇 ch
fermé 20 oct. au 20 nov., mardi soir et merc. hors sais. – **Repas** 105/260 – 🍽 35 –
14 ch 180/320 – ½ P 260/300.

🍴🍴🍴 **Aux Ducs de Savoie** 🦢 avec ch, ℰ 50 76 73 09, Fax 50 76 74 31, ≼, 🍽 – ☎ 🅿. 🆎 ⒼⒷ
fermé lundi et mardi sauf juil.-août – **Repas** 130/295 et carte 200 à 380, enf. 80 – 🍽 32 –
12 ch 175/240 – ½ P 270/310.

La carta stradale Michelin è costantemente aggiornata.

<SP> 09200 Ariège 🎟🎟 ③ – 6 596 h alt. 391.

Voir St-Lizier : Cloître⋆ de la cathédrale N : 2 km, G. **Pyrénées Aquitaine.**

🛈 Office de Tourisme pl. A.-Sentein ℘ 61 66 14 11, Fax 61 66 25 59.

Paris 795 ① – Foix 44 ② – Auch 112 ① – St-Gaudens 43 ① – ♦Toulouse 99 ①.

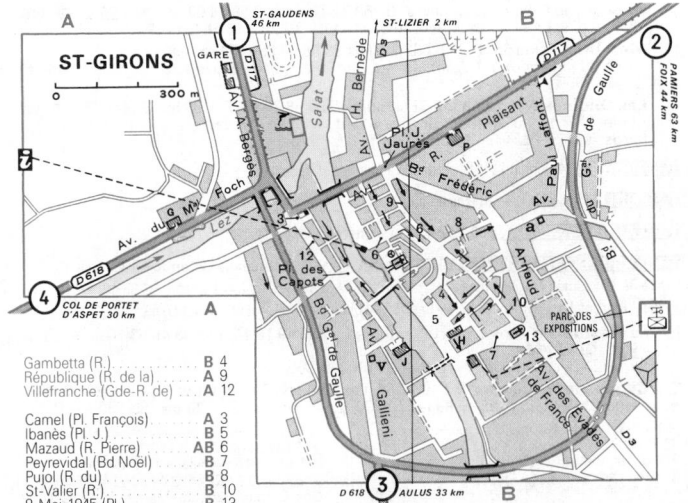

Gambetta (R.) .... **B** 4
République (R. de la) ...... **A** 9
Villefranche (Gde-R. de) ... **A** 12

Camel (Pl. François) ...... **A** 3
Ibanès (Pl. J.) .... **B** 5
Mazaud (R. Pierre) ...... **AB** 6
Peyrevidal (Bd Noel) ...... **B** 7
Pujol (R. du) .... **B** 8
St-Valier (R.) .... **B** 10
8-Mai-1945 (Pl.) .... **B** 13

🏨 ✿ **Eychenne** ⤵, 8 av. P. Laffont ℘ 61 66 20 55, Fax 61 96 07 20, 佘, « Bel aménagement
intérieur », ⏋, 쯔 – 🔳 rest 📺 ☎ 🅿 – 🔬 35. ① GB   **B** **a**
fermé 22 déc. au 31 janv., dim. soir et lundi de nov. à fin mars sauf fériés – **Repas** 128/315 et
carte 220 à 310 – 🖙 46 – **42 ch** 280/530 – ½ P 355/412
Spéc. Foie de canard frais aux raisins. Pigeonneau au Fitou. Soufflé au Grand-Marnier. **Vins** Pacherenc du Vic-Bilh,
Madiran.

🏨 **Château de Seignan** ⤵, par ② : 2,5 km ℘ 61 96 08 80, Fax 61 96 08 20, 佘, parc, ⏋,
🎾 – 📺 ☎ 🅿. 🖭 ① GB. 🛠 rest
1ᵉʳ avril-30 oct. – **Repas** 135/340 – 🖙 42 – **9 ch** 600/850 – ½ P 372/562.

🏠 **Mirouze**, 19 av. Gallieni ℘ 61 66 12 77, Fax 61 04 81 59, 쯔 – ☎ 🅿. 🖭 GB   **A** **v**
➝ *fermé 20 déc. au 31 janv., lundi (sauf hôtel) et dim. soir d'oct. à avril sauf vacances scolaires
et fêtes –* **Repas** 68/110 ⅙ – 🖙 28 – **24 ch** 120/250 – ½ P 153/200.

à Lorp-Sentaraille par ① : 4 km – 10 920 h. – ⊠ **09190** St-Lizier :

🏨 **Horizon 117**, ℘ 61 66 26 80, Fax 61 66 26 08, 佘, ⏋, 쯔, 🎾 – 📺 ☎ 🅿 – 🔬 25. 🖭 ①
➝ GB
fermé 1ᵉʳ au 15 nov., sam. midi et dim. soir du 1ᵉʳ mars au 31 mai et du 1ᵉʳ oct. au 28 fév. –
Repas 75/205 ⅙, enf. 45 – 🖙 35 – **20 ch** 250/320 – ½ P 270/300.

CITROEN Sté Autom. du Couserans,   ⓦ Euromaster, Chantereine St-Lizier
av. Résistance, l'Arial par ③ ℘ 61 66 34 45   ℘ 61 66 00 81
PEUGEOT SEGAC, rte de Toulouse à St-Lizier   St-Girons Pneus, 77 bis rte de Foix
par ① ℘ 61 66 31 00 🗓 ℘ 61 02 55 87   ℘ 61 66 79 50
RENAULT Austria Autos, rte de Toulouse
à St-Lizier par ① ℘ 61 66 32 32 🗓
℘ 61 96 09 09

02410 Aisne 🎟🎟 ④ **G. Flandres Artois Picardie** – 2 321 h alt. 200 – **Voir** Forêt⋆⋆.

Paris 137 – Compiègne 57 – St-Quentin 30 – La Fère 7,5 – Laon 20 – Noyon 34 – Soissons 30.

⅔ **Parc,** ℘ 23 52 80 58, 쯔 – 🅿. GB
fermé 14 juil. au 14 août, dim. soir et lundi – **Repas** 90/170.

95 Val-d'Oise 🎟🎟 ⑳, 🔲🔲🔲 ⑤ – voir à Paris, Environs.

35 I.-et-V. 🎟🎟 ⑰ – rattaché à Rennes.

29 Finistère 🎟🎟 ⑭ **G. Bretagne** – ⊠ **29760** Penmarch.

Voir Musée préhistorique⋆ – ≼⋆⋆ du phare d'Eckmühl⋆ S : 2,5 km – Église⋆ de Penmarch
SE : 3 km – Pointe de la Torche ≼⋆ NE : 4 km.

🛈 Office de Tourisme pl. du Mar.-Davout ℘ 98 58 81 44, Fax 98 58 86 62.

Paris 582 – Quimper 33 – Douarnenez 42 – Guilvinec 8 – Plonéour-Lanvern 16 – Pont-l'Abbé 14.

🏨 **Sterenn** M ⅏, rte phare Eckmühl ℰ 98 58 60 36, Fax 98 58 71 28, ⩽ pointe de Penmarch – 🍽 rest 📺 ☎ 🅿 ⒶⒺ GB. ⅏
9 avril-8 oct. et fermé merc. sauf du 18 mai au 19 sept. – **Repas** 80/350, enf. 55 – ⌷ 38 –
16 ch 330/430 – ½ P 350/400.

🏨 **Héol** M sans rest, r. L. Le Lay ℰ 98 58 71 71, Fax 98 58 64 02, ⩽, ⅏ – 📺 ☎ 🅿. GB
25 mai-10 sept. et fermé lundi sauf juil.-août – ⌷ 38 – **18 ch** 280/430.

🏨 **Mer**, 184 r. F. Péron ℰ 98 58 62 22, Fax 98 58 53 86 – 📺 ☎. GB
fermé 10 janv. à mi-fév., dim. soir et lundi hors sais. – **Repas** 85/265 – ⌷ 39 – **15 ch** 300 –
½ P 330/355.

🏠 **Les Ondines** ⅏, rte phare d'Eckmühl ℰ 98 58 74 95, Fax 98 58 73 99, � – ☎. GB
fermé 1ᵉʳ janv. au 28 mars et mardi sauf vacances scolaires et du 15 juin au 15 sept. –
Repas 70/215 – ⌷ 30 – **16 ch** 250/270 – ½ P 270.

ST-GUIRAUD 34 Hérault 🔢 ⑤ – rattaché à Clermont-l'Hérault.

ST-HENRI 46 Lot 🔢 ⑧ – rattaché à Cahors.

ST-HILAIRE-D'OZILHAN 30 Gard 🔢 ⑲ – rattaché à Remoulins.

ST-HILAIRE-DU-HARCOUËT 50600 Manche 🔢 ⑨ G. Normandie Cotentin – 4 489 h alt. 83.
🅱 Office de Tourisme pl. Église (saison) ℰ 33 49 15 27 et à la Mairie (hors saison) ℰ 33 49 10 06.
Paris 290 – Alençon 99 – Avranches 27 – ◆Caen 98 – Fougères 28 – Laval 66 – Saint-Lô 69.

🏨 **La Résidence** sans rest, rte Fougères ℰ 33 49 10 14, Fax 33 49 53 70 – ⏸ 📺 ☎ 🅿 –
⚿ 80. ⒶⒺ ① GB
fermé 23 déc. au 3 janv. – ⌷ 34 – **25 ch** 230/350.

🏠 **Cygne**, rte Fougères ℰ 33 49 11 84, Fax 33 49 53 70 – ⏸ 📺 ☎ – ⚿ 60. ⒶⒺ ① GB
fermé 23 déc. au 3 janv. – **Repas** 70/230 🍴, enf. 41 – ⌷ 34 – **20 ch** 185/350 – ½ P 255/285.

CITROEN Gar. Ledebt-Aubril, 77 r. de Paris
ℰ 33 49 10 89
FORD Gar. Lerbourg, ℰ 33 49 12 56
OPEL Gar. Lemoréchal, ZA la Fosse aux Loups
ℰ 33 49 21 90

PEUGEOT Gar. Lemonnier, rte de Paris
ℰ 33 49 24 90 🅽 ℰ 33 49 24 90
RENAULT Gar. Boulaux, 64 r. de Paris
ℰ 33 49 20 71 🅽 ℰ 33 49 20 71
Gar. Garnier, 126 r. de Mortain ℰ 33 49 12 02

ST-HILAIRE-DU-ROSIER 38840 Isère 🔢 ③ – 1 731 h alt. 201.
Paris 581 – Valence 38 – ◆Grenoble 61 – Romans-sur-Isère 19 – St-Marcellin 8,5.

𝝌𝝌𝝌 ⏶ **Bouvarel** avec ch, à St-Hilaire-gare, S : 4 km ℰ 76 64 50 87, Fax 76 64 58 47, �,
« Jardin fleuri », ⅏ – 📺 ☎ 🅿. ⒶⒺ ① GB 🇯🇨🇧
fermé 8 au 22 janv., dim. soir et lundi hors sais. – **Repas** 198/460 et carte 320 à 500 – ⌷ 65 –
14 ch 340/400 – ½ P 550
Spéc. Ravioles aux truffes. Poêlée d'écrevisses et homard aux champignons des bois. Lièvre à la broche (saison).
Vins Saint-Joseph, Hermitage.

ST-HILAIRE-LE-CHÂTEAU 23250 Creuse 🔢 ⑨ ⑩ – 296 h alt. 459.
Paris 380 – ◆ Limoges 63 – Aubusson 25 – Bourganeuf 14 – Guéret 27 – Montluçon 81.

𝝌𝝌𝝌 **du Thaurion** avec ch, ℰ 55 64 50 12, Fax 55 64 90 92, �, 🌳 – 📺 ☎ 🅿. ⒶⒺ ① GB
fermé 20 au 27 déc., 2 janv. au 15 fév., jeudi midi et merc. sauf juil.-août – **Repas** 95/400 et
carte 300 à 280 – ⌷ 40 – **10 ch** 300/350.

ST-HILAIRE-PETITVILLE 50 Manche 🔢 ⑬ – rattaché à Carentan.

ST-HILAIRE-ST-FLORENT 49 M.-et-L. 🔢 ⑫ – rattaché à Saumur.

ST-HILAIRE-ST-MESMIN 45 Loiret 🔢 ⑨ – rattaché à Orléans.

ST-HIPPOLYTE 25190 Doubs 🔢 ⑱ G. Jura – 1 128 h alt. 380.
Voir Site★ – Vallée du Dessoubre★ S.
🅱 Syndicat d'Initiative à la Mairie ℰ 81 96 53 75.
Paris 488 – ◆ Besançon 89 – ◆Basel 85 – Belfort 47 – Montbéliard 29 – Pontarlier 72.

🏨 **Le Bellevue**, rte Maîche ℰ 81 96 51 53, Fax 81 96 52 40 – ⅏ ch 📺 ☎ 🚗 🅿. ⒶⒺ ① GB
fermé vacances de Toussaint, vend. soir, sam. midi et dim. soir d'oct. à mars – **Repas** 80/
220 🍴, enf. 55 – ⌷ 32 – **15 ch** 140/280 – ½ P 185/243.

ST-HIPPOLYTE 68590 H.-Rhin 🔢 ⑲ G. Alsace Lorraine – 1 078 h alt. 250.
Env. Château du Haut-Koenigsbourg★★ : ☀★★ NO : 8 km.
🅱 Office de Tourisme ℰ 81 96 53 75.
Paris 433 – Colmar 20 – Ribeauvillé 7 – St-Dié 41 – Sélestat 9 – Villé 17.

🏨 **Aux Ducs de Lorraine** ⅏, ℰ 89 73 00 09, Fax 89 73 05 46, ⩽ – ⏸ 🍽 📺 ☎ 🅿 – ⚿ 40.
GB. ⅏ ch
fermé 29 nov. au 15 déc. et 10 janv. au 1ᵉʳ mars – **Repas** (fermé dim. soir hors sais. et lundi)
95 (déj.), 105/300 🍴 – ⌷ 55 – **38 ch** 350/700, 4 appart – ½ P 440/600.

🏨 **Parc** M ⅏, ℰ 89 73 00 06, Fax 89 73 04 30, 🛁, ⚊, 🌳 – ⏸ 📺 ☎ 🔥 🅿 – ⚿ 50. ⒶⒺ ① GB
fermé 1ᵉʳ au 15 mars et 15 au 30 nov. – **Repas** (fermé lundi) 85 (déj.), 125/260 🍴 – ⌷ 48 –
36 ch 230/500, 5 duplex – ½ P 300/400.

🏠 **La Vignette**, ℰ 89 73 00 17, Fax 89 73 05 69 – 📺 ☎ 🕭. 𝖦𝖡. ⪍ ch
fermé 20 déc. au 15 fév. et merc. – **Repas** 90/250 ⅃, enf. 55 – ⊑ 33 – **26 ch** 175/380 –
½ P 215/305.

PEUGEOT Gar. Thirion, ℰ 89 73 03 26 🇳 ℰ 89 73 00 85

ST-HIPPOLYTE 63 P.-de-D. 🔢 ④ – rattaché à Châtelguyon.

ST-HONORAT (Ile) ★★ 06 Alpes-Mar. 🔢 ⑨ 🔢 ㉟ ㊳ G. Côte d'Azur.

Voir Ancien monastère fortifié★ : ≼★★ – Tour de l'île★★.

Accès par transports maritimes.

🛥 depuis **Golfe-Juan et Juan-les-Pins** (escale à l'Ile Ste Marguerite) en saison - Traversée
45 mn – Renseignements et tarifs : Transports Maritimes Cap d'Antibes, Port de Golfe Juan
ℰ 93 63 81 31 (Golfe-Juan).

🛥 depuis **Cannes** (escale à l'Ile Ste Marguerite). Traversée 30 mn – Renseignements et
tarifs : Cie Esterel-Chanteclair, gare maritime des Iles ℰ 93 39 11 82, Fax 92 98 80 32 (Cannes).

ST-HONORÉ-LES-BAINS 58360 Nièvre 🔢 ⑥ G. Bourgogne – 754 h alt. 302 – Stat. therm. (30 mars-sept.)
– Casino.

🛈 Office de Tourisme pl. du Marché ℰ 86 30 71 70.

Paris 306 – Château-Chinon 27 – Luzy 22 – Moulins 68 – Nevers 69 – St-Pierre-le-Moutier 66.

🏠 **Lanoiselée**, 4 av. Jean Mermoz ℰ 86 30 75 44, Fax 86 30 75 66, 🍽, 🌳 – 📺 ☎ 🕭 🅿. 🆎
⓪ 𝖦𝖡. ⪍ rest
fermé 15 nov. au 15 fév., dim. soir et lundi d'oct. à mars – **Repas** 120/170 – ⊑ 35 –
18 ch 330/395 – P 320.

🏠 **Aub. du Pré Fleuri**, ℰ 86 30 74 96, Fax 86 30 64 61, 🍽, 🌳 – 📺 ☎ 🅿. 🆎 𝖦𝖡
fermé fév., dim. soir et lundi d'oct. à mars – **Repas** 90/180, enf. 60 – ⊑ 36 – **9 ch** 280/330 –
P 360.

Ne prenez pas la route sans connaître votre temps de parcours.

La carte Michelin n⁰ 🔢 c'est "la carte du temps gagné".

ST-IGNACE (Col de) 64 Pyr.-Atl. 🔢 ② – rattaché à Ascain.

ST-JACQUES-DES-BLATS 15800 Cantal 🔢 ③ – 352 h alt. 991.

Paris 543 – Aurillac 32 – Brioude 73 – Issoire 90 – St-Flour 41.

🏨 **Le Griou** Ⓜ, ℰ 71 47 06 25, Fax 71 47 00 16, ≼, 🍽, 🌳 – ☎ 🅿. 🆎 𝖦𝖡
➡ *fermé 15 oct. au 15 déc.* – **Repas** 68/170, enf. 45 – ⊑ 30 – **20 ch** 200/280 – ½ P 220/245.

🏠 **Le Brunet** 🦆, ℰ 71 47 05 86, Fax 71 47 04 27, 🍽, parc – ☎ 🕭 🅿. 𝖦𝖡. ⪍ rest
➡ *fermé 15 au 20 déc.* – **Repas** 75/140, enf. 40 – ⊑ 28 – **15 ch** 200/250 – ½ P 210/235.

ST-JAMES 50240 Manche 🔢 ⑧ G. Normandie Cotentin – 2 976 h alt. 110.

Voir Cimetière américain.

Paris 346 – St-Malo 58 – Avranches 19 – Fougères 22 – ◆Rennes 59 – St-Lô 78.

🏠 **Normandie**, pl. Bagot ℰ 33 48 31 45 – 📺 ☎. ⓪ 𝖦𝖡
fermé 21 déc. au 12 janv. – **Repas** 68 (déj.), 95/220 ⅃, enf. 55 – ⊑ 35 – **14 ch** 180/260 –
½ P 265.

ST-JEAN-AUX-BOIS 60 Oise 🔢 ② ③ – rattaché à Compiègne.

ST-JEAN-CAP-FERRAT 06230 Alpes-Mar. 🔢 ⑩ 🔢 ㉗ G. Côte d'Azur – 2 248 h alt. 20.

Voir Fondation Ephrussi-de-Rothschild★★ M : site★★, musée Ile de France★★, jardins★ –
Phare ⪍★★ – Pointe de St-Hospice ≼★ de la chapelle.

🛈 Office de Tourisme av. D.-Semeria ℰ 93 76 08 90, Fax 93 76 16 67.

Paris 942 ④ – ◆Nice 10,5 ④ – Menton 26 ③.

Plan page suivante

🏰 ✿ **Grand H. du Cap Ferrat** Ⓜ 🦆, bd Gén. de Gaulle au **Cap Ferrat (a)** ℰ 93 76 50 50,
Télex 470184, Fax 93 76 04 52, ≼, 🍽, « Vaste parc, jardin fleuri, ⅀ en bord de mer,
funiculaire privé », 🎾, ⚒ – 📺 📺 ☎ 🅿 – ⚎ 70. 🆎 ⓪ 𝖦𝖡. ⪍ rest
fermé janv. – **Repas** 400/450 et carte 410 à 570 - *Club Dauphin* à la piscine *(mars à nov.)*
Repas (déj. seul.) 280/300, enf. 120 – **55 ch** ⊑ 2900/5400, 4 appart
Spéc. Grosses crevettes rôties en salade de légumes. Filets de loup grillé aux tomates et mozarella. Tarte fine au
fenouil confit, glace à l'anis étoilé. **Vins** Bellet.

🏨 **Royal Riviera** Ⓜ 🦆, av. J. Monnet **(m)** ℰ 93 01 20 20, Télex 470302, Fax 93 01 23 07,
≼, 🍽, « Jardin fleuri, ⅀ », 🏖 – 📺 📺 ☎ 🅿 – ⚎ 40 à 80. 🆎 ⓪ 𝖦𝖡 🌐
1ᵉʳ mars-31 oct. – *Le Panorama :* **Repas** 265/320, enf. 150 – ⊑ 100 – **77 ch** 1300/2500.

🏨 **Voile d'Or** Ⓜ, au port **(f)** ℰ 93 01 13 13, Télex 470317, Fax 93 76 11 17, ≼ port et golfe,
🍽, 🛁, ⅀ – 📺 📺 ☎ – ⚎ 25
15 mars-30 oct. – **Repas** 250/550 – ⊑ 120 – **50 ch** 1600/3160, 5 appart.

Les flèches noires indiquent les sens uniques supplémentaires l'été

Albert-1er (Av.) 2
Centrale (Av.) 3
États-Unis (Av. des) . 5
Gaulle (Bd Gén. de) . 6
Grasseuil (Av.) 7
Libération (Bd) 9
Mermoz (Av. J.) 12
Passable (Ch. de) . . 13
Phare (Av. du) 14
St-Jean (Pont) 16
Sauvan (Bd H.) 17
Semeria (Av. D.) . . . 18
Verdun (Av. de) 20
Vignon (Av. C.) 21

Promeneurs,
campeurs,
fumeurs

ATTENTION AU FEU

soyez
prudents!
Le feu est le plus
terrible ennemi
de la forêt

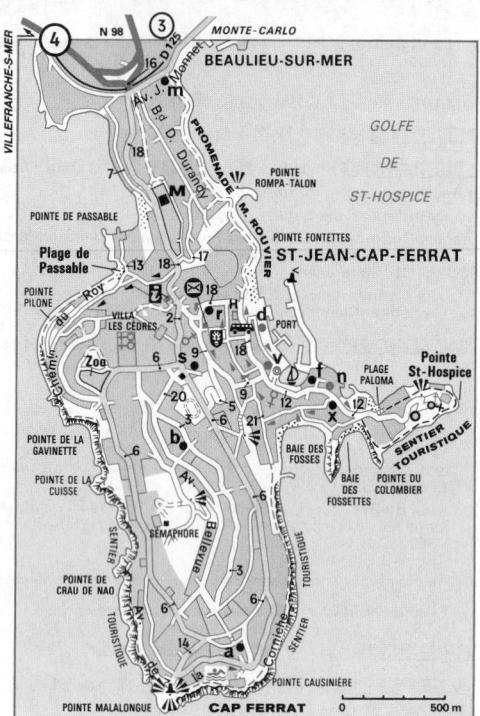

🏨 **Panoramic** ⤓ sans rest, av. Albert 1er **(s)** 𝒫 93 76 00 37, Fax 93 76 15 78, ≤ Cap et golfe
– 📺 ☎ 🅿. 🖭 ⓿ ☷
fermé début nov. au 20 déc. – ☲ 50 – **20 ch** 555/715.

🏨 **Brise Marine** ⤓ sans rest, av. J. Mermoz **(x)** 𝒫 93 76 04 36, Fax 93 76 11 49, ≤ Cap et
golfe, ☞ – 📺 ☎ ☷
1er fév. 15 nov. – ☲ 55 – **16 ch** 635/690.

🏨 **Belle Aurore,** av. D. Sémeria **(r)** 𝒫 93 76 04 59, Fax 93 76 15 10, 🍽, ⌁ – 📺 ☎ 🅿. 🖭
⓿ ☷ 🖭
Repas *(mai-oct.)* 160 – ☲ 49 – **19 ch** 475/660 – ½ P 446/539.

🏨 **Clair Logis** ⤓ sans rest, av. Centrale **(b)** 𝒫 93 76 04 57, Fax 93 76 11 85, « Parc » – 📺
☎ 🅿. 🖭 ⓿ ☷
fermé 15 nov. au 15 déc. – ☲ 40 – **18 ch** 300/650.

XXX ⊛ **Le Provençal** (Jouteux), av. D. Sémeria **(v)** 𝒫 93 76 03 97, Fax 93 76 05 39, ≤, 🍽,
« Décor élégant » – 🍽 ☷
fermé fév., dim. soir et lundi d'oct. à avril – **Repas** 200 (déj.), 350/550 et carte 460 à
610
Spéc. Fond d'artichaut violet en coque demi-homard. Saint-Pierre rôti en feuille de figue. Canette en croûte d'épices.
Vins Bellet, Gassin.

XX **Le Sloop,** au nouveau port **(d)** 𝒫 93 01 48 63, 🍽 – 🖭 ⓿ ☷
fermé 15 nov. au 20 déc. et merc. hors sais. – **Repas** 155.

XX **Capitaine Cook,** av. J. Mermoz **(n)** 𝒫 93 76 02 66, 🍽 – ☷
fermé 15 nov. au 26 déc., jeudi midi et merc. – **Repas** 130/160.

ST-JEAN (Col) 04 Alpes-de-H.-P. 🗗 ⑦ – rattaché à La Seyne.

ST-JEAN-D'ANGÉLY ◈ **17400** Char.-Mar. 🗗 ③ ④ G. Poitou Vendée Charentes – 8 060 h
alt. 30.

Env. Église St-Pierre★★ à Aulnay, NE : 18 km par ② et D 950.

🛈 Office de Tourisme square Libération 𝒫 46 32 04 72.

Paris 444 ② – La Rochelle 63 ④ – Royan 70 ③ – Angoulême 64 ② – Cognac 35 ③ – Niort 47 ① – Saintes 34 ⑤.

ST-JEAN-D'ANGÉLY

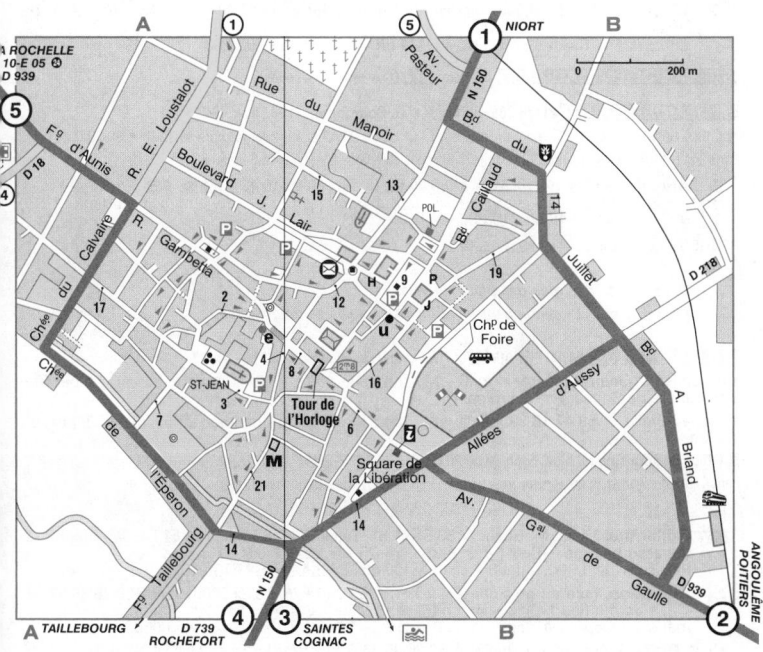

🏨 **Place,** pl. Hôtel de Ville ℘ 46 32 01 44, 🍴 – 📺 ☎. 🖭 B **u**
➡ **Repas** *(fermé 18 déc. au 2 janv., dim. soir et lundi midi hors saison)* 60/170 ⅄ – ☐ 25 – **10 ch** 185/220 – ½ P 205/225.

XX **Le Scorlion,** 5 r. Abbaye ℘ 46 32 52 61, 🍴, « Ancienne abbaye royale » – 🖭 A **e**
fermé 1er au 8 mai, 2 au 9 nov., 2 au 9 janv., 1er au 15 fév., dim. soir et lundi – **Repas** 145/320, enf. 60.

CITROEN Gar. Delaleau, ZI de la Sacristinerie
par ② ℘ 46 32 44 44
FORD Gar. Sarrazin, 4 av. de Saintes ℘ 46 32 46 33
MERCEDES S.A.V.I.A., ZI du Point-du-Jour n° 2
℘ 46 59 03 03 🔟 ℘ 05 24 24 30
PEUGEOT Gar. Nouraud-Amy.
ZI, 27 av. Point-du-Jour par ② ℘ 46 59 09 09

RENAULT SAGA, rte de Saintes par ③
℘ 46 32 40 22 🔟 ℘ 46 97 32 51
VAG Gar. Drevet, 17 fg Taillebourg ℘ 46 32 01 74

⓪ Pneu-équipement Pneu Vulcopneu.
ZI av. Point du Jour ℘ 46 32 12 43

ST-JEAN-D'ARVEY 73230 Savoie 🞲🞲 ⑮ ⑯ – 1 182 h alt. 578.

Paris 552 – ◆Grenoble 61 – Albertville 55 – Annecy 44 – Chambéry 9 – Les Déserts 5,5.

♨ **Therme** ॐ, ℘ 79 28 40 33, Fax 79 28 46 63, ≤, 🍴 – ☎ ℗. 🖭 🖭
Repas 85/220 – ☐ 26 – **24 ch** 120/165 – ½ P 200.

ST-JEAN-D'ASSÉ 72380 Sarthe 🞲🞲 ⑬ – 1 021 h alt. 68.

Paris 214 – ◆Le Mans 17 – Alençon 32 – La Ferté-Bernard 61 – Mamers 33.

X **La Petite Auberge,** rte Nationale (N 138) ℘ 43 25 25 15, 🍴 – ℗. 🖭
➡ *fermé juil., dim. soir et lundi* – **Repas** 65/140 ⅄

CITROEN Gar. Bardet. ℘ 43 25 25 27

ST-JEAN-DE-BLAIGNAC 33420 Gironde 🞲🞲 ⑫ – 405 h alt. 34.

Paris 594 – ◆Bordeaux 36 – Bergerac 54 – Libourne 15 – La Réole 29.

XX **Aub. St-Jean,** ℘ 57 74 95 50, Fax 57 84 50 56 – 🖭
➡ *fermé lundi* – **Repas** 58/250 ⅄.

1073

44 Loire-Atl. **67** ③ – rattaché à Nantes.

ST-JEAN-DE-BRAYE 45 Loiret **64** ⑨ – rattaché à Orléans.

ST-JEAN-DE-CHEVELU 73170 Savoie **74** ⑮ – 485 h alt. 310.
Paris 528 – Annecy 49 – Aix-les-Bains 15 – Bellegarde-sur-Valserine 61 – Belley 21 – Chambéry 20 – La Tour-du-Pin 43.

   🏠 **La Source** ⑤, S : 3,5 km par rte du Col du Chat ℰ 79 36 80 16, ≤, 🏤, 🚗 – ☎ & 🅿.
        ❀ ch
        fermé janv. – **Repas** 95/215 – 🍴 40 – **14 ch** 140/290 – ½ P 200/290.

ST-JEAN-DE-LA-BLAQUIÈRE 34 Hérault **83** ⑤ – rattaché à Lodève.

ST-JEAN-DE-LOSNE 21170 Côte-d'Or **70** ③ **G. Bourgogne** – 1 342 h alt. 184.
🆔 Office de Tourisme av. Gare d'Eau (mai-sept.) ℰ 80 29 05 48 et à la Mairie (hors saison) ℰ 80 29 05 44.
Paris 344 – ◆Dijon 33 – Auxonne 19 – Dole 22 – Genlis 20 – Gray 53 – Lons-le-Saunier 63.

   🏠 **Aub. de la Marine,** à Losne ℰ 80 29 05 11, Fax 80 29 10 45 – 📺 ☎. 🆖
  ➡ *fermé 20 déc. au 28 janv.* – **Repas** *(fermé lundi)* (carte seul. du jeudi soir au dim. en été)
      58/200 – 🍴 33 – **16 ch** 210/285 – ½ P 190/215.

PEUGEOT Gar. Gaillard, ℰ 80 29 05 53 🅽 ℰ 80 29 05 53

Dans la liste des rues des plans de villes,
les noms en rouge indiquent les principales voies commerçantes.

ST-JEAN-DE-LUZ 64500 Pyr.-Atl. **85** ② **G. Pyrénées Aquitaine** – 13 031 h alt. 3.
Voir Église St-Jean-Baptiste★★ AZ **B** – Maison Louis-XIV★ AZ **E** – Corniche basque★★ par ④ –
Sémaphore de Socoa ≤★★ 5 km par ④.
🏌 de la Nivelle ℰ 59 47 18 99, par ③ et D 704 : 1 km ; 🏌 de Chantaco ℰ 59 26 14 22, par ② :
2,5 km.
🆔 Office de Tourisme pl. Mar.-Foch ℰ 59 26 03 16, Fax 29 26 21 47.
Paris 793 ① – Biarritz 16 ① – ◆Bayonne 21 ① – Pau 128 ① – San-Sebastián 33 ③.

Plan page suivante

   🏨 **Hélianthal** Ⓜ, pl. M. Ravel ℰ 59 51 51 51, Télex 573415, Fax 59 51 51 54, 🏤, institut de
     thalassothérapie – 🛗 🍽 📺 ☎ & 🅿 – 🔬 25 à 50. 🆎 ⓞ 🆖. ❀ rest   BY **v**
     Repas 130 (déj.)/190, enf. 50 – 🍴 65 – **100 ch** 780/1350 – ½ P 670/915.

   🏨 **Chantaco,** face au golf par ② : 2 km ℰ 59 26 14 76, Télex 540016, Fax 59 26 35 97, ≤,
     🏤, « Jardin fleuri, 🍽 » – ❀ ch 📺 ☎ 🅿. 🆎 ⓞ 🆖 🆓 ❀ rest
     mai-oct. – **Repas** 140 (déj.), 195/260 – 🍴 80 – **24 ch** 850/1700 – ½ P 850/950.

   🏨 ✿ **Grand Hôtel,** 43 bd Thiers ℰ 59 26 35 36, Télex 571810, Fax 59 51 19 91, ≤, 🏤 – 🛗 🍽
     📺 ☎ 🚗 – 🔬 30. 🆎 ⓞ 🆖. ❀ rest   BY **n**
     15 avril-31 oct. – **Repas** *(fermé lundi d'avril à juin et en oct.)* 170 (déj.)/220 et carte 290 à 420
     – 🍴 100 – **43 ch** 900/1400, 5 appart – ½ P 750/925
     Spéc. Roulés croustillants de tourteaux "Txangurro", vinaigrette d'algues marines. Filets de rouget à la poêle, rouelle
     de chipirons farcis. Soufflé chaud aux fraises des bois (début juin à fin sept.). **Vins** Irouléguy, Jurançon.

   🏨 **Parc Victoria** Ⓜ ⑤, 5 r. Cépé par bd Thiers et rte Quartier du Lac ℰ 59 26 78 78,
     Fax 59 26 78 08, 🏤, « Décor élégant, jardin fleuri, 🍽 » – 🛗 📺 ☎ & 🅿. 🆎 ⓞ 🆖.
     ❀ rest
     hôtel : 15 mars-15 nov. ; rest : 1er avril-30 oct. – **Repas** 210/300 – 🍴 70 – **12 ch** 1250 –
     ½ P 750/850.

   🏨 **La Réserve** ⑤, rd-pt Ste-Barbe N : 2 km par bd Thiers ℰ 59 26 04 24, Fax 59 26 11 74,
     ≤, 🏤, 🏊 – cuisinette 📺 ☎ & 🚗 🅿 – 🔬 50. 🆎 ⓞ 🆖
     1er avril-31 oct. – **Repas** 160/200, enf. 80 – 🍴 60 – **41 ch** 700/1000, 19 studios – ½ P 620/820.

   🏨 **La Devinière** sans rest, 5 r. Loquin ℰ 59 26 05 51, Fax 59 51 26 38, « Bel aménagement
     intérieur », 🚗 – ☎. 🆖   BY **f**
     🍴 50 – **8 ch** 500/600.

   🏨 **La Marisa** Ⓜ sans rest, 16 r. Sopite ℰ 59 26 95 46, Fax 59 51 17 06 – 🛗 📺 ☎ &. 🆖
     🍴 40 – **16 ch** 480.   BY **b**

   🏨 **Gd H. Poste** sans rest, 83 r. Gambetta ℰ 59 26 04 53, Fax 59 26 42 14 – 📺 ☎. 🆎 ⓞ 🆖
     🍴 37 – **34 ch** 420.   BY **z**

   🏨 **Les Goëlands,** 4 av. Etcheverry ℰ 59 26 10 05, Fax 59 51 25 21, 🚗 – 📺 ☎ 🅿. 🆎 🆖.
     ❀ rest   BY **k**
     Repas *(Pâques-30 sept.)* (résidents seul.) 120 – 🍴 37 – **35 ch** 200/460 – ½ P 405/420.

   🏠 **Ohartzia** sans rest, 28 r. Garat ℰ 59 26 00 06, Fax 59 26 74 75, 🚗 – 📺 ☎. 🆖. ❀
     🍴 35 – **18 ch** 420.   AY **w**

   🏠 **Villa Bel Air** sans rest, Promenade J. Thibaud ℰ 59 26 04 86, Fax 59 26 62 34, ≤ – 🛗 📺
     ☎ 🅿. 🆖   BY **h**
     14 avril-14 nov. – 🍴 39 – **19 ch** 425/675.

   🏠 **Madison** sans rest, 25 bd Thiers ℰ 59 26 35 02, Fax 59 51 14 76 – 🛗 📺 ☎. 🆎 ⓞ 🆖
     🍴 38 – **25 ch** 320/450.   BY **q**

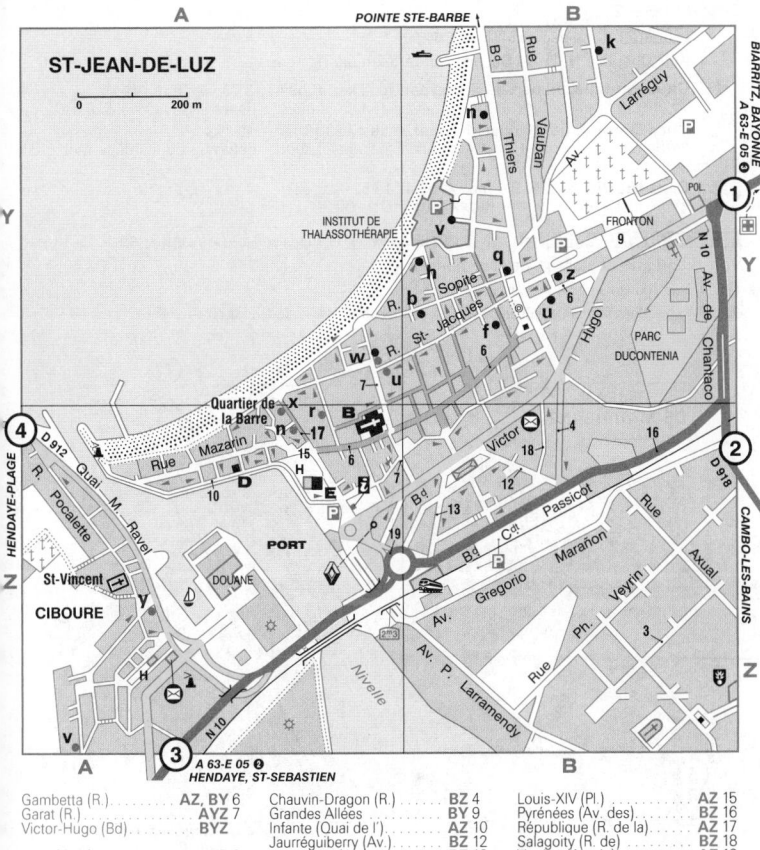

ST-JEAN-DE-LUZ

POINTE STE-BARBE

0   200 m

INSTITUT DE THALASSOTHÉRAPIE

FRONTON

PARC DUCONTENIA

Quartier de la Barre

PORT

DOUANE

St-Vincent

CIBOURE

BIARRITZ, BAYONNE
A 63-E 05

HENDAYE-PLAGE

CAMBO-LES-BAINS

A 63-E 05
HENDAYE, ST-SEBASTIEN

Donibane ⓜ, par ①, près échangeur Nord : 2 km ℘ 59 26 21 21, Fax 59 51 20 50, 🍴, 🏊 – 🍽 rest 📺 ☎ 🔥 🅿 – 🔌 45. 🖭 ⓞ 🅶🅱
Repas 88 ♨, enf. 45 – ⊆ 35 – **68 ch** 335/350 – ½ P 285.

Agur sans rest, 96 r. Gambetta ℘ 59 26 21 55 – 📺 ☎. 🖭 ⓞ 🅶🅱. ✻   BY **u**
15 mars-15 nov. – ⊇ 32 – **19 ch** 320/345.

Aub. Kaïku, 17 r. République ℘ 59 26 13 20, Fax 59 51 07 47, 🍴, « Maison du   AZ **x**
16ᵉ siècle » – 🖭 🅶🅱
fermé 12 nov. au 22 déc., lundi midi du 15 juin au 15 sept. et merc. du 16 sept. au 14 juin –
Repas - produits de la mer - (en saison, prévenir) 180/240.

Le Tourasse, 25 r. Tourasse ℘ 59 51 14 25 – 🖭 🅶🅱   AZ **r**
fermé 13 janv. au 13 fév., mardi soir et merc. hors sais. sauf vacances scolaires – **Repas**
(en saison, prévenir) 110 (sauf week-ends)et carte 220 à 310.

Taverne Basque, 5 r. République ℘ 59 26 01 26, 🍴 – 🖭 ⓞ 🅶🅱   AZ **n**
fermé 15 janv. au 31 mars sauf vacances de fév., lundi soir et mardi sauf juil.-août –
Repas 98/170, enf. 50.

Ramuntcho, 24 r. Garat ℘ 59 26 03 89, Fax 59 51 23 80 – 🍽. 🖭 🅶🅱   AY **w**
fermé mi-nov. à début fév. et lundi sauf d'avril à sept. – **Repas** 88/160 ♨, enf. 42.

Petit Grill Basque, 4 r. St-Jacques ℘ 59 26 80 76 – 🖭 ⓞ 🅶🅱   AY **u**
fermé 20 déc. au 20 janv. et merc. – **Repas** 92 ♨.

FORD Auto Durruty, ZI de Layatz ℘ 59 26 45 94
NISSAN Gar. Corro, ZI de Jalday ℘ 59 51 22 33
RENAULT Gar. Lamerain, Zone de Layatz,
N 10 par ① ℘ 59 26 94 80 🅽 ℘ 59 35 45 09
RENAULT Gar. Lamerain, 4 bd V.-Hugo
℘ 59 26 04 02 🅽 ℘ 59 35 45 09

VAG Gar. de l'Avenir, 13 av. Errepira à Ciboure
℘ 59 47 26 56

🏵 Côte Basque Pneus, ZI de Jalday ℘ 59 26 45 81

Ciboure AZ du plan – 5 849 h – ⊠ **64500.**

Voir Chapelle N.-D. de Socorri : site★ 5 km par ③.

XX **Chez Pantxua,** au port de Socoa par ④ : 2 km ℘ 59 47 13 73, ≼, 斎 – GB
15 fév.-15 nov. et fermé lundi soir sauf juil.-août et mardi – **Repas** 140 et carte 220 à 310.

X **Chez Dominique,** 15 quai M. Ravel ℘ 59 47 29 16, 斎 – ⌧ GB   AZ **y**
fermé fév., dim. soir et lundi sauf du 1ᵉʳ juil. au 15 sept. – **Repas** - produits de la mer - 130
(déj.) et carte 220 à 320.

X **Chez Mattin,** 63 r. E. Baignol ℘ 59 47 19 52 – ⌧ GB   AZ **v**
fermé janv., fév. et lundi – **Repas** carte 150 à 260.

ST-JEAN-DE-MAURIENNE ⬤ **73300** Savoie **77** ⑦ **G. Alpes du Nord** – 9 439 h alt. 546.

Voir Ciborium★ et stalles★ de la cathédrale AY.

🛈 Office de Tourisme pl. Cathédrale ℘ 79 64 03 12.

Paris 617 ① – Albertville 63 ① – Chambéry 73 ① – ◆Grenoble 104 ① – Torino 134 ②.

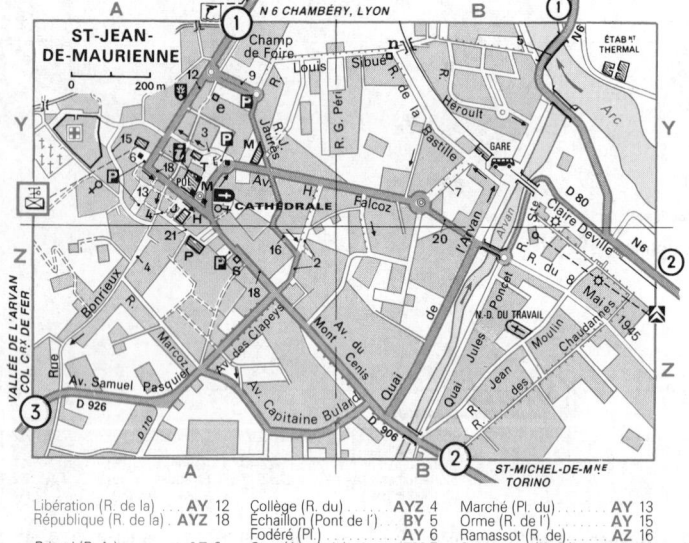

Libération (R. de la) ... **AY** 12
République (R. de la) ... **AYZ** 18
Briand (R. A.) ... **AZ** 2
Brun-Rollet (R.) ... **AY** 3
Collège (R. du) ... **AYZ** 4
Echaillon (Pont de l') ... **BY** 5
Fodéré (Pl.) ... **AY** 6
Gare (Av. de la) ... **BY** 7
Girard (R. F.) ... **AY** 9
Marché (Pl. du) ... **AY** 13
Orme (R. de l') ... **AY** 15
Ramassot (R. de) ... **AZ** 16
Sommeiller (R. G.) ... **BYZ** 20
Sous-Préfecture (R.) ... **AZ** 21

🏨 **Nord,** pl. Champ de Foire ℘ 79 64 02 08, Fax 79 59 91 31 – 🛗 📺 ☎ 🅿. ⌧ ⑩ GB
📮 **Repas** *(fermé dim.)* 58/98 ⅊ – ⊇ 30 – **20 ch** 200/240 – ½ P 190.   AY **e**

🏨 **St Georges** sans rest, 334 r. République ℘ 79 64 01 06, Fax 79 59 84 84 – ✝⌷ ch 📺 ☎
📮 ⌧ ⑩ GB   AZ **s**
⊇ 35 – **22 ch** 200/260.

🏨 **Dorhotel** Ⓜ sans rest, r. L. Sibué ℘ 79 83 23 83, Fax 79 83 23 00 – 🛗 📺 ☎ 🕭 📮 – 🔏 40.
⌧ ⑩ GB JCB   BY **n**
36 ch ⊇ 280/335.

CITROEN Gar. Deléglise, quai J.-Poncet
℘ 79 64 03 00 🅽 ℘ 79 64 03 00
PEUGEOT Gar. Alpettaz, ZI Les Plans par ②
℘ 79 64 13 88 🅽 ℘ 79 59 60 22
RENAULT Gar. Duverney, ZI le Parquet
℘ 79 64 12 33 🅽 ℘ 05 05 15 15

VAG Gar. J.-Lain, ZI Le Parquet ℘ 79 64 26 63

🅤 Euromaster, pl. Champ de Foire ℘ 79 64 05 74

ST-JEAN-DE-MONTS 85160 Vendée **67** ⑪ **G. Poitou Vendée Charentes** – 5 959 h alt. 8 – Casino
La Pastourelle.

🛝 ℘ 51 58 82 73, O : 2,5 km.

🛈 Office de Tourisme 27 esplanade de la Mer ℘ 51 58 10 00, Fax 51 58 10 20.

Paris 453 – La Roche-sur-Yon 56 – Cholet 99 – ◆Nantes 72 – Noirmoutier-en-l'Ile 33 – Les Sables-d'O. 47.

🏨 **Mercure** Ⓜ 🦆, av. Pays de Monts ℰ 51 59 15 15, Fax 51 59 91 03, ≼, �, 🍸, 🐎 – 劇 📺
☎ 🕭 🅟. 🄰🄴 🕕 ⒼⒷ
5 mars-11 nov. – **Le Sloï : Repas** 93(déj.)/150, enf. 75 – 🖵 52 – **44 ch** 570/680.

🏨 **L'Espadon et annexe Les Dunes**, 8 av. Forêt ℰ 51 58 03 18, Fax 51 59 16 11 – 劇 ☎ 🕭.
🄰🄴 🕕 ⒼⒷ
Repas *(1er mars-7 nov.)* 80/180, enf 40 – 🖵 39 – **70 ch** 330/370 – ½ P 295/325.

🏨 **Robinson**, 28 bd Gén. Leclerc ℰ 51 59 20 20, Fax 51 58 88 03, 🍸, 🐎 – 🍽 rest ☎ 🕭. 🄰🄴
🕕 ⒼⒷ
fermé 4 au 19 janv. – **Repas** 73/215 ⅞, enf. 59 – 🖵 35 – **83 ch** 225/350 – ½ P 225/285.

🏨 **Tante Paulette**, 32 r. Neuve ℰ 51 58 01 12, 🌻 – ☎. 🄰🄴 🕕 ⒼⒷ. 🦆 ch
1er mars-fin oct. – **Repas** 90/162. enf. 45 – 🖵 27 – **32 ch** 205/262 – ½ P 250/290.

🏨 **La Cloche d'Or** 🦆, 26 av. Tilleuls ℰ 51 58 00 58, Fax 51 59 04 04 – ☎. ⒼⒷ. 🦆 rest
15 mars-fin sept. – **Repas** 76/135, enf. 38 – 🖵 30 – **25 ch** 240/340 – ½ P 240/290.

XX **Le Richelieu** avec ch, 8 av. Oeillets ℰ 51 58 06 78, 🌻 – 📺 ☎. 🄰🄴 ⒼⒷ. 🦆 ch
1er avril-15 nov. et fermé merc. hors sais. – **Repas** 98/290, enf. 40 – 🖵 35 – **8 ch** 350 –
½ P 290.

XX **Jacques Rondeau**, 9 av. Forêt ℰ 51 58 02 66, 🌻 – ⒼⒷ
fermé lundi – **Repas** 85/145.

sur D 38 (rte N.-D. de Monts) : 3 km – ✉ 85160 St-Jean-de-Monts :

X **La Quich'Notte**, ℰ 51 58 62 64 – 🅟. 🄰🄴 ⒼⒷ
15 mars-fin sept. et fermé mardi midi et lundi sauf juil.-août – **Repas** 89/199, enf. 45.

à Orouet SE : 7 km – ✉ 85160 St-Jean-de-Monts :

🏨 **Aub. de la Chaumière**, D 38 ℰ 51 58 67 44, Fax 51 58 98 12, 🍸, 🦆 – 🐛 ch ☎ 🕭 ⟵
🅟 🄰🄴 ⒼⒷ
29 mars-30 sept. – **Repas** 68 (déj.). 98/230, enf. 55 – 🖵 35 – **37 ch** 325/400 – ½ P 290/370.

PEUGEOT Gar. Besseau, ℰ 51 58 88 88 Ⓝ
ℰ 40 95 49 73
RENAULT Gar. Vrignaud, 30 et 35 rte de Challans
ℰ 51 58 26 74 Ⓝ ℰ 40 95 48 46

RENAULT Gar. Marionneau, 354 r. de Notre-Dame
ℰ 51 58 83 14

ST-JEAN-DE-REBERVILLIERS 28170 E.-et-L. 🆕 ⑦ – 161 h alt. 176.
Paris 97 – ◆ Chartres 29 – Dreux 17 – Verneuil-sur-Avre 30.

XXX **Saint-Jean**, ℰ 37 51 62 83, Fax 37 51 84 52, 🌻, 🐎 – 🅟. 🄰🄴 🕕 ⒼⒷ
fermé 15 mars au 7 avril, 14 sept. au 6 oct., dim. soir, jeudi soir et vend. – **Repas** (nombre de
couverts limité - prévenir) 140 (déj.). 165/215.

ST-JEAN-DE-SIXT 74450 H.-Savoie 🆕 ⑦ G. Alpes du Nord – 852 h alt. 956.
Voir Défilé des Étroits★ NO : 3 km.
🅱 Office de Tourisme ℰ 50 02 70 14, Fax 50 02 31 03.
Paris 577 – Annecy 29 – Chamonix-Mont-Blanc 78 – Bonneville 22 – La Clusaz 3 – ◆ Genève 48.

🏨 **Beau Site** 🦆, ℰ 50 02 24 04, Fax 50 02 35 82, ≼, 🍸, 🐎 – 劇 ☎ ⟵ 🅟. ⒼⒷ. 🦆 rest
20 juin-10 sept. et Noël-Pâques – **Repas** 80/150 – 🖵 30 – **20 ch** 190/310 – ½ P 230/270.

ST-JEAN-DES-OLLIÈRES 63520 Puy-de-Dôme 🆕 ⑮ – 363 h alt. 685.
Paris 459 – ◆ Clermont-Ferrand 42 – Ambert 40 – Billom 16 – Issoire 28 – Thiers 34.

X **L'Archou** 🦆 avec ch, ℰ 73 70 92 00, Fax 73 70 99 22 – ☎. 🄰🄴 ⒼⒷ
fermé janv., dim. soir et jeudi du 1er oct. au 31 mars – **Repas** 90/220 ⅞, enf. 50 – 🖵 27 –
7 ch 160/180 – ½ P 200/240.

ST-JEAN-DU-BRUEL 12230 Aveyron 🆕 ⑮ G. Gorges du Tarn – 820 h alt. 520.
Env. Gorges de la Dourbie★★ NE : 10 km.
🅱 Syndicat d'Initiative, 4 Grande-Rue ℰ 65 62 23 64.
Paris 695 – ◆ Montpellier 98 – Le Caylar 26 – Lodève 44 – Millau 41 – Rodez 107 – St-Affrique 48 – Le Vigan 36.

🏨 **Midi-Papillon** 🦆, ℰ 65 62 26 04, Fax 65 62 12 97, ≼, 🍸, 🐎 – ☎ 🅟 ⒼⒷ
8 avril-11 nov. – **Repas** 70/192 ⅞ – 🖵 23 – **19 ch** 97/191 – ½ P 168/216.

ST-JEAN-DU-DOIGT 29630 Finistère 🆕 ⑥ G. Bretagne – 661 h alt. 15.
Voir Enclos paroissial : trésor★★, église★, fontaine★.
Paris 546 – ◆ Brest 77 – Guingamp 62 – Lannion 34 – Morlaix 17 – Quimper 96.

🏨 **Le Ty Pont**, ℰ 98 67 34 06, 🐎 – ☎. ⒼⒷ
hôtel : 15 mars-15 oct. et fermé dim. et lundi sauf de juin à sept. – **Repas** *(1er mars-1er nov. et
fermé dim. soir et lundi sauf de juin à sept.)* 70/180, enf. 49 – 🖵 31 – **31 ch** 130/217 –
½ P 195/215.

ST-JEAN-DU-GARD 30270 Gard 🆕 ⑰ G. Gorges du Tarn – 2 441 h alt. 189.
Voir Musée des Vallées Cévenoles★.
🅱 Office de Tourisme, pl. Rabaut-St-Etienne ℰ 66 85 32 11, Fax 66 85 16 28.
Paris 688 – Alès 27 – Florac 53 – Lodève 92 – ◆ Montpellier 73 – Nîmes 59 – Le Vigan 58.

Aub. du Péras, rte Anduze ✆ 66 85 35 94, Fax 66 52 30 32, – TV ☎ P. AE ① GB
1er mars-30 nov. – **Repas** 78/170 – ▭ 28 – **10 ch** 268/298.

PEUGEOT Gar. Rossel, ✆ 66 85 30 32

ST-JEAN-EN-ROYANS **26190** Drôme 77 ③ **G. Alpes du Nord** – 2 895 h alt. 253.

Office de Tourisme Pavillon du Tourisme ✆ 75 48 61 39.

Paris 589 – ♦Grenoble 68 – Valence 43 – Die 63 – Romans-sur-Isère 27 – St-Marcellin 20 – Villard-de-Lans 33.

Castel Fleuri, pl. Champ de Mars ✆ 75 47 58 01, Fax 75 47 79 30, , – TV ☎ P. GB
fermé 10 au 30 nov., 1er au 15 fév., dim. soir et lundi du 1er sept. au 30 juin – **Repas** 85/230, enf. 55 – ▭ 35 – **12 ch** 280 – ½ P 235.

au col de la Machine SE : 11 km par D 76 – alt. 1 010 :
Voir Combe Laval★★★.

du Col , ✆ 75 48 26 36, Fax 75 48 29 12, ←, – TV ☎ P. GB
fermé 13 au 20 mars, 12 nov. au 5 déc. dim. soir et lundi d'oct. à mai – **Repas** 85/140, enf. 45 – ▭ 35 – **16 ch** 155/255 – ½ P 180/240.

FIAT Gar. Royannais, ✆ 75 48 66 86

RENAULT Gar. Usclard, ✆ 75 47 55 39 N ✆ 75 47 53 92

ST-JEAN-LE-THOMAS **50530** Manche 59 ⑦ – 398 h alt. 25.

Paris 348 – St-Lô 61 – St-Malo 82 – Avranches 16 – Granville 16 – Villedieu-les-Poêles 30.

Bains, ✆ 33 48 84 20, Fax 33 48 66 42, , – ☎ P. AE ① GB
1er avril-2 nov. – **Repas** *(fermé merc. du 4 oct. au 2 nov.)* 66/168, enf. 49 – ▭ 31 – **30 ch** 185/324 – ½ P 228/308.

ST-JEANNET **06640** Alpes-Mar. 84 ⑨ 115 ㉕ ㉖ **G. Côte d'Azur** – 3 188 h alt. 400.

Voir Site★ – ←★.

Syndicat d'Initiative - Mairie ✆ 93 24 90 13.

Paris 934 – ♦Nice 22 – Antibes 24 – Cannes 34 – Grasse 33 – St-Martin-Vésubie 58 – Vence 8.

XX **Aub. St.-Jeannet** avec ch, au village ✆ 93 24 90 06, Fax 93 24 70 60, ←, – TV ☎. AE ① GB. ch
fermé 15 janv. au 1er mars, le soir sauf vend. et sam. du 1er oct. au 15 déc. et lundi sauf du 15/6 au 15/9 – **Repas** 120/260 – ▭ 40 – **9 ch** 200/360 – ½ P 340/380.

ST-JEAN-PIED-DE-PORT **64220** Pyr.-Atl. 85 ③ **G. Pyrénées Aquitaine** – 1 432 h alt. 163.

Voir Trajet des pèlerins de St-Jacques★.

Office de Tourisme pl. Ch.-de-Gaulle ✆ 59 37 03 57, Fax 59 37 34 91.

Paris 825 ③ – Biarritz 57 ③ – ♦Bayonne 53 ③ – Dax 86 ① – Oloron-Ste-Marie 69 ① – Pau 98 ① – San-Sebastián 97 ③.

ST-JEAN-PIED-DE-PORT

Citadelle (R. de la) 4
Espagne (R. d') ....
Gaulle (Pl. Ch.-de) 9
Çaro (Rte de) 2
Église (R. de l') 6
France (R.) 12
Fronton (Av. de) 15
Liberté (R. de la) 17
St-Jacques (Ch. de) 18
St-Michel (Rte de) 21
Trinquet (Pl. du) 24
Uhart (R. d') 27
Zuharpeta (R.) 30

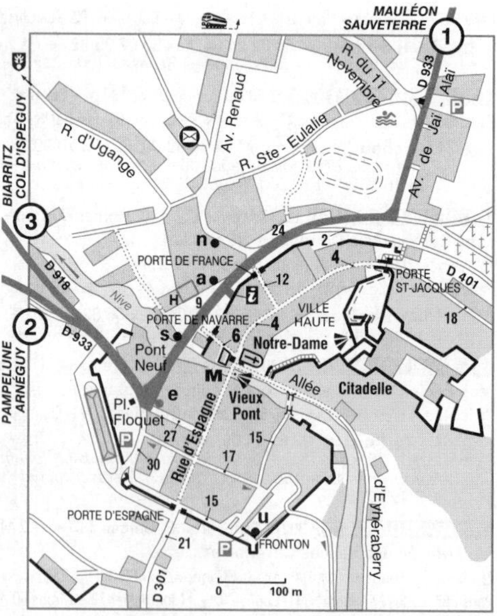

Si vous êtes retardé sur la route, dès 18 h, confirmez votre réservation par téléphone, c'est plus sûr... et c'est l'usage.

🏨 ✿✿ **Pyrénées** (Arrambide), pl. Ch. de Gaulle **(a)** ℰ 59 37 01 01, Fax 59 37 18 97, �️, ⤳ –
|♿| ▤ rest 📺 ☎ ⤳ – 🏋 30. ஊ ஊ ஊ. ℅
*fermé 20 nov. au 22 déc., 5 au 28 janv., lundi soir du 1ᵉʳ nov. au 30 mars et mardi du 20 sept.
au 30 juin* – **Repas** (dim. et saison - prévenir) 220/500 et carte 310 à 460 – ⌑ 80 –
20 ch 540/880 – ½ P 650/750
Spéc. Salade de tête d'agneau "à ma façon". Louvine rôtie au lard et persil frit. Lasagne au foie gras et truffes. **Vins**
Jurançon, Irouléguy.

🏨 **Continental** sans rest, 3 av. Renaud **(n)** ℰ 59 37 00 25, Fax 59 37 27 81 – |♿| 📺 ☎ 🅿. ஊ
① ஊ ஊ. ℅
Pâques-30 nov. – ⌑ 48 – **18 ch** 320/480.

🏨 **Central**, pl. Ch. de Gaulle **(s)** ℰ 59 37 00 22, Télex 573443, Fax 59 37 27 79, 🌾 – ☎. ஊ
① ஊ. ℅
fermé 22 déc. au 10 fév. – **Repas** 98/220, enf. 60 – ⌑ 42 – **14 ch** 350/450 – ½ P 370/440.

🏡 **Haïzpea** ⤳, à Uhart-Cize 1,5 km par ③ et D 403, rte Lasse ℰ 59 37 05 44, ≼, 🌾, parc,
℅ – 🕾 🅿. ℅ ch
1ᵉʳ juin-1ᵉʳ oct. – **Repas** (résidents seul.) – **10 ch** (½ pens. seul.) – ½ P 265/320.

🏡 **Plaza Berri** sans rest, av. Fronton **(u)** ℰ 59 37 12 79 – 🕾. ℅
fermé 15 nov. au 15 déc. – ⌑ 35 – **8 ch** 220/300.

XX **Ipoutchaïnia** ⤳ avec ch, à Ascarat O : 1,5 km par ③ et D 15 ℰ 59 37 02 34,
Fax 59 37 36 95, 🌾 – ☎ 🅿. ℅
fermé 15 nov. au 15 déc. – **Repas** 70/140, enf. 45 – ⌑ 35 – **12 ch** 210 – ½ P 230.

XX **Etche Ona** avec ch, pl. Floquet **(e)** ℰ 59 37 01 14 – ☎. ஊ. ℅ ch
fermé 5 nov. au 20 déc. et vend. d'oct. à juin – **Repas** 110/250 – ⌑ 40 – **5 ch** 330 –
½ P 320/360.

à Aincillé par ① et D 18 : 7 km – ✉ **64220** :

X **Pecoïtz** ⤳ avec ch, ℰ 59 37 11 88, ≼, 🌾 – ☎ 🅿. ஊ
fermé 1ᵉʳ janv. au 1ᵉʳ mars et vend. d'oct. à mai – **Repas** 75/185, enf. 50 – ⌑ 25 –
16 ch 150/210 – ½ P 170/210.

à Estérençuby S : 8 km par D 301 – ✉ **64220** :

🏡 **Sources de la Nive** ⤳, S : 4 km par VO ℰ 59 37 10 57, ≼ – ☎ 🅿. ஊ
fermé janv. et mardi hors sais. – **Repas** 50/150 ♨, enf. 40 – ⌑ 30 – **26 ch** 200 – ½ P 195.

ST-JEAN-SUR-VEYLE 01290 Ain 🗺 ② – 926 h.
Paris 400 – Mâcon 10 – Bourg-en-Bresse 29 – Villefranche-sur-Saône 41.

X **Petite Auberge**, ℰ 85 31 53 92, Fax 85 31 69 34 – ஊ
fermé vacances de Toussaint, 2 au 18 janv., mardi soir et merc. – **Repas** 95/215.

ST-JOACHIM 44720 Loire-Atl. 🗺 ⑱ G. Bretagne – 3 994 h.
Voir Tour de l'île de Fédrun★ O : 4,5 km – Promenade en chaland★★.
Paris 440 – ♦Nantes 62 – Redon 41 – St-Nazaire 16 – Vannes 61.

XX **Aub. du Parc** ⤳ avec ch, Ile de Fedrun ℰ 40 88 53 01, Fax 40 91 67 44, « Chaumière
briéronne », 🌾 – 🅿. ஊ. ℅ ch
fermé 20 déc. au 1ᵉʳ mars, dim. soir et lundi sauf juil.-août – **Repas** 98 (déj.), 155/250, enf. 65
– ⌑ 37 – **3 ch** 230/290 – ½ P 280/310.

ST-JORIOZ 74410 H.-Savoie 🗺 ⑥ – 4 178 h alt. 467.
🚏 Office de Tourisme, pl. de la Mairie (fermé matin hors saison) ℰ 50 68 61 82.
Paris 546 – Annecy 9,5 – Albertville 36 – Megève 51.

🏨 **Manoir Bon Accueil** ⤳, à Epagny : 2,5 km par D 10 A ℰ 50 68 60 40, Fax 50 68 94 84,
🌾, ⤳, 🌾, ℅ – |♿| 📺 ☎ 🅿 – 🏋 25. ஊ. ℅ rest
fermé 20 déc. au 20 janv. – **Repas** (fermé dim. soir du 20 sept. au 20 avril et dîner seul. du
10 juil. au 20 août) 120/200 – ⌑ 42 – **28 ch** 330/500 – ½ P 380/510.

ST-JULIEN 56 Morbihan 🗺 ⑫ – rattaché à Quiberon.

ST-JULIEN-CHAPTEUIL 43260 H.-Loire 🗺 ⑦ G. Vallée du Rhône – 1 664 h alt. 821.
Voir Site★.
Env. Montagne du Meygal★ : Grand Testavoyre ⁂★★ NE : 14 km puis 30 mn.
🚏 Syndicat d'Initiative à la Mairie ℰ 71 08 77 70.
Paris 568 – Le Puy-en-Velay 20 – Lamastre 53 – Privas 87 – St-Agrève 32 – Yssingeaux 16.

🏨 **Barriol**, av. J. Romains ℰ 71 08 70 17, Fax 71 08 74 19 – 📺 ☎ ⤳. ஊ. ℅
1ᵉʳ mars-10 nov. et fermé dim. soir et lundi sauf juil.-août – **Repas** 72 (déj.), 102/198, enf. 52 –
⌑ 40 – **11 ch** 270 – ½ P 235.

XXX **Vidal**, ℰ 71 08 70 50, Fax 71 08 40 14 – ஊ ஊ
fermé 15 janv. au 29 fév., mardi hors sais. et lundi soir – **Repas** 95/290, enf. 60.

PEUGEOT Gar. Abrial, ℰ 71 08 72 20   RENAULT Gar. de Chapteuil, ℰ 71 08 72 79 🅽
🅽 ℰ 71 08 72 20   ℰ 71 08 72 79

ST-JULIEN-DE-CREMPSE 24 Dordogne 🔟 ⑮ – rattaché à Bergerac.

ST-JULIEN-DE-JONZY 71110 S.-et-L. 🔟 ⑧ G. Bourgogne – 282 h alt. 498.

Voir Portail★ de l'église.

Env. Église★ de Semur-en-Brionnais NO : 6 km.

Paris 371 – Moulins 82 – Roanne 29 – Charolles 32 – Lapalisse 46 – Mâcon 79.

    🍴 **Pont** avec ch, ✆ 85 84 01 95, Fax 85 84 14 61, ☂ – 📺 ☎ ⇌ 🅿 GB
    fermé vacances de fév. et lundi soir – **Repas** 54 (déj.). 75/155 ♨, enf. 45 – ⇅ 33 – **7 ch** 185/230 – ½ P 210/230.

ST-JULIEN-DE-JORDANNE 15 Cantal 🔟 ② – alt. 920 – ⊠ 15590 Mandailles-St-Julien.

Voir Vallée de Mandailles★★, G. Auvergne.

Paris 544 – Aurillac 24 – Mauriac 54 – Murat 28.

    🛏 **Touristes,** ✆ 71 47 94 71, Fax 71 47 91 64, ≤, 🞈 – 🅿 🕮 GB. ⚘ ch
    vacances de Pâques au 30 sept., vacances de Noël, de fév. et dim. sauf en oct. –
    Repas 60/120 – ⇅ 28 – **20 ch** 150/250 – ½ P 180/210.

ST-JULIEN D'EMPARE 12 Aveyron 🔟 ⑩ – rattaché à Figeac.

    De Michelin Wegenatlas van FRANKRIJK bevat :

    – alle gedetailleerde kaarten (1:200 000) in een band,

    – tientallen plattegronden,

    – een register van plaatsnamen...

    Een onmisbare reisgenoot in uw auto.

ST-JULIEN-EN-CHAMPSAUR 05500 H.-Alpes 🔟 ⑯ – 252 h alt. 1 140.

Paris 659 – Gap 17 – ♦Grenoble 95 – La Mure 57 – Orcières 20.

    🏠 **Les Chenets** ♨, ✆ 92 50 03 15, Fax 92 50 73 06 – ☎ ⇌. GB. ⚘ ch
    fermé 17 au 29 avril, 30 oct. au 22 déc., dim. soir et merc. hors sais. – **Repas** 85/150, enf. 48 –
    ⇅ 30 – **19 ch** 180/270 – ½ P 240.

ST-JULIEN-EN-GENEVOIS ⟨SP⟩ 74160 H.-Savoie 🔟 ⑥ – 7 922 h alt. 461.

🔟 Country Club de Bossey ✆ 50 43 75 25.

🛈 Office de Tourisme (juil.-août) ✆ 50 49 30 61.

Paris 528 – Annecy 34 – Thonon-les-Bains 45 – Bonneville 35 – ♦Genève 13 – Nantua 55.

    🏠 **Savoie H.** sans rest, av. L. Armand ✆ 50 49 03 55, Fax 50 49 06 23 – 🛗 ☰ 📺 ☎ 🅿 🕮 ⓞ
    GB
    ⇅ 29 – **20 ch** 210/295.

    🏠 **Le Soli** sans rest, r. Mgr Paget ✆ 50 49 11 31, Fax 50 35 14 64 – 🛗 📺 ☎ 🅿 🕮 ⓞ GB
    fermé 23 déc. au 3 janv. – ⇅ 35 – **27 ch** 210/275.

    🍴🍴🍴 **Diligence et Taverne du Postillon,** av. Genève ✆ 50 49 07 55, Fax 50 49 52 31 – ☰. 🕮
    ⓞ GB JCB
    Repas (brasserie) *(fermé 1ᵉʳ au 7 août, 1ᵉʳ au 8 janv., dim. soir et lundi)* 99 (déj.)/120 ♨ –
    Taverne (sous-sol) *(fermé 1ᵉʳ au 21 août, 1ᵉʳ au 8 janv., dim. soir et lundi)* **Repas** 150 (déj.),
    180/350 et carte 260 à 370, enf. 130.

    à Bossey E : 5 km par N 206 – 4 860 h. – ⊠ 74160 :

    🍴🍴🍴 **Ferme de l'Hospital,** ✆ 50 43 61 43, Fax 50 95 31 53, ☂ – 🅿 GB
    fermé 1ᵉʳ au 15 nov., 1ᵉʳ au 15 fév., dim. soir, lundi midi et merc. – **Repas** 185/250 et carte
    200 à 340.

    au Sud par N 201 – ⊠ 74350 Cruseilles :

    🏩 **H. Rey,** au Col du Mont Sion : 9,5 km ✆ 50 44 13 29, Fax 50 44 05 48, ≤, ☂, ⅃, 🞈, ⚒
    – 🛗 📺 ☎ 🅿. GB. ⚘ ch
    fermé 19 oct. au 9 nov. et 8 au 28 janv. – **Clef des Champs** ✆ 50 44 13 11 *(fermé vend. midi
    de sept. à juin et jeudi sauf août)* **Repas** 99/315, enf.65 – ⇅ 37 – **30 ch** 315/475 – ½ P 315/
    395.

OPEL Leclerc et Maréchal, rte d'Annecy
✆ 50 49 28 31
PEUGEOT Gar. Lemuet, ZI à Neydens
✆ 50 35 19 30 🔃 ✆ 50 87 91 86

RENAULT Rd-Pt Auto, rte d'Annemasse
✆ 50 49 07 35
Gar. Megevand, 3 r. Platière ✆ 50 49 28 33

ST-JUNIEN 87200 H.-Vienne 🔟 ⑥ G. Berry Limousin – 10 604 h alt. 223.

Voir Collégiale★ Y B.

🛈 Office de Tourisme pl. Champ-de-Foire ✆ 55 02 17 93, Fax 55 02 94 31.

Paris 412 ① – ♦Limoges 30 ① – Angoulême 73 ③ – Bellac 34 ① – Confolens 28 ③ – Ruffec 69 ③.

ST-JUNIEN

Dumas (R. Lucien) . . . . Y 8
J.-J.-Rousseau (R.) . . . . . . Y 12
Mocquet (Pl. Guy) . . . . . . Y 16
Péri (R. Gabriel) . . . . Y 17

Anatole-France (Av.) . . . . . Y
Bastié (Av. Maryse) . . . . . . Z 2
Blanc (Bd Louis) . . . . Y 3
Blanqui (Fg Auguste) . . . . . Z 4
Brossolette (Bd) . . . . Y 6
Cachin (Bd Marcel) . . . . . . Y
Carnot (Av. Sadi) . . . . Y
Corot (Av.) . . . . Y 7
Defaye (R.) . . . . Y
Estienne-d'Orves (Av. d') . . . . Z
Flaubert (Av. G.) . . . . YZ
Gaillard (Fg) . . . . Z 10
Lasvergnas (Pl.) . . . . Y
Liebknecht (Fg) . . . . Y 13
Michels (Pl. Ch.) . . . . Z 15
Pérucaud (R. H.) . . . . Y 18
Petit (Pl. J.) . . . . Y 19
République (Bd de la) . . . . Y 20
Rigaud (R. Junien) . . . . Y
Roche (Pl. Auguste) . . . . . . Y 21
Roche (Av. Victor) . . . . Z
Vaillant-Couturier (R. Paul) . . . . Z 23
Victor-Hugo (Bd) . . . . Y
Vignerie (Av. L.) . . . . Y
Voltaire (Av.) . . . . Y 24

Les plans de villes sont orientés le Nord en haut.

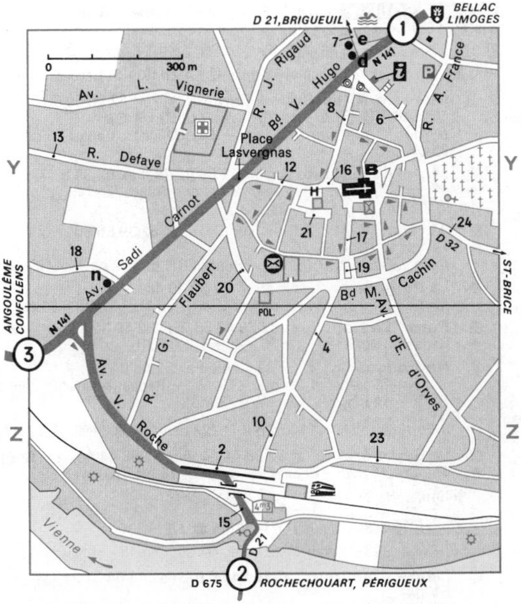

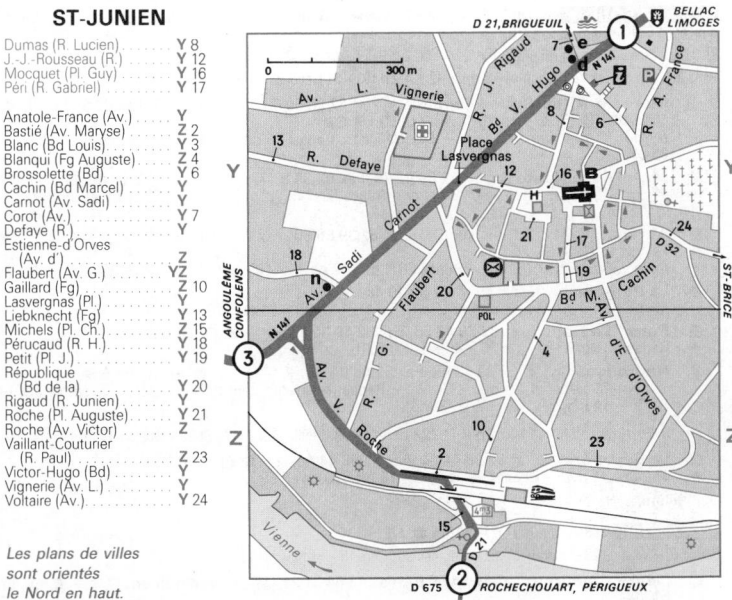

🏨 **Relais de Comodoliac,** 22 av. Sadi-Carnot ℘ 55 02 27 26, Fax 55 02 68 79, 🌳 – TV ☎ – P – 🏋 40. AE ① GB — Y **n**
fermé dim. soir de nov. à fév. – **Repas** 95/265, enf. 50 – ☕ 35 – **28 ch** 180/310.

🏨 **Boeuf Rouge,** 57 bd V. Hugo ℘ 55 02 31 84, Fax 55 02 62 40, 🏊 – ▤ rest TV ☎ ♿ P – 🏋 25. AE ① GB — Y **d**
Repas 79/189 🍷, enf. 59 – ☕ 35 – **30 ch** 170/340 – ½ P 225/285.

🏨 **Althôtel** M sans rest, 1 av. Corot ℘ 55 02 95 78, Fax 55 02 62 40, 🏊 – TV ☎ ♿ P. AE ① GB — Y **e**
☕ 35 – **21 ch** 170/200.

au pont à la Planche par ① et D 675 : 5 km – ✉ **87200** St-Junien :

🍴 **Rendez-vous des Chasseurs** avec ch, ℘ 55 02 19 73, Fax 55 02 06 98, 🏡 – ▤ rest TV ☎ P. GB
fermé 31 juil. au 7 août, 15 au 31 déc. et vend. – **Repas** 70/220 🍷, enf. 40 – ☕ 30 – **7 ch** 180/220 – ½ P 220/270.

CITROEN Gar. Vigier, Le Pavillon par ① ℘ 55 02 31 29 N ℘ 55 02 31 29
PEUGEOT Ouest Limousin Autom., La Croix Blanche N 141 par ① ℘ 55 02 50 50
RENAULT St-Junien Autos, ZI Parc Activité Axial ℘ 55 02 38 37 N ℘ 55 06 57 51

Gar. Guéroux, 4 av. d'Oradour sur Glane ℘ 55 02 16 28

Pneus et C/c, 1 r. de Montrozier ℘ 55 02 14 57

ST-JUST 01 Ain 74 ③ – rattaché à Bourg-en-Bresse.

ST-JUST-EN-CHEVALET 42430 Loire 73 ⑦ – 1 422 h alt. 654.

Paris 395 – Roanne 30 – L'Arbresle 86 – Montbrison 47 – ♦St-Étienne 84 – Thiers 29 – Vichy 50.

🍴 **Londres** avec ch, pl. Rochetaillée ℘ 77 65 02 42 – AE GB
fermé vacances de printemps, de Toussaint, vend. soir et sam. hors sais. – **Repas** 84/180 🍷 – ☕ 32 – **7 ch** 125/145 – ½ P 170.

Gar. Dulac, à Juré ℘ 77 62 54 13 N ℘ 77 62 54 13

ST-LAMBERT 78 Yvelines 60 ⑨ 106 ㉙ 101 ㉒ **G. Ile de France** – 382 h alt. 120 – ✉ **78470** St-Lambert-des-Bois.

Voir Vestiges de l'abbaye de Port-Royal des Champs★ NO : 1,5 km.

Paris 33 – Rambouillet 22 – Versailles 14.

🍴🍴🍴 **Les Hauts de Port Royal,** D 91 ℘ (1) 30 44 10 21, Fax (1) 30 64 44 10, 🏡, « Jardin » – P. AE GB
fermé 15 au 31 août, dim. soir et lundi – **Repas** 190 et carte 290 à 390.

🛈 Office de Tourisme r. Principale ℘ 62 39 50 81, Fax 62 39 50 06.

Paris 863 – Bagnères-de-Luchon 44 – Arreau 12 – Auch 103 – St-Gaudens 64 – Tarbes 69.

🏨🏨 **Mercure Altea Cristal Parc** M ⥁, ℘ 62 99 50 00, Télex 532916, Fax 62 99 50 10, ⟨, 🍴, – ⎮🎧 📺 ⇔ ⇒ – 🅰 100. ⚎ ⓞ ⚌
  *fermé 1er nov. au 16 déc. – **Les Délices : Repas** 85(déj.), 130/140 ⚘, enf. 48 – ☲ 50 –*
  65 ch 540.

🏨 **Motel de la Neste** ⥁, ℘ 62 39 42 79, Fax 62 39 58 77, ⟨ – ⚏ rest 📺 ☎ 🅿. ⚌. ⚘
  *1er juin-30 sept. et 15 déc.-30 avril – **Repas** 68/145 ⚘, enf. 40 – ☲ 35 – **21 ch** 250/270 –*
  ½ P 250/260.

🏨 **Aurélia** ⥁, N : 1,5 km sur D 19 ℘ 62 39 56 90, Fax 62 39 43 75, 🍴, ⛄, 🌳, ✵ – ⎮🎧
  ✵ ch ☎ 🅿. ⚌. ⚘
  *fermé 30 sept. au 15 déc. – **Repas** 68/125 ⚘ – ☲ 35 – **18 ch** 210/260 – ½ P 260.*

🏨 **La Pergola** ⥁ sans rest, ℘ 62 39 40 46, ⟨, ✵ – ⇒ ☎ 🅿
  *fermé 4 mai au 15 juin et 4 nov. au 15 déc. – ☲ 28 – **14 ch** 270.*

🏨 **Pons ''Le Dahu'',** ℘ 62 39 43 66, Fax 62 40 00 86, ✵ – ☎ 🅿. ⚎ ⚌ ⚘ rest
  *Repas 50 bc/75 ⚘ – ☲ 25 – **40 ch** 180/220 – ½ P 175/200.*

🏠 **Andredena** ⥁, ℘ 62 39 43 59, Fax 62 40 04 12, ⟨, 🍴, 🌳, – ☎ 🅿. ⚎ ⓞ ⚌. ⚘
  *10 juin-20 sept. et 20 déc.-30 avril – **Repas** (résidents seul.)(en été déj. à la carte) 120 –*
  ☲ 35 – **14 ch** 255/320 – ½ P 230/260.

  à Espiaube NO : 11 km par D 123 et VO – alt. 1 600 – ⊠ **65170** St-Lary-Soulan :

🏨 **La Sapinière** ⥁, ℘ 62 98 44 04, Fax 62 98 44 46, ⟨ – ☎ 🅿. ⚌
  *15 déc.-1er avril – **Repas** 80 – ☲ 30 – **16 ch** 340 – ½ P 280.*

Gar. Celotti, ℘ 62 39 40 39

Paris 576 – Valence 33 – ◆Grenoble 67 – Romans-sur-Isère 15 – St-Marcellin 15.

🏨🏨 **Lièvre Amoureux,** ℘ 76 64 50 67, Fax 76 64 31 21, 🍴, « Jardin fleuri, 🌳 » – ☎ 🅿. ⚎
  ⓞ ⚌
  *1er mars-15 oct. et fermé dim. soir et lundi du 1er mars au 1er mai – **Repas** 175/195, enf. 65 –*
  ☲ 55 – **12 ch** 320/450.

🏨 **Brun,** Les Fauries, N 92 ℘ 76 64 54 76, 🍴 – 📺 ☎ 🅿. ⚌
  Repas 100/200 ⚘, enf. 45 – ☲ 36 – **10 ch** 170/210 – ½ P 170.

XX **Aub. Viaduc** M avec ch, N 92 ℘ 76 64 51 65, Fax 76 64 30 93, 🍴, 🌳, – 📺 ☎ 🅿. ⚌
  *fermé 10 au 30 déc., dim. soir et lundi – **Repas** 150/280 – ☲ 70 – **9 ch** 450/750 –*
  ½ P 450/600.

Env. Fort de Salses★★ NO : 9 km, G. Pyrénées Roussillon.

🛈 Office de Tourisme pl. Gambetta (saison) ℘ 68 28 31 03.

Paris 860 – ◆Perpignan 17 – Elne 26 – Narbonne 60 – Quillan 79 – Rivesaltes 10.

🏨 **Aub. du Pin,** rte Perpignan ℘ 68 28 01 62, Fax 68 28 39 14, 🍴, ✵ – ☎ 🅿. ⚌
  *fermé janv., fév., dim. soir et lundi sauf juil.-août – **Repas** 98/155 – ☲ 35 – **19 ch** 200/250 –*
  ½ P 220/230.

XX **Commerce** avec ch, bd Révolution ℘ 68 28 02 21 – ⚏ rest ☎ ⇔ – 🅰 25. ⚌. ⚘
  *fermé vacances de Toussaint, de fév., dim. soir et lundi sauf juil.-août – **Repas** 95/200 –*
  ☲ 32 – **14 ch** 195/260 – ½ P 220/250.

CITROEN Gar. Formenty, rte de Barcares   RENAULT Gar. Billes, ZA rte de Torreilles
℘ 68 28 01 08   ℘ 68 28 54 54
PEUGEOT Gar. Balouet, av. de la Côte-Vermeille   RENAULT Gar. Tarrius, 2 bd Canal ℘ 68 28 14 67 Ⓝ
℘ 68 28 32 73   ℘ 68 61 95 55

Paris 487 – ◆Lyon 19 – Pont-de-Chéruy 16 – La Tour-du-Pin 37 – Vienne 33.

🏨🏨 **Host. Le St-Laurent,** ℘ 78 40 91 44, Fax 78 40 45 41, 🍴, parc – 📺 ☎ 🅿. ⚎ ⓞ ⚌.
  ⚘ rest
  *fermé dim. soir, fériés le soir et sam. – **Repas** 80/290 ⚘ – ☲ 27 – **29 ch** 235/270.*

Paris 677 – Avignon 20 – Alès 58 – Nîmes 45 – Orange 21.

🏨🏨 **La Galinette** M ⥁ sans rest, pl. de l'Arbre ℘ 66 50 14 14, Fax 66 50 46 30, « Bel
  aménagement intérieur » – 📺 ☎. ⚌. ⚘
  ☲ 40 – **10 ch** 300/400.

Paris 358 – ◆Nantes 33 – Ancenis 10 – Cholet 41 – Clisson 26.

XX **Cheval Blanc,** ℘ 40 83 90 05 – ⚌. ⚘
  *fermé 1er au 15 août, dim. soir, mardi soir et merc. – **Repas** 88/260, enf. 50.*

Voir Gorges du Guiers Mort★★ SE : 2 km – Site★ de la Chartreuse de Curière SE : 4 km.

🖪 Office de Tourisme, Mairie ℘ 76 55 20 37, Fax 76 55 12 30.

Paris 546 – ◆Grenoble 32 – Chambéry 29 – La Tour-du-Pin 40 – Voiron 15.

- 🏠 **Voyageurs,** r. Pasteur ℘ 76 55 21 05, Fax 76 55 12 68 – 📺 ☎. 🅶🅱
- ◆ fermé 15 déc. au 15 janv., vend. soir dim. soir sauf du 14 juil. au 15 août – **Repas** 58/300, enf. 40 – ☑ 30 – **17 ch** 135/270 – ½ P 145/180.

- ✗✗ **La Blache,** av. Gare ℘ 76 55 29 57, 🍴 – 🅿. 🅶🅱
  fermé 15 au 31 août, vacances de fév. et lundi – **Repas** 110/190.

Voir Corniche du Var★ N.

🖪 Office de Tourisme 1, promenade des Flots Bleus ℘ 92 12 40 00, Fax 93 14 92 83.

Paris 925 – ◆Nice 9 – Antibes 15 – Cagnes-sur-Mer 6 – Cannes 25 – Grasse 28 – Vence 14.

Plans : Voir plan de NICE Agglomération.

au Cap 3000 – ⊠ 06700 :

- 🏨 **Novotel** 🅼, 80 av. Verdun ℘ 93 31 61 15, Télex 470643, Fax 93 07 62 25, 🍴, 🏊, 🎾 – 🛗
  🔧 ch 🖥 📺 ⚐ ♿ 🅿 – 🔺 120. 🆎 🅾 🅶🅱
  Repas carte environ 180 🍴, enf. 50 – ☑ 48 – **103 ch** 450/560.

- 🏨 **Galaxie** sans rest, av. Mar. Juin ℘ 93 07 73 72, Fax 93 14 32 14 – 🛗 🖥 📺 ☎ 🅿. 🆎 🅾
  🅶🅱
  ☑ 40 – **28 ch** 394/610.

au Port St-Laurent – ⊠ 06700 :

- 🏨 **Holiday Inn SunSpree Resort** 🅼, ℘ 93 14 80 00, Télex 470231, Fax 93 07 21 24, ≼,
  🍴, 🈶, 🏊, 🛶 – 🛗 🔧 ch 🖥 📺 ☎ ♿ 🛋 – 🔺 50. 🆎 🅾 🅶🅱 🅹🅲🅱. 🌿 rest
  Le Lavandin : **Repas** 158, enf. 45 – ☑ 85 – **124 ch** 790/1290 – ½ P 790/990.

- ✗✗ **Le Centurion,** ℘ 93 07 99 10 – 🖥. 🆎 🅶🅱
  fermé dim. soir et merc. sauf juil.-août – **Repas** 100/290, enf. 50.

Le feu est le plus terrible ennemi de la forêt.

Soyez prudent !

Paris 446 – Champagnole 22 – Lons-le-Saunier 46 – Morez 12 – Pontarlier 60 – Saint-Claude 30.

- 🏨 **Commerce,** ℘ 84 60 11 41, 🎾 – ☎ 🛋. 🅶🅱
- ◆ fermé 15 avril au 15 mai, 11 nov. au 22 déc., dim. soir et lundi sauf juil.-août – **Repas** 72/
  230 🍴 – ☑ 30 – **13 ch** 160/300 – ½ P 190/230.

- 🏠 **Poste,** ℘ 84 60 15 39, Fax 84 60 89 03 – ☎ 🛋. 🅶🅱
- ◆ fermé 1ᵉʳ au 10 mai et 23 oct. au 4 déc. – **Repas** 70/110 🍴 – ☑ 30 – **10 ch** 190/210 – ½ P 200.

Paris 589 – ◆Grenoble 68 – Valence 43 – Romans-sur-Isère 27 – St-Marcellin 20 – Villard-de-Lans 29.

- ✗ **Bérard** avec ch, ℘ 75 48 61 13, 🍴
- ◆ fermé janv. lundi soir et mardi sauf juil.-août – **Repas** 75 bc/180 – ☑ 30 – **8 ch** 150 – ½ P 180.

RENAULT Gar. Magnan, ℘ 75 48 65 38 🅽 ℘ 75 48 65 38

🏌 des Bordes ℘ 54 87 72 13, à 6 km.

Paris 160 – ◆Orléans 30 – Beaugency 8,5 – Blois 27.

- 🏠 **Relais des Sapins,** D 951 ℘ 54 87 70 71, Fax 54 87 21 99, 🍴, 🈶, 🏊, 🎾 – 🛗 📺 ☎ 🅿 –
- ◆ 🔺 80. 🆎 🅾 🅶🅱
  Repas 60/160 – ☑ 40 – **42 ch** 280/320 – ½ P 300/350.

Paris 362 – Angers 70 – La Roche-sur-Yon 57 – Bressuire 35 – Cholet 12 – ◆Nantes 68.

- 🏨 **Hermitage,** r. Jouvence ℘ 51 67 83 03, Fax 51 67 84 11, 🍴 – ☎ 🅿. 🆎 🅶🅱
- ◆ fermé 1ᵉʳ au 10 août, vacances de fév., dim. soir de mai à sept. et sam. d'oct. à fin avril –
  Repas 70/150 🍴 – ☑ 30 – **16 ch** 190/280 – ½ P 240/260.

1 260/2 001 m ✦14 ✦.

Paris 674 – Gap 21 – ◆Grenoble 105.

- 🏠 **Ecureuil,** ℘ 92 50 40 49, Fax 92 50 71 64, ≼, 🏊, 🎾 – 🛗 ☎ 🅿 – 🔺 60. 🅶🅱 🌿 rest
  1ᵉʳ juil.-1ᵉʳ sept. et 26 déc.-20 mars – **Repas** 90/180 🍴 – ☑ 40 – **40 ch** 250/280 – ½ P 240/260.

ST-LÉONARD-DE-NOBLAT 87400 H.-Vienne **72** ⑱ G. Berry Limousin– 5 024 h alt. 346.

Voir Église★ : clocher★★.

🛦 de la Porcelaine ℰ 55 31 10 69, O par D 941 puis VC : 14 km.

🗓 Office de Tourisme r. R.-Salengro ℰ 55 56 25 06.

Paris 402 – ◆ Limoges 19 – Aubusson 67 – Brive-la-Gaillarde 92 – Guéret 62.

🏛 **Gd St Léonard**, rte Clermont ℰ 55 56 18 18, Fax 55 56 98 32 – 📺 ☎ ⇔. ⅋ ⊙ ☷
  fermé 15 déc. au 15 janv. et lundi sauf le soir du 15 juin au 15 sept. – **Repas** 105/280 – � 45 –
  14 ch 270/300 – ½ P 280/300.

XX **Modern** avec ch, 6 bd A. Pressemane ℰ 55 56 00 25 – 📺 ☎ ⇔. ☷
  fermé 1ᵉʳ fév. au 3 mars, dim. soir d'oct. à juin et lundi sauf le soir de juil. à sept. –
  Repas 105/200, enf. 60 – ⊑ 35 – **7 ch** 240/280 – ½ P 270/290.

PEUGEOT Gar. Ducros, rte de Bujaleuf ℰ 55 56 17 17

ST-LÉONARD-DES-BOIS 72590 Sarthe **60** ⑫ G. Normandie Cotentin – 497 h alt. 98.

Voir Alpes Mancelles★.

Paris 212 – Alençon 19 – ◆ Le Mans 49 – Fresnay-sur-Sarthe 12 – Laval 75 – Mayenne 46.

🏛 **Touring H.** ⟩, ℰ 43 97 28 03, Fax 43 97 07 72, ≤, « Jardin au bord de la Sarthe », ₅,
  🖃 – 🛊 📺 ☎ ⚭ 🅿 – 🔬 40. ⅋ ⊙ ☷ 🚕🌐
  15 fév.-15 nov. – **Repas** *(fermé vend. soir et sam. du 15 oct. au 15 mars)* (dim. prévenir)
  105/235, enf. 60 – ⊑ 45 – **35 ch** 260/455 – ½ P 370.

EUROPE on a single sheet Michelin map no **970**.

ST-LÔ 🅿 50000 Manche **54** ⑬ G. Normandie Cotentin – 21 546 h alt. 14.

Voir Haras★ B.

🗓 Office de Tourisme pl. du Gén.-de-Gaulle ℰ 33 05 02 09.

Paris 303 ② – ◆ Caen 65 ② – Cherbourg 78 ⑦ – Fougères 98 ⑤ – Laval 136 ⑤ – ◆ Rennes 133 ⑤.

ST-LÔ

		Baltimore (R. de)	A 3	Houssin-Dumanoir	
		Belle (R. du)	A 4	(R.)	A 12
		Briovère (Av. de)	A 5	Lattre-de-T. (R. Mar.-de)	B 14
Havin (R.)	A 13	Champ-de-Mars (Pl.)	B 6	Neufbourg (R. du)	B 15
Leclerc (R. Mar.)	B	Feuillet (R. Octave)	A 7	Notre-Dame (Parvis)	A 18
St-Thomas (R.)	A	Gaulle (Pl. Gén.-de)	A 8	Noyers (R. des)	A 19
Torteron (R.)	A	Gerardht		Poterne (R. de la)	A 23
		(R. Gén.)	B 9	Ste-Croix (Pl.)	B 24
Alsace-Lorraine (R.)	A 2	Grimouville (R. de)	A 10	80ᵉ-et-136ᵉ (R. des)	A 25

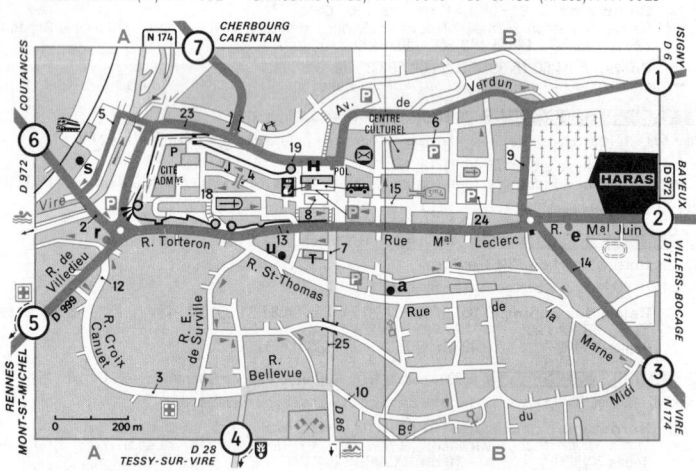

🏛 **Voyageurs** Ⓜ, 5 av. Briovère ℰ 33 05 08 63, Fax 33 05 14 34, 🚗 – 🛊 ⅍ ch 📺 ☎ –
  🔬 80. ⅋ ⊙ ☷ 🚕 A **s**
  Le Tocqueville : **Repas** 98/275, enf. 50 – ⊑ 40 – **31 ch** 225/360 – ½ P 255/330.

🏠 **Armoric** sans rest, 15 r. Marne ℰ 33 05 61 32, Fax 33 05 12 68 – 📺 ☎. ☷ B **a**
  ⊑ 22 – **20 ch** 170/280.

🏠 **Régence** sans rest, 18 r. St-Thomas ℰ 33 05 50 80 – 📺 ☎. ⅋ ☷ A **u**
  ⊑ 30 – **14 ch** 120/195.

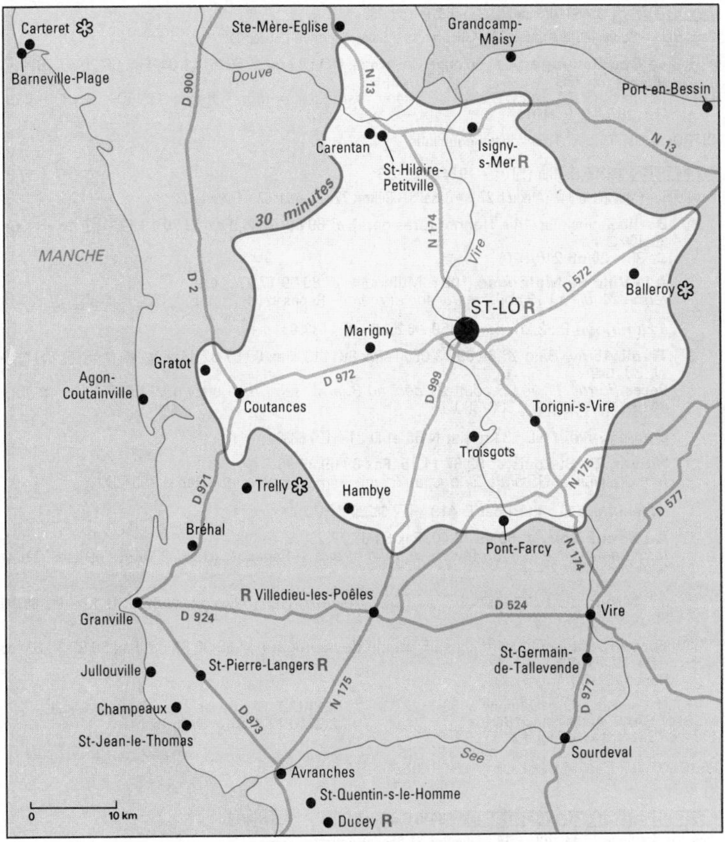

XXX **La Gonivière,** rd-pt 6 Juin (1er étage) ✆ 33 05 15 36 – AE GB — A r
fermé dim. – **Repas** 85/280.

XX **Le Filet Bleu,** 114 av. Paris par ② : 1km ✆ 33 55 21 93, Fax 33 55 47 84 – AE GB
fermé 1er au 15 juil. et mardi soir – **Repas** 78/225 ♁, enf. 40.

XX **Le Péché Mignon,** 84 r. Mar. Juin ✆ 33 72 23 77, Fax 33 72 27 58 – AE ◑ GB
fermé 3 au 17 juil., 23 au 30 oct., 3 au 10 janv., sam. midi et lundi sauf fériés – **Repas** 80/185, enf. 45. — B e

au Calvaire par ② et D 972 : 7 km – ✉ **50810** St-Pierre-de-Semilly :

XXX **Les Glycines,** ✆ 33 05 02 40, Fax 33 56 29 32, ⛱ – Ⓟ. AE GB
fermé 1er au 13 août, vacances de fév., dim. soir et lundi sauf fériés – **Repas** 148/288 et carte 240 à 370, enf. 50.

Z.A. La Chevalerie par ③ : 4 km – ✉ **50000** St-Lô :

Ibis M, ✆ 33 57 78 38, Télex 171669, Fax 33 55 27 67, ⛱, ⛱ – TV ☎ ♿ Ⓟ – 🏛 100. AE ◑ GB – **Repas** 97 bc, enf. 40 – ☕ 35 – **48 ch** 280/320.

ALFA ROMEO, SEAT Manche Alfa, rte de Coutances à Agneaux ✆ 33 05 19 34
CITROEN DI.CO.MA., ZA la Chevalerie par ④ ✆ 33 57 48 30 **N** ✆ 33 56 59 46
FORD Manche Auto Services, 700 av. de Paris ✆ 33 05 39 39
NISSAN Gar. Dessoude, Zone Delta ✆ 33 05 30 52
PEUGEOT Autom. St-Loises, av. de Paris ✆ 33 77 37 37 **N** ✆ 99 65 89 93
RENAULT Gar. Briocar, ZAC La Chevalerie par ③ ✆ 33 05 04 04 **N** ✆ 33 05 04 04
VAG Gar. Lebon, Zone Delta, rte de Bayeux ✆ 33 72 07 95
Gar. Marie, 164, rte de Tessy ✆ 33 57 12 98
Gar. de l'Institut, 29 rte de Coutances à Agneaux, ✆ 33 55 49 28

Euromaster, 700 av. de Paris ✆ 33 57 52 37
Ledoyen Pneus Point S, 559 av. de Paris ✆ 33 57 73 04
Schmitt-pneus Vulcopneu, 290 av. de Paris ✆ 33 57 40 57

Paris 569 – ◆Bordeaux 17 – Créon 23 – Libourne 19 – Saint-André-de-Cubzac 12.

  ✗   **Le Coq Sauvage** 🏖 avec ch, à Cavernes, NO : 4 km 𝒫 56 20 41 04, Fax 56 20 44 76 – 📺
      ☎ – 🏛 25. 🖪
      fermé 5 au 27 août, 23 déc. au 7 janv., sam. soir et dim. – **Repas** 85/150 – ⌷ 30 – **6 ch**
      265/285 – ½ P 240.

CITROEN Gar. Dupuy, 17 av. de la République 𝒫 56 20 41 40

Paris 505 – ◆Mulhouse 34 – Altkirch 27 – ◆Basel 5 – Belfort 72 – Colmar 62 – Ferrette 23.

  🏠   **Berlioz** sans rest, 14 r. Henner (près gare) 𝒫 89 69 74 44, Fax 89 70 19 17 – 📺 ☎ 🚗 🅿.
      🝙 🕧 🖪
      ⌷ 35 – **20 ch** 210/320.

  ✗   **A la Ville de Mulhouse,** 105 r. Mulhouse 𝒫 89 69 17 77 – 🖪
      fermé 24 juil. au 13 août, mardi soir et merc. – **Repas** 62 (déj.). 115/150 ⅄, enf. 45.

      à Huningue E : 2 km par D 469 – 6 252 h. – ⊠ 68330 :

  🏨   **Tivoli,** 15 av. Bâle 𝒫 89 69 73 05, Télex 881113, Fax 89 67 82 44 – 🛗 ▤ rest 📺 ☎ 🅿 –
      🏛 30. 🖪
      Repas *(fermé 1ᵉʳ au 25 août, 24 déc. au 8 janv., sam. midi et dim.)* 145/380 ⅄ – ⌷ 45 –
      44 ch 330/390 – ½ P 300/380.

      à Village-Neuf NE : 3 km par N 66 et D 21 – ⊠ 68300 :

  ✗✗   **Mayer,** 2 r. St-Louis 𝒫 89 67 11 15, Fax 89 69 45 08 – 🅿. 🖪
      fermé 20 juil. au 15 août, 22 déc. au 3 janv., dim. soir et lundi – **Repas** 195/380 ⅄.

      à Hésingue O : 4 km par D 419 – ⊠ 68220 :

  ✗✗✗   **Au Boeuf Noir,** 𝒫 89 69 76 40, Fax 89 67 77 29, 🌫 – 🖪
      fermé août, vacances de fév., sam. midi et dim. – **Repas** 150 (déj.), 220/280 et carte 210 à
      300.

      à l'Aéroport de Bâle-Mulhouse (Euro-Airport) NO : 5 km par N 66 et D 12 – ⊠ 68300
      St-Louis :

  ✗✗   **Euroairport** (secteur français), 5ᵉ étage de l'aérogare 𝒫 89 90 32 35, Fax 89 90 32 65, ≤
  ◆ – ▤. 🝙 🕧 🖪
      Repas 70/190 ⅄, enf. 29.

CITROEN Gar. Flury, 11 r. du Rhône 𝒫 89 69 13 02   RENAULT Gar. Bader, 81 av. Gén.-de-Gaulle
NISSAN, SAAB Autos Franco Suisse,   𝒫 89 69 00 15 🅽 𝒫 05 05 15 15
106 r. de St-Louis à Hesingue 𝒫 89 69 18 42
OPEL Gar. Feldbauer, 20 r. Prés 𝒫 89 69 22 26   Ⓦ Pneus et Services D. K., 65 r. Gén.-de-Gaulle
PEUGEOT Gar. Ledy, 4 r. A.-Lauly 𝒫 89 69 80 35   𝒫 89 69 81 08
🅽 𝒫 89 26 78 85

Paris 571 – ◆Bordeaux 14 – Blaye 36 – Libourne 31 – Saint-André-de-Cubzac 11.

  ✗   **Relais du Marais,** 𝒫 56 77 41 19 – 🅿. 🖪 🍴
      fermé 14 juil. au 15 août, 24 déc. au 2 janv., sam. soir et dim. – **Repas** 60 bc (déj.)/155 ⅄.

Paris 374 – Épinal 43 – Bourbonne-les-Bains 48 – Gray 82 – Remiremont 33 – Vesoul 35 – Vittel 58.

  🏠   **Trianon,** pl. J.-Jaurès 𝒫 84 49 00 45, Fax 84 94 22 34, 🌫 – 📺 ☎. 🖪
  ◆ **Repas** *(fermé sam. midi d'oct. à mars)* 70/220 ⅄, enf. 40 – ⌷ 30 – **13 ch** 185/250 –
      ½ P 200/230.

FORD Gar. Dormoy, 𝒫 84 94 27 27 🅽 𝒫 84 94 27 27

Voir Clocher de l'église ❄️★★.

🛈 Office de Tourisme, pl. de l'Église Herbignac 𝒫 40 91 41 34, Fax 40 91 34 96.

Paris 449 – ◆Nantes 71 – La Baule 16 – Redon 38 – St-Nazaire 21.

  🏨   **Les Chaumières du Lac et Aub. Les Typhas** Ⓜ, rte Herbignac 𝒫 40 91 32 32,
  ◆ Fax 40 91 30 33, 🌫, 🌳 – 📺 ☎ 🕹 🅿. 🖪
      *hôtel : 15 mars-15 nov. ; rest. : fermé 1ᵉʳ fév. au 8 mars, mardi sauf le soir en juil.-août et
      lundi soir* – **Repas** 98/240 – ⌷ 45 – **20 ch** 330/390 – ½ P 350/370.

      rte de St-Nazaire S : 3 km par D 47 – ⊠ 44410 St-Lyphard :

  ✗✗   **Aub. le Nézil,** SO : 3 km par D 47 𝒫 40 91 41 41, « Chaumière briéronne », 🌳 – 🅿. 🖪
      fermé vacances de Toussaint, de fév., mardi soir de mi-sept. à juin et merc. – **Repas** 98 (déj.).
      112/185, enf. 50.

à Bréca S : 6 km par D 47 et VO – ✉ 44410 St-Lyphard :

XX **Aub. de Bréca,** ✆ 40 91 41 42, Fax 40 91 37 41, 🎄, « Chaumière briéronne dans un jardin fleuri » – ⒶⒺ ⒼⒷ
8 avril-2 nov. – **Repas** *(fermé dim. soir et jeudi sauf juil.-août)* 120/210, enf. 50.

à Kerbourg SO : 6 km par D 51 (rte de Guérande) – ✉ 44410 St-Lyphard :

XX **Aub. de Kerbourg,** ✆ 40 61 95 15, 🎄, « Chaumière briéronne aménagée avec élégance » – ⒼⒷ
fermé 1ᵉʳ janv. au 15 fév., dim. soir, lundi et mardi sauf le soir en juil.-août – **Repas** (en saison, prévenir) 150/300.

RENAULT Gar. Guilhard, ✆ 40 62 51 75 🔃 ✆ 40 62 51 75

ST-MACAIRE 33 Gironde 🔢 ② – rattaché à Langon.

ST-MACAIRE-EN-MAUGES 49450 M.-et-L. 🔢 ⑤ – 5 543 h alt. 96.

🚉 Syndicat d'Initiative, Hôtel de Ville ✆ 56 63 03 64.

Paris 355 – Angers 61 – Ancenis 39 – Cholet 12 – ♦Nantes 48.

🏠 **La Gâtine,** ✆ 41 55 30 23, Fax 41 46 11 30 – 📺 ☎. ⒼⒷ 🌾
➤ *fermé 17 juil. au 9 août* – **Repas** *(fermé dim. soir et lundi)* 69/200 – ☕ 28 – **15 ch** 130/290.

ST-MAIME 04 Alpes-de-H.-Pr 🔢 ⑮ – rattaché à Manosque.

ST-MAIXENT-L'ÉCOLE 79400 Deux-Sèvres 🔢 ⑫ G. Poitou Vendée Charentes (plan) – 6 893 h alt. 65.

Voir Église abbatiale★ – Musée militaire : série d'uniformes★.

🔲 du Petit Chêne à Mazières ✆ 49 63 28 33, O par D 6 : 20 km.

🚉 Office de Tourisme Porte Châlon ✆ 49 05 54 05.

Paris 384 – Poitiers 51 – Angoulême 99 – Niort 23 – Parthenay 29.

🏠 **Logis St Martin** Ⓜ ⏳, chemin Pissot ✆ 49 05 58 68, Fax 49 76 19 93, ≼, 🎄, parc, « Demeure du 17ᵉ siècle » – 📺 ☎ 🅿. ⒶⒺ ⓪ ⒼⒷ 🌾 rest
fermé 2 au 23 janv., mardi midi et lundi de nov. à mars – **Repas** 120/160 – ☕ 55 – **10 ch** 350/450 – ½ P 390/440.

🏠 **Lika** Ⓜ, rte Niort ✆ 49 05 63 64, Fax 49 05 53 63, 🎄, 🌳 – 📺 ☎ 🅿 – 🔬 30. ⒶⒺ ⒼⒷ
fermé 23 déc. au 3 janv. – **Repas** *(fermé dim. d'oct. à mai)* 60 /115 👶, enf. 35 – ☕ 30 – **19 ch** 210/230 – ½ P 190.

à Soudan E : 7,5 km par N 11 – 306 h. – ✉ 79800 :

Voir Musée des Tumulus de Bougon★★.

🏠 **L'Orangerie,** ✆ 49 06 56 06, Fax 49 06 56 10, 🌳 – 📺 ☎ 🅿. ⒼⒷ 🌾
fermé 31 déc. au 5 fév., lundi hors sais. et dim. soir – **Repas** 85/180, enf. 48 – ☕ 35 – **7 ch** 165/210 – ½ P 190/240.

PEUGEOT Gar. Courtois, 87 r. Clémenceau ✆ 49 76 13 42
RENAULT Gar. du Grand Chene, 11 bis av Wilson ✆ 49 05 50 72

◉ Moinet Pneus, 12 av. de Blossac ✆ 49 05 50 22
🔃 ✆ 49 25 50 22

ST-MALO ⬥ 35400 I.-et-V. 🔢 ⑥ G. Bretagne – 48 057 h alt. 8 – Casino AXY.

Voir Site★★★ – Remparts★★★ DZ – Château★★ DZ : musée d'histoire de la ville★ M², tourelles de guet ⚡★★, tour Quic-en-Groigne★ DZ E – Fort national★ : ≼★★ 15 mn AX – Vitraux★ de la cathédrale St-Vincent DZ – Usine marémotrice de la Rance : digue ≼★ S : 4 km par ④.

🛬 de Dinard-Pleurtuit-St-Malo : ✆ 99 46 18 46, par ③ : 14 km.

🚉 Office de Tourisme esplanade St-Vincent ✆ 99 56 64 48, Fax 99 40 93 13.

Paris 423 ③ – Alençon 177 ③ – Avranches 64 ③ – Dinan 32 ③ – ♦Rennes 69 ③ – St-Brieuc 75 ③.

Plans pages suivantes

Intra muros :

🏨 **Central et rest. la Frégate,** 6 Gde rue ✆ 99 40 87 70, Télex 740802, Fax 99 40 47 57 – 📶 ❄ ch 📺 ☎ ➡️ – 🔬 25. ⒶⒺ ⓪ ⒼⒷ 🅹🅲🅱
DZ **n**
Repas *(fermé dim. soir du 15 nov. au 15 mars)* 135/195, enf. 70 – ☕ 55 – **47 ch** 395/630 – ½ P 395/490.

🏨 **Ajoncs d'Or** sans rest, 10 r. Forgeurs ✆ 99 40 85 03, Fax 99 40 80 70 – 📶 📺 ☎ ⒶⒺ ⓪ ⒼⒷ 🅹🅲🅱
DZ **a**
1ᵉʳ mars-12 nov. – ☕ 45 – **22 ch** 410/530.

🏨 **La Cité** Ⓜ sans rest, 26 r. Ste-Barbe ✆ 99 40 55 40, Télex 741714, Fax 99 40 10 04 – 📶 📺 ☎ ♿ ➡️. ⒶⒺ ⓪ ⒼⒷ
DZ **v**
☕ 42 – **39 ch** 370/525.

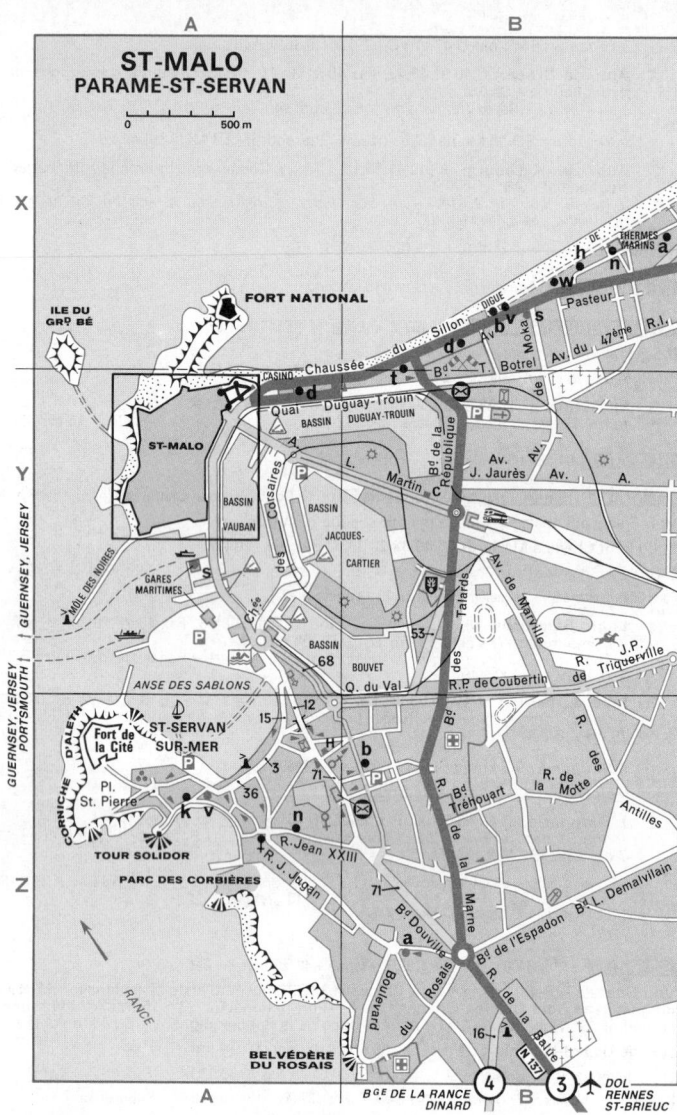

ST-MALO
PARAMÉ-ST-SERVAN

0   500 m

FORT NATIONAL

ILE DU
GRᴰ BÉ

ST-MALO

CASINO — Chaussée
Quai Duguay-Trouin
BASSIN DUGUAY-TROUIN

BASSIN VAUBAN

BASSIN

JACQUES-CARTIER

GARES MARITIMES

MÔLE DES NOIRES

ANSE DES SABLONS

BASSIN BOUVET
Q. du Val

ST-SERVAN
SUR-MER

Fort de
la Cité

Pl.
St. Pierre

TOUR SOLIDOR

PARC DES CORBIÈRES

R. Jean XXIII

R. J. Jagan

BELVÉDÈRE
DU ROSAIS

RANCE

GUERNSEY, JERSEY

GUERNSEY, JERSEY, PORTSMOUTH

THERMES MARINS

du Sillon — DIGUE

Pasteur

Av. du 47ème

R.I.

Botrel

Bᵈ de la République

Bᵈ Martin

Av. J. Jaurès

Av. de la Marville

R.P. de Coubertin

R. de Triquerville

J.P.

R. de
la Motte

Bᵈ Tréhouart

Antilles

Bᵈ L. Demalvilain

Bᵈ de l'Espadon

Bᵈ Douville

Bᵈ Rosais

R. de la Balue

N 137

Bᴳᴱ DE LA RANCE
DINARD

④   ③ DOL
RENNES
ST-BRIEUC

🏨 **Quic en Groigne** sans rest, 8 r. d'Estrées ℰ 99 40 86 81, Fax 99 40 11 64 – 📺 ☎ ⟵.
GB. �$
⊡ 40 – **15 ch** 270/450.   DZ **u**

🏨 **Jean Bart** sans rest, 12 r. Chartres ℰ 99 40 33 88, Fax 99 40 33 88 – 🛗 📺 ☎. GB   DZ **b**
fermé 12 nov. au 20 déc. et 4 janv. au 1ᵉʳ mars – ⊡ 40 – **18 ch** 300/370.

🏨 **Louvre** sans rest, 2 r. Marins ℰ 99 40 86 62, Fax 99 40 86 93 – 🛗 📺 ☎. GB   DZ **f**
1ᵉʳ mars-15 oct., vacances de Toussaint, de Noël et de fév. – ⊡ 40 – **45 ch** 250/350.

🏨 **Palais** sans rest, 8 r. Toullier ℰ 99 40 07 30, Fax 99 40 29 53 – 🛗 📺 ☎. AE GB   DZ **k**
fermé 10 au 27 déc. et 10 janv. au 1ᵉʳ fév. – ⊡ 37 – **18 ch** 270/360.

🏨 **Brochet** sans rest, 1 r. Corne de Cerf ℰ 99 56 30 00, Fax 99 56 55 54 – 🛗 📺 ☎. GB.
�$
15 mars-31 déc. – ⊡ 35 – **22 ch** 230/330.   DZ **q**

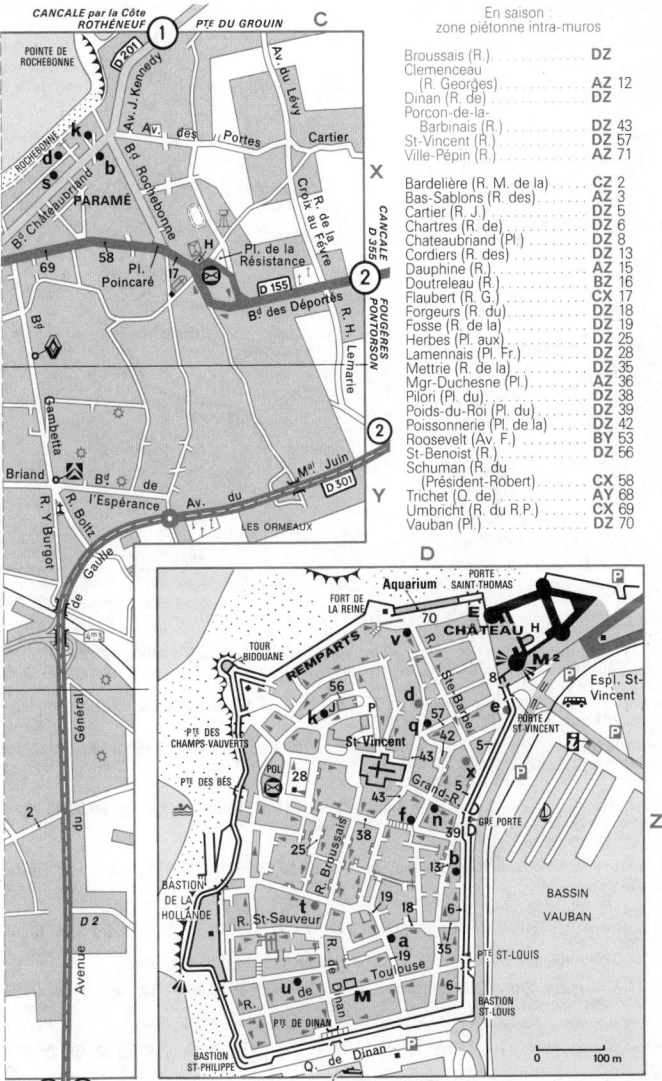

XX ❀ **A la Duchesse Anne** (Thirouard), 5 pl. Guy La Chambre 🕿 99 40 85 33,
Fax 99 40 00 28, 🏤 – ⲅⲃ   DZ **e**
fermé déc., janv., dim. soir et merc. hors sais. – **Repas** carte 210 à 300
Spéc. Homard grillé "Duchesse Anne". Foie gras de canard frais maison. Tarte Tatin.

XX **Le Chalut,** 8 r. Corne de Cerf 🕿 99 56 71 58 – ⲁⲉ ⲅⲃ   DZ **d**
fermé mi-janv. à mi-fév., dim. soir sauf juil.-août et lundi – **Repas** (prévenir) 95/260.

XX **Delaunay,** 6 r. Ste-Barbe 🕿 99 40 92 46, Fax 99 56 88 91 – ⲁⲉ ⲅⲃ   DZ **x**
fermé mars, 15 nov. au 15 déc., dim. sauf fériés et lundi d'oct. à mars – **Repas** 120 (déj.),
198/298.

X **Gilles,** 2 r. Pie qui boit 🕿 99 40 97 25 – ⲅⲃ   DZ **t**
fermé 23 fév. au 10 mars, jeudi midi du 1er juil. au 10 sept. et merc. hors sais. – **Repas** 82
(déj.), 94/195.

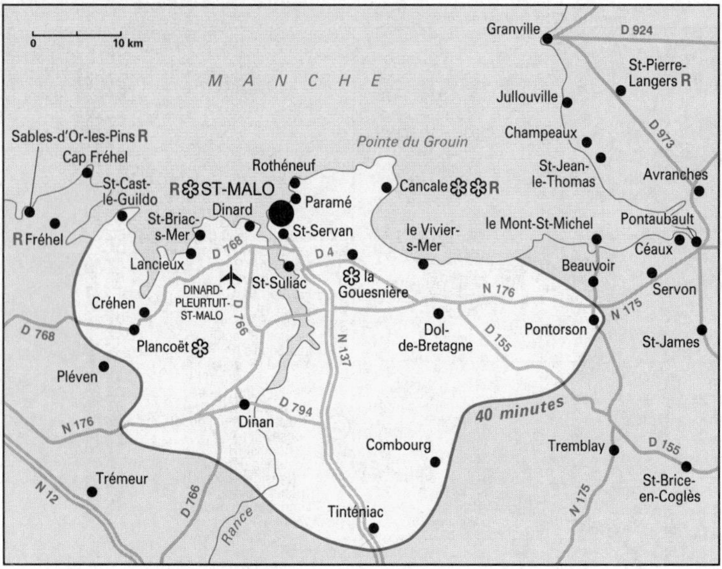

St-Malo Est et Paramé – ✉ **35400** St-Malo :

Gd. H. Thermes Ⓜ ⛰, aux Thermes marins, 100 bd Hébert ☎ 99 40 75 75, Télex 740184, Fax 99 40 76 00, ≤, centre de thalassothérapie, ♿, 🏊 – |♦| ▤ rest 📺 ☎ ♿ 🚗 – 🏛 25à 80. AE ⓓ GB. ✂ rest BX **n**
Le Cap Horn ☎ 99 40 75 40 **Repas** 125/275, enf. 85 – *La Verrière* : **Repas** 165/200, enf. 85 – ☕ 60 – **182 ch** 335/1270, 7 appart – ½ P 600/985.

La Villefromoy ⛰ sans rest, 7 bd Hébert ☎ 99 40 92 20, Fax 99 56 79 49, « Mobilier ancien » – |♦| 📺 ☎ ♿ Ⓟ. AE ⓓ GB CX **s**
15 nov.-15 mars – ☕ 55 – **20 ch** 450/700.

Mercure Ⓜ sans rest, 2 chaussée Sillon ☎ 99 56 84 84, Télex 740583, Fax 99 56 45 73, ≤ – |♦| ⇔ ch 📺 ☎ ♿ 🚗 – 🏛 25 à 50. AE ⓓ GB AY **d**
☕ 52 – **70 ch** 540/730.

Beaufort Ⓜ sans rest, 25 chaussée Sillon ☎ 99 40 99 99, Fax 99 40 99 62, ≤ – |♦| 📺 ☎. AE GB. ✂ BX **b**
☕ 50 – **21 ch** 520/750.

Alexandra ⛰, 138 bd Hébert ☎ 99 56 11 12, Fax 99 56 30 03, ≤, 🏖 – |♦| 📺 ☎ ♿ Ⓟ. AE ⓓ GB BX **h**
fermé janv. – **Repas** 95/290, enf. 50 – ☕ 50 – **43 ch** 470/690 – ½ P 385/460.

Gd H. Courtoisville ⛰, 69 bd Hébert ☎ 99 40 83 83, Fax 99 40 57 83, 🌳 – |♦| ⇔ ch 📺 ☎ 🚗. GB. ✂ rest BX **a**
mi-fév.-mi-nov. – **Repas** 110/180 – ☕ 42 – **47 ch** 350/580 – ½ P 395/450.

Alba ⛰ sans rest, 17 r. Dunes ☎ 99 40 37 18, Fax 99 40 96 40, ≤ – 📺 ☎ Ⓟ. AE GB. ✂ BX **w**
fermé 15 nov. au 17 déc. et 3 janv. au 10 fév. – ☕ 50 – **20 ch** 400/580.

Mascotte, 76 chaussée Sillon ☎ 99 40 36 36, Fax 99 40 18 78, 🏖 – |♦| ⇔ ch 📺 ☎ ♿ 🚗 – 🏛 40. AE ⓓ GB BX **d**
Repas (dîner seul.)(résidents seul.) 85/145 🍷, enf. 42 – ☕ 42 – **74 ch** 370/490, 14 duplex – ½ P 345/380.

Chateaubriand ⛰ sans rest, 8 bd Hébert ☎ 99 56 01 19, Fax 99 56 17 81, ≤ – 📺 ☎ Ⓟ. GB. ✂ CX **d**
fermé 15 nov. au 20 déc. et 7 janv. au 7 fév. – ☕ 30 – **23 ch** 270/450.

Brocéliande sans rest, 43 chaussée Sillon ☎ 99 20 62 62, Fax 99 40 42 47, ≤ – 📺 ☎ Ⓟ. AE GB. ✂ BX **v**
fermé 15 nov. au 15 déc. – ☕ 45 – **9 ch** 470/500, 3 appart.

Ibis Plage sans rest, 58 chaussée Sillon ☎ 99 40 57 77, Fax 99 40 57 78 – |♦| ⇔ ch 📺 ☎ ♿. AE GB BXY **t**
☕ 37 – **60 ch** 370/420.

🏠 **Eden** sans rest, 1 r. Étang ✆ 99 40 23 48, Fax 99 40 55 86 – 📺 ☎ Ⓟ. 🖭 ⑩ 🆑   CX **b**
fermé 15 nov. au 16 déc. et 4 janv. au 18 fév. – ⌑ 35 – **27 ch** 240/300.

🏠 **Courlis** sans rest, 9 r. Bains ✆ 99 56 00 15, Fax 99 56 68 63 – ☎ Ⓟ. 🖭 🆑   CX **k**
fermé 20 nov. au 20 déc. – ⌑ 31 – **11 ch** 260/290.

XX **Les Embruns**, 120 chaussée Sillon ✆ 99 56 33 57, Fax 99 40 47 53 – 🖭 ⑩ 🆑   BX **s**
fermé 9 au 31 janv. et lundi sauf fériés – **Repas** 89/225.

St-Malo Sud et St-Servan-sur-Mer – ✉ **35400** St-Malo :

Voir Corniche d'Aleth ⇐★★ AZ – Parc des Corbières ⇐★ AZ – Belvédère du Rosais★ ABZ -
Tour Solidor★ AZ : musée du Cap Hornier★, ⇐★.

🏨 **La Korrigane** ⤫ sans rest, 39 r. Le Pomellec ✆ 99 81 65 85, Fax 99 82 23 89, « Demeure
ancienne au confort raffiné », 🌿, 🖭 ☎. 🖭 ⑩ 🆑   BZ **b**
fermé janv. – ⌑ 55 – **10 ch** 550/800.

🏨 **Valmarin** ⤫ sans rest, 7 r. Jean XXIII ✆ 99 81 94 76, Fax 99 81 30 03, « Élégante
malouinière du 18° siècle, parc » – 📺 ☎ Ⓟ. 🖭 ⑩ 🆑   AZ **n**
fermé 15 nov. au 20 déc. et 2 janv. au 15 fév. – ⌑ 55 – **12 ch** 500/700.

🏨 **Manoir de la Grassinais** Ⓜ, quartier La Grassinais S : 3 km par av. Gén. de Gaulle CZ
✆ 99 81 33 00, Fax 99 81 60 90 – 📺 ☎ ⚄ Ⓟ – 🔬 25. 🆑
fermé lundi (sauf hôtel) et dim. soir hors sais. – **Repas** 98/220 🍷 – ⌑ 35 – **29 ch** 280/350 –
½ P 300.

🏨 **La Rance** Ⓜ sans rest, 15 quai Sébastopol (port Solidor) ✆ 99 81 78 63, Fax 99 81 44 80,
⇐ – 📺 ☎. 🖭 🆑 🄽🄲🄱   AZ **k**
⌑ 44 – **11 ch** 380/480.

🏠 **Ibis,** centre com. La Madeleine S : 3 km par av. Gén. de Gaulle CZ ✆ 99 82 10 10,
Fax 99 82 35 74, 🌿 – ⇥ ch 📺 ☎ Ⓟ – 🔬 60. 🖭 ⑩ 🆑
Repas 97 bc, enf. 40 – ⌑ 35 – **73 ch** 340/390.

XXX **Métairie de Beauregard**, par ③ et rte Château Malo ✆ 99 81 37 06, 🌿 – Ⓟ. 🖭 ⑩ 🆑
Repas (prévenir) 100 (déj.), 150/250 et carte 260 à 310.

XX **St-Placide**, 6 pl. Poncel ✆ 99 81 70 73, Fax 99 81 89 49 – 🖭 🆑   BZ **a**
fermé mardi soir et merc. hors sais. – **Repas** 79 (déj.), 108/248, enf. 55.

XX **Les Écluses,** gare maritime de la Bourse ✆ 99 56 81 00, Fax 99 56 95 90, ⇐ – Ⓟ. 🆑
fermé mi-nov. à mi-déc., dim. soir et lundi hors sais. – **Repas** 96/160, enf. 50.   AY **s**

X **L'Atre**, 7 espl. Cdt Menguy (port Solidor) ✆ 99 81 68 39, Fax 99 81 56 18, ⇐ – 🖭 🆑.
⤫   AZ **v**
*fermé mi-déc. à mi-janv., le soir de déc. à fév. (sauf week-ends), mardi soir de sept. à juin et
merc.* – **Repas** 80/130.

à Rothéneuf par ① : 3 km – ✉ **35400** :

Voir Manoir de Jacques Cartier★.

🏠 **Terminus** ⤫ sans rest, 16 r. Goélands ✆ 99 56 97 72, Fax 99 40 58 17 – 📺 ☎ Ⓟ. 🆑
15 fév.-15 nov. – ⌑ 30 – **30 ch** 190/272.

CITROEN Gar. Côte d'Emeraude, 131 bd Gambetta
CY ✆ 99 81 66 69 🄽 ✆ 99 82 50 10
FORD Carrosserie Malouine, 65 av. Gén.-de-Gaulle
✆ 99 81 92 15
PEUGEOT Gar. Dutan, ZAC la Madeleine, N 137
par ③ ✆ 99 82 77 77 🄽 ✆ 99 24 18 90

RENAULT Gar. Malouins Griveau, 61 bd Gambetta
CX ✆ 90 20 60 60 🄽 ✆ 99 82 94 09

Ⓜ Euromaster, 49 quai Duguay-Trouin
✆ 99 56 74 74

ST-MANDÉ 94 Val-de-Marne 🔢 ⑪, 🔢 ㉗ – voir à Paris, Environs.

ST-MARC 44 Loire-Atl. 🔢 ⑭ – rattaché à St-Nazaire.

ST-MARCEL 01 Ain 🔢 ② – rattaché à St-André-de-Corcy.

ST-MARCEL 36 Indre 🔢 ⑰ ⑱ – rattaché à Argenton-sur-Creuse.

ST-MARCEL 71 S.-et-L. 🔢 ⑨ – rattaché à Chalon-sur-Saône.

ST-MARCEL 27 Eure 🔢 ⑰ – rattaché à Vernon.

ST-MARCELLIN 38160 Isère 🔢 ③ **G. Vallée du Rhône** – 6 696 h alt. 281.

🄱 Office de Tourisme av. Collège ✆ 76 38 53 85.

Paris 565 – ◆Grenoble 52 – Valence 44 – Die 72 – Vienne 71 – Voiron 46.

🏠 **Savoyet-Serve** (annexe 🏨), 16 bd Gambetta ✆ 76 38 04 17, Fax 76 64 02 99 – 📳
🍽 rest 📺 ☎ Ⓟ – 🔬 45. 🖭 ⑩ 🆑
fermé dim. soir – **Repas** 85/230 🍷, enf. 42 – ⌑ 35 – **60 ch** 120/360 – ½ P 235/335.

XXX **La Tivollière,** Château du Mollard 🜂 76 38 21 17, 😄 – 🅿 ⒼⒷ
fermé dim. soir et lundi – **Repas** 140/300 et carte 210 à 280, enf. 70.

CITROEN Gar. Costaz, 16 av. des Alpes
🜂 76 38 09 25
FORD Gar. Giraud, 4 rte de Romans 🜂 76 38 07 06
🄽 🜂 76 38 06 89
OPEL Gar. Lascoumes, 27 av. de Provence
🜂 76 38 12 34 🄽 🜂 76 64 06 07

PEUGEOT Gar. Cuzin, rte de Chatte 🜂 76 38 25 90
RENAULT Gar. Rey, av. de Provence 🜂 76 64 92 15

🅦 Mouren Point S. 19 av. de Provence
🜂 76 38 01 14

ST-MARCELLIN-EN-FOREZ 42680 Loire 🔢 ⑱ – 3 133 h alt. 392.

Paris 541 – ♦Saint-Étienne 24 – Craponne-sur-Arzon 43 – Feurs 35 – Montbrison 16.

XX **Manoir du Colombier,** 🜂 77 52 90 37, 😄 – 🅿 ⒼⒷ
fermé 27 fév. au 19 mars, mardi soir et merc. – **Repas** 90/260.

CITROEN Gar. Breuil, 🜂 77 52 81 09

ST-MARS-LA-JAILLE 44540 Loire-Atl. 🔢 ⑱ – 2 114 h alt. 28.

Paris 345 – ♦Nantes 54 – Ancenis 18 – Angers 51 – Châteaubriant 28.

XXX **Relais de St-Mars,** 1 r. Industrie 🜂 40 97 00 13, 🄰🄴 ⒼⒷ
fermé 1ᵉʳ au 15 août, merc. soir de nov. à mars et dim. soir – **Repas** 90/380 et carte 210 à 310, enf. 60.

ST-MARTIN-AUX-CHARTRAINS 14 Calvados 🔢 ③ – rattaché à Pont-l'Évêque.

ST-MARTIN-BELLE-ROCHE 71 S.-et-L. 🔢 ⑪ – rattaché à Macon.

ST-MARTIN-BELLEVUE 74370 H.-Savoie 🔢 ⑥ – 1 412 h.

Paris 534 – Annecy 9 – Aix-les-Bains 45 – La Clusaz 36 – ♦Genève 37 – Rumilly 32.

🏨 **Beau Séjour** ⑤, à la gare : 1 km 🜂 50 60 30 32, Fax 50 60 38 44, 😄, 🚲 – 🛗 📺 ☎ 🅿 – 🅰 30. ⑴ ⒼⒷ. ✻ rest
15 mars-10 déc. et fermé dim. soir et lundi midi sauf juil.-août – **Repas** 93/245 ♣ – 😑 47 – **32 ch** 262/350 – ½ P 320.

ST-MARTIN-D'ARMAGNAC 32110 Gers 🔢 ② – 205 h alt. 120.

Paris 735 – Mont-de-Marsan 51 – Agen 93 – Aire-sur-l'Adour 20 – Auch 69 – Tarbes 60.

XX **Aub. du Bergerayre** ⑤ avec ch, 🜂 62 09 08 72, Fax 62 09 09 74, 😄, « Jardin ouvert
♦ sur la campagne », 🏊 – 🅿. ⒼⒷ
Repas *(fermé merc.)* 80 bc/200 bc, enf. 50 – 😑 35 – **14 ch** 300/425 – ½ P 255/325.

ST-MARTIN-D'AUXIGNY 18110 Cher 🔢 ⑪ – 1 909 h alt. 208.

Paris 229 – Bourges 16 – Bonny-sur-Loire 61 – Gien 62 – ♦Orléans 105 – Salbris 41 – Vierzon 29.

🏨 **Le St-Georges,** D 940 🜂 48 64 50 14, Fax 48 64 13 67 – 📺 ☎ 🚗 🅿 – 🅰 30. ⒼⒷ
fermé 18 au 24 juil. et dim. soir de nov. à mars – **Repas** 85/185 – 😑 36 – **10 ch** 160/350 – ½ P 210/290.

CITROEN Gar. Pinet, 🜂 48 64 50 21

ST-MARTIN-DE-BELLEVILLE 73440 Savoie 🔢 ⑰ Ⓖ. Alpes du Nord – 2 341 h alt. 1 450 – Sports d'hiver : 1 400/3 200 m ⬳6.

Paris 629 – Albertville 45 – Chambéry 92 – Moûtiers 19.

🏨 **Alp-Hôtel** ⑤, 🜂 79 08 92 82, Fax 79 08 94 61, ≤, 😄, ᎙ – 🛗 ☎ ⑤. ⒼⒷ. ✻ rest
15 déc.-15 avril – **Repas** 95/135 – 😑 45 – **30 ch** 350/550 – ½ P 440/490.

XX **La Bouitte,** à St-Marcel SE : 2 km 🜂 79 08 96 77, 😄 – 🅿. 🄰🄴 ⑴ ⒼⒷ Ⓙ🄲🄱
2 juil.-8 sept. et 18 déc.-2 mai – **Repas** 120/420, enf. 70.

ST-MARTIN-DE-CRAU 13310 B.-du-R. 🔢 ⑩ – 11 040 h alt. 18.

Paris 724 – ♦Marseille 76 – Arles 16 – Martigues 39 – St-Rémy-de-Provence 19 – Salon-de-Provence 23.

🏨 **Aub. des Épis,** 13 av. Plaisance 🜂 90 47 31 17, Fax 90 47 16 30, 😄 – 📺 ☎ 🅿 🄰🄴 ⒼⒷ
fermé 1ᵉʳ nov. au 12 mars, dim. soir et lundi du 15 oct. à Pâques – **Repas** 98/190, enf. 58 – 😑 35 – **11 ch** 252/272 – ½ P 278.

🅦 Crau-Pneus, 20 Zone du Cabrau 🜂 90 47 00 74

ST-MARTIN-DE-FRAIGNEAU 85 Vendée 🔢 ① – rattaché à Fontenay-le-Comte.

ST-MARTIN-DE-LA-PLACE 49160 M.-et-L. 🔢 ⑫ – 1 129 h alt. 25.

Voir Château de Boumois★ SE : 3 km, Ⓖ. Châteaux de la Loire.

Paris 289 – Angers 38 – Baugé 28 – La Flèche 46 – Les Rosiers 7,5 – Saumur 7,5.

XX **Cheval Blanc** avec ch, 🜂 41 38 42 96, Fax 41 38 42 62 – ☎ &. ⒼⒷ. ✻
fermé 5 janv. au 5 fév., dim. soir et lundi d'oct. à juin – **Repas** 90/250, enf. 55 – 😑 30 – **12 ch** 215/360 – ½ P 270/300.

ST-MARTIN-DE-LONDRES 34380 Hérault 🎃 ⑥ **G. Gorges du Tarn** – 1 623 h alt. 187.

Paris 784 – ◆Montpellier 25 – Le Vigan 37.

🎄🎄🎄 **Les Muscardins,** 19 rte Cévennes ℰ 67 55 75 90, Fax 67 55 70 28 – 🆎 ⓪ 🆖
  fermé 1ᵉʳ au 28 fév., mardi midi et lundi – **Repas** 160/380, enf. 80.

🎄🎄 **Pastourelle,** chemin de la Prairie ℰ 67 55 72 78, 🍽, 🐾 – ⓟ 🆎 🆖
  fermé 15 au 30 sept., vacances de fév., mardi soir en hiver et merc. – **Repas** 100/260, enf. 60.

  au Sud 12 km par D 32, D 121 et D 127^E6 – ✉ **34380** Argelliers :

🎄🎄 **Aub. de Saugras** 🐌 avec ch, ℰ 67 55 08 71, Fax 67 55 04 65, 🍽, « Ancien mas du
  12ᵉ siècle », 🎋 – ⓟ 🆎 🆖
  fermé nov., mardi soir et merc. sauf juil.-août – **Repas** 95/295, enf. 60 – **4 ch** ☲ 180/200 –
  ½ P 180.

ST-MARTIN-DE-RÉ 17 Char.-Mar. 🎃 ⑫ – voir à Ré (Ile de).

ST-MARTIN-DES-CHAMPS 29 Finistère 🎃 ⑥ – rattaché à Morlaix.

ST-MARTIN-DE-VALAMAS 07310 Ardèche 🎃 ⑲ – 1 386 h alt. 550.
Env. Ruines de Rochebonne★ : site★★ E : 7 km, **G. Vallée du Rhône.**
🅱 Syndicat d'Initiative r. Poste ℰ 75 30 47 72.
Paris 595 – Aubenas 59 – Le Cheylard 9,5 – Lamastre 30 – Privas 58 – Le Puy-en-Velay 57 – St-Agrève 14.

RENAULT Gar. Mounier, ℰ 75 30 44 97 🆖 ℰ 75 30 44 97

ST-MARTIN-DU-FAULT 87 H.-Vienne 🎃 ⑦ – rattaché à Limoges.

ST-MARTIN-DU-TOUCH 31 H.-Gar. 🎃 ⑦ – rattaché à Toulouse.

  Ne prenez pas la route sans connaître votre temps de parcours.

  La carte Michelin n° 🎃 c'est "la carte du temps gagné".

ST-MARTIN-DU-VAR 06670 Alpes-Mar. 🎃 ⑨ 🎃 ⑯ – 1 869 h alt. 122.

Paris 942 – ◆Nice 26 – Antibes 34 – Cannes 44 – Puget-Théniers 37 – St-Martin-Vésubie 39 – Vence 23.

🎄🎄🎄🎄 ❄❄ **Jean-François Issautier,** S : 3 km sur N 202 ℰ 93 08 10 65, Fax 93 29 19 73 – 📧
  ⓟ 🆎 ⓪ 🆖
  fermé 30 oct. au 7 nov., mi-fév. à mi-mars, dim. sauf midi de sept. à juin et lundi –
  Repas (nombre de couverts limité, prévenir) 195/465 et carte 370 à 550
  Spéc. Courgette de Gattières et sa fleur farcie au fumet de champignons des prés. Poisson de Méditerranée rôti au jus
  de tomate. Rognon de veau entier en casserole au vieux vin de Bandol. **Vins** Bellet, Côtes de Provence.

ST-MARTIN-DU-VIVIER 76 S.-Mar. 🎃 ⑦ – rattaché à Rouen.

ST-MARTIN-EN-BRESSE 71620 S.-et-L. 🎃 ⑩ – 1 603 h alt. 192.

Paris 354 – Chalon-sur-Saône 17 – Beaune 36 – ◆Dijon 76 – Dôle 52 – Lons-le-Saunier 49.

🏠 **Au Puits Enchanté,** ℰ 85 47 71 96, Fax 85 47 74 58 – ☎ ⓟ 🆖
  *fermé 1 au 7/9, 15 au 31/1, vacances de fév., dim. soir sauf juil.-août, lundi du 1ᵉʳ nov. au
  29 fév. et mardi* – **Repas** 95/210, enf. 55 – ☲ 36 – **14 ch** 160/270 – ½ P 210/265.

ST-MARTIN-LA-GARENNE 78 Yvelines 🎃 ⑱, 🎃 ③ – rattaché à Mantes.

ST-MARTIN-LA-MÉANNE 19320 Corrèze 🎃 ⑩ – 362 h alt. 485.
Voir Barrage du Chastang★ SE : 5 km, **G. Berry Limousin.**
Paris 510 – Brive-la-Gaillarde 54 – Aurillac 68 – Mauriac 50 – St-Céré 52 – Tulle 33 – Ussel 58.

🏠 **Voyageurs,** ℰ 55 29 11 53, Fax 55 29 27 70, 🍽 – ☎ 🍴 🆖
  fermé 2 au 31 janv., dim. soir et lundi hors sais. – **Repas** 90/195 🍷 – ☲ 29 – **8 ch** 230/300 –
  ½ P 230/250.

ST-MARTIN-LE-BEAU 37270 I.-et-L. 🎃 ⑮ **G. Châteaux de la Loire** – 2 427 h alt. 56.

Paris 232 – ◆Tours 19 – Amboise 9,5 – Blois 43 – Loches 32.

🎄🎄 **La Treille** avec ch, ℰ 47 50 67 17, Fax 47 50 20 14 – 📺 ☎ 🍴 🆖
✦ *fermé 15 au 30 sept., fév., dim. soir et lundi sauf du 15 juin au 30 août* – **Repas** 66/260 –
  ☲ 32 – **8 ch** 180/250 – ½ P 235/260.

ST-MARTIN-LE-GAILLARD 76260 S.-Mar. 🎃 ⑤ **G. Normandie Vallée de la Seine** – 279 h.

Paris 167 – ◆Amiens 76 – Dieppe 26 – Eu 12 – Neufchâtel-en-Bray 34 – ◆Rouen 83.

🎄🎄 **Moulin du Becquerel,** NO : 1,5 km sur D 16 ℰ 35 86 74 94, 🍽, « Dans la campagne »,
  🐾 – ⓟ 🆖
  fermé fév., dim. soir et lundi – **Repas** 95/240.

ST-MARTIN-LE-VINOUX 38 Isère 🎃 ⑤ – rattaché à Grenoble.

ST-MARTIN-VÉSUBIE 06450 Alpes-Mar. 84 ⑲ 195 ⑥ G. Côte d'Azur (plan) – 1 041 h alt. 960.

Voir Venanson : ≼★, fresques★ de la chapelle St-Sébastien S : 4,5 km.

Env. Le Boréon★★ (cascade★) N : 8 km – Vallon de la Madone de Fenestre★ et cirque★★ NE : 12 km.

🛈 Office de Tourisme pl. F.-Faure (saison) 𝒫 93 03 21 28.

Paris 858 – Antibes 73 – Barcelonnette 116 – Cannes 83 – Menton 62 – ◆Nice 65.

  🏨 **Edward's et Châtaigneraie** ⤸, 𝒫 93 03 21 22, Fax 93 03 33 99, 🍽, parc – ☎ 🅿 ᴁ GB ⛛.
    20 mai-28 sept. – **Repas** (résidents seul.) 90 – � 20 – **35 ch** 480 – ½ P 320.

ST-MATHIEU (Pointe de) 29 Finistère 58 ③ – rattaché au Conquet.

ST-MAUR-DES-FOSSÉS 94 Val-de-Marne 61 ①, 101 ㉗ – voir à Paris, Environs.

ST-MAURICE-SUR-MOSELLE 88560 Vosges 66 ⑧ G. Alsace Lorraine – 1 615 h alt. 549 – Sports d'hiver au Ballon d'Alsace : 900/1 250 m ⚡3 et à la Tête du Rouge Gazon ⚡5.

Env. Ballon d'Alsace ❄★★★ 9,5 km au Sud par D 465 puis 30 mn.

🛈 Office de Tourisme au Chalet (juil.-août) 𝒫 29 25 12 34 et à la Mairie 𝒫 29 25 11 21.

Paris 450 – Épinal 57 – ◆Mulhouse 51 – Belfort 39 – Bussang 3,5 – Thann 31 – Le Thillot 7.

  🏨 **Au Pied des Ballons**, 𝒫 29 25 12 54, Fax 29 25 12 54, ≼, 🍽, 🦌 – 📺 ☎ ⟷ 🅿 GB
    fermé 6 nov. au 6 déc. et lundi midi sauf vacances scolaires – **Repas** 70/250 ⚶, enf. 40 –
    ⊏ 30 – **12 ch** 215/245, 10 chalets – ½ P 210.

CITROEN Gar. Vuillemin, 𝒫 29 25 11 23 🅽 𝒫 29 25 11 23

ST-MAXIMIN 30 Gard 80 ⑲ – rattaché à Uzès.

ST-MAXIMIN-LA-STE-BAUME 83470 Var 84 ④ ⑤ 114 ⑱ G. Provence – 9 594 h alt. 303.

Voir Basilique★★ – Ancien couvent royal★.

🏌 Sainte-Baume à Nans-les-Pins 𝒫 94 78 60 12, S par N 560 : 9 km.

🛈 Office de Tourisme, Hôtel de Ville 𝒫 94 59 84 59, Fax 94 78 09 40.

Paris 792 – Aix-en-Provence 43 – Brignoles 20 – Draguignan 75 – ◆Marseille 50 – Rians 23 – ◆Toulon 55.

  🏨 **France**, av. Albert 1er 𝒫 94 78 00 14, Fax 94 59 83 80, 🍽, ⤸ – ▦ ch 📺 ☎ ⟷ 🅿 –
    ⚿ 25. ᴁ ⓞ GB
    Repas 95 (déj.) 125/195 – ⊏ 38 – **27 ch** 270/350 – ½ P 290/325.

  🏨 **Plaisance** Ⓜ sans rest, 20 pl. Malherbe 𝒫 94 78 16 74, Fax 94 78 18 39 – 📺 ☎ ⟷. ᴁ ⓞ GB
    fermé 12 au 26 nov. – ⊏ 45 – **13 ch** 340/400.

  XX **Chez Nous**, bd J. Jaurès 𝒫 94 78 02 57, Fax 94 78 13 04, 🍽 – ᴁ ⓞ GB
    fermé 20 déc. au 15 janv. et merc. du 1er oct. au 15 mars – **Repas** 115/210.

⑩ Gérard-Pneus, ZI N 7 𝒫 94 78 14 49

ST-MÉDARD 46150 Lot 79 ⑦ – 136 h.

Paris 578 – Cahors 19 – Gourdon 30 – Villeneuve-sur-Lot 58.

  XXX ✦ **Le Gindreau** (Pelissou), 𝒫 65 36 22 27, Fax 65 36 24 54, ≼, 🍽 – ᴁ GB
    fermé 12 nov. au 12 déc., 20 fév. au 8 mars, dim. soir hors sais. et lundi sauf fériés –
    Repas (dim. et fêtes prévenir) 160/400 bc et carte 250 à 380, enf. 75
    Spéc. Escalopes de foie gras de canard poêlées, sauce aux câpres. Quasi d'agneau fermier pané aux truffes et persil
    plat. Truffes fraîches (15 déc. au 1er mars).

ST-MÉDARD-EN-JALLES 33 Gironde 71 ⑨ – rattaché à Bordeaux.

ST-MICHEL-DE-MONTAIGNE 24230 Dordogne 75 ⑬ – 292 h alt. 81.

Paris 547 – Bergerac 41 – ◆Bordeaux 56 – La Réole 43.

  🏨 **Jardin d'Eyquem** Ⓜ ⤸ sans rest, 𝒫 53 24 89 59, Fax 53 61 14 40, ⤸, 🦌 – cuisinette 📺 ☎ ⚹ 🅿 GB ⛛.
    1er mars-30 nov. – ⊏ 45, 5 appart 395/590.

Avant de prendre la route, consultez la carte Michelin
n° 911 "FRANCE – Grands Itinéraires".

Vous y trouverez :

  – votre kilométrage,

  – votre temps de parcours,

  – les zones à "bouchons" et les itinéraires de dégagement,

  – les stations-service ouvertes 24 h/24...

Votre route sera plus économique et plus sûre.

Paris 448 – La Rochelle 44 – La Roche-sur-Yon 47 – Luçon 15 – Les Sables-d'Olonne 53.

🔿 **Central**, pl. Abbaye ℰ 51 30 20 24, 🍽 – 🅿. 🆎 GB
→ *fermé 15 sept. au 15 oct. et lundi sauf juil.-août* – **Repas** 60/130 👍 – 🖵 24 – **28 ch** 135/220 –
½ P 170/220.

🔞 Gar. Sourdonnier, ℰ 51 30 23 09

Voir ✳**★★** de la tour de l'église.

Paris 379 – La Roche-sur-Yon 52 – Bressuire 35 – Chantonnay 25 – Cholet 29.

🍴 **Aub. Mont Mercure,** ℰ 51 57 20 26, ≤ – GB
→ *fermé 1er au 10 août, 1er au 15 janv., lundi soir et mardi* – **Repas** 69/160, enf. 48.

Voir Sépulcre**★★** dans l'église St-Étienne – Pâmoison de la Vierge★ dans l'église St-Michel.

🏌 du Lac de Madine ℰ 29 89 56 00 à la base de Loisirs ; à Heudicourt-sous-les-Côtes par
D 901.

🚺 Office de Tourisme pl. J.-Bailleux (15 mars-15 oct.) ℰ 29 89 06 47.

Paris 286 – Bar-le-Duc 33 – ✦Metz 62 – ✦Nancy 71 – Toul 48 – Verdun 35.

🏠 **Trianon,** 38 r. Basse des Fosses ℰ 29 90 90 09 – 📺 ☎. GB
Repas *(fermé lundi du 1er oct. au 31 mai et dim.)* 68 (déj.), 115/215 👍 – 🖵 30 – **10 ch**
200/230 – ½ P 180.

à Heudicourt-sous-les-Côtes NE : 15 km par D 901 et D 133 – ✉ **55210** :

Voir Butte de Montsec : ✳**★★**, monument★ S : 13 km.

🏠 **Lac de Madine** (annexe Gai Séjour ℰ 29 59 58 78 🦢 cuisinette), ℰ 29 89 34 80,
→ Fax 29 89 39 20, 🍽 – 📺 ☎ 👍 🅿 – 🛗 40. GB
fermé janv. et lundi hors sais. – **Repas** 80/210 👍, enf. 50 – 🖵 32 – **48 ch** 240/300 –
½ P 245/295.

🔞 Knutti, 8 pl. du Quartier Colson Blaise ℰ 29 90 27 05

Voir Base de sous-marins★ et sortie sous-marine du port★ BZ – Terrasse panoramique★ BZ B –
Pont routier de St-Nazaire-St-Brévin★.

Accès Pont de Saint-Nazaire : gratuit.

🚺 Office de Tourisme pl. F.-Blancho ℰ 40 22 40 65, Fax 40 22 19 80 – A.C. 33 r. Gén.-de-Gaulle ℰ 40 01 99 82.

Paris 439 ① – ✦Nantes 61 ① – La Baule 12 ② – Vannes 75 ③.

Plan page suivante

🏨 **Berry,** 1 pl. Gare ℰ 40 22 42 61, Télex 700952, Fax 40 22 45 34 – 📳 📺 ☎. 🆎 ⑪ GB   AY **r**
Repas 82/225 👍 – 🖵 45 – **29 ch** 250/450 – ½ P 260/360.

🏨 **Europe** sans rest, 2 pl. Martyrs de la Résistance ℰ 40 22 49 87, Fax 40 66 23 28 – 📺   AY **e**
🅿 🆎 ⑪ GB
🖵 33 – **39 ch** 180/365.

🏠 **Touraine** sans rest, 4 av. République ℰ 40 22 47 56 – ☎. 🆎 ⑪ GB   AZ **a**
🖵 29 – **18 ch** 110/215.

🏠 **Dauphin** sans rest, 33 r. J. Jaurès ℰ 40 66 59 61, Fax 40 01 87 63 – 📺 ☎. 🆎 ⑪ GB   AY **u**
fermé 23 déc. au 3 janv. – 🖵 27 – **21 ch** 150/285.

XXX **Bon Accueil** avec ch, 39 r. Marceau ℰ 40 22 07 05, Fax 40 19 01 58 – 📺 ☎. 🆎 ⑪ GB   AZ **n**
🔠
Repas *(fermé dim.)* 120/290 et carte 250 à 320 – 🖵 49 – **10 ch** 340/395 – ½ P 340.

XX **L'An II,** 2 r. Villebois-Mareuil ℰ 40 00 95 33, Fax 40 53 44 20 – 🆎 GB   AZ **h**
Repas 105/145, enf. 55.

XX **Moderne,** 46 r. Anjou ℰ 40 22 55 88 – GB   AZ **m**
→ *fermé dim. soir et lundi* – **Repas** 78/195 👍.

à St-Marc par ② et D 292 : 8 km – ✉ **44600** St-Nazaire :

🏠 **Plage** 🦢, ℰ 40 91 99 01, Fax 40 91 92 00, ≤, 🍽 – 📺 ☎ 🅿. GB. ❄ rest
→ *fermé 2 janv. au 2 fév.* – **Repas** 78/195 – 🖵 38 – **33 ch** 270/370 – ½ P 292/375.

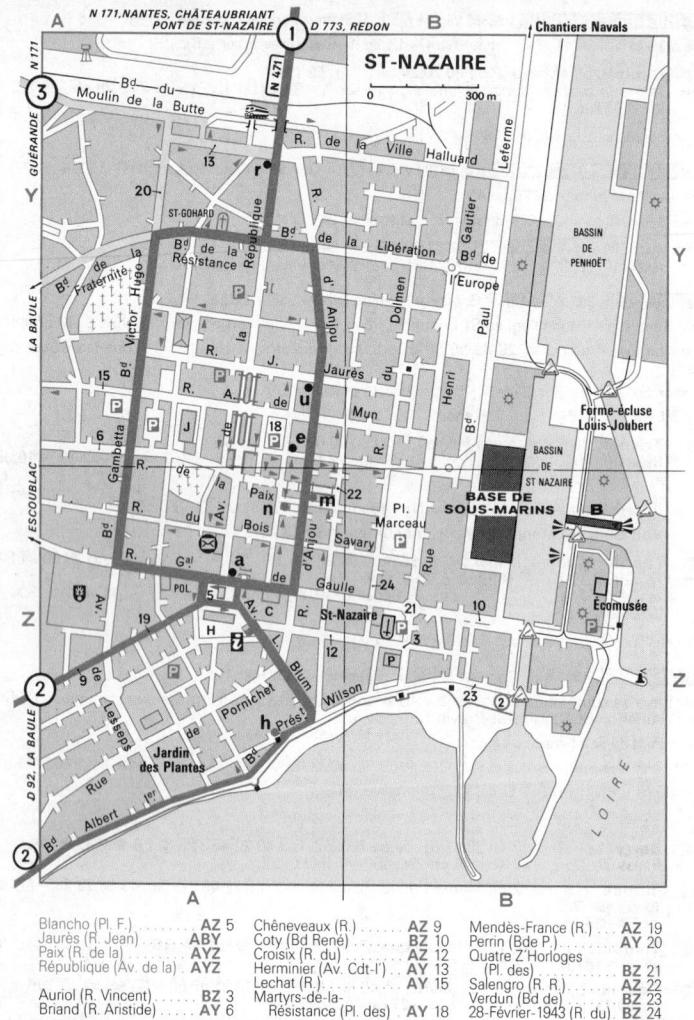

ST-NAZAIRE

ST-NAZAIRE-EN-ROYANS 26190 Drôme 77 ③ G. Alpes du Nord – 531 h alt. 175.

Paris 580 – ◆Grenoble 63 – Pont-en-Royans 9 – Romans-sur-Isère 18 – St-Marcellin 14 – Valence 34.

🏠 **Rome,** ℰ 75 48 40 69, Fax 75 48 31 17, ≤, 🏤 – 🛌 🗏 rest 📺 ☎ ⇔ 🅿 – 🔬 25. 🖭 ⓪ GB

fermé nov., dim. soir et lundi sauf juil.-août – **Repas** 88/230 – 🖵 35 – **13 ch** 180/280 – ½ P 240/260.

✕ **Rest. Muraz "du Royans",** ℰ 75 48 40 84, Fax 75 48 47 06 – GB
→ fermé 6 au 13 juin, 26 sept. au 25 oct., mardi sauf le midi en juil.-août et lundi soir – **Repas** 80/215 ◊.

ST-NECTAIRE 63710 P.-de-D. 73 ⑭ G. Auvergne (plan) – 664 h alt. 760 – Stat. therm.

Voir Église★★ : trésor★★ – Puy de Mazeyres ❊★ E : 3 km puis 30 mn.

🅱 Office de Tourisme Anciens Thermes (mai-sept.) ℰ 73 88 50 86, Fax 73 88 54 42.

Paris 459 – ◆Clermont-Ferrand 44 – Issoire 24 – Le Mont-Dore 25.

🏠 **Régina,** 𝒫 73 88 54 55, Fax 73 88 50 56, ⅃ – ⅄ ch 📺 ☎ 🅿 GB
avril-nov. et vacances scolaires d'hiver – **Repas** 82/180 – � 25 – **17 ch** 210/330 – ½ P 220/330.

ST-NICOLAS-DES-EAUX 56 Morbihan 𝟨𝟥 ② G. Bretagne – ⊠ 56930 Pluméliau.
Paris 465 – Vannes 48 – Lorient 48 – Pontivy 14 – Quimperlé 47.

🏠 **Vieux Moulin,** 𝒫 97 51 81 09, Fax 97 51 83 12, 🍃 – ☎ 🅿 GB
➜ *fermé fév., dim. soir et lundi d'oct. à avril* – **Repas** 71/172 ⅄ – ⊊ 32 – **9 ch** 255/295 – ½ P 245/265.

ST-NICOLAS-LA-CHAPELLE 73 Savoie 𝟽𝟦 ⑦ – rattaché à Flumet.

ST-NIZIER-DU-MOUCHEROTTE 38250 Isère 𝟽𝟽 ④ G. Alpes du Nord – 575 h alt. 1 160 – Sports d'hiver : 1 162/1 200 m ⅄2 ⅀.
Voir Belvédère ⁂★★.

🛈 Syndicat d'Initiative 𝒫 76 53 40 60, Fax 76 53 42 51.
Paris 579 – ◆Grenoble 17 – Villard-de-Lans 18.

🏠 **Le Concorde,** 𝒫 76 53 42 61, Fax 76 53 43 28, ≤, 🍃 – ☎ 🅿 GB ⁂ ch
➜ *fermé 20 oct. au 20 déc.* – **Repas** 80/160 ⅄ – ⊊ 32 – **31 ch** 192/255 – ½ P 206/237.

Come districarsi nei sobborghi di Parigi?

Utilizzando la carta stradale Michelin n. 𝟷𝟢𝟷

e le piante n. 𝟷𝟽-𝟷𝟾, 𝟷𝟿-𝟸𝟢, 𝟸𝟷-𝟸𝟸, 𝟸𝟹-𝟸𝟦 : chiare, precise ed aggiornate.

ST-OMER ⬯ 62500 P.-de-C. 𝟧𝟷 ③ G. Flandres Artois Picardie – 14 434 h alt. 21.
Voir Cathédrale N.-Dame★★ AZ – Hôtel Sandelin et musée★★ AZ K – Anc. chapelle des Jésuites★ AZ F – Jardin public★ AZ.
Env. Ascenseur des Fontinettes★ 5,5 km par ②.
🝐 du Bois de Rumingham 𝒫 21 85 30 33, par ④ ; 🝐🝐 Aa St-Omer Golf Club 𝒫 21 38 59 90, par ④ N 42 et D 225 : 15 km.

🛈 Office de Tourisme bd P.-Guillain 𝒫 21 98 08 51, Fax 21 98 22 82.
Paris 256 ④ – ◆Calais 41 ④ – Abbeville 87 ③ – ◆Amiens 111 ② – Arras 73 ④ – Béthune 43 ④ – Boulogne-sur-Mer 49 ④ – Dunkerque 40 ① – Ieper 54 ② – ◆Lille 62 ②.

Plan page suivante

🏨 **Bretagne,** 2 pl. Vainquai, 𝒫 21 38 25 78, Télex 133290, Fax 21 93 51 22 – 📶 📺 ☎ 🅿 – 🕍 80. 🆎 ⓪ GB
BY **r**
Repas *(fermé 8 au 20 août, 2 au 14 janv., sam. midi, dim. soir et soirs de fêtes)* 90/175 ⅄ - **Maëva** grill *(fermé 21 déc. au 2 janv. , sam. midi et lundi)* **Repas** 74 ⅄ – ⊊ 45 – **75 ch** 290/420.

🏠 **St-Louis,** 25 r. Arras 𝒫 21 38 35 21, Fax 21 38 57 26 – 📺 rest 📺 ☎ ⬅ 🅿 🆎 GB
➜ **Repas** 70/150 ⅄, enf. 50 – ⊊ 32 – **30 ch** 185/295.
BZ **s**

🏠 **Ibis** Ⓜ, 2 r. H. Dupuis 𝒫 21 93 11 11, Télex 135206, Fax 21 88 80 20 – 📶 ⅄ ch 📺 ☎ 🅿 – 🕍 25. 🆎 GB
AZ **v**
Repas 97 bc, enf. 40 – ⊊ 35 – **66 ch** 262/310.

à Hallines par ③ et D 211 : 6 km – ⊠ 62570 :

🍴🍴🍴 **Host. St Hubert** ⌂ avec ch, 𝒫 21 39 77 77, Fax 21 93 00 86, « Demeure 19ᵉ siècle, parc avec rivière » – 📺 ☎ 🅿. ⓪ GB
fermé vacances de fév., dim. soir et lundi – **Repas** 120/320 et carte 235 à 360 – ⊊ 50 – **9 ch** 350/800.

à Tilques par ④, N 42, N 43 et VO : 6 km – ⊠ 62500 :

🏰 **Château Tilques** ⌂, 𝒫 21 93 28 99, Télex 133360, Fax 21 38 34 23, « Parc », ⁂ – ⅄ ch 📺 ☎ 🅿 – 🕍 25 à 150 🆎 ⓪ GB 🕧 ⁂
Repas *(fermé sam. midi)* 125 (déj.), 185/210 – ⊊ 50 – **52 ch** 410/750.

BMW Gar. Lengaigne, 42 av. Joffre 𝒫 21 98 50 00 🅽 𝒫 21 85 55 00
CITROEN Audomarois Autom., 35 r. J.-Derheims 𝒫 21 38 20 88 🅽 𝒫 21 98 42 13
FORD Gar. de l'Europe, Ctre Cial Maillebois à Longuenesse 𝒫 21 98 99 33 🅽 𝒫 21 98 42 13
LANCIA Gar. Dassonneville, 144 r. L.-Blum à Wizernes 𝒫 21 93 34 04
MAZDA Gar. Rebergue, 39 rte de Calais à St-Martin-au-Laërt 𝒫 21 38 01 41
OPEL Gar. Lemoine, ZI Maillebois, r. St-Adrien à Longuenesse 𝒫 21 38 11 87
PEUGEOT Gar. Damide, ZI du Fort Maillebois, av. G.-Courbet à Longuenesse 𝒫 21 98 04 44 🅽 𝒫 05 44 24 24

RENAULT Gar. Audomarois, rte d'Arques à Longuenesse par ② 𝒫 21 38 25 77 🅽 𝒫 21 38 70 77
ROVER Gar. Molmy, 83 av. L.-Blum à Longuenesse 𝒫 21 38 12 07
VAG Gar. Delattre, RN de Calais à Salperwick 𝒫 21 93 68 37

⬤ Equipneu Point S, ZI r. Lobel à Arques 𝒫 21 38 42 43
Equipneu Point S, 35 bis bd de Strasbourg 𝒫 21 88 58 34
Euromaster, 16 bis r. Pasteur 𝒫 21 38 43 66

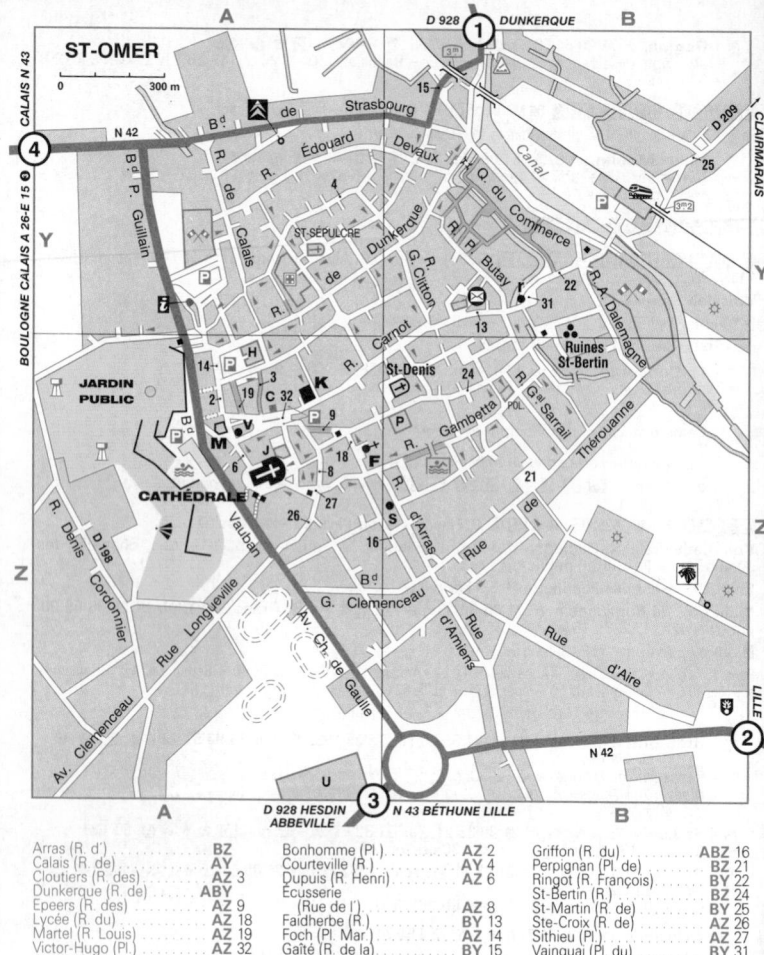

ST-OMER

CALAIS N 43

0   300 m

BOULOGNE CALAIS A 26-E 15

ST-OMER-EN-CHAUSSÉE 60860 Oise 🗺 ⑨ – 1 092 h alt. 101.

Paris 93 – Compiègne 72 – Aumale 34 – Beauvais 13 – Breteuil 29 – Gournay-en-Bray 28 – Poix-de-Picardie 31.

XX **Aub. de Monceaux,** aux Monceaux S : 1 km sur D 901 𝒫 44 84 50 32, Fax 44 84 01 85, « Cadre rustique » – **P** GB
fermé 31 juil. au 10 août, janv., merc. soir et jeudi – **Repas** (dim. prévenir) 110/160.

ST-OUEN 93 Seine-St-Denis 🗺 ⑳, 🗺 ⑯ – voir à Paris, Environs.

ST-OUEN-LES-VIGNES 37 I.-et-L. 🗺 ⑯ – rattaché à Amboise.

ST-OYEN-MONTBELLET 71 S.-et-L. 🗺 ⑲ ⑳ – rattaché à Fleurville.

ST-PALAIS 64120 Pyr.-Atl. 🗺 ④ G. Pyrénées Aquitaine – 2 055 h alt. 51.

Paris 792 – Biarritz 68 – ◆Bayonne 54 – Dax 54 – Pau 72 – St-Jean-Pied-de-Port 31.

🏠 **Paix** M, 𝒫 59 65 73 15, Fax 59 65 63 83, 😄 – 🛏 📺 ☎ ゟ – 🔬 50. 🖭 GB
◆ **Repas** *(fermé vend. soir de janv. à mars)* 70/150 ⅄ – ☑ 28 – **27 ch** 270/280 – ½ P 235.

🏠 **Trinquet,** 𝒫 59 65 73 13, Fax 59 65 83 84 – 📺 ☎. GB
◆ *fermé 20 mars au 10 avril, 25 sept. au 20 oct., dim. soir et lundi de sept. à mi-juil.* – **Repas** 80/145 ⅄, enf. 45 – ☑ 27 – **12 ch** 250/280 – ½ P 240.

ST-PALAIS-SUR-MER 17420 Char.-Mar. 71 ⑮ G. Poitou Vendée Charentes – 2 736 h alt. 15.

Voir La Grande Côte★★ NO : 3 km.

18 de Royan Côte de Beauté ✆ 46 23 16 24, N : 3 km.

Office de Tourisme 1 av. de la République ✆ 46 23 22 58, Fax 46 23 36 73.

Paris 514 – Royan 5,5 – La Rochelle 78.

Primavera ⋟, rte Gde Côte NO : 2 km ✆ 46 23 20 35, Fax 46 23 28 78, ←, « Élégantes villas 1900 dans un parc face à la mer », ⛱, ✂ – |♦| TV ☎ P. AE ⓓ GB. ✂ ch
fermé 1er au 24 déc. et vacances de fév. – **Repas** *(fermé mardi soir et merc. d'oct. à mars)* 115/230, enf. 50 – ☕ 48 – **45 ch** 350/700 – ½ P 365/445.

Résidence Frivole ⋟ sans rest, 10 av. Platin ✆ 46 23 25 00, Fax 46 23 20 25, ⛱ – ☎. AE ⓓ GB
Pâques-10 oct. – ☕ 48 – **11 ch** 310/430.

à la plage de Nauzan SE : 1,5 km par rte Royan – ✉ 17420 St-Palais-sur-Mer :

Téthys ⋟, ✆ 46 23 33 61, ←, ⛱ – TV ☎ P. GB
fin mai-15 sept. – **Repas** 75/200, enf. 45 – ☕ 35 – **23 ch** 270/330 – ½ P 280/350.

CITROEN Gar. Valz, ✆ 46 23 10 53

ST-PANCRACE 06 Alpes-Mar. 84 ⑨ – rattaché à Nice.

ST-PARDOUX 63440 P.-de-D. 73 ④ – 363 h alt. 600.

Paris 383 – ◆ Clermont-Ferrand 39 – Aubusson 92 – Montluçon 49 – Vichy 39.

sur autoroute A 71 aire des Volcans ou accès de St-Pardoux SE par N 144 et D 12 : 8 km – ✉ 63440 Champs :

des Volcans M, ✆ 73 33 71 50, Fax 73 33 03 78, ←, ⛱, ⛱ – |♦| ✂ ch TV ☎ P. AE GB
Repas 85/110, enf. 37 – ☕ 39 – **46 ch** 325.

RENAULT Gar. Malleret, ✆ 73 97 40 94

ST-PARDOUX-LA-CROISILLE 19320 Corrèze 75 ⑩ – 173 h alt. 520.

Paris 477 – Brive-la-Gaillarde 50 – Aurillac 81 – Mauriac 45 – St-Céré 66 – Tulle 28 – Ussel 51.

Beau Site ⋟, ✆ 55 27 79 44, ←, parc, ⛱, ✂ – ☎ P. GB. ✂ rest
1er mai-1er oct. – **Repas** 99/210, enf. 55 – ☕ 35 – **32 ch** 200/290 – ½ P 280/300.

ST-PATRICE 37 I.-et-L. 64 ⑬ – rattaché à Langeais.

ST-PAUL 06570 Alpes-Mar. 84 ⑨ 115 ㉕ G. Côte d'Azur – 2 903 h alt. 150.

Voir Site★ – Remparts★ – Fondation Maeght★★.

Office de Tourisme Maison Tour, r. Grande ✆ 93 32 86 95, Fax 93 32 64 58.

Paris 926 – ◆ Nice 18 – Antibes 16 – Cagnes-sur-Mer 7 – Cannes 26 – Grasse 21 – Vence 4.

Le Saint-Paul M ⋟, 86 r. Grande, au village ✆ 93 32 65 25, Fax 93 32 52 94, ⛱, « Élégante décoration intérieure » – |♦| ▤ TV ☎ ♿. AE ⓓ GB
fermé 8 janv. au 29 fév. – **Repas** *(fermé jeudi midi et merc. hors sais.)* 185 (déj.), 290/380 – ☕ 85 – **16 ch** 900/1250.

La Colombe d'Or, ✆ 93 32 80 02, Fax 93 32 77 78, ⛱, « Peintures modernes, cadre "vieille Provence" ⛱ et jardin romain » – ▤ ch TV ☎ P. AE ⓓ GB JCB
fermé 5 nov. au 19 déc. – **Repas** carte 270 à 400 – ☕ 60 – **16 ch** 1200, 10 appart – ½ P 700.

XX **La Couleur Pourpre**, 7 rempart Ouest ✆ 93 32 60 14 – AE GB
fermé 15 nov. au 20 déc., mardi midi et vend. midi en juil.-août et mardi de sept. à juin – **Repas** 120 (déj.)/175.

par rte de La Colle-sur-Loup :

✿ **Mas d'Artigny** ⋟, rte des Hauts de St-Paul ✆ 93 32 84 54, Télex 470601, Fax 93 32 95 36, ←, ⛱, parc, « Appartements avec piscines privées », ⛱, ✂ – |♦| ▤ ch TV ☎ P – 🔊 40 à 200. AE GB JCB
Repas 300/410 et carte 320 à 500, enf. 140 – ☕ 95 – **53 ch** 705/1830, 29 appart – ½ P 845/1315
Spéc. Salade gourmande aux queues de langoustines rôties et caviar. Suprême de loup croustillant, beurre aux amandes. Canon d'agneau rôti à l'ail doux et au basilic. **Vins** Cassis, Bandol.

Le Hameau ⋟ sans rest, D 7D ✆ 93 32 80 24, Fax 93 32 55 75, ←, « Jardin en terrasses », ⛱ – ▤ ☎ P. AE GB
fermé 17 nov. au 21 déc. et 10 janv. au 16 fév. – ☕ 50 – **14 ch** 480/580, 3 appart.

Messugues ⋟ sans rest, quartier Gardettes par rte Fondation Maeght ✆ 93 32 53 32, Fax 93 32 94 15, « Piscine originale », ⛱ – |♦| ☎ P. AE ⓓ GB
1er avril-31 oct. – ☕ 50 – **15 ch** 450/650.

Au service de l'automobiliste :
les **pneus**, les **cartes**, les **guides Michelin**.

au Sud : 3 km par D 2 et VO :

🏠 **Les Bastides de St-Paul** sans rest, 880 rte Blaquières, ℰ 92 02 08 07, Fax 93 20 50 41, 🏊 – 📺 ☎ & 🅿, 🕮 ☷
☲ 45 – **17 ch** 400/550.

ST-PAUL-CAP-DE-JOUX 81220 Tarn 🟊🟊 ⑩ – 924 h alt. 158.

Paris 709 – ◆Toulouse 60 – Albi 49 – Castelnaudary 47 – Castres 23 – Montauban 72.

à Viterbe NO : 7 km par D 112 et D 149 – ✉ 81220 :

✕✕ **Marronniers,** ℰ 63 70 64 96, 🍽 – 🅿, 🕮 ☷
fermé 15 au 30 oct., mardi soir d'oct. à fév. et merc. – **Repas** 60 (déj.), 89/170, enf. 40.

ST-PAUL-DE-VARCES 38760 Isère 🟊🟊 ④ – 1 530 h.

Paris 583 – ◆Grenoble 18 – Villard-de-Lans 46 – Voiron 42.

✕✕ **Aub. Messidor,** ℰ 76 72 80 64, 🍽 – ☷
fermé fév., dim. soir et lundi sauf fêtes – **Repas** 127/290.

ST-PAUL-LE-JEUNE 07460 Ardèche 🟊🟊 ⑧ – 862 h alt. 255.

Voir Banne : ruines de la citadelle ⩿★ N : 5 km, G. Provence.

Paris 675 – Alès 30 – Aubenas 44 – Pont-St-Esprit 53 – Vallon-Pont-d'Arc 28 – Villefort 37.

✕✕ **Moderne** avec ch, ℰ 75 39 82 75 – ☎ ⬤, ☷
fermé fév. et merc. hors sais. – **Repas** 85/170 – ☲ 25 – **11 ch** 95/170 – ½ P 195.

Ne prenez pas la route sans connaître votre temps de parcours.

La carte Michelin n° 🟊🟊🟊 c'est "la carte du temps gagné".

ST-PAUL-LÈS-DAX 40 Landes 🟊🟊 ⑦ – rattaché à Dax.

ST-PAUL-LÈS-ROMANS 26 Drôme 🟊🟊 ③ – rattaché à Romans-sur-Isère.

ST-PAUL-TROIS-CHATEAUX 26130 Drôme 🟊🟊 ① G. **Vallée du Rhône** – 6 789 h alt. 90.

Voir Cathédrale★.

Env. Barry ⩿★★ S : 8 km.

🛈 Office de Tourisme r. République ℰ 75 96 61 29, Fax 75 96 74 61.

Paris 632 – Montélimar 28 – Nyons 38 – Orange 33 – Vaison-la-Romaine 34 – Valence 71.

🏠 **L'Esplan** Ⓜ, pl. l'Esplan ℰ 75 96 64 64, Fax 75 04 92 36, 🍽 , « Décor contemporain » –
📱 📺 ☎ & 🕮 ⓪ ☷ 🈂
fermé 20 déc. au 5 janv. – **Repas** *(fermé dim. soir du 15 oct. au 15 avril)* 98/270 ⅃ – ☲ 40 –
36 ch 290/490 – ½ P 320/380.

✕✕ **La Chapelle,** ℰ 75 96 60 88, 🍽 – ☷
fermé vacances de fév. dim. et lundi – **Repas** 140/295 ⅃.

✕ **La Vieille France,** ℰ 75 96 70 47 – 🕮 ☷
fermé 2 au 16 août, vacances de fév., mardi soir et merc. – **Repas** 90 (déj.)/150.

ST-PÉE-SUR-NIVELLE 64310 Pyr.-Atl. 🟊🟊 ② – 3 463 h alt. 30.

Paris 791 – Biarritz 17 – ◆Bayonne 19 – Cambo-les-Bains 18 – Pau 126 – St-Jean-de-Luz 13.

à Ibarron O : 1,5 km – ✉ 64310 St-Pée-sur-Nivelle

✕✕ **Fronton,** ℰ 59 54 10 12, Fax 59 54 18 09, 🍽 – 🕮 ⓪ ☷
fermé 19 fév. au 20 mars, mardi soir et merc. soir d'oct. à juin – **Repas** 125/238, enf. 60.

O : 4 km par rte de St-Jean-de-Luz et D 307 – ✉ 64310 St-Pée-sur-Nivelle :

🏠 **Aub. Basque** ⬤ sans rest, ℰ 59 54 10 15, ⩽, « Jardin ombragé » – ☎ 🅿, ☷ 🈂
Pâques-mi-oct. – ☲ 30 – **19 ch** 200/300.

ST-PÉRAY 07130 Ardèche 🟊🟊 ⑪ ⑫ – 5 886 h alt. 128.

Voir Ruines du château de Crussol : site★★★ et ⩿★★ SE : 2 km, G. **Vallée du Rhône**.

Env. Saint-Romain-de-Lerps ☀★★★ NO : 9,5 km par D 287.

🛈 Syndicat d'Initiative 45 r. République ℰ 75 40 46 75.

Paris 566 – Valence 5 – Lamastre 36 – Privas 39 – Tournon-sur-Rhône 14.

🏠 **Pôle 2000** Ⓜ, rte Granges-lès-Valence ℰ 75 40 55 56, Fax 75 40 29 72 – 📺 ☎ & 🅿, 🕮
◆ ⓪ ☷
fermé 6 au 28 août et dim. – **Repas** 79/128 ⅃ – ☲ 27 – **25 ch** 199/250 – ½ P 201/215.

à Cornas N : 2 km par N 86 – ✉ 07130 :

✕ **Ollier,** ℰ 75 40 32 17 – 🍴 ☷
fermé 17 au 30 août, vacances de fév., lundi soir d'oct. à avril, mardi soir et merc. – **Repas**
85/180, enf. 60.

à Soyons S : 7 km par N 86 – ⊠ 07130 :

🏨🏨 **Domaine de la Musardière** Ⓜ, ℰ 75 60 83 55, Fax 75 60 85 21, 🍽, parc, 🏌, 🏊, 🎾 –
🛏 🔄 ch 🚿 ch 📺 ☎ 🅿 – 🏧 30. ﷼ ⑩ 🅖🅱
Repas 120/390, enf. 100 – 😐 88 -- **12 ch** 700/1300, 3 appart – ½ P 650/850.

La Châtaigneraie 🏨, parc, 🏊, 🎾 – cuisinette 🔄 ch 📺 ☎ 🅿 ﷼ ⑩ 🅖🅱
Repas voir **Domaine de la Musardière** – 😐 88 – **20 ch** 450/750 – ½ P 550/650.

ST-PÈRE 89 Yonne 🔢 ⑮ ⑯ – rattaché à Vézelay.

ST-PÉREUSE 58110 Nièvre 🔢 ⑥ – 260 h alt. 370.
Paris 273 – Autun 53 – Château-Chinon 14 – Clamecy 56 – Nevers 56.

XX **La Madonette**, ℰ 86 84 45 37, Fax 86 84 46 69, 🍽, « Jardin fleuri » – ﷼ 🅖🅱
🛠 fermé 12 déc. au 1er fév., le soir (sauf sam. du 15 oct. au 1er avril) et merc. – **Repas** 60/230 🍴,
enf. 50.

ST-PIERRE-DE-BOEUF 42520 Loire 🔢 ① – 1 174 h alt. 155.
Paris 512 – Annonay 24 – ♦Lyon 52 – ♦St-Étienne 51 – Tournon-sur-Rhône 40 – Vienne 22.

XX **La Diligence**, ℰ 74 87 12 19, Fax 74 87 10 08 – 📧 🅿 ﷼ 🅖🅱
fermé 17 au 31 juil., dim. soir et lundi – **Repas** 95/270.

ST-PIERRE-DE-CHARTREUSE 38380 Isère 🔢 ⑤ Ⓖ Alpes du Nord – 650 h alt. 888 – Sports d'hiver :
900/1 800 m ❄1 ❄13 🎿.
Voir Terrasse de la Mairie ≤★ – Prairie de Valombré ≤★ sur couvent de la Grande Chartreuse
O : 4 km – Site★ de Perquelin E : 3 km – La Correrie : musée Cartusien★ du couvent de la
Grande Chartreuse NO : 3,5 km – Décoration★ de l'église de St-Hugues-de-Chartreuse
S : 4 km.
🅱 Office de Tourisme ℰ 76 88 62 08, Fax 76 88 64 65.
Paris 555 – ♦Grenoble 29 – Belley 66 – Chambéry 40 – La Tour-du-Pin 51 – Voiron 26.

🏨 **Beau Site**, ℰ 76 88 61 34, Fax 76 88 64 69, ≤, 🏊, – 🛏 ☎ – 🏧 30. 🅖🅱
🛠 fermé 15 oct. au 20 déc. – **Repas** (fermé dim. soir et lundi) 80/160 – 😐 30 – **31 ch** 300/360 –
½ P 300/330.

🏚 **Le Saint-Pierre**, La Diat SO : 1 km ℰ 76 88 65 79 – ﷼ 🅖🅱
🛠 fermé nov., merc. (sauf hôtel) et mardi soir – **Repas** 70/138 🍴, enf. 48 – 😐 30 – **8 ch** 160/180
– ½ P 198.

X **Aub. Atre Fleuri** 🐾, avec ch, S : 3 km sur D 512 ℰ 76 88 60 21, Fax 76 88 64 97, 🍽, 🌳
🛠 – ☎ 🅿 🅖🅱
fermé 26 au 30 juin, 27 oct. au 26 déc., mardi soir et merc. sauf juil.-août – **Repas** 75/200,
enf. 50 – 😐 30 – **8 ch** 190/210 – ½ P 210/220.

X **Le Chant d'Aile**, ℰ 76 88 60 72, 🍽 – ﷼ 🅖🅱
🛠 fermé 15 nov. au 15 déc., lundi soir et mardi – **Repas** 70/190 🍴.

au col du Cucheron N : 3,5 km par D 512 – Sports d'hiver au Planolet : 1 050/1 500 m ❄7 –
⊠ 38380 St-Pierre-de-Chartreuse :

X **Chalet H. du Cucheron** 🐾, avec ch, ℰ 76 88 62 06, Fax 76 88 65 43, ≤, 🍽 – ﷼ ⑩ 🅖🅱
🍽 rest
fermé 15 oct. au 20 déc., 8 au 20 janv. et lundi – **Repas** 90/170 🍴, enf. 48 – 😐 27 – **7 ch**
130/195 – ½ P 180/215.

ST PIERRE D'ENTREMONT 73670 Savoie 🔢 ⑮ Ⓖ Alpes du Nord – 294 h alt. 640.
Voir Cirque de St-Même★★ SE : 4,5 km – Gorges du Guiers Vif★★ et Pas du Frou★★ O : 5 km –
Château du Gouvernement★ : ≤★ SO : 3 km.
🅱 Office de Tourisme de la Vallée des Entremonts ℰ 79 65 81 33.
Paris 551 – ♦Grenoble 46 – Belley 59 – Chambéry 25 – Les Echelles 11,5 – ♦Lyon 100.

🏚 **H. du Château de Montbel**, ℰ 79 65 81 65, Fax 79 65 89 49 – 🛏 ☎ 🚗 🅖🅱 🍽
🛠 fermé 19 au 26 mars, fin oct. à fin nov., dim. soir et lundi sauf vacances scolaires – **Repas**
80/180, enf. 55 – 😐 32 – **15 ch** 200/250 – ½ P 215/255.

X **Aub. du Cozon**, N : 1 km rte Granier ℰ 79 65 80 09, Fax 79 65 86 01, 🍽 – 🅿 ﷼ ⑩ 🅖🅱
🅹🅲🅱 🍽
fermé 5 janv. au 16 fév., lundi soir et mardi sauf vacances scolaires – **Repas** 85 (déj.), 98/148
🍴, enf. 60.

ST-PIERRE-DES-CORPS 37 I.-et-L. 🔢 ⑮ – rattaché à Tours.

ST-PIERRE-DES-NIDS 53370 Mayenne 🔢 ② – 1 595 h alt. 184.
Paris 207 – Alençon 15 – Argentan 43 – Domfront 48 – Laval 79 – Mayenne 48.

XX **Dauphin**, avec ch, rte Alençon ℰ 43 03 52 12, Fax 43 03 55 49 – 📺 ☎ 🅿 ﷼ 🅖🅱 🍽
fermé 21 août au 1er sept., vacances de fév. et merc. du 1er sept. à Pâques – **Repas** 88/258 🍴,
enf. 45 – 😐 35 – **9 ch** 145/275 – ½ P 280.

ST-PIERRE-D'OLÉRON 17 Char.-Mar. 🔢 ⑬ – voir à Oléron (Ile d').

ST-PIERRE-DU-VAUVRAY 27 Eure 🔢 ⑰ – rattaché à Louviers.

ST-PIERRE-LAFEUILLE **46** Lot 79 ⑧ – 217 h – ✉ **46090** Cahors.

Paris 570 – Cahors 10 – Figeac 61 – Payrac 38 – Puy-l'Évêque 33 – Rocamadour 46.

X **La Bergerie,** N 20 ☎ 65 36 82 82, Fax 65 36 82 40 – P. GB
fermé 4 janv. au 3 fév., dim. soir et lundi sauf juil.-août – **Repas** 80 (déj.), 100/200 ♁, enf. 55.

ST-PIERRE-LANGERS **50530** Manche 59 ⑦ – 357 h alt. 41.

Paris 344 – Saint-Lô 59 – Saint-Malo 83 – Avranches 16 – Granville 10,5.

XXX **Le Jardin de l'Abbaye,** Croix Barrée ☎ 33 48 49 08, Fax 33 48 18 50 – P. GB
fermé 26 sept. au 11 oct., 6 fév. au 1er mars, dim. soir (sauf juil.-août) et lundi – **Repas** 90/275 et carte 160 à 240, enf. 60.

ST-PIERRE-LE-MOUTIER **58240** Nièvre 69 ③ **G. Bourgogne** – 2 091 h alt. 214.

☐ Syndicat d'Initiative à la Mairie ☎ 86 37 42 09, Fax 86 37 45 80.

Paris 263 – Bourges 71 – Moulins 31 – Château-Chinon 86 – Montluçon 75 – Nevers 23.

🏠 **Vieux Puits** sans rest, près Église ☎ 86 37 41 96, Fax 86 37 49 05 – TV ☎ 🚗. GB
fermé 7 au 22 janv. – ☕ 30 – **11 ch** 230/245.

XX **La Vigne** avec ch, rte Decize ☎ 86 37 41 66, Fax 86 37 28 90, 🌳, parc – TV ☎ ♿ P. AE GB
fermé 5 au 20 fév., merc. (sauf hôtel) et dim. soir d'oct. à fin mars – **Repas** (dim. et fêtes prévenir) 90/260 – ☕ 50 – **12 ch** 230/280 – ½ P 240/280.

CITROEN Gar. Belli, pl. Jeanne-d'Arc ☎ 86 37 40 60

PEUGEOT St-Pierroise Rép. Auto, 3 rte de Moulins ☎ 86 37 40 74 N ☎ 86 37 46 99

ST-PIERRE-LÈS-AUBAGNE **13** B.-du-R. 84 ⑭, 114 ㉙ ㉚ – rattaché à Aubagne.

ST-PIERREMONT **88700** Vosges 62 ⑥ – 167 h alt. 257.

Paris 357 – ◆Nancy 53 – Lunéville 24 – St-Dié 39.

XX **Relais Vosgien** avec ch, ☎ 29 65 02 46, Fax 29 65 02 83, 🌳, 🪑 – ☎ ♿ P – 🏛 25. GB
◆ *fermé 20 déc. au 10 janv. et sam. midi* – **Repas** 73/240 ♁, enf. 50 – ☕ 30 – **17 ch** 199/224 – ½ P 252/294.

ST-PIERRE-QUIBERON **56** Morbihan 63 ⑪ ⑫ – rattaché à Quiberon.

ST-PIERRE-SUR-MER **11560** Aude 83 ⑭ **G. Pyrénées Roussillon.**

Paris 802 – ◆Perpignan 81 – Carcassonne 77 – Narbonne 19.

XX **Floride,** au port ☎ 68 49 42 08, 🌳 – AE ⓓ GB
fermé fév., dim. soir et lundi sauf juil.-août – **Repas** 85/180, enf. 39.

ST-POL-DE-LÉON **29250** Finistère 58 ⑥ **G. Bretagne** – 7 261 h alt. 41.

Voir Clocher** de la chapelle du Kreisker* : ✳** de la tour – Ancienne cathédrale* – Rocher Ste-Anne : ≤* dans la descente.

☐ Office de Tourisme pl. de l'Évêché ☎ 98 69 05 69.

Paris 558 – ◆Brest 61 – Brignogan-Plages 31 – Morlaix 20 – Roscoff 5.

🏠 **France,** r. Minimes ☎ 98 29 14 14, Fax 98 29 10 57, 🪑 – TV ☎ P – 🏛 60. AE GB
fermé janv, fév et lundi du 30 sept. au 30 avril – **Repas** 85/290 – ☕ 35 – **22 ch** 250/600 – ½ P 260/300.

RENAULT Gar. Huitric, rte de Plouenan - la Gare ☎ 98 29 02 82 N ☎ 05 05 15 15

Ⓜ Caroff Pneus, 26 r. de Brest ☎ 98 69 08 87 N ☎ 98 69 08 33

ST-POL-SUR-TERNOISE **62130** P.-de-C. 51 ⑬ – 5 215 h alt. 87.

☐ Office de Tourisme - Hôtel de Ville ☎ 21 47 08 08, Fax 21 41 98 72.

Paris 219 – ◆Calais 93 – Abbeville 56 – Arras 37 – Béthune 29 – Boulogne-sur-Mer 80 – Doullens 28 – St-Omer 53.

XX **Rest. Lion d'Or** avec ch, 74 r. Hesdin ☎ 21 03 10 44, Fax 21 41 47 87 – TV ☎. AE GB
Repas 88/168 ♁, enf. 48 – ☕ 35 – **19 ch** 220/280 – ½ P 240/260.

CITROEN Gar. St-Christophe, 171 r. d'Hesdin ☎ 21 03 46 46
OPEL Gar. Martinage, rte N à St-Michel S/Ternoise ☎ 21 41 01 54 N ☎ 21 41 01 54
RENAULT Gar. Bailleul, 184 r. Béthune ☎ 21 03 06 55 N ☎ 05 05 15 15

Ⓜ Leroux Fils, r. d'Hesdin à Ramecourt ☎ 21 41 18 88

ST-PONS-DE-THOMIÈRES **34220** Hérault 83 ⑬ **G. Gorges du Tarn** – 2 566 h alt. 301.

Voir Grotte de la Devèze* SO : 5 km.

☐ Syndicat d'Initiative pl. Foirail ☎ 67 97 06 65.

Paris 771 – Béziers 50 – Carcassonne 61 – Castres 51 – Lodève 74 – Narbonne 52.

au Nord : 10 km sur D 907 – ✉ **34220** St-Pons :

XX **Aub. du Cabaretou** 🐦 avec ch, ☎ 67 97 02 31, Fax 67 97 32 74, ≤ vallée et montagne, 🌳, 🪑 – TV ☎ P. AE ⓓ GB
fermé mi-janv. à mi-fév., dim. soir et lundi de nov. à mars – **Repas** 90/195 – ☕ 40 – **11 ch** 230/250.

Voir Église Ste-Croix★ AY**B** – Musée de la Vigne et du Vin★ AY **M**.

🏌 de Briailles, ℰ 70 45 49 49, E : 3 km par D 130 BZ **et VO**.

🛈 Office de Tourisme 35 bd L.-Rollin, ℰ 70 45 32 73, Fax 70 45 60 27.

Paris 378 ① – Moulins 31 ① – Montluçon 63 ⑤ – Riom 50 ③ – Roanne 79 ② – Vichy 30 ③.

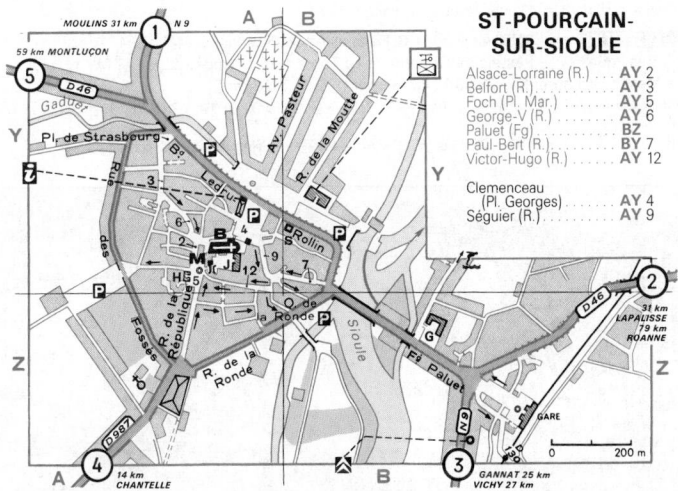

ST-POURÇAIN-
SUR-SIOULE

Alsace-Lorraine (R.)	AY 2
Belfort (R.)	AY 3
Foch (Pl. Mar.)	AY 5
George-V (R.)	AY 6
Paluet (Fg)	BZ
Paul-Bert (R.)	BY 7
Victor-Hugo (R.)	AY 12
Clemenceau (Pl. Georges)	AY 4
Séguier (R.)	AY 9

🏨 **Chêne Vert,** bd Ledru-Rollin, ℰ 70 45 40 65, Fax 70 45 68 50, 🍴 – 📺 ☎ 🅿 – 🔬 40. 🝵 ⑩ ⏆
fermé 2 au 25 janv., dim. soir et lundi d'oct. à mai – **Repas** 90/190, enf. 40 – ☲ 40 – **32 ch** 150/410.

CITROEN Gar. Poubeau, 53 rte de Gannat
ℰ 70 45 33 99 🆖 ℰ 70 45 33 99
FORD Gar. Gaulmin, 7 pl. Liberté ℰ 70 45 37 39
PEUGEOT Gar. Orpelière, 39-41 rte de Montmarault
par ⑤ ℰ 70 45 51 36

🝊 Euromaster, 1 r. Gare ℰ 70 45 59 15

ST-PREST 28 E.-et-L. 🖸 ⑧ – rattaché à Chartres.

ST-PRIEST-BRAMEFANT 63 P.-de-D. 🖸 ⑤ – rattaché à Randan.

ST-PRIEST-TAURION 87480 H.-Vienne 🖸 ⑨ G. Berry Limousin – 2 506 h alt. 240.

Env. Ambazac : chasse★★ et dalmatique★ dans l'église, ≤★ du parc de Montméry N : 9 km par D 44.

Paris 395 – ♦Limoges 14 – Bellac 45 – Bourganeuf 34 – La Souterraine 53.

🏨 **Relais du Taurion,** ℰ 55 39 70 14, Fax 55 39 67 63, 🍴 – ☎ 🅿. ⏆. 🛠 rest
fermé 1er au 7 sept., 15 déc. au 20 janv., lundi midi et dim. soir de sept. à juin – **Repas** 100/200 – ☲ 32 – **11 ch** 170/300 – ½ P 230/290.

ST-PRIVAT-D'ALLIER 43580 H.-Loire 🖸 ⑯ – 430 h alt. 800.

Paris 541 – Le Puy-en-Velay 23 – Brioude 54 – Cayres 21 – Langogne 52 – St-Chély-d'Apcher 62.

🏨 **Vieille Auberge,** ℰ 71 57 20 56 – ☎. ⏆
fermé fév. – **Repas** 65 (déj.), 90/165 🍷 – ☲ 26 – **17 ch** 140/190 – ½ P 155/175.

ST-PROJET-DE-CASSANIOUZE 15 Cantal 🖸 ⑪ ⑫ – alt. 220 – ⊠ 15340 Calvinet.

Paris 619 – Aurillac 46 – Rodez 47 – Entraygues-sur-Truyère 22 – Figeac 38 – Villefranche-de-Rouergue 62.

🏨 **Pont,** ℰ 71 49 94 21, Fax 71 49 96 10, ≤, parc – ☎ 🅿. ⏆
1er avril-1er nov. – **Repas** 65/180 🍷, enf. 45 – ☲ 35 – **17 ch** 120/210.

ST-QUAY-PORTRIEUX 22410 C.-d'Armor 🆖 ③ G. Bretagne – 3 018 h alt. 60 – Casino .

🏌 des Ajoncs d'Or ℰ 96 71 90 74, O : 7 km.

🛈 Office de Tourisme et Accueil de France 17 bis, r. Jeanne d'Arc ℰ 96 70 40 64, Fax 96 70 39 99.

Paris 471 – St-Brieuc 19 – Étables-sur-Mer 2,5 – Guingamp 28 – Lannion 53 – Paimpol 26.

🏨 **Ker Moor** ⬙, 13 r. Président le Sénécal ℰ 96 70 52 22, Fax 96 70 50 49, ≤ côte et mer,
🍴 – 🛗 📺 🅿 – 🔬 25. 🝵 ⑩ ⏆. 🛠 rest
fermé 20 déc. au Jour de l'An – **Repas** 85/290 – ☲ 45 – **29 ch** 500 – ½ P 450/520.

🏨 **Gerbot d'Avoine**, bd Littoral 🍴 96 70 40 09, Fax 96 70 34 06 – 🔲 ☎ 🅿 . 🎱
━ *fermé 20 nov. au 11 déc., 8 au 29 janv., dim. soir et lundi hors sais.* – **Repas** 78/275 ⅃, enf. 48
– ⟐ 42 – **20 ch** 250/340 – ½ P 245/325.

✗ **Mouton Blanc**, 52 quai République (au port) 🍴 96 70 58 44, ≼ – 🎱
fermé 8 nov. au 3 déc., 15 fév. au 5 mars, mardi soir et merc. – **Repas** 110/160 ⅃.

CITROEN Gar. du Port, 46 quai République 🍴 96 70 40 70

ST-QUENTIN ⟨SP⟩ 02100 Aisne 🟨🟨 ⑭ G. Flandres Artois Picardie – 60 644 h alt. 74.

Voir Basilique★ BY – Pastels de Quentin de La Tour★★ au musée Lécuyer AY **M**[1].

🏌 à Mesnil-St-Laurent 🍴 23 68 19 48, SE par ③ D 12 : 10 km.

🅱 Office de Tourisme espace St-Jacques, 14 r. Sellerie 🍴 23 67 05 00, Fax 23 67 78 71 – A.C. 14 r. Alsace
🍴 23 62 30 34.

Paris 142 ⑤ – ♦Amiens 74 ⑥ – Charleroi 155 ③ – ♦Lille 109 ⑥ – ♦Reims 95 ③ – Valenciennes 79 ⑥.

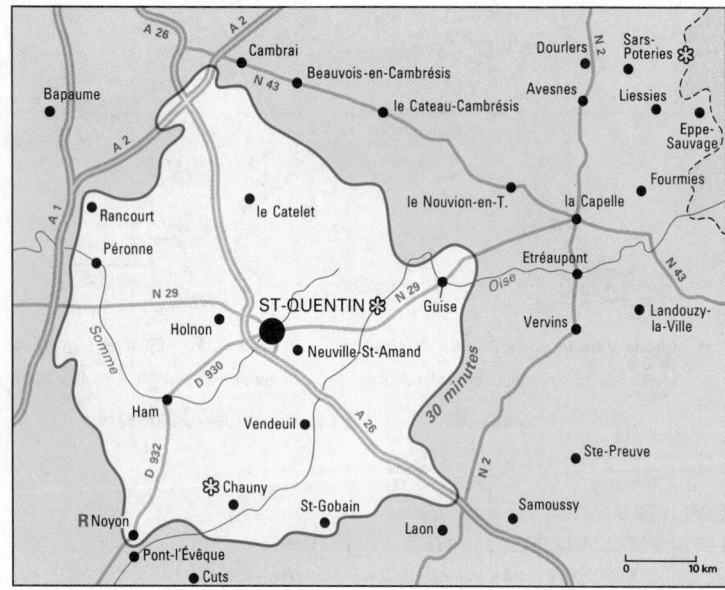

🏨🏨 ✿ **Gd Hôtel et rest. Président** Ⓜ, 6 r. Dachery 🍴 23 62 69 77, Fax 23 62 53 52 – 📶
↳ ch 🔲 ☎ ⅃ 🅿 – 🔬 30. 🆎 ⓞ 🎱 🅹🅲🅱
BZ **n**
Repas *(fermé 31 juil. au 28 août, 18 au 27 déc., sam. midi et dim.)* 150/330 et carte 270 à 420
– ⟐ 60 – **24 ch** 420/600
Spéc. Poêlée de langoustines et Saint-Jacques au pistou (oct. à mai). "Soissoulet" d'agneau à la picarde. Soufflé à la
chicorée et son coulis.

🏨 **Paix et Albert 1er**, 3 pl. 8-Octobre 🍴 23 62 77 62, Fax 23 62 66 03 – 📶 🔲 ☎ – 🔬 40. 🆎
ⓞ 🎱
BZ **a**
Le Brésilien : Repas 98/150, enf. 60 – **Le Carnotzet** : Repas (dîner seul.)98/150, enf. 60 – ⟐ 32
– **52 ch** 260/300.

🏨 **Ibis** Ⓜ, 14 pl. Basilique 🍴 23 64 19 19, Fax 23 62 69 36 – 📶 ↳ ch, ▤ rest 🔲 ☎ ⅃. 🆎 ⓞ
🎱
ABZ **r**
Repas *(fermé dim. soir)* 98/135 bc ⅃, enf. 45 – ⟐ 35 – **43 ch** 280/300.

🏨 **Mémorial** sans rest, 8 r. Comédie 🍴 23 67 90 09, Fax 23 62 34 96 – 🔲 ☎ 🅿 . 🆎 ⓞ 🎱
⟐ 40 – **18 ch** 280/400.
AZ **b**

🏨 **France et Angleterre** sans rest, 28 r. E. Zola 🍴 23 62 13 10, Fax 23 62 63 44 – ↳ ch 🔲
☎ ⟵⟶ . 🆎 🎱
AZ **d**
⟐ 28 – **28 ch** 120/250.

à Neuville-St-Amand SE : 3 km par ③ et D 12 – ✉ 02100 :

🏨 **Le Château** ≫, 🍴 23 68 41 82, Fax 23 68 46 02, parc – 🔲 ☎ 🅿 – 🔬 25. 🆎 ⓞ 🎱.
❀ ch
fermé 1er au 21 août, 24 au 31 déc., sam. midi et dim. soir – **Repas** 120/340 – ⟐ 45 – **15 ch**
320/380.

ST-QUENTIN

Croix-Belle-Porte (R.) . . . . AY 6
États-Généraux (R. des) . . . AY 8
Hôtel-de-Ville (Pl. de l') . . . AZ 17
Isle (R. d') . . . . BZ
Lyon (R. de) . . . . BZ 24
Raspail (R.) . . . . AY
Sellerie (R. de la) . . . . BZ 33
Zola (R. Émile) . . . . AZ

Basilique (Pl. de la) . . . . . . ABY 2
Brossolette (R. Pierre) . . . . AZ 3
Canonniers (R. des) . . . . . . AZ 4
Faidherbe (Av.) . . . . AZ 10
Gaulle (Av. Gén.-de) . . . . . . BZ 13
Gouvernement (R. du) . . . . BY 15
Leclerc (R. Gén.) . . . . BZ 21
Le Sérurier (R.) . . . . AY 23
Marché-Franc (Pl. du) . . . . BZ 25
Mulhouse (R. de) . . . . BY 26

Picard (R. Ch.) . . . . BY 28
Pompidou (R. G.) . . . . AY 29
Prés.-J.-F.-Kennedy (R. du) . . . . AY 30
St-André (R.) . . . . AY 32
Sous-Préfecture (R. de la) . . . . BZ 34
Thomas (R. A.) . . . . AY 36
Toiles (R. des) . . . . BZ 37
Verdun (Bd) . . . . AZ 38
8-Octobre (Pl. du) . . . . BZ 41

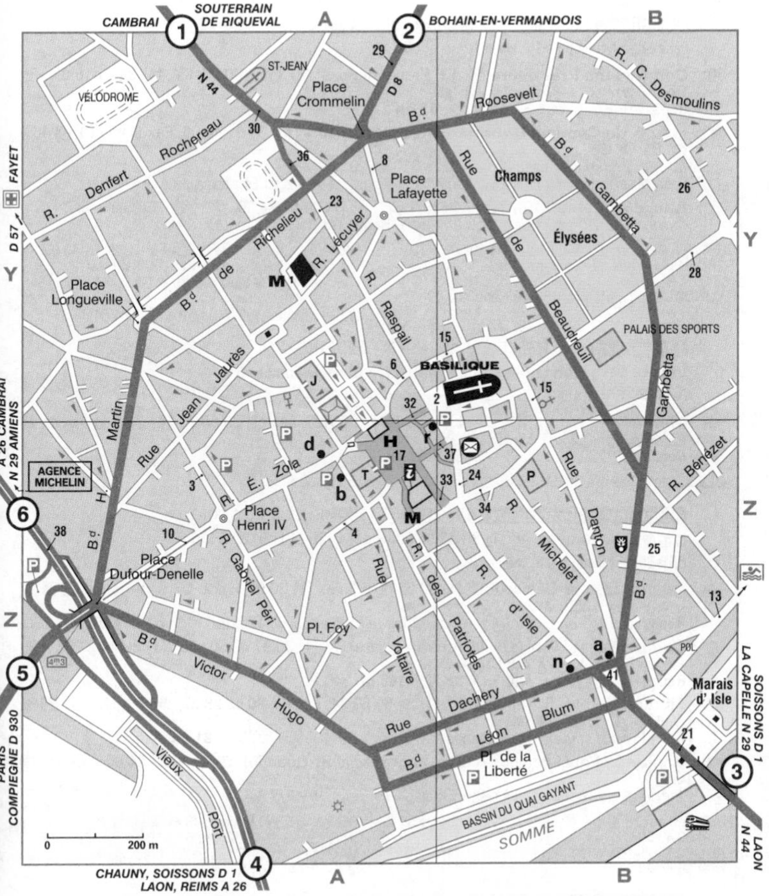

par ⑥ et N 29 : 2 km – ✉ **02100** St-Quentin :

🏨 **Campanile,** ✆ 23 09 21 22, Fax 23 67 49 55 – ⇆ ch 📺 ☎ ♿ 🅟 – 🏛 25. AE ⓓ GB
Repas 82 bc/105 bc, enf. 39 – ☕ 30 – **39 ch** 270.

à Holnon par ⑥ et N 29 : 6 km – ✉ **02760** :

🏨 **Pot d'Étain** Ⓜ, ✆ 23 09 61 46, Fax 23 09 66 55, 🍽 – ⇆ ch 📺 ☎ ♿ 🅟 – 🏛 25. AE ⓓ GB JCB
Repas 90 bc/310 – ☕ 36 – **30 ch** 290/510.

CITROEN Saint-Quentin Auto, r. G.-Philippe à Gauchy ✆ 23 08 68 00 **N** ✆ 05 05 24 24
FIAT ALFA ROMEO P.P.B. Autom., 92 av. Fusillés-Fontaine-Notre-Dame ✆ 23 68 19 87

VAG Gar. du Cambrésis, 98 r. A.-Dumas ✆ 23 62 45 43

Euromaster, 51 ter av. Gén.-de-Gaulle ✆ 23 06 67 67

HONDA, SAAB, SANTANA, SUZUKI Hubault 4 Autom., r. C.-Linné ZAC la Vallée *ℰ* 23 64 81 82
PEUGEOT Center Auto, 418 rte de Paris par ⑤ *ℰ* 23 64 16 16 **N** *ℰ* 23 08 03 63
RENAULT Gar. Gueudet, ZAC La Vallée, r. A.-Parmentier par ⑥ *ℰ* 23 67 47 47 **N** *ℰ* 23 08 04 82

Pneus-Lepilliez-Dubois-Point S, 3 pl. Basilique *ℰ* 23 62 33 30
Pneus-Lepilliez-Dubois-Point S, ZI r. de Picardie à Gauchy *ℰ* 23 62 33 30
Pneus-Lepilliez-Dubois-Point S, 155 r. de Fayet *ℰ* 23 62 33 30

ST-QUENTIN-EN-YVELINES 78 Yvelines ⑥⓪ ⑨ ⑩⑥ ㉙ ⑩⑪ ㉑.

Coignières ⑥⓪ ⑨ ⑩⑥ ㉘ – 4 157 h alt. 169 – ✉ 78310 .

Paris 37 – St-Quentin-en-Yvelines 6,5.

🏠 **Comfort Inn Primevère** M, 1 r. Prévenderie *ℰ* (1) 34 61 00 90, Fax (1) 34 61 15 87 – 📱
✦ ⇔ ch ☎ & ℗ – ⚙ 35. AE ⓪ ⒼⒷ
Repas 79/102 ⅃, enf. 39 – ⬜ 32 – **72 ch** 270.

XXX ❀ **Aub. du Capucin Gourmand** (Lebrault), N 10 *ℰ* (1) 34 61 46 06, Fax (1) 34 61 73 46 – ℗ AE ⓪ ⒼⒷ
fermé dim. soir – **Repas** 350 et carte 310 à 420
Spéc. Marmite de homard aux pleurotes. Bar rôti à la moelle et au gros sel. Escalope de lotte au sabayon.

XXX **Aub. d'Angèle,** N 10 *ℰ* (1) 34 61 64 62, Fax (1) 34 61 94 30, 🌿 – ℗ AE ⒼⒷ
fermé 1er au 15 août, dim. soir et lundi – **Repas** 150/350 et carte 280 à 400.

CITROEN Gar. Collet, 21 RN 10 *ℰ* (1) 30 50 11 30
FORD Gar. Poroux, 88 rte Nationale *ℰ* (1) 34 61 31 00
HYUNDAI Pacific Motors, 169 rte Nationale 10 *ℰ* (1) 34 61 06 25

LADA G.A.B., 26 r. de la Gare *ℰ* (1) 34 61 43 03
PEUGEOT Coignières Autom., ZI Pariwest, 2 r. Fresnel *ℰ* (1) 34 82 03 30 **N** *ℰ* (1) 05 44 24 24

⑩ Euromaster, 109/115 N 10 *ℰ* (1) 34 61 47 37

Maurepas ⑥⓪ ⑨ ⑩⑥ ㉘ – 19 718 h alt. 170 – ✉ 78310 .

Voir Le Pays France Miniature★ NE : 3 km G. Ile de France.

Paris 35 – St-Quentin-en-Yvelines 4,5.

🏠 **Mercure** M, N 10 *ℰ* (1) 30 51 57 27, Télex 695427, Fax (1) 30 66 70 14, 🌿 – 📱 ⇔ ch ▤ ☎ & ℗ – ⚙ 70. AE ⓪ ⒼⒷ
Repas 100/130 ⅃, enf. 45 – ⬜ 55 – **91 ch** 395.

VOLVO Pariwest Autom., ZA 8 r. du Commerce *ℰ* (1) 30 50 67 00

Montigny-le-Bretonneux ⑥⓪ ⑨ ⑩⑥ ㉙ – 31 687 h alt. 163 – ✉ 78180 .

ſ⑤ ſ⑧ ſ⑧ **Club National** *ℰ* (1) 30 43 36 00, E par D 36 et D 912 : 5 km.

Paris 30 – St-Quentin-en-Yvelines 3,5.

🏠 **Adagio** M, 9 pl. Choiseul *ℰ* (1) 30 57 00 57, Fax (1) 30 57 15 22, 🌿 – 📱 ⇔ ch ⓣⓥ ☎ & ⟺ – ⚙ 60. AE ⓪ ⒼⒷ
Repas *(fermé vend. soir, dim. midi, fériés le midi et sam.)* 120/150 – ⬜ 60 – **74 ch** 530/590.

🏠 **Campanile** M, 2 pl. Ovale (quartier gare) *ℰ* (1) 30 57 49 50, Fax (1) 30 44 27 37 – 📱 ⇔ ch ⓣⓥ ☎ & – ⚙ 40. AE ⓪ ⒼⒷ
Repas 90 bc/117 bc, enf. 39 – ⬜ 32 – **108 ch** 340.

🏠 **Fimotel** M, r. J.-P. Timbaud *ℰ* (1) 34 60 50 24, Fax (1) 30 58 28 67, 🌿 – 📱 ⇔ ch ⓣⓥ ☎ & ℗ – ⚙ 80. AE ⓪ ⒼⒷ
fermé vend. soir et sam. – **Repas** 62 bc (déj.), 89/105 ⅃ – ⬜ 39 – **81 ch** 350.

X **Kankyo,** 11 quai Pouillon (centre commercial St-Quentin) *ℰ* (1) 30 57 94 80 – ▤. AE ⓪ ⒼⒷ
fermé dim. – **Repas** - cuisine japonaise - 75 (déj.), 95/250 ⅃.

FIAT Sodiam 78, 1 r. N.-Copernic à Guyancourt *ℰ* (1) 30 43 39 39
PEUGEOT SOVEDA, RN 286 *ℰ* (1) 30 45 09 42 **N** *ℰ* (1) 05 44 24 24

RENAULT Gar. Cedam, 43 av. de Manet *ℰ* (1) 30 43 25 79 **N** *ℰ* 05 05 15 15
VAG M.B.A., ZAS 10 av. des Prés *ℰ* (1) 30 44 12 12

Voisins-le-Bretonneux ⑥⓪ ⑨ ⑩⑥ ㉙ – 11 220 h alt. 165 – ✉ 78960 .

Paris 28 – St-Quentin-en-Yvelines 6.

🏠 **Le Relais de Voisins** M ⅃, av. Grand-Pré *ℰ* (1) 30 44 11 55, Fax (1) 30 44 02 04, 🌿 –
✦ ⓣⓥ ☎ & ℗ – ⚙ 40. ⒼⒷ ✂ rest
Repas *(fermé dim. soir)* 75/159 ⅃ – ⬜ 32 – **54 ch** 295.

🏠 **Port Royal** ⅃ sans rest, 20 r. H. Boucher *ℰ* (1) 30 44 16 27, Fax (1) 30 57 52 11, 🚗 – ⓣⓥ ☎ ℗ ⒼⒷ
⬜ 32 – **36 ch** 260/290.

au golf national E : 2 km par D 36 – ✉ 78114 Magny-les-Hameaux :

🏠 **Novotel St-Quentin Golf National** M ⅃, *ℰ* (1) 30 57 65 65, Télex 695378, Fax (1) 30 57 65 00, ≤, 🌿, ⅃, ☀, ✗ – 📱 ⇔ ch ▤ ⓣⓥ ☎ & ℗ – ⚙ 200. AE ⓪ ⒼⒷ
Repas carte environ 170, enf. 50 – ⬜ 50 – **131 ch** 490/850.

RENAULT Gar. Nodarian, 34 r. H.-Boucher *ℰ* (1) 30 43 74 99

ST-RAPHAËL 83700 Var 84 ⑧ 114 ㉖ 115 ㉝ G. Côte d'Azur – 26 616 h alt. 6 – Casino Z.

Voir Collection d'amphores★ dans le musée archéologique Y **M**.

ⓖ de Valescure ♪ 94 82 40 46, NE par D 37 : 6 km ; ⓖ Estérel ♪ 94 82 47 88, E : 5 km.

🛈 Office de Tourisme avec A.C. r. W.-Rousseau ♪ 94 19 52 52, Fax 94 83 85 40.

Paris 875 ③ – Fréjus 3 – Aix-en-Provence 119 ③ – Cannes 44 ④ – ◆Toulon 93 ③.

Accès et sorties : voir plan de Fréjus.

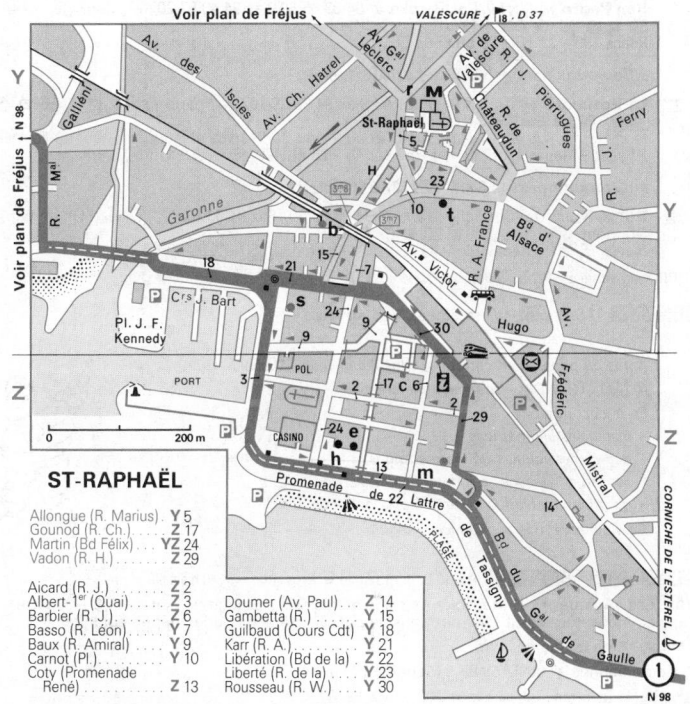

ST-RAPHAËL

Allongue (R. Marius)	Y 5
Gounod (R. Ch.)	Z 17
Martin (Bd Félix)	YZ 24
Vadon (R. H.)	Z 29

Aicard (R. J.)	Z 2	Doumer (Av. Paul)	Z 14
Albert-1ᵉʳ (Quai)	Z 3	Gambetta (R.)	Y 15
Barbier (R. J.)	Z 6	Guilbaud (Cours Cdt)	Y 18
Basso (R. Léon)	Y 7	Karr (R. A.)	Y 21
Baux (R. Amiral)	Y 9	Libération (Bd de la)	Z 22
Carnot (Pl.)	Y 10	Liberté (R. de la)	Y 23
Coty (Promenade René)	Z 13	Rousseau (R. W.)	Y 30

🏨 **Excelsior** Ⓜ, 193 bd F. Martin (prom. R. Coty) ♪ 94 95 02 42, Fax 94 95 33 82, ≤, 🍴 –
🛗 🔲 📺 🅰 & 🅐🅔 ⓞ 🅖🅑 Z **h**
Repas 120 (déj.), 140/195 ⅚ – ☑ 50 – **36 ch** 465/730 – ½ P 425/525.

🏨 **Continental** Ⓜ sans rest, prom. René Coty ♪ 94 83 87 87, Fax 94 19 20 24, ≤ – 🛗 ≠ ch
🔲 📺 ☎ & ↩, 🅐🅔 ⓞ 🅖🅑 Z **e**
fermé 13 nov. au 19 déc. et 8 janv. au 9 fév. – ☑ 50 – **44 ch** 530/870.

🏨 **Epulias** Ⓜ sans rest, 56 r. Liberté ♪ 94 95 53 21, Fax 94 95 61 05 – 🛗 🔲 📺 ☎ & 🅐🅔 🅖🅑
avril-oct. – ☑ 40 – **40 ch** 395/530. Y **t**

🏨 **Relais Bleus Les Congrès** Ⓜ, port Santa-Lucia par ① ♪ 94 95 31 31, Fax 94 82 21 46,
🍴, 🅵⒌, 🏊, – 🛗 🔲 📺 ☎ & ↩ – 🔬 300. 🅐🅔 ⓞ 🅖🅑
Repas 99/198, enf. 48 – ☑ 45 – **100 ch** 530/690.

🍴🍴🍴 **L'Arbousier**, 6 av. Valescure ♪ 94 95 25 00, Fax 94 83 81 04, 🍴 – 🔲. 🅐🅔 🅖🅑
fermé 6 au 14/06, 12/12 au 3/01, mardi soir et merc. hors sais., mardi midi, merc. midi et
jeudi en sais. – **Repas** 140 (déj.), 160/290 et carte 275 à 415. Y **r**

🍴🍴🍴 **Le Sirocco**, 35 quai Albert 1ᵉʳ ♪ 94 95 39 99, Fax 94 83 87 35, ≤, 🍴 – 🔲. 🅐🅔 ⓞ 🅖🅑 🅙🅒🅑
fermé 15 nov. au 15 déc. – **Repas** 105/285 et carte 290 à 415. Y **s**

🍴🍴 **Pastorel**, 54 r. Liberté ♪ 94 95 02 36, Fax 94 95 64 07, 🍴 – 🅐🅔 ⓞ 🅖🅑
fermé 7 au 13 nov., le midi en août, dim. soir de sept. à juil. et lundi – **Repas** 155/190. Y **t**

🍴🍴 **L'Orangerie**, prom. R. Coty ♪ 94 83 10 50, 🍴 – 🅐🅔 ⓞ 🅖🅑 Z **m**
fermé janv., lundi midi, mardi midi et merc. midi de juil. à sept., dim. soir et lundi d'oct. à
juin – **Repas** 98/138.

🍴🍴 **Le Tisonnier**, 70 r. Garonne ♪ 94 95 28 51 – 🅐🅔 ⓞ 🅖🅑 Y **b**
Repas 89/250.

au NE : 5 km par D 37 et rte Golf – ⊠ **83700** St-Raphaël :

🏨🏨 **H. Golf de Valescure** �▒, ℰ 94 52 85 00, Fax 94 52 85 08, ≤, 😊, parc, ⊥, ⚒ – |ṣ| ☰ ch
📺 ☎ & 🅿 – ⚿ 40 à 60. ⒶⒺ ⓞ ⒼⒷ. ⚓ rest
fermé 15 nov. au 20 déc. et 7 au 31 janv. – **Repas** 125 (déj.), 160/190 – **40 ch** �⊡ 570/910 –
½ P 520/585.

🏨🏨 **Latitudes** Ⓜ ⍭, av. Golf ℰ 94 82 42 42, Fax 94 44 61 37, ≤, 😊, parc, 𝐿𝑠, ⊥, ⚒ – |ṣ| ☰
📺 ☎ & 🅿 – ⚿ 150. ⒶⒺ ⓞ ⒼⒷ
Repas *(fermé le midi en hiver)* 170 – ⊡ 50 – **89 ch** 690/980, 6 appart – ½ P 660.

🏨🏨 **San Pedro** Ⓜ ⍭, av. Col. Brooke ℰ 94 83 65 69, Fax 94 40 57 20, 😊, parc, ⊥ – |ṣ| ☰ ch
📺 ☎ 🅿 ⒶⒺ ⓞ ⒼⒷ. ⚓ rest
Repas 130 – ⊡ 60 – **28 ch** 650/750.

à Boulouris par ① : 5 km – ⊠ **83700** St-Raphaël :

🏨 **La Potinière** Ⓜ ⍭, ℰ 94 95 21 43, Fax 94 95 29 10, 😊, parc, 𝐿𝑠, ⊥, Ⓧ – 📺 ☎ 🅿 –
⚿ 60. ⒶⒺ ⓞ ⒼⒷ
*fermé le midi du 1ᵉʳ nov. au 17 déc. et du 9 janv. au 31 mars et jeudi midi sauf du 15 mai au
21 sept.* – **Repas** 120/230, enf. 75 – ⊡ 48 – **25 ch** 470/760 – ½ P 415/500.

au Dramont par ① : 6 km – ⊠ **83700** St-Raphaël :

🏨🏨 **Sol e Mar,** rte Corniche d'Or ℰ 94 95 25 60, Fax 94 83 83 61, ≤ Ile d'Or et cap du
Dramont, 😊, ⊥, ≈⍭ – |ṣ| 📺 ☎ 🅿. ⒶⒺ ⒼⒷ
8 avril-15 oct. – **Repas** 145/210 – ⊡ 50 – **46 ch** 480/660 – ½ P 430/550.

FORD Gar. Vagneur, 142 av. Valescure ℰ 94 95 42 78

ST-RÉMY 71 S.-et L. ⑥⑨ ⑨ – rattaché à Chalon-sur-Saône.

*Antes de ponerse en carretera, consulte el mapa Michelin
n° **911** "FRANCIA - Grandes Itinerarios".
En él encontrará :
– distancias kilométricas,
– duraciones medias de los recorridos,
– zonas de "atascos" e itinerarios alternativos,
– gasolineras abiertas durante las 24 horas del dia...
Su viaje será más económico y seguro.*

ST-RÉMY-DE-PROVENCE 13210 B.-du-R. ⑧① ⑫ G. Provence – 9 340 h alt. 60.

Voir Les Antiques★★ : Mausolée★★, Arc municipal★, Glanum★ 1km par ③ – Cloître★ de
l'ancien monastère de St-Paul-de-Mausole par ③ – Hôtel de Sade : dépôt lapidaire★ ⋎ L.

Env. ※★★ de la Caume 7 km par ③.

𝐿ₛ de Servannes ℰ 90 47 59 95 à Mouriès, 17 km par ③.

🛈 Office de Tourisme pl. J.-Jaurès ℰ 90 92 05 22, Fax 90 92 98 52.

Paris 705 ① – Avignon 19 ① – Arles 24 ④ – ◆Marseille 86 ② – Nîmes 41 ④ – Salon-de-Provence 37 ②.

Plan page ci-contre

🏨🏨 ❀ **Host. du Vallon de Valrugues** Ⓜ ⍭, chemin Canto Cigalo par ② : 1 km
ℰ 90 92 04 40, Télex 431677, Fax 90 92 44 01, ≤, 😊, « Terrasse fleurie au bord de la
piscine », 𝐿ₛ, 😊, ⚒ – |ṣ| ☰ ch 📺 ☎ 🅿 – ⚿ 30. ⒶⒺ ⓞ ⒼⒷ 𝒥𝒞ℬ. ⚓ rest
Repas 280 (déj.), 380/470 et carte 340 à 460 – ⊡ 105 – **41 ch** 880/1160, 12 appart –
½ P 1160/1410
Spéc. Tartine de rougets et ratatouille à la tapenade. Carré d'agneau rôti, jus au romarin. Mousse glacée à l'amaretto.
Vins Coteaux d'Aix.

🏨🏨 **Château des Alpilles** ⍭, O : 2 km par D 31 ℰ 90 92 03 33, Fax 90 92 45 17, 😊,
« Demeure du 19ᵉ siècle dans un parc », ⊥, ⚒ – cuisinette 📺 ☎ & 🅿. ⒶⒺ ⓞ ⒼⒷ.
⚓ rest
18 mars-12 nov. et 20 déc.-6 janv. – **Repas** *(fermé merc.)* (dîner seul.)(résidents seul.)
180/230 – ⊡ 72 – **15 ch** 860/1030, 5 appart.

🏨 **Canto Cigalo** ⍭ sans rest, chemin Canto Cigalo par ② : 1 km ℰ 90 92 14 28,
Fax 90 92 24 48, 😊 – ☎ 🅿. ⒼⒷ. ⚓
début mars-mi-nov. – ⊡ 38 – **20 ch** 265/335.

🏨 **Mas des Carassins** ⍭ sans rest, 1 chemin Gaulois par ③ : 1 km ℰ 90 92 15 48, ≤, –
☎ 🅿. ⒼⒷ. ⚓
15 mars-15 nov. – ⊡ 48 – **10 ch** 350/530.

🏨 **Soleil** ⍭ sans rest, 35 av. Pasteur ℰ 90 92 00 63, Fax 90 92 61 07, ⊥ – ☎ 🅿 ⒶⒺ ⓞ ⒼⒷ.
⚓
1ᵉʳ mars-15 nov. – ⊡ 36 – **21 ch** 270/355.

Z z

ST-RÉMY-DE-PROVENCE

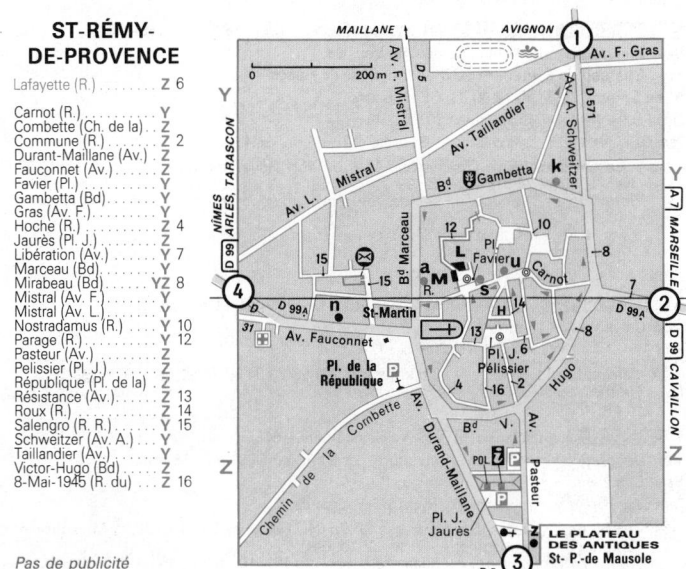

*Pas de publicité
payée dans ce guide.*

🏠 **L'Amandière** 🛏 sans rest, av. Th. Aubanel par ① puis rte Noves : 1 km ☎ 90 92 41 00,
Fax 90 92 48 38, ☞ – ☎ & 🅿. ✵
☑ 37 – **26 ch** 255/320.

🏠 **Van Gogh** 🛏 sans rest, 1 av. J. Moulin par ② ☎ 90 92 14 02, Fax 90 92 09 05, ⏳, ☞ – ☎
🅿. GB. ✵
1er mars-15 nov. – ☑ 32 – **21 ch** 285/305.

🏠 **Cheval Blanc** sans rest, 6 av. Fauconnet ☎ 90 92 09 28 – 📺 ☎ ⇔ 🅿. GB   Z   n
☑ 30 – **22 ch** 200/300.

🏠 **Acacia**, rte Maillane : 1 km par av. F. Mistral ☎ 90 92 13 43, ☞, ☞ – 📺 ☎ 🅿. GB
✦ fermé 5 janv. au 28 fév. – **Repas** *(fermé lundi d'oct. à juin sauf fériés)* 75/145, enf. 55 – ☑ 30
– **12 ch** 220/275 – ½ P 230/250.

XX **La Maison Jaune**, 15 r. Carnot ☎ 90 92 56 14, ☞ – GB   Y   s
fermé 15 fév. au 15 mars, dim. soir d'oct. à juin, mardi midi de juil. à sept. et lundi – **Repas**
100 bc (déj.). 150/260.

XX **Alain Assaud**, 13 bd Marceau ☎ 90 92 37 11 – ▤. AE ① GB   Y   a
fermé mars, jeudi midi et merc. – **Repas** 170/290.

X **Jardin de Frédéric**, 8 bd Gambetta ☎ 90 92 27 76 – ▤. GB   Y   k
fermé vacances de fév. et merc. – **Repas** 125 (déj.), 165/205.

X **La Gousse d'Ail**, 25 rue Carnot ☎ 90 92 16 87, Fax 90 92 14 58 – ▤. AE ① GB   Y   u
fermé 15 fév. au 10 mars, sam. midi et merc. – **Repas** 90 (déj.)/160, enf. 65.

par ④ *et rte des Baux D 27 : 4,5 km –* ✉ **13210** St-Rémy-de-Provence :

🏰 **Domaine de Valmouriane** 🛏, ☎ 90 92 44 62, Fax 90 92 37 32, ☞, « Mas provençal
dans un parc », ⏳, ✻ – ▤ ▤ ch 📺 ☎ 🅿. AE ① GB
Repas 135 bc (déj.), 220/330 🍷 – ☑ 65 – **14 ch** 890/1310 – ½ P 705/915.

au Mas-Blanc-des-Alpilles par ④ : 7 km – ✉ **13150** :

🏠 **Mistral**, ☎ 90 49 02 28, Fax 90 49 01 56, ☞ – 📺 ☎ 🅿. AE GB. ✵ ch
✦ fermé le midi d'oct. à mars sauf dim., merc. midi et mardi d'avril à sept. – **Repas** 78/135, enf.
57 – ☑ 30 – **11 ch** 230/240 – ½ P 220.

à Maillane NO : 7 km par D 5 – ✉ **13910** :

XX **Oustalet Maïanen**, ☎ 90 95 74 60, Fax 90 95 76 17, ☞ – ▤. GB
1er mars-30 nov. et fermé le midi en mars et nov., dim. soir et lundi – **Repas** 98 (déj.),
115/135, enf. 60.

FORD Gar. Merklen, ZA ☎ 90 92 01 24   **Gar. des Alpilles**, rte de Tarascon, av. Gleize par ④
PEUGEOT Gar. Franguy, rte de Tarascon, av. Gleize   ☎ 90 92 09 34
par ④ ☎ 90 92 13 16

ST-RÉMY-LÈS-CHEVREUSE 78470 Yvelines 🎞 ⑨ ⑩ 🎞🎞🎞 ㉙ 🎞🎞🎞 ㉜ – 5 589 h alt. 73.

Voir Chevreuse : site★ – Vallée de Chevreuse★.

Env. Château de Breteuil★★, SO : 8 km, G. Ile de France.

🏌 de Chevry 𝒫 (1) 60 12 40 33, SE : 4,5 km.

🛈 Office de Tourisme, 1 rue Ditte 𝒫 30 52 22 49.

Paris 30 – Chartres 60 – Longjumeau 21 – Rambouillet 21 – Versailles 14.

　　XX ✿ **La Cressonnière** (Toulejbiez), 46 r. de Port Royal, direction Milon 𝒫 (1) 30 52 00 41, Fax (1) 30 47 28 31, 🍴 – 🎴 GB
　　　　fermé 16 au 31 août, dim. soir de nov. à avril, mardi et merc. – **Repas** 185/410 et carte 300 à 440
　　　　Spéc. Huîtres tièdes, sauce moutarde à l'ancienne (oct. à mai). Cassolette de homard et filet de sole à la ciboulette. Aiguillettes de canette bachiques.

TOYOTA Gar. du Claireau, 𝒫 (1) 30 52 41 00

ST-RÉMY-SUR-DUROLLE 63550 P.-de-D. 🎞 ⑥ G. Auvergne – 2 033 h alt. 650.

Voir Calvaire 🌤★ 15 mn.

Paris 446 – ◆Clermont-Ferrand 51 – Chabreloche 12 – Thiers 7.

　　XX **Vieux Logis** avec ch, N : 3,5 km sur D 201 𝒫 73 94 30 78, ≤, 🍴, 🎋 – 🅿. GB
　　　　fermé 5 au 16 sept., 22 au 30 déc., 5 au 18 fév., dim. soir et lundi – **Repas** 95/155 🍸 – 🖙 20 –
　　　　4 ch 160.

ST-RESTITUT 26130 Drôme 🎞 ① G. Vallée du Rhône – 947 h alt. 150.

Voir Décoration★ de l'église – Belvédère ≤★ 3 km par D59ᴬ puis 15 mn.

Env. Clansayes ≤★★ N : 8 km.

Paris 635 – Bollène 9 – Montélimar 30 – Nyons 37 – Valence 75.

　　🏠 **Aub. des Quatre-Saisons** 🐾, 𝒫 75 04 71 88, Fax 75 04 70 88, « Maisons romanes aménagées en hostellerie » – ☎, 🎴 ⓞ GB
　　　　fermé janv. et sam. midi – **Repas** 130/195 – 🖙 45 – **10 ch** 230/450 – ½ P 300/385.

ST-ROMAIN-D'AY 07 Ardèche 🎞 ⑩ – rattaché à Satillieu.

ST-ROMAIN-EN-VIENNOIS 84 Vaucluse 🎞 ③ – rattaché à Vaison-la-Romaine.

ST-ROMAIN-SUR-CHER 41 L.-et-Ch. 🎞 ⑰ – 1 236 h alt. 90 – ✉ 41140 Noyers-sur-Cher.

Paris 214 – ◆Tours 64 – Blois 33 – Montrichard 23 – Romorantin-Lanthenay 36.

　　XX **St-Romain** avec ch, 𝒫 54 71 71 10, Fax 54 71 72 89 – 🛏 ch 📺 ☎ 🅿. GB
　　↖ *fermé 4 sept. au 2 oct., dim. soir et lundi sauf juil.-août* – **Repas** 62/218, enf. 42 – 🖙 30 –
　　　　5 ch 145/260 – ½ P 230.

ST-SALVADOUR 19 Corrèze 🎞 ⑨ – rattaché à Seilhac.

ST-SAMSON-DE-LA-ROQUE 27680 Eure 🎞 ④ – 271 h alt. 72.

Voir Phare de la Roque 🌤★ N : 2 km, G. Normandie Vallée de la Seine.

Paris 185 – ◆Le Havre 38 – Beuzeville 12 – Bolbec 23 – Évreux 77 – Honfleur 21 – Pont-Audemer 13.

　　XXX **Relais du Phare,** 𝒫 32 57 61 68, 🍴, 🎋 – 🎴 ⓞ GB
　　　　fermé vacances de fév., dim. soir et lundi sauf du 1ᵉʳ juin au 1ᵉʳ sept. et fériés – **Repas** 190/240 et carte 180 à 250.

ST-SATUR 18 Cher 🎞 ⑫ – rattaché à Sancerre.

ST-SAUD-LACOUSSIÈRE 24470 Dordogne 🎞 ⑯ – 951 h alt. 340.

Paris 453 – ◆Limoges 54 – Brive-la-Gaillarde 96 – Châlus 22 – Nontron 16 – Périgueux 57.

　　🏠 **Host. St-Jacques** 🐾, 𝒫 53 56 97 21, Fax 53 56 91 33, 🍴, « Terrasse et jardin fleuris », 🏊, 🎾 – 📺 ☎ 🅿. GB
　　　　1ᵉʳ avril-fin oct. et fermé dim. soir et lundi – **Repas** 115/290, enf. 70 – 🖙 45 – **22 ch** 300/550
　　　　– ½ P 250/380.

ST-SAUVES-D'AUVERGNE 63 P.-de-D. 🎞 ⑬ – rattaché à La Bourboule.

ST-SAUVEUR-DE-LANDEMONT 49270 M.-et-L. 🎞 ④ – 587 h alt. 72.

Paris 362 – ◆Nantes 32 – Ancenis 15 – Cholet 46 – Clisson 26.

　　🏰 **Château de la Colaissière** Ⓜ 🐾, 𝒫 40 98 75 04, Fax 40 98 74 15, ≤, « Parc » – 🌿🌿 ch
　　　　📺 ☎ 🕭 🅿 – 🛝 40. GB
　　　　fermé 8 janv. au 8 fév. – **Repas** *(fermé lundi)* 166 (déj.), 195/295 – 🖙 75 – **17 ch** 630/1280,
　　　　4 appart – ½ P 630/888.

ST-SAUVEUR-DE-MONTAGUT 07190 Ardèche 🎞 ⑲ – 1 396 h alt. 210.

Paris 599 – Valence 39 – Le Cheylard 24 – Lamastre 32 – Privas 24.

　　X **Montagut** avec ch, pl. Église 𝒫 75 65 40 31, Fax 75 65 41 86, 🍴 – GB
　　　　fermé 5 au 30 sept., dim. soir et mardi – **Repas** 60 (déj.), 90/200 🍸 – 🖙 25 – **5 ch** 150/260 –
　　　　½ P 200.

CITROEN Gar. Marze, 𝒫 75 65 41 66

ST-SAVIN 65 H.-Pyr. 🔲🔲 ⑰ – rattaché à Argelès-Gazost.

ST-SAVINIEN 17350 Char.-Mar. 🔲🔲 ④ G. Poitou Vendée Charentes – 2 340 h alt. 15.
Env. Château de la Roche Courbon★ et Jardins★ : ≤★★ SO : 10 km.
🖪 Office de Tourisme r. Bel Air ℘ 46 90 21 07.
Paris 458 – Rochefort 28 – La Rochelle 59 – St-Jean-d'Angély 15 – Saintes 15 – Surgères 30.

CITROEN Gar. Roy. ℘ 46 90 21 12 🅽   RENAULT Gar. Garnier, ℘ 46 90 20 24
℘ 46 90 21 12

ST-SÉBASTIEN-SUR-LOIRE 44 Loire-Atl. 🔲🔲 ③ – rattaché à Nantes.

ST SEINE L'ABBAYE 21440 Côte-d'Or 🔲🔲 ⑲ G. Bourgogne – 326 h alt. 451.
Paris 290 – ◆Dijon 28 – Autun 74 – Châtillon-sur-Seine 57 – Montbard 47.

  🏠 **Poste** 🐾, ℘ 80 35 00 35, Fax 80 35 07 64, 🏢, 🍴 – 🕿 🚗 ℗. 🆖🅱
  ↔ 1ᵉʳ mars-15 nov. – **Repas** 80/210, enf. 40 – ⌑ 40 – **20 ch** 145/300 – ½ P 220/300.

ST-SERNIN-SUR-RANCE 12380 Aveyron 🔲🔲 ⑫ G. Gorges du Tarn – 563 h alt. 290.
Paris 713 – Albi 50 – Cassagnes-Bégonhès 57 – Castres 68 – Lacaune 30 – Rodez 82 – St-Affrique 32.

  🏠🏠 **Carayon** 🐾, ℘ 65 99 60 26, Fax 65 99 69 26, ≤, 🏢, 🏊, 🍴, 🎾 – 🛗 🕿 🚿 🚗 ℗ – 🔧 35.
  ↔ 🆎 ⑩ 🆖🅱
  fermé nov., dim soir et lundi de déc. à mars – **Repas** 70/300 🍷, enf. 49 – ⌑ 33 – **54 ch**
  179/359 – ½ P 269/359.

CITROEN Gar. Bardy. ℘ 65 99 61 61

Une réservation confirmée par écrit est toujours plus sûre.

ST-SERVAN-SUR-MER 35 I.-et-V. 🔲🔲 ⑥ – voir à St-Malo.

ST-SEVER 40500 Landes 🔲🔲 ⑥ G. Pyrénées Aquitaine – 4 536 h alt. 102.
Voir Chapiteaux★ de l'église.
🖪 Office de Tourisme pl. Tour-du-Sol ℘ 58 76 34 64.
Paris 726 – Mont-de-Marsan 16 – Aire-sur-l'Adour 31 – Dax 47 – Orthez 37 – Pau 67 – Tartas 23.

  XXX **Relais du Pavillon** avec ch, au N : 2 km carrefour D 933 et D 924 ℘ 58 76 20 22,
  Fax 58 76 25 81, 🏢, 🏊, 🍴 – 📺 🕿 ℗ – 🔧 30. 🆎 ⑩ 🆖🅱
  fermé dim. soir du 1ᵉʳ oct. au 15 juin – **Repas** 90/300 et carte 260 à 330, enf. 60 – ⌑ 40 –
  14 ch 230/310 – ½ P 270/285.

PEUGEOT Junca, 24 r. du Castallet ℘ 58 76 02 95

STS-GEOSMES 52 H.-Marne 🔲🔲 ③ – rattaché à Langres.

ST-SORLIN-D'ARVES 73530 Savoie 🔲🔲 ⑥ ⑦ G. Alpes du Nord – 291 h alt. 1 550.
Voir Site★ de l'église de St-Jean-d'Arves SE : 2,5 km.
Env. Col de la Croix de Fer ❄★★ O : 7,5 km puis 15 mn – Col du Glandon ≤★ puis Combe
d'Olle★★ O : 10 km.
🖪 Office de Tourisme, Vallée de l'Arvan ℘ 79 59 71 77, Fax 79 59 75 50.
Paris 637 – Albertville 83 – Le Bourg-d'Oisans 49 – Chambéry 93 – St-Jean-de-Maurienne 20.

  🏠 **Chardon Bleu** 🐾, ℘ 79 59 71 47, Fax 79 59 76 02, ≤, 🏢, 🏊 – ➡ ch 🕿 🆖🅱. 🍴 rest
  1ᵉʳ juil.-31 août et 15 déc.-15 avril – **Repas** 95/120 🍷, enf. 65 – ⌑ 28 – **28 ch** 210/250 –
  ½ P 280/300.

ST-SULIAC 35430 I.-et-V. 🔲🔲 ⑥ – 802 h alt. 20.
Paris 415 – Saint-Malo 12 – Dinan 19 – Dol-de-Bretagne 20 – Lamballe 56 – ◆Rennes 61 – Saint-Cast-le-Guildo 36.

  XX **La Grève,** ℘ 99 58 33 83, Fax 99 58 35 40, ≤, 🏢 – 🆎 🆖🅱
  fermé 8 au 29 janv., dim. soir et lundi sauf juil.-août – **Repas** 95/130, enf. 70.

ST-SULPICE 81370 Tarn 🔲🔲 ⑨ – 4 354 h alt. 91.
Paris 687 – ◆Toulouse 29 – Albi 48 – Castres 53 – Montauban 42.

  XX **Aub. de la Pointe,** N 88 ℘ 63 41 80 14, Fax 63 41 90 24, 🏢, 🏊, 🍴 – ℗. 🆎 ⑩ 🆖🅱
  fermé mardi soir et merc. d'oct. à mai – **Repas** 65 (déj.), 90/180 🍷, enf. 50.

CITROEN Gar. Graniti, ℘ 63 40 01 70   RENAULT Gar. Gomez, ℘ 63 41 80 57 🅽
                                         ℘ 63 41 96 44

ST-SULPICE-SUR-LÈZE 31410 H.-Gar. 🔲🔲 ⑰ – 1 423 h alt. 198.
Paris 730 – ◆Toulouse 34 – Auterive 13 – Foix 53 – St-Gaudens 61.

  XX **La Commanderie,** ℘ 61 97 33 61, 🏢, 🍴 – 🆖🅱
  fermé 20 sept. au 9 oct., 19 fév. au 7 mars, lundi soir et mardi – **Repas** 85/260 🍷, enf. 50.

ST-SYLVESTRE-SUR-LOT 47 L-et-G. 🔲🔲 ⑥ – rattaché à Villeneuve-sur-Lot.

72240 Sarthe 📖 ⑫ – 469 h.

Paris 227 – ♦Le Mans 26 – Alençon 51 – Laval 56 – Mayenne 52.

XX **Relais de la Charnie** avec ch, 𝒫 43 20 72 06, Fax 43 20 70 59, 🍴 – ⇆ ch 📺 ☎. 🆎 ⑥⬛
♦ 🍽 ch
fermé vacances de fév., dim. soir et lundi – **Repas** 78/190 ⅃, enf. 52 – 🍽 30 – **9 ch** 230/340
– ½ P 270/340.

42470 Loire 📖 ⑧ – 1 489 h alt. 480.

Paris 409 – Roanne 18 – ♦Lyon 69 – Montbrison 54 – ♦St-Étienne 74 – Thizy 20.

NE par N 7 et D 26 : 1,5 km – ✉ **42470** St-Symphorien-de-Lay :

XX **Aub. des Terrasses**, 𝒫 77 64 72 87, ≤, 🌿 – 🅿. ⑥⬛
♦ *fermé 8 janv. au 6 fév.* – **Repas** 70/220 ⅃.

29410 Finistère 📖 ⑥ **G. Bretagne** – 2 139 h alt. 112.

Voir Enclos paroissial★★.

Env. Enclos paroissial★★ de Guimiliau SO : 7,5 km.

Paris 550 – ♦Brest 48 – Châteaulin 50 – Landivisiau 12 – Morlaix 12 – Quimper 70 – St-Pol-de-Léon 28.

🏠 **Aub. St-Thégonnec** Ⓜ, 𝒫 98 79 61 18, Fax 98 62 71 10, 🍴, parc – 📺 ☎ ⑥ 🅿. 🆎 ⑩
⑥⬛ 🍽 rest
fermé janv., dim. soir et lundi de sept. à juin – **Repas** 95/200, enf. 65 – 🍽 35 – **19 ch** 270/350
– ½ P 350/400.

77 S.-et-M. 📖 ⑫, 🗺 ⑳ – voir à Paris, Environs (Marne-la-Vallée).

Le Guide change, changez de guide tous les ans.

17 Char.-mar. 📖 ⑭ – voir à Oléron (Ile d').

83990 Var 📖 ⑰ 🗺 ㊲ **G. Côte d'Azur** – 5 754 h alt. 5.

Voir Musée de l'Annonciade★★ Z – Port★ YZ – Môle Jean Réveille ≤★ Y – Citadelle★ Y : ≤★ des remparts, 🌄★★ du donjon – Chapelle Ste-Anne ≤★ S : 4 km par av. P. Roussel Z.

🛈 Office de Tourisme Gare Routière 𝒫 94 97 41 21, Fax 94 97 79 08 et quai J.-Jaurès 𝒫 94 97 45 21, Fax 94 97 82 66.

Paris 876 – Fréjus 34 – Aix-en-Provence 119 – Brignoles 66 – Cannes 76 – Draguignan 48 – ♦Toulon 71.

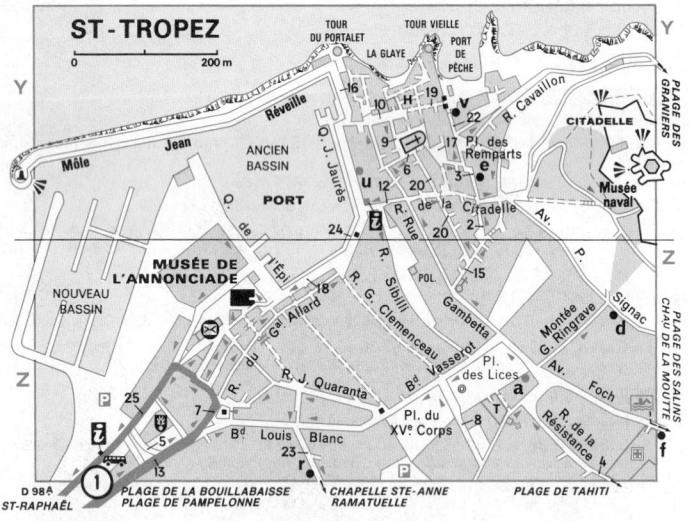

En saison : zone piétonne dans la vieille ville.

Byblos ⋔ 🍴, av. P. Signac ✆ 94 56 68 00, Télex 470235, Fax 94 56 68 01, <, ☆, 🛋, 🛬,
🌳 – 🛗 📠 📺 ☎ ⬅ 🄿 – 🚗 50. 🅰🅴 ⓞ 🅶🅱   Z **d**
fin mars-mi-oct. – Les Arcades : Repas 200(déj.), 280/400 – ⊑ 120 – **58 ch** 1740/2870,
44 appart.

❀ **Résidence de la Pinède** ⋔ 🍴, à la plage de la Bouillabaisse par ① : 1 km
✆ 94 97 04 21, Télex 470489, Fax 94 97 73 64, <, ☆, 🛋, 🛬⊛, 🌳 – 🛗 📠 📺 ☎ ⭑ 🄿. 🅰🅴
ⓞ 🅶🅱
Pâques-15 oct. – Repas 250 (déj.), 350/500 – ⊑ 115 – **42 ch** 1450/2700, 5 appart – ½ P 1325/
1800
Spéc. Minestrone de langoustines rôties au parfum de basilic. Salade de coquillages, fruits de mer et crustacés. Filets
de rougets de roche rôtis, purée de pommes de terre à l'huile d'olive.

❀ **La Bastide de St-Tropez** ⋔ 🍴, rte Carles : 1 km par av. P. Roussel - Z
✆ 94 97 58 16, Fax 94 97 21 71, ☆, « Belle décoration intérieure, 🛋 », 🌳 – 🛗 ch 📺 ☎
⭑ 🄿 – 🚗 25. 🅰🅴 ⓞ 🅶🅱
*fermé 2 au 31 janv. – L'Olivier (fermé 2 janv. au 7 fév., mardi midi et lundi du 9 oct. au 31
mars) Repas* 180 (déj.), 210/360 et carte 270 à 370, enf. 100 – ⊑ 60 – **20 ch** 1500/1900,
6 appart – ½ P 1070/1270
Spéc. Crevettes aux épices douces et parmesan, vermicelles brûlés aux calamars. Carré d'agneau, petit farci d'épaule
confite aux douze épices. Tian de rougets de roche à l'aubergine. **Vins** Côtes de Provence.

Domaine de l'Astragale ⋔ 🍴, par ① : 1,5 km, chemin de la Gassine ✆ 94 97 48 98,
Fax 94 97 16 01, ☆, 🛋, 🌳, 🛥 – 🚗 35. 🅰🅴 ⓞ 🅶🅱
9 mai-10 oct. – Repas 220 (déj.)/290 – ⊑ 95 – **34 ch** 2100/2450 – ½ P 2330/2830.

La Mandarine ⋔ 🍴, S: 0,5 km par av. P. Roussel, rte Tahiti ✆ 94 79 06 66,
Fax 94 97 33 67, ☆, 🛋, 🌳 – 📠 ch 📺 ☎ 🄿. 🅰🅴 ⓞ 🅶🅱. 🍽 rest
13 mai-15 oct. – Repas 140/290 – ⊑ 60 – **42 ch** 1100/2200, 4 appart – ½ P 900/1450.

Le Yaca, 1 bd Aumale ✆ 94 97 11 79, Fax 94 97 58 50, ☆, 🛋, 🌳 – 📠 ch 📺 ☎. 🅰🅴 ⓞ
🅶🅱. 🍽 rest   Y **e**
15 avril-15 oct. – Repas carte 190 à 340 – ⊑ 85 – **22 ch** 1200/2200.

Le Provençal 🍴, par ① : 2 km, chemin Bonnaventure ✆ 94 97 00 83, Fax 94 97 44 37,
☆, 🛋, 🌳 – 🄿. 🅰🅴 ⓞ 🅶🅱. 🍽 rest
Repas snack de piscine *(juin-fin sept.)* carte environ 200 – ⊑ 60 – **20 ch** 900/1000.

La Ponche, pl. Révelin ✆ 94 97 02 53, Fax 94 97 78 61, ☆ – 🛗 📠 📺 ☎. 🅰🅴 🅶🅱   Y **v**
_{JCB}
1ᵉʳ avril-15 oct. – Repas 115 (déj.), 195/240 – ⊑ 60 – **18 ch** 800/2200 – ½ P 650/1275.

Lou Troupelen sans rest, chemin des Vendanges ✆ 94 97 44 88, Fax 94 97 41 76, 🌳 –
☎ 🄿. 🅰🅴 ⓞ 🅶🅱.   Z **f**
7 avril-1ᵉʳ nov. – ⊑ 45 – **45 ch** 320/490.

Lou Cagnard sans rest, av. P. Roussel ✆ 94 97 04 24, 🌳 – ☎ 🄿   Z **r**
fermé 15 nov. au 1ᵉʳ janv. – ⊑ 40 – **19 ch** 280/420.

❀ **Bistrot des Lices** (Tarridec), 3 pl. des Lices ✆ 94 97 29 00, Fax 94 97 76 39, ☆ – 🅰🅴
🅶🅱   Z **a**
fermé mi-janv. à mi-mars, merc. et jeudi du 1ᵉʳ nov. à Pâques – Repas 175 (déj.), 260/380 et
carte 350 à 490, enf. 120
Spéc. Risotto d'épeautre aux petits gris. Blanc de Saint-Pierre "comme en aïoli". Côte, filet et pied de cochon mijotés
en casserole.

Le Girelier, au port ✆ 94 97 03 87, Fax 94 97 43 86, <, ☆ – 📠. 🅰🅴 ⓞ 🅶🅱   Y **u**
1ᵉʳ avril-10 oct. – Repas - produits de la mer - 180.

au SE : par av. Foch – Z – ⊠ 83990 St-Tropez :

La Tartane ⋔ 🍴, à 3 km ✆ 94 97 21 23, Fax 94 97 09 16, ☆, « Jardin », 🛋 – 📠 ch 📺
☎ 🄿. 🅰🅴 🅶🅱. 🍽 rest
1ᵉʳ avril-30 oct. – Repas snack de piscine (déj. seul.) carte 180 à 280 – ⊑ 70 – **13 ch**
750/900.

Levant ⋔ 🍴, à 2,5 km ✆ 94 97 33 33, Fax 94 97 76 13, ☆, « Jardin », 🛋 – 📠 ch 📺 ☎
🄿. 🅰🅴 ⓞ 🅶🅱
hôtel : 15 mars-15 oct. ; rest. : juil.-août – Repas grill (déj. seul.) carte environ 190 – ⊑ 55 –
28 ch 595/850.

La Bastide des Salins 🍴 sans rest, à 4 km ✆ 94 97 24 57, Fax 94 54 89 03, « Jardin »,
🛋 – 📺 🄿. 🅶🅱
⊑ 85 – **15 ch** 1800.

Pré de la Mer 🍴 sans rest, à 2,5 km ✆ 94 97 12 23, Fax 94 97 43 91, « Jardin » –
cuisinette 📺 🄿. 🅶🅱
8 avril-30 sept. – ⊑ 55 – **12 ch** 660/875.

La Barlière 🍴 sans rest, à 1,5 km ✆ 94 97 41 24, Fax 94 97 73 40, 🛋, 🌳 – 📺 ☎ ⬅ 🄿.
🅶🅱
⊑ 60 – **22 ch** 550/850.

au SE : par av. Paul Roussel et rte de Tahiti :

🏨🏨 **Château de la Messardière** M ⑤, à 2 km ⊠ 83990 St-Tropez ℰ 94 56 76 00, Télex 461150, Fax 94 56 76 01, ㍱, parc, « Dans une pinède dominant la baie, ⩽ », ⬛ – 🛏🔳🔲 ☎ & ⇔ 🅿 – 🔬 100. ◪ ⓞ ⌷⌷
Pâques-10 oct. – **Repas** (dîner seul.) 210/420, enf. 120 – ☲ 100 – **75 ch** 1700/2700, 15 appart – ½ P 2050/3050.

🏨🏨 **St-Vincent** M ⑤, à 4 km ⊠ 83350 Ramatuelle ℰ 94 97 36 90, Fax 94 54 80 37, ⩽, ㍱, ⬛ – 🔳 ch 🆅 ☎ & 🅿 ◪ ⓞ ⌷⌷
hôtel : 8 avril-15 oct. ; rest. : 14 mai-17 sept. – **Repas** grill carte 160 à 250 – ☲ 70 – **16 ch** 950/1150, 4 duplex.

🏨 **La Figuière** M ⑤, à 4 km ⊠ 83350 Ramatuelle ℰ 94 97 18 21, Fax 94 97 68 48, ㍱, ⬛, 🐎, ℀ – 🔳 ch 🆅 ☎ 🅿 ⌷⌷
7 avril-8 oct. – **Repas** grill carte 150 à 270 ⑤ – ☲ 60 – **44 ch** 500/900.

🏨 **La Garbine** M ⑤ sans rest, à 4 km ⊠ 83350 Ramatuelle ℰ 94 97 11 84, Fax 94 97 34 18, ⩽, ⬛, 🐎, ℀ – 🔳 🆅 ☎ & 🅿 ◪ ⌷⌷ ⌗
30 mars-15 oct. et 25 déc.-3 janv. – ☲ 50 – **20 ch** 550/950.

🏨 **La Ferme d'Augustin** ⑤ sans rest, à 4 km ⊠ 83350 Ramatuelle ℰ 94 97 23 83, Fax 94 97 40 30, ⬛, 🐎 – 🔳 🆅 ☎ 🅿 ◪ ⌷⌷
31 mars-15 oct. – ☲ 75 – **36 ch** 620/1600.

🏨 **St-André** ⑤ sans rest, à 4 km ⊠ 83350 Ramatuelle ℰ 94 97 21 54, Fax 94 97 37 80, 🐎 – 🆅 ☎ 🅿 ⌷⌷ ⌗
Pâques-fin sept. – ☲ 55 – **30 ch** 500/730.

par ① et D 93 rte de Ramatuelle – ⊠ **83350** Ramatuelle :

🏨🏨 **Les Bergerettes** M ⑤, à 5 km ℰ 94 97 40 22, Fax 94 97 37 55, ⩽, ㍱, parc, ⬛ – 🔳 ch 🆅 ☎ 🅿 ◪ ⌷⌷ ⌗ rest
hôtel : Pâques-fin sept. ; rest : mai-15 sept. – **Repas** snack de piscine carte 140 à 180 – ☲ 70 – **29 ch** 920/970.

🏨 **Les Bouis** M ⑤, à 6 km ℰ 94 79 87 61, Fax 94 79 85 20, ⩽ mer, ㍱, ⬛, 🐎 – 🔳 ch 🆅 ☎ 🅿 ⌷⌷ ⌗ rest
hôtel : 25 mars-25 oct. ; rest. : 15 avril-15 sept. – **Repas** grill (déj. seul.) 120 bc/170 bc ⑤ – ☲ 68 – **12 ch** 1000/1150, 4 duplex.

🏨 **Deï Marres** ⑤ sans rest, à 3 km ℰ 94 97 26 68, Fax 94 97 62 76, ⩽, ⬛, 🐎, ℀ – 🆅 ☎ & 🅿 ◪ ⓞ ⌷⌷
15 mars-31 oct. – ☲ 45 – **22 ch** 850/1100.

❌❌ **Aub. des Vieux Moulins** avec ch, à 4 km ℰ 94 97 17 22, Fax 94 97 72 70, ㍱ – ⇶ ch 🆅 ☎ 🅿 ◪ ⌷⌷ ⌷⌷⌷
15 mai-15 sept. – **Repas** (dîner seul.) 220 – ☲ 65 – **5 ch** 600.

par ① domaine du Treizain : 3 km – ⊠ **83580** Gassin :

🏨 **Treizain** ⑤, ℰ 94 97 70 08, Fax 94 97 67 25, ⩽, ㍱, ⬛, 🐎 – 🔳 ch 🆅 ☎ 🅿 ◪ ⓞ ⌷⌷
avril-15 oct. – **Repas** snack carte environ 100 – ☲ 50 – **16 ch** 750/1000.

🏨 **Les Capucines** ⑤ sans rest, ℰ 94 97 70 05, Fax 94 97 55 85, ⬛, 🐎 – 🆅 ☎ 🅿 ◪ ⓞ ⌷⌷
1er avril-15 oct. – ☲ 50 – **24 ch** 580/980.

CITROEN Gar. Azzena, à Gassin par ① ℰ 94 56 10 38

ST-VAAST-LA-HOUGUE 50550 Manche ⑤⑷ ③ G. Normandie Cotentin – 2 134 h alt. 4.

🚢 de Fontenay-en-Cotentin ℰ 33 21 44 27, S : 16 km.

🅱 Office de Tourisme, quai Vauban ℰ 33 54 41 37.

Paris 351 – Cherbourg 29 – Carentan 39 – St-Lô 67 – Valognes 17.

🏨 **France et Fuchsias**, ℰ 33 54 42 26, Fax 33 43 46 79, ㍱, 🐎 – 🆅 ☎ ◪ ⓞ ⌷⌷ ⌗
↠ *fermé 5 janv. au 15 fév. et lundi de sept. à mai* – **Repas** 75/245 ⑤, enf. 55 – ☲ 42 – **33 ch** 180/390 – ½ P 215/335.

🏨 **La Granitière**, ℰ 33 54 58 99, Fax 33 20 34 91, 🐎 – ☎ 🅿 ◪ ⓞ ⌷⌷
fermé 15 fév. au 20 mars, le midi sauf dim. et mardi d'oct. à mai – **Repas** 85/190 – ☲ 38 – **11 ch** 280/500 – ½ P 288/398.

ST-VALÉRIEN 89150 Yonne ⑥⑴ ⑬ – 1 666 h alt. 165.

Paris 112 – Fontainebleau 48 – Auxerre 65 – Nemours 32 – Sens 15.

❌ **Le Gâtinais**, ℰ 86 88 62 78 – ⌷⌷
fermé mardi soir, merc. soir et dim. soir – **Repas** 90/250, enf. 60.

PEUGEOT Gar. Février, ℰ 86 88 61 05

ST-VALÉRY-EN-CAUX 76460 S.-Mar. ⑤⑵ ③ G. Normandie Vallée de la Seine – 4 595 h alt. 8 – Casino.

Voir Falaise d'Aval ⩽★ O : 15 mn.

🅱 Office de Tourisme Maison Henri IV ℰ 35 97 00 63.

Paris 196 – ◆Le Havre 71 – Bolbec 42 – Dieppe 34 – Fécamp 32 – ◆Rouen 59 – Yvetot 30.

🏨 **Mercure,** 14 av. Clemenceau 🏠 35 97 35 48, Fax 35 97 65 40, ≤ – 🛗 📺 ☎ 🕭 – 🖽 100.
AE ① GB. ✻ rest
Repas 125, enf. 40 – 🖙 50 – **145 ch** 330/380, 4 appart.

🏠 **Terrasses,** à la plage 🏠 35 97 11 22, Fax 35 97 05 83, ≤ – 🚪 ☎. GB
fermé déc. et merc. – **Repas** 138/198 ⅃ – 🖙 35 – **12 ch** 220/350 – ½ P 310/330.

XX **Port,** quai d'Amont 🏠 35 97 08 93, Fax 35 97 28 32 – GB
fermé lundi soir en juil.-août, dim. soir et lundi de sept. à juin – **Repas** 115/198.

par rte Fécamp : par D 925 et D 68 le Bourg Ingouville – ⊠ 76460 Ingouville-sur-Mer :

XXX **Les Hêtres** ⏚ avec ch, 🏠 35 57 09 30, Fax 35 57 09 31, « Jardin fleuri » – 🅿. GB
fermé 16 janv. au 8 fév., lundi soir et mardi hors sais. – **Repas** 160/330 et carte 240 à 400 –
🖙 65 – **4 ch** 480/620.

ST-VALÉRY-SUR-SOMME 80230 Somme 🗺 ⑥ G. Flandres Artois Picardie – 2 769 h alt. 19.
Voir Digue-promenade★ – Chapelle des Marins ≼★ – Musée Picarvie★ – La baie de Somme★★.
Paris 181 – ♦ Amiens 64 – Abbeville 18 – Blangy-sur-Bresle 36 – Le Tréport 23.

🏠 **Relais Guillaume de Normandy** ⏚, quai Romerel 🏠 22 60 82 36, Fax 22 60 81 82 – 📺
☎ 🅿. GB. ✻
fermé 25 nov. au 30 déc. et mardi sauf juil.-août – **Repas** 85/200 ⅃, enf. 50 – 🖙 35 – **14 ch**
200/330 – ½ P 255/265.

ST-VALLIER 26240 Drôme 🗺 ① G. Vallée du Rhône – 4 115 h alt. 138.
🅱 Office de Tourisme, Pays Valloire Galaure 🏠 75 31 27 27.
Paris 530 – Valence 31 – Annonay 20 – ♦St-Étienne 61 – Tournon-sur-Rhône 16 – Vienne 39.

XXX **Terminus et rest. Albert Lecomte** 🅼 avec ch, 116 av. J. Jaurès, rte Lyon
🏠 75 23 01 12, Fax 75 23 38 82 – 🚪 ☎ ⇔. AE ① GB
fermé 7 au 21 août, dim. soir et lundi – **Repas** 150/390 et carte 260 à 370, enf. 80 – 🖙 50 –
10 ch 270/380.

XX **Voyageurs,** 2 av. J. Jaurès 🏠 75 23 04 42, Fax 75 23 46 99, 🏤 – 🚪. AE ① GB JCB
fermé 11 nov. au 2 déc. et dim. soir du 1er oct. au 1er mars – Repas 90/190 ⅃.

PEUGEOT Gar. de l'Europe, 🏠 75 23 28 42   Gar. Trouiller, 🏠 75 23 07 78

The Guide changes, so renew your Guide every year.

ST-VALLIER-DE-THIEY 06460 Alpes-Mar. 🗺 ⑧ 🗺 ⑫ 🗺 ㉓ G. Côte d'Azur – 1 536 h alt. 724.
Voir Pas de la Faye ≼★★ NO : 5 km – Grotte de Beaume Obscure★ S : 2 km – Col de la Lèque
≼★ SO : 5 km.
🅱 Office de Tourisme pl. du Tour 🏠 93 42 78 00, Fax 93 42 66 51.
Paris 849 – Cannes 28 – Castellane 51 – Draguignan 59 – Grasse 12 – ♦Nice 47.

🏨 **Le Préjoly,** 🏠 93 42 60 86, Fax 93 42 67 80, 🏤, 🛋, 🌳 – 📺 ☎. AE ① GB
fermé 15 déc. au 25 janv. – **Repas** *(fermé mardi de sept. à mai)* 98/210, enf. 60 – 🖙 40 –
17 ch 300/350 – ½ P 450/480.

🏠 **Relais Impérial,** 🏠 93 42 60 07, Fax 93 42 66 21 – 🛗 📺 ☎. AE ① GB
fermé 15 nov. au 15 déc. – **Repas** 89/198, enf. 50 – 🖙 34 – **30 ch** 290/440 – ½ P 300/360.

ST-VÉRAN 05350 H.-Alpes 🗺 ⑲ G. Alpes du Sud – 257 h alt. 2 040 : la plus haute commune d'Europe –
Sports d'hiver : 1 750/2 800 m ⅃ 15 ✶.
Voir Village★★.
🅱 Office de Tourisme 🏠 92 45 82 21, Fax 92 45 84 52.
Paris 737 – Briançon 51 – Guillestre 32.

🏨 **L'Astragale** 🅼 ⏚ sans rest (rest. prévu), à l'église 🏠 92 45 87 00, Fax 92 45 87 10, ≤, 🖼
– 🛗 ✦ ch 📺 ☎ 🕭 🅿. GB
fermé 1er nov. au 20 déc. – 🖙 45 – **21 ch** 493/740.

🏠 **Chateaurenard** ⏚, 🏠 92 45 85 43, Fax 92 45 84 20, ≤ vallée et montagnes, 🏤 – 📺 ☎
🅿. GB. ✻ rest
Repas 85/112 ⅃, enf. 55 – 🖙 45 – **20 ch** 295/360 – ½ P 275/295.

🏠 **Grand Tétras** ⏚, 🏠 92 45 82 42, Fax 92 45 85 98, ≤, 🏤, 🛋 – ☎ 🅿. GB
➡ *3 juin-17 sept. et 19 déc.-14 avril* – **Repas** 80/115 ⅃, enf. 45 – 🖙 39 – **21 ch** 228/360 –
½ P 269/320.

ST-VÉRAND 71570 S.-et-L. 🗺 ① – 191 h alt. 300.
Paris 404 – Mâcon 12 – Bourg-en-Bresse 48 – ♦Lyon 69 – Villefranche-sur-Saône 33.

🏠 **Aub. du St-Véran,** 🏠 85 37 16 50, 🏤, 🌳 – 🅿. GB
➡ *fermé 1er déc. au 15 janv., dim. soir en hiver et lundi* – **Repas** 70/130, enf. 45 – 🖙 30 – **11 ch**
160/250 – ½ P 200/250.

ST-VIANCE 19 Corrèze 🗺 ⑧ – rattaché à Brive-la-Gaillarde.

ST-VIATRE 41 L.-et-Ch. 🗺 ⑲ – rattaché à Nouan-le-Fuzelier.

43800 H.-Loire 🔟🔟 ⑦ – 806 h.

Paris 548 – Le Puy-en-Velay 17 – La Chaise-Dieu 35 – ◆Saint-Étienne 72.

  XX **La Renouée,** à Cheyrac, N par D 103 𝒫 71 08 55 94 – ⌷⌷ 🛇
    fermé 2 au 12 oct., 9 janv. au 1ᵉʳ mars, lundi sauf juil.-août et dim. soir – **Repas** 105/235,
    enf. 50.

38660 Isère 🔟🔟 ⑤ – 1 060 h alt. 300.

Voir Château du Touvet★ S : 3 km, G. Alpes du Nord.

Paris 571 – ◆Grenoble 31 – Belley 63 – Chambéry 27 – La Tour-du-Pin 74.

  🏠 **Aub. St-Vincent,** 𝒫 76 08 46 97, Fax 76 08 49 55, 😤 – 📺 ☎ 🅿. ⌷⌷
    fermé 22 au 30 avril, 1ᵉʳ au 9 sept., lundi (sauf hôtel) et dim. soir du 15 sept. au 31 mai –
    Repas 95/240, enf. 50 – ⌷⌷ 40 – **16 ch** 230/300 – ½ P 280.

RENAULT Gar. Gherardi, 𝒫 76 08 42 04

40230 Landes 🔟🔟 ⑰ – 5 075 h alt. 23.

Paris 744 – Biarritz 34 – Mont-de-Marsan 72 – ◆Bayonne 25 – Dax 24 – Pau 99 – Peyrehorade 24.

  🏠 **Twickenham,** av. Gare 𝒫 58 77 01 60, Fax 58 77 95 15, 😤, ⌷ – ⅓ ch 📺 ☎ 🅿 –
    🏛 40 à 60. ⌷⌷
    Repas 80 (déj.). 120/220 – ⌷⌷ 28 – **30 ch** 260/320 – ½ P 298/330.

  🏠 **Côte d'Argent** 🛇 sans rest, rte Hossegor 𝒫 58 77 02 16, Fax 58 77 23 96, 🌳 – 📶 📺 ☎
    🅿. ⌷⌷
    ⌷⌷ 30 – **22 ch** 250/290.

  XXX **Le Hittau,** 𝒫 58 77 11 85, 😤, « Ancienne bergerie dans un jardin fleuri » – 🅿. ⌷⌷ ⌷⌷
    ⌷⌷
    fermé fév., dim. soir de sept. à juin et lundi sauf le midi en juil.-août – **Repas** 160/400 et carte
    240 à 550 ♣.

  XX **Les Gourmets,** N10 𝒫 58 77 16 97, 😤 – ⌷⌷ ⌷⌷
  ◆ *fermé vacances de Noël, mardi soir et merc. sauf juil.-août* – **Repas** 65/165 ♣, enf. 45.

RENAULT Gar. Darrigade, 𝒫 58 77 03 33 🅽   🅦 Comptoir Landais Pneu Vulcopneu,
𝒫 58 77 03 33   𝒫 58 77 00 88

    En juin et en septembre,

    les hôtels sont moins chers qu'en pleine saison, le service est plus soigné.

72150 Sarthe 🔟🔟 ④ – 724 h alt. 85.

Voir Forêt de Bercé★, G. Châteaux de la Loire.

Paris 210 – ◆Le Mans 32 – La Flèche 51 – ◆Tours 55 – Vendôme 54.

    aux Sources de l'Hermitière SO : 5 km par D 304, D 137 et VO – ✉ **72150** St-Vincent-du-
    Lorouër :

  XX **Aub. L'Hermitière,** 𝒫 43 44 84 45, Fax 43 79 10 04, 😤, « Pavillon forestier », 🌳 – 🅿.
    ⌷⌷
    1ᵉʳ avril-1ᵉʳ nov. et fermé lundi soir et mardi – **Repas** 90 bc/235, enf. 50.

85110 Vendée 🔟🔟 ⑮ – 550 h alt. 65.

Paris 392 – La Roche-sur-Yon 33 – Cholet 42 – ◆Nantes 70 – Niort 78.

  XX ❀ **Lionel Guilbaud,** (transfert prévu) 𝒫 51 40 23 17, Fax 51 40 26 46, ⌷, 🌳 – 🅿. ⌷⌷ ⌷⌷
    ⌷⌷
    fermé dim. soir et lundi sauf le midi en juil.-août – **Repas** 115 bc/380 et carte 290 à 370
    Spéc. Bouquet de queues de langoustines "maraîchère" (printemps-été). Canard au sang "Gérard Burgaud". Le
    "Gout'zou", délice de Vendée (printemps-été). **Vins** Pissotte.

85520 Vendée 🔟🔟 ⑪ G. Poitou Vendée Charentes – 658 h alt. 10.

🅱 Office de Tourisme le Bourg (juil.-août) 𝒫 51 33 62 06.

Paris 449 – La Rochelle 67 – La Roche-sur-Yon 34 – Challans 68 – Luçon 32 – Les Sables-d'Olonne 22.

  🏨 **Océan** 🛇, S : 1 km (près maison de Clemenceau) 𝒫 51 33 40 45, Fax 51 33 98 15, ⌷ –
  ◆ 📺 ☎ 🅿. ⌷⌷
    fermé 30 nov. au 15 fév. et jeudi hors sais. – **Repas** 79/220 ♣, enf. 45 – ⌷⌷ 30 – **38 ch**
    220/400 – ½ P 280/360.

  🏠 **Chabosselières** sans rest, rte Jard 𝒫 51 33 43 32, 🌳 – ☎ 🅿. ⌷⌷
    avril-fin sept. et fermé mardi sauf juil.-août – ⌷⌷ 27 – **10 ch** 220/240.

  X **Chalet St Hubert** avec ch, rte Jard 𝒫 51 33 40 33, 🌳 – ☎ 🅿. ⌷⌷
  ◆ *fermé 15 nov. au 15 déc., dim. soir et lundi* – **Repas** 75/298, enf. 45 – ⌷⌷ 28 – **10 ch** 200/235
    – ½ P 203/221.

25410 Doubs 🔟🔟 ⑭ ⑮ – 3 774 h alt. 251.

Paris 390 – ◆Besançon 17 – Dole 28 – Gray 39 – Pontailler-sur-Saône 36 – Salins-les-Bains 35.

  XX **Le Tisonnier,** E : 5 km rte Besançon 𝒫 81 58 50 01, Fax 81 58 63 46, 😤 – 🅿. ⌷⌷ ⌷⌷ ⌷⌷
    fermé lundi sauf fériés le midi – **Repas** 98 bc (déj.). 120/250 bc.

ST-VRAIN 91770 Essonne 🔲 ⑩ 🔲 ㊸ – 2 307 h alt. 60.

Voir Parc animalier et de loisirs ★, G. Ile de France.

Paris 41 – Fontainebleau 38 – Corbeil-Essonnes 16 – Étampes 20 – Melun 29.

   XX **Host. de St-Caprais,** r. St-Caprais ℰ (1) 64 56 15 45, Fax (1) 64 56 85 22, 佘, 雍 – **GB**
       fermé 15 juil. au 10 août, dim. soir et lundi – **Repas** 138/185.

ST-WANDRILLE-RANÇON 76490 S.-Mar. 🔲 ⑤ G. Normandie Vallée de la Seine – 1 151 h alt. 25.

Voir Abbaye★ (chant grégorien).

Paris 167 – ◆Le Havre 57 – Lillebonne 19 – ◆Rouen 31 – Barentin 17 – Duclair 12 – Yvetot 15.

   XX **Aub. Deux Couronnes,** ℰ 35 96 11 44, Fax 35 56 56 23, « Maison normande an-
       cienne » – 🖭 **GB**
       fermé 3 au 22 sept., dim. et lundi sauf fêtes – **Repas** 120/150 ₰, enf. 55.

ST-YORRE 03 Allier 🔲 ⑤ – rattaché à Vichy.

ST-YRIEIX-LA-PERCHE 87500 H.-Vienne 🔲 ⑰ G. Berry Limousin – 7 558 h alt. 369.

Voir Collégiale du Moûtier★.

🅱 Office de Tourisme 6 r. Plaisances ℰ 55 75 94 60, Fax 55 75 08 97.

Paris 436 – ◆Limoges 42 – Brive-la-Gaillarde 60 – Périgueux 62 – Rochechouart 52 – Tulle 70.

     à la Roche l'Abeille NE : 12 km par D 704 et 17ᴬ – ⊠ **87800** :

  🏫 ❀❀ **Moulin de la Gorce** (Bertranet) ⑤, S : 2 km par D 17 ℰ 55 00 70 66, Fax 55 00 76 57,
       ≤, « En bordure d'étang, parc » – 🖭 ☎ 🅿, 🖭 ⓪ **GB**
       fermé 2 janv. au 9 fév., dim. soir et lundi du 20 sept. au 15 avril – **Repas** 180 bc/480 et carte
       280 à 450 – ⊇ 75 – **10 ch** 480/900 – ½ P 800/850
       Spéc. Oeufs brouillés aux truffes dans leur coque. Paupiettes de bar aux langoustines. Lièvre à la royale (25 oct. au 31
       déc.).

VAG Gar. Dubois, rte de Coussac ℰ 55 75 10 70 🔃   ⓪ Pneus et Caoutchouc, 3 av. de Limoges
ℰ 55 75 10 70   ℰ 55 08 14 98

STE-ADRESSE 76 S.-Mar. 🔲 ③ – rattaché au Havre.

STE-ANNE-D'AURAY 56400 Morbihan 🔲 ② G. Bretagne – 1 630 h alt. 34.

Voir Trésor★ de la basilique – Pardon (26 juil.).

Paris 477 – Vannes 15 – Auray 6,5 – Hennebont 30 – Locminé 27 – Lorient 40 – Quimperlé 55.

  🏨 **Croix Blanche,** ℰ 97 57 64 44, Fax 97 57 50 60, 佘, 雍 – 🖭 ☎ 🅿, 🖭 ⓪ **GB** ✄
       fermé 13 au 28 nov., fév., dim. soir et lundi d'oct. à mai – **Repas** 85/265, enf. 55 – ⊇ 40 –
       23 ch 195/350 – ½ P 235/300.

  🏨 **Le Myriam** ⑤ sans rest, ℰ 97 57 70 44, Fax 97 57 50 61 – 📳 🖭 ☎ 🅿, **GB**
       1ᵉʳ mai-30 sept. et fermé lundi soir et jeudi sauf juil.-août – ⊇ 25 – **30 ch** 255/280.

  🏠 **Paix,** ℰ 97 57 65 08, Fax 97 57 50 61 – ☎. **GB**
  → *1ᵉʳ avril-30 sept. et fermé lundi soir et mardi* – **Repas** 60/120 – ⊇ 25 – **24 ch** 180/190.

  XXX **L'Auberge** 🖩 avec ch, ℰ 97 57 61 55, Fax 97 57 69 10, 佘 – 🖭 ☎ 🅿, 🖭 ⓪ **GB**
       fermé 4 au 23 oct., 8 au 22 janv., 23 fév. au 5 mars, mardi soir sauf juil.-août et merc. –
       Repas 82/315 et carte 150 à 430 – ⊇ 30 – **6 ch** 220/290 – ½ P 242/257.

RENAULT Gar. Josset, ℰ 97 57 64 13 🔃 ℰ 97 57 74 30

STE-ANNE-LA-PALUD (Chapelle de) 29 Finistère 🔲 ⑭ G. Bretagne – alt. 65 – ⊠ **29127** Plonevez-
Porzay.

Voir Pardon (fin août).

Paris 566 – Quimper 25 – ◆Brest 68 – Châteaulin 19 – Crozon 35 – Douarnenez 16 – Plomodiern 12.

  🏫 ❀ **Plage** ⑤, à la plage ℰ 98 92 50 12, Fax 98 92 56 54, ≤, ⚒, 雍, ✗ – 📳 ▤ rest 🖭 ☎ 🅿
       – 🔏 30. 🖭 ⓪ **GB**. ✗ rest
       début avril-mi-oct. – **Repas** 190/330 – ⊇ 70 – **26 ch** 500/650, 4 appart – ½ P 700/800
       Spéc. Maraîchère de homard aux huiles parfumées. Pigeon rôti aux langoustines royales. "Larideé" de petites crêpes
       aux fraises de Plougastel (saison).

STE-CÉCILE-LES-VIGNES 84290 Vaucluse 🔲 ② – 1 927 h alt. 106.

Paris 650 – Avignon 50 – Bollène 12 – Nyons 26 – Orange 16 – Vaison-la-Romaine 22.

  🏫 **Le Relais** 🖩 ⑤, ℰ 90 30 84 39, Fax 90 30 81 79, ≤, ⚒, 雍 – ▤ 🖭 ☎ 🅰 🅿, **GB**
       fermé 1ᵉʳ au 15 mars, 1ᵉʳ au 15 oct., dim. soir et lundi – **Repas** 130/260 – ⊇ 50 – **12 ch**
       650/850.

⓪ Comtat-Pneus, ℰ 90 30 88 11

STE-COLOMBE 84 Vaucluse 🔲 ⑬ – rattaché à Bédoin.

STE-COLOMBE-LA-COMMANDERIE 27110 Eure 🔲 ⑯ – 546 h.

Paris 122 – ◆Rouen 43 – Bernay 32 – Évreux 19 – Louviers 27 – Verneuil-sur-Avre 45.

  X **Aub. des Templiers,** RN 13 ℰ 32 35 40 04 – 🖭 ⓪ **GB**
       fermé 6 au 12 mars, 16 août au 5 sept., mardi soir et merc. – **Repas** 87/127, enf. 55.

STE-CROIX 01 Ain 🔲 ② – rattaché à Montluel.

STE-ÉNIMIE 48210 Lozère 🎜🎜 ⑤ **G. Gorges du Tarn** (plan) – 473 h alt. 470.

Env. ≤★★ sur le canyon du Tarn S : 6,5 km par D 986.

🄳 Office de Tourisme à la Mairie 🖉 66 48 53 44, Fax 66 48 52 58.

Paris 624 – Mende 27 – Florac 27 – Meyrueis 29 – Millau 56 – Sévérac-le-Château 46 – Le Vigan 82.

  🏨 **Burlatis** ⌂ sans rest, 🖉 66 48 52 30 – ☎. ⅁⅁. ⌘
      1er mai-1er oct. et fermé mardi en mai et juin – ⌆ 32 – **18 ch** 285/350.

  🏠 **Aub. du Moulin,** 🖉 66 48 53 08, Fax 66 48 58 16, 🏤 – ☎. ⅁⅁
      15 mars-15 nov. et fermé dim. soir et lundi midi sauf juil.-août – **Repas** 85/170 – ⌆ 33 –
      10 ch 290/350 – ½ P 290.

STE-EULALIE-D'OLT 12130 Aveyron 🎜🎜 ④ – 310 h alt. 420.

Paris 625 – Rodez 44 – Espalion 24 – Sévérac-le-Château 28.

  🏠 **Moulin d'Alexandre** ⌂, 🖉 65 47 45 85, 🌱 – ☎. ⌘ rest
  → *fermé 9 au 21 mai, 29 sept. au 13 oct. et dim. soir du 1er nov. à Pâques* – **Repas** 60/120 ⓑ –
      ⌆ 40 – **9 ch** 230/280 – ½ P 230.

STE-FEYRE 23 Creuse 🎜🎜 ⑩ – rattaché à Guéret.

STE-FOY-LA-GRANDE 33220 Gironde 🎜🎜 ⑬ ⑭ **G. Périgord Quercy** – 2 745 h alt. 20.

🎜🎜 du Château des Vigiers 🖉 53 61 50 00, SE : 9 km par D 18.

🄳 Office de Tourisme r. République 🖉 57 46 03 00.

Paris 557 ⑤ – Périgueux 71 ① – ✦Bordeaux 70 ⑤ – Langon 58 ④ – Marmande 44 ③.

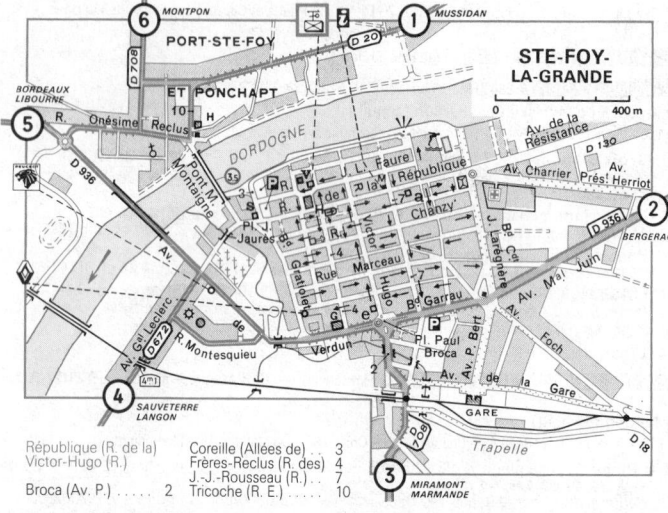

République (R. de la)	Coreille (Allées de) . .	3
Victor-Hugo (R.)	Frères-Reclus (R. des)	4
	J.-J.-Rousseau (R.) . .	7
Broca (Av. P.)	2	Tricoche (R. E.)	10

  🏨 **Gd Hôtel,** r. République **(a)** 🖉 57 46 00 08, Fax 57 46 50 70, 🏤 – ☎ ⌂. ⅍⅁ ⅁⅁ ⅂⅁⅁
      Repas *(fermé 15 au 30 janv., sam. midi et lundi hors sais.)* 90/230, enf. 49 – ⌆ 35 – **17 ch**
      280/380 – ½ P 225.

  🏠 **Victor Hugo,** r. V. Hugo **(e)** 🖉 57 46 18 03 – 📺 ☎ ⌂. ⅍⅁ ⅁ ⅁⅁
  → *fermé 13 au 27 août et vacances de fév.* – **Repas** brasserie *(fermé lundi midi et dim.)* 80
      bc/120 bc – ⌆ 30 – **12 ch** 180/280 – ½ P 280.

  🏠 **Boule d'Or,** pl. J. Jaurès **(s)** 🖉 57 46 00 76, 🏤 – ☎ ⌂. ⅍⅁ ⅈ ⅁⅁. ⌘ ch
  → *fermé 5 au 18 sept., 22 déc. au 31 janv. et lundi sauf juil.-août* – **Repas** 49/170 ⓑ, enf. 40 –
      ⌆ 25 – **23 ch** 170/260 – ½ P 230.

  ✗ **Vieille Auberge** avec ch, r. Pasteur **(v)** 🖉 57 46 04 78 – ⅁⅁
  → *fermé 6 au 19 juin, 13 nov. au 4 déc., dim. soir et lundi* – **Repas** 76/230 ⓑ, enf. 50 – ⌆ 28 –
      7 ch 140/175 – ½ P 170/180.

PEUGEOT A.C.A.L., à Pineuilh 🖉 57 46 33 10
RENAULT Pineuilh Autos, 68 av. de la Résistance à
Pineuilh par ⑤ 🖉 57 46 29 65 🎜 🖉 57 46 29 65
RENAULT Gar. Daniel, 26 bd Gratiolet
🖉 57 46 01 63

🎜 Service du Pneu-Point S, à Port Ste-Foy
🖉 53 24 76 00

STE-FOY-TARENTAISE **73640** Savoie 74 ⑲ **G. Alpes du Nord** – 643 h alt. 1 051.

Paris 647 – Albertville 65 – Chambéry 111 – Moûtiers 37 – Val-d'Isère 19.

Le Monal, ✆ 79 06 90 07, Fax 79 06 94 72 – ☎. AE GB. rest
fermé 8 mai au 15 juin et 15 oct. au 15 nov. – **Repas** 80 (déj.), 100/150 ℑ, enf. 42 – ☕ 35 – **24 ch** 135/330 – ½ P 250/330.

STE-GEMME-MORONVAL **28** E.-et-L. 60 ⑦, 106 ㉕ – rattaché à Dreux.

STE-GENEVIÈVE-SUR-ARGENCE **12420** Aveyron 76 ⑬ – 1 143 h alt. 800.

Env. Barrage de Sarrans★★ N : 8 km, **G. Gorges du Tarn.**

Syndicat d'Initiative - Mairie ✆ 65 66 41 46.

Paris 570 – Aurillac 59 – Chaudes-Aigues 33 – Espalion 40.

Voyageurs, ✆ 65 66 41 03, – TV ☎. GB
fermé 20 sept. au 10 oct., sam. soir et dim. soir de nov. à juin – **Repas** 65/160 ℑ – ☕ 28 – **14 ch** 170/260 – ½ P 190/230.

STE-HERMINE **85210** Vendée 67 ⑮ – 2 285 h alt. 30.

Paris 418 – La Roche-sur-Yon 34 – Fontenay-le-Comte 22 – ◆Nantes 90 – Les Sables-d'Olonne 63.

Relais de la Marquise avec ch, ✆ 51 27 30 11, Fax 51 28 84 38 – P. GB
fermé 1er au 8 sept., 15 fév. au 8 mars, dim. soir sauf juil.-août et lundi – **Repas** 59/145, enf. 42 – ☕ 25 – **10 ch** 123/210 – ½ P 140/160.

STE-LIVRADE **31530** H.-Gar. 82 ⑦ – 224 h alt. 196.

Paris 698 – Auch 49 – ◆Toulouse 33 – Beaumont-de-Lomagne 33 – L'Isle-Jourdain 6.

d'Azimont, SE : 2 km par D 87 et VO ✆ 61 85 61 13, Télex 532467, Fax 61 85 46 16, ≤, , « Demeure du 19e siècle dans un parc », , – TV ☎ P – 60. AE GB
fermé 2 au 23 janv. – **Repas** *(fermé dim. soir et lundi)* 135/330 – ☕ 60 – **17 ch** 500/1000 – ½ P 450/700.

STE-MAGNANCE **89420** Yonne 65 ⑰ **G. Bourgogne** – 325 h.

Voir Tombeau★ dans l'église.

Paris 225 – Auxerre 63 – Avallon 15 – ◆Dijon 68 – Saulieu 23.

La Chènevotte, N 6 ✆ 86 33 14 79 – GB
fermé 2 au 15 oct., 15 au 30 nov., mardi soir et merc. – **Repas** 102/180 ℑ.

STE-MARGUERITE (Ile) ★★ **06** Alpes-Mar. 84 ⑨ 115 ㉟ ㊴ **G. Côte d'Azur** – ✉ **06400** Cannes.

Voir Forêt★★ – ≤★ de la terrasse du Fort-Royal.

Accès par transports maritimes.

depuis **Cannes**. Traversée 15 mn - 40 F (AR) par Cie Esterel-Chanteclair, gare maritime des Iles ✆ 93 39 11 82 (Cannes).

STE-MARIE **44** Loire-Atl. 67 ① – rattaché à Pornic.

STE-MARIE-AUX-MINES **68160** H.-Rhin 87 ⑯ **G. Alsace Lorraine** – 5 767 h alt. 374.

Tunnel de Ste-Marie-aux-Mines. Péage aller simple : autos 16 F, camions 31 à 63 F - Renseignements par S.A.P.R.R. ✆ 29 51 21 71.

Office de Tourisme ✆ 89 58 80 50.

Paris 414 – Colmar 34 – Saint-Dié 23 – Sélestat 22.

Aux Mines d'Argent avec ch, r. Dr Weisgerber (près H. de Ville) ✆ 89 58 55 75 – TV ☎. GB.
Repas *(fermé 29 août au 10 sept., 20 fév. au 5 mars, mardi soir et merc. de sept. à mai)* 62/220 ℑ, enf. 48 – ☕ 35 – **5 ch** 250 – ½ P 280.

CITROEN Gar. Vogel, ✆ 89 58 74 73
PEUGEOT Gar. Moeglen, ✆ 89 58 70 40

STE-MARIE-DE-CAMPAN **65** H.-Pyr. 85 ⑲ – rattaché à Campan.

STE-MARIE-DE-VARS **05** H.-Alpes 77 ⑱ – rattaché à Vars.

STES-MARIES-DE-LA-MER – voir après Saintes.

STE-MARIE-SICCHÉ **2A** Corse-du-Sud 90 ⑰ – voir à Corse.

STE-MARINE **29** Finistère 58 ⑮ **G. Bretagne** – ✉ **29120** Pont-l'Abbé.

Paris 561 – Quimper 19 – Bénodet 5,5 – Concarneau 26 – Pont-l'Abbé 9,5.

✿ **L'Agape** (Le Guen), ✆ 98 56 32 70 – P. GB
fermé 15 janv. au 15 fév., mardi soir et merc. du 15 sept. au 15 juin – **Repas** 150/250, enf. 65
Spéc. Agapes de poissons au jus dru. Galette de turbot au jus de viande. Jardinière de homard.

STE-MAURE **10** Aube 61 ⑯ – rattaché à Troyes.

🛈 Office de Tourisme r. du Château ℘ 47 65 66 20.

Paris 271 – ♦Tours 37 – Le Blanc 69 – Châtellerault 35 – Chinon 33 – Loches 31 – Thouars 71.

🏨 **Host. Hauts de Ste-Maure**, av. Ch. de Gaulle ℘ 47 65 50 65, Fax 47 65 60 24, 🏤, 🌬 –
📺 ✲ ch 📺 ☎ & 🅿 – 🔬 40. 🆎 ⓪ 🔾
fermé 23 déc. au 3 janv., lundi midi et dim. hors sais. – **Repas** 108/240 – 🖵 50 – **19 ch**
280/380 – ½ P 300/400.

🍴🍴 **Gueulardière** avec ch, av. Ch. de Gaulle ℘ 47 65 40 71, Fax 47 65 69 47 – 📺 ☎ 🅿. 🆎
♦ ⓪ 🔾
fermé 15 au 30 nov., et lundi – **Repas** 75/200, enf. 50 – 🖵 32 – **16 ch** 160/250 – ½ P 210/245.

à l'échangeur autoroute A 10 O : 2,5 km sur rte de Chinon – ✉ **37800** Noyant-de-Touraine :

🍴🍴 **La Ciboulette**, ℘ 47 65 84 64, 🏤 – 🅿. 🔾
Repas 100/320 🍷, enf. 50.

à Pouzay SO : 8 km – ✉ **37800** :

🍴 **Gardon Frit**, ℘ 47 65 21 81, Fax 47 65 21 81, 🏤 – 🔾
♦ *fermé 7 au 22 mars, 26 sept. au 4 oct., mardi et merc.* – **Repas** - produits de la mer - 68/195 🍷,
enf. 35.

CITROEN Gar. Rico, 78 av. Gén.-de-Gaulle   RENAULT Gar. de Vauzelles, ℘ 47 65 41 13
℘ 47 65 40 46 🅽 ℘ 47 65 40 46
PEUGEOT Gar. Saint-Aubin, ℘ 47 65 40 85 🅽
℘ 47 65 40 85

Voir Sémaphore ☀★ N : 1,5 km.

🏌 de Beauvallon ℘ 94 96 16 98, par ③ : 4 km ; 🏌 ℘ 94 49 26 60, N : 3 km par route du
sémaphore B.

🛈 Office de Tourisme avec A.C. promenade S.-Lorière ℘ 94 96 19 24, Télex 970080, Fax 94 49 17 97.

Paris 877 ① – Fréjus 20 ② – Aix-en-Provence 120 ① – Cannes 61 ② – Draguignan 34 ① – ♦Toulon 71 ③.

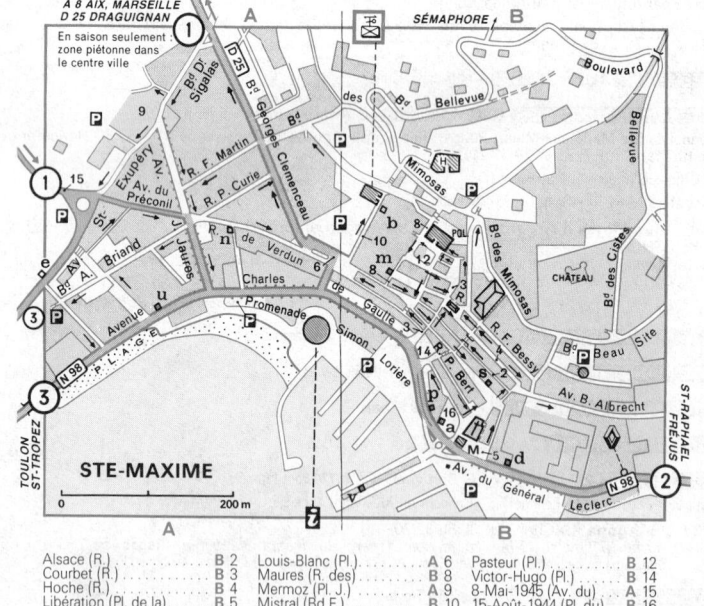

STE-MAXIME

Alsace (R.) .... B 2	Louis-Blanc (Pl.) .... A 6	Pasteur (Pl.) .... B 12
Courbet (R.) .... B 3	Maures (R. des) .... B 8	Victor-Hugo (Pl.) ...... B 14
Hoche (R.) .... B 4	Mermoz (Pl. J.) .... A 9	8-Mai-1945 (Av. du) .... A 15
Libération (Pl. de la) .... B 5	Mistral (Bd F.) .... B 10	15-Août-1944 (Pl. du) ... B 16

🏔 **Belle Aurore** M, 4 bd Jean Moulin par ③ ℰ 94 96 02 45, Fax 94 96 63 87, ≤ golfe de St-Tropez, « En bordure de mer », ⬧, ⬧ – ▤ rest ▣ ☎ 🅿. ⅏ ⓞ ⒼⒷ *hôtel : fermé 11 au 25/10, 16/11 au 20/12 et 6/1 au 1/3 ; rest. : ouvert avril-sept. et fermé merc. midi hors sais* – **Repas** 235/380 – ⊃ 70 – **16 ch** 700/1800 – ½ P 700/1300.

🏠 **Mas des Oliviers** M ⬧ sans rest, quartier de la Croisette par ③ : 1 km ℰ 94 96 13 31, Fax 94 49 01 46, ≤, ⬧, ⬧, ⬧ – ▣ ☎ ⬧ 🅿. ⅏ ⓞ ⒼⒷ *fermé 15 janv. au 15 fév.* – ⊃ 45 – **20 ch** 550/700.

🏠 **La Croisette** ⬧, bd Romarins par ③ ℰ 94 96 17 75, Fax 94 96 52 40, ⬧, ⬧ – ▤ ▣ ☎ ⬧ 🅿. ⅏ ⒼⒷ *1er mars-30 oct.* – **Repas** (dîner seul.) 150/275 – ⊃ 50 – **17 ch** 500/980 – ½ P 750/790.

🏠 **Petit Prince** M sans rest, 11 av. St-Exupéry ℰ 94 96 44 47, Fax 94 49 03 38 – ▤ ▤ ▣ ☎ ⬧ 🅿. ⅏ ⓞ ⒼⒷ A e ⊃ 45 – **29 ch** 320/700.

🏠 **Les Santolines** sans rest, La Croisette par ③ ℰ 94 96 31 34, Fax 94 49 22 12, « Jardin fleuri », ⬧ – ▣ ☎ ⬧ 🅿. ⒼⒷ *10 avril-10 oct.* – ⊃ 45 – **12 ch** 520/620.

🏠 **Poste** sans rest, 7 bd F. Mistral ℰ 94 96 18 33, Fax 94 96 41 68, ⬧ – ▤ ▣ ☎. ⅏ ⓞ ⒼⒷ B B *20 mai-20 oct.* – ⊃ 45 – **24 ch** 440/590.

🏠 **Montfleuri** ⬧, 4 av. Montfleuri par ② ℰ 94 96 19 57, Fax 94 49 25 07, ⬧, ⬧ – ▤ ▣ ☎ 🅿. ⒼⒷ *hôtel : 15 mars-15 oct. ; rest. : 1er avril-30 sept.* – **Repas** 150/250 – ⊃ 45 – **31 ch** 320/550 – ½ P 340/465.

🏠 **Chardon Bleu** sans rest, r. Verdun ℰ 94 96 02 08, Fax 94 43 90 89 – ▣ ☎. ⅏ ⒼⒷ A n ⊃ 38 – **25 ch** 380/430.

XXX **L'Amiral**, galerie marchande du port ℰ 94 43 99 36, ≤ port et golfe, ⬧ – ⅏ ⒼⒷ B v *fermé 15 nov. au 15 déc., dim. soir et lundi hors sais.* – **Repas** 100 (déj.), 160/250 et carte 280 à 390.

XX **L'Esquinade,** av. Ch. de Gaulle ℰ 94 96 01 65 – ⒼⒷ B p *fermé janv. et lundi d'oct. à mai* – **Repas** 90/130 ⬧.

XX **Le Daniéli**, av. Gén. Leclerc ℰ 94 43 96 45, Fax 94 96 05 83, ⬧ – ⅏ ⒼⒷ B d *fermé 13 nov. au 14 déc., lundi d'oct. à fin avril* – **Repas** 89 (déj.), 149/210.

XX **L'Hermitage**, av. Ch. de Gaulle ℰ 94 96 17 77, ⬧ – ▤. ⅏ ⒼⒷ B a **Repas** carte 200 à 360.

X **Sans Souci**, r. P. Bert ℰ 94 96 18 26, ⬧ – ⒼⒷ B s *15 fév.-15 oct. et fermé mardi sauf du lundi au jeudi* – **Repas** 90/128, enf. 55.

X **Le Dauphin**, av. Ch. de Gaulle ℰ 94 96 31 56 – ▤. ⒼⒷ A u *fermé 15 nov. au 15 janv., mardi soir et merc. d'oct. à juin* – **Repas** (nombre de couverts limité, prévenir) 90/198.

X **Sarrazin**, pl. Colbert ℰ 94 96 10 84 – ⒼⒷ B m *fermé 6 janv. au 6 fév.,le midi en juil.-août, merc. midi et mardi de sept. à juin* – **Repas** 110/220.

au golf NE : 5,5 km par r. Clemenceau et rte Débarquement – ⊠ 83120 Ste-Maxime :

🏨 **Golf Plaza** M ⬧, ℰ 94 56 66 66, Fax 94 56 66 00, ≤ baie et golf, ⬧, espace balnéo-thérapie, golf, ⬧, ⬧, ⬧, ⬧ – ▤ ▤ ▣ ☎ ⬧ ⬧ – ⬧ 120. ⅏ ⓞ ⒼⒷ *Relais Provence :* **Repas** (dîner seul.) 195 – *St-Andrew* (club house) ℰ 94 49 23 32 **Repas** 98(déj.)/120, enf. 65 – *Costa Smeralda* (snack) *(15 juil.-15 sept.)* **Repas** (déj. seul.) carte environ 180 – **98 ch** ⊃ 1200/1350, 13 appart.

à La Nartelle par ② : 4 km – ⊠ 83120 Ste-Maxime :

🏠 **Host. Vierge Noire** sans rest, ℰ 94 96 33 11, Fax 94 49 28 90, ⬧, ⬧ – ▣ ☎ 🅿. ⒼⒷ. ⬧ *mars-oct.* – ⊃ 47 – **11 ch** 480/620.

🏠 **Plage** sans rest, ℰ 94 96 14 01, Fax 94 49 23 53, ≤ – ☎ 🅿. ⒼⒷ *8 avril-1er oct.* – ⊃ 34 – **18 ch** 272/423.

RENAULT Gar. de l'Arbois, av. Gén.-Leclerc ℰ 94 96 14 03

STE-MENEHOULD ⬧ 51800 Marne 🟝🟝 ⑲ G. Champagne – 5 177 h alt. 139.

Voir ≤⋆ du "château".

🅱 Office de Tourisme 15 pl. Gén.-Leclerc ℰ 26 60 85 83, Fax 26 60 27 22.

Paris 220 – Bar-le-Duc 50 – Châlons-sur-Marne 45 – ✦Reims 78 – Verdun 46 – Vitry-le-François 52.

🏠 **Cheval Rouge**, 1 r. Chanzy ℰ 26 60 81 04, Fax 26 60 93 11 – ▣ ☎. ⅏ ⓞ ⒼⒷ *fermé 20 nov. au 3 déc. et lundi de sept. à Pâques* – **Repas** 88/210 ⬧ – ⊃ 35 – **18 ch** 230/260 – ½ P 250/270.

à Florent-en-Argonne NE : 7,5 km par D 85 – ⊠ 51800 :

🏠 **Le Jabloire** M ⬧ sans rest, ℰ 26 60 82 03 – ▣ ☎ 🅿. ⅏ ⒼⒷ *fermé fév.* – ⊃ 35 – **12 ch** 300/380.

XX **Aub. la Ményère**, ℰ 26 60 93 70, ⬧, « Maison du 16e siècle » – ⓞ ⒼⒷ ✦ *fermé 16 août au 5 sept., 15 au 29 fév., dim. soir et lundi* – **Repas** 70/140 ⬧.

au S E par N 3 et D 2 : 13 km – ⊠ **55120** Futeau :

XXX **L'Orée du Bois** ⅀ avec ch, ℰ 29 88 28 41, Fax 29 88 24 52, ≤, 🥘 – 📺 ☎ 🅿. GB
fermé vacances de Toussaint, janv., dim. soir et mardi – **Repas** 110/350 et carte 270 à 370,
enf. 80 – ⌷ 46 – **7 ch** 285/370 – ½ P 420.

PEUGEOT Gar. Crochet, rte de Châlons   RENAULT Gar. Roudier, rte de Châlons
ℰ 26 60 84 78 🅽 ℰ 26 53 91 47   ℰ 26 60 80 80

STE-MÈRE-ÉGLISE 50480 Manche 🔢 ③ G. Normandie Cotentin – 1 556 h.

Paris 324 – Cherbourg 37 – Bayeux 56 – St-Lô 41.

🏨 **Le Sainte-Mère** M, rte Caen ℰ 33 21 00 30, Fax 33 41 38 40 – ▯ 📺 ☎ & 🅿 – ▵ 70. ﷼
① ⓞ
Repas 85/160, enf. 40 – ⌷ 32 – **42 ch** 260 – ½ P 247/322.

RENAULT Gar. Lecathelinais, r. Cap. Laine, rte de Cherbourg ℰ 33 41 43 09

STE-PREUVE 02 Aisne 🔢 ⑥ – 75 h alt. 83 – ⊠ **02350** Liesse.

Paris 161 – St-Quentin 65 – Laon 23 – ◆Reims 52 – Rethel 42 – Soissons 58 – Vervins 28.

🏨 **Château de Barive** ⅀, ℰ 23 22 15 15, Fax 23 22 08 39, parc, 🔲, ℀ – cuisinette 📺 ☎
🅿 – ▵ 25. ﷼ ① GB. ℀
fermé mi-déc. à mi-janv. – **Repas** 130/310 ♒ – ⌷ 55 – **17 ch** 380/580 – ½ P 395/495.

SAINTES ◁◲▷ **17100** Char.-Mar. 🔢 ④ G. Poitou Vendée Charentes – 25 874 h alt. 8.

Voir Abbaye aux Dames : église abbatiale★ – Vieille ville★ : cathédrale St-Pierre – Arc de
Germanicus★ BZ F – Église St-Eutrope : église inférieure★ AZ D – Arènes★ – Musée des
Beaux-Arts★ AZ M² – Musée Dupuy-Mestreau (collections régionales) AZ M⁵ – Polissoir de
Grézac (Musée éducatif de préhistoire) BZ M³.

🏌 Louis-Rouyer-Guillet ℰ 46 74 27 61, N 150 par ① : 5 km.

🅱 Office de Tourisme Villa Musso, 62 cours National ℰ 46 74 23 82, Fax 46 92 17 01.

Paris 470 ⑥ – Royan 40 ⑤ – ◆Bordeaux 115 ④ – Niort 73 ⑥ – Poitiers 138 ⑥ – Rochefort 40 ⑦.

Plan page ci-contre

🏨 **Relais du Bois St-Georges** M ⅀ r. Royan (D 137) ℰ 46 93 50 99, Fax 46 93 34 93, ≤,
🥘, « Dans un parc avec étang », 🔲 – ⤡ ch 📺 ☎ ⇔ 🅿 – ▵ 50. GB   Y **d**
Repas 170/250 bc, enf. 100 – ⌷ 70 – **27 ch** 390/1100, 3 duplex.

🏨 **Trois Sapins** M sans rest, rte Rochefort ℰ 46 74 42 70 – 📺 ☎ 🅿. GB. ℀   Y **a**
⌷ 30 – **36 ch** 248/300.

🏨 **Bosquets** M ⅀ sans rest, 107 cours Mar. Leclerc ℰ 46 74 04 47, Fax 46 74 27 89, 🥘 –
⤡ ch 📺 ☎ 🅿. GB. ℀   Y **b**
fermé 24 déc. au 6 janv. – ⌷ 31 – **35 ch** 259/285.

🏨 **Messageries** ⅀ sans rest, r. Messageries ℰ 46 93 64 99, Fax 46 92 14 34 – 🔳 📺 ☎
⇔. GB   AZ **r**
fermé 23 déc. au 7 janv. – ⌷ 34 – **34 ch** 220/360.

🏨 **Avenue** sans rest, 114 av. Gambetta ℰ 46 74 05 91, Fax 46 74 32 16 – 📺 ☎ 🅿. GB
fermé 26 déc. au 9 janv. et dim. du 1ᵉʳ oct. au 1ᵉʳ avril – ⌷ 33 – **15 ch** 168/265.   BZ **s**

🏨 **France et rest. Le Chalet** M, pl. Gare ℰ 46 93 01 16, Fax 46 74 37 90, 🍴 – ▯ 📺 ☎.
◆   BZ **n**
Repas *(fermé vacances de Toussaint, de fév. et dim. hors sais.)* 78/200 ♒ – ⌷ 28 – **25 ch**
215/300 – ½ P 235/295.

🏨 **Au Terminus** sans rest, 2 r. J. Moulin ℰ 46 74 35 03, Fax 46 97 24 47 – 📺 ☎. ﷼
GB   BZ **a**
fermé 23 déc. au 15 janv. – ⌷ 30 – **28 ch** 200/375.

XXX **Logis Santon**, 54 cours Genêt ℰ 46 74 20 14, Fax 46 74 49 79, 🍴, 🥘 – 🅿. ﷼ ① GB
🇯🇨🇧   Y **k**
fermé 25 fév. au 3 mars, dim. soir et lundi – **Repas** 98/250 et carte 260 à 360.

XX **La Rotisserie de François**, 5 r. A. Lemoyne ℰ 46 94 15 01, Fax 46 97 78 10 – ﷼ GB
fermé dim. soir d'oct. à juin et lundi – **Repas** 85/145, enf. 40.   AZ **r**

X **Bistrot Galant**, 28 r. St-Michel ℰ 46 93 08 51 – GB   AZ **e**
fermé 15 fév. au 7 mars, 15 au 31 oct., lundi et dim. soir sauf juil.-août – **Repas** 65 (déj.),
85/215, enf. 45.

X **Brasserie Louis**, 116 av. Gambetta ℰ 46 74 16 85, Fax 46 74 45 72 – GB   BZ **s**
◆ *fermé dim. soir sauf juil.-août et lundi –* **Repas** 65 bc/195 ♒, enf. 45.

ALFA ROMEO, FIAT Gar. Dufour, 20 av. S.-Allende   RENAULT Gar. Bagonneau, ZI, 137 cours P.-
à Bellevue ℰ 46 93 12 04   Doumer ℰ 46 92 35 35 🅽 ℰ 46 97 32 36
CITROEN Gar. Ardon, rte de Bordeaux par ③   VAG Voiville Auto, av. de Saintonge ℰ 46 92 01 44
ℰ 46 93 37 22 🅽 ℰ 46 91 10 33
FORD S.A.V.I.A.L. Autom., ZI des Charriers, rte de   ⓜ Euromaster, ZI de l'Ormeau-de-Pied, rte de
Bordeaux ℰ 46 93 43 44   Royan ℰ 46 93 11 03
PEUGEOT Gar. Guerry, av. de Saintonge, ZI   Pneu Plus Ouest Vulcopneu, D. 137 ZI de l'Ormeau
Ormeau de Pied ℰ 46 93 48 33 🅽 ℰ 46 97 36 76   de Pied ℰ 46 94 08 18

SAINTES

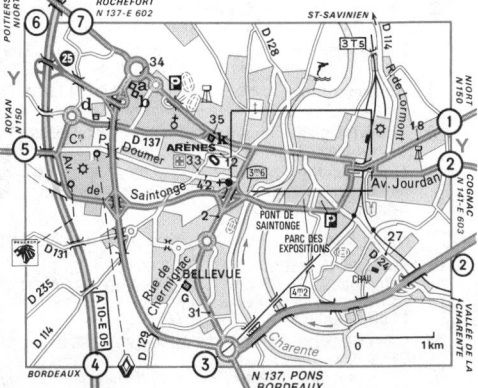

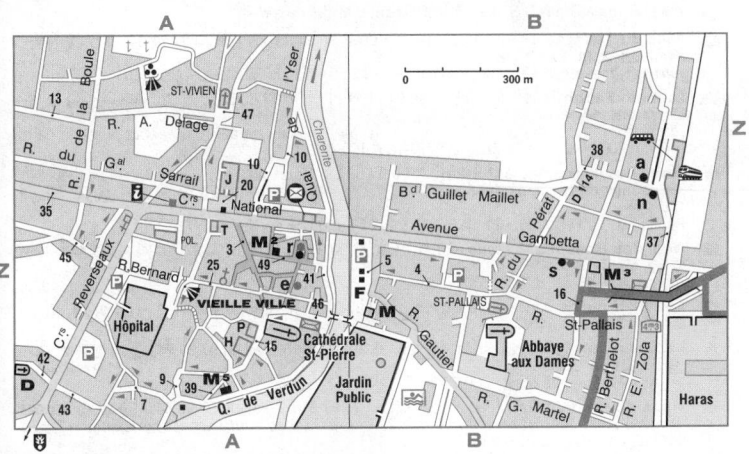

STE-SABINE 21 Côte-d'Or 65 ⑱ – rattaché à Pouilly-en-Auxois.

STE-SAVINE 10 Aube 61 ⑯ – rattaché à Troyes.

STES-MARIES-DE-LA-MER 13460 B.-du-R. 83 ⑲ G. Provence (plan) – 2 232 h alt. 1.

Voir Église★ – Pèlerinage des Gitans★★ (24 et 25 mai).

🖪 Office de Tourisme av. Van Gogh ℘ 90 97 82 55, Fax 90 97 71 15.

Paris 764 – ◆ Montpellier 65 – Aigues-Mortes 32 – Arles 38 – ◆Marseille 129 – Nîmes 53 – Saint-Gilles 34.

🏨 **Galoubet** sans rest, rte Cacharel ℘ 90 97 82 17, Fax 90 97 71 20, ⤢, – 📺 ☎ 🅿. 🖮 ఘ
 fermé 5 janv. au 15 fév. – ⤢ 35 – **20 ch** 300/400.

🏨 **Le Bleu Marine** 🅼 sans rest, av. Dr Cambon ℘ 90 97 77 00, Fax 90 97 76 00, ⤢, – 📺 ☎
 &. 🅿. 🖮
 8 avril-11 nov. et Noël-Jour de l'An – ⤢ 30 – **26 ch** 340/360.

🏨 **Les Arcades** 🅼 sans rest, r. P. Herman ℘ 90 97 73 10, Fax 90 97 75 23 – 🔲 📺 ☎ &. 🖭
 🖮
 fermé 6 janv. au 31 mars – ⤢ 30 – **17 ch** 285/350.

🏨 **Le Fangassier** sans rest, rte Cacharel ℘ 90 97 85 02 – ☎ 🅿. 🖮. ⌘
 20 mars-20 oct. – ⤢ 26 – **22 ch** 243/323.

🏠 **Lou Marquès** 🐾 sans rest, r. Vibre 𝒫 90 97 82 89, Fax 90 97 72 24 – ☎. GB. 🌿
20 mars-2 oct. – 🛏 28 – **14 ch** 290.

🏠 **Mirage** sans rest, r. C. Pelletan 𝒫 90 97 80 43, Fax 90 97 72 22, 🌿 – ☎. GB. 🌿
1er avril-10 oct. – 🛏 27 – **27 ch** 260/280.

🏠 **Méditerranée** sans rest, 4 r. F. Mistral 𝒫 90 97 82 09, Fax 90 97 76 31 – ☎. GB. 🌿
fermé 11 nov. au 20 déc. et 3 janv. au 15 fév. – 🛏 26 – **14 ch** 175/280.

XX **Hippocampe** avec rest, r. C. Pelletan 𝒫 90 97 80 91, Fax 90 97 73 05, 🌳 – GB
15 mars-11 nov. et fermé mardi sauf du 11 juil. au 2 oct. – **Repas** 100/220 – 🛏 26 – **4 ch** 325.

X **Impérial**, pl. des Impériaux 𝒫 90 97 81 84, Fax 90 97 74 25, 🌳 – GB
1er avril-5 nov. et fermé mardi hors sais. – **Repas** 98/160 🍷, enf. 60.

X **Lou Cardelino**, 25 r. F. Mistral 𝒫 90 97 96 23, 🌳 –
fermé 27 nov. au 2 déc., 28 janv. au 4 mars et merc. sauf le soir du 1er juil. au 20 sept. –
Repas 89/200, enf. 55.

rte du Bac du Sauvage NO : 4 km par D 38 – ✉ 13460 Les Stes-Maries-de-la-Mer :

🏯 **Mas de la Fouque** 🅼 🐾, 𝒫 90 97 81 02, Fax 90 97 96 84, ≤, 🌳, parc, « Dans la
Camargue », 🏊, 🌿 – 🔟 rest 📺 ☎ 🅿. 🆎 ⓞ GB
25 mars-13 nov. – **Repas** *(fermé mardi midi sauf juil.-août)* 155 (déj.), 225/395 – 🛏 75 –
13 ch 1350/2000 – ½ P 1000/1300.

🏯 **L'Estelle** 🅼 🐾, 𝒫 90 97 89 01, Fax 90 97 96 84, ≤, 🌳, 🛁, 🏊, 🌿 – 📺 ☎ 🕭 🅿 – 🛶 50.
🆎 ⓞ GB
25 mars-2 nov. – **Repas** *(fermé mardi midi sauf le 14 juil. au 31 août)* 90/150 🍷 – 🛏 50 –
13 ch 520/580, 4 duplex.

rte d'Arles NO par D 570 – ✉ 13460 Les Stes-Maries-de-la-Mer :

🏯 **Mas du Tadorne** 🅼 🐾, à 2,5 km et VO 𝒫 90 97 93 11, Fax 90 97 71 04, 🌳, 🏊, 🌿 –
🔟 ch 📺 ☎ 🅿. 🆎 ⓞ GB. 🌿 rest
fermé 8 janv. au 29 fév. – **Repas** 170/220 – 🛏 65 – **15 ch** 850/1300 – ½ P 610.

🏯 **Mangio Fango** 🅼 🐾, à 1 km 𝒫 90 97 80 56, Fax 90 97 83 60, 🌳, 🏊, 🌿 – 🔟 📺 ☎ 🅿.
🆎 ⓞ GB. 🌿 rest
fermé 15 nov. au 15 déc. et 10 janv. au 10 fév. – **Repas** *(fermé merc. d'oct. à mars)* carte
environ 200 – 🛏 45 – **14 ch** 450/570 – ½ P 445/505.

🏯 **Aub. Cavalière** 🐾, à 1,5 km 𝒫 90 97 88 88, Télex 403761, Fax 90 97 84 07, ≤, 🌳,
« Cabanes de gardians dans le marais », 🏊, 🌿, 🌿 – 🔟 ch 📺 ☎ 🕭 🅿 – 🛶 50. 🆎 ⓞ
GB JCB
Repas 120/240 – 🛏 50 – **21 ch** 650/1000, 21 bungalows – ½ P 650/725.

🏠 **Mas des Roseaux** 🐾 sans rest, à 1 km 𝒫 90 97 86 12, Fax 90 97 70 84, ≤, 🏊, 🌿 – 📺
☎ 🅿. 🆎 ⓞ GB. 🌿
mars-nov. – **15 ch** 🛏 500/600.

🏠 **Les Rizières** 🐾 sans rest, à 2,5 km 𝒫 90 97 91 91, Fax 90 97 70 77, 🏊 – 📺 ☎ 🅿. GB
🛏 40 – **27 ch** 360/480.

🏠 **Le Boumian** 🐾 sans rest, à 1,5 km 𝒫 90 97 81 15, Fax 90 97 89 94, 🏊 – 📺 ☎ 🅿.
🛶 50. 🆎 ⓞ GB
1er avril-15 oct. – **28 ch** 🛏 380/550.

XX **Host. du Pont de Gau** avec ch, à 5 km 𝒫 90 97 81 53, Fax 90 97 98 54 – 📺 ☎ 🅿. 🆎 GB
fermé 4 janv. au 20 fév. et merc. du 20 oct. à Pâques sauf vacances scolaires – Repas
98/245, enf. 70 – 🛏 30 – **9 ch** 245 – ½ P 303.

Les SAISIES 73620 Savoie 🗂 ⑰ G. Alpes du Nord – Sports d'hiver : 1 600/1 950 m ✂24 🎿.

Voir Signal de Bisanne ❄★★ O : 5 km.

🛈 Office de Tourisme 𝒫 79 38 90 30, Fax 79 38 96 29.

Paris 624 – Albertville 30 – Beaufort 18 – Bourg-Saint-Maurice 58 – Megève 25.

🏯 **Le Calgary** 🅼 🐾, 𝒫 79 38 98 38, Fax 79 38 90 00, ≤, 🌳, 🏊, 🌿 – 🛗 📺 ☎ 🕭 🛎. 🆎
ⓞ GB. 🌿 rest
24 juin-9 sept. et 9 déc.-24 avril – **Repas** 155/240 – 🛏 60 – **36 ch** 490, 4 duplex –
½ P 490/540.

SALBRIS 41300 L.-et-Ch. 🗂 ⑲ G. Châteaux de la Loire – 6 083 h alt. 112.

⛳ de Rivaulde 𝒫 54 97 21 85, E par D 724 : 1 km.

🛈 Office de Tourisme, bd de la République 𝒫 54 96 15 52.

Paris 188 – Bourges 50 – Blois 64 – Montargis 101 – ◆Orléans 64 – Vierzon 23.

🏯 **Parc**, 8 av. Orléans 𝒫 54 97 18 53, Fax 54 97 24 34, 🌳, parc – 📺 ☎ 🛎 🅿. 🆎 ⓞ GB
Repas *(fermé dim. soir et lundi de janv. à mars)* 90/200, enf. 40 – 🛏 42 – **27 ch** 200/450 –
½ P 230/330.

🏠 **La Sauldraie**, 81 av. Orléans 𝒫 54 97 17 76, Fax 54 97 29 67, 🌳, parc – 📺 ☎ 🅿. GB
Repas *(fermé 27 fév. au 5 mars, 11 au 19 sept., dim. soir et lundi en hiver)* 99/250 🍷, enf. 50
– 🛏 45 – **11 ch** 250/300.

X **La Clé des Champs,** 52 av. Orléans *ℰ* 54 97 14 15 – **P.** GB
↝ *fermé 15 au 30 sept., 9 au 31 janv., dim. soir d'oct. à Pâques, mardi soir et merc.* – **Repas** 65/160 ♨, enf. 45.

PEUGEOT Gar. Deniau, 70 bd de la République *ℰ* 54 97 00 42 **N** *ℰ* 54 97 23 97

RENAULT Gar. le Bozec, 92 rte d'Orléans *ℰ* 54 97 05 14

SALERS 15410 Cantal **76** ② G. Auvergne (plan) – 439 h alt. 951.

Voir Grande-Place★★ – Église★ – Esplanade de Barrouze ≤★.

∄ Office de Tourisme, pl. Tyssandier d'Escous (juin-sept.) *ℰ* 71 40 70 68.

Paris 519 – Aurillac 42 – Brive-la-Gaillarde 109 – Mauriac 20 – Murat 43.

🏨 **Le Bailliage** M ◈, *ℰ* 71 40 71 95, Fax 71 40 74 90, 佘, ♨, 屛 – TV ☎ ⇔ **P.** AE GB
↝ *fermé 15 nov. au 20 déc* – Repas 64/165, enf. 40 – ☲ 36 – **30 ch** 270/360 – ½ P 270/295.

🏨 **Le Gerfaut** M ◈ sans rest, rte Puy Mary, NE : 1 km par D 680 *ℰ* 71 40 75 75, Fax 71 40 73 45, ≤, ♨, 屛 – |自| cuisinette TV ☎ ☎ **P.** AE ⓞ GB
Pâques-1ᵉʳ nov. – ☲ 34 – **20 ch** 290/430, 5 studios.

🏨 **Remparts** ◈ (annexe 🏨 M ◈-13 ch), *ℰ* 71 40 70 33, Fax 71 40 75 32, ≤ Monts du Cantal – TV ☎. GB
↝ *fermé 20 oct. au 20 déc.* – **Repas** 65/130, enf. 40 – ☲ 34 – **31 ch** 280/330 – ½ P 250/295.

X **Les Templiers,** r. Couvent *ℰ* 71 40 71 35 – AE GB
↝ *15 fév.-15 nov. et fermé lundi sauf de mai à oct.* – **Repas** 65/140 ♨, enf. 40.

au Theil SO : 6 km par D 35 et D 37 – ⊠ 15140 St-Martin-Valmeroux :

🏨 **Host. de la Maronne** M ◈, *ℰ* 71 69 20 33, Fax 71 69 28 22, ≤, « Jardin fleuri », ♨, ℀ – |自| ▤ rest ☎ **P.** AE ⓞ GB. ℀ rest
1ᵉʳ avril-5 nov. et fermé merc. midi – **Repas** 140/300 – ☲ 50 – **24 ch** 350/550 – ½ P 380/470.

CITROEN Gar. Moderne, *ℰ* 71 40 70 80 **N** *ℰ* 71 40 70 80

RENAULT Gar. Roux, *ℰ* 71 40 72 04 **N** *ℰ* 71 40 72 04

SALÈVE (Mont) ★★ 74 H.-Savoie **74** ⑥ G. Alpes du Nord – alt. 1 380 au Grand Piton, 1 184 à la table d'orientation des Treize Arbres ❊★★ (13 km SO d'Annemasse par ④, D 41 puis 15 mn).

Paris 540 – Annecy 31 – Thonon-les-Bains 45 – Bellegarde-sur-Valserine 46 – Bonneville 34.

🔁 **Dusonchet** ◈, à la Croisette - Alt. 1 176 ⊠ 74560 Monnetier-Mornex *ℰ* 50 94 52 04, ≤, 佘 – ☎ **P.** GB. ℀
fermé vacances de Toussaint, nov., dim. soir et merc. – **Repas** 100/150 – ☲ 30 – **10 ch** 190/300 – ½ P 245/255.

SALIES-DE-BÉARN 64270 Pyr.-Atl. **78** ⑧ G. Pyrénées Aquitaine – 4 974 h alt. 45 – Stat. therm. .

Env. Sauveterre-de-Béarn : site★, ≤★★ du vieux pont, S : 10 km.

🟫₉ d'Hélios *ℰ* 59 38 37 59, 2 km par ① rte d'Orthez.

∄ Office de Tourisme r. des Bains *ℰ* 59 38 00 33, Fax 59 38 02 95.

Paris 770 ① – Pau 62 ① – ◆Bayonne 57 ① – Dax 36 ① – Orthez 15 ① – Peyrehorade 19 ③.

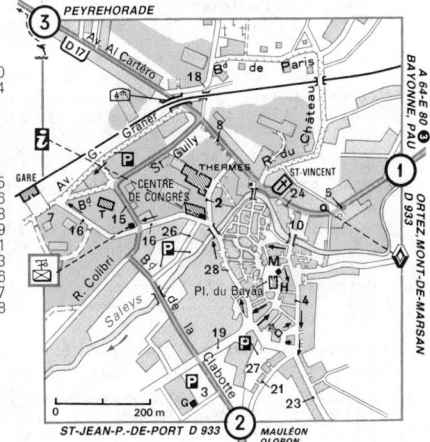

SALIES-DE-BÉARN

Coustère (R. Élysée)	4
Jardin-Public (Cours du)	8
Jeanne d'Albret (Pl.)	10
St-Vincent (R.)	24
Bains (R. des)	2
Bignot (Pl. du)	3
Docteurs-Foix (Av. des)	5
Gare (Av. de la)	7
Lanabère (Bd du Gén.)	15
Leclerc (Av. du Mar.)	16
Martinàà (R.)	18
Pécaut (Av. Félix)	19
Pyrénées (Av. des)	21
St-Martin (R.)	23
Tannerie (R. de la)	26
Temple (Pl. du)	27
Toulet (R. Paul-Jean)	28

Pour aller loin rapidement, utilisez les cartes Michelin des pays d'Europe à 1/1 000 000.

🏨 **du Golf** M ◈, par ① : 1 km *ℰ* 59 65 02 10, Fax 59 38 16 41, 佘, ♨, 屛, ℀ – |自| TV ☎ ☎ **P.** ⓞ GB
↝ **Repas** 70/130 ♨, enf. 40 – ☲ 35 – **33 ch** 250/300 – ½ P 255.

à Castagnède par ③, D 17, D 27 et D 384 : 8 km – ✉ 64270 :

⚒ **La Belle Auberge** ⚘ avec ch, ℰ 59 38 15 28, Fax 59 65 03 57, 🏦, 🍴 – 📺 ☎ 🅿. ⌷B
◄ ❀ ch
fermé 18 déc. au 1ᵉʳ fév. et dim. soir sauf juil.-août – **Repas** 60/100 ⅋ – ⌷ 24 – **8 ch** 180/210
– P 250.

RENAULT Gar. Hourdebaigt, ℰ 59 38 06 19 🔟 ℰ 59 38 06 19

SALIGNAC-EYVIGUES 24590 Dordogne 🗗🗐 ⑰ G. Périgord Quercy – 964 h alt. 299.
Paris 520 – Brive-la-Gaillarde 35 – Sarlat-la-Canéda 17 – Cahors 81 – Périgueux 68.

🏛 **La Terrasse**, ℰ 53 28 80 38, Fax 53 28 99 67 – ☎. ⌷B
1ᵉʳ avril-15 oct. et fermé sam. midi en avril, mai, octobre sauf vacances scolaires – **Repas**
85/210, enf. 50 – ⌷ 37 – **15 ch** 250/300 – ½ P 270.

NO : 2,5 km par D 62ᴮ et VO – ✉ 24590 Salignac-Eyvigues :

✗✗ **La Meynardie**, ℰ 53 28 85 98, Fax 53 28 82 79, 🏦, 🍴 – 🅿. ⌷B
fermé lundi midi de juil. à mi-sept. et merc. hors sais. – **Repas** 72 (déj.), 98/285.

SALINS D'HYÈRES 83 Var 🗗🗗 ⑯, 🔟🔟🗗 ⑰ – rattaché à Hyères.

SALINS-LES-BAINS 39110 Jura 🗗🗐 ⑤ G. Jura (plan) – 3 629 h alt. 331 – Stat. therm. – Casino .
Voir Site★ – Fort Belin★ – Fort St-André★ O : 4 km par D 94.
🛈 Office de Tourisme pl. Salines ℰ 84 73 01 34, Fax 84 37 92 85.
Paris 408 – ◆Besançon 42 – Dole 44 – Lons-le-Saunier 52 – Poligny 24 – Pontarlier 44.

🏛🏛 **Gd H. des Bains** sans rest, pl. Alliés ℰ 84 37 90 50, Fax 84 37 96 80, 🕹, ◪ – 🛗 📺 ☎ 🅿
– 🔏 30. ⌷B
fermé dim. soir d' oct. à mai – ⌷ 39 – **31 ch** 240/395.

✗✗ **Rest. des Bains**, pl. des Alliés ℰ 84 73 07 54, Fax 84 37 99 43 – ⌷E ⌷B
fermé dim. soir et lundi midi sauf juil.-août – **Repas** 100/300.

rte de Champagnole S : 5 km par D 467 – ✉ 39110 Salins-les-Bains :

⚒ **Relais de Pont d'Héry**, ℰ 84 73 06 54, Fax 84 73 06 51, ⌱, 🍴 – ⌷B
◄ *fermé 5 janv. au 20 fév., dim. soir et lundi* – **Repas** 79/130 ⅋.

CITROEN, FORD Gar. Salinois, ℰ 84 73 08 63 🔟   RENAULT Gar. Vieille-Girardet, ℰ 84 73 11 56
ℰ 84 73 08 63
PEUGEOT Gar. Vurpillot, ℰ 84 73 05 45 🔟
ℰ 84 73 05 45

SALLANCHES 74700 H.-Savoie 🗗🗗 ⑧ G. Alpes du Nord – 12 767 h alt. 554.
Voir ❄★★ sur le Mt-Blanc – Chapelle de Médonnet : ❄★★ – Cascade d'Arpenaz★ N : 5 km.
🛈 Office de Tourisme 31 quai Hôtel de Ville ℰ 50 58 04 25, Fax 50 58 38 47.
Paris 586 – Chamonix-Mont-Blanc 26 – Annecy 69 – Bonneville 29 – Megève 10 – Morzine 43.

🏛🏛 ✿ **Host. Prés du Rosay** (Perrin) Ⓜ ⚘, rte du Rosay ℰ 50 58 06 15, Fax 50 58 48 70, ≤,
🏦, 🍴 – 🛗 📺 ☎ ♿ 🅿 – 🔏 25. ⌷E ⓪ ⌷B. ❀ rest
Repas *(fermé dim. soir et lundi midi sauf du 10 juil. au 20 août)* 190/390 et carte 270 à 400 –
⌷ 65 – **15 ch** 380/480 – ½ P 460
Spéc. Trilogie de foie gras. Omble chevalier (saison). Grand dessert. **Vins** Mondeuse, Bugey-Montagnieu.

🏛🏛 **La Crémaillère** ⚘, 1,5 km par ancienne rte Combloux ℰ 50 58 32 50, Télex 385399,
Fax 50 93 74 16, ≤ chaîne Mt-Blanc, 🍴 – 🛗 📺 ☎ 🅿 – 🔏 50. ⌷E ⓪ ⌷B ⌷⌷⌷
Repas 95/245, enf. 45 – ⌷ 45 – **43 ch** 320/450 – ½ P 320/360.

🏛 **Les Sorbiers**, r. Dr Bonnefoy ℰ 50 58 01 22, Fax 50 58 39 55, 🏦, 🍴 – 🛗 📺 ☎. ⌷E ⓪
⌷B
1ᵉʳ mai-30 sept. et 15 déc.-15 mars – **Repas** 85/185 ⅋, enf. 55 – ⌷ 40 – **27 ch** 300/390 –
½ P 310/340.

⚑ **Mont-Blanc** sans rest, 83 r. Chenal ℰ 50 58 12 47 – 📺 ☎. ⌷E ⓪ ⌷B ⌷⌷⌷
fermé 6 au 22 mai, 20 sept. au 2 oct. et dim. du 1ᵉʳ sept au 15 déc. et du 1ᵉʳ mars au 15 juin –
⌷ 29 – **24 ch** 140/270.

✗✗ **Bernard Villemot**, 57 r. Dr Berthollet ℰ 50 93 74 82 – ⌷E ⓪ ⌷B
fermé 6 au 20 nov., 6 au 28 janv., dim. soir et lundi – **Repas** (dîner seul. du 15 juin au 15
sept.) 150/260 ⅋.

à Cordon SO : 4 km par D 113 – alt. 871 – Sports d'hiver : 1 000/1 600 m ⚞6 – ✉ 74700 :
🛈 Office de Tourisme pl. de l'Eglise ℰ 50 58 01 57, Fax 50 93 95 08.

🏛🏛 **Roches Fleuries** ⚘, ℰ 50 58 06 71, Fax 50 47 82 30, ≤ chaîne Mt-Blanc, 🏦, 🕹, ⌱, 🍴
– 📺 ☎ 🚗 🅿. ⌷E ⓪ ⌷B. ❀ rest
fermé 15 au 29 avril et 1ᵉʳ oct. au 20 déc. – **Repas** 128/295 - *La Boîte à Fromages* (dîner seul.)
Repas 160 – **28 ch** (½ pens. seul.) – ½ P 450/550.

🏛🏛 **Chamois d'Or** ⚘, ℰ 50 58 05 16, Fax 50 93 72 96, ≤ chaîne Mt-Blanc, 🏦, 🕹, ⌱, 🍴,
❀ – 🛗 📺 ☎ 🚗 🅿 – 🔏 25. ⌷E ⓪ ⌷B
1ᵉʳ juin-17 sept. et 20 déc.-15 avril – **Repas** 130/300 – ⌷ 55 – **29 ch** 420/700 – ½ P 390/530.

🏨 **Le Cordonant** ⟋, 𝒫 50 58 34 56, Fax 50 47 95 57, ≤ chaîne Mt-Blanc, 🏠, ⅃₆ – 📺 ☎
Ⓟ. 🅶🅱. 🎇 rest
15 mai-26 sept. et 20 déc.-15 avril – **Repas** 115/180 – ☲ 38 – **16 ch** 310/350 – ½ P 330/350.

🏠 **Solneige** ⟋, 𝒫 50 58 04 06, ≤ chaîne Mt-Blanc, 🏠 – 📺 ☎ Ⓟ. 🅶🅱
22 déc.-20 sept. – **Repas** 95/150 – ☲ 32 – **27 ch** 274 – ½ P 245/255.

🏨 **Les Rhodos** ⟋, 𝒫 50 58 13 54, Fax 50 58 57 23, ≤ chaîne Mt-Blanc – ☎ Ⓟ. 🅶🅱. 🎇 rest
➔ *1er juin-20 sept. et 20 déc.-15 avril* – **Repas** 75/90, enf. 50 – ☲ 37 – **30 ch** 220/290 –
½ P 240/265.

🍴 **Le Perron** ⟋, 𝒫 50 58 11 18, ≤ Mt-Blanc – ⇔ ch ☎ Ⓟ. 🅶🅱. 🎇 rest
Repas 90/160 ⅃ – ☲ 30 – **14 ch** 220/300 – ½ P 290/300.

ALFA ROMEO, FIAT Gar. St-Martin, 135 rte de
Passy 𝒫 50 58 41 88
CITROEN Gar. Greffoz, 1222 av. de Genève
𝒫 50 58 20 49
PEUGEOT Gar. Lemuet, 1501 rte du Fayet
𝒫 50 58 24 75
RENAULT Alpautomobiles, 2374 av. de Genève
𝒫 50 93 92 92 🅽 𝒫 05 05 15 15

V.A.G. MERCEDES Gar. des Fontanets, 1336 rte de
Chamonix 𝒫 50 58 36 44

◉ Dhoomun Centre du Pneu, ZI sortie autoroute
𝒫 50 58 47 45

SALLEBOEUF 33370 Gironde 🗆🗆 ⑨ – 1 714 h alt. 56.
Paris 584 – ◆Bordeaux 17 – Créon 11 – Libourne 19 – Saint-André-de-Cubzac 29.

🍴 **La Forêt**, 𝒫 56 21 25 49, 🏠, 🌴 – Ⓟ. 🅶🅱
➔ *fermé dim. soir et lundi* – **Repas** 80/230.

SALLES-ARBUISSONNAS-EN-BEAUJOLAIS 69 Rhône 🗆🗆 ⑨ G. Vallée du Rhône – 507 h alt. 343 –
✉ 69460 Salles Arbuissonnas.
Paris 428 – Mâcon 38 – Bourg-en-Bresse 50 – Chauffailles 46 – ◆Lyon 42 – Villefranche-sur-Saône 11.

🏨 **Host. St-Vincent**, 𝒫 74 67 55 50, Fax 74 67 58 86, 🏠, ⅃, 🌴, 🎇 – 📺 ☎ ⅄ Ⓟ –
🛆 100. 🅶🅱
fermé 1er au 7 janv., dim. soir et lundi d'oct. à mars – **Repas** 90/250 ⅃, enf. 60 – ☲ 35 – **16 ch**
260/350 – ½ P 310.

CITROEN Gar. du Chapitre, à Fond-de-Salles 𝒫 74 67 54 09

SALLES-CURAN 12410 Aveyron 🗆🗆 ⑬ – 1 277 h alt. 833.
Paris 653 – Rodez 38 – Albi 77 – Millau 37 – St-Affrique 41.

🏨 **Host. du Lévézou** ⟋, 𝒫 65 46 34 16, Fax 65 46 01 19, 🏠, Demeure du 14e siècle, 🌴 –
☎ Ⓟ. 🆎 ⓪ 🅶🅱
10 avril-15 oct. et fermé dim. soir et lundi sauf juil.-août – **Repas** (dim. et fêtes prévenir)
120/260, enf. 70 – ☲ 35 – **20 ch** 200/330 – ½ P 250/350.

Les SALLES-SUR-VERDON 83630 Var 🗆🗆 ⑥ 🗆🗆🗆 ⑧ G. Alpes du Sud – 154 h alt. 503.
Voir Lac de Ste-Croix★★.
Paris 786 – Digne-les-Bains 58 – Brignoles 54 – Draguignan 48 – Manosque 59 – Moustiers-Ste-Marie 13.

🏠 **Aub. des Salles** ⟋, 𝒫 94 70 20 04, Fax 94 70 21 78, ≤, 🌴 – 📺 ☎ Ⓟ. 🅶🅱
Pâques-1er nov. et fermé mardi soir et merc. en mai et oct. – **Repas** 85/210, enf. 40 – ☲ 32 –
22 ch 250/310 – ½ P 275/305.

🏠 **Ste-Anne** sans rest, 𝒫 94 70 20 02, Fax 94 84 23 00, ≤ – ☎. 🅶🅱. 🎇
fermé janv., fév. et merc. du 15 oct. au 30 mars – ☲ 40 – **19 ch** 280/380.

SALMIECH 12120 Aveyron 🗆🗆 ⑫ – 671 h alt. 605.
Paris 655 – Rodez 23 – Albi 65 – Millau 69.

🍴 **du Céor**, 𝒫 65 46 70 13, 🏠, 🌴 – 🅶🅱
➔ *fermé janv., fév. et lundi* – **Repas** 55/185 ⅃ – ☲ 20 – **29 ch** 135/175 – ½ P 160/210.

SALON-DE-PROVENCE 13300 B.-du-R. 🗆🗆 ② G. Provence – 34 054 h alt. 82.
Voir Château de l'Empéri : musée★★ BYZ.
Env. Table d'orientation de Lançon ≤★★ 12 km par ② puis 15 mn.
🄱 Office de Tourisme avec A.C. 56 cours Gimon 𝒫 90 56 27 60, Fax 90 56 77 09.
Paris 723 ① – ◆Marseille 53 ② – Aix-en-Provence 37 ② – Arles 39 ③ – Avignon 46 ① – Nîmes 70 ③.

🏨 **Angleterre** sans rest, 98 cours Carnot 𝒫 90 56 01 10, Fax 90 56 71 75 – 📺 ☎ – 🛆 50. 🆎
🅶🅱 🅹🅲🅱. 🎇
fermé 23 déc. au 3 janv. – ☲ 33 – **26 ch** 195/305.

🏨 **Midi**, 518 allées Craponne par ② 𝒫 90 53 34 67, Fax 90 53 37 41 – 📶 📺 rest 📺 ☎ Ⓟ. 🆎
➔ 🅶🅱
Repas *(fermé lundi midi et dim.)* 80/100 ⅃ – ☲ 40 – **27 ch** 220/300.

🏠 **Vendôme** sans rest, 34 r. Mar. Joffre 𝒫 90 56 01 96 – ☎. 🆎 ⓪ 🅶🅱. 🎇
☲ 28 – **23 ch** 200/270.

🏠 **Sélect** ⟋ sans rest, 35 r. Suffren 𝒫 90 56 07 17, Fax 90 56 42 48 – 📺 ☎ ⟲. 🆎 🅶🅱
🅹🅲🅱. 🎇
fermé dim. soir de nov. à fév. sauf vacances scolaires et fériés – ☲ 28 – **17 ch** 190/240.

AY **b**
AY **b**
BY **v**
AY **s**

SALON-
DE-PROVENCE

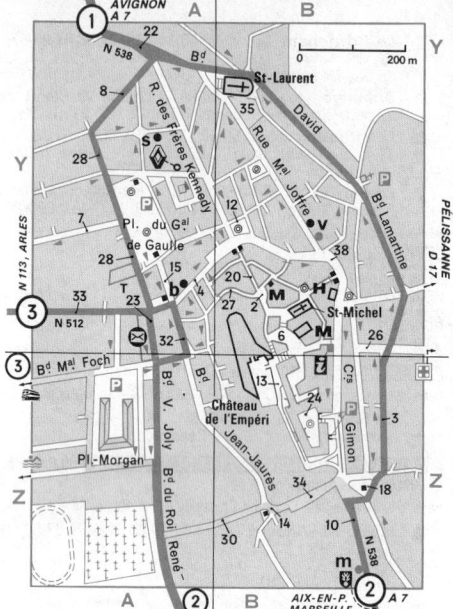

XXX **Le Mas du Soleil** M ☞ avec ch, 38 chemin St-Côme (Est - BY - par D 17) ℰ 90 56 06 53, Fax 90 56 21 52, 佘, « Bel aménagement intérieur », ☒, 佘 – 🔳 TV ☎ 🐎
Ⓟ. AE ⓸ GB JCB
Repas (fermé dim. soir et lundi) 160/400 et carte 260 à 440 – 😅 60 – **10 ch** 550/950 –
½ P 675/750.

XXX **La Salle à Manger,** 6 r. Mar. Joffre ℰ 90 56 28 01, 佘, « Maison bourgeoise aménagée
avec élégance » – GB   BY v
fermé 8 au 22 août, 20 déc. au 4 janv., dim. soir et lundi – **Repas** carte 120 à 150.

XX **Craponne,** 146 allées Craponne ℰ 90 53 23 92, 佘 – GB   BZ m
fermé 10 au 31 juil., 25 déc. au 3 janv., dim. soir et lundi – **Repas** 95/200, enf. 68.

au NE : 5 km par D 17 BY puis D 16 – ⊠ 13300 Salon-de-Provence :

🏚 ✿ **Abbaye de Sainte-Croix** ☞, ℰ 90 56 24 55, Fax 90 56 31 12, ≤, 佘, parc, ☒ – TV ☎
Ⓟ – 🔬 150. AE ⓸ GB. ✻ rest
17 mars-31 oct. – **Repas** (fermé mardi midi et lundi soir du 17 mars au 7 avril et lundi midi
sauf fériés) 190 (déj.), 250/495, enf. 120 – 😅 98 – **19 ch** 720/1235, 5 appart – ½ P 778/1088
Spéc. Aumônier de langoustines. Filet de dorade grillé aux épices et beurre de pistaches. Mignon d'agneau grillé,
compote d'olives. **Vins** Côteaux d'Aix-en-Provence.

rte de Pélissanne par ② : 3 km – ⊠ 13300 Salon-de-Provence :

🏛 **Campanile,** ℰ 90 42 14 14, Fax 90 53 51 26, 佘 – ⤫ ch, 🔳 rest TV ☎ ♿ Ⓟ – 🔬 25. AE
⓸ GB
Repas 85 bc/105 bc, enf. 39 – 😅 32 – **48 ch** 275.

à la Barben SE : 8 km par ②, D 572 et D 22E – ⊠ 13330 :

XX **La Touloubre** avec ch, ℰ 90 55 16 85, Fax 90 55 17 99, 佘 – ☎ Ⓟ. GB
fermé 9 au 23 oct., 27 fév. au 13 mars, dim. soir et lundi – **Repas** 120/240, enf. 65 – 😅 30 –
7 ch 240 – ½ P 300.

sur Autoroute A7 Aire de Lançon ou par ② et D 19 : 11 km – ⊠ 13680 Lançon :

🏛 **Mercure** sans rest, ℰ 90 42 87 11, Télex 440183, Fax 90 42 88 71, ☒ – 🔋 ⤫ ch 🔳 TV ☎
Ⓟ – 🔬 60. AE ⓸ GB
😅 50 – **100 ch** 295/460.

au Sud par ② , N 113 et D 19 (direction Grans) : 5 km – ⊠ 13250 Cornillon :

🏛 **Devem de Mirapier** M ☞, ℰ 90 55 99 22, Fax 90 55 86 14, ≤, 佘, « Dans un parc de
pins et garrigues », ☒, ✻ – 🔳 TV ☎ ♿ Ⓟ – 🔬 100. AE ⓸ GB JCB
fermé 15 déc. au 20 janv. et week-ends d'oct. à mars – **Repas** (résidents seul.) 100 (déj.),
200/250 – 😅 50 – **16 ch** 500/700 – ½ P 600.

ALFA ROMEO, HONDA A B Autom., Parc
d'Activités Quintin la Gandonne ℘ 90 42 38 00
CITROEN P.A.D., 306 av. Michelet par ③
℘ 90 42 39 39 🅽 ℘ 05 05 24 24
FORD Gar. Cardona, rte de Miramas, quart. des
Aires de la Dime ℘ 90 42 17 80
PEUGEOT Gar. Blanc, rte de Miramas par ③
℘ 90 56 23 71
RENAULT S.A.P.A.S., 666 bd du Roi René
℘ 90 42 13 13 🅽 ℘ 05 05 15 15

RENAULT Gar. Rigaud, pl. des Martyrs AY
℘ 90 56 00 45

🅦 Bues-Pneus, quartier Crau-Sud déviation N 113
℘ 90 53 30 40
Euromaster, bd Roi-René ℘ 90 53 15 75
Pyrame, 411 bd Roi René ℘ 90 53 30 38

Les SALVAGES 81 Tarn 🎛 ① – rattaché à Castres.

SALVAGNY 74 H.-Savoie 🎛 ⑧ – rattaché à Samoëns.

Le SAMBUC 13200 B.-du-R. 🎛 ⑩.

Paris 744 – Arles 24 – ◆Marseille 91 – Saintes-Marie-de-la-Mer 49 – Salon-de-Provence 63.

🏛 **Le Mas de Peint** Ⓜ ⧫, 2,5 km par rte Salins ℘ 90 97 20 62, Fax 90 97 22 20, 🏠, parc,
ambiance guest house, « Demeure camarguaise du 17ᵉ siècle aménagée avec élégance », 🛒 – 🔲 📺 ☎ Ⓟ. 🅰🅴 ⓞ 🇬🇧
1ᵉʳ avril-13 nov. et 16 déc.-8 janv. – **Repas** 165 bc (déj.)/210 bc – 🖵 80 – **10 ch** 980/1500 –
½ P 730/980.

SAMOËNS 74340 H.-Savoie 🎛 ⑧ G. Alpes du Nord – 2 148 h alt. 720 – Sports d'hiver : 800/2 280 m 💃 4
💃 44 🎿.

Voir Place du Gros Tilleul★ – Jardin alpin Jaysinia★.

Env. La Rosière ⇐★★ N : 6 km – Cascade du Rouget★★ S : 10 km – Cirque du Fer à Cheval★★ E :
13 km.

🛈 Office de Tourisme, Gare routière ℘ 50 34 40 28, Télex 385924, Fax 50 34 95 82.

Paris 584 – Chamonix-Mont-Blanc 61 – Thonon-les-Bains 59 – Annecy 71 – Bonneville 30 – Cluses 21 – ◆Genève 55 –
Megève 49 – Morzine 29.

🏠 **Neige et Roc** ⧫, ℘ 50 34 40 72, Fax 50 34 14 48, ≤, 🏠, 🎛, 🛒, 🛋, ⚒ – 🛗 cuisinette
📺 ☎ Ⓟ – 🔬 25. 🇬🇧. ⚒ rest
1ᵉʳ juin-24 sept. et 15 déc.-10 avril – **Repas** 100 (déj.), 120/230 – 🖵 45 – **32 ch** 500, 18
studios – ½ P 400.

🏠 **Gai Soleil,** ℘ 50 34 40 74, Fax 50 34 10 78, ≤, 🎛, 🛒, 🛋 – 🛗 cuisinette ☎ Ⓟ. 🇬🇧
◆ ⚒ rest
10 juin-16 sept. et 19 déc.-21 avril – **Repas** 75/170 – 🖵 37 – **24 ch** 340 – ½ P 275/295.

🏠 **Edelweiss** ⧫, NO : 1,5 km par rte Planpraz ℘ 50 34 41 32, Fax 50 34 18 75, ≤ montagnes, 🏠 – ☎ Ⓟ. 🇬🇧. ⚒ rest
5 juin-15 sept. et 18 déc.-20 avril – **Repas** 100/160 – 🖵 38 – **20 ch** 220/320 – ½ P 280.

🏠 **Les Drugères,** ℘ 50 34 43 84, Fax 50 34 19 06, 🎛, 🛒 – 🛗 ☎ Ⓟ. 🇬🇧
◆ 15 juin-15 sept. et 22 déc.-10 avril – **Repas** 80/160, enf. 50 – 🖵 35 – **18 ch** 320 – ½ P 280.

✗ **La Licorne,** rte des Moulins, La Falconnière ℘ 50 34 98 80 – 🇬🇧 🇯🇨🇧
◆ **Repas** 80/180.

à Morillon O : 4,5 km – Sports d'hiver 700/2200 m 💃 1 💃 7 🎿 – ✉ 74440 :

🛈 Office de Tourisme ℘ 50 90 15 76.

🏠 **Le Sauvageon** ⧫, SE : 1,5 km par D 255 et VO ℘ 50 90 10 25, Fax 50 90 13 08, ≤, 🏠,
🛒, ⚒ – ☎ Ⓟ. 🇬🇧. ⚒ rest
fermé 15 sept. au 15 déc., dim. soir et lundi – **Repas** 90/160 ⚐, enf. 50 – 🖵 30 – **20 ch**
150/260 – ½ P 240/270.

🏠 **Morillon,** ℘ 50 90 10 32, Fax 50 90 70 08, ≤, 🛋, 🛒 – 🛗 cuisinette ☎ Ⓟ. ⓞ 🇬🇧. ⚒ rest
10 juin-16 sept. et 20 déc.-10 avril – **Repas** 85/120 – 🖵 38 – **25 ch** 250/295 – ½ P 295/310.

à Verchaix O : 6 km par D 907 – ✉ 74440 :

✗ **Rouge Gorge,** D 907 ℘ 50 90 16 77 – 🇬🇧 🇯🇨🇧
fermé 15 au 30 juin, 15 au 30 nov., dim. soir et lundi – **Repas** 98/198, enf. 52.

à Salvagny SE : 9 km par D 907 et D 29 – ✉ 74740 Sixt-Fer-à-Cheval :

🏠 **Le Petit Tetras** ⧫, ℘ 50 34 42 51, Fax 50 34 12 02, ≤, 🏠, 🛋, 🛒 – 🛗 ☎ Ⓟ. 🅰🅴 ⓞ 🇬🇧.
⚒ rest
24 mai-15 sept. et 20 déc.-31 mars – **Repas** 88/180 ⚐, enf. 58 – 🖵 38 – **24 ch** 260/320 –
½ P 340/360.

CITROEN Gar. Baudet, ℘ 50 34 43 82 🅽 ℘ 50 34 43 82

SAMOIS-SUR-SEINE 77920 S.-et-M. 🎛 ② 🎛 ⑯ G. Ile de France – 1 916 h alt. 84.

Voir Ensemble★ (quai, île du Berceau) – Tour Dénecourt ✳★ SO : 5 km.

Paris 63 – Fontainebleau 9 – Melun 14 – Montereau-Faut-Yonne 21.

✗✗✗ **Maison de Champgosier,** à Samois-le-Haut ℘ (1) 64 24 60 71, Fax (1) 64 24 80 93,
🏠, 🛒 – 🅰🅴 🇬🇧
fermé 21 au 24 août, 8 au 31 janv., lundi soir et mardi – **Repas** 150/275 et carte 280 à 380.

SAMOREAU 77210 S.-et-M. **61** ② – 1 856 h.

Paris 65 – Fontainebleau 6 – Melun 16 – Montereau-Faut-Yonne 17 – Nemours 22.

  ✕ **Aub. de la Treille,** 5 r. Grande ℰ (1) 64 23 71 22, 😊, 🚗 – ⬛🇬🇧
     fermé 17 au 30 sept., vacances de fév., dim. soir et lundi – **Repas** 105/200.

SAMOUSSY 02 Aisne **56** ⑤ – rattaché à Laon.

SANARY-SUR-MER 83110 Var **84** ⑭ **114** ㊹ G. Côte d'Azur – 14 730 h alt. 20.

Voir Chapelle N.-D.-de-Pitié ≤★ – **Site**★ de N.-D.-de-Pépiole 5 km par ③.

🛈 Office de Tourisme Jardins de la Ville ℰ 94 74 01 04, Fax 94 74 58 04.

Paris 827 ① – ◆Toulon 12 ② – Aix-en-Provence 70 ① – La Ciotat 29 ① – ◆Marseille 54 ①.

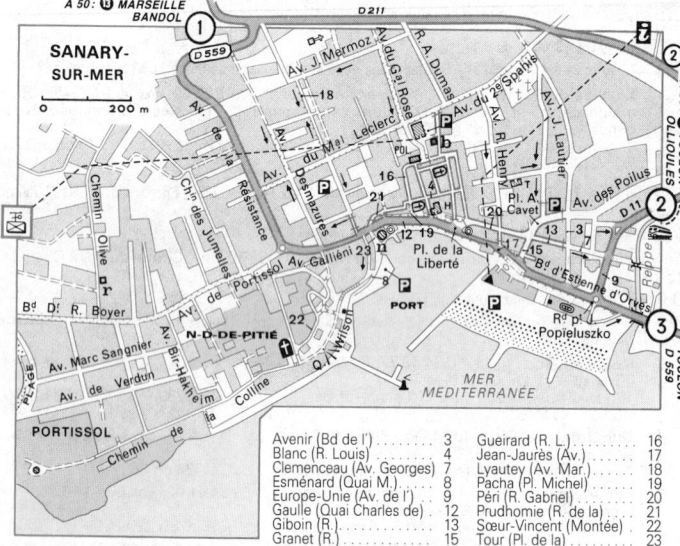

  🏠 **Tour,** quai Gén. de Gaulle **(n)** ℰ 94 74 10 10, Fax 94 74 69 49, ≤, 😊 – 📺 ☎. 🅰🅴 ⓪ 🇬🇧
     Repas *(fermé mardi hors sais.)* 120/250 – � 35 – **26 ch** 300/460 – ½ P 300/380.

  🏡 **Synaya** 🏖, chemin Olive **(r)** ℰ 94 74 10 50, 🚗 – ☎ 🅿. 🇬🇧 🍽 rest
     1ᵉʳ avril-31 oct. – **Repas** *(dîner seul.)* *(résidents seul.)* 90 – ⊐ 35 – **11 ch** 190/260 –
     ½ P 220/260.

  ✕✕ **Relais de la Poste,** pl. Poste **(b)** ℰ 94 74 22 20, 😊 – ⬛. 🅰🅴 🇬🇧
     fermé dim. soir et lundi de sept. à juin – **Repas** 95 *(déj.).* 135/250, enf. 80.

SANCERRE 18300 Cher **65** ⑫ G. Berry Limousin – 2 059 h alt. 312.

Voir Site★ – Esplanade de la porte César ≤★★ – Tour des Fiefs ❄★ – Carrefour D 923 et D 7
≤★★ O : 4 km.

🏌 du Sancerrois ℰ 48 54 11 22 par ① puis D 955 : 4 km.

🛈 Syndicat d'Initiative à l'Hôtel de Ville ℰ 48 54 00 26 et Nouvelle Place (juin-sept.) ℰ 48 54 08 21.

Paris 197 ① – Bourges 47 ③ – La Charité-sur-Loire 24 ② – Salbris 70 ③ – Vierzon 66 ③.

Plan page ci-contre

  🏨 **Panoramic,** rempart des Augustins **(a)** ℰ 48 54 22 44, Fax 48 54 39 55, ≤, 🏊, ⚑ ⬛ rest
     📺 ☎ – 🔬 60. 🅰🅴 🇬🇧
     Tasse d'Argent ℰ 48 54 01 44 *(fermé janv. et merc. de nov. à mars)* **Repas** 90/275, enf. 48 –
     ⊐ 35 – **57 ch** 280/400 – ½ P 285/340.

  ✕✕✕ **La Tour,** Nouvelle Place **(e)** ℰ 48 54 00 81, Fax 48 78 01 54 – ⬛. 🅰🅴 🇬🇧
  ◆ **Repas** 75/220 et carte 180 à 280, enf. 75.

  ✕ **La Moussière,** Nouvelle Place **(s)** ℰ 48 54 15 01, Fax 48 54 07 62 – 🇬🇧
  ◆ *21 mars-5 nov. et fermé mardi midi et lundi* – **Repas** 75/140.

     à St-Satur par ① : 3 km – ⊠ 18300 :

  🏡 **Verger Fleuri** 🏖, 22 r. Basse des Moulins ℰ 48 54 31 82, Fax 48 54 38 42, 😊, 🚗 – 📺
  ◆ ☎ 🅿. 🅰🅴 🇬🇧 🍽 rest
     fermé 15 déc. au 20 janv. et lundi hors sais. – **Repas** 75/190 – ⊐ 34 – **12 ch** 245/280 –
     ½ P 200/218.

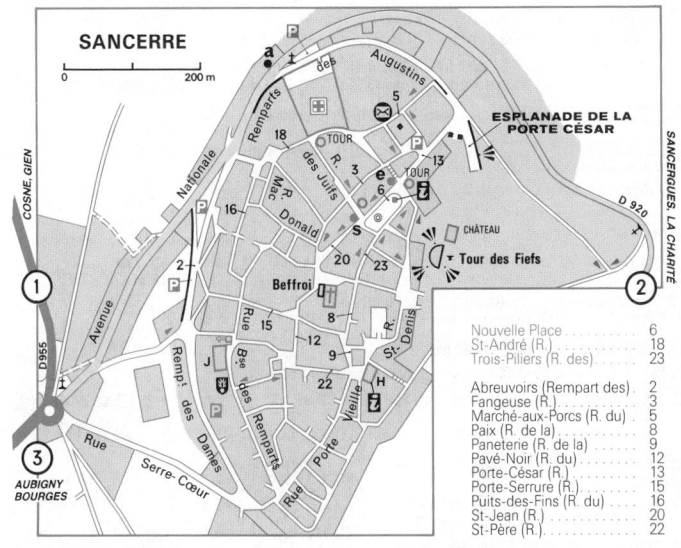

```
SANCERRE
0        200 m
```

ESPLANADE DE LA
PORTE CÉSAR

CHÂTEAU

▾ Tour des Fiefs

Beffroi

%%% **Le Laurier** avec ch, 29 r. Commerce ℘ 48 54 17 20, Fax 48 54 04 54 – 📺 ☎. ⌾
→ *fermé 1ᵉʳ au 15 mars, 15 au 30 nov., dim. soir et lundi sauf juil.-août* – **Repas** 68/240 ⅃,
enf. 50 – ⌣ 30 – **8 ch** 100/280 – ½ P 135/190.

à Chavignol par ① et D 183 : 4 km – ⊠ 18300 :

%%% **La Côte des Monts Damnés,** ℘ 48 54 01 72, Fax 48 54 14 24 – ⌾
fermé 6 au 28 mars, dim. soir et lundi – **Repas** 95/160.

CITROEN Gar. Declomesnil, à St-Satur par ①   RENAULT Gar. Bonlieu, rte de Bourges par ③
℘ 48 54 11 34   ℘ 48 54 12 82 🅽 ℘ 48 54 12 82
PEUGEOT Gar. Cotat-Mulhausen, 1 av. de Verdun   RENAULT Gar. Pinglot, à St-Satur par ①
par ③ ℘ 48 54 00 62   ℘ 48 54 11 59

SANCOINS 18600 Cher ⑥⑨ ③ G. Berry Limousin – 3 634 h alt. 206.

🛈 Syndicat d'Initiative r. M.-Lucas (juin-sept.) ℘ 48 74 65 85.

Paris 297 – Bourges 53 – Moulins 48 – Montluçon 69 – Nevers 32 – St-Amand-Montrond 38.

🏨 **Parc** ⅍ sans rest, r. M. Audoux ℘ 48 74 56 60, Fax 48 74 61 30 – ☎ ⌾ 🅿. ⅍⅛
fermé 1ᵉʳ au 15 janv. – ⌣ 28 – **11 ch** 200/260.

% **L'Ancienne Poste,** 36 r. M. Lucas ℘ 48 76 23 34 – ⌾
→ *fermé 1ᵉʳ au 15 oct., lundi sauf juil.-août et dim. soir* – **Repas** 60/120, enf. 39.

CITROEN Central Gar., Les Cachons, RN 76   RENAULT Gar. le Val d'Aubois, rte de Bourges
℘ 48 74 50 42 🅽 ℘ 48 74 50 42   ℘ 48 74 57 41 🅽 ℘ 48 74 57 41
PEUGEOT Gar. Morier, r. M.-Lucas ℘ 48 74 51 42

SANCY (Puy de) 63 P.-de-D. ⑦③ ⑬ – voir ressources hôtelières au **Mont-Dore**.

SAND 67230 B.-Rhin ⑥② ⑩ – 941 h alt. 143.

Paris 502 – ◆Strasbourg 29 – Barr 13 – Erstein 7,5 – Molsheim 25 – Obernai 14 – Sélestat 20.

🏨 **Host. La Charrue** ⅍, ℘ 88 74 42 66, Fax 88 74 12 02 – 📺 ☎ 🅿. ⌾ ⅍⅛
fermé 24 déc. au 9 janv. – **Repas** *(fermé mardi midi et lundi)* 85/200 ⅃ – ⌣ 30 – **26 ch**
180/280 – ½ P 240.

SANDARVILLE 28120 E.-et-L. ⑥⓪ ⑰ – 282 h alt. 166.

Paris 104 – Chartres 18 – Brou 24 – Châteaudun 35 – ◆Le Mans 117 – Nogent-le-Rotrou 43.

%%% **Aub. de Sandarville,** près Église ℘ 37 25 33 18, 🌲, « Ancienne ferme beauceronne »,
🌳 – ⌾
fermé 16 août au 1ᵉʳ sept., 15 janv. au 8 fév., dim. soir et lundi – **Repas** 150 (déj.), 195/340 et
carte 240 à 360.

SAN-MARTINO-DI-LOTA 2B H.-Corse ⑨⓪ ② – voir à Corse (Bastia).

SAN-PEIRE-SUR-MER 83 Var ⑧④ ⑰ ⑱, ⑪⑭ ⑰ – rattaché aux Issambres.

SANTA-COLOMA ⑧⑥ ⑭ – voir à Andorre (Principauté d').

Paris 199 – ◆Tours 43 – Amboise 24 – Blois 17 – Château-Renault 17 – Herbault 5 – Vendôme 32.

X **Union** avec ch, ℰ 54 46 11 03, Fax 54 46 18 57 – 🅿. 🖼. 🛰 ch
↔ *fermé fév., dim. soir et lundi* – **Repas** 65/220 – 🖵 28 – **5 ch** 180/250 – ½ P 250/280.

SANT-JULIA-DE-LORIA 🆄🆄 ⑭ – voir à Andorre (Principauté d').

Le SAPPEY-EN-CHARTREUSE 38700 Isère 🆄🆄 ⑤ **G. Alpes du Nord** – 762 h alt. 940 – Sports d'hiver au Sappey et au Col de Porte : 1 000/1 700 m ✫ 11 ✫.

Env. Charmant Som ✳***★★★** NO : 9 km puis 1 h.

🖪 Syndicat d'Initiative - Mairie ℰ 76 88 80 51.

Paris 584 – ◆Grenoble 13 – Chambéry 52 – St-Pierre-de-Chartreuse 14 – Voiron 38.

🏠 **Skieurs** ⬙, ℰ 76 88 80 15, Fax 76 88 85 76, ≼, 🍴, 🎿, ☞ – ☎ 🅿. 🖼
fermé avril, nov., déc., dim. soir et lundi – **Repas** 120/260 – 🖵 40 – **18 ch** 290/310.

XX **Le Pudding**, ℰ 76 88 80 26, Fax 76 88 84 66, 🍴 – 🖼. 🛰
fermé 11 au 30 sept., dim. soir et lundi – **Repas** 130/300, enf. 65.

SARCEY 69490 Rhône 🆄🆄 ⑨ – 690 h alt. 358.

Paris 458 – Roanne 53 – ◆Lyon 33 – Tarare 12 – Villefranche-sur-Saône 22.

🏨 **Chatard** M ⬙, ℰ 74 26 85 85, Fax 74 26 89 99, 🍴, 🎿, 🐎, 🍴 – 🛗 📺 ☎ 🔥 🅿 – 🎪 30.
🖼 🖼
fermé 2 au 20 janv. – **Repas** 80 (déj.), 99/300, enf. 50 – 🖵 40 – **38 ch** 200/300 – ½ P 205/230.

SARE 64310 Pyr.-Atl. 🆄🆄 ② **G. Pyrénées Aquitaine** – 2 054 h alt. 70.

Paris 799 – Biarritz 25 – Cambo-les-Bains 19 – Pau 134 – St-Jean-de-Luz 13 – St-Pée-sur-Nivelle 8.

🏨 **Arraya**, ℰ 59 54 20 46, Fax 59 54 27 04, 🍴, « Cadre rustique basque, jardin » – 📺 ☎ 🅿. 🖼 🖼. 🛰 ch
29 avril-5 nov. – **Repas** 130/198, enf. 50 – 🖵 48 – **20 ch** 435/530 – ½ P 418/478.

🏨 **Pikassaria** ⬙, S : 2 km par VO ℰ 59 54 21 51, Fax 59 54 27 40, ≼, 🐎 – ☎ 🔥 🅿. 🖼
20 mars-15 nov. et fermé merc. sauf le 1ᵉʳ juil. au 30 sept. – **Repas** 88/170, enf. 60 – 🖵 32 – **37 ch** 200/270 – ½ P 230.

SARLAT-LA-CANÉDA ◁🆂🅿▷ 24200 Dordogne 🆄🆄 ⑰ **G. Périgord Quercy** – 9 909 h alt. 145.

Voir Vieux Sarlat★★ : place des Oies★ Y, rue des Consuls★ Y, hôtel Plamon★ Y **E**, hôtel de Malleville★ Y **B**, maison de La Boétie★ Z **D** – Musée-aquarium★ Y **M¹**.

Env. Décor★ et mobilier★ du château de Puymartin NO : 7 km par ④.

🏌 de Rochebois à Vitrac ℰ 53 31 52 80.

🖪 Office de Tourisme pl. Liberté ℰ 53 59 27 67, Fax 53 59 19 44 et av. Gén.-de-Gaulle (juil.-août) ℰ 53 59 18 87.

Paris 522 ① – Brive-la-Gaillarde 52 ① – Bergerac 74 ③ – Cahors 62 ③ – Périgueux 66 ④.

🏨 **de Selves** M sans rest, 93 av. de Selves ℰ 53 31 50 00, Fax 53 31 23 52, 🎿, 🐎 – 🛗 🗏 📺 ☎ 🔥 ↔ – 🎪 30. 🖼 🖼 **v**
fermé 10 janv. au 10 fév. – 🖵 45 – **40 ch** 360/520.

🏨 **La Madeleine**, 1 pl. Petite Rigaudie ℰ 53 59 10 41, Fax 53 31 03 62, 🍴 – 🛗 🗏 ch 📺 ☎ ↔. 🖼 ① 🖼 Y **e**
hôtel : 15 mars-12 nov. : rest. : 1ᵉʳ avril-12 nov. et fermé lundi midi sauf août – **Repas** 95/305, enf. 65 – 🖵 42 – **22 ch** 295/418 – ½ P 330/350.

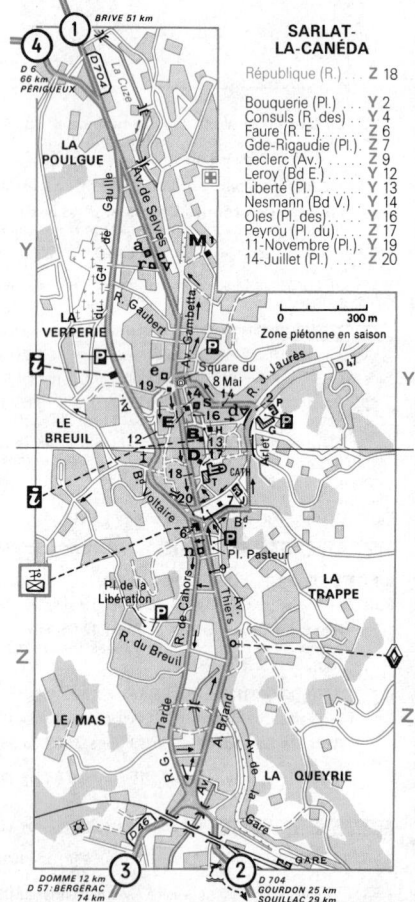

SARLAT-LA-CANÉDA

République (R.)	Z 18
Bouquerie (Pl.)	Y 2
Consuls (R. des)	Y 4
Faure (R. E.)	Z 6
Gde-Rigaudie (Pl.)	Z 7
Leclerc (Av.)	Z 9
Leroy (Bd E.)	Y 12
Liberté (Pl.)	Y 13
Nesmann (Bd V.)	Y 14
Oies (Pl. des)	Y 16
Peyrou (Pl. du)	Z 17
11-Novembre (Pl.)	Y 19
14-Juillet (Pl.)	Z 20

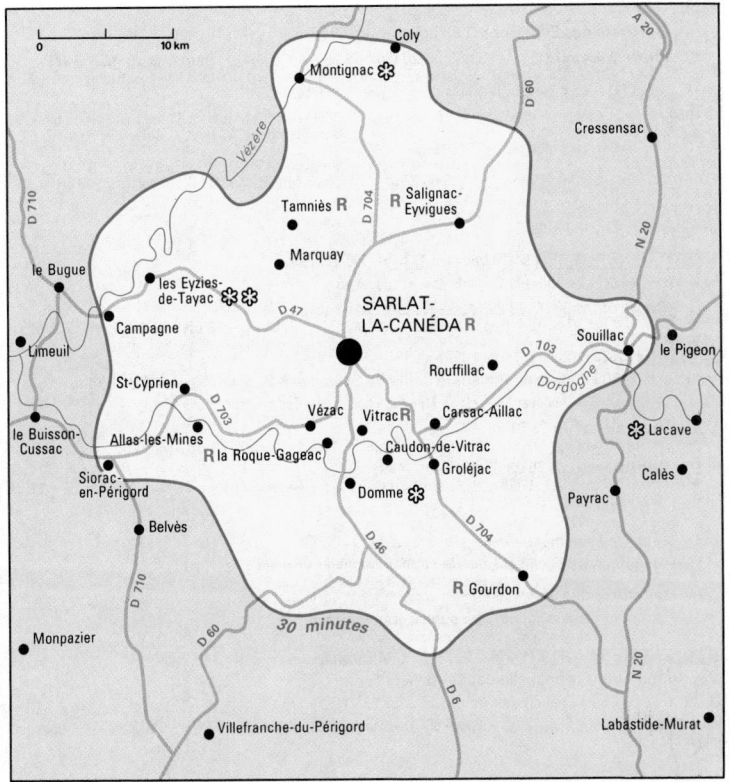

🏨 **St Albert et Montaigne** (annexe 🏠 Ⓜ), pl. Pasteur ℰ 53 31 55 55, Fax 53 59 19 99 – 🛗
🍽 rest 📺 ☎ – 🏛 25. 🆎 ⓞ ☎ ⚿ ch   Z **n**
fermé lundi (sauf hôtel) et dim. soir du 5 nov. au 1ᵉʳ avril – **Repas** 94/170 ⅃ – ⇌ 40 – **61 ch**
290/330 – ½ P 290/320.

🏨 **Compostelle** sans rest, 64 av. Selves ℰ 53 59 08 53, Fax 53 30 31 65 – 🛗 📺 ☎ ♿.
☎   Y **r**
Pâques-11 nov. – ⇌ 35 – **23 ch** 290/300.

🏠 **Mas del Pechs** ⚟, Les Pechs, E : 1,5 km par VO ℰ 53 31 12 11, Fax 53 31 16 99, ⅃, 🌿
➜ – 📺 ☎ ♿ ℗. ☎
Pâques-1ᵉʳ nov. – **Repas** 75/160, enf. 40 – ⇌ 40 – **14 ch** 270/300 – ½ P 250.

🍴 **Aub. de Mirandol**, r. Consuls ℰ 53 29 53 89, Fax 53 30 32 41, 🌤 – 🆎 ⓞ ☎   Y **s**
15 mars-30 nov. et fermé lundi sauf juil.-août – **Repas** 90/190.

🍴 **Marcel** avec ch, 8 av. Selves ℰ 53 59 21 98, Fax 53 30 27 77 – 📺 ☎ ℗. ⓞ ☎   Y **a**
➜ *15 fév.-15 nov.* – **Repas** *(fermé lundi sauf juil.-août)* 75/220 ⅃, enf. 45 – ⇌ 32 – **12 ch**
220/260 – ½ P 250/265.

au Sud par ② et C 1 : 3 km :

🏨 **La Hoirie** ⚟, ℰ 53 59 05 62, Fax 53 31 13 90, 🌤, ⅃, 🌿 – 📺 ☎ ℗. 🆎 ⓞ ☎.
⚿ rest
15 mars-15 nov. – **Repas** 95 (déj.), 130/300 – ⇌ 55 – **15 ch** 350/570 – ½ P 370/480.

🏠 **Mas de Castel** ⚟ sans rest, ℰ 53 59 02 59, Fax 53 28 25 62, ⅃, 🌿 – ☎ ℗. ☎. ⚿
15 avril-11 nov. – ⇌ 32 – **13 ch** 220/340.

par ③ rte de Bergerac et VO : 3 km – ✉ **24200** Sarlat-la-Canéda :

🏠 **Relais de Moussidière** Ⓜ ⚟, ℰ 53 28 28 74, Fax 53 28 25 11, ≤, 🌤, « Parc », ⅃ –
🍽 rest 📺 ☎ ♿ ℗ – 🏛 30. 🆎 ☎
31 mars-15 nov. – **Repas** (dîner seul.) 170 – ⇌ 60 – **35 ch** 550/620 – ½ P 475/510.

par ④ rte des Eyzies et VO : 3 km

🏨 **Host. Meysset** ⑤, 𝒫 53 59 08 29, Fax 53 28 47 61, ≤, 😤, parc – ☎ 🅿. 🆎 ⓞ ☐
hôtel : 14 avril -30 sept. ; rest : 27 avril-30 sept. et fermé merc. midi – **Repas** 100 (déj.),
135/250 – ☑ 45 – **22 ch** 334/430, 4 appart – ½ P 395/400.

CITROEN Sarlat Autos, rte de Vitrac par ③
𝒫 53 59 10 64
FIAT, LANCIA Gar. Lacombe, 12 av. de Selves
𝒫 53 29 18 52
FORD Gar. Fournet, rte de Vitrac 𝒫 53 59 05 23 🄽
𝒫 53 59 07 35
PEUGEOT S.M.A.S., av. Dordogne par ③
𝒫 53 59 10 75 🄽 𝒫 53 31 90 91

RENAULT Gar. Robert, 33 av. Thiers 𝒫 53 59 35 21
Gar. Marchese, 13 bis r. A.-Briand 𝒫 53 59 37 67

⦿ Sauvanet Pneus, ch. des Sables 𝒫 53 31 08 59
Service du Pneu Point S, rte du Lot 𝒫 53 59 00 33

SARLIAC-SUR-L'ISLE 24420 Dordogne 🗗🗗 ⑥ – 798 h alt. 102.

Paris 483 – Périgueux 14 – Brive-la-Gaillarde 65 – ◆Limoges 88.

🕏 **Chabrol**, 𝒫 53 07 83 39, 😤 – ☎. ☐. ✂
✦ *fermé 4 au 30 sept.* – **Repas** *(fermé lundi)* 65/250 ₰ – ☑ 30 – **12 ch** 120/180 – ½ P 225/250.

SARRAS 07370 Ardèche 🗗🗗 ① – 1 837 h alt. 134.

Voir De la D 506 coup d'oeil★★ sur le défilé de St-Vallier★ S : 5 km, *G. Vallée du Rhône.*

Paris 531 – Valence 33 – Annonay 19 – ◆Lyon 71 – ◆St-Étienne 59 – Tournon-sur-Rhône 16.

🏠 **Vivarais**, 𝒫 75 23 01 88 – ☜ 🅿
✦ *fermé 1ᵉʳ fév. au 10 mars et mardi* – **Repas** 70/170 ₰ – ☑ 27 – **8 ch** 150/220.

🕏 **Commerce**, 𝒫 75 23 03 88 – ☜, ☐
✦ *fermé 26 déc. au 9 janv., dim. soir et lundi midi* – **Repas** 62 (déj.), 69/140 ₰ – ☑ 22 – **12 ch**
100/170 – ½ P 120.

☛ *Le pastiglie numerate delle piante di città ①, ②, ③*
sono riportate anche sulle carte stradali Michelin in scala 1/200 000.

Questi riferimenti, comuni nella guida e nella carta stradale,
facilitano il passaggio di una pubblicazione all'altra.

SARREBOURG ⑤⑤ 57400 Moselle 🗗🗗 ⑧ *G. Alsace Lorraine* – 13 311 h alt. 250.

Voir Vitrail★ dans la chapelle des Cordeliers B.

🄱 Office de Tourisme Chapelle des Cordeliers 𝒫 87 03 11 82.

Paris 426 ④ – ◆Strasbourg 72 ② – Épinal 85 ④ – Lunéville 53 ④ – ◆Metz 93 ④ – St-Dié 68 ④ – Sarregue-mines 53 ①.

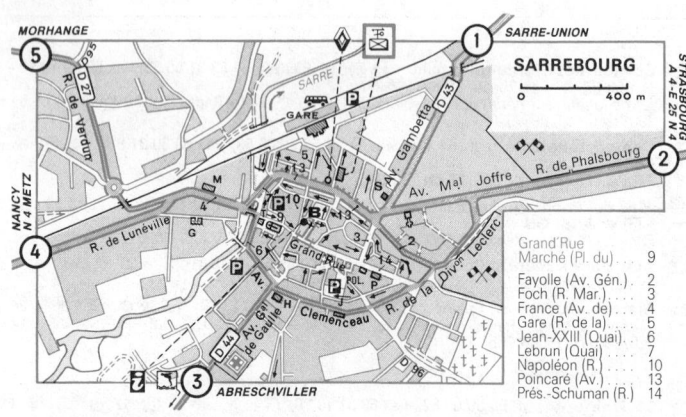

Grand'Rue
Marché (Pl. du) . . . 9

Fayolle (Av. Gén.). .	2
Foch (R. Mar.). . . .	3
France (Av. de) . . .	4
Gare (R. de la). . . .	5
Jean-XXIII (Quai). .	6
Lebrun (Quai)	7
Napoléon (R.)	10
Poincaré (Av.). . . .	13
Prés.-Schuman (R.)	14

🏨 **Les Cèdres** Ⓜ ⑤, par ③ et chemin d'Imling : 3 km 𝒫 87 03 55 55, Fax 87 03 66 33, 😤 –
✦ 🏮 ✂ **ch** 📺 ☎ & 🅿 – 🔏 100. 🆎 ☐
fermé sam. midi et dim. soir – **Repas** *(fermé 23 déc. au 8 janv.)* 65/210 ₰ – ☑ 37 – **42 ch**
320/350 – ½ P 225.

XX ❀ **Mathis**, 7 r. Gambetta (s) 𝒫 87 03 21 67, Fax 87 23 00 64 – 🆎 ☐
fermé 1ᵉʳ au 10 août, 2 au 6 janv., dim. soir, mardi soir et lundi – **Repas** 115 (déj.), 165/295 et
carte 250 à 350 ₰
Spéc. Homard tiède en macédoine de foie gras et coulis de tomate fraîche. Poêlée de langoustines au poireau frit,
tagliatelles au pesto. Gibier (sept. à fév.) **Vins** Chasselas, Klevner.

CITROEN Gar. Oblinger, RN 4 Zone Ariane-de-Buhl
par ④ ℰ 87 23 89 56
FIAT Europ'Auto, ZA rte de Niderviller
ℰ 87 03 22 12
FORD Gar. des Deux Sarres, ZA Ariane à Buhl-
Lorraine ℰ 87 03 32 60
PEUGEOT Berthel Auto, RN 4 à Imling par ④
ℰ 87 23 89 66

RENAULT Gar. Billiar, 25 av. Poincaré
ℰ 87 23 22 22 ⓝ ℰ 87 69 24 50
VAG Gar. Lett Autom., rte de Hesse ℰ 87 03 14 02

⑩ Kautzmann, 5 r. Dr-Schweitzer ℰ 87 03 23 53
Pneus et Services D.K., voie A.-Malraux
ℰ 87 03 21 87

SARREGUEMINES ◁⑳▷ 57200 Moselle ⁵⁷ ⑯ ⑰ G. Alsace Lorraine – 23 117 h alt. 220.

Voir Musée : jardin d'hiver★★, collection de céramiques★ BY **M**.

Env. Parc archéologique européen de Bliesbruck-Reinheim : thermes publics★, 9,5 km par ①.

🄱 Office de Tourisme r. Maire-Massing ℰ 87 98 80 81, Fax 87 98 25 77.

Paris 396 ③ – ◆Strasbourg 105 ② – Colmar 151 ② – Épinal 150 ② – Karlsruhe 138 ① – Lunéville 92 ② –
◆Metz 68 ③ – ◆Nancy 89 ② – St-Dié 134 ② – Saarbrücken 18 ③.

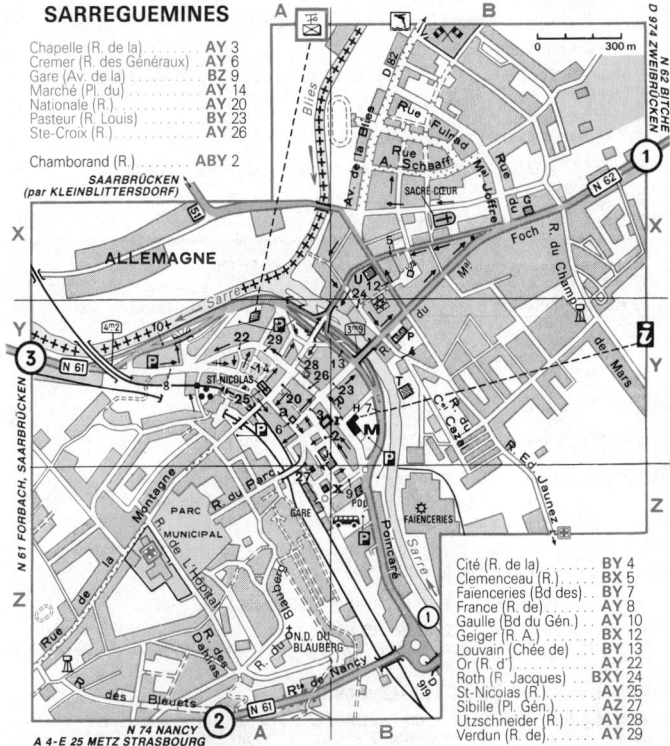

SARREGUEMINES

Chapelle (R. de la)	**AY** 3
Cremer (R. des Généraux)	**AY** 6
Gare (Av. de la)	**BZ** 9
Marché (Pl. du)	**AY** 14
Nationale (R.)	**AY** 20
Pasteur (R. Louis)	**BY** 23
Ste-Croix (R.)	**AY** 26
Chamborand (R.)	**ABY** 2

Cité (R. de la)	**BY** 4
Clemenceau (R.)	**BX** 5
Faïenceries (Bd des)	**BY** 7
France (R. de)	**AY** 8
Gaulle (Bd du Gén.)	**AY** 10
Geiger (R. A.)	**BX** 12
Louvain (Chée de)	**BY** 13
Or (R. d')	**AY** 22
Roth (R. Jacques)	**BXY** 24
St-Nicolas (R.)	**AY** 25
Sibille (Pl. Gén.)	**AZ** 27
Utzschneider (R.)	**AY** 28
Verdun (R. de)	**AY** 29

🏨🏨 **Alsace et Rôtisserie Ducs de Lorraine**, 10 r. Poincaré ℰ 87 98 44 32, Fax 87 98 39 85,
🍴, � – 🛗 📺 ☎ 🅿 – 🔬 30. 🄰🄴 ⓞ ⓖⓑ. ⟪ ⟫   ABY **r**
Repas (fermé dim. soir) 130/315 ⅄ - **La Taverne : Repas** carte 100 à 200 ⅄, enf. 32 – ⌕ 40 –
28 ch 315/390.

🏨 **Deux Étoiles** sans rest, 4 r. Gén. Crémer ℰ 87 98 46 32 – 📺 ☎. ⓖⓑ   AY **a**
⌕ 27 – **18 ch** 165/255.

✕ **Laroche**, 3 pl. Gare ℰ 87 98 03 23 – ⓖⓑ   ABZ **x**
◆ fermé 9 au 29 juil., 24 déc. au 6 janv., vend. soir et sam. – **Repas** 75/200 ⅄, enf. 45.

   à Woelfling-lès-Sarreguemines par ① et rte de Bitche : 11 km – ✉ **57200** :

✕✕ **Pascal Dimofski**, N 62 ℰ 87 02 38 21, Fax 87 02 21 36, 🍴, � – 🅿. 🄰🄴 ⓞ ⓖⓑ
fermé 22 août au 8 sept., vacances de fév., lundi soir et mardi – **Repas** 150 (déj.), 160/350,
enf. 65.

par ③ : 2 km – ⊠ **57200** Sarreguemines :

XXX **Aub. St-Walfrid,** rte Grosbliederstroff ℘ 87 98 43 75, Fax 87 95 76 75, 龠 , 牀 – **℗** . **AE**
GB
fermé dim. et lundi – **Repas** 130/350 et carte 290 à 370 ⅃.

XXX **Vieux Moulin,** 135 r. France ℘ 87 98 22 59 – **℗** **GB**
fermé mardi et merc. – **Repas** 140/280 et carte 240 à 350 ⅃.

CITROEN Gar. Herber, rue des Frères Remy ZI
℘ 87 98 84 81
PEUGEOT Gar. Derr, ZI r. Gutenberg par ①
℘ 87 95 67 94
RENAULT Gar. Rebmeister, ZI r. Frères-Lumière
par ① ℘ 87 95 10 88 🅽 ℘ 05 05 15 15

ROVER Siebert Autom., r. des Fréres Rémy Z I
℘ 87 85 06 70

⓾ Euromaster, 120 av. Foch ℘ 87 95 18 24

SARRE-UNION **67260** B.-Rhin 🖅 ⑰ – 3 159 h alt. 240.

Paris 409 – ◆Strasbourg 83 – Lunéville 74 – ◆Metz 81 – ◆Nancy 77 – St-Avold 38 – Sarreguemines 24.

🏠 **Au Cheval Noir,** r. Phalsbourg ℘ 88 00 12 71, Fax 88 00 19 09 – ⇔ ch 🅣 ☎ **℗** – 🏖 80.
◆ **AE** **℗** **GB** . ⅖ ch
fermé 1ᵉʳ au 21 oct. – **Repas** *(fermé lundi)* 55/250 ⅃ – 🖙 30 – **20 ch** 120/250 – ½ P 210/260.

SE : 9 km par N 61 – ⊠ **67320** Berg :

🏠 **Relais du Kirchberg** 🅼, N 61 ℘ 88 00 60 60, Fax 88 00 76 45, ≼ – 🅣 ☎ & **℗** . **AE** **GB**
Repas *(fermé 14 fév. au 6 mars et lundi sauf fériés)* 90/230 ⅃ – 🖙 39 – **10 ch** 220/300,
5 duplex.

⓾ Weiss Pneus Point S, à Diemeringen ℘ 88 00 42 60

SARS-POTERIES **59216** Nord 🖅 ⑥ G. Flandres Artois Picardie – 1 496 h alt. 176.

Voir Musée du Verre★.

🛈 Syndicat d'Initiative - Mairie ℘ 27 61 72 64.

Paris 218 – St-Quentin 77 – Avesnes-sur-Helpe 10 – Charleroi 43 – ◆Lille 105 – Maubeuge 16.

🏠 **H. Fleuri** ⑊ sans rest, ℘ 27 61 62 72, 牀 , ⅌ – ☎ **℗** **GB**
fermé 22 déc. au 5 janv. – 🖙 38 – **11 ch** 215/275.

XXX ❀ **Auberge Fleurie** (Lequy), ℘ 27 61 62 48, Fax 27 59 32 16 – **℗** . **AE** **℗** **GB**
fermé 16 au 31 août, 16 janv. au 8 fév., dim. soir et lundi – **Repas** (nombre de couverts limité
- prévenir) 150 (déj.)/320 et carte 210 à 330
Spéc. Homard décortiqué, beurre blanc à l'estragon. Noix de Saint-Jacques au lait et coulis de persil (oct. à mai).
Agneau de lait rôti (déc. à mai).

SARTÈNE **2A** Corse-du-Sud 🖅 ⑱ – voir à Corse.

SARTROUVILLE **78** Yvelines 🖅 ⑳ , 🖅 ⑱ , 🖅 ⑬ – voir à Paris, Environs.

SARZEAU **56370** Morbihan 🖅 ⑬ G. Bretagne – 4 972 h alt. 21.

Voir Ruines★ du château de Suscinio SE : 3,5 km – Presqu'île de Rhuys★.

🏌 Kerver ℘ 97 45 30 09, O par D 780 : 7 km.

🛈 Office de Tourisme, Centre Bourg, Bâtiment des Trinitaires ℘ 97 41 82 37, Fax 97 41 74 95.

Paris 475 – Vannes 22 – ◆Nantes 110 – Redon 62.

à St-Colombier NE : 4 km par D 780 – ⊠ **56370** Sarzeau :

X **Le Tournepierre,** ℘ 97 26 42 19 – **AE** **GB**
fermé 15 au 30 nov., 15 au 30 janv., dim. soir et lundi sauf juil.-août – **Repas** 95 (déj.),
140/250.

à Penvins SE : 7 km par D 198 – ⊠ **56370** Sarzeau :

🏠 **Mur du Roy** ⑊ , ℘ 97 67 34 08, Fax 97 67 36 23, ≼ , 龠 , 牀 – ☎ & **℗** . **GB**
fermé 15 nov. au 15 déc. – **Repas** 98/250 – 🖙 35 – **10 ch** 290/340 – ½ P 295/320.

à la Grée-Penvins SE : 7,5 km par D 198 – ⊠ **56370** Sarzeau :

XX **Espadon,** ℘ 97 67 34 26, Fax 97 67 38 43, « Auberge rustique » – **℗** . **AE** **℗** **GB**
fermé janv., dim. soir et lundi d'oct. à mars – **Repas** 99/350.

CITROEN Gar. Clinchard, rte de St-Gildas
℘ 97 41 81 23

Gar. Pépion, 17 r. Venetes ℘ 97 41 84 12

SASSENAGE **38** Isère 🖅 ④ – rattaché à Grenoble.

SASSETOT-LE-MAUCONDUIT **76540** S.-Mar. 🖅 ⑫ – 944 h alt. 80.

Paris 204 – ◆Le Havre 54 – Bolbec 28 – Fécamp 15 – ◆Rouen 63 – Saint-Valery-en-Caux 20 – Yvetot 27.

XX **Relais des Dalles,** près château ℘ 35 27 41 83, 龠 , « Jardin fleuri » – **AE** **GB** 🅹🅲🅱
fermé 13 au 28 déc., mardi soir et merc. sauf juil.-août – **Repas** (dim. prévenir) 94 (déj.),
125/195.

SATHONAY-CAMP 69580 Rhône 7/8 [12] – 4 673 h.

Paris 455 – ◆Lyon 10 – Bourg-en-Bresse 53 – Chalamont 42 – Meximieux 31 – Villefranche-Sur-Saône 28.

Val de Saône sans rest, allée P. Delorme ℰ 78 23 71 45, Fax 78 08 84 77 – 🖸 🕿 🕼 🅿 🛈
GB
☎ 29 – **24 ch** 185/250.

SATILLIEU 07290 Ardèche 7/6 [9] – 1 818 h alt. 476.

Paris 548 – Valence 47 – Annonay 13 – Lamastre 37 – Privas 31 – St-Vallier 20 – Tournon-sur-Rhône 30

Yssingeaux 53.

Julliat-Poché, ℰ 75 34 95 86, 🐠 – 🖸 🕿 🅐 🛈 GB
fermé ☒ au 1ᵉʳ oct. et 1ᵉʳ au 10 fév. – **Repas** (fermé dim. soir et lundi sauf juil.-août) 65/178 ₰
– ☎ 50 – **1f ch** 200/290.

à St-Romain-d'Ay NE : 4,5 km par D 578ᴬ et D 6 – ⊠ 07290 :

Régis Panard avec ch, ℰ 75 34 42 01, Fax 75 34 48 23, 🐠, 🌳, ☑ – 🐠 🖸 🕿 🅿 🛲 GB
☒ ch
hôtel : fermé 1ᵉʳ janv. au 30 mars, dim. soir et lundi ; rest. ; fermé 15 janv. au 20 fév, dim.
soir et lundi – **Repas 90**/280 – ☎ 32 – **8 ch** 230/260 – 1/2 P 250.

SAUGUES 43170 H.-Loire 7/6 [16] G. Auvergne – 2 089 h alt. 960.

Office de Tourisme à la Mairie ℰ 71 77 64 40, Fax 71 77 66 40.
Paris 537 – Le Puy-en-Velay 44 – Brioude 50 – Mende 72 – St-Chély-d'Apcher 42 – St-Flour 54.

La Terrasse, ℰ 71 77 83 10, Fax 71 77 63 79 – 🖸 🕿 🅐 GB 🛲 rest
fermé vend. soir et sam. midi hors sais. – **Repas** 55/145 ₰ – ☎ 32 – **15 ch** 225 – 1/2 P 190.

SAUJON 17600 Char.-Mar. 7/1 [15] G. Poitou Vendée Charentes – 4 891 h alt. 5 – Stat. therm..

Voir Chapiteaux✶ dans l'église.
Office de Tourisme pl. Ch.-de-Gaulle ℰ 46 02 83 77
Paris 495 – Royan 12 – ◆Bordeaux 117 – Marennes 25 – Rochefort 33 – La Rochelle 67 – Saintes 28.

Commerce, r. Saintonge ℰ 46 02 80 50, 🐠 – 🕿 🅿 GB
fermé 5 déc. au 15 mars, dim. soir et lundi hors sais. – **Repas** 82/155, enf. 48 – ☎ 30 –
19 ch 48/290 – 1/2 P 235/300.

au Gua N : 6 km par D 1 – ⊠ 17600 :

Moulin de Châlons, ℰ 1 km rte Royan ℰ 46 22 82 72, Fax 46 22 91 07, 🐠,
parc, « Ancien moulin à marée du 18ᵉ siècle » – 🕿 🅿 🅐 🛈 GB
8 mai-20 sept. et fermé merc. midi en fermé sauf juil.-août – **Repas** 155/390 – ☎ 60 – **14 ch**
350/510 – 1/2 P 400/480.

CITROEN Central Gar. ℰ 46 02 80 25

SAULCE-SUR-RHONE 26270 Drôme 7/7 [1] – 1 443 h alt. 103.

Paris 591 – Valence 31 – Crest 22 – Montélimar 18 – Privas 25.

Cluzier, 62 av. de Provence ℰ 75 63 00 23, Fax 75 63 12 60, 🐠, ☑, 🌳 – 🖸 🕿 🅿
▲ 50 GB
fermé 19 au 23 oct., 22 déc. au 23 janv., dim. soir sauf juil.-août et lundi – **Repas** 68/190 ₰,
enf. 50 – ☎ 30 – **20 ch** 190/300 – 1/2 P 230/270.

à Mirmande SE : 3 km par D 204, G. Vallée du Rhône – ⊠ 26270 :

La Capitelle ♨, ℰ 75 63 02 72, Fax 75 63 02 50, ≤, 🌳, « Demeure ancienne » – 🕿 🅿
GB
fermé 5 janv. au 15 fév., merc. midi et mardi – **Repas** 85/175 – ☎ 50 – **11 ch** 270/430 –
1/2 P 285/365.

SAULCHOY 62870 P.-de-C. [51] [12] – 260 h alt. 13.

Paris 202 – ◆Calais 88 – Abbeville 31 – Arras 77 – Berck-sur-Mer 22 – Doullens 43 – Hesdin 17 – Montreuil 16.

Val d'Authie, ℰ 21 90 30 20, 🌳 – 🅿 GB
fermé 4 au 9 sept. et jeudi d'oct. à avril sauf fériés – **Repas** 75 bc/170 ₰.

SAULGES 53340 Mayenne [60] [11] G. Normandie Cotentin – 333 h alt. 80.

Paris 248 – ◆Le Mans 51 – Château-Gontier 36 – La Flèche 46 – Laval 35 – Mayenne 42.

Ermitage M ♨, ℰ 43 90 52 28, Fax 43 90 56 61, 🐠, ☑, 🌳 – 🖸 🕿 🕼 🅿 – ▲ 60 🅐 🛈 GB
fermé fév., dim. soir et lundi du 1ᵉʳ oct. au 15 avril – **Repas** 98/300, enf. 70 – ☎ 50 – **36 ch**
320/480 – 1/2 P 380/420.

SAULIEU 21210 Côte-d'Or 7/1 [17] G. Bourgogne – 2 917 h alt. 514.

Voir Basilique St-Andoche✶ : chapiteaux✶✶ – Le Taureau✶ (sculpture) par Pompon.
Office de Tourisme ℰ 80 64 00 21, Fax 80 64 21 96.
Paris 249 ① – ◆Dijon 73 ② – Autun 41 ④ – Avallon 38 ① – Beaune 64 ① – Clamecy 76 ①.

SAULIEU

Marché (R. du) 17

Abattoir (R. de l') 2
Argentine (R. d') 3
Bertin (R. J.) 4
Collège (R. du) 6
Courtépée (R.) 7
Foire (R. de la) 8
Gambetta (R.) 10
Gare (Av. de la) 12
Gaulle (Pl. Ch. de) 14
Grillot (R.) 15
Sallier (R.) 18
Tanneries (R. des) 20
Vauban (R.) 21

Les localités citées dans le guide Michelin sont soulignées de rouge sur les cartes Michelin à 1/200 000.

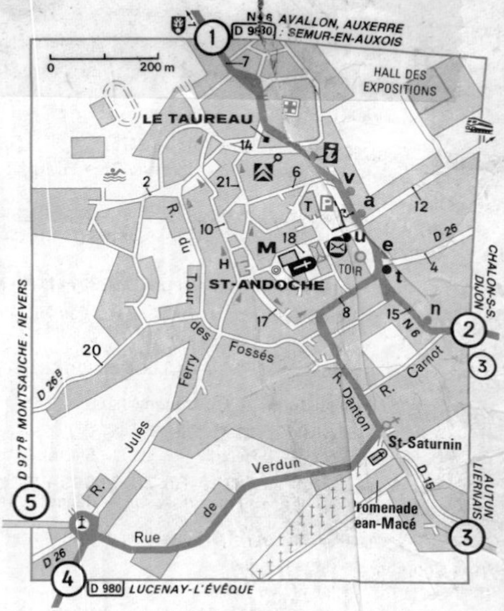

Côte d'Or (Loiseau), 2 r. Argentine **(e)** ✆ 80 64 07 66, Fax 80 64 08 92, « Élégante hostellerie agrémentée d'un jardin fleuri » – TV ☎ – 25. AE ⓓ GB JCB
Repas 350 (déj.), 580/780 et carte 480 à 760, enf. 90 – ☕ 110 – **19 ch** 310/1600, 5 appart, 3 duplex
Spéc. Jambonnettes de grenouilles à la purée d'ail et au jus de persil. Sandre à la fondue d'échalote, sauce vin rouge. Blanc de volaille au foie gras chaud et purée truffée. Vins Sauvignon de Saint-Bris, Côte de Nuits Vilages.

Poste, 1 r. Grillot **(t)** ✆ 80 64 05 67, Fax 80 64 10 82 – rest TV ☎ P – 40. AE ⓓ GB
Repas 98/188, enf. 60 – ☕ 35 – **45 ch** 170/485 – ½ P 350/450.

Tour d'Auxois, square A. Dumaine **(u)** ✆ 80 64 13 30, – P. GB
Repas 100/190, enf. 45 – ☕ 25 – **18 ch** 90/170 – ½ P 190/280.

XX **Borne Impériale** avec ch, 16 r. Argentine **(v)** ✆ 80 64 19 76, – ☎ P. GB
fermé 15 nov. au 15 déc., mardi soir et merc. sauf juil.-août – **Repas** 85/290 bc, enf. 65 – ☕ 38 – **7 ch** 170/300.

XX **Aub. du Relais** avec ch, 8 r. Argentine **(a)** ✆ 80 64 13 16, Fax 80 64 08 33 – TV. AE GB. ch
Repas 88/198, enf. 62 – ☕ 32 – **5 ch** 240/280 – ½ P 240/295.

X **Vieille Auberge** avec ch, 15 r. Grillot **(n)** ✆ 80 64 13 74 – P. AE GB
fermé 4 janv. au 2 fév., mardi soir et merc. sauf du 1er juil. au 15 sept. – **Repas** 70/165 – ☕ 30 – **5 ch** 210/260 – ½ P 230.

CITROEN Gar. de l'Etape, ✆ 80 64 17 99

RENAULT S.C.A. par ② ✆ 80 64 03 45 N ✆ 80 64 03 45

SAULT 84390 Vaucluse 81 ⑭ G. Alpes du Sud – 1 206 h alt. 765.

Env. Gorges de la Nesque★★ : belvédère★★ SO : 11 km par D 942 – Mont Ventoux ✻★★★ NO : 26 km.

Office de Tourisme av. Promenade ✆ 90 64 01 21.

Paris 718 – Digne-les-Bains 90 – Aix-en-Provence 82 – Apt 31 – Avignon 65 – Carpentras 40 – Gap 102.

Host. du Val de Sault, rte St-Trinit et VO : 2 km ✆ 90 64 01 41, Fax 90 64 12 74, ≤, – TV ☎ ♿ P. AE GB
7 mars-7 nov. – **Repas** *(fermé lundi sauf du 1er juin au 30 sept.)* 149/215, enf. 45 – ☕ 59 – **11 ch** 440 – ½ P 445.

Albion sans rest, ✆ 90 64 06 22 – ☎. GB
1er avril-31 oct. – ☕ 32 – **10 ch** 250/270.

à Aurel N : 5 km par D 942 – ✉ **84390** :

Relais du Ventoux, ✆ 90 64 00 62 – GB
1er mars-15 nov. et fermé vend. hors sais. – **Repas** 85/130 – ☕ 32 – **14 ch** 150/210 – ½ P 190/230.

RENAULT Gar. de la Lavande ✆ 90 64 02 41

SAUMUR ⬥ 49400 M.-et-L. 🔟 ⑫ G. Châteaux de la Loire – 30 131 h alt. 30.

Voir Château★★ : musée d'Arts décoratifs★★, musée du Cheval★, tour du Guet ⚹★ – Église
N.-D.-de-Nantilly★ : tapisseries★★ – Vieux quartier★ BY : Hôtel de ville★ H, tapisseries★ de
l'église St-Pierre – Musée de la Cavalerie★ AY M¹ – Musée des Blindés★ AY M².

🅱 Office de Tourisme et Accueil de France avec A.C. pl. Bilange ℘ 41 51 03 06, Fax 41 67 89 51.

Paris 297 ① – Angers 49 ① – Châtellerault 77 ③ – Cholet 67 ③ – ◆Le Mans 97 ① – Poitiers 91 ③ – ◆Tours 66 ①.

SAUMUR

		Orléans (R. d')	**ABY**	Dupetit-Thouars (Pl.)	**BZ**	5
		Portail-Louis (R. du)	**BY** 10	Fardeau (R.)	**AZ**	6
		Roosevelt (R. Fr.)	**BY** 13	Nantilly (R. de)	**BZ**	7
Beaurepaire (R.)	**AY**	St-Jean (R.)	**BY** 15	Poitiers (R. de)	**AZ**	9
Bilange (Pl. de la)	**BY** 2			République (Pl. de la)	**BY**	12
Gaulle (Av. Général de)	**BX**	Cadets (Ponts des)	**BX** 3	St-Pierre (Pl.)	**BY**	16
Leclerc (R. du Mar.)	**AZ**	Dr-Bouchard (R. du)	**AZ** 4	Tonnelle (R. de la)	**BY**	17

🏠🏠 **Loire** Ⓜ ⌚, r. Vieux Port ℘ 41 67 22 42, Fax 41 67 88 80, ⬉ – 📶 ▦ rest 📺 ☎ ₺ 🚗 🅿 –
🔸 🛎 40. 🆎 ① 🇬🇧   BY **g**
Repas 73/146, enf. 45 – ⌷ 48 – **45 ch** 420/550 – ½ P 306/358.

🏠🏠 **H. St-Pierre** ⌚ sans rest, 8 r. Haute-St-Pierre ℘ 41 50 33 00, Fax 41 50 38 68 – 📶 📺 ☎.
🆎 ① 🇬🇧 🇯🇨🇧 ⌘   BY **b**
fermé 21 au 31 janv. – ⌷ 47 – **14 ch** 295/690.

1139

🏨 **Roi René**, 94 av. Gén. de Gaulle ℰ 41 67 45 30, Fax 41 67 74 59 – |🛗| 📺 ☎ ⇔ – 🛏 25.
➕ GB
BX **a**
hôtel : fermé 23 nov. au 23 déc. ; rest. : ouvert 15 mars-15 nov. et fermé sam. midi – **Repas**
80/165 – 🖭 30 – **39 ch** 250/410 – ½ P 270.

🏨 **Central** sans rest, 23 r. Daillé ℰ 41 51 05 78, Fax 41 67 82 35 – 📺 ☎ ⇔. 🖭 GB BY **d**
🖭 30 – **27 ch** 190/295.

🏨 **Nouveau Terminus**, 15 av. David d'Angers (face gare) par ① ℰ 41 67 31 01,
➕ Fax 41 67 34 03 – |🛗| 📺 ☎. 🖭 GB
fermé 20 déc. au 10 janv. – **Repas** *(fermé dim. soir de nov. à mars)* (dîner seul.) 75 🍷, enf. 45
– 🖭 32 – **44 ch** 220/280 – ½ P 250.

🏨 **Londres** sans rest, 48 r. Orléans ℰ 41 51 23 98, Fax 41 51 12 63 – 📺 ☎ 🅿. GB ABY **x**
🖭 30 – **27 ch** 200/280.

🏨 **Le Volney** sans rest, 1 r. Volney ℰ 41 51 25 41 – 📺 ☎. 🖭 GB BZ **k**
fermé 20 déc. au 15 janv. – 🖭 32 – **12 ch** 160/300.

XXX **Délices du Château**, cour du château ℰ 41 67 65 60, Fax 41 67 74 60, ≤, �, « Terrasse face au jardin du château » – 🅿. 🖭 ⓪ GB 🇯🇨🇧 BZ **f**
fermé déc., dim. soir et lundi sauf du 15 juin au 15 sept. – **Repas** 130 (déj.), 170/330 et carte
260 à 340.

XXX **Les Menestrels**, 11 r. Raspail ℰ 41 67 71 10 – 🖭 ⓪ GB BZ **u**
fermé dim. sauf le soir de mai à sept. et lundi midi – **Repas** 120/320 et carte 270 à 390.

XX **Les Chandelles**, 71 r. St-Nicolas ℰ 41 67 20 40 – 🖭 ⓪ GB AY **h**
fermé mars, jeudi midi et merc. sauf du 15 juin au 15 sept. – **Repas** 93/210.

XX **La Croquière**, 42 r. Mar. Leclerc ℰ 41 51 31 45 – 🖭 GB AZ **a**
fermé dim. soir et lundi – **Repas** 73 bc/165.

X **L'Orangeraie**, cour du Château ℰ 41 67 12 88, Fax 41 67 74 60, ≤, �, « Face au château » – 🅿. 🖭 ⓪ GB 🇯🇨🇧 BZ **n**
fermé déc., dim. soir et lundi sauf du 15 juin au 15 sept. – **Repas** 90.

Z.I. St-Lambert par ① : 3 km – ✉ 49400 St-Lambert-des-Levées :

🏨 **Chéops** Ⓜ, av. Fusillés ℰ 41 67 17 18, Fax 41 67 18 85, � – 📺 ☎ 🔥 🅿 – 🛏 40. 🖭 ⓪
➕ GB 🇯🇨🇧
fermé 24 déc. au 7 janv. – **Repas** *(fermé dim.)* 75/120 🍷, enf. 45 – 🖭 39 – **40 ch** 270/320,
12 duplex – ½ P 275.

à St-Hilaire-St-Florent par av. Foch AXY et D 751 : 3 km – ✉ 49400 Saumur.

Voir École nationale d'Équitation★.

🏨 **Clos des Bénédictins** ⑤, ℰ 41 67 28 48, Fax 41 67 13 71, ≤, 🏊, 🌳 – 📺 ☎ 🔥 🅿. 🖭
GB. 🍽 rest
fermé 15 déc. au 20 janv. – **Repas** 155/285 – 🖭 55 – **24 ch** 260/420 – ½ P 345/425.

à Chênehutte-les-Tuffeaux par av. Foch AXY et D 751 : 8 km – ✉ 49350 Gennes :

🏨 **Le Prieuré** ⑤, ℰ 41 67 90 14, Télex 720379, Fax 41 67 92 24, ≤, « Site boisé dominant
la Loire, parc, 🏊 », 💥 – 📺 ☎ 🅿 – 🛏 50. 🖭 GB
➕ *fermé 5 janv. au 5 mars* – **Repas** 220/400 – 🖭 80 – **33 ch** 550/1350 – ½ P 680/980.

CITROEN Gar. Jolly, bd Mar.-Juin par bd J.-H.-
Dunant AX ℰ 41 50 41 01
PEUGEOT Guillemet Autom., 103 r. Pont-Fouchard
à Bagneux par ③ ℰ 41 50 11 33 Ⓝ ℰ 41 50 24 24
PEUGEOT Gar. Guillemet, 5 r. de Rouen par ①
ℰ 41 67 48 68 Ⓝ ℰ 41 50 24 24

🔘 Godelu-Pneus, rte de Cholet à Distré
ℰ 41 50 17 96

▮▮ **La SAUSSAYE** 27370 Eure 🗺 ⑳ – 1 840 h alt. 131.

Paris 131 – ◆Rouen 22 – Évreux 38 – Louviers 20 – Pont-Audemer 51.

XXX **Manoir des Saules** avec ch, ℰ 35 87 25 65, Fax 35 87 49 39, 🌟, 🌳 – 📺 ☎ 🅿. 🖭 ⓪
GB
fermé 9 au 21 oct., vacances de fév., dim. soir et lundi – **Repas** 175/350 et carte 270 à 340,
enf. 80 – 🖭 65 – **5 ch** 450/600.

▮▮ **SAUSSET-LES-PINS** 13960 B.-du-R. 🗺 ⑫ G. Provence – 5 541 h alt. 11.

🅱 Office de Tourisme bd Ch.-Roux (saison) ℰ 42 44 71 48 et à la Mairie ℰ 42 44 51 51.

Paris 772 – ◆Marseille 34 – Aix-en-Provence 43 – Martigues 12 – Salon-de-Provence 50.

🏨 **Paradou-Méditerranée** Ⓜ, au port ℰ 42 44 76 76, Fax 42 44 78 48, ≤, 🌟, 🏊, 🌳 – |🛗|
▦ 📺 ☎ 🔥 🅿 – 🛏 40. 🖭 GB
Repas *(fermé sam. midi)* 110/300 – 🖭 45 – **40 ch** 440/500 – ½ P 400.

XXX **Les Girelles** ℰ 42 45 26 16, Fax 42 45 49 65, ≤, 🌟 – ▤. 🖭 GB 🇯🇨🇧
fermé 20 fév. au 10 mars, 10 au 25 oct., dim. soir en hiver et lundi – **Repas** 160/240 et carte
260 à 360.

| Les prix | Pour toutes précisions sur les prix indiqués dans ce guide, reportez-vous aux pages explicatives. |

SAUSSIGNAC 24240 Dordogne 🔟 ⑭ – 378 h alt. 123.

Paris 568 – Périgueux 66 – Bergerac 19 – Libourne 53 – Ste-Foy-la-Grande 11.

🏡 **A Saussignac**, ℰ 53 27 92 08, Fax 53 27 96 57, 🍴 – 📺 ☎. 🅰🇪 🇬🇧
fermé vacances de Toussaint, de fév., dim. soir et lundi du 1ᵉʳ nov. au 31 mars – **Repas**
65 (déj.), 98/180 ⅃ – 🖵 29 – **19 ch** 180/260 – ½ P 200/235.

SAUTERNES 33210 Gironde 🔟 ① G. Pyrénées Aquitaine – 589 h alt. 68.

Paris 628 – ◆Bordeaux 48 – Bazas 18 – Langon 9,5.

🍴🍴 **Le Saprien**, ℰ 56 76 60 87, Fax 56 76 68 92, 🍴 – 🄿. 🅰🇪 🇬🇧
fermé 22 nov. au 15 déc., lundi sauf juil.-août et dim. soir – **Repas** 107/250, enf. 68.

SAUTRON 44 Loire-Atl. 🔟 ③ – rattaché à Nantes.

SAUVETERRE 30150 Gard 🔟 ⑪ – 1 378 h alt. 28.

Paris 674 – Avignon 12 – Alès 74 – Nîmes 49 – Orange 14 – Pont-St-Esprit 34 – Villeneuve-lès-Avignon 7,5.

🏠 **Host. De Varenne** 🐾, ℰ 66 82 59 45, Fax 66 82 84 83, 🍴, « Demeure du 18ᵉ siècle »,
🌳 – 📺 ☎ 🄿. 🅰🇪 🇴 🇬🇧. ❀ rest
fermé 1ᵉʳ au 15 fév. – **Repas** (fermé merc. hors sais.) 98 (déj.), 160/340 bc – 🖵 45 –
14 ch 300/700.

SAUVETERRE-DE-COMMINGES 31510 H.-Gar. 🔟 ① – 730 h alt. 480.

Paris 795 – Bagnères-de-Luchon 35 – Lannemezan 28 – St-Gaudens 9,5 – Tarbes 61 – ◆Toulouse 100.

🏠🏠 **Host. des 7 Molles** 🐾, à Gesset S : 3 km par D 9 ℰ 61 88 30 87, Fax 61 88 36 42, ≤,
parc, ⛰, ❀ – ⫴ 📺 ☎ 🄿 – 🕰 30. 🅰🇪 🇴 🇬🇧
avril-fin oct. et fermé mardi en avril, mai et oct. – **Repas** 190/285 – 🖵 75 – **20 ch** 410/750 –
½ P 545/650.

SAUVETERRE-DE-ROUERGUE 12800 Aveyron 🔟 ① G. Gorges du Tarn – 888 h alt. 460.

Voir Place centrale★.

🅳 Syndicat d'Initiative à la Mairie (juil.-août) ℰ 65 47 05 32.

Paris 665 – Rodez 33 – Albi 54 – Millau 88 – St-Affrique 82 – Villefranche-de-Rouergue 43.

🏠 ❀ **Le Sénéchal** (Truchon) Ⓜ 🐾, ℰ 65 71 29 00, Fax 65 71 29 09, 🍴, 🔲 – ⫴ ⇆ ch ▤ 📺
☎ ⅃ – 🕰 30. 🅰🇪 🇴 🇬🇧 🄹🄲🄱. ❀ rest
fermé 15 janv. au 15 mars, dim. soir et lundi sauf juil.-août et fériés – **Repas** (nombre de
couverts limité-prévenir) 130/400 et carte 240 à 350 – 🖵 70 – **11 ch** 550 – ½ P 420
Spéc. Foie gras frais de canard braisé en feuille de chou. Roulé de lapin farci aux herbes fraîches (juin à oct.). Fromage
blanc de la Prade aux fraises écrasées et rhubarbe. Vins Marcillac, Vin d'Entraygues et du Fel.

SAUVIGNY-LES-BOIS 58160 Nièvre 🔟 ④ – 1 591 h alt. 220.

Paris 249 – Autun 95 – Decize 27 – Nevers 9,5.

🍴🍴 **Moulin de l'Etang**, ℰ 86 37 10 17, Fax 86 37 12 06, 🍴 – 🄿. 🇬🇧
fermé merc. soir et lundi – **Repas** 98/220.

SAUX 65 H.-Pyr. 🔟 ⑧ – rattaché à Lourdes.

SAUXILLANGES 63490 P.-de-D. 🔟 ⑮ G. Auvergne – 1 109 h alt. 448.

Voir Pic d'Usson ❀★ SO : 4 km.

Paris 465 – ◆Clermont-Ferrand 47 – Ambert 44 – Issoire 12 – Thiers 46 – Vic-le-Comte 19.

🍴 **Chalut** avec ch, ℰ 73 96 80 71, Fax 73 96 87 25 – 🚗. 🅰🇪 🇬🇧
fermé 5 au 25 sept., 1ᵉʳ au 25 fév., dim. soir sauf du 14 juil. au 31 août et lundi – **Repas**
60/255, enf. 48 – 🖵 28 – **6 ch** 135/175 – ½ P 175/195.

Le SAUZE 04 Alpes-de-H.-P. 🔟 ⑧ – rattaché à Barcelonnette.

SAUZON 56 Morbihan 🔟 ⑪ – voir à Belle-Ile-en-Mer.

SAVERNE ⬧ 67700 B.-Rhin 🔟 ⑱ G. Alsace Lorraine – 10 278 h alt. 210.

Voir Château★ : façade★★ B – Maisons anciennes★ B E – St-Jean-Saverne : chapelle
St-Michel★, ❀★ N : 4,5 km par D 115 puis 30 mn A – Château du Haut-Barr★ : ❀★★ SO : 5 km
par D 102 puis D 171 A – Vallée de la Zorn★ par ④.

Env. Église★★ de Marmoutier, 6,5 km par ③.

🅳 Office de Tourisme Château des Rohan ℰ 88 91 80 47, Fax 88 71 02 90.

Paris 447 ① – ◆Strasbourg 39 ③ – Lunéville 82 ⑤ – St-Avold 83 ① – Sarreguemines 62 ①.

Plan page suivante

🏠 **Chez Jean**, 3 r. Gare ℰ 88 91 10 19, Fax 88 91 27 45 – ⫴ 📺 ☎ – 🕰 40. 🅰🇪 🇴 🇬🇧.
❀   A **d**
fermé 21 déc. au 10 janv., vacances de fév., dim. soir et lundi d'oct. à juin – **Repas** 75 (déj.),
98/220 ⅃, enf. 55 - **Winstub : Repas** 69 ⅃ – 🖵 37 – **25 ch** 298/350 – ½ P 330.

🏠 **Europe** sans rest, 7 r. Gare ℰ 88 71 12 07, Fax 88 71 11 43 – ⫴ 📺 ☎ ⅃. 🅰🇪 🇴 🇬🇧
🖵 43 – **29 ch** 250/410.   A **e**

🏠 **Geiswiller**, 17 r. Côte ℰ 88 91 18 51, Fax 88 71 15 36 – ⫴ 📺 ☎ 🚗 🄿. 🅰🇪 🇴 🇬🇧 🄹🄲🄱.
❀ rest   A **a**
Repas 80/280 ⅃, enf. 50 – 🖵 48 – **41 ch** 320/430 – ½ P 305.

SAVERNE

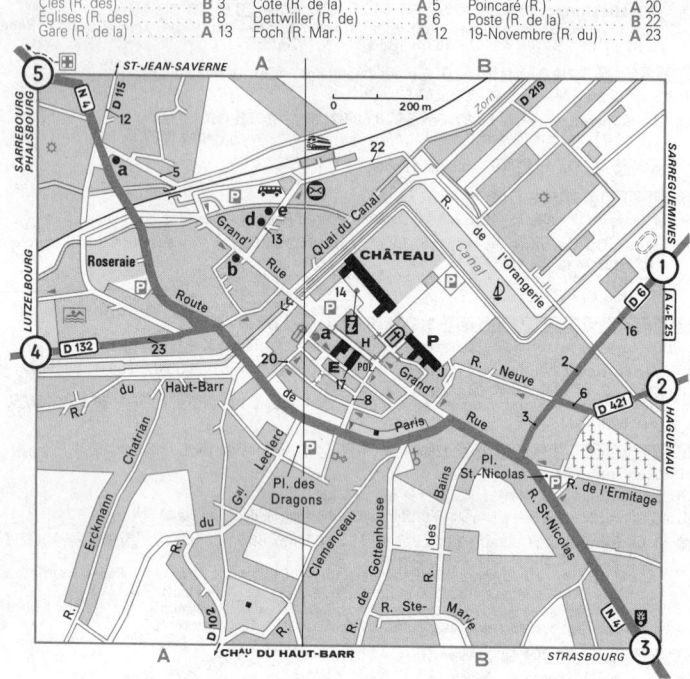

🏠 **Boeuf Noir,** 22 Gd'rue 𝒫 88 91 10 53, Fax 88 71 02 26 – 📺 ☎ 🅿. 🆖   A **b**
fermé 11 au 25 juil., 5 au 14 fév., dim. soir et mardi – **Repas** 59 (déj.), 95/195 ⅃ – 🍽 30 –
12 ch 195/295 – ½ P 245.

✗ **Zum Staeffele,** 1 r. Poincaré 𝒫 88 91 63 94 – 🆎 🆖. 🌣   B **a**
fermé 4 au 18 sept., 18 déc. au 8 janv., sam. midi, dim. soir et lundi – **Repas** 55 (déj.), 185/
215 ⅃.

FORD Saverne Autos, 40 rte de Paris
𝒫 88 91 12 55
OPEL Gar. Diemer, 32 r. Ermitage 𝒫 88 91 19 00 **N**
𝒫 88 91 19 00
RENAULT Gar. Billiar, 116 r. St-Nicolas par ③
𝒫 88 71 55 55 **N** 𝒫 88 57 72 25

🔘 Pneus et Services D.K., 26 r. Ermitage
𝒫 88 91 18 22

SAVIGNEUX 42 Loire **73** ⑰ – rattaché à Montbrison.

SAVIGNIES 60 Oise **55** ⑨ – rattaché à Beauvais.

SAVIGNY-SUR-ORGE 91 Essonne **61** ①, **101** ㉟ – voir à Paris, Environs.

SAVINES-LE-LAC 05160 H.-Alpes **81** ⑦ G. Alpes du Sud – 759 h alt. 810.
Voir Forêt de Boscodon★★ SE : 15 km.
🅱 Office de Tourisme, Intercommunal du Savinois-Serre Ponçon 𝒫 92 44 20 44, Fax 92 44 21 49.
Paris 695 – Gap 28 – Barcelonnette 45 – Briançon 60 – Digne-les-Bains 83 – Guillestre 32 – Sisteron 73.

🏠 **Eden Lac,** 𝒫 92 44 20 53, Fax 92 44 29 17, ≤, 🏡, ⅃, ♒, 🛶 – 📺 ☎ 🅿. 🆖
fermé 18 nov. au 20 déc. et 7 janv. au 5 fév. – **Repas** 90/160 ⅃, enf. 40 – 🍽 38 –
21 ch 330/360 – ½ P 300/350.

SCEAUX 92 Hauts-de-Seine **60** ⑩, **101** ㉕ – voir à Paris, Environs.

SCEAUX-SUR-HUISNE 72160 Sarthe **60** ⑭ ⑮ – 472 h alt. 93.
Paris 172 – ◆ Le Mans 32 – La Ferté-Bernard 12 – Nogent-le-Rotrou 33 – St-Calais 33 – Vibraye 16.

✗✗ **Aub. Panier Fleuri,** N 23 𝒫 43 93 40 08, Fax 43 93 43 86 – 🆖
fermé 15 au 30 sept., 15 au 29 fév., mardi soir et merc. – **Repas** 72/136 ⅃, enf. 50.

SCHIRMECK 67130 B.-Rhin 62 ⑧ G. Alsace Lorraine – 2 167 h alt. 317.

Voir Vallée de la Bruche★ N et S.

🖪 Office de Tourisme Hôtel de Ville ℘ 88 97 00 02.

Paris 405 – ◆Strasbourg 48 – ◆Nancy 101 – St-Dié 41 – Saverne 45 – Sélestat 44.

XX **Le Sabayon,** 4 r. Gare à Labroque ℘ 88 97 04 35, � – 🍽 GB JCB 🌫
   fermé 16 au 31 août, 27 fév. au 6 mars, lundi soir et merc. – **Repas** 105/180 bc, enf. 55.

   à Barembach NE : 1,5 km – ⊠ 67130 :

🏛 **Château de Barembach,** 5 r. Mar. de Lattre de Tassigny ℘ 88 97 97 50,
   Fax 88 47 17 19, �, 🛋 – 🆃🆅 ☎ 🅿 – 🕍 30. ÆE ⑩ GB. 🌫 rest
   Repas 150/400 – � 55 – **15 ch** 385/765 – ½ P 475/660.

CITROEN Gar. Beraud, à la Broque ℘ 88 97 05 43

La SCHLUCHT (Col de) 88 Vosges 62 ⑱ G. Alsace Lorraine – alt. 1 139 – Sports d'hiver : 1 150/1 280 m ⩤2 ⩥.

Voir Route des Crêtes★★★ N et S – Le Hohneck ⩓★★★ S : 5 km.

Paris 452 – Colmar 37 – Épinal 60 – Gérardmer 14 – Guebwiller 45 – St-Dié 36 – Thann 43.

🏛 **Collet,** au Collet : 2 km sur rte Gérardmer ⊠ 88400 Gérardmer, ℘ 29 60 09 57,
   Fax 29 60 08 77, ≤, � – 🆃🆅 ☎ 🅿. ÆE ⑩ GB
   fermé 12 nov. au 20 déc. – **Repas** *(fermé merc. sauf vacances scolaires)* 85/145 🍴, enf. 50 –
   � 50 – **21 ch** 490 – ½ P 400/420.

SCHWEIGHOUSE-SUR-MODER 67 B.-Rhin 57 ⑲ – rattaché à Haguenau.

SCIEZ (port de) 74 H.-Savoie 70 ⑰ – rattaché à Thonon-les-Bains.

SEBOURG 59 Nord 53 ⑤ – rattaché à Valenciennes.

Le SECHIER 05 H.-Alpes 77 ⑯ – rattaché à St-Firmin.

   Le feu est le plus terrible ennemi de la forêt.

   Soyez prudent !

SECLIN 59113 Nord 51 ⑯ 111 ㉒ G. Flandres Artois Picardie – 12 281 h alt. 26.

Voir Cour★ de l'hôpital.

🖪 Office de Tourisme, 9 bd Hentges ℘ 20 90 00 02.

Paris 211 – ◆Lille 13 – Lens 24 – Tournai 32 – Valenciennes 44.

XX **Aub. du Forgeron** avec ch, 17 r. Roger Bouvry ℘ 20 90 09 52, Fax 20 32 70 87 – 🆃🆅 ☎
   🅿. ÆE GB
   fermé 1ᵉʳ au 21 août et dim. – **Repas** 120/280 – � 45 – **18 ch** 200/400 – ½ P 280/330.

MERCEDES Gar. Philippe, ZI ℘ 20 90 88 00   ⑩ Euromaster, ZI ℘ 20 90 65 54
RENAULT Gar. Wacrenier, 15 rte de Lille
℘ 20 62 94 14 🅽 ℘ 07 55 70 43

SEDAN ⬡ 08200 Ardennes 53 ⑲ G. Champagne – 21 667 h alt. 157.

Voir Château fort★ BY.

🖪 Office de Tourisme parking du Château ℘ 24 27 73 73, Fax 24 29 03 28.

Paris 244 ② – Charleville-Mézières 24 ② – Châlons-sur-Marne 118 ② – Liège 166 ① – Luxembourg 101 ① – ◆Metz 150 ① – Namur 112 ① – ◆Reims 100 ② – Thionville 134 ① – Verdun 79 ①.

Plan page suivante

🏛 **Europe,** 2 pl. Gare ℘ 24 27 18 71, Fax 24 29 32 00 – 📱 🆃🆅 ☎ 🅿. GB   AZ **e**
   Repas 95/139, enf. 70 – � 35 – **25 ch** 210/250 – ½ P 185.

XX **Au Bon Vieux Temps,** 3 pl. Halle ℘ 24 29 03 70, Fax 24 29 20 27 – ÆE ⑩ GB.
   🌫   BYZ **r**
   fermé 29 août au 11 sept., 10 fév. au 3 mars, dim. soir et lundi sauf fériés – **Repas** 100/300.

   à Bazeilles par ① : 3 km – ⊠ 08140 :

🏛 **Château de Bazeilles** M 🌫 sans rest, ℘ 24 27 09 68, Fax 24 27 64 20, parc – 🆃🆅 ☎ 🕭
   🅿. ÆE GB
   � 45 – **20 ch** 360/395.

🏛 **Aub. du Port** 🌫, bord de Meuse : 1 km au sud de Bazeilles ℘ 24 27 13 89,
   Fax 24 29 35 58, �, 🛋 – 🆃🆅 ☎ 🅿 – 🕍 25. ÆE ⑩ GB
   fermé 16 août au 1ᵉʳ sept. et 20 déc. au 15 janv. – **Repas** *(fermé vend. soir, sam. midi et dim.
   soir)* 90/240 🍴, enf. 50 – � 35 – **20 ch** 250/280 – ½ P 255.

XXX ✿ **L'Orangerie** (Belloir), ℘ 24 27 52 11, Fax 24 27 64 20 – 🅿. GB
   fermé 1ᵉʳ au 20 août, Noël au Jour de l'An, sam. midi, dim. soir et lundi – **Repas** 210 bc/340 et
   carte 260 à 360, enf. 80
   Spéc. Foie gras chaud de canard au vinaigre balsamique et miel. Pavé de haddock et langoustines. Bonbon de chou au
   caramel mou.

SEDAN

Armes (Pl. d') .... **BY** 3
Carnot (R.) .... **BY** 6
Gambetta (R.) .... **BY** 12
Halle (Pl. de la) .... **BY** 15
Leclerc (Av. du Mar.) ... **BY** 24
Ménil (R. du) .... **BY**

Alsace-Lorraine (Pl. d') . **BZ** 2
Blanpain (R.) .... **BY** 4

Calonne (Pl.) .... **BY** 5
Crussy (Pl.) .... **BY** 8
Fleuranges (R. de) ...... **AY** 10
Goulden (Pl.) .... **BY** 14
Horloge (R. de l') .... **BY** 17
Jardin (Bd du Gd) .... **BY** 18
La Rochefoucauld
   (R. de) .... **BY** 20
Lattre-de-Tassigny
   (Bd Mar.-de) .... **AZ** 21
Margueritte (Av. du G.) **ABY** 26

Martyrs-de-la-
   Résistance (Av. des) **AY** 27
Nassau (Pl.) .... **BZ** 31
Promenoir-des-Prêtres **BY** 33
Rivage (R. du) .... **BY** 34
Rochette (Bd de la) .... **BY** 35
Rovigo (R.) .... **BY** 36
Strasbourg (R. de) ..... **BZ** 39
Turenne (R.) .... **BY** 41
Vesseron-Lejay (R.) .... **AY** 42
Wuidet-Bizot (R.) ...... **BZ** 44

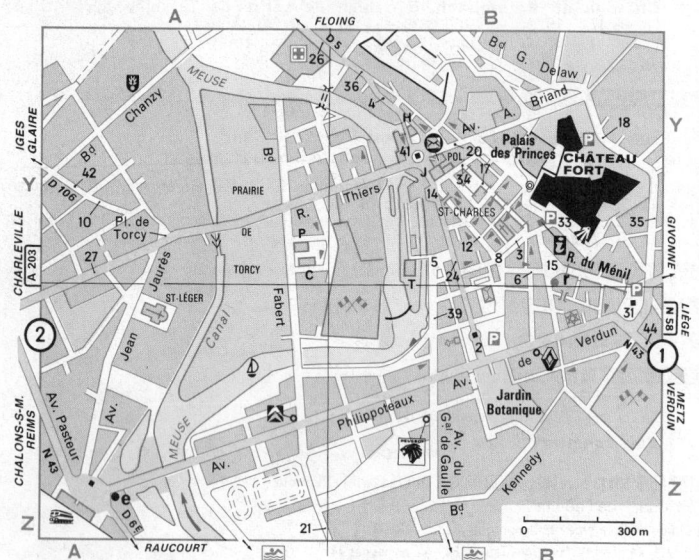

à **Frénois** par ② et D 67 : 3,5 km – ⊠ 08200 Sedan :

🏨 **Campanile**, ℰ 24 29 45 45, Fax 24 27 64 52, 🏫 – ❄🗲ch 📺 ☎ 🕭 🅿 – 🔬 25. 🖭 ⓓ 🖼️
   Repas 82 bc/105 bc, enf. 39 – 🖙 30 – **49 ch** 270.

CITROEN Succursale, 40 av. Philippoteaux
   ℰ 24 29 78 58
OPEL Gar. St-Christophe, 1 av. Philippoteaux
   ℰ 24 27 17 89
PEUGEOT S.I.S.A., 6 av. Gén.-de-Gaulle
   ℰ 24 27 13 25 🔃 ℰ 05 44 24 24

RENAULT Ardennes Autos, 19 av. de Verdun
   ℰ 24 27 78 78 🔃 ℰ 05 05 15 15
VAG Gar. Poncelet, 2 pl. de Torcy ℰ 24 27 01 01 🔃
   ℰ 26 53 86 05

SEES 61500 Orne 🔟 ③ G. Normandie Cotentin (plan) – 4 547 h alt. 188.

Voir Cathédrale★ : chœur et transept★★ – Forêt d'Écouves★★ SO : 5 km.

🛈 Office de Tourisme pl. Gén.-de-Gaulle ℰ 33 28 74 79, Fax 33 28 18 13.

Paris 187 – Alençon 22 – L'Aigle 41 – Argentan 22 – Domfront 65 – Mortagne-au-Perche 33.

🏨 **The Garden H.** 🏊 sans rest, 12 r. Ardrillers ℰ 33 27 98 27, Fax 33 28 90 07, 🍃 – 📶 📺
   ☎ 🅿 🖭 ⓓ 🖼️
   🖙 25 – **26 ch** 120/250.

🍴🍴 **Dauphin** Ⓜ avec ch, 31 pl. Halles ℰ 33 27 80 07, Fax 33 28 80 33 – 📺 ☎. 🖭 ⓓ 🖼️
   fermé 13 au 19 nov., 5 au 19 fév., dim. soir et lundi d'oct. à mai – **Repas** 105/300, enf. 70 –
   🖙 48 – **7 ch** 260/400 – ½ P 300/400.

🍴🍴 **Cheval Blanc** avec ch, 1 pl. St-Pierre ℰ 33 27 80 48, Fax 33 28 58 05 – 📺 ☎ 🚐. 🖭
← 🖼️. 🛠️
   fermé 15/10 au 15/11, vacances de fév., jeudi soir et vend. du 15/6 au 15/9, vend. et sam.
   du 15/9 au 15/6 – **Repas** 70/185 🛠️, enf. 38 – 🖙 28 – **9 ch** 200/270 – ½ P 170/210.

à **Macé** : 5,5 km par rte d'Argentan et D 303 – ⊠ 61500 :

Voir Château d'O★ NO : 5 km.

🏨 **Ile de Sées** 🏊, ℰ 33 27 98 65, Fax 33 28 41 22, 🏫, parc, 🍴 – 📺 ☎ 🅿 – 🔬 30. 🖼️
🏊
   fermé 1ᵉʳ janv. au 15 mars, dim. soir et lundi – **Repas** 78 (déj.), 98/170, enf. 55 – 🖙 38 –
   16 ch 285/305 – ½ P 320.

CITROEN Gar. Hugeron, 60 r. République
℘ 33 27 80 13
PEUGEOT Gar. Portilla, ZI la Croix Ragaine
℘ 33 27 93 76 **N** ℘ 33 27 93 76

RENAULT Gar. Herouin, rte de Mortagne
℘ 33 27 84 10 **N** ℘ 33 27 94 30

🔘 Gar. Fournier, N 808 les Choux ℘ 33 27 83 30

SEGOS 32 Gers 🎛 ② – rattaché à Aire-sur-l'Adour.

SEGRÉ ⟨SP⟩ 49500 M.-et-L. 🎛 ⑨ G. Châteaux de la Loire – 6 434 h alt. 31.

Voir Château de la Lorie★ SE : 2 km.

🅱 Office de Tourisme 3 r. Capitaine Hautecloque (juin-sept.) ℘ 41 92 86 83.

Paris 308 – Ancenis 45 – Angers 36 – Châteaubriant 40 – Laval 53 – ◆Rennes 88 – Vitré 59.

  XX **La Corvette**, 37 quai de Lauingen ℘ 41 61 06 94 – 🆎 ⑩ GB
  ◆ *fermé 6 au 26 fév., dim. soir et lundi sauf fériés* – **Repas** 72/135 ⅄, enf. 45.

CITROEN Gar. Bellanger, 34 r. Lamartine
℘ 41 92 23 11

PEUGEOT Gar. Chesneau, à Ste-Gemme d'Andigne
℘ 41 92 22 52

SÉGURET 84 Vaucluse 🎛 ② – rattaché à Vaison-la-Romaine.

SÉGUR-LES-VILLAS 15300 Cantal 🎛 ③ – 318 h alt. 1 000.

Paris 529 – Aurillac 67 – Allanche 12 – Condat 18 – Mauriac 56 – Murat 18 – St-Flour 42.

  🏠 **Santoire**, à La Carrière du Monteil de Ségur S : 4 km sur D 3 ℘ 71 20 70 68,
  ◆ Fax 71 20 73 44, 🔲, ❄️ – 🔟 ☎ ❶ – 🎽 40. GB
    fermé week-ends du 4 nov. au 20 déc. – **Repas** 70/140 ⅄, enf. 45 – ⌛ 30 – **25 ch** 240,
    16 studios – ½ P 275.

    Please avoid smoking during a meal:
    you will spoil your palate and annoy your neighbours.

SEICHES-SUR-LE-LOIR 49140 M.-et-L. 🎛 ① – 2 248 h alt. 28.

Paris 273 – Angers 21 – Château-Gontier 41 – Château-la-Vallière 52 – La Flèche 27 – Saumur 48.

    à *Matheflon* N : 2 km par VO – ⊠ 49140 Seiches-sur-le-Loir :

  🏠 **Host. St-Jacques** ⟨⟩, ℘ 41 76 20 30, Fax 41 76 61 51, 🍴 – ☎ ❶. 🆎 GB
  ◆ *hôtel : ouvert 15 mars-30 oct. et fermé dim. et lundi sauf de mai à sept.* – **Repas** (*fermé 1er au*
    15 nov. vacances de Noël, lundi midi de mai à sept., dim. soir et lundi d'oct. à avril) 70/190 ⅄,
    enf. 40 – ⌛ 24 – **10 ch** 125/250 – ½ P 175/235.

SEIGNELAY 89250 Yonne 🎛 ⑤ G. Bourgogne – 1 538 h alt. 126.

Paris 170 – Auxerre 16 – Chablis 25 – Joigny 21 – Nogent-sur-Seine 80 – St-Florentin 20 – Tonnerre 38.

  🏯 **Commerce**, ℘ 86 47 71 21 – GB
  ◆ *fermé août, dim. et fêtes (sauf hôtel) et lundi* – **Repas** 52/90 ⅄ – ⌛ 20 – **8 ch** 85/140.

SEIGNOSSE 40510 Landes 🎛 ⑰ – 1 630 h alt. 24.

Paris 751 – Biarritz 37 – Mont-de-Marsan 80 – Dax 29 – Soustons 12.

    au *Golf* O : 4 km par D 86 – ⊠ 40510 Seignosse :

  🏨 **Golf H.** Ⓜ ⟨⟩, ℘ 58 43 30 00, Fax 58 43 20 90, 🍴, 🔲 – 📶 ▤ rest 🔟 ☎ ⅃ ❶ – 🎽 30. 🆎
    GB. ❄️ rest
    Repas (dîner seul.) 130/150, enf. 55 – ⌛ 40 – **45 ch** 490/860 – ½ P 460/610.

SEILH 31 H.-Gar. 🎛 ⑦ – rattaché à Toulouse.

SEILHAC 19700 Corrèze 🎛 ⑨ – 1 540 h alt. 490.

Paris 468 – Brive-la-Gaillarde 32 – Aubusson 101 – ◆Limoges 71 – Tulle 15 – Uzerche 15.

  🏨 **Relais des Monédières**, rte de Tulle : 1 km ℘ 55 27 04 74, Fax 55 27 90 03, parc, ❄️ –
  ◆ 🔟 ☎ 🖘 ❶. 🆎 GB
    fermé 15 déc. au 15 janv. – **Repas** 70/170 ⅄, enf. 55 – ⌛ 26 – **19 ch** 185/275 – ½ P 195/225.

    à *St-Salvadour* NE : 8 km par D 940, D 44 et D 173E – ⊠ 19700 :

  X **Ferme du Léondou**, ℘ 55 21 60 04 – ❶. GB
  ◆ *fermé 12 fév. au 10 mars et merc. sauf le midi en juil.-août* – **Repas** 58/225 ⅄.

SEILLANS 83440 Var 🎛 ⑦ 🎛 ⑪ 🎛 ㉒ G. Côte d'Azur – 1 793 h alt. 366.

Voir N.-D. de l'Ormeau : retable★★ SE : 1 km.

🅱 Office de Tourisme Le Valat ℘ 94 76 85 91.

Paris 892 – Castellane 56 – Draguignan 35 – Fayence 7,5 – Grasse 31 – St-Raphaël 42.

  🏨 **France et rest. Clariond** ⟨⟩, ℘ 94 76 96 10, Fax 94 76 89 20, ≤, 🍴, 🔲, 🌳 – 🔟 ☎ ❶.
    🆎 GB. ❄️ ch
    fermé 14 nov. au 19 déc., (sauf rest. le midi), 9 janv. au 5 fév. et merc. hors sais. –
    Repas 170/250, enf. 80 – ⌛ 38 – **20 ch** 380/400 – ½ P 390/420.

Voir Vieille ville★ : église Ste-Foy★ BY, église St-Georges★ BY, Bibliothèque humaniste★ BY **M** – Volerie des Aigles : démonstrations de dressage★ au château de Kintzheim : 5 km par ④ puis 30 mn – Vallée de la Liepvrette★.

Env. Ebermunster : intérieur★★ de l'église abbatiale★, 9 km par ①.

🛈 Office de Tourisme La Commanderie, bd Gén.-Leclerc ℘ 88 92 02 66, Fax 88 92 88 63.

Paris 434 ① – Colmar 22 ③ – Gérardmer 65 ③ – St-Dié 43 ⑤ – ◆Strasbourg 47 ①.

Chevaliers (R. des)	**BYZ** 4	Bibliothèque (R. de la)	**BY** 3	Sainte-Barbe (R.)	**BZ** 12
Hôpital (R. de l')	**BZ** 8	Église (R. de l')	**BY** 6	Serruriers (R. des)	**BY** 16
Prés.-Poincaré (R. du)	**BZ**	Lattre-de-Tassigny		Strasbourg (Pl. Pte-de)	**BY** 18
4e-Zouaves (R. du)	**BZ** 21	(Pl. du Mal-de)	**BY** 7	Victoire (Pl. de la)	**BZ** 19
		Marché-Vert (R. du)	**BY** 9	Vieux Marché aux Vins	**BY** 20
Babil (R. du)	**BY** 2	Paix (R. de la)	**AY** 10	17-Novembre (R. du)	**BZ** 22

🏛 **Host. de l'Abbaye la Pommeraie** 🏠, 8 av. Mar. Foch ℘ 88 92 07 84, Fax 88 92 08 71, 🍴, « Belle décoration intérieure », ☎ – 📶 🔲 📺 ☎ ら ⟺ 🅰🅴 ① 🇬🇧
ABZ **a**
Repas (fermé 17 juil. au 7 août et dim. soir) 230/420 - **S'Apfelstuebel** (fermé dim. soir)
Repas carte environ 190 – � 90 – **14 ch** 850/1500, 3 duplex – ½ P 675/1000.

🏛 **Aub. des Alliés** 🏠, 39 r. Chevaliers ℘ 88 92 09 34, Fax 88 92 12 88 – 🔲 rest 📺 ☎. 🇬🇧
BZ **u**
Repas (fermé dim. soir et lundi) 98/168 ⅄, enf. 55 – � 40 – **17 ch** 280/410 – ½ P 350.

🏛 **Vaillant**, pl. République ℘ 88 92 09 46, Fax 88 82 95 01, 🛵 – 📶 📺 ☎. 🇬🇧. 🛇 rest
Repas (1er mai-30 oct. et fermé lundi midi et dim.) 90/230 ⅄ – � 50 – **47 ch** 280/390 –
½ P 250/310.
AZ **e**

XXX ⊛ **Jean-Fréderic Edel**, 7 r. Serruriers ℘ 88 92 86 55, Fax 88 92 87 26, 🍴 – 🅰🅴 ①
🇬🇧
BY **e**
fermé 25 juil. au 15 août, 19 déc. au 3 janv., dim. soir, mardi soir et merc. – **Repas** 150/400 et
carte 310 à 400 ⅄
Spéc. Foie gras frais de canard. Sandre au riesling. Mousse au kirsch à l'alsacienne. **Vins** Auxerrois.

XX **Vieille Tour**, 8 r. Jauge ℘ 88 92 15 02, Fax 88 92 19 42 – 🇬🇧 🇯🇨🇧
BY **s**
fermé lundi – **Repas** 90/270 ⅄.

à *Baldenheim* E : 8,5 km par D 21 - BY - et D 209 – 8 750 h. – ✉ 67600 :

XXX ⊛ **La Couronne**, r. Sélestat ℘ 88 85 32 22, Fax 88 85 36 27 – 🅰🅴 🇬🇧
fermé 25 juil. au 4 août, 2 au 9 janv., dim. soir et lundi – **Repas** 150/410 et carte 270 à 400 ⅄
Spéc. Dos de sandre aux écrevisses (avril à sept.). Noisette de chevreuil forestière (juin à déc.). Streusel aux pommes,
glace cannelle. **Vins** Tokay-Pinot gris, Pinot noir.

CITROEN Gar. Ménétré, 89 rte de Strasbourg par ① ℰ 88 92 08 42
CITROEN Autom. Beyrath, ZI Nord, r. Grenchen ℰ 88 82 97 00 🅽 ℰ 88 82 30 82
FIAT Gar. Ligner, 24 rte de Sélestat à Châtenois ℰ 88 82 05 20
FORD Gar. Keller, 1 r. Waldkirch, ZI Nord ℰ 88 92 22 68
MAZDA Gar. Walter, 43 rte de Ste-Marie-aux-Mines à Châtenois ℰ 88 82 07 22

PEUGEOT Maison Rouge Autom., Rd-Pt Maison Rouge ℰ 88 58 80 58 🅽 ℰ 88 26 56 47
RENAULT Centre Alsace Autom., ZI Nord, r. Westrich par ① ℰ 88 92 88 77 🅽 ℰ 88 92 40 57
VAG Gar. Michel, 2 r. Grenchen ZI Nord ℰ 88 57 44 44

Ⓐ Kautzmann, 28 rte de Colmar ℰ 88 92 38 00
Pneus et Services D.K., 95 rte de Colmar ℰ 88 92 14 95

SELLES-SUR-CHER 41130 L.-et-Ch. 64 ⑱ G. Châteaux de la Loire – 4 751 h alt. 70.

🛈 Office de Tourisme, pl. Ch.-de-Gaulle (juil.-août) ℰ 54 97 67 26 et à la Mairie (hors saison) ℰ 54 97 40 19.

Paris 223 – Blois 41 – ♦Orléans 100 – Romorantin-Lanthenay 19 – St-Aignan 16 – Valençay 14.

XX **Lion d'Or** avec ch, 14 pl. Paix ℰ 54 97 40 83, Fax 54 97 72 36, 🏤 – 📺 ☎ 🅟. 🆖
fermé vacances de Toussaint, 23 janv. au 5 fév., dim. soir et lundi d'oct. à mai – **Repas** 80/290 – ☟ 35 – **10 ch** 210/280 – ½ P 205/255.

SELONNET 04 Alpes-de-H.-P. 81 ⑦ – rattaché à Seyne.

SELTZ 67470 B.-Rhin 87 ③ – 2 584 h alt. 123.

Paris 509 – ♦Strasbourg 52 – Haguenau 31 – Karlsruhe 35 – Wissembourg 27.

XX **Aub. de la Forêt**, 42 r. Strasbourg ℰ 88 86 50 45, Fax 88 86 17 16 – 🅟. 🆖
fermé 3 au 20 juil., 24 déc. au 15 janv., dim. soir et lundi – **Repas** 150/320 🍷 – **Winstub** : **Repas** carte 140 à 200.

SEMBADEL 43 H.-Loire 76 ⑥ – rattaché à La Chaise-Dieu.

SEMBLANÇAY 37360 I.-et-L. 64 ⑭ – 1 489 h alt. 107.

Paris 247 – ♦Tours 15 – Angers 100 – Blois 74 – ♦Le Mans 67.

🏠 **Mère Hamard**, pl. Eglise ℰ 47 56 62 04, Fax 47 56 53 61 – 📺 ☎ 🅟. 🆖
fermé vacances de Toussaint, de fév., dim. soir et lundi du 15 oct. au 15 avril – **Repas** 98/240, enf. 60 – ☟ 45 – **9 ch** 195/250 – ½ P 257/267.

SEMÈNE 43 H.-Loire 76 ⑧ – rattaché à Aurec-sur-Loire.

SEMNOZ (Montagne du) 74 H.-Savoie 74 ⑥ ⑯ G. Alpes du Nord – ✉ 74000 Annecy.

Voir Crêt de Châtillon ☀★★★ (accès par D 41 : d'Annecy 20 km ou du col de Leschaux 14 km, puis 15 mn).

Paris 555 – Annecy 18 – Aix-les-Bains 40 – Albertville 61 – Chambéry 57.

sur D 41 – ✉ 74000 Annecy :

⌂ **Rochers Blancs** ⌂, près du sommet, alt. 1 650 ℰ 50 01 23 60, Fax 50 01 40 68, ≤, 🏤 – ☎ 🅟. 🆖
fermé nov. – **Repas** 68/135 🍷, enf. 45 – ☟ 32 – **23 ch** 200/310 – ½ P 235/295.

⌂ **Semnoz Alpes** ⌂, au sommet, alt. 1 704 ℰ 50 01 23 17, Fax 50 64 53 05, ≤ Mont-Blanc, 🏤 – ☎ 🅟. 🆎 🆖. 🍽 rest
4 juin-30 sept. et 20 déc.-vacances de printemps – **Repas** 75/180, enf. 38 – ☟ 38 – **15 ch** 140/270 – ½ P 205/265.

SEMUR-EN-AUXOIS 21140 Côte-d'Or 65 ⑰ ⑱ G. Bourgogne – 4 545 h alt. 290.

Voir Site★ – Église N.-Dame★ – Pont Joly ≤★.

🛈 Office de Tourisme avec A.C. 2 pl. Gaveau ℰ 80 97 05 96, Fax 80 97 08 85.

Paris 247 ③ – ♦Dijon 79 ③ – Auxerre 84 ③ – Avallon 40 ③ – Beaune 81 ③ – Montbard 18 ①.

Plan page suivante

🏨 **Host. d'Aussois** Ⓜ ⌂, rte Saulieu par ③ ℰ 80 97 28 28, Fax 80 97 34 56, ≤, 🏤, 🎱, 🏊 – 🍽 rest 📺 ☎ 🕭 🅟 – 🔏 25 à 50. 🆎 🆖 🆒
Repas (fermé 29 janv. au 13 fév. et lundi en hiver) 80 (déj.), 90/195 🍷, enf. 45 – ☟ 35 – **43 ch** 350 – ½ P 420.

🏨 **Cymaises** ⌂ sans rest, 7 r. Renaudot **(u)** ℰ 80 97 21 44, Fax 80 97 18 23, 🌭 – ☎ 🅟. 🆖
fermé 27 oct. au 6 nov. et 11 au 26 fév. – ☟ 32 – **18 ch** 220/300.

🏠 **Lac** ⌂, au lac de Pont E : 3 km par D 103ᴮ ℰ 80 97 11 11, Fax 80 97 29 25 – ☎ 🅟. 🆗 🆖
fermé 20 déc. au 1ᵉʳ fév., dim. d'oct. à avril et lundi sauf juil.-août – **Repas** (fermé dim. soir et lundi sauf juil.-août) 90/240 🍷, enf. 55 – ☟ 34 – **22 ch** 245/330 – ½ P 290/350.

🏠 **Côte d'Or, (b)** ℰ 80 97 03 13, Fax 80 97 29 83 – 📺 ☎ 🔄 🅟. 🆎 🆗 🆖
fermé 18 déc. au 6 fév. et merc. (sauf hôtel) du 1ᵉʳ juin au 30 oct. – **Repas** 90/195, enf. 50 – ☟ 34 – **14 ch** 240/370 – ½ P 270/350.

X **Gourmets**, r. Varenne **(r)** ℰ 80 97 09 41, 🏤 – 🆎 🆖
fermé 5 au 14 juin, déc., lundi soir et mardi – **Repas** 95/220 🍷, enf. 55.

CITROEN Gar. Martin, ℰ 80 97 07 89
PEUGEOT Gar. Cremer, par ② ℰ 80 96 61 23 🅽 ℰ 80 49 63 72

Gar. Pignon, ℰ 80 97 07 18

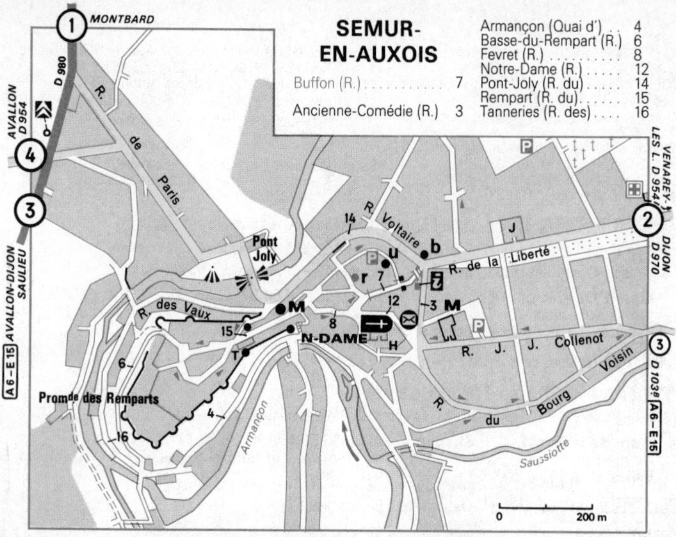
SEMUR-EN-AUXOIS
Ancienne-Comédie (R.) 3
Buffon (R.) 7
Armançon (Quai d') 4
Basse-du-Rempart (R.) 6
Fevret (R.) 8
Notre-Dame (R.) 12
Pont-Joly (R. du) 14
Rempart (R. du) 15
Tanneries (R. des) 16
MONTBARD
D 980
AVALLON D 954
AVALLON-DIJON SAULIEU
A 6 - E 15
R. de Paris
R. Voltaire
Pont Joly
R. des Vaux
R. de la Liberté
N-DAME
R. J. J. Collenot
R. du Bourg Voisin
Promde des Remparts
Armançon
Sausiotte
VENAREY-LES L. D 954
DIJON D 970
D 103B A 6 - E 15
0 200 m

SÉNAILLAC-LATRONQUIÈRE 46210 Lot 75 ⑳ – 169 h alt: 558.

Paris 567 – Aurillac 49 – Cahors 89 – Figeac 32 – Lacapelle-Marival 25 – St-Céré 25 – Sousceyrac 8.

XX **Le Grandgousier,** ✆ 65 40 23 05
fermé 2 janv. au 10 fév., mardi midi hors sais. et lundi – **Repas** 98/195, enf. 50.

SENLIS SP 60300 Oise 56 ⑪ ⑫ 106 ⑧ ⑨ **G. Ile de France** – 14 439 h alt. 76.

Voir Cathédrale N.-Dame★★ BY – Vieilles rues★ ABY – Place du Parvis★ BY – Église St-Frambourg★ BY **B** – Jardin du Roy ≤★ AY – Forêt d'Halatte★ 5 km par la rue du Moulin Rieul BY – Butte d'Aumont ✵★ 4,5 km par la rue du Moulin Rieul BY puis 30 mn.

Env. Parc Astérix★★ S : 12 km par autoroute A1.

9 18 de Morfontaine (privé) ✆ 44 54 68 27, par ④ : 10 km.

Office de Tourisme pl. Parvis-Notre-Dame ✆ 44 53 06 40.

Paris 50 ③ – Compiègne 32 ③ – ◆Amiens 102 ③ – Beauvais 52 ⑥ – Mantes-la-Jolie 91 ⑤ – Meaux 37 ③ – Soissons 59 ③.

Plan page suivante

Host. de la Porte Bellon, 51 r. Bellon ✆ 44 53 03 05, Fax 44 53 29 94, , – TV ☎. GB. ch — BY **t**
fermé 20 déc. au 10 janv. – **Repas** 115/350 – ☕ 35 – **19 ch** 210/450 – ½ P 350/600.

XX **Scaramouche,** 4 pl. N.-Dame ✆ 44 53 01 26, Fax 44 53 46 14, – AE GB — BY **r**
fermé vacances de fév. et merc. – **Repas** 100 (déj.), 180/280, enf. 65.

XX **Les Gourmandins,** 3 pl. Halle ✆ 44 60 94 01, Fax 44 53 44 06 – GB — AY **d**
fermé août et lundi – **Repas** 120/310.

XX **Vieille Auberge,** 8 r. Long Filet ✆ 44 60 95 50, – AE GB — AY **a**
fermé dim. soir – **Repas** 105/145, enf. 45.

XX **Aub. La Mitonnée,** 93 r. Moulin St-Tron N : 1,5 km par r. Moulin Rieul ✆ 44 53 10 05, Fax 44 53 13 99, – AE GB
fermé dim. soir et lundi soir – **Repas** 130/195.

par ③ sur N 324 : 2 km – ✉ 60300 Senlis :

Ibis M, ✆ 44 53 70 50, Télex 140101, Fax 44 53 51 93 – TV ☎ ♿ P – 100. AE GB
Repas 97 bc, enf. 40 – ☕ 35 – **92 ch** 295.

à Mont l'Évêque SE : 4 km par D 330 – ✉ 60300 :

XX **Poivre et Sel,** 26 r. Meaux ✆ 44 60 94 99 –. AE GB
fermé 1er au 15 août, 18 déc. au 3 janv., sam. midi, dim. soir et lundi – **Repas** 97/148, enf. 50.

CITROEN SO.FI.DAC., Angle av. E.-Audibert, F.-Louat par ③ ✆ 44 60 00 01
PEUGEOT Safari Senlis, 56 av. de Creil par ⑥ ✆ 44 53 16 46
RENAULT S.A.C.L.I., 64 av. Gén.-de-Gaulle par ③ ✆ 44 53 97 00 N ✆ 44 61 03 78

☞ *Le località sottolineate in rosso sulle carte stradali Michelin
in scala 1/200 000 figurano in questa guida.*

*Approfittate di questa informazione,
utilizzando una carta di edizione recente.*

SENNECÉ-LÈS-MÂCON 71 S.-et-L. 69 ⑲ – rattaché à Mâcon.

SENNECEY-LÈS-DIJON 21 Côte-d'Or 66 ⑫ – rattaché à Dijon.

SENON 55230 Meuse 57 ② G. Alsace Lorraine – 205 h alt. 231.

Paris 297 – ◆Metz 54 – Longuyon 20 – Verdun 29.

XX **La Tourtière**, ℘ 29 85 98 30, Fax 29 85 95 43 – ⓟ. 匝 ⸽
fermé 22 août au 5 sept., 15 au 29 fév., mardi soir et merc. – **Repas** 100/275 ⅊, enf. 42.

SENONCHES 28250 E.-et-L. 60 ⑥ – 3 171 h alt. 220.

Paris 116 – Chartres 37 – Dreux 38 – Mortagne-au-Perche 41 – Nogent-le-Rotrou 33.

XX **Forêt** avec ch, pl. Champ de Foire ℘ 37 37 78 50, Fax 37 37 74 98, 斎 – ⓣⱱ ☎ 匝
◆ ⸽
fermé 1er au 15 mars et merc. – **Repas** 70/175 ⅊, enf. 45 – ⇌ 35 – **13 ch** 200/350 –
½ P 250/350.

XX **Pomme de Pin** avec ch, r. M. Cauty ℘ 37 37 76 62, Fax 37 37 86 61, 斎 – ⓣⱱ ☎ ⓟ. 匝
⸽
fermé 21 au 31 oct., 26 déc. au 21 janv. lundi (sauf hôtel) et dim. soir – **Repas** 85/260 ⅊,
enf. 45 – ⇌ 32 – **10 ch** 290 – ½ P 240.

CITROEN Gar. Central, 39 r. Peuret ℘ 37 37 71 18   PEUGEOT Gar. Blondeau, 20 r. M.-Cauty
                                                          ℘ 37 37 70 82

SENONES 88210 Vosges 62 ⑦ G. Alsace Lorraine – 3 157 h alt. 340.

Env. Route de Senones au col du Donon★ NE : 20 km.

Paris 386 – Épinal 56 – ♦Strasbourg 76 – Lunéville 48 – Saint-Dié 20.

 ✗ **Au Bon Gîte** Ⓜ avec ch, ℘ 29 57 92 46, Fax 29 57 93 92 – 📺 ☎ 🄰🄴 GB
fermé 21 juil. au 6 août, 10 au 25 fév., dim. soir et lundi – **Repas** 55 (déj.), 90/160 ♂, enf. 40 –
� 28 – **7 ch** 230/300 – ½ P 190/230.

SENS ◁🅿▷ 89100 Yonne 61 ⑭ G. Bourgogne – 27 082 h alt. 69.

Voir Cathédrale★★ – Trésor★★ – Musée et palais synodal★ **M**.

🅱 Office de Tourisme pl. J.-Jaurès ℘ 86 65 19 49.

Paris 126 ⑤ – Fontainebleau 54 ⑤ – Auxerre 58 ③ – Châlons-sur-Marne 151 ① – Montargis 53 ④ – Troyes 64 ②.

SENS

		Grande-Rue	15
		République (Pl. de la)	27
Cornet (Av. Lucien)	9	République (R. de la)	28
Déportés-et-de-la-		Alsace-Lorraine (R. d')	2
Résistance (R. des)		Chambonas (Cours)	8

Cousin (Square J.)		10
Foch (Bd Mar.)		12
Garibaldi (Bd des)		13
Leclerc (R. du Gén.)		19
Maupeou (Bd de)		21
Moulin (Quai J.)		23

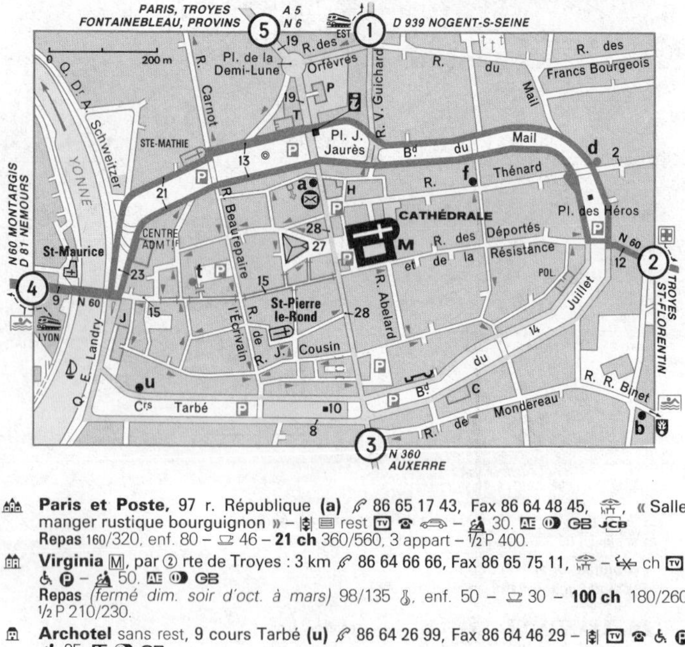

🏨🏨 **Paris et Poste**, 97 r. République **(a)** ℘ 86 65 17 43, Fax 86 64 48 45, �, « Salle à manger rustique bourguignon » – 🛗 rest 📺 🄴 ⇔, – 🄖 30. 🄰🄴 🄾 GB JCB
Repas 160/320, enf. 80 – ⊏ 46 – **21 ch** 360/560, 3 appart – ½ P 400.

🏨 **Virginia** Ⓜ, par ② rte de Troyes : 3 km ℘ 86 64 66 66, Fax 86 65 75 11, � – ⤢ ch 📺 ☎ ♿ 🅿 – 🄖 50. 🄰🄴 🄾 GB
Repas *(fermé dim. soir d'oct. à mars)* 98/135 ♂, enf. 50 – ⊏ 30 – **100 ch** 180/260 – ½ P 210/230.

🏨 **Archotel** sans rest, 9 cours Tarbé **(u)** ℘ 86 64 26 99, Fax 86 64 46 29 – 🛗 📺 ☎ ♿ 🅿 – 🄖 25. 🄰🄴 🄾 GB
⊏ 35 – **44 ch** 255/330.

🏨 **H. Résidence R. Binet** sans rest, 20 r. R. Binet **(b)** ℘ 86 95 21 50, Fax 86 65 78 16 – 🛗 📺 ☎ 🅿 🄰🄴 GB
⊏ 32 – **33 ch** 180/315.

🏨 **Brennus**, 21 r. Trois Croissants **(f)** ℘ 86 64 04 40, Fax 86 65 44 10 – 📺 ☎ ♿ GB. ⌗ rest
▲ **Repas** *(fermé week-ends d'oct. à avril)* (dîner seul.) 80 ♂ – ⊏ 35 – **27 ch** 220/310 – ½ P 220/270.

✗✗✗ **La Madeleine**, 1 r. Alsace-Lorraine **(d)** ℘ 86 65 09 31, Fax 86 95 37 41 – 🍽. 🄰🄴 🄾 GB JCB
fermé 6 au 15 août, 23 au 29 déc., dim. soir, lundi et soirs fériés – **Repas** 170/350 et carte 300 à 430.

✗✗ **Clos des Jacobins**, 49 Gde rue **(t)** ℘ 86 95 29 70 – 🍽. 🄰🄴 GB
fermé 15 au 31 août, Noël au Jour de l'An, mardi soir et merc. – **Repas** 95/270.

✗✗ **La Potinière**, 51 r. Cécile de Marsangis par ④ ℘ 86 65 31 08, Fax 86 64 60 19, �, « Terrasse au bord de l'eau » – 🄰🄴 GB
fermé 12 au 19 fév., lundi soir et mardi – **Repas** (en saison, prévenir) 152/275.

✗✗ **Aub. de la Vanne**, 176 av. de Senigallia par ③ ℘ 86 65 13 63, Fax 86 65 90 85, �, « Terrasse au bord de l'eau », ⚐ – 🅿. 🄰🄴 GB
fermé 15 au 30 nov., 2 au 10 janv., dim. soir et mardi sauf juil.-août – **Repas** 82/225, enf. 60.

à Soucy par ① : 7 km – ✉ **89100** :

XX **Aub. du Regain** avec ch, ✆ 86 86 64 62, 🏠 – GB
fermé 28 août au 18 sept., 13 au 27 fév., dim. soir et lundi – **Repas** 95/240 – ☕ 25 – **5 ch** 130/200 – ½ P 160/200.

à Malay-le-Petit par ② : 8 km – ✉ **89100** :

XX **Aub. Rabelais** avec ch, ✆ 86 88 21 44, 🏠 – ☎ P. GB
fermé 1er au 15 nov., 1er au 15 fév., merc. soir et jeudi sauf fêtes – **Repas** 100/260, enf. 45 – ☕ 35 – **6 ch** 165/260.

à Subligny par ④ : 7 km sur N 60 – ✉ **89100** :

XX **Haie Fleurie**, ✆ 86 88 84 44, 🏠 – P. GB
fermé dim. soir, merc. soir et jeudi – **Repas** 85/240.

X **Relais de Subligny**, ✆ 86 88 83 22, 🏠, 🌳 – P. AE GB
fermé dim. soir et lundi – **Repas** 90/180 🍷, enf. 62.

à Villeroy par ④ et D 81 : 7 km – ✉ **89100** :

XXX **Relais de Villeroy** avec ch, ✆ 86 88 81 77, 🌳 – TV ☎ P. GB
fermé 10 déc. au 10 janv. et dim. soir du 15 nov. au 15 mars – **Repas** 130/300 et carte 230 à 380, enf. 65 – ☕ 35 – **8 ch** 230/270.

BMW Gar. Berni, 13 av. Lorrach ✆ 86 65 70 90 N ✆ 86 65 19 97
CITROEN Gd Gar. de l'Yonne, rte de Lyon par ③ ✆ 86 65 12 92
PEUGEOT SEGAM, 16 bd Kennedy, par ③ ✆ 86 65 19 12 N ✆ 86 95 93 20
RENAULT Sté Senonaise d'Autom., Carrefour Ste-Colombe N 6 à St-Denis-les-Sens par ⑤ ✆ 86 65 18 33 N ✆ 86 96 72 31
RENAULT Gar. Martineau, 11 rte de Nogent à Thorigny-sur-Oreuse par ① ✆ 86 88 42 03 N ✆ 86 88 42 03

Euromaster, 105 r. Gén.-de-Gaulle ✆ 86 65 24 33
Serdin Pneus, 78 rte de Paris ✆ 86 65 26 03
Sovic Point S, 18 bd Kennedy ✆ 86 65 25 05

SEPT-SAULX 51400 Marne 56 ⑰ – 484 h alt. 96.

Paris 167 – ♦Reims 23 – Châlons-sur-Marne 28 – Épernay 31 – Rethel 58 – Vouziers 58.

🏨 **Cheval Blanc** 🐚, ✆ 26 03 90 27, Fax 26 03 97 09, 🏠, 🌳, 🎾 – TV ☎ P. AE ⓓ GB JCB
fermé 1er au 22 fév. – **Repas** 150 (déj.), 180/360 – ☕ 50 – **18 ch** 340/450, 7 appart – ½ P 520/550.

SÉREILHAC 87620 H.-Vienne 72 ⑰ – 1 614 h alt. 312.

Paris 415 – ♦Limoges 16 – Châlus 15 – Confolens 50 – Nontron 49 – Périgueux 78 – St-Yrieix-la-Perche 35.

XXX ✿ **La Meule** (Mme Jouhaud) avec ch, N 21 ✆ 55 39 10 08, Fax 55 39 19 66 – TV ☎ P – 🎓 35. AE ⓓ GB
fermé en janv., dim. soir et mardi en hiver – **Repas** 130 (déj.), 210/360 et carte 270 à 450 – ☕ 65 – **10 ch** 330/370
Spéc. Ambroisie de volaille. Sauté de cèpes et girolles aux langoustines (saison). Tarte au chocolat, glace au lait d'amandes.

XX **Relais des Tuileries** avec ch, aux Betoulles NE : 2 km sur N 21 ✆ 55 39 10 27, Fax 55 36 09 21, 🏠, 🌳 – TV ☎ P. GB
fermé 13 au 28 nov., 8 au 30 janv., dim. soir et lundi sauf juil.-août – **Repas** (dim. prévenir) 72/270 🍷, enf. 45 – ☕ 28 – **10 ch** 240/270 – ½ P 240.

SEREZIN-DU-RHÔNE 69360 Rhône 74 ⑪ – 2 257 h alt. 164.

Paris 478 – ♦Lyon 18 – Rive-de-Gier 23 – La Tour-du-Pin 59 – Vienne 18.

🏨 **La Bourbonnaise**, ✆ 78 02 80 58, Télex 301456, Fax 78 02 17 39, 🏠, 🌳 – |¢| TV ☎ ♿ P – 🎓 30. AE ⓓ GB
Repas 120/320, enf. 75 - ***Grill* : Repas** 73/89🍷, enf. 35 – ☕ 38 – **41 ch** 175/285.

SÉRIGNAN-DU-COMTAT 84 Vaucluse 81 ② – rattaché à Orange.

SERMERSHEIM 67230 B.-Rhin 87 ⑥ – 677 h.

Paris 506 – ♦Strasbourg 35 – Lahr/Schwarzwald 39 – Obernai 18 – Sélestat 13.

🏨 **Relais de l'Ill** M sans rest, r. Rempart ✆ 88 74 31 28, Fax 88 74 17 51 – TV ☎ ♿ P. GB
☕ 30 – **23 ch** 250/400.

SERRAVAL 74230 H.-Savoie 74 ⑰ – 430 h alt. 763.

Paris 566 – Annecy 30 – Albertville 26 – Bonneville 41 – Faverges 10 – Megève 41 – Thônes 10.

🏨 **Tournette**, ✆ 50 27 50 13, Fax 50 27 52 68, ≤, 🌳 – TV ☎ 🚗 P. GB
fermé 15 oct. au 15 nov. et mardi hors sais. – **Repas** 85/195 – ☕ 30 – **18 ch** 180/280 – ½ P 175/260.

Paris 672 – Briançon 10 – Gap 97 – ◆Grenoble 106 – Col du Lautaret 18.

　　　à Chantemerle – alt. 1 350 – ⊠ **05330** St-Chaffrey :

　　　Voir Col de Granon ❄★★ N : 12 km.

　　　🛈 Office de Tourisme ℘ 92 24 71 88, Télex 400152, Fax 92 24 76 18.

　🏨　**Plein Sud** Ⓜ ⚲ sans rest, ℘ 92 24 17 01, Fax 92 24 10 21, ≤, 🎰, 🔲, ☞ – ⇆ ch 🆃🆅 ☎
　　　🅿. 🅶🅱. ⚜
　　　17 juin-17 sept. et 16 déc.-14 avril – ☲ 45 – **42 ch** 410/500.

　🏨　**La Balme** Ⓜ ⚲, ℘ 92 24 01 89, Fax 92 24 07 74, ≤, ☞ – 🆅 ☎ 🅿. 🅰🅴 🅾 🅶🅱 🅹🅲🅱
　　　fermé mai, oct. et nov. – **Repas** snack (dîner seul.) carte environ 180 – ☲ 40 – **25 ch**
　　　400/470.

　🏠　**La Boule de Neige** Ⓜ ⚲, ℘ 92 24 00 16, Fax 92 24 00 25, ➹, ☞ – 🆅 ☎. 🅰🅴 🅶🅱
　　　début juin-fin sept. et début déc.-début mai – **Repas** (dîner seul.) 120/170 – ☲ 40 –
　　　10 ch 326/630 – ½ P 360/460.

　　　à Villeneuve-la-Salle – alt. 1 452 – ⊠ **05240** La-Salle-les-Alpes :

　　　Voir Eglise St-Marcellin★ de La-Salle-les-Alpes.

　　　🛈 Office de Tourisme ℘ 92 24 71 88, Télex 400152, Fax 92 24 76 18.

　🏨　**Christiania**, ℘ 92 24 76 33, Fax 92 24 83 82, ≤, ☞ – 🆅 ☎ 🅿. 🅶🅱. ⚜ rest
　　　24 juin-17 sept. et 2 déc.-15 avril – **Repas** 92/150, enf. 45 – ☲ 45 – **29 ch** 430 – ½ P 390.

　🏠　**Aux Trois Pistes** ⚲, ℘ 92 24 74 50, Fax 92 24 85 22, ➹ – 🆅 ☎ 🅿. 🅶🅱
　　　20 juin-20 sept. et 1ᵉʳ déc.-fin avril – **Repas** 75 (déj.), 90/140, enf. 48 – ☲ 40 – **18 ch** 310/340
　　　– ½ P 320/360.

　🍴　**Aub. Ensoleillée** ⚲ avec ch, ℘ 92 24 74 04, Fax 92 24 86 25, ➹, « Terrasse fleurie » –
　　　☎. 🅶🅱
　　　15 juin-15 sept. et début déc.-fin avril – **Repas** 125/185 ⚱, enf. 68 – ☲ 37 – **8 ch** 200/300 –
　　　½ P 265/320.

　🍴　**Le Bidule**, au Bez ℘ 92 24 77 80, Fax 92 24 85 51, ➹ – 🅶🅱
　　　16 juin-24 sept., vacances de Toussaint et 24 nov.-1ᵉʳ mai – **Repas** (prévenir) 90 (déj.),
　　　130/200.

　　　au Monêtier-les-Bains alt. 1 470 – ⊠ **05220** :

　🏨　**Aub. du Choucas** Ⓜ ⚲, ℘ 92 24 42 73, Fax 92 24 51 60, ➹, « Décor montagnard,
　　　belle salle de restaurant voûtée », ☞ – ⇆ ch 🆅 ☎. 🅶🅱
　　　fermé 3 nov. au 17 déc. – **Repas** (fermé dim. soir, mardi midi et lundi du 1ᵉʳ avril au 30 juin et
　　　en oct.) 140 (déj.), 200/380, enf. 80 – ☲ 64 – **8 ch** 600/800, 4 duplex – ½ P 595/695.

　🏠　**Europe** ⚲, ℘ 92 24 40 03, Fax 92 24 52 17, ➹ – 🆅 ☎. 🅰🅴 🅾 🅶🅱
　┿　*3 juin-20 sept. et 10 déc.-20 avril* – **Repas** 75/160 – ☲ 45 – **31 ch** 320/470 – ½ P 380.

　🏠　**Castel Pélerin** ⚲, au Lauzet NO : 6 km par rte Lautaret et VO ℘ 92 24 42 09,
　　　Fax 92 24 40 34, ≤ – ☎ 🅿. 🅶🅱
　　　20 juin-31 août et 20 déc.-5 avril – **Repas** 90/150 ⚱ – ☲ 35 – **6 ch** 280 – ½ P 250.

　🍸　**La Bergerie** ⚲, ℘ 92 24 41 20 – ☎. 🅶🅱
　　　20 juin-12 sept. et 20 déc.-15 avril – **Repas** 82/100 ⚱, enf. 45 – ☲ 33 – **12 ch** 200/250 –
　　　½ P 280.

　🍴　**Le Chazal**, Les Guibertes ℘ 92 24 45 54, ➹ – 🅶🅱
　　　fermé 18 juin au 8 juil., 10 au 25 déc., dim. soir (sauf fév., mars et juil.-août) et lundi –
　　　Repas 98/150.

CITROEN Gar. Langner, à St-Chaffrey　　　　　　　OPEL Gar. du Téléphérique, à St-Chaffrey
℘ 92 24 00 07　　　　　　　　　　　　　　　　　℘ 92 24 01 65 🆗 ℘ 92 24 01 65

🛈 Office de Tourisme pl. du Lac ℘ 92 67 00 67.

Paris 677 – Gap 41 – Die 65 – La Mure 80 – Manosque 84 – Nyons 64.

　🏨　**Fifi Moulin** ⚲, ℘ 92 67 00 01, Fax 92 67 07 56, 🔲, ☞ – ☎ 🚗. 🅰🅴 🅶🅱
　┿　**Repas** 76/166 – ☲ 32 – **25 ch** 260/280 – ½ P 250.

CITROEN Gar. du Buech, ℘ 92 67 00 28 🆗　　　RENAULT Gar. Keyser, rte de Sisteron
℘ 92 67 00 28　　　　　　　　　　　　　　　　℘ 92 67 00 11 🆗 ℘ 92 67 00 11
PEUGEOT Gar. Gonsolin, ℘ 92 67 03 60 🆗
℘ 92 67 04 26

🛈 Syndicat d'Initiative quai J.-Roche (mai-sept.) ℘ 75 34 06 01.

Paris 519 – Annonay 16 – Privas 90 – Rive-de-Gier 40 – ◆St-Étienne 55 – Tournon-sur-Rhône 32 – Vienne 28.

　🍴🍴🍴　**Schaeffer** avec ch, ℘ 75 34 00 07, Fax 75 34 08 79, ➹ – 🔳 🆅 ☎ 🚗. 🅰🅴 🅶🅱
　　　fermé vacances de Toussaint, 1ᵉʳ au 15 janv., dim. soir et lundi hors sais. – **Repas** 120/330 et
　　　carte 250 à 330 – ☲ 38 – **13 ch** 170/285 – ½ P 290.

　🍴🍴　**Parc**, ℘ 75 34 00 08, Fax 75 34 15 46, ➹ – 🅶🅱
　　　fermé 1ᵉʳ au 15 oct., dim. soir et lundi sauf de juin à sept. – **Repas** 95/225.

1152

à l'Ouest : 5 km par N 82 et VO – ⊠ **07340** Serrières :

✗ **Coq Hardi,** ✗ 75 34 83 56, ☆ – ⊖B
fermé 11 au 18 sept., 13 au 26 fév., lundi soir et mardi – **Repas** 90/178, enf. 50.

VAG Gar. Gines, ✗ 75 34 02 25 **N** ✗ 75 59 13 16

SERVON 50170 Manche 59 ⑧ – 202 h alt. 36.
Paris 355 – Saint-Malo 51 – Avranches 15 – Dol-de-Bretagne 28 – Saint-Lô 73.

✗ **Aub. du Terroir** ≫ avec ch, ✗ 33 60 17 92, Fax 33 60 35 26, ☆, ☞, ✕ – TV ☎ ℗ –
↟ 🛏 25. ⊖B
fermé 18 fév. au 4 mars – **Repas** *(fermé merc. d'oct. à Pâques)* 79/220, enf. 50 – ⊑ 30 –
8 ch 190/250 – ½ P 240/270.

SERVOZ 74310 H.-Savoie 74 ⑧ G. Alpes du Nord – 619 h alt. 815.
Voir Gorges de la Diosaz★ : chutes★★ E : 1 km.
🛈 Office de Tourisme Le Bouchet, pl. Église (saison) ✗ 50 47 21 68, Fax 50 47 27 06.
Paris 600 – Chamonix-Mont-Blanc 14 – Annecy 82 – Bonneville 42 – Megève 23 – St-Gervais-les-Bains 12.

🏠 **Chamois** ≫ sans rest, ✗ 50 47 20 09, Fax 50 47 24 87, ≼, ☞ – TV ☎ ℗. ⊖B
fermé 7 au 28 oct. et 13 nov. au 16 déc. – ⊑ 39 – **7 ch** 240/295.

SESSENHEIM 67770 B.-Rhin 57 ⑳ 87 ③ G. Alsace Lorraine – 1 542 h alt. 103.
Paris 494 – ◆Strasbourg 35 – Haguenau 18 – Wissembourg 43.

✗✗ **A L'Agneau,** sur D 468 ✗ 88 86 95 55, Fax 88 86 04 43 – ▤ ℗. ⊖B
fermé en juin, en fév., dim. soir et lundi – **Repas** 145 (déj.) et carte 170 à 310 🍷.

SÈTE 34200 Hérault 83 ⑯ G. Gorges du Tarn – 41 510 h alt. 6.
Voir Mont St-Clair★ : terrasse du presbytère de la chapelle N.-D. de la Salette ※★★ AZ.
🛈 Office de Tourisme 60 Grand'Rue Mario-Roustan (fermé dim. hors saison) ✗ 67 74 71 71, Fax 67 46 17 54.
Paris 791 ③ – ◆Montpellier 30 ③ – Béziers 48 ② – Lodève 68 ③.

Plan page suivante

🏨🏨 **Grand Hôtel,** 17 quai Mar. de Lattre de Tassigny ✗ 67 74 71 77, Télex 480225,
Fax 67 74 29 27 – ∣🛗∣ ▤ ch TV ☎ – 🛏 25. ஊ ⓞ ⊖B   AY **t**
fermé 21 déc. au 2 janv. (sauf rest.) – **La Rotonde** ✗ 67 46 12 20 **Repas** 95 (déj.), 145/
225, enf. 50 – ⊑ 35 – **43 ch** 295/555, 4 appart.

🏨 **Port Marine** M, Môle St-Louis ✗ 67 74 92 34, Fax 67 74 92 33, ≼ – ∣🛗∣ ▤ TV ☎ 🕭 ⇦ ℗
– 🛏 30. ஊ ⊖B   AZ **d**
Repas *(fermé 3 janv. au 10 fév., lundi midi et dim. du 1ᵉʳ oct. au 1ᵉʳ mai)* 95/170 – ⊑ 40 –
36 ch 300/450, 6 appart – ½ P 350/410.

✗✗✗ **Les Saveurs Singulières,** 5 quai Ch. Lemaresquier ✗ 67 74 14 41, Fax 67 53 07 49 – ▤.
ஊ ⊖B JCB. ✖   BZ **b**
*fermé 20 nov. au 8 déc., vacances de fév., le midi en juil.-août, dim. soir et lundi de sept. à
juin* – **Repas** 100 bc (déj.), 175/295 et carte 250 à 340.

✗✗ **La Palangrotte,** rampe P. Valéry - quai Marine ✗ 67 74 80 35, Fax 67 74 97 20 – ▤. ஊ
⊖B   AZ **r**
fermé 20 janv. au 7 fév., dim. soir et lundi – **Repas** - produits de la mer - 100 (déj.), 150/300.

sur la Corniche sud du plan par N 12 : 2 km :

🏨 **Joie des Sables,** plage de la Corniche ✗ 67 53 11 76, Fax 67 51 24 26 – ▤ TV ☎ ⇦ ℗
– 🛏 25. ஊ ⓞ ⊖B
Les Flots d'Azur ✗ 67 53 01 52 *(fermé janv., dim. soir et lundi d'oct. à mai et lundi midi en
sais.)* **Repas** 99/200, 🍷, enf. 55 – ⊑ 35 – **25 ch** 330 – ½ P 298.

🏨 **Sables d'Or** sans rest, pl. É. Herriot ✗ 67 53 09 98 – ∣🛗∣ TV ☎. ஊ ⊖B. ✖
⊑ 30 – **34 ch** 222/310.

🏨 **Les Tritons** sans rest, bd Joliot-Curie ✗ 67 53 03 98, Fax 67 53 38 31, ☞ – ∣🛗∣ TV ☎ ℗.
ஊ ⓞ ⊖B
⊑ 35 – **36 ch** 210/295.

✗✗ **Les Terrasses du Lido** avec ch, rond-point Europe ✗ 67 51 39 60, Fax 67 51 28 90, ☆,
🏊 – ∣🛗∣ ▤ TV ☎ ⇦ ℗ – 🛏 25. ஊ ⓞ ⊖B
fermé dim. soir et lundi sauf juil.-août) 130/300, enf. 70 – ⊑ 40 – **9 ch**
280/450 – ½ P 300/380.

✗ **La Corniche,** pl. É. Herriot ✗ 67 53 03 30, ☆ – ⊖B
fermé 15 nov. au 15 fév. et lundi sauf le soir en juil.-août – **Repas** 98/170, enf. 60.

OPEL France Auto, ZI des Eaux Blanches
✗ 67 48 48 61
RENAULT Sète Exploitation Autos, ZI des Eaux
Blanches par ③ ✗ 67 48 79 79 **N** ✗ 05 05 15 15
RENAULT Gar. Lacour, quai des Moulins, r.
Charbonnières BY ✗ 67 48 93 94
SEAT Sète Autom., 46 quai Bosc ✗ 67 74 36 66

ⓦ Comptoir Méridional du C/c,
1005 rte de Montpellier ✗ 67 48 80 50
Escoffier Pneus Vulcopneu, 73 parc Aquatechnique
✗ 67 43 22 15
Guittard, 2 quai L.-Pasteur ✗ 67 74 08 91
Martinez Pneus, 24 quai République ✗ 67 74 93 61

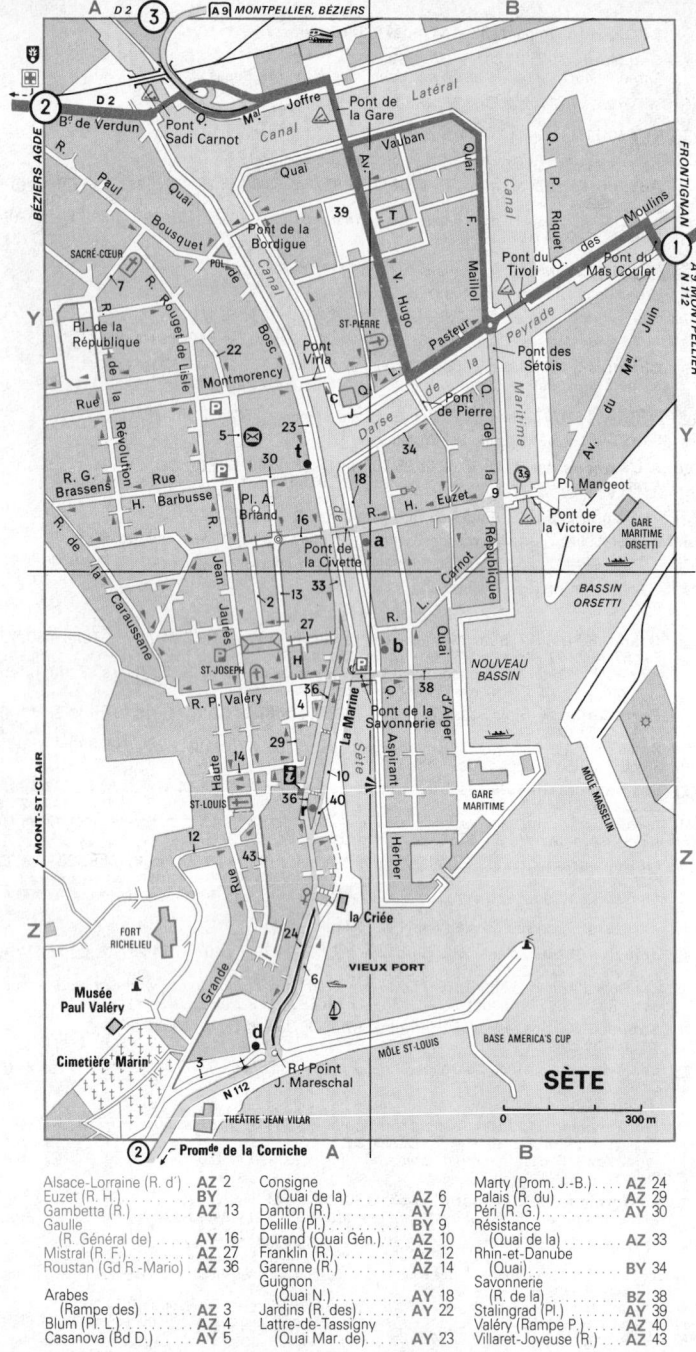

SEURRE 21250 Côte-d'Or 🗺 ⑩ 🟫 ② G. Bourgogne – 2 728 h alt. 181.

Paris 337 – Chalon-sur-Saône 38 – Beaune 27 – ♦Dijon 42 – Dole 38.

🏠 **Le Castel,** av. Gare ℰ 80 20 45 07, Fax 80 20 33 93, 🏡 – 📺 ☎ 🅿, GB
   fermé 2 janv. au 6 fév. et lundi de nov. à avril – **Repas** 95/280 – 🖵 35 – **22 ch** 260/280.

CITROEN Gar. Milan, à Labruyère ℰ 80 21 05 78   PEUGEOT Gar. Fuant, ℰ 80 20 41 46
CITROEN Gar. François, ℰ 80 21 12 84

SÉVÉRAC-LE-CHÂTEAU 12150 Aveyron 🗺 ④ G. Gorges du Tarn – 2 486 h alt. 750.

🛈 Syndicat d'Initiative r. des Douves (juin-sept.) ℰ 65 47 67 31.

Paris 623 – Mende 65 – Rodez 50 – Espalion 46 – Florac 72 – Millau 30.

🏠 **Moderne Terminus,** à Sévérac-gare ℰ 65 47 64 10, Fax 65 70 78 30 – 🔌 ☎ 🚗, 🖎
♦ GB
   Pâques-fin sept. et fermé sam. hors sais. – **Repas** *(fermé le midi hors sais. sauf dim.)* 60/150
   🍷, enf. 40 – 🖵 35 – **20 ch** 195/290 – ½ P 170/220.

🏠 **Causses,** à Sévérac-gare ℰ 65 71 60 15 – ☎ 🅿, GB. 🛇 rest
♦ *fermé oct., dim. soir et lundi midi sauf vacances scolaires* – **Repas** 67/150 🍷, enf. 40 – 🖵 32
   – **13 ch** 150/230 – ½ P 165/205.

PEUGEOT Gar. Delmas, Lapanouse ℰ 65 47 62 16

SEVIGNACQ-MEYRACQ 64260 Pyr.-Atl. 🗺 ⑥ – 437 h alt. 469.

Paris 797 – Pau 23 – Lourdes 40 – Oloron-Ste-Marie 20.

🍴🍴 **Bains de Secours** 🏊 avec ch, NE : 3,5 km par D 934 et VO ℰ 59 05 62 11,
   Fax 59 05 76 56, 🏡 – 📺 ☎ 🅿, 🖎 ⑩ GB
   fermé dim. soir et lundi sauf hôtel en sais. – **Repas** 80 (déj.)/150 – 🖵 36 – **7 ch** 270 – ½ P 240.

SEVRAN 93 Seine-St-Denis 🗺 ⑪, 🟥 ⑱ – voir à Paris, Environs.

SÈVRES 92 Hauts-de-Seine 🗺 ⑩, 🟥 ㉔ – voir à Paris, Environs.

SÉVRIER 74320 H.-Savoie 🗺 ⑥ G. Alpes du Nord – 2 980 h alt. 456.

Voir Musée de la Cloche★.

🛈 Office de Tourisme, pl. de la Mairie ℰ 50 52 40 56, Fax 50 52 48 66.

Paris 542 – Annecy 5,5 – Albertville 40 – Megève 55.

🏠 **Eramotel,** ℰ 50 52 43 83, 🏡, 🏊, 🌲 – ☎ 🅿, GB. 🛇 rest
   hôtel : fermé oct. ; rest. : ouvert 1ᵉʳ juin-30 sept. – **Repas** (dîner seul.) 98/128 🍷 – 🖵 35 –
   18 ch 250/395 – ½ P 300/365.

🏠 **Résidel** Ⓜ sans rest, Sous les Crêts ℰ 50 52 67 50, Fax 50 52 67 11, ≤, 🌲 – cuisinette
   📺 ☎ 🅖 🅿, 🖎 GB
   🖵 30 – **14 ch** 250/330, 6 duplex.

🍴 **Le Bistrot du Port,** au port ℰ 50 52 45 00, Fax 50 52 68 58, ≤, 🏡 – 🖎 ⑩ GB 🔟
   19 mai-10 sept. – **Repas** grill 113.

   à Letraz N : 2 km sur N 508 – ⊠ 74320 Sévrier :

🏨🏨 ✿ **Aub. de Létraz** (Collon) Ⓜ, ℰ 50 52 40 36, Fax 50 52 63 36, ≤, 🏡, 🏊, 🌲 – 🔌 📺 ☎ 🅖
   🅿 – 🔏 25 à 80. 🖎 ⑩ GB
   Repas *(fermé dim. soir et lundi d'oct. à mai)* 195/350 et carte 270 à 390 – 🖵 54 –
   25 ch 565/925 – ½ P 488/705
   Spéc. Harmonie de poissons des lacs de Savoie (fév. à mi-oct.) Ballotine chaude de pigeon au foie gras.
   La "Sévriolaine" (dessert). **Vins** Roussette de Seyssel, Pinot noir de Savoie.

🏨 **Beauregard,** ℰ 50 52 40 59, Fax 50 52 44 71, ≤, 🏡, 🌲 – 🔌 📺 ☎ 🅿 – 🔏 100. ⑩ GB
   fermé 15 déc. au 15 janv. – **Repas** 80 (déj.), 93/190, enf. 58 – 🖵 33 – **45 ch** 295/370 –
   ½ P 288/325.

🏠 **La Fauconnière,** ℰ 50 52 41 18, Fax 50 52 63 33, 🏡, 🌲 – 📺 ☎ 🅿, GB
   fermé janv., dim. soir et lundi midi hors sais. – **Repas** 60 (déj.), 110/200 – 🖵 38 – **27 ch**
   210/290 – ½ P 255/295.

CITROEN Alp'Auto, ℰ 50 52 41 44

SEWEN 68290 H.-Rhin 🗺 ⑧ – 539 h alt. 500.

Voir Lac d'Alfeld★ O : 4 km, **G. Alsace Lorraine.**

Paris 448 – Épinal 76 – ♦Mulhouse 38 – Altkirch 38 – Belfort 32 – Colmar 64 – Thann 24 – Le Thillot 27.

🏠 **Host. du Relais des Lacs,** ℰ 89 82 01 42, ≤, parc – 🍴 ch ☎ 🚗 🅿 – 🔏 35. 🖎 ⑩ GB
   🔟
   fermé 24 août au 6 sept., 6 janv. au 14 fév., mardi soir et merc. sauf juil.-août – **Repas** 95/
   220 🍷 – 🖵 40 – **13 ch** 190/300 – ½ P 240/310.

🏠 **Vosges,** ℰ 89 82 00 43, ≤, 🌲 – 📺 ☎ 🅿, 🖎 ⑩ GB
   fermé 22 oct. au 22 déc., 23 fév. au 3 mars, dim. soir et jeudi sauf juil.-août – **Repas** 90/290 🍷
   – 🖵 32 – **17 ch** 180/290 – ½ P 240/300.

SEYNE **04140** Alpes-de-H.-P. **81** ⑦ **G. Alpes du Sud** – 1 222 h alt. 1 200 – Sports d'hiver : 1 300/1 800 m 🚡8 ⛷.

Voir Col du Fanget ≼★ SO : 5 km.

ℹ Office de Tourisme pl. Armes (vacances scolaires) ℘ 92 35 11 00.

Paris 719 – Digne-les-Bains 41 – Gap 45 – Barcelonnette 41 – Guillestre 74.

à Selonnet NO : 4 km par D 900 – ✉ **04460** :

⌂⌂ **Relais de la Forge** [M] 🔕, ℘ 92 35 16 98, ⚘ – [TV] ☎ Ⓟ. AE GB
⟵ *fermé 13 nov. au 15 déc. et dim. soir sauf vacances scolaires* – **Repas** 75/170 🍷 – ☕ 30 – **15 ch** 155/260 – ½ P 185/225.

au col St-Jean au N : 12 km par D 900 – alt. 1 333 – Sports d'hiver : 1 300/2 400 m 🚡15 ⛷ – ✉ **04140** Seyne :

⌂⌂ **Espace** [M], ℘ 92 35 37 00, Fax 92 35 31 92, ≼ – ⇅ [TV] ☎ ♿ – ⛬ 45. AE GB. ✗ rest
⟵ *fermé 15 oct. au 1er déc.* – **Repas** 72/180 – ☕ 32 – **44 ch** 190/330 – ½ P 290.

✕ **Les Alisiers,** S : 1 km par D 207 ℘ 92 35 30 88 – Ⓟ. GB
⟵ *fermé 13 nov. au 25 déc., mardi et merc. sauf vacances scolaires* – **Repas** 62/200, enf. 38.

La SEYNE-SUR-MER **83500** Var **84** ⑮ **G. Côte d'Azur** – 59 968 h alt. 1 – Casino .

Voir ≼★ de la terrasse du fort Balaguier E : 3 km.

ℹ Office de Tourisme pl. L.-Rollin ℘ 94 94 73 09, Fax 94 30 84 62 et esplanade des Sablettes (saison).

Paris 833 – ♦Toulon 7 – Aix-en-Provence 76 – La Ciotat 35 – ♦Marseille 60.

⌂ **Moderne** sans rest, 2 r. L. Blum ℘ 94 94 86 68, Fax 94 87 05 34 – [TV] ☎. AE GB
☕ 30 – **26 ch** 210/350.

✕✕ **Aubergade,** 20 r. Faidherbe ℘ 94 94 81 95 – ❄. GB
fermé 14 juil. au 15 août, dim. et lundi – **Repas** 90/195.

à Fabrégas S : 4 km par D 18 et VO – ✉ **83500** La Seyne-sur-Mer :

✕✕ **Chez Daniel "rest. du Rivage",** ℘ 94 94 85 13, Fax 94 87 25 25, ≼, ☂ – Ⓟ. AE GB
fermé fév. et merc. sauf juil.-août – **Repas** - produits de la mer - 230/350.

CITROEN C.T.O., quartier Berthe, 501 av. St-Exupéry ℘ 94 11 23 23
PEUGEOT Les Grands Garages du Var, av. E.-d'Orves, quai Bregaillon ℘ 94 94 18 95
RENAULT La Seyne Automobiles, camp Laurent, bretelle autoroute ℘ 94 11 05 05 [N] ℘ 05 05 15 15

◍ Aude Point S, 105 av. Gambetta ℘ 94 87 09 38
Auto Sce 83, Ctre Cial Mammouth ℘ 94 30 13 87
Vulcanisation Seynoise, 2 r. J.-Louis Mabily ℘ 94 94 83 48

SEYSSEL **74910** H.-Savoie **74** ⑤ **G. Jura** – 1 630 h alt. 258.

Env. Grand Colombier ☀★★★ SO : 22 km.

ℹ Office de Tourisme Maison du Pays ℘ 50 59 26 56.

Paris 519 – Annecy 38 – Aix-les-Bains 31.

dans le Val du Fier S : 3 km par D 991 et D 14 **G. Alpes du Nord** – ✉ **74910** Seyssel :

Voir Val du Fier★.

✕✕ **Rôt. du Fier,** ℘ 50 59 21 64, Fax 50 56 20 54, ☂, ⚘, ⚔ – Ⓟ. AE GB
fermé 23 au 31 oct., 24 fév. au 11 mars, mardi soir et merc. – **Repas** 100 bc/320 🍷.

CITROEN Gar. Rossi, ℘ 50 59 21 85

SEYSSINET-PARISET **38** Isère **77** ④ – rattaché à Grenoble.

SÉZANNE **51120** Marne **61** ⑤ **G. Champagne** – 5 829 h alt. 137.

ℹ Office de Tourisme pl. République ℘ 26 80 51 43, Fax 26 80 54 13.

Paris 113 – Troyes 60 – Châlons-sur-Marne 57 – Meaux 78 – Melun 87 – Sens 78.

⌂ **Croix d'Or,** 53 r. Notre-Dame ℘ 26 80 61 10, Fax 26 80 65 20 – [TV] ☎ Ⓟ. AE ⦿ GB
⟵ *fermé 2 au 18 janv.* – **Repas** 65/300 🍷, enf. 55 – ☕ 30 – **13 ch** 240/300 – ½ P 240/300.

⌂ **Relais Champenois,** 157 r. Notre-Dame ℘ 26 80 58 03, Fax 26 81 35 32 – [TV] ☎ ♿. GB
10 mars-20 nov. et fermé dim. soir – **Repas** 85/220, enf. 45 – ☕ 35 – **16 ch** 150/310 – ½ P 250/280.

✕✕ **Soleil,** 17 r. Paris ℘ 26 80 63 13, Fax 26 80 67 92, ☂ – GB
⟵ *fermé 17 au 22 juil., 21 fév. au 1er mars, mardi soir et merc.* – **Repas** 68/220 🍷, enf. 38.

CITROEN Petit Vissuzaine, av. J.-Jaurès ℘ 26 80 50 02 [N] ℘ 26 80 52 84
PEUGEOT Gar. Notre Dame, ZI rte de Troyes ℘ 26 80 71 01

RENAULT S.C.A.T., ZI, rte de Troyes ℘ 26 80 57 31

MICHELIN: Carrying the world

In every kind of weather, in every type of vehicle, people all over the world are making their way with Michelin.

Michelin is the world's number one tyre manufacturer and since it produced the first detachable pneumatic bicycle tyre in rural France in 1889, the company has expanded to cover more than 150 countries, with 125,000 employees making, selling and distributing 655,000 tyres every day. In addition, Michelin is a European leader in travel publishing and every day thousands of travellers reach their destinations thanks to Michelin Maps and Guides.

Michelin has total commitment to the quality of its products and a single-minded dedication to people on the move. That is why it spends more on Research and Development than any other tyre company, and not surprisingly has an outstanding record for innovation. In 1995, this record is set to continue with the revolutionary new Michelin Energy tyre, saving millions of pounds on fuel and helping to significantly reduce exhaust emissions.

As vehicles develop, there will be even more need for the highest quality tyres to meet the new demands of the road. Which is why Michelin continues to work closely with manufacturers in anticipation of the vehicles of tomorrow, carrying the public and the transport industry safely into the future.

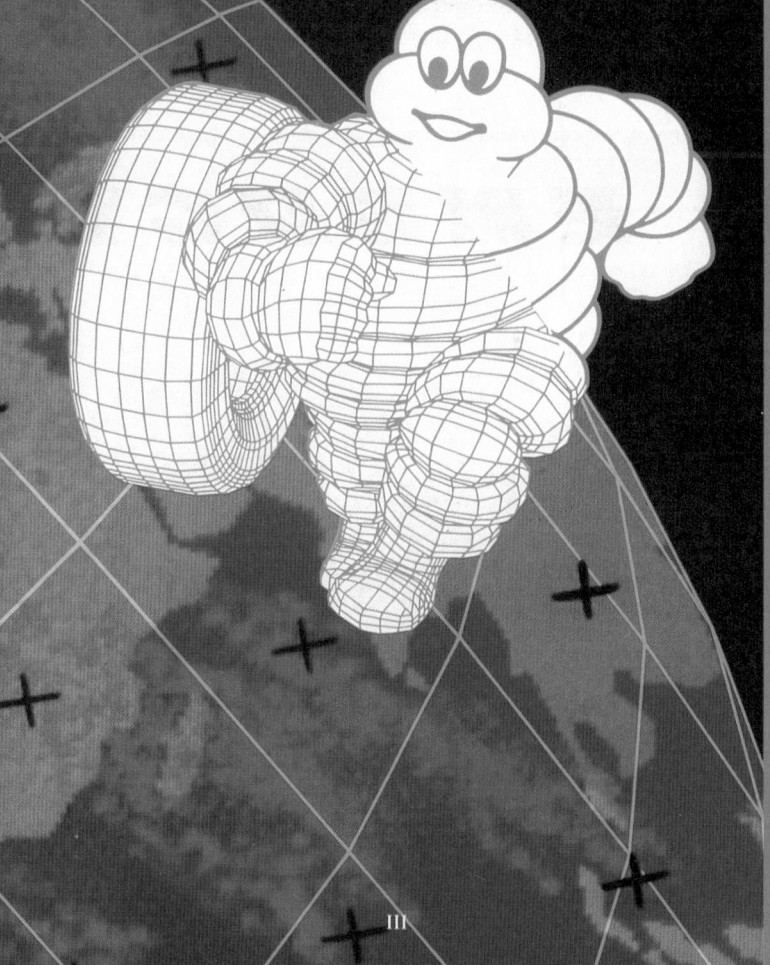

DRIVING FOR A BETTER FUTURE

As cars improve and roads develop, motorists are clocking up more miles than ever before.

As a result, safety and comfort are of prime importance, while at the same time there is a growing need to save fuel, to cut the cost of travel and help reduce exhaust emissions.

To meet these challenges, drivers need a tyre that improves fuel economy, but also provides maximum grip and ride quality. And thanks to Michelin, that concept is now a reality with the launch of a tyre that sets new standards for safety and economy.

That tyre is called Michelin Energy.

ENERGY

IV

Michelin Energy improves fuel consumption by 5% by reducing the resistance caused by the tyre on the road. In other words, the car rolls more easily and less fuel is needed to drive it forward. However, when it comes to braking and cornering, Michelin Energy maintains the superb grip and reassuring handling that is true of all Michelin tyres. Never before have such levels of high performance been incorporated into such a fuel-efficient tyre.

5%

Michelin Energy is a major innovation for drivers, allowing them to economise on fuel and reduce pollution without compromising safety. In time, this advanced technology will be applied to other Michelin tyres, and wherever you see the Energy name you will find a practical solution to the problems of the environment as well as the superb driving capability you expect from Michelin.

Michelin Energy. Your choice for a better future.

COMMITTED TO CHOICE

The new Michelin Energy range gives drivers more choice for their vehicles, combining top performance with maximum efficiency. In recent years, Michelin has become committed to offering greater choice, ensuring that for every type of driver, there is a Michelin tyre to suit.

For example, the need for quality at the right price is satisfied by the new range of Michelin Classic tyres. They embody the traditional Michelin values of long life and superior grip and are offered at a price to suit the most cost-conscious motorist.

High performance drivers also have more options with Michelin, and the three tyres in the Pilot range allow them to make their vehicle more sporty, comfortable or stable over long distances, depending on their individual preference.

Whatever car you drive, Michelin creates the perfect balance between your needs as a driver and the capability of your vehicle to give the smoothest and safest ride possible.

For full details of these and the many other Michelin tyres available for your car, contact your local tyre dealer.

LEADING THE WAY

For nearly 100 years, Michelin Maps
and Guides have been showing travellers
the clearest routes and essential sights at
destinations all over the world. Today,
Michelin is one of the largest travel publishers in Europe
with a range of over 250 regularly updated titles.

Before and during a trip, motorists find the best plans for the
journey ahead laid out in Michelin road maps and atlases.
These range from large scale route planners to detailed local
maps and are well known for their quality and accuracy.

On arrival, the dilemma of what to do is
solved by Michelin Green Guides. These
easy-to-follow tourist guides cover
Western Europe and North America and
provide detailed information on local
geography and history, with town plans,
lists of museums and opening times of
many civic amenities.

At the end of the day when you want a bite
to eat and a place to sleep, Michelin Red
Hotel and Restaurant Guides provide reviews
of literally thousands of establishments from
low cost inns to luxury hotels. And when you
are travelling with children, Michelin I-Spy
books will keep them occupied for hours
with a vast range of topics from airports to zoos.

Used together, Michelin Maps and Guides provide
everything you need to get the most from your
visit. They make sense of even the longest
journey and are widely available at
bookshops or directly from Michelin.

RACING FOR CHANGE

Few things are tougher on tyres than the race track. In fact, Michelin uses motorsport to develop better tyres for the road, and in 1994, Michelin race tyres were being pushed harder than ever.

In the British Touring Car Championship, Michelin shod cars

took the driver, manufacturer and team titles using tyres very similar to the Pilot range for road use. Meanwhile, in the British Rally Championships, Michelin Pilot Team Ford drivers Malcolm Wilson and Stephen Finlay secured first and second places respectively.

Michelin also made its mark on the World Rally Championship, entering its 21st year in the competition with Mitsubishi, Ford and last year's winners Toyota all choosing Michelin tyres.

Of course, Michelin's domination of the racing world is not limited to four wheels and from the roar of Mick Doohan's world championship motorcycle victory to the sweat of the professional cycle circuit, Michelin tyres could be seen leading the field.

With Michelin, success improves the product and throughout 1995, as Michelin winners continue to take the chequered flag, the real winners will be the thousands of private drivers and riders who use Michelin tyres everyday.

57480 Moselle 🗺 ④ G. Alsace Lorraine – 1 825 h alt. 202.

Voir ≤★ du château fort – 🛈 Office de Tourisme, Tour de l'Horloge 𝒫 82 83 74 14, Fax 82 83 22 10.
Paris 355 – ◆Metz 45 – Luxembourg 36 – Thionville 17 – Trier 52.

   à Montenach SE : 3,5 km sur D 956 – ⊠ 57480 :

✗   **Aub. de la Klauss,** 𝒫 82 83 72 38, Fax 82 83 73 00 – ⊖⊟
   fermé 24 déc. au 7 janv. et lundi – **Repas** 120/260 ⅄.

   à Manderen E : 7 km par N 153 et D 64 – ⊠ 57480 :

✗✗   **Au Relais du Château Mensberg** ⬡ avec ch, 𝒫 82 83 73 16, Fax 82 83 23 37, 🍴, 🐎
◆   – 🅿. ⁄E ① ⊖⊟
   Repas 70/280 ⅄, enf. 40 – ⊡ 30 – **17 ch** 200/280 – ½ P 330.

68510 H.-Rhin 🗺 ⑩ – 2 106 h.
Paris 491 – ◆Mulhouse 15 – Altkirch 18 – ◆Basel 18 – Belfort 58 – Colmar 51.

✗✗   **Aub. St-Laurent,** 1 r. Fontaine 𝒫 89 81 52 81, Fax 89 81 67 08, 🍴 – 🅿. ⊖⊟
   fermé 6 au 21 mars, 14 au 29 août, lundi et mardi – **Repas** 100 (déj.), 200/380 ⅄, enf. 80.

PEUGEOT Gar. Bissel, 𝒫 89 81 50 00

11130 Aude 🗺 ⑩ G. Pyrénées Roussillon – 3 373 h alt. 17.

Env. Réserve africaine de Sigean★ NO : 7 km.
🛈 Office de Tourisme pl. de la Libération 𝒫 68 48 14 81.
Paris 821 – ◆Perpignan 47 – Carcassonne 71 – Narbonne 21.

   au Nord : 4 km par N 9 et VO – ⊠ 11130 Sigean :

🏰   **Château de Villefalse** ⬡, 𝒫 68 48 54 29, Fax 68 48 34 37, parc, 🛁, ⬛, ⬛, ✗ – 🛗 📺
   ☎ 🅿 – 🛗 25. ⁄E ⊖⊟. ✗ rest
   fermé janv. – **Repas** *(fermé dim. soir et lundi d'oct. à avril)* 148/340 – ⊡ 85 – **15 ch**
   910/1500, 10 duplex – ½ P 720/1165.

CITROEN Gar. Roques, 𝒫 68 48 20 07 🅽 𝒫 68 48 20 07

08460 Ardennes 🗺 ⑰ G. Champagne – 1 422 h alt. 206.
Paris 213 – Charleville-Mézières 29 – Hirson 38 – Laon 71 – Rethel 23 – Rocroi 30 – Sedan 50.

✗✗   **Aub. de l'Abbaye** avec ch, 𝒫 24 52 81 27 – 📺 ☎. ⊖⊟
◆   *fermé 2 janv. au 28 fév., merc. soir et jeudi* – **Repas** 70/150 ⅄, enf. 60 – ⊡ 27 –
   10 ch 180/300 – ½ P 200/250.

CITROEN Gar. Thomassin, rte de Rethel   RENAULT Gar. Turquin, 𝒫 24 52 81 37
𝒫 24 52 80 24

08380 Ardennes 🗺 ⑰ – 1 280 h alt. 250.
Paris 206 – Charleville-Mézières 37 – Hirson 15 – Chimay 24.

🏠   **Lion d'Or,** pl. Église 𝒫 24 53 51 76, Fax 24 53 36 96 – ⅙ ch 📺 ☎ 🅿. ⊖⊟
◆   **Repas** *(fermé 15 au 31 mars, mardi midi et lundi sauf fériés)* 70 bc/275 – ⊡ 50 –
   10 ch 310/450 – ½ P 325/475.

   à Brognon N : 5 km par D 10 – ⊠ 08380 :

🏡   **Domaine St-Antoine** ⬡, 𝒫 24 53 56 56, Fax 24 53 53 26, ⬛, 🐎 – ⅙ ch 📺 ☎ 🅿 –
   🛗 30. ⁄E ① ⊖⊟. ✗ rest
   Repas 100/325 – ⊡ 50 – **10 ch** 500 – ½ P 450.

51 Marne 🗺 ⑰ – rattaché à Reims.

54 M.-et-M. 🗺 ④ G. Alsace Lorraine – alt. 497 – ⊠ 54330 Vézelise.

Voir ✳★ du calvaire – Signal de Vaudémont ✳★★ (monument à Barrès) S : 2,5 km.
Paris 322 – Épinal 50 – ◆Nancy 35 – Toul 38 – Vittel 33.

🏠   **Notre Dame** ⬡, 𝒫 83 25 13 31, Fax 83 25 11 30, 🍴 – ☎ 🅿. ⊖⊟
◆   *fermé dim. soir et lundi en janv. et fév.* – **Repas** 69/92 ⅄, enf. 35 – ⊡ 32 – **16 ch** 152/235 –
   ½ P 225/254.

24170 Dordogne 🗺 ⑯ G. Périgord Quercy – 904 h alt. 77.
Paris 547 – Périgueux 57 – Sarlat-la-Canéda 28 – Bergerac 46 – Cahors 67.

🏡   **Aub. Petite Reine,** rte de Belvès : 1 km 𝒫 53 31 60 42, Fax 53 31 69 60, ⬛, ✗ – ▤ rest
   ☎ 🅿. ⊖⊟. ✗ ch
   15 avril-20 oct. – **Repas** 95/140 ⅄, enf. 30 – ⊡ 37 – **39 ch** 230/320 – ½ P 280/320.

04200 Alpes-de-H.-P. 🗺 ⑤ ⑥ G. Alpes du Sud – 6 594 h alt. 482.
Voir Site★★ – Citadelle★ : ≤★ Y – Église Notre-Dame★ Z.
🛈 Office de Tourisme à l'Hôtel de Ville 𝒫 92 61 12 03, Fax 92 61 19 57.
Paris 711 ① – Digne-les-Bains 39 ② – Barcelonnette 97 ① – Gap 49 ①.

SISTERON

*Si vous êtes retardé
sur la route, dès 18 h,
confirmez
votre réservation
par téléphone,
c'est plus sûr...
et c'est l'usage.*

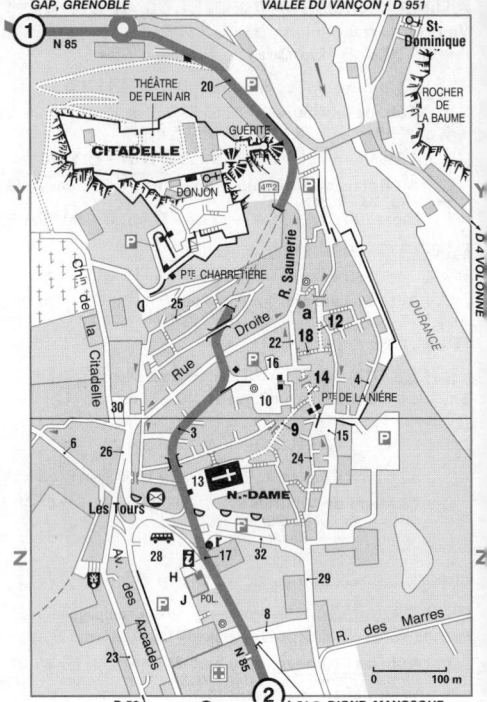

GAP, GRENOBLE · VALLÉE DU VANÇON / D 951 · St-Dominique · N 85 · THÉÂTRE DE PLEIN AIR · ROCHER DE LA BAUME · GUÉRITE · CITADELLE · DONJON · D 4 VOLONNE · Pte CHARRETIÈRE · R. Saunerie · DURANCE · Droite · Rue · Ch. de la Citadelle · Pte DE LA NIÈRE · N.-DAME · Les Tours · Av. des Arcades · R. des Marres · N 85 · D 53 · A 51 DIGNE, MANOSQUE · 0 · 100 m

---

🏨 **Gd H. du Cours** sans rest, pl. Église ℘ 92 61 04 51, Fax 92 61 41 73 – 🛗 📺 ☎ 🚗, 🖭 ⓞ 🞔 Z r
   1ᵉʳ mars-30 nov. – ☑ 39 – **50 ch** 230/430.

🍴🍴 **Becs Fins**, 16 r. Saunerie ℘ 92 61 12 04 – 🖭 ⓞ 🞔 Y a
   fermé 19 au 25 juin, dim. soir et merc. sauf juil.-août – Repas 106/286, enf. 55.

au NO par ① *et N 85 –* ⊠ *04200 Sisteron :*

🏨 **Ibis** Ⓜ, à 4 km ℘ 92 62 62 00, Fax 92 62 62 10, 🏊, – ⅟✦ ch, 🍴 rest 📺 ☎ � 🅿 – 🔬 25. 🖭 🞔
   Repas 97 bc, enf. 40 – ☑ 35 – **43 ch** 290.

🏨 **Les Chênes**, à 2 km ℘ 92 61 13 67, Fax 92 61 16 92, 🌳, 🏊, 🎾 – 📺 ☎ 🅿 – 🔬 25. 🞔
   fermé 25 oct. au 7 nov., 20 déc. au 30 janv. et dim. sauf juil.-août – Repas 86/175, enf. 50 –
   ☑ 35 – **25 ch** 270/320 – ½ P 220/260.

CITROEN Julien et Fils, 150 rte de Gap par ①
℘ 92 61 12 07
MERCEDES HYUNDAI Diffusion Auto Gdes Alpes,
ZI de Proviou Sud ℘ 92 61 06 66 🔃 ℘ 92 61 28 31
NISSAN S.E.E., N 85 à Peipin ℘ 92 75 52 40
OPEL Gar. Espitallier, 1 av. J.-Jaurès ℘ 92 61 07 09
RENAULT Gar. Meyer, rte de Gap par ①
℘ 92 61 43 77 🔃 ℘ 92 65 13 82

TOYOTA Alpes Sud Autom., av. Libération
℘ 92 61 01 64 🔃 ℘ 92 61 24 64
VAG Gar. Roca, RN 75 ZI de Proviou Sud
℘ 92 61 46 61

🛞 Ayme Pneus, av. Libération ℘ 92 61 08 15

SIX-FOURS-LES-PLAGES 83140 Var 🎴 ⑭ 🎴 ㊹ G. Côte d'Azur – 28 957 h alt. 30.

Voir Fort de Six-Fours ⁂★ N : 2 km – Presqu'île de St-Mandrier★ : ⁂★★ E : 5 km – ⁂★★ du
cimetière de St Mandrier-sur-Mer E : 4 km.

Env. Chapelle N.-D.-du-Mai ⁂★★ S : 6 km.

🛈 Office de Tourisme plage de Bonnegrâce ℘ 94 07 02 21, Fax 94 25 13 36 et au Brusc quai St-Pierre
(juil.-août) ℘ 94 34 17 50.

Paris 833 – ♦Toulon 11,5 – Aix-en-Provence 77 – La Ciotat 35 – ♦Marseille 60.

🏨 **Clos des Pins** Ⓜ, 101 bis r. République ℘ 94 25 43 68, Fax 94 07 63 07, 🌳 – 🛗 📺 ☎ ⅃
   🅿, 🖭 ⓞ 🞔
   fermé 15 au 30 nov. et 1ᵉʳ au 15 janv. – **Repas** (fermé dim. soir et sam. hors sais.) 80/120 ⅃,
   enf. 40 – ☑ 34 – **32 ch** 270/330 – ½ P 250/270.

XXX **Aub. St-Vincent,** carrefour Pont-du-Brusc (D 559) *&* 94 25 70 50, Fax 94 25 54 64, 😚 –
🍴 **Ⓟ** 🆎 ⑩ 🆖
fermé dim. soir et lundi hors sais. – **Repas** 99 (déj.), 155/245 et carte 220 à 390.

XX **Verdi,** carrefour Pont-du-Brusc (D 559) *&* 94 25 50 95, Fax 94 25 54 64, 😚, ♨ – **Ⓟ** 🆎
🆖
fermé dim. soir et lundi hors sais. – **Repas** - cuisine italienne - 69 bc (déj.), 95/195.

X **Le Relais Provençal et Gascon,** 80 av. de Lattre-de-Tassigny *&* 94 34 50 54, 😚 – 🍴.
✦ 🆎 🆖
fermé 1er au 7 juil., 2 au 16 janv. et lundi – **Repas** 75/215 ♨, enf. 45.

à la Plage de Bonnegrâce NO : 3 km par rte de Sanary – ✉ **83140** Six-Fours-les-Plages :

XX **Le Dauphin,** 36 square Bains *&* 94 07 61 58, Fax 94 34 80 44, 😚 – 🆖
fermé lundi hors sais. – **Repas** 130/350.

au Brusc S : 4 km – ✉ **83140** Six-Fours-les-Plages :

🏠 **Parc** ⑤, 112 r. Bondil *&* 94 34 00 15, Fax 94 34 16 94, 😚 – ☎ **Ⓟ**. 🆖. ✇
1er avril-30 sept. et fermé dim. hors sais. – **Repas** 93/150 ♨, enf. 57 – ☲ 32 – **18 ch** 216/330
– ½ P 253/310.

XX **Mont-Salva,** chemin Mont Salva *&* 94 34 03 93, 😚 – **Ⓟ**. 🆎 🆖
fermé 14 au 23 nov., 31 janv. au 1er mars, mardi soir et merc. sauf juil.-août – **Repas** 110/210,
enf. 56.

XX **St-Pierre - Chez Marcel,** *&* 94 34 02 52, Fax 94 34 18 01 – 🆎 ⑩ 🆖 JCB
fermé janv., mardi soir et merc. hors sais. – **Repas** - produits de la mer - 90/198, enf. 65.

🔘 Mendez Pneus, 454 av. Mar.-Juin *&* 94 74 70 80

In this Guide,

a symbol or a character, printed in black *or another colour*

in light or **bold** *type,*

does not have the same meaning.

Please read the explanatory pages carefully.

🟦 **SIZUN** 29450 Finistère 🔢 ⑤ G. Bretagne – 1 728 h alt. 113.

Voir Enclos paroissial★ – Bannières★ dans l'église de Locmélar N : 5 km.

🅱 Office de Tourisme pl. Abbé-Broch (15 juin-15 sept.) *&* 98 68 88 40.

Paris 574 – ✦Brest 42 – Carhaix-Plouguer 44 – Châteaulin 33 – Landerneau 15 – Morlaix 33 – Quimper 57.

🏠 **Voyageurs,** *&* 98 68 80 35, Fax 98 24 11 49 – ☎ & **Ⓟ**. 🆖
✦ *fermé 9 sept. au 1er oct.* – **Repas** *(fermé sam. soir du 1er nov. au 31 mars)* 65/120 ♨ – ☲ 32 –
28 ch 170/250 – ½ P 170/220.

CITROEN Gar. Jegou, *&* 98 68 80 47

RENAULT Gar. Dolou, *&* 98 68 80 38 🅽
& 98 68 80 38

🟦 **SOCCIA** 2A Corse-du-Sud 🔢 ⑮ – voir à Corse.

🟦 **SOCHAUX** 25600 Doubs 🔢 ⑧ G. Jura – 4 419 h alt. 318.

Voir Musée Peugeot★ AX.

Paris 432 – ✦Besançon 84 – ✦Mulhouse 52 – Audincourt 8 – Belfort 16 – Montbéliard 4,5.

Plans : Voir plan de Montbéliard agglomération.

🏨 **Arianis** Ⓜ, 11 av. Gén. Leclerc *&* 81 32 17 17, Fax 81 32 00 90, 😚 – 📶 ❄ ch, 🍴 rest 📺
☎ & **Ⓟ** – 🔒 80. 🆎 ⑩ 🆖   AX **u**
Repas *(fermé dim. soir)* 90 bc (déj.), 130/250 bc – ☲ 45 – **65 ch** 370/420 – ½ P 270.

🏠 **Campanile,** r. Collège *&* 81 95 23 23, Fax 81 32 21 49, 😚 – ❄ ch 📺 ☎ & **Ⓟ** – 🔒 25.
AX **d**
Repas 82 bc/105 bc, enf. 39 – ☲ 30 – **63 ch** 270.

XXX **Luc Piguet,** 9 r. Belfort *&* 81 95 15 14, Fax 81 95 51 21, 😚, 🌳 – **Ⓟ**. 🆎 ⑩ 🆖   AX **z**
fermé 1er au 22 août, 2 au 9 janv., dim. soir et lundi sauf fériés – **Repas** 105/185 et carte 220 à
340, enf. 60.

CONSTRUCTEUR : S.A. des Automobiles Peugeot, *&* 81 91 83 42

🟦 **SOISSONS** ⟨SP⟩ 02200 Aisne 🔢 ④ G. Flandres Artois Picardie – 29 829 h alt. 55.

Voir Anc. Abbaye de St-Jean-des-Vignes★★ – Intérieur★★ de la Cathédrale★ – Musée de l'anc.
abbaye de St-Léger★ BY **M.**

🅱 Office de Tourisme 1 av. Gén.-Leclerc *&* 23 53 08 27.

Paris 101 ⑥ – Compiègne 38 ⑦ – Laon 35 ② – Meaux 68 ⑥ – ✦Reims 56 ③ – St-Quentin 59 ① – Senlis 59 ⑥.

SOISSONS

Collège (R. du) .... **AY** 5
Commerce (R. du) .... **BY** 6
St-Christophe (R.) .... **AY** 33
St-Martin (R.) .... **BY** 35

Arquebuse (R. de l') .... **BZ** 2
Château-Thierry (Av.) .... **BZ** 4
Compiègne (Av.) .... **AY** 8
Desmoulins (Bd C.) .... **BZ** 12
Gambetta (Bd L.) .... **BY** 14
Intendance (R. de l') .... **BY** 15
Leclerc (Av. Gén.) .... **BZ** 22
Marquigny (Pl. F.) .... **BY** 23
Paix (R. de la) .... **BY** 24
Panleu (R. de) .... **AY** 25
Prés.-Kennedy (Av.) .... **AZ** 26
Quinquet (R.) .... **ABY** 28
Racine (R.) .... **BZ** 29
République (Pl. de la) .... **BZ** 30
St-Antoine (R.) .... **BY** 31
St-Christophe (Pl.) .... **AY** 32
St-Jean (R.) .... **AZ** 34
St-Quentin (R.) .... **BY** 36
St-Rémy (R.) .... **AY** 37
Strasbourg (Bd de) .... **BY** 38
Villeneuve (R. de) .... **BZ** 39

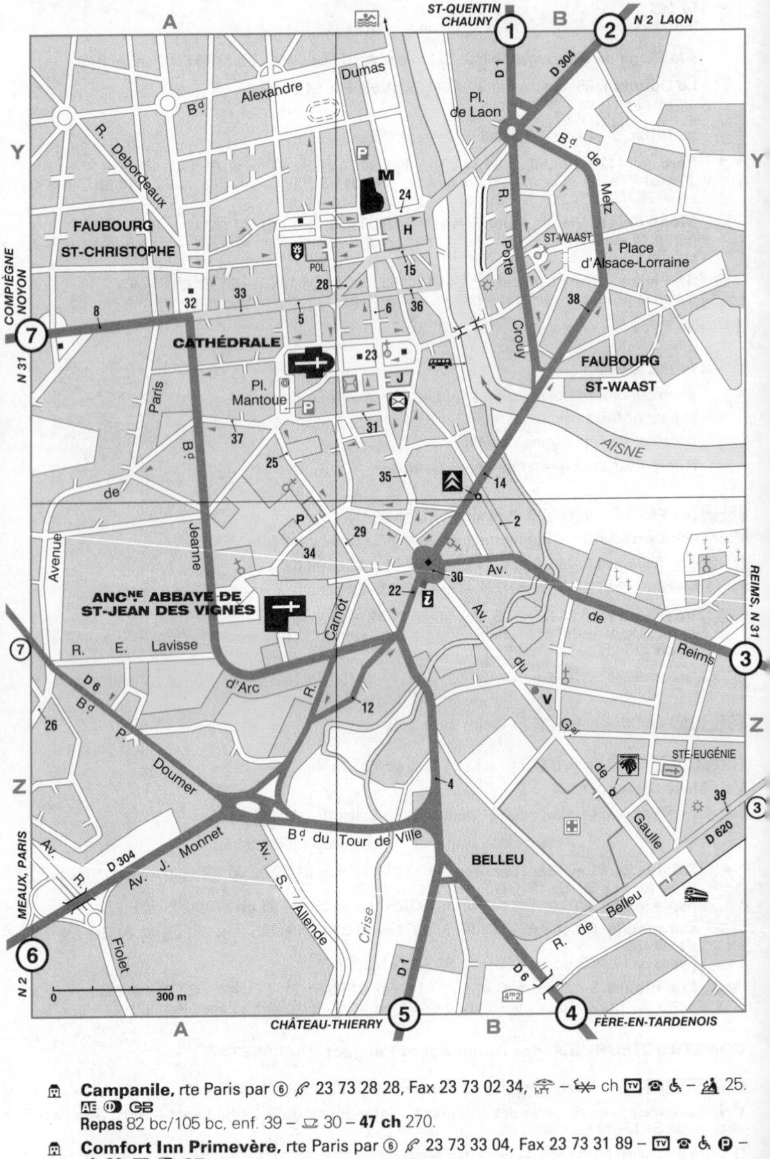

🏨 **Campanile,** rte Paris par ⑥ ☎ 23 73 28 28, Fax 23 73 02 34, 🏞 – ⇹ ch TV ☎ ♿ – 🏋 25. AE ⓓ GB
Repas 82 bc/105 bc, enf. 39 – ☕ 30 – **47 ch** 270.

🏨 **Comfort Inn Primevère,** rte Paris par ⑥ ☎ 23 73 33 04, Fax 23 73 31 89 – TV ☎ ♿ Ⓟ – 🏋 30. AE ⓓ GB
Repas 79/105 🍷 – ☕ 32 – **42 ch** 265.

XX **Avenue,** 35 av. Gén. de Gaulle ✆ 23 53 10 76 – ⊖B BZ **v**
fermé 1ᵉʳ au 13 août, lundi soir et dim. sauf fériés – **Repas** 100/220 ⅄.

BMW Gar. Bachelet, Rd-Pt de l'Archer
✆ 23 73 92 92
CITROEN Gar. Gambetta, 8 bd Gambetta BYZ
✆ 23 59 13 24
FIAT S.E.V.A., 94 av. de Compiègne ✆ 23 53 31 63
FORD Europ Autom., 55 av. Gén.-de-Gaulle
✆ 23 59 03 29
MERCEDES Gar. Idoine, 3 av. de Compiègne
✆ 23 53 04 41 N ✆ 23 53 04 41
NISSAN Boulanger Autom., 103 av Château-
Thierry à Belleu ✆ 23 73 21 11
OPEL S.D.A., 8-10 av. de Compiègne
✆ 23 53 10 69
PEUGEOT Gar. des Lions, 57 av. Gén.-de-Gaulle
BZ ✆ 23 74 52 03 N ✆ 05 44 24 24

RENAULT Gar. Larminaux, rte de Reims par ③
✆ 23 73 34 34 N ✆ 23 72 10 64
VAG Veltour Autom., 96 bd J.-d'Arc ✆ 23 53 59 59
N ✆ 23 53 59 59
N.C.V. Autom., rte Château-Thierry à Belleu
✆ 23 75 01 01

🏭 Auto Pneu Savart-Point S, 35 av. de Laon
✆ 23 59 42 31
Euromaster, 60 av. de Compiègne ✆ 23 53 25 76
Hurand Pneu-Vulcopneu, r. Salvador Allende,
ZAC Chevreux ✆ 23 73 90 00

SOLDEU 86 ⑮ – voir à Andorre (Principauté d').

SOLENZARA 2A Corse-du-Sud 90 ⑦ – voir à Corse.

SOLESMES 72 Sarthe 64 ① ② – rattaché à Sablé-sur-Sarthe.

SOLLIÉS-VILLE 83210 Var 84 ⑮ 114 ㊻ G. Côte d'Azur – 1 895 h alt. 228.
Voir ≼* de l'esplanade de la Montjoie.
Paris 842 – ◆Toulon 15 – Brignoles 41 – Draguignan 70 – ◆Marseille 79.

XX **L'Amourié,** pl. J. Aicard ✆ 94 33 74 72 – 🇦🇪 ⊖B
fermé 1ᵉʳ au 10 oct., 1ᵉʳ au 10 fév., dim. soir et merc. – **Repas** 120/270, enf. 60.

SOMMIÈRES 30250 Gard 83 ⑧ G. Gorges du Tarn (plan) – 3 250 h alt. 34.
🟦 Office de Tourisme 16 r. du Gén.-Bruyère ✆ 66 80 99 30, Fax 66 80 34 78.
Paris 739 – ◆Montpellier 30 – Aigues-Mortes 29 – Alès 42 – Lunel 13 – Nîmes 26 – Le Vigan 63.

XX **L'Olivette,** 11 r. Abbé Fabre ✆ 66 80 97 71 – 🗐. 🇦🇪 ⓪ ⊖B
fermé 2 au 26 janv., mardi soir d'avril à mai et merc. – **Repas** 100/160, enf. 45.

🏭 Bourrel Pneus, rte de Saussines ✆ 66 80 91 31

SONNAZ 73 Savoie 74 ⑮ – rattaché à Chambéry.

SOPHIA-ANTIPOLIS 06 Alpes-Mar. 84 ⑨ – rattaché à Valbonne.

SORÈDE 66690 Pyr.-Or. 86 ⑲ G. Pyrénées Roussillon – 2 160 h alt. 64.
Paris 887 – ◆Perpignan 23 – Amélie-les-Bains-Palalda 30 – Argelès-sur-Mer 6,5 – Le Boulou 15.

🏠 **St-Jacques** 🐾 sans rest, 45 r. St-Jacques ✆ 68 89 00 60, ≼, 🐟 – ☎ 🅿
1ᵉʳ mars-30 nov. – ⌷ 30 – **15 ch** 260.

X **Salamandre,** 3 rte Laroque ✆ 68 89 26 67 – 🇦🇪 ⓪ ⊖B
fermé 9 au 27 oct., 9 janv. au 27 mars, lundi sauf le soir du 15 juil. au 15 sept. et dim. soir –
Repas 115 ⅄, enf. 45.

SORGES 24420 Dordogne 75 ⑥ G. Périgord Quercy – 1 074 h alt. 178.
🟦 Syndicat d'Initiative Maison de la Truffe ✆ 53 05 90 11, Fax 53 05 95 18 (Mairie).
Paris 474 – Périgueux 20 – Brantôme 24 – ◆Limoges 75 – Nontron 47 – Thiviers 14 – Uzerche 70.

🏨 **Aub. de la Truffe,** sur N 21 ✆ 53 05 02 05, Fax 53 05 39 27, 😤, 🐟, 🐠 – 🗐 rest 📺 ☎ 🅿
➡ – 🚴 30. ⊖B
Repas *(fermé dim. soir en hiver)* 70/250 ⅄, enf. 50 – ⌷ 35 – **18 ch** 200/315 – ½ P 250/300.

SORGUES 84700 Vaucluse 81 ⑫ – 17 236 h alt. 30.
Paris 677 – Avignon 11 – Carpentras 16 – Cavaillon 29 – Orange 18.

🏨 **Davico,** 67 r. St Pierre ✆ 90 39 11 02, Fax 90 83 48 42 – 📳 📺 ☎. ⓪ ⊖B. 🎬 ch
fermé 15 au 31 août, 23 déc. au 7 janv. et dim. – **Repas** 108/235 ⅄, enf. 60 – ⌷ 38 –
28 ch 255/320 – ½ P 248/294.

à Entraigues-sur-la-Sorgue E : 4,5 km par D 38 – 5 788 h. – ⊠ 84320 :

🏨 **Parc,** rte Carpentras ✆ 90 83 62 43, Fax 90 83 29 11, 😤, parc, 🐟 – 🗐 📺 ☎ 🕭 🅿 –
🚴 30. ⊖B. 🎬
Repas *(fermé dim. soir et lundi midi)* 85/200 ⅄ – ⌷ 38 – **30 ch** 260/310 – ½ P 258/278.

CITROEN Gar. Rolland, 224 rte d'Orange
✆ 90 83 30 04
PEUGEOT Sorgues Autom., ZAC Fournalet 2
✆ 90 83 02 44
Gar. Lan, 21 rte de Carpentras à Entraigues-
sur-Sorgues ✆ 90 83 18 73

🏭 Manu Pneus, Village d'Entreprises Ero
✆ 90 39 66 89

Paris 200 – Dieppe 25 – Fontaine-le-Dun 9,5 – ◆Rouen 60 – Saint-Valery-en-Caux 11.

XX **Les Embruns**, ℰ 35 97 77 99 – ⊖⊟
fermé 3 au 13 oct., 22 janv. au 12 fév., lundi sauf juil.-août et dim. soir – **Repas** 70 (déj.),
120/235.

SOUBISE 17 Char.-Mar. 71 ⑬ – rattaché à Rochefort.

SOUCY 89 Yonne 61 ⑭ – rattaché à Sens.

SOUDAN 79 Deux-Sèvres 68 ⑫ – rattaché à St-Maixent-l'École.

SOUESMES 41300 L.-et-Ch. 64 ⑳ – 1 135 h alt. 127.

Paris 192 – Bourges 48 – Aubigny-sur-Nère 21 – Blois 75 – Cosne-Loire 61 – Gien 51 – Salbris 11.

    ☝ **Aub. Croix Verte**, ℰ 54 98 83 70 – ℗
    ← *fermé 1er au 15 sept., 1er au 15 fév., dim. soir et lundi* – **Repas** 80/130 ⅓ – ⊂⊇ 28 – **13 ch**
    120/180.

SOUILLAC 46200 Lot 75 ⑱ G. Périgord Quercy – 3 459 h alt. 104.

Voir Anc. église abbatiale : bas-relief ''Isaïe''★★, revers du portail★ – Musée national de
l'Automate et de la Robotique★.

◗ du Mas del Teil ℰ 65 37 01 48, N : 8 km.

🛈 Office de Tourisme bd L.-J. Malvy ℰ 65 37 81 56, Fax 65 27 11 45.

Paris 522 ① – Brive-la-Gaillarde 37 ① – Sarlat-la-Canéda 29 ③ – Cahors 63 ② – Figeac 67 ② – Gourdon 27 ②.

SOUILLAC

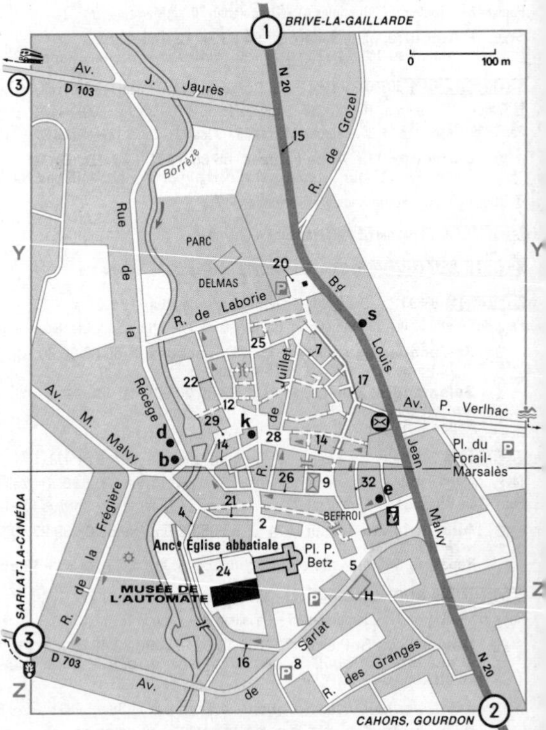

Les guides Rouges,
les guides Verts
et les Cartes Michelin
sont complémentaires.
Utilisez-les ensemble.

🏨 **Vieille Auberge** M, pl. Minoterie ℰ 65 32 79 43, Fax 65 32 65 19, ⅙, ⊠ – ≡ rest ⊡ ☎
    ⟺ ℗ – ⌂ 30. ⒜⒠ ① ⊖⊟
    fermé dim. soir et lundi du 1er nov. au 1er avril – **Repas** 100/250, enf. 55 – ⊂⊇ 35 – **19 ch**
    280/330 – ½ P 360.

🏨 **Les Granges Vieilles** ⌂, av. Sarlat : 1,5 km par ③ ℰ 65 37 80 92, Fax 65 37 08 18, ㄥ,
    parc, ⌁ – ☎ ℗. ⊖⊟ ⌀ ch
    ← *fermé 2 janv. au 15 fév.* – **Repas** 80/260 – ⊂⊇ 35 – **11 ch** 300/460 – ½ P 325/405.

🏨 **Gd Hôtel**, 1 allée Verninac ℘ 65 32 78 30, Fax 65 32 66 34, 🍽 – 🛗 ▤ rest 📺 ☎. 🖭
➜ GB
                Z e
1ᵉʳ avril-1ᵉʳ nov. et fermé merc. en avril et oct. – **Repas** 70/230, enf. 45 – � 32 – **44 ch**
220/415 – ½ P 240/385.

🏨 **Le Quercy** sans rest, 1 r. Récège ℘ 65 37 83 56, Fax 65 37 07 22, ⌛ – 📺 ☎ ⇦. GB
  JCB
                                                Y d
15 mars-4 déc. – ⊡ 32 – **25 ch** 260/300.

🏨 **Puy d'Alon** sans rest, av. J. Jaurès Y ℘ 65 37 89 79, Fax 65 32 69 10, 🎋 – ⇔ ch 📺 ☎
  ⇦ 🅿. GB
  ⊡ 38 – **11 ch** 240/320.

🏨 **Aub. du Puits**, 5 pl. Puits ℘ 65 37 80 32, Fax 65 37 07 16, 🍽 – 📺 ☎. GB. ⌀ ch
➜ *fermé 1ᵉʳ nov. au 4 janv., dim. soir et lundi hors sais.* – **Repas** 75/250 – ⊡ 30 – **21 ch** 140/270
– ½ P 190/250.
                                                  Y k

🏨 **Belle Vue** sans rest, 68 av. J. Jaurès - Y ℘ 65 32 78 23, Fax 65 37 03 89, ⌛, 🎋, ⌀ – 🛗
  ☎ 🅿. GB
fermé 5 au 15 janv. – ⊡ 30 – **27 ch** 205/235.

🏨 **Europe** sans rest, 54 bd L.-J. Malvy ℘ 65 37 08 01, Fax 65 27 11 23 – 📺 ☎. GB   Y s
Pâques-20 oct. – ⊡ 25 – **14 ch** 200/250.

🍴🍴 **Le Redouillé**, 28 av. Toulouse par ② ℘ 65 37 87 25, Fax 65 37 09 09, 🍽, 🎋 – ▤ 🅿. 🖭
  ⓪ GB
fermé mardi du 15 sept. au 31 mai – **Repas** 95/300, enf. 55.

    au Pigeon NE : 6 km par D 703 et VO – ⊠ **46200** Mayrac :

🍴🍴 **La Table au Fou** Ⓜ avec ch, ℘ 65 32 28 50, Fax 65 32 28 55, 🍽, 🎋 – ▤ rest 📺 ☎ 🅿.
➜ 🖭 GB
Repas 75/300, enf. 40 – ⊡ 35 – **7 ch** 240/280 – ½ P 260/320.

PEUGEOT Gar. Cadier, rte de Sarlat ℘ 65 37 82 72   ⬤ Pneus Service, 19 av. J.-Jaurès ℘ 65 37 81 88
RENAULT Gar. Sanfourche, rte de Sarlat
℘ 65 32 73 03 🛇 ℘ 65 20 72 15

SOULAC-SUR-MER 33780 Gironde 🟦🟦 ⑱ G. Pyrénées Aquitaine – 2 790 h alt. 8 – Casino de la Plage.
🏢 Office de Tourisme r. Plage ℘ 56 09 86 61, Fax 56 73 63 76.
Paris 516 – Royan 10 – ◆Bordeaux 95 – Lesparre-Médoc 29.

    à l'Amélie-sur-Mer SO : 4,5 km par VO – ⊠ **33780** Soulac-sur-Mer :

🏨 **Pins** ⌛, ℘ 56 09 80 01, Fax 56 73 60 39, 🍽, 🎋 – 📺 ☎ 🅿. GB. ⌀ ch
fermé 19 nov. au 10 déc. et 22 janv. au 11 mars – **Repas** 90/250 ⅃, enf. 52 – ⊡ 40 –
34 ch 220/395 – ½ P 260/385.

RENAULT Gar. Merlin, ℘ 56 09 80 44

SOULAGES-BONNEVAL 12 Aveyron 🟦🟦 ⑬ – rattaché à Laguiole.

SOUMOULOU 64420 Pyr.-Atl. 🟦🟦 ⑦ – 1 022 h alt. 296.
Paris 782 – Pau 17 – Lourdes 25 – Nay 15 – Pontacq 10,5 – Tarbes 23.

🏨 **Béarn**, ℘ 59 04 60 09, Fax 59 04 63 33, 🍽, 🎋 – 📺 ☎ ⇦ 🅿. 🖭 ⓪ GB
➜ *fermé 9 janv. au 9 fév., dim. soir et lundi d'oct. à Pâques* – **Repas** 65/195 ⅃ – ⊡ 38 –
14 ch 200/310 – ½ P 230/243.

RENAULT Gar. Grimaud, à Espoey ℘ 59 04 65 17 🛇 ℘ 05 05 15 15

SOUPPES-SUR-LOING 77460 S.-et-M. 🟦🟦 ⑫ – 4 851 h alt. 69.
Paris 89 – Fontainebleau 26 – Melun 42 – Montargis 24 – ◆Orléans 84 – Sens 44.

🍴 **La Cassolette**, r. P. Rollin (face gare) ℘ (1) 64 29 88 77 – GB
fermé vacances de fév., dim. soir, mardi soir et merc. – **Repas** 88/155.

RENAULT Souppes Autom., 115 av. Mar.-Leclerc ℘ (1) 64 29 70 32 🛇 ℘ (1) 64 29 70 32

SOURDEVAL 50150 Manche 🟦🟦 ⑨ – 3 211 h alt. 220.
Voir Vallée de la Sée★ O, G. Normandie Cotentin.
🏢 Syndicat d'Initiative - Mairie ℘ 33 59 60 11.
Paris 269 – St-Lô 53 – Avranches 37 – Domfront 29 – Flers 30 – Mayenne 63 – St-Hilaire-du-Harcouët 24 – Vire 13.

🍴🍴 **Le Temps de Vivre** avec ch, pl. Rex ℘ 33 59 60 41, Fax 33 59 88 34 – 📺 ☎ 🅿. GB
➜ *fermé vacances de fév. et lundi sauf août* – **Repas** 67/160 ⅃, enf. 34 – ⊡ 22 – **7 ch** 170/230
– ½ P 163/171.

PEUGEOT Gar. Postel, ℘ 33 59 60 35 🛇 ℘ 33 59 60 35

SOUSCEYRAC 46190 Lot 🟦🟦 ⑳ – 1 064 h alt. 559.
Paris 555 – Aurillac 48 – Cahors 91 – Figeac 40 – Mauriac 73 – St-Céré 17.

🍴🍴 ✿ **Au Déjeuner de Sousceyrac** (Piganiol) avec ch, ℘ 65 33 00 56, Fax 65 33 04 37 – 📺.
  GB
début avril-fin oct. et fermé dim. soir et lundi sauf juil.-août – **Repas** 110/210 et carte environ
290, enf. 65 – ⊡ 30 – **10 ch** 180/200 – ½ P 190
Spéc. Millefeuille de pommes de terre et foie gras de canard au jus. Terrine de foie gras de canard maison. Crème
brûlée aux noix.

22 C.-d'Armor 59 ③ – rattaché à St-Brieuc.

SOUSTONS 40140 Landes 78 ⑯ – 5 283 h alt. 5.

Voir Étang de Soustons★ O : 1 km, G. Pyrénées Aquitaine.

🏌 🏌 de la Côte d'Argent ℘ 58 48 54 65 NO par D 652 puis D 117 : 18 km.

🛈 Office de Tourisme "La Grange de Labouryie" ℘ 58 41 52 62, Fax 58 41 30 63.

Paris 738 – Biarritz 47 – Mont-de-Marsan 77 – Castets 22 – Dax 26 – St-Vincent-de-Tyrosse 13.

🏨 **Pavillon Landais** ⌂, av. Lac ℘ 58 41 14 49, Fax 58 41 26 03, ≤, 斧, « Au bord du lac », ⅃, 斧, ⅍ – 📺 ☎ ゟ 🅿 🝙 🕮 GB
 fermé janv., dim. soir et lundi d'oct. à mars – **Repas** 100 (déj.), 145/220 ⅃ – ⌷ 40 –
 27 ch 420/480 – ½ P 350/400.

🏨 **Château Bergeron,** r. du Vicomte ℘ 58 41 58 14, parc, ⅃ – ☎ 🅿 🝙 GB. ⅍
 1er juin- 30 sept. – **Repas** (résidents seul.) (dîner seul.) – ⌷ 40 – **17 ch** 400 – ½ P 400.

🏨 **La Bergerie** ⌂, av. Lac ℘ 58 41 11 43, « Demeure landaise dans un parc » – ⅍ ch 📺 ☎ 🅿 🝙 GB. ⅍
 1er mars-15 nov. – **Repas** (résidents seul.) (dîner seul.) – ⌷ 40 – **12 ch** 400 – ½ P 420.

CITROEN Gar. Lartigau, 12 av. Mar.-Leclerc
℘ 58 41 14 80 N ℘ 58 41 14 80
PEUGEOT Gar. Desbieys, 7 r. d'Aste ℘ 58 41 10 57

PEUGEOT Gar. Bouyrie, 6 av. Gén.-de-Gaulle
℘ 58 41 51 75

LA SOUTERRAINE 23300 Creuse 72 ⑧ G. Berry Limousin – 5 459 h alt. 366.

Voir Église★.

🛈 Office de Tourisme pl. Gare ℘ 55 63 10 06.

Paris 345 – ◆Limoges 57 – Bellac 40 – Châteauroux 74 – Guéret 34.

🏨 **Porte Saint-Jean,** r. Bains ℘ 55 63 90 00, Fax 55 63 77 27 – 📺 ☎. 🝙 ① GB. ⅍ rest
 Repas 88/199 ⅃, enf. 45 – ⌷ 35 – **32 ch** 175/300 – ½ P 215/295.

 à St-Étienne-de-Fursac S : 11 km par D 1 – ✉ 23290 :

🏨 **Nougier,** ℘ 55 63 60 56, Fax 55 63 65 47, « Intérieur rustique », 斧 – 📺 ☎ 🚗 🅿 GB
 fermé 1er déc. au 28 fév., lundi midi en juil.-août, dim. soir et lundi de sept. à juin sauf fêtes –
 Repas 70 (déj.), 100/200, enf. 70 – ⌷ 40 – **12 ch** 250/360 – ½ P 270.

CITROEN Gar. Chambraud, ℘ 55 63 08 89
PEUGEOT Gar. Laville, 7 av. République
℘ 55 63 01 63

🛞 G.P. Pneus, bd de Belmont ℘ 55 63 78 23
Pneus et Caoutchouc, 22 à 26 r. de Lavaud
℘ 55 63 00 25

SOUVIGNY 03210 Allier 69 ⑭ G. Auvergne – 2 024 h alt. 242.

Voir Prieuré St-Pierre★★ – Calendrier★★ dans l'église-musée St-Marc.

Paris 298 – Moulins 12 – Bourbon-l'Archambault 14 – Montluçon 65.

✗ **Aub. des Tilleuls,** ℘ 70 43 60 70 – GB
 fermé 15 fév. au 1er mars, dim. soir du 1er oct. au 30 avril et lundi sauf juil.-août – **Repas**
 70 (déj.), 115/215, enf. 50.

SOUVIGNY-EN-SOLOGNE 41600 L.-et-Ch. 64 ⑩ – 440 h alt. 143.

Paris 175 – ◆Orléans 37 – Gien 42 – Lamotte-Beuvron 14 – Montargis 63.

✗✗ **Perdrix Rouge,** ℘ 54 88 41 05, Fax 54 88 05 56, « Jardin » – GB
 ✦ *fermé 24 fév. au 16 mars, 27 août au 6 sept., 2 au 12 janv., lundi sauf le midi de mai à oct. et
 mardi sauf fériés* – Repas (dim. et fêtes prévenir) 80/300.

✗✗ **Aub. Croix Blanche** avec ch, ℘ 54 88 40 08, Fax 54 88 91 06 – ☎ 🅿 ①
 ✦ *fermé mi-janv. à début mars, mardi soir et merc.* – **Repas** 75/230 – ⌷ 35 – **9 ch** 280 –
 ½ P 220/270.

RENAULT Gar. Paret, ℘ 54 88 43 18 N ℘ 54 88 43 18

SOYONS 07 Ardèche 77 ⑪ ⑫ – rattaché à St-Péray.

STAINS 93 Seine-St-Denis 56 ⑪, 101 ⑯ – voir à Paris, Environs.

STAINVILLE 55500 Meuse 62 ① – 380 h alt. 209.

Paris 228 – Bar-le-Duc 18 – Commercy 35 – Joinville 35 – Neufchâteau 69 – St-Dizier 20 – Toul 57.

✗✗ ❀ **La Petite Auberge,** ℘ 29 78 60 10 – 🝙 ① GB
 fermé 21 juil. au 12 août, le soir en janv. et fév., vend. soir, dim. soir et sam. – **Repas** (nombre
 de couverts limité - prévenir) 98/250 et carte 190 à 280
 Spéc. Saumon à l'oseille. Duo de sole et langoustines. Nougat glacé à la Chartreuse. **Vins** Côtes de Toul.

✗ **La Grange** ⌂ avec ch, ℘ 29 78 60 15, Fax 29 78 67 28, 斧, 斧 – 📺 ☎ 🚗 GB
 fermé janv. et lundi de déc. à mars – **Repas** 85 (déj.), 100/180, enf. 45 – ⌷ 35 – **9 ch** 190/260
 – ½ P 285.

STEINBRUNN-LE-BAS 68 H.-Rhin 66 ⑩ – rattaché à Mulhouse.

STELLA-PLAGE 62 P.-de-C. 51 ⑪ – rattaché au Touquet.

STIRING-WENDEL 57 Moselle 57 ⑥ – rattaché à Forbach.

STRASBOURG Ⓟ **67000** B.-Rhin 62 ⑩ **G. Alsace Lorraine** – **252 338 h Communauté urbaine 429 880 h alt. 140.**

Voir Cathédrale★★★ : horloge astronomique★ – La Petite France★★ : rue du Bain-aux-Plantes★★ BX **7** – Barrage Vauban ✻★★ – Ponts couverts★ – Place de la cathédrale★ CX **17** : maison Kammerzell★ CX **e** – Mausolée★★ dans l'église St-Thomas CX – Place Kléber★ – Hôtel de Ville★ CV **H** – Palais de l'Europe★ – Orangerie★ – Promenades sur l'Ill et les canaux★ CX – Musées : Oeuvre N.-Dame★★ CX **M**[1], musées★★ au palais Rohan★ CX, Alsacien★★ CX **M**[2],Historique★ CX **M**[3] – Visite du port★ en bateau CY.

9 9 9 à Illkirch-Graffenstaden (privé) ✆ 88 66 17 22 FS ; 18 de la Wantzenau à Wantzenau ✆ 88 96 37 73, N par D 468 : 12 km ; 18 de Kempferhof à Plosheim ✆ 88 98 72 72, S par D 468 : 15 km.

✈ de Strasbourg-International : ✆ 88 64 67 67, par D 392 : 12 km FR.

🚗 ✆ 88 22 50 50.

🅸 Office de Tourisme 17 pl. de la Cathédrale ✆ 88 52 28 28, Fax 88 52 28 29, annexes : pl. Gare ✆ 88 32 51 49 et Pont de l'Europe ✆ 88 61 39 23 – A.C. 5 av. Paix ✆ 88 36 04 34, Fax 88 36 00 63.

Paris 490 ① – ◆Basel 137 ③ – Bonn 305 ③ – ◆Bordeaux 928 ① – Frankfurt 218 ③ – Karlsruhe 86 ③ – ◆Lille 525 ① – Luxembourg 223 ① – ◆Lyon 485 ④ – Stuttgart 146 ③.

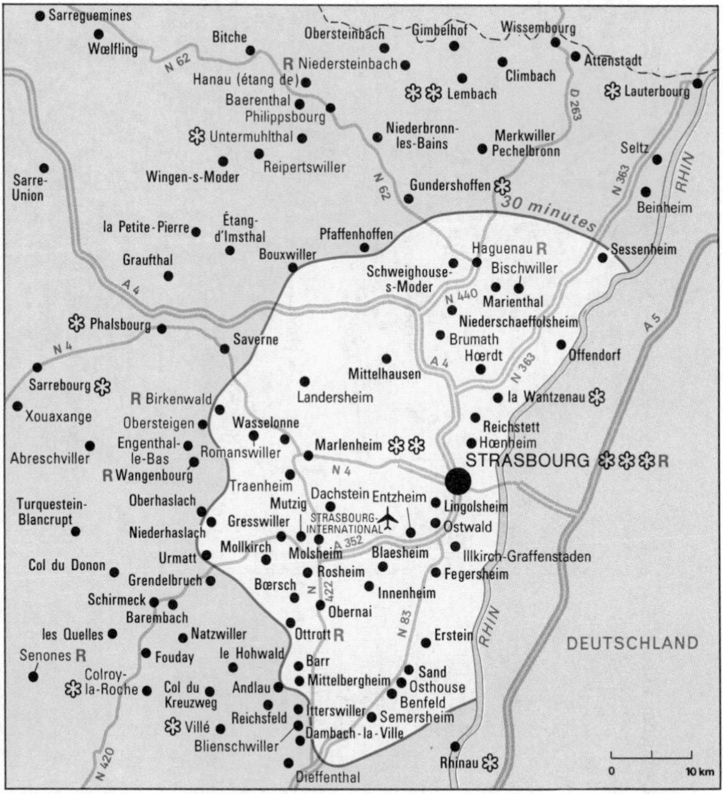

🏨 **Régent Petite France** Ⓜ 🐕, 5 r. Moulins ✆ 88 76 43 43, Télex 880418, Fax 88 76 43 76, ≤, 🏖, « Anciennes glacières au bord de l'Ill - décor contemporain », 🏋 – 🛗 ✻ ch ▤ 📺 ☎ ♿ 🚗 – 🏛 60. AE ⓓ GB JCB p. 6 BX **z**
fermé 23 déc. au 1er janv. – **Repas** *(fermé dim. en hiver)* 185 bc – ☕ 85 – **63 ch** 860/1300, 5 appart, 4 duplex – ½ P 700/1320.

🏨 **Hilton** Ⓜ, av. Herrenschmidt ✆ 88 37 10 10, Télex 890363, Fax 88 36 83 27, 🏖 – 🛗 ✻ ch ▤ 📺 ☎ ♿ Ⓟ – 🏛 30 à 350. AE ⓓ GB JCB p. 4 CT **e**
La Maison du Boeuf ✆ 88 35 72 31 *(fermé 24 juil. au 22 août, sam. midi et dim.)* **Repas** 170 (déj.)/280, enf. 60 – ***Le Jardin*** ✆ 88 35 72 61 **Repas** 152(déj)/172 🍷, enf. 47 – ☕ 93 – **241 ch** 990/1220, 5 appart.

STRASBOURG
AGGLOMÉRATION

RÉPERTOIRE DES RUES

Division Leclerc (R.)	p. 6 CX	
Gdes Arcades (R. des)	p. 6 CV	
Kléber (Pl.)	p. 6 CV	
Maire Kuss (R. du)	p. 6 BV	48
Mésange (R. de la)	p. 6 CV	54
Nuée-Bleue (R. de la)	p. 6 CV	
Vieux-Marché-aux- Poissons (R. du)	p. 6 CX	94
22-Novembre (R. du)	p. 6 BV	
Alpes (Quai des)	p. 5 DY	
Alsace (Av. d')	p. 4 DV	2
Anvers (Bd d')	p. 5 EX	
Anvers (Pont d')	p. 5 EX	
Arc-en-ciel (R. de l')	p. 6 CV	
Arnold (Pl.)	p. 6 DV	
Austerlitz (Pl.)	p. 6 CX	
Austerlitz (R.)	p. 6 CX	
Bach (Bd J.-S.)	p. 4 EV	6
Bain-aux-Plantes (R.)	p. 6 BX	7
Bâle (R. de)	p. 6 DZ	
Bateliers (Quai des)	p. 6 CX	
Belges (Quai des)	p. 6 CV	
Bischwiller (Rte de)	p. 5 EY	
SCHILTIGHEIM		
Bischwiller (R. de)	p. 4 CT	
Boeckin (R.)	p. 4 BU	10
Bordeaux (Pl. de)	p. 4 ET	
Boston (R. de)	p. 4 CU	
Bouchers (R. des)	p. 5 DY	
Boussingault (R.)	p. 4 EU	14
Briand (Av. A.)	p. 5 EZ	
Broglie Alsace- Lorraine (R. de la)	p. 5 CY	15
Broglie (Pl.)	p. 6 CV	
Brûlée (R.)	p. 6 CV	
Castelnau (R. Gén.-de)	p. 6 CX	16
Cathédrale (Pl. de la)	p. 6 CX	17
Château (R. du)	p. 6 CX	
Clemenceau (Bd)	p. 4 CU	
Colmar (Rte de)	p. 3 FR	
Conrad (R. du Gén.)	p. 4 EU	
Conseil-des-Quinze (R.)	p. 4 EU	
Contades (R. du)	p. 4 DU	
Corbeau (Cour du)	p. 6 CX	
Kuss (Pont)	p. 6 BV	46
Landsberg (R. du)	p. 6 CX	
Lattre-de-lassigny (Pl. Mar.-de)	p. 6 CV	
Lauth (R.)	p. 5 CY	
Leblois (Bd)	p. 4 DU	
Liberté (Av. de la)	p. 6 DX	
Lyon (Bd de)	p. 6 BY	
Marne (Bd de la)	p. 5 EV	
Marseillaise (Av. de la)	p. 6 DV	
Massenet (R.)	p. 4 DU	50
Menées (R.) (Rd-Pt-France)	p. 6 CX	52
Mercière (R.)	p. 6 CX	53
Metz (Bd d')	p. 6 CV	
Mineurs (R. des)	p. 6 CV	
Mittelhausbergen (Route de)	p. 2 FQ	
Molsheim (R. de)	p. 6 BX	
Montagne Verte (R.)	p. 5 AY	
Mulhouse (R. de)	p. 6 CZ	
Nancy (Bd de)	p. 5 AX	
National (R. du Fg)	p. 6 BX	
Neuhof (Rte du)	p. 3 GR	
Noyer (R. du)	p. 2 FQ	
Oberhausbergen (Rte d')	p. 2 EU	55
Oberlin (R.)	p. 4 DU	56
Ohmacht (R.)	p. 4 DU	57
Orangerie (Bd de l')	p. 4 EU	
Orphelins (R. des)	p. 6 CX	
Paix (Av. de la)	p. 4 CU	
Parchemin (R. du)	p. 6 CV	60
Paris (Q. de)	p. 6 BV	61
Pasteur (Quai L.)	p. 6 CY	
Pasteur (R. L.)	p. 6 CT	
Pêcheurs (Q. des)	p. 5 EY	
Petit-Rhin (Rte du)	p. 4 EV	
Picquart (R. du Gén.)	p. 4 EV	
Pierre (R. du Fg-de)	p. 6 CV	62
Plaine-des- Bouchers (R. de la)	p. 5 BZ	
Polygone (Rte du)	p. 6 CZ	
Pont (R. du)	p. 3 GR	63
Pont-de-l'Europe (Av)	p. 3 GR	64
Prés.-Edwards (Bd du)	p. 4 DU	67
Prés.-Poincaré (Bd)	p. 6 BV	68

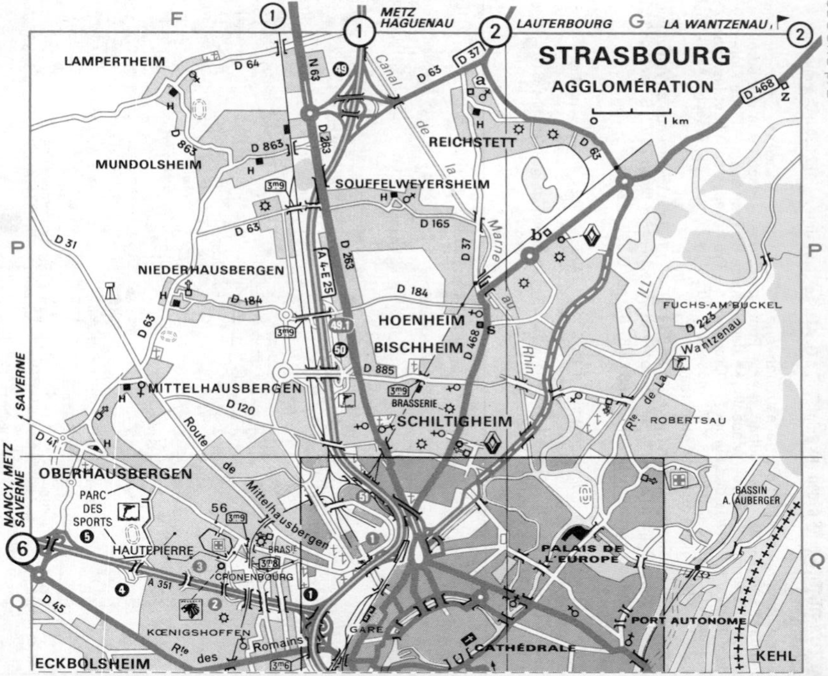

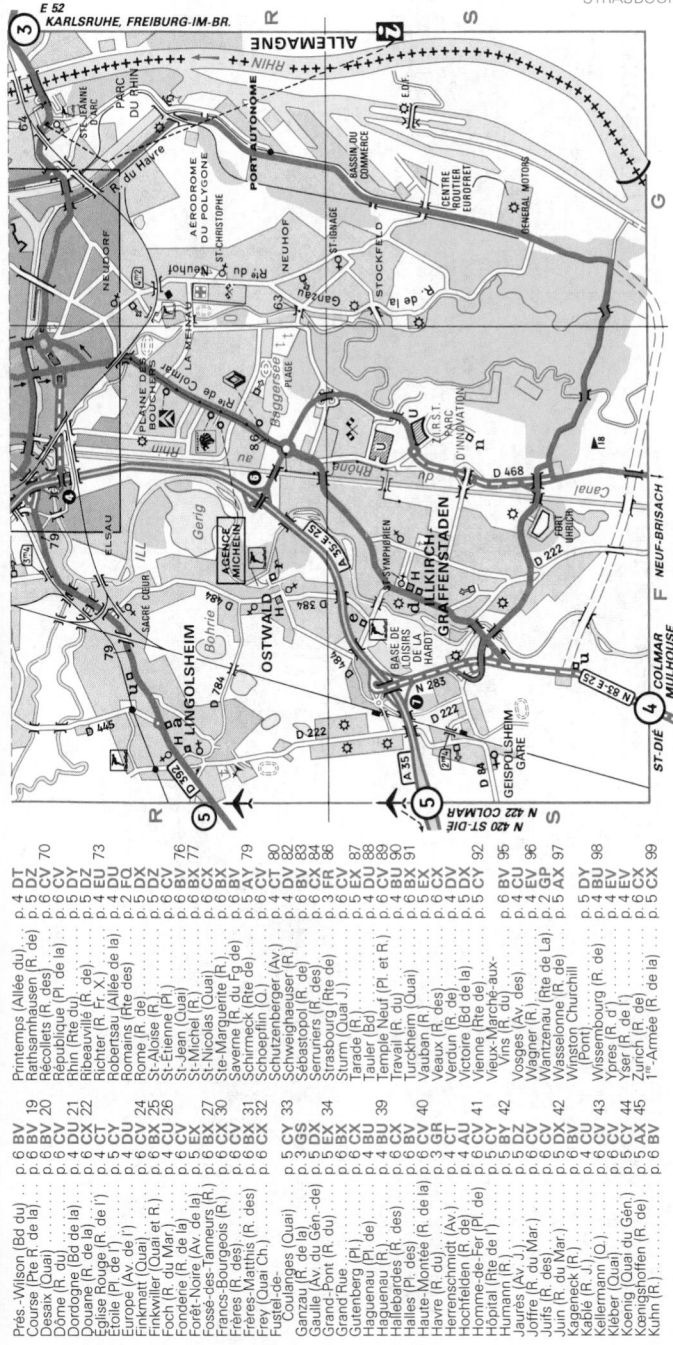

E 52
KARLSRUHE, FREIBURG-IM-BR.

ALLEMAGNE

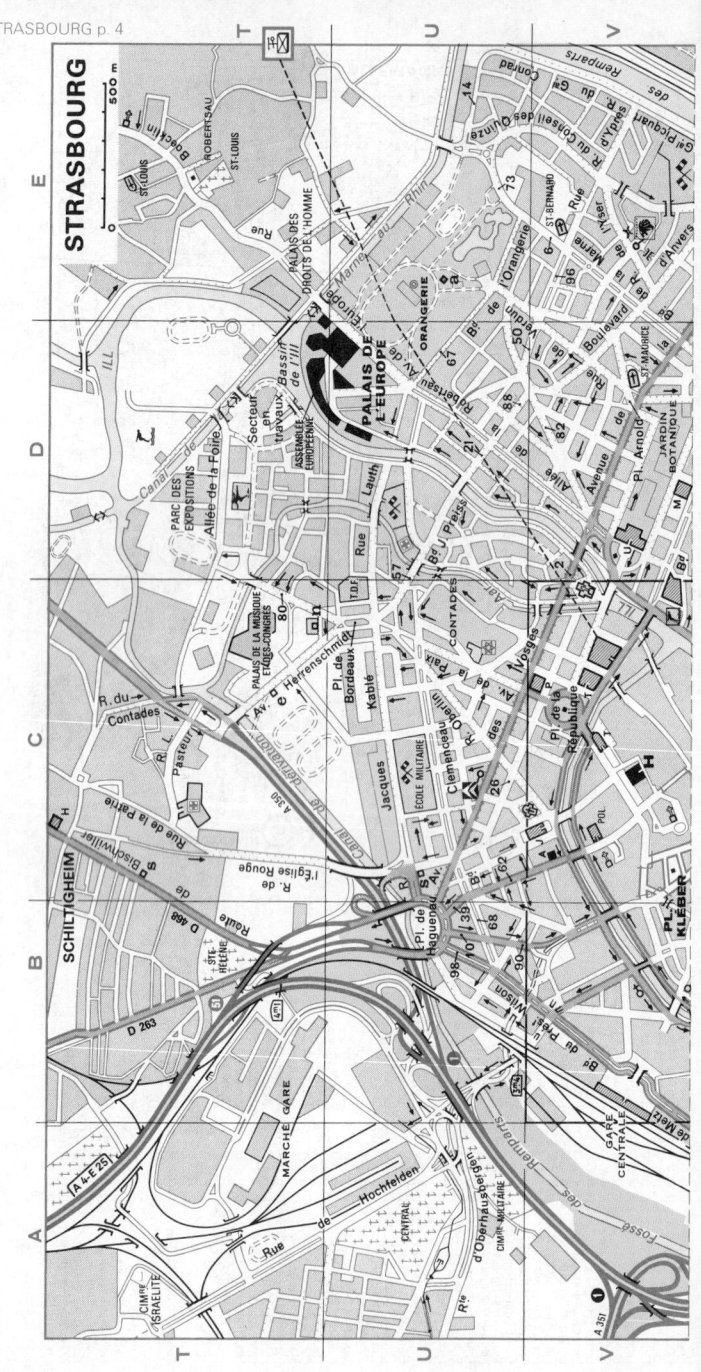

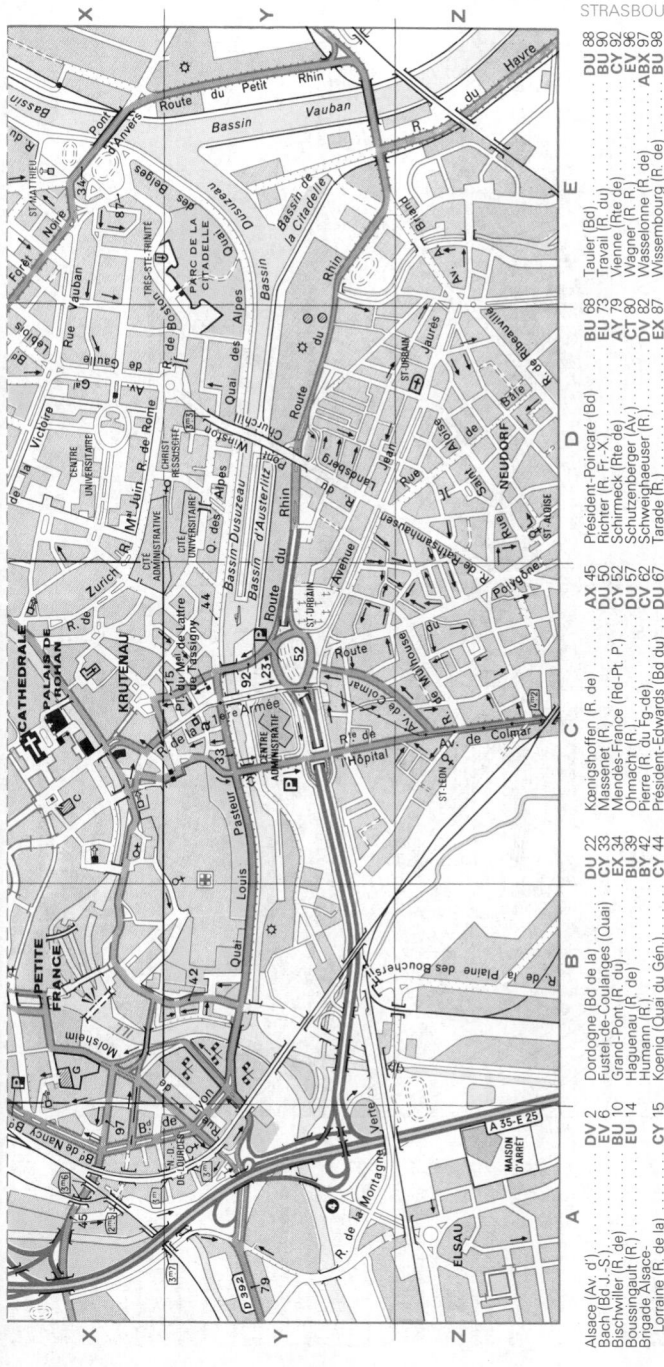

STRASBOURG

1170

STRASBOURG p. 7

Holiday Inn Ⓜ, 20 pl. Bordeaux ℰ 88 37 80 00, Télex 890515, Fax 88 37 07 04, *Ⅰ₅*, ⬛ –
🛏 ⑭ ch 🍽 📺 ☎ & 🅟 – 🔏 50 à 600. 🆎 ⓞ ⒼⒷ ⒿⒸⒷ   p. 4 CT **n**
La Louisiane : Repas 95/150 ⅃ – ⌧ 85 – **170 ch** 895/990.

Sofitel Ⓜ, pl. St-Pierre-le-Jeune ℰ 88 32 99 30, Télex 870894, Fax 88 32 60 67, 🍴,
patio – 🛏 ⑭ ch 🍽 ch 📺 ☎ ⇦ – 🔏 30 à 150. 🆎 ⓞ ⒼⒷ   p. 6 CV **s**
L'Alsace Gourmande ℰ 88 75 11 10 Repas carte 160 à 270 ⅃ – ⌧ 85 – **158 ch** 995/1150.

Beaucour Ⓜ 🦢 sans rest, 5 r. Bouchers ℰ 88 76 72 00, Fax 88 76 72 60, « Anciennes
maisons alsaciennes élégamment aménagées » – 🛏 🍽 📺 ☎ & – 🔏 40. 🆎 ⓞ ⒼⒷ
⌧ 60 – **49 ch** 550/900.   p. 6 CX **k**

Régent Contades Ⓜ sans rest, 8 av. Liberté ℰ 88 36 26 26, Fax 88 37 13 70, *Ⅰ₅* –
⑭ ch 🍽 📺 ☎ & 🆎 ⓞ ⒼⒷ ⒿⒸⒷ   p. 6 CV **f**
⌧ 85 – **45 ch** 750/1050.

Monopole-Métropole sans rest, 16 r. Kuhn ℰ 88 14 39 14, Télex 890366,
Fax 88 32 82 55, « Décor alsacien et contemporain » – 🛏 ⑭ ch 📺 ☎ ⇦. 🆎 ⓞ ⒼⒷ
ⒿⒸⒷ   p. 6 BV **p**
fermé 22 déc. au 1ᵉʳ janv. – ⌧ 65 – **94 ch** 385/580.

Maison Rouge sans rest, 4 r. Francs-Bourgeois ℰ 88 32 08 60, Télex 880130,
Fax 88 22 43 73, « Belle décoration et mobilier ancien », *Ⅰ₅* – 🛏 📺 ☎ & – 🔏 40. 🆎 ⓞ
ⒼⒷ   p.6 CX **g**
⌧ 60 – **140 ch** 520/600.

Europe sans rest, 38 r. Fossé des Tanneurs ℰ 88 32 17 88, Fax 88 75 65 45, « Maison
alsacienne à colombages, belle reproduction au 1/50ᵉ de la cathédrale » – 🛏 📺 ☎. 🆎
ⒼⒷ ⒿⒸⒷ   p. 6 BX **g**
fermé 22 au 29 déc. – ⌧ 40 – **60 ch** 335/500.

France Ⓜ sans rest, 20 r. Jeu des Enfants ℰ 88 32 37 12, Fax 88 22 48 08 – 🛏 📺 ☎ ⇦
– 🔏 30. 🆎 ⒼⒷ   p. 6 BV **v**
⌧ 55 – **66 ch** 400/635.

Mercure Centre Ⓜ sans rest, 25 r. Thomann ℰ 88 75 77 88, Télex 880955,
Fax 88 32 08 66 – 🛏 ⑭ ch 🍽 📺 ☎ & ⇦. 🆎 ⓞ ⒼⒷ   p. 6 CV **a**
⌧ 55 – **98 ch** 650/670.

Novotel Centre Ⓜ, quai Kléber ℰ 88 21 50 50, Télex 880700, Fax 88 21 50 51, 🍴 – 🛏
⑭ ch 🍽 📺 ☎ & – 🔏 100. 🆎 ⓞ ⒼⒷ   p. 6 BV **k**
Repas carte environ 170 ⅃, enf. 50 – ⌧ 55 – **97 ch** 530/560.

Gd Hôtel sans rest, 12 pl. Gare ℰ 88 32 46 90, Télex 870011, Fax 88 32 16 50 – 🛏 📺 ☎ –
🔏 30. 🆎 ⓞ ⒼⒷ ⒿⒸⒷ   p. 6 BV **m**
⌧ 65 – **83 ch** 460/560.

Comfort Inn Plaza, 10 pl. Gare ℰ 88 32 87 00, Télex 870998, Fax 88 32 16 46, 🍴 – 🛏
📺 ☎. 🆎 ⓞ ⒼⒷ ⒿⒸⒷ   p. 6 BV **m**
La Brasserie : Repas 67(dej.)/95⅃, enf. 45 – ⌧ 58 – **66 ch** 460/530, 6 appart – ½ P 418/551.

Cathédrale Ⓜ sans rest, 12 pl. Cathédrale ℰ 88 22 12 12, Fax 88 23 28 00 – 🛏 📺 ☎ –
🔏 25. 🆎 ⓞ ⒼⒷ   p. 6 CX **n**
⌧ 48 – **32 ch** 420/800, 3 duplex.

des Rohan sans rest, 17 r. Maroquin ℰ 88 32 85 11, Fax 88 75 65 37 – 🛏 ⑭ ch 📺 ☎. 🆎
ⒼⒷ ⒿⒸⒷ   p. 6 CX **u**
⌧ 50 – **36 ch** 350/595.

Royal Ⓜ sans rest, 3 r. Maire Kuss ℰ 88 32 28 71, Fax 88 23 05 39, *Ⅰ₅* – 🛏 ⑭ ch 📺 ☎ &
– 🔏 40. 🆎 ⒼⒷ   p. 6 BV **e**
⌧ 45 – **52 ch** 340/370.

Régent Villa d'Est Ⓜ sans rest, 12 r. J. Kablé ℰ 88 36 69 02, Télex 870669,
Fax 88 37 13 71, *Ⅰ₅* – 🛏 ⑭ ch 📺 ☎ & 🅟 – 🔏 25. 🆎 ⓞ ⒼⒷ ⒿⒸⒷ   p. 4 CU **s**
fermé 23 déc. au 1ᵉʳ janv. – ⌧ 65 – **48 ch** 490.

Dragon Ⓜ sans rest, 2 r. Écarlate ℰ 88 35 79 80, Télex 871102, Fax 88 25 78 95 – 🛏
⑭ ch 📺 ☎ &. 🆎 ⓞ ⒼⒷ. 🦢   p. 6 CX **d**
fermé 23 au 27 déc. – ⌧ 54 – **32 ch** 435/610.

Hannong, 15 r. 22-Novembre ℰ 88 32 16 22, Fax 88 22 63 87 – 🛏 🍽 rest 📺 ☎ – 🔏 30.
🆎 ⓞ ⒼⒷ   p. 6 BV **a**
fermé 3 au 9 janv. – **Repas** *(fermé 30 juil. au 13 août, 3 au 9 janv., sam. midi et dim.)* carte
150 à 200 ⅃ – ⌧ 60 – **72 ch** 390/535.

La Dauphine sans rest, 30 r. 1ᵉ Armée ℰ 88 36 26 61, Télex 880766, Fax 88 35 50 07 – 🛏
📺 ☎ ⇦. 🆎 ⓞ ⒼⒷ   p. 5 CY **a**
fermé 22 déc. au 2 janv. – ⌧ 60 – **45 ch** 390/540.

Forum H. Ⓜ, 50 rte Bischwiller à Schiltigheim ✉ 67300 ℰ 88 62 55 55, Télex 871253,
Fax 88 62 66 02, 🍴, *Ⅰ₅* – 🛏 ⑭ ch, 🍽 rest 📺 ☎ & ⇦ – 🔏 120. 🆎 ⓞ ⒼⒷ p. 4 CT **s**
Repas 95/160 ⅃, enf. 50 – ⌧ 50 – **85 ch** 350/450.

Relais de Strasbourg sans rest, 4 r. Vieux Marché aux Vins ℰ 88 32 80 00,
Télex 871353, Fax 88 23 08 85 – 🛏 📺 ☎ & – 🔏 60. 🆎 ⓞ ⒼⒷ   p. 6 BV **n**
⌧ 42 – **72 ch** 320/360.

Saint-Christophe sans rest, 2 pl. Gare ℰ 88 22 30 30, Télex 880136, Fax 88 32 17 11 – 🛏
⑭ ch 📺 ☎. 🆎 ⓞ ⒼⒷ ⒿⒸⒷ   p. 6 BV **t**
fermé Noël au Jour de l'An – ⌧ 35 – **70 ch** 250/350.

🏠 **Pax,** 24 r. Fg National 📞 88 32 14 54, Fax 88 32 01 16, 🌣 – |📶| ⟷ch 📺 ☎ ⚭ –
🏛 25 à 100. 🖭 ⌷⊟ ⱼⸯᴮ   p. 6 BVX   **u**
fermé 24 déc. au 1ᵉʳ janv. et dim. de nov. à fév. – **Repas** 95/130 ⅃ – ⌷ 36 – **106 ch** 330/370 –
½ P 285.

🏠 **Ibis** Ⓜ sans rest, 18 r. fg National 📞 88 75 10 10, Fax 88 75 79 60 – |📶| ⟷ch 📺 ☎ ⚭. 🖭
⌷⊟   p. 6 BVX   **u**
⌷ 36 – **98 ch** 370.

🏠 **Aux Trois Roses** sans rest, 7 r. Zürich 📞 88 36 56 95, Fax 88 35 06 14 – |📶| 📺 ☎ ⚭ 🄿. 🖭
⓪ ⌷⊟. ⅍   p. 6   CX   **y**
⌷ 45 – **33 ch** 280/470.

🏠 **Couvent du Franciscain** sans rest, 18 r. Fg de Pierre 📞 88 32 93 93, Fax 88 75 68 46 – |📶|
📺 ☎ ⚭ 🄿. 🖭 ⌷⊟   p. 6   CV   **e**
fermé 22 déc. au 7 janv. – ⌷ 34 – **43 ch** 265/295.

🏠 **Continental** sans rest, 14 r. Maire Kuss 📞 88 22 28 07, Fax 88 32 22 25 – |📶| 📺 ☎. 🖭 ⓪
⌷⊟. ⅍   p. 6   BV   **s**
⌷ 36 – **48 ch** 297/340.

🏠 **Vendôme** sans rest, 9 pl. Gare 📞 88 32 45 23, Télex 890850, Fax 88 32 23 02 – |📶| 📺 ☎.
🖭 ⓪ ⌷⊟   p. 6   BV   **b**
⌷ 30 – **48 ch** 260/330.

𝕏𝕏𝕏𝕏𝕏 ✿✿✿ **Le Crocodile** (Jung), 10 r. Outre 📞 88 32 13 02, Fax 88 75 72 01, « Cadre
élégant » – ▤. 🖭 ⓪ ⌷⊟   p. 6   CV   **x**
fermé 10 au 31 juil., 24 déc. au 1ᵉʳ janv., dim. et lundi – **Repas** 295 (déj.), 395/620 et carte 450
à 600, enf. 100
Spéc. Sandre et queues d'écrevisses au gâteau de foies blonds (mai à oct.). Canard à la presse, croustille d'artichaut
aux champignons. Parfait glacé à l'alise et pistaches croquantes. **Vins** Riesling, Tokay-Pinot gris.

𝕏𝕏𝕏𝕏 ✿✿✿ **Buerehiesel** (Westermann), dans le parc de l'Orangerie 📞 88 61 62 24,
Fax 88 61 32 00, ≼, parc, « Reconstitution d'une authentique ferme alsacienne agrémentée d'une verrière » – ▤ 🄿 🖭 ⓪ ⌷⊟   p. 4   EU   **v**
fermé 10 au 24 août, 21 déc. au 4 janv., vacances de fév., mardi et merc. – **Repas** 290 (déj.),
320/630 et carte 400 à 600, enf. 100
Spéc. Terrine de chevreuil au foie gras de canard (juin à janv.). Schniederspaetle et cuisses de grenouilles poêlées au
cerfeuil. Matelote de poissons d'eau douce en raviole au riesling. **Vins** Pinot blanc, Riesling.

𝕏𝕏𝕏 **Maison Kammerzell et H. Baumann** Ⓜ avec ch, 16 pl. Cathédrale 📞 88 32 42 14,
Fax 88 23 03 92, « Belle maison alsacienne du 16ᵉ siècle » – |📶| ▤ ch 📺 ☎ – 🏛 120. 🖭
⓪ ⌷⊟   p. 6   CX   **e**
Repas 190/260 ⅃, enf. 58 – ⌷ 55 – **9 ch** 420/630.

𝕏𝕏𝕏 **Maison des Tanneurs dite "Gerwerstub"**, 42 r. Bain aux Plantes 📞 88 32 79 70,
Fax 88 22 17 26, « Vieille maison alsacienne au bord de l'Ill » – 🖭 ⓪ ⌷⊟   p. 6   BX   **t**
fermé 23 juil. au 9 août, 24 déc. au 23 janv., dim. et lundi – **Repas** carte 240 à 350.

𝕏𝕏𝕏 **Zimmer**, 8 r. Temple Neuf 📞 88 32 35 01, Fax 88 32 42 28, 🌣 – 🖭 ⓪ ⌷⊟   p. 6   CV   **y**
fermé 1ᵉʳ au 20 août, 1ᵉʳ au 7 janv., lundi midi et dim. – **Repas** 160/390 et carte 200 à 290.

𝕏𝕏𝕏 **Estaminet Schloegel**, 19 r. Krütenau 📞 88 36 21 98, Fax 88 36 21 98 – ▤. 🖭 ⌷⊟
fermé dim. – **Repas** 110 (déj.), 200/280 et carte 220 à 300 ⅃.   p. 6   CX   **q**

𝕏𝕏 ✿ **Julien**, 22 quai Bateliers 📞 88 36 01 54, Fax 88 35 40 14 – ▤. 🖭 ⌷⊟   p. 6   CX   **x**
fermé 6 au 28 août, Noël au Jour de l'An, dim. et lundi – **Repas** 195 (déj.)/280 et carte 300 à
380
Spéc. Croustillant de foie gras d'oie poêlé et choucroute croquante au verjus de raisin. Vinaigrette de lotte en coque de
légumes aux herbes fraîches. Carré d'agneau au jus de persil plat. **Vins** Klevner, Riesling.

𝕏𝕏 **Au Gourmet Sans Chiqué**, 15 r. Ste Barbe 📞 88 32 04 07, Fax 88 22 42 40 – ▤. 🖭 ⓪
⌷⊟   p. 6   CX   **b**
fermé 1ᵉʳ au 16 août, vacances de fév., lundi midi et dim. – **Repas** 240/350.

𝕏𝕏 **La Vieille Enseigne**, 9 r. Tonneliers 📞 88 32 58 50, Fax 88 75 63 80 – 🖭 ⓪ ⌷⊟ ⱼⸯᴮ
fermé 15 au 31 juil., sam. midi et dim. – **Repas** 180 (déj.), 260/350 ⅃.   p. 6   CX   **f**

𝕏𝕏 **La Cambuse**, 1 r. Dentelles 📞 88 22 10 22, Fax 88 23 24 99, « Décoration rappelant
l'intérieur d'un bateau » – ⌷⊟   p. 6   BX   **a**
fermé 30 avril au 15 mai, 6 au 21 août, 24 déc. au 8 janv., dim. et lundi – **Repas** - produits de
la mer - (prévenir) carte 200 à 300 ⅃.

𝕏𝕏 **Zeyssolff**, 8 pl. Austerlitz 📞 88 35 55 75, Fax 88 25 11 42 – ▤. 🖭 ⌷⊟   p. 6   CX   **v**
fermé 7 au 21 août, dim. soir et lundi – **Repas** 120/270 ⅃.

𝕏𝕏 **Buffet Gare**, pl. Gare 📞 88 32 68 28, Fax 88 32 88 34 – 🖭 ⓪ ⌷⊟   p. 6   BV
L'Argentoratum : Repas 90/150 ⅃, enf. 30 – **L'Assiette : Repas** 66 ⅃, enf. 30.

𝕏𝕏 **Bec Doré**, 8 quai Pêcheurs 📞 88 35 39 57 – ▤. 🖭 ⓪ ⌷⊟   p. 6   CV   **b**
fermé 2 au 6 janv., dim. et lundi en juil.-août – **Repas** 150 (déj.)et carte 160 à 280 ⅃, enf. 50.

𝕏𝕏 **Zuem Sternstebele**, 17 r. Tonneliers 📞 88 21 01 01, Fax 88 21 01 02, 🌣 – ▤. 🖭 ⌷⊟
fermé vacances de fév., lundi midi et dim. – **Repas** (nombre de couverts limité, prévenir)
carte 130 à 200 ⅃.   p. 6   CX   **h**

𝕏𝕏 **Au Romain**, 6 r. Vieux Marché aux Grains 📞 88 32 08 54, Fax 88 23 51 65, 🌣 – 🖭 ⓪
➛ ⌷⊟ ⱼⸯᴮ   p. 6   CX   **t**
fermé dim. soir et lundi – **Repas** 62/150 ⅃, enf. 50.

XX **Pont des Vosges,** 15 quai Koch ℰ 88 36 47 75, Fax 88 25 16 85, ㈕ – 🖭 GB
fermé sam. midi, dim. et fériés – **Repas** carte 170 à 250 ⅃.　　　　　　　　p. 6　CV　**h**

XX **L'Arsenal,** 11 r. Abreuvoir ℰ 88 35 03 69, Fax 88 35 03 69 – 🖿. 🖭 ⓞ GB　　p. 6　CX　**m**
fermé 31 juil. au 21 août, sam. midi et dim. – **Repas** 120/185 ⅃.

X **La Vieille Tour,** 1 r. A. Seybath ℰ 88 32 54 30 – GB　　　　　　　　　　p. 6　BX　**e**
fermé août, vacances de Noël, de fév., sam. midi, dim. et fêtes – **Repas** 100 (déj.), 175/195.

X **Ami Schutz,** 1 r. Ponts Couverts ℰ 88 32 76 98, Fax 88 32 38 40, ㈕ – 🖭 ⓞ GB
Repas 165 bc/179 bc.　　　　　　　　　　　　　　　　　　　　　　p. 6　BX　**r**

X **A l'Ancienne Douane,** 6 r. Douane ℰ 88 32 42 19, Fax 88 22 45 64, ㈕ – 🖭 ⓞ GB
➡ **Repas** brasserie 67/130 ⅃, enf. 47.　　　　　　　　　　　　　　　p. 6　CX　**s**

X **L'Alsace à Table,** 8 r. Francs-Bourgeois ℰ 88 32 50 62, Fax 88 22 44 11 – 🖿. 🖭 ⓞ GB
Repas 140 ⅃, enf. 50.　　　　　　　　　　　　　　　　　　　　　　p. 6　CX　**z**

X **Bistrot du Quai,** 11 quai Pêcheurs ℰ 88 37 31 37 – GB　　　　　　　p. 6　CX　**p**
fermé sam. midi et dim. – **Repas** 88/150.

X **Au Rocher du Sapin,** 6 r. Noyer ℰ 88 32 39 65, Fax 88 75 60 99 – GB　　p. 6　BV　**f**
fermé dim., lundi et fériés – Repas - spécialités alsaciennes - 82/130 ⅃.

LES WINSTUBS : Dégustation de vins et cuisine du pays, ambiance typiquement alsacienne

X **Zum Strissel,** 5 pl. Gde Boucherie ℰ 88 32 14 73, Fax 88 32 70 24, cadre rustique – 🖿.
➡ GB　　　　　　　　　　　　　　　　　　　　　　　　　　　p. 6　CX　**a**
fermé 6 au 31 juil., vacances de fév., dim. et lundi – **Repas** 58/118, enf. 44.

X **S'Burjerstuewel (Chez Yvonne),** 10 r. Sanglier ℰ 88 32 84 15, Fax 88 23 00 18 –
GB　　　　　　　　　　　　　　　　　　　　　　　　　　　p. 6 CVX　**r**
fermé 15 juil. au 15 août, 23 déc. au 2 janv., lundi midi et dim. – **Repas** (prévenir) carte 130 à 200.

X **Le Clou,** 3 r. Chaudron ℰ 88 32 11 67, Fax 88 75 72 83 – 🖭 GB　　　p. 6　CV　**n**
fermé merc. midi, dim. et fériés – **Repas** carte 140 à 300 ⅃.

X **La Petite Mairie,** 8 r. Brûlée ℰ 88 32 83 06 – GB　　　　　　　　p. 6　CV　**d**
➡ *fermé 10 au 31 août, vacances de fév., sam. soir et dim. sauf déc.* – **Repas** 80/140 ⅃.

Environs

à Reischstett : N : 7 km par D 468 et D 37 ou par A 4 et D 63 – ✉ 67116 :

🏠 **Paris,** sur D 63 ℰ 88 20 00 23, Fax 88 20 30 60, 🔧, 🌿 – 🚯 ch. 🖿 rest 🖭 ☎ ℗. ⓞ GB
fermé 7 au 27 août et 20 au 31 déc. – **Repas** *(fermé dim. soir et sam.)* 90/260 ⅃, enf. 60 –
☲ 34 – **17 ch** 270/320 – ½ P 260.

🏠 **Aigle d'Or** sans rest, ℰ 88 20 07 87, Fax 88 81 83 75 – 🖭 ☎ ℗. 🖭 ⓞ GB
☲ 35 – **11 ch** 250/340.　　　　　　　　　　　　　　　　　　p. 2　FP　**a**

à Hoenheim N : 4 km par D 468 – 10 566 h. – ✉ 67800 :

🏠 **East Hôtel** Ⓜ sans rest, NE : 3 km par D 468 ℰ 88 81 02 10, Fax 88 81 40 93 – 🚯 ch 🖭
☎ & ℗. 🖭 ⓞ GB　　　　　　　　　　　　　　　　　　　p. 2　GP　**b**
☲ 28 – **32 ch** 285.

X **Igor,** 21 r. République ℰ 88 83 18 08 – GB　　　　　　　　　　p. 2　FP　**s**
fermé 1ᵉʳ au 21 août, sam. midi et lundi – **Repas** - cuisine russe - (dîner seul.) 130/190 ⅃.

à La Wantzenau : NE : 12 km par D 468 – 4 394 h. – ✉ 67610 :

🏛 **Hôtel Au Moulin** Ⓜ ⌂, S : 1,5 km par D 468 ℰ 88 59 22 22, Fax 88 59 22 00, ≤,
« Ancien moulin sur un bras de l'Ill », 🌿 – 🚯 🖭 ☎ ℗. 🖭 GB　　　p. 2　GP　**z**
fermé 24 déc. au 2 janv. – voir rest. *Au Moulin* ci-après – ☲ 47 – **19 ch** 310/410.

🏡 **A la Gare** sans rest, 32 r. Gare ℰ 88 96 63 44, Fax 88 96 64 95 – 🖭 ☎ ℗. GB
☲ 28 – **18 ch** 220/260.

XXX **Relais de la Poste** Ⓜ avec ch, 21 r. Gén. de Gaulle ℰ 88 96 20 64, Fax 88 96 36 84, ㈕,
🌿 – 🚯 🖿 rest 🖭 ☎ & ℗. 🖭 ⓞ GB
hôtel : fermé 24 déc. au 15 janv. – **Repas** *(fermé 24 juil. au 6 août, 24 déc. au 15 janv., sam. midi, dim. soir et lundi midi)* 215/380 et carte 250 à 400 ⅃ – ☲ 50 – **19 ch** 250/500 –
½ P 500/700.

XXX ✿ **A la Barrière** (Sutter), 3 rte Strasbourg ℰ 88 96 20 23, Fax 88 96 25 59, ㈕ – 🖿 ℗. 🖭
ⓞ GB
fermé 10 au 31 août, vacances de fév., mardi soir et merc. – **Repas** (dim. prévenir) 150/250 et
carte 280 à 380 ⅃
Spéc. Foie d'oie chaud et poire confite au gewürztraminer. Poussin truffé et cannelloni de céleri. Gibier (saison).
Vins Sylvaner, Muscat.

XXX **Zimmer,** 23 r. Héros ℰ 88 96 62 08, Fax 88 96 37 40 – 🖭 ⓞ GB
fermé 15 juil. au 8 août, 20 janv. au 5 fév., dim. soir et lundi – **Repas** 130/230 et carte 220 à
310 ⅃.

XX **Rest. Au Moulin** - Hôtel Au Moulin, S : 1,5 km par D 468 *ℰ* 88 96 20 01, 🌳, « Jardin
fleuri » – 🗏 **Ⓟ** 🆎 **⓪** **GB**
fermé 3 au 23 juil., 8 au 22 janv., dim. soir, merc. et soirs fériés – **Repas** 140/320 ⅍, enf. 80.

XX **Au Soleil**, 1 quai Bateliers *ℰ* 88 96 20 29, Fax 88 96 20 29, 🌳 – **Ⓟ**. 🆎 **GB** **JCB**
Repas 50 (déj.), 115/225 ⅍.

X **Pont de l'Ill**, 2 r. Gén. Leclerc *ℰ* 88 96 29 44, Fax 88 96 21 18, 🌳 – 🗏. **GB**
fermé 9 août au 1ᵉʳ sept., merc. soir et sam. midi – **Repas** 50 (déj.), 110/190 ⅍, enf. 40.

à Illkirch-Graffenstaden par ④ et N 83 : 5 km – 22 307 h. – ⊠ **67400** :

🏨 **L'Échiquier** Ⓜ, bd S. Brant *ℰ* 88 40 84 84, Fax 88 66 22 83, 🌳, 🐟, 🎐 – 🛗 🗏 ☎ �havec
🚗 **Ⓟ** – 🔬 150. 🆎 **⓪** **GB**   p. 3 FS **n**
Repas 95/180 ⅍, enf. 65 – ⇄ 60 – **68 ch** 495/680 – ½ P 442.

🏨 **Alsace** Ⓜ, 187 rte Lyon *ℰ* 88 66 41 60, Fax 88 67 04 64, 🌳 – 🛗 📺 ☎ **Ⓟ** – 🔬 60. **GB**
➔ *fermé 1ᵉʳ au 20 août et 23 déc. au 2 janv.* – **Repas** *(fermé sam. et dim.)* 80/180 ⅍ – ⇄ 30 –
40 ch 280/300 – ½ P 230.   p. 3 FS **d**

près de l'échangeur de Colmar A 35 10 km - FS :

🏨 **Novotel** Ⓜ, sur N 83 ⊠ 67400 Illkirch-Graffenstaden *ℰ* 88 66 21 56, Fax 88 67 21 63,
🌳, 🐟, 🎐 – 🍴 ch 🗏 📺 ☎ ⅆ **Ⓟ** – 🔬 25 à 120. 🆎 **⓪** **GB** **JCB**   p. 3 FS **u**
Repas carte environ 160 ⅍, enf. 50 – ⇄ 48 – **76 ch** 395/450.

🏨 **Mercure** Ⓜ, r. 23 Novembre ⊠ 67540 Ostwald *ℰ* 88 67 32 00, Télex 890277,
Fax 88 67 11 26, 🌳, 🐟, – 🍴 ⅆ ch, 🗏 rest 📺 ☎ ⅆ **Ⓟ** – 🔬 150. 🆎 **⓪** **GB**   p. 3 FS **e**
Repas 100/250, enf. 49 – ⇄ 52 – **94 ch** 400/440.

à Fegersheim par ④ : 12 km – 3 953 h. – ⊠ **67640** :

🏨 **Aub. Au Chasseur**, 19 r. Liberté *ℰ* 88 64 03 78, Fax 88 64 05 49, 🌇 – 🗏 rest 📺 ☎ **Ⓟ**.
➔ 🆎
fermé 4 au 27 août et 22 au 30 déc. – **Repas** *(fermé vend. soir et sam.)* 58/135 ⅍, enf. 65 –
⇄ 35 – **24 ch** 280 – ½ P 230.

XXX **La Table Gourmande**, 43 rte Lyon *ℰ* 88 68 53 54, Fax 88 64 94 95 – 🆎 **GB**
fermé dim. soir et lundi – **Repas** 165/495 et carte 220 à 310.

à Entzheim par ⑤ et D 392 : 12 km – ⊠ **67960** :

🏨 **Père Benoit**, 34 rte Strasbourg *ℰ* 88 68 98 00, Fax 88 68 64 56, 🌳, « Ancienne ferme
➔ alsacienne du 18ᵉ siècle », 🐟, 🍴 📺 ☎ **Ⓟ** – 🔬 30. 🆎 **GB**. 🛇 rest
fermé 23 déc. au 2 janv., sam. midi, lundi midi et dim. – **Repas** 80/230 ⅍ – ⇄ 30 –
60 ch 250/360.

à Ostwald SO par rte de Schirmeck et D 484 : 6 km – 10 197 h. – ⊠ **67540** :

🏨 **Château de l'Ile** Ⓜ 🐾, 4 quai Heydt *ℰ* 88 66 85 00, Fax 88 66 85 49, 🌳, 🐟, 🎐 – 🍴 🗏
📺 ☎ ⅆ **Ⓟ** – 🔬 40 à 200. 🆎 **GB**   p. 3 FR **r**
Repas *(fermé dim. soir et lundi)* carte 310 à 440 - **Winstub : Repas** carte environ 150 – ⇄ 80 –
58 ch 800/1870, 3 appart – ½ P 810/1345.

à Lingolsheim par ⑤ : 5 km sur N 392 – ⊠ **67380** :

🏨 **Ramsès** Ⓜ sans rest, 59 r. Mar. Foch *ℰ* 88 76 11 00, Fax 88 77 39 31 – 🍴 📺 ☎ ⅆ **Ⓟ** –
🔬 30. 🆎 **⓪** **GB**   p. 3 FR **a**
⇄ 36 – **41 ch** 290/330.

🏨 **Ibis** Ⓜ, *ℰ* 8877 18 18, Fax 88 77 22 42 – 🍴 🍴 ch 📺 ☎ ⅆ **Ⓟ** – 🔬 50. 🆎 **GB**
Repas 97 bc, enf. 40 – ⇄ 35 – **81 ch** 295.   p. 2 FR **u**

MICHELIN, Agence régionale, 9 r. Livio, Strasbourg-Meinau FR *ℰ* 88 39 39 40.

BMW Gar. Le Building, 27-29 r. de Wasselonne
ℰ 88 75 37 53 **N** *ℰ* 05 00 16 24
CITROEN Gar. Astoria, 46 av. des Vosges CU
ℰ 88 35 27 04
CITROEN Succursale, 200, rte de Colmar FR
ℰ 88 65 87 87 **N** *ℰ* 05 05 24 24
FIAT, LANCIA Gar. des Halles, 60 r. Marché-Gare
ℰ 88 28 26 10
MERCEDES Gar. Kroely, 17 r. Fossé-de-Treize
ℰ 88 37 54 56 **N** *ℰ* 88 37 54 56
NISSAN France Autom., 134 rte de Colmar
ℰ 88 44 28 36
PEUGEOT Gar. du Quinze, 1 pl. Albert 1ᵉʳ EV
ℰ 88 61 52 19
PEUGEOT Hautepierre Autom., av. P.-Corneille FQ
ℰ 88 79 46 46 **N** *ℰ* 88 79 46 46

PEUGEOT Meinau Autom., 270 rte de Colmar FR
ℰ 88 79 46 46 **N** *ℰ* 88 64 01 70
RENAULT Succursale, ZAC Hautepierre r. Peguy
FQ *ℰ* 88 30 85 30 **N** *ℰ* 05 05 15 15
SAAB, PORSCHE K 67, 15 r. du Fossé des Treize
ℰ 88 22 40 50 **N** *ℰ* 88 81 20 00
VOLVO Gar. Bergmann, 48 rte de l'Hôpital
ℰ 88 34 29 51
Gar. Sengler, 59 r. J.-Giraudoux *ℰ* 88 30 00 75

Ⓦ Kautzmann Pneus, 280 rte de Colmar
ℰ 88 65 70 20
Louis Pneus, 24 r. Mar.-Lefèbvre *ℰ* 88 39 02 93
Metzger-Point S, 34 r. Fg-de-Pierre *ℰ* 88 32 39 20
Vulca Pneus, 15/17 r. Saglio *ℰ* 88 39 03 54

Périphérie et environs

CITROEN Succursale, 34 rte de Bischwiller
à Schiltingheim ℰ 88 20 89 89
PEUGEOT Gar. Werle, 4 rte de Paris à Ittenheim
par ⑥ ℰ 88 69 00 20
RENAULT Succursale, 4 rte de Strasbourg
à Illkirch-Graffenstaden FR ℰ 88 40 82 40 🅽
ℰ 05 05 15 15
RENAULT Gar. Simon, 1 r. Pompiers à Schiltigheim
FP ℰ 88 33 62 22 🅽 ℰ 88 68 46 07
RENAULT Gar. Simon, av. Energie à Bischeim GP
ℰ 88 83 56 42 🅽 ℰ 88 68 46 07
ROVER Gar. de la Tour, 32 rte de Brumath
à Hoenheim ℰ 88 83 74 13

V.A.G. Gd Gar. du Polygone, 33 rte de Brumath
à Hoenheim ℰ 88 83 76 40
VAG Gar. du Polygone, RN 83
à Illkirch Graffenstaden ℰ 88 66 66 99

🔘 Euromaster, 1 r. Hoelzel à Illkirch-Graffenstaden
ℰ 88 66 21 30
Metzger-Point S, 121 r. Gén.-Leclerc à Ostwald
ℰ 88 30 22 72
Pneus et Services D.K, 2 rte de Strasbourg
à Illkirch Graffenstaden ℰ 88 39 21 10
Vulcastra, 58 rte de Brumath à Souffelweyersheim
ℰ 88 20 22 75

SUBLIGNY 89 Yonne 61 ⑭ — rattaché à Sens.

SUCÉ-SUR-ERDRE 44 Loire-Atl. 63 ⑰ — rattaché à Nantes.

SUCY-EN-BRIE 94 Val-de-Marne 61 ①, 101 ㉘ — voir à Paris, Environs.

SULLY-SUR-LOIRE 45600 Loiret 65 ① G. Châteaux de la Loire – 5 806 h alt. 119.
Voir Château★ : charpente★★ – 🌀🌀🌀 ℰ 38 36 52 08, par ⑥ : 4 km.
🮲 Office de Tourisme pl. Gén.-de-Gaulle ℰ 38 36 23 70.
Paris 140 ① – ◆Orléans 41 ① – Bourges 85 ④ – Gien 26 ① – Montargis 41 ① – Vierzon 79 ④.

SULLY-SUR-LOIRE

Grand-Sully (R. du) . .	6
Porte-de-Sologne (R.) . . .	12
Abreuvoir (R. de l') . .	2
Champ-de-Foire (Bd du)	3
Chemin-de-Fer (Av. du)	4
Jeanne-d'Arc (Bd) . . .	7
Marronniers (R. des)	9
Porte-Berry (R.)	10
St-François (R. du Fg)	15
St-Germain (R. du Fg)	16

*Utilisez
le guide de l'année.*

🏠 **Poste,** 11 r. Fg St-Germain (e) ℰ 38 36 26 22, Fax 38 36 39 35, 🍴, 🌳 – 📺 ☎ 🚗 🅿 –
🔧 40. 🆎 🇬🇧
Repas 96/200 bc – ☲ 32 – **28 ch** 130/250 – ½ P 220.

🏠 **Pont de Sologne,** r. Porte de Sologne (a) ℰ 38 36 26 34, Fax 38 36 37 86 – 📺 ☎ 🅿. 🇬🇧
→ **Repas** 80/210 ⅃ – ☲ 30 – **28 ch** 120/260 – ½ P 180/200.

XX **Host. Grand Sully** avec ch, bd Champ de Foire (u) ℰ 38 36 27 56, Fax 38 36 44 54 – 📺
☎ 🚗 🅿. 🆎 🇴 🇬🇧 🇯🇨🇧
fermé 1ᵉʳ au 15 janv. – **Repas** *(fermé dim. soir)* 150/210 – ☲ 38 – **10 ch** 250/300.

XX **La Ferme des Châtaigniers,** chemin Châtaigniers, SO : 2,5 km par ⑥ ℰ 38 36 51 98,
🍴, 🌳 – 🅿. 🇬🇧
Repas 100/150, enf. 60.

aux Bordes par ①, D 948 et D 961 : 6 km – ⊠ **45460** :

X **La Bonne Étoile,** D 952 ℰ 38 35 52 15 – 🇬🇧
→ *fermé 11 au 22 sept., 6 au 24 fév. et lundi* – **Repas** 68/140 ⅃, enf. 35.

SUPER-BESSE 63 P.-de-D. 73 ⑬ — rattaché à Besse-en-Chandesse.

SUPER-LIORAN 15 Cantal 76 ③ — rattaché au Lioran.

SUPER-SAUZE 04 Alpes-de-H.-P. 81 ⑧ — rattaché à Barcelonnette.

Le SUQUET 06 Alpes-Mar. 84 ⑲ 115 ⑯ – alt. 400 – ⊠ **06450** Lantosque.
Paris 884 – Levens 17 – ◆Nice 45 – Puget-Théniers 46 – Roquebillière 10,5 – St-Martin-Vésubie 20.

🏠 **Aub. Bon Puits,** ℰ 93 03 17 65, 🍴 – 🛄 ⇆ ch 🍴 📺 ☎ 🚗 🅿
16 avril-1ᵉʳ déc. et fermé mardi sauf juil.-août – **Repas** 98/150 ⅃, enf. 70 – ☲ 32 –
9 ch 280/310 – ½ P 280/310.

SURESNES 92 Hauts-de-Seine 55 ⑳, 101 ⑭ – voir à Paris, Environs.

SURGÈRES 17700 Char.-Mar. 71 ③ G. Poitou Vendée Charentes – 6 049 h alt. 25.

Voir Église Notre-Dame★.

🅱 Office de Tourisme angle r. Gambetta/Audry-de-Puyravault ℰ 46 07 20 02, Fax 46 07 53 98.

Paris 441 – La Rochelle 34 – Niort 24 – Rochefort 26 – St-Jean-d'Angély 29 – Saintes 55.

- XX **Vieux Puits**, 6 r. P. Bert ℰ 46 07 50 83 – GB
  fermé 29 août au 10 sept., vacances de fév., dim. soir et jeudi – **Repas** 95/180, enf. 45.

- X **Ronsard** avec ch, pl. Château ℰ 46 07 00 63, Fax 46 07 06 61 – 📺 ☎ 🚗. GB. 🛇 ch
  Repas *(fermé vend. soir et dim. soir)* 85/150 🍷 – ☲ 28 – **11 ch** 145/230 – ½ P 150/190.

CITROEN Gar. Dupont, 9 rte de La Rochelle   FORD Gar. Thomer, 36 av. St-Pierre ℰ 46 07 10 98
ℰ 46 07 01 71

SURVILLIERS-ST-WITZ 95470 Val-d'Oise 56 ⑪ 106 ⑧ – 3 661 h alt. 140.

Paris 35 – Compiègne 47 – Chantilly 14 – Lagny-sur-Marne 36 – Luzarches 10 – Meaux 38 – Pontoise 39 – Senlis 14.

- 🏨 **Mercure** M 🐾, sur D 10 près échangeur A1 Survilliers ℰ (1) 34 68 28 28, Télex 605917, Fax (1) 34 68 22 81, 🍽, 🏊, – 劇 🔲 rest 📺 ☎ & 🅿 – 🔺 120. 🖭 ⓞ GB
  Repas 90 🍷, enf. 48 – ☲ 53 – **115 ch** 470/495.

- 🏨 **Novotel** M, sur D 16 par échangeur A1 Survilliers ℰ (1) 34 68 69 80, Télex 605910, Fax (1) 34 68 64 94, 🍽, 🏊, 🌳 – 🛏 ch 🔲 📺 ☎ 🅿 – 🔺 90. 🖭 ⓞ GB
  Repas carte environ 170 🍷, enf. 50 – ☲ 50 – **79 ch** 470/495.

SURY-AUX-BOIS 45530 Loiret 65 ① – 433 h.

Paris 119 – ♦Orléans 40 – Châteauneuf-sur-Loire 16 – Gien 44 – Montargis 30 – Pithiviers 27.

- 🏩 **Domaine de Chicamour** 🐾, S : 3,5 km N 60 ℰ 38 55 85 42, Fax 38 55 80 43, 🍽,
  « Demeure du 19ᵉ siècle dans un parc », 🍽 – ☎ 🅿. GB. 🛇 rest
  1ᵉʳ mars-1ᵉʳ déc. – **Repas** 95/350 bc, enf. 75 – ☲ 45 – **12 ch** 325/360 – ½ P 370.

SUZE-LA-ROUSSE 26790 Drôme 81 ② G. Provence – 1 422 h alt. 129.

Paris 646 – Avignon 60 – Bollène 7,5 – Nyons 29 – Orange 20 – Valence 85.

- 🏩 **Relais du Château** M 🐾, ℰ 75 04 87 07, Fax 75 98 26 00, ≼, 🍽, 🏊, 🌳, 🍽 – 劇 🔲 rest
  📺 ☎ 🅿 – 🔺 40. 🖭 GB
  fermé du 14 nov. et 2 au 22 janv. – **Repas** *(fermé dim. soir de nov. à mars)* 98/365, enf. 45 –
  ☲ 46 – **39 ch** 310/415 – ½ P 320/345.

TAILLECOURT 25 Doubs 66 ⑧ – rattaché à Audincourt.

TAIN-TOURNON 77 ① ② G. Vallée du Rhône.

Voir Route panoramique★★★ B.

🅱 voir à Tain-l'Hermitage et à Tournon.

Plan page suivante

Tain-l'Hermitage 26 Drôme – 5 003 h alt. 124 – ✉ 26600.

Voir Belvédère de Pierre-Aiguille★ N : 4 km par D 241.

🅱 Office de Tourisme 70 av. J.-Jaurès ℰ 75 08 06 81.

Paris 549 – Valence 16 – ♦Grenoble 98 – Le Puy-en-Velay 107 – ♦St-Étienne 77 – Vienne 59.

- 🏨 **Mercure** M, 1 av. P. Durand ℰ 75 08 65 00, Fax 75 08 66 05, 🍽, 🏊 – 劇 🛏 ch 🔲 📺 ☎
  & 🅿 – 🔺 50. 🖭 ⓞ GB 🃏   C e
  Repas *(fermé sam. de nov. à mars)* 130/280, enf. 65 – ☲ 55 – **45 ch** 470/590.

- 🏠 **Deux Coteaux** sans rest, 18 r. J. Péala ℰ 75 08 33 01, Fax 75 08 44 20 – 📺 ☎ 🚗. 🖭
  GB   B a
  fermé 27 janv. au 23 fév. – ☲ 27 – **22 ch** 160/280.

- XXX **Reynaud** M avec ch, 82 av. Prés. Roosevelt, par ③ rte Valence ℰ 75 07 22 10,
  Fax 75 08 03 53, ≼, 🍽, 🏊, 🌳 – 📺 ☎ 🅿. 🖭 ⓞ GB. 🛇 rest
  fermé 16 au 23 août, 3 au 25 janv., dim. soir et lundi sauf hôtel en sais. – **Repas** 160 bc/
  350 bc et carte environ 370 – ☲ 60 – **10 ch** 350/450.

  rte de Romans par ② : 4 km – ✉ 26600 Tain-l'Hermitage :

- 🏩 **L'Abricotine**, ℰ 75 07 44 60, Fax 75 07 47 97, 🌳 – 🛏 ch 📺 ☎ 🅿. GB
  ◆ *fermé 20 nov. au 12 déc. et dim. de nov. à mars* – **Repas** *(dîner seul.)(résidents seul.)* 60/75 –
  ☲ 30 – **11 ch** 318.

🔟 Tournaire-Pneus, 8 av. Prés.-Roosevelt ℰ 75 08 28 97

Tournon-sur-Rhône ⟨SP⟩ 07 Ardèche – 9 546 h – ✉ 07300.

Voir Terrasses★ du château B.

🅱 Office de Tourisme Hôtel Tourette ℰ 75 08 10 23.

Paris 550 – Valence 17 – ♦Grenoble 99 – Le Puy-en-Velay 107 – ♦St-Étienne 76 – Vienne 59.

- 🏩 **Les Amandiers** M sans rest, 13 av. de Nîmes par ④ ℰ 75 07 24 10, Fax 75 07 06 30 – 劇
  📺 ☎ & 🅿 – 🔺 25. 🖭 ⓞ GB
  ☲ 32 – **25 ch** 260/320.

1176

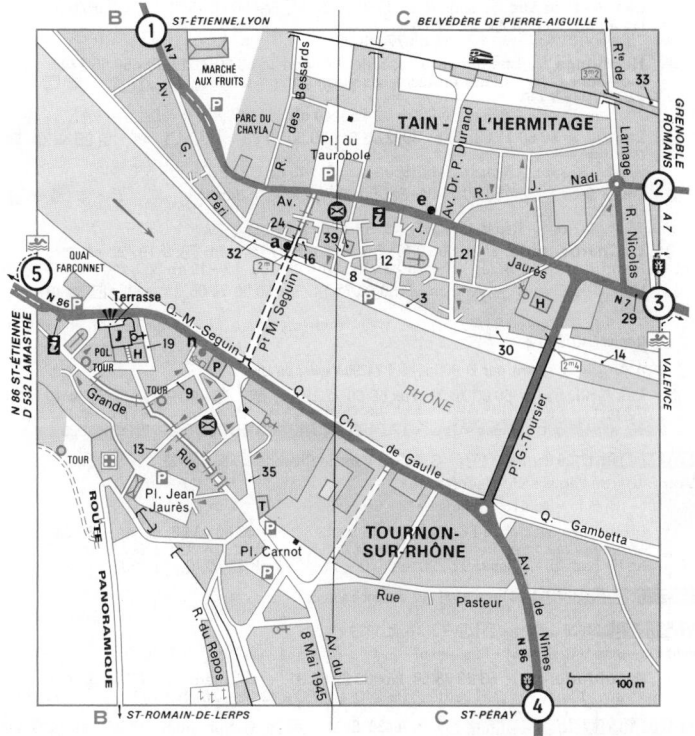

TAIN-L'HERMITAGE

Jaurès (Av. J.) . . . . **BC**
Taurobole (Pl. du) . . . **BC**

Batie (Quai de la) . . . . . . **C** 3
Defer (Pl. H.) . . . . **C** 8
Église (Pl. de l') . . . . **C** 12

Gaulle (Q. Gén. de) . . . . . **C** 14
Grande-Rue . . . . **B** 16
Michel (R. E.) . . . . **C** 21
Peala (R. J.) . . . . **B** 24
Prés.-Roosevelt (Av.) . . . . **C** 29
Rostaing (Q. M.) . . . . **C** 30
Seguin (Q. M.) . . . . **B** 32
Souvenir-Français
(Pl. du) . . . . **C** 33
8-Main-1945 (Pl. du) . . **BC** 39

TOURNON-SUR-RHÔNE

Grande-Rue . . . . **B**

Dumaine (R. A.) . . . . **B** 9
Faure (R. G.) . . . . **B** 13
Juventon (Av. M.) . . . . . . **B** 19
Thiers (R.) . . . . **B** 35

※※ **Château** avec ch, 12 quai M. Seguin ℰ 75 08 60 22, Fax 75 07 02 95, ≤ – 🆃🆅 ☎ 🚗 –
🏛 50. 🆎 ⑩ ⏄   B **n**
fermé 1ᵉʳ au 15 nov., sam. et dim. hors sais. – **Repas** 105/320 – 🖙 40 – **14 ch** 290/360 –
½ P 310/330.

CITROEN Gar. Gélibert, quai Farconnet par ⑤ ℰ 75 07 11 75

TALANT 21 Côte-d'Or 🔢 ⑳ – rattaché à Dijon.

TALENCE 33 Gironde 🔢 ⑨ – rattaché à Bordeaux.

TALLOIRES 74290 H.-Savoie 🔢 ⑥ G. Alpes du Nord – 1 287 h alt. 447.
Voir Site★★★ – Site★★ de l'Ermitage St-Germain★ E : 4 km.
🏌 du lac d'Annecy ℰ 50 60 12 89, NO : 1 km.
🛈 Office de Tourisme ℰ 50 60 70 64, Fax 50 60 76 59.
Paris 550 – Annecy 12 – Albertville 33 – Megève 49.

🏨🏨 ✿✿ **Aub. du Père Bise** ≶, bord du lac ℰ 50 60 72 01, Fax 50 60 73 05, ≤, 🍽, « Repas
sous l'ombrage face au lac, parc », 🔬 – 🆃🆅 ☎ 🅿 – 🏛 25. 🆎 ⑩ ⏄
11 fév.-6 nov. – **Repas** 480/750 et carte 520 à 700 – 🖙 95 – **30 ch** 900/2300, 4 appart –
½ P 1250/2000
Spéc. Tatin de pommes de terre, truffes et foie d'oie. Gratin de queues d'écrevisses (saison). Poularde de Bresse.

TALLOIRES

▲▲ **L'Abbaye** ⟍, ℰ 50 60 77 33, Télex 385307, Fax 50 60 78 81, ≼, 斧, « Abbaye bénédic-
tine du 17ᵉ siècle, terrasse et jardin ombragés » – ☎ ➋ – 🏛 25. 🅰🅴 ⓞ 🅶🅱
15 avril-31 oct. – **Repas** *(fermé dim. soir et lundi midi hors sais.)* 145 (déj.), 210/360 – ☲ 70 –
31 ch 1100/1380 – ½ P 660/910.

▲▲ **Le Cottage** ⟍, ℰ 50 60 71 10, Fax 50 60 77 51, ≼, 斧, « Terrasse ombragée », 🛴, 🐎 –
🛗 📺 ☎ ➋. 🅰🅴 ⓞ 🅶🅱. 🕸 rest
avril-oct. – **Repas** 140 (déj.), 180/270 – ☲ 65 – **35 ch** 500/1100 – ½ P 450/790.

▲▲ **Les Prés du Lac** ⟍ sans rest, ℰ 50 60 76 11, Fax 50 60 73 42, ≼, « Jardin au bord du
lac » , 🛥 – 📺 ➋. 🅰🅴 ⓞ 🅶🅱
15 mars-1ᵉʳ nov. – ☲ 70 – **16 ch** 770/1090.

▲▲ **Hermitage** ⟍, chemin de la cascade d'Angon ℰ 50 60 71 17, Fax 50 60 77 85, ≼ lac et
montagnes, 斧, « Parc en terrasses surplombant le lac », ⛱, 🛴, 🐎, ✵ – 🛗 📺 ☎ ➋ –
🏛 50. 🅰🅴 ⓞ 🅶🅱
1ᵉʳ mars-1ᵉʳ nov. – **Repas** 120/260 – ☲ 55 – **40 ch** 450/850 – ½ P 730.

▲▲ **Lac** ⟍, ℰ 50 60 71 08, Télex 309274, Fax 50 60 72 99, ≼, 斧, 🛴, 🐎 – 🛗 📺 ☎ ➋. 🅰🅴 ⓞ
🅶🅱 🅹🅲🅱
27 mai-30 sept. – **Repas** 120 bc/350 – ☲ 55 – **43 ch** 600/810 – ½ P 555/640.

▲▲ **Beau Site** ⟍, ℰ 50 60 71 04, Fax 50 60 79 22, ≼, « Jardin », 🛥, ✵ – 🛗 📺 ☎ ➋. 🅰🅴
ⓞ 🅶🅱. 🕸 rest
18 mai-12 oct. – **Repas** 165/280 – ☲ 52 – **29 ch** 420/950 – ½ P 440/625.

▲ **La Charpenterie,** ℰ 50 60 70 47, Fax 50 60 79 07, 斧 – 🛗 📺 ☎ ➋. 🅰🅴 ⓞ 🅶🅱
fermé 10 déc. au 12 fév. – **Repas** 105/165, enf. 45 – ☲ 40 – **18 ch** 380/440 – ½ P 300/370.

XX **Villa des Fleurs** ⟍ avec ch, ℰ 50 60 71 14, Fax 50 60 74 06, 斧, 🐎 – 📺 ☎ ➋ – 🏛 25.
🅶🅱
1ᵉʳ mars-1ᵉʳ nov., 18 déc.-2 janv., week-ends de nov. à fév. et fermé dim. soir et lundi –
Repas 140/300 🍷 – ☲ 50 – **8 ch** 490.

à *Angon* S : 2 km par D 909a – ⊠ 74290 Veyrier-du-Lac :

🏛 **Les Grillons,** ℰ 50 60 70 31, Fax 50 60 72 19, ≼, 斧, 🛴, 🐎 – ⇆ ch 📺 ☎ ➋. 🅰🅴 🅶🅱.
🕸 rest
10 avril-31 oct. – **Repas** 90 (déj.), 120/180 – ☲ 40 – **34 ch** 400/580 – ½ P 310/395.

TALMONT 17120 Char.-Mar. 🔢 ⑮ G. Poitou Vendée Charentes – 83 h alt. 23.
Voir Site★ de l'église Ste-Radegonde★.
Paris 501 – Royan 16 – Blaye 66 – La Rochelle 90 – Saintes 35.

XX **L'Estuaire** avec ch, au Caillaud ℰ 46 90 43 85, Fax 46 90 43 88, ≼, 🐎 – ➋. 🅶🅱. 🕸 ch
*fermé mardi soir et merc. sauf juil.-août et hôtel : ouvert 1/4-30/9 ; rest. : fermé 3 au 11/10
et 15/1 au 15/2* – **Repas** 92/220, enf. 40 – ☲ 32 – **7 ch** 220/270 – ½ P 235.

LA TAMARISSIÈRE 34 Hérault 🔢 ⑮ – rattaché à Agde.

TAMNIÈS 24620 Dordogne 🔢 ⑰ – 313 h alt. 193.
Paris 513 – Brive-la-Gaillarde 54 – Périgueux 57 – Sarlat-la-Canéda 14 – Les Eyzies-de-Tayac 12.

🏛 **Laborderie** ⟍, ℰ 53 29 68 59, Fax 53 29 65 31, ≼, 斧, parc, 🛴 – 📺 ☎ ➋. 🅶🅱
1ᵉʳ avril-1ᵉʳ nov. – **Repas** 80 (déj.), 95/240, enf. 50 – ☲ 35 – **36 ch** 230/470 – ½ P 290/380.

TANCARVILLE (Pont routier de) ★ 76430 S.-Mar. 🔢 ④ G. Normandie Vallée de la Seine –
1 326 h alt. 48.
Voir ≼★ sur estuaire.
Péage en 1994 : auto 12 F (conducteur et passagers compris), remorque et caravane : 3 F,
camions et autocars : 19 au 36 F, gratuit pour piétons et deux-roues.
Paris 176 – ◆Le Havre 28 – ◆Caen 81 – Pont-Audemer 20 – ◆Rouen 58.

XXX **Marine** M avec ch, au pied du pont D 982 ℰ 35 39 77 15, Fax 35 38 03 30, ≼ pont
suspendu et la Seine, 🐎 – 📺 ☎ ➋. 🅰🅴 🅶🅱. 🕸 ch
fermé dim. soir et lundi – **Repas** 140/300 et carte 340 à 440, enf. 74 – ☲ 45 – **9 ch** 250/480.

TANINGES 74440 H.-Savoie 🔢 ⑦ G. Alpes du Nord – 2 791 h alt. 640.
🅱 Office de Tourisme av. Thézières ℰ 50 34 25 05, Fax 50 34 83 96.
Paris 573 – Chamonix-Mont-Blanc 50 – Thonon-les-Bains 48 – Annecy 60 – Bonneville 19 – Cluses 10 – ◆Genève 44 –
Megève 38 – Morzine 18.

XX **La Crémaillère,** à Flérier SO : 1 km ℰ 50 34 21 98, Fax 50 34 34 88, 斧 – ➋. 🅶🅱
fermé 3 fév., dim. soir et merc. sauf juil.-août – **Repas** 105 (déj.), 155/320.

RENAULT Gar. Delfante, ℰ 50 34 20 71 🆕 ℰ 50 34 20 71

TANNERON 83440 Var 🔢 ⑧ 🔢 ㉖ – 1 157 h alt. 350.
Paris 898 – Cannes 17 – Antibes 31 – Draguignan 57 – Grasse 15 – Saint-Raphaël 37.

XX **Le Champfagou** ⟍ avec ch, pl. du Village ℰ 93 60 68 30, Fax 93 60 70 60, ≼, 斧 – ☎
➋. 🅰🅴 🅶🅱
fermé 15 oct. au 15 nov., mardi soir et merc. sauf juil.-août – **Repas** 125/158, enf. 65 – ☲ 30 –
9 ch 260 – ½ P 310.

TANUS 81190 Tarn 🅖🅞 ⑪ – 464 h alt. 440.

Voir Viaduc du Viaur★ NE : 7 km, G. Gorges du Tarn.

Paris 678 – Rodez 46 – Albi 32 – St-Affrique 66.

> %% **Voyageurs** avec ch, ℰ 63 76 30 06, Fax 63 76 37 94, 🐎 – 📺 ☎. 🆖🅑
> ➡ fermé 2 au 8 nov., 2 au 10 janv., dim. soir et lundi sauf juil.-août – **Repas** 80 bc/280 ₰, enf. 45
> – � 40 – **14 ch** 220/270 – ½ P 270/290.

TARARE 69170 Rhône 🅷🅹 ⑨ G. Vallée du Rhône – 10 720 h alt. 375.

🮱 Office de Tourisme pl. Madeleine ℰ 74 63 06 65.

Paris 469 – Roanne 41 – ♦Lyon 45 – Montbrison 58 – Villefranche-sur-Saône 33.

> 🏚 **Git'Otel-Burnichon,** E par N 7 : 1,5 km ℰ 74 63 44 01, Fax 74 05 08 52 – 📺 ☎ 🅟 –
> ➡ 🛎 40. 🆎 🅞 🆖🅑
> **Repas** *(fermé sam. soir et dim.)* 70/220 ₰ – ⊡ 33 – **34 ch** 150/275 – ½ P 205.

> %%% ✿ **Jean Brouilly,** 3 ter r. Paris ℰ 74 63 24 56, Fax 74 05 05 48, 🏛, parc – 🅟. 🆎 🅞 🆖🅑
> fermé 7 au 22 août, vacances de fév., dim. sauf les midis fériés et lundi – **Repas** 160/370 et
> carte 220 à 320
> **Spéc.** Fumé de volaille en gelée. Tournedos "milotier". Fondant chocolat au lait d'amandes amères. **Vins** Saint-Véran,
> Beaujolais.

FORD Gar. Beylier, 17 r. Serroux ℰ 74 05 20 21 🅽
ℰ 74 05 20 21
PEUGEOT Gar. Dubois, RN 7 ℰ 74 63 03 80 🅽
ℰ 74 05 77 01
RENAULT Gar. Laurent, rte de Valsonne
ℰ 74 63 04 07

RENAULT Gar. Mortier, RN 7 à Pontcharra-
sur-Turdine ℰ 74 05 73 08

🮤 Pneus Rhone Alpes Vulcopneu, bd de la Turdine
ℰ 74 63 44 00
Tarare Pneus, 50 bd Voltaire ℰ 74 63 38 12

TARASCON 13150 B.-du-R. 🅑🅘 ⑪ G. Provence – 10 826 h alt. 9.

Voir Château★★ : ☀★★ Y – Église Ste-Marthe★ Y.

🮱 Office de Tourisme 59 r. Halles ℰ 90 91 03 52, Fax 90 91 22 96.

Paris 708 ⑥ – Avignon 22 ① – Arles 17 ③ – ♦Marseille 96 ③ – Nîmes 25 ⑤.

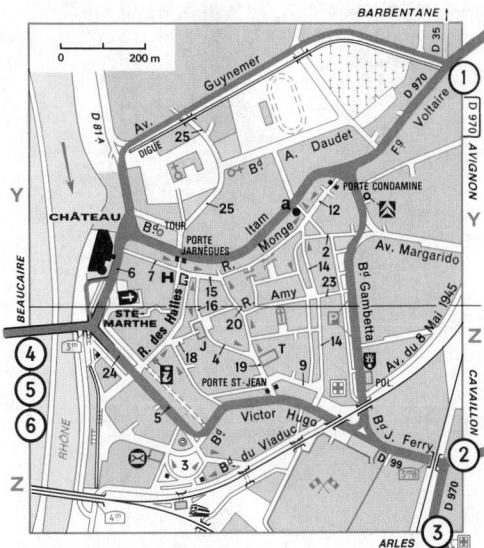

TARASCON

Halles (R. des)	**YZ**
Mairie (Pl. de la)	**Y** 15
Monge (R.)	**Y**
Pelletan (R. E.)	**Z** 19
Proudhon (R.)	**Z** 20
Victor-Hugo (Bd)	**Z**
Aqueduc (R. de l')	**Y** 2
Berrurier (Pl. Colonel)	**Z** 3
Blanqui (R.)	**Z** 4
Briand (Crs Aristide)	**Z** 5
Château (Bd du)	**Y** 6
Château (R. du)	**Y** 7
Hôpital (R. de l')	**Z** 9
Jaurès (R. Jean)	**Y** 12
Jeu-de-Paume (R. du)	**YZ** 14
Millaud (R. Ed.)	**YZ** 16
Mistral (R. Frédéric)	**Z** 18
Raffin (R.)	**Y** 23
République (Av. de la)	**Z** 24
Salengro (Av. R.)	**Y** 25

*Le Guide change,
changez de guide
tous les ans.*

> 🏚 **Échevins et rest. Mistral,** 26 bd Itam ℰ 90 91 01 70, Fax 90 43 50 44 – 🛗 ☎ 🚗. 🆖🅑
> fermé 1/1 au 10/3, dim. soir (sauf hôtel), sam. midi et lundi midi de Pâques à sept., sam. et
> dim. d'oct. à Pâques – **Repas** 85/130 – ⊡ 32 – **40 ch** 240/290 – ½ P 232/242.   Y **a**

rte de Fontvieille par ③, D 970 et D 33 : 5 km – ✉ 13150 Tarascon :

> 🏨🏨 **Mazets des Roches** 🄼 ⑊, ℰ 90 91 34 89, Fax 90 43 53 29, 🏛, parc, ⊿, ⚒ – ▤ ch 📺
> ☎ 🅟 – 🛎 40. 🆎 🅞 🆖🅑
> *Pâques-1ᵉʳ nov.* – **Repas** *(fermé jeudi midi et sam. midi sauf juil.-août)* 95 (déj.), 140/180 ₰,
> enf. 80 – ⊡ 50 – **39 ch** 300/670 – ½ P 325/475.

CITROEN Gar. Chabas, 8 bd Gambetta
ℰ 90 91 12 71

🮤 Tarascon Pneus, 1 pl. E.-Combe ℰ 90 43 54 36

TARASCON-SUR-ARIÈGE 09400 Ariège 86 ④ ⑤ **G. Pyrénées Roussillon** – 3 533 h alt. 474.

Voir Grotte de Niaux★★ (dessins préhistoriques) SO : 4 km.

Office de Tourisme av. des Pyrénées ☎ 61 05 81 30, Fax 61 05 57 79.

Paris 796 – Foix 16 – Ax-les-Thermes 26 – Lavelanet 28.

Confort sans rest, quai A. Sylvestre ☎ 61 05 61 90 – TV ☎ ⇔ P. GB
fermé 1er au 10 janv. – ☕ 35 – **14 ch** 175/240.

CITROEN Gar. du Stade, ☎ 61 05 89 20

TARBES P 65000 H.-Pyr. 85 ⑧ **G. Pyrénées Aquitaine** – 47 566 h alt. 304.

Voir Musée Massey : musée international des Hussards★ AY **M**.

⛳9 de Laloubère ☎ 62 45 07 10, par ③ : 3 km ; ⛳18 des Tumulus ☎ 62 45 14 50 à Laloubière, 2 km par ③.

✈ de Tarbes-Ossun-Lourdes : ☎ 62 32 92 22, par ④ : 9 km – 🚗 ☎ 62 37 50 50.

Syndicat d'Initiative 3 cours Gambetta ☎ 62 51 30 31, Fax 62 44 17 63.

Paris 794 ① – Pau 42 ⑤ – ◆Bordeaux 214 ① – Lourdes 19 ④ – ◆Toulouse 152 ②.

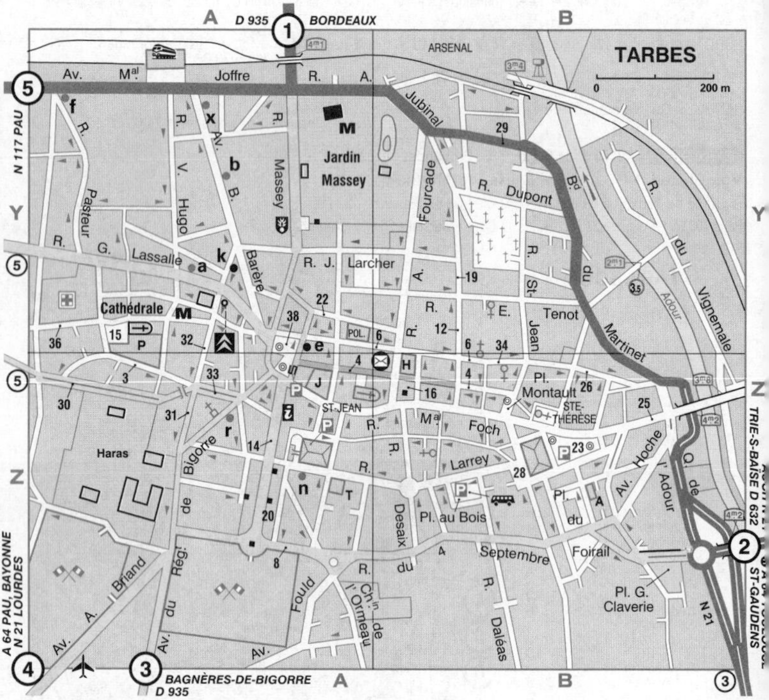

TARBES
D 935 BORDEAUX
N 117 PAU
A 64 PAU, BAYONNE N 21 LOURDES
BAGNÈRES-DE-BIGORRE D 935
TRIE-S-BAÏSE D 632
ST-GAUDENS
ARSENAL
Jardin Massey
Cathédrale
Haras
ST-JEAN
STE-THÉRÈSE
Pl. Montault
Pl. au Bois
Pl. du Foirail
Pl. G. Claverie
Av. Mal Joffre
R. A. Jubinal
R. Dupont
Bd du Martinet
R. du Vignemale
Adour
R. St-Jean
R. Tenot
R. G. Lassalle
R. Pasteur
R. V. Hugo
Av. B. Barère
R. Massey
R. Fourcade
R. J. Larcher
R. Mal Foch
R. Larrey
R. Desaix
R. du 4 Septembre
R. Daléas
Av. A. Briand
Av. du Rég. de Bigorre
R. Fould
Ch. de l'Ormeau
Q. de l'Adour
Av. Hoche
N 21
0 200 m

Foch (R. Maréchal) . . . . . . ABZ
Fourcade (R. A.) . . . . BY
Larcher (R. J.) . . . . ABY
Pyrénées (R. des) . . . . . . AZ 31
Ramond (R.) . . . . AYZ 32
Verdun (Pl. de) . . . . AYZ 38

Bigorre (R. de la) . . . . . . AZ 3
Brauhauban (R.) . . . . ABZ 4
Clemenceau (R. G.) . . . . . ABY 6
Cronstadt (R. de) . . . . AZ 8
Deville (R.) . . . . BY 12
Gambetta (Cours) . . . . AZ 14
Gaulle (Pl. Gén. de) . . . . . . AY 15
Jaurès (Pl. Jean) . . . . BZ 16
Laporte (R. H.) . . . . BY 19
Leclerc (Allées Gén.) . . . . . AZ 20
Magnoac (R. G.) . . . . AY 22
Marcadieu (Pl.) . . . . BZ 23
Marne (Av. de la) . . . . BZ 25
Michelet (R.) . . . . BZ 26
Parmentier (Pl.) . . . . BZ 28
Péreire (R.) . . . . BY 29
Pradeau (Prom. du) . . . . . . AZ 30
Reffye (Cours) . . . . AZ 33
St-Frai (R. Marie) . . . . . . BYZ 34
Sède (R. de la) . . . . AY 36

Président, av. A. Briand par ④ ☎ 62 93 98 40, Fax 62 93 64 19, ≤, 🌳, 🏊 – 🛗 ▤ rest TV ☎ ⇔ P – 🏛 80. AE ⓓ GB JCB. ✂ rest
Le Toit de Bigorre (au 9e étage ≤) **Repas** 90/140, enf. 50 – ☕ 35 – **57 ch** 280/380.

Foch sans rest, 18 pl. Verdun ☎ 62 93 71 58, Fax 62 93 34 59 – 🛗 TV ☎. AE GB AYZ **e**
fermé 24 déc. au 2 janv. et dim. soir – ☕ 40 – **30 ch** 250/390.

Henri IV sans rest, 7 av. B. Barère ☎ 62 34 01 68, Fax 62 93 71 32 – 🛗 TV ☎ ⇔. AE ⓓ GB AY **k**
☕ 40 – **24 ch** 280/380.

XX ❀ **L'Ambroisie** (Labarrère), 38 r. Larrey ℰ 62 93 09 34 – ⊟. ✾   AZ **n**
fermé dim., lundi et fériés – **Repas** 95 (déj.), 145/270 et carte 250 à 340
Spéc. Pralines de caille pochées au foie gras de canard. Délice de pied de cochon farci et son oreille craquante. Biscuit mi-cuit mi-cru au chocolat noir. Vins Jurançon, Madiran.

XX **Toup' Ty,** 86 av. B. Barère ℰ 62 93 32 08 – ⊟   AY **x**
◆ *fermé 20 juil. au 20 août, dim. soir et lundi* – **Repas** 80/180.

XX **Le Grillon,** 37 av. Régt de Bigorre ℰ 62 93 88 31 – ⬛ ⓞ ⊟   AZ **r**
◆ **Repas** 80/160.

X **Le Petit Gourmand,** 62 av. B. Barère ℰ 62 34 26 86, 🏠 – ⬛ ⓞ ⊟   AY **b**
fermé sam. midi et lundi – **Repas** 70 (déj.), 98/160.

X **Panier Fleuri,** 74 av. Mar. Joffre ℰ 62 93 10 80, Fax 62 93 10 80 – ⬛ ⓞ ⊟   AY **f**
◆ *fermé lundi* – **Repas** 65/135, enf. 45.

X **Le Fil à la Patte,** 30 r. G. Lassalle ℰ 62 93 39 23 – ▤. ⬛ ⊟   AY **a**
fermé 14 au 28 août, 2 au 8 janv., dim. et lundi – **Repas** 85/145.

rte d'Auch par ② – ⊠ **65800** Aureilhan :

XX **La Patte d'Oie,** à 1,5 km ℰ 62 36 40 52 – ⓟ. ⊟
fermé dim. soir et lundi – **Repas** 120/198.

par ④ rte de Lourdes par Juillan :

🏠 **Comfort Inn Primevère** Ⓜ, à 3,5 km sur D921ᴬ ⊠ 65310 Odos ℰ 62 51 11 97, Fax 62 93 67 58, 🏠 – ⬛ ☎ ❧ ⓟ – 🔏 30. ⬛ ⓞ ⊟
Repas 81/102, enf. 41 – ⌑ 30 – **42 ch** 270.

XX **L'Aragon** avec ch, à 4 km sur D 921ᴬ ⊠ 65290 Juillan ℰ 62 32 07 07, Fax 62 32 92 50, 🏠 – ⬛ ☎ ⓟ. ⬛ ⓞ ⊟
fermé vacances de Toussaint – **Repas** *(fermé dim. soir)* 110/250, enf. 50 – ⌑ 35 – **11 ch** 210/300 – ½ P 230/245.

*par ④ près échangeur A 64 Ouest sur N 21 : 4 km – ⊠ **65000** Tarbes :*

🏠 **Campanile,** ℰ 62 51 19 15, Fax 62 51 34 67 – ⇔ ch, ▤ rest ⬛ ☎ ❧ ⓟ – 🔏 25. ⬛ ⓞ ⊟
Repas 82 bc/105 bc, enf. 39 – ⌑ 30 – **49 ch** 270.

à l'Aéroport par ④ : 9 km – ⊠ **65290** Juillan :

XXX **La Caravelle,** (1ᵉʳ étage) ℰ 62 32 99 96, Fax 62 32 05 25, ≤ Pyrénées – ▤. ⬛ ⓞ ⊟ ᴶᶜᴮ
fermé 17 juil. au 2 août, 8 au 31 janv., dim. soir et lundi – **Repas** 160/300 et carte 250 à 360.

rte de Pau par ⑤ : 6 km – ⊠ **65420** Ibos :

🏠 **La Chaumière du Bois** ﹩, ℰ 62 90 03 51, Fax 62 90 05 33, 🏠, parc, 🏊 – ⬛ ☎ ❧ ⓟ. ⊟
◆ **Repas** *(fermé dim. soir et lundi sauf juil.-août)* 80/135 – ⌑ 32 – **22 ch** 300/360 – ½ P 320.

à la Côte de Ger par ⑤ : 10 km sur N 117 – ⊠ **65420** Ibos :

XX **Vieille Auberge,** ℰ 62 31 51 54, Fax 62 31 55 59, 🏠 – ▤ ⓟ. ⬛ ⓞ ⊟
fermé 1ᵉʳ au 12 août, dim. soir et lundi – **Repas** 90/260.

CITROEN Gar. Garoby, 23 r. Lassalle ℰ 62 93 31 36
FORD Gar. Fabre, bd Kennedy ℰ 62 51 15 11
NISSAN Gar. Raoux, bd Kennedy ℰ 62 93 28 97
VAG Gar. Tolsan, rte de Pau ℰ 62 34 35 83

Ⓑ Dours-Point S, 13 bis crs de Reffye ℰ 62 93 01 84
Euromaster, 1 bd Mar.-de-Lattre-de-Tassigny ℰ 62 34 74 96
Saliot Vulcopneu, 10 r. Clément ℰ 62 34 52 01

Périphérie et environs

BMW Tarbes Auto, rte de Pau à Ibos ℰ 62 90 06 00
CITROEN T.D.A, 28 rte de Lourdes à Odos par ④ ℰ 62 93 94 95 Ⓝ ℰ 62 36 51 38
MERCEDES SOPAVIA, 64 rte de Lourdes à Odos ℰ 62 51 37 37

RENAULT Pyrénées Auto, rte de Lourdes à Odos par ④ ℰ 62 44 54 54
VOLVO Davan-Chavanne, 88 rte de Lourdes à Odos ℰ 62 93 69 36

LES GUIDES MICHELIN :

Guides Rouges (hôtels et restaurants) :

Benelux - Deutschland - España Portugal - Main Cities Europe - France - Great Britain and Ireland - Italia - Suisse

Guides Verts (Paysages, monuments et routes touristiques) :

Allemagne - Autriche - Belgique Luxembourg - Canada - Espagne - Grande Bretagne - Grèce - Hollande - Irlande - Italie - Londres - Maroc - New York - Nouvelle Angleterre - Portugal - Rome - Suisse

et la collection sur la France.

TARDETS-SORHOLUS 64470 Pyr.-Atl. 🅱🅵 ⑤ – 704 h alt. 216.

Paris 821 – Pau 62 – Mauléon-Licharre 13 – Oloron-Ste-Marie 27 – St-Jean-Pied-de-Port 52.

  🍴 **Pont d'Abense** 🦢 avec ch, à Abense-de-Haut 🖉 59 28 54 60, 🛋, « Jardin fleuri » – ☎
  🅿. ⚏. ⚒
  fermé janv. et jeudi sauf juil.-août – **Repas** 65 bc/190 ♟, enf. 50 – 🍽 32 – **12 ch** 160/240 –
  ½ P 200/230.

PEUGEOT Gar. Larragneguy, 🖉 59 28 53 21   Gar. Carrère, 🖉 59 28 53 59

TARGASONNE 66 Pyr.-Or. 🅱🅶 ⑯ – rattaché à Font-Romeu.

TARNAC 19170 Corrèze 🗖🗖 ⑳ **G. Berry Limousin** – 403 h alt. 700.

Paris 441 – ♦Limoges 66 – Aubusson 48 – Bourganeuf 43 – Eymoutiers 24 – Tulle 62 – Ussel 46.

  🏠 **Voyageurs** 🦢, 🖉 55 95 53 12, Fax 55 95 40 07 – 📺 rest 📺 ☎. ⚏. ⚒ rest
  15 mars-15 déc. et fermé dim. soir et lundi du 1ᵉʳ oct. au 1ᵉʳ juin sauf fêtes – **Repas** 80/155,
  enf. 55 – 🍽 35 – **15 ch** 215/242 – ½ P 248/258.

TASSIN-LA-DEMI-LUNE 69 Rhône 🗖🗖 ⑳ – rattaché à Lyon.

TAULÉ 29670 Finistère 🗖🗖 ⑥ – 2 796 h alt. 90.

Paris 546 – ♦Brest 61 – Morlaix 7,5 – Quimper 83 – St-Pol-de-Léon 13.

  🏠 **Relais des Primeurs,** à la gare N : 1,5 km 🖉 98 67 11 03, 🍸 – 📺 ☎ 🅿. ⚏. ⚒ ch
  fermé sept., vend. soir et sam. midi sauf juil.-août – **Repas** 68/180 ♟, enf. 55 – 🍽 30 –
  16 ch 150/250 – ½ P 215/260.

TAURINYA 66 Pyr.-Or. 🅱🅶 ⑱ – rattaché à Prades.

TAUSSAT 33148 Gironde 🗖🗖 ②.

Paris 629 – ♦Bordeaux 48 – Andernos-les-Bains 4 – Arcachon 36.

  🏠 **Plage,** 🖉 56 82 06 01, Fax 56 82 51 61, 🛋 – ☎ 🅿. ⚏
  fermé 1ᵉʳ déc. au 15 fév. et lundi sauf vacances scolaires – **Repas** 55/155, enf. 45 – 🍽 30 –
  17 ch 185/250 – ½ P 240.

TAVEL 30126 Gard 🗖🗖 ⑪ – 1 439 h alt. 80.

Paris 678 – Avignon 15 – Alès 68 – Nîmes 39 – Orange 21 – Pont-St-Esprit 33 – Roquemaure 9.

  🍴🍴🍴 **Aub. de Tavel** avec ch, 🖉 66 50 03 41, 🛋, 🏊 – 📺 ☎. 🅰🅴 ① ⚒
  fermé fév. – **Repas** *(fermé dim. soir et lundi du 15 oct. au 15 avril)* 120/250, enf. 65 – 🍽 65 –
  10 ch 410/470 – ½ P 390/420.

TAVERNY 95 Val-d'Oise 🗖🗖 ⑳, 🔟🔟🔟 ④ – voir à Paris, Environs.

Le TEIL 07400 Ardèche 🗖🗖 ⑩ **G. Vallée du Rhône** – 7 779 h alt. 73.

Voir Baptistère★ de l'église de Mélas.

🛈 Office de Tourisme pl. P.-Sémard "Les Sablons" 🖉 75 49 10 46.

Paris 611 – Valence 50 – Aubenas 43 – Montélimar 9 – Privas 31.

  🍴🍴 **L'Ardéchois,** N 86 sortie Sud 🖉 75 49 21 39 – ⚒
  fermé 28 juil. au 21 août, dim. soir et lundi soir – **Repas** 82/140.

  🍴 **Le Gafferot,** 2 bd Stalingrad 🖉 75 49 49 24 – 📺. ⚒
  fermé 18 sept. au 3 oct., vacances de fév., dim. soir et lundi – **Repas** 90/180.

Le TEILLEUL 50640 Manche 🗖🗖 ⑨ – 1 433 h alt. 205.

Paris 272 – Avranches 44 – Domfront 20 – Fougères 36 – Mayenne 38 – St-Lô 77.

  🏠 **Clé des Champs,** E : 1 km sur N 176 🖉 33 59 42 27 – 📺 ☎ 🅿. 🅰🅴 ① ⚒
  fermé 14 fév. au 14 mars et dim. soir d'oct. à mars – **Repas** 78/187 ♟ – 🍽 34 – **20 ch**
  132/302 – ½ P 220/284.

RENAULT Gar. Bonsens, 🖉 33 59 40 28 🅽 🖉 33 59 40 28

TELGRUC-SUR-MER 29560 Finistère 🗖🗖 ⑭ – 1 811 h alt. 80.

Paris 602 – Quimper 41 – Châteaulin 22 – Douarnenez 32.

  🍴🍴 **Aub. du Gerdann,** E : 2 km sur D 887 🖉 98 27 78 67, 🍸 – 🅿. ⚏. ⚒
  fermé 2 au 24 oct., 1ᵉʳ au 8 fév., lundi soir sauf juil.-août et mardi – **Repas** 75/220, enf. 40.

TEMPLERIE 35 I.-et-V. 🗖🗖 ⑲ – rattaché à Fougères.

Le-TEMPLE-SUR-LOT 47110 Lot-et-Gar. 🗖🗖 ⑤ – 933 h alt. 43.

Paris 609 – Agen 33 – Duras 50 – Fumel 42 – Miramont-de-Guyenne 32.

  🏠 **Host. du Plantié** Ⓜ 🦢, NO : 3 km par D 911 et D 13 🖉 53 84 37 48, Fax 53 84 76 32, 🛋,
  parc, 🏊, – 📺 ☎ 🅱 🅿 – 🔏 80. 🅰🅴 ⚒
  Repas 90/180 ♟, enf. 60 – 🍽 35 – **10 ch** 320/360 – ½ P 280.

1182

TENCE 43190 H.-Loire 🗓️ ⑧ **G. Vallée du Rhône** – 2 788 h alt. 840.

🖂 Office de Tourisme pl. Chatiagne ℘ 71 59 81 99.

Paris 569 – Le Puy-en-Velay 45 – Lamastre 38 – ◆St-Étienne 51 – Yssingeaux 19.

🏨 **Gd H. Placide,** av. Gare ℘ 71 59 82 76, Fax 71 65 44 46, ㅡ – 📺 ☎ 🅿️. 🖭 ⊞ . ※ rest
1ᵉʳ mars-15 nov. et fermé dim. soir et lundi sauf de juin à sept. – **Repas** 150/360 – �☐ 50 –
17 ch 300/490 – ½ P 360.

PEUGEOT Gar. Bachelard. ℘ 71 59 80 20 🅽 ℘ 71 59 83 30

TENDE 06430 Alpes-Mar. 🗓️ ⑳ **G. Côte d'Azur** – 2 089 h alt. 830.

Voir Fresques★★★ de la chapelle Notre-Dame des fontaines★★ SE : 11 km.

🐎 de Vievola ℘ 93 04 61 02, N par N 204 : 4,5 km.

Paris 878 – Cuneo 45 – Menton 52 – ◆Nice 77 – Sospel 37.

🏠 **Centre** sans rest, ℘ 93 04 62 19 – ⊞
1ᵉʳ mars-1ᵉʳ oct. – ☐ 28 – **17 ch** 140/170.

à St-Dalmas-de-Tende S : 4 km par N 204 – 🖂 **06430** :

🏨 **Le Prieuré** Ⓜ ⑲ (Centre d'Aide par le Travail), ℘ 93 04 75 70, Fax 93 04 71 58, 🌳, ㅡ –
📺 ☎ 🅿️ – 🔬 60. 🖭 ⊞
◆ *1ᵉʳ mai-31 oct.* – **Repas** 75/150, enf. 50 – ☐ 33 – **24 ch** 275/325.

à la Brigue SE : 6,5 km par N 204 et D 43 – 🖂 **06430** :

Voir Collégiale St-Martin★.

🏠 **Mirval** ⑲, ℘ 9304 63 71, Fax 93 04 79 81, ≼, 🌳, ㅡ – 📺 ☎ 🅿️. 🖭 ⊞ ⊞ . ※ ch
1ᵉʳ avril-2 nov. – **Repas** 90/150, enf. 50 – ☐ 35 – **18 ch** 260/320 – ½ P 260/290.

✗ **La Cassolette,** ℘ 93 04 63 82, rest. non-fumeurs
fermé dim. soir et merc. – **Repas** 110/165 🍷, enf. 45.

TENDU 36 Indre 🗓️ ⑱ – rattaché à Argenton-sur-Creuse.

TERMES D'ARMAGNAC 32400 Gers 🗓️ ② **G. Pyrénées Aquitaine** – 190 h.

Voir ※★ du donjon.

Paris 745 – Mont-de-Marsan 52 – Aire-sur-l'Adour 21 – Auch 62 – Condom 57 – Pau 71 – Tarbes 52.

🏠 **Relais de la Tour,** ℘ 62 69 22 77, 🌳, ※ – ☎ 🅿️. ⊞
◆ *fermé fév., dim. soir et lundi* – **Repas** 65/220 – ☐ 27 – **11 ch** 230/260 – ½ P 210/240.

TERTENOZ 74 H.-Savoie 🗓️ ⑰ – rattaché à Faverges.

TESSÉ-LA-MADELEINE 61 Orne 🗓️ ① – rattaché à Bagnoles-de-l'Orne.

La TESSOUALLE 49 M.-et-L. 🗓️ ⑤ ⑥ – rattaché à Cholet.

La TESTE-DE-BUCH 33260 Gironde 🗓️ ② ⑫ – 20 331 h alt. 5.

Voir Parc de loisirs de la Hume : marinoscope (port miniature★) E : 3 km par N 250, **G. Pyrénées Aquitaine.**

🏌️ ℘ 56 54 44 00, O : 2 km ; 🏌️ de Gujan-Mestras ℘ 56 66 86 36, S par N 250 puis D 652 : 6 km.

🖂 Office de Tourisme pl. J.-Hameau et pl. Marché (juil.-août) ℘ 56 66 45 59, Fax 56 54 45 94.

Paris 648 – ◆Bordeaux 65 – Andernos-les-Bains 35 – Arcachon 3,5 – Belin-Beliet 43 – Biscarrosse 33.

🏠 **Aub. Basque** ⑲, 36 r. Mar. Foch ℘ 56 66 26 04, Fax 56 54 24 67, 🌳 – 📺 ☎. 🖭 ⊞
◆ *fermé oct. et nov.* – **Repas** *(fermé dim. soir et lundi du 1ᵉʳ déc. au 15 juin)* 70/170 🍷, enf. 50 –
☐ 33 – **8 ch** 240/339 – ½ P 251/306.

✗ **Chez Diégo,** Centre Captal La Teste ℘ 56 54 44 32, Fax 56 54 28 20, 🌳 – 🖭 ⊞ ⊞
Repas 90 bc/180 bc.

CITROEN S.A.C.A., N 650, entrée Arcachon
℘ 56 54 86 01
FORD Bassin Arcachon Autom., ZI av. de l'Europe
℘ 57 52 52 00
RENAULT Côte d'Argent Autom., Voie directe
Bordeaux-Arcachon ℘ 57 52 52 52 🅽
℘ 56 22 03 29

RENAULT Gar. de la Côte Saint-Marc,
36 bis av. Gén.-de-Gaulle ℘ 56 66 31 98

🔘 Euromaster, 62 av. Gén.-Leclerc ℘ 56 54 81 16

TÉTEGHEM 59 Nord 🗓️ ④ – rattaché à Dunkerque.

Le TEULET 19 Corrèze 🗓️ ⑳ – 🖂 **19430** Mercoeur.

Paris 540 – Aurillac 31 – Argentat 24.

🏠 **Relais du Teulet,** N 120 ℘ 55 28 71 09, Fax 55 28 74 39, 🏊 – ☎ 🅿️. 🖭 ⊞ ⊞ 🆔
◆ **Repas** 60/150 🍷, enf. 40 – ☐ 25 – **18 ch** 140/240 – ½ P 200/230.

THANN ◀𝖲𝖯▶ 68800 H.-Rhin 🗓️ ⑨ **G. Alsace Lorraine** (plan) – 7 751 h alt. 340.

Voir Collégiale St-Thiébaut★★.

Env. Grand Ballon ※★★★ N : 19 km.

🖂 Office de Tourisme 6 pl. Joffre ℘ 89 37 96 20.

Paris 458 – ◆Mulhouse 20 – Belfort 31 – Colmar 41 – Épinal 85 – Guebwiller 20.

🏨 **Kléber**, 39 r. Kléber ☎ 89 37 13 66, Fax 89 37 39 67, – – ch 🔻 ☎ & Ⓟ GB, – rest
Repas *(fermé 1er au 29 juil., dim. soir et sam.)* 85/220 – ⊐ 50 – **26 ch** 145/300 –
1/2 P 300/350.

🏨 **Parc**, 23 r. Kléber ☎ 89 37 37 47, Fax 89 37 56 23, 🎉, – 🔻 ☎ Ⓟ. GB
Repas 135/195 ⅛, enf. 58 – ⊐ 38 – **20 ch** 260/380 – 1/2 P 230/320.

FIAT, LANCIA Gar. Boeglin, 64 rte de Mulhouse   PEUGEOT Gar. Jeker, 16 rte de Roderen par D103
à Vieux-Thann ☎ 89 37 04 03 ⓝ ☎ 89 37 04 03   et D35 ☎ 89 37 81 72

THANNENKIRCH 68590 H.-Rhin 🇲 ⑩ G. Alsace Lorraine – 336 h alt. 510.

Voir Route★ de Schaentzel (D 48¹) N : 3 km.

Paris 430 – Colmar 24 – St-Dié 39 – Sélestat 15.

🏨 **Touring**, ☎ 89 73 10 01, Fax 89 73 11 79, ≤, – 🔻 ☎ Ⓟ – – 35. GB
1er avril-12 nov. – **Repas** 69/190 ⅛, enf. 47 – ⊐ 34 – **48 ch** 232/324 – 1/2 P 265/299.

🏨 **Aub. la Meunière**, ☎ 89 73 10 47, Fax 89 73 12 31, ≤, 🎉, « Décor rustique », – ☎
Ⓟ. 🄺🄾 GB
7 avril-15 nov. – **Repas** 95 (déj.), 100/195 ⅛, enf. 45 – ⊐ 35 – **15 ch** 250/350 – 1/2 P 230/285.

Le THEIL 15 Cantal 🅼🅶 ② – rattaché à Salers.

THÈMES 89 Yonne 🅵🅱 ⑭ – ✉ **89410** Cézy.

Paris 139 – Auxerre 33 – La Celle-St-Cyr 4 – Joigny 6,5 – Montargis 52 – Sens 25.

🍽🍽 **P'tit Claridge** – avec ch, ☎ 86 63 10 92, Fax 86 63 01 34, 🎉, – 🔻 ☎ Ⓟ 🄺 Ⓞ GB
fermé fév., dim. soir et lundi – **Repas** 85/260 – ⊐ 30 – **13 ch** 90/200 – 1/2 P 150/260.

THÉOULE-SUR-MER 06590 Alpes-Mar. 🆄 ⑧ 🄔🄔 ⑩ 🄕🄕 ⑭ – 1 216 h.

🅱 Office de Tourisme, résidence Corniche, av. Lerins ☎ 93 49 28 28, Fax 93 49 00 04 et av. Miramar (juin-sept.) ☎ 93 75 48 48.

Paris 899 – Cannes 11 – Draguignan 58 – ♦Nice 42 – Saint-Raphaël 29.

à *Miramar* S : 5 km par N 98 – ✉ **06590** Théoule-sur-Mer :

Voir Pointe de l'Esquillon ≤★★ NE : 1 km puis 15 mn.

🏨 **Miramar Beach** Ⓜ, ☎ 93 75 41 36, Télex 470878, Fax 93 75 44 83, ≤, 🎉, 🔮, ▲₆, –,
🍽 – 🔻 – ch 🖥 🔻 ☎ & Ⓟ – – 30. 🄺 Ⓞ GB 🃏
L'Étoile des Mers : **Repas** 145/225, enf. 75 – ⊐ 60 – **58 ch** 765/1410 – 1/2 P 675/790.

🏨 **Tour de l'Esquillon**, ☎ 93 75 41 51, Fax 93 75 49 99, accès plage par minibus privé,
« Beau jardin et ≤ mer », ▲₆ – 🔻 ☎ Ⓟ 🄺 Ⓞ GB. –
1er fév. - 15 oct. – **Repas** 120/145 ⅛ – ⊐ 60 – **25 ch** 500/800.

🏨 **Mas Provençal**, ☎ 93 75 40 20, Fax 93 75 44 83, 🔮, – ch 🔻 ☎ Ⓟ 🄺 Ⓞ GB
Repas 95/135, enf. 59 – ⊐ 35 – **27 ch** 370/540 – 1/2 P 345/395.

🍽🍽 **Père Pascal**, N 98 ☎ 93 75 40 11, Fax 93 75 03 28, ≤, 🎉 – Ⓟ. 🄺 Ⓞ GB
fermé 1er nov. au 31 janv. et jeudi sauf juil.-août – **Repas** 135/260, enf. 80.

THÉRONDELS 12600 Aveyron 🅼🅶 ⑬ – 505 h alt. 960.

Paris 568 – Aurillac 47 – Chaudes-Aigues 47 – Espalion 67 – Murat 45 – Rodez 87 – St-Flour 50.

🏨 **Miquel** Ⓜ, ☎ 65 66 02 72, Fax 65 66 19 84, 🎉, 🔮, – 🔻 ☎ Ⓟ. GB
fermé 25 déc. au 15 fév. – **Repas** (fermé dim. soir de nov. à avril et lundi soir) 55 bc/160 ⅛ –
⊐ 32 – **22 ch** 250/280 – 1/2 P 220/240.

THÉSÉE 41140 L.-et-Ch. 🅴 ⑦ G. Châteaux de la Loire – 1 074 h alt. 68.

Paris 218 – ♦Tours 52 – Blois 40 – Châteauroux 76 – Montrichard 10,5 – Romorantin-Lanthenay 39 – Vierzon 64.

🏨 **Host. Moulin de la Renne**, ☎ 54 71 41 56, – ☎ Ⓟ GB
fermé fin janv. à début mars, dim. soir et lundi hors sais. – **Repas** 85/220, enf. 48 – ⊐ 35 –
14 ch 135/295 – 1/2 P 190/250.

THIÉBLEMONT-FARÉMONT 51 Marne 🅱 ⑨ – rattaché à Vitry-le-François.

THIERS ‹SP› 63300 P.-de-D. 🅳 ⑦ G. Auvergne – 14 832 h alt. 436.

Voir Site★★ – Le Vieux Thiers★ : Maison du Pirou★ YZ E – Terrasse du Rempart ※★ Y – Rocher de Borbes ≤★ S : 3,5 km par D 102.

🏌 ☎ 73 51 37 17 à la base de Loisirs de Courty, par ② : 7 km.

🅱 Office de Tourisme pl. Pirou ☎ 73 80 10 74.

Paris 439 ③ – ♦Clermont-Ferrand 44 ② – Issoire 57 ② – ♦Lyon 131 ① – Le Puy-en-Velay 125 ② – Roanne 59 ① –
♦St-Étienne 107 ① – Vichy 34 ③.

Plan page ci-contre

à *Pont-de-Dore* par ② : 6 km par N 89 – ✉ **63920** Peschadoires :

🏨 **Éliotel**, rte Maringues ☎ 73 80 10 14, Fax 73 80 51 02, – 🔻 ☎ Ⓟ. 🄺 GB
fermé 20 au 31 août (sauf hôtel) et 20 déc. au 10 janv. – **Repas** (fermé dim. soir et sam.)
85/210 ⅛ – ⊐ 30 – **13 ch** 260 – 1/2 P 240.

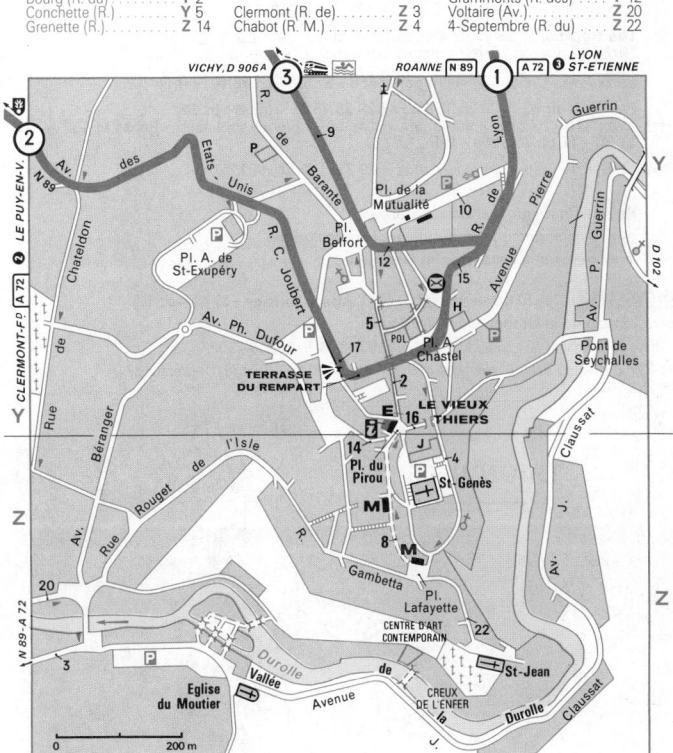

THIERS

Nationale (R.) . . . . **Y** 15	Coutellerie (R. de la) . . . . . **Z** 8
Pirou (R. du) . . . . **Y** 16	Dr.-Dumas (R. des) . . . . . **Y** 9
Terrasse (R.) . . . . **Y** 17	Duchasseint (Pl.) . . . . **Y** 10
Bourg (R. du) . . . . **Y** 2	Grammonts (R. des) . . . . **Y** 12
Conchette (R.) . . . . **Y** 5	Clermont (R. de) . . . . **Z** 3	Voltaire (Av.) . . . . **Z** 20
Grenette (R.) . . . . **Z** 14	Chabot (R. M.) . . . . **Z** 4	4-Septembre (R. du) . . . . **Y** 22

ⓍⓍ **Mère Dépalle** avec ch, ℰ 73 80 10 05, Fax 73 80 52 22, 🍽 – 📺 ☎ ⇔ Ⓟ. GB
Repas *(fermé dim. soir et lundi soir du 1ᵉʳ sept. au 30 avril)* 70 (déj.), 95/210 – 🖙 35 –
10 ch 240/270 – ½ P 240/250.

par ② et D 906 direction autoroute – ⊠ **63300** Thiers :

🏠 **Campanile,** Z.I. de Felet ℰ 73 51 00 36, Fax 73 80 33 93, 🍽 – ↹ ch 📺 ☎ 🕭 Ⓟ – 🔬 25.
AE ① GB
Repas 82 bc/105 bc, enf. 39 – 🖙 30 – **48 ch** 270.

CITROEN Gar. des Molles, 57 av. L.-Lagrange
par ② ℰ 73 80 67 66
FORD Gar. Dugat, 50 av. L.-Lagrange
ℰ 73 80 50 22
PEUGEOT Thiers-Autom., 52 av. L.-Lagrange
par ② ℰ 73 80 57 54 N ℰ 73 51 08 32

RENAULT Gar. Ricoux, ZI du Felet par ②
ℰ 73 80 55 10 N ℰ 73 40 19 94
VAG Gar. Perron, 79 av. L.-Lagrange ℰ 73 80 20 49

🅦 Euromaster, ZI des Molles, av. L.-Lagrange
ℰ 73 80 15 97

THIÉZAC 15800 Cantal 🤵 ⑫ ⑬ **G. Auvergne** – 693 h alt. 805.

Voir Pas de Compaing★ NE : 3 km.

🇹 Syndicat d'Initiative à la Mairie ℰ 71 47 01 21.

Paris 549 – Aurillac 26 – Murat 23 – Vic-sur-Cère 6.

🏠 **Casteltinet** Ⓜ, ℰ 71 47 00 60, Fax 71 47 04 08, ≼, 🍽 – 🛗 📺 ☎ Ⓟ. GB. ⚘ rest
fermé 8 au 20 mai et 15 oct. à Noël – **Repas** 85/250 – 🖙 30 – **23 ch** 250/340 – ½ P 220/230.

🏠 **Elancèze** (annexe Belle Vallée 10 ch), ℰ 71 47 00 22, Fax 71 47 02 08 – 🛗 ☎ 🕭 Ⓟ. GB
fermé 7 nov. au 20 déc. – **Repas** 85/180 🍷 – 🖙 29 – **41 ch** 205/260 – ½ P 205/245.

Paris 443 – Belfort 44 – Colmar 73 – Épinal 48 – ♦Mulhouse 57 – St-Dié 63 – Vesoul 64.

au Ménil NE : 3,5 km par D 486 alt. 525 – ⊠ **88160** Le Thillot :

🏨 **Les Sapins**, 𝒞 29 25 02 46, Fax 29 25 80 23, 🚗 – 📺 ☎ 🅿. 🖼
fermé 14 nov. au 15 déc. – **Repas** 70 (déj.), 95/250 🍴 – ☲ 33 – **23 ch** 225/245 – ½ P 250/270.

au col des Croix SO : 4 km par D 486 – alt. 678 – ⊠ **88160** Le Thillot :

🏨 **Perce-Neige**, 𝒞 29 25 02 63, Fax 29 25 13 51 – 📺 ☎ 🅿. 🖼
→ *fermé 9 au 23 oct., 2 au 15 janv., dim. soir et lundi hors sais.* – **Repas** 80/180 🍴, enf. 45 –
☲ 35 – **12 ch** 200/260 – ½ P 212/222.

RENAULT Gar. du Centre, 20 av. de Verdun 𝒞 29 25 01 17 🅽 𝒞 29 25 01 17

Se siete in ritardo sull'itinerario previsto,
alle 18 confermate telefonicamente la prenotazione :
la sicurezza e la consuetudine lo esigono.

THIONVILLE ⑤P 57100 Moselle 57 ③ ④ G. Alsace Lorraine – 39 712 h alt. 155.

Voir Château de la Grange★ par ① : 2 km.

🅱 Office de Tourisme 16 r. Vieux-Collège 𝒞 82 53 33 18, Fax 82 53 15 55.

Paris 335 ③ – ♦Metz 30 ③ – Luxembourg 35 ⑥ – ♦Nancy 81 ③ – Trier 78 ② – Verdun 87 ③.

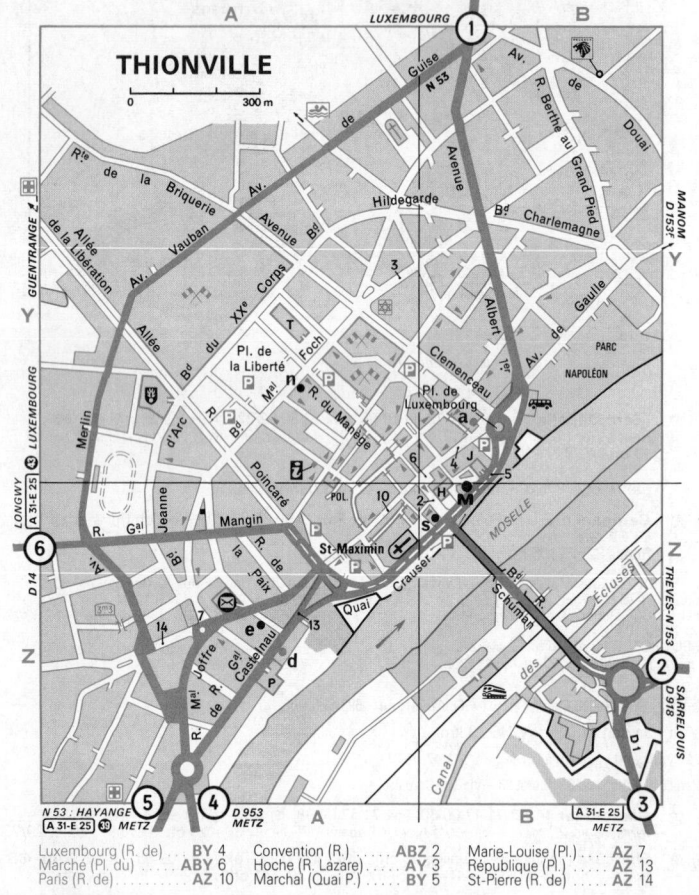

Luxembourg (R. de) ..... **BY** 4	Convention (R.) ..... **ABZ** 2	Marie-Louise (Pl.) ..... **AZ** 7
Marché (Pl. du) ..... **ABY** 6	Hoche (R. Lazare) ..... **AY** 3	République (Pl.) ..... **AZ** 13
Paris (R. de) ..... **AZ** 10	Marchal (Quai P.) ..... **BY** 5	St-Pierre (R. de) ..... **AZ** 14

Saint-Hubert M sans rest, 2 r. Convention ✆ 82 51 84 22, Fax 82 53 99 61 – |‡| ▤ TV ☎ ♿. AE ⓓ GB JCB BZ **s**
☕ 35 – **44 ch** 260/330.

Parc sans rest, 10 pl. République ✆ 82 82 80 80, Fax 82 82 71 82 – |‡| TV ☎. AE GB AZ **e**
☕ 35 – **42 ch** 250/330.

Le Liberté, 69 bd Foch ✆ 82 54 33 44, Fax 82 54 34 80 – |‡| ▤ rest TV ☎ ♿. GB AY **n**
Repas *(fermé dim. soir)* 70/180 🍷 – ☕ 35 – **39 ch** 205/305 – ½ P 280.

XXX **Noël,** 2 r. Gén. de Castelnau ✆ 82 82 88 22, Fax 82 34 04 15, 🍽 – P. AE GB AZ **d**
fermé dim. soir et lundi sauf fériés – **Repas** 150/245 et carte 300 à 390.

XXX **Concorde** avec ch, 6 pl. Luxembourg (14e étage) ✆ 82 53 83 18, Fax 82 53 40 41, ✳ Thionville – |‡| TV ☎. AE GB JCB BY **a**
Repas *(fermé 1er au 13 août, et dim. soir)* 150/390 et carte 300 à 400 🍷 – ☕ 35 – **25 ch** 300/340.

à Yutz par ② : 2 km – ✉ **57110** :

Campanile, 57 rte de Thionville ✆ 82 56 10 10, Fax 82 56 71 96, 🍽 – ⊁ ch TV ☎ ♿ P – 🏛 35. AE ⓓ GB
Repas 82 bc/105 bc, enf. 39 – ☕ 30 – **48 ch** 270.

au Crève-Coeur : NO par allée de la Libération et allée Bel Air - AY – ✉ **57100** Thionville :

Horizon 🐦, 50 rte Crève Coeur ✆ 82 88 53 65, Fax 82 34 55 84, ≤, 🍽, 🌳 – TV ☎ P. AE ⓓ GB. ✻ rest
fermé 1er au 15 janv. – **Repas** *(fermé sam. midi)* 205/295, enf. 90 – ☕ 58 – **10 ch** 450/780 – ½ P 530/630.

XX **Aub. Crève-Coeur,** ✆ 82 88 50 52, Fax 82 34 89 06, 🍽 – P. AE ⓓ GB
fermé dim. soir et lundi soir – **Repas** 138/240 🍷.

CITROEN DM Autos, 36 rte d'Esch-sur-Alzette par ⑥ ✆ 82 88 10 15 N ✆ 82 53 32 46
NISSAN Auto Diffusion, 17 imp. du Viaduc ✆ 82 34 34 63
PEUGEOT Gar. Moderne, 10 av. de Douai ✆ 82 53 30 08 N ✆ 82 53 30 08
Ⓟ Leclerc-Pneu, boucle du Ferronnier ZI du Linkling 2 ✆ 82 88 43 28

Périphérie et environs

PEUGEOT Gar. de la Fensch, 14 r. de Verdun à Florange par ⑤ ✆ 82 58 46 21 N ✆ 82 58 46 21
RENAULT Gar. de la Moselle, 25 r. de Verdun à Terville par ⑤ ✆ 82 59 19 19 N ✆ 05 05 15 15
Ⓟ Becker Pneus, 22 rte de Metz à Florange ✆ 82 88 45 45
Euromaster, 39 b Ferronnier, ZI Linkling à Terville ✆ 82 88 44 89

THIVARS 28 E.-et-L. 60 ⑰, 106 ㊲ – rattaché à Chartres.

THIVIERS 24800 Dordogne 75 ⑥ G. Périgord Quercy – 3 590 h alt. 253.

ℹ Syndicat d'Initiative pl. Mar.-Foch ✆ 53 55 12 50.

Paris 459 – Périgueux 34 – Brive-la-Gaillarde 79 – ♦Limoges 60 – Nontron 31 – St-Yrieix-la-Perche 32.

France et Russie sans rest, 51 r. Gén. Lamy ✆ 53 55 17 80, Fax 53 54 33 73, 🌳 – TV ☎ 🚗 P
☕ 45 – **11 ch** 265/360.

CITROEN Gar. Bardon, ✆ 53 55 00 74
PEUGEOT Gar. Boucher, ✆ 53 55 00 86 N ✆ 53 55 00 86
RENAULT Gar. Joussely, ✆ 53 55 01 24

THIZY 89420 Yonne 65 ⑥ ⑦ – 145 h alt. 303.

Voir Montréal : stalles★ et retable★ de l'église S : 5 km, G. Bourgogne.

ℹ Syndicat d'Initiative, Galerie d'Animation ✆ 74 64 35 23.

Paris 217 – Auxerre 54 – Avallon 16 – Montbard 26 – Tonnerre 42.

X **L'Atelier** 🐦 avec ch, ✆ 86 32 11 92, 🍽, 🌳 – ☎ P. GB. ✻ ch
fermé 1er déc. au 28 fév., merc. et jeudi sauf fériés – **Repas** 120/180 🍷, enf. 80 – ☕ 50 – **6 ch** 220/370 – ½ P 280/330.

THOIRY 01710 Ain 74 ⑤ – 3 015 h.

Paris 523 – Bellegarde-sur-Valserine 25 – Bourg-en-Bresse 94 – Gex 13.

XXX ✿ **Les Cépages** (Delesderrier), ✆ 50 20 83 85, Fax 50 41 24 58, 🍽, 🌳 – GB
fermé vacances de fév., dim. soir et lundi – **Repas** 120 (déj.), 180/350 et carte 270 à 330
Spéc. Terrine de foie gras de canard et magret fumé. Nage de grenouilles et langoustines au vin Jaune. Désossé de pigeonneau au banyuls. **Vins** Chignin-Bergeron, Vin du Bugey.

01140 Ain 🎴 ① – 1 306 h alt. 175.

Paris 412 – Mâcon 16 – Bourg-en-Bresse 33 – Chauffailles 52 – ♦Lyon 57 – Villefranche-sur-Saône 24.

🏨 ✿ **Chapon Fin et rest. Paul Blanc** (Maringue) ⏱, ✆ 74 04 04 74, Fax 74 04 94 51, 🏡, 🍃 – |🛗| 📺 ☎ 🚗 🅿 – 🚲 30. 🆎 ⓪ 🇬🇧
   fermé 28 nov. au 12 déc., merc. midi et mardi – **Repas** 160 (déj.), 250/520 et carte 320 à 430,
   enf. 95 – 🍽 55 – **20 ch** 250/680 – ½ P 600
   Spéc. Escalope de foie gras poêlée aux mangues. Raviole de queues d'écrevisses au beurre de nage. Fricassée de
   volaille de Bresse aux morilles à la crème, crêpes Parmentier. **Vins** Fleurie, Macon-Viré.

74500 H.-Savoie 🎴 ⑱ G. Alpes du Nord – 533 h alt. 992 – Sports d'hiver : 1 020/1 960 m 🎿1
🎿17 🎿.

Voir Pic de Mémise ⁂ ★★ 30 mn.

🛈 Office de Tourisme ✆ 50 70 90 01.

Paris 588 – Thonon-les-Bains 18 – Annecy 93 – Évian-les-Bains 12.

🏠 **Bon Séjour** ⏱, ✆ 50 70 92 65, Fax 50 70 95 72, 🍃, 🍴 – |🛗| ☎ 🚗 🅿. 🇬🇧
   fermé 1ᵉʳ nov. au 18 déc. – **Repas** 100/200 ♨ – 🍽 35 – **22 ch** 220/320 – ½ P 290/300.

🏠 **Les Gentianes**, à la télécabine E : 2 km ✆ 50 70 92 39, Fax 50 70 95 51, ≤ lac et
   montagnes, 🏡 – 📺 🅿. 🇬🇧
   fermé 31 oct. au 10 déc. – **Repas** 90/160 ♨ – 🍽 30 – **22 ch** 300 – ½ P 290/310.

88530 Vosges 🎴 ⑰ – 1 541 h alt. 600.

Voir Grande Cascade de Tendon★ NO : 5 km, G. Alsace Lorraine.

🛈 Syndicat d'Initiative à la Mairie ✆ 29 61 81 18.

Paris 428 – Épinal 33 – Bruyères 21 – Gérardmer 10 – Remiremont 17 – St-Amé 11 – St-Dié 37.

🏨 **Gérard**, ✆ 29 61 81 07, Fax 29 61 82 92, ≤, 🔲, 🍃 – ▤ rest 📺 ☎ 🚗 🅿 – 🚲 25. 🇬🇧
   fermé 1ᵉʳ oct. au 4 nov., dim. soir et sam. sauf vacances scolaires. – **Repas** 70 (déj.), 95/
   160 ♨, enf. 50 – 🍽 33 – **21 ch** 300 – ½ P 280.

🏠 **Grande Cascade**, NO : 5 km sur D 11 ✆ 29 33 21 08, Fax 29 66 37 17, ≤ – 📺 ☎ – 🚲 50.
★ 🆎 ⓪ 🇬🇧 JCB
   fermé 12 au 25 déc. – **Repas** 68/200 ♨ – 🍽 35 – **23 ch** 240/320 – ½ P 180/280.

77 S.-et-M. 🎴 ⑫ – rattaché à Fontainebleau.

74230 H.-Savoie 🎴 ⑦ G. Alpes du Nord – 4 619 h alt. 626.

Voir Vallée de Manigod★★ S : 3 km.

🛈 Office de Tourisme pl. Avet ✆ 50 02 00 26, Fax 50 02 11 87.

Paris 556 – Annecy 20 – Albertville 36 – Bonneville 31 – Faverges 20 – Megève 40.

🏨 **Nouvel H. Commerce**, r. Clefs ✆ 50 02 13 66, Fax 50 32 16 24 – |🛗| 📺 ☎ 🅿. 🇬🇧
★ *fermé 30 oct. au 1ᵉʳ déc.* – **Repas** (fermé dim. soir et lundi hors sais.) 70/330 ♨, enf. 48 –
   🍽 35 – **25 ch** 200/395 – ½ P 235/317.

🏠 **Hermitage**, av. Vieux Pont ✆ 50 02 00 31, Fax 50 02 04 86 – |🛗| ▤ rest 📺 ☎ 🚗 🅿. 🇬🇧
★ 🍴
   fermé 5 au 15 mai et 20 oct. au 15 nov. – **Repas** (fermé lundi d'oct. à mai) 62/160 ♨, enf. 40 –
   🍽 30 – **45 ch** 160/260 – ½ P 200/230.

⦾ 74200 H.-Savoie 🎴 ⑰ G. Alpes du Nord – 29 677 h alt. 426 – Stat. therm.

Voir Les Belvédères★★ ABY – Voûtes★ de l'église St-Hippolyte AY – Domaine de Ripaille★
N : 2 km AY.

Env. Gorges du Pont du Diable★★ 15 km par ②.

🛈 Office de Tourisme pl. Marché ✆ 50 71 55 55, Fax 50 26 68 33.

Paris 569 ③ – Annecy 74 ③ – Chamonix-Mont-Blanc 99 ③ – ♦Genève 37 ④.

Plan page ci-contre

🏨 **Arc en Ciel** Ⓜ sans rest, 18 pl. Crête ✆ 50 71 90 63, Fax 50 26 27 47, 🏊, 🍃 – |🛗|
   cuisinette 📺 ☎ 🚗 🅿 – 🚲 60. 🆎 ⓪ 🇬🇧. 🍴   BZ   **k**
   fermé week-ends du 8 nov. au 15 déc. – 🍽 38 – **40 ch** 390/490.

🏨 **Savoie et Léman** (École hôtelière), 2 bd Corniche ✆ 50 71 13 80, Fax 50 71 16 14, ≤,
   🍃 – |🛗| 📺 ☎ 🅿 – 🚲 60. 🆎 ⓪ 🇬🇧. 🍴 rest   AY   **n**
   fermé sept., vacances scolaires (sauf juil.-août), sam. soir et dim. de sept. à juin –
   Repas 95/210 – 🍽 35 – **31 ch** 322/570, 4 appart – ½ P 310/352.

🏨 **Alpazur** sans rest, 8 av. Gén. Leclerc ✆ 50 71 37 25, Fax 50 71 01 24, ≤, 🍃 – |🛗| 📺 ☎.
   🇬🇧. 🍴   AY   **q**
   fermé déc. et janv. – 🍽 33 – **26 ch** 230/290.

🏠 **Trianon du Léman** ⏱, av. Corzent ✆ 50 71 25 78, Fax 50 26 51 26, ≤, 🏡, 🍃 – 📺 ☎
   🅿. 🇬🇧. 🍴 ch   AY   **s**
   14 avril-25 sept. – **Repas** 95/210, enf. 55 – 🍽 36 – **16 ch** 310/350 – ½ P 320/350.

🏠 **Côté Sud**, rte Genève par ④ : 3 km ✆ 50 70 36 70, Fax 50 70 31 05 – |🛗| 📺 ☎ ﹠ 🅿 –
   🚲 40. 🆎 🆎
   Repas 85/150 ♨, enf. 50 – 🍽 35 – **48 ch** 295/330 – ½ P 300/350.

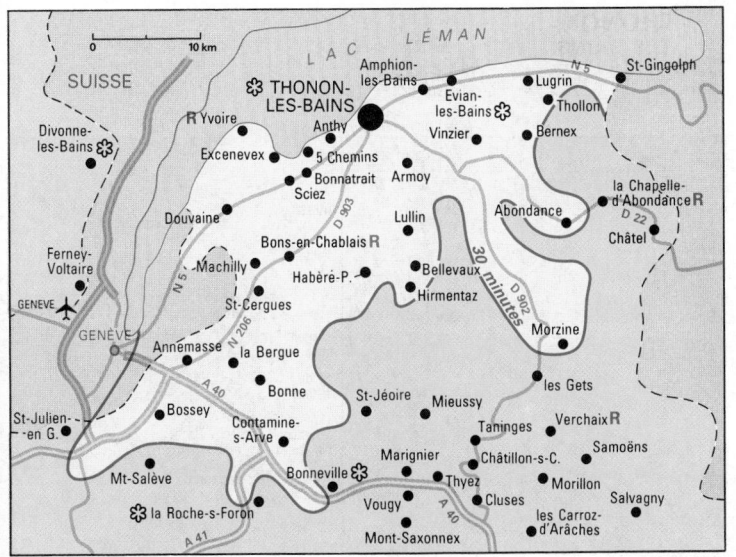

🏠 **Ibis** M, 2 ter av. Evian ℰ 50 71 24 24, Fax 50 71 87 76, 🕌 – 🛄 ⇄ ch 📺 ☎ ᴅ – 🟰 30. 🅰🅴
🔠 GB   BY **a**
Repas 97 bc. enf. 40 – ☲ 35 – **67 ch** 295/310.

🏠 **A l'Ombre des Marronniers,** 17 pl. Crête ℰ 50 71 26 18, Fax 50 26 27 47, 🌿 – 📺 ☎
← 🅿. 🅰🅴 🄾 🔠 GB. ✨   BZ **t**
fermé week-ends du 8 nov. au 15 déc. – **Repas** *(fermé nov., dim. soir et lundi d'oct. à mai)*
70/190 ᐛ, enf. 50 – ☲ 28 – **18 ch** 260/280 – ½ P 236/246.

🏠 **Villa des Fleurs** ⅋ sans rest, 4 av. Jardins ℰ 50 71 11 38, 🌿 – 📺 ☎. 🅰🅴 🄾 🔠 GB. ✨
1er *mai-30 sept.* – ☲ 30 – **11 ch** 270/320.   BZ **d**

🍴🍴🍴 ✿ **Le Prieuré** (Plumex), 68 Gde rue ℰ 50 71 31 89, Fax 50 71 31 09 – 🅰🅴 🄾 🔠 GB   AY **f**
fermé lundi sauf le soir en juil.-août et dim. soir – **Repas** 200/350 et carte 300 à 400
Spéc. Poissons du lac Léman. Langoustines en croustillant de pommes de terre, sauce aux épices. Palet gianduja,
écorces d'oranges confites et glace chicorée. **Vins** Ripaille, Marin.

🍴 **Le Scampi,** 1 av. Léman ℰ 50 71 10 04, Fax 50 71 31 09, ≼, 🕌 – 🅰🅴 🔠 GB   BY **e**
Repas 100/150.

à Armoy SE : 7 km par ② et D 26 alt. 620 – ⊠ **74200** :

🏨 **A l'Écho des Montagnes,** ℰ 50 73 94 55, Fax 50 70 54 07, 🌿 – 🛄 📺 ☎ ᴅ 🅿. GB
fermé 18 déc. au 6 fév. – **Repas** *(fermé dim. soir et lundi d'oct. à mai)* 88/178, enf. 75 – ☲ 35
– **47 ch** 168/275 – ½ P 250/265.

🏠 **Carlina,** ℰ 50 73 94 94, Fax 50 70 58 56, ≼, 🕌, 🌿 – 📺 ☎ 🅿 –, 🟰 50. 🅰🅴 🔠 GB. ✨ rest
Repas *(fermé merc. d'oct. à avril)* 95/130, enf. 50 – ☲ 30 – **16 ch** 260 – ½ P 255.

à Anthy-sur-Léman par ④ et D 33 : 6 km – ⊠ **74200** Thonon-les-Bains :

🍴🍴 **Le Lemanthy,** ℰ 50 70 61 50, Fax 50 70 62 50, ≼, 🕌 – 🅿. 🔠 GB
fermé 16 au 31 oct., dim. soir sauf juil.-août et lundi – **Repas** 99 (déj.), 140/250, enf. 60.

🍴 **Aub. d'Anthy** ⅋ avec ch, ℰ 50 70 35 00, Fax 50 70 40 90, 🕌 – 📺 ☎. 🅰🅴 🄾 🔠 GB
fermé vacances de Toussaint, de fév., dim. soir et mardi sauf juil.-août – **Repas** 73 (déj.),
145/197, enf. 65 – ☲ 31 – **7 ch** 251/309 – ½ P 235/254.

aux Cinq Chemins par ④ : 7 km – ⊠ **74200** Thonon-les-Bains :

🏨 **Les Cinq Chemins,** ℰ 50 72 63 45, Fax 50 72 30 69, 🕌, 🔳, 🌿 – ⇄ ch 📺 ☎ 🅿 –
🟰 25. GB
fermé 5 au 19 juin, 23 déc. au 22 janv., lundi (sauf hôtel) et dim. soir de sept. à juin –
Repas 77 (déj.), 105/160 ᐛ, enf. 50 – ☲ 35 – **29 ch** 260/380 – ½ P 278/350.

au port de Sciez par ④ : 8 km – 3 371 h. – ⊠ **74140** Sciez :

🅱 Office de Tourisme, Capitainerie Port de Sciez ℰ 50 72 64 57.

🍴🍴 **Les Néréïdes,** ℰ 50 72 67 28, 🕌 – GB
fermé 17 au 30 avril, 23 au 31 oct. et merc. sauf de juin à août – **Repas** 125/180, enf. 50.

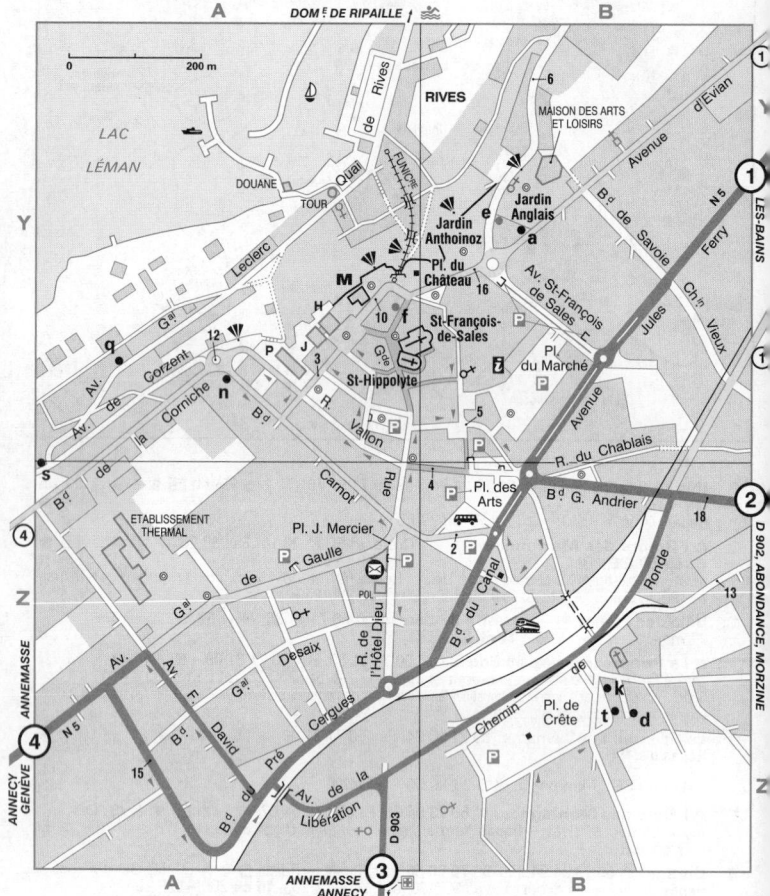

THONON-LES-BAINS

Arts (R. des) . . . . **BZ**	Allobroges
Grande-Rue . . . . **AYZ**	(Av. des) . . . . **BZ** 2
	Bordeaux (Pl. Henry) . . . . . . **AY** 3
	Granges (R. des) . . . . **BY** 5
	Léman (Av. du) . . . . **BY** 6
	Michaud (R.) . . . . **AY** 10

Moulin	
(Pl. Jean) . . . . **AY** 12
Ratte (Ch^n de la) . . . . **BZ** 13
Trolliettes (Bd des) . . . . **AZ** 15
Ursules (R. des) . . . . **BY** 16
Vallées (Av. des) . . . . **BZ** 18

à Bonnatrait par ④ : 9 km G. Alpes – ⊠ 74140 Douvaine :

🏛 **Hôtellerie Château de Coudrée** ⑤, 𝄐 50 72 62 33, Fax 50 72 57 28, 🏚, « Château médiéval dans un parc au bord du lac », 🔟, 🏊, 🏕 – 📺 ☎ 🅿 – 🔬 100. 🆎 ⓪ ⅭⒷ 🃏. 🍽 rest
1er mai-31 oct. – **Repas** 120/380 – 🖙 80 – **19 ch** 650/780 – ½ P 840/1340.

CITROEN S.A.D.A.L. RN 5 à Anthy par ④
𝄐 50 70 12 12
FORD Thuyset Autom., 16 av. Prés-Verts
𝄐 50 71 31 50 🔟 𝄐 50 26 27 99
HONDA, LANCIA, TOYOTA Gar. Grillet,
av. de Senevullaz 𝄐 50 71 37 43
OPEL Gar. Ricaud, av. Abattoirs
𝄐 50 71 02 11
PEUGEOT Lemuet Autom., RN 5 Croisée d'Anthy
à Anthy-sur-Léman par ④ 𝄐 50 70 34 58 🔟
𝄐 50 70 34 58

RENAULT Gar. Florin, ZI Marclaz par ④
𝄐 50 26 74 00 🔟 𝄐 50 87 90 66
SEAT Espace Autom., ZA les 5 Chemins
à Margencel 𝄐 50 72 51 43
VAG Alp'gge, 21 av. de la Fontaine Couverte
𝄐 50 71 17 64

Ⓜ Quiblier Pneus, 3 av. de la Dranse 𝄐 50 71 38 72

THORAME-HAUTE-GARE 04170 Alpes-de-H.-P. **81** ⑱ − alt. 1 014.

Paris 803 − Digne-les-Bains 54 − Beauvezer 12 − Castellane 32 − Colmars 17 − Manosque 112 − Puget-Théniers 51.

  🏠 **Gare,** 🖉 92 89 02 54, ≤, 🈁, 🈂 − 🕿. GB
  ➜ *1er mai-30 sept.* − **Repas** 70/120 ♨, enf. 45 − 🗀 35 − **15 ch** 195/290 − ½ P 220/252.

THORENC 06 Alpes-Mar. **81** ⑲ **114** ⑫ **115** ㉓ − alt. 1 250 − ✉ **06750** Andon.

Voir Col de Bleine ≤★★ N : 4 km, **G. Alpes du Sud.**

Paris 838 − Castellane 36 − Draguignan 65 − Grasse 40 − ✦Nice 57 − Vence 41.

  ☝ **Voyageurs** ⍋, 🖉 93 60 00 18, Fax 93 60 01 53, ≤, 🈁, 🈂 − ⍟ ⍟ **P**. GB
  fermé 15 nov. au 1er fév. et jeudi sauf vacances scolaires − **Repas** 91/140 − 🗀 35 −
  14 ch 160/320 − ½ P 300/320.

THORIGNÉ-SUR-DUÉ 72160 Sarthe **60** ⑭ − 1 518 h alt. 62.

Paris 179 − Châteaudun 81 − Mamers 47 − Nogent-le-Rotrou 44 − ✦Le Mans 28 − Saint-Calais 23.

  🏨 **St-Jacques,** pl. Monument 🖉 43 89 95 50, Fax 43 76 58 42, 🈂 − 📺 🕿 🕹 **P**. AE ① GB
  fermé 5 janv. au 1er fév., dim. soir et lundi d'oct. à mai − **Repas** 98/275 ♨, enf. 68 − 🗀 45 −
  15 ch 290/400 − ½ P 280/460.

Le THORONET 83 Var **84** ⑥ **114** ㉒ − 1 163 h alt. 142 − ✉ **83340** Le Luc.

Voir Abbaye du Thoronet★★ O : 4,5 km, **G. Côte d'Azur.**

Paris 844 − Brignoles 25 − Draguignan 20 − St-Raphaël 46 − ✦Toulon 62.

  🏠 **Host. de l'Abbaye** ⍋, 🖉 94 73 88 81, Fax 94 73 89 24, 🈁, ⍚ − 📺 🕿 🕹 ⍟ **P** −
  🏊 40. AE GB
  Repas 85/240 − 🗀 40 − **22 ch** 255/285 − ½ P 265.

THOUARCÉ 49380 M.-et-L. **64** ⑪ − 1 546 h alt. 29.

Env. Château★★ de Brissac-Quincé, NE : 12 km, **G. Châteaux de la Loire.**

Paris 318 − Angers 28 − Cholet 43 − Saumur 37.

  🍽️ **Relais de Bonnezeaux,** rte Angers : 1 km 🖉 41 54 08 33, Fax 41 54 00 63, ≤ − **P**. ①
  GB
  fermé 18 au 31 déc., vacances de fév. et merc. − **Repas** 100/270, enf. 68.

RENAULT Gar. Peltier Vaillant, 🖉 41 54 16 02 **N** 🖉 41 54 16 02

THOUARS 79100 Deux-Sèvres **67** ⑧ **G. Poitou Vendée Charentes** (plan) − 10 905 h alt. 87.

Voir Façade★★ de l'église St-Médard★ − Site★ − Maisons anciennes★.

🖪 Office de Tourisme 17 pl. St-Médard 🖉 49 66 17 65.

Paris 328 − Angers 68 − Bressuire 29 − Châtellerault 69 − Cholet 57.

  🏨 **Château,** rte Parthenay 🖉 49 96 12 60, Fax 49 96 34 02, ≤, 🈂 − 📺 🕿 **P**. GB
  ➜ *fermé dim. soir* − **Repas** 65/170 ♨, enf. 50 − 🗀 28 − **20 ch** 215/235 − ½ P 225.

  🏠 **Le Relais** sans rest, N : 3 km par rte Saumur 🖉 49 66 29 45, Fax 49 66 29 33 − 📺 🕿 **P**.
  ① GB
  🗀 22 − **15 ch** 185/200.

  🍽️🍽️🍽️ **Clos St Médard** M avec ch, 14 pl. St-Médard 🖉 49 66 66 00, Fax 49 96 15 01, ≤, 🈁 −
  📺 🕿 AE ① GB
  fermé vacances de fév., dim. soir et lundi − **Repas** 98/300 − 🗀 41 − **4 ch** 230/280 − ½ P 270.

RENAULT Salvra, 41 bd P.-Curie 🖉 49 66 21 78 **N**   ⍟ Thouars Pneus, 24-26 pl. Lavault 🖉 49 66 06 52
🖉 49 94 70 42   **N** 🖉 49 66 06 52

THOURON 87140 H.-Vienne **72** ⑦ − 431 h alt. 374.

Paris 385 − ✦Limoges 21 − Bellac 22 − Guéret 81.

  🍽️🍽️ **Pomme de Pin** ⍋ avec ch, étang de Tricherie NE : 2,5 km par VO 🖉 55 53 43 43,
  Fax 55 53 35 33, 🈁, 🈂 − 📺 🕿. GB. ⍚ ch
  fermé 1er au 15 juin, 1er au 15 sept. et janv. − **Repas** *(fermé mardi midi et lundi)* 120/240 −
  🗀 25 − **4 ch** 250/300.

THUEYTS 07330 Ardèche **76** ⑱ **G. Vallée du Rhône** (plan) − 945 h alt. 462.

Voir Coulée basaltique★.

🖪 Office de Tourisme pl. Champ-de-Mars 🖉 75 36 46 79.

Paris 612 − Le Puy-en-Velay 71 − Privas 45.

  🏨 **Marronniers,** 🖉 75 36 40 16, Fax 75 36 48 02, 🈁, ⍚, 🈂 − 📺 🕿 **P**. GB. ⍚ rest
  fermé 20 déc. au 5 mars − **Repas** 85/180, enf. 55 − 🗀 29 − **19 ch** 230/260 − ½ P 260.

  🏨 **Platanes,** N 102 🖉 75 93 78 66, Fax 75 36 41 67, 🈂 − 🈏 ▤ rest 🕿 🕹 ⍟ **P**. GB
  ➜ *mi-fév.-début nov.* − **Repas** 75/170 ♨, enf. 50 − 🗀 30 − **25 ch** 150/260 − ½ P 210/250.

THUIR 66300 Pyr.-Or. **86** ⑲ − 6 638 h alt. 99.

Paris 876 − Céret 23 − ✦Perpignan 14 − Prades 32.

  🍽️🍽️ **La Gibecière,** 4 pl. Gén. de Gaulle 🖉 68 53 12 54, 🈁 − AE GB
  ➜ *fermé 19 nov. au 27 nov., fév., dim. soir et lundi* − **Repas** 70 bc/180 ♨, enf. 45.

THURY-HARCOURT 14220 Calvados 🔢 ⑪ G. Normandie Cotentin – 1 803 h alt. 46.

Voir Parc et jardins du château★ – Boucle du Hom★ NO : 3 km.

🏢 Office de Tourisme pl. St-Sauveur ✆ 31 79 70 45.

Paris 261 – ◆Caen 27 – Condé-sur-Noireau 19 – Falaise 27 – Flers 31 – St-Lô 54 – Vire 45.

　　XX　**Relais de la Poste** avec ch, ✆ 31 79 72 12, Fax 31 39 53 55, 🈂 – 📺 ☎ 🅿. 🖭 ⑱. 🛠
　　　　fermé 15 janv. au 15 fév., dim. soir et lundi du 15 nov. au 31 mars – **Repas** 90 (déj.), 135/420 –
　　　　🖵 42 – **11 ch** 250/420.

　　à Goupillières N : 8,5 km par D 6 et D 212 – ✉ 14210 :

　　XX　**Aub. du Pont de Brie** 🕭 avec ch, Halte de Grimbosq E : 1,5 km par D 171
　　　　✆ 31 79 37 84, Fax 31 79 87 22, ≼ – 📺 ☎ 🅿. ⑱. 🛠
　　　　fermé 13 au 28 nov., 2 au 22 janv. et merc. sauf juil.-août – **Repas** 90/250, enf. 45 – 🖵 38 –
　　　　7 ch 280/350 – ½ P 300.

PEUGEOT Gar. Amand, ✆ 31 79 71 21

TIFFAUGES 85130 Vendée 🔢 ⑤ G. Poitou Vendée Charentes – 1 208 h alt. 72.

Paris 371 – Angers 79 – La Roche-sur-Yon 55 – ◆Nantes 49 – Cholet 20 – Clisson 19 – Montaigu 16.

　　🏠　**La Barbacane** Ⓜ 🕭 sans rest, pl. Église ✆ 51 65 75 59, Fax 51 65 71 91, 🏊, 🛠 – 📺 ☎
　　　　🔥 🖘 🅿. ⑱
　　　　🖵 29 – **16 ch** 270/345.

TIGNES 73320 Savoie 🔢 ⑲ G. Alpes du Nord – 2 005 h alt. 2 100 – Sports d'hiver : 1 550/3 656 m ⟜7
🟍43 🛷.

Voir Site★★ – Barrage★★ NE : 5 km – Panorama de la Grande Motte★★ SO.

🛈 ✆ 79 06 37 42 (✆ 79 06 34 66 hors saison), S : 2 km.

Altiport ✆ 79 06 46 06, E : 3 km.

🏢 Office de Tourisme au Lac ✆ 79 06 15 55, Télex 980030, Fax 79 06 45 44.

Paris 665 – Albertville 83 – Bourg-St-Maurice 30 – Chambéry 129 – Val-d'Isère 13.

　　🏠　**Campanules** 🕭, ✆ 79 06 34 36, Fax 79 06 35 78, ≼, 🈂 – 🛗 📺 ☎ 🅿. 🖭 ⑱. 🛠
　　　　1ᵉʳ juil.-31 août et 1ᵉʳ nov.-5 mai – **Repas** 80 (déj.), 130/160 – 🖵 50 – **36 ch** 490/680 –
　　　　½ P 470/510.

　　🏠　**Le Refuge** Ⓜ sans rest, ✆ 79 06 36 64, Fax 79 06 33 78, ≼ – 📺 ☎. ⑱
　　　　🖵 47 – **21 ch** 525/770, 3 appart.

　　🏠　**Aiguille Percée** 🕭, ✆ 79 06 52 22, Fax 79 06 35 69, ≼ – 🛗 📺 ☎. ⑱. 🛠 rest
　　　　Repas 60 (déj.), 100/120 – 🖵 35 – **43 ch** 380/480 – ½ P 390/480.

　　🏠　**Terril Blanc,** rte Val Claret ✆ 79 06 32 87, Fax 79 06 58 17, ≼, 🈂 – 📺 ☎ 🔥 🅿. ⑱
　　　　8 juil.-30 août et 20 déc.-8 mai – **Repas** 90/135 – 🖵 50 – **26 ch** 600 – ½ P 450/490.

　　🏠　**Paquis** 🕭, ✆ 79 06 37 33, Fax 79 06 36 59, ≼ – 🛗 📺 ☎. ⑱
　　　　5 juil.-30 août et 1ᵉʳ nov.-20 avril – **Repas** 90 (déj.)/120, enf. 50 – 🖵 50 – **36 ch** 300/600 –
　　　　½ P 555.

　　🏠　**Gentiana** 🕭, ✆ 79 06 52 46, Fax 79 06 35 61, ≼ – 🛗 📺 ☎ 🔥. ⑱. 🛠 rest
　　　　hôtel : 24 juin-28 août et 28 oct.-2 mai ; rest. : 1ᵉʳ juil.-27 août et 1ᵉʳ déc.-2 mai – **Repas**
　　　　98/185, enf. 65 – 🖵 45 – **31 ch** 405/620 – ½ P 475/525.

　　🏠　**Neige et Soleil,** ✆ 79 06 32 94, Fax 79 06 33 18, ≼, 🈂 – 📺 ☎. ⑱. 🛠
　　　　1ᵉʳ déc.-2 mai – **Repas** 100 (déj.), 140/180 – 🖵 45 – **26 ch** 370/550 – ½ P 350/460.

　　XX　**L'Orée du Maquis,** Le Lavachet ✆ 79 06 42 21 – ⑱
　　　　9 déc.-1ᵉʳ mai – **Repas** 180/250.

　　au Val Claret SO : 2 km – ✉ 73320 Tignes :

　　　🏢 Office de Tourisme (déc.-mai) ✆ 79 06 50 09.

　　🏨　**Ski d'Or** Ⓜ 🕭, ✆ 79 06 51 60, Fax 79 06 45 49, ≼, 🔥 – 🛗 📺 ☎ 🅿. 🖭 ⑱
　　　　1ᵉʳ déc.-1ᵉʳ mai – **Repas** 125 (déj.), 225/295 – **22 ch** (½ pens. seul.) – ½ P 980/1100.

　　🏨　**Curling** 🕭 sans rest, ✆ 79 06 34 34, Fax 79 06 46 14, ≼ – 🛗 📺 ☎. 🖭 ⓞ ⑱
　　　　8 juil.-26 août et 28 oct.-9 mai – 🖵 70 – **35 ch** 800/880.

　　🏠　**Nevada** Ⓜ 🕭, ✆ 79 06 50 33, Fax 79 06 45 04, ≼ – 📺 ☎. 🖭 ⑱. 🛠 rest
　　　　20 oct.-2 mai – **Repas** (résidents seul.) 140 (déj.)/160 – 🖵 60 – **28 ch** 365/680 – ½ P 440/
　　　　490.

　　🏠　**Vanoise** 🕭, ✆ 79 06 31 90, Fax 79 06 37 06, ≼ – 🛗 📺 ☎. ⓞ ⑱ 🇯🇨🇧
　　　　Repas (1ᵉʳ nov.-10 mai) 125/175 – 🖵 55 – **21 ch** 400/560 – ½ P 420/520.

TIL-CHÂTEL 21120 Côte-d'Or 🔢 ⑫ G. Bourgogne – 768 h alt. 284.

Paris 336 – ◆Dijon 26 – Châtillon-sur-Seine 81 – Dole 74 – Gray 42 – Langres 47.

　　🏠　**Poste,** ✆ 80 95 03 53, Fax 80 95 19 90 – ☎ 🖘. ⑱. 🛠
　　◆　*fermé vacances de Toussaint, de Noël, de fév., sam. sauf le soir du 1ᵉʳ avril au 31 oct. et dim.*
　　　　soir – **Repas** 65/170, enf. 54 – 🖵 25 – **9 ch** 190/300 – ½ P 183/228.

Le TILLEUL 76 S.-Mar. 🔢 ⑪ – rattaché à Étretat.

TILQUES 62 P.-de-C. 🔢 ③ – rattaché à St-Omer.

TINQUEUX 51 Marne 🔢 ⑥ – rattaché à Reims.

TINTÉNIAC **35190** I.-et-V. 59 ⑯ **G. Bretagne** – 2 163 h alt. 56.

Voir Château de Montmuran★ et église des Iffs★ SO : 5 km.

Syndicat d'Initiative, Mairie - r. Nationale ✆ 99 68 02 15.

Paris 373 – ♦Rennes 28 – St-Malo 42 – Avranches 62 – Dinan 26 – Dol-de-Bretagne 29 – Fougères 53.

XX **Voyageurs** avec ch, ✆ 99 68 02 21, Fax 99 68 19 58, – ☎ P. AE O GB
fermé 15 déc. au 17 janv., dim. soir et lundi – **Repas** 69 (déj.), 79/195 ♁, enf. 49 – ☕ 36 – **15 ch** 180/260 – ½ P 200/250.

TONNAY-BOUTONNE **17380** Char.-Mar. 71 ③ **G. Poitou Vendée Charentes** – 1 088 h alt. 24.

Paris 454 – La Rochelle 52 – Niort 57 – Rochefort 21 – Saintes 27 – St-Jean-d Angély 18.

Le Prieuré ♘, ✆ 46 33 20 18, Fax 46 33 25 55, – TV ☎ P. AE O GB. rest
hôtel : fermé 20 déc. au 5 janv. ; rest. : 15 mars-15 oct. et fermé dim. soir, lundi sauf du 1er avril au 15 oct – **Repas** 140/250 – ☕ 45 – **16 ch** 350/450 – ½ P 330/370.

Beau Rivage, ✆ 46 33 20 01
fermé 23 sept. au 21 oct. et lundi – **Repas** 70/170 ♁, enf. 45 – ☕ 30 – **7 ch** 140/240 – ½ P 170/240.

TONNEINS **47400** L.-et-G. 79 ④ – 9 334 h alt. 39.

de Barthe ✆ 53 88 83 31 à Tombeboeuf, NE : 19 km par D 120.

Office de Tourisme 3 bd Charles-de-Gaulle ✆ 53 79 22 79.

Paris 604 – Agen 41 – Nérac 39 – Villeneuve-sur-Lot 34.

Fleurs M sans rest, N 113 ✆ 53 79 10 47, Fax 53 79 46 37 – TV ☎ ♿ P – 25. GB
☕ 30 – **27 ch** 175/275.

CITROEN Sovat, rte de Bordeaux ✆ 53 79 02 16
PEUGEOT Garonne Autom., rte de Bordeaux ✆ 53 79 14 75
RENAULT Gar. Dupouy, rte de Bordeaux ✆ 53 84 50 84 N ✆ 53 84 50 84

Delapierre Pneus, 46 bd M.-Dormoy ✆ 53 79 02 85

TONNERRE **89700** Yonne 65 ⑥ **G. Bourgogne** – 6 008 h alt. 145.

Voir Ancien hôpital : charpente★ et Mise au tombeau★.

Env. Château de Tanlay★★ 9 km par ②.

de Tanlay ✆ 86 75 72 92, 9 km par ②.

Office de Tourisme r. du Collège ✆ 86 55 14 48.

Paris 198 ③ – Auxerre 35 ③ – Châtillon-sur-Seine 48 ② – Joigny 55 ① – Montbard 46 ② – Troyes 60 ①.

TONNERRE

Hôpital (R. de l')	9
Hôtel-de-Ville (R. de l')	10
St-Pierre (R.)	23
Campenon (R. Gén.)	2
Colin (R. Armand)	3
Fontenilles (R. des)	4
Fosse-Dionne (R. de la)	6
Garnier (R. Jean)	7
Marguerite-de-Bourgogne (Pl.)	12
Pompidou (Av. G.)	14
Pont (R. du)	16
République (Pl. de la)	17
St-Michel (R.)	18
St-Nicolas (R.)	20

Dans la liste des rues des plans de ville, les noms en rouge indiquent les principales voies commerçantes.

Les plans de villes sont orientés le Nord en haut.

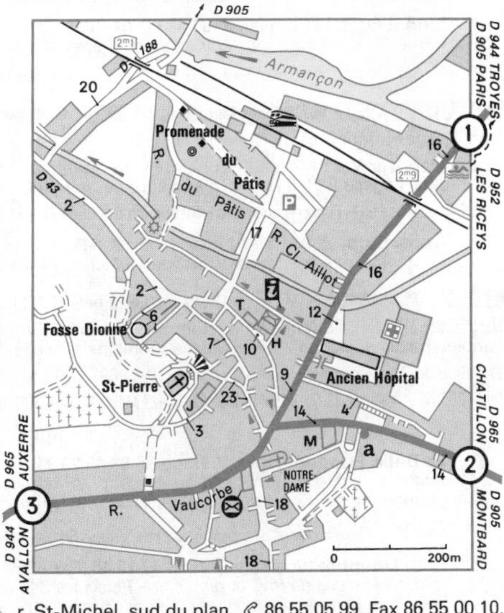

Abbaye St-Michel M ♘, r. St-Michel, sud du plan, ✆ 86 55 05 99, Fax 86 55 00 10, ≤, « Ancienne abbaye du 10e siècle dans un parc fleuri », – TV ☎ P. AE O GB
fermé 2 janv. au 8 fév., mardi midi et lundi hors sais. – **Repas** 300/590 et carte 380 à 540 – ☕ 85 – **11 ch** 580/1500, 3 appart
Spéc. Gelée de saumon en civet aux crevettes. Pot-au-feu de foie gras paysanne. Gaufrettes à la poudre de miel.
Vins Epineuil, Irancy.

🏨 **Ibis** M, par ② et rte Dijon : 2 km ✆ **86 54 41 41, Fax 86 54 48 28,** 🏞 – ⊬ ch, ▤ rest TV ☎ ♿ 🅿 – 🏛 40. AE ⓓ GB
Repas 97 bc/130 ♁, enf. 40 – ☕ 35 – **40 ch** 250/290.

XX **Le Saint Père,** 2 av. G. Pompidou **(a)** ✆ 86 55 12 84, 🏞 – GB
fermé 17 au 29 mars, 28 oct. au 21 nov., mardi soir, merc. soir, jeudi soir de nov. à fév., dim. soir et lundi – **Repas** 65 (déj.), 110/210 ♁, enf. 55.

OPEL Gar. Maupois, 83 r. G.-Pompidou ✆ 86 55 14 11
PEUGEOT Hérault Autom., 22 r. Chevalier-d'Eon par ① ✆ 86 55 08 98
RENAULT Gar. Perrot, rte de Paris par ① ✆ 86 55 38 18 **N** ✆ 05 05 15 15
VAG Gar. Lambert, 61 r. Vaucorbe ✆ 86 55 01 48
Tonnerre Accessoires, 20 av. A.-Grevin ✆ 86 55 00 66
◍ SOVIC, 1 r. G.-Pompidou ✆ 86 55 16 29

TORCY **71** S.-et-L. **69** ⑧ – rattaché au Creusot.

TORCY **77** S.-et-M. **56** ⑫, **101** ⑲ – Voir à Paris, Environs (Marne-la-Vallée).

TORIGNI-SUR-VIRE **50160** Manche **54** ⑭ **G. Normandie Cotentin** – 2 659 h alt. 89.

Paris 296 – St-Lô 14 – ◆Caen 55 – Villedieu-les-Poêles 33 – Vire 25.

XX **Aub. Orangerie** avec ch, ✆ 33 56 70 64 – TV ☎. GB. ✻ ch
➜ **Repas** 75 bc/210 bc, enf. 40 – ☕ 30 – **7 ch** 160/200 – ½ P 230/270.

CITROEN Gar. Lemoine, ✆ 33 56 71 53 **N** ✆ 33 56 71 53

TORNAC **30** Gard **80** ⑰ – rattaché à Anduze.

Avant de prendre la route, consultez votre Minitel

*Votre meilleur itinéraire sur **3615 MICHELIN** et sur **3617 MICHELIN** (feuille de route par **fax**) et de très nombreux conseils hôteliers et touristiques.*

TOUCY **89130** Yonne **65** ④ **G. Bourgogne** – 2 590 h alt. 202.

🅸 Office de Tourisme pl. Frères-Genêt (15 juin-15 sept. après-midi seul.) ✆ 86 44 15 66.

Paris 158 – Auxerre 23 – Avallon 71 – Clamecy 45 – Cosne-sur-Loire 53 – Joigny 29 – Montargis 61.

X **Lion d'Or,** r. L. Cormier ✆ 86 44 00 76 – GB
fermé 1er au 20 déc., dim. soir et lundi – **Repas** 90/170.

CITROEN Gar. Degret, ✆ 86 44 11 99
RENAULT Gar. Massot, ✆ 86 44 14 63

TOUËT-SUR-VAR **06710** Alpes-Mar. **81** ⑲ ⑳ **115** ⑭ **G. Alpes du Sud** – 342 h alt. 350.

Voir Gorges inférieures du Cians★★ N : 2 km.

Env. Villars-sur-Var : Mise au tombeau★★ du retable du maître-autel★, retable de l'Annonciation★ dans l'église E : 8,5 km – Gorges supérieures du Cians★★★ N : 13 km.

Paris 848 – ◆Nice 53 – Puget-Théniers 10 – St-Étienne-de-Tinée 71 – St-Martin-Vésubie 60.

X **Chasseurs,** ✆ 93 05 71 11, 🏞 – AE ⓓ GB
fermé fév., le soir en hiver (sauf vend. et sam.) et mardi – **Repas** 110/190 ♁, enf. 40.

TOUL ⟨SP⟩ **54200** M.-et-M. **62** ④ **G. Alsace Lorraine** – 17 281 h alt. 220.

Voir Cathédrale St-Étienne★★ et cloître★ BZ – Église St-Gengoult : cloître★★ BZ – Façade★ de l'ancien palais épiscopal BZ **H** – Musée municipal★ : salle des malades★ BY **M.**

🅸 Office de Tourisme parvis Cathédrale ✆ 83 64 11 69.

Paris 283 ⑤ – ◆Nancy 23 ② – Bar-le-Duc 59 ⑤ – ◆Metz 74 ① – St-Dizier 76 ⑤ – Verdun 83 ①.

Plan page ci-contre

XX **La Belle Époque,** 31 av. V. Hugo ✆ **83 43 23 71** – ▤. GB AY **s**
fermé 1er au 10 mai, 15 août au 1er sept., 23 déc. au 3 janv., sam. midi et dim. – **Repas** (nombre de couverts limité - prévenir) 98 (déj.), 150/210.

à la Z. I. Croix de Metz par ① et rte Villey-St-Etienne : 6 km – ✉ **54200** Toul :

XXX ✿ **Le Dauphin** (Vohmann), ✆ **83 43 13 46, Fax 83 64 37 01,** 🏞 – 🅿. AE ⓓ GB
fermé vacances de fév., et dim. soir – **Repas** 185/340 et carte 240 à 410
Spéc. Tarte aux cèpes et aux noix (hiver). Foie gras rôti entier. Soufflé aux mirabelles séchées. **Vins** Auxerrois, Côtes de Toul.

CITROEN Gar. Michel, N 411 ZI Croix-d'Argent par ① ✆ 83 43 08 61
PEUGEOT Gar. Mathiot Meny, av. 1ère-Armée-Française, rte de Troyes par ④ ✆ 83 43 00 74
RENAULT Toul Auto Diffusion, rte de Paris à Ecrouves par ⑤ ✆ 83 43 30 30 **N** ✆ 83 43 43 20
VAG Gar. St-Martin, rte de Nancy à Dommartin-les-Toul ✆ 83 64 55 05

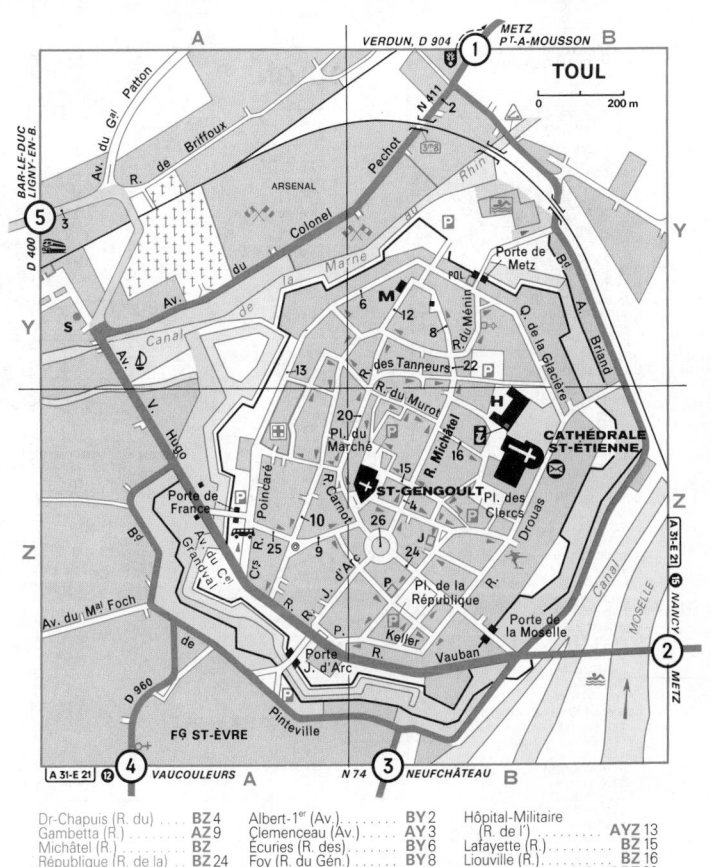

TOUL

VERDUN, D 904 / METZ Pᵀ-A-MOUSSON (top map labels)

0   200 m

BAR-LE-DUC LIGNY-EN-B.
D 400

D 960

D 31-E 21 (72) 4 VAUCOULEURS   N 74 (3) NEUFCHÂTEAU

Dr-Chapuis (R. du)	**BZ** 4	Albert-1ᵉʳ (Av.)	**BY** 2	Hôpital-Militaire	
Gambetta (R.)	**AZ** 9	Clemenceau (Av.)	**AY** 3	(R. de l')	**AYZ** 13
Michâtel (R.)	**BZ**	Écuries (R. des)	**BY** 6	Lafayette (R.)	**BZ** 15
République (R. de la)	**BZ** 24	Foy (R. du Gén.)	**BY** 8	Liouville (R.)	**BZ** 16
Thiers (R.)	**AZ** 25	Gengoult (R. du Gén.)	**AZ** 10	Petite-Boucherie (R.)	**ABZ** 20
3-Evêchés (Pl. des)	**BZ** 26	Gouvion St-Cyr (R.)	**BY** 12	Pte-des-Cordeliers (R.)	**BY** 22

TOULON P 83000 Var 84 ⑮ 114 ㊺ G. Côte d'Azur – 167 619 h alt. 1.

Voir Rade★★ – Corniche du Mont Faron★★ : ≤★ BCU – Vieille ville★ FY : Atlantes★ de l'ancien hôtel de ville FYF, Musée naval★ EY – Port★.

Env. Tour Beaumont (Mémorial du Débarquement★ et ※★★★) au Nord – Baou de 4 Oures ※★★ NO : 7 km par D 62 AU et D 262 – Mont Caume ※★★ NO : 15 km par D 62 AU – Fort de la Croix-Faron ≤★ N : 7 km CU.

ඕ de Valgarde, E : 10 km par ②.

✈ de Toulon-Hyères : ℰ 94 22 81 60, par ① : 21 km – ♠ ℰ 94 91 50 50.

⛴ pour la Corse (1ᵉʳ avril-30 sept.) : S.N.C.M/C.M.T., 49 av. Infanterie de Marine ℰ 94 41 25 76 FZ.

🛈 Office de Tourisme et Accueil de France 8 av. Colbert ℰ 94 22 08 22, Télex 400479 et pl. Albert-1ᵉʳ, hall gare SNCF ℰ 94 62 73 87, Télex 430307, Fax 94 22 30 54 – A.C. du Var, 1 av. H.Dunant ℰ 94 31 61 13, Fax 94 36 58 55.

Paris 837 ④ – Aix-en-Provence 80 ④ – ◆Marseille 64 ④.

Plans pages suivantes

🏨 **New Hôtel Tour Blanche** Ⓜ, près gare départ téléphérique du Mont-Faron ⊠ 83200 ℰ 94 24 41 57, Télex 400347, Fax 94 22 42 25, ≤ Toulon et la rade, �します, ⌧, 🐟 – 🛗 🗏 📺 ☎ 🅿 – 🔬 80. 🅰🅴 ⓪ 🆚 🇯🇨🇧   BU **a**
Repas 90 bc/150, enf. 50 – ⌧ 50 – **92 ch** 395.

🏨 **Holiday Inn Garden Court** Ⓜ, 1 av. Rageot de la Touche ℰ 94 92 00 21, Fax 94 62 08 15, 🌳, ⌧, – 🛗 ⇔ ch 🗏 📺 🅿 🕭 🔬 100. 🅰🅴 ⓪ 🆚   DX **b**
Repas (fermé sam. midi) 97/135 bc, enf. 55 – ⌧ 60 – **80 ch** 395/430.

1195

🏨 **Gd Hôtel** sans rest, 4 pl. Liberté ℰ 94 22 59 50, Fax 94 22 10 29 – 🛗 📺 ☎ 🚗, 🖭 ⑩ ⏭
🖃 40 – **45 ch** 375/480.
FX **k**

🏨 **New H. Amirauté** Ⓜ sans rest, 4 r. A. Guiol ℰ 94 22 19 67, Télex 404700,
Fax 94 09 34 72 – 🛗 🗏 📺 🕭, 🖭 ⑩ ⏭ ⎷⏣⏥
🖃 35 – **58 ch** 290.
EX **d**

🏨 **Nouvel H.** sans rest, 224 bd Tessé ℰ 94 89 04 22, Fax 94 92 13 06 – 🛗 🗏 📺 ☎, 🖭 ⏭
⎷⏣⏥ – 🖃 27 – **29 ch** 168/240.
FX **f**

🏠 **Acanthid** Ⓜ sans rest, 21 av. Colbert ℰ 94 09 10 63, Fax 94 09 20 62 – 🛗 🗏 📺 ☎, 🖭 ⑩
⏭ – 🖃 25 – **38 ch** 180/220.
FX **a**

🏠 **Dauphiné** sans rest, 10 r. Berthelot ℰ 94 92 20 28, Fax 94 62 16 69 – 🛗 📺 ☎, 🖭 ⑩ ⏭
🖃 26 – **57 ch** 225/275.
FX **s**

🏠 **Le Jaurès** sans rest, 11 r. J. Jaurès ℰ 94 92 83 04 – 📺 ☎, 🖭 ⏭
🖃 25 – **16 ch** 140/170.
EX **f**

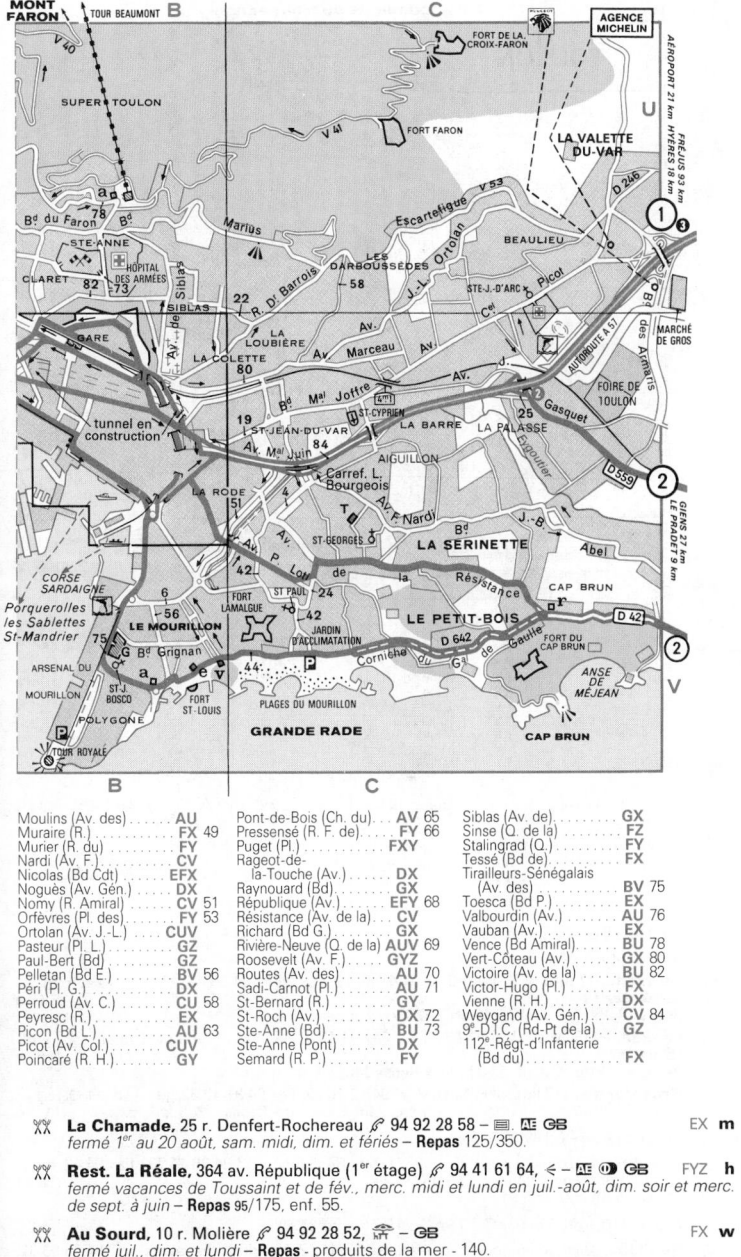

MONT FARON

TOUR BEAUMONT

SUPER TOULON

LA VALETTE DU-VAR

BEAULIEU

LES DARBOUSSÈDES

STE-ANNE

CLARET

HÔPITAL DES ARMÉES

LA LOUBIÈRE

LA COLETTE

tunnel en construction

ST-JEAN-DU-VAR

AIGUILLON

LA RODE

ST-GEORGES

LA SERINETTE

CORSE SARDAIGNE

Porquerolles les Sablettes St-Mandrier

LE MOURILLON

CAP BRUN

LE PETIT-BOIS

FORT DU CAP BRUN

ARSENAL DU MOURILLON

JARDIN D'ACCLIMATATION

FORT ST-LOUIS

PLAGES DU MOURILLON

GRANDE RADE

CAP BRUN

ANSE DE MÉJEAN

POLYGONE

TOUR ROYALE

AGENCE MICHELIN

Moulins (Av. des) . . . . . . **AU**	Pont-de-Bois (Ch. du). . . **AV** 65	Siblas (Av. de). . . . . **GX**
Muraire (R.) . . . . **FX** 49	Pressensé (R. F. de). . . . **FY** 66	Sinse (Q. de la) . . . . **FZ**
Murier (R. du) . . . . **FY**	Puget (Pl.) . . . . **FXY**	Stalingrad (Q.) . . . . **FY**
Nardi (Av. F.) . . . . **CV**	Rageot-de-	Tessé (Bd de) . . . . **FX**
Nicolas (Bd Cdt) . . . . . . **EFX**	la-Touche (Av.) . . . . . . **DX**	Tirailleurs-Sénégalais
Noguès (Av. Gén.) . . . . . **DX**	Raynouard (Bd) . . . . **GX**	(Av. des) . . . . **BV** 75
Nomy (R. Amiral) . . . . . . **CV** 51	République (Av.) . . . . . **EFY** 68	Toesca (Bd P.) . . . . **EX**
Orfèvres (Pl. des) . . . . . . **FY** 53	Résistance (Av. de la) . . **CV**	Valbourdin (Av.) . . . . **AU** 76
Ortolan (Av. J.-L.) . . . . . **CUV**	Richard (Bd G.) . . . . **GX**	Vauban (Av.) . . . . **EX**
Pasteur (Pl. L.) . . . . **GZ**	Rivière-Neuve (Q. de la) **AUV** 69	Vence (Bd Amiral) . . . . . **BU** 78
Paul-Bert (Bd) . . . . **GZ**	Roosevelt (Av. F.) . . . . . **GYZ**	Vert-Côteau (Av.) . . . . . **GX** 80
Pelletan (Bd E.) . . . . **BV** 56	Routes (Av. des) . . . . . . **AU** 70	Victoire (Av. de la) . . . . . **BU** 82
Péri (Pl. G.) . . . . **DX**	Sadi-Carnot (Pl.) . . . . . . **AU** 71	Victor-Hugo (Pl.) . . . . . . **FX**
Perroud (Av. C.) . . . . . . **CU** 58	St-Bernard (R.) . . . . **GY**	Vienne (R. H.) . . . . **DX**
Peyresc (R.) . . . . **EX**	St-Roch (Av.) . . . . **DX** 72	Weygand (Av. Gén.) . . . . **CV** 84
Picon (Bd L.) . . . . **AU** 63	Ste-Anne (Bd) . . . . **BU** 73	9ᵉ-D.I.C. (Rd-Pt de la) . . . **GZ**
Picot (Av. Col.) . . . . **CUV**	Ste-Anne (Pont) . . . . . . **DX**	112ᵉ-Régt-d'Infanterie
Poincaré (R. H.) . . . . **GY**	Semard (R. P.) . . . . **FY**	(Bd du) . . . . **FX**

XX **La Chamade,** 25 r. Denfert-Rochereau ℰ 94 92 28 58 – 🍽. ⅍ ⅏   EX **m**
fermé 1ᵉʳ au 20 août, sam. midi, dim. et fériés – **Repas** 125/350.

XX **Rest. La Réale,** 364 av. République (1ᵉʳ étage) ℰ 94 41 61 64, ≤ – ⅍ ⅏ ⅏   FYZ **h**
fermé vacances de Toussaint et de fév., merc. midi et lundi en juil.-août, dim. soir et merc. de sept. à juin – **Repas** 95/175, enf. 55.

XX **Au Sourd,** 10 r. Molière ℰ 94 92 28 52, 佘 – ⅏   FX **w**
fermé juil., dim. et lundi – **Repas** - produits de la mer - 140.

X **Le Dauphin,** 21 bis r. J. Jaurès ℰ 94 93 12 07 – 🍽. ⅍ ⅏   EX **e**
fermé 1ᵉʳ juil. au 1ᵉʳ août, sam. midi, dim. et fériés – **Repas** 65 bc (déj.)/120.

X **Pascal "chez Mimi",** 83 av. de la République ℰ 94 92 79 60 – ⅏   FY **z**
Repas - cuisine tunisienne - *(fermé lundi)* carte 120 à 220.

1197

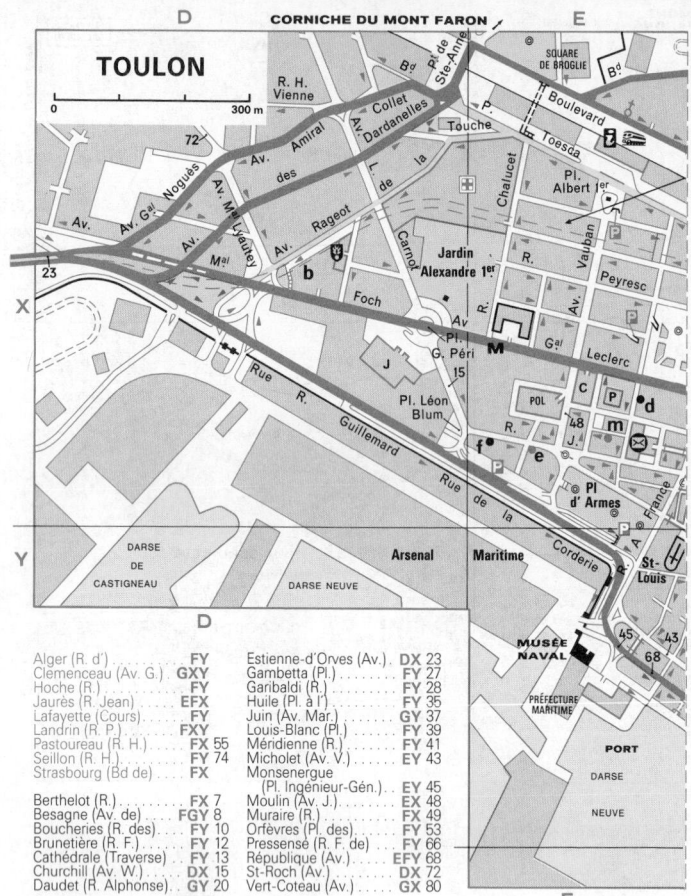

TOULON

0 — 300 m

CORNICHE DU MONT FARON

---

au Mourillon – ⊠ 83000 Toulon :

Voir Tour royale ✳★.

🏰 **Corniche,** 17 littoral F. Mistral ℰ 94 41 35 12, Fax 94 41 24 58, ≤, 🏤 – 🛗 ⇔ ch 📺 ☎.
🖭 ⓿ ⒼⒷ 🍽 ch
Repas 99/180 ⅊ – 🖵 45 – **19 ch** 320/450, 3 appart.
BV **a**

🍴🍴 **Le Lido,** av. F. Mistral ℰ 94 03 38 18, Fax 94 42 07 65, 🏤, ≤ rade de Toulon, 🚤 – 🍽.
🖭 ⓿ ⒼⒷ
fermé lundi du 30 sept. au 31 mai – **Repas** 140/210 bc, enf. 52.
BV **v**

🍴🍴 **Gros Ventre,** 279 littoral F. Mistral ℰ 94 42 15 42, Fax 94 31 40 32, 🏤 – 🖭 ⓿ ⒼⒷ
fermé 24 au 28 déc., jeudi midi et merc. sauf juil.-août – **Repas** 225 ⅊, enf. 62.
BV **e**

au Cap Brun – ⊠ 83100 Toulon :

🏡 **Les Bastidières** 🌿 sans rest, 2371 av. Résistance ℰ 94 36 14 73, Fax 94 42 49 75,
« Jardin provençal fleuri », 🏊 – 📺 ☎ ℗
🖵 60 – **5 ch** 650/750.
CV **r**

à la Valette-du-Var par ① : 7 km – 20 687 h. – ⊠ 83160 :

🏨 **St-Clair** Ⓜ, échangeur La Valette-Sud, Z.A. des Espaluns ℰ 94 08 03 32,
Fax 94 08 35 08 – 🛗 🖳 rest 📺 ☎ 🕭 ⇔ ℗ – 🔬 50. 🖭 ⓿ ⒼⒷ
Repas 85/125 ⅊ – 🖵 35 – **50 ch** 200/285 – ½ P 210/250.

🏨 **Ibis** Ⓜ, sortie Université Valgora ℰ 94 14 14 14, Télex 404003, Fax 94 14 10 04, 🏤 – 🛗
⇔ ch, 🖳 ch 📺 ☎ 🕭 ℗ – 🔬 60. 🖭 ⓿ ⒼⒷ
Repas 97 bc, enf. 40 – 🖵 35 – **84 ch** 290/310.

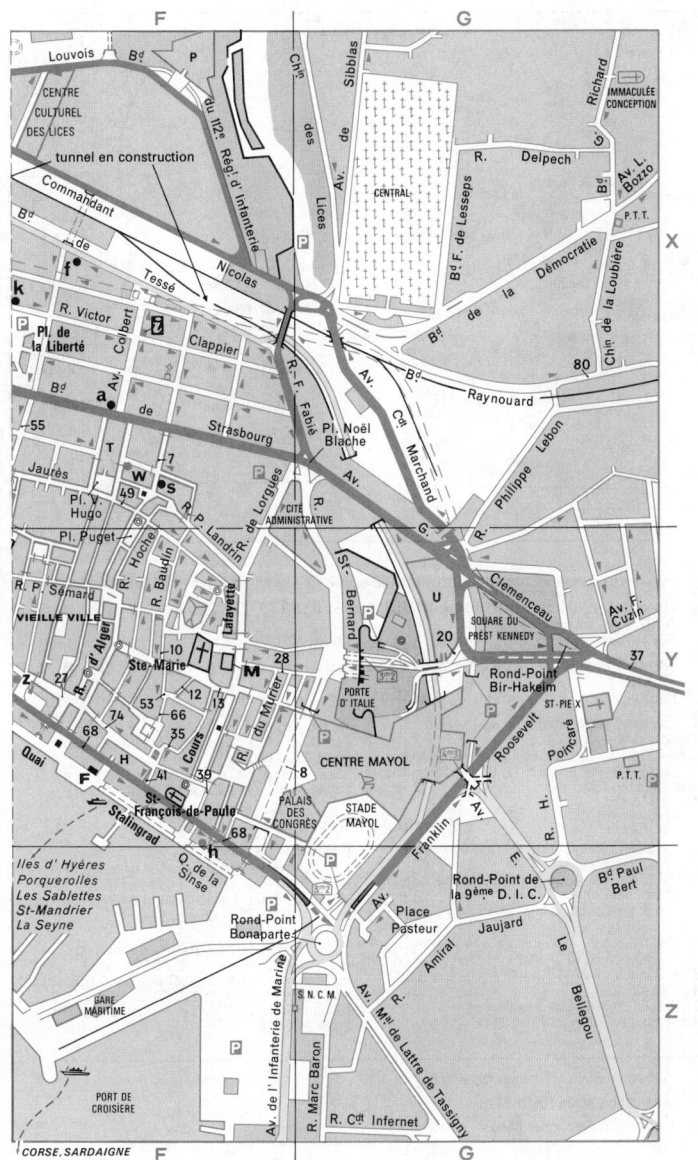

CORSE, SARDAIGNE

🏠 **Campanile,** échangeur La Valette-Sud, Z.A. des Espaluns 🖉 94 21 13 01,
Fax 94 08 56 54, 🏤 – ⇥ ch, 🍴 rest 📺 ☎ ₰ – 🔬 25. 🅰🅴 ① 🅶🅱
Repas 82 bc/105 bc, enf. 39 – ⟷ 30 – **49 ch** 270.

à *La Pauline* par ① et N 98 : 10 km – ✉ **83130** La Garde :

🏠 **Gardotel,** 🖉 94 75 82 25, Fax 94 08 42 98, 🏤, 🏊, – 🛗 ⇥ ch, 🍴 rest 📺 ☎ ₰ 🚗 🅿 –
🔬 30. 🅰🅴 ① 🅶🅱
Repas 108 ₰, enf. 48 – ⟷ 40 – **41 ch** 290/320 – ½ P 260.

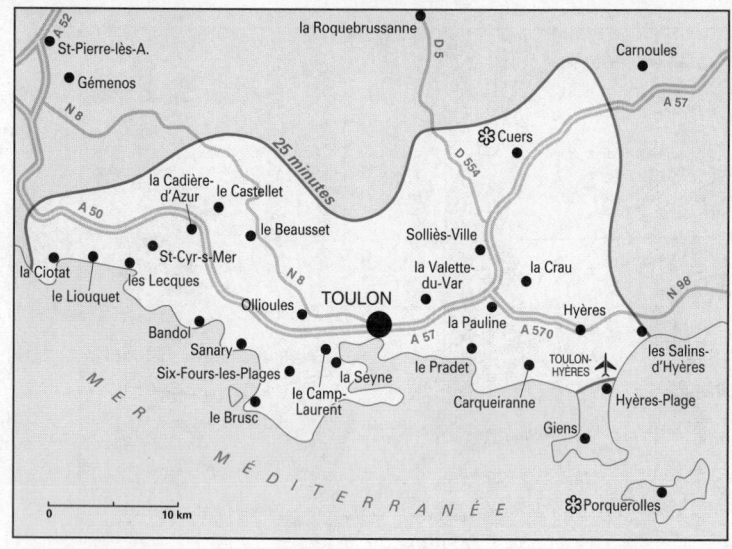

au Camp-Laurent par ④ autoroute A50 sortie Ollioules : 7,5 km – ⊠ **83500** La Seyne :

🏨 **Novotel**, ℰ 94 63 09 50, Télex 400759, Fax 94 63 03 76, 斎, ⊥, ☞ – ⋈ ✻ ch ▤ 📺 ☎ 🕭 🅿 – 🕍 150. 🖭 ⑩ ☎
Repas carte environ 170 🍴, enf. 50 – ☑ 48 – **86 ch** 420/450.

🏬 **Campanile,** ℰ 94 63 30 30, Fax 94 63 23 10, 斎 – ✻ ch, ▤ rest 📺 ☎ 🕭 🅿 – 🕍 25. 🖭 ⑩ ☎
Repas 82 bc/105 bc, enf. 39 – ☑ 30 – **49 ch** 270.

OPEL Champ-de-Mars Autom., Palais Réaltor,
pl. Champ-de-Mars ℰ 94 41 74 21
PEUGEOT Gds Gar. du Var, bd Armaris Ste-Musse
Aut. Toulon-Est CU ℰ 94 61 75 00 🅽 ℰ 91 97 34 40
ROVER Autorex, 13 av. Gén.-Pruneau
ℰ 94 41 18 14

⑩ Aude-Point S, ch. Belle-Visto ℰ 94 24 27 60
Escoffier-Pneus Vulcopneu, 704 av. Col.-Picot
ℰ 94 20 20 63
Marcel Pneus, 126 r. Dr-Gibert ℰ 94 42 41 42
Pasero, bd Cdt Nicolas ℰ 94 93 04 51

Périphérie et environs

BMW Bavaria Motors, ZAC des 4 Chemins RN 98
à La Garde ℰ 94 08 03 94
CITROEN SOCA, av. A.-Citroën à La Valette-du-Var
par ① ℰ 94 21 90 90
FIAT D.I.A.T., La Coupiane à La Valette-du-Var
ℰ 94 61 78 78
FORD Gar. d'Azur, av. Université à La Valette-
du-Var ℰ 94 21 04 00 🅽 ℰ 94 21 11 83
LANCIA Gar. Cuzin, ZAC des 4 Chemins à La Garde
ℰ 94 08 49 49
NISSAN S.E.G.A., 903 av. Draguignan
ZI Toulon Est à la Garde ℰ 94 08 24 08

RENAULT Succursale, ZAC les Espaluns
à La Valette-du-Var par ① ℰ 94 61 50 50 🅽
ℰ 05 05 15 15
VAG Gar. Foch, 1 allée des 4 Chemins à la Garde
ℰ 94 08 44 55 🅽 ℰ 05 00 24 24

⑩ Aude-Point S, Les Espaluns, r. Bertholet
à la Valette-du-Var ℰ 94 21 58 02
Euromaster, Domaine Ste-Claire, r. P.-et-M.-Curie
à la Valette-du-Var ℰ 94 23 23 46
Mendez Pneus, 101 av. Ed.-Herriot, L'Escaillon
ℰ 94 24 54 25

TOULOUSE P 31000 H.-Gar. 82 ⑧ G. Pyrénées Roussillon – 358 688 h alt. 146.

Voir Basilique St-Sernin★★★ FX – Les Jacobins★★ : vaisseau de l'église★★★ FY – Hôtel d'Assézat★ FY B – Cathédrale★ GY – Capitole★ FY – Tour d'escalier★ de l'hôtel de Bernuy FY S – Musées : Augustins★★ (sculptures★★★) GY M¹, Histoire naturelle★★ GY M², St-Raymond★★ FX M³, Paul Dupuy★ GZ M⁴.

🏌 (privé) 🕿 61 73 45 48, S : 10 km par D 4 BV ; 🏌 Saint-Gabriel 🕿 61 84 16 65, par ④ : 10 km ; 🏌🏌 de Toulouse-Seilh 🕿 62 13 14 14, par ⑪ sur D 2 : 15,5 km ; 🏌🏌 de la Ramée 🕿 61 07 09 09, SO : 10 km par D 50 AV ; 🏌 de Toulouse-Borde-Haute 🕿 61 83 60 28, par ⑤ : 15 km.

🛪 de Toulouse-Blagnac : 🕿 61 42 44 00 AT.

🚗 🕿 61 62 50 50.

🛈 Office de Tourisme et Accueil de France Donjon du Capitole 🕿 61 11 02 22, Télex 531508, Fax 61 22 03 63 – A.C. du Midi, 17 allées J.-Jaurès 🕿 61 62 76 21, Fax 61 99 22 38.

Paris 700 ① – Barcelona 325 ⑦ – ◆Bordeaux 245 ① – ◆Lyon 537 ⑦ – ◆Marseille 401 ⑦.

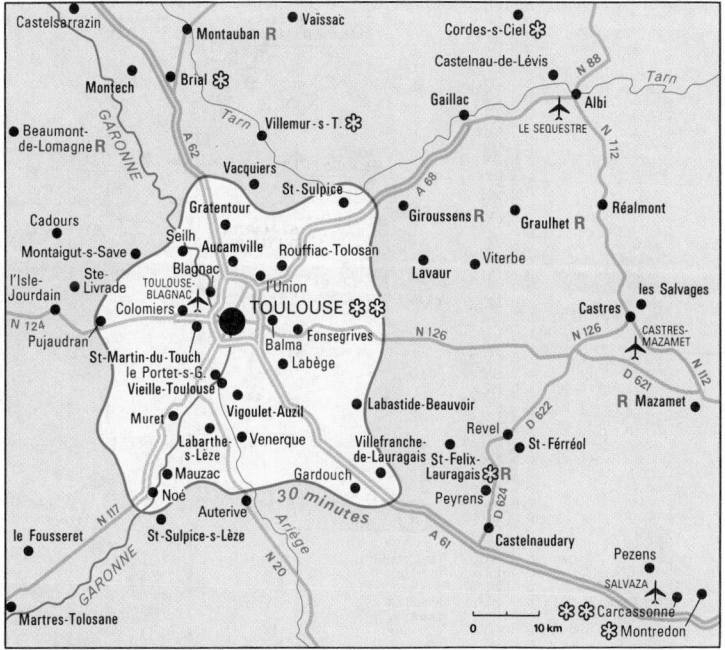

🏨🏨 **Sofitel Centre** M, 84 allées J. Jaurès 🕿 61 10 23 10, Télex 533361, Fax 61 10 23 20 – 📶 ⇔ch 🗏 📺 🕿 & 🕢 – 🔏 30 à 150. ◫ ⑩ ☯   p. 5 HX **v**
Repas (fermé sam. et dim.) 155 bc – 🖙 80 – **107 ch** 790/850, 12 appart.

🏨🏨 **Holiday Inn Crowne Plaza** M, 7 pl. Capitole 🕿 61 61 19 19, Télex 520348, Fax 61 23 79 96, 😄, 🛵 – 📶 ⇔ch 🗏 📺 🕿 & 🕢 – 🔏 50 à 100. ◫ ⑩ ☯ ᴊᴄʙ
Repas 110, enf. 60 – 🖙 60 – **160 ch** 750/850.   p. 5 FY **t**

🏨🏨 **Gd H. de l'Opéra** M 😄, 1 pl. Capitole 🕿 61 21 82 66, Télex 521998, Fax 61 23 41 04, 😄, 🛵 – 📶 🗏 📺 🕿 & – 🔏 100. ◫ ⑩ ☯ ᴊᴄʙ   p. 5 FY **q**
voir rest. **Les Jardins de l'Opéra** ci-après - **Gd Café de l'Opéra** 🕿 61 21 37 03 (fermé dim. en juil.-août) **Repas** 95/170. enf. 65 – **L'Opéra de Bala** cuisine indienne (fermé dim. en juil.-août) **Repas** 85(déj.)/190, enf. 40 – 🖙 75 – **40 ch** 450/900, 9 appart.

🏨🏨 **Gd H. Capoul** M, 13 pl. Wilson 🕿 61 10 70 70, Télex 533077, Fax 61 21 96 70 – 📶 🗏 📺 🕿 & – 🔏 30 à 100. ◫ ⑩ ☯   p. 5 GY **n**
Repas brasserie - carte 140 à 230 🍷 – 🖙 55 – **131 ch** 550/700.

🏨🏨 **Novotel** M 😄, pl. A. Jourdain 🕿 61 21 74 74, Télex 532400, Fax 61 22 81 22, 😄, 🔟 – 📶 ⇔ch 🗏 📺 🕿 & 🕢 – 🔏 60 à 120. ◫ ⑩ ☯   p. 4 EX **u**
Repas carte environ 160 🍷, enf. 50 – 🖙 48 – **125 ch** 450, 6 appart.

🏨🏨 **Mercure Atria** M, 8 espl. Compans Caffarelli 🕿 61 11 09 09, Télex 533422, Fax 61 23 14 12 – 📶 ⇔ch 🗏 📺 🕿 & ⇔ 🕢 – 🔏 200. ◫ ⑩ ☯   p. 4 EX **k**
Repas 110 🍷, enf. 45 – 🖙 50 – **136ch** 490.

RÉPERTOIRE DES RUES

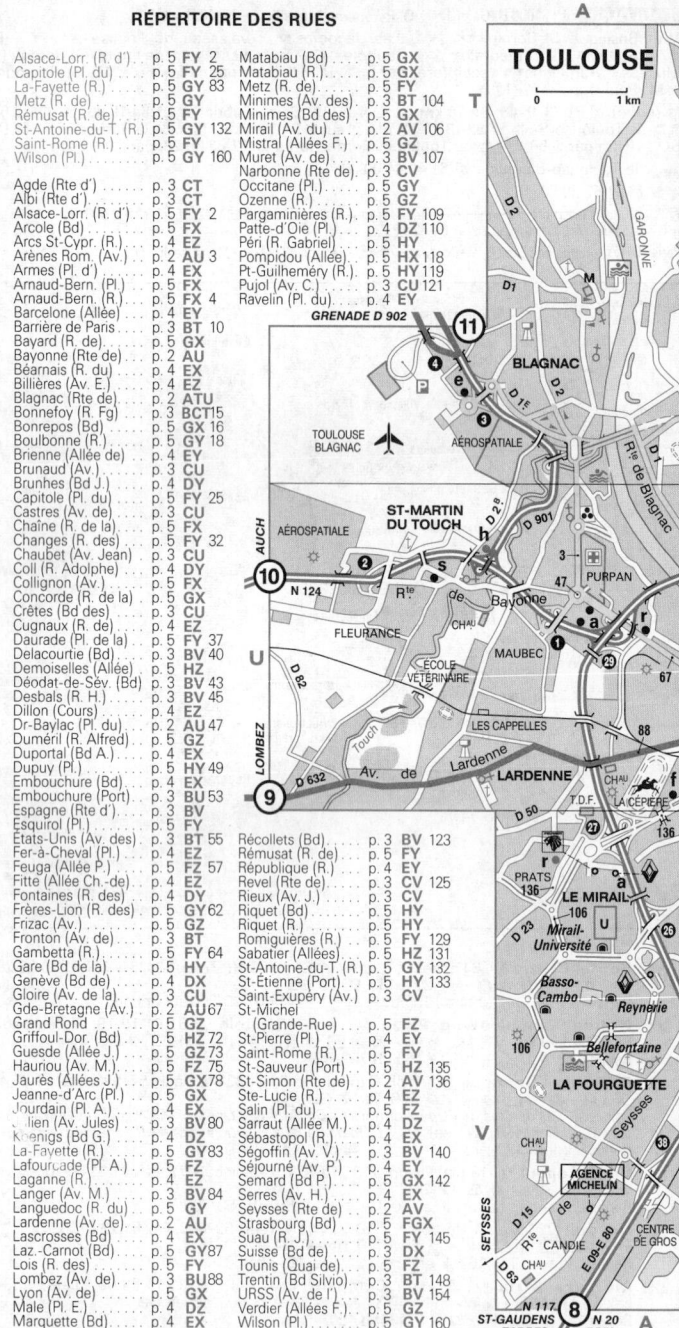

TOULOUSE

0   1 km

GRENADE D 902

BLAGNAC

TOULOUSE BLAGNAC

AÉROSPATIALE

ST-MARTIN DU TOUCH

AÉROSPATIALE

PURPAN

N 124

FLEURANCE

MAUBEC

ECOLE VÉTÉRINAIRE

LES CAPPELLES

LARDENNE

PRATS

LE MIRAIL

Mirail-Université

Basso-Cambo

Reynerie

Bellefontaine

LA FOURGUETTE

AGENCE MICHELIN

CANDIE

CENTRE DE GROS

N 117
ST-GAUDENS
TARBES

N 20
FOIX

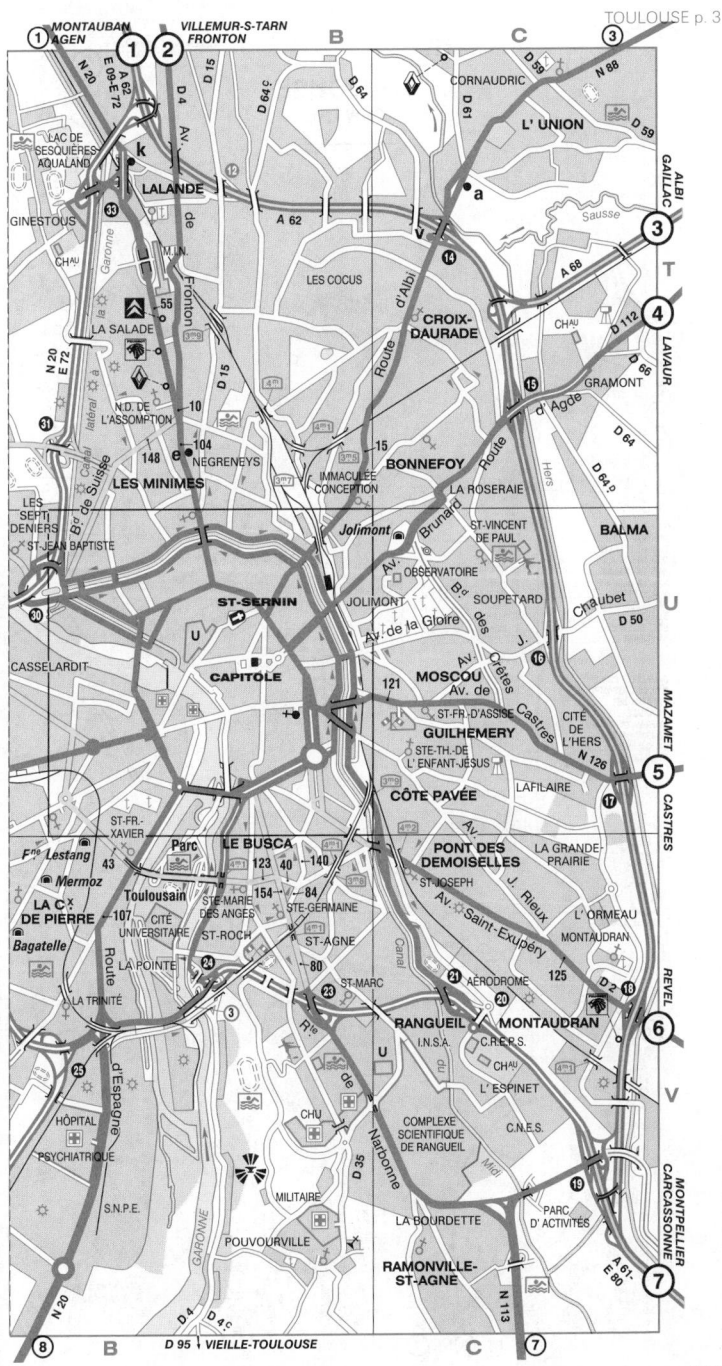

MONTAUBAN
AGEN
VILLEMUR-S-TARN
FRONTON

① MONTAUBAN AGEN
①
②
B
C
③

N 20
E 09-E 72
A 62

CORNAUDRIC

N 88

D 59

L' UNION

D 59

ALBI
GAILLAC

③

LAC DE
SESQUIÈRES
AQUALAND

k

D 15

D 64

D 64

D 61

a

③

T

GINESTOUS

LALANDE

Av.

de

A 62

Sausse

A 68

CHAU

D 112

④

LAVAUR

CHAU

M.I.N.

LES COCUS

CROIX-
DAURADE

D 66

GRAMONT

D 64

55

LA SALADE

Fronton

Route

CHAU

④

D 15

d'Albi

⑮

⑮

d' Agde

D 64.9

N 20
E 72

③①

N.D. DE
L'ASSOMPTION

10

104

148

e

Negreneys

15

IMMACULÉE
CONCEPTION

BONNEFOY

Route

Hers

LES MINIMES

LA ROSERAIE

LES
SEPT
DENIERS

ST JEAN BAPTISTE

Jolimont

Brunard

ST-VINCENT
DE PAUL

BALMA

③⓪

ST-SERNIN

U

Av.

OBSERVATOIRE

JOLIMONT

Bd

des

SOUPETARD

Chaubet

D 50

U

CASSELARDIT

CAPITOLE

Av. de la Gloire

Av.

des

Crêtes

J.

⑯

121

MOSCOU
Av. de

Castres

CITÉ
DE
L'HERS

MAZAMET

ST-FR.-D'ASSISE

GUILHEMERY

STE-TH.-DE
L' ENFANT-JESUS

N 126

⑤

CASTRES

CÔTE PAVÉE

LAFILAIRE

⑰

ST-FR.-
XAVIER

Fne Lestang

Mermoz

Parc

LE BUSCA

123

40

140

Av.

PONT DES
DEMOISELLES

LA GRANDE-
PRAIRIE

43

154

84

J. Rieux

LA CX
DE PIERRE

Toulousain

107

CITÉ
UNIVERSITAIRE

STE-MARIE
DES ANGES

ST-ROCH

STE-GERMAINE

ST-JOSEPH

Av.

Saint-Exupéry

L' ORMEAU
MONTAUDRAN

REVEL

Bagatelle

Route

LA POINTE

ST-AGNE

⑤④

80

ST-MARC

⑤③

⑤①

AÉRODROME

125

②⓪

②⓪

D 2

⑱

⑥

LA TRINITÉ

d'Espagne

R10

RANGUEIL

MONTAUDRAN

②⑤

U

I.N.S.A.

C.R.E.P.S.

CHAU

L' ESPINET

V

HÔPITAL

PSYCHIATRIQUE

CHU

COMPLEXE
SCIENTIFIQUE
DE RANGUEIL

C.N.E.S.

Midi

⑲

MONTPELLIER
CARCASSONNE

S.N.P.E.

D 35

Narbonne

PARC.
D' ACTIVITÉS

A 61-
E 80

MILITAIRE

LA BOURDETTE

POUVOURVILLE

RAMONVILLE-
ST-AGNE

N 113

⑦

⑧

B

D 95

VIEILLE-TOULOUSE

C

⑦

1203

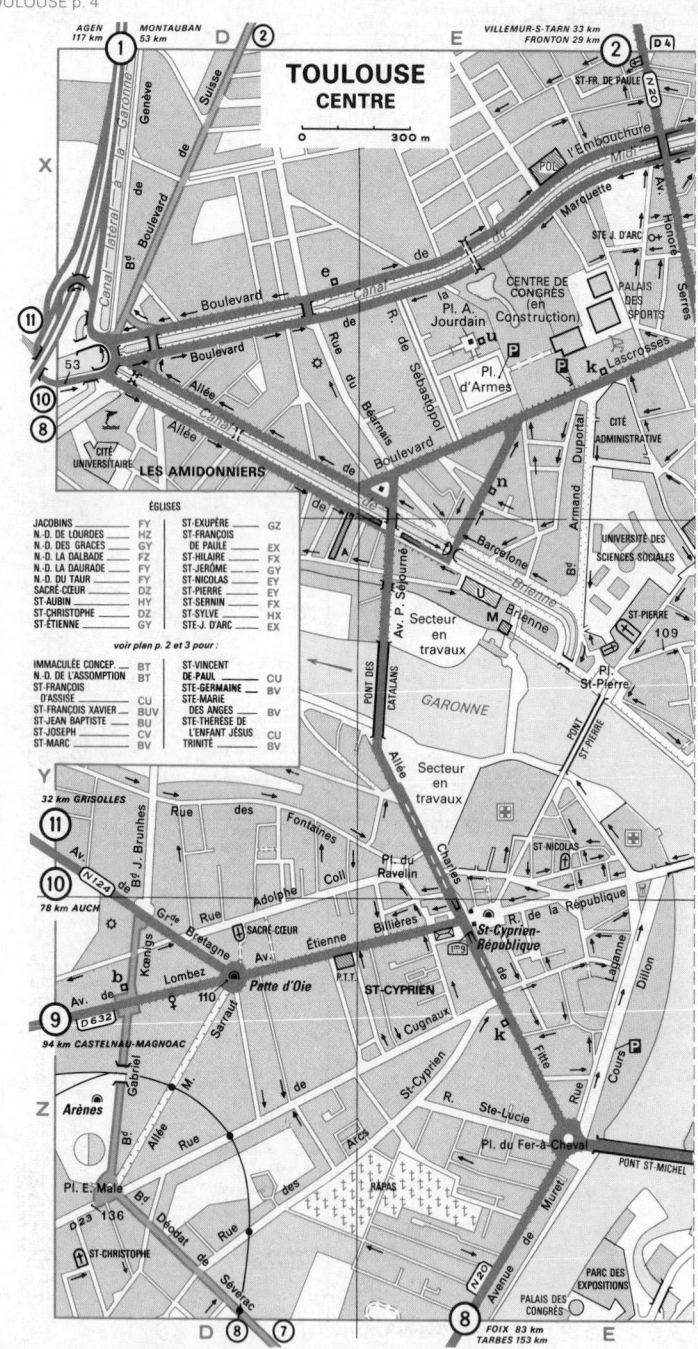

TOULOUSE
CENTRE

0 — 300 m

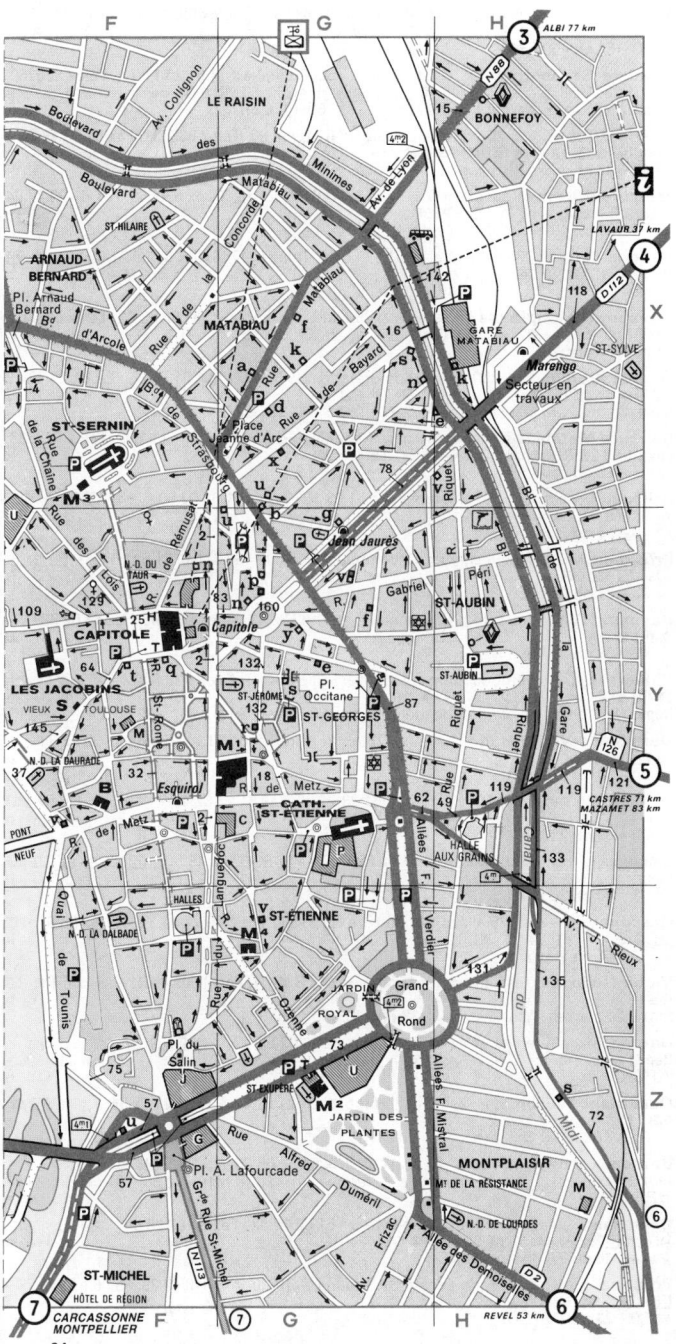

🏨 **Mermoz** M 🍴 sans rest, 50 r. Matabiau *✆* 61 63 04 04, Télex 532427, Fax 61 63 15 64 –
|⊟| cuisinette 🗏 📺 ☎ & ⟷ – 🛏 40. 🖭 ⓪ 🆖   p. 5 GX **f**
⌑ 50 – **52 ch** 450/520.

🏨 **Mercure St Georges** M, r. St-Jérome (pl. Occitane) *✆* 61 23 11 77, Télex 520760,
Fax 61 23 19 38, 🍴 – |⊟| 🙌 ch 🗏 📺 ☎ – 🛏 25 à 200. 🖭 ⓪ 🆖 🆓   p. 5 GY **s**
Repas *(fermé sam. et dim.)* 100 bc/150 bc – ⌑ 50 – **170 ch** 495.

🏨 **Brienne** M sans rest, 20 bd Mar. Leclerc *✆* 61 23 60 60, Télex 533031, Fax 61 23 18 94 –
|⊟| 🗏 📺 ☎ & 🄟 – 🛏 30. 🖭 ⓪ 🆖   p. 4 EX **n**
⌑ 45 – **68 ch** 330/460, 3 appart.

🏨 **Mercure Wilson** M sans rest, 7 r. Labéda *✆* 61 21 21 75, Télex 530550, Fax 61 22 77 64
– |⊟| 🗏 📺 ☎ 🄟 – 🛏 30. 🖭 ⓪ 🆖   p. 5 GY **y**
⌑ 55 – **91 ch** 495, 4 appart.

🏨 **Victoria** sans rest, 76 r. Bayard *✆* 61 62 50 90, Télex 521748, Fax 61 99 21 02 – |⊟| 🗏 📺
☎ – 🛏 30. 🖭 ⓪ 🆖   p. 5 GX **s**
fermé 24 déc. au 2 janv. – ⌑ 45 – **71 ch** 300/400.

🏨 **Mercure Les Capitouls** M sans rest, 29 allées J. Jaurès *✆* 61 62 63 33, Télex 533363,
Fax 61 63 15 17 – |⊟| 🙌 ch 🗏 📺 ☎ & – 🛏 35. 🖭 ⓪ 🆖   p. 5 GY **g**
⌑ 55 – **50 ch** 520.

🏨 **Grande Bretagne** M, 300 av. Grande Bretagne ⊠ 31300 *✆* 61 31 84 85, Fax 61 31 87 12
– |⊟| 🙌 ch 🗏 📺 ☎ & 🄟 – 🛏 50. 🖭 ⓪ 🆖   p. 2 AU **r**
Repas *(fermé sam. midi et dim.)* 99/200 – ⌑ 55 – **44 ch** 360/390.

🏨 **Mercure Matabiau** M sans rest, gare Matabiau ⊠ 31500 *✆* 61 62 84 93, Télex 533888,
Fax 61 99 27 78 – |⊟| 🗏 📺 ☎ – 🛏 30. 🖭 ⓪ 🆖   p. 5 HX **k**
⌑ 43 – **62 ch** 350.

🏨 **Athénée** M sans rest, 13 r. Matabiau *✆* 61 63 10 63, Fax 61 63 87 80 – |⊟| 🗏 📺 ☎ & 🄟 –
🛏 30. 🖭 ⓪ 🆖 🆓   p. 5 GX **a**
⌑ 40 – **35 ch** 360/420.

🏨 **Président** M 🍴 sans rest, 45 r. Raymond IV *✆* 61 63 46 46, Fax 61 62 83 60 – 📺 ☎ &
⟷. 🖭 ⓪ 🆖   p. 5 GX **k**
⌑ 35 – **31 ch** 265/350.

🏨 **Raymond IV** sans rest, 16 r. Raymond IV *✆* 61 62 89 41, Télex 533696, Fax 61 62 38 01 –
|⊟| 📺 ☎ ⟷ – 🛏 30. 🖭 ⓪ 🆖   p. 5 GX **d**
⌑ 40 – **38 ch** 290/380.

🏨 **Vidéotel** M, 77 bd Embouchure ⊠ 31200 *✆* 61 57 34 77, Fax 61 23 54 74, 🍴 – |⊟| 🙌 ch
🗏 📺 ☎ & ⟷ 🄟 – 🛏 45. 🖭 ⓪ 🆖   p. 4 DX **e**
Repas *(fermé sam. et dim.)* 59 bc (déj.), 70 bc/100 bc, enf. 39 – ⌑ 32 – **90 ch** 250 – ½ P 216.

🏨 **Ours Blanc-Victor Hugo** sans rest, 25 pl. V. Hugo *✆* 61 23 14 55, Fax 61 23 62 34 – |⊟|
📺 ☎. 🆖   p. 5 GY **u**
⌑ 35 – **38 ch** 250/350.

🏨 **Le Capitole** sans rest, 10 r. Rivals *✆* 61 23 21 28, Fax 61 23 67 48 – |⊟| 📺 ☎. 🖭 ⓪ 🆖
🆓   p. 5 FY **n**
⌑ 35 – **33 ch** 210/380.

🏨 **Orsay** sans rest, 8 bd Bonrepos *✆* 61 62 71 61, Fax 61 62 64 46 – |⊟| 📺 ☎ & 🄟. 🖭 ⓪
🆖   p. 5 GX **n**
⌑ 31 – **40 ch** 200/290.

🏨 **Gascogne** sans rest, 25 allées Ch. de Fitte ⊠ 31300 *✆* 61 59 27 44, Fax 61 42 25 52 – |⊟|
📺 ☎ & ⟷ 🄟. 🖭 ⓪ 🆖   p. 4 EZ **k**
⌑ 35 – **51 ch** 200/300.

🏨 **Victor Hugo** sans rest, 26 bd Strasbourg *✆* 61 63 40 41, Fax 61 62 45 41 – |⊟| 🗏 📺 ☎. 🖭
🆖   p. 5 GY **b**
fermé 24 déc. au 2 janv. – ⌑ 30 – **32 ch** 210/280.

🏨 **Garden,** 81 bd Koenigs *✆* 62 21 02 22, Fax 62 21 02 63, 🍴 – |⊟| 📺 ☎ 🄟. 🆖. 🍴 rest
Repas snack *(fermé 12 au 31 août, dim. midi et sam.)* 54 bc/85 & – ⌑ 30 – **24 ch** 240/300 –
½ P 320.   p. 4 DZ **b**

🏨 **Ours Blanc Wilson** sans rest, 2 r. V. Hugo *✆* 61 21 62 40, Fax 61 23 62 34 – |⊟| 🗏 📺 ☎.
🆖   p. 5 GY **p**
⌑ 35 – **37 ch** 250/350.

🏨 **Bordeaux,** 4 bd Bonrepos *✆* 61 62 41 09, Fax 61 63 06 65 – |⊟| 📺 ☎ &. 🖭 ⓪ 🆖
fermé 24 déc. au 2 janv. – **Repas** snack *(fermé sam. et dim.)* 65 – ⌑ 30 – **31 ch** 220/245 –
½ P 197.   p. 5 GHX **e**

🏨 **Castellane** sans rest, 17 r. Castellane *✆* 61 62 18 82, Fax 61 62 58 04 – |⊟| cuisinette
🙌 ch 📺 ☎ & ⟷ – 🛏 50. 🖭 ⓪ 🆖   p. 5 GY **v**
⌑ 30 – **46 ch** 270, 6 studios.

🏨 **Prado** sans rest, 26 r. Prado par rte St-Simon ⊠ 31100 *✆* 61 40 49 29, Fax 62 14 11 75 –
📺 ☎ 🄟. 🖭 ⓪ 🆖   p. 2 AU **f**
⌑ 30 – **23 ch** 235/275.

🏠 **Star** sans rest, 17 r. Baqué ✉ 31200 ℰ 61 47 45 15, Fax 61 47 22 61 – 📺 ☎. 🅰️ 🆖
⌷ 28 – **17 ch** 192/260.   p. 3   BT   **e**

🏠 **Trianon Wilson** sans rest, 7 r. Lafaille ℰ 61 62 74 74, Fax 61 99 15 44 – |🛗| 📺 ☎. 🅰️ 🆖.
🏷️   p. 5   GX   **u**
⌷ 30 – **25 ch** 195/230.

XXXX ✿✿ **Les Jardins de l'Opéra** -Gd H. de l'Opéra- (Toulousy), 1 pl. Capitole ℰ 61 23 07 76,
Fax 61 23 41 04, 🌿 – 🗏. 🅰️ ⓞ 🆖   p. 5   FY   **q**
fermé 6 au 29 août, 1ᵉʳ au 4 janv., dim. et fériés – **Repas** 200 bc (déj.), 290/480 et carte 420 à
560
Spéc. Ravioli de foie gras frais au jus de truffes. Filets de rouget en vinaigrette de haricots. Figues rôties au banyuls
farcies de glace vanille (mai à nov.).

XXX ✿ **Vanel**, 22 r. M. Fontvieille ℰ 61 21 51 82, Fax 61 23 69 04 – 🗏. 🅰️ 🆖   p. 5   GY   **e**
fermé 1ᵉʳ au 15 août et dim. – **Repas** 200 bc (déj.), 250/500 bc et carte 280 à 380 –
Bistrot Vanel : **Repas** 98/120
Spéc. Foie gras au torchon. Pigeon rôti aux épices au miel. Gibier (saison). **Vins** Cahors, Côtes du Frontonnais.

XXX **La Frégate,** 1 r. d'Austerlitz (2ᵉ étage) ℰ 61 21 59 61, Fax 61 22 58 41 – 🗏. 🅰️ ⓞ 🆖
Repas 135/150 et carte 260 à 370.   p. 5   GY   **p**

XXX ✿ **Le Pastel** (Garrigues), 237 rte St-Simon ✉ 31100 ℰ 61 40 59 01, Fax 61 44 29 22, �云,
🌿 – ⓟ. 🅰️ 🆖. 🏷️   p. 2   AV   **r**
fermé 4 au 22 août, 22 déc. au 1ᵉʳ janv., sam. midi et dim. – **Repas** 120 (déj.), 250/300 et carte
240 à 320
Spéc. Raviole de crabe au basilic. Poitrine de pigeonneau poêlée, cuisses en pastilla aux pignons. Clafoutis de prunes à
l'ancienne.

XX **Orsi ''Bouchon Lyonnais''**, 13 r. Industrie ℰ 61 62 97 43, Fax 61 63 00 71 – 🗏. 🅰️ ⓞ
🆖 🏧   p. 5   GY   **f**
fermé sam. midi et dim. – **Repas** 149/200 bc.

XX **L'Edelweiss,** 19 r. Castellane ℰ 61 62 34 70 – 🗏. 🅰️ ⓞ 🆖
fermé 1ᵉʳ au 15 août et dim. – **Repas** 100 bc (déj.)/155 ⑂.   p. 5   GY   **v**

XX **Brasserie ''Beaux Arts''**, 1 quai Daurade ℰ 61 21 12 12, Fax 61 21 14 80 – 🗏. 🅰️ ⓞ
🆖   p. 5   FY   **v**
Repas 99 bc/141.

XX **Chez Emile**, 13 pl. St-Georges ℰ 61 21 05 56, Fax 61 21 42 26, �云 – 🗏. 🅰️ ⓞ 🆖
fermé vacances de Noël, dim. et lundi – *Rez-de-Chaussée* (poissons) **Repas** 220, ⑂ –
1ᵉʳ étage (viandes) **Repas** 195, ⑂.   p. 5   GY   **r**

XX **Le Colombier**, 14 r. Bayard ℰ 61 62 40 05, Fax 61 99 10 11 – 🅰️ 🆖   p. 5   GX   **x**
fermé 1ᵉʳ au 20 août, sam. midi et dim. – **Repas** 100/200.

XX **La Jonque du Yang Tsé**, bd Griffoul-Dorval ✉ 31400 ℰ 61 20 74 74, Fax 61 80 64 33,
« Péniche aménagée » – 🗏. 🅰️ 🆖 🏧 🏷️   p. 5   HZ   **s**
fermé lundi midi – **Repas** - cuisine chinoise - 109 (déj.), 139/196.

XX **La Barigoude**, 8 r. Mage ℰ 61 53 07 24 – 🅰️ ⓞ 🆖   p. 5   GZ   **v**
fermé 1ᵉʳ au 20 août, sam. midi et dim. – **Repas** 75 bc (déj.), 95 bc/148 ⑂, enf. 45.

X **La Bascule**, 14 av. M. Hauriou ℰ 61 52 09 51, Fax 61 55 06 32 – 🗏. 🆖   p. 5   FZ   **u**
fermé dim. soir et lundi soir – **Repas** 160 bc/200 bc ⑂.

à Lalande N : 6 km sur N 20 – ✉ 31200 Toulouse :

🏨 **Hermès** Ⓜ sans rest, 49 av. J. Zay ℰ 61 47 60 47, Fax 61 47 56 08 – |🛗| 🗏 📺 ☎ ⑂ ⓟ –
🔺 25. 🅰️ ⓞ 🆖 🏧   p. 3   BT   **k**
⌷ 30 – **68 ch** 280/340.

à Aucamville par ① : 7 km – 3 807 h. – ✉ 31140 :

🏨 **Les Pins**, 94 rte Fronton ℰ 61 70 26 04, Fax 61 70 82 85, 🌿 – |🛗| 📺 ☎ ⑂ ⓟ – 🔺 30 à 80.
🅰️ 🆖 🏧
fermé 10 au 20 août – **Repas** (fermé dim. soir et lundi fériés) 95/195 – ⌷ 30 – **35 ch** 220/270
– ½ P 210/225.

à Gratentour par ② *et D 14* : 15 km – ✉ 31150 :

🏨 **Le Barry** Ⓜ 🍴, ℰ 61 82 22 10, Fax 61 82 22 38, 🌿, ⛱, 🌲 – 📺 ☎ ⑂ ⓟ – 🔺 45. 🅰️ ⓞ
🆖. 🏷️
Repas (fermé 7 au 21 août. et dim.) 90/135 – ⌷ 35 – **22 ch** 270/340 – ½ P 285/305.

à l'Union NE : 6 km – 11 751 h. – ✉ 31240 :

🏠 **Campanile,** sur N 88 ℰ 61 74 00 40, Fax 61 09 53 38, 🌿 – 💱 ch 📺 ☎ ⑂ ⓟ – 🔺 40. 🅰️
ⓞ 🆖
Repas 82 bc/105 bc, enf. 39 – ⌷ 30 – **72 ch** 270.   p. 3   CT   **a**

à Rouffiac-Tolosan par ③ : 12 km – ✉ 31180 :

🏠 **Le Clos du Loup**, N 88 ℰ 61 09 28 39, Fax 61 35 13 97, 🌿 – 📺 ☎ ⓟ. 🆖 🏧
Repas (fermé dim. soir et lundi) 95/220 – ⌷ 25 – **20 ch** 215 – ½ P 210.

à Balma par ⑤ *et N 126* : 5 km – 9 506 h. – ✉ 31138 :

🏠 **Espacehôtel** Ⓜ sans rest, 17 av. St-Martin de Boville ℰ 61 24 33 99, Fax 61 24 46 40 –
💱 ch 📺 ☎ ⑂ ⓟ. 🅰️ 🆖
⌷ 32 – **57 ch** 260/270.

à *Fonsegrives* par ⑤ : 8 km – ✉ 31130 Balma :

XX **La Grange,** ✆ 61 24 00 55, Fax 61 24 08 73, 佘 – **℗**. GB
Repas 115/190.

à *Labège Innopole* par ⑥ et D 16 : 12 km – ✉ 31670 :

🏠 **Le Patio** Ⓜ, ✆ 61 39 29 00, Fax 61 39 84 38, 佘, 𝄀, 🍽, ⁂ – ⊠ 📺 ❤ ❤ ℗ – ⚘ 30. 🅰🅴
⓪ GB
Repas *(fermé août, dim. midi et sam.)* 79 (déj.)/105 ⓢ – ⇌ 48 – **81 ch** 280/380 – ½ P 340.

XX **Aub. de Pouchalou,** ✆ 61 39 89 40, Fax 61 39 23 47, 佘 – **℗**. 🅰🅴 ⓪ GB
fermé dim. de sept. à mai – **Repas** 60 (déj.), 100/200.

à *Vieille-Toulouse* S : 9 km par D 4 – ✉ 31320 :

🏠 **La Flânerie** 🍃 sans rest, rte Lacroix-Falgarde ✆ 61 73 39 12, Fax 61 73 18 56, ⟨ vallée,
parc, 🏊 – 📺 ❤ ❤ ℗. 🅰🅴 ⓪ GB
fermé 23 déc. au 6 janv. – ⇌ 42 – **12 ch** 270/570.

à *Vigoulet-Auzil* par ⑦ sortie Ramonville et D 35 : 12 km – ✉ 31320 :

XXX **Aub. de Tournebride,** ✆ 61 73 34 49, Fax 62 19 11 06, 佘 – **℗**. 🅰🅴 ⓪ GB
fermé 14 au 28 août, sam. midi, dim. soir et lundi soir – **Repas** 115 (déj.), 155/195 et carte 230
à 350.

à *Portet-sur-Garonne* S : 10 km par N 20 – ✉ 31120 :

🏠 **L'Hotan** Ⓜ, 80 rte d'Espagne ✆ 62 20 06 06, Télex 533929, Fax 62 20 02 36, 佘 – ⊠ ▤
📺 ❤ ❤ ℗ – ⚘ 80. 🅰🅴 ⓪ GB JCB
Repas *(fermé dim. midi)* 98/250 ⓢ – ⇌ 47 – **53 ch** 370/420 – ½ P 360.

au *Sud-Ouest* : 8 km par D 23 -AV – ✉ 31100 Toulouse :

🏠 **Diane,** 3 rte St-Simon ✆ 61 07 59 52, Fax 61 86 38 94, 佘, 🏊, 𝄀 – ⊱⇌ ch, ▤ rest 📺 ❤
℗ – ⚘ 30. 🅰🅴 ⓪ GB
Le St-Simon (fermé sam. midi, dim. et fériés) **Repas** 95/180 – ⇌ 45 – **35 ch** 390/505 –
½ P 295/360.

XXX **Les Ombrages,** 48 bis rte St Simon ✆ 61 07 61 28, Fax 61 06 42 26, 佘 – **℗**. 🅰🅴 ⓪ GB
fermé 16 au 31 août, 23 déc. au 4 janv. et lundi – **Repas** 120 (déj.), 130/240 et carte 170 à 330.

à *Purpan* O : 6 km par N 124 – ✉ 31300 Toulouse :

🏰 **Palladia** Ⓜ, 271 av. Grande-Bretagne ✆ 62 12 01 20, Fax 62 12 01 21, 佘, 🏊 – ⊠ ⊱⇌ ch
▤ 📺 ❤ ❤ ❤ ℗ – ⚘ 25 à 250. 🅰🅴 ⓪ GB   p. 2 AU **a**
Le Bernuy : **Repas** 110, enf. 50 – ⇌ 70 – **82 ch** 690/790.

🏠 **Novotel** Ⓜ, ✆ 61 15 00 00, Télex 520640, Fax 61 15 88 44, 佘, 🏊, ⁂ – ⊠ ⊱⇌ ch ▤ 📺
❤ ❤ ℗ – ⚘ 150. 🅰🅴 ⓪ GB   p. 2 AU **a**
Repas carte environ 170, enf. 50 – ⇌ 50 – **123 ch** 415.

à *St-Martin-du-Touch* O : 8 km par N 124 – ✉ 31300 Toulouse :

🏠 **Airport H.** Ⓜ sans rest, 176 rte Bayonne ✆ 61 49 68 78, Télex 521752, Fax 61 49 73 66 –
⊠ 📺 ❤ ❤ ❤ ℗. 🅰🅴 ⓪ GB JCB   p. 2 AU **s**
⇌ 29 – **48 ch** 279/339.

XX **Le Cantou,** 98 r. Velasquez ✆ 61 49 20 21, Fax 61 31 01 17, 佘 – 🅰🅴 ⓪ GB
Repas *(fermé sam. et dim.)* 92/193.   p. 2 AU **h**

à *Colomiers* par ⑩ : 12 km – 26 979 h. – ✉ 31770 :

🏠 **Castella et rest. Le Columerin,** près église ✆ 61 78 68 68, Fax 61 15 14 64 – 📺 ❤ ❤
➤ ℗ – ⚘ 25. GB
fermé août – **Repas** *(fermé dim. soir et lundi)* 65/200 ⓢ – ⇌ 20 – **33 ch** 220/250 – ½ P 180.

à *Blagnac* NO : 7 km - AT – 17 209 h. – ✉ 31700 :

🏰 **Sofitel** Ⓜ, accès aéroport ✆ 61 71 11 25, Télex 520178, Fax 61 30 02 43, 佘, 𝄀, ⁂ – ⊠
⊱⇌ ch ❤ ℗ – ⚘ 25 à 150. 🅰🅴 ⓪ GB   p. 2 AT **e**
Le Caouec : **Repas** 130/185, enf. 45 – ⇌ 75 – **100 ch** 690/720.

🏠 **Le Grand Noble** Ⓜ, accès aéroport ✆ 61 30 48 49, Télex 533953, Fax 61 71 85 60, 佘 –
⊠ ⊱⇌ ch ▤ 📺 ❤ ❤ ℗ – ⚘ 30. 🅰🅴 ⓪ GB
Repas 88/150 – ⇌ 40 – **44 ch** 305/335.

XXX **Le Goulu,** r. Bordebasse ✆ 61 15 66 66, Fax 61 30 43 07, 佘, 𝄀 – ▤ ℗. 🅰🅴 ⓪ GB
fermé 1er au 15 août, sam. midi et dim. soir – **Repas** 120/185 et carte 230 à 300.

à *Seilh* NO : 15 km – ✉ 31840 :

🏰 **Latitudes** Ⓜ, rte Grenade ✆ 62 13 14 15, Fax 61 59 77 97, ⟨, 佘, 🏊, ⁂ – ▤ 📺 ❤ ❤
➤ ℗ – ⚘ 180. 🅰🅴 ⓪ GB
Repas 150 ⓢ – ⇌ 55 – **117 ch** 440 – ½ P 425.

MICHELIN, Agence régionale, ZI, 30 bd de Thibaud AV ✆ 61 41 11 54.

BMW Gar. Pelras, 145 r. N.-Vauquelin
☎ 61 41 53 53
BMW Gar. Soulié, 15 Gde Rue St-Michel
☎ 61 52 93 75
CITROEN Gar. Carrière, rte de Castres à Lasbordes
par ⑤ ☎ 61 24 24 27
CITROEN France Autom., ZI Montaudran,
av. D.-Daurat ☎ 62 16 65 85
CITROEN Succursale, 142, av. des Etats-Unis BT
☎ 62 72 95 55 **N** ☎ 05 05 24 24
FERRARI Gar. Pozzi-Ferrari France, 7 av. D.-Daurat
☎ 61 54 14 14
FIAT, LANCIA SOMEDA, 123 rte de Revel
☎ 62 16 66 66
FORD Auto-Services, 134 rte de Revel
☎ 61 36 86 86
FORD S.L.A.D.A., 83 bd Silvio-Trentin
☎ 61 13 54 54
FORD Auto-Services, 226 rte de Narbonne
☎ 62 19 18 20
FORD S.L.A.D.A., 113 rte d'Espagne à Portet-
sur-Garonne ☎ 61 72 00 25
JAGUAR Bayard Autom., 81 r. J. Babinet
☎ 61 76 18 18
LADA Espace Auto 31, ZA Babinet, 4 r. E.-Baudot
☎ 61 44 95 55
MERCEDES Antras Autos Toulouse, 231 rte d'Albi
☎ 61 61 33 33 **N** ☎ 61 61 33 33
NISSAN Gar. Fittante, 6 r. 8 Mai 45 à Ramonville-
St-Agne ☎ 61 75 82 42
NISSAN Gar. Fittante, 24 bd Matabiau
☎ 61 62 86 48
OPEL Générale Autom., 16 allée Ch. de Fitte
☎ 61 42 91 36
OPEL Auto Plus Mirail, 123 r. N.-Vauquelin
☎ 61 44 22 99
OPEL Gar. Vignard, r. E.-Branly à Ramonville-
St-Agne ☎ 61 73 04 91
PEUGEOT S.I.A.L., 105 av. des Etats-Unis BT **a**
☎ 61 47 67 67 **N** ☎ 05 44 24 24
PEUGEOT S.I.A.L., 28 av. Daurat CV ☎ 61 54 52 52
PEUGEOT S.I.A.L., r. L.-N.-Vauquelin AV
☎ 61 41 23 33 **N** ☎ 05 44 24 24
PEUGEOT Ramonville Auto, 9 av. Crêtes à
Ramonville-St-Agne par N 113 CV ☎ 62 19 19 19
RENAULT Renault St-Aubin, 32 r. Riquet HY
☎ 61 62 62 21
RENAULT Succursale, r. L.-N.-Vauquelin AV **a**
☎ 61 19 21 21 **N** ☎ 05 05 15 15

RENAULT Gar. Puel, 2 r. J.-Babinet AV
☎ 61 40 41 40
RENAULT Toulouse Montaudran Autom.,
125 rte de Revel par ⑥ ☎ 61 54 42 54
RENAULT Succursale, 75 av. des États-Unis BT
☎ 61 10 75 75 **N** ☎ 05 05 15 15
RENAULT S.T.E.C.A.V., ch. de la Violette à l'Union
CT ☎ 61 74 45 00 **N** ☎ 61 09 86 28
RENAULT Gar. Itier, 1 av. Marqueille à St-Orens-
Gameville par ⑥ ☎ 62 24 80 42
ROVER Sterling Autom., à Labège ☎ 62 24 04 44
SAAB Central Garage, 8 r. G.-Péri ☎ 61 62 60 45
SEAT Mondial Autom, 109 av. des Etats-Unis
☎ 61 57 40 52
TOYOTA Gar. Laville, 2 r. M.-Caunes
☎ 61 61 05 00
VAG Capitole Autom., ZA Babinet ☎ 61 44 44 44
VAG Toulouse Autom., à Labège ☎ 61 36 09 89 **N**
☎ 61 54 03 95
VAG Toulouse-Autom., 34 Gde r. St-Michel
☎ 62 26 97 26
VAG S.C.A.U., 71 av. de Toulouse à l'Union
☎ 61 74 14 45 **N** ☎ 61 57 50 51
VAG Toulouse Autom., 187 av. des Etats-Unis
☎ 61 57 42 80
VOLVO Véhicules Sce Auto, 144 av. Etats-Unis
☎ 61 13 53 53

ⓘ Bellet Pneus, 63 bd de Thibault ☎ 61 40 11 12
Espace Pneu Vulcopneu, 45 rte de Paris
à Aucamville ☎ 61 37 10 10
Euromaster, 71 bd Marquette ☎ 61 21 68 13
Euromaster, av. E.-Serres à Colomiers
☎ 61 15 50 50
Euromaster, 336 av. de Fronton ☎ 61 47 59 59
Euromaster, 19 av. Thibaud ☎ 61 40 28 72
Euromaster, 82 r. N.-Vauquelin ☎ 61 40 36 86
Euromaster, ZI Montaudran, 10 av. Daurat
☎ 61 80 19 98
Le Pneu Vulcopneu, 1 rte de Bessières à l'Union
☎ 61 74 23 33
Martignon-Pneus, ZA du Moulin à Aussonne
☎ 61 85 03 53
Pneu Sud Vulcopneu, 205 av. des Etats-Unis
☎ 61 47 80 80
Pons Pneus, ZA Ribaute à Quint ☎ 61 24 40 94
Toulouse-Pneu, ZI de Prat-Gimont à Balma
☎ 61 48 62 04

TOUQUES 14 Calvados ͜͜ ③ – rattaché à Deauville.

Le TOUQUET-PARIS-PLAGE 62520 P.-de-C. ͛1 ⑪ G. Flandres Artois Picardie – 5 596 h alt. 10 –
Casinos La Forêt BZ, Quatre saisons AY.

Voir Phare ≤** – Vallée de la Canche* par ①.

 ׷׷ ☎ 21 05 68 47, S : 2,5 km par ②.

🛫 Office de Tourisme Palais de l'Europe ☎ 21 05 21 65, Télex 134955, Fax 21 05 50 66.

Paris 224 ① – ♦Calais 66 ① – Abbeville 56 ① – Arras 98 ① – Boulogne-sur-Mer 31 ① – ♦Lille 128 ① –
St-Omer 69 ①.

Plan page suivante

🏨🏨 **Westminster**, av. Verger ☎ 21 05 48 48, Fax 21 05 45 45, ĺĺ, 📷, 🛏 – 🎚 📺 ☎ Ⓟ –
🛎 25 à 200. 🄺 ⓘ 🄾
BZ **a**
fermé 15 janv. au 10 fév. – **Le Pavillon** (fermé mardi) **Repas** (dîner seul.) 210/450 enf. 100 –
Coffee Shop : 🍝 **Repas** 125/175, 🍽, enf. 75 – &#x2movies; 115 **ch** 550/1180 – ½ P 625/685.

🏨🏨 **Grand Hôtel** M, bd Canche ☎ 21 06 88 88, Télex 135765, Fax 21 06 87 87, 📷 – 🎚 📺 ☎
🛏 Ⓟ – 🛎 160. 🄺 ⓘ 🄾
BY **s**
La Croisette : **Repas** 180/320, enf. 80 – &#x2movies; 70 – 130 **ch** 588/1008, 5 appart – ½ P 610.

🏨🏨 **Le Picardy** M ♌, av. Mar. Foch ☎ 21 06 85 85, Fax 21 06 85 00, 🍴, ĺĺ, 📷, 🛏, ⚔ – 🎚 📺
☎ 🛏 Ⓟ – 🛎 80. 🄺 ⓘ 🄾
BZ **n**
Le Touquet's : **Repas** 125 🍽 – &#x2movies; 60 – 56 **ch** 590/730, 32 duplex 810.

🏨 **Manoir H.** ♌, au Golf par ② : 2,5 km ☎ 21 05 20 22, Fax 21 05 31 26, 🍴, 🏊, 🛋, ⚔ –
📺 ☎ Ⓟ. 🄺 🄾. ⚔ rest
fermé janv. – **Repas** 150/195 – 41 **ch** &#x2movies; 550/1110 – ½ P 535/705.

🏨 **Novotel** M ♌, sur la plage ☎ 21 09 85 00, Télex 160480, Fax 21 09 85 10, ≤, centre de
thalassothérapie, 📷 – 🎚 ⚔ ch, 🍝 rest 📺 ☎ 🛏 ⟼ Ⓟ – 🛎 25 à 125. 🄺 ⓘ 🄾. ⚔ ch
fermé 3 au 21 janv. – **Repas** 150, enf. 60 – &#x2movies; 58 – 149 **ch** 570/945, 12 appart. AZ **e**

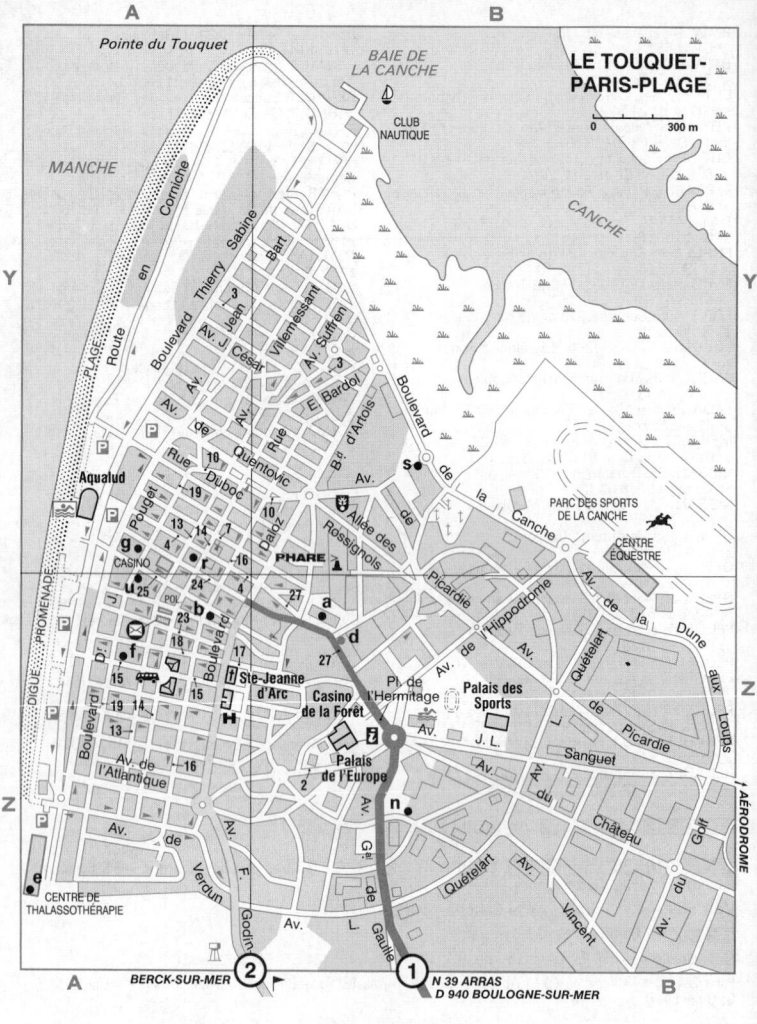

LE TOUQUET-
PARIS-PLAGE

0   300 m

🏨 **Bristol** sans rest, r. J. Monnet ℰ 21 05 49 95, Télex 135506, Fax 21 05 90 93 – 📶 📺 ☎ –
🔏 40. 🅰🅴 ① 🇬🇧   AZ **f**
📶 50 – **46 ch** 430/620.

🏨 **Red Fox** Ⓜ sans rest, r. Metz ℰ 21 05 27 58, Fax 21 05 27 56 – 📶 📺 ☎ ও, 🚗 🅰🅴 ①
🇬🇧   AY **r**
📶 40 – **48 ch** 410/460.

🏨 **Forêt** sans rest, 73 r. Moscou ℰ 21 05 09 88, Fax 21 05 59 40 – 📺 ☎. 🇬🇧. ✀   AZ **b**
fermé 22 oct. au 4 nov. – 📶 27 – **10 ch** 230/290.

🏨 **Nouvel H.** sans rest, 89 r. Paris ℰ 21 05 87 61 – 📺 ☎. 🇬🇧   AYZ **u**
15 mars-15 déc. – 📶 33 – **20 ch** 180/340.

XXXX ✿ **Flavio-Club de la Forêt** (Delmotte), av. Verger ✆ 21 05 10 22, Fax 21 05 91 55, 🏞 – AE ⓓ GB JCB BZ **d**
fermé 10 janv. au 10 fév. et lundi sauf juil.-août – **Repas** 200 bc/720 bc et carte 290 à 470
Spéc. Feuillantine de coquilles Saint-Jacques (oct. à mai). Carte des homards. Côte de veau de lait du Limousin.

XX **Café des Arts,** 80 r. Paris ✆ 21 05 21 55 – AE ⓓ GB AY **g**
fermé 18 au 25 déc., 8 au 31 janv., mardi en hiver et lundi – **Repas** 150 bc/300.

E : 2,5 km par av. de Picardie BZ :

XX **L'Escale,** ✆ 21 05 23 22, Fax 21 05 84 56 – Ⓟ. AE ⓓ GB
fermé jeudi soir sauf vacances scolaires – **Repas** 150 bc/170 - ***Brasserie*** : **Repas** 75bc/110 ♁ enf. 39.

à Stella-Plage par ② : 7 km – ✉ **62780** Cucq :

🏠 **des Pelouses,** bd E. Labrasse ✆ 21 94 60 86, Fax 21 94 10 11 – 🛗 📺 ☎ Ⓟ. GB
✦ *fermé janv.* – **Repas** 65/160 ♁, enf. 45 – ☕ 30 – **30 ch** 150/300 – ½ P 210/250.

RENAULT G.C.R. "Renault le Touquet", av. G.-Besse par ① ✆ 21 94 91 00 **N** ✆ 21 84 13 13

Avant de prendre la route, consultez la carte Michelin n° 911 "FRANCE – Grands Itinéraires".

Vous y trouverez :

– votre kilométrage,

– votre temps de parcours,

– les zones à "bouchons" et les itinéraires de dégagement,

– les stations-service ouvertes 24 h/24...

Votre route sera plus économique et plus sûre.

TOURCOING 59200 Nord **51** ⑥ **111** ⑭ **G. Flandres Artois Picardie** – 93 765 h alt. 42.

Voir Musée des Beaux-Arts BY **M.**

⛳9 des Flandres (privé) ✆ 20 72 20 74, par N 350 : 9,5 km ; ⛳18 du Sart (privé) ✆ 20 72 02 51, par N 350 : 12 km ; ⛳18 ⛳18 de Bondues ✆ 20 23 20 62, SO : 7 km ; ⛳18 de Brigode à Villeneuve d'Ascq ✆ 20 91 17 86.

🛈 Office de Tourisme Parvis St-Christophe, pl. République ✆ 20 26 89 03 – A.C. 13 r. Desurmont ✆ 20 26 56 37.

Paris 234 ⑩ – ♦Lille 13 – Kortrijk 19 ④ – Gent 61 ② – Oostende 79 ① – Roubaix 4.

Plans pages suivantes

Accès et sorties : voir plan de Lille.

🏨 **Novotel** Ⓜ, au Nord près échangeur de Neuville-en-Ferrain ✉ 59535 Neuville-en-Ferrain ✆ 20 94 07 70, Fax 20 94 08 80, 🏞, 🏊 – 🛗 ⛔ ch, ▤ rest 📺 ☎ ♿ Ⓟ – 🎤 200. AE ⓓ GB plan Lille HR **e**
Repas 89/190 bc, enf. 55 – ☕ 48 – **108 ch** 395/430.

🏠 **Ibis** Ⓜ, r.Carnot ✆ 20 24 84 58, Fax 20 26 29 58 – 🛗 ⛔ ch 📺 ☎ 🚗. AE GB BY **a**
Repas 97 bc, enf. 40 – ☕ 35 – **102 ch** 275.

🏠 **Comfort Inn Primevère** Ⓜ, Parc d'activités de Ravennes-les-Francs ✉ 59910 Bondues ✆ 20 36 01 96, Fax 20 24 53 52, 🏞 – ⛔ ch 📺 ☎ ♿ Ⓟ – 🎤 25. AE ⓓ GB planLille HR **b**
Repas 81/129 ♁, enf. 41 – ☕ 30 – **53 ch** 265 – ½ P 325.

XX **P'tit Bedon,** 5 bd Égalité ✆ 20 25 00 51, Fax 20 25 00 51 – ▤. AE ⓓ GB BY **k**
fermé 17 au 31 juil., 28 août au 18 sept. et lundi – **Repas** 160 bc/320.

XX **La Baratte,** 395 r. Clinquet (par D 950b) ✆ 20 94 45 63, Fax 20 03 41 84 – ▤. AE GB plan de Lille HR **d**
fermé 1er au 12 mars, 1er au 20 août, sam. et dim. – **Repas** 98/180.

XX **Le Plessy,** 31 av. Lefrançois ✆ 20 25 07 73 – ▤. AE ⓓ GB BZ **d**
fermé août, dim. soir et lundi – **Repas** 98/250.

FORD Ponthieux Autom., 147 bis r. Dronckaert à Roncq ✆ 20 94 14 00 **N** ✆ 20 75 40 03
PEUGEOT Gar. de l'Autoroute, 13 r. Dronckaert à Roncq par D 91 AX ✆ 20 69 06 00 **N** ✆ 05 44 24 24
RENAULT DIANOR, 53 r. Dronckaert à Roncq par D 91 AX ✆ 20 94 01 35 **N** ✆ 28 40 36 96
RENAULT S.N.A.T., 95 r. Tilleul CZ ✆ 20 69 10 50 **N** ✆ 20 85 33 92

VAG Valauto Roncq, Bd d Halluin à Roncq ✆ 20 25 63 00 **N** ✆ 20 36 64 32

Ⓜ Nord Pneu-Point S, 9 bis r. F.-Buisson ✆ 20 25 31 78

TOURCOING

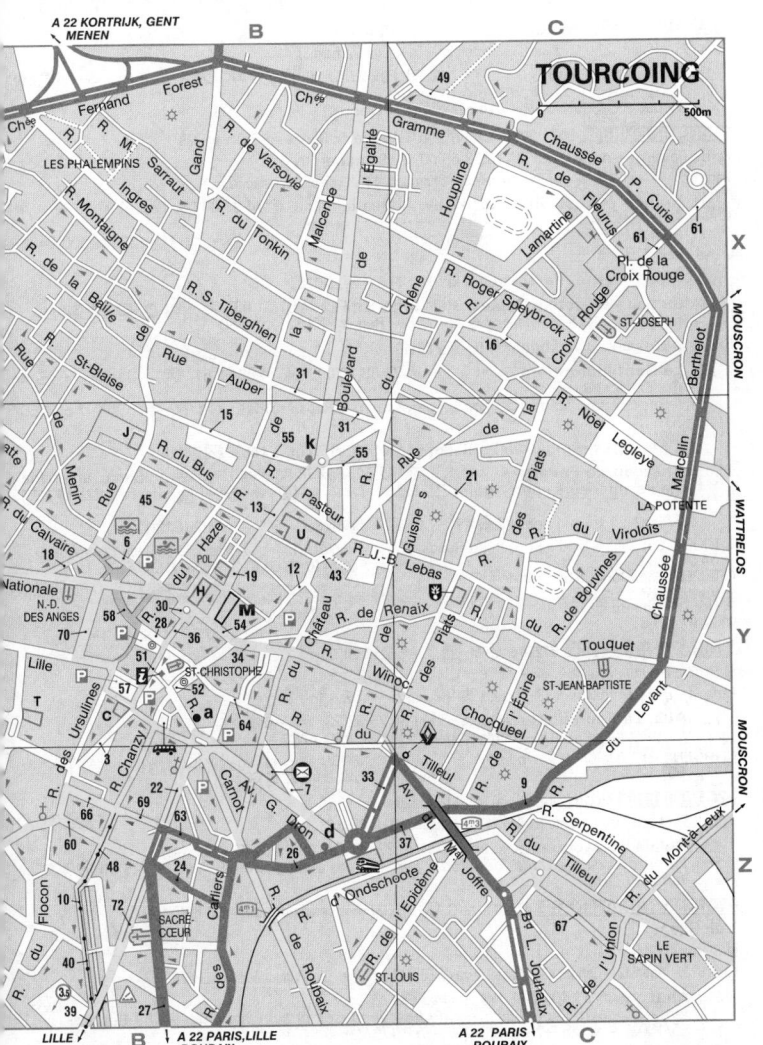

TOURCOING

A 22 KORTRIJK, GENT MENEN

LES PHALEMPINS

Pl. de la Croix Rouge

ST-JOSEPH

LA POTENTE

N.-D.
DES ANGES

ST-CHRISTOPHE

ST-JEAN-BAPTISTE

Touquet

SACRÉ-
CŒUR

ST-LOUIS

LE
SAPIN VERT

MOUSCRON

WATTRELOS

MOUSCRON

X

Y

Z

500m

Une réservation confirmée par écrit est toujours plus sûre.

La TOUR D'AIGUES 84240 Vaucluse 🎃 ⑭ 🎃 ③ **G. Provence** – 3 328 h alt. 268.

Paris 752 – Digne-les-Bains 90 – Aix-en-Provence 28 – Apt 34 – Avignon 76.

🏠 **Fenouillets,** rte de Pertuis : 1 km 𝒫 90 07 48 22, Fax 90 07 34 26, 🛖, 🎋 – 📺 ☎ & 🅿.
🆎 ⅏
Repas *(fermé vend. midi et merc. sauf juil.-août)* 100/190, enf. 50 – ☲ 35 – **12 ch** 220/350 –
½ P 260/310.

PEUGEOT Gar. Notre-Dame, 𝒫 90 07 42 18   RENAULT SEF, 𝒫 90 07 40 47 🆖 𝒫 90 07 45 19

TOUR-DE-FAURE 46 Lot 🎃 ⑨ – rattaché à St-Cirq-Lapopie.

La TOUR-DE-SALVAGNY 69 Rhône 🎃 ⑪ – rattaché à Lyon.

Le TOUR-DU-PARC 56370 Morbihan 🔠 ⑬ – 672 h alt. 16.

Paris 475 – Vannes 22 – Muzillac 22 – Redon 59 – La Roche-Bernard 37.

  🏨 **La Croix du Sud** 🏖, ☎ 97 67 30 20, Fax 97 67 36 06, 🏊, 🐎, 🎾 – cuisinette 🏠 ch 📺 ☎
      🔥 ❷ – 🔏 30. 🆎 ➊ 🆖 **JCB**
      Repas 139/389 – 🖵 35 – **14 ch** 354/378, 3 appart – ½ P 351/363.

La TOUR-DU-PIN 〈S〉 38110 Isère 🔢 ⑭ G. Vallée du Rhône – 6 770 h alt. 339.

🚕 de Faverges-de-la-Tour ☎ 76 73 65 00, E : 9 km par RN 516.

Paris 523 – ◆ Grenoble 66 – Aix-les-Bains 53 – Chambéry 48 – Lyon 55 – Vienne 52.

  🏛 **France et rest. Bec Fin,** 12 av. Alsace-Lorraine ☎ 74 97 00 08, Fax 74 97 36 47 – ☎
  ←   🚗. 🆖
      Repas *(fermé 24 au 31 déc. et dim. soir)* 70/290 🍷, enf. 45 – 🖵 30 – **30 ch** 150/240 –
      ½ P 210/230.

  à St-Didier-de-la-Tour E : 3 km par N 6 – ✉ 38110 :

  XX **du Lac - Christian Poulet,** ☎ 74 97 25 53, Fax 74 97 01 93, 🌳 – 🍽 ❷. 🆎 ➊ 🆖
      fermé 1ᵉʳ au 8 fév., mardi soir et merc. – **Repas** 140/320, enf. 80.

  à Cessieu O : 6 km par N 6 – ✉ 38110 :

  XX **La Gentilhommière** 🏖 avec ch, ☎ 74 88 30 09, Fax 74 88 32 61, 🌳, « Jardin » – 📺 ☎
      ❷. 🆎 ➊ 🆖. 🎾 ch
      fermé 15 nov. au 1ᵉʳ déc., dim. soir et lundi – **Repas** 100/280, enf. 60 – 🖵 30 – **7 ch** 250/
      300.

  à Faverges-de-la-Tour E : 10 km par N 516, N 75 et D 145 – ✉ 38110 :

  🏰 **Château de Faverges** 🏖, ☎ 74 97 42 52, Fax 74 88 86 40, ≤, 🌳, « Beaux aménage-
      ments intérieurs, parc, golf, 🏊, 🎾 », 🏋 – 🛗 📺 ☎ ❷ – 🔏 30 à 80. 🆎 ➊ 🆖.
      🎾 rest
      27 mai-24 sept. – **Repas** 230/490 – 🖵 90 – **39 ch** 800/1800 – ½ P 950/1300.

CITROEN Gar. Vial, N 6, ZI à St-Jean-de-Soudain
☎ 74 97 30 34
CITROEN Gar. Monin, à St-Clair-de-la-Tour
☎ 74 97 10 82
PEUGEOT Gar. Brochier, 9 r. Bruyères
☎ 74 97 03 68

RENAULT Tour-Autos, ZI à St-Jean-de-Soudain
☎ 74 97 25 63 🅽 ☎ 74 43 09 58

🏍 Bargeon Pneus, 60 av. Alsace-Lorraine
☎ 74 97 32 05

TOURNAN-EN-BRIE 77220 S.-et-M. 🔢 ② – 5 528 h alt. 99.

🅱 Syndicat d'Initiative, 46 r. de Paris ☎ (1) 64 07 01 34.

Paris 44 – Brie-Comte-Robert 13 – Meaux 29 – Melun 26 – Provins 48.

  XX **Aub. La Tourelle,** 1 r. Melun ☎ (1) 64 25 32 23, 🌳 – 🆖
      fermé août et merc. – **Repas** (déj. seul.) carte 140 à 280.

CITROEN Gar. de la Brie, 25 r. Industrie ZI
☎ (1) 64 07 19 24

FORD Gar. de l'Egalité, 21 r. Prés. Poincaré
☎ (1) 64 07 01 60

TOURNOISIS 45310 Loiret 🔢 ⑱ – 332 h alt. 120.

Paris 125 – ◆ Orléans 27 – Châteaudun 23 – Beaugency 33 – Blois 63.

  XX **Relais St-Jacques** avec ch, ☎ 38 80 87 03, Fax 38 80 81 46 – ❷. 🆖
  ←   *fermé dim. soir et lundi de sept. à juin* – **Repas** 69/179, enf. 48 – 🖵 28 – **5 ch** 170/225 –
      ½ P 209/319.

TOURNON-D'AGENAIS 47370 L.-et-G. 🔢 ⑥ G. Pyrénées Aquitaine – 839 h alt. 167.

Voir Site ★.

🅱 Syndicat d'Initiative pl. de l'Hôtel de Ville (saison) ☎ 53 40 70 38.

Paris 613 – Agen 42 – Cahors 45 – Castelsarrasin 50 – Montauban 63 – Villeneuve-sur-Lot 25.

  🏠 **Midi** 🏖, ☎ 53 40 70 08, 🐎 – 🚗. 🆖
      fermé 1ᵉʳ au 15 sept., vacances de fév., vend. soir et sam. sauf juil.-août – **Repas** 65 (déj.),
      85/100 🍷 – 🖵 25 – **7 ch** 120/200 – ½ P 175/215.

  X **Petite Auberge,** ☎ 53 40 72 51, ≤
      fermé 5 au 12 juin, 1ᵉʳ au 23 oct., dim. soir et lundi – **Repas** 80 (déj.), 100/175.

RENAULT Gar. Mirabel ☎ 53 40 72 07 🅽 ☎ 53 40 72 07

TOURNON-SUR-RHÔNE 07 Ardèche 🔢 ① – rattaché à Tain-Tournon.

Write us...

If you have any comments on the contents of this Guide.

Your praise as well as your criticisms will receive careful
consideration and, with your assistance, we will be able to add
to our stock of information and, where necessary, amend our
judgments.

Thank you in advance!

Voir Ancienne abbaye★★.

🛈 Office de Tourisme 2 pl. Carnot ☎ 85 51 13 10, Fax 85 32 18 21.

Paris 362 ① – Chalon-sur-Saône 27 ① – Bourg-en-Bresse 51 ② – Charolles 60 ③ – Lons-le-Saunier 56 ② – Louhans 29 ② – ◆Lyon 103 ② – Mâcon 35 ② – Montceau-les-Mines 65 ①.

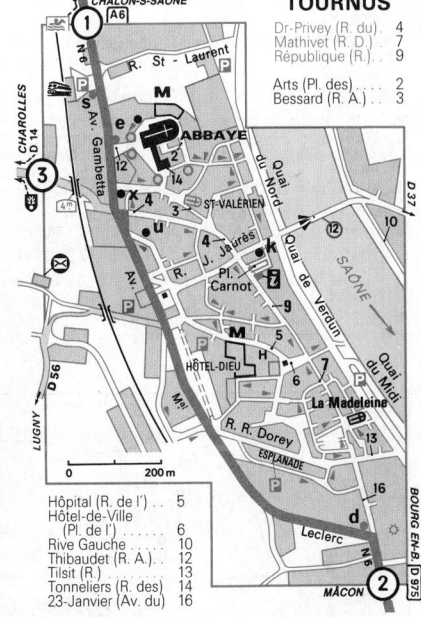

TOURNUS

Dr-Privey (R. du) 4
Mathivet (R. D.) 7
République (R.) 9

Arts (Pl. des) 2
Bessard (R. A.) 3

Hôpital (R. de l') . . 5
Hôtel-de-Ville
 (Pl. de l') 6
Rive Gauche 10
Thibaudet (R. A.) . . 12
Tilsit (R.) 13
Tonneliers (R. des) . 14
23-Janvier (Av. du) . 16

🏨 **H. de Greuze** Ⓜ 🗶 sans rest, 5, pl. de l'Abbaye **(e)** ☎ 85 51 77 77, Fax 85 51 77 23 – 🛗 📻 📺 ☎ ੬ 🅿. 🆎 ⓪ 🆎 🆎
☲ 95 – **21 ch** 560/1230.

🏨 ✿ **Le Rempart** Ⓜ 2 av. Gambetta **(x)** ☎ 85 51 10 56, Fax 85 51 77 22 – 🛗 🗐 📺 ☎ ੬ ⇔ 🅿 – 🔏 40. 🆎 ⓪ 🆎
Repas 162/399 et carte 240 à 400, enf. 100 -*Le Bistrot :* **Repas** 79 🦪, enf.50 – ☲ 50 – **31 ch** 390/795, 6 appart – ½ P 430/595
Spéc. Langoustines. Volaille de Bresse. Croustillant de fruits de saison. **Vins** Mâcon blanc et rouge.

🏨 **Le Sauvage**, pl. Champ de Mars **(u)** ☎ 85 51 14 45, Fax 85 32 10 27 – 🛗 📺 ☎ ⇔. 🆎 ⓪ 🆎 🆎
Repas 85/198, enf. 45 – ☲ 40 – **30 ch** 330/430 – ½ P 345.

🏨 **Paix**, 9 r. J. Jaurès **(k)** ☎ 85 51 01 85, Fax 85 51 02 30, 😀 – 📺 ☎ ⇔. 🆎 ⓪ 🆎
fermé 18 au 25 avril, 24 au 31 oct., 9 au 30 janv., merc. midi et mardi du 15 sept. au 15 juin – **Repas** 85/250 🦪, enf. 48 – ☲ 38 – **23ch** 252/312 – ½ P 247/274.

🏶🏶🏶 ✿✿ **Rest. Greuze** (Ducloux), 1 r. A. Thibaudet **(e)** ☎ 85 51 13 52, Fax 85 51 75 42 – 🗐. 🆎 🆎
Repas 260/490 et carte 390 à 500
Spéc. Pâté en croûte "Alexandre Dumaine". Quenelle de brochet "Henri Racouchot". Poulet de Bresse sauté nature "Jean Ducloux". **Vins** Beaujolais, Mâcon blanc.

🏶🏶 **Terminus** Ⓜ avec ch, 21 av. Gambetta **(s)** ☎ 85 51 05 54, Fax 85 32 55 15 – 🗐 rest 📺 ☎ 🅿. 🆎
fermé 20 au 28 juin, 21 nov. au 6 déc., 3 au 11 janv., mardi soir et merc. hors sais. – **Repas** 88/270 🦪, enf. 50 – ☲ 32 – **13 ch** 200/280.

🏶🏶 **Terrasses** Ⓜ avec ch, 18 av. 23-Janvier **(d)** ☎ 85 51 01 74, Fax 85 51 09 99 – 🗐 rest 📺 ☎ ⇔ 🅿. 🆎
fermé 6 janv. au 2 fév.,dim. soir et lundi – **Repas** 90/230, enf. 50 – ☲ 34 – **18 ch** 250/280.

à Lacrost E : 2 km par D 37 – ⊠ 71700 :

🏶 **Petite Auberge**, ☎ 85 51 18 59 – 🆎
✦ fermé 26 juin au 18 juil., 25 déc. au 3 janv., dim. soir et lundi – **Repas** 68/175 🦪.

à Brancion par ③ et D 14 : 14 km – ⊠ 71700 Tournus.

Voir Donjon du château ≤★.

🏨 **Montagne de Brancion** Ⓜ 🗶, au col de Brancion ☎ 85 51 12 40, Fax 85 51 18 64, ≤ monts du Mâconnais, 🗙, 😀 – 📺 ☎ 🅿 – 🔏 40. 🆎
mi-mars-fin oct. – **Repas** (fermé jeudi midi et merc. en mars et avril) 190/370, enf. 80 – ☲ 65 – **20 ch** 450/730 – ½ P 500/635.

Paris 898 – Castellane 56 – Draguignan 34 – Fréjus 33 – Grasse 25.

🏨 **Les Pins**, Domaine Le Chevalier, S : 2 km sur D 19 ☎ 94 76 06 36, Fax 94 47 73 70, 😀, 🗙, 😀, 🗙 – cuisinette 📺 ☎ ੬ 🅿. 🆎
Repas 75 (déj.), 98/138 – ☲ 35 – **8 ch** 350/380, 8 studios – ½ P 295/310.

06140 Alpes-Mar. 84 ⑨ 115 ㉕ G. Côte d'Azur – 3 449 h alt. 400.

Voir Vieux village★ – ≤★ sur le village de la route des Quenières.

Paris 934 – ◆Nice 26 – Grasse 20 – Vence 5.

🏠 **Résidence des Chevaliers** ⚲ sans rest, rte Caire *𝒫* 93 59 31 97, ≤, ⌂, – ☎ **P**. ⊝⊟ ⚙
1ᵉʳ avril-1ᵉʳ oct. – � 58 – **12 ch** 500/700.

🏠 **Aub. Belles Terrasses,** rte Vence : 1 km *𝒫* 93 59 30 03, Fax 93 59 31 27, ≤ – ☎ **P**. ⊝⊟
Repas (fermé 12 nov. au 3 déc., 15 au 29 janv. et lundi) 85/145 ⚙ – ⌫ 30 – **14 ch** 240 –
½ P 235.

XX **Petit Manoir**, 21 Grande Rue (accès piétonnier) *𝒫* 93 24 19 19 – ⅍ ⊝⊟
fermé 15 nov. au 1ᵉʳ déc., dim. soir sauf juil.-août et merc. – **Repas** 95/235.

P 37000 I.-et-L. 64 ⑮ G. Châteaux de la Loire – 129 509 h alt. 48.

Voir Quartier de la cathédrale★★ : Cathédrale★★ CDY, musée des Beaux-Arts★★ CDY, Historial
de Touraine★ (château) CY **M³**, La Psalette★ CY, Place Grégoire de Tours★ DY **46** – Vieux
Tours★★ : Place Plumereau★ ABY, hôtel Gouin★ BY, rue Briçonnet★ AY 12 – Quartier de
St-Julien★ : musée du Compagnonnage★★ BY , Jardin de Beaune-Semblançay★ BY **B** – Prieuré
de St-Cosme★ O : 3 km V – Grange de Meslay★ NE : 10 km par ②.

🛇 de Touraine *𝒫* 47 53 20 28 ; domaine de la Touche à Ballan-Miré par ⑪ : 14 km ; 🛇 d'Ardrée
𝒫 47 56 77 38 par ⑭, N 138 puis D 76 et VC : 14 km.

✈ de Tours-St-Symphorien : T.A.T. *𝒫* 47 54 19 46, NE : 7 km U.

🇧 Office de Tourisme et Accueil de France 78 r. Bernard Palissy *𝒫* 47 70 37 37, Fax 47 61 14 22 – A.C. 4 pl.
J.-Jaurès *𝒫* 47 05 50 19.

Paris 237 ③ – Angers 109 ⑬ – ◆Bordeaux 346 ⑩ – Chartres 140 ② – ◆Clermont-Ferrand 335 ⑦ – ◆Limoges 218 ⑩
– ◆Le Mans 80 ⑭ – ◆Orléans 115 ③ – ◆Rennes 219 ⑭ – ◆St-Étienne 474 ⑦.

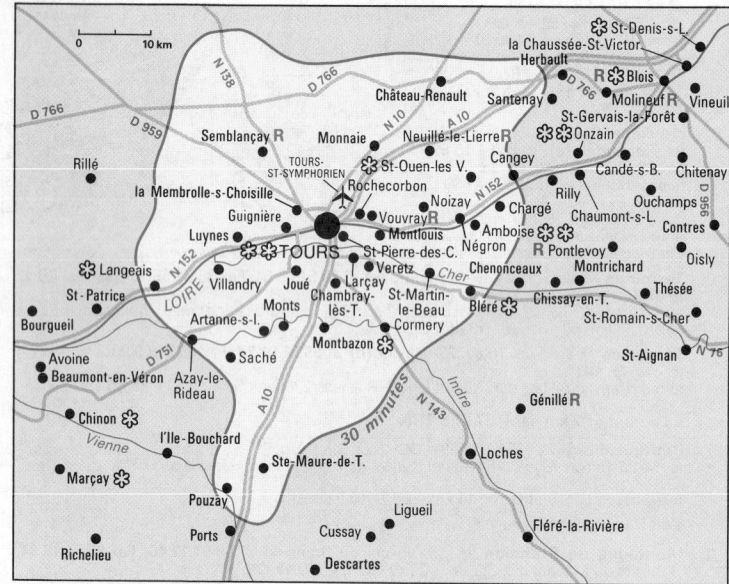

🏠 ❀❀ **Jean Bardet** Ⓜ ⚲ , 57 r. Groison ✉ 37100 *𝒫* 47 41 41 11, Télex 752463,
Fax 47 51 68 72, ≤, « Grand parc fleuri, beau potager », ⌂, – ■ �📺 ☎ **P**. ⅍ ① ⊝⊟
ᴶᶜᴮ
U **k**
Repas (fermé lundi sauf le soir d'avril à oct. et dim. soir de nov. à mars) 270/720 et carte 480 à
600, enf. 150 – ⌫ 110 – **16 ch** 650/950, 5 appart
Spéc. Terrine de haricots-grains au foie gras de canard. Civet de homard breton aux petits crustacés et vieux Vouvray.
Pigeon au caramel d'épices. **Vins** Vouvray, Bourgueil.

🏠 **Univers et rest. La Touraine** Ⓜ, 5 bd Heurteloup *𝒫* 47 05 37 12, Télex 751460,
Fax 47 61 51 80, « Fresques des visiteurs célèbres de l'hôtel de 1846 à nos jours » – 🕪
♿ ch ■ 📺 ☎ **P**. ♨ ⇔ – ⅍ 120. ⅍ ① ⊝⊟
CZ **u**
Repas 140/180 – ⌫ 65 – **85 ch** 650/780, 10 appart.

TOURS

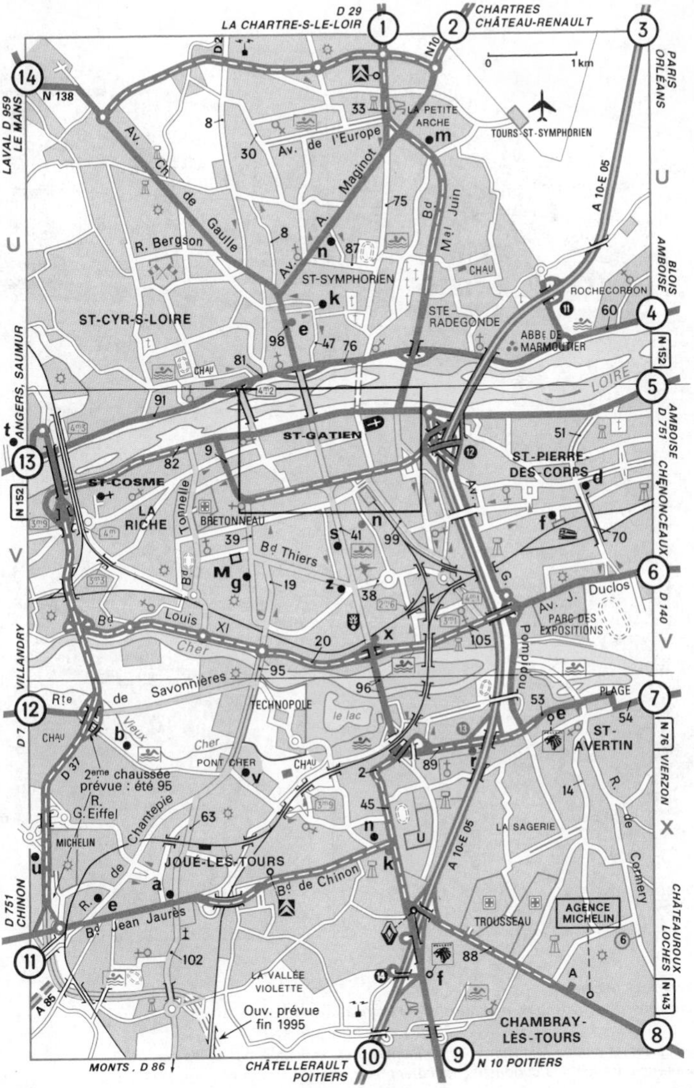

TOURS

A   B

Pont

ÎLE SIMON

0   300 m

Pont Wilson

BIBLIOTHÈQUE

Napoléon

Pl. A.
France

MUSÉE DU
COMPAGNONNAGE

Y   R. des Tanneurs

23

HÔTEL
GOUIN

St-Julien

M

Rue

P

Bretonneau

73

16   25

z

B

12

M

93

t

22 a   d

35

C

50

PL.
PLUMEREAU

65

P

Pl. de la
Résistance

78

de

N. D.
LA RICHE

du Grd

Marché

68

s

q

Rue

R.

103

43

17

65

Halles

27

Rue

Victoire

18

des

R.

PTT

49

Basilique
St-Martin

Destouches

P

Pl. des
Halles

R.

M

85

32

Néricault

Rue

Nationale

Marceau

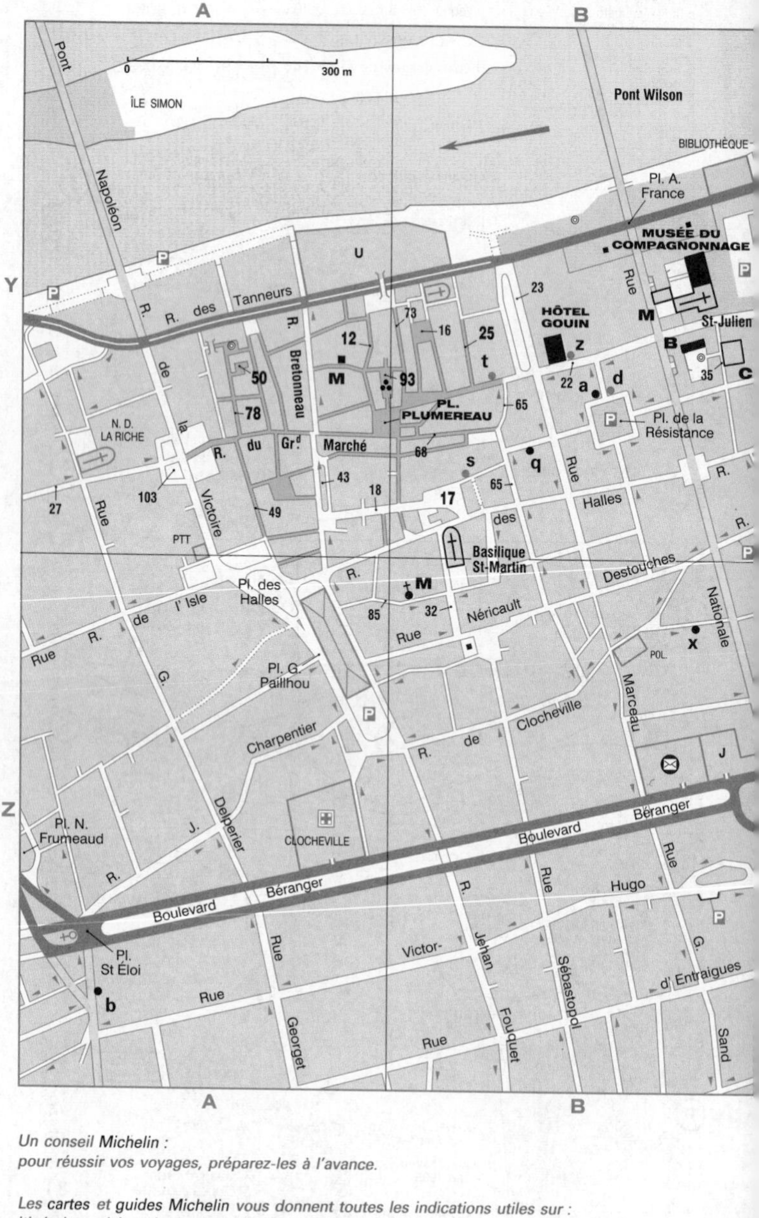

POL

X

Rue

de

l' Isle

Rue

G.

Pl. G.
Paillhou

Rue

de

Clocheville

P

J

Charpentier

R.

de

Clocheville

Z   Pl. N.
Frumeaud

J.

R.

CLOCHEVILLE

Boulevard   Béranger

Rue

Hugo

P

R.

Boulevard   Béranger

Rue

Pl.
St Éloi

b

Rue

Victor-

Jehan

Rue

d' Entraigues

Georget

Rue

Fouquet

Sébastopol

Sand

A   B

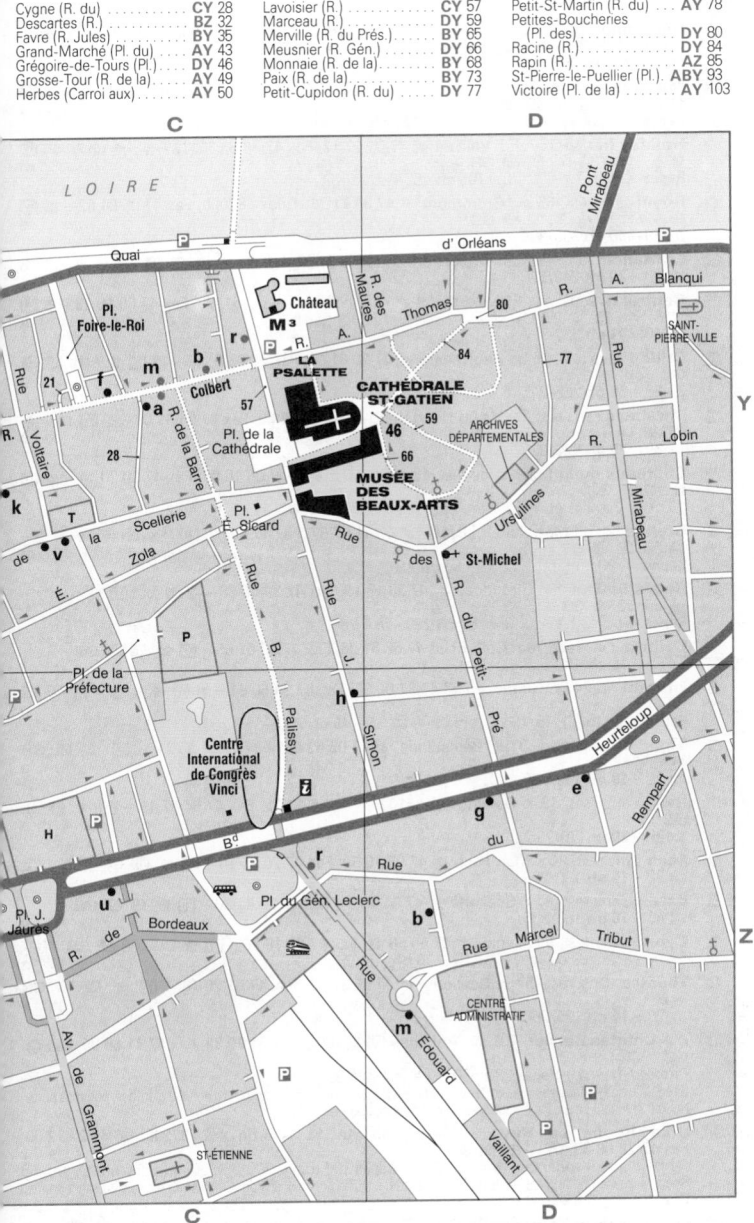

We suggest:
for a successful tour, that you prepare it in advance.

Michelin Maps *and* ***Guides,*** *will give you much useful information on route planning,*
places of interest, accommodation, prices etc.

🏨🏨 **Harmonie** Ⓜ ⅏ sans rest, 15 r. F. Joliot-Curie *℘* 47 66 01 48, Télex 752587, Fax 47 61 66 38 – 🛗 cuisinette 📺 🕭 ⅃ 🚗 – 🔬 40. 🖭 ⒶⒾ ⑩ ⒼⒷ ⒿⒸⒷ
DZ **b**
fermé 20 déc. au 10 janv. – ⊊ 55 – **48 ch** 450/750, 6 appart.

🏨🏨 **Mercure** Ⓜ, 4 pl. Thiers *℘* 47 05 50 05, Télex 752740, Fax 47 20 22 07 – 🛗 ♢ ch 🚇 📺
🕭 ⅃ 🚗 – 🔬 70. 🖭 ⑩ ⒼⒷ
V **z**
Repas 135/230 bc. enf. 50 – ⊊ 55 – **120 ch** 395/490.

🏨🏨 **Holiday Inn** Ⓜ, 15 r. Ed. Vaillant *℘* 47 31 12 12, Fax 47 38 53 35, *Ⅰ₅* – 🛗 ♢ ch 🚇 ch 📺
🕭 ⅃ 🚗 – 🔬 50. 🖭 ⒶⒾ ⑩ ⒼⒷ ⒿⒸⒷ
DZ **m**
Repas 120/150 ⅃ – ⊊ 70 – **105 ch** 460/680.

🏨🏨 **Royal** sans rest, 65 av. Grammont *℘* 47 64 71 78, Télex 752006, Fax 47 05 84 62 – 🛗 📺
⊊ 39 – **50 ch** 335/398.
V **s**

🏨 **Le Manoir** sans rest, 2 r. Traversière *℘* 47 05 37 37 – 🛗 📺 ☎ Ⓟ. 🖭 ⒶⒾ ⑩ ⒼⒷ
CZ **h**
⊊ 30 – **20 ch** 240/320.

🏨 **Central H.** sans rest, 21 r. Berthelot *℘* 47 05 46 44, Télex 751173, Fax 47 66 10 26 – 🛗 📺
☎ ⅃ 🚗 Ⓟ. 🖭 ⒶⒾ ⑩ ⒼⒷ ⒿⒸⒷ
CY **k**
⊊ 40 – **41 ch** 310/520.

🏨 **Criden** sans rest, 65 bd Heurteloup *℘* 47 20 81 14, Fax 47 05 61 65 – 🛗 📺 ☎ 🚗. 🖭 ⑩
ⒼⒷ ⒿⒸⒷ
DZ **g**
⊊ 33 – **32 ch** 265/315.

🏨 **Mirabeau** sans rest, 89 bis bd Heurteloup *℘* 47 05 24 60, Fax 47 05 31 09 – 🛗 📺 ☎ 🚗.
🖭 ⒼⒷ ⒿⒸⒷ
DZ **e**
⊊ 39 – **25 ch** 220/310.

🏨 **Châteaux de la Loire** sans rest, 12 r. Gambetta *℘* 47 05 10 05, Fax 47 20 20 14 – 🛗 📺
☎. 🖭 ⒶⒾ ⑩ ⒼⒷ
BZ **x**
1er mars-30 nov. et fermé sam. et dim. en nov. – ⊊ 36 – **31 ch** 198/272.

🏨 **Otelinn** Ⓜ, bd Mar. Juin ⊠ 37100 *℘* 47 41 67 67, Fax 47 49 02 21 – ♢ ch 📺 ☎ ♢ Ⓟ –
🔬 50. 🖭 ⑩ ⒼⒷ
U **m**
Repas 75/98, enf. 60 – ⊊ 32 – **50 ch** 249.

🏨 **Relais St-Eloi,** 8 r. Giraudeau *℘* 47 38 18 19, Fax 47 39 05 38 – 🛗 🚇 rest 📺 ☎ ♢ 🚗 –
🔬 30. 🖭 ⑩ ⒼⒷ
AZ **b**
Repas 85 bc/120 ⅃ – ⊊ 35 – **56 ch** 280 – ½ P 260.

🏨 **Colbert** sans rest, 78 r. Colbert *℘* 47 66 61 56, Fax 47 66 01 55 – 📺 ☎. 🖭 ⒶⒾ ⑩ ⒼⒷ
CY **f**
⊊ 35 – **18 ch** 150/315.

🏨 **Fimotel** Ⓜ, 247 r. Giraudeau *℘* 47 37 00 36, Fax 47 38 50 91 – 🛗 📺 ☎ ♢ Ⓟ – 🔬 40. 🖭
⑩ ⒼⒷ
V **g**
Repas 62 bc (déj.), 75/105 ⅃, enf. 36 – ⊊ 35 – **48 ch** 280 – ½ P 250.

🏨 **Mondial** sans rest, 3 pl. Résistance *℘* 47 05 62 68, Fax 47 61 85 31 – 📺 ☎. 🖭 ⒼⒷ
ⒿⒸⒷ
BY **a**
⊊ 32 – **19 ch** 140/280.

🏨 **Italia** sans rest, 19 r. Devildé ⊠ 37100 *℘* 47 54 43 01, Fax 47 54 87 43 – 📺 ☎ Ⓟ. 🖭
ⒼⒷ
U **n**
⊊ 28 – **20 ch** 176/236.

🏨 **Foch** sans rest, 20 r. Mar. Foch *℘* 47 05 70 59, Fax 47 20 95 10 – 📺 ☎. ⑩ ⒼⒷ
BY **q**
⊊ 32 – **14 ch** 180/290.

🏨 **Balzac** sans rest, 47 r. Scellerie *℘* 47 05 40 87, Fax 47 20 82 30 – 📺 ☎. 🖭 ⑩ ⒼⒷ
CY **v**
⊊ 35 – **18 ch** 185/300.

🏨 **Cygne** sans rest, 6 r. Cygne *℘* 47 66 66 41, Fax 47 20 18 76 – 📺 ☎ 🚗. 🖭 ⑩ ⒼⒷ. ⅏
fermé vacances de Noël – ⊊ 27 – **19 ch** 130/350.
CY **a**

🏨 **Théâtre** sans rest, 57 r. Scellerie *℘* 47 05 31 29, Fax 47 61 20 78 – 📺 ☎. 🖭 ⑩ ⒼⒷ
ⒿⒸⒷ
CY **v**
⊊ 28 – **14 ch** 195/260.

🍴🍴🍴🍴 ❀❀ **Charles Barrier,** 101 av. Tranchée ⊠ 37100 *℘* 47 54 20 39, Fax 47 41 80 95 – 🚇 Ⓟ.
ⒼⒷ
U **e**
fermé dim. soir – **Repas** 230/560 et carte 410 à 500
Spéc. Matelote d'anguilles au Chinon et aux pruneaux. Pied de cochon farci aux ris d'agneau et truffes, pommes purée.
Nougat croquant au praliné de noisettes. **Vins** Vouvray, Bourgueil.

🍴🍴🍴 ❀ **La Roche Le Roy** (Couturier), 55 rte St Avertin ⊠ 37200 *℘* 47 27 22 00,
Fax 47 28 08 39, � – Ⓟ. 🖭 ⒼⒷ
X **r**
fermé 5 au 28 août, sam. midi et dim. – **Repas** 160 (déj.), 200/350 et carte 250 à 390, enf. 65
Spéc. Gaspacho de homard à l'œuf rôti. Matelote d'anguille au vieux chinon. Crépinette de poularde sauce truffes.
Vins Montlouis, Chinon.

🍴🍴🍴 **La Rôtisserie Tourangelle,** 23 r. Commerce *℘* 47 05 71 21, Fax 47 61 60 76, 🌆 – 🖭
⑩ ⒼⒷ
BY **z**
fermé dim. soir et lundi sauf fériés – **Repas** 98 (déj.), 145/190 et carte 230 à 320.

🍴🍴🍴 **Le Francillon** Ⓜ avec ch, 9 r. Bons Enfants *℘* 47 66 44 66, Fax 47 66 17 18, 🌆 – 📺 ☎.
ⒼⒷ
BY **s**
Le Roseau *℘* 47 20 05 50 *(fermé dim. soir et lundi)* **Repas** 140/210, enf. 38 – *Chez Laurent :*
Repas 78 (déj.), 85/135 ⅃, enf. 38 – ⊊ 40 – **10 ch** 350/420.

XX **L'Atlantic,** 59 r. Commerce ✆ 47 64 78 41 – ▤. GB — BY **t**
fermé 30 juil. au 1er sept., dim. soir et lundi – **Repas** - poissons et fruits de mer - carte 200 à 300.

XX **Les Tuffeaux,** 19 r. Lavoisier ✆ 47 47 19 89 – ▤. GB — CY **r**
fermé 2 au 16 janv., lundi midi et dim. – **Repas** 110/200.

XX **Le Lys,** 63 r. B. Pascal ✆ 47 05 27 92 – GB — V **n**
fermé dim. soir et lundi – **Repas** 100/290, enf. 70.

XX **Coq d'Or,** 272 av. Grammont ✆ 47 20 39 51 – GB — V **x**
fermé 7 au 21 août, dim. soir et lundi – **Repas** 98/180.

XX **L'Odéon,** 10 pl. Mar. Leclerc ✆ 47 20 12 65, Fax 47 20 47 58 – ▤. AE ⓞ GB — CZ **r**
fermé dim. – **Repas** 105/165 ♁.

XX **La Ruche,** 105 r. Colbert ✆ 47 66 69 83, Fax 47 20 41 76 – GB — CY **a**
fermé 13 au 28 août, 24 déc. au 8 janv, dim. soir et lundi sauf fériés – **Repas** 85/138 ♁.

X **Le Dauphin,** 94 r. Colbert ✆ 47 61 02 22 – GB — CY **m**
fermé 1er au 21 août, 24 déc. au 3 janv., dim. soir et lundi – **Repas** - produits de la mer - 75 (déj.), 95/155.

X **Bigarade,** 122 r. Colbert ✆ 47 05 48 81 – ⓞ GB — CY **b**
fermé merc. midi et mardi – **Repas** 95/170 ♁, enf. 75.

X **Le Canotier,** 6 r. Fusillés ✆ 47 61 85 81 – AE GB — BY **d**
fermé Noël au Jour de l'An, vacances de fév., lundi midi, dim. et fériés – **Repas** 99/150.

Évitez de fumer au cours du repas :
vous altérez votre goût et vous gênez vos voisins.

Z.I. Milletière Nord : 9 km par ② – ✉ **37100** Parçay-Meslay :

🏨 **Mercure** M, r. Aviation ✆ 47 49 55 00, Télex 752222, Fax 47 49 55 25, 余, ⛱ – |♣| ⇆ ch ▤ TV ☎ ♿ P – 🏛 25 à 300. AE ⓞ GB JCB
Repas *(fermé sam. et dim. de nov. à fév.)* 80/140 ♁, enf. 50 – ☕ 50 – **93 ch** 390/490 – ½ P 210.

à Rochecorbon par ④ : 6 km – ✉ **37210** :

🏨 **Les Hautes Roches** M, 86 quai Loire ✆ 47 52 88 88, Télex 300121, Fax 47 52 81 30, ≤, 余, « Chambres troglodytiques », 🌳 – |♣| TV ☎ P. AE GB
fermé fin janv. à mi-mars – **Repas** *(fermé lundi midi)* 145 (déj.), 250/350 – ☕ 80 – **8 ch** 600/1150, 3 appart – ½ P 630/990.

XX **L'Oubliette,** rte Parcey-Meslay ✆ 47 52 50 49, 余, « Salle creusée dans la roche » – P. GB
fermé dim. soir et lundi – **Repas** 98/290 ♁.

XX **La Lanterne,** 48 quai Loire ✆ 47 52 50 02, Fax 47 52 54 46, 余 – P. AE GB JCB
fermé mi-janv. à mi-fév., dim. soir et lundi sauf fériés – **Repas** 98 bc (déj.), 145/240.

à St-Pierre-des-Corps E : 3,5 km - V – 17 947 h. – ✉ **37700** :

🏨 **Dancotel,** 10 r. J.-Moulin ✆ 47 44 44 67, Fax 47 63 19 47 – |♣| ▤ rest TV ☎ P. AE ⓞ GB — V **d**
Repas *(fermé dim.)* 59 bc (déj.)/160 ♁ – ☕ 33 – **32 ch** 276/287 – ½ P 240/260.

🏨 **Forum** M, parvis Gare ✆ 47 44 30 40, Fax 47 44 43 27 – |♣| TV ☎ ♿ – 🏛 80. AE ⓞ GB — V **f**
Repas 75 ♁, enf. 55 – ☕ 30 – **100 ch** 250/290.

à Larçay par ⑦ : 9 km sur rte de Vierzon – ✉ **37270** :

XX **Les Chandelles Gourmandes,** ✆ 47 50 50 02, Fax 47 50 55 94, « Décor rustique » – AE GB
fermé dim. soir et lundi – **Repas** 130/350.

à Chambray-lès-Tours S : 6,5 km par rte de Poitiers - X – 8 190 h. – ✉ **37170** :

🏨 **Novotel** M, Z.A.C. La Vrillonnerie - N 10 ✆ 47 27 41 38, Télex 751206, Fax 47 27 60 03, 余, ⛱ – |♣| ⇆ ch, ▤ rest TV ☎ ♿ P – 🏛 25 à 180. AE ⓞ GB
Repas carte environ 170, enf. 50 – ☕ 48 – **127 ch** 410/480.

🏨 **Ibis,** Z.A.C. La Vrillonnerie - N 10 ✆ 47 28 25 28, Fax 47 27 84 26 – ⇆ ch TV ☎ ♿ P – 🏛 60. AE GB
Repas 97 bc, enf. 40 – ☕ 35 – **80 ch** 275/300.

à Joué-lès-Tours SO : 5 km par rte de Chinon – 36 798 h. – ✉ **37300** :

🏨 **Château de Beaulieu** 🐎, 67 r. Beaulieu ✆ 47 53 20 26, Fax 47 53 84 20, ≤, 余, parc – ▤ ch TV ☎ P – 🏛 30. AE GB — X **b**
Repas 195/420 – ☕ 50 – **19 ch** 440/750 – ½ P 400/590.

🏨 **Parc** Ⓜ sans rest, 17 bd Chinon ℰ 47 25 15 38, Fax 47 25 11 43 – 🛗 📺 ☎ 🅿. ⅏   X **n**
   🛏 35 – **30ch** 275/295.

🏨 **Escurial** Ⓜ, 4 r. E. Branly ℰ 47 53 60 00, Télex 752553, Fax 47 67 75 33, 🐎, ✗ – 🛗 📺 ☎
◆   🔥 🅿 – 🔬 60. ⅏ ⅏   X **v**
   Repas *(fermé dim. soir en hiver)* 75/180 🍴, enf. 46 – 🛏 35 – **60 ch** 260/290 – ½ P 260.

🏨 **Chéops**, 75 bd J. Jaurès ℰ 47 67 72 72, Fax 47 67 85 38 – 🛗 📺 ☎ 🔥 ⊶ – 🔬 25. ⅏ ⓿
◆   ⅏   X **a**
   Repas *(fermé 23 déc. au 8 janv.)* 79 🍴 – 🛏 32 – **56 ch** 189 – ½ P 200.

🏨 **Chantepie** sans rest, r. Chantepie ℰ 47 53 06 09, Fax 47 67 89 25 – 📺 ☎ 🅿. ⅏   X **e**
   fermé 23 déc. au 3 janv. – 🛏 32 – **28 ch** 145/289.

🏨 **Ariane** sans rest, 8 av. Lac par ⑪ ℰ 47 67 67 60, Fax 47 67 33 36 – 📺 ☎ 🔥 🅿 – 🔬 25. ⅏
   ⅏
   fermé 23 déc. au 2 janv. – 🛏 30 – **32 ch** 269/289.

🏨 **Lac**, av.Lac par ⑪ ℰ 47 67 37 87, Fax 47 67 85 43 – 📺 ☎ 🔥 🅿 – 🔬 25 à 50. ⅏
◆   *fermé 1ᵉʳ au 15 nov., 15 au 31 janv. et dim. soir hors sais.* – **Repas** *(fermé dim. soir et lundi
   hors sais.)* 78 bc/165 🍴, enf. 45 – 🛏 30 – **21 ch** 270 – ½ P 240.

XX **Le Ronsard**, 47 av. Bordeaux (N 10) ℰ 47 25 13 44, Fax 47 48 01 68 – 🅿. ⅏   X **k**
   fermé 1ᵉʳ au 29 août, vacances de fév., dim. soir et lundi – **Repas** 90/205, enf. 48.

   rte de Savonnières par ⑫ : 12 km sur D 7 – ✉ **37510** Joué-lès-Tours :

🏨 **Cèdres** sans rest, ℰ 47 53 00 28, Fax 47 80 03 84, ⌇, 🐎 – 🛗 📺 ☎. ⅏ ⅏
   🛏 47 – **38 ch** 355/478.

XX **Rest. des Cèdres**, ℰ 47 53 37 58, Fax 47 67 26 20, � – 🅿. ⅏
   Repas 125/250 bc.

   à La Guignière O : 4 km par ⑬ – ✉ **37230** Fondettes :

🏨 **Le Manoir** sans rest, ℰ 47 42 04 02, ≤ – 📺 ☎ ⊶ 🅿. ⅏ ⅏   V **t**
   fermé vacances de fév. – 🛏 25 – **16 ch** 190/215.

   à La Membrolle-sur-Choisille NO : 6 km par ⑭ – ✉ **37390** :

🏨 **Host. du Château de l'Aubrière** 🏞, rte Fondettes ℰ 47 51 50 35, Fax 47 51 34 69, ≤,
   🌺, parc, ⌇ – 📺 ☎ 🅿 – 🔬 50. ⅏ 🄹🄲🄱 ✗ rest
   Repas *(fermé lundi)* 190 (déj.)/260 – 🛏 50 – **9 ch** 400/800, 3 appart – ½ P 550/600.

MICHELIN, Agence régionale, ZI Chambray-lès-Tours X ℰ 47 28 60 59

CITROEN Succursale, 20 av. G.-Eiffel U   Super Pneus, 55 r. Voltaire ℰ 47 05 74 83
ℰ 47 49 50 51   Tours Pneus Vulcopneu, 145 av. Maginot, N 10
                                   ℰ 47 54 57 50
🚗 Euromaster, 16 r. Ch.-Huygens ZI la Milletière
ℰ 47 51 03 03

Périphérie et environs

ALFA ROMEO Gar. Stela, à Chambray-les-Tours   OPEL Touraine Autom., 82 r. Charles Coulomb à
ℰ 47 48 21 00 🄽 ℰ 47 41 15 15   Chambray-les-Tours ℰ 47 28 08 08
BMW Gar. St-Simon, av. Fontaines à St-Avertin   PEUGEOT Gar. Cazin, 31 r. Grandmont à St-Avertin
ℰ 47 27 89 89 🄽 ℰ 05 00 16 24   X e ℰ 47 27 02 44
CITROEN Succursale, 151 bd de Chinon à   PEUGEOT Gar. de Touraine, 207 bd Ch.-de-Gaulle
Joué-les-Tours ℰ 47 80 21 21   à St-Cyr-Sur-Loire V ℰ 47 51 52 53 🄽
FORD Gar. Pont, r. Coulomb-la-Vrillonnerie à   ℰ 43 96 38 31
Chambray-les-Tours ℰ 47 48 69 00 🄽   PEUGEOT Gar. de Touraine, 51 Gd Sud Avenue à
ℰ 47 41 15 15   Chambray-les-Tours Xf ℰ 47 27 66 66
FORD Val de Loire Autom., 243 bd Ch-de-Gaulle à   RENAULT Succursale, 1 Gd Sud Avenue à
St-Cyr-sur-Loire ℰ 47 88 47 88   Chambray-les-Tours X ℰ 47 80 77 77 🄽
HONDA Gar. Vallet, ZI Vrillonnerie à Chambray les   ℰ 47 48 10 44
Tours, ℰ 47 80 58 05
MERCEDES SCA Touraine, Gd Sud Avenue, RN 10   🚗 Euromaster, 14 r. J.-Perrin à Chambray-les-Tours
à Chambray-les-Tours ℰ 47 28 06 37 🄽   ℰ 47 28 18 55
ℰ 05 24 24 30   La Maison du Pneu, 55 bd de Chinon à Joué-les-
NISSAN SDA, La Vrillonnerie ZI N 2, 64 r. Ch.-   Tours ℰ 47 25 13 66
Coulomb à Chambray-les-Tours ℰ 47 48 08 16   Tours Pneus Vulcopneu, 193 Gd Sud Avenue à
OPEL Touraine Autom., 240 av. Mans à St-Cyr-sur-   Chambray-les-Tours ℰ 47 28 25 89
Loire ℰ 47 49 12 12

TOURS-SUR-MARNE 51150 Marne 🄞🄖 ⑯ ⑰ – 1 152 h alt. 79.
Paris 156 – ◆Reims 28 – Châlons-sur-Marne 22 – Épernay 12.

X **Touraine Champenoise** avec ch, r. du Magasin ℰ 26 58 91 93, Fax 26 58 95 47 – ☎. ⅏
   ⓿ ⅏
   fermé 24 au 29 déc. – **Repas** 90/250 🍴 – 🛏 35 – **9 ch** 255/290 – ½ P 252/267.

RENAULT Gar. Croizy, av. de Champagne ℰ 26 58 90 99

          | Si le nom d'un hôtel figure en petits caractères
Europe | demandez, à l'arrivée,
          | les conditions à l'hôtelier.

TOURTOUR 83690 Var 🎴 ⑥ 🎴 ⑧ ⑨ G. Côte d'Azur – 472 h alt. 633.

Voir Église ※★.

Paris 831 – Aups 10 – Draguignan 20 – Salernes 11.

🏨 **La Bastide de Tourtour** M ⌖, rte Draguignan ℰ 94 70 57 30, Fax 94 70 54 90, ≼ massif des Maures, 綠, parc, ⊥, ✿ – 🛗 📺 ☎ 📞 – 🅰 30. 🆎 ⓞ ☎
11 mars-1ᵉʳ nov. – **Repas** (fermé lundi sauf le soir en sais. et mardi midi) 160 (déj.), 280/390 – ☑ 75 – **25 ch** 530/1350 – ½ P 700/1100.

🏨 **Aub. St-Pierre** ⌖, E : 3 km par D 51 et VO ℰ 94 70 57 17, Fax 94 70 59 04, ≼, « Sur un domaine agricole », ⊥, ✿ – ☎ 📞. ☎
1ᵉʳ avril-15 oct. – **Repas** (fermé merc.) (dîner pour résidents seul.) 170/200 – ☑ 50 – **16 ch** 360/550 – ½ P 380/455.

🏠 **Le Mas des Collines** M ⌖, O : 2 km par rte Villecroze et chemin privé ℰ 94 70 59 30, Fax 94 70 57 62, ≼ massif des Maures, 綠, ⊥, ✿ – 🗐 📺 ☎ 📞. ☎
Repas (fermé mardi midi hors sais. sauf fériés et vacances scolaires) 90 (déj.), 145/175 ⅃ – ☑ 35 – **7 ch** 315/400 – ½ P 360.

🏠 **Petite Auberge** ⌖, S : 1,5 km par D 77 ℰ 94 70 57 16, Fax 94 70 54 52, ≼ massif des
➡ Maures, 綠, ⊥, ✿ – ☎ 📞. ☎
hôtel : fermé 1ᵉʳ au 15 oct. et 15 déc. au 15 janv. ; rest. : ouvert 1ᵉʳ avril-30 sept. et fermé jeudi – **Repas** 80/130 ⅃ – ☑ 40 – **11 ch** 470/550 – ½ P 450/500.

XXX ❀ **Les Chênes Verts** (Bajade) M ⌖ avec ch, O : 2 km sur rte Villecroze ℰ 94 70 55 06, Fax 94 70 59 35, 綠, ✿ – 📺 ☎ 📞. 🆎 🎴
fermé 1ᵉʳ janv. au 10 fév., mardi soir et merc. – **Repas** (nombre de couverts limité, prévenir) 200/390 et carte 310 à 410 – ☑ 70 – **3 ch** 800
Spéc. Gratin de queues d'écrevisses (juin à déc.). Truffes noires (nov. à mars). Feuillantine de caille au foie gras. **Vins** Côtes de Provence.

TOURVILLE-LA-RIVIÈRE 76410 S.-Mar. 🎴 ⑥ – 1 886 h alt. 9.

Paris 125 – ◆Rouen 15 – Les Andelys 37 – Elbeuf 11 – Gournay-en-Bray 59 – Louviers 20.

XX **Le Tourville,** ℰ 35 77 58 79 – 📞 ⓞ ☎
fermé vacances de printemps, août, le soir (sauf vend. et sam.) et lundi – **Repas** carte 230 à 390.

RENAULT Gar. Grison, ZAC Clos aux Antes   ⓦ CAP, ZAC Clos aux Antes ℰ 35 81 88 88
ℰ 35 77 57 47 🅽 ℰ 35 77 57 47

La TOUSSUIRE 73 Savoie 🎴 ⑥ ⑦ G. Alpes du Nord – alt. 1 690 – Sports d'hiver : 1 800/2 200 m ≤18 ⳼
– ✉ 73300 Fontcouverte-la-Toussuire.

🅱 Office de Tourisme ℰ 79 56 70 15, Fax 79 83 02 09.

Paris 634 – Albertville 80 – Chambéry 90 – St-Jean-de-Maurienne 16.

🏨 **Les Soldanelles** ⌖, ℰ 79 56 75 29, Fax 79 56 71 56, ≼, ⊥, ✿ – 🗐 📺 ☎ 📞. ☎
🍽 rest
juil.-août et 15 déc.-30 avril – **Repas** 95/225, enf. 50 – ☑ 36 – **39 ch** 210/265 – ½ P 305/325.

🏠 **Les Airelles,** ℰ 79 56 75 88, Fax 79 83 03 48, ≼ – 🗐 📺 ☎ 📞. ☎ 🍽 rest
juil.-août et 15 déc.-25 avril – **Repas** 95/170, enf. 53 – ☑ 36 – **31 ch** 195/220 – ½ P 335/355.

TOUZAC 46 Lot 🎴 ⑥ – rattaché à Puy-l'Évêque.

TRACY-SUR-MER 14 Calvados 🎴 ⑮ – rattaché à Arromanches-les-Bains.

TRAENHEIM 67310 B.-Rhin 🎴 ⑮ – 496 h alt. 200.

Paris 469 – ◆Strasbourg 25 – Haguenau 39 – Molsheim 8 – Saverne 21.

XX **Zum Loejelgucker,** 17 r. Principale ℰ 88 50 38 19, 綠, « Vieille demeure alsacienne »
➡ – ☎
fermé 27 fév. au 12 mars, lundi et mardi – **Repas** 65/220 ⅃.

RENAULT Gar. Ostermann, ℰ 88 50 38 46

La TRANCHE-SUR-MER 85360 Vendée 🎴 ⑪ G. Poitou Vendée Charentes – 2 065 h alt. 7.

Env. Parc de Californie★ (parc ornithologique) E : 9 km.

🅱 Office de Tourisme pl. Liberté ℰ 51 30 33 96.

Paris 455 – La Rochelle 58 – La Roche-sur-Yon 39 – Luçon 29 – Niort 90 – Les Sables-d'Olonne 38.

🏠 **Océan,** ℰ 51 30 30 09, Fax 51 27 70 10, ≼, 🐾, ✿ – ☎ ⅗ 📞. ☎
1ᵉʳ avril-30 sept. – **Repas** 85/205, enf. 60 – ☑ 47 – **47 ch** 178/478 – ½ P 320/404.

🏠 **Dunes,** ℰ 51 30 32 27, Fax 51 27 78 30 – ☎ 📞. ☎ 🍽
1ᵉʳ avril-25 sept. – **Repas** 85/165, enf. 50 – ☑ 37 – **50 ch** 205/395 – ½ P 245/385.

X **Milouin,** av. M. Samson ℰ 51 27 49 49, 綠 – 🆎 ⓞ ☎
15 mars-15 oct. et fermé lundi et mardi sauf du 15 juin au 30 sept. – **Repas** 69 (déj.), 89/139.

à la Grière E : 2 km par D 46 – ✉ 85360 La Tranche-sur-Mer :

🏨 **Marinotel** M sans rest, ℰ 51 27 44 20, Fax 51 27 77 87, ⊥ – 📺 ☎ ⅗ 📞. ☎ 🍽
Pâques-15 sept. – ☑ 42 – **18 ch** 480.

🏠 **Cols Verts,** ℰ 51 27 49 30, Fax 51 30 11 42, ✿ – ☎. 🆎 ☎
➡ 1ᵉʳ avril-2 nov. et fermé mardi sauf vacances scolaires – **Repas** 80/180 ⅃, enf. 50 – ☑ 37 – **40 ch** 260/405 – ½ P 250/350.

CITROEN Gar. du Château d'Eau, 14 rte de La
Roche-sur-Yon à Angles ☏ 51 97 53 34
PEUGEOT Gar. Vrignaud, rte de la Tranche à Angles
☏ 51 97 52 27

RENAULT Gar. Cote de Lumière, ☏ 51 30 33 77
VAG Gar. du Maupas, ☏ 51 30 38 43

TRÉBEURDEN 22560 C.-d'Armor 59 ① G. Bretagne – 3 094 h. alt. 80.

Voir Le Castel ≼★ 30 mn – Pointe de Bihit ≼★ SO : 2 km – Pleumeur-Bodou : Radôme et musée des Télécommunications★, Planétarium du Trégor★, NE : 5,5 km.

₁₈ de St-Samson ☏ 96 23 87 34, NE : 7 km.

🛈 Office de Tourisme pl. Crech'Héry ☏ 96 23 51 64, Fax 96 47 44 87.

Paris 525 – St-Brieuc 77 – Lannion 9 – Perros-Guirec 12.

🏰 **Ti al-Lannec** ≫, ☏ 96 23 57 26, Fax 96 23 62 14, ≼, parc, *ᴸᴰ* – ⊠ 📺 ☎ 🕭 🅿 – 🔏 30. ⅋🖥
  🄾 ㏿. ⅏ rest
18 mars-12 nov. – **Repas** 100 bc (déj.), 195/380, enf. 85 – ⊡ 65 – **29 ch** 385/1000 –
½ P 535/750.

🏰 **Manoir de Lan-Kerellec** Ⓜ ≫, ☏ 96 23 50 09, Fax 96 23 66 88, ≼, 🐎 – 📺 ☎ 🅿 –
  🔏 25. ⅋⅋ 🄾 ㏿ ᴶᴄᴮ
17 mars-13 nov. – **Repas** *(fermé lundi midi et mardi midi hors saison)* 140 bc (déj.), 180/370
– ⊡ 70 – **18 ch** 600/1500 – ½ P 550/1100.

🏢 **Du Toëno**, rte Trégastel NO : 2 km sur D 788 ☏ 96 23 68 78, Fax 96 47 42 54, ≼ – 📺 ☎
  🕭 🅿. ⅋ ㏿
fermé 15 nov. au 15 déc. – **Repas** (dîner seul.)(résidents seul.) 90/120 ⅊ – ⊡ 35 – **17 ch**
270/300 – ½ P 260/275.

🏢 **Family**, ☏ 96 23 50 31, Fax 96 47 41 84 – ☎ 🅿. ⅋⅋ ㏿. ⅏ rest
➔ *30 mars-31 oct.* – **Repas** 75/160, enf. 50 – ⊡ 35 – **25 ch** 170/280 – ½ P 300/340.

TRÉBOUL 29 Finistère 58 ⑭ – rattaché à Douarnenez.

TREFFENDEL 35380 I.-et-V. 63 ⑤ – 623 h alt. 118.

Paris 379 – ♦ Rennes 28 – Ploërmel 34 – Redon 52.

⅋⅋ **Aub. du Presbytère**, ☏ 99 61 00 76, Fax 99 61 00 48 – 🅿. ㏿
fermé dim. soir et lundi – **Repas** 100 (déj.), 168/270.

TREFFORT 38650 Isère 77 ⑭ – 78 h alt. 619.

Paris 599 – ♦ Grenoble 34 – Monestier-de-Clermont 9 – La Mure 40.

au bord du lac S : 3 km par D 110ᴱ – ✉ 38650 Treffort :

🏰 **Château d'Herbelon** ≫, ☏ 76 34 02 03, Fax 76 34 05 44, ≼, 🍽, 🐎 – 📺 ☎ 🅿. ㏿.
  ⅏ ch
fermé 1ᵉʳ janv. au 31 mars, lundi soir et mardi sauf juil.-août – **Repas** 95/190 – ⊡ 34 – **9 ch**
300/410 – ½ P 305/370.

TREFFORT 01370 Ain 70 ⑬ – 1 779 h alt. 250.

Paris 421 – Mâcon 53 – Bourg-en-Bresse 17 – Lons-le-Saunier 56 – Oyonnax 38 – Pont-d'Ain 34.

🏢 **L'Embellie** Ⓜ, ☏ 74 42 35 05, Fax 74 42 35 65, 🍽 – 📺 ☎ 🅿. ㏿
fermé lundi de sept. à juin – **Repas** 100/235 – ⊡ 40 – **8 ch** 180/260 – ½ P 250/280.

TRÉGASTEL-PLAGE 22730 C.-d'Armor 59 ① G. Bretagne (plan) – 2 201 h.

Voir Rochers★★ – Ile Renote★★ NE – Table d'Orientation ≼★.

₁₈ de St-Samson ☏ 96 23 87 34, S : 3 km.

🛈 Office de Tourisme pl. Ste-Anne ☏ 96 23 88 67.

Paris 529 – St-Brieuc 80 – Lannion 13 – Perros-Guirec 7 – Trébeurden 11 – Tréguier 27.

🏰 **Armoric**, ☏ 96 23 88 16, Fax 96 23 83 75, ≼, ⅋⅋ – ⊠ ☎ 🅿 – 🔏 30. ⅋⅋ ㏿. ⅏ rest
1ᵉʳ mai-1ᵉʳ oct. – **Repas** 100/210 – ⊡ 40 – **48 ch** 450/480 – ½ P 340/460.

⅋⅋ **Aub. Vieille Église**, à Trégastel-Bourg S : 2,5 km ☏ 96 23 88 31, Fax 96 47 33 75 – 🅿.
➔ ㏿
fermé vacances de fév., dim. soir et lundi du 1ᵉʳ sept. au 30 juin – **Repas** (prévenir) 75/250.

au golf de St-Samson S : 3 km par D 788 et VO – ✉ 22560 Pleumeur-Bodou :

🏰 **Golf H.** ≫, ☏ 96 23 87 34, Fax 96 23 84 59, ≼, 🍽, 🏊, 🐎, ⅋⅋ – 📺 ☎ 🕭 🅿 – 🔏 60. ⅋⅋
  🄾 ㏿. ⅏ rest
Repas *(fermé dim. soir et lundi sauf juil.-août)* 95/180, enf. 60 – ⊡ 40 – **54 ch** 330/390 –
½ P 315.

Gar. de la Corniche, ☏ 96 23 88 70

TRÉGUIER 22220 C.-d'Armor 59 ② G. Bretagne (plan) – 2 799 h alt. 46.

Voir Cathédrale St-Tugdual★★ : cloître★.

Env. chapelle St-Gonéry★ N : 6 km – Le Gouffre★ N : 10 km puis 15 mn.

🛈 Syndicat d'Initiative à la Mairie (15 juin-15 sept.) ☏ 96 92 30 19.

Paris 506 – St-Brieuc 55 – Guingamp 28 – Lannion 19 – Paimpol 15.

sur le port :

🏨 **Aigue Marine** Ⓜ, 5 r. M. Berthelot ℘ 96 92 97 00, Fax 96 92 44 48, ≤, 佘, *16*, ⤳, ⴼ –
📱 cuisinette ▤ rest 📺 ☎ & ❷ – 🔏 25 à 80. 🝙 ⴳⴱ
Repas *(fermé 1ᵉʳ janv. au 1ᵉʳ fév., sam. midi et lundi d'oct. à mars)* 100/225, enf. 60 – ⴱ 47 –
31 ch 309/448, 17 studios – ½ P 314/384.

🏠 **Roches Douvres** Ⓜ sans rest, 17 r. M. Berthelot ℘ 96 92 27 27, ≤, ⴼ – 📺 ☎ ❷. ⴳⴱ
fermé 1ᵉʳ au 15 oct. – ⴱ 30 – **20 ch** 250/290.

✕ **Estuaire** avec ch, pl. Gén.-de-Gaulle ℘ 96 92 30 25 – ☎. ⴳⴱ. ⴲ ch
fermé dim. soir et lundi sauf juil.août – **Repas** 86/215 🝙, enf. 58 – ⴱ 30 – **15 ch** 135/280 –
½ P 175/225.

au SO : 2 km par rte Lannion et VO – ✉ 22220 Tréguier :

🏨 **Kastell Dinec'h** ⴲ, ℘ 96 92 49 39, Fax 96 92 34 03, « Jardin », ⤲ – 📺 ☎ ❷. ⴳⴱ.
ⴲ rest
fermé 12 au 27 oct., 1ᵉʳ janv. au 15 mars, mardi soir et merc. hors sais. – **Repas** (dîner seul.)
132/350 – ⴱ 52 – **15 ch** 420/480 – ½ P 425/460.

PEUGEOT S.V.A.T., 1 r. Gambetta ℘ 96 92 32 52 Ⓝ ℘ 96 92 32 52

TRÉGUNC 29910 Finistère 🎲🎲 ⑪ ⑯ – 6 130 h alt. 41.

🇧 Office de Tourisme, 16 r. de Pont-Aven ℘ 98 50 22 05, Fax 98 97 77 60.

Paris 537 – Quimper 31 – Concarneau 6,5 – Pont-Aven 8,5 – Quimperlé 26.

🏨 **Aub. Les Gdes Roches** ⴲ, NE : 0,6 km par V 3 ℘ 98 97 62 97, Fax 98 50 29 19,
« Fermes aménagées dans un parc fleuri » – ☎ & ❷ – 🔏 30. 🝙 ⴳⴱ. ⴲ ch
hôtel : fermé 15 déc. au 15 janv. et vacances de fév. ; rest. : ouvert 31 mars-13 nov. – **Repas**
(fermé le midi sauf week-ends et fériés) 95/240, enf. 50 – ⴱ 40 – **19 ch** 240/400, 3 appart –
½ P 280/430.

🏠 **Le Menhir,** ℘ 98 97 62 35, Fax 98 50 26 68, 佘 – ☎ ❷. 🝙 ⓞ ⴳⴱ
✦ **Repas** 75/230, enf. 50 – ⴱ 35 – **28 ch** 140/270 – ½ P 220/280.

TREILLIÈRES 44 Loire-Atl. 🎲🎲 ⑰ – rattaché à Nantes.

TRÉLISSAC 24 Dordogne 🎲🎲 ⑥ – rattaché à Périgueux.

TRELLY 50660 Manche 🎲🎲 ⑫ – 478 h.

Paris 337 – St-Lô 35 – Avranches 43 – Bréhal 12 – Coutances 12 – Granville 22 – Villedieu-les-Poêles 24.

✕✕ ✿ **Verte Campagne** (Bernou) ⴲ avec ch, SE : 1,5 km par D 539 et VO ℘ 33 47 65 33,
Fax 33 47 38 03, « Ferme normande ancienne », ⴼ – ☎ ❷. ⴳⴱ
*fermé 13 nov. au 4 déc., 16 janv. au 6 fév., lundi (sauf le soir en juil.-août) et dim. soir de
sept. à juin* – **Repas** 140/350 et carte 280 à 360 – ⴱ 30 – **7 ch** 200/350 – ½ P 260/335
Spéc. Vinaigrette de rougets à l'huile de crustacés. Agneau de pré-salé (avril à sept.). "Gâche" rôtie aux pommes
caramélisées.

La TREMBLADE 17390 Char.-Mar. 🎲🎲 ⑭ G. Poitou Vendée Charentes – 4 623 h alt. 8.

Paris 501 – Royan 22 – Marennes 11 – Rochefort 31 – La Rochelle 65.

🏠 **Mounière** sans rest, rte Ronce-les-Bains : 1,5 km ℘ 46 36 09 19 – ☎ ❷. ⴳⴱ. ⴲ
ⴱ 30 – **16 ch** 280/320.

🏠 **Phoébus** sans rest, 13ter r. Foran ℘ 46 36 29 85, Fax 46 36 51 03 – 📺 ☎. ⴳⴱ
ⴱ 29 – **10 ch** 240/320.

CITROEN Gar. Molle, bd Joffre ℘ 46 36 09 54   PEUGEOT Gar. Horseau, 62 bd Joffre
                                                      ℘ 46 36 13 23

TREMBLAY 35460 I.-et-V. 🎲🎲 ⑰ G. Bretagne – 1 453 h alt. 82.

Paris 348 – St-Malo 54 – Combourg 24 – Fougères 23 – ✦Rennes 41.

🏨 **Roc-Land** ⴲ, ℘ 99 98 20 46, Fax 99 98 29 00, 佘, parc – 📺 ☎ ❷ – 🔏 25. ⴳⴱ. ⴲ ch
fermé 15 au 31 oct., 15 au 27 fév., sam. soir, dim. soir et lundi – **Repas** 98/208 – ⴱ 35 –
25 ch 280/400 – ½ P 300/320.

TREMBLAY-EN-FRANCE 93 Seine-St-Denis 🎲🎲 ⑪, 🎲🎲🎲 ⑱ – voir à Paris, Environs.

Le TREMBLAY-SUR-MAULDRE 78490 Yvelines 🎲🎲 ③ 🎲🎲🎲 ㉘ – 668 h alt. 110.

🏌🏌 du Château de Tremblay-sur-Mauldre ℘ (1) 34 87 81 09.

Paris 41 – Houdan 23 – Mantes 31 – Rambouillet 19 – Versailles 21.

🏨 **Château H. du Tremblay** ⴲ, ℘ (1) 34 87 92 92, Fax (1) 34 87 86 21, ≤, 佘, « Demeure
du 17ᵉ siècle dans un parc » – 📺 ☎ ❷ – 🔏 30. 🝙 ⓞ ⴳⴱ
Repas *(fermé dim. soir)* 190/290 – **28 ch** ⴱ 550/1150.

✕✕✕ ✿ **La Gentilhommière** (Brun), ℘ (1) 34 87 80 96, Fax (1) 34 87 91 52, 佘 – 🝙 ⓞ ⴳⴱ
fermé août, vacances de fév., lundi soir et mardi – **Repas** 360 et carte environ 400
Spéc. Langoustines crues au caviar. Saint-Pierre au jus de carottes. Ris de veau en croûte de sel.

TREMEUR 22250 C.-d'Armor 59 ⑮ – 613 h alt. 75.

Paris 411 – ◆Rennes 59 – Saint-Malo 52 – Dinan 24 – Loudéac 52 – St-Brieuc 46.

🏨 **Les Dineux** M, voie express N 12, sortie Trémeur 🖉 96 84 65 80, Fax 96 84 76 35, 🍃,
◆ 🍴 – 🖃 rest 📺 ☎ & ₽ – 🕎 25. 🖭
fermé vacances de fév. – **Repas** *(fermé sam. soir et dim. de sept. à juin)* 78/154 🍷, enf. 60 –
🗄 40 – **15 ch** 240/310 – ½ P 290.

TRÉMINIS 38710 Isère 77 ⑮ G. Alpes du Nord – 173 h alt. 959.

Voir Site★.

Paris 635 – Gap 73 – ◆Grenoble 69 – Monestier-de-Clermont 36 – La Mure 32 – Serres 57.

♨ **Alpes** ◎, à Château-Bas 🖉 76 34 72 94, 🍃 – ₽. 🕸 rest
fermé nov. – **Repas** 67/110 🍷 – 🗄 24 – **13 ch** 130/160 – ½ P 170/180.

TRÉMOLAT 24510 Dordogne 75 ⑯ G. Périgord Quercy – 625 h.

Voir Belvédère de Racamadou★★ N : 2 km.

Paris 544 – Périgueux 50 – Bergerac 33 – Brive-la-Gaillarde 86 – Sarlat-la-Canéda 44.

🏨 ✿ **Vieux Logis** ◎, 🖉 53 22 80 06, Fax 53 22 84 89, ≤, 🍃, « Jardin fleuri ouvert sur la
campagne », 🍴 – 📺 ☎ ₽ – 🕎 60. 🖭 ⑩ 🖭 🖭
Repas 180 bc/370, enf. 85 – 🗄 72 – **18 ch** 720/1240, 6 appart – ½ P 742/1132
Spéc. Tarte minute aux cèpes. Grosse pomme de terre farcie aux ris de veau et aux truffes. "Millas sarladais". Vins
Bergerac, Pécharmant.

CITROEN Gar. Imbert, rte du Cingle 🖉 53 22 80 10

TRÉMONT-SUR-SAULX 55 Meuse 61 ⑩ – rattaché à Bar-le-Duc.

TRÉPASSÉS (Baie des) 29 Finistère 58 ⑬ – rattaché à Raz (Pointe du).

Le TRÉPORT 76470 S.-Mar. 52 ⑤ G. Normandie Vallée de la Seine (plan) – 6 227 h alt. 6 – Casino .

Voir Calvaire des Terrasses ≤★.

🛈 Office de Tourisme Esplanade de la Plage L.-Aragon 🖉 35 86 05 69.

Paris 169 – ◆Amiens 76 – Abbeville 35 – Blangy-sur-Bresle 24 – Dieppe 29 – ◆Rouen 99.

🍴 **Le Homard Bleu**, 45 quai François 1er 🖉 35 86 15 89, Fax 35 86 49 21 – 🖭 ⑩ 🖭
fermé 20 déc. au 10 fév. – **Repas** 92/395 bc.

🍴 **Le St-Louis**, 43 quai François 1er 🖉 35 86 20 70, Fax 35 50 67 10 – 🗐. 🖭 ⑩ 🖭 🖭
fermé 15 nov. au 15 déc. – **Repas** 92 (déj.)/280 🍷.

RENAULT Gar. Moderne, 9 q. S.-Carnot
🖉 35 86 13 90
Gar. Lemercier, 23 r. Falaise 🖉 35 86 30 67

TRÉVOU-TRÉGUIGNEC 22660 C.-d'Armor 59 ① – 1 210 h alt. 70.

Paris 513 – St-Brieuc 62 – Guingamp 35 – Lannion 14 – Paimpol 27 – Perros-Guirec 12 – Tréguier 13.

🏨 **Ker Bugalic** ◎, 🖉 96 23 72 15, Fax 96 23 74 71, ≤, « Jardin fleuri » – ☎ ₽. 🖭. 🕸 rest
Pâques-fin sept. et vacances de Toussaint – **Repas** (prévenir) 100/250, enf. 57 – 🗄 33 –
18 ch 240/395 – ½ P 317/375.

TRIE-SUR-BAÏSE 65220 H.-Pyr. 85 ⑨ – 1 011 h alt. 240.

Paris 800 – Auch 49 – Lannemezan 25 – Mirande 24 – Tarbes 30.

🏨 **Tour**, 🖉 62 35 52 12, Fax 62 35 59 92, 🍃 – 📺 ☎. 🖭
◆ **Repas** *(fermé lundi midi)* 65/105 🍷 – 🗄 30 – **11 ch** 170/240 – ½ P 210/220.

TRIGANCE 83840 Var 84 ⑥ ⑦ 114 ⑨ – 120 h alt. 734.

Paris 822 – Digne-les-Bains 73 – Castellane 20 – Comps-sur-Artuby 12 – Draguignan 43 – Grasse 71 – Manosque 86.

🏨 **Château de Trigance** ◎, accès par voie privée 🖉 94 76 91 18, Fax 94 85 68 99,
« Cadre médiéval, terrasse avec ≤ vallée et montagnes » – 📺 ☎ ₽. 🖭 ⑩ 🖭
18 mars-5 nov. – **Repas** *(fermé merc. midi sauf de mai à sept.)* 150 (déj.). 190/360 – 🗄 65 –
10 ch 580/900 – ½ P 530/710.

🍴 **Le Vieil Amandier** ◎, avec ch, 🖉 94 76 92 92, Fax 94 85 68 65, ≤, 🍃, 🍴 – 📺 ☎ & ₽.
🖭
1er avril-11 nov. – **Repas** 95/360 🍷, enf. 49 – 🗄 40 – **12 ch** 330 – ½ P 260/310.

La TRINITÉ-SUR-MER 56470 Morbihan 63 ⑫ G. Bretagne – 1 433 h alt. 3.

Voir Pont de Kerisper ≤★.

🛈 Office de Tourisme Môle L.-Caradec 🖉 97 55 72 21, Fax 97 55 78 07.

Paris 485 – Vannes 30 – Auray 12 – Carnac 4,5 – Lorient 48 – Quiberon 23 – Quimperlé 63.

🏨 **Le Rouzic**, 🖉 97 55 72 06, Fax 97 55 82 25, ≤ – 🛗 📺 ☎. 🖭 ⑩ 🖭
fermé 16 nov. au 15 déc., 1er au 15 janv., dim. soir et lundi de mi-sept. à début juin – **Repas**
95/125 – 🗄 35 – **32 ch** 315/330 – ½ P 310/320.

🍴 **L'Azimut**, 🖉 97 55 71 88, Fax 97 55 80 15, ≤, 🍃 – 🖭
Repas 95/195 et carte 200 à 330, enf. 50.

🍴 **Ostréa** avec ch, 🖉 97 55 73 23, Fax 97 55 86 43, ≤, 🍃 – 📺 ☎ ₽. 🖭 🖭
18 fév.-30 sept. et fermé mardi sauf juil.-août – **Repas** 98/240, enf. 60 – 🗄 42 – **8 ch** 370.

TRIZAC 15400 Cantal 76 ② – 754 h alt. 935.

Paris 494 – Aurillac 68 – Mauriac 23 – Murat 51.

Les Cimes, ✆ 71 78 60 30 –
Repas 55/120 – ☐ 27 – **12 ch** 150/220 – ½ P 170/180.

Les TROIS-ÉPIS 68410 H.-Rhin 62 ⑱ **G. Alsace Lorraine** – alt. 658.

Paris 483 – Colmar 14 – Gérardmer 45 – Munster 16 – Orbey 12.

Grand Hôtel, ✆ 89 49 80 65, Fax 89 49 89 00, ≤ forêt vosgienne et plaine d'Alsace, , parc, , – – 80. AE GB
fermé 10 janv. au 10 fév. – ***Le Jardin d'Hiver :*** **Repas** 250, enf. 65 – ☐ 45 – **48 ch** 590/850 – ½ P 430/680.

Marchal, ✆ 89 49 81 61, Fax 89 78 90 48, ≤ forêt vosgienne et plaine d'Alsace, – – 30. GB.
fermé 15 déc. au 15 janv. – **Repas** 100 (déj.), 165/265 – ☐ 40 – **40 ch** 400/480 – ½ P 335/410.

La Chêneraie, ✆ 89 49 82 34, Fax 89 49 86 70, parc – . GB.
fermé 1er janv. au 1er fév. et merc. – **Repas** (dîner seul.) (1/2 pens. seul.) – ☐ 48 – **19 ch** 200/300 – ½ P 290/305.

Croix d'Or, ✆ 89 49 83 55, Fax 89 49 87 14, ≤, – . GB
fermé 15 nov. au 15 déc. et mardi – **Repas** 70/190, enf. 50 – ☐ 35 – **12 ch** 170/280 – ½ P 190/240.

Villa Rosa, ✆ 89 49 81 19, Fax 89 78 90 45, ≤, chambres non fumeurs exclusivement, , – . GB.
fermé 2 janv. au 15 fév. et jeudi soir – **Repas** (dîner seul.) 85/135 – ☐ 45 – **9 ch** 280/335, 3 appart – ½ P 280/310.

XX **L'Auberge,** ✆ 89 49 80 65, Fax 89 49 89 00, – . AE GB
fermé 10 janv. au 10 fév. – **Repas** 95/135, enf. 65.

Un conseil Michelin :

pour réussir vos voyages, préparez-les à l'avance.

Les cartes et guides Michelin, vous donnent toutes indications utiles sur : itinéraires, visite des curiosités, logement, prix, etc.

TROISGOTS 50420 Manche 54 ⑬ **G. Normandie Cotentin** – 316 h alt. 128.

Voir Roches de Ham ≤★★ NE : 5 km puis 15 mn.

Paris 304 – St-Lô 15 – Avranches 48 – ♦Caen 63 – Vire 30.

XX **Aub. de la Chapelle-sur-Vire,** à la Chapelle-sur-Vire SE : 2 km ✆ 33 56 32 83 – GB
fermé vacances de Noël, de fév., dim. soir d'oct. à mars et merc. – **Repas** 65/150.

TRONÇAIS 03 Allier 69 ⑫ – ✉ 03360 St-Bonnet-Tronçais.

Voir Forêt de Tronçais★★★ – Étang de St-Bonnet★ NO : 4 km – Étang de Saloup★ S : 5 km, **G. Auvergne.**

Paris 311 – Moulins 56 – Bourges 66 – Montluçon 40 – St-Amand-Montrond 23.

Le Troncais, ✆ 70 06 11 95, Fax 70 06 16 15, « Dans un parc au bord d'un étang », – . GB. rest
15 mars-15 déc. et fermé dim. soir et lundi hors sais. – **Repas** 98/140, enf. 60 – ☐ 31 – **12 ch** 198/334 – ½ P 237/278.

TRONGET 03 Allier 69 ⑬ – 1 058 h alt. 470 – ✉ 03240 Le Montet.

Paris 365 – Moulins 27 – Bourbon-l'Archambault 23 – Montluçon 50.

Commerce, ✆ 70 47 12 95, Fax 70 47 32 53 – . GB
Repas 70/170, enf. 40 – ☐ 30 – **11 ch** 190/280 – ½ P 220/240.

TROO 41800 L.-et-Ch. 64 ⑤ **G. Châteaux de la Loire** – 320 h alt. 65.

Voir La "butte" ✻★ – St-Jacques des Guérets : peintures murales★ de l'église S : 1 km.

Syndicat d'Initiative ✆ 54 72 58 74.

Paris 197 – ♦Le Mans 62 – Château-du-Loir 33 – ♦Tours 54 – Vendôme 27.

XX **Cheval Blanc** M avec ch, r. A.-Arnault ✆ 54 72 58 22, Fax 54 72 55 44 – . GB
fermé mardi midi et lundi – **Repas** 110/260 – ☐ 35 – **9 ch** 270/360 – ½ P 300.

TROUVILLE-SUR-MER 14360 Calvados 55 ③ **G. Normandie Vallée de la Seine** – 5 607 h alt. 5 – Casino AY.

Voir Corniche ≤★ BX **B.**

9 18 de St-Gatien-Deauville ✆ 31 65 19 99, E : 9 km par D 74 BZ.

de Deauville-St-Gatien : ✆ 31 88 31 28, par D 74 : 7 km BZ.

Office de Tourisme 32 bd F.-Moureaux ✆ 31 88 36 19, Fax 31 88 63 06.

Paris 206 ② – ♦Caen 47 ③ – ♦Le Havre 41 ② – Lisieux 29 ② – Pont-l'Évêque 11 ②.

TROUVILLE-SUR-MER

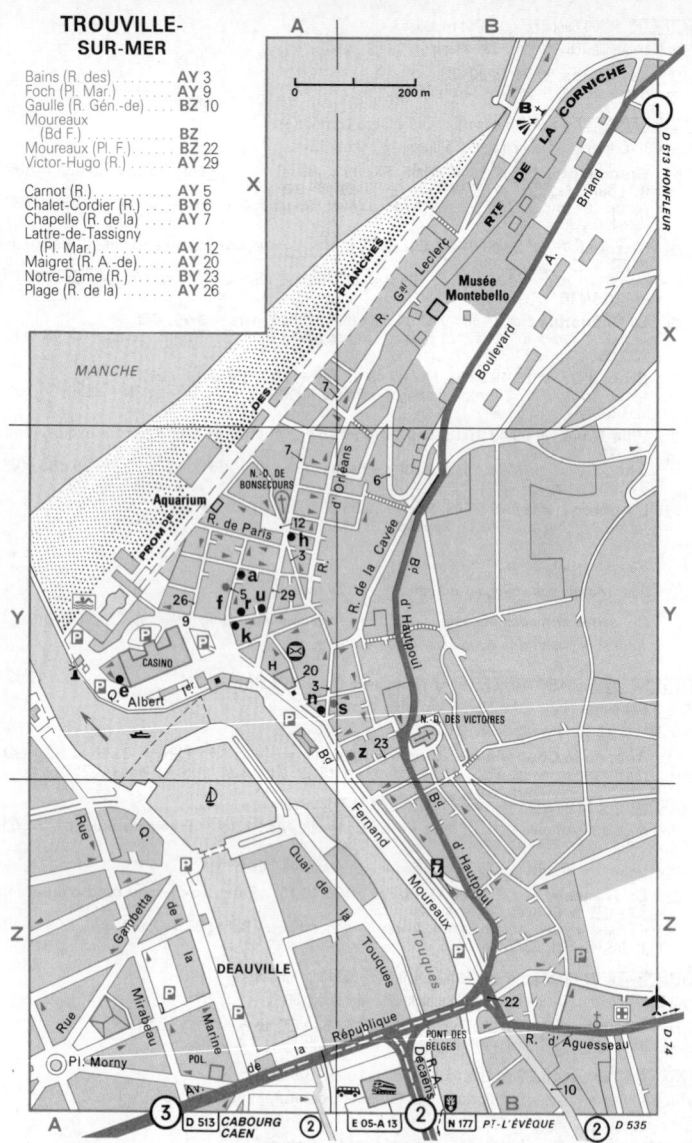

🏨🏨🏨 **Beach H.** Ⓜ, 1 quai Albert 1ᵉʳ ℰ 31 98 12 00, Fax 31 87 30 29, ≤, 🏊 – 🛗 📺 ☎ 🅰 🚗 –
  🕭 40. 🅰🅴 ⓄⒷ 🇯🇨🇧. ⋘ rest   AY **e**
  fermé 19 nov. au 16 déc. – **Repas** 140/160, enf. 55 – 🖵 55 – **102 ch** 650, 8 appart.

🏨🏨 **Mercure** Ⓜ, pl. Foch ℰ 31 87 38 38, Télex 772494, Fax 31 87 35 41, ☂ – 🛗 🛏 ch
  🍴 rest 📺 ☎ 🅰 – 🕭 25 à 80. 🅰🅴 ⓄⒷ   AY **k**
  Repas *(fermé 15 nov. au 15 déc., dim. et lundi de nov. à mars)* 98/150, enf. 45 – 🖵 56 –
  80 ch 610/650.

🏨🏨 **Relais de la Cahotte** sans rest, 11 r. V. Hugo ℰ 31 98 30 20, Fax 31 98 04 00 – 🛗 🛏 ch
  📺 ☎ 🅰 🅰🅴 Ⓞ ⒼⒷ   AY **u**
  🖵 45 – **32 ch** 440.

🏠 **Central,** 158 bd F.-Moureaux 𝄐 31 88 80 84, Fax 31 88 42 22, 🏡 – 📲 📺 ☎ 👌 ⇐. 🆎
🔳 GB   AY   **n**
Repas 88/130 – 🖃 35 – **20 ch** 280/390.

🏠 **Les Sablettes** sans rest, 15 r. P.-Besson 𝄐 31 88 10 66 – 📺 ☎. 🔳 GB. 🎀   AY   **r**
fermé 1er déc. au 1er fév. – 🖃 28 – **18 ch** 195/340.

🏠 **Maison Normande** sans rest, 4 pl. Mar. de Lattre de Tassigny 𝄐 31 88 12 25 – 📺 ☎.
🔳 GB. 🎀   AY   **h**
1er mars-fin sept., vacances scolaires et week-ends en hiver – 🖃 37 – **20 ch** 350/450.

🏠 **Carmen,** 24 r. Carnot 𝄐 31 88 35 43, Fax 31 88 08 03 – 🍴 rest 📺 ☎. 🆎 ⓿ GB. 🎀
fermé 10 au 18 avril, 9 au 17 oct., janv., lundi soir et mardi sauf vacances scolaires – **Repas**
90/180, enf. 55 – 🖃 35 – **16 ch** 200/360 – ½ P 220/310.   AY   **a**

XXX **La Régence,** 132 bd F. Moureaux 𝄐 31 88 10 71 – 🆎 ⓿ GB   BY   **z**
fermé déc. et lundi hors sais. – **Repas** 135/315 et carte 270 à 390.

XX **La Petite Auberge,** 7 r. Carnot 𝄐 31 88 11 07 – 🆎 GB   AY   **f**
fermé 1er au 15 janv., mardi soir de sept. à juin et merc. sauf août – **Repas** (prévenir)
115/250.

X **Doult** avec ch, 4 r. Bains 𝄐 31 88 10 27 – GB   ABY   **s**
fermé 20 nov. au 8 déc. et lundi hors sais. sauf vacances scolaires – **Repas** 102/210 – 🖃 28
– **6 ch** 280/400 – ½ P 260/340.

TROYES 🅿 **10000** Aube **61** ⑯ ⑰ G. Champagne – 59 255 h alt. 113.

Voir Cathédrale★★ : trésor★ CY – Le vieux Troyes★★ BZ – Jubé★★ de l'église Ste-Madeleine★
BZ **D** – Basilique St-Urbain★ BYZ **B** – Église St-Pantaléon★ BZ **E** – Pharmacie★ de l'Hôtel-Dieu-
le-Comte CY **M³** – Musée d'Art Moderne★★ CY **M⁵** – Maison de l'outil et de la pensée ouvrière★★
dans l'hôtel de Mauroy★ BZ **M²** – Musée historique de Troyes et de Champagne★ dans l'hôtel
de Vauluisant★ BZ **M¹** – Musée des Beaux-Arts et d'Archéologie★ dans l'abbaye St-Loup CY **M³**.

🏌 de Troyes-La Cordelière, près Chaource 𝄐 25 40 18 76 par ④ : 31 km.

🅱 Office de Tourisme et Accueil de France 16 bd Carnot 𝄐 25 73 00 36, Télex 840216, Fax 25 73 06 81 et 24
quai Dampierre (juil.-15 sept.) 𝄐 25 73 42 28 – A.C. 24 quai Dampierre 𝄐 25 73 42 28.

Paris 179 ⑦ – ◆Dijon 179 ④ – ◆Nancy 184 ②.

Plans pages suivantes

🏨 **H. de la Poste** Ⓜ, 35 r. E. Zola 𝄐 25 73 05 05, Fax 25 73 80 76 – 📲 🍴 rest 📺 ☎ 👌 ⇐ –
🔔 30. 🆎 ⓿ GB   BZ   **a**
La Table Gourmande 𝄐 25 73 84 37 *(fermé dim. soir et lundi sauf fériés)* **Repas** 150/240 – *Le*
Bistrot de la Mer 𝄐 25 73 80 78, produits de la mer *(fermé août et sam. midi sauf fériés)*
Repas 135, ⅊ – *Le Carpaccio* 𝄐 25 73 05 05 **Repas** carte environ 130, ⅊, enf. 36 – 🖃 55 –
28 ch 440/650.

🏨 **Relais St Jean** Ⓜ 🦢 sans rest, 51 r. Paillot de Montabert 𝄐 25 73 89 90,
Fax 25 73 88 60 – 📲 🍴 📺 ☎ 👌 – 🔔 35. 🆎 ⓿ GB JCB   BZ   **s**
🖃 55 – **22 ch** 430/650.

🏨 **Royal H.,** 22 bd Carnot 𝄐 25 73 19 99, Télex 842964, Fax 25 73 47 85 – 📲 📺 ☎. 🆎 ⓿
🔳 GB   BZ   **n**
fermé 18 déc. au 8 janv. – **Repas** *(fermé dim. soir et lundi midi)* 98/185, enf. 65 – 🖃 40 –
37 ch 270/500 – ½ P 270.

🏠 **H. de Troyes** sans rest, 168 av. Gén. Leclerc 𝄐 25 74 60 70, Fax 25 79 12 14 – 📺 ☎ 👌
🅿. 🆎 GB JCB   A   **k**
🖃 32 – **23 ch** 250/290.

XX **Le Bourgogne,** 40 r. Gén. de Gaulle 𝄐 25 73 02 67 – GB   BY   **f**
fermé 30 juil. au 29 août, lundi soir et dim. sauf les midis fériés – **Repas** 160.

XX **Le Valentino,** cour Rencontre (près H. de Ville) 𝄐 25 73 14 14, Fax 25 73 74 04, 🏡 – 🆎
⓿ GB   BZ   **s**
Fermé 15 août au 6 sept., dim. soir et lundi – **Repas** 165/360.

XX **Chanoine Gourmand,** 32 r. Cité 𝄐 25 80 42 06, Fax 25 80 92 00, 🏡 – 🆎 GB   CY   **r**
Repas 178/245.

à Pont-Ste-Marie N : 3 km par N 77 – A – 4 856 h. – ⌧ 10150 :

XX **Host. de Pont-Ste-Marie,** près église 𝄐 25 81 13 09, 🏡 – 🆎 GB   A   **t**
fermé 14 nov. au 22 nov., 15 au 31 janv., dim. soir et lundi – **Repas** 110/170.

X **Bistrot DuPont,** 5 pl. Ch. de Gaulle 𝄐 25 80 90 99 – 🍴. 🆎 GB   A   **s**
fermé 1er au 15 août, merc. soir et dim. sauf fêtes – **Repas** 98/145 ⅊, enf. 70.

à Ste-Maure N : 7 km par D 78 – ⌧ 10150 :

XXX **Aub. de Ste Maure,** 𝄐 25 76 90 41, Fax 25 80 01 55, 🏡, « En bordure de rivière » – 🅿.
🆎 GB
fermé dim. soir et lundi – **Repas** 100/150 et carte 230 à 330.

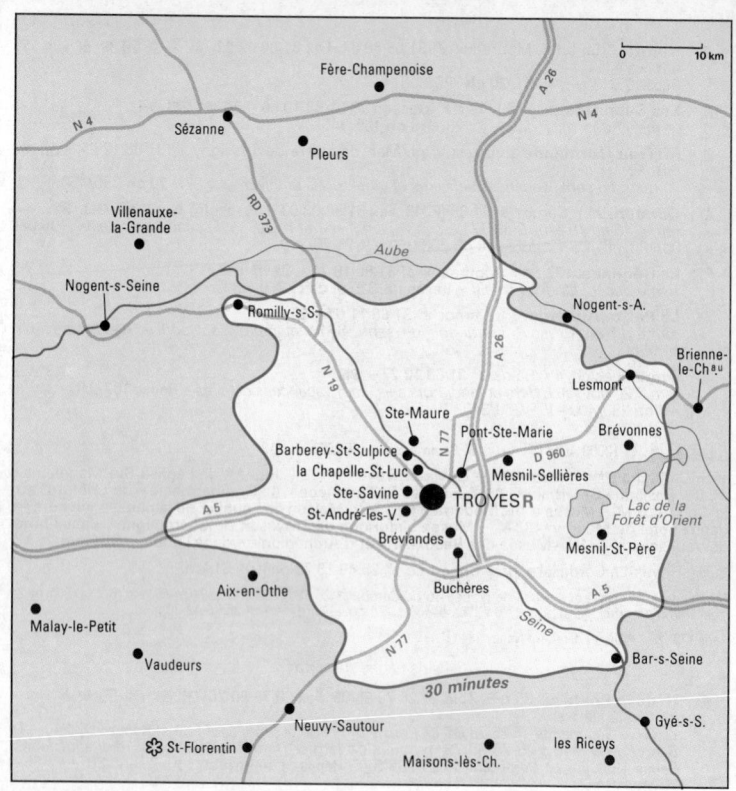

à Mesnil-Sellières par ②, D 960 : 11 km – ⊠ **10220** :

✕ **Clef des Champs,** ℰ 25 80 65 62, 🍴 – 🅿. 🖭 ⬛
→ *fermé 2 au 17 janv., 20 fév. au 6 mars, dim. soir et lundi sauf fériés* – **Repas** 68/190 ⅃.

au Golf de la Forêt d'Orient par ②, Rouilly, puis rte de Géraudot : 19 km – ⊠ **10220**
Piney :

🏨 **Holiday Inn de la Forêt d'Orient** Ⓜ ⌇, ℰ 25 43 80 80, Fax 25 41 57 58, 🍴, « En forêt, entouré d'un golf » – 🔟 ⑂ ch 🖭 ☎ 🕭 – 🔬 80. 🖭 ⑩ ⬛ 🗹 ⧭ rest
Repas 110/210 ⅃, enf. 45 – ⬚ 55 – **60 ch** 420/460, 25 duplex – ½ P 790/850.

à Bréviandes par ④ : 5 km – ⊠ **10450** :

🏨 **Pan de Bois,** ℰ 25 75 02 31, Fax 25 49 67 84, 🍴 – 🔟 ☎ 🕭 🅿 – 🔬 40. ⬛ ⧭ ch
fermé lundi (sauf hôtel) et dim. soir – **Grill : Repas** 87/160 ⅃, enf. 56 – ⬚ 33 – **31 ch** 237/275.

à Buchères par ④ : 7 km – ⊠ **10800** :

🏨 **Campanile,** ℰ 25 49 67 67, Fax 25 75 15 97, 🍴 – ⑂ ch 🔟 ☎ 🕭 🅿 – 🔬 25. 🖭 ⑩ ⬛
Repas 82 bc/105 bc, enf. 39 – ⬚ 30 – **54 ch** 270.

à St-André-les-Vergers par ⑤ : 5 km – 11 329 h. – ⊠ **10120** :

🏨 **Les Épingliers** sans rest, 180 rte d'Auxerre ℰ 25 75 05 99, Fax 25 75 32 22 – 🔟 ☎ 🅿.
⬛
fermé 24 déc. au 2 janv. – ⬚ 30 – **15 ch** 205/250.

à Ste-Savine O : 3 km vers ⑥ – 9 495 h. – ⊠ **10300** :

🏨 **Chantereigne** ⌇ sans rest, 128 av. Gén. Leclerc (N 60) ℰ 25 74 89 35, Fax 25 74 47 78 –
🔟 ☎ 🕭 🅿. ⬛
fermé 26 déc. au 2 janv. – ⬚ 35 – **30 ch** 250/280.

A **b**

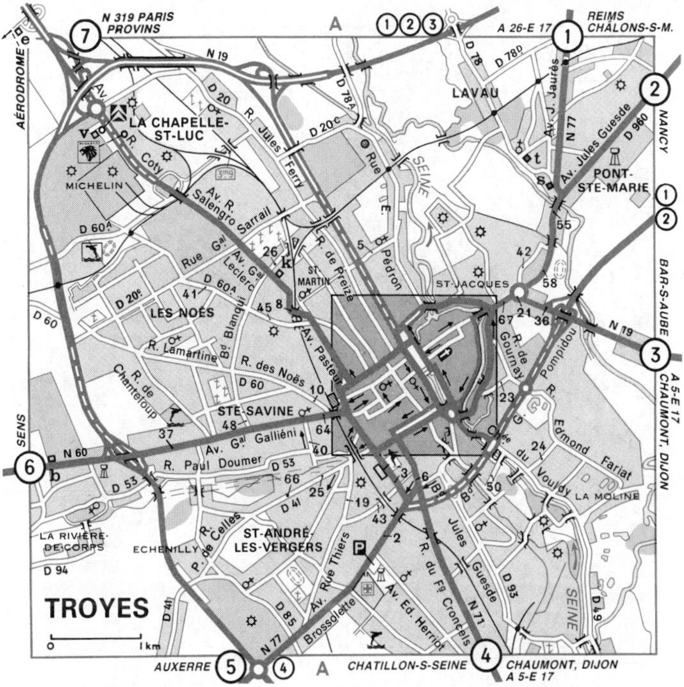

TROYES
N 319 PARIS PROVINS
REIMS CHALONS-S-M.
A 26-E 17
NANCY
BAR-S-AUBE
A 5-E 17 CHAUMONT, DIJON
SENS
AUXERRE
CHATILLON-S-SEINE
CHAUMONT, DIJON A 5-E 17
AÉRODROME
LA CHAPELLE-ST-LUC
MICHELIN
LAVAU
PONT-STE-MARIE
ST-JACQUES
ST-MARTIN
LES NOËS
STE-SAVINE
ST-ANDRÉ-LES-VERGERS
LA RIVIÈRE-DE-CORPS
ECHENILLY
LA MOLINE
SEINE
R. Jules Ferry
Av. R. Salengro
R. Coty
Sarrail
Rue Gal Leclerc
Av. Gal Leclerc
R. de Preize
Rue E. Pédron
Av. J. Jaurès
Av. Jules Guesde
R. Lamartine
Bd Blanqui
R. des Noës
Av. Pasteur
R. de Chanteloup
Av. Gal Galliéni
R. Paul Doumer
R. de Gournay
Pompidou
R. Edmond Fariat
Chée du Vouldy
R. de Celles
Av. Rue Thiers
Brossolette
Av. Ed. Herriot
R. du Fg Croncels
Jules Guesde
N 19
N 60
N 77
N 71
D 60
D 53
D 94
D 85
D 93
D 49
D 41
0 1 km

Anatole France (Av.) .... A 2
Belgique (Bd de) .... A 3
Brocard (R.) .... A 5
Brossolette (Av. Pierre) .. A 6
Buffard (Av. M.)........ A 8
Chalmel (R.) .... A 10
Didier (R. Jules) .... A 19
Europe (Rd-Pt de l') ..... A 21
Fortier (R.) .... A 23
Godard-Pillaveinne (R.) .. A 24
Goudy (R. Albert) .... A 25
Haute-Charme (R. de la) . A 26
Lattre-de-Tassigny (Av. du Mar. de) ..... A 36
Leclerc (Av. Gén.) STE-SAVINE .... A 37
Malon (R. Benoit) ...... A 40
Marots (R. des) .... A 41
Martyrs-de-la-Résistance (Av. des) .... A 42
Mission (R. de la) ...... A 43
Murard (R. Lt-Pierre) .... A 45
Péri (R. Gabriel) .... A 48
Poânts (R. des) .... A 50
Salengro (R. Roger) PONT-STE-MARIE .... A 55
Schuman (Av. Robert) ... A 58
Voltaire (R.) .... A 64
Wilson (Av. du Prés.) .... A 66
1er Mai (Av. du) .... A 67

à La Chapelle-St-Luc vers ⑦ : 4 km par N 319 – 15 815 h. – ✉ **10600** :

Comfort Inn Primevère, ✆ 25 78 16 26, Fax 25 78 28 61, 🍽 – 📺 ☎ ♿ – 🏛 30. AE ⓓ GB A **v**
Repas 81/102 🍷, enf. 41 – ☕ 30 – **41 ch** 275.

à Barberey-St-Sulpice par ⑦ : 5 km – ✉ **10600** :

Novotel M 🌳, ✆ **25 74 59 95, Télex 840759, Fax 25 78 05 73**, 🍽, 🏊 – 🚭 ch 📺 ☎ ♿ 🅟 – 🏛 30 à 60. AE ⓓ GB JCB A **e**
Repas carte environ 170 🍷, enf. 50 – ☕ 49 – **83 ch** 430.

FORD Est Autom., 19 bd Danton ✆ 25 80 02 70
RENAULT Star, 15 bd Danton BY ✆ 25 80 02 87 🅽 ✆ 25 75 99 71
VAG Gar. Scala, 20 bd Pompidou ✆ 25 81 36 30 🅽 ✆ 25 81 36 30

Ⓜ Euromaster, 11 r. de la Paix ✆ 25 73 35 24
Gar. Devliegher, 8 bd V.-Hugo ✆ 25 73 19 94
Rémy Pneus, 94 Mail Charmilles ✆ 25 81 04 10

Périphérie et environs

BMW Gar. Sud-Autom., 132 bd de Dijon à St-Julien-les-Villas ✆ 25 82 03 76
CITROEN La Cité de l'Auto, RN 19 à La Chapelle-St-Luc A ✆ 25 74 46 98
DATSUN-MERCEDES-NISSAN Gar. Craeye, 50 av. Martyrs du 24 Août à Buchères ✆ 25 71 37 00
OPEL Girost Autom., r. St-Aventin à Creney ✆ 25 81 26 26

PEUGEOT Gar. de l'Aube, RN 19 à La Chapelle-St-Luc A ✆ 25 79 09 56 🅽 ✆ 25 41 12 60
SEAT Gar. Bruillon, RN 77 rte d'Auxerre à Rosières ✆ 25 75 69 50

Ⓜ Sovic Guiguet-Point S, RN 77 rte d'Auxerre à St-Germain ✆ 25 75 68 54

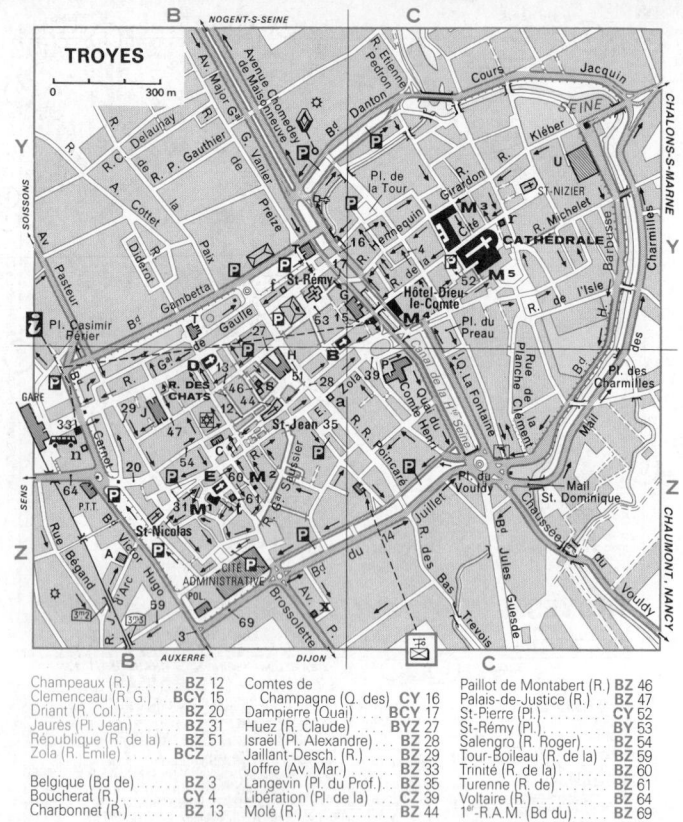

TROYES

0   300 m

Les hôtels ou restaurants agréables
sont indiqués dans le guide par un symbole rouge.

Aidez-nous en nous signalant les maisons où,
par expérience, vous savez qu'il fait bon vivre.

Votre guide Michelin sera encore meilleur.

TULLE 🅿 19000 Corrèze 🔢 ⑨ G. Berry Limousin – 17 164 h alt. 212.

Voir Maison de Loyac★ B **B** – Clocher★ de la cathédrale B **D**.

Env. Ste-Fortunade : chef reliquaire★ dans l'église 9 km par ③.

🔟 du Coiroux ℘ 55 27 25 66, S : 14 km par ③.

🛈 Office de Tourisme quai Baluze ℘ 55 26 59 61.

Paris 484 ① – Brive-la-Gaillarde 28 ⑤ – Aurillac 87 ③ – ◆Clermont-Ferrand 140 ② – ◆Guéret 135 ① – ◆Limoges 87 ① – Montluçon 167 ② – Périgueux 102 ⑤ – Rodez 158 ③.

Plan page ci-contre

- 🏛 **Gare,** 25 av. W. Churchill ℘ 55 20 04 04, Fax 55 20 15 87 – 📺 ☎. 🆖   A **k**
  fermé 1er au 15 sept. – **Repas** 86/130 ⅜, enf. 50 – ☄ 32 – **13 ch** 160/220 – ½ P 260.

- 🏛 **Royal** sans rest, 70 av. V. Hugo ℘ 55 20 04 52, Fax 55 20 93 63 – 📺 ☎ 🅿. 🆎 ⓞ 🆖
  ⅜   A **e**
  ☄ 26 – **14 ch** 150/260.

- 🏠 **Bon Accueil,** 10 r. Canton ℘ 55 26 70 57 – ☎. 🆖   B **y**
  fermé 23 au 30 avril, 23 déc. au 1er janv., sam. soir sauf juil.-août et dim. – **Repas** 70/130 ⅜, enf. 40 – ☄ 28 – **13 ch** 160/180 – ½ P 170/190.

TULLE

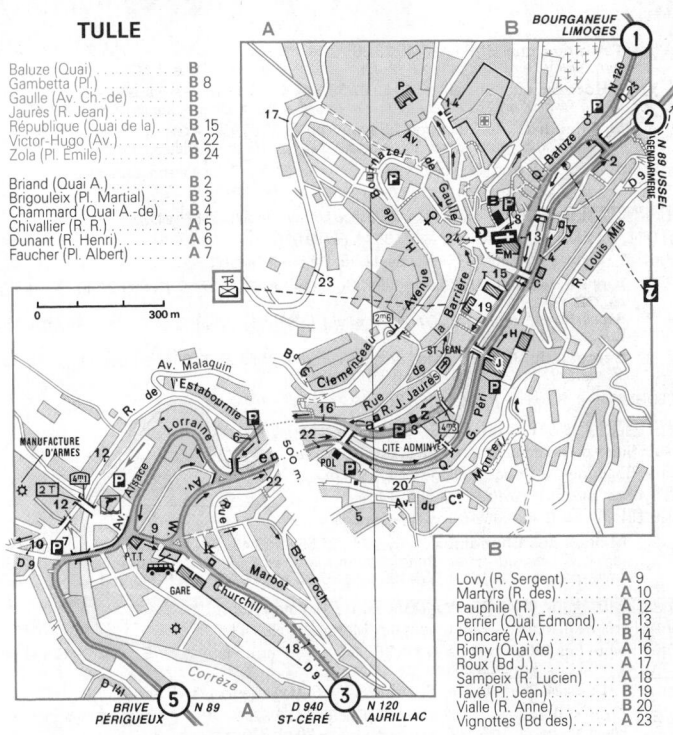

Baluze (Quai) . . . . **B**
Gambetta (Pl.) . . . . **B 8**
Gaulle (Av. Ch.-de) . . . . . . **B**
Jaurès (R. Jean) . . . . **B**
République (Quai de la). . . **B 15**
Victor-Hugo (Av.). . . . . **A 22**
Zola (Pl. Emile) . . . . **B 24**

Briand (Quai A.) . . . . **B 2**
Brigouleix (Pl. Martial) . . . **B 3**
Chammard (Quai A.-de) . . . **B 4**
Chivallier (R. R.) . . . . **A 5**
Dunant (R. Henri) . . . . **A 6**
Faucher (Pl. Albert) . . . . . . **A 7**

Lovy (R. Sergent) . . . . **A 9**
Martyrs (R. des) . . . . **A 10**
Pauphile (R.) . . . . **A 12**
Perrier (Quai Edmond) . . **B 13**
Poincaré (Av.) . . . . **B 14**
Rigny (Quai de) . . . . **A 16**
Roux (Bd J.) . . . . **A 17**
Sampeix (R. Lucien) . . . . **A 18**
Tavé (Pl. Jean) . . . . **B 19**
Vialle (R. Anne) . . . . **B 20**
Vignottes (Bd des) . . . . . **A 23**

XXX **Central**, 32 r. J. Jaurès (1er étage) $\mathscr{C}$ 55 26 24 46 – 📧. 🅖🅑   AB **a**
fermé 24 juil. au 7 août., dim. soir et sam. – **Repas** 130/260 et carte 210 à 300.

XX **Toque Blanche** avec ch, pl. M. Brigouleix $\mathscr{C}$ 55 26 75 41, Fax 55 20 93 95 – 📧 rest 📺 ☎.
🅰🅔 🅖🅑   B **z**
fermé 5 au 15 juil., 15 au 30 janv., dim. soir et lundi hors sais. sauf fêtes – **Repas** 135/190 🍷,
enf. 50 – ☲ 28 – **8 ch** 160/190 – ½ P 280/290.

CITROEN Gar. Bru, r. A.-Audubert par ③
$\mathscr{C}$ 55 26 18 82 🅽 $\mathscr{C}$ 55 26 61 41
FORD Gar. Carles, rte de Brive $\mathscr{C}$ 55 29 91 11
MERCEDES OPEL rte de Brive $\mathscr{C}$ 55 20 10 61 🅽
$\mathscr{C}$ 55 20 10 61
PEUGEOT Gar. Bigeargeas, rte de Naves par av.
Poincaré B $\mathscr{C}$ 55 29 99 99 🅽 $\mathscr{C}$ 55 21 93 14

RENAULT Tulle Autom., Cueille rte de Brive par ⑤
$\mathscr{C}$ 55 29 96 96 🅽 $\mathscr{C}$ 55 21 91 33
VAG Gar. de St-Adrian, ZI Est $\mathscr{C}$ 55 20 03 31

◍ Cammas Vidalie, 3 av. Alsace-Lorraine
$\mathscr{C}$ 55 20 06 48
Techni Pneus, ZI de Mulatet $\mathscr{C}$ 55 20 32 49

TULLINS 38210 Isère 🤍 ④ – 6 269 h alt. 201.

🏌 de St Quentin-s-Isère $\mathscr{C}$ 76 93 67 28, E : 5 km par D 45.

Paris 552 – ◆Grenoble 30 – Bourgoin-Jallieu 43 – La Côte-St-André 27 – St-Marcellin 23 – Voiron 12.

🏨 **Aub. de Malatras**, S : 2 km sur N 92 $\mathscr{C}$ 76 07 02 30, Fax 76 07 76 48, 🍴 – ☎ 🅟 – 🔏 25.
🅖🅑
Repas 98/320 🍷, enf. 75 – ☲ 38 – **19 ch** 180/290 – ½ P 250/290.

OPEL Gar. de la Plaine, $\mathscr{C}$ 76 07 03 67
PEUGEOT Gar. Penon, $\mathscr{C}$ 76 07 01 25

RENAULT Gar. Baboulin, $\mathscr{C}$ 76 07 02 74
VAG Gar. Sporting, $\mathscr{C}$ 76 07 73 88

TUNNEL SOUS LA MANCHE voir à Calais.

La TURBALLE 44420 Loire-Atl. 🔠 ⑭ G. Bretagne – 3 587 h alt. 7.

🛈 Office de Tourisme pl. de Gaulle $\mathscr{C}$ 40 23 32 01.

Paris 461 – ◆Nantes 84 – La Baule 14 – Guérande 7 – La Roche-Bernard 30 – St-Nazaire 26.

🏨 **Les Chants d'Ailes**, 11 bd Bellanger $\mathscr{C}$ 40 23 47 28, ≤ – 📺 ☎ 🅟. 🅖🅑
◆ *fermé 15 nov. au 6 déc. et dim. soir d'oct. à mars* – **Repas** 80/230 – ☲ 33 – **17 ch** 240/340 –
½ P 222/272.

1233

XX **Terminus,** quai St-Paul ℰ 40 23 30 29, ←– AE GB
fermé janv., dim. soir et lundi sauf juil.-août – **Repas** 90/178, enf. 60.

XX **L'Horizon,** quai St-Paul ℰ 40 23 32 59, Fax 40 23 47 18, ←– ● GB
fermé 20 nov. au 15 déc., lundi soir et mardi de sept. à juin – **Repas** 80/270, enf. 50.

X **Le Chaudron,** rte Guérande 1,5 km ℰ 40 23 32 52, 😠 – GB
fermé 15 au 30 nov., mardi soir et merc. sauf juil.-août – **Repas** 85/120.

PEUGEOT Gar. Palais, r. de la Frégate
ℰ 40 23 32 23

RENAULT Gar. Pereon, ZA la Marjolaine
ℰ 40 23 35 16 N ℰ 40 23 35 16

TURCKHEIM 68230 H.-Rhin 62 ⑱ ⑲ G. Alsace Lorraine (plan) – 3 567 h alt. 225.

🛈 Office de Tourisme pl. Turenne ℰ 89 27 38 44, Fax 89 80 83 22.
Paris 485 – Colmar 6 – Gérardmer 45 – Munster 12 – St-Dié 54 – le Thillot 66.

🏨 **Aux Portes de la Vallée** ≶, 29 r. Romaine ℰ 89 27 27 15, Fax 89 27 40 71 – 🛗 📺 ☎ &
P. GB. ⚡ rest
Repas *(fermé dim. soir)* (½ pens. seul.) (résidents seul.) ⅃ – ⌐ 33 – **16 ch** 280/320 –
½ P 280/320.

🏨 **Berceau du Vigneron** sans rest, pl. Turenne ℰ 89 27 23 55 – ☎. GB. ⚡
1ᵉʳ mars-31 oct. – ⌐ 29 – **16 ch** 210/380.

PEUGEOT Gar. Bertrand, ℰ 89 27 00 56 N ℰ 89 27 22 11

TURENNE 19500 Corrèze 75 ⑧ G. Périgord Quercy – 740 h alt. 350.

Voir Site★ du château et 🌄★★ de la tour de César.
Env. Collonges-la-Rouge : village★★ E : 10 km.
🛈 Syndicat d'Initiative (juin-sept.) ℰ 55 85 91 24.
Paris 504 – Brive-la-Gaillarde 16 – Cahors 89 – Figeac 75.

X **Maison des Chanoines** ≶ avec ch, ℰ 55 85 93 43, 😠, « Maison du 16ᵉ siècle » – GB
fermé 1ᵉʳ déc. au 28 fév., mardi soir et merc. sauf juil.-août – **Repas** (nombre de couverts
limité-prévenir) 100 (déj.), 135/195 – ⌐ 35 – **3 ch** 300/370 – ½ P 340/390.

TURINI (Col de) 06440 Alpes-Mar. 84 ⑲ 115 ⑰ G. Côte d'Azur.

Voir Forêt de Turini★★ – Monument aux Morts 🌄★ NE : 4 km.
Env. Pointe des 3-Communes 🌄★★ NE : 6,5 km – Pierre Plate 🌄★★ S : 7 km – Cime de Peira
Cava 🌄★★ S : 8,5 km puis 30 mn.
Paris 898 – L'Escarène 26 – ♦Nice 47 – Roquebillière 14 – St-Martin-Vésubie 23 – Sospel 23.

🏨 **Trois Vallées** ≶, ℰ 93 91 57 21, Fax 93 79 53 62, ←, 😠 – 📺 ☎ P. AE ⓞ GB
Repas 125 (déj.), 158/320, enf. 70 – ⌐ 45 – **20 ch** 370/600 – ½ P 352/467.

🏨 **Les Chamois** ≶, ℰ 93 91 57 42, ←, 😠 – 📺 ☎ P. AE ⓞ GB
✦ *fermé 15 au 31 mars, 15 au 30 nov. –* **Repas** *(fermé jeudi soir et vend. sauf vacances
scolaires et sept.)* 65/140 ⅃, enf. 40 – ⌐ 35 – **11 ch** 280/340 – ½ P 255/285.

TURQUESTEIN-BLANCRUPT 57560 Moselle 62 ⑧ – 22 h alt. 365.

Paris 441 – ♦Strasbourg 70 – Lunéville 58 – ♦Metz 108 – Sarrebourg 25 – Saverne 52.

🏨 **Aub. du Kiboki** ≶, sur D 993 ℰ 87 08 60 65, Fax 87 08 65 26, ←, 😠, parc, 🏊, ⚡ – 📺
☎ & P. GB. ⚡
15 mars-19 nov. et fermé mardi – **Repas** 130 (déj.)/240 ⅃, enf. 50 – ⌐ 45 – **14 ch** 350/400 –
½ P 350/400.

TURRIERS 04250 Alpes-de-H.-P. 81 ⑥ – 276 h alt. 1 040.

Paris 709 – Gap 35 – Digne-les-Bains 65 – Sisteron 38.

🏨 **Roche Cline** ≶, ℰ 92 55 11 38, ←, 🏊, ⚡ – 📺 ☎ P. GB. ⚡
✦ *fermé 20 déc. au 12 janv. et lundi du 15 oct. au 30 mai –* **Repas** 80/140, enf. 55 – ⌐ 30 –
20 ch 210/240 – ½ P 240/280.

Turriers Autom., ℰ 92 55 14 66 N ℰ 92 55 14 66

TY-SANQUER 29 Finistère 58 ⑮ – rattaché à Quimper.

UCHACQ-ET-PARENTIS 40 Landes 78 ⑥ – rattaché à Mont-de-Marsan.

Les ULIS 91 Essonne 60 ⑩, 101 ㉝ – voir à Paris, Environs.

UNAC 09 Ariège 86 ⑮ – rattaché à Ax-les-Thermes.

L'UNION 31 H.-Garonne 82 ⑧ – rattaché à Toulouse.

UNTERMUHLTHAL 57 Moselle 57 ⑱ – rattaché à Baerenthal.

URÇAY 03360 Allier 69 ⑪ ⑫ – 294 h alt. 169.

Paris 304 – Moulins 66 – La Châtre 55 – Montluçon 33 – St-Amand-Montrond 15.

X **Étoile d'Or** avec ch, ℰ 70 06 92 66 – P. GB. ⚡ ch
✦ *fermé 15 janv. au 15 fév., dim. soir et merc. –* **Repas** 65/160 ⅃ – ⌐ 25 – **6 ch** 135/200 –
½ P 185.

URCEL 02000 Aisne 56 ⑤ – 502 h alt. 88.

Paris 127 – ◆Reims 70 – Fère-en-Tardenois 42 – Laon 11 – Soissons 24 – Vailly-sur-Aisne 12.

XX **Host. de France,** rte Nationale ℰ 23 21 60 08 – ℗. GB
fermé 17 juil. au 4 août, 23 fév. au 10 mars, mardi soir et merc. – **Repas** 130/165.

URCUIT 64990 Pyr.-Atl. 85 ③ – 1 688 h alt. 32.

Paris 767 – Biarritz 19 – ◆Bayonne 14 – Dax 43 – Orthez 58 – Pau 100.

X **Au Goût des Mets,** NO : 4 km sur D 261 ℰ 59 42 95 64, 佘 – ℗. GB
◆ *fermé vacances de fév. et merc.* – **Repas** 68/148, enf. 45.

URDOS 64490 Pyr.-Atl. 85 ⑯ – 162 h alt. 760.

Env. Col du Somport★★ SE : 14 km, G. Pyrénées Aquitaine.

Paris 865 – Pau 77 – Jaca 46 – Oloron-Ste-Marie 41.

🛏 **Voyageurs-Somport,** ℰ 59 34 88 05, Fax 59 34 86 74, 🐎 – ☎. GB
◆ *fermé nov.* – **Repas** 68/150, enf. 50 – �📭 27 – **41 ch** 160/250 – ½ P 180/220.

URIAGE-LES-BAINS 38410 Isère 77 ⑤ G. Alpes du Nord – alt. 414 – Stat. therm. (avril-nov.).

Voir Forêt de Prémol★ SE : 5 km par D 111.

🏌 🏌 de Grenoble ℰ 76 89 03 47, S : 1 km par D 524.

🛈 Office de Tourisme pl. Déesse Hygié ℰ 76 89 10 27.

Paris 589 – ◆Grenoble 12 – Vizille 9.

🏨🏨 **Grand Hôtel** Ⓜ, ℰ 76 89 10 80, Fax 76 89 04 62, ≼, 佘, 𝕀𝕤, ☒ – 🛗 📺 ☎ ℗ 🖭 ⑩ GB
fermé janv. – **Repas** (fermé sam. midi, dim. soir et lundi sauf juil.-août) 180 (déj.), 250/350 –
�📭 70 – **44 ch** 390/535 – ½ P 445/518.

🛏 **Les Mésanges** ≫, rte St-Martin-d'Uriage et rte Bouloud : 1,5 km ℰ 76 89 70 69,
◆ Fax 76 89 56 97, ≼, 佘, 🛆, 🐎 – 📺 ☎ ℗ 🖭 GB. ℁
2 mai-20 oct., vacances de fév. et week-ends de fév. à Pâques – **Repas** (fermé mardi soir)
78/225 ♨, enf. 50 – �📭 35 – **39 ch** 170/280 – P 245/305.

🛏 **Le Manoir,** ℰ 76 89 10 88, Fax 76 89 20 63, 佘 – 📺 ☎ ℗. GB
◆ *fermé du 20 nov. au 10 fév., dim. soir et lundi d'oct. à mars* – **Repas** 70/210 ♨, enf. 55 –
�📭 30 – **15 ch** 130/360 – P 225/350.

URMATT 67280 B.-Rhin 62 ⑧ ⑨ – 1 243 h alt. 240.

Voir Église★ de Niederhaslach NE : 3 km, G. Alsace Lorraine.

Paris 484 – ◆Strasbourg 39 – Molsheim 13 – Saverne 35 – Sélestat 40 – Wasselonne 21.

🏨🏨 **Clos du Hahnenberg et rest Chez Jacques** Ⓜ, ℰ 88 97 41 35, Fax 88 47 36 51, 𝕀𝕤,
◆ ☒, ℁ – 🛗 🖞 ⛄ ch 📺 ☎ ℗ – 🔏 25. 🖭 GB
Repas (fermé lundi) 50/198 ♨ – �📭 38 – **43 ch** 199/305 – ½ P 207/282.

🛏 **Poste,** ℰ 88 97 40 55, Fax 88 47 38 32, 🐎 – 🖩 rest 📺 ☎ ℗ 🖭 ⑩ GB. ℁ ch
fermé 27 fév. au 13 mars, 26 juin au 13 juil., 20 au 28 nov. et lundi – **Repas** 95/330 ♨ – �📭 35
– **13 ch** 190/250 – ½ P 230/260.

X **A la Chasse** avec ch, ℰ 88 97 42 64, Fax 88 97 56 23 – 📺 ☎ ⟷ ℗. GB
◆ *fermé fév.* – **Repas** (fermé vend.) 47/120 ♨ – �📭 30 – **9 ch** 160/210 – ½ P 174/189.

URRUGNE 64122 Pyr.-Atl. 85 ② G. Pyrénées Aquitaine – 6 098 h alt. 33.

Paris 798 – Biarritz 21 – ◆Bayonne 26 – Hendaye 8,5 – San Sebastián 30.

X **Chez Maïté,** ℰ 59 54 30 27 – 🖭 GB
fermé dim. soir sauf juil.-août et lundi – **Repas** 85/250, enf. 60.

URT 64270 Pyr.-Atl. 78 ⑱ – 1 583 h alt. 42.

Paris 762 – Biarritz 21 – ◆Bayonne 16 – Cambo-les-Bains 28 – Pau 95 – Peyrehorade 18 – Sauveterre-de-Béarn 42.

XXX ❀ **Aub. de la Galupe** (Parra), au port de l'Adour ℰ 59 56 21 84, Fax 59 56 28 66 – 🖩. 🖭
GB. ℁
fermé 16 janv. à fin fév., dim. soir sauf juil.-août et lundi – **Repas** (nombre de couverts limité
- prévenir) 240 et carte 230 à 390
Spéc. Saumon sauvage de l'Adour (15 mars à fin juil.). Grenadins de jarret de veau, risotto aux cèpes. Boudin noir du
pays de Gaves et de l'Adour. **Vins** Irouléguy, Jurançon.

URY 77 S.-et-M. 61 ⑪ ⑫ – rattaché à Fontainebleau.

USSAC 19 Corrèze 75 ⑧ – rattaché à Brive-La-Gaillarde.

USSEL ⊲🆂🅿️ 19200 Corrèze 73 ⑪ G. Berry Limousin – 11 448 h alt. 631.

🛈 Office de Tourisme pl. Voltaire ℰ 55 72 11 50.

Paris 452 – Aurillac 99 – ◆Clermont-Ferrand 82 – Guéret 103 – Tulle 58.

🛏 **Gd H. Gare,** av. P. Sémard (près gare) ℰ 55 72 25 98, Fax 55 96 25 63 – 📺 ☎ ℗. GB
fermé 1ᵉʳ au 15 sept., vacances de fév., lundi (sauf hôtel) et dim. soir – **Repas** 85/200, enf. 55
– �📭 26 – **18 ch** 200/250 – ½ P 220.

CITROEN N.G.A., 6 rte de Clermont ℰ 55 46 14 14
FIAT, LANCIA Gar. du Centre, 5 r. A.-Chavagnac
ℰ 55 72 11 54
PEUGEOT Gar. du Collège, RN 89 Eybrail
ℰ 55 96 10 68
RENAULT Ussel Autom., N 89 Eybrail
ℰ 55 72 40 11 **N** ℰ 55 72 40 11

V.A.G Gar. Sauniere, 23 bd Dr-Goudounèche
ℰ 55 72 12 66
Gar. Salagnac, 56 av. Gén.-Leclerc ℰ 55 96 23 23

🔧 Euromaster, 61 av. Gén.-Leclerc ℰ 55 72 15 83
Techni Pneus, 24 r. Gambetta ℰ 55 72 59 76

USSON-EN-FOREZ 42550 Loire 🗺 ⑦ G. Vallée du Rhône – 1 265 h alt. 910.

Paris 523 – ◆St-Étienne 49 – Ambert 34 – Montbrison 41 – Le Puy-en-Velay 51 – St-Bonnet-le-Château 14.

🏠 **Rival,** ℰ 77 50 63 65, 🌳 – ☎. 🇦🇪 ⓞ 🇬🇧
➡ *fermé 19 juin au 2 juil. et lundi sauf juil.-août* – **Repas** 65/230 ⚄ – 🍽 25 – **12 ch** 135/280 –
½ P 165/220.

RENAULT Gar. Colombet, ℰ 77 50 60 53

USTARITZ 64480 Pyr.-Atl. 🗺 ② – 4 263 h alt. 14.

Paris 784 – Biarritz 15 – ◆Bayonne 12 – Cambo-les-Bains 8 – Pau 119 – St-Jean-de-Luz 25.

XX **La Patoula** 🌿 avec ch, ℰ 59 93 00 56, Fax 59 93 16 54, 🌳, « Terrasse en bordure de
rivière », 🍷 – 📺 ☎ & 🅿. 🇬🇧
fermé 5 janv. au 15 fév. et hôtel : dim. et lundi d'oct. à fin mars – **Repas** *(fermé lundi sauf le
soir du 15 juin au 15 sept. et dim. soir de 16 sept. au 14 juin)* 140/250, enf. 90 – 🍽 60 – **9 ch**
350/500 – ½ P 370/440.

RENAULT Gar. Etchegaray, à Larressore ℰ 59 93 04 37 **N** ℰ 59 29 80 02

Une réservation confirmée par écrit est toujours plus sûre.

UZERCHE 19140 Corrèze 🗺 ⑧ G. Berry Limousin (plan) – 2 813 h alt. 333.

Voir Ste-Eulalie ≼★ E : 1 km.

🅱 Office de Tourisme pl. Lunade (avril-oct.) ℰ 55 73 15 71.

Paris 453 – Brive-la-Gaillarde 34 – Aubusson 96 – Bourganeuf 80 – Limoges 56 – Périgueux 105 – Tulle 30.

🏠 **Teyssier,** r. Pont Turgot ℰ 55 73 10 05, Fax 55 98 43 31 – 📺 ☎ 🅿. 🇦🇪 ⓞ 🇬🇧 🇯🇨🇧
fermé 14 au 14 juin, 6 déc. à mi-janv. et merc. sauf le soir de mi-juil. à mi-sept. – Repas
120/250, enf. 63 – 🍽 36 – **17 ch** 145/350 – ½ P 250/350.

à Vigeois SO : 9 km par N 20 et D 3 – ✉ 19410 :

XX **Les Semailles** avec ch, rte Brive-la-Gaillarde ℰ 55 98 93 69 – ☎. 🇬🇧 🍽 ch
➡ *fermé 1ᵉʳ déc. au 28 fév., dim. soir et lundi d'oct. à juin* – **Repas** 70/200 – 🍽 30 – **8 ch**
170/300 – ½ P 230/260.

Chez le Turc NO : 12 km par N 20 et D 902 – ✉ 19210 St-Martin-Sepert :

XXX **La Pommeraie,** ℰ 55 98 70 70, 🍷 – 🅿. 🇬🇧
fermé fév., dim. soir et lundi – **Repas** 200/250 et carte 210 à 350.

PEUGEOT Gar. Meriguet, ℰ 55 73 26 35

RENAULT Gar. Bachellerie, ℰ 55 73 15 75

UZÈS 30700 Gard 🗺 ⑲ G. Provence – 7 649 h alt. 138.

Voir Ville ancienne★★ – Duché★ : ☀★★ de la Tour Bermonde A – Tour Fenestrelle★★ B – Place
aux Herbes★ A – Orgues★ de la Cathédrale B **V.**

🏌 ℰ 66 22 40 03, S : 5 km par ②.

🅱 Office de Tourisme av. Libération ℰ 66 22 68 88.

Paris 685 ② – Alès 34 ④ – ◆Montpellier 85 ② – Arles 52 ② – Avignon 39 ② – Montélimar 76 ① – Nîmes 25 ②.

Plan page ci-contre

🏨 **d'Entraigues** 🌿, pl. Évêché ℰ 66 22 32 68, Fax 66 22 57 01, « Ancien hôtel particulier
du 15ᵉ siècle », 🍷 – 🛗 📺 ☎ – 🔬 40. 🇦🇪 ⓞ 🇬🇧 🇯🇨🇧 B **s**
voir rest. **Jardins de Castille** ci-après – 🍽 50 – **19 ch** 310/475.

🏠 **St-Géniès** 🌿 sans rest, rte St-Ambroix par ⑤ : 1,5 km ℰ 66 22 29 99, Fax 66 03 14 89,
🍷 – ☎ 🅿. 🇬🇧
15 fév.-31 oct. – 🍽 30 – **18 ch** 230/300.

XX **Jardins de Castille** - hôtel d'Entraigues, pl. Évêché ℰ 66 22 32 68, Fax 66 22 57 01, 🌳 –
📺. 🇦🇪 ⓞ 🇬🇧 🇯🇨🇧 B **a**
Repas 100/190.

à St-Maximin par ② et D 981 : 5,5 km – ✉ 30700 :

XX **Aub. St-Maximim,** ℰ 66 22 26 41, 🌳 – 🇦🇪 ⓞ 🇬🇧
fermé 15 janv. au 15 mars, lundi et mardi sauf le soir en juil.-août – **Repas** 99 (déj.), 160/320.

à Arpaillargues-et-Aureillac par ③ : 4,5 km – 6 670 h. – ✉ 30700 :

🏨 **H. d'Agoult, Château d'Arpaillargues** 🌿, ℰ 66 22 14 48, Fax 66 22 56 10, 🌳,
« Demeure du 18ᵉ siècle, parc, 🍷, 🍷 » – 📺 ☎ 🅿 – 🔬 50. 🇦🇪 ⓞ 🇬🇧 🍽 rest
1ᵉʳ avril-2 nov. – **Repas** 125 (déj.), 210/250 – 🍽 55 – **28 ch** 500/850 – ½ P 490/665.

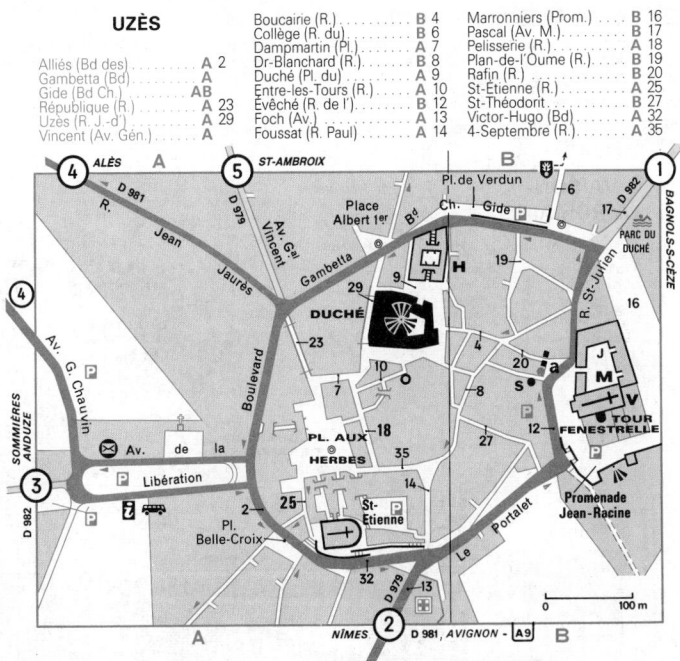

UZÈS

Alliés (Bd des) . . . . **A** 2	
Gambetta (Bd) . . . . **A**	
Gide (Bd Ch.) . . . . **AB**	
République (R.) . . . . **A** 23	
Uzès (R. J.-d') . . . . **A** 29	
Vincent (Av. Gén.) . . . . . . **A**	

Boucairie (R.) . . . . **B** 4
Collège (R. du) . . . . **B** 6
Dampmartin (Pl.) . . . . **B** 7
Dr-Blanchard (R.) . . . . . . **B** 8
Duché (Pl. du) . . . . **A** 9
Entre-les-Tours (R.) . . . . . **A** 10
Évêché (R. de l') . . . . **B** 12
Foch (Av.) . . . . **A** 13
Foussat (R. Paul) . . . . . . **A** 14

Marronniers (Prom.) . . . . **B** 16
Pascal (Av. M.) . . . . **B** 17
Pelisserie (R.) . . . . **A** 18
Plan-de-l'Oume (R.) . . . . **B** 19
Rafin (R.) . . . . **B** 20
St-Étienne (R.) . . . . **A** 25
St-Théodorit . . . . **B** 27
Victor-Hugo (Bd) . . . . . . **A** 32
4-Septembre (R.) . . . . . . **A** 35

CITROEN Gar. Mandon, Champs-de-Mars par ②
ℰ 66 22 22 64
PEUGEOT Gar. Laborie, av. Gare par ③
ℰ 66 22 59 01
RENAULT Gar. SUVRA, rte d'Alès par ④
ℰ 66 22 60 99

◉ Rome-Pneus-Point S, rte Remoulins pt des Charrettes *ℰ* 66 22 26 65

VAAS 72500 Sarthe 🖾 ③ G. Châteaux de la Loire – 1 564 h alt. 41.

Paris 238 – ♦Le Mans 40 – Angers 87 – Château-du-Loir 8 – Château-la-Vallière 16.

    ※※ **Vedaquais** Ⓜ avec ch, pl. Liberté *ℰ* 43 46 01 41, Fax 43 46 37 60 – 📺 ☎. 🖼
         Repas (fermé 12 au 24 fév., dim. soir et merc.) 85/215 ⅃ – ☷ 27 – **8 ch** 250 – ½ P 212/237.

RENAULT Gar. Ouvrard, *ℰ* 43 46 70 42

VACQUEYRAS 84190 Vaucluse 🖾 ⑫ – 943 h alt. 117.

Paris 667 – Avignon 34 – Nyons 35 – Orange 21 – Vaison-la-Romaine 19.

    🏠 **Le Pradet** Ⓜ ⏦ sans rest, *ℰ* 90 65 81 00, Fax 90 65 80 27 – 📺 ☎ ⅙ 🅿. 🖭 🖼
         ☷ 32 – **20 ch** 220/350.

VACQUIERS 31340 H.-Gar. 🖾 ⑧ – 916 h alt. 230.

Paris 679 – ♦Toulouse 27 – Albi 66 – Castres 77 – Montauban 33.

    🏤 **Villa des Pins** ⏦, O : 2 km par D 30 *ℰ* 61 84 96 04, Fax 61 84 28 54, 霜, parc – 📺 ☎ 🅿
    ♦   – 🎿 60. 🖼
         Repas 78/200 ⅃, enf. 40 – ☷ 40 – **16 ch** 185/290 – ½ P 190/238.

VAIGES 53480 Mayenne 🖾 ⑪ – 1 019 h alt. 91.

Paris 254 – Château-Gontier 38 – Laval 23 – ♦Le Mans 59 – Mayenne 32.

    🏤 **Commerce,** *ℰ* 43 90 50 07, Fax 43 90 57 40, 霜 – 📳 📺 ☎ – 🎿 50. 🖭 ⓞ 🖼. ❀
         fermé 5 au 22 janv. et dim. soir d'oct. à mars – **Repas** 98/240 ⅃, enf. 65 – ☷ 45 – **31 ch**
         320/495 – ½ P 310/340.

VAILLY-SUR-SAULDRE 18260 Cher 🖾 ⑫ G. Berry Limousin – 865 h alt. 200.

Paris 182 – Bourges 59 – Aubigny-sur-Nère 17 – Cosne-sur-Loire 23 – Gien 35 – Sancerre 24.

    ※※ **Aub. du Lièvre Gourmand,** *ℰ* 48 73 80 23 – 🖼
         fermé 19 au 30 juin, mi-janv. au 14 fév. et lundi – **Repas** 90/165, enf. 60.

1237

Voir Les ruines romaines★★ Y : théâtre romain★ Y, musée archéologique Théo-Desplans★ Y **M** – Haute Ville★ Z – Chapelle de St-Quenin★ Y – Maître-autel★ de l'anc. cathédrale N.-D. de Nazareth Y, cloître★ Y **B**.

🛈 Office de Tourisme pl. Chanoine Sautel ℘ 90 36 02 11, Fax 90 28 76 04.

Paris 670 ④ – Avignon 47 ③ – Carpentras 27 ② – Montélimar 62 ④ – Pont-St-Esprit 41 ④.

VAISON-LA-ROMAINE

Fabre (Cours H.)	Y 13
Grande-Rue	Y 18
Montfort (Pl. de)	Y 25
République (R.)	Y 32
Aubanel (Pl.)	Z 3
Burrus (R.)	Y 4
Cathédrale (Square de la)	Y 5
Chanoine-Sautel (Pl.)	Y 6
Château (Montée du)	Z 7
Coudray (Av.)	Z 9
Église (R. de l')	Z 10
Evêché (R. de l')	Z 12
Foch (Quai Maréchal)	Z 14
Gontard (Quai P.)	Z 17
Horloge (R. de l')	Z 21
Jaurès (R. Jean)	Y 22
Mazen (Av. J.)	Y 23
Mistral (R. Frédéric)	Y 24
Noël (R. B.)	Y 27
Poids (Pl. du)	Z 29
St-Quenin (Av.)	Y 34
Taulignan (Crs)	Y 35
Victor-Hugo (Av.)	Y 36
Vieux-Marché (Pl. du)	Z 38
11-Novembre (Pl. du)	Y 40

Michelin n'accroche pas de panonceau aux hôtels et restaurants qu'il signale.

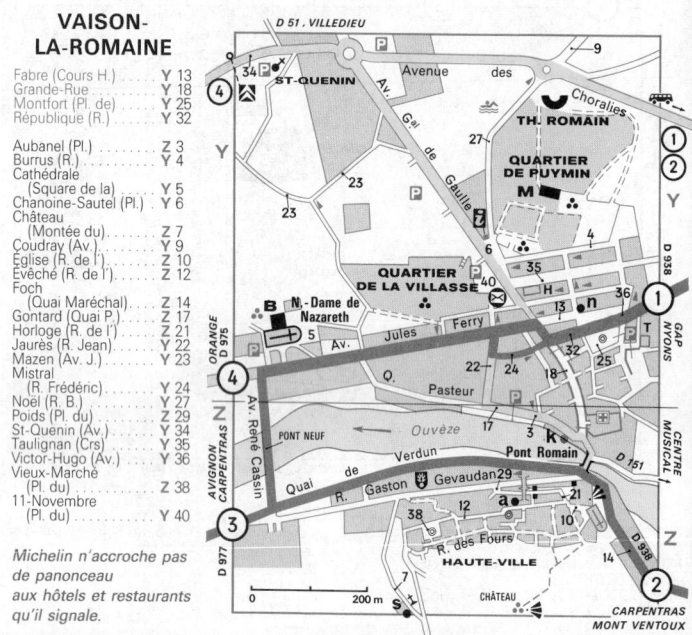

🏨 **Le Beffroi** 🕭, Haute Ville ℘ 90 36 04 71, Fax 90 36 24 78, ≤, 🍃, « Demeures des 16ᵉ et 17ᵉ siècles », 🛋 – 📺 ☎ 🅿. 🆎 ⓪ 🅖🅑 🄹🄲🄱. 🎬 rest   Z **a**
fermé 15 nov. au 15 déc., et 15 fév. au 15 mars – **Repas** *(fermé lundi midi, mardi midi et vend. midi)* 98 (déj.), 145/185, enf. 55 – ☑ 45 – **22 ch** 410/650 – ½ P 430/500.

🏨 **Logis du Château** 🕭, Les Hauts de Vaison ℘ 90 36 09 98, Fax 90 36 10 95, ≤, 🍃, 🏊,
🎬 – 🛗 📺 ☎ 🅾 🅿. 🅖🅑   Z **s**
début avril-fin oct. – **Repas** 95/158, enf. 50 – ☑ 38 – **45 ch** 265/430 – ½ P 250/343.

🏠 **Burrhus et annexe Le Lis** sans rest, 2 pl. Montfort ℘ 90 36 00 11, Fax 90 36 39 05 – ☎.
🆎 🅖🅑   Y **n**
fermé 15 nov. au 20 déc. et dim. en janv. et fév. – ☑ 29 – **32 ch** 240/480.

✗ **Le Bateleur**, pl. Th. Aubanel ℘ 90 36 28 04 – 🅖🅑   Z **k**
fermé oct., dim. soir et lundi – **Repas** (prévenir) 122/180, enf. 65.

à St-Romain-en-Viennois par ①, D 938 et D 71 : 4 km – ⊠ 84110 :

✗ **L'Amourié** avec ch, ℘ 90 46 43 72 – 📺 ☎. 🅖🅑
fermé 15 déc. au 31 janv., mardi soir et merc. du 15 sept. au 15 juin – **Repas** 88/195, enf. 50 –
☑ 25 – **5 ch** 200/240 – ½ P 230.

à Entrechaux par ②, D 938 et D 54 : 7 km G. Alpes du Sud – ⊠ 84340 :

✗✗ **St-Hubert,** ℘ 90 46 00 05, Fax 90 46 00 06, 🍃, 🛋 – 🅿. 🅖🅑. 🎬
← *fermé 25 sept. au 7 oct., 29 janv. au 1ᵉʳ mars, lundi soir d'oct. à janv., mardi soir et merc.* –
Repas 65/260 🍷, enf. 55.

à Séguret par ③, D 977 et D 88 : 10 km – ⊠ 84110 :

🏨 **Domaine de Cabasse** 🕭, rte Sablet ℘ 90 46 91 12, Fax 90 46 94 01, ≤, 🍃, « Dans un
← domaine viticole », 🏊, 🛋 – 🗏 ch 📺 ☎ 🅿. 🆎 🅖🅑. 🎬
4 avril-12 nov. et 28 nov.-2 janv. – **Repas** *(fermé lundi sauf juil.-août)* 80 bc/160 🍷, enf. 60 –
☑ 50 – **12 ch** 450/650 – ½ P 355/500.

VAISON-LA-ROMAINE

XXX ❀ **La Table du Comtat** (Gomez) 🛏 avec ch, *ℰ* 90 46 91 49, Fax 90 46 94 27, ≤ plaine, 🛋 – 🍽 rest 📺 ☎ 🅿. 🖭 ⓪ GB
fermé 21 nov. au 8 déc., fév., mardi soir du 25 oct. au 30 mars et merc. sauf du 1ᵉʳ juil. au 20 sept. – **Repas** 150 (déj.), 240/440 et carte 280 à 440, enf. 110 – 😅 65 – **8 ch** 480/600 – ½ P 640/680
Spéc. Truffe soufflée en coque d'œuf. Velouté d'oseille aux crustacés (janv. à avril). Cuisse et dos de pigeon aux figues fraîches (juil. à sept.). Vins Côtes du Rhône.

à Rasteau par ④, D 975 et D 69 : 9 km – ✉ 84110 :

🏨 **Bellerive** 🛏, rte Violès *ℰ* 90 46 10 20, Fax 90 46 14 96, ≤, 😤, « Au milieu des vignes », 🛋, 🎾 – 🍽 📺 ☎ 🅿. GB
1ᵉʳ avril-mi-nov. – **Repas** 110 (déj.), 139/265, enf. 68 – 😅 50 – **20 ch** 485/495 – ½ P 430/450.

CITROEN Gar. de France, la Roccade *ℰ* 90 36 10 90
OPEL Gar. Adage, 7 crs Taulignan *ℰ* 90 36 01 50
PEUGEOT Gar. de Luca, rte de Nyons par ① *ℰ* 90 36 24 33 🄽 *ℰ* 90 36 24 33

RENAULT Gar. Lagneau, à Entrechaux par ② *ℰ* 90 46 00 95

⑩ Valérian Pneus-Point S, ZA de la Gravière *ℰ* 90 36 34 89 🄽 *ℰ* 90 51 55 65

VAISSAC 82800 T.-et-G. 🔞 ⑱ – 636 h alt. 142.
Paris 640 – ♦Toulouse 77 – Albi 58 – Montauban 22 – Villefranche-de-Rouergue 65.

🏨 **Terrassier,** *ℰ* 63 30 94 60, Fax 63 30 87 40, 😤, 🛋 – ☎ 🅿. GB
✦ *fermé 20 au 27 nov., 2 au 16 janv., vend. soir d'oct. à avril et dim. soir* – **Repas** 75 bc/195 🍷, enf. 35 – 😅 38 – **12 ch** 150/240 – ½ P 200/210.

Le VAL 83143 Var 🔟 ⑤ 🔢 ⑳ – 2 893 h alt. 240.
Paris 817 – Aix-en-Provence 63 – Draguignan 40 – ♦Toulon 26.

X **La Crémaillère,** rte de Carcès *ℰ* 94 86 40 00 – GB
fermé 1 au 8/3, 26/6 au 1/7, 23/10 au 5/11, dim. soir, mardi soir, merc. soir du 6/11 au 30/4 et lundi soir – **Repas** 88/235, enf. 55.

VALADY 12330 Aveyron 🔟 ② – 1 014 h alt. 340.
Paris 648 – Rodez 18 – Decazeville 19.

🏨 **Combes,** *ℰ* 65 72 70 24, Fax 65 72 68 15, 🎾 – 📺 ☎. GB
✦ *fermé 5 au 20 janv.* – **Repas** (*fermé lundi sauf fériés*) 80/150 🍷 – 😅 26 – **15 ch** 185/235 – ½ P 210/235.

à Nuces SE : 2,5 km par N 140 – ✉ 12330 Valady :

XXX **La Diligence** avec ch, *ℰ* 65 72 60 20, 😤 – 📺 ☎ ⇔ 🅿 – 🔬 28. GB
fermé 3 au 12 sept., vacances de fév., dim. soir et lundi – **Repas** 85 (déj.), 125/290 et carte 230 à 280 – 😅 35 – **7 ch** 260/280.

Le VAL-ANDRÉ 22 C.-d'Armor 🔟 ④ – voir à Pléneuf-Val-André.

VALAURIE 26230 Drôme 🔟 ① ② – 386 h.
Paris 625 – Montélimar 20 – Nyons 31 – Pierrelatte 13.

XXX **Valle Aurea** 🛏 avec ch, rte Grignan *ℰ* 75 98 56 40, Fax 75 98 59 59, 😤, 🎾 – 🍽 📺 ☎ 🅿. 🖭 GB. ✂ ch
fermé fév., dim. soir et lundi de mi-sept. à mi-juin – **Repas** 155/255 et carte 270 à 350 – 😅 65 – **4 ch** 310/435 – ½ P 440/465.

VALBERG 06 Alpes-Mar. 🔟 ⑨ ⑲ 🔢 ④ G. Alpes du Sud – alt. 1 669 – Sports d'hiver : 1 430/2 026 m ≰27 ≰ – ✉ 06470 Péone.
Voir Intérieur★ de la chapelle N.-D.-des-Neiges.
🛈 Office de Tourisme *ℰ* 93 02 52 77, Fax 93 02 61 81.
Paris 815 – Barcelonnette 76 – Castellane 71 – Digne-les-Bains 109 – ♦Nice 84 – St-Martin-Vésubie 58.

🏨 **Adrech de Lagas,** *ℰ* 93 02 51 64, Fax 93 02 52 33, ≤, 😤 – 🛗 📺 ☎ 🅿. 🖭 ⓪ GB. ✂
1ᵉʳ juil.-10 sept. et 20 déc.-10 avril – **Repas** 120/180 – 😅 40 – **20 ch** 460 – ½ P 395/430.

🏨 **Chalet Suisse** sans rest, *ℰ* 93 02 50 09, Fax 93 02 61 92 – 📺 ☎. 🖭 GB
10 juil.-31 août et 20 déc.-31 mars – **20 ch** 😅 400/600.

🏨 **La Clé des Champs,** *ℰ* 93 02 51 45, Fax 93 02 62 52, ≤, 😤 – 📺 ☎ 🅿. GB. ✂ ch
11 juil.-20 sept. et 20 déc.-15 avril – **Repas** 110/150 – 😅 42 – **18 ch** 310/340 – ½ P 330/350.

VALBONNE 06560 Alpes-Mar. 🔟 ⑨ 🔢 ㉔ ㉘ G. Côte d'Azur – 9 514 h alt. 202.
🏌 Opio-Valbonne *ℰ* 93 42 00 08, NE : 2 km ; 🏌 du Val Martin *ℰ* 93 42 07 98, S : 4 km par D 3 puis D 103.
🛈 Office de Tourisme 11 av. St-Roch *ℰ* 93 12 34 50, Fax 93 12 34 57.
Paris 912 – Cannes 12 – Antibes 15 – Grasse 10 – Mougins 8,5 – ♦Nice 27 – Vence 24.

🏨 **Armoiries** 🅼 sans rest, pl. Arcades *ℰ* 93 12 90 90, Fax 93 12 90 91, « Belle décoration intérieure » – 🛗 🍽 📺 ☎. 🖭 ⓪ GB 🄴
😅 50 – **16 ch** 550/850.

🏠 **La Cigale**, rte Opio ℘ 93 12 24 43, 🏠 – 📺 ☎ ዿ **P**. GB
hôtel : 15 mars-15 oct. et 20 déc.-15 janv. ; rest. : fermé 10 au 25 nov., 15/01 au 5/02 et
mardi sauf juil.-août – **Repas** 90/125 ♨ – ☲ 37 – **12 ch** 285/330 – ½ P 265/300.

XX **Bistro de Valbonne**, 11 r. Fontaine ℘ 93 12 05 59, 🏠 – ☲. 🔳 ﭏ ⑩ GB
fermé 1er au 15 mars, 6 au 30 nov., dim. et lundi – **Repas** 165/250.

X **Lou Cigalon**, 4 bd Carnot ℘ 93 12 27 07, 🏠 – ☲. GB
fermé nov., lundi et mardi – **Repas** (nombre de couverts limité, prévenir) 95/150.

au val de Cuberte SO : 1,5 km sur D 3 – ✉ 06560 Valbonne :

XX **Aub. Fleurie**, ℘ 93 12 02 80, Fax 93 12 22 27, 🏠 – **P**. GB
fermé mi-déc. à fin janv. et merc. – **Repas** 110/180 ♨.

XX **Val de Cuberte**, ℘ 93 12 01 82, 🏠 – **P**. AE GB
fermé 20 nov. au 8 déc. et lundi sauf le soir en juil.-août – **Repas** 125/210.

au Sud : 3 km par D 3 – ✉ 06560 Valbonne :

🏨 **Castel Aras** M sans rest, 30 chemin Pinchinade, rd-pt D 3-D 103 ℘ 93 12 90 00,
Fax 93 12 90 01, ⤳, 🐎, ※ – ☲ 📺 ☎ ዿ **P**. AE GB
☲ 40 – **34 ch** 460/550.

au Sud : 3 km par D 3 et D 103 – ✉ 06560 Valbonne :

XX **Bois Doré**, rte Antibes ℘ 93 12 26 25, Fax 93 12 28 73, 🏠, 🐎 – **P**. AE GB
fermé 8 janv. au 19 fév. et lundi – **Repas** 121/175.

à Sophia-Antipolis SE : 7 km par D 3 et D 103 – ✉ 06560 Valbonne :

🏨🏨 **Mercure Grand Hôtel** M 🌸, rte Dolines ℘ 92 96 68 78, Télex 462130, Fax 92 96 68 96,
🏠, ⤳, 🐎, ※ – 🔽 ໘✳ ch 🔳 📺 ☎ ዿ **P** – 🔬 400. AE ⑩ GB
L'Arlequin (fermé 20 déc. au 3 janv., vend. soir, dim. midi et sam.) **Repas** 120/180, enf. 70 –
☲ 70 – **100 ch** 650/750.

🏨🏨 **Mercure** M 🌸, Les Lucioles 2, rue A. Caquot ℘ 92 96 04 04, Télex 462624,
Fax 92 96 05 05, 🏠, ⤳, 🐎 – 🔽 ໘✳ ch ☲ 📺 ☎ ዿ **P** – 🔬 25 à 200. AE ⑩ GB
Repas 160/190 bc, enf. 45 – ☲ 60 – **104 ch** 510/600.

🏨 **Novotel** M 🌸, les Lucioles 1, 290 r.Dostoievski ℘ 93 65 40 00, Fax 93 95 80 12, 🏠, ⤳,
🐎, ※ – 🔽 ໘✳ ch ☲ 📺 ☎ ዿ **P** – 🔬 25 à 150. AE ⑩ GB
Repas grill carte environ 160, enf. 50 – ☲ 48 – **97 ch** 580.

🏨 **Ibis**, Les Lucioles 2, r.A. Caquot ℘ 93 65 30 60, Fax 93 95 83 99, 🏠, ⤳, 🐎 – 🔽 ໘✳ ch
📺 ☎ ዿ **P** – 🔬 25 à 40. AE GB
Repas 97 bc, enf. 40 – ☲ 35 – **99 ch** 420.

RENAULT Gar. Cuberte, ℘ 93 12 02 24

VALCEBOLLÈRE 66340 Pyr.-Or. 86 ⑯ – 37 h alt. 1 470.
Paris 888 – Font-Romeu-Odeillo-Via 27 – Bourg-Madame 9 – ♦Perpignan 106 – Prades 62.

🏨 **Les Ecureuils** 🌸, ℘ 68 04 52 03, Fax 68 04 52 34, ⌧ – ໘✳ ch ☎. AE GB
fermé 2 au 23 mai et 16 oct. au 14 déc. – **Repas** 118/248, enf. 65 – ☲ 38 – **15 ch** 180/350 –
½ P 235/310.

VAL CLARET 73 Savoie 74 ⑲ – rattaché à Tignes.

VALDAHON 25800 Doubs 66 ⑯ – 3 534 h alt. 649.
Paris 441 – ♦Besançon 32 – Morteau 31 – Pontarlier 30.

🏨 **Relais de Franche Comté** M 🌸, ℘ 81 56 23 18, Fax 81 56 44 38, ≼, 🐎 – 📺 ☎ **P** –
♦ 🔬 30. AE ⑩ GB
fermé 18 déc. au 10 janv., vend. soir et sam. midi sauf juil.-août – **Repas** 62/215 ♨, enf. 35 –
☲ 35 – **20 ch** 198/250 – ½ P 230/265.

à Chevigney-lès-Vercel NE : 3 km par D 50 – ✉ 25530 :

🏨 **Promenade**, ℘ 81 56 24 76, Fax 81 56 29 64, 🐎 – ☎ **P** – 🔬 30. GB
♦ fermé vacances de Toussaint, dim. soir et lundi hors sais. – **Repas** 51/180 ♨, enf. 35 – ☲ 32 –
11 ch 160/210 – ½ P 150.

CITROEN Gar. Pétot, ℘ 81 56 27 12 ⓝ   RENAULT Gar. Duquet, ℘ 81 56 23 07 ⓝ
℘ 81 56 26 19   ℘ 81 56 41 56
PEUGEOT Gar. de la Croisée, ℘ 81 56 22 84 ⓝ
℘ 81 67 08 12

Le VAL-D'AJOL 88340 Vosges 62 ⑯ G. Alsace Lorraine – 4 877 h alt. 346.
🅱 Office de Tourisme 93 Grande-Rue (juin-sept.) ℘ 29 30 61 55.
Paris 393 – Épinal 43 – Luxeuil-les-Bains 17 – Plombières-les-Bains 9 – Remiremont 17 – Vittel 70.

🏨 **Résidence**, r. Mousses ℘ 29 30 68 52, Fax 29 66 53 00, « Parc », ⤳, ※ – 📺 ☎ **P** –
🔬 25 à 80. AE ⑩ GB
Repas 95/255 ♨, enf. 45 – ☲ 35 – **55 ch** 190/360 – ½ P 250/330.

VALDEBLORE (Commune de) **06420** Alpes-Mar. **84** ⑱ ⑲ **115** ⑥ **G. Côte d'Azur** – 664 h alt. 1 100 – Sports d'hiver à la Colmiane : 1 400/1 800 m ⛷8.

Office de Tourisme ✆ 93 02 88 59, Fax 93 02 85 26.

Paris 847 – Cannes 89 – ♦Nice 70 – St-Étienne-de-Tinée 46 – St-Martin-Vésubie 11.

à La Bolline – ✉ **06420** St-Sauveur-de-Tinée :

Valdeblore, ✆ 93 02 81 05, ≤ – ☎
fermé nov. – **Repas** 65 (déj.)/95 – ☕ 30 – **17 ch** 200/280 – ½ P 225/265.

à St-Dalmas-Valdeblore – alt. 1300 – ✉ **06420** St-Sauveur-de-Tinée.

Voir Pic de Colmiane ✳★★ E 4,5 km accès par télésiège.

Lou Mercantour ⛰, ✆ 93 02 80 21, ≤, ⛱ – ☎ **P**. ✗ rest
15 juin-15 sept. et vacances scolaires – **Repas** 100/150 ♀ – ☕ 30 – **22 ch** 220/380 – ½ P 270/320.

VAL-DE-MERCY **89** Yonne **65** ⑤ – rattaché à Coulanges-la-Vineuse.

VAL-D'ISÈRE **73150** Savoie **74** ⑲ **G. Alpes du Nord** – 1 701 h alt. 1 840 – Sports d'hiver : 1 785/3 550 m 🚡5 ⛷46.

Voir Rocher de Bellevarde ✳★★★ par téléphérique.

Env. Belvédère de la Tarentaise ✳★★ SE : 13 km.

Office de Tourisme Maison de Val d'Isère ✆ 79 06 06 60, Fax 79 06 04 56.

Paris 666 ① – Albertville 83 ① – Briançon 133 ① – Chambéry 130 ①.

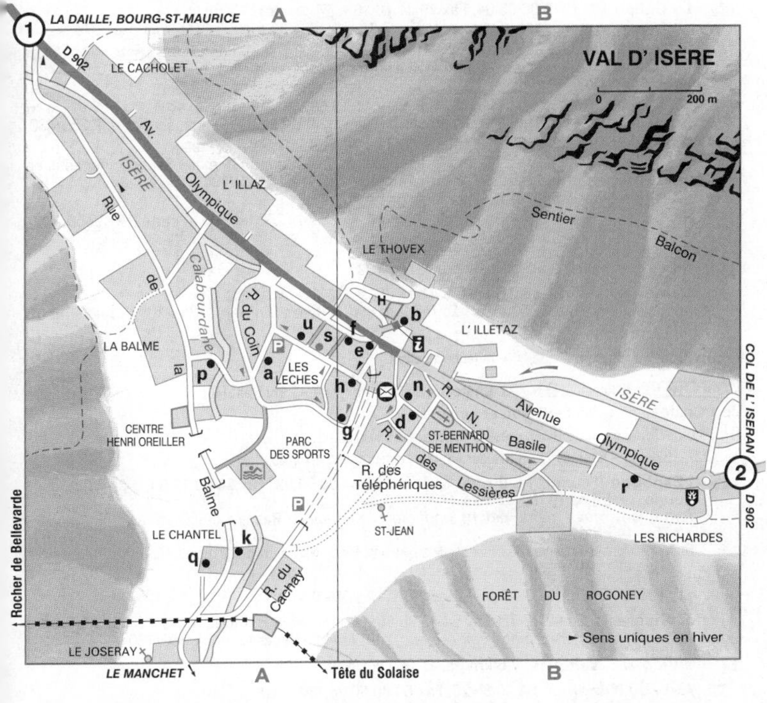

Christiania Ⓜ ⛰, ✆ 79 06 08 25, Fax 79 41 11 10, ≤, 🏋, 🏊 – 🛗 📺 ☎ ♿ **P** – 🎭 40. **AE** **GB**. ✗ rest — A **a**
hôtel : 1er déc.-1er mai ; rest. : 20 déc.-20 avril – **Repas** 250 et carte 230 à 430 – ☕ 65 – **57 ch** 1450/1944, 11 appart – ½ P 866/1140.

Latitudes Ⓜ, ✆ 79 06 18 88, Fax 79 06 18 87, 🏋 – 🛗 📺 ☎ ♿ 🚗 – 🎭 70. **AE** **O** **GB** **JCB**. ✗ rest — B **d**
2 déc.-2 mai – **Repas** 160/190 – **96 ch** ☕ 1080/2040, 12 duplex – ½ P 970/1030.

Blizzard [M], ✆ 79 06 02 07, Fax 79 06 04 94, ≤, 余, Fø, ⛱ – |‡| ▣ ☎ 🚗 – 🏔 30. AE ⓓ GB JCB — B f
juil.-août et 1er déc.-2 mai – **Repas** 100 (déj.), 150/170 – ☕ 60 – **70 ch** 875/2120, 10 appart – ½ P 540/1060.

Sofitel [M], ✆ 79 06 08 30, Télex 980558, Fax 79 06 04 41, ≤, 余, Fø, ⛱ – |‡| ⚟ ch ▣ ☎ 🚗 – 🏔 50. AE ⓓ GB JCB — B b
hôtel : 6 juil.-27 août et 2 déc.-3 mai ; rest. : 6 juil.-27 août et 16 déc.-24 avril – **Repas** 250 (déj.), 270/295 – ☕ 80 – **48 ch** 1105/1600, 4 appart – ½ P 920/980.

Tsanteleina [M], ✆ 79 06 12 13, Fax 79 41 14 16, ≤, 余, Fø – |‡| ▣ ☎ Ⓟ – 🏔 35. AE ⓓ GB. ✻ rest — B e
25 juin-27 août et 3 déc.-8 mai – **Repas** 240/460 – ☕ 75 – **32 ch** 620/890, 37 appart – ½ P 625/940.

Gd Paradis, ✆ 79 06 11 73, Fax 79 41 11 13, ≤, 余, 🎾 – |‡| ⚟ ch ▣ ☎ 🚗 Ⓟ – 🏔 25. AE ⓓ GB JCB. ✻ rest — B g
hôtel : 10 juil.-24 août et 1er déc.-10 mai ; rest : 1er déc.-10 mai – **Repas** 125 (déj.), 195/250 – ☕ 75 – **36 ch** 600/1000, 4 appart – ½ P 700/950.

Mercure Village [M], ✆ 79 06 12 93, Télex 309150, Fax 79 41 11 12, ≤ – |‡| ▣ ☎ – 🏔 40. AE ⓓ GB. ✻ rest — B h
fermé 8 mai au 11 juin – **Repas** 120/200 – ☕ 65 – **41 ch** 660/1100 – ½ P 640/860.

La Savoyarde, ✆ 79 06 01 55, Télex 309274, Fax 79 41 11 29, ≤, Fø – |‡| ▣ ☎. AE ⓓ GB — A u
1er déc.-8 mai – **Repas** (dîner seul.) 180/350 – **43 ch** (½ pens. seul.) – ½ P 696/790.

Altitude [M] 🐦, ✆ 79 06 12 55, Fax 79 41 11 09, ≤, 余, Fø, ⛱ – |‡| ▣ ☎ ♿ Ⓟ. AE GB. ✻ — A k
1er juil.-28 août et 1er déc.-10 mai – **Repas** 120/138 – **28 ch** ☕ 450/950, 12 duplex – ½ P 590/620.

La Galise [M], ✆ 79 06 05 04, Fax 79 41 16 16 – ▣ ☎. GB. ✻ rest — B n
15 déc.-30 avril – **Repas** (dîner seul.) 120/170 – ☕ 60 – **30 ch** 530/800 – ½ P 525/575.

Bellier 🐦, ✆ 79 06 03 77, Fax 79 41 14 11, ≤, ⛱ – ▣ ☎ Ⓟ. AE ⓓ GB JCB — A p
25 juin-31 août et 1er déc.-8 mai – **Repas** (dîner seul. en hiver) 100/150 – ☕ 60 – **22 ch** 350/900 – ½ P 470/660.

Chamois d'Or 🐦, ✆ 79 06 00 44, Fax 79 41 16 58, ≤ – ☎ Ⓟ. GB. ✻ — A q
1er juil.-31 août et 15 déc.-2 mai – **Repas** 90 🍷 – ☕ 40 – **24 ch** (½ pens. seul.) – ½ P 355/430.

L'Avancher, rte Fornet ✆ 79 06 02 00, Fax 79 41 16 07, ⛱ – ☎. GB — B r
hôtel : juil.-août et 1er déc.-1er mai ; rest. : juil.-août et 15 déc.-1er mai – **Repas** (dîner seul. en hiver) 100 (déj.), 150/250 🍷 – ☕ 48 – **15 ch** 375/600 – ½ P 472/496.

XXX **Le Solaise**, ✆ 79 06 08 10, Fax 79 06 06 05 – AE GB — A s
début déc.-mi-avril et fermé mardi – **Repas** (dîner seul.) 250 bc/490 et carte 300 à 450.

à la Daille par ① : 2 km – ✉ **73150** Val-d'Isère.

ℹ Office de Tourisme (déc.-fin avril) ✆ 79 06 14 93.

Samovar, ✆ 79 06 13 51, Fax 79 41 11 08, ≤ – ▣ ☎ 🚗. GB. ✻ rest
hôtel : 1er déc.-30 avril ; rest. : 20 déc.-30 avril – **Repas** 90 (déj.), 135/210 – ☕ 48 – **12 ch** 720/780, 6 duplex – ½ P 630/780.

VALDOIE **90** Ter.-de-Belf. 66 ⑧ – rattaché à Belfort.

VALENÇAY **36600** Indre 64 ⑱ **G. Châteaux de la Loire** (plan) – 2 912 h alt. 140.

Voir Château★★ (spectacle son et lumière).

ℹ Office de Tourisme r. de Blois, près du Château ✆ 54 00 04 42.

Paris 237 – Blois 55 – Bourges 72 – Châteauroux 42 – Loches 48 – Vierzon 49.

✿ **Espagne** (Fourré) 🐦, 9 r. du Château ✆ 54 00 00 02, Fax 54 00 12 63, 余, « Terrasse fleurie » – ▣ ☎ Ⓟ. AE ⓓ GB
fermé janv., fév., mardi midi et lundi d'oct. à Pâques – **Repas** 200/350 et carte 280 à 420 – ☕ 75 – **14 ch** 450/700
Spéc. Escalope de foie gras de canard tiède aux raisins. Ris de veau en papillote. Bombe Talleyrand.. **Vins** Reuilly, Valencay.

à Veuil S : 6 km par D 15 et VO – 3 860 h. – ✉ **36600** :

XX **St Fiacre**, ✆ 54 40 32 78, Fax 54 40 35 66, 余, intérieur rustique – GB
fermé 10 au 20 janv., mardi soir et merc. sauf fériés – **Repas** 98 (déj.), 150/180.

à Vicq-sur-Nahon S : 7,5 km par D 15 – ✉ **36600** :

XX **Aub. du Nahon**, ✆ 54 40 35 26, Fax 54 40 30 28, 余 – GB
fermé 14 fév. au 1er mars, dim. soir et lundi sauf fériés – **Repas** 100/200, enf. 60.

CITROEN Gar. Huard, ✆ 54 00 05 35 🅽 ✆ 54 00 05 35

PEUGEOT Gar. Desbrais, ✆ 54 00 17 99

Si vous êtes retardé sur la route, dès 18 h, confirmez votre réservation par téléphone, c'est plus sûr... et c'est l'usage.

Voir Maison des Têtes★ CY – Intérieur★ de la cathédrale BZ – Champ de Mars ≤★ BZ –
Sanguines de Hubert Robert★★ au musée BZ **M**.

🔟 des Chanalets ℰ 75 55 16 23, par ① : 6 km ; 🔟 de St-Didier ℰ 75 59 67 01, E : 14 km par
D 119 ; 🔟 du Bourget ℰ 75 59 41 71 à Montmeyran, 16 km par ③.

✈ de Valence-Chabeuil : ℰ 75 85 26 26, par ③ : 5 km B YZ.

🛈 Office de Tourisme pl. Leclerc ℰ 75 43 04 88, Fax 75 42 16 90 – A.C. de la Drôme, 33 bis av. F.-Faure
ℰ 75 43 61 07, Fax 75 55 62 04.

Paris 561 ① – Avignon 127 ⑤ – ♦Grenoble 92 ② – ♦Marseille 212 ⑤ – Nîmes 150 ⑤ – Le Puy-en-Velay 114 ⑦ –
♦St-Étienne 118 ①.

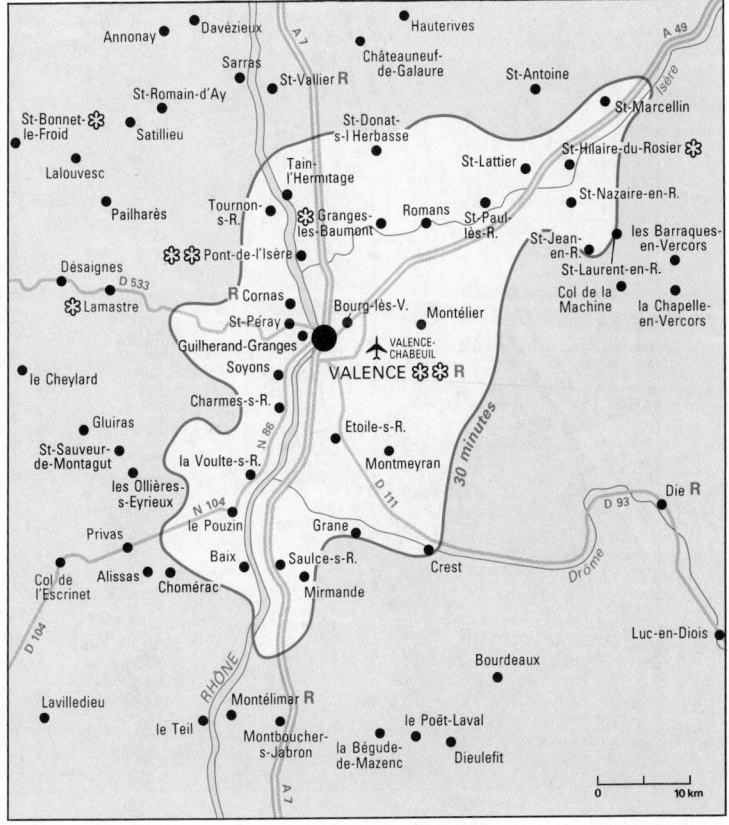

🏨 **Novotel** Ⓜ, 217 av. Provence ℰ 75 42 20 15, Télex 345823, Fax 75 43 56 29, 🍴, ⅃, 🐎,
%⁻ – 🛗 🖩 🆅 ☎ & 🅿 – 🔬 25 à 250. ⒶⒺ ① ☒
    AX **a**
Repas carte environ 160 ♂, enf. 55 – ⊟ 50 – **107 ch** 445/485.

🏨 **Yan's H.** Ⓜ, près centre hospitalier ℰ 75 55 52 52, Télex 75 42 27 37, 🍴, ⅃, 🐎 – ⅟⅓ ch
 🖩 ch 🆅 ☎ & 🅿 – 🔬 40. ⒶⒺ ☒
    AX **b**
Repas grill *(1ᵉʳ juin-15 sept.)* 150 bc, enf. 50 – ⊟ 50 – **39 ch** 330/410.

🏨 **Valsud** Ⓜ, sortie autoroute Valence-Sud ℰ 75 40 80 70, Télex 346506, Fax 75 44 39 20,
 ◄ 🍴, ⅃, – 🛗 ⅟⅓ ch 🆅 ☎ & 🅿 – 🔬 60. ⒶⒺ ① ☒
    AX **d**
Repas 80 ♂, enf. 40 – ⊟ 33 – **75 ch** 290/330 – ½ P 240.

🏨 **France** sans rest, 16 bd Gén. de Gaulle ℰ 75 43 00 87, Fax 75 55 90 51 – 🛗 🖩 🆅 ☎ 🚗.
 ⒶⒺ ① ☒
    CZ **w**
 ⊟ 32 – **34 ch** 240/335.

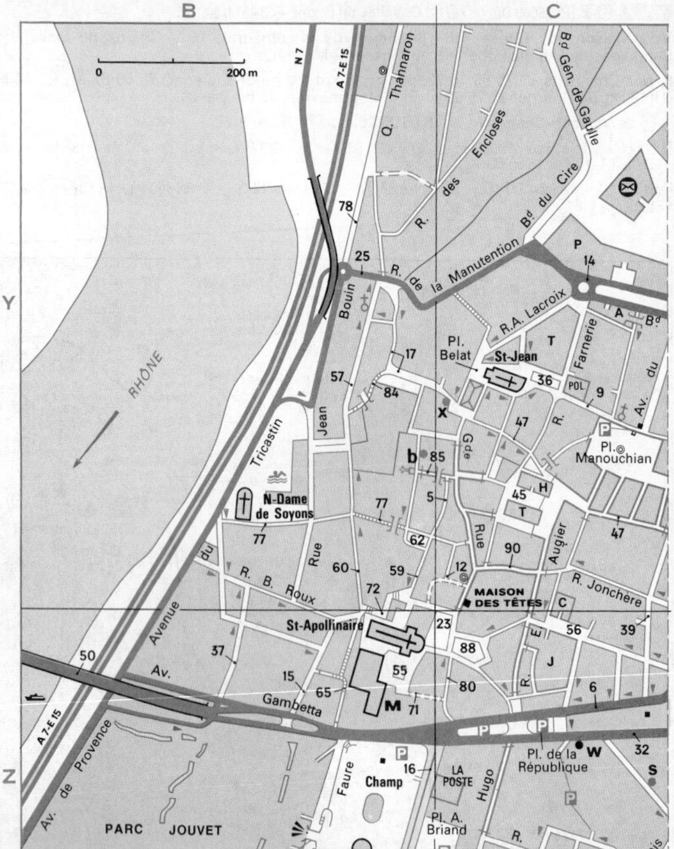

🏨 **Ibis,** 355 av. Provence ✆ 75 44 42 54, Fax 75 44 48 80, ⛱, 🏊 – 🛗 📺 ☎ 🅟 – 🏛 35. AE ① GB AX **n**
Repas 97/130 🍷, enf. 40 – ☕ 35 – **86 ch** 305/350.

🏨 **Europe** sans rest, 15 av. F. Faure ✆ 75 43 02 16 – 📺 ☎ 🚗. AE ① GB JCB DY **r**
☕ 30 – **26 ch** 110/295.

🏨 **Paris** sans rest, 30 av. P. Sémard ✆ 75 44 02 83, Fax 75 41 49 61 – 🛗 📺 ☎. AE ① GB JCB
fermé 24 au 29 déc. – ☕ 27 – **36 ch** 225/280. CZ **h**

🏨 **Négociants,** 27 av. P. Sémard ✆ 75 44 01 86, Fax 75 44 77 57 – 🛗 📺 ☎ 🚗. AE ① GB JCB CZ **f**
Repas *(fermé dim. midi)* 78/160 🍷, enf. 52 – ☕ 35 – **36 ch** 230/300 – ½ P 210/230.

🏨 **Lyon** sans rest, 23 av. P. Sémard ✆ 75 41 44 66, Fax 75 44 72 32 – 🛗 📺 ☎ – 🏛 30. GB
☕ 29 – **56 ch** 175/255. CZ **e**

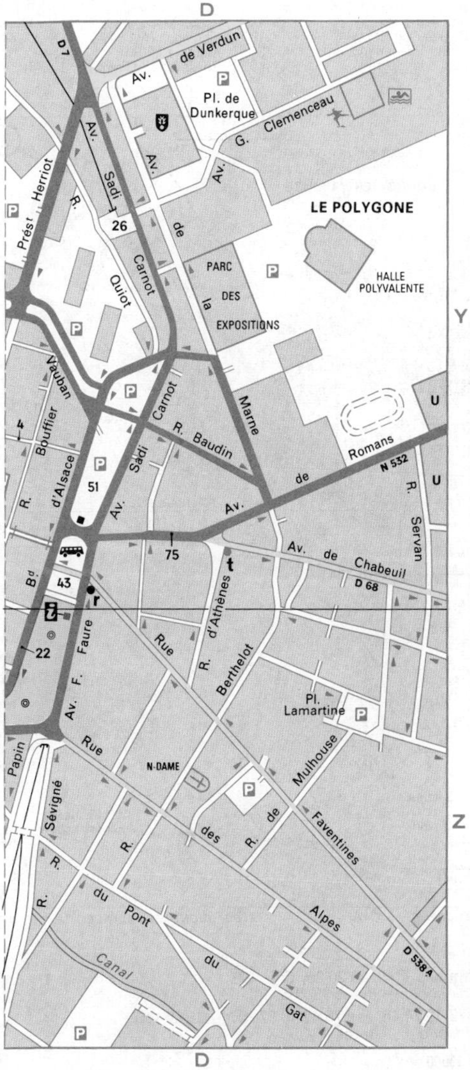

VALENCE

Alsace (Bd d') .... DY
Augier (R. Émile) .... CYZ
Bancel (Bd D.) .... CY 6
Félix-Faure (Av.) .... DZ
Gaulle (Bd Ch.-de) .... CZ 32
Madier-de-
Montjau (R.) .... CY 47
République (Pl. de la) ..... CZ
Semard (Av. J.-P.) .... CZ
Victor-Hugo (Av.) .... CZ

Arménie (R. d') .... DY 4
Balais (R. des) .... BCY 5
Belle-Image (R.) .... CY 9
Bonaparte
(R. du Lieutenant) ...... BCY 12
Cardonnel (Pl. L. le) ...... CY 14
Chambaud (R. Mirabel) .... BZ 15
Championnet (Pl.) .... BCZ 16
Chapeliers (Côte des) ..... BY 17
Clerc (Bd M.) .... DZ 22
Clercs (Pl. des) .... BCZ 23
Docteur-Schweitzer (R. du) . BY 25
Dragonne (Pl. de la) ...... DY 26
Huguenel (Pl. Ch.) .... CY 36
Jacquet (R. V.) .... BZ 37
Jeu-de-Paume (R. du) .... CYZ 39
Leclerc (Pl. Gén.) .... DY 43
Liberté (Pl. de la) .... CY 45
Mistral (Pont Frédéric) ..... BZ 50
Montalivet (Pl.) .... DY 51
Ormeaux (Pl. des) .... BZ 55
Palais (Pl. du) .... CZ 56
Paré (R. Ambroise) .... BY 57
Pérollerie (R.) .... BY 59
Petit-Paradis (R.) .... BY 60
Pierre (Pl. de la) .... BY 62
Repenties (R. des) .... BZ 65
St-Didier (R.) .... BCZ 71
St-Estève (Côte) .... BY 72
St-Jacques (Faubourg) ..... DY 75
St-Martin (Côte et R.) ..... BY 77
St-Nicolas (Q.) .... BY 78
Saunière (R.) .... CZ 80
Sylvante (Côte) .... BY 84
Temple (R. du) .... BCY 85
Université (Pl. de l') ...... CZ 88
Vernoux (R.) .... CY 90

Les pastilles numérotées des plans de villes ①, ②, ③ sont répétées sur les cartes Michelin à 1/200 000. Elles facilitent ainsi le passage entre les cartes et les guides Michelin.

XXXXX ✿✿ **Pic** avec ch, 285 av. V. Hugo ✆ 75 44 15 32, Fax 75 40 96 03, ⛱, « Jardin ombragé » – |♿| ▤ TV ☎ 🚗 P. AE ⓓ GB JCB — AX **f**
fermé 7 au 23 août, dim. soir et merc. sauf fêtes – **Repas** (dim. prévenir) 280 (déj.), 520/620 et carte 580 à 690 – ☕ 100 – **5 ch** 750/1000

Spéc. Salade de rougets à la réglisse. Risotto de langouste au condrieu. Aile de pigeon de la Drôme en crépinette. **Vins** Saint-Joseph, Cornas.

XX **La Licorne,** 13 r. Chalamet ✆ 75 43 76 83 – ▤. AE ⓓ GB — CZ **s**
fermé sam. midi et dim. – **Repas** (prévenir) 68/165 🍷, enf. 45.

XX **Le Saint Ruf,** 9 r. Sabaterie ✆ 75 43 48 64, Fax 75 42 85 71 – AE GB — BY **b**
fermé 5 au 21 août, 1er au 9 janv., dim. sauf le midi d'oct. à juin et lundi – **Repas** 150/265 🍷, enf. 50.

VALENCE

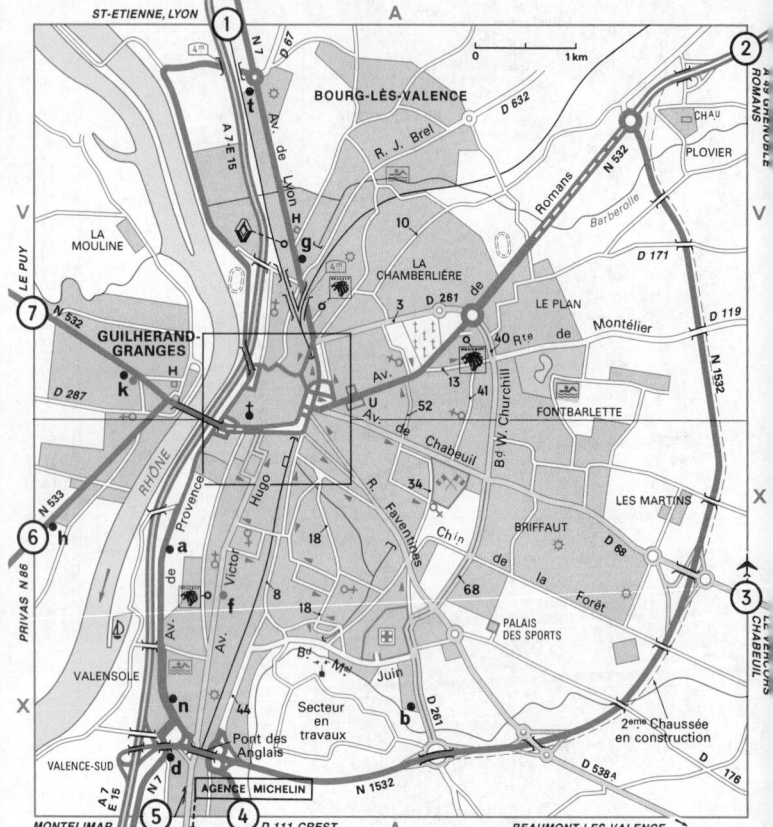

XX **La Petite Auberge**, 1 r. Athènes ℘ 75 43 20 30, 余 – GB   DY **t**
   fermé 5 au 21 août, merc. soir et dim. – **Repas** 98/155, enf. 60.

X **L'Épicerie**, 18 pl. Belat ℘ 75 42 74 46, Fax 75 42 10 87, 余 – AE ① GB   BCY **x**
   fermé 7 au 24 août, sam. midi et dim. – **Repas** 95/298 ♨.

à Bourg-lès-Valence – ⊠ 26500 :

🏠 **Agora In** M, 159 av. Lyon ℘ 75 82 91 91, Fax 75 82 91 06 – 🙀 ch 🗏 📺 ☎ ♿ ℗ – 🔬 45.
↑   AE ① GB   AV **t**
   fermé 24 déc. au 16 janv., le midi et dim. d'oct. à mars – **Repas** 75 bc/135 bc, enf. 40 – ☐ 55
   – **45 ch** 215/235 – ½ P 270.

🏠 **Seyvet**, 24 av. Marc-Urtin ℘ 75 43 26 51, Fax 75 55 61 49 – |📱| 🗏 rest 📺 ☎ ℗ – 🔬 30.
   AE ① GB   AV **g**
   fermé dim. du 1er nov. au 28 fév. – **Repas** *(fermé dim. soir de mi-oct. à mi-mars)* 95/220 ♨,
   enf. 52 – ☐ 34 – **34 ch** 220/305 – ½ P 235.

à Pont de l'Isère par ① : 9 km – ⊠ 26600 :

XXXX ✿✿ **Michel Chabran** M avec ch, N 7 ℘ 75 84 60 09, Fax 75 84 59 65, 余 – 🗏 📺 ☎. AE
   ① GB
   Repas 275/595 et carte 400 à 580, enf. 150 – ☐ 80 – **12 ch** 350/690
   Spéc. Salade de homard au museau de porc. Filet de sandre rôti aux girolles (juin à oct.). Veau de lait à l'ancienne. **Vins**
   Crozes-Hermitage, Hermitage.

XXX **Aub. Chalaye,** 17 r. 16-août-1944 ✆ 75 84 59 40, Fax 75 84 76 36, 斎, 3, 🚗 – P. AE GB
fermé sept., vacances de fév., dim. soir et lundi – **Repas** 155/290 et carte 250 à 420, enf. 65.

à ***Guilherand-Granges*** (Ardèche) – 10 492 h. – ✉ **07500** :

National, sur N 533 : 2 km ✆ 75 41 65 33, Fax 75 41 69 05, 斎 – |ﾖ| ▤ rest TV ☎ 🚗 P – 🎤 30 à 100. GB. ✗ rest AX **h**
Repas *(fermé sam. midi et lundi midi)* 95/175 🍷, enf. 45 – ☕ 38 – **52 ch** 195/280 – ½ P 225/250.

Alpes-Cévennes sans rest, 641 av. République ✆ 75 44 61 34, Fax 75 41 12 41 – |ﾖ| ⊁ ch TV ☎ 🚗. AE GB AV **k**
☕ 31 – **28 ch** 205/225.

XX **Les Trois Canards,** 565 av. République ✆ 75 44 43 24, Fax 75 41 64 48, 斎 – AE ⓓ GB AV **k**
fermé janv., dim. soir et lundi – **Repas** 100/260.

BMW Gar. Fourel, 37 av. de Marseille ✆ 75 44 20 97
CITROEN Gar. Minodier, 126 rte de Beauvallon par ④ ✆ 75 44 31 24 **N** ✆ 75 62 02 27
OPEL Brun Valence Motors, 69-79 av. de Verdun ✆ 75 55 60 60
PEUGEOT Gar. Riou, 42 allée F.-Coppée AV ✆ 75 42 00 20
PEUGEOT SOVACA, 125 av. M.-Faure et 268 av. V.-Hugo AX ✆ 75 75 65 65 **N** ✆ 75 81 90 35

Barrial Pneus, 106 av. V.-Hugo ✆ 75 44 24 43
Dorcier Ayme Pneus, 15 à 19 av. des Beaumes ✆ 75 44 11 40
Euromaster, av. de Provence, Pont-des-Anglais ✆ 75 44 13 40

Périphérie et environs

CITROEN Gar. Pélissier, 82 av. J.-Jaurès à Portes-les-Valence par ⑤ ✆ 75 57 30 00 **N** ✆ 75 57 30 00
PEUGEOT Vinson et Verd, 35 r. Cartoucherie à Bourg-lès-Valence AV ✆ 75 43 01 92
RENAULT Succursale, av. de Lyon à Bourg-lès-Valence AV ✆ 75 79 01 01 **N** ✆ 75 84 22 08

Pour vos voyages,
en complément indispensable de ce guide
utilisez
les **cartes Michelin** détaillées à 1/200 000.

VALENCE-d'AGEN **82400** T.-et-G. 79 ⑯ – 4 901 h alt. 69.

Golf Club d'Espalais ✆ 63 29 04 56, S par D 11 : 3 km.

Paris 653 – Agen 25 – Cahors 66 – Castelsarrasin 23 – Moissac 17 – Montauban 48.

XXX **La Campagnette,** NE : 2 km par rte Cahors (D 953) ✆ 63 39 65 97, 斎, 🚗 – P. GB
fermé dim. soir et lundi – **Repas** 95/310 et carte 220 à 290.

RENAULT Gar. Mosconi, ✆ 63 39 52 42

VALENCE-SUR-BAÏSE **32310** Gers 82 ④ – 1 157 h alt. 110.

Voir Abbaye de Flaran★ NO : 2 km, **G. Pyrénées Aquitaine.**

Office de Tourisme à la Mairie ✆ 62 28 51 89.

Paris 738 – Auch 36 – Agen 47 – Condom 8.

Ferme de Flaran, rte Condom ✆ 62 28 58 22, Fax 62 28 56 89, 斎, 3, 🚗 – TV ☎ P. GB
fermé janv. et lundi – **Repas** 90/170 🍷, enf. 45 – ☕ 35 – **15 ch** 280 – ½ P 245/255.

VALENCIENNES SP **59300** Nord 53 ④ ⑤ **G. Flandres Artois Picardie** – 38 441 h alt. 22.

Voir Musée des Beaux-Arts★ BY **M.**

✆ 27 46 30 10, E : 1,5 km CV.

Office de Tourisme 1 r. Askièvre ✆ 27 46 22 99 – A.C. 2 r. Mons ✆ 27 46 34 32.

Paris 209 ⑤ – ◆Lille 50 ⑥ – ◆Amiens 114 ⑤ – Arras 64 ⑤ – Bruxelles 98 ② – Charleroi 77 ② – Charleville-Mézières 127 ③ – ◆Reims 173 ③ – St-Quentin 79 ⑤.

Plan page suivante

Grand Hôtel, 8 pl. Gare ✆ 27 46 32 01, Télex 110701, Fax 27 29 65 57 – |ﾖ| TV ☎ – 🎤 25 à 100. AE ⓓ GB JCB AX **d**
Repas 98/220 🍷 – ☕ 48 – **93 ch** 350/590, 5 appart.

Aub. du Bon Fermier, 66 r. Famars ✆ 27 46 68 25, Fax 27 33 75 01, 斎, « Maison du 16ᵉ siècle, décor rustique original » – TV ☎. AE GB AY **a**
Repas 110/200 🍷 – ☕ 45 – **16 ch** 380/700, 7 appart – ½ P 365/490.

Notre Dame 🐌 sans rest, 1 pl. Abbé Thellier de Poncheville ✆ 27 42 30 00, Fax 27 45 12 68 – TV ☎. AE GB BY **s**
☕ 35 – **35 ch** 280/330.

H. La Coupole sans rest, pl. Gare ✆ 27 46 37 12, Fax 27 33 65 97 – |ﾖ| TV ☎. AE ⓓ GB AX **e**
☕ 31 – **38 ch** 135/225.

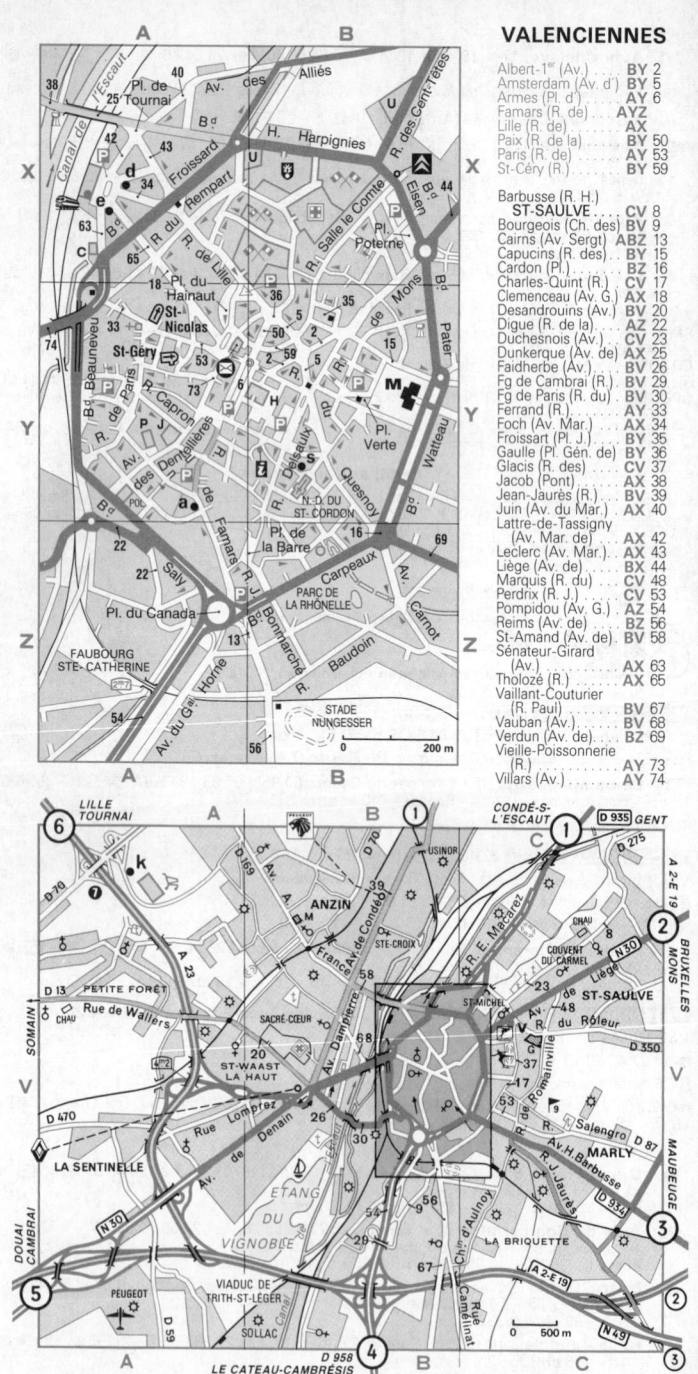

VALENCIENNES

XXX **L'Alberoi (Buffet-Gare),** ℘ 27 46 86 30, Fax 27 29 80 26 – 🖭 ⓪ ⌷ AX
fermé dim. soir et soirs fériés – **Repas** 120/350 et carte 200 à 310 ⅄.

XX **Le Musigny,** 90 av. Liège ℘ 27 41 49 30, Fax 27 47 91 19 – 🖭 ⓪ ⌷ CV **v**
fermé août, dim. soir et lundi – **Repas** 120/180 bc.

à Quiévrechain par ② et N 30 : 12 km – 6 456 h. – ⊠ 59920 :

XX **Au Petit Restaurant,** 182 r. J.-Jaurès ℘ 27 45 43 10, 🏠 – ⓟ. ⌷
fermé 1ᵉʳ au 14 août et sam. – **Repas** 95/175 ⅄.

à Sebourg par ③, D 934 et D 250 : 11 km – ⊠ 59990 :

🏡 **H. Jardin Fleuri** ⬎ sans rest, ℘ 27 26 53 31, Fax 27 26 50 08, « Parc » – 🖵 ☎ ⓟ. ⌷
fermé 15 au 30 sept. – ⌷ 30 – **13 ch** 210/270.

XX **Clos de la Perrière,** ℘ 27 26 53 33, Fax 27 26 54 69, 🏠, 🖼 – ⓟ. 🖭 ⌷
fermé 16 août au 6 sept., dim. soir et lundi – **Repas** 105/180.

XX **Rest. Jardin Fleuri,** D 250 ℘ 27 26 53 44, Fax 27 26 52 26, 🏠, « Terrasses fleuries,
collection de fers à repasser », 🖼 – 🖭 ⓪ ⌷
fermé dim. soir, soirs fériés et merc. – **Repas** 95/250, enf. 60.

à la Z.I. de Prouvy-Rouvignies par ⑤ et N 30 : 5 km – ⊠ 59300 Valenciennes :

🏬 **Novotel** Ⓜ, ℘ 27 21 12 12, Fax 27 21 06 02, 🏠, ⌷, 🖼 – ↳ ch 🖿 🖵 ☎ ⅖ ⓟ – 🔏 180.
🖭 ⓪ ⌷
Repas 89/135 bc, enf. 50 – ⌷ 48 – **76 ch** 405/430.

🏡 **Campanile,** ℘ 27 21 10 12, Fax 27 21 08 55 – ↳ ch 🖵 ☎ ⓟ – 🔏 60. 🖭 ⓪ ⌷
Repas 82 bc/105 bc, enf. 39 – ⌷ 30 – **105 ch** 270.

à Haulchin SO : 10 km par ⑤ et N 30 – ⊠ 59121 :

XX **Clos St Hugues,** 3 r. P. Vaillant-Couturier ℘ 27 43 80 83, Fax 27 31 49 52, 🏠, 🖼 – ⓟ.
🖭 ⓪ ⌷
fermé 1ᵉʳ au 20 août, 26 au 31 déc., vacances de fév., sam. midi et dim. soir – **Repas** 90/210,
enf. 68.

à Raismes NO : 5 km par D 169 – 14 099 h. – ⊠ 59590 :

XXX **La Grignotière,** ℘ 27 36 91 99, Fax 27 36 74 29 – 🖭 ⓪ ⌷
fermé 16 au 31 août, dim. soir et lundi sauf fériés le midi – **Repas** 110/250 bc et carte 190 à
300.

à Petite Forêt NO par A 23 sortie 7 : 5 km – 5 293 h. – ⊠ 59494 :

🏡 **Campanile,** ℘ 27 47 87 87, Fax 27 28 95 25 – ↳ ch 🖵 ☎ ⅖ ⓟ – 🔏 25. 🖭 ⓪ ⌷
Repas 82 bc/105 bc, enf. 39 – ⌷ 30 – **49 ch** 270. AV **k**

VALENSOLE 04210 Alpes-de-H.-P. 🎱 ⑯ 🎴 ⑥ **G. Alpes du Sud** – 2 202 h alt. 569.
Paris 764 – Digne-les-Bains 46 – Brignoles 71 – Castellane 72 – Forcalquier 30 – Manosque 19 – Salernes 60.

🏡 **Piès,** ℘ 92 74 83 13, 🏠, 🖼 – 🖵 ☎ ⓟ. ⌷
← *fermé 9 janv. au 9 fév. et merc. du 1ᵉʳ nov. au 15 mars* – **Repas** 75/200 ⅄, enf. 50 – ⌷ 35 –
16 ch 250/280 – ½ P 280.

VALENTIGNEY 25700 Doubs 🎱 ⑱ – 13 133 h alt. 340.
Paris 484 – ◆Basel 69 – Belfort 25 – ◆Besançon 85 – Montbéliard 12 – Moreau 67.

Voir plan de Montbéliard agglomération.

CONSTRUCTEUR : S.A. Peugeot Motocycles, à Beaulieu-Mandeure CZ ℘ 81 91 83 21

La VALETTE-DU-VAR 83 Var 🎱 ⑮, 🎴 ㊺ – rattaché à Toulon.

Découvrez la France avec les guides Verts Michelin :
24 titres illustrés en couleurs.

VALGORGE 07110 Ardèche 🗺 ⑧ G. Vallée du Rhône – 430 h alt. 561.

Paris 621 – Alès 75 – Aubenas 40 – Langogne 51 – Privas 70 – Le Puy-en-Velay 80 – Vallon-Pont-d'Arc 45.

🏠 **Le Tanargue** ⌂, ℰ 75 88 98 98, Fax 75 88 96 09, ≤, parc – ⫿ ⇆ ch ☎ ⇦ ℗. GB
    fermé 1er janv. au 15 mars – **Repas** (en saison prévenir) 92/195 – ☲ 38 – **25 ch** 270/365 –
    ½ P 275/360.

VALLAURIS 06 Alpes-Mar. 🗺 ⑨, 🗺 ㉟ ㊴ – rattaché à Cannes.

VALLERAUGUE 30570 Gard 🗺 ⑯ G. Gorges du Tarn – 1 091 h alt. 438.

Paris 696 – Mende 99 – Millau 73 – Nîmes 86 – Le Vigan 21.

🏠 **Host. Les Bruyères**, ℰ 67 82 20 06, �ುਥ, ऽ – 📺 ☎ ⇦. GB
◆   1er mai-30 sept – **Repas** 78/150, enf. 50 – ☲ 30 – **28 ch** 230/250 – ½ P 230.

XX **Petit Luxembourg** avec ch (annexe 🏠 10 ch), ℰ 67 82 20 44, Fax 67 82 24 66 – 📺 ☎. GB
◆   fermé 20 déc. au 20 janv., dim. soir et lundi hors sais. – **Repas** 75/220 ⌀, enf. 45 – ☲ 30 –
    8 ch 220/270 – ½ P 260/320.

VALLET 44330 Loire-Atl. 🗺 ④ – 6 116 h alt. 53.

🅱 Office de Tourisme 4 pl. Ch.-de-Gaulle (avril-sept.) ℰ 40 36 35 87.

Paris 374 – ◆Nantes 26 – Ancenis 26 – Cholet 34 – Clisson 10.

XX **Don Quichotte** Ⓜ avec ch, 35 rte Clisson ℰ 40 33 99 67, Fax 40 33 99 72, 🌿, ☞ – 📺
    ☎ ⅙ ℗. ⓘ GB
    fermé 1er au 10 janv. – **Repas** (fermé dim. soir) 82/235, enf. 60 – ☲ 35 – **12 ch** 269/285 –
    ½ P 250.

CITROËN Gar. Herbreteau, ℰ 40 33 92 39   RENAULT Gar. Leray, 37 r. d'Anjou ℰ 40 36 24 11

VALLOIRE 73450 Savoie 🗺 ⑦ G. Alpes du Nord – 1 012 h alt. 1 430 – Sports d'hiver : 1 430/2 600 m ⚡1
⚡20 ⚡ – Voir Col du Télégraphe ≤★ N : 5 km.

Altiport de Bonnenuit ℰ 79 59 02 00.

🅱 Office de Tourisme ℰ 79 59 03 96, Fax 79 59 09 66.

Paris 647 – Albertville 93 – Briançon 52 – Chambéry 103 – Lanslebourg-Mont-Cenis 57 – Col du Lautaret 24 –
St-Jean-de-Maurienne 31.

🏠 **La Sétaz et rest. Le Gastilleur,** ℰ 79 59 01 03, Fax 79 59 00 63, ≤, ऽ, ☞ – 📺 ☎ ℗.
    🅰🅴 GB. ⚡ rest
    3 juin-23 sept. et 18 déc.-25 avril – **Repas** 110/185, enf. 45 – ☲ 42 – **22 ch** 300/410 –
    ½ P 405/435.

🏠 **Gd Hôtel Valloire et Galibier,** ℰ 79 59 00 95, Fax 79 59 09 41, ≤, ☞ – ⫿ 📺 ☎ ℗ –
    🅰 40. 🅰🅴 ⓘ GB
    17 juin-9 sept. et 20 déc.-13 avril – **Repas** 85/200, enf. 55 – ☲ 45 – **42 ch** 300/440 –
    ½ P 420/495.

🏠 **Christiania,** ℰ 79 59 00 57, Fax 79 59 00 06, 🌿 – 📺 ☎. 🅰🅴 GB. ⚡ rest
◆   20 juin-10 sept. et 1er déc.-25 avril – **Repas** 80/170 – ☲ 35 – **26 ch** 220/330 – ½ P 350/390.

    aux Verneys S : 2 km – ⊠ 73450 Valloire :

🏠 **Relais du Galibier,** ℰ 79 59 00 45, Fax 79 83 31 89, ≤, ☞ – ☎ ℗. GB
    20 juin-20 sept et 1er déc.-5 avril – **Repas** 90/160, enf. 45 – ☲ 34 – **26 ch** 195/340 –
    ½ P 325/380.

🏠 **Crêt Rond,** ℰ 79 59 01 64, Fax 79 83 33 24 – ☎ ℗. GB
◆   1er juil.-30 sept. et 20 déc.-1er mai – **Repas** 80/140, enf. 38 – ☲ 35 – **19 ch** 180/290 –
    ½ P 250/310.

Gar. Bouvet, ℰ 79 59 02 40

VALLON-PONT-D'ARC 07150 Ardèche 🗺 ⑨ G. Vallée du Rhône – 1 914 h alt. 118.

Voir Gorges de l'Ardèche★★★ au SE – Arche★★ de Pont d'Arc SE : 5 km.

Env. Aven de Marzel★★ SE : 19 km.

Paris 657 – Alès 46 – Aubenas 34 – Avignon 79 – Carpentras 87 – Mende 114 – Montélimar 48.

    SE par rte des gorges : 6,5 km – ⊠ 07150 Vallon pont d'Arc :

🏠 **Chames** ⌂, ℰ 75 88 11 33, Fax 75 88 10 20, ≤, 🌿, ☞ ⅙ ℗. GB. ⚡ rest
    1er avril-30 sept. – **Repas** (fermé mardi midi sauf juil.-août) 95/175 ⌀, enf. 50 – ☲ 35 – **28 ch**
    260/450 – ½ P 280.

VALLORCINE 74660 H.-Savoie 🗺 ⑨ G. Alpes du Nord – 329 h alt. 1 261 – Sports d'hiver : 1 360/1 605 m ⚡2
– 🅱 Office de Tourisme pl. Gare ℰ 50 54 60 71.

Paris 628 – Chamonix-Mont-Blanc 16 – Annecy 110 – Thonon-les-Bains 97.

🏠 **Ermitage** ⌂, au Buet SO : 2 km par N 506 et VO ℰ 50 54 60 09, ≤, 🌿, ☞ – ☎ ℗. GB.
    ⚡ rest
    15 avril-fin sept., vacances de Noël et 1er fév.-fin mars – **Repas** 120/180, enf. 70 – ☲ 45 –
    15 ch 360 – ½ P 340.

🏠 **Mont-Blanc,** ℰ 50 54 60 02, ≤, ☞ – ☎ ℗. GB
◆   1er au 6 juin, 18 juin-17 sept. et 22 déc.-18 mars – **Repas** 77/128 – ☲ 30 – **24 ch** 190/350 –
    ½ P 192/285.

VALLOUX 89 Yonne 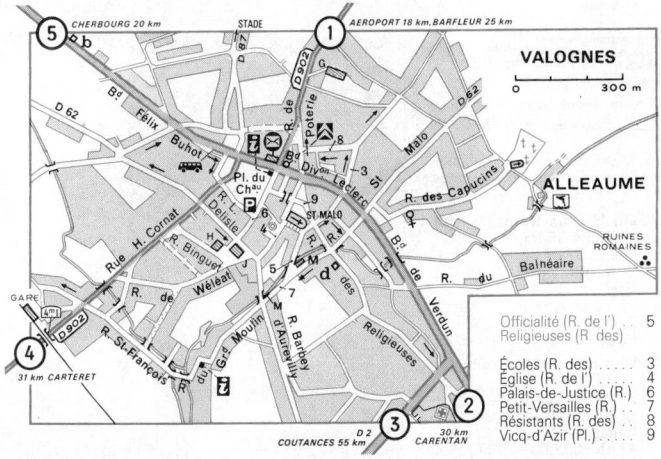⑯ – rattaché à Avallon.

VALMONT 76540 S.-Mar. 52 ⑫ G. Normandie Vallée de la Seine – 875 h alt. 60.

Voir Abbaye★.

Paris 199 – ◆ Le Havre 47 – ◆ Rouen 65 – Bolbec 21 – Dieppe 57 – Fécamp 10,5 – Yvetot 28.

 ✗ **Aub. du Bec au Cauchois,** O : 1,5 km par rte Fécamp ✆ 35 29 77 56 – **Ⓟ**. ℁ ᴶᶜᴮ.
  ℅
  fermé 26 nov. au 10 déc., dim. soir et lundi – **Repas** 60 (déj.), 85/200 ⅄, enf. 50.

RENAULT Valmont Autom., ✆ 35 29 81 96

VALMOREL 73 Savoie 74 ⑰ G. Alpes du Nord – alt. 1 400 – Sports d'hiver : 1 250/2 550 m ✦1 ✦28 ✦ –
✉ **73260** Aigueblanche.

🛈 Office de Tourisme, Maison de Valmorel ✆ 79 09 85 55, Fax 79 09 85 29.

Paris 622 – Albertville 40 – Chambéry 86 – Moutiers 19.

 🏨 **Planchamp** 📶, ✆ 79 09 83 91, Fax 79 09 83 93, ←– **Ⅳ** ☎. ⅁ℬ ᴶᶜᴮ. ℅ rest
  1ᵉʳ juil.-30 août et 20 déc.-15 avril – **Repas** 160/280 ⅄ – ⌾ 70 – **30 ch** 560 – ½ P 535/630.

☛ *Pas de publicité payée dans ce guide.*

VALOGNES 50700 Manche 54 ② G. Normandie Cotentin – 7 412 h alt. 35.

🎠 de Fontenay-en-Cotentin ✆ 33 21 44 27, par ② : 11 km.

✈ de Cherbourg-Maupertus : ✆ 33 22 91 32, par ① : 18 km par D 24.

🛈 Office de Tourisme 21 r. du Grand Moulin ✆ 33 95 01 26, Fax 33 40 49 69, pl. Château (mai-oct.)
✆ 33 40 11 55.

Paris 341 ② – Cherbourg 19 ⑤ – ◆Caen 103 ② – Coutances 56 ③ – St-Lô 57 ②.

Officialité (R. de l')	5
Religieuses (R. des)	
Écoles (R. des)	3
Église (R. de l')	4
Palais-de-Justice (R.)	6
Petit-Versailles (R.)	7
Résistants (R. des)	8
Vicq-d'Azir (Pl.)	9

 🏨 **Haut Gallion** Ⓜ, rte Cherbourg **(b)** ✆ 33 40 40 00, Fax 33 95 20 20 – **ⅣV** ☎ & **Ⓟ** – ⚐ 50.
 ◆ ℁ ⓪ ⅁ℬ
  fermé 16 déc. au 9 janv. et vend. soir d'oct. à avril – **Repas** 72/230, enf. 48 – ⌾ 36 –
  40 ch 270.

 🏠 **Gd H. du Louvre,** 28 r. Religieuses **(d)** ✆ 33 40 00 07, Fax 33 40 13 73, ≈ – **ⅣV** ☎ 🚗
 ◆ **Ⓟ**. ⅁ℬ
  fermé 24 déc. au 27 janv. – **Repas** *(fermé vend. d'oct. à avril et sam. midi)* 60 (déj.), 78/145,
  enf. 48 – ⌾ 29 – **22 ch** 160/265 – ½ P 175/230.

CITROEN Gar. Jacqueline, bd Div. Leclerc
✆ 33 40 17 59
OPEL Gar. Luce, Tapotin à Yvetot Bocage
✆ 33 40 29 09

PEUGEOT Valognes Autom., N 13 par ②
✆ 33 40 09 38
RENAULT Gar. Mangon 10, bd F.-Buhot
✆ 33 95 05 20 Ⓝ ✆ 05 05 15 15

VALRAS-PLAGE 34350 Hérault 83 ⑮ G. Gorges du Tarn – 3 043 h – Casino .

🛈 Office de Tourisme pl. R.-Cassin ✆ 67 32 36 04, Fax 67 32 59 06.

Paris 783 – ◆ Montpellier 71 – Agde 24 – Béziers 14.

 🏨 **Albizzia** Ⓜ sans rest, bd Chemin Creux ✆ 67 37 48 48, Fax 67 37 58 10, ⅃ – **ⅣV** ☎ & **Ⓟ**.
  ℁ ⓪ ⅁ℬ
  ⌾ 37 – **28 ch** 310/400.

🏛 **Moderne,** pl. Gén. de Gaulle ℰ 67 32 25 86, Fax 67 32 51 21, 🍴 – 🔲 ch 📺 ☎ – 🔬 40.
✦ 🖭 ⅁ℬ
   1er mai-30 sept. – **Repas** 68/220, enf. 42 – ⊏⊐ 42 – **30 ch** 228/350 – ½ P 260/310.

✕✕ **Méditerranée** avec ch, 32 r. Ch. Thomas ℰ 67 32 38 60, Fax 67 32 30 91 – 🔲 rest 📺 ☎.
✦ 🖭 ⅁ℬ
   *hôtel : Pâques-fin oct. ; rest. : fermé 15 au 30 nov. et 1er au 15 fév., dim. soir et lundi hors
sais.* – **Repas** *(déj. seul. de nov. à Pâques)* 80/250 – ⊏⊐ 33 – **12 ch** 250/280 – ½ P 260.

VALRÉAS 84600 Vaucluse 🔢 ② G. Provence (plan) – 9 069 h alt. 270.

🖪 Office de Tourisme, pl. A.-Briand ℰ 90 35 04 71.

Paris 642 – Avignon 70 – Crest 52 – Montélimar 37 – Nyons 14 – Orange 35 – Pont-St-Esprit 38.

🏛 **Grand Hôtel,** 28 av. Gén. de Gaulle ℰ 90 35 00 26, Fax 90 35 60 93, 🍴, 🌿 – ⇌ ch 📺
   ☎ 🚗. ⅁ℬ
   fermé 24 déc. au 23 janv., sam. soir hors sais.et dim. – **Repas** 98/250 ⅃ – ⊏⊐ 35 – **15 ch**
260/350 – ½ P 280/330.

CITROEN Gar. Giai, rte d'Orange ℰ 90 35 14 60   ⊕ Ayme Pneus, 3 r. Marie-Vierge ℰ 90 35 19 08
PEUGEOT Gar. Ginoux, rte d'Orange ℰ 90 35 01 53

VALROS 34290 Hérault 🔢 ⑮ – 1 021 h alt. 75.

Paris 761 – ♦Montpellier 57 – Agde 19 – Béziers 16 – Pézenas 7.

🏛 **Aub. de la Tour,** N 113 ℰ 67 98 52 01, Fax 67 98 65 31, 🍴, ⅃, 🌿 – 📺 ☎ 🅿 – 🔬 25.
   ⅁ℬ
   *fermé 12 au 26 fév. et merc.
midi sauf du 1er juin au 30
août* – **Repas** 95/224 ⅃, enf.
65 – ⊏⊐ 32 – **18 ch** 280 –
½ P 267.

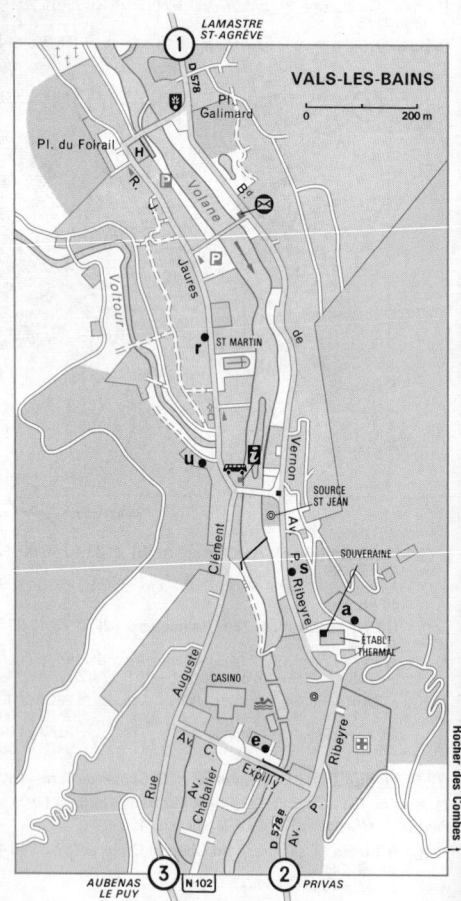

VALS-LES-BAINS 07600   Ardèche 🔢 ⑲ G. Vallée du Rhône –
3 661 h alt. 248 – Stat. therm. – Casino .

🖪 Office de Tourisme et du Thermalisme r. J.-Jaurès ℰ 75 37 49 27, Fax
75 37 64 08.

Paris 634 ② – Le Puy-en-Velay 86 ③ –
Aubenas 5 ③ – Langogne 57 ③ – Privas
33 ②.

🏛🏛 **Gd H. des Bains** 🐾, (a)
   ℰ 75 94 65 55,
   Fax 75 37 67 02, 🍴, parc –
   🛗 ☎ 🅿 – 🔬 40. 🖭 ⅁ℬ
   ﾌＣＢ
   fermé 1er janv. au 14 mars –
   Repas 130/330 – ⊏⊐ 50 –
   63 ch 340/650 – P 450/600.

🏛🏛 **Vivarais,** av. C. Expilly (e)
   ℰ 75 94 65 85,
   Fax 75 37 65 47, 🍴, ⅃ –
   🛗 📺 ☎ 🅿. 🖭 ⅁ℬ ﾌＣＢ
   Repas 145/250 – ⊏⊐ 45 –
   47 ch 300/600 – P 450/550.

🏛🏛 **Lyon,** av. P. Ribeyre (s)
   ℰ 75 37 43 70,
   Fax 75 37 59 11, ⅃ – 🛗 ☎
   🚗. 🖭 ⅁ℬ
   2 avril-7 oct. – **Repas** 110/
   200, enf. 50 – ⊏⊐ 40 – **35 ch**
   330/420 – P 380/450.

🏛🏛 **Europe** sans rest, r. J.
   Jaurès (r) ℰ 75 37 43 94,
   Fax 75 94 66 62 – 🛗 📺 ☎.
   🖭 ⅁ℬ
   1er mai-1er oct. – ⊏⊐ 38 –
   32 ch 240/380.

🏛 **St-Jean,** r. J. Jaurès (u)
✦   ℰ 75 37 42 50,
   Fax 75 37 54 77 – 🛗 ☎ 🅿.
   ⅁ℬ. ✼ rest
   avril-1er nov. – **Repas** 75/175
   ⅃, enf. 49 – ⊏⊐ 34 – **32 ch**
   210/270 – P 305/325.

Paris 301 – ♦Dijon 18 – Auxerre 138 – Avallon 94 – Châtillon-sur-Seine 68 – Montbard 59 – Saulieu 71.

🏾🏾🏾 **Host. Val-Suzon** ⑤ avec ch, N 71 ℘ 80 35 60 15, Fax 80 35 61 36, 舎, « Jardin fleuri avec volière » – 🆃🆅 ☎ ☺. ᴁ ⑩ ☺🄱. ⅜ rest
fermé 15 nov. au 15 déc., jeudi midi et merc. d'oct. à juin – **Repas** 128 (déj.), 190/400 et carte 280 à 400, enf. 85 – 😅 52 – **7 ch** 370 – ½ P 455/465.

Annexe Chalet de la Fontaine aux Geais 🏠 Ⓜ ⑤, ℘ 80 35 61 19, Fax 80 35 61 36 –
🆃🆅 ☎ ☺. ᴁ ⑩ ☺🄱. ⅜ rest
fermé 15 nov. au 15 déc. et merc. hors sais. – **Repas** (voir **Host. Val-Suzon**) – 😅 52 – **9 ch** 460/520 – ½ P 500/550.

🅱 Office de Tourisme (saison) ℘ 79 00 08 08, Télex 980513, Fax 79 00 00 04.

Paris 644 – Albertville 61 – Chambéry 108 – Moûtiers 34.

🏾🏾 **Fitz Roy H.** Ⓜ ⑤, ℘ 79 00 04 78, Télex 309707, Fax 79 00 06 11, ≤, 舎, ₭₆, 🖾, – 🛗
🖥 🆃🆅 ☎ ☻. ᴁ ⑩ ☺🄱. ⅜ rest
1er déc.-10 mai – **Repas** 220/500 – 😅 80 – **30 ch** (½ pens. seul.), 3 appart – ½ P 1650.

🏾🏾 **Le Val Thorens** Ⓜ ⑤, ℘ 79 00 04 33, Fax 79 00 09 40, ≤, 舎, ₭₆ – 🛗 🆃🆅 ☎ ☻. ᴁ ⑩
☺🄱. ⅜ rest
1er déc.-5 mai – **Repas** 95 (déj.), 110/180 – **81 ch** 😅 830/1205 – ½ P 730/767.

🏾🏾 **Bel Horizon** Ⓜ ⑤, ℘ 79 00 04 77, Fax 79 00 06 08, ≤, 舎, ₭₆ – 🛗 🆃🆅 ☎. ☺🄱. ⅜ rest
1er déc.-1er mai – **Repas** 95 (déj.), 150/250 – 😅 60 – **31 ch** 510/1020 – ½ P 660.

🏾🏾 **Novotel** Ⓜ ⑤, ℘ 79 00 04 04, Fax 79 00 05 93, ≤, 舎 – 🛗 ⅙ ch 🆃🆅 ☎ – 🔬 100. ᴁ ⑩
☺🄱 🄹🄲🄱. ⅜ rest
1er déc.-30 avril – **Repas** 140 ⅃, enf. 70 – 😅 50 – **104 ch** (½ pens. seul.) – ½ P 670.

🏠 **Le Sherpa** ⑤, ℘ 79 00 00 70, Fax 79 00 08 03, ≤, ₭₆ – 🛗 🆃🆅 ☎. ☺🄱. ⅜ rest
début déc.-1er mai – **Repas** 150 (déj.)/170 – 😅 65 – **42 ch** (½ pens. seul.) – ½ P 650.

🏠 **Trois Vallées** ⑤, ℘ 79 00 01 86, Fax 79 00 00 20, ≤ – 🛗 🆃🆅 ☎. ☺🄱. ⅜ rest
1er nov.-15 mai – **Repas** (dîner seul.) 135 – 😅 50 – **28 ch** 350/500 – ½ P 550.

🍴 **La Bergerie,** immeuble 3 Vallées ℘ 79 00 77 18 – ☺🄱
1er juil.-31 août et 1er nov.-10 mai – **Repas** 80 (déj.)/95.

Paris 450 – Colmar 45 – Épinal 58 – Guebwiller 53 – St-Dié 27 – Col de la Schlucht 8,5.

🏠 **Le Vétiné** ⑤ sans rest, S : 1,5 km sur D 23ᴴ ℘ 29 60 99 44, Fax 29 60 80 95, ≤ –
cuisinette ☎ ☺ – 🔬 25. ᴁ ☺🄱
fermé 15 au 31 mars, 15 nov. au 15 déc., dim. soir et lundi sauf vacances scolaires – 😅 28 –
27 ch 180/230.

🍴 **Aub. Val Joli** ⑤ avec ch, ℘ 29 60 91 37, Fax 29 60 81 73, 舎, 🌿 – 🆃🆅 ☎ ☺. ☺🄱.
⬅ ⅜ rest
fermé 15 nov. au 20 déc., dim. soir et lundi sauf vacances scolaires – **Repas** 60/230 ⅃, enf. 35
– 😅 33 – **12 ch** 150/290 – ½ P 174/240.

Voir Vieille ville★ AZ : Place Henri-IV★ AZ 10, Cathédrale★ AZ B, Remparts★, Promenade de la
Garenne ≤★★ BZ – Musée archéologique★ dans le château Gaillard AZ M – Aquarium océano-
graphique et tropical★ au Sud – Golfe du Morbihan★★ en bateau.

🏌 de Baden ℘ 97 57 18 96, par ④ puis D 101 : 14 km.

🅱 Office de Tourisme avec A.C. 1 r. Thiers ℘ 97 47 24 34, Fax 97 47 29 49.

Paris 457 ② – Quimper 120 ④ – ♦Rennes 112 ① – St-Brieuc 109 ① – St-Nazaire 75 ③.

Plan page suivante

🏾🏾 **Aquarium H.** sans rest, parc du Golfe, près aquarium, SO rte Conleau ℘ 97 40 44 52,
Télex 950826, Fax 97 63 03 20, ≤ – 🛗 🆃🆅 ☎ ☻. 🚗 ☺ – 🔬 40 à 60. ᴁ ⑩ ☺🄱
😅 46 – **48 ch** 400/480.

🏠 **La Marébaudière** sans rest, 4 r. A. Briand ℘ 97 47 34 29, Fax 97 54 14 11 – 🛗 🆃🆅 ☎ ☺ –
🔬 150. ᴁ ☺🄱   BZ **r**
😅 42 – **41 ch** 270/390.

🏠 **Image Ste-Anne,** 8 pl. Libération ℘ 97 63 27 36, Fax 97 40 97 02 – 🛗 🆃🆅 ☎ ☺.
☺🄱   AY **x**
Repas (fermé dim. soir de nov. à Pâques) 81/240 ⅃, enf. 45 – 😅 48 – **30 ch** 300/350 –
½ P 270.

🏠 **Oasis** sans rest, SO rte Conleau, 1,5 km ℘ 97 40 82 05, Fax 97 40 59 57 – 🆃🆅 ☎ ☺. ☺🄱.
⅜
😅 35 – **37 ch** 260/370.

🏠 **Ibis** Ⓜ, Z.U.P de Ménimur (r. E.-Jourdan) par ① ℘ 97 63 61 11, Fax 97 63 21 33 – ⅙ ch
🆃🆅 ☎ ☺ – 🔬 30. ᴁ ☺🄱
Repas 95 bc, enf. 39 – 😅 35 – **59 ch** 285/360.

🏠 **France** sans rest, 57 av. V. Hugo ℘ 97 47 27 57, Fax 97 42 59 17 – 🆃🆅 ☎. ᴁ ☺🄱   AY **a**
😅 45 – **25 ch** 170/290.

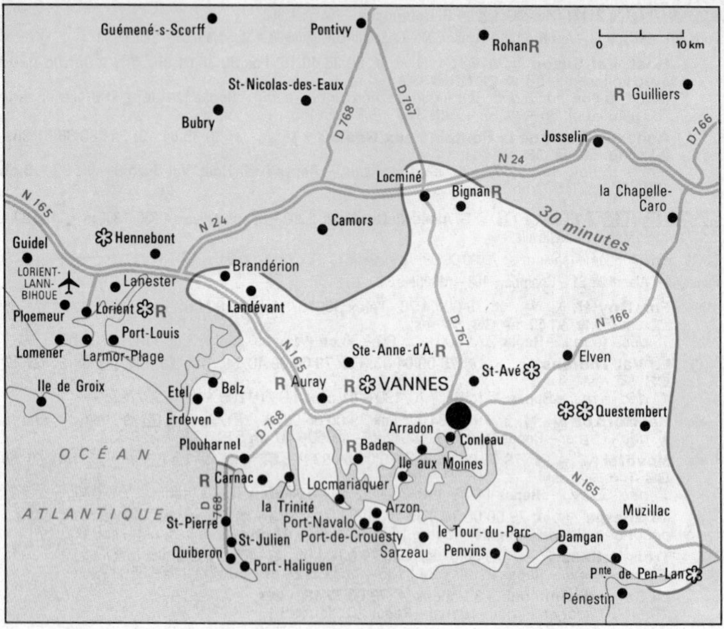

🏨 **Verdun** sans rest, 10 av. Verdun ✆ 97 47 21 23 – ☎. GB — BZ **u**
☕ 26 – **24 ch** 110/200.

🏨 **Anne de Bretagne** sans rest, 42 r. O. de Clisson ✆ 97 54 22 19, Fax 97 42 69 10 – TV ☎ 🚗. AE ⓓ GB — BY **d**
☕ 30 – **20 ch** 170/290.

🏨 **Bretagne** sans rest, 34 r. Méné ✆ 97 47 20 21 – TV ☎. AE ⓓ GB — AYZ **b**
☕ 25 – **12 ch** 160/220.

XXX ✿ **Régis Mahé** (Mahé), pl. Gare ✆ 97 42 61 41 – AE GB — BY **h**
fermé 15 au 30 nov., dim. soir et lundi sauf fériés – **Repas** 160 bc (déj.), 260/360 et carte 280 à 400
Spéc. Chaud-froid de rouget aux aromates. Daube de cabillaud aux câpres et aux moules. Tarte au chocolat, sorbet crème et sauce chicorée.

XX **Au Soufflé Vannetais,** 6 r. Lesage ✆ 97 47 09 66, Fax 97 47 60 25 – GB JCB — AZ **f**
fermé dim. soir et lundi de sept. à juin, lundi midi et dim. en juil.-août – **Repas** 95/260, enf. 65.

XX **Dauphin,** parc du Golfe, près aquarium, SO rte Conleau ✆ 97 40 68 08, Fax 97 63 03 20 – |‡| ▤ Ⓟ. AE ⓓ GB
fermé dim. soir du 1er oct. au 15 avril – **Repas** 88/240 🍷, enf. 60.

XX **La Marée Bleue,** 8 pl. Bir-Hakeim ✆ 97 47 24 29, Fax 97 47 84 16 – Ⓟ. AE GB — BZ **n**
✈ *fermé 19 au 29 déc. et dim. soir d'oct.à avril* – **Repas** 71/295 🍷, enf. 47.

XX **La Table des Gourmets,** 6 r. A. Le Pontois ✆ 97 47 52 44 – AE GB — AZ **v**
fermé 11 au 16 sept., vacances de fév. et merc. sauf le midi en été – **Repas** 78 (déj.), 98/280, enf. 45.

X **La Morgate,** 21 r. La Fontaine ✆ 97 42 42 39 – GB — BY **e**
fermé 1er au 15 nov., dim. soir hors sais. et lundi – **Repas** 87 (déj.)/195, enf. 65.

X **La Varende,** 22 r. La Fontaine ✆ 97 47 57 52, Fax 97 42 47 22 – AE ⓓ GB — BY **a**
✈ *fermé lundi de sept. à juin, mardi en juil.-août et dim. midi.* – **Repas** 79/149 🍷, enf. 45.

X **Le Pavé des Halles,** 17 r. Halles ✆ 97 47 15 96, Fax 97 47 86 39, 🌂 – AE GB — AZ **s**
✈ *fermé 1er au 15 oct., 2 au 16 janv., dim. soir et lundi d'oct. à juin et dim. en juil.-août* – **Repas** (nombre de couverts limité, prévenir) 78/175, enf. 42.

à St-Avé **NE : 5 km par ① D 767 et D 135 près centre hospitalier** – 6 929 h. – ✉ **56890** :

XXX ✿ **Pressoir** (Rambaud), 7 r. Hôpital ✆ 97 60 87 63, Fax 97 44 59 15 – ▤ Ⓟ. AE ⓓ GB
fermé 6 au 16 mars, 26 juin au 4 juil., 3 au 20 oct., dim. soir et lundi – **Repas** 120 (déj.), 180/380 et carte 240 à 340
Spéc. Huîtres tièdes aux oeufs de caille et caviar. Galette de rouget aux pommes de terre et au romarin. Homard breton rôti dans sa carapace (avril à sept.).

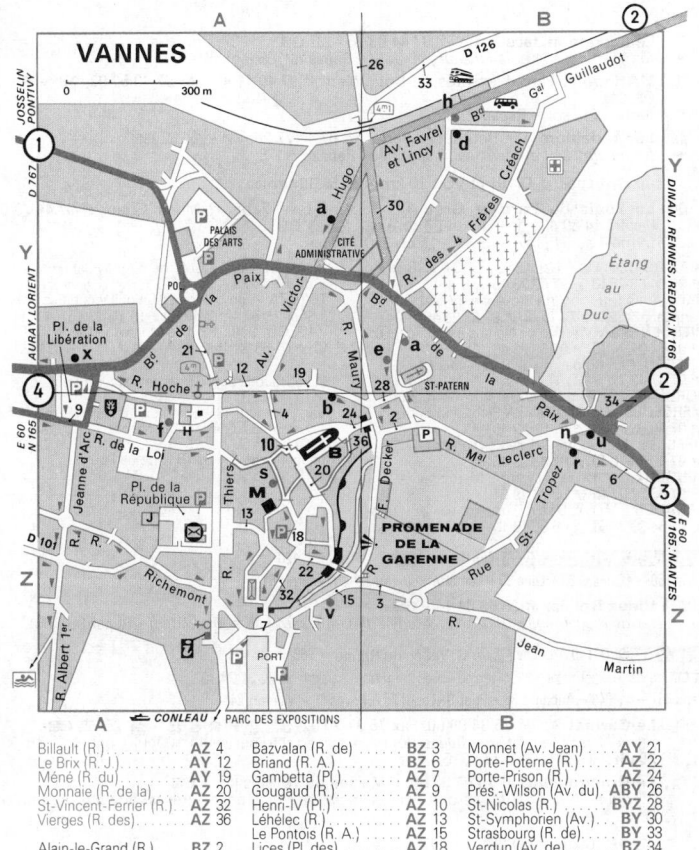

VANNES

JOSSELIN PONTIVY
AURAY LORIENT
E 60 N 165
D 767
D 101

DINAN, RENNES, REDON: N 166
E 60 N 165: NANTES
JOSSELIN PONTIVY

PALAIS DES ARTS
CITÉ ADMINISTRATIVE
Pl. de la Libération
Pl. de la République
PROMENADE DE LA GARENNE
PORT

CONLEAU / PARC DES EXPOSITIONS

Billault (R.)	**AZ** 4	Bazvalan (R. de)	**BZ** 3	Monnet (Av. Jean)	**AY** 21
Le Brix (R. J.)	**AY** 12	Briand (R. A.)	**BZ** 6	Porte-Poterne (R.)	**AZ** 22
Méné (R. du)	**AY** 19	Gambetta (Pl.)	**AZ** 7	Porte-Prison (R.)	**AZ** 24
Monnaie (R. de la)	**AZ** 20	Gougaud (R.)	**AZ** 9	Prés.-Wilson (Av. du)	**ABY** 26
St-Vincent-Ferrier (R.)	**AZ** 32	Henri-IV (Pl)	**AZ** 10	St-Nicolas (R.)	**BYZ** 28
Vierges (R. des)	**AZ** 36	Léhélec (R.)	**AZ** 13	St-Symphorien (Av.)	**BY** 30
		Le Pontois (R. A.)	**AZ** 15	Strasbourg (R. de)	**BY** 33
Alain-le-Grand (R.)	**BZ** 2	Lices (Pl. des)	**AZ** 18	Verdun (Av. de)	**BZ** 34

rte Plumelec NE : 5 km par D 126 BY et VO – ⊠ 56890 St-Avé :

🏠 **Moulin de Lesnuhé** Ⓜ ⤳ sans rest, ℰ 97 60 77 77, « Ancien moulin du 15ᵉ siècle »,
🍽 – ☎ ℗. ㏉
fermé 15 déc. au 15 janv. – ⊡ 30 – **12 ch** 260.

à Conleau SO : 4,5 km – ⊠ 56000 Vannes.

Voir Presqu'île de Conleau★.

🏨 **Le Roof** Ⓜ ⤳, ℰ 97 63 47 47, Télex 951843, Fax 97 63 48 10, ≤, 🍽, 🍽 – 🛗 ⊡ ☎ � ℗
– 🔏 100. ㏂ ⓞ ㏉ ᴊᴄʙ
Repas 145/330 – ⊡ 50 – **41 ch** 350/620 – ½ P 325/445.

à Arradon par ④ : 7 km ou par D 101 – 4 317 h. – ⊠ 56610 .

Voir ≤★.

🏨 **Les Vénètes** ⤳, à la pointe : 2 km ℰ 97 44 03 11, ≤ golfe et les îles – ⊡ ☎. ㏉.
⤧
14 avril-28 sept. – **Repas** *(fermé sam. midi et mardi)* 120/205 – ⊡ 40 – **12 ch** 305/470 –
½ P 368/450.

🏠 **Le Stivell** Ⓜ, r. Plessis Arradon ℰ 97 44 03 15, Fax 97 44 78 90, 🍽 – ⊡ ☎ ℗ – 🔏 25.
㏂ ㏉
fermé 13 au 16 déc., 8 au 14 janv. et 23 fév. au 5 mars – **Repas** *(fermé dim. soir et lundi du
15 sept. au 15 juin)* 55 (déj.), 86/230 ⅃, enf. 50 – ⊡ 30 – **25 ch** 320/435 – ½ P 260/280.

※※ **Les Logoden,** face Poste ✆ 97 44 03 35 – 🝙 ⊖🝙
✦ *fermé merc. soir et jeudi sauf juil.-août* – **Repas** 75/185, enf. 50.

※※ **L'Arlequin,** Parc d'activités de Botquelen ✆ 97 40 41 41, Fax 97 40 52 93, 🍴 – 🅿 🝙
🕕 ⊖🝙
fermé dim. soir – **Repas** 88/228.

※※ **Le Médaillon,** 10 r. Bouruet Aubertot ✆ 97 44 77 28, 🍴 – 🅿 🝙 ⊖🝙
✦ *fermé dim. soir et merc. sauf juil.-août* – **Repas** 76/175.

au Gréo par ④, D 101 et VO : 10 km – ⊠ **56610** Arradon :

🏠 **Le Logis de Parc er Gréo** Ⓜ 🏖 sans rest, 7 bis r. Mané Guen ✆ 97 44 73 03,
Fax 97 44 80 48, 🎛 – 🛏 ch 📺 ☎ ♿ 🅿 🝙 🕕 ⊖🝙
fermé 4 au 31 janv. – 🖵 40 – **12 ch** 340/410.

ALFA ROMEO, FIAT Gar. Gimbert, 13 r. A.-Briand
✆ 97 54 03 25 🅽 ✆ 97 63 23 45
BMW Auto Diffusion, rte Ste-Anne d'Auray ZA de
Parc Lann ✆ 97 40 74 75 🅽 ✆ 97 63 23 45
CITROEN S.A.V.V.A., rte de Nantes à Séné par ③
✆ 97 54 22 74 🅽 ✆ 97 63 23 45
CITROEN Gar. Borgat, rte de Pontivy par ①
✆ 97 47 43 77
FORD Autorep, 41 r. du Vincin ✆ 97 63 10 35
MERCEDES Gar. Allannic, ZA Parc Lann Sud
✆ 97 46 03 20 🅽 ✆ 97 63 23 45
OPEL Gar. Mahéo, zone ciale Kerthomas
✆ 97 40 78 78 🅽 ✆ 97 63 23 45
PEUGEOT Gar. Laine, 9 av. de la Marne par ④
✆ 97 63 27 27 🅽 ✆ 99 24 19 77
RENAULT S.V.D.A., 95 av. E.-Herriot par ③
✆ 97 54 20 70 🅽 ✆ 05 05 15 15

RENAULT Gar. Le Goff, rte d'Auray par ④
✆ 97 63 14 73
TOYOTA Auto Loisirs, ZAC Poulfanc, r. des Vosges
à Séné ✆ 97 42 77 49 🅽 ✆ 97 63 23 45
VAG Gar. Golfe, 8 bd de Montsabert ✆ 97 63 81 81
🅽 ✆ 97 63 23 45

🏮 Foucaud Pneus, 35 rte de Nantes à Séné
✆ 97 47 12 91
Gar. Foucaud, 13 r. 5eme Cuirassier ✆ 97 47 42 57
Jahier Pneus, r. Nicéphore Niepce, ZI du Prat
✆ 97 47 64 65
Jahier Pneus, 2 r. 65°-R.I., rte de Pontivy
✆ 97 47 18 50

VANNES-SUR-COSSON 45510 Loiret 🔢 ⑩ – 455 h alt. 120.

Paris 150 – ◆Orléans 33 – Gien 35 – Lamotte-Beuvron 22 – Montargis 61.

※※ **Vieux Relais,** ✆ 38 58 04 14 – ⊖🝙
fermé 3 au 14 juil., 18 déc. au 7 janv., dim. soir sauf juil.-août et lundi – **Repas** 98/195.

Les VANS 07140 Ardèche 🔢 ⑧ G. **Vallée du Rhône** – 2 668 h alt. 175.

🅱 Office de Tourisme pl. Ollier (fermé après-midi hors saison) ✆ 75 37 24 48.

Paris 667 – Alès 43 – Aubenas 36 – Pont-St-Esprit 65 – Privas 66 – Villefort 24.

🏠 **Le Carmel** 🏖, ✆ 75 94 99 60, Fax 75 37 20 02, 🍴, 🏊, – ☎ ♿ 🅿 – 🔏 25. 🝙 ⊖🝙
fermé 4 janv. au 4 fév. – **Repas** *(fermé mardi soir)* (dîner seul.) 100/140, enf. 45 – 🖵 38 –
26 ch 230/380 – ½ P 280/315.

※※ **Le Grangousier,** ✆ 75 94 90 86, « Maison du 16° siècle » – ⊖🝙
1ᵉʳ mars-15 nov. et fermé dim. soir et merc. sauf juil.-août – **Repas** (nombre de couverts
limité-prévenir) 90 (déj.), 140/310.

au SE : 6 km par D 901 – ⊠ **07140** Les Vans :

🏨 **Mas de l'Espaïre** 🏖, ✆ 75 94 95 01, Fax 75 37 21 00, 🍴, 🏊, 🌳 – 📺 ☎ ♿ 🅿 – 🔏 30.
🝙 🕕 ⊖🝙 🅹🅲🅱
1ᵉʳ mars-30 nov. – **Repas** 80 (déj.), 115/160 – 🖵 40 – **35 ch** 400/490 – ½ P 310/380.

CITROEN Gar. du Midi, ✆ 75 37 22 39 🅽
✆ 75 37 35 76

PEUGEOT Gar. Boissin, ✆ 75 37 21 41
RENAULT Gar. Coste, ✆ 75 37 21 19

VANVES 92 Hauts-de-Seine 🔢 ⑩, 🔢 ㉕ – voir à Paris, Environs.

VARCES 38 Isère 🔢 ④ – rattaché à Grenoble.

VARENGEVILLE-SUR-MER 76119 S.-Mar. 🔢 ④ G. **Normandie Vallée de la Seine** – 1 048 h alt. 83.

Voir Site★ de l'église – Parc des Moustiers★ – Ste-Marguerite : arcades★ de l'église O : 4,5 km
– Phare d'Ailly ⩽★ NO : 4 km.

Paris 176 – Dieppe 11 – Fécamp 59 – Fontaine-le-Dun 18 – ◆Rouen 63 – St-Valery-en-Caux 26.

à Vasterival NO : 3 km par D 75 et VO – ⊠ **76119** Varengeville-sur-Mer :

🏠 **de la Terrasse** 🏖, ✆ 35 85 12 54, Fax 35 85 11 70, ⩽, « Jardin ombragé », 🎾 – ☎ 🅿.
✦ ⊖🝙 🌾 rest
10 mars-10 oct. – **Repas** 80/160, enf. 40 – 🖵 32 – **22 ch** 250/300 – ½ P 230/250.

La VARENNE-ST-HILAIRE 94 Val-de-Marne 🔢 ①, 🔢 ㉘ – voir à Paris, Environs.

VARENNES-EN-ARGONNE 55270 Meuse 🔢 ⑩ ⑳ G. **Champagne** – 679 h alt. 155.

Paris 244 – Bar-le-Duc 60 – Dun-sur-Meuse 25 – Ste-Menehould 24 – Verdun 37 – Vouziers 38.

🍴 **Gd Monarque,** ✆ 29 80 71 09 – ⊖🝙, 🌾 rest
✦ *fermé dim. soir et lundi (sauf hôtel)* – **Repas** 58 bc/110 ♨, enf. 35 – 🖵 20 – **10 ch** 110/180 –
½ P 115/145.

Paris 31 – Brunoy 6 – Évry 15 – Melun 23.

XX **Host. de Varennes,** ℘ (1) 69 00 97 03, Fax (1) 69 00 80 08, 😤, parc – **P**. AE GB
fermé août, mardi soir et merc. – **Repas** 125/195.

XX **Moulin de Jarcy** ⸙ avec ch, au NO : 1 km ℘ (1) 69 00 89 20, ≤, 😤, « Ancien moulin,
terrasse au bord de l'eau » – **P**. GB. ✂ ch
fermé 1er au 18 août, 20 déc. au 15 janv., lundi et mardi (sauf rest.), merc. et jeudi – **Repas**
(dim. prévenir) 140/190 – ⊡ 35 – **5 ch** 150/180.

VARENNES-SUR-ALLIER 03150 Allier 69 ⑭ – 4 413 h alt. 248.

🏢 Office de Tourisme ℘ 70 45 84 37.
Paris 323 – Moulins 29 – Digoin 58 – Lapalisse 19 – St-Pourçain-sur-Sioule 11 – Vichy 26.

🏠 **Aub. de l'Orisse,** SE : 2 km sur N 7 ℘ 70 45 05 60, Fax 70 45 18 55, ≤, 😤, parc, ⛊, ✕ –
🖂 ☎ **P** – 🔬 40. AE ⓞ GB
fermé mi-nov. au 5 déc., vend. soir (sauf hôtel), sam. midi et dim. soir de nov. à Pâques –
Repas 85/220 – ⊡ 30 – **23 ch** 250/350 – ½ P 300/330.

au SE : 8,5 km par N 209 et D 214 – ✉ 03150 Varennes-sur-Allier :

🏰 **Château de Theillat** ⸙, ℘ 70 99 86 70, Fax 70 99 86 33, ≤, 😤, « Château du 19e siècle
dans un parc », ₤₅, ⛊, ✕ – 🛊 🖂 ☎ **P** – 🔬 25 à 100. AE ⓞ GB. ✂ rest
Repas 170/380 – ⊡ 70 – **18 ch** 650/1230 – ½ P 650.

CITROEN Gar. Muet, 37 av. de Lyon ℘ 70 45 00 19
🆑 ℘ 70 45 00 19
FORD Gar. Mantin, 58 av. de Chazeuil
℘ 70 45 06 08

RENAULT Central Gar., 26 r. 4-Septembre
℘ 70 45 05 02 🆑 ℘ 70 45 05 02
Gar. Sabot, 13 r. Hotel de Ville ℘ 70 45 05 23

VARETZ 19 Corrèze 75 ⑧ – rattaché à Brive-la-Gaillarde.

VARREDDES 77 S.-et-M. 56 ⑬, 106 ㉓ – rattaché à Meaux.

VARS 05560 H.-Alpes 77 ⑱ G. Alpes du Sud – 941 h alt. 1 639.
Paris 732 – Briançon 45 – Gap 70 – Barcelonnette 42 – Digne-les-Bains 125.

à Ste-Marie-de-Vars – alt. 1 658 – ✉ 05560 Vars :

🏠 **Le Vallon** ⸙, ℘ 92 46 54 72, Fax 92 46 61 62, ≤, 😤, 🍃 – 🖂 ☎ **P** – 🔬 30. GB. ✂ rest
24 juin-3 sept. et 20 déc.-28 avril – **Repas** 85/115, enf. 45 – ⊡ 38 – **33 ch** 235/420 –
½ P 310/350.

🏠 **La Mayt** ⸙, ℘ 92 46 50 07, Fax 92 46 63 92, ≤ – ☎ **P**. GB. ✂ rest
1er juil.-1er sept. et 20 déc.-15 avril – **Repas** 88 (déj.), 98/120, enf. 65 – ⊡ 42 – **21 ch** 280/395
– ½ P 340/360.

🏠 **L'Edelweiss,** ℘ 92 46 50 51, Fax 92 46 54 16, ≤ – ☎ **P**. AE GB. ✂ rest
3 juin-17 sept. et 16 déc.-10 avril – **Repas** (fermé le midi en été) 82/95, enf. 48 – ⊡ 36 –
19 ch 260/335 – ½ P 265/315.

aux Claux – alt. 1 900 – Sports d'hiver : 1 650/2 750 m ✑ 1 ✑ 29 ✑ – ✉ 05560 Vars.

🏢 Office de Tourisme cours Fontanarosa ℘ 92 46 51 31, Fax 92 46 56 54.

🏰 **Le Caribou,** ℘ 92 46 50 43, Fax 92 46 59 92, ≤, 🞖 – 🛊 🖂 ☎ ⇦ **P**. GB. ✂ rest
15 juin-7 sept. et 16 déc.-20 avril – **Repas** 100/150 – ⊡ 42 – **37 ch** 360/760 – ½ P 420/660.

🏠 **L'Écureuil** 🅼 ⸙ sans rest, ℘ 92 46 50 72, Fax 92 46 52 51, ≤ – 🖂 ☎ ♨ **P**. GB
1er juil.-31 août et 5 déc.-20 avril – ⊡ 38 – **19 ch** 340/440.

🏠 **Les Escondus,** ℘ 92 46 50 35, Fax 92 46 50 47, ≤, 😤, 🍃, ✕ – ☎ **P**. AE GB. ✂ rest
1er juil.-10 sept. et déc.-fin avril – **Repas** 100/130 – ⊡ 38 – **22 ch** 420/465 – ½ P 430/490.

X **Chez Plumot,** ℘ 92 46 52 12, 😤 – GB
1er juil.-7 sept. et 15 déc.-27 avril – **Repas** (fermé le midi en été) 100 (déj.), 130/190.

VARZY 58210 Nièvre 65 ⑭ G. Bourgogne – 1 455 h alt. 229.
Paris 211 – La Charité-sur-Loire 24 – Clamecy 16 – Cosne-sur-Loire 41 – Nevers 51.

XX **Restaurhôtel** avec ch, ℘ 86 29 41 72, Fax 86 29 72 67, 😤 – 🖂 ☎. GB
fermé lundi du 15 nov. au 1er avril (sauf hôtel) et dim. soir – **Repas** 100/250 – ⊡ 35 – **10 ch**
200/350.

RENAULT Gar. Moreau. ℘ 86 29 42 10

VASSIVIÈRE (Lac de) 87 H.-Vienne 72 ⑲ – rattaché à Peyrat-le-Château.

VASTERIVAL 76 S.-Mar. 52 ④ – rattaché à Varengeville-sur-Mer.

VATAN 36150 Indre 68 ⑧ ⑨ G. Berry Limousin – 2 022 h alt. 132.
Paris 237 – Bourges 49 – Blois 76 – Châteauroux 32 – Issoudun 21 – Vierzon 26.

XX **France** avec ch, ℘ 54 49 74 11, 🍃 – 🖂 ☎ ⇦ **P**. GB
fermé 28 août au 4 sept., 7 fév. au 8 mars, mardi soir et merc. sauf fériés – **Repas** 90/185 –
⊡ 32 – **12 ch** 125/360.

CITROEN Gar. Thibault. ℘ 54 49 75 27

🆖 Leseche Pneus, ℘ 54 49 74 02

VAUCHOUX 70 H.-Saône 66 ⑤ – rattaché à Port-sur-Saône.

VAUCLAIX 58140 Nièvre 🆖 ⑯ – 145 h alt. 286.

Paris 250 – Autun 65 – Avallon 36 – Clamecy 40 – Nevers 68.

  🏠 **La Poste,** ✆ 86 22 71 38, Fax 86 22 76 00, 🏤, 🍴, 🌴 – ⇔ ch 📺 ☎ 🅿. 🇬🇧
    🡒 **Repas** 70/250 – 🍽 44 – **18 ch** 195/325 – ½ P 230/300.

VAUCOULEURS 55140 Meuse 🆖 ③ G. Alsace Lorraine – 2 401 h alt. 254.

Paris 272 – ◆Nancy 44 – Bar-le-Duc 48 – Commercy 19 – Neufchâteau 31.

  XX **Relais de la Poste** avec ch, ✆ 29 89 40 01, Fax 29 89 40 93, 🏤 – 📺 ☎ 🚗. 🇬🇧. 🌾
    🡒 *fermé 24 déc. au 24 janv., dim. soir et lundi* – **Repas** (prévenir) 78/160 🍷 – 🍽 30 – **10 ch**
    210/250 – ½ P 230.

VAUCRESSON 92 Hauts-de-Seine 🆖 ⑩, 🔢 ㉓ – voir à Paris, Environs.

VAUDEURS 89320 Yonne 🆖 ⑮ – 478 h alt. 160.

Paris 150 – Troyes 56 – Auxerre 51 – Sens 23.

  XX **La Vaudeurinoise** 🌿 avec ch, ✆ 86 96 28 00, Fax 86 96 28 03, 🏤 – 📞 🅿. 🇬🇧
    fermé vacances de fév., mardi soir et merc. sauf juil-août – **Repas** (dim. prévenir) 85/220,
    enf. 65 – 🍽 30 – **6 ch** 175/250 – ½ P 200/250.

VAULT DE LUGNY 89 Yonne 🆖 ⑯ – rattaché à Avallon.

VAUVERT 30600 Gard 🆖 ⑧ – 10 296 h alt. 32.

🅱 Office de Tourisme pl. E.-Renan ✆ 66 88 28 52, Fax 66 88 71 25.

Paris 731 – ◆Montpellier 39 – Aigues-Mortes 19 – Arles 34 – Beaucaire 40 – Nîmes 21.

    rte de Lunel O : 4 km par N 572 – ✉ **30740** Le Cailar :

  🏠 **Mas Sauvage,** ✆ 66 88 05 40, Fax 66 88 01 33, 🏤, 🍴, 🍴, 🌴 – 📺 ☎ 🅿 – 🎾 25. 🅰🇪 ⑩
    🡒 🇬🇧. 🌾
    fermé janv., dim. soir et lundi d'oct. à fév. – **Repas** 65/140 – 🍽 50 – **28 ch** 180/330 –
    ½ P 265.

FIAT Gar. Domergue, Parking du cimetière
✆ 66 88 24 18 🅽 ✆ 66 88 24 18
PEUGEOT Gar. Charbois, 41 av. R.-Gourdon rte de
Nîmes ✆ 66 88 21 34

RENAULT Gar. Victorion, 17 r Pasteur
✆ 66 88 22 09

🎡 Velasquez Pneus, 92 r. Carnot ✆ 66 88 42 78

VAUX-SOUS-AUBIGNY 52190 H.-Marne 🆖 ③ – 663 h.

Paris 315 – ◆Dijon 43 – Gray 43 – Langres 24.

  XX **Aub. des Trois Provinces,** ✆ 25 88 31 98 – 🇬🇧
    fermé 1ᵉʳ au 15 juil., dim. soir et lundi sauf fériés – Repas 89/125.

VEAUCHE 42340 Loire 🆖 ⑱ G. Vallée du Rhône – 7 282 h alt. 387.

Voir Bras reliquaire★ dans l'église.

Paris 506 – ◆St-Étienne 18 – ◆Lyon 78 – Montbrison 25 – Roanne 70.

  XX **Relais de l'Etrier,** N 82 ✆ 77 54 60 11, Fax 77 94 87 74, 🏤 – 📠 🅿. 🇬🇧
    fermé dim. soir et lundi – **Repas** 140/290 🍷 - *Grill :* **Repas** carte 150 à 200.

VEILLAC 15 Cantal 🆖 ② – rattaché à Bort-les-Orgues.

VELARS-SUR-OUCHE 21 Côte-d'Or 🆖 ⑪ – rattaché à Dijon.

VELIZY-VILLACOUBLAY 78 Yvelines 🆖 ⑩, 🔢 ㉔ – voir à Paris, Environs.

VELLUIRE 85 Vendée 🆖 ⑪ – rattaché à Fontenay-le-Comte.

VENAREY-LES-LAUMES 21150 Côte-d'Or 🆖 ⑧ ⑱ G. Bourgogne – 3 544 h alt. 248.

Voir Mont Auxois★ : ⚡★ E : 4 km.

🅱 Office de Tourisme pl. de Bingerbrück ✆ 80 96 89 13, Fax 80 96 02 19.

Paris 260 – ◆Dijon 68 – Avallon 53 – Montbard 14 – Saulieu 42 – Semur-en-Auxois 13 – Vitteaux 20.

  🏠 **Gare,** ✆ 80 96 00 46, Fax 80 96 13 04, 🌴 – 📺 📞 🅿 🅰🇪 🇬🇧
    fermé déc. – **Repas** 85/250, enf. 50 – 🍽 45 – **18 ch** 220/320 – ½ P 295.

VENASQUE 84210 Vaucluse 🆖 ⑬ G. Provence – 785 h alt. 320.

Voir Baptistère★ – Gorges★ E : 5 km par D 4.

🅱 Office de Tourisme, Grande-Rue (mars-oct.) ✆ 90 66 11 66.

Paris 691 – Avignon 36 – Apt 33 – Carpentras 12 – Cavaillon 31 – Orange 36.

  🏠 **Aub. La Fontaine** Ⓜ 🌿, ✆ 90 66 02 96, Fax 90 66 13 14, ambiance guest house –
    cuisinette 🍴 ch 📺 ☎. 🇬🇧
    fermé mi-nov. à mi-déc. – **Repas** *(fermé merc.)* (nombre de couverts limité, prévenir) (diner
    seul. sauf dim.) 200 🍷 - *Le Bistro (fermé lundi)* **Repas** 80 🍷 – 🍽 50, 5 appart700.

  🏠 **La Garrigue** 🌿, ✆ 90 66 03 40, 🏤, 🍴, 🌴 – ⇔ ch 🍴 ch ☎ 🅿. 🇬🇧. 🌾
    8 avril-15 oct. et fermé mardi en avril, sept. et oct. – **Repas** (dîner seul.)(résidents seul.) –
    🍽 42 – **16 ch** 300/450 – ½ P 320/380.

VENCE 06140 Alpes-Mar. 84 ⑨ 115 ㉕ G. Côte d'Azur – 15 330 h alt. 325.

Voir Chapelle du Rosaire★ (chapelle Matisse) A – Place du Peyra★ B 13 – Stalles★ de la cathédrale B E – ≤★ de la terrasse du château N. D. des Fleurs NO : 2,5 km par D 2210.

Env. Col de Vence ※★★ NO : 10 km par D 2 A.

🖪 Office de Tourisme pl. Grand-Jardin ℘ 93 58 06 38, Fax 93 58 91 81.

Paris 929 ① – ♦Nice 21 ① – Antibes 22 ① – Cannes 30 ① – Grasse 25 ②.

Alsace-Lorr. (R.) **B** 3	Marché (R. du) . . **B** 10
Évêché (R. de l') **B** 5	Meyère (Av. Col.) **B** 12
Hôtel-de-Ville (R.) **B** 6	Peyra (Pl. du) . . **B** 13
Place-Vieille (Pl.) **B** 14	Poilus (Av. des) . **A** 15
Résistance	Portail-Levis (R.) . **B** 16
(Av.) . . . . . . **A, B** 17	Rhin-et-Dan. (Bd) **A** 18
Juin (Pl. Mar.) . . . **A** 8	St-Lambert (R.) . . **B** 19
	Tuby (Av.) . . . . . . **A** 21

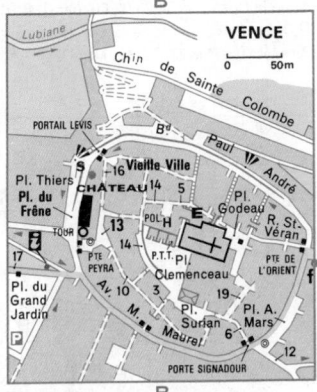

🏯🏯 ☸ **Château du Domaine St-Martin** ⊗, N : 2,5 km rte Coursegoules par D 2 - A - ℘ 93 58 02 02, Télex 470282, Fax 93 24 08 91, ≤ Vence et littoral, 🏠, parc, 🏊, ※ – 📺 ☎ 🕭 🖙 🅿 🆎 ⓪ 🔾🔾
mi-avril-mi-oct. – **Repas** 300 (déj.), 430/490 – ⛱ 120 – **14 ch** 1560/2280, 10 appart – ½ P 1830/1965
Spéc. Risotto milanaise au foie de canard. Bouquet de langoustines et rougets. Filet mignon de veau en cocotte aux carottes. Vins Côtes de Provence, Bellet.

🏯🏯 **Relais Cantemerle** 🅼 ⊗, 258 chemin Cantemerle par av. Col. Meyère B ℘ 93 58 08 18, Fax 93 58 32 89, 🏠, 🏊, 🌳 – 📺 ☎ 🅿 🆎 ⓪ 🔾🔾 🔾🔾🔾
hôtel : 15 mars-fin oct. ; rest. : avril-oct. – **Repas** 200/250, enf. 110 – ⛱ 70, 19 duplex 1020.

🏯🏯 **Floréal** 🅼 sans rest, 440 av. Rhin et Danube par ② ℘ 93 58 64 40, Fax 93 58 79 69, 🏊, 🌳 – 📳 📺 ☎ 🅿 – 🔏 25. 🔾🔾
⛱ 50 – **43 ch** 490.

🏯🏯 **Diana** sans rest, av. Poilus ℘ 93 58 28 56, Fax 93 24 64 06 – 📳 cuisinette 📺 ☎ 🕭 🆎 ⓪
🔾🔾   A **a**
⛱ 40 – **25 ch** 375/395.

🏛 **Mas de Vence** 🅼, 539 av. E. Hugues ℘ 93 58 06 16, Fax 93 24 04 21, 🏠, 🏊, 🌳 – 📳 📺 ☎ 🕭 🖙 🅿 🆎 ⓪ 🔾🔾. ※ rest   A **r**
Repas 137/145 🥄, enf. 95 – ⛱ 39 – **41 ch** 365/452 – ½ P 360/375.

🏠 **La Roseraie** sans rest, rte de Coursegoules ℘ 93 58 02 20, Fax 93 58 99 31, 🏊, 🌳 – 📺 ☎ 🅿 🆎 🔾🔾   A **x**
⛱ 45 – **12 ch** 380/480.

🏠 **Parc H.** sans rest, 50 av. Foch ℘ 93 58 27 27, 🌳 – ☎. 🆎 🔾🔾. ※   A **n**
Pâques-30 sept. – ⛱ 40 – **13 ch** 260/360.

XXX **Le Vieux Couvent,** 37 av. Alphonse Toreille ℘ 93 58 78 58 – 🔾🔾   B **f**
fermé vacances de Toussaint, vacances de fév. et merc. – **Repas** (nombre de couverts limité, prévenir) 150/370 et carte 250 à 340.

XX **Aub. des Seigneurs** avec ch, pl. Frêne ℘ 93 58 04 24, Fax 93 24 08 01, auberge provençale – ☎. 🆎 ⓪ 🔾🔾   B **s**
Repas *(fermé 1ᵉʳ au 15 juil., 15 nov. au 15 déc., dim. soir et lundi sauf fériés)* 197/230 – ⛱ 50 – **8 ch** 280/340.

XX **Aub. des Templiers,** 39 av. Joffre ℘ 93 58 06 05, 🏠 – 🆎 🔾🔾   A **k**
fermé 10 au 18 mars, 20 déc. au 10 janv., dim. soir et lundi hors sais. – **Repas** 145/300.

CITROEN Gar. Jouve, 129 av. Gén.-Leclerc
℘ 93 58 07 29
MERCEDES, PEUGEOT Gar. Simondi, 39 av. Foch
℘ 93 58 01 21 🅽 ℘ 93 58 01 21

RENAULT Gar. de la Rocade, 840 av. E.-Hugues, la Rocade ℘ 93 58 00 29
RENAULT Gar. Mistral, 711 rte de Grasse par ②
℘ 93 24 03 60

Visitez la capitale avec le guide Vert Michelin **PARIS.**

Paris 138 – Compiègne 57 – Saint-Quentin 16 – Laon 30 – Soissons 48.

🏠 **Aub. de Vendeuil,** 𝒫 23 07 85 85, Fax 23 07 88 58, 🍴 – 📺 ☎ 🅿 – 🔬 30. ⚿ ① 🖼
Repas 90/190 ⅃, enf. 60 – 🖙 50 – **22 ch** 285/335 – ½ P 285/365.

VENDÔME ⬻ 41100 L.-et-Ch. 64 ⑥ G. Châteaux de la Loire – 17 525 h alt. 82.

Voir Anc. abbaye de la Trinité★ : église abbatiale★★ BZ – Musée★ dans les bâtiments conventuels – Château : terrasses ≼★ ABZ.

📍 de la Bosse 𝒫 54 23 02 60, par ② D 917 : 20 km.

🅱 Office de Tourisme le Saillant 47-49 r. Poterie 𝒫 54 77 05 07, Fax 54 73 20 81.

Paris 168 ① – Blois 33 ③ – ◆Le Mans 77 ⑥ – ◆Orléans 76 ① – ◆Tours 58 ④.

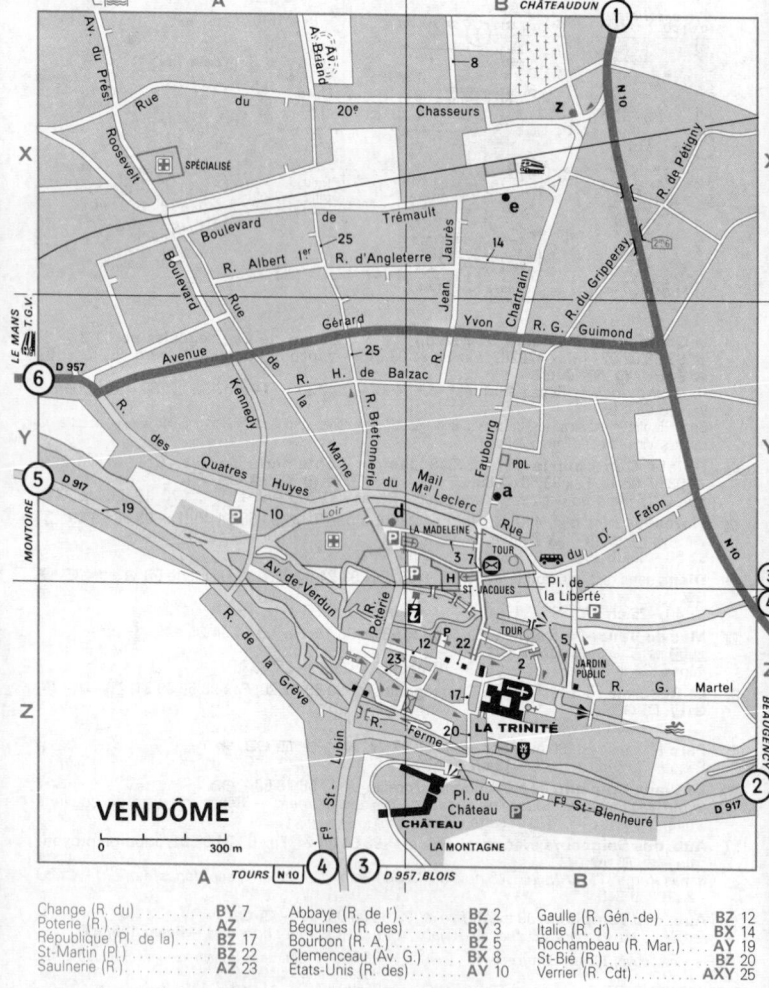

VENDÔME

0   300 m

📖 *Les pastilles numérotées des plans de ville ①, ②, ③*
sont répétées sur les cartes Michelin à 1/200 000.

Elles facilitent ainsi le passage entre les cartes et les guides Michelin.

🏨 **Vendôme**, 15 fg Chartrain ℰ 54 77 02 88, Fax 54 73 90 71 – ▯❙ 🖵 ☎ ⟷, 🅶🅱   BY **a**
fermé du 15 déc. au 5 janv. et dim. soir du 1ᵉʳ nov. au 15 mars – **Repas** 68/160 ♨, enf. 55 –
⌑ 50 – **35 ch** 210/395 – ½ P 280/380.

🏨 **Capricorne**, 8 bd Trémault ℰ 54 80 27 00, Fax 54 77 30 63, 🍽 – ⤬ ch 🖵 ☎ ♿ 🅿. 🅰🅴
❶ 🅶🅱. ✸ rest   BX **e**
fermé 18 déc. au 2 janv. et sam. du 1ᵉʳ nov. au 15 mars – **Repas** 100/240 - **Resto 7** snack
Repas 65/90 ♨, enf. 45 – ⌑ 34 – **31 ch** 190/300 – ½ P 230/280.

🏨 **Mercator,** rte Blois par ③ : 1,5 km ℰ 54 72 28 38, Fax 54 77 73 88 – ▭ rest 🖵 ☎ ♿ 🅿 –
🛬 40 à 140. 🅰🅴 🅶🅱 – **Repas** 80/139 ♨, enf. 35 – ⌑ 30 – **51 ch** 259 – ½ P 240.

XX **Le Paris**, 1 r. Darreau ℰ 54 77 02 71, Fax 54 73 17 71 – 🅶🅱   BX **z**
fermé 15 au 31 août, dim. soir et lundi – **Repas** 88/260, enf. 60.

XX **Aub. de la Madeleine** avec ch, pl. Madeleine ℰ 54 77 20 79, 🍽 – 🖵 ☎, 🅶🅱   AY **d**
fermé vacances de fév. – **Repas** *(fermé merc.)* 78/205, enf. 45 – ⌑ 30 – **9 ch** 130/245 --
½ P 200/215.

par ① : 3 km sur N 10 – ✉ 41100 Vendôme :

🏨 **Bel air**, ℰ 54 72 20 20, Fax 54 73 24 41 – 🖵 ☎ ♿ 🅿 – 🛬 30. 🅶🅱
fermé 19 déc. au 1ᵉʳ janv. et dim. soir de nov. à mars – **Repas** 74 ♨, enf. 38 – ⌑ 26 – **31 ch**
174/218 – ½ P 205.

aux Fontaines par ① et N 10 : 15 km – ✉ 41100 Vendôme :

XX **Aub. de la Sellerie**, ℰ 54 23 41 43, Fax 54 23 48 00, 🍽 – 🅿. 🅶🅱
fermé janv., lundi soir et mardi → **Repas** 95 bc/200.

CITROEN Gar. Granger, N 10, St-Ouen par ①
ℰ 54 77 13 06
FORD Gar. Coutrey, 19 rte de Paris à St-Ouen
ℰ 54 73 73 73
PEUGEOT N.S.A.V., 33 rte de Paris, St-Ouen par ①
ℰ 54 77 13 50 Ⓝ ℰ 54 73 02 51

RENAULT Vendôme Autom., N 10 Les Grouets à
St-Ouen par ① ℰ 54 77 16 38 Ⓝ ℰ 54 73 01 14

🛞 Euromaster, 10 r. d'Italie ℰ 54 77 77 35
Moreau Pneus, 192 fg Chartrain ℰ 54 77 58 04

VENERQUE 31810 H.-Gar. 🔢 ⑱ – 2 158 h alt. 150.

Paris 671 – ◆Toulouse 22 – Auterive 11,5 – Pamiers 44 – Saint-Gaudens 83 – Villefranche-de-Lauragais 30.

XX **Le Duc**, allée Duc de Ventadour ℰ 61 08 38 32, Fax 61 08 42 13, 🍽 – 🅶🅱
fermé dim. soir en hiver, mardi midi en sais. et lundi – **Repas** 130/280.

VENEUX-LES-SABLONS 77 S.-et-M. 🔢 ⑫, 🔢 ㊺ – rattaché à Moret-sur-Loing.

VENTABREN 13122 B.-du-R. 🔢 ② 🔢 ⑭ G. Provence – 3 742 h alt. 218.

Voir ≤★ des ruines du Château – 🅸 Syndicat d'Initiative, Grande-Rue ℰ 42 28 80 14.

Paris 753 – ◆Marseille 32 – Aix-en-Provence 15 – Salon-de-Provence 27.

XX **Petite Auberge**, ℰ 42 28 80 01, ≤, 🍽 – 🅰🅴 🅶🅱
fermé 1ᵉʳ au 15 sept., janv., dim. (sauf le midi en hiver) et lundi – **Repas** 145.

VENTRON 88310 Vosges 🔢 ⑰ – 900 h alt. 680.

Env. Grand Ventron ❉★★ NE : 7 km, G. Alsace Lorraine.

🅱 Office de Tourisme, 4 pl. de la Mairie ℰ 29 24 07 02, Fax 29 24 23 16.

Paris 449 – Épinal 54 – ◆Mulhouse 50 – Gérardmer 26 – Remiremont 29 – Thann 30 – Le Thillot 13.

🏨 **Les Bruyères**, ℰ 29 24 18 63, Fax 29 24 23 15, 🛏 – ☎ 🅿 – 🛬 25. 🅰🅴 🅶🅱
Repas *(fermé dim. soir et lundi sauf vacances scolaires)* 78/160 ♨, enf. 46 – ⌑ 28 – **19 ch**
180/220 – ½ P 235.

X **Frère Joseph**, ℰ 29 24 18 23 – 🅶🅱
Repas 50/110 ♨, enf. 35.

à l'Ermitage du Frère Joseph S : 5 km par D 43 et D 43E – alt. 850 – Sports d'hiver : 900/
1 100 m ⚹8 – ✉ 88310 Cornimont :

🏨 **Les Buttes** ⚶, ℰ 29 24 18 09, Fax 29 24 21 96, ≤, 🔳, ✸ – ▯❙ 🖵 ☎ ⟷ 🅿 – 🛬 50. 🅰🅴
🅶🅱. ✸ rest
fermé 15 nov. au 15 déc. – **Repas** 140/220, enf. 70 – ⌑ 40 – **30 ch** 300/510 – ½ P 355/420.

🏨 **Ermitage** ⚶, ℰ 29 24 18 29, Fax 29 24 16 57, ≤, 🔳, ✸ – ▯❙ cuisinette 🖵 ☎ 🅿 –
🛬 25 à 80. 🅶🅱
fermé 16 oct. au 15 nov. – **Repas** 100/180 ♨, enf. 60 – ⌑ 36 – **25 ch** 260/440, 35 studios –
½ P 230/350.

VERBERIE 60410 Oise 🔢 ② 🔢 ⑩ – 2 627 h alt. 33.

Paris 68 – Compiègne 15 – Beauvais 55 – Clermont 30 – Senlis 17 – Villers-Cotterêts 31.

XX **Aub. de Normandie**, ℰ 44 40 92 33, Fax 44 40 50 62, 🍽 – 🅶🅱
fermé lundi (sauf hôtel) et dim. soir – **Repas** 85 (déj.), 118/200.

VERCHAIX 74 H.-Savoie 🔢 ⑧ – rattaché à Samoëns.

Ressources hôtelières : voir à *Aiguines, Trigance, Point Sublime, La Palud-sur-Verdon.*

Le VERDON-SUR-MER 33123 Gironde 71 ⑮ G. Pyrénées Aquitaine – 1 344 h alt. 10.

Voir Pointe de Grave : dune ⩽★ N : 4 km.

Bac : pour Royan : renseignements ℘ 56 09 60 84.

🛈 Office de Tourisme r. F.-Lebreton (Pâques, juin-sept.) ℘ 56 09 61 78 et à la Pointe de la Grave (juil.-août)
℘ 56 09 65 56.

Paris 510 – ◆Bordeaux 99 – Lesparre-Médoc 33 – Royan 3,5.

    XX **Le Côte d'Argent,** à la Pointe de la Grave ℘ 56 09 60 45, 😷 – 🅿 AE ⓞ ⒼⒷ
    ◆ fermé janv. et le soir du 15 oct. au 30 avril sauf week-ends – **Repas** 79/220 ⅃, enf. 49.

VERDUN ◁ⓈⓅ▷ 55100 Meuse 57 ⑪ G. Alsace Lorraine – 20 753 h alt. 199.

Voir Verdun Haut lieu du souvenir★★★ : Mémorial de Verdun, Fort et Ossuaire de Douaumont,
Tranchée des Baïonnettes, le Mort-Homme, la Cote 304 – Ville Haute★ : Cathédrale Notre-
Dame★, Palais épiscopal★ (Centre mondial de la paix).

🛈 Office de Tourisme pl. Nation ℘ 29 86 14 18, Télex 961976, Fax 29 84 22 42.

Paris 262 ④ – ◆Metz 79 ③ – Châlons-sur-Marne 87 ④ – ◆Nancy 93 ③.

VERDUN

Foch (Pl. Mar.)	**CY** 8	Beaurepaire (R.)	**CZ** 3	Mautroté (R.)	**BY** 13
Mazel (R.)	**CY** 14	Chevert (Pl.)	**CZ** 4	Mgr-Ginesty (Pl.)	**BY** 16
		Douaumont (Av. de)	**CY** 6	Près.-Poincaré (R.)	**CZ** 17
Alsace-Lorraine (Av.)	**CZ** 2	Fort-de-Vaux (R. du)	**CZ** 9	République (Quai)	**CY** 18
		Lattre-de-Tassigny (Av. Mar. de)	**CY** 10	St-Paul (R.)	**CY** 20
				St-Pierre (R.)	**BY** 21
				Soupirs (Allée des)	**BY** 24

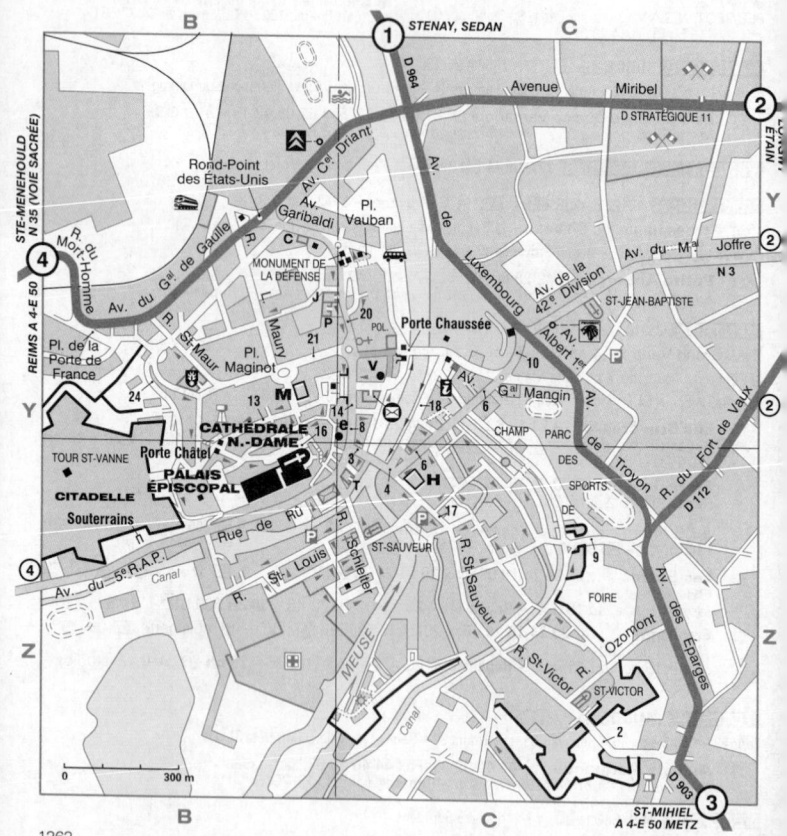

🏨 ✿ **Host. Coq Hardi,** 8 av. Victoire ℘ 29 86 36 36, Télex 860464, Fax 29 86 09 21 – 🛗 📺 ☎
        🔥 – 🔥 40. 🖭 ⓪ 🆖   CY **v**
    Repas 135 (déj.), 198/460 et carte 340 à 485, enf. 95 – �a 65 – **33 ch** 300/750, 3 appart
    Spéc. Salade "Coq Hardi". Canard au vinaigre de framboises. Mirabelles flambées au caramel. **Vins** Coteaux
    champenois, Côtes de Toul.

🏨 **Orchidées** Ⓜ, Z.I. Etain par ② : 2 km ℘ 29 86 46 46, Fax 29 86 10 20, 😤, 🎰, 🏊, 🎾 – 📺
➔   ☎ & ℗. 🖭 🆖
    Repas 55 (déj.), 70/220 ⅄ – �a 35 – **43 ch** 240/280.

🏠 **Montaulbain** sans rest, 4 r. Vieille-Prison ℘ 29 86 00 47, Fax 29 84 75 70 – 📺 ☎. 🆖
    �a 28 – **10 ch** 140/220.   BCY **e**

   aux Monthairons par ④ et D 34 : 13 km – ⊠ 55320 :

🏨 **Host. du Château des Monthairons** ⊗, ℘ 29 87 78 55, Fax 29 87 73 49, <, 😤,
    « Château du 19ᵉ siècle dans un parc », 🛦 – 📺 ☎ & 🚗 ℗ – 🔥 35. 🖭 🆖
    *fermé 2/1 au 10/2, dim. soir, lundi et mardi midi du 1/11 au 15/3 et lundi (sauf hôtel) du 16/3
    au 31/10* – **Repas** 130 bc (déj.), 165/380, enf. 100 – �a 35 – **12 ch** 400/750 – ½ P 450/650.

CITROEN Gar. de la Meuse, av. Col.-Driant BY   ROVER Gar. Trévisan, bd J.-Monnet à Haudainville
℘ 29 86 44 05   ℘ 29 84 41 79
PEUGEOT Verdun Autom., 2 av. 42ᵉ Division par ②
CY ℘ 29 84 32 63   ⓪ Frattini Vulcopneu, 21 av. Douaumont
RENAULT Gar. Friob, av. d'Etain par ②   ℘ 29 86 04 36
℘ 29 86 00 00 Ⓝ ℘ 05 05 15 15   Leclerc Pneu, 13 av. Col.-Driant ℘ 29 86 29 55

VÉRETZ 37270 I.-et-L. 🖾 ⑮ G. Châteaux de la Loire – 2 709 h alt. 45.

Paris 240 – ♦Tours 12 – Bléré 15 – Blois 52 – Chinon 55 – Montrichard 31.

🏠 **Grand Repos** ⊗ sans rest, 18 chemin Acacias ℘ 47 50 35 34, Fax 47 50 58 58 – ☎ 🚗
    ℗. 🖭 🆖 🏧
    1ᵉʳ avril-15 oct. – �a 25 – **25 ch** 170/200.

VERGÈZE 30310 Gard 🖾 ⑧ – 3 135 h alt. 20.

Paris 728 – ♦Montpellier 39 – Nîmes 18.

🏠 **La Passiflore** ⊗, ℘ 66 35 00 00, Fax 66 35 09 21, 😤 – ▤ ch ☎ ℗. 🖭 🆖. 🎾 rest
    Repas *(fermé 22 oct. au 4 déc., dim. de déc. à mars et lundi)* (dîner seul.) 130, enf. 40 –
    �a 35 – **11 ch** 260/300 – ½ P 250/300.

🍴 **Au Veri Gourmand,** pl. République ℘ 66 35 36 68 – ▤. 🆖
➔   *fermé vacances de fév., dim. soir et lundi soir* – **Repas** 78/205 ⅄, enf. 45.

VERLINGHEM 59 Nord 🖾 ⑯, 🖾 ⑫ – rattaché à Lille.

VERMENTON 89270 Yonne 🖾 ⑤ G. Bourgogne – 1 105 h alt. 125.

Paris 192 – Auxerre 23 – Avallon 27 – Vézelay 27.

🍴 **Aub. Espérance,** ℘ 86 81 50 42 – 🆖
    fermé 2 janv. au 5 fév., dim. soir et lundi – **Repas** 84/222 ⅄, enf. 45.

VERNET-LES-BAINS 66820 Pyr.-Or. 🖾 ⑰ G. Pyrénées Roussillon – 1 489 h alt. 650 – Stat. therm.
12 fév.-22 déc. – Casino .

Voir Site★ – Église★ de Corneilla-de-Conflent 2,5 km par ①.

🛈 Office de Tourisme pl. Mairie ℘ 68 05 55 35, Fax 68 05 60 33.

Paris 920 ① – ♦Perpignan 55 ① – Mont-Louis 35 ① – Prades 12 ①.

🏨 **Le Mas Fleuri** Ⓜ ⊗ sans rest, bd Clémenceau **(a)**
    ℘ 68 05 51 94, Fax 68 05 50 77, « Parc ombragé », 🏊 –
    📺 ☎ ℗. 🖭 ⓪ 🆖. 🎾
    1ᵉʳ mai-31 oct. – �a 40 – **28 ch** 315/500.

🏨 **Princess** ⊗, r. Lavandières **(k)** ℘ 68 05 56 22,
➔   Fax 68 05 62 45, <, 😤 – 🛗 💱 ch, ▤ rest 📺 ☎ & 🚗
    ℗. 🖭 🆖. 🎾 rest
    fermé 1ᵉʳ au 21 déc. et 3 janv. au 29 fév. – **Repas** 65/120 ⅄,
    enf. 65 – �a 35 – **40 ch** 310/340 – ½ P 265/270.

🏠 **Eden,** prom. Cady **(n)** ℘ 68 05 54 09, Fax 68 05 60 50, 😤
➔   – 🛗 📺 ☎ ℗. 🖭 🆖
    1ᵉʳ avril-31 oct. – **Repas** *(fermé lundi)* 76/170 bc, enf. 52 –
    �a 35 – **23 ch** 180/300 – ½ P 225/280.

🏠 **Angleterre** sans rest, av. Burnay **(f)** ℘ 68 05 50 58,
    Fax 68 05 59 60, 😤 – 🚗. 🆖
    2 mai-5 nov. – �a 25 – **20 ch** 100/220.

🍴🍴 **Comte Guifred de Conflent** avec ch (collège d'applica-
    tion N2), av. Thermes **(u)** ℘ 68 05 51 37, Fax 68 05 64 11,
    😤, 🌲 – 🛗 📺 ☎ – 🔥 40. 🖭 ⓪ 🆖
    Repas 85/200, enf. 50 – �a 38 – **10 ch** 290/360 – ½ P 320.

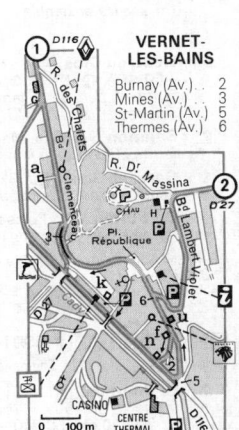

**VERNET-
LES-BAINS**

Burnay (Av.)	2
Mines (Av.)	3
St-Martin (Av.)	5
Thermes (Av.)	6

à Casteil S : 2 km par D 116 alt. 730 – ⊠ **66820** :

🏠 **Molière** ⚬, 𝒫 68 05 50 97, ≤, 佘, 🚗 – ☎ ℗, ꓪꓨ
fermé nov., janv., mardi soir et merc. hors sais. – **Repas** 85/160, enf. 45 – 🖵 30 – **10 ch** 185/250 – ½ P 230.

à Sahorre SO : 3,5 km par D 27 – ⊠ **66360** :

🏠 **Châtaigneraie** ⚬, 𝒫 68 05 51 04, ≤, 🚗 – ☎ ℗, ꓪꓨ. ℅ ch
→ *1ᵉʳ mai-1ᵉʳ oct.* – **Repas** 77/125 – 🖵 30 – **10 ch** 170/255 – ½ P 195/235.

PEUGEOT Gar. Villacèque, 𝒫 68 05 51 14   RENAULT Gar. Pous, 𝒫 68 05 52 81

VERNEUIL-SUR-AVRE 27130 Eure 𝟨𝟢 ⑥ G. Normandie Vallée de la Seine – 6 446 h alt. 175.

Voir Église de la Madeleine★ – Statues★ de l'église N.-Dame.

🏌 de Center Parcs 𝒫 32 23 50 02, par ④ : 9 km.

🛈 Office de Tourisme 129 pl. Madeleine 𝒫 32 32 17 17.

Paris 117 ② – Alençon 75 ④ – Argentan 78 ⑤ – Chartres 56 ③ – Dreux 36 ② – Évreux 39 ①.

VERNEUIL-S-AVRE

Les guides Rouges,
les guides Verts,
et les cartes Michelin
sont complémentaires.
Utilisez-les ensemble.

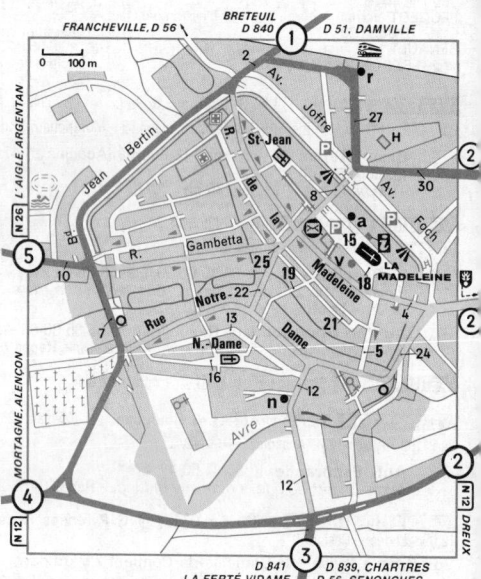

🏨 **Host. du Clos** ⚬, 98 r. Ferté-Vidame **(n)** 𝒫 32 32 21 81, Fax 32 32 21 36, 佘, ₤ₒ, 🚗, ⚒ – 📺 ☎ ᕷ ℗, ⒜ꜜ ① ꓪꓨ
fermé 15 déc. au 15 janv. – **Repas** (fermé lundi sauf fériés) 180/320 – 🖵 80 – **8 ch** 750/880, 3 appart – ½ P 775/975.

🏨 **Saumon** ⚬, 89 pl. Madeleine **(a)** 𝒫 32 32 02 36, Fax 32 37 55 80 – 📺 ☎ ᕷ – 🏄 25. ꓪꓨ
→ fermé 20 déc. au 5 janv. – **Repas** 80/250 ⚬ – 🖵 45 – **29 ch** 220/300.

🏦 **Gare**, pl. Gare **(r)** 𝒫 32 32 12 72, 🚗 – ☎ ᕷ ℗, ⒜ꜜ ꓪꓨ
→ **Repas** (fermé 28 août au 3 sept. et dim.) 70/95 ⚬ – 🖵 25 – **6 ch** 125/250 – ½ P 170/250.

✗ **Gd Sultan**, 30 r. Poissonnerie **(v)** 𝒫 32 32 13 41 – ꓪꓨ
→ fermé lundi – **Repas** 79/160.

CITROEN Gar. Heurtaux, RN 12, rte de Paris
𝒫 32 32 14 83
RENAULT Gar. Poilvez, 228 av. R.-Zaigue par ①
𝒫 32 32 17 54 🅽 𝒫 32 32 17 54

VOLVO Gar. Moderne, RN 12 𝒫 32 32 00 45

⦿ Marsat Pneus, r. Porte de Mortagne
𝒫 32 32 39 38

VERNIERFONTAINE 25580 Doubs 𝟨𝟨 ⑯ – 321 h alt. 730.

Paris 441 – ◆Besançon 32 – Baume-les-Dames 36 – Morteau 37 – Pontarlier 28.

🏠 **Le Fontaine** ⚬, 𝒫 81 60 04 64, Fax 81 60 05 36 – ☎ ℗, ꓪꓨ
→ fermé 1ᵉʳ au 15 janv. et lundi du 15 sept. au 15 mai – **Repas** 58 (déj.), 70/230 ⚬, enf. 35 –
🖵 30 – **10 ch** 150/240 – ½ P 180/190.

Voir Église N.-Dame★ BY – Château de Bizy★ 2 km par ③.

🯅 Office de Tourisme 36 r. Carnot ℰ 32 51 39 60.

Paris 80 ② – ◆Rouen 62 ③ – Beauvais 67 ⑤ – Évreux 31 ③ – Mantes-la-Jolie 23 ②.

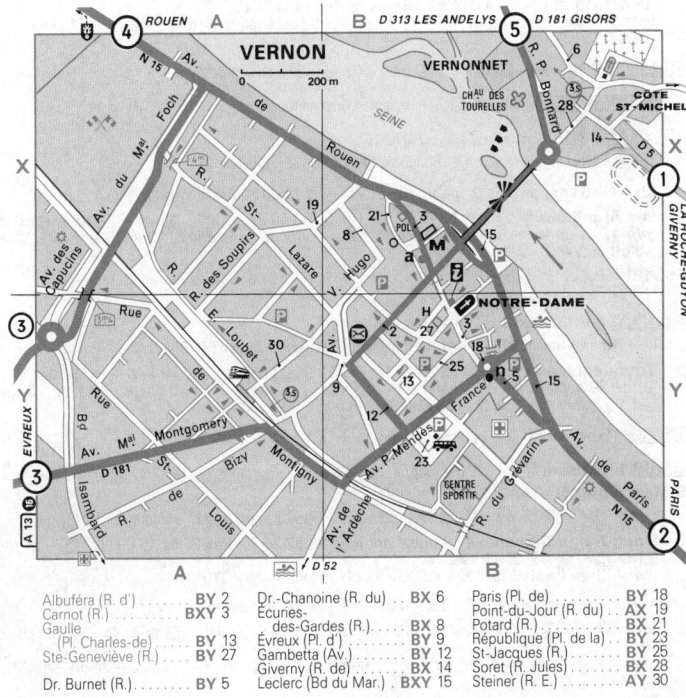

Albuféra (R. d')	**BY** 2	Dr.-Chanoine (R. du)	**BX** 6	Paris (Pl. de)	**BY** 18
Carnot (R.)	**BXY** 3	Écuries-		Point-du-Jour (R. du)	**AX** 19
Gaulle		des-Gardes (R.)	**BX** 8	Potard (R.)	**BX** 21
(Pl. Charles-de)	**BY** 13	Évreux (Pl. d')	**BY** 9	République (Pl. de la)	**BY** 23
Ste-Geneviève (R.)	**BY** 27	Gambetta (Av.)	**BY** 12	St-Jacques (R.)	**BY** 25
		Giverny (R. de)	**BX** 14	Soret (R. Jules)	**BX** 28
Dr. Burnet (R.)	**BY** 5	Leclerc (Bd du Mar.)	**BXY** 15	Steiner (R. E.)	**AY** 30

🏨 **Normandy** Ⓜ, 1 av. P. Mendès-France ℰ 32 51 97 97, Fax 32 21 01 66, 😤 – 🛗 📺 ☎ & BY **n**
🛏 – 🔬 50. 🆎 ⓖⒷ
Repas (fermé dim. soir et lundi) 95 bc/235 🍴 – 🖵 55 – **50 ch** 390 – ½ P 325.

XX **Les Fleurs,** 71 r. Carnot ℰ 32 51 16 80, Fax 32 21 30 51 – ⓖⒷ. 🎉 BX **a**
fermé 1er au 21 août, vacances d'hiver, dim. soir et lundi – **Repas** 100/220.

à Port-Villez par ② : 4 km – ✉ 78270.

Voir N.-D. de la mer ≼★ S : 2 km – Signal des Coutumes ≼★ S : 3 km.

XXX **La Gueulardière,** ℰ (1) 34 76 22 12, 😤, 🌳 – ℗. ⓖⒷ
fermé dim. soir et lundi – **Repas** 150 (sauf dim.)et carte 250 à 370.

à St-Marcel par ④ – 4 398 h. – ✉ 27950 :

🏨 **Arianotel** Ⓜ, rte Rouen ℰ 32 21 55 56, Fax 32 51 11 18 – 📺 ☎ & ℗ – 🔬 50. ⓖⒷ
◆ **Repas** 80/120 🍴 – 🖵 30 – **36 ch** 250/270 – ½ P 235.

🏠 **Haut Marais** sans rest, 2 rte Rouen ℰ 32 51 41 30, Fax 32 21 11 32 – 📺 ☎ ℗. 🆎 ⓖⒷ
fermé 15 fév. au 28 fév. et dim. du 1er nov. au 1er avril – 🖵 25 – **29 ch** 150/270.

FORD Auto-Normandie, ZI r. de l'Industrie
ℰ 32 51 59 39 🄽 ℰ 32 21 31 86
PEUGEOT Gar. Gervilliers, 10 av. de Paris par ②
ℰ 32 51 50 14
RENAULT S.V.D.A., rte N 15 à St-Just par ④
ℰ 32 51 74 51 🄽 ℰ 35 18 94 02

🔘 Marsat Pneus, ZI 11 r. de la Garenne à St-Marcel
ℰ 32 21 68 04
Marsat Pneus, 121 r. Carnot ℰ 32 21 26 52
Sube Pneurama - Point S, 11 bd Isambard
ℰ 32 51 08 95

Voir Clocher★ de l'église.

Paris 41 – Mantes-la-Jolie 23 – Pontoise 19 – Rambouillet 52 – St-Germain-en-Laye 16 – Versailles 27.

🏠 **Aub. les Charmilles** sans rest, 38 r. P. Doumer ℰ (1) 39 71 64 02, 🌳 – 📺 ☎ ℗. ⓖⒷ
🖵 30 – **10 ch** 220/320.

VERNOUILLET 28 E.-et-L. 🔲 ⑦ – rattaché à Dreux.

VERQUIÈRES 13670 B.-du-R. 🔲 ① – 654 h.
Paris 693 – Avignon 16 – Arles 37 – Cavaillon 12 – Salon-de-Provence 31.

XXX ❀ **Croque Chou** (Ravoux), pl. Eglise ✆ 90 95 18 55, 🏖 –✖
fermé lundi et mardi sauf fêtes – **Repas** (prévenir) 185/300
Spéc. Galantine de gigot d'agneau aux senteurs de Provence. Dorade rôtie au vin rouge, fenouil braisé Filet mignon de
lapin à l'infusion de sauge. **Vins** Coteaux d'Aix-en-Provence, Cairanne.

VERSAILLES 78 Yvelines 🔲 ⑨ ⑩, 🔲 ㉓ – voir à Paris, Environs.

VER-SUR-LAUNETTE 60 Oise 🔲 ⑫ – rattaché à Ermenonville.

VERTEILLAC 24320 Dordogne 🔲 ④ – 706 h.
Paris 493 – Angoulême 47 – Périgueux 48 – Brantôme 30 – Chalais 32 – Ribérac 12.

au NO : 5 km par D 1, D 101, C 201 et VO – ✉ **24320** St-Martial-Viveyrols :

🏨 **Les Aiguillons** Ⓜ 🕭, ✆ 53 91 07 55, Fax 53 90 40 97, ≼, 🏖, 🍵, 🐎 – 📺 🕭 & 🅿. 🕭
fermé janv. et fév. – **Repas** (fermé dim. soir et lundi de sept. à juin) 125/195, enf. 50 – ☲ 35
– **8 ch** 350/450 – ½ P 350.

CITROEN Gar. Dupuy. à Bertric Burée   RENAULT Gar. Duverger. ✆ 53 91 60 05
✆ 53 91 93 33

VERTOLAYE 63480 P.-de-D. 🔲 ⑯ – 609 h alt. 512.
Paris 497 – ♦ Clermont-Ferrand 80 – Ambert 14 – Cunlhat 18 – Feurs 61 – Issoire 58 – Thiers 43.

🏨 **Voyageurs,** près gare ✆ 73 95 20 16, Fax 73 95 23 85, 🏖, 🍵, 🐎 – 🕭 🍵 🅿. 🕭
➡ *fermé 29 sept. au 23 oct., vend. soir et sam. d'oct. à juin sauf vacances scolaires* – **Repas**
80/195 🕭, enf. 53 – ☲ 35 – **24 ch** 195/245 – ½ P 200/230.

VERTOU 44 Loire-Atl. 🔲 ③ – rattaché à Nantes.

VERTUS 51130 Marne 🔲 ⑯ **G. Champagne** – 2 495 h alt. 107.
Voir Mont Aimé★ S : 5 km.
Paris 138 – ♦ Reims 47 – Châlons-sur-Marne 29 – Épernay 21 – Fère-Champenoise 17 – Montmirail 38.

🏨 **Host. Reine Blanche,** av. Louis Lenoir ✆ 26 52 20 76, Fax 26 52 16 59, 🕭, 🍵 – 🍵 rest
📺 🕭 🅿 – 🔬 45. 🕭 🕭 🕭
fermé fév. – **Repas** 135/295 – ☲ 50 – **28 ch** 395/495 – ½ P 370.

à Bergères-les-Vertus S : 3,5 km par D 9 – ✉ **51130** Vertus :

🏨 **Mont-Aimé** 🕭, ✆ 26 52 21 31, Fax 26 52 21 39, 🏖, 🍵, 🐎 – 📺 🕭 & 🅿 – 🔬 50. 🕭 🕭
🕭
fermé 24 déc. au 3 janv. et dim. soir – **Repas** 100/350 🕭, enf. 60 – ☲ 50 – **30 ch** 270/395 –
½ P 340/370.

Les VERTUS 76 S.-Mar. 🔲 ④ – rattaché à Dieppe.

VERVINS ◁SP▷ 02140 Aisne 🔲 ⑯ **G. Flandres Artois Picardie** – 2 663 h alt. 174.
Paris 175 – St-Quentin 49 – Charleville-Mézières 68 – Laon 35 – ♦ Reims 85 – Valenciennes 75.

🏨 **Tour du Roy,** ✆ 23 98 00 11, Fax 23 98 00 72, 🏖, 🐎 – ✖ ch 📺 🕭 🅿. 🕭 🕭 🕭
fermé 15 janv. au 15 fév. – **Repas** (fermé dim. soir et lundi midi hors sais.) (dim. et fêtes
160/400 bc – ☲ 60 – **15 ch** 350/800 – ½ P 470/590.

CITROEN Gar. Renaud, La Chaussée de Fontaine   ⦿ Euromaster, rte de Guise à Fontaine-les-Vervins
✆ 23 98 00 08 🔲 ✆ 23 98 00 08   ✆ 23 98 30 79
OPEL Legoc Macogne, N 2 à Fontaine-les-Vervins
✆ 23 98 10 49

Le VÉSINET 78 Yvelines 🔲 ⑳, 🔲 ⑬ – voir à Paris, Environs.

VESOUL 🅿 70000 H.-Saône 🔲 ⑤ ⑥ **G. Jura** – 17 614 h alt. 220.
Voir Colline de la Motte ✳ ★ 30 mn.
🄱 Office de Tourisme r. Bains ✆ 84 75 43 66, Fax 84 76 54 31.
Paris 368 ① – ♦ Besançon 47 ② – Belfort 64 ① – Épinal 89 ① – Langres 75 ① – Vittel 85 ①.

Plan page ci-contre

🏨 **Relais N 19,** rte Paris NO par ① : 3 km ✆ 84 76 42 42, Fax 84 76 81 94, 🏖, 🐎 – 📺 🕭
🍵 🅿. 🕭
fermé 23 déc. au 7 janv., sam. et dim. en hiver – **Repas** 95/155 🕭 – ☲ 40 – **22 ch** 280/390.

🏨 **Lion** sans rest, 4 pl. République **(a)** ✆ 84 76 54 44, Fax 84 75 23 31 – 🛗 📺 🕭 🅿. 🕭 🕭
fermé 13 au 20 août – ☲ 26 – **19 ch** 175/275.

à Frotey-lès-Vesoul par ① : 2 km – ✉ **70000** :

🏨 **Eurotel,** rte Luxeuil ✆ 84 75 49 49, Fax 84 76 55 78 – 📺 🕭 🅿. 🕭 🕭
fermé dim. soir – **Repas** 90/320 🕭 – ☲ 35 – **20 ch** 280/295 – ½ P 210/280.

Alsace-Lorraine (R. d')	3
Gaulle (Bd Ch.-de)	14
Genoux (R. Georges)	15
Girardot (R. du Cdt)	20
Leblond (R.)	25
Morel (R. Paul)	26

Aigle-Noir (R. de l')	2
Annonciades (R. des)	4
Bains (R. des)	6
Faure (R. Edgar)	10
Fleurier (R.)	12
Gevrey (R.)	16
Grand-Puits (Pl. du)	21
Grandes-Faulx (R. des)	22

Kennedy (Bd)	24
Moulin-des-Prés (Pl. du)	27
République (Pl. de la)	29
St-Georges (R.)	30
Salengro (R. Roger)	31
Tanneurs (R. des)	32
Vendémiaire (R.)	33
Verlaine (R.)	35

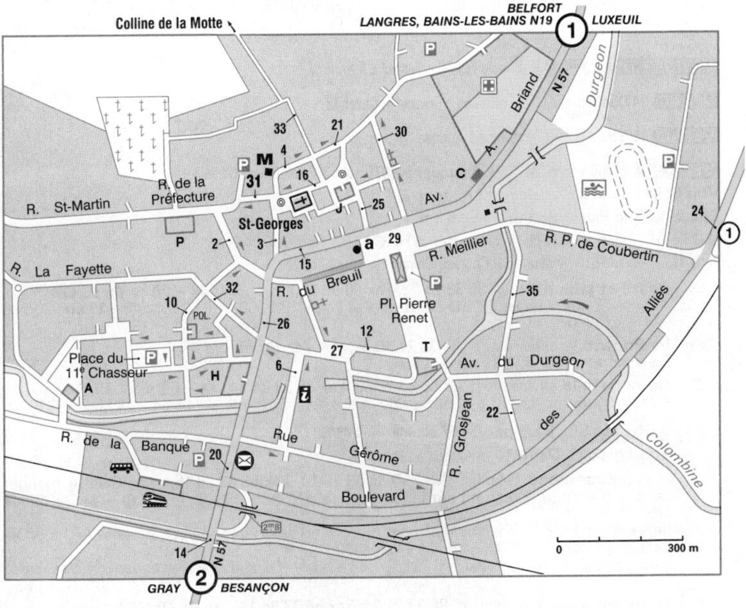

à Pusey NO par ① : 4 km – ⊠ **70000** :

Eric H. Ⓜ ⚹, ℘ 84 75 01 02, Fax 84 75 28 11, 🏤 – 🛗 📺 ☎ & Ⓟ – 🔺 25. ⓞ ⊖
– **Repas** 70/140 ⅙, enf. 35 – ⊑ 35 – **40 ch** 210/320 – ½ P 180/200.

CITROEN Succursale, à Frottey-les-Vesoul
℘ 84 75 76 77
FORD Gar. Dormoy, rte de Paris ℘ 84 97 11 11
OPEL Gar. de la Rocade, RN 19 ℘ 84 76 50 30
PEUGEOT Succursale, rte de Gray à Noidans-les-
Vesoul par ② ℘ 84 96 84 96 Ⓝ ℘ 80 61 53 03
RENAULT Gar. Bougueret, ZI à Noidans-les-Vesoul
par ② ℘ 84 76 27 11

TOYOTA Gar. Konecny, Espace de la Motte, r. du
Talerot ℘ 84 75 67 96

⑩ Euromaster, 22 bd Charles-de-Gaulle
℘ 84 75 34 32
Hyper Pneus, av. de la Gare ℘ 84 76 46 47
Pneus et Sces D.K., RN 19 ZAC Petit Montmarin
℘ 84 75 23 29

VEUIL 36 Indre 🔟 ⑧ – rattaché à Valençay.

VEULES-LES-ROSES 76980 S.-Mar. 🗺 ③ Ⓖ. Normandie Vallée de la Seine – 753 h alt. 42 – Casino .

🛈 Office de Tourisme r. Dr-Girard (juil.-août) ℘ 35 97 63 05.
Paris 199 – Dieppe 26 – Fontaine-le-Dun 8 – ✦Rouen 58 – St-Valery-en-Caux 8.

XXX **Les Galets,** à la plage ℘ 35 97 61 33, Fax 35 57 06 23 – ⅍ ⓞ ⊖
fermé 5 janv. au 3 fév., mardi soir et merc. sauf juil.-août – **Repas** 160/380 et carte 320 à 440,
enf. 90.

Le VEURDRE 03320 Allier 🔟 ③ Ⓖ. Auvergne – 595 h alt. 190.
Paris 270 – Bourges 68 – Moulins 34 – Montluçon 67 – Nevers 31 – St-Amand-Montrond 51.

Pont-Neuf, ℘ 70 66 40 12, Fax 70 66 44 15, 🏤, parc, ⚊, ❨ – ⇔ ch 📺 ☎ Ⓟ. ⅍ ⓞ
⊖
fermé 25 au 31 oct., 15 déc. au 15 janv. et dim. soir du 15 oct. au 30 mars – **Repas** 80/220 ⅙,
enf. 35 – ⊑ 38 – **36 ch** 260/320 – ½ P 270/300.

Visitez la capitale avec le guide Vert Michelin **PARIS.**

VEYNES 05400 H.-Alpes 81 ⑤ – 3 148 h alt. 814.

Paris 667 – Gap 25 – Aspres-sur-Buëch 9 – Sisteron 50.

  ❌ **La Sérafine,** Les Paroirs E : 2 km par rte Gap et VO ☎ 92 58 06 00, Fax 92 58 09 11, 🍃 –
    AE ⓞ GB
    8 avril-19 nov. et fermé lundi, mardi et le midi sauf sam. et dim. – **Repas** (nombre de
    couverts limité, prévenir) 135/215.

CITROEN Gar. Ribeiro, ☎ 92 58 01 41 🅽   FORD Technic Auto, ☎ 92 58 02 23
☎ 92 58 01 41   RENAULT Gar. Central, ☎ 92 58 01 39 🅽
                                  ☎ 92 58 01 39

VEYRIER-DU-LAC 74 H.-Savoie 74 ⑥ – rattaché à Annecy.

VÉZAC 24 Dordogne 75 ⑰ – rattaché à Beynac et Cazenac.

VÉZAC 15 Cantal 76 ⑫ – rattaché à Aurillac.

VÉZELAY 89450 Yonne 65 ⑮ G. Bourgogne – 571 h alt. 302 Pèlerinage (22 juillet).

Voir Basilique Ste-Madeleine★★★ : tour ☀★.

Env. Site★ de Pierre-Perthuis SE : 6 km.

🛈 Office de Tourisme r. St-Pierre (avril-oct.) ☎ 86 33 23 69, Fax 86 33 34 00.

Paris 223 – Auxerre 51 – Avallon 15 – Château-Chinon 60 – Clamecy 22.

  🏛🏛 **Poste et Lion d'Or,** ☎ 86 33 21 23, Fax 86 32 30 92, ≤, 🍃, 🚗 – TV ☎ ② AE GB
    1ᵉʳ avril-12 nov. – **Repas** *(fermé mardi midi et lundi)* 120/300, enf. 60 – � 43 – **39 ch** 320/590
    – ½ P 320/390.

  🏛🏛 **Le Pontot** ⌘ sans rest, ☎ 86 33 24 40, ≤, 🚗 – ☎ ② ⓞ GB JCB
    7 avril-2 nov. – � 60 – **10 ch** 600/850.

  🏠 **Compostelle** M sans rest, ☎ 86 33 28 63, Fax 86 33 34 34, 🚗 – TV ☎ &. AE GB
    fermé 15 janv. au 15 fév. et dim. soir de début déc. au 1ᵉʳ mars – � 34 – **18 ch** 270/310.

    à St-Père SE : 3 km par D 957 alt. 148 – ✉ 89450 :

    Voir Église N.-Dame★.

  🏛🏛 ❀❀❀ **L'Espérance** (Meneau) ⌘, ☎ 86 33 39 10, Fax 86 33 26 15, ≤, « Salle à manger
    dans une verrière s'ouvrant sur le jardin », 🛋, 🏊, ❌ – ▤ rest TV ☎ ② – 🛐 30. AE ⓞ
    GB
    Repas *(fermé fév., merc. midi et mardi)* (prévenir) 350 (déj.), 630/850 et carte 470 à 860 –
    � 120 – **34 ch** 400/1500, 6 appart – ½ P 1400
    Spéc. Crème de crustacés en chaud-froid. Turbotin rôti à la moelle. "Oeuvre d'agneau" en trois services. **Vins** Vézelay,
    Chablis.

  🏠 **La Renommée** sans rest, ☎ 86 33 21 34, Fax 86 33 34 17 – ☎ ② AE GB
    fermé 10 au 31 janv. et merc. du 1ᵉʳ nov. au 15 mars – � 30 – **19 ch** 160/310.

  ❌❌ **Le Pré des Marguerites,** ☎ 86 33 33 33, Fax 86 33 34 73, ≤, 🍃, 🚗 – ▤ ②. AE ⓞ GB
    fermé lundi hors sais. – **Repas** 98 bc/190, enf. 70.

    à Fontette E : 5 km par D 957 – ✉ 89450 Vézelay :

  🏛 **Crispol** M ⌘, rte Avallon ☎ 86 33 26 25, Fax 86 33 33 10, ≤ colline de Vézelay, 🍃,
    « Décor contemporain original », 🚗 – TV ☎ & 🅿. AE GB
    fermé 10 janv. au 15 fév. et lundi (sauf hôtel de juin à sept.) – **Repas** 110/260 – � 50 – **12 ch**
    350/450 – ½ P 350/450.

  🏠 **Aquarelles** ⌘, ☎ 86 33 34 35, Fax 86 33 29 82 – ☎ & ②. GB
    fermé 19 fév. au 15 mars, mardi soir et merc. du 15 nov. au 15 mars – **Repas** 115/120 – � 30
    – **10 ch** 220/290 – ½ P 280.

VEZELS-ROUSSY 15130 Cantal 76 ⑫ – 120 h alt. 630.

Paris 587 – Aurillac 22 – Entraygues-sur-Truyère 27.

  🏠 **La Bergerie** ⌘, ☎ 71 49 42 90, Fax 71 49 44 70, ≤, 🛋, 🏊 – ☎ ②. GB
  ➜ **Repas** 65/110, enf. 35 – � 25 – **15 ch** 220 – ½ P 210.

VÉZÉNOBRES 30360 Gard 80 ⑱ G. Gorges du Tarn – 1 312 h alt. 219.

Voir ☀★ du sommet du village.

🛈 Office de Tourisme à la Mairie ☎ 66 83 62 02.

Paris 710 – Alès 12 – Nîmes 33 – Uzès 30.

  🏠 **Le Sarrasin,** N 106 ☎ 66 83 55 55, Fax 66 83 66 83, 🍃, 🚗 – |🛗| TV ☎ ②. AE ⓞ GB
  ➜ **Repas** 60/150 🍴, enf. 36 – � 30 – **18 ch** 150/250 – ½ P 150/270.

VIA 66 Pyr.-Or. 86 ⑯ – rattaché à Font-Romeu.

Des pneus mal gonflés s'usent vite, tiennent moins bien la route,
sont moins confortables. Respectez les pressions recommandées.

Paris 652 – Alès 40 – Florac 41 – Mende 64.

🎇🎇🎇 ❀ **Chantoiseau** (Pagès) ⤴ avec ch, ℰ 66 41 00 02, Fax 66 41 04 34, ≤, ⏏ – 🖵 ☎. 🖭 ⓪
GB. ❀
8 avril-20 nov. et fermé mardi soir et merc. – **Repas** 140/380 – ☲ 50 – **15 ch** 420/480 –
½ P 430/450
Spéc. Tête de veau de lait en gelée, terrine de grisets et lentilles. "Roustide" de cèpes et de ris d'agneau à la fleur de
tilleul. Agneau et pâte de curry aux trois haricots. **Vins** Costières de Nîmes.

VIBRAC 16 Charente 🈚 ⑬ – rattaché à Jarnac.

VIBRAYE 72320 Sarthe 🈲 ⑯ – 2 609 h alt. 124.

Paris 171 – ◆Le Mans 43 – Brou 41 – Châteaudun 52 – Mamers 48 – Nogent-le-Rotrou 38 – St-Calais 16.

🎇🎇 **Chapeau Rouge** avec ch, pl. H. de Ville ℰ 43 93 60 02, Fax 43 71 52 18 – 🖵 ☎ ♿ ℗.
◆ GB. ❀ ch
fermé 15 au 30 août, 15 au 30 janv., dim. soir et lundi – **Repas** 78/170 🍷, enf. 65 – ☲ 40 –
16 ch 260/300 – ½ P 270/370.

VIC-EN-BIGORRE 65500 H.-Pyr. 🈯 ⑧ – 4 893 h alt. 215.

Paris 776 – Auch 62 – Pau 43 – Aire-sur-l'Adour 52 – Mirande 37 – Tarbes 17.

🏦 **Le Tivoli**, pl. Gambetta ℰ 62 96 70 39, Fax 62 96 29 74, 🍽 – 🖵 ☎. GB
◆ *fermé 4 au 18 sept., 22 au 29 janv. et lundi* – **Repas** 55 (déj.), 70/180 🍷, enf. 35 – ☲ 23 –
24 ch 170/190 – ½ P 138/178.

🎇🎇 **Le Réverbère** avec ch, r. Alsace ℰ 62 96 78 16, Fax 62 96 79 85, 🍽 – 🖵 ☎. 🖭 GB
◆ **Repas** *(fermé dim. soir et lundi)* 70/260 – ☲ 28 – **10 ch** 200/230 – ½ P 213.

VICHY ⟨🅢⟩ 03200 Allier 🈶 ⑤ **G. Auvergne** – 27 714 h alt. 264 – Stat. therm. (fév.-nov.) – Casino Grand
Casino BZ.

Voir Parc des Sources★ BYZ – Parcs de l'Allier★ BZ – Site des Hurlevents ≤★ 4,5 km par ②.

🏌 Vichy Sporting Club ℰ 70 32 39 11 A.

🗗 Office de Tourisme 19 r. du Parc ℰ 70 98 71 94, Fax 70 31 06 00.

Paris 409 ① – ◆Clermont-Ferrand 54 ③ – Montluçon 92 ⑥ – Moulins 58 ① – Roanne 75 ①.

Plan page suivante

🏨🏨🏨 **Les Célestins** Ⓜ, 111 bd États-Unis ℰ 70 30 82 00, Télex 392914, Fax 70 30 82 01, 🍽,
« Belle décoration intérieure », 🔲, 🐟 – 🛗 ↔ ch 🗖 🖵 ☎ ♿ ⟺ – 🛆 60. 🖭 GB
JCB. ❀ rest   BY **e**
L'Empereur : **Repas** 180 – *L'Albert Londres :* **Repas** 98 – ☲ 80 – **119 ch** 900/1340, 12 appart –
½ P 710/850.

🏨🏨🏨 **Aletti Palace H.**, 3 pl. Jospeh Aletti ℰ 70 31 78 77, Fax 70 98 13 82, 🍽, « Élégante
atmosphère début de siècle », Ⅰ₅, 🔲 – 🛗 ↔ ch 🗖 🖵 ♿ ♿ – 🛆 40 à 100. 🖭 GB
fermé 20 oct. au 15 janv. – *La Véranda :* **Repas** 150/270, enf. 90 – ☲ 70 – **126 ch** 550/760,
7 appart – ½ P 550/590.   BZ **u**

🏨🏨🏨 **Pavillon Sévigné**, 50 bd Kennedy ℰ 70 32 16 22, Fax 70 59 97 37, 🍽, « Dans un jardin
à la française, ancienne demeure de Madame de Sévigné » – 🛗 🖵 ☎ ℗ – 🛆 25.
GB   BZ **s**
13 avril-15 oct. – **Repas** 160 bc/360 – ☲ 75 – **43 ch** 660/1300, 4 appart – ½ P 650/950.

🏨🏨 **Novotel Thermalia** Ⓜ, 1 av. Thermale ℰ 70 31 04 39, Télex 990547, Fax 70 31 08 67,
🍽, 🔲, 🐟 – 🛗 ↔ ch 🗖 🖵 ☎ ♿ ℗ – 🛆 200. 🖭 ⓪ GB   BY **q**
Repas carte environ 180 🍷, enf. 50 – ☲ 48 – **128 ch** 490 – P 483/718.

🏨🏨 **Régina**, 4 av. Thermale ℰ 70 98 20 95, Fax 70 98 60 05 – 🛗 🖵 ☎ – 🛆 30. 🖭 GB.
❀ rest   BY **v**
1er mai-30 sept. – **Repas** 100/180 – ☲ 45 – **80 ch** 320/420 – P 490/500.

🏦 **Magenta**, 23 av. W. Stucki ℰ 70 31 80 99, Fax 70 31 83 40 – 🛗 🖵 ☎. 🖭 GB. ❀ rest
début mai-fin sept. – **Repas** 110/190 – ☲ 38 – **62 ch** 340/450 – P 450/630.   BY **r**

🏦 **Pavillon d'Enghien** Ⓜ, 32 r. Callou ℰ 70 98 33 30, Fax 70 31 67 82, 🍽, 🔲 – 🛗 🖵 ☎ –
🛆 25. 🖭 ⓪ GB   BY **b**
fermé 20 déc. au 1er janv. – *Jardins d'Enghien (fermé dim. soir et lundi)* **Repas** 69/180, enf. 50
– ☲ 38 – **22 ch** 330/460 – P 340/400.

🏦 **Lutétia**, 5 r. Belgique ℰ 70 97 45 45, Fax 70 97 69 34 – 🛗 🖵 ☎ ℗ – 🛆 50. 🖭 ⓪
GB   BZ **x**
1er avril-31 oct. – **Repas** 105 🍷 – ☲ 45 – **50 ch** 380/420 – P 440.

🏦 **de Grignan**, 7 pl. Sévigné ℰ 70 32 08 11, Fax 70 32 47 07 – 🛗 🗖 rest 🖵 ☎ – 🛆 35. 🖭
⓪ GB JCB. ❀   BZ **v**
fermé 28 oct. au 30 nov. – **Repas** 90 bc/130, enf. 35 – ☲ 30 – **120 ch** 190/330 – P 360/375.

🏦 **Chambord et rest. Escargot qui Tète**, 82 r. Paris ℰ 70 31 22 88, Fax 70 31 54 92 – 🛗
◆ 🗖 rest 🖵 ☎. 🖭 ⓪ GB JCB   CY **k**
fermé vacances de fév. – **Repas** *(fermé dim. soir sauf août et lundi de sept. à juin)* 80/250,
enf. 55 – ☲ 30 – **32 ch** 180/260 – P 290/346.

VICHY

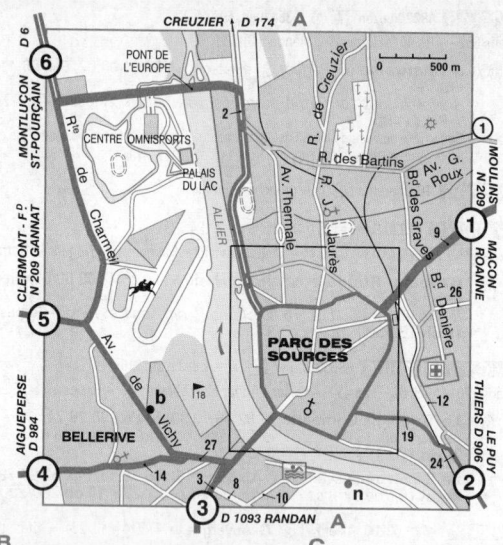

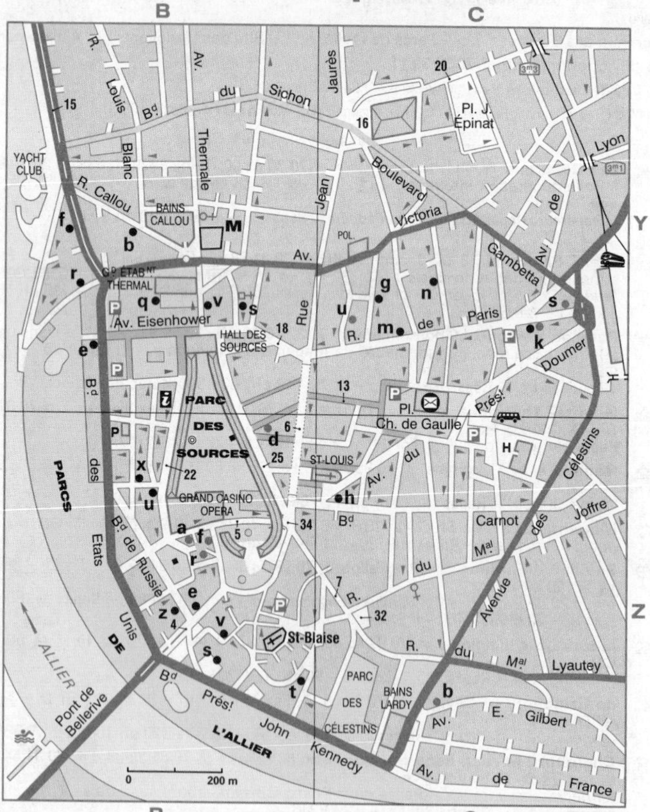

🏨 **Brest et St Georges,** 27 r. Paris ℰ 70 98 22 18, Fax 70 98 28 70 – 🛗 📺 ☎ 🅿. 🆎 GB.
🎗️ rest
CY **m**
fermé 15 fév. au 1ᵉʳ mars – **Repas** 110/230 – ☲ 30 – **38 ch** 250/295 – P 275/340.

🏨 **Moderne,** 8 r. M. Durand-Fardel ℰ 70 31 20 21, Fax 70 98 45 04 – 🛗 ▤ rest 📺 ☎. 🆎
GB. 🎗️
BY **s**
26 avril-5 oct. – **Repas** 100 – ☲ 30 – **40 ch** 190/240 – ½ P 285/330.

🏨 **Arverna H.** sans rest, 12 r. Desbrest ℰ 70 31 31 19, Fax 70 97 86 43 – 🛗 📺 ☎ �
🝤 25. 🆎 ① GB JCB
CY **g**
fermé 22 au 27 oct., 23 déc. au 14 janv., sam. et dim. du 1ᵉʳ déc. au 1ᵉʳ mars – ☲ 30 – **26 ch**
200/280.

🏨 **Le Venise** sans rest, 25 av. A. Briand ℰ 70 31 83 23, Fax 70 31 02 97 – 🛗 cuisinette 📺 ☎
– 🝤 50. 🆎 ① GB
BZ **e**
☲ 35 – **25 ch** 270/360.

🏨 **Vichy Tonic** sans rest, 6 av. Prés. Doumer ℰ 70 31 45 00, Fax 70 97 67 37 – 🛗 📺 ☎. 🆎
① GB
CZ **h**
☲ 30 – **36 ch** 240/280.

🏨 **Arcade** Ⓜ sans rest, 11 bd P. Coulon ℰ 70 98 18 48, Fax 70 97 72 63 – 🛗 📺 ☎ & 🅿 –
🝤 25. 🆎 ① GB
BY **f**
☲ 35 – **48 ch** 265/300.

🏨 **Atlanta** sans rest, 23 r. Pasteur ℰ 70 98 42 95 – 📺 ☎ �. 🆎 GB
CY **n**
fermé 22 déc. au 7 janv. et week-ends en janv.-fév. – ☲ 30 – **11 ch** 215/245.

🏨 **Fréjus** 🐾, 6 r. Presbytère ℰ 70 32 17 22, Fax 70 32 42 10, 🏵️ – 🛗 📺 ☎. 🆎 ①
◆ GB
BZ **t**
15 avril-15 oct. – **Repas** 59/160 ♨, enf. 50 – 🝤 25 – **31 ch** 183/291 – P 293/403.

🏨 **Londres** sans rest, 7 bd Russie ℰ 70 98 28 27 – ☎. GB
BZ **z**
25 mars-15 oct. – ☲ 28 – **20 ch** 120/260.

XXX **L'Envolée,** 44 av. E. Gilbert ℰ 70 32 85 15, Fax 70 32 14 17 – GB
CZ **b**
fermé 27 mars au 11 avril, 24 déc. au 2 janv. et mardi – **Repas** 95/190 et carte 130
à 230.

XX **L'Alambic,** 8 r. N. Larbaud ℰ 70 59 12 71 – ▤. GB
CY **u**
fermé 21 août au 8 sept., vacances de fév. mardi midi et lundi sauf fériés – **Repas** (nombre
de couverts limité, prévenir) 160/280.

XX **La Table d'Antoine,** 8 r. Burnol ℰ 70 98 99 71 – ▤. GB
BZ **d**
fermé 20 août au 12 sept., 1ᵉʳ au 15 janv., dim. soir et lundi sauf fériés – **Repas** 95/279.

XX **Brasserie du Casino,** 4 r. Casino ℰ 70 98 23 06, Fax 70 98 53 17, « Décor authentique
d'une brasserie des années 30 » – 🆎 GB JCB
BZ **a**
fermé nov., vacances de fév., mardi soir et merc. – **Repas** 98 (déj.)/145 ♨.

XX **Piquenchagne,** 69 r. Paris ℰ 70 98 63 45 – 🆎 GB
CY **s**
fermé 19 juil. au 3 août, 20 fév. au 3 mars et merc. – **Repas** 85/140 ♨, enf. 55.

XX **De l'Opéra,** 6 passage Noyer ℰ 70 98 36 17, 🏵️ – GB. 🎗️
BZ **r**
1ᵉʳ mai-30 sept. et fermé lundi – **Repas** carte 220 à 340.

X **Temps des Cerises,** 13 r. Banville ℰ 70 97 72 00 – GB
BZ **f**
fermé 20 oct. au 10 nov., 15 au 29 fév., vend. midi et jeudi – **Repas** 110/198.

à Bellerive-sur-Allier : rive gauche - A – 8 543 h. – ⌧ 03700 :

🏨 **Campanile,** 74 av. Vichy ℰ 70 59 32 33, Fax 70 59 81 90, 🏵️, 🎋 – 🦽 ch 📺 ☎ & 🅿 –
🝤 25. 🆎 ① GB
A **b**
Repas 82 bc/105 bc, enf. 39 – ☲ 30 – **46 ch** 270.

X **Chez Mémère** 🐾 avec ch, Chemin de Halage ℰ 70 59 89 00, ≤, 🏵️, 🎋 – 📺 ☎ 🅿. 🆎
GB
A **n**
15 avril-17 sept. – **Repas** 98/195, enf. 45 – ☲ 30 – **8 ch** 200/230.

à Vichy-Rhue N : 5 km par D 174 – ⌧ 03300 Cusset :

XX **La Fontaine,** ℰ 70 31 37 45, Fax 70 98 96 66, 🏵️ – 🆎 ① GB
fermé 15 au 30 oct., 23 déc. au 20 janv., mardi soir et merc. – **Repas** 130/162 ♨.

à Abrest par ② : 4 km – ⌧ 03200 :

XX **La Colombière** avec ch, SE : 1 km sur D 906 ℰ 70 98 69 15, Fax 70 31 50 89, ≤, « Jardin
ombragé en terrasses » – ▤ rest 📺 ☎ 🅿. 🆎 ① GB
fermé mi-janv. à mi-fév., dim. soir et lundi – **Repas** 95/270, enf. 40 – ☲ 28 – **4 ch** 150/
260.

à St-Yorre par ② : 8 km – 3 003 h. – ⌧ 03270 :

🏨 **Aub. Bourbonnaise,** 2 av. Vichy ℰ 70 59 41 79, Fax 70 59 24 94, 🏵️, 🎐 – 📺 ☎ & 🅿.
◆ GB
fermé 15 au 30 nov. et mi-fév. à mi-mars – **Repas** (fermé dim. soir et lundi sauf juil.-août)
72/220 ♨, enf. 39 – ☲ 30 – **17 ch** 190/300, 6 duplex – P 320/340.

à l'aéroport de Vichy-Charmeil par ⑥ : 8 km – ⌧ **03110** Charmeil :

✗ **Aéroport,** dans l'aérogare ✆ 70 32 48 09, 🏤 – **₽**. ⏣
fermé 20 sept. à mi-oct., 14 au 28 fév., dim. soir et lundi – **Repas** 75/145, enf. 48.

ALFA ROMEO Vichy Autom., 6 r. de Paris
✆ 70 98 62 73
BMW Auto-Contrôle, ZI Vichy Rhue à Creuzier-le-Vieux ✆ 70 98 65 80
CITROEN Vichy Thermal Autom., rte de Paris à Cusset par ① ✆ 70 59 16 55
LANCIA, MERCEDES Perfect-Gar., rte de l'Aéroport à Charmeil ✆ 70 32 51 34
NISSAN Gar. Jean-Jaurès, 63/65 r. J.-Jaurès ✆ 70 31 42 00

PEUGEOT Olympic Garage, rte de St-Pourçain à Charmeil par ⑥ ✆ 70 32 42 84
RENAULT S.O.D.A.VI., 18 av. de Vichy à Bellerive-sur-Allier ✆ 70 32 22 77 🅽 ✆ 70 58 63 05
VAG Vichy Auto Sport, rte Aéroport Vichy à Charmeil ✆ 70 31 05 75

🅦 Euromaster, 40 bd Hôpital ✆ 70 98 10 69
Gaudry-Pneu - Point S, 26-28, r. Bartins à Cusset ✆ 70 97 63 63

VIC-LE-COMTE 63270 P.-de-D. 73 ⑮ G. Auvergne – 4 155 h alt. 473.
Voir Ste-Chapelle★.
Paris 444 – ◆Clermont-Ferrand 26 – Ambert 53 – Issoire 18 – Thiers 39.

à Longues NO : 4 km par D 225 – ⌧ 63270 Vic-le-Comte :

✗✗ **Le Comté,** ✆ 73 39 90 31, Fax 73 39 24 58 – **₽**. ⏣
fermé 1ᵉʳ au 7 août, vacances de fév., dim. soir et lundi – **Repas** 98/310, enf. 60.

à Parent-Gare SO : 5 km – ⌧ 63270 Vic-le-Comte :

🏠 **Mon Auberge,** ✆ 73 96 62 06, Fax 73 96 90 14 – 📺 ☎. ⏣
✦ *fermé 26 nov. au 31 déc. et lundi sauf juil.-août* – **Repas** 75/240 👍 – ⌧ 25 – **7 ch** 140/240 – ½ P 170/220.

VICO 2A Corse-du-Sud 90 ⑮ – voir à Corse.

VICQ-SUR-NAHON 36 Indre 68 ⑧ – rattaché à Valençay.

VIC-SUR-AISNE 02290 Aisne 56 ③ – 1 775 h alt. 50.
Paris 103 – Compiègne 23 – Laon 54 – Noyon 26 – Soissons 17.

✗✗ **Lion d'Or,** ✆ 23 55 50 20, Fax 23 55 59 09 – 🆎 ⏣
fermé dim. soir et lundi – **Repas** 88/195 👍, enf. 60.

VIC-SUR-CÈRE 15800 Cantal 76 ⑫ G. Auvergne (plan) – 1 968 h alt. 681.
🅱 Office de Tourisme av. Mercier ✆ 71 47 50 68, Fax 71 49 60 63.
Paris 555 – Aurillac 20 – Murat 29.

🏨 **Family H.,** ✆ 71 47 50 49, Fax 71 47 51 31, 🏊, 🏴, 🌳, ✗ – 🛗 cuisinette ☎ 👤 **₽**. 🆎 ⓞ
✦ ⏣. ❄ rest
Repas 80/130 👍, enf. 45 – ⌧ 35 – **55 ch** 410 – ½ P 285/330.

🏨 **Vic H.,** ✆ 71 47 50 22, Fax 71 45 43 99, 🏊, 🌳 – 🛗 ☎ 🚗 – 🏇 50. 🆎 ⏣. ❄ rest
✦ *1ᵉʳ avril-30 oct.* – **Repas** 80/150, enf. 45 – ⌧ 35 – **48 ch** 260/270 – ½ P 270/300.

🏨 **Bains** 👍, ✆ 71 47 50 16, Fax 71 49 63 82, <, 🏤, 🏊, 🌳 – ☎ 👤 **₽**. ⏣
✦ *1ᵉʳ mai-25 oct. et vacances d'hiver* – **Repas** 85/165 – ⌧ 35 – **40 ch** 240/360 – ½ P 300.

🏨 **Beauséjour,** ✆ 71 47 50 27, Fax 71 49 60 04, <, parc, 🏊 – 🛗 ☎ **₽**. 🆎 ⓞ ⏣. ❄ rest
✦ *début mai-30 sept.* – **Repas** 75/120 👍, enf. 50 – ⌧ 30 – **60 ch** 230/340 – ½ P 240/290.

🏨 **Bel Horizon,** ✆ 71 47 50 06, Fax 71 49 63 81, <, 🌳 – 🛗 ☎. ⏣
✦ *fermé 10 nov. au 10 déc.* – **Repas** 68/250 – ⌧ 28 – **35 ch** 200/270 – ½ P 260.

🏠 **Sources,** ✆ 71 47 50 30, Fax 71 49 63 55 – ☎ 👤. ⏣. ❄ rest
15 mai-30 sept., 26 déc.-2 janv. et week-ends de mi-janv. à mi-mars – **Repas** 90/180, enf. 52 – ⌧ 36 – **37 ch** 235/275 – ½ P 250/260.

au Col de Curebourse SE : 6 km par D 54 – ⌧ 15800 Vic-sur-Cère :

🏨 **Host. St Clément** 👍, ✆ 71 47 51 71, Fax 71 49 63 02, ≤ montagne et vallée, 🏤, parc – ☎ **₽**. 🆎 ⏣
fermé nov., dim. soir et lundi d'oct. à avril – **Repas** 85/105, enf. 40 – ⌧ 35 – **26 ch** 320 – ½ P 300.

RENAULT Gar. Dameron, ✆ 71 47 50 32 🅽 ✆ 71 47 50 32

VIDAUBAN 83550 Var 84 ⑦ 114 ㉒ ㉓ – 5 460 h alt. 56.
🅱 Syndicat d'Initiative pl. F.-Maurel (juin-sept.) ✆ 94 73 00 07.
Paris 844 – Fréjus 28 – Cannes 64 – Draguignan 17 – ◆Toulon 62.

🏰 **Château les Lonnes** 🅼 👍 sans rest, O : 3,5 km par D84 ✆ 94 73 65 76, Fax 94 73 14 97, ≤, parc, 🏋, 🏊, ✗ – 🛗 ❌ ch ☎ **₽** – 🏇 25 à 60. 🆎 ⓞ ⏣
⌧ 100 – **12 ch** 1200/1650.

✗✗ **Concorde,** pl. G. Clemenceau ✆ 94 73 01 19, 🏤 – ⏣
fermé 19 nov. au 1ᵉʳ déc., mardi soir d'oct. à juin et merc. – **Repas** 88 (déj.), 130/300.

VIEILLE-TOULOUSE 31 H.-Gar. 82 ⑱ – rattaché à Toulouse.

VIEILLEVIE 15120 Cantal 76 ⑫ G. Gorges du Tarn – 146 h alt. 212.

Paris 617 – Aurillac 45 – Rodez 51 – Entraygues-sur-Truyère 18 – Figeac 42 – Montsalvy 13.

🏚 **Terrasse** M, ℰ 71 49 94 00, Fax 71 49 92 23, 佘, 🗲, 燕, 🛪 – ☎ ⑫ ⑩ GB
🔸 *1ᵉʳ avril-15 nov.* – **Repas** 60/160 ⅃ – 🖙 40 – **32 ch** 220/260 – ½ P 215/265.

VIENNE ⟨SP⟩ 38200 Isère 74 ⑪ ⑫ G. Vallée du Rhône – 29 449 h alt. 158.

Voir Site★ – Cathédrale St-Maurice★★ BY – Temple d'Auguste et de Livie★★ B B – Théâtre romain★ CY – Église★ et cloître★ de St-André-le-Bas BY – Esplanade du Mont Pipet ⩽★ CY – Anc. église St-Pierre★ : musée lapidaire★ AZ – Groupe sculpté★ de l'église de Ste-Colombe AY.

🛈 Office de Tourisme 3 cours Brillier ℰ 74 85 12 62.

Paris 491 ① – ◆Lyon 31 ① – Chambéry 99 ② – ◆Grenoble 87 ② – ◆St-Étienne 49 ① – Valence 70 ⑤.

Plan pages suivantes

🏨 ❀❀ **La Pyramide** M, 14 bd F. Point par ④ ℰ 74 53 01 96, Télex 308058, Fax 74 85 69 73, 佘, 龠 ❄⤸ ch 🔲 ☎ & 🚾 ⑫ – 🔏 25. 🖭 ⑩ GB JCB
fermé fév. – **Repas** *(fermé jeudi midi et merc. du 15 sept. au 15 juin)* 270/620 et carte 460 à 650 – 🖙 80 – **20 ch** 750/880, 4 appart
Spéc. Salade de langoustines aux aromates. Gratin de queues d'écrevisses (15 juin au 15 oct.). "Piano" au praliné (dessert). Vins Condrieu, Côtes-du-Rhône.

🏚 **Central** sans rest, 7 r. Archevêché ℰ 74 85 18 38, Fax 74 31 96 33 – 🛗 🔲 ☎ ⟵. 🖭 GB
fermé 22 déc. au 3 janv. – 🖙 30 – **25 ch** 290/340. BY **u**

🏚 **Poste**, 47 cours Romestang ℰ 74 85 02 04, Fax 74 85 16 17 – 🛗 🔲 ☎ ⑫ – 🔏 50. 🖭 ⑩
🔸 GB BZ **a**
Repas *(fermé janv. et sam. midi)* 78/155 – 🖙 30 – **39 ch** 270/330 – ½ P 205/250.

✕✕ **Bec Fin**, 7 pl. St-Maurice ℰ 74 85 76 72, Fax 74 85 15 30, 佘 – 🖩. GB AY **r**
fermé dim. soir et lundi – **Repas** 110/320.

✕✕ **Magnard**, 45 cours Brillier ℰ 74 85 10 43, 佘 – 🖩. GB BZ **e**
fermé lundi soir et mardi – **Repas** 88/320, enf. 55.

à Pont-Évêque par ② : 4 km – 5 385 h. – ⊠ 38780 :

🏨 **Midi** ॐ, pl. Église ℰ 74 85 90 11, Fax 74 57 24 99, 佘, 龠 – 🔲 ☎ ⑫ 🖭 ⑩ GB
fermé 23 déc. au 6 janv. – **Repas** snack *(fermé dim.)* (dîner seul.) 85 ⅃, enf. 45 – 🖙 35 – **17 ch** 285/375 – ½ P 260/290.

à Estrablin par ② : 9 km – ⊠ 38780 :

🏨 **La Gabetière** sans rest, sur D 502 ℰ 74 58 01 31, Fax 74 58 08 98, parc, 燕 – 🔲 ☎ ⑫. 🖭 ⑩ GB
🖙 32 – **12 ch** 210/330.

à Reventin-Vaugris (village) par ④, N 7 et D 131 : 9 km – ⊠ 38121 :

✕✕ **La Maison de l'Aubressin**, N : 1 km par VO ℰ 74 58 83 02, ⩽, 佘, 龠 – ⑫. 🖭 GB
fermé 28 fév. au 13 mars, 2 au 16 oct., dim. soir et lundi – **Repas** 190 bc/440 bc, enf. 90.

à Chonas l'Amballan au Sud par ④ et N 7 : 9 km – ⊠ 38121 :

🏨 **Host. Marais St Jean** ॐ, ℰ 74 58 83 28, Fax 74 58 81 96, 佘, 龠 – 🔲 ☎ ⑫ – 🔏 30. 🖭 ⑩ GB
fermé 1ᵉʳ fév. au 15 mars – **Repas** *(fermé jeudi midi et merc.)* 165/320, enf. 80 – 🖙 60 – **10 ch** 550 – ½ P 450/560.

🏨 ❀ **Domaine de Clairefontaine** (Girardon) ॐ, ℰ 74 58 81 52, Télex 308132, Fax 74 58 80 93, ⩽, 佘, parc, ✕ – 🖩 rest ☎ ⟵ ⑫. 🖭 ⑩ GB. ✼ rest
fermé 1ᵉʳ déc. au 1ᵉʳ fév. – **Repas** *(fermé sam. midi en juil.-août, lundi sauf le soir en juil.-août et dim. soir)* 140/350 et carte 230 à 380, enf. 80 – 🖙 40 – **16 ch** 180/370 – ½ P 270/360
Spéc. Homard rôti en vinaigrette d'herbes folles. Filets de carrelet et fleur de courgette au beurre d'eucalyptus (juin à oct.). Pigeonneau rôti en cocotte au vin de griottes. Vins Viognier, Côte-Rôtie.

à Chasse-sur-Rhône par ① : 8 km (Échangeur A7 - sortie Chasse-sur-Rhône) – 4 566 h. – ⊠ 38670 :

🏨 **Mercure** M, ℰ 72 24 29 29, Télex 300625, Fax 78 07 04 43, 龠 – 🛗 cuisinette ❄⤸ ch 🖩 🔲 ☎ & ⑫ – 🔏 25. 🖭 ⑩ GB
🔸 **Repas** 80/100 ⅃, enf. 50 – 🖙 52 – **103 ch** 395/420.

VIENNE

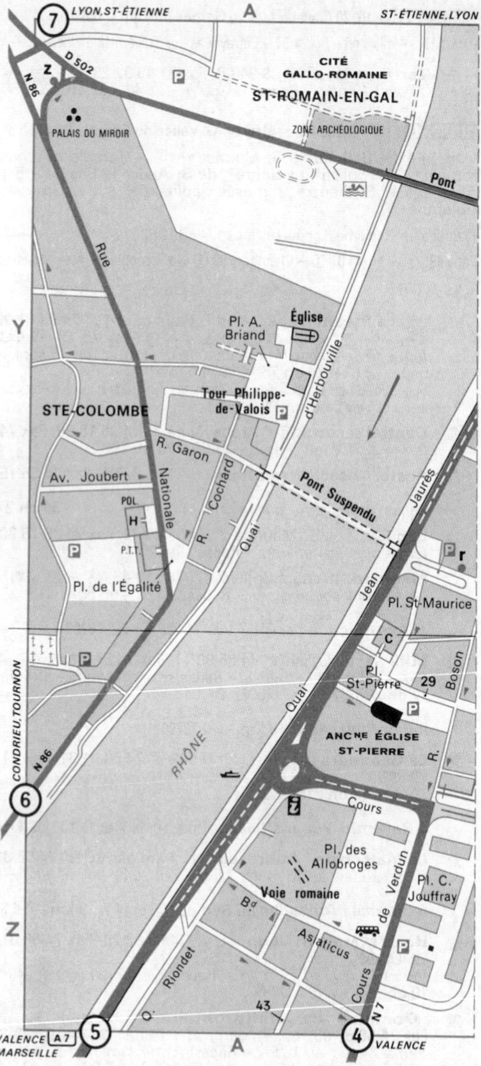

*Pas de publicité
payée dans ce guide.*

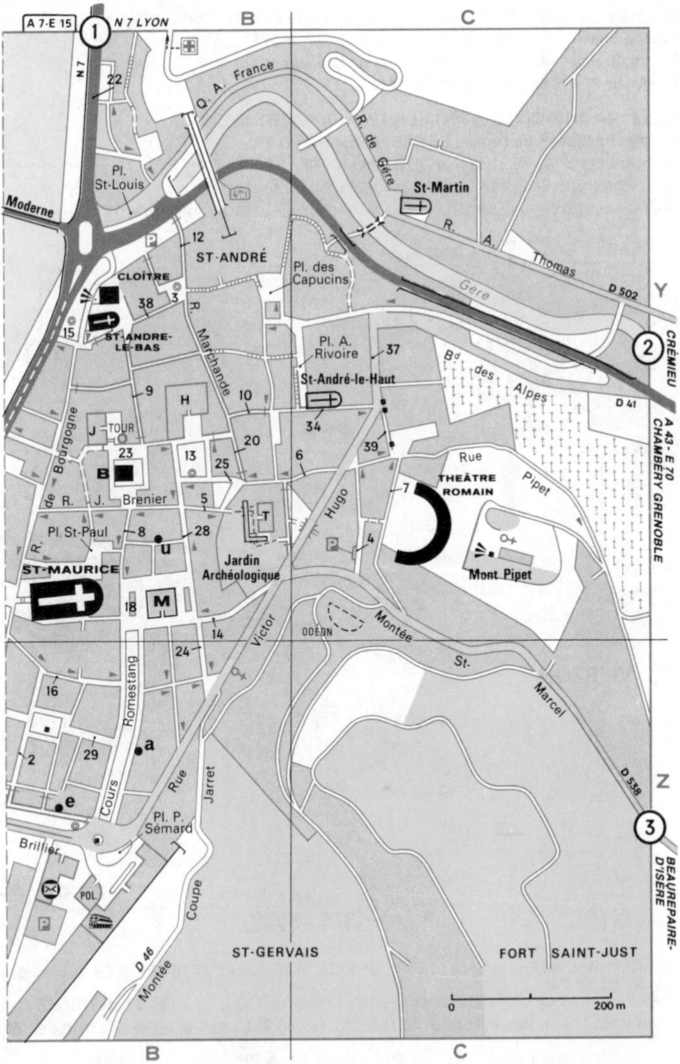

A 7·E 15 · ① N 7 LYON · B · C

N 7

22

Q. A. France

R. de Gère

St-Martin

Moderne

Pl. St-Louis

R. A. Thomas

D 502

Gère · Y

12

ST-ANDRÉ

Pl. des Capucins

② CRÉMIEU

CLOÎTRE

38 · 3

ST-ANDRE-LE-BAS

15

Maribande

Pl. A. Rivoire · 37

St-André-le-Haut

Bd des Alpes

D 41

A 43·E 70 CHAMBERY GRENOBLE

9 · H · 10 · 34

39

Rue Pipet

Bourgogne

J TOUR

23 · 13 · 20 · 6

THÉÂTRE ROMAIN

de R. J. Brenier · 25

7

5

Mont Pipet

Pl. St-Paul · 8 · 28

U

Jardin Archéologique

T

4

ST-MAURICE

18 · M

Victor

P

ODÉON

Montée St.

14

24

Romestang

ODÉON

Montée St. Marcel

16

Rue

D 538 · Z

2 · 29 · a

Cours

Jarret

③ BEAUREPAIRE-D'ISÈRE

e

Pl. P. Sémard

Brillier

POL

D 46

Montée

Coupe

ST-GERVAIS

FORT SAINT-JUST

0 · 200 m

B · C

1275

Voir Omaha Beach : plage du débarquement du 6 juin 1944 E : 2,5 km.

Env. Pointe du Hoc★★ O : 7,5 km – Cimetière de St-Laurent-sur-Mer E : 7,5 km.

Paris 289 – Bayeux 21 – ◆Caen 51 – Carentan 32 – St-Lô 42.

VIERZON 18100 Cher 64 ⑲ ⑳ G. Berry Limousin – 32 235 h alt. 122.

Env. Brinay : fresques★ de l'église SE : 7,5 km par ④ et D 27.

ſ18 de la Picardière ℘ 48 75 21 43, par ②, D 926 puis RF : 8 km.

🛈 Office de Tourisme 26, pl. Vaillant-Couturier ℘ 48 52 65 24, Fax 48 71 62 21.

Paris 210 ① – Bourges 31 ③ – Auxerre 141 ② – Blois 74 ⑤ – Châteauroux 59 ④ – ◆Orléans 86 ① – ◆Tours 116 ⑤.

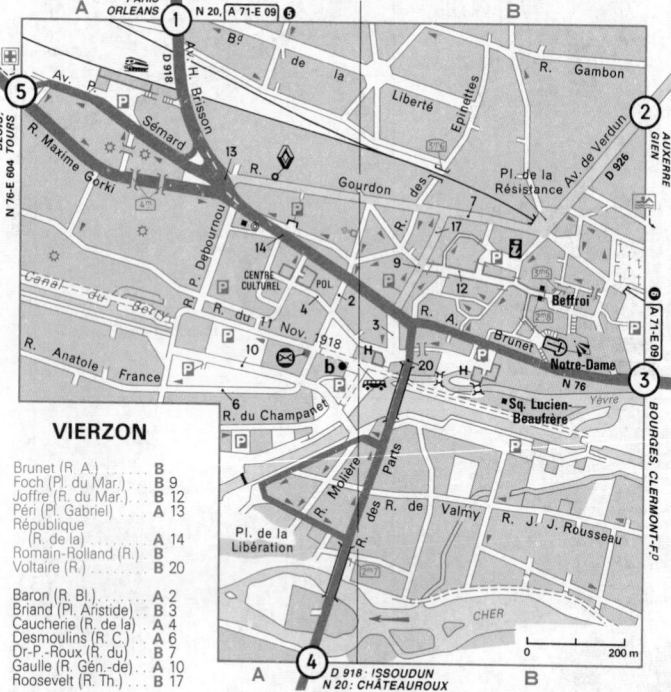

VIERZON

Brunet (R. A.) . . . . . . **B**
Foch (Pl. du Mar.) . . . **B** 9
Joffre (R. du Mar.) . . . **B** 12
Péri (Pl. Gabriel) . . . . **A** 13
République
  (R. de la) . . . . **A** 14
Romain-Rolland (R.) . **B**
Voltaire (R.) . . . . **B** 20

Baron (R. Bl.) . . . . . . **A** 2
Briand (Pl. Aristide) . **B** 3
Caucherie (R. de la) . **A** 4
Desmoulins (R. C.) . . **A** 6
Dr-P.-Roux (R. du) . . **B** 7
Gaulle (R. Gén.-de) . . **A** 10
Roosevelt (R. Th.) . . . **B** 17

🏨 **Continental,** rte Paris par ① : 1,5 km ℘ 48 75 35 22, Fax 48 71 10 39 – |🛗| 📺 ☎ 🚗 🅿 –
🛏 30. 🖭 ⑩ 🆑🇧
Repas snack (dîner seul.) (résidents seul.) carte environ 110 ⅙ – ☲ 28 – **37 ch** 170/255.

🏨 **Arche H.,** Forum République ℘ 48 71 93 10, Fax 48 71 83 63 – |🛗| 📺 ☎ 🕭 🚗 🅿 🖭 ⑩
🆑🇧   A **b**
fermé dim. – **Repas** snack 75 ⅙, enf. 35 – ☲ 28 – **40 ch** 198/350 – ½ P 214/223.

à l'échangeur A 71-Vierzon-Est par ③ : 4 km – ⊠ 18100 Vierzon :

🏨 **Comfort Inn Primevère** Ⓜ, rte de Bourges ℘ 48 75 19 42, Fax 48 75 22 02 – ⅍ ch 📺
☎ 🕭 🅿 – 🛏 25. 🖭 ⑩ 🆑🇧
Repas 81/102 ⅙, enf. 41 – ☲ 30 – **41 ch** 265.

🏨 **Campanile,** rte de Bourges ℘ 48 75 21 44, Fax 48 75 70 63, 🏠 – ⅍ ch 📺 ☎ 🕭 🅿 –
🛏 30. 🖭 ⑩ 🆑🇧
Repas 82 bc/105 bc, enf. 39 – ☲ 30 – **49 ch** 270.

CITROEN S.G.A.V., ZAC échangeur A 71, rte de
Bourges ℘ 48 71 43 22
FORD Gar. Delouche, 50 r. Breton ℘ 48 71 00 32
OPEL ABS Vierzon, 47 av. du 14 juillet
℘ 48 71 87 08
PEUGEOT Paris Garage, 6 av. E.-Vaillant par ①
℘ 48 71 23 56

RENAULT Gar. du Centre, 41 r. Gourdon
℘ 48 71 03 33 🆖 ℘ 05 05 15 15
ROVER Gar. Panarioux, 18 r. Pasteur ℘ 48 75 33 71
VAG Vierzon Ctre Auto, 8 r. Bas de Grange
℘ 48 71 70 61

🛞 Euromaster, 24 r. Pasteur ℘ 48 75 15 02
Pneus Europe Sce, 24 rte de Brinay ℘ 48 75 06 34

VIEUX-BOUCAU-LES-BAINS **40480** Landes 78 ⑯ **G. Pyrénées Aquitaine** – 1 210 h alt. 4.

9 18 de la Côte d'Argent ✆ 58 48 54 65 N par D 652 puis D 117 : 10 km.

Office de Tourisme Le Mail ✆ 58 48 13 47.

Paris 746 – Biarritz 47 – Mont-de-Marsan 85 – ◆Bayonne 37 – Castets 28 – Dax 34 – Mimizan 55.

Côte d'Argent, ✆ 58 48 13 17, Fax 58 48 01 15, – TV ☎ P. GB. ch
fermé 1er oct. au 15 nov. et lundi du 15 nov. au 31 mai – **Repas** 92/170, enf. 55 – 29 – **36 ch** 260/330 – ½ P 270/310.

La Maremne, ✆ 58 48 12 70, – ☎ P. AE GB
20 mars-1er nov. – **Repas** 75/140 – 30 – **34 ch** 250/300 – ½ P 300.

CITROEN Gar. Duchon, ✆ 58 48 10 42
PEUGEOT Gar. Lafarie, ✆ 58 48 10 82
RENAULT Gar. Canicas, ✆ 58 48 15 31

VIEUX-MAREUIL **24340** Dordogne 75 ⑤ **G. Périgord Quercy** – 350 h alt. 125.

Paris 489 – Angoulême 44 – Périgueux 43 – Brantôme 15 – ◆Limoges 89 – Ribérac 32.

Château de Vieux Mareuil M, SE : 1 km par D 939 ✆ 53 60 77 15, Fax 53 56 49 33, ≤, « Demeure du 15e siècle dans un parc », – TV ☎ ♿ P. AE GB. ch
1er avril-30 oct. – **Repas** 130/300 – 60 – **14 ch** 550/950 – ½ P 550/700.

Die im Michelin-Führer
verwendeten Zeichen und Symbole haben –
*dünn oder **fett** gedruckt, in einer Kontrastfarbe oder schwarz –*
jeweils eine andere Bedeutung.
Lesen Sie daher die Erklärungen aufmerksam durch.

VIEUX-MOULIN **60** Oise 56 ③ – rattaché à Compiègne.

VIEUX-VILLEZ **27** Eure 55 ⑰ – rattaché à Gaillon.

VIF **38450** Isère 77 ④ – 5 788 h alt. 300.

Paris 582 – ◆Grenoble 17 – Le Bourg-d'Oisans 45 – Monestier-de-Clermont 16 – Villard-de-Lans 45.

Paix, 10 r. Desaix ✆ 76 72 46 75, Fax 76 72 74 99, , – TV ☎ P. GB
fermé mi-oct. à mi-nov. – **Repas** 75/170 – 30 – **7 ch** 170/250 – ½ P 205/215.

VAG Gar. St-Joseph, ✆ 76 72 66 83

Le VIGAN SP **30120** Gard 80 ⑯ **G. Gorges du Tarn** (plan) – 4 523 h alt. 231.

Voir Musée Cévenol★.

Office de Tourisme pl. Marché ✆ 67 81 01 72, Fax 67 81 86 79.

Paris 703 – ◆Montpellier 62 – Alès 66 – Lodève 51 – Mende 106 – Millau 72 – ◆Nîmes 77.

Commerce sans rest, 26 r. Barris ✆ 67 81 03 28 – ☎ P. GB.
fermé vacances de Toussaint et de Noël – 25 – **15 ch** 90/250.

Le Chandelier, 19 r. Pouzadou ✆ 67 81 17 04 – GB
fermé mars, dim. soir et lundi de sept. à juin – **Repas** 79/125, enf. 55.

au Rey E : 5 km par D 999 – ✉ **30570** Valleraugue :

Château du Rey, ✆ 67 82 40 06, Fax 67 82 47 79, , parc – TV ☎ P. GB
fermé 15 janv. au 28 fév. – ***L'Abeuradou*** ✆ 67 82 49 32 *(fermé dim. soir et lundi sauf juil.-août)* **Repas** 80/180, enf. 45 – 44 – **12 ch** 310/480 – ½ P 339/424.

à Pont d'Hérault E : 6 km par D 999 – ✉ **30570** Valleraugue :

Maurice, ✆ 67 82 40 02, Fax 67 82 46 12, , , – rest TV ☎ P. GB
Repas *(fermé dim. soir hors sais.)* 160/380 – 42 – **18 ch** 240/320 – ½ P 320.

CITROEN Gar. Teissonnière, ✆ 67 81 03 11
PEUGEOT Gar. Arnal, ✆ 67 81 03 77

VIGEOIS **19** Corrèze 75 ⑧ – rattaché à Uzerche.

VIGNOUX-SUR-BARANGEON **18500** Cher 64 ⑳ – 1 844 h alt. 108.

Paris 217 – Bourges 24 – Cosne-sur-Loire 68 – Gien 70 – Issoudun 36 – Vierzon 8.

XXX **Le Prieuré** avec ch, rte St-Laurent (D 30) ✆ 48 51 58 80, Fax 48 51 56 01, , , – TV ☎ P. AE GB
fermé 1er au 7 sept., vacances de fév., mardi soir et merc. sauf hôtel en juil.-août – **Repas** 98 (déj.), 155/240 et carte 250 à 300 – 37 – **7 ch** 320/370 – ½ P 275.

VIGOULET-AUZIL **31** H.-Gar. 82 ⑱ – rattaché à Toulouse.

VIHIERS **49310** M.-et-L. 67 ⑦ – 4 131 h alt. 96.

Paris 333 – Angers 42 – Cholet 28 – Saumur 39.

X **Le Régent,** 2 r. Marquis de Contades ✆ 41 56 12 16 – GB
fermé vacances de fév., dim soir et lundi – **Repas** 57/135.

VILLAGE-NEUF 68 H.-Rhin 66 ⑩ – rattaché à St-Louis.

VILLAINES-LA-JUHEL 53700 Mayenne 60 ⑫ – 3 171 h alt. 189.

Paris 223 – Alençon 31 – ◆ Le Mans 57 – Bagnoles-de-l'Orne 30 – Mayenne 28.

🏠 **Le Jardin Gourmand**, rte Evron ℰ 43 03 22 20, Fax 43 03 38 97 – 📶 🗔 rest 📺 ☎ ⛫ 🅿 –
◆ 🏧 50. 🖭 ⓞ 🖾
Repas (fermé dim. soir) 48/185 🍷 – ☲ 35 – **23 ch** 165/185 – ½ P 200.

VILLANDRAUT 33730 Gironde 79 ① G. Pyrénées Aquitaine – 777 h alt. 31.

Voir Château★ – Collégiale d'Uzeste★ SE : 5 km.

🖪 Office de Tourisme, Hôtel de Ville ℰ 56 25 31 41.

Paris 635 – ◆ Bordeaux 55 – Arcachon 84 – Bazas 13 – Langon 17.

🛏 **Goth**, ℰ 56 25 31 25, Fax 56 25 31 25, 🏡 – ☎. 🖾 🛠 ch
◆ fermé 15 déc. au 15 janv. – **Repas** 70/198, enf. 45 – ☲ 30 – **8 ch** 215/290 – ½ P 235/250.

VILLANDRY 37510 I.-et-L. 64 ⑭ – 776 h alt. 94.

Voir Château★★ : jardins★★★, G. Châteaux de la Loire.

Paris 254 – ◆ Tours 17 – Azay-le-Rideau 11 – Chinon 31 – Langeais 11 – Saumur 53.

🏠 **Cheval Rouge**, ℰ 47 50 02 07, Fax 47 50 08 77 – 🗔 rest ☎ 🅿. 🖾 🛠 ch
fermé 12 fév. au 17 mars et lundi sauf fériés – **Repas** 85/170, enf. 50 – ☲ 35 – **20 ch** 295/305
– ½ P 370/380.

VILLAR-D'ARÈNE 05480 H.-Alpes 77 ⑦ – 178 h alt. 1 650.

Paris 650 – Briançon 36 – Le Bourg-d'Oisans 31 – Gap 124 – La Grave 3 – ◆ Grenoble 81 – Col du Lautaret 8.

🏠 **Le Faranchin**, N 91 ℰ 76 79 90 01, Fax 76 79 92 88, ≤, 🏡 – ☎ 🅿. 🖭 🖾
◆ fermé 21 mai au 15 juin et 3 nov. au 20 déc. – **Repas** 66/120 🍷, enf. 42 – ☲ 35 – **40ch**
150/290 – ½ P 216/265.

VILLARD-DE-LANS 38250 Isère 77 ④ G. Alpes du Nord – 3 346 h alt. 1 023 – Sports d'hiver : 1 150/2 170 m
🚡 2 🎿 34 🎿.

Voir Gorges de la Bourne★★★ – Route de Valchevrière★ O par D 215c.

Env. Grottes de Chorance★ : grotte de Coufin★★ O : 20 km puis 30 mn.

🏌 de Correncon-en-Vercors ℰ 76 95 80 42, S : 6 km par D 215.

🖪 Office de Tourisme pl. Mure-Ravaud ℰ 76 95 10 38, Fax 76 95 98 39.

Paris 594 ① – ◆ Grenoble 34 ① – Die 65 ② – ◆ Lyon 126 ① – Valence 67 ② – Voiron 49 ①.

VILLARD-DE-LANS

*Les plans de villes sont orientés
le Nord en haut.*

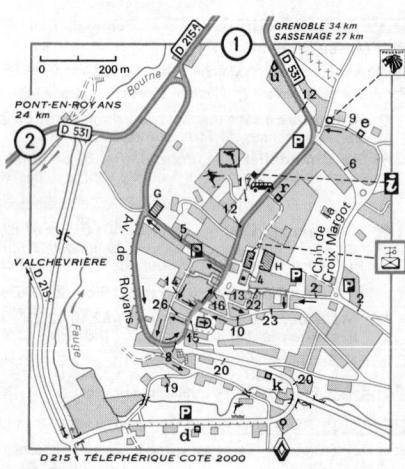

🏠 **Christiania et rest. Le Tétras**, av. Prof. Nobecourt **(k)** ℰ 76 95 12 51, Fax 76 95 00 75,
≤, 🏡, 🛋, 🖫, 🎿 – 📶 📺 ☎. 🖭 ⓞ 🖾 🖾 🛠 rest
24 mai-24 sept. et 15 déc.-Pâques – **Repas** (fermé lundi sauf vacances scolaires) 158/250,
enf. 69 – ☲ 50 – **23 ch** 380/580 – ½ P 450/515.

🏠 **Eterlou** ⑤, **(e)** ℰ 76 95 17 65, Fax 76 95 91 41, ≤, 🛋, 🎿, 🎿 – 📺 ☎ 🅿. 🖭 ⓞ 🖾 🖾
🛠 rest
20 juin-3 Sept. et 20 déc.-30 mars – **Repas** 160/295 – ☲ 40 – **24 ch** 300/850 – ½ P 450/500.

🏠 **Pré Fleuri** ⑤, rte Cochettes **(t)** ℰ 76 95 10 96, Fax 76 95 56 23, ≤, 🎿 – 📺 ☎ 🅿. 🖾
🛠
1er juin-10 oct. et 20 déc.-20 avril – **Repas** 116/200 – ☲ 38 – **20 ch** 330/370 – ½ P 325/330.

⌂ **Georges,** av. Gén. de Gaulle **(u)** ✆ 76 95 11 75, Fax 76 95 92 66, 🏊, 🌳, 🎾 – 📺 ☎ Ⓟ. GB. 🚫 rest
25 mai-25 sept. et 20 déc.-20 avril – **Repas** 90/115 🍷, enf. 60 – ☕ 40 – **20 ch** 260/320 – ½ P 250/280.

⌂ **Villa Primerose** sans rest, quartier Bains **(d)** ✆ 76 95 13 17, ⋖, 🌳 – ☎ Ⓟ. GB
fermé 1er nov. au 20 déc. – ☕ 35 – **18 ch** 220/280.

au Balcon de Villard - rte Côte 2000 SE : 4 km par D 215 et D 215B – ✉ **38250** Villard-de-Lans :

⌂ **Playes** 🕊, ✆ 76 95 14 42, Fax 76 95 58 38, ⋖, ⛱, 🌳, 🎾 – 📺 ☎ Ⓟ. GB. 🚫
25 mai-15 sept. et 20 déc-16 avril – **Repas** 120/175, enf. 50 – ☕ 38 – **20 ch** 220/360 – ½ P 280/320.

à Corrençon-en-Vercors S : 6 km par D 215 alt. 1 110 – ✉ **38250** :

⌂⌂ **du Golf** Ⓜ 🕊, Les Ritons ✆ 76 95 84 84, Fax 76 95 82 85, ⋖, ⛱, 🏊, 🌳 – 📺 ☎ Ⓟ. AE ⊙ GB. 🚫 rest
fermé 1er au 30 nov. et 15 au 30 avril – **Repas** 70 (déj.), 115/170 – ☕ 50 – **8 ch** 520/700, 4 duplex – ½ P 350.

PEUGEOT Gar. Rolland, à la Conterie ✆ 76 95 12 69
RENAULT Gar. Chavernoz, av. Prof. Nobecourt ✆ 76 95 15 61
VAG Stat. des Olympiades, ✆ 76 95 11 49

VILLARD-ST-SAUVEUR 39 Jura [70] ⑮ – rattaché à St-Claude.

VILLARS-LES-DOMBES 01330 Ain [74] ② **G. Vallée du Rhône** – 3 415 h alt. 286.

Voir Vierge à l'Enfant★ dans l'église – Parc ornithologique★ S : 1 km.

⛳18 du Clou ✆ 74 98 19 65, S : 3 km par N 83 ; ⛳18 ⛳18 du Gouverneur ✆ 72 26 40 34, SO : 8 km par D 904 et D 6.

ℹ Office de Tourisme, pl. de la Mairie ✆ 74 98 06 29.

Paris 433 – ◆Lyon 37 – Bourg-en-Bresse 28 – Villefranche-sur-Saône 27.

⌂⌂ **Ribotel,** rte Lyon ✆ 74 98 08 03, Fax 74 98 29 55, ⛱ – ⇅ 📺 ☎ ♿ Ⓟ – 👥 90. AE ⊙ GB
Jean-Claude Bouvier ✆ 74 98 11 91 *(fermé 20 au 24 déc., 27 au 31 déc., dim. soir et lundi)* **Repas** 130/330, enf. 70 – ☕ 38 – **47 ch** 240/280 – ½ P 265.

à Bouligneux NO : 4 km par D 2 – ✉ **01330** :

XX **Aub. des Chasseurs,** ✆ 74 98 10 02, ⛱ – GB
fermé 10 au 18 sept., 20 déc. au 20 janv., mardi soir et merc. – **Repas** 130/320, enf. 90.

X **Host. des Dombes,** ✆ 74 98 08 40, Fax 74 98 16 63, ⛱ – Ⓟ. GB
fermé 30 juin au 10 juil., 15 déc. au 10 janv., mardi soir et merc. – **Repas** 90 (déj.), 120/215 🍷.

VILLARS-SOUS-DAMPJOUX 25190 Doubs [66] ⑱ – 422 h alt. 363.

Paris 480 – ◆Besançon 81 – Baume-les-Dames 42 – Montbéliard 23 – Morteau 48.

XX **Sur les Rives du Doubs,** à Dampjoux S : 1 km ✆ 81 96 93 82, Fax 81 96 46 61, ⋖, ⛱ – Ⓟ. GB. 🚫
fermé 15 déc. au 15 janv., mardi soir et merc. – **Repas** 180/250.

VILLÉ 67220 B.-Rhin [62] ⑧ ⑨ **G. Alsace Lorraine** – 1 550 h alt. 260.

ℹ Office de Tourisme à la Mairie ✆ 88 57 11 57 et pl. Marché (saison) ✆ 88 57 11 69, Fax 88 57 04 54.

Paris 420 – ◆Strasbourg 53 – Lunéville 82 – St-Dié 38 – Ste-Marie-aux-Mines 25 – Sélestat 15.

⌂ **Bonne Franquette,** 6 pl. Marché ✆ 88 57 14 25 – ☎. GB JCB
fermé 22 au 28 nov. et 17 janv. au 22 fév. – **Repas** *(fermé merc. soir et jeudi)* 98/258 🍷 – ☕ 34 – **10 ch** 200/320 – ½ P 240/300.

rte de Sélestat SE : 6 km sur D 424 – ✉ **67730** Châtenois :

XX ❀ **Au Valet de Coeur,** ✆ 88 85 67 51, Fax 88 85 67 84 – Ⓟ. AE ⊙ GB
fermé dim. soir et lundi – **Repas** (nombre de couverts limité - prévenir) 170 (déj.), 200/385 et carte 300 à 400 🍷
Spéc. Saint-Jacques rôties en coquilles (oct. à mars). Poêlée de pigeonneau au miel, sa compote de choux. "Soupe-soufflé" de chocolat caraque, damier au café et pistache. **Vins** Riesling, Tokay-Pinot gris.

CITROEN Gar. Jost, ✆ 88 57 15 44 🄽 ✆ 88 57 12 67

La VILLE-AUX-CLERCS 41160 L.-et-Ch. [64] ⑥ – 1 114 h alt. 143.

Paris 157 – Brou 36 – Châteaudun 27 – ◆Le Mans 73 – ◆Orléans 71 – Vendôme 15.

⌂⌂ **Manoir de la Forêt** 🕊, à Fort-Girard E : 1,5 km par VO ✆ 54 80 62 83, Fax 54 80 66 03, ⋖, ⛱, parc – 📺 ☎ Ⓟ – 👥 30. AE GB
fermé dim. soir d'oct. à mars – **Repas** 145/265 – ☕ 45 – **19 ch** 290/480 – ½ P 450/520.

VILLEBOIS 01790 Ain [74] ③ – 924 h alt. 243.

Paris 476 – Belley 41 – Bourg-en-Bresse 50 – ◆Lyon 61 – Nantua 59.

X **L'Octave,** ✆ 74 36 61 68 – GB
fermé dim. soir et lundi – **Repas** 95/185.

VILLECIEN 89 Yonne [61] ⑭ – rattaché à Joigny.

Paris 789 – Auch 49 – Pau 56 – Aire-sur-l'Adour 65 – Tarbes 26.

XX **Rive Droite,** 𝒫 62 64 83 08, Fax 62 64 84 02, 🍴, 🌳 – 🄰🄴 ⓞ 🇬🇧
　　　fermé 2 au 31 janv., sam. midi et vend. sauf juil.-août – **Repas** 65 (déj.), 100/195.

VILLECROZE 83690 Var 🔢 ⑥ 🔢 ㉑ G. Côte d'Azur – 1 029 h alt. 350.

Voir Belvédère★ N : 1 km.

🄱 Syndicat d'Initiative, Mairie 𝒫 94 70 79 66.

Paris 842 – Aups 8 – Brignoles 37 – Draguignan 21.

XX **Le Colombier,** rte Draguignan 𝒫 94 70 63 23, 🍴 – 🄿. 🇬🇧
　　　fermé 20 nov. au 15 déc. et lundi sauf juil.-août – **Repas** 100/260, enf. 70.

　　au SE : 3,5 km par D 557 et VO – ✉ 83690 Salernes :

X **Au Bien Être** 🍂 avec ch, 𝒫 94 70 67 57, 🍴, 🍹, 🌳 – 📺 ☎ 🄿. 🇬🇧. ❀ ch
　　　fermé vacances de Toussaint et de fév. – **Repas** (fermé dim. soir et lundi sauf juil.-août)
　　　110/168, enf. 50 – ⊑ 45 – **8 ch** 290/330 – ½ P 300.

VILLEDIEU-LES-POÊLES 50800 Manche 🔢 ⑧ G. Normandie Cotentin (plan) – 4 356 h alt. 103.

🄱 Office de Tourisme pl. Costils (mai-nov.) 𝒫 33 61 05 69.

Paris 318 – St-Lô 35 – Alençon 121 – Avranches 22 – ◆Caen 77 – Flers 57.

🏨 **Le Fruitier** Ⓜ, pl. Costils 𝒫 33 90 51 00, Fax 33 90 51 01 – 📳 📺 ☎ ᕦ, 🚗 – 🇬🇧. ❀ ch
◆ 　　　fermé 20 déc. au 3 janv. – **Repas** 75/170, enf. 45 – ⊑ 34 – **38 ch** 200/280, 10 duplex –
　　　½ P 249/272.

🏨 **St-Pierre et St-Michel,** pl. République 𝒫 33 61 00 11, Fax 33 61 06 52 – 📺 ☎ 🚗 –
　　　🖫 80. ⓞ 🇬🇧
　　　fermé 2 au 29 janv. et vend. du 5 nov. au 31 mars – Repas 88 (déj.). 98/215, enf. 45 – ⊑ 35 –
　　　24 ch 250/295 – ½ P 270/300.

XX **Manoir de l'Acherie** 🍂 avec ch, à l'Acherie E : 3,5 km par déviation N 175 et D 554
　　　𝒫 33 51 13 87, Fax 33 61 89 07, « Dans la campagne », 🌳 – 📳 ᕦ, 🄿 – 🖫 100. 🇬🇧
　　　❀
　　　fermé 25 juin au 3 juil., vacances de fév., dim. soir de nov. à mars et lundi sauf le soir en
　　　juil.-août – **Repas** 85/210, enf. 45 – ⊑ 38 – **14 ch** 220/330 – ½ P 300/335.

PEUGEOT Gar. Jouenne, ZA les Monts Havards　　　Gar. Pichon, av. Mar.-Leclerc 𝒫 33 61 06 20
𝒫 33 61 00 35 🄽 𝒫 33 61 09 60
RENAULT Villedieu Garage, rte d'Avranches
𝒫 33 61 00 70

VILLE-EN-TARDENOIS 51170 Marne 🔢 ⑮ G. Champagne – 530 h alt. 147.

Paris 125 – ◆Reims 20 – Châlons-sur-M. 69 – Château-Thierry 39 – Épernay 24 – Fère-en-Tardenois 25 – Soissons 50.

X **Aub. du Postillon,** D 380 𝒫 26 61 83 67 – 🄰🄴
　　　fermé 23 au 29 oct., vacances de fév., mardi soir et merc. – **Repas** 85/220, enf. 45.

VILLEFORT 48800 Lozère 🔢 ⑦ G. Gorges du Tarn – 700 h alt. 605.

Env. Belvédère du Chassezac★★ N : 9 km puis 15 mn – La Garde-Guérin : village fortifié★,
donjon ❋★ N : 8 km par D 906.

🏌 de la Garde-Guérin 𝒫 66 46 81 30, N : 9 km par D 906.

🄱 Office de Tourisme r. Église (juil.-août) 𝒫 66 46 87 30.

Paris 627 – Alès 53 – Aubenas 60 – Florac 66 – Mende 58 – Pont-St-Esprit 89 – Le Puy-en-Velay 86.

🏠 **Balme,** 𝒫 66 46 80 14, Fax 66 46 85 26, 🍴 – ☎ 🚗. 🄰🄴 ⓞ 🇬🇧
　　　fermé 5 au 10 oct., 15 nov. au 31 janv., dim. soir et lundi hors sais. – **Repas** 120/250, enf. 50
　　　– ⊑ 35 – **20 ch** 150/310 – ½ P 230/320.

CITROEN Gar. Bedos, 𝒫 66 46 80 07 🄽 𝒫 66 46 80 07

VILLEFRANCHE-D'ALLIER 03430 Allier 🔢 ⑫ G. Auvergne – 1 360 h alt. 277.

Paris 343 – Moulins 50 – Bourbon-l'Archambault 31 – Montluçon 24 – Montmarault 12.

🏠 **Le Relais Bourbonnais** Ⓜ, 1 r. Gare 𝒫 70 07 40 01, Fax 70 07 48 36, 🍴, 🌳 – 📺 ☎ 🄿.
◆ 　　🇬🇧
　　　fermé 25 sept. au 1er oct., 25 au 31 déc. et dim. soir – **Repas** 65/210 ⅃, enf. 45 – ⊑ 30 –
　　　14 ch 210/260 – ½ P 260.

VILLEFRANCHE-DE-CONFLENT 66500 Pyr.-Or. 🔢 ⑰ G. Pyrénées Roussillon – 261 h alt. 432.

Voir Ville forte★ – Fort Liberia★.

🄱 Office de Tourisme pl. Église 𝒫 68 96 22 96.

Paris 914 – ◆Perpignan 49 – Mont-Louis 30 – Olette 10 – Prades 6 – Vernet-les-Bains 5,5.

XX **Aub. Saint-Paul,** 7 pl. Église 𝒫 68 96 30 95, 🍴 – 🇬🇧
　　　fermé vacances de Toussaint, début janv. au 15 fév., le soir d'oct. à Pâques (sauf vend. et
　　　sam.) et lundi – **Repas** 125/290.

X **Au Grill,** r. St-Jean 𝒫 68 96 17 65 – 🇬🇧
◆ 　　　fermé 11 nov. au 20 déc., 2 janv. au 1er fév., dim. soir et lundi – **Repas** 75/125 ⅃, enf. 42.

Paris 740 – ♦Toulouse 33 – Auterive 26 – Castelnaudary 22 – Castres 56 – Gaillac 87 – Pamiers 40.

à *Gardouch* SO : 2 km – ⊠ 31290 :

※ **La Marotte,** ℰ 61 27 19 46 – ⅋ ⅁⅀. ※
↦ *fermé 3 au 19 juil., 30 août au 6 sept., dim. soir du 15 sept. au 30 mai, mardi soir et merc.* –
Repas 80/180.

PEUGEOT Gar. Chastaing, ℰ 61 81 60 41 🄽   RENAULT Gar. du Marès, ℰ 61 81 60 08
ℰ 61 27 03 31

Voir La Bastide★ : place Notre-Dame★, église Notre-Dame★ – Ancienne chartreuse St-
Sauveur★ par ③.

🇧 Office de Tourisme Promenade Guiraudet ℰ 65 45 13 18, Télex 530315.

Paris 613 ① – Rodez 57 ① – Albi 68 ③ – Cahors 61 ④ – Montauban 73 ④.

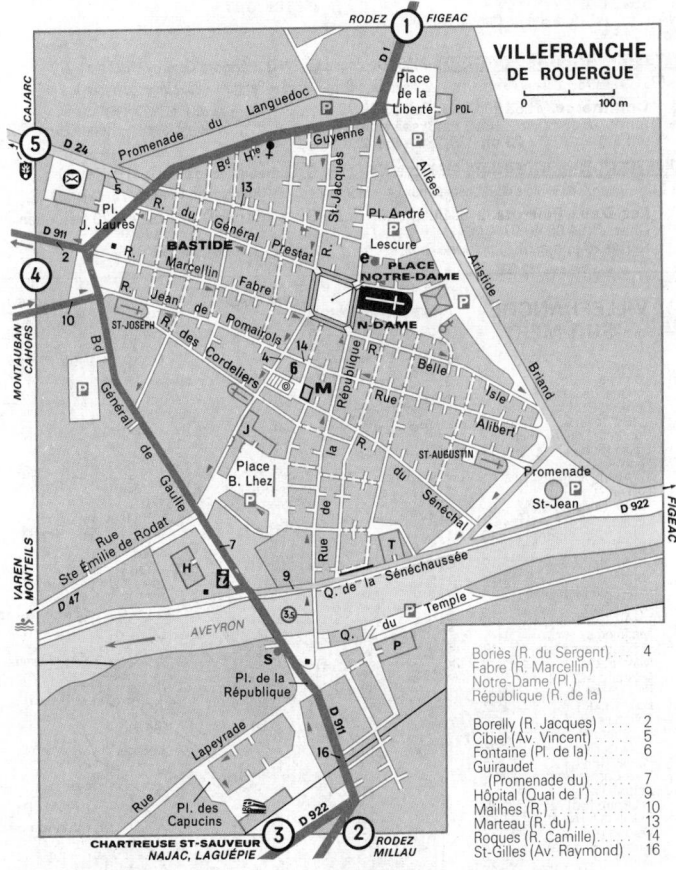

Boriès (R. du Sergent) . . . 4
Fabre (R. Marcellin)
Notre-Dame (Pl.)
République (R. de la)

Borelly (R. Jacques) 2
Cibiel (Av. Vincent) 5
Fontaine (Pl. de la) 6
Guiraudet
  (Promenade du) 7
Hôpital (Quai de l') 9
Mailhes (R.) 10
Marteau (R. du) 13
Roques (R. Camille) 14
St-Gilles (Av. Raymond) . 16

🏨 **Univers** Ⓜ, pl. République (1ᵉʳ étage) **(s)** ℰ 65 45 15 63, Fax 65 45 02 21, ≼ – ▥ ☎ ⇦.
↦ ⅋ ⓞ ⅁⅀
Repas *(fermé 9 au 17 juin, 17 au 24 nov., 7 au 16 janv., vend. soir et sam. sauf du 22 juin au
1ᵉʳ oct.)* 75 bc/295 bc, enf. 60 – ⊈ 36 – **30 ch** 185/350 – ½ P 245/290.

🏨 **Francotel et rest. Le Ranch** Ⓜ, Centre Escale par ① et D1ᴱ : 1 km ℰ 65 81 17 22,
↦ Fax 65 45 56 09, ⅃ – ▯ ⅙↤ ch ▤ ▥ ☎ ⅂ 🄿 – ⅍ 100. ⅋ ⅁⅀
Repas *(fermé dim. soir du 10 sept. au 2 juil.)* 61/105 ⅃, enf. 39 – ⊈ 35 – **43 ch** 240/285 --
½ P 230.

X **Bellevue,** 5 av. du Ségala par ② ✆ 65 45 23 17 – 🚗. GB
fermé 14 au 22 juin, vacances de Toussaint, de fév., mardi soir et merc. de sept. à juin – **Repas** 85/255.

X **L'Assiette Gourmande,** pl. A. Lescure **(e)** ✆ 65 45 25 95, 🏠 – GB
fermé 21 au 28 mai, 25 juin au 2 juil., 3 au 10 sept., mardi soir et merc. soir hors sais. et dim. – **Repas** 60/160 🍷.

au Farrou par ① : 4 km – ✉ 12200 Villefranche-de-Rouergue :

Relais de Farrou M, ✆ 65 45 18 11, Fax 65 45 32 59, 🏠, Ls, 🏊, 🌳, 🎾 – ✕ ch ▤ ch TV ☎ ♿ P – 🏃 25. GB
Repas *(fermé 22 oct. au 6 nov., 22 au 26 déc., 19 fév. au 7 mars, dim. soir et lundi hors sais.)* 112/350 🍷, enf. 65 – ☕ 42 – **25 ch** 305/420 – ½ P 320/350.

CITROEN Gar. Lizouret, rte de Toulonjac par ⑤ ✆ 65 45 01 74
FIAT-LANCIA, MERCEDES Gar. Gaubert, rte de Montauban ✆ 65 45 19 65 N ✆ 65 45 33 11
PEUGEOT Gar. Trébosc, rte de Montauban par ④ ✆ 65 45 59 54
RENAULT S.A.D.A.R., rte de Cahors par ④ ✆ 65 45 21 83

Escoffier Pneus Vulcopneu, av. du 8 Mai 1945 ✆ 65 45 14 67
Escoffier-Pneus Vulcopneu, rte de Toulouse ✆ 65 45 05 44
Euromaster, les Plantades, rte Haute du Farrou ✆ 65 81 10 03

VILLEFRANCHE-DU-PÉRIGORD 24550 Dordogne 75 ⑰ G. Périgord Quercy – 827 h alt. 270.

Paris 573 – Agen 78 – Cahors 40 – Sarlat-la-Canéda 45 – Bergerac 65 – Périgueux 85 – Villeneuve-sur-Lot 49.

Commerce, ✆ 53 29 90 11, Fax 53 29 79 95, 🏠 – ☎ – 🏃 40. AE ⓓ GB
fermé 15 au 30 nov., fév., lundi soir et mardi sauf du 1er juil. au 15 sept. – **Repas** 65 bc/250 🍷, enf. 60 – ☕ 30 – **23 ch** 230/280 – ½ P 250.

VILLEFRANCHE-SUR-CHER 41200 L.-et-Ch. 64 ⑱ G. Châteaux de la Loire – 2 298 h alt. 98.

Paris 213 – Bourges 63 – Blois 48 – Châteauroux 64 – Montrichard 48 – Romorantin-Lanthenay 8 – Vierzon 26.

XX **Les Deux Pierrots,** à St-Julien-sur-Cher, S : 1 km par D 922 ✉ 41320 St-Julien-sur-Cher ✆ 54 96 40 07 – GB
fermé 26 juin au 12 juil., lundi soir et mardi – **Repas** 130/190, enf. 55.

VILLEFRANCHE-SUR-MER

Cauvin (Av. V.) 2
Corderie (Quai de la) 3
Corne-d'Or (Bd de la) 5
Courbet (Quai Amiral) 6
Église (R. de l') 7
Foch (Av. du Maréchal) 8
Gallieni (Av. Général) 9
Gaulle (Av. Général-de) 10
Grande-Bretagne (Av. de) 12
Joffre (Av. du Maréchal) 14
Leclerc (Av. Général) 15
Marinières (Promenade des) 16
May (R. de) 18
Obscure (R.) 19
Paix (Pl. de la) 20
Poilu (R. du) 22
Pollonais (Pl. A.) 24
Ponchardier (Quai Amiral) 25
Poullan (Pl. F.) 26
Sadi-Carnot (Av.) 28
Settimelli-Lazare (Bd) 30
Soleil d'Or (Av. du) 31
Verdun (Av. de) 32
Victoire (R. de la) 34
Wilson (Pl.) 35

Les cartes Michelin sont constamment tenues à jour.

Michelin maps are kept up to date.

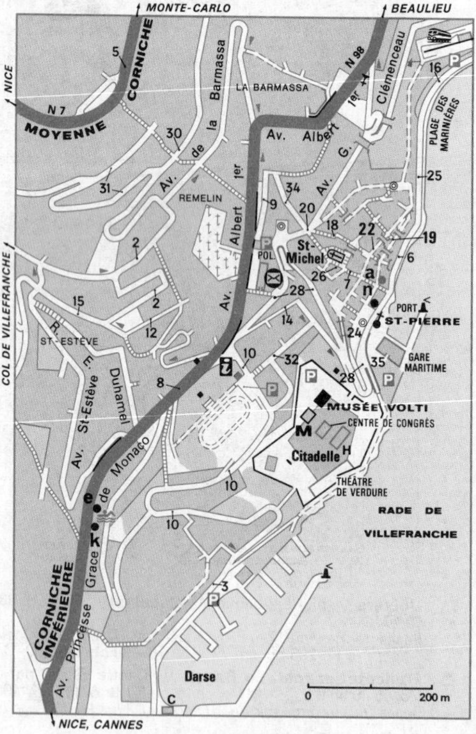

Voir Rade★★ – Vieille ville★ – Chapelle St-Pierre★ – Musée Volti★.

🛈 Office de Tourisme square F.-Binon 🖉 93 01 73 68.

Paris 939 ⑤ – ◆Nice 7 – Beaulieu-sur-Mer 4 ③.

Accès et sorties : Voir plan de Nice.

🏨 **Welcome et rest. St-Pierre,** quai Courbet **(n)** 🖉 93 76 76 93, Fax 93 01 88 81, ≤, 🍽 – 🛗 🗏 ch 📺 ☎. 🖭 ⓪ 🆚 🆎
fermé 15 nov. au 20 déc. – **Repas** *(fermé le midi en juil.-août sauf week-ends et lundi de sept. à juin)* 150/380 – ☑ 45 – **32 ch** 630/820 – ½ P 500/600.

🏨 **Bahia** 🅼, av. Albert 1er par N 98 (N du plan) 🖉 93 01 32 32, Fax 93 01 29 77, ≤, 🍽, « Piscine panoramique » – 🛗 🗏 ch 📺 ☎ ᕒ ⟷ 🅿 – 🔬 50. 🖭 ⓪ 🆚 🆎. ✵ rest
Repas 140/170, enf. 65 – ☑ 65 – **58 ch** 710/1350 – ½ P 545/760.

🏨 **Flore** 🅼, av. Princesse Grace de Monaco **(e)** 🖉 93 76 30 30, Fax 93 76 99 99, ≤, 🍽, ⤱ – 🛗 🗏 📺 ☎ ᕒ ⟷ 🅿. 🖭 ⓪ 🆚. ✵ rest
Le Fleuron (fermé merc. midi d'oct. à juin) **Repas** 130/190, enf. 60 – ☑ 50 – **27 ch** 580/620, 4 duplex – ½ P 375/485.

🏨 **Versailles,** av. Princesse Grace de Monaco **(k)** 🖉 93 01 89 56, Fax 93 01 97 48, ≤ rade, 🍽, ⤱ – 🛗 🗏 ch 📺 ☎ ᕒ. 🖭 ⓪ 🆚
fermé 1er nov. au 31 janv. et lundi d'oct. à juin) 145/255, enf. 100 – ☑ 50 – **49 ch** 600/860 – ½ P 505/615.

🍴 **Mère Germaine,** quai Courbet **(a)** 🖉 93 01 71 39, ≤, 🍽 – 🖭 🆚
fermé 20 nov. au 20 déc. – **Repas** 210/280.

🏌₁₈ du Beaujolais 🖉 74 67 04 44 à Lucenay, 8 km par ④.

🛈 Office de Tourisme avec A.C. 290 rte Thizy 🖉 74 68 05 18.

Paris 434 ⑦ – ◆Lyon 33 ⑤ – Bourg-en-Bresse 51 ③ – Mâcon 41 ⑤ – Roanne 75 ⑥.

VILLEFRANCHE-SUR-SAÔNE

Barbusse (Bd Henri)	CX 2	Berthier (R. Pierre)	DX 7	Maladière (R. de la)	CX 30
Beaujolais (Av. du)	CX 3	Chabert (Ch. du)	CX 12	Nizerand (R. du)	CX 35
		Charmilles (Av. des)	CX 14	Paradis (R. du)	CX 37
		Desmoulins (R. Camille)	DX 17	Pasquier (Bd Pierre)	DX 39
		Joux (Av. de)	DX 25	St-Roch (Montée)	CX 43
		Leclerc (Bd du Gén.)	CX 27	Salengro (Bd Roger)	CX 46
		Libération (Av. de la)	CX 28	Tarare (R. de)	CX 54

Belleville (R. de)	**BY** 5	République (R. de la)	**AZ** 41
Carnot (Pl.)	**BZ** 9	Salengro (Bd Roger)	**AY** 46
Faucon (R. du)	**BY** 19	Savigny (R. J. M.)	**AZ** 47
Fayettes (R. des)	**BZ** 20	Sous-Préfecture (Pl.)	**AZ** 49
Grange-Blazet (R.)	**BZ** 23	Sous-Préfecture (R.)	**AZ** 50
Marais (Pl. des)	**BZ** 32	Stalingrad (R. de)	**BZ** 52

Nationale (R.) ...... **BYZ**

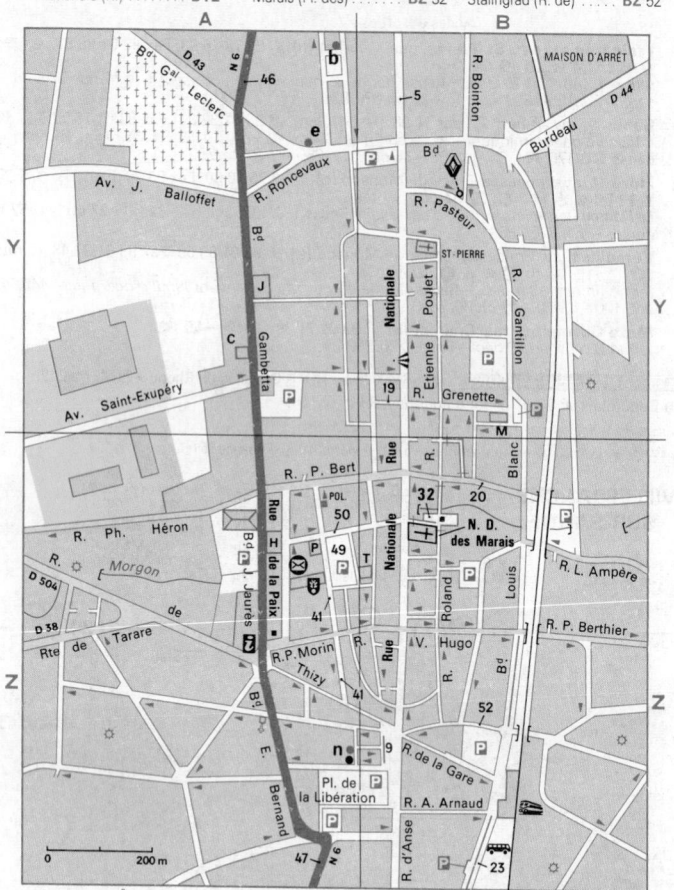

Plaisance, 96 av. Libération ℘ 74 65 33 52, Fax 74 62 02 89 – 📳 📺 ☎ 🚗 – 🔼 50. 🖭
⑩ 🅖🅑
fermé 24 déc. au 1ᵉʳ janv. – voir rest. *La Fontaine Bleue* ci-après – 😐 35 – **68 ch** 290/400.   AZ **n**

Newport Ⓜ, av. de l'Europe Z.I. Nord-Est ℘ 74 68 75 59, Fax 74 09 08 89, 😤 – 📺 ☎ 🕭
🅟 – 🔼 60. 🖭 🅖🅑
Repas *(fermé sam. midi et dim.)* 68/118 🍷 – 😐 28 – **33 ch** 240/265 – ½ P 205.   DX **v**

Ibis Ⓜ, échangeur A 6 (péage Villefranche) ℘ 74 68 22 23, Fax 74 60 41 67, 😤 – 📳
😾 ch 📺 ☎ 🅟 – 🔼 25 à 50. 🖭 🅖🅑 – **Repas** 97 bc, enf. 40 – 😐 35 – **115 ch** 270.   DX **f**

Aub. Faisan-Doré, NE : 2,5 km par bd Burdeau et rte Beauregard ℘ 74 65 01 66,
Fax 74 09 00 81, 😤 – 🅟 🖭 ⑩ 🅖🅑
fermé dim. soir et lundi sauf fériés – **Repas** 145/330 et carte 240 à 400.   DX **u**

Ferme du Poulet avec ch, 180 r. Mangin, Z.I. Nord-Est ℘ 74 62 19 07, Fax 74 09 01 89,
😤 – 📳 🖿 ch 📺 ☎ 🕭 🅟 🖭 🅖🅑
fermé dim. soir – **Repas** 170/380 et carte 280 à 450 – 😐 50 – **9 ch** 290/380.   DX **s**

La Fontaine Bleue, 18 r. J. Moulin ℘ 74 68 10 37, Fax 74 68 70 38, 😤 – 🖿 🅟 🖭 ⑩
🅖🅑 ⌘
fermé 20 déc. au 12 janv., dim. en août et sam. – **Repas** 98/220 et carte 165 à 320 🍷, enf. 50.   AZ **n**

XX **Au Vieux St-Pierre,** 16 pl. Oran ℰ 74 68 34 94, 😤 – Ꜳ ⑩ ☞   AY **b**
→ *fermé lundi soir et mardi soir* – **Repas** 68/130 ⅋, enf. 55.

XX **Le Cèdre,** 196 r. Roncevaux ℰ 74 68 03 69, 😤 – ☞   AY **e**
Repas 85/250 ⅋.

à Beauregard NE : 3 km par D 44 - DX – ✉ **01480** :

XX **Aub. Bressane,** ℰ 74 60 93 92, 😤 – ❷. ☞   DX **r**
→ *fermé nov. et mardi* – **Repas** 75/180, enf. 60.

ALFA ROMEO Gar. Devaux, 361 r. d'Anse
ℰ 74 65 12 00
CITROEN Gar. Thivolle, 695 av. T.-Braun
ℰ 74 65 26 09 🅽 ℰ 74 65 27 10
PEUGEOT Gar. Nomblot, 1193 av. de l'Europe
ℰ 74 65 22 50 🅽 ℰ 72 55 43 44
RENAULT Gar. Longin, 15 r. Bointon ℰ 74 65 25 66

RENAULT Villefranche Autom., 19 av. E.-Herriot à
Limas ℰ 74 65 33 02 🅽 ℰ 74 65 27 10
VAG Gar. de l'Europe, 1050 r. Ampère
ℰ 74 65 50 59

⑩ Euromaster, ZI av. E.-Herriot ℰ 74 65 29 75

VILLEJUIF 94 Val-de-Marne ⑥⑪ ①, ⑩⑪ ㉘ – voir à Paris, Environs.

VILLEMAGNE-L'ARGENTIÈRE 34600 Hérault ⑧③ ④ G. Gorges du Tarn – 365 h alt. 200.
Paris 275 – ◆Montpellier 78 – Bédarieux 8 – Béziers 37 – Lunas 22 – Olargues 24.

X **Aub. de l'Abbaye,** ℰ 67 95 34 84, 😤 – ☞
fermé 15 janv. au 25 fév., dim. soir hors sais. et lundi – **Repas** 98/210.

RENAULT Gar. Pascal, à Hérépian ℰ 67 95 04 87

VILLEMOISSON-SUR-ORGE 91 Essonne ⑥⓪ ⑩, ⑩⑪ ㉟ – voir à Paris, Environs.

VILLEMUR-SUR-TARN 31340 H.-Gar. ⑧② ⑧ G. Pyrénées Roussillon – 4 840 h alt. 99.
Paris 667 – ◆Toulouse 39 – Albi 63 – Castres 72 – Montauban 24.

XXX ✿ **La Ferme de Bernadou** (Voisin), rte Toulouse ℰ 61 09 02 38, Fax 61 35 94 87, ≼, 😤,
parc – ❷. Ꜳ ☞
fermé 2 au 9 janv., vacances de fév., dim. soir et lundi sauf fériés – **Repas** 130/320 et carte
240 à 380, enf. 100
Spéc. "Fabonade" de queues de langoustines en brochettes de romarin (printemps, été). Ris de veau braisé en oreille
de cochon. Colvert au sang, à la presse (saison). **Vins** Côtes du Frontonnais, Gaillac.

au Sud : 5 km par D 14 et VO – ✉ **31340** Villemur sur Tarn :

X **Flambadou,** ℰ 61 09 40 72 – ❷. Ꜳ ☞
fermé 1er au 11 sept., 1er au 10 fév., mardi soir et merc. – **Repas** 85/200, enf. 38.

CITROEN Gar. Vacquie, ℰ 61 09 01 60

PEUGEOT Gar. Terral, à Pechnauquié
ℰ 61 09 00 70

VILLENAUXE-LA-GRANDE 10370 Aube ⑥⑪ ⑤ G. Champagne – 2 135 h.
Voir Déambulatoire★ de l'église.
Paris 106 – Troyes 59 – La Ferté-Gaucher 35 – Nogent-sur-Seine 15 – Romilly-sur-Seine 18 – Sézanne 22.

XX **Le Flaubert** avec ch, pl. Église ℰ 25 21 38 26 – 📺 ☎ &. ☞
→ **Repas** *(fermé dim. soir et lundi sauf fériés)* 75/145 – ⊷ 28 – **12 ch** 160/180 – ½ P 170.

RENAULT Gar. Pautre, ZA le Bassin ℰ 25 21 30 52

VILLENEUVE 04 Alpes-de-H.-P. ⑧① ⑮ – rattaché à Manosque.

VILLENEUVE 12260 Aveyron ⑦⑨ ⑩ G. Gorges du Tarn – 1 891 h alt. 421.
Paris 601 – Rodez 52 – Cahors 60 – Figeac 25 – Villefranche-de-Rouergue 11.

☆ **Poste,** ℰ 65 81 62 13, 😤 – ☎ ⇌
→ *fermé 15 déc. au 15 janv.* – **Repas** 65 bc/150 bc – ⊷ 25 – **14 ch** 120/230 – ½ P 160/180.

VILLENEUVE D'ASCQ 59 Nord ⑤① ⑯, ⑪⑪ ㉓ – rattaché à Lille.

VILLENEUVE-DE-MARSAN 40190 Landes ⑧② ① ② – 2 107 h alt. 90.
Paris 702 – Mont-de-Marsan 18 – Aire-sur-l'Adour 21 – Auch 89 – Condom 63 – Roquefort 16.

🏯 ✿ **Francis Darroze** Ⓜ ⩔, ℰ 58 45 20 07, Fax 58 45 82 67, 😤, ⌦, ☞ – 📺 ☎ ❷ – 🔏 25.
Ꜳ ☞ ☞ ᴊᴄв
fermé dim. soir et lundi sauf de juil. à sept. – **Repas** 180/380 et carte 330 à 470 – ⊷ 70 –
17 ch 500/750, 3 appart – ½ P 750/850
Spéc. Foie gras frais de canard. Perdreau farci de foie gras et de lard (oct. à déc.). Parfait glacé Darroze. **Vins** Madiran.

🏠 **Europe** ⩔, ℰ 58 45 20 08, Fax 58 45 34 14, 😤, ⌦, ☞ – 📺 ☎ ❷. Ꜳ ⑩ ☞ ᴊᴄв
Repas 130/300 – ⊷ 45 – **12 ch** 280/420 – ½ P 250/465.

CITROEN Gar. Roumégnoux, ℰ 58 45 22 05

Paris 878 – Font-Romeu-Odeillo-Via 14 – Ax-les-Thermes 48 – Bourg-Madame 6 – Perpignan 102 – Prades 59.

🏠 **Relais du Belloch**, ℘ 68 30 07 24, ≼, 🛲 – 📺 ☎ 🅿. GB
↦ fermé 1ᵉʳ nov. au 20 déc. – **Repas** 68/130, enf. 45 – 🖵 28 – **24 ch** 195/263 – ½ P 210/225.

VILLENEUVE-LA-GARENNE 92 Hauts-de-Seine 🔢 ⑳, 🔢 ⑮ – voir à Paris, Environs.

VILLENEUVE-LA-SALLE 05 H.-Alpes 🔢 ⑧ ⑱ – voir à Serre-Chevalier.

VILLENEUVE-LE-COMTE 77174 S.-et-M. 🔢 ② 🔢 ⑳ – 1 297 h alt. 126.
Paris 40 – Lagny-sur-Marne 12 – Meaux 18 – Melun 37.

XXX **Bonne Marmite**, 15 r. Gén. de Gaulle ℘ (1) 60 43 00 10, Fax (1) 60 43 11 01, 🏠, 🛲 – 🅿. 🖭 🕦 GB
fermé 7 au 24 août, vacances de fév., mardi et merc. – **Repas** 150/310 et carte 260 à 370, enf. 85.

VILLENEUVE-LÈS-AVIGNON 30400 Gard 🔢 ⑪ ⑫ G. Provence (plan) – 10 730 h alt. 24.
Voir Fort St-André⋆ : ≼⋆⋆ AV – Tour Philippe-le-Bel ≼⋆⋆ AV – Vierge en ivoire⋆⋆ et couronnement de la Vierge⋆⋆ au musée municipal AV **M** – Chartreuse du Val-de-Bénédiction⋆ AV.
🖪 Office de Tourisme 1 pl. Ch.-David ℘ 90 25 61 33, Fax 90 25 91 55 et en saison : 58 r. de la République ℘ 90 25 61 55.
Paris 684 ② – Avignon 5 – Nîmes 45 ⑥ – Orange 22 ⑦ – Pont-St-Esprit 41 ⑥.

Plan : voir à Avignon.

🏛 ❀ **Le Prieuré** 📎, 7 pl. Chapître ℘ 90 25 18 20, Fax 90 25 45 39, 🏠, parc, « Jardins et terrasse ombragés », 🏊, 🎾 – 📳 🖷 📺 ☎ 🅿 – 🚣 50. 🖭 🕦 GB. 🎇 rest   AV t
18 mars-2 nov. – **Repas** 195/450 et carte 270 à 530 – 🖵 80 – **26 ch** 550/1200, 10 appart
Spéc. Paillasson de langoustines aux herbes fraîches. Agneau de pays à la fleur de thym. Chariot de pâtisseries. Vins Laudun, Lirac.

🏛 **La Magnaneraie** 🖹 📎, 37 r. Camp de Bataille ℘ 90 25 11 11, Fax 90 25 46 37, 🏠, « Beaux aménagements dans une ancienne demeure du 15ᵉ siècle », 🏊, 🛲, 🎾 – 📳 🖷 📺
☎ 🅿 – 🚣 25. 🖭 🕦 GB 🔤   AV b
Repas 170/450 – 🖵 70 – **25 ch** 600/1000 – ½ P 670/820.

🏠 **Atelier** sans rest, 5 r. Foire ℘ 90 25 01 84, Fax 90 25 80 06, « Maison du 16ᵉ siècle, patio » – 📺 ☎. 🖭 🕦 GB – fermé mi-nov. à mi-déc. – 🖵 36 – **19 ch** 240/450.   AV e

XXX **Aubertin**, 1 r. de l'Hôpital ℘ 90 25 94 84, Fax 90 26 30 71 – 🗏. 🖭 GB   AV n
fermé 15 au 30 nov., dim. soir et lundi sauf juil.-août – **Repas** 150 bc/295 et carte 250 à 330.

X **Le St-André**, 4bis Montée du Fort ℘ 90 25 63 23 – GB   AV u
fermé 15 au 29 fév., le midi en juil., mardi midi et lundi – **Repas** 120/150.

VILLENEUVE-LOUBET 06270 Alpes-Mar. 🔢 ⑨ 🔢 ㉕ G. Côte d'Azur – 11 539 h alt. 11.
Voir Musée de l'Art culinaire⋆ (fondation Auguste Escoffier) Y **M2**.
🖪 Office de Tourisme, pl. de Verdun ℘ 93 20 20 09, Fax 93 20 16 49.
Paris 920 ⑤ – Cannes 20 ⑤ – ✦Nice 14 ③ – Antibes 10 ④ – Cagnes-sur-Mer 3 ③ – Grasse 21 ⑥ – Vence 12 ①.

Voir plan de Cagnes-sur-Mer-Villeneuve-Loubet.

🏛 **Hamotel** 📎 sans rest, Hameau du Soleil, rte La Colle-sur-Loup ℘ 93 20 86 60, Fax 93 73 33 94 – 📳 📺 ☎ 🖚 🅿 – 🚣 25. 🖭 🕦 GB 🔤
🖵 40 – **30 ch** 360/430.

🏛 **Green Sea** 🖹, S : 1 km sur D 2 ℘ 93 22 47 39, Fax 93 22 91 94, 🏠, 🏊 – 📳 ❄ ch 🗏 📺
☎ 🅿 – 🚣 60. 🖭 GB   Y m
Repas snack (dîner seul.) 98 🍷 – 🖵 38 – **55 ch** 420/470 – ½ P 340.

🏛 **Aub. Franc-Comtoise** 📎, Grange Rimade, rte La Colle-sur-Loup ℘ 93 20 97 58, Fax 92 02 74 76, 🏠, 🏊, 🛲 – 📳 🖷 📺 ☎ 🅿. GB. 🎇 ch
fermé 20 oct. au 17 nov., 6 au 20 janv. et merc. d'oct. à juin – **Repas** 135/150 – 🖵 20 – **30 ch** 320/360 – ½ P 305.

X **Mail-Post**, 12 av. Libération ℘ 93 20 89 53 – 🗏. GB   Y u
fermé 13 mars au 8 avril, 25 sept. au 28 oct. et mardi midi de mai à sept. – **Repas** 98/138.

à Villeneuve-Loubet-Plage :

🏛 **Bahia** sans rest, rte bord de mer ℘ 93 20 21 21, Fax 93 20 96 96, 🏊, 🏖 – 📳 🗏 📺 ☎
🖚 🅿. 🖭 🕦 GB 🔤   Z a
1ᵉʳ mars-30 sept. – **48 ch** 🖵 534/828.

🏛 **Le Galoubet** 🖹 📎 sans rest, 174 av. Castel ℘ 92 13 59 00, Fax 92 13 59 29, 🏊, 🛲 – 📺
☎ 🅿 – 🚣 35. 🖭 GB. 🎇   Z s
🖵 40 – **22 ch** 400/450.

🏠 **Syracuse** sans rest, av. Batterie ℘ 93 20 45 09, Fax 93 20 29 30, ≼, 🏖 – 📳 cuisinette 📺
☎ 🅿. 🖭 GB   Z x
fermé fin déc. à fin janv. – 🖵 39 – **27 ch** 330/540.

MERCEDES Succursale, av. Baumettes RN 7 ℘ 93 73 06 11 🅽 ℘ 05 24 24 30

VILLENEUVE-SUR-LOT SP **47300** L.-et-G. 79 ⑤ **G. Pyrénées Aquitaine** – 22 782 h alt. 55.

de Castelnaud ✆ **53 01 74 64, par ① N 21 : 12,5 km.**

Office de Tourisme 1 bd République ✆ 53 36 17 30.

Paris 605 ① – Agen 31 ⑤ – Bergerac 60 ① – ♦Bordeaux 143 ⑥ – Brive-la-Gaillarde 144 ③ – Cahors 74 ③ – Libourne 116 ⑥ – Mont-de-Marsan 124 ⑥ – Pau 185 ⑥.

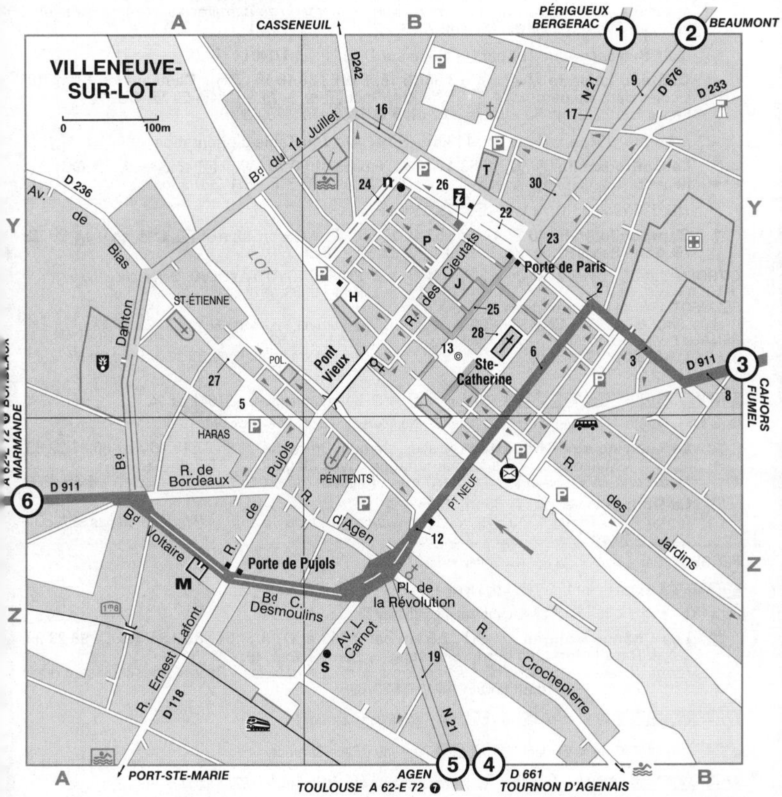

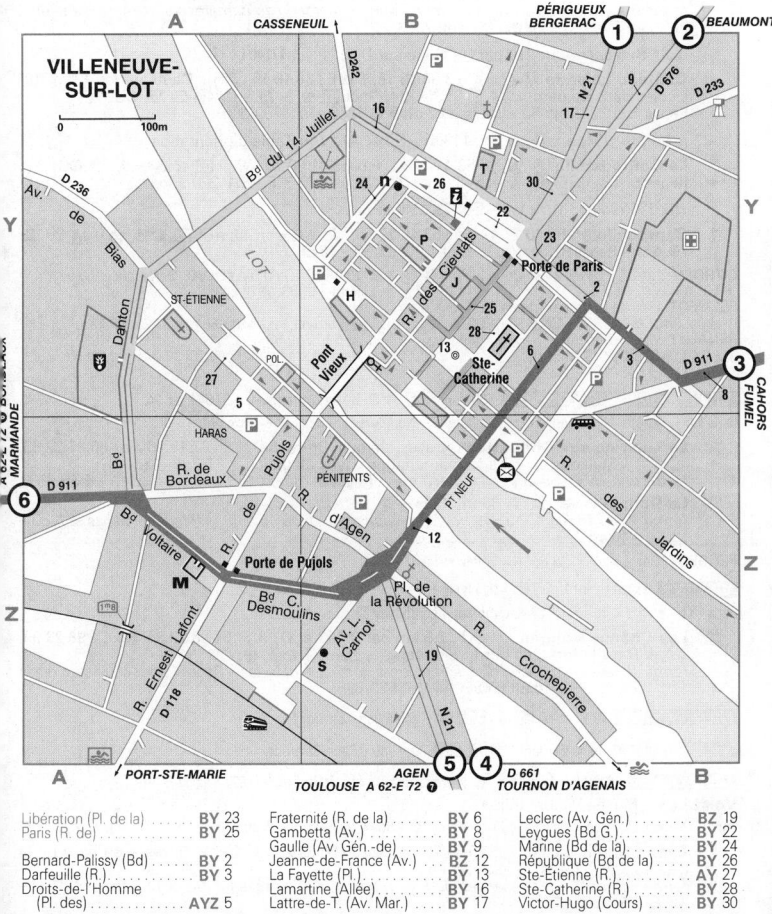

Libération (Pl. de la) .... **BY** 23
Paris (R. de) .... **BY** 25

Bernard-Palissy (Bd) ...... **BY** 2
Darfeuille (R.) .... **BY** 3
Droits-de-l'Homme (Pl. des) .... **AYZ** 5
Fraternité (R. de la) .... **BY** 6
Gambetta (Av.) .... **BY** 8
Gaulle (Av. Gén.-de) .... **BY** 9
Jeanne-de-France (Av.) ... **BZ** 12
La Fayette (Pl.) .... **BY** 13
Lamartine (Allée) .... **BY** 16
Lattre-de-T. (Av. Mar.) .... **BY** 17
Leclerc (Av. Gén.) .... **BZ** 19
Leygues (Bd G.) .... **BY** 22
Marine (Bd de la) .... **BY** 24
République (Bd de la) ..... **BY** 26
Ste-Étienne (R.) .... **AY** 27
Ste-Catherine (R.) .... **BY** 28
Victor-Hugo (Cours) ...... **BY** 30

La Résidence sans rest, 17 av. L. Carnot ✆ 53 40 17 03, Fax 53 01 57 34 – TV ☎ . GB — BZ **s**
☕ 28 – **18 ch** 125/285.

Les Platanes sans rest, 40 bd Marine ✆ 53 40 11 40, Fax 53 70 71 95 – TV ☎. GB
fermé 23 déc. au 3 janv. – ☕ 24 – **21 ch** 100/230. — BY **n**

XXX **Host. du Rooy,** chemin de Labourdette par ④ ✆ 53 70 48 48, Fax 53 49 17 74, , parc – P. AE GB
fermé 1er au 8 mai, 1er au 7 janv., dim. soir et lundi sauf fériés – **Repas** 125/275 et carte 220 à 300, enf. 75.

à Pujols SO : 4 km par D 118 et C 207 - AZ – 3 608 h. – ✉ **47300** :

Voir ≤★.

Chênes sans rest, ✆ 53 49 04 55, Fax 53 49 22 74, ≤, – TV ☎ P – 25. AE GB
☕ 45 – **20 ch** 230/390.

XXX ❀ **La Toque Blanche** (Lebrun), ℰ 53 49 00 30, Fax 53 70 49 79, ≼, 🏠 – ▤ 🅿 🖭 ⓞ 🎦
*fermé 26 juin au 10 juil., 27 nov. au 4 déc., vacances de fév., lundi sauf le soir en août et
dim. soir* – **Repas** 145/450 et carte 320 à 480, enf. 80
Spéc. Escalope de foie gras de canard à l'échalote et vinaigre de Xérès. Pomme de ris de veau rôtie, sauce aux truffes.
Pigeon en cocotte aux choux. **Vins** Buzet, Côtes de Duras.

XX **Aub. Lou Calel,** ℰ 53 70 46 14, Fax 53 70 49 79, ≼ Villeneuve, 🏠 – 🎦
*fermé 6 au 14 juin, 3 au 18 janv., merc. midi et mardi en août, mardi soir et merc. de sept. à
juil. sauf fêtes* – **Repas** 85/200, enf. 70.

à St-Sylvestre-sur-Lot par ③ : 9 km sur D 911 – ⊠ **47140** :

🏰 **Château Lalande** Ⓜ ⏚, ℰ 53 36 15 15, Fax 53 36 15 16, 🏠, « Château des 13ᵉ et 18ᵉ
siècles dans un parc », ⅙, 🏊, ※ – 📶 ▤ rest 🖭 ☎ ዼ 🅿 – 🔏 40. 🖭 ⓞ 🎦. ✻
Repas 190/320, enf. 80 – ☑ 75 – **22 ch** 850/1200 – ½ P 690/865.

à Penne-d'Agenais par ④ : 11 km – ⊠ **47140** : **Voir** Table d'orientation ≼★.

🏠 **Le Compostelle** Ⓜ ⏚, ℰ 53 41 12 41, Fax 53 41 00 20, 🏠 – 🖭 ☎ ዼ – 🔏 30. 🎦
▪ **Repas** 55 (déj.), 75/180 ⅚, enf. 45 – ☑ 32 – **26 ch** 275/315 – ½ P 220/235.

rte d'Agen par ⑤ : 3 km – ⊠ **47300** Villeneuve-sur-Lot :

🏠 **Campanile,** ℰ 53 40 27 47, Fax 53 40 27 50, 🏠 – ⅙ ch, ▤ rest 🖭 ☎ ዼ 🅿 – 🔏 25. 🖭
ⓞ 🎦 – **Repas** 82 bc/105 bc, enf. 39 – ☑ 30 – **46 ch** 270.

CITROEN S.A.L.G., 28 av. J.-Bordeneuve par ⑥
ℰ 53 01 58 01
PEUGEOT Gar. de Bordeaux, rte de Bordeaux à
Bias par ⑤ ℰ 53 40 56 05 Ⓝ ℰ 53 01 90 55
RENAULT Villeneuve-Auto, 33 av. d'Agen par ⑤
ℰ 53 40 55 55 Ⓝ ℰ 53 40 55 55

ROVER, TOYOTA, VOLVO Gar. Franco, 68 av. de
Fumel ℰ 53 70 14 54

🅦 Euromaster, rte de Fumel, ZAC de Parasol
ℰ 53 70 12 57
Stat. Moderne du Pneu, 13 av. J.-Bordeneuve
ℰ 53 70 65 75

VILLENEUVE-SUR-YONNE 89500 Yonne 🗟 ⑭ G. Bourgogne (plan) – 5 054 h alt. 74.

Paris 135 – Auxerre 44 – Joigny 17 – Montargis 48 – Nemours 58 – Sens 13 – Troyes 41.

XX **La Lucarne aux Chouettes** ⏚ avec ch, quai Bretoche ℰ 86 87 18 26, Fax 86 87 22 63,
▪ ≼, 🏠, « Maisons du 17ᵉ siècle aménagées avec élégance » – 🖭 ☎. 🎦
fermé fév., dim. soir et lundi d'oct. à mai – **Repas** 98 (déj.), /158, enf. 60 – ☑ 45 – **4 ch** 650.

XX **Le Dauphin** avec ch, ℰ 86 87 18 55 – ☎. ✻
fermé 1ᵉʳ au 15 mars, 2 au 16 nov., dim. soir et lundi du 15 sept. à Pâques – **Repas** 98/250 –
☑ 40 – **10 ch** 250/580 – ½ P 350/420.

PEUGEOT Gar. Lesellier, 23 fg St-Nicolas ℰ 86 87 04 24

VILLENY 41220 L.-et-Ch. 🔢 ⑧ – 324 h alt. 131.

Paris 163 – ♦ Orléans 38 – Blois 37 – Romorantin-Lanthenay 33.

🏰 **Les Chênes Rouges** ⏚, SO : 2,5 km par D 113 et D 18 ℰ 54 98 23 94, Fax 54 98 23 99,
🏠, « Dans la forêt, en bordure d'étang », 🏊 – 🖭 ☎ ዼ 🅿. 🎦
fermé 1ᵉʳ fév. au 15 mars, dim. soir et lundi hors sais. et fériés – **Repas** (dîner seul. sauf dim.)
170/185 – ☑ 75 – **10 ch** 550/800 – ½ P 530/625.

VILLEPARISIS 77 S.-et-M. 🗟 ⑫, 🔢 ⑲ – voir à Paris, Environs.

VILLEPINTE 93 Seine-St-Denis 🗟 ⑪, 🔢 ⑧ – voir à Paris, Environs.

VILLEQUIER 76490 S.-Mar. 🗟 ⑤ G. Normandie Vallée de la Seine – 822 h alt. 60.

Voir Site★ – Musée Victor-Hugo★.

Paris 172 – ♦ Le Havre 50 – Lillebonne 13 – ♦ Rouen 39 – Bourg-Achard 29 – Yvetot 16.

X **Grand Sapin** avec ch, ℰ 35 56 78 73, Fax 35 95 69 27, ≼, 🏠, « Terrasse au bord de la
▪ Seine », 🚤 – 🖭 🅿 🅿. 🎦. ✻ ch
fermé 15 au 30 nov., vacances de fév., mardi soir et merc. sauf juil.-août – **Repas** 65/190 –
☑ 25 – **5 ch** 250/300.

VILLERAY 61 Orne 🗟 ⑮ – rattaché à Nogent-le-Rotrou.

VILLERÉAL 47210 L.-et-G. 🗟 ⑤ G. Pyrénées Aquitaine – 1 195 h alt. 120.

🖪 Syndicat d'Initiative pl. de la Halle ℰ 53 36 09 65.

Paris 575 – Agen 61 – Bergerac 35 – Cahors 75 – Marmande 57 – Sarlat-la-Canéda 64 – Villeneuve-sur-Lot 30.

🏠 **Lac** ⏚, rte Issigeac ℰ 53 36 01 39, 🏊 – ☎ 🅿. 🎦
▪ *hôtel : 1ᵉʳ mai-30 sept. ; rest : fermé le midi sauf du 14 juil. au 15 août* – **Repas** 80/130,
enf. 45 – ☑ 35 – **26 ch** 220/240 – ½ P 220/230.

VILLEREST 42 Loire 🗟 ⑦ – rattaché à Roanne.

VILLEROY 89 Yonne 🗟 ⑬ – rattaché à Sens.

VILLERS-BOCAGE 14310 Calvados 🗟 ⑮ G. Normandie Cotentin – 2 845 h alt. 140.

🖪 Syndicat d'Initiative pl. Gén.-de-Gaulle (15 juin-15 sept.) ℰ 31 77 16 14.

Paris 267 – ♦ Caen 26 – Argentan 71 – Avranches 73 – Bayeux 26 – Flers 42 – Saint-Lô 36 – Vire 34.

XXX **Trois Rois** avec ch, ✆ 31 77 00 32, Fax 31 77 93 25, ☞ – 📺 ☎ 🅿. 🆎 ⑩ GB
fermé 27 juin au 3 juil., janv., dim. soir et lundi sauf fériés – **Repas** 125/300 et carte 220 à 310
– ☖ 40 – **14 ch** 200/400.

CITROEN Gar. Breville, ✆ 31 77 17 98

VILLERS-COTTERÊTS 02600 Aisne 🗺️🗺️ ③ G. Flandres Artois Picardie – 8 867 h alt. 133.

Voir Forêt de Retz★ E par D 973.

Env. La Ferté-Milon : château★ (bas-reliefs★), vitraux★ de l'église St-Nicolas, musée Jean-
Racine, S : 9,5 km – Abbaye de Lieu-Restauré : rose★ de l'église, O : 9 km.

🅱 Office de Tourisme 2 pl. A.-Briand ✆ 23 96 30 03.

Paris 78 – Compiègne 31 – Laon 59 – Meaux 41 – Senlis 36 – Soissons 22.

🏨 **Régent** sans rest, 26 r. Gén. Mangin ✆ 23 96 01 46, Fax 23 96 37 57, « Ancien relais de
poste du 18ᵉ siècle » – 📺 ☎ 🅿. 🆎 ⑩ GB
☖ 30 – **17 ch** 215/375.

X **L'Orthographe**, 63 r. Gén. Leclerc ✆ 23 96 30 84, Fax 23 96 82 71 – GB
fermé 31 juil. au 14 août, 16 au 22 janv., dim. soir et lundi – **Repas** 120/180.

X **Commerce**, 17 r. Gén. Mangin ✆ 23 96 19 97, Fax 23 96 43 72, ☞ – GB
→ *fermé 16 au 30 août, 16 janv. au 6 fév., dim. soir et lundi* – **Repas** (dim. prévenir) 80/130, enf. 45.

à Coeuvres-et-Valsery NO : 12,5 km par D 81 et D 811 – ✉ 02600 Villers-Cotterets :

X **Aub. de la Couronne,** ✆ 23 55 83 83 – GB
fermé 3 juil. au 3 août, 7 au 15 janv., dim. soir et lundi sauf fériés – **Repas** 130 et carte 160 à
260.

CITROEN Gar. des Sablons, 52 av. de la Ferté Milon
✆ 23 96 04 96
PEUGEOT Gar. Féry, 75 r. Gén.-Leclerc
✆ 23 96 19 64 🆖 ✆ 23 96 19 64
VAG Vag France Sces, rte de la Ferté-Milon
✆ 23 73 51 40

🅜 Euromaster, 6 r. V.-Hugo ✆ 23 96 13 64
Hurand Pneu-Vulcopneu, av. de la Ferté-Milon
✆ 23 96 13 84

CONSTRUCTEUR : V.A.G-France, à Pisseleux, par av. de la Gare ✆ 23 96 08 03

VILLERSEXEL 70110 H.-Saône 🗺️🗺️ ⑥ ⑦ – 1 460 h alt. 265.

Paris 394 – ◆Besançon 64 – Belfort 38 – Lure 18 – Montbéliard 31 – Vesoul 27.

🏨 **Terrasse,** rte Lure ✆ 84 20 52 11, Fax 84 20 56 90, ☞, ☞ – 📺 ☎ 🅿. GB
→ *fermé 15 déc. au 2 janv., vend. soir et dim. soir hors sais.* – **Repas** 62/250 ⅃, enf. 40 – ☖ 28 –
15 ch 200/280 – ½ P 200/240.

XX **Commerce** avec ch, ✆ 84 20 50 50, Fax 84 20 59 57, ☞ – 📺 ☎ ⊜ 🅿. GB
→ *fermé 8 au 15 oct. et 1ᵉʳ au 15 janv.* – **Repas** (fermé dim. soir) 56/260 ⅃, enf. 38 – ☖ 30 –
17 ch 170/240 – ½ P 185/220.

VILLERS-LE-LAC 25130 Doubs 🗺️ ⑦ G. Jura – 4 203 h alt. 746.

Voir Saut du Doubs★★★ NE : 5 km – Lac de Chaillexon★ NE : 2 km.

🅱 Syndicat d'Initiative r. Berçot (juin-sept. et vacances scolaires) ✆ 81 68 00 98.

Paris 478 – ◆Besançon 69 – ◆Basel 123 – La Chaux-de-Fonds 16 – Morteau 6 – Pontarlier 37.

🏨 ❀ **France** (Droz), 8 pl. Cupillard ✆ 81 68 00 06, Fax 81 68 09 22 – 📺 ☎ ⊜ – 🔌 30. 🆎 ⑩
GB
fermé 20 déc. au 1ᵉʳ fév. – **Repas** (fermé dim. et lundi) 160/450 et carte 270 à 350 ⅃ – ☖ 50 –
14 ch 280/300 – ½ P 300/320
Spéc. Escargots "Petits Gris" à l'infusion d'absinthe. Daurade à l'encre de seiche et crêtes de coq. Ragoût de joues de
porc aux fèves. **Vins** Arbois-Savagnin, Arbois rouge.

PEUGEOT Gar. Franco Suisse, Les Terres Rouges ✆ 81 68 03 47 🆖 ✆ 81 68 03 47

VILLERS-LES-POTS 21 Côte-d'Or 🗺️🗺️ ⑬ – rattaché à Auxonne.

VILLERS-SUR-MER 14640 Calvados 🗺️🗺️ ③ G. Normandie Vallée de la Seine – 2 019 h alt. 38 – Casino.

🅱 Office de Tourisme pl. Mermoz (vacances scolaires, fin mars-15 nov.) ✆ 31 87 01 18.

Paris 213 – ◆Caen 40 – ◆Le Havre 83 – Cabourg 11 – Deauville 7 – Lisieux 31 – Pont-l'Évêque 18.

🏨 **Bonne Auberge,** ✆ 31 87 04 64 – 📺 ☎ 🅿. GB
fin mars-fin sept. et week-ends d'oct. à janv. – **Repas** 105/180 – **16 ch** ☖ 355/505 –
½ P 325/383.

PEUGEOT Gar. du Méridien, ✆ 31 87 02 13

VILLEURBANNE 69 Rhône 🗺️ ⑪ ⑫ – rattaché à Lyon.

VILLIÉ-MORGON 69910 Rhône 🗺️ ① – 1 522 h alt. 290.

Paris 414 – Mâcon 21 – ◆Lyon 55 – Villefranche-sur-Saône 22.

🏨 **Le Villon** 🅜, ✆ 74 69 16 16, Fax 74 69 16 81, ☞, ⊿, ☞, ✵ – 📺 ☎ & 🅿 – 🔌 40. GB
fermé 19 déc. au 22 janv., dim. soir et lundi d'oct. à avril – **Repas** 113/215 – ☖ 38 – **45 ch**
270/370 – ½ P 305.

🛏 **Parc** sans rest, ℰ 74 04 22 54 – ☎
fermé merc. – ⌂ 30 – **8 ch** 130/170.

PEUGEOT Gar. Granger, ℰ 74 04 23 24 🆘 ℰ 74 04 23 24

VILLIERS-LE-BÂCLE 91 Essonne 🗺 ⑩, 🗺 ㉓ – voir à Paris, Environs.

VIMOUTIERS 61120 Orne 🗺 ⑬ G. Normandie Vallée de la Seine – 4 723 h alt. 100.

🅱 Office de Tourisme 10 av. Gén.-de-Gaulle ℰ 33 39 30 29.

Paris 184 – ♦Caen 59 – L'Aigle 44 – Alençon 66 – Argentan 31 – Bernay 37 – Falaise 37 – Lisieux 27.

🏨 **H. Escale du Vitou** ⤴, centre de loisirs, rte Argentan : 2 km par D 916 ℰ 33 39 12 04,
Fax 33 36 13 34, ≤, 🍽, parc, ✗ – ⎙ ☎ Ⓟ – 🔬 25 à 80. 🆖
Le Vitou ℰ 33 39 12 37 *(fermé 8 au 31 janv., dim. soir et lundi sauf juil.-août)* **Repas**
75/180, 🍴, enf. 45 – ⌂ 39 – **17 ch** 200/250 – ½ P 190/210.

CITROEN Gar. Goubin, 8 av. Foch ℰ 33 39 01 95   RENAULT Gar. Letourneur, 17 r. d'Argentan
PEUGEOT Gar. Noel-Gérard, 15 av. Dr.-Dentu   ℰ 33 39 03 65
ℰ 33 39 00 27

VINAY 51 Marne 🗺 ⑯ – rattaché à Épernay.

VINCELOTTES 89 Yonne 🗺 ⑤ – rattaché à Auxerre..

VINCENNES 94 Val-de-Marne 🗺 ⑪, 🗺 ⑰ – voir à Paris, Environs.

VINCEY 88 Vosges 🗺 ⑮ – rattaché à Charmes.

VINEUIL 41 L.-et-Ch. 🗺 ⑦ – rattaché à Blois.

VINON-SUR-VERDON 83560 Var 🗺 ④ 🗺 ⑤ – 2 752 h alt. 284.

Paris 779 – Digne-les-Bains 67 – Aix-en-Provence 47 – Brignoles 64 – Castellane 86 – Cavaillon 77 – Draguignan 73.

🏨 **Relais des Gorges**, av. République ℰ 92 78 80 24, Fax 92 78 96 47, 🍽 – ⎙ ☎ Ⓟ. 🅰🅴
Ⓓ 🆖
fermé 20 déc. au 20 janv. – **Repas** 95/250 – ⌂ 45 – **10 ch** 200/260 – ½ P 200/250.

RENAULT Gar. Ramu, ℰ 92 78 80 35 🆘 ℰ 92 78 83 87

VINZIER 74600 H.-Savoie 🗺 ⑰ – 620 h alt. 920.

Paris 581 – Thonon-les-Bains 13 – Abondance 15 – Évian-les-Bains 13 – ♦Genève 48 – Montreux 46.

🍴🍴 **Relais de Savoie "Pré aux Merles"**, ℰ 50 73 61 05, 🍽, 🌳 – Ⓟ. 🆖
fermé 15 au 30 sept., janv. et lundi sauf juil.-août – **Repas** (déj. seul. du 1er oct. au 15 juin)
90 (déj.). 140/170.

PEUGEOT Gar. Girard, ℰ 50 73 61 16

VIOLAY 42780 Loire 🗺 ⑱ – 1 425 h alt. 825.

Paris 480 – Roanne 40 – L'Arbresle 29 – Montbrison 48 – ♦Saint-Étienne 64.

🏨 **Perrier**, pl. Église ℰ 74 63 91 01, Fax 74 63 91 77 – ☎ 🚗 – 🔬 25. 🆖
♦ **Repas** 60/178 🍴, enf. 50 – ⌂ 30 – **10 ch** 150/220 – ½ P 225/260.

RENAULT Gar. Blein, ℰ 74 63 90 62 🆘 ℰ 74 63 90 62

VIOLÈS 84150 Vaucluse 🗺 ② – 1 360 h alt. 96.

Paris 664 – Avignon 31 – Carpentras 17 – Nyons 32 – Orange 15 – Vaison-la-Romaine 16.

🍴🍴 **Mas de Bouvau** avec ch, rte Cairanne : 2 km ℰ 90 70 94 08, Fax 90 70 95 99, 🍽, 🌳 –
⎙ ☎ Ⓟ. 🅰🅴 🆖. ✗ ch
fermé 23 août au 6 sept., 20 au 30 déc., vacances de fév., dim. soir et lundi sauf fériés –
Repas 130/260 🍴 – ⌂ 40 – **4 ch** 320/370 – ½ P 300/360.

VIRE ◁🅿▷ 14500 Calvados 🗺 ⑨ G. Normandie Cotentin – 12 895 h alt. 134.

🏌 au lac de la Dathée ℰ 31 67 71 01, 8 km SO par D 150.

🅱 Office de Tourisme square Résistance ℰ 31 68 00 05.

Paris 301 ③ – St-Lô 39 ① – ♦Caen 60 ① – Flers 29 ③ – Fougères 66 ④ – Laval 102 ④ – Rennes 114 ④.

Plan page ci-contre

🏨 **France**, 4 r. Aignaux ℰ 31 68 00 35, Fax 31 68 22 65 – 🛗 ▦ ch ⎙ ☎ 🚿 🚗 – 🔬 50. 🅰🅴
♦ Ⓓ 🆖   A   a
fermé 22 déc. au 10 janv. – **Repas** 68/220 🍴, enf. 48 – ⌂ 30 – **20 ch** 160/320 – ½ P 260.

🏨 **St-Pierre** Ⓜ sans rest, 20 r. Gén. Leclerc ℰ 31 68 05 82, Fax 31 68 22 65 – 🛗 ⎙ ☎ 🚿. 🅰🅴
🆖 – *fermé 23 déc. au 5 janv.* – ⌂ 30 – **29 ch** 160/270.   B   n

🏨 **Voyageurs**, av. Gare ℰ 31 68 01 16 – ⎙ ☎ 🚗 Ⓟ. 🆖   B   k
♦ **Repas** 55/160 🍴, enf. 45 – ⌂ 30 – **13 ch** 180/250 – ½ P 250.

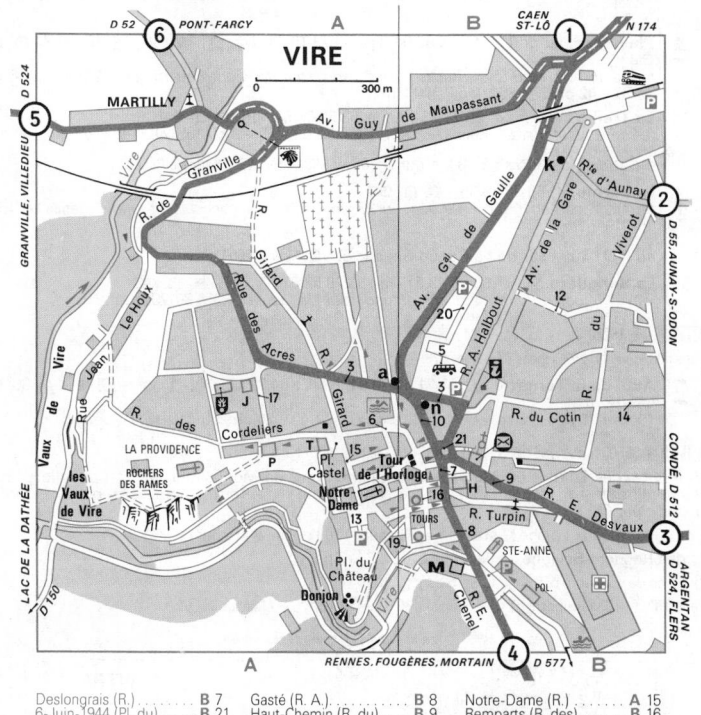

VIRE

D 52 PONT-FARCY — CAEN ST-LÔ — N 174

MARTILLY

GRANVILLE, VILLEDIEU — D 524

Av. Guy de Maupassant

Granville

Rue de Girard

Rue des Acres

des Cordeliers

LA PROVIDENCE

ROCHERS DES RAMES

les Vaux de Vire

LAC DE LA DATHÉE — D 150

Tour de l'Horloge

Castel

Notre-Dame

Pl. du Château

Donjon

D 55, AUNAY-S.-ODON

CONDÉ, D 512

ARGENTAN D 524, FLERS

RENNES, FOUGÈRES, MORTAIN — D 577

0 — 300 m

Deslongrais (R.) . . . . **B** 7	Gasté (R. A.) . . . . **B** 8	Notre-Dame (R.) . . . . . . **A** 15
6-Juin-1944 (Pl. du) . . . . **B** 21	Haut-Chemin (R. du) . . . **B** 9	Remparts (R. des) . . . . . . **B** 16
	Leclerc (R. Gén.) . . . . . . **B** 10	Sous-Préfecture
Aignaux (R. d') . . . . . . **AB** 3	Morgan (R. A.) . . . . **B** 12	(R. de la) . . . . **A** 17
Champ-de-Foire (Pl. du) . **B** 5	Nationale (Pl.) . . . . **A** 13	Valhérel (R. du) . . . . . . **AB** 19
Chénedollé (R.) . . . . **A** 6	Noes-Davy (R. des) . . . . **B** 14	Vieux-Collège (R. du) . . . **B** 20

Manoir de la Pommeraie, par ③ : 2,5 km sur D 524 ℘ 31 68 07 71, Fax 31 67 54 21, « Jardin » – **P**. **AE** **①** **GB**
fermé 6 au 20 fév., dim. soir et lundi – **Repas** 145/310 et carte 180 à 420, enf. 70.

à St-Germain-de-Tallevende par ④ : 5 km – ⊠ 14500 :

Aub. St.-Germain, pl. Église ℘ 31 68 24 13 – **①** **GB**
fermé vacances de fév., dim. soir et lundi – **Repas** 70/190, enf. 40.

ALFA ROMEO, FIAT, LANCIA B.M.J. Onésime, 1
rte de Caen ℘ 31 68 09 98
CITROEN Gar. Prunier, 29 rte de Caen par ①
℘ 31 68 33 87
FORD Gar. Gosselin, rte de Caen ℘ 31 68 01 59
PEUGEOT Gar. Gournay, 19 rte de Granville
℘ 31 68 11 86 **N** ℘ 31 50 64 84

RENAULT S.N.A.V., rte de Caen par ①
℘ 31 68 02 33 **N** ℘ 31 25 93 44
VAG Gar. Lemauviel, rte de Caen ℘ 31 68 00 78
Gar. Duchemin, 1 r. E.-Desvaux ℘ 31 68 01 46

⊚ Clabeault Pneus, rte d'Aunay ℘ 31 68 56 57
Colin Pneus, 77 rte d'Aunay ℘ 31 68 38 65

VIROFLAY 78 Yvelines 60 ⑩, 106 ⑯, 101 ㉔ – voir à Paris, Environs.

VIRONVAY 27 Eure 55 ⑰ – rattaché à Louviers.

VIRY-CHATILLON 91 Essonne 61 ①, 101 ㊱ – voir à Paris, Environs.

VITERBE 81 Tarn 82 ⑩ – rattaché à St-Paul-Cap-de-Joux.

VITRAC 24200 Dordogne 75 ⑰ – 743 h alt. 150 – **Voir** Site★ du château de Montfort NE : 2 km – Cingle de Montfort★ NE : 3,5 km, **G. Périgord Quercy.**

Paris 530 – Brive-la-Gaillarde 64 – Sarlat-la-Canéda 8 – Cahors 54 – Gourdon 21 – Lalinde 51 – Périgueux 75.

Domaine de Rochebois ⑤, E par D 703 : 2 km ℘ 53 31 52 52, Fax 53 29 36 88, ≤, 佘, « Parc, piscine et golf », ﬔ – ⧈ ▤ **TV** ☎ & **Ɵ** – 益 100. **AE** **①** **GB**
hôtel : avril-nov. ; rest. : mai-oct. – **Repas** (dîner seul. sauf dim. et fériés) 240/370 – ☲ 75 – **34 ch** 675/1500, 4 duplex – ½ P 610/1035.

🏛 **Plaisance,** au port 𝒫 53 28 33 04, Fax 53 28 19 24, 🍽, 🏊, 🚲, ✕ – |🛗| 📺 ☎ 🛗 📞. 🅰🅴
→ 🇬🇧
fermé 15 nov. au 6 fév. – **Repas** *(fermé vend. sauf de Pâques au 15 oct.)* 72/230, enf. 50 –
🍴 37 – **42 ch** 200/350 – ½ P 270/310.

✕✕ **La Treille** avec ch, 𝒫 53 28 33 19, Fax 53 30 38 54 – 📺 ☎ 🅰🅴 🇬🇧
fermé janv. et mardi – **Repas** 86 (déj.), 108/285 – 🍴 35 – **8 ch** 155/210 – ½ P 260.

à Caudon-de-Vitrac E : 3 km par D 703 et VO – ⊠ **24200** Sarlat-la-Canéda :

✕ **La Ferme,** 𝒫 53 28 33 35 – ▤ 📞. 🇬🇧
→ *fermé 1ᵉʳ oct. au 1ᵉʳ nov., 20 déc. au 20 janv., dim. soir hors sais. et lundi* – **Repas** 80/160,
enf. 49.

au NO : 3 km par rte La Roque Gageac et VO – ⊠ **24200** Vitrac :

✕✕ **La Sanglière** ≫, 𝒫 53 28 33 51, Fax 53 28 52 31, 🏊, 🚲 – ▤ 📞. 🇬🇧
9 avril-1ᵉʳ oct. et fermé dim. soir et lundi sauf juil.-août – **Repas** 90/290, enf. 45.

VITRAC 15220 Cantal 🗂 ⑪ – 294 h alt. 550.

Paris 598 – Aurillac 25 – Figeac 43 – Rodez 79.

🏨 **Aub. de la Tomette** ≫, 𝒫 71 64 70 94, Fax 71 64 77 11, 🍽, 🏊, 🚲 – 📺 ☎ – 🏔 30. 🅰🅴
→ 🇬🇧. ✕ rest
1ᵉʳ avril-15 déc. – **Repas** 68/195 🍴, enf. 50 – 🍴 40 – **20 ch** 250/310 – ½ P 255/295.

VITRÉ 35500 I.-et-V. 🗂 ⑱ G. Bretagne – 14 486 h alt. 90.

Voir ≤★★ des D178 B et D857 A – Château★★ : tour de Montafilant ≤★ A – La Ville★ : rue
Beaudrairie★★ A 5, remparts★ B, église Notre-Dame★ B – Tertres noirs ≤★★ par ④ – Jardin
public★ par ③.

Env. Champeaux : place★, stalles★ et vitraux★ de l'église 9 km par ④.

🏌 des Rochers-Sévigné 𝒫 99 96 52 52, S : 6 km par ②.

🛈 Office de Tourisme promenade St-Yves 𝒫 99 75 04 46.

Paris 310 ① – Châteaubriant 51 ③ – Fougères 30 ⑤ – Laval 37 ① – ◆Rennes 38 ④.

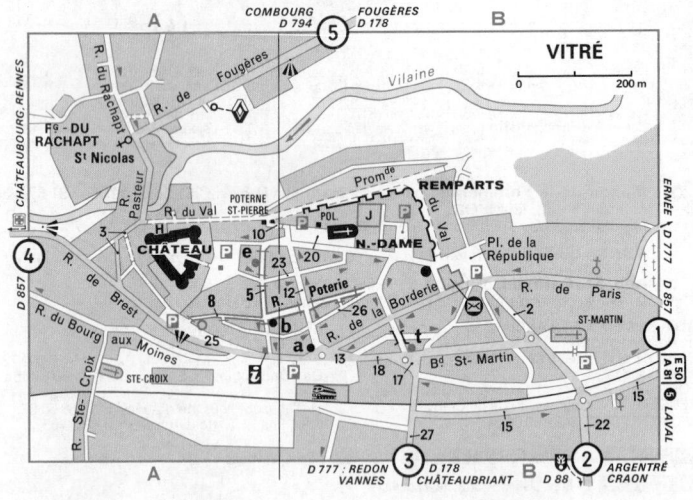

Argentré (R. B.-d')	**B** 2	Pasteur (R.)	**B**	Leclerc (Pl. Gén.)	**B** 17
Augustins (R. des)	**A** 3	Poterie (R.)	**B**	Liberté (R. de la)	**B** 18
Borderie (R. de la)	**B**			Rochers (Bd des)	**B** 22
Embas (R. d')	**A** 8	Bas-Val (R. du)	**A** 4	St-Louis (R.)	**AB** 23
Garangeot (R.)	**B** 12	Baudrairie (R. de la)	**A** 5	St-Yves (Pl.)	**A** 25
Notre-Dame (Pl. et R.)	**B** 20	Gaulle (Pl. Gén.-de)	**B** 13	Sévigné (R.)	**B** 26
Paris (R. de)	**B**	Jacobins (Bd des)	**B** 15	70ᵉ-R.I. (R. du)	**B** 27

🏨 **Minotel** sans rest, 47 r. Poterie 𝒫 99 75 11 11, Fax 99 75 81 26 – 📺 ☎ 🅰🅴 🇬🇧
🍴 32 – **17 ch** 220/310.
AB **b**

🏠 **Chêne Vert,** pl. Gén. de Gaulle 𝒫 99 75 00 58 – ☎ 🚗. 🇬🇧
B **a**
→ *fermé 22 sept. au 22 oct., vend. soir hors sais. et sam.* – **Repas** 70/170 – 🍴 30 – **22 ch**
190/300.

XX **Taverne de l'Écu,** 12 r. Beaudrairie ℰ 99 75 11 09, Fax 99 75 82 97, « Vieille maison du
16ᵉ siècle » – ᴬᴱ ᴳᴮ   A e
fermé mardi soir et merc. – **Repas** 75/155.

XX **Le Pichet,** 17 bd Laval par ① ℰ 99 75 24 09, 🛋, 🍴 – ᴬᴱ ᴳᴮ
fermé 16 au 28 août, sam. midi et dim. soir – **Repas** 85/250 ♨, enf. 50.

XX **Petit Billot,** 5 pl. Mar. Leclerc ℰ 99 74 68 88 – ᴳᴮ   B t
fermé dim. soir – **Repas** 75/150 ♨.

par ① : 10 km, aire d'Erbrée sur E 50 – ⊠ 35500 Vitré :

🏨 **Perceval** sans rest, ℰ 99 49 49 99, Fax 99 49 30 22 – 📺 ☎ ⅙ – 🔏 25. ᴬᴱ ⓞ ᴳᴮ
⊷ 35 – **48 ch** 195/260.

CITROEN Gar. Pinel, rte de Laval par ①
ℰ 99 75 06 52
PEUGEOT Gar. Gendry, av. d'Helmstedt par ②
ℰ 99 75 00 57
RENAULT Gar. Martin, 18 r. de Fougères
ℰ 99 75 01 74

RENAULT Gar. Guilmault, rte de Laval par ①
ℰ 99 75 00 53 🅽 ℰ 99 74 91 55

🔘 Euromaster, av. d'Helmstedt ℰ 99 75 17 75

VITRY-LE-FRANÇOIS ◁ꓢꓒ▷ 51300 Marne 🖽 ⑧ G. Champagne – 17 033 h alt. 105.

🖪 Office de Tourisme pl. Giraud ℰ 26 74 45 30, Fax 26 72 12 76.

Paris 177 ⑤ – Bar-le-Duc 53 ② – Châlons-sur-Marne 30 ① – Troyes 79 ⑤ – Verdun 96 ②.

VITRY-LE-FRANÇOIS

Armes (Pl. d')	ABY
Briand (R. Aristide)	AZ
Gde-Rue-de-Vaux	BY
Leclerc (Pl. Mar.)	BY 23
Pont (R.)	AY

Arquebuse (R. de l')	BZ 2
Beaux-Anges (R. des)	BZ 4
Bourgeois (Fg. Léon)	BZ 7
Carnot (Av.)	BZ 8
Chêne-Vert (R. du)	BY 9
Dominé (Bd du Col.)	AZ 10
Dominé-de-Verzet (R.)	AZ 13
Guesde (R. Jules)	AZ 14
Hauts-Pas (R. des)	AZ 16
Hôtel-de-Ville (R. de l')	BZ 19
Jaurès (Av. Jean)	BZ 20
Joffre (Pl. Mar.)	BZ 21
Minimes (R. des)	AY 24
Moll (Av. du Col.)	AZ 25
Paris (Av. de)	AY 26
Petit-Denier (R. du)	AY 28
Petite-Rue-de-Vaux	AY 29
Petite-Sainte (R. de la)	BZ 30
République (Av. de la)	BZ 33
Royer-Collard (Pl.)	BZ 34
St-Éloi (Rue de)	BY 35
St-Michel (Rue)	ABY 37
Sœurs (R. des)	AY 38
Tour (R. de la)	AY 39
Vieux-Port (Rue du)	BZ 41
Vitry-le-Brûlé (Fg de)	BY 42

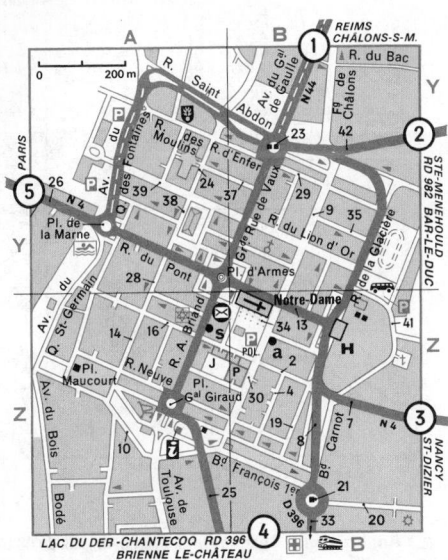

🏨 **Poste,** pl. Royer-Collard ℰ 26 74 02 65, Fax 26 74 54 71, 🛁 – 🛗 📺 ☎ – 🔏 60. ᴬᴱ ⓞ ᴳᴮ
🔳ᴶᶜᴮ   BZ a
Repas *(fermé 23 déc. au 2 janv. et dim.)* 108/240, enf. 60 – ⊷ 45 – **31 ch** 290/480.

🏠 **La Cloche,** 34 r. A. Briand ℰ 26 74 03 84, Fax 26 74 15 52, 🛋 – 📺 ☎ 🚗. ᴬᴱ ⓞ ᴳᴮ
fermé 1ᵉʳ au 15 janv. et dim. soir du 20 janv. au 31 mars – **Repas** 98/260 ♨, enf. 65 – ⊷ 37 –
24 ch 190/300.   AZ s

à Thiéblemont-Farémont par ③ : 10 km – ⊠ 51300 :

XX **Le Champenois** avec ch, ℰ 26 73 81 03, Fax 26 73 80 95 – 📺 ☎ ℗. ᴬᴱ ⓞ ᴳᴮ
fermé 1ᵉʳ au 15 oct., 1ᵉʳ au 15 fév., dim. soir et lundi – **Repas** 155/355 et carte 235 à 390,
enf. 75 – ⊷ 33 – **9 ch** 220/330 – ½ P 270/310.

CITROEN Blacy Autom., N 4 à Blacy par ⑤
ℰ 26 74 15 29 🅽 ℰ 26 74 15 29
NISSAN Vitry Agro, 18 r. du Vieux Port,
ℰ 26 74 60 82
OPEL Gar. Labroche, 201 av. de Champagne à
Frignicourt ℰ 26 74 13 58
PEUGEOT Vitry-Champagne-Autom., 2 av. de Paris
par ⑤ ℰ 26 74 11 47 🅽 ℰ 26 74 11 47

RENAULT Brocard Autom., av. du Bois Legras
par ② ℰ 26 74 52 02
SEAT Gar. Baudin, 62 fg de Vitry-le-brule,
ℰ 26 74 66 06
VAG Gar. Ruffo, 10 fg St-Dizier ℰ 26 74 39 33

🔘 Euromaster, 138 av. Gén.-Leclerc à Frignicourt
ℰ 26 72 27 33

VITTEAUX 21350 Côte-d'Or 👁️ ⑱ G. Bourgogne – 1 064 h alt. 325.

Paris 260 – ◆Dijon 48 – Auxerre 97 – Avallon 53 – Beaune 66 – Montbard 34 – Saulieu 34.

 ✗ **Vieille Auberge,** ℰ 80 49 60 88 – 🆎 🆖
 ◆ *fermé 6 au 12 mars, 13 au 28 nov., merc. sauf le midi en juil. août et mardi soir –* **Repas**
    75/170 ⓑ, enf. 45.

VITTEL 88800 Vosges 👁️ ⑭ G. Alsace Lorraine – 6 296 h alt. 324 – Stat. therm. (20 fév.-23 déc.) – Casino AY.

Voir Parc★ BY.

🐟 👁️👁️ ℰ 29 08 18 80 BY.

🇧 Office de Tourisme av. Bouloumié ℰ 29 08 08 88, Fax 29 08 37 99.

Paris 352 ② – Épinal 41 ① – Belfort 122 ① – Chaumont 83 ② – Langres 72 ② – ◆Nancy 70 ①.

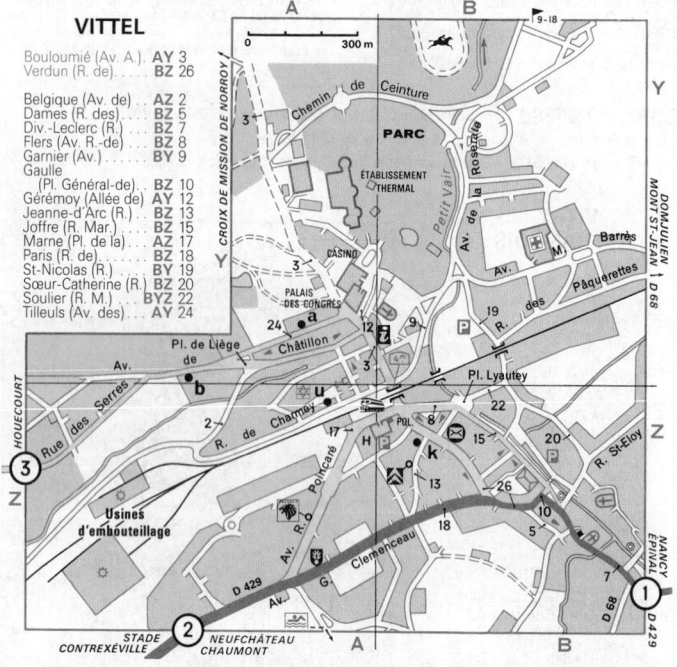

VITTEL

| Bouloumié (Av. A.) . . | **AY** 3 |
| Verdun (R. de) . . . . | **BZ** 26 |

Belgique (Av. de) . .	**AZ** 2
Dames (R. des)	**BZ** 5
Div.-Leclerc (R.) . . .	**BZ** 7
Flers (Av. R.-de) . . .	**BZ** 8
Garnier (Av.)	**BY** 9
Gaulle
(Pl. Général-de) . .	**BZ** 10
Gérémoy (Allée de)	**AY** 12
Jeanne-d'Arc (R.) . .	**BZ** 13
Joffre (R. Mar.) . . .	**BZ** 15
Marne (Pl. de la) . .	**AZ** 17
Paris (R. de)	**BZ** 18
St-Nicolas (R.)	**BY** 19
Sœur-Catherine (R.)	**BZ** 20
Soulier (R. M.) . . .	**BYZ** 22
Tilleuls (Av. des) . . .	**AY** 24

🏨 **Angleterre,** r. Charmey ℰ 29 08 08 42, Fax 29 08 07 48, 🌲 – 🛗 📺 ☎ 🅿️. 🆎 ⓪ 🆖.
⋇ rest   AZ **u**
fermé 23 déc. au 5 janv. – **Repas** 130/170 – 🖵 42 – **61 ch** 330/480 – ½ P 310/380.

🏨 **Bellevue,** 503 av. Châtillon ℰ 29 08 07 98, Fax 29 08 41 89, 🌲 – ⋇ ch 📺 ☎ 🅿️ – 🔬 35.
🆎 ⓪ 🆖   AYZ **b**
10 avril-15 oct. – **Repas** 100/180, enf. 60 – 🖵 37 – **39 ch** 250/385 – ½ P 290/330.

🏨 **Castel Fleuri** 🍃, 2 r. Jeanne d'Arc ℰ 29 08 05 20, 🌲 – ☏ 🅿️. 🆖   BZ **k**
hôtel : 20 mai-22 sept. ; rest. : 1ᵉʳ juin-22 sept. – **Repas** 99/120 – 🖵 27 – **33 ch** 100/299 –
½ P 207/235.

🏨 **Beauséjour,** 160 av. Tilleuls ℰ 29 08 09 34, Fax 29 08 29 84 – ⋇ ch ☎. 🆖   AY **a**
◆ *15 avril-1ᵉʳ oct. –* **Repas** 70/105 ⓑ, enf. 40 – 🖵 27 – **37 ch** 155/275 – ½ P 247/413.

   par ③ : 3 km rte Hippodrome – ✉ 88800 Vittel :

🏨 **Orée du Bois** 🍃, ℰ 29 08 88 88, Fax 29 08 01 61, �🌲, 𝄟, 🌲, ✗ – 🛗 📺 ☎ 🅿️ – 🔬 30.
◆ 🆎 🆖 ⋇ ch
   Repas *(fermé dim. soir de nov. à fév.)* 61/168 ⓑ, enf. 37 – 🖵 36 – **36 ch** 235/265 –
   ½ P 243/246.

CITROEN Gar. Villeminot, 106 r. J.-d'Arc   PEUGEOT Gar. Rambaud, 288 av. Poincaré
ℰ 29 08 19 44 🅽 ℰ 29 08 19 44   ℰ 29 08 05 24 🅽 ℰ 29 08 19 44

VIVÈS 66 Pyr.-Or. 👁️ ⑲ – rattaché au Boulou.

VIVIERS-DU-LAC 73 Savoie **74** ⑮ – rattaché à Aix-les-Bains.

Le VIVIER-SUR-MER 35960 I.-et-V. **59** ⑥ – 1 012 h.

Paris 383 – St-Malo 21 – Dinan 36 – Dol-de-Bretagne 8 – Fougères 59 – Le Mont-St-Michel 31.

    🏠 **Bretagne** (annexe 🏠 10 ch), ℰ 99 48 91 74, Fax 99 48 81 10, ∱ᵇ – 📺 ☎ 🅿. ⁅AE⁆ ① ⁅GB⁆
       fermé 1ᵉʳ déc. au 10 fév., lundi midi en sais., dim. soir et lundi hors sais. – **Repas** 95/250, enf.
       55 – ☑ 36 – **16 ch** 290/320 – ½ P 320/360.

VIVONNE 86370 Vienne **68** ⑬ **G. Poitou Vendée Charentes** – 2 955 h alt. 83.

Paris 355 – Poitiers 20 – Angoulême 90 – Confolens 60 – Niort 63 – St-Jean-d'Angély 101.

    🏠 **Le St-Georges** Ⓜ sans rest, Gde rue (près église) ℰ 49 89 01 89, Fax 49 89 00 22 – 📺
       ☎ ঙ. ⁅GB⁆ – ☑ 35 – **26 ch** 210/260.
    ✕ **La Treille,** av. Bordeaux ℰ 49 43 41 13 – ⁅GB⁆
    ➧ **Repas** 72/225 ⅊, enf. 42.

PEUGEOT Gar. Babeau, ℰ 49 43 41 29 Ⓝ ℰ 49 43 41 29

VIZILLE 38220 Isère **77** ⑤ **G. Alpes du Nord** – 7 094 h alt. 278 – **Voir** Château★.

🛈 Office de Tourisme ℰ 76 68 15 16 - Mairie ℰ 76 68 08 22.

Paris 586 – ◆Grenoble 18 – Le Bourg-d'Oisans 31 – La Mure 21 – Villard-de-Lans 47.

    🏠 **Château de Cornage** ৯, N : 1 km par Z.I. Cornage et VO ℰ 76 68 28 00,
       Fax 76 68 23 50, ≤, ☆, « Parc », ⅃ – ☒ ᵲ ⅀ ch 📺 ☎ 🅿 – 🔬 30 à 100. ⁅AE⁆ ① ⁅GB⁆
       Repas 95/315, enf. 80 – ☑ 40 – **17 ch** 250/340 – ½ P 265.

CITROEN Chabuel Autom., ℰ 76 68 29 80   RENAULT Vizille Autom., ℰ 76 68 05 36
RENAULT Gar. Muzet, ℰ 76 68 11 68 Ⓝ
ℰ 76 68 28 28

VIZZAVONA (col de) 2B H.-Corse **90** ⑥ – voir à Corse.

VOGELGRUN 68 H.-Rhin **62** ⑳ – rattaché à Neuf-Brisach.

VOIRON 38500 Isère **77** ④ **G. Alpes du Nord** – 18 686 h alt. 290 – **Voir** Caves de la Chartreuse★ BZ.

🛈 Office de Tourisme 3 r. P.-Vial ℰ 76 05 00 38, Fax 76 65 63 21.

Paris 552 ① – ◆Grenoble 27 ④ – Bourg-en-Bresse 109 ① – Chambéry 44 ② – ◆Lyon 85 ① – Romans-sur-Isère 73 ④ – Valence 85 ④ – Vienne 68 ④.

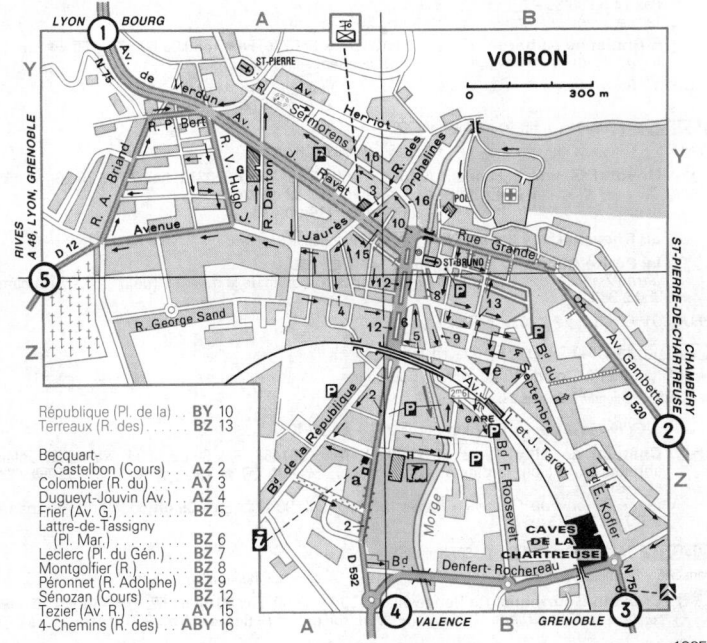

République (Pl. de la) . .	BY	10
Terreaux (R. des)	BZ	13
Becquart-		
Castelbon (Cours) . . .	AZ	2
Colombier (R. du)	AY	3
Dugueyt-Jouvin (Av.) . .	AZ	4
Frier (Av. G.)	BZ	5
Lattre-de-Tassigny		
(Pl. Mar.)	BZ	6
Leclerc (Pl. du Gén.) . . .	BZ	7
Montgolfier (R.)	BZ	8
Péronnet (R. Adolphe) .	BZ	9
Sénozan (Cours)	BZ	12
Tezier (Av. R.)	AY	15
4-Chemins (R. des)	ABY	16

🏩 **Relais Bleus** Ⓜ, 72 cours Becquart Castelbon ℰ 76 65 90 00, Fax 76 65 71 22 – 🛗 ⬛ 📺
🕿 ♿ – 🛐 30. 🆎 ⓞ 🆖   AZ **a**
Taverne du Parc : **Repas** 90/170 ⅃, enf. 42 – ⊊ 35 – **43 ch** 295.

🏠 **La Chaumière** ⬙, r. Chaumière (par bd République - AZ -dir. Criel) ℰ 76 05 16 24,
➡ Fax 76 05 13 27, 🍴 – 📺 🕿 📵. 🆖. 🍽
    fermé 7 au 20 août, Noël au Jour de l'An et sam. – **Repas** 75/180 ⅃ – ⊊ 35 – **24 ch** 120/250 –
    ½ P 160/220.

XX **Serratrice,** 3 av. Tardy ℰ 76 05 29 88, Fax 76 05 45 62 – 🆎 ⓞ 🆖   BZ **e**
    fermé 20 juin au 10 sept., dim. soir et lundi – **Repas** - produits de la mer - 100 (déj.), 145/480,
    enf. 70.

XX **Eden,** par ② : 1 km sur D 520 ℰ 76 05 17 40, Fax 76 05 70 32, ≤, 🍴, 🌳 – ⬛ 📵. 🆎 ⓞ 🆖
    fermé 28 août au 10 sept., dim. soir et lundi sauf fériés – **Repas** 102/250.

CITROEN Gar. de Chartreuse, 22 bd E.-Kofler   PEUGEOT Gar. Guilmeau, ZI des Blanchisseries
ℰ 76 05 03 16   RN 75 par ① ℰ 76 05 85 33
CITROEN Gar. de la Gare, 5 bis av. Tardy   RENAULT Performance Autom., ZI du Parvis,
ℰ 76 05 03 49   rte de Rives ℰ 76 66 11 22
FORD Gar. Gauduel, ZI Blanchisseries   VAG Gar. du Parc, 1 av. de Paviot ℰ 76 05 04 83
ℰ 76 05 06 99
OPEL Eclair Autom., 92 crs Becquart-Castelbon   ◍ Euromaster, bd Denfert-Rochereau
ℰ 76 05 04 04   ℰ 76 05 06 39

VOISINS-LE-BRETONNEUX 78 Yvelines 🗐 ⑨, 🗐 ㉒ – voir à St-Quentin-en-Yvelines.

VOLONNE 04290 Alpes-de-H.-P. 🗐 ⑯ G. Alpes du Sud – 1 387 h alt. 450.

Paris 719 – Digne-les-Bains 27 – Château-Arnoux-Saint-A. 3 – Forcalquier 33 – Manosque 45 – Sault 72 – Sisteron 13.

X **Aub. des Deux Tours,** ℰ 92 62 60 11, 🌳 – 🆖
    fermé 20 déc. à fin janv., dim. soir sauf juil.-août et lundi – **Repas** 85/215, enf. 50.

VONNAS 01540 Ain 🗐 ② – 2 381 h alt. 189.

Paris 409 – Mâcon 19 – Bourg-en-Bresse 24 – ♦Lyon 69 – Villefranche-sur-Saône 40.

🏨 ⊛⊛⊛ **Georges Blanc** Ⓜ ⬙, ℰ 74 50 00 10, Télex 380776, Fax 74 50 08 80, « Elégante
    hostellerie au bord de la Veyle, jardin fleuri », 🏊, ℁ – 🛗 ⬛ 📺 🕿 ⇔. 🆎 ⓞ 🆖
    fermé 2 janv. au 9 fév. – **Repas** *(fermé jeudi sauf le soir du 15 juin au 15 sept. et merc. sauf
    fériés)* (nombre de couverts limité - prévenir) 450/690 et carte 480 à 650, enf. 150 – ⊊ 90 –
    32 ch 850/1700, 6 appart
    Spéc. Crêpe parmentière au saumon et caviar. Blanquette de grenouilles au mariage d'épices. Poularde de Bresse aux
    gousses d'ail et foie gras. **Vins** Mâcon, Chiroubles.

🏩 **La Résidence des Saules** Ⓜ ⬙ sans rest, ℰ 74 50 11 13, Télex 380776,
    Fax 74 50 08 80 – 📺 🕿. 🆎 ⓞ 🆖
    fermé 2 janv. au 9 fév. – ⊊ 90 – **6 ch** 550, 4 appart.

X **L'Ancienne Auberge,** ℰ 74 50 11 13, Télex 380776, Fax 74 50 08 80, 🍴 – 🆎 ⓞ 🆖
    fermé 2 janv. au 9 fév., dim. soir et lundi – **Repas** 110 (déj.), 180/230.

PEUGEOT Gar. Mousset, ℰ 74 50 06 02   RENAULT Gar. Morel, ℰ 74 50 15 66 🆅
                                              ℰ 74 50 15 66

VOREPPE 38340 Isère 🗐 ④ – 8 446 h alt. 250.

Paris 559 – ♦ Grenoble 18 – Chambéry 44 – ♦Lyon 95 – Valence 82.

🏨 **Novotel** Ⓜ, près échangeur A 48 ℰ 76 50 55 55, Télex 320273, Fax 76 56 76 26, ≤, 🍴,
    🏊, 🌳 – 🛗 ⇔ ch ⬛ 📺 🕿 ♿ 📵 – 🛐 25 à 130. 🆎 ⓞ 🆖
    Repas carte environ 150 ⅃, enf. 50 – ⊊ 48 – **114 ch** 420.

    au Chevalon S : 4 km par N 75 – ✉ 38340 Voreppe :

XXX **La Petite Auberge,** ℰ 76 50 08 03, 🌳 – 📵. 🆖
    fermé 7 au 28 août, dim. soir et lundi – **Repas** - produits de la mer - 140 (déj.), 180/250 et carte
    250 à 380.

PEUGEOT Gar. Buissière, 30 rte de Palluel ℰ 76 56 61 39

VOUGEOT 21640 Côte-d'Or 🗐 ⑫ – 176 h alt. 225.

Voir Château du Clos de Vougeot★ G. Bourgogne.

Paris 326 – ♦ Dijon 17 – Beaune 26.

    à Gilly-lès-Cîteaux E : 2 km par D 251 – ✉ 21640 :

🏨 **Château de Gilly** ⬙, ℰ 80 62 89 98, Télex 351467, Fax 80 62 82 34, « Ancien palais
    abbatial cistercien, jardins à la française », ℁ – 🛗 📺 🕿 📵 – 🛐 30 à 150. 🆎 ⓞ 🆖.
    🍽 rest
    fermé 29 janv. au 10 mars – **Repas** 190/395, enf. 90 – ⊊ 80 – **39 ch** 660/1400, 8 appart –
    ½ P 740/1110.

VOUGY 74130 H.-Savoie 🗐 ⑦ – 867 h alt. 351.

Paris 565 – Chamonix-Mont-Blanc 47 – Thonon-les-Bains 53 – Annecy 48 – Bonneville 7 – Cluses 7 – ♦Genève 38.

XXX **Capucin Gourmand,** rte Bonneville ℰ 50 34 03 50, Fax 50 34 57 57, 🍴 – 📵. 🆎 ⓞ 🆖
    fermé 14 août au 6 sept., 1er au 7 janv., dim. soir et lundi – **Repas** 210 bc/360 et carte 250 à 370.

VOUILLÉ 86190 Vienne 68 ⑬ – 2 574 h alt. 107.

Paris 340 – Poitiers 19 – Châtellerault 44 – Parthenay 34 – Saumur 83 – Thouars 54.

  🍴 **Cheval Blanc** avec ch, 🖉 49 51 81 46, Fax 49 51 96 31 – ☎ 🅿. 🖭 ⓞ GB. 🦅
  ↔ **Repas** 68/220 🦪, enf. 48 – ⬚ 32 – **12 ch** 120/260 – ½ P 210.

        Annexe Le Clovis 🏠 Ⓜ sans rest,, Fax 49 51 96 31 – 📺 ☎ ⅘ – 🏧 30. 🖭 ⓞ GB. 🦅
        ⬚ 32 – **25 ch** 190/300.

VOULAINES-LES-TEMPLIERS 21290 Côte-d'Or 65 ⑨ – 383 h alt. 280.

Paris 265 – Chaumont 54 – Châtillon-sur-Seine 19 – ◆Dijon 76.

  🏠 **La Forestière** 🦆 sans rest, 🖉 80 81 80 65, 🐎 – ☎ 🅿. GB
      ⬚ 25 – **10 ch** 205/285.

La VOULTE-SUR-RHÔNE 07800 Ardèche 77 ⑪ G. Vallée du Rhône – 5 116 h alt. 92.

Voir Corniche de l'Eyrieux★★★ NO : 4,5 km – Plan d'eau du Rhône★.

🯄 Office de Tourisme, r. Rampon 🖉 75 62 44 36.

Paris 580 – Valence 19 – Crest 29 – Montélimar 32 – Privas 20.

  🏠 **Vallée**, quai A. France 🖉 75 62 41 10, Fax 75 62 26 22, ≤, 🕍 – ☎ ⇔ 🅿. GB
  ↔ fermé janv. et sam. sauf juil.-août – **Repas** 73/220 🦪, enf. 40 – ⬚ 29 – **17 ch** 140/250 –
      ½ P 220/260.

CITROEN Gar. André, 🖉 75 62 00 82

VOUVANT 85120 Vendée 67 ⑯ G. Poitou Vendée Charentes – 829 h alt. 70.

Voir Eglise★ – Château : tour Mélusine★ (❄★).

🯄 Office de Tourisme (juil.-août) 🖉 51 00 86 80, Fax 51 00 89 42.

Paris 399 – Bressuire 44 – Fontenay-le-Comte 15 – Parthenay 48 – La Roche-sur-Yon 61.

  🍴🍴 **Aub. Maître Pannetier** avec ch, 🖉 51 00 80 12, Fax 51 87 89 37 – 📺 ☎. GB
  ↔ fermé 15 nov. au 1ᵉʳ déc., 10 fév. au 1ᵉʳ mars, dim. soir et lundi hors sais. – **Repas** 68/350 ₁
      ⬚ 26 – **7 ch** 180/270 – ½ P 280.

VOUVRAY 37210 I.-et-L. 64 ⑮ G. Châteaux de la Loire – 2 933 h alt. 60.

Paris 237 – ◆Tours 9,5 – Amboise 15 – Blois 49 – Château-Renault 26.

  🍴🍴 **Le Grand Vatel** avec ch, 8 av. Brûlé 🖉 47 52 70 32, Fax 47 52 74 52, 🕍 – ☎ 🅿. 🖭 GB
      🦅 ch
      fermé 1ᵉʳ au 15 mars, 1ᵉʳ au 15 déc., dim. soir de sept. à mars et lundi – **Repas** 125/250,
      enf. 43 – ⬚ 40 – **7 ch** 210/260 – ½ P 260/280.

  🍴🍴 **Au Virage Gastronomique**, 25 av. Brûlé 🖉 47 52 70 02, Fax 47 52 64 72, 🕍 – 🅿. 🖭 GB
      fermé 19 au 28 juil., vacances de Noël, de fév. et merc. – **Repas** 114/250 🦪, enf. 64.

  à *Noizay* E : 8,5 km par D 46 et D 1 – ✉ 37210 :

  🏰🏰 **Château de Noizay** 🦆, 🖉 47 52 11 01, Télex 752715, Fax 47 52 04 64, ≤, 🕍, parc,
      « Château du 16ᵉ siècle », 🏊, 🦅 – 📺 ☎ 🅿 – 🏧 25. 🖭 GB. 🦅 rest
      mi-mars-mi-nov. – **Repas** 145 (déj.), 240/340 – ⬚ 75 – **14 ch** 850/1200 – ½ P 715/975.

RENAULT Gar. des Sports, 🖉 47 52 73 36

VOVES 28150 E.-et-L. 60 ⑱ – 2 785 h alt. 145.

Paris 98 – Chartres 23 – Ablis 34 – Bonneval 22 – Châteaudun 36 – Étampes 48 – ◆Orléans 58.

  🏠 **Quai Fleuri** 🦆, rte Auneau 🖉 37 99 15 15, Fax 37 99 11 20, 🕍, parc, ↔ ch 📺 ☎ ⅘ 🅿
  ↔ – 🏧 40. 🖭 GB
      fermé 20 déc. au 10 janv., vend. soir de nov. à avril, dim. soir et soirs fériés – **Repas** 79/250 🦪,
      enf. 52 – ⬚ 39 – **17 ch** 245/470 – ½ P 235/290.

CITROEN Gar. Jeannot, 🖉 37 99 01 70 🅽   RENAULT Gar. Nadler, 🖉 37 99 17 82
🖉 37 99 01 70
PEUGEOT Gar. Poupaux, 🖉 37 99 10 55 🅽
🖉 37 99 10 55

La VRINE 25 Doubs 70 ⑥ – alt. 836 – ✉ 25520 Goux-les-Usiers.

Paris 458 – ◆Besançon 49 – Morteau 27 – Mouthier-Haute-Pierre 11 – Pontarlier 9,5 – Salins-les-Bains 43.

  🏠 **Ferme H.**, 🖉 81 39 47 74, Fax 81 39 21 87 – 📺 ☎ ⇔ 🅿. GB
      Repas (fermé dim. soir et lundi) 85/240 🦪, enf. 45 – ⬚ 28 – **33 ch** 200/220 – ½ P 240.

WAHLBACH 68 H.-Rhin 66 ⑩ – rattaché à Altkirch.

WANGENBOURG 67710 B.-Rhin 62 ⑧ ⑨ G. Alsace Lorraine – alt. 452.

Voir Site★ – Env. Château et cascade du Nideck★★ SO : 9 km puis 1 h 15.

🯄 Office de tourisme rte Gén.-de-Gaulle 🖉 88 87 32 44.

Paris 469 – ◆Strasbourg 41 – Molsheim 30 – Sarrebourg 37 – Saverne 20 – Sélestat 59.

  🏠 **Parc** 🦆, 🖉 88 87 31 72, Fax 88 87 38 00, ≤, « Joli parc ombragé », 🏊, 🦅 – 🛗 ☎ 🅿 –
      🏧 50. GB. 🦅
      fermé 3 nov. au 22 déc. et 2 janv. au 20 mars – **Repas** 110/265 🦪, enf. 60 – ⬚ 48 – **34 ch**
      265/400 – ½ P 330/350.

à Engenthal-le-Bas N : 2 km carrefour D 218 - D 224 – ⊠ 67710 Wangenbourg-Engenthal :

XX **Vosges** ⑤ avec ch, ✆ 88 87 30 35, 佘, ⌖ – ☎ ℗. ⓪ ⒼⒷ
↝ *fermé mardi soir et merc. hors sais.* – **Repas** 120/175 ⑃ – ⌷ 29 – **11 ch** 100/270 – ½ P 260.

▇ **La WANTZENAU** 67 B.-Rhin ⑥② ⑩ – rattaché à Strasbourg.

▇ **WASSELONNE** 67310 B.-Rhin ⑥② ⑨ G. Alsace Lorraine – 4 916 h alt. 200.

🛈 Office de Tourisme pl. Gén.-Leclerc (15 juin-15 sept.) ✆ 88 87 17 22 et à la Mairie (hors saison) ✆ 88 87 03 28.

Paris 463 – ◆Strasbourg 26 – Haguenau 39 – Molsheim 15 – Saverne 14 – Sélestat 51.

XX **Au Saumon** avec ch, r. Gén. de Gaulle ✆ 88 87 01 83, Fax 88 87 46 69, 佘 – ☎. ⒶⒺ
↝ ⒼⒷ
fermé 22 au 28 déc., dim. soir du 15 oct. au 15 mars et lundi – **Repas** 80/190 ⑃, enf. 48 –
⌷ 33 – **12 ch** 150/240 – ½ P 250.

à Romanswiller O : 3,5 km par D 224 – ⊠ 67310 :

X **Aux Douceurs Marines,** 2 rte Wangenbourg ✆ 88 87 13 97, 佘 – ℗. ⒶⒺ ⒼⒷ. ✸
↝ *fermé 7 au 15 mars et vacances de Toussaint* – **Repas** *(fermé mardi soir sauf juil.-août et merc.)* 60/240 ⑃, enf. 30.

CITROEN Gar. Bohnert, ✆ 88 87 03 72   RENAULT Gar. Kern, ✆ 88 87 01 92 Ⓝ
                                                 ✆ 88 87 27 27

▇ **WESTHALTEN** 68250 H.-Rhin ⑥② ⑱ G. Alsace Lorraine – 770 h alt. 240.

Paris 487 – Colmar 20 – Guebwiller 9 – ◆Mulhouse 27 – Thann 26.

XXX 🌸 **Aub. Cheval Blanc** (Koehler) Ⓜ ⑤ avec ch, ✆ 89 47 01 16, Fax 89 47 64 40 – 🕮 ⓣⓥ ☎
Ⓖ. – 🅰 30. Ⓖ
fermé 27 juin au 6 juil. et 6 au 29 fév. – **Repas** *(fermé dim. soir et lundi)* 160/420 et carte 230
à 340 ⑃, enf. 75 – ⌷ 55 – **12 ch** 320/450 – ½ P 430/450
Spéc. Dégustation de foies gras. Filets de perche aux pignons de pin. Médaillons de chevreuil (15 mai au 1ᵉʳ fév.). **Vins**
Pinot noir, Tokay-Pinot gris.

▇ **WETTOLSHEIM** 68 H.-Rhin ⑥② ⑲ – rattaché à Colmar.

▇ **WIHR-AU-VAL** 68230 H.-Rhin ⑥② ⑱ – 1 089 h alt. 320.

Voir Soultzbach-les-Bains : autels★★ dans l'église S : 2 km, G. Alsace Lorraine.

Paris 475 – Colmar 14 – Gérardmer 37 – Guebwiller 23 – Munster 5.

🏨 **Motel la Prairie** sans rest, E : 2 km sur D 417 ⊠ 68230 Turckheim ✆ 89 71 10 00,
Fax 89 71 02 70 – ⬥ ch ⓣⓥ ☎ ℗. ⒶⒺ ⓪ ⒼⒷ
⌷ 30 – **20 ch** 169/250.

RENAULT Meyer et Philippe ✆ 89 71 11 09

▇ **WIMEREUX** 62930 P.-de-C. ⑤① ① G. Flandres Artois Picardie – 7 109 h.

⒆ ✆ 21 32 43 20, N : 2 km.

Paris 297 – ◆Calais 29 – Arras 117 – Boulogne-sur-Mer 6 – Marquise 9,5.

🏨 **Centre,** 78 r. Carnot ✆ 21 32 41 08, Fax 21 33 82 48, ⌖ – ⓣⓥ ☎ ℗. ⒼⒷ
fermé 6 au 12 juin et 18 déc. au 17 janv. – **Repas** *(fermé dim. soir de nov. à mars et lundi)*
95/160 ⑃ – ⌷ 30 – **25 ch** 225/340.

🏨 **Paul et Virginie,** 19 r. Gén. de Gaulle ✆ 21 32 42 12, Fax 21 87 65 85, 佘 – ⓣⓥ ☎ ℗. ⒶⒺ ⒼⒷ
fermé 3 déc. au 21 janv. et dim. soir sauf juil.-août – **Repas** 100/195 – ⌷ 40 – **15 ch** 195/420
– ½ P 238/278.

XXX **Atlantic H.** avec ch, digue de mer (1ᵉʳ étage) ✆ 21 32 41 01, Fax 21 87 46 17, ≤ – 🕮 ⓣⓥ
☎ ℗ – 🅰 70. ⒶⒺ ⒼⒷ. ✸
1ᵉʳ mars-31 oct. et fermé lundi sauf juil.-août et dim. soir – **Repas** 110/220 – ⌷ 45 – **11 ch**
400/440 – ½ P 400.

XX **Epicure,** 1 r. Gare ✆ 21 83 21 83 – ⒶⒺ ⒼⒷ
fermé vacances de Noël, dim. soir et merc. – **Repas** (nombre de couverts limité, prévenir)
140/220.

RENAULT Coquart, 5 pl. O.-Dewavrin   ⓦ Clinique du Pneu, RN 1 à Marquise
✆ 21 32 40 02   ✆ 21 92 86 61

▇ **WIMILLE** 62 P.-de-C. ⑤① ① – rattaché à Boulogne-sur-Mer.

▇ **WINGEN-SUR-MODER** 67290 B.-Rhin ⑤⑦ ⑱ – 1 551 h alt. 220.

Paris 433 – ◆Strasbourg 56 – Bitche 19 – Haguenau 40 – Sarreguemines 43 – Saverne 33.

X **Wenk** avec ch, ✆ 88 89 71 01, Fax 88 89 85 80, ⌖ – ☎ ⇔ ℗. ⒼⒷ. ✸ rest
↝ *fermé 2 janv. au 7 fév.* – **Repas** *(fermé merc. soir et lundi)* 65/170 ⑃ – ⌷ 35 – **14 ch** 190/200
– ½ P 265.

PEUGEOT Gar. Schmitt, 10 r. Gare à Wimmenau ✆ 88 89 71 39 Ⓝ ✆ 88 89 85 58

WISEMBACH 88520 Vosges 62 ⑱ – 370 h alt. 475.

Paris 405 – Colmar 44 – Épinal 65 – St-Dié 14 – Ste-Marie-aux-Mines 10,5 – Sélestat 32.

XX **Blanc Ru** avec ch, ℘ 29 51 78 51, Fax 29 51 70 67, 🌳, 🌿 – 📺 ☎ 🅿 ⓞ ⅏
   fermé 18 au 27 sept., fév., dim. soir de sept. à juin et lundi (sauf hôtel en juil.-août) – **Repas**
   102/200 ⅄ – ⊂⊐ 35 – **7 ch** 260/330 – ½ P 229/260.

WISSEMBOURG ⊲◉⊳ 67160 B.-Rhin 57 ⑲ G. Alsace Lorraine – 7 443 h alt. 160.

Voir Vieille ville★ : église St-Pierre et St-Paul★ A – Col du Pigeonnier ≼★ 5 km par ④.

Env. Village★★ d'Hunspach 11 km par ②.

🅱 Office de Tourisme pl. République ℘ 88 94 10 11.

Paris 494 ④ – ◆Strasbourg 60 ② – Haguenau 31 ② – Karlsruhe 42 ② – Sarreguemines 82 ④.

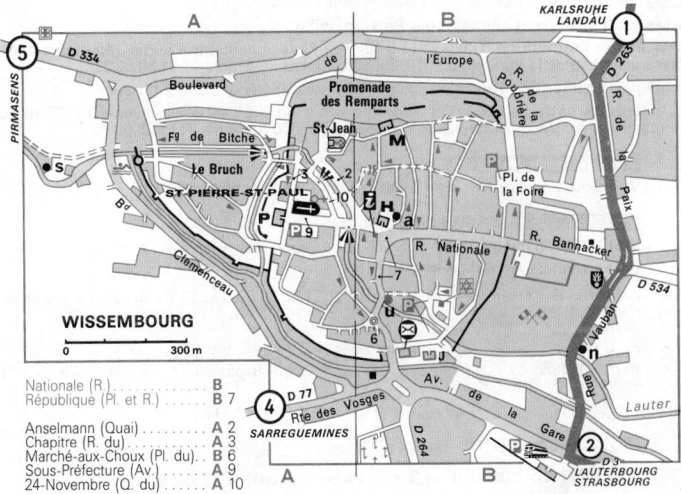

Nationale (R.)	B
République (Pl. et R.)	B 7
Anselmann (Quai)	A 2
Chapitre (R. du)	A 3
Marché-aux-Choux (Pl. du)	B 6
Sous-Préfecture (Av.)	A 9
24-Novembre (Q. du)	A 10

🏠 **Au Moulin de la Walck** 🦢, 2 r. Walk ℘ 88 94 06 44, Fax 88 54 38 03, 🌳, 🌿 – 📺 ☎
   🅿 ⅏ ⅏ ch   A **s**
   fermé 1er au 30 juin, 8 au 30 janv., dim. soir et lundi – **Repas** 120/250 ⅄ – ⊂⊐ 35 – **25 ch**
   280/350 – ½ P 340.

🏠 **Cygne**, 3 r. Sel ℘ 88 94 00 16, Fax 88 54 38 28, 🌳 – 📺 ☎ 🅿 ⅏ ⅏ ch   B **a**
   fermé 1er au 17 juil., fév., jeudi midi et merc. – **Repas** 120/280, enf. 60 – ⊂⊐ 35 – **16 ch**
   275/400 – ½ P 300/320.

🏠 **Alsace** Ⓜ sans rest, 16 r. Vauban ℘ 88 94 98 43, Fax 88 94 19 60 – 📺 ☎ & 🅿 ⅏ ⓞ ⅏
   fermé 22 déc. au 9 janv. – ⊂⊐ 29 – **41 ch** 220/276.   B **n**

XX **L'Ange**, 2 r. République ℘ 88 94 12 11, 🌳 – ⅏ ⅏   B **u**
   fermé 1er au 15 août, vacances de fév., mardi soir et merc. – **Repas** 165 (déj.), 230/280 ⅄,
   enf. 65.

   à Altenstadt par ② : 2 km – ⊠ **67160** Wissembourg :

XX **Rôtisserie Belle Vue,** ℘ 88 94 02 30, Fax 88 54 80 14 – 🅿 ⅏
   fermé 7 au 31 août, lundi et mardi – **Repas** 165/260 ⅄.

RENAULT Gar. Grasser, allée Peupliers par ②   Gar. Badina ℘ 88 94 00 25
℘ 88 94 96 00 Ⓝ ℘ 88 68 74 56

WOELFLING-LÈS-SARREGUEMINES 57 Moselle 57 ⑰ – rattaché à Sarreguemines.

XOUAXANGE 57830 Moselle 62 ⑦ – 258 h alt. 275.

Paris 422 – ◆Strasbourg 79 – Baccarat 37 – Lunéville 49 – Sarrebourg 6.

X **Mesnil**, 14 r. École ℘ 87 25 03 44 – ⅏ ⅏ ⅏
   fermé 13 au 21 oct., vacances de fév., mardi midi et lundi – **Repas** 55 (déj.), 100/180 ⅄.

☞   *Les localités dont les noms sont soulignés de rouge*
      sur les cartes Michelin à 1/200 000 sont citées dans ce guide.

      Utilisez une carte récente pour profiter de ce renseignement.

YENNE 73170 Savoie 🔢 ⑮ G. Alpes du Nord – 2 449 h alt. 231.

Paris 519 – Aix-les-Bains 21 – Bellegarde-sur-Valserine 57 – Belley 12 – Chambéry 26 – La Tour-du-Pin 35.

   XX **La Diligence,** 🖋 79 36 80 78 – GB
   ✦ *fermé 15 au 30 nov., 15 au 31 janv., dim. soir et lundi* – **Repas** 70/200 🍷.

CITROEN Gar. Gache, 🖋 79 36 90 08   RENAULT Gar. Clément, 🖋 79 36 72 32 🅽 🖋 05 05
PEUGEOT Gar. Berger, 🖋 79 36 70 20   15 15

YERVILLE 76760 S.-Mar. 🔢 ⑭ – 1 948 h alt. 159.

Paris 170 – ✦Rouen 33 – Dieppe 41 – Fécamp 48 – ✦Le Havre 64.

   XX **Voyageurs** avec ch, 🖋 35 96 82 55, Fax 35 96 16 86, 🍂 – TV 🕿 – GB
   ✦ *fermé dim. soir et lundi sauf fériés* – **Repas** 80/265 – 🖵 32 – **10 ch** 160/250 – ½ P 245/340.

YEU (Ile d') ★★ 85 Vendée 🔢 ⑪ G. Poitou Vendée Charentes – 4 941 h.

Accès par transports maritimes, pour Port-Joinville.

🚢 depuis **Fromentine**. Traversée 1 h 10 mn – Renseignements à Régie Départementale des Passages d'Eau de la Vendée, B.P. 16, 85550 La Barre-de-Monts 🖋 51 68 52 32.

🚢 depuis **Fromentine** Traversée : 35 mn – Renseignements : voir ci-dessus.

🚢 depuis **Barbâtre (la Fosse) et St-Gilles-Croix-de-Vie :** services saisonniers – Renseignements et Tarifs : Vedettes Inter-Iles Vendéennes 85630 Barbâtre 🖋 51 39 00 00.

   Port-de-la-Meule – ✉ 85350 L'Ile d'Yeu.

   Voir Côte Sauvage★★ : ≼★★ E et O – Pointe de la Tranche★ SE.

   Port-Joinville – alt. 5 – ✉ 85350 L'Ile d'Yeu.

   Voir Vieux Château★ : ≼★★ SO : 3,5 km – Grand Phare ≼★ SO : 3 km.

   🛈 Office de Tourisme pl. Marché 🖋 51 58 32 58.

   🏠 **Atlantic H.** Ⓜ sans rest, quai Carnot 🖋 51 58 38 80, Fax 51 58 35 92, ≼ – TV 🕿 ♿. 🖭 GB. ❀
       fermé 7 janv. au 1ᵉʳ fév. – 🖵 33 – **15 ch** 335/385.
   🏠 **Flux H.** ⚓, 27 r. P.-Henry 🖋 51 58 36 25, ≼, 🍴, 🍂 – TV 🕿 🅿. GB
   ✦ *fermé 26 nov. au 7 janv. et dim. soir hors sais.* – **Repas** 75/130, enf. 45 – 🖵 35 – **15 ch** 320/345 – ½ P 310/340.

RENAULT Gar. Cantin, 55 r. de la Saulzaie 🖋 51 58 33 80 🅽 🖋 51 58 33 80

YFFINIAC 22 C.-d'Armor 🔢 ③ – rattaché à St-Brieuc.

YSSINGEAUX ⬦SP⬦ 43200 H.-Loire 🔢 ⑧ G. Vallée du Rhône – 6 118 h alt. 860.

🛈 Office de Tourisme pl. Carnot 🖋 71 59 10 76.

Paris 569 – Le Puy-en-Velay 26 – Ambert 72 – Privas 105 – ✦St-Étienne 51 – Valence 96.

   🏨 **H. et rest. Cygne,** 7 et 8 r. Alsace-Lorraine 🖋 71 59 01 87, Fax 71 65 17 82, 🍂 – TV 🕿
   ✦ 🅿 🖭 GB
       Repas 68/188 🍷 – 🖵 40 – **18 ch** 195/225 – ½ P 190/215.
   XX **Le Bourbon** avec ch, 5 pl. Victoire 🖋 71 59 06 54, Fax 71 59 00 70 – TV 🕿 – ⚒ 25. 🖭 GB
       fermé 23 juin au 3 juil., 29 sept. au 23 oct., lundi sauf juil.-août et dim. soir – **Repas** 90/300 –
       🖵 42 – **10 ch** 260/360 – ½ P 240/287.

CITROEN Gar. de Bellevue, rte de Retournac   Chapuis, av. Mar.-de-Vaux 🖋 71 59 05 24 🅽 🖋 71
🖋 71 59 00 68 🅽 🖋 71 59 00 68   59 15 80
CITROEN Gar. Surrel, r. de Verdun Sud par D 7   Gar. Sagnard, ZI La Guide, 🖋 71 59 03 39
🖋 71 59 07 46 🅽 🖋 71 59 09 44
PEUGEOT Gar. Berlier, la Guide 🖋 71 59 06 65 🅽   🅦 R.I.P.A., à Ste-Sigolène 🖋 71 66 19 73 🅽 🖋 71
🖋 71 65 54 54   66 19 73
RENAULT Renault Yssingeaux, la Guide   Relais du Pneu, 33 r. Alsace Lorraine 🖋 71 59 18 13
🖋 71 59 13 31

YUTZ 57 Moselle 🔢 ④ – rattaché à Thionville.

YVES 17340 Char.-Mar. 🔢 ⑬ – 893 h.

Paris 476 – La Rochelle 22 – Châtelaillon-Plage 9 – Rochefort 11,5.

   🏠 **L'Air Marin** Ⓜ, N 137 🖋 46 56 18 15, Fax 46 56 22 27, ≼, 🍴, ⛱ – TV 🕿 ♿ 🅿. GB
   ✦ **Repas** 75/270, enf. 40 – 🖵 35 – **43 ch** 300/320 – ½ P 250.

YVETOT 76190 S.-Mar. 🔢 ⑬ G. Normandie Vallée de la Seine – 10 807 h alt. 144.

Voir Verrières★★ de l'église E.

🛈 Syndicat d'Initiative pl. V.-Hugo 🖋 35 95 08 40.

Paris 177 ② – ✦Le Havre 50 ⑤ – ✦Rouen 36 ② – Dieppe 54 ② – Fécamp 34 ⑤ – Lisieux 86 ⑤.

Plan page ci-contre

   🏠 **Havre,** pl. Belges **(a)** 🖋 35 95 16 77, Fax 35 95 21 18 – TV 🕿 🖭 GB
       Repas *(fermé dim. soir sauf fêtes)* 90/175 🍷, enf. 50 – 🖵 40 – **28 ch** 195/350 – ½ P 250/330.

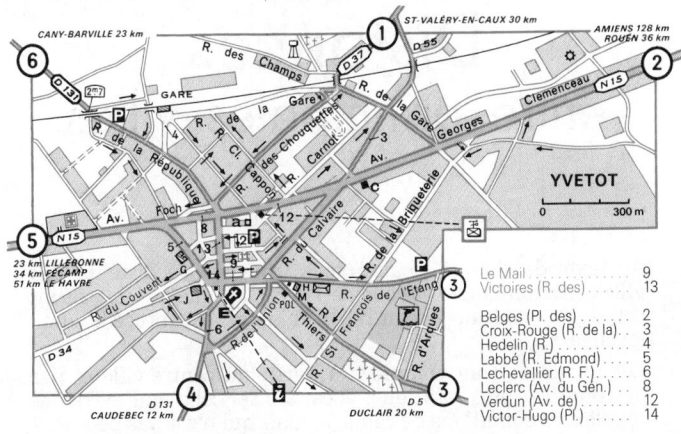

Le Mail 9
Victoires (R. des) 13

Belges (Pl. des) 2
Croix-Rouge (R. de la) .. 3
Hedelin (R.) 4
Labbé (R. Edmond) 5
Lechevallier (R. F.) 6
Leclerc (Av. du Gén.) ... 8
Verdun (Av. de) 12
Victor-Hugo (Pl.) 14

à **Motteville** E : 9 km par rte d'Amiens, N 29 et D 20 – ✉ **76970** :

XX **Aub. du Bois St-Jacques**, à la Gare, ✆ 35 96 83 11, Fax 35 96 23 18 – **P**. ⃣ **GB**
→   *fermé 16 août au 1ᵉʳ sept., lundi soir et mardi* – **Repas** 70/170, enf. 50.

à **Croix-Mare** par ② et N 15 : 8 km – ✉ **76190** Yvetot :

XX **Aub. de la Forge**, ✆ 35 91 25 94, « Cadre rustique » – **P**. ⃣ **AE ⓞ GB**
    fermé mardi soir et merc. sauf fêtes – **Repas** 98/260.

CITROEN Gar. Aribit Benard, ZA d'Auzebosc par ④
✆ 35 95 40 31 **N** ✆ 35 95 40 31
FIAT Guillot, ZA-RN 15 à Ste-Marie-des-Champs
✆ 35 95 18 44
FORD Viking Auto, 14, av. Gén.-Leclerc
✆ 35 95 12 99

PEUGEOT Autom. Leroux, N 15 bis à Valliquerville
par ⑤ ✆ 35 95 16 66

⓿ Aubé Pneus - Point S, ZI ✆ 35 56 89 89
Euromaster, 58 r. F.-Lechevalier ✆ 35 95 42 13
Rouen Pneus Caux, à Ourville-en-Caux
✆ 35 27 60 35

YVOIRE 74140 H.-Savoie ⃣ ⃣ ⃣ **G. Alpes du Nord** – 432 h alt. 390.

Voir **Village médiéval**★★.

🛈 Office de Tourisme pl. Mairie ✆ 50 72 80 21, Fax 50 72 91 61 et au Port de Plaisance (juin-sept.) ✆ 50 72 87 06.

Paris 567 – Thonon-les-Bains 16 – Annecy 72 – Bonneville 43 – ◆Genève 30.

🏠 **Pré de la Cure** M, ✆ 50 72 83 58, Fax 50 72 91 15, ≤, 🍽, 🌳 – 🛗 TV ☎ 🚗 **P**. **GB**
    17 mars-1ᵉʳ nov. – **Repas** *(fermé merc. en mars, avril et oct.)* 95/250, enf. 55 – ⧖ 36 – **25 ch**
    315/330 – ½ P 335.

🏠 **Vieux Logis**, ✆ 50 72 80 24, Fax 50 72 90 76, 🍽 – ☎. **AE ⓞ GB**
    1ᵉʳ avril-31 oct. – **Repas** *(fermé lundi)* 98/180, enf. 55 – ⧖ 35 – **12 ch** 280.

XX **Port** M 🐾 avec ch, ✆ 50 72 80 17, Fax 50 72 90 71, ≤, 🍽, « Terrasse au bord du lac » –
    🍽 ch TV ☎. **AE ⓞ GB JCB**. ✻ ch
    15 mars-30 oct. – **Repas** *(fermé merc. sauf de mai à août)* 95 (déj.), 140/250 – ⧖ 40 – **4 ch**
    650/750.

XX **A la Vieille Porte**, ✆ 50 72 80 14, Fax 50 72 92 04, 🍽, « Maison du 14ᵉ siècle, terrasse
    avec ≤ lac et village », 🌳 – **GB**
    fermé 26 nov. au 1ᵉʳ fév. et lundi sauf juil.-août – **Repas** 120/290, enf. 55.

XX **Flots Bleus** 🐾 avec ch, ✆ 50 72 80 08, Fax 50 72 84 28, ≤, 🍽, « Terrasse ombragée
    face au lac » – TV ☎. **GB**
    1ᵉʳ avril-fin sept. – **Repas** 96/300, enf. 58 – ⧖ 40 – **11 ch** 290/340.

YZEURES-SUR-CREUSE 37290 I.-et-L. ⃣ ⑤ – 1 747 h alt. 80.

Paris 317 – Poitiers 66 – Châteauroux 78 – Châtellerault 29 – ◆Tours 84.

🏠 **La Promenade**, ✆ 47 94 55 21, Fax 47 94 46 12 – TV ☎. **GB**
    fermé janv. et mardi midi – **Repas** 149/295, enf. 60 – ⧖ 41 – **17 ch** 230/300 – ½ P 280.

ZELLENBERG 68 H.-Rhin ⃣ ⑲ – rattaché à Riquewihr.

ZICAVO 2A Corse-du-Sud ⃣ ⑦ – voir à Corse.

ZOUFFTGEN 57330 Moselle ⃣ ③ – 597 h alt. 250.

Paris 342 – Luxembourg 28 – ◆Metz 48 – Thionville 17.

XX **La Lorraine**, ✆ 82 83 40 46, Fax 82 83 48 26, 🍽, 🌳 – **P**. **GB**
    fermé 16 au 31 août, vacances de fév., mardi soir et merc. – **Repas** 160/360, enf. 70.

Distances
entre principales villes

QUELQUES PRÉCISIONS

Au texte de chaque localité vous trouverez la distance des villes environnantes et celle de Paris. Lorsque ces villes sont celles du tableau ci-contre, leur nom est précédé d'un losange ♦.

Les distances sont comptées à partir du centre-ville et par la route la plus pratique, c'est-à-dire celle qui offre les meilleures conditions de roulage, mais qui n'est pas nécessairement la plus courte.

Distances
between major towns

COMMENTARY

The text on each town includes its distance from its immediate neighbours and from Paris. Those cited opposite are preceded by a lozenge ♦ in the text.

Distances are calculated from centres and along the best roads from a motoring point of view – not necessarily the shortest.

MICHELIN

800 km

Marseille – Strasbourg

Distances entre principales villes (tableau kilométrique)

Départ →	Amiens	Bâle	Bayonne	Besançon	Bordeaux	Brest	Caen	Calais	Clermont-Ferrand	Dijon	Genève	Grenoble	Le Havre	Lille	Limoges	Lyon	Le Mans	Marseille	Metz	Montpellier	Mulhouse	Nancy	Nantes	Nice	Orléans	Paris	Perpignan	Reims	Rennes	Rouen	Saint-Étienne	Strasbourg	Toulon	Toulouse	Tours
Bâle	573																																		
Bayonne	905	1047																																	
Besançon	501	173	885																																
Bordeaux	719	1068	190	628																															
Brest	611	814	862	556	628																														
Caen	238	748	742	709	550	371																													
Calais	149	676	965	807	874	550	336																												
Clermont-Ferrand	559	510	347	363	365	807	743	599																											
Dijon	464	256	821	94	635	1063	807	689	364																										
Genève	649	260	828	175	743	1127	861	717	296	191																									
Grenoble	721	408	794	297	579	1112	998	712	282	301	148																								
Le Havre	177	712	805	609	461	488	88	277	608	409	712	794																							
Lille	120	635	891	536	717	599	225	111	645	499	645	605	301																						
Limoges	534	410	302	496	225	580	449	688	176	579	518	608	472	645																					
Lyon	613	411	382	258	538	1019	805	753	186	194	151	106	609	722	302																				
Le Mans	337	677	410	574	430	402	147	411	479	506	736	672	199	368	423	461																			
Marseille	926	697	570	616	479	1223	1012	479	421	478	199	272	663	483	501	316	774																		
Metz	359	272	398	291	218	264	398	290	452	297	450	518	303	218	620	473	551	709																	
Montpellier	911	519	514	465	454	1156	1004	505	363	213	205	287	638	675	526	302	551	166	931																
Mulhouse	535	40	891	135	824	1030	711	565	533	303	450	382	562	510	501	410	962	205	229	703															
Nancy	362	214	931	208	891	274	398	291	494	334	675	518	562	533	648	607	981	54	380	363	695														
Nantes	516	891	561	707	328	298	514	1169	409	812	812	769	451	562	409	510	152	1022	542	877	925	708													
Nice	1082	561	1065	892	1134	1223	1156	963	486	877	521	378	1120	1065	648	196	1088	205	196	264	908	796	1120												
Orléans	268	513	348	443	290	274	220	348	321	334	603	435	296	220	307	452	137	812	409	543	519	426	378	936											
Paris	137	829	520	715	467	398	210	297	440	310	542	612	235	147	487	519	220	800	321	756	519	306	384	936	130										
Perpignan	1002	405	237	542	618	693	945	1129	379	543	326	475	832	758	725	379	925	326	838	150	997	539	939	574	839	895									
Reims	171	818	469	618	744	744	220	153	487	379	379	326	235	210	660	543	603	888	235	838	519	205	788	834	237	144	870								
Rennes	414	644	954	629	1075	174	245	618	379	543	379	326	574	321	725	494	114	1041	564	786	796	571	114	1145	348	520	834	687							
Rouen	116	803	788	696	929	693	122	210	487	440	379	326	86	122	660	542	147	856	235	918	945	306	150	1061	137	150	972	217	574						
Saint-Étienne	671	696	834	629	803	744	945	1075	162	61	138	147	758	660	379	61	542	326	542	326	938	539	656	574	490	490	469	469	699	545					
Strasbourg	516	138	433	315	1114	765	693	929	379	235	675	240	235	210	660	403	235	997	162	758	114	150	1041	205	839	384	834	397	918	997	839				
Toulon	989	735	916	916	1040	1114	1129	1061	379	533	61	150	832	758	539	61	538	64	786	326	945	564	656	150	839	574	433	918	687	834	205	863			
Toulouse	836	916	298	696	247	765	990	1129	326	533	306	282	918	834	306	379	551	239	945	239	918	571	574	834	839	788	205	918	687	834	239	1023	471		
Tours	374	696	374	467	230	420	331	238	219	273	198	114	238	217	273	114	83	737	561	546	640	673	198	894	114	238	795	273	217	238	447	673	640	469	591

1303

1 PRINCIPALES ROUTES

 Autoroute, double chaussée de type autoroutier
N4 Numéro de route
14 Distances partielles
 Distances entre principales villes : *voir tableau page précédente*
⊙ Carte de voisinage : *voir à la ville choisie*

MAIN ROADS

 Motorway, dual carriageway
N4 Road number
14 Intermediary distances
 Distances between major towns : *see table on preceding page*
⊙ Town with a local map

1304

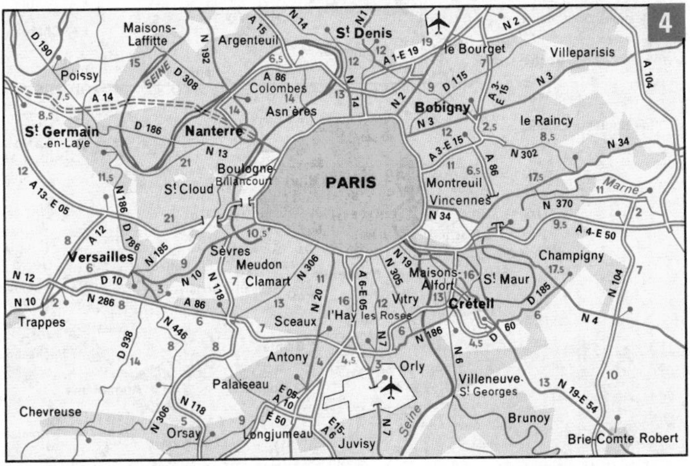

Map 1 (Paris region)

Maisons-Laffitte
Argenteuil St Denis le Bourget Villeparisis
Poissy
SEINE Colombes Asnières Bobigny le Raincy
St Germain-en-Laye Nanterre
Boulogne-Billancourt St Cloud Montreuil Vincennes
PARIS
Marne
Versailles Sèvres Meudon Clamart Champigny
St Maur
Trappes Sceaux l'Haÿ les Roses Vitry Créteil
Antony Orly
Chevreuse Palaiseau Villeneuve St Georges
Orsay Longjumeau Juvisy Brunoy Brie-Comte-Robert

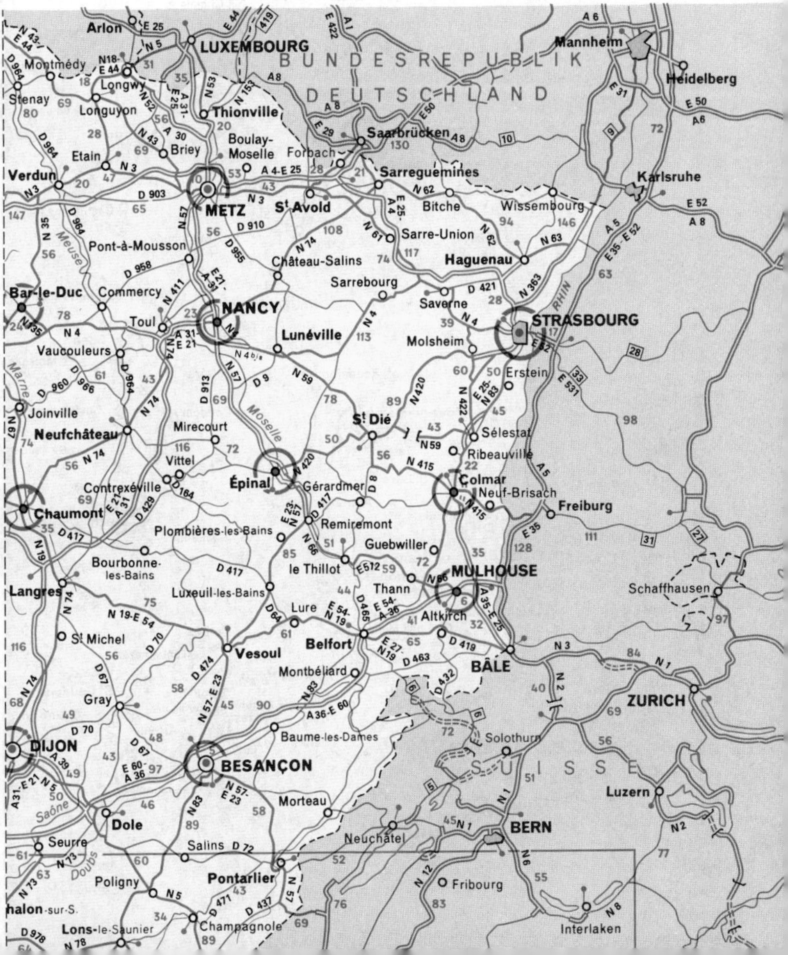

Map 2 (Lorraine / Alsace / Switzerland region)

BUNDESREPUBLIK DEUTSCHLAND
Arlon LUXEMBOURG Mannheim
Montmédy Longwy Heidelberg
Stenay Longuyon Thionville
Étain Briey Boulay-Moselle Forbach Saarbrücken Karlsruhe
Verdun METZ St Avold Sarreguemines
Bitche Wissembourg
Pont-à-Mousson Château-Salins Sarre-Union Haguenau
Bar-le-Duc Commercy Sarrebourg Saverne
Toul NANCY Lunéville Molsheim STRASBOURG
Vaucouleurs Erstein
Joinville Neufchâteau Mirecourt St Dié Sélestat
Vittel Ribeauvillé
Contrexéville Épinal Gérardmer Colmar Neuf-Brisach
Chaumont Remiremont Freiburg
Plombières-les-Bains le Thillot Guebwiller
Langres Bourbonne-les-Bains Thann MULHOUSE Schaffhausen
Luxeuil-les-Bains Lure Altkirch
St Michel Vesoul Belfort BÂLE
Montbéliard ZURICH
Gray Baume-les-Dames Solothurn Luzern
DIJON BESANÇON SUISSE
Dole Morteau BERN
Seurre Salins Neuchâtel
Poligny Pontarlier Fribourg
Chalon-sur-S. Champagnole Interlaken
Lons-le-Saunier

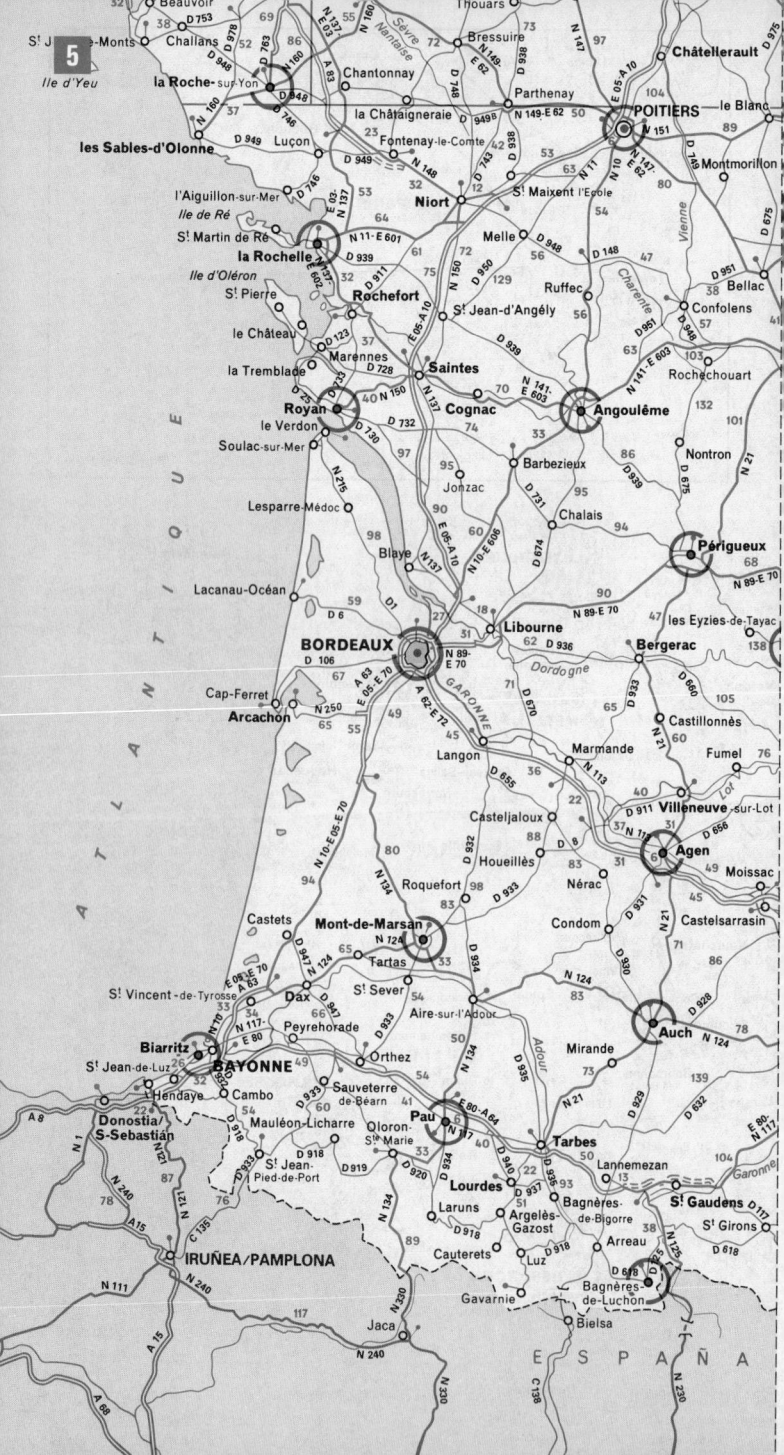

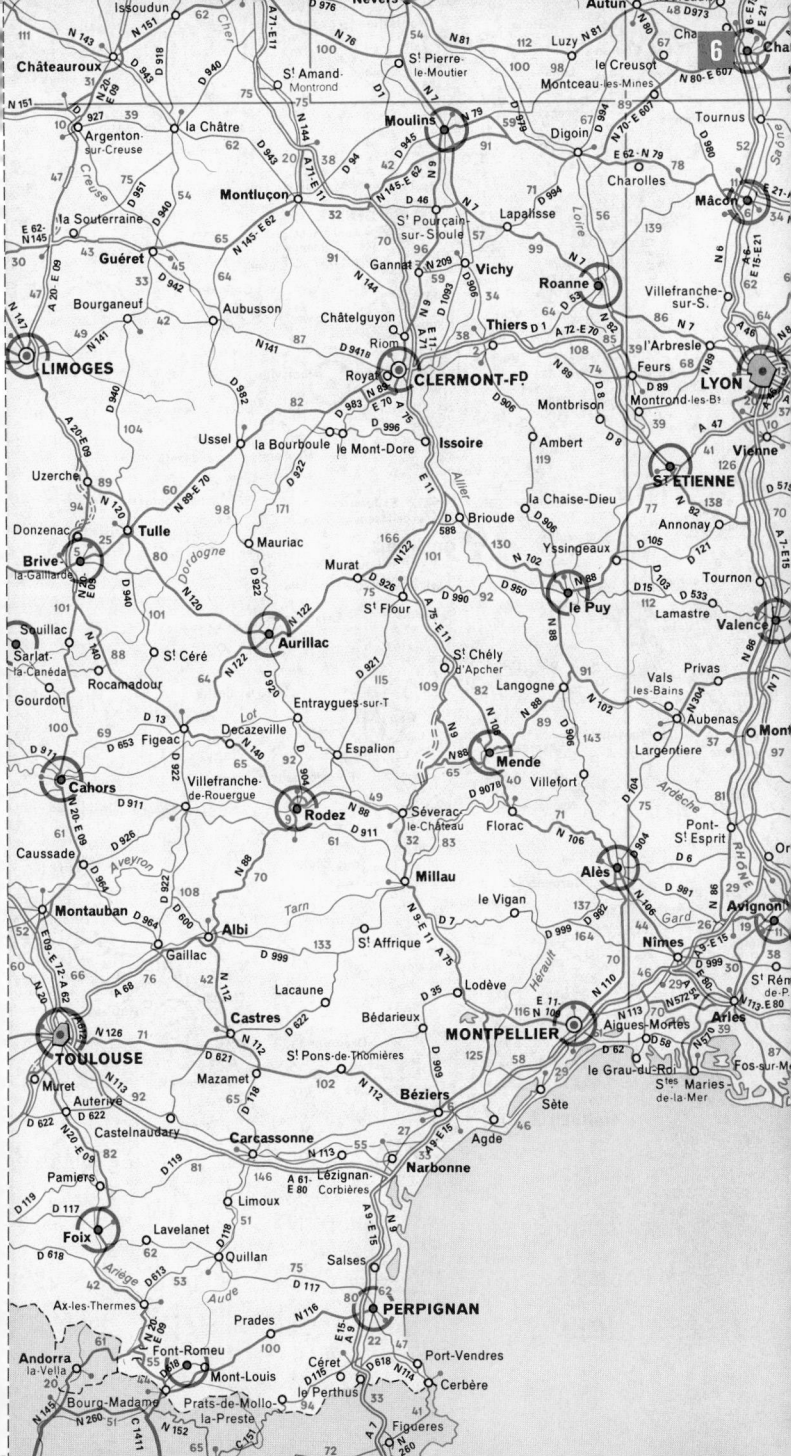

CALENDRIER DES VACANCES SCOLAIRES
Voir pages suivantes

SCHOOL HOLIDAYS CALENDAR
See next pages

ACADÉMIES ET DÉPARTEMENTS

Zone A

Caen (14-50-61), Clermont-Ferrand (03-15-43-63), Grenoble (07-26-38-73-74), Lyon (01-42-69), Montpellier (11-30-34-48-66), Nancy-Metz (54-55-57-88), Nantes (44-49-53-72-85), Rennes (22-29-35-56), Toulouse (09-12-31-32-46-65-81-82).

Zone B

Aix-Marseille (04-05-13-84), Amiens (02-60-80), Besançon (25-39-70-90), Dijon (21-58-71-89), Lille (59-62), Limoges (19-23-87), Nice (06-83), Orléans-Tours (18-28-36-37-41-45), Poitiers (16-17-79-86), Reims (08-10-51-52), Rouen (27-76), Strasbourg (67-68).

Zone C

Bordeaux (24-33-40-47-64), Créteil (77-93-94), Paris-Versailles (75-78-91-92-95).

Nota : La Corse bénéficie d'un statut particulier.

1995 MARS

1	M	Cendres
2	J	s Charles le B.
3	V	s Guénolé
4	S	s Casimir
5	D	Carême
6	L	sᵉ Colette
7	M	s Félicité
8	M	s Jean de D.
9	J	sᵉ Françoise
10	V	s Vivien
11	S	s Rosine
12	D	s Justine
13	L	s Rodrigue
14	M	sᵉ Mathilde
15	M	s Louise
16	J	sᵉ Bénédicte
17	V	s Patrice
18	S	s Cyrille
19	D	s Joseph
20	L	s Herbert
21	M	PRINTEMPS
22	M	sᵉ Léa
23	J	s Victorien
24	V	s Cath. de Su.
25	S	Annonciation
26	D	sᵉ Larissa
27	L	s Habib
28	M	s Gontran
29	M	s Gwladys
30	J	s Amédée
31	V	s Benjamin

AVRIL

1	S	s Hugues
2	D	sᵉ Sandrine
3	L	s Richard
4	M	s Isidore
5	M	sᵉ Irène
6	J	s Marcellin
7	V	s J.-B. de la S.
8	S	sᵉ Julie
9	D	Rameaux
10	L	s Fulbert
11	M	s Stanislas
12	M	s Jules
13	J	sᵉ Ida
14	V	s Maxime
15	S	s Paterne
16	D	PÂQUES
17	L	s Anicet
18	M	s Parfait
19	M	sᵉ Emma
20	J	sᵉ Odette
21	V	s Anselme
22	S	s Alexandre
23	D	s Georges
24	L	s Fidèle
25	M	s Marc
26	M	sᵉ Alida
27	J	sᵉ Zita
28	V	sᵉ Valérie
29	S	sᵉ Cath. de Si.
30	D	Jour du Souv.

MAI

1	L	FÊTE DU TR.
2	M	s Boris
3	M	ss Phil., Jacq.
4	J	s Sylvain
5	V	sᵉ Judith
6	S	sᵉ Prudence
7	D	sᵉ Gisèle
8	L	VICTOIRE 45
9	M	s Pacôme
10	M	sᵉ Solange
11	J	sᵉ Estelle
12	V	s Achille
13	S	sᵉ Rolande
14	D	F. Jeanne d'Arc
15	L	sᵉ Denise
16	M	s Honoré
17	M	s Pascal
18	J	s Eric
19	V	s Yves
20	S	s Bernardin
21	D	s Constantin
22	L	s Émile
23	M	s Didier
24	M	s Donatien
25	J	ASCENSION
26	V	s Berenger
27	S	s Augustin
28	D	F. des Mères
29	L	s Aymard
30	M	s Ferdinand
31	M	Visitation

JUIN

1	J	s Justin
2	V	sᵉ Blandine
3	S	s Kévin
4	D	PENTECÔTE
5	L	s Igor
6	M	s Norbert
7	M	s Gilbert
8	J	s Médard
9	V	sᵉ Diane
10	S	s Landry
11	D	s Barnabé
12	L	s Guy
13	M	s Antoine de P.
14	M	s Élisée
15	J	sᵉ Germaine
16	V	s J.-F. Régis
17	S	s Hervé
18	D	F.-Dieu
19	L	s Romuald
20	M	s Silvère
21	M	ETE
22	J	s Alban
23	V	sᵉ Audrey
24	S	s Jean-Bapt.
25	D	s Prosper
26	L	s Anthelme
27	M	s Fernand
28	M	s Irénée
29	J	ss Pierre, Paul
30	V	s Martial

JUILLET

1	S	s Thierry
2	D	s Martinien
3	L	s Thomas
4	M	s Florent
5	M	s Antoine
6	J	sᵉ Mariette
7	V	s Raoul
8	S	s Thibaut
9	D	sᵉ Amandine
10	L	s Ulrich
11	M	s Benoît
12	M	s Olivier
13	J	ss Henri, Joël
14	V	FÊTE NAT.
15	S	s Donald
16	D	N.-D. Mt-Carmel
17	L	sᵉ Charlotte
18	M	s Frédéric
19	M	s Arsène
20	J	sᵉ Marina
21	V	s Victor
22	S	sᵉ Marie-Mad.
23	D	sᵉ Brigitte
24	L	sᵉ Christine
25	M	s Jacques
26	M	ss Anne, Joa.
27	J	sᵉ Nathalie
28	V	s Samson
29	S	sᵉ Marthe
30	D	sᵉ Juliette
31	L	s Ignace de L.

AOÛT

1	M	s Alphonse
2	M	s Julien-Eym.
3	J	sᵉ Lydie
4	V	s J.-M. Vianney
5	S	s Abel
6	D	Transfiguration
7	L	s Gaétan
8	M	s Dominique
9	M	s Amour
10	J	s Laurent
11	V	sᵉ Claire
12	S	sᵉ Clarisse
13	D	s Hippolyte
14	L	s Evrard
15	M	ASSOMPTION
16	M	s Armel
17	J	s Hyacinthe
18	V	sᵉ Hélène
19	S	s Jean-Eudes
20	D	s Bernard
21	L	s Christophe
22	M	s Fabrice
23	M	sᵉ Rose de L.
24	J	s Barthélemy
25	V	s Louis
26	S	sᵉ Natacha
27	D	sᵉ Monique
28	L	s Augustin
29	M	sᵉ Sabine
30	M	s Fiacre
31	J	s Aristide

1995 SEPTEMBRE

1	V	s Gilles
2	S	sᵉ Ingrid
3	D	s Grégoire
4	L	sᵉ Rosalie
5	M	sᵉ Raïssa
6	M	s Bertrand
7	J	sᵉ Reine
8	V	Nativité N.-D.
9	S	s Alain
10	D	s Inès
11	L	s Adelphe
12	M	s Apollinaire
13	M	s Aimé
14	J	La Ste Croix
15	V	s Roland
16	S	sᵉ Edith
17	D	s Renaud
18	L	sᵉ Nadège
19	M	sᵉ Émilie
20	M	s Davy
21	J	s Matthieu
22	V	s Maurice
23	S	AUTOMNE
24	D	sᵉ Thècle
25	L	s Hermann
26	M	ss Côme, Dam.
27	M	s Vinc. de Paul
28	J	s Venceslas
29	V	s Michel
30	S	s Jérôme

OCTOBRE

1	D	s° Th. de l'E.-J.
2	L	s Léger
3	M	s Gérard
4	M	s Fr. d'Assise
5	J	s° Fleur
6	V	s Bruno
7	S	s Serge
8	D	s° Pélagie
9	L	s Denis
10	M	s Ghislain
11	M	s Firmin
12	J	s Wilfried
13	V	s Géraud
14	S	s Juste
15	D	s° Th. d'Avila
16	L	s° Edwige
17	M	s Baudouin
18	M	s Luc
19	J	s René
20	V	s Adeline
21	S	s° Céline
22	D	s° Élodie
23	L	s Jean de C.
24	M	s Florentin
25	M	s Crépin
26	J	s Dimitri
27	V	s° Emeline
28	S	ss Sim., Jude
29	D	s Narcisse
30	L	s° Bienvenue
31	M	s Quentin

NOVEMBRE

1	M	TOUSSAINT
2	J	Défunts
3	V	s Hubert
4	S	s Charles
5	D	s° Sylvie
6	L	s° Bertille
7	M	s° Carine
8	M	s Geoffroy
9	J	s Théodore
10	V	s Léon
11	S	ARMIST. 1918
12	D	s Christian
13	L	s Brice
14	M	s Sidoine
15	M	s Albert
16	J	s° Marguerite
17	V	s° Élisabeth
18	S	s° Aude
19	D	s Tanguy
20	L	s Edmond
21	M	Prés. de Marie
22	M	s° Cécile
23	J	s Clément
24	V	s° Flora
25	S	s° Catherine L.
26	D	s° Delphine
27	L	s Séverin
28	M	s Jacq. de la M.
29	M	s Saturnin
30	J	s André

DÉCEMBRE

1	V	s° Florence
2	S	s° Viviane
3	D	Avent
4	L	s° Barbara
5	M	s Gérald
6	M	s Nicolas
7	J	s Ambroise
8	V	Im. Conception
9	S	s P. Fourier
10	D	s Romaric
11	L	s Daniel
12	M	s° Jeanne F.-C.
13	M	s° Lucie
14	J	s° Odile
15	V	s° Ninon
16	S	s° Alice
17	D	s Gaël
18	L	s Gatien
19	M	s Urbain
20	M	s Abraham
21	J	s Pierre C.
22	V	HIVER
23	S	s Armand
24	D	s° Adèle
25	L	NOËL
26	M	s Étienne
27	M	s Jean
28	J	ss Innocents
29	V	s David
30	S	s Roger
31	D	s Sylvestre

1996 JANVIER

1	L	J. DE L'AN
2	M	s Basile
3	M	s° Geneviève
4	J	s Odilon
5	V	s Édouard
6	S	s Mélaine
7	D	Épiphanie
8	L	s Lucien
9	M	s° Alix
10	M	s Guillaume
11	J	s Paulin
12	V	s° Tatiana
13	S	s° Yvette
14	D	s° Nina
15	L	s Rémi
16	M	s Marcel
17	M	s° Roseline
18	J	s° Prisca
19	V	s Marius
20	S	s Sébastien
21	D	s° Agnès
22	L	s Vincent
23	M	s Barnard
24	M	s Fr. de Sales
25	J	Conv. s Paul
26	V	s° Paule
27	S	s° Angèle
28	D	s Th. d'Aquin
29	L	s Gildas
30	M	s° Martine
31	M	s° Marcelle

FÉVRIER

1	J	s° Ella
2	V	Présentation
3	S	s Blaise
4	D	s° Véronique
5	L	s° Agathe
6	M	s Gaston
7	M	s° Eugénie
8	J	s° Jacqueline
9	V	s° Apolline
10	S	s Arnaud
11	D	N.-D. Lourdes
12	L	s Félix
13	M	s° Béatrice
14	M	s Valentin
15	J	s Claude
16	V	s° Julienne
17	S	s Alexis
18	D	s° Bernadette
19	L	s Gabin
20	M	Mardi-Gras
21	M	Cendres
22	J	s° Isabelle
23	V	s Lazare
24	S	s Modeste
25	D	Carême
26	L	s Nestor
27	M	s° Honorine
28	M	s Romain
29	J	s Auguste

1996 MARS

1	V	s Aubin
2	S	s Charles le B.
3	D	s Guénolé
4	L	s Casimir
5	M	s° Olive
6	M	s° Colette
7	J	s° Félicité
8	V	s Jean de D.
9	S	s° Françoise
10	D	s Vivien
11	L	s° Rosine
12	M	s° Justine
13	M	s Rodrigue
14	J	s° Mathilde
15	V	s° Louise
16	S	s° Bénédicte
17	D	s Patrice

NOTES

MANUFACTURE FRANÇAISE DES PNEUMATIQUES MICHELIN
Société en commandite par actions au capital de 2 000 000 000 de francs.
Place des Carmes-Déchaux – 63 Clermont-Ferrand (France)
R.C.S. Clermont-Fd B 855 200 507

© MICHELIN et Cie, propriétaires-éditeurs, 95
Dépôt légal : Mars 95 – ISBN 2-06-006359-0

Photocomposition : APS, Tours – Printed in the EC – 1-95-53002
Populations : INSEE – 32ᵉ recensement général de la population (1990)

Illustrations Narratif Systèmes/Genclo : pages : 6-7-9-18-19-21-27-28-44-837 et 1301.
Illustrations Nathalie Benavides/MICHELIN : page 818.